扬州中学校史资料长编·下编

第四册

《扬州中学校史资料长编》编委会 编

凤凰出版社

图书在版编目（CIP）数据

扬州中学校史资料长编. 下编. 第四、五、六册 / 《扬州中学校史资料长编》编委会编. -- 南京 : 凤凰出版社, 2020.3
ISBN 978-7-5506-3111-3

Ⅰ. ①扬… Ⅱ. ①扬… Ⅲ. ①扬州中学－校史－史料 Ⅳ. ①G639.285.33

中国版本图书馆CIP数据核字(2020)第041681号

书　　名	扬州中学校史资料长编(下编)(第四、五、六册)
编　　者	《扬州中学校史资料长编》编委会
责任编辑	卞　岐　韩凤冉
出版发行	凤凰出版社(原江苏古籍出版社) 发行部电话025-83223462
出版社地址	南京市中央路165号,邮编:210009
出版社网址	http://www.fhcbs.com
照　　排	南京凯建文化发展有限公司
印　　刷	江苏凤凰通达印刷有限公司 南京市六合区冶山镇,邮编:211523
开　　本	787×1092毫米　1/16
印　　张	103.75
字　　数	2211千字
版　　次	2020年3月第1版　2020年3月第1次印刷
标准书号	ISBN 978-7-5506-3111-3
定　　价	680.00元(全三册)

(本书凡印装错误可向承印厂调换,电话:025-57572508)

《扬州中学校史资料长编》编委会

扬州中学校史资料长编

例　言

一、本书是江苏省扬州中学校史资料的总汇。历史是人类的良师和益友，我校作为百年名校，既有其别处难以复制的独特性，也有其基础教育方面的普遍性和代表性。本校校史工作，自上世纪八十年代初始，筚路蓝缕，黾勉从事。工作中深感历史资料的可贵与难得，尤其原始资料，劫后孑遗，吉光片羽，每一实录都是一个生命对另一个生命的启示。无奈由于种种原因，资料又容易散失。虽然编有一些纪念册和校史书籍，但是这些只是校史中的小部分。又虑及改革开放以来，本校的教育教学和科研，理念领先，成果丰硕，日后不致再生“斯文不幸”之叹。于是就有“扬州中学校史资料长编”（以下简称“长编”）的编辑，广泛收集，不遗余力，现将业已收集到的校史材料汇编成册，出版发行，公诸于世。

二、本书意欲尽最大可能囊括历年来本校的独特办学风格和教育教学成果。光绪二十八年（壬寅，1902），扬州仪董学堂创立，风气初开，中西并重，系颇具现代意义的中学，是为本校源头。两淮中学堂、扬州府中学堂、淮扬合一中学、江苏省立第八中学和尊古学堂、两淮师范学堂、江苏省立第五师范学校，均为本校前身。1927年合并“五师”“八中”建立的江苏省立扬州中学，承先人余烈，自主办学，推进革新，“科学陶冶，人格感化”，开始了扬州中学最辉煌的时期。抗战八年，辗转办学，弦歌不辍，薪火相传，特别是办在大后方四川的国立二中，培养了大批人才。1949年后的江苏省扬州中学，实验性与示范性突出，系省内“四大名旦”之一（其它为南师附中、苏州中学、常州中学）。新时期的扬州中学，秉持“科学人文相融合”的理念，继往开来，生机蓬勃。综观百年扬中，积淀丰厚，人才辈出，青春常在。“长编”希望能为本校师生进一步光大优良传统，创造世纪辉煌，乃至为研究中国基础教育者，提供相当的帮助与便利。面向未来，与时俱进，继承、吸收、创新，人类只能在历史提供的条件下自由创造，不断发展。

三、本书资料来源。上世纪八十年代初，广泛联系各地校友，跑上海图书馆徐汇藏书楼、南京大学图书馆、南京师范学院图书馆、南京图书馆清凉山古籍部等处，抢救第一手校史资料。九十周年校庆和百周年校庆补充一些资料。近几年来，又重跑各地图书馆，访问校友，甚至逛旧书摊，并通过扬州大学图书馆、华师大友人网上联络等多种渠道，从北京大学、北京师范大学、南京师范大学、复旦大学、华东师范大学、国家图书馆、上海图书馆、南京图书馆、扬州市图书馆、扬州市档案馆等处，复制了一批材料。新收集到一些珍贵资料，如《仪董学堂章程》、《江苏省立第五师范学校校友会杂志·第一期》(原件)及第二第三合期、《一年来之扬中》(原件)、《三周纪念刊》(原件)和三十几本《扬中校刊》(原件和复印品)等等。有的辗转购自北京、上海，有的从收藏者手中购得；值得一说的是《江苏省立第五师范学校校友会杂志·第一期》和《一年来之扬中》，前者是张镇安校友在地摊上高价购得，无偿赠给母校，后者系校友胡宇锋的大学同学汪立耕同志在北京潘家园地摊上购得，无偿转赠，非常感人。周厚枢校长生平资料，包括他的八中毕业证书、校长任命书和蒋中正写的亲笔辁幛，由周校长的后辈从台北跨海捐赠，连同原先黄泰老师家藏本《十周纪念刊》和朱白吾老师家藏的珍贵资料如《五周纪念》特刊等，也由其哲嗣捐赠给学校，十分宝贵。本校在职和退休教职员也以主人翁的姿态参与征集论文论著的工作，充实了校史资料。

四、本书的资料内容与编排。主要内容是目前所能搜寻到的本校相关档案材料，上世纪二三十年代国内邮政挂号公开出版发行的本校校刊、纪念册、校友会杂志和本校老师编撰的部分教材，以及各个时期本校教育教学的相关文稿等等，少量早期校友的回忆文章因其难觅也编入其中。不薄今人爱古人，长江后浪推前浪。新时期以来，本校老师的著述、教育教学和科研的资料，入选的也相当可观，或编专集或节选或存目。大量后期校友的回忆文章拟另行编入《扬中往事》。

“长编”分三编，前编、上编、下编。

前编，按年代先后编录学校各个时期的概貌、概况性质的图表和文

字，也可以说是比较感性直观的扬州中学简史，以较多相对集中的图文区别于上编、下编。

上编(1902—1949)——第一册、第二册，第三册……

下编(1950—)——第一册、第二册，第三册……

编排体例采取开放结构，随着时日推移，资料的增添，以及旧资料的新发现，可接着续编。

排版采用横排简化字排印，除适应横排基本规则外，具体版式大致参照原样，不强求统一，文字上一般不作改动，漫漶之处，以方框代替，尽可能保存资料原貌。校对时，本校青年教师对原来未曾断句的文章给予继句或标点，有些文章的标点符号也作了必要的改动，更符合当代习惯，其勤奋精神可嘉。众擎易举，共襄其成。

五、“一切历史都是当代史”，然而真理并不是现成的自明的恒常存在，如果没有人参与激活传统，真理便无缘生成和呈现，文本的内在意义也就无法得到传承和延续。至于有些具体文章，总会打上一定的时代印记，作者也有他特定的写作环境，读者明鉴，当会区分根本精神和时局附加的派生条件，历史地公允地正确对待，这一点毋庸编者赘言。

本书共三编。目前，数百万字的前编(1 册)、上编(7 册)，终能先期编就出版问世，是与各方人士的亲切关怀、热情鼓励和鼎力帮助分不开的，这种强烈的文化意识和高度社会责任感，令人感佩，我们于此深致谢忱。限于编者水平，见闻不广，加之时间仓促，书中难免疏漏失当之处，诚恳地期待着读者批评指教。

《扬州中学校史资料长编》编委会

2012.9

为迎接 115 周年校庆，《扬州中学校史资料长编》，继业已出版的 8 册之后，今年又续编 4 册，即上编第八册和下编的第一册、第二册、第三册。拟明年再出版 4 册，以期学校在不断继承创新中永葆青春。

《扬州中学校史资料长编》编委会

2016.10

《扬州中学校史资料长编》(前·上·下),业已出版 12 册。今年又续编 6 册,即上编第九册和下编的第四册、第五册、第六册、第七册、第八册。开放的体例不变,以期学校在新时代不断继承创新中砥砺前行。

《扬州中学校史资料长编》编委会

2018.10

简要说明

本册为《扬州中学校史资料长编》下编第四册，收录资料为《教革通讯》。

《教革通讯》系1973年—1978年校内油印刊物。何时始，何时终，尚无明确日期。这里收录的共86期(从第13期到第107期，其中缺第14、26、29、32、35、58、59、83、84期)。

下编第四册

目　录

《教革通讯》(1973 年—1978 年)

《教革通讯》
（1973 年—1978 年）

教革通讯

（教育革命经验专辑）

第13期

一九七三年三月十二日
扬州中学政工组、教改组编

编者按：在毛主席无产阶级教育路线的指引下，我校的教育革命正在正常地向前发展。一九七二年的下学期，在校党支部、工宣队、革委会的具体领导下，各年级、各学科在如何加强思想政治教育工作，如何开展教学研究活动，用辩证唯物主义观点指导教学以及在课堂教学中使用启发式，加强基础知识和基本技能训练等方面做了一些研究，取得了一些收获。现将其中部分材料整理辑录于后，供大家参考。

运用辩证唯物主义观点做好学生思想教育工作

原初二年级领导小组

毛主席教导我们：“学校一切工作都是为了转变学生的思想。”上学期，我们年级在学校党支部的领导下，以批修整风为纲，对师生进行了党的基本路线教育，加强了政治思想教育工作，取得了一些成绩，有了一些体会。我们认识到：运用辩证唯物主义观点，“一分为二”地看待学生，发扬他们身上的积极因素，热情地做他们的思想转化工作，有利于做好学生的思想政治工作，有利于青年学生的健康成长。

要不要“一分为二”看学生，好象是个不成问题的问题，每个教师在理论上都懂得必须“一分为二”看学生，口头上也承认要“一分为二”看学生。但是在实际上，在行动上，或者对个别学生、个别事件的看法上，并不是所有的人都能完全掌握住“一分为二”这一锐利武器的。有的教师对先进的、中间的、后进的三类学生有一套形而上学的看法：先进的学生“好得了不得”，后进的学生“差得了不得”，中间的学生“没得了不得”。特别是对于后进的学生，这也不顺眼，那也看不惯，认为他们变不了，更变不好。而且眼睛总是盯着几个“差生”，于是对“一代不如一代”论颇有同感。

毛主席指出：“肯定一切与否定一切，都是片面性的。”通过对“天才史观”和修正主义教育路线的批判，老师们认识到：不能“一分为二”看学生，除了思想方法的片面性之外，还由于“天才史观”和修正主义教育路线流毒在作怪，大家深有体会地说：以前是“恨铁不成钢”，现在体会到要培养一代新人，光“恨铁不成钢”不能解决问题，我们要“把铁炼练成钢”。“炼”，就是要热情地去帮助他们，做耐心细致的思想工作，发扬他们身上的积极因素，转变他们的思想。(2)班有个女学生，在初一时经常迟到、早退，对学习是三天打鱼，两天晒网。有一次缺课竟达两星期之久。学习越来越差。该生平时关心吃喝穿戴的多，头经常弄得蓬蓬松松的。同学都看不起她，给她起了个外号叫“泡泡头”。教师也觉得她比较难弄。但注意观察下来，这个女同学也有一些优点。她家靠学校近，每天回家比较迟。有时班上值日生疏忽了，她就自动地扫地，临走时总要把教室的门窗关好，锁好。辅导员老师感到：不应当厌弃这个同学，而应当热情地关怀她，帮助她克服消极因素，发扬积极因素。就通过家庭访问，并找她的大妈做工作，一起和她亲切交谈，进行教育，指出打扮里也有阶级斗争。又动员班上团员、同学接近她，关心她，找她一起参加集体活动。特别是通过批修整风学习，她受了到极为深刻的教育，震动很大，感到继续这样下去不得了，表示要求进步，决心不再梳“泡泡头”了。后来，她又穿起了补钉衣服，动员家里缴清了几个学期都未缴的学费。她有了进步，我们对她及时予以肯定和鼓励。她学习上基础太差，虽然想学上去，但是有困难，我们就发动同学帮助她。她自己也努力学习，在初二的下一学期里，不仅从不缺课，而且坚持一大早就至校上早读。这样，学习成绩上大有进步，名门功课都达到了中等水平。同学们说：××的“泡泡头”变了，思想也变了。

事实证明，后进学生身上总是有他的积极因素的，问题的关键是善于发现，善于引导。作为一个教师，应该善于发现那淹没在泥沙里闪闪发光的东西，尽管它是细小的，也要抓住，及时加以引导，使积极因素逐步得到发扬光大。

后进学生身上有积极因素，先进学生身上也有消极因素。对先进学生也要“一分为二”。(17)班有个学生，政治活动积极参加，学习成绩很好，劳动也不错，还写得一手好字，老师们一致公认他是个全面发展的好学生。可是他的入团问题老是通不过，原因在哪里？教师经过深入了解，同学们反映他自高自大，看不起人，好在老师面前表现，对同学是“看人对汤”。结果教师越是表扬他，他越是觉得了不起，同学对他的意见也越大。教师经过深入了解，帮助这个同学认识这些问题，使他找到了自己身上的消极因素，看清了自己前进的方向。

中间状态的同学是大多数，他们的特点是：“争先进怕出劲，当后进怕批评”。认为“不先不后最定心”。有人认为这部分学生比较稳定，不必烦心。用毛主席的哲学思想看问题，中间状态的同学并不是一成不变，而也在不断变化，不断地分化的。

(10)班有个同学,进校时表现比较郎当,但是还肯做一些工作,教师就让他担任了班级和红卫兵连的一些工作,认为这样就可以稳住他,不用烦什么心了。但是后来他身上的消极因素发展了,工作消极,学习马虎,逐步向后进转了去,第二学期就什么干部也不当了。第三学期,由于他外语学得好,老师让他当了外语课代表,各方面有了些进步,但仍不稳定。一次为交两块钱学杂费,拿老师作耍,受到老师和工宣队师傅的严肃批评。上学期通过批修整风学习,他较深刻地解剖了自己。他在年级的交流会上说:开始当干部时,对自己要求不严格,认为马虎一点没关系。不当干部之后,埋头读书,专攻外语,一心想当个翻译,跟在首长后面很神气。后来,因为自己方向不对,同学不要自己当外语课代表时,又认为是老师跟自己过不去,因此有意跟老师作对,拿老师作耍。这个同学通过批修整风的学习,觉悟有了提高,认识到必须政治挂帅,做个又红又专的革命接班人,在一学期中先后打了五次入团报告,积极要求进步。这个同学的思想演变过程告诉我们:处于中间状态的同学,无时无刻不在变化,不是向好的方向变,就是向坏的方向变。因此,作为教师,对这部分同学必须密切注意他们的发展趋势,坚持正面教育,发扬积极因素,引导他们向先进方面转化。当他们向先进转化的时候,要及时推动、鼓励,加速他们的转化;当他们向后进转化的时候,要及时敲起警钟,帮助他们提高认识,改弦易辙。

从具体工作中我们认识到,现在的学生大多数都出身于工农及其它劳动人民家庭,他们的本质是好的,这是我们进行教育的绝好基本条件。我们看待学生,首要的是看他们的本质方面,主流方面。对待先进的同学身上呈现出的一些问题,不能偏爱,从而对之迁就、姑息,应该严格要求,及时指出,使其先进更先进。对待后进的同学,要善于发现他们身上的积极因素,为他们创造向好的方面转化的有利条件。总之,不论对处于哪种状态的学生,都要"一分为二"地看待他们,充分发扬他们身上的积极因素,帮助他们努力克服消极因素,促进他们健康地成长,成为德、智、体全面发展的无产阶级革命事业的接班人。

全面贯彻党的教育方针
积极认真开展"三好"活动

原初一年级领导小组

为了全面贯彻党的教育方针,培养学生德、智、体全面发展,去年,我们根据学校领导的指示,在初一年级试行开展"三好"活动(即思想好、学习好、身体好)。第一学期开学初,遵照毛主席的"我们的教育方针,应该使受教育者在德育、智育、体育几方面都得到发展，成为有社会主义觉悟的有文化的劳动者”的教导，我们拟订了“三好”的具体标准和评选办法（讨论稿），并印发给全年级教师和同学认真讨论。通过学习和讨论，大家逐步明确了试行“三好”的指导思想和目的意义。有的同志说：“试行‘三好’是教育革命深入发展的需要，是培养革命接班人的需要，我们应当大胆地去做。”名班同学也很欢迎这样做。

一年来，我们试行“三好”，仅仅是开始做了一些工作。下面谈谈我们在试行“三好”工作中的一些体会。

一、“三好”是思想政治工作的重要内容

毛主席教导我们说：“掌握思想教育，是团结全党进行伟大政治斗争的中心环节。如果这个任务不解决，党的一切政治任务是不能完成的。”培养学生德、智、体全面发展，首先要抓好思想教育这一环。我们在试行“三好”过程中，首先注意抓住批修整风这一头等大事。组织同学积极投入批修整风运动。同学们通过学习和批判，逐步弄清政治与业务的辩证统一关系，也加深了对“三好”之间关系的理解。通过对政治统帅业务和“政治可以冲击其它”的界限，为革命勤奋学习和“智育第一”的界限的区分，提高了路线觉悟，从而自觉地用“三好”标准要求自己。有的成绩差的同学，原来对学习失去了信心，说什么“我是黄鱼脑袋，天生脑子笨”。批判了反动的“天才论”以后，他们说：“不是因为脑子笨，而是自己不勤奋。”他们对学习有了信心和勇气，一切从零开始，从现实出发，努力上好每堂课，做好每次作业，不懂就问，勤学苦练，因而学习成绩有了提高。有一个同学第一学期写作文写不成句子，语文考试只有五分。通过刻苦努力，第二学期结束时能写出大体通顺的文章，能背诵整段的课文。路线觉悟的提高，不仅使学习情况起了变化，更重要的是促进了人的思想面貌的变化。有一位从外地转来的学生，根据原来学校的书面材料介绍，该生德、智、体均差。辅导员老师对该生印象很不好。这个同学有病，生起病来，天天要吃面，她经常和同学吵闹，又喜欢哭，辅导员老师把她当做包袱。在试行“三好”的过程中，大家就研究如何进行思想教育工作，才能把这个学生由德智体均差变为均好，培养成为无产阶级革命事业的可靠接班人。后来，这位辅导员老师通过学习毛主席著作和总结分析自己的工作，认识到自己的思想方法不对头，同时注意在该生身上发现了不少优点，就及时地给予表扬鼓励，坚持正面教育，促进她身上的积极因素不断上升，逐步占主导地位，使该生有了显著的进步，又在老师的启发教育下，该生认真地对自己进行了分析小结，虽然她写作能力较差，语句写不通顺，但写得很详细，剖析自己比较透彻。随着思想觉悟的提高，她学习文化知识的积极性也加强了，还利用星期天到老师家里去补课，争取德、智、体全面发展。这些事例生动地说明：抓了思想教育，才能使“三好”教育有坚实的思想基础，而开展“三好”活动，又促进了学生的全面发展。“三好”是全面贯彻无产阶级教育方针，加强思想政治工作的重要内容。

二、"三好"是发扬先进、带动后进的有力措施

毛主席教导我们："任何有群众的地方，大致都有比较积极的、中间状态和比较落后的三部分人。"我们评选"三好"生，就是要把蕴藏在同学中的极大的革命积极性激发出来，就是要教育大家向前看。用比较积极的去带动中间的，教育落后的。

每二学期期中考试以后，结合期中分析，各班将第一学期期末初评的"三好"生名单进行了复议，并经过全年级老师的评议，共提出七十六名德、智、体全面发展比较好的同学，由年级小组召开大会，出光荣榜表扬。同时在各班推荐的基础上，又确定先进事迹比较突出的五名"三好"生，在会上作了汇报讲用。期末，又结合下半学期的表现及期末考试的成绩，各班进行了总评，共评出了九十四名"三好"生。并发给了奖状。

在评出的"三好"生中，初一(3)班的窦卫霖，她担任红卫兵团团委、连委，又是班委会成员，学校的文娱、体育活动都要她参加，该生在工作多、担子重的情况下，仍能坚持为革命刻苦学习，门门功课成绩优秀。(10)班的李静担任班长，以前她的数学基础较差，但她能一方面坚持搞好工作，一方面刻苦钻研，虚心求教，在第二学期，她的数学成绩有了迅速提高，全年级举行的数学竞赛，她一跃而为第一名。

象上述德、智、体全面发展的同学名班都有。他们的事迹在评选"三好"生的过程中，对其他同学就是活生生的方针和路线教育。

有一个同学(留级生)，刚到初一时，无政府主义极其严重，经常无故缺席、迟到、早退，上课不专心听讲，作业不缴，谁要向他提意见，他就打谁，体育课有时不上，老师、同学找他，他就越墙逃跑……我们除请他母亲、地区主任和他的姐夫对他忆苦思甜，进行阶段教育外，又在班上同学中组织了互助小组，让一些德、智、体发展均好的同学经常和他在一起谈心，帮助他解决学习上的困难，用具体行动带动他向前进，鼓励他的点滴进步，增强他改正缺点的信心。他对体育锻炼积极性很高。上学期，学校体育室组织运动队，征求年级小组和辅导员老师的意见，是否能让该生参加？我们研究决定让他参加，并抓住这个机会，继续对他进行"三好"教育。后来，该生在运动队表现很好，受到了体育组的表扬。我们就鼓励他争取更大的进步，创造条件加入红卫兵组织。

榜样的力量是无穷的，它具有巨大的说服力和感染力，最能为广大同学所理解和接受。不少原来比较后进的同学，在这些德、智、体全面发展同学的带动下，都有了程度不同的进步。一年来，一大批"三好"生的表现和广大同学在德、智、体全面发展方面的新成绩，显示了我校教育革命的巨大成果，它闪耀着党的教育方针的光芒。

我们在毛主席亲自制定的无产阶级教育方针的指导下，在校党支部、工宣队、校革会的具体领导下，在试行"三好"工作中，做了一些事情。但我们的工作做得还不够，还有不少缺点、错误，如在试行"三好"开始时，发动群众对刘少奇一类骗子推行的这"好"那"好"的批判不够。"三好"教育与各项工作的结合还不够紧密，等等。这些都有待今后进一步改进。

在数学教学中贯彻辩证唯物主义观点的一些认识

高中数学组

辩证唯物主义是马克思主义的主要组成部分,也是无产阶级认识世界,改造世界的思想武器。我们的主要任务,在于培养青年一代成为有社会主义觉悟的有文化的劳动者,因此就必须在教学中运用辩证唯物主义的观点、立场和方法来传授知识,有利于学生树立正确的世界观,成为无产阶级革命战士;也有利于学生正确认识新的知识,并能运用这些知识合理地解决实际问题。

上学期,我组把贯彻辩证唯物主义的观点作为教学方面教育革命的重点内容,并在高一、高二年级分别举行了研究课。通过实践,取得了一些认识。

一、在数学教学中对新概念的引入,必须从实践到认识,从具体到抽象,从现象到本质。

辩证唯物主义的根本问题是物质和精神、存在和思维的关系问题。

根据这个观点,我们在数学教学中介绍一个新的概念,就应该从实践到认识,从具体到抽象,从现象到本质,这才是由物质到精神,由存在决定思维。用这种认识客观世界的过程来学习新知识,才能真正掌握新知识。

例如在介绍“圆锥曲线的切线”这一新概念时,学生必然会回忆以往学习过圆的切线定义,这是客观存在。因此首先要复习圆的切线定义,并拿这个定义针对抛物线的切线,研究其是否适用。于是我们就引导学生观察 $y^2=2px$ 的图象,让他们发现抛物线轴虽和抛物线只有一个公共点,但却不是切线。然后再引导学生观察双曲线,又发现过双曲线上任一点作一条渐近线的平行线,虽和双曲线也只有一个公共点,但仍不是切线。通过这两次对圆的切线定义进行验证,说明都不合用,从而使学生认识这个概念有局限性,缺乏一般性,因此有重行定义的必要。然后教师向学生介绍工人师傅是怎样画曲线的切线的,再要求学生仿照工人的动作画抛物线的切线,通过他们的具体实践,使他们认识到用直尺在曲线上进行位置移动,运用极限这个原则,把割线演化为切线,其间就有量变到质变的过程。然后,教师再帮助学生从这个本质上用文字总结出切线的一般定义来,这就把感性认识能动地发展到了理性认识。最后我们又向学生解释过去学习圆的切线定义时,为什么不介绍这个一般定义的道理。这是由于过去受客观条件限制,没有学习极限的有关知识,对一般的切线定义接受不了,根据当时的需要与可能,只能学习局限性的定义来应急,当然现在学习了一般性的切线定义对圆来说必然是适用的。我们在教学中采用了一系列的辩证唯物主义的观点来阐明这个定义,使学生不但知其然,而且知其所以然,那就不会感觉到概念的抽象和难于掌握了。

二、关于教材的互相联系,互相制约,互相作用的关系,以及教材的变化规律和发展趋势等等,都应该向学生叙述清楚。

辩证唯物主义者认为物质世界是发展的变化的,它是一个由低级到高级的无限发展过程。而数学是研究现实世界空间形式和数量关系的一门科学,它能反映物质世界的部分现象。教材之间必然有相互联系,相互制约,相互作用的关系,也必然有它的变化趋势和发展规律。因此我们在每一章的开始,要向学生阐明它是在什么基础上发展起来的,学习了这一章对今后起什么作用,把教材的来龙去脉交代清楚。首先使学生明确认识之间的内在联系和发展趋势。其次,对各节教材之间相互依存,相互制约的联系,以及如何步步提高,层层深入,由低级向高级发展的,也要明显地揭示出来,使学生能认识到教材在纵横各方面的联系、变化、发展过程、达到即见树木又见森林。

例如,学习二次函数这一章,开始我们分析了教材的前后发展趋势,就向学生说明学习了函数概念以后,有条件学习一次函数及其图象,现在又提高一步学习二次函数及其图象,且为今后学习圆锥曲线作好充分准备,这是很自然的联系着的。这样,先让学生熟悉教材之间的相互联系和发展趋势,井然有条地加以叙述,就使学生便于掌握整个知识。其实,在学习二次函数这一章时,开始讨论 $y=ax^2$ 性质和图象,向学生指明这是学习这一章的重要的而且是基本的图象,然后说明若把这一图象沿 y 轴上下平移得 $y=ax^2+n$ 的图象,若沿 x 轴左右平移得 $y=a(x+m)^2$ 的图象,这就把基本图象通过平移转化为较复杂的 $y=ax^2+n$ 和 $y=a(x+m)^2$ 的图象,并让学生掌握它们之间变化规律。再把这两种移动综合起来得:$y=a(x+m)^2+n$ 的图象,显然这种双重移动能求得更复杂一些的二次函数图象,在学习上跨进了一步。最后又证明一般二次函数 $y=ax^2+bx+c$ $(a\neq0)$都能运用配方法把它化为 $y=a(x+m)^2+n$ 的形式,且导出求 m 及 n 的公式来;以上一连串的演变,逐步由特殊的发展到一般的,由简单的发展到复杂的,而且找到变化规律,这又大大地跨进了一步。让学生通过运动的、变化的、发展的辩证唯物主义的观点来学习教材,就便于学生把前前后后的知识有机地联系起来,起豁然贯通的作用。

三、对教材中的一切问题要善于分析,抓主要矛盾,从而解决矛盾。

辩证唯物主义最根本的规律是对立统一规律。这个规律说明矛盾具有普遍性,要坚持用矛盾的观点看一切事物;矛盾又具有特殊性,对具体事物应作具体分析。毛主席教导我们:“任何过程如果有多数矛盾存在的话,其中必有一种是主要的,起着领导的决定的作用,其它则处于次要和服从地位。因此,研究任何过程,如果存在着两个以上矛盾的复杂过程的话,就要用全力找出它的主要矛盾。捉住了这个主要矛盾,一切问题就迎刃而解了。”在数学教材中充满着矛盾,研究问题就是解决矛盾。我们首先分析问题,看其中包含那些矛盾,分清主次,然后集中精力解决主要矛盾,使问题迎刃而解。用这种抓关键和突出重点的办法来研究知识,就易懂易会。反之,如果在教学中放松这一环,那就会在复杂矛盾面前,感到如堕烟海,茫无头绪,无从着手,学生也会认为教师讲得平铺直叙,头绪纷繁而难于接受。

例如,在研究三角函数的诱导公式时,要把负角,第二象限的角第三象限的角,第四象限的角都化为锐角三角函数,这四种中每种又有正弦,余弦,正切,余切四个类型,因此一共有十六个公式,虽然公式不少,头绪又多,但只要能通过分析,找到这四种三角函数在各个象限应有的符号。这就是捉住了主要矛盾,重点解决这个主要矛盾,那末十六个诱导公式就一一解决了。

以上几点,说明在数学教学中贯彻辩证唯物主义的观点,是完全必要的,也是完全可能的,恩格斯指出:“数学:辩证的辅助工具和表现形式。”更证实了这一点。虽然辩证唯物主义是精深的,但也不是高不可攀的。我们在教学中贯彻这个观点,从上学期才开始重视起来,由于我们马列主义的书和毛主席著作读的太少,领会得又比较差,因此以上所谈的几点认识,错误是难免的,然而我们认为这一条路是一定要走的,这是我们改造思想,批判修正主义教育路线,促进教育革命,提高教学质量的有力武器,因此我们不怕犯错误,有信心有决心坚持下去。

不断加强研究　努力提高教学质量

物理教研组

上学期,我组全体同志在党支部的领导下,通过批修整风,认真学习了毛主席的教育革命思想,对一些问题初步在路线上作了区分,并在组内逐渐形成了研究气氛。在集体研究的基础上,上学期我们组组织了两次研究课(高二的“旋转磁场”和初二的“电磁感应”),取得了一定的成绩。

群策群力　共同研究

我们开始搞研究课,是大家相互踢皮球,谁也不肯承担。总把研究课和文化大革命前的公开课、观摩课等同起来,认为一承担研究课的任务,便由个人准备,个人上台,结果不是冒尖,就是出丑,头脑里有个“怕”字,怕花力气,怕被人说是“业务挂帅”,

怕上不好丢面子,等等。后来,我们在批修整风的学习中,批判了刘少奇一类骗子所散布的“天才史观”,对这个问题逐步分清了界限。大家认识到:过去在修正主义教育路线的影响下,搞公开课、观摩课,往往是突出个人,因此必然是走专家路线;今天我们在毛主席无产阶级教育路线指引下搞研究课,是为革命提高全组同志的教学水平,因此必须走群众路线。同时,针对我组新教师多,青年教师多,缺乏教学经验的情况,大家也感到一定要群策群力,共同研究,这样才能以老带新,以新促老,相互学习,共同提高。认识提高后,有不少同志也就乐于上研究课了。

在“旋转磁场”这节研究课中,我们全组同志齐动手,共同研究教学内容,共同研究教学实施计划。在教学中,一些同志感到按课本上选四个时刻分析旋转磁场的方向,来确定合磁场的转向,说服力还不强。通过研究,大家觉得在零到三分之一周期中再分析$\frac{1}{6}$周期时刻的合磁场,就能很自然地看出磁场顺时针旋转的方向。执教的老师根据大家的意见修改了原计划,按共同研究的教学方案进行教学,取得较好的效果。

物理教学经常需要运用教具进行直观教学。上学期,我们大家动手,共同研制和改进了一些教具。我们利用晚上以及星期天的时间,和同学们一起制作了一套教学“旋转磁场”用的活动图片,还制作了日光灯原理演示器、晶体三极管电流分配演示器、大型课堂演示用千欧表、微安毫伏表、运动独立性原理演示器、射流附壁效应演示器,等教具,参加了市物理教研站组织的自制教具展览会,这些教具都是些“土教具”,成本小,实验效能比较高。这是全组教师集体智慧的结晶,它保证了教学任务的胜利完成。

不断实践　反复研究

“一个正确的认识往往需要经过由物质到精神,由精神到物质,即由实践到认识,由认识到实践,这样多次的反复,才能完成。”通过研究课实践,我们对毛主席的这一伟大教导体会得更深了。

上学期,初二年级有二十四个班,同教材的教师多,每个教师所任的班级多,我们利用这个有利条件,开展研究活动,努力提高教学质量。就拿“电磁感应”这一课来说,我们遵照毛主席关于“实践,认识,再实践,再认识”的伟大教导,经过多次实践,才逐渐摸索到上好这节课的关键。

这节课虽然在暑假中全市集中备课时讨论过,开学后,市教研站又组织了关于“电磁感应”的集体备课,我们还作了重点发言。但正式到课堂上进行教学时,却不断地发现了新的问题。担任这次研究课的老师,每听一次课都和自己的课作对照,自己每上一次课都认真加以总结。发现学生“切割磁力线”这个概念很难建立,大家就自己动手,做了一个简易的模型来讲清切割磁力线的概念;发现课时安排还比较松,全组教师就开展讨论,根据少而精的原则,把两节课的内容提炼一下,放在一节课内讲完。这样不断实践，反复研究，执教的老师正式上研究课时，前面已有二十二个班级教过；同教材的教师教过，自己也在别的班级教过多次，积累了这一课教学的经验，因此，在这节课内，不仅教了电磁感应现象，而且还教了右手定则，多数同学能建立比较清楚的概念，基本上达到了教学目的和要求。一位外地听课的同志说："我以前在中学时一直搞不清右手定则，今天一看，一听，感到很清楚。"执教的老师也说："回头看看自己最初写的教案，那简直不象个东西。"

再如，在上"旋转磁场"这节研究课时，对三相交流电产生旋转磁场的演示实验，放在何时做，我们也经过不断实践，反复研究的过程，一开始我们是先用图片进行理论分析，然后做实验，但结果表明：这种分析比较抽象，学生缺乏实践基础，接受感到比较困难。后来，先做演示实验，再进行理论分析，这样符合人的认识过程，学生比较容易接受，取得了较好的效果。

及时总结　促进研究

"旋转磁场"和"电磁感应"这两节研究课，打开了组内研究的局面，使我们尝到了一些甜头，看到了成果。它告诉我们要上好一节课，不仅要抓课前研究，而且还要不断抓课后研究，及时总结。这样做，既能使全组同志普遍提高教学水平，也能为教研组逐步积累教学资料，进一步促进了研究，活跃了组内的研究气氛。

平时有些课并不是"研究课"，但大家养成了研究的习惯，总是相互听课，相互切磋。如讲"照明电路检修"这节课，最早上课的是一位刚来校的新教师，缺乏教学实践经验，老教师听了他的课，发现了问题，自己去上课时就根据以往工人师傅上课的实践经验，安装了一块照明电路检修试教板，联系实际去教。听课后，大家及时做了总结，感到教学效果较好，但是实验漏电的故障还不明显，后来想到导线经过雨淋水浸，产生漏电现象。就把旧导线湿一湿水做漏电实验，结果不用测电笔去检查，一通电就发现导线因漏电而冒烟，教学效果非常显著。每个教师上过这一课后，大家都及时总结，一起进一步研究、改进，研究气氛越来越浓，教学效果也越来越好。最后来上这一节课的一位教师，总结了前面几个教师上课的经验教训，所以尽管他是个才改行教物理的教师，上完课后，师生们都一致反映这堂课上得较好。

由于创造了研究气氛，所以互帮互学在组内蔚然成风。一位老教师说得好："我们的师徒关系是经常颠倒的。"的确，无论是青年教师，还是老年教师，是工人教师，还是原有教师，大家有不懂得的问题就提出来，谁能回答谁就解答。刚来我组的一位青年教师说，过去我有问题不敢讲，闷着头总是自己想，因为有爱面子思想，怕问题提得太简单被人笑，现在遇到问题丝毫没有顾虑，提出来大家研究，因此提高很快。

上学期，我们在组织研究课，活跃教研究气氛方面做了一些工作，但是离开飞跃发展的教育革命形势还有很大的距离。本学期，我们将继续提高路线斗争觉悟，坚持群众路线，坚持实践第一的观点，不断加强研究，努力提高教学质量。

用毛主席的哲学思想改进化学教学

化学教研组

在化学教学的实践中,同学较普遍的反映是:内容繁多,难学难记,概念混淆不清。过去我们对这种反映都主观片面地认为是学生的基础太差,脑子不活,又不肯下苦功,而没有从我们教的方面去认真地分析原因。上学期,我们在教育革命深入发展大好形势的推动下,学习了毛主席的有关哲学思想,分析检查了过去教学中存在的问题,并用来逐步改进教学。现谈谈我们在课堂讲授中的几点认识和体会。

一、抓住知识中的主要矛盾,重点突破。

“在复杂的事物发展过程中,有许多矛盾存在,其中必有一种是主要的矛盾,由于它的存在和发展,规定或影响着其他矛盾的存在和发展。”根据毛主席这一指示,检查我们的教学,就可以看出:同学反映“内容繁多”的重要原因之一,是没有抓住知识中的主要矛盾,而被一些庞杂的具体材料和现象所迷惑了。造成这一后果的原因。是由于我们教师的思想方法不对,片面地认为现在同学的基础差。教师上课多讲一点,同学的困难会少一点,学的知识也就多一点。因此在讲课时,总是贪多求全,往往抓不住知识中的主要矛盾。

上学期在教学中,我们用毛主席关于抓主要矛盾的光辉思想,认真钻研教材,引导学生全力捉住知识中的主要矛盾,作重点突破。高一年级讲溶液里的离子反应时,学生普遍反映:“物质种类太多,分子式不会写,记不得。”我们曾企图用减少数量的办法来解决这一矛盾,规定了一些常见物质的分子式,要求学生先把它记住,但是反映还是记不得。后来我们通过调查,了解到同学根本没有掌握书写物质分子式的基本知识,而是在孤立地、机械地死记分子式。从这一情况出发,我们首先给同学揭露了分子式不会写、记不得的主要矛盾,是没有掌握应记的常用元素符号,没有理解元素的化合价,化合物的命名原则也不清楚。而这里的元素化合价又是关键。这一主要矛盾揭露后,我们就引导学生抓住元素化合价这个关键,重点突破,在此基础上要求同学记忆常用元素符号和化合物的命名原则。这样使同学掌握了书写物质分子式的一般规律。有些同学体会到物质的分子式并不难写,更不需要一个个的死记硬背,从而摆脱了认为物质的分子式太多,写不出、记不住的困境,提高了学习的信心。在讲“盐类水解”一节时,我们根据“盐类水解”这一事物自身的主要矛盾,抓住 Na_2CO_3 这一具体盐,做了详细的分析和深入的讲解,然后在学生实践的基础上。揭露了“盐类水解”的主要矛盾，就是盐分子中某一离子与水电离出来的 H^+ 或 OH^- 结合生成弱电解质，致使溶液里的 H^+ 或 OH^- 相对过多，所以使整个溶液呈酸性或碱性。由于引导学生掌握了“盐类水解”这一主要矛盾，所以他们对许多具体盐的水解情况，基本上自己都能判断得出来，达到了举一反三的效果。而且课时还比以往减少了一课。

我们体会到，在教学中引导学生捉住知识中的主要矛盾，重点突破，才能真正讲在关键上，才能使学生的学习精力用在刀口上，达到事半功倍之效。

二、突出矛盾的特殊性，讲清知识间的质的区别。

“对于物质的每一种运动形式，必须注意它和其他各种运动形式的共同点，但是，尤其重要的，成为我们认识事物的基础的东西，则必须注意它的特殊点，就是说，注意它和其他运动形式的质的区别”根据毛主席这一哲学思想来看，学生对一些基本概念混淆不清，用起来容易张冠李戴，其重要原因，就是没有能掌握事物的特殊点。因此，我们在教学中必须自觉地突出矛盾的特殊性，讲清一事物区别于其他事物的特殊本质。高二教材中有好几个“水解”的概念，同学认识模糊，混淆不清，我们在讲到碳水化合物的水解时，就有意识地提出“乙酸钠的水解”“卤代烷的水解”“酯的水解”“麦芽糖、蔗糖的水解”，加以分析对比，讲清各类物质水解的质的区别，使学生掌握各类水解的本质。这样既澄清了学生的模糊认识，同时又加深了对水解这一基本概念的理解。高一年级学生，解决关于工业上生产硫酸纯碱的计算问题，往往要花不少时间，又容易运算错误，我们就抓住这一计算的特殊点，和同学一起详细分析的多步反应简便计算的要领和特点，既清楚，又省事，通过对比，同学很快就掌握了。

我们觉得，应用分析对比的方法，突出矛盾的特殊性，讲清知识间的差异，学生容易掌握问题的所在，可以消除思想上的混乱，遇到实际问题，能作具体分析，不至于不知所措。

三、抓住事物间的联系，揭示事物的内部规律。

“一切客观事物本来是互相联系的和具有内部规律的。”化学这门自然科学本身也是相互联系和存在着内部规律性的。如原子、分子、与物质；物质的结构与性质；分子式与化学方程式；物质的电离与电解；酯化反应与皂化反应；中和与水解等等，都是相互联系的，因此，我们在教学中必须抓住知识间的联系，揭示事物的内部规律，从而使学生学得的知识系统化，克服杂乱难记的现象。我们在讲解氯气的化学性质时，就首先给同学指出氯的原子序数是 17，引导同学回忆了氯的原子结构，并推算了它在周期表中所处的位置，使同学认识到氯原子最外电子层上有七个电子，因而很容易获得一个电子，显示 −1 价，是一个典型的非金属元素，从而得出氯气是一个非金属性质很活泼的物质。在这个基础上，我们给同学介绍了氯气的一些具体性质。这样做不仅使学生比较容易地掌握和理解氯气的化学性质，同时又把过去同学学过的原子结构、周期表、元素化合价、元素的金属性和非金属性等有关知识有机地联系起来了。

我们在抓知识的内在联系上,除上述在讲授新知时,联系旧知导出新知内容外,还常在讲完一部分内容后,将有关的知识加以归类,指出它们相互间的联系。如高二年级讲完烃的衍生物这部分教材后,我们就把各类有机物进行归类,指出它们之间的相互联系和相互转化的内部规律。

我们感到,抓住事物间的相互联系,揭示事物本身的内部规律,不仅使学生所学知识的系统化容易掌握,更重要的可以树立学生联系发展的辩证观点,防止孤立地、片面地、静止地看问题,有助于同学形成正确的世界观。

生动活泼地学好语文

初二语文组

伟大领袖毛主席一贯主张:我们的教学内容和教学方法,都要有利于培养学生在德、智、体诸方面生动活泼地主动地得到发展。在上学期的工作中,我们比较地注意了采用启发式教学,联系三大革命斗争实际,开展多种形式的活动来进行教学,以调动学生的学习积极性,促使他们生动活泼地主动地学好语文。从而培养了他们分析问题和解决问题的能力。提高了他们阅读和写作的水平。

一、采用启发式,调动学生积极性

上学期,我组教师在采用启发式教学方面,经常集体研究,努力实践,使课堂教学出现了新的局面。在实践中大家体会到:

1. 启发式教学并不是简单的"问答式",而是要抓住关键问题,启发、引导学生独立思考,提出问题,分析问题,解决问题。有的教师在课堂上研究《整顿党的作风》(节选)的段落提纲时,开始学生的看法分歧很大,后来教师适当提示节选部分上下文的原意,引导学生阅读节选部分最后一节的结论,再回过头来看前面的几个小节,大家就很快地得出了一致意见。这样分析研究,不是为分段而分段,而是帮助学生深入理解文章的思想内容,较好地掌握了这一部分知识。鲁迅杂文《文学和出汗》第三小节中"只要流传的便是好文学,只要消灭的便是坏文学"等句,开始有许多学生搞不清这是鲁迅先生的话还是别人的话。后来教师启发大家复习第一小节,学生们顿时明白了这是反动文人梁实秋之流的谬论,接着就和下文联系起来,狠批了反动统治阶级的历史论和买办资产阶级文人的文学论,很快地解决了学生们的疑难问题。

2. 运用启发式,要加强课前的调查研究,从学生的思想实际和知识实际出发,有的放矢地进行教学。我组有些教师在讲授《董存瑞舍身炸敌堡》等课文之前，能有目的、有计划地召开学生座谈会，进行深入细致的调查研究，督促学生做好预习，并布置一定数量的预习作业，以培养学生的自学习惯和能力。通过课前的调查研究，大体摸清了学生的思想情况和语文知识情况，知道他们对将要学的课文，哪些地方已懂，哪些地方似懂非懂，哪些地方有错误的理解。教师做到了心中有数，课堂教学就比较能结合实际，突出重点，有的放矢。

3. 运用启发式，加强“双基”教学，必须充分信任学生。有些教师在教《生命线》等课文时，在调查的基础上，估计有些内容能通过学生自己的实践去解决，便提了一些生字词要他们查出拼音，提了一些一字两读的字，要他们查出拼音并组词。课上，同学们都争着上黑板拼写、组词，并且还有一些同学补充了一些生字的几种读音和组词，教师肯定了学生的积极性，并略加订正。所用时间不多，却较好地完成了教学任务。这样做也逐步培养了学生翻阅字典、预习课文的习惯和兴趣。

二、开展多种活动，联系实际教学

“请进来，走出去”，是我们结合三大革命进行教学的好方式。我们注意了开展多种形式的活动，尽量结合三大革命斗争实际，配合政治思想教育工作进行教学。上学期开学不久，同学投入了批修整风的学习，我们就结合《反对自由主义》、《做光明正大的老实人》等课文，分析光明正大和搞阴谋诡计的两条路线的实质，并针对同学中存在的一些思想问题，布置学生写了两则小评论：《评“老实人吃亏”》、《“老实人”做不得》，引导学生上升到路线高度来看问题，既提高认识，又学习了范文中的正反论证，破中有立等写作方法。我们还结合课文内容，组织了全年级学生“走出去”，分别参观了汽修厂、柴油机厂和大华棉织厂。大家参观了工人师傅的劳动情况，看到了工人阶级创造财富的伟大；听了各厂厂史的介绍，了解了各厂成长中的两条路线斗争的历史。回校后，我们布置学生写了一篇作文：《××厂参观记》，让大家既在写作中加深参观的印象，又指导学生注意围绕中心，剪裁取舍，概括叙述和具体描写相结合等写作方法，取得了较好的效果。在全校开展“学培光”活动时，我组同志还配合学校共青团、红卫兵团和年级组织，带领一些同学走出校门，调查访问了一些老工人和老教师，搜集了旧扬中在日本帝国主义和国民党反动派的血腥统治下的历史资料，写出了三篇具有一定质量的扬中校史，配合政治教育，在广播会上作了介绍。

为了促进学生多读多写，课内课外相结合，提高学习积极性，更加生动活泼地主动地学好语文，我们上学期在初二年级的全体学生中间，举行了三次比赛。一次书法比赛，统一印发米字格纸，统一书写内容：（“学培光，树立远大理想，为革命认真读书”十六个字）。一次朗读比赛，统一印发讲义，以培光中学的两篇谈理想的文章作为朗读材料。在人人准备的基础上，由组到班，由班到年级，层层选拔。一次写作比赛，与期末作文考试和元旦征文紧密地结合起来。以上各次比赛，均体现“在普及的基础上提高”的精神，每次评出优胜者若干名，发给奖状，以资鼓励。对写作比赛前八名的作文,编印成一期"佳作选辑"。

上学期,通过上述一些方面的努力,学生的阅读能力和写作能力都有了一定的提高。我们决心继续遵照毛主席关于教育革命的一系列教导,生动活泼地进行语文教学,使学生既提高思想觉悟,又学到文化知识,成为有社会主义觉悟的有文化的劳动者。

教革通讯

第15期

一九七三年四月三日
扬州中学政工组、教革组编

短评

认真开好一九七三年春季校田径运动会

伟大领袖毛主席说:"青年们要学习,要工作,但青年时期是长身体的时期。"又号召我们革命青少年要做到"身体好,学习好,工作好"。毛主席关于发展体育运动的一系列指示,是对我们每个革命青少年的亲切关怀,是对我们搞好体育锻炼的巨大鼓舞。

身体是革命的木钱。干革命,没有健壮的身体是不行的。而身体的健壮,又离不开体育运动。积极开展体育锻炼,增强体质,既是当前搞好学习和工作的需要,也是将来从事革命和建设的需要。我们革命青少年正处于长身体的时期,现在的锻炼情况,决定着今后几十年能否以健壮的身体很好地为人民服务。万里征程,千斤重任,需要我们在青少年时期就锻炼出一副钢筋铁骨。我们要以伟大领袖毛主席为光辉榜样,从青少年时代就刻苦锻炼。锻炼意志,锻炼勇敢,锻炼我们同大自然和社会风浪作斗争的能力,使自己成为德、智、体全面发展的无产阶级革命事业接班人。

我校一九七三年春季田径运动会即将举行。这将是我校参加人数最多,规模最大,项目比较齐全的一次运动会。这届校运会,是在群众性体育运动广泛开展的基础上举行的,是在校田径训练队正常锻炼了一个时期的基础上举行的,对于举行这次运动会,学校领导重视,各部门做了充分准备,群众积极性很高,我们相信,这次运动会一定能开好,一定能以好成绩向党和人民作出汇报,我们预祝这次校田径运动大会取得成功。

校运动会比赛期间，应当坚持无产阶级政治挂帅，深入批判刘少奇一类骗子散布的“体育无用论”和“锦标主义”、“技术第一”等修正主义流毒，坚持“友谊第一，比赛第二”的方针。运动员在比赛中，要明确比赛的目的，确立为贯彻党的全国发展的教育方针而赛，为中国革命、世界革命而赛的思想，要赛思想，赛团结，赛风格，赛进步。要做到胜不骄，败不馁，相互学习，共同提高。要认真参加各个项目的比赛，争取为革命做出成绩。各个班级要结合当前轰轰烈烈开展的“学雷锋”运动，进一步加强集体观念，发挥集体力量，在精神上和物质上支持运动员，鼓励运动员。全体同学要自觉遵守革命纪律，共同开好这次运动会。

东风万里，春色满园。百卉争妍，万紫千红。春花鲜美，比不上祖国花朵的艳丽；春意盎然，比不了革命青少年的青春活力。在这大好的春光里，我们要让青春的花朵开得更加艳丽，让青春的活力得到更大发挥。我们要刻苦锻炼，认真学习，开好这次校田径运动会。“争取更大的胜利。”

校运会在积极准备中

【本刊讯】为了全面贯彻党的教育方针，我校定于四月六、七日举行一九七三年春季田径运动会。学校党支部、工宣队、革委会十分重视这次运动会的召开，由胡文等同志组成了校运会领导小组，领导小组下设竞赛组、后勤组和宣传组。领导小组于三月中旬召开了第一次准备会议，通过了校运会规程和有关工作，并于四月初专门组织了一次全校广播动员大会。

这次校运会是在我校教育革命一派大好形势下召开的，全校革命师生都积极投入了准备工作。

为了开好这届校运会，各班结合学习雷锋精神、民兵整组教育进行了动员，有的班还开了专题班会，把这做为一次方针教育的内容。全校各班为参加这届校运会都组织了竞赛、后勤、通讯报导组。高中各班还提出了校运会期间，要发扬共产主义风格，大做好人好事，把学习雷锋活动和开好这次校运会结合起来。

这届校运会还增加了一些比赛项目，比以往历届校运会显得丰富多彩。新项目有高初中男女生三项全能，女子100公尺低栏，高中男生3000公尺，初中男生三级跳远，初中女生1500公尺等。教工也和同学一样正式参加比赛，充分体现了校领导对教职工体育活动和身体健康的关心。

目前，校运会组织编排工作、宣传工作、场地器材以及裁判员训练的准备工作已大体就绪。全校师生正继续加紧锻炼，迎接校运会的到来。

努力争取创造新的成绩

高一(6)班

扬中园内春光明媚。我们高一(6)班同学，和全校同学一样，正信心百倍地积极准备着校运动会的召开。

随着批修整风运动的深入，我班广大同学批判了刘少奇一类骗子的修正主义体育路线，批判了他们所散布的“智育第一”“体育无用”“锦标主义”等流毒，从而大大地激发了广大同学为革命锻炼身体，提高体育运动水平的积极性。为了开好这次校运动会，我们表示：在运动会期间，要认真贯彻执行“友谊第一，比赛第二”的方针。要向雷锋同志学习。比赛场中，当一个顽强战斗的运动员。在比赛场外，做一个勤勤恳恳的服务员。在比赛中，我们要“宁可失名次，也不失风格”。通过比赛，更好地向兄弟班级学习，取人之长，补己之短，互相学习，互相帮助，共同提高。不参加比赛的同学，要积极为大会服务，以保证比赛的顺利进行。

我们决心和全校同学一起，努力争取创造新的成绩，向党和毛主席汇报。

编者的话：为了配合我校学习雷锋活动的开展，本刊特辟了“在雷锋精神鼓舞下”专栏。希望各班级关心本栏，充分运用本栏所介绍的好人好事及经验，推动学雷锋活动的深入开展；并且希望大家支持本栏，踊跃投稿，共同把本栏办好。

雷锋精神鼓舞她们前进

——记一个“学雷锋”小组

在我们高二(7)班，人人都晓得“学雷锋”第一小组，她们样样事情都走在前头，受到大家的好评。

在毛主席光辉题词"向雷锋同志学习"发表十周年的日子里，我班的蔡红、冯小平、张岚岚、李丽娅，陈利平五位同学，乘着这股强劲东风，在我班成立了第一个"学雷锋"小组。她们坚持无产阶级政治挂帅，把学马列著作、毛主席著作、文化知识和体育锻炼结合起来。认真学习《雷锋日记》，熟悉雷锋事迹；认真写学习心得笔记；认真交流经验。现在她们正向"三好"的方向迈步前进。

这个小组成立后，首先抓了马、列著作和毛主席著作的学习，他们统一了学习内容，以自学为主，每周星期四交流学习心得。现在她们开始学习了《共产党宣言》的部分内容，学习了《雷锋日记》、《为人民服务》。还熟悉了雷锋事迹。她们学习了《共产党宣言》中"无产阶级专政不是阶级斗争的结束。而是阶段斗争在新形式中的继续"这一点，进一步认识到当前正在开展的批修整风运动，有着极其重要的意义，在我们今天的社会主义时期，虽然无产阶级已经专了资产阶级的政，但革命并没有停止，阶级斗争并没有结束，因此，必须认真学习，提高阶级斗争和路线斗争觉悟。为了对敌人斗争。就需要进一步加强团结。前一时期，这个小组的冯小平和李丽娅为了一件事引起了误会，闹起了纠纷，影响了团结。这时组长陈利平就及时地召开了小组会，开展批评与自我批评，对照毛主席的教导，畅谈了团结的重要性。在全组同学的热情帮助下，她们两人终于又团结起来了。

她们学习了雷锋的事迹，受到了很大的教育。在雷锋"钉子精神"的鼓舞下，她们学习社会主义文化知识比过去刻苦了。这个小组里有两个同学学习基础比较差，她们学习雷锋的"钉子"精神，上课认真听讲，对作业独立思考，小组还开展了兵教兵的互助活动。经过一个时期的努力，这两个同学学习有了进步。

她们学习了雷锋的故事后，进一步明确了为革命锻炼身体的重要性。小组每周一、三、五早晨六时半开始，在学校进行体育锻炼的计划。陈利平家住宝塔湾，虽然远，但她还是每天来校进行 1500 米的长跑练习。蔡红家住农村，开始对来校锻炼情绪较低，后来在全组同学的帮助下，她每天早晨都坚持来校练长跑，她说："我要象雷锋那样，发扬一不怕苦，二不怕死的革命精神，坚韧不拔地刻苦锻炼，争取做到德、智、体全面发展。"

她们还处处以雷锋同志为光辉榜样，积极为集体做好事。他们认识到：要使自己成为对人民有用的人，就必须从日常小事做起，培养全心全意为人民服务的观点。前些时候，接连下雨，高二大楼前的一片地里积了不少雨水，影响了同学们锻炼身体、做广播操。这时她们组的同学就主动放弃了休息时间，放学后，借了箩筐，借了锹，抬的抬，铲的铲，填好了场地。在劳动中，她们一个个挥汗如雨，一直干到天黑才回家。

有一天下午课外活动时间，同学们都到操场参加体育锻炼去了。她们几位同学也准备去参加锻炼，但看到教室里的值日生工作还没有做，就主动留下来，把教室打扫干净才去操场锻炼。

在她们这种经常为集体做好事精神的带动下，现在我们班上为班级为集体做好事的同学愈来愈多了。

在雷锋精神的鼓舞下,我班"学雷锋"第一小组越来越焕发出强烈的光彩。我们深信:"学雷锋"第一小组将在领导和同学们的帮助、支持下,更加大踏步地奔向前方,取得更大的成绩。

高二(七)班 团支部 班委会

生动的一课

高一(5) 徐名峰

"叮呤,叮呤……"。早晨,随着工厂上班的清脆铃声,我们在汽车修配厂学工的同学便开始上物理课。一位身材高大的工人师傅走上了讲台,在黑板上写下了"变速箱"几个字,我们看到了感到又是高兴又是惭愧。我们为什么感到既高兴又惭愧呢?那还得从头说起。

我们刚进汽修厂学工劳动时,被分配到总装变速箱组,心里非常高兴,认为:装变速箱没问题,在课堂上我们学过了关于变速箱中轴承和齿轮的知识,笃定!中午休息时,一位师傅走过来说:你们都是高中生,我出个题目给你们作作。他指着身边机器中的主动轮和从动轮说:如果主动轮转速是1450转/分,直径为90毫米,从动轮转速为1200转/分,那么从动轮直径为多少毫米?当时,我们都我看你,你看我,不知该怎样作,只是红着脸。工人师傅看着我们的表情,心里明白了几分。他一针见血地说:"你们都是高中生,连这个小问题都答不上,将来拿什么去建设社会主义,又拿什么去实现共产主义呢?"说得我们脸上火辣辣的。是的,我们在课堂上死记公式,不能灵活运用到实际中去。今天这道题应该运用$\frac{n\text{主}}{n\text{从}}=\frac{d\text{从}}{d\text{主}}$这一公式,在课堂上我们会应用,会讲,会作,但遇到实际问题我们为什么不会应用呢?

现在,工人师傅给我们上课,正是弥补我们所学的不足,我们怎能不高兴,不惭愧?听着师傅的讲解,想起了过去刘少奇一伙在教育领域里大肆散布封、资、修毒素,引诱学生脱离三大革命运动,毒害了不少青少年。今天,我们自己认为"笃定"的事,却成了"不定";自己认为"没问题",却"出了问题",不就正是这样的吗?真是叫人越想越痛恨……

通过学工劳动,我们学到了在课堂里所学不到的东西。我们深刻体会到:三大革命运动不仅需要文化知识,而且是十分需要的。今后我们要努力在三大革命运动中学习，理论联系实际，更好地学好社会主义文化知识。

简讯

＊三月廿四日下午，师院体育系、市五中和我校田径队在师院田径场举行了开春以来第一次田径友谊赛，结果我校以 163 分获团体总分第一名。

在友谊赛中，三单位领导很重视，运动员发扬了“友谊第一，比赛第二”的精神，比出了风格，比出了水平。我校女运动员初二(9)班的董秀清同学以七公尺廿五公分的优秀成绩打破我校解放以来历届校运会初中女子铅球七公尺十七公分的纪录，这是我校今春以来田径场上出现的第一个喜讯。

＊在女子 100 米比赛中，我校高一(6)班运动员张广红、王爱珍、张承媛三同学跑出了文化大革命以来的最好成绩，她们分别是十三秒四，十三秒七和十三秒八。

＊三月卅一日下午，我校田径队又与江苏农学院田径队进行了友谊比赛。在这次比赛中，我校运动员童秀清、吴冬顺以七米六九与七米卅又一次打破校初中女子铅球七米十七的纪录。在女子 800 米比赛中，我校运动员张龙春以二分三十六秒六打破了二分四十五秒一的校运会纪录，平了本校解放以来的最高纪录。

在这次比赛中，还出现了一批好成绩。如高中女子跳高同时有三人达到一米二七的好成绩；跳远连同师院比赛已有三人跳过了四米二十以上。高中男生姜金保在推铅球比赛中，成绩达到了十一公尺九十二公分，离校最高纪录仅有三十多公分。

＊高二物理课外活动小组师生赶制了一批飞机模型，准备参加校运会表演。

＊高一年级前十二个班去汽车修配厂和冶金厂学工已经胜利结束。学工劳动中，请了工人师傅讲了物理、数学、政治等课目。

＊政治组最近请了江苏农学院蔡正发同志来校讲授《实践论》，谈了“实践出真知”。反映较好。

＊高中数学组最近举办研究课，由王家槐老师在高二(18)班讲了“函数的定义”。

＊农基组师生制作了“细胞分裂”等五幅挂图，促进了教学开展。

＊高中数学组最近对高二年级同学举办了“优选法”讲座；高一年级最近对同学举办了“成语故事”讲座。

教革通讯

第16期

一九七三年四月十九日
扬州中学政工组、教革组编

黄海之滨干革命，扎根边疆志不移

——给母校革命师生的一封信

扬州中学党支部、工宣队、革委会，全体革命师生，亲爱的同志们：

我们——战斗在祖国黄海之滨的十名扬中六六、六七、六八届初、高中毕业生，首先向母校的革命师生致以最亲切的问候和崇高的战斗敬礼！

今年三月八日，是我们响应毛主席号召，来到江苏生产建设兵团二师九团三营干革命四周年的日子。回顾四年来走过的路程，我们满怀豪情挥战笔，饱蘸黄海水万滴，有千言万语要向同志们讲。辽阔万顷海疆，容纳不了毛主席、兵团各级党组织和贫下中农对我们的恩情；滔滔黄海波浪，也写不尽我们四年来接受再教育的体会。今天，我们向亲人们汇报的只能是四年来生活的一个侧面。

四年前，迎春战鼓催征人，东风万里壮行色，我们怀揣宝书，身背行装，一路春风一路歌，踏上了与工农相结合的道路，奔赴祖国的黄海前哨。而今，我们已在这儿经历了一千多个夜露晨霜，迎来了又一个明媚的春天。

四年的时间并不长，可它却象一本永存的日记铭刻在我们的心中。回想那稻场上，朝阳在我们的劳动中冉冉升起，我们迎来了多少战斗的黎明；田埂上，我们顶着狂风暴雨堵缺口、放秧水，送走了多少不眠之夜；多少次踏月色，我们看见了天安门上的红灯照海疆；多少次披夕阳，我们欢快地把劳动的凯歌唱。每当我们看到自己和贫下中农一起用汗水换来的金黄的麦粒、雪白的精棉、饱满的大豆、丰产的稻谷，亲手挖成的整齐划一的沟渠。精心培育的笔直葱绿的林带，就由衷地感到青春的价值，生命的富有和前途的广阔。

海阔凭鱼跃,天高任鸟飞。在兵团这个广阔天地里,我们广大知识青年正在茁壮成长。我们当中已有四个同志光荣地加入了中国共产党,六名团员中有五名是新团员。兵团领导、贫下中农和连队的同志信任我们,把我们推上了领导岗位和其它重要岗位,分别担任了连队政治指导员、排长、营部书记、连队文书、卫生员、教师等职。我们当中许多同志由于认真学习马列著作和毛主席著作,会在连、营、团的学习毛主席著作经验交流会上介绍经验;批修整风运动中,我们站在革命大批判的第一线,挥笔怒批刘少奇一类骗子,提高了觉悟,增长了才干。从实践中我们深深体会到:我们的点滴成绩,都渗透着党和贫下中农的心血;我们每前进一步,都是靠毛主席革命路线的指引。

的确,我们的每一个微小进步,都凝聚着兵团各级领导的亲切关怀和爱护。就拿我们的团政委来说,大家都敬佩地称他为"辛勤浇灌革命花朵的园丁"。无论是顶骄而战"三夏",或者是冒严寒搞水利。也无论是在昼夜不息的"三秋"场头,或在我们探亲回家的停车场上。政委都常常出现在我们的身旁——他时时、事事关怀知识青年的成长。记得有一次,十一连搞全连性的水利积肥大会战,中途遇雨仍坚持战斗。政委知道后,从团部连续打来四次电话,问这问那,关怀备至。连食堂是否烧姜汤都提上了。去年"三夏",许多知识青年表现突出,政委会多次来连队仔细询问,并亲自写了广播稿给予表扬。还有一次,我们学校有一位同学被送去上大学,政委特地赶到我们连,亲切地勉励他,要他不辜负广大干战的期望,努力掌握为人民服务的本领,……这位"老园丁"时时刻刻在关心着我们的成长。

四年的战斗生活,使我们越来越深切地体会到:贫下中农是我们的好老师。给我们印象最深刻的,是贫农出身的老职工、十一连四排副徐素珍。她虽有四个孩子,家务比较多,可整天在为连队的事奔波操劳。冬天,早晨拾粪她打头炮;育秧、挑秧草工效每天她最高;"三夏",女排挑秧的任务她揽下来;脱粒,下风的位置总是由她包;每逢开会学习,她更是成了"义务值班员",牛房、仓库处处都喊到。同志们夸奖她,她回答说:"我所做的,件件是本行,事事理应当。"徐排长的一言一行,犹如十八磅重锤敲击着我们的心坎,给了我们一次次极为深刻的教育。记得当初,我们曾经觉得:这些人没见过大世面,土里土气。可是如今,我们身上也逐渐沾上了贫下中农的这种"土气"

是他们,是这些老共产党员、老贫农,时时关心我们,处处爱护我们。是他们帮助我们,在阶级斗争、生产斗争和科学实验三大革命运动中,在向贫下中农学习的过程中,努力锤炼风雨迷不住的双眼,劈雷吓不到的赤胆,钢铸铁打的肩头,搏击风云的翅尖。是他们带领我们,在革命征途上攻克了一座座难关,闯过了一道道险滩。

这方面的体会,我们每个人都能说出许多许多……

范宏军同志,是我们当中最先光荣加入中国共产党、最早提为干部的。他现在担任连队副指导员的工作。四年来,他刻苦读书学习,努力提高路线觉悟,在三大革命中成长很快。他曾参加过团、师、兵团"积代会",作为团的知识青年代表参加赴场回访团。在连队,他紧紧依靠连党支部,朝气蓬勃地带领全连干战战天斗地。去年八月，中山河防洪排涝的艰巨任务下达了，他主动提出带领一个突击队奔赴四十里外参加战斗。时令正值三伏酷暑，为了赶在汛期前完成任务，他和三十多名突击队员团结一致，每天夜里一、二点钟摸黑上堤战斗，直到晚上八、九点钟才收兵下堆。有时中午温度高达40℃，他就脱掉上衣，赤膊战斗，皮肤晒得一搓就脱一块，肩头上厚皮被勒得迸裂，渗出鲜血，但战斗的豪情倍增。有时半夜里突然下起了暴雨，浇得大伙眼睁不开，气喘不匀，路滑，堤高，风大，雨猛，他索性把鞋一甩，衣服一扒，高唱"要学那泰山顶上一青松，……"担着土猛冲上堤。一声百应，战士们全唱了起来，歌声，劳动号子声交织着雷鸣，震撼雨夜，大锹飞舞，扁担弯弯……中山河雨夜里展现出知识青年战天斗地的壮美图景。

再拿我们当中年龄最小的方文会同志来说吧。六九年到兵团时，她才是个不满十五足岁的小姑娘。如今，她已光荣加入了共青团，被提升为十一连三排副排长，生气勃勃地带领一班人前进。小方患有严重的关节炎，刚来这儿时由于不适应气候，经常发病，但小方没有在疾病面前打退堂鼓，她以顽强的毅力与疾病作斗争，战胜了病痛。插秧时，连队让她干旱活，她婉言谢绝，坚持在水田战斗，从未缺过一天勤。去年，小方曾被调到我们团的大桥工地，担任工程连女排排长，六个月的战斗中，她始终努力学习毛主席著作，以毛泽东思想指导工作实际，带领全排同志争挑重担，专找苦吃，顶起了连队的"半边天"，受到上级领导和同志们的一致赞扬。

四年来，毛主席亲自倡导的"农业学大寨"运动已在兵团蓬勃展开。我们和广大干战一起，以大寨贫下中农为榜样，立下愚公移山志，誓叫碱地变良田，用辛勤劳动的双手，展辽阔海滩为纸，持锹铣锄镰作笔，共同描绘兵团建设的美好蓝图。四年中，最硬的一仗要算是北干渠水利大会战。那是一九七一年十二月份，初冬的寒意已经降临，我们与数千水利大军来到工地安营扎寨。这里吃的菜汤不放盐就够咸了，住的是简陋草棚，三餐是在"露天食堂"……。面对这些困难，我们想到了爬雪山、过草地的革命前辈，想到了坚守上甘岭的志愿军战士，想到了林县人民劈山开岭修建红旗渠的英雄业绩。大家豪迈地说：革命不怕苦和累，餐风宿露只等闲；胸有朝阳抗严寒，誓将青春献人民。凌晨，我们踏着寒霜出；夜晚，我们顶着星星归；草棚内，油灯下，我们认真看书学习，大唱革命歌曲，把一天的疲劳抛至九霄云外。一天天，崭新的垫肩磨烂了，硬实的扁担挑断了，手上的老茧包了一层又一层……，困难也在无畏的战士面前让步了，工程进度直线上升，仅二十五天的时间，就完成了原定一个月的计划。竣工那天，我们站在渠两旁，目睹着东方红拖拉机在宽阔的大堤上来回奔驰，碧透的渠水在我们脚下欢快地流过，想到流经这里的甜水，将把数万亩碱地冲灌，似甘露沐浴千顷稻苗，……真好象冰糖掉下了密罐，心里甜丝丝、乐滋滋。的确，若没有切身体会，又怎么能感到劳动的幸福呢!?

革命的征途上少不了劳动的磨炼，更少不了思想的考验。在兵团建设的大好形势下，也有那么几个青年，受刘少奇一类骗子"下乡镀金论""变相劳改论"余毒的影响，畏惧艰苦，患得患失，围绕着个人主义的小圈子谈理想，论前途，在革命道路上徘徊不前。是扎根下去？还是半途而回？我们每个人也都在这个问题上经受了严峻的考验。各级领导和贫下中农发现了那些思想苗头，及时地进行了教育，组织我们再次学习了《青年运动的方向》《在延安文艺座谈会上的讲话》。毛主席的教导，把我们的心拨得通明透亮。我们深深感到：广阔天地，大有作为。要紧跟毛主席干革命，决不能半途而废！在走与工农相结合的大道上，我们决不打退堂鼓！

洪炉炼纯钢，烈火见真金。在领导和贫下中农的帮助下，逆流、狂风，丝毫动摇不了我们的意志。最重要的是毛主席的亲切教导，鼓舞我们在光荣的战斗岗位上值好班！我们深知：这里的生活比较城市的确是要艰苦一些，可是，为共产主义大厦添砖加瓦，必然要付出艰巨的代价，要舒舒服服到达理想境界，那只能是幻想。身在黄海之滨，胸怀五洲风云，不恋城市景色艳，要叫边疆展新颜，这便是我们的决心，这便是我们对刘少奇一类骗子所散布的谬论的回答。

亲爱的同志们，祖国需要的地方，就是我们的战斗岗位；扎根在祖国的边疆，是我们崇高的理想。我们的红心，合着时代的脉搏跳动；我们的豪情，伴着世界风云激荡。年青的一代，烘托出了我们伟大祖国的融融春意；初创的业绩，显示了兵团大地的烂漫风采！但我们深深懂得：路，我们刚迈出了几步，世界上的天，也才亮了半边，未来任重道远！我们要把已取得的成绩，当作新起点，在革命道路上快马加鞭！

以上的一些成绩和认识的取得，是党、兵团首长，贫下中农亲切关怀的结果，同时，我们也常常谈到这是亲切的母校教育培养的结果。不是吗，从六九年春天到七三年春天，仅我们所知道的，从母校来团的六十多名同学中，有三人上了大学，七人光荣入伍，连干三人，排干二十人，送进工矿企业五人，任教师的五人，另外文书、班干、卫生员等有六人，他们中有九人光荣加入了中国共产党，十三人加入了共青团。我们今天能在兵团发挥作用，每一个人都由衷地为母校感到自豪。我们现在深深体会到：广阔天地需要大批又红又专的人才，我们所学的东西还远远不够用。因此，我们衷心地希望母校，坚持毛主席的无产阶级教育路线，努力提高教育质量，为社会主义革命和社会主义建设培养又红又专的新型人材。

亲爱的同志们，请等候我们今后的好消息吧！让我们在毛主席革命路线指引下，争取更大的胜利。请再接受我们衷心的问候和崇高敬意！

此致

革命敬礼！

江苏生产建设兵团二师九团三营

原扬中 66、67、68 届初、高中毕业生

范宏军　金玉凤　张忆育　周军林　方文会

朱爱平　赖仁胜　华　健　徐名岭　何　权

一九七三年三月八日

短评

广阔天地　大有作为

（代复信）

范宏军等十位往届毕业生的来信，字里行间洋溢着革命的热情、青春的活力和战斗的气息。这不是一封普通的信，这封信是革命的知识青年接受再教育的硕果；这封信是批判刘少奇一类骗子污蔑知识青年上山下乡谬论的炮弹。读着这样充满革命激情的来信，我们抑制不住由衷的喜悦和激动。眼前仿佛出现一群朝气蓬勃的革命青年，这是一群多么可爱的革命小将呵！他们正在农村这个广阔天地里茁壮成长，正在和工农相结合的康庄大道上阔步前进。

伟大领袖毛主席教导我们："一切可以到农村中去工作的这样的知识分子，应当高兴地到那里去。农村是一个广阔的天地，在那里是可以大有作为的。"农村这个广阔天地，是阶级斗争、生产斗争和科学实验三大革命运动的大战场，是知识青年接受贫下中农再教育的大学校。知识青年在这个大战场和大学校中，可以向一小撮阶级敌人、农村的资本主义势力和一切剥削阶级的旧思想、旧风俗冲锋陷阵，可以为彻底改变我国"一穷二白"的面貌大显身手，也可以在思想革命化的征途中不断攀登高峰。马克思和恩格斯曾说过，劳动是"严酷的但是能把人锻炼成钢铁的教育"。范宏军等十位同志的来信，清楚地说明了这一点。

知识青年到农村去，既是社会主义革命和社会主义建设的需要，也是培养和造就无产阶级革命事业接班人的重要途径。坚持知识青年与工农相结合的正确方向，就要横扫旧世界残存的陈规陋俗，就要砸烂旧教育制度的精神桎梏，就要经历一场长期的甚至是痛苦的思想磨炼。因此坚持知识青年与工农相结合的正确方向，是一场深刻的社会大革命，是一场彻底的教育大革命，也是一场尖锐的思想大革命。既然是一场大革命，就必然自始至终充满着两条路线的斗争。我们必须提高路线斗争觉悟，狠批刘少奇一类骗子的"读书做官论"、"下乡镀金论"、"变相劳改论"，彻底肃清反革命修正主义路线的流毒，坚定不移地执行毛主席的无产阶级革命路线。范宏军等十位同志的来信告诉我们，他们曾经历过而且正经历着这场斗争。"战斗正未有穷期"，革命的小将将会在斗争中百炼成钢。

邢燕子、金训华……多少个革命的知识青年已走在我们的前面。他们在农村这个广阔天地里，不是小有作为，更不是无所作为，而是大有作为。我们将等待着范宏军等十位同志在广阔天地里继续有所作为的好消息;我们也相信应届的高、初中毕业生,在雷锋精神的鼓舞下,在下乡知识青年先进事迹的感染下,一定会在这场伟大的时代进军中,不做屋檐下的燕雀、温室中的花朵,而做凌空翱翔的雄鹰、栉风沐雨的劲松,以自己的革命行动,在广阔天地里演出十分动人的一幕!

孩子由贫下中农再教育最放心

徐崇新

最近见到我的孩子徐名岭和其他同学写给母校的信,他们表示了"黄海之滨干革命,扎根边疆志不移"的决心,我见了很高兴。我的两个男孩子原来都是扬州中学学生,大的徐名岗,在一九六八年十一月去兴化县林潭公社插队;小的徐名岭,在一九六九年三月去江苏生产建设兵团二师九团插场。四、五年以来,在当地党组织、贫下中农、中国人民解放军的教育下,都有了进步。事实教育了我,孩子由贫下中农再教育最放心!

在孩子们刚去农村的时候,我也有过种种顾虑,例如:怕孩子才十几岁,一直在城市长大,去农村生活不习惯;农业劳动艰苦,怕孩子吃不消,等等。而且在四个月时间内,两个男孩子都先后离家远行,感到寂寞。

但是,在这四、五年中,孩子们的变化和进步,逐渐消除了我的顾虑。孩子们在农村生活得很好,由开始恋家到每年(或一年多)仅回家一次,表现出由恋城市的家到爱农村的家。甚至在春节也不回来,在农村与贫下中农一起过春节,为贫下中农演革命样板戏。孩子不回来,我们倒反感到愉快,仿佛看到李玉和、杨子荣等英雄的革命精神在鼓舞孩子们前进!孩子们经常写信回来,要马列著作和毛主席著作,对我的学习也起了促进作用。我先后寄了《共产党宣言》、《恩格斯论马克思》等书籍。有时在通信中交流一些学习体会。一九七二年,大孩子先入了共青团,并担任团的工作;不久,小孩子也入了共青团。我为孩子们走伟大领袖毛主席指引的与工农相结合的道路走得对而欢欣鼓舞!

一九七三年春节,孩子们回来的时候,我们家开了座谈会,交流学习心得和城乡飞跃发展情况,相互促进,相互鼓舞。感谢扬州市革命委员会宣传组同志莅临指导,扬州市广播电台在春节期间向全市广播了我们的情况,对我们是很大的教育!我感到青年一代正在毛泽东思想哺育下,在工农兵关怀下,茁壮成长为无产阶级革命事业接班人!

四、五年的实践证明,孩子由贫下中农再教育最放心!

教革通讯

第 17 期

一九七三年四月二十三日
扬州中学政工组、教革组编

学雷锋，抓根本
大力开展学习马列著作、毛主席著作活动

高二(3)班 团支部　班委会

在学校党支部统一领导下，我班团支部、班委会积极响应毛主席关于"向雷锋同志学习"的伟大号召，按照学校提出的"学英雄、抓根本、见行动"的具体要求，认真组织同学刻苦学习马列著作和毛主席著作，大力促进同学加速实现思想革命化，现在全班刻苦学习马列著作和毛主席著作的风气已初步形成。

开学初，学校党支部、团委会布置各班组织课外学习马列著作和毛主席著作小组，我班团支部和班委会开学后第一次会议上就研究决定尽快地做好思想发动和组织报名工作。在迎接市第六次团代会召开的日子里，我们在班里做了动员，在雷锋"钉子"精神的鼓舞下，我班广大同学攻读马列原著的要求愈来愈迫切。经过群众自学报名，于三月十五日办起了课外马列著作和毛主席著作读书班。参加读书班的有三十五人，分编为四个小组，由民兵班长担任小组长。同学们学习目的比较明确，学习积极性较高。正象贾艾绪同学所说的那样："雷锋同志深厚的无产阶级感情体现在刻苦学习毛主席著作上，我们向雷锋同志学习，首先要象他那样刻苦攻读马列著作和毛主席著作。"许多同学在几天功夫里，通过家长、亲戚朋友借来大量的学习材料。第二天就要开始学习《共产党宣言》了，李正军、李春华等多人特地赶到新华书店买了新书。现在每逢活动时间，参加读书班的同学就带着学习材料，集中在一起进行学习。

读书班开学的那天，同学们认真学习了《小彭五学〈共产党宣言〉》、《多读·多思》

和《从"记性"谈起》等三篇文章，自觉批判了"学习马列与己无关""学习马列高不可攀"等错误思想。小彭刻苦攻读马列主义原著的生动事例对大家鼓舞很大。班长支保平说："学习了《小彭五学〈共产党宣言〉》，消除了怕学不好的思想顾虑，认识到读马列的书就要多读多思，就要在攻读原著上下功夫。"读书班读的每一本书是《共产党宣言》，最近已学习了"引言"和第一章"资产者和无产者"，同学们觉得很有收获。特别是学习了"到目前为止的一切社会的历史都是阶级斗争的历史"这一光辉论断，教育尤为深刻。有个同学联系当前批修整风，深有体会地说："在社会主义这个相当长的历史阶段中，始终贯穿着激烈的阶级斗争，这是不以人们的意志为转移的，而阶级斗争的形式却是多种多样的。我们和刘少奇一类骗子的斗争是我党历史上最激烈的一次路线斗争。我们一定积极参加批修整风运动，牢固树立起阶级斗争的观念，为巩固无产阶级专政而斗争。"通过马列原著学习，同学们的路线斗争觉悟进一步提高了。李静同学说：凡是符合毛主席革命路线的事就拥护，就执行，凡是不符合毛主席革命路线的事就反对，就抵制。我们一定按照毛主席制订的教育方针办事，努力把自己培养成德智体全面发展的好学生。许多同学在实践中体会到攻读马列原著的重大意义，学习自觉性愈来愈高。戴彝同学不但在读书班里学习，回家还要挤时间学习。他说：现在我对雷锋同志的"钉子"精神有了真正的认识，这就是：时间不多需要以钉子精神"挤"，遇到不懂的地方要以钉子精神"钻"，反复琢磨，刻苦钻研，就一定会有收获。读书班班长、团支部宣教委员康海鸥，不仅主动安排学习内容，而且每次总是超前学习，带头攻读马列主义原著。许多同学都能在业余时间坚持自学，每周少则二、三小时，多则五、六小时，副班长高亦工每晚都坚持自学一小时以上，不少同学写下了一定数量的学习笔记。没有参加读书班的同学，每周统一规定学习篇目，以个人自学写心得为主，定期地组织交流会。实践证明，这样做可以在较大范围内调动同学们学习马列著作和毛主席著作的积极性。今后，我们将继续努力，密切联系三大革命运动实践，坚持下去，"认真看书学习，弄通马克思主义。"

我们的学习小组开始活动了

最近我们几个同学组成了一个学习小组。开始的时候，对怎样学？学什么？大家的想法并不一致。有的同学说，作业那么多，一个星期学一次就行了。有的同学说，没有时间我们要象雷锋那样发扬"挤"和"钻"的精神。到底怎样学呢？后来我们坐在一起学习了雷锋日记："毛主席著作对我来说好比粮食和武器，开汽车没有方向盘不行,干革命不学习毛主席著作不行。"学习了这段话,大家认识到问题是我们善于不善于挤,愿不愿钻。如果我们把学习马列著作、毛主席著作当作大事来看待的话,没有时间也能挤时间。当然,我们是学生,还应该学好社会主义文化知识,所以要把学习马列、毛主席著作和学文化结合起来。大家意见一致了,就规定每个星期活动三次,我们的学习小组就这样开始活动了。

学习时,我们力求做到联系实际地学,生动活泼地学。有时学习马列著作、毛主席著作,结合雷锋的先进事迹,谈自己的心得体会,有时帮助一些成绩比较差的同学补课或大家共同研究解决一些难题。说起补课,是有一个过程的。以前我们学习文化课大都是各顾各,有的认为自己成绩不算好,怎么去帮助别人;有的想有时间自己多复习点功课多好;有的想,补课是老师的事。学习《为人民服务》这篇著作时,我们结合学习雷锋事迹,大家谈到雷锋出差一千里,好事做了一火车。雷锋能寻找一切机会为人民服务,就是因为雷锋学习了毛主席著作,树立了远大革命理想:"要把毕生的精力和整个生命为人类解放事业——共产主义全部献出。"我们和雷锋的差距是缺乏这种远大的革命理想。大家决心要学雷锋,树理想,见行动。我们小组里有一个同学生病,缺了一个多星期的课,她非常焦急,大家就安慰她。她病好以后,小组里同学挤出一些课余时间帮她补上以前的课,有时一直补到天黑。我们还分头找班上的同学促膝谈心,互相鼓励。这样一些原来对自己要求不够严格的同学,有的写了申请书要求参加红卫兵组织,有的积极参加班级的红哨兵值勤,有的主动把教室里里外外打扫得干干净净。现在这些同学都有了进步。

虽然我们小组取得了一些成绩,但万里征途才迈出了第一步,这些成绩和雷锋同志比还是渺小的。我们今后一定事事、处处以雷锋同志为榜样,把我们学习小组的活动搞得更好、更有生气。

初二(14)学习小组

用"钉子"精神攻克外语难关

伟大领袖毛主席"向雷锋同志学习"的光辉题词,似东风,如春雨,滋润着青松幼苗茁壮成长。

在学习雷锋的日子里,我们高一(15)班的同学,认真学习了雷锋的"钉子"精神,掀起了为革命刻苦学习社会主义文化知识的热潮。雷锋说:"钉子有两个长处:一个是挤劲，一个是钻劲。我们在学习上，也要提倡这种'钉子'精神，善于挤和钻"。我班同学学习雷锋同志的"钉子"精神，推动文化学习，不少同学用"钉子"精神，攻克了外语难关。

我班刘召礼同学，是从外地转来的。他在初一时没有学过英语，转来后学英语碰到了很大困难。上课听不懂，作业不会做，考试不及格。他心里非常着急，怎么办？升到高中后，在学雷锋的高潮中，他认真学习雷锋事迹，用雷锋的"钉子"精神来学习外语，他上课认真听，下课虚心问，回家认真练。每天放学后，刘召礼还留下，在老师办公室里补课。有时为了复习外语，放弃了看电视、看电影。经过勤学苦练，他的外语已经赶上进度。这学期开学以来，六次默写，三次是100分，三次是90分以上。刘召礼的进步，对同学们有很大的教育和鼓舞，有些同学原来认为自己天生愚笨，学不好外语，看到刘召礼的进步，学习了雷锋的事迹，决心为革命勤奋学习，克服困难。

最近，我班又从外地转来一位同学，由于种种原因，以前他外语学得很少，现在也遇到很大困难，我们引导他认真学习雷锋的"钉子"精神，并用刘召礼的进步来鼓舞他，现在，他充满信心地表示一定要学好外语。天刚刚黑，他就开始上晚自修了。宿舍的灯光较暗，他就自己买了一盏煤油灯，在灯光下学习雷锋的事迹，学习外语。雷锋的精神正鼓舞他去攻克学习上的难关，他正在学习的道路上一步一个脚印地前进。

高一(15)班

贯彻省团代会精神，切实做好学校团的工作

受党团组织和广大团员、红卫兵、青年的委托，我出席了省第六次团代会，这是党对我的培养和关怀，也是广大群众对我的信任和鞭策。

在省团代会上许世友同志作了重要讲话。他在讲话中指示我们，要切实做好学校团的工作。这是党和毛主席对我们广大革命师生的亲切关怀，是省委对学校团的工作提出的高要求。学校是青年成堆的地方，青年时期正是形成世界观的重要时期。在整个社会主义历史阶段，两个阶级争夺青年的斗争是十分激烈的。是否用马列主义、毛泽东思想教育青年，这是把青年培养成为哪个阶级接班人的大问题，是关系到我们党的事业是不是后继有人的大问题。学校担负培养无产阶级革命事业接班人的重要使命，作为做学校团的工作的一员，深感任务光荣，责任重大。

贯彻许司令员的指示和省团代会的精神，就要动员广大青年积极投入批修整风

运动,继续抓紧抓好头等大事,刻苦攻读马列的书和毛主席的书,狠批刘少奇一类骗子修正主义的极右实质和在青年工作中散布的谬论,继续深入开展“向雷锋同志学习”的活动。学英雄,树理想,坚定地走与工农相结合的道路,为革命学习科学文化知识,努力引导青年做到:“身体好、学习好、工作好。”

我决心把这次大会精神带回来,把兄弟单位的好思想,好经验,好作风带回来,贯彻落实省团代会提出的各项战斗任务,推动我校团的工作生气勃勃的开展,不辜负省委对我们的殷切期望。

校团委副书记 吕能谋

玻璃打碎以后……

初二(11)班班主任 王荫钢

编者按:“怎样做班主任工作?”这是不少同志正在深入研究,反复实践的问题。这一期我们刊登王荫钢同志的来稿,供大家参考。并希望同志们把在班主任工作中的经验和体会及时地供给我们,以利交流。

最近,我班到音乐教室上课,下课后,由于几个同学出门时拥挤,把门上的玻璃打碎了。

当天下午,针对这个问题,我邀集部份同学开了一次班委扩大会。会上,许多同学发表了意见,那几个拥挤的同学也作了自我批评。为了进一步教育同学,我和班委会研究,决定结合政治课组织同学到玻璃厂去参观,接受工人阶级的再教育,要变坏事为好事。

第二天下午,全班同学集体前往玻璃厂。首先,由工人师傅向大家介绍了厂里的生产情况。他说:“从原料到制成玻璃,要经过多次加工,要多少工人付出辛勤劳动。玻璃是国家的财产,我们应该爱护它,而不就该损坏它,更不能有意识地破坏它……”。工人师傅语重心长的话,使大家深受感动。接着全班同学又参观了玻璃的制造过程:大家到高温炉旁,就觉得脸上热得好象直发烧,看看工人们更是汗流浃背,挥汗如雨。大家听了工人师傅的讲述,看了工人师傅的辛勤劳动,体会到玻璃来之不易,随随便便地打坏玻璃不仅损坏了公共财产,也真对不起辛勤制造玻璃的工人师傅。

这次参观是生动的一课,大家既了解了玻璃的生产过程,更了解了工人们的劳动情况,懂得了爱护公物的重要性,更学到了工人阶级的高贵品质。同学们说:我们现在在开展"学雷锋"活动,雷锋同志就是遵守革命纪律,爱护公物的模范。我们要向工人师傅学习,向雷锋同志学习,今后我们要很好地遵守革命纪律,爱护公物,决不使国家财产受到一点损失。

通过这次活动,我自己也有比较深刻的体会。过去,班级上出现了一些不良现象,我往往就事论事,批评一顿了事,没注意从根本上去进行教育。毛主席指出:"学校一切工作都是为了改变学生的思想。"从根本上转变学生的思想,除组织他们学习马列著作、毛主席著作以外,要让他们到实际生活中去接受工农兵的教育,提高认识。三大革命斗争实际,是教育学生转变学生思想的好课堂。

今后,在班主任工作中,我要更加自觉地运用三大革命运动中的生动活泼的材料,努力做好思想教育工作。

简讯

☆政工组、教革组组织调查小组,从四月十九日起,深入高一(2)班调查同学德智体全面发展的情况。

☆四月十七日下午举行了校运会闭幕式。会上向优秀运动员发了奖。并经研究决定,组成校田径代表队,目前正在认真训练,准备迎接市中学生运动会的召开。

教革通讯

第18期

一九七三年五月八日
扬州中学政工组、教革组编

学习泰州一中教育革命经验的汇报

赴泰州一中参观学习小组

为了进一步落实党的教育方针，贯彻《五·七指示》，本月十三、十四日，我们组织了一个参观学习小组赴泰州一中取经。泰州一中在批修整风运动和教育革命实践中，创造了许多生动活泼的经验，我们受到很大的启发和教育。现将有关开门办学的经验，扼要作一汇报。

一、坚持开门办学的方向

如何坚持开门办学的方向，泰州一中以批修整风为纲，抓路线，明方向，不断提高思想认识。具体做法是：

1. 加强学习。组织教师认真学习毛主席关于教育革命的论述，学习兄弟学校开门办学的经验，并及时组织教师学习徐景贤同志的讲话，《扶植和发展革命的新生事物》(《红旗》72年12期)等，从路线上解决问题，从思想上提高认识。

2. 回顾历史经验。回顾68年下半年开始开门办学到目前这一段教育革命的过程，看到这个过程中贯串着两条路线的斗争。四年多来，走过一些弯路，但也取得了成绩，积累了经验教训。大家认为开始搞单元教学搞大集中，虽然存在一些问题，但它为开门办学打开了门，铺平了道路，方向是对的。通过回顾，大家统一了认识，增强了信心，感到开门办学是培养革命接班人的需要，是全面提高教育质量的需要。

3. 重点解决“质量观”问题。如何衡量质量，应从德、智、体全面发展的情况来看,应从理论和实践结合的情况来看。要全面提高质量就必须开门。他们曾在毕业生中作过一次调查,社会反映是好的,认为那些学生基本上能适应三大革命运动的需要;他们也对全校在籍学生作了调查,总的情况也是好的,社会主义文化知识水平也正在逐步提高。可见实行开门办学提高了质量,这是主流,是本质,而存在的一些问题是支流,是非本质的。

二、全面规划,具体安排

1. 坚持《五·七指示》,有计划地组织学工、学农、学军。根据省里的规定,保证每学年学文、学工、学农的时间,并在高中、初中阶段各安排1—2周学军,基地是红旗农场。他们与几个工厂、公社、部队固定挂钩,还与二十多个单位建立了联系。

2. 坚持教学和三大革命相结合。开学初,以备课组为单位,研究教材,从实际出发,安排走出去,请进来。去年一年,全校各班级出去搞教学五十四次,工农兵讲师请进来讲课的六十四人次。有些教学内容因种种原因,走出去、请进来有一定的困难,泰州一中就采取新的形式:老师开门进修,教师到三大革命实践中去学习、请教工农兵,然后带进课堂。

3. 主兼结合,是理论与实践结合的重要形式,也是学工学农的需要。学工学农首先是转变学生思想,同时也是丰富、扩大课堂教学的内容,使学生学到社会主义文化知识。泰州一中在"主兼结合"方面有两种形式。一种是以上文化课为主,兼学别样。如这次高一到张家坝教如何写家史,事前初步讲课文,印发有关词语,提出一些要求,下去后组成写作小组,开展社会调查,并适当参加劳动。另一种是以学工学农以主,适当学一些文化课。

开门后学生接触了三大革命实际,感到所学的基础知识一是有用,二是不够,激发了学习积极性。

三、创造条件,解决矛盾

1. 教员的思想和开门办学的矛盾。开门办学不仅是教学的需要,也是教师改选世界观的需要。教师出去搞开门办学,和学生"四同"(同吃住、同劳动、同学习、同批判),客观上有不少困难。泰州一中领导的态度坚决,首先是提高教师开门办学的自觉性。教师在开门办学的过程中也促进了思想革命化,不怕难,不怕烦,不怕累,有时为了"走出去,请进来",往往前后出去联系三—五次,多至七次。

2. 课程安排和开门办学的矛盾,解决这个矛盾,采取三种形式:一是集中时间,主兼结合,凡"走出去,请进来"所需时间在一天以上的,都采取这种形式;二是分散安排,每周星期五下午不排课,不安排任何活动,专门用来"走出去,请进来";三是带进课堂,教师开门进修,将工农兵实践经验和科技新成就带进课堂。

3. 学和干的矛盾。学习基础知识,要结合实践;在实践过程中,一定要向理论提高。开门办学要坚持"三性":目的性(明确教学要求);计划性(学校统一安排,各个教学点订具体计划);针对性(根据教材选择讲师和对照环境)。

4. 教学基地问题。以挂钩为主,有几个教学点是经常挂钩的。校办工厂有定型产品小电动机,每班有一周的下午到校办工厂劳动。西郊有四、五亩田,搞科学实验,主要劳力靠生产队,这样解决了生产季节性和以学为主的矛盾。(原来以鱼场为教学点,那里要求学生劳动不断线,影响学生以学为主)。

5. 后勤工作问题。住下去需要后勤组配合。泰州一中将全校学生学工学农安排在同一时间,全校领导和师生员工全力以赴,凡住下去的,每个点都配职员或工友负责后勤,图书馆的同志也下去负责资料等工作。

对一堂教学研究课的评教评学

初二数学组

最近,我们在初二(3)班组织了一堂数学研究课,内容是以"等腰三角形的判定定理"一节。研究如何进行启发式教学。由张国藩老师主讲。学校负责同志。教革组人员及全组教师都去听了课,课后,和这个班的同学代表。一起参加了评教评学活动。

课上,张老师首先在黑板上用教具作了演示,又让同学们按告知的两个等角的度数在纸上画三角形,画好后对折,使等角重合。然后在感性的基础上提出问题:等角所对的边怎么样?接着,张老师联系同学们过去所学过的等腰三角形性质定理,通过例题,谈了性质定理与判定定理之间的联系。论证了等腰三角形判定定理的正确性。最后,由两个同学板演,其他同学也演算了习题。这一课,同学学习情绪较好,思考积极,发言踊跃。板演及同学演算的情况也都比较好。

在对这一课评教评学时,大家一致认为:这堂课的教学基本上运用了启发式。教师对教材钻研比较深,同时又能根据同学的实际情况进行教学;注意了由浅入深,由直观到理论;发扬了教学民主,做到了师生共同活动,课堂气氛比较活跃,教学效果也是好的。

参加评教评学的同学代表,反映这一课听得懂,印象深,作业的完成也比较顺利。同学代表窦卫霖还对这堂课比较成功的方面,作了如下的概括:

1. 讲新课前老师复习了有关旧知,指出了旧知与新知之间的内在联系,同学们对学习新知有了思想准备。

2. 老师引导同学亲自动手对折三角形,在讲解定理前同学先有了直观概念。接着老师又通过例题的演算讲了定理。由感性到理性,符合认识规律。

3. 作业的内容与例题相似,但又有变化,便于启发同学思考。

参加评教评学的教师们,在一致肯定了这堂研究课的基础上,又进而研究了如何搞好教学的问题。大家认为,从这堂研究课中,受到了如下的一些启发:

1. 用辩证唯物主义观点统帅教学,不但利于讲清教材的内容,而且也是启发式教学的重要方面。讲清知识之间的内部联系及其区别,能使同学们对知识做到正确的掌握和比较深刻的理解。由旧知到新知,由感性到理性的一些做法,符合于认识规律,易于接受。同学们在课堂上亲眼观察,亲手画图、折叠,动作虽简单,但收效较大。这些对同学的接受知识,都较好地起了启发、引导作用。

2. 备课的深浅程度与教学效果的好坏是成正比的,备课是上好课的重要一环。而备课的情况,又是和发挥集体力量以及个人深入钻研的情况分不开的。张老师这堂课之所以能深入浅出,使同学易于领会,重要的一点是由于他在课前备课比较充分。他在备课过程中,虚心向其他教师请教,广泛征求意见,多次和大家一起研究,发挥了集体的力量;同时,他自己认真学习了毛主席哲学思想,对教材也反复深入地钻研。充分发挥了集体力量和主观能动性,因此,课也就上得比较地得心应手。

3. 对同学的平时训练很重要,平时要注意培养同学分析问题和解决问题的能力。独立思考,灵活运用知识的习惯和能力,是需要有较长时间的培养才能形成的。这堂课上,两个板演的同学,对同一个算题,采用了两种不同的作法,都得到了正确的答案,反映了同学们学得比较活泼、主动。这与张老师平时注意培养分不开的。

在评教评学会上,大家也对这堂课提出了一些意见。如末了的总结时间比较紧,对判定定理从理论上总结还不够充分等。

最后,学校负责同志讲了话,肯定了这一课所取得的成绩,也提出了在教学中如何对待学生中较差的一头的问题。鼓励大家在教学实践中不断改进教学方法,运用启发式搞好教学。

高二(七)班开展“学雷锋,比童年,批骗子”活动

【本刊讯】高二(七)班团支部、班委会,在批修整风运动中,认真地将学雷锋活动和批修紧密结合起来,开展了“学雷锋,比童年,批骗子”的活动。他们学习了毛主席关于“要加强对青年的阶级教育,保证我国五代十代永远革命、永不变质”等教导,学习了《雷锋的故事》一书中“苦难的童年”、“翻身解放”等章节,又看了巴桑等同志的忆苦思甜的材料,调查了自己的家史,认真算了两笔帐,即苦情帐和幸福帐。

以这个班上的一个“学雷锋”小组为例，她们五位同学通过算帐，算出亲属中，在旧社会给资本家当学徒和童工的有6人，给地主放牛当长工的有3人，逃荒讨饭的有17人，卖儿卖女的有1人，冻死、饿死、生病无钱医治而死的有6人，被反动派关押的有1人，再加上其他情况，在她们的亲属中，受折磨、迫害的总共有60人。真是不算不知道，一算就是一笔笔血泪帐。这使她们深切地感受到，雷锋的悲惨童年，是旧中国阶级压迫和民族压迫的血淋淋的写照。再看看解放后，在她们的亲属中，上北京见过伟大领袖毛主席的有1人，出席各级代表会议的有7人，参加党委领导班子的有4人，参加各级革委会的有6人，参加中国人民解放军的有10人，加入共产党和共青团的有21人，加入红卫兵、少先队的有13人，上小学的有18人，上中学的有12人，上大学的有4人。这样一算，一幅幅劳动人民翻身得解放的幸福图，又展现在她们眼前。在算两笔帐的基础上，她们展开了两次议论，越议心里越亮堂，正如陈利平同学所说：“忆往昔，劳动人民为何这样苦，苦就苦在旧社会劳动人民手里没有权。看今朝，劳动人民为何这样甜，甜就甜在有了党和毛主席的英明领导，劳动人民手里有了权。归根到底，是因为有了毛主席的革命路线。”

高二(七)班开展了“学雷锋，比童年，批骗子”的活动，结合回忆对比，深入批修。许多同学认识到，如果让刘少奇一类骗子的阴谋得逞，雷锋的苦难童年就要在我们这一代再现，我们的国家就要改变颜色，帝、修、反就会卷土重来，重新在我们国土上横行霸道，作威作福，劳动人民被奴役的悲剧就要重演。我们也将象雷锋苦难的童年那样，受到皮鞭棍棒的抽打，刀砍火烧的折磨。是我们的伟大领袖毛主席英明洞察，识破了刘少奇一类骗子的阴谋诡计，挖掉了这颗定时炸弹。看看现在，展望未来，毛主席的革命路线一次又一次取得了伟大胜利，更增强了大家对伟大领袖毛主席的无限热爱，更感到自己肩负责任的重大。同学们说，当今的世界，还有三分之二的劳苦大众挣扎在水深火热之中，我国的台湾人民还在受苦难的煎熬，还有千千万万的儿童饱尝辛酸，受尽折磨。我们要以革命的名义，想想过去，以革命的精神展望未来。我们要坚定走雷锋成长的道路，誓为全人类的解放事业战斗终身！

教革通讯

第19期

一九七三年五月二十二日

扬州中学政工组、教革组编

介绍高二(七)班组织“学雷锋,比童年,批骗子”

主题班会的一些做法

如何把批修整风这个头等大事与学雷锋活动结合起来?如何联系学校实际进行批修整风?我们在这里向大家推荐高二(七)班的一些做法。

高二(七)班在组织“学雷锋,比童年,批骗子”主题班会的过程中,注意了这样几个方面:

1. 大造舆论,明确意义:在活动的每一环节,始终注意大造舆论。使大家明确目的意义。由于目的明,因此决心大,干劲足。无论是个人准备、小组讨论,都能认真扎实地进行,避免了走过场。

2. 依靠骨干,层层发动:在整个活动过程中,团支部、班委会很好地发挥了骨干作用,同时注意发动全班同学一道来搞。发动同学准备的过程,就是同学们组织起来进行自我教育的过程。

3. 加强学习,不断总结:抓紧马列和毛主席著作的学习,抓紧雷锋事迹的学习,抓紧忆苦思甜材料的学习,抓紧有关批判材料的学习,这样就掌握了批判的武器。他们还注意不断总结提高,使批修逐步深入,提高质量。

4. 多方配合,狠抓个别同学的思想转化工作:尽量注意学校和社会、家庭的配合,依靠群众,积极开展思想互助活动。努力做到一人后进,各方帮助;一人进步,大家鼓励。这样,力气花在“点”上,功效出现在“面”上。

把批修整风和学雷锋活动紧密结合起来

——高二(七)班召开"学雷锋,比童年,批骗子"主题班会

【本刊讯】在学校党支部的领导下,校团委会和高中工作组的具体帮助下,高二(七)班于最近召开了一次"学雷锋,比童年,批骗子"主题班会。学校领导、高中各年级教师和同学代表参加了这次现场会。会上,高二(七)班的同学们对照雷锋苦难的童年,回忆了自己的家史以及个人的成长史,联系当前的大好形势,批判了刘少奇一类骗子所散布的"国民经济停滞不前""农民缺吃少穿""民富国强"以及"读书无用"等种种谬论。革命家长李长发同志也到会发了言。最后,校党支部书记章心如同志作了重要讲话。

高二(七)团支部、班委会在开展"学雷锋,比童年,批骗子"活动的过程中,学习了毛主席关于"要加强对青年的阶级教育,保证我国五代十代永远革命、永不变质"等教导,学习了《雷锋的故事》一书中"苦难的童年"、"翻身解放"等章节,又看了巴桑等同志忆苦思甜的材料,调查了自己的家史,认真算了两笔帐,即苦情帐和幸福帐,批判了刘少奇一类骗子的种种反革命谬论,他们说:学习雷锋好榜样,回忆对比心明亮。深入批修当闯将,继续革命斗志昂。

这个班在开展"学雷锋,比童年,批骗子"活动中,绝大多数同学都回忆了自己的家史,认真地算了两笔帐(即苦情帐和幸福帐),用自己家庭的苦难经历和解放后的巨大变化,通过切身体会,大摆社会主义制度的优越性,狠批刘少奇一类骗子恶毒攻击社会主义制度的无耻谰言。通过算帐,他们算出全班同学的亲属中,在旧社会被帝国主义、国民党反动派残杀的有13人,被反动派关押毒打的有31人,给资本家当学徒、当童工的有69人,给地主放牛当长工的有59人,当童养媳的有10人,逃荒讨饭的有163人,卖儿卖女的有4人,冻死、饿死、生病无钱医治而死的有78人。在那"长夜难明赤县天,百年魔怪舞翩跹"的苦难岁月里,受折磨、迫害的总共有434人。而解放后,在他们的亲属中,上北京见过伟大领袖毛主席的有57人,出席各种类型的先进人物代表会议的有91人,参加各级党委和革委会领导班子的有90人,加入中国共产党的有107人,加入共青团的有162人,参加中国人民解放军的有97人,参加工宣队、贫宣队的有11人,加入红卫兵、少先队的有242人,上中小学的有494人,上大学的有74人。他们把这两笔帐做了对比,反复议论,越议心里越亮堂。

这个班的杨惠民、沈蔚同学的家庭,解放前也象雷锋和其他广大劳苦大众的家庭

一样，生活在水深火热之中，过着衣不遮体、食不果腹的苦难生活。解放后，他们家庭的生活有了很大改善，政治地位也得到了提高。因为饱经旧社会的折磨，他们家庭中有些亲人不幸逝世，家庭困难比较大，党和政府给了他们无微不至的关怀，从各方面帮助他们克服了困难，使他们安心读书。他们想到雷锋七岁就成了孤儿，不用说读书，连上山砍柴还被地主婆恶狠狠地砍了三刀的事实，深有感触地说："雷锋生长在万恶的旧社会，受尽了折磨和压迫，我们生长在幸福的新社会，党和毛主席对我们是这样的无微不至地关怀。我们和雷锋比童年，对比两个社会的不同遭遇，使我们深深地感到，真是'天大地大，不如党的恩情大，爹亲娘亲，不如毛主席亲，千好万好，不如社会主义好'。"

同学们在忆苦思甜的基础上，又进一步联系实际，深入进行批修。大家说：刘少奇一类骗子散布"二十多年来，国民经济停滞不前"、"农民缺吃少穿"、"民富国强"等种种谬论，其罪恶目的是妄想否定我们伟大领袖毛主席和中国共产党的英明领导，否定社会主义制度的优越性，否定人民群众的创造力，否定无产阶级文化大革命的伟大成果，集中起来就是反对无产阶级专政，就是妄想从根本上改变党在社会主义历史阶段的基本路线和政策，把被打倒的地主资产阶级再扶植起来，复辟资本主义。如果让刘少奇一类骗子的阴谋得逞，雷锋的苦难童年就要在我们这一代再现，劳动人民被奴役的悲剧就要重演。我们今天自己翻身得到了解放，决不能忘掉仍在过着雷锋童年生活的台湾人民和全世界三分之二的劳苦大众。我们要自觉地捍卫和执行毛主席的革命路线，坚定地走雷锋成长的道路。今天学习为革命，明天献身为人民，志为革命打头阵，甘洒热血不回头。

会上，刘家荣、居红更、李龙安等几位同学，还结合自己的进步与成长，谈了学习雷锋的情况和体会，以亲身经历狠批了刘少奇一类骗子所散步的"阶级斗争熄灭论"和"读书无用论"。李龙安同学在发言中，谈到自己过去在一个较长的时间内错误地认为：学好数、理、化，用处并不大，将来到农村，还靠体力大。在这种错误思想指导下，他对政治学习不感兴趣，纪律松懈，学习文化没精打彩，有的学科则干脆放弃。劳动也没有劲头。在学习雷锋的活动中，他和同学们一起学习了《雷锋的故事》中的"苦难的童年"和"翻身解放"等部分。他的父亲和祖父也含着眼泪向他们兄弟讲了他家的苦难家史，畅谈了今天的幸福生活，今昔对比，激起了他对旧社会的刻骨仇恨，对新社会的无限热爱。他对照自己的表现，开始意识到自己是忘本了。他问自己：象我这样下去，将会成为怎样的一个人呢？在雷锋精神的鼓舞下，在老师、同学的帮助下，现存李龙安和其他同学一样，在各方面都有了进步。他开始认真学习马、列和毛主席著作，反复学习雷锋的故事、日记和其他有关的材料，坚持写红色日记。他在日记中写到："我通过《文汇报》3月16日'小夏在黄陵'的学习以后，提高了三个觉悟，增强了自己学好文化的决心。今后一定要认真读马、列和毛主席的书，学好文化知识，关心集体，热爱劳动，团结同学。争取早日加入共青团。"李龙安同学的确是这样做了。他们的马列、毛主席著作学习小组自成立以来，坚持定期学习马列和毛主席著作，结合回忆对比，开展了革命大批判，还在文化上开展了兵教兵的活动。他学习比以前刻苦了，学习成绩也有了明显上升，从以前的五门不及格到门门及格，外语考查从十三分、十八分、五十九分、七十八分，逐渐上升到八十八分。他过去怕苦怕累，现在能为革命刻苦锻炼身体。这次校运动会，他取得了八百米第一名，一千五百米、三千米第二名的成绩，这是和他平时的刻苦锻炼分不开的。在毛主席题词“向雷锋同志学习”发表十周年的日子里，学校团委会决定在星期六晚上组织一次拉黄沙的战备劳动，号召同学们自愿参加。当天晚上，细雨连绵，寒风凛冽，李龙安同学也来参加了。他专拣重活干，抢着掌车把，虽然那天的天气比较冷，但是李龙安同学一颗学习雷锋的心是热的。他和同学们越干越欢，拉了一趟又一趟，劳动一结束，他又争着和几位同学还借来的板车，直到夜里十一点多钟才回家。

最近，刘家荣、居红更等同学已光荣地被批准加入了共青团组织，李龙安同学也向团组织送上了一份入团申请书，表达了自己要求进步的强烈愿望。

他们在发言中说：“从自己过去所走过的一段弯路中深切体会到：在尖锐复杂的阶级斗争中，必须擦亮眼睛，辩明方向，努力提高阶级斗争和路线斗争觉悟。认真学习马列著作和毛主席著作，刻苦学习科学文化知识。”他们认为：今天的学习，是和整个无产阶级革命事业联系在一起的。在旧社会，我们的祖辈不仅在政治上、经济上深受三座大山的残酷压榨，在文化上也是被压在最底层。想想过去，看看现在，党和毛主席给我们安排了这么好的学习条件，我们有一千条一万条认真读书的理由，却没有一条不好好学习的原因。刘少奇一类骗子为了复辟资本主义的需要，一会儿鼓吹“读书做官”，用“万般皆下品，唯有读书高”的封建思想引诱青年走白专的道路；一会儿又散布“读书无用”来否定学习社会主义文化知识的重要性。前者是用读书来否定劳动，后者又用劳动来否定读书。它们之间有一个共同点，就是把读书与劳动对立起来。发言的同学一致表示：要把为革命刻苦学习社会主义文化知识提高到两条路线斗争的高度来认识，不断批判刘少奇一类骗子散布的“读书无用论”，坚决按照毛主席的教导去做。坚决做到身在课堂，胸怀祖国，放眼世界，做一个又红又专的有社会主义觉悟的有文化的劳动者，争取将来为祖国，为人民多贡献力量！

简讯

▲高二语文组自五月二十一日起实行开门教学，去平山大队访问调查，接受贫下中农的再教育，并结合语文课的学习，练习写调查报告。他们这次调查的重点内容是：农村阶级斗争、路线斗争情况；农村大好形势；农村需要文化的情况。他们还预备在这次调查中，把开门教学和批修整风、学雷锋活动结合起来，联系实际，开展对刘少奇一类骗子所散布的“国民经济停滞不前”、“农民缺吃少穿”以及“读书无用论”等谬论的批判。

▲全校各年级各教研组正普遍认真地进行期中分析。初中数学组并分别召开了

初一、初二年级课代表会,认真听取同学的反映。

▲初中各年级在学雷锋过程中,广泛开展忆苦思甜活动,并积极争取家长的支持。初二(11)班到苦大仇深的同学家里,请家长忆苦思甜,效果很好。初二(9)班学雷锋小组到学校幼儿园为小朋友讲《雷锋的故事》,受到小朋友的热烈欢迎。

▲高一语文组认真开展研究活动。张华鹏老师最近以《只讲革命不讲功劳的韦江歌》一课上了一次研究课。为准备这一研究课,组内集体研究了三次,相互听课在三十次以上。组内每个教师都把这一课做为研究课来上,认真钻研,相互交流,研究气氛比较浓。

▲高中数学组最近由胡明健老师上了一堂研究课,内容是:球的直观图及面积的计算。有关部门、高中全体数学教师去听了课。

▲全校各年级认真抓卫生扫除。高中各班执行教室周围二公尺范围内卫生班级包干制。高一(5)(7)班执行较好。

教革通讯

第 20 期

一九七三年六月十八日

扬州中学政工组、教革组编

编者按：改革旧的考试方法是教育革命中的一个重要问题。本学期期中考试时，我校部分学科在部分班级进行了改革的试验，现初步做了总结，作为一个讨论稿。请全体教师结合学习毛主席有关教育革命的教导，深入讨论，并在期终考试时大胆试验，用实践经验来修改、补充这个讨论稿。

改革旧的考试方法，使学生成为学习的主人

教革组

遵照毛主席关于“改革旧的教育制度，改革旧的教学方针和方法，是这场无产阶级文化大革命的一个极其重要的任务”的教导，本学期期中考试时，我们在部分班级作了改革旧的考试方法的试验。这些试点班级以革命大批判开路，批判了旧的考试制度，有的班级还召开了主题班会。在这个基础上，我们根据学科据点，采取多种形式，让学生在考试过程中既动笔，又动手、动口。考试方法的改革，调动了学生的学习积极性，初步改变了死记硬背的现象，许多同学能开动脑筋，深入钻研，出现了为革命而学习的生动局面。几个试点班级都取得了较好的成绩，以高二三个试点班的物理成绩来看，达到优秀的占 37%，良好的 23%，及格的 35%，差的占 5%。通过实践，我们对改革旧的考试方法中遇到的几个问题，有了一些认识，也坚定了继续改革旧的考试方法的信心。

考什么？怎么考？

考试方法的改革是一场深刻的思想革命。我们通过学习毛主席的教育革命思

想,批判刘少奇一类骗子的修正主义教育路线,深刻体会到旧的考试方法是对学生进行"管、卡、压"的工具,是"智育第一"、"分数挂帅"的集中反映,师生在考试中完全处于对立的地位。学生为分数而考,为分数而学,变成了分数的奴隶。要彻底改变这种状况,关键还在于教师,因为在一定程度上讲,教师怎么考,学生便怎么学。要使学生成为学习的主人,就必须在考试方法上来一个革命。

通过议论,大家又认识到考试不是目的,考试的过程应该是复习知识、深化知识的过程,是进一步培养分析问题、解决问题能力的过程。它是学习的继续和深入,是调动学生学习积极性的一种手段。因此,在研究考什么和怎么考的问题时,必须从这个基本认识出发。

考什么?我们认为:考试内容既要能反映教学要求,又要能切合学生实际;既要给平时学得较好的同学有发挥创见的机会,又要给平时学得较差的同学在考试中有再学习的机会。这样,各种学习水平的同学通过考试,都能得到提高。在这次高一语文开卷考试中有这样一道题:用"绚丽"、"千里迢迢"、"置之度外"等七个词(至少选择其中四个词)连成短文。水平较低的同学少选几个词,并模仿课文有关内容,作出来了;水平较高的同学,则发挥了主动性、创造性,以红卫兵到北京见毛主席,知识青年上山下乡,电影《捕象记》等为题材,并将七个词语全部自然地用上,写成短文,写得生动活泼。这样考,水平较低的不因高不可攀而丧失学习信心;水平较高的也不因平平淡淡而不进一步提出更高更严的要求。

怎么考?在考试方法上,决不能"一刀切"。考试的形式应当取决于教学内容。这次期中考试,我们有全部开卷的,有部分开卷、部分闭卷的,有口试的,有考查实验的,也有提前一周公开考题,到时闭卷完成,或事先公开考题,到时任选几题开卷完成。形式是多样的,总的精神是"题目公开,由学生研究、看书去做"。

这次理化考试,题目公开后,学生普遍开展讨论,翻阅书籍,请教老师,有的还去请教电工师傅等。高一(7)班的黄鹤鸣同学拿到化学试题,发觉有一道题做不出来,于是就利用了星期天到旧书店翻了一天的参考书。但仍未得到解决。后来他又和另一个同学一起到他当化验员的姐姐的工作单位去亲自做实验,终于求得了题目的正确答案。高二(8)班的陈志民同学在回答用扩大机连接四只喇叭,研究串、并联电路特点的问题时,不仅根据要求画出了四只喇叭两两串联再并联和两两并联再串联都达到总电阻要求的电路图,而且参看了有关喇叭连接的参考书,计算并比较了断路与短路时两种连接法的优缺点,还进一步研究了在一只喇叭断路或短路的情况下,哪只喇叭声响、哪只喇叭声轻的问题。同学普遍反映:这样考,有时间可思索,有人可商量,有书可参考,改变了过去在有限的时间里一个人冥思苦想的情况,避免了不必要的紧张,为主动地学、生动活泼地学创造了条件。高一的蔡坚同学在《赞"开卷考试"》一文中说得好。……当同学在百思不得其解,感到'山重水复疑无路'之时,经过旁人的点拨,得到的答案印象最深,领会最透,自是'柳暗花明又一村'。"

如何理解"真实成绩"?

题目公开,看书研究,能否考出真实成绩呢?我们通过对这次试卷的分析,又和旧的考试方法作了比较,对"真实成绩"初步有了这样几点看法:

第一,分数只是一种考查的标记,它本身只能反映学生学习情况的一个侧面。检验学生的学习质量,主要是看能否把学到的知识用于实践,去分析问题、解决问题。在修正主义教育路线下,一些学生的"全优"成绩,往往只是死记硬背的产物,那种"全优"成绩本身就是虚假的。这次考试,学生动笔、动口、动手,相对地讲,能考出比较真实的成绩。

第二,我们要相信绝大多数的同学是能够实事求是地反映自己的学习情况的。以高二(8)班物理试卷为例,有三分之一的同学在试卷上证明某题是问了某某人后弄懂的,还有个别同学注明某题是抄来的,还有些模糊。有位同学在试卷上这样写道:"我平时物理学得不太好,在准备考试时自己独立思考,克服了不少困难,但还没有能完全解答出来,最后是在与×××同学研究的基础上完成的。因此请老师适当扣分,以反映我的真实成绩。"多么朴实的语言!这种良好的学风,即使是苗子,却代表了方向。

第三,只有认真地改革旧的考试方法,才能比较真实地考查出学生的成绩。我们在批卷中遇到这样一个情况,有个同学把题目要求答反了,按往常办法,这题得零分。但教师发现他的计算方法和思考的路子完全正确,而且使用的有关知识已超出课本的范围,就进行口试,结果发现由于题意不清,那位同学未考虑到有关条件。虽然答反了,但从他的学习态度和学习方法来看,该同学学得生动活泼,所以这题给予满分,反映了他的实际情况。

第四,从考试的目的来看,考试主要是检查教和学的情况,从学生方面讲,就是要达到复习、巩固、提高的目的,而决不是只为了最后得到一个"真实成绩"。如果这也不准,那也不许,所谓"硬碰硬",纵然水平差的学生考了个真实的零分,那么,这个"真实的零分"又有什么用呢?如果能通过考试,让平时学得较差的同学得到一次学习、补课的机会,那不是很好吗?

总之,我们感到不能把分数看重了,要把分数看透。教师把分数看透了,才能引导学生大胆主动地学;学生把分数看透了,才能把精力集中在培养分析问题和解决问题的能力上,成为学习的主人。

和"打好基础"有矛盾吗?

改革旧的考试方法,也有人担心学生会忽视基础知识的学习,和"打好基础"有矛盾。我们从实践中初步体会到,考试方法只要不"一刀切",就不仅不会影响"打好基础",而且更有利于"打好基础"。语文学科的口头表达,外语学科的朗读、会话,理化学科的实验操作……这些都属于"基本功"。这次期中考试中,语文需熟记的内容,通过默写、口试(背诵、复述课文等形式)来检查;外语实行了开闭卷相结合、笔口试相结合的方法,全面检查了学生读、说、听、写的能力;物理在开卷的同时,又用闭卷的形式考查基本概念的掌握情况,有的还考查了实验。采取多种形式的考试方法,就有利于加强基础知识的教学和基本技能的训练。

再说,我们要学生掌握某一基础知识或基本技能决不是目的,更不是要学生去死记硬背定理、公式,我们是要培养学生运用这些知识和技能去分析和解决问题的能力。开卷考试,会不会丢掉"基础",关键是在于如何出试题,如何将试题出得既带有复习总结的性质,又留有一定的余地,以便于检查学生运用所学知识的能力。如这次高二数学试题有一道是"已知画面垂直、线面垂直,求证线面平行。"该题有几种作补助线的方法,当然也有几种证法,这就要求学生灵活地运用所学的关于判定直线和平面、平面和平面的垂直、平行的有关基础知识,来解决这个问题。

更主要的是,打好基础不是靠教师去"灌",而是靠学生自觉地去学。调动学生学习的积极性、主动性,是"打好基础"的根本措施,改革旧的考试方法则在很大程度上调动了学生学习的积极性、主动性。从几个试点班学生的学习情绪来看,效果是好的。如高二(8)班在准备解答化学试题的一周时间里,就有十多人在复习课本的基础上翻阅了各种参考书,扩大了知识范围。初二(11)班的学生都是留级生,基础较差,但在这次物理考试中,人人进了实验室,个个动手做实验,实验室里出现了兵教兵的相互学习的局面,不少同学实验先后做了三、四次,到放学时间还不回去,直到将问题完全弄懂为止。这个班的同学,通过考试,基本上都掌握了实验的操作规程,个别同学对为什么砝码要放在天平右边的问题还提出了自己的一些看法。特别是通过考试,学生增强了学习的信心。高一(23)班这次改革了外语考试方法,有个同学书写很漂亮,但单词、语法掌握得不好,以往都只考几分、十几分,这次全面考查了他读、说、听、写的能力,成绩有了提高,接近于及格水平,这个同学看到了自己学习外语的积极因素,就感到自己还是能够学好外语的,决心再加一把劲,赶上其他同学。这个班原来每次外语检查只有少数人及格,这次考试在不降低要求的情况下,成绩普遍有提高,全班只有少数人不及格。有的同学在考试以后还针对自己外语学习的薄弱环节,订了个单词小本子,随身携带,随时复习。

考试方法的改革,我们仅仅作了改革的试验,还存在着不少问题,如:教师普遍感到"三难"(出题难,阅卷难,评分难);有些方法如何全面推广;考试时间怎样合理安排等等。特别是考试方法的改革不是孤立的,它离不开教学思想的革命和教学方法的改革。这就要求教师加速世界观的改造,认真学习毛主席的教育革命思想,进一步树立"忠诚党的教育事业"的责任感,不断改变残存在头脑中的资产阶级的教育观、质量观。我们坚信,只要在毛主席无产阶级革命路线的指引下,有一个很大的干劲,有百折不回的毅力,就一定能建立崭新的考试制度,促使学生真正成为学习的主人。

严肃认真地做好小结和评选"三好生"工作

高中工作组

为了把这次期终学生小结、评选"三好生"的工作做好，团委会、红卫兵团、高中工作组决定在高一(6)和高二(7)两个班先行一步。在学校动员的基础上，他们分别针对班上具体情况反复再动员，讲明意义，特别强调这次小结是学雷锋的继续，要求大家端正态度，做好小结。然后组织大家学习毛主席关于青年工作和教育方针方面的有关指示以及《解放日报》73年3月31日《组织团员、青年努力做到"三好"》和5月27日《正确认识无产阶级的教育质量》的文章，讨论学校印发的"三好"内容和"三好"的具体要求(初稿)，要求大家谦虚、谨慎、戒骄、戒躁，努力把这项工作搞好。与此同时，召开干部会，抓骨干，开小型座谈会，个别接触，做过细的思想工作。高二(7)班还提出"学雷锋，忆成长，找差距，明方向，争'三好'"。高一(6)也组织全体同学进行路线分析，要求大家弄清"三好生"与过去的"优秀生"、刘少奇一类骗子搞的"五好战士"的区别，从路线上划清界限，明确这次评选"三好生"的目的意义。

他们下一步准备在个人小结的基础上，对照标准，肯定成绩，指出努力方向，一面提好小组意见，一面自下而上的推荐，然后班委会集中小组意见自上而下提出全班交流的名单，全班交流后，各小组就再一次认真地进行评议，选出班上的"三好生"。

充分发动群众，抓好小结分析

初中工作组

为了搞好这次期末小结和分析，我们决定以批修整风为纲，以初二(6)、初一(3)为点，结合学期小结，认真做好"三好生"的评选工作。

首先注意提高同学对学期小结和"三好生"评选工作的认识。针对同学中存在的"成绩好就是三好生"、"反正成绩差。三好生想也想不到，何必太积极"、"评不上面子难看"、"与己无关"等错误思想，口诛笔伐，开展批判。学习《正确对待质量》等文章，提高对学期小结意义的认识。引导同学划清无产阶级教育质量观和资产阶级教育质量观的界限。同时注意对个别同学做细致的思想工作，组织先进和后进转化的两种典型。调动一切积极因素，从路线斗争高度和加强团结出发，提高认识，端正态度。

其次，在组织同学学习“三好”内容和“三好”的具体要求时，物色少数具有一定代表性的同学超前写好小结在全班汇报。这样做，对指导同学认真写好小结、努力争取“三好”起了引路、推动作用。

简讯

* 初中工作组在前一阶段广泛开展回忆对比，进行家史教育的基础上，于最近举办了“学雷锋事迹展览会”。展览会共分三室，第一室为“学雷锋活动开展概况”，展出了本学期来同学们在校办工厂学工劳动产量的统计表以及引擎盖铰链、晃梁固定脚、骑马绊螺丝、驾驶室螺丝等十余种产品实物和照片。第二室为“和雷锋比童年”，展出了同学自己写的家史。第三室为“象雷锋那样生活和战斗”，展出了学雷锋活动中的好人好事材料以及试卷、作业等。

* 初中工作组最近和共青团、红卫兵团联合举办了初中年级“学雷锋、颂雷锋文艺会演”，很好地配合了“学雷锋”活动的深入开展。

* 团委会、高中工作组最近在高二(3)班举行学习马列、毛主席著作汇报会。高中各团支部书记、宣教委员列席了会议。

教革通讯

第21期

一九七三年六月二十八日
扬州中学政工组、教革组编

努力抓好“开门教学”这一方向问题

——本学期“开门教学”情况小结

教革组

在毛主席无产阶级教育路线指引下，这学期我们组织师生对“开门教学”继续做了一些实践。四月中旬，我们还组织了一部分同志去泰州市一中学习了他们“开门办学”的经验。本学期来，结合我校实际情况，在全校各个年级、不同学科，采用多种形式“开门教学”计十五次。有的走出去到汽修厂、冶金厂等工厂边上课、边实践，到平山大队联系语文教学写调查报告；有的请有实践经验的工人来校讲《实践论》，请解放军战士来校讲军民关系的革命传统，结合语文教学的家史单元，请苦大仇深的老贫农来校谈家史。在开展这些活动时，我们注意了以批修整风为纲，突出路线教育，首先从路线斗争高度提高学生的思想觉悟。同时我们也注意密切联系教学内容，既考虑到生产实际，又照顾到课本内容和学生实际水平，有的放矢地进行教学。通过这样一些活动，同学们阶级斗争、路线斗争觉悟有了提高，加深了对工人、贫下中农的感情，学到了理论联系实际的好作风。同时，对数学、物理等方面的一些知识能理解、印象深、会应用；语文教学方面也写出了比较有质量的家史和调查报告。教学效果比较好。具体有如下几点收获。

1. 提高了路线斗争觉悟，促进了批修整风的深入开展。

每次“开门教学”，我们都注意在活动中密切联系中心运动，把转变学生的思想放在第一位。在工厂请工人师傅讲课，我们首先请工人师傅讲有关知识方面存在的路线斗争情况。如初二有的同学，觉得学几何要画图，画来画去反正就是一些线、角、圆、既不好学，又没有什么意思，不想学。工人师傅就在讲课中，结全实物首先讲了线、角、圆在生产实际中的作用，又讲了线、角、圆是制图的基础，过去，制图大权被控制在资产阶级专家手里，图中有些线、角、圆画得不合理的地方，工人也不能改动。经过无产阶级文化大革命，工人才夺回了制图大权，线、角、圆不再是工人操作的"卡子"，而为工人所用了。工人师傅教育大家应该从执行毛主席革命路线的角度去学好线、角、圆，用好线、角、圆。这样，同学们在学线、角、圆这些基本知识前，先接受了一次路线教育。高二的同学去平山大队写调查报告，重点了解了这个大队各个生产队学大寨战天斗地，生产发展的情况，掌握了一些数字和具体事例，对当前农村的大好形势有了清楚的认识，大家结合调查的情况，批判了刘少奇一类骗子所散布的"国民经济停滞不前"、"农民缺吃少穿"等谬论。有的同学说：过去我们坐在教室里学习，只知道农村形势大好，但是这好的形势怎么来的不清楚。对刘少奇一类骗子的一些胡说八道，我们也明知是荒谬的，但批判起来却总是空空洞洞，力量不足。现在我们经过实地调查，了解了贫下中农与天斗、与地斗、与阶级敌人斗的实际情况，掌握了农村大好形势的一些第一手材料，就提高了执行毛主席革命路线的自觉性，对刘少奇一类骗子批判起来也就论据充足，更加有力了。还有的同学说：调查中对平山大队阶级斗争情况的了解，使我们对阶级斗争有了比较具体的认识，对"乱"与"治"的关系有了进一步的理解。铁的事实驳斥了刘少奇一类骗子所散布的"阶级斗争熄灭论"等谬论，进一步增强了我们的阶级斗争观点。

2. 加深了对工人、贫下中农的感情，增强了为革命刻苦学习的责任感。

在去工厂、农村"开门教学"的过程中，工人、贫下中农一心为集体，在生产中吃大苦、耐大劳，艰苦奋斗的革命精神，对师生有很大的教育和感染。高二(三)班有一个同学，原来娇气比较重，加上这次下乡调查时正发风疹块，本不想参加。但她第一天去农村看到贫下中农每天连续十多个小时奋战田头的情景后，很受感动，坚持参加了这次调查，劳动表现也较好。高一(二)班有一个同学，在初中时调皮出了名。这学期来，通过学习雷锋和学工期间工人师傅的教育，有了进步。有汽修厂学工、进行"开门教学"期间，他还学习工人师傅，利用工休时间，主动为车间修理了坏櫈子。一些同学在去农村"开门教学"参加劳动时，也学习贫下中农，主动抢脏活、重活干。挑担时拣重担挑，扬麦时抢占下风。有的同学说：工人、贫下中农一年到头不怕苦和累，现在正是我们向他们学习的好机会。这有利于我们接受工人、贫下中农的再教育，走同工农相结合的道路。工农业生产战线的大好形势，也增强了同学们为革命学好科学文化知识的决心。大家看到：在工厂，搞技术革新、技术革命离不开科学文化知识；在农村，要实现"四化"(机械化、水利化、电气化、化学化)也少不了科学文化知识。要实现"四化"，如果没有文化，就是空话。有的同学原来认为进工厂就是捏捏榔头，下农村就是举举锄头，只要有力气就行，有没有文化知识没有关系。现在认识到文化知识在工厂、农村不是什么可有可无，而是必不可少。为了将来更好地参加祖国的社会主义建设事业,现在就必须认真学好社会主义科学文化知识。有的同学深有感触地说:工人、贫下中农这样培养我们,工厂、农村这样需要我们,我们要好好学习,才能对得起党和人民对我们的培养,才能成为无产阶级革命事业的接班人!

3. 促进了理论和实际的联系,有利于基础知识的掌握和基本训练能力的提高。

"开门教学"接触三大革命实践,大大地促进了理论和实际的联系,有利于科学基础知识的掌握和基本训练能力的提高。初二年级数学学习几何,在课堂学习时,同学反映:听起课来难懂,画起图来易错。学习上比较普遍地存在着一些畏难情绪。初二(七)班到汽修厂"开门教学"。工人师傅联系生产实际、结合大量的生产工具和产品实物讲课,同学们反映:这样上课,看到图形就想到了机器,摸到零件就联想到了书上的图形,就是容易懂,容易记。有的原来怕学几何的同学说:现在和生产实际一联系起来,晓得了几何知识就是从生产实际里面总结起来的,只要联系实际来考虑并不难学。高二的同学在下农村写调查报告之前,由教师讲了写调查报告的有关知识,印发了调查提纲和有关词汇,然后去调查,接触实际。过去同学们也学过写调查报告,教师讲了一些有关知识,强调了要点,但大家没有体验,隔不多久就忘了。这次经过自己动手写,不但写出了内容充实、结构完整的调查报告,而且对小标题、段首概括等一些语文基本知识,也运用得比较好。在调查过程中,同学们还学到了不少新鲜活泼的群众语言,如"人民公社是金桥,脚踏金桥不动摇"及"大寨治山我治山,彻底埋葬帝修反"等反映人民群众坚定地走社会主义道路和战天斗地英雄气概的生动语言。同学们说:劳动人民的语言,生动、具体、形象、简炼,事实说明了生活是语言的源泉。这一次同学们写出的调查报告,一般都立场鲜明,感情充沛,事实具体,语言生动,质量比较高。有的平常写作水平比较差的同学说:过去我写作文,总觉得不好写,一是没有材料,不知道写什么好;二是有了材料又不知道怎么写。接触实际写调查报告,我感到实际抓得住,调查报告的基本形式学得进。这次我能写出内容具体、结构清楚的作文,是以前从来没有过的。

通过这学期来的一些实践,对于怎样才能搞好"开门教学"活动,我们体会到:

1. 要认真解决对"开门教学"的思想认识问题。

"开门教学"是执行毛主席无产阶级教育路线,贯彻"教育要革命"精神,走《五·七指示》道路的重要措施,是和修正主义教育路线统治下教学习惯完全不同的新生事物。对于搞"开门教学",必然会有多种多样的思想反映。每次开展"开门教学"活动前,学校领导都认真动员,讲清"开门教学"的目的、意义,从路线的高度对师生进行教育,帮助他们认识到:"开门教学"是方向问题,是执行毛主席革命路线、培养又红又专的无产阶级革命事业接班人的重大措施。对教师中存在的一些怕苦、怕难、怕烦的思想,我们也认真重视,予以帮助,鼓励教师积极投入教育革命洪流,争当尖兵,改造自己。同学中对到工厂、农村"开门教学"也会有一些不正确的思想认识。如有的同学认为到工厂、农村,地方大,东西多,能学点技术又好玩。对于这样的认识,我们除在组织活动时反复教育外,在到工厂、农村以后,还即时把学生中存在的这些思想介绍给工人、贫下中农,请他们联系实际进行教育。但是,主要地由于我们领导层对"开门教学"这一新生事物的认识还不够,思想上有"老一套"的想法,对如何处理"开门教学"和基础知识教学的关系等问题,思想上也不是太清楚,因而开展"开门教学"的决心还不够大。组织活动往往事前考虑不细,事后总结不够,缺少通盘的计划和有力的措施。这些也影响到了一些教师的思想,以致出现了个别教师认为自己不是班主任,不愿随班出去的现象;少数不是当时"开门教学"学科的教师,也有"与己无关"的思想。这些情况都是今后必须认真解决的。

2. 要妥善安排"开门教学"的各项活动。

这学期开展"开门教学"活动,我们注意了"以学为主",努力克服"以干代学"的倾向。在"学"的内容方面尽量注意和课堂教学的内容密切联系,学用结合。如高中数学组在"走出去,请进来"活动中,请汽修厂、钣金厂工人师傅讲了"六角螺母"、"民用铅桶"(圆台形)等工件的展开图和下料等问题。在工人师傅讲课前,教师根据同学学习的实际情况,和工人师傅共同拟定了讲授提纲。这些内容既以课堂教学内容为基础,也适当地扩大了学生的知识领域。有的学生还学会了一定的实际操作,基本上改变了过去存在的单纯充作劳动力和脱离学生学习实际而学的现象。高二语文组组织同学去平山大队写调查报告,事前订了活动计划,向同学发了调查提纲。这次活动时间虽然比较紧,但有请进来,有走出去;有调查,有劳动;有讲调查报告知识,有动手写调查报告。因为事前做了一定的准备,因而这次活动取得了比以往活动较大的成效。过去,我们在"开门"时往往是"一个头""一刀切",即挂钩联系的只是一个单位,开展活动要动就要一个年级的一、二十个班级采取"统一行动",开展活动困难比较大。这学期我们比较地注意了多方挂钩,机动灵活地组织活动。除原有的挂钩单位外,又发展了一些新的联系单位。根据情况开展活动,有的是一个年级,有的是几个班级,也有一个班级,这样比较容易组织,也较有成效。如初二(七)班一个班去汽修厂"开门教学",在一周的"开门教学"期间内,上了一次忆苦思甜课,三次文化课,还参加了一次车间的批判会。活动安排充分,效果也较好。

但是,这学期我们对"开门教学"的组织和安排,还存在不少问题。由于缺乏全面的规划、统一的安排,往往活动的组织比较匆促,教师忙于抓纪律,保"平安",忙于事务性工作,真正研究如何"学"倒放在次要地位。加上和工厂、农村一些联系的单位有时思想认识还不能完全一致,还出现一些把学生充当劳动力使用的现象。这些都是今后要努力改进的。

初二(七)班同学在开展了"开门教学"的活动后,全班进行了群众性的小结。他们提出了一定要贯彻"以学为主"的精神,防止"以干代学",更不能只是赶潮流,搞形式主义,要讲究实效,要避免把学生当做单纯劳动力的现象。在时间安排上,每次活动的时间要相对集中一些,如在两个星期以上,这样内容可以充分些。单位活动的时间安排也可以灵活些,如上午讲课、辅导,下午劳动实践。最好安排的劳动内容能结合讲课方面有目的地进行,这样同样可以布置学生书面作业,更好地和课堂教学内容紧密结合。每次活动以两、三个班级为好，这样既不致规模太大，便于开展活动，同时教师力量又可相对集中，便于集体备课、研究问题等等。我们认为提出这些看法是很可贵的。

简讯

＊全校教学研究活动继续蓬勃开展。最近各年级、各学科陆续举办研究课。有初一(七)邵秉中老师的数学课“因式分解”，课后并进行了评教评学。高一(15)徐丽云老师的数学课“二次函数极值的应用”。初一(9)高宗安老师的语文课“一件小事”。高二(5)周元龙老师的物理课“自感现象”等。

＊为了学好社会主义科学文化知识，迎接期末考试，全校各年级在抓好小结工作的同时，抓好复习和补课工作。充分利用早读和自修课时间，组织互帮互学，教师并下班辅导。初中用红卫兵组织生活时间对迎接期末考试作了动员，初一(7)班每个同学都订了复习计划。高一(15)班按水平高低搭配组成复习小组，一些学习比较好的同学，主动要求帮助基础差的同学一道复习。

教革通讯

第22期

一九七三年九月五日
扬州中学政工组、教革组编

在"十大"精神鼓舞下
努力把我校教育革命深入下去

政工组　教革组

党的"十大"指出:要继续抓好上层建筑包括各个文化领域的斗、批、改,努力抓革命,促生产,促工作,促战备,把各项工作做得更好。这是以毛主席为首的党中央对我们提出的战斗任务。

教育是上层建筑的一个重要组成部分。搞好教育革命,是关系到执行毛主席革命路线,巩固和加强无产阶级专政,培养无产阶级革命事业接班人,把革命进行到底的大问题。我们要认真学习和贯彻"十大"精神,在新学期里深入搞好我校的教育革命。

这学期,我们在教学工作中要着重抓好以下三个方面:

一、切实抓好思想教育。"学校的一切工作都是为了转变学生的思想。"我们身处教育革命第一线,在培养无产阶级革命事业接班人方面,负有重要的责任。贯彻毛主席的无产阶级教育路线,主要的就是抓思想教育,用党的基本路线教育学生。组织他们认真读马、列和毛主席的书,参加批林整风的战斗。同时,还要对他们加强阶级教育,理想教育和革命传统教育,继续开展"向雷锋同志学习"的活动,狠抓意识形态领域的阶级斗争,不断提高他们的阶级斗争和路线斗争的觉悟。让他们在成长时期,就能逐步树立无产阶级世界观,从而成为无产阶级革命事业的接班人。我们贯彻党的教育方针,使学生"德、智、体"全面发展,但其中"德"是统帅,居于首要地位。我们反对一提“提高教学质量”,就加重学生文化学习的分量,着眼于学生的分数多少。文化知识需要很好学,但首要的还是要树立正确的学习思想,确立正确的学习方向。方向不对,等于无用。我们一定要坚持教育为无产阶级政治服务。在当前,我们应该着重教育学生走又红又专的道路,走与工农相结合的道路,鼓励他们立志为消灭三大差别,实现共产主义理想而努力奋斗。要把上山下乡,走与工农相结合的道路的教育,作为一项根本性的大事来抓。各科在教学中应体现这一点,贯彻始终,经常进行。

二、认真抓好“开门办学”。开门办学,走“五·七指示”道路,是破除旧教育制度,把教育革命与三大革命运动结合起来,避免修正主义和教条主义,培养无产阶级革命事业接班人的正确道路。近几年来,在毛主席无产阶级教育路线指引下,我们在这方面作了一些实践,但是离改变“三脱离”现象还有较大的距离。“开门办学”是方向、路线问题,我们一定要坚持下去,努力搞好。在教学中应以很大的力量抓这一问题。“走出去”,“请进来”等活动要继续认真开展,把理论与实际结合起来,主学与兼学结合起来,学校课堂与社会课堂结合起来。活动中注意把培养人放在首位。每次活动应切实注意效果,认真计划,认真组织,认真总结,不要流于形式。要在实践中努力做到逐步完善。

三、进一步抓好教学方法和考试方法的改革。课堂教学是学校经常的主要的活动形式。改革旧的教学方法和考试方法,是教育革命的一项重要内容。改革的中心问题是废止“注入式”,运用“启发式”,注意培养学生分析和解决问题的能力。要使学生成为课堂的主人,调动学生学习的主动性、积极性,让他们生动活泼地进行学习。就我校情况看来,当前课堂上还有待进一步克服教师“满堂灌”的现象,考试还有待进一步克服有学生死记硬背的现象。一些同志在近几年来在这方面做了一些努力,但还很不够。这学期,我们对这一工作应该继续抓好,做出新成绩,有所发展。要提倡学生自学讨论,教师启发辅导。教师不能包办代替,但也不能放手不管。各教研组在计划、检查、交流、总结,开展听课、研究课、教研活动时,都要认真考虑这一点。

怎样来完成这些战斗任务呢?

要继续抓紧抓好批林整风这一头等大事。党的“十大”指出我们要继续把批林整风放在首位。当前正在深入开展的批林整风运动,是上层建筑领域里的大革命,也是搞好教育革命的根本保证和强大动力。在这一运动中,我们要认真读马、列和毛主席的书,联系学校工作实际。深入批判林彪反党集团反革命修正主义路线的极右实质,加深对党的基本路线的理解,划清正确路线与错误路线的界限。我们要在改造客观世界的同时,努力改造自己的主观世界。“教改的问题,主要是教员问题。”我们本身改造的情况如何,在很大程度上关系着我校教育革命开展的情况。有些同志说得好:要转变学生的思想,首先要改造教师自己的思想;要培养革命接班人,首先教师自己要是一个革命者。为了适应革命的需要,我们必须认真看书学习,努力自觉改造世界观。教师每参加一次开门办学活动，每上一堂课，都是自己世界观的“亮相”。我们思想上的问题往往在教学实践中暴露出来，因此，我们也应该注意结合自己的教学实践，狠抓世界观的改造。

要正确认识教育革命的大好形势。当前革命的形势是大好的，这一点，大多数同志都有比较明确的认识。看形势，根本的是看路线正确与否，看阶级关系、阶级力量的对比。党的“十大”的胜利召开，粉碎了林彪反党集团的反革命阴谋。这是当前形势大好最主要的标志。无产阶级文化大革命以来，学生的政治质量不断提高，开始有了些运用所学的基础知识去分析问题和解决问题的能力。这与过去比是很大的进步。我们应当肯定成绩，对教育革命满怀信心；而不应把教育质量看得一团灰暗，以致迷失方向，失去前进的勇气。正确认识了形势，才能同资产阶级的偏见实行最彻底地决裂；正确认识了形势，才能坚定搞好教育革命的信心。

要发挥很大的革命干劲，搞好教育革命。还必须有一个很大的革命干劲。在我们的教育领域里，剥削阶级搞了几千年，修正主义也搞了十七年。无产阶级文化大革命以来，教育才从根本上实行革命，还仅仅是开始，还处于试验阶段。开门办学，评教评学等新生事物，还有待我们大力扶植，不断总结、完善，需要作出很大的努力。我校是一所老校，老校要立新功。当然，另一方面也要看到，正因为是老校，因而旧的传统习惯势力的影响比较深，资产阶级偏见在某些方面也表现得比较顽固。“三脱离”、“四为主”的状况还有待我们去大力改变。我们面前的任务是比较艰巨的，这就需要我们在教育革命中，“敢”字当头。立足于“改”。鼓大劲，出大力，流大汗地干；不怕苦，不怕难，不怕烦地干。大干质量才能大提高，大干面貌才能大改变。我们一定要焕发精神，力争上游，努力实践，大胆创新，在市教师代表会议的推动下，在我校掀起教育革命的新高潮，把我校的教育革命深入下去。

全校教职工同志们，“教育要革命”，是毛主席向我们发出的伟大号召。让我们在毛主席无产阶级教育路线指引下，在党的“十大”精神鼓舞下，团结战斗，在新学期里，为贯彻党的教育方针，进一步提高教学质量，做出新的成绩！

校首届团代会胜利召开

【本刊讯】在毛主席建团路线指引下，在校党支部和上级团委的亲切关怀和正确领导下，我校首届团代会于 8 月 26 日至 8 月 28 日胜利召开。这是毛主席建团路线的伟大胜利，这是全校广大共青团员、红卫兵、青年政治生活中的一件大事。学校领导自始至终地领导、组织了这次大会,团市委书记林桂春同志也到会作了指示,给代表们以很大的鼓舞。

大会以路线为纲,代表们学习了马、列和毛主席有关青年教育的论述,学习了中央73年(30)号文件和《人民日报》社论《进一步做好知识青年上山下乡的工作》。会上,积极上山下乡干革命的原高二(8)团支书张乐亭和原高二(4)共青团员杨和平两位特邀代表,向大会介绍了在农村广阔天地接受贫下中农再教育的情况,受到了热烈的欢迎。代表们讨论了校团委会的工作报告,交流了认真看书学习、深入批修整风,开展"向雷锋同志学习"活动、搞好教育革命等方面的经验。还组织参观了有出口任务的玉器厂、漆器厂,使代表们受到了一次生动的形势教育、阶级教育和路线教育。根据今后团的工作任务,大会向全校团员、红卫兵、青年发出了倡议书,选举产生了我校第21届团委会。这次会议达到了预期的要求,收到了较好效果。充分反映了我校广大团员、红卫兵、青年在毛主席革命路线指引下,经过批修整风的教育和锻炼,精神面貌发生的深刻变化。

大会号召全校广大共青团员、红卫兵和全体青年,要在党的领导下,继续把批林整风放在首位,抓住林彪反革命修正主义实质和在青年工作中散布的谬论和罪行,深入开展革命大批判。在批林整风中,认真攻读马、列著作和毛主席著作,学习党的基本路线,认真抓好意识形态领域里的革命。继续开展"向雷锋同志学习"的活动,学英雄业迹,走英雄成长的道路。要积极投入教育革命,在教育革命中发挥突击作用,努力做到"身体好,学习好,工作好",促进德、智、体全面发展。要树立远大的革命理想,自觉走与工农相结合的道路。要以中央73年(30)号文件为武器,继续深入批判"读书做官论"、"读书无用论"、"变相劳改论"、"下乡镀金论"等反革命谬论,树立为共产主义事业奋斗终生的伟大理想,时刻听从党召唤,坚持上山下乡的正确方向,把一切献给农村,献给党。

校团代会闭幕以后,又传来了党的"十大"胜利召开的特大喜讯,全校共青团员、红卫兵和青年同志们无不欢欣鼓舞,热血沸腾,大家一致表示:党和毛主席对我们青年寄予无限的希望,无产阶级的使命历史地落在我们的肩上。我们决不辜负毛主席的殷切希望。一定要学习好、宣传好、落实好"十大"精神,在党的领导下,认真学习,努力工作,谦虚谨慎,艰苦奋斗,努力做到"身体好,学习好,工作好",沿着"十大"团结胜利路线奋勇前进,夺取教育革命的新胜利。

新学期的打算

黄久征

在市中小学教师代表会上,听了首长的报告和同志们的发言,我学到了许多宝贵经验,也看到了教育革命蒸蒸日上的大好形势,受到了很大的鼓舞。同党和人民对我的要求以及和大会发言的同志相比,还有很大的一段距离。新的学期开始了,为了迎头赶上教育革命大好形势的发展,初步作如下的打算:

“教改的问题,主要是教员问题。”我要认真读马、列和毛主席的书,积极投入批修整风运动,特别要深入批判修正主义教育路线,不断提高阶级斗争、路线斗争和继续革命的觉悟,从而努力改造主观世界,使自己能贯彻执行伟大领袖毛主席的教育路线,为搞好无产阶级教育革命而奋斗终生。

这学期,在教学上我要力求充分运用启发式,积极调动学生学习的自觉性,让学生开展自学,特别注意理论联系实际。根据教材内容,努力进行开门教学,使理论紧密联系实际,做到教育同生产劳动相结合。

这学期,在教学上我要积极改革考试方法。认真培养学生分析问题解决问题的能力,调动他们的学习积极性。把笔答、口述、分组讨论等多种形式有机地结合起来,通过考试,提高教师为革命而教,学生为革命而学的积极性。

贯彻“十大”精神,争取更大进步

高一(19)班　窦卫丹

在庆祝党的“十大”胜利召开的日子里,我们迎来了新的学期。通过对“十大”文件的初步学习,我受到了一次深刻的教育,进一步认识了认真学习马、列和毛主席著作,抓好批林整风的重要性,更加坚定了我走与工农相结合道路的信心。同时,做为一个共青团员,也加强了我做好工作的责任感。

在新学期里,我要积极响应“十大”提出的战斗号召,努力完成党和人民交给我的学习任务,使自己在德、智、体诸方面都得到发展。我要刻苦攻读马、列和毛主席的书，积极参加批林整风运动，努力提高自己的阶级斗争和路线斗争觉悟，象雷锋同志那样，树立远大的革命理想。时刻听从党的召唤，自觉地走与工农相结合的道路。我是一个共青团员，还要在教育革命中当尖兵，打头阵。坚决按毛主席的《五·七指示》去办，为革命上好社会主义文化课，注意培养自己分析问题、解决问题的能力，努力提高文化学习水平；我还要以共青团员的标准严格要求自己，起好模范作用，密切联系群众，谦虚谨慎，戒骄戒躁地搞好工作，努力做到“身体好，学习好，工作好”。在新学期里，我要认真贯彻“十大”精神，争取更大的进步。

教革通讯

第23期

一九七三年九月二十日

扬州中学政工组、教革组编

进一步学好“十大”文件，贯彻“十大”精神
——全校召开“学习十大文件，贯彻十大精神”广播会

【本刊讯】在全国人民欢庆“十大”的日子里，九月十四日，学校召开了“学习十大文件，贯彻十大精神”的广播会。会上，教师代表刘茂余、周美绾、黄久征，同学代表王文浩、窦卫霖、章静秋，分别代表所在教研组、所在班级及红卫兵团发了言。他们在发言中一致表示：当前对学习“十大”文件，一定要集中精力，认真学习，深刻领会，坚决贯彻。广播会交流了全校广大师生前一段时间学习“十大”文件的情况与收获，为全校今后进一步学习“十大”文件，贯彻“十大”精神，起了很好的推动作用。

广播会发言结束后，校革会负责人代表学校领导讲了话，对全校师生今后如何进一步认真学习、贯彻“十大”文件精神，提出了如下几点意见。

1. 进一步学好“十大”文件，深刻领会文件精神。今后对“十大”文件要逐段逐句学，领会文件主要精神。教工可以在一般学的基础上，有重点地学习。同学主要是上好政治课，认真听讲，自学文件。也可组织课外学习。

2. 继续把批林整风放在首位。教工各组、各班级，要认真开展对林彪反党集团的批判，要很好地结合实际，研究批判重点，确定专题，认真准备，深入批判。教工当前可结合制订教学计划，批判资产阶级教育质量观，划清无产阶级和修正主义教育路线的界限；学生中可着重批判林彪一类骗子反对青年与工农相结合的罪行。

3. 把学习“十大”文件和认真看书学习结合起来。校党支部决定举办党员业余

学习班，组织党员认真看书学习。教工各组，各班级要结合“十大”文件的学习，认真读马、列和毛主席的书，更好地理解“十大”文件精神，如学习关于无产阶级专政下继续革命的理论，《矛盾论》，列宁关于帝国主义的论述等。各班级对已经成立的“课外学习马、列、毛主席著作小组”，要加强领导组织他们结合学习“十大”文件，认真开展活动。

4. 乘“十大”东风，搞好教育革命。培养无产阶级革命事业接班人，是我们教育战线的根本任务，也是我们工作的出发点，在学习“十大”文件时，要对照“十大”提出的新任务、新要求，努力搞好我校的教育革命。当前，要坚定知识青年走与工农相结合的道路，以能否为革命德、智、体全面发展，为革命上山下乡，来衡量我们的教育质量。要认真实行“开门办学”，走《五·七指示》道路，认真改革教学方法和考试方法，培养学生分析问题和解决问题的能力。

编者按：改革旧的教学方法，是教育革命的一项重要内容。高一语文组在新学期开始，结合作文组织全年级同学开展了如何改革语文教学的讨论，不少同学对改革语文教学提出了有益的、中肯的意见。我们现摘录部分意见发表在这里，供大家参考。

学生是课堂的主人，他们对如何改革教学最有发言权。教师应该认真听取同学的意见。用作文来征求意见是一种方法，还可以到同学中去征求意见，可以开座谈会征求意见……各科、各年级可以根据各自的特点，用各种方式，主动地、深入地征求同学对改革教学的意见，充分发挥同学在教学改革中的作用，发扬教学民主，以利改进教学。

高一(21)班张勇：

教学改革，要经常开展走出去、请进来的活动，走与工农相结合的道路，这是一个方向性的问题。伟大领袖毛主席教导我们：“学校的一切工作都是为了转变学生的思想。”让同学们走向社会，到工厂，到农村进行社会调查、访问，看看工人是怎样为革命争分夺秒地做工，农民是怎样为革命战天斗地地种田，了解厂史、村史。或者请工人、贫下中农来校作报告、讲课，这样既可以提高同学们阶级斗争、路线斗争的觉悟，激发起同学为革命学习的革命热情；又可以大大增加同学的感性知识，很好地结合三大革命实践，提高写作水平。

过去，修正主义教育路线把学生成天关在教室里死读书，读死书，不让同学亲身参加三大革命实践。结果，我们读了十年书，对外面阶级斗争、生产斗争到底是什么情况还是模模糊糊。要想把工人、贫下中农抓革命、促生产的情况记录下来，整理起来，也感到困难，更谈不上用所学到的语文知识去描写工农群众，发扬工人、贫下中农的优秀品质，为工农兵服务了。走出去，请进来活动，有利于改变我们脱离三大革命实际的状况，有利于转变我们的思想，有利于我们学好社会文化知识，我们希望学校领导、教师们一定要抓紧抓好。

高一(11)班马菊莲:

过去每次作文布置时间紧,"完成任务"急,个别老师用"迟交扣分"来压学生,有些学生由于对为什么要写作文认识模糊,把写作当作"完成任务",不注意提高自己的写作水平,认为:写得好与不好,反正到时候老师要改,何必迟交扣分呢?! 作文本发下来,这些同学注意的不是老师改了哪些,为什么要改,而是注意"分数",往往这样写作文的效果,就受到一定的影响。

应该改变过去那种作文教学的方法。我认为:提前出题目,给学生以充分的考虑和准备的时间;让学生"互改"作文,可以让同学们互相取长补短,提高分析问题的能力;经修改,再做同题作文,可以让我们通过修改,加以小结、分析,保留好的,纠正错误,对逐步提高学生的写作水平有好处。比为了"完成任务"写作文,效果要好一些。

高一(14)班徐闻:

我希望教师在未讲课之前,应把学习的项目,要求,目的告诉同学,把一些参考资料印给同学,这样才有利于学生自学语文。老师在备课时可以让学生参加,吸取学生的要求及其看法。

教师不但要指导学生自学应该学的课程,而且也要指导学生自学其它应学的课外读物。我们的一些教师,往往比较注意指导学生课外自学马列主义著作、毛主席著作,而对学生的课外兴趣读物却是不加关心,有的甚至不理不问,或者扬言谁要把书带到课堂上就要收掉,说不定还要撕毁。这是不对的。这种方法会使学生只顾挤时间看课外书,有的甚至图快抢多,看热闹完事。教师应该带领大家在不妨碍课程时间的基础上看些课外书籍。也可以把自己的看书经验传授给同学。在此同时,也要善于引导,使同学明确看课外书的目的和作用。

自学必须自觉

高一(2)　陶肖明

一次,在闲谈中,同学们的话题转到了最近实行的以自学为主的课堂教学方法的改革。有个同学说:"现在上课比起以前来要多动脑筋了。以自学为主的教法,对培养我们分析问题、解决问题的能力是大有好处的。"还有个同学不以为然地说:"多动脑筋? 我就用不着,反正大家谈谈,老师归纳,到时我把它记下来,自己看不看书关系不大。"

这两种截然不同的看法,反映了两种不同的学习态度。前一个同学所以要"多动脑筋",认真自学,是因为他明白这样做"对培养我们分析问题、解决问题的能力是大有好处的”,说得清楚一些,他有比较明确的学习目的,他懂得教育革命的意义和自己应有的态度。毛主席教导我们说:“要自学,靠自己学。”要不要自学,肯不肯自学,这实际是愿不愿积极投入教育革命,是不是坚决执行毛主席革命路线的问题。那个认为“动不动脑筋关系不大”的同学,对革命事业需要德、智、体全面发展的接班人这一点认识不足,缺乏为革命勤奋学习的自觉性。因而表现得对教育革命无所谓,对自学马马虎虎,这是需要提高认识、端正态度的。

自学必须自觉,自觉才能很好地自学。我们革命青年应该做执行毛主席指示的模范,教育革命的尖兵。我们要充分发挥自己学习的主观能动性,反对懦夫懒汉思想,做学习的主人。在旧的教育制度下,教师“满堂灌”,学生却不知其然,完全处于被动地位,这对培养无产阶级革命事业的接班人有什么好处?现在,教育战线的形势大好,教育革命正在深入发展。我们和老师是同一岗位上的战友,都是为了一个目标,我们有什么理由不与老师互相配合,共同努力呢?难道我们还要回到文化大革命前那种修正主义的道路上去吗?

的确,自学是会遇到困难的,需要我们动脑筋,花气力,下功夫。马克思说:“在科学上面是没有平坦大路可走的,只有那在崎岖小路的攀登上不畏劳苦的人,有希望到达光辉的顶点。”事实充分证明,不花力气,凭投机取巧是得不到东西的。只有自觉地毫不吝惜地辛勤劳动,下功夫,洒汗水,才能浇出艳丽的花朵。

简讯

▲新学期来,各教研组在教学中都注意了“开门办学”这一方向问题。高二、高一、初二语文组,最近分别举行了开门办学活动。高二语文组结合课文和(73年)“30号文件”的学习,组织同学去红旗公社志远大队,对知识青年上山下乡情况进行了调查访问,师生受到了一次比较深刻的教育,对知识青年上山下乡,走与工农相结合的道路,认识有了进一步提高。

▲农基组积极改革教学方法,利用校办农场举行现场教学。同时结合教学积极开展科研活动,目前正在试验生产“920”、“5406”等。

▲为了很好地深入学习“十大”文件精神,共青团、红卫兵团结合组织生活,组织全教共青团员、红卫兵战士,畅谈了“十大”胜利召开的伟大意义和当前国内外的大好形势,又组织了初中红卫兵战士到双桥公社平山大队参观访问。听取三大革命运动中贫下中农战天斗地的优秀事迹及平山大队面貌的改变情况,接受一次生动的思想和政治路线方面的教育。

教革通讯

第 24 期

一九七三年十月六日

扬州中学政工组、教革组编

短评

认清林彪修正主义路线实质
深入开展教育战线的革命大批判

党的十大政治报告指出:要做好各项工作,“首先,要继续搞好批林整风。”在十大路线指引下,我们要把批林整风这个头等大事继续抓紧抓好,联系教育战线两条路线斗争的实际,认清林彪反革命修正主义路线在教育战线的影响,开展革命大批判,巩固和发展大好形势,深入搞好教育革命。

林彪反革命修正主义路线在教育战线影响的实质是什么呢?有的同志认为,林彪路线在教育战线的表现,不是右的,大量的基本的是形“左”实右的。持这种观点的同志,把林彪在政治与业务、理论与实践、知识分子的团结与改造这些问题上的谬论,看成是形“左”实右的东西。事实并不是如此。在政治与业务的关系上,林彪以资产阶级政治冲击无产阶级政治,反对无产阶级政治挂帅;不是“只要政治,不要业务”。在理论与实践的关系上,林虎既反对马克思列宁主义的普遍真理,又反对革命实践和对社会情况的调查研究;不是“只要实践,不要理论”。在知识分子的团结与改造的关系上,林彪反对知识分子改造世界观,反对学习马列主义、毛泽东思想,反对到三大革命斗争中去和工农相结合;不是“只讲改造,不讲团结”。

如何认清林彪路线在教育战线的影响的实质是极右的?

一、要从教育路线和政治路线的关系来看。任何具体工作路线和政策都是由总路线、总政策决定的。教育战线的斗争，总是同政治路线的斗争密切相联的，教育路线从来是从属于政治路线的。毛主席的教育路线，是党的基本路线在教育战线的具体体现。坚持“教育要革命”，坚持《五·七指示》道路，坚持党的教育方针，从根本上说，就是为了在教育阵地坚持党的基本路线。林彪反革命路线的极右实质，决定了他对教育战线的干扰和破坏，必然是极右的。林彪反对党的基本路线，妄图复辟资本主义，必然疯狂地反对毛主席关于“教育必须为无产阶级政治服务，必须同生产劳动相结合”的指示，反对无产阶级教育革命。认为“林彪路线是极右，而在教育战线的影响是极‘左’”，这是错误的。这种看法把教育路线同政治路线对立起来，实际上还是对林彪路线的极右实质没有真正的认识。

二、要从林彪一伙在教育战线上推行的一套所代表的阶级利益来看。他们不但有反革命言论，而且有反革命行动。

就培养目标来讲，林彪一伙所要培养的黑标兵是林立果这个法西斯分子。他们公开号召搞“五分多，尖子多”那一套，诱使学生走精神贵族的邪路，变为他那条黑线上的“尖子”。

在办学道路方面，林彪说什么学生“就是让他们坐下来读书”，林彪死党也诬蔑开门办学是“放鸭子”，“跑龙套”，“学不到理论”，反对文科以社会为工厂。

在知识分子世界观改造问题上，林彪鼓吹脱离三大革命实践，搞什么“灵魂深处爆发革命”，诬蔑上“五·七”干校是“变相失业”，反对知识分子和工农相结合，改造世界观。

对文化大革命前教育阵地资产阶级专政、修正主义路线统治的状况，林彪一伙百般美化。在一九七一年毛主席亲自批示“同意”的《全国教育工作会议纪要》下达后，他们大唱反调，说什么十七年的教育“不错”，是“红线占统治地位”。翻十七年的案，就是从根本上反对无产阶级教育革命。

三、要从林彪路线同刘少奇路线的关系来看。林彪在教育领域搞的一套，同刘少奇搞的一套本质上没有什么两样，他们都是剥削阶级教育制度的维护者。刘少奇鼓吹“教授治校”，压制学习马列和毛主席著作的群众运动，扼杀一九五八年教育革命，林彪破坏党的领导，反对学习马列和毛主席著作，否定这几年教育革命的成果，都是为了维护资产阶级知识分子统治学校；刘少奇宣扬“闭门读书”、“智育第一”，林彪兜售唯心论的先验论，都是反对开门办学，妄图维护“三脱离”的封、资、修教育制度；刘少奇贩卖“黑修养”，把广大青年禁锢在校园里，林彪宣扬“灵魂深处爆发革命”，恶毒攻击知识分子上山下乡、走“五·七”道路是什么“变相劳改”、“变相失业”，都是为了反对知识分子与工农相结合，改造世界观。林彪对教育战线的干扰和破坏，同刘少奇的路线是一脉相承的，都是妄图把学校变成他们颠覆无产阶级专政，搞资本主义复辟的一个“基地”，这那里是什么极“左”，而是地地道道的极右！

林彪在教育战线上的表现是极“左”还是极右，这个争论是关系到要不要坚持无产阶级教育革命的大问题。有些人往往对批极“左”感到很对路,一听到批极右,就觉得很别扭,很不舒服。这是值得注意的。这些同志存在的错误看法,主要是认识问题,但它反映了资产阶级习惯势力的影响。如果不用马列主义、毛泽东思想给以回答和解决,不仅要影响教育革命的发展,而且会影响到批林整风的深入。我们要抓住实质,联系实际,深入开展批林整风,捍卫文化大革命的胜利成果,把教育革命不断推向前进。

编者按:怎样才能搞好启发式的问题,当前全校各科都在作认真研究。高一语文组最近在一次研究课的基础上,对于如何通过提问进行启发式教学,做了比较认真的讨论。我们发表在这里,供大家参考。

每一次研究课,可以确定一、两个研究重点,把研究的题目定得小一点,力量集中一点,教研组的同志要群策群力,共同抓好备课、上课、评课几个方面,发挥集体力量,提高研究课的质量。十月份,学校将召开各科教学方法改革的经验交流会,望各教研组及早准备,积极行动起来。

如何提好问题?
——听了王洪生同志研究课后的一点体会

最近我组王洪生同志在高一(6)班,就《鞠躬尽瘁》一文,研究如何进行启发式问题。学校领导、有关部门的同志参加了备课、听课、评课,课后还召开了部分教师、同学的座谈会。我组用教研活动时间进行了集体研究。大家就王洪生同志的研究课,联系平时的教学实践,着重谈了如何通过提问来进行启发式教学的体会。

大家认为:提问是课堂教学中常用的一种方式,但并不就是启发式。问题提得好,有助于同学主动学习,理解课文,接受教育,促进同学很好地思考,培养同学分析问题和解决问题的能力,这是启发式;问题提得不好,尽管课堂上有问有答,热热闹闹,也不是启发式。如何才能提好问题,以达到启发的效果,是需要好好研究的。

如何提好问题?我们的初步体会是要注意以下几点:

一、提问要突出重点。一篇课文可提的问题很多,有重点问题,有一般问题。我们要抓主要矛盾,主要问题。这样就有助于同学掌握文章的主要内容,并从中得到启发去理解其他内容。提问,就要围绕中心,突出重点,提关键问题,不在枝枝节节上纠缠。王洪生同志这次教学过程中,始终抓住了焦裕禄为人民鞠躬尽瘁、死而后已的这根贯穿全文的红线来提问题，比较好地突出了文章的重点。突出重点提问题，还要和文章结构的重点相适应。如《鞠躬尽瘁》一文，分三部分，第三部分是重点，王洪生同志没有在每一部分平均使用力量，而是着重在第三部分，第三部分中又着重在“用毛泽东思想战胜病魔”及“生命最后时刻的遗嘱”两层中抓住中心语句提问。通过提问，引导同学深入地学习了焦裕禄鞠躬尽瘁为革命，完全彻底为人民的崇高品质。好的提问，是对同学思维的引导。提问突出了重点，也就较好地帮助同学理解和掌握了重点。

二、提问要从学生的实际出发。考虑到学生的思想水平、知识水平来提问题，使他们能够积极思考，在教学中充分发挥自己的主观能动性，才能收到启发的效果。问题偏难偏深，就会启而不发，或者和者寥寥，只是几个老脸色；问题过浅过易，学生脱口而出，好象是一呼百应，实际上没有引起思考，也就无所谓启发。一个班级的学生水平不会一样齐，教学中要针对不同对象来提问题。对水平较低的，提的问题要让他们通过一定思考能够回答，这样既培养了他们的思考能力，又能调动他们学习的积极性；对水平较高的，提的问题可以思考性强一些，难度大一些，让他们有深入学习思考的余地。这对他们也是启发，调动他们的学习积极性。如王洪生同志在讲课文第二部分时，对一些水平较低的同学提出了“从课文哪些地方可看出焦裕禄同志的病情已开始恶化了?”和“从课文哪些地方可看出焦裕禄同志在病情恶化的情况下仍然坚持为党工作?”两个问题，因为答案均在课文中，较切合这部分学生的实际，所以促进了这部分学生认真看书，激发了他们学习的兴趣。对一部分平时学得较好的学生，则在分析课文第二部分时，以“焦裕禄同志入院前夕恋恋不舍的心情的思想基础与感情基础是什么?”“焦裕禄同志恋恋不舍的心情表现在哪里?”两题发问，并引导学生联系知识青年扎根农村干革命，舍不得离开农村和贫下中农的事迹，以加深学生对焦裕禄同志这种依依惜别之情的领会和理解。由于问题有一定的思考性，较切合这部分学生的实际，因此，这部分学生回答问题比较踊跃，有的学生在回答问题时还联系自己，谈了感受。

三、提问题要具体明确。要让学生一听就懂，明确要回答什么。有时为了便于学生思考回答问题，还需做一定的提示。王洪生同志要同学分析《鞠躬尽瘁》一文的第三部分的层次时，先要同学思考第三部分写了几件事，然后根据这几件事来分层。因为问题具体明确，做了一定的提示，所以大多数同学经过研究，基本上能回答。而在提问文章第四小节的作用时，由于教者没有把意图说清楚，同学一时不知从何处着手思考。有的同学虽然答出来了，却没有达到要求。

四、提问要有系统性，要逐步深入。教一篇课文，从学生实际出发提哪些问题明确了，还要进一步来组织这些问题。这要从课文的内在联系出发，根据学生的认识规律，做到由易到难，步步深入。这样就能启发学生按照正确的思路，深入领会课文，主动进行学习。王洪生同志根据《鞠躬尽瘁》一文各部分的思想和逻辑的联系，着重问了：焦裕禄平时是怎样带病坚持工作的？文中是怎样写焦裕禄入院前夕舍不得离开兰考的心情的,这样写的作用是什么?焦裕禄入院后的表现怎样,从哪些事可以看出?焦裕禄为什么能为革命鞠躬尽瘁,他的临终遗言说明了什么?这样一些问题,既抓住了表现焦裕禄同志崇高品质这一思想内容,又帮助同学学习了写作方法,加深了对文章结构的理解。在思想内容方面,既促使同学熟悉课文,学习焦裕禄同志的优秀事迹;又引导同学深入思考,领会焦裕禄同志的崇高思想境界,学习焦裕禄同志认真、刻苦学习毛主席著作这一根本。这样全文的几个主要问题贯串一气,逐层深入,较好地概括了课文的主要精神。

高一语文组

简讯

▲在校党支部、工宣队、革委会的直接领导下,高二(5)、(7)两个班级坚决执行《五·七指示》,走与工农相结合的道路,将于十月八日开始,去邗江县红旗公社志远大队,举行为时三周的开门办学活动。这次活动,是他们进行与工农相结合思想教育的一部分。现在有关师生和学校各部门已作了充分准备,正整装待发。参加这次活动的师生表示:要在三大革命实践中虚心接受贫下中农的再教育,认真搞好这次开门办学活动,争当教育革命的闯将。

▲物理教研组本学期来认真制作教具。在外地经验基础上作了改进,制作了不用感应线圈和电池的机械式"百发百中"教具;还制作了向心力原理教具等六种。

▲外语教研组积极开展课外活动。高一年级举办了外语(英、俄语)广播会,初二年级出了迎接国庆的外语墙报,推动了外语的教学。

▲高一语文组结合《悼列宁》一文的备课,请历史组胡入老师做了有关历史知识的介绍,既丰富了活动内容,又促进了组与组之间的相互学习。

▲初一年级各班班主任老师积极对待班务工作,认真制订班务工作计划。最近,初一年级召开了班务计划交流会,促进了各班班务工作的开展。

教革通讯

第25期

一九七三年十月十七日

扬州中学政工组、教革组编

学习十大文件与学马列、毛主席著作和批林整风相结合
学习十大文件与开展学雷锋的活动和反腐蚀斗争相结合

——初二(3)红卫兵排认真学习十大文件

【本刊讯】初二(3)红卫兵排在学习十大文件过程中，充分发挥红卫兵组织的战斗作用，注意抓住路线这个纲，团结全班同学，认真学习十大文件，贯彻落实十大精神；提高了路线觉悟，促进了德、智、体全面发展。

本学期一开学，初二(3)红卫兵排通过召开红卫兵干部会，过红卫兵组织生活，召开主题班会等方法，使红卫兵和同学认识了学习十大文件的重大意义，端正态度，积极投入了学习十大文件的热潮。他们在学习上首先强调自学，在这基础上由红卫兵干部、团员组成班级的学习中心组带头学，又在红卫兵干部的主持下，红卫兵带动同学一起学。同时教育红卫兵和同学认真上好政治课。有个红卫兵干部起早带晚，利用休息时间把十大文件反复学习了五遍；全班人人写了学习心得笔记；出了两期专栏，刊登了歌颂十大的诗文，交流了学习十大文件的体会，表扬了认真学习十大文件的好人好事。

初二(3)红卫兵排在学习十大文件、落实十大精神的过程中，抓住路线教育这个重点，结合初中同学年龄的特点，做到了两个结合。

一、学习十大文件与学马列、毛主席著作和批林整风相结合。他们认真学习了十大文件中“要继续搞好批林整风。”“全党要认真学习马列著作和毛主席著作，坚持辩证唯物论和历史唯物论，反对唯心论和形而上学，改造世界观”一段，认识到在学习

十大文件、贯彻十大精神过程中,应当进一步学习毛主席著作和开展批林整风的运动。经过了一个阶段的学习以后,红卫兵带动全班同学愤怒地召开了批判林贼反对和破坏学习马列、毛主席著作的声讨大会。会上大家批判了林彪散布的“过时论”、“顶峰论”等破坏学习毛泽东思想的谬论。通过大批判、使广大红卫兵同学认识到:林彪不让我们学习马列主义、毛泽东思想,是想蒙住我们的双眼,好让他们轻易地改变党的基本路线,复辟资本主义,再让我们吃二遍苦,受二茬罪。全排红卫兵纷纷表示:凡是敌人反对的,我们就要拥护,凡是敌人拥护的,我们就要反对,我们就是要和林贼针锋相对,刻苦学习马列和毛主席著作,抓住路线这个纲,走与工农相结合的道路,努力把自己培养成为无产阶级革命事业的接班人。会后,全排成立了以红卫兵为骨干的八个学习毛主席著作小组。结合十大文件的学习,学习了毛主席关于党的基本路线的论述和《青年运动的方向》等光辉著作。通过学习,全排红卫兵和同学们一致表示:要牢记两条路线斗争的经验,坚持“三要三不要”的原则,走上山下乡与工农相结合的道路,在三大革命斗争中的大风大浪中,努力把自己培养成为无产阶级革命事业的接班人。

二、学习十大文件与开展学雷锋活动和反腐蚀斗争相结合。他们认真学习了十大文件提出的“要重视上层建筑包括各个文化领域的阶级斗争”这一段,在学习过程中联系到班级里的实际情况,看到了两个阶级争夺青少年的斗争是十分激烈的。如个别同学不认真看书学习,却看旧小书,讲神鬼故事,有人好吃爱打扮,有人交什么“朋友”,结伙到校外拜“师傅”,学拳打群架。针对这种情况,他们积极开展适合青年特点的有意义的课外活动,用毛泽东思想占领课外阵地。具体做法是:

(1) 组织红卫兵和同学认真看书学习。由红卫兵干部在班级带头讲基本路线,谈学习基本路线的体会,请班主任老师利用班会讲阶级斗争的长期性和复杂性。他们组织红卫兵和同学学习毛主席光辉著作《反对自由主义》一文,特别注意从路线斗争的高度,引导红卫兵、同学进一步认识自由主义的危害性及其阶级根源。结合校内外活生生的阶级斗争事例,组织红卫兵和同学谈阶级斗争的长期性和尖锐性,批了“小节无害论”、“阶级斗争熄灭论”。

(2) 进一步开展学雷锋活动。红卫兵带头学英雄,树理想,走英雄成长的道路,象雷锋那样艰苦朴素不忘本。在红卫兵阎小强的带领下,全排红卫兵大拾废铜烂铁。同学们看到红卫兵这样做,也都动了起来。全班同学利用课余时间,在校内外、家前屋后共拾废铜烂铁一百多斤,支援了社会主义建设。通过这些活动,进一步发扬了艰苦朴素的作风。目前班上很少有人吃零食,为革命节约每一分钱,努力做到政治向上看,生活向下看。

(3) 积极开展课外文体活动。把红卫兵和同学们的精力引到看革命书、唱革命歌曲,为革命积极锻炼身体方面。在红卫兵李旭霞的带动下,全班同学共自动献各种革命书刊一百多本,成立了班级“图书角”。课外同学们争看革命书。同时红卫兵又积极带动同学唱革命歌曲,成立了班级篮球队、足球队、乒乓球队,既丰富了课余生活,又有力地抵制了资产阶级思想的侵蚀，使广大青年沿着毛主席的革命路线健康地成长。

通过前一阶段十大文件的学习，这个红卫兵排很多人都积极要求进步，有的打了入团报告。不少红卫兵战士还积极做好要求加入红卫兵同学的思想工作，班上不少同学也积极要求上进，有了较大的进步。这个班有个小吴，过去表现一直不够好，通过十大文件的学习，他提高了路线斗争觉悟，痛恨自己的过去，主动找班主任老师谈思想。在红卫兵干部的带动下，他热情地承担了教室关锁门窗工作，来的早，去的晚，并主动向干部提出搞好班级工作的积极性建议。在评定助学金减免费时，他公字当头，主动提出降低自己的学杂费减免数字。课后，他又团结一部分同学，积极参加了拾废铜烂铁的活动。平时注意严格要求自己，遵守革命纪律，每天坚持上晚自修，写红色日记。同学们都说："小吴转变了！"

现在，这个红卫兵排的全体红卫兵，正在进一步认真学习十大文件。他们决心按照毛主席提出的无产阶级革命事业接班人的五条标准，严格要求自己，在革命的大风大浪中锻炼成长。

如何用启发式指导学生自学

高中数学组

本学期我们高中数学组在高二全部班级及高一部分班级，正在试用教师指导下以学生自学为主的方法进行教学，十月上旬，我们在高一(6)班就"常用对数及其性质"这一小节，由鲍家驹同志举行了研究课。课后大家认真讨论，初步认为用启发式指导学生自学，可以采用如下方法：

一、阐明教材位置作用，提出学习目的、要求，调动学生学习的主动性和积极性。

过去课堂教学一般是教师讲，学生听。学习这一节教材的基础是什么？与后面教学内容的关联如何？要达到怎样的具体目的要求？这些被看成仅仅是教师备课自己掌握的事，学生全然无知，教师硬是把学生的眼蒙住，只要学生拉住教师衣服角跟着教师一步一趋。这样学生学习哪有什么主动性积极性呢？

这次"常用对数及其性质"教学的一开始，教师提出一道题"已知 $x=\frac{56.78\times1.234^5}{\sqrt[4]{0.9876^3}}$ 展开 $\log a^x$"，首先显示出利用对数进行计算，化繁为简，将来可以多快好省地为社会主义建设服务。过河要船，划船要桨。只学会了对数运算法则还不能完成对数计算，那么取什么数为底，又如何求出真数的对数，这是我们利用对数进行计算面临的急需解决的问题。这样教师揭示课题以后，学生便能自觉地觉察出"常用对数及其性质"教材所处的位置。教师再进而阐述这节教材学习的基础,指出研究常用对数的性质,掌握首数确定法则是这个小节教材学习的具体目的要求。这样教师一开始就把"底"全盘托给学生,使学生在自学中可以对照要求,心中有数,调动了学生学习的主动性和积极性。

二、布置自学提纲,提出具有启发性问题,帮助学生领会教材精神实质。

从教师讲到学生自己学,教学要求提高了,对学生来说,不再被教师蒙住眼、拉着教师衣服角跑了。对教师来说,既不是拖住学生跑,也不是撒手不管。而是在学生自学过程中,要起"雷达导航"作用。特别是每一章节的开始,启发学生如何领会教材精神实质,这是十分重要的。

"常用对数及其性质"的教学,教师在提出具体教学目的要求以后,根据教材的内容和系统,提出了一些比较具有启发性的意见,也能说是自学提纲吧!例如"常用对数是否也具有一般对数的性质并举例说明"这一问题,教材中虽没提及,但学生自学时必须复习一般对数性质来认识二者之间特殊与一般、个性与共性的关系。把常用对数特殊性质提出了三个问题以及如何把负对数改写成负首数正尾数的形式等等,概括这一节主要内容。这样做,对于自学为主开始不久的学生来说,参照提纲,自学教材,对领会教材精神实质可以得到启发帮助。

三、用对比分析的方法,对教材的重点和难点进行启发诱导,开展集体研究,使学生深入领会教材精神实质。

学生自学为主,是不是排除必要的教师课堂讲授呢?学生的原有基础不一,自学能力也有差异,根据教材的重点,关键,针对学生自学时遇到的困难,进一步提出问题,从具体到抽象,从特殊到一般,用分析对比的方法,启发诱导学生集体研究讨论,使学生能更好地对教材掌握重点,抓住关键,解决疑难。

常用对数的性质概念性较强,是这节教材的重点。课本上对于它又不象对指数函数性质,对数函数性质等章节,叙述得那样具体明确,学生自学时也较多地提出这类问题。因此,教师选用了课本上部分习题,提出为什么 $\lg 10^n = n$?$\lg 1.234$ 介于哪二个相邻整数之间?$\lg 123.4$,$\lg 0.1234$,$\lg 0.001234$ 它们真数与 1.234 之间关系如何?这些对数与 $\lg 1.234$ 关系又如何?……从这些具体问题引导学生研究,使学生进一步理解了常用对数的特殊性质。这样做的结果,学生反映:"在我们自学的基础上,把重点、难点拎一下,有助于提高我们自学的效果。"

四、读、讲、练,以读为主,三者之间相互促进,相互启发。

以前课堂教学似乎也有读有讲有练,不过习惯的程式是讲——读——练直线式地进行。教师讲要占了80%以上的时间,然后用一眨眼功夫让学生翻开课本读一下结论,以布置作业练习结束教学过程。现在,以学生自学为主,讲、读、练不仅是形式的穿插进行,内容上的相互渗透,而且实质上是把从前颠倒了的内因与外因关系再颠倒了过来。

这次"常用对数及其性质"的教学。教师是注意了以自学为主,注意了读、讲、练三者之间之相互启发，相互促进。在布置自学提纲时，把课本习题有机地配在提纲里，使学生自学时可以读读练练，练练读读。教师在学生自学时，发现学生对于常用对数性质不完全了解，对于对数首数确定法则用它从对数首数决定真数小数点的位置有困难。就分别采用重点讲、加强练的办法，促使学生深入领会常用对数的特殊性质，灵活运用常用对数首数法则。从学生书面作业“已知：lg0.395＝－0.4034 求lg3950”一题中，发现他们能用不同的方法解答，看出了学生分析问题能力和解决问题的能力是有所提高的。

采用在教师指导下学生自学为主的教学方法进行教学，我组还刚刚开始。对于毛主席提出的“要自学，靠自己学”的教导，还要不断学习，加深理解。对如何指导学生自学，还要不断探索。我们有信心在学校党和行政的具体指导下，兄弟教研组的启发帮助下，沿着毛主席所指引的教学改革的航向继续前进。

喜得启示

初中数学组

青年学生一般都有学好科学文化知识的积极要求。如何培养并发挥他们这种学习的自觉性和积极性？方法很多。让学生自学，在实践中锻炼分析和解决问题的能力，是重要的方法之一，它有利于提高教学质量。

我们听了高一(6)班的数学课，在这方面得到了比较大的启发。教师先就课本的一个章节(或一个单元)的内容及教学要求，命一些有启发性的题目，要求学生看书自觉，对照教师命的题目进行思考。由于题目启发性强，学生在自学过程中，能基本理解教材的精神。对于一些问题，通过教师的精讲，解决疑难，再练习一些习题，进一步对教材加深理解和巩固掌握，同学们学得比较主动，教学质量有了提高。我们认为这种教学方法是符合学生认识新事物，接受新知识规律的。这对我们改革教学方法有很大的启示。

初中同学虽然年龄较小，基础知识较浅，但是，教材内容是基本上适应初中学生的基础知识的。只要我们引导得法，积极启发，根据课本要求和学生实际灵活运用，教学方法一定会取得进一步的改革。

给数学组老师的一封信

高一(6) 欧温良

数学组全体老师们：

近几年来，尤其是这学期来，你们遵照毛主席的教导，认真开展教育革命，在改革教学方法等方面作了不少努力。你们这种为革命认真教学，敢闯敢干的精神，很值得我们学习。我们感谢党的培养，感谢你们对我们的辛勤教育。

做为一个革命青年来说，应当为教育革命出一把力，这是每一个无产阶级革命事业接班人应有的责任。这里，我想对最近你们在我班搞的一次研究课的情况，谈一点看法。

这次研究课，有一个很大的特点，就是老师注意了引导我们自学。老师在上新课以前，先出了一些有启发性的思考题，给我们引了个路子，让我们结合课文思考，这对培养我们认真看书、独立思考是很有好处的。这样做，可以改变过去学生完全依赖老师，上课时茫无头绪，打无准备之仗的状况，可以培养我们分析问题和解决问题的能力。这是进行启发式教学的一个很好的方法。我们热烈支持老师教学上这样的改革。

在这样改革的基础上，我们还希望老师在教学上步子再跨大些。比如就拿"常用对数及其性质"这一节的课来说，可不可以第一节课由老师提出问题，引引路，第二节课让同学进行小组或自由结合的讨论，第三节课由同学上讲台讲，老师听，并做补充小结。这样课堂是不是更活跃些？还有备课能不能让同学参加，可不可以进一步开展"兵教兵"活动？同时，也希望老师在改革的时候，多多考虑一些原来学习基础不怎么好的同学，多想办法帮助他们。

我们希望老师们以后多找我们谈谈，或者比较经常地开开座谈会，听听同学们对于改革教学方法的意见，把群众的学习积极性调动起来，师生共同搞好教育革命。

我是一个红卫兵，我保证今后好好学习，积极配合老师搞好教育革命，当教育革命的闯将，完成党和毛主席交给我们的学习任务。

如有不对的地方，请老师们批评指正。

教革通讯

第27期

一九七三年十月二十四日

扬州中学政工组、教革组编

关于进一步改革考试方法的意见

教革组

上学期,我校各科在考试方法上都进行了改革尝试。为进一步改革考试方法,使学生在德、智、体诸方面生动活泼地主动地得到发展,现根据上学期初步实践的经验,提出如下意见:

一、进一步提高认识

改革考试方法不单纯是个方法问题,而是一个路线问题,首先应从思想上解决认识问题。教研组要组织教师深入讨论,认真学习毛主席的教育革命思想,要从党的路线、方针、培养目标的高度来认识考试方法改革的问题。同时,要认真总结历史教训,批判旧的考试制度,批判资产阶级的质量观。

教育革命没有学生参加是搞不好的。在学生中必须以大批判开路,加强教育,介绍报刊上的有关报导(如1973年10月19日《人民日报》第二版),鼓励小将谈看法、提意见,积极参加考试方法的改革,努力使学生成为学习的主人,不做分数的奴隶。

二、采取多种形式考试

考试形式要从学生和教材实际出发,多种多样,总的精神应该是题目公开,由学生研究、看书去做。

上学期有些方法是行之有效的,这学期可以继续坚持。如:

1. 开卷。提前公布试题或当天公布试题。

2. 开卷和闭卷相结合。属于必须记忆的基础知识,采用闭卷形式,属于检查学生运用所学知识去分析问题和解决问题能力的,采用开卷形式。

3. 口试。全班都进行或有目的地在一部分同学中进行。

4. 实验室操作。

另外,在上学期试点的基础上,本学期还可采用以下几种方法:

1. 现场考试。例如到工厂去,看着机器考;语文则通过一次活动或一次调查访问,在一定时间内完成一篇习作等。

2. 学生自编试题。一种是单就学过的知识自编试题,另一种是到三大革命中去编一些如何用学过的知识解决实际问题的试题。

3. 讨论。分组讨论,每组出较多的题目,先易后难,在学生讨论中了解学生掌握知识的情况。

采用何种形式,还须教师进一步和学生一起研究,征求学生意见。同时在阅卷、评分方法上也必须作出相当的改革。

三、几个注意问题

1. 教育革命要有一个很大的干劲,改革总是要化力气的。根据上学期改革的经验是,有“三难”:出题难,阅卷难,评分难。这就要求我们鼓足干劲,振奋精神,排除阻力,克服困难,搞好考试方法的改革。

2. 改革考试方法和改革教学方法有密切的联系,因此不能单纯地改革考试方法。如果没有改革教学方法的基础,改革考试方法可能成为变相的突然袭击。

3. 要及时认真总结经验教训。总结要有学生参加。

教革资料摘编

为什么给他们打零分?

上海市钟山中学教师　庄　涛　赵玉璟
洪　始　朱婉珍

上学期,我校党支部在引导师生深入开展批林整风运动中,就考试问题展开了两种教育思想的讨论。

事情是从中三(11)班引起的。上学期数学期中考试的,红卫兵顾曙鸣、郑新民由于思想紧张,有几道题目一时解不出,就看了红卫兵干部潘家平的运算草稿,得到了启发,解出了那几道题。这件事被监考的班主任发现了,她想:红卫兵干部这样公开作弊,太不象样了,如不严肃处理,以后怎么教育同学?于是按照学校考试制度规定,当场宣布三人的考试成绩都作零分处理,并要他们向全班同学作检查。

三个红卫兵对教师的处理很不服气。回家以后,他们认真学习了毛主席关于教育革命的论述,感到自己这样做并没有错,便由顾曙鸣写了一篇周记给老师。周记中写道:"这次考试,我被你认为作弊而得了零分,我觉得没有什么,因为关键问题不是分数,而是掌握实际知识。我是得到了启发做出来的。但是,教师在考场上不允许学生正当地交换意见,这是不符合毛主席的教育思想的。现在的考试制度和考试方法应该彻底改革。"班主任看了以后,动笔批了如下的话:"是你作弊了,还是被我认为作弊?马列主义者应该是唯物主义的,要尊重客观事实!不是为了分数干嘛要去看别人的运算草稿?我们应该说老实话!正确理解毛主席的教育思想。"

小将们并没有被压服。为了弄清思想,划清界限,他们在班里展开了一场辩论。班主任也积极参加,谈了自己的看法:"我认为做作业要独立完成,不能互相对答数。你们长大以后,搞创造发明跟谁对答数?考试也不能问人家,不能抄。我国工人阶级造万吨巨轮,为什么不是买一艘外轮来照着样子造;而要自力更生,反对洋奴哲学呢?"潘家平等同学不同意这种看法,回答说:"老师改作业实际上就是师生对答数。为什么师生可以对答数,同学之间就不能对答数呢?我们对答数,错了改过来,搞懂了,不是很好吗?"他们又说:"造船工业反对洋奴哲学,提倡自力更生,这是对的。但是,万吨巨轮绝不是工程师一个人关在房间里搞出来的。工人、技术人员和工程师在造船过程中,不知交头接耳了多少次,在设计过程中对了多少答数才搞出来的!"小将们说:旧的考试制度基本上尚未改革,现在的考试,题目不公开,不允许看书研究,不可以互相商量,更不可以抄一遍,学生一进考场,好象成了"管制分子"。他们激动地说:"毛主席关于考试的指示,到底要不要贯彻执行?"

小将们的一席话,触动了班主任。她重温了毛主席有关教育革命的指示,认真读,细细想,越读越感到小将们领会毛主席的教育思想比自己深。这时,潘家平等主动找班主任谈心,希望她和同学们一起批判旧的考试制度。小将们自觉捍卫毛主席革命路线的精神,使班主任深受教育,她决心向小将们学习,积极投入批判旧教育制度的斗争。为了使更多的师生从中受到教育,班主任支持学生向党支部写的一封信,要求在全校公开讨论这个问题。

学生和教师的革命行动,得到党支部的支持。在全校展开讨论以后,大字报一批又一批,贴满了整个校园。许多革命师生深入调查研究,对如何改革旧的考试制度提出了不少积极的建议。如外语考试,可以让学生根据自己掌握的单词、语法编写短文,写好后在班里朗读。这样既考了运用单词、语法的能力,又考了口头表达能力。工业基础课考试,可以结合实际公开问题,让学生看书研究,同时利用实验室和校办工厂进行一定的实际操作。语文考试,可以请工农兵介绍三大革命中涌现出来的先进人物和先进事例,让学生记录下来,再写成作文,允许讨论、修改,考卷贴出来,让大家评分,等等。

我们觉得,这场讨论对于学习毛主席的教育思想,深入开展教育革命,是颇为有益的。我们建议报上就如何正确看待考试和怎样进行考试问题展开讨论。

——转载自1973·10·19·人民日报

一次考试方法改革的尝试

西安交通大学数学教员 向隆万

毛主席教导我们:"改革旧的教育制度,改革旧的教学方针和方法,是这场无产阶级文化大革命的一个极其重要的任务。"回顾文化大革命前的考试,用对付敌人的办法,搞突然袭击,出一些怪题、偏题,整学生。这种旧的考试方法,应该完全改变。最近,我遵照毛主席的教导,在动力一班进行了一次三角考试,出了四道题,题目公开,由学生看书研究去做,规定在一周内完成(课内时间七节,课外时间十节半,其他课照常进行)。试卷批改后,又进行了讨论、交流和报告。最后又和学员座谈,征求对这次考试的意见。学员反映这样的考试方法很好。我们的体会有以下几点:

题目公开,看书研究的方法好

学员一致反映,象这样把题目发下来,让学员研究,看书去做的考试方法有以下几点好处:

(一)避免不必要的紧张。过去课内考试,搞突然袭击,时间紧,思想负担重。往往下面会做的题也做不出,或慌慌张张发生计算错误。

(二)促进全面复习,深入考虑问题,有所创见。课内考试,受时间限制,一道题做完能检查一遍就算不错了。这次时间充裕,可以深入考虑问题,一道题做出来以后,还可以考虑有什么别的方法,进行比较;还可以查阅参考书,扩大知识面。

(三)通过讨论交流,活跃思想。由于题目的解法很多,所以考试后通过全班讨论、交流和报告,进一步打开了思路。不少学员说:"原来觉得四道题都能做出来就差不多了,一听其他同学的发言,才知道还可以深入研究,启发很大,思路广阔多了。"

过去,我总担心数学考题发下去做,检验不出真实成绩。实践证明,并非如此。象上面讲的学员们的创见,用过去那种考试方法,是根本不可能考出来的。那么,对学习较差的能不能检查出真实成绩呢?这牵涉到对考试的看法。考试的主要目的,是检查教学两个方面，达到总结和提高的目的。如果平时对某个问题没有学好，通过考试，弄懂了，提高了，又有什么不好呢？在考试过程中，大多数学员都能开动脑筋，独立思考，深入钻研，取得较好成绩。全班达到基本要求的（72—80 分）十四名，良好的（81—90 分）十五名，优秀的（91 分以上）十名。

那么，课内考试的形式还要不要？多数学员认为还是要。数学的基本概念、基本公式等应在课内测验。有的学员提出课内可以闭卷或部分闭卷，课内、课外两者应结合起来，以课外为主。目前，我校数学考试大多采取课内开卷的形式，已经暴露出不少矛盾：题目难一些，下课还没有人交卷，对学习困难的学员压力大；题目容易些，又达不到总结、提高和检验的目的，等于鼓励平平淡淡地学习。所以，我认为课内考试部分，题目要出基本的，使绝大多数学员能完成；课外考试部分，可以出一些比较深入一步的题目。这样，既不会使学习困难的学员失去信心，又能使各种类型的学员都得到提高。

怎样出试题

这次考试出了四道题。每个题既不很难，又都有深入讨论的余地。学员反映较好。

我体会到，公开题目，看书研究的考试方法，对教员出题的要求更高了。简单地套公式的题目显然不合适；钻牛角尖的怪题，又会把学员引偏。因此，怎样出题目，有待进一步实践。为了检验学员运用所学知识的能力，这次我们出了解析几何中关于座标旋转公式的题目，因为只用到三角知识，所以学员们都能推导出来。过去解析几何中讲旋转公式是个难点，现在学员自己先推导了一下，印象深刻，将来学到这部分就方便了。那种认为“试题不能超出教员讲课范围”的看法是片面的。

怎样评分

我们这次考试，对如何评分，也作了大胆的改革。一共出了四道题，每题二十分。全部做对，八十分。根据学员对考题创见情况不同，酌量加分。留下二十分作为鼓励学员各种创见的加分。

我认为，在评分问题上总是存在矛盾的。任何一种评分标准都是相对的，有局限性的。这次我们在评分上和过去的方法有所改变，学员基本上也同意，可是仍然是相对的。对学员来说，应该遵照毛主席的教导，不要把分数看重了，要把精力集中在培养分析问题和解决问题的能力上，不要只是跟在教员的后面跑，自己没有主动性。

然而，分数并不能取消。教师应力求使分数反映客观实际。更重要的是，通过评分，从学习态度、学习方法等方面引导学员生动活泼地、主动地学习。

——摘自《教育革命通讯》第三期

希望继续改革考试方法

初一(3)班 高望东

过去在刘少奇修正主义教育路线影响下,考试是对学生实行"管、卡、压"的工具,是"智育第一"、"分数挂帅"的集中反映,学生为分数而学,为分数而考,成了分数的奴隶。要彻底改变这种状况,使学生成为学习的主人,就必须在考试方法上来一个大改革。上学期,我班全体师生对刘少奇修正主义教育路线进行了批判,使广大同学明确了学习的目的性,明确了考试的目的性,认识到考试是培养学生分析问题和解决问题能力的过程,是学习的继续和深入。上学期,我班一些科目的考试方法有了改革。如政治全部口试,英语增加了口试,实行笔试和口试相结合。这些方法很好。同学们说:"这样考试,达到了复习知识、深化知识和向党向毛主席汇报成绩的目的。"通过考试,同学们的学习水平也都有了提高。

本学期期中考试即将到来,我们一定要认真复习。同时也希望老师继续改革考试方法,用多种方法进行考试。希望在更多的科目中进行口试;笔试也要"题目公开,由学生研究、看书去做"。这样才能达到进一步培养同学们分析问题、解决问题的能力和复习巩固、深入学习知识的目的,才能调动学生为革命而勤奋学习的积极性,才能使学生在教育革命中发挥更大的作用。

发挥集体力量,积极搞好考试方法的改革

高一(17)班班委会

上学期考试时,我班的物理及其它学科都进行了考试方法的改革。由于执行了毛主席的教育路线,得到了广大同学的支持,取得了比较好的效果。

就拿上学期的物理考试来说吧。考试之前,卞老师就告诉我们,要改革考试方法。开卷考试。对此,学习好的同学认为开卷便于思考。学习中等的同学,觉得一下子开卷了,心里有些没有把握。学习基础较差的同学就有些发愁了。针对这种状况,老师和班委会一起组织大家学习了毛主席教育革命的有关教导,帮助大家认清改革

考试方法、搞好教育革命的重大意义。同时，班主任陶老师也表示积极支持，要求我们班委会发挥集体力量，协助卞老师搞好物理的考试方法的改革。

思想统一了，我们就进入了紧张的复习。考卷提前发下来之后，我们利用晚自修的时间，在教室里展开了充分的讨论。大家在书上找根据，在黑板上画图，还亲自动手做实验。大家一起研究，相互补充，相互订正。结果考试时多数同学都做出来了。但是也还有一部分同学感到困难做不出来。难道能让他们糊里糊涂地抄抄了事吗？不能这样。我们的干部、同学就主动担任了小老师，和这一部分同学一起复习，给他们一点一点地讲。遇到讲了还不懂的地方，就做实验他们看。由于工作比较细致，发挥了集体力量，使全班同学都做到了按时交卷。其中有个别人是按照同学所讲的内容照抄的，但"无非自己不懂，问了别人懂了，懂了就有收获，抄一遍也好"。所以我们看，这并没有什么害处。开卷考试获得了很好的成绩，到底情况怎样呢？卞老师并没有轻视这个问题，又对我们进行了口试。对于平时学习基础较差的同学，提一些关于计算方面的问题，如：考卷上的数字是从哪里得来的？考卷上所用的公式是由牛顿第几定律推算的？等等。看这些同学是不是真懂了。对平时学得比较好的同学，就提一些比较灵活的问题。这样做，同学们都很满意。原来自己并没有完全懂，而只是抄了人家的同学，经过口试，对基本知识又加深了理解和记忆。口试后，为了巩固基本知识，又举行了闭卷考试。这样，上学期期末物理我们前后进行了三次考试。考试结果，全班没有一个人不及格，学习比较好的同学也都取得了优秀成绩。同学们反映说：这样的考试好，比较符合毛主席的教育方针，有利于我们巩固和深化已学得的知识。

从上学期考试方法的改革中我们体会到：考试方法的改革，是毛主席教育革命路线的一个部分，有利于我们真正掌握知识，学得深，记得牢，培养分析问题和解决问题的能力。过去，修正主义教育路线把考试做为对学生管、卡、压的一个手段，今天，在毛主席革命路线指引下，我们要使考试成为巩固和深化知识的一个过程。考试方法的改革，是教与学双方的事。搞好考试方法的改革，我们学生也有责任。我们应该很好地发挥集体力量，和老师齐心协力地积极搞好考试方法的改革。

这学期的期中考试就要开始了。我们希望卞老师在上学期物理考试方法改革比较成功的基础上，继续改革。同时也要进一步适当地安排，如可以出一些思考题，考试次数不要那么多，等等。同时，我们也热烈希望其它学科的老师们，考试方法改革的步子迈得更大些。我们保证支持你们的革命行动。我们决心在这次考试中，更好地发挥集体的力量，协助老师积极搞好考试方法的改革。

简讯

▲全校于最近举行"朗诵会"，会上有各年级同学十多个个人和集体的朗诵节目。部分教师参加了表演。这次朗诵会，有歌颂伟大领袖毛主席、歌颂英雄人物和上山下

乡积极分子等内容,对全校同学是一次生动的思想教育。对于推广普通话,加强语文教学,也起了很好的推动作用。

▲史地组最近结合“批孔”举办讲座,由蔡忠玉老师讲了关于“批孔”的一些基本知识和有关情况。

▲高中数学组最近请老红军武鸣亭同志来校给同学上课,讲“密位制在军事上的应用”。

▲初一年级结合语文教学,请驻扬部队解放军同志来校讲了“继续保持艰苦奋斗的优良作风”。同学们专心听讲,认真笔记,效果较好。

▲初一(3)班与双桥公社双桥大队顾庄生产队挂钩学农;高一(15)班与元件一厂挂钩学工。都已按计划开展活动。

▲市中学生篮球赛已结束,我校男子取得每一名,女子取得第三名。市中学生乒乓球赛、排球赛即将开始,我校运动员正在积极训练准备中。

教革通讯

第28期

一九七三年十一月五日
扬州中学政工组、教革组编

难忘的一件事

高二(7) 郑雪英

遵照毛主席"一切革命者，一切革命青年，都应该经风雨，见世面"和"知识青年到农村去，接受贫下中农的再教育，很有必要"的教导。我们到红旗公社志远大队开门办学。开门办学以来，有一件事使我久久难忘。

事情是这样的：下乡后，我和几个同学起先睡在知识青年的家里。后来为了要和贫下中农多接触。多受教育，老师又把我们安排住在贫农李大妈家里。李大妈热情接待了我们，让我和两个同学睡在大床上。但是我想：脏死了，我才不睡呢！找了种种原因，不想睡在床上。老师反复动员了我们，我才硬着头皮去睡了。

住在一起，渐渐熟悉了，几天下来，话也就多了。李大妈跟我们讲了她在万恶的旧社会所受的苦和今天所过的幸福生活。李大妈说："我家过去只有两间破草房。现在托共产党、毛主席的福，我家盖了这样七间新瓦房。你们今天听毛主席的话，从城里到农村来，我要让你们住我的新瓦房。睡上我的大床，让你们和我一起享享毛主席的福。"听了这些话，晚上我睡在大床上，翻来复去地睡不着。我想：房东老大爷为了我们睡得宽敞些，把大床让给我们睡，自己搬进牛房去住。难道牛房比大床干净吗？当然不是！那为什么大爷要这样做呢？而我为什么又怕脏呢？看来不是什么贫下中农家的床脏，而是我的思想脏，是因为我对贫下中农没有深厚的无产阶级感情，没有把立足点移到工农这方面来，是我头脑里的小资产阶级思想在作怪。正如毛主席所说的那样："拿未曾改造好的知识分子和工人农民比较，就觉得知识分子不干净了，最干净的还是工人农民,尽管他们的手是黑的,脚上有牛屎,还是比资产阶级和小资产阶级知识分子都干净。"回想起我的老家也在农村,我的奶奶现在还在农村生活着。我在城市里长大,现在却嫌贫下中农脏了,工农感情薄了,这不是忘本了吗?我又想起了:一次我睡着了,李大妈把身上的棉衣脱下来盖在我的身上;我们有的同学病了,李大妈立刻端来了热气腾腾的菜汤。……想着这一切,我暗暗下定决心:一定要趁这次开门办学的好机会,从克服这个"脏"字入手,努力改造自己的世界观。恭恭敬敬地向贫下中农学习,培养自己的工农感情,使自己真正成为一个无产阶级革命事业的接班人。

对于如何搞调查访问、写调查报告的一些体会

高二(七) 通讯组

在开门教学中,我班开展了调查访问活动,同时也写出了一些调查报告。通过亲身实践,对于如何搞调查访问,写调查报告。我们有了一些体会。

一、要有领导,有组织,有目的地调查访问。

到农村之前,学校就布置我们要搞社会调查,在三大革命实践中接受生动的阶级斗争和路线斗争的教育。一到农村,我们就四处奔走,一心想搞好社会调查。但是,调查回来往往感到收获不大。因为我们对农村的情况比较生疏,有的同学无目的地找调查的对象,不仅大大浪费了时间,弄不好还会出漏子。我班有几个同学,满腔热情地到一家去挑水、扫地,做好事,进行调查访问,事后,队里领导指出。这家是富农,阶级路线要分清。同学们后悔莫及。还有一个小组,请他们的房东忆苦思甜,三次热烈地鼓掌,房东只是微笑不开口,后来向领导了解,才知道房东是中农。这使我们认识到:要搞好调查访问。第一步必须依靠领导,分清阶级。认好门户,有目的地先找好调查访问的对象。后来,老师又请大队领导向我们重点推荐了一些调查访问的对象,有苦大仇深的老贫农,有虚心接受贫下中农再教育的知识青年。这样,不仅保证了我们的调查有较好的内容,同时也能针对各小组、个人的现实思想,通过调查访问,接受教育,解决一些现实思想。如,有的同学对于农村需要知识青年,知识青年更需要农村半信半疑,认为农村大苦,在农村无前途,当农民无出息。带着这样的问题,他们访问了大队、生产队的干部,访问了老心红育新苗的老贫农和新、老知青,耳闻目睹,扩大了视野,开阔了心胸,坚定了方向。有位同学原来认为,文化知识学了到农村无用。后来他访问了大搞科学种田的农技员、知识青年单荣,经过促膝谈心,很受启

发,认识到:文化知识在农村不是无用,而是远远不够用。调查对象选择得好,为搞好调查访问打下了良好的基础。

二、从转变立足点着眼,从培养工农感情入手。

我们平常生活在城市的学校里,和劳动人民接触少,工农感情比较淡薄。一开始,有的同学到贫下中农家里,嫌地方小,不干净。访问时,又嫌贫下中农讲话啰嗦,没有条理。总之,觉得看不上眼,没有什么好写的。后来,老师引导我们学习了毛主席的教导:“知识分子既然要为工农群众服务,那就首先必须懂得工人农民,熟悉他们的生活、工作和思想。如果不把过去的一套去掉,换一个无产阶级的世界观,就和工人农民的观点不同,立场不同,感情不同,就会同工人农民格格不入,工人农民也不会把心里话向他们讲。”这使我们认识到:对贫下中农嫌这嫌那,虽然看起来是小事,但“这中间有一个立场问题,或者态度问题,也就是世界观的问题”。说明我们和贫下中农的思想感情有距离。这一点,通过一次访问,大家有了更深刻的体会。有一次,我们到老贫家杨春银家去访问,我们看着他家的条件较差,觉得他的生活比较艰苦,杨春银大爷却笑嘻嘻地对我们说:“解放前,我讨过饭,冬天就睡在草堆里。现在这个家比在吃人的旧社会要好上百倍了。”访问结束后,有的同学深有感触地说:“贫下中农现在的生活和旧社会比,感到幸福,而我们却拿城市生活和农村生活比,感到艰苦。这和贫下中农的感情是多么的不一样!”大家纷纷谈到:从杨大爷的对比可以看出,杨大爷家在万恶的旧社会里,深受三大敌人的压榨,生活是何等的悲惨。在旧社会,象杨大爷一家一样的何止千千万万家?今天世界上还有三分之二的人民正在象解放前杨大爷一家一样,在苦难中挣扎着。我们不应该忘了自己肩负的搞好中国革命和世界革命,实现共产主义的历史重任。现在,农村还没有彻底改变“一穷二白”的面貌,我们要坚定地走上山下乡道路,与贫下中农一起,战天斗地,迅速建设好社会主义的新农村。这一次调查访问,给了大家很大的教育。同学们说:“如果我们不是政治挂帅,而是材料挂帅;不是为了接受再教育,而是为了写文章。调查的目的不明确,态度不端正,当然不会调查出什么来。大家认识到:必须把调查访问的过程看作是自己接受再教育的过程,看作是培养工农感情、转变立足点的过程。也只有有了和贫下中农一致的立场、观点和思想感情,才能在农村写出比较好的调查报告来。

三、努力改变学生腔,从群众语言中吸取营养。

在调查访问过程中,我们必须放下学生架子,努力改变学生腔。开始,有一次我们去访问,一到访问对象的家里,大家一个个一本正经地掏出笔记本,对老大爷说:“我们是来调查的,请你谈谈。”老大爷一下子被弄得莫名其妙。也不清楚我们需要什么,所以无话可说。在其它的一些访问中,也有这种情况。有的即使讲起来,也是短得很,收不到什么效果。后来大家吸取了教训,出去调查时,到人家那里,先看有什么事做。看到人家在干活,也拿起农具来一起干;看到人家地上脏了,拿起扫帚就扫;人家水缸水没了,拿起扁担、桶就去挑。这样用行动放下了学生的架子,向贫下中农恭恭敬敬、老老实实地学。贫下中农了解我们的心意,便主动问我们要调查什么。这样,边做边谈,话匣子就打开了。

在调查时,还必须学习和运用群众的语言。有一次,我们到一位贫民家里调查访问,有个同学问他"你家有亲戚吗?"这位贫农摇手说:"什么亲戚啊?没有,我没有。"随后一位农村同学问他说:"你家有亲啊、眷啊?"他立即回答说:"有啊!"接着这位老贫农就畅谈了亲戚和自己家一样在新旧社会的变化,使我们既受到了教育,又得到了丰富的材料。我们还通过调查访问,学到了不少群众语言。例如:"上无片瓦,下无立锥之地","地当铺,月点灯,风扫地",反映了贫下中农过去的悲惨生活。"口吃甘蔗,节节甜;脚踏楼梯,步步高",反映了他们翻身得解放后的幸福生活。"只问四分五分,不问阶级斗争",是知识青年对旧学校的有力控诉。"科学种田,越种越甜;老法种田,停滞不前","不看不比,沾沾自喜;一看一比,相差万里",这是贫下中农用对比的方法对保守思想和骄傲自满情绪的批评。"老、中、青团结一条心,大家一起拼。""高举红旗狠抓纲,粮食产量超双纲。"这是广大贫下中农的豪迈誓言。学了这些群众语言,不仅可以使我们的语言生动,更重要的是通过学习这些群众语言,我们学到了贫下中农的好思想,增强了工农感情。

四、努力做到"四勤",深入进行调查。

在调查访问过程中,我们听了知识青年、大队民兵营长陈庆华同志谈了他们知识青年搞调查访问的体会和方法。通过讲述和自己亲身实践,我们不仅受到教育,还认识到:要搞好调查访问,必须灵活运用各种调查方法,主要地要努力做到四勤:腿勤,嘴勤,手勤,脑勤。腿勤就是要勤跑,多和调查对象接近。遇到调查对象有事,就需要再三、再四,不厌其烦地跑,稿子写好后,也可以拿去征求调查对象的意见。嘴勤就是要勤问,不仅要向调查对象正面了解,也可以向他周围的人侧面了解。即使是同一个事情,也可以多找几个人问问,使材料相互补充,得到修正。手勤就是要多记、多写,不怕记重复。多记多写可以加深印象,也便于自己对材料进行分析比较。同时又是对自己记笔记能力的很好锻炼。脑勤就是要多对材料进行思考、分析。过去总是老师讲,我们记。老师写在黑板上,我们记在笔记本上,往往是照本抄录。现在到农村写调查报告,不能再处处依赖老师,要自己多分析思考。首先对材料要用阶级观点去很好分析。注意材料是否做到了反映三大革实践,为无产阶级政治服务。对于怎样选材和组材,都要很好思考。有时材料之间有出入,还要慎重比较,认真分析。

以上几点,是我们在这次开门办学,进行调查访问过程中的一些体会,还是很肤浅的。但是就我们自己来说,感到收获是比较大的。通过调查访问、写调查报告,我们学习了贫下中农的优秀品质;从知识青年夏福平、张剑琴、蔡凤珠、单荣、陈庆华、李玉松等的事迹中,体会到了毛主席"农村是一个广阔的天地,在那里是可以大有作为的"这一指示的英明正确,从而更加坚定了走上山下乡,与贫下中农相结合的决心。

从语文角度来说，我们在实践中学习和巩固了书本上有关调查报告的知识，提高了写作能力。这些都不是单纯关在课堂里所能做到的。

开门办学好！调查访问好！（执笔：华金荣　薛　祥）

理论联系实际　开门学好物理

高二(5)　通讯组

在这次开门办学中，物理学科执行毛主席的革命路线，开展了一系列教学活动。进行了现场讲课、实物演示，还请了当地工人、贫下中农、拖拉机手为我们上课。在参观访问的基础上，在教师的具体指导下，物理教学将实际知识与书本知识结合起来，把感性认识上升到理性认识，收到了比较好的效果。

平时，我们在课堂里所学的理论知识属于间接经验。这次开门办学中，物理课注意了理论联系实际，把间接经验通过实践检验变成自己的直接经验。有一次，贫下中农在打稻场上挑灯夜战。当增加了一盏 1 000 瓦的“小太阳”灯后，电路不一会儿就断了，电动机也停了。许多同学对这个故障不明白原因，纷纷展开争论。有的说是电机烧坏，有的认为是保险丝熔断，众说纷纷。与此同时，教物理的方老师从劳步步引导，联系到书本上“照明电路的故障及修理”一节，得出“当电路中的功率增大后，通过电路的电流也随着增大，超过了保险丝的额定电流，致使保险丝熔断。”这样，就把书本知识与实际情况联系起来，加深了同学们对这一知识的印象。还有一次，我们在大队粮食加工场现场教学，请工人师傅给我们讲课。他告诉我们，在饲料粉碎机加料过多时，电动机负载过重，电压会降低，电流变大，以致会使电机烧毁。这正好和我们书本上讲的“电动机的使用和维修”的知识相一致。这样，联系生产实际，对书本上的知识就学得透，记得牢。

伟大导师毛主席指出：“认识从实践始，经过实践得到了理论的认识，还须再回到实践中去。”在课堂上讲电动机时，大都是把电动机的模型给同学们做演示讲解，但模型教学有其局限性，没有实物教学来得明了易懂。这个问题在开门教学中得到了很好的解决。比如，我们在农机厂观察工人实际操作时，亲眼看到工人师傅怎样装拆线圈绕组、定子、转子，怎样进行检修，怎样进行线圈连接，还学习了如何实际测量线圈绕组内的电阻。巩固了原有的电机原理知识，并有所提高。这次开门教学，还在一定程度上扩大了同学们的知识面。例如，请当地拖拉机手为我们讲解拖拉机的构造、使用及保养，并作了示范驾驶，使大家知道了关于拖拉机的知识。一些同学还学会了排除拖拉机一些常见的故障。

开门教学对巩固同学们的知识,加深对理论知识的理解是有很大益处的。通过开门办学,我们感到自己现时掌握的物理知识太少了,不能适应新农村建设发展的需要。我们一定要从现在起抓紧时间,向工农生产者学习,扩大开门办学的成果,更多地掌握物理知识,争取在将来务农时发挥自己的作用。

执笔:王海珠　晏祥宝

生活是写作的源泉

——写《一朵棉花》的体会

高二(5)　谭为平

这次开门办学,我不仅学到了贫下中农的好思想,好作风,而且在知识学习方面,也得到了锻炼提高。这次我在写《一朵棉花》一文的过程中,亲身体验了毛主席"实践出真知"的伟大真理,也在一定程度上提高了语文写作水平。

在学校里,我写文章总喜欢挤和拖。所谓"挤",并不是挤时间,而是象挤牙膏似的挤出一点事例来。"拖",就是写一篇文章总要拖到临交时才写好。原因就是没有内容,语言枯燥,没话说。这是我写作中一贯存在的问题。

在开门办学中,我在和贫下中农接触时受到了深刻的教育,在改造世界观方面有了一些切身体会。同时生活实际也给了我生动多彩的语言。这样,《一朵棉花》这篇文章的写作一反往常,连我自己也出乎意料地只用很短的时间就写成了。

那一天我在摘棉花时,由于轻视一朵棉花的作用,丢掉了许多棉花,贫下中农以回忆对比和棉花对社会主义建设的作用向我进行了教育,使我提高了阶级觉悟。因此,我决心在劳动中抽出一些时间,写《一朵棉花》,让自己和别人都接受教育。由于事情是自己亲身经历的,贫下中农给我教育很大,印象深刻,所以写起来笔下很自然,不需要象过去在校时,苦思瞑想,或者虚构出一个假事例。弄上一大堆道理,说一些与题无关的话。再写不出就找报纸等参考资料,各方面拼拼凑凑,挤出那么一篇苍白无力,缺乏思想高度的"文章"来。我只用了一个上午劳动的间隙时间,在喧腾的劳动环境中,很顺利地写出了这《一朵棉花》,是因为自己感到有话说,需要说。因而文字就象泉水一样,很顺畅地涌了出来。这使我尝到了接触三大革命斗争实际写作的甜头。

开门办学前后写作情况的对比,使我体会到:要写出生动活泼的文章,只有到实际生活中去。生活可以提供丰富的内容,生动的语言,提高觉悟,增长才干。总之,生活是写作的源泉。

开门办学，搞好地理数学

史地组

我组最近在初一(3)班上了一堂地理研究课，内容是省编试用地理课本第三章“气候”和第五章“农业”。方法是走出去，请江苏农学院气象站老师讲授“气象与农业的关系”、“有关气象要素观测的要求以及基本项目测定的方法”等基本知识。同学们还分别进行了气温、地温、风向、风速、降水等基本项目的实地观测，作好观测记录。并分组讨论、交流，最后由教师作了小结。

通过这一活动，我们有如下两点体会：

1. 地理教学必须坚持开门办学的方向。过去我们地理教学一直停留在课堂上，从理论到理论，在黑板上海阔天空，周游列国。这样的课，学生“上课听听有兴趣，下课铃响全忘记”。通过学习毛主席的有关领导，教师也感到需要改革旧的教学方法，特别认识到自然地理更必须走出课堂，结合实践进行教学。这次，我们冲破了教材系统，选择了三、五两章，进行实地教学，让学生边听，边看，又动手，亲自观测，作记录，使理论结合了实际。如在小组讨论中，有的同学问温度表为什么要放在百叶箱里？百叶箱又为什么漆成白颜色？有的同学问我们：现在一测就知道温度多高，广播电台有时今天预报明天气温，明天的温度是怎么来的呢？等等。这些问题在课堂上是提不出来的。这样同学既丰富了知识，增强了学习地理的兴趣，也为今后从事社会主义建设打下了一定的基础。

2. 活动中要求要明确，准备要充分。在这次“开门”以前，我们反复研究了这次活动的教学计划和教学要求，选择了“气象”和“农业”两章，便课本上互相分离的两章有机地结合起来，便于理论联系实际。一开始，由于我们事先没有和农学院气象站的同志讲清楚具体要求，他们又不了解中学低年级学生的知识水平，因而他们准备从“气象学与天文学的关系”讲起，要求我们增加一些时间。我们研究后，和他们反复联系，请他们切合同学实际水平，改换内容。我们并提出讲课提纲，供他们在准备的参考。由于双方充分协作，结果在讲解时，内容具体，简明扼要，也掌握了时间，达到了预期要求。

此外，我们事先还明确哪些知识在课堂里讲授，哪些知识到实地边演示、边讲解，做到胸中有数。我们认识到，开门走出去，不是放出去。要提高“开门办学”活动的质量。必须做好充分准备，事先有适当的安排。我们把我国气温、降水量分布的特点，我国粮食作物和经济作物的地理分布等内容放在课堂上讲授。到实地主要根据气象站的条件,讲解这些作物的分布与气候的关系等内容。这样既掌握了时间,又可以使学生把所学的理论知识结合实践。有关讨论题目和要求,也事先在校内布置。这样根据开门办学活动的条件,事先妥善安排,有计划、有步骤地进行,效果较好。

简讯

▲初一(3)、(7)班到挂钩的生产队——邗江县双桥公社双桥大队顾庄生产队,结合学农,开始为时两周的开门办学活动。在这次活动中,他们将进行阶级教育和革命思想教育,搞调查研究,结合三大革命运动进行教学活动,并积极投入当前秋收秋种的战斗。

教革通讯

第30期

一九七三年十一月二十六日

扬州中学政工组、教革组编

评论

做好培养接班人工作
积极开展反腐蚀斗争

培养千百万无产阶级革命事业的接班人，是十大文件反复论述的重点之一。我们伟大领袖毛主席总结了无产阶级专政的历史经验，向全党发出号召："为了我们党和国家不改变颜色，我们不仅需要正确的路线和政策，而且需要培养和造就千百万无产阶级革命事业的接班人。"这是毛主席制定的一项伟大战略措施。我们必须遵循这一教导，认真做好培养接班人的工作。

在毛主席革命路线指引下，经过无产阶级文化大革命的锻炼，全国广大革命青年生气勃勃地活跃在各条战线上，为社会主义革命和社会主义建设作出了重要贡献。特别是知识青年上山下乡的革命洪流，猛烈冲击着旧社会遗留下来的旧思想、旧习惯。在各级党委的领导和贫下中农的关怀下，涌现出了大批知识青年的先进集体和邢燕子、朱克家式的先进人物。和全国一样，我校特别是通过批林整风、开展学习雷锋同志的活动，广大青年同学阶级斗争觉悟、路线斗争觉悟和继续革命的觉悟有了很大的提高，雷锋的革命精神日益深入人心，越来越多的同学认真向雷锋学习，努力使自己成为德、智、体全面发展的有社会主义觉悟的有文化的劳动者。这是我们青年运动中的主流。

但是,社会主义时期阶级斗争的规律,决定了阶级斗争必然要反映到学校中来,必然要反映到青年身上来。这是因为在有阶级的社会里,青年是各个阶级争夺的对象。哪个阶级要想夺取政权,巩固政权,哪个阶级就必须赢得青年。因此,在整个社会主义历史阶段中,两个阶级、两条道路、两条路线的斗争的一个重要方面,就是资产阶级同无产阶级激烈地争夺青少年。资产阶级和一切剥削阶级不甘心自己的失败,总是施展种种狡猾的手段,通过各种渠道,利用几千年遗留下来的旧思想、旧文化、旧风俗、旧习惯向青年进攻。这种进攻和腐蚀是经常的,潜移默化的,往往不易被天真烂漫的青年所察觉;阶级斗争、路线斗争觉悟不高的,革命意志不坚定的就容易受骗上当。为了巩固无产阶级专政,培养无产阶级革命事业接班人,我们必须狠抓意识形态领域的阶级斗争,积极开展反对资产阶级腐蚀的活动,击退阶级敌人在意识形态领域对我们革命青少年的进攻,狠狠批判资产阶级用以腐蚀我们革命青少年的各种谬论和手段。同时,也有必要对我们青年同学中现在存在着的某些糊涂观点予以澄清。

阶级敌人腐蚀革命青少年首先的也是最主要的一个方面,是破坏上山下乡运动,他们散布“读书做官”、“下乡镀金”、“变相劳改”等反动谬论。在当前,特别宣扬“读书无用”的谬论,企图从政治思想上对革命青少年打开进攻缺口。他们说什么:以后进工厂、上大学,当工程师、干部,才有前途,因而读书才有用;以后下农村,成天和泥土打交道,没有前途,因而读书就无用。我们有的同学受了这些谬论的毒害,也说什么:“反正是下乡,学不学一个样。”照他们看,读书不是为了革命,而是为了个人;读书不是为了全人类的解放,而是为了个人的所谓前途。这与毛主席的“他们必须是全心全意为中国和世界的绝大多数人服务的革命者”的教导是背道而驰的。知识青年上山下乡,是一场伟大的社会主义革命。在这场革命中充满着两个阶段、两条路线、两种思想的激烈斗争。毛主席号召知识青年到农村去,是为了加强建设社会主义新农村,为了培养和造就千百万无产阶级革命事业的接班人。这是反修防修的一项重大战略部署。农业是国民经济的基础。农村状况如何,对于我国经济的发展和政权的巩固,关系极大。知识青年到农村去,既能经风雨,见世面,得到很好锻炼,又为农村的社会主义革命和建设增添力量,有利于密切城乡关系,加强工农联盟。这对于巩固无产阶级专政,防止资本主义复辟,建设社会主义,有着极为重要的意义。对于这一点,我们每个革命青少年都应该有清楚的认识。我们还要看到,在毛主席革命路线的指引下,在全国革命人民的努力下,我们的农村很快就会改变面貌。社会主义的新农村要实现“四化”(机械化,电气化,水利化,化学化),需要大量的科学文化知识。我们在学校所学的知识,将来不是无用,而是很有用;不是嫌多,而是嫌少。正因为将来要下乡,而农村又十分需要科学文化知识,我们现在就更应该努力为革命尽可能多地学点知识,将来才能尽可能更好地为人民服务。我们要坚定走与工农相结合道路这一根本方向,立志把自己的青春交给贫下中农,交给祖国的社会主义新农村。

阶级敌人在对我们革命青少年在政治上毒害腐蚀的同时,又利用我们有些同学只管吃、穿、打扮,不管无产阶级政治,企图从生活上对革命青少年打开进攻的缺口。

阶级敌人抓住我们青少年不知道今天劳动人民的甜和旧社会劳动人民的苦的弱点，用极其腐朽的人生观来腐蚀青年。我们有些同学受了腐蚀，也跟着说些什么“及时行乐”，“趁年青时吃吃玩玩，谁晓得将来怎样!”有的同学糊里糊涂过日子，“过一天，算一天，教育革命丢一边”，什么国家的前途，人类的理想，通通不问了。个别同学甚至还学会了抽烟喝酒。这些同学不知道人到底为什么活着，不懂得一个人活着是为了使大多数人活得更好，活着是为了建立一个没有帝国主义、没有资本主义、没有剥削制度的新世界。我们革命青少年应该懂得：艰苦奋斗是毛主席的革命路线，追求个人的吃穿和享乐是刘少奇、林彪之流的修正主义路线。“及时行乐”的腐朽人生观，是一切剥削阶级没落灭亡时绝望心理的反映。我们革命青少年，正是“早晨八、九点钟的太阳”，我们的肩上担负着中国革命、世界革命的重任，人类的希望寄托在我们身上。我们将亲身投入埋葬帝、修、反，解放全人类的战斗，任重道远，无上光荣。我们革命青少年应当树立远大的革命理想，确立起革命的人生观，摒弃一切剥削阶级腐朽糜烂的人生观，并与之作不调和的斗争。门合同志说得好：“怕艰苦，图享受，乱花钱，讲究吃穿，天长日久，就会脱离群众，斗志衰退，成为资产阶级的俘虏。”无数的事实证明：一个人思想上的蜕化，革命意志的衰退，往往首先是从生活方式和道德作风方面暴露出来；而一个人在生活上的堕落腐化，发展下去又总是导致思想上政治上的蜕化变质。因此，把好“生活关”是重要的，是大节，不是什么“生活小节”。我们要批判“小节无害论”，彻底批判“及时行乐”的腐朽思想，确立起革命的人生观。

阶级敌人还用所谓“消遣消遣”“个人娱乐”的论调，企图从文化艺术领域对革命青少年打开进攻缺口。阶级敌人很知道“变天先变人，变人先变心”。他们千方百计用封、资、修的黑货来腐蚀青少年的灵魂。我们有些同学受了影响，也以“消遣”为名，想方设法找一些黄色小说来看，有的同学在这样的“消遣”中，学到了什么“力大为王”对同学动不动以拳头相待；有的同学学到了什么“江湖义气”，对一些人的错误行为予以包庇，名之为“义气”。还有极少数同学看了黄色书籍后，精神空虚，讲一些不堪入耳的下流话。这些难道都只是属于“个人”的“娱乐”范畴吗？生活在二十世纪七十年代的新中国青少年，不去学杨子荣、李玉和等无产阶级英雄人物，而要到旧纸堆里去寻求什么“消遣”“娱乐”，这说明了什么呢？这就是存在于我们一些同学身上的“看看说说”中的阶级斗争，就是和平演变，正如列宁所说：资产阶级在“用看不见摸不着的腐蚀活动，制造着为资产阶级所需要的，使资产阶级得以复辟的恶果”。我们革命青少年对于阶级敌人的这种杀人不见血的软刀子的危害，应有足够的认识。

伟大导师列宁指出：“旧社会灭亡的时候，它的死尸是不能装进棺材，埋入坟墓的。它在我们中间腐烂发臭，并在毒害我们。”为了粉碎资产阶级腐蚀青年的进攻，为了培养无产阶级革命事业的接班人，我们全校革命师生要立即行动起来，打一场反腐蚀的人民战争。“学校的一切工作都是为了转变学生的思想”。反腐蚀决不是“小题大作”，更不是“与己无关”。已经受骗上当，沾染了资产阶级坏习气的同学要学点唯物辩证法。世界上的一切事物总是在不断变化的，小中有大，小问题可以变成大问题,两者之间没有不可逾越的界限。因此必须正视自己的问题,端正态度,以实际行动和资产阶级思想实行决裂。全校的革命师生,要发扬反潮流的革命精神,对一些歪风邪气及犯罪行为要敢于揭露,坚决斗争。

看未来,今后的几十年,对祖国的前途和人类的命运是多么宝贵而重要的时间啊! 现在二十来岁的青年,再过二、三十年就是四、五十岁的人。我们这一代青年人将新手把一穷二白的祖国建设成为伟大的社会主义强国,将亲自参加埋葬帝、修、反的战斗。为了完成这一伟大的历史使命,我们就要牢记党的基本路线,重视意识形态领域的阶级斗争,确立革命的世界观、人生观,在毛主席革命路线指引下,迎着阶级斗争的风浪,把自己锻炼成为坚强的无产阶级革命事业接班人。

敢于反潮流,当反腐蚀斗争的尖兵

高二(七) 潘爱华

反腐蚀斗争是无产阶级与资产阶级争夺下一代的斗争。在这场斗争中,广大红卫兵战士胸怀朝阳,发扬革命的“五敢”精神,向阶级敌人打进攻战,为巩固无产阶级专政冲锋陷阵,勇敢战斗。

但是,也有少数同学在反腐蚀斗争中畏畏缩缩,宁愿当旁观者,认为积极没啥好处,当心“吃”人家的“生活”,挨人家打骂,受讽刺打击。我过去也有这种想法,怕弄不好得罪人,以后会吃亏,觉得还是坐“观众席”保险。

这种想法对吗? 毛主席教导我们:“彻底的唯物主义者是无所畏惧的。”干革命就要敢于斗争,不怕担风险,不怕打击报复。在无产阶级文化大革命烈火刚刚点燃的时候,红卫兵战士为了保卫毛主席的革命路线,刀山敢上,火海敢闯。现在毛主席革命路线深入人心,群众的路线斗争觉悟有了普遍提高,我们还怕什么?!“反潮流是马列主义的一个原则”。十大文件中指出,“反潮流,事关路线,事关大局,一个真正的共产党员,就要出以公心,不怕撤职,不怕开除党籍,不怕坐牢,不怕杀头,不怕离婚,敢于反潮流”。我们共青团员和革命青年,如果连今天的一些错误思想都不敢反,怕某些同学的讽刺打击,那么到关键时刻,又怎能为革命挺身而出呢? 中国共产党是在反对右的和“左”的机会主义路线的斗争中巩固和发展起来的。“无产阶级的革命接班人总是要在大风大浪中成长的”。

做阶级斗争的“观众”,是私心杂念重的反映。我们不能只看到自己的利益,怕打击报复,而不怕资产阶级思想对我们革命青年的腐蚀,不怕党和国家的变色。我们要出以公心,把反腐蚀斗争提高到路线斗争的高度来看待。如果我们只担心个人安危,难道就眼看着“和马克思主义根本冲突的”“客观上起着援助敌人的作用”的自由主义来腐蚀玷污我们健全的肌体吗？如果我们只看眼前，怕伤害自己的皮肉，心慈手软，对错误思想不敢揭发、批判，慢慢地使其形成一股势力，将来一有风吹草动，阶级敌人就会兴风作浪，反扑过来，变无产阶级专政为资产阶级专政，那不是最大的危险吗?!

我们一定要扫除前进道路上的障碍，积极投入争夺青少年的战斗，以伟大领袖毛主席为光辉榜样，不怕打击报复，敢于反潮流，争当反腐蚀斗争的尖兵！

决不是“为了整几个人”

高一(三)　蒋晓兰

在当前开展的反腐蚀运动中，有的同学认为：这次搞反腐蚀斗争就是“为了整几个人”。真的是这样吗？

在社会主义社会里，存在着阶级斗争。资产阶级作为一个阶级虽然被打倒了，但是他们不甘心自己的失败，无时无刻不在企图夺回他们已经失去的天堂。阶级敌人把希望寄托在我们青年一代身上。他们无孔不入地把资产阶级毒菌洒向我们革命青少年，毒害和腐蚀我们，妄图使我们变质。现在搞反腐蚀斗争，正是为了在阶级斗争的实践中，提高我们青年学生阶级斗争的觉悟，增强我们抵御资产阶级思想侵蚀的能力，保证我们在毛泽东思想哺育下茁壮地成长，彻底粉碎阶级敌人企图在我们青少年身上实现复辟的阴谋。这是关系到中国革命和世界革命的大问题，而决不仅仅是什么“为了整几个人”。

有的同学正因为错误地把这场斗争理解为：就是“为了整几个人”，因而认为反正自己头上没有辫子，后面没有尾巴，“与己无关”。因而他们表现得松松散散，很不积极。当然，大多数同学是好的，这是肯定的。但是大多数同学就不需要授受教育了么？我们认为：这场运动对大多数同学来说，是警钟长鸣；对一些开始沾染了资产阶级习气的同学来说，是防微杜渐；对个别已被资产阶级灰尘污染较重的同学来说，是清除污垢。总之，通过运动，教育大多数，挽救极少数。这是巩固无产阶级专政，培养无产阶级革命接班人的大事，是和我们每个人都密切相关的。

还有些同学在这场反腐蚀斗争中，忧心忡忡，惴惴不安。觉得自己身上存在着一些问题，可能是运动的对象。所以，这些人对自己的问题噤若寒蝉，恐慌万状，怕露出自己的问题，认为这场反腐蚀运动就是“整我们这几个人”。因此，这些人对这场运动不是横刀跃马，冲锋陷阵，通过运动，清除自己头脑中资产阶级的垃圾，横扫自己身上的邪气，而是望而生畏，踌躇不前。他们越是害怕露出问题，资产阶级思想的包袱在他们身上就压得越重。我们认为,这些同学应该进一步明确这次运动的目的。有问题谈出来改了就好,不要到末了被自己背的包袱压倒,而要轻装上阵,在斗争中认真改造自己。

我们生活在阶级社会里,各种歪风邪气向我们进攻是客观存在的。但是"外因是变化的条件,内因是变化的根据,外因通过内因而起作用"。俗话说:"篱笆扎得紧,野狗钻不进。"就是说,只要我们时刻保持高度警惕,增强抵抗政治细菌的免疫力,就能抵制资产阶级思想的腐蚀。也只有不断反腐蚀,才能做到拒腐蚀,永不沾。

因此,在这场反腐蚀斗争中,一定要抛掉"就是整几个人"的错误思想,跃马扬戈,杀上阵去,把反腐蚀运动进行到底!

关键在于加强思想教育

——组织学生参加秋忙劳动的一点体会

初二(8)班主任　高安德

十一月五日,我和班上同学到双桥公社王庄生产队参加秋忙劳动,当天的任务是拔稻根。虽然在校经过秋忙劳动的动员,但同学们的劲头不怎么足,干了不一会儿功夫,有的说:"干这活儿真没意思!"有的说:"哪来这么多的稻根,拔到哪一天!"有的蹲着吃力就坐在地上拔,有的则干脆坐在田埂上休息。一天劳动下来,只拔了十亩田的稻根。我看在眼里,急在心里。

第二天清早,我把这一情况和生产队王队长作了联系,决定由王队长对同学进行一次思想教育。

王队长首先对同学们提出了一个问题:"有这么多稻根要拔好不好?"大家谈论开了。同学们说:稻根多,说明稻子长的多,生产大发展,是好事。有的同学原来觉得稻根多,拔起来花力气,想了想以后也说:对,应该越多越好。王队长告诉大家:"今年队里稻子亩产九百斤,是个丰收年景,大家应该为这点高兴。"同时,又指出拔稻根的劳动很重要,如果不拔掉稻根,稻螟虫会在稻根里过冬,明春繁殖起来就快了。它会搞破坏,影响明年庄稼的收成,应当把稻螟虫当着敌人来消灭,才能夺取年年大丰收!

王队长的讲话,讲到了每个同学的心思。同学们表示:一定要全部、彻底、干净地拔掉稻根。

会后,同学们精神抖擞,你追我赶,抢时间,争速度,比质量。一个小时就完成了十三亩田的拔稻根的任务。我看在眼里,喜在心里。同时,通过事实的教育,自己的认识也有了提高。

把情况对比一下,我感到开始自己对学生的思想教育是放松了的,只满足于在学校的一般动员,特别是教育不具体,未能做到有的放矢。认为到农村参加秋忙劳动,又不是一次了,反正劳动劳动。由于自己思想上没有真正做到政治挂帅,对这次劳动没有认真地向同学进行教育,因而在劳动中就出现了一些松劲现象。王队长的讲话,政治挂帅,有的放矢,讲了拔稻根这一劳动和夺取农业丰收、建设社会主义的关系,使同学们认清了这一劳动的意义。伟大的目的产生了巨大的动力。同学们思想通了,政治挂了帅,行动就自然地跟了上去。

毛主席说:“掌握思想教育,是团结全党进行伟大政治斗争的中心环节。如果这个任务不解决,党的一切政治任务是不能完成的。”思想是行动的先导。有什么样的思想,就会产生什么样的行动。对这件事,王队长没有单纯地抓纪律,而是从夺取农业丰收,建设社会主义的高度来进行教育,提高同学们的思想认识,鼓起了同学们的干劲。这样做,抓住了关键,抓住了根本。这种抓住思想教育的工作方法,是很值得我们学习的。事实证明:要做好同学的工作,关键在于加强思想教育。今后,我在工作中要很好地贯彻毛主席有关指示的精神,向王队长学习,加强对同学的思想教育工作。

教革通讯

第 31 期

一九七三年十二月十八日

扬州中学政工组、教革组编

联系我校教育革命实际
深入学习党的基本路线

政工组　教革组

在十大精神鼓舞下,我校的教育革命正在不断深入。本学期以来,我们开展了反对资产阶级思想腐蚀的斗争,抓紧了走与工农相结合道路的教育,坚持了开门办学的方向,进行了教学方法和考试方法的改革。但是,目前两个阶级、两条路线的斗争仍是很尖锐、很激烈的,它必然反映到教育战线上来,这主要表现在是继续革命,还是复旧倒退。教育阵地的主要危险是修正主义,我们一定要深入学习党的基本路线,十分警惕修正主义教育路线的复辟。

要深入学习党的基本路线,就必须搞清学校的具体工作、教育路线和党的基本路线这三者的关系。我们有不少的同志,埋头于具体的事务工作,没有能在每上一堂课、每搞一项活动时都把它紧紧地和党的教育方针联系起来,和贯彻党的基本路线联系起来。上一堂课,往往总感到多讲些知识实惠,讲一个公式,教几个字词,在指导思想上很少去和党的教育方针挂上钩;搞开门教学,有的也只把它作为一种单纯的教学活动,而不把它看成是转变学生思想,培养无产阶级革命事业接班人的一种措施。这样忘记了党的基本路线,我们必然成为"一个盲目的不完全的不清醒的革命者",在具体工作中"就会迷失方向,就会左右摇摆"。毛主席为我们党制定的在整个社会主义历史阶段的基本路线,是照耀各项工作的灯塔;毛主席所规定的无产阶级的教育路线、方针、政策和方法,是党的基本路线在教育战线的具体体现。因此,我们认真学习毛主席关于无产阶级教育革命的理论，就能有助于深入理解党的基本路线，也就能保证我们在具体工作中认清方向，不至于滑到修正主义的邪路上去。

要深入学习党的基本路线，就必须认真总结历史经验，历史是一面镜子。在无产阶级文化大革命前，我们不少同志在刘少奇修正主义教育路线的统治下，似乎是兢兢业业、埋头苦干，但是，那是"为谁辛苦为谁忙"？无非是在为"智育第一"出刀，为培养资产阶级接班人效劳。我们学校以前搞的那个"四个为主"（学校工作以教学为主，教学工作以课堂教学为主，课堂教学以教师讲授为主，教师讲授以书本知识为主），流毒还没有肃清，至今仍有它的市场。去年上半年，在我们的思想上又曾一度回潮，几乎栽到了资产阶级的"知识质量"的罗网里去。开了的门，又关了起来，在开——关——开这个马鞍形的过程中，我们可以看到一提关门提高质量，行动上就迅速、积极，对那个"统考"颇感兴趣；一提开门教学，行动上就迟缓、被动，反正是轮到我，就下去一次。为什么会出现这种情况的呢？根本问题是没有认真学习党的基本路线，没有牢记党的基本路线，以至转了向，偏了道。这些历史的教训是值得我们记取的。"前事不忘，后事之师"，在认真总结历史经验的过程中，我们就能更深刻地体会到"路线是个纲，纲举目张"的道理，从而自觉地学习党的基本路线，坚持党的基本路线。

要深入学习党的基本路线，还必须联系现实的两个阶级、两条道路、两种思想的斗争。面临着教育阵地上的一系列革命，是感到从未有过的痛快，还是徬徨、怀疑，甚至有抵触情绪？在批判"智育第一"、坚持开门办学、改革考试制度等问题上是不是思想上都通了，行动上都坚决了？我们有的同志不是留恋那种"校园里书声琅琅，办公室安安静静"的"正常教学秩序"吗？不是有对开门办学抱不以为然的态度，认为进进出出影响质量，甚至说是"赶时髦"吗？不是在明里暗里用考试总分来定名次、评优劣，把"一百分加绵羊"的视为好学生吗？凡此种种，都值得我们每个同志深思。党的十大号召我们要继续把批林整风放在首位，批林，就要抓住林彪路线的极右实质，他的政治路线是右的，那么教育路线也必然是右的。但是在教育战线上当前主要的倾向究竟是什么，有的同志却认识不清。所以有必要用马列主义、毛泽东思想这个望远镜和显微镜，用党的基本路线来分析这些问题，也只有这样，才能加深对党的基本路线的理解。才能从表面的"风平浪静"中看出不平静，看出它正隐藏着、孕育着一场革命斗争的风暴。

毛主席曾经指出："指导一个伟大革命运动的政党，如果没有革命理论，没有历史知识，没有对于实际运动的深刻了解，要取得胜利是不可能的。"我们只有认真学习党的基本路线，学习毛主席的教育革命思想，认真分析教育战线阶级斗争和路线斗争的历史和现状，从而抓住问题的实质，才能夺取教育革命的胜利。

最近一个时期，我校的全体同志要认真学习《把无产阶级教育革命进行到底》（《红旗》一九七三年第十二期）和《贯彻党的十大精神，把教育阵地的无产阶级革命进行到底》（《教育革命通讯》一九七三年第十一期）两篇文章。在学习中，要联系我校教育革命的实际，对照检查我们一学期来的工作，看哪些是符合党的基本路线，哪些是违背了党的基本路线。通过对照,进一步深入学习党的基本路线,提高思想觉悟,争做教育革命的促进派。

警惕“食物”中的“砒霜”

高二(7)　王晓蔚

鲁迅在《关于翻译(上)》一文中有这样一段话:“……用有限的砒霜和在食物中间,使青年不知不觉的吞下去,……这样是应该防备的。”联想到当前的反腐蚀运动,越琢磨就越觉得这段话意味深长,教益实大。

“有限的砒霜”,确实不易察觉,特别是再把它“和在食物中间”,就更易于在“不知不觉”之中被“吞下去”。狡猾的敌人,常常用这样恶毒的手段害人。那些将被历史所淘汰的人,总是不甘心于自己的灭亡,他们为了达到复辟资本主义的罪恶目的,总是绞尽脑汁,施尽毒计,进行破坏和捣乱,他们抓住青少年缺乏阶级斗争经验这一弱点,装出一副关心青少年成长的假象,暗地里在青少年中传看毒草书籍,传播资产阶级的肮脏、腐朽的人生哲学,使得不少阶级斗争觉悟低的青少年中了这“砒霜”的毒,有的甚至走上了犯罪的道路。有些同学,每当看到一些革命书籍,就觉得“没意思”,“不精彩”,而看起一些毒草小说却津津有味,爱不择手,越看越带劲,看了一遍又一遍、把这些毒草小说看作是“珍宝”,别人向他指出时,他却说:“看看毒草小说没啥了不起,一点小事,上不了纲和线。”从而使得自己整天昏昏沉沉,方向不明。这些同学就没有看到阶级斗争的长期性和复杂性,就没有想到长此下去便会成了阶级敌人的俘虏。他们不知不觉地吞下了这些“有限的砒霜”,中了毒还不知有害,这是多么的危险啊!

阶级斗争是尖锐复杂的,无产阶级与资产阶级争夺接班人的斗争并没有结束,为了有效地同敌人作斗争,需要我们有识别“砒霜”的能力,特别要有从“食物”中嗅出“砒霜”的本领。而要有识别“砒霜”的能力,就必须刻苦攻读马列、毛主席的书,刻苦改造自己的世界观。这一本本毒草小说,它就是一撮撮“砒霜”,阶级敌人就是利用这些“砒霜”来毒害青少年。不少青少年走上犯罪的道路,也和看毒草小说有着密切的联系。两个阶级争夺接班人的斗争,虽然没有滚滚硝烟,隆隆炮声,却往往比真枪实弹更狠毒,更危险。同学们,我们决不能上当受骗,要提高革命的警惕啊!

是“学的玩玩，无关大局”吗？

高一年级大批判小组

看了一场革命电影或革命戏剧以后，应学什么？这是一个值得人们注意的问题。

有的同学不学无产阶级英雄的革命思想和优秀品德，却专门模仿反面角色的怪腔丑态，还说“学的玩玩，无关大局”。真是“无关大局”吗？不，这不是一般普通的小问题，实际上是爱什么，恨什么的立场问题。

革命的文艺是“团结人民、教育人民、打击敌人、消灭敌人的有力的武器”。我们看了一场革命电影或革命戏剧后，就应当向影剧中的无产阶级革命英雄人物学习，把他们的豪言壮语、优秀品德，化为推动我们前进的动力。只有这样，我们才能从革命文艺中吸取政治营养，受无产阶级思想的教育，从而树立远大的革命理想，将来接好革命的班。反之，如果我们不向革命英雄人物学习，而学那些反面人物的丑态，学那些油腔怪调，学那些无聊丑恶的动作，学那些低级趣味、庸俗的作风等等，甚至有的同学说惯了，在上课时也情不自禁地唱出一句，引得同学们哄堂大笑，影响了课堂纪律，这就把看革命电影和革命戏剧的目的弄反了，变成了不吸收无产阶级思想，而吸收了资产阶级思想，受了资产阶级思想毒害。

我们不是生活在真空中，而是生活在有阶级有矛盾的社会里，我们如果站在无产阶级立场上，就会学习革命英雄的崇高精神和优秀品质；如果我们站在资产阶级立场上，就会欣赏、模仿反革命人物的种种丑态。在这阶级社会里，是决没有什么超阶级的“学的玩玩”。有的同学英雄人物不会学，反面人物却一学就会；平时学习不得劲，说自已不开窍，而学习反面人物就这么起劲，就这么开窍。这难道是“学的玩玩”吗？这并不是什么“学的玩玩”的问题，而是阶级感情问题，是立场、态度问题。

“学的玩玩，无关大局”，就是意识形态领域里的阶级斗争在同学头脑的一种反映。当这些同学认为是“学的玩玩，无关大局”的时候，事实上已经在无形之中帮了阶级敌人的忙，因为敌人正愁没人为他们宣传资产阶级那一套，于是，他们就借助少数同学的口，宣扬出他们想说而说不出的话；借助少数同学的手，做出他们想做而不敢做的动作；还借助少数同学的所谓天真烂漫，来达到他们用资产阶级的腐烂透顶的东西来腐蚀青少年灵魂的罪恶目的，与无产阶级争夺接班人。这些，表面上看起来是小事，实际上是多么触目惊心的阶级斗争啊！这能说是“学的玩玩，无关大局”吗？！

简讯

▲本月十五日下午，全校召开了“加强党的基本路线教育，深入开展反腐蚀斗争”专题广播会，会上有四个同学发了言。这四个同学，原来在不同程度上受到了资产阶级思想的腐蚀，在反腐蚀斗争中，他们在党的教育下，经过激烈的思想斗争，终于放下了包袱，在自觉革命的大道上迈出了可喜的一步。会后许多同学表示要向他们学习，自觉革命，不断前进。

▲继高二年级之后，高一(1)、(2)班已结束了在志远大队的开门教学活动，胜利返校。目前高一(3)、(4)班正在农村继续进行开门教学。

教革通讯

第33期

一九七四年一月十一日

扬州中学政工组、教革组编

编者按：考试方法的改革，有助于理论联系实际，有助于培养分析问题和解决问题的能力。这里我们摘登的几份答卷的部分内容，可以说明这一点。这些答卷对问题的分析击中要害。深入透辟。紧密联系当前斗争实际，敏锐地提出了一些问题。是提倡死记硬背的旧的考试方法所做不到的。这是我们当前考试方法改革中的成绩和主流方面，是值得引起我们注意的。

答卷摘登

一

高二政治考试时，要求学生联系学校反腐蚀斗争的实际（特别是联系自己的实际），阐明“要重视上层建筑包括各个文化领域的阶级斗争”的必要性、重要性。

高二（1）班的马娜同学作了这样的回答：

我们是生活在阶级社会里，社会上的阶级斗争也必然会反映到上层建筑包括各个文化领域里来，反映到学校里来，反映到每个同学的头脑中来。众人皆知，资产阶级这个阶级虽被我们打垮了，但他们的思想并不会随着阶级的垮台而消失。资产阶级的阴魂还未散，还会散发出臭气来腐蚀、毒害我们。因而在上层建筑包括各个文化领域就必须进行彻底的革命。

最近，我校开展了反腐蚀斗争，打了一场对敌斗争的进攻仗，对我的教育是很深的。

有一段时间，由于受了资产阶级思想的侵蚀，我一天到晚热衷于看毒书，整天泡在毒草小说堆里，沉浸在无聊的幻想中。就这样，渐渐地对社会主义文化课不感兴趣，政治活动不想参加，直到学校搞反腐蚀斗争，我才大吃一惊，有所猛醒。通过听校领导的报告、动员，以及老师、同学的帮助，我才渐渐地认识到资产阶级思想已腐蚀了我，我已中毒不浅了。为什么我，一个毛泽东时代的青年，从小就承受着党的教育，会被资产阶级思想侵蚀成这种样子？原因就在于，自己平时不认真看书学习，放松了阶级斗争、思想改造，这样在无形中资产阶级思想就腐蚀了我。

从学校大量活生生的阶级斗争事实中可以看到，在上层建筑包括各个文化领域搞阶级斗争，是关系到培养接班人的重要问题。是关系到巩固无产阶级专政，防止资本主义复辟的大事，是关系到我国社会主义革命和建设的大事，这样可以帮助我们识别、批判和战胜资产阶级和一切剥削阶级，分清什么是唯心论，什么是唯物论；什么是马克思主义，什么是修正主义。从而帮助我们进一步认识和更好地进行现实的阶级斗争和路线斗争。防止修正主义在我国重演，防止复辟资本主义。因而，必须重视上层建筑包括各个文化领域里的阶级斗争。

写到这里，我不禁要向领导和老师提一些问题："为什么在学校容易被资产阶级思想侵蚀？""为什么毒草书籍在学校还留有市场？"甚至有些老师认为"只要不在我课上看毒草书就行了"。进校两年来，我总觉得学校对反腐蚀斗争时松时紧，不能持之以恒，甚至给人一种"要出一两个典型才搞"的印象，不能长期坚持搞下去。因而有些学生，把搞运动看成是"过关"，"关"一过就万事大吉了。这种思想以及发生的问题，难道不值得校领导和老师深思吗？

高二(10)班的刘森同学作了这样的回答：

我国的经济基础是公有制，所以我国要具有和公有化经济基础相适应的上层建筑，这个上层建筑的意识形态要以马列主义、毛泽东思想为指导。但是，被推翻的地主资产阶级是不肯轻易地放弃他们的思想文化阵地的。他们还在负隅顽抗。在有些地方，有的演坏戏，说坏书。唱坏歌，隐蔽或公开地同无产阶级争夺思想文化阵地。我们无产阶级要继续革命，就必须主动地改革上层建筑更好地适应我国的经济基础。如果不这样，那就会象苏联那样，因为上层建筑没有进行彻底的革命而导致了资本主义的复辟。因此，重视上层建筑包括各个文化领域的阶级斗争是十分必要的。

我校的事实和我个人的思想实际也都说明了这一点。例如，高一下学期时，由于学校放松了阶级斗争，结果我校修正主义教育思想就回潮，考试出现了A B卷；个别班级贴出了学习成绩统计表；谈留级制度的人多了；甚至有个别教师说什么：明年(一九七三)要招考大学生十五万，你们要努力读书啊。就这样，修正主义的教育思想在毒害学生，使学生整天忙于文化学习，严重脱离政治。同学们反映"现在学习真紧张，头昏脑胀整天忙"。这种现象，反映了资产阶级根深蒂固的"智育第一"的修正主义教育思想在我校的存在。对于这一点我个人也有较深切的感受。有一度时期，我存在着这样的一种思想：认为学好文化知识关系着自己的前途。学好了知识，将来就有当作家、科学家的希望。因此自己曾一度时期整天致力于学习文化知识。通过这次批林整风的学习和反腐蚀斗争，才使我认识到这种思想是靠知识吃饭的资产阶级名利思想在作怪，这样长期下去，势必会跌入资产阶级的泥坑。我认识到：重视上层建筑包括各个文化领域的阶级斗争是非常重要的，这关系到无产阶级专政能否巩固以及培养什么人、走什么路的大问题。

二

高一语文组在期终考试时，要求学生根据已学过的《应当重视电影〈武训传〉的讨论》课文，批判毒草小说《地板》(地板，山西方言，即土地)。高一(20)班陈红旗同学写了《〈地板〉在宣扬什么》一文，其中有两小节是这样写的：

《地板》这篇小说的主题思想是讲"粮食不是拿地板换的，而是靠劳力换的。"这是欺人之谈。马克思在《哥达纲领批判》中指出：劳动并不是一切财富的源泉。《地板》的作者在这里离开生产关系，不讲生产资料是谁掌握，却说什么粮食是靠劳力换的，这就是企图掩盖地主对农民剥削的实质。没有土地等生产资料的农民给地主干活，种出的粮食却落进了地主的口袋；农民出的劳力越多，地主口袋里的粮食也就越多。而农民辛苦劳动换到的只有家破人亡的辛酸血泪。作者在这里空谈什么"粮食是靠劳力换的"，而把生产资料所有制这个有决定意义的问题抛掉，闭而不谈消灭私有制，这不是在维护封建剥削制度吗？

作者通过地主王老三之口说什么：会劳动是"走遍天下饿不死的真本领"，其实这是一句骗人的鬼话。在社会主义制度下，不劳动不得食；而因年老、疾病丧失了劳动能力的人也决不会饿死。但在一切剥削阶级统治的社会里，会劳动的人也会被饿死。小说中的老常难道是不会劳动才饿死的吗？不是！在旧社会，贫苦农民虽然都会劳动，但依然出现了"四海无闲田，农夫犹饿死"的惨象，这都是剥削制度造成的。《地板》的作者宣扬"劳动是走遍天下饿不死的真本领"，目的就是要我们在民族矛盾、阶级矛盾十分激烈的现实生活中，一心去学会、掌握劳动本领，而不去搞阶级斗争。用心何其毒也！

介绍一个寒假活动计划

政工组

为了过好一个革命化的寒假，高一(15)班师生研究制订了寒假活动计划，比较具体、详细。寒假虽然时间比较短，但只要妥善安排，是可以很好地组织活动的。现将高一(15)班寒假活动计划介绍如下,供全校各班参考。

寒假活动计划

高一(15)班

一、目的要求:

组织同学认真学习马列、毛主席著作,学习《元旦献词》;接受知识青年上山下乡的教育,继续进行反资产阶级思想腐蚀的斗争;认真复习社会主义文化知识,完成寒假作业,开展学科小组活动。以班委为主成立寒假领导小组,组织全班同学过一个革命化的寒假。

二、内容安排:

1. 组织一次学习交流会。马列、毛主席著作学习小组结合学习《元旦献词》,选学毛主席《关于正确处理人民内部矛盾的问题》一文的有关部分。在自学的基础上,每人写一篇学习心得,每组交流学习心得一次。时间:一月二十九日下午。

2. 组织一次知识青年上山下乡报告会。邀请本校校友、出席地区上山下乡会议先进个人杨和平来本班做报告,报告后组织讨论。时间:一月十五日上午。

3. 组织一次革命故事会。假期中要求全班同学每人至少看一篇革命小说或革命故事,在此基础上,结合班级春节联欢,组织一次革命故事会。时间:一月二十六日下午。

4. 组织一次义务劳动。组织全班同学到班级挂钩单位——元件一厂参加一次义务劳动,增强厂校友谊。时间:一月二十日下午。

5. 组织同学认真完成寒假作业。要求同学按学校布置有计划地独立完成寒假作业,组织班级干部进行两次检查。第一次检查时间:一月二十六日;第二次检查时间:开学前夕。

6. 课外美术小组和物理小组按计划开展活动。

教革通讯

第 34 期

一九七四年二月二十三日
扬州中学政工组、教革组编

热烈欢迎　坚决支持

党支部　工宣队　校革会

批林批孔怒潮涌，革命洪流逐浪高。

在深入批林批孔的新高潮中，我校应届高中毕业生，高二(7)班共青团员潘爱华同学、高二(3)班共青团员王丹苏同学从广播里听到清华附中、北大附中和北京一二三中五十三名应届高中毕业生要求提前上山下乡的喜讯后，立即给校党支部和团市委写了申请书，坚决要求提前毕业早日奔赴农村干革命。她们斗志昂扬，豪情满怀，用坚决要求上山下乡，走毛主席指引的革命道路的实际行动，批林批孔，猛烈地冲击那种鄙视劳动，看不起农民，不愿去农村的陈腐观念，这是批林批孔斗争的一个可喜成果。潘爱华、王丹苏敢于向旧传统挑战，这表现了在毛泽东思想哺育下广大革命小将崇高的思想境界和可贵的革命精神。我们读了她的信，受到极大鼓舞，深受教育。

我们党支部、工宣队、校革会对革命小将潘爱华、王丹苏的革命行动，表示热烈的欢迎和坚决的支持！

伟大领袖毛主席指出，青年人“最肯学习，最少保守思想，在社会主义时代尤其是这样。”经过无产阶级文化大革命和批林批孔斗争锻炼的革命小将，最有高度的路线斗争觉悟和远大的革命理想。潘爱华、王丹苏同学以大无畏的革命精神，向林彪的修正主义路线宣战，向“劳心者治人，劳力者治于人”、“学而优则仕”等孔孟之道宣战，向旧的习惯努力宣战。他们的革命行动有力地证明，我们的青年一代，确实是大有希望的一代。

知识青年上山下乡，是毛主席的伟大战略部署，是一场正在继续进行的意识形态领域的大革命，是培养无产阶级革命事业接班人的战略措施。我们希望全校革命师生都要积极支持潘爱华、王丹苏同学的革命行动，学习她们的革命精神。应届毕业生要以潘爱华、王丹苏同学为榜样，在上山下乡这场革命中，以实际行动去批判一切剥削之道，复辟之道，同旧的传统观念彻底绝裂。我们相信，随着批林批孔斗争的深入发展，我校教育革命和上山下乡的革命洪流，必将一浪高似一浪，奔腾向前，向前！

申 请 书

敬爱的党支部：

当前，全国形势一片大好，批林批孔运动正向纵深发展。在这场运动的强烈推动下，涌现出更多新生事物。许多青年为我们做出了榜样。特别是钟志民同志那种敢于和旧传统观念决裂的精神感动了我。使我深切地感到：一定要用自己的实际行动来狠批林彪和孔老二一伙的反动思想。

今天早晨广播里播送了北京大学附中、清华大学附中、一二三中学五十三名小将提前毕业，早日奔赴农村第一线的消息，使我震动很大，心情久久不能平静。是等待毕业，还是早日用实际行动来向旧传统宣战，用战斗保卫无产阶级文化大革命的丰硕成果，这是一个值得深思的问题。

我是一个革命青年，是一个共青团员，我应该向北京大学附中、清华大学附中、一二三中学的五十三名同学学习，扫除继续革命道路上的一切障碍，早日走与工农相结合的道路，在意识形态领域里的彻底革命中主动打一场进攻战，向一切剥削阶级意识形态猛烈开火！

当然，我原来也是有一些想法的。想到了自己的家庭、父母，想到了革命的集体。同样，也想到了自己，文化知识少学了怎么办？个人孤单怎么办？碰到困难怎么办？别人讽刺打击怎么办？……等等。确实，为早日走与工农相结合道路这个问题，我是整整考虑几天了，思想上一直是动摇不定。通过看报、听了广播以及不断学习，觉悟有了提高。我想到了毛主席的革命路线，想到了党和毛主席对我们年青一代的希望，想到了人类的前途。想到了全世界三分之二受苦的劳动人民，想到了毛主席，想到了怎样做一个革命事业的接班人……。想到了这一切，它给了我勇气和力量。我感到，我首先应该考虑的是走什么样的路，执行什么路线的问题。一定要坚持正确的政治方向，正确处理好红与专的关系。如今我暂时少学了些书本上的知识，但是我抓住了前途、方向、路线这个纲。我可以到斗争中学习，在斗争中炼思想，长才干。我虽然离开家远了，但是离贫下中农、离毛主席的革命路线更近了。孔子所说“父母在不远游”的孝悌思想完全是骗人的鬼话，革命青年就是要有四海为家的革命气概。让孔老二、林彪的反动谬论见鬼去吧！遇到讽刺打击怎么办？新生事物的出现必定会遇到一些人的反对，这并不可怕，顶一顶就行了。“反潮流是马列主义的一个原则。”事关路线，事关大局，要敢于反潮流。坚定走在毛主席的革命路线上。

农村是比城市艰苦得多，但正因为艰苦，才需要大批有志气、有抱负的革命青年去建设，如果那里条件好，还需要我们去干什么？只有艰苦的环境，才能更好地磨炼自己。毛主席教导我们:“社会主义制度的建立给我们开辟了一条到达理想境界的道路，而理想境界的实现还要靠我们的辛勤劳动。”美好的未来是靠自己的双手干出来的，它决不会在哪一天早上降落在坐享其成，凭空想象的幻想家面前。只有在大风大浪的摔打中，才能辨别谁是真革命，谁是假革命。我认为革命应该靠自觉，党和人民的需要就是革命的需要。明知征途有艰险，越是艰险越向前。我要向工农兵学习，象邢燕子、朱克家、钟志民那样在大风大浪中锻炼自己，决心奔赴农村第一线，早日走与工农相结合的道路，和工农变成一体，用双手创造出一个新世界。“愿做荒山开拓者，不做花园享乐人！”

敬爱的党啊！在那二万五千里长征迈开第一步的红军战士，他们看到了困难，但更看到了胜利在眼前，那是因为有毛主席的英明领导，有毛主席的革命路线指引。今天，我面对艰苦，时刻准备迈开我的万里长征第一步，在毛主席革命路线的指引下，千难万险不回头！

我向党表示，我一定要做到认真读马列、毛主席著作。请党相信我吧！我申请提前毕业早日奔赴农村第一线，请尽快地给以批准。在此，我并尊重地向党提出我的入党申请。

一场严重的考验在等待着我，我要迎着风浪奋勇前进！

致

革命敬礼！

高二(7)班共青团员　潘爱华

一九七四年二月二十一日

申 请 书

艰苦面前何所惧 上山下乡干革命

亲爱的党支部、团委会:

伟大领袖毛主席亲自发动和领导的这场批林批孔运动正向纵深发展。通过批林批孔的运动,批判了孔孟所鼓吹的“学而优则仕”,“劳心者治人,劳力者治于人”和林彪所污蔑的知识青年上山下乡“等于变相劳改”的谬论,特别是最近学习了清华大学附中,北京大学附中和北京市一二三中部分红卫兵小将充满战斗激情的信,使我思想觉悟有了很大的提高。

对于“上山下乡干革命”,我是有一个思想认识过程的,有过不少错误的看法,也有过不少天真的幻想。我曾后悔升高中是走错了路,曾幻想有一天会从高中毕业生中“选优”升入大学,也曾幻想能得到照顾把我留在城市,……总之,想的不是上山下乡,而是留恋城市;想的不是干革命,而是混革命。

这些错误思想的主要根源,其一就是“读书做官”。一切剥削阶级都是把劳动看成是下贱的,而把读书做官看成是最高贵的,我们无产阶级就是要同旧的传统观念作彻底的决裂,就是要树立劳动光荣,务农光荣的革命新风尚。其二就是害怕艰苦,害怕困难。农村条件是比城市要苦些,正因为这样,才需要我们知识青年去改造山河,改变农村的面貌。只有艰苦的环境才能锻炼人。艰苦、困难怕什么。“中国人死都不怕”,还怕什么艰苦、困难。为革命,再苦再累也心甘。毛主席教导我们:“革命的或不革命的或反革命的知识分子的最后分界,看其是否愿意、并且实行和工农民众相结合。”是坚持上山下乡走同工农相结合的道路,还是采取消极的态度,是检验我们每个人干革命还是混革命的试金石。我作为一个革命青年,要干革命就一定要坚决走毛主席指引的上山下乡的革命道路。

毛主席教导我们:“越是困难的地方越是要去,这才是好同志。”我是一个红卫兵战士、光荣的共青团员,就是要专拣重担挑在肩。明知征途有艰险,越是艰险越向前!用自己的双手,和贫下中农在一起,为改造祖国河山,为消灭三大差别而努力奋斗,用自己的实际行动狠批孔孟之道,狠批刘少奇和林彪所散布的“读书做官论”、“变相劳改论”、“下乡镀金论”,以实际行动与旧的传统观念作最彻底的决裂,走一辈子同工农相结合的道路。院子里练不出千里马,花盆里长不出参天树,我们只有到大风大浪中去锻炼成长。只有到三大革命的实践中去经风雨,见世面,才能使自己真正成为无产阶级革命事业接班人。

亲爱的党支部，团委会：清华大学附中、北京大学附中、北京市一二三中的红卫兵战士的革命行动给我作出了榜样，我决心向他们学习。在毕业的前夕，请党组织尽快批准我上山下乡干革命的要求。一旦批准，马上打起背包，奔赴农村，为建设社会主义新农村而奋斗终身！

这是我要求上山下乡的申请书，也是我向党组织申请入党的第一份报告，请党组织考验我吧！

此致

革命敬礼！

高二(三)班共青团员　王丹苏

一九七四年二月二十二日

支　持　信

扬州中学党支部：

我们通过批林批孔的学习，思想觉悟有了提高。孔子要复礼，林彪要复辟，他们是两个腔调，一个目的。是一个黑洞里爬出来的两个乌龟，是一根藤上结的两个黑瓜。

孔孟胡说："学而优则仕"、"劳心者治人，劳力者治于人"。林彪恶毒攻击知识青年上山下乡是"变相劳改"。这些都是妄图把青年拉向资本主义的邪路上去，培养成他们搞复辟资本主义的工具。我们是决不能让先烈们打下的红色江山改变颜色的。

今天上午我们听到了广播，北京大学附中、清华大学附中、北京一二三中学有五十三名同学报名，提前毕业走上山下乡的道路。晚上又听到了我的大女儿爱华讲了她愿意提前毕业，要求奔赴农村插队闹革命的喜讯。我们临晚召开了家庭会议，进行了讨论。会上全家一致认为，爱华这种革命行动是好的，是值得我们学习的。我们做家长的应该大力支持孩子的革命行动。我们全家都鼓励了她，并希望她到农村以后，认真地读马列的书，读毛主席的书，永远按照伟大领袖毛主席指引的航向前进。向贫下中农学习，拜贫下中农为师，努力改造世界观。下定决心在三大革命的实践中锻炼成长，把自己锻炼成为能文能武的红色接班人。

我们坚决支持潘爱华的革命行动!

此致

革命敬礼!

家长潘宝生　戴素卿

一九七四年二月二十一日

扬州中学党支部:

伟大领袖毛主席亲自发动和领导的一场群众性的批林批孔的政治斗争正在向纵深发展。这是意识形态领域里的一场彻底革命。

我的大孩子王丹苏在广播里听到了清华附中、北大附中、北京市一二三中部分小将在毕业前夕坚决要求上山下乡干革命的报告,立即向我们提出,要向北京的小将学习,坚决走毛主席指引的与工农相结合的道路。我们当晚开了家庭会,一致同意她的革命要求,支持她的革命行动。

孔孟鼓吹的"学而优则仕"、"劳心者治人,劳力者治于人"的反动谬论,毒害了人们几千年。林彪又疯狂污蔑知识青年上山下乡"等于变相劳改",妄图破坏毛主席制定的反修、防修,培养无产阶级革命事业接班人的伟大战略部署。我们每个革命家长,就是要用支持子女上山下乡的实际行动来狠批林彪与孔孟的反动谬论,以实际行动与旧的传统观念实行最彻底的决裂!

究竟是把孩子留在身边,还是让孩子在大风大浪中锻炼成长,这是关系到培养无产阶级接班人的大问题。千百万知识青年到农村去,在广阔的天地里长期锻炼,为建设我国社会主义新农村贡献力量,这是反修防修的重大措施,是巩固无产阶级专政的需要。孩子离家远了,可是跟毛主席的革命路线近了;离父母远了,可是跟贫下中农近了。把孩子交给党,交给贫下中农,我们做家长的最放心。我们坚决支持王丹苏的革命行动!请领导研究批准!

此致

革命敬礼!

家长王鲁澜(本校教师)

朱蔓莉

1974·2·22·

坚决支持革命小将的革命行动

我校高二(七)班共青团员潘爱华同志、高二(三)班共青团员王丹苏同志向党支部和团市委提出了要求提前毕业,早日奔赴农村干革命的申请。这个革命行动好得很!我们团委会和红卫兵团对潘爱华同志、王丹苏同志的革命行动,表示坚决支持!

当前,在伟大领袖毛主席和党中央的号令下,全国正掀起一个声势浩大的批林批孔运动。这场运动正在我校轰轰烈烈地展开,积极投入批林批孔斗争的动人事迹如雨后春笋般层出不穷,激动人心,令人鼓舞。潘爱华同志、王丹苏同志提出的申请,是批林批孔和进行路线教育的好教材。她们的革命行动,必将进一步推动我校批林批孔斗争和教育革命的深入发展。

伟大领袖毛主席给我们革命青年指引的"知识青年到农村去"的革命道路,已经成为我们青年一代与工农相结合的金光大道。我们这一代青年的历史使命,就是要彻底消灭人剥削人的制度,消灭三大差别,实现共产主义这一人类历史上最壮丽的事业贡献我们的一切。我们革命青年任重而道远。

我们希望全校共青团员、红卫兵战士、革命的同学们,向潘爱华同志、王丹苏同志学习。学习她们走毛主席指引的与工农相结合道路的坚强决心,学习她们向旧习惯势力宣战的大无畏的革命精神,学习她们以实际行动狠批林彪修正主义路线的战斗意志。

革命的青年们,前进吧!

团委会　红卫兵团

一九七四年二月二十二日

教革通讯

第36期

一九七四年三月二日

扬州中学政工组、教革组编

给黄帅同学的一封信

黄帅同学：

你敢于造修正主义教育路线的反，造得好！敢于同剥削阶级传统的观念实行“决裂”，这一举动好得很！大长了革命接班人的志气，大灭了修正主义教育路线的威风。我们毛主席的红卫兵一定学习你这种敢于反潮流的精神。

读了你的两封公开信，我们的心情也很难平静，深深感到：当前教育战线上的主要危险仍然是修正主义，“要斗，只有狠狠地斗，才能坚持进步，坚持变革，坚持革命”。

我们学校建校已有四十多年了。解放前，国民党反动派的铁蹄践踏了这所学校。解放后的十七年，刘少奇、林彪的黑手扼住了这所学校的咽喉。从“学而优则仕”到“读书做官”；从“劳心者治人”到“变相劳改”；从“有教无类”到“全民教育”；从“不学稼圃”到“三脱离”，不知有多少人受它的奴化，受迫害，受摧残；不知有多少人走“智育第一”为“个人奋斗”的白专道路；这所学校又不知培养了多少“四肢不勤，五谷不分”的资产阶级精神贵族。文化大革命一声炮响，打乱了资产阶级的阵脚，工人阶级管理的学校，毛主席的无产阶级教育路线不断深入人心。但孔子的灵魂、林彪的阴谋，始终是时现时隐。

（一）一度领导上把精力放在“教学质量”提高上。

领导对怎样培养革命接班人的问题，完全是飞机上吹笛子——表里不一。

有人认为现在学生的成绩“今不如昔”，什么“中学的学生是中学的招牌，小学的水平”。这就是要我们走“智育第一”“分数挂帅”的老路。

我们不是也被坑害过吗？由于作业负担加重，有的同学也就恶性循环，以至于政治学习时也在做作业。

修正主义的旧教育制度也卡过我们的脖子。我们初中毕业时的全市统考，高一年级时的A、B卷，甚至学生入团也要“五分多”。

当时，在高二毕业班中，也听过有些老师说什么：“现在大学向工农兵开门，也同样向你们开门。”在他们认为：“成绩好的不进大学太可惜了。”当时，学习气氛不就改变过吗？实质上领导上看好学生的标准就是只专不红的“业务尖子”。

（二）对新生事物的态度。

教学民主没有很好发扬，师道尊严有所抬头。有些教师就喜欢“听话”循规蹈矩的学生，对于那些敢于发表意见的“小老虎”总是看不惯，结果是学生和老师没有共同的语言。师生关系很紧张。

三结合备课，“官教兵，兵教官，兵教兵”的群众讲课早已走过了场，课堂仍是“一言堂”，红卫兵的五敢精神受到挫伤。

开门办学，开开关关，有人说是“鸭子吵堂乱哄哄”，学习质量受影响。

还有人对工人阶级登上上层建筑也不拥护，说是“活见鬼”。

（三）阶级教育和路线教育抓得不经常。

我们发现学校领导往往是同学走上犯罪道路才对全校同学进行一次“牢记”党的基本路线的教育。

在我们学校有些人受了资产阶级思想的腐蚀，认为“到农村就象下了地狱”。

学校中沾染坏习气的人还大有人在。这些人喜爱封、资、修黑货，追求资产阶级生活方式，流气十足，抽烟，赌博，喝酒，大搞流氓犯罪活动。

…………

为什么在无产阶级文化大革命取得胜利的今天，还会出现这种修正主义教育路线的回潮现象呢？伟大导师列宁指出：“教育界的资产阶级偏见特别顽固。”这就深刻地告诉我们：教育领域是剥削阶级的世袭领地，它的政治偏见和习惯势力根深蒂固，是决不会自行退出历史舞台的。如果我们不斗争，不批判，不提高警惕，修正主义就要上台，资本主义就要复辟，学校就会重新被资产阶级知识分子所统治。被颠倒过来的历史就会重新被颠倒过去。到那里，我们也就成了亡国奴。

回潮着的修正主义教育路线正向我们冲来。对待这一现象，我们怎能视而不见，听而不闻，怎能对这场重大的政治斗争采取“中庸之道”？

“倒退是没有出路的。”黄帅同学，我们一定要象你那样，顶着逆流上，不怕孤立，不怕迫，不怕压，坚持斗争，坚持改革，坚持革命，向修正主义教育路线猛烈开火，向封、资、修宣战！

当前，我们学校和你们学校一样，教育革命形势一片大好，革命师生在同一战壕里同学习，同批判（在批判“克己复礼”的同时，批判修正主义教育路线回潮的现象）。

黄帅同学,让我们并肩战斗吧!为保卫无产阶级文化大革命的胜利成果,为搞好教育革命而努力奋斗!

无产阶级文化大革命胜利万岁!

此致

战斗敬礼!

江苏省扬州中学高二(三)班　红卫兵排

1974年2月20日

狠批"克己复礼"反动政治纲领 充分发挥工人阶级的政治作用

工宣队　邓菊梅

两千多年前,孔老二为了复辟奴隶制,到处奔走,提出了"克己复礼"的反动政治纲领;两千多年后的今天,林彪为了复辟资本主义,在短短的三个月时间里,就和他的同伙四次写下条幅,称"克己复礼"为万事中最大的事。他们想的都是"克己复礼",他们干的都是反革命复辟。"复礼"就是"复辟"。他们的反动口号,他们的卑鄙阴谋,他们的恶毒用心,他们的无耻勾当,都象是一个模子里造出来的。他们是一条黑藤上的两个毒瓜。

我们工人深深懂得,半殖民地半封建的旧中国是怎样一幅悲惨的情景。林彪一伙所推行的反动路线如果得逞,我们工人,我国的劳动人民,就要重遭沉重的灾难,就要吃二遍苦,就要受二茬罪。如果我们的国家沦为苏修的殖民地,中国人民不是还要象在旧社会处于美、英、法、日本等帝国主义奴役之下,一样的被欺负,一样的被压得喘不过气来吗?毛主席、共产党领导我们闹革命,推翻了压在我们头上的三座大山,使我们翻身作了主人。现在伟大的社会主义革命和社会主义建设又取得了辉煌的成就。林彪继承孔老二的衣钵,狂呼"克己复礼",妄图复辟资本主义,把历史拉向后退,把地主、资产阶级扶植起来,想把我们劳动人民重新推进苦海,要我们千万革命人民人头落地,我们坚决不答应。我们一定要和革命师生一道,层层剥开林彪的反革命画皮,挖出他的黑心,把林彪、孔老二彻底批倒批臭,堵死通向修正主义的邪道,加强无产阶级专政,使我们的红色江山永不变色。

林彪现在虽然已经粉身碎骨,成了不耻于人类的狗屎堆,他的"复礼"的迷梦虽然也已经破了产,但他的反动思想的流毒还没有肃清,这在教育战线上表现为修正主义教育路线的回潮。拿我们扬州中学来说,也是有所表现的。

如有的人散布“今不如昔”的悲观论调,说什么,现在的学生不如文化大革命以前的学生听话,好管。现在学生的基础知识太差了。等等。为什么会有这种看法呢?归根到底,还是个路线问题,世界观的问题。站在资产阶级立场上去看待无产阶级新生事物,总是格格不入,一无是处。正确的看法,应该是看到通过无产阶级文化大革命,同学们的马列主义、毛泽东思想水平、阶级斗争和路线斗争的觉悟提高了,他们鉴别是非的能力加强了,分析问题和解决问题的能力增强了。有许多同学具有一定的反潮流革命精神。通过学工、学农、开门办学等活动,他们要求自己的标准是德、智、体全面发展。如果我们的领导和教师的思想还停留在“五分加绵羊”的水平上,当前就会看成这也不行,那也不行了。我们认为“今不如昔”的论调,从本质上看是反动的,是否定文化大革命的。但有这个观点的人,一般来说是认识问题,世界观问题。

有一度时间,不知道从什么地方刮来了一股“考大学”风。这是一股回潮风,倒退风。一时有不少教师,甚至学校领导非常卖力,真所谓早上书声琅琅,晚上灯火辉煌。这是一股妄图扼杀文化大革命的成果,把我们革命师生引入“智育第一”、“读书做官”、“学而优则仕”歧途上去的妖风。

再如,工人阶级占领上层建筑,“并且永远领导学校”。这个带根本性的问题,是我们伟大领袖毛主席的伟大创举,是毛主席反潮流革命精神的体现,是文化大革命中涌现出来的新生事物。这个伟大的新生事物,一度几乎被扼杀。在有的学校中,工宣队被排斥、抵制的程度是令人发指的。在我们学校中,由于受到修正主义教育路线回潮的影响,工宣队一度也处于非常被动的地位。当时我们很气愤。我们重温了毛主席的教导,学习了《全国教育工作会议纪要》,认识到这是一股错误思潮,是修正主义思潮。我们工人阶级应该发扬反潮流的革命精神,坚持斗争的哲学。斗则进,不斗则退,不斗则垮,不斗则修。我们坚信毛主席、党中央的指示,毛主席的革命路线是战无不胜的。

在批林批孔运动中,各级党委对我们工宣队给予了大力支持和热情的鼓励,使我们增添了无穷的力量和智慧。我们工宣队员表示:要在这场批林批孔的伟大斗争中,在学校党支部的统一领导下,和广大革命师生员工团结一致,继续狠批林彪、孔老二“克己复礼”的反动政治纲领,坚持革命,坚持进步;反对复旧,反对倒退。我们要充分发挥工人阶级在上层建筑的政治作用,紧跟毛主席的伟大战略部署,把教育革命进行到底。不获全胜,决不收兵。

坚持革命 反对复辟

高一语文组 叶国庆

“克己复礼”是孔子妄图复辟奴隶制的政治纲领。林彪鼓吹“克己复礼”,把它视为至宝,称为万事中的大事。并且在九大以后,从一九六九年十月十九日到一九七〇年元旦,两个多月的时间里,就和他的死党写下了四条“悠悠万事,唯此为大,克己复礼”的条幅,互相赠送,挂在卧室,置于座右,这充分暴露了林彪反党集团迫不及待地妄图从根本上改变党在社会主义历史阶段的基本路线和政策,颠覆无产阶级专政,复辟资本主义的狼子野心!“克己复礼”是林彪妄图复辟资本主义的反动纲领。

林彪和孔子所处的历史条件不同,他们鼓吹“克己复礼”的具体内容也不尽相同。但是要倒退,搞复辟,开历史倒车是他们的共同点。广大劳动人民说得好:林彪和孔子是一根藤上的两个黑瓜,是一个洞里的两条毒蛇。他们吹的是一把号,走的是一条道。他们都是腐朽没落的反动阶级的代表人物。

孔子已在二千四百多年前带着花岗岩脑袋去见周公了,林彪也早已扛着“克己复礼”的破旗到孔老二那里报到去了。但是他们人虽死了,反动影响却还存在,流毒远未肃清。他们的尸体发出的臭味还在毒害着人们。所以我们在批“克己复礼”的时候,要联系现实的阶级斗争、两条路线斗争的大是大非问题进行批判。

拿我们学校来说,修正主义教育路线回潮的表现还是很多的。在过去的七年中,改革与反改革,前进与倒退,革命与复辟的斗争还是相当激烈的。

第一,关于开门办学方面。开门办学是毛主席教育革命路线的重要内容,坚持还是反对开门办学,是执行不执行毛主席教育革命路线的大是大非问题。在这方面,学校存在着一些问题。一九六九年,随着批判修正主义教育路线的深入,根据毛主席的《五·七指示》,经联系,我校以专区“五·七”农场作为开门办学、学农基地。那里有饭堂,有宿舍,学校也把床弄去,食宿均无问题,领导的决心也很大。但是,一九七二年不知什么原因,领导也不知是否充分讨论了,广大教师事先也不知道,就把那里的床全部弄回来了。据曾经在那里劳动过的教师讲,“五·七”农场有老工人给学生上阶级斗争课,有贫下中农带领学生劳动,有技术员上专业课,还有解放军帮助军训;学的内容也很多,有三麦、水稻,有果树栽培等。当时学校的四连、五连师生在那里劳动后还总结过经验,师生、农场反映都较好。“身居花果山,一桃都不沾”,就是师生劳动收获的生动写照。现在取消这块开门办学和学农基地,确是个损失。当然,“五·七”农场在领导管理方面也存在些问题,但只要学校领导深入下去,完全可以妥善解决,不必取消这块基地。一九七一年，我校十连师生开门办学到过邗江县杭集、沙头等公社，历时十多天，师生的精神面貌都较好。事后，学校也曾总结过经验，还曾演出过他们在开门办学过程中创作的话剧《一把算盘》。但这样的形式，仅此一次，以后就未进行过。前年，学校又到江苏农学院挂钩，去年又到邗江县红旗公社开门办学。回顾过去七年，学校在开门办学方面存在的问题是摇摆不定，领导不力。

第二，智育第一的现象也比较严重。一九七二年初二毕业班的语文、数学全市进行统一考试。学校领导、年级小组为了迎接这次考试，忙得不亦乐乎，课堂练习、小测验、单元测验，名目很多，考试频繁。有的学科，单是临考前就对口径地考了两三次。师生的课后负担、精神负担都比较重。另外，考试出AB卷，考时调座位，收作业、书本，这都是不相信学生的表现。学生成绩不好，难以评为三好生；成绩不好，难以加入共青团组织；成绩不好，就利用学农或忙假的时间进行补课。所有这些，都是智育第一回潮的表现。

第三，师道尊严也很突出。学生犯了错误，轻则训斥，重则检查，甚至体罚。有的教师对迟到的学生，不是查明原因，耐心教育，而是关在教室门外，不准上课，工宣队师傅去解决仍无效果。教师讲的话似乎是法律。

凡此种种修正主义教育路线回潮的表现，就是资产阶级向无产阶级反攻倒算。因此，我们在批"克己复礼"的时候，应联系这些问题，揭矛盾，明是非，促转化，将我校的无产阶级教育革命推向新高潮。

我们要通过批判林彪的"克己复礼"，广泛深入地进行反修防修的教育，坚持无产阶级专政下的继续革命，使我们各项工作坚定地沿着毛主席的无产阶级革命路线胜利前进！

时刻听从党召唤　站好最后一班岗

——送上了申请书以后怎么办？

二月二十六日，我班写了坚决要求上山下乡申请书的同学和老师在一起开了座谈会，围绕"送上了申请书以后怎么办？"这一问题进行了热烈的议论。我们抒豪情，立壮志，表决心，促行动，越谈心胸越开阔，越谈精神越振奋。

写了坚决要求上山下乡申请书以后怎么办？这对我们来说，当前的确是一个重要的问题。我们从切身体会感到：申请书写了，不等于问题就全部解决了。知识青年上山下乡是毛主席的伟大战略部署，是一场正在继续进行的意识形态领域的大革命。

在这场斗争中,不仅有一小撮阶级敌人的猖狂破坏,还有旧的习惯势力在顽强地阻扰,其中有社会错误思潮的干扰,也有个别家庭亲友错误的议论和行动的压力,还有不正之风的影响,再加上我们自己头脑里旧的传统观念也在时时作祟。斗争是尖锐复杂的,对我们的考验也是十分严峻的。因此,我们觉得,送上了申请书以后,首要的是要加强政治学习,刻苦攻读马列著作、毛主席著作,在批林批孔运动中努力提高觉悟,积极开展革命大批判,在斗争中坚定立场,坚定意志,坚定下乡务农干革命的思想。从思想上明确"还有许多战斗在后头,还要继续作战"。牢记"斗则进,不斗则退,不斗则垮,不斗则修。"坚持发扬反潮流的革命精神,不怕困难,不怕挫折,不怕反复。坚持顶住旧习惯势力的影响,坚持向旧的传统观念彻底决裂,决不中途停顿,更不向后倒退。我们要不仅自己做到时刻听从党召唤,组织一批准,就马上打起背包奔赴广阔的农村。还要积极鼓励和帮助更多的同学走毛主席指引的与工农相结合的光明大道,坚持上山下乡的正确方向。同时,在组织上尚未批准以前,我们还要正确处理好在校学习和奔赴农村干革命的关系,努力学好社会主义科学文化知识,积极参加批林批孔运动,搞好学校的教育革命。我们要一方面明确学习目的,安心学习,争取在校多掌握一些为三大革命运动服务的真本领;一方面狠揭猛批教育战线和我校的一些修正主义教育路线回潮的现象,使我校的教育革命沿着毛主席革命路线不断深入下去。为捍卫毛主席的革命路线在学校站好最后一班岗。

上山下乡的决心我们下定了,与工农相结合的道路我们走定了。党给了我们一切,我们愿把一切献给党。我们要沿着毛主席指引的与工农相结合的金光大道,义无反顾,勇往直前,风吹浪打不回头!

高二(7)班　潘爱华　王晓蔚　刘家荣等21人

教革通讯

第37期

一九七四年三月二十九日

扬州中学政工组、教革组编

狠批“克己复礼”
击退教育战线上的右倾思潮

教革组

“克己复礼”是孔老二复辟奴隶制的反动纲领，也是林彪妄图颠覆无产阶级专政，复辟资本主义的反动纲领。孔老二为了维护正在崩溃的奴隶制，四处呼嚎奔走。在他到处碰壁之后，就拼命抓教育，利用文化教育阵地，宣扬维护奴隶制的反动理论，搜罗和培养没落奴隶主阶级的忠实走卒，帮助奴隶主贵族反攻倒算。林彪这个不读书、不看报的大党阀、大军阀，为了改变党的基本路线，颠覆无产阶级专政复辟资本主义，狂热鼓吹孔孟之道，死死抓住教育领域这个剥削阶级的世袭领地，阴谋把教育作为复辟的重要渠道。孔子的反动教育思想，就是林彪一伙用来培养复辟人才的反动思想武器。由此可见，教育路线始终是为政治路线服务的，教育上的复辟就是为政治上的复辟鸣锣开道。

史无前例的无产阶级文化大革命，粉碎了刘少奇、林彪两个资产阶级司令部，发动了向资产阶级和一切剥削阶级意识形态的进攻，教育战线到处呈现出一派生气勃勃的革命景象。但是教育战线上封、资、修的教育思想年深日久，盘根错节，孔孟之道，刘少奇、林彪的修正主义路线的流毒远远没有肃清，当前改革与反改革、前进与倒退的斗争是尖锐、激烈的，集中到一点，就是如何对待无产阶级文化大革命的问题。

一切逆历史潮流而动的反革命小丑，总是打击、扼杀新生事物，反对革新措施。孔老二上台七天就杀了革新派少正恶卯，恶毒攻击造反的奴隶和新兴地主阶级是“犯上作乱”,是“乱臣贼子”。两千多年来,孔老二的徒子徒孙都竭力攻击新生事物。林彪也是恶毒攻击文化大革命,攻击“五·七”道路,攻击知识青年上山下乡,攻击红卫兵运动,矛头直指无产阶级文化大革命中出现的新生事物。就以工人阶级登上上层建筑斗、批、改的政治舞台来说,这是防止修正主义的重大措施,是无产阶级教育革命中最大的新生事物。工宣队进驻学校以后,在知识分子成堆的地方“掺砂子”,打破了教育领域资产阶级知识分子一统天下的局面,对于保证毛主席革命路线的贯彻执行,巩固和加强党的领导,起了十分重要的作用。但是林彪一伙出于反革命的阶级本性,对此极端仇视,进行疯狂反扑。他们胡说什么“工宣队要帮助学校”搞斗、批、改。毛主席在工人阶级刚刚登上上层建筑领域斗、批、改政治舞台时就曾指出:“工人宣传队要在学校长期留下去,参加学校中全部斗、批、改任务,并且永远领导学校。”林彪一伙恶毒地将“领导”篡改为“帮助”,把工宣队的政治领导地位贬低为帮助帮助的陪衬地位,这就是从根本上排斥工人阶级对学校的领导,以便让他们一伙顺顺当当地利用学校这个阵地培养资产阶级接班人,搞资本主义复辟。社会上一小撮阶级敌人也在工宣队进驻学校的问题上大刮冷风,大做文章。这场坚持还是反对工人阶级领导的斗争,必然要反映到学校中来。我们头脑中残存的资产阶级右倾保守思想,使我们抵挡不住右倾思潮的侵袭,在有些事情的处理上存在着一些问题。例如,上学期工宣队曾针对教师在开门办学中的一些思想问题,写了一篇稿子给《教革通讯》,当时由于我们片面地理解党的知识分子政策,强调团结的一面,以至没有刊登,这实质上是对工宣队的态度问题。又如工宣队对现在的政治课的教学方法提出改革的意见,但我们强调客观条件和其他困难,没有虚心考虑工宣队的意见。这些问题的存在,都影响了工宣队政治作用的充分发挥。今后,我们要从思想上正确对待新生事物。从阶级斗争、路线斗争的高度来看工宣队进驻学校的重大意义,从思想上确立依靠主力军的观点,在教学改革的重大问题上,经常地主动争取工人阶级的领导。

开门办学是无产阶级教育革命中的又一新生事物。是开门办学还是关门办学,这不仅是教学方法问题,而是直接体现了教育的政治方向问题。孔孟出于“复礼”的需要,散布什么“闭门思过”、“内省”、“慎独”,刘少奇到处兜售“两耳不闻窗外事,一心只读圣贤书”,阴谋家林彪根本不懂教育,却需要装腔作势摆出一副很懂教育的样子,竭力鼓吹“要坐下来读书”。他们的目的就是要把学生引向脱离社会,脱离实践,脱离工农的邪路,要青年学生钻进书堆,拜倒在分数面前,成为孔老二那样“四体不勤,五谷不分”的精神贵族,为他们推行修正主义政治路线服务。

随着教育革命形势的发展,近几年来,我们开展了一些开门办学活动,在广大工农兵的热情关怀和支持下,开始改变了那种三脱离的状况。但是,当社会上出现片面强调“以学为主”,大批“以干代学”的怪现象,刮起所谓教学秩序“正规化”的妖风时,旧扬中的“四个为主”的阴魂又在扬中校园内游荡,我们一度开了的门又出现了关的趋势,挂了钩的学农基地又脱了钩,旧的教育思想、教学内容和教学方法又有所回潮了。一头栽进了课堂,整天忙于教学业务,教革组成了“教学维持组”、“调度站”,还把旧扬中的一套教学制度,又拿出来修修补补,作为"提高质量"的保证。

一九七二年下半年,许多学校在社会上刮起的大抓"知识质量"的歪风中,纷纷慕扬州中学之"名",到我校来听课。我们应接不暇之日,也是晕头转向之时。在接待时,我们有一句口头禅:"盛名之下,其实难副"。在深入批判"克己复礼"的今天,我们进一步分析这句口头禅时,就进一步看到,这实际上是"今不如昔"谬论的代名词、所谓"其实难副",就是说我们今天的教学质量还比不上文化大革命前十七年的旧扬中。如果真是"名副其实"的话,那么我们扬中就要完全倒退到文化大革命前的状况,原来是修正主义教育路线的样板,又将成为林彪在教育战线上复辟资本主义的工具。

几年来,我们虽然在教育革命深入发展的大好形势推动和鼓舞下,做了一些工作。但是,许多开倒车、忙回潮的事实,也是触目惊心的。我们也提出"千变万化抓路线,千方百计抓质量"的口号,但是在具体工作中"路线"只是写在字面上,说在口头上,我们思想深处却没有摆脱资产阶级质量观,所以往往在"只要路线正确"的幌子下,许多"智育第一"的黑货又在新形势下纷纷出笼。什么统考、AB卷、双人监考,什么师道尊严,什么旧的"双基教学"……这时又沉渣泛起,借尸还魂。而我们对这些怪现象,见怪不怪,真是:"讲路线穿靴戴帽,讲业务头头是道,修正主义在鼻子底下回潮还不知道。"

修正主义是当前的主要危险,但是倒退、复辟、"复礼"是注定要失败的。我们只要坚持党的基本路线,狠批林彪"克己复礼"这个反动政治纲领,击退右倾思潮,就一定能巩固和发展无产阶级文化大革命的成果。"无边落木萧萧下,不尽长江滚滚来"。孔老二要"复礼",结果是带着花岗岩的头脑去见周公了;林彪要复辟,结果是粉身碎骨,死无葬身之地。历史的辩证法就是如此。让我们在党的基本路线指引下,全校师生紧密团结起来,狠批"克己复礼",向一切修正主义教育路线回潮的表现猛烈开火,推动教育革命的深入发展。

批判"克己复礼" 坚持教育革命

高一(23)班

两千多年前的反动派孔子,在春秋战国这个社会大变动时期,扯起"克己复礼"的黑旗,是为了开历史倒车。而今天的林彪在无产阶级文化大革命取得伟大胜利之时,三番五次地写"克己复礼"的反动条幅,是为了否定无产阶级文化大革命,复辟资本主义。鲁迅曾经深刻指出:"现在中国顽固派的复古,把孔子礼教都拉出来了",他们"明明是现代人,吸着现在的空气,却偏要勒派朽腐的名教,僵死的语言,侮辱尽现在。"林彪及其死党正是这样的一伙顽固派。他们效法孔子的“克己复礼”，奉之为神明，就是要开历史倒车，复辟资本主义。

社会上资产阶级复辟与无产阶级反复辟的激烈阶级斗争。必然会反映到教育战线上来。学校总是象晴雨表一样，社会上刮什么风，学校就起什么浪。当前教育战线上存在着一股妄图复辟倒退的右倾思潮，妄图否定无产阶级文化大革命，否定无产阶级教育革命，为修正主义教育路线招魂。就拿我校来说，修正主义教育路线的回潮不是也有所表现吗?

开门办学是毛主席无产阶级教育革命路线，是文化大革命的新生事物。而以往校领导对此并不热情支持，或坚持不力，畏首畏尾地求稳怕乱。社会上有人认为“开门办学乱糟糟”，我们有的教师头脑中旧教育制度的影响也十分浓厚，想多多关门读书。一旦离开教室去走“五·七”道路，有的教师就打起“小九九”;“到工厂学工几周，到农村学农几周，战备劳动几周，支农劳动几天，看，看，课怎么教?唉!……”这不是修正主义一味关门读书的教育路线在教师头脑中的反映吗?

有的教师对旧的招生制度十分留恋，对工农兵上大学进行讽刺、挖苦，散布“今不如昔”的谬论。工农兵上大学，是革命的新生事物，每个革命者都应给予热烈支持。而有个老师却在课堂上津津有味地讲起了“故事”，说什么:有个考大学的人，连“曹操是什么人?”也答不出。过去小学生知道的事都不晓得。言下之意，质量太差了。这不正是迎合了社会上阶级敌人的需要，当了敌人的传声筒吗?在社会主义的课堂上宣传新生事物还是挖苦新生事物，这是大是大非问题。

人所周知的一九七一年和一九七二年的初中毕业考试，不是又返回修正主义教育路线的圈子里去了吗?搞什么“统考”，弄得人心惶惶，紧张异常。我们亲身经历的一九七二年的统考，正是这样。那时学生们真是起三更睡半夜地忙于复习，甚至连饭都忘记或不想吃了。用这样的修正主义一套来对付刚刚经历过文化大革命的红卫兵小将，想挫一挫红卫兵的锐气，这完全是倒退行为，想把学校再拉回到文化大革命前资产阶级专无产阶级政的时代。对于这种倒退的行为，不但没有多少人反对，任其盛行;甚至有些人认为这才有点“考试的味儿”，为之叫好。有的教师为了自己班上考得好，就抢时间，拼命讲，喉咙都喊哑了，硬往学生头脑中灌。当时老师趾高气扬，一片复习的“繁忙”景象。我们对这种错误作法有意见也提不通。

有的教师还对开卷考试十分反感，说什么:“开卷考试就便宜了你们了，再告诉你们答案，那就不要考试了，让你们抄抄就是了。我们那时候，……哼!”这简直是把学生当敌人看待，讲什么“便宜”不“便宜”，这不仍然是旧考试制度的一套话吗?

事实胜于雄辨，说明修正主义教育路线在我校有很大的市场。我们不是不要考试，我们要的是把转变学生的思想放在首位，注重培养分析问题和解决问题的能力，我们要的是新的考试制度。

有的教师“师道尊严”仍然十分严重。例如，上课叫一个同学起来回答问题，同学不起来回答固然不好，但老师却火冒三丈，不是耐心教育，而是一顿闷头闷脑地臭骂什么:“你算老几?”“你进扬中才几年?”“你看不起老师!”等等之类的话,甚至说出“你当现在还是以前?”这样的话来。言下之意,是文化大革命搞糟了,现在要恢复旧的教学制度。

有的教师旧的教学思想体系仍然十分顽固。例如,课堂上有个别同学不认真听讲,有个老师不是教学生为革命而勤奋学习,却举田中角荣用刀刺手指“勤奋”学习的例子,以此来教育学生要认真读书。试问:田中角荣是什么人?难道要用资产阶级的“学习精神”来教育社会主义时代的无产阶级革命事业的接班人吗?为什么不举革命导师勤奋学习的例子?为什么不从社会主义的新生事物中举例进行教育呢?难道无产阶级文化大革命后出现的新生事物你们看不见吗?

有的教师对业务学习抓得十分紧,却对政治含糊其词,认为学习好就是好,就可以当“三好生”。甚至错误地认为学习好政治才好,学习好是政治好的标志。这正是毛主席在《关于纠正党内的错误思想》一文中所批评的那种“军事领导政治”的错误观点。如不纠正,势必要重新踏上“两耳不闻窗外事,一心只读圣贤书”的歧途。

以上一些事例,仅是部分问题,但已可见修正主义教育路线在我校的回潮。这些问题虽然表现在某些老师身上,但根子却通向林彪,通向孔老二,通向修正主义教育路线,要警惕!林彪要“克己复礼”,正是要通过这种渠道,难道教师同志不该提高警惕,清除修正主义教育路线在自己身上的污浊吗?领导同志也要好好想一想,为什么无产阶级文化大革命批判过的东西,而你们以往却不知道或视而不见,听而不闻呢?教师的思想改造,领导重视了没有呢?学校工作千头万绪要抓根本。不管这矛盾,那矛盾,一定要首先抓住无产阶级和资产阶级的斗争这对主要矛盾。一定要时刻警惕。修正主义是当前的主要危险,教育战线也不例外。不要等到资产阶级向无产阶级进攻已经打开了缺口,才抓阶级斗争,反腐蚀。学校工作要前进一步,决不能立足于“摆摆平”,而是要牢记党的基本路线,立足于革命,敢于向资产阶级进攻。

毛主席教导我们:“共产党的哲学就是斗争哲学。”斗争就前进,斗争就胜利,不斗就倒退,不斗就垮台,不斗就变修,这是革命斗争的经验总结。我们一定要牢牢记住,我们决心认真学习毛主席和党中央的指示,深入开展批林批孔斗争,坚决击退右倾思潮的猖狂进攻,巩固和发展无产阶级文化大革命的胜利成果,坚持革命,反对倒退,夺取教育革命的新胜利!

巩固发展革命成果　坚决反对复辟倒退

初二(4)班　郑思扬

林彪妄图复辟资本主义的反动纲领,用他一贯强调的“最最重要”的话来说,就是“克己复礼”。这场批林批孔运动中,我们逐渐清楚地认识到:凡是要反对革命,就一定要搞倒退复辟。林彪要复辟资本主义,就一定要攻击无产阶级专政,攻击无产阶级文化大革命。我们今天同他们的斗争,就是革命与反革命,前进与倒退的斗争。

历史的经验说明,历来党内的机会主义者都是尊孔,开历史倒车的。从陈独秀、王明到刘少奇、林彪都不例外。林彪是孔老二的忠实门徒,必然要把孔孟之道作为搞复辟的反动思想武器,以“克己复礼”作为“座右铭”,作为他们万事中最大的事。当无产阶级向资产阶级实行专政的时候,林彪气急败坏,跳出来攻击无产阶级专政。为了实现其“克己复礼”的一枕黄粱美梦,就极力鼓吹什么“两斗皆仇,两和皆友”,反对阶级斗争,取消革命暴力,还狂吠什么“恃德者昌,恃力者亡”,恶毒攻击我国的无产阶级专政是什么“暴政”、“绞肉机”。甚至迫不及待地策划反革命政变,炮制了臭名昭著的《“571工程”纪要》,妄图篡夺党和国家的最高权力,复辟资本主义,对广大人民实行法西斯专政。无产阶级专政是劳动人民的靠山,是建设社会主义的基础,林彪妄图“复礼”,取消无产阶级专政,办不到!

林彪为了复辟资本主义,还恶毒攻击无产阶级文化大革命。一九六六年,伟大领袖毛主席为了发展马列主义,把社会主义革命和建设推向前进,巩固无产阶级专政,亲自发动和领导了无产阶级文化大革命。林彪和一切中外反动派一样,对无产阶级文化大革命极端仇视和恐惧,他竭力否定文化大革命的胜利成果。文化大革命发展了我国社会主义革命和建设,他却攻击这也“不稳”,那也“倒退”,文化大革命粉碎了刘少奇复辟资本主义的阴谋,他却破口大骂“乱了套”,文化大革命猛烈地攻击了一切剥削阶级的意识形态,知识青年上山下乡积极地走与工农相结合的道路,干部参加集体生产劳动,防止修正主义,他说是“变相劳改”、“变相失业”,工人阶级进入上层建筑文化领域,教育革命蓬勃开展,他说是“搞糟了”、“今不如昔”。凡此种种,都是林彪攻击无产阶级文化大革命,攻击党的基本路线,推行修正主义路线的反革命罪行。

“凡是敌人反对的,我们就要拥护。”林彪竭力反对无产阶级文化大革命,这正说明文化大革命是好事而不是坏事,正说明文化大革命击中了林彪这类资产阶级野心家的要害,粉碎了他们复辟资本主义的迷梦。我们一定要反其道而行之,坚持文化大革命的正确方向,向一切反对无产阶级文化大革命,反对新生事物的反动思潮作斗争。“斗则进,不斗则退,不斗则垮,不斗则修。”林彪要复辟资本主义,我们就要坚持走社会主义;林彪要推行修正主义,我们就要牢记马列主义,牢记党的基本路线;林彪要搞资产阶级专政,我们就要坚持在无产阶级专政下的继续革命;林彪反对无产阶级文化大革命,我们就要兴无产阶级文化大革命的新生事物。一切都和他针锋相对,坚决斗争。

毛主席早就说过,“要在中国反帝反封建胜利之后,再建立资产阶级专政的资本主义社会,岂非是完全的梦呓?”历史雄辩地说明,凡是开历史倒车,反对革命,反对前进的人,决没有好下场,从两千多年前的“圣者”孔老二,至今日自比“天马”的林彪,无一不是这样。今天,虽然林彪已粉身碎骨了,但是,前进与倒退的斗争还将是长期的,复杂的。我们要发扬反潮流的革命精神,坚持前进,反对倒退,同一切复辟倒退行为作不懈的斗争,继续巩固和发展文化大革命的胜利成果,巩固和发展文化大革命的新生事物,把批林批孔斗争进行到底,把无产阶级专政下的继续革命进行到底!

教革通讯

第38期

一九七四年四月十三日
扬州中学政工组、教革组编

参观太兴县张湾中学教育革命情况的汇报

赴张湾中学参观学习小组

太兴县张湾中学原是只有三个班的农村中学，一九七一年增加了高中班，现有八个班，学生480多人，全校教工26人。

三月二十九日，我们工宣队、部分师生共三十余人去张湾中学作了参观学习。我们听了张湾中学校革会丁主任的介绍，参观了校办工厂、农场，看了学生的课间广播操。他们坚定地为农业生产服务的办学方向，开门办学、大搞科学实验、理论紧密联系实际的学风，自力更生、勤俭办学的精神，严密的组织纪律性，都给了我们深刻的印象，使我们受到了很大的启发和教育。现将张湾中学教育革命的情况及先进经验，重点作如下四个方面的汇报。

一、把培养无产阶级革命事业接班人的根本问题放在首位。

张湾中学"为建设社会主义新农村培养顶用人材"的办学目标很明确，"密切为农业生产服务"的办学方向很坚定。从学生入学的第一天起，就抓紧对学生进行为谁学习的教育。帮助学生树立为中国革命和世界革命学习的思想，特别是为建设社会主义新农村，艰苦奋斗一辈子的革命思想。他们经常请革命前辈、老贫农、革命干部、回乡做出成绩的知识青年做报告，讲农村两个阶级、两条道路和两条路线的斗争，讲农业"四化"的远景。学校还有意识地组织同学参加一些劳动，在艰苦劳动中，磨炼革命意志，培养学生以农为荣，以农为乐的思想。去年七月中旬早稻即将成熟的时候，少数师生忙于迎考，忽视了稻田的管理。学校领导抓住这一事件进行思想教育，使师生认识到，只顾温课迎考，不顾试验田的水稻，正说明为农业服务的思想立得不牢。大家就一面温课迎考，一面管理水稻，使温课迎考增添了新的含义，增加了新的内容。批林整风运动开展以来，全校师生认真学习了马列和毛主席的教育思想，认清林彪反动路线的极右实质，进一步领会了《五·七指示》的深远意义。他们联系一九七二年教育战线刮起一股修正主义歪风，个别人提出过“停办吃力不赚钱的九二〇农药厂，改办玻璃厂、砂轮厂”的错误主张，认识到如果只从经济上着眼，不从培养人这个根本问题上认识，就不能巩固和发展成绩。甚至在两条路线斗争中，动摇犹豫，有走回头路的危险。从而更加坚定了为社会主义新农村培养革命接班人的信念，密切结合农村三大革命实际，继续发扬艰苦奋斗的革命精神，不断地促进了学校教育革命的深入开展。

二、理论联系实际，积极开门办学。

张湾中学师生在教学中面向农村，到农村三大革命中联系实际学习知识，又把所学的知识运用到农业生产中去。他们与附近的四个大队、三个工厂挂了钩，聘有四、五十人的工农讲师团。针对农业“四化”的需要，他们增设了“农用机电课”。先把学生带到县机电厂，边劳动、边学习，掌握机电方面的一些基本知识。回校后物理教师到工厂找了些废旧零件，自己绘出图来，结合讲授一些理论知识。为了适应农村需要，他们着重抓了拖拉机的构造和使用的课程。先请附近大队拖拉机手对学生拆装拖拉机，现场讲授构造原理。学生掌握以后，就人人上拖拉机学习驾驶技术。现在他们高一、高二年级的二百多名学生人人会驾驶拖拉机。去年农忙期间，这些学生分别到附近大队、生产队去开拖拉机，参加集体生产劳动。贫下中农反映：这次学生开拖拉机，耕作的质量比往年好，这样的学生合我们农村需要。学校的物理实验室里，一块配电板上标明着通往学校教室、教师宿舍等处的电路，一拉闸刀，就能看见灯开了或关了。既实用，又简便明了地说明了一些电学知识。现在初二以上的同学人人会修电灯，校内的电路都由同学自己装置。农忙时农业用电的线路同学也能装置。为了切合农村需要，各学科也都增设了一些有关的教学内容。教学学科，初一添了农药配制比例的计算；初二添了生产队会计常识；高中添了平面图的绘测，小型水利工程的测量等内容。语文学科则根据农村需要，着重讲授总结报告、通讯报导、农村应用文等内容。他们还联系当地农业生产实际，自编了《杂交高粱》等七种乡土教材，丰富了教学内容。

三、从农村实际出发，广泛开展科学实验活动。

他们把教学、生产、科研三者结合起来，积极开展科学实验活动。在有十亩地的校办农场里，有种子田、丰产田等多块试验田。种植了中草药。有种鸡、种猪舍和蘑菇房。校办工厂有“九二〇”、“机电修理”、“广播喇叭修配”等车间。他们的科学实验,为当地农业生产解决难题,提供良种,推广新技术,起了不小的作用。为了配合当地农村耕作制的改革,进行了早熟作物三熟制的试验(在大麦收割后,种植两季高粱)取得了亩产二〇四四斤的好收成,为当地农村实行早熟作物三熟制,提供了经验。对于山芋栽培,他们用不同方法进行试验,结论和县农业局的试验结果完全一样。当地"三水一萍"过冬,用洋法不易普及,他们搞土法窖藏越冬试验,方法简便,不需花钱,为当地"三水一萍"保种解决了一大难题。针对当地小麦水稻混杂的情况,他们进行选择小麦、水稻良种的对比试验。近年来,向生产队提供了671小麦良种三千多斤,"矮南早"水稻良种一千多斤。为社队提供了良种鸡。他们还推广喷洒"九二〇",促使粮食作物增产的技术,写出了《在玉米上如何使用激素》的实验报告。

四、自立更生,艰苦奋斗,勤俭办学。

张湾中学的师生,既在劳动中改选自己,又在劳动中创造了财富。许多教师和学生一起赤脚下田,平田整地。有的教师冒雨冒雪建造猪舍、鸡舍。三年多来,他们自己生产了粮食三万多斤,"九二〇"农药,"五四〇六"菌肥一万多斤,仔猪一百多头,外贸肉用鸡一千多只。舌簧喇叭一万多只,纱头一百余吨。他们的生产劳动,支援了工农业生产,同时也增加了学校收入。几年来,张湾中学师生自己动手,建起了校舍二十多间,新添了一百多套课用桌凳,七十多张双人床,一千五百多册图书。三年勤工俭学的总产值达二十万元。学校有电动机、手扶拖拉机、电影放映机。全校学生实行半费入学。基本上解决了因事业发展校舍设备不足的矛盾,也帮助一部分贫下中农子女解决了学习费用上的困难。

学先进　赶先进

农基教研组

我组教师随同学校参观学习小组去太兴县张湾中学参观学习,听了该校革委会主任关于如何建立校内教学基地,深入开展教育革命的介绍,看了种子田、丰产田、试验田、种鸡、种猪舍、蘑菇房,受到了很大的教育和鼓舞。

通过参观学习,我组教师主要明确了三点:一是农基课的教学,特别是校办农场要贯彻党的教育方针,坚持为培养建设社会主义新农村的新农民服务。二是要密切结合农村三大革命运动,使校内教学基地与社会声息相通。三是要发扬艰苦奋斗、勤俭办学的革命精神,搞好校内教学基地的建设,把校内教学基地真正办成转变学生思想的基地，为社会主义农业服务的基地，教学改革的基地。

我们决心向张湾中学学习如下几点经验：

第一，教学中把转变学生的思想放在首位。我们不仅要对学生讲农业基础知识，更重要地是要抓紧对学生进行为谁学习的教育，树立为中国革命和世界革命的思想。特别是为建设社会主义新农村、艰苦奋斗一辈子的革命思想，培养学生以农为荣，以农为乐的思想。

第二，专职教师和贫下中农相结合，理论联系实际，搞好开门办学。教师重视生产实践，虚心向贫下中农学习，拜他们为师，请他们参加备课和讲课。在日常教学活动中，努力使书本知识和生产实践密切结合，还要采用班级和生产队挂钩形式充实农基教学活动。

第三，执行教学、生产、科研三结合的方针，使教学与三大革命运动结合起来。把附近地区发展农业生产中的问题，作为校内基地活动的课题，争取通过基地的生产实践创造经验，到当地农业生产中推广，为农业生产服务。

第四，校内教学基地是为培养革命接班人服务的，要把基地办成各个学科的共同基地，争取兄弟学科的支持配合。

认清办学方向　抓好"三机一泵"教学

物理教研组

参观了太兴县张湾中学，我组教师印象最深的是：他们在物理教学中方向明确，着眼于培养农村中顶用的人材，狠抓了"三机一泵"的教学。我们虽然是城市中学，但办学的方向应该是和他们一致的，也应该逐步抓好"三机一泵"课。

张湾中学的"三机一泵"课注意理论联系实际，经常组织去工厂、农村，学习"三机一泵"的原理、构造、安装、使用和维修，有时也请有经验的工人、农民到校讲课，特别是操作维修课。他们还找来了各种机械废旧部件。作为实物教具，同时师生动手自制和改制教具和图表，他们又在校内自己办起了农机修理厂，让同学操作实习，边学边干。学校里埋杆拉线，配给电路，安装照明设备，也都由同学自己干，这些都是值得我们学习的。

张湾中学密切为农业生产服务，实行开门办学，对我们启发很大。我们打算改革物理教学，今后在我校也开设"三机一泵"课程。现在就积极着手准备。具体打算如下：

1. 组织部分师生抽时间到工厂、农村先学习"三机一泵"的有关内容，并编写教学提纲,在高二毕业班物理教学中试用。积极筹备"三机一泵"教学实验室。

2. 现已购置495型柴油机废旧另部件一台套,让原有的师生业余小组进行装配,师生互帮互学,为开设柴油机课程作准备。

3. 准备发动高二年级学习过柴油机知识的部分同学,绘制部分柴油机构造和原理的挂图,配合教学使用。

4. 去外地学习和手扶拖拉机配套的195型柴油机的构造、安装,设法购置一至二台套废另部件进行装配,供教学使用。

5. 尽可能设法购置手扶拖拉机,供教学使用。

6. 今后,在校办工厂协助和支持下,准备建立修理小组,搞一些电动机和水泵等简单农机具的修理。

用文艺形式积极投入批林批孔斗争

校文艺宣传队员　罗　瑛

在批林批孔运动中,我们学校文艺宣传队和全国人民一样,积极投入到这场复辟与反复辟,革命与反革命,前进与倒退的政治斗争中去。我们以文艺的形式批林批孔,先后为广大工农兵群众和师生演出十多场,收到了较好的效果。

我们参加了市革会组织的全市性批林批孔的宣传演出。接受了市广播站向全市广播教唱的任务,配合了学校批林批孔运动的宣传。遵照毛主席"我们的文学艺术都是为人民大众的,首先是为工农兵的,为工农兵而创作,为工农兵所利用的"教导,利用课余时间走出校门,深入工厂、农村。我们到农配二厂、农药厂、服务公司等单位,一边参加他们的批判会,一边为他们演出,受到了很大的教育和启发。我们又到红旗公社志远大队向贫下中农宣传批林批孔的伟大意义,也学习了贫下中农改天换地的冲天革命干劲。加深了同贫下中农之间的感情。

为了紧跟形势,我们自己动手搞创作,发挥了群众的集体智慧,利用课余时间及时地编排了批林批孔的歌曲、相声、扬州评话等小型多样、富有战斗性的节目。在明确目的意义的基础上,大家信心足,热情高,干劲大,把编排和演出的过程,当作是自己学习、战斗的过程,提高自己和改选自己的过程。

为了提高排演的质量,有的同学走在路上想情节,回到家里背台词,端起饭碗还在想动作。有时为了一个动作大家反复练习得汗如雨淋,直到练齐了才罢休。舞台演出更是注意到严肃认真,不论车间、田头;有舞台或没有舞台;地方大还是地方小;观众多或是观众少,都一样地对待,一样地演出。有时演出到很晚,有时冒雨返校,但没有一个队员叫苦叫累。每次演出结束,大家都满怀战斗豪情地认真总结,为下一次演出作好充分的准备。

今后我们还将以十倍的努力排好革命文艺节目,进一步发挥宣传队的战斗作用,和广大工农兵一道把批林批孔的斗争进行到底。

教革通讯

第39期

一九七四年四月十七日

扬州中学政工组、教革组编

改革旧的考试制度

考试确实对人压力很大,看到张铁生的信,贫管会又学习毛主席关于教育革命的指示,知道这个"考"必须得改。一九七三年秋季我们改革了考试制度。外界有人说:"去年人家考,你不考,今年人家不考,你要考,你辛店走的是哪盘棋呀!"我们说:"去年搞统考,我们不考,我们坚持党的基本路线,顶得对。现在改革考试,是按毛主席的指示办事。"我们想到,我们搞的是无产阶级这一套,用资产阶级的秤去称,什么时候都达不到标准。我们就不会制一个无产阶级的秤吗?我们要改革考试制度,就要制一个无产阶级的秤,称一称看合不合格。提出改革考试以后,在教师中反响很大,有的教师有两个担心:第一,开卷考,考不出真成绩;第二,开卷考,学生不用功学习。我们觉得解决教师思想阻力是一个很重要的问题。我们把马恩列斯关于理论联系实际的教导和毛主席关于教育革命的指示印成小册子,发给老师和学生学习,研究究竟怎么考,同时还开展对旧的考试制度的大批判,让老师说说,他们在旧学校上学时是怎么考的,诉诉苦,说说现在为什么又搬旧的一套考学生。通过学习,教师深深感到修正主义教育路线在我们学校还有流毒,还没有彻底肃清。一、二年级学生学不了,我们让老师去辅导,一条条讲给学生听,发动学生改革考试。我们搞了几个点,到四年级去听课,让四年级的老师给学生讲读,毛主席怎么说的,学生怎么想的,都展开讨论。四年级小娃娃才十一、二岁,听到毛主席主张题目公开,让学生看书、研究去做,都高兴得很,直拍掌。他们说毛主席什么时候说的，过去可没有给俺们讲过呀。全校学生发动起来后，就开始改革考试。那时候有的地方来打听，看辛店学校搞什么“花招”。我们就是公开考。出题是个大问题，怎么出？过去老师出题，题目很保密。学生感到，复习时老师态度不如讲课时好。一到出题时老师态度变了，你再问去，老师就说：“别问了，来猜题呀！平时不用功，临阵磨枪。”一到出了题，老师和学生就成了敌对关系了。我们认为出题就得改。原来老师出题，教研组研究，贫管会批准。我们说，不行，要让学生出题。四年级以上都讨论如何出题，低年级老师和学生共同研究。低年级老师为主，高年级学生为主。小孩参加出题，特别带劲。一个班就分成五、六个小组，一个人出一张卷。出了题以后，教师和贫下中农代表研究，看考这题行不行。我们在全校规定了三条原则，你出的题合乎这三条，我们就同意考，不合乎这三条，就不能考。第一条，有利于转变师生的思想；第二条，有利于提高师生分析问题和解决问题的能力；第三条，有利于检查和解决教与学中的问题。同时，从出题、考试到评分，要做到“五个必须改”：分数挂帅必须改，以学生为敌的错误态度必须改，突然袭击的错误做法必须改，死记硬背必须改，只让学生跟在教师后面跑必须改。这样经过一星期的讨论，各科题目出出来了。这时有个老师找到贫管会，提出能不能搞点闭卷考试，我这一科试验试验成不成？我们同意说：“你可以在你那个科试一试，但有一条，和学生商量好，你考以后作出总结，向全校讲一讲。”他说，我讲不行。我们说：“为什么不行啊？要光明正大，你就讲嘛！”他说，要犯了错误呢？我们说：“犯了错误领导负责任。为什么呢？我们允许你考嘛。不同方案的试验，就得让你有，没有，能说服人吗?！思想能转过来吗?！”这次考试搞了十六、七天，震动很大，学生掌握的东西也确实多。七年级“工基”考试时，我们学校还没安电灯。我们村里，一九七三年才安上电灯。出了个综合性的题目，把整个学校的平面图画下来，把俺们学校的照明线路画下来，什么地方安电灯，什么地方安电闸，都画好，一拉，电灯就能着，又省电，又省钱，又安全。就这么个题，可以研究，可以讨论，可以看书，可以问嘛！教师也可以研究。这题一出来，根本在屋里做不了哇！在屋里能画整个学校？光书本的公式，你能会做？有的学生干脆把车子一骑，到安电灯的村子去看一看，他捅一捅这儿，按一按那儿，心里想究竟怎么安，天天出去调查。老师也忙了。老师原来想，开卷考试好判卷子，现在一看不行，他判不了这卷子，因为他也没学过安电灯。他也骑车子出去调查，先画一遍。考的这些日子，天天往外跑，调查一趟又趟，学了一次又一次，确实觉得学到了真东西，真正把积极性调动起来了。有的人不是说，这样考不出真成绩吗？看来还是能考出真成绩！象五年级，语文的阅读能力怎么考哇？十大文件刚发表，就出了一个题，让学生带着十大文件，到贫下中农家里去宣传，让贫下中农来评论你考的成绩究竟怎么样。小孩一组一组的带着十大文件，都上贫下中农家里去宣传。有的贫下中农说，这个小孩比那个小孩念得好，那个小孩听了就说，我再念一遍，很认真，一遍一遍地念给老贫农听。四年级这回经过讨论出了个语文题，让学生自己做一件好事，自己记下来,五天交卷。这一考就在课堂上坐不住了,学生去贫下中农家里又担水,又扫院子。有的人问这是怎么了?学生说,俺考呢。问:怎么考到俺家里来了?说:不上你家里,俺考不了哇!这一考有利于跟工农相结合,给贫下中农做好事的,扶老携幼的,形成了风气。大家又回忆一下,过去一到考试的时候,说这几天考了,别安排活儿了,都关在屋里。这一次考呢,都走出去了。特别是一、二年级怎么考试,原来很作难。小孩开卷,就学那么几个字,怎么开呀?就写在黑板上抄一遍呀?我们说,那也不算开卷。学生学的字为谁服务啊?为无产阶级政治服务,那你的题也要这样啊!后来一、二年级教研组讨论来讨论去,跟学生结合,出了一个题:把你大队四类分子名单写上来。我们又补充一个题:把你生产队贫下中农的名单写上来,分清敌我友。这题一出,二年级有一百多名小孩都上队里去了,有问他爸爸的,有问他娘的,有问大队支书的,村里也忙得不行。问:做什么哪!答:考哪!特别那几天,四类分子很害怕,他们一看学生登记名字,慌忙问:"这怎么啦,又搞运动了?"那几天他们也就老实些。这时候,大队忙得很,有来问的,还有高年级调查农业情况的。支书说,干脆抽出个连长来,设考试接待站,这七天考完了咱再撤。他实际也参加了教改,大家都参加了答卷子。小孩经过调查,一般都把四类分子名单写得全。有的问了问,自己又加了几个,有加上偷高粱的,偷棒子的,村里批评过一回的,学生觉得这些人也有错,就一写写了一张纸,还满以为自己答得对。老师一看,有的是四类分子,有的不是四类分子,抓住这一点,又给学生具体生动地进行了正确区分和处理两类不同性质矛盾的政策教育,使学生进一步理解了党的基本路线。使小孩从小就知道,这就叫敌我矛盾,这就叫人民内部矛盾。原来讲党的基本路线老讲不清,这次讲清了。一年级算术学的几十个数以内的加减法,怎么考哇!经过几次协商,辩论不出来。我们问:"课怎么教的?"教师说:"教数,让学生查手指头,查手指头不够,后来就用坷垃、高粱秸一捆一捆的数。"我们说:"不能光叫学生在屋里数,也不能光叫他们看书上这点数,这数是从实践中来的,考也得让他们回到实践中去"。通过讨论,出的第一个题是,你数一数我们林场那一块地有多少大树,多少小树,多少榆树,多少杨树。第二个题是,你到养猪场去数一数,有多少大猪,多少小猪,多少黑猪,多少白猪。小孩都出去数了。树还好数,猪一跑,头一回数不很清,得数好几遍。使他们从小就知道,数从实践中来,算术是为实践服务的。在他们幼小的心灵里,批判了唯心论的先验论,扎下了唯物论反映论的红根。在评卷上也进行大胆改革,凡认真调查,真实的,给他一百分,有的同学数算得很对,一问,没去调查,是编凑的,就不及格嘛!同时进行思想教育。劳动好的,在班上、社会上参加活动多的,注意调查的,考的都好。在屋里背书本的,都不行。七年级学生王树堂,老师说他是全班最"棒"的。"工基"考安电灯,他不及格。他安的电灯一拉,电灯泡都是坏,有电死人的危险。这样的"尖子",他没出去调查,他认为功课"棒",在屋里查一阵子书就行了,结果还是不行。这使我们深深感觉到,没有天生的聪明,旧学校培养的"尖子",就是无用的人材,把青年摧残得真不轻,应该把学生引向《五·七指示》的光辉道路。改革考试以后,现在整个学校正在搞开门讲课,开门复习。这样,有利于开门办学进一步的落实,使学校与社会息息相关,紧紧相连,从小就培养学生成为有社会主义觉悟的有文化的劳动者。

——摘自《教育革命通讯》1974·2
《顶得住 站得牢 管得好》

在开门办学中努力改造自己

开门办学是无产阶级文化大革命的新生事物,是贯彻毛主席无产阶级教育革命路线、为我们将来奔赴农村打下坚实基础,把我们培养成无产阶级革命事业接班人的重要措施。过去,修正主义教育路线把学生关在教室里,使学生成了"四体不勤,五谷不分"的书呆子。今天,我们遵循毛主席的教育路线,意气风发地走出校门,到工厂、农村去接受工人、贫下中农的再教育,理论联系实际地学到了不少科学文化知识,更重要的是促进了我们的思想的转变。

我们最近到扬州地区农科所实行了开门办学。在学校里,我学了一点测定土壤酸、碱度和速效 N、P、K 的理论知识,但都没有实际地测定过。这次开门办学,我进行了实际测定,测定的方法和所用的试剂有些和书本上相同,但有些却不同。由于过去没有亲自实践过,所以对测出来的数据,起先自己不能肯定。后来,经过多次反复地测定,才得出了结论。通过这次测定,我体会到:一个人光有了理论知识还不行,还要有实践经验。理论只不过是前人的结论,而各个地区都受到本地区各种条件的限制,因此不能死搬硬套。我们进行实际测定时,要根据当地的情况,用最简便的方法,最快的速度,得出准确的数据,去指导生产。

在未下乡之前,我有这么个想法:这次开门办学是有关农业方面的。我以后上山下乡,也许有用得上它的地方,这次一定要好好学。下乡以后,我只是钻业务,一天到晚都想着怎样测定酸、碱度、速效 N、P、K 和其它对我"有用"的东西,甚至还把测定的过程、方法、试剂等背了一通。但把头等大事给忘了。"农科所"民兵开批林批孔大会,才引起我的警觉。在开会时,我很不自在。这次大会,对我教育很大。批林批孔这个头等大事,关系到社会主义祖国的存亡。它将冲破一切旧的传统势力,向资产阶级思想发动猛烈进攻。"我要跟上去,决不做运动的尾巴。"我在参加了批林批孔大会后，立下了这个誓言。

在开门办学过程中，“农科所”的贫下中农，技术人员给我们讲了许多有关农业生产上的知识和经验。在讲培育壮秧时，我有一句话没有听懂，就是：三叶期结合施肥自然落干“收汤”。休息时，我想去问讲课的张同志，但又不敢。觉得比较陌生，不好开口，好象我们之间有一条鸿沟。是问，还是不问？我想：问懂了，就多学到一点知识，以后到农村就少了一个困难。最后，我还是去问了。这位张同志十分热情，他给我解释得很详细，他说：这句话，就是秧苗到了三叶期的时候，就要施肥了。在这同时，把水沟里的水加到八成深，以后让它慢慢地干掉，这样，就不至于烂秧、烂根，也不至于造成肥料流失。我听了以后，一下就明白了。好象思想上的鸿沟也给填平了。我们越谈越亲热。他给我讲了许多科学种田的道理。最后，他对我说：农村十分需要科学文化知识，如果全国的农村都进行科学种田，我国的粮食产量就会更快地上升。过后，我的心久久不能平静，为什么我起先怕去问呢？我认为：这决不是什么敢不敢、怕不怕的问题，而是我头脑中小资产阶级爱面子思想还十分浓厚的表现。农村需要科学文化知识，也就是需要我们，农村要靠广大贫下中农和革命的知识青年来改造啊。通过这次交谈，我心中“农村不需要知识文化”的念头逐渐打消了。

为了把开门办学更深入地搞好，我们走访了老贫农。向他请教了许多我们不懂或似懂非懂的有关土壤、肥料方面的问题。老贫农都解释得井井有条，十分详细。我原来只知道粘土和沙土不怎么好，就不知道如何改良。老贫农对我们说：改良粘土要用绿肥，如子英、金花草、红花草等，有机肥料要多用些，还要茬口排得好。今年种麦子，水稻，明年就种豆子或绿肥，这样就能改良粘土。改良沙土就要用猪脚肥，把粘土和沙土掺起来，还可用绿肥来改良。我一边听着，一边心潮翻腾。林彪及其死党狂妄地叫喊“上智下愚”，今天，老贫农的话，不正是驳斥了这些无耻谰言吗？劳动人民是最聪明，最有才干的，林彪一伙往劳动人民脸上抹黑，真正愚昧的却是他们自己。

这一次开门办学活动结束了。但一想起民兵战士狠批林贼的怒吼声，老贫农脸上饱含丰收经验的皱纹，技术员同志的殷切话语，祖国新农村的壮丽前景，总使我久久不能平静。我决不辜负毛主席的殷切希望，决不忘记在开门办学中所受到的教育，牢牢掌握贫下中农、技术员、老师传授的科学文化知识，为将来建设社会主义新农村而努力学习。

高二(8)班　黄锦权

教革通讯

第40期

一九七四年五月三日

扬州中学政工组、教革组编

批林批孔结硕果　开门办学好处多

——高一(23)班开门办学取得可喜成果

【本刊讯】三月四日起，在农配二厂领导和工人师傅的大力支持下，高一(23)班师生到农配二厂进行了为期三周的开门办学活动，以实际行动狠批林彪“克己复礼”的反动纲领，巩固和发展无产阶级教育革命的胜利成果。

他们进厂后，首先抓住批林批孔这个头等大事，积极参加厂里的批林批孔运动，和工人师傅一起学习，开展批判，共同出了两期大批判专栏，召开了三次批判会，还批判了一个妄图翻案的“活靶子”。师生们虚心向批林批孔的主力军——工人阶级学习，和工人师傅一起，联系工厂阶级斗争实际，口诛笔伐，狠批林彪“克己复礼”这个反动纲领，受到了现实的阶级斗争和路线斗争的教育。

这个班在开门办学中，在厂领导大力支持下，请工人师傅、贫下中农上文化课，收到了很好的效果。他们先后聘请了六位工农讲师上了四次数学课，两次化学课，两次物理课。学校老师也在工厂上了政治课和语文课(每次上课时间约2教时左右)。工农讲师讲得形象生动，举例恰当通俗，有理论，有实际，彻底改变了过去那种“黑板上开机器”的修正主义教学方法，同学们学到了在教室里学不到的东西。

为了更好地向工人阶级学习，这个班的同学组成了七个小组，分到各车间、班组，实行定人、定师傅的跟班劳动。不少同学在劳动中虚心向工人师傅学习，在工人师傅的教育下，提高了认识。他们说：“我们今天学习好技术，将来才能更好地为农业机械化出力。”因此,劳动中不怕脏,不怕累,基本上学会了一些有关的操作技术,有些同学还能在车床上单独操作。

三个星期下来,这个班的师生和工人师傅建立了深厚的感情,走与工农相结合道路的决心也更坚定了。在临别的座谈会上,师生们畅谈了这次开门办学的体会,心情十分激动,大家都有一个共同的感受,就是:开门办学好!

通过这次开门办学的实践,这个班的师生体会到:

一、开门办学有利于提高师生的阶级斗争、路线斗争觉悟。

这个厂有一个破坏军工生产的现行反革命犯,判刑三年,监外执行,由群众监督劳动。这个家伙上班装得老实,可是下班自行车一骑,神气得很。平常还用各种手段拉拢群众,如用车子带人等。起初,有的同学觉得这个人还不错,天天看到他,也没看出什么问题来。后来参加了厂里的批判会,才了解到这家伙就在批林批孔运动中还抛出了翻案书。师生和工人们一起分析了这一翻案书的要害实质,写出了质量比较高的批判文章。还和工人们把这个家伙揪上台,面对面地进行了揭发、批判,又联系这一实际,狠批了林彪“克己复礼”的反动纲领。这一切,给了大家活生生的阶级教育。会上一些老工人,虽然文化水平很低,识不了几个字,但是他们跳上台和阶级敌人面对面地进行说理斗争,批判“克己复礼”,讲得很好。大家很受教育,认识到“工人阶级必须领导一切”是真理,工人的确是批林批孔的主力军。

这个厂的“厂史”对大家也是一部阶级斗争、路线斗争的活教材。师生们了解到这个厂解放初是四个资本家合办的一个小厂。公私合营时,这四个资本家不甘心,联合起来排挤打击公方代表。现在仍有一个老资本家继续活动,用小恩小惠拉拢腐蚀工人。改造与反改造,复辟与反复辟的斗争表现得是相当激烈的。工人们说:这个厂现有的七座高大厂房,全是公私合营以后建起来的。坚持毛主席的革命路线,坚持两个阶级、两条道路的斗争,才有今天的发展。林彪替地主、资本家说话,要“克己复礼”,要反攻倒算,我们决不答应。师生们听了以后说:在课堂里政治课老师讲党的基本路线,我们听得懂,但是印象不深。到工厂来听工人师傅讲,通俗易懂,印象又深刻。这样我们真正弄懂了什么是党的基本路线了。

二、开门办学有利于师生在三大革命实践中的锻炼改造。

由于受修正主义教育路线的影响,这个班有的同学平常在教室里埋头读书,不大接触三大革命实际。他们在学校表现不错,学习也好,但是到了三大革命实践中却显得不能适应。

一次厂里开批判“克己复礼”大会,这个班的同学要参加发言。有一个同学平常在学校表现不错,但是却不敢上台发言,说自己平常就不高声讲话,更不要说上台发言了。后来,看到工人师傅上台面对面地和阶级敌人斗争,开展批判,觉得自己的文化水平不比工人师傅低,说话能力不比工人师傅差,工人师傅能上台批判,自己也能上台批判。在工人师傅的带动下,她鼓起勇气,也上台作了批判发言。事后她说:这是工人师傅教育了我,给我做出了榜样。这个班有一个学生干部,在学校学习成绩好,但是到了工厂,看到飞转的车床,却感到害怕,不敢靠近。后来,在工人师傅的耐心教育和热情帮助下,她从害怕车床到敢于走近了车床;从不敢动手到学会了磨刀、开车床,掌握了一定的操作技术。这些同学在结束前临别座谈会上,回顾了自己在这次开门办学中所受到的教育,感到三大革命实践是锻炼人、改造人的好课堂。她们说:开门办学到工厂来,时间不长,收获不少,这一期间在我们身上的一些变化,是坐在教室里怎么也不会有的。

三、开门办学有利于贯彻理论联系实际的原则。

这个班在这次开门办学过程中,请了工人师傅以及附近的贫下中农讲课,上了政治、语文、数学、物理、化学等课程。工农讲师讲课少而精,具体生动,联系生产实践,解决实际问题。为了解决在劳动中的看图、识图问题,师生便把本学期数学课本中的最后一章内容提前到工厂中学。工人师傅用了四个小时(分两次)就讲完了。三视图的空间概念比较难于树立,大家在工人师傅指导下,先看图,然后用黄泥按图做实物模型,又到车床上看图进行实际操作,提高了看图、识图的能力。不少同学很快就学会了看简单的零件图。物理课讲拖拉机部分。请了附近大队拖拉机手讲拖拉机的构造原理和简单操作。拖拉机手对照完整的拖拉机和拆开的一些主要零件,用通俗的语言,生动的比喻,讲得明了透彻。化学课结合厂里的生产情况,请工人师傅讲了课本上的镀铜部分。工人师傅边讲边实际操作给同学们看,又根据生产上的镀铜工艺,讲解镀铜配方超出了课本的内容,能够用于实践,解决生产问题。这些课程,由于理论联系实际,不仅扩大了同学的知识范围,还培养了同学们分析问题、解决问题的能力。

四、开门办学有利于建立新型的师生关系。

开门办学促进了师生思想的改造和转变,也促进了社会主义新型师生关系的建立。这个班的师生在厂里一起参加批林批孔运动,一起学习文化知识和生产技术,亲密无间。这个厂有的工人说:过去我们在学校念书,教师对我们板着脸,我们不敢和教师接近,哪象你们现在,老师、同学这样亲热。这个班的师生在厂里批判"克己复礼",批判修正主义教育路线的回潮,他们写出大字报,一起讨论,一起抄写,一起张贴。在学习生产技术时,教师也甘当小学生,和同学一样,从头学起。在实际操作中,除了向工人师傅学习以外,还向学生学习。有一个教师和学生一起学习车螺帽平面侧角,学生先学会了,这个教师就向学生学,请学生辅导她。她说:我过去虽然是大学生,但在这方面学生比我强,我就要做小学生,向他们学习。开门办学期间,这个班的班主任老师生了病,睡在家里,班上的干部、同学,每天上过班还跑老远到老师家去看望。班上的干部除了自己带头参加劳动,抢做夜班,抢挑重担,还主动地把班主任的一些工作,比如安排活动,联系工作等事也接过来。因此,在班主任生病期间,这个班的开门办学活动丝毫没受什么影响。班主任老师平常也很关心同学的健康。有的同学做夜班,老师不放心,夜里还跑到厂里去看他们。自己生病还没全好,就到厂里上班。师生在政治上共同战斗,在业务上一起学习,在生活上相互关心。工人们说:你们老师和同学真是一条战壕里的战友!

工人阶级最关心革命接班人的成长,最支持开门办学这样的革命新生事物。高一(23)班在农配二厂开门办学期间,厂支部书记带病给同学们上政治课。工人师傅向同学们谈思想,教技术,严格要求,热情帮助。从各方面为开门办学创造了十分有利的条件。工人们说:培养接班人是我们的责任。开门办学不仅是你们的事情,也是我们的事情。师生们感到:开门办学必须主动争取厂方的领导和支持,才能取得比较好的效果。

高一(23)班师生现在已回校上课。他们决心继续坚持开门办学的正确方向,为搞好教育革命而努力战斗。

在现实的阶级斗争中锻炼和改造自己

三月四日,我们怀着兴奋的心情,到农配二厂进行为时三周的开门办学活动,向广大工人学习,用实际行动批判林彪和孔老二"克己复礼"等反动言论。

我们参加了厂里的一次批判"克己复礼"、批斗现行反革命分子的大会,同时也作了比较充分的发言准备。但是批斗会开始前,我们有点感到心慌,因为象这样和敌人展开面对面的斗争,我们还没有经历过。开会后,工人师傅在发言中对毛主席革命路线的热情歌颂,对林彪"克己复礼"反动路线极右实质的愤怒批判,体现了工人阶级是批林批孔的主力军。我们深深感到,只有饱尝旧社会苦难的劳动人民,才最懂得幸福生活的甜,才最懂得保卫毛主席革命路线的重要。有的工人不识字,但他们凭着对党对毛主席的赤胆忠心,怀着对阶级敌人的无比仇恨,用朴实、有力的语言,向林彪反党集团猛烈开火,这使我们深受教育。想到在我们面前存在的是严肃的阶级斗争,看到工人师傅为我们作出了榜样,我们的心觉得踏实了,增强了对敌斗争的信心和勇气。也上台和阶级敌人面对面地斗争,作了批判发言。

这次批判会,我们在工人师傅的教育和鼓舞下发了言。但是,由于我们的阶级斗争、路线斗争觉悟不高,批判得还不够有力。今后,我们要继续学习工人阶级高度的阶级斗争、路线斗争觉悟,强烈的革命精神,把自己锻炼成为坚强的革命战士。要做阶级斗争的"小老虎",不做"小绵羊"。回校来,我们还要争做教育战线上两个阶级、两条路线斗争的闯将，在阶级斗争的风浪中努力提高觉悟，把自己锻炼得坚强些，再坚强些。

高一(23)班　张玲玲　袁菊萍

由怕到不怕

高一(23)班　杨海莉

到农配二厂开门办学，老师把我分配在车床组。当时，我心里有些不愿意。跑到车床组看一看，那一台台车床，车床上的每一个部件，都陌生得很。再看到飞速旋转起来的车刀，心里怪害怕的。我就向老师说："在车床上我有些害怕，让我到油管组去吧！"老师坚决不同意，鼓励我在车床上要很好锻炼，虚心向工人师傅学习。我只好勉强答应了。

开始几天，我站在车床旁。什么也不懂。游标卡尺，我们初中已经学过，但我拿着游标卡尺不会用，只好站在旁边看。工人师傅一丝不苟地熟练地操作着，休息时还和我谈当前工业生产的大好形势，谈工作要认真负责，保证质量。师傅看到我有些害怕的样子，就鼓励我细心学，大胆实践。我听了又是感动又是惭愧。我问自己：工人师傅想的是加紧生产，保证质量，我为什么只考虑自己的"怕"呢？我应该以工人师傅为榜样，向他们学习，把怕变为不怕。

思想上不怕了，行动上也就不怕了。工人师傅耐心、细致地教我怎样正确运用游标卡尺、千分卡，怎样看图、识图，开车床等，我边听边实践，逐步地学会了运用游标卡、千分卡，能看懂一些简单图纸，并且也初步掌握了一些开车床的技术。但是，我在开车床时，车刀用一阵子就要坏，坏了要请工人师傅代我磨。我想，车刀是车床的主要部件，磨刀是开车床的基本功。我不应该老是依靠工人师傅，自己也要学着磨刀。我把这个想法提出来，得到了工人师傅的支持。工人师傅手把手地教，同学们相互交流，经过反复地实践，我终于和大家一样，也学会了磨刀、装刀。

由害怕到不怕，由不懂到懂，到不但会开车床，而且还能磨刀、装刀。这一过程，使我深深地体会到：开门办学首先要"学"工人阶级的崇高思想品质，学习他们的革命精神。同时也进一步认识到：三大革命实践是锻炼人、改造人的好课堂。

实践出真知

高一(23)　胡问鸣

到农配二厂开门办学，我被分配在车工班。起初我很高兴，自以为车床这东西，物理课《传动装置》一章里才学过，那普通车床的外型图，在书上看过。车床上的几种传动装置，听老师讲过，甚至连书上对车床外型图的九个注释也能背得，记得一清二楚。学车床，真是轻而易举，笃笃定定了。

然而，当我站在车床面前看工人师傅操作时，却只听见车床轰轰响，只看到铁屑在飞舞，什么主轴、变速箱，什么丝杆、光杆、拖板箱，九个注释早就不翼而飞。"普通车床"的图影，瞬间也模糊不清了。现实把我的"笃笃定定"思想冲了个干干净净。怎么办？只好老老实实地通过亲身实践，我知道了主轴是变速箱发出的一根轴，它的上面装有夹工件用的夹头。在变速箱里，它上面有六个齿轮，其中有两只斜齿轮是稳定主轴。使之不致有较大幅度的跳动，其余四只供变速之用，丝杆是在车螺丝时用的。车平面或退拔时用光杆。这些在书本上、课堂里，是我"只知其然，而不知其所以然"，甚至连"其然"也不知的东西，在生产实践之中，在工人师傅的教导下，我不仅能"知其所以然"，而且还能独立操作，车削工件。现在不仅对书本上的九个注释能够弄懂弄通，不仅对书本上《传动装置》的内容能理解应用，而且能够超出书本范围，初步掌握了车床的构造、原理及其使用方法。

上述的由书本上的"一清二楚"到生产实际中的模糊不清，又在实践中向工人师傅学习，到真正的"一清二楚"，直至能在车床上独立操作和初步掌握其原理、构造的过程，就是开门办学胜于"关门读书"的有力见证。事实告诉我们：在教室里看一两次实验，听老师"黑板上开机器"，死读书本上所得的知识，是不牢固的，不踏实的。而由实践得来的知识才是牢固的，踏实的，是书本知识所不能比拟的。通过开门办学的亲身实践，我深深体会到：只有实践才能出真知！

教革通讯

第41期

一九七四年五月二十日

扬州中学政工组、教革组编

编者按:我们以激动的心情,登载我校高二(7)班同学起草的这份革命大字报。高二(7)班同学,在批林批孔运动和开门办学的热潮中,进一步提高了对上山下乡革命路线的认识。他们起草的这份革命大字报,表达了我校广大红卫兵战士和革命青年坚定执行毛主席上山下乡革命路线的决心和大无畏的反潮流革命精神。这是积极投入批林批孔运动的实际行动,也是纪念《五·七指示》发表八周年的一份献礼。我们希望全校革命师生,继续狠抓批林批孔这个纲,从路线高度对反动路线进行揭发和批判,把批林批孔运动开展起来!

警惕错误路线干扰上山下乡运动

——试问扬州地、市委

在党中央的英明领导下,在毛主席的无产阶级革命路线的指引下,我们扬州和全国各地一样,上山下乡形势一片大好,广大的知识青年,响应毛主席的伟大号召,奔赴农村干革命,在三大革命运动中健康成长。

知识青年上山下乡,是无产阶级文化大革命中涌现出来的新生事物,是一场社会主义革命,一小撮阶级敌人总是千方百计地采取十分狡猾的手段进行破坏。阶级斗争充满在整个上山下乡运动的全过程中,阶级斗争不息,路线斗争不止。下面就扬州地区执行上山下乡路线方面的情况,提出一些问题,望扬州地、市委领导认真考虑。

一、扬州地区前几年在中学生毕业分配问题上所执行的路线是否正确?前几届中学毕业生为何几乎全部分配进工厂?为何单独把一些在学校表现“比较差”的同学下放到农村？这是否是林彪一伙的"变相劳改"反动谬论的流毒在某些执行者头脑中的反映？农村到底是什么场所？这样做是否符合毛主席、党中央关于知识青年走与工农相结合道路的指示精神？你们对"上山下乡是知识青年革命化的必由之路"作何理解？作何解释？

二、扬州地区在贯彻执行毛主席上山下乡革命路线时所采取的"疲劳战""扣工资""停工"等方法，是否符合毛主席关于"……要说服城里干部和其他人，把自己初中、高中、大学毕业的子女送到乡下去，来一个动员"指示的精神？这样做是否是说服动员？符合哪一号文件精神？这样做带来的后果如何？是有利于还是有碍于上山下乡革命路线的贯彻执行？

三、扬州地区在贯彻执行上山下乡革命路线时，是否把党中央的有关政策落实到了每个人？你们是怎样做到关心下乡知识青年成长的？为什么地、市委等某些领导的子女是"飞鸽牌"，而普通群众的子女是"永久牌"？你们在这些问题上所使用的权是谁给你们的？是中央哪一号文件指示你们这样做的？是否有干部子女应该上调的文件指示？毛主席关于"知识青年到农村去，接受贫下中农的再教育，很有必要"这一指示，难道对干部子女不适用吗？这些不正之风带来什么后果呢？

四、扬州地、市委领导，是否对毛主席上山下乡革命路线真正理解？工作是否扎扎实实？目前学生当中的一些不正确的想法、议论和做法，是否和领导的教育有关？是否和某些不正之风有关？一些知识青年倒流城市，干一些不正当的活动等，是否和扬州地区在贯彻执行毛主席上山下乡革命路线时所采取的工作方法有关？是否和不正之风有关？在许多同志头脑中的"碰运气"、"上帝注定"等思想，是否和扬州地区在前几届中学生毕业分配上所执行的路线有关？

综上所述，凡此种种，究竟意味着什么？说明了什么？反映了什么？带来的后果如何？这些难道还不足以引起我们的深思和高度的警惕吗？

革命的同志们！

我们是毛主席的红卫兵，毛主席是我们的红司令。我们面临着毕业的到来。我们决心毕业以后，坚决听党和毛主席的话，到农村去，到祖国最需要的地方去。党给了我们一切，我们愿把一切献给党。不管阶级敌人怎样破坏捣乱，不管任何错误路线以及来自各个方面的错误思潮的干扰和破坏，上山下乡的决心我们下定了，与工农相结合的无产阶级革命路线上一直走到底。

不管风吹浪打，胜似闲庭信步。我们将以新的战斗，迎接那社会主义的"艳阳天"，让孔老二、林彪的阴魂在革命的大风暴中发抖吧！我们走自己的道路。

扬州中学部分红卫兵战士

一九七四年五月七日

热情歌颂社会主义新生事物
坚定不移走“五·七”道路
——我校召开纪念《五·七指示》发表八周年座谈会

在批林批孔运动胜利开展、逐步深入的大好形势下，我校于五月七日下午，邀请有关挂钩单位，召开了纪念毛主席光辉《五·七指示》发表八周年座谈会。与会同志满怀无产阶级革命激情，畅谈深入批林批孔，坚持走“五·七”道路的伟大意义和大好形势，热情地歌颂了开门办学这一社会主义新生事物，决心进一步贯彻执行毛主席的《五·七指示》，坚定不移地走“五·七”道路。

会上，校革会负责人回顾了我校在无产阶级文化大革命以来，贯彻《五·七指示》，坚持开门办学所取得的成绩。广大师生在开门办学的过程中，以学为主，兼学别样，提高了阶级斗争、路线斗争觉悟，提高了分析问题、解决问题的能力。开门办学使学校出现了生气勃勃的新气象。

扬州汽车修配厂、扬州冶金厂、江苏农学院电机厂、扬州农配二厂等单位的负责同志和工人师傅都在座谈会上作了发言。他们指出，贯彻《五·七指示》，坚持开门办学，这是社会主义的新生事物，对革命的新生事物，就要满腔热情地支持扶植。江苏农学院电机厂的同志在会上批判了林彪、孔老二反对新生事物的罪行。他说：“新生事物总是会遭到反动派的攻击的，两千多年前孔老二这条奴隶主的丧家狗对革新措施‘铸刑鼎’暴跳如雷，对搞革新的学生冉求，要‘鸣鼓而攻之’，对革新派人物少正卯，实行了血腥镇压。而林彪也是百般仇视新生事物，攻击无产阶级教育革命，妄图开历史倒车，在中国复辟资本主义。我们工人阶级决心当好批林批孔的主力军，一定按毛主席的《五·七指示》向前迈进。”扬州汽车修配厂有位同专，原是旧扬州中学的毕业生，在会上作了新旧扬中的对比，歌颂了毛主席教育革命路线的伟大胜利。他说：“二十多年前的扬中，完全是宣扬孔孟之道，智育第一泛滥成灾，学生只知道死读书，那时年轻的‘老夫子’很多；现在看到学生学工、学农，朝气蓬勃，很受鼓舞。”会上，挂钩单位的同志表示，如果把学生的学工、学农，当作普通的业务来处理，只是单纯地配合一下，那是远远不够的。今后一定要深入理解《五·七指示》的伟大意义，进一步检查对新生事物的态度，和学校共同做好培养接班人的工作。

《五·七指示》闪金光，教育革命谱新章。语文组、物理组的教师代表和高一(23)班的同学代表在座谈会上也热情地歌颂了在《五·七指示》指引下，教育革命出现的一派大好形势。他们回顾了一九六九年前后的一段情况，当时大搞校办工厂：九二〇农药厂、中草药厂、窑厂、元件厂,教育革命搞得轰轰烈烈,不仅出了一批物质成果,更促进了师生的思想革命化,但是之后又出现了回潮现象。本学期,批判了修正主义教育路线的回潮,《五·七指示》进一步深入人心,在挂钩厂、队的支持下,学校开门办学又取得了可喜的成绩,到目前为止,我校有三十四个班级分别到十个单位学工,五十个班级分别到六个单位学农,最近又准备开设"农用机电"课,学习"三机一泵"(电动机、柴油机、拖拉机,水泵)的有关知识。这段经历告诉我们:执行《五·七指示》,学校就有生气;否则,学校就死气沉沉。同学代表还汇报了在开门办学中的收获。他说:"工人师傅带领我们批林批孔,提高了我们的政治嗅觉;工人师傅给我们上课;理论联系实际,通俗易懂;工人师傅手把手教我们操作,使我们很快掌握了一些工种的基本要领。我们的共同感受是:开门办学就是好!"会上师生们还就今后如何进一步贯彻《五·七指示》,搞好开门办学,提出了一些设想和建议。

这次座谈会,开得很热烈。正如驻校工宣队队长所指出的:这次座谈会既是纪念会,又是学习会,进一步学习了毛主席的光辉《五·七指示》;又是汇报会,汇报了学校贯彻《五·七指示》所取得的成果;又是经验交流会,几个挂钩单位交流了配合学校共同搞好教育革命的经验;也是个批判会,批判了林彪、孔老二反对新生事物的反动言行。

座谈会结束前。党支部负责人代表全校师生,衷心感谢挂钩单位对学校教育革命的支持,并再次表示,工厂、农村就是我们的课堂,我们要向工人、贫下中农学习,虚心接受再教育,共同在《五·七指示》的指引下,将无产阶级教育革命进行到底!

简讯

▲纪念"五四"运动五十五周年,毛主席《五·七指示》发表八周年,高中同学和初二红卫兵分别举行"以实际行动批林批孔,立志务农干革命"的开门办学广播会。会上发言的同学纷纷表示,决心坚持五四青年运动的正确方向,遵循毛主席指引的"五·七"道路,上山下乡干革命。

▲我校于五月九日——十一日开了一九七四年田径运动大会,在群众体育运动的基础上,这次校运动会取得了优秀成绩,共有19个项目26人次(初一(9)班不在内)分别打破了校、市纪录。

教革通讯

第 42 期

一九七四年六月七日

扬州中学政工组、教革组编

黄帅同学给我校高二(3)班的复信

扬州中学高二(3)班同学：

您们好！首先热烈地向您们致以红卫兵崇高的战斗敬礼！

东方红，太阳升。毛主席的“教育要革命”的伟大号召，震动着祖国大地，亿万青少年斗志昂扬地向林彪、孔老二反动的教育思想展开了新的进攻，教育战线上捷报频传，呈现出一派热气腾腾的生动景象。

在这战斗的时刻，每当学习到您们来自祖国各地珍贵的来信，使我一次又一次地受到深刻的路线教育。在伟大祖国辽阔的土地上，从珍宝岛到西沙群岛，从南大门广州到西藏高原，广大师生和工农兵八千多封象雪片一样飞来的信件，字字句句充满着深厚的无产阶级感情，使我心潮滚滚，万分激动。您们热情洋溢地歌颂伟大领袖毛主席，歌颂毛主席无产阶级教育路线的伟大胜利，歌颂新生事物和反潮流的革命精神。工农兵叔叔、阿姨用自己战斗的经历亲切地对我说：黄帅啊！要不是毛主席领导的文化大革命和批林批孔的伟大成果，你可真要不知道受到怎样的遭遇呢！您们以战天斗地的豪迈的革命激情向帝、修、反宣战，增强了我的革命斗志。同学和老师在来信中用参加教育革命的亲身实践，畅谈着教育革命的大好形势和批林批孔的可喜成果，送来了好思想、好经验。远方胜利的喜讯，动人的事迹，鼓舞着我在教育革命前进的大道上健康地成长。您们的来信标志着伟大祖国和人民对新一代的期望——要革命，要战斗，杀向批林批孔的战场。我决不辜负您们对我的教育、关怀和希望。

"前途是光明的,道路是曲折的。"批林批孔运动的伟大成果,使教育战线出现了新高潮,毛主席无产阶级教育革命展现出更加广阔灿烂的前景。胜利的凯歌,使敌人胆颤心惊,它们害怕教育革命,害怕反潮流,害怕新生事物。抱着林彪、孔老二反动思想不放的人,对教育革命不是压制、攻击,就是用资产阶级的软刀子进行欺骗、腐蚀和引诱,妄图制造混乱。敌人希望我们混成一锅粥,我们就越要自觉地维护革命的纪律,师生更紧密地团结、战斗在一起,揭露坏人的阴谋诡计,把无产阶级的教育革命进行到底!

祖国万里边疆,遥望北京。咱们的心连接在一起,在欢庆批林批孔运动伟大胜利的"五一"节,我想念着您们,千言万语感谢伟大领袖毛主席,感谢伟大的党。决心认真学习马列和毛主席的光辉著作,牢记党的基本路线,发扬反潮流的精神,在批林批孔的伟大斗争中锤炼成长,立志为毛主席老人家争光!

此致

战斗敬礼

北大附中初一(七)班

红卫兵 黄 帅

一九七四年"五一"节 于北京

到生产实践中调查 到生产实践中考试
物理等学科积极实行"开门考试"

【本刊讯】在批林批孔运动的推动下,我校开门办学、考试制度的改革不断深入。本学期期中考试,物理、语文等学科教研组,认真学习了外地先进经验,在部分年级对旧的考试制度开展了批判,采取了到生产实践中调查学习,带着问题写调查报告,开门考试的方法,对考试进行了改革。仅物理一科,这次考试在部分年级就写了近千篇调查报告,画出了图样数百幅。同学们反映这次考试换"汤"又换"药",是真刀真枪。不仅巩固和深化了已掌握的知识,更重要的是在实践中学到了工人、贫下中农的好思想、好品质、好作风,学到了辩证唯物主义的观点、方法,转变了思想,提高了觉悟。这样的考试好!

高一年级的一些同学到扬州冶金厂调查,不仅了解了灰铸铁生产的基本常识和过程,还了解到了冶金厂工人自力更生、自行设计了活动冲天炉的情况。这个厂原来用的是苏修造的老式不活动的冲天炉，生产效率低。工人们不在帝修反后面爬行，革了这个苏修炉子的命。同学们从对炉子结构的了解和炉子工作效率的计算中，受到了一次深深的思想教育。扬州柴油机厂工人，对炼铁炉进行了一次又一次的改装，炼铁效率不断提高，焦比由 1∶6.7 逐步增加到了 1∶18 的全国先进水平。扬州化工厂电石车间工人，在上千度高温下大搞技术革新，吃在车间，睡在车间，把小炉改成大炉，产品质量从达不到市级要求，一举超过了省级要求。同学们到这些厂调查，对炼铁炉的构造原理，电石的生产过程等知识有了具体的认识，加深了理解，同时也深为工人们一不怕苦，二不怕死的革命精神所感动。有的同学在调查报告中，还运用这些具体事例，有力地批判了孔老二和林彪疯狂鼓吹的"上智下愚"的唯心史观，热情赞颂了"卑贱者最聪明，高贵者最愚蠢"这一真理。

有的同学在试卷中，根据调查的实践，批评了书本上某些知识写得不全面，交待得不清楚，容易造成错误的理解。如灰铸铁的性质，书本上只是说熔解时体积缩小，凝固时体积膨胀。其实这是在灰铸铁处于熔点温度，液态和固态相互转化过程中才有这一性质。而当不发生液态、固态相互转化的情况下，仍然是热胀冷缩，这样说才比较全面。有的同学在试卷中，还学习用辩证唯物主义的观点和方法，对事物的现象进行分析。如初二年级物理的试题，要同学在调查照明线路时，考虑电度表容量的大小，保险丝规格的大小，导线截面积的粗细，应以怎样为宜。有些同学原来认为电度表容量越大越好，用的范围才广；保险丝规格越大越好，这样才"保险"；导线截面积越粗越好，通电性能才好。经过实地调查，同学们懂得了电度表容量过小容易烧坏；过大则带不动，不能起计量作用。保险丝规格过小，在正常用电时也会熔断，造成停电；过大则失去了"保险"作用。导线截面积过细，会引起导线发热，过热会使绝缘层损坏，导线烧断，造成漏电或触电事故，甚至引起火灾；过粗则浪费材料，增加人民负担。明了了这些情况，他们认识到大与小、粗与细是相对的，而不是绝对的。对事物的任何一个方面，如果强调过份，就会走向反面。从而正确解答了试题。有的同学从调查中，认识到事物都是相互联系的。从而想到学校里为了上课的方便，把知识分成了好些学科，上课、考试都是分割开来的，而实际上各学科之间的联系很紧密，象现在这样各个学科各归各的考试，不能适应新形势的要求，因为生产实际是各个学科知识的综合运用。因此建议今后学校里上课、考试，各学科之间的联系与安排，应该考虑到它们之间的相互关系，统筹妥善处理，进一步搞好教育革命。

对于到实践中去调查，让生产实践出题进行考试，同学们普通反映这样考既巩固了已学的知识，加强了理解；又扩大了知识面，加深了印象。"物态变化"，是高一同学书本上已经学过的内容，但一些同学到扬州肉联加工厂去实际了解了冷冻机的构造和工作原理后，联系生产实际，才真正明了了氨的汽化和液化的情况。有个同学在课堂上学习成绩一直很好，她说：过去课堂上学的"物态变化"的知识，尽管以前强记过，现在也是模模糊糊了。但是这次调查所掌握的知识，我印象深刻，不需要回忆，一口就可以讲出来。初二同学结合所学过的电学知识，这次考试通过调查不仅画出了一些工厂、学校、住宅的部分线路图，一些同学还对原有线路不合理的部分，在图上进行了改装。有的同学通过这次考试调查，破除了对电的神秘感，还实地动手安装线路，卷面和实际都取得了良好的成绩。

这次开门考试，师生普遍认为方向是对的，效果是好的。高一(5)班有一位同学在试卷末了这样写道：最后，我还要为这样的"开门考试"大声叫好。"开门考试"是"开门办学"的一个部分，这是毛主席指引的革命路，这条路我们走定了，就是有人用十八头骡子拉我们走回头路，我们也绝不回头。师生充分肯定了"开门考试"这一新生事物，同时也针对这次"开门考试"的一些具体做法提出了意见。如事前思想动员工作不充分，有些同学对这次"开门考试"抱有单纯任务观点。因为准备比较仓促，教师没有能普遍和同学研究，加以指导。有的同学指出这样的方法平常教学中应该经常采取，不一定到考试时才这样做。开门考试是一种新的考试形式，师生们表示要在今后逐步使其充实完善，取得更加良好的效果。

教革通讯

第43期

一九七四年六月十八日

扬州中学政工组、教革组编

我校召开热烈欢送
邵刘金、金学文同志奔赴新工作岗位干革命大会

【本刊讯】根据中央和国务院有关文件精神和上级组织研究决定，我校教师邵刘金、金学文两位同志，最近分别被光荣选调去西藏支援教育革命和去农村带领知识青年干革命。六月十二日，全校教职工及各年级同学代表举行集会，热烈欢送两位同志奔赴新的工作岗位干革命。在欢送大会上，校党支部书记章心如同志、工宣队队长李守平同志代表学校领导讲了话。教师代表及同学代表分别作了发言。邵刘金、金学文两位同志也分别讲了话。

章心如同志在讲话中指出：当前批林批孔运动的蓬勃开展，推动了社会主义革命和建设事业欣欣向荣，迅速发展，新生事物不断涌现，革命形势一派大好。邵刘金、金学文同志被选调去西藏支援教育革命和去农村带领知识青年干革命，就是这一大好形势的有力证明。知识青年上山下乡，是无产阶级文化大革命中涌现的新生事物之一。它是我国社会主义革命中的一件翻天覆地的大事，是培养和造就千百万无产阶级革命事业接班人，加速社会主义农业建设的一个重大战略部署。到农村去参加做好知识青年的工作，是拥护和执行毛主席革命路线的实际行动，也是对林彪一伙攻击上山下乡反动谬论的有力回击。意义是十分重大的。无产阶级文化大革命，促进了西藏地区各项事业的发展。到西藏去支援当地社会主义教育事业，对巩固和发展无产阶级文化大革命的胜利成果，增强民族团结，也有着深远的意义。这些任务是艰巨

的,也是光荣的。他代表党支部、校革会对两位同志表示热烈的欢送,勉励他们到新的工作岗位后,在当地党组织的领导下,认真学习马列和毛主席的著作,积极投入批林批孔运动,不断提高阶级斗争、路线斗争和继续革命的觉悟,虚心学习,为培养千百万无产阶级革命事业的接班人作出新的贡献。工宣队队长李守平同志在讲话中,赞扬了邵刘金、金学文两位同志为了更好地贯彻执行毛主席革命路线,不计较个人得失,勇挑革命重担,愉快地服从组织分配的革命行动。希望他们在新的工作岗位上,努力学习马列主义、毛泽东思想,不断改造世界观,为党和人民作出更大的贡献。并号召全校教工,学习他们这种为革命不怕吃苦、勇于上前的革命精神,努力搞好工作,夺取革命和教学的双丰收。教师代表在发言中,表示要学习邵刘金、金学文两位同志不怕苦和难,敢于挑重担的革命精神,学习他们高度的组织观念和完全彻底为人民服务的革命行动。并且表示要把他们遗下的工作担子挑起来,做好工作。同学代表在发言中,表示要积极投入批林批孔运动,搞好教育革命,以实际行动向两位老师学习。并表示毕业后,要坚定地走上山下乡道路,和革命老师一起,执行和捍卫毛主席知识青年上山下乡、与工农群众相结合的革命路线。邵刘金、金学文两位同志在讲话中,感谢全校师生的热烈欢送。表示到新的工作岗位后,要努力搞好革命工作,为社会主义建设事业贡献自己的一份力量。同时,认真学习,在改造客观世界的同时,刻苦改造世界观。争取更大的进步。

最后,章心如同志代表全校师生,向邵刘金、金学文两位同志赠送了礼物。欢送大会自始至终是在热烈的气氛中进行的。

热烈欢送老师　战斗友谊长存

高一(6)班同学

正当批林批孔运动蓬勃开展的时刻,传来了我校政治组金学文老师即将奔赴农村带领知识青年上山下乡、体育组邵刘金老师光荣地被批准参加支援西藏社会主义教育革命的好消息。这是党对金学文、邵刘金两位老师的信任和重视,是两位老师的光荣,也是我们——两位老师的学生的光荣。我们谨向即将路上征途的两位老师表示热烈的欢送!致以崇高的敬意!

广大知识青年上山下乡,走与工农相结合的道路,这是毛主席指出的光明大道,是培养无产阶级革命事业接班人的百年大计。金老师不畏艰苦,奔赴农村与广大知识青年一起战天斗地,改变农村面貌。这是金老师贯彻执行毛主席《五·七指示》的又一具体表现。我们相信在农村这个广阔天地里,金老师必然会作出更大的贡献。

西藏,是我们伟大祖国的边疆重地。百万藏族同胞,过去长时期遭受反动派的残酷压榨,今天正在毛主席、党中央的英明领导下,迅速地奔向社会主义。在工农业飞速发展的同时,千千万万的藏族同胞也急需文化,以适应形势发展的需要。邵老师决心支内,正是担负起这一艰巨而又光荣的任务。我们衷心希望在新的工作岗位上,邵老师能把在我校工作认真负责的精神,雷厉风行的作风,进一步发扬光大,更好地忠诚党的教育事业,为培养和造就无产阶级革命事业的接班人贡献自己的力量。

今天,我们在这里热烈欢送两位老师路上征途,两年后,也还将在这里热烈欢迎两位老师凯旋而归。虽然两年后,我们已经离开了学校,战斗在不同的工作岗位上了,但是我们和两位老师在中学阶段结下的深厚战斗友谊是长存的,我们的心是连在一起的!两年后的今天,又有千百个新生力量——你们的新学生来到这里,那时,我们相信,两位老师必然又把这一期间得到的新体会,新经验,一步一步地传给新同学,帮助他们迅速成长。

亲爱的老师们,祝你们一路安好,工作顺利!

坚决克服困难　认真完成任务

邵刘金

校领导,各位老师、同学们:

今天参加这个欢送大会,我的心情非常激动。我是一个普通的体育教师,对党对人民并没有做什么工作。在到新工作岗位以前,校领导和全校师生这样热情地给以欢送,实在是于心有愧,受之不当。但从另一方面来说,这次我能有机会首批去西藏向兄弟的藏族人民宣传毛主席的无产阶级教育路线,和藏族人民一起批林批孔,搞好教育革命,这是十分光荣的事情。同时,这次江苏省去西藏扎木地区教师中,扬州市仅有一名体育教师名额,结果领导批准了我的要求,这说明了领导对我政治上的关怀和工作上的信任,使我觉得肩负千斤重担,责任重大。尤其是今天,更使我觉得,既是一次欢送会,也是一次上阵前的动员会和誓师会。我决不辜负领导和全校师生对我的殷切期望。到西藏以后,在工作中要发扬不怕苦、不怕死的革命精神,把有限的精力和时间投身到无限的为人民服务中去,踏踏实实,勤勤恳恳地做好工作。

当然,到远离家乡几千公里的西藏高原去工作,困难是不会少的,要过很多关。但是,世上无难事,只怕有心人。有党和伟大领袖毛主席的领导,有党的方针、政策,有战无不胜的毛泽东思想,有全国、全省、全校人民和同志的支持,再加上自己一颗动摇不了的决心,困难总是可以克服的。

我决心在党的领导下，认真学习毛泽东思想，刻苦改选世界观。以坚韧不拔的毅力，和广大藏族人民并肩战斗，尽快改变由于历史造成的文化落后状态。坚决完成党和人民交给我的光荣任务，以丰硕的胜利成果，向扬中广大师生员工汇报。

支持新生事物　刻苦改造自己

金学文

老师们，同学们，同志们！

在我们即将离开学校，奔赴新的工作岗位的时刻，学校领导为我们举行了欢送大会，我衷心地感谢领导和同志们的关怀！在这里，我向党表示决心：一定以自己的毕生精力，把上山下乡这场伟大革命进行到底，以实际行动声讨、批判林彪、孔老二鄙视劳动，鄙视农民，阴谋复辟倒退的反革命罪行！

毛主席号召知识青年上山下乡，是为了培养和造就千百万无产阶级革命事业接班人，加快社会主义新农村的建设。这是反修防修的一项重大战略部署，是一场伟大的社会主义革命。党的十大号召我们，要支持新生事物要做好知识青年的上山下乡工作。中央规定动员城市要派干部带队，就是做好知识青年上山下乡工作的重要措施之一。这是进一步贯彻党的基本路线，落实毛主席关于知识青年到农村去的伟大指示的需要，是更好地巩固和发展上山下乡丰硕成果的需要，也是与旧传统实行彻底决裂，粉碎林彪一伙妄图扼杀社会主义新生事物，颠覆无产阶级专政罪恶阴谋的需要。当学校领导提出让我担负这一工作时，我就毫不犹豫，毅然决然地接受了下来。我是一个普通教师，能去做这项工作，衷心地感到光荣、自豪！这是党对我的信任和鼓励，是扬州市二十几万革命人民的重托。我决心努力做好知识青年上山下乡的工作。

同时，我认识到，抽调干部带队，这也是干部下放劳动的一种形式，是改造和锻炼自己的一次极好机会。我应当坚定地走革命的"五·七"道路，到三大革命实践斗争中去锻炼自己和改造自己，这对我们知识分子来说，是尤为必要，尤为迫切的。毛主席说："现在也有一些人到工厂农村去，结果是有的有收获，有的就没有收获。这中间有一个立场问题或者态度问题，也就是世界观问题。"我到农村去，到三大革命运动第一线去，在客观上是为改造和锻炼自己提供了有利条件，有可能使自己在较短的时间里取得较快的进步。但是，要把这种可能性变为现实性，尚须经过一番努力。我要牢记毛主席的教导，站稳立场，端正态度，充分运用有利条件，努力克服不利因素，使自己经过一段时间锻炼，确有收获，实有进步。

我一定不辜负党的教育和希望,在正确路线指导下,在地方党委正确领导下,在三大革命斗争实践中,刻苦学习,认真劳动,踏实工作,积极参加批林批孔运动,努力改造世界观,为培养无产阶级革命事业接班人,为建设社会主义新农村,贡献自己的一份力量。

教 革 通 讯

第 44 期

一九七四年六月二十二日

扬州中学政工组、教革组编

扬州地、市农业机电课会议精神概要

扬州地区农业机电课(三机一泵:拖拉机、柴油机、电动机、水泵)会议于 5 月 11 日——5 月 16 日召开。5 月 25 日市教育局召开会议,就开设农业机电课问题传达了地区会议精神,并作了指示和布置。现将这两次会议上,各级领导对如何开好农业机电课的指示精神概要如下:

1. 开设农业机电课的方向是对头的,这是中学课程改革的尝试和突破口,为教学改革指出了方向。这是开门办学的成果,是教育革命的又一朵鲜花。

2. 农业机电课的开设,不单纯是增加一门课。这将会引起连锁反应,带动各科的改革。对这门课的开设是赞成还是反对,是是否贯彻执行毛主席教育革命路线的问题。这门课能否开好,关键在于教师的思想革命化。

3. 农业机电课的开设,不仅是农村学校和专业学校的事,而是普通中学应开的课程。这是使学生德智体全面发展的需要,是深入开展教育革命、反修防修的需要。它有利于上山下乡,有利于教师思想革命化,有利于改善师生关系。

4. 学校领导要重视农业机电课的开设。要结合批林批孔,开展革命大批判,大造革命舆论。要发动群众,争取社会支持。

5. 可以搞厂校、社校挂钩,也可以学校搞一点设备或搞小分队,采取多种形式。

6. 要有专职教师,要非常重视工农兼职教师。有的学校让高年级学生教课也很好。

我校关于开设农业机电课的座谈纪要

时间:一九七四年六月十一日

地点:学校会议室。

出席人员:胡文副主任、工宣队李队长及其他师傅六人,胡凤天同志、物理组全体教师十三人,各年级同学代表十五人,计三十六人。

内容:(1) 开设农业机电课的目的、意义。

(2) 我校如何开好农业机电课。

开始,物理组组长孙襄老师主持会议并传达了地、市农业机电课会议精神。

李队长:开设农业机电课是教育革命的新生事物,大家都要支持。今天开这个座谈会,大家要踊跃发表意见。

潘念东(教师):农业机电课非开不可。我们参观过太兴县张湾中学,他们为了培养农村需要的顶用人才,开设农业机电课是措施之一。根据中央〔73〕30 号文件精神,城市中学也要开设这样的课。这样有利于上山下乡,为农业服务,也有利于转变学生思想。

我校开设农业机电课有有利条件:①教师有一定力量;②挂钩厂可以支持;③校办工厂可以进行机电和其他方面的修理。当然,也有困难,我们是城市中学,不象农村中学上了课就可以到生产队实践。但是,我想只要领导重视,群众努力,困难是可以解决的。

如何开?我个人认为可以点面结合。试点班要做得能修理,面上的班能初步摸一摸。我们步子要大些,不要求稳怕乱。

陆广金(高二(一)班学生):农业机电课在我校一定要开,这是关系到路线的问题,是我校教育革命的突破口,是促进知识青年上山下乡的战略措施。可以为农业机械化输送人才,有利于缩小农村和城市的差别。

我是高二毕业生,我感到在学校学习的知识缺少实际,比较空虚。我家在农村,我们队里买了个潜水泵,我虽然学过水泵知识,但只是书本知识,到实际中就用不上,水泵不会装。这对我教育很大。前一阶级,我们高二年级开门办学,我到拖修厂、农机厂学习柴油机知识,边学边干,掌握了一些实际知识,自已觉得学得好,记得牢,用得上。

孙　襄:陆广金同学在工人师傅帮助下,联系实际,刻苦钻研,最近他已经走上讲

台,向同学讲柴油机的构造原理了。〔与会者小声议论,会场气氛活跃〕

陈家潼(教师):开设农业机电课,我认为领导要重视,要充分发动群众。关于教师问题,一方面聘请工农讲师,一方面可以培养高年级学生教低年级,象陆广金同学就是一人很好的例子。

王祚楼(工宣队师傅):开农业机电课要有有实践经验的工人讲实际知识。领导要重视,学校要专门成立领导小组。

王召礼(教师):学校各部门要相互配合起来,我们固然要勤俭节约,自力更生,但该花钱的地方还要花点钱。

李队长:我们现在搞无产阶级教育革命,路线对头,该花钱的地方要花。

物理组的同志年轻,有闯劲。本学期在教育革命方面做出了一些成绩。年纪大一点的人,考虑问题多一点。闯劲就不如年轻人。

农业机电课要开好,其他课也要考虑如何紧密配合。

毛同彬(教师):要由领导、工宣队、教师、同学结合起来研究。

许白虹(教师):在学校党支部、工宣队、校革会的领导下,本学期高二年级开门办学期间,一些班级初步开了农业机电课的内容。柴油机有五个班,拖拉机有六个班,电动机有四个班,水泵也有几个班。其中有些班学得比较好。

我们之所以能取得一定的成绩,这是由于领导上的重视和工厂领导、工人师傅大力支持的结果。例如在汽修厂,不但有工人师傅教我们;厂里没有柴油机,还特地到外厂借了一台给我们上课。

杨放鸣(高一(18)班学生):开农业机电课是方向问题,是非常必要的。我们在夏忙劳动中,看到使用脱粒机比人工快得多。我也想插手,但我们没有搞过,贫下中农怕我们出事故,不让我们搞。现在开这门课,很好。要领导重视,要发动学生,这样可以克服教师人手不够的困难。

方蕴藻(教师):开农业机电课很必要。开门办学到农村上手扶拖拉机课,因为农村拖拉机很忙,时间很短,只能草草结束,想能在校开课就好了。到张湾中学参观后,这一点就更明确了。

学生中对开设这门课的积极性也很高。例如这次忙假中,有几个同学帮助我们画三机一泵的教学挂图,虽然过去没有画过,但画得很认真,每天早上到校,晚上很迟才回去。

下面如何办?我认为:①要“找米下锅”,不能“等米下锅”,要自力更生,逐步自我武装起来;②要请工农讲师;③要依靠工人阶级领导,依靠工人的支持;④发挥学生的积极性。

胡问鸣(高一(23)班学生):要到工厂、农村了解一下,考虑先抓重点。

胡凤天(教革组负责人):我们本来有个打算,想在初二搞水泵,高一搞柴油机,高二搞电动机。一学期中最好搞一机。方法是走出去,请进来,在校内上课讲基本理论,然后在开门办学中联系实际,做到大课堂与小课堂相结合,理论和实践相结合。

这是我们的初步打算,请大家发表意见。〔会场上议论纷纷〕

陈家潼:我认为要点面结合,既要有点,又要有面。还可以先在各班抽一些骨干进行培养,为面上创造条件。

张　俐(高二(10)班学生):本学期我们虽然已学了一些这方面的知识,但还不够,希望再组织我们学习,为上山下乡作准备。

王　莉(初二(12)班学生):前一阶段开门办学,我们在厂里有时作劳动力用,套套螺帽,打扫卫生。上课也与在校一样,不联系实际,这样不好。搞农业机电课时一定要联系实际。

孙　莉(初一(5)班学生):农业机电课是和实际联系很紧的一门课。我们虽是低年级,也希望能有机会更多接触、学习各种和生产实践紧密相关的知识,希望能在低年级也开这门课。

潘念东:要成立一个三结合领导小组,由领导、教师、学生参加。还要组织教师到外面去学习。

王荫钢(教师):开设农业机电课不能只作为物理组增设一门课,这是教育革命的一件大事。我同意潘念东同志的意见,要建立领导小组。

我们农业机电课要有个完整的计划,张湾中学就有完整的计划。我们前一时期开门办学比较缺乏计划,学生也有意见。

学校要搞机电教学基地,柴油机已有点东西,我们组有几位同志花了不少力气,是值得我们学习的。校办工厂要考虑为农业机电课教学、为农业服务。

孙襄同志代表物理组提出我校试点的初步打算。(附后)

李队长:物理组同志动了一些脑筋,刚才孙襄老师提的方案比较具体,我们积极支持。我们还要造造舆论,使大家都重视这项工作。

胡文副主任:今天这个座谈会开得很好,我自己受到了一次深刻的路线教育。同志们提的意见很好。我们还要进一步研究,拟订方案。建议物理组把初步打算进一步研究一下,整理出来。

胡凤天:领导重视,群众支持,我们干!

孙　襄:散会。

散会时,朱焕珍等老师当场积极报名下学期担任农业机电课教学。

〔附〕:

下学期开设农业机电课试点的初步打算

物理教研组

一、试点班级课程:

高二年级两个班开设电动机课;

高一年级两个班开设柴油机课;

初二年级两个班开设水泵课。

学工、学农期间,如有条件,在高中班级中试教手扶拖拉机课。

二、课时和教材:

1. 试点班农业机电课每周2—3课时,合物理课每周共5课时,由同一名物理教师任教。

2. 每周5课时时间,全学期可分段分期集中使用。

3. 暂按省编教材,并酌情删繁就简。

三、课程要求:逐步达到地区提出的对该课程的要求,即:

1. 讲授最普遍基本的农业机电知识。

2. 一般的操作技术。

3. 维修技能。

四、师资及培训:

1. 三个年级各配备一名半专职教师。该同志除担任农业机电课外,并担任该两班的物理课。

2. 成立一个农业机电课备课小组。除上述三名教师外,再吸收1—2名教师协助教学。

3. 聘请一定数量的校外兼职工人或贫下中农教师。

4. 本学期对上述3—5名教师,抽出学期结束前7—10天时间,分别到有关工厂或修理单位,边劳动边学习。

5. 着手筹建电动机修理小组和农业机械修理小分队,分别由教师、校办工厂工人和一定数量的同学参加。在实践中培养师资和同学中的骨干力量。

五、教具设备:

1. 再积极和有关工厂单位联系,多争取社会支持,力争就现有195型柴油机废件中装配成两台柴油机:一台能启动开车,一台能拆装。配合现有的一台495型柴油机废件,供教学实习之用。

2. 逐步设法购买部分混流式、离心式水泵和各种电动机的废件,供同学拆装实习。

3. 充分利用校内现有的电动机和各种水泵,作为实物教具。

4. 发动师生陆续绘制各种有关教学挂图。

教革通讯

第45期

一九七四年九月二日

扬州中学政工组、教革组编

深入批林批孔　推动教育革命

学校领导同志谈新学期任务

【本刊讯】八月三十一日,学校领导同志对全校师生作了形势、任务报告,对新学期来学校工作的具体任务作了比较具体的布置。现将学校章书记和工宣队李队长报告中谈新学期任务部分的内容摘要如下。供全校师生讨论贯彻。

校党支部书记章心如同志的讲话

本学期首先要抓好头等大事,搞好批林批孔运动。要认真学习中央一系列有关文件,以党的基本路线为纲,搞好学、批、联,把批林批孔运动引向深入、普及、持久。

在教育革命方面,要以批林批孔为纲推动教育革命,继续全面贯彻党的教育方针、《五·七指示》和《全国教育工作会议纪要》,搞好开门办学,改进教学方法和考试方法,掀起教育革命的新高潮。

本学期具体地要抓好如下五件事:

第一件事:要把批林批孔运动引向深入、普及、持久。

首先,要抓好学习。当前特别要学习中央(74)21号、23号和5号文件。要进一步认清形势,明确任务,焕发革命精神,鼓足革命干劲,调动一切积极因素,掀起落实21号文件的高潮。

我们要认真学习儒法斗争史,这是批林批孔深入、普及、持久的需要。学习历史上路线斗争的经验,了解历史上复辟与反复辟的斗争,来为现实的阶级斗争服务。

我们还要在斗争中培养和建立理论队伍。只有认真地学习马列、毛主席著作，掌握马列主义理论，才能实现批林批孔的任务，用马克思主义战胜修正主义，用社会主义战胜资本主义，用马克思主义占领上层建筑。除全校组织理论组外，要求各年级都要建立理论小组，有条件的班级也要建立理论小组。

其次，要抓好大揭发、大批判，要把斗争矛头直指林彪反党集团的反革命修正主义路线，直指孔孟之道，还要揭发、批判省、地、市委的大是大非问题。特别要通过揭发本校修正主义路线回潮的表现，来排查市委违背毛主席革命路线的错误。本学期要进一步贯彻落实中央5号文件，继续深批"智育第一"和"师道尊严"等修正主义教育路线回潮的现象。在斗争中要掌握斗争大方向，注意不要把矛头指向教师和同学。

全校师生特别要把批判修正主义教育路线回潮和批判《三字经》结合起来。《三字经》是反动阶级宣扬孔孟之道的"启蒙"教材，专门毒害青少年的。我们革命青少年要从小学习马列主义，敢于批倒孔老二。我们要把批《三字经》和批修正主义教育路线结合起来，和转变学生思想结合起来。方法上，可以学习马列、毛主席著作的有关观点，批《三字经》的一个黑论点，深批林彪的一个反动谬论。可以组织写"批注"，开批判会，出批判专栏。

第二件事：要进一步加强师生的政治思想工作，划清三个界限。

我们学校领导、教师要忠诚党的教育事业，加强责任感。要加强对学生的思想政治教育，敢于加强对学生的管理。对资产阶级思想腐蚀青年的情况，听之任之，撒手不管是不对的。

全校师生在思想上要进一步划清德、智、体全面发展和智育第一的界限；革命的民主的团结的师生关系和师道尊严的界限；必要的纪律制度和管、卡、压的界限。划清三个界限，主要的是要彻底批判修正主义教育路线回潮的表现，要彻底批判"智育第一"和"师道尊严"。在彻底批判的基础上，我们在思想上要明确：德、智、体全面发展，就是要在政治挂帅，明确社会主义方向的前提下，认真学好文化，注意锻炼身体。我们反对的只是"智育第一"。在正确路线指引下，加强学生的思想政治教育，加强管理，以及必要的纪律制度不等于"师道尊严"，不等于"管、卡、压"。社会主义文化课还是要上好的，正常的活动是要开展的，不能随便缺席和迟到，这样才能保证学校有必要的秩序，把教育革命搞好。

第三件事：要走五·七指示道路，坚持开门办学。

对开门办学，在上学期的基础上，要进一步加强领导。本学期高二年级重点要搞三机一泵的教学，高一年级重点搞农村分校，初二年级办好学校小工厂，初一年级搞好校办农场。并要进一步建立工农兵讲师队伍。

要适应批林批孔形势的发展，改革教学方法和考试方法，适当增删教学内容。文科和理科教学都要增添评法批儒的内容，要进一步按毛主席十大教授法改进课堂教学，搞好三结合的备课。

本学期还要按德、智、体全面发展的要求，加强体育工作的领导，上好体育课，上好早操和眼保健操。要开展多种多样的课外活动，毕业年级更要多开展以为农业服务、为贫下中农服务为内容的课外活动。

第四件事：要勤俭办学。对我们同学来说主要是要爱护公共财物，不要随意破坏。还要认真搞好学校的爱国卫生运动。

第五件事：要加强党的领导。在学校党支部统一领导下，充分发挥工宣队的政治作用和革委会的作用，发挥民兵组织，共青团和红卫兵团的作用。学校领导也要在全校师生监督下，切实转变作风，认真加强各年级领导，认真蹲点，把全校的批林批孔和教育革命搞好。

校工宣队队长李守平同志的讲话

同志们，同学们：

章书记的讲话是根据党中央今年以来下达的一系列文件及上级有关的指示精神，结合学校具体情况作的形势任务报告，希望全体革命师生，认真讨论，坚决贯彻执行。下面讲几点意见，供大家参考。

一、批林批孔运动已经进入深入、普及、持久的新阶段。我们必须牢牢掌握斗争大方向，把斗争的矛头直指林彪反革命修正主义路线，直指林彪所宣扬的反动没落阶级的意识形态孔孟之道，有力地回击修正主义教育路线回潮的各种表现，从而达到"二个战胜""一个占领"，即马克思主义战胜修正主义，无产阶级战胜资产阶级，用马克思主义、毛泽东思想占领整个上层建筑领域。

请全校各部门和各班级认真迅速地根据章书记的报告精神和学校的总计划，放手发动群众，制订本学期批林批孔和教育革命的具体措施。

二、以批林批孔为纲，大搞教育革命。本学期从全校的范围来说，要进一步搞好校办工厂、农场，筹建农村分校，继续进行学工、学农等开门办学活动，搞好农业机电课的试点及推广，勤工俭学要做出新成绩。同时，课堂教学要革命，开门、开卷考试要不断总结新的经验。总之，任务很重。全体革命师生要群策群力，以崭新的战斗姿态，克服种种困难和阻力，去夺取教育革命的新胜利。

三、全体革命师生，要在认真学习马列和毛主席著作的基础上，从革命大批判着手，进一步划清智育第一与德、智、体全面发展的界限；师道尊严与革命的、民主的、团结的新型师生关系的界限；修正主义的管、卡、压与革命纪律秩序的界限。总之，我们一定要以毛泽东思想为指针，使我们的学校成为无产阶级专政的工具，成为培养有社会主义觉悟的有文化的劳动者的新型学校。

四、加强党的观念。"党政军民学，东西南北中，党是领导一切的。"全校每个部门，每个同志，都必须团结在党支部的周围，焕发精神，积极工作。我们同志有不同意见，可以提出，充分运用四大武器。但最后的集中权，应该由党组织根据毛主席的革命路线、党的方针政策决定，不能各行其事。要正确地理解反潮流和遵守党的纪律的辩证统一的关系。

最后，让我们在毛主席革命路线的指引下，团结起来，夺取批林批孔、教育革命的更大胜制！

研究儒法斗争史　深入批判《三字经》
——我校高、初中理论学习小组积极开展活动

在批林批孔运动深入、普及、持久开展的大好形势下，在党支部的亲切关怀下，我校部分共青团员、红卫兵战士，在暑假里分别建立了高中、初中理论学习小组。他们同工宣队师傅、教师在一起，共同学习马列、毛主席著作，学习运用马克思主义的立场、观点、方法，研究儒法斗争史，深入批判了《三字经》和孔孟之道的反动教育思想。

理论小组成立那天，工宣队李队长勉励全体成员要起共青团员的模范作用，发扬红卫兵的“五敢”精神，争当批林批孔的闯将。同学们纷纷表示：决不辜负党的期望，一定认真学习马列和毛主席著作，努力改造世界观；联系教育战线实际，深入批判林彪反革命修正主义路线的极右实质和孔孟之道，推动我校教育革命的深入开展。

盛夏期间，他们冒着酷暑去扬州钢铁厂参观，学习工人阶级批林批孔的经验，并结合学习了《文汇报》上关于上海市六十一中学、蕃瓜弄小学等先进单位深入批林批孔，推动教育革命的有关报导。在工人阶级大无畏革命精神的鼓舞下，他们克服“无资料”、“看不懂”等重重困难，坚持学习，深入批判宣扬孔孟之道的黑标本——《三字经》。校革会胡文副主任亲自对高中理论学习小组作批判《三字经》的辅导。在历史老师的辅导下，他们还学习、研究了儒法斗争史。同学们联系教育战线的实际，用马列主义的阶级观点、实践第一的观点、无产阶级教育方针，批判了《三子经》中宣扬的“人性论”，“天才论”，“师道尊严”，“学而优则仕”等反动思想。在开展革命大批判的基础上，经过调查访问，集体研究，反复修改了十多次，他们写出了四篇有一定质量的狠批《三字经》的批判稿。

新学期开始后，他们在学生干部学习班和全体同学中组织了两场批判会，为推动学校批林批孔运动和教育革命的深入开展，发挥了一定的作用。

共青团　红卫兵团

增强阶级观点，狠批“性善论”

共青团、红卫兵团理论学习小组

宣扬孔孟之道的黑标本《三字经》，一开头就胡说什么：“人之初，性本善。性相近，习相远。”它的意思是说，人的“善”是天生的，不管什么人，本性都是相近的，都是善良的，好的。这完全是彻头彻尾的反革命的人性论。

伟大领袖毛主席教导我们：“在阶级社会中，每个人都在一定的阶级地位中生活，各种思想无不打上阶级的烙印。”一个人的“善”“恶”，决定于这个人的社会地位和对革命的态度，根本不是象《三字经》所鼓吹的那样是什么老天所赋予的，不是什么超阶级的共性。对于“善”和“恶”，不同的阶级有着不同的看法和内容。对无产阶级是善的美的东西，对资产阶级就一定是恶的丑的东西。正如恩格斯所指出的：“对一些人是好事的，对另一些人必然是坏事，……”两个对立的阶级，根本没有共性和相近的本性，“善”是有阶级性的。

毛主席教导我们：“只有具体的人性，没有抽象的人性。在阶级社会里，就是只有带着阶级的人性，而没有什么超阶级的人性。”革命现代京剧《杜鹃山》中的温其久，是混进农民自卫军的叛徒，可是他对雷刚连声喊“大哥”，满口的“良言”，看起来好像真是“善”得很。其实，他的“善”是为了把农民自卫军推进火坑；是为了把杜鹃山上的红旗落掉。温其久的“善”是为哪个阶级的，不是很清楚吗？温其久和哪个阶级近，不是也很清楚吗？说穿了，温其久的“善”是为了“那块风水宝地”和“自卫团的第一把交椅”。他和雷刚称兄道弟，表面上很相近，实际上是为了夺回他已经失去的剥削权利。由此看来，我们和剥削阶级根本没有共同的本性或相近的本性。我们和他们的斗争是你死我活的斗争。他们所宣扬的所谓“善”，掩盖不了血淋淋的事实。透过这个“善”字，我们可以看到黄世仁正对杨白劳下毒手；南霸天拔出匕首向吴清华反扑过来；鸠山正指挥日寇枪杀李玉和；美国顾问正向阿妈妮开枪；……这一切，这血泪斑斑的一切，说明了在孔孟所鼓吹的“善”字背后，有着多少人的酸泪，多少人的鲜血！

这一切清楚地说明：孔孟所鼓吹的“善”，是替剥削阶级的惨无人道、灭绝人性的剥削打掩护的，是帮助他们欺骗群众，为维护他们的反动统治来“愚弄工农，禁锢工农头脑”的毒药，是杀人、吃人的遮羞布。

叛徒、卖国贼林彪对孔孟所宣扬的“善”十分欣赏。为了继承这充满杀气的“善”，林彪把孔孟的“性善论”改头换面地抛了出来，胡说什么“以仁爱之心待人之忠，以宽宥原谅之恕”。这意思是说:以仁爱之心待人就是忠,以宽厚原谅之心待人就是恕。这完全是骗人的鬼话。其实质就是大搞阶级调和,抹杀现实的阶级斗争,保护那些被我们无产阶级专政打倒的一小撮牛鬼蛇神,复辟资本主义,开历史倒车。为了达到其反革命目的,他大耍两面派,当面好话说尽,一片“善”言“善”语,可背后却是面目狰狞,杀气腾腾。他们精心炮制的《“571工程”纪要》就是明证。从中可以看出,林彪的“善”,就是要千万个人头落地,要我们党变质,国变修。这是我们决不答应的!

事实说明,“善”是有阶级性的,根本不象《三字经》所鼓吹的那样,是什么超阶级的天生的“性本善”。解放前,在劳动人民面前,剥削阶级永远不会发善心,解放后,在无产阶级专政面前,失去天堂的剥削阶级也不会发善心,他们时时刻刻都梦想在劳动大众的白骨堆上,重建起他们的“积善堂”。这是白日做梦,痴心妄想。我们一定要以马列主义和毛泽东思想为武器,增强阶级斗争观点,狠批《三字经》所宣扬的反革命的“性善论”,巩固和加强无产阶级专政,永保无产阶级江山万年红。

简讯

▲新学期开学之初,全校师生立即掀起了学习马列、毛主席著作,批判反动的孔孟之道的热潮。学校领导、工宣队、教工、同学组成了理论学习组,各年级同学也都组成了理论学习小组,最近都积极开展了活动。全校理论学习组在第一周学习了《哥达纲领批判》,八月三十一日,共青团、红卫兵团组织了批判《三字经》的全校广播会。

▲按照市委布置,全校师生于开学初进行了秋季爱国卫生大扫除。这次扫除,在各年级、班级师生的共同努力下,质量较好,使学校面目焕然一新。

▲我校战备防空壕第三期工程已基本竣工。这期工程在“自力更生,艰苦奋斗”“深挖洞”方面取得了一定的成绩,受到了市人防领导小组的好评。

教革通讯

第46期

一九七四年九月十二日
扬州中学政工组、教革组编

编者按：当前，我校批林批孔运动正在逐步深入开展，校共青团、红卫兵团理论学习小组的同学们，在认真学习的基础上，狠批了《三字经》、《神童诗》等黑书，写出了一些批判文章。现在选登几篇在这里，供全校师生参考。也希望全校各理论学习小组的同志和同学们踊跃来稿。

破反动的师道尊严，立新型的师生关系

《三字经》这一宣扬孔孟之道的黑标本，竭力兜售剥削阶级的教育思想，拼命鼓吹“师道尊严”，为维护反动没落阶级的统治效劳。《三字经》中说：“教不严，师之隋。”意思是说：对学生管教得不严，是因为老师的懒惰。就是要老师按照孔孟之道的标准，为反动统治阶级精心训练走狗与帮凶。正是由于这一点，长期以来，它一直为封建统治阶级所赏识；也正是因为这一点，“师道尊严”也为资产阶级、修正主义所继承，并变本加厉地抛出来毒害人。

教师应该怎样教育学生，教师和学生之间应是怎样的关系，不同的阶级有着不同的教育路线、教育思想和教育方法。孔老二要学生脱离劳动，脱离实际，成为“四体不勤，五谷不分”、为“克己复礼”卖力的精神贵族；林彪教子尊孔读经，要他那个法西斯儿子以“韦编三绝”的治学精神学习反革命本领，妄想建立林家法西斯世袭王朝。他们作为反动阶级的代表人物，都必然要执行反动的教育路线。中国的封建社会里，学校教的是孔孟之道，学的是孔孟之道，做官、科举考试更要精通孔孟之道。解放后的十七年里，在刘少奇修正主义路线干扰下，学校里资产阶级专了无产阶级的政，教师

往往自觉或不自觉地向学生灌输封资修毒素，为修正主义培养接班人。现在，经过无产阶级文化大革命、批林整风运动，我们粉碎了刘少奇、林彪的反革命修正主义路线，广大革命师生在毛主席革命路线指引下，昂首阔步地前进。但是必须看到《三字经》流毒甚广，在学校里影响还很大。反动的"师道尊严"还有着一定的市场。在学校里，有些人为了保持教师的"尊严"，对一些敢于提意见的同学讽刺、打击，甚至变相体罚。也有些教师则"好言好语"地规劝学生，叫他们要循规蹈矩，服服贴贴地做"小绵羊"。这些都是"师道尊严"流毒的具体反映。孔老二提倡"师道尊严"，是为了通过教师的"尊严"，更好地向学生灌输反动思想，宣传复辟经。我们有些教师，往往在教学中也流露出"师道尊严"，这是由于他们长期受旧教育的毒害，资产阶级世界观没有得到很好改造的缘故。

提起师生关系，有的人错误地把它比作"园丁与桃李"的关系。"园丁桃李"的论调，与《三字经》中宣扬的"教不严，师之隋"是一脉相承的，都是孔孟"师道尊严"的一种说教。好象学生表现好，就是教师教得好；学生表现不好，就是教师管得不严。教师是园丁，只有靠教师这些"园丁"的"栽培"，才能结出丰硕的"桃李"来，好象要培养接班人，关键在教师，学校的中心是教师，学校得由教师统治、管理，这样教师与学生的关系就成了统治与被统治的关系。这从根本上来说，是与毛主席的指示背道而驰的。伟大领袖毛主席指出："思想上政治上的路线正确与否是决定一切的。""工人阶级必须领导一切。"毛主席的教导，指出了社会主义的学校应该由工人阶级领导，"资产阶级知识分子统治我们学校的现象，再也不能继续下去了。"我们革命青少年，生在新中国，长在红旗下，是毛泽东思想哺育我们茁壮成长。伟大的党才是培育我们的"园丁"，把师生关系比作"园丁"与"桃李"也好，"教不严，师之惰"也罢，实际上都是在提倡"教师中心论"。当前，有些人就是利用这些反动观点，在教育战线否定无产阶级教育革命的伟大成果，反对党的领导，反动无产阶级在教育战线上对资产阶级实行全面专政，反对工人阶级进驻上层建筑，妄想让资产阶级知识分子统治学校的现象，资产阶级专无产阶级政的现象永远继续下去，为资产阶级在中国实现反革命复辟培养接班人。

教师与学生的关系应当是战友、同志的关系。我们应当建立团结的、民主的、革命的新型师生关系，而不是统治与被统治的关系。这种新型的师生关系的建立，如同一切新生事物一样，要经过激烈的斗争。革命小将黄帅与她的班主任在斗争中建立了新型的师生关系。他们统一了思想，成了一条战壕里的革命战友，在教育战线上互相学习，互相帮助，并肩前进，共同为搞好教育革命而努力奋斗。这样的师生关系，才是真正的团结、民主、革命的师生关系。

我们要向黄帅学习，坚持马克思主义斗争哲学，分清路线界限，狠批《三字经》，冲破千百年"师道尊严"的束缚，肃清修正主义路线的流毒，建立新型的师生关系。与革命教师一道，在党的领导下，去夺取批林批孔和教育革命的更大胜利！

狠批"读书做官论",誓做革命接班人

《三字经》这一黑书,除了宣扬什么"仁义道德"、"三纲五常"、"忠孝节义",还竭力搭起一座"做官桥",千方百计地把青少年引进"学而优则仕"的邪路。它说什么"苟不学,曷为人""人不学,不如物",就是说人要是不"学",就连鸡鸭猫狗都不如,只要埋头死读书,就能升官发财,就能"上致君,下泽民,扬名声,显父母,光于前,裕于后",就可以名利双收,光宗耀祖。一句话,读书可以做官,读书是为了做官。

反动奴隶主的代表人物孔老二极力宣扬"耕也,馁在其中矣;学也,禄在其中矣"。鼓励他的门徒们死读书,习周礼,以求得到"禄位"。他鄙视劳动人民和劳动,樊迟问问种田,他就大骂之为"小人"。孔老二鼓吹"耕馁""学禄",就是为了培养骑在劳动人民头上作威作福的寄生虫,以维护他们的统治。《三字经》所宣扬的读书做官和它是一脉相承的。《三字经》上不厌其烦地说什么:"古圣贤,尚勤学",什么"头悬梁,锥刺股",讲了一些反动儒生为了做官,闭门死读书,瞌睡时用绳子把头发吊在梁上,用锥子扎大腿等等。还有什么七岁举神童,八十二岁中状元……。通过这些所谓"典型",贩卖"学而优则仕"的黑货,用来作为欺骗愚弄劳动人民的诱饵。反动的《三字经》以荒诞无稽的说教,要人们相信读书做官,从而鱼肉人民,是合乎"天理"、"人情"的;而劳动人民受苦受难,是没有读书,没有文化的缘故。其实,劳动人民在旧社会连饭都吃不饱,谁还能挨上学校的大门边!这只是反动阶级借《三字经》的骗术来掩盖激烈的阶级矛盾和阶级斗争而已。

刘少奇、林彪之流出于他们的反革命需要,对《三字经》的骗术照搬不误。刘少奇胡说什么:"好好读书,将来可以当工程师、厂长……"林彪也胡说什么"好好学习是一本万利的事情"。这"一本万利",实质上就是块读书做官、统治人民的"敲门砖"。

《三字经》在我国流传了几百年,"学而优则仕"的反动思想流毒很深,有不少人身受其害,广大青少年也受到了一定的影响。无产阶级文化大革命前,有些人成天埋在书堆里,头脑里想的是"学好数理化,走遍天下都不怕"。什么"全面发展""又红又专",他都觉得没有"智育第一"合算,只希望将来能成为什么"尖子"什么"家"。波澜壮阔的无产阶级文化大革命,彻底摧毁了以刘少奇、林彪为首的两个资产阶级司令部,猛烈冲击了"学而优则仕"这一套反动的传统观念。但是,正如毛主席指出的那样:"反映旧制度的旧思想的残余总是长期地留在人们的头脑里;不愿意轻易退走的。"在"读书做官"失去了市场后,又出现了其翻版"读书无用"的反动思潮。有的人错误地认为:过去读书可以当什么“师”、什么“家”,现在读书当不了官,“无用”了。读书真是无用吗?请看扎根边疆的知识青年朱克家是怎样做的。朱克家是上海知识青年,他到爱尼族山寨时,连当地的语音都不通,干活也不会,那儿抬头就是山,出门就得爬陡坡。但是,他不畏艰难,下决心改造自己的世界观,为山村的变化做出贡献。经过一翻艰苦的锻炼,他成了当地的第一个教师,第一个拖拉机手。还给贫下中农理发、做衣服、做家具,修理机器、工具和日用品,还和当地贫下中农一起搞起了小水电站。他深深感到:农村到处是“用武之地”,不练好各种本领,就不能适应建设社会主义新山区的需要。这正说明,知识青年到农村去,接受贫下中农的再教育。确实很有必要,在农村这个广阔天地里是大有作为的。毛主席早在三十多年前就明确指出:“知识分子如果不和工农民众相结合,则将一事无成。”列宁说:“只有在劳动中和工农打成一片,才能成为真正的共产主义者。”伟大导师的教导,指明了知识青年必须走与工农相结合的道路。朱克家等革命青年的事例,也有力地证明了:与工农相结合是革命青年唯一正确的道路。我们今天如果只想着“扬名声”或“学习无用”,就会思想空虚,脱离工农,轻视劳动。如果任其下去,人会变修,国会变质!《三字经》实在是一本毒汁四溅,鬼话连篇的“害人经”。

今天,封建地主阶级的反动统治虽然已经被推翻,孔孟之道已成过街老鼠,但复辟与反复辟的斗争仍然是非常尖锐、激烈的。在这次批林批孔斗争中,我们一定要进一步提高阶级斗争、路线斗争觉悟,努力学习马列主义、毛泽东思想,积极投入战斗,狠批《三字经》所宣扬的“读书做官论”,把自己锻炼成为无产阶级革命事业的接班人。

“萤窗万卷”死胡同
《五·七指示》金光道

反动统治阶级毒害青少年的“启蒙”读物《神童诗》,通篇狂热地鼓吹孔孟之道,以大量的篇幅贩卖“学而优则仕”的黑货。“学向勤中得,萤窗万卷书”这句黑诗,就是要广大青年整天去死啃孔老二的经书,从而使这些“神童”成为剥削阶级所需要的忠顺奴才。

我们红卫兵最清楚“萤窗万卷”是什么货色。纵观历史,一切开倒车、搞复辟的反动家伙,总是把“萤窗万卷”作为自己升官发财的敲门砖。作为残害青少年身心健康的腐蚀剂。两千多年前,复辟狂孔老二不遗余力地向他的学生灌输“耕馁学禄”的反动思想,他咒骂前来请教如何种田种菜的樊迟是“小人”。人民公敌蒋介石,在日寇铁蹄蹂躏我大好河山，全国青年热血沸腾，积极要求抗日的时候，大叫“读书就是救国”，妄图用“萤窗”圈住广大青年的爱国行动。刘少奇、林彪一类政治骗子也把“萤窗万卷”奉为至宝，拼命鼓吹“读书做官论”。他们公开提倡“两耳不闻窗外事，一心只读圣贤书”，大肆宣扬“韦编三绝”的反动治学精神，鼓吹“读死书，死读书，读书死”，妄图使广大青年成为“三脱离”的书呆子，成为他们一伙复辟资本主义的工具和殉葬品。由此可见，所谓“萤窗”，不过是“监狱”、“囚笼”的代名词，“万卷”实在是杀人不见血的软刀子。

马克思主义认为。教育历来是阶级斗争的工具，一定的教育方法都是为了一定的政治路线服务的。无产阶级要培养自己的接班人，就必须彻底打破“萤窗万卷”这一反动阶级加给青少年的桎梏。早在三十多年前，我们伟大领袖毛主席就深刻批判了孔老二“不喜欢什么生产运动”的反动教育思想，指出：“中国古代在圣人那里读书的青年们，不但没有学过革命的理论，而且不实行劳动。”这里，毛主席指出了实行不实行和工农相结合，参加不参加集体生产劳动，是区分两条教育路线的标准。一九五七年，毛主席又明确提出了“使受教育者在德育、智育、体育几方面都得到发展，成为有社会主义觉悟的有文化的劳动者”的无产阶级教育方针。但是，刘少奇、林彪一伙反革命修正主义分子却对此拼命破坏和干扰，使毛主席的无产阶级教育路线得不到全面贯彻落实。无产阶级文化大革命前，在修正主义教育路线的影响下，旧扬州中学大力推行了“四个为主”，即学校工作以教学为主，教学工作以课堂教学为主，课堂教学以教师讲授为主，教师讲授以书本知识为主。这“四个为主”，是封、资、修教育思想的大杂烩，它的要害是实行关门办学，搞“三脱离”教育。在这种修正主义教育路线的毒害下，一些教师把教育事业当成个人名利的阶梯，津津乐道于所谓“进了扬中门，看见清华园”的盛名。于是，他们特别重视培养少数“尖子”，总希望自己有一批一批这样的学生。一旦这个“尖子”上了名牌大学，那个“尖子”出了名，成了“家”，当了“官”，自己也就身份百倍，名利双收了。在这种教育环境里学习，学生的遭遇就可想而知了。那时，不少学生埋头书案，“闭门读书”，真是“读书眼欲暗，秉笔手生胝”，相信“书中自有黄金屋”，一心向往“十年寒窗，一举成名”。其结果，从小学到中学，一共十多年，看不见稻、梁、菽、麦、黍、稷，看不见工人怎样做工，看不见农民怎样种田，看不见商品是怎样交换的，四体不勤，五谷不分，心胸狭窄，目光短浅，书越读得多越蠢。例如，一个高三学生，面对一堆稻谷，在自己无法运用数学知识算出它的重量时，竟说：“不能把数学庸俗化。”看，旧学校的“萤窗万卷”，竟把一个青年学生的思想和灵魂腐蚀、毒化到何等地步！

无产阶级文化大革命以来，教育革命的蓬勃发展，开门办学的革命行动，打翻了资产阶级“关门办学”的旧秩序，广大青少年冲出了“萤窗万卷”的死胡同，走上了毛主席指引的“五·七”金光大道，教育革命取得了可喜的成果。一九六八年八月，一批工人师傅进驻了我们学校，并且在这里深深地扎下了根，他们和革命师生一起，遵照毛主席关于“学生也是这样，以学为主，兼学别样，即不但学文，也要学工、学农、学军，也要批判资产阶级”的伟大领导，从课程设置到教学方法进行了一系列改革，采取了厂校挂钩、队校挂钩、场校挂钩等形式，开门办学，革命师生一批又一批开出校门，到工厂、农村学工学农、弄工人、贫下中农为师，把书本知识与三大革命紧密结合起来。同时，采取“请进来”的办法，请工人师傅和贫下中农来校讲课。同学们反映：“这样学得生动活泼，听得懂，记得牢，用得上，开门办学就是好！”上学期，高二年级的一些同学在扬州柴油机厂学工时，在工人师傅手把手地热情帮助下，学会了拆装修理柴油机。他们回校后，在全班讲解柴油机的构造及性能，讲得清楚易懂，收到了较好的效果。不少同学还能根据调查、实践所得的材料，对书本知识进行了补充或纠正。如此等等，是“读死书，死读书”的“萤窗万卷”绝对办不到的。实践证明，学校只有走毛主席指出的“五·七”金光大道，才能培养出无产阶级所需要的又红又专的人材来。

伟大导师列宁指出：“我们的‘防止复辟的保证’是把革命进行到底。”我们广大红卫兵清醒地认识到，教育战线上的两条路线斗争是长期的，象“萤窗万卷”之类的黑货，现在和今后都还会以不同的表现形式在教育领域里反映出来，因此，我们任何时候都不能松懈自己的战斗意志。在当前深入批林批孔的斗争中，我们决心努力学习马列著作和毛主席著作，开展革命大批判，上好社会主义文化课，把书本知识和革命实践结合起来，坚持开门办学，与工农群众相结合，沿着毛主席指引的“五·七”金光大道奋勇前进！

教革通讯

第47期

一九七四年九月十七日

扬州中学政工组、教革组编

编者按:我们以激动的心情,向大家推荐张馨兮老师给党支部、工宣队、校革会的这份意见书。学校领导对这份意见书中提出的关于我校开展教育革命的意见,十分重视;对张馨兮老师这种积极的革命精神,充分肯定。现在学校领导层及有关部门已传阅了这份意见书,并正准备开会研究。

这份意见书的总的精神,就是要"乱",要打破旧秩序,要革命。在毛主席无产阶级教育革命路线的指引下,几年来,我校的教育革命取得了一定的成绩,有了一些进步,但是还远远不能适应当前的革命形势。我们现在还基本上在按旧的教学秩序办事,而"按部就班"是很容易走老路的。我校的教育革命还须努力深下去,对旧教育制度还须进一步"乱"下去。林彪"克己复礼"的反动纲领,在教育战线上的集中反映,就是要翻无产阶级文化大革命的案,恶毒攻击无产阶级文化大革命以来教育战线一系列革命变革和新生事物。我们要狠批"克己复礼",要针锋相对地斗争。在教育战线上,就要以批林批孔为纲,推动教育革命。这份意见书中,提出的是一些教学方法改革的问题,但教学方法的改革是和整个教育制度的改革联系在一起的,是在上层建筑领域实行彻底革命的问题,是路线问题。张馨兮老师的这份意见书,在新学年的开始,提出了如何把我校教育革命深入下去的问题,其革命精神是十分可贵的。

这份意见书中提出了一些改革的具体意见和方法。我们希望全校师生按照党的"二百"方针,对此充分发表看法,广泛开展讨论。尤其对于意见书中提出的关于对我校当前教育革命情况的估价及其他一些思想认识,希望能解放思想,清除顾虑,大胆发表看法,并提出建设性意见。以便通过讨论,在批林批孔运动的推动下,在正确的基础上统一认识,以实际行动把我校的教育革命进一步深入下去。

关于我校教育革命的一些粗浅看法

校党支部、工宣队、革委会：

昨天听了中央召开的“法家著作注释出版规划座谈会”的情况传达，听了市教育局唐局长的讲话，深受教育和鼓舞。几年来教学方法的改革，虽然经过了较长时间的摸索，但依我看似乎是绕了一个圈子，回到了原地。现在学校里感到满意并大力提倡的教学秩序，几乎和过去的一样，真令人困惑莫解。这次报告会打开了我们的眼界，开阔了我们的思路：“提倡自学”，这确实是培养学生分析问题和解决问题能力的好方法，我衷心拥护。

我们在旧学校上了十六年学，完全是跟在教师后面亦步亦趋：教师讲，我们听；教师考什么，我们背什么。这种教学方法，扼杀了青年的创新精神，其结果是越读越蠢，离开了书本就什么都不行。象我们这样的人，一不会做工，二不会种田，三不会打仗，如果也算学到了什么的话，只是学了一些不能在实际中运用的死知识。我们自己教《矛盾论》，其实自己并不会用对立统一规律来分析问题和解决问题，甚至在纷纭复杂的社会矛盾面前无所措手足。这是旧教育制度带来的恶果！这些对旧教育制度的切身感受，应该成为推动我们积极参加教育革命的动力。不应该再用旧的一套来“摧残人才”，误人子弟了！我认为学校领导应该下决心，带领全校师生，破除迷信，大胆实践，为创立无产阶级崭新的教育制度立新功。创新是要付出代价的，但这是值得的；求稳怕乱，因循守旧，不是共产党人的革命气概。如果学校要搞试点，我有一点粗陋的想法，提出来供参考。

一、选择哪个年级作试点为好？

我认为可以选高二年级作为试点。

其有利条件：

1. 相对地说基础知识较厚；
2. 比较而言，独立工作能力较强；
3. 面临毕业，迫切要求获得一些能在实际中运用的知识；
4. 就是走一点弯路（乃至于失败）对其他年级影响不大。

不利条件：

在部分同学中由于对上山下乡缺乏正确认识，思想比较混乱；也有一小部分同学基础差，对赶上去缺乏信心。

但我认为，二者相比，前者是主要的。通过教育革命，可能化不利为有利。

二、对几点顾虑的看法：

1．“方向是对的，但学生自觉性不够，自学这种方法还行不通”。

我们应该相信大多数同学是有自觉性的，不自觉的只是少数。况且，学生中这种差别总是会存在的。是等学生“自觉”了再改革，还是在改革中培养学生的自觉性？如果说“等”，那要等到哪天才“人人自觉”呢？既然方向对头，那就不应该却步不前。

2．“教师天天‘敲木鱼’都学不好，那样干还会学得好？”

这是一种“教不严，师之惰”流毒的反映。试问，自古以来的革命家、发明家，多少人是教师敲木鱼敲出来的？就说现在学校里学得要比较好的同学，又有多少是教师敲木鱼敲出来的？（当然并不是说不要必要的批评、帮助）如果说先要保证人人都能学好才去改革，那是对教育革命的无理要求！在旧教育制度下，“师道尊严”那么严重，培养出来的不也是一批又一批不学无术的“蠢才”吗？

三、对于高二年级教学方法改革的初步设想：

1．文科改革必须和理科改革同时进行。理科老一套，文科要改也改不好。

2．“课程设置要精简。教材要彻底改革。”

要根据当前政治斗争的需要，根据国家对中学阶段的总要求和学生的实际情况开设课程。如目前高二是否可开设马列、毛主席著作课，评法批儒课，农业机电课，应用数学课，医药卫生课等。

3．打破按节上课的旧秩序，实行集中时间，专题教学（类似办学习班）。定期轮换的办法。

高二可分若干教学片，各片教学内容可以不同。如A片学马列（如学《哥达纲领批判》）；B片评法批儒（各班各组内容可以有所不同，有的可以研究法家著作，有的可以批判儒家经典。）C片农业机电……过一段时间（如3—4周）实行轮换。

4．毛主席说“你们的教学就是灌，天天上课，有那么多可讲的？……应该让学生自己去研究讲稿。”“你们应该少讲几句！主要是学生看材料。”

教学上应实行启发式，教师辅导、答疑，学生自学、讨论相结合。学生可由5—7人组成一小组，每学一个专题要定任务，出成果（各组的任务可略有区别）。在教师辅导和指导学生自学中，要十分重视继续打好基础。

5．坚持开门办学，打破以课堂教学为主的旧形式，把上课、自学、劳动、调查结合起来，把理论课和实际操作结合起来，学习成果要到工农兵中去检验。

6. 充分发挥学生组织的作用，让学生自己教育自己，自己管理自己。每片可设专职教师一人任政治辅导员，并负责安排教学工作。

7. 教师按课程性质相对集中，并按教学内容适当分工。

8. 选修外语，并可采用集中辅导，布置任务，分散自学的办法(类似函授的形式)。

9. “要充分兼顾青年工作、学习和娱乐、体育、休息两个方面。”要遵照毛主席“健康第一，学习第二”的指示，大力开展体育活动。

10. 教学改革要在无产阶级政治统帅下进行，政治活动应照常安排。

四、应该努力创造的条件：

1. 以批林批孔带动教育革命，认真学习毛主席有关教育革命的论述，统一师生的思想。造成要前进，不要倒退；要革命，不要改良的强烈政治气氛。

2. 作好宣传工作，争取家长和社会各方面的配合和支持。

3. 办好图书馆，给学生提供尽可能多的图书、资料。简化借书手续，方便学生读书。

4. 逐步建立和完善校外教学基地。

教学方法的改革是和整个教育制度的改革联系在一起的。在改革过程中充满着两个阶级、两条路线的斗争。除了阶级敌人或公开或隐藏的破坏外，还将遇到习惯势力的顽强抵抗，其主要表现是冷眼旁观，准备“秋后算帐”。对这，我们应有足够的思想准备。希望领导上要领导好一场批判旧教育思想的斗争，那怕遭到暂时的失败，也要矢志不移，百折不回，勇往直前。

事物总是一分为二的，有得必有失。要想毫无损失，事事称心如意，“绝对”不出问题，那是不可能破旧立新的。只要我们沿着毛主席指引的方向前进，又有严格的科学态度，胜利一定是属于我们的。

上述一点粗浅看法，很可能被一些同志认为是“纸上谈兵”。纸上谈兵也罢，嘴上谈兵也罢，写出来是表示我对学校教育革命的一点心意。错误在所难免，请领导批评指正。

此致

敬礼！

张馨兮

1974·9·11·

简讯

中一年级同学入校来革命积极性很高，他们斗志昂扬地投入了狠批《三字经》的战斗。两周来，中一年级各班都已出了批《三字经》专栏，并正在准备出第二批专栏。中一(二)班动员了学生家长帮助发稿，写标题，加插画，做到了争取社会力量的支持。全年级大批判搞得轰轰烈烈。其他各年级也在纷纷出专栏，开批判会。校共青团、红卫兵团理论学习小组正积极准备对《神童诗》的批判。

教革通讯

第 48 期

一九七四年九月二十四日

扬州中学政工组、教革组编

彻底批判《三字经》所宣扬的反动历史观

工宣队

南宋末年出笼的《三字经》是反动的哲学观、历史观、道德观、教育观和处世观的大杂烩。正因它通篇都是腐朽、没落的孔孟之道，所以几百年来，反动统治阶级和孔老二的徒子徒孙都把它作为培养本阶级的奴才和接班人的最好“启蒙”课本。甚至在一九六二年，旧中宣部试办的某一所中学里，还把《三字经》稍加修饰，作为学生的文言文选读材料。可见刘少奇一伙也是将《三字经》作为他们复辟资本主义的反革命思想武器的。在批林批孔运动深入、普及、持久的新阶段中，我们要以马列主义、毛泽东思想为武器，戳穿《三字经》的反动实质，肃清它的流毒，荡涤修正主义和一切反动没落阶级的意识形态。

这里，我们就《三字经》中所宣扬的反动历史观加以批判。

《三字经》中的反动历史观，首先表现在复古倒退，宣扬“克己复礼”。它以孔老二“信而好古”的思想为指导，否认社会的进步和发展，什么“唐有虞，号二帝。相揖逊，称盛世”，把原始社会这个人类社会的低级阶段说成是“黄金时代”；什么“八百载，最长久”，美化日趋没落的周朝奴隶制。它污蔑推动中国社会前进和统一的“天下大乱”是“逞干戈”，妄图维护奴隶主阶级的反动统治；它贬斥“千古一帝”秦始皇打击复古倒退势力的措施是“兼并”行为，对顺应历史潮流的革命行动充满了仇恨；它惊呼“王纲坠”，“七雄出”，对于没落奴隶制日益土崩瓦解的处境寄予无限的惋惜；它哀叹“失统绪”“国祚废”“神器焚”，对每个封建王朝的覆灭都心怀留恋，并充满了悲哀。总之，

《三字经》把效法先王、竭力维持反动统治称做“治”、“兴”,把人民的革命斗争、进步势力的变法革新称为“乱”“衰”,可见它所宣扬的完全是孔老二复古倒退、克己复礼的反动谬论。反革命阴谋家林彪站在大地主大资产阶级的立场上。对我们社会主义革命和建设的大好形势进行恶毒攻击,把“克己复礼”作为“悠悠万事”中最大的事,这就可以看出他和《三字经》是站在同一个顽固立场上,就是反对社会前进,妄图开历史倒车。

《三字经》中的反动历史观还表现在颠倒历史,鼓吹反动的唯心史观。它一方面宣扬董仲舒“君权神授”的谬论,说什么“清太祖,膺景命”,胡说一个封建王朝的建立完全是凭天的意志,皇帝是接受了天的使命。而二十世纪七十年代的林彪,也以“天才”自居,自比“天马”,这种腔调和《三字经》是一脉相承。另一方面,《三字经》用了三分之一的篇幅宣扬英雄创造历史的唯心史观。它说,“考世系,知终始”,把中国几千年来阶级斗争的历史,说成是奴隶主阶级、地主阶级的头子改朝换代的“世系”史,是记录各王朝“兴衰”的一本流水帐,完全抹煞奴隶们创造历史的功绩,否认阶级斗争是历史前进的动力。斯大林曾指出:“历史科学要想成为真正的科学,就不能再把社会发展史归结为帝王将相的行动,……而首先应当研究物质资料生产者的历史,劳动群众的历史。”没有劳动人民的生产活动,社会就无法生存;没有劳动人民反抗压迫的斗争,社会就不能前进;一句话,没有劳动人民也就没有什么历史可言。纵观我国几千年的历史,可以看到,是持续了二百多年的波澜壮阔的奴隶起义和反抗斗争,才促使了奴隶社会的崩溃。在封建社会里,是大小数百次风起云涌的农民起义和农民战争,才推动了历史前进,解放了社会生产力。今天,我们社会主义革命和建设的胜利,也是中国人民在中国共产党和毛主席的领导下,前仆后继,努力奋斗所取得的。历史事实雄辩地证明了“人民,只有人民,才是创造世界历史的动力”这一伟大真理。林彪推销的“政变经”,鼓吹的“英雄和奴隶共同创造历史”的谬论,就是反动英雄史观的翻版。他之所以宣扬这种反动的唯心史观,就是妄图实现个人专制独裁,使社会主义复辟到资本主义。

任意篡改历史,借以制造反革命舆论,这也是《三字经》反动历史观的一个方面。《三字经》对孔老二所编制的《春秋》大加吹捧,说什么“诗既亡,春秋作,寓褒贬,别善恶”。其实,孔老二的那本《春秋》是一本翻案复辟的变天帐。他面临“礼崩乐坏”的局面,惊恐万状,为了实现其“克己复礼”的迷梦,就极尽歪曲、篡改历史之能事,搞了一部《春秋》,借以制造反革命舆论。所谓“寓褒贬,别善恶”,就是“褒”那些主张复辟倒退的奴隶主,“贬”那些起来斗争的奴隶和新兴地主阶级;它以复礼为“善”,以革新为“恶”。可见《春秋》完全是一部篡改历史、为复辟倒退服务的代表作。而《三字经》却把《春秋》抬到吓人的高度,从中我们就可以发现一条阶级斗争和路线斗争的规律:一切妄图开历史倒车的复辟狂,都要搞篡改历史的勾当,两千多年前的孔老二是这样,叛徒、卖国贼林彪也是这样。为了达到颠覆无产阶级专政、复辟资本主义的罪恶目的,林彪明明在历次革命的重要时刻都反对毛主席,可是他的死党却把他吹成是一贯

"紧跟""高举";在东北解放战争时期,林彪明明是一个多次抗拒毛主席的指示,畏敌如虎的右倾家伙,可是那本《东北解放战争时期的林彪》小册子,却恬不知耻地把他美化成什么"英明的统帅","天才的军事家",如此步孔老二的后尘,蓄意篡改历史,正是为林彪篡党夺权大造反革命舆论。

毛主席教导我们:"阶级斗争,一些阶级胜利了,一些阶级消灭了。这就是历史,这就是几千年的文明史。拿这个观点解释历史的就叫做历史的唯物主义,站在这个观点的反面的是历史的唯心主义。"《三字经》就是道道地地宣扬历史唯心主义的黑标本。而深受孔孟之道熏陶的林彪,也是一个彻头彻尾的历史唯心主义者,他和《三字经》作者一样,一方面把自己打扮成"超群之才",是"发现天才"的"最大的天才";一方面恶毒攻击污蔑劳动人民,把群众说成是愚昧无知的"群氓""阿斗",这就是历史唯心史观的大暴露。今天批判《三字经》,就是要把颠倒的历史颠倒过来,长无产阶级和广大劳动群众的志气,坚信《国际歌》中所说的,"是谁创造了人类世界,是我们劳动群众"这一颠扑不破的真理。满怀豪情,充满信心,去完成历史赋予我们的伟大使命。

作为进驻学校的工宣队,我们深深懂得:学校是历史反动统治阶级宣扬孔孟之道,培养他们忠实奴才的世袭领地,解放后的十七年,在刘少奇反革命修正主义教育路线的破坏下,学校成了资产阶级知识分子的一统天下,我们伟大领袖毛主席的教育思想和教育方针,基本上没有得到贯彻执行。在无产阶级文化大革命的高潮中,在毛主席关于"工人阶级必须领导一切"的号令下,我们工人阶级登上了上层建筑的历史舞台,这一伟大的创举,就是对从孔老二到林彪一切反动统治阶级所宣扬的"英雄创造历史"的唯心史观的有力批判;这一伟大的创举,把资产阶级知识分子统治学校这一颠倒的历史,重新颠倒了过来。

但是,"教育界的资产阶级偏见特别顽固"。《三字经》中所宣扬的那种反动历史观,在今天的教育战线上仍然有所表现。表现之一是看不起工农群众的思想还有一定的市场。那种公开反对工宣队,叫嚣"你占领礼堂,我占领课堂"的人是不多了,但是有的人从固有的阶级偏见出发,倚仗他们在业务领域的一点影响,鄙视工农,对工人阶级占领上层建筑总不是那么舒心,不是那么顺眼。表现之二是"今不如昔"的历史倒退论还有一定的市场。有的人抓住我们在教育革命过程中的某些局部的、暂时的缺点和问题,大肆渲染,攻其一点,不及其余,对大量的根本性的变革却视而不见。说什么"一代不如一代",对文化大革命前那种旧秩序,在感情上还是恋恋不舍。这一切,说明在教育革命不断深入的情况下,占领与反占领,改造与反改造的阶级斗争仍然是十分激烈的。对此,我们应该有所警惕,要努力奋斗,树立长期作战的思想。

我们战斗在上层建筑领域的工宣队员,通过批判《三字经》中所宣扬的反动历史观,必将更加坚定占领上层建筑领域的信心和决心,在党的一元化领导下,充分发挥工人阶级的主力军作用和工宣队的政治作用,团结、教育广大革命师生,坚持以批林批孔为纲,坚持革命,坚持前进,坚持贯彻毛主席"教育要革命"的伟大指示,热情支持社会主义的新生事物,批判那些"一代不如一代"、"今不如昔"等历史倒退论,肃清修正主义教育路线的影响,使学校真正成为无产阶级专政的工具,为培养千百万无产阶级革命的接班人,作出更大的贡献!

真理岂能掩盖,历史不容颠倒。呼啸奔腾而去的历史长河,一批批地冲刷着人类的渣滓。马克思说过:“历史是审判台:而无产阶级就是执刑者。”孔老二早已被押上了历史的审判台,林彪及其死党已都被扫进了历史的垃圾堆,《三字经》之类的毒草坏书,也正受到批林批孔革命烈火的焚烧。这就是历史给予他们的应得下场,而我们无产阶级教育革命以及整个无产阶级的革命事业,一定会在批林批孔运动的推动和促进下,取得更加伟大的成绩!

决不辜负党和同志们的期望

——邵刘金同志西藏来信摘登

离开学校以来是难忘的,经过了祖国的千山万水,目睹了我国各族人民在毛主席革命路线指引下,积极投入批林批孔运动和为建设社会主义而忘我劳动的许多感人场面。我们这次来西藏,受到各级党委的极其隆重的接待和百般关怀。六月二十二日地委派专车送我们到南京,当晚就与墨西哥贵宾、港澳渔民代表团一起观看了南京鼓楼区红小兵演出的精彩文艺节目。据说这个区的红小兵曾出国演出过。这说明把我们放到了多高的位置上。第二天(六月二十四日)上午九时三十分,省委负责人杨广立同志以及省委宣传部周、俞二位部长,省教育局的几个正副局长,西藏来接的同志,在省高干招待所接见了我们,历时两个小时。杨广立同志对我们作了重要指示,与我们一一亲切握手,并与我们一起照了像。省委负责同志在百般繁忙的工作以及紧张的批林批孔运动中,抽出这么多时间来接见我们,两次说明了党委对这次援藏工作的高度重视。不仅如此,在六月二十五日晚,我们离开南京去成都时,省委专门组织了南京市中学教师和学生到车站敲锣打鼓欢送我们,专门为我们四十五位同志准备了一节设备较好的队铺列车,听说在我们离开南京不几天,《新华日报》还在头版登载了我们去西藏的新闻报导。

当我们的列车到达成都的时候,西藏自治区驻成都办事处早为我们作了安排,派轿车接我们,让我们住在条件较好而且比较安静的成都南站旅社,“成办”第一书记与我们亲切接见,安排我们参观浏览,在成都整整休息十天,并且选择了一个思想好、技术熟练的老党员为我们去西藏开车。

从学校章书记、各位领导同志的关心教育,直到江苏省委、西藏自治区驻成都办事处负责同志的教育关心,使我深受感动。任重而道远。党委托我们去完成一项前人没有做过的光荣而艰巨的伟大事业。西藏百万农奴在政治上、经济上翻了身,他们迫切需要在文化教育方面翻身。党的委托,同志们的期望,广大贫下中牧的迫切要求,在我心灵里汇成一股洪流,我暗下决心,为完成党和人民交给我的战斗任务,决心做到:艰难险阻何所惧,愿以鲜血化宏图。

七月六日,我们45人分乘两座大轿车奔向世界屋脊——西藏高原,开始了我们离南京后最艰苦的旅行。这条川藏公路是先烈们用鲜血铺成的,到处是悬崖峭壁,陡坡急流。这里空气稀薄,气候变化无常,十七天的行程(包括休息和被迫停车),经历了春夏秋冬,霜雪雨雾,谁能相信,正当江苏进入七月盛夏,而雀儿山上却是雪花飘飘呢?很多同志受不了高山气候的袭击生病了,发烧了,呕吐了,血压也升高了。但是我们走的是毛泽东思想指引的光明大道,有党的关怀,有同志们磐石般的团结,终于胜利地到达了目的地。在途中,往往几十公里都荒无人烟,行程一两百公里才能到一个较大的集镇。但所到之处,都受到各级党委的热情接待,雅安也好,泸定也好,道孚也好,德格也好,直到昌都,到处都是欢迎我们的大幅标语,安排价廉物美的食宿。很多县委书记都亲自到交通站来慰问我们,各地医务工作者听说我们到了。都不分昼夜地为我们看病,查身体。途中偶然碰到一些藏族同志,都向我们招手致意,虽语言不通,但感情十分真挚。

西藏地处祖国边疆,地大物博人稀。我们扎木中学离扎木镇中心约有七华里。学校原是农基师的师部所生地,有木墙瓦屋三百多间,学校范围三百亩左右,相当江苏三至四个生产队的面积,可建造标准半圆式田径场十五个以上。现在除房屋以外,一无所有。几百亩全是荒地,高低不平,鹅卵石遍地都是,去县城的公路穿校而过,老乡和部队的马牛羊猪到处乱跑。我们到这儿是白手起家,到校第三天就开始建校劳动。为保证安全和防止牛半猪马的侵袭,昌都地区准备在校周围筑起围墙或栅栏,估计要花六到十万元。

关于生活上的问题,现在已暴露出来,很不习惯。因为西藏民主改革前是奴隶社会,相当于我国春秋战国时代,原来耕田都用木犂,生产水平很低。现在用铁犂了,有很大进步,但比起江苏来是不好比的。最大的问题是没有蔬菜,西藏人没有吃蔬菜的习惯,内地人来多了,开始有了点蔬菜。目前才到,困难较多,但大家有一颗为西藏教育事业贡献自己的红心,大家还是很乐观,劳动起来劲头很大。我是有思想准备的,所以也不觉得太突然,相反觉得这对自己是个磨炼,也促使自己为迅速改变西藏落后面貌更加忘我的工作。

最后,请章书记和各位领导同志放心,我不会辜负领导和同志们的期望。路途困难我经受住了,在路上我都是服待反应重的同志,没有担架我来背,床少让给他们睡,我睡汽车,大家团结得很好。目前就是个生活关,我是可以过的,语言关也是可以过的。我决心以实际行动接受党的考验,争取早日加入中国工人阶级的先锋队——中国共产党。

剥下"善"的假面罩

中一(三)　张芝萍

大字报,好好好,
角角落落都贴到。
批林批孔火万丈,
剥下"善"的假面罩。

狗地主,讲"性善",
嘴里念佛手拿刀。
催租、逼债害人命,
打死多少杨白劳。

资本家,讲"性善",
毒蛇心肠脸带笑,
榨干工人血和汗,
算算剥削还嫌少。

大学习,大批判,
阶级觉悟大提高。
彻底批判"性本善",
阶级斗争永记牢。

教革通讯

第 49 期

一九七四年十月十七日
扬州中学政工组、教革组编

贯彻《五·七指示》 坚持开门办学
我校农村分校在邗江县志远大队举行开学典礼

【本刊讯】在批林批孔运动进入深入、普及、持久新阶段的大好形势下，我校农村分校于十月十四日在邗江县红旗公社志远大队正式成立，举行了开学典礼。这是毛主席无产阶级教育路线的胜利，是我校三千多革命师生和志远大队全体干部、贫下中农的喜事。

十月十四日下午，我校农村分校的开学典礼在鞭炮声中开始。上级领导宣布了分校管理小组成员的名单后，管理小组组长、志远大队党支部书记张金坤同志首先讲话。他代表志远大队的广大干部和贫下中农热烈欢迎我校师生，并表示坚决支持农村分校这一新生事物。他说，开门办学，成立农村分校，是形势发展的需要。把青年放到农村这个广阔天地里锻炼，是培养无产阶级革命事业接班人的需要，是反修防修的需要。一句话，是巩固无产阶级专政的需要。他还对同学们和贫下中农提出了要求。他说，农村需要知识青年，知识青年也需要农村。学生要认真接受贫下中农的再教育，要处处、事事维护集体利益。贫下中农应该把学生作为无产阶级革命事业的接班人来培养。要做到政治上关心他们，劳动中爱护他们，生活上照顾他们，尽可能帮助他们解决困难。最后，他要求大家，积彻投入批林批孔运动，认真办好农村分校，为捍卫毛主席的革命路线，为培养和造就无产阶级革命事业的接班人而努力奋斗。

管理小组副组长、我校革委会副主任胡文同志，也在开学典礼上讲了话。对我校以往的开门办学的情况作了回顾,并指出了建立农村分校的伟大意义。接着他说:"农村分校是社会主义的新生事物,既是新生事物,它的成长就不可能是一帆风顺的,它将会有曲折,有斗争。但新生事物是不可战胜的,所以它一定会不断壮大。我们全体同志要关心、爱护这个新生事物,应在教育革命的实践中使之不断完善。"

"首先,我们要以党的基本路线为纲,全面理解贯彻党的教育方针。毛主席要我们培养有社会主义觉悟的有文化的劳动者,这是党在社会主义阶级的基本路线所决定的。社会主义这个历史阶段中,存在着阶级、阶级矛盾和阶级斗争,存在社会主义和资本主义两条道路的斗争,存在着资本主义复辟的危险。我们的教育,应该成为无产阶级专政的工具。因此,我们首先要学生有社会主义觉悟,没有这个觉悟就不可能为人民服务,不可能成为无产阶级革命事业的接班人,这是个前提。同时也要学生成为劳动者,而不是精神贵族。根据以往的情况,老师、学生下来后,往往提出"文化学少了","影响质量了"等问题。文化,我们是要的,但是只讲文化,注意力仅放在文化知识上,这和资产阶级学校有什么区别呢?所以,我们的农村分校要搞好,就必须全面贯彻党的教育方针,不要只把眼光放在这门课如何教,那个单元怎么学上。当然课是要上的,关键问题是不应该单纯从具体学科上去考虑理论联系实际,而是应从基本路线出发,联系三大革命这个最大的实际,把转变学生的思想放在首位。

"其次,我们要虚心向贫下中农学习,严格执行三大纪律八项注意。农村分校的优越性之一,就是使师生置身于广大贫下中农之中。我们要接受贫下中农的再教育,培养劳动人民的感情,从而增强改造世界观的决心。要广泛利用农村三大革命运动的活教材,进行阶级斗争、路线斗争教育,还要为贫下中农服务,培养为农业服务的思想。我们要依靠贫下中农进行教学改革。纪律是执行路线的保证,我们特别要注意群众纪律,搞好群众关系。

"第三,我们要发扬自力更生、艰苦奋斗的精神。同学们到分校来,目前还没有校舍,即使有了几间房子,也不象城里那样。我们要自己动手,参加建校劳动,当前特别要参加秋收秋种的战斗,保证打好这一仗。艰苦的环境,更能磨炼人的意志,我们在农村分校这个大熔炉里,不仅要长才干,练本领,更要在思想上筑起一道反修防修的长城。"

第一批到农村分校的,是高一(3)、(4)、(5)三个班的师生。当天中午,他们身背行装,满怀豪情地来到了志远大队。在开学典礼上,他们的代表也发了言。在发言中,他批判了"学而优则仕"的谬论,批判了"三脱离"的关门办学道路,并表示了决心。他说,我们要在农村分校这个上山下乡的演习场里,认真学习马列和毛主席著作,和贫下中农一起深入开展批林批孔,狠批孔孟之道,狠批刘少奇、林彪所推行的修正主义教育路线;向贫下中农学习,接受贫下中农的再教育,刻苦地改造世界观;发扬理论联系实际的学风,和老师一起积极进行教学改革。

红旗公社党委对我们的农村分校十分重视,公社负责人亲自到会并作了指示。他对我校贯彻《五·七指示》,坚持开门办学,建立农村分校的革命行动表示支持;对广大师生从城里来到农村经风雨、见世面，接受再教育表示欢迎。并要求贫下中农和革命师生团结战斗，去夺取教育革命的新胜利。

最后，市革会教育局的负责同志作了指示。她向热情支持教育革命的红旗公社党委和志远大队的广大干群表示感谢，并指出："城市中学建立农村分校，是全面落实毛主席《五·七指示》，为建设社会主义新农村培养人材的重要途径。分校的成立，有利于师生接受贫下中农的再教育，转变师生的思想；有利于加强劳动锻炼，培养劳动观点；有利于面向农村，实行开门办学，使教学与三大革命相结合，做到理论联系实际，提高教学质量。农村分校的举办，也是对几千年孔孟反动教育思想的有力批判。是我们广大贫下中农坚持社会主义革命，牢固掌握文权，积极扶植革命新生事物的实际行动。"

接着，她又说："培养无产阶级革命事业接班人，是我们党永不变色的百年大计。广大农村是锻炼人、培养人的革命大熔炉。红旗公社志远大队在培养无产阶级革命事业接班人的工作方面，有丰富的宝贵经验，是我们学习的好典型。扬州中学在这里建立分校，这对学校进一步贯彻《五·七指示》，搞好教育革命，必将是有力的推动。我们全体师生要在大队党支部和学校党支部的统一领导下，发扬抗大的光荣传统，自力更生，艰苦创业，虚心向贫下中农学习，接受贫下中农的再教育。充分利用分校的有利条件，安排各项教学活动，为搞好教育革命作出更大的贡献。同学们要在贫下中农的指导帮助下，发挥学习上的主动性和积极性。努力学习，遵守纪律，爱护庄稼，积极参加农村批林批孔运动和开门办学活动，使自己在德、智、体诸方面得到全面的发展。"

会后，会社文艺宣传队为社员和师生作了精彩的表演。

扬州中学农村分校管理小组成员

组　长：张金坤（志远大队党支部书记）

副组长：胡　文　丁正富（志远大队革委会主任）

组　员：杨宽安（金桥生产队队长）

马金山（丁跳生产队队长）

赵志怀（米塘生产队队长）

杨志标（贫下中农代表）

李守平　刘永嘉　王　璨

谈志成　诸葛松

四　时　歌

——批“春游芒草地，夏赏绿荷池，秋饮黄花酒，多吟白雪诗”

高二(19)班　窦卫丹

春播遍大地，
夏栽水稻忙
秋收粮万担，
冬开千顷荒

四时勤劳动，
大地换新装。
一心为革命，
青春献给党。

沿着“五·七”大道飞跑

高二(14)班　徐　闽

歌声嘹亮，
红旗飘飘，
迈着矫健的步伐，
我们走出了学校。
到工厂、农村开门办学，
在火热的斗争中，
接受工农兵的再教育，
把自己的世界观改造。

在过去的学校，
机器是怎样开？
庄稼是怎样长？——
知识只能从书本里找。
举目是满黑板的数据，
满书本的图表。

“萤窗万卷”读死书，
封、资、修的毒素塞满了头脑。
这样培养出的学生，
学的是空洞的理论，
想的是个人的目标。
这样培养出来的学生，
工厂不欢迎，
农村不需要。

无产阶级文化大革命掀高潮。
新生事物如雨后春笋，
开门办学，
冲破了障碍道道。
出世了，诞生了！
红卫兵和革命教师，

手擎马列和毛主席著作，
来到三大革命的第一线，
把一颗为人民服务的红心铸造。
我们来到工厂，
工人师傅对我们热情指导。
讲机器性能，
讲机器构造；
更讲对资产阶级的斗争，
怎样把洋奴哲学批倒。
我们亲手操作，
亲眼看到工人阶级的伟大创造。
觉悟提得高。
知识记得牢。
我们来到农村，
和贫下中农一道，
把祖国山河改造。
农活不会做，
贫下中农手把手地教；
思想有波动，
贫下中农就耐心引导。
泥里水里，栽秧耕田，
培育出茁壮的新苗；
风里雨里，战天斗地，
也清除了思想上的杂草。

啊！——
斗争迎来了胜利，
汗水换来了捷报。
一代新人正茁壮成长，
似破沃土的株株新苗。
如今，批林批孔的战旗飘飘，
亿万人民挥戈上阵，
狠批反动的孔孟之道。
《三字经》、《神童诗》，
原形毕露罪责难逃。
什么“头悬梁，锥刺股”，
什么“唯有读书高”，
都是骗人的一套。
只有投身于三大革命，
接触工农大众，
才能掌握真正的知识，
提高阶级斗争的觉悟，
永保红色江山万年牢。

我们是毛主席的红卫兵，
和教师战斗在同一战壕。
为了把世界革命的重担肩上挑。
为了解放全人类的伟大目标，
战斗吧！
把封资修的教育路线批倒。
战斗吧！
用更多的知识丰富我们的头脑。
让我们时刻准备着，
把青春交给党，
一切服从人民的需要。
让我们胸怀革命大志
脚踩反动的孔孟之道。
冲破“萤窗”的笼牢，
沿着毛主席指引的“五·七”大道，
永远向前飞跑，飞跑！

教革通讯

第 50 期

一九七四年十月二十九日

扬州中学政工组、教革组编

深入学习中央23号文件 批林批孔推动教育革命

高二(13)(14)班积极进行文科教学改革试点

【本刊讯】在学习中央23号文件,批判林彪反动军事路线的热潮中,学校党支部、工宣队、革委会认真研究了学习中央23号文件的计划,并考虑把学习文件和文科教学改革结合起来,推动学校教育革命的开展,选择了高二(13)(14)两个班级,作为学习中央23号文件和文科教学改革的试点。目前,这两个试点班已开展了一个时期的活动。

这次试点的指导思想是:

1. 学校工作应以批林批孔为纲,要巩固无产阶级文化大革命以来教育战线的成果,捍卫毛主席的革命教育路线,深入开展无产阶级教育革命。

2. 在教育领域中,孔孟之道的流毒既广且深。教学计划、教育内容、教学方法等各方面都需要改革。因此,不能使运动围着教学转,而要使教学为运动服务,为无产阶级政治服务。文科是搞意识形态的,是阶级舆论的阵地。当前,更要把批林批孔深入教学领域,为学习中央23号文件服务,为政治斗争服务。

3. 城市中学的办学方向和培养目标是要为工农业生产服务,特别是要为社会主义农业服务,为贫下中农服务。学生今后上山下乡要能和贫下中农一起组织马列、毛主席著作的学习,宣讲文件,开展革命大批判。现在必须练习这方面的能力,做好准备。

这次试点的要求是:

1. 认真学习毛主席亲自批阅的中央23号文件和毛主席的有关军事著作,以马列主义、毛泽东思想为武器，从批判林彪在辽沈、平津两战役中的罪行入手，狠批林彪资产阶级军事路线，进一步认清林彪修正主义路线和孔孟之道的联系，提高识别真假马列主义的能力，增强执行毛主席革命路线的自觉性。

2. 进行文科教育革命实践，努力做到教学为当前政治斗争服务，通过开门办学，向工农兵学习。组织学生自学，在实际斗争中提高分析问题和解决问题的能力，打好文化基础。

这次试点的方法是：试点班集中一定力量，集中三周到四周时间，以学习中央23号文件为中心进行文科改革。理科学习暂停。文科学习结束后，到工厂学习数学制图、识图、电动机等知识。在工厂学习过程中，23号文件学习正常进行。

这一时期试点的步骤和实施情况：

1. 深入动员，学习文件。

这两个试点班开始时，工宣队和学校负责同志做了文科教学改革的动员报告和学习中央23号文件的动员报告。大家学习了《认真学习毛主席的军事著作》等文章，组织学生编写发言提纲，进一步明确了学习23号文件的重大意义。

在动员的基础上，用边读边讲的方法，较为细致地宣讲了中央23号文件。请解放军首长作了东北解放战争的形势和辽沈、平津两大战役中两条路线斗争的报告。为了帮助学生理解文件的主要精神，布置了“辽沈、平津两大战役中，毛主席革命军事路线同林彪的右倾机会主义军事路线是怎样斗争的”等六个作业题目，让学生在学习有关材料的基础上独立完成。一周时间内，通过动员学习，达到了进一步明确学习中央23号文件的重大意义和中央23号文件的主要精神的要求 。

第二单元准备用一周时间，认真学习毛主席的九篇军事著作。领会毛主席关于“枪杆子里面出政权”的思想，关于战略上藐视敌人和战术上重视敌人的思想，关于集中优势兵力，各个歼灭敌人的思想，关于人民群众是真正的铜墙铁壁的思想和全民皆兵的思想，关于党指挥枪的思想和关于“将革命进行到底”的思想。在学习方法上，引导同学自学，由政治教师讲解放战争的概况，由语文教师重点示范讲解《目前形势和我们的任务》等几篇毛主席军事著作，指导如何分析文章，理解精神。然后发给每个同学一篇辅导材料，在通读毛主席九篇著作的前提下，每组重点学习一篇文章，再组织全班交流，充分调动学生自觉学习的积极性。在学生自学过程中，教师结合讲林彪在各个历史时期推行资产阶级军事路线的罪行，以及历史上军事路线方面的儒法斗争情况，帮助同学深入分析。

2. 调查访问，开展批判。

在认真学习文件、掌握思想武器的基础上，组织调查访问和开展革命大批判。要求通过调查访问，进一步认清林彪资产阶级军事路线的实质及其思想根源，进一步认清林彪的资产阶级军事路线和他的“克己复礼”政治路线的关系，着重批判林彪唯心主义的估量形势，否定人民群众在战争中的作用，兜售“六个战术原则”，反对党的集中统一领导，大搞“军党论”的罪行。

调查访问前,把批判专题落实到每个小组,发动学生收集文件资料,由学校统一到驻军单位和工厂、农村联系,确定访问对象、访问要求、访问时间,做到有目的有要求地进行调查访问。访问后,每个同学写批判稿,组织全班的批判会。在批判过程中,他们把批判资产阶级军事路线和政治路线结合起来,和如何正确看待教育革命形势等批判修正主义教育路线结合起来。

3. 编写材料,进行宣传。

在学习、批判的同时,编写 23 号文件的宣讲稿、批判林彪资产阶级军事路线的宣讲稿,组织同学到工厂、农村、街道调查了解宣讲、批判的要求,编好稿子,然后到工厂、农村去宣讲。

4. 总结提高,评定成绩。

完成自我小结,评定这一次试点中文科学习的成绩,总结提高,进一步推动批林批孔和教育革命的深入进行。

一周以来的初步收获有如下几点:

1. 初步明确了学习 23 号文件的重大意义,认识到认真学习 23 号文件,学习毛主席军事著作,批判林彪资产阶级的军事路线,是当前批林批孔普及、深入、持久的重要环节,提高了学习自觉性。不少同学还认识到了批判林彪资产阶级军事路线和批判林彪"克己复礼"的政治路线的关系,进一步认识他在军事上总是过高估计敌人力量,过低估计人民力量,反映了他一贯右倾机会主义的思想。看到了林彪反革命修正主义路线的极右实质。

2. 初步明确了中央 23 号文件的基本精神,初步学习了毛主席的军事思想。认识到辽沈、平津两大战役是毛主席亲自指挥的,林彪处处对抗毛主席和党中央的领导,充分反映了他一贯反对毛主席革命路线的真面目。高二(13)班同学就两条军事路线在这一时期的斗争,归纳了六个方面:毛主席一贯坚持党指挥枪的原则,林彪却是坚持枪指挥党;毛主席一贯坚持用无产阶级政治统帅军队,使军队为无产阶级政治服务,林彪偏要用资产阶级军事路线统治军队,要"以礼治军",使军队为资产阶级服务;毛主席一贯坚持马克思主义的战略思想和军事原则,林彪偏要鼓吹孔孟之道的战术原则。在辽沈战役中毛主席指出要敢于向敌人决战,林彪竭力回避决战,毛主席要把卫立煌集团封闭在东北就地全歼,林彪要留出道路放敌入关;在平津战役中毛主席要稳住敌人,不让敌人逃跑,不让敌人收缩,加以各个歼灭,林彪却把敌人放跑,以后又想把敌人吓跑,最后又把敌人赶跑,放虎归山。这样两相对照,使大家进一步看清了林彪一贯反对毛主席革命路线的丑恶嘴脸。高二(14)班同学归纳说,毛主席无产阶级军事路线的基础是人民战争,在战略上是藐视敌人,在战术上是重视敌人,在兵力部署上是集中优势兵力打歼灭战。而林彪则主张打击溃战,消耗战,事实证明,凡按毛主席战略战术打仗的就胜利,凡是受林彪"六个战术原则"干扰的,战果就受影响,部队就受损失。有的同学还说:"过去我们听到人讲,林彪军事上是有一套的,从东北一直打到海南岛。现在学习了 23 号文件,才知道他是个一贯反党反毛主席,处处怕打仗、胆小如鼠的怕死鬼。”从而初步剥开了林彪“一贯正确”“一贯紧跟”的“常胜将军”和“天才军事家”的画皮。

3. 初步明确了文科改革的目的意义。不少同学认为，这次文科改革就是意识形态领域内的一次斗争，文科改革为当前政治斗争服务，为批林批孔服务，是一条教育革命的新路子，是很必要的。有的同学反映，学校考虑到我们今后走上工作岗位的需要，培养我们分析和解决问题的能力，这是很实际的。如(14)班同学在讨论时提到，傅作义和卫立煌两个兵团为什么不能协作？经过讨论，大家认识到这是由他们的阶级本性决定的。在阶级敌人内部，私利大于一切，他们都是唯我主义。敌人内部的勾心斗角是不足为怪的。有的同学还提到林彪在两大战役中处处对抗毛主席，是否暗里和蒋介石有联系？通过讨论，大家认为林彪的所作所为不一定和蒋介石有什么联系，但他的阶级本性决定了他与敌人“志同道合”，因此处处适应蒋介石的需要。另外还由于林彪个人野心作怪，想在东北把敌人赶跑搞独立王国。大家反映，这样学习比过去一星期上两三节课好得多，不但提高了政治水平，还学到了很多军事知识、历史知识、地理知识。如明确了辽沈、平津战役的战斗态势，从而进一步理解了毛主席采取方针的正确。这样既学得多，也学得牢，随时可以拿得出，分析问题的能力大大提高。有的同学还反映，过去上一堂课，才有些眉目但不讲了，过几天再来。现在这样集中学习，不脱节，印象深刻，收获大。这正体现了毛主席关于集中兵力打歼灭战的军事思想。

现在，这两个试点班的同学中，学习政治的气氛比较浓厚。大家注意听报告，认真记笔记，会后整理笔记，认真参加小组学习。过去文科作业认真作的人不多，现在绝大部分同学写发言提纲，做作业，有的搞到深夜两点钟。不少同学四处找材料，主动查阅参考资料，有时整本地抄材料。大家在实践中还提高了作纪录的能力，如在速记时采取先空后扑，先记数目后记内容等方法。由于人人都有事故，听报告和自学时的纪律比改革前好，早退、迟到、缺席现象减少了，后进同学有进步。

从存在问题看，这一段时期，由于学习时间还比较短，有的人对文科改革的目的意义还不够明确，部分同学发动得还不够，有的抱无所谓、随大流的态度，学习自觉性还比较差。同时，充分发动同学自学，走出去，请进来，组织生动活泼的活动也较少。

这次试点现仍在进行中，试点班的师生正针对以上存在的一些问题认真研究，作出安排。

我校田径队在市田径运动会取得优异成绩

【本刊讯】我校田径队在党支部、工宣队、校革会的领导和关怀下,最近参加了一九七四年扬州市中、小学生田径运动会。他们以批林批孔为强大的政治动力,用无产阶级政治统帅训练、比赛全过程。在训练中,他们严格训练,严格要求,轻伤不请假,坚持刻苦训练,并把苦练与科学态度结合起来;在比赛中,他们以比赛指导思想正确为基础,不讲条件,遇弱不骄,遇强不惧,以为革命敢冲敢拼的精神,刷新了一部分扬州地区、扬州市、市少年纪录。现将我校田径队参加这次运动会比赛成绩,向全校革命师生员工汇报如下。

获得高中男子组团体第一名,总分 146 分

获得高中女子组团体第一名,总分 143 分

获得初中男子组团体第四名,总分 35 分

获得初中女子组团体第二名,总分 97 分

王跃亮同学以 1.81 米成绩破扬州地区跳高 1.75 米的纪录。

童秀清同学以 9.68 米成绩破扬州地区女子少年铅球 9.61 米纪录。

童秀清同学以 28.77 米成绩破扬州市女子铁饼 28.69 米纪录。

李灵芝同学以 17″2 的成绩破扬州地区女子少年跨栏 17″7 的纪录。

邓年春同学以 12.67 米成绩破扬州市少年三级跳远 12.45 米的纪录。

邓年春同学以 1.67 米的成绩破扬州市少年跳高 1.66 米纪录。

仇留梅同学以 1.43 米的成绩破扬州市女子少年跳高 1.41 米纪录。

张子扬同学以 13.07 米的成绩破扬州市少年铅球 12.83 米的纪录。

张承媛、李灵芝、仇留梅、王爱玲同学以 54″2 的成绩破扬州市女子少年 4×100 米接力 54″5 的纪录。

运动会胜利结束了。我校田径队队员纷纷表示:在党支部、工宣队、校革会领导和教育下,我们取得了一点成绩,但离党和人民的要求还差得很远。今后决心更加努力看书学习,不断提高路线觉悟,勤学苦练,创造优异成绩,做一个全面发展的红色革命接班人。

教革通讯

第 51 期

一九七四年十一月八日
扬州中学政工组、教革组编

《国民党进攻的真相》讲稿

一、时代背景

一九四五年八月，抗日战争胜利后，美帝国主义阴谋取代日本帝国主义的地位，把中国变为自己的殖民地。而以蒋介石为代表的中国大地主、大资产阶级，企图维持法西斯统治，在美帝的支持下，阴谋发动反革命内战，妄想摧毁解放区，消灭共产党。当时，蒋介石大耍反革命两手，一方面施放和平烟幕，假装和谈；一方面布置内战，大规模进攻我解放区。仅在毛主席赴重庆谈判的四十三天中，国民党反动派向我邯郸、上党、绥远解放区发动了三次大规模的进攻。伟大领袖毛主席英明指出："蒋介石对于人民是寸权必夺，寸利必得。我们呢？我们的方针是针锋相对，寸土必争。"但是，林彪却不执行这一方针，他害怕战争，幻想和平，追随刘少奇搞"和平民主新阶段"，要把人民流血牺牲得来的胜利果实双手捧给蒋介石。在阶级斗争和路线斗争如此尖锐、激烈的时刻，为了使人民看清国民党大搞内战，进攻解放区的真相，粉碎国民党的进攻，毛主席写下了《国民党进攻的真相》这篇光辉著作。

二、文章分析

这篇著作是毛主席以中共发言人的名义发表的谈话。文章中批驳了国民党当局宣称"政府在此次战争中全居守势"的谎言，戳穿了所谓"恢复交通"的阴谋，使国民党大搞内战、疯狂地进攻解放区的真相暴露无遗,并且号召人民动员起来,用一切方法制止国民党发动的内战。

本文共分三段:

第一段(§1):摆出靶子。国民党中央宣传部长吴国桢宣称:“政府在此次战争中全居守势,并提出所谓“恢复交通”办法。这就是本文所要批驳、揭穿的靶子。在吴国桢名字的前面加上“国民党中央宣传部长”这个头衔,说明吴国桢是代表国民党政府的。批驳吴国桢就是批驳国民党政府,斗争矛头直指国民党反动当局。文中引用合众社的报道和吴国桢的原话,这是交待提出问题的根据,使敌人无法狡赖。

第二段(§2):批驳谎言。用大量的无可辩驳的事实,批驳吴氏的所谓“守势”,揭露国民党进攻的真相。

首先表明态度:“吴氏所说‘守势’云云,全系撒谎。斩钉截铁,断然否定,给了国民党政府当头一棒,同时也表现了中国共产党大无畏的革命英雄气概和对国民党反动政府强烈的无产阶级义愤。下文接着分两层摆事实反驳。

第一层,(“除我军已撤退的……如何进攻等等”)摆军事行动方面的事实批驳吴氏所说的“守势”。事实摆了四组,每组都用了反问句。

第一组,就全国范围看:除我军已撤退的五个解放区全被国民党军队占领外,其他解放区如广东、湖北、河南、苏北、皖北、河北等省,国民党的正规军已有七十余师开到解放区及其附近,进攻我军,或准备进攻。还有数十师,正在向解放区开进,妄想淹没解放区。这儿的“进占”“进攻”“准备进攻”“向解放区开进”,从国民党的军事行动和势态,都可以说明进攻的真相。得出“这难道是取守势吗?”——一问吴国桢。

第二组,就某一地区看:国民党军队由彰德北进一路进攻我邯郸地区的八个师,两个师反对内战,主张和平,六个师在我解放区军民自卫还击后,被迫放下武器。这一路的许多国民党军官,都可以证明他们如何进攻我解放区的全部真情。从这些得出“这难道也是敢守势吗?”——二问吴国桢。

以上着重讲国民党军队大规模进攻和我军自卫反击的情况。

第三组,我豫鄂两省解放区军民。被“剿共”总指挥刘峙的二十几个师四面包围,许多解放区被侵占,我李先念、王树声等部队不得不向豫鄂交界地区觅一驻地,以求生存,但又被国民党紧紧追击。“这难道也是取守势吗?”——三问吴国桢。这一组着重讲我方如何被进攻,被追击的情况。

第四组:在晋绥察三省,也是如此。阎锡山奉命指挥十三个师,攻入我上党解放区。傅作义将军奉命进攻我绥远、察哈尔、热河三省解放区。我当地军民奋起自卫,在反攻战争中俘虏了大批官兵,其中有军长、师长多人。他们都可以证明,他们是从何处开来,如何进攻等等。“这难道也是敢守势和未放‘第一枪’吗?”——四问吴国桢。这一组着重讲蒋介石非嫡系部队向我解放区进攻的情况。

事实胜于雄辩。四组事实,铁证如山,不容辩驳;四句反问,如发发炮弹,打得敌人瞠目结舌,哑口无言,狼狈万状。

第二层（“在各次自卫战斗中，……都是国民党军队进攻解放区的铁证”）又摆出缴获的大批反共文件，来进一步批驳。

大批反共文件中，有国民党最高当局所颁发的《剿匪手本》（蒋介石亲自编述的）和“剿匪命令”。这些铁证都雄辩地证明了国民党的向解放区进攻，是以蒋介石为首的国民党最高当局预谋的，是有组织、有计划、有准备的。“国民党最高当局所颁发”和“被吴国桢氏称为不过是‘笑话’”连在一起，嘲讽地揭穿了敌人自相矛盾、自打耳光的丑恶嘴脸。证明吴氏所说“守势”云云，完全是彻头彻尾的撒谎。

事实是最无情的。吴国桢企图用纸包住火，真是妄费心机。他用以掩盖国民党进攻真相的谎言已被国民党进攻的事实本身击得粉碎。吴氏之流以及一切反动派都是愚蠢的，是腐朽的，他们手上没有真理，只有靠撒谎过日子，不这样就混不下去。但是“撒谎是道义上的灭亡。也势必引向政治上的灭亡。”因此，不管国民党怎样撒下弥天大谎，最后总是逃不出灭亡的命运。

第三段（§3）：戳穿阴谋。揭露国民党以恢复交通作幌子，进一步扩大内战的阴谋。

首先一针见血地指出，吴国桢所提出的“恢复交通”办法，只“不过是缓兵之计而已”。下文分三层论述。

第一层（“国民党当局正在大举调兵……就是不许他们在铁路上运兵”）：指出国民党不甘心失败，正在布置更大规模的进攻，所谓“恢复交通”是和大打内战相联系着的。表明我们的态度，就是不许他们在铁路上运兵来扩大内战。

第二层：（“我们和旁人一样……否则是完全没有保障的”）提出新论题，在论战中主动进攻。“我们和旁人一样主张交通线迅速恢复，但必须在受降、处置伪军和实行解放区自治三项问题获得解决之后才能恢复”。这就是新论题，是跟吴国桢相反对的我们的主张。你有你们的办法，我有我们的主张。你国民党的“办法”，是阴谋扩大内战；我们共产党的主张，是为了制止内战，二者针锋相对，势不两立。“先解决交通问题，后解决三项问题呢，还是先解决三项问题，后解决交通问题呢？”这一提问逼出了三句诘问，三个“为什么”是摆出论据，也是责问国民党，义正辞严，力扫千军。接着用了一个递进复句作结论：“交通问题应该迅速解决，这三大问题尤其应该解决”。“三大问题不解决，而言恢复交通只是使内战扩大延长达到内战发动者们淹没解放区的目的”。这一句又从反面强调了解决三大问题的必要性。最后，就三大问题严肃地正式地提出了我们的三点主张。这样就在论战主动进攻中也间接地反驳了吴国桢所谓恢复交通的办法。

第三层：（“绥远、上党、邯郸三次自卫战斗中……用一切方法制止内战”）总结上文，进一步揭露国民的欺骗性，告诫全国人民要保持清醒的头脑，再不能被国民党欺骗要动员起来用一切方法制止内战。

综上所述，毛主席正义在手全局在胸，以无产阶级革命家的无畏气概，义正辞严地批驳了以吴国桢为代表的国民党反动当局，把国民党疯狂进攻解放区的真相大白于全中国全世界人民面前,彻底地暴露了国民党的欺骗性,使反动派在政治上更加陷于孤立。另一方面也极大地教育了全党和全国人民,使中国人民进一步看清了国民党反动派的真面目及其虚弱本质,在思想上作好粉碎国民党进攻的充分准备。说谎话搞阴谋,是一切反动派的看家本领,从孔老二到蒋介石,乃至叛徒林彪,无不奉若神明,企图借以达到其反革命目的,阻挡滚滚向前的历史车轮。然而"凡属倒退行为,结果都和主持者的原来愿望相反,古今中外,没有倒外"。妄图开历史倒车的人,无不被历史的车轮压得粉碎。资产阶级阴谋家、野心家、反革命两面派、叛徒、卖国贼林彪,他"语录不离手,万岁不离口,当面说好话,背后下毒手"。可谓谎话说绝,阴谋耍尽,但是这丝毫也挽救不了他折戟沉沙的可耻下场。

三、总结

一九四五年八月,抗日战争胜利后,中国面临着一场两种命运、两个前途的大决战。当蒋介石反人民反民主的内战已经普及全国的时候,毛主席尖锐地揭露了国民党进攻的真相,号召全国人民动员起来,"用一切方法制止内战"。并且指出了国民党的"主意早定了,就是消灭人民的力量,消灭我们。"而"我们的方针也是老早定了的,就是针锋相对,寸土必争。"

是针锋相对还是乞求和平,这是当时党内两条路线斗争的焦点。

毛主席运用辩证唯物论和历史唯物论,对敌我斗争形势作了科学的阶级估量,透彻地分析了蒋介石虽然有美国援助,但人心不顺,士气不高,经济困难;而我们是人心所向,士气高涨,经济发展。明确指出:"我们是能够战胜蒋介石的。全党对此应当有充分的信心。"林彪却站在右倾机会主义的立场上,唯心的形而上学的估量形势。他竭力拥护刘少奇"和平民主新阶段"的谬论,幻想蒋介石有"和平诚意",声称"愿与国民党在东北地区合作"。他过高地估计敌人的力量,过低地估计人民群众的力量。胡说什么"敌战斗力强","很难打","是经过美国训练装备的,质量上较强,一个师可作几个用"。又胡说什么"辽西地区群众基础薄弱","不愿意打仗","条件不成熟"等等,在张牙舞爪的国民党反动派面前吓破了胆,不敢与之进行针锋相对的斗争。

林彪对抗毛主席"针锋相对","制止内战"的指示,吹捧刘少奇的"和平民主新阶段",其罪恶用心,就是妄图断送中国革命,把中国人民用鲜血换来的抗战胜利果实,双手捧给蒋介石领导的国民党反动派,以便和蒋介石一道在中国建立一个大地主、大资产阶级专政的封建法西斯王朝。是可忍,孰不可忍!

林彪的右倾是有他的历史、思想、阶级根源的。他坚持站在地主资产阶级的立场上,奉行孔孟之道,长期以来,投机革命,拒绝改造。早在第二次国内革命战争时期,就对革命悲观失望,不相信"星星之火,可以燎原",怀疑"红旗到底打得多久",抗日战争时期,追随王明之流;在解放战争中,特别是在辽沈、平津战役中,林彪畏敌如虎,不敢进行战略决战,不敢打前所未有的大歼灭战。无数事实已经撕开了林彪的画皮,充分暴露了他那右倾机会主义、投降主义的叛徒嘴脸。

四、写作方法

这是一篇驳论文。驳论，是证明对方看法的错误，进一步发挥自己正确的看法，从而把正确的看法表达得更加深刻，道理更加充分。如本文抓吴国桢所谓“守势”的谎言，用大量事实证明“‘守势’云云”是极其荒谬的，从而就更加深刻地充分地揭露了国民党进攻的真相。驳论的方法，一般是摆事实，讲道理，直接反驳论题或者论据，有时还提出一个与对方相反对的新论题，并加以充分论证，以便间接证明对方论题的错误。本文第三段就用了这种间接反驳

高二(13)(14)班文章分析小组

杨庆前　吴淑娟执笔

编后

高二(13)(14)班师生，在进行文科教学改革的过程中，在认真学习马列著作、毛主席著作的基础上，写出了一批有一定质量的毛主席九篇著作讲稿，党中央二十三号文件宣讲稿和革命大批判稿。我们现登载一篇在这里，供全校师生参考。并希望各年级把这一阶段教政的成果推荐给我们。

教革通讯

第52期

一九七四年十二月五日

扬州中学政工组、教革组编

赴北京、上海、天津参观学习中小学批林批孔和教育革命情况汇报

编者按：这是有关同志于今年九月到北京、上海、天津三市参观学习的汇报。他们主要学习了解了中小学批林批孔、教育革命和教材改革的情况、经验和今后打算。现将这份材料摘要转载如下，供参考。

（一）

江青同志七月十二日关于中小学抓紧批林批孔的批示下达后，北京、上海、天津等地的教育部门，在各级党委的领导下，进一步抓紧了中小学的批林批孔。他们采用多种形式，搞得生气勃勃。

八月十六日，中央领导同志对红小兵创作革命儿歌作了重要指示，指出：是否可以把这孩子们的创作谱成简单歌曲加以推广。为孩子们服务的文艺作品太少了，要提倡为孩子们创作。

北京市教育局同志认为，中央领导同志批示的精神是，中小学要注意根据表少年儿童特点，采用革命儿歌等一些生动活泼的方式来深入开展批林批孔运动。所以他们很注意采取多种形式，特别是运用文艺形式，如儿歌、故事、诗歌、曲艺、海报、漫画、

幻灯等。进行批林批孔。天津市很重视运用故事形式，如有的学校还建立了讲故事组织，学生自己编，自己讲。

中央(1974)23号文件下达后，北京、上海、天津的各中小学的具体安排和做法有所不同。有的跟批判《三字经》等活动穿插进行，一段时间侧重一个方面；有的同时进行，但不同的年级、班级有不同的侧重。他们都努力注意把批判林彪的资产阶级军事路线和批判孔孟之道结合起来。天津市有的学校把批林彪资产阶级军事路线和研究、编写历史上儒法两家军事斗争的战例、评论，以及批判儒家的反动军事观点等结合起来。

他们比较突出的做法有以下几点：

一、认真组织学习马列和毛主席著作，掌握思想武器。

北京密云二中的同志在介绍他们三批《三字经》的体会时谈到，开始他们急于批判，而没有首先很好地组织学习，结果不仅批不深，批不透，还产生糊涂认识。如有的同学说："十几个儒生政治上是反动的，但他们的治学精神还是可以借鉴的。"针对这个问题，他们组织大家学习马列和毛主席的有关教导，第二次开展对《三字经》的批判，对这些儒生的治学精神进行了阶级分析：这些儒生的学习目的是为了巩固反动阶级的统治，他们的治学精神、方法也是为这个反动目的服务的，而且本身又是唯心的。通过批判提高了认识。第三次，他们又进一步组织大家学习列宁的《青年团的任务》等著作，学习各条战线英雄人物刻苦学习的先进事迹，进一步提高了觉悟，明确了学习目的。由此，他们体会到，必须用学习带动批判，以批判促进学习。为了使青少年学生从小就能粗知一点马克思主义，他们都采取了一些具体措施。下面举几个例子：

1. 北京市密云二中：

(1) 建立理论队伍。学校、各年级、各班级都有理论小组，由领导干部、教师、学生骨干组成，并且定期举办读书班，上半年已办了四期，重点学习了《共产党宣言》、《帝国主义是资本主义的最高阶段》、《目前形势和我们的任务》等著作。

(2) 巩固和发展班级马列学习小组。目前全校有90%的学生参加。这学期有的年级和班级(初二年级和初一年级一个班)明确规定学习时间(每天一节课)，其他则安排在课余时间。并定期召开小组长会议，交流情况和经验。

(3) 加强政治课教学。根据形势发展，一个时期围绕一个中心，组织政治课的教学，讲清基本观点，指定学生学习马列和毛主席著作中的有关章节。

2. 上海市二中：

各年级、各班都建立了马列学习中心小组，安排在课余时间进行学习。各年级基本上有一个统一的学习内容，中一年级学习《青年团的任务》，中二年级学习《共产党宣言》，中三年级学习《哥达纲领批判》，中四年级学习《国家与革命》，基本上一年读一本书。此外，有能力的学生还可根据情况多读一点。

3. 天津市中小学:

他们主要是抓几个基本观点的学习:阶级和阶级斗争的观点(党的基本路线),实践第一的观点,奴隶们创造历史的观点。这些观点从小学一年级就抓紧培养。但不同年级,有不同的要求。小学一、二、三年级主要是学语录;四、五年级学点主席原著(节选);初中阶段还读毛选四卷;高中阶段读些马列原著。

二、抓住实质,联系教育革命实际,深入批林批孔。

上海同志谈到,他们批《三字经》,基本上有一个逐步深入的发展过程,大体上有几个阶段:开始时,较多的是搞批注。后来拎出一些语句进行批判;也有的如二中提出"批判《三字经》,围歼黑标兵",拎出十几个儒生进行批判,开始先分组调查,有的学生调查这些儒生的反动历史,有的学生调查工农兵英雄人物的事迹,然后用这些英雄人物的事迹来批判《三字经》中所宣扬的黑标兵。如用徐汇区盲人工厂工人送子务农的先进事迹来批"孟母三迁"。既学习了英雄,又批了黑标兵,还学了儒法斗争史。他们认为,象这样的批判是必要的,但如果仅仅停留在这一步还是不够的。因此,后来他们又由通批发展到专题批,抓住《三字经》的实质、要害,抓住它的一些根本观点,提到纲上进行批判。他们把《三字经》中的一些根本观点归纳成五个方面:哲学观、历史观、处世观、教育观、道德观。按照这五个方面,逐个进行批判。

批林批孔中,他们还十分注意联系教育革命实际。密云二中在研究儒法斗争和整个阶级斗争的历史时,注意根据学校教育的特点,把它跟研究教育史上的儒法斗争结合起来,他们确定了六个专题:①教育的阶级性,②培养目标,③培养途径,④教育内容,⑤教育方法,⑥师生关系。进行学习研究,写出了《儒法教育思想的斗争》。

天津市三十二中联系教育革命实际开展批林批孔的做法是"六批、六坚持、大见效":①批师道尊严,坚持新型的师生关系,在努力改变旧师生关系上见成效;②批学而优则仕,坚持为中国和世界大多数人谋利益,在走与工农相结合的道路上见成效;③批智育第一,坚持开门办学,理论联系实际,在培养学生分析问题和解决问题的能力上见成效;④批满堂灌,坚持启发式,在调动学生学习主动性上见成效;⑤批脱离无产阶级政治,坚持无产阶级政治挂帅,在贯彻"学校一切工作都是为了转变学生的思想"的指示上见成效;⑥批中庸之道,坚持马克思主义的斗争哲学,在改进学校领导作风,加速教师思想革命化上见成效。

三、加强领导,抓好典型。

他们加强对学校批林批孔运动领导的一条重要经验,是认真抓典型,切实搞好试点,让典型说话,通过典型来教育干部,发动群众。上海市中小学在批林批孔方面抓了四个典型:骊山中学、钟山中学、铁路五小、蕃瓜弄小学;北京市也抓了一一二中、三十一中、密云二中、中关村二小、西四北小学等典型,各区、县还有一批典型。他们定期组织典型介绍,进行现场参观。如上海市委文教组于今年八月召开了中小学批林批孔座谈会,组织上述四个先进典型进行介绍。天津市也先后举行了中小学批林批孔经验交流会,加强马列主义理论队伍经验交流会、运用文艺形式进行批林批孔的现场会以及中小学学生学习马列的报告会等,组织先进典型介绍和现场参观。通过典型介绍,大家受到很大教育和启发,确实感到群众中蕴藏着极大的积极性。如蕃瓜弄小学,江青同志七月十二日批示下达后,受到很大的鼓舞,在不到一个月时间里。全校写出了一千多张批判《三字经》等坏书的大字报,写了六百多首儿歌。

(二)

这次出去参观、学习,使我们感触很深的是:北京、上海、天津等地中小学,在批林批孔运动中,联系教育战线上两条路线斗争的实际,揭发、批判了修正主义教育路线的表现和影响,总结了几年来教育革命的经验教训,逐步分清了路线是非,在此基础上,进一步推动了教育革命,巩固和发展了教育革命的成果,教育革命搞得轰轰烈烈。他们在贯彻执行毛主席的无产阶级教育路线,特别是在落实"教育必须为无产阶级政治服务,必须同生产劳动相结合"的方针等方面,又有了新的发展。

上海市教育局的同志谈到,今年上半年,上海市高等学校函授教育组的同志,去安徽、江西等地调查了对知识青年函授教育的情况,回来后,写了个关于上海设函授教育情况的报告。中央领导同志于八月二十四日作了重要批示,指出:知识青年对函授教育如此欢迎,当然是好事,希望你们坚持下去。但是,我们的中学为什么把这么多的"缺门"留待函授解决,为什么不可以在学校就学到这些本事呢?

上海同志谈到,中央领导同志批示下达后,引起了强烈的反响。在教师中,有些不同的理解和认识,特别是对"缺门"的问题,有的人认为是缺基础理论知识,文化课没有开足,现在小课堂太少,书读得太少,也有的认为"缺门"是补不完的。三大革命中有多少行业,在学校里怎么学得完。针对以上思想问题,上海市教育局组织学校的一些干部、教师开展大学习、大讨论。通过学习、讨论,认识到,中央领导同志的批示,指出了作为上层建筑的学校教育如何适应社会主义经济基础这一根本问题,对于深入开展无产阶级教育革命,具有非常重要的意义。同时也明确了"缺门"的含义,补缺首先要补思想、补路线,要掌握马列主义、毛泽东思想,要树立共产主义的远大理想,要有扎根农村、为农服务的思想,要补干革命、搞阶级斗争、搞革命大批判的本事;同时要学会工农业生产的实际知识和本领。

目前,上海市中小学正在进一步学习和贯彻中央领导同志批示,以批林批孔运动推动教育革命的深入发展。他们认为,批林批孔是纲,教育革命是目。"纲举目张"。批林批孔与教育革命的关系是纲与目的关系,不能对立起来。批林批孔是一个极大的动力。只有把批林批孔普及、深入、持久地开展下去,我们的教育革命才能搞好。

下面着重介绍一下北京、上海、天津等地中小学深入开展无产阶级教育革命,认真落实毛主席的教育路线,努力使教育和三大革命运动相结合方面的一些主要做法。

一、紧密结合现实斗争，以三大革命斗争任务带动教学。

北京市三十一中同志认为。文科教学主要是学习和掌握马列主义和毛泽东思想，不断提高阶级斗争和路线斗争觉悟。要达到这一点，文科教学就必须紧跟阶级斗争形势，以政治任务带动教学。如前段时间，他们根据形势发展，围绕着研究、编写儒法斗争史，评注法家著作，批判宣扬孔孟之道的坏书等任务组织文科教学活动。学生带着这些任务，学习马列和毛主席的有关著作，阅读有关文章，查阅有关资料，进行调查访问等，人人动手动脑，个个独立思考，学习积极性和主动性大大提高，学得生动活泼，收获也十分显著，既学了政治，又学了历史，还学了语文。有的学生通过这么一次活动，就学了十几篇古文，写《五蠹》的评注，光修改的次数，就超过了过去一个学期的作文次数。

密云二中在理科教改中提出，基础知识的教学和基本技能的训练，要以生产斗争的需要为出发点，要把工农业生产中提出的问题，作为教学的课题。例如生产队要建造一条 1 500 米长的水渠，他们就把这个任务作为数学教学的一个课题，先请水利局同志讲测量，然后，在兼职教师带领下，从踏勘选线开始，边操作边学习。经过测量，反复研究设计方案，最后绘出图纸。县委提出要把五万亩土地进行土壤分析，为播种小麦作准备。他们就把它作为化学教学的一个课题，先讲解土壤中含酸碱盐成分的测定分析方法，然后到实地进行测定、分析，最后写出调查报告。

二、坚持开门办学，理论联系实际，在三大革命斗争中学。

密云二中的做法是，加强领导，统筹安排，制订规划，形成制度，实行多种形式的开门办学。如初三年级采取队校挂钩形式，和一个大队固定挂钩，大队安排一名支委参加年级组的领导工作。各班相应地与一个生产队固定联系，生产队派一两名贫下中农参加班级领导小组。师生一般每周固定一天到生产队参加劳动或教育活动。教学与生产队三大革命运动紧密结合。根据生产队革命和生产的需要，安排、调整教学内容；生产队为教学工作提供必要的条件，如请贫下中农、技术员讲课，在生产队土地上进行现场教学、劳动实践等。

上海二中利用校办工厂，作为教学基地，结合校办工厂的劳动内容组织有关学科的教学活动。他们校办工厂分成机械、电工、电子三个部分，根据这三部分内容，有计划地安排各年级到校办工厂劳动，并结合进行教学活动。如一学期中安排中二年级学生到机械车间劳动三、四周，并结合教学车床、内燃机、水泵等知识，基本学完《工基》中的机械部分的内容，同时学习教学的有关章节。以后又安排三、四周时间在电工车间劳动，结合教学电流、电阻、电压、电动机等知识，并初步学会修理电动机，基本上学完电工部分的内容。二、三个月就完成一年的教学任务。这样化时少、效果好。此外，还分别学些其它本事，如学泥工、木工、修车、理发、剪裁等。

北京三十一中坚持文科以社会为工厂，在三大革命斗争中学习的主要做法是，集中下去，分散出去，有整有零，常来常往，挂钩不断。有时集中一、二个月到农村去，和贫下中农一起劳动，一起批林批孔编写儒法斗争史；平时分散时间，每周一、二个半天去工厂等单位；有时整个班出去，有时几个人出去，经常来往，保持联系，跟有关工厂、农村固定挂钩，从不间断。

上海等地的同志还特别强调，开门办学，首先要把转变学生思想放在第一位，把阶级斗争作为主课，组织师生积极参加工厂、农村的阶级斗争，参加工农兵的批林批孔运动，向工农兵学习，和工农兵相结合，努力改变思想感情，改造世界观。

三、努力使教育为三大革命斗争服务。

北京、上海、天津的同志认为，学校教育要为学生将来参加三大革命斗争打好基础，作好准备，同时，还必须努力使学生在校学习期间，就能为三大革命斗争作一些贡献，学校教育要努力为三大革命斗争服务。这样做的目的是使学生在校期间就牢固树立为工农兵服务的思想，学到为三大革命斗争服务的本事，以便以后更好地为工农兵服务，参加三大革命斗争实践。

北京市三中的同志在介绍学校理科教育革命的经验时谈到，对这一点的认识，他们是有一个发展过程的。例如在数学教学和三大革命运动相结合的问题上，他们经历了这样三个阶段：开始下乡学农劳动，主要是去找生产实践中的具体例子，来印证他们在课本中学过的理论知识；第二阶段是结合农村生产的实际事物进行教学，例如结合测量计算玉米堆、草堆等进行有关数学知识的教学。后来，他们就进一步发展到第三个阶段，结合三大革命斗争实践进行教学，把学得的知识运用于生产斗争实践，为生产斗争服务。例如，他们给生产队测量了544亩土地，为平整土地作了准备；为公社测量的水库的容水量(5万立方米)；生产队要从水库筑一条引水管，他们给引水管道测量了高差，等等。努力为农村生产斗争服务，得到了贫下中农的赞扬。

（三）

北京、上海、天津等地的中小学，一般从面上来看，课程设置都没有什么大的变动。但为了有利于开门办学，对个别科目的安排作了调整，并减少了一些课时。如北京市中学各年级都不超过八门课，每周总课时一般都是24—26节；小学每周不超过24节。此外，遵照毛主席关于“课程设置要精减”的指示，根据三大革命运动的需要，各地都在进行一些试验。大体上有以下几种情况：

一、精减和调整课程门类。上海市松江县新桥公社曙光大队五·七学校，设立了政治、语文、数学、工基、农基五门课。

天津市汉沽区大田公社中学，设政治、语文、数学、农业基础、体育、农业机电六门课。外语课举办讲座，地理、卫生常识自学，美术、音乐开展课外活动或组织业余学习小组，物理有关知识放在农业机电课内，化学有关知识放在农业基础课内。

据人民教育出版社中小学教材组同志介绍，河南省郸城县一所中学，试验设八门课：政文、路线斗争、历史唯物论、自然辩证法，应用数学、常用技术、外语、文体。其中前六门课已写出大纲，正在编写教材。

二、增设专业课。

北京密云二中，为了进一步贯彻执行党的教育方针，适应知识青年上山下乡的需要，使学生在具备一定基础知识的情况下，任某方面有所专长，毕业后能尽快在农村三大革命斗争中发挥作用，他们在高中班普遍增设了专业课，有机电、农技、农村应用数学、红医、写作等五种。每个学生选学一种。总的课程设置有两种形式：一种是高一年级，设政治、语文、数学、体育四科基础课，每个学生必学，其余如物理、化学、外语课，学生根据专业特点选学；另一种是高二年级，原各学科全上，但根据专业课特点，适当减少课时。时间安排上，基础课占 2/3，专业课占 1/3，具体安排可根据实际情况进行调整专业课有时分散，有时集中。北京还有些学校到高二年级时，增设有关专业课。

上海曙光大队五·七学校，到高年级时，开办了一些短训班，有马列理论、机电(三机一泵)、卫生员、土记者、兽医、农村会计等。把高二年级的文化课时间紧缩，原每周 28 课时，缩为 20 课时，8 课时作为专业课时间，一年中，学生按上述专业轮换学习。

此外，天津大田公社中学，为下乡知识青年举办理论学习辅导员、农技、农机三种专业的短训班，学习一个月再回到生产实践中去，为农村三大革命运动培养人材。

三、改革教学制度。许多学校认为，原来的课程表的那种排法，每节 45 分钟的界限，已不适应当前批林批孔、开门办学的需要，甚至在一定程度上起到了阻碍作用，因此必须加以改变。他们根据需要，把一些学科的课时安排相对集中。

天津市四十二中把每学期的数学内容分成三部分：文科段(政、文、史)，理科段(数、理、化)，兼学段(学工学农)；三段相对集中，文科段五周，理科段十周，兼学段四周；外语、体育分散在三个段，政治形势教育各段都有，农基课安排在学农期间。

北京市密云二中围绕运动中心，充分发挥各科特点，组织政、文、史等科互相配合，联合作战。例如，今年七月份以来，学校党支部领导全校师生，掀起了学习马克思主义、研究儒法斗争和整个阶级斗争的历史、研究儒法教育思想斗争史、批判《三字经》等儒家坏书的热潮。为配合这个运动，政治课组织学生反复学习马列和毛主席的有关指示；历史课讲了《儒法斗争史》和《教育史上儒法斗争》等讲座；语文课组织学生批判《三字经》、《神童诗》、《弟子规》等儒家坏书，用马克思主义的立场、观点、方法研究《更法》、《五蠹》、《劝学》、《问孔》等法家著作。在形式上，有时三科打破界限，统一安排。但在一般情况下，仍旧注意发挥各科的特点。

上海金山县有所中学，高二年级根据斗争需要，结合兼学活动，组织有关教学活动。如人人学习拖拉机的驾驶和修理；农忙季节一起去劳动，同时以水稻作为典型产品进行教学，学习它整个生长过程的知识，并结合教学数学的有关知训(如测量等)，语文结合写学习体会、小结、调查报告等；政治，学习《青年团的任务》；工基，以电动机、柴油机作为典型机械，进行教学。

(四)

目前，很多省、市都在酝酿教材大改。总的来看，批林批孔运动推动了教材改革工作的进一步发展。

一、编写教材的一些经验和做法：

根据北京、上海、天津等地的经验，要编好教材，主要要掌握以下几条：

1. 坚持无产阶级政治方向，紧跟革命形势，积极为现实斗争服务。

教材要坚持无产阶级政治方向，就必须紧跟革命形势，积极为现实斗争服务(特别是文科)。如果不是这样，教材就没有方向。

要做到这一点，加强马列主义基本观点的学习是一个重要方面。同时，他们很注意编选好马列和毛主席著作，例如中学《语文》，他们编选了毛主席的《反对本本主义》、《农村调查的序言和跋》，加强实践第一的观点，这对于批判林彪、孔老二的唯心论的先验论，是有很大指导意义的。

教材要紧跟形势，为现实斗争服务，编选一些直接反映有关当前现实斗争的题材，也是很重要的。不仅文科教材增加了批林批孔、歌颂文化大革命和社会主义新生事物、知识青年上山下乡等内容，而且理科也注意了这个问题，例如北京的《数学》教材也编选了一些儒法斗争的内容，介绍了我国古代的一些进步数学家，在有关圆周率部分提到了祖冲之；在正负数部分提到了《九章算术》等。

为了更及时地配合形势，为现实斗争服务，北京、天津都采取编印补充教材(活页形式)的办法。北京语文今秋开始，小学各年级这学期出一次，中学各年级这学期准备出两次，每次二、三篇。以后就把出补充教材作为一种制度(把原来的那本教材编得薄一些)。天津的语文、政治、历史教材也打算采取出补充教材的办法。

2. 贯彻《五·七指示》，有利于开门办学，培养学生分析问题和解决问题的能力，努力适应三大革命斗争和知识青年上山下乡的需要。

这里着重介绍理科教材的一些情况。

数学教材，上海基本上分成七块：度量、划线、图样、测量、图表、三角、生产队会计。教材还突出为农业服务的内容。北京高二下年级教材准备安排农田水利测量，优选和统筹、会计和珠算等农村应用数学专题。北京市的数学教材还注意增加一些实践活动，如学习“正负数”，安排学生去测量气温，土壤温度；学了测量，安排学生去平整土地，等等。

化学,北京高二年级教材准备安排土壤、农药、农副产品加工等专题。

物理,北京高二下年级教材准备安排车床、农村用电、手扶拖拉机、电动机、扩音机等专题。

天津打算编印一些专用知识小册子,如土壤、化肥、农药、水利、水泵、机电、识图、测量、会计等,供毕业生班选用。

3. 注意少而精,留有充分余地。

理科教材,北京市只编写目前教学计划规定的上课时间3/4的份量。

天津市提出留下1/5的余地。文科教材也留有充分余地,上海市中小学政治教材只编写2/3的份量。天津政治教材今后打算只编写1/3—1/2的份量,留下时间,让学校安排或搞些补充教材。北京中学语文教材今后打算每册只编15课左右,其中讲读课文十一、二课,阅读课文三、四课。天津市语文教材打算削减1/3。这样不仅为开门办学留有余地,而且也为名校紧跟形势发展,配合现实斗争的需要,补充安排有关内容的教学,提供条件。

4. 便于学生自学。

教材内容的叙述注意通俗易懂,详略得当,以便于学生自学。

教材中注意提供一些帮助学生自学的资料,如上海中学语文教材中,在编排鲍荻埃的,《铁匠的梦》、《纪念一八七一年三月十八日》两首诗时,还编写了一些有关当时背景的材料。并附了简要分析材料;北京市中学语文打算加强提示、练习等内容,帮助学生自学。北京、上海等地的教材中编有阅读课文。北京物理教材中也增加了一些阅读教材,供学生自学,培养学生自学能力。

二、各科教材改革的一些设想。

目前,许多地方都在积极试验,探讨破旧的教材体系,建立新教材体系的问题。

数学教材:上海、天津、广西、浙江等地小学都在试验三算结合。上海不仅提出口珠笔结合,还提出数、式、形结合和整、分、小结合。他们认为整数和分数(小数)是对立统一的,是相辅相成的一对矛盾,没有部分也不成其为整体,因而是可以结合的。北京中学数学,打算把代数、几何、三角三块内容,按他们的内在联系,有机地揉成一块。上海认为,考虑数学教材体系必须从生产斗争的实际需要出发,而不能从数学本身的概念、排列的系统出发。他们的设想是这样,小学五年(以后打算改为五五制)打基础,初中三年结合典型工种,进行教学,如划线、测量、识图等,高中二年搞综合应用,跟机电、农业结合。完全以工农业生产的实际需要来安排体系。据人民教育出版社的同志介绍,河南省数学教材,准备以典型事物带基础知识作为编排体系。

理化教材:上海市一直试验工基教材。河南省现在也把原来的理化教材改为工基教材,其中物理部分以典型机械带基础知识,化学部分以典型产品带基础知识,作为编排体系,河南郸城中学以三机一泵,两床一无(车床、刨床、无线电)作为机电教材编排体系。天津市认为,如改成工基教材,应该把理化基本上合起来,能合的内容尽量合起来。

农基教材:上海市农机教材分为市区和郊区两种。根据从个性到共性,从特殊到一般的原则,以典型作物带基础知识作为教材编排体系。天津市以典型作物、典型经验(贯彻主席的"八字宪法",农业学大寨的先进单位的典型经验)带基础知识作为编排体系。

此外,北京等地还设想把数理化等合成一门,找出它们的内在联系,有机地结合起来,揉成一块。

政治教材:上海市中学政治教材有几种设想,一种主张,按目前这样,以有关基本理论常识为线索进行安排;另一种主张,主要搞一些马列和毛主席著作选读;还有另一种主张,初中学些基本常识,高中选读马列和毛主席著作。

语文教材:北京、天津等地许多同志认为,语文教材按单元编排的体例,不利于开门办学,应该取消单元的局限,可以是两课一组,也可以单独成篇,这样,教学时比较灵活。

此外,上海等地在试验把政治、语文等科合成一门。

三、试点工作的一些打算。

北京等地十分重视搞好试点工作,他们把改革教材同"改革旧的教育制度、改革旧的教学方针和方法"结合起来进行。北京市教育局选择了大所中小学(城市和农村中学各两所,城市和农村小学各一所),作为试点学校。他们抽调了城市教育组、农村教育组、教材编写组的部分人员,并请师范院校配合,组成班子,分别深入六所试点学校,在区、县委的直接领导下,依靠工农兵,团结广大师生,进行教育革命、教材改革的试点。他们遵照毛主席指示的培养目标,办学方向和道路,提出精简课程门类和修订教学计划的方案,明确教学要求,建立有利于开门办学的教育、教学制度,并按新的课程设置和教学计划,进行教材的彻底改革。

除市教育局抓的点以外,各区、县教育局还有自己的点,北京市教育局教材编写组打算根据各试点学校的经验,于一九七五年底,拟定出教材编写方案,并编出部分教材,一九七六年开始在部分中小学试用,一九七七年编出一套改革步子较大的教材,经过试验,逐步推广。

一九七四年十月

教革通讯

第 53 期

一九七四年十二月十六日
扬州中学政工组、教革组编

给党支部、工宣队、校革会的一封信

党支部、工宣队、校革会：

最近，在不少班级流传着《按月份记人性格》这样一个材料，还加了"编者按"，最近传到了我们班上。我看了这个材料后，觉得很有问题，它散布的是反动的唯心论，是一株大毒草。

这个材料一传到我们班上，就吸引了不少同学，有的用它对照自己一生的运气。"运气好"的人就信上了它，心想自己将来反正不错，现在只要混混就是了。还有的人看了，觉得自己聪明伶俐，比别人高明，等等。这不正是孔孟之道所宣扬的"天命论""天才论"吗？当前我们正在开展批林批孔运动，狠批儒家反动的孔孟之道；正在向小靳庄的贫下中农学习，大抓意识形态领域里的阶级斗争。在这样的大好形势下，这个材料忽然地冒了出来，流传开来，这正说明了阶级敌人对我们这场伟大的运动抱着刻骨的仇恨。他们编造了这个麻醉青年的毒品，要想使我们革命青年中毒。可是，我们有些青年同学却分不清香花和毒草，把它当个宝，到处宣扬、传播，不仅自己中了毒，还在客观上干扰和破坏了这场伟大的批林批孔运动，问题是严重的。

毛主席教导我们："……在全国平定以后，他们也还会以各种方式从事破坏和捣乱，他们将每日每时企图在中国复辟。这是必然的毫无疑义的，我们务必不要松懈自己的警惕性。"对照这一教导，我认为：这个材料当前在我校的流传决不是偶然的。这是两个阶级争夺青少年的斗争在我校的反映；这是批林批孔这一伟大政治运动中两个阶级、两条路线斗争的反映。当前，全校正在掀起向小靳庄贫下中农学习的热潮，希望校领导认真重视这一问题，继续以党的基本路线为纲，把学习小靳庄，狠抓意识形态领域里的阶级斗争深入开展下去。此致

敬礼！

高二(2)班　姜　鸣

学习小靳庄　挥笔上战场

——中一年级广泛开展革命诗歌创作活动

【本刊讯】在当前我校大规模开展的学习小靳庄活动中，中一年级同学认真学习，积极行动。他们学习了小靳庄的十件新事以后，生气勃勃地开展了革命诗歌创作活动。在创作的这些诗歌中，他们满怀热情地歌颂了毛主席的革命路线，满腔怒火地批判了林彪、孔老二阴谋复辟的反动罪行，同时也赞扬了小靳庄贫下中农的新人新事新风尚。现选登几首他们所创作的革命诗歌如下：

学习小靳庄

周　群

学习小靳庄，
新事新风尚。
认真学毛著，
确立新思想。

学习小靳庄，
新事新风尚。
批林又批孔，
人人当闯将。

学习小靳庄，
新事新风尚。
打破旧框框，
树立好榜样。

学习小靳庄，
新事新风尚。
大唱革命戏，
学习英雄样。

学习小靳庄，
新事新风尚。

办起图书室，
革命故事讲。

学习小靳庄，
新事新风尚。
消灭帝修反，
人类定解放！

小靳庄夜校办得好

丁天一　曹晓南

小靳庄夜校办得好，
政治学习有领导。
革命道理心头记，
毛主席教导金光照。

小靳庄夜校办得好，
社员觉悟大提高。
冲刷肮脏旧思想，
革命道上向前跃！

小靳庄夜校办得好，
头等大事抓得牢。
“克己复礼”脚下踩，
批林批孔掀高潮。

小靳庄夜校办得好，
群众创作真不少。
战鼓擂得咚咚响，
齐向林孔开怒炮。

政治夜校真正好

王扬苏

政治夜校真正好，
边学理论边把批判搞。
贫下中农讲历史，
为革命而学斗志高。

文艺宣传搞起来，
才子佳人滚下台。
唱英雄，学英雄，
革命舞台放光彩。

革命真理劲头添，
男女老少齐大干。
批林批孔结硕果，
自力更生创高产。

赞小靳庄群众大唱革命样板戏

中一(3)创作组(洪扬生执笔)

似春雷在大地震荡，
如海涛在耳边回响。

这是小靳庄的广大社员，
放开歌喉把样板戏高唱。

正是这些贫下中农，
批林批孔、战天斗地、备战备荒。
用革命样板戏占领戏剧舞台，
把英雄人物当作学习的榜样。

遇到困难了，
学习杨子荣越是艰险越向前；
兄弟队田里积水了，
学习龙江，把水往自己队的田里放。

啊，小靳庄群众的思想是多么高尚，
是正确路线指引他们的航向。
大唱样板戏的洪流冲刷污泥浊水，
农村思想文化阵地贫下中农牢牢掌。

样板戏的歌声永远在小靳庄荡漾，
我们要努力学习光大发扬。
跟着毛主席永远前进，
高唱样板戏昂首挺胸向前闯。

儿歌两首

郑小玫

风口浪尖向前闯

一颗红星闪闪亮，
照耀征途万里长。
潘冬子，是榜样，
风口浪尖向前闯。

彻底消灭狗金犲狼

东风劲吹红旗扬，
革命人民斗志昂。
批林批孔摆战场，
彻底消灭狗犲狼。

革命师生是战友

王　晴

批林批孔齐战斗，
革命师生是战友，
同学习来同批判，
教育革命出战果。

简讯

为了深入开展无产阶级教育革命，让同学在校期间就粗知马列主义，树立远大的共产主义理想，学会干革命、搞阶级斗争的本事，学会工农业生产的实际知识和本领，努力改变目前中学教育中存在的“缺门”现象，高二(2)班和汽车修配厂共同办起了驾驶和金工两个专业班；高二(19)班和城东公社渡江大队共同办起了机电、手扶拖拉机、医卫等四个专业班。目前，这两个班级的专业课教学的试点已经开始。

教革通讯

第54期

一九七四年十二月二十七日

扬州中学政工组、教革组编

人人动手　丰富多彩

中一年级革命诗歌创作活动搞得热气腾腾

【本刊讯】中一年级本学期坚持以批林批孔为纲，实行开门办学，积极进行了文科教学改革。

当前，他们又把批林批孔与学习小靳庄的活动结合起来。抓大事，反腐蚀，争“三好”。全年级人人动手，开展了丰富多彩的活动，努力用毛泽东思想占领思想文化阵地，一个有声有色的群众性的诗歌创作活动在全年级搞得热气腾腾。他们用诗歌作武器，投入了批林批孔的战斗。仅近一个月，全年级就写出了600多首诗歌。元旦前，年级将举行文娱会演，各班将举行同学自己创作的诗歌朗诵会。元旦后还准备举行全年级的赛诗会。同学们写诗赞道：“头等大事抓得紧，批林批孔步步深，革命精神大发扬，班级面貌日日新。”这些活动，有利于转变同学的思想，推动了教育革命。

现再选登他们所创作的部分革命诗歌如下：

我们最听党的话

常选坤

东风阵阵吹，
红旗哗啦啦，
红卫兵，来歌唱！
我们最听党的话。
党是阳光我是苗，
党是雨露我是花。

小苗棵棵长得壮，
红花朵朵放光华。
党爱我呀我爱党，
革命后代志气大。
永远跟党干革命，
誓把红旗插天下。

批林批孔当闯将

宋小燕

林贼阴谋搞复辟，
做梦也想当主席。
“克己复礼”黑纲领，
鼓吹“天才”树自己。
同学们啊擂战鼓，
发发炮弹射死敌。
批林批孔当闯将，
永远革命举红旗！

小靳庄　好榜样

马江镭

小靳庄，好榜样，
社员红心向着党。
头等大事抓得紧，
批林批孔当闯将。

小靳庄，好榜样，
革命故事人人讲。
阶级斗争牢牢记，
越听心里越明亮。

小靳庄，好榜样，
政治夜校亮堂堂。
学政治来学文化，
路线觉悟往上长。

小靳庄，好榜样，
大干快上斗志昂。
战天斗地换新貌，
粮棉丰收堆满仓。

小靳庄，好榜样，
嘹亮的歌声四处扬。
样板戏，人人唱，
英雄形象添力量。

小靳庄，好榜样，
人换思想地换装。
全国学习小靳庄，
革命红花处处放。

党叫干啥我就上

徐瑞华

红星红，红星亮，
红星闪闪放光芒。

党的孩子潘冬子，
从小革命跟着党。
我要学习潘冬子，
热爱人民热爱党。
听党话来跟党走，
党叫干啥我就上！

红星闪闪照我心

徐承伟

红星闪闪照我心，
香花毒草辨得清。
敌人腐蚀我反击，
坚决把它消灭净。

红星闪闪照我心，
学习劳动有干劲。
全面发展方针引，
教育革命当尖兵。

红星闪闪照我心，
革命意志更坚定。
努力接好革命班，
高举红旗向前进。

学习小铁柱

曹晓南

小铁柱，
呱呱叫，
人虽小，
志气高。

爱和恨，
分得清，
讲路线，
炼红心。

学雷锋，
见行动，
爱集体，
爱劳动。

好传统，
大发扬，
炼思想，
斗志昂。

毛主席，
引航道，
小铁柱，
向前跑。

以铁柱，
为榜样，
学习他，
当闯将。

反腐蚀，
当尖兵，
勤学习，
勤锻炼。

德、智、体，
全发展，
做一个，
好孩子。

大寨大队真正好

傅静娴

大寨大队真正好，
批林批孔掀高潮。
路线斗争抓得紧，
人换思想地换貌。

大寨大队真正好，
毛主席教导记得牢。
自力更生齐奋斗，

社会主义觉悟高。

大寨大队真正好，
革命干劲冲云霄。
天大旱，人大干，
千里百担一亩苗。

大寨大队真正好，
革命干群多自豪：
“宁可身上掉了膘，
不让地里缺棵苗。”

大寨大队真正好，
山河年年童改造。
革命路上不停步，
红花朵朵传喜报。

支援农业学大寨

陈龙福

拖拉机，一台台，
嘟嘟嘟嘟开过来。
拖拉机，哪里来？
工人叔叔造出来。
拖拉机，哪里去？
广阔田野跑得快。
大干快上它出力，
支援农业学大寨。

小农场，宽又大

薛晓萍

小农场，宽又大，
小麦种，撒田下。
阳光照，雨露洒。
麦种子，发青芽。
你挑粪，我浇粪。
齐动手，培育它。
麦子长得粗又壮，
备战备荒力量大。

小　扁　担

闵正山

小扁担，
三尺三，
挑起粪桶走的欢。
穿小道，
跨田埂，
一气挑到田中间。

尘洗脸，
风擦汗，
声声号子响连天。
“五·七”道，
宽又广，
昂首阔步奔向前。

勤劳动，
炼铁肩，
长大为革命挑重担。

大唱革命样板戏

徐冶红

样板戏，力无比，
革命凯歌震大地。
《杜鹃山》《红灯记》……
我们唱了长志气。

样板戏，是榜样，
英雄形象记心上。
唱着它，心更亮，
阶级斗争永不忘。

样板戏，大普及，
批林批孔反复辟。
人人高唱样板戏，
革命到底举红旗。

扬州——北京象征性长跑

王晓燕

踢踢腿，弯弯腰，
大家都来练长跑；
长征英雄志气壮，
北风雪花挡不了。
操场跑道似银带，
根根银带通天外；
颗颗红心向北京，
去见领袖毛主席。

我是班级“小报导”

刘 霖

我是班级“小报导”，
本周要出黑板报。
各个小组跑一跑，
找来材料真不少。

一组同学张小毛，
勤学“毛著”思想好；
二组同学李小宝，
批林批孔劲头高；
三组同学陈小苗，
教育革命重担挑；
四组同学王小桃，
拾到钱包就上缴……
批林孔，结硕果；
学雷锋，觉悟高。
好人好事真不少，
黑板上面登不了。
这可急坏我“小报导”——
只怪黑板造得小。

怎么办，怎么好？
想来想去有法了。

黑板不够用纸抄，
把它写成红喜报。
红喜报，贴墙上，
好让大家都瞧到。

外宾来我校

冯小秋

外宾来我校，
校园真热闹。
热烈迎外宾，
大家拍手笑。

外宾看工厂，
机器欢声叫；
再看小农场，
连把姆指翘。

外宾看文娱，
又拍体育照。
参观结束了，
个个齐说："好。"

外宾要离校，
握手又拥抱。
友谊忘不了，
外交传捷报。

故乡今昔

蔡　勇

昔日咱沭阳，
是个穷地方。
十有九年荒，
穷人苦难当。

自然条件差，
鸟过三声叫。
兔子不拉屎，
还有病魔妖。

穷人干牛活，
吃的是菜糠。
地主不劳动，
养得肥猪胖。

那年发大水，
穷人去逃荒。
地主坐船上，
凶相似恶狼。

那年遭大旱，
十亩挑一担。
穷人饿断肠，
地主抓大洋。

那年来"东洋"，
地主去捧场。
鬼子烧杀抢，
穷人遭祸殃。

鬼子才投降，
又来蒋匪帮。

穷人加倍苦；
地主喜发狂。

万恶旧社会，
三座大山沉。
穷人拿起枪，
工农齐武装。

春雷一声响，
东方出太阳。
打倒蒋介石，
全国得解放。

故乡得解放，
穷人喜洋洋。
多亏毛主席，
感谢共产党！

穷人把身翻，
国家主人当。
农业集体化，
大步往前闯。

如今咱沭阳，
一片新气象。
地变思想变，
新风大发扬。

战鼓咚咚响，
社员上战场。
批林又批孔，
挥笔作刀枪。

田头批判会，
口号多响亮：
“林、孔想复辟，
决无好下场！”

革命促生产，
浑身添力量。
农业学大寨，
亩产过长江。

才捞鱼上塘，
又添丰收粮。
家乡“五业”兴，
苏北鱼米乡。

放眼望家乡，
一派好风光。
学唱样板戏，
斗志更高昂。

夜校灯火明，
大爷激动讲：
“识字又明理，
心红眼更亮。”

知青学扎针，
赤脚医生当。
合作医疗好，
健康有保障。

大寨红旗飘，
家乡多富饶。
风景多壮丽，
我啊多自豪。

今日家乡好，
心潮逐浪高。
放眼望未来，

壮志冲九霄。

站好革命岗，

誓把农民当。

路线斗争永不忘，

定叫家乡添新貌！

教革通讯

第 55 期

一九七五年一月八日
扬州中学政工组、教革组编

教育革命的又一新生事物
文峰大队和我校实行队校挂钩

【本刊讯】在批林批孔运动普及、深入、持久发展的大好形势下，扬州市城东公社文峰大队和我校队校挂钩的开学典礼于十二月二十五日下午胜利举行。这是毛主席无产阶级革命路线的伟大胜利，是批林批孔运动的可喜成绩，也是无产阶级教育革命不断深入发展的重要标志。参加开学典礼的有城东公社文峰大队党支部、革委会的领导成员、我校革委会李副主任以及文峰大队贫下中农代表六百余人，我校高二(9)班、高二(21)班全体革命师生。会上大家热烈欢呼队校挂钩这一新生事物的出现、会议自始至终洋溢着热烈团结的气氛。

文峰大队钱支书首先讲了话。他代表文峰大队党支部和全体贫下中农，向我校革命师生表示热烈的欢迎，并预祝我校师生在教育革命中取得新的成绩。他在讲话中说：无产阶级文化大革命前，学校为一小撮资产阶级知识分子所把持，向学生灌输封、资、修的毒素，这样培养出来的学生，工厂不欢迎，农村不需要。在党中央、毛主席的正确领导下，为了彻底改变资产阶级知识分子统治学校的现象，对教育战线进行了一系列的改革，涌现了不少新生事物。队校挂钩就是教育战线上出现的新生事物。队校挂钩是全面落实毛主席的“五·七”道路，为建设社会主义祖国培养人材的重要途径。队校挂钩有利于转变学生的思想，培养学生的无产阶级感情。同时，队校挂钩也是对孔孟之道反动教育思想一个强有力的批判。现在我们遵照毛主席“教育要革命"的教导,搞队校挂钩,这不是什么权宜之计,而是培养和造就无产阶级革命事业接班人的千年大计,万年大计。他希望广大师生要虚心地向贫下中农学习朴素的阶级感情,爱憎分明的阶级立场和路线斗争觉悟,掌握真正的实践知识,为将来建设社会主义打下坚实的基础,牢固地树立为共产主义奋斗的远大理想,做无产阶级革命事业的可靠接班人。

在会上,我校革委会李久翔副主任也代表校革会讲了话。他首先对我校在文化大革命前的旧教育制度作了回顾,指出其危害,并说明了队校挂钩的伟大意义。他说:"队校挂钩是社会主义的新生事物,在这里可以学到许多书本上学不到的东西,可以培养理论联系实际的学风,掌握丰富的生产实践知识。"他要求全体革命师生以实际行动爱护队校挂钩这一新生事物,以党的基本路线为纲,全面贯彻党的教育方针,认真接受贫下中农的再教育,拜贫下中农为师,刻苦改造世界观,以实际行动狠批修正主义教育路线,使队校挂钩不断完善起来。

文峰大队的贫下中农代表在会上表示要坚决做到:上门不用请,进队拍手迎。对革命师生政治方面热情帮助,知识方面耐心传教,生活方面周到安排。以实际行动支持队校挂钩这一新生事物。

同学代表也在大会上表示了虚心接受再教育,搞好队校挂钩的决心。

会后,校文艺宣传队为贫下中农和革命师生作了精彩演出。

一堂深刻的阶级斗争、路线斗争教育课

【本刊讯】城东公社文峰大队与我校高二(9)、(21)班进行队校挂钩以后,一九七五年元月三日下午,举行第一次活动,由文峰大队钱支书和宝塔生产队陆队长介绍了学习小靳庄的经验。高二(9)、(21)班的师生及各年级的团支部书记、团支委、红卫兵排长参加了这次活动。

钱支书在报告中用生动的事例讲了本大队学习小靳庄,办政治夜校过程中的阶级斗争、路线斗争以及学习小靳庄后大队出现的新思想、新气象。最后又阐明了学习小靳庄的伟大意义。他说:"学习小靳庄不单是教育部门的工作,而是用无产阶级思想教育农民,用社会主义文化占领农村阵地的大事,是培养接班人的大事,是批林批孔运动的继续。学习继续。学习小靳庄是农业学大寨的基础,是农村两个阶级、两条路线斗争的需要,是无产阶级文化大革命的新生事物。"钱支书报告结束后,陆队长又介绍了宝塔生产队学习小靳庄的经验。他们的报告在同学们的热烈掌声中结束。

同学们一致反映：钱支书、陆队长给我们上了一堂生动的阶级斗争、路线斗争的教育课，给了我们很深刻的教育。我们要向文峰大队的贫下中农学习，深入开展学习小靳庄的运动，把自己培养成无产阶级革命事业的可靠接班人。

我校农村分校管理小组举行扩大会议
决心把分校坚持下去，提高质量，越办越好

【本刊讯】一九七五年一月六日，我校农村分校的领导和有关人员举行了一次会议。会上农村分校的领导成员、志远大队的领导干部和贫下中农、知识青年代表对农村分校的工作提出了改进意见，研究了一些具体工作。学校还向大队正式聘请了十七位兼职讲师。

会议回顾了近来农村分校的工作情况，肯定了这一新生事物的正确方向。分校管理小组组长、志远大队张支书指出，师生在大队开门办学期间宣传中央文件精神，受到了贫下中农的好评，也对大队的政治工作起了一定的促进作用。贫下中农代表说：今年我们大队打了翻身仗，增产粮食六万多斤，每亩达 1200 多斤，最高的达 1600 多斤。这里面有革命师生的劳动。农村分校促进了政治和生产的双丰收。知识青年代表谈到一次，对开门办学的师生谈自己插队下乡的体会，坚定了自己扎根农村、接受贫下中农再教育的决心。和同学们的交谈，对自己政治思想的提高也有很大的帮助。

在肯定成绩的同时，对今后改进农村分校的工作，一致作出了如下的决定：

1. 进一步加强领导。大队要尽可能地了解和熟悉师生的情况，和开门办学的师生共同组织好活动，订好教学计划，做到有的放矢地进行教育。除了每一批开门办学有活动计划外，还要在政治思想、学习、生活方面全面订出计划，作出长远的规划。

2. 把思想教育工作放在首位。今后，要组织师生积极参加公社、大队的中心运动和各项政治活动，进一步让师生参加农村现实的阶级斗争、高举阶级斗争、路线斗争的纲，狠抓师生的思想教育工作。

3. 放大步子，不断总结。充分发挥讲师团的作用。学校师生要尽快地协助大队兼职讲师写出教材，逐步编好教材。加强理论联系实际，抓好科学实验，"三结合"种好分校的科学试验田。学校要尽快地落实工作班子，在课程安排、生活管理方面都要有专人负责。每一批开门办学结束后，大队同志要和师生认真地总结。把分校坚持下去，不断提高质量，使分校越办越好，扶植好农村分校这一新生事物。

誓学冬子小英雄

初二(5)　潘爱媛

说英雄来唱英雄，
英雄事迹人称颂。
党的孩子潘冬子，
爱憎分明心最红。
热爱群众热爱党，
肩挑重担力无穷。
发动群众搞食盐，
机智勇敢把敌哄；
巧施计谋夺粮食，
对敌斗争真英勇；
刀劈恶霸胡汉三，
满腔仇恨心头涌。
雄鹰展翅战风雨，
党的教导记心中。
我与冬子年相同，
誓学冬子小英雄。
争做党的好孩子，
勤读马列批林孔。

姐弟同批《神童诗》(儿歌)

高二(2)　陶肖明

小喜鹊，枝头叫，
姐姐探亲回家了。
放下背包未歇脚，
小弟上前把姐叫——
“姐姐，姐姐你来瞧，
这是红小兵办的黑板报。”
今天我批《神童诗》，
敢把‘圣人’来打倒！

“神童诗，大毒草，
鼓吹‘读书做官’路一条。
引诱人们学孔孟，
为反动统治来效劳。”

——小弟话未完，
姐姐接话了——

“‘读书做官’死胡同，”
结合工农金光道。
插队下乡一年整，

思想觉悟大提高；

“政治夜校读马列，
长工屋前批林彪，
房东大娘忆家史，
——‘不容历史再颠倒！’

“学习大寨创高产，
科学种田有成效。
‘三机一泵’应用广，
只恨自己懂得少。

“广阔天地有作为，
公社沃土育新苗，
毛泽东思想指方向，
扎根乡村不动摇！”

弟弟连连拍手笑：
“姐姐，姐姐说得好，
神童本是大骗子，
我们要砸烂孔孟道。

“我今学习为革命，
要把基础打打牢。
长大学你去农村，
姐弟并肩走这金光道！”

教革通讯

第56期

一九七五年一月二十三日

扬州中学政工组、教革组编

四届人大喜讯传　继续革命再加鞭

——我校革命师生热烈欢呼四届人大胜利召开

全国人民盼望已久的四届人大胜利召开了！喜讯传来，我校革命师生奔赴相告，莫不欢欣鼓舞。各办公室及时张贴了欢庆四届人大召开的宣传画；校园里刷出了欢庆四届人大的大幅标语；中一年级的同学还纷纷挥笔作诗，写出了一批诗歌。学校到处洋溢着欢乐的气氛。大家说，四届人大是在我国社会主义革命和社会主义建设取得辉煌成就，特别是无产阶级文化大革命取得伟大胜利，批林批孔运动取得很大成绩，国内外一片大好形势下召开的。大会的组成和召开，充分体现了工人阶级的领导，体现了全国各族人民的大团结，反映了我们伟大的社会主义祖国欣欣向荣的兴旺气象。

四届人大的新闻公报一发表，学校立即组织了全校师生收听广播，学习新闻公报、宪法、张春桥同志的"关于修改宪法的报告"、周恩来同志的"政府工作报告"，并组织了讨论。在讨论中、广大师生畅谈革命的大好形势，畅谈四届人大召开的伟大意义。驻校工宣队同志集中安排了时间，认真学习四届人大的文件。他们说："这次大会工农兵代表占百分之七十二，有的当了副委员长和副总理，这充分说明了工农兵是国家的主人。我们进驻学校的工宣队员，决不能辜负伟大领袖毛主席的期望，要努力用马克思主义占领整个上层建筑领域，为巩固和加强无产阶级专政作出应有的贡献。"革命小将在讨论时纷纷表示，要认真学习、深刻领会四届人大的文件精神。有的同学说："我们是无产阶级革命事业的接班人，祖国今后的十年、二十五年将发生巨大变化，而我们将亲手参加这具有伟大意义的战斗，实现我们伟大祖国的宏伟目标。展望未来，更增添战斗豪情。”高二(9)班的同学，激动地当场写了一首诗：“红色电波传喜讯，‘人大’召开齐欢庆。毛主席是咱大救星，永远跟党干革命。”广大教师在学习四届人大文件时指出：毛主席为我们制定的整个社会主义历史阶段的基本路线写进了新宪法，这是十分必要的。历史的和现实的阶级斗争都证明，这条基本路线是党和国家的生命线，也是我们革命人民的生命线。我们在教育革命过程中，只有牢记党的基本路线，才能自觉地贯彻、执行无产阶级的教育路线。

当前，我校正处于学期结束阶段，就在这样的时刻传来了四届人大隆重召开的喜讯，更激发了全校师生的革命热情。最近几天，许多师生进一步学习了毛主席关于教育革命的论述，大胆实践，积极改革考试制度和方法，并表示要更好地做好学期结束工作。全校师生决心迅速掀起学习四届人大文件，贯彻四届人大精神的高潮，乘四届人大的强劲东风，继续革命再加鞭、团结一致永向前，努力奋斗，去夺取批林批孔和教育革命的新胜利！

风吹浪打不迷航

中一(3) 习作组

红色电波传四方，
锣鼓喧天礼炮响。
四届人大召开了，
举国欢腾歌声扬。

祖国跃进展新貌，
根本大法定方向。
紧跟领袖毛主席，
风吹浪打不迷航。

四届人大传喜讯

中一(7) 马江镭

四届人大传喜讯，
全国人民齐欢庆。
锣鼓喧天鞭炮鸣，
赞歌声声抒豪情。

祖国江山红万里，
万水千山多壮丽。
全国人民齐努力，
夺取革命新胜利。

各族人民团结紧，
携手并肩向前进。
万众团结一条心，
颗颗红心向北京。

四届人大传喜讯，
全国人民鼓干劲。
跟着领袖毛主席，
继续革命向前进。

愿将火红青春献

高二(18)　杨放鸣

歌声如海人如潮，
锣鼓喧天爆竹跳。
彩绸挥舞红旗飘，
标语幅幅心意表。
啥事这样喜人心？
四届人大召开了！

新的宪法读几遍，
阶级斗争坚信念；
“工作报告”记心间，
字字句句干劲添。
万里征程景无限，
愿将火红青春献。

四届人大召开啦

中一(3)　丁天一

小妹妹，放学啦，
一口气，奔回家。
没进门，先叫妈，
妈妈不在喊爸爸。
爸爸下班又去厂，
锣鼓擂得响万家。

妈妈在车间忙得欢，
满怀喜悦做礼花。
小妹妹抱起布娃娃，
对着布娃娃讲开话：
“布娃娃，布娃娃，
四届人大召开啦！”

喜讯传到咱们家

——四届人大召开了

喇叭下，
全家等着听广播。
问等啥——
重要消息有没有？
猛听见，广播响，
报告喜讯有一桩。
啥喜讯？——
“四届人大召开啦！”
“四届人大召开啦！”

爸爸巴掌拍得响，
妈妈眉开又眼笑，
弟弟一蹦有老高，
妹妹唱歌把舞跳。
转眼间，
哥哥突然不见了，
到那去？
庆贺喜讯放鞭炮。
耳听空中鞭炮响，

眼看窗外红旗扬，
我举起手来喊口号：
“社会主义祖国好，
敬祝毛主席万寿无疆！”

中一(6)　张薇薇

立足于改　不断前进

——全校各学科积极进行考试方法改革

【本刊讯】当前，在批林批孔运动普及、深入、持久地开展，具有历史意义的第四届全国人民代表大会胜利召开的大好形势鼓舞下，全校各学科在以往考试方法改革的基础上，立足于改，不断前进，积极进行考试方法的改革。这次各学科考试方法改革的特点是：围绕中心运动，突出重点；到三大革命运动中开门考试，教师、同学和工人、贫下中农组成三结合考试小组；动笔、动口、动手，理论联系实际。现将各学科考试方法的改革情况及打算摘要汇总于后，供大家参考。

高二语文组采取多种形式进行考试。大部分班级以学《祝福》，批《女儿经》为题材，出了《是谁杀害了祥林嫂》、《决不容许祥林嫂的悲剧重演》、《孔孟之道是吃人之道》等作文题，提前布置，供同学们选择。高二(20)、高二(21)班还请了伊斯兰幼儿园吴秀华同志来校以亲身经历批判《女儿经》，以进一步了解封建制度和孔孟之道的吃人本质。吴秀华同志过去曾跟着母亲在烈贞堂生活了十六年，她母亲有类似祥林嫂的遭遇。她的忆苦思甜，给同学们以深刻的教育，大家认识到，旧社会有千千万万的劳动妇女死于封建制度，死于孔孟之道。这两个班还组织了一个小组走出去，继续访问吴秀华同志，帮助她整理一份较完整的材料，这项工作就作为这个小组的考试内容。此外，还有的班级以欢呼四届人大召开、安定团结、学习陈腊贞为题材，作为考试内容。一些班级在开卷笔试的基础上，采取了口试形式。高二(13)、高二(14)两个班，在本学期文科教学改革的基础上，将通过考试进一步扩大战果，要求同学单独分析一篇毛主席军事著作，以进一步提高学生分析论说文的能力。

高一语文组结合本学期各班到农村分校开门办学的特点，出了作文题《到农村分校有感》，要求同学肯定成绩，找出问题，提出建议。一方面是考查写作的能力，一方面也是对本学期开门办学的小结，为下学期更好地办好农村分校、搞好开门办学活动作好准备。

中一年级文科在本学期集中力量配合中心运动，学习中央23号文件，学习毛主席军事著作，批判林彪修正主义军事路线的基础上，政治、语文、历史学科都围绕学习

23号文件这一中心出了试题。做到既是考试,也是对毛主席军事著作的一次再学习,对林彪修正主义军事路线的一次再批判。

高二年级的历史考试,本学期在学习和研究儒法斗争史的基础上,排出了秦王执政前后至汉宣帝二百年间儒法斗争的重大历史事件,要求同学们整理出这一历史阶段的基本情况,并由此分析复辟与反复辟的尖锐斗争,儒家与法家两条路线的斗争等问题。

初二年级物理考试,发动同学组成考试小组,一边口试基本原理,一边面对实物回答问题。还决定让初二(3)班同学走出去,联系实际考试物理考试。他们分别和邗江县西湖三八电灌站以及这个班的挂钩队——双桥公社顾庄生产队联系,将请电灌站领导、工人师傅介绍该站的建立、发展史,分别请电灌站工人师傅、顾庄生产队的贫下中农介绍水泵在农业生产中的作用;同时由工人师傅、贫下中农和教师、同学组成三结合考试小组,联系生产实际出题考试。

高二年级物理考试,各班级注意了加强口试。有的班级考电动机部分,一边笔试基本概念,画定子绕组展开图等。一边理论与实践相结合,实际接线,将电动机接铭牌要求,接成星形、三角形、利用电磁开关控制电动机。并口答有关实践问题。

高二年级化学考试,准备在过去试行开卷考试和小组集体口试的基础上,部分班级进一步增加实验考查,加强理论和实践的结合,培养学生独立工作能力。

高二(19)班本学期开展了专业班的学习活动,这次就按四个专业班进行考试。首先根据各自的专业学习内容出了讨论题,在讨论的基础上,由同学们独立解答。有关师傅阅卷,群众评议。各组还进行了实际操作。如机械组要求按图车出零件;医卫组实际扎针;机电组接线安装;手扶拖拉机组开机操作。工人师傅和同学在旁提出意见,检验评议。在开展这些活动进行考试的基础上,还要求每个同学对自己所学的专业知识编写教材,在全班讲用汇报,作为考试内容的一个部分。

高二(2)班本学期开展了汽车驾驶、金工两个专业班的学习活动,最近这两个专业班分别进行了实际操作的考试。

此外,外语组英语、俄语都准备在部分班级进行口试,高二年级数字考试,部分班级也进行口试。

教革通讯

第 57 期

一九七五年三月八日
扬州中学政工组、教革组编

学习“朝农”经验，把我校的教育革命搞上去

工宣队

在批林批孔运动普及、深入、持久开展的大好形势下，在全国人民贯彻落实毛主席最新指示，学习无产阶级专政理论的热潮中，新学期开学了！开学以来，全校师生学习了朝阳农学院的先进经验，大家群情激昂，跃跃欲试，在全校形成了一个热气腾腾的新局面。目前，广大革命师生和学校的领导，都在议论我校教育革命如何大步走，如何既搞得轰轰烈烈，又扎扎实实的问题。我们也想就此谈点看法。

朝阳农学院的具有战略意义的经验，是毛主席无产阶级教育思想和教育路线的生动实践，是对几千年来的旧教育制度、传统的私有制观念的深刻革命。我们要努力学习这一先进经验，来推动我校教育革命的深入开展。教育革命既是一场严肃的阶级斗争，又是一场深刻的思想革命。这场斗争和革命触及的面很广泛，但首当其冲的是我们教育战线的每个人。当前，在这场斗争中，我们每个人，不是站在无产阶级一边，热情赞颂“朝农”经验，认真学习“朝农”经验，积极向修正主义教育路线作斗争，就必然站在资产阶级一边，以各种形式、各种借口，竭力贬低“朝农”经验，反对学习“朝农”经验，反对这一场革命。二者必居其一，是不可能有中间状态存在的。我们这所曾经是“老、大、名”的学校里，过去封、资、修的东西都有，流毒是深广的。少数同志由于长期以来受封、资、修的流毒较深，认识和接受新事物还需要一个过程。而在这个“过程”中，这些同志往往自觉不自觉地固守原有的偏见。这里就存在着一个改造世界观的问题。因此，我们参加教育革命的过程，也是转变立场、改造思想的过程。我

们如果不注意这个大前提,有些同志即使在大势所趋的情况下,卷进了教育革命的洪流,在形式上参加了教育革命,而实际是收不到什么效果的。教育革命既然是一场革命,就必然充满着斗争。我们要认真学习“朝农”的先进经验,学习“朝农”的革命精神,在新学期里,认真抓好无产阶级专政理论的学习,把转变学生的思想放在首位,坚定为农服务的方向,积极进行开门办学,为把我校办成无产阶级专政的工具作出贡献,并要争取改造客观世界和主观世界的双丰收。

朝阳农学院的经验告诉我们:在教育革命的征途上,每前进一步都会遇到来自各主的阻力,有时也会遇到一些意想不到的困难。改革旧的教育,是一项浩大工程,不仅有尖锐的阶级斗争和路线斗争,而且要付出艰巨的劳动,要出大力,流大汗,要苦干、实干、拼命干。一切“随大流”和侥幸取胜的心理必须扫除干净。一切贪图安逸、满足现状、因循守旧、小修小补的作风,和我们这个时代的要求,形势的发展,都是不相称的。在教育革命中,我们要象毛主席所指示的那样,保持和发扬“过去革命战争时期的那么一股劲,那么一股革命热情,那么一种拼命精神”,顶着困难上,大干快上。我们要学习“朝农”的革命精神和革命气概,有条件尽快地上,没有条件也要创造条件上。要有无产阶级的雄心壮志,要立足于创新,立足于改革。勇于为革命多吃苦,吃大苦。要敢于打大仗,打硬仗。当然,在具体考虑教育革命的情况时,我们不但要有满腔热情、冲天干劲,而且也要头脑冷静,脚踏实地地认真对待每一个环节上可能出现的问题,耐心地、细致地解决前进道路上所遇到的每一个困难。我们有了冲天的革命干劲,又有严肃的科学态度。是一定能搞好开门办学,搞好教育革命的。

全校师生同志们,让我们在党的领导下,学习朝阳农学院的先进经验和革命精神,团结起来,坚定为农服务的办学方向,发挥无产阶级的革命精神,在新学期里,努力把我校的教育革命搞上去!

初二年级本学期教育革命的初步方案

指导思想:

毛主席关于学习无产阶级专政理论的光辉指示和朝阳农学院的先进经验给了我们深刻的教育和启示。本学期教育革命要迈出新步,必须进一步坚持为无产阶级政治服务的原则,和面向农村的方向,必须发扬革命战争时期“那么一股劲,那么一股革命热情,那么一种拼命精神”,大干快上,大胆创新。

经过学习和讨论,现制定本学期教育革命的初步方案。

一、切实抓好"学农",加深师生"爱农"的感情。

本学期学校工作意见,规定我们初二年级学农。学农是教育革命的重要内容。我们打算于四月份全年级师生(或分两批)开赴农村,用一个月左右的时间,与贫下中农同吃、同住、同学习、同劳动。这样做,既有利于更好地接受贫下中农的再教育,又可减少后勤炊事工作方面的负担。

这是教育革命一场大的战斗,不可避免地会遇到困难和阻力。但克服了它,教育革命就前进了一步。现在,我们就要着手做准备工作:1. 专人负责联系落实学农地点,争取当地公社党委和贫下中农的大力支持;2. 根据联系情况,订出学农的具体计划;3. 认真做好全年级师生的思想发动工作,在明确意义、鼓足信心的基础上,也要做必要的物质条件方面的准备。

二、积极进行教学改革。为今后"务农"打基础。

文科教学要紧密配合当前的中心活动,为无产阶级政治服务。为此,政治、语文、历史合并,能称文科,采取分段排课,逐段跃进的方式进行教学。本学期文科分两个大单元:1. 学习无产阶级专政的理论,搞一些调查研究。准备在三、四两周集中周一、三、六全天及周五上午计三天半时间用于文科教学;周二、四全天及周五下午计两天半时间其它学科排课(需在室内教学或为开门教学作准备的内容,穿插在文科单元内上课)。文科第一单元以《马克思、恩格斯、列宁论无产阶级专政》和《论林彪反党集团的社会基础》为主要教材,着重从理论上弄懂为什么要对资产阶级实行专政,并组织一些请进来、走出去的活动。本单元主要联系学校两上阶级、两条路线斗争的实际(以后在学农中,组织社会调查),通过调查研究,搞清资产阶级争夺青少年的手段和规律是什么,如何抵制资产阶级思想的腐蚀,打一场反腐蚀的进攻仗。从而提高为巩固无产阶级专政而认真学习理论的自觉性,努力做到德、智、体全面发展。2. 进行走与工农相结合道路,热爱农村,立志务农的教育。

理科也要注意把转变学生思想放在首位,把农村三大革命运动的需要作为主要的教学内容。

数学本学期教学内容主要有三部分:1. 锐角三角函数与解直角三角形,2. 面积、体积,3. 生产队会计知识。农村生产队会计、测量等项内容,打算用 1—2 周的时间组织学生到挂钩生产队见习,使学生初步学会生产队预算、分配,会实地测量土地面积、物体体积,会搞土地平整规划等。

物理着重教学照明电路的安装和电动的操作,打算分别跟城建局、供电局、水电安装部和一些工厂的电工车间挂钩,分期分批地(分三批,每批十天)组织学生到上述单位的现场向工人师傅学习安装和操作。采取师傅带徒弟的办法,使学生既能学到有用的知识和实际本领,又能接受工人师傅的再教育。

化学增补农药、化肥的使用,与挂钩生产队联系,开展请进来、走出去的教学活动。

三、分段排课。为开门办学创造有利条件。

原来按 45 分钟排课的课表，不能适应教育革命的发展，不利于开门办学活动的进行，旧课表在很大程度上，牵制了教师，束缚了学生，隔绝了三大革命运动，因此，必须进行一番改革。本学期打算试行分段排课的办法，即一科为主，其它科为辅，大单元分段，小单元穿插，文科、理科等均按本学期的教学任务确定单元，由年级统一安排，外语、体育、音乐、图画等课则细水长流，穿插于各科单元中排课。

四、加强组织领导，充分调动积极因素。

1. 增强党的领导观念，坚持请示报告。在党支部、工宣队、校革会的领导下，充分发挥主观能动性，发挥群众的积极性，把教育革命搞上去。

2. 全年级分两片：(1)、(2)、(3)、(4)班为一片，(5)、(6)、(7)、(8)、(9)为二片，各片的课务和人事有相对的独立性。

3. 注意培养学生干部，年级领导班子吸收同学代表参加，要发挥各级班委会的作用，让学生干部在斗争实践中增长才干，加强工作责任感。

4. 全年级教师要有一盘棋的精神，抱有善于学习、勇于实践的态度，打破学科界限和班主任、非班主任的界限，团结协作，勇挑重担，为搞好教育革命，培养无产阶级革命事业接班人出大力，流大汗，千方百计地完成各项教改任务。

现将上半学期的单元分段如下：

3—4 周文科第一单元：学习无产阶级专政的理论，搞一些调查研究。

第 5 周，理科单元：数学学习农村生产队会计、测量。物理照明电路的安装开始分批组织到现场教学。

6—10 周，用一个月左右的时间学农。

学好无产阶级专政理论，迎接教育革命新高潮

——团委会、红卫兵团在新学期前夕举办干部学习班

【本刊讯】在党支部、工宣队、校革会的领导下，为了开展大学无产阶级专政理论的群众运动，把批林批孔运动引向普及、深入、持久，我校团委会、红卫兵团在开学前举办了以学习无产阶级专政理论为主要内容的干部学习班，从而为新学期开展大学

理论的群众运动打下基础。

参加这次训练班的有共青团支委以上干部和红卫兵排长共120人。大家着重学习了人民日报社论《学好无产阶级专政的理论》和十届二中全会的精神，听了学习《人民日报》社论和《国家与革命》第五章的辅导报告、毛远新同志在辽宁朝阳农学院教育革命现场会上的重要讲话和地区教育工作会议的精神传达，还交流了学习毛主席最新指示的体会。通过为期两天半的学习和讨论，大家认清了形势，提高了认识，明确了任务，坚定了方向，鼓舞了斗志。

这次学习班开始以前，共青团、红卫兵团理论组的同学为学习班的举办做了大量的准备工作。他们认真学习了《人民日报》社论，并根据社论提出关于"进行社会调查，研究各个领域两个阶级、两条道路和两条路线斗争现状"的要求，在校党支部、工宣队、革委会的领导和关怀下，在老师的具体帮助下，寒假期间放弃休息，冒着严寒朔风，分别到商业局、市计划委员会、双桥公社武塘大队进行了社会调查，写出了三篇调查报告，在学习班上作了介绍，使参加学习班的同学看到了工农业战线的大好形势，提高了学好无产阶级专政理论的自觉性。

在学习过程中，为了搞清为什么要对资产阶级实行专政这个问题，高二(22)班团支部联系本班个别同学由于平时放松思想改造，受资产阶级思想腐蚀从而走上犯罪道路的事例，作了社会调查，从加强无产阶级专政这个高度来分析个别同学犯错误的阶级根源、社会根源和思想根源，从反面教育了大家，在胜利面前，决不能有丝毫的麻痹和松懈，必须加强对资产阶级的专政。

在讨论怎样为巩固无产阶级专政而斗争的，大家还联系教育战线的实际，畅谈了大好形势，感到全国各条战线都在为巩固无产阶级专政大干快上，我们教育战线也要紧跟形势，搞好教育革命，清除旧教育的痕迹。同学们一边学习毛远新同志的讲话和地区教育工作会议精神，一边对照学校新学期的工作计划，明确方向，决心以朝阳农学院为榜样，使学校成为无产阶级专政的工具。在学校里不断铲除滋生修正主义的土壤，努力造成使资产阶级既不能存在，也不能再产生的条件。坚持面向农村，使教育这一上层建筑适应经济基础的需要，并推动经济基础的发展。很多同学表示要以上山下乡的实际行动，缩小三大差别，限制资产阶级法权。向传统的旧观念宣战，把上山下乡看成是自己为巩固无产阶级专政而斗争的具体行动，坚决服从祖国需要，到三大革命运动的第一线经受锻炼，为建设社会主义的新农村，早日实现共产主义而奋斗。

东风鼓足革命帆，宏图激起凌云志。参加学习班的同学通过无产阶级专政理论的学习，思想觉悟大大提高，他们纷纷向校领导表示决心，要按毛主席的教导办事，继承和发扬革命战争时期的那么一股劲，那么一股革命热情，那么一种拼命精神，为把自己培养成红色接班人，为巩固无产阶级专政而贡献出自己的一切。他们决心和同学们一起，学好无产阶级专政的理论，在新学期里以新的跃进步伐，夺取新的更大的胜利！

教革通讯

第60期

一九七五年四月五日

扬州中学政工组、教革组编

学习中央九号文件座谈纪要

时间:1975.3.29.下午。

地点:团委会办公室。

王敏华(高二3班):中央九号文件对于加强党的领导、巩固无产阶级专政有很大意义。我们学习九号文件,要把教育革命搞好,把学校办成无产阶级专政的工具。学校中也有加强纪律性的问题。我们对不良倾向要敢于斗争,要抵制资产阶级思想的腐蚀。当前开展反腐蚀斗争很及时,很有必要。贯彻九号文件后,班上出勤率比开学时高了,大扫除时同学们都很积极;有人买了毛主席诗词贴在教室墙上,到现在也不知是谁买的。事情虽小,反映同学们觉悟提高,共产主义精神有所发扬。

郑思扬(高一9班):中央九号文件对当前我们学习无产阶级专政理论是个促进,对教育革命也是有力地推动,是备战备荒为人民的大事。贯彻九号文件后,班上纪律好转了,出勤率高了。同学们学习无产阶级专政理论的积极性也提高了,有的同学在学习《马克思、恩格斯、列宁论无产阶级专政》时,把老师讲的要点都抄下来,有不懂的地方就问。

张跃贵(高二4班):中央九号文件是毛主席伟大战备部署,有利于加强党的一元化领导,为国民经济大跃进作好准备,也是进一步加强战备,做好各项工作,抓革命、促生产的保证。第三次世界大战的因素有所增长,这个仗一定要打,战备很重要,我们在思想上、物质上都必须作好准备,并加速社会主义建设,把我国建设成为社会主义强国。九号文件推动了理论学习,是抓革命、促生产的动员令,号召书。贯彻九号文件是落实毛主席关于理论问题和安定团结指示的具体行动。徐州煤矿贯彻九号文件以后,日产量显著上升,说明工人阶级最听党中央、毛主席的话,也说明了毛泽东思想的巨大威力。最近学习中央九号文件,我们班上原来有些不大来的同学,现在能参加学习和大扫除活动,有的同学还主动带了工具来参加大扫除,课堂纪律也有好转。

王春钢(高一2班):中央九号文件号召全国人民贯彻安定团结的指示,学好无产阶级专政的理论,这对资产阶级思想和无政府主义思潮是有力的打击。我们年级最近结合学习无产阶级专政理论开展了反腐蚀斗争,已取得了初步的成绩。年级进行文科改革,组织同学们到社会上调查两个阶级斗争的现状,大家的积极性很高。

平志明(初二2班):中央九号文件是根据国内外形势提出的。社会上有些人搞派性,消极怠工,对于把国民经济搞上去有影响。国际上,革命因素和战争因素都有所增长,我们要引起注意,要加快社会主义革命和建设。在教育战线,我们要把教育革命搞上去,把学校办成无产阶级专政的工具。

通过学习九号文件,班上出现了一些新气象,课堂纪律比以前好了,出勤率高了,迟到早退现象有所克服。大家积极交费,全班最近在全年级第一个交清了费用。

夏向明(中一6班):中央九号文件是批林批孔向普及、深入、持久迈进的一步,是反修防修,贯彻安定团结指示的措施,对把国民经济搞上去,对加强战备是大的促进。对资产阶级的歪风邪气是有力的打击。前些时,我们同学中也有不安定因素,现在班上课堂纪律有好转,特别外语课大有好转,红卫兵战士能自觉带头遵守纪律。大扫除时,个个带工具,人人有事做,一天半的任务一天就完成了。

王敏华:过去也谈加强纪律性,但未真正理解。现在学习列宁、毛主席教导,认识有提高,初步感到革命纪律的重要。有的人不遵守纪律,影响了社会主义的革命和建设,而要准备打仗,没有物质基础是不行的。我们学校里有的同学不遵守革命纪律,也影响了教育革命的进行。对于革命纪律问题,学校不能就事论事,被动处理,而要提到保卫教育革命,培养无产阶级革命事业接班人的高度来抓。

张跃贵:贯彻九号文件,工厂订了规章制度,学校也要落实规章制度。对于有的同学长期不到校,随意破坏公物等等,都要拿出一套制度来。

贯彻中央九号文件　加强组织纪律性

——兼谈学习《马克思、恩格斯、列宁论无产阶级专政》第二十二条的体会

刘华富

最近,中央九号文件再次传达了伟大领袖毛主席关于理论问题,“还是以安定团结为好”,“要把国民经济搞上去”的指示,并特别强调了必须加强组织纪律性问题。这些指示,对提高我们阶级斗争、路线斗争和继续革命的觉悟,自觉地贯彻党的基本路线,搞好批林批孔,加强无产阶级专政,促进社会主义革命的深入和社会主义建设的发展,促进教育革命,都具有极其深远的意义。

在《马克思、恩格斯、列宁论无产阶级专政》第二十二条中,列宁指出:“资产阶级议会制度所固有的一切坏处都在不断地复活着,我们只有用无产阶级的组织性和纪律性,作再接再厉的、坚持不懈的、长期的、顽强的斗争,才能逐渐地战胜这种祸害。”列宁的教导,告诉我们要加强组织纪律性的重要性。组织纪律性之所以重要,是因为它是实行无产阶级对资产阶级全面专政的重要手段。旧社会死亡的时候,它给我们无产阶级和革命人民留下了种种祸害。“资产阶级议会制度所固有的一切坏处都在不断地复活着”。列宁这里说的一切“坏处”,是指的当时表现出来的个人意志极端民主化,不务正业的夸夸其谈,喋喋不休的无原则争议。今天,社会上存在着一些不良现象,我们学校同学中也有对政治活动不关心,高兴来校,不高兴就跑,上课扰乱课堂秩序,下课打打闹闹,学习马虎,作业不交;也有的流气十足,好逸恶劳,看黄色书籍,追求资产阶级生活方式,与不三不四的人交“朋友”等现象。这些都是资产阶级“坏处”的“复活”。“我们只有用无产阶级的组织性和纪律性,作再接再厉的、坚持不懈的、长期的、顽强的斗争,才能逐渐战胜这种祸害。”事实也正是这样,最近,我校一些年级结合无产阶级专政理论的学习,对同学普遍进行了反资产阶级思想腐蚀的教育,并对个别受资产阶级思想腐蚀较深、无政府主义比较严重的同学进行了重点帮助、教育,采取了一系列的纪律制度,收到了一定的效果。这充分说明了加强组织纪律性是抵制资产阶级恶劣影响、战胜资产阶级各种祸害的重要手段。

我们反复领会中央九号文件的精神,认真学习革命导师的教导,再把眼前存在的一些不良倾向加以对照,深深体会到:中央九号文件的指示精神英明、及时,革命导师的话句句亲切周到。摆在我们眼前的不良倾向不抓不得了。抓则进,不抓则退,不抓则变。从而更进一步体会到加强组织纪律性的重要。我们不但要抓组织纪律,引导大家自觉地遵守学校纪律制度,同时还要跟各种破坏纪律制度的各种错误倾向作斗

争。我们要把加强组织纪律性看作是学好无产阶级专政的理论，巩固无产阶级专政的大事，是搞好教育革命，培养无产阶级革命接班人的大事。只有这样，才能抓的有劲，抓的得力。

目前，我校正在开展反腐蚀斗争。这是贯彻中央九号文件和中央领导同志指示精神的具体行动，是对资产阶级歪风邪气的迎头痛击，是加强组织纪律性的具体措施。我们一定要下决心把这场运动深入开展下去，使广大师生真正通过运动，明确要服从党的集中统一领导，要加强组织纪律，要必要的规章制度的重要性。焕发革命精神，在党的一元化领导下，"统一认识，统一政策，统一计划，统一指挥，统一行动"，把教育革命搞上去。

让我们乘中央九号文件的强劲东风，为加强无产阶级对资产阶级的全面专政而努力！

关于商品制度和货币交换

周美绾

（一）为什么说商品制度、货币交换是资产阶级法权？

商品是资本主义经济的细胞，资本主义生产是商品生产的最高形式。资产阶级在与封建主义作斗争的时候，宣布自由平等是人权，商品等价交换当然也是他们的所谓"人权"所要求的。商品交换是不是等价呢，是不是平等呢？从形式上看好象是平等的，但实际上却是不平等的。劳动力在资本主义社会里也是商品。工人为资本家做一个月的工，资本家给一个月的工资，形式上看是等价交换的，但资本家从工人身上却获得了远远超过劳动力价值的价值。这是平等吗？再拿其他商品的交换来说，商品的交换是以社会的必要劳动量来进行交换的，而社会必要劳动量不是与所有的劳动者的个人劳动量都相等的，是有差别的，是不平等的。再者，由于供求关系的原因，商品的价格往往是围绕着商品价值而上下波动的，因此等价交换的原则与实践是相矛盾的。因而也是不平等的。正由于这些不平等，使得商品生产者两极分化。所以说，商品制度与货币交换是资产阶级法权。因为它反映了形式上平等和实际上不平等的这个资产阶级法权的特征（或特点）。

(二)怎样正确对待商品制度与货币交换?

和对待“按劳分配”的态度一样,也是承认它、利用它、限制它、消灭它。

承认它,就是承认它的历史必然性。必然性的东西是不以人的意志为转移的,不是要它存在就存在,不要它存在就不存在。

利用它,就是利用它加强工农经济的联系,利用它积极作用的方面为社会主义服务,促进社会主义建设。

限制它,就是限制它的消极作用、破坏作用,限制它不利于社会主义革命和社会主义建设的方面。

社会主义社会的商品生产、商品交换、货币交换虽然不同于资本主义社会的商品生产、商品交换、货币交换,但只要商品经济还活着,它就起着作用,它就会发展着资本主义,产生着资产阶级。

拿商品生产和商品交换来说,今天资产阶级仍然存在,小生产者的习惯势力和残余还存在。资本主义自发势力还没有彻底消灭,新老资产阶级分子以及具有严重资本主义倾向的分子必然要利用商品关系来复辟资本主义:(1) 他们或者是钻进社会主义企业,拉拢腐蚀干部,大搞资本主义经营(如片面追求利润),使社会主义企业蜕化变质。(2) 或者是扩大个体经营,甚至开设地下工厂,催工剥削,发展资本主义。(3) 或者是套购市场较为紧张的物资,转手倒卖,进行各种各样的投机倒把活动,从中牟取暴利。(4) 商品生产和交换还受到价值规律的一定影响,因而会出现资本主义倾向。所以我们在利用商品生产和商品交换来为社会主义建设服务的时候,必须对它加以限制,同资产阶级的破坏活动和资本主义自发势力进行坚决的斗争。

消灭它,就是积极创造条件,消灭商品生产、商品交换、货币关系所赖以存在的基础。这就是要消灭三大差别,实现共产主义。

把办事业班的方向搞正确

在毛主席教育革命路线指引下,许多中学坚持无产阶级政治挂帅,坚持面向农村,坚持知识青年上山下乡的正确方向,在改革和学好文化课的同时,按照农村三大革命的需要有组织、有计划地开设专业课,举办专业班,促进了教育革命的深入发展。但是,在一些学校中也出现了一些值得注意的问题。主要是:

一、撒手“放羊”。有的中学把学生放到社会上去搞“三自”(自找门路、自选专业、自由学习）。结果，有的学生只好找爹、找妈、投靠亲友；有的盲目地跑到工厂、医院串来串去；有的呆在家里学拉胡琴。有的中学竟向学生提出了“八仙过海，各显其能，有亲投亲，有友投友”的错误口号。

二、单纯技术观点。有的中学生在办专业班过程中忽视政治思想教育，因而有的学生认为，上专业班，有了一技之长将来好在城市找个工作，不下乡。有的学校聘请兼职教师也只注意业务，忽视政治。

上述问题，是两条教育路线的斗争在办专业班问题上的反映，虽然这是在革命的前进过程中出现的支流，但应引起我们的注意，及时解决，把办专业班的方向搞正确。

读者 季士糠

（转载自《教育革命通讯》1975年第3期）

教革通讯

第 61 期

一九七五年四月十九日
扬州中学政工组、教革组编

在毛主席无产阶级教育路线指引下
我校学生代表大会胜利召开

【本刊讯】在毛主席无产阶级教育路线指引下，在学校党支部、工宣队、革委会的领导和关怀下，我校学生代表大会于四月十六日至十七日胜利召开了。这次会议是在贯彻、执行党中央九号文件，以毛主席“安定”“团结”的方针为指导思想，以党的基本路线为纲，以学习无产阶级专政理论为中心，积极开展反对资产阶级思想腐蚀的斗争，促进教育革命不断发展的大好形势下召开的。参加这次大会的有 297 名代表，其中有各班团员、干部的代表，有后进转变为先进的同学代表。女同学代表有 126 名，占代表总数的 43%。

十六日上午，大会在庄严的“东方红”乐曲声中开始。工宣队李指导员致开幕词，他代表党支部、工宣队、革委会对大会的召开表示热烈的祝贺。接着，校革会副主任胡文同志对大会做了工作报告。十六日下午和十七日上午，有 14 名代表在大会上作了发言，进行了交流。代表们对工作报告展开了热烈的讨论，推选了出席市学代会的代表。下午，大会表扬了先进个人和先进集体，通过了倡议书。校党支部书记章心如同志到会作了指示。工宣队李队长致闭幕词。大会始终洋溢着团结战斗、朝气蓬勃的革命气氛。

胡副主任在向大会作的工作报告中，回顾了全校广大同学近年来在党的哺育下茁壮成长的情况。他指出：在校党支部的领导下，全校同学在德、智、体方面都取得了比较大的成绩。大家认真学习无产阶级专政的理论，深入批林批孔，阶级斗争、路线斗争和继续革命的觉悟不断提高。目前，一个学习无产阶级专政理论的热潮正在我校掀起。现在全校已陆续建立起了理论学习组60多个，有理论学习骨干600多人。不少班级的理论小组和一些同学，坚持认真看书学习，基本上做到了三落实：组织落实，内容落实，时间落实。同学们还注意把看书学习与批林批孔结合起来，联系实际开展革命大批判，批判修正主义、孔孟之道和资产阶级意识形态。围绕党的中心运动，进行了批修正主义教育路线，评法批儒，批林彪资产阶级军事路线这三次大的“战斗”。在斗争中提高了水平，增长了才干。全校同学还坚持党的基本路线，学英雄，拒腐蚀，树理想，坚定了走与工农相结合道路的决心。全校结合开展学习小靳庄、陈腊贞、潘冬子等活动，开展了反腐蚀斗争。高二(10)班车桂等同学，认真学习无产阶级专政的理论，提高了继续革命的自觉性，决心以实际行动限制资产阶级法权，和旧的传统观念彻底决裂，毕业后立志务农干革命。高二(15)班同学最近在城东公社西花园生产队开门办学，一次队里的四间草房起火，同学们不顾个人安危，奋不顾身地抢救集体财产，受到了贫下中农的好评。此外，主动关心集体，爱护公共财物等好人好事大量涌现，这一切都标志着广大同学的精神面貌正在发生深刻变化。

胡副主任还指出：近年来，全校同学坚持面向农村的方向，积极参加教育革命，生动活泼的主动的学习风气正在形成。同学们还加强了战备观念，刻苦锻炼身体，增强了体质。本学期来，高一年级同学紧跟阶级斗争形势，和文科教师一起，积极进行了教学改革。他们以学习无产阶级专政理论为中心，深入社会，广泛开展了调查研究活动。既加深了对无产阶级专政理论的理解，也锻炼了写作能力。高二年级同学到工厂学习农业机电课，结合产品进行教学，取得了良好的成绩。他们还本着为农服务的精神，在教师的指导下，开展了手扶拖拉机、土壤化肥、测量等专业班的学习活动。全校同学还遵照毛主席“要准备打仗”的教导，加强战备观念，积极参加了民兵训练和修筑防空壕的战备劳动。现已建成了三百平方米的使用面积。第四期工程正在动工，已挖土方六百立方米。在毛主席“发展体育运动，增强人民体质”的号召下，全校体育运动广泛开展。一年来，我校同学参加市中学生田径运动会，地区中学生排球比赛和省中学少年男子篮球比赛均取得了优异成绩。在爱国卫生运动方面，由于全校同学的努力，成绩是显著的。我校被扬州市表扬为卫生先进单位，整洁的环境为顺利完成迎接外宾的任务打下了基础。

胡副主任还代表学校领导，对今后工作提出了意见。要求全校同学继续认真学好无产阶级专政的理论，联系实际开展学习和批判。以党的基本路线为纲，批判修正主义，批判资本主义倾向，批判资产阶级法权思想，讲路线，讲大局，讲党性，讲团结，讲纪律，逐步树立起无产阶级世界观。进一步重视抓好理论队伍的建设，上好政治课，把课内和课外的学习有机结合起来。要狠抓意识形态领域的阶级斗争，自觉抵制资产阶级思想的腐蚀。继续开展学习英雄人物的活动，大力表扬好人好事，依靠社会各方面力量，抓紧促进后进变先进的转化工作。要坚持面向农村，改革教学，认真学习朝阳农学院的先进经验,深入开展教育革命。进一步确立为革命而学习的目的性,坚持上山下乡的革命方向,坚定走与工农相结合的道路。要进一步加强党的领导观念,自觉接受工人、贫下中农的再教育。

李队长、李指导员在所作的大会开幕词、闭幕词中,章书记在对大会的指示中,都一再强调了胡副主任报告中的主要精神。全体代表认真学习和讨论了这些指示,表示决心在党的领导下,努力学好无产阶级专政的理论,一定要把这些指示的精神很好地贯彻下去,争取更大的胜利。

大会上一些集体代表和同学个人作了发言。高二(10)班的车桂同学,高二(20)的张贵洪同学,他们学习了无产阶级专政的理论,狠批了资产阶级的法权思想和旧的传统观念,狠批了"学而优则仕"和林彪"变相劳改"的谬论,坚定了走上山下乡革命道路的决心。车桂同学在发言中表示:毕业以后坚决回北方务农,以实际行动批判旧的传统观念,限制资产阶级法权,缩小三大差别,巩固无产阶级专政。张贵洪同学也表示:当前在学校学习期间,要努力做到德智体全面发展,为毕业后回乡务农做好一切准备。高二(23)班的代表,介绍了他们班级开门办学,劳动锻炼和积极开展勤工俭学活动的情况。他们在这些活动中,把转变思想放在首位,使集体主义思想、艰苦奋斗的精神和不怕苦不怕累的作风在同学脑中扎了根。他们发扬共产主义风格,把按劳分配取得的钱交给班级统一调度,供班级缴学杂费之用,在开学的第三天就缴清了班级的全部费用。初二(2)班平志明同学,谈了自己怎样刻苦钻研,学习无产阶级专政理论的经验。中一(1)班的代表介绍了学习小靳庄、狠抓意识形态领域里的阶级斗争,用毛泽东思想占领课外业余阵地的情况。初二(5)班的代表介绍了他们班级加强组织纪律、促进教育革命的经验。还有一些代表也在会上发了言。他们这些发言,受到了代表们的热情欢迎。

代表们在讨论中畅谈了一年多来我校同学在党的领导下,健康成长的情况。高一年级的代表们说:一年多来,批林批孔运动的不断深入,无产阶级专政理论的学习我们进一步加深了对党的基本路线的理解。我们年级中有些原来受资产阶级思想腐蚀犯了错误的同学,现在经过反腐蚀斗争,提高了认识,决心痛改前非,改正错误。还有很多同学积极要求进步,向团组织靠拢,争取早日加入共青团。革命形势的确是一派大好。我们要在党的领导下,继续努力,不断革命,争取更大的胜利。代表们一致认为:这次大会总结的材料是丰富的,经验是可贵的。表示要把这些好的经验和方法带回去,今后和同学们一起认真学习无产阶级专政的理论,搞清楚三个问题,继续排查、弄清资产阶级腐蚀青年的表现,继续开展反腐蚀斗争,批判修正主义,批判资本主义倾向,批判资产阶级法权思想,认真落实中央九号文条精神,加强组织纪律性,深入开展教育革命,搞好开门办学,为把我校真正办成无产阶级专政的工具而努力。

学习无产阶级专政的理论，坚定上山下乡干革命的决心

高二(10)班 车 桂

最近毛主席发出了关于理论问题的重要指示，指出了认真学好无产阶级专政的理论，对于反修防修，巩固无产阶级专政，防止资本主义复辟，具有重大的现实意义和深远的历史意义。认真学习无产阶级专政的理论，对于我们每一个面临毕业的高二同学来说，是尤其重要的。只有认真学好无产阶级专政的理论，才能懂得应该怎样为巩固无产阶级专政而斗争，才能正确对待前途理想问题，正确对待上山下乡问题。

以前，我对上山下乡问题没有认真地考虑。只是一般地懂得，走与工农相结合的道路，上山下乡干革命，是毛主席的伟大号召，是我们每个革命青年的必由之路。但是，为什么一定要到农村去？我却不是很清楚的。我一方面感到，象我这样生在红旗下，长在甜水里，没有经过艰苦斗争锻炼的青年，各方面很不成熟，的确需要在艰苦的环境中磨炼意志，改造世界观。但是，另一方面，思想上又认为：工业农业，各行各业，都在进行社会主义建设，都是革命的工作，为什么一定要从事农业劳动呢？干其它工作不也是一样革命吗？好好学习文化知识，进行脑力劳动，贡献不是更大些吗？这些问题在我的头脑中，没有得到彻底的解决。

毛主席发出了关于理论问题的重要指示以后，围绕“为什么要对资产阶级实行全面专政？”“无产阶级专政的历史任务是什么？”“怎样为巩固无产阶级专政而斗争”这几个问题，我选学了马克思、恩格斯、列宁和毛主席关于无产阶级专政问题的有关著作和有关语录，学习了党报党刊上有关的重要文章。我认识到：社会主义社会是从旧社会脱胎而来的，因此，它在政治、经济、思想等各个方面，都不可避免地存在着那个旧社会的痕迹。这些旧的痕迹，都是滋生资本主义和资产阶级，滋生修正主义的土壤，是资本主义复辟的温床。无产阶级通过暴力革命夺取了政权，推翻了资产阶级，这仅仅是朝着消灭阶级的方向向前迈进了具有决定意义的第一步。为了防止资本主义复辟，为了完成消灭阶级、实现共产主义这一伟大事业，无产阶级必须在一切领域里坚持对资产阶级的全面专政，必须经过长期的斗争，彻底消除旧社会遗留下来的痕迹，彻底铲除滋生资本主义、资产阶级、滋生修正主义的土壤，彻底砸烂资本主义复辟的温床，造成使资产阶级既不能存在，也不能再产生的条件，朝着消灭阶级的方向奋勇前进。

广大知识青年上山下乡，这是毛主席的伟大战略部署，对于限制资产阶级法权，缩小三大差别，巩固无产阶级专政，具有深远的意义。一切要革命，要为共产主义事

业而奋斗的青年,都应该积极响应毛主席的伟大号召,坚定不移地走与工农相结合的道路。毛主席说过:“不准备付出自己的鲜血和生命,而空谈什么社会主义和共产主义,就不是一个自觉的和忠诚的共产主义者。”在中国革命的战争年代,成千成万的先烈,为着人民的利益,英勇地牺牲了他们的生命。他们为了我们今天的社会主义江山,为了我们今天的无产阶级政权,为了人类的解放,为了共产主义的事业,抛头颅洒热血,冲锋陷阵,英勇奋斗。他们丝毫没有想到个人的安危,个人的利益。他们为夺取政权,流尽了最后的一滴血。今天,巩固无产阶级专政,将共产主义事业进行到底的任务历史地落到了我们这一代青年人的身上。为了限制资产阶级法权,缩小三大差别,为了消灭旧社会遗留下来的痕迹,完成消灭阶级,实现共产主义的历史重任,我们应该毫不犹豫地献出自己的青春,献出自己的整个生命和全部精力。如果我们在上山下乡的问题上徘徊、动摇或者害怕艰苦、不肯下去,那怎么能对得起革命的前辈,对得起死难的烈士呢?那么为共产主义事业而奋斗,岂不是一句空话吗?那不正是有意无意地,或多或少地背叛了自己的阶级,背叛了革命的事业吗?

通过学习无产阶级专政的理解,我对这个问题有了比较清楚的认识,坚定了上山下乡干革命的决心。

我分析了以前自己在这个问题上的模糊认识。过去我对上山下乡问题之所以有些问题没有解决,实际上就是因为自己在思想深处还存在着轻视农村,轻视体力劳动的剥削阶级思想,存在着资产阶级法权的思想。

固然,各行各业都在进行社会主义建设,都是革命工作。然而,农业是我国国民经济的基础。没有农业的坚实基础,是不能把我国建设成为现代化的社会主义强国的。在毛主席革命路线的指引下,我国的农业生产有了很大的发展。但是,我国目前的农业生产水平还不是很高的,还不能适应国家社会主义建设迅速发展的要求。工农之间,城乡之间,确实存在着差别。要在无产阶级专政下缩小这种差别,使农业生产更快地发展,还需要艰苦的努力,还需要许多的人力和物力。从这个意义上讲,从革命需要来看,农村是更加需要我们的。为了更好地进行社会主义建设,把我国建设成为现代化的社会主义强国,我们也应该自觉地到农村去,为发展农业生产贡献出自己的力量。

几千年来,旧的习惯势力和传统观念束缚着人们的思想。轻视农村,轻视体力劳动的思想顽固地遗留在人们的头脑中。现在,也还有许多人,吃着农民种的粮食心里却瞧不起农村,瞧不起农民。他们认为乡下是肮脏的,认为农民是低人一等的,是“乡下佬”,是“土包子”。实际上,农业劳动既是艰苦的,也是十分光荣的。农村的广大贫下中农是我们社会主义新中国的主人,他们在党和毛主席的领导下,意气风发地进行着社会主义革命和社会主义建设。脑力劳动和体力劳动的对立现象是万恶的旧社会遗留下来的恶果。今天,农村的广大贫下中农和广大知识青年,在农业生产实践中,积累了丰富的实际经验。他们大搞科学种田,为加速农业生产的发展而努力。他们把脑力劳动和体力劳动日益紧密地结合起来,正在逐步缩小着这一差别。再说,对革命事业贡献的大小，也决不是仅仅用一个人创造的物质财富的价值来衡量，更重要的是要看其对革命事业的态度如何，热情如何，干劲怎样。从某种意义上来说，谁在最艰苦的环境中，为限制资产阶级法权，缩小三大差别贡献出了自己的全部力量，谁就是为革命事业做出了大的贡献。

社会主义新农村在召唤着我们，革命需要我们到农村去改变面貌，缩小三大差别。不能坚定地立志务农，恰恰说明了自己不能勇敢地与旧的传统观念实行彻底的决裂。

优秀的知识青年吴献忠，为我们做出了光辉的榜样。她向往的不是舒适的环境，在城市和乡村两者之间，她选择了比较艰苦的农村；她热衷的不是轻松的工作，在工业和农业两者之间，她选择了一般来说劳动强度较大的农业；她追求的不是个人的理想，在体力劳动和脑力劳动之间，她选择了为剥削阶级所鄙视而为劳动人民所尊重的体力劳动。她不是躲着三大差别走，而是用自己的青春和热血为缩小三大差别而斗争。

我决心向吴献忠同志学习，认真学习马列著作和毛主席著作，特别是认真学习无产阶级专政的理论，力求从理论和实践的结合上学好弄通。毕业后，坚决回北方务农。在农村接受贫下中农的再教育，努力改造世界观，用实际行动批判资产阶级法权思想，批判旧的传统观念，批判林彪"变相劳改"的谬论，用自己的青春和热血为限制资产阶级法权，缩小三大差别，为巩固无产阶级专政而斗争

编后

本刊本期选登部分学代会发言内容，下期将继续选登。

教革通讯

第62期

一九七五年四月二十八日

扬州中学政工组、教革组编

把转变思想的工作放在首位

高二(23)团支部、班委会

一年多来,我们班级遵循毛主席《五·七指示》和党的教育方针,以批林批孔为纲,大搞教育革命,先后到农配二厂、农科所、贾桥大队等单位进行了开门办学和劳动锻炼,并积极开展勤工俭学活动。最近,通过学习无产阶级专政的理论,全班同学阶级斗争和路线斗争的觉悟有了进一步提高。我们在这些学习和活动中,注意了把转变思想放在首位,加强对同学的政治思想教育,使班级面貌焕然一新,逐步形成了一个团结战斗、努力上进的集体。

狠抓批林批孔,在教育革命的实践中磨炼思想

批林批孔运动开始后,我们注意组织班上的团员和干部走在前面,先学一步。然后发挥骨干作用,和同学一起学习讨论。在联系阶级斗争、路线斗争实际批判"克己复礼"时,团员、干部和同学们一起回顾了七二年"统考"时的情形,并用它同文化大革命前的考试作了比较。同学们认识到七二年的"统考"与文化大革命前的考试是大同小异。这样的做法就是一种"倒退",这种"倒退"就是"克己复礼"在教育战线上的现实反映。通过回忆对比,大家深受启发,同学们纷纷揭露了修正主义教育路线在学校的某些回潮现象。经过连夜奋战,全班同学写出了题为《决不允许修正主义教育路线在我校回潮》的大字报,列举了很多事实,比较尖锐地指出了我校在办学方面存在的一些问题。大字报写出后,我们就以实际行动——到农配二厂开门办学来批判修正

主义教育路线。在厂里,我们和工人师傅同学习,同批判,同劳动,虚心学习工人阶级的崇高思想。在一个多月的实践中,我们注意了克服单纯业务观点,比较自觉地把转变思想的工作放在首位。我们采用"定师傅"的办法,让同学和工人师傅一起政治学习,向工人师傅学习生产技术,这样,便于接受思想教育和技术上的传授,使接受工人阶级再教育这一政治任务在组织上得到了落实。全班同学还和工人师傅一起,批判厂里一个不服从改造的坏分子,一些同学上台与阶级敌人展开了面对面的斗争。并在厂里主办了两期大批判专栏。这一切使同学的阶级斗争、路线斗争觉悟有了很大提高。大家在劳动中,虚心向工人师傅学习,不怕苦,不怕累,不计较劳动时间,受到了工人师傅的一致赞扬。

搞勤工俭学 抓思想转变

上学期,学校号召搞勤工俭学。开始,有的同学把勤工俭学主要看成"拿钱",我们认为这种钞票挂帅的思想是错误的。勤工俭学也应该把转变思想的工作放在首位。于是,我们首先抓了干部的思想工作,通过学习毛主席的《给江西共产主义劳动大学的一封信》等有关文章,在干部中先统一了思想认识。

在挖防空壕战备劳动中,有的同学听说挖到的碎砖可以量方算钱,就要班级干部早点去看地方,找个碎砖多的地段。我们觉得这是一种不正确的思想,不应这样做。之后,干部们在工地上来回看了几遍,但不是看哪儿碎砖多,而是看哪些地方需要统一进度。同时,在劳动前,我们又对大家反复强调战备劳动的主要任务是挖土。但还是有的同学说:领导上都说了,放着钱不拿是呆子。我们又进一步向大家说明了战备劳动的意义,讲了政治与经济的辩证统一关系,提高了同学的认识,批判了错误思想,坚决抵制了歪风,在这个问题上的思想斗争中打了一次胜仗。

我们在农配二厂开门办学的,看到纱头用过一次就被丢进垃圾堆成为废物,感到可惜。我们想:如果把铁屑拣清,洗干净后是否还可以利用呢?经联系后,我们就把"洗纱头"作为勤工俭学的内容。没有任何设备,我们就发动群众,自己解决困难,借了只小铁锅,找乱砖垒成灶,用拾来的树叶、树枝烧火。铁锅小,用起来不方便,有些同学产生了畏难情绪;河水冷、烟熏人,有的同学产生了怕苦思想。我们抓住了这些思想苗头,用毛主席"节约每一个铜板,为着战争和革命事业"的教导去对同学进行教育,鼓励大家为革命要不怕苦和累。这样,同学们打消了怕苦畏难情绪,不怕浓烟熏人,忘记了河水冰凉刺骨。不论是星期日还是寒假,都有很多同学到校洗纱头。本着对工作极端负责的精神,把铁屑捡了一遍又一遍。大家团结战斗,越干越欢,甚至忘记了休息。同学们自豪地说:"我们是在为国家作贡献呢!"结果洗出了纱头,也培养了同学们艰苦奋斗的精神和热爱劳动的好品质。

用无产阶级专政的理论武装思想

本学期,学校掀起了学习无产阶级专政理论的高潮,我们就注意用无产阶级专政的理论来武装思想,处理问题。一开学,首先碰到的问题是如何分配勤工俭学得到的收入。为了解决这个问题,我们召开了支委、班委、小组长联席会议,一致认为毛主席关于理论问题的指示和马、列著作中都明确指出,在产品按劳分配问题上,资产阶级法权仍然占着统治地位。因此,我们在分配问题上也要对资产阶级法权实行必要的限制,不能完全用按劳分配的原则办事,要加强共产主义的思想教育,并决定把钱交给班级统一处理。我们首先解决了全班所有同学的应交学杂费,其次再帮助班上经济困难的同学缴纳部分代办费。同时我们表扬了费用全免,但积极参加勤工俭学的陈豪、徐根扣等同学的不畏艰苦、自力更生的共产主义风格,对少数在勤工俭学中表现较差的同学。着重在思想上进行必要的教育、帮助,要他们更好地学习先进,并在今后的勤工俭学活动中经受锻炼和考验。这样,我们妥善解决了钱的分配问题,开学第三天,全班就交清了全部费用。

做思想工作,我们也注意了要以无产阶级专政的理论为武器。我班有个同学,以前各方面表现还不错。自从他做"刻纸"的厂外加工后,眼光就停留在刻一张纸能得多少钱上。对政治、集体、文化学习渐渐地不关心了,上课三心二意,经常迟到早退,一直发展到整天不到校。我们对他进行了多次帮助,进行家访,找他个别谈心,但效果不大。最近,我们学习了无产阶级专政的理论,才恍然大悟,感到我们以往对这个问题的认识不够深刻。只晓得他这样做是"私"字作怪,但没有从理论的高度作透彻的分析。现在我们明白了,这种"小生产是经常地、每日每时地、自发地和大批地产生着资本主义和资产阶级的"。这样发展下去,他也有可能陷入资产阶级的泥坑里去。我们再次找他谈心,同他一起学习毛主席关于理论问题的指示和《人民日报》社论等文章,指出了他这种做法的严重性和危险性,终于使他提高了认识,撇开私字关心集体了。在最近的开门办学中,他在干部的带动下,积极肯干,主动挑重担。一次抬土中不慎扭伤了腰,但他一直忍痛坚持抬土。他还每天早晨起来把房东家水缸里的水抬满,并坚持长跑锻炼,进步很大。

一年多来,在全班师生的共同努力下,我班发生了较大的变化,取得了一些成绩。但我们的工作做得还很差,离党和人民对我们的要求距离还很远。我们一定要进一步严格地要求自己,刻苦、认真地学习无产阶级专政的理论,继续抓紧抓好转变思想,搞好班级的各项工作。

用革命精神学好革命理论

初二(2) 平志明

革命导师列宁在斯维尔德洛夫大学讲演马克思主义关于国家学说的时候,曾对听众说:“我也希望除听讲以外,你们还花些时间,把马克思和恩格斯的主要著作至少阅续几本。”重温革命导师的谆谆教导,对于我们今天学好无产阶级专政的理论,很有启发。

过去,我对马列和毛主席的书学习很不够,往往坐不下来,即使学一点,也多半是为写稿而翻书,为发言而找论据,很不自觉。通过批林批孔运动,尤其是学习毛主席关于学好无产阶级专政理论的重要指示,我认识到一个革命战士要在复杂的斗争中站稳无产阶级的立场,光凭革命热情和干劲是不够的,只有用马列主义、毛泽东思想武装自己的头脑,才能成为有觉悟的革命者。一年多来,我读了一些马列著作和毛主席著作,在学习中我深深地体会到:只有下定决心,刻苦攻读,持之以恒,才能搞清关于无产阶级专政的一些基本问题;如果不下苦功夫去学习,或者一遇到困难就泄气,一碰到难点,就不坚持,是不可能学懂弄通的。

我在学习时,遇到不少困难,归纳起来主要是三个字:“忙、难、多”。

一是“忙”。自己是个学生干部,除了每天上课做作业,要完成一定的学习任务外,还经常要开会,到同学家家访,回家比较迟。晚上还有些事,诸如为班上写稿,写总结等,加上自己也有一些琐事要处理。整天忙忙碌碌,总觉得抽不出时间来学。

在“忙”的面前,怎么坚持学习呢?这虽然有个时间安排问题,但我体会到首先是要认真学习马克思主义理论的重要性,要勤奋,要刻苦。我读了《马恩列斯认真学习的故事》,深受教育。革命导师在那样紧张、艰苦的日子里,仍然孜孜不倦地学习,为创造革命科学理论而奋战不息,我们今天有什么理由不刻苦学习呢?虽然工作忙一点时间紧一点,但只要象雷锋那样,发扬“钻”劲和“挤”劲,见缝插针,珍惜片刻光阴,是一定能挤出时间的,我就利用饭后,会前,课余等各种机会看书。同时,做事快点、早起一点、晚睡一点,晚上坚持一个小时的理论学习。这样一点儿,那样一点儿,时间就挤出来了。每学完一节,再用一个比较集中的时间,如星期天,系统地学习一遍,取得一个比较完整的概念。我就这样抓紧点点滴滴的时间一步一步地读完了几本书,并先后写了二万多字的心得笔记。

二是“难”。由于自己过去学习少,开始学习时,特别是学习马列原著,感到很难懂,常常碰到一些“拦路虎”,如历史背景不熟悉,名词术语不清楚,比较深奥的论述不理解，等等。怎么办？是打“虎”上山，还是望而却步？列宁说：“不过起初也许有人会因为难懂而感到害怕，所以要再次提醒你们不要因此懊丧，第一次阅读时不明白的地方，下次再读的时候，或者后来从另一方面来研究这个问题的时候，就会明白的”。“谁怕用功夫，谁就无法找到真理”。列宁的教导为我们指明了：只要认真攻读，再三研究，反复探讨，是一定能学懂弄通的。工人同志说得好：“读书不怕难，就怕思想懒”。毛主席早就教导我们：“‘世上无难事，只怕有心人’入门既不难，深造也是办得到的”。列宁和毛主席的教导，客观形势的要求，一个革命战士的责任，这一切在激励着我，鞭策着我去克服种种困难，坚持学习。原著一下子看不懂，我就多看，多想。一遍，两遍地读，不懂不罢休。在学习《国家与革命》这篇著作时，有的地方常常要反复看上十来遍，才能理解。对于一些历史背景等问题，我就查阅参考资料和有关文章，并虚心向别人请教，对于一些难字难词，我就查字典，并准备了一本簿子记下来，不放过一个难点。

三是“多”。刚刚学的时候，看到马列的书这么多，不知从何学起，抓不住中心。真所谓“老虎吃天，无从下口”，怎么办呢？于是我学习了毛主席《改造我们的学习》一文，认识到：首先要结合现实的革命斗争，学习有关的马列、毛主席著作。毛主席最近发出的关于学习无产阶级专政理论的重要指示，尤为我们指明了学习的方向。无产阶级专政的理论是马克思主义的精髓。无产阶级夺取政权后，马克思主义和修正主义的斗争，归结到一点，就是巩固和加强无产阶级专政，还是削弱以至取消这个专政。新中国建立以来，我们党经过了四次重大的路线斗争，都是围绕着无产阶级专政这个基本问题展开的。林彪散布那么多的反动谬论，集中一点就是反对无产阶级专政。因此，我们必须首先学好无产阶级专政的理论。在学习中，我先后通读了《青年团的任务》、《无产阶级专政时代的经济和政治》、《国家与革命》第五章和《哥达纲领批判》的部分章节以及马恩列有关无产阶级专政理论的论述，并在学习的过程中，通过结合批判林彪反对无产阶级专政的谬论，联系实际分析产生林彪修正主义路线的社会基础和当前阶级斗争的现状，进一步加深了对马克思主义关于无产阶级专政的基本理论的理解。

列宁说：“要理智地、自觉地、有效地投身于革命，就必须学习。”在学习马列主义、毛泽东思想方面，我才仅仅是开始。今后，我一定要刻苦攻读马列著作，毛主席著作，弄清楚无产阶级专政的理论，从理论与实践的结合上学好弄通，把无产阶级专政下的继续革命进行到底！

教革通讯

第63期

一九七五年五月十三日

扬州中学政工组、教革组编

做批判资产阶级法权思想的战士

党支部　工宣队　校革会

在全校师生深入学习毛主席关于理论问题重要指示、批判资产阶级法权思想的时刻，高二年级的欧温良、黄华、车桂、张贵洪、解冰、瞿平等同学，向党表示了上山下乡、立志务农的决心。他们这种革命精神好得很！在这里我们郑重地向大家推荐六位小将立志上山下乡干革命的决心书。

我们之所以推荐，是因为这六位小将认真学习无产阶级专政理论，努力在理论和实践的结合上下功夫，决心以上山下乡的实际行动来缩小三大差别，限制资产阶级法权，为巩固无产阶级专政而斗争。这是一种马列主义的革命学风，值得提倡。

我们之所以推荐，是因为这六位小将懂得知识青年到农村是“大有作为”和“很有必要”的。我国百分之八十以上人口在农村，农业是国民经济的基础，农村是巩固无产阶级专政的重要阵地。知识青年把政治、文化、科学知识带到农村，同广大社员一起建设社会主义新农村，正是“大有作为”。而知识青年要使自己成为革命接班人，就“很有必要”到农村三大革命实践的风雨中经受锻炼，接受贫下中农的再教育。

我们之所以推荐，还因为这六位小将发扬了革命的反潮流精神，敢于批判“读书做官”、“变相劳改”等谬论。敢于向剥削阶级的传统观念挑战，以实际行动批判资产阶级法权思想，体现了经过无产阶级文化大革命和批林批孔运动一代革命青年的思想面貌。

知识青年上山下乡，是适应历史发展的客观规律，符合广大人民根本利益的新生事物，它有着广阔的发展前途和强大的生命力。这股革命洪流，将冲决一切阻拦，荡涤种种污秽，一泻千里，奔腾向前。我们希望全校同学，特别是毕业班级的同学，在当前"一纲、三批、五大讲"的群众性自我教育运动中，远学邢燕子、朱克家，近学这六位同学，人人争做上山下乡的促进派，争做批判资产阶级法权思想的战士。

坚决支持同旧传统观念彻底决裂的革命行动

团委会　红卫兵团

在学习无产阶级专政理论的热潮中，我校一批共青团员、革命青年向党组织表示了以实际行动缩小三大差别、坚持走上山下乡革命道路的决心。他们的行动洋溢着向资产阶级法权挑战的革命激情，体现了经过无产阶级文化大革命和批林批孔运动一代青年的革命面貌。团委会、红卫兵团对于他们的革命行动表示坚决的支持，并要求全校共青团员、广大同学学习他们为巩固无产阶级专政而斗争，同旧的传统观念彻底决裂的革命精神。

伟大导师列宁指出："从某种意义上可以说，真正建立共产主义的任务正是要由青年来担负。"农村需要很多知识青年去建设，知识青年也更需要到农村去锻炼。广大革命青年响应毛主席的伟大号召，上山下乡干革命，把青春献给社会主义新农村的建设事业，这是以实际行动同旧的传统观念的彻底决裂，是对资产阶级法权思想的深刻批判。六位同学的革命行动，也具有着这样的重要的意义。我们相信，在学习无产阶级专政理论的热潮中，在六位同学实际行动的带动下，我校的上山下乡运动将会形成一股汹涌澎湃的革命洪流，将会有更多的革命青年，以上山下乡、扎根农村的革命行动，向资产阶级法权思想奋起战斗，同旧的传统观念实行彻底的决裂。

我的态度

敬爱的党支部、工宣队、校革会：

再过两个月我们就要离开学校了。毕业后到哪里去？是不是听毛主席号召，到广阔天地去锻炼？这是对每一个革命青年一场严峻的考验。

我是一个革命青年，毕业后，我坚决要求到农村去干一辈子革命，为消灭农村三大差别，为实现农业机械化，为实现共产主义而奋斗终身！

农村条件是差，生活是艰苦，干起活来是累是脏，但也吓不了人。我们应该有勇气去创造条件，改造环境，改变这个"差"的面貌。次年八月，我曾经向市革会和学校提出了提前毕业到农村的申请报告，当时领导未批准。后来我想：光空手下去是不行的。农村不是要实现农业机械化吗？我如果事先学会开柴油机和手扶拖拉机，不是可以给农村实现机械化作出一些贡献吗？所以我就一个心眼扑在学习柴油和手扶拖拉机上，和老师一起画柴油机图，到工厂学习，到农村站找废旧零件回来擦洗、安装……通过一个阶段的学习，我已初步掌握了一些农业机电方面的知识和技能。我迫切地希望把这些知识和技能贡献给农村的社会主义建设事业，并在农村三大革命实践中继续学习。我曾多次在梦中梦到我在农村参加生产劳动以及农村丰收的喜人景象，并一次次从梦中笑醒了。我多么盼望着能早日奔赴广阔天地去大干一场啊！

敬爱的党支部、工宣队、校革会，当一个人的心里已经透亮的时候，当一个人的决心已经坚定的时候，是什么力量也阻止不了她前进的！今天，我正是怀着这样的心情，再一次向领导表态来了！

为了实现共产主义的远大理想，我坚决要求到农村插队落户。请批准我的请求吧！扎根农村干一辈子革命，这是我不可动摇的坚强决心。我期待着革命征途上疾风暴雨的考验。我要不怕艰苦，不怕牺牲，认定目标，决不后退，誓做一颗通往共产主义大道上的铺路石。

高二(6)班　欧温良　1975·5·9

申　请　书

敬爱的党支部、工宣队、校革会、团委会：

我是高二(21)班学生黄华，于一九七四年十二月十二日曾向校党支部申请提前毕业上山下乡干革命，并交上了家长的支持信。现在我再次向我支部、工宣队、校革会、团委会表示这一决心。

知识青年上山下乡，走与工农相结合的道路，是毛主席的革命路线。农村需要知识青年，知识青年更需要农村，知识青年到农村去接受贫下中农再教育，的确是很有必要；知识青年在农村这个广阔天地里，也的确是大有作为的。知识青年上山下乡，是缩小三大差别，限制资产阶级法权思想，是同旧传统观念实行最彻底的决裂，是一场严重的革命斗争。在上山下乡的问题上，我思想上是有斗争的：要不要上山下乡？敢不敢上山下乡？去了以后能不能坚持？……我反复学习了毛主席关于"越是困难的地方越是要去"的教导，认识到，越是艰苦的地方越是需要人，越是艰苦的环境越能磨炼人的革命意志。要志在农村，扎根农村，不经过农村三大革命运动的磨炼，不经过贫下中农的反复教育，不经过反复的思想斗争，是绝对做不到的。思想斗争取得胜利了，扎根农村干革命的思想更坚定了。我们青年人当然要有理想，但只能是无产阶级的理想，只能是为无产阶级的革命事业而奋斗终身。我决心毕业后听从党的召唤，到农村第一线去干革命，做到不讲条件，不讲价钱。在贫下中农的精心培养下，在农村中扎根成长。请组织上批准和考验我吧！

致

无产阶级的革命敬礼

申请人　高二(21)班　黄　华

75·5·9

用马列主义武装头脑
与传统观念彻底决裂

对待上山下乡这个问题，人们有各种不同的看法，这是很自然的。当一些同学明确表态上山下乡的时候，出现了各式各样的议论，这也是不足为奇的。但是，每一个要革命的青年，都应该严肃地对待这个问题。应该用马列主义武装头脑，与传统观念彻底决裂，分清是非，站稳立场。

广大知识青年上山下乡，对于限制资产阶级法权，缩小三大差别，巩固无产阶级专政，具有深远的意义，这是众所周知的。问题的关键在于：现在社会上还存在着三大差别，这些差别，在短时期内还不可能彻底消灭。在这种情况下，自己采取什么态度？是躲着这些差别走，想方设法向上爬，还是自觉地用自己的青春和热血为缩小这些差别而斗争？也就是说，是空谈为共产主义而奋斗，还是把为共产主义而奋斗的决心化为扎扎实实的行动？这对每一个青年来说，是一个严峻的考验。说到底，这是世界观、人生观的大问题。是否坚信共产主义一定要实现？到底打算怎样度过自己的一生？上学读书，又到底是为了什么？诸如此类的问题，确实需要认真地考虑。

“上山下乡是大势所趋。干脆早表态度，出出风头，镀金两年，再调上来”，有人这样想，这样说。的确，到底为什么要下去？下去到底干什么？这是很值得深思的。是为了出风头，为了捞政治资本而表态吗？是为了镀金，为了抬高自己的等级，将来向人民卖高价而下乡吗？真正要革命的青年是决不会这样的。真正有志气有抱负的青年，会毫无条件把自己的一切献给社会主义新农村的建设事业，献给缩小三大差别的斗争事业。

在上山下乡这个问题上，来不得半点虚假和浮夸，说不得半句空话和假话。这也是对每个青年的严峻考验。

当然，世界观的改造决不是靠一朝一夕，上山下乡问题的解决也决不能够一劳永逸。坚定了这个决心，只是向前迈出了第一步，更漫长的道路还在前面。更严峻的考验在等待着我们。我决心，在任何时候，任何情况下，坚持学习马列，虚心接受再教育，努力改造世界观，用马列主义武装头脑，与传统观念彻底决裂。在与工农结合的道路上，永不回头，为共产主义的伟大事业奋斗终生！

高二(10)班　车　桂

到农村去干一辈子革命

伟大的革命导师列宁指出：转折是一种严重的事情，转折对于那些坐在党的车子上坐得不稳的人是很危险的。并不是任何人都能在转折时保持平衡的，每当车子转弯的时候，你总会看见有些人从车子上摔下去……。列宁这段教导，对我们毕业后走什么样的道路有着深刻的含义。

当前，通过学习马、恩、列关于无产阶级专政的部分论述以及姚文元、张春桥同志的文章，提高了思想觉悟，对自己毕业后选择什么样的道路也作了考虑。毛主席说，资产阶级法权“只能在无产阶级专政下加以限制”。知识青年到农村去，接受贫下中农的再教育，为改变农村落后面貌而奋斗，就是缩小三大差别的一个方面，限制资产阶级法权的一种表现。

上山下乡是毛主席给革命青年指引的金光大道。作为一个革命青年、共青团员，我应该走这条光辉大道，而且要走到底！所以，我决心一毕业就不讲价钱无条件地到农村去，在那里干一辈子革命。

高二(20)班　张贵洪

申　请　书

敬爱的党支部、校革会:

最近通过学习毛主席关于理论问题的重要指示和马列关于无产阶级专政的学说,明确了自己在无产阶级专政下继续革命的方向。在毕业前夕,我向党表决心:为巩固无产阶级专政,立志务农干革命。

我认识到:知识青年上山下乡是一场伟大的社会主义革命,对缩小三大差别,荡涤旧社会遗留下来的痕迹,限制资产阶级法权,有着深远的意义。这是培养千百万无产阶级革命事业接班人的重要途径,是反修防修,巩固无产阶级专政的战略措施。为巩固无产阶级专政而奔赴农村,为反修防修而艰苦奋斗,能这样我感到无上的幸福,无上光荣!有人说:农村苦。我不怕,要为人民以苦为乐,以苦为荣,以斗争换取胜利的欢乐,化苦为甜。海阔凭鱼跃,天高任鸟飞。有阻力。我不怕,有党有毛主席撑腰,胸怀朝阳何所惧。困难面前有战士,战士面前无困难。没有筑路人,哪有大道宽;没有栽花者,哪有花烂漫;没有千百万人们去辛勤劳动,怎能换得灿烂的明天?!论艰苦,比比红军二万五;论困难,想想红军在延安;论条件,忆忆步枪小米饭;论"吃亏",想想雨花台上血斑斑。革命不能打短工,斗争没有中途站,扎根农村干革命,快马加鞭不下鞍。我要在农村学习一辈子,锻炼一辈子,改造一辈子,为实现共产主义,甘洒热血献青春。

院子里练不出千里马,花盆里长不出参天树,革命青年只有到大风大浪中去锻炼,才能茁壮成长。我通过开门办学,亲眼看到了农村需要知识青年,而知识青年更需要农村这个广阔天地接受革命的锻炼和考验。我愿走邢燕子、朱克家和我姐姐上届毕业生解进的道路,坚定不移地走毛主席指引的上山下乡的康庄大道,为巩固无产阶级专政、为建设共产主义大厦添砖加瓦,立志务农干革命!请党支部、校革会批准我的要求吧!

致

革命敬礼!

申请人　高二(3)班　解　冰

1975·5·4

坚定地走上山下乡的光辉大道

党支部、团委会：

知识青年上山下乡，是毛主席的伟大战略部署，是反修防修。继续革命的重要措施。林彪反党集团污蔑知识青年上山下乡是“变相劳改”。其实质是扩大资产阶级法权，使知识青年脱离工农，脱离劳动。成为肩不能挑担、手不能提篮的寄生虫，成为四体不勤、五谷不分的少爷小姐，成为林彪反党集团复辟资本主义的社会基础。林彪反党集团的害怕和攻击上山下乡运动，正说明了上山下乡运动的光辉正确。是革命青年的必由途径。

列宁指出：“转折是一种严重的事情。转折对于那些坐在党的车子上坐得不稳的人是很危险的，并不是任何人都能在转折时保持平衡的。当车子转弯的时候，你总会看见有些人从车子上摔下去，……”列宁的这段语录，对我们面临毕业，考虑走什么样道路的青年，是有着极其深刻的教育意义的。我想在这即将“转折”的时候，表示自己的态度，也就是自己的决心：毕业后，党指向哪里，我就奔向哪里，不讲价钱，抱着准备吃苦、过艰苦生活，改变农村落后面貌的决心，坚定地走上山下乡的光辉大道。

展望未来，豪情满怀。社会主义新农村欣欣向荣的革命景象展现在我的眼前。我一定要坚定地走上山下乡道路，为限制资产阶级法权。缩小三大差别，实现共产主义而奋斗到底！

致

战斗的敬礼！

高二(20)班　瞿　平

教革通讯

第64期

一九七五年六月七日

扬州中学政工组、教革组编

必须坚持无产阶级专政

——走访扬州市工商行政管理局的纪要及体会

中一(6)班第二理论学习调查小组

毛主席指出:“列宁说,‘小生产是经常地、每日每时地、自发地和大批地产生着资本主义和资产阶级的。’工人阶级一部分,党员一部分,也有这种情况。无产阶级中,机关工作人员中,都有发生资产阶级生活作风的。”最近,我们走访了扬州市工商行政管理局,从调查到的大量事实中,进一步认识到毛主席这一指示的英明正确,看清了资产阶级对无产阶级的进攻是十分猖狂和触目惊心的,体会到无产阶级对资产阶级全面专政的完全必要性。工商行政管理局的同志主要向我们介绍了以下三个方面的情况。

一、资产阶级的进攻已经使一部分党员、干部蜕化变质。

×县有一个复员军人,是共产党员。由于放松自己世界观的改造,沾染了资产阶级的坏作风。前年因在扬州市搞非法活动,曾被扬州市工商行政管理局扣留过。但他不思悔改,现在还是搞一些资本主义勾当,用非法手段牟取暴利。他成了经济上的暴发户以后,又象从前的地主似的,把非法得来的一千八百元现款,用罐子装起来埋在地下。他还贪污全国粮票一千多斤。过着花天酒地的生活。

又有一个共产党员,是某厂的采购员,成天大搞“紧张物资”。为了使自己干非法活动不受法律制裁,就对扬州市的一些干部进行“夏天送西瓜,秋天送螃蟹”之类的腐蚀拉拢。单是请客送礼就花了一千多元。他就是借出差为名,把扬州的货物带到云南，进行所谓“协作”，又把云南珍贵的白药带回来，从中渔利。几年来，他先后跑了上海、云南、浙江等省市，进行非法的勾当。最近，终于被公安部门拘留了。

二、资产阶级的进攻已经改变了某些工厂、企业的性质。

有一个厂，名叫反修农具修配厂。名字倒是挺响亮的，可实际情况呢？群众的眼睛是雪亮的，他们对“反修厂”的种种非法行为感到无比愤怒，说：“反修厂挂的社会主义招牌，干的资本主义勾当。”

这个厂有五十六名职工，其中通过不合法手段进厂的就有二十八人。全厂有四个劳改释放犯、一个四类分子，把持着厂里调度、计划、材料等大权，他们把别的厂生产的产品换上自己厂里的商标，投机倒把，牟取暴利。这个厂几年来生产总额共达五万八千多元，而其中真正为农业服务的仅有四百零一元。四个劳改释放犯每人每月工资都在一百元以上。他们还把一些紧张农具用高于国家规定价格的两倍售出。

三、资产阶级的进攻还表现在小生产资本主义自发势力的猖狂活动。

有一个修自行车的人，以前是从江都连锅一担挑到扬州来的穷户，他被资产阶级的发财思想迷住了心，不择手段地搞非法活动，如替人修车时，把好的零件换去，把一些破旧的零件配上去，再把好零件高价售出，投机取巧，从中渔利。几年来，他靠偷、靠骗、靠诈等各种卑鄙手段，发了大财，成了一个有五千多元人民币的暴发户。

有个医生，原来单干，后被动员进入全民所有制医院工作。但他还是念念不忘那个“发财之路”，就叫他老婆单干行医时，他白天在医院替人看病时，故意说某处（指他老婆处）看病如何好，把病人推过去，晚上再和他老婆一起干，大量赚钱。后来他认为这样还不行，就又单干行医。为了能使自己很好地单干下去，就对某些干部行贿，在他流窜行医时，每到一处，即对当地干部进行拉拢腐蚀，这样，就可以抬高价格看病。他又自行开了一个医疗间。几年来，他通过高价看病等种种非法手段，就赚到人民币共达两万多元。

通过以上一系列事实的调查，我们认识到：被打倒的但并没有被消灭的资产阶级以及它的腐朽思想，只要还存在一天，就必然要向无产阶级进攻。在这些进攻面前，一些“在组织上入党，思想上并没有完全入党，甚至完全没有入党”的党员、干部，渐渐被打开了缺口，滋长了贪污享乐的思想，一头栽进了资产阶级的安乐窝，成了资产阶级的俘虏。也有的人由于路线斗争觉悟不高，无产阶级政治不挂帅，信用一些坏人抓生产，使这些坏人把持了单位、企业的实际领导权，在一定范围内改变了党的路线和政策，在社会主义招牌下干着资本主义勾当。这些情况是十分令人触目惊心的。再加上小生产经常地、每日每时地、自发地和大批地产生着资本主义和资产阶级，同时，又从各方面在包围、浸染、腐蚀着无产阶级。所以，列宁说：“由于这一切原因，无产阶级专政是必要的。”如果我们不坚持无产阶级专政，党会变修，国会变质，所有制会改变,资本主义会复辟。这是多么危险的情景!事实说明:必须坚持无产阶级专政,必须坚持同资产阶级斗争到底。

“扎根农村志不移,缩小差别干革命”
——记知识青年郎保敏同志

初二(3)班第三调查小组

在这次到酒甸公社学农中,我们小组利用自由活动时间走访了李院大队知识青年、团支部副书记、民兵排长郎保敏同志,受到了很大教育。

一九六九年,在扬州市新华中学毕业的郎保敏同志,遵照毛主席关于“知识青年到农村去,接受贫下中农的再教育,很有必要”的伟大指示,到淮安农场干革命,后来农场解散,她又转到她姐姐插队落户的邗江县酒甸公社李院大队汤庄生产队落户。她刚到这里时,对一切都感到比较新鲜,农村美丽的自然景色迷住了她。但是过了几天,新鲜感没有了。几天劳动下来,感到农活比较单调,整天和泥巴打交道没意思,思想上有了波动。这时,生产队孙队长代表党组织和贫下中农跟她进行了恳切的谈话。孙队长一针见血地指出了她思想上的灰心丧气是错误的,并语重心长地说:“你能到农村来锻炼,这是件好事,农村贫下中农需要知识青年,你不要辜负贫下中农的希望,要把青春献给农村的社会主义革命和建设事业。”孙队长的一席话,深深打动了郎保敏同志,她认识到:“自己思想之所以有波动,是因为平时没有能很好地学习马列和毛主席著作”。从此以后,她加强学习,刻苦钻研,先后学了《青年运动的方向》《哥达纲领批判》等马列和毛主席著作,写了不少心得笔记,提高了觉悟,振作了精神,以饱满的政治热情投入到农村的三大革命运动中,自觉地磨炼自己的革命意志。

郎保敏同志刚到汤庄不久,生产队就要派劳力到淮河工地去挑河,一天来回要走几十里路。当时正是寒冬季节,而且是早出晚归。庄上的贫下中农,特别是共青团员们都积极报名参加。在贫下中农的这种不怕苦、不怕累的精神带动下,郎保敏同志也报名参加青年突击队到了工地。寒冬腊月,地冻路滑,还要挑着泥担从河底到有三、四层楼高的河岸上。她看到贫下中农毫不犹豫地脱掉棉鞋。赤脚穿草鞋,一步一滑地走在那滑溜溜的冰路上,并且豪迈地说:“十大精神指航向,淮河工地摆战场,备战备荒为人民,誓为革命挑土方。”贫下中农的行动使她很受感动,于是她也穿起草鞋,在治河工地和贫下中农坚持突击了十天,出色地完成了任务。

养夏蚕的时候,桑树需要追肥,浇氨水。这氨水要从五、六里以外的化肥厂挑来。盛夏酷暑,大地在烈日的熏烤下热得象蒸笼。一天挑下来,腰酸背痛,肩膀肿得象桃子,夜不能眠。有一次,她们挑氨水走到半路上突然下起了倾盆大雨,结果,本来的半担氨水变成了一担,有一百二十多斤重,她挑着感到很吃力。当时她想,如果倒掉一半的话,贫下中农是可以谅解的,也不会责怪自己。但是她又想,如果倒掉一半的话,自己是比较轻松了,但是就浪费了贫下中农的工人阶级用汗水换来的肥料。想到这里,她又挑起担子坚持到底。

有一次,她在割草时被毒蛇咬伤,当时贫下中农赶紧把她送到扬州来看。医生说,幸亏来得快,否则就有生命危险了。在郎保敏休息养伤的日子里,队里的干部、群众从"双抢"的百忙中抽出时间来扬州她家看望,安慰她,使她很受感动。她想到"双抢"大忙期间生产上很需要人,自己应当到农业第一线去出力、锻炼,就在她的腿还没有消肿的情况下,就赶回生产队参加"双抢"战斗了。

对于郎保敏同志扎根农村炼红心,坚持乡村志不移的行动,广大干群看在眼里,喜在心上。而一小撮敌人则恨得要死,怕得要命,他们散布流言蜚语。说什么知识青年到农村是"兔子尾巴长不了",什么"黄毛丫头办不了大事"等等。面对阶级敌人的挑衅,郎保敏同志非常气愤,她说:"什么兔子尾巴长不了,什么办不成大事,我们一定要扎根农村志不移,缩小差别干革命,以实际行动回击敌人的胡言乱语。"一天夜里,劳累了一天的郎保敏正睡得很熟,突然一个黑影从围墙外面跳了进来,摸进房间。这时,郎保敏被一声什么响声惊醒了,她睁眼一看,开着的电灯被熄灭了,借着月光可以看到一个黑影站在床前。这时,一个念头在她脑子里闪了一下,我这里是队里的仓库,里面堆放着不少粮食,阶级敌人要搞破坏活动……于是,她象被电触了一下坐了起来,大声喝问:"你是什么人?"那黑影一声不响掉头就跑。郎保敏赶忙下床追到门外,大声喊道:"促小偷啊!"队里的社员们跑来时,那个黑影已逃得不知去向了。事后,公社、大队都非常重视这一事件。大家分析,这个人可能是来威吓郎保敏的,妄图把她吓跑,广大干群都坚定地对她说:"有我们贫下中农,你啥也不用怕。"郎保敏也清楚地认识到:是自己放松了警惕,给了敌人以可乘之机。敌人企图把我吓跑。我决不能让敌人的阴谋得逞。于是,她插队干革命的决心更坚定了。

郎保敏同志和贫下中农建立了深厚的无产阶级感情,在大队党支部的领导下,办起了扫盲政治夜校。使得许多贫下中农摘掉了文盲帽子,能写比较简单的文章和批判稿,在批林批孔运动中发挥了积极的作用。郎保敏还用休息时间为贫下中农针灸,受到了广大贫下中农的好评。贫下中农高兴地说:"农村就是需要这样的有文化的青年。这样的青年来得越多越好。"

通过这一次调查访问,使我们深深地体会到:农村需要知识青年,知识青年更需要农村。毛主席上山下乡的革命路线无比正确,知识青年只有在农村这个广阔的天地里经风雨,见世面,才能为缩小三大差别,建设社会主义新农村贡献自己的力量。我们决心向郎保敏同志学习,坚决走与工农相结合的道路,为实现共产主义而努力奋斗!

季　辉　庄闽扬　白玉芳执笔

一次写家史的体会

初二(8)班　陈建明

这次下乡学农,我们用课堂上学习的“家史”知识,调查写作了贫下中农的家史,我们访问了仪征县红旗大队党支部书记刘玉禄同志。这次访问体会是深的,收获是大的。

原先我想:这次调查就是为了写作文,调查时多问问,多捞点材料就行了。于是,我根据写作“需要”,事先编好了详细的“询问”提纲。一上来,就问得刘玉禄同志来不及回答,末了没有问出什么头绪。这使我非常失望,认为他说得断断续续,怕是没有什么苦情,就想要求另访一个“苦大仇深”的对象。同学们却认为不然。他们说:“旧社会每个贫下中农都有一本血泪帐,刘玉禄同志是个老贫农、新党员,在旧社会多年在地主家扛活,怎么会没有苦情呢?听了同学们的意见,我又学习了毛主席关于“……没有满腔热忱,没有眼睛向下的决心,没有求知的渴望,没有放下臭架子,甘当小学生的精神,是一定不能做,也一定做不好的”教导,认识到:我定好框框去“套”贫下中农,不正是缺乏向贫下中农学习、缺乏当小学生的精神吗?没有这两样,怎么能写好贫下中农的家史呢?想到这里我才明白:不是刘玉禄同志在旧社会没有苦情,而是我自己对贫下中农缺乏感情。

认识提高以后,我和同学们又一次去访问了刘玉禄同志。这次,我抱着向贫下中农学习,接受再教育的态度,请刘玉禄同志讲了新旧社会的对比,接受了一次思想和政治路线方面的教育。提起旧社会,老贫农刘玉禄辛酸的往事一齐涌上心头。他满腔愤怒地控诉了黑暗的旧社会,叙述了他家被地主抽田夺屋,毒打残害等等的苦难遭遇。他的忆苦,大大激发了我对贫下中农的深厚的无产阶级感情。感到,不把它写出来就对不起贫下中农。回来后,经过充分讨论,我们整理出了一份刘玉禄同志家史材料。这份材料,既写出了解放前广大劳苦人民受压迫的情景,也写出了贫下中农翻身不忘革命的思想,表达了贫下中农对党的热爱感情。

我在这次写家史的过程中,也受到了一次深刻的启发和教育。我想:不但要把贫下中农翻身不忘人类解放的崇高思想写进家史,而且要把这种希望作为自己的决心,为中国革命和世界革命而刻苦攻读马列、毛主席的书,学好社会主义文化知识。同时,我也深深体会到:我们为工农兵写家史,目的是为了更好地接受贫下中农的再教育,改造世界观。一定要有为工农兵服务的思想,要有深厚的无产阶级感情,要有甘当小学生的精神,否则是什么东西也学不到的。

学农日记一则

初二(2)班　平志明

一九七五年四月二十六日　　阴雨

今天的劳动任务是挑红花草。我和几个同学兴高采烈地从贫下中农手里接过扁担,向目的地走去。

挑着挑着,老天象有意考验我们一样,又下起了蒙蒙细雨,坑坑洼洼的田埂变得又粘又滑,我脚上的黄泥,跟胶水一样越来越粘,跟冰块一样越来越滑。本来连走路都比较困难,再加肩上还要挑着担子,就更困难了。可同学们都毫不退却,意气风发,肩挑重担,迈开步伐前进。我也不甘落后,下决心挑着担子在这雨里、泥里练一练。但由于我平时连走田埂都不习惯。再加上路又滑,肩上还要挑着担子,就象个初学走钢丝的杂技演员,一步一滑,扁担也左摇右晃。在过一个水沟时,我向前一跨,脚底下一滑,一个踉跄,差一点摔一跤。嘿,真悬乎!这时,我脸上满是水珠,不知是雨水,还是汗水。我抹抹脸羡慕地向前望去,只见社员们肩挑重担,一手拉前,一手牵后,腰板挺直,在田埂上健步如飞,真是轻捷自如。可再瞧瞧自己,一路象扭秧歌的样子,心里真有说不出滋味。这时,我才深深地感到我这副"嫩肩膀"要磨炼成能挑重担的"铁肩膀",还需要付出不小的代价啊!

我望着这泥泞小道,不禁想起我们要在革命的道路上风吹不动摇,浪打不回头地勇往直前,更是何等的不易啊!在征途上,有万年的积雪,险恶的冰川,呼啸的旋风,还有那覆盖着绿茵的泥坑,盛开着鲜花的岔道!更何况我们革命青年还要挑起革命的重担,肩负起历史赋予我们的重任呢!要磨炼出这样的铁肩膀,那就需要付更大的代价啊!而现在,不就正是我炼一副铁肩,铸一颗红心的极好机会吗!想到这里,我好象增添了无穷的力量,不管它肩痛脚滑,跨着大步继续向前迈进,虽然步代还不那么稳健,但我感到比以前坚定踏实些了。

编后

在学习无产阶级专政理论的热潮中,全校同学纷纷把学习理论与调查研究结合起来,通过社会调查加深对无产阶级专政理论的理解。本期我们刊登中一(6)班同学的调查稿,并将陆续刊登各年级的有关稿件。欢迎各年级踊跃来稿。

教革通讯

第65期

一九七五年六月十三日

扬州中学政工组、教革组编

要加强对小生产资本主义自发势力的教育和改造

——扬州院大街集市贸易市场的调查

高一年级调查组

为了在学习中加深对无产阶级专政理论的理解，最近我们走访了扬州市院大街集市贸易市场，具体观察了这个市场的交易情况，并听取了这个市场管理所负责人和市工商行政管理局同志的有关介绍。

院大街集市贸易市场是扬州工商行政管理局指定的扬州市五个集市贸易市场的一个，管辖扬州市汶河公社和市郊双桥公社的集市贸易，但来这里交易的有包括扬州市郊区、邗江县、仪征县部分社队的共二十个公社范围的农民，每天约有两千多人。这些人大致有这样三类：一是出卖自留地产品的社员。二是不安心农业生产搞个人副业的社员和知识青年。三是小商贩(其中有一些是专搞投机倒把的)。人员比较复杂。这里每天上市量约三、四百付担子(主要是菜担子)，荤菜、蔬菜都有，花色品种齐全，是扬州市一个规模较大，有代表性的集市贸易市场。虽然有关部门已对市场的价格、品种等方面进行了管理，但小生产自发势力仍然以多种方式在这个市场活动着，资本主义自发倾向是比较严重的。这主要表现在以下几个方面：

1. 提级提价：集市贸易市场的商品价格，有关部门作了规定，但是有的人私自任意地提级提价，特别是刚上市的蔬菜，随意卖高价。有一个时期，国营市场笥子的价格是四角五分一斤，有的人竟卖六角五分一斤。鱼在市场上比较紧张，集市贸易市场规定了级别，每条三两以下的卖四角二分一斤，每条半斤以上的卖五角二分一斤，有的人任意要价，一点点大的小鱼也要卖六角以上一斤。随着市场交易的情况，不同的时间价格也有变化。一天早晨五点半钟左右，有的人卖韭菜要一角五分一斤。到了七点多钟的时候，看买菜的人比较少了，降到了一角二分一斤。到了八点多钟，又降到了九分一斤。有的人卖菜看对象，见买菜的是小孩或急着要上班的人，就乘机抬高价格。国营市场莴苣的价格是二分半一斤，有的人要卖五分一斤。有一次一个急着要上班的工人买莴苣，买价竟是六分半一斤，还有的人在市场管理人员面前卖一种价钱，管理人员走后又是一种价钱。有的人本来卖豆芽是一角八分一斤，看到市场管理人员来了，就主动降到一角二分一斤；管理人员一走，立刻又卖了一角八分一斤。

2. 掺杂掺假：有的人为了使自己多赚钱，尽可能在菜上以次充好，弄虚作假。有的人卖药芹、韭菜，把少数大的、好的摆在上面，而把大部分小的、碎的放在下面。有的甚至在韭菜里面夹入少量青草。有的人把瘟鸡拿到集市贸易市场上来卖，在发紫的鸡冠上涂上红水，冒充是生蛋的鸡。有的人把某些菜在水里泡了一夜再拿到市场上卖，而且还不断洒水。有的把葱用脚踩扁放在水中，经过长时间的泡浸后，大量的水灌入葱管里，一斤葱里能含有一、二两的水，外表看不出来，但如果掐断葱管，水就会一涌而出。

3. 短斤少两：有的人除了在价格上计较以外，还在秤上大作文章。市场上常有在份量问题上争执的情况。据了解，有的人用在秤上一转、二捺、三甩（转秤花，捺秤杆，甩秤砣）和在秤盘上加吸铁石的手法，花样百出，大量扣秤。我们还听见有个买菜的人跟卖菜的人讲理："我明明买的一斤菜，你为什么只给我八两？我看你这个秤上有问题。"

4. 转手贩卖：有的搞投机倒把的小商贩，常常从别的地方把东西成批买来，然后再拿到集市贸易市场上卖高价。一天早上，有个人在别的地方买了一麻袋藕，用自行车运到院大街集市贸易市场上来卖。国营市场的价格是一角六分一斤，而他却卖二角二分一斤。我们还发现在市场附近，有两、三个人专在一个地方，等有人来市场卖鱼，他们就买下，不管多少都要，然后再拿到市场上来卖高价。国营市场卖五角六分一斤，而他们卖一元二角一斤。还有的人把大量的青菜、萝卜运到江都、仪征等地长途贩卖。国营市场萝卜卖三分一斤，院大街集市贸易市场卖五分一斤，有的人还嫌赚钱不多，就成批地把萝卜运到江都去卖八分一斤。

5. 集体私卖：有少部分生产队，不把菜卖给国营市场收购站，而运到集市贸易市场卖高价。一天早上，我们看见几个人拉了一板车蒜苗，到市场上来卖高价，国营市场的价格是一角八分一斤，而他们却卖二角二分一斤。一问，原来是一个生产队的。他们队里是把人分成好几组，把队里的菜化整为零地分出来卖的。据我们了解，还有的生产队要部分社员停工，把队里的菜运到集市贸易市场卖。青菜国营市场的价格是四分一斤，生产队规定要卖五分一斤，而社员到集市贸易市场却卖六分一斤。卖完之后，就按照五分一斤价钱交给生产队，其余的钱就上了自己的腰包。

以上所调查到的这些触目惊心的事实，虽然仅是这个集市贸易市场的一部分情况,但已经使我们对小生产的资本主义自发倾向有了比较具体的了解。在这个集市贸易市场卖菜的,大多数是人民公社社员,他们是在我国生产资料所有制方面的社会主义改造基本完成以后,由个体农民转变的集体农民。在社会主义集体所有制还没有提高到全民所有制以前,在私有经济残余还没有完全消失的情况下,他们还不可避免地保留着原来小生产的某些特点,特别是一部分富裕农民还不可避免地存在着资本主义自发倾向。小生产者既是劳动者,又是私有者。在集市贸易市场上,他们也是小商品出售者。解放二十多年来,经过合作化和人民公社化,尤其是经过无产阶级文化大革命和批林批孔运动,广大农民的社会主义觉悟有了很大提高,集体经济得到了进一步巩固和发展。但是在他们身上,小生产者的心理、习惯、私有观念长期存在着。他们在集市贸易市场中的一切活动,都是为了赚钱。只要有利可图,可以不择手段。列宁指出:"周转自由就是贸易自由,而贸易自由就是说倒退到资本主义去。"小生产者在集市贸易市场中,通过商品交换和货币交换,大搞资本主义活动。他们冲击社会主义市场,影响国家购销计划的完成;有的还破坏了市场的正常供应,扰乱了社会秩序,造成了严重的后果。通过对这些状况的了解,我们认识到小生产自发势力是产生资本主义和资产阶级的土壤,加深了对列宁"小生产是经常地、每日每时地、自发地和大批地产生着资本主义和资产阶级的"这一指示的理解。

在现阶段,小生产在集市贸易市场上虽然有补充国营市场、沟通城乡的积极作用一面;但是它的消极一面,即对社会主义经济的破坏作用还是相当大的。上述情况说明,不加强对集市贸易市场上小生产者的限制,资本主义自发势力是会很快泛滥成灾的。那样,无产阶级专政就不能巩固,集体所有制会蜕变为私有制,资本主义就有可能复辟。因此,我们决不能因为在所有制改造方面取得了伟大胜利,而忽视了生产关系的另外两个方面,即人们的相互关系和分配形式对所有制的反作用。我们要牢记列宁的教导,深刻理解教育、改造小生产者对于战胜资产阶级,巩固无产阶级专政的重大意义,充分认识同小生产者资本主义自发势力作斗争的长期性和复杂性。我们认为:在目前还允许集市贸易市场存在的情况下,在充分发挥其为社会主义服务作用的同时,必须进一步加强管理,对来集市贸易市场的社员要加强教育,向他们大力宣传党的政策和市场管理的有关规定。严厉打击投机倒把活动,狠刹资本主义歪风。此外,农村的各级领导,也应和市场管理单位很好配合,对社员进行社会主义教育,做好对插队知识青年的教育工作,禁止集体生产的农副产品进入集市贸易市场,加强对小生产资本主义自发势力的教育和改造,以巩固和发展社会主义经济,加强无产阶级专政。

用无产阶级专政理论教育干部

高一年级举办学生干部学习班

【本刊讯】在学习无产阶级专政理论的热潮中，在学校党支部、工宣队、革委会的领导下，高一年级最近举办了一期干部理论学习班。这期学习班办了十天（基本上用每天下午的课余时间），有58个学生干部参加。

“学校一切工作都是为了转变学生的思想。”要转变学生的思想，首先要转变学生干部的思想。高一年级的学生干部，大多数是好的和比较好的，但也有少数干部存在着这样那样的缺点和错误，有的错误还是比较严重的。为了使学生干部中的先进更先进，后进赶先进从而带动全年级同学一起前进，高一年级决定办这期学生干部学习班，学习无产阶级专政理论，用马列主义、毛泽东思想来教育干部，武装干部。

这次学习班，他们主要抓了三件事，一是学习和批判，二是交流经验，三是制订规划。

学习和批判，就是认真学习马列和毛主席关于无产阶级专政的部分论述，结合学习王安民同志的事迹和日记，排查资产阶级思想的腐蚀和影响在自己身上的反映，谈危害，挖根源，进行批判。

经验交流，就是交流学理论、抓路线、促工作的经验。既有本年级的先进个人和先进集体的经验，也有兄弟学校和本校兄弟年级的先进个人和先进集体的经验。

制订规划，就是在学习批判和交流经验的基础上，认真制订下半学期班级和个人的规划。

这期学习班时间不长，但普遍反映较好。高一年级的老师和同学反映说：通过学习，干部们的精神面貌变了，革命干劲大了，工作方法多了。干部们自己也说：通过学习，提高了阶级斗争、路线斗争和继续革命的觉悟，增强了反腐蚀的能力，加强了革命事业心和责任心，改进了工作作风和工作方法。

为了巩固和发展学习班的成果，高一年级在这期学习班结束后，决定将学习班转为年级理论学习组，定期学习。

认真学习无产阶级专政理论　为上山下乡积极创造条件

——参加年级干部学习班的一点收获

高一(11)班　刘黎明

参加这次年级干部学习班,我的一条主要收获,是初步地解决了什么是革命的人生观,什么是青年的理想、前途和幸福问题。在学习班期间,我们学习了无产阶级专政有关理论和王安民同志的先进事迹、日记摘抄材料,听了鲁迅中学任成进同学以及其他一些同学努力学习革命理论、正确看待个人的理想与前途的体会介绍,深受教育。我觉得,一个革命的青年,活着就应该象王安民同志那样学习、生活、战斗,把巩固无产阶级专政,实现共产主义做为自己终身奋斗的目标。只要气还喘,就要拼命干。前两年,我就有了毕业后去农村干革命的愿望,但是还没有真正确立在农村扎根的思想。特别是在下乡学农期间,一天劳动下来,腰酸背疼,什么事也不想干。在这种时候,我思想上就会出现这样的问题:"我难道以后要真的在农村呆一辈子吗?!"由于有怕吃苦的思想,我就只想在农村好好干它几年,创造条件以后,争取离开农村上大学。学习了王安民同志的事迹,我感到自己和王安民同志差距很大,同时也认识到:我以前之所以在上山下乡问题上有这样那样的不正确想法,最根本的就是没有能象王安民同志那样刻苦攻读马列、毛主席著作。我以前也阅读了一些马列、毛主席著作,但由于指导思想不够明确,急于求成,学习时往往满足于了解内容,摘录一些精华的部分,结果时间也花的不少,却没能真正理解这些著作的基本观点、精神实质;也不能真正联系实际,指导工作。没有能象王安民同志那样,把革命理论的学习看着是前进的指路灯,生命的源泉,从而思想上就不能时时刻刻想到为巩固无产阶级专政而奋斗。这样,在关键时刻就往往经不起考验,计较个人得失,不能用无产阶级思想正确地看待苦与乐,更不能从反修防修的高度真正认识知识青年上山下乡的重大现实意义和深远历史意义。通过学习,我的思想觉悟有了较大的提高,深深地体会到:"知识青年上山下乡,确实是限制资产阶级法权,不断铲除滋生修正主义土壤,巩固无产阶级专政的有力措施,是反修防修、培养无产阶级革命事业接班人的重要途径"。有人说农村艰苦。我们不否认农村确实很艰苦,但是我们每个革命的青年应该懂得:艰苦的地方最能磨炼人的意志,真正的革命者,也只有在最艰苦的地方磨炼,才能坚韧不拔。温室里是长不出参天的青松的,舒舒服服的地方培养不出坚强可靠的接班人。光顾自己享乐的人,永远也享受不到为人民服务的快乐。世界上真正最幸福的人,永远属于为共产主义而奋斗的一切革命者。而一小撮不劳而获的寄生虫,最后都将被整个人类所抛弃。我们肩负着光荣而又艰巨的历史重任,任重而道远,从现在起思想上就要有出大力、流大汗,勇于吃苦、能够吃苦的准备,积极为上山下乡创造条件。

以上的一点认识,是参加这次年级干部学习班的一个主要收获。今后的路程还很长,特别是在上山下乡这个问题上,一定还会遇到各种困难,但不管阻力多大,我走这条路的决心是下定了。

接过红旗,上山下乡,把祖国建设得更加可爱

——读《可爱的中国》

高二(14)班 顾 春

读了革命烈士方志敏的遗著《可爱的中国》后,我抑制不住激动的心情,感动得热泪盈眶。

革命烈士方志敏同志不愧是优秀的中国共产党党员,人民的好儿子。他在极其艰难困苦的情况下,面对敌人的威胁利诱,受着严刑拷打,但始终坚强不屈地和敌人斗争到底,表现了共产党员大无畏的革命英雄气概。他在敌人的监狱里,随时都有生命危险,而他全然不顾,把自己的生命置之度外,想到的是我们的祖国多么可爱,不幸的是他受着外国侵略者的欺压和侮辱。在监狱里,他写下了光辉的遗著《可爱的中国》,说:"中国一定有个可赞美的光明前途,到那时,中国的面貌将会被我们改造一新,到处都是活跃跃的创造,到处都是日新月异的进步。"他的遗著,洋溢着革命爱国主义和对党忠诚的热烈感情,显示了无产阶级革命战士矢志不渝的坚定信念和革命乐观主义精神。

方志敏同志写《可爱的中国》已经整整四十年了。四十年来,在中国共产党的领导下,我们可爱的祖国不仅得到了解放,而且已经建设得初步繁荣富强,这是千千万万象方志敏同志这样的烈士抛头颅、洒热血,用鲜血和生命换来的。伟大领袖毛主席教导我们说:"成千成万的先烈,为着人民的利益,在我们的前头英勇地牺牲了,让我们高举起他们的旗帜,踏着他们的血迹前进吧!"无数革命先辈披荆斩棘,踏出了通向胜利的道路,为我们打下了江山。今天,我们作为新中国的革命青年,在进行社会主义革命,建设共产主义宏伟大厦的重大历史任务面前,难道能坐享其成吗?现在我面临着毕业,即将奔赴三大革命斗争的第一线。读了《可爱的中国》,我严肃地问自己:怎样才能沿着烈士为我们开出的革命道路,步步走在毛主席的无产阶级革命路线上!?答案是肯定的,那就是走毛主席指出的上山下乡,与工农相结合的金光大道,把我国建设得更加繁荣富强,缩小三大差别,早日实现伟大的理想——共产主义。

在我们的前头，方志敏烈士等无数革命先烈为了全中国全世界人民的解放事业，一心一意，勤勤恳恳地为党为人民工作，为革命献出了自己的生命。我要坚决继承先烈未完成的事业，接过他们的红旗，踏着他们的血迹前进。以实际行动缩小三大差别，限制资产阶级法权，到最艰苦的地方磨炼自己，党叫干啥就干啥，决不做温室里的花朵，而要做高山上的劲松，经风雨，见世纪，经受住严峻的考验。

农村的山山水水在向我们召唤，我要勇敢地站出来接受党的考验，高举鲜艳夺目的红旗，上山下乡，用自己的青春年华把祖国建设得更加可爱！

简讯

△物理组在本学期自己动手装配了一台手扶拖拉机的基础上，积极为农服务。最近师生用业余时间奋战三天，为扬州市蚕种场大修了一台手扶拖拉机。

△我校师生积极投入支农劳动，除参加体力劳动外，还用手扶拖拉机为志远分校、邗江县西湖公社果园大队、红旗公社贾桥大队、扬州市城东公社交峰大队和校办农场耕田共约一百一十亩。

△高二年级继续开展各种专业班教学活动。测量小组为我校、平山堂、绿杨村、小盘谷、汶河区十所小学等处绘制了平面图。现在全年级有十个班在学习农村会计，五个班在学太阳灶的知识。土壤、农药、化肥的专业班教学也正在继续进行。

△初二年级理论学习组本学期来一直坚持正常活动。做到了“三定”：定时、定内容、定辅导人员。年级学习班的正常活动，又推动了各班理论学习活动的开展。

〔本期发至班级〕

教革通讯

第66期

一九七五年七月三日

扬州中学政工组、教革组编

毕业前夕抒豪情，立志务农干革命

——高二年级部分同学的决心书摘登

最近，我校高二年级集中时间学习了《马克思、恩格斯、列宁论无产阶级专政》、《青年运动的方向》、张春桥同志的《论对资产阶级的全面专政》，以及王安民同志的先进事迹等。通过学习，广大同学提高了思想觉悟，面临毕业后的去向问题，大家决心用无产阶级专政理论武装思想，为限制资产阶级法权，缩小三大差别，上山下乡，立志务农。近日来，许多革命青年纷纷递申请，表决心，谈理想，抒豪情。全年级热气腾腾，一派生机勃勃的景象。一份份决心书，体现了毛泽东思想哺育下的青年一代的革命风貌；一份份决心书，预示了我们的祖国，将在这大有希望的年青一代手中，建设得更加繁荣昌盛！

让我们读一读这闪光的誓言，听一听这革命的心声吧

"我决心走上山下乡这条金光大道。作为一个共青团员，应该实现自己入团时的庄严誓言，应该无条件地接受党的考验，绝不能论价还价。当革命需要的时候，就要挺身而出，为实现共产主义而奋斗终身！"

（高二18班居红年）

“我是一个共青团员，我就应该用入团时的那种迫切心情来对待上山下乡运动。我们入团的誓词上有‘为共产主义而奋斗到底！’那么还怕到农村去吃一点苦吗？我要把自己的一切贡献给社会主义革命和社会主义建设，为实现共产主义，甘洒热血献青春。”

（高二 19 班余华荣）

“我们没有面临枪林弹雨的战火考验，但我们每一个毕业生都将经历一场没有炮火硝烟的走哪一条路的严肃的政治考试。毕业后是走上山下乡革命路，把青春献给农村，还是迷恋城市。贪图享受，虚度青春？我们不当‘懦夫懒汉’，更不做‘行尸走肉’，我们都是共青团员，我们向党表示：坚决走毛主席指引的革命路，把青春献给社会主义新农村！”

（高二 23 班理论学习小组）

〔按：“我是共青团员”，多么熟悉的声音！在战争年代里，当首长提出完成某一项重要的危险的任务时，往往会在队列中出现这样响亮的回应：“我是共产党员，我去！”“我是青年团员，我去！”今天，广大共青团员，以革命前辈为榜样，听党的话，服从党的需要，勇于挺身而出。他们没有忘记入团时的誓词，没有玷污共青团员的光荣称号。〕

“回想起在九年的学生生活中，每当我遇到困难和受到挫折时，是党和毛主席引导着我一步步迈上生活的征途，把我从一个年幼无知的小孩培养成一个高中生。我有什么理由辜负毛主席和党的希望与培养呢？上山下乡是社会主义新生事物，是毛主席的革命路线。我们工人阶级的后代不带头去谁去？”

（高二 18 班沈朝伟）

“我是一个工人的女儿，是在红旗下、甜水里长大的青年。这十几年，每一年，每一月，每一日都沐浴着党的阳光，受着人民的抚养，为了巩固无产阶级专政，接好革命的班，还有什么个人的东西不能抛弃吗？”

（高二 13 张伟平）

“我是一个共产党员的儿子，有什么理由不带头上山下乡呢？我要到农村去，到祖国最需要、最艰苦的地方去，滚一身泥巴，炼一颗红心，为改变农村面貌，实现‘四化’而贡献我的一生。……我决不做口头革命派，一定要做缩小三大差别的促进派，与旧传统观念彻底决裂的闯将。”

（高二8班丁建中）

“我的祖父、父亲都是来自农村的革命干部，都是农村培养起来的革命干部。祖父退休以后，回到了农村，父亲的工作，也经常出入于农村。他们是那样的热爱农村，他们是那样热情地为农村三大革命服务。这是我家的革命传统，这个传统我要把他继承下来。老一辈尚且不能‘船到码头车到站，安营扎寨停下来’，老一辈尚且不用资产阶级法权来经营自己的安乐窝，我们革命接班人有什么理由在踏上革命征途之前，就挑挑拣拣、想这想那呢？”

（高二10班李勇）

“我出身于革命家庭。我想，前人完成了民主主义革命的任务，在社会主义的今天，我们这一代朝气蓬勃的革命青年，就应该继承前辈的革命大志，保持和发扬过去革命战争时期那么一股劲，那么一股革命热情，那么一种拼命精神，坚定地上山下乡，献身于限制资产阶级法权，缩小三大差别的伟大事业。……我曾见过这样一首诗‘生命诚可贵，寄生如粪土，年华不虚度，何须到白头。’这是一位就义英雄的遗诗，我决定把这首诗作为自己生活道路上的警钟，要象雷锋、金训华、王安民那样，让青春放射出灿烂的火花！”

（高二14班蔡苏扬）

〔按：这些同学自觉地意识到：是党把自己拉扯大的，自己是革命的后代。因而，他们面临反修防修，巩固无产阶级专政这一伟大的历史使命，能毫不犹豫地以上山下乡的实际行动，来努力完成阶级的重托。〕

“我是独子，按政策是属于照顾的。但是，我学习了革命导师关于无产阶级专政的理论和《青年运动的方向》，越学心里越亮堂，越学胸怀越宽广，走与工农相结合的道路，是我们青年人革命不革命的标准。难道说独子就不应该革命，应该享受，应该躲避斗争，让别人去建设社会主义的高楼大厦，而自己则坐享其成吗？不，绝对不能，我作为一个革命的青年，应该和自己的战友一道去农村锻炼，去用自己的鲜血和生命把无产阶级战旗染得更红。”

（高二21班刁军）

"正当我写这份申请的时候，有人对我说:'你哥哥已经下乡插队了，你肯定分配，写什么申请，不要出洋相，假积极。'是到广阔天地去与工农相结合，经受风吹雨打，还是留下等待分配到工厂呢？王安民同志说得好:'越是艰苦的地方越能改造人的思想，磨炼人的革命意志。'他的言行鼓舞了我放弃分配进工厂。走上山下乡道路的决心。我决心不做整日绕梁的燕雀，要做雄鹰翱翔在广阔天地!"

(高二18班王强)

"上山下乡是毛主席为我们革命知识青年指出的一条金光大道。我虽然是长子，但我决心毕业后向朱克家、王安民学习，坚定不移走毛主席指引的金光大道。我的决心是:立下钢铁誓言，决裂旧的观念。投入广阔天地，接受党的考验。心怀革命目标，甘当普通农民。改造山山水水，愿把一生贡献。"

(高二21班吴丹春)

"由于我身体情况不太好，本学期有两个月的时间没有来上课，总认为自己身体不好，能够得到照顾的。到校不久，就看到了高二年级六个同学写的立志务农干革命的申请，并听了他们的发言。又学了王安民的事迹，感到很惭愧。我的一切都是党和人民给的，我就应该把自己的一切献给党和人民。现在党和人民需要我奔赴农村干革命，我有什么理由推辞、逃避呢?"

(高二7班徐兰芳)

"我现在正患肠胃病，医生也建议休息，似乎可以向组织上讨价还价，逃避去农村。但我认识到上山下乡是反修防修的百年大计，因此，我向党组织提出申请;毕业后，工厂不争，城市不留，到农村去，亲手参加限制资产阶级法权、缩小三大差别的战斗。"

(高二21班耿肇齐)

〔按:不是有人说这些同学太傻吗？放着可以照顾的条件不提出。却愿意下乡去找苦吃？燕雀安知鸿鹄之志！革命青年志在四方。这几位同学的决心启发我们思考这样一个问题:一个革命者的思想觉悟是否只是停留在党的政策的许可范围之内？该不该以更高的标准要求自己？这几位同学纵然是独子，长子，或者体质较差，但他们有困难不提困难，可能照顾不要求照顾。他们的决心，体现了一个革命青年所应具有崇高的思想境界。〕

“是回到农村干一辈子革命，还是先回去劳动一段时间，再找后门到城里工作？这是摆在我们农村同学面前的一个考验。我决心坚定地走与工农相结合的道路。立志回乡务农干革命。扎根农村一辈子，决不三心二意，决不开后门离开农村，决不辜负党和毛主席对我们青年一代的希望。”

（高二5班朱玉芳）

“我们回乡务农干革命，就要放下知识分子的臭架子，老老实实地向贫下中农学习，努力克服头脑中的非无产阶级思想。回乡，不是简单的回家，而是回乡锻炼，回乡革命，回乡干社会主义。”

（高二9班高永贵）

“周总理在《政府工作报告》中指出，要‘在本世纪内把我国建设成为社会主义的现代化强国’，我们是本世纪建设祖国的青年一代。我国发展国民经济的总方针是‘以农业为基础’，农村需要大批有社会主义觉悟有文化的革命青年去建设，我决心回乡务农干革命，担负起建设社会主义新农村这一艰巨而又光荣的重任。”

（高二8班王少泉）

〔按：农村同学，回乡务农，不是消极地认为‘无可奈何’、‘势在必行’；而是积极地从改造自己的世界观、建设社会主义新农村的高度出发，准备回乡革命，回乡战斗！这是十分可贵的。〕

“通过无产阶级专政理论的学习，我酝酿已久的支边愿望和决心更加强烈，更加坚定了。我特向领导申请：毕业后坚决象上海培光中学的胡兆禹同学那样奔赴祖国边疆——云南西双版纳的最艰苦的山寨中，象朱克家同志那样为建设祖国边疆、扎根山寨一辈子，象倪惠康、李德祥同志那样为缩小三大差别，消灭四个‘一切’，同边疆人民永远战斗在一起。……有人向我‘忠告’：条件好、离家近的郊区不去，偏去那又远又苦的边疆，不要一时感情冲动。这些话，没有丝毫动摇我的决心，正因为苦，我才有意要去的。我觉得一个真正胸怀祖国的青年，私心杂念对他来说，显得是多么陌生啊！建设边疆是我的强烈愿望，这条路我毫不彷徨地走定了！”

（高二17班赵俊玲）

“我十分庄重和恳切地提出申请：坚决要求到我日夜心驰神往、朝夕憧憬的，革命烈士金训华英勇献身、战斗过的红色疆土，到反修斗争的第一线，我们祖国的北大门——黑龙江省去干革命，建设和保卫祖国的边疆，插队落户奋战一生。我决心下定，纵有十万匹马力也拉不回头。……我深知，个人这一‘电子’在一个巨大的电力网上的作用是很渺小、微乎其微的。可是，如果和更多的‘电子’一起流到边远、偏僻的农村，经过一番‘变压’——改造以后，就可以起到较大的作用。边疆是革命最需要的地方，我愿做这样一个‘电子’，并希望有更多的‘电子’一起流到边疆这个巨大的电网上，去参加建设，保卫边疆的战斗！”

（高二11班冯小兵）

〔按：这两位同学以饱蘸革命激情的笔触，在上山下乡这张“考卷”上，抒写了决心奔赴边疆、立志建设边疆的凌云壮志。他们不恋城市，不去近郊，不留条件较好的江苏，主动申请到最遥远、最偏僻、最艰苦的地方去，在那里生根、开花、结果。他们的决心闪烁着共产主义思想的光辉，他们的决心是一曲雄壮、豪迈、感人的接班之歌！〕

“海阔凭鱼跃，天高任鸟飞。我们革命青年继往开来责任大，立志务农前程远。还在一年前，当我接到入团志愿书时。就在鲜红的志愿书上写道：‘认真学习马列主义、毛泽东思想和科学文化知识，为毕业后建设社会主义新农村而作好思想准备和知识准备。’既然我早就下了立志务农的决心，为什么到现在才提出申请呢？这是因为私心杂念在作怪，我曾怕引起同学们的误解(我是照顾对象，怕人家说我唱高调)。通过最近几天的学习，我决心和私心杂念决裂，向党组织提出上山下乡的申请。党给了我一切，我没有任何理由不把一切献给党，我对党没有半点可以隐瞒的东西。”

（高二5班杨宁）

“写了申请才能说明旗帜鲜明，态度端正，决心坚定；不写呢？只能说明还在通往上山下乡革命大道的十字路口徬徨、徘徊。如果不能主动要求上山下乡干革命，甚至写一份向组织表决心的申请都畏畏缩缩，这样的青年哪里还有一点革命朝气。……我上山下乡的决心是下定了，我知道，写了申请也只是万里长征初起步，毕竟还只是停留在口头上、纸面上的东西，主要还是看今后的行动。……从现在起，我就是一个整装待发的战士啦，只要组织一声令下，我就‘接过前辈的接力棒，在红色的土地上把根扎。’”

（高二13班郭卫东）

〔按：写申请，表决心，是要经历一场思想斗争的，不仅要和头脑中的“私”字斗。

而且要和周围的风言风语、旧的习惯势力斗。但这场斗争的胜利,还只能说明自己“愿意”和工农相结合,如何“实行”和工农相结合,并且结合“一辈子”,则将会面临更多的考验。我们相信,有抱负,有志气的革命青年是一定经得起考验的。〕

同志,当你读完这一组铿锵激越、动人肺腑的决心时,你那思想的潮水能不汹涌澎湃?你那满腔的热血能不周身沸腾?多么可敬的革命小将,多么可爱的青年一代啊!他们意气风发,斗志昂扬,正是建设社会主义新农村的先锋队,正是三大革命运动中的生力军;他们年少志盛,风华正茂,正是我们的事业,我们的革命,我们的党最有希望的标志!

学《誓词》,鼓干劲,提高上山下乡的革命自觉性

高二(2) 团支部

为了配合当前无产阶级专政理论的学习和上山下乡的教育,最近我们根据毕业班的特点,组织团员和青年开展了一次学习入团誓词的活动。六月中旬,支部召开了新团员宣誓大会,到会的团员和青年近五十人,人人抄写了《誓词》,会上逐字逐句地学习,会后热烈地进行讨论,还出了两期《誓词》的书刊,交流心得体会,扩大学习成果。事实证明,组织团员和青年学习《誓词》,这对提高三大觉悟,激发政治上进心,推动当前上山下乡运动都有极大的好处。

全体团员对照《誓词》,回顾了入团后的表现,检查了自己身上的缺点,引起了激烈的思想斗争。无论是入团较早的,还是最近入团的,总觉得入团以后有些松劲,究其根子是“入团到顶”,“中学时代没有别的好争取了”的思想作怪。丁年保同学说得好:船到码头车到站的到顶思想是不符合《誓词》精神的,我们共青团员是党的助手,要实现共产主义的远大理想,就必须继续革命,永不停步。新团员李朝行、王建明等同志认为,头脑中有“到顶”思想,就说明了入团动机不纯,应该在毕业前夕,抓紧时机,努力提高思想觉悟,努力学好政治,学好文化知识,为革命站好中学时代的最后一班岗。

团外青年对照《誓词》,进一步端正了入团动机,增强了入团信心。有几个青年检查了急躁情绪和当前对入团缺乏信心的思想状况。经过学习,有个青年说:入团为个人还是为革命是动机正确与否的重要标志,我一定从严要求自己,积极创造条件,首先争取思想上入团。还有几个青年坚决表示:要在复习考试阶段,在上山下乡运动

中，经受锻炼和考验。

学习《誓词》后，团内外广大青年面临毕业后的这场总的考试，都响亮地回答：做上山下乡运动的促进派！

开始，有些同学想回避这个问题，“反正为时尚早，毕业后再说”。还有些同学准备“随大流，跟着走”。团员在议论如何执行《誓词》时反映比较强烈，团支部副书记陶肖明和政工委员朱范怡在决心书上写道：“自己是为共产主义奋斗到底的共青团员，应当在人生道路的选择上毫不含糊，应当无条件地把一切献给党。”“知识青年上山下乡是限制资产阶级法权、缩小三大差别的伟大创举，我们应该坚决走这条路。”

长女张燕、陈鸿霞、王晓丽等同学都说：过去执行政策偏松，有些长子女都被“照顾”，这对我们有影响，觉得留城比下乡要强，能照顾再好不过了。其实，这反映了我们走与工农相结合的道路决心不大。学习了《誓词》认识到，要积极参加社会主义革命和建设。就一定要到农业第一线去。早在开设专业课时就表示了决心到农村去的同学在学习《誓词》时发言十分踊跃，黄信娣、张国骏、陈棣荣、郭金明、周志伟等同学坚决表示要在上山下乡运动中积极带头。王峰、张综、姜鸣、张国樑等班组干部都写了申请，坚决表示要为建设社会主义新农村贡献力量。张国樑的决心书上写道：一颗红心向太阳，革命意志坚如钢，上山下乡干革命，誓教山河变新样。

目前，全班有近五十人写了决心书。大家表示，要继续努力学习无产阶级专政理论，牢记《誓词》，不断提高上山下乡的自觉性，沿着毛主席指引的金光大道奋勇前进！

教革通讯

第67期

一九七五年九月十九日

扬州中学政工组、教革组编

学习毛主席的指示，开展对《水浒》的评论

——我校师生积极投入评论《水浒》的重大斗争

【本刊讯】毛主席关于评论《水浒》的重要指示发表后，我校广大革命师生认真学习毛主席的指示，学习《人民日报》社论和《红旗》杂志第九期短评。积极投入评论《水浒》这一政治思想战线上的又一项重大斗争。

毛主席最近指出："《水浒》这部书，好就好在投降。做反面教材，使人民都知道投降派。""《水浒》只反贪官，不反皇帝。屏晁盖于一百〇八人之外。宋江投降，搞修正主义，把晁的聚义厅改为忠义堂，让人招安了。宋江同高求的斗争，是地主阶级内部这一派反对那一派的斗争。宋江投降了，就去打方腊。"广大师生认识到，评论《水浒》就是批判修正主义，批判投降主义，就是上层建筑领域无产阶级战胜资产阶级。马克思主义战胜修正主义的斗争。大家决心以毛主席的重要指示。以无产阶级专政理论为武器，深入批判《水浒》宣扬的投降主义路线，批判在《水浒》研究中的反马克思主义的观点，坚持党的基本路线，深入学习理论，坚持把反修防修斗争进行到底。

在教工理论学习中心组的讨论会上，大家纷纷谈了自己的学习体会。有的同志联系毛主席关于理论问题的指示说：毛主席讲对资产阶级专政的问题要搞清楚，"要使全国知道"；最近关于评论《水浒》的指示中又指出"使人民都知道投降派"。这就告诉我们，巩固无产阶级专政，防止资本主义复辟的重要措施就是要使广大群众都有识别修正主义的能力。当前学习无产阶级专政理论的群众运动、对《水浒》的讨论和评

论,就是使反修防修的思想政治教育深入普及到每个群众,就是使无产阶级专政的任务更切实地落实到每一个基层。有的同志学习了毛主席的指示说,伟大领袖毛主席把宋江这个人放在一定的阶级关系中来考察,就使我们看清了宋江搞修正主义,投降主义的真面目。我们从宋江和皇帝的关系、和高俅等贪官的关系、和晁盖的关系、和方腊的关系中,就可以清楚地看出,他是一个地地道道的投降派、保皇派,一个瓦解农民革命的蛀虫、封建王朝的忠实走狗。在讨论会上,有的同志还将古代投降派宋江,和现代投降派林彪作了比较,看出他们在政治上、思想上、组织、手法上都是一致的,从而感到,积极参加《水浒》的讨论和评论,也就是积极投入批林批孔的战斗。还有的教师,学习了《人民日报》社论中"对于我国党和我国人民,在现在和将来,在本世纪和下世纪坚持马克思主义反对修正主义,把毛主席的革命路线坚持下去,都有重大的、深刻的意义"这句话,联系到教育革命的任务说:我们的教育对象是十几岁的青少年,正是在本世纪和下世纪从事社会主义革命和社会主义建设的生力军,因此,使广大青少年都知道投降派,都能提高识别修正主义的能力,就具有十分重大的意义,我们一定要搞好教育革命,使学生从小就粗知一点马列,懂得阶级、懂得路线,成为为巩固无产阶级专政而斗争的自觉战士。

目前,全校各理论学习小组正积极行动起来,开展评论《水浒》的活动。共青团、红卫兵团理论学习小组的同学,他们认真学习,积极编写宣讲提纲,并在本周召开广播宣讲大会,大造革命舆论,进一步动员全体同学积极投入战斗,文科各教研组也及时为政治中心服务,增选了有关文章作为教材,引导广大同学积极参加《水浒》的讨论和评论。高二年级还准备组织学生按专题编写宣讲稿,之后到工厂、农村、街道去宣讲,一面宣传,一面学习。现在一个学理论、评《水浒》的活动,正在全校广泛、蓬勃地开展。

加强领导班子思想建设　切实搞好中心组理论学习

【本刊讯】在毛主席三项重要指示和党中央一系列有关文件的指引下,学校党支部在组织领导班子整风学习的基础上,这学期开学以来,十分重视搞好中心组的理论学习,以加强领导班子的思想建设中学组的学习,在强调自觉的同时,严格执行了学习制度,每一个中心组成员,均须准时参加学习,不得因一般工作牵累,因病不能参加的要请假,以保证人员落实。除自学时间由个人安排外,集中学习每星期三上午四小时,不得迟到、早退,学习时间不研究工作,留一个人在办公室值班,处理外来事务,排除干扰，以保证时间落实。长计划，短安排，根据总的学习计划，结合当时情况，每周再具体安排一次，事先通知，使参加学习的每个人员做到心中有数，早作准备，以保证内容落实。两周多来，在集中学习时间内，由一位副主任带领大家学习了《马克思、恩格斯、列宁论无产阶级专政》的语录第一条到第十一条，逐句逐条地学。力求弄懂原文。另一位副主任带头讲了学习体会。他在综合了第一条到第十一条的主要内容，阐述了无产阶级专政的必要性以后，联系自己的思想认识谈到学习以后，使自己对无产阶级专政的对象、工具、范围、任务、方法、时间等方面，在认识上得到了澄清和提高。如专政的对象问题，过去只知道是对地、富、反、坏、右和反动资本家，现在进一步认识到还有新生的资产阶级分子；又如专政的工具问题，过去只知道是我们社会主义国家的专政机关，现在才懂得我们学校也要办成无产阶级专政的工具；再如专政的任务问题，过去只知道是镇压国内反动派和防止帝国主义的侵略与颠覆，现在开始懂得了还要引导小生产者走社会主义道路，限制资产阶级法权，缩小三大差别，与旧的传统观念决裂；等等，通过学习，大家体会到，对无产阶级专政的理论问题，不搞清楚就不能在学校全面贯彻党的教育方针，把学校改造成无产阶级专政的工具，就不能对资产阶级实行全面专政；不搞清楚，就不能贯彻党的基本路线，就不能坚持无产阶级专政下的继续革命。总之，“这个问题不搞清楚，就会变修正主义”。从而加深了对毛主席关于理论问题的重要指示的理解。

毛主席关于评《水浒》的指示发表以后，中心组十分重视，立即对《人民日报》社论和《红旗》杂志短评进行了学习，大家初步明确了开展对《水浒》评论的重大意义。下面准备进一步学习无产阶级专政理论，分析批判宋江的投降主义路线，以加深对毛主席关于评《水浒》指示的理解，并推动全校师生学习无产阶级专政理论和评《水浒》活动的开展。

组织学生参加劳动　支援工业大干快上

中一年级组

在各行各业支援工业大干快上的热潮中，我们中一年级遵照毛主席关于“教育必须为无产阶级政治服务，必须同生产劳动相结合”的教导，开学第一周就组织了一个班到元件四厂支援工业大干快上，接着又连续组织了几批同学去工厂劳动，受到了工人同志的热烈欢迎。同时这样的劳动对同学们也是生动活泼的政治思想教育。

到工厂劳动的同学，热情高，干劲足，收获大。劳动前，他们认真学习了中央13号和17号文件，学习了大庆工人支援金山工程建设的英雄事迹；认识到，“把国民经济搞上去”是为反帝,防修、为实现“两步宏图”、缩小三大差别创造物质基础,是毛主席的伟大战略部署;决心要拿出实际行动来,为工业大干快上出大力,流大汗。在搬砖头的义务劳动中。同学们人小干劲大。天气热,太阳辣,他们的回答是“天再热,没有我们支援工业大干快上的红心热。”磨起血泡碰破了皮,他们说:“学习雷锋叔叔,轻伤不下火线。”腰酸膀子疼了,他们说:“看工人叔叔大干快上的劲头,我们的干劲使不完。”口渴了,宁可忍着,不肯向工厂里要水喝,为的是,“让工人叔叔有更多劲大干快上。”劳动的时间长了,同学们也不肯休息,大家说:“我们是来战斗的,不是来休息的。”同学们在烈日下连续不断地苦战,每一次都胜利地完成了任务,得到了厂领导的称赞。劳动结束,同学们深有体会地说:我们虽然年纪小,力气不大,事情做得不多,但是我们的劳动很有意义,是在支援工业大干快上,是在为共产主义大厦添砖加瓦!所以,虽然累点,但心里却是甜滋滋的。

列宁教导我们:“我们的学校必须使人们在学习期间就成为推翻剥削者这一斗争的参加者。”我们年级本学期除了搞班队(生产队)挂钩以外,正计划安排让更多的班级走出去,支援工业大干快上,让同学们从小就到三大斗争中去经风雨,见世面,巩固和发展教育革命的胜利成果。

教革通讯

第68期

一九七五年九月二十三日

扬州中学政工组、教革组编

全面关怀青少年的成长

在学习无产阶级专政理论、促进安定团结、促进国民经济发展的大好形势下，教育革命正在深入发展。为了反修防修、巩固无产阶级专政。保证我们的党和国家永不变色，为了在本世纪内把我国建设成为一个现代化的社会主义强国，为了能对人类作出较大的贡献，我们必须按照党的教育方针，全面关怀青少年一代的成长，加强对他们的培养教育工作，使他们真正成为无产阶级革命事业的可靠接班人。

伟大领袖毛主席历来关怀青少年一代的健康成长。毛主席指出："我们的教育方针，应该使受教育者在德育、智育、体育几方面都得到发展，成为有社会主义觉悟的有文化的劳动者。"毛主席还指出："学生也是这样，以学为主，兼学别样，即不但学文，也要学工、学农、学军，也要批判资产阶级。"毛主席的这些教导，为我们加强对青少年的教育指明了方向。

经过无产阶级文化大革命和批林批孔运动的锻炼，广大青少年在毛泽东思想哺育下茁壮成长。他们认真学习马列著作和毛主席著作，积极参加各项政治运动和三大革命斗争，社会主义觉悟有了显著的提高，在巩固无产阶级专政的斗争中发挥了应有的作用。他们热烈响应毛主席的伟大号召，上山下乡，走与工农相结合的道路。他们在各条战线上。为祖国的社会主义革命和建设贡献力量。我国广大青少年朝气蓬勃，积极向上，是大有希望、大有作为的一代。

但是，在争夺青少年问题上展开的阶级斗争是十分激烈的。国内被打倒的地主、资产阶级和新生的资产阶级分子不甘心灭亡,他们时刻梦想复辟,常以"关怀"、"爱护"为名,千方百计地拉拢腐蚀青少年;帝国主义、社会帝国主义妄图颠覆我国的无产阶级专政,也把希望寄托在我们党的第三代或第四代身上。因此,我们在学理论,抓路线,促教育革命的过程中,要特别注意用无产阶级专政理论武装青少年,全面关怀青少年的成长,把教育青少年的工作做得更好。

毛主席指出:"学校一切工作都是为了转变学生的思想。政治教育是中心的一环"。青少年时期是世界观开始形成的重要阶段。全面关怀青少年的成长,最主要的就是要做好思想政治工作,把转变他们的思想放在首位。对青少年的思想教育问题,是个阶级斗争问题。阶级敌人往往用"手抄本"之类的黄色书刊,诲盗诲淫的靡靡之音,用资产阶级思想和生活作风来毒害青少年的灵魂。我们教育工作者,必须旗帜鲜明地站到这场争夺战的最前线,发动和组织广大师生,给阶级敌人以狠狠的打击。同时,对青少年的教育工作要勇敢地负起责任,进行深入细致的思想教育,引导他们自觉地坚定地沿着毛主席的无产阶级革命路线前进。

转变青少年的思想,最根本的是认真引导他们学习马列和毛主席著作,学习时事政治,使他们关心祖国的前途,人类的理想,树立马克思主义的世界观。要帮助他们学好毛主席关于理论问题的重要指示,搞清楚对资产阶级专政的问题,进行党的基本路线教育,革命传统和革命理想教育。三大纪律八项注意教育,共产主义道德品质教育和青年运动方向的教育。要重视对青少年进行共产主义理想教育,使他们把共产主义的远大目标同现实革命斗争联系起来。要使青少年们懂得,"社会主义制度的建立给我们开辟了一条到达理想境界的道路,而理想境界的实现还要靠我们的辛勤劳动。"在组织学习的时候,必须针对青少年的特点,使之易于理解和接受。不从实际出发,方法一般化,是收不到好效果的。

为了使青少年真正学好马克思主义,必须积极组织他们参加三大革命的实践。"我们的学校必须使人们在学习期间就成为推翻剥削者这一斗争的参加者。"青年们参加到现实阶级斗争中去,批判修正主义,批判资产阶级法权思想,批判资产阶级自发倾向,就能加深对无产阶级专政理论和党的基本路线的理解,提高路线斗争觉悟,增强识别和抵制资产阶级思想腐蚀和与坏人坏事作斗争的能力。社会主义社会还存在三大差别和资产阶级法权,能否正确认识和对待这个问题,直接影响到青少年思想觉悟的提高。我们要教育青少年胸怀共产主义伟大目标,自觉地向旧的传统观念实行彻底决裂;走与工农相结合的道路,一切听从党安排,到祖国最需要的地方去。教育与生产劳动相结合,"是造就全面发展的人的唯一方法",学校要组织好青少年的学工学农活动,清除轻视体力劳动和轻视劳动人民的剥削阶级思想,使他们成为有社会主义觉悟的有文化的劳动者。

列宁曾经指出:"只有用人类创造的全部知识财富来丰富自己的头脑,才能成为共产主义者。"因此,全面关怀青少年的成长,还必须抓好科学和文化知识的学习。青少年正是长知识的时期。要继承老一辈革命者开创的无产阶级革命事业,把革命进行到底,并在本世纪内把我国建设成为现代化的社会主义强国,就要在不断提高社会主义道路的同时,努力学习社会主义革命和建设所需要的科学文化知识,做到又红又专。文化大革命前,修正主义教育路线鼓吹"智育第一",实际上是在"智育第一"的口号掩盖下,反对无产阶级政治,大搞资产阶级政治。人类社会自有阶级以来,七大洲四大洋,所有的教育都是阶级的教育,都是本阶级的政治第一。我们批判"智育第一",难道是因为资产阶级、修正主义特别重视智育吗?否!如果这样看问题,那就错了。他们是用资产阶级政治反对无产阶级政治,他们搞的那一套是摧残青年,摧残人材,并企图使一小部分人成为资产阶级精神贵族。如果以为批判修正主义教育路线宣扬的"智育第一"就可以不重视教育,那就正好上了资产阶级的当。我们要用马克思主义关于阶级和阶级斗争的观点来看教育问题,用无产阶级政治统帅文化学习,按照马克思主义的认识论改造我们的全部教学工作。

毛主席说:"什么是知识?自从有阶级的社会存在以来,世界上的知识只有两门,一门叫做生产斗争知识,一门叫做阶级斗争知识。自然科学、社会科学,就是这两门知识的结晶,哲学则是关于自然知识和社会知识的概括和总结。"我们要在正确路线的指引下,在转变学生思想的前提下,认真抓好科学文化知识的学习,切实做到"以学为主,兼学别样",使青少年把理论与实践。书本知识与实际知识结合起来,把精力集中在培养分析问题和解决问题的能力上,真正获得全面的不是片面的、有用的而不是无用的知识,树立为革命而刻苦学习文化知识的风气。现在有人在学生中散布一种错误论调,说什么:"念不念农村见,读不读扛大锄",妄图破坏知识青年上山下乡和抑制青少年学习文化知识的积极性,对于这种谬论必须坚决批驳。

青少年肩负着社会主义革命和建设以及保卫社会主义祖国的重任,必须具备健康的身体。毛主席教导我们:"青年时期是长身体的时期。因此,要充分兼顾青年的工作、学习和娱乐、体育、休息两个方面"。我们要遵照毛主席的教导,关心青少年的身心健康。要防止课程和作业负担过重,生产劳动和社会活动都要安排得当。要重视体育课。要进行体育卫生和生理卫生教育,注意保健工作。组织好丰富多彩的为青少年们所喜闻乐见的课余文体活动,使青少年的学习和生活团结、紧张、严肃、活泼。要配合有关部门,开展有益的校外活动用毛泽东思想占领校外活动阵地。使青少年精神饱满,生龙活虎,以促进他们在德、智、体诸方面生动活泼地主动地得到发展。

在如何教育青少年的问题上,始终存在着两条路线的激烈斗争。刘少奇、林彪一伙推行修正主义教育路线,其险恶用心就是妄图把青少年引向修正主义邪路上去。我们一定要不断批判修正主义教育路线,肃清其流毒和影响,坚持按照毛主席革命路线的要求做好青少年的教育工作。教育战线上两个阶级、两条路线的斗争今后还是长期的、尖锐复杂的。修正主义仍然是当前的主要危险。教育战线上的每个革命同志,都必须提高警惕,万万不可迷失方向。要看到教育战线上资产阶级的影响根深蒂固。要提防资产阶级变换各种手法破坏教育革命。要用无产阶级专政理论武装我们的头脑，在毛主席革命路线指引下，把教育革命进行到底。

毛主席说："思想政治工作，各个部门都要负责任。共产党应该管，青年团应该管，政府主管部门应该管，学校的校长教师更应该管。"培养年轻一代，全面关怀青少年的成长，是关系到我们党和国家的前途的大事，必须加强党对这项工作的领导。在这方面，大寨党支部和昔阳县委提供了可贵的经验。他们坚持党的基本路线，把教育革命当作巩固无产阶级专政、培养反修防修战士的大事，第一书记亲自动手，依靠广大贫下中农，抓路线，管方向，管人的思想，努力把学校改造成为无产阶级专政的工具。教育部门、学校的党组织以及广大革命教师，当然更应该把这个工作抓紧抓好。首先是领导干部，要充分认识做好青少年教育工作的重大意义，切实加强领导。要深入第一线。调查研究，抓典型，总结经验，及时发现和解决工作中出现的问题，指导和支持教师的工作，充分发挥共青团、红卫兵、红小兵等组织在团结、教育青少年方面的作用。同时，还要依靠各条战线、各个部门的党组织，依靠广大工农兵群众，调动社会上各方面的积极力量，共同关心青少年的成长。

当前，我国革命和生产的形势一派大好。社会主义事业欣欣向荣，蒸蒸日上，亿万工农兵群众迈开大步奋勇前进。这种形势对我们各级教育部门和学校的党组织以及广大教育工作者，提出了更高的要求，同时也十分有利于我们做好对青少年的教育工作。让我们在毛主席革命路线的指引下，在各级党组织的领导和广大工农兵的支持下，进一步做好对青少年的教育工作，为培养千百万无产阶级革命事业的可靠接班人而努力奋斗！

（本文为《教育革命通讯》一九七五年第八期评论）

编后

《全面关怀青少年的成长》一文，是一篇极为重要的文章，望同志们认真进行学习，各组要组织讨论。

在学习中要重点理解"全面关怀"的含义，认识当前教育战线的主要危险仍然是修正主义。对智育方面过去抓得不够，要弄清原因，找出关键。对开门办学究竟应如何进行，当前有哪些主要问题必须克服，也希望认真讨论。各组要在谈认识的基础上，议定措施，对照和修改充实本学期的教学计划。

教革通讯

第69期

一九七五年十月十四日

扬州中学政工组、教革组编

必须坚持按党的教育方针育人

——学习《全面关怀青少年的成长》一文的体会

高一年级组

《教育革命通讯》(一九七五年第八期)刊载的《全面关怀青少年的成长》这篇评论文章,根据毛主席的教育思想,从巩固无产阶级专政的高度,深刻地阐明了无产阶级教育培养学生的标准和德、智、体诸方面的辩证关系。这对我们全面领会和贯彻党的教育方针,搞好教育革命,有着深刻的启示和指导意义。

究竟按什么标准培养学生,历来是教育领域两条路线斗争的一个重要方面。刘少奇、林彪一伙的修正主义教育路线的流毒还没有彻底肃清,教育界的资产阶级偏见特别顽固。修正主义仍然是当前的主要危险。就我们自己来说,由于对毛主席的教育思想学得不好,世界观的改造不够,存在着形而上学的观点,因此在贯彻党的教育方针时,在认识和实践上往往陷入片面性、表面性和盲目性。联系我们的教学现状来看,主要表现在对红与专、理论与实践这两个关系的处理方面。

无产阶级文化大革命以来,通过对修正主义教育路线的一系列批判,我们在思想上重视了坚持无产阶级政治挂帅,对学生进行马列主义、毛泽东思想的教育,用无产阶级专政理论武装青少年,把转变学生的思想放在首位。虽然我们在政治活动的具体安排中,有时针对青少年的特点不够,方法比较一般化,效果不大理想。但总的来看,方向是对头的,成绩是主要的。必须肯定,必须坚持,必须继续努力。

但是,由于我们对修正主义教育路线的批判,在某些方面还没有击中要害,不深不透,如批判修正主义鼓吹的所谓“智育第一”的问题。没有集中主要力量狠批它的实质——资产阶级政治第一。因而思想上往往产生一种错觉。似乎资产阶级讲求的是智育。无产阶级讲求的是德育。甚而至于好象一抓了智育,就会犯“智育第一”的错误。其实,正如《全面关怀青少年的成长》一文所指出的:“如果以为批判修正主义教育路线宣扬的‘智育第一’就可以不重视智育,那就正好上了资产阶级的当”,正是违反了毛主席“又红又专”的指示。问题的关键,并不在于要不要重视抓智育,而是在于抓什么样的智育,怎样抓智育。我们与资产阶级宣扬智育的根本区别是在于走红专道路,还是走白专道路;是理论与实践相结合,还是相分离。正如《全面关怀青少年的成长》一文所说的:我们要“用无产阶级政治统帅文化学习,按照马克思主义的认识论改造我们的全部教学工作”,“我们还要在正确路线指引下,在转变学生思想的前提下,认真抓好科学文化知识的学习”。因此,我们要坚持党的教育方针,开展教育革命,切实做到“以学为主,兼学别样”。坚持理论联系实际的原则,上好政治课和社会主义文化课。在实践的基础上,重视基础知识和基本理论的教学,保证教学的时间和质量,把精力集中在培养学生分析问题和解决问题的能力上。

近些年来,在党的领导下,我们在开门办学方面已经打开了局面,学工、学农,请进来、走出去的活动搞得生气勃勃,使学生“在学习期间就成为推翻剥削者这一斗争的参加者。”勿庸置疑,这是一场深刻的革命。然而,如前所述,由于我们在思想上存在着片面性、表面性和盲目性,因此,有时在开门办学中强调了“干”,而忽视了“学”,在一定程度上也出现了开门不办学的现象。反之,在课堂教学方面,又往往强调了基础教学,而忽略了联系实际,因而这方面的改革起色不大。

此外,长期以来,对学生的课外文体活动,我们也重视不够,没有能积极认真地开展起来。特别是在工作忙、活动多的情况下,就顾不上了这方面的安排。

综上所述,要贯彻党的教育方针,全面关怀青少年的成长,就要弄清德、智、体三者的辩证关系。毛主席指出:“青年应该把坚定正确的政治方向放在第一位。”离开了德育、智育和体育就失去意义,“方向不对,学的再多,等于无用”。但是,毛主席又指出:“要反对空头政治家。”离开了智育和体育,德育也只是空的。思想教育不只是体现在政治活动中,也应贯串在智育、体育方面;而智育和体育也不可能是纯业务的,是离不开德育的。因此,我们要正确理解和贯彻党的教育方针,就要在“全面”二字上下功夫,做好教育青少年的工作。

我们要进一步认真学习毛主席论教育革命的指示,加强无产阶级专政理论的学习,坚持按党的教育方针育人。要在无产阶级政治挂帅的前提下,对德、智、体教育三个方面作出统筹规划,把转变学生的思想放在首位。对学生的作业负担、生产劳动和社会活动都要安排得当,讲究效果,注意根据青少年的特点,开展生动活泼、丰富多彩的活动。以促进他们德、智、体的全面发展。最近,我们正在对照党的教育方针,按照德、智、体诸方面全面关怀青少年成长的精神,修改年级工作规划和各科的教学计划,努力争取把教育青少年的工作做得更好。

我校教工认真学习无产阶级专政理论

掀起送子女上山下乡的新高潮

【本刊讯】在毛主席关于学习无产阶级专政理论反修防修,促进安定团结,把国民经济搞上去的重要指示的指引下,在党中央一系列文件精神的鼓舞下,最近,我市掀起了一九七五年知识青年上山下乡的新高潮。市委有关指示下达以后,我校广大干部、群众立即热烈响应,积极行动起来。十月十三日下午,学校领导对全校教工作了传达后,当晚在党支部大会上又作了进一步动员,号召全体党员发挥先锋模范作用。共产党员、教师周美缩同志会后就立即表了态,坚决支持自己的女儿(七五届毕业生)到农村去插队落户干革命。会后并积极行动,着手准备。体现了共产党员的模范带头作用。十月十四日下午,全校教工对市委有关指示精神作了认真的讨论。有的同志说:我们虽然眼前没有家属上山下乡的任务,但是知识青年上山下乡,走与工农相结合的道路,是毛主席的革命路线。我们参加这次学习和讨论。本身也是接受一次毛主席革命路线的教育。大家在讨论中,畅谈了知识青年上山下乡这一革命新生事物的重大意义。认识到:知识青年上山下乡,是培养和造就千百万无产阶级革命事业接班人的重要途径,是反修防修的一项重大战略措施;是对缩小三大差别、限制资产阶级法权,铲除滋生资本主义土壤具有深远意义的伟大事业,是建设社会主义新农村,实现四届人大提出的宏伟目标,加强战备的需要;也是对刘少奇、林彪一类竭力扩大资产阶级法权,恶毒攻击知识青年上山下乡罪行的有力批判。大家谈到,在毛主席伟大号召鼓舞下,知识青年上山下乡形势大好,上山下乡这一社会主义新生事物正在蓬勃发展。在党的关怀和培养下,广大知识青年正在农村这个广阔的天地里锻炼成长。我们一切革命同志,要从巩固无产阶级专政,防止资本主义复辟。坚持无产阶级专政下继续革命的高度,来认识知识青年上山下乡的伟大战略意义,更加自觉地同"养儿防老","望子成龙"等旧的传统观念决裂,树立"养儿防修","教子务农"的新风尚,积极送知识青年上山下乡,争做社会主义新生事物的促进派。在会上,不少同志都积极表态,愿意送自己的子女上山下乡。目前,随着全市大好革命形势的发展。我校教工送子女上山下乡的新热潮正在继续掀起,而且越来越高涨。

狠批宋江投降派

中二(4) 王守惠

一批宋江假慷慨，
大捧金银把人买。
二批宋江屏晁盖，
篡了大权把路线改。
三批宋江搞叛卖，
请来卢俊义藏祸害。
四批宋江跪地拜，
投降皇帝去当差。
五批宋江狗奴才，
下毒手把李逵害。
狠批宋江投降派，
红色江山保万代。

学起来，评起来

高一理论组

学起来，评起来，
同学们，议论开，
《水浒》是部什么书？
分清路线事实摆：

猛李逵，造反派，
打太尉，反奴才，
挥斧要杀东京去，
革命到底志不衰。

狗宋江，投降派，
篡大权，屏晁盖，
假造反来真叛卖，
投靠朝廷当奴才。

造反派，我们爱。
投降派，脚下踩。
越学越评心越亮，
永做无产阶级革命派。

宋江是个什么派？

中二(8) 刘 屏

宋江这个两面派，
专杀梁山革命派，
表面装成造反派，
实际是个投降派。

揭露宋江投降派

高一理论组

贼宋江，投降派，
假造反，真叛卖。
反贪官，是假象，
不反皇帝是实在。
身在梁山想朝廷，
招降纳叛屏晁盖。
暗通关节受招安，
屈膝投降当奴才。
笑里藏刀杀英豪，
几滴眼泪来掩盖。
咬牙切齿征方腊，
乌纱帽子头上戴。
起义烈火被扑灭，
农民运动遭破坏。
革命小将齐上阵，
揭露宋江投降派。

菊花会上

中二(3)　徐　嵩

菊花会，真热闹。
“招安”“招安”调子高。
李逵怒火高三丈，
一脚把桌子踢翻了。
宋江气得直咬牙，
起义军战士哈哈笑。

教革通讯

第70期

一九七五年十月二十日

扬州中学政工组、教革组编

迎接校运会　开好校运会

本刊评论员

我校一九七五年秋季运动会即将召开了。这次校运会是对我校近年来群众性体育运动状况的一次检阅，是全面贯彻党的教育方针的一件大事。

伟大领袖毛主席历来关怀青少年一代的健康成长，指示青少年要做到"身体好、学习好、工作好"。青少年肩负着社会主义革命和建设以及保卫社会主义祖国的重任，必须具备健康的身体。青少年时期是长身体的时期，我们培养无产阶级革命事业的接班人，要把转变学生的思想放在首位，要帮助学生掌握社会主义科学文化知识，也要关心青少年的身心健康。健康的体魄，是青少年学好无产阶级政治思想和社会主义文化知识的保证。体育是无产阶级教育方针的一个重要方面，我们要贯彻党的教育方针，全面关怀青少年的成长，就必须认真抓好体育运动的开展，使全校师生增强体质，振奋精神，提高健康水平，以推动无产阶级专政理论的学习和教育革命的深入开展。

在这次校运会上，全体运动员要认真贯彻执行"友谊第一，比赛第二"的方针，狠批锦标主义，讲路线，讲党性，讲大局，讲团结，讲纪律，用马列主义、毛泽东思想占领体育阵地。要发扬团结战斗的革命风格和敢于斗争、敢于胜利的革命英雄主义精神，比思想，比风格，努力创造优异的成绩。全校师生要人人关心校运会，要参加好校运会上广播操比赛和各班级的队列表演等项目。同时，要发挥班级集体的力量支持运动员，鼓励运动员很好地参加比赛。要通过体育运动会这一活动，促进思想革命化，使班集体更加团结，更加进步。

当前，不少班级的同学正在加紧锻炼，积极准备参加校运会。各班级要把这些同学组织起来进行训练，注意安全保护，注意循序渐进，逐步加大运动量，防止蛮干硬拚，以至弄伤身体。并要从现在起就做好参加校运会的思想教育工作和报名、组织工作。

“看万山红遍，层林尽染。”祖国山河无限壮美，革命形势一派大好。伴随着运动场上的龙腾虎跃。全校师生必将更加生气勃勃，我校的教育革命将会出现新的气象。让我们团结起来，群策群力，迎接校运公，开好校运会！

进行共产主义理想教育，是本学期在学生中进行思想政治教育重要的一环。在共产主义理想教育活动中，高一年级组与高一年级团支部根据政工组、团委会、红卫兵团制定的开展共产主义理想教育计划的总精神和要求，紧密结合高一年级和团支部的特点与实际情况，经过充分讨论，研究了本年级和团支部开展共产主义理想教育活动的安排。我们认为这项活动安排很好，既抓住了学校计划的精神实质，又紧密结合了高一年级实际，比较切实可行。现将他们的活动安排向各年级推荐，供研究参考。希望各年级、各团支部和红卫兵排，也能象高一年级一样，根据学校开展共产主义理想教育活动总计划的精神、要求，结合本年级、本支部及红卫兵排的实际，及时研究出各年级开展共产主义理想教育活动的具体安排来。

政工组　团委会　红卫兵团

1975·10·18·

高一年级共产主义理想教育活动安排

一、目的要求

以毛主席三项重要指示为纲，深入学习无产阶级专政的理论，树立远大的革命理想，增强抵制资产阶级思想腐蚀的能力，坚持无产阶级专政下的继续革命，立志为在地球上消灭帝国主义、资本主义、剥削制度，实现共产主义的崇高理想而奋斗一生。

二、阶段安排

第一阶段:继承革命传统,树立共产主义的远大理想。

第二阶段:忆苦思甜,立志为解放全世界劳动大众奋斗终生。

第三阶段:学英雄,见行动,把远大理想和日常的学习、劳动、工作结合起来。

第四阶段:大总结,大评比,大表扬。

三、第一阶段具体安排

第七周:

1. 辅导《马克思、恩格斯、列宁论无产阶级专政》有关部分。

中心:共产主义是人类最美好的社会制度;树立革命的人生观,为共产主义奋斗终生。(张馨兮、刘华富负责)

2. 革命导师马克思青年时代的革命实践活动(故事)。(胡人、陈安鸿负责)

第八周:

1. 学习革命领袖传记片断。(刘茂余、陈安鸿、成增龄负责)

2. 重放电影《闪闪的红星》。(王荫钢负责)

3. 讨论,开主题班会。

中心:如何学习潘冬子,“按照革命的需要长,顺着革命的路子走”?(各班教师负责)

第九周:

1. 请老红军或老干部讲革命斗争故事。(姚同负责)

2. 红军胜利到达陕北四十周年象征性夜行军。(俞鑫泉、楚维龙、马金荣负责)

第十周:

1. 革命烈士诗抄朗诵、革命历史歌曲大联唱。(蒋素珍负责)

2. 主题班会:“青年应该树立怎样的理想?”(各班教师负责)

四、第一阶段其他活动

① 各班配合革命传统教育进行环境布置;② 各班结合教育中心出墙报、黑板报;③ 语文课组织革命传统教育单元教学;④ 年级理论组开展校史调查;选编“英雄模范人物谈理想”,并出大字报专栏。

学习鲁迅评《水浒》

高二(2) 李 俊

评《水浒》的声浪在校园激荡。
我们在阅读鲁迅批宋江的文章，
呵，眼前仿佛屹立着高大的身影，
《水浒》上射下他严峻的目光。

在乌云笼罩的四十年前，
革命家的眼睛雪亮，
耳听革命者的脚镣阵阵铿锵，
眼看叛卖者的轿车驶过小窗，
扫清迷雾的大笔在他手中飞扬，
锐利的锋芒戳穿投降派的“灵光”。

当时，阶级斗争风云激荡，
蒋介石正向苏区挥舞刀枪，
革命处于危急关头，
生死考验降临到每个革命者的头上，
无情地鞭笞可耻叛徒，
正是对反“围剿”战士的衷心颂扬。

如今，阶级斗争风云变幻，
超级大国争霸更加猖狂，
要防止堡垒从内部破坏，
须警惕修正主义的投机商，
学习鲁迅的坚定立场，
让我们筑起反修防修的铁臂铜墙！

评《水浒》的声浪在校园激荡，
我们阅读鲁迅的篇章，
呵，眼前仿佛屹立着他高大的身影，
笑看革命接班人正在斗争中成长。

宋江本是软骨虫

高二(2) 董宗言

宋江本是软骨虫，
混进梁山他称雄；
念念不忘宋天子，
农民起义那能容。
阴谋诡计屏晁盖，
排除异己贬吴用；
篡夺大权变路线，
不谋起义谋效“忠”，
丧心病狂何足怪，
扫平方腊好表功。
美梦不成成恶梦，
一杯毒酒早送终。
人人要知投降派，
口诛笔伐莫放松；
反面教材常借鉴，
红色江山万年红。

宋江其人

中二(6)　郑小玫

宋江宋江，
作势装腔，
明反贪官，
实保帝王。

宋江宋江，
豺狼心肠，
扑灭造反，
一心投降。

批宋江

高一(7)班　陆　玲

两面三刀贼宋江，
架空晁盖把权抢。
做梦都想受招安，
绞尽脑汁搞投降。

阴险毒辣贼宋江，
兄弟“情谊”抛一旁。
毒死“义弟”“黑旋风”，
临死还要忠皇上。

可耻叛徒贼宋江，
甘为朝廷走狗当。
镇压方腊起义军，
农民起义被埋葬。

革命蛀虫贼宋江，
罪恶累累须清算。
我们今天批宋江，
反修防修斗志昂。

戳穿他的鬼花样

中一(15)班　郭　扬

狗宋江，搞投降，
花言巧语来伪装。

讲“忠义”来假造反，
戳穿他的鬼花样。

教革通讯

第71期

一九七五年十一月二十九日
扬州中学政工组、教革组编

把共产主义理想教育深入开展下去

【本刊讯】十一月二十一日下午，市教育局召开了扬州市中学政治思想工作经验交流会，全市各中学领导和政工干部参加了会议。上午在市七中召开，由各兄弟学校介绍了经验，参观了七中革命传统教育的情况。下午在我校召开，我校首先由革委会负责同志向全体到会同志作了这一阶段在学生中进行共产主义理想教育情况的介绍；中二(9)班陈庆伟同学、高二(1)班刘建中同学、高二年级本学期第一批赴农村分校开门办学的测量小组的代表，先后在会上作了发言，向到会同志汇报了他们如何胸怀共产主义远大目标，为革命而努力学习、战斗的情况。接着学校共青团、红卫兵团“评《水浒》”小分队、中二年级“学习孔宪凤”小分队分别作了汇报表演；大会以后，到会代表分头到各年级进行了参观，中一年级举行了全年级的“革命导师为实现共产主义理想刻苦学习”的故事会，有八个同学登台讲述；中二年级各班的“小先生”，在课内学马列时间走上讲台，宣讲了“三十三条”语录的部分内容；高一年级理论小组分成四个小组进行活动，向到会代表汇报了自己收集和学习了革命先辈、革命英雄人物谈理想语录的情况和体会。代表们还参加了高二(11)班举行的“写好自己兴旺时期历史”的主题班会。参观结束后，市教育局唐局长为会议做了小结。在这次会议的推动下，我校师生纷纷表示，一定要把共产主义理想教育持久深入地开展下去，为把我校办成无产阶级专政的工具而继续努力。

象孔宪凤那样,怀着共产主义伟大目标生活、战斗!

中二(9)班　陈庆伟

以前我对怎样正确对待理想这个问题,思想上有些模糊,认为我们这一代是实现不了共产主义的,用不着树立理想。将来到农村或工厂,劳动劳动,拿几个钱,过过生活就是了。

孔宪凤的事迹在报纸上刊登后,我校掀起了向孔宪凤学习,树远大理想的高潮。通过学习,我对理想有了一定的认识,我想:孔宪凤决心长大到大西北放马去,我也决心长大到农村去干革命。但到农村干革命是为了什么?那时却不太明确。

参加了年级开展的"学英雄人物,树革命理想"的教育活动,学习了孔宪凤在生死关头,把生命让给别人。把死亡留给自己,救出了战友,自己却英勇牺牲的英雄事迹,我就想:她为什么能这样做呢?主要原因是由于她树立了远大的理想,确立了革命的人生观。所以她能一心为革命,一切为人民。我向孔宪凤学习,就要学她的好思想,象她那样,好人好事做满楼;象她那样,在关键时刻挺身而出;象她那样,怀着共产主义伟大目标生活战斗!

今年九月份,正是全市工业大干快上迎国庆的时候,扬州纱厂也是如此。我家住在纱厂里面。我经常看到工人们上班来得早早的,下班总是舍不得走,八小时之内干社会主义,八小时之外干共产主义,大干快上,以最好的成绩向国庆献礼。一天早晨,我正准备吃早饭上学,突然听到人声嘈杂,工人大声呼救:"清花车间起火啦!快救火呀!……"我想:清花车间是纱厂第一道工序,那儿棉花如山,还有的确良,如果火热一大,就难扑灭,那就会影响下几道工序的生产,影响大干快上前进的步伐,国家财产就要遭受重大损失。我作为一个毛主席的红卫兵,在这紧要关头,应该经得起考验,应该挺身而出,冲上去,扑灭它,抢救国家财产要紧。想到这些,我毫不犹豫地拿起脸盆,舀了一盆水就冲向起火的地方,和工人叔叔们一起战斗……,经过紧张抢救,大火终于扑灭了。为了不耽误上学时间,我早饭也没顾上吃,就赶到学校大学了。

学习孔宪凤以后,我还时时注意把远大理想和一点一滴地为革命、为人民做工作结合起来。今年十月十六日放学时,我和我班袁扬扬同学走到学校小卖部时,发现地上有一本书和一块一丈多长的花布,我拣起来看了看,书和花布上没有人的姓名。那怎么办呢?失主一定会着急的,应该赶快送到失主手里。我们站在那里等,等了好一会,但仍然没有人来领。这时旁边有个人对我们说:就把这花布拿回家自己做衣裳穿吧。我想,我是个红卫兵,从小就应该做到思想、作风端正。决不能拿人家的东西,应该交公。我和袁扬扬一商量,就赶快把东西交给了学校。

我学孔宪凤还学得不够,我和孔宪凤相比差距还是很大的。我决心为在将来消灭阶级,实现共产主义,而在今天努力做到德、智、体全面发展,走与工农相结合的道路,向着实现共产主义这个伟大目标奋勇前进。

在远大理想指导下,为革命努力学好文化知识

高二(1)班 刘建中

我对理想曾有对不少幼稚的、不切合实际的幻想,现在回想起来也还感到可笑。经过党的不断教育,我逐步明白了为实现共产主义奋斗终身,才是无产阶级最崇高的理想。

毛主席教导我们说:"社会主义制度的建立给我们开辟了一条到达理想境界的道路,而理想境界的实现还要靠我们的辛勤劳动。"这就告诉我们,树立了革命的理想,这仅仅是一个起点,当然这是一个很好的起点,但根本性的问题是如何为实现理想而斗争,如何在远大理想下勤勤恳恳、兢兢业业地工作,哪怕是一些细小平凡的事情。

上学期,我参加了学校微生物实验小组的活动,虽然工作忙,时间紧,但劲头还是很足的。别人要问我为什么对学习这一门知识这么带劲,我总是说学好了将来下农村就能更好地为贫下中农服务,就能为早日实现共产主义多作贡献,真可谓"振振有词"。可是,当时实际上内心并不完全是这样想。那时我想,学好这一门,将来下农村就可以吃苦少,作用大,借此脱离挑担、扛锄一类艰苦的农活。

在学校广泛进行共产主义理想教育的过程中,我们在红旗公社志远大队进行了一个月的开门办学。这对我说来,真是接受了一次生动的革命理想教育。在农村我们访问了一个深受贫下中农欢迎的、多次受到上级党组织嘉奖的知青小组,他们为建设社会主义新农村大搞科学实验,作出了很大成绩。一个很重要的特点是他们没有一个人脱离农业生产劳动,他们的科研内容也和农业生产有着密切的联系。他们坚持科研项目来自生产,科研成果用于生产。要问这一切为了什么?他们的回答是:为了建设新农村,为了缩小三大差别,为了实现共产主义的远大理想。

之后,我又学习了革命导师的有关教导。"共产主义革命就是同传统的所有制关系实行最彻底的决裂;毫不奇怪,它在自己的发展进程中要同传统的观念实行最彻底的决裂。"马克思和恩格斯要求我们同千百年来轻视劳动、蔑视劳动人民的旧的传统观念实行决裂。革命的知识青年上山下乡,把自己所学到的文化科学知识应用到农

村的三大革命斗争中去，这是为了缩小三大差别，实现共产主义。我对照自己，思想上是把人民给自己的一点知识，当作向人民讨价还价的资本。当作脱离劳动，追求舒适、享乐的阶梯。这非但不能缩小三大差别，而正是扩大了三大差别。这样下去是违背了无产阶级最崇高的理想，背弃了无产阶级和劳动人民的根本利益的。如果任其发展下去，势必会把自己凌驾于劳动人民之上，成为特权阶层，站到人民的对立面，反过来压迫人民群众，这是再危险不过的。——苏联的那些所谓"红色专家"不正是这么变修的吗？因此，现在我认识到我过去那样的学习从根本上错了。纵有刻苦的精神，但路线不对，学得再多，等于无用。

列宁指出："只有用人类创造的全部知识财富来丰富自己的头脑，才能成为共产主义者。"毛主席也教导我们："没有文化的军队是愚蠢的军队。"大打农业翻身仗，实现"四化"，无论是从理论上讲还是从实际上说，都不可缺少文化知识。共产主义社会吹不出来，定要靠一大批有抱负、有知识的革命战士经过长期的甚至是痛苦的斗争，脚踏实地、披肝沥胆地干出来。所以我现在仍然参加学校微生物实验小组的活动，还是要学、要钻，我要把所学的东西，为消灭阶级、消灭三大差别服务。我决心在共产主义远大革命理想的指导下，努力学好文化科学知识，全面发展，天天向上。

以"农业学大寨"为动力，学好测量

高二年级第一批赴农村分校测量小组

在开展共产主义理想教育的运动中，我们学习了大寨教育革命的经验，来到农村分校——志远大队开门办学。在分校，我们授受贫下中农的再教育，并边学边干，进行测量教学。

开始，学习测量的时候，大队张支书告诉我们，解放前这里全是一块一块中间高两头低的"龟背田"，高的能种瓜，低的能放鸭，保肥保水性能差。近几年来，广大干部群众平整了部分"龟背田"，但还没有能完全改变这种状况。在党中央关于全国都要学习大寨县的号召下，志远大队制订了远景规划，农田基本建设要实现一块一方一队一区，房成排、田成方，在五年内做到粮食夺"三纲"，要实现这一规划，大搞农田基本建设，测量是十分重要的先行工作。张支书的一番话，使我们理解了学测量的意义。当时正处在全国农业学大寨会议期间，老师也教育我们把学习测量和普及大寨县、和实行我国社会主义建设的"两步宏图"。实现伟大的共产主义理想联系起来。这一切都鼓舞了我们的干劲。

我们想，形势在催促着我们，任务在等待着我们，我们决不能辜负贫下中农的期望,一定要以战斗的姿态,极端负责的精神对待这项工作,以实际行动为“农业学大寨”,建设社会主义新农村添砖加瓦,为加速社会主义建设的步伐而战斗。我们都有一个心愿要学好测量,完成测量大队地形图的任务。

每天我们很早就出去,回来后吃过中饭又继续干。晚上,直到看不清水准仪才回来。一段时期细雨连绵不断,同学们怕影响测量的进程,就一步步艰难地走着泥泞的田间小路,拿着仪器,与往常一样出现在测量岗位上,有的同学怕雨淋湿了图板,就毫不犹豫地脱下自己的衣服盖上去。特别是有一段时间测量的地点离分校较远为了不耽误时间争分夺秒,保质保量完成任务,后勤的同学不怕麻烦,把饭送到测量地点,尽管饭菜有些冷了,但我们心里却是热乎乎的,吃完饭又继续干,哪怕是短暂的几分钟也得利用起来,就这样连续作战了十多天。每天总是迎着朝阳出去,披着晚霞归来、晚上有的同学还要描图拼图。但我们一点也不感到苦。大家说:想到共产主义,越干越有劲。

我们深深感到,当自己把当前的学习、生活、战斗和远大的革命理想联系起来时,就会产生巨大的力量。我们每当站在平板旁用笔描绘广阔天地的时候,每当站在水准仪旁展望着农村大好风光的时候,一幅社会主义新农村的蓝图似乎就出现在我们的眼前,我们为此而感到自豪,也因此而决心立志把学到的知识用到三大革命运动中去。彻底改变农村的落后面貌,当一个农村所需要的、贫下中农所欢迎的知识青年。

最近我们怀着改造山河,普及大寨县的革命激情,又胜利地完成了绘制双桥公社桥大队地形图的任务。我们想,为了早日实现共产主义,把自己掌握的知识献之于人民,多做一点工作,这是完全应该的,也是十分光荣的。

简讯

△高二年级本学期有七个班级分批到志远农村分校学农,每批一个月目前前两批已经结束,第三批已经下去。他们半天参加劳动,半天进行思想教育、学习文化知识、开设了政治、语文、测量。手扶拖拉机、农业基础知识、土壤分析等课程。同学们反映,思想上收获比较大,文化知识课理论联系实际,学得比较扎实。

△十一月廿八日下午,全校师生集会在大操场,举行校运动会闭幕式,同时进行“万里征途攀高峰”冬季象征性长跑动员大会。会上对在校运动会上获得优秀成绩的班级和个人发了奖旗奖状,会后进行象征性长跑的起跑仪式,学校领导亲自带领全校师生绕场跑步一圈。

教革通讯

第72期

一九七五年十二月六日

扬州中学政工组、教革组编

教育革命的方向不容篡改

北京大学、清华大学大批判组

当前,全国人民认真学习并贯彻执行毛主席关于理论问题等一系列重要指示,进一步推动了各项工作。同全国一样,教育战线的形势也一派大好。从上海“七·二一”工人大学到辽宁朝阳农学院,从江西共产主义劳动大学到大寨学校,大江南北,长城内外,朵朵教育革命的鲜花竞相开放。崭新的无产阶级教育制度通过各种试验。正在逐步建立和巩固起来。从一九六八年七月二十七日工人、解放军宣传队进驻学校以来,清华大学、北京大学在毛主席革命路线指引下,无产阶级教育革命蓬勃发展,广大工农兵学员迅速成长,知识分子队伍发生了深刻变化。

在大好形势下,必须看到教育领域里的阶级斗争、路线斗争仍然是尖锐、复杂的。最近,教育界有一种奇谈怪论。说什么文化大革命以来,教育革命这也不行,那也不是,教育革命的方向“总没有解决好”,因而“就是要扭”。这无非是说,教育革命搞过头了,搞糟了,要把教育革命的方向“扭”回去。问题很明显,当前争论的焦点在于:是坚持教育要革命的方向,把无产阶级教育革命进行到底,还是为修正主义教育路线翻案,复辟资产阶级知识分子统治我们学校的旧教育制度?我们必须抓住问题的实质,批判否定教育革命的错误思潮,分清路线上的大是大非,继续巩固和发展教育革命的成果,加强无产阶级在上层建筑领域对资产阶级的全面专政。

一

坚持教育要革命的方向，就必须“从有实践经验的工人农民中间选拔学生”。毛主席的“七·二一”指示，明明是首先针对理工科大学怎么办而讲的。然而教育界的怪论却偏在这个问题上唱反调，强调理科“要挑中学生好的，要直接上大学”。请看，这不是明明要脱离毛主席指出的方向另搞一套吗?

学校究竟向谁开门，招收什么样的学生，直接关系到教育的阶级性质。劳动人民是物质财富和精神财富的创造者，但在以往几千年的阶级社会里，却被剥夺了享受文化教育的权利。解放后，工农群众成了我们无产阶级专政国家的主人。然而在文化大革命前十七年修正主义教育路线的统治下，广大工农兵竟被排斥在大学校门之外。伟大的无产阶级文化大革命，打破了这种状况。遵照毛主席的“七·二一”指示，大学开始改革招生制度。实现了亿万工农千百年来的愿望。劳动人民进了清华、北大和其他高等院校，培养出自己的第一代大学生。从工农兵中间选拔大学生，这是无产阶级文化大革命带来的一项重大的成果，是教育史上的革命。这个根本方向是谁也改变不了的。

从工农兵中选拔大学生，这一新生事物经过近几年来的实践，已显示出它明显的优越性和强大的生命力，使大学面貌焕然一新。工农兵学员在工厂、农村参加过几年生产劳动。取得了一定的实践经验，这对于他们上大学是很有好处的。他们通过学习社会，学习工农，提高了觉悟，充实了头脑，逐步明确了方向，这为进一步解决为什么人学习的问题打下了一个较好的思想基础。同时，由于他们有三大革命运动的实践经验，无论学文科，还是学理工科，理解能力和实践能力都比较强。他们上大学，管大学，用马列主义、毛泽东思想改造大学，成为教育革命的一支生力军。这是过去那种从家门到校门。从小学、中学到大学的学生根本做不到的。我们深深感到，只有坚持从工农兵中招生，才能使培养无产阶级革命事业接班人从阶级路线上得到保证。

要恢复文化大革命以前的中学生“直接上大学”的招生制度，实际上就是否认了毛主席“七·二一”指示对教育革命的普遍意义。照此下去，毛主席关于教育革命的一系列指示，就会一步一步地被篡改，被放弃。知识青年上山下乡、走与工农相结合的道路，就会被攻击，被否定。这样做，就是要“扭”回到修正主义教育路线上去，搞什么“拔尖子”的资产阶级教育，引诱学生去爬那个“小宝塔”，即通向资产阶级精神贵族的阶梯。与此同时，广大工农兵就要重新被赶出高等学校的大门。文化大革命前，清华、北大在修正主义路线统治下，工农子弟曾被诬蔑为“粗瓷茶碗雕不成细花”，用“泻肚子”的办法将他们赶出校门。那种资产阶级专了无产阶级的政的历史，决不容许重演。如果有人要从理科开刀，重演这样的历史，那么，我们有权质问：这样搞，不也是要用“泻肚子”的办法将工农兵赶出大学校门吗?

二

坚持教育要革命的方向，就必须在三大革命运动中培养又红又专的无产阶级革命事业接班人。

两条教育路线的斗争，集中表现为培养哪个阶级的接班人。工农兵学员来自工农兵，在学习期间还要不要与工农相结合？有了一定的实践经验，学理论，学技术，学文化，还要不要和三大革命运动相结合？有较高的思想政治觉悟，还要不要不断改造思想？这是关系到工农兵学员沿着哪个方向提高，向哪个方向发展的重大原则问题。只有坚定不移地走毛主席《五·七指示》的道路，实行开门办学，把教育同三大革命运动紧密结合起来。才是造就无产阶级接班人的根本途径。而教育界那种怪论却把开门办学歪曲成“不讲学文化”、“实践——实践——实践”。这完全是对《五·七指示》道路的诬蔑。

人的正确思想是从哪里来的？毛主席教导我们：“人的正确思想，只能从社会实践中来，只能从社会的生产斗争、阶级斗争和科学实验这三项实践中来。”社会主义大学作为无产阶级专政的工具，最重要的是要把学生培养成为巩固无产阶级专政、反修防修的坚强战士。学校有各种工作，一切都是为了转变学生的思想。学生要进行多方面的学习，首先要认真学习马克思主义、列宁主义、毛泽东思想。学生要上这样那样的课程，首先要上好阶级斗争这门主课。所有这些，都是不能离开三大革命运动的。不了解工人，不了解农民，阶级斗争都不知道，怎么能算大学毕业？

社会主义大学应当不断提高无产阶级的教育质量，引导学生用无产阶级政治统帅业务，为革命努力学习文化科学知识，“对技术精益求精”，掌握为人民服务的真本领。在这个问题上，正如列宁指出的，“全部关键”在于“把青年的学习、组织和训练的事业加以根本改造”。而坚持走《五·七指示》道路，实行开门办学，正是为了实现这个“根本改造”。学生只有积极参加三大革命运动的实践。与工农相结合，树立为革命而学的正确目的。才能产生真正强大的学习动力，以百折不回的毅力，去攻克一个又一个的科学文化堡垒。只有立足于教育革命，批判封、资、修的学科体系，彻底改革旧的教学内容和教学方法，按照马克思主义的“实践——认识——实践”的认识路线组织教学，才能使学生既学到有用的书本知识。又掌握丰富的实际知识。“把精力集中在培养分析问题和解决问题的能力上”。离开了三大革命运动实践，还谈得上什么培养无产阶级接班人的“正确道路”？

几年来，清华、北大发动广大师生深入批判修正主义教育路线。坚持“教育必须为无产阶级政治服务，必须同生产劳动相结合”的方针，在开门办学过程中，努力做到师生与工农相结合，教育与生产劳动相结合，理论与实际相结合。北大文科以社会为工厂。紧密结合批林批孔、学习无产阶级专政理论以及最近评论《水浒》来组织教学，推动了哲学、经济、文学、历史等各个学科的改造。以“史”的课程而论，过去宣扬“英雄创造历史”的唯心史观，现在努力阐述劳动人民在历史上的作用；过去尊儒反法，现在努力正确评价法家，深入批判儒家；过去厚古薄今，现在贯彻古为今用的方针，总结历史经验，为现实斗争服务。清华大学打破了基础课——技术基础课——专业课的“老三段”旧体系，结合典型任务进行教学。把学生的学习同热火朝天的社会主义革命和建设联系在一起。这几年共完成近千项生产、科研任务。水利系以万里黄河为课堂，坚持为治黄服务。为农业服务。治河泥沙专业十二学员和三名教师，到山东某地结合“引黄放淤”的科研任务进行教学。他们在当地党委领导下。向贫下中农学习。打破书本上的老框框，完成了放淤工程设计。经过广大群众的奋战和有关部门的支持，这项工程今年一次就淤出五万一千七百亩良田。学员既为农业学大寨贡献了力量，又学到了丰富的实际知识，并在理论上有新的创见。化工系二年级，在完成了一项填补我国技术空白的化工设计以后，师生共同编写了《化工车间设计》等两本教材和两篇科技论文，总结了工人的实践经验，并把设计中有创见的大项革新从理论上加以阐发。由此可见，开门办学，结合典型任务进行教学的过程，就是始终贯彻“实践、认识、再实践、再认识”的原则，使学员在实践的基础上着重向理论方面学习的过程。那种把开门办学歪曲为“实践——实践——实践”的论调。完全是不顾客观事实的一种捏造。

开门办学，出去以后。也仍然有一个端正思想路线的问题。我们两校注意引导师生在三大革命运动中与工农兵一起战斗。想工农兵之所想。急社会主义之所急，虚心学习工农兵的思想感情和丰富的实践经验。全心全意依靠工人阶级办教育。并且根据社会主义革命和建设的需要。积极改造旧教学体系。如果在下厂下乡过程中不与工农结合。不认真参加到阶级斗争和生产劳动中去锻炼思想。而把旧的一套教学内容、教学方法照搬下去。不花气力去切实组织理论联系实际的教学。那就不是真心实意地实行开门办学。我们两校始终坚持把政治思想工作放在首位。坚持“理论和实际统一”的原则。努力使学生在德、智、体几方面都得到发展。

实践证明，实行开门办学，就可以在三大革命运动中培养学员。使他们在政治与业务两方面都得到锻炼。在斗争中提高觉悟。既懂得坚持党的路线和政策的极端重要性。又能够在无产阶级政治统帅下刻苦钻研业务。善于学习国内外的先进科学技术。又不迷信书本。敢于创新。成为又红又专的战士。把开门办学诬蔑为“不学文化”，实际上就是要走资产阶级关门办学的老路。把学生培养成资产阶级接班人。

三

资产阶级攻击无产阶级教育革命。总是在教育质量问题上大做文章，坚持教育要革命的方向，就必须正确看待教育质量，批判“智育第一”。

对于教育质量，不同的阶级有完全不同的看法。我们认为，社会主义大学培养出来的学生，必须为巩固无产阶级专政、建设社会主义服务。因此，看质量首先要看方向。看路线，要看德育、智育、体育全面发展。既使就业务学习来说。也决不能以上了多少课程、念了多少本本为标准。而必须看理论与实际的统一，看分析问题和解决问题的能力。

旧北大、清华号称什么“最高学府”、“红色工程师的摇篮”。可是,摇来摇去,许多学生被摇得晕头转向,追求个人名利,理论脱离实际。学哲学的搞不了哲学。学文学的写不了小说,学工科的就不会开机器,也不会修机器,学理科的只能关在高楼深院里纸上谈兵。有的人怕苦怕死,不服从党和国家的分配,有的甚至堕落成为资产阶级右派分子。而现在工农兵学员经过几年的学习,马克思主义理论水平和阶级斗争、路线斗争觉悟大有提高,业务学习也取得了可喜的成绩。有的人并有发明创造。在校期间就能为社会主义革命和建设事业作出贡献。清华大学机械系焊接专业一个学员小组,与北京建筑安装公司的工人。技术人员共同努力,打破了外国焊接工艺规范。成功地进行负一百度低温用钢的焊接。电子系控制专业的五名学员和两名教师,同精密仪器系几名工人一起。破除迷信,解放思想,研制成功大规模集成电路计算机辅助设计的关键设备图形发生器。达到了世界先进水平,北京大学中文系的学员投身于火热的三大革命运动。写出了充满革命激情的长诗《理想之歌》,出版之后,受到广大工农兵的欢迎。地球物理系和地质地理系的学员一听到云南昭通和辽宁营口地区发生地震的消息,就立即奔赴灾区。在余震未平,山石还在滚动的情况下,他们冒着生命危险抢救阶级弟兄和人民财产,并在现场进行科学考察,取得了可贵的资料。

工农兵学员毕业实践的丰硕成果,更是有力地驳斥了那种所谓“质量低”的谬论。清华大学的两届毕业学员完成了五百六十四项专题研究、生产任务和重大技术革新。具有国内先进水平的或填补国家空白的项目占三分之一以上。电子系七二届学员担负的十二个项目,全部达到国内先进水平。其中九项填补了国家空白。北大文科毕业学员结合战斗任务。编写了五十五本书,在报刊上发表了七百多篇文章,外语系的学员共翻译了十六种文字、二百五十万字的材料。为反帝反修斗争服务,理科学员完成了三百九十三项科研课题,七十九项达到国内先进水平。还有一些项目,在基础理论研究方面具有重要价值。两条路线,两种结果,事实俱在,不容抹杀。试问,现在的大学教育质量究竟是“不如过去的中技高”。还是旧大学所根本不能比拟的?

成绩是这样显著,对比是如此鲜明。为什么还出现了对质量问题颠倒是非的种种怪论呢?重要原因之一,就是“智育第一”的资产阶级教育思想作怪。毛主席说:“我们的教育方针,应该使受教育者在德育、智育、体育几方面都得到发展,成为有社会主义觉悟的有文化的劳动者。”有人却采取折衷主义的手法加以歪曲。实际上是去掉两头,光要中间。把“有社会主义觉悟”和当“劳动者”扔到九霄云外,眼睛只盯住“文化”。我们必须警惕有的人故意混淆重视智育和“智育第一”的界限,企图利用人民要把科学文化搞上去的迫切心情,重新搬出“智育第一”的一套陈旧货色。所谓“不要不加分析地批判智育第一”,说穿了,就是反对批判“智育第一”。“智育第一”从来就是资产阶级政治第一,难道还有什么值得肯定的东西吗?毛主席对文化大革命前十七年的旧教育早已作了深刻的批判,尖锐指出:“旧教学制度摧残人材,摧残青年,我很不赞成。”搞“智育第一”,就是要继续让旧教学制度重新来摧残人材,摧残我们的青少年,为复辟资本主义服务、人们知道。苏修叛徒集团的头目,大都是经过大学培养的所谓“红色专家”,正是他们把第一个社会主义国家变成了社会帝国主义。这个“卫星上天,红旗落地”的历史教训,我们在努力建设社会主义的时候特别不能忘记。

四

坚持教育要革命的方向,必须有工人阶级领导。在党的统一领导下,工人宣传队要在学校中长期留下去,参加学校中全部斗、批、改任务,并且永远领导学校。

清华、北大在文化大革命前为什么封、资、修的势力盘根错节,攻也攻不动?为什么工人、解放军宣传队进校之前,一不斗、二不批、三不改,而这几年学校却发生了如此翻天覆地的变化?根本原因就是,经过无产阶级文化大革命,摧毁了刘少奇资产阶级司令部在教育战线的反革命专政,粉碎了林彪一伙对宣传队进驻学校的阻挠和破坏,确立了工人阶级在学校的领导权。这是贯彻执行毛主席的革命路线,实现无产阶级教育革命的根本保证。

资产阶级每次搞翻案、复辟活动,总要跳出来猖狂反对工人阶级的领导。所谓“要有热心科学的外行来领导”,实质就是用抽掉阶级内容的手法,篡改毛主席关于“工人阶级必须领导一切”的指示。为什么羞羞答答、不敢和盘托出“外行不能领导内行”的货色呢?无非是这种货色太臭了。拿不出手,于是,接过“外行能够领导内行”的口号,对外行加上“热心科学”的限制词,妄图以“不热心科学”的莫须有的罪名,把工人阶级的领导一举反掉,让那些“热心”搞资产阶级政治的人来把持教育领域。这就是他们要“解决”教育问题的根本办法。

但是,对这套办法,我们并不陌生。在一九五七年,右派分子叫嚣“外行不能领导内行”,他们决不是想发展什么科学,而是要共产党退出学校,搞什么“教授治校”,即由资产阶级统治学校。文化大革命前,我们党曾派出一批批干部来到清华、北大。他们先是被资产阶级诬蔑为不懂科学的“土包子”,但后来其中一些人经不住资产阶级的压力和腐蚀,对阶级斗争越来越不关心,把毛主席的教导和党的基本路线置诸脑后,却跟在资产阶级后面对修正主义那一套越来越“热心”。结果呢,不但科学没有搞上去,自己倒陷入了修正主义的泥坑,走上了资本主义道路。这种历史教训,我们还记忆犹新。现在,有人竟妄图把历史的车轮拖回到资产阶级右派梦寐以求的境地,这未免走得太远了吧!

学校是阶级斗争的重要阵地,决不是单纯传授知识和为科学而科学的场所。清华、北大文化大革命前后的正反面经验,都证明了“实现无产阶级教育革命,必须有工人阶级领导”的伟大真理。工人阶级是最先进、最革命的阶级,最痛恨为剥削阶级服务的旧教育制度,又有阶级斗争、生产斗争、科学实验三大革命运动的丰富经验。在党的一元化领导下,工人阶级牢固地占领教育阵地,才能打破资产阶级知识分子独霸的一统天下,把学校改造成为无产阶级专政的工具。才能使学校的教学、科学研究和其他一切工作沿着正确的路线蓬勃发展。许多进驻学校的工宣队同志都有这样的体会：教育阵地上的阶级斗争、路线斗争是复杂、尖锐的，必须要有坚定的工人阶级立场。要不断提高自己的路线斗争觉悟。坚决同修正主义作斗争，要警惕被资产阶级糖衣炮弹所打中，这样，才能把教育革命的光荣任务坚持下去。

教育从根本上来一个革命，最近几年才开始。它不是过了头，而是刚起头。令人高兴的是，教育革命的新生事物正在茁壮成长。它一出现，就显示了无比强大的生命力，展现出光辉灿烂的未来。自然，它同一切革命的新生事物一样，总要经历一个发展和不断完善的过程。我们的工作也有一个学习和取得经验的过程。我们的教育质量决不是到此为止了。而是还在发展、提高。马克思主义者看问题。首先要看本质，看主流。非本质方面和非主流方面的问题当然也不能忽略，必须逐一地将它们解决。但是，如果抓住新生事物的某些不完善的地方，利用一些同志暂时不理解、不适应的状况，否定教育革命的主流和方向，广大革命群众是决不会答应的。

伟大领袖毛主席亲自发动和领导的无产阶级文化大革命，是从文化教育阵地开始的。毛主席亲自派工人、解放军宣传队进驻清华大学、北京大学，又亲自抓教育革命。教育革命的胜利，是无产阶级文化大革命伟大胜利的重要组成部分。现在，教育界的怪论就是企图为修正主义教育路线翻案，进而否定文化大革命，改变毛主席的革命路线。修正主义仍然是当前的主要危险。教育战线上的这场斗争，是当前社会上两个阶级、两条道路、两条路线斗争的组成部分。把路线是非弄清楚了，就能真正促进安定团结。教育革命是一场深刻的社会革命，是巩固无产阶级专政的一件大事，要经过几代人坚韧不拔的努力。大、中、小学学生占全国人口的五分之一左右。用马克思主义、列宁主义、毛泽东思想把我们的青少年培养成无产阶级革命事业接班人，是关系到我们党和国家不变颜色的百年大计。我们一定要认真学习无产阶级专政理论，学习马列和毛主席的教育革命思想，批判修正主义，批判资产阶级，在毛主席革命路线指引下，团结一切可以团结的力量，调动一切积极因素，以阶级斗争为纲，把无产阶级教育革命进行到底！

（原载《红旗》杂志一九七五年第十二期）

教革通讯

第73期

一九七五年十二月十八日

扬州中学政工组、教革组编

学理论　树理想
为普及大寨县而贡献力量

——我校政治思想工作会议胜利召开

【本刊讯】在毛主席无产阶级革命路线指引下，在学校党支部、工宣队、革委会的领导和关怀下，我校于十二月三日召开了政治思想工作会议。李久翔副主任在会上总结了我校上半学期关于"学习无产阶级专政的理论，开展共产主义理想教育"的工作情况。接着大会发言。由邵秉中老师在会上介绍"搞好校外三结合的教育"的经验，朱焕珍老师介绍了做学生政治思想工作的体会，高一(6)班班委会和中二(9)班班委会介绍了"如何发挥班委会的战斗作用"的经验，中二(2)班陶伟跃同学介绍了如何做好后进同学思想转化工作的经验。会议期间，参加会议的同志还参观了中一年级批判"胸无大志，肩无担子"的活动，参观了中二年级举行的火炬赛跑，听取了高一(4)班学英雄见行动小分队的介绍，参加了高二(11)班召开的"写好兴旺时期日记"的主题班会。十二月五日，工宣队李指导员作了会议的总结报告，并对下半学期学校政治思想工作作了部署。大会要求全校师生以毛主席三项指示为纲，继续深入学习无产阶级专政理论，认真学习全国农业学大寨会议的文件，把我校的工作纳入到普及大寨县的轨道上来，树立共产主义理想。以英雄人物为榜样，为普及大寨县而贡献力量。

不断加强思想建设　充分发挥战斗作用

高一(6)　班委会

伟大领袖毛主席指出:“政治路线确定之后,干部就是决定的因素。”几年来,我们高一(6)班班委会始终注意认真看书学习,自觉改造世界观,开展批评和自我批评,不断加强思想建设,从而充分发挥了骨干的模范带头作用,带动全班同学一起前进,使班级工作取得了一些成绩。

要使班委会能够充分发挥战斗作用,搞好班级工作。首先必须要有一个正确的指导思想。进入初中后不久,我们班委成立了理论学习小组,并认真开展学习活动,努力用马列主义、毛泽东思想来指导我们班委成员的行动。几年来,我们学习了《共产党宣言》,《哥达纲领批判》、《国家与革命》等马列著作和毛泽东选集中的许多文章;同时,我们还及时阅读《人民日报》、《红旗》杂志的重要文章和相关英雄人物的通讯报道,每次学习都使我们受到了很大的启发,思想上得到很大提高。同时,我们还吸收广大同学积极参加理论学习小组,提高了广大同学的积极性。由于理论学习的不断开展,使我们班级要进一步增强了为人民服务的责任心和自觉性。如,有一个学习委员,过去经常觉得没事干。通过学习,她认识到:不能等事干,而要找事干,现在,这位学习委员,忙得不可开交了。又是搞“学习园地”,又是了解各科学习情况。有两个星期天,为了出黑板报,竟忙得连早饭、中饭都顾不上吃。以前的“没事干”现在是“干不完”了。

在认真看书学习的基础上,我们还联系实际,开展批评和自我批评,进行思想整顿。有一段时期,我班的工作显得比较散乱,我们就组织班委干部和红卫兵,首先认真学习毛主席有关批评和自我批评的一系列著作,然后班委干部带头引火烧身。检查自己在工作中的缺点和错误。请大家提出意见,在这之中,女同学能向男同学开炮,男同学也能向女同学提意见,而且都相当尖锐,毫不留情。通过批评和自我批评,进一步调动了干部的积极性。

要当好干部,必须解决“当干部究竟为了什么”的思想问题。是为了名声好听,还是为人民服务?这个问题如果不解决,班委会的工作就开展不好。过去,我们班委会里曾经发生过这样一件事:在一次班委会进行改选时,开始,由于思想没有能够统一认识,就闹了一次大矛盾。会上决定原来的副班长不动,由教革委员当正班长。这样,副班长感到不大光彩,认为自己原来就是副班长,资格老。于是就在背后发了一通议论,嫉妒心、名利、地位思想完全暴露了出来。结果,这位“副班长”工作不积极,闹情绪。而“新班长”则灰心丧气。一度时期，班级工作开展不起来。后来，通过学习毛主席关于“如果这一班人动作不整齐，就休想带领千百万人去作战”的教导和老师同学的帮助，“副班长”终于认识了自己的错误，提高了思想觉悟。从此以后，班委会中有什么议论，或对哪一个人有意见，班委成员总是把它带到班委会来，大家坐下来议论，统一认识以后，再去行动。

我们感到，对于我们班委成员，在几个关键时刻要经得住考验。一个是在改选时，一个是在评三好生、优秀红卫兵时，再一个是如何正确对待加入共青团的问题。名利思想严重的人这时是争，万一自己选不上，或入不了。则嫉妒。将己之长比人之短，在同学中煽动对被选者或入团的人的不满，引起全班同学的不团结。而思想过得硬的人，则是让，将人之长比己之短，谦虚谨慎。如，本学期团组织发展了一位课代表入团。这时班委中有个别干部产生了嫉妒心，认为：“我是班委都没有加入，她倒加入了。”在同学中产生了不好的影响。后来，我们就针对这一问题进行了讨论，摆出了这位入团同学的优点和长处，说明她符合了一个团员的标准，虽然在某些方面还有缺点，但相信她入团以后会不断进步，逐步克服。这样，大家都提高了对这些问题的认识。

在实践中，我们对“干部”的含义有了进一步的理解。“干部”，“干部”，关键还是一个“干”字。要肯干，又要敢干。不是被动干，而是主动干。在这方面，我班副班长比较突出。他每天负责出勤记载。经常与政工委员、红卫兵排长共同了解一些同学缺勤的原因。这大大减轻了班主任的工作负担。我们每一个干部对自己分管的工作，心里都有一个大概的数。只有心里有数，工作才能有重点。现在，每个班委会成员都能做好自己所负责的工作，而且班上有什么事，大家都能争着干，带头干，做到以身作则。如班级要劳动了，班干部就提前到校，将各组工具安排好。使队伍到后不乱。而自己则等大家拿过工具以后再拿。劳动时，哪里最苦最重，干部就到那里去，劳动后，把工具收齐，理好，送还再回家。因此，我班每次的劳动效果都比较好，受到好评。

当干部不能光自己好就行，还要能团结同学，把全班都带动起来。我们班委会为此作了分工，让班委会成员与班上一些比较后进的同学同坐一起学习、劳动、参加活动。我班有一个同学，上课经常思想不集中，学习不认真。和他同坐的班委发现他上课开小差了，就问他黑板上写的什么，把他的注意力引到课上来。课后督促他作作业，有不会的就教他，直等他做好再一齐回去。这个同学一不到校，就找上门了解原因。有时是在校园里把他找到教室里来，有时是从大街上把他找到学校里来。这样，比较后进的同学被带了上来，全班就比较平衡了。

由于我们注意了思想革命化，加强了班委会的思想建设，因而能够发挥较大的战斗作用。本学期开始，评论《水浒》的活动开展不久，我到以班委会成员为核心的班级理论组，利用星期天时间，翻阅了五种报纸、六种杂志和一些有关书籍，赶编出了《革命导师关于反对机会主义投降派的部分论述》这一材料。由于班委会成员带头，我们的黑板报出得比较经常,也比较活泼生动。每次劳动和大扫除。能够做到比较快也比较好。课堂作业人人缴,班级菜地人人搞。文体活动也能正常地搞起来。象发电影票这样的所谓"麻烦事",我班也从来没有"麻烦"过。文娱委员喊名字。由同学自己任选一张。结果往往最后拿票的同学拿的却是一等票。

和兄弟班级比起来,我班还有一段差距。我们班委会的工作也还做得很不够。今后,我们决心在"农业学大寨"精神的鼓舞下,不断加强班委会的思想建设。充分发挥班委会的战斗作用。把班级工作进一步做好。带领全班同学,为"普及大寨县"贡献力量。

把转变学生思想放在首位
做好班级政治思想教育工作

朱焕珍

这学期,我担任高三(11)班班主任。开学以来,我和同学们共同战斗,学理论,评《水浒》,注意了树立共产主义理想,刻苦磨炼革命意志;在多种集体活动中,把转变学生思想放在首位,培养一代新人。现在谈谈我抓班级政治思想工作的一些情况。

一、联系学生现实情况,认真进行共产主义远大理想教育。

本学期,我校开展了共产主义理想教育以后,我班同学展开了热烈的讨论:究竟什么是理想?青年人要不要有自己的理想?如何正确对待自己的理想?我觉得:搞清这些问题很重要。一个青年人,只有正确地对待理想,时刻想起人类的解放。祖国的前途,才能做到前进有方向,行动有动力。找结合班级理论组的学习,认真组织学生带着这些问题学习革命导师的有关语录,评《水浒》的有关文章,学习《回忆长征》以及刘小华的事迹等材料,组织大家进行了认真的讨论,让大家懂得"我们的国家现在还是一个很穷的国家,并且不可能在短时期内根本改变这种状态,全靠青年和全体人民在几十年时间内,团结奋斗,用自己的双手创造出一个富强的国家。""社会主义制度的建立,给我们开辟了一条到达理想境界的道路,而理想境界的实现还要靠我们辛勤劳动,"通过学习、讨论,绝大多数同学提高了认识,表示:祖国的需要就是我们的理想,我们要为普及大寨县,为实现四化,为巩固无产阶级专政而贡献自己的青春,在学校,我们要把谈理想、前途与现实的学习、工作、斗争结合起来,在改造世界观上狠下功夫。因此,我们在年级组的领导下,联系同学中的现实情况,开展了"写好兴旺时期的历史"的活动,发动全校同学记红色日记,让自己在兴旺时期的每一天,都能发出为热的光芒。同学们把写红色日记当作刻苦磨炼思想的一种手段。从交流的日记来看,同学们在日记中谈理想,表决心,有上山下乡的誓言,有学习无产阶级专政理论的心得。刘黎明、王志军等同学,认真学习理论。严格要求自己,本学期来已写下了数万字的心得体会。学生小丁过去比较后进,但他在共产主义理想教育中,认真学习。决心写好自己兴旺时期的历史,在日记中经常检查自己的言行,用无产阶级接班人的条件要求自己,积极争取进步,思想面貌起了较大的变化。

二、开展多种集体活动,转变学生的思想。

除组织同学学习理论,提高思想觉悟外,我还和团支部、班委会一起,组织多种形式的集体活动,用毛泽东思想占领课外阵地,在这些活动中转变学生的思想。我们开展了为工厂回洗纱头、理发、钉鞋、编织柳条等课外活动。在这些活动中,坚持把转变学生的思想放在首位,把每一项活动都与将来扎根农村、为农服务的远大目标结合起来,一开始,有的同学认为,搞勤工俭学不错,可以挣到不少钱,最好下学期不交学费就好了。所以纱头就不愿分给别的班级洗。还未学会理发,有的同学就问要多少钱理一个头,等等。我们反复在班上进行了教育,并组织了讨论,使大家一致认识到,搞勤工俭学活动主要是培养艰苦朴素,自力更生的精神,学习掌握一些为人民服务的本领。决不能搞钞票挂帅。通过思想教育,我班同学不仅愿意让一部分纱头给别的班级洗,而且有的同学还带领中一年级的小同学去工厂捡纱头,发扬了共产主义风格。开展理发活动的过程中,我们强调要培养全心全意为人民服务的好风尚,规定:理发不收费,服务上门,保证质量,“试验品”在自己班上选择,不熟练不对外服务,我们选择了几个技术较好的同学,经常去郊区农村、工厂和幼儿园,服务上门、免费理发。一次,天很晚了,理发小组为汽修厂一个小朋友理发,速度比较快,质量较差。第二天,同学们想到为人民服务应该完全彻底,他们又赶到幼儿园,为这个小朋友重理。同学们认识到,为人民服务要做到完全、彻底,不应有丝毫不负责任的表现。这些集体活动,都是在业余时间搞的,大家不计时间,不计报酬。他们说:“现在我们学好了为人民服务的本领,将来就可以更好地为农业学大寨出力啊!”

三、严格要求,耐心帮助,努力做好转化工作。

毛主席教导说:政治路线确定以后,干部就是决定的因素,班级有没有一个坚强的领导班子,对班级工作的开展起着重要的作用。我经常和团支部及班委干部在一起研究工作,进行家访。共同学习,谈理想。我们相互支持,相互帮助,师生团结战斗。我们是师生,也是战友,但是,我们从不放松开展批评与自我批评,经常开展必要的思想交锋。一次,在学工劳动中,一个班干部因事超假一天,当时我就召开了班委干部会,严肃指出超假不到校,是违反纪律的现象。开始,他很不开心,认为我要整他了。但我在会后又找他谈心,耐心地帮助他分析超假原因,是由于不严格要求自己,心目中没有把组织纪律放在第一位而造成的。后来他认识到:一个干部应该严格要求自己,以身作则。表示超假一天作旷课,保证今后不犯。

对过去比较后进的同学,我也从爱护出发,认真做好转化工作。学生小刘,这学期来进步较大,能关心集体,积极参加集体活动,我在班上及时地表扬了他,并把他作为一个重点培养的对象。但是,就在我们表扬他、培养他。并准备吸收他参加红卫兵的时候,突然有同学向我反映说,小刘经常和另一个同学偷偷地在二道河边吸烟,并因此有时连上课都迟到。我了解后,很气恼,很想狠狠地训他一顿。但当我找他谈话时,他认识错误比较好,并作了保证。这时我想,一个青年人思想上很不成熟,他吸烟是错误的,但能承认、愿意改就好。因此,我不是单纯地批评他,而是耐心地帮助他,分析危害性,指出恶劣后果,使他受到了教育。回去后,他在日记中表示了决不再吸烟的决心。

我在班级工作中还存在不少的缺点和错误,还远远赶不上当前飞跃发展的大好形势。我决心进一步认真学好毛主席关于教育革命的论述。在普及大寨县,培养接班人的伟大斗争中,拿出最大的干劲。继续认真做好学生的政治思想教育工作。

教革通讯

第 74 期

一九七五年十二月二十日

扬州中学政工组、教革组编

围绕“学大寨”开门办学
为“普及大寨县”贡献力量

【本刊讯】我校师生在“全党动员，大办农业，为普及大寨县而奋斗”号召的鼓舞下，在开展“学理论，树理想，为普及大寨县贡献青春”的活动中，一面集中三天时间认真学习“普及大寨县”的有关文件，提高对这一伟大革命运动的认识；一面围绕“学大寨”这一中心，积极实行开门办学，为“普及大寨县”贡献力量。现已为邗江县红旗公社志远大队、扬州市郊裴庄大队、潘桥大队测绘了“农业学大寨”中农田基本建设所需要的地形图。各年级到市郊挂钩的大队开展了“普及大寨县”的宣传活动并纷纷送肥下乡。最近几天内，全校各年级举着红旗，敲锣打鼓地送肥下乡，中一年级约 60 板车，中二年级 89 板车，高一年级 90 板车，高二年级 98 板车。其中中二(6)班比较突出，送了 18 板车。现在全校师生革命激情高涨，开门办学活动搞得热气腾腾，一些年级已预备继续搞送肥下乡支援农业的活动，为“普及大寨县”贡献力量。

目前正在农村分校开门办学的高二(3)(4)班，围绕“农业学大寨”，进行了社会调查、测量、手扶拖拉机等课程的教学。师生带着“普及大寨县”需要怎样的知识青年？和“城市中学教学怎样适应农业学大寨的需要？”等问题，到贫下中农中去进行调查。师生从调查中加深了对“普及大寨县”运动伟大意义的理解，明确了自己的努力方向，同时也为学校进一步搞好教育革命提供了依据。在调查的同时，师生还认真开展了宣传活动。大家坚持参加大队的政治活动和政治夜校的活动。他们把“大寨大队的根本经验”,“实现大寨县的大条标准”,普及大寨县的“伟大意义”和“战斗任务”几个方面,印发给了分校所在地大队的各户社员,并且师生人人都把这几个方面背熟。到每家每户去宣讲。同学们迎着寒风刷写宣传“普及大寨县”的标语,有的同学还爬上了社员的屋顶去写。他们在进行测量教学的同时,承担了为公社测量两条河道(共约长三千多米)的任务。在北风刺骨、冰霜满地的情况下,师生在测量工地上手冻肿得象馒头,眼睛被风吹得发红流泪,毫不畏难叫苦,坚持战斗在工地上。他们每天早饭后去工地测量,为了争取时间,中午就在工地吃炊事房送去的饭。有时饭没吃完就冷了,饭桶里也结上了薄冰。他们一吃过就接着干,直到天黑了看不见标尺才收工。尽管条件艰苦,他们以对“普及大寨县”高度负责的精神,保证质量,决不马虎。有一处因有竹林,视线受到妨碍,不容易测准,他们在寒风中反复测算了六次,直到准确为止。师生在测河道时,有时刚好碰上了农民的房子、自留地或树,有的社员要求他们把河道弯一弯,他们就大讲河道和“普及大寨县”的关系以及个人利益服从集体利益的道理。做到了既是测量队,又是宣传队。由于进行了“普及大寨县”的思想教育,理论密切联系实际地教学,同学们学习目的性明确,革命干劲很足。高二(3)班张植茂同学生病发烧,但他一声不响,坚持参加劳动和上课等各项活动。后来老师和同学们知道了,送他去公社卫生院,一量体温,高达39°6。他吃了一些药后,不肯回家休息,仍要坚持在分校参加活动,并在病中向团组织送了一份申请报告。有的同学上街“刮灰”积肥,一些居民说:你们这些插队知青真不错。同学们说:我们是学生,不是插队知青,但是我们现在就在做准备。同学们事后议论说:现在“普及大寨县”,我上街“刮灰”是出了自己的一份力,感到光荣。要是在过去,不要说向人家解释,就是上街“刮灰”,我也不会去的。

在围绕“学大寨”的开门办学活动中,不仅学生积极参加,得到了锻炼提高,教师也争着为“普及大寨县”贡献自己的力量,展现了新的风貌。六十五岁的老教师黄久征,坚持和学生一起战斗在测量工地上。开始学校里考虑他年纪大了,不要他下去,他主动要去,听说公社要求这批去分校的师生进行新开河道的测量,他一口答应,说:只要学大寨需要,再大的困难也要干。一定保质按时地完成任务。他每天早出晚归,但分校师生每天吃早饭时他就赶到了。然后要再走六、七里路到测量工地去。一天早晨,河水结了冰,师生以为天太冷,黄老师不会去了。哪知黄老师还是按时赶到了现场。他不顾寒冷,在测量工地上来回指导。有一次,一个测量小组测的一处误差有二十多毫米,不合规格。黄老师就亲自去看镜;他怕学生扶标杆不直造成偏差,又亲自去扶杆,并和学生一起计算,终于得到了正确的数据。他年纪大了,经冷风一吹,再加上疲劳,生了病发烧,只在家里睡了一天,病还没好就又到了测量工地。就这样,这位老教师顶北风、战严寒,坚持和学生并肩战斗在测量工地上。直到测量任务胜利完成。蓝万隆、李宁两位老师,这一次去农村分校都是本学期的第二次了。但他们不叫苦,不怕累。工作全心全意,任劳任怨。青年教师沈怡文。爱人上班路远,家里有一个才周岁的孩子。他克服困难，把孩子托给邻居带，自己愉快地去农村分校。他事事以身作则。吃苦在前。有的学生因天冷怕挑水，他就带头下河挑。号召学生积肥送下乡，他和别的教师一起，带头找肥积肥。星期天，他们从分校回家休息，他回到家把东西一放，就去掏阴沟、到河里捞水草。同志们叫他去把孩子接来家看看，他说孩子在邻居那里蛮好，现在有事顾不上看。在他的带动下，他所带的班级各方面的活动开展得都比较好。

现在，全校师生正围绕“学大寨”，进一步搞好开门办学，积极准备开展更多的支农活动，为“普及大寨县”贡献更多的力量。

我驾铁牛心欢畅

高二(1) 王云飞

广阔天地好风光，
机耕来到田野上。
学农劳动结硕果，
我驾铁牛心欢畅。

我驾铁牛心欢畅，
铧犂过处翻泥浪。
又学习来又生产，
五·七指示道路广。

革命路上大步迈

高二(3) 陶 谦

教育路线学大寨，农村分校鲜花开。
延安精神心中记，艰苦困难脚下踩。
凉水洗脸清头脑，热汗沾身宽胸怀。
五·七指示明方向，革命路上大步迈。

认真做好后进同学的思想转化工作

中二(2)班 陶伟跃

在学习无产阶级专政理论运动中，又学习了英雄孔宪凤的先进事迹，我深受教育，感到自己平时在协助老师做后进同学的思想转化工作方面，还做得比较差。差就差在以前错误地认为：后进同学的思想转化工作，主要的是依靠老师做。我自己也是学生，只要以身作则，各方面带头一些就行了。思想认识提高以后，我主动地做了班上后进同学小陈的思想转化工作。以前,小陈同学由于受无政府主义的影响,整天跟一些后进同学在一起打打闹闹。经过一段时间的工作,现在小陈同学转变比较快,进步也比较大。

我是怎样做小陈同学的思想转化工作的呢?

一、加强学习,启发觉悟。

开展学习孔宪凤活动以来,我觉得应当学习孔宪凤,团结同学,共同进步。于是就主动地找小陈同学谈心。了解情况,跟他一起用孔宪凤的英雄事迹对照自己找差距。并结合孔宪凤生前不是红卫兵。但他能用理论学习走在前,重活脏活干在前,坏人坏事斗在前。危险时刻冲在前等行动,创造条件,参加红卫兵组织这一事实,对他进行帮助。同时,又用社会上的一些反面教材做例子,指出他身上的无政府主义思想影响的危害性,启发他学习英雄孔宪凤,用自己的实际行动象孔宪凤那样,努力创造条件,争取早日加入光荣的红卫兵组织。这样谈过以后,小陈同学有了转变的愿望。但是怎样才能实现这一点呢?我想:千说万说,根本的还是要靠马列主义、毛泽东思想的威力。于是我就对他讲雷锋、孔宪凤等英雄人物刻苦学习毛主席著作的事迹,希望他回家要加强学习,经常写红色日记、学习笔记。过去,小陈同学学习基础比较差,就连一般的检查书、保证书有时还要请别人代写,因此,他要写日记困难还是不少的。于是,我就经常帮助他,并用雷锋等英雄人物的日记作为例子,对他进行辅导。同时,我还经常把他的日记本拿过来看看,发现他不会写的字就教他,有些地方不正确就给他指出来,使他的日记越写质量越高。在孔宪凤精神的鼓舞下,小陈同学过去连作业都怕做,现在却已写了三十多篇较有质量的红色日记。在遵守革命纪律方面,跟过去相比也好得多了。学习也认真一些了,给老师和同学留下的印象都比较好。

二、同做好事,不断引导。

小陈同学思想认识提高以后,为了使他步子迈得更大一些,成绩更显著一些,我就主动地引导他做好事。

一天上午,我看见教室附近的楼梯口比较脏。放学以后,其他同学都纷纷回家了,我约他留下来和我一道打扫一下。他很乐意地找来扫帚,跟我一下子就把楼梯口打扫干净了。当这件事做过以后,我就向领导上反映:小陈同学做好事了。年级领导听说小陈同学做好事,就表扬了他,他心里很高兴。还有一次,我看见他们班上没有《三大纪律八项注意》歌曲等画,我就建议他出一半钱,我出一半钱,买这些画。他很愿意地在一天的下午跟我一起上街。用自己平时节省下来的七角多钱,跑了几个书店。买到了《三大纪律八项注意》、《国际歌》、《世界地图》。回来后,我们把它们布置上墙,然后,又把教室打扫得干干净净。前后我们牺牲了半天休息时间。受到了老师和同学们的赞扬。通过这两件事,我就对小陈说:"你现在为集体做了一些好事,老师表扬你,你是什么样的心情?再想想过去,你做了一些坏事,当老师批评你的时候,你又是什么样的心情呢?"他听了这些话以后,深有体会,受到了鼓舞,增强了继续前进的信心。

三、下定决心,坚持不懈。

对小陈同学,以前我也在班上找他谈过话,帮助过不止一、两次,便收到的效果总是不大,有时甚至还被他打。我不灰心,决心要帮助他转变。就主运地上门对他进行帮助。在他开始进步的几天里。我几乎天天找他谈心,总结他的成绩,同时指出缺点,提出希望。一天下午,我为了总结他的成绩,鼓舞他继续前进,同他一直谈到天黑才回家。有时,白天没有功夫找他谈,就晚上约他上街看电影,利用这个机会对他进行帮助。这样,小陈同学渐渐有进步了。但是,他的进步并不是一帆风顺的。有个别同学对他的进步不服,总想把他再拉过去。当他们有时把他带到外面做坏事他不肯时,就讽刺他,笑他,说他是假积极。有时,小陈同学不肯和他们在一起玩,他们就用暗苦给他吃。因而小陈受到影响,进步总是反反复复,不稳定。一次,他和几个同学撬坏门窗上三楼玩,违犯了纪律,受到了批评。我当时心想:他前几天很好,为什么又犯了呢?下午放学以后,我找小陈同学了解情况,弄清了是由于几个后进同学硬把他拉去的。然后,我一方面把情况向领导上汇报,一方面继续做他的思想转化工作,并对他那种拒绝做坏事的态度表示坚决支持,从而更坚定了他敢于抵制错误倾向的态度。最后我鼓励他排除干扰,争取更大的进步。这样,通过坚持不懈地做他的思想转化工作,他的觉悟逐步提高,取得了不断进步。

以上是我认真做好后进同学思想转化工作的一些情况。这些工作只不过是万里长征迈开的第一步。小陈同学进步了,思想觉悟提高了。但是,后进同学的思想转化工作并没有结束。随着形势的发展,更多的工作需要我们去做。今后,我决心进一步学习毛主席著作,不断用英雄形象对照自己找差距,努力学习,积极工作,当好老师的助手,继续做好后进同学的思想转化工作,为教育革命大干快上而贡献自己的力量。

教革通讯

第75期

一九七五年十二月二十九日

扬州中学政工组、教革组编

在为农服务的实践中搞好测量教学

高二数学组

在现编中学数学教材中,测量部分的内容主要是平面测量和高程测量,而这从三大革命运动的需要来看是不够的。如大办农业、修建水库,计算水库汇水面积和库容量,选择坝址,决定坝高和电站的位置以及公社制订水电网、土地方整化的规划等,都需要把这二者综合起来,进行地形测量,提供数据。为了让学生学习和掌握农业学大寨、加速农业现代化、建设社会主义新农村所需要的测量知识,我们这次在农村分校,在为农服务的实践中进行了地形测量的教学,为邗江县志远大队测绘了制订学大寨规划需要的地形图,受到了贫下中农的好评,师生对这次测量教学的情况也都比较满意。

我们是怎样在为农服务的实践中搞好测量教学的呢?

一、始终以"农业学大寨"为动力组织教学。

对于这次在农村分校进行地形测量教学并实地测绘大队地形图,师生在开始是有多种思想顾虑的。学生中比较普遍地存在怕苦畏难思想,觉得测量要经日晒风吹,是件"苦差事"。有的学生说:过去没有学过,现在一学就要用,哪能行!任课教师觉得自己既缺少实际经验。测量仪器又不够,弄得不好完成不了任务不好交代。针对师生的这些现实思想,我们在志远大队党支部的领导下,决定把转变思想放在首位。在进行测量业务知识的教学之前。先由大队党支部对师生进行一次"农业学大寨"的思想教育。大队张支书向师生讲了大队的阶级斗争和路线斗争史。他指着眼前广阔的田野告诉大家，解放前这里全是一块一块中间高两头低的“龟背田”。高处能栽瓜，低处能放鸭，保肥保水性能差。1964年以来，广大干群也做过一些土地整治工作，但那时想找个测量人员很困难。一些回乡知识青年受旧教育的影响，不是不想干就是不会干。给农业学大寨带来了一些影响。虽然平整了部分“龟背田”，但还没有能完全改变这种状况。接着张支书向师生谈了在党中央关于全国都要普及大寨县的号召下，志远大队计划要使农田基本建设实现一块一方，一队一区，房成排，田成方，在五年内做到粮食夺“三纲”。要实现这一规划，大搞农田基本建设，测量是十分重要的先行工作，现在毛主席、党中央发出了“普及大寨县”的号召，贫下中农积极性都很高。教育要为无产阶级政治服务，测量教学应该密切配合普及大寨县的革命运动。张支书的报告给了大家很深刻的教育。在农业学大寨思想的指导和鼓舞下，师生明确了方向提高了认识，树立了为革命而学好测量知识、搞好大队地形测量工作的雄心壮志。同学们说：测量首先是测量我们为农服务、支援农业的思想觉悟高不高，是“农业学大寨”的需要，是革命的需要，再大的困难也要上。我们要从“农业学大寨”的思想高度来搞好这次测量教学，学好为改造山河，建设社会主义新农村所需要的本领。师生中出现了为农业学大寨学好测量，搞好测量的热气腾腾的局面。

在测量过程中，大家始终以对革命负责的精神，认真学好每一课，认真对待每一个测数，每一张图幅。有一次在作导线测量的过程中。一个记录员记录时少记了一个整尺数，但事后看看产生了怀疑。要不要返工重测呢？大家说：农业学大寨，要建设社会主义的新农村，地形图是贫下中农改造大自然的一个依据，我们决不能马虎，决定重测。当时工地上没有皮尺，就用一根标尺一段一段地重量，终于补上了漏数。拼图是测量重要的一环。图拼接得是否合理，关系到测绘整个地形图的成败。虽然这次拼图工作是在学农劳动结束后进行的，但大家说：学大寨，要大干！他们主动放弃休息，发扬不怕疲劳和连续作战的作风，多次步行下乡，把漏测的地物、地形一一补测出来，进一步提高了地形图的质量。

二、培养骨干力量开展互教互学。

这次下乡搞测量教学，有很大一部分是在广阔田野的“大课堂”中进行的。一个大队纵横数里，具体测量时要分成若干测量小组。我们这次去农村分校的有两个班级一百多人，而数学教师只有一个，怎样进行教学和指导呢？为了解决这一困难，我们大力培养骨干力量，开展了互教互学活动。把大小课堂结合起来，先在小课堂里讲测绘地形图的基本方法和有关知识，使学生初步掌握使用仪器和测绘的基本方法。并在每班中选出一批德、智、体发展均较好的学生进行培训，让他们先走一步，在掌握基本知识的基础上，在老贫农的带领下，先到测区了解范围、边界和地物、地形的分布情况，做到心中有数。并从实践出发，对局部区域进行了试测。我们又请了有一定实践经验的上届校友四、五人介绍他们在过去测量过程中的切身经验和体会，并在实践中开展互教互学的"兵教兵"活动。经过初步实践,总结交流,这批骨干人人都能独立作业,起教师的助手作用了,然后就把他们推上第一线,以1—2名骨干为核心组织一个测量小组,带动其他同学,在实践中互教互学,群策群力,发挥集体的智慧和力量搞好教学和实地测量。由于有了骨干力量,大家互教互学,每个组都能单独作战,测量的进度越来越快,质量越来越高。教师在"大课堂"的教学中,主要做指导和检查的工作。如当地形比较复杂(树木多,地面不平等等)时,对如何布设导线点等问题,教师就和大家一起商定方案,启发大家应用学到的知识解决问题。同时,教师还注意查看同学们对仪器的使用是否合理,测量读数是否正确,从而保证测量质量和教学工作的顺利进行。由于开展了互教互学活动,骨干力量不断成长,高二(1)班有一个同学过去学习目的不够明确,学习成绩较差,这次学测量,在农业学大寨精神的鼓舞下,在老师和同学的带动下,提高了学习的自觉性。虚心学习,认真实践,这次测量成了骨干力量。后来他并能够站图板,负责一个测量组独当一面地进行工作,进步很快。

三、从农村实际出发,克服困难边干边学。

农村地形复杂,测绘难度大,加上我们在农村分校测绘仪器不全,困难是不小的。师生在"农业学大寨"精神鼓舞下,坚持"自力更生"的方针,从农村的实际情况出发,因陋就简,自己动手制作一些比较简易的仪器,并尽量找一些代用品。皮尺不够用测绳代,缺少花杆用竹竿,没有经纬仪做控制,就在不影响精确度的情况下,大胆使用小平板仪导线,把三百万平方米大的测区划分为小范围,一部分、一部分地控制,进行测绘。为了适应农业学大寨的需要大家抢时间、争速度地完成任务。有时在仪器旁不管风吹日晒,一站就是几个小时,尽管头昏、腰酸、腿痛,仍然继续站下去。遇到天气阴雨,大家脱下衣服当雨伞,保护好图纸,坚持干。当测量到了离住处较远的地区时,大家为了争取时间,把中饭带到测量场所吃,吃过了就接着干,有的同学生了病,一声不吭地继续坚持测量。有时测量地荆棘丛生,不便观测,就自己先动手清除,把线路开辟好再测。有的村庄树多、屋多猪圈多。房屋与树木之间一层夹着一层,很难测量准确,师生耐心细致地对付每一棵树,每一间屋,一丝不苟地测绘好。有一次测条河岸,三米高的水准尺竖在河边上,而从架在河岸上的水准仪里看不到尺子。这时有两位学生就赤脚站到河边的烂泥上,不怕脏、不怕冷地在大风中挺身站立,轮流把水准尺举高了一米五,保证了测量的顺利进行。又有一次测量到一条"丁"字形的河道,夹在两排房子中间,河边上长满了芦苇、树木,不便观测,面对这一难题,开了现场讨论会,大家结合学到的知识,你一言我一语地献计献策,决定用加木桩引支导线的方法来解决,为了保证精确度,在河边打了四个桩,把高程引了两次,终于精确地进行了测绘。

这次在为农服务的实践中进行的测量教学,由于密切配合了"农业学大寨"运动,大家学习目的性明确,干劲很足,理论紧密联系了实际,因而按时保质地完了大队交给的测绘地形图的任务。这次测量结束后,在用口试、笔试和实际操作相结合的方法进行的考核中，学生对地形测量的基本方法和原理掌握得较好，基本技能技巧较为熟练，普遍能在一两分钟内迅速地架设好小平板仪，同时完成对中、定向、整平三项操作，念读数时较为敏捷而正确，会做量距记录、水准记录和计算，能比较恰当地选定地物、地形的特征点，分析问题和解决问题的能力有较大的提高。不少学生还能独当一面地进行工作。更重要的是通过这一次为农服务的教学，大家从思想上真正认识到了为革命掌握农村所必需的社会主义科学文化知识的重要性，提高了学习的自觉性、不少同学从为将来上山下乡做准备、普及大寨县、建设社会主义新农村贡献力量出发，在测量中自觉找苦吃，拣重担挑，取得了很大进步。

农村分校生活速写　（组诗）

高二(3)　陶　谦

测　量

北风呼啸霜花稠，　水准器前转镜头，
图上画出新河道，　大寨红花满眼收。

劳　动

我挑粪水浇菜田，　秧苗点头对我言；
菜秧得肥禾苗壮，　热汗洗刷你心田。

雨天挑水

刮风下雨天，　泥泞湿滑地；
水桶肩上挑，　困难磨意志。

早　锻

飞步奔驰田野中，　残月犹然挂半空；
长跑队伍归来时，　东方微露一点红。

教革通讯

第 76 期

一九七五年十二月三十日

扬州中学政工组、教革组编

“山下，山下，风展红旗如画”
——我校师生积极参加普及大寨县劳动

“山下，山下，风展红旗如画。”

在城北茅山的一片起伏的山丘下，无数面红旗在阳光下迎风招展，无数股人流在寒风中川流不息地抬土。广播喇叭里时而播放着高昂激越的音乐；时而报导看鼓舞斗志的先进事迹。一到这里，就会感到滚滚热浪扑面而来。这里就是我校高中师生参加城北公社综合大队平整土地劳动、为普及大寨县贡献力量的工地。

从十二月二十二日起的一周多来，我校高中师生豪情满怀、意气风发地来到这里参加削山填沟、改造山河的战斗。这里，革命浪潮滚滚，人们热血沸腾。毛主席、党中央的战斗号令，鼓舞着革命师生为夺取这场伟大革命运动的胜利贡献一切力量。

这是一场不平凡的战斗。

在这场战斗中，一千二百多名师生“五·七”指示记心上，挥舞铁锹绘宏图。把每一锹泥、一筐土都与实现共产主义的伟大理想联系起来，把教育革命的阵地移到了农田基本建设的前沿，以学大寨的实际行动写下了教育革命的新篇章。

在这场战斗中，一千二百多名师生意气风发学大寨，改造山河斗志昂。斗冻土，战严寒；用锹挖，用肩扛。削平山头一米六，移走泥土四千方，填平沟渠四大条，使原来凹凸不平的山地变成了面积三千平方米的平展整齐的梯田。

在这一场不平凡的战斗中，涌现出的好人好事是无法计数的。

学校的领导章书记、胡主任，年龄都已六十开外，但他们老将不减当年勇，在工地第一线，发扬过去革命战争时期的那么一股劲，那么一种拼命精神，和学校其他领导同志及工宣队师傅一起，身先士卒，挥汗战斗。他们手拿铁锹，奋力挖土；肩挑扁担，运土填沟，活跃在激战的人群中。

跟班劳动的教师们，把工地作为培养革命事业接班人的熔炉，改造主观世界的阵地，不管是年老的还是体弱的，个个手不离铁锹，肩不离扁担，和同学们一起顽强战斗。

特别引人注目的是活跃在工地中部的突击队员们。高二年级来自各班的十三名突击队员，在校团委负责人谈开明同志的带领下，个个如山中的猛虎，出水的蛟龙。他们每天来得早，走得迟，连续战斗做贡献。他们的口号是："为了普及大寨县，谁英雄，谁好汉，挖土战斗中比比看。"他们的决心是："出大力，流大汗，炼红心，长才干。""以实际行动填写入团申请书。"在持续不断的高强度的劳动中，突击队员、高二(11)班的开卫星、(10)班的陶永宝同学，以他们刻苦磨炼，顽强战斗的实际行动，光荣地加入了中国共产主义青年团。

榜样的力量是无穷的。所有这些，给誓为普及大寨县贡献青春的同学增添了力量。大家表示：要用扁担挑走旧社会的痕迹，用泥土填平三大差别的沟壑，用汗水冲刷头脑里的私有观念。在学大寨的劳动中，改造客观世界也改造主观世界。

高二(5)(6)班同学们在工地上提出了"学习刘小华，赶超突击队！""为普及大寨县，多干一小时！"的战斗口号。他们发扬连续作战、艰苦奋斗的革命精神，经常是最后离开工地。

高一(1)等班同学，把工地当做必不可少的大课堂，用实际行动批判"学而优则仕"的谬论和当前教育界的种种怪论，越干越有劲，劳动效率不断提高。

高二(13)班的同学，在提前完成了规定任务之后，发现土面还高出了平面几十公分，以对学大寨高度认真负责的精神，立即加工，做到了高标准、严要求。

同学们在工地上既拿锹、又拿笔，以沸腾的战斗生活为创作源泉，还写出了数百篇鼓舞斗志的报导。一篇篇散文和诗歌，不仅是工地劳动生活的记录，而且是共产主义精神的赞歌，它显示了教育革命的丰硕成果。

现在，普及大寨县、改造山河的战斗仍在进行，师生们在毛主席革命路线指引下，正以顽强的斗志，冲天的干劲，继续以新的速度为学大寨创造着新的业绩。

"山下，山下，风展红旗如画。"……

写在八、九点钟

高二(9)班

看哪！
八、九点钟的太阳——
金光灿灿，跃然而上。

看哪！
八、九点钟的工地——
沸腾不息，声势浩荡。

看哪!
八、九点钟的我们——
朝气蓬勃,斗志高昂。

呵!
太阳是美好的未来,
工地是明天的大寨;
我们是祖国的希望!

加油干! ——在这八、九点钟,
为了“普及大寨县”,
为了共产主义理想,
发出我们全部的热和光。

写在沸腾的学大寨工地上
在人声鼎沸的农田基本建设工地上,
鲜艳的红旗迎风飘扬,
热火朝天的劳动场面,
使我们浑身添力量。
学大寨,赶昔阳,
同学们摆开阵势上战场。
挖起一锹锹土,
填平三大差别的沟塘;
抬走一座座山。
为普及大寨县贡献力量!

每当谈起美好的理想,
我们就热血满胸膛。
在这沸腾的学大寨工地上,
我们豪情满怀志如钢。
大干吧,同学们,
为社会主义建设添砖加瓦;
大干吧,同学们,
让革命青春大放光芒!

高二(7)班

我们战斗在茅山

高一(8)班

我们战斗在茅山,
想起红军过雪山,
历尽艰辛跟党走,
终于推翻三座山。

我们战斗在茅山,
想起大寨虎头山,
艰辛奋斗创奇迹,
荒山变成米粮山。

我们战斗在茅山,
想起愚公能移山,
铁心立下移山志,
搬走“穷”“白”两座山。

我们齐心学大寨

高三(10)班

革命红旗迎风摆,
劳动号子唱起来,
你挥锹,他挑担,
顶北风,斗严寒,
汗如雨下把土搬。
要问干劲哪儿来?

我们齐心学大寨。

就想一箩挑座山

高一(8)班

箩筐遇到英雄汉，
只嫌筐小不上眼，
泥土满筐还说少，
就想一箩挑座山。

大干精神谱新歌

高二(9)班

阳光照大地，
风吹红旗舞。
沸腾的工地啊！
大干精神谱新歌。

那怕天寒，
那怕冻土，
那怕泥山头！
比比大寨的石头山，
想想南泥湾大生产那时候，
——这点困难算什么！

天寒，用劳动的汗水驱散它。
冻土，用劳动的热情化开它。
泥头山，用我们的双手摧平它。
胸怀共产主义大目标啊，
大干的劲头使不够！

铁锹铲土干得欢，
抬着满筐的泥土如飞走，
抹一把劳动的汗水啊，
笑迎大寨式县社万千个。

沸腾的工地

高一(6)班

红旗猎猎迎风扬，
巨幅标语闪金光。
土山旁，
聚集着抬土挖土的闯将，
精神焕发，斗志昂扬，
甩棉衣，卷衣袖，
摆开阵势，大干一场。
锹柄是战士的钢臂，
锹头是战士的铁掌，
举起钢臂，伸出铁掌，
移山改地有力量。
挖的挖，抬的抬，
一锹锹，一筐筐，
洼地填平土山倒，
战士心里喜洋洋。

谁说风大天寒冷，
战士心里翻热浪；
谁说平地劳动苦，
欢声笑语随风扬。

揩去滚滚的汗水，
抬起满满的箩筐，
踏着冻化的泥土，
大步向前闯。
耸立的土山呵，
你高，你阔；
低洼的河沟呵，
你深，你长，——
可战士的决心你怎能阻挡！
为了普及大寨县，
天大困难我们也要上！

红旗啊，你一个劲儿地飘扬，
是对我们劳动欢乐的赞赏，
也是在给我们增添力量。
大锹呵，你不停运动的响声，
是在参加我们劳动的欢唱，
也是在朗诵赞美的诗章！
啊！沸腾的工地呵！
你以欢乐的气息，动人的景象，
快乐地告诉人们——
我们在普及大寨县，
农村面貌在改变，
美好前景展未来，
两步宏图定实现。

誓把浑身力量献

高二(2)班

一声号令震天响，
千军万马上战场。
为了实现大寨县，
誓把浑身力量献。

绵绵昆仑松涛涌，
巍巍井冈春雷激；
千山回响一个音——
学习大寨争朝夕！

铁姑娘赞

高二(1)班

三尺大锹手中挥，
抬起箩筐步如飞。
横眉冷对孔家店，
叫它看看咱是谁！

干劲冲天来参战，
看谁敢来比比看。
喝令高岗变平原，
铁肩撑起半边天。

高十三名突击队员学习

高二(9)班

在我们沸腾的工地上，在大干的行列中，有一支生龙活虎的突击队，他们来自各班，都是积极自愿报名要求参加的。他们的名字是：李东海、张宝青、于连顺、阮红放、闵正华、储开余、周勤、张华、薛瑞华、韩凤友、陶永宝、开卫星、赵建伟。他们对这场农业学大寨，普及大寨县伟大运动有高度的认识，发挥了冲天的革命干劲。不愧是高二年级农业学大寨的模范，平整土地、大干快上的突击队。

第一天，他们劳动工具不够，就用手扒，用铁镐先把土刨开，再用槓棒将大块的泥土推下沟去。他们干得浑身是泥，汗流浃背，但是没有一个叫苦，没有一个喊累。一个人顶着四个人用。前天，他们在大干中又提出了响亮的口号："在农业学大寨的战斗中，争取火线加入共青团。"

他们对自己的要求是多么严格，革命的上进心是多么强烈！

我们要向这十三名突击队员学习。象他们那样政治挂帅，毛泽东思想领先，真学大寨人，多为革命作贡献。象他们那样，胸怀共产主义大目标，大干不怕苦不怕累，在艰苦的环境中锻炼自己，磨炼思想。

同学们，加油啊！向突击队员们学习，发扬突击队员大干社会主义的革命精神大干吧！

赞工宣队师傅

高二(10)班

在高二(10)班沸腾的工地上，始终活跃着一位身穿旧黄军装的工宣队师傅，只见他挥汗如雨，干劲冲天，哪里艰苦就出现在哪里，充分发挥了工人阶级的革命干劲，发扬了过去革命战争时期的那么一股革命热情，那么一种拼命精神，在用自己的实际行动教育同学。在工宣队师傅的带动下，同学们干劲十足。很多同学自觉地以工人师傅为榜样，出现了艰苦的事抢着去做，困难的事争着去做的共产主义新风。在工宣队师傅带动下，不少同学自觉地以个人利益服从集体利益，在劳动中吃苦在前，埋头苦干。同学们，看，工宣队师傅又干到我们前面去了，让我们象工宣队师傅那样，拼命干吧，为早日实现大寨式郊区贡献我们的力量！

再干一刻钟

高二(13)班

在沸腾的工地上，我们班的同学正干得起劲，个个挥汗如雨，干劲冲天。我们，为普及大寨县奋斗；我们，正把大地翻个个。河山请让路，困难快低头。

干呀，干呀！大家不知道时间；干呀，干呀！大家忘记了疲劳。该轮换了，我们接上去，准备换上一批。可是，同学们异口同声地说："学习刘小华，再干一刻钟！"

简洁的语言，是多么生动啊！昨天，刘小华为农业学大寨流尽了最后一滴血；今天，在建设大寨式郊区的战斗中，又成长出无数新的刘小华。刘小华的语言，已成为同学们的共同语言，刘小华的行动，已成为同学们的共同行动。刘小华的精神，在同学中发扬光大，刘小华的遗志，在激励着我们战斗。

看，苏醒的大地，翻起滚滚的泥浪，学大寨的师生，焕发出冲天的干劲。为了早日建成大寨县，我们浑身有使不完的劲，同学们，加油干吧！

教革通讯

第 77 期

一九七六年一月十日

扬州中学政工组、教革组编

以阶级斗争为纲
夺取教育革命的新胜利

——全校师生认真学习毛主席新发表的词二首和元旦社论

【本刊讯】毛主席的光辉词作《水调歌头·重上井冈山》、《念奴娇·鸟儿问答》和两报一刊元旦社论的发表,极大地鼓舞了我校广大师生的革命斗志。学校中心学习组和教工各组都及时地进行了学习、讨论,全校同学在政治、语言课上和教师一起进行了学习。大家满怀革命激情,一遍又一遍地学习吟诵,受到了极为深刻的教育。

通过学习,师生进一步清楚地看到:在毛主席革命路线指引下,全国的革命形势是大好的。"旧貌变新颜"。我们国家,我们学校都在变,社会主义祖国欣欣向荣,蒸蒸日上,新生事物不断涌现。真是"到处莺歌燕舞"。和苏修勃列日涅夫集团上台十一年,去年第七次大减产的情况相对照起来看,大家越学越觉得我们伟大祖国可爱,革命形势大好,增强了革命必胜的信心。徐崇新同志说:"知识青年上山下乡等新生事物,这些年愈来愈显示出强大的生命力。我的两个孩子去农村落户干革命已经有七年了,最近从农村来信,说学大寨,要大干,今年放弃春节假,不回家了。我们也支持他们的这一革命行动。新的一代这样的健康成长,本身也是对当前教育界一些奇谈怪论的有力批判。师生们认真地学习了元旦社论传达的毛主席的重要指示"千万不要忘记阶级和阶级斗争","安定团结不是不要阶级斗争,阶级斗争是纲,其余都是目。"联系到当前教育界的大辩论情况,感到十分亲切。大家说,大好形势不是从天上掉下来的,而是在毛主席革命路线指引下,一步一步地和阶级敌人斗出来的。从社会主义的性质、对象、任务、目的来看，社会主义时期存在着阶级、阶级矛盾、阶级斗争，这种斗争一直要斗到实现共产主义。以阶级斗争为纲，是毛主席领导我们党进行长期革命斗争的基本理论和基本实践。是否坚持以阶级斗争为纲，也是我们能否把教育革命进行到底的关键。工人教师孙襄说：近几年来，我校的教育革命，在毛主席无产阶级教育路线指引下，取得了一些成绩，也是同修正主义教育路线影响斗争的结果。我校农业机电课的开设，白手起家，从无到有，就是和旧的教学思想七斗八斗斗出来的。不抓阶级斗争，就不会有我们学校今天教育革命的大好形势；而如果今后不抓阶级斗争这个纲，我校的教育革命也还有可能走到斜路上去。这是必须十分重视的问题。我们一定要抓住阶级斗争这个纲，促进大好形势的发展。有些教师谈到，过去对一些问题的看法，往往易容陷入片面性，使一种倾向掩盖了另一种倾向，如强调了安定团结，就往往忽视了阶级斗争一方面。关键的问题还是要进一步改造世界观，与旧的传统观念实行彻底决裂。旧的思想基地不很好清除，遇到问题就会徘徊不定。要认真结合阶级斗争实际，改造思想，跟上形势。工宣队佘佩岚师傅指出：毛主席在无产阶级文化大革命前重上井冈山，是做决战前的准备。井冈山的精神是革命的精神。今天我们学习毛主席的词二首和元旦社论，也应该用井冈山的精神冲上前去迎接新的斗争。我们要用阶级斗争这个纲，来指导学校的一切工作。对于今天教育界的奇谈怪论，我们一定要辨清大是大非，坚决斗争。“险处不须看”，我们有毛主席重上井冈山的革命斗争精神为思想武器，迎接我们的将是“天地翻覆”的大好革命形势，胜利一定是属于无产阶级的，教育革命一定会通过这场大辩论以更快的步伐继续前进的。

师生在学习讨论中一致认识到：毛主席词二首和元旦社论的发表，是毛主席、党中央向我们发出的继续革命、反修防修的进军号令，我们坚决拥护，热烈响应。在毛主席无产阶级革命路线指引下，我们要以阶级斗争为纲，牢记党的基本路线。在我校认真开展教育战线上的两种思想、两条路线的斗争，批判教育界出现的一些奇谈怪论，狠狠打击右倾翻案风，进一步发展我校教育革命的大好形势，以“世上无难事，只要敢登攀”的革命精神，去夺取教育革命新的更大的胜利。

钢铁誓言在长空回响

工宣队　佘佩岚

大寨精神光芒万丈，
大寨人钢铁誓言在长空回响，
誓将山河重安排啊！
正化为巨大的物质力量。

看！广阔的田野里人山人海，

看！沸腾的工地上红旗飘扬，
从街道到工厂，从学校到机关，
人人为普及大寨县贡献力量，

挑上一担土，填平深山沟，
抹去一把汗，推倒一座山，
起伏的丘陵地呵！我们向你宣战，
用我们的巨手改地换天。

挖！用铁锹挖掉三大差别，
抬！用杠棒抬起旧社会的痕迹，
改造天地磨炼人啊！
用勤劳的汗水洗刷旧观念。

大寨精神光芒万丈，
大寨人钢铁誓言在长空回响，
誓将山河重安排啊！
到明天，无数个大寨县象百花齐放！

续写在沸腾的学大寨工地上

高二(7)班

在人声鼎沸的农田基本建设工地上，
鲜艳的红旗又迎来了灿烂的朝阳。
劲松傲霜更青翠，
我们的斗志更昂扬。

天寒地冻，皑皑白霜，
把土冻得象石头一样。
天寒，寒不了我们的决心，
地冻，冻不了我们的青春热情火样旺。
看！
举起一把把锛，掀开冻土化寒霜。
奋起千钧力，钢手钢臂钢肩膀。

手上起泡不手软，
越干劲越长；
肩膀酸痛挺起胸，
越干越坚强。

为了一个目标——
普及大寨县，誓叫山河换新装。
干，我们红心赤胆，
干，我们斗志昂扬。
我们有说不尽的满腔豪情，
我们有写不完的报道、表扬。

真理记心间

高二(11)班

红旗迎风展，
战歌响得欢。
师生学大寨，
激战在茅山。
铁锹上下舞，
挖土如电闪；
箩筐来回快，
抬土似飞雁。
力量何处来？
真理记心间：
“世上无难事，
只要肯登攀。”

再加一把油

高二(8)班

师生们，战风口，
风吼如同喊加油。
寒风嗖嗖灌衣袖，
汗水滴滴往外流。

担儿颤悠悠，
哪怕土层厚，
学习大寨人，
磨炼硬骨头。

人人争先不落后，
齐呼再加一把油。
实际行动迎新年，
不完成任务不罢休！

工地春意浓

高一(4)班

红旗展长空，
热气驱寒冬。
普及大寨县，
工地春意浓。

献给学大寨

高一(8)班

全党齐动员，农业学大寨，
我们红卫兵，争先促进派。

争当促进派，行动跟上来，
大力搞水利，参加学大寨。

参加学大寨，豪情满胸怀，
立下愚公志，困难脚下踩。

困难脚下踩，新路我们开，
大寨为榜样，山河重安排。

山河重安排，革命新一代，
胸怀大目标，斗志更豪迈。
斗志更豪迈，大干再大干，
火红的青春，献给学大寨。

扁担是咱好伙伴

高二(9)班

扁担是咱好伙伴，
结结实实金不换。
要问为啥这宝贵，
战天斗地山能搬！

校农场里学大寨

中二(3)班

校农场里学大寨，
来了一队小虎将。
不怕天寒与地冻，
战斗不息歌声扬。
“嚓嚓”的铲声响，
“呼呼”的锹声扬，
深翻积肥热汗淌，
中二年级劳动忙！
赵师傅看在眼里喜心上，
伸出姆指连夸奖：
“有了你们这批小虎将，
改天换地有力量。
大寨精神放光芒，
咱们农场准变样！”

肩扛扁担学大寨

高二(2)班

肩扛扁担学大寨，
越挑劲头越上来，
北风为我擦热汗，
红日照我暖心怀。
肩扛扁担学大寨，
越挑心情越豪迈，
土丘转眼成平地，
大寨精神放光彩。

我班好人好事多

高一(7)班

工地处处响赞歌，
我班新人新事多；

先表干部施恩民，
学习大寨领头行，
主动带来小铁锹，
埋头挖土手不停。

再说同学庄闽扬，
抱病坚持上战场，
干劲冲天不示弱，
困难再大她都上。

还有范、陈两老师，
不挖平土堆誓不休，
带领同学加油干，
迎着北风热汗流。

普及大寨县，
壮志震山河，
大寨精神放光芒，
我班好人好事多。

革命师生齐奋战

高二(10)班

你在干，我在干，
革命师生齐奋战，
为了普及大寨县，
大家争着作贡献。
出大力，流大汗，
革命师生齐奋战。
理想境界等不来，
辛勤劳动宏图展。

榜　样　赞

高二(8)班

我们老师好榜样，
天天战斗都一样。
提前到工地，
领锹拿箩筐。
抬筐打头阵，
挥锹干得忙。
满头热气冒，
汗水往下淌。
满满一筐泥，
“咳哟”一声上肩膀。
来回如穿梭，
一筐又一筐。
越干劲越长，
斗志更坚强。
别人要换他，
笑笑不肯让：
“为了普及大寨县，
我也要出力量。”
听罢老师话，
同学们斗志昂。
学习榜样齐心干，
顶着困难上。

教革通讯

第 78 期

一九七六年二月十八日
扬州中学政工组、教革组编

新春风雷激·战鼓动地敲

——我校教工积极参加教育革命大辩论活动

【本刊讯】新春风雷激，战鼓动地敲。在教育战线大辩论的热潮中，我们迎来了新的学期。为了痛击教育界奇谈怪论制造者所刮起的右倾翻案风，我们全校教工在新学期之初积极参加了全市中小学教工的学习活动。大家在学习中思想集中，态度认真，对当前正在开展的教育革命大辩论，回击右倾翻案风这场运动的性质、意义都有了进一步认识。通过大赞大颂，认清了当前的大好革命形势，看到了教育革命新生事物的茁壮成长和无限生命力，从而鼓舞了深入开展教育革命的信心和决心。

在大学习大辩论中，大家列举了大量的事实，特别是自己参加教育革命实践的亲身体会，批判了教育界右倾翻案风反对工人阶级领导，反对开门办学的正确方向，鼓吹"智育第一"，贬低教育革命的质量等等奇谈怪论。

在大学习、大辩论中，大家谈到：教育界右倾翻案风的制造者们为了扭转无产阶级教育革命的方向，在领导权问题上大作文章，胡说什么：学校"要有热心科学的外行来领导"，这是明目张胆地反对毛主席关于"工人阶级必须领导一切"的伟大指示，妄想一举反掉工人阶级对教育革命的领导。从我校的情况来看，工人宣传队进驻以后，领导学校斗、批、改，从根本上改变了旧扬州中学资产阶级知识分子统治学校的现象。工宣队抓大事，抓路线，为教育革命把好方向、路线关；工宣队坚持把转变学生思想放在第一位，在三大革命运动中培养无产阶级革命事业接班人；工宣队积极支持教育革命的新生事物。热情扶植教育革命新生事物的成长。使我们这所学校“旧貌变新颜”,焕发了青春。奇谈怪论所说的所谓“要有热心科学的外行来领导”,实际上就是要让资产阶级知识分子重新来统治学校。在文化教育阵地,封、资、修的影响年深日久,资产阶级势力根深蒂固。资产阶级在政治上被推翻以后,必然要利用他们手中掌握的某些科学文化知识来同无产阶级进行较量,因此,他们自然而然地是一些很“热心”科学的人。要由这样的一些人来领导,正是适应了资产阶级向无产阶级进行反夺权的要求。这些“热心科学”的人。分明是一些热心搞资产阶级政治的人,一些热心搞修正主义的人。如果按照他们的办法去做,必然会重新恢复资产阶级知识分子统治学校的现象,把学校变成资产阶级专政的工具,文化大革命前在教育领域资产阶级专了无产阶级十七年政的历史又会重现。过去,资产阶级右派向党进攻的时候在“内行”“外行”问题上大作文章。现在,右倾翻案风的制造者向党进攻,在“热心”“不热心”的问题上大作文章,其实质都是一样;他们要资产阶级领导,不要无产阶级领导。他们在领导权问题上如此起劲地反对毛主席“工人阶级必须领导一切”的指示,正好暴露了他们反党篡权的险恶用心。

教育界右倾翻案风的制造者们,对新生事物是怀恨在心的,他们大肆攻击“开门办学”这一新生事物,胡说开门办学“不讲学文化”,是“实践——实践——实践”,这是反对革命青年走与工农相结合的道路,是对毛主席《五·七指示》光辉道路的诬蔑。几年来,我校革命师生坚持开门办学的正确方向,取得了丰硕成果。从一九七三年起,我校在邗江县红旗公社志远大队筹建了农村分校,至今去学习过的已有十六批五十七个班级三千一百多人次。由于坚持开门办学,现在农村分校越办越好:方向越来越明确,领导越来越得力,措施越来越落实,收获越来越显著。在农村分校,师生请农村干部、贫下中农讲农村的阶级斗争、路线斗争情况。上“农业学大寨”课;请插队知青谈扎根农村干革命的收获、体会。结合文科的教学改革,进行社会调查,帮助贫下中农整理了家史,大队两条路线斗争史和插队知识青年成长史,结合理科教学的改革。学习了测量。并根据农业学大寨制定规划的需要。为大队测绘了地形图,为公社的新开河道测绘了纵断面图;学了手扶拖拉机的驾驶与修理;学了土壤分析和沼气知识。更重要的是师生通过在农村分校的开门办学,提高了阶级斗争、路线斗争觉悟,明确了为农服务的方向,增强了走“五·七”道路上山下乡的决心。农村分校成了上山下乡的演习场,对转变学生思想,坚定上山下乡干革命起了重大作用。一些同学还用自己所学到的知识,和教师一起,积极为贫下中农服务,有的为生产队维修手扶拖拉机;有的用拖拉机为生产队耕田,支援农村大忙;有的在农村为贫下中农架设外线。几年来,师生已为贫下中农拆修拖拉机 20 多次,用拖拉机为贫下中农耕了水旱田 150 多亩。在农村分校和到工厂以及班队挂钩所在的农村开门办学,都是在工人、贫下中农指导下,理论密切联系实际地进行学习的。学生在学习中亲眼看实物,亲手动实物,然后带着实践中的问题学原理、学结构;再用学得的知识回到实践中去。这样的学习,学生听得懂、学得活、记得牢,用得上。有的在学习期间就能投入实战,直接参加社会主义建设。这完全是按照“实践——认识——实践”这一辩证唯物主义原理进行教学的。奇谈怪论的制造者诬蔑我们搞开门办学“不学文化”，是“实践——实践——实践”，实际上就是要把教育革命拉回头，走资产阶级的办学老路。他们总是用旧尺子衡量新事物，认为开门办学这也“不正规”，那也“不象样”，要想把青少年重新关在小课堂里死读书，脱离无产阶级政治，脱离劳动，脱离实际，为他们培养复辟资本主义的工具。大家说：开门办学好，好就好在反映了教育革命的方向，它的丰硕成果显示了新生事物的无限生命力，我们一定要以实际行动使开门办学越办越好，给这些否定开门办学的奇谈怪论以有力的回击。

对于教育界右倾翻案风要弄折衷主义手法篡改党的教育方针，去两头，要中间，反对无产阶级政治挂帅，鼓吹“智育第一”，大家表示了极大的义愤。教育界的奇谈怪论制造者，在口头上也煞有介事地高喊“全面关怀”，实际上眼睛只盯住“文化”，而把“有社会主义觉悟”和当“劳动者”扔到了九霄云外。他们攻击无产阶级教育革命是“讲了一面，不讲另一面”，于是就大讲起了“智育第一”这一面。这是对毛主席亲自制定的党的教育方针的无耻篡改，在学校的培养目标问题上作文章，妄图用“智育第一”反对无产阶级政治第一，否定教育革命，为资产阶级培养接班人，一些同志回忆了无产阶级文化大革命前，旧扬州中学在修正主义教育路线控制下，推行“智育第一”的情况和恶果。旧扬州中学有过“学校工作以教学工作为主，教学工作以课堂教学为主，课堂教学以教师讲授为主，教师讲授以书本知识为主”这“四个为主”的所谓“办学经验”。这“四个为主”都是以“智育第一”为出发点的。在“智育第一”的思想指导下，旧扬州中学的学生每天要用十三、四个小时学习教科书的内容，读毛主席的书被指责为“形式主义”。学生成年累月地被关在小课堂里，不能接触三大革命斗争实际。一些有严重问题的资产阶级知识分子甚至于牛鬼蛇神，占据了社会主义的讲台，散播着一些九分无用一分歪曲了的知识甚至于封、资、修黑货。在“智育第一”的毒害下，不少学生只考虑个人的名利，不管什么“国家的前途，人类的理想”，一心只想着爬精神贵族的小宝塔尖，不肯上山下山，不肯当普通劳动者。个别的“私”字恶性膨胀，把学到的一点知识做为个人向党要名要利的资本，有的跌入了反党反社会主义的泥坑，成了资产阶级右派份子；也有的因考得不好而郁郁自杀，成了修正主义教育路线的殉葬品。在“智育第一”的压制下，大批工农子女被拒于扬州中学门外，少数进了学校内的，有的被溶化在了这个“黑染缸”里，有的则重又被赶出门外，如有一个贫农出身的学生，进校时比较淳朴，后来思想逐渐变质，一次他母亲从农村来校找他，当着同学的面，他竟把自己的母亲说成是邻居，1962 年，旧扬中十四个班级的高、初中应届毕业生中，有九十多名学生都因“成绩较差，升学无望”，被分数线赶出了校门，其中大部分是工农子女。大家说，“智育第一”的恶果就是资产阶级在学校专无产阶级的政，现在奇谈怪论的制造者鼓吹“智育第一”；就是妄图否定教育革命，使资产阶级知识分子重新来统治学校。要不要批判“智育第一”，是一个政治方向问题，是要不要把学校办成无产阶级对资产阶级实行全面专政的工具的问题。从社会存在阶级以来，学校历来是阶级斗争的工具,任何学校教是把本阶级的政治放在第一位,根本没有什么脱离政治的“智育第一”。无产阶级的学校,理所当然地要把坚定正确的政治方向放在第一位,把培养巩固无产阶级专政,反修防修的革命战士,作为学校教育的根本任务。任何学校只要离开了这一条,就仍然是资产阶级的旧学校,无论它培养的人本事有多大,学问再多,方向不对,等于无用。我们批判“智育第一”,不是象奇谈怪论者所歪曲的那样不要智育,不要文化知识。相反,批判“智育第一”,正是为了摆正红与专、政治与业务的关系,摆正德、智、体三者的位置。只有批判了“智育第一”,才能明确政治方向,激发为革命学习文化、钻研业务的积极性、主动性和创造性,坚持理论联系实际,学得生动活泼。从政治与业务的关系来说,政治是统帅,业务是被统帅的,这种关系绝对不能含糊。奇谈怪论的制造者采用折中主义手法,把政治和业务平列起来,名为“全面关怀”,实则否认了以阶级斗争为纲,否认了无产阶级政治挂帅。折中主义就是修正主义。而修正主义是当前的主要危险。我们要遵照毛主席“学校一切工作都是为了转变学生的思想”,“把坚定正确的政治方向放在第一位”的指示,坚持无产阶级政治挂帅,批判反动的“智育第一”,继续进行反对教育战线的修正主义的斗争。

教育界的右倾翻案风攻击无产阶级教育革命,在教育质量问题上大举向无产阶级进攻,说什么“教育质量下降”了,“今不如昔”,妄图打开缺口,否定教育革命,翻无产阶级文化大革命的案。大家根据毛主席“有比较才有鉴别”的教导。对于无产阶级文化大革命前后不同的教育质量,从学校大门为谁而开;学校应该培养什么样的人;学生是否学到了比较完全的知识,掌握为三大革命运动服务的本领;学生的体质等几个方面,摆事实讲道理,对右倾翻案风攻击无产阶级教育质量的谬论进行了批驳。过去旧扬中只认分数不认人,许多工农子女望着学校大门进不来;现在根据“工农及其子女有享受教育的优先权”的原则,学生的阶级成份发生了根本的变化,大批工农子女入学受教育。使我校从文化大革命前的 36 个班级发展到现在最多时有 57 个班级,学生人数几乎增加了一倍。在旧扬中,学生满脑子想的是“学而优则仕”,“进了扬中门,望见清华园”,只想成名成家,不谈上山下乡。无产阶级文化大革命前,旧扬中毕业生下乡插队落户的只有六、七十人。而文化大革命以来,全校上山下乡的毕业生已有三千多人,他们在农村三大革命运动中经风雨、见世面,迅速成长,有的已成为建设社会主义新农村的骨干力量。由“读书做官”一心想个人名利,到“上山下乡”一心干社会主义,其间的差距该有多大!千百年来,包括无产阶级文化大革命前,有什么样的学校能培养出这样有社会主义觉悟的一代新人?这样的无产阶级政治挂帅的质量难道还不高吗?右倾翻案风的制造者们,还惯用业务知识来冲击无产阶级政治挂帅。他们的眼睛总是盯在“文化知识”上,以此来否定教育革命的质量。但果真教育革命的知识质量就低吗?毛主席早就说过:什么是知识?自从有阶级的社会存在以来,世界上的知识只有两门,一门叫做生产斗争知识,一门叫做阶级斗争知识。且不说在旧学校的那些知识是九分无用一分歪曲了的,即使就业务质量而言,也不是以上了多少课程,念了多少本书为标准,而必须看理论联系实际,看分析问题和解决问题的能力。我校高二年级的一些刚刚学测量的学生，和教师一起，边学边干，克服困难，在短期内就连续为邗江县志远大队、扬州市郊潘桥大队、武塘大队测绘了制订农业学大寨规划需要的地形图，为邗江县红旗公社测绘了新开渠道的纵断面图，受到了公社、大队干部和贫下中农的赞扬。在用口试、笔试和实际操作相结合的方法进行的测量教学考核中，学生对地形测量的基本方法和原理掌握得较好，基本技能技巧较为熟练，不少学生还能独当一面地工作。在物理、化学学科的考试中，有的学生用一分为二的对立统一观点，分析了一系列物理变化和化学变化的现象，写出了质量较高的答卷。这样的一些知识质量，也是旧学校的教学完全达不到的。再从学生的体质情况来看，旧学校把学生当囚犯，当敌人，繁琐的课程，繁杂的作业，繁频的考试，使学生的健康受到严重摧残。现在在毛主席制定的无产阶级教育方针的指引下，学生在德、智、体几方面得到了全面发展，体质普遍增强。以上这一切，都雄辩地说明了无产阶级教育革命的质量是高的，是修正主义教育路线的所谓质量不能比拟的。

参加大学习、大辩论的教工同志们，在摆事实、讲道理，开展革命大批判中，提高了两条路线斗争的觉悟，增强了深入开展教育革命的决心。大家说："毛主席为我们制定的党的教育方针，已经明确了教育革命的方向。可是奇谈怪论的制造者却胡说什么教育革命的方向"总没有解决好"，因而就是要"扭"。他们要扭到什么地方去呢？无非是把教育革命扭回到修正主义教育路线上去，改变党的基本路线，扭转我们整个国家的马列主义方向和社会主义道路，改变我们整个国家的颜色。这场右倾翻案风有代表人物，有政治纲领、理论基础、复辟手段，有国际和国内的根源。他们和我们的斗争，是一场两个阶级、两条道路、两条路线的大搏斗，决不能等闲视之。大家表示：一定要进一步学好无产阶级专政理论，以阶级斗争为纲，坚持党的基本路线，深入开展教育领域的革命大批判，夺取无产阶级教育革命的新胜利！

教革通讯

第 79 期

一九七六年二月二十八日

扬州中学政工组、教革组编

彻底批判"三项指示为纲"的修正主义纲领 坚持教育战线上的社会主义革命

学校中心理论组

最近人民日报社论传达了毛主席的重要指示:"什么'三项指示为纲',安定团结不是不要阶级斗争,阶级斗争是纲,其余都是目。"毛主席的这个重要指示,是对党内不肯改悔的走资派鼓吹的"三项指示为纲"有力的、针锋相对的批判。毛主席的指示,坚持和发展了我们党进行社会主义革命的基本理论和基本实践,给反击右倾翻案风的斗争指明了方向。

党内不肯改悔的走资派鼓吹"三项指示为纲",这完全是在玩弄偷梁换柱的折衷主义的卑劣手法!所谓"三项指示为纲",就是否定以阶级斗争为纲,就是篡改党的基本路线,就是要复辟资本主义!

毛主席教导我们:"整个过渡时期存在着阶级斗争,存在着无产阶级和资产阶级的阶级斗争,存在着社会主义和资本主义的两条道路斗争。忘记十几年来我党的这一条基本理论和基本实践,就会要走到斜路上去。"在阶级社会里,阶级斗争是历史发展的动力。在整个社会主义历史阶级,只有始终抓住无产阶级和资产阶级这个主要矛盾,开展无产阶级对资产阶级的阶级斗争,坚持以阶级斗争为纲,才能正确处理其他一切矛盾,做好其他一切工作。如果不以阶级斗争为纲,就会迷失方向,就会走到斜路上去。我们要安定团结,我们要把国民经济搞上去,都始终是以无产阶级对资产阶级的全面专政为前提的。安定,是在巩固无产阶级专政基础上的安定;团结,是在维护毛主席革命路线基础上的团结。安定团结决不是那种取消阶级斗争“相安无事”的“仙山琼阁”。同样，把国民经济搞上去必须强调政治对经济的统帅作用，革命是发展生产力的巨大推动力，只有坚持“抓革命，促生产”的方针，才能使经济工作沿着正确的道路前进，把国民经济搞上去，也决不是搞成那种帝国主义、社会帝国主义的所谓“现代化”。阶级斗争的事实告诉我们，离开了无产阶级专政。那么安定团结、搞国民经济就失去了方向，取消了目标，丢掉了保证。党内坚持刘少奇、林彪修正主义路线、受到批判而不肯改悔的走资派抛出的所谓“三项指示为纲”决不是说话随便、疏忽大意，而是故态复萌，重操旧业。他们有意以折中的面纱来掩饰其复辟的嘴脸，用似是而非的言词来遮盖其反攻倒算的祸心。他们的真实目的，并不在于发展经济，也不在于安定团结。他们的所作所为已清楚地告诉我们，他们是要破坏毛主席革命路线指引下的革命大团结，是要否定无产阶级文化大革命，否定社会主义新生事物，是要搞复辟倒退，搞反攻倒算，搞资本主义。“三项指示为纲”的鼓吹者，将纲目混同起来，平列起来，以目代纲，以目乱纲，进而以目反纲，猖狂反对阶级斗争学说这一马克思主义的哲学基础，猖狂反对无产阶级专政理论这一马克思主义的精髓，可见“三项指示为纲”是一条地地道道的修正主义黑纲领。

“三项指示为纲”既然否认社会主义历史时期的主要矛盾是无产阶级和资产阶级的矛盾，既然被诩为“是各项工作的总纲”。那就必然要在各条战线，特别是要在上层建筑领域最为敏感的教育战线表现出来。曾记得“三项指示为纲”这个反动纲领一出笼，党内的走资派和教育界的党内走资派，串通一起，此呼彼应，他们四出活动，放手大干，到处作指示，发号令。他们讲形势，不讲阶级斗争；讲生产力，不讲生产关系；讲强国，不讲社会主义；讲现代化，不讲革命化。他们算文化大革命的帐，翻文化大革命的案，刮起了一股右倾翻案风，大有扭转乾坤之势。一时间，教育界奇谈怪论甚嚣尘上，蓬勃发展的教育革命的大好形势被说得一团漆黑。有了“三项指示为纲”这个黑纲领，教育界的党内走资派便有恃无恐，大放奇谈怪论，到处煽风点火，他们极力抹煞教育战线的主要矛盾是无产阶级和资产阶级的矛盾，否定学校是无产阶级专政的工具，认为当前教育战线的主要矛盾是“文化低”和实现四个现代化的矛盾，主要危险是“不读书”、“不要理论”、“拖了四个现代化的后退”。于是，他们极力维护资产阶级知识分子统治学校的精神支柱，大肆鼓吹和推行“智育第一”、“知识私有”、“读书做官”等修正主义货色。这些货色都是党内不肯改悔的走资派推行“阶级斗争熄灭论”和“唯生产力论”在教育战线的突出表现，都是“三项指示为纲”所派生出来的黑瓜，是为那个复辟资本主义的“三项指示为纲”的反动纲领服务的。

“三项指示为纲”的出笼，决不是一种偶然现象。毛主席关于无产阶级专政下继续革命的伟大学说告诉我们，社会主义革命的对象是资产阶级。除了老资产阶级外，新生的资产阶级主要在党内，修正主义是主要危险，最危险的就是党内一小撮走资本主义道路的当权派。无产阶级文化大革命，是无产阶级专政下继续革命的伟大实践，这场革命理所当然地要革到他们的头上。因此，代表地主资产阶级利益、特别是代表党内新生资产阶级利益的党内不肯改悔的走资派必然反对无产阶级文化大革命，必然破坏学习无产阶级专政理论的运动，必然害怕对资产阶级法权的限制。他们迫不及待地提出了一个蛊惑人心的"三项指示为纲"，以此来反掉以阶级斗争为纲，反掉党的基本路线，反掉对修正主义、资本主义的批判，反掉对资产阶级法权的限制。所以"三项指示为纲"的出笼，是在无产阶级专政条件下阶级斗争的必然产物。

教育，历来是阶级斗争的晴雨表。教育阵地是培养人的地方，它和上层建筑各个领域、国民经济各个部门有着十分密切的关系。教育作为阶级斗争、阶级专政的工具，代表哪个阶级的利益和意志，贯彻哪个阶级的路线，为哪个阶级的政治服务，是直接关系到巩固这个阶级统治的重大政治问题。因此任何一个阶级都要把教育牢牢掌握在自己手中，按照本阶级的利益和意志来办教育，培养本阶级所需要的接班人。革命的阶级办教育是为了继续革命，继续前进；没落的阶级抓教育，则是为了搞复辟，搞倒退。当今党内不肯改悔的走资派，大刮右倾翻案风，篡改党的基本路线，也是妄图从教育阵地打开缺口，以便复辟资本主义。如果我们的教育也是以"三项指示为纲"，那必然是资产阶级知识分子再度统治我们的学校，文化大革命前十七年的修正主义教育路线重新摧残师生。学校也必将沦为复辟资本主义的工具，这是何等的触目惊心！我们只有牢记党的基本路线，以阶级斗争为纲，坚持教育革命，坚持执行毛主席无产阶级教育革命路线，才能把学校改造成为无产阶级专政的工具，培养出一批批为巩固无产阶级专政而奋斗的自觉战士。

"战斗正未有穷期。"党内不肯改悔的走资派推行的修正主义路线及其反动纲领——"三项指示为纲"，已经被广大干部和群众所说破，但是斗争正在继续。我们要以"可上九天揽月，可下五洋捉鳖"的无产阶级革命英雄气概，彻底批判"三项指示为纲"的修正主义纲领，百折不回地坚持教育战线上的社会主义革命，夺取反击右倾翻案风的更大胜利。

以"三项指示为纲"
就是要取消阶级斗争

中二(6)班　夏向明

阶级斗争学说是无产阶级反对资产阶级，马克思主义反对一切机会主义与修正主义的经验总结，是马克思主义的基础。

在社会主义社会时期，伟大领袖毛主席坚持了无产阶级专政的理论，并发展了马克思列宁主义。他以无产阶级革命家的锐利目光，洞察一切，一再告诫我们要以阶级斗争为纲。在一九五七年，我国生产资料所有制改造已经基本完成后，毛主席就指出，现在的主要矛盾，仍然是"工人阶级和资产阶级"的矛盾；到了一九六二年，毛主席又指出："千万不要忘记阶级和阶级斗争。"在被党的"九大"、"十大"所肯定了的党的基本路线中，也始终贯穿着阶级斗争这条主线。伟大领袖毛主席最近又指出："什么'三项指示为纲'，安定团结不是不要阶级斗争，阶级斗争是纲，其余都是目。"毛主席这一最新指示，似照妖镜，把党内不肯改悔的走资派所鼓吹的"以三项指示为纲"的修正主义纲领照得原形毕露；又似光芒四射的灯塔，指明了我们在无产阶级专政下继续革命的航向，是我们反修防修的强大思想武器。

以"三项指示为纲"是股力量不小的右倾翻案风。其风源在何处？出自何人之口？又出自何时？大家不妨回忆一下去年夏季，有这么几个人，才上台不久，但由于复辟资本主义的恶性不改，又剧烈膨胀，他们合成一体，制定了以"三项指示为纲"的修正主义纲领和一整套反对毛主席、分裂党中央的策略，把矛头直接指向我们敬爱的领袖毛主席。为了替"以后"的"全面进攻"打下基础，迷惑广大干部和群众，借革命人民为了发展大好形势和要把国民经济搞上去的迫切心情，篡改了毛主席指示，这样"以三项指示为纲"的修正主义纲领就出笼了。他们为了推销这一黑货，还在一些会上大做表演，大吹大擂这一黑纲领，胡说什么：以"项指示是一切工作的总纲。"用折中主义手法，把学习无产阶级专政理论与安定团结、把国民经济搞上去平列起来，鼓吹安定团结是纲，把国民经济搞上去是纲，还胡说什么整顿也是纲，如此等等。这也是纲，那也是纲，名目繁多，因此就形成了一个反动的"多纲论"。他们还用折中主义偷换辩证法，说什么："这三条重要指示是互相联系的，不能分割开。"这种修正主义的无耻谰言，是折中主义的诡辩论，需要加以彻底地揭露和批判。

列宁指出："把马克思主义改为机会主义的时候，用折中主义冒充辩证法是最容易欺骗群众的。"以"三项指示为纲"的修正主义纲领，就是列宁所指出的那种"最容易欺骗群众"的诡辩论——折中主义。这种奇谈怪论，表面上貌似十分"完全"、"公正"、"不偏不倚"，实质上是纲目并列，以目乱纲，以目代纲，抓目丢纲，纲目颠倒，从中偷偷地抽去阶级斗争这个总纲，把党的基本路线一笔勾销。他们硬要勾销的东西，正是我们需要坚持的东西。

要以阶级斗争为纲，首先必须正确处理纲与目的关系。按照马克思主义的辩证法来看，纲与目的关系，就是主要矛盾与次要矛盾，统帅与被统帅的关系。毛主席指出："研究任何过程，如果是存在着两个以上矛盾的复杂过程的话，就要用全力找出它的主要矛盾，捉住了这个主要矛盾，一切问题就迎刃而解了。""在社会主义社会，存在着许多错综复杂的矛盾，而无产阶级与资产阶级的矛盾是主要矛盾。""由于它的存在和发展，规定或影响着其它矛盾的存在和发展。"因此，要正确处理其它一切矛盾和一切工作，只有抓住阶级斗争这个纲。否则，就会迷失方向，走到邪路上去。

那些玩弄折中主义手法，反对以阶级斗争为纲，把革命和生产平列起来的人，就必然要声嘶力竭地兜售修正主义的"唯生产力论"和"阶级斗争熄灭论"。"唯生产力论”是右倾翻案风的一个重要的理论基础。那种接过实现四个现代化的口号,否定文化大革命的成果,攻击教育革命、文艺革命、卫生革命等上层建筑领域的革命是“拖四个现代化的后退”的怪论,不正是“唯生产力论”在新条件、新形势下的翻版吗?“唯生产力论”新的鼓吹者,装出关心生产,关心群众福利生活和救世主的样子,只讲现代化,不讲革命化,只讲“个人”的作用,不讲群众创造历史。在他们眼里,什么社会主义革命,什么人民群众的积极性,都给抛至九霄云外。似乎只能靠他们,似乎只有他们上台,生产才能发展,地球才会转动。其实,他们从来也没有真心实意地关心社会主义的生产,他们一刻也不曾忘记代表资产阶级向无产阶级进攻。他们还说什么,在无产阶级夺取政权成为执政党后,社会主义革命的任务已经完成,阶级和阶级斗争“已经不存在了”。言外之意,剩下的主要任务就是发展生产了。这种谬论,实际上是反对无产阶级的资产阶级的全面专政。这些奇谈怪论的真实目的,不过是为复辟资本主义鸣啰开道罢了。

毛主席说:“历史的经验值得注意。一个路线,一种观点,要经常讲,反复讲。”革命历史斗争的实践告诉我们:古今中外一切搞复辟倒退的人,一切机会主义的修正主义者,总是要玩弄折中主义手法。

早在二千多年前,中国就出现了搞唯心主义、复辟倒退的吹鼓手孔丘,在他的反对没落的理论基础中,有个“中庸之道”,与现在修正主义者玩弄的折中主义完全是一回事。就是说,任何人做任何事都应“不偏不倚”、“不正不歪”,要“恰到好处”,实质上他就是妄图调和新兴地主阶级与复古的奴隶主势力的矛盾,好让他复辟西周奴隶制。在国际共产主义运动中,在马克思主义产生的头半个世纪中,工人运动的机会主义派别如浦鲁东主义,工联主义,拉萨尔主义,都否定阶级斗争,而把一些次要的或不重要的东西提到首位,他们有的把增加议席作为奋斗目标,有的则认为依靠国家建立合作社,是进行新民主主义革命“最合法、最公平又最简单的方法”。到了二十世纪二十年代初,苏联布尔什维克党内围绕着政治与经济的关系问题展开了一场大辩论。托洛茨基攻击列宁从“政治上”看问题是错误的,而他们从“经济上”看问题则是正确的。绰号叫“软蜡”的布哈林则采用折中手法,把自己装扮成凌驾于双方之上的正确者,认为“从政治上看问题和从经济上看问题有同等的价值”。他把两者统一起来,来了个“缓冲”,这个“缓冲”,实质上就是用折中主义手法,否定以阶级斗争为纲,把经济放在首位。列宁曾针锋相对地指出:“政治和经济相比不能不占首位。”在我们党的历史中,陈独秀、刘少奇、林彪等机会主义分子都是折中主义的鼓吹者。从以上可以看出,现在党内不肯改悔的走资派所使用的折中主义手段,也不是什么新货色,而是早已被人民所抛弃的陈货。

在当前反击右倾翻案风的斗争中,我们必须重温毛主席关于无产阶级文化大革命的一系列指示,巩固和发展无产阶级文化大革命的成果,总结斗争经验。首先要把党内不肯改悔的走资派所鼓吹的“三项指示为纲”的修正主义纲领批深批透,这是当前批判的重点任务。我们一定要以阶级斗争为纲,坚持党的基本路线,注意斗争策略,去夺取教育革命大辩论的彻底胜利,把社会主义革命进行到底,向共产主义顶峰奋勇攀登!

简讯

▲在批判教育界攻击教育革命的奇谈怪论的基础上,最近我校掀起了批判党内不肯改悔的走资派所抛出的"三项指示为纲"的修正主义纲领的热潮。二月二十七日下午,全校召开了"以阶级斗争为纲,迎头痛击右倾翻案风大会"。会上,沈秀珍师傅代表工宣队、校革会副主任胡文同志代表学校中心理论组对"三项指示为纲"的修正主义纲领进行了批判。各年级理论组和教工理论组的代表也在会上作了批判。在这次批判会前后,全校师生积极投入回击右倾翻案风的战斗,在短短的一、两天时间内,全校就贴出了批判谬论的大字报近三千份。扬中园里处处是战场,人人举刀枪,充满了热烈的战斗气氛。

▲我校教育革命展览会开幕以来,校内外参观者已有数千人次。有的班级的师生为了更好地参加反击右倾翻案风的战斗,一再前往参观,一些同学并认真地详细记录有关材料,用教育革命的丰硕成果,来批判攻击教育革命的种种奇谈怪论,回击右倾翻案风对无产阶级专政的猖狂进攻。为了用一部分展品参加全市教育革命展览会,现我校教育革命展览会已经撤销。

▲高一(1)、(2)班在反击右倾翻案风的热潮中,决定进一步开展教育革命,以校办农场为基地,实行半工半读,以无产阶级政治挂帅、开门办学的实际行动,批判教育界的种种奇谈怪论,把教育革命进行到底。二月二十一日,他们召开了半工半读誓师大会,决心在校党支部和工人阶级的领导下,向工农兵学习,上好阶级斗争这门主课,树立学农、爱农、务农的思想,搞好半工半读,以优异成绩来回击右倾翻案风。

▲为了搞好对教育界种种奇谈怪论的批判,高二年级组织了批判小分队,就教育质量问题对"教育质量下降"等谬论,在全年级进行巡回批判,对全年级的革命大批判起了推动作用。

▲中一、中二年级在新学期一开始,就积极和挂钩队联系开展活动,决心把班队挂钩这一新生事物越搞越好。以实际行动回击右倾翻案风。他们都请了挂钩队的贫下中农来校讲课。中二年级还急挂钩大队——市郊武塘大队之所急,积极参加该大队农业学大寨的平整土地劳动,为普及大寨县出了力。

教革通讯

第80期

一九七六年三月八日
扬州中学政工组、教革组编

开门办学就是好

工宣队

一九七五年七、八、九三个月，教育界刮起了右倾翻案风的奇谈怪论，妄图篡改教育革命的方向，否定教育革命的丰硕成果。面对这股右倾翻案风的进攻，我们工人阶级不能不闻不问。我们是教育革命的主人，我们要和广大革命师生员工一起用大量的事实来驳斥那些奇谈怪论，为捍卫毛主席教育革命路线，保卫无产阶级文化大革命的胜利成果，为使学校成为无产阶级专政的工具而斗争。

教育界奇谈怪论的一个方面，就是大肆攻击开门办学，反对走与工农相结合的道路，他们把开门办学歪曲成是“不讲学文化”，是“实践——实践——实践”这不仅是对“五·七”指示道路的诬蔑，也是对客观事实的一种捏造。毛主席早就指出：“教育必须为无产阶级政治服务，必须与生产劳动相结合。”我们工宣队进驻扬州中学以来，在学校党支部的领导下，和广大革命师生员工一起，始终支持“实践——认识——实践”的原则，坚持开门办学，我们不仅耳闻目睹，而且身体力行。对于开门办学应该怎样评价，我们有充分的发言权。事实胜于雄辩，现在让我们列举我校开门办学活动中的事实，来回击奇谈怪论对开门办学的诬蔑吧。

我校建在邗江县红旗公社志远大队的农村分校，至今已有13批57个班级3100多人次去学习过。由于不断总结经验，吸取教训，方向越来越明，领导措施越来越得力，收效越来越明显。农村分校坚持把转变学生思想放在首位，着重培养学生为农、爱农、务农的思想，以农业学大寨为主要内容，把农村分校作为上山下乡的演习场。

上个学期,红旗公社、志远大队两级党组织和革委会负责同志,联系实际,给学生上了农业学大寨课。教师结合文科教学的改革,组织学生进行了社会调查,写了贫下中农的家史、大队两条路线的斗争史、插队知识青年成长史。结合理科教学的改革,进行现场教学,同学们学习了土壤分析和沼气,学习了拖拉机的驾驶和修正,学习了地形测量,上学期去农村分校的师生,根据农业学大寨制定规划的需要,毅然地承担了为大队测绘地形图和为公社新开河道测绘纵断面图的任务。他们从实践出发,边干边学,克服了技术上、设备上、自然条件等多方面的困难,在为农服务的实践中搞好测量教学,胜利完成了任务,获得了好评。农业基础知识和手扶拖拉机课程的教学也取得了比较明显的成绩。参加农村分校活动的一位农基教师深有体会地说:"我在农大学了多年,土壤分析和沼气的知识都没有掌握好,现在理论联系实际,中学生在实践中学土壤分析和沼气,获得的知识比我们以前的大学生要全面、真实。"

在到工厂开门办学活动中,广大师生认真接受工人阶级再教育,虚心学习工人阶级的好思想、好品德,也取得了可喜的成绩。一些班级到汽修厂、标准件厂学习电动机,先通过劳动了解电动机的组成部分和制造过程,然后请工人师傅讲课,学原理,学结构,看实物,物理教师又反复辅导,再带着学得的知识多次拆装电动机,掌握了实际的本领。这完全是按照"实践——认识——实践"的认识规律进行教学的。这样开门办学的结果,同学们学得活,学得快,收获大。一般经过十天左右的学习,就初步掌握了电动机的原理和拆装、排除一般故障的基本技能。负责辅导的物理教师深有感触地说:对电机绕组,以前我在大学学过,但光有书本知识,连电动机实物也认不得。现在的中学生,在工厂开门办学学到的知识,远远超过了我们这些以前关门啃书本的大学生。

开门办学不仅使同学们学到了有用的知识,更重要的是转变了思想。到农村分校学习的同学,增强了劳动人民感情,培养了热爱劳动、热爱集体、艰苦朴素的好作风,尤其是提高了思想觉悟,明确了为农服务的方向。有个学生,学拖拉机很"积极",原来他认为掌握了这项技术,以后在农村干活,可以既省力,又吃香。后来社队干部在向同学们进行基本路线教育时,谈到有个青年,由于思想不端正,拖拉机驾驶技术学到手,但人被资产阶级夺走了。他开拖拉机"没有烟,耕不到边,没有肉,耕不透。"这个同学听了很受教育,认识到只顾专业不顾专政的危险。他转变了思想,明确了为农服务的方向,学开拖拉机的劲头更足了,由于农村分校坚持无产阶级政治挂帅,坚持三大革命实践,上学期到农村分校学习过的同学,在学习、劳动、遵守纪律等方面都有了比较明显的进步。上学期全国农业学大寨会议一结束,全校广大革命师生就闻风而动,积极投入农业学大寨的热潮中去,在短短几天内就向农村送肥十万多斤。高中师生在学校党支部、工宣队和校革会负责同志的率领下,到市郊城北公社综合大队参加学大寨的平整土地劳动,短短的一个多星期,就耕了土五千多方。师生在改造客观世界的同时改造主观世界,同学们表示:要用扁担挑走旧社会的痕迹,用泥土填平三大差别的鸿沟,用汗水冲刷头脑里私有观念。同学们在工地上既拿锹,又拿笔,以沸腾的战斗生活为创作源泉，写出了数百篇鼓舞斗志的报导散文和诗歌，这些诗文不仅是工地劳动的记录，而且是共产主义精神的赞歌，它显示了教育革命的丰硕成果。以上大量的事实说明：开门办学就是好！

开门办学是新生事物，我们工人阶级坚定地为这一新生事物拍手叫好，大喊大叫。我们要坚决同修正主义路线对着干。教育界惊心动魄的阶级斗争实际，使我们清醒地认识到在教育这块阵地上封、资、修的流毒年深月久，资产阶级势力还十分顽固，而且在某些方面占着优势。我们扬州中学的开门办学活动，也不是一帆风顺的，右倾翻案风在我们学校不是没有反映的修正主义教育路线回潮的现象也不是没有发生过。因此，修正主义仍然是当前的主要危险。用毛泽东思想占领教育和改造教育这块阵地，是我们工人阶级的一项长期的艰苦的战斗任务。我们决心发扬"世上无难事，只要肯登攀"的革命精神，认真学习无产阶级专政理论，以阶级斗争为纲，坚定立场，在斗争中学会斗争，在斗争中不断提高自己的路线斗争觉悟，在党的一元化领导下，继续发扬工宣队的战斗作用，团结广大革命师生员工，把无产阶级教育革命进行到底，用战斗来捍卫文化大革命和批林批孔的胜利成果。

加强工人阶级领导　把教育革命进行到底

——驳"要有热心科学的外行来领导"

成增龄

最近，教育界刮起了一股右倾翻案风，他们总是想否定无产阶级文化大革命，对教育战线的大好形势进行恶毒的攻击。他们为了扭转无产阶级教育革命的方向，在领导权问题上大做文章，胡说什么：学校"要有热心科学的外行来领导"，明目张胆地反对毛主席关于"工人阶级必须领导一切"的伟大的指示，用心何其毒也！

学校究竟是工人阶级来领导，还是由所谓"热心科学的外行来领导"呢？这是一个重大原则问题，这是一个大是大非问题，来不得半点含糊，一定要辩论辩论清楚。

我们说，无产阶级革命是否坚持工人阶级的领导，这是搞马克思主义，还是搞修正主义的试金石。只有确立工人阶级在学校的领导权，才能贯彻执行毛主席的革命路线，将无产阶级教育革命进行到底。伟大的革命导师列宁在十月革命胜利后强调指出，教育部门"首先应该公开承认共产党的政治领导"。毛主席向来十分重视领导权问题，早在第一次国内革命战争时期，毛主席就深刻指出："工业无产阶级是我们革命的领导力量。"全国解放前夕，毛主席提出："必须全心全意地依靠工人阶级。"文化大革命一开始，毛主席又尖锐地指出："彻底批判学术界、教育界、新闻界、文艺界、出版界的资产阶级反动思想，夺取在这些文化领域中的领导权。”以后毛主席又发出“工人阶级必须领导一切”的伟大号召，亲自派出工宣队进驻学校，并且指出“工人宣传队要在学校中长期留下去，参加学校中全部斗、批、改任务，并且永远领导学校。”革命导师一系列光辉指示，深刻地阐明了无产阶级革命必须坚持党的领导、坚持工人阶级的领导，这是我们革命事业取得胜利的可靠保证。

历史是最好的见证。自从一九六八年七月廿七日工宣队进驻学校后，七年多来，广大工宣队员和革命师生一道，以阶级斗争为纲，坚持党的基本路线，坚持无产阶级专政下的继续革命，使教育革命出现“莺歌燕舞”的大好形势。就以我校工宣队而言，几年来，在毛主席革命路线指引下、在党的一元化领导下，做了大量的工作，使得这所“□、大、名”的扬中，“旧貌变新颜”。请看：工人宣传队进驻学校领导学校斗批改，从根本上改变了资产阶级统治学校的现象。资产阶级的东西和修正主义的东西，一次又一次地受到深刻的批判。教育制度和教学方法进行了一系列的改革。工人教师、工农兵业余讲师登上了讲台，完整地执行了党的知识分子政策，使原有的教师队伍也得到了较好的改造。工宣队抓大事、抓路线，为教育革命把好方向、路线关；工宣队坚持把转变学生思想放在首位，在三大革命运动中培养无产阶级革命事业接班人；工宣队积极支持社会主义新生事物，热情扶植新生事物的成长。我们记得，工宣队师傅带我们去泰兴等地参观，不断端正办学方向；我们记得，工宣队师傅第一个倡议开创农村分校；我们还记得，工宣队师傅跟我们一道外出开门办学，在关键时刻撑我们的腰。现在，学校里充满了一派生机勃勃的新气象：工农子弟大批入学；学习马列毛主席著作的群众运动已经形成；广大师生坚持开门办学；学生的阶级斗争和路线斗争觉悟有了很大提高，他们分析问题解决问题的能力大大提高；广大学生毕业后，坚持走与工农相结合的道路，到祖国最需要的地方去，文化大革命以来我校就有三千多学生上山下乡。这种种状况，是文化大革命前从来没有过的，旧扬中也是不好比拟的。这铁的事实是对奇谈怪论的有力驳斥！这铁的事实是对大刮右倾翻案风先生们的有力回击！

刮右倾翻案风的先生们，拼命反对的是工人阶级领导，那末，教育革命究竟由谁来领导呢？用他们的话来说，是让那些“热心科学的外行”来领导。好一个“热心科学的外行”！在社会主义社会中，无产阶级和资产阶级是两大对立阶级，它们之间的矛盾是整个社会主义历史时期的矛盾。在无产阶级向资产阶级争夺文化教育阵地领导权的斗争中，不是东风压倒西风，就是西风压倒东风，决没有第三条道路。他们说的“热心科学的外行”是指无产阶级吗？不是。正是这种奇谈怪论的散布者，把文化大革命以来的大好形势，说成一团漆黑，把工人阶级的领导说得这也不是那也不行。相反，他们对资产阶级知识分子统治学校的十七年却恋恋不舍，大唱赞歌，说什么“不能认为路线错了一切都错”啦，甚至提出要“总结十七年的经验”。这就不难看出，他们要的“热心科学的外行”，实际上就是资产阶级知识分子。所谓“外行”，只不过是幌子而已。在文化教育阵地，封资修的影响年深日久，资产阶级势力根深蒂固，在不少领域,资产阶级还占着优势,资产阶级在政治上被推翻以后,必然要利用他们手中掌握的某些科学文化知识来同无产阶级进行较量,因此,他们自然而然地是一些很"热心科学"的人。所谓"要有热心科学的外行来领导"的口号,正是适应了资产阶级向无产阶级进行反夺权的要求而提出来的。如果请这种"热心科学"的人来领导教育,岂不是把教育的领导大权拱手交给资产阶级吗?这些"热心科学"的人,分明是一些热心搞资产阶级政治的人,分明是一些热心搞修正主义的人,如果我们按着他们的办法去做,那必然会重新恢复资产阶级知识分子统治学校的现象,把学校变成资产阶级专政的工具,文化大革命前在教育领域资产阶级专了无产阶级十七年政的历史又会重演。那是多么可怕的情景啊!在修正主义教育路线统治下,设下了考试关,拉起了分数线,把工农子弟关在校门外;一些工农子弟经过重重关卡入学后,也往往被资产阶级诬蔑为"脑子笨""基础差","低洼塘",横遭排挤打击,有的被"提前支农"赶出了校门。资产阶级老爷们大肆贩卖"智育第一""读书做官""知识私有"等黑货,社会主义课堂上居然成了封资修毒汁的倾销市场,不少学生在刘少奇修正主义路线的毒害下,受到资产阶级思想的严重腐蚀,有的工农子弟"一年土、二年洋、三年不认爹和娘",有的堕落为资产阶级右派;走上了犯罪道路,有的因考不取学校而得了精神病、成了资产阶级的殉葬品。还有爬上了"宝塔"尖的,他们成了资产阶级的精神贵族,死心塌地的为资产阶级卖命。这种历史教训,我们还记忆犹新。现在,有人竟妄图把历史的车轮拖回到资产阶级梦寐以求的境地,我们能宽容忍让吗?不能!一千个不能,一万个不能。

大刮右倾翻案风的先生们,鼓吹让"热心科学的外行来领导",这并不是什么新发明,而是资产阶级右派的旧破烂。早在一九五七年,资产阶级右派曾公开叫嚷"中共组织退出学校",要在大学实行"教授治校",有的则赤裸裸地喊出"党不能领导科学""无产阶级小知识分子不能领导小资产阶级大知识分子",一句话,就是所谓"外行不能领导内行"。在全党全国人民的猛烈痛击下,右派分子提出的"外行不能领导内行"的口号早被批得臭不可闻了。刮右倾翻案风的先生们明知这种货色捧不上手,拿出来也骗不了人,于是接过"外行能够领导内行"的革命口号,却在外行前面加上"热心科学"的限制词,妄图以"不热心科学"的莫须有的罪名,把工人阶级领导一举反掉,让那些"热心"搞资产阶级政治的人来把持教育领域。过去,资产阶级右派向党进攻的时候,在"内行""外行"问题上大做文章,现在,刮右倾翻案风的先生们在向党进攻的时候,在"热心""不热心"的问题上大做文章,其实质都是一样:他们要资产阶级领导、不要无产阶级领导。历史最会嘲弄人,当年那些起劲反对党的领导,反对工人阶级领导的资产阶级右派先生们却被革命人民连同他们的"外行不能领导内行"的谬论扫进了历史垃圾堆。可以预言,如今那些起劲反对党的领导、反对工人阶级领导的大刮右倾翻案风的先生们,结局也一定是可悲的,连同他们的"要有热心科学的外行来领导"的奇谈怪论一起也将被扫进历史的垃圾堆。

同志们!在当前教育战线的大辩论中,我们一定按照"纪要"的基本精神办事,牢记党的基本路线，坚持以阶级斗争为纲，加强党的领导，批判否定无产阶级文化大革命和教育革命的右倾翻案风，进一步加强工人阶级的领导，把无产阶级教育革命进行到底，在上层建筑各个领域进一步加强对资产阶级的全面专政！

简讯

△三月一日，章书记传达了市委扩大会议精神，作了进一步批判“三项指示为纲”的动员。近来，高一、中一等年级纷纷召开批判“三项指示为纲”的大会，分在年级工作的工宣队师傅和学生、教师一起，满怀无产阶级义愤参加了批判。

△高二(1)(2)(3)(4)(6)班于三月二日起分别到汽修、冶金、农学院电机厂学工；高二(7)(8)班同学已于三月四日本学期第一批去邗江志远大队我校农村分校学习。

△中一年级最近连续请挂钩的裴庄大队黄支书、潘桥大队胡支书来校就本大队旧貌变新颜的大好形势，批“今不如昔”、批判“三项指示为纲”的谬论。

△中二年级最近于三月四、五日两天，连续在挂钩的武塘大队参加农业学大寨的平整土地劳动。

教革通讯

第81期

一九七六年三月二十三日

扬州中学政工组、教革组编

进一步搞好开门办学　狠狠回击右倾翻案风

【本刊讯】在学习毛主席一系列最新指示、反击右倾翻案风的热潮中,我校师生在党支部、工宣队、革命会的领导下,以阶级斗争为纲,进一步搞好多种形式的开门办学活动,以实际行动和新的成绩批驳了教育界的种种奇谈怪论,狠狠回击了右倾翻案风。

高二年级和工人、贫下中农一起开展学习、批判

高二年级从学期开始就开展了多种形式的开门办学活动。一些班级去工厂学工或半工半读,一些班级去农村分校,一些班级在校参加各种活动。他们把学习无产阶级专政理论放在首位,积极投入反击右倾翻案风的斗争。全年级这一阶段来学习了毛主席的有关指示、人民日报社论《翻案不得人心》和《无产阶级文化大革命的继续和深入》等一系列重要文章,并请了工人、贫下中农作忆苦思甜报告,还和工人、贫下中农一起开展了革命大批判。全年级共开批判会17场,出了大批判专栏23期,写出了大批判稿一千多份。高二(3)班师生在江苏农学院电机厂学工,每周定期和工人师傅一起学习,和工人师傅一起开了三次批判会,每个同学都写了批判稿,有十多位同学在全厂批判会上发了言。高二(11)班在农配二厂学工,积极参加厂里的各项政治活动。厂里两次开回击右倾翻案风大会,同学都积极上台发言。高二(7)、(8)班的同学在农村分校,也和贫下中农一起,开展了学习、批判活动。他们都用开门办学中的收

获和体会，批判了"三项指示为纲"的修正主义纲领，批判了教育界的种种奇谈怪论。高二(1)、(11)等班级的女同学，在"三八"国际劳动妇女节，和所在厂的女职工一起，开展了革命大批判及其它活动。高二(2)等班级的同学和工人师傅一起写批判稿，主动为工人抄写大字报。这些活动提高了师生的阶级斗争、路线斗争觉悟，也得到了工人师傅的好评。在开门办学活动中，师生还把转变思想放在首位，虚心接受再教育。高二(3)班到江苏农学院电机厂铸工车间学翻砂的几位同学，开始觉得翻砂这活又脏又累没学头。厂党支部书记老徐亲自到铸工车间去参加翻砂劳动，和老师傅一起对他们进行教育，说明翻砂在工业生产中的重要性，并指出轻视翻砂，怕脏怕累，就是轻视工人，轻视劳动，这是孔老二反动教育思想流毒的反映。这正需要在劳动中加以清除。同时，徐师傅又手把手地教他们学习翻砂的有关生产知识和技能。在厂领导和老工人的亲切教育下，这些同学提高了认识，发挥了干劲。他们不仅平时劳动积极，不怕脏和累，而且还放弃厂休，与工人师傅一起完成突击任务，得到了厂领导和工人师傅的表扬。高二(11)班有十位女同学，到农配二厂学工后，在工人师傅的帮助下，提高很快。一次她们了解到所在车间有突击任务，便放弃厂休，从早上七时进厂一直干到晚上十时多下夜班，连干了两班，超额完成了任务。厂里要发给她们加班费，她们说：我们要学习工人师傅的好品质，自觉限制资产阶级法权。坚持不要加班费。各班级还分别请工人师傅和贫下中农讲了电动机、识图和农村沼气、农村电灌等课。仅高二(4)、(6)两个班级就请了汽修厂陆师傅讲识图知识就有十六个半天。这些课理论和实践紧密结合，深受同学欢迎。到工厂学工的同学，在工人师傅手把手的帮助下，现在一般能顶班参加劳动。通过实践，更加牢固地掌握了有关的知识。

中二年级坚持班队挂钩参加农业学大寨劳动

中二年级师生从上学期和市郊双桥公社武塘大队实行班队挂钩以来，现已做到了开展活动经常化、制度化。本学期来，师生已到武塘大队参加了五次平整土地劳动；请干部、贫下中农给师生讲了大队的阶级斗争情况和两条路线斗争史；结合农基课的教学，请贫下中农讲了蔬菜的种植与管理知识，结合数学课的教学，由生产队的会计给同学们上了"生产队会计"的课程内容。武塘大队广大干部、贫下中农当前正在为及早实现大寨式郊区而大干。中二年级师生积极投入了这场农业学大寨，普及大寨县的伟大运动，他们急贫下中农之所急，突击为大队新开的杨庄河搬土、平整土地。在劳动中，师生发扬了"一不怕苦，二不怕死"的革命精神，抢挑重担，猛干不歇肩。有的同学千方百计借板车参加运土，大大提高了劳动工效。五次劳动就运土七百多方，有力地支援了大队的春耕生产。武塘大队党支部、革委会除了敲锣打鼓、鸣放鞭炮向中二年级师生送了感谢信外，还又送了表扬中二(6)班朱寅等六位同学的表扬信。表扬信上说："……特别是中二(6)班的朱寅、张薇薇、郑小玫、□文荷、许伟湘、陈莉莉等六位同学，自从她们班与武塘生产队挂钩以来，经常利用假日和星期天休息时间到武塘生产队参加集体生产劳动，跟贫下中农干在一起，汗流在一起，有时天下小雨,叫她们早点回家,她们也不肯。有时天快黑了,叫她们休息,她们仍坚持与贫下中农一道下工。她们这种热爱农业劳动的精神,热爱劳动人民的思想感情,使我们深受感动。多次询问她们的姓名,她们就是不肯留名。她们真不愧是毛泽东思想哺育的幼苗,教育革命培育的新花!为此,我们特来信表扬。"目前,中二年级打算在总结成绩、表彰先进的基础上,进一步搞好班队挂钩开门办学的活动。

中一年级三结合教育愈搞愈好逐步发展壮大

中一年级从上学期同学一进校起就抓了校外三结合教育工作。上学期,中一(12)班进行了试点;这学期一开始,中一(14)班也和南门居委会、南门派出所挂钩,成立了校外三结合教育小组。

中一(12)班师生和忠红居民区挂钩的校外三结合教育,上学期以来活动持久不断。同学们在寒假期间参加了地区值勤保卫工作,协助地区作宣传工作,及时向公安人员汇报情况,受到了地区派出所和公社居民区的好评。本学期开学以来,他们积极参加地区的各项政治活动,学习了批判"三项指示为纲",回击右倾翻案风的一系列重要文章;人人都写了批判稿,在地区召开的批"三项指示为纲"谬论的批判会上,有两个同学在大会上作了批判,他们参加了公社办厂"弹花厂"的劳动,还在家长的支持下,到挂钩生产队冒雨参加了突击劳动。三月初的一天,听说挂钩生产队急需育苗营养钵,经学校领导同意后,他们急贫下中农之所急,立即出发去生产队突击做钵。居民区和学生们的家长知道后,认为这是给孩子们锻炼的好机会,都表示积极支持。这一天下着雨,路又比较远,家长们积极为孩子准备干粮,让他们中午不回家,在队里多做一些事。同学们一到队里,就冒雨投入了紧张的劳动。大家衣服被雨打湿了,中午吃冷的干粮,没有一个叫苦的。一天的劳动,共做了1700多只营养钵,支援了农业生产,受到了贫下中农的赞扬。家长对孩子得到锻炼也比较高兴。

中一(14)班的校外三结合教育小组,于三月十三日在南门居民区正式成立。这个小组共聘请了十二位校外辅导员,已开会商谈过计划。三月十六日,他们开展了第一次活动,是参加南门、安墩、通扬三个居民区联合召开的批斗盗窃犯教唆犯大会,这个会使学生受到了现实的阶级斗争教育。接着这个班的同学又在最近和南门居民区的居民一起,批判了这个地区的一个反革命分子。这个地区的黑板报工作,原来因为缺乏适当人选,一直被这个反革命分子把持着,中一(14)班的同学勇挑重担,主动接过了地区黑板报的工作,得到了好评。

高一年级在解放军帮助下积极开展军训活动

为了贯彻落实毛主席的"五·七指示"和民兵工作"三落实"的指示,向人民解放军学政治,学军事,学习好思想、好作风、好传统,对广大同学进行一次战备教育和革命纪律教育,以教育革命的实际行动回击右倾翻案风,高一年级全体师生在人民解放军驻扬某部防化连指战员的帮助下,于三月十日至十五日开展了一次短期军训活动。

这次军训活动的主要内容是:进行“三防”教育,军事队列训练和组织行军拉练活动。通过“三防”教育(防原子、防化学、防细菌),特别是其中关于“防原子”的教育,使同学们了解到原子武器同世界上一切事物一样,也有两重性。原子弹是“纸老虎,看样子可怕,实际上并不可怕”,也是可以防护的。在军事队列训练中,通过面对面的教学训练,同学们学会了队列训练的基本动作,更学到了人民解放军一不怕苦,二不怕死的革命精神。由于解放军同志在训练中严格要求,这次学军活动中,同学们精神饱满,遵守纪律,训练认真。有时虽然刮风下雨,但同学们在解放军同志的带领下,仍然善始善终地坚持训练。在认真训练的基础上,三月十五日晚,全年级师生在解放军同志带领下,举行了一次行军拉练活动。这次夜行军从实战出发,师生带着高度的敌情观念积极参加了行程三十余里的活动。这次行军拉练实质上是一次紧张而又严肃的战备演习。途中在解放军同志指挥下,搞了通过“敌人封锁线”、防空、传口令、捉“特务”、急行军等项活动。每进行一次活动前都有简短扼要的政治动员,同学们学习解放军同志高度的政治觉悟,严肃的战斗作风,严明的组织纪律,做到了一切行动听指挥。整个活动过程思想性强,战斗气氛激,组织纪律严格,有的师生虽然体质较差,但不怕苦和累,坚持参加。有的同学在黑暗中深进河泥塘中,鞋子里灌满了泥浆。有的同学通过“封锁线”后,为了扑灭余火,跌打滚爬,浑身沾上了泥灰,还高兴地说:“这才叫锻炼!”通过这次学军活动,高一年级师生接受了一次战备形势教育,组织纪律性教育和革命传统教育。

毛主席的一系列重要指示如浩荡东风,催得扬中园里开门办学的鲜花竞相开放。以上全校各个年级多种形式的开门办学活动,是对攻击开门办学的各种奇谈怪论针锋相对的批驳,是对党内那个不肯改悔的走资派所刮起的右倾翻案风的有力回击。在大好形势下,全校师生决心沿着毛主席的革命路线,继续搞好开门办学,搞好教育革命,以实际行动回去右倾翻案风,把这场斗争进行到底!

反击右倾翻案风

嘉　谦

路线方针大目标,此人胆敢乱喧嚣。
骗车摆脱红专道,捕鼠胡吹黑白猫。
阶级斗争徒否定,折衷主义耍花招。
万民正告走资派:纲目岂容尔混淆!

教革通讯

第82期

一九七六年四月一日

扬州中学政工组、教革组编

鼓吹"三项指示为纲"用意何在?

高一年级理论组

去年,党内那个不肯改悔的走资派刚上台不久,由于他本性难改,便又故态复萌,重操旧业,一手抛出了"三项指示为纲"的修正主义纲领,肆无忌惮地刮起了一股右倾翻案风,代表资产阶级向无产阶级发起了猖狂进攻。

毛主席以伟大革命家的敏锐目光洞察阶级斗争的新动向,及时指出:"安定团结不是不要阶级斗争,阶级斗争是纲,其余都是目。"一针见血地指出了"三项指示为纲"的要害是搞修正主义,复辟资本主义。

究竟什么是一切工作的纲?毛主席早就明确告诉我们:"阶级斗争是纲,纲举目张。"这是因为在社会主义社会这个历史阶段中,无产阶级和资产阶级的矛盾始终起着支配作用,规定和影响着其它矛盾的存在和发展。可是,那个不肯改悔的走资派却蛊惑人心地提出"三项指示为纲"。在这里,那个不肯改悔的走资派在"全面执行"毛主席指示的幌子下,肆意篡改和歪曲毛主席指示的精神实质,以折中主义的手法,从毛主席一系列重要指示中抽出三条,不分主要次要地平列起来,等同起来,说成是我们一切工作的纲,使纲目不分,纲目颠倒,用"阶级斗争熄灭论"和"唯生产力论"反对无产阶级革命和无产阶级专政。

这一套,对于党内那个不肯改悔的走资派来说,不过是老调重弹,故伎重演。在民主革命阶段,他就鼓吹"各阶级间的亲密合作"。进了社会主义时期,他接二连三地宣称:现在革命的任务已基本完成了,今后的任务就是搞建设;现在阶级已基本消灭了,就不应该强调阶级斗争。如今,他所抛出的“三项指示为纲”,实质上是他过去讲的什么“不管白猫黑猫,抓住老鼠就是好猫”的翻版,只不过是换汤不换药,目的还是一个,即取消无产阶级对资产阶级的斗争。请看,“三项指示为纲”一出笼,不就有人公开说在科技界不要提无产阶级专政吗?不就有人公然反对把学校办成无产阶级专政的工具吗?按照他们的逻辑,这也“特殊”,那也“特殊”,那么无产阶级反对资产阶级的阶级斗争,无产阶级对资产阶级的专政,岂不成为一句空话了吗?

那个不肯改悔的走资派,别有用心地把“安定团结”和阶级斗争对立起来,用他们所说的“安定团结”来否定无产阶级反对资产阶级的斗争,破坏在毛主席革命路线基础上的安定团结。在他们看来,无产阶级对资产阶级开展斗争,就会打乱他们所要维护的修正主义旧秩序,妨碍他们安安稳稳地搞复辟。他们把无产阶级文化大革命中革命群众对修正主义的冲击和批判,看成是一场灾难,把文化大革命和批林批孔以来各个领域的深刻变革,看成是一团糟。“革命是历史上最正常的秩序。”如果这不叫安定团结,那么照他所说的“安定团结”,岂不是要无产阶级去同资产阶级“和平共处”,向资产阶级屈膝投降吗?岂不是要在“安定团结”的幌子下,建立资产阶级的“仙山琼阁”吗?事实也正是这样。那个不肯改悔的走资派公然以“复辟派”自居,打着“安定团结”的幌子拼凑复辟势力,说什么“只要不是国民党,就尽量团结起来”,而对在文化大革命中涌现出来的新干部则百般挑剔和打击,破坏老、中、青三结合的原则,挑拨新老干部的关系,挑拨人民群众和党的关系,挑拨知识分子和党的关系。他到处“请隐士”“举逸民”,露骨地声称:“只要人家说你复辟了,你的工作就干好了!”他策动在文化大革命中受到批判的党内不肯改悔的走资派跳出来反攻倒算,打击坚持毛主席革命路线的干部和群众,并且给他们撑腰打气,说什么:“打倒一次,还怕打倒第二次吗?”看,他们是如此的蠢蠢欲动,如此的不安定。凡此种种,无不表明,“安定团结”是幌子,搞分裂,搞复辟才是真意。

党内那个不肯改悔的走资派把自己打扮成“最急于把四个现代化搞上去的”人。实际上,是认为社会主义的一套不行了,只有他们那一套才灵,他打着“一切为了四个现代化”的旗号,反对独立自主,自立更生的方针,妄图推行一整套资本主义的制度和方法,向国际、国内的资产阶级投降,把中国变成只能供给帝国主义、社会帝国主义原料的殖民地。他打着“把国民经济搞上去”的旗号,贩卖唯生产力论,大讲物质刺激是好东西,大讲利润挂帅批不得,大讲“管、卡、压”的制度要重建,妄图用腐朽的资本主义生产关系,破坏社会主义经济,阻碍生产力的发展。他们哪里是想发展社会主义生产,分明是挖社会主义墙脚,分明是想让苏联“卫星上天,红旗落地”的悲剧在中国重演!那个不肯改悔的走资派还气势汹汹地要刮“经济台风”,甚至扬言,“八级不够就刮十二级”。他们要把经济问题搞成一个猛烈的大风暴,冲击一切、压倒一切,那么这样下去,什么无产阶级反对资产阶级的斗争,什么无产阶级专政,不就要被“十二级”的“经济台风”刮得无影无踪了吗?这样他不就可以放手向无产阶级反攻倒算了吗?这就是他们所谓“一切为了四个现代化”的险恶用心,实质上,“经济台风”不过是资产阶级政治台风罢了。

“翻案不得人心”。毛主席的这一重要指示,深刻地揭露了党内那个不肯改悔的走资派逆历史潮流而动的反动本质,表达了广大革命人民反对复辟倒退的强烈意愿。社会主义革命的洪流是谁也阻挡不住的。党内那个不肯改悔的走资派搞复辟的花样再翻新,也不过是再次充当反面教员而已。“走资派还在走”,这是一个阶级斗争的规律。但是可以预言,一切妄图搞复辟倒退的人,除了“几声凄厉,几声抽泣”之外,只能是一次一次地敲响自己的丧钟罢了。

(平志民执笔)

革命大字报就是好

革命大字报就是好,
马列主义、毛泽东思想金光照。
回击右倾翻案风,
全校师生斗志高。
革命大字报就是好,
对准“三项指示为纲”猛开炮。
反修防修摆战场,
革命到底不动摇。

中一(7)　班唐慧

革命派在战斗

走资派还在走,
革命派要战斗!
面对右倾翻案风,
一团怒火燃心头。
反复辟,反倒退!
十二级台风也敢斗!

口诛笔伐上战场,
革命派在战斗!
贴上张张大字报,
辩论会上怒涛吼,
批谬论,辩是非,
坚持真理反潮流!

阶级斗争记心头,
革命派在战斗!
马列主义指方向,
继续革命不停留。
教育革命结硕果,
祖国山河添锦绣。

中二(7)班　马江镭

革命人民不上当

“什么三项指示为纲!”
偷梁换柱真荒唐。
革命人民不上当,
马列主义心头装。

"什么三项指示为纲!"
阴谋分裂党中央。
革命人民不上当,
翻身不忘共产党。

"什么三项指示为纲!"
折中主义老花样。
革命人民不上当,
阶级斗争永不忘。

"什么三项指示为纲!"
妄想复辟祸心藏。
革命人民不上当,
高举红旗心向党。

中二(6)班　邹十年

复辟道路行不通

七八九月起妖风,
挥舞黑旗搞反攻。
当年曾说"不翻案",
今日"还乡"来势汹。

革命烈火燃在胸,
团结战斗向前冲。
万炮齐轰走资派,
复辟道路行不通。

中二(9)班　吕　群

文化革命就是好

文化革命似春风,
教育革命春潮涌。
开门办学就是好,
文化好来思想红。

文化革命似春风,
新生事物出不穷。
一代春苗茁壮长,
学好文化为工农。

文化革命似春风,
革命人民齐赞颂。
走资派们心头恨,
翻案复辟不放松。

主席指示赛春风,
领我回击翻案风。
文化革命就是好,
谁想抹黑决不容!

中二(1)班　叶苏宇

反倒退,志坚强

走资派,笑面狼,
搞修正,是内行,
为复辟,抛假纲,
要"还乡",太猖狂。

我军民，早提防，
岂容他，扭船航，
反倒退，志坚强，
击妖风，向前方。

中二(9)班　华锡扬

批修战场立新功

战斗号角震长空，
千军万马打冲锋。
我们都是神炮手，
向走资派猛轰。
轰！轰！轰！
批修战场立新功。

中二(6)班　郑小玫

教革通讯

第85期

一九七六年五月十三日

扬州中学政工组、教革组编

坚决反击右倾翻案风　坚定不移走“五·七”道路

——我校召开纪念《五·七指示》发表十周年大会及座谈会

为了纪念毛主席光辉的《五·七指示》发表十周年，我校于五月六日下午隆重召开纪念大会。五月七日下午，学校又召开了有关挂钩单位的工人讲师参加的座谈会。在这些会上，大家满怀无产阶级革命激情，畅谈了当前批邓、反击右倾翻案风斗争的大好革命形势，热情歌颂了无产阶级文化大革命以来教育革命出现的新生事物，表示了进一步贯彻执行毛主席光辉的《五·七指示》，坚定不移走“五·七”道路的决心。

在全校师生员工参加的纪念大会上，学校党支部负责人，驻校工宣队负责人，邗江县志远大队革委会主任、我校农村分校革命领导小组副组长丁正富同志及工人教师代表、学生代表分别讲了话。他们一致认为：毛主席光辉的《五·七指示》，指出了社会主义学校培养无产阶级革命接班人的正确道路，是限制资产阶级法权，缩小三大差别，反修防修的根本措施，是深入开展教育革命的指路明灯。通过对无产阶级文化大革命以来我校贯彻《五·七指示》，实行开门办学情况的回顾，他们列举事实批判了教育界的各种奇谈怪论。在《五·七指示》的指引下，近几年来我校学工活动蓬勃开展，农村分校越办越好，班队挂钩、校外三结合教育等新生事物不断发展。师生在开门办学中，接受了工人、贫下中农、人民解放军的再教育，既学到了他们的好思想、好品质、好作风，提高了阶级斗争、路线斗争和继续革命的觉悟；也理论联系实际地学到了真正有用的文化科学知识，提高了分析问题和解决问题的能力，并能用所学的知识直接创造物质财富，为社会主义建设事业服务。这一切都说明所谓开门办学"不学文化"，是"实践——实践——实践"的奇谈怪论，完全是没有根据的捏造，是对贯彻《五·七指示》，实行开门办学的恶毒诬蔑。参加大会的同志一致表示：当前在批邓、反击右倾翻案风斗争取得伟大胜利的大好形势下。一定要进一步认真贯彻执行毛主席光辉的《五·七指示》，坚定不移地走"五·七"道路，到三大革命运动中去开门办学，继续深入搞好教育革命，争取以更大的成绩批判教育界的种种奇谈怪论，回击右倾翻案风。

纪念《五·七指示》发表十周年的座谈会，有工人、贫下中农讲师、工宣队师傅及学校领导、工人教师，教师、学生代表共四十多人参加。会上，和我校挂钩的扬州汽车修配厂、冶金厂的代表和邗江县志远大队党支部书记、我校农村分校革命领导小组组长张金坤同志及双桥公社武塘大队的蒋支书都发了言。他们指出，毛主席光辉的《五·七指示》发表以来的十年，是战斗的十年，胜利的十年。贯彻执行《五·七指示》，是反修防修的根本措施，是关系到培养无产阶级革命接班人，使党和国家不变颜色的大问题。这十年来，我们贯彻执行《五·七指示》，取得了不少的成绩，今后还要从路线高度进一步提高对《五·七指示》的认识，协助学校搞好开门办学，把教育革命进行到底。到会的负责同志和工人师傅、贫下中农代表一致认为：当前在深入批邓、反击右倾翻案风的斗争中开这一次座谈会，本身就具有重大的意义。在《五·七指示》的指引下，教育革命取得了显著的成绩。过去学生到工厂不会拿锯条，到农村分不清稻和稗，知识青年一下乡连饭也不会烧。现在在校学习期间经过开门办学的锻炼，情况完全不同了。更重要的是通过学工、学农活动，青年学生学到了工人、贫下中农的优秀品质，在"学政治"方面取得了很大进步，一个个成了"批判资产阶级"的闯将，争做反对资产阶级法权、缩小三大差别的尖兵。一代新人正在茁壮成长。但是，邓小平一伙走资派却对此视而不见，他们硬说开门办学"搞糟了"，仇视教育革命中出现的新生事物。攻击"五·七"道路，这是两个阶级、两条路线的尖锐斗争。到会的挂钩单位代表和学校的领导、师生一致表示：按照毛主席光辉的《五·七指示》办好社会主义学校，教育好革命的青年一代，责任重大。今后要继续认真贯彻执行《五·七指示》，搞好开门办学。以阶级斗争为纲。坚持批判修正主义，批判资产阶级，批判教育界的种种奇谈怪论，狠狠回击右倾翻案风。在《五·七指示》的指引下，使"五·七"道路越走越宽广，把反击右倾翻案风的斗争进行到底，把教育革命进行到底，争取更大的胜利！

第一课

高二(2)班　李　俊

课堂，
——宽敞开阔的打谷场，
教师，
——饱经风霜的杨大伯。
农村分校的第一课呵，
激起我胸中的滚滚浪潮。

*　*　*

老贫农痛说家史，
声泪俱下，
　　难抑激情滔滔；
扬眉怒目，
　　犹如火山猛爆。
课堂，
　　卷起了怒火的狂飚，
我们，
　　缅怀着斗争的风暴。……

“在那乌云笼罩的旧社会呵，
劳动人民带着沉重的镣铐。
新手创造万千财富，
吃的却是糠菜野草。
鞭子下
　　强压住满腔怒火，
多少人
　　盼望着金鸡报晓。
“多少年的梦想，
　　多少代的希望，
霹雳一声实现了。

是救星毛主席啊
　　——拨开了乌云，
穷苦人的脸膛上
　　——从此露出了幸福的微笑。
翻身不忘共产党啊，
紧跟领袖走社会主义大道。”

“可是，星檐下的洋葱心不死，
地富做梦也想着变天的花招。
党内的走资派，
同他们穿连裆裤一条。
二十六载的一次次风雨中，
毛主席领着我们战斗在最前哨。

今天，党内不肯改悔的走资派邓小平，
上台不久又发复辟狂叫，
妄想让历史的沉渣再泛起，
重弹“克己复礼”的老调。
我们决不吃二遍苦，
坚决向复辟狂猛烈开炮！”

* * *

透过这血泪的控诉，
我们仿佛看到
　　旧社会奴隶在死亡线上受煎熬。
通过这激越的声音，
我们仿佛看到
　　五亿农民的战斗风貌。
发自肺腑的深仇话语，
仿佛是革命前辈对我们的呼叫：

“红卫兵小将啊，
你们是革命的幼苗苗。
要看到
　　晴朗天空还有阴云飘，
要听到
　　阴暗角落还有蚊虫叫。

要警惕
　　豺狼会随着季节换皮毛，
要学那
　　雄鹰展翅爱斗风雹。”
　　*　*　*
听了老贫农的诉说，
　　我们磨炼思想更自觉；
想到老队长的嘱咐，
　　我们革命干劲又增高。
白日里，
　　我们和贫下中农共洒汗，
茧手披荆棘，
　　锄地识苗草。
夜灯下，
　　我们和贫下中农同学习，
挥笔作刀枪，
　　痛击翻案潮。
赛诗会上，
　　新生事物颂不完，
大字报中，
　　摧枯拉朽斗志豪。
……
　　*　*　*
呵，第一课啊，
你有力驳斥了“一团糟”的滥调，
贫下中农欢迎我们，
我们更需要这样的学校，
乌鸦遮不住红太阳的光辉，
螳臂休想阻挡“五·七”战士的前进道！

同志啊，战友啊，
快举起马列主义的巨斧钢刀，
　　迎雷霆，
　　　　排恶浪，
斩魔妖……
奋橹击中流，

航船劈狂涛。
战斗，
保卫文化大革命的胜利成果，
冲锋，
定让胜利的凯歌传遍九霄！

教革通讯

第86期

一九七六年五月二十日
扬州中学政工组、教革组编

庆祝伟大胜利　决心乘胜前进

——我校召开纪念中共中央五月十六日《通知》十周年、庆祝文化大革命伟大胜利大会

在批邓、反击右倾翻案风斗争深入开展的大好形势下，我校全体师生员工于五月十五日上午，满怀胜利的喜悦，隆重集会纪念伟大领袖毛主席亲自主持制定的中共中央一九六六年五月十六日《通知》十周年，热烈庆祝无产阶级文化大革命的伟大胜利。

会上，学校领导、革命教师代表、红卫兵代表讲了话。他们在讲话中，首先阐述了中共中央一九六六年五月十六日《通知》和无产阶级文化大革命的伟大意义。指出十年前毛主席亲自主持制定的中共中央五月十六日《通知》，是一个光辉的马克思主义文献，它吹响了无产阶级文化大革命的进军号，照亮了无产阶级文化大革命的胜利航程。《通知》不仅为无产阶级文化大革命确定了理论、路线、方针和政策，而且论述了社会主义革命的性质、对象、任务和前途，是十年前掀起文化大革命的战斗号令，也是今天反击右倾翻案风的强大思想武器，是坚持无产阶级专政下继续革命的指路明灯。他们在讲话中，回顾了文化大革命十年来革命造反派团结起来向走资派猛烈进攻的战斗情景，心潮澎湃，热血沸腾。在毛主席革命路线指引下，革命群众摧毁了刘少奇、林彪两个资产阶级司令部，批判了他们的反革命修正主义路线，革了党内资产阶级的命，使我们的党更加纯洁，更加坚强，无产阶级专政更加巩固，教育革命也取得了“旧貌变新颜”的巨大变化。这一切都深刻说明：毛主席“这次无产阶级文化大革命，对于巩固无产阶级专政，防止资本主义复辟，建设社会主义，是完全必要的，是非常及时

的"这一教导，是无数事实证明了的千真万确的真理。毛主席亲自发动的无产阶级文化大革命，是我国社会主义革命时期两个阶级、两条道路、两条路线长期斗争的必然结果。社会主义时期，党内出现走资派，走资派成为革命的主要对象，是阶级关系变化的必然结果，毛主席在五月十六日《通知》中指出："混进党里、政府里、军队里和各种文化界的资产阶级代表人物，是一批反革命的修正主义分子，一旦时机成熟，他们就会要夺取政权，由无产阶级专政变为资产阶级专政。"毛主席在反击右倾翻案风的斗争中又深刻指出："社会主义革命革到自己头上了，合作化时党内就有人反对，批资产阶级法权他们有反感。搞社会主义革命，不知道资产阶级在哪里，就在共产党内，党内走资本主义道路的当权派。走资派还在走。"毛主席的这些重要指示，分析了社会主义时期阶段关系的变化和阶级斗争的特点，总结了国内无产阶级专政的历史经验，特别是总结了无产阶级文化大革命的新鲜经验，再次明确回答了社会主义社会有没有阶级斗争，社会主义革命革谁的命，指出了资产阶级就在共产党内，走资派还在走。党内走资派是资产阶级与无产阶级进行较量，搞资本主义复辟的主要力量。毛主席发动和领导的无产阶级文化大革命，把重点放在解决党内走资派的问题上，这是非常正确、非常英明的。今天，重温毛主席关于文化大革命的一系列指示，大家感到非常亲切，很受教育，很受鼓舞。他们一致表示，在当前正在深入开展的批邓、反击右倾翻案风、追查反革命的斗争中，要认真学习毛主席关于文化大革命和反击右倾翻案风的一系列的重要指示，学习无产阶级专政下继续革命的理论，以阶级斗争为纲，坚持党的基本路线，深刻理解文化大革命的重要性和反击右倾翻案风的必要性，发扬文化大革命中的革命造反精神，乘胜前进，深入批判邓小平的反革命修正主义路线和反革命罪行，坚决镇压反革命。掀起批判邓小平、反击右倾翻案风、追查反革命的新高潮。

会上，各年级还演出了批邓、反击右倾翻案风和歌颂无产阶级文化大革命伟大胜利的文娱节目。

邓小平和纳吉是一丘之貉

中二(7)　马江镭

在伟大领袖毛主席亲自发动和领导下，批判邓小平、反击右倾翻案风的斗争不断深入，形势大好。革命人民欢欣鼓舞。而一小撮阶级敌人则深感末日来临。他们如同输红了眼的赌徒一样，孤注一掷，进行垂死挣扎。他们在雄伟壮丽的天安门广场搞反革命破坏活动，行凶作恶，狂呼要邓小平"主持中央工作"，妄图实现资本主义复辟。

二十年前，纳吉这家伙曾做为匈牙利反革命暴乱的头子而臭名远扬；今天，一小撮阶级敌人又把邓小平推出来当中国的纳吉。这就说明，纳吉与邓小平有着共同之处，他们都是党内外资产阶级的总代表。把他们的反动言行相联系起来看，就能使我们进一步认清邓小平的反动嘴脸，看清邓小平的反动阶级本质和推行修正主义路线的险恶用心，认清社会主义社会阶级斗争的规律和特点。

社会主义革命是无产阶级反对资产阶级和一切剥削阶级的革命，革命的锋芒直指资产阶级，指向党内走资本主义道路的当权派。匈牙利反革命事件的反动头子纳吉虽然早期参加了革命，但他从来不是一个无产阶级革命者，而是党在民主革命时期的同路人。一进入社会主义，就由资产阶级民主派变成了党内走资派。因此，凡是社会主义革命，他都竭力反对。他顽固地站在资产阶级立场上，反对走社会主义道路，反对农村社会主义改造，反对实现农业合作化，主张依靠小农经济来建设社会主义。后来，被匈牙利劳动人民党中央撤销了政治局委员的职务。纳吉看风使舵，为了骗取党对他的信任，作了假检讨，满口认错，表示愿意悔改。重新上台以后，就旧病复发，大搞翻案，大搞复辟倒退，变本加厉地推行反革命修正主义路线，妄图把当时的匈牙利拉回到地主、资产阶级专政的旧社会去。

邓小平也是如此，他虽然在民主革命时期参加了共产党，但到了社会主义时期，他的思想仍旧停留在民主革命阶段。他的资产阶级思想和世界观决定了他必然要站在社会主义革命的反面充当反对派。他从对社会主义革命不赞成，发展到抵抗，直至反对。他千方百计地维护资产阶级的利益。合作化时期，他追随刘少奇反对农业合作化，支持包产到户。文化大革命初期，他伙同刘少奇镇压群众运动。由于他推行修正主义路线，在文化大革命中，理所当然地受到了群众的批判。在风头上他假惺惺地表示愿意悔改，永不翻案。毛主席挽救他，给他重新工作的机会。但他辜负了毛主席对他的教育和挽救，一旦掌握了一部分权力，就凶相毕露，大刮右倾翻案风，大搞反攻倒算，妄图复辟资本主义。

纳吉和邓小平都是代表地主资产阶级利益向无产阶级专政猖狂进攻的反革命头子，但他们又都大肆鼓吹“阶级斗争熄灭论”，这是他们在斗争手法上的一个相同点。党内走资派为了复辟资本主义，掩护资产阶级向无产阶级进攻，总是疯狂地攻击无产阶级专政，抹煞阶级斗争。他们口口声声叫嚷什么“阶级斗争熄灭”，背地里却在千方百计地颠覆革命政权，向无产阶级猖狂进攻。纳吉曾经诡称“九百五十万匈牙利人民的心是一致跳动的”，他竭力主张对地主、资产阶级实行仁政，妄图取消无产阶级专政。然而，他大搞复辟，残害革命人民的罪行，正好使他杀气腾腾的真面目暴露得清清楚楚。邓小平也是这样，他一面狂叫“阶级斗争哪能天天讲”，一面到外煽风点火，带动一小撮阶级敌人向无产阶级反扑。天安门广场的反革命政治事件，又一次暴露了邓小平的狰狞面目。实质上，讲阶级斗争熄灭的人自己就不是熄灭，他们鼓吹阶级斗争熄灭论只不过是为他们颠覆无产阶级专政、复辟资本主义施放烟幕，掩护一小撮反革命向无产阶级进攻。

毛主席最近指出:“社会主义革命革到自己头上了,合作化时党内就有人反对,批资产阶级法权他们有反感。搞社会主义革命,不知道资产阶级在哪里,就在共产党内,党内走资本主义道路的当权派。走资派还在走。”纳吉和邓小平这些人,从来就不是真正的无产阶级革命家,而是资产阶级民主派。他们在社会主义革命阶段,还保留着资产阶级思想与世界观。他们推行的修正主义路线,集中代表了党内外资产阶级和没有改造好的地、富、反、坏、右的利益,他们虽然挂着共产党员的招牌,实际上却充当了反革命复辟势力的总代表,是一切反抗社会主义革命和敌视、破坏社会主义建设的社会势力和社会集团同无产阶级进行较量的挂帅人物,都是一贯反对社会主义革命的老走资派。他们的思想体系一脉相承,都是资本主义制度的卫道士,社会主义革命的死对头。他们这些党内的走资派官做大了,地位高了,资产阶级思想也随之膨胀起来。他们总是要代表资产阶级跳出来同无产阶级较量,纳吉与邓小平就是这样的典型。所以,修正主义是社会主义革命的主要危险,走资派是社会主义革命的主要敌人。纳吉同邓小平的所作所为,就是很好的说明。

毛主席指出:“凡属倒退行为,结果都和主持者的愿望相反,古今中外,没有例外。”人民是要革命的,历史是要前进的,任何人想要阻挡历史车轮的前进,都必将是枉费心机。“翻案不得人心”。我们要狠批邓小平的反革命修正主义路线,同走资派斗到底。

茁壮成长的幼苗

——记我班的学农小组

中二(6) 朱 寅

一个星期天的早晨,晴空万里,和煦的阳光普照着大地。在通往市郊双桥公社武塘大队的大路上,有六个女青年学生雄赳赳气昂昂地大步走着。她们就是到武塘大队去参加劳动的我班学农小组的同学。她们每个人都精神抖擞,英姿焕发,表现了革命青年的朝气。也许你会感到奇怪,星期天怎么下乡劳动的呢?事实上,这对我班的学农小组来说并不奇怪,星期天下乡劳动是学农小组的老规矩。

上学期,我们中二年级和武塘大队挂钩了。在开过学农誓师大会后,她们六位同学就想:我们城市里的孩子平时很少和农村接触,现在年级和武塘大队挂钩,这对我们开门办学是个有利条件。要是我们能经常去那里参加劳动,让自己在艰苦的劳动中磨炼,培养自己的劳动人民感情,为将来长大走与工农相结合的道路打下良好的基础,那多好。于是,她们商量后,决定每个星期天去武塘大队参加劳动,并正式成立了学农小组。

从此，每到星期天，她们就下乡劳动。在劳动中，她们总是虚心地向贫下中农学习，认真劳动，刻苦磨炼自己。冬天，天气很冷，那肆虐的寒风刮得人站不住脚，沙土刮起来迷得人睁不开眼，但她们照样和贫下中农一走参加平整土地的劳动。贫下中农劝她们少挑点土，但她们却说："多挑点才能烧出铁肩膀；少挑，那怎能磨炼我们的革命意志呢？"肩压疼了不叫苦，脸吹疼了不叫痛，她们就是这样刻苦地磨炼自己。有一次，天快下雨了，但还有两块田的青菜没有铲完。贫下中农劝她们早点回家，但她们执意不肯，坚持把青菜铲完了才回家。那已经是晚上六点多钟了，然而她们心里却很愉快。因为她们想的是：虽然回家晚了，但任务完成了。今天的劳动任务就好比解放军战士去执行战斗任务一样，在战场上，战斗没有结束有哪个战士撤出战斗岗位的呢？劳动任务不完成，我们就不能回家，回家迟点又算得了什么！

半年多来，除了有特殊情况，学农小组的同学都坚持到武塘大队参加劳动。她们的革命精神受到了贫下中农的赞扬，夸她们"是毛主席的好红卫兵，是限制资产阶级法权的小尖兵"。贫下中农为了鼓励她们，还特地送了表扬信给校领导。在表扬声中，学农小组的同学并没有骄傲，她们表示：要进一步在劳动中磨炼自己，接受贫下中农的再教育，做限制资产阶级法权的自觉战士。

还是看看她们今天的劳动情况吧！贫下中农把任务一分配，她们就象离弦的弓箭一样，飞也似地奔向了劳动岗位。今天的任务是给温房里的小苗浇水。她们一个个手提浇水壶，认真细心地浇着，贫下中农农看到心里热呼呼的，他们打心眼里高兴。一位贫农老大爷亲切地对她们说："你们现在的学生真不简单，既能文，又能武。可是右倾翻案风的制造者们却污蔑我们的教育革命，说什么'现在的学生不如以前了'，呸，这真是胡说八道！""我们就是要用向贫下中农学习。走与工农相结合道路的实际行动来回击右倾翻案风。"她们异口同声地说。在贫下中农的精心指导和鼓励下，她们干得更欢了。阳光下，晶莹的水珠洒在一棵棵幼苗上，幼苗绽开了笑脸。啊，幼苗，在党的阳光雨露的滋润下，茁壮地成长吧！

新生事物赞

中一（2） 何海燕

苍松参天，
哪怕酷暑寒冬？
鲲鹏展翅，

何惧风狂雨猛？
我们的新生事物啊，
似春苗

穿破冻土，
迎红日。
多么矫健青葱！

看吧，
工人师傅上讲台，
理论队伍攀高峰，
大学毕业当农民，
上山下乡争先锋，
赤脚医生多英姿，
文艺舞台花正红……

新生事物啊，
革命的新生事物，
你是社会主义的新花，
共产主义的幼芽；
你沐浴文化大革命的化雨春风
冲破资产阶级偏见的严霜重重。
在毛泽东思想的灿烂阳光下，
格外刚劲挺拔葱茏！
新生事物的春苗啊，
定会长成参天的苍松！
新生事物的幼苗啊，
定会长成展翅的鲲鹏！

教 革 通 讯

第 87 期

一九七六年五月二十八日
扬州中学政工组、教革组编

深入批邓　决心务农

——高二(1)班同学纷纷要求上山下乡，以实际行动回击右倾翻案风

【本刊讯】在深入批判邓小平、反击右倾翻案风、追查反革命的新高潮中，在光辉的红五月里，我校高二(1)班同学认真学习革命理论，深入批判邓小平的反革命修正主义路线。在毕业前夕，他们谈理想，抒豪情，写申请，表决心，立志走同工农相结合的道路，做反修防修的先锋。大家纷纷表示，要以上山下乡的实际行动，回击右倾翻案风，谱写新时代的“理想之歌”。

这个班的团支部和班主任老师，考虑到同学们即将毕业，面临着一场新的“考试”，就及时组织大家学习《青年运动的方向》，介绍报刊上登载的革命青年自觉限制资产阶级法权的先进事迹，帮助同学们从正面提高认识，增强上山下乡，立志务农的自觉性。当林友春、周金澄、姜晓琴三位同学递上决心书后，班上一方面及时抓住这一先进苗子，表扬鼓励，肯定她们的革命行动，赞扬她们的先进思想。加一方面，又及时批判了“打上山下乡申请是出风头、想入团”“反正是下放对象，乐得做点体面事”等风言风语，用革命的舆论抵制那股冷风。目前全班热气腾腾，紧接着三位同学的表决心，班上迅速产生了“连锁反应”，至今已有三十一位同学给学校党支部送交了决心书，其中有的同学还连续写了两次申请。

在高二(1)班同学递交的那些决心书上，充满着革命的精神，洋溢着战斗的豪情。他们的决心书有着这样明显的三个特点：

第一个特点是突出了批邓，决心和邓小平的反革命修正主义路线对着干。许多决心书上都说：党内最大的不肯改悔的走资派邓小平大肆污蔑社会主义新生事物，我们有抱负的革命青年就是要和他对着干！我们毕业后一定走毛主席指引的路，投身于工农大众的肥土沃壤之中，做限制资产阶级法权的自觉战士。

陈勤同学在决心书上说："知识青年上山下乡，是在无产阶级文化大革命中成长起来的新生事物。广大革命群众对待这一新生事物是积极支持，热情扶植，而刘少奇、林彪一伙和党内那个不肯改悔的走资派邓小平却恨之入骨。他们胡说知识青年上山下乡是'等于变相劳改'，鼓吹'读书做官'、'下乡镀金'，提出要'从中学生里挑选好的直接上大学'等等，引诱青年走邪路，阴谋煽动青年对党、对毛主席、对社会主义制度的不满，妄图以此达到他们破坏毛主席的革命路线，复辟资本主义的罪恶目的。我们革命的青年坚决不上他们的当，我们要用上山下乡的实际行动来粉碎他们的复辟迷梦，回击右倾翻案风，做反修防修的尖兵，做填平三大差别沟坎的铺路石。"

"凡是敌人反对的，我们就要拥护；凡是敌人拥护的，我们就要反对。"韦立森同学在决心书中写道："邓小平和一切阶级敌人攻击咒骂知识青年上山下乡，这从反面教育了我，使我懂得这是一场无产阶级同资产阶级的斗争，是复辟与反复辟的斗争。……邓小平的咒骂吓不倒我们，孔孟之道的邪说骗不了我们，旧的传统观念束缚不了我们。我决心：一生交给党安排，愿把青春献人民，上山下乡干革命，志在世界一片红。"

王云飞同学在决心书中回顾了十年的中、小学生活，他说："这是斗争的十年，胜利的十年，是文化大革命光芒万丈的十年。……当我还是小学生的时候，就看到成千成万的红卫兵战士奔赴农村。今天，我要毕业了，我将扛起火红的战旗，到广阔天地去当一个名副其实的社会主义新农民。"他出生在一个革命军人家庭，父亲在外地工作，他说："如果我调到父亲身边，就有被分配的可能，看上去是合情合理的。但是我通过学习无产阶级专政理论，通过反击右倾翻案风斗争的教育，清楚地认识到，到父亲那里去求分配，就是允许资产阶级法权的扩大。我应该用实际行动限制资产阶级法权，狠狠打击邓小平，击退右倾翻案风。"

此外，如姜晓琴、刘建中、苏海洋等同学都表示，要坚决同邓小平的反革命修正主义路线反其道而行之，就是要"永远同工农划等号，永远当工农的小学生，接受一辈子再教育，改造一辈子世界观。"

第二个特点是联系开门办学的体会，强调了农村需要自己，自己更需要农村。高二(1)班的同学，都到农村分校学习战斗过，他们在决心书中，联系开门办学的实践，谈了自己的体会，坚定了上山下乡的决心。

林友春同学在决心书中写道："记得在农村分校开门办学时，由于城市的生活习惯了，突然的转变，使我感到很艰苦……。但是，我亲眼看到贫下中农起早带晚地辛勤劳动，整天和泥巴打交道，他们教育我，帮助我。我在那里开阔了眼界，充实了头脑，和贫下中农结下了深厚的无产阶级感情，我爱上了那坚定走社会主义道路的贫下中农，我爱上了农村这火热的战场。我深切感到祖国在召唤我们，战斗在等待着我们。”

高二(1)班的许多同学，在开门办学中发现了自己思想上和贫下中农之间的差距，知识、质量上的不足，决心现在站好最后一班岗，出色完成中学阶段的学习任务，在思想、文化、体质上作好充分准备，毕业后立即奔赴农村干革命。赵国民同学说：“……我们是多么需要在艰苦的环境中磨炼自己，多么需要接受工农兵的再教育，多么需要在风口浪尖上摔打自己，多么需要吸取新的革命知识啊！农村需要我，我更需要农村。我决心坚定走与工农相结合的道路，到农村去，到火热的三大革命斗争中去，经受暴风雨的考验。铁下一条心，务农干革命，风吹浪打不动摇，反修防修当尖兵。”

一些农村同学，也决心回乡，把家乡建设成“渠成网，树成行，土地连成片，机器隆隆响”的社会主义新农村。周巧云等同学在决心书中表示：我们是贫下中农的后代，应该回农村为贫下中农服务。宁愿为公苦一世，绝不为私乐一时。敢于吃苦，乐于吃苦，回乡和贫下中农一起战天斗地，用自己勤劳的双手，为人民耕云播雨，为山河巧绣新装。

第三个特点是从革命的文艺作品中吸取了政治营养。许多同学在决心书中，联系电影《年青的一代》，政治抒情诗《理想之歌》，议幸福，谈理想，决心向肖继业、林岚学习；决心“冲决资产阶级法权思想的罗网”、“摧毁旧传统观念的牢墙。”有的在决心书上复述了革命长诗《理想之歌》上的诗句：“描绘理想的大笔，从来倾注着阶级的深情；只有与工农相结合，才是通向革命理想的唯一途径！……”

周金澄、王海玲等同学说：看了《年青的一代》，给了我们很大的教育。“什么是幸福”，肖继业用自己切身体会回答了这个问题，我们年青人也应该回答这个问题。以前认为将来有个工作，就是幸福，就是理想。今天，我们认识到，对幸福，不同阶级有不同的看法。有些人认为饭来张口、衣来伸手、满足私欲便是幸福，其实这是剥削阶级的幸福观。我们认为，能为中国革命贡献力量，能为共产主义事业而奋斗，这才是幸福。“无产者一生奋战求解放”，“人生在世，革命二字”，“斗争即幸福”，这是无产阶级的幸福视。

“社会主义制度的建立给我们开辟了一条到达理想境界的道路，而理想境界的实现还要靠我们的辛勤劳动。”夏晓波同学在决心书中表示：“全心全意为人民服务是幸福，实现共产主义是理想。理想的实现，必然要付出辛勤的劳动。但只要想到这个远大的理想，再苦再累都能克服。务农最光荣，劳动最幸福。我们要向金训华、朱克家、刘小华学习，正确对待苦乐，正确对待理想，决不虚度青春年华。”

高二(1)班同学的决心，表达了全校所有应届高中毕业生的心声。学校党支部、工宣队十分重视高二(1)班同学要求上山下乡的革命行动，认为这些同学在反击右倾翻案风的斗争中，提高了路线斗争觉悟，他们识破邓小平的阴谋，坚决地同修正主义路线对着干,要求上山下乡,决心务农,这些革命行动好得很,学校领导表示坚决的支持!

一花引来百花开。学校领导相信,在毛主席革命路线的指引下,在反击右倾翻案风的斗争的鼓舞下,高二(1)班同学上山下乡的热潮将继续高涨,其它各班同学要求上山下乡干革命的洪流也将奔腾向前。全校将会迅速掀起上山下乡的高潮。

教革通讯

第 88 期

一九七六年六月廿四日
扬州中学政工组、教革组编

学习大寨抓根本　促进面貌大变样

——扬州郊区双桥公社双桥大队的调查报告

高一(3)班　王力科

双桥大队是扬州城郊双桥公社的一个大队，全大队现共有 15 个生产队，1 188.6 亩土地，566 户人家，2 580 人，其中有劳动力 1 058 人。自从开展"农业学大寨"运动以来，这个大队始终注意学习大寨的根本经验，紧紧抓住阶级斗争这个纲，认真贯彻执行党的基本路线，深入批判修正主义，批判资本主义自发倾向，从而带动了生产的迅猛发展，使全大队的面貌发生了巨大的变化。

在农业学大寨运动还未开展之前，由于受到刘少奇修正主义路线的影响，部分社员忙于自留地的生产，对集体田里的生产不带劲，因而生产发展比较缓慢。一九六三年的粮食总产量只有 60 万斤，单产不超过千斤。一九六四年，伟大领袖毛主席发出了"农业学大寨"的伟大号召，全大队社员欢欣鼓舞，积极响应，使粮食产量又有了提高。一九七〇年，大队的粮食产量达到了 74622 斤，单产达 1583 斤。就在这一年，全国召开了北方农业会议，提出了学大寨要学根本的号召，大队党支部带领广大社员认真学习会议的精神，对照会议所提出的任务和大寨的根本经验找差距，认识到：以前学大寨只顾埋头抓生产，没有注意抓根本，所以生产虽然有了一定的发展，但与大寨相比还差得很远。通过这样的学习和对照，他们进一步明确了学大寨的方向。从此，他们更加注意抓阶级斗争和两条路线斗争，认真学习大寨的根本经验，建立和建全了学习制度，用马列主义、毛泽东思想教育和改造农民，批判自发资本主义倾向和"大利大干、小利小干、无利不干"的资本主义思想，使广大贫下中农提高了思想觉悟，进一步调动了广大社员的社会主义积极性。在这个基础上，他们对大队原有的耕作制度进一步作了改造，并大力选育良种，扩种双季稻。解放前，这里只种黄豆、蚕豆和小麦，根本没有水稻。解放后，大跃进、人民会社化时期，他们曾经调动了一批人力修大渠，搞旱改水，也种过一些单季稻，但单位面积产量提高不快。1969 年，他们开始试种双季稻，当时，有一些人因循守旧，怕担风险。1970 年，他们到苏州龙桥大队参观后，看到要提高粮食产量，种好双季稻是个重要途径，进一步增强了种好双季稻的决心和信心，于是，他们变二熟制为三熟制，大种双季稻。一九七三年，光一季早稻的产量就达到了 900 多斤，最低也有 500—600 斤。同年，全大队的粮食单产超过了一吨粮。一九七四年的粮食总产量达到了 90 多万斤，单产达到 2 073 斤。

在粮食产量提高的同时，大队的土地面貌也发生了很大的变化学大寨以来，他们遵照毛主席关于"水利是农业的命脉"的教导，大搞农田水利基本建设，每年坚持冬春季节集中干，平常突击干，专业人员连续干，男女老少齐参战，总共花了 10 万多个劳动日，填平了 26 个塘，挖了 31 万多土方，搬了 17 座山，修了 78 条渠，平整了 472 亩土地。现在的双桥大队真是田成方，渠成网，树成行，宽阔大道连村庄，到处一片新气象。

双桥大队处于扬州市郊，为了满足城市对蔬菜的需要，他们每年都要种一些蔬菜供应城市。70 年，大队共有蔬菜品种 35 种，年单产 55 担。74 年的蔬菜品种有了 37 种，年单产 60 担。但随着城市人口的增长和生活条件的提高，蔬菜还不能够满足城市人民的需要。一九七五年，上级决定把他们大队改为蔬菜生产专业队，因此，全大队除留少数土地种粮食作物外，其余全部种上蔬菜。他们大胆创新，努力增加新品种和产量，为了生产的需要，他们还新建了 22 间温房，保证了蔬菜的正常生产和上市需要。

随着粮食和蔬菜生产的发展，大队的公共积累不断增加，机械化水平和社员生活条件日益提高。一九六九年大队办起了综合厂，还发展了养猪、养蚕、种蘑菇等 16 种经营，一九七四年的副业收入达到了 91838 元，占农副总收入的 30%，为大队生产的发展提供了资金。现在，大队共有手扶拖拉机 4 台，机动插秧机 1 台，电动机 39 台，喷雾器 38 台，水泵 30 台，机动制虫机两台，浇田机 14 台，脱粒机 21 台，基本做到了水利渠系化，排灌脱粒、耕田、治保机械化。社员平均每人每年收入由 60—62 年的 80 元，增加到 70 年的 93 元，74 年又达到了 106 元，最强劳动力收入达到 730 元，真是户户生活大变样，庄庄都有新瓦房。文化大革命以来，社员共新建了 700 间瓦房。在此同时，大队的储备日益增加。文化大革命前大队没有储备粮，73 年大队储备粮达到 24 万多斤，74 年达 51 万斤。

双桥大队之所以发生这么显著的变化，最主要的就是因为他们学大寨抓根本不忘阶级斗争，时刻注意阶级斗争的新动向，堵资本主义的路，迈社会主义的步。在学大寨运动中，骨干发挥了带头作用，每年大队干部劳动不少于 200 天。同时，他们还大搞科学种田,定期请农学院的老师给他们讲课,大学、大干促成了大变。

双桥大队的这一巨大变化,是对不肯改悔的走资派邓小平鼓吹的“今不如昔”反动谬论的一个有力批判,是对他提出的“三项指示为纲”修正主义纲领的有力批驳,说明了社会主义时期只有一个纲,这就是以阶级斗争为纲,丢掉了这个纲,其它任何工作都不能搞好。同时,这一事实也充分反映了我国农村欣欣向荣蒸蒸日上的大好形势,也进一步说明了毛主席革命路线的无比正确,社会主义制度的无比优越。目前,全大队的广大贫下中农正认真学习毛主席的重要指示,积极投入回击右倾翻案风的伟大斗争,狠批党内最大的不肯改悔的走资派邓小平的反革命修正主义路线和罪行。深入贯彻执行全国农业学大寨会议所提出的各项战斗任务。今年,他们又给自己提出了新的战斗口号:

基本路线指方向,队办企业翻一番,
大学大批摆战场。林牧副鱼大步上。
园田成方机械化,干群苦干加巧干,
万斤蔬菜一吨粮,定叫双桥大变样。

在毛主席革命路线的指引下,在“农业学大寨”精神的鼓舞下,双桥大队正在社会主义大道上阔步前进。

“五七”路上大步向前闯

中一(5)班 蔡 亮

春苗出土迎朝阳,
新生事物在成长,
开门办学气象新,
教育革命战歌扬。

过去十年寒窗关校门,
校园是天地,粮食是书本。
整天读的“圣贤书”,
越读越愚蠢。

霹雳一声震天响,
文化大革命凯歌响四方,
毛主席亲自来领导,
“五七”指示放光芒。

邓小平,心真坏,
想把教育革命的方向改。
胡说“开门办学是放羊”,
右倾翻案妖风刮起来。

我们,毛主席的红卫兵,
回击翻案妖风斗志昂,
“五七指示”指航向,
冲上了反修防修的战场。

我们开门办学，
走向工厂，走向农村，走向营房，
和工人一起劳动在机器旁，
和贫下中农一起割麦、插秧，
和解放军一起生活、战斗，
增强了本领炼红了思想。
我们纵情欢呼！
我们放声歌唱，
歌唱文化大革命就是好，
歌唱开门办学红花放。
阳光灿烂照征程呵！
东风万里征帆忙。
回击右倾翻案风炮声隆，
“五七”路上大步向前闯。

一堂课(小小说)

高二(6)班　窦卫霖

五十多岁的李师傅，是扬州汽修厂一个普通的老工人，今天他要到扬州中学去讲课了！

他匆匆地向扬州中学走去，心情很不平静。昨夜，他怎么也没有睡好，备课一直备到午夜十二点钟，后来睡在床上，也总是翻来复去地睡不着。其实，自从他接到学校的邀请之后，心情就异常激动。要不是经过这场无产阶级文化大革命，谁也无法想象，一个在旧社会连学校门都没进过的普通老工人，今天能到中学里去讲课啊！

李师傅头发微灰，穿着一身干净的工作服，脚上穿了一双旧单鞋，精神焕发地走到学校门口了。学校大门的两旁醒目地贴着“工人阶级必须领导一切！”和“工人阶级能够领导一切！”“热烈欢迎工人师傅来校讲课！”“向工人阶级学习、致敬！”等几幅鲜红的标语。一个中等身材的老教师早已等在校门口了，他就是张教师，此时他的心情和李师傅一样，也是十分激动。他和李师傅热情地握了手。“欢迎你来给我们上课。”张老师笑咪咪地说。李师傅谦逊地摇了摇头：“不，我从来没有上过讲台，恐怕讲不好。”“你有丰富的实践经验，一定讲得好的。”他们说着笑着向教室走去。

“同学们！”上课时张老师首先向大家介绍说：“现在由汽修厂老工人李师傅来给大家上物理课。”

同学们立刻报以热烈的掌声。李师傅激动地走上讲台。他面向大家，双手不住地抚摸着讲台的边沿。用颤抖的、挺不平常的声调说：“同学们！今天我要讲的课，是‘柴油机’。”接着，他背过身去，拿起粉笔在黑板上写上“柴油机”三个大字。他刚写完，教室里忽然出现了意外的、极不严肃的笑声。听了这笑声，李师傅心里翻腾着：“是我讲错了？还是写错了？”他镇定了一下，心里想：“要是我错了，就该老老实实接

受同学们的批评。"但是,他看了自己黑板上写的字,没有错。为什么同学要笑呢?正在这时,他听到有同学悄悄的声音:

"这字写得真蹩脚!菜货!"

"嗳,歪歪扭扭的,还来讲课……"

李师傅心里明白了。他粗粗的眉毛挑动了一下,埋在心底的深深的伤痕,被这些笑声和议论一下子揭开了。他放下粉笔,严肃地说:"同学们,我知道有的同学为什么发笑,因为我的字写得不好。但是,同学们,如果没有毛主席,没有共产党,我连这几个歪歪扭扭的字也写不出来呀!"

教室里顿时静了下来,个别同学的顽皮的笑脸也变得严肃起来。

李师傅说:"在我象你们这么大的时候,看到别人背着书包上学,我是多么羡慕呀!我常常对我父亲说:'我要读书,我要写字。'可是,父亲总是摇摇头说:'孩子,我们人穷命穷,不配读书写字,以后可别再想它了'当时,我对父亲的话很不理解,我还是那么想上学,我盼哪,盼哪,盼早点来到这一天哪!"

李师傅沉浸在痛苦的回忆之中,脸上露出愤懑的激动。过了一会儿,他低沉的声音变得高昂起来:

"解放以后,在毛主席、共产党领导下,我们工人阶级掌握了政权,做了国家的主人。我们不仅在政治上翻了身,在文化上也翻了身。我进了夜校,摘掉了文盲的帽子。但是,由于刘少奇、林彪的修正主义教育路线的干扰,教育的大权并不掌握在无产阶级手里,修正主义的老爷学校把门关得紧紧的,把我们工农兵推得远远的,我们工人阶级肺都气炸了。……是毛主席亲手点燃了无产阶级文化大革命的熊熊烈火,摧毁了修正主义教育路线的统治,我们工人阶级浩浩荡荡开进学校,领导着上层建筑领域里的斗、批、改。也只有在这个时候,我才能走上讲台写这几个字,给大家讲课呀!"

李师傅的话,一字字、一句句深深打动了同学们的心。许多同学纷纷举手要求发言,指出刚才个别同学的行为是极其错误的,是缺乏阶级感情的表现。一些同学们脸上露出了内疚和惭愧的不安,李师傅看到这种情景,很感动地说:"同学们的意思我都理解了,看大家还有没有其他意见?如果没有新的意见,下面我们就开始讲课了,好吗?"

"好!"同学们异口同声地回答。

于是,李师傅从身边拿出了教学模型,开始讲课了。

……

"叮铃——!"下课铃响了,李师傅在一阵长久的掌声中走下了讲台。这时,张老师一个箭步走上讲台高声地说:"同学们,今天李师傅不仅给我们上了一堂柴油机课,更重要的是给我们上了一堂阶级斗争、路线斗争教育的主课。这堂课对我们的教育极为深刻,这是开门办学的丰硕成果,让我们对李师傅的讲课再次表示衷心感谢!"

"哗",又一阵热烈的掌声。李师傅两眼噙着激动的泪花,嘴唇哆嗦了两下,要说

什么,但是没有能说出来。他举起拳头,竭尽全力高呼:

"无产阶级文化大革命胜利万岁!"

"毛主席的革命路线胜利万岁!"

"伟大领袖毛主席万岁!万万岁!"

霎时,口号声穿过走廊,越过学校,震荡在祖国的万里碧空,久久不息……

教革通讯

第 89 期

一九七六年七月一日
扬州中学政工组、教革组编

认真学习　深入批邓

——我校召开学习毛主席关于“资产阶级就在共产党内”最新指示的心得交流会

【本刊讯】伟大领袖毛主席最近指出:“搞社会主义革命,不知道资产阶级在哪里,就在共产党内,党内走资本主义道路的当权派。走资派还在走。”这一段时期,我校广大师生员工围绕着“党内走资派是社会主义革命时期党内的资产阶级”这个重大理论问题,进行了认真的学习和讨论。六月二十三日,全校教工就这一问题开了第一次学习心得交流会。校办工厂工人、教工各年级组和职员的代表共六人,就社会主义时期阶级关系的变化和阶级斗争的特点是什么;为什么共产党内会产生资产阶级?走资派是无产阶级专政下继续革命的重点对象;如何理解走资派还在走?我们怎样和走资派作斗争;无产阶级文化大革命的重要性和必要性在哪里?怎样以阶级斗争为纲,发展大好形势,搞好教育革命等问题,在会上作了发言。现将其中部分发言摘要刊载如下。

一、社会主义时期阶级关系的变化和阶级斗争的特点:

社会主义时期阶级关系的变化,主要表现在以下几个方面:

1. 社会主要矛盾的变化。由民主革命时期的人民大众同帝国主义、封建主义、官僚资本主义的矛盾,变为无产阶级和资产阶级的矛盾。

2. 各阶级地位的变化。无产阶级成了国家的领导阶级,由被统治地位变为统治地位。中国共产党成了执政党，整个社会主义事业的领导核心。地主、买办阶级由统治阶级变为专政的对象；民族资产阶级由民主革命的同盟者变为革命的对象，由统治阶级变为被统治阶级。

3. 阶级组成的变化。资产阶级队伍发生了重新组合：老的地主资产阶级还在拼命反抗；由于还存在着产生资本主义和资产阶级的土壤，新的资产阶级分子一批又一批地产生，小生产不断分化，每日每时地产生着资本主义。未改造好的知识分子，也处在动摇分化中。无产阶级队伍中一方面补充了大批新工人，阶级队伍不断壮大；同时也有一部分人发生资产阶级生活作风，以至蜕化变质。

4. 阶级力量的变化。建国初期，资产阶级在经济上还占有生产资料，他们在组织上和知识上的优势也还存在，在政治上还能推出自己的头面人物同无产阶级较量。经过历次政治运动，包括生产资料所有制方面的社会主义改造，情况就不同了。资产阶级在经济上失去了生产资料，政治思想上屡遭失败，力量逐步削弱。经过"反右斗争"之后，党外资产阶级想要公开聚集起来同无产阶级全面较量颠复无产阶级专政、复辟资本主义，就更困难了。与此相反，无产阶级力量在斗争中不断壮大，队伍不断扩大，工农联盟日益巩固，不断加强了对资产阶级的全面专政。

阶级关系的变化带来了阶级斗争特点和形式的变化。而这种变化对阶级关系的变化又有影响。

1. 阶级斗争特点的变化：资产阶级在屡遭失败后，就越来越寄希望于他们在共产党内的代理人身上。而这时党内的修正主义分子作为资产阶级的一支队伍，其地位也发生了转化，由资产阶级的别动队日益成为资产阶级的主力军，成了同无产阶级进行较量、搞资本主义复辟的主要力量。

2. 阶级斗争形式的变化：由过去社会上的资产阶级从外部向党和社会主义猖狂进攻，变为党内资产阶级、走资本主义道路的当权派从内部蛀空，大搞和平演变。

3. 阶级斗争特点和形式的变化对阶级关系变化的影响：阶级斗争特点和形式的变化，尤其是无产阶级文化大革命的开展，一方面是社会主义新生事物茁壮成长，进一步限制了资产阶级法权，无产阶级的力量和政权地位得到了进一步的巩固加强；另一方面由于摧毁了刘少奇、林彪两个资产阶级司令部，沉重地打击了党内外资产阶级，加速了党内走资派的分化，其中许多人转到无产阶级和革命人民一边。

社会主义时期阶级关系的变化有如下原因：

1. 社会性质和主要矛盾的变化，是阶级关系新变化的前提和条件。

2. 社会主义社会还存在着产生资产阶级的土壤和条件，这是阶级关系变化的社会基础。

3. 社会主义革命不断深入，是阶级关系变化的直接原因。

二、怎样理解资产阶级就在党内？为什么说走资派最危险，是无产阶级专政下继续革命的重点对象？

1. 如何理解走资派是党内的资产阶级？

对这个问题必须根据列宁、毛主席关于阶级的论述，从政治上经济上去分析。首先应看政治态度还是应看经济地位呢？这点当前有分歧意见。我们倾向于首先、主要的要看政治态度。因为政治是经济的集中表现。政治和经济相比，政治不能不占首位。党内走资派推行修正主义路线，坚持走资本主义道路，集中代表了新老资产阶级和一切剥削阶级的利益，这就决定了他们的资产阶级的阶级实质。这是他们最本质的政治特征。无产阶级文化大革命和当前反击右倾翻案风的斗争中，广大革命干部、群众揭发批判走资派，也首先主要的是从政治态度方面来区分的。有些在上层建筑的走资派，并不直接掌管工厂、企业。如果不是首先、主要的从政治上区分出走资派，只是从经济上去找，就容易漏掉那些不直接掌管工厂和企业而坚持走资本主义道路的当权派。而这些人又往往是较大的走资派。当然，首先、主要的看政治态度，并不等于不要看经济地位，并不等于否认资产阶级法权是他们的经济基础，否认他们通过扩大资产阶级法权改变所有制的性质这些方面。

2. 党内产生资产阶级的根源：

(1) 社会上存在阶级、阶级矛盾和阶级斗争，存在着新老资产阶级分子和没有改造好的地、富、反、坏、右，这是产生走资派的阶级根源；

(2) 资产阶级和一切剥削阶级的意识形态及其腐朽没落的世界观，这是产生走资派的思想根源；

(3) 社会主义国家是没有资本家的资产阶级国家，存在着资产阶级法权，这是产生走资派的经济根源；

(4) 大量的小资产阶级的存在和小生产的存在这是产生走资派的社会根源；

(5) 帝国主义和社会帝国主义的压力以及国际修正主义思潮的影响，则是产生走资派的国际报源。

3. 走资派活动的特点和规律：

走资派活动的特点：

(1) 在政治上，否认以阶级斗争为纲，改变党的基本路线，反对无产阶级专政；

(2) 在经济上，极力强化和扩大资产阶级法权，追求资产阶级生活方式，保护“大官们”的利益；

(3) 在思想上，鼓吹阶级斗争熄灭论、唯生产力论，宣扬孔孟之道，坚持资产阶级世界观，反对在上层建筑领域包括意识形态领域中对资产阶级实行全面专政；

(4) 在组织上，利用把持的部门和窃取的权力，排斥和打击革命力量，纠集反革命复辟势力，拼凑资产阶级司令部，进行有组织，有计划的复辟活动；

(5) 在手段上，打着红旗反红旗，欺骗党和群众，利用群众的力量，达到自己的卑鄙目的。

可以用比较形象化的语言来为走资派画个象:“挂着共产党员的牌子,坐着当权派的位子,唱着修正主义的调子,过着资产阶级的日子,打着宋江投降的旗子,留着张勋复辟的辫子,踏着孔老二的步子,走着资本主义的路子。”

走资派活动的规律:

(1) 走资派为他们的阶级本性所决定,非跳出来不可,往往是隔几年跳一次。

(2) 走资派散布的谬论尽管花样翻新,可是万变不离其宗,都是贩卖阶级斗争熄灭论和唯生产力论。

(3) 走资派搞修正主义,具体手法各有变化,但都是搞两面派,打着红旗反红旗,玩弄折中主义诡辩术。

4. 为什么说走资派最危险?

(1) 走资派具有极端的反动性:走资派是党内外新老资产阶级的政治代表,是挂帅人物。

(2) 走资派具有特殊的疯狂性:走资派手中握有部分大权,搞资本主义复辟是很凶很快的。可以把无产阶级专政的工具变为对无产阶级专政的工具,疯狂地搞资本主义复辟。天安门广场的反革命政治事件,是走资派疯狂性的突出反映。

(3) 走资派具有很大的欺骗性:他们挂着“共产党员”的招牌,干着复辟资本主义的勾当;坡着马列主义的外衣,贩卖修正主义的黑货。

5. 我们怎样同走资派斗争?

(1) 坚持认真看书学习,弄通马克思主义,不断提高识别走资派的能力。

(2) 以阶级斗争为纲,坚持党的基本路线。要特别注意文化、教育、科技等上层建筑领域和政治思想战线上的阶级斗争,坚持对资产阶级的全面专政。

(3) 发扬反潮流的革命精神,运用“四大”武器,和走资派反复进行斗争。

(4) 限制资产阶级法权,支持社会主义新生事物。要做限制资产阶级法权,缩小三大差别的促进派,以实际行动跟修正主义路线对着干。

(5) 始终把主要注意力放在党内,特别警惕中央出修正主义。要牢牢掌握斗争大方向,认真贯彻执行党的方针、政策,严格区分和正确处理两类不同性质的矛盾。

在这一次学习心得交流会上,同志们一致指出,毛主席的“关于资产阶级就在共产党内”的最新指示,极其深刻地分析总结了国际共产主义运动和我国社会主义革命的历史经验,概括了社会主义历史时期阶级关系的新变化和阶级斗争的新特点,捍卫和发展了马列主义关于阶级斗争和无产阶级专政的学说,为无产阶级专政下的继续革命进一步指明了方向。认真学习领会毛主席的这一重要指示,不仅对当前彻底批判邓小平、粉碎右倾翻案风具有重大的现实意义,而且对今后长期的反修防修斗争,巩固无产阶级专政,把社会主义革命进行到底,也具有深远的历史意义。大家表示,当前对这一重要指示的学习仅仅是开始,今后要进一步认真投入学习和批判活动,提高思想觉悟,从理论和实践的结合上搞清楚,做好长期作战的思想准备,批判修正主义，批判资产阶级，把当前的大学习、大批判活动深入开展下去。

坚决把教育革命进行到底

——“七一”献词

刘立人

面对“莺歌燕舞”的春光，
胸怀攀登高峰的理想，
我们的豪情
　　为“七一”激荡；
我们的颂歌
　　向党高唱：
党内十次路线斗争，
　　一次次证明了
　　　　党的伟大、光荣、正确；
当前回击右倾翻案风，
　　又一次谱写了
　　　　党史的新篇章！

五十五年的风风雨雨啊，
把我们的眼睛越擦越亮；
五十五年的战火硝烟啊，
把我们的斗志越炼越强！
“要警惕出修正主义，
特别是要警惕在中央出修正主义。”
毛主席的教导
　　时刻在我们的耳边回响！
什么“阶级斗争熄灭”，
　　分明是走资派散布的烟幕！
忘不了啊，
　　雪压冬云“十七年”，
　　学校成了大染缸，
封、资、修的毒汁，
　　摧残了多少嫩苗苗，
走资派的黑手，
　　妄图折断我们未来的栋梁！
资产阶级专了无产阶级的政，
修正主义统治在教育阵地特别
　　猖狂！

狂风起，
战鼓响，
文化大革命的烈火焚黑线，
毛主席挥手指航向，
工宣队昂首进校园，
从此春苗得雨破土长！

曾几时，
妖风狂，
要“扭”要“整”要纠“偏”，
教育战线又起浪！
恨在心头积，
烈火满胸膛！
历史车轮扭不动，
不许篡改教育革命的大方向。

什么开门办学“不正规”，
难道还给学生带上脚镣手铐，

锁进旧学校的牢房？
什么“教育质量下降”，
试看一代新人，
在三大革命中锻炼成长！
学校就是要办成无产阶级专
政的工具，
我们就是要筑成反修防修的
铁壁铜墙！
来吧，十级风暴，百丈恶浪，
来吧，千里风沙，万重阻挡，
党给我们撑腰，
毛主席给我们领航，
我们自有九天揽月志，
敢捉鳖下五洋！
批邓小平，
斗复辟狂，
我们一定牢记党的基本路线，
继续长征，
重上井岗，
坚决把教育革命进行到底，
永不掉队，
永不迷航！

简讯

为纪念伟大、光荣、正确的中国共产党成立五十五周年，全校普遍开展了庆祝活动，师活认真学习了两报一刊“七一”重要社论，党支部上了学习毛主席最新指示的党课。全校出了专栏，举行了一次诗歌朗诵会。校共青团、红卫兵团的朗诵节目“保卫天安门”参加全市的朗诵会得到好评。

教革通讯

第 90 期

一九七六年七月十四日
扬州中学政工组、教革组编

为革命行动叫好，向革命小将学习

党支部　工宣队　革委会

高一(1)班朱正忠同学的一份“答卷”和高一年级团支部、红卫兵连《这一炮轰得好》的大字报写得何等好啊！好就好在它反映了革命小将在批邓、反击右倾翻案风斗争中，认真学习毛主席的一系列重要指示，路线斗争觉悟的提高；好就好在它反映了革命小将的头上长角身上长刺的敢于反潮流的革命精神；好就好在它揭露了学校教育革命中一些带有方向路线性质的问题。我们坚决支持这份革命大字报，我们热情赞扬这种革命精神，我们要向革命小将们学习！

“答卷”和大字报中揭露出的问题，主要责任在我们。在于我们对个别班级的批邓、反击右倾翻案风的斗争抓得不力；在于我们对半工半读等新生事物没有满腔热情地爱护和扶植，对于出现的问题没有及时研究，妥善解决，致使有些问题发展越来越严重；在于我们对教师的思想工作是薄弱的，对少数同志教育帮助不够。我们一定在当前批邓、反击右倾翻案风斗争进一步深入发展的大好形势下，在当前学期结束阶段，认真学习毛主席一九六四年关于社教运动的重要批示，总结经验教训，改进工作，积极带领全校师生努力把教育革命搞上去。

全校革命师生员工同志们，我们大家都来读一读这份“答卷”和大字报，认真议一议，想一想，通过学期结束工作，进一步揭露修正主义教育路线在我校的流毒，深入批判邓小平的反革命修正主义路线，巩固和发展文化大革命的胜利成果，夺取教育革命的新胜利！

一九七六年七月十三日

一点感想

（朱正忠同学农基考试的答卷）

在伟大领袖毛主席亲自发动和领导的批判教育界奇谈怪论、反击右倾翻案风运动的推动下，为了向朝农学习，推广朝农的新经验，把学校办成无产阶级专政的工具，用实际行动彻底批判邓小平鼓吹的"学生的水平降低了"、"今不如昔"、"实践——实践——实践"的反动谬论，在学校党支部的正确领导下，在全校革命师生的大力支持下，我们高一(1)、(2)班进行了半工半读、勤工俭学的活动。对半工半读这一新生事物，我坚决拥护，坚决支持。通过一学期来的实践，它已逐渐显示出了强大的生命力和优越性。同学们的思想觉悟有了一定的提高，掌握了一些农业技术。

半工半读、勤工俭学，首先是为了转变学生的思想，把学生培养成又红又专的革命事业接班人。因此，首先就必须抓思想教育，培养学生学农、爱农、务农的思想。可是一学期以来，不知什么原因，我们的政治活动却越来越少了，没有兄弟班级搞得多。学校和年级搞的政治活动有时也不参加，学校和年级举行的批判会和理论讨论会也不参加，一周有三节学习毛主席著作课，可是一学期以来，不知有几节是给我们耐心的认真学习。因为对学习不重视，所以学习课时也不知有几个人带毛主席著作，班上政治气氛一点也不浓。学期开始到现在，班级批判会一次也没有开。作为我们班是半工半读、勤工俭学的试点班，政治活动应该要多搞些，不能只顾生产，不要政治。"政治工作是一切经济工作的生命线。"我们搞半工半读，首先必须政治挂帅。每当我鼓起信心，决心搞好工作，搞好半工半读时，不知什么原因总弄得灰心丧气。这里也反映了我的思想脆弱。搞半工半读，不参加政治活动，不进行政治教育，这个问题我一直在考虑，可就是想不通。

搞半工半读必须学好农，怎么样学农，必须从实践到理论，再从理论到实践，把从课堂上学到的理论再与实践相结合。这样既使学生学得生动活泼，也能掌握好学得的知识，使学到的知识直接为三大革命运动服务。但我们一学期以来不知上了几堂农基课，没有理论，搞单纯的实践，这样也没有什么好效果。今天考农基，几条题目基本都不懂，也可能是由于平时没有认真的学习。昨天叫我们拔稗子，我稻子和稗草都分不出来。我在半农半读班，稗草和稻子都分不出来，这真是笑话。半工半读班农基应该学得更多些，为将来上山下乡，建设社会主义新农村打下坚实的基础。

在我们班存在着若干问题。有些问题已向有关领导反映过多次，就是没有解决。这里仅举两点，希学校领导作慎重研究，给予解决，使社会主义的新生事物成长壮大。

我是一名共青团员，应如实向组织上反映情况，希领导深入基层进行调查。

朱正忠
76年6月30日

这一炮轰得好

——兼论在实行半工半读中的方向、路线性问题

高一团支部　红卫兵连

史无前例的无产阶级文化大革命已整整度过了十个战斗的春秋，教育战线和其它战线一样发生了“天地翻覆”的深刻变化。但是，真正的革命者清醒地知道。斗争仍在继续，革命正在深入。巩固和发展文化大革命的胜利成果已日益提到斗争的日程上了。朱正忠同学的这一炮，不就有力地说明了这一点吗？我们说这一炮轰得好！好就好在它体现了经过无产阶级文化大革命战斗洗礼的革命新一代敢于斗争的崭新风貌；好就好在它击中了我校在实行半工半读这一新生事物过程中存在的一些要害问题。

无产阶级实行半工半读，是二千多年来教育史上的第一次伟大的尝试，它对于缩小脑力劳动和体力劳动的差别，培养一代具有社会主义觉悟的有文化的劳动者。具有深远的意义。在反击右倾翻案风的斗争中，为了更好地贯彻毛主席的教育革命路线，把学校办成无产阶级专政的工具，我校第一批半工半读试点班——高一(1)(2)班在斗争中诞生了。通过一学期来的实践，取得了一些成绩。同学们通过劳动锻炼，思想觉悟有了一定的提高。这一新生事物已逐渐显示出它强大的生命力。

但是，任何新生事物的成长都不是一帆风顺的，都要经过艰难曲折的斗争。半工半读的大方向没有错，但在实行半工半读这一新生事物的过程中，仍然存在方向、路线性问题。最近，我们召开了高一(1)、(2)班全体团员的座谈会，了解了半工半读试点教学的一些情况，下面就把调查的情况和我们的一些看法分两点简述如下：

一、半工半读必须把转变学习的思想放在首位

伟大领袖毛主席早在一九三九年就教导我们：“学校一切工作都是为了转变学生的思想。政治工作是中心的一环。”看一个学校和班级是否正确执行毛主席的教育革命路线，就看它有没有紧紧抓住这“中心的一环”，并围绕这个中心开展其它工作。举办半工半读的目的正是为了更好地转变学生的思想。如果放松甚至丢掉了这“中心

的一环”,那么这就不能不使人们产生这样的疑问,这种半工半读的实质到底是什么呢?

我们认为半工半读也存在形式和实质的问题,就是说,有的虽然在形式上挂着半工半读的牌子,但其实质是和半工半读的指导思想背道而驰的。这不是一般的工作方法问题,而是一个原则的问题。下面我们不妨看看高一(1)、(2)班抓政治教育的情况吧。

首先,这两个班的政治活动比其他班级明显减少。开学以来,举国上下掀起了批邓、反击右倾翻案风斗争的高潮,全市和学校以及年级开展了不少政治活动,召开了多次的声讨会和批判会以及理论讨论会。可就是这两个班有点“特殊”,他们可以经常不参加。甚至发明了一种所谓“轮流法”、“代替法”,就是说,这一次声讨会是(1)班参加,下一次就轮到(2)班,轮不到的就去劳动。这也许是一种新发明吧?不过这个发明未免太愚蠢了。请问:难道政治思想教育是可以互相“代替”的吗?以干代批和以干代学的实质不都一样是不问政治,不看路线吗?这些问题不是很清楚吗?

高一(1)班本学期以来没有开过一次批判会。每周三节毛主席著作学习课,不是班主任发火训话,就是劳动,不知有几节课能使同学们在教室里安心地学习。一次,朱正忠同学问班主任:“年级布置各班开四对照批判会,我们什么时候开?”那个班主任回答:“现在时间比较紧,我们还要劳动。我已向学校领导请示过了,就不开了。”还有一次,教育系统在扬中操场开声讨会,那个班主任理直气壮地向同学们宣布:“为了不误农时,今天下午劳动,不参加大会。”请听,理由是如此充足。不过这话似曾听过:“为了把生产搞上去,管它是白猫黑猫。”不是吗?这两种调子是何等相似!这些且不谈,再说下午劳动什么呢?请听,“今天下午的劳动任务是——拾砖头”。这也叫不误农时吗?也许你听后会发笑,但是,更令人深思啊!

那个班主任对政治思想教育不感兴趣,对“经济教育”可是从来没有放松过。一次,在农忙期间,一个生产队的一台电动机坏了,送到学校请帮助修理。那个班主任便乘机“开导”学生道:“修理电动机,在我们老师看来是帮助同学们解决经济上的困难,在你们看来应该说是受教育。”这真是一个绝妙的自由。从这句话里,我们不也可以看出那个班主任搞半工半读的指导思想了吗?但更能说明问题的还是开学初他那一番发人深省的讲演。注意听:“我们这学期搞半工半读,农场有十几亩田,搞得不好就差了。有一半工具、农药等开支算了,只剩下二十几元,找一个临时工三十多元一个月。大家要好好‘干’。”这句话尽管说得比较隐晦,但其言外之意不是早已暴露无遗了吗?如果说得大胆干脆点,不就是说“半工半读的目的就是节省几个钱,多搞点‘产值’”吗?那个班主任的言行,不也正反映了这种指导思想吗?

其次,我们再看看那个班主任是怎样开展班级工作的?一学期来,他没有一次耐心细致地从思想上帮助同学,而是动不动就发火,因而班级的政治空气不浓。本学期没有一个男生打过入团申请,本学期来也只开过一次班、排委会。就在这次班、排委会上,班、排委对他平时发火训话都有意见。指出要从思想上帮助学生。他却说:“你们不知道，现在的学生是蜡烛，就是要跟他喊。”有一次，他竟然破口大骂：“我的话都不听了。你们这些畜牲，不干给我滚，当心今后吃我的苦头。”我们请他自己闻一闻，这还有一点共产党员的气味吗？感情问题，说到底是立场问题。难道你还想象文化大革命前那样把工农子弟关在门外吗？

那个班主任不但不做好同学的思想工作，而且还要打击报复同学。他经常在班上讲：“我×××报复思想是严重的，文化大革命后虽然改了些，现在还是有的。你们头上长角，身上长刺，我给你们扳掉，我是不怕的。你们长就是了。”话里行间，流露出对文化大革命的满腹怨言，对红卫兵战士的“五敢”精神的种种不满。我们借此在这里敬告一声，我们毛泽东时代的青年，就是要头上长角，身上长刺，任何妄想把文化大革命中已被批判过的垃圾再倒出来的企图都是徒劳的。

毛主席早就教导我们：“阶级斗争是你们的一门主课”，“阶级斗争是个纲”。我们搞半工半读，就必须上好这门主课，抓紧这个纲。我们不反对参加劳动锻炼，相反要求要上好劳动这一课。但是，我们绝不能忘掉我们的主课，绝不能纲目不分，甚至以目代纲。

二、半工半读要坚持德、智、体全面发展的正确方向

半工半读必须坚持面向农村，坚持把学生培养成德、智、体全面发展的无产阶级革命事业接班人的正确方向。这一点，半工半读班不能有任何特殊，相反要做得更好。那么，高一(1)(2)班做得怎样呢？

首先，我们以校办农场为基地的半工半读，应在“农”字上下功夫，应多学点农业科学知识，为将来建设社会主义新农村打下坚实的基础。可是一学期来，高一(1)班只上了四、五节农基课，常常上农基课就是劳动，农基课上得比普通班级还要少。别的班级学拖拉机要实习一个星期，可是(1)班只在操场转了几圈，(2)班有的同学还没碰过。开学初，工作计划中预备要成立六个农田科研小组，可是至今一个还没有成立。同学们问为什么不成立，回答说没有筹备好。那么，一学期快结束了，还要筹备到哪年哪月呢？半工半读班应该不断引导同学树立爱农、务农的思想，同时半工半读也应进行培育良种、科学种田等各项农田科学试验，使同学们理论联系实际学，掌握一些实际经验和有用的知识，做到学农、会农。请问，难道我校半工半读在“农”字上都不下功夫，这也叫面向农村吗？

第二，半工半读班必须坚持德、智、体全面发展的教育方针。这学期，由于教学时间缩短了，在教学上又没有进行改革，还是老一套，那当然就不适应了。因此，教学上采取的除了注入法以外，又新加了一个“压缩法”，有时一节课讲了十几页，同学听不懂，接受不了，理解不透，也不管。布置的作业由于不会做，因而班上很多人不交作业。同时，这学期体育课也减少了。这学期还砍掉了英语课，地理课也不上了。(2)班还开了几次讲座，(1)班就一次也没有搞过。难道说马克思的“外国语是人生斗争的一种武器”的伟大教导，在他们身上失灵了吗？难道说半工半读班没有关心中国革

命和世界革命的必要吗？试问，这叫做德、智、体全面发展吗？

以上我们针对半工半读试点教育中存在的一些问题提出了一些看法。我们认为这些问题是有关路线、方向性的问题。这些问题不解决，我校的半工半读势必走向歧途，因此这是关系到新生事物在我校能否顺利地健康成长的严肃问题。而新生事物是和无产阶级文化大革命血肉相连、息息相关的。所以，这又是关系到保卫和巩固无产阶级文化大革命的大问题。

最后，我们认为有必要在这里指出，上述这些问题，朱正忠同学和班委曾多次向年级领导反映过，可是每次的答复都是“以后解决”。不过遗憾得很，“以后解决”的真意可能是以后“永远不要解决”。那个班主任也常常一开口是“我请示过学校领导”。不难看出，我校半工半读现存在的一些问题，主要责任是学校领导和年级领导。也许你们会感到冤枉，其实这是事实。因为你们作为学校的领导干部，完全有责任把好方向路线关，积极扶植和热情关心社会主义新生事物。可是你们对于高一(1)(2)班存在的一些问题，为什么不尽快调查、迅速解决呢？你们嘴上说要支持社会主义新生事物，可是在新事物面前为什么又显得那样麻木不仁，犹犹豫豫呢？这倒使人们不禁想起“叶公好龙”这个成语来了。我们在这里提醒一句，做这样的“叶公”，在社会主义革命不断深入的今天是很危险的。因为这将成为革命的阻力，进而成为革命的对象。

我们希望学校领导坐下来好好学一学“七一”社论，学好毛主席关于社教的指示。社论中早已明确指出：“我们同走资派斗，最要紧的是解决路线问题”，要“热情支持社会主义新生事物”，“共产党员尤其是领导干部，要立场坚定，旗帜鲜明，站在斗争的前列”。你们如果没有仔细看过，那么请再认真读一读好吗？不能再畏畏缩缩，漠不关心了。这样下去，我们全校三千各师生是不答应的，党和人民也是决不容许的。我们希望你们振作起来，带领我们同邓小平的修正主义路线作斗争，巩固和发展社会主义新生事物，把学校办成无产阶级专政的工具。我们也希望那位班主任能认识错误，同我们一起朝着毛主席指引的革命道路上奔。

新生事物成长的道路是曲折的。我们相信，前途是无限光明的。半工半读是在斗争中诞生的，也一定会在斗争中不断成长起来。新生战胜腐朽，革命战胜反动，这是历史的规律。一学期快结束了，但是斗争没有停止。我们一定要用斗争和胜利保卫和发展无产阶级文化大革命的胜利成果，保卫社会主义新生事物的健康成长。征途上纵然有千百次风暴，千万个雷霆，我们决不回头，决不动摇。我们坚信，胜利永远属于坚持斗争、坚持前进的无产阶级革命战士！

简讯

△朱正忠同学的“答卷”和高一年级团支部、红卫兵连的大字报贴出以后，立即得到了全校师生的肯定和支持。校共青团、红卫兵团组织了全体委员一起看了“答卷”和大字报，并再次学习了“七·一”社论，进行了讨论，一致认为这份“答卷”和大字报

写得好,击中了要害。对他们的革命行动表示坚决支持。并号召全校各团支部、红卫兵连向他们学习,以教育革命主人翁的姿态,积极同学校领导提意见,在全校掀起一个揭矛盾,排表现,挖根源,提建议,人人为教育革命做贡献的高潮。不少班级、团支部贴出了支持信。

△为参加"七·一六"毛主席畅游长江十周年纪念活动,我校进行了选拔测验和排练。届时将有一百余人参加全市的盛大游泳活动。

△为普及游泳活动,我校游泳池目前正在积极整修,最近即可开放。

教革通讯

第91期

一九七六年十月一日

扬州中学政工组、教革组编

悲痛化作千钧力,誓将红旗扛到底
——扬州中学全体教职员工对毛主席宣誓的誓词

我党我军我国各族人民敬爱的伟大领袖、国际无产阶级和被压迫民族被压迫人民的伟大导师毛主席和我们永别了!我们扬州中学的全体教职员工沉浸在极大的悲痛之中。

毛主席啊,毛主席!您是中国共产党、中国人民解放军、中华人民共和国的缔造者和英明领袖。您是当代最伟大的马克思主义者。没有您,就没有我们今天的一切胜利!从安源的红日到井冈的星火,从遵义城头的朝霞到延安窑洞的灯光,从天安门上的红旗到"炮打司令部"的大字报,回顾战斗的征途,哪一程不是您步步指引!翻开革命的史册,哪一页不是您亲手挥写!您的光辉照亮了大地,映红了世界。您是我们心中永远不落的红太阳!

毛主席啊,毛主席!是您使灾难深重的中华民族结束了受压迫受奴役的历史,把贫困落后的、黑暗的旧中国变成了朝气蓬勃、初步繁荣昌盛的社会主义新中国;是您以无产阶级革命家的雄伟气魄,领导我们党和我国人民,同全世界马列主义政党的革命人民一道,开展了批判以苏修叛徒集团为中心的现代修正主义的伟大斗争,促进了国际共产主义运动和世界人民反帝反霸事业的蓬勃发展,推动了人类历史的前进;是您贡献了新民主主义的理论,特别是贡献了无产阶级专政下继续革命的理论,解决了巩固无产阶级专政、防止资本主义复辟这个国际共产主义运动的重大课题,极大地丰富了马克思主义的理论宝库。您的伟大思想与日月同辉，您的丰功伟绩与天地共存！

毛主席啊，毛主席！我们战斗在教育战线上的广大教工尤其不能忘记的是，您历来十分重视上层建筑领域的革命，十分关心无产阶级教育革命。您总是在斗争最关键的时刻，为我们指明斗争的方向。您为我们搞好无产阶级教育革命规定了唯一正确的路线、方针、政策。您首先从文化教育阵地开刀，发动了史无前例的无产阶级文化大革命，粉碎了十七年的修正主义教育路线。是您挥动巨手，工人、解放军毛泽东思想宣传队浩浩荡荡进驻学校，打破了资产阶级知识分子的一统天下；是您指明前程，使我们沿着《五·七指示》的光辉道路奋勇前进，迎来了教育战线莺歌燕舞的大好形势；也是您洞察一切，及时领导我们开展批邓、反击右倾翻案风的伟大斗争，粉碎了党内资产阶级复辟资本主义的迷梦。

伟大的领袖毛主席啊！我们扬州中学的全体教职员工无限敬爱您，永远怀念您。我们决心响应党中央的伟大号召，继承您的遗志，化悲痛为力量，把您开创的无产阶级革命事业进行到底。在此，我们向您庄严宣誓：

我们一定遵循您"按既定方针办"的嘱咐，坚持以阶级斗争为纲，坚持党的基本路线，坚持无产阶级专政下的继续革命。批判资产阶级，批判修正主义，限制资产阶级法权，勇敢地、自觉地同党内走资派作斗争。当前，要把您亲自发动的批邓、反击右倾翻案风的斗争继续深入地开展下去，热情支持社会主义新生事物，巩固和发展无产阶级文化大革命的胜利成果，为进一步巩固无产阶级专政作出贡献。

我们一定遵循您"要搞马克思主义，不要搞修正主义；要团结，不要分裂，要光明正大，不要搞阴谋诡计"的谆谆教导，坚持马克思列宁主义，不断增强党的观念，维护党的团结和统一，坚决服从党的一元化领导，加强组织纪律性，党指向哪里，我们就奔向哪里，为党的事业奋斗终生。

我们一定遵循您"认真看书学习，弄通马克思主义"的教导，刻苦攻读马列著作和您的光辉著作，近期内要通读、选读《毛泽东选集》四卷。我们一定虚心接受工农再教育，同工农打成一片，永远与工农划等号，认真改造主观世界，努力实现世界观的根本转变，坚持前进，反对倒退。

我们一定响应您老人家"教育要革命"的伟大号召，"忠诚党的教育事业"，坚持您老人家的无产阶级教育路线，在工人阶级领导下，深入开展教育革命，和修正主义教育路线对着干。我们誓以百折不回的毅力，加强团结，积极工作，勇挑革命重担，为培养无产阶级革命事业的接班人，为把学校改造成为无产阶级专政的工具而贡献自己的一切。

一九七六年十月一日

进一步办好抗震学校，促进教育革命深入发展

——我校于九月二十七日全面复学上课

【本刊讯】在极其悲痛地悼念我们的伟大领袖和导师毛主席逝世的日子里，我校响应党中央的号召，以阶级斗争为纲，化悲痛为力量，进一步办好抗震学校，促进教育革命的深入发展，已于九月二十七日全面复学上课。

九月二十七日上午，中二、中三、高二年级的学生，各自带着小板凳来到大操场参加入学教育动员大会。据初步统计，入学率达百分之八十以上。中一年级新生中的小干部也来到学校参加为时四天的骨干学习班。许多同学在领到书籍簿本后激动地表示：是毛主席给了我们读书的权力，毛主席最关心我们青少年的成长。毛主席和我们永别了，但我们要把毛泽东思想接过来，传下去，坚决把无产阶级教育革命进行到底。广大教师也决心化悲痛为力量，有的教师在分配课务时争挑重担；有的教师病假证明揣在口袋里不向组织提出请假要求；还有的教师通宵照料生病的家属，第二天仍然坚持上班。大家都有一个信念：办好抗震学校，坚持教育革命，以实际行动悼念伟大领袖和导师毛主席。

抗震学校全面复学后，学校领导确定了两个教育重点：一是组织学生认真学习好悼念伟大领袖毛主席的三个重要文件。通过宣讲，熟悉文件基本内容，领会精神实质，并组织学生讨论，歌颂毛主席的丰功伟绩，缅怀毛主席的无限恩情，以激发无产阶级感情，提高阶级斗争和路线斗争觉悟。二是结合当前防震抗震的实际情况，进行"人定胜天"的辩证唯物主义教育；进行自力更生，艰苦奋斗的革命传统教育；进行安全和组织纪律教育。在教育过程中，将请工人、贫下中农、老干部、老红军给学生上阶级教育和路线教育课、上革命传统课，坚持开门办学，坚持以工农兵为师。

抗震学校全面复课，当然还有许多困难。但全体师生决心克服困难，化不利因素为有利条件，搞好教育革命。如在露天进行教学，就加强革命传统教育，发扬抗大精神；校内疏散的居民达八百多户，就大讲解放军的爱民模范故事，大唱"三大纪律八项注意"，并发动学生订立"爱群公约"，为居民群众做好事。有的教师说：以前我们开门办学到地区，现在居民点就设在我们学校，我们要充分利用这个有利条件，搞好开门办学。

目前，我校广大师生决心继承毛主席的遗志，遵循毛主席的嘱咐，"按既定方针办"，坚持批邓，坚持走"五·七"道路。坚持教育革命的方向，努力办好抗震学校，为促进教育革命的深入发展贡献力量。

继承毛主席的遗志，
将无产阶级教育革命进行到底！

工人教师　郁原宜

伟大领袖毛主席不幸逝世的噩耗，象晴天霹雳，使我们都情不自禁地失声痛哭。毛主席啊！毛主席，您是我国各族人民的大救星，你的光辉思想永远照耀着我们卷进的方向，您永远活在我们心中。

在沉痛哀悼毛主席逝世的日子里，我被选为工人教师，奔赴教育战线。这是党对我的信任，是工人阶级交给我的光荣任务。我一定响应党中央的号召，把无限的悲痛化为巨大的力量，永远遵循毛主席的教导，刻苦攻读马列著作和毛主席著作，坚持以阶级斗争为纲，坚持党的基本路线，坚持无产阶级专政下的继续革命，决不辜负毛主席的希望和阶级的委托，誓将无产阶级教育革命进行到底！

伟大领袖毛主席生前嘱咐我们，要"按既定方针办"。毛主席早就给我们制定了党的教育方针，为我们规定了无产阶级教育革命的正确路线。我是才从工厂来到学校的，我一定要认真学习毛主席关于教育革命的一系列重要指示，坚决执行和捍卫毛主席的无产阶级教育路线。我也深深懂得，教育阵地历来是剥削阶级的世袭领地，封、资、修的流毒年深日久、盘根错节，教育战线上占领反占领、复辟反复辟的斗争仍然是十分激烈的。但是我们有战无不胜的毛泽东思想，有工人阶级的领导，有经过无产阶级文化大革命锻炼的广大革命师生，我们有信心一定能把学校改造成为无产阶级专政的工具。

我到学校后，一定要把工人阶级的好思想、好品质带到学校，在党的一元化领导下，团结广大师生，一起深入批邓、投入反击右倾翻案风的斗争，努力工作，积极搞好教育革命，决不玷污工人教师的光荣称号。我决心为培养无产阶级革命事业接班人而贡献自己的一切！

教革通讯

第92期

一九七六年十月二十五日

扬州中学政工组、教革组编

坚决拥护以华国锋主席为首的党中央 热烈欢呼粉碎“四人帮”反党集团的伟大胜利

——我校三千师生员工连日来集会庆祝并上街游行

【本刊讯】连日来,我校三千师生员工或参加地区召开的大会,或在校内集会,或上街游行,最热烈地欢呼华国锋同志任中共中央主席、中央军委主席,热烈庆祝粉碎王洪文、张春桥、江青、姚文元“四人帮”反党集团篡党夺权阴谋的伟大胜利。师生们一致激动地表示:党中央一“破”一“立”这两项英明决议,表达了亿万人民的心愿,体现了我们党的事业兴旺发达。它是马列主义、毛泽东思想的伟大胜利,是毛主席革命路线的伟大胜利,也是党的胜利、无产阶级的胜利、人民的胜利!

十月二十三日,我校全体师生在大操场隆重召开庆祝大会。党支部书记章心如同志在宣读了中共中央〔1976〕十六号文件之后说:“我们一定要在华国锋主席为首的党中央领导下,坚定地同反党篡权的资产阶级阴谋家、野心家斗争到底。我们今天的集会,就是这一革命意志的反映。”他还强调说,毛主席指出:“搞社会主义革命,不知道资产阶级在哪里,就在共产党内,党内走资本主义道路的当权派。走资派还在走。”王洪文、张春桥、江青、姚文元反党集团搞修正主义、搞分裂、搞阴谋诡计、篡党夺权,集中体现了党内资产阶级的反动性、腐朽性和危险性。他们这一伙是党内资产阶级的典型代表。是不肯改悔的正在走的走资派。我们革命人民同他们的斗争,是无产阶级同资产阶级、社会主义同资本主义、马克思主义同修正主义之间的你死我活的斗争。这是毛主席关于无产阶级专政下继续革命的伟大理论的一次伟大实践,是关系到我党变不变修,国家变不变色的伟大斗争。这场斗争实现了毛主席生前的未了意愿,是执行毛主席革命路线的一场重大战斗。这场斗争对于我党今后坚持毛主席制定的党在社会主义整个历史阶段的基本路线和政策,对于反修防修,巩固我国的无产阶级专政,防止资本主义复辟,建设社会主义。都具有伟大的现实意义和深远的历史意义,我们要和王洪文、张春桥、江青、姚文元反党集团坚决斗争,把这场伟大的革命运动进行到底!

驻校工宣队指导员赵林福同志在大会上兴奋地说:“正当全党全军全国各族人民继承毛主席的遗志,掀起学习毛泽东思想的新高潮的关键时刻,从我们伟大祖国的首都北京传来两个振奋人心的特大喜讯:华国锋同志任中国共产党中央委员会主席、中央军事委员会主席和以华国锋主席为首的党中央一举粉碎了王洪文、张春桥、江青、姚文元‘四人帮’篡党夺权阴谋的伟大胜利!我们驻扬中工宣队全体同志无不感到欢欣鼓舞,大快人心。”他还说:“‘四人帮’篡党夺权阴谋被揭露和粉碎,充分证明了我们的党是毛主席亲手缔造和培育的、久经考验的,伟大的、光荣的、正确的党。要搞垮我们这个党是不容易的。任何搞修正主义、搞分裂、搞阴谋诡计,妄图篡党夺权的人都是注定要失败的。我们决心最紧密地团结在以华主席为首的党中央周围,一切听从党中央指挥。继承毛主席的遗志,认真学习马列和毛主席著作,坚持毛主席的无产阶级革命路线,继续批邓、反击右倾翻案风,坚持‘三要三不要’的基本原则,同背叛马列主义、毛泽东思想。篡改毛主席指示,搞修正主义,搞分裂,搞阴谋诡计,阴谋篡党夺权的反革命阴谋集团‘四人帮’进行坚决的斗争,把毛主席开创的无产阶级革命事业进行到底!”

学校共青团委、红卫兵团的代表,工人、职员代表以及各年级的师生代表,都满怀着胜利的喜悦、战斗的豪情上台发言。他们有的说:“伟大领袖和导师毛主席逝世,我们无比伤心;当时,对党和国家的前途我们非常担心;现在确立了以华国锋主席为首的党中央,我们十分放心;又一举砸烂了‘四人帮’,我们真正开心。这样,对继承毛主席遗志,把毛主席开创的无产阶级革命事业进行到底就充满了坚强的信心。”有的说:“王、张、江、姚四人帮,把自己打扮成马克思主义者。但是,撕下他们的假面具,原来是一伙‘借革命以营私’的假马克思主义的骗子,是‘拉大旗作为虎皮’搞机会主义的老手,是钻入革命营垒里的‘蛟虫’。他们背叛马克思主义、列宁主义、毛泽东思想,篡改毛主席指示,搞修正主义,搞分裂。搞阴谋诡计。他们自有一伙,狼狈为奸,结成一帮,另搞一套,当面是人,背后是鬼,陷害别人,抬高自己,妄图篡党夺权,搞垮我们伟大的党,搞垮无产阶级专政的社会主义国家,真是机关算尽,坏事做绝,对全国人民犯下了不可饶恕的滔天罪行。‘庆父不死,鲁难未已’;‘四害’不除,国无宁日。以华国锋主席为首的党中央继承毛主席的遗志,代表全党全军全国各族人民的根本利益和共同心愿,一举粉碎了王、张、江、姚反党集团篡党夺权阴谋,为国除了祸,为党除了患,为民除了害。我们坚决拥护华国锋主席为首的党中央,我们完全信赖华国锋主席为首的党中央。”

在庆祝会上，师生们一致表示，决心要最紧密地团结在华国锋同志为首的党中央的周围，一切行动听党中央的指挥，响应党中央的号召，掀起学习马列著作和毛主席著作的新高潮。联系当前阶级斗争和路线斗争的实际，学习毛主席关于无产阶级专政下继续革命的理论，特别是学习毛主席关于“要搞马克思主义，不要搞修正主义；要团结，不要分裂；要光明正大，不要搞阴谋诡计”的教导，进一步认清当前正在进行的粉碎王、张、江、姚反党集团斗争的重大意义。大家决心要旗帜鲜明地同‘四人帮’这伙不肯改悔的正在走的走资派作坚决的斗争，在斗争中要提高革命警惕，防止阶级敌人的破坏捣乱，同时也要防止出现否定无产阶级文化大革命、否定批邓大方向的错误倾向。大家还表示要普遍开展唱《东方红》《国际歌》《三大纪律八项注意》三首革命歌曲的活动，要把参加这一斗争的革命激情贯彻到工作中去，搞好教育革命，以实际行动同阴谋篡党夺权的阴谋家、野心家作坚决的斗争。

自十月廿三日以后，全校各年级、各班级也纷纷召开庆祝大会或声讨会，热烈欢呼已经取得的伟大胜利，愤怒声讨“四人帮”的滔天罪行。校园里，口号、歌声此起彼伏，群情振奋，一片欢腾。全校师生决心团结一致，在以华国锋主席为首的党中央英明领导下，沿着毛主席的革命路线，乘胜前进！

坚决打烂四人帮

扬州中学文艺宣传队 配曲

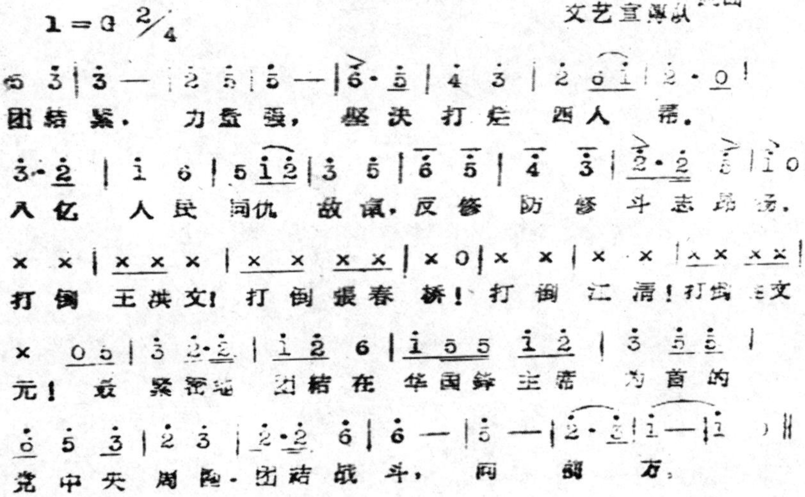

*　*　*　*

砸烂“四人帮”

嘉　谦

挥拳砸烂“四人帮”，八亿神州斗志昂。为民除害群情奋，举国增辉专政强。
恨尔奸刁如蜥蜴，咄伊狠毒似豺狼。万众欢呼华主席，红心永向党中央。

闻除四害欣然有作

吕 蔚

蕞尔四人帮，兽心人面狼。
设谋偷国柄，行诈僭中央。
六合咸怀愤，万民共殄殃。
十年名利客，一梦是黄粱。

教革通讯

第93期

一九七六年十一月二十五日

扬州中学政工组、教革组编

毛主席的教育方针岂容篡改

——批张春桥的一个谬论

教育部大批判组

王张江姚“四人帮”是一伙披着马列主义外衣，专干反对马列主义罪恶勾当的阴谋家、野心家。长期以来，他们利用窃取的那一部分权力，到处招摇撞骗，横行霸道，肆意篡改毛主席的一系列重要指示，反对毛主席的无产阶级革命路线。狗头军师张春桥无耻篡改、竭力反对毛主席的教育方针，就是他们整个反革命篡权复辟活动的一个罪证。

一九五七年，伟大领袖和导师毛主席明确规定：“我们的教育方针，应该使受教育者在德育、智育、体育几方面都得到发展，成为有社会主义觉悟的有文化的劳动者。”一九五八年，毛主席又指出：“教育必须为无产阶级政治服务，必须同生产劳动相结合。劳动人民要知识化，知识分子要劳动化。”毛主席为我们党的教育工作制定的这一方针。是根据无产阶级专政下继续革命的伟大学说，总结了国内国际教育领域阶级斗争的正反两方面经验而提出来的。“四人帮”反党集团，为了把教育变成他们颠覆无产阶级专政、复辟资本主义的工具，千方百计地歪曲、篡改和破坏毛主席的教育方针。去年十一月八日，张春桥在一次谈话中，摇头晃脑地说：“一个是培养有资产阶级觉悟的有文化的剥削者、精神贵族，一个是培养有觉悟的没有文化的劳动者，你说要什么人？我宁要一个没文化的劳动者，而不要一个有文化的剥削者、精神贵族”。

在这里，张春桥别有用心地抛出“两种人”的谬论，举出一个“有文化的剥削者、精神贵族”，一个“没有文化的劳动者”离你挑，这正是毛主席所痛斥的“形而上学猖獗”的一个典型例证。按照张春桥的逻辑，要么是“有文化的剥削者、精神贵族”，要么是“没有文化的劳动者”。在他那里，“有文化”和“劳动者”完全成了两个互相对立的概念，有社会主义觉悟的有文化的劳动者天底下是根本没有的。张春桥就是这样用他精心设计的拙劣圈套，来歪曲和篡改毛主席的教育方针以达到破坏教育革命的目的。应当看到，张春桥散布的这个谬论不是孤立的。在工业战线上，“四人帮”散布什么“宁要社会主义的低速度，不要资本主义的高速度”，“宁要社会主义的(火车)晚点，不要资本主义的正点”；在农业生产上，他们还散布什么“宁长社会主义的草，不栽资本主义的苗。”他们就是妄图从上层建筑和经济基础两个方面，把人们的思想搞乱，把社会主义搞垮，从而达到他们篡权复辟的罪恶目的。

按照毛主席的教育方针，无产阶级的培养目标应该是培养有社会主义觉悟的有文化的劳动者。“有社会主义觉悟”、“有文化”和“劳动者”这三个方面是互相联系，不可分割的整体。三者之间的关系是辩证的关系。是为了根本改变旧社会那种剥削者独占文化，劳动者无权受教育的状况，是为了在社会主义制度下培养共产主义一代新人。其中，“有社会主义觉悟”，就是德育，它是统帅，居于首要地位。这就要求我们的教育，坚持以阶级斗争为主课，使青年“把坚定正确的政治方向放在第一位。”这样培养出来的人，才能具有高度的阶级斗争和路线斗争觉悟，有一个坚定正确的政治方向。“有文化”讲的是智育，是要在无产阶级政治挂帅的前提下，使青少年学生努力学好文化科学知识，具备分析问题和解决问题的能力，掌握为人民服务的真实本领。只有首先具有社会主义觉悟，而又掌握了文化科学知识，坚持又红又专的方向的人，才能成为真正和工人、贫下中农“划等号”的、脑力劳动和体力劳动相结合的新型劳动者。

张春桥叫嚷：“宁要一个没有文化的劳动者”，这是在明目张胆地宣扬取消智育，鼓吹“读书无用论”，实质是极右的。张春桥一方面口口声声叫嚷：“在上层建筑的各个领域，有些方面实际上仍然被资产阶级把持着，资产阶级还占着优势”；另一方面却又不准无产阶级革命接班人学到必需的社会主义文化科学知识，这怎么能够剥夺资产阶级在知识和技术上的优势呢？由此可见，他所大论特论的所谓“对资产阶级实行全面专政”云云，除去说是别有用心之外，难道还能有别的解释吗？在解放了二十多年的社会主义新中国鼓吹这样的谬论，不正是宣扬历史倒退，是对历史的反动吗！革命导师历来是十分重视学习革命文化的。列宁曾经指出：“在一个文盲的国家内是不能建成共产主义社会的。”(《青年团的任务》，《列宁选集》第4卷第357页)毛主席教导我们：“革命文化，对于人民大众，是革命的有力武器。”(《新民主主义论》)“没有文化的军队是愚蠢的军队，而愚蠢的军队是不能战胜敌人的。”(《文化工作中的统一战线》)我们要反修防修，巩固无产阶级专政，防止资本主义复辟，建设社会主义和共产主义，就必须在抓好知识分子劳动化的同时，加速实现劳动人民知识化。这是无产阶级教育革命的一项重要任务。无产阶级文化大革命以来，在毛主席教育革命路线的指引下,我们在这方面取得了可喜的成绩。这是有目共睹的。"四人帮"手中无真理,周围没群众,专靠打棍子、扣帽子过活。谁要是一谈"学文化",他们就劈头给谁一棍子,说你"去掉两头,光要中间,眼睛只盯住'文化'!"谁要是一抓智育,他们就给谁扣上"智育第一"、"文化至上"的大帽子,加上"复旧"、"走老路"的罪名。他们故意混淆无产阶级的智育和"智育第一"这两个不同的概念,把人们的思想搞乱,使人们不敢抓智育,这不是在破坏教育革命,破坏社会主义革命,破坏社会主义建设又是什么?

我们同修正主义教育路线的分歧,并不是要不要学文化,而是文化掌握在什么人手里,怎样掌握文化知识,学了文化作什么。按照毛主席的革命路线抓智育与资产阶级的"智育第一"是有着本质区别的。资产阶级虚伪地宣称"学校是单纯传授知识的场所",打着"智育第一"的幌子,来反对无产阶级的政治方向。其实,"提出这个原理的资产阶级自己就把资产阶级政治放在学校事业的第一位"。(《在全俄国际主义教师第二次代表大会上的演说》,《列宁全集》第28卷第386—387页)世界上从来就不存在什么纯粹的"智育第一","智育第一",实质上是资产阶级政治第一。从刘少奇鼓吹的"两耳不闻窗处事,一心只读圣贤书"到林彪贩卖的"五分多,尖子多",都是宣扬资产阶级的"智育第一",诱使青年关门读书,把知识作为向上爬的资本,不知坑害了多少青年,这是我们历来所反对的。为此,毛主席尖锐地指出:"旧教学制度摧残人材,摧残青年,我很不赞成。"然而,无产阶级按照毛主席革命路线抓智育,是以无产阶级政治作为统帅的,是教育青少年一代为了更好地从事社会主义革命和建设的伟大事业而努力掌握必需的文化科学知识。这个界限,决不能让"四人帮"的诡辩和邪说去混淆、歪曲。事实证明,无产阶级文化大革命后,不少学校党的领导,引导广大教师坚持开门办学的方向,把教育和生产劳动、理论和实际结合起来。按照马克思主义的认识路线和社会主义方向组织的文化课,对于加强学生的政治思想教育,树立阶级观点、劳动观点、群众观点、辩证唯物主义和历史唯物主义观点起到了很好的作用。认识到这一点,有助于我们提高上好社会主义文化课的自觉性,有助于批判"四人帮"对马列主义教育原理的歪曲。

"四人帮"鼓吹"读书无用论",反对青少年学生学文化,实际上是在继续搞资产阶级的文化专制主义。毛主席早就指出:资产阶级顽固派"他们的出发点是资产阶级专制主义,在文化上就是资产阶级的文化专制主义。""他们不愿工农在政治上抬头,也不愿工农在文化上抬头。"(《新民主主义论》)"四人帮"就是这样的资产阶级顽固派。他们"宁要一个没有文化的劳动者",就是不许劳动人民掌握自己创造的文化科学知识,妄图使工人、贫下中农永远处于没有文化知识的愚昧状态,而让他们这帮祸国殃民的害人虫永远骑在劳动人民头上,为非作歹,称王称霸。他们所主张的实际上仍然是孔老二的"劳心者治人,劳力者治于人"那一套。这就充分暴露了"四人帮"同广大工人、贫下中农处于何等尖锐对立的阶级斗争状态之中,他们是劳动人民不共戴天的死敌。

"四人帮"篡改毛主席的教育方针,不要"有文化",目的也在否定"有社会主义觉悟”这个政治前提。文化本身是有阶级性的，人们的社会主义觉悟是不能自发产生的，必须在阶级斗争、生产斗争和科学实验三大革命实践中努力学习马列主义、毛泽东思想，才能真正具备、逐步提高。而要学好马克思主义的理论，又需要有一定的文化知识为基础、为工具。正如毛主席所教导的：“没有文化，马克思列宁主义的理论就学不进去。学好了文化，随时都可学习马克思列宁主义。”（《整顿党的作风》）

那么，“四人帮”是否就十分重视“社会主义觉悟”这一点呢？他们有时也嗷几句。但是他们所说的“有觉悟”，也根本不是什么“社会主义觉悟”，只不过是为他们篡党夺权效劳卖命的“修正主义觉悟”罢了。那个由“四人帮”的死党亲自选拔的所谓“交白卷”的大学生，在他们眼里是“觉悟”很高的。可是，就是他，在“四人帮”的纵容、唆使下，到处煽风点火，制造混乱，妄图打倒一大批从中央到地方的党政军负责同志，疯狂反对以华主席为首的党中央，并且口出狂言：要“作好打仗的准备，牺牲的准备。”充当了“四人帮”篡党夺权的凶恶打手，变成了一个现行的反革命。就是这么一个极端反动的家伙，还恬不知耻地自我吹嘘：“接班还要靠我这样的人！”“四人帮”所要的“觉悟”，不是别的，就是这种甘心情愿跟着他们干反革命勾当的“法西斯觉悟”和“江田岛”精神。

对于张春桥在他的黑话中所讲的“劳动者”，也必须加以剖析。反党“四人帮”一不会做工，二不会种田，三不会打仗，非常厌恶劳动，极端仇视劳动人民。江青就用最恶毒的语言攻击伟大的工人阶级，胡说什么：“工人的本质就是脏”。其实，本质上最脏、最反动的不是别人，正是他们这一靠吸工人血的资产阶级分子。当然，为了装潢门面，他们有时也要去“劳动”一下，但没有一次不是出尽了洋相。江青也曾声称要跟一个学校的学生一起劳动。当时，干的活是挖土，为了拍下她的“劳动”镜头，竟先让别人把铁锹踩到土里，然后她再把脚放在锹上，故作姿态。这难道不是一件举世罕见的丑闻吗？既然如此，那么“四人帮”又为什么大讲所谓“劳动者”呢？拆穿来看，“四人帮”所鼓吹的“劳动者”，决不是马克思主义经典著作中历来所讲的劳动者。按照无产阶级的培养目标，我们所要培养的劳动者，是具有高度的社会主义觉悟、比较丰富的社会主义文化知识和健康的体魄，既能从事脑力劳动，又能从事体力劳动的一代新人。正如列宁所说的：“青年团员个个都是有知识的，同时又都善于劳动。”（《青年团的任务》，《列宁选集》第4卷第358页）“四人帮”既反对工农及其子女具有社会主义觉悟，又反对他们学文化，那么他们所要的“劳动者”，无非是要劳动人民永远愚昧无知的奴隶罢了。他们的目的“就是训练对资产阶级有用的奴仆，既能替资产阶级创造利润，又不会惊扰资产阶级的安宁和悠闲。”（《青年团的任务》，《列宁选集》第4卷第346页）当然，“四人帮”为了后继有人，对他们精心选拔的本阶级的“好苗子”，是要“精心栽培”的。但是，目的并不是要他们去当普通劳动者。那个被“四人帮”极力吹捧的所谓“交白卷”的大学生，不是也被他们塞进了人大常委会吗？他们总是妄图把一些青年培植成为一批又一批“有文化的剥削者、精神贵族”。训练出一支又一支林立果式的“小舰队”，为他们篡党夺权、复辟资本主义服务。在这里，“四人帮”所贩卖的不正是资产阶级的双轨制和刘少奇的两种教育制度的陈年旧货吗?

“四人帮”疯狂反对毛主席教育革命路线。罪恶累累,罄竹难书,篡改毛主席的教育方针则是其突出表现。他们的险恶用心是,把广大革命干部、革命师生的思想搞乱,把教育战线搞乱。破坏无产阶级教育革命,破坏社会主义革命和建设,从而达到复辟资本主义的罪恶目的。广大革命干部和革命师生对于这些家伙的倒行逆施,早就看在眼里,恨在心上。以华主席为首的党中央,根据毛主席生前的英明决策,一举粉碎了“四人帮”。把他们押上了历史的审判台,从白发苍苍的老教师到天真可爱的红小兵,无不纵情欢呼,拍手称快。他们说:粉碎“四人帮”,教育革命要打大胜仗。喜看今日的教育战线,生机勃勃,万象更新。我们要在以华主席为首的党中央的英明领导下,深入揭发、深入批判“四人帮”的反党罪行,揭发批判“四人帮”篡改毛主席的无产阶级教育方针,破坏教育革命的种种罪行。打一场人民战争,乘革命东风,展革命新图,把无产阶级教育革命事业进行到底。

(原载《光明日报》1976年11月23日)

教革通讯

第94期

一九七六年十二月二十七日

扬州中学政工组、教革组编

教育部开座谈会揭发批判“四人帮”破坏教育革命的严重罪行 在华主席领导下发展教育革命大好形势

【本报讯】以华主席为首的党中央继承毛主席的遗志，一举粉碎王、张、江、姚“四人帮”反党集团，教育战线广大干部师生群情振奋，人心大快，思想非常活跃。在这种大好形势下，教育部最近邀请北京市的五所中小学、四所大学和四个区、县教育部门负责人进行座谈。揭发、批判“四人帮”反党集团破坏无产阶级教育革命的严重罪行。到会同志愤怒指出：“四人帮”打着教育革命的旗号，推行一条极右路线。大搞形而上学，歪曲、篡改毛主席的无产阶级教育路线，千方百计地要把教育革命搞乱、搞垮，妄图把教育变为他们篡党夺权、复辟资本主义的工具。对“四人帮”破坏教育革命的严重罪行，必须彻底揭发，深入批判。

“四人帮”是怎样破坏教育革命的呢？座谈中，大家主要谈到以下几个方面：

“四人帮”篡改毛主席亲自制定的“使受教育者在德育、智育、体育几方面都得到发展，成为有社会主义觉悟的有文化的劳动者”的教育方针，疯狂地同无产阶级争夺青少年一代。张春桥说：“我宁要一个没有文化的劳动者，而不要一个有文化的剥削者。”“四人帮”在辽宁的那个死党也叫喊，要培养“头上长角，身上长刺”的人。“四人帮”篡改毛主席的教育方针的罪恶目的，一方面，是要培养一批象《一份发人深省的答卷》的作者那样为他们篡党夺权卖命的反革命小丑，另一方面，是要实行愚民政策，不让广大工农子女掌握社会主义文化，以利于他们复辟资本主义。他们攻击湘剧电影

《园丁之歌》,把为挑革命重担而学文化诬蔑为“文化至上”、“智育第一”。这事实上是反对剥夺资产阶级在知识和技术上的优势,反对劳动人民知识化和知识分子劳动化。一位工宣队师傅愤怒地说:“文化大革命前刘少奇反革命的修正主义教育路线,把工农子女排斥在学校大门之外。现在工农子女上了学,‘四人帮’却不让他们在德、智、体几方面都得到发展。‘四人帮’实行的是和刘少奇、林彪一样的极右路线。”

“四人帮”破坏和取消学校的无产阶级思想政治教育,用资产阶级思想腐蚀毒害青少年一代。他们鼓吹“年青的都是好的”,抹煞无产阶级同资产阶级争夺青少年的斗争。张春桥谈到流氓阿飞打群架时,竟胡说什么“我想这样的青年可能有长处,打起仗来很勇敢,当解放军上前线,受重伤不下火线”。他们极力在学生中煽动无政府主义思潮,使资产阶级思想乘隙而入。一九七四年,在他们的唆使和煽动下,北京市的一些学校发生了学生砸破学校教室的玻璃,破坏桌椅的现象。对此,“四人帮”的一个亲信竟然把它说成是什么“和十八世纪工人破坏机器一样的革命行动”。他们任意取消经常的深入细致的思想政治工作,取消马克思主义基本原理的讲授。他们鼓吹一本书主义、一支曲主义、一个舞主义,用资产阶级名利思想和他们自己的糜烂腐朽的资产阶级生活影响和毒害青少年。同志们十分气愤地说,张春桥和姚文元曾在他们的黑文中别有用心地提出一个教唆犯的问题,以此反对革命的老干部,实际上,大量的事实证明,“四人帮”正是最大的政治教唆犯。

“四人帮”把理论与实践、主学与兼学割裂开来,破坏毛主席《五·七指示》的贯彻执行。他们反对伟大领袖毛主席和敬爱的周总理关于加强基础理论的多次指示,甚至在他们控制的一个报纸上恶毒地攻击说:“资产阶级顽固势力以加强基础理论为借口,刮起了一股智育第一的妖风,反对开门办学。”北京大学化学系的同志说,由于“四人帮”的破坏,许多单位基础课不敢抓了,基础课教研组被拆散了,科学实验也不敢搞了;抓理论、抓实验,被说成是走进象牙塔里去,是走老路,严重地破坏了教育革命的开展。

“四人帮”破坏革命的师生关系,挑起学生同教师的对立。在批林批孔中,他们另搞一套,反对敬爱的周总理,妄图打倒中央和地方的一大批党政军负责同志,由他们来“组阁”。为了树自己,整别人,江青和她安插在教育战线的亲信大抓所谓的“复辟”典型,大树《答卷》作者等所谓“反潮流”的典型。他们反对毛主席关于当前的主要危险是修正主义的教导,把师道尊严作为教育战线的主要矛盾,煽动学生把教师当作“复辟势力”来批。他们任意混淆两类不同性质的矛盾,把有某些缺点或有错误、属于人民内部矛盾的干部、教师,说成是“败类”,要“夺权改造”,要实行“专政”。他们在围剿《园丁之歌》时,把实践毛主席倡导的启发式教学方法的教师,攻击为“软刀子”。他们把学校里的某些合理的规章制度,统统说成是“管、卡、压”,说成是“束缚限制了革命小将”。一些同志气愤地说:“那时,我们教师真是欲干不能,欲罢不忍,工作非常困难啊!”

“四人帮”肆意歪曲毛主席对知识分子的正确估价,破坏党的团结、教育、改造知识分子的政策，打击干部、教师的社会主义积极性。“四人帮”的一个亲信公然污蔑说，解放后十七年培养的学生“基本上是对社会主义经济基础起了破坏作用的”。“四人帮”的另一个亲信派人在北京市的一个中学试点，说什么“教师都是资产阶级世界观，都是资产阶级知识分子，怎么能培养无产阶级革命事业的接班人?”要创造一个取消教师而由学生自治的“典型”，准备在全国团代会上放“卫星”。毛主席指示：“我国的艰巨的社会主义建设事业，需要尽可能多的知识分子为它服务。凡是真正愿意为社会主义事业服务的知识分子，我们都应当给予信任，从根本上改善同他们的关系，帮助他们解决各种必须解决的问题，使他们得以积极地发挥他们的才能。”许多同志说，毛主席这些重要指示被“四人帮”破坏了，致使不少教师不安心搞教育工作。

“四人帮”破坏党的一元化领导，破坏党的优良传统。同志们说，这几年“四人帮”任意践踏党对教育战线的一元化领导，他们随意批文件，送材料，乱发“指示”。他们形而上学猖獗，“帽子”满天飞，“棍子”四处打，不准讲工作中存在什么问题，否则就是“九斤老太”、“今不如昔”，使人不敢如实反映情况，破坏了我们党的民主作风。当他们要拣起石头打人的时候，又把教育革命形势说成一团漆黑，大叫大嚷“回潮”“复辟”，要“动大手术”。总之，他们是要把教育战线搞乱，实现其篡党夺权的目的。

参加座谈会的同志认为，这几个问题，只是“四人帮”反党集团破坏教育革命严重罪行的一部分。有些问题，还需要进一步分析研究，准确地划清两条路线的界线。大家说，在英明领袖华主席领导下，揪出“四人帮”，教育革命大有希望。我们要放手发动群众，大揭大批“四人帮”破坏无产阶级教育革命的罪行，认真学习马列主义、毛泽东思想，认真落实毛主席的教育路线、方针和政策，发展教育革命的大好形势！

（原载一九七六年十二月十九日《人民日报》）

请读一封学生的信

这里，我们向大家推荐中三(9)班吕群同学给老师的一封信。

推荐这封作，并不是因为吕群同学提出了要补外语这个问题。而是因为他在批判、揭发“四人帮”的斗争中能自觉地联系、对照“四人帮”在教育战线所散布的流毒；还因为他能用革命导师的教导来批判谬论并决心付诸行动；更因为他能较清醒地认识到青年人所肩负的历史使命。这种精神是可贵的，所以我们要表彰这种精神，宣传这种精神，发扬这种精神。

伟大领袖和导师毛主席为我党制定的教育方针是培养“有社会主义觉悟的有文化的劳动者”。“四人帮”出于篡党夺权的需要，故意用形而上学这个破烂武器，来篡改党的教育方针，他们大搞资产阶级政治，取消无产阶级智育，破坏教育革命，妄图使学校和青年成为他们复辟资本主义的工具。

今天，“四人帮”被粉碎了。革命群众正意气风发，斗志昂扬，充满着胜利的信心。如果说工农业战线上的同志在理直气壮地大干社会主义，努力把“四人帮”造成的损失夺回来。那么，我们战斗在教育战线上的同志也同样可以理直气壮地说：我们要把“四人帮”给教育革命造成的损失夺回来！

附：吕群同学的一封信

梅老师：

在全国各条战线纷纷以抓革命，促生产的实际行动来继承毛主席的遗志，拥护、紧跟华国锋主席为首的党中央，批判、揭发“四人帮”反党集团妄图篡党夺权的滔天罪行的时候，我回顾自己进入中学阶段以来所走的路，觉得有很多地方没有或者不完全按毛主席的教导去做，上了“四人帮”的当，中了毒。放弃“A、B、C”，就是其中的一点。

“四人帮”鼓吹“不学A、B、C，照样做接班人”，在他们的影响下，我认为外语可学可不学(虽然他们这个“A、B、C”不只是指外语，但是也包括外语在内的各门科学文化知识)，没有想到它是党和人民交给我们的学习任务，也没有想到它的重要性。砸烂“四人帮”反党集团后，我从中受到了很大的教育，再重温马克思“外国语是人生斗争的一种武器”的教导，渐渐有了要学好外语的想法。通过这次学工劳动，看到工人师傅抓革命，促生产，大干社会主义的革命干劲，更加坚定了我的决心和信心，要把学习外语方面的损失补回来。我想光靠自己自学，恐怕难以圆满地完成任务，因此，希望梅老师多加帮助和指导。

我知道，要把两年来所失去的东西补回来并不是一件容易的事。但是，只要想到这是党和人民交给我们的学习任务，想到我们青年人所肩负的历史使命，想到要尽快地实现四个现代化，把我国建设成为一个强大的社会主义强国，想到实现共产主义的远大目标，就没有什么困难不可以克服，就没有什么障碍不可以冲破。

吕　群

七六·十二·四

教革通讯

第95期

一九七七年三月十日

扬州中学政工组、教革组编

遵循抓纲治国的决策，夺取教育革命的新胜利

——我校在批“四害”、学雷锋的高潮中开学

【本刊讯】三月一日，我校广大师生员工朝气蓬勃地开始了新的一学期的战斗生活。大家兴奋地说，这是粉碎“四人帮”后的第一个新学期，这是在学雷锋高潮中迎来的新学期，这也是华主席作出抓纲治国伟大的战略决策后的第一个新学期，我们一定要遵循抓纲治国的决策，去夺取教育革命的新胜利。

开学前三天，教师集中学习了省委三届九次全委(扩大)会议的精神，学习了地区教育工作会议精神，大家精神振奋，斗志昂扬，对大治之年夺取教育革命的更大胜利，充满了必胜的信心。广大教师说，我们要实现华主席提出的抓纲治国的战略决策，就要学好毛主席的《论十大关系》和华主席在第二次全国农业学大寨会议上的重要讲话，狠批“四人帮”篡党夺权、复辟资本主义和破坏、干扰教育革命的罪行，抓纲治校，把教育革命搞上去。大家还决心在今后的教育革命中，努力搞清五个方面的是非界限：一、划清智育与“智育第一”的界限，提高对党的教育方针的全面认识；二、划清革命的反潮流精神与无政府主义的界限，加强党的集中统一的观念；三、划清对学生进行正当的管理教育与“师道尊严”的界限，建立革命的、民主的、团结的师生关系；四、划清加强教师世界观改造与否定教师作用的界限，正确理解党的团结、教育、改造知识分子的政策；五、划清学好基础知识与“理论至上”的界限，坚持理论与实践相结合，帮助学生打好基础。

许多同学在寒假中,开展了学雷锋的活动,他们学习毛主席著作、送肥下乡、参加地区治安保卫工作、为烈军属做好事,帮助成绩差的同学补课等等。如中一年级的学雷锋小组共开展了二百多次活动,为群众、为集体做好事达六百多人次。同学们正是这样带着学雷锋的丰硕成果,跨进了新的学期。

学校在这样的大好形势下,开始了新的学期。一个学雷锋、树理想、批"四害"、促"三好"的高潮,正在校园里掀起。三月五日,为纪念伟大领袖毛主席的光辉题词"向雷锋同志学习"发表十四周年,全校举行了大会。

会上,学校负责同志讲了话,他着重指出:我们把学习雷锋的运动更加广泛更加深入的开展起来,是继承毛主席遗志的实际行动;是深揭狠批"四人帮"的一个重要方面;也是培养全心全意地为人民服务的一代新人,全面贯彻党的教育方针的一项有力措施。我们一定要充分认识学雷锋运动的伟大意义,把学雷锋和批"四害"结合起来,把学雷锋和促"三好"结合起来,既轰轰烈烈,又扎扎实实,务求实效,不尚空谈。

教工和学生代表也在大会上表示,决心响应英明领袖华主席的号召:"向雷锋同志学习,把毛主席开创的无产阶级革命事业进行到底。"牢记敬爱的周总理的题词,学习雷锋"憎受分明的阶级立场,言行一致的革命精神,公而忘私的共产主义风格,奋不顾身的无产阶级斗志。"做一个雷锋式的共产主义战士。会上有的同志还谈了他们学习雷锋的具体做法,如:学好题词,认识意义,分清路线,解决为什么学的问题;学习事迹,领会精神,明确方向,解决学什么的问题;联系实际,狠批"四害",猛促"三好",解决怎样学的问题,师生们一致表示,当前我们要认真学习中央两报一刊《向雷锋同志学习》的社论,进一步明确意义,落实措施,以深入批判揭发"四人帮"为中心,迅速掀起学雷锋的新高潮,迅速掀起教育革命的新高潮。

"善始者,事半成。"良好的开端,正鼓舞着我校全体革命师生信心百倍地去夺取教育革命的新胜利。

学雷锋　树理想　争三好

高二(4)团支部

在学雷锋,做雷锋的新高潮中。我们迎来了毛主席光辉题词"向雷锋同志学习"发表十四周年这一光辉的日子。雷锋同志是用马列主义、毛泽东思想武装起来的共产主义战士。他的一生,是革命的一生,光辉的一生,雷锋是我们革命青年的榜样。在高一时,我班几个同学在共产主义理想教育的鼓舞下,成立了班上第一个学雷锋小组,他们在一起认真学习《毛泽东选集》,学习时事政治;他们利用星期天到车站扫地,在车站办起“流动图书馆”，为旅客服务；还到挂钩生产队参加劳动，接受贫下中农再教育。在他们的影响和带动下，班上又出现了好几个学英雄小组，班级面貌发生了显著的变化。大家深有体会的说，学习雷锋，胸有理想，脚踏实地，天天向上。

粉碎“四人帮”，雷锋精神大发扬。在上学期放寒假之前，我们批判了“四人帮”反对压制学雷锋的罪行，团支部决定在寒假中发动团员和要求进步的青年开展学习雷锋活动。在假期中广大团员和要求进步的青年基本都能按团支部的计划和要求去做，认真通读《毛泽东选集》第二卷，写红色日记，到学校参加扫雪，有的还为老红军做好事，在旅途中帮助旅客拿行李、让座位等、度过了一个有意义的寒假。

最近，华主席又亲笔题词，号召我们“向雷锋同志学习，把毛主席开创的无产阶级革命事业进行到底。”敬爱的叶副主席也题了词：“向雷锋同志学习，全心全意为人民服务。”一个学雷锋的高潮正在全国蓬勃兴起。我们坚决响应华主席、党中央的伟大号召。现在全班已成立了八个学雷锋小组，我们打算把这些学雷锋小组办成“学习毛主席著作小组”。学习雷锋的“钉子”精神，认真学习马列、毛主席著作，积极投入当前学好文件抓好纲，深揭狠批“四人帮”的伟大斗争；办成“为人民服务小组”，学习雷锋同志甘当“人民的勤务员”的优秀品质。为集体、为人民多做些有益的事；办成“学文化的互帮小组”，学习雷锋同志“苦炼杀敌本领”的动人事迹，勤奋学习社会主义文化课，我们决心把学习雷锋和批“四害”，促“三好”有机的结合起来，把学雷锋运动推向一个新的高潮，使雷锋伟大的共产主义精神在广大团员、青年中发扬学大，努力把我班建设成雷锋式的先进集体。

一只雨鞋

开学初，扬州五金一厂工人老徐同志到我校送了一份感谢信。信上表扬了我校师生在雷锋精神鼓舞下，拾物不昧，助人为乐的好思想。

这究竟是怎么一回事呢？

原来在上学期快结束的时候，中一(13)班郑扬同学在甘泉路拾到了一只雨鞋，他就带回学校交给了诸宝珠老师。诸老师拿到这只鞋，一时不知到哪去找失主，正巧有一天和诸老师同办公室的张家骞老师在学校防震指挥部值班，无意中发现前几天的值班记录上有一位姓徐的同志因搬家时丢落一只雨鞋而来报失的记载。张老师便不厌其烦地翻阅了我校防震疏散点的八百多户、四千多人的名册，终于了解到那姓徐的同志是在五金一厂工作，家住大实惠巷，他就把这情况转告了诸老师。

诸老师得到这一线索，估计那只雨鞋很可能是姓徐的同志在搬家时掉在半路上的，便马上打电话到五金一厂，可是一次打不通，两次打不通，怎么办呢？今年雨水特多，失主一定为丢失雨鞋而感到不便、焦急。于是她不顾年迈路滑，亲自上门到大实惠巷去查问落实，终于找到了失主。

第二天失主老徐同志来校领取了那只雨鞋，并带来一袋子糖，表示对老师、同学的感谢。但是老师们婉言谢绝了，说："这是我们应该做的！"老徐同志感动得不知如何是好，他说：一点糖你们都不肯收下，那怎么来表达我的心意呢？——我没有文化，不会写，但我一定找厂里的同志代写一封感谢信，感谢毛主席、华主席，感谢新社会，感谢学雷锋见行动的老师和同学。

这正是：雨鞋一只情意真，助人为乐新风扬。

革命师生做好事，齐学雷锋好榜样。

在渡江桥上

在春节前的一天下午，气候严寒，北风呼啸，在渡江桥上往来行人，川流不息，各种车辆，络绎不绝。我市郊区广大贫下中农，紧跟华主席，狠批"四人帮"破坏农业生产的滔天罪行，高举"农业学大寨"的红旗，以增产粮食、增产蔬菜的实际行动，支援国家社会主义建设，这天他们正顶北风、冒严寒拉着满载着各种蔬菜的板车，一辆一辆送进城来，以满足城市的春节供应。渡江桥桥高、坡陡、农民伯伯吃劲地往桥上拉、我们中一(5)班部分同学，亲眼看到这种繁荣景象，亲眼看到了农民伯伯这种大干的革命精神，他们摩拳擦掌，学习雷锋做好事，投入了大干社会主义的战斗，帮助农民伯伯把一车又一车载满蔬菜的板车推过桥去。同学们虽然冒着寒风，吃了苦，流了汗，但是他们目送着推过桥去的载满蔬菜的板车，心情是多么轻松，多么愉快。他们决心今后要以雷锋为榜样，进一步学习贫下中农大干社会主义的革命精神，多为人民做好事。

中一(5)班报道组

教革通讯

第96期

一九七七年三月二十一日

扬州中学政工组、教革组编

深入揭批“四人帮”
正确处理教育工作中的几个关系问题

英明领袖华主席在第二次全国农业学大寨会议上指出:“各条战线都要以毛主席制定的党的基本路线为指导,通过切实的调查研究,总结历史的和无产阶级文化大革命以来的正反两个方面的经验,弄清楚自己战线的具体的工作路线,具体的方针、政策和方法,并且在实践中不断地加以改进和完善”。在最近召开的北京市中小学教育工作会议上,参加会议的同志以毛主席的《论十大关系》和华主席的重要讲话为指针,联系教育战线的实际,揭批“四人帮”破坏教育革命的罪行,研究和讨论了正确处理教育工作中的几个关系问题。现整理发表,以推动深揭狠批“四人帮”的群众运动,澄清思想,统一认识,使教育革命沿着毛主席指引的方向胜利前进。

——《光明日报》编者

处理好政治与业务的关系，坚持教育为无产阶级政治服务

政治与业务的关系，是两个对立物的统一，是互相依存，不可分割的。“四人帮”形而上学猖獗，把两者绝对地对立起来，动不动就给人扣上“业务挂帅”的帽子，弄得人们谨小慎微，缩手缩脚，不敢抓业务，不敢抓教学，不敢抓社会主义文化课。要肃清“四人帮”的流毒，必须端正对这个问题的认识。

毛主席说：“思想和政治又是统帅、是灵魂”，“政治工作是一切经济工作的生命线”。政治统帅业务，这个关系决不能颠倒。坚持政治挂帅，对学校说，就是一切工作都要坚定地为无产阶级政治服务；一切工作都要用马列主义、毛泽东思想，用无产阶级政治来统帅，一切工作都是为了转变学生的思想。学校的任务是培养无产阶级革命事业接班人。中小学教育是学生世界观形成的重要阶段，也是在学习上打基础的时期，能不能按照党的教育方针，培养学生在德、智、体几方面都得到发展，成为有社会主义觉悟的有文化的劳动者，这是关系到我国社会主义革命和社会主义建设事业是不是后继有人，能不能在本世纪内全面实现四个现代化，把无产阶级专政的任务落实到每个基层的大问题。教育战线的工作，坚持政治挂帅，首要的就是从这个基本点出发。

毛主席说：“思想工作和政治工作是完成经济工作和技术工作的保证，它们是为经济基础服务的。”教学业务有它本身的规律。政治统帅业务，就是要用马列主义、毛泽东思想，用无产阶级的立场、观点和方法，去研究、解释和解决教学业务中的问题。党的中心工作、政治运动，固然体现无产阶级政治，是必须搞好的。但政治运动不能代替学校经常性的思想政治工作，更不能代替教学业务。“四人帮”讲空话、讲假话、讲大话，对坚决贯彻执行毛主席革命路线，脚踏实地、兢兢业业干工作的同志百般刁难、打击。鼓吹所谓“政治运动搞好了，教育革命就自然上去了”的谬论，破坏社会主义革命和建设，破坏教育革命，为害甚大。马克思主义告诉我们，不抓政治，是方向路线问题；不抓生产、不抓业务、不干工作，社会主义事业就不能发展，无产阶级专政就不能巩固，也是方向路线问题。华主席说：“努力发展社会主义经济，是无产阶级专政的基本任务之一。在坚持社会主义方向，坚持无产阶级政治挂帅的前提下，生产发展得越多越好，越快越好。”教育同样如此，我们在毛泽东思想统帅下，对教育革命中的问题，要大胆实践，敢于创造，不怕失败，不怕犯错误；错了，总结经验教训，不断提高。

这几年,“四人帮”不仅干扰破坏教学业务工作,干扰破坏社会主义文化课学习,同时也干扰破坏了学校的思想政治工作。要坚持抓革命、促生产、促工作、促战备的方针,坚持无产阶级政治挂帅。要把思想政治工作做深做细,做到每一堂课,每一次学工、学农活动,每一项后勤管理工作中去。要针对青少年的特点,开展各项教育活动,对学生进行马列主义基本原理教育、共产主义远大理想教育、共产主义道德品质教育、革命传统教育、艰苦朴素勤俭节约教育、革命纪律教育。教育活动要力求生动、切实、有效。各个部门都要负起教育管理学生的责任。校内教育与校外教育要密切配合。

处理好红与专的关系,努力实现又红又专

红与专,也是对立物的统一。只红不专是空头政治,只专不红就没有灵魂,要迷失方向。所以毛主席教导我们:“一定要批判不问政治的倾向。一方面要反对空头政治家,另一方面要反对迷失方向的实际家。”

“四人帮”同毛主席的指示大唱反调,割裂红与专的辩证关系。人们简直不能提读书、学文化,不能讲钻研业务、学习技术,不敢说专。一讲学文化、学技术,就帽子满天飞,棍子遍地打,就是“白专”道路,“回潮复辟”,就要“卫星上天,红旗落地”。按照他们的“理念”就是,越无知越好,越愚昧越革命,交“白卷”倒成了“英雄”。真是荒谬绝伦。这是反革命的逻辑,亡党亡国的逻辑,是“四人帮”篡党窃国的反革命大阴谋,必须彻底批判。

毛主席在《纪念白求恩》一文中教导我们,要学习白求恩同志全心全意为人民服务,对技术精益求精的精神。这是毛主席为我们树立的又红又专的榜样。华主席号召我们:“要提倡为革命学习文化,学习技术,精通业务,又红又专。”这给我们每一个干部、教师和学生进一步指明了前进的方向,也是对“四人帮”散布的种种反动谬论的有力批判。我们要遵照毛主席的教导,响应华主席的号召,努力实现又红又专。

在教育战线工作的同志都要忠诚党的教育事业,深刻领会马列和毛主席的教育思想,精通教育、教学业务工作。干部要努力研究教学领域中的问题,尽可能兼课、听课,学会教育、教学工作。比较熟悉的,要继续钻研,力求精通;还不熟悉的,要尽快熟悉,力求变外行为内行。“以其昏昏,使人昭昭,是不行的。”

教师要加强世界观的改造,刻苦学习理论,钻研业务,不断提高教学水平。在无产阶级政治统帅下,加强对学生的思想政治教育,努力传授文化科学知识,热情指导学生学习,积极培养学生分析问题和解决问题的能力。

学生要树立为革命积极、主动学习的思想,在无产阶级政治挂帅的前提下,刻苦认真地学好文化科学知识,理念联系实际,练好基本功,掌握为人民服务的本领,使自己在德、智、体几方面都得到发展,成为有社会主义觉悟的有文化的劳动者。“四人帮”肆意歪曲、篡改毛主席提出的教育方针,他们破坏德育,取消智育,削弱体育,全面破坏党的教育方针。在批判“四人帮”破坏党的教育方针的斗争中,我们首先要加强对学生的思想政治工作,这项工作做好了,学好文化科学知识就有了坚实的思想基

础,掌握文化科学知识就有了坚定正确的政治方向。同时,学校要从当前的实际出发,采取必要措施,安排好文化基础知识的学习。要注意从低年级抓起,稳步提高,也必须重视学生身体健康。要切实抓好体育课教学工作。

处理好“以学为主”与“兼学别样”的关系,把教育同三大革命运动紧密结合起来

毛主席在光辉的《五·七指示》中说:“学生也是这样,以学为主,兼学别样,即不但学文,也要学工、学农、学军,也要批判资产阶级。”这是坚持理论联系实际,彻底破除“三脱离”的旧教育制度,把教育同三大革命运动紧密结合起来,培养德、智、体全面发展的无产阶级革命事业接班人的根本途径。

“四人帮”肆意歪曲和对抗毛主席的《五·七指示》,反对学校“以学为主”,反对教育同三大革命运动紧密结合,反对广大师生为农业学大寨、工业学大庆贡献力量,弄得学校干部和师生无所适从。粉碎“四人帮”,主学与兼学的关系也就易于正确处理了。

“以学为主”与“兼学别样”是不可分割的整体,既有主有从,又互相渗透,决不能对立,更不能颠倒。中小学是打基础的阶段,要坚持“以学为主”,上好政治课和社会主义文化课,保证教学时间和质量,努力学习前人的经验,学习书本知识。但学习文化决不是关门读书,必须紧密联系实际。只有把书本知识同实践结合起来,才能学到比较完全的知识。打基础首先要打好共产主义思想和无产阶级世界观的基础。学生世界观的形成、政治觉悟的提高,既要靠马列主义理论的灌输,也要靠在三大革命运动中锻炼。因此,一定要认真解决好理论联系实际的问题,要向劳动人民学习,培养劳动人民的思想感情,树立无产阶级的世界观。主学与兼学要处理得当,密切配合。

要抓好课堂教学,改变课堂教学的无政府状态和脱离实际的现象。那种把课堂教学当作“禁区”,不敢介入,不敢过问的思想顾虑,必须消除。要认真抓好对旧的教学方针和方法的改革,坚持用毛泽东思想统帅文化课,坚持理论联系实际,坚持启发式教学。也要办好实验室,上好实验课。要总结和推广好的经验。

要努力搞好学工、学农、学军。文化大革命以来,中小学厂校挂钩、队校挂钩、校办工厂、校办农场、农村分校等社会主义新生事物的蓬勃发展,成绩很大。对现有各种兼学形式要分析研究,认真总结经验,不断加以调整、改进和完善。

教材改革是教育革命的一个重要方面。“四人帮”对教材编写工作的干扰破坏也是很严重的。要总结几年来教材改革正反两方面的经验教训,本着“以学为主,兼学别样”的精神进行编写和修改。中小学的教学,在原则上,都要严肃认真地按教学计划讲授教材规定的内容,农村学校可编些乡土教材作为补充。

处理好师生关系，建立革命的新型师生关系

经过无产阶级文化大革命，革命的新型师生关系正在形成。师生关系，归根到底是阶级关系。无产阶级的师生关系，与地主资产阶级所宣扬的“师道尊严”的师生关系截然不同，它是革命的、民主的、团结的师生关系。是革命队伍内部的同志关系在教育工作中的反映。

“四人帮”出于篡党夺权的罪恶用心，打出所谓批判“师道尊严”的旗号，制造师生对立，挑拨师生关系，转移批林批孔运动的大方向，把矛头指向教师，宣扬什么“反潮流就是反教师”，“反教师就是反‘师道尊严’”，妄图瓦解无产阶级纪律，搞乱学校革命秩序。只有彻底清算“四人帮”的罪行，才能真正建立起革命的、民主的、团结的师生关系。

建立新型的师生关系，要提倡尊师爱生，要提倡“官教兵、兵教官、兵教兵”，师生互教互学，这是管理教育和教学工作中不可分割的两个方面。教师与学生这对矛盾中，教师是矛盾的主要方面。教师要站在无产阶级立场上，从与资产阶级争夺接班人的高度，以深厚的无产阶级感情，用毛泽东思想管理教育学生。注意向学生学习，虚心听取学生的意见，改正自己思想和工作中的缺点和错误。耐心诱导，启发觉悟，培养、鼓励和支持学生敢想、敢说、敢闯、敢做、敢革命的精神。学生要尊敬老师，自觉听从教师的管理教育，支持教师大胆地开展工作，支持教师对不符合人民利益的现象作斗争。教师同学生之间的矛盾要通过批评与自我批评的方法来解决。

处理好思想教育与规章制度的关系，在学校生活中造成一种新的政治局面

毛主席指出：“人民为了有效地进行生产、进行学习和有秩序地过生活，要求自己的政府、生产的领导者、文化教育机关的领导者发布各种适当的带强制性的行政命令。没有这种行政命令，社会秩序就无法维持，这是人们的常识所了解的。这同用说服教育的方法去解决人民内部的矛盾，是相辅相成的两个方面。为着维持社会秩序的目的而发布的行政命令，也要伴之以说服教育，单靠行政命令，在许多情况下就行不通。”毛主席的指示，为我们处理好思想教育与规章制度的关系指明了方向。

“四人帮”为了篡党夺权，在教育战线上竭力煽动无政府主义，破坏师生关系，破坏合理的规章制度，破坏学校革命秩序。对于“四人帮”这一反革命策略，必须揭深批透，肃清其流毒。

由于“四人帮”的破坏，学校一度被搞得一无章程、二无权威，严重地影响教育革命的深入开展。学生是教育对象，学生中的问题，归根到底是个教育问题。要坚持下面教育的原则。同时，又必须有革命的纪律和必要的规章制度。坚持正面教育，要摆事实，讲道理，以理服人。纪律本身就是教育，规章制度也是教育的一种方式。纪律

和规章制度都有一定的制约性，但在执行中，又必须伴之以说服教育，启发学生自觉地遵守，而不能采取惩办主义。“企图用行政命令的方法，用强制的方法解决思想问题，是非问题，不但没有效力，而且是有害的。”一切管理教育的规章制度都有一个逐步完善的过程，要在实践中不断总结，加以改进提高。对干部、教师也要有一定的章程，也要有必要的制度、纪律。要在学校中广泛宣传《三大纪律八项注意》，要唱，要讲，要做，还要检查评比。努力造成又有集中又有民主，又有纪律又有自由，又有统一意志，又有个人尽情舒畅、生动活泼那样一种政治局面。

处理好对知识分子“团结”与“教育”、“改造”的关系，充分调动和发挥教师的革命积极性

党的团结、教育、改造知识分子的政策，是很明确的。团结是出发点，没有团结的愿望，谈不上教育和改造。而知识分子只有努力接受再教育，改造世界观，为社会主义服务，团结才有更坚实的思想基础。毛主席深刻指出：“从旧学校培养的学生，多数或大多数是能够同工农兵结合的，有些人并不有所发明、创造，不过要在正确路线领导之下，由工农兵给他们以再教育，彻底改变旧思想。这样的知识分子，工农兵是欢迎的。”毛主席的指示，既肯定知识分子的进步，又指出继续前进的方向，同时寄以很大的希望。充分体现了党的团结、教育、改造知识分子的政策。

“四人帮”肆意践踏党的知识分子政策。既否定对知识分子的团结，又破坏对知识分子的教育和改造。他们对广大教师百般仇视，辱骂教师是盯在修正主义路线上的“苍蝇”，是“书蛀虫”，根本不谈团结，而对少数甘心为他们效死卖力的人，则大施恩惠。他们的所谓“教育”“改造”不过是“打棍子”“戴帽子”的代名词罢了。更为恶毒的是，他们把旧教育制度和旧学校培养的学生混为一谈，胡说“文化大革命前十七年培养出来的学生，基本上是对社会主义经济起了破坏作用”，竟要“踢开教师闹革命”，一笔抹杀教师在教育革命中的作用。真是既无知，又狂妄。

“教改的问题，主要是教员问题。”教师队伍的建设是教育革命深入发展的一个十分重要的问题。必须肯定，经过无产阶级文化大革命及历次政治运动，通过学习马列著作和毛主席著作，广大知识分子走同工农相结合的道路，在政治上、思想上发生了深刻的变化，涌现出一批决心把无产阶级教育革命进行到底的积极分子。广大教师受党和人民的委托，担负着培养革命事业接班人的重大而光荣的任务，理应受到党和人民的尊重，受到社会的尊重。教师也应引以自豪。当然，做一个名副其实的人民教师是不容易的，要严格要求自己，努力改造世界观，不断提高理论水平和教学能力。要遵照毛主席的教导：“忠诚党的教育事业”，要按照敬爱的周总理的教诲，活到老，学到老，工作到老，改造到老，为发展人民教育事业，把无产阶级教育革命进行到底而努力奋斗。

各级党组织，都要在政治上、思想上关心教师的进步。要组织广大教师有计划地

学习马列著作和毛主席著作,学习无产阶级专政理论。深刻领会马列和毛主席的教育思想,树立终生为人民教育事业服务的思想。要引导教师自觉地走与工农相结合的道路,转变立场和思想感情。要帮助教师总结思想改造和教学工作的经验,树立标兵,表彰先进。要切实执行党的阶级路线,注意成份,但不唯成份论,重在政治表现。积极慎重地发展教师党员,加强教学第一线的政治力量。要定期召开教师座谈会,听取教师的批评意见,采纳他们的合理化建议,激发教师的主人翁责任感。对教师在教育革命实践中暴露出来的一些思想问题,要用讨论的方法、批评的方法、说服教育的方法去解决。对教学中的是非问题和教育革命的不同意见,要通过讨论和实践去解决。

要积极创造条件,抓好教师的业务学习和进修。这是调动教师积极性,提高教学质量的一个重要方面,必须认真落实。特别是这几年,教育事业发展很快,补充了一大批新教师,要采取多种形式,有计划地进行培训,尽快地提高他们的教学水平,适应教学工作的需要,要发挥老教师、中年教师的作用,要注意总结工农兵兼职教师的经验,使原有教师和兼职教师很好地结合起来。

要提高教师的社会政治地位,关心教师生活,帮助他们解决一些实际困难,凡是经过努力能办到的事情,一定要认真办好。

转载自《光明日报》一九七七年三月十四日

学习雷锋　抓纲治校

我们坚持学习雷锋,就是要发扬雷锋那样的无产阶级的彻底革命精神,以阶级斗争为纲,联系教育战线的实际,深揭狠批“四人帮”利用教育搞反党篡权的罪恶阴谋及其破坏无产阶级教育事业的反革命罪行,从政治上、思想上、组织上分清路线是非,有破有立,把被“四人帮”颠倒了的是非端正过来,把被他们破坏了的革命校风恢复起来,把被他们搞乱了的学校中各种合理的规章制度建立起来,把被他们压抑的各方面的积极因素都调动起来,使学校工作沿着毛主席的革命路线胜利前进。

我们向雷锋同志学习,就要象他那样用“钉子精神”刻苦学习马列的书和毛主席的书,把伟大的毛泽东思想当作“粮食、武器、方向盘”,一言一行都按毛主席的教导办事。为了彻底清算“四人帮”歪曲马列和毛主席的教育理论,篡改毛主席的教育方针,反对无产阶级的革命教育路线的罪行,当前,我们要联系实际,认真学好马列和毛主席关于教育革命的一系列重要论述，掌握武器，明确方向，大力推动教育革命。

我们向雷锋同志学习，就要象他那样"为了人民的利益，阶级的利益，革命的利益，多学点本领"。要无产阶级政治挂帅，理论联系实际地学习革命理论和科学文化知识，努力做到又红又专。

我们要以雷锋为榜样，教育学生具有高尚的无产阶级道德品质，遵守纪律，谦虚谨慎，艰苦朴素，热爱劳动，全心全意地为人民服务。

——摘自《光明日报》一九七七年三月九日

学习雷锋　做好"园丁"

革命教师学雷锋，最重要的就是要做雷锋式的毛泽东思想宣传员，使毛泽东思想在广大青少年学生的头脑里扎根。

革命教师学雷锋，就要象雷锋同志那样，身教重于言教，不怕困难，不怕麻烦，用深厚的阶级感情做好学生深入细致的思想政治工作。

革命教师学雷锋，就要象雷锋同志那样，善于从本质上发现学生的积极性，根据他们精力充沛、活泼爱动、敢想敢干等特点，用毛泽东思想，循循善诱地把他们引上革命轨道，促其身心健康发展。

学习雷锋，做革命的好"园丁"，不仅要"育苗"，还要锄草。当前，首要的任务，就是要深入揭批"四人帮"疯狂反对毛主席革命教育路线，利用教育战线篡党夺权的罪行。同时，做为一个肩负重任的光荣的"园丁"，还有一个努力使自己做到又红又专的任务。要刻苦学习马列主义、毛泽东思想，努力改造世界观。要不断提高业务水平，认真备课，认真讲课，做好辅导工作。

——摘自《光明日报》一九七七年三月十六日

教革通讯

第97期

一九七七年四月十四日

扬州中学政工组、教革组编

抓纲治校　形势大好

——我校教育革命正不断向前发展

开学一个多月来，我校在华主席提出的“抓纲治国”伟大战略决策的指引下，学好文件抓住纲，深揭狠批“四人帮”，掀起了“学雷锋，树理想，批‘四害’，促‘三好’”的高潮。全校师生员工意气风发，教育革命正不断向前发展。

抓纲治校，形势大好。形势大好表现在：

思想上由“怕”到“敢”。毛主席提出：“学生也是这样，以学为主，兼学别样。”但是在“四人帮”的干扰破坏下，一度我们不敢抓“主学”，只敢问“兼学”，党的教育方针得不到全面落实。本学期，随着批判“四人帮”的步步深入，教育革命方面的一些理论问题逐步得到澄清。我校也在正常进行学工、学农的同时，理直气壮地大抓社会主义文化知识的学习。学校领导抓教学计划的落实，改变了过去教学上的无政府主义状态；深入教研组、课堂，参加教师集体备课并广泛听课，及时了解教学上的问题；还全面推广中二(12)班坚持早读的做法。目前学校已改变作息制度，每天早晨增加了二十分钟早读，在全校形成了一个认真为革命读书的生动局面。

行动上由“糊”到“干”。过去广大教师中“四人帮”的淫威之下是“欲干不能，欲罢不忍，左右为难，只好糊、混”，打倒“四人帮”，教师得解放。许多教师兴奋地说：学生为革命而学，我们要为革命而教。飞跃发展的革命形势给我们教师提出的要求是越来越高了，我们一定要学习政治、钻研业务，努力做到又红又专。目前教师工作积极性普遍提高,教学研究的气氛也日趋强烈。大部分教研组恢复了教研活动,除了抓集体备课,还开展了业务进修活动。数学组、语文组、农基组、体育组都相继举行了研究课。中一数学备课组最近还召开了已经有好几年不开的课代表会议,了解同学对数学教学的意见和建议,对课代表工作提出了具体要求。中二年级抓了学习较差学生的补课,准备从下周起,每周补一次数学,补一次化学。

纪律上由“散”到“治”。以前有的班级下午缺课人数多达十余人,目前基本上出满勤。高二(九)班原在同年级中是纪律较差的班级,经常有七、八个学生调皮捣蛋,不交作业。这学期在学雷锋的热潮中,这个班级变化很大,全班同学学习雷锋见行动,齐心协力争上游,原来几个表现较差的同学都有不同程度的进步,其中有一个同学光荣地加入了共青团。中一年级通过全面总结、认真评选,评出了四十四个有显著进步的同学,年级组出红榜送到这些同学家里,给同学的鼓舞很大。许多同学纪律性加强了,学习要求也迫切了。中二、中三有些班级的同学主动组织了互帮互学小组,开展兵教兵活动。

师生关系上由“疏”到“亲”。“四人帮”挑拨师生关系,制造师生对立,动辄挥舞“师道尊严”的大棒,使师生之间若即若离,甚至关系紧张。本学期,我校广泛宣传了周总理提出的“尊师爱生”的口号,学生尊重老师,老师爱护学生,已蔚成风气,有的教师很有感触地说:“这学期我总的感觉是学生和我‘亲’了!”在前几天的运动会上,教师积极地为学生服务,学生热情地写稿表扬老师,师生关系十分融洽。最近中一(17)班的数学老师因事请假,由另一位老师代了两个星期的课,事后,这个班的同学主动写了感谢信给那位老师,感谢她不辞辛劳地给他们代课。

形势大好,但这还是一个开端,由于“四人帮”长期以来将黑手伸向教育战线,妄图把教育变成他们篡党夺权的工具,所以肃清“四人帮”散布的流毒,夺回“四人帮”所造成的损失,仍然需要时间,仍然需要花力气。最近《人民日报》社论《全面落实抓纲治国的战略决策》中号召我们,一定要遵循毛主席指引的方向,继续开展教育革命,认真落实毛主席关于教育必须为无产阶级政治服务、必须同生产劳动相结合,使受教育者在德育、智育、体育几方面都得到发展,成为有社会主义觉悟的有文化的劳动者的教育方针。我校广大教工学习了社论决心更紧密地团结在以华主席为首的党中央周围,共同努力,抓纲治校,发展大好形势,争取今年初见成效,三年内大见成效!

给唐山灾区寄款的前前后后

高二(六)团支部

拿起一九七六年七月二十九日的报纸，醒目的一条消息出现在我们眼前：唐山、丰南地区发生了强烈地震，伟大领袖毛主席和党中央向灾区人民发了慰问电。我们手捧着它，仿佛看见毛主席正临窗东眺，为人民操心；仿佛看见在地震的破坏下，高大的建筑物倒下了，许多阶级亲人被压伤、压死；仿佛看见人民的子弟兵奔赴抗震第一线，为救亲人、救国家财产奋不顾身……

我们心急如焚。三十日的报纸报道了全国各地积极支援灾区的事迹，我们想：在社会主义大家庭中，当阶级弟兄遇到空难时，一个青年应该怎样呢？

八月五日，以华国锋同志为总团长的中央慰问团到达灾区传达了毛主席、党中央对灾区人民的极大关怀和亲切慰问。这一消息，使我们十分感动。我们觉得应该行动起来了，尽一个青年应尽的责任。

“雷锋”，这个光辉的名字很早就铭刻在我们心中，当辽阳发生水灾时，雷锋把平时省吃俭用的100元人民币寄去了，这个故事，我们不知听了多少遍。因此，我们就决定组织班里的共青团员和要求进步的同学捐款到唐山。我们把这一想法告诉了同学们，个个神采奕奕，兴奋异常，很积极地捐款了。虽然四十元的人民币不能盖一幢楼房、造一座大桥、建一条马路，可我们想到新唐山市将有我们献出的一砖一瓦，心中感到无比自豪。八月九日，列车载着我们的希望和一封热情洋溢的慰问信开往唐山了。

一个多月后，我们收到了回信：“中央决定灾区不收人民群众的一分钱，一两粮，你们的心意，我们领了，但钱要退还你们。我们一定以百倍的力量，最快的速度建设一个新唐山。”我们读着，眼睛湿润了，手捏着领款单，心潮如翻滚的浪涛。浪涛把我们带到了百疮千孔的旧中国，由于反动政府的腐败无能，勤劳的中华民族不光受到外来帝国的欺负、污蔑，还经常受到大自然的灾害。广大的劳动人民在灾害面前只有离乡背井，沿街乞讨，家破人亡……

今天，处在震中的唐山、丰南人民，在党和毛主席的关怀下，从祖国的四面八方运来了穿的、吃的、用的。在党的领导下，灾区人民又用自己勤劳的双手建设自己的家乡。这真是新旧社会两重天啊！

我们怎能不为自己生活在有这样的领袖、这样党、这样的人民的时代而感到光荣呢？我们从回信的字里行间，看到祖国的伟大，人民的力量，新唐山的诞生；从捏出汗的领款单中想到领袖的英明,政府的关怀,我们的责任!

我们手捧着灾区人民的来信和领款单,仰望着毛主席像,想:毛主席啊!毛主席,是您使广大的劳动人民翻身作主。今天,强烈的地震并不能震垮唐山的人民,这是因为有您和由您领导的党中央的关怀。真是:天大地大不如毛主席的恩情大,河深,海深不如共产党的恩情深!

几个月过去了。在这几个月里,我们为失去我们伟大的领袖和导师毛主席而痛哭,我们为一举粉碎王、张、江、姚"四人帮"而欢呼。今年是华主席率领我们走向大治的一年。在战斗的一年里,我们决心紧跟华主席,继承毛主席的遗志,向雷锋同志学习,将毛主席开创的无产阶级革命事业进行到底。

翻开《雷锋的故事》,雷锋那种全心全意为人民服务,处处为人民着想的共产主义精神使我们深受感动。我们觉得自己与雷锋相比,真相差十万八千里。我们只有刻苦学习雷锋同志憎爱分明的阶级立场。言行一致的革命精神,公而忘私的共产主义风格,奋不顾身的无产阶级斗志,才能在当今这个学雷锋的春天里,增添更鲜更艳的春色。过去的成绩只是我们今天继续革命的起点,让我们在这新的起点上,迈开大步,向着共产主义前进、前进!

学习雷锋 拾物交公

中二(五)高 明

一九七七年三月六日中午,我在回家的路上,突然,发现在马路上有一个小皮夹,我拾起打开一望,里面有十几块钱和一些布票,这时我的眼前出现了雷锋叔叔的高大形象:雷锋拾到一个小小螺丝钉也交公,我们学雷锋就要见行动,我要把皮夹交给组织。我回到家就把拾到皮夹的事给家里人讲了,我的父母亲很支持我的行动,就想方设法向邻居打听,有谁丢失皮夹,可是到现在也没有找到失主。我只得把皮夹交到学校,请老师协助尽快找到失主。

我虽然做了件好事,但毛主席说:"一个人做点好事并不难,难的是一辈子做好事,不做坏事。"最近华主席又亲笔题词号召我们:"向雷锋同志学习,把毛主席开创的无产阶级革命事业进行到底。"敬爱的叶副主席也题了词:"向雷锋同志学习,全心全意为人民服务。"一个学雷锋的高潮正在全国蓬勃兴起。我决心,以雷锋为榜样,积极投入到当前学好文件抓住纲,深揭狠批"四人帮"的斗争中去。学习雷锋甘当"人民的勤务员"的优秀品质,努力克服缺点,为集体为人民多做些有益的事;用实际行动创造条件加入红卫兵组织,争做雷锋式的好学生。

大扫除中的小雷锋

中一(13)班通讯组

雷锋在我们的行列里,我们的行列里有雷锋。

一天,我班同学拿着扫帚、小锹,参加大扫除劳动,到处是一派热气腾腾的景象。干着干着困难出现了,原来围绕教室的一条阴沟被污泥碎砖堵住,污水流不进去。而且又脏又臭,扫帚一搅,忍不住要捂鼻子,有的同学泄气了,说"不管它,太臭了!"正在这时,我班的林文俊同学走来,笑着说:"我来!"说着,蹲了下来,单腿跪下,把衣袖卷得高高的,毫不犹豫地把手伸进积满臭水的阴沟,扒着污泥,干了一阵,腿痛腰酸,汗珠一滴滴流了下来,但他仍然坚持着。同学们见了很受感动,关心地说:"小林,你休息一下,我们来干。"林文俊同学却以雷锋叔叔带病参加义务劳动为榜样,克服困难,坚持把阴沟掏干净。他越扒越起劲,一团团泥扒出来,一块块碎砖掏出来,一滴滴汗珠滚下来,最后终于扒通了阴沟。同学们都赞扬他说:"你真是一个小雷锋啊!"。

简讯

我校春季田径运动会胜利闭幕

为全面贯彻落实党的教育方针,我校于四月八日至九日举行了春季田径运动会。

参加这次运动会的共有运动员 1039 人。运动会上出现了许多助人为乐、关心集体的好人好事。广大同学遵守会场纪律,踊跃写稿,积极做好后勤工作。裁判员同学也冒雨进行工作,早来迟走,任劳任怨,并注意爱护体育器材。比赛头半天,不巧遇雨,但大家坚持观看,坚持比赛。比赛第二天,因场地潮湿,一早在学校领导的带动下,高二(9)班同学开展了突击劳动,整修场地,为保证运动会正常进行作出了贡献。

经过一天半的比赛,赛出了风格,赛出了成绩。有四名运动员打破了校记录:中二(2)班吴秀明同学以10.51米的成绩破初中男子铅球10.04米的记录;中二(3)班智翔同学以2′47″的成绩,中一(9)班梁金枝同学以2′49″4的成绩破初中女子八百米2′49″6的记录;中二(11)班李卫真同学以36.11米的成绩破初中女子手榴弹35.80米记录。高二(9)班、中三(9)班、中二(2)班、中一(9)班分别获得本年级的总分第一。

教 革 通 讯

第 98 期

一九七七年四月二十八日
扬州中学政工组、教革组编

认真搞好期中检查

教革组

半个学期快要过去了。我们应该对开学以来的教学工作作一番认真的检查。

回顾前几年,“四人帮”猖獗之时,也正是教育革命遭到严重破坏之日。今天,教育革命正按照毛主席的革命路线,逐步走上无产阶级的轨道。那么,我们不时检查我们的思想和我们的工作,就更显得十分必要。我们不应该把期中检查看成是“等因奉此”式的例行公事,而应该看成是把“四人帮”造成的损失夺回来的一项工作,是把教育革命搞上去的一个措施。

检查要有个标准。“四人帮”搞乱了教育思想,篡改了教育方针。我们要认真搞好期中检查,首先就要认真学习马列、毛主席关于教育革命的指示,学习华主席对教育工作的指示和执行毛主席教育路线、关心教育工作的实践。学习《红旗》杂志第三期上的三篇有关教育革命的文章。这样,思想有了武装,手上有了尺子,期中检查工作就有了统帅,有了准绳。

检查什么,要查一查教学计划的执行情况;查一查开门办学、集体备课、教研活动、作业批改等情况;查一查学生掌握文化知识的情况。一句话,查一查教与学的情况。

期中考试即将举行,它虽然不能代替期中教学工作的检查,但它是一个重要的内容。我们要认真组织好这次期中考试。既要在考试前作必要的思想动员和认真的复习,又要在考后作细致的分析研究;既要对学生提出严格的要求,又要防止有操之过急的情绪。考试方法也仍然要坚持改革。

我们要通过期中检查,充分调动教和学两个方面的积极性,这里就有许多工作要做。最近人民日报重新发表了华主席在一九六三年写的《贵在鼓劲》一文。我们在教育战线上战斗的"园丁"们,也一定要鼓足革命干劲,振奋革命精神,搞好这次期中检查,为下半学期我校教育革命出现新的面貌,为今年抓纲治校初见成效作出贡献。

总结成绩　表扬先进　以利再战

——中一(1)班召开"抓纲治校学雷锋,尊师守纪勤学习"主题班会

【本刊讯】本月二十二日,中一(1)班为总结成绩,表扬先进,以利再战,召开了"抓纲治校学雷锋,尊师守纪勤学习"主题班会,中一年级的全体教师和各班同学代表参加了这次主题班会。

中一(1)班在"学雷锋,批'四害',树理想,促'三好'"的活动中,深入学雷锋,控诉"四人帮"破坏教育革命,毒害青少年的罪行。他们广泛发动同学开展大批判、小评论,把被"四人帮"颠倒的路线是非纠正过来,把被"四人帮"破坏了的革命新风恢复起来。他们组织了六个学雷锋小组,学政治、学文化,为集体、为群众做好事、班上初步形成了"好好学习,天天向上,关心集体,热爱劳动,遵守纪律,尊重老师,艰苦朴素,友爱同学"的新风尚。

在主题班会上,班干部总结了他们班上开展学雷锋活动以来所取得的成绩,表扬了一批同学,其中有的是原来处于后进状态,现在开始转变的同学。根据班会的主题,他着重表扬了王峰、蒋南强两位同学。王峰同学,从小得了小儿麻痹症,右手和右腿残废了,但他身残志不残,认真学习毛主席著作和雷锋的事迹。他用左手写字,开始字写得歪歪斜斜,但他用雷锋的精神鞭策自己,不管是课堂笔记,还是各种作业,他都一丝不苟地认真书写。课外作业,他按时完成,一次不缺;学习毛主席著作的心得笔记,他一篇不少;小组为烈军属做好事,他坚决要求参加;到包装厂义务劳动,他用左手坚持干……始终保持了奋发向上的革命精神。蒋南强同学是本学期从农村中学转来的,没学过外语。由于脱了一个学期的课,学外语感到非常吃力。但是在雷锋精神的鼓舞下,在同学们的热情帮助下,他发扬了雷锋的"钉子"精神,迎着困难上。他抓紧时间背单词、写字母、练书法。经过顽强的努力,仅仅一个月时间,他的外语学习就赶上了全班的进度,取得了较好的成绩。班干部还兴奋地向大家介绍了该班自批判了"头上长角"、"身上长刺"的反革命分子张铁生,批判了"四人帮"利用"一个小学

生的来信和日记摘抄”搞乱教育战线的罪恶阴谋以来，出现的遵守纪律、尊重老师的新气象。

有三位同学在主题班会上分别谈了自己在遵守纪律和尊重老师方面认识的提高和行动的变化。他们说，遵守革命纪律和服从老师的正确管理教育，这与“奴隶主义”截然不同。革命教师是党的教育路线、方针、政策的直接贯彻者，是培养无产阶级革命事业接班人的辛勤劳动者，我们一定要尊师守纪，和教师一起搞好教育革命。

在主题班会上，还有一位同学联系班上的实际，批判了“四人帮”在教育战线上散布的流毒，表示一定要在学习雷锋活动中，结合进行反腐蚀斗争，坚决清算“四人帮”破坏教育革命、毒害青少年的罪行，自觉抑制资产阶级思想的腐蚀，促进德、智、体三方面的健康发展。

这次班会主题明确，事前作了充分的准备，所以效果较好。同学们说：这是一次学习汇报大会，揭批“四害”大会，总结表扬大会，也是誓师表态大会。会后，我们一定要以雷锋为榜样，刻苦学习《毛泽东选集》第五卷，努力学好科学文化知识，按照华主席的指示，树立良好的班风，以实际行动迎接校、市学代会的召开。

依靠集体力量，认真上好研究课

语文教研组　张家骞

上好研究课，是提高教学质量的措施之一。最近中一语文组举行的一次研究课，大家感到收获比较大。主要因为对这次研究课，不是当作一般的“观摩课”，而确实是在“研究”二字上狠下功夫。

这次研究课，主讲者是新来的工人教师吴敏同志。课文是《无私无畏的英雄》，研究的专题是在记叙文教学中如何运用启发式的教法。为了使这次研究课能更好地达到“研究”的目的，我们把教学时间作了适当的安排，确定三个班超前教这篇课文，在这段时间里，广泛开展了听课活动。除了事先进行了两次集体备课外，还增加了两三个人的小型座谈会，共同确定教学实施计划。主讲者不仅认真听了“超前课”，而且先在一个班试教。同志们还在课前课后，三三两两，随时随地碰头研究。最后，全组老师又开了一次会，对这次研究课进行评议，既肯定了教学过程中取得的成绩和收获，又指出了存在的问题。

在整个研究的过程中，全组老师都把自己看作是研究课的执教者，而不是看作仅仅是“参谋”，甚至是“局外人”。因此，这次研究课就不是单枪匹马、孤军奋战的“独脚戏”，而是群策群力、集思广益、共同研究教法改革的一种新尝试。它反映了集体完成的创作,反复实践的成果,群众智慧的结晶。

研究课的好处真不少。就小组而言,它有利于形成互相切磋、共同探讨的教学研究气氛,有利于及时总结经验,指导教学实践,使大家不满足于平平淡淡,一般化地完成教学任务,而是不断地对教学工作提出更高的要求,取人之长补己之短,互帮互学,精益求精。就个人而言,既有利于深入钻研教材,又有利于积极改进教法。吴敏同志深有体会地说:"由于自己缺乏教学经验,主观设想与客观效果常常会发生矛盾。该详的地方往往抓不住要领,不知道如何突出重点,该略的地方本想一带而过,结果反而多说了几句,这样就犯了平铺直叙的毛病。通过听其他老师的课,联系自己的教学实践,逐步认识到钻研教材与了解学生的关系。今后一定要从教材和学生的实际出发,吃透两头。"

今后,我们决心进一步加强"忠诚党的教育事业"的责任感,勇于实践,多花气力,坚持研究,不断总结,依靠集体力量,认真备好课,上好课,努力提高教学质量,为抓纲治校作出应有的贡献!

努力运用辩证唯物主义思想指导教学

数学组　陆丕文

最近我在组内进行的一堂公开课,内容是"求抛物线的切线和法线方程"。本节课的难点比较集中,主要是曲线的切线概念较抽象,新知与旧知的联系较多,需要有较强的分析推理能力,而这些正是目前学生比较薄弱的地方。在这堂课的教学过程中,我就如何用辩证唯物主义思想指导教学,提高课堂教学质量方面作了一点尝试,现提出一些肤浅的认识,与同志们共同研究。

一、用"对立统一"的观点分析教材

教学过程就是师生共同揭露矛盾,分析矛盾,解决矛盾的过程,这是毫无异议的。但是,过去我们在介绍一般曲线的切线定义时,常是不谈为什么要这样定义,而是照搬书本内容采取"灌"的方式进行教学,其结果使学生死记硬背,造成消化不良。这次我改变了教法,先复习直线和圆只有一个公共点便是圆的切线的定义,然后引导学生来观察它对于一般曲线是否适用。我列举出与曲线只有一个公共点的直线却不是切线,切线也未必和曲线只有一个公共点的例子,这样把矛盾揭露出来了,使学生确信有重行建立新定义的必要性。然后再从劳动人民怎样找曲线的切线的实践经验出发,提出解决矛盾的方法。这就能由感性上升到理性,得出一般曲线的切线的定义。

这样就比较自然，同时也能使同学带着问题学，并知其所以然，那就兴味盎然，收到较好的教学效果。

二、运用“实践——认识——实践”的规律，安排具体的教学程序

毛主席在《实践论》中指出，书本中的理论知识，是属于第二阶段的知识。在教学中如果能够把理论知识基于实践，尽可能地把问题从实际引入，即从感性认识出发提高到理论，再应用于实际，这本身就是较好的启发式，它对于引导学生认识概念、公式的由来，正确应用概念指导运算，并通过运算来巩固概念，对于逐步培养分析问题和解决问题的能力，调动学习积极性，都具有一定的作用。例如本节课一开头在介绍什么是抛物线的光学特性时，我们就是先从汽车前灯的光线为什么可以照得很远讲起，从这一现象出发，再把问题提高到理上来研究，对这种现象作出科学的解释，这就涉及到研究曲线的切线和法线问题，也是本节课研究中心，再结合物理学上所讲到的入射角和反射角相等的原理，便使学生掌握了汽车前灯的镜面为什么要设计成旋转抛物面。在学生真正掌握了这个问题以后，就可以根据同一原理来自行说明探照灯、手电筒等为什么也都采用旋转抛物面作为反射镜面了。

从一堂体育研究课得到的启示

体育组

最近，我们在中二(3)班进行了一次研究课，任课教师是教育战线上的新兵潘志明老师，教学内容是原地侧向推铅球和蹲踞式起跑。从这堂研究课中，我们得到了一些启示。

一是教师必须认真备课。这次研究课前，认真写了教案。对于教学要求、教学顺序的合理安排、活动的次数、强度的大小、如何讲解示范，以及场地的布置与划分等等，备课时都作了全面细致的考虑，所以一节课安排得很紧凑。在四十五分钟内，全班同学在潘老师的指导下，有条不紊地进行活动。学生在课堂上学到了一定的体育运动知识和锻炼身体的方法，感到收效不小。教师在课堂上教得认真，导得有方，学生学得刻苦，练得有劲。师生共同感到四十五分钟很短。

二是良好的组织纪律是上好体育课的保证。以往学生受到“四人帮”散布的“体育无用论”、“读书无用论”的影响，体育课上不好，教学任务根本无法完成，一个主要原因是没有纪律保证。这次研究课由于师生思想上重视，加强了纪律教育，所以上得

较好。我们感到一个班级的纪律好坏,对体育课(当然其他课也同样)能否上好影响很大,但我们体育教师不能等待哪个班级把纪律搞好了再来提高体育课质量,我们体育课本身就是对学生进行革命纪律教育的一个重要阵地。

三是教师要为革命钻研业务,提高教学水平,努力跟上全国各条战线发展形势。在"四人帮"横行时期,受过专业教育的青年充实教育战线数量很少。有些青年忠诚党的教育事业,志愿参加教育工作,但他们没有受过专业教育,想钻研业务但又不敢钻研业务。因为"四人帮"的帽子满天飞,棍子到处打,搞得教师无所适从。英明领袖华主席号召我们要"精通业务,又红又专",我们无论是老教师或是教育战线上的新兵,都要为革命苦钻业务,提高教学质量。只有这样,才能迅速地把"四人帮"在教育战线造成的损失夺回来。

编者按:最近各教研组先后举行了一些研究课。我们希望每个备课组在本学期都能搞一两次,以活跃教研气氛,提高教学质量。搞了研究课后,还要及时总结。这里组织的三篇文章,是从不同角度谈研究课的,供大家参考。

教革通讯

第 99 期

一九七七年五月十日

扬州中学政工组、教革组编

周总理是高举教育革命大旗的光辉典范

按：本文原载教育部办公厅编印的一九七七年第四期《教育革命简报》。根据省教育局意见，要求组织各校广大干部、师生认真学习这篇文章，故特予转载。

我们敬爱的周总理，一生紧跟伟大领袖毛主席，无限忠于马列主义、毛泽东思想，无限忠于毛主席的革命路线，鞠躬尽瘁，为无产阶级革命事业贡献了自己的一切。对教育革命，周总理也是非常关怀的。毛主席发出的每一个关于教育革命的指示，周总理总是最坚决地贯彻执行。周总理还亲自到过许多学校视察，和干部、师生亲切交谈，对教育革命作过许多重要指示。在教育战线两个阶级、两条路线的激烈斗争中，周总理始终最坚定地站在毛主席一边，同刘少奇、林彪以及“四人帮”进行了坚决的斗争。教育战线所取得的每一个成就，都是与周总理的亲切关怀分不开的。

解放初期，周总理坚决执行毛主席关于“有步骤地谨慎地进行旧有学校教育事业和旧有社会文化事业的改革工作，争取一切爱国的知识分子为人民服务”的指示，由人民政府接管了全国的旧学校，有步骤地进行改革，使各级教育事业得到很大发展。后来由于刘少奇的干扰破坏，搞“全盘苏化”，使教育改革工作走上了邪路。周总理对此进行了坚决斗争。他旗帜鲜明地反对机械照搬苏联的经验，坚持以老解放区的教育经验为基础，改革旧有学校；坚持无产阶级政治挂帅，大力加强学校中的政治思想工作，并亲自指示在高等学校设立政治辅导处，各系和中学设政治辅导员。周总理坚决执行毛主席团结、教育、改造知识分子的政策，非常关怀知识分子的进步，经常指示有关部门和学校负责人注意教师的教育改造，发挥教师的作用，改善教师的工作条件和政治、生活待遇等，使知识分子的工作沿着毛主席的革命路线前进。

一九五七年，毛主席规定了“我们的教育方针，应该使受教育者在德育、智育、体育几方面都得到发展，成为有社会主义觉悟的有文化的劳动者。”五八年，毛主席号召：“教育必须为无产阶级政治服务，必须同生产劳动相结合。”在毛主席的号召下，全国掀起了一场教育大革命。在这场大革命中，周总理坚决贯彻执行毛主席的教育方针，无限关怀青少年一代的成长。一九五七年五月四日，周总理在给他青年时代的母校天津市第十五中学(原南开中学)全体同学的信中说：“希望你们好好学习，加强劳动观点，热爱祖国，提高政治思想觉悟，树立艰苦朴素作风，为准备做一个有文化在技术的工人和农民，做一个体力劳动和脑力劳动相结合的知识分子而努力。”五八年，周总理先后在清华大学和首都五千师生奔赴钢铁战线誓师大会上讲了话，强调坚持教育为无产阶级政治服务，把教育和生产劳动结合起来，把脑力劳动和体力劳动结合起来，这是贯彻到底的方针，是实现共产主义的必须条件，并勉励大家要重视思想改造，周总理对知识青年上山下乡寄予了极大的希望，并多次对大学毕业生讲话，热情鼓励大家走毛主席指引的与工农相结合的道路。

周总理对教育革命中的新生事物总是十分爱护，热情支持。一九五八年，一所遵照毛主席的教育思想，以抗大为榜样的无产阶级新型学校——江西共产主义劳动大学诞生了。一九五九年，周总理亲笔为共大写了校名。一九六一年七月三十日，伟大领袖毛主席亲自给共大写信，指出：“你们的事业，我是完全赞成的。”这个喜讯就是周总理亲自带给共大的。九月十八日，周总理到南昌召开了共大干部、师生代表会议，传达毛主席的指示，并语重心长地嘱咐大家：“靠毛主席的领导，我们打败了敌人。靠毛主席的领导，我们又办起了共大。跟着毛主席就是胜利，这是一条颠扑不破的真理。你们这个学校，伟大领袖毛主席是提倡的。你们要高举毛主席教育思想红旗，这就一定会搞好。”针对刘少奇一伙对共大的攻击，周总理严肃地说：“办新型大学，这是教育上的大革命，不可能风平浪静。有斗争不奇怪，无斗争很顺利，那才不可思议。问题是你们能不能站得稳，顶得住。”三年暂时困难时期，刘少奇、陆定一以“调整”为名，妄图逼共大下马，周总理知道后，于一九六三年十月，找共大负责同志来京汇报，还亲自召集中央有关部门的负责人开会，宣读了《七·三〇指示》，再次肯定了共大的办学方向，粉碎了刘少奇一伙逼共大下马的阴谋。一九六四年，周总理又亲自批准了共大的恢复和发展计划，使共大这面旗帜在教育战线上高高飘扬。

无产阶级文化大革命期间，周总理坚决地站在毛主席革命路线一边，热情支持红卫兵小将造刘少奇资产阶级司令部的反，从政治上、思想上到生活上无微不至地关怀他们，并以无产阶级革命家大无畏的革命精神，同林彪和“四人帮”的干扰、破坏进行坚决的斗争，引导红卫兵沿着毛主席指引的航向破浪前进。

一九七一年四月至七月，经毛主席批准，召开了全国教育工作会议，周总理对这次会议非常关心，按照毛主席的思想，对教育革命的一系列重大问题，都作了重要指示。

第一,关于文化大革命前十七年教育战线上两条路线斗争的估计问题。周总理指出:“很多人是解放后当教员的”,但教育制度、方针是旧的,大多数的世界观是资产阶级的,有的共产党员也变成修正主义了嘛。从这点上说,资产阶级专了我们的政这个提法是对的。”“资产阶级的统治,教育战线比文化战线还厉害,这是从教育制度、方针、政策上来说的,从领导权上来说的。说资产阶级专了我们的政,资产阶级知识分子统治我们学校,都可以,说主席红线没有照耀我们学校,也不是,学校总有些变化,但不占优势,教师队伍还是有分化的,学校不能离开社会,它会受影响的嘛,五七年主席的两个报告,五八年的大跃进总有影响嘛,红线还是射进了资产阶级知识分子统治的学校,不过黑线在抵抗,教育界资产阶级专政比较严重,否则就不能说明彻底革命和放假闹革命的必要”,“就是干部大多数也不是走资派嘛!当权的只是少数人,就是走资派,多数也是要改悔的,这个问题很复杂,要回答好,回答不好,又会说不是资产阶级专政,或者说红线没有照耀过。”“黑线专政要回答,不然怎么说明需要彻底革命,从根本上革命。”

周总理还对教师队伍和学生队伍问题作了深刻分析,指出:“从世界观上来说,无产阶级的是少数,资产阶级的是多数,还有一部分是极反动的,两头小,中间大。从服务来讲,大多数又是为社会主义服务的,因此,不能说都是资产阶级分子,世界观还是旧的,又为社会主义服务,就是这样矛盾着,世界观是抵触的,但是不反社会主义”。“这是由于社会主义社会的环境决定的,使他们能接受共产党领导,为社会主义服务。”“所以对教师和学生还是要一分为二,才能团结两个百分之九十五。”“说资产阶级专了我们的政,对教师队伍,解放后培养的学生要作具体分析,要辩证地看问题。”“要作分析,不然就灰溜溜的。主要在领导,领导按主席思想分析恰当,并给以教育,要回答这个问题。不回答这个问题,文件发下去不能起动员作用。”

周总理的这些指示精神,都写进了《全国教育工作会议纪要》,得到了毛主席的肯定。但“四人帮”及其黑干将迟群等人在贯彻执行中,大搞形而上学,对十七年只讲黑线专政,不讲红线照耀,谁要讲红线照耀、讲十七年教育还有一些进步,就诬蔑谁是为修正主义路线招魂,他们把广大革命教师同修正主义路线搁在一起,一律说成是资产阶级知识分子,把十七年培养出来的学生都说成是“对社会主义经济基础起破坏作用的”,等等。“四人帮”的罪恶目的,就是妄图搞乱无产阶级的天下,以便他们篡夺党和国家的最高领导权。

第二、关于坚持走《五·七指示》道路的问题。周总理着重指出:“《五·七指示》道路有普遍意义,学文的问题作为一个重要问题说。”“不管学哪一样的,政治上都下点功夫,要学马列主义、主席著作,新的工农兵学员理论上要下点功夫,增强工人阶级领导成份,不然要受影响。”周总理这些指示当时就是针对林彪和“四人帮”的。

为了贯彻执行毛主席的《五·七指示》,一九七〇年冬,周总理还用了五个夜晚,亲自和北京外语学院等校的同志们研究外语教育革命的问题,他语重心长地教导同志们为“传播毛泽东思想,支援世界革命”,搞好外语教学,使学员德、智、体全面发展,练好“政治思想、外语和各种文化知识等三个方面的基本功。”周总理说:“我们是毛主席的中国,要拿出水平来,首先是政治水平。同样,文化上也要高,才站得住”。周总理还反复告诫大家要正确处理政治与业务、主学与兼学、理论与实践以及教与学的关系,反对绝对化、片面性。周总理的这些指示,对深入开展教育革命具有普遍的指导意义,对“四人帮”大搞形而上学破坏教育革命是有力的批判。

第三、关于普及教育的问题。周总理说:“在第四个五年计划期间实现五年普及教育和一部分七年教育,这是一个大政。”他非常周密、实际地考虑了我国城市和农村、平原和山区的不同情况,考虑了农村劳力的需要和对办学经费的负担能力,根据毛主席的思想,提出了一整套符合我国实际情况的普及中小学教育的设想和办法。周总理特别强调,要方便贫下中农子女入学,把学校办在贫下中农家门口,他还详尽、具体地计算了普及教育需要的教师、经费,并作了具体安排。充分表现了周总理完全彻底地为人民服务的革命精神。

第四、周总理还根据毛主席关于“省、地、县委三级第一书记要管教育”的指示,阐述了党对教育革命的领导问题。周总理指出:文艺战线、教育战线是很重要的部门,是上层建筑。资产阶级要颠覆无产阶级专政,就要做舆论准备,他们要霸占这些部门。我们要巩固无产阶级专政,就必须将教育牢牢掌握在党的手中。回顾教育战线的斗争实际,特别是同“四人帮”的斗争实际,对周总理的这些教导感到特别亲切。

在全国教育工作会议以后,在批林批孔运动中,周总理虽然很忙,后来又重病住院,但对教育革命仍然非常关心,作了很多重要指示。一九七二年,周总理根据毛主席的思想,多次作了关于加强自然科学基础理论研究和理科教育革命的指示。周总理要周培源同志“提倡一下理论”,对周培源同志的信作了重要指示,并亲自写信给科学院和科教组的负责人,要他们“好好议一下,并要认真实施,不要如浮云一样,过了就忘了。”十月,周总理又指出:“过去理论脱离实际,现在强调实际,对理论提倡不够。学校里的基本理论课也少了”。“要提倡理论研究的空气。”“四人帮”及其亲信对周总理的这一系列指示,不但拒不执行,而且一再进行恶毒攻击,阴谋陷害敬爱的周总理,犯下了滔天大罪。

在热烈欢庆两个伟大的历史性胜利的日子里,回忆周总理对教育革命的亲切关怀和教导,我们受到极大的鼓舞和教育。我们一定要在英明领袖华主席为首的党中央领导下,高举毛主席的伟大红旗,铭记周总理的教导,抓纲治国,深揭狠批“四人帮”,在毛主席革命路线指引下,调动一切积极因素,去夺取教育革命的更大胜利!

高举毛主席的伟大旗帜，做德智体全面发展的雷锋式好学生

——我校学代会胜利闭幕

【本刊讯】在抓纲治校学雷锋的大好形势下，我校一九七七年学生代表会议于五月三日开幕，历时一天半，五月四日下午胜利闭幕。参加这次会议的二百七十八名代表，都是在深入狠批"四人帮"斗争中，在贯彻执行党的教育方针方面取得成绩，有一定进步的同学。

在《东方红》乐曲和鞭炮声中大会隆重开幕，革委会副主任姚同同志致开幕词，中一年级同学向大会献词，朱路跃同学向到会代表传达了市学代会的精神之后。工宣队队长马绪臣同志代表学校领导作了题为《高举毛主席的伟大旗帜，全面贯彻党的教育方针，做德、智、体都得到发展的雷锋式的好学生》的工作报告。马队长在报告中总结了半年来我校学生学习马列、毛主席著作，深入批判"四人帮"，开展学雷锋的群众运动，促进德、智、体全面发展的情况，并向同学们提出以下三点要求：1. 认真学习《毛泽东选集》第五卷，掀起学习毛主席著作新高潮；2. 深入揭批"四人帮"，广泛开展"学雷锋、批'四害'、树理想、促'三好'"的活动；3. 全面贯彻党的教育方针，做德、智、体全面发展的好学生。

会议期间代表们认真学习《毛泽东选集》第五卷和华主席的重要讲话，批判了"四人帮"篡党夺权和破坏教育革命的罪行；听取了中一(1)班、中二(12)班开展"学雷锋，批'四害'，树理想，促'三好'"活动的经验介绍。朱路跃、夏向明两位同学也在会上汇报了自己在党的教育下，努力促进德、智、体全面发展的体会。中一(7)班李必民还向代表们汇报了他在雷锋精神鼓舞下，增强了"好好学习，天天向上"的愿望，焕发精神，严格要求自己取得了较大进步的点滴体会。

闭幕式上，学校领导表扬了在落实毛主席"三好"指示方面有显著成绩的十二个先进集体和一百零二个先进个人。团委会、红卫兵团结合"五四"青年节表扬了十八个优秀团员、三十二个优秀红卫兵和四个先进集体。代表们一致通过了倡议书。最后由党支部书记章心如同志致闭幕词，章书记要求同学们继承"五四"运动的光荣传统，要明确革命的总方向，永远高举毛主席的伟大旗帜；要站在革命队伍的前头。在当前深揭狠批"四人帮"的斗争中勇敢战斗；要坚持与工农相结合，全面贯彻党的教育方针；要学习革命的榜样，深入开展学雷锋活动。

通过这次会议,代表们进一步明确了方向,提高了认识,鼓舞了斗志。大家决心:紧跟英明领袖华主席,高高举起毛主席的伟大旗帜,全面贯彻党的教育方针,做德、智、体全面发展的雷锋式的好学生。

教革通讯

第 100 期

一九七七年六月二十八日
扬州中学政工组、教革组编

喜看校园新花
——高二(9)班调查小记

孙 襄

高二(9)班的同学,本学期以来在“学雷锋,批‘四害’,树理想,争‘三好’”活动的推动下,在德、智、体全面发展上取得了很好的成绩。

这个班除一名长期在市、地集训的同学外,经常实到人数 45 人,全班自《毛泽东选集》第五卷发行以来,已集体阅读约半卷,多数同学还能自学,有些人已通读一遍,部分同学还积极阅读马、恩、列原著。写学习心得,经初步统计,最少的写了 20 篇以上,多的达到六、七十篇。全班有百分之八十的同学本学期写了红日记。这个班时事学习的空气也很浓。他们每周三下午都进行讲时事的活动,每次由班干部轮流主讲,从未间断。在宣传工作上,光黑板报到目前为止已出了十七期。全班五个学雷锋小组,每周都活动两次,他们不分份内份外,在校内挖灰池、掏阴沟、打扫路面,在校外,他们到二招食堂拣菜、洗碗。抹桌、打扫卫生。到地区医院中药房拣药、洗药瓶,越脏越累的。气味越是难闻的活,越是抢着干,几个月来一直如此。他们做好事不留名,人家都称他们“小雷锋”。

同学们在文化学习上也很认真努力,自从安排早自习以来。全班同学几乎没有一人迟到过。晚上,还经常有十几个男同学自动组织起来,带上灯具到校上晚自习。现在这个班的作业,除外语外,独立完成的差不多达到三分之二以上,各种作业本每次都能交到四十本以上(外语只有三十几本)。期中考试的几科成绩也较好,而且绝大多数都是独立完成的。

这个班也十分重视体育锻炼。他们不管有无广播,只要不下雨,都坚持做课间操、眼保健操。本学期以来未中断过。更难得的是,全班同学几乎没有一个缺操的。有几次上体育课,老师因公缺课。他们就组织起来自己上,有两次老师不在。又赶上下雨,他们就到体育馆自己上。本学期校运会,这个班就有26名同学参加了各种运动项目,参加人数约占全班人数的60%。每个项目都按规定报满了名额。运动会期间。男、女同学共得分120分。获得了高二年级总分第一。

他们每星期从周一到周六,每天第七节课都严格地按排定的体育、唱歌、自习、学雷锋及团日活动的计划开展集体活动。这个班平时政治气氛浓,生龙活虎,全班行动整齐,团结一致。劳动好、尊重老师,遵守纪律。这里再说几个他们在学农期间的小故事。

学农期间,郭雪祥同学因为右手伤残。领导上照顾他,有些劳动不让他参加,他把这些时间都用来学毛著五卷,还学着用左手写心得笔记。

一次到生产队劳动,队长有些为难,原来队里别的活都安排了。只剩下送粪下地这项活。队长怕同学怕脏怕臭,特别是下大粪池有困难。当师生们了解到这一情况后,二话没说,个个挽上裤腿就干开了。同学们纷纷抢着要下粪坑,最后这个艰巨的任务被马建华、张江、吴宏光、刘冬、金胜珍、朱路进、葛荟、郭猛等十来个同学争到了,他们站在没膝深的粪池中,一边掏粪,一边还鼓动别的同学,甚至金桥小队的队长还用九班同学的干劲去激励社员,连邻近的米塘队也专门请九班去帮助突击插秧。象这样不怕脏不怕累、积极参加生产队劳动的事还有很多。

学农快结束的前两天,一次郭猛同学在路边拾到一只鸭蛋。是谁家的呢?班上同学们拿着蛋,逐户地到社员家去问,一连问了两天。社员们都说"不是我家的"。怎么处理?有的群众见了说:没人要。你们就吃了吧。可是九班的同学们不是这么想的。他们认为一个蛋虽小,但遵守群众纪律事大。最后,他们还是把蛋交给了生产队。

一次,班上有两名同学擅自下河游泳,别的同学知道后,纷纷议论,都认为是违反纪律,怎么办?是训一顿吗?班委会进行了研究。确定分别请两位老师和班干部以及同学对有关三个同学进行个别谈话。结果,这些同学在当天晚上男生的民主生活会上分别作了自我批评。认识了错误,别的同学也提了意见,达到了既分清是非,又团结了同学的目的,圆满地解决了这个问题。

高二(9)班本学期为什么有这些明显的进步?主要是这个班的团支部在"抓纲治国"的大好形势下。积极组织团员、同学,学毛著,学雷锋,经常地在干部、团员中开展小整风式的民主生活。当然,他们宝贵的经验和更多的事迹还有待我们进一步调查总结。

关于"调查小记"的调查小记

看了孙襄同志关于高二(九)班的调查小记,联系到我们平日听到、看到高二(九)班以及其他各班的一些好人好事,不禁为我校出现抓纲治校的大好形势而由衷地感到喜悦。我们很想了解孙襄老师和高二(九)班两位班主任的想法,于是访问了他们。

一进办公室,孙襄老师正在认真地写教案。刚提"调查小记",我们就扯开了。孙老师说:"我虽然不教这个班,但这个班在高一时,我是副班主任。所以对他们是比较了解的。最近我听到不少关于九班的好人好事,十分感人。我怀着学习小将们的革命精神以激励自己前进的心情,访问了这个班。我和高二年级其他老师都感到这个班班风正,革命热情高,抓纲治校的决心大。我想应该向全校宣传这个班级。……"听了孙老师的一席话,我们深为这种关心教育革命的主人翁态度所感动。孙襄同志是工人教师。几年来,他一直勤勤恳恳,忠诚党的教育事业。这份"调查小记"就是他放弃星期天休息,主动和班主任一起召开了座谈会写成的。

正当孙老师翻开他写得密密麻麻的调查记录向我们作详细介绍时,九班的副班主任曹老师走进了办公室,一听说我们在谈九班的情况,他将椅子往我们这边挪了挪,滔滔不绝地说开了。孙老师也不时在旁边补充。

——这个班团支部很有威信,充分发挥了核心作用,干部能各负其责。团员已搞过五次小整风,并邀同学参加,虚心听取群众意见。干部之间经常开展批评,大家开诚布公,十分真诚。有时争得面红耳赤,但事后仍然非常亲热。

——这个班学习气氛浓,学习劲头也足。有一次教师布置了一些较难的思考题,不少同学一时解不出题。教师准备在课上跟大家讲一讲。但同学们说:老师你不忙讲,还是让我们先自己好好想想。

——这个班班风正。举个例子吧,如果有人嘴里带出"妈妈、奶奶"的话。旁边马上就有同学悄悄地提醒:"讲话注意!"

……

要不是还要开会,两位教师将会举出更多的事例来。

之后,我们又找到班主任梁老师。梁老师笑着说:"说实在话,我没有做多少工作,是粉碎了'四人帮'。同学们知道劲往哪儿使了。班上的干部也确实发挥了作用。"我们知道,高一时一度师生关系较紧张,现在呢?梁老师说:"我现在搞这个班心情十分愉快,我感到师生关系从来没有象现在这样处得融洽。我这学期在班上没发过一次火。这一方面是自己注意要坚持正面启发、诱导,另方面班上也确实没什么事可引起我发火的。"说着,我们都会心地笑了。梁老师还兴奋地告诉我们:九班目前正在学大庆。开展社会主义竞赛,他们决心在中学阶段的最后不到一个月的时间里,珍惜光阴,抓紧学习,原来一周一期的黑板报,也改为一周出两期了。

我们的调查是很不周密的,但初步的调查,许多问题就在我们脑海中盘旋:以往学生到了高二渐渐的松散了。为什么九班却热情如此高涨呢?同样是这位班主任,同样是这么些同学,为什么本学期九班进步那么快呢?又为什么这个班的团组织那么有威信,那么有战斗力呢?这里确实有一些发人深省的东西。

(教革组)

教革通讯

第101期

一九七七年八月二十七日

扬州中学政工组、教革组编

教育必须大干快上

教育部理论组

当前,八亿中国人民,正在伟大领袖和导师毛主席的无产阶级专政下继续革命的理论指引下,遵照英明领袖华主席抓纲治国的战略决策,大打揭批"四人帮"的人民战争,为在本世纪内把我国建设成为具有现代农业、现代工业、现代国防和现代科学技术的强大社会主义国家而奋斗。形势喜人,形势逼人。在这种形势下,教育怎么办?

教育是无产阶级专政的工具。我们在教育必须为巩固无产阶级专政服务,为社会主义革命和建设服务,为四个现代化服务,特别是要为科学技术的现代化服务。

科学技术现代化是四个现代化的关键。科学技术的现代化,要求有一支宏大的又红又专的科技队伍。毛主席指出,为了改变我国在经济上和科学文化上的落后状况。迅速达到世界上的先进水平,必须"要有数量足够的、优秀的科学技术专家"。这支科技队伍是发展我国科学技术所必需的。我们对于工农业生产战线上优秀的具有实践经验的工人、农民。必须认真培养他们成为革新能手和科学闯将。但是,更多地还是要靠学校培养,特别是尖端科学和基础理论方面的人材,主要靠高等学校尤其是重点大学来培养。因此,培养和造就一支宏大的工人阶级自己的技术队伍和专家队伍,这是历史向教育工作提出的伟大任务。

我们已有的科技队伍。远远不能适应社会主义革命和建设的需要。应该说,我国的科技人员还是少的,有些水平也不高。就科学研究人员的数量来看。以我们这样八亿人口的国家来说,有几百万也不算多。但是,由于"四人帮"否定科学的作用,摧残科学事业和教育事业。迫害科技人员和教育工作者,造成技术力量青黄不接,后继乏人。当前,我们就是要扩大这个队伍,提高这个队伍,这是科技、教育战线,尤其是高等学校的一项责无旁贷的光荣任务。

建设社会主义现代化强国,迫切需要大批又红又专的人材,这就要求教育大干快上。各级各类学校的发展速度要加快,发展规模要扩大。教育质量要提高。

教育要大干快上,必须认真学习毛主席的教育思想。全面地、准确地理解和贯彻执行毛主席的教育思想体系。毛主席的教育思想体系是教育领域的指导思想。若干年来,这个指导思想程度不同地受到刘少奇、林彪、"四人帮"的反革命的修正主义路线的干扰、破坏,特别是"四人帮"的破坏是十分严重的。对此,我们千万不能低估。教育战线是我们党同"四人帮"争夺的一条重要战线。"四人帮"鼓吹"宁要没有文化的劳动者"。实行愚民政策;我们一定要贯彻执行党的教育必须为无产阶级政治服务,必须与生产劳动相结合,使受教育者在德育、智育、体育几方面都得到发展,成为有社会主义觉悟的有文化的劳动者的教育方针。我们一定要把被"四人帮"搞乱了的路线是非分清,肃清其流毒,使教育沿着毛主席指引的方向和道路继续阔步前进。

教育要大干快上,就要调动广大教育工作者的革命积极性。二十八年来,教育战线绝大多数教职员工和他们培养出来的人。在毛主席的正确领导下。在毛泽东思想的光辉照耀下,辛勤劳动,努力工作,为人民出了力,为社会主义事业作出了巨大贡献。我们一定要认真落实党的知识分子政策。十分尊重教师的劳动,关心他们的工作、生活和世界观的改造、切实帮助他们解决教学、生活中的一些问题和困难,使他们更好地发挥自己的积极作用。

教育要大干快上。还要千方百计地提高教育质量。"四人帮"推行反革命的修正主义教育路线,严重地影响了教育质量,其后果比损失几千万吨钢还要严重。我们一定要正确地处理好政治与业务、主学与兼学、理论与实践、普及与提高等各个方面的辩证关系。按照毛主席的教育方针,把学生培养成德、智、体全面发展的社会主义新人。使他们既有坚定的政治方向,又有建设社会主义的过硬本领和健康的身体。要提高教育质量,教师的作用十分重要。要注意提高教师的水平,包括政治思想水平和业务工作能力等,要把培训师资的工作纳入教育工作的规划。教育质量要从小学抓起。小学是基础,中学是关键。中小学办好了,大学的教育质量才有一个高的起点。要坚持多种形式办学,既要注意教育的普及,当前更要注意提高。

教育能不能大干快上,关键在加强各级党委的领导。毛主席教导我们:"办教育也要看干部。一个学校办得好不好,要看学校的校长和党委究竟是怎么样,他们的政治水平如何来决定。"因此,首先要调整和加强领导班子。在各级各类学校里必须配备好一、二、三把手。书记很重要,一定要选好;还要有一个熟悉或比较了解业务的干部领导教学和科研工作;抓后勤的领导干部,应该是勤勤恳恳,扎扎实实,甘当无名英雄。配备好这样一套领导班子,事情就比较好办了。学校建立起一个能贯彻执行毛主席革命路线的团结战斗的强有力的领导班子,教育大干快上才有保证。

实现四个现代化，从现在起到本世纪末，只有二十三年的时间了。在毛主席革命路线指引下，建立一个符合我国实际情况的无产阶级教育制度，培养出大批又红又专的人材，这是艰巨的事业。教育战线肩负的任务重，时间紧，压力大。但是，有毛主席为教育工作制定的一整套路线、方针和政策，有华主席、党中央的英明领导和亲切关怀，有广大的满腔热情地为社会主义服务、忠诚党的教育事业的教育工作者，有贯彻执行毛主席教育革命路线和反对修正主义教育路线的实践经验，有优越的社会主义制度，有广大工农兵的关心和支持。我们一定能够把被"四人帮"干扰、破坏所损失的时间抢回来，把教育革命搞上去，尽快地培养出大批的人材。

（转载自1977年8月19日《光明日报》）

教革通讯

第102期

一九七七年九月七日

扬州中学政工组、教革组编

开展革命竞赛，为实现四化伟业而努力

——我校召开“抓纲治校，向科学文化高峰进军”大会

【本刊讯】在欢庆党的十一大胜利召开的日子里，新学期开学了。英明领袖华主席在十一大政治报告中指出：“要在二十世纪最后四分之一时间内把我国建设成为伟大的社会主义的现代化强国，迫切需要培养和造就大批又红又专的建设人材。这就要从教育入手，要真正搞好无产阶级教育革命。”为落实华主席的指示，我校于九月三日下午在大操场召开了“抓纲治校，向科学文化高峰进军”大会。

会上有二十位同志发了言。同志们响应华主席“来一个竞赛”的号召，中四年级与中三年级、中二年级与中一年级、数学组与语文组、物理组与化学农基组、政史地组与外语组，以及中四(9)班与中四(10)班、中二(15)班与中二(16)班，都提出了挑应战，开展革命的友谊竞赛。体音美组的同志，用诗的形式，表达了他们“鼓足干劲加油干，普及提高双高涨”的决心。学校工宣队以及政工组、教革组、后勤组和团委的代表，也在会上表态，决心为教育的大干快上出大力、作贡献。发言的同志，说的是真话，鼓的是实劲。台上台下，气氛热烈，与会的每一个革命教师、每一个革命同学，都是摩拳擦掌，跃跃欲试，整个会场上呈现出一派大跃进的革命景象。

发言的同志们，都清楚地看到当前形势喜人、形势逼人，也强烈地意识到我们教育战线的任务是光荣的、艰巨的。同志们说，实现四个现代化，从现在起到本世纪末，只有二十三年的时间了。我们任务重、时间紧、压力大。我们一定要横下一条心，革

命加拼命，尽快地把被“四人帮”干扰、破坏所损失的时间抢回来，把教育革命搞上去。中四的同学说：我们决心在短短的一年中，用百倍的努力和冲天的干劲，补上被“四人帮”破坏而没有学好、没有学透的知识，我们一定要胸怀大志，奋发图强，热爱科学，学好语文、外文、数理化等各门基础知识，为参加社会主义祖国的四个现代化建设，攀登科学技术高峰打好基础。语文教研组的同志面对教学教研组的挑战，分析了本组的情况，满怀信心地说：目前抓纲治国的大好形势催人前进，向科学进军的口号激荡人心。虽然我们和数学组相比，力量悬殊，但是我们决不自卑！祖国在期待我们，革命在期待我们，人民在期待我们，现在不干，更待何时！

会议结束前，党支部书记章心如同志号召大家说，我们今天大会的主题是“抓纲治校，向科学文化高峰进军”。既然是一场进军，就要一往无前，百折不回；既然是一场进军，就要威武雄壮，士气高昂。他希望大家在这场进军中，鼓足干劲，争分夺秒，革命加拼命，拼命干革命；勤奋学习，刻苦钻研，后进赶先进，先进更先进。他还鼓励全体师生为教育的大干快上，为四化的宏伟蓝图。发挥聪明才智，贡献一切力量。

【按语】 数学教研组这个计划订得好。好就好在体现了十分指标，十二分措施，二十四分干劲的精神。建设各教研组认真读一读，议一议。

教革组

数学教研组计划 1997 年 3 月

一、要求：

坚决贯彻执行我校工作计划中规定的举旗抓纲治校的一切要求和措施。要以最强的毅力，最大的干劲，最高的革命热情，认真踏实地掀起数学教学改革的新高潮。做出优异成绩，超过领导上规定的一年初见成效的目标；力争在两年内达到三年大见成效的目标。

二、具体措施：

政治思想方面：

1. 认真学习十一大文献,重读毛选五卷。人人写学习笔记,本学期不少于五篇,开学习心得交流会不少于两次。在思想改造方面要有显著进步;在忠诚党的教育事业方面要有突出表现。

2. 深入揭批"四人帮"在教育战线上的干扰和破坏。为了逐步肃清其流毒,本学期我组举行两次批判会;分清路线是非,明确教革方向。

3. 开展批评和自我批评,每月过一次民主生活,相互查学习、查思想、查工作,发扬成绩,克服缺点,以利于团结战斗。

4. 人人订红专规划,在期中和期末各检查一次执行情况。

教学工作方面:

1. 学习毛主席的《矛盾论》、《实践论》、《人的正确思想是从那里来的?》以及有关教育方面的伟大著作。要以辩证唯物主义的观点、立场和方法指导数学教学。期末要作总结。各年级备课组有其它方面经验总结。

2. 个人备课:在吃透两头的基础上,人人写较详细的备课笔记。要做到概念明确、定理、法则交代清楚;重视理论联系实际。重视培养学生分析问题和解决问题的能力;重视对优秀生增加思考题(少做普通题),同时注意较差学生的接受能力。

3. 集体备课:每人注意吸收学生对教学上的意见,先研究上周教学的效果,再研究下周教案。要讨论重点是否突出,关键是否掌握,辩证唯物主义的观点是否贯彻,教法是否得当,作业是否合适,总之要研究教学的目的要求是否完全达到。

4. 讲课要充分利用45分钟时间,狠抓双基,有讲有练,能完满地完成教学任务。也要重视课堂纪律,教书又教人。使75—80%的同学达到课本要求。

5. 开展相互听课,本学期每人不少于20次,课后坦率交换意见。

6. 数学作业要按时批改,每次均记录学生完成作业情况。有必要时可当要批改或作课堂小结。各年级在期中和期末相互交流一次。

7. 大力推行课外数学研究小组的活动,特别是中三和中四要有切实可行的计划。要特别关心学有余力的同学,注意提高中等生的水平,照顾差的。搞一帮一的活动。

8. 开展业务进修:针对目前或今后教学的需要,定内容,定时间,定主要发言人。

9. 各年级举行一次研究课,除一般要求外,要能重点解决教材或教法上的一个问题。并能总结出提高教学质量的途径。

10. 开设数学讲座:各年级备课组要选好专题,推专人准备。本学期中一和中二不少于两次,中三和中四不少于四次。

11. 各备课组要另定具体执行计划和教学进度计划、个人红专规划。

12. 数学组的教具和仪器,推选李玉清和钱锦章二同志负责。

祖国在期待我们

中四(8) 王 晴

八月二十九日，我从收音机里听到了一些科学家、劳动模范同曹都青少年科学爱好者举行大型谈话会的报道。听完这篇报道，我深深地感到，党和人民对我们中学生是多么地关心，又对我们寄托了多么巨大的期望。我们身上的担子是重的，同样也是光荣的。要在本世纪内把我国建设成为伟大的社会主义现代化强国，我们今天在学校里不刻苦学习，打好基础，怎么能为实现四个现代化贡献力量呢？又怎么对得起党和人民的培养和教育？祖国在期待着我们，“四个现代化”在期待着我们，我们一定要抓紧宝贵的时间，以极大的革命热情学好各门功课。学好数理化外等基础知识，把“四人帮”破坏造成的损失夺回来，做德、智、体全面发展的革命接班人。

回想起在“四害”横行的日子里，毛主席的教育方针被“四人帮”歪曲得不成样子，一些为革命而教、为革命而学的老师和同学横遭指责。再看看今天这样的大好形势，我深深感到，自已过去虽然在业余时间为革命多学了一点文化知识，但做得还是很不够好。如果还象以前那样来学习的话，就远远不能符合形势发展的要求。从现在起，应该加倍努力，为革命掌握更多的科学文化知识。

我是一九七二年上小学四年级时开始自修数学的。当时敬爱的周总理曾指示要重视基础理论的研究，要搞好教育革命，强调学校要全面贯彻执行毛主席的教育方针，对“四人帮”一伙破坏教育革命进行了针锋相对的斗争。我先是学习算术和初中代数，同时坚持写日记，学一些毛主席诗词等。到中一年级结束时，我已经学完了初等数学中的代数、平面几何、平面三角和平面解析几何的基本内容。另外还学了一点微积分基本知识。最近两年来，我又自学了立体几何、空间解析几何和初等微积分等内容。通过自学，我初步摸索出一些自学数学的方法。增长了不少数学知识，开阔了眼界，同时也促进了其它学科的学习。在五年多的时间里，除了去年八月七日开始生病及以后闹地震共四个多月基本上没写日记外，其余约五年的时间都坚持每天学一点数学或写一段日记。时间紧，就少学一点，少写一点，时间多就多学一点，多写一点。当时由于“四人帮”的干扰破坏，学校里每天布置的作业甚少。业余时间是很多的，每天用一个小时左右的时间自学数学，当然根本谈不上是挤时间，只不过比别人少玩一点。

自学数学遇到困难是难免的。但是遇到困难后，我总是想办法克服，努力培养自己分析问题和解决问题的能力，做到举一反三。例如，有一次，我想到扑克牌在“算二十四”时，到底能有多少种组合这个问题。那时我还没有学过重复的组合的公式。通过研究，我终于找到了这个公式，并且在推导公式的过程中，又学到了许多其它知识，这要比单纯从书本上学好得多。自学一般都是一看、二写、三做习题。一看，就是先将书本上的内容看懂弄通，但对书本上的定义和公式也不是死记硬背、死搬教条。而是尽量做到在理解的基础上灵活运用；二写，就是将书本上比较重要的东西摘抄在本子上，加强印象；三做习题，就是选一些比较有代表性的题目来做。

党的十一大的胜利召开，给了我巨大的鼓舞和力量。这次大会，明确地把实现四个现代化写进党章，号召全党要领导全国各族人民为实现四个现代化而奋斗。我决心在今后的时间里，认真学好十一大文件，学好《毛泽东选集》第五卷，认清形势，提高思想觉悟，进一步树立起为革命而学的思想，提高学习的自觉性。我要热爱科学，刻苦钻研科学，不但要把数学学好，而且还要把语文、物理、化学、外语等基础知识认真地学好。我要发扬雷锋的钉子精神，科学安排时间，挤出更多的时间来学习。

伟大的祖国正在期待着我们更快地成长起来。我一定牢记毛主席“虚心使人进步，骄傲使人落后”的教导，为革命刻苦学习，决不辜负党和祖国的期望。

教革通讯

第103期

一九七七年十月十四日

扬州中学政工组、教革组编

短评

响应党支部的号召
积极开展“高举毛主席的伟大旗帜，
紧跟华主席进行新的长征，
勇敢地向科学高峰攀登”的教育活动

“红军不怕远征难，万水千山只等闲。”

伟大的领袖和导师毛主席亲自领导和参加了举世闻名的长征。在半个多世纪中毛主席领导中国人民取得了新民主主义革命的彻底胜利，取得了社会主义革命和社会主义建设的伟大胜利。毛主席领导中国革命的伟大实践，就是伟大的长征。今天，英明领袖华主席继承毛主席的遗志，一举粉碎了“四人帮”，使我国社会主义革命和社会主义建设进入新的发展时期。党的十一大路线要求我们高举毛主席的伟大旗帜。坚持党在社会主义历史阶段的基本路线，抓纲治国，继续革命，为建设社会主义的现代化强国而奋斗。实现四个现代化关键在科学技术现代化，基础在教育，我们战斗在教育战线上的广大教师、学生负有极其光荣的历史使命。为了贯彻十一大路线，抓纲治校、向科学文化进军，学校党支部发出了“高举毛主席的伟大旗帜，紧跟华主席进行新的长征，勇敢地向科学高峰攀登”的口号。党支部的号召得到了全校师生的热烈响应，现在全校已有不少班级层层发动，深入动员，修订个人和班级计划，提出攻关的措施，一个轰轰烈烈的学“长征”的群众活动正在兴起。

进行新的长征，必须有明确的目标。我们的目标是建设社会主义现代化强国。

这个目标是宏伟的,任务是艰巨的,时间是紧迫的。我们教育战线的任务就是要尽快的培养出德智体全面发展的又红又专的人材,为四个现代化贡献力量。我们进行新的长征,就是要采取强有力的措施,千方百计的提高教育质量,真正搞好教育革命,把学校各方面工作促上去。

进行新的长征,必须有不畏艰苦的精神。叶副主席在《攻关》诗中号召我们“攻书莫畏难”。我们要学习革命前辈爬雪山、过草地的精神,克服重重艰难险阻,攀登科学高峰。学习社会主义文化科学知识是有困难的,但是学习中的困难比起红军长征中遇到的困难又算得了什么?困难吓不倒有志气的新中国青年!只要我们不怕在崎岖的小路上攀登,就一定会到达光辉的顶点。各班要抓“攻关”的措施落实,要有计划有步骤的解决学习中的突出问题,培养学生敢于登攀,不断进击的精神。

进行新的长征,必须有脚踏实地的科学态度。文化科学知识的学习要求我们有谦逊的态度,来不得半点虚假和骄傲。要真正学好必须一步一个脚印地学,老老实实地学,钻进去,几个月,一年,两年,三年,四年,总是可以学会的、学好的。在新的长征中我们要比学习干劲,比学习态度。对于学得好的要及时表扬,树立标兵,以推动活动的不断深入发展。

进行新的长征,还必须有必胜的信心。“四人帮”的干扰破坏,给教育事业造成了巨大的损失,我们面前的困难是很多的。但是我们有华主席、党中央的正确领导,有毛主席制定的革命路线,只要我们艰苦奋斗,努力作战,就一定能够战胜一切困难,完成毛主席留给我们的光荣的历史使命。我们的革命前辈能够度过极端艰难的岁月,战胜国内外强大的敌人,那么,我们今天只要学习他们的样子就能战胜学习中的困难,为实现四个现代化贡献自己的力量。我们的“长征”活动也必将达到预定的目标。

“天地转,光阴迫。一万年太久,只争朝夕。”让我们全校师生员工立即行动起来,在新的长征中建立我们的功绩吧!

为革命刻苦学习的小将

——记江苏省扬州中学中四(8)班王晴同学刻苦钻研科学文化知识的事迹

在扬州中学举办的展览会上,许多师生被中四(8)班“三好”生王晴同学的一叠学习笔记深深吸引住了。数一数,那笔记本有二十七本,算一算,共有二千四百多页。在这二十七个本子里,有学习毛主席著作的心得,有读报体会,有影片观后感,而更多的是数学笔记。翻看着那内容丰富、字迹工整的一本本笔记,人们无不频频点头,啧啧称赞。

王晴同学今年十五岁。从一九七二年起，他坚持每天自学一点数学，记一段学习笔记，这二十七个笔记本就是他成年累月刻苦学习文化知识的真实记录，也是对“四人帮”破坏教育革命种种谬论的有力回击！人们一定会问：在“四人帮”践踏教育事业，鼓吹“读书无用”论的时候，小小年纪的王晴学习劲头为什么那样大，自觉性为什么那样高，求知欲为什么那样旺盛呢？我们正是带着这样的问题，翻看了王晴同学的学习笔记，在一本数学笔记本上，端端正正地写着马克思的一段话：“在科学上没有平坦的大路，只有不畏艰苦沿着陡峭山路攀登的人，才有希望达到光辉的顶点”。原来，马克思的这段名言成了王晴刻苦学习的座右铭。

早在小学四年级的时候，王晴就开始写学习笔记，并对数学发生了兴趣。进入中学以后，正值四届人大召开，周总理提出了实现四个现代化的宏伟蓝图。开学典礼和主题班会上的一切活动都深深地触动了王晴。他想：新学期开始了。党和人民把我培养成一名光荣的中学生，我一定为革命而学，为无产阶级争气，为社会主义祖国争光，做一名无产阶级革命事业可靠的接班人。正当王晴更加勤奋学习的时候，“四人帮”借反复辟倒退为名，把黑手伸进教育界，鼓吹“宁要没有文化的劳动者”，学校里便出现了一些怪现象，纪律松弛，学风涣散，“读书无用”论毒害了不少青少年。有的同学公开说：管它零分一百分，反正都是下农村，在这股思潮影响下，不少同学对学习文化不感兴趣。这一切引起了王晴的深思，他们和班上一些同学一起议论这种倾向。他说：“毛主席教导我们要‘好好学习，天天向上’，我们一定要为革命好好读书！”此间，王晴同学积极参加了学校里组织的思想政治路线教育活动。在班级召开批判会时，他踊跃登台发言，愤怒声讨阶级敌人妄图用“读书无用”论来毒害腐蚀青少年的罪行，表示要听毛主席的话，好好学习科学文化知识。当学校里组织上山下乡知识青年作报告时，王晴听到知识青年运用已掌握的文化知识为科学种田作出贡献时，心潮久久不能平静。他越发意识到，不论当工人，下农村，都需要学好科学文化，没有科学文化，要实现四个现代化就是一句空话。他暗自下定决心，一定要尽最大努力多掌握一些为人民服务的本领，长大后为建设社会主义、实现共产主义理想多出力！在教师们的辛勤教育和启发诱导下，小王很注重培养自己刻苦学习的自觉性，不仅阅读了英雄模范人物的斗争故事，而且借阅了《马克思是怎样刻苦学习的》一书，用革命导师的学习精神勉励鞭策自己。

此后，无论什么干扰都削减不了王晴同学的学习热情。你看，老师上的每一堂课他都认真听讲，老师布置的每一次作业，他都字迹工整地做好。特别是自学钻研数学，他更是如饥似渴，废寝忘食：为了弄懂一道难题，他到新华书店仔细翻阅有关书籍；在书店里买不到《数学手册》；他就设法借阅并花了近三十个小时抄录下一百多页；在自学大学课程的有关内容时，他多次登门向老师讨教。甚至，寒暑假到外地探亲，他也坚持携带作业习题去做……，在王晴看来，生活中处处有学问，有知识，因此他总是做求知识的有心人。看到猪圈，他就设想猪圈出簷应该多少，才不至于让雨水淋到墙脚；看到电线松弛成弧形，他就考虑如何用简便的方法算出它的长度……王晴确实是个学瘾很浓的人。

一次他和同学一起玩扑克游戏,即出四张牌看谁道过四则运算先得出二十四。这引起他浓厚的兴趣。游戏结束以后,他还是如痴如呆地在思考着这样一个问题:到底有多少种不同的组合方法?为了弄清这个问题,他翻阅了不少有关组合内容的书,但是一无所得,他觉得这种组合问题,不仅存在于扑克游戏之中,而且遍及生活各个领域。搞懂它是具有很大的实用价值。晚上,他躺在床上反复思索着,想起伟大导师马克思惊人的学习毅力,想起雷锋的勤学苦练精神,于是下狠心一定要搞懂它。此后,他每天都用两三个钟头来钻研。一天晚上查阅了一本书,他发现有两条题目和这个问题有联系,就在此基础上进行分析推理,认真钻研到深夜,终于攻克了难关。此刻,虽已深夜十一点钟,但他却毫无睡意,又逐段地复查了全部推导过程,直到发现准确无误,才放心地上床休息。王晴为了搞通这类重复组合的问题,前前后后做了几十遍!用了二十多天课余时间,约四、五十个小时!

去年,王晴参加了学校组织的地震测报小组。他结合测报工作,也抓紧了数学知识的自学。在测报工作中,他发现根据直线拟合的原理进行数学分析效果不太好,就考虑是否可以用曲线拟合的方法进行。然而,这涉及到偏导数的知识,他还从来没有学过。他想:我们搞群测群防工作,要向人民高度负责,不能有怕苦畏难情绪,我应当尽最大努力把测报工作搞好。此后,每当王晴值夜班时,他就利用测报的间隙时间,翻看钻研有关书籍。那一阵子,正值数九寒冬,最低气温达零下十一度,测报组所在的棚子里滴水成冰。但他毫不介意坚持顽强学习。冷了,就搓搓手,把手放到衣服里焐一焐;倦了,他就站起来走动一下。本来就生满冻疮的手,这时红肿得象胡萝卜一样。那天夜里实在寒冷,尽管他不停地呵气,钢笔水还常流不出来。他还是坚持钻研。由于过于集中精力写呀,画呀,结果大衣被炉子烧掉了一个洞,他也没嗅到焦味,直到第二天早上才被他妈妈发现。一分耕耘,一分收获。王晴同学通过刻苦钻研,掌握了曲线拟合法,并熟练地运用到测报工作中去。

王晴同学近五年来已经自学了有关初等数学高等数学的十多本教材,翻阅了四、五十本参考书籍。除完成老师布置的作业外,他还利用课余时间自做了约三千道数学习题。在中学一年级,他已经学完了初等数学中的代数、平面几何、平面三角和平面解析几何的基本内容,并开始学习微积分基础知识近两年来,他又自学了立体几何、空间解析几何和《微分学》、《积分学》等内容。

在粉碎"四人帮"以后,王晴同学的学习热情更加高涨。他不仅继续钻研数学,而且坚持用毛主席提出的德、智、体全面发展的高标准衡量自己。力争把各门功课学得更好,把"四人帮"造成的损失夺回来,为做到又红又专,他积极参加班上的毛主席著作学习小组,积极投入大批判以及学雷锋等政治活动,并积极担当"小先生",配合老师在班上开展学习辅导活动。为了有强壮的身体将来投入社会主义建设,他认真上好体育课,积极参加体育锻炼,最近以来还坚持长跑运动。当他全面检查自己的学习情况时,发现外语成绩虽属优秀,但却是临时突击硬记的,过段时间有些单词就忘记了。他联想到江青一伙利用马振扶事件拼命反对学习外语的罪行时，深深感到外国语是人生斗争的一种武器，也是开阔眼界直接学习外国先进科学知识的工具，如果不学好它，将来就很难为四个现代化出贡献。于是，他把几年来学过的外语单词整理在一个小本子上，并随身携带，规定自己每天要熟记五个单词。由于王晴注意全面发展，上学期门门功课优秀，八门功课总分是七百七十九分，并被评为"三好生"。

前一度时期，报纸发表了首都科学家和劳动模范同中学生举行大型谈话会的消息，这对王晴同学是个极大的鼓舞和激励。他决心奋发努力，攀登科学文化高峰，以更加优异的学习成绩向华主席、党中央汇报。为表达自己的雄心壮志，说写了一首诗，在班上举办的赛诗会上高声朗诵：

登山要登最高山，
攻关要攻最难关。
科学珠峰是目标，
胸怀红心奋力攀！

扬州市委宣传部报道组
江苏省扬州中学报道组 联合采写

简讯

△国庆期间，许多班级以"高举毛主席的伟大旗帜，紧跟华主席进行新的长征，勇敢地向科学高峰攀登"为主题，召开了主题班会、各种类型的座谈会。同学们回顾老一辈无产阶级革命家进行举世无双的长征的光辉战斗历程，看到创业的艰难；展望四个现代化的美好前景，看到继续革命的任务艰巨。大家纷纷表示，要发扬"苦战能过关"的革命精神，紧跟英明领袖华主席开始新的长征。中四(1)班林芳芳同学说："我们面临的学习上的困难，总不会比革命前辈当时遇到的困难大吧？我们有什么理由不为革命刻苦学习呢?"中三(14)班的林军同学批判了过去自己受"四人帮"毒害而产生不愿上学的错误想法，决心以老一辈无产阶级革命家为榜样，开始新的长征，努力攀登科学文化高峰。中四(5)班的朱桥同学在座谈会上作诗表决心："英雄畏何难，千关只等闲。苦战过万关，登上科技山。"原来较后进的同学也决心在"长征"活动中赶上去。中三(13)班张军同学表示要革命加拼命，后进赶先进，力争在最短时间内摘掉后进的帽子。中三(4)班的同学在国庆主题班会后还开展了做好人好事活动，他们决心以实际行动来迈开"长征"的第一步。

△"雷锋在我们行列中"展览会已在国庆预展，本月中旬将在图书馆阅报室正式

展出。展览会反映了我校自开展“学雷锋,批‘四害’,树理想,促‘三好’”活动以来出现的好人好事,表扬了花力气、下功夫努力学政治、学文化的三好学生。

△为全面贯彻落实党的教育方针,十月八日中一、中二年级举行了田径运动会。运动会赛出了风格,赛出了成绩。中二(9)班的方霞同学以1.40米破初中女子跳高1.38米的记录;中二(9)班张庆春同学以12秒破初中男子100米12秒1的记录,同时张庆春同学还以1.61米破初中男子跳高1.58米的记录。

教 革 通 讯

第 104 期

一九七七年十一月五日

扬州中学政工组、教革组编

学习毛主席的教育思想体系 搞好教育革命

程 锦

建国二十八年来,毛主席的革命路线在教育战线和其他战线一样,始终居于主导地位。教育战线广大教育工作者在毛泽东思想的光辉照耀下,同刘少奇、林彪特别是"四人帮"的修正主义路线的严重干扰和破坏进行了坚决斗争。他们辛勤劳动,为人民出了力,为社会主义事业作了巨大的贡献。在英明领袖华主席为首的党中央领导下,当前教育战线的形势一派大好。

"要真正搞好无产阶级教育革命",这是英明领袖华主席在党的第十一次全国代表大会上向我们发出的战斗号召。"四人帮"出于篡党夺权的反革命目的,打着"教育革命"的旗号,肆意歪曲、篡改毛主席的教育思想,干尽了破坏教育革命的罪恶勾当。要真正搞好无产阶级教育革命,就必须高高举起、坚决捍卫毛主席的伟大旗帜,完整地、准确地理解和掌握毛泽东思想体系。

毛泽东思想是发展了的马克思列宁主义,是一个完整的科学的思想体系,是伟大的真理。真理是全面的。在社会主义时期,毛主席提出了无产阶级专政下继续革命的伟大理论,制定了一整套路线、方针、政策和方法。在党的建设、政治、军事、经济、文化、教育等各个领域中,毛主席也都有他的思想体系。而且,每个领域的思想体系内部和各个领域的思想体系之间,都有内在的有机联系。马、恩、列、斯和毛主席都一贯教导我们,马克思主义不是教条而是行动的指南,不应片面理解马克思主义的个别结论和个别字句,而应坚持马克思主义的基本原理和精神实质,坚持用马克思主义的立场、观点和方法观察问题和解决问题。“四人帮”在哲学上是一批实用主义者,是一批形而上学狂,凡对他们篡党夺权有用的就是“真理”。他们出于篡党夺权、颠覆无产阶级专政、复辟资本主义的罪恶目的,肆意割裂、歪曲、篡改马列主义、毛泽东思想。这种深刻的历史教训,我们应当认真记取。高举毛主席伟大旗帜,有个真举还是假举的问题。是真举,就要积极揭批“四人帮”,就要坚决响应华主席在十一大政治报告中的号召,“努力学习马列著作和毛主席著作,完整地、准确地领会和掌握毛泽东思想的体系”,不是离开了具体的时间、地点和条件,机械地搬用毛主席著作的个别字句,而是从整体上来领会其精神实质。我们切不可低估“四人帮”破坏我党马列主义学风所造成的恶劣影响,切不可为他们那种摘取马列主义的个别词句,加以歪曲篡改,而又冒充马列主义的手法所欺骗。如果我们形而上学地对待马列主义和毛泽东思想,就会束缚革命群众的手脚,在客观上掩盖了“四人帮”的罪行。那就不是什么高举,而恰恰是对马列主义的背弃。我们要善于学习、掌握和运用毛泽东思想的体系,来指导我们的各项工作,坚持无产阶级专政下的继续革命,从胜利走向胜利。

毛主席的教育思想体系,是在我国新民主主义革命和社会主义革命的长期斗争实践中不断丰富完善起来的,是战无不胜的毛泽东思想的有机组成部分,也是毛主席关于无产阶级专政下继续革命伟大理论的重要内容。毛主席根据上层建筑和经济基础相互关系的马克思主义原理,站在巩固无产阶级专政、发展社会主义经济和将来向共产主义过渡的高度,提出了社会主义时期无产阶级教育革命的伟大思想。它是对马克思主义教育理论的重大发展,特别是对列宁关于教育的根本任务是“把 1917 年十月革命时开始的事业进行到底”和“学校应当成为无产阶级专政的工具”这一伟大思想的继续和发展,从而在我国教育史上开创了一个崭新的时代。我们的体会是,毛主席教育思想体系的精髓在于教育要革命,其基本内容包括:

(一) 要贯彻执行“教育必须为无产阶级政治服务,必须同生产劳动相结合”,“使受教育者在德育、智育、体育几方面都得到发展,成为有社会主义觉悟的有文化的劳动者”的教育方针,走《五·七指示》的道路。毛主席为我们党制定的教育方针是毛主席教育思想体系的核心,是无产阶级教育革命的指路明灯。它集中地规定了我们的无产阶级教育应当举什么旗,走什么路,培养什么样的人。

(二) 要实现造成工人阶级知识分子的新部队(这是有社会主义觉悟的有文化的劳动者的重要组成部分)这个极其重要的历史性任务和知识分子劳动化、劳动人民知识化的宏伟远景。培养人才,要把坚定正确的政治方向放在首位。工人阶级知识分子宏大新部队的造成,是无产阶级教育革命取得决定胜利的根本标志;知识分子劳动化和劳动人民知识化的全部实现,是无产阶级教育革命取得彻底胜利的根本标志。

(三) 发展社会主义教育事业要全党动手,全面规划,实行“两条腿走路”,普及与提高相结合,重点与一般相结合,教育制度的统一性与办学形式的多样性相结合。这是调动一切积极因素,从我国实际情况出发,多快好省地发展社会主义教育事业,建立我国新型教育体制的途径。

（四）提高学生的科学文化水平，是毛主席教育思想体系的重要内容。要坚持课程的无产阶级政治方向，贯彻理论联系实际的原则，改革旧的教育制度，改革旧的教学方针和方法。改革旧的教材和考试制度，使学生生动活泼地、主动地得到发展。要使学生学的东西有用，要学得好，不搞繁琐哲学，不搞疲劳战术，提倡培养学生独立思考的能力。这是马克思主义的学风在教学领域的具体体现。

（五）要实行群众路线，依靠工人阶级、贫下中农和革命的知识分子办教育。教改的问题，主要是教员问题。教师在教学中起主导作用。“老九不能走”，生动地体现了毛主席在知识分子问题上的主导思想，必须贯彻党的团结、教育、改造知识分子的政策，建设好忠诚党的教育事业的又红又专的教师队伍。

（六）进行无产阶级教育革命必须由共产党来领导。省、地、县委三级第一书记要管教育。“一个学校办得好不好，要看学校的校长和党委究竟是怎么样，他们的政治水平如何来决定。”这是搞好教育革命的关键。

这六条是互相联系的，最根本的是党的领导、教育方针和群众路线这三条。把学校办成无产阶级专政的工具，最根本的就是这三条。

“四人帮”打着列宁“学校应当成为无产阶级专政的工具”的旗号，全面篡改马列和毛主席的教育思想，鼓吹学校“只有一个专业，就是斗走资派的专业”的反革命教育纲领，为其“老干部都是民主派，民主派就是走资派”的反革命政治纲领服务。他们还鼓吹什么“宁要没有文化的劳动者”，对广大劳动人民实行愚民政策。妄图把掌握了自己命运的我国人民重新抛入苦难、愚昧的深渊。“四人帮”的教育“模式图”全部建立在篡党、夺权、复辟这个基础上，只不过在反党的炮口上披上了几件马列主义词句的外衣，借以骗人、唬人。列宁早就指出：“马克思主义的词句在我们这个时代已经成为完全背弃马克思主义行为的挡箭牌了。”“四人帮”不正是这样干的吗？他们按照篡党夺权的需要，总是从毛主席的指示中摘取片言只语，随心所欲地加以歪曲，“为我所用”，把毛主席的教育思想搞得支离破碎，面目全非，而且不准人们说半个“不”字，如稍有异议，帽子、棍子就铺天盖地而来，使得一些同志至今心有余悸，是非不清。我们要彻底砸烂“四人帮”套在人们头上的精神枷锁，使思想获得解放。特别是教育部门和学校的领导干部，更应去掉“怕、等、靠”的思想，旗帜鲜明地站在教育革命第一线，发动群众深揭狠批“四人帮”，用毛主席的思想体系指导教育革命，大胆地放手去干，做真正搞好教育革命的带头人。

用毛主席教育思想指导教育革命，最重要的，就是全面地、正确地贯彻执行毛主席的教育方针，为建设社会主义现代化强国培养和造就大批又红又专的人材。

教育为无产阶级政治服务，说到底，是要为消灭一切剥削阶级和剥削制度，发展社会生产力，最终实现共产主义服务。在不同的革命时期，教育为无产阶级政治服务有着不同的具体内容，在新民主主义革命时期主要是为革命战争服务，在当前社会主义时期，就是要为巩固无产阶级专政和建设伟大的社会主义现代化强国服务。因此，尽快地造就工人阶级知识分子宏大新部队，这是现阶段真正搞好无产阶级教育革命的一项十分急迫的重大任务，是我们当前研究教育革命的着重点。由于“四人帮”搞乱了人们的思想，我们有些同志至今还对这个问题认识不清，摇摇摆摆，思想深处总是有团疑云，似乎为实现四个现代化培养人材不是为无产阶级政治服务。在本世纪内把我国建设成为全面实现农业、工业、国防和科学技术现代化的社会主义强国，使我国经济走在世界的前列，这是伟大领袖和导师毛主席为我们作出的、敬爱的周总理遵照毛主席指示在三届人大和四届人大的政府工作报告中都宣布的宏伟蓝图，是我党和全国人民的重要历史使命，是一项光荣而艰巨的政治任务，怎么能说为实现四个现代化培养又红又专的人材不是为无产阶级政治服务呢？不实现四个现代化，没有坚实的物质基础，无产阶级专政能充分巩固吗？生产力不高度发展，将来又怎能过渡到共产主义社会去？特别是，帝国主义就是战争，苏修社会帝国主义亡我之心不死，我们一定要争时间、抢速度，把四个现代化搞上去，否则在未来的战争中就要吃亏，这是保卫我国无产阶级专政和反对美苏两个超级大国争夺世界霸权的需要。“四人帮”别有用心地把无产阶级政治同社会主义经济对立起来，把无产阶级专政同四个现代化对立起来，是要搞垮社会主义经济，颠覆无产阶级专政，是为苏修美帝效劳，出卖党和国家的根本利益。他们反对“卫星上天”，是为了要使红旗落地。列宁早就指出：“在资产阶级世界观的概念中，政治好象是脱离经济的”。我们必须彻底肃清“四人帮”的流毒，把培养无产阶级革命事业接班人的任务同适应四个现代化的需要统一起来而不是对立起来，理直气壮地培养实现四个现代化所需要的各种又红又专的专门人材。

在四个现代化中，科学技术现代化是关键。要把四个现代化搞上去，必须科技先行，根本大计要从教育着手。不抓好教育，不提高学生的科学文化水平，四个现代化就没有希望，就成为一句空话。《中共中央关于召开全国科学大会的通知》中指出：“科学人才的培养，基础在教育。小学、中学、大专学校是培养科学技术人才的重要基础。而大专学校又是科学研究一个重要的方面军。必须真正搞好教育革命，尽速改变教育与社会主义事业发展严重不相适应的状况。”不但要办好大学，还要办好中学、小学，要从小抓起。中小学教育质量上不去，不但学生毕业后不能适应三大革命的需要，而且大学的教育质量也难以提高。无产阶级知识分子的宏大新部队就很难造成。毛主席说：“无产阶级必须造就自己的知识分子队伍，这跟资产阶级要造就它自己的知识分子队伍一样。一个阶级的政权，没有自己的知识分子那是不行的。”资产阶级的旧教育是培养资产阶级知识分子的，无产阶级教育革命的一个历史性任务就是要造就无产阶级知识分子宏大新部队。能否实现这个历史性的任务，是关系着社会主义和共产主义事业成败的重大问题，因此，无产阶级知识分子宏大新部队的造成，是无产阶级教育革命取得决定性胜利的根本标志。“四人帮”破坏教育革命，严重地影响了教育质量，造成了教育与社会主义事业严重不相适应的状况，这是一个大灾难。我们要下定决心，大治快上，力争用十年或者十五年的时间造成无产阶级知识分子宏大的新部队。这是时代对我们的要求，党和人民对我们的期望。

培养社会主义事业所需要的各种又红又专的人材，一定要无产阶级政治挂帅，实现教育同生产劳动相结合。要用马克思主义、列宁主义、毛泽东思想教育青少年一代，使他们把坚定正确的政治方向放在首位，从小有志气，有抱负，好好学习，天天向上，继承和发扬党的革命传统，决心把无产阶级专政下的继续革命进行到底，为在本世纪内把我国建设成为四个现代化的社会主义强国和最终实现共产主义的远大理想而奋斗。一九五八年，毛主席曾经指出：几千年来，都是教育脱离劳动，现在要教育劳动相结合，这是一个基本原则。各级学校都要以学为主，兼学别样，使学生切实学好文化科学知识，组织好学工、学农、学军和批判资产阶级的活动，办好校办工厂、农场，坚持厂校挂钩，培养学生的劳动观点和对工农的感情，立志与工农相结合。大学主要是搞对口劳动，与所学专业结合起来。学生参加劳动。时间要合理安排，劳动分量要适当。同时，要重视体育，加强卫生教育，增强学生体质，使学生真正做到身体好，学习好，工作好。工厂、农村、商店等也都要搞好政治学习和文化学习。列宁曾经指出："没有年轻一代的教育和生产劳动的结合，未来社会的理想是不能想象的：无论是脱离生产劳动的教学和教育，或是没有同时进行教学和教育的生产劳动，都不能达到现代技术水平和科学知识现状所要求的高度。"我们要把全部教育事业建立在教育同生产劳动相结合的基础上，向科学技术现代化进军。这就是我们提高教育质量的根本道路，也是把学生培养成既有社会主义觉悟又有文化、既能从事脑力劳动又能从事体力劳动的一代新人的道路。只有走这条道路，才能造就出宏大的无产阶级知识分子新部队。

为了尽快培养出大批又红又专的科技人材，一个十分重要的问题，就是高等学校的招生要采取两条腿走路，一部分招收应届高中毕业生，一部分招收有实践经验的工人，农民和上山下乡知识青年。今后直接从高中招生的比例还要逐步扩大。毛主席的《七·二一指示》，其基本精神是坚持无产阶级政治挂帅，在教育同生产劳动相结合的基础上培养工人阶级的知识分子队伍。在这个指示中，毛主席针对林彪和"四人帮"的干扰破坏，明确指出"大学还是要办的"，还是要读书。同时批判文化大革命前刘少奇鼓吹的教育脱离生产劳动和不从有实践经验的工人农民中培养技术人员，并根据当时的情况提出高等学校要从有实践经验的工人、农民中间招收学生。这些都要从毛主席指示的精神实质和当时的历史情况来理解。在学生从小学起开始参加生产劳动，整个学校教育过程中都实行教育同生产劳动相结合的情况下，高等学校从应届高中毕业生中直接招生，是国家培养科技人材的迫切需要，是符合毛主席的教育思想的，这样作，使学生保持了学校教育的连贯性，学习不致中断，在年轻时就能在三大革命运动的洪流中攀登科学高峰，这对我们的革命事业是必需的，有利的。一九五八年，毛主席对河南长葛县中学勤工俭学搞得好、升学的多这件事曾经赞扬过，现在中小学普遍实行教育与生产劳动结合，更应该重视从应届高中毕业生中择优上大学。列宁和毛主席都教导我们：马克思主义的最本质的东西，马克思主义的活的灵魂，就在于具体地分析具体的情况。毛主席还说，不用脑筋具体地分析事物，这是一种极坏的作风。我们要按照列宁和毛主席的这些教导,坚持用马克思主义的立场、观点、方法历史地辩证地看问题,坚持用毛主席的教育思想体系认识高等学校的招生工作。要在总结经验的基础上不断健全和完善招生制度,真正做到从高中毕业生和有实践经验的工人、农民中择优录取。农、医、师院校,还要注意从表现好的农业科技积极分子、赤脚医生和民办教师中选拔学生。

用毛主席教育思想指导教育革命,在教育事业的发展上就要调动一切积极因素,实行"两条腿走路",多种形式办学,加快我国各级各类学校发展的规模和速度。

我国八亿人口,原有教育事业的基础又很落后,要把教育搞上去。又适应建设四个现代化社会主义强国的需要,这是一个大政,是世界上任何国家在教育上都不曾遇过的大问题和进行过的大事业。毛主席从我国的实际情况出发,运用唯物辩证法分析和处理教育事业发展中的各种矛盾,提出了两条腿走路、多种形式办学等一整套办法。既解决了教育的普遍问题,又解决了教育的提高问题,既加快了教育事业的发展规模和速度,又适应了社会主义事业对教育提出的多种需要,为我国社会主义教育事业的发展开辟了一条多快好省的途径。这是毛主席对马列主义教育宝库的一大贡献,也是毛主席教育思想体系重要的有机组成部分。我们必须遵照毛主席的一贯教导,调动各方面的积极性,既要发挥国家现有人力物力的作用,扩大国家和地方各级办学的规模,又要调动厂矿企业和人民公社的积极性,提倡厂矿企业办学和人民公社集体办学,大力开展勤工俭学活动;既要办全日制学校,又要办半工半读学校、业余学校和各种形式的短期训练班、选修班;既要办好一般的大、中、小学和中等专业学校,又要相对集中人力物力,办好一批重点的大、中、小学。重点大学和普通大学是我国高等学校的骨干力量,以提高为主,兼顾普及。要在大力办好普通班的同时,用一定力量办好进修班,支持工农教育。共产主义劳动大学、七·二一工人大学和五·七大学,是从工农中多快好省地培养各类专门人材,为工业学大庆、农业学大寨作贡献,实现劳动人民知识化的重要途径,必须加强领导,不断巩固提高,继续大力发展,扎扎实实地办好。对电视、广播、函授等各种业余教育,必须十分重视,它将是我国劳动人民知识化的一种重要形式,量大面广,应当切实抓起来。没有教育的普及,建成四个现代化的社会主义强国也是不可能的。

当前特别要强调的是,一定要努力办好一批重点学校。这是尽快提高教育质量培养实现四个现代化所需要的又红又专人材的捷径。不但中央教育部门和业务部门要办,地方上要办,大、中型厂矿企业也要办。重点学校应致力于提高教育质量,指导面上的普及和提高,同时要注意学习其他学校的长处,互相促进,共同前进。办任何事情都要有重点。这是马列主义的基本常识。问题在于指导思想。在于执行什么路线,在于为哪个阶级服务。平均主义不是马克思主义,是形而上学,对我国的社会主义事业是不利的。早在一九五三年,毛主席就指示要办重点中学,我们现在有什么理由不办好重点学校?"四人帮"反对办重点学校,胡说办重点学校是"培养精神贵族",是搞"天才教育",对文化大革命前原有重点学校的破坏比一般学校更厉害。看了使人痛心，这是他们形而上学猖獗的一个突出表现，必须彻底批判。如果至今仍把办重点学校视为畏途，如履薄冰，是完全不必要的。

用毛主席教育思想指导教育革命。就要坚持理论联系实际的原则，切实搞好对旧的教学方针、教学内容和教学方法的改革，大力提高科学文化水平。

深入进行教学改革是教育革命的一个重要组成部分。毛主席对教学改革有一系列指示，基本思想就是坚持无产阶级的政治方向。理论联系实际、提高教学质量。我们一定要全面领会毛主席关于教学改革的一系列指示，坚持用辩证唯物主义和历史唯物主义指导教学工作，正确处理政治与业务、理论与实践、基础与专业、批判与继承等方面的辩证统一关系。"四人帮"用唯心论代替唯物论，用形而上学代替辩证论，打着教学改革的旗号，破坏教学改革。他们把红与专对立起来，把干与学对立起来，把学好基本知识。基础理论与培养分析和解决实际问题的能力对立起来，攻击认真读书是"业务挂帅"，诬蔑抓基础知识学习是脱离实际。胡说进行基础理论教学就是"复辟"。他们大搞"运动就是一切"，取消系统的马列主义理论的教学。他大搞什么"火烧三层楼"（指高等学校的基础课、专业基础课、专业课），企图砍掉基本知识和基础理论的教学。否认教学过程的规律性。他们把所谓"结合典型产品组织教学"作为教学改革的方向，否定每门学科自身的科学体系，企图把教学改革引入实用主义的泥坑。他们强令解散教研组，要教师搞所谓"包乘组"（即指定若干教师包一个专业，从学生入学教到学生毕业），否定合理的教学分工，破坏集体的教学研究，浪费人力。使教师终日疲于奔命。他们肆意破坏图书、仪器和实验室，简直象蝗虫一样，落到哪里哪里就遭殃。由于"四人帮"的干扰破坏，致使教学改革收效甚微，教学质量严重下降。

搞好教学改革，当前必须突出强调在各级各类学校要树立无产阶级的革命学风。学风问题，说到底，是对待马列主义的根本态度问题，是在认识世界和改造世界（包括改造自己的主观世界在内）中坚持唯物主义、辩证法还是搞唯心主义、形而上学的问题。翻开教育史，无论是宣扬关门读书的资产阶级传统教育派（刘少奇搞的主要是这一套），还是形形色色的实用主义派（"四人帮"搞的主要是这一套）。其基本特征都是教育为资产阶级政治服务，教育与生产劳动相脱离，理论与实际割裂。我们必须在无产阶级政治统帅下，在教育同生产劳动相结合的基础上，按照理论联系实际的原则搞好教学改革，建立以学为主体的教学、生产、科研三结合的新体制。中、小学要切实搞好基本知识教学。使学生学好先进的科学文化基本知识。大学要加强基础理论的教学和研究。大、中、小学都要重视外语教学，要从小学抓起。要提倡科学研究人员和技术人员到学校兼课，请专家到学校讲学。要提倡学生认真读书，刻苦自学。开展课外科技活动、学术讨论活动。要制订全国中小学的统一的教育计划，编写统一的教材和大学的部分通用教材，有了统一的高质量的教材，提高教学质量才有标准。自然科学教材要从最先进的东西讲起，一开始就启发学生向更深更广和更新的知识领域发展，同时注意不脱离我国工农业的实际情况。在石油、煤炭、冶金基地，中学要增加有关石油、煤炭、冶金的课程和参加对口劳动，这样，升入大学后可以培养得更快些。要尽量采用电化教学等各种现代化的教学手段,逐步改善和更新各级学校的实验设备,充实图书馆,要发动群众自力更生,土洋结合,搞土仪器设备、土电化教学、土实验室,不断提高。要加强教学研究,改进教学方法,保证教师备课和钻研业务的时间。

用毛主席教育思想指导教育革命,就要全面贯彻毛主席为我党制定的知识分子政策,重视知识分子的作用,充分调动广大教师的社会主义积极性。

毛主席对知识分子问题有一系列指示,其着重点是重视知识分子在革命和建设中的作用。调动他们的革命积极性,提倡和鼓励他们为人民服务。同时,热情帮助他们走与工农相结合的道路,自觉改造世界观。"四人帮"出于篡党夺权的反革命需要,千方百计地搞乱学校,肆意打击迫害教师。他们诋毁教师的劳动,破坏教师的声誉,咒骂教师是"臭老九"、"教唆犯",严重地压抑、摧残了广大教师的社会主义积极性。毛主席说:"老九不能走",这是对广大积极分子的极大鼓励,是对"四人帮"破坏党的知识分子政策的严厉斥责。"老九"这个词并不坏嘛,"杨子荣"嘛,是好名词,错在这个臭字上。说什么地、富、反、坏、右、叛徒、特务、走资派,还有知识分子算老九,那是"四人帮"搞的。"四人帮"把我国现有的知识分子说得比解放前还不如,这是对社会主义制度的恶毒攻击,是对毛主席革命路线的恶毒攻击,是对党的领导的恶毒攻击。人民教师是脑力劳动者,是培养无产阶级革命事业接班人的辛勤"园丁",他们的工作很辛苦,他们的劳动应该受到尊重。要大力宣传忠诚党的教育事业,要大造人民教师光荣的舆论,要提高教师的社会地位,要大力提倡尊师爱生。要鼓励教师"继续改造自己","逐步地树立共产主义的世界观",为革命努力钻研业务,做到又红又专。"四人帮"任意给钻研业务扣上"白专"的帽子,这是极端荒唐的。毛主席曾经指出:"比如党内的右派,政治上是白的,技术上又不专"。"白"是一个政治概念,是指政治上反动,与钻研业务风马牛不相及。在政治上严格要求,热情帮助的同时,要尽量为教师创造良好的工作和生活条件,使他们能专心致志地工作。各地教育主管部门和学校,要把师资的培训和提高工作纳入教育工作的规划,努力办好师范学校和各种形式的师资短期培训班,还要搞好在职教师的培养和提高。提高教师的水平,是提高教育质量的关键,一定要抓好。广大的人民教师要满怀信心地向无产阶级知识分子队伍的行列奋进!跨进无产阶级知识分子队伍的行列,并不是高不可攀的。一条是站稳无产阶级立场,坚决拥护党,拥护社会主义,努力贯彻执行毛主席的革命路线;一条是刻苦学习马列和毛主席著作,与工农结合,用马克思主义的世界观指导自己的行动和业务工作;一条是为革命钻研业务,精益求精。世界观的改造是一辈子的事,人人都要不断改造,活到老,改造到老。业务上的提高也是无止境的。在教师中,现在我们已经有了一支无产阶级的知识分子队伍,今后还要不断扩大。

用毛主席的教育思想指导教育革命,就要加强党对教育工作的领导。

要进行无产阶级教育革命,保证毛主席的革命路线和党的方针、政策在教育战线贯彻执行,必须有共产党的坚强领导。"四人帮"破坏教育革命,也首先是反对党对教育革命的领导。他们篡夺了教育阵地的领导权,利用教育搞篡党夺权的反革命活动,罪行累累,必须彻底清算。在"四人帮"控制或插手的教育部门和学校,要彻底粉碎"四人帮"的帮派体系。凡同"四人帮"阴谋活动有牵连的人和事,要一件件一桩桩地查清楚,决不能马马虎虎。对那些搞修正主义、搞分裂、搞阴谋诡计而又屡教不改的,要坚决斗争,严肃处理。对效忠"四人帮",拉帮结伙,上窜下跳,一心想抢官夺权的人,要进行批判。要注意党的政策,正确区分和处理两类不同性质的矛盾。对坚持同"四人帮"作斗争的好干部要表扬。要充分发挥学校原有革命干部的作用,把真正优秀的教师提拔到教学领导岗位上来,并选派大批德才兼备的优秀干部充实教育战线。教育部门和学校的干部,绝大多数是好的和比较好的,不好的是极少数。所有的教育部门和学校,都要在各地党委领导下搞好整党整风,根据"三要三不要"的原则,认真解决由于"四人帮"的干扰破坏所造成的思想不纯、组织不纯和作风不纯问题,恢复和发扬毛主席为我们党树立的群众路线的优良传统和作风,实事求是的优良传统和作风,批评和自我批评的优良传统和作风,谦虚谨慎,戒骄戒躁,艰苦奋斗的优良传统和作风,民主集中制的优良传统和作风。要加强学校中党的一元化领导,按照接班人的五项条件和老中青三结合的原则,切实调整好学校的领导班子。领导班子要精干,要革命化,要深入教育革命第一线。要配备好三把手:书记很重要,一定要选好;要有一个熟悉或比较熟悉业务的领导来管教学和科研工作;还要选一个勤勤恳恳、扎扎实实、甘当无名英雄的人来管后勤。学校中有了一个团结战斗的领导核心,贯彻党的路线,方针、政策,真正搞好无产阶级教育革命,就有了可靠保证。

当前,在党的十一大精神的鼓舞下,在以华主席为首的党中央领导下,我国教育战线的形势一派大好。揭批"四人帮"的斗争步步深入,一个大治快上的教育革命新高潮正在兴起。形势喜人,形势逼人。只要我们在华主席为首的党中央领导下,高举毛主席的伟大旗帜,落实华主席抓纲治国的战略决策,用毛主席的教育思想体系指导我们的工作,相信群众,依靠群众,不断总结经验,不断改进,教育革命就会胜利前进,一个充分体现毛主席的无产阶级教育路线,适合我国情况,适应社会主义经济基础的无产阶级教育制度就会更快地建立起来。

战斗在教育战线上的同志们,努力吧!党在召唤我们,人民在期待着我们,真正搞好无产阶级教育革命的艰巨任务摆在我们面前要我们勇敢地去承担。我们要把全部心血倾注在无产阶级教育事业上,为我们伟大的党,伟大的人民,伟大的社会主义事业,作出自己应有的贡献!

转载自一九七七年《人民教育》第一期

教革通讯

第105期

一九七七年十二月五日

扬州中学政工组、教革组编

无视客观事实的一派反革命胡言

——批判所谓“两个估计”

教育部大批判组关于批判“四人帮”炮制的“两个估计”的文章一发表，我校广大革命教师笑逐颜开，奔走相告。被“四人帮”颠倒的是非，终于重新颠倒过来了；由“四人帮”设置的“禁区”，终于给冲破了；多年来只能悄悄地说的话，终于能畅快地谈出来了。我们激动的心情，真难以言表。

对解放后的十七年到底怎么估计？对知识分子的状况到底怎么估计？伟大领袖和导师毛主席早就有过一系列明确的指示。毛主席对解放后十七年的教育事业明明是基本肯定的，而“四人帮”却“估计”为“毛主席的无产阶级教育路线基本上没有得到贯彻执行”；毛主席在谈到一少部分人执行错误路线时，明明强调了“在无产阶级专政下”这个前提，而“四人帮”却“估计”为“教育战线是资产阶级专了无产阶级的政”，是“黑线专政”；毛主席明明为我党制定了团结、教育、改造知识分子的基本政策，并把革命知识分子作为无产阶级专政依靠的对象，而“四人帮”却把教师队伍中的大多数和十七年培养的学生的大多数“估计”为“世界观基本上是资产阶级的”，是“资产阶级知识分子”，是“臭老九”。这就充分说明了“两个估计”完全是对毛主席教育思想的一个反动。

在“两个估计”甚嚣尘上的时候，教育受灾，学校受难。我们这所曾作为重点中学的学校，受害尤重。一时间，“封、资、修的大染缸”、“修正主义教育路线的黑样板”、

“复辟资本主义的桥头堡”等等帽子，戴到了学校的头上。我们许多干部和教师都想不通。难道解放后的扬州中学和国民党反动派统治时期的扬州中学没有什么差别吗？难道我们辛辛苦苦地工作，都是在为“黑线”效劳卖命吗？难道我们接受了党的多年教育，还是落得个“臭知识分子”吗？难道我们认真备课、精心教学都是在“放毒”吗？面对客观现实，我们无法解决这些问题，只有憋着一肚子的气。

现在，教育部受权向全党和全国人民郑重地宣告：就在一九七一年夏季“四人帮”把十七年抹得一团漆黑的时候，我们伟大领袖和导师毛主席针锋相对地批驳了他们的谬论。我们学习毛主席的指示精神，心明了，眼亮了，气消了。回顾扬州中学解放以来的变化，我们越来越清楚地看到，“四人帮”炮制的“两个估计”，完全是无视客观事实的一派反革命胡言。

在扬州解放的同时，党就把扬州中学从帝国主义和国民党反动派手中解放了出来，并迅速在学校建立了党、团组织。学校废除了旧有反动训育制度，取消了旧有的反动“党义”、“公民”课及军训、童训等课程，开设了社会发展史及其他马列主义课程，对学生进行革命的思想政治教育。广大师生通过抗美援朝、土改、镇反、思想改造、整风反右、“双反”交心等政治运动，逐步和三大敌人、和资产阶级划清界限，阶级立场开始转变，思想觉悟也有所提高。许多教师由为旧中国服务改变为为新中国服务，为社会主义服务。学校随着国家的发展而发展，教师随着革命的前进而前进。

更令人难忘的是一九五八年的教育革命高潮。我们学校在毛主席制定的教育方针的指引下。教育革命搞得生气勃勃，开展红专大辩论，开展勤工俭学运动，参加浚河劳动，挖土一百七十三万担。在大炼钢铁运动中，全校师生不分日夜，英勇奋战，三个多月炼出钢五点一五吨，生铁五十六吨，思想上也得到了极大的锻炼，学校被评为全市大炼钢铁的红旗单位。当时，曾试办了两班四年制中学班，工农子女入学率高达百分之八十八点六三。就在那时，创办了工厂和农场，为今天的教育革命奠定了基础，一九六〇年，《毛泽东选集》第四卷出版，我校广大师生以最大的政治热情，迅速组织起一百七十多个毛选学习小组。如饥似渴地学习毛泽东思想。在学雷锋的活动中，我校加强了阶级教育、理想教育、劳动教育和共产主义道德品质教育。学生中好人好事不断涌现。思想面貌发生了深刻的变化。解放后的十七年，学校曾在政治思想教育方面比较系统地总结了经验，一九六四年找校团委会被团省委表扬为先进单位，并光荣地出席了中国共产主义青年团第九次全国代表大会。同样，解放后十七年，学校也在加强“双基”教学方面比较系统地总结了经验。“虚心求教，刻苦钻研，一丝不苟，持之以恒”的良好学风得到了发扬，热爱科学，钻研科学的风气初步形成，课外学科小组活动蓬勃开展，教育质量不断提高，德、智、体全面发展的学生一批批成长。历年来我校为国家各条战线输送了大批又红又专的人材。今天，他们有的在各级领导部门直至中央担任工作，有的成为工农业战线、科技教育战线的骨干力量，有的是全军学雷锋的模范。有的是各地区“工业学大庆”、“农业学大寨”的标兵。以一九六四年为例，六个高中毕业班中有十一名学生被选拔直接出国留学；百分之九十以上的毕业生升入大学,其中有相当一部分学生进入了重点大学;有少部分没有考取大学的学生,除个别有特殊情况外,基本上都响应党的号召,愉快地奔赴农村干革命。工农子女的入学比例也是逐年增加。解放前,工农子女能上扬州中学的,真是寥寥无几,而到一九六六年在高中毕业生中,工农家庭出身的占百分之六十四点五,而剥削阶级家庭出身的只占百分之四点五。凡此种种,能说是"黑线专政"吗?

再看今天的扬州中学,中层以上干部以及教研组长、年级组长中属解放后十七年培养出来的占三分之二以上。他们大都有一定的思想觉悟和教学经验,是学校政治上、教学上的骨干。能说这些同志都是在"挖社会主义墙脚"吗?就是从旧社会过来的老教师,他们绝大多数也是热爱党,热爱祖国。拥护社会主义的,他们在党的教育下,在工作实践中。认真学习,不断改造世界观,对党的教育事业兢兢业业。他们认真教育学生,热情给青年教师搞好"传、帮、带"。我校六十七岁的数学教研组长黄久征老师,除了教学工作和辅导其他教师业务进修外。还承担了出版社组织的编写数学小丛书的任务。这样勤勤恳恳,几十年如一日地为培养无产阶级革命事业接班人而献出全部精力的教师。能说是"资产阶级知识分子"吗?

当然,十七年中由于受到刘少奇反革命修正主义路线的干扰和破坏,我们工作中是有错误、有缺点的。但是,我们应该分清是"延安"、还是"西安"?而"四人帮"却以点代面,以偏概全,全盘否定十七年。"四人帮"如此无视客观事实,抛出"两个估计",颠倒了是非,混淆了黑白,这只能说明:"两个估计"和五七年极右派的反党谰言是一脉相承;和刘少奇用"乱、糟、偏"否定五八年教育革命是异曲同工;和林彪"怀疑一切,打倒一切"的反动叫嚣毫无二致。

"两个估计"给教育战线造成了万马齐喑的沉闷局面。我们对此是不满的。我们也曾对"四人帮"的所作所为有所抵制。但是在"四人帮"的淫威下,广大干部教师动辄得咎,较长一段时期内,处于一种无所适从、无能为力、无所作为、无可奈何的"四无"精神状态。而许多怪事却随着"两个估计"的出笼应运而生。"和十七年对着干"喊得整天价响;张铁生这个反革命小丑红得发了紫;无产阶级教育事业却倍遭摧残。现在,我们可以清楚地看出,"两个估计",就是迫害教师的渊薮;"两个估计",就是孕育"朝农经验"、"白卷英雄"之类怪胎的母体。

教育是阶级斗争的晴雨表。老反革命张春桥凭着他几十年的反革命经验,深深懂得这一点。因此,他们一伙以教育为突破口,妄图从否定十七年的教育战线到否定其他各条战线,从否定教育战线的干部到打倒一大批地方各级直至中央的干部,以实现他们的反革命政治纲领,达到篡党夺权的罪恶目的。张春桥在"四人帮"覆灭前就曾说过:"抓住了教育的根本问题,也就是全国的问题了。"这一自白,正是回答"四人帮"为什么如同贾宝玉不能丢失"通灵宝玉"那样,要死死抱住"两个估计"不放这一问题的最清楚不过的答案。

"春风得意马蹄疾"。以华主席为首的党中央砸碎了"四人帮"强加在我们教育工作者身上的"两个估计"这一精神枷锁。我们广大教师思想真正得到解放,心情无比舒畅。过去我们是身挨棍子。头戴“帽子”、脚穿“鞋子”，现在我们要甩开膀子，迈开步子，放开胆子，在认真总结二十八年来正反两个方面经验的基础上，为教育革命的大干快上多做贡献。

毛主席的伟大旗帜啊，永远飘扬在我们心中！

蓝万隆

组织上决定让我到北京瞻仰毛主席遗容的时候，我噙着激动的泪花，感谢亲爱的党，感谢英明领袖华主席给了我——一个普通的中学教师、归国华侨，这样崇高的荣誉。这充分体现了党和华主席对广大教育工作者的亲切关怀和高度重视。

一九七七年十一月廿六日上午八时，这是我一生中多么幸福、多么难忘的时刻啊！我迈着沉重的步子，走进了庄严肃穆、巍峨壮丽的“毛主席纪念堂”的北大厅，向毛主席座像致默哀，然后穿过北大厅两侧金丝楠木雕花大门，走进了瞻仰厅。我踮着脚尖，努力不让泪水模糊了视线。伟大领袖和导师毛主席就安卧在这万花丛中晶莹明澈的水晶棺里，他老人家是那样的坚毅、安详！此时此刻，我有多少知心的话儿要对毛主席讲啊！毛主席，您好！我在心中问候您一千声！毛主席，您好！我对您的怀念万丈深！毛主席啊，我们曾经流过揩不干的眼泪。我们曾经有过解不开的忧伤。今天，我们来到您身边，依然泪水流淌。可是，感激和力量已代替了忧伤。您来自选定的接班人华主席。正在率领全国各族人民高举着您的伟大旗帜，高歌猛进！

我站在毛主席坚毅、安详的遗容面前，聚精会神地凝视着。毛主席啊，你一步也没有离开我们，您永远活在我们心中！我还有多少知心的话儿要对您倾诉啊！我是在新中国成长的人民教师。我在投回祖国怀抱的时候，还只是一个十六岁的初中学生。在党和您的培养教育下，我从师院毕业，怀着为祖国培养下一代的美好愿望走上教育工作岗位，如今已是整整十八个年头了。多年来，党和人民给了我不少荣誉和鼓励，在一直把它看作是最大的幸福，最有力的鞭策。我只有一个想法：“宁可少活二十年”，也要一心扑在党的教育事业上。

然而，万恶的“四人帮”出于篡党夺权、“改朝换代”的狼子野心。有计划、有预谋地炮制了“两个估计”。这“两个估计”象两座大山一样，压在广大教育工作者的身上，压得我们动弹不得，透不过气来。我这个党一手培养起来的中学教师，也被打成什么“资产阶级知识分子”，诬蔑我是修正主义教育路线的“黑标兵”、“吹鼓手”，连辛辛苦苦也成了一条罪状。一顶顶帽子，一根根棍子，飞将过来。我实在想不通，心里多憋闷。我想，愿为“忠诚党的教育事业”奋斗终身，罪从何来？

今天,华主席象毛主席生前一样,关怀我们教师,高度评价我们教师的工作,给了我们教师极大的鼓舞。在揭批"四人帮"的第三战役中,华主席、党中央又率领我们拨乱反正,彻底砸烂强加在我们广大教育工作者头上的精神枷锁。我决心把对毛主席的无限崇敬、深切怀念的感情化作巨大的力量,听华主席的话,跟共产党走,认真学习马列和毛主席著作,积极投入揭批"四人帮"的斗争,在学习和工作中进一步改造世界观,努力搞好教育革命,为实现四个现代化,早出人才,快出人才,贡献自己全部力量。

太阳的光芒啊,时刻照耀在我们身上!

毛主席的伟大旗帜啊,永远飘扬在我们的心中!

阅卷有感

数学教研组

这次我组有几位教师参加了高考数学的阅卷工作。在阅卷过程中,我们发现考生对于数学基础知识的理解和基本技能的掌握方面有许多问题,清楚地看出"四人帮"反党集团破坏教育革命,降低教育质量的罪行。这也进一步增强了我们对"四人帮"的仇恨。

从考生的答卷中,反映出如下几个方面的问题,这些问题,也是我们今后教学中应该注意的:

1. 学生对数学基本概念理解不深透。例如关于算术根、绝对值的概念。由于理解不深,因而在解题时发生错误;又如误把圆台的母线当作高来求圆台的体积等。

2. 基本技能的训练还不够熟练,表现在解题时,能掌握解题方法,但在解题过程中却发生错误。例如,在解繁分或去括号时,经常发生这类错误。

3. 在解题中,审题和分析问题的能力差。例如,对于"一年的总产量"与"某个月的产量"分辨不清,因而不能运用正确的方法解题。

4. 由于平时习惯于"依样画葫芦"地解题,在题目稍加变化时,便感到无法解决。例如,这次高考试卷中的最后一题,课本里没有出现过这类题目。因而不少考生感到无法入手。

5. 平时教学中练习不多,仅限于课本里的部分习题,对于综合性问题接触得少,练习得少,因而知识领域有很大的局限性。

通过阅卷工作,我们感到今后应该结合教学实践,不断揭批"四人帮"破坏教育革命的罪行,坚决把"四人帮"所造成的损失补起来,为实现四个现代化多出人材作出贡献。我们要切实加强"双基"教学,要加强教师的业务进修,提高教师的业务水平,提倡教材和教法的研究，不断加强研究气氛。同时，要在班级教学的基础上，开展适合学生特点的课外研究活动，扩大学生的知识领域。提高学生的知识质量。

必须进一步改进语文教学

语文教研组

今年的高校招生工作，在华主席为首的党中央领导下，根据毛主席的教育方针，进行了重大改革。在地区高校招生初试过程中，我组同志分别参加了监考和阅卷工作。大家一致认为语文试题出得较好，对今后的中小学教学有一定的指导意义。事后，我们组织了全组同志进行座谈，大家有如下几点共同认识：

一、要坚持文道结合的原则。这次考试无论是对《红卷和白卷》一文的分析，还是写读后感，都要求考生既要有一定的读写能力，又要有一定的思想水平，两者缺一不可。这也说明了我们语文教学必须肩负双重任务，既要传授语文知识，又要达到思想教育的目的。语文课是对学生进行思想政治教育的重要阵地之一。我们必须用毛泽东思想占领这个阵地，这是毫无疑义的。但是这里的思想教育不是凌空的，而是结合具体课文进行的，要体现语文学科的特点。教师指导学生学习课文，不仅要使学生知道所学的课文表达了什么思想，还必须使学生懂得作者是如何运用语文这个工具来表达其思想的，并通过基本训练，使学生学会如何表达自己的思想。语文基础知识教学和思想政治教育是密切不可分离的，应在教学过程中同时完成。“四人帮”大搞形而上学，把政治与业务，文和道对立起来，割裂开来，在语文数学中所造成的恶劣影响必须清除。语文课不同于政治课，也不同于文学课。我们要切实地把语文课真正上成语文课。至于脱离课文的凌空的所谓思想教育，这既不能有效地达到思想教育的目的，又削弱了语文知识的教学，这是语文课所不允许的。

二、必须着力于提高学生分析问题、解决问题的能力。这就要求我们采用启发式。划分段落，编写提纲，归纳中心思想，这几乎是我们每教一篇课文都遇到的事。是从具体情况出发，启发同学动脑动手动口，还是教师写在黑板上让学生一抄了之呢？再如，词语解释，是事先抄在黑板上让学生照抄一遍然后要学生死记硬背，还是启发学生首先理解关键字词，举一反三，在理解的基础上记忆呢？如此等等。其实，我们平时心里都有一个比较明确的答案，可是在教学实施上则往往另是一样。为什么呢？原因是多方面的，其主要原因是怕影响讲课的时间。所以，我们认为这里必须解决一个认识问题：提高语文教学质量，不能完全寄希望于教师的讲，更多的应是寄希望于教师指导下的学生的练。讲为了练。要保证学生有较多时间的练，教师就要讲得精一些。所以我们要培养学生分析问题解决问题的能力,必须采取启发式、坚持精讲多练。

三、要重视作文教学。一个人语文水平的高低,主要反映在作文上。因此,加强作文教学,是提高语文教学质量的重要一环。由于"四人帮"的干扰破坏,不少学生怕作文,所写作文内容空乏。"帮八股"严重。如何改变这种状况?我们以为,除对学生加强思想教育外,必须采取以下措施:(1)讲读教学要和作文教学密切结合。在讲读教学中,要启发学生学习范文的取材、构思、遣词、造句,作文的命题、指导、评讲也要力求利用范文启发学生。要真正把讲读教学和作文教学有机联系起来。(2)加强课外阅读指导。只有多读,才能丰富词汇,改造语言,开拓思路,文章的内容才能充实起来。(3)多写,多实践。好文章是学生写出来的,不是教师改出来的。有的同志积极提议作文篇目要增加,评讲要加强,批改要改进,作文教学一定要从实效出发。

四、基本训练一定要严格要求。这次考试,对字词的理解要求落实,作文中错别字、病句的多少,标点符号使用是否正确,书写是否整洁。都列入了评分的范围。我们认为这样严得在理,在今后的语文教学中要引起足够重视。加强基本训练的内容和形式是多方面的,如练写字,练造句,练编写提纲,练回答问题等,可以是口头的,也可以是书面的。加强练习也要根据不同年级不同年龄的特征,在各个阶段提出不同的要求。我们必须结合期中分析,修订计划,立即着手,加强训练,严格要求,要贯彻教育局"三个不能容忍"的精神,即:错别字太多不能容忍,书写潦草不能容忍,不用标点的不能容忍。对不合要求的作业,分别不同情况,让学生重做或重抄。当然,严格要求不能是单方面的,要防止简单粗暴的做法,要启发学生化为自觉行动。

五、要进一步改进语文教学,切实提高语文教学质量,语文教师必须尽快提高政治水平和业务水平。语文教师讲课改卷,都接触到立场、观点的问题,因而对语文教师来说,提高政治水平,显得极为重要。提高业务水平,首先是教师要加强基本功,要认真钻研教材,真正掌握教材。教材吃透了,才谈得上研究教法。我们决心努力学习马列主义毛泽东思想,努力钻研业务,以揭批"四人帮"的斗争为纲,彻底肃清"四人帮"在语文教学领域的流毒,不断总结正反两个方面的经验,切实搞好语文教学,完成党和人民交给我们的光荣而又艰巨的任务。

教革通讯

第106期

一九七八年三月九日

扬州中学政工组、教革组编

提倡良好学风，培养良好学风

教革组

高校招生办法的改革，一扫过去“四人邦”所造成的不读书、不学习，以不学无术为荣的歪风；“两个估计”这两座大山的推倒，使我们敢于认真总结二十八年教育工作正反两个方面的经验。当前，全校同学为革命而学习的劲头空前高涨，迅速提高教育质量，正是摆在我们面前的迫切任务。我们有许多工作要做，恢复、提倡并培养良好学风，就是我们要做的一项十分重要的工作。

文化大革命前，我们学校曾提过一个十六个字的学风，许多同学在这良好学风的熏陶下，养成了良好的学习习惯，为日后的继续学习、从事工农业生产都打下了良好的基础。当然它还有不足的地方。今天，我们回顾历史，面对现实，郑重地向全校师生提出，我们要培养“红专结合，理实交融；虚心求教，好学深思；一丝不苟，持之以恒”的良好学风。

“红专结合”。我们既不能迷失方向，也不能搞空头政治。红，是学习目的问题，我们要为实现四个现代化、最终实现共产主义而学习；专，就是要掌握多些更多些的知识、技能。红专一定要结合。譬如驾驶战斗机：不红，纵有高超的驾驶技术，上天遇到敌人，却没有压倒敌人的胆气，甚至惊慌失措，弃甲溃逃；不专，纵有杀敌的强烈愿望，上天遇到复杂的战局，便难以应付，更谈不上主动出击，战而胜之。

“理实交融”。文化大革命前十七年，在教学中曾出现过理论脱离实际的倾向。文化大革命以来，我们在毛主席光辉的《五·七指示》指引下，重视了理论联系实际。

但是由于“四人邦”的种种破坏干扰，“以干代学”等实用主义使我们忽视了基础知识、基础理论的教学。现在，我们要在“交融”上做文章，“交”，是联系、接合的意思，而决不是交替。

“虚心求教”。这是我们能学到一点知识的前提。列宁曾经告诫大家：“最有害的，就是自以为我们总还懂得一点什么。”关于虚心求教，我国古代有许多佳话，都是值得我们批判地继承的。“满招损，谦受益”。知识的海洋无边无垠，真理的长河永无尽头。如果我们才涉足于滩头，便自满自足，沾沾自喜，那是永远也掌握不了真正的知识的。

“好学深思”。这些年来，青少年深受“四人邦”毒害。流毒之一是怕读书、不善于读书，怕动脑筋、不善于动脑筋。今天，我们为了实现四个现代化，就应该自觉地、充满热情地、专心致志地去广求知识。同时要重视思维活动，不断改善学习方法，善于把学得的知识加以分析、整理、引申、归纳。只学不思，那必然茫然无所得；只思不学，那简直是一种十分危险的空想、胡思乱想。所以“好学”与“深思”要结合起来，“学”是“思”的基础，“思”是“学”的提高。

“一丝不苟”。“苟”者，马虎之谓也。知识的问题是一个科学的问题，随便不得，马虎不得。大庆人讲“三老四严”，几千口油井。一天要取几十万个数据，每个数据看来是“小事”，几百万数据却是制定油田开发方针、政策的依据。小中见大。失之毫厘，差之千里。我们在学习上一定要严肃认真，严格要求，一定要和那种马虎、凑合、不在乎、大而化之的坏习惯、坏作风作不懈的斗争。

“持之以恒”。学习上要有股坚强的毅力，也就是鲁迅所说的“韧性”。我国著名数学家陈景润为攀摘哥德马赫猜想这颗明珠，不畏艰难、不怕险阻、不知疲倦，年复一年地苦战。作出了卓越贡献，仍是孜孜不倦，永不止息，在参加五届人大的日子里，还是不间断研究工作，半夜里为了不影响别的代表休息，他把卫生间当工作室。咬咬牙，搞它十天、半个月是不难的，难的是一天天地坚持下去，我们就要发扬那一股“锲而不舍”的韧劲。

良好学风的培养，决不是一朝一夕的事。需要我们加强教育，加强指导。我们要通过上课、作业、考试、实验、自习等方面，认真、耐心地培养学生的良好学风。教师要言传身教，潜移默化；学生要严格训练，努力实践。这样，我们经过几年的努力，就能够在全体师生中树立起良好的学风。

伟大的革命导师马克思、列宁、毛主席为我们作出了光辉的榜样，二十八年教育工作的实践为我们提供了正反两方面的经验，更有以英明领袖华主席为首的党中央给我们指明方向。我们全校师生一定要乘五届人大胜利闭幕的强劲东风，在紧跟华主席，进行新长征的征途上，为提高教育质量，培养良好学风，做出应有的贡献！

中国科技大学破格录取一名十三岁少年

"按:根据来信推荐,在江西省赣州市发现一名智力非凡的十三岁少年,名叫宁铂。方毅同志一九七七年十一月三日批示:'请科技大学也了解一下,如属实,应破格收入大学学习。'为此,中国科技大学派了两名教员去江西,对宁铂进行了多方面的了解、考核,证实宁铂确有非凡的理解力和记忆力,知识面比同龄的孩子丰富得多,且好学背钻,很有培养前途,因此破格录取。"

(一)群众来信推荐:宁铂是江西冶金学院工程师宁思渐的儿子,赣州市八中高二年级学生。他在两岁半时,就能全部背诵毛主席的三十余首诗。五岁上学。六、七岁开始攻读医书,掌握许多中草药的性能及用途,并懂得脉象,准确诊断病情。八、九岁学习天文、能用肉眼识别几十个星坐,并掌握它们一年四季的变化规律。十一岁开始下围棋,半年之后两次获赣州市少年、成年组围棋第二名。对古典文学也很爱好,十一岁时,江西冶金学院应届毕业生还特邀他去讲讲《水浒》,对其中情节、人物、诗词及论点,讲得非常清楚。在"四人邦"横行的日子里。他曾写了《自嘲》诗一首(附后)。粉碎"四人邦"之后他又写了《杂感》、《唐多令》两首诗词(附后)。宁铂之所以有如此非凡的智力,除有惊人的记忆力外,好学肯钻是他知识丰富的主要原因。

(二)科技大学调查:宁铂表现好,积极要求进步,参加了本届高考。科技大学给他出了两份数学试题,第一份是基本知识,共七题,宁铂只用了二十分钟即正确完成了前五题,后两题因在校未学过,经提示做出一题。第二份试题系美国一九七六年数学竞赛奥林匹克试题,内容较难,共六题。宁铂做对一题半。其余做得不对。除笔试外。还作了口试,内容涉及到古典文学、历史、中医中药及化学等方面的知识,宁铂都做了较清楚、较正确的回答。科大围棋第四名选手同宁铂下了三盘围棋,前两盘输给宁铂,第三盘仅以三子获胜。科大的同志还要宁铂给诊脉,宁铂诊脉后说:"没有病,最多可能有点头晕。"被诊者当时确有头晕。最后还要求宁铂即席赋诗,题目:报考有感。约二十分钟即成七律一首(附后)。

自　嘲

(七六年二月)

长河东去十二秋,　　夜寐不安时时惆。

猢狲生计皆依树，
水狮受宠全为球。
千年古松经千历，
半月蝼蛄不知愁。
近水不及彼水好，
终成破瓮泛中流。

杂　感

（七七年九月）

山雨已去风摧云，
往日惆怅已消沉。
日起真感天地复，
夜卧倍觉暖春临。
二十三载应重任，
三百六日更认真。
特日乘风来揽月，
一杯美酒寄忠忱。

唐 多 令

（七七年九月）

风暖秋菊绽，
红日倚丘山。
迷雾尽，
云随风散。
谓说昔日驱鬼魁，
乾坤赤，
旌旗卷。
明月任一揽，
奇峰奋登攀。
立壮志，
一往无前。
喜看今朝九州地，
百花艳，
春满园。

报考有感(七律)

（七七年十二月）

正叹惆怅身无处，
不待今朝闻明昭。
倦时倍觉丹卷美，
喜后更思天路高。
朱日明松笑健伟，
银月暗柳乐菲瑶。
九天傲游指日待，
何见小丑奈何桥。

——转载自《科技情报资料》

教革通讯

第107期

一九七八年四月十日

扬州中学政工组、教革组编

争做振兴教育事业的模范

——我校隆重召开“贯彻五届人大精神，努力办好重点中学”动员大会

【本刊讯】四月五日下午，我校大操场上春风拂拂，红旗飘扬。全校三千二百余名师生员工，在这里隆重召开“贯彻五届人大精神，努力办好重点中学”动员大会。市委领导同志和地、市教育局的负责同志参加了大会，传达了省革命委员会关于办好重点中学的通知并正式宣布我校是省重点中学。听到这一喜讯，全校师生员工无不欢欣鼓舞。大家表示：决不辜负党和人民的期望，一定要认真贯彻五届人大精神，争做振兴教育事业的模范，努力办好重点中学。

我校曾经是省属重点中学。无产阶级文化大革命以前，我校全体师生在毛主席革命路线指引下，在省、地、市委的领导下，为党和国家培养了大批又红又专的人才。为社会主义革命和建设作出了一定的贡献。无产阶级文化大革命中，“四人邦”推行反革命修正主义路线，炮制了所谓“两个估计”，摧残党的教育事业，重点中学首当其冲。我校就被诬称为“封、资、修的大染缸”、“修正主义的黑样板”、“复辟资本主义的桥头堡”等等。现在“四人邦”被粉碎了，他们加给重点学校的罪名统统推翻了。我们就要理直气壮地把重点学校再办起来。会上校党支部负责同志充满信心地说：我们有毛主席的光辉教育思想和教育方针的指引；我们有华主席为首的党中央的坚强领导和各级党委、教育行政领导的关怀；我们有经过文化大革命的锻炼和考验、特别是经过揭批“四人邦”的伟大政治斗争后极大地激发了社会主义积极性的广大师生员

工;我们有二十八年教育工作正反两方面的经验,尤其有十七年里办重点中学的经验;我们还有一定的物质条件和教学设备能力。我们是一定能够把重点中学办好的。

师生代表也同样满怀激情地表示了要为办好重点中学贡献力量的决心。教师代表说,我们一定要做到三个“努力”。一个“贡献”。即:努力搞好教学,努力业务进修,努力改造世界观,为振兴教育事业作贡献。学生代表表示,要彻底肃清“四人邦”散布的流毒和影响。尽快地医治思想上的创伤,尽快地弥补知识上的缺陷,尽快地夺回被耽误了的时间,树立为实现四化而奋斗的崇高理想,当一名无愧于新的发展时期的革命青年。

会上,地、市负责同志还作了热情的讲话。上级领导对我校确定为省重点中学表示祝贺,并向我校提出了希望,希望我校全体师生员工立即掀起学习五届人大、全国科学大会文件的新高潮,深入揭批“四人邦”,肃清他们在教育战线的流毒和影响;希望我校认真学好毛主席的教育思想,全面贯彻党的教育方针,为国家培养出更多又红又专的人才;还希望我校能在思想政治工作,教学工作等各方面不断创造出新的成绩,总结出新的经验来。

会后,全校教工进行了热烈的讨论,大家决心同心同德。踏踏实实地把学校办成名副其实的重点中学。这些天来,学校领导再次修订了“关于学习五届人大文献,深入揭批‘两个估计’和总结经验的计划”,准备通过学习、批判,以辩证唯物主义和历史唯物主义为指导。总结我校二十八年教育工作正反两方面的经验,分析研究一九六三年的《全日制中学工作条例(草案)》,在此基础上修改和制订学校工作条例和各项规章制度。为研究如何提高课堂教学质量。语文、数学两科最近分别举行了公开课。同时还编印了有关培养良好学风的教育材料,在全校学生中加强宣传、教育,下决心要培养“红专结合、理实交融、虚心求教、好学深思、一丝不苟、持之以恒”的良好学风。

春意盎然,春满人间。这是科学的春天,教育的春天。我校将在“学习、学习、再学习,团结、团结、再团结”的伟大口号鼓舞下。大踏步地前进,再前进!

曹晓南同学给母校的一封信

亲爱的母校全体老师和同学们:

你们好!

跨进中国科技大学已二十多天了,虽然远离了你们,但每当看见那校园内的一群群学生,一个个老师,一座座教学楼时,也就自然想起了母校那些昔日朝夕相处的同学们和培育我的辛勤的园丁，这是因为我们之间有着深厚的感情呀。

我是少年班的一名学生。我们全班共二十个人，来自祖国的五湖四海：有的来自冰天雪地的黑龙江，有的来自南海边疆——福建，但为了早日实现四个现代化，我们走到一起来了。我们中间最大的十六岁，最小的十一岁，有共青团员、有红卫兵战士，还有红小兵。从开学的那天起，我们就下定了决心：一定不辜负党和人民对我们的殷切希望，努力学习，为将来攀登科学高峰打下坚实的基础。

全国人民——尤其是全国的青少年们，十分关注着我们少年班。我们知道：要是没有华主席，没有党，我们哪能跨进大学的门，特别是象我们这群青少年。从少年班创办那天起，党和人民就十分关怀着我们。我们来后经常开座谈会，听政治报告，更使人兴奋的是：安徽省委第一书记万里同志和书记顾卓兴同志，在百忙中亲切接见了我们，和我们一一握手，亲切交谈，合影留念。校党委根据我们这个班的特点，配备了一个德、智、体全面发展的先进教员做我们的辅导员。在生活上对我们的关怀更是无微不至。所有这一切，都极大地鼓舞着我们更加努力学习，团结互助，戒骄戒躁，继续前进。

来后，我们也听到了一些风言风语，什么"神童"啦"小科学家"啦等等。我们觉得，我们并不"神"，也不见得有多"聪明"，更没比别人多长一个脑袋，我们只不过比同年龄的青少年多学了一些知识，我们相信，全国还有象我们这样的青少年千万个，我们广大的青少年，将来都是建设社会主义的"科学家"。

亲爱的老师、同学们，我的成长，与老师们的教育培养，同学们的互相帮助是分不开的，在此，我特地表示衷心的感谢。

在五届人大和全国科学大会的东风鼓舞下，我想，我的母校会出现一种什么动人的景象呢？望我们的老师为革命多培育人材，望我们的同学把自己培养成又红又专的革命接班人。

亲爱的老师，同学们，我们虽然战斗在不同的岗位上。但我们都是向四个现代化进军队伍中的一员，我们的理想是共同的。我们的目标是一致的，我们要为实现四个现代化贡献自己的聪明才智，贡献自己的一生。让我们永远铭记毛主席的诗句："待到山花烂漫时，她在丛中笑。"

此致

崇高的革命敬礼！

你们的学生、战友：曹晓南

78·4·1

关于电化教学

△目前,充分利用幻灯、录音、电影、电视和计算机等工具作为课堂教学的重要手段之一的国家已经是非常之多了。所谓电化教学早在50年代就已提出,它充分利用学生的听、视器官使学生受到形象化的教育,得到:化虚为实,化小为大,化远为近,化静为动的效果。

△日本的电化教学在整个教学中所占的比重很大。据统计日本国内每一个小学平均有:四台录音机,4·2台幻灯机、一部8·75的电影机、0·9部电影摄影机。国内生产单位对各种幻灯教学片的制作也很重视,1975年有950套供应市场,1976年有340套供应市场,减少的原因是已配套成龙,因此以后的任务是填空补缺。

△西德的教学电影是系统化的,仅中学物理一科共有700部影片。这样所有的内容都有电影片相配合。课堂教学比较生动活泼。

△美国的学校一般都是利用电化教学进行课堂教学。教师也分为电化教学教师和一般教学教师。小学生的课桌上也一般都有小型计算机,课堂上利用程序教学来进行,学校的图书馆也有用电脑来控制的。

△国际上已经成立了一个电化教学中心,有65个比较发达的国家参加。

△我国从73年恢复电化教学以来,在各地的教育部门大力鼓励和支持下正蓬勃发展。教育部现有8个司,正准备成立一个与司平行的电化教学机构,给各级学校拨下专用款项添制各种设备,先普及幻灯,再积极创造条件,普及各种先进的电化教学工具。

△电化教育的地位、作用,它涉及四个现代化的实现,“四人邦”对教育的破坏是严重的,灾难深重,电化教育也受到严重的破坏。若不采取强有力的措施,我们就搞不上去。有一个材料上讲到:无线电是二十年代的,有声电影是三十年代的,电视、语言实验室设备是五十年代的,闭路电视是六十年代的,电子计算机是七十年代的,我们现在二十年代的还没有普及,五十年代的刚开始,七十年代的还是空白。

(李启馨供稿)

关于电化教学

扬州中学校史资料长编·下编

第五册

《扬州中学校史资料长编》编委会 编

凤凰出版社

《扬州中学校史资料长编》编委会

扬州中学校史资料长编

例　言

一、本书是江苏省扬州中学校史资料的总汇。历史是人类的良师和益友，我校作为百年名校，既有其别处难以复制的独特性，也有其基础教育方面的普遍性和代表性。本校校史工作，自上世纪八十年代初始，筚路蓝缕，黾勉从事。工作中深感历史资料的可贵与难得，尤其原始资料，劫后孑遗，吉光片羽，每一实录都是一个生命对另一个生命的启示。无奈由于种种原因，资料又容易散失。虽然编有一些纪念册和校史书籍，但是这些只是校史中的小部分。又虑及改革开放以来，本校的教育教学和科研，理念领先，成果丰硕，日后不致再生“斯文不幸”之叹。于是就有“扬州中学校史资料长编”(以下简称“长编”)的编辑，广泛收集，不遗余力，现将业已收集到的校史材料汇编成册，出版发行，公诸于世。

二、本书意欲尽最大可能囊括历年来本校的独特办学风格和教育教学成果。光绪二十八年(壬寅，1902)，扬州仪董学堂创立，风气初开，中西并重，系颇具现代意义的中学，是为本校源头。两淮中学堂、扬州府中学堂、淮扬合一中学、江苏省立第八中学和尊古学堂、两淮师范学堂、江苏省立第五师范学校，均为本校前身。1927 年合并“五师”“八中”建立的江苏省立扬州中学，承先人余烈，自主办学，推进革新，“科学陶冶，人格感化”，开始了扬州中学最辉煌的时期。抗战八年，辗转办学，弦歌不辍，薪火相传，特别是办在大后方四川的国立二中，培养了大批人才。1949 年后的江苏省扬州中学，实验性与示范性突出，系省内“四大名旦”之一(其它为南师附中、苏州中学、常州中学)。新时期的扬州中学，秉持“科学人文相融合”的理念，继往开来，生机蓬勃。综观百年扬中，积淀丰厚，人才辈出，青春常在。“长编”希望能为本校师生进一步光大优良传统，创造世纪辉煌，乃至为研究中国基础教育者，提供相当的帮助与便利。面向未来，与时俱进，继承、吸收、创新，人类只能在历史提供的条件下自由创造，不断发展。

三、本书资料来源。上世纪八十年代初，广泛联系各地校友，跑上海图书馆徐汇藏书楼、南京大学图书馆、南京师范学院图书馆、南京图书馆清凉山古籍部等处，抢救第一手校史资料。九十周年校庆和百周年校庆补充一些资料。近几年来，又重跑各地图书馆，访问校友，甚至逛旧书摊，并通过扬州大学图书馆、华师大友人网上联络等多种渠道，从北京大学、北京师范大学、南京师范大学、复旦大学、华东师范大学、国家图书馆、上海图书馆、南京图书馆、扬州市图书馆、扬州市档案馆等处，复制了一批材料。新收集到一些珍贵资料，如《仪董学堂章程》、《江苏省立第五师范学校校友会杂志·第一期》（原件）及第二第三合期、《一年来之扬中》（原件）、《三周纪念刊》（原件）和三十几本《扬中校刊》（原件和复印品）等等。有的辗转购自北京、上海，有的从收藏者手中购得；值得一说的是《江苏省立第五师范学校校友会杂志·第一期》和《一年来之扬中》，前者是张镇安校友在地摊上高价购得，无偿赠给母校，后者系校友胡宇锋的大学同学汪立耕同志在北京潘家园地摊上购得，无偿转赠，非常感人。周厚枢校长生平资料，包括他的八中毕业证书、校长任命书和蒋中正写的亲笔轭幛，由周校长的后辈从台北跨海捐赠，连同原先黄泰老师家藏本《十周纪念刊》和朱白吾老师家藏的珍贵资料如《五周纪念》特刊等，也由其哲嗣捐赠给学校，十分宝贵。本校在职和退休教职员也以主人翁的姿态参与征集论文论著的工作，充实了校史资料。

四、本书的资料内容与编排。主要内容是目前所能搜寻到的本校相关档案材料，上世纪二三十年代国内邮政挂号公开出版发行的本校校刊、纪念册、校友会杂志和本校老师编撰的部分教材，以及各个时期本校教育教学的相关文稿等等，少量早期校友的回忆文章因其难觅也编入其中。不薄今人爱古人，长江后浪推前浪。新时期以来，本校老师的著述、教育教学和科研的资料，入选的也相当可观，或编专集或节选或存目。大量后期校友的回忆文章拟另行编入《扬中往事》。

“长编”分三编，前编、上编、下编。

前编，按年代先后编录学校各个时期的概貌、概况性质的图表和文

字,也可以说是比较感性直观的扬州中学简史,以较多相对集中的图文区别于上编、下编。

上编(1902—1949)——第一册、第二册,第三册……

下编(1950—)——第一册、第二册,第三册……

编排体例采取开放结构,随着时日推移,资料的增添,以及旧资料的新发现,可接着续编。

排版采用横排简化字排印,除适应横排基本规则外,具体版式大致参照原样,不强求统一,文字上一般不作改动,漫漶之处,以方框代替,尽可能保存资料原貌。校对时,本校青年教师对原来未曾断句的文章给予继句或标点,有些文章的标点符号也作了必要的改动,更符合当代习惯,其勤奋精神可嘉。众擎易举,共襄其成。

五、"一切历史都是当代史",然而真理并不是现成的自明的恒常存在,如果没有人参与激活传统,真理便无缘生成和呈现,文本的内在意义也就无法得到传承和延续。至于有些具体文章,总会打上一定的时代印记,作者也有他特定的写作环境,读者明鉴,当会区分根本精神和时局附加的派生条件,历史地公允地正确对待,这一点毋庸编者赘言。

本书共三编。目前,数百万字的前编(1册)、上编(7册),终能先期编就出版问世,是与各方人士的亲切关怀、热情鼓励和鼎力帮助分不开的,这种强烈的文化意识和高度社会责任感,令人感佩,我们于此深致谢忱。限于编者水平,见闻不广,加之时间仓促,书中难免疏漏失当之处,诚恳地期待着读者批评指教。

《扬州中学校史资料长编》编委会

2012.9

为迎接115周年校庆,《扬州中学校史资料长编》,继业已出版的8册之后,今年又续编4册,即上编第八册和下编的第一册、第二册、第三册。拟明年再出版4册,以期学校在不断继承创新中永葆青春。

《扬州中学校史资料长编》编委会

2016.10

《扬州中学校史资料长编》(前·上·下),业已出版12册。今年又续编6册,即上编第九册和下编的第四册、第五册、第六册、第七册、第八册。开放的体例不变,以期学校在新时代不断继承创新中砥砺前行。

《扬州中学校史资料长编》编委会

2018.10

简要说明

本册为《扬州中学校史资料长编下编第五册》，收录以下四种资料：

（一）郑万钟日记摘抄。起自1978年粉碎“四人帮”后，讫于1985年郑万钟调离扬州中学，可补这段时间校史资料的缺漏。

（二）大事记。选自1979年8月—1982年2月的《江苏省扬州中学学校日志》，《日志》原非连续，此处选录备存。

（三）1979—2006年学年、学期工作计划。共有三十多件，是学校发展的重要资料。

（四）1979—2006年间学校各项具体工作计划。

下编第五册

目　录

（一）郑万钟日记摘抄（1978.1—1985.4）

（二）大事记（1979.8—1982.2）

（三）学年、学期工作计划（1979—2006）

（四）各项具体工作计划（1979—2006）

（一）

郑万钟日记摘抄(1978.1—1985.4)

编者按：日记，有它的个人化和私密性，但也能从个人的角度传递出不同于官方文献的历史信息，也许可能成为人们了解历史真实的一扇窗子。

在这个时段里，郑万钟先生先后在教革组、教导处工作，后任副校长、校长，而校史中正缺少这个阶段的有关活动记载，所以我们从他的私人日记中，摘抄与学校教育、教学工作有关的内容，以补阙如。

郑万钟同志在1978年的日记第一册扉页上写道："'文革'前的几本日记，已在'史无前例'的年代里付诸熊熊烈火。粉碎'四人帮'后，余悸甫除，日记始又恢复。"而他于1985年4月调离扬州中学，赴市教育局就任。这就决定了我们摘抄日记的起讫日期。

一九七八年

一月三日　星期二　晴

上午教改组会议，研究学期结束工作。下午语文教研组活动，由张贞忠老师谈陈毅诗词。后参加关于工调的座谈会。

一月四日　星期三　晴

下午教研组长会后，学校召开清查工作动员大会。

为数学组参加省教育系统先代会而拟稿。

一月五日　星期四　晴

下午召集数学教研组组长研究会议材料问题。后参加工资评议会至七时。

一月六日　星期五　晴

新华社张记者来，将我写的黄久征老师的材料取去。

一月九日　星期一　晴

上午盐城中学6位同志来校访问，参加了接待。下午同凤天同志赴地区教育局参加关于批判"四人帮"破坏重点中学的罪行会议；同时带去数学组的典型材料（草稿），供审查。

一月十日　　星期二　　晴

上午办公会议，传达、研究学期结束工作。
下午参加语文组简化字测验。

一月十一日　　星期三　　阴

到局参加会议，研究全市中四年级作文统考有关事宜。

一月十二日　　星期四　　昙

所写数学组的典型材料，地区教育局孙局长已审阅通过，下午去取回誊清后分别送市、地区、省。

一月十三日　　星期五　　雨

上午参加研究迎外工作的会议，我的任务是起草学校情况介绍。晚开始撰写市科技大会所需之关于批判“四人帮”攻击、污蔑知识分子的稿子。

一月十四日　　星期六　　阴

学校情况简介及市科技大会所需之批判稿均完成，稍感轻松。

一月十六日　　星期一　　昙

下午市局李振根同志来校了解本学期的教学情况，参加汇报。

一月十八日　　星期三　　晴

接待美国曼切斯特理工工艺大学访华团一行 8 人。

一月十九日　　星期四　　晴

晨随扬州市教育参观团赴清江市。共 10 人，我校章书记、吴和钧和我。

一月二十四日　　星期二　　昙

上午接待丹徒县谏壁中学。

一月二十五日　　星期三　　晴

上海师大中文系语文教学法小组来校座谈，读了些看法，引起了要写一些东西的欲念。

一月二十六日　　星期四　　晴

李振根同志来商谈下学期始语文教研站的工作。

一月二十八日　星期六　阴

上午行政办公会议。下午、晚上着手写学期结束时教师大会上的总结讲话。

一月三十一日　星期二　晴

晚为黄老写好春节扬州有线广播电台的广播稿。

二月七日　星期二　阴

今日春节,上午参加学校的团拜。

二月十一日　星期六　阴雪

上午李主任向地区教育处、市教育局汇报他到省参加座谈会的情况,我校中层以上干部亦参加。

二月十三日　星期一　阴晴

上午章书记、李振根来,谈要我为书记写个发言稿,后即至吴和钧家,与其商量。

下午参加进修学校召开的兼职教师迎春茶话会。

二月十四日　星期二　昙

晚为章书记拟教育系统大会的发言稿,初步完稿。

二月十五日　星期三　晴

上午教改组研究工作,下午到教育局通稿,又回校参加全体教工大会。

接学生车桂来信,她已考取北大物理系。

二月十六日　星期四　雪晴

开始上班。上午参加市大会,听唐局长工作报告,下午行政办公会议,研究开学诸事。晚准备大组备课的发言,又拟教学工作计划。

二月十七日　星期五　晴

中午王晴来,他已录取科大,成绩为 364 分,是全省理科考生之冠。我们树此标兵,并非妄然。下午教研站开各校教研组长会议。

二月十九日　星期日　晴

下午参加省教育局来地区召开的座谈会,征求总结二十八年稿子的意见。

二月二十一日　　星期二　　晴

师院中文系潘春林老师来赠《逻辑知识》一册，并索稿——上次在师院的一个关于语文教学的讲稿。

二月二十三日　　星期四　　晴

中午学生胡问鸣来报喜，已考取南航。

二月二十四日　　星期五　　晴

上午到人防工地劳动，疲惫不堪。

三月一日　　星期三　　晴

学生朱扬明来辞别，后日将赴四川外语学院学习。

三月二日　　星期四　　阴

下午向蚌埠市五中、九中的同志介绍学校工作，并陪同参观校舍。

三月三日　　星期五　　雨

上午省教育局来人，座谈如何深入批判“两个估计”及如何修改“中学50条”。书记和我参加座谈。下午行政办公会议。

晚学生邹大同来辞行，他已录取江苏新医学院。

三月四日　　星期六　　晴

上午继续参加省局的座谈会。下午语文教研站开会，研究中四语文教学、复习问题。

三月六日　　星期一　　昙

晚为《教革通讯》撰稿：“提倡良好学习，培养良好学风”，一气呵成，甚快。

三月七日　　星期二　　雨

为校语文组所办的《语文学习》拟“发刊词”。

三月九日　　星期四　　昙

上午教改组碰头会。

三月十一日　　星期六　　昙

镇江铁中来校，向他们介绍语文教学情况。下午教研组长会议。

三月十四日　星期二　昙

下午忙于安排语文教研站组织的中一、中二大组备课。

李主任从宁回扬,同来的苏州二中刘书记、南京四中陶主任,要了解我校情况。

三月十七日　星期五　昙

行政办公会议,分工我拟一个学风问题的教育提纲。

三月十八日　星期六　晴

江阴南菁中学10人来校,向他们介绍了学校教学工作情况,并带他们参观校舍。

三月十九日　星期日　昙

拆防震棚,忙了一天。

三月二十日　星期一　雨

下午学校教职工大会,散会颇迟。原计划明日到南师附中参观,实因手头工作较多,不能分身,作罢。

三月二十二日　星期三　晴

忙于接待溧水、无锡、淮阴、仪征等地的参观者。晚王洪生来研究公开课的问题。

三月二十五日　星期六　晴

下午学校开批斗大会。与语文组同志研究公开课问题以及推行二批简化字问题。

学风教育材料大致就绪。

三月二十六日　星期日　阴

省教育局王副局长来我校了解情况,开了一天会,下午我汇报了学校推广第二次简化汉字方案的情况。省里要求整理好稿子,准备在省文改工作会议上发言。

三月二十九日　星期三　阴雨

省局来人说数学组稿子的修改意见,需加紧动手。下午苏州二中来9人参观。

三月三十日　星期四　阴

又为接待南京、苏州、江阴、仪征、淮阴等地的同志来校参观、听课而忙碌。

三月三十一日　　星期五　　昙

上午与外地来参观的同志座谈。参与讨论批“两个估计”的计划。

四月一日　　星期六　　昙

丹徒县来人参观，接待并向他们介绍情况。

四月二日　　星期日　　昙

上午丁书文带泰兴中学两位主任来了解我校教学工作情况，我略作介绍。

四月三日　　星期一　　晴

今日，为帮助往届毕业生参加高考的青年业余补习班开张。

四月四日　　星期二　　晴

下午接待比利时外宾40余人。

四月五日　　星期三　　晴

下午全校召开“贯彻五届人大精神，努力办好重点中学”动员大会。地、市负责人到会，并宣读省革委会关于办好重点中学的文件。

会后孙金绶同志与我谈办好重点中学领导班子如何适应的问题。

四月六日　　星期四　　晴

听胡主任参加省电化教学会议的传达。

下午、晚上一鼓作气将送省先代会的数学组稿子的修改稿完成。

四月八日　　星期六　　晴

编好《教革通讯》的稿子。

四月九日　　星期日　　晴

苏州十中来人参观。

四月十一日　　星期二　　晴

接待无锡市政协教育组等单位参观。

四月十二日　　星期三　　晴

中心组学习，摆扬中十七年的成绩。

接待徐州八中的同志。

四月十三日　星期四　晴

上午与老吴研究语文复习大纲问题。下午与李主任一起到师院商谈借教师的问题。

四月十四日　星期五　晴

学校决定我到中四负责毕业班文科复习。并教一个班语文。

四月十五日　星期六　阴雨

今赴吴县出席江苏省中小学文改工作经验交流会。

四月十六日　星期日　阴

上午会议，省王局长讲话后分组讨论；下午大会发言，我代表学校发言。

四月二十日　星期四　阴雨

上午到苏州工人文化宫会堂听会议小结并听吕叔湘先生谈文字改革与语文教学，有机会直面语文界权威，可谓幸事。

四月二十四日　星期一　昙

今开始接中四(2)班毕业班的复习课。与中四语文教师共同研究具体复习计划。

四月二十五日　星期二　晴

在语文教研组传达省文改会议精神及吕叔湘讲话，晚为学校展览会拟前言和结束语。

四月二十七日　星期四　阴

南京五中来校参观，下午向他们介绍情况，又准备明日电化教学的现场观摩会。

四月二十九日　星期六　晴

下午到“七八四”工地劳动。和学生一起挖河泥，回家已疲惫不堪。

五月二日　星期二　晴

下午教研站开会，向各校教研组长传达省文改会议精神和吕叔湘讲话。

五月三日　星期三　昙

中心组学习，重点是“肃流毒”。下午参加中四年级组政治学习。

五月六日　星期六　昙

接待苏州十八中同志。下午研究中四毕业复习问题。晚值班巡逻，至凌晨一时方结束。

五月八日　星期一　昙

向沙洲县教育参观团介绍中四语文复习情况，下午行政办公会议。

五月十二日　星期五　晴

今日无锡、南京、仪征等地140余人来校参观，整整一天忙于接待。

五月十三日　星期六　晴

一天接待了四批来访者：仪征龙河中学、江阴文教局、南化一中、苏州铁中，主要是来要资料，了解文科复习情况。

五月十五日　星期一　阴

镇江、苏州、南京来人，协助接待。

五月十七日　星期三　阴雨

中心组学习《实践是检验真理的唯一标准》，这是一篇敢于冲破禁区的大胆文字，有同感，有启发。下午为安排后天的听课奔波。

五月十九日　星期五　晴

一天忙于接待、南化一中、南化二中、东方红五中、三十六中和建邺区部份教师，又苏州十六中、十七中，计百余人。下午代表教革组介绍教学工作。

五月二十日　星期六　晴

接待南京五中、三十六中教革组同志；听师院实习生上课；下午中四语文知识考试。

五月二十二日　星期一　晴

上下午分别接待镇江、无锡两个学校的同志，均谈中四语文复习问题。

五月二十三日　星期二　晴

上午忙于接待南京玄武区领导及南京鲁迅中学语文组同志。下午至市革会礼堂听南师张拱贵教授讲汉字简化问题。

五月二十四日　星期三　晴

晚备课到十时半停电,如此已有数日,直叫人恨!只得在煤油灯下继续工作。看来实现“四化”着实不易。

五月二十五日　星期四　晴

地区各县市局长会议,下午到我校参观电化教学。

五月二十七日　星期六　雨

听书记传达全教会精神,并研究下学期工作部署。

五月二十九日　星期一　阴

接待南京秦淮区教育参观团和南京迈皋桥中学、苏州十二中,下午代表教革组介绍情况。

六月一日　星期四　晴

扬师院中文系张泽民老师来了解语文复习情况。向大丰县、江阴县同志介绍文科复习情况。

六月五日　星期一　昙

向赣榆、江都县同志介绍中四语文复习情况,下午至教育局开会,研究初中语文毕业考试复习、命题范围。

六月十四日　星期三　阴

(前几天生病)今日开始上班,给小班补习班上了一课。

六月十九日　星期一　晴

上午日本一女记者(65岁)来访,陪同参观座谈,回答了不少问题,彼对教育十分关注,亦友好。

下午在大教室给业余补习班上大课,辅导如何分析文章。晚语文组研究如何辅导学生参加中学生作文竞赛问题。

六月二十日　星期二　晴

行政办公会议,传达研究暑假招生工作,下午给参加市作文竞赛的学生谈了几个注意问题。晚在树人堂给业余补习班上大课,无扩音器,颇吃力。

六月二十一日　　星期三　　晴

为明日在我校进行全市竞赛作筹备工作。晚继续在大教室给业余补习班上大课，至此算是完成任务了。

六月二十三日　　星期五　　昙

参加批阅作文竞赛卷。我校作文是前十名中的第三、四名，数学是前十名中的第四、五名，成绩不甚理想。

六月二十六日　　星期一　　晴

开始审阅中一班主任写的学生评语，下午与学生、中四教师共同研究作文思路问题。

六月二十七日　　星期二　　晴

研究中四教学工作。以整顿为中心的“双学”工作队进驻我校，与中层干部见面。

六月三十日　　星期六　　晴

筹备明天地区语、数竞赛事，下午送四名参加竞赛的学生报到。

七月一日　　星期日　　晴

地区语文竞赛，作文题为“春催桃李”，语文知识考《不怕鬼的故事》中“曹竹虚言”一篇。

七月五日　　星期三　　晴

地区普通话观摩借我校举行。下午接待日中友协新产座（工会）的六人访华团。

七月六日　　星期四　　晴

办公会议再次研究人事安排，下午至进修学校参加各教研站负责人会议，研究下学期开学初集中六天备课的有关工作。

七月十二日　　星期三　　阴雨

一天忙于选拔高中生考务工作。下午办公议研究招生、表扬等问题。晚开始批阅试卷。

七月十五日　　星期六　　昙

下午拟稿，向招生委员会汇报此次招收高中新生的有关情况。

七月十六日　　星期日　　昙

上午中四备课,研究如何最后辅导问题。下午核实高中新生录取名单;又分批辅导中四(2)班学生。

七月十七日　　星期一　　昙

开始暑假中层干部学习,工作组和我们一起学半天。下午接待美国关岛科学教师协会访华团一行48人。

七月二十日　　星期四　　昙阵雨

今日带文科考生至新华中学,上午考政治,下午考历史。

七月二十二日　　星期六　　晴

仍送考,考语文、外语。语文试卷略出意外,重在语文基础知识,这是语文教学的方向,今后应更重视语言文字的教学,而不是语言文学的教学。

七月二十四日　　星期一　　昙

下午至"二招"参加重点中学招生出卷小组会议,我等三人出语文试卷。从明日起,将往"二招",封闭一周左右。

八月八日　　星期二　　晴

省教育局来人,谈如何办好重点中学的规划,上午参加座谈。

八月九日　　星期三　　晴

下午接待比利时教育参观团一行23人。

八月十日　　星期四　　晴昙

和吴和钧一起修改定稿"规划",送二招省局同志,并交谈如何办好重点中学的一些问题。

八月十一日　　星期五　　晴

一整天在师院听全国文科教育会议的精神传达,特别下午于光远同志的报告,启发颇大。

八月十二日　　星期六　　晴

上午参加领导班子整顿学习,下午研究落实人事安排。

八月十八日　　星期五　　昙

今日是暑假中最后一次中层干部学习,下午听刘西尧报告的传达。

得知我校高考理科考生平均为 347.5 分,较理想,两个参加省竞赛的,也均获名次。

八月二十日　　星期日　　晴

上午落实中一年级分班,下午学校大会,开学前的动员。

八月二十三日　　星期三　　晴

着手准备报省材料,考虑提纲,暂定题为“拨乱反正,消除余悸,努力办好重点中学”。

八月三十日　　星期三　　晴

新生报到。下午开迎接新教师、欢送五位工人教师座谈会。之后到学生宿舍看望新生住宿情况。

八月三十一日　　星期四　　晴

上午备课,参加工资改革试点动员大会,下午又至劳动局参加工改典型分析座谈会。

九月一日　　星期五　　晴

今日正式上课,本学期任中四(3)班语文。为中五编班考试出语文试题。

九月二日　　星期六　　晴

到地区教育处送“拨乱反正”稿,并寄省局三份。下午中五年编班考试。晚组织突击改试卷,十二时许结束。

九月四日　　星期一　　晴

上午行政办公会议,传达高考录取杠子,并研究后勤工作。下午劳动局长来谈工改调查。

九月十一日　　星期一　　晴

淮阴中学来人参观。

九月十二日　星期二　晴转阴

到地区教育局开会，研究报省特级教师材料，我分工搞黄久征老师的材料。下午文科教师集中传达于光远同志报告，并研究中五语文教学问题。

九月十八日　星期一　阴

四批接待：昆山县中、常州三中、扬州水校、泰兴中学，或接洽听课，或介绍情况。

九月二十日　星期三　晴

六合横梁中学来人参观。省局来电，我起草的《拨》文已顺利通过。

九月二十一日　星期四　昙

到地区教育处听取黄久征老师事迹稿子的意见，并修改完成。

九月二十二日　星期五　昙

和吴和钧同志到苏州，了解中五教学情况，拟到一中、十中两校。

九月二十八日　星期四　雨阴

安排南京几所学校和黑龙江省鸡西市的同志听课。完成黄老在省教育会议上的发言稿，交出《新华日报》索要的新闻稿。

十月四日　星期三　雨

下午与盐城中学来校参观的同志座谈。

十月六日　星期五　晴

接待沭阳、宿迁县文教局以及常州一中等单位；下午向常州一中介绍中五语文教学情况。

十月七日　星期六　晴

写好中五教学计划，下午办公会议，书记传达市局会议精神，九日书记将赴宁参加省教育工作会议。确定我调中五任课，晚突击改中四的语文试卷，为做好交接工作。

十月九日　星期一　晴

上午教革组会议，下午教研组长会议。

十月十日 星期二 晴

上午中五备课并研究中五分班问题。下午接待法国访华团一行 17 人。

十月十一日 星期三 晴

上午中心组学习国庆社论。下午至师院联系商请中文系学生帮助政作文。接待常州廿四中同志。教工大会，批判“四人帮”。

十月十四日 星期六 晴

接待天长、常州、武进、射阳、泗洪等地来校参观的人。发出语文教研站编印的学习材料。

十月十七日 星期二 晴

接待丹麦外宾一行 23 人。

十月十八日 星期三 昙

安排上海、无锡、常州、南通、马鞍山等十单位同志听课。下午与无锡语文老师座谈，晚金坛县中语文教研组长来谈中五教学问题。

十月二十一日 星期六 晴

上午接待上海闸北、长宁、普陀三区的同志和淮南、常州的同志来听课。下午给团委组织的全体团员作《红岩》读书报告。

十月二十五日 星期三 阴

上午分别听同一内容的两节课(胡兰芬、唐丽珍)，从中比较，各有所长，听后颇多启发。向南通七中同志介绍语文教学情况。之后教革组研究期中考试问题。

十月二十六日 星期四 阴

书记从南京开会回来，初步传达会议情况。我校的《拨乱反正，努力办好重点中学》一文，在会上作为六个发言中的一个，反映颇好。

十月三十一日 星期二 晴

中层干部与原革委会成员开会，正式宣布革委会完成历史使命，并任命了副校长。

十一月四日　星期六　晴

上午办公会议,研究当前工作。下午教革组会议,商量期中总结事,从今日起,教革组改为教导处。

十一月八日　星期三　晴

中心组集中学习"新中学50条"。下午全市教师大会,传达省教育工作会议精神。

十一月十三日　星期一　昙

上午在南师附中听三节课,下午座谈并参观该校鲁迅纪念堂。

中午,省教育局教编室负责人(原南师附中校长)沙尧同志找我谈有关重点学校的问题,谈到省委考虑首先要办好南师附中、南师附小和扬州中学,这将给我们的是鼓励和重担。

十一月十四日　星期二　昙阴

清晨赶车至南京四中听课、座谈。

十一月十六日　星期四　雨阴

下午向南通、江阴、金湖的同志介绍学校工作。

十一月十七日　星期五　阴

下午向常州、天长的同志介绍行政工作。

接地区教育局电话,书记在省会议上的发言,反映颇好("拨乱反正"一文),《光明日报》感兴趣,要我改为一千字的报道,并准备为此组织一篇短评。

十一月十八日　星期六　昙

接待100多人听三节语文课。下午办公会议,接着班主任代表,教研组长会议,会上我先后传达了沙尧同志和省局意见。

十一月二十日　星期一　昙

陕西省紫阳县来人参观。

十一月二十二日　星期三　雨阴

接待安徽来人。

十一月三十日　　星期四　　晴

与福建师大附中薛校长、厦门中学李校长以及湖州二中的一位同志交流语文教学情况。

晚拟好《光明日报》所约的稿子。

十二月三日　　星期日　　晴阴

中午，中层以上干部到瘦西湖凫庄聚餐，欢迎许勇副校长，欢送胡、姚两主任。

十二月十一日　　星期一　　晴

上午接待南京建宁中学，谈教导处工作，下午和浙江吴兴县、江西景德镇市同志交流语文教学问题。

十二月十八日　　星期一　　晴

接待郑州铁路七中的参观学习团。

十二月十九日　　星期二　　昙

接待新疆伊宁地区、又安徽滁县、南京、山西大同等地来人参观。

十二月二十日　　星期三　　昙

中心组学习，研究省教育局调查提纲的汇报。后向口岸中学校长介绍教研工作。

十二月二十二日　　星期五　　阴

省教育局沙尧副局长带工作组来校，上午听汇报，下午听教研组谈规划。

十二月二十三日　　星期六　　昙

接待上海静安区、蚌埠三中的同志。

十二月二十七日　　星期三　　阴雨

接萃园招待所电话，沙局长找我去，主要谈中五、基础班、教导处如何抓教学的看法。

十二月二十八日　　星期四　　昙

安排连云港以及南京十五中等校老师来校听课事宜。

十二月二十九日　　星期五　　晴

下午三时半，和吴和钧同志至萃园招待所听取沙局长关于规划的意见。晚和李、吴、胡几位一起研究规划的修改。

十二月三十日　星期六　昙

地区数理化竞赛在我校举行。下午接待日本新潟市万代小学太鼓俱乐部访华团一行三十余人。

一九七九年

一月二日　　星期二　　雨阴

中一年级进行执行大纲情况的考核。下午教研组集体进修文言文,后开教研组长会议,研究期末考试问题,会上章书记传达沙局长有关讲话精神。

晚参加语文组研究编印《中学生古文选读》稿篇目、体例等问题的碰头会。

一月三日　　星期三　　昙　晨大雾

全体教师大会,李校长谈评奖问题,凤天传达到福建参观情况。

一月十日　　星期三　　晴

上午行政办公会议,传达工调2%问题和研究评奖问题。下午落实中五试卷并考作文。晚至李校长家,好几人听蓝万隆谈参加全国侨务工作会议的情况,主要是廖承志和仲曦东两人的报告,颇有新鲜之感。

一月十一日　　星期四　　阴晚雪

下午接待澳大利亚教师暑假访华团一行22人,澳大利亚的技校优秀毕业生仍可成为工程师,小学生搞长跑,搞野营,中学除必修课外还有许多选修课,课外活动也丰富多彩,……这对我们如何办教育均有启发。

一月十六日　　星期二　　晴

下午接待日本北海道上川北部中国友好访问使节团一行33人。晚应邀到交际处座谈(参加者唐局长及李、吴校长、凤天、徐国英和我共六人),日本方面谈到"结构主义"、"发展主义"、"科学主义"等,我们都十分陌生,看来要加紧学习。

一月二十二日　　星期一　　晴

上午开始给中五文科小班上课。开行政办公会议,研究下学期工作。

二月一日　星期四　晴

年后恢复中五寒假补课。

二月六日　星期二　晴

地区教育局宁局长来校开会,座谈新学期如何将重点工作转移的问题。

与李主任、凤天同去看望田如衡老师,劝请回扬中工作。

二月十二日　星期一　昙

正式上课,三、四节参加集体备课,下午行政办公会议,传达地区教育局召开的局长、校长会议精神,并研究工作。

晚支部大会通过我的入党问题。十三年前通过一次,未及转正,遭遇"文革",岁月蹉跎,世事沧桑。

二月十四日　星期三　晴

下午至文化馆会议室听孙友田同志传达《诗刊》编辑部召开的座谈会精神,有胡耀邦同志讲话,有艾青、白桦等以往老诗人的发言。他们思想解放、畅所欲言,有牢骚、有激情,有流泪后的欢笑,也有笑声中的眼泪,更有富有哲理的警句,也有冲破"禁区"的"妄言"……听后激动不已,联想到不少问题。

二月二十日　星期二　晴

张世观同志正式到教导处上班了,他分管数学组,加强了力量。上午教导处开会。进一步落实了分工。

参加接待法国无国界旅行团一行11人。

二月二十一日　星期三　阴

拟《参观,适可而止》一文,作为向省、地、市教育局关于我校接待参观任务过重的汇报。前代书记所写的《领导要不护短》一稿,今已见《新华日报》。

二月二十四日　星期六　雨雪

为欢迎田如衡老师返回学校语文组,并欢送管维山同志回厂,晚上在文园聚餐。

三月六日　星期二　晴

接待杭州来人,介绍语文教学情况,校审《中学生古文选读》。

三月二十日　　星期二　　晴

陪常州教育局同志听课。迎接各县市教育部门负责人来检查课外体育活动的情况。

三月二十六日　　星期一　　晴

开始到中五(2)班上课。下午在师院听戈宝权同志的学术报告(四个问题:1. 鲁迅与外国文学;2. 外国如何翻译介绍鲁迅作品;3. 鲁迅与一些外国作家的关系;4. 当前外国研究鲁迅的动态)。

三月二十七日　　星期二　　晴

下午同时交叉接待英国特别快车访华团一行12人,日本和歌山儿童合唱团一行50人。

三月二十八日　　星期三　　晴

上午接待河南信阳地区进修学校的同志,介绍语文高考复习情况和提高语文教学质量的措施。

三月三十日　　星期五　　晴

今共有三批来访(苏州、镇江、上海),共70多人。

四月十一日　　星期三　　晴

接待金坛、靖江、邗江的同志听课。

四月十二日　　星期四　　晴晚雷雨

晚市青年业余补习班开学,到大教室张罗。

四月十七日　　星期二　　阴

晚至师院,同湖南衡阳师专秦文生等六同志交流语文教学情况,师院谭佛雏主任、江树峰老师同座,谈得十分投机。

四月十九日　　星期四　　昙

为上海教育出版社的约稿,同吴和钧同志至无锡访问张卓如老校长。

四月二十四日　　星期二　　晴

下午西德巴伐利亚旅行团一行17人来校。

五月四日　星期五　阴

下午学校召开纪念五四运动60周年大会,许校长讲话,不用稿子,出口成章,今后干部讲话,就应如此。

五月八日　星期二　昙雨

办公会议。下午市语文教研站组织研究课。接待师院、师训班实习学生,后中五年级教师会议。

五月十日　星期四　昙

为接待教育部教学司的白司长和省局同志来检查课间操作准备工作。

五月十四日　星期一　昙

上午教导处几位同志一起回忆文革前十七年学校的办学工作经验。

下午教育部刘雪初副部长来校(微服私访),后章书记和我陪同参观并交谈。他主要谈了教学设备、手段,强调要自己动手制作、改造;师资队伍建设的重要,青老年教师均须进修;快慢班是不得已的办法;扬中条件好,要创造经验,并输送骨干教师。

送走刘部长,又参加老教师座谈会。

五月十五日　星期二　昙

下午澳大利亚外宾来。

全国学校体育卫生工作经验交流会今日在扬州开幕,会议期间将到我校参观。

五月十七日　星期四　晴

教育部两位巡视员(一姓杨,一姓姚,均女性)到我校将搞三天调研活动,上午见面并参观校容。下午《光明日报》记者来校采访。

五月十八日　星期五　晴

今日一整天忙于安排多项活动:迎接全国学校体育卫生工作会议的代表来校参观、检查;法国旅行团一行23人;中四年级的数学讲座;教育部两位巡视员的座谈会;长春电影制片厂的同志(他们对我校明日安排的中一年级讲座“古人勤奋学习的精神”感兴趣)。

五月十九日　星期六　昙

陪教育部巡视员听语文课,她们带来一些有关语文教学的资料给我们看,颇有启发。

五月二十日　　星期日　　昙

《光明日报》张朝阳记者来了解课外讲座的情况，他准备报道一下。

五月二十二日　　星期二　　晴

上午省委教卫办负责人郑康、省教育局宋云旃局长、省高教局徐航局长等来校，听取学校的工作汇报，又天津市教育局长、南开中学校长等来校参观，陪同并介绍情况。

下午语文教研站活动，请师院尹祥保老师讲教学规律问题。

五月二十四日　　星期四　　晴

下午教育部蒋南翔部长来校观察，陪同的有省高教局徐局长、地区教育局宁局长等，参加接见，并带领参观校容，之后安排和全体教师见面。

五月二十五日　　星期五　　晴

晚语文组讨论《古文选读》发行事。

五月二十八日　　星期一　　晴

省局来人了解电化教育情况。听许校长传达省思想政治工作会议精神，未迄。

五月二十九日　　星期二　　晴

上午许校长继续传达。准备向教育部巡视员汇报的两份材料（发展党员情况和升学率情况）。召开中年教师座谈会，谈十七年对教师的培养。

五月三十一日　　星期四　　晴

上午三、四节少先队大队主题会。下午接待加拿大旅行团一行55人。

六月一日　　星期五　　晴

学校开运动会。语文组《古文选读》印好，晚一起分装准备外寄，至子夜一时。

六月二日　　星期六　　阴

原副校长胡季洪同志昨晚病故，晨赴胡寓吊唁。

六月三日　　星期日　　晴

下午至师院听张志公教授关于中学语文教学的报告，很实在。有些看法能和他不谋而合（如关于精讲的所谓“点一下”的“点”），有些看法补充了我所思考的不足（如是否提“读写结合”)。有机会多听听这样的报告是很有益的。

六月十五日　星期五　晴

接待意大利访华团一行24人,一外宾对眼保健操十分感兴趣,获赠图解,再三感谢。

六月十九日　星期二　雨阴

下午在大教室听王利器教授报告:文艺作品中的典型环境——从梁山泊到大观园。学校同时请120医院参加自卫反击战的军医作报告,甚生动,效果好,深受学生欢迎。

六月二十三日　星期六　阴雨

晨四时多起身,乘教育局车赴南京参观青少年科技作品展览会。

六月二十九日　星期五　晴

美籍华人李华桐博士来,李系三六届毕业生,后交大毕业,回母校多处照相留念,亲情浓烈。

今上级正式发文,宣布我为教导处副主任(之前一直沿用教革组副组长称谓)。

七月四日　星期三　阴雨

参加入党宣誓仪式,明确批准日期为1979.4.14。黄老代表新党员表态,徐国英代表非党员讲话,后许勇同志上党课。

七月七日　星期六　昙阵雨

开始高考,我到鲁迅中学。语文考试基本未出所料。

七月二十四日　星期二　昙

上午地区教育局三位局长并随员来校谈总结问题。下午又有省局两人来谈总结。

七月二十五日　星期三　阴雨

书记转告我,地区召开完中校长会议期间,要借我到会上服务。

八月一日　星期三　晴

接待美中友协旅行团第51分团一行23人。省局同志已阅总结,准备付印。

八月二日　　星期四　　晴

下午匆匆将学校30年的工作总结提纲拟出，四时半省局同志来通过，意想不到的顺利。

八月十日　　星期五　　晴

地区要的总结完稿。下午修改17年总结(原拟30年，后改为17年，文革之前)。

八月十一日　　星期六　　晴

吉林省浑江市铁路四第中学钱同志来了解学校教学情况，钱是58届毕业生。又远道而来，当然得接待。

八月十七日　　星期五　　昙

下午接待日本广岛县福山市地方各界人士文化团一行23人，大部份是教师，送我校一套日本高中数理化教材。团长系内山完造的侄女婿，和鲁迅有交往，曾搀海婴在街上散过步，和我们十分友好。

八月二十四日　　星期五　　阴大风

下午到西园饭店参加日本神奈川劳动者访华团中部份教师的座谈会。日本一校长说，他为“三性”而努力：制约性、创造性、自主性。对此颇感兴趣。

九月五日　　星期三　　雨

接待瑞典外宾，瑞典朋友提到他们的师资要求，一般是大学毕业后再读一个师范专业，才可以当教师。

九月七日　　星期五　　阴雨

获悉所撰写的17年总结一文，将载第六期《江苏教育》。

九月十四日　　星期五　　阴

陪同上海杨浦区进修学校的同志听课。继续撰写校史。

九月二十五日　　星期二　　晴

接待涟水的同志，上午介绍情况，下午分别组织交流并参观。

九月二十九日　　星期六　　昙

上午补开办公会议，谈到北京参观学习事，决定去三人：章书记、许校长和我。

十月五日　星期五　晴

第一次到北京、第一次乘卧铺。一整天行程结束，下午三时许到北京，即至教育部拜访《人民教育》副总编连健生同志。

十月八日　星期一　晴

上午到教育部普教司教学处参加座谈会。刘、南处长分别听取我们的汇报，并谈了他们的意见。下午到北京实验中学参观，听语、数两门学科介绍和刘光平校长介绍学校工作。

十月十日　星期三　晴

上午参观北师大附中，陶副校长介绍，他很有思想，也有才气。下午参观景山学校，听贺鸿琛书记介绍。

十月十五日　星期一　晴

上午办公会议，吴校长汇报省重点中学校长会议精神，我汇报北京参观学习情况。

十月十六日　星期二　晴

接待美籍华人吴仲成，系四八年我校高中肄业生。

十月十七日　星期三　晴

接待上海郊区十县的语文教学联络站的三十多位同志。

十月十八日　星期四　晴

参加接待西德来访外宾一行20人。

十月二十日　星期六　昙

下午到新华中学参加市中小学思想政治工作经验交流会。

十月二十五日　星期四　晴

安排海门、句容等8县市同志听课。

十一月五日　星期一　晴

接待合肥市教育局的同志。

十一月六日　星期二　晴

上午安排无锡、陕西的同志听课，下午接待上海的部份同志后又向无锡来人介绍情况。

十一月八日　星期四　晴

接待武汉市某区教育局长及6位校长。

十一月九日　星期五　晴

下午办公会议，落实到苏州参加四校交流人员和市中学生代表会议等事项。接待瑞典外宾。晚至邗江招待所向徐州、苏州、淮南的教育局长及有关校长介绍我校情况。

十一月十九日　星期一　晴

今日许、李、封校长和张主任带部份教师赴苏州中学。

十一月二十三日　星期五　晴

办公会议传达苏州四校交流情况，教工大会动员讨论真理标准问题。

十一月二十七日　星期二　昙

接待十多个县市的300多人来听唐丽珍老师的公开课。

十二月六日　星期四　昙

接待38年扬中毕业生、现上海一医妇产科教授王菊华同志。

十二月七日　星期五　昙

教育部巡视员苏灵扬(周扬的夫人)来校视察，陪同听杨希珍老师的语文课。

十二月八日　星期六　昙

拟订“学习口诀”，凡176字。

十二月二十日　星期四　阴雨

初中作文比赛，题为“童年的回忆”，出了不少佳作，晚上看得较兴奋。

十二月三十日　星期日　昙

接待澳大利亚外宾十人，陪同观看文艺演出。

一九八〇年

一月三日　星期四　雨

和语文教研组组长研究到省局开会的材料准备工作。

一月四日　星期五　阴昙

教师大会,谈评核和业务摸底填表事。

一月十七日　星期四　晴

为选择新教师,到师院了解毕业生情况。师院教务处怕走漏消息,故我晚上分别走访了数学、外文、化学、物理、中文五系的书记或主任,倒是实实在在地了解了一些真实情况。

二月四日　星期一　阴

带队到独立营二连,参加军民联欢会。

三月一日　星期六　晴

书记从南京回来,传达会议精神。又班主任会议。下午教研组长会议。

三月十四日　星期五　阴

接待联合国教科文组织人口理论问题专家克鲁兹博士(菲律宾人)。

三月十五日　星期六　昙

接待日本近畿日中友好之会访华团一行13人。

三月二十一日　星期五　雨

数学研究所研究员、我校五七届毕业生方开泰同志来校作讲座。

三月二十九日　　星期六　　昙

晚聚餐饯别文印室老工人郭三同志。

三月三十一日　　星期一　　雨阴

今接待的是英国企业管理教师协会的客人,他们均是学者、教授,双方谈得十分融洽。

四月一日　　星期二　　晴

市局丁家桐同志来和我谈语文教学改革问题,并决定要听我一周的语文课,以便共同研究一些问题。

四月四日　　星期五　　晴

丁家桐同志与市教研室的同志今天来听我的课。组内一些老师也闻风而来。

四月五日　　星期六　　阴雨

教育局同志继续听课,老丁以为我是按赞可夫的高难度原则进行的,并说引起了他思考许多问题。

四月七日　　星期一　　晴

下午主持胡人老师主讲的关于鉴真的讲座,之后又组织初二年级队列比赛。

四月九日　　星期三　　晴

教育局同志连听我两堂课,组内的同志听了我的课外练笔的评讲课。

四月十日　　星期四　　晴

和吴校长研究总结事。下午接待法国外宾一行 20 人。

四月十二日　　星期六　　晴

班主任会议。新华社两记者来了解鉴真坐像回国的反应。和语文组老师商定《新苗》的印数和定价等事。

四月十四日　　星期一　　晴

下午乘车至苏州木渎招待所,参加苏州地区语文教学研究会议。

四月二十一日　　星期一　　晴

高一年级一学生被铅球误砸致重伤,到医院抢救,至深夜 12 时许回家。

四月二十三日　星期三　晴

五时许,书记决定明日我和许勇校长到苏州参加许家屯书记召开的座谈会,晚忙于准备材料。

四月二十四日　星期四　阴雨

下午三时一刻冒雨赶到苏州市委办公室参加会议,迟到一刻钟。许家屯书记主持会议听取意见。今日主要是苏州中学的赵校长、常州中学的史校长发言。

四月二十五日　星期五　阴

上午,我作了一个发言,之后听省委办公室的同志讲,许书记对我的发言颇满意,明天要继续讨论,并拟个材料,可能要我参加执笔。

四月二十七日　星期日　昙

在民治路招待所与史校长等商量如何写“座谈纪要”,最后执笔任务落在我头上。下午一鼓作气,六时许完成。

四月二十八日　星期一　雨昙

早上中央教育科学研究所学校管理研究室的两位同志找我,简略向他们介绍了学校情况。乘十时许火车返扬,到家已近六时。

四月三十日　星期三　昙

中心组学习,许校长汇报苏州座谈会情况,我作了补充发言。

五月六日　星期二　晴

下午语文组教研活动,我传达了苏州地区语文教学研究会的有关精神。

五月十日　星期六　晴

下午开始动手写学校总结(准备参加重点中学校长会议的材料)。

五月十五日　星期四　晴

上午参加接待教育部高教一司司长等一行七人,光明日报记者来约稿。着手考虑拟写“关于在语文课中加强基础教学与培养能力”的讲话提纲。

五月十六日　星期五　晴

参与接待安徽等地的参观者,听两节课。

五月二十日　　星期二　　阴

接待黄石师范学院同志,同组老师听我的课,下午观少先队跳集体舞。

五月二十二日　　星期四　　晴

下午邀尹祥保、张福华、田如衡三位老师商谈研究我的讲座提纲,随便谈谈,很有收益。他们基本肯定,使我心中有底。

五月二十四日　　星期六　　雨

下午参加工调领导小组会议,谈考工考勤问题。晚着手替章书记应《江苏教育》之约写稿。

六月二日　　星期一　　晴

上海福利儿童剧院来演出,协助安排。

六月七日　　星期六　　阴

省委书记张仲良同志来校观察,后安排听我的课,连上两节《科学的春天》。下午大家肯定的较多,特别是丁家桐同志,对此次的课连同以往的课作了一个总结。

六月九日　　星期一　　昙

教导处专门研究下学期人事安排。为工资调整征求意见。

六月十日　　星期二　　雨阴

上午办公会议,章书记传达了张仲良书记视察后的讲话。其中提到张书记听我课后说了二、三次"上得好",给人以鼓舞。

六月十四日　　星期六　　昙

参加接待全国政协常委一行六人赴江苏参观团。

六月十七日　　星期二　　雨阴

上午参加接待日本外宾。

六月十八日　　星期三　　阴雨

着手修改关于重点中学的总结材料。

六月二十日　　星期五　　阴雨

总结材料即将完稿。今日学校成立党总支。

六月二十一日　星期六　阴

下午《人民教育》编辑部负责人魏东明、连健生来校座谈。

六月二十三日　星期一　阴雨

李校长传达面向全省招生问题的意见。

七月十二日　星期六　阴

工调名单正式公布。

七月十四日　星期一　阴

开始录取初一新生工作。下午为工调问题开会。

七月十五日　星期二　昙

学期结束,学生放假。发初中录取通知书。下午行政办公会议,谈人事安排等问题。

七月十六日　星期三　阴、阵雨

教工大会宣布学期结束。下午到语文组宣布下学期人事安排。事前、事后和有关同志磋商,这是一年一度的难题。

七月十七日　星期四　阴、下午暴雨

准备明日出差到兴化,搞专区班招生工作。

七月二十一日　星期一　昙

教导处会议,谈招生、人事、总结问题。晚赴西园参加与奥地利教育代表团的座谈。

七月二十三日　星期三　晴

办公会议开到十二点。下午研究录取市内各校推荐的新高一学生。

七月二十四日　星期四　晴

继续录取工作。上午接待广西柳州一位要了解语文教学情况的同志。

七月二十五日　星期五　晴

会议研究决定,我和陆丕文同志到盐城搞招生工作。我先到苏州联系试卷等事宜。

八月一日　　星期六　　晴

四校联合面向全省的招生考试今日举行。上午到盐城考点（二中），遇地区汪局长，县朱局长等。下午仍前往考点。

八月四日　　星期一　　昙晴

晨离盐城，下午二时半到宁，送试卷到南师附中。

八月六日　　星期三　　阴

向领导汇报盐城、南京之行。

八月七日　　星期四　　昙

下午接待日本四国友好访华团一行十五人，其中大部份均为教师。日本语文教学的问题与我国相仿，他们主要抓的也是“听、说、读、写”。

八月二十二日　　星期五　　晴

研究初三团干一日夏令营事。

八月二十三日　　星期六　　阴

初三团干一日夏令营今日开始，入营式上讲了话，晚参加联欢活动。

八月二十五日　　星期一　　阴

办公会议，落实开学前几项工作。下午教工大会后开党员大会，传达组工会议精神。

八月二十六日　　星期二　　昙

主持补考工作。处理开学前种种杂事。

八月二十九日　　星期五　　阴雨

上午组内备课。下午接待日本富山县教职员访华团一行十九人。

八月三十日　　星期六　　昙

上午处理留级生问题，又教导处会议，谈分工问题。下午为徐国英的稿子讨论修改。

九月一日　星期一　晴

下午开学典礼。晚语文教研组长碰头,研究计划。

九月八日　星期一　阴

下午给新高一的省、地、市班学生介绍扬中情况。总支大会。

九月九日　星期二　阴

语文组教研组长、备课组长会议。晚改徐国英同志的文章《目前中学生思想状况分析》。

九月十六日　星期二　昙

语文组教研活动,讨论计划。到汶河小学,拟清该校教师来与我校初一语、数教师谈中小学衔接事。

九月十七日　星期三　晴

行政干部学习华主席讲话,下午改支孝文老师的稿子。教工政治学习由我读张承先副部长在全国重点中学会议上的讲话。

九月二十三日　星期二　阴

下午请育才、汶河小学两位语文教师跟我校初一教师谈衔接问题。又参加江苏教育学院来人召开的座谈会,他们拟总结老张校长的办学经验。

晚为省、地班举办中秋晚会。

九月二十六日　星期五　晴

召开初三学习委员会议,了解情况。

十月三日　星期五　晴

接待芜湖来参观的同志,并介绍情况。下午办公会议,书记谈到初三状况,压力颇大。

十月十日　星期五　雨阴

下午接待加拿大,美国、澳大利亚来访者,共四十五人。

十月十六日　星期四　阴

省教育厅普教处李步斗同志及地、市局长到我校了解情况,原定吴校长汇报工作，突然他因病到医院治疗，临时决定我汇报，匆匆搞了个“急就章”。

十月十八日　星期六　昙

平安无事地结束了运动会。

十月十九日　星期日　晴

教育部普教一司孙司长来校了解人口教育问题，上午参加座谈。

十月二十七日　星期一　晴

为初三年级到气象台参观，中午骑车前去安排，之后赶回学校参加会议，商谈如何准备地区重点中学会议材料。

十月二十九日　星期三　晴

陪同桂林地区来参观的同志听田如衡老师的语文课。下午听邓小平讲话传达。

十月三十一日　星期五　晴

到人防会堂听倪谷音、《中国少年报》社社长、长春青少年教育办公室主任三人谈青少年教育问题，颇受启发，下午和吴校长接待滁县地区教育参观团。

十一月六日　星期四　晴

新华社驻江苏记者胡宗钰同志到我校搞调查研究，约半个月，由我给他安排日程。

十一月七日　星期五　晴

晚考虑拟写办好重点中学的《规划》，地区将召开重点中学会议。

十一月八日　星期六　晴

安排并陪同安徽教育学院校长学习班的同志听课。和胡记者闲谈。

十一月十一日　星期二　晴

上午九江地区来人座谈语文教学问题。

十一月十二日　星期三　晴

和胡记者交谈学校情况，并谈对提高质量的看法。

十一月二十二日　星期六　晴

接待安排华东师大二附中的同志。

十一月二十七日　　星期四　　雨

为接待一百多人的参观忙碌。下午召开初三各备课组长会议,研究教学问题。

十一月三十日　　星期日　　晴

上午北京崇文区教育局电化教育馆长来,陪其参观,介绍一小时。

十二月五日　　星期五　　晴

市委书记祝志福同志来开座谈会,听取意见。

十二月九日　　星期二　　晴

全国中学人口理论教育会议代表到我校参观。

杭州师院中教行政干部训练班一行四十七人,明下午到我校,决定由我介绍情况。原明下午一起赴南师附中参加四校交流的,只得我一人换后日上午的票。下午教研组长会议。

十二月十一日　　星期四　　晴

上午十时二十分赶到南师附中参加活动。

十二月十三日　　星期六　　晴

上午大组汇报,下午沙厅长小结,南师附中胡百良同志介绍赴日考察情况。

十二月十五日　　星期一　　阴

校友祁力群回母校作报告。

十二月十六日　　星期二　　晴

给安徽省教育厅的参观者介绍四校交流情况。

十二月十九日　　星期五　　晴

苏州教导主任学习班来我校,陪同吴校长一起带领参观,介绍情况、回答问题。

十二月二十六日　　星期五　　晴

团地委来人看三个班级的主题班会。

十二月二十九日　　星期一　　晴

早上作周会讲话,下午预审元旦会演节目至六时许。

一九八一年

一月二日　　星期五　　晴

批阅初中作文竞赛卷,组织高中的文艺会演。

一月十二日　　星期一　　晴

作文考试,组织生活,小结并传达中央工作会议精神。

凤天告诉我,他要被调到市委宣传部当秘书科长。

一月十四日　　星期三　　晴

为数学组总结审稿。张主任从交大返校,谈及高校要求中学要加强思想政治工作的事。

一月十六日　　星期五　　晴

和凤天到教育局看材料,准备选择新教师。

一月二十一日　　星期三　　雪

下午全市中学教师听中央二号文件传达。

一月二十三日　　星期五　　雨

开始集中三天的学习,上午听许校长报告,下午讨论。接待三位新教师。

一月二十五日　　星期日　　阴

落实各班三好生名单,全体教工大会,学期正式结束。下午治保小组会议,晚江青等正式宣判。

一月二十六日　　星期一　　雪阴

上午办公会议,下学期工作计划由我执笔。

二月二日　星期一　阴

下午李校长找我去商谈思想政治工作计划问题。

二月十日　星期二　晴

上午教导处开会研究教学计划，晚写成初稿。

二月十二日　星期四　阴雨

上午办公会议，下午准备转学考试试卷。

二月十六日　星期一　雨

今日正式上课。为几个教工子女转学考试后而未能录取事，不免受些闲气。下午主持开学典礼广播会，并宣读表扬奖励名单和处分决定。

二月十九日　星期四　阴

陆丕文同志调到教导处工作，今作分工，我分工抓教学、教研组、图书馆、初三年级。

二月二十三日　星期一　阴雨

找初三备课组长安排补考事宜。晚欢送胡凤天、俞鑫泉两位调离学校。

二月二十四日　星期二　阴

和图书馆同志开会落实增加开放时间问题。下午接待安庆地区和河南民权县的同志，介绍学校情况和毕业班工作。

三月五日　星期四　晴

七、八节课全校师生出去做好事，我带领初三(1)班植树。

三月六日　星期五　晴

下午听中央八号文件传达。

三月十四日　星期六　昙

接待日本首都圈青年学生访华团一行二十四人，第一次使用新接待室，一切颇顺利。

三月十六日　星期一　晴

组织生活听中央文件传达——黄克诚同志的讲话和有关波兰事件的文件。

三月十七日　　星期二　　晴

下午在大教室给师院中文系学生上公开课《海燕》。

三月十八日　　星期三　　雨

全体教工大会，传达中央九号文件，并谈填写干部履历表问题。

三月十九日　　星期四　　晴

继续改写校史简介。

三月二十五日　　星期三　　阴

上下午均参加地委组织部来人召开的座谈会。

三月二十七日　　星期五　　晴阴

高考模拟试卷出好，校史亦定稿。下午接待安徽滁县地区 20 位中学校长。

三月二十八日　　星期六　　雨阴

下午办公会议，之后接着开校体育运动会筹备委员会会议。

四月三日　　星期五　　雨

办公会议，汇报招生工作。

四月四日　　星期六　　阴

下午召开初三全体教师会议，谈毕业、升学诸问题。

四月六日　　星期一　　昙

着手写总支关于发展新党员的一个材料。

四月二十一日　　星期二　　晴

接待上海交大组织的二十所重点中学的赴扬参观团。

四月二十七日　　星期一　　晴

研究教育厅索要的思想政治工作材料。到教育局请示高中招生问题。

五月二日　　星期六　　阴雨

召开初三年级家长会，第一次面对那么多家长作大会讲话，之后到各班去听取意见。

五月四日　星期一　晴

召开五四纪念大会,作“五四与扬中”的讲话。

五月八日　星期五　晴

六时离家,和师院尹老师等同行到上海师院,我是第一次参加学术讨论会。

五月十一日　星期一　阴

下午参加大会,并在会上作了关于语文教学与能力培养的半个小时的发言。晚看电视录相:于漪教《茶花赋》。

五月十二日　星期二　晴

上午到上海市政府礼堂参加大会,方明、韩作黎,杭苇均出席。听北京霍懋征老师报告。下午在交大礼堂听北京 36 中杨瑗老师报告。晚上收获颇大:①听华中师院严正老师讲德育问题,已和他挂钩联系交流资料;②上海师院中文系语文教学法研究室主任钟为永老师向我索要论文,并赠其著作《语文教学心理学》,亦拟挂钩联系。

五月十三日　星期三　晴

一整天在虹口区三中活动,听四节课,都是名牌教师,如顾家璋,毛蓓蕾等,又听介绍。总的感觉是要认真搞教育科研,真正把它当作一件事来做。

五月十四日　星期四　昙

在实验小学听袁瑢的语文课,段国芳的写作课,并听情况介绍。下午见缝插针,又到大境中学参观。

五月十五日　星期五　昙

上午到育群中学听特级教师丁盛宝的数学课并介绍;下午到杨浦中学听特级教师于漪的语文课《一面》并介绍。

五月十六日　星期六　晴

一整天在育才中学活动。上午听三节语文、一节化学,下午参观并听段力佩校长介绍学校教学改革的情况。

五月二十二日　星期五　晴

接待镇江师专滕碧城老师,交谈语文教学问题,她赠我两册《教学与进修》,下午办公会议。

五月二十八日　星期四　晴

晚批改高二学生参加高考预考的试卷。

五月二十九日　星期五　阴

办公会议，分工我配合省电教馆拍摄电视纪录片《树人》。

五月三十日　星期六　晴

下午省电教馆来人，准备开拍电视片，晚又开会研究具体方案。

五月三十一日　星期日　昙

改写电视脚本第三部份，定稿付印。晚拍营火晚会的场景。

六月三日　星期三　晴

大早就陪拍电视，晚又带他们到黄久征老师家拍。语文组组长会议，研究工作。

六月四日　星期四　晴

上午和下午课后均到师院中文系参加《中学作文教案》编委会议。

六月五日　星期五　晴

研究四校联合招生语文试题的命题原则与范围。下午接待上海黄浦区教师进修学院的几位同志。

六月八日　星期一　晴

研究毕业考试题和四校招生试题。

六月十日　星期三　雨阴

将四校招生试卷寄出。下午全市班主任会议。

六月十七日　星期三　晴

下午在全体教工会议上谈学习刘佛年文章的体会，以及赴上海参加会议，参观学校的感悟。

六月十九日　星期五　晴

下午办公会议，谈到四校招生的改卷工作。

六月二十日　星期六　晴

拟四校招生考试的语文试题答案。下午毕业典礼。

六月二十四日　星期三　阴雨

为处理物理组一教师打人事开会。全面研究下学期人事安排。支部大会谈规划。

六月二十八日　星期日　阴

一整天初三年级考试,用四校招生卷。

六月二十九日　星期一　昙

开始组织批阅四校招生试卷。

七月六日　星期一　晴

上午和语文组研究课务问题,教导处开会初步落实下学期的安排。

七月八日　星期三　晴

继续到鲁迅中学送考。中途为初三学生报名单事至局。晚扬中录取名单下达,门庭若市,许多人来打听消息。

七月十二日　星期日　晴

主持今日的初中升高中的考试,唯谨慎小心从事,总算各事顺利,未出问题。

七月十六日　星期四　晴

接待西德外宾一行二十九人。

七月十七日　星期五　晴

研究总结工作,将此项任务交我。下午办公会议落实分工,下学年我还是抓初三年级。

七月二十二日　星期三　昙

至西园饭店,代表学校参加地区外事工作会议。

七月二十三日　星期四　昙

初一年级一学生劳动后发生意外跌伤,晚到医院。

七月二十四日　　星期五　　昙阵雨

上午接待旅美台胞居乃虔夫妇，她父亲居秉溶系三十年代扬中毕业生，曾是台湾扬州中学校友会的会长。下午着手写总结。

七月二十七日　　星期一　　昙

高中录取工作已有消息，我校考得最好，最高分是八班的，心中甚宽慰。

七月二十九日　　星期三　　阴阵雨

上午主持两位留学生校友回校和三好生座谈。

八月一日　　星期六　　晴

到教育局开会，并抄分数。下午开班主任会，并向领导汇报初中考高中情况。来人了解分数者络绎不绝。

八月五日　　星期三　　晴

一整天到人防会堂听六中全会精神传达。晚参加团委举办的乘凉晚会。

八月十一日　　星期二　　昙

接苏州十中韩树俊老师来信，约写我校高二(5)傅云龙同学的访问记(傅是全省高考语文尖子，作文满分)，我和该生不熟悉，请张贞忠老师撰写。

八月十五日　　星期六　　昙

下午接待美、加科教工作者代表团，气氛热烈。晚和吴校长参加宴会，交谈颇融洽。

八月二十二日　　星期六　　昙

上午行政办公会议，谈计划。下午统计初三各班升学考试的平均成绩，八班语文第一。

八月二十七日　　星期四　　晴

学校工作计划完成。山西的《语文教学通讯》来信，云准备刊用介绍傅云龙的稿子。

八月二十八日　　星期五　　晴

上午补课。教研组长会议。给初一新生的学生干部讲校史。下午语文教研站活动,田如衡老师介绍高考阅卷情况。

九月一日　星期二　阴雨　台风

下午开学典礼广播会。

九月二日　星期三　阴

下午章书记传达省思想政治工作会议精神。

九月五日　星期六　晴

召开分科性(文科)选修班的任课教师会议。

九月九日　星期三　阴

上午书记传达省会议精神,下午给高一新生介绍校史。

九月十一日　星期五　阴雨

看田如衡老师准备参加省语文教学研究会年会的语文稿子。

九月十二日　星期六　阴昙

今日中秋,晚与来自全省各地的寄宿生联欢。

九月十五日　星期二　晴

牵头和语文组、团委同志研究纪念鲁迅诞生100周年活动。

九月二十一日　星期一　晴

开始在晨会广播宣讲《中学生守则》;向师院体育系实习生介绍学校情况。下午接待澳大利亚外宾。

九月二十五日　星期五　晴

比较顺利地召开了鲁迅诞生100周年的纪念会,效果颇好。

九月二十六日　星期六　晴

下午到市文化馆,在市局组织的《中学生守则》宣读会上,宣讲守则一小时。

九月三十日　星期三　昙

市委组织部通知我去谈话,部长告诉我提拔当副校长,并提出要求。下午章书记在教工大会上读了任命的文。

十月十二日　星期一　雨

校长碰头会。下午教导处会议,研究质量检查问题。

十月十四日　星期三　昙

研究体育运动和迎接地区"五讲四美"互查事宜。

十月十六日　星期五　阴

天帮忙,没下雨,运动会顺利举行,主持开幕式。下午接待外宾,并陪同参观运动会。

十月十七日　星期六　阴

总算撑住了没下雨,也没出事故,运动会胜利结束,闭幕式上致了闭幕词。

十月十八日　星期日　阴

下午看上学期省电教馆来我校拍摄的电视片《树人》。

十月十九日　星期一　阴

陪福建同志听课,看语文教学电视录相(钱梦龙、袁金华两人的课)。

十月二十一日　星期三　阴

到师院中文系给新生作关于巩固专业思想的报告。

十月二十二日　星期四　昙

晚欢送杭贵如老师,语文组在食堂聚餐。

十月二十四日　星期六　晴

接待安徽来安县同志,并与局长、校长座谈。晚田公为福建语文教学学会年会事来。

十月二十七日　星期二　晴

抚顺同志来校参观,介绍情况。

十月三十日　星期五　晴

陪锦州同志听课,下午开初三学习委员会。

十月三十一日　星期六　昙

校长会议,研究地区思想政治工作会议的材料,要我五日写出初稿。

十一月二日　星期一　阴

接待西安来参观的人,下午教导处会议。又为写总结召开座谈会。

十一月五日　星期四　雨

下午到师院中文系作"语文教学与能力培养"的讲座。

十一月七日　星期六　阴

和许、李校长一起处理体育组邵刘全老师参加全国通讯赛弄虚作假一事。

十一月十六日　星期一　昙

上午给师院实习生讲话。晚为初三(1)班一学生骨折,到医院处理,十时半回家。

十一月十九日　星期四　昙

陪四川省教育厅长等人听课。

十一月二十一日　星期六　晴

上午办公会议,谈迎接人大代表视察事。

十一月二十三日　星期一　雨

听田老师传达全国语文教学研究会议精神。

十一月二十五日　星期三　雨

下午总结优秀学生李虹的材料,接待并陪同团地、市委和地、市教育局的同志开座谈会。

以前写的一个总结,作为哈尔滨重点中学会议的书面材料,今知已被编入《中学教育经验选编》一书。

十一月二十六日　星期四　雨阴

接待杭州联系参观的同志。开初三各班班长会议。

十二月四日　星期五　晴

接待北师大教材教法研究室的同志。

十二月十一日　星期五　晴

办公会议。班主任会。听师院实习生课。跟运动员中学习成绩较差的学生开会,鼓劲。

十二月十五日　星期二　晴

十一时到教育局开会,为参与调查研究事,下午教育局召开思想工作经验交流会。

十二月十六日　星期三　晴

决定明日起,我参加市调查组,到鲁中、七中调研。

十二月二十六日　星期六　晴

中午至姜堰中学,参加地区重点中学校长会议。

一九八二年

一月九日　星期六　晴

下午到师院外语系、中文系，了解毕业生情况，拟找一些优秀学生分配至我校。

一月十八日　星期一　晴大风

上午和吴校长到市局，又到二招找地区张玉华局长谈分配新教师问题。

二月一日　星期一　阴

完成教学计划的初稿。

二月五日　星期五　雪阴

上午办公会议，讨论计划，下午修改计划。

二月七日　星期日　昙

今日教师报到，开茶话会。下午与吴校长谈及工作特别是如何加强领导问题。

二月八日　星期一　阴

上午与吴校长到地区教育局，找宁局长请示计划问题。下午备课、教研组长会。为排课转学问题纠缠。

二月九日　星期二　昙

下午办公会议汇报到地区请示情况，研究工作。

二月十一日　星期四　雪阴

与新教师开座谈会。

二月十二日　星期五　昙

班主任碰头会。下午办公会议通计划。后至接待室陪同宣传部尤部长审查迎日本唐津市来宾的节目和礼品。

二月十三日　星期六　昙

和蒋念祖、胡兰芬老师谈总结修改问题，和田老师谈语文组工作问题。改定工作计划，付印。

二月十四日　星期日　晴

下午同初三学生植树。

二月二十一日　星期日　晴

因接待日本唐津市友好代表团，故与明日调课，晨会作开展“全民文明礼貌月”活动的动员讲话。

二月二十四日　星期三　昙

下午到师院作如何热爱、做好语文教师的报告。

二月二十六日　星期五　昙

上午到西园，参加省对外友协、省外办召开的座谈会，我代表学校作了发言。

三月一日　星期一　晴

下午教导处碰头。全民上街大扫除。

三月二日　星期二　晴

完成地区外事会议的材料。

三月十日　星期三　晴

下午接待徐州市教育参观团。

三月十一日　星期四　晴阴

接待广西教育厅蒙厅长一行四人，陪听语文课，下午介绍、座谈，地区张局长等陪同。

三月十二日　星期五　晴

听吴校长介绍南京会议情况；三、四节课列席总支会议，研究工调，晚聚餐欢送蓝万隆同志，宴前致词。

三月十七日　星期三　阴

上午到二招参加《中学作文教学设计》高中二册的审稿会议。下午七、八节课在全体教师会上作“课堂教学与智力开发”的教学科学理论学习心得汇报。

三月十九日　星期五　阴雨

下午办公会议，听吴校长传达省会议精神。

三月二十日　星期六　雨

商定支援广西教师人选。下午同时接待中央教科所《教育研究》两同志和新乡市的同志。

三月二十五日　星期四　阴

下午接待日本第七届高中生访华团，到六时许才结束。气氛很好，两国女孩依依惜别，临上车竟不肯离去，相拥痛哭，泣不成声。

三月二十七日　星期六　晴

改徐国英同志撰写的总结。下午接待青海省和芜湖市的同志。

三月二十九日　星期一　昙

四时许即起身，带高二同学到体育场参加公判大会。

三月三十一日　星期三　昙

接待十多个单位的参观听课。下午到师院中文系，作能力培养问题的讲座。

四月九日　星期五　晴

运动会开幕。下午到水校作关于发展智力问题的报告。

四月十日　星期六　晴

上午接待美国加利福尼亚州教育工作者访华团，下午到西园与他们一起座谈。

四月十四日　星期三　晴

上午接待湖北黄岗中学的同志。下午到市人防会堂参加动员收缴手抄本大会。

四月十八日　星期日　晴

下午到市体育场，看望我校参加市中学生运动会的运动员。

四月二十一日　星期三　昙

至市府礼堂听美学专家王朝闻的报告。

四月二十四日　星期六　晴

向省厅李步斗处长汇报工作，中途接待滁县地区物理教研会的同志。

四月二十八日　星期三　晴

上午参加向省郑康部长的汇报会，下午参加市校长会议，又赶回校给初三学生讲话。

四月二十九日　星期四　阴

安排安徽省教育厅厅长参观，听胡兰芬老师两节课；又到市局汇报工作。

五月七日　星期五　晴

接待徐州一中校长，开文科教研组长会议。

五月八日　星期六　晴

落实到常州参加四校交流的人员。下午到体育场看望我校参加比赛的运动员，途中到工人疗养院看望李校长。

晚到地区一招看望来扬的上海复旦附中三同志。

五月十日　星期一　晴

到一招接复旦附中姜校长和卢元老师来校座谈，中午安排过传忠老师的讲座。

五月十三日　星期四　雨

十时动身赴常州参加四校交流活动。晚四校负责人碰头。三校均是主要负责人，且白发苍苍，我校则是我这个“小弟弟”。

五月十五日　星期六　晴

听两节语文课，分组座谈，我参加校长一组，初步确定今年秋天到我校碰头。

五月十七日　星期一　晴

上午汇报常州行情况，下午教导处碰头，组织生活。

五月二十一日　星期五　晴

拟要求调入新教师的报告。下午到局参加会议，谈招生问题，又要为人口普查抽调人员。

五月二十二日　星期六　晴

给来扬中参观的小学毕业班学生介绍情况。

五月二十八日　星期五　阴雨

接待镇江农机学院附中的同志。办公会议谈招生问题。看少先队打腰鼓预演。

六月一日　星期二　阴

到地区体育馆参加市六一庆祝活动。我校有百人腰鼓队表演。

六月三日　星期四　晴

接待著名特级教师于漪来校。

六月四日　星期五　晴

接待美国教授访华团一行十六人。下午向高市长汇报我校建设文明单位的情况。

六月八日　星期二　晴

应华中工学院朱九恩院长邀,章书记、吴校长等前往参观,今日返校。

六月九日　星期三　晴

为配合“爱党教育月”活动,今请师院杨老师来作党史报告。

六月十一日　星期五　昙

下午主持“文科教学中如何进行思想教育”的经验交流,开得颇成功。

六月十八日　星期五　昙

开班主任会,布置升学报名工作。

六月二十三日　星期三　昙

和许校长谈招生问题,开会研究推荐升入高中的问题。下午接待美国伊利诺斯州教育工作者代表团。

七月三日　星期六　晴

下午跟章书记、吴校长到地区教育局谈要人问题,旋即我到师院进一步落实。这是一个关键问题,师资队伍一定要努力建设好。

七月四日　星期日　阴

下午和吴校长到地区教育局张局长家,再谈人事问题。

七月五日　星期一　晴

先后到师院、地局、市局谈人事问题,颇有收获。

七月六日　星期二　晴

上午到教育局开会,三件事:高中入学考试;新疆招收教师;接待六批美国教育代表团。

七月十四日　星期三　阴

高中升学考结束,一切尚顺利。开了几个会:教育处人事安排会、班主任会、暑假活动领导小组会,晚又是阅卷领导小组会议。

七月十五日　星期四　雨

接待美印第安纳州教育界访华团,又接待市委办公室同志(了解小学升初中问题)。

七月十六日　星期五　昙阴

主持毕业典礼。下午准备省厅组织的赴广西讲学团的讲稿。

七月二十日　星期二　雨

到教育厅听三位厅长讲话。人员到齐了。南师附中李夜光、马明校长,南通师范胡校长,南通师范二附小周校长,盐城实小数学教师苏丹,我们扬中是我和田如衡老师。

七月二十四日　星期六　昙

沙厅长带队,到南宁火车站,自治区局长迎接。车往下榻处(南宁饭店),自治区党委常委、政府副主席、计委主任等以及南宁市的有关负责人都来迎候,颇有受宠若惊之感。

七月二十七日　星期二　晴

下午在交通局礼堂作两个多小时的报告。

七月二十八日　星期三　晴晚雷雨

离南宁,下午三时到百色,地区正副教育局长来看我们,并商量几天的活动安排。

七月三十日　星期五　晴

上午在百色地区招待所作报告,讲两小时四十分钟。

八月二日　星期一　晴

上午在礼堂作报告,介绍我校的教学工作情况,下午到百色高中跟全体教师见面,与百高李校长分别讲话。

八月五日　星期四　晴转雨

到河池地区所在地金城江,住二招。收百高转来的学校电报,要我十五日前返校。

八月六日　星期五　雨晴

到地委礼堂作报告。

八月七日　星期六　雨阴

下午到礼堂作第二次报告。晚河池地区兰副专员(瑶族)等来看望我们。

八月十三日　星期四　晴

晚六时三刻离桂林机场,八时三刻到上海,平生第一次乘飞机。

八月十六日　星期一　晴

上午到办公室后,即被市委组织部召去,段部长跟我谈话,告诉我加一个职务:总支副书记。要忙外办和科委的两个材料。下午研究课务,了解招生工作。

八月十九日　星期四　阴

参加市校长会议。今年扬州高考成绩不佳,寄希望于明年扬中,故压力很大。丁局长跟我谈到今后担子更重,要多考虑大的问题,如选拔哪些同志任中层干部等。

八月二十二日　星期日　雨

接待苏州市辅导员夏令营,讲话。

八月二十三日　星期一　阴昙

上午与李、吴校长商量计划内容,下午参加欢送王、孔二教师赴新疆教学的茶话会。

八月二十四日　　星期二　　昙

上午开总支扩大会，研究人事和分工，我仍抓初三年级。下午、晚上继续写计划。

八月二十七日　　星期五　　晴

到教育局处理初中升高中未了事宜。

八月三十一日　　星期二　　晴

原安排到省教育学院学习一学期，学校请假，今获准。决定我兼初三(1)班语文课。

九月一日　　星期三　　晴

下午开学典礼。今年初中毕业考试成绩好，省里要我校总结经验。

九月二日　　星期四　　晴

上午陪省电视台同志录音采访(两位同志对十二大的反应)，后参加初一语文试改班的备课。晚到师院顾黄初老师处，请他参加我校试改领导小组。

九月七日　　星期二　　晴昙

师院尹祥保老师带两青年教师来了解校风建设情况。

九月九日　　星期四　　昙

一、二节研究思想工作，三、四节参加语文试改班备课。七、八节参加全体高二教师会议。

九月十日　　星期五　　晴

上午听张发祥同志汇报省团代会精神，下午七、八节主持召开新教师座谈会。晚完成《切实抓好初中毕业生的质量》这一总结。

九月十一日　　星期六　　晴

语文试改小组会议，顾黄初老师出席。

九月十四日　　星期二　　晴

高副市长召去谈抓教育质量问题。下午参加语文组的迎新会，又参加总支召开的民主党派人士会议，共进晚餐。

九月十六日　星期四　阴雨

今日起到市委党校学习十二大文件。共12天。

九月十八日　星期六　雨

晚高三一女生阑尾炎送院开刀,至半夜一时到家。

九月二十七日　星期一　阴

上午大会发言,我代表教育系统作了近半小时的发言。

九月二十九日　星期三　阴

高三一学生体育课跌伤,为脑震荡,到医院看望。办公会议,研究十、十一月份工作。

九月三十日　星期四　阴

了解试点班语文教学的情况。下午与吴校长研究如何在学校开创教育新局面问题。晚寄宿生举办中秋晚会,到会讲话。

今宣传部来电,云我在市委党校学习班上的发言反映好,要整理付印。

十月四日　星期一　阴

下午党员大会,正式宣布我兼任总支副书记。

十月六日　星期三　晴

下午在教工政治学习时间内作十二大文件学习的第一讲辅导。

十月七日　星期四　晴

陪同咸阳地区、长春市的同志听课。

十月八日　星期五　晴

听两位新教师的课,又修改学校科技活动总结汇报的材料。

十月九日　星期六　晴

召开全体初三教师会议,又至地区教师进修学院第一期完中校长讲习班报到。

十月十三日　星期三　晴

讲习班上请假,返校先后给学生、教工宣讲十二大文件。

十月十七日　星期日　晴

晚吴校长来，谈到参观南菁、沙洲中学的情况，颇有感慨，当然亦有激动。

十月二十八日　星期四　阴

乘吉普到南京码头接广西百色的同志。

十月二十九日　星期五　阴

上午讲习会上大组发言，下午宁局长小结，合影，因要回校为广西百色同志接风，未参加聚餐。

十月三十日　星期六　晴

和百色高中同志商谈活动安排，并带领参观熟悉学校，下午陪同一起到市体育场看中学生运动会。

十月三十一日　星期日　雨

将总支的关于建党工作的总结修改完毕。晚杭州大学《语文战线》两位编辑在二招开座谈会，并约稿。

十一月一日　星期一　晴

下午丁局长来召开中层以上干部会议，宣读上级三个文件：免章书记职务（离休）；许勇任总支书记；我任校长。

十一月二日　星期二　晴

到邗江医院探望一患肝癌的学生。为李校长一总结修改。

十一月三日　星期三　阴雨

修改统战工作的一份总结。向奉贤县几位校长介绍学校情况。下午教工大会上宣布了我和许的任职。参加市局组织的欢送章老的座谈会，晚参加欢送宴会。

十一月十一日　星期四　晴

上午参加市文明单位表彰大会，上台领奖。

下午地委组织部来人谈总结修改问题。和许书记一起开中层干部关于“开创新局面”座谈会。

章书记找我谈：要敢于把校长担子挑起来；要考虑学校的全面工作；广大教师都睁着眼望你！

十一月十二日　星期五　昙

班主任会议。下午接待教育部罗局长等三人,汇报情况并陪同参观。

十一月十三日　星期六　昙

下午跟南师音乐系实习生讲话,与理化组落实四校交流活动,到团委与高二四班研究主题班会的安排。

十一月十四日　星期日　雨

晚同许书记、吴校长到邗江招待所看望宁、苏、常三校来扬的领导、老师。

十一月十五日　星期一　昙

四校交流活动开始。省委郑康部长和省厅罗、沙厅长来校。

十一月十七日　星期三　晴

给师院学生讲学校教学工作。章书记、吴校长和我商谈学校领导工作。下午陪朱九恩同志参观学校,并请他给高三学生讲话。

十一月十八日　星期四　晴晚雨

和语文试点班老师谈小结问题。接待扬州地区完中校长第二次讲习会的同志来校参观。

十一月十九日　星期五　昙

班主任会。下午办公会议,研究教学工作。又召开部份教研组长会议,征求开创新局面的意见。

十一月二十一日　星期日　阴

完成地委组织部要的材料。下午尹祥保老师来,谈到泰州中学于一平校长的治校政绩,日后有机会可一访。

十一月二十六日　星期五　雨

跑教研组,班主任碰头会、行政办公会,召开初三学习委员会议,听取教学反映。

十一月二十七日　星期六　雨

与教导处同志研究开创新局面的发言,和许书记商谈工作。

十一月二十九日　星期一　阴

改好两份稿子,听胡兰芬老师参加语文试改会议的汇报。

十一月三十日　星期二　晴

下午给安徽教育学院的同志谈智力开发问题。

十二月一日　星期三　晴

接待广西河池地区兰副专员。下午主持教工大会("开创新局面"交流大会)。

十二月二日　星期四　晴

至五中参加教育局会议,汇报期中总结,之后赶回学校接待上海大同中学、华师大二附中校长。

十二月三日　星期五　晴

主持班主任碰头会、行政办公会。改李校长拟写的关于体育工作的总结。晚参加市局举办的讲座。

十二月八日　星期三　雨

接待徽州地区教育局长一行四人,下午在教工大会上作期中小结。

十二月九日　星期四　雨阴

下午接待苏州市教育局长带领的四十位校长,介绍情况,并回答他们事前拟出的七个问题。

十二月十三日　星期一　昙

许书记明要到党校学习,上午开半天总支会研究安排工作。

十二月十五日　星期三　昙

接待华中工学院来校支援改进校办工厂产品的蔡副教授。参加语文组学习。

十二月二十四日　星期五　晴

到市委参加一天会议,听省召开的市、县长会议精神传达,并谈及扬州地区改扬州市,建市管县体制。

十二月二十九日　星期三　晴

到地区教师进修学院作第三次发言。下午请尹祥保老师来校作"国外教学思想"

讲座。

十二月三十日　　星期四　　晴

发节约奖要扣部份同志的钱,下决心执行规定。下午参加校侨联小组成立会。晚参加市组织的讲座。

十二月三十一日　　星期五　　阴

晚聚餐,欢送周美绾老师调任市一中书记兼校长,又送封校长、刘守仁、汤海源三人离休、退休。

一九八三年

一月五日　　星期三　　阴

谈少年工作园丁荣誉奖问题，下午初中学生长跑比赛。

一月六日　　星期四　　阴

下午高中学生长跑比赛。晚沈莉芳来谈校史编写工作，又到数学组看教师批改竞赛试卷。

一月七日　　星期五　　阴

联合国人口理论专家来校参观。下午办公议研究学期结束工作，又开初三班长、班主任会议，评三好集体。为徐国英同志整理优秀党员的事迹。

一月十一日　　星期二　　雪

上午到市里听魏书记、祝市长报告，下午开教研组长会议，部署结束工作。

一月十四日　　星期五　　晴

上午到进修学校听丹阳中学吴椿校长讲学校管理问题。晚参加市校长学习班听讲座。

一月十五日　　星期六　　晴

晚同吴校长到二招看望沙厅长和管惟吾同志。沙未遇，与管交谈了近两个小时。

一月十九日　　星期三　　昙

处理初三(4)作弊问题。

一月二十二日　　星期六　　晴

沙尧厅长来校观察，陪同并听取办学意见。

一月二十五日　星期二　晴

考语文,改语文试卷。下午教研组长会,谈工作计划及三年规划问题。

一月二十六日　星期三　晴

上午研究计划、规划,下午改完试卷找几位新任的教研组长谈话。省厅教研室同志来谈数学试点班升高中问题。晚参加语文组包饺子,欢送柳玲老师。

一月二十七日　星期四　晴

校教研室成立(由卸任的几位老教研组长组成)。

二月一日　星期二　阴雨

与许书记、李校长赴无锡看望、慰问张卓如老校长。

二月四日　星期五　晴

上午与许、李、赵先后到住校外的十位老教师家慰问。

二月五日　星期六　晴

在校内慰问几位老、病的教师。上海语文教学界的名人周丹枫和过传忠、杨墨秋夫妇来。

二月十三日　星期日　晴

上午春节团拜。晚阅改胡兰芬、唐丽珍二位老师的语文教改总结。

二月十九日　星期六　晴

上午办公会议谈计划,下午到市委机关礼堂参加中小学校长会议。听说胡凤天同志回校当副校长,又提拔陆丕文同志当副校长,这样班子渐齐,担子可略轻些。

二月二十日　星期日　晴

下午召开侨联与民主党派新春茶话会。看望患病的谈志成主任。

二月二十一日　星期一　晴

上午教工大会,后班主任会、教导处会;下午修改计划。余以埙老师病危,到医院与医生磋商,夜十一时半回家。

二月二十二日　星期二　昙

总支会议,研究政治学习内容和有关人事安排、分工。余以埙老师病故。下午与几位校长、主任商议改革问题。

二月二十三日　星期三　雨

下午教工大会上谈计划、谈改革。

二月二十六日　星期六　晴

谈数学实验教材问题。下午教育系统党员表彰大会。

三月二日　星期三　阴

下午到师院中文系给学生作“热爱语文教师的职业,努力当好语文教师”的报告。

得高二一女生给初三一留级生的四封信,其中谈及“性解放”问题,此事应引起重视。

三月三日　星期四　阴

约谈女学生之家长,妥善处理此问题。文明礼貌月活动,上街扫地。

三月四日　星期五　昙

召开语文试改小组会议。

三月八日　星期二　阴

召开部份教师座谈会,征求改革意见。

三月十四日　星期一　昙

总支会议,研究学校改革方案。又收到《中国教育报》试刊,该报特约我为通讯员。

三月十九日　星期六　晴

下午近下班时,处理小卖部女店主通过校电工在校门口大摆宴席一事。此事有伤校风,气愤难平。

三月二十二日　星期二　阴雨

统计数学竞赛成绩,我校大大落后于他校,得引起重视。此乃警钟!

三月二十六日　星期六　昙

省委宣传部组织人员来校检查文明礼貌教育活动情况。下午接待灌南、滨海、高邮来校参观学习的同志。

三月二十九日　星期二　昙

下午接待日本第八届高中生访华团以及相洋中学董事长高垣先生一家。

四月一日　星期五　晴

上午沙厅长、宁局长等人来校,汇报教学改革情况,颇满意,肯定了我校的工作。

四月五日　星期二　晴

下午参加语文组教研活动,后接待安庆地区教育局长及部份重点中学校长。

四月八日　星期五　阴

下午在苏州市语文教研会上作了五十分钟的专题发言:语文教学与思维训练。

四月十五日　星期五　阴雨

运动会开幕。因雨耽误,后总算天帮忙,开到六时半。上海复旦附中姜校长等来。

四月十六日　星期六　晴

接待上海、泗洪的同志,又到运动会上发奖。

四月二十一日　星期四　阴

向省厅同志汇报工作,主持校教学骨干的教育理论学习班。

四月二十六日　星期二　阴大风

上午接待四省一市(闽、辽、浙、苏、沪)的同志。中午周丹枫来,又赶到小觉林会《语文新圃》吕总编以及高原、刘朏朏夫妇。下午听高润华讲学,又陪同座谈片刻。

四月三十日　星期六　阴雨

收到清华大学请柬,邀江苏省部份重点中学校长赴京参加座谈。

五月四日　星期三　雨

到省厅集中,乘火车赴京,此行共十九人,省教育厅中教处李纪彦处长带队。

五月五日　星期四　阴

晨到京,清华王教务长在车站迎接,专车至清华,住"强斋"。上午清华李副校长来住处看望大家,下午林克书记来看望。参观学校,遇 56 届校友柏乃炳。

五月六日　　星期五　　昙

会议正式开幕。党委书记林克、副校长李传信、教务处张副处长、党委宣传部赵副部长、体育教研组长分别讲话，并合影留念，后参观主楼各实验室。

校友程明焰、车桂来，又遇51届校友、无线电系副主任张佩荣同志。

五月七日　　星期六　　晴

校友王小玲等四人来，又65届校友、清华教师马贵龙来。

五月八日　　星期日　　晴

机械工程系书记、副教授、校友陈丙森同志来访。

五月九日　　星期一　　晴

上午参观、下午座谈。晚林克书记，张维、李传信副校长等陪同共进晚餐。晚七时半走访三十年代校友方崇智、万嘉镄二教授。

五月十日　　星期二　　昙

整整一天在北京大学参观，由教务长陈守良同志接待。下午五时又走访清华图书馆副馆长、校友朱成功。

五月十一日　　星期三　　阴雨

上午到景山学校，下午到清华附中参观。

五月十二日　　星期四　　晴

应北京航空学院之邀，参观该校。中午会见四位在该校学习的我校学生。

五月十三日　　星期五　　晴

晨离清华，送别时遇国立二中校友吴良镛教授。住西单招待所。上午到人民大会堂找人大常委会会务处处长、校友脱若男同志；下午到百万庄找北师大教务长、校友张刚同志(其丈夫是地质部长孙大光)，谈了两个多小时，她打电话给胡乔木同志，谈给母校题词事。

五月十四日　　星期六　　昙

今天是十分兴奋的。早上打电话给张刚同志，告之乔木同志已为学校写好题词，十时去取。见乔木同志写了一段热情洋溢的话，共三百零四个字，十分认真，十分有感情。我为学校完成了一件大事。

五月十八日　　星期三　　晴

上午在办公会议上汇报清华、北京之行，并建议将乔木同志题词中的“正直向上，热于求知”作为学校的校风。下午在教工大会上宣读乔木同志题词。

五月十九日　　星期四　　阴昙

九三学社扬中支社成立。

五月二十日　　星期五　　晴

参加试点班同志的备课。到市局开会，回校开班主任会，又到高三教师会上谈推荐报考上清华事。

五月二十一日　　星期六　　晴

讨论两个教工子女犯错误处分问题。下午接待数学家、美籍教授项武义夫妇。

五月二十二日　　星期日　　阴

为《校友通讯》写发刊词。拟好复胡乔木同志、张刚同志的信稿。

五月二十三日　　星期一　　阴

下午接待广西河池地区的教育参观团，又与市局同志谈高中招生问题。

五月二十四日　　星期二　　阴

开初三备课组长会议。教育理论学习班活动。

五月二十五日　　星期三　　晴

为赴泰兴参加比赛的运动员送行、讲话。

五月二十七日　　星期五　　阴

办公会议，中途接待37届校友、国家仪表总局副局长李六平同志(女)。收胡乔木同志秘书黎虹的信，要找乔木同志早期写的文章。

五月三十日　　星期一　　昙

接待徐州教师进修学院和清华团委的同志。

六月一日　　星期三　　晴

审定语文试卷；阅《树人周报》，拟与编委会开个会；在六一庆祝会上讲话；看高二演讲比赛。

六月四日　　星期六　　晴

向徐州市教师进修学院的同志介绍领导班子建设与执行知识分子政策情况。晚到外办,参加市政府欢迎日本唐津市文化各界代表访华团的宴会。

六月八日　　星期三　　晴

召开初三班主任会议,谈招生报名问题。下午参加民盟召开的调研汇报会。

六月九日　　星期四　　昙阴

上午接待崇明县的同志。得乔木同志题词的照片,分寄乔木、张刚同志和《人民日报》编辑部。

六月十日　　星期五　　晴

总支会议讨论接受曙光厂资助办学问题。

六月十一日　　星期六　　阴雨

到市体育场看望参加比赛的运动员。下午接待浙江永康县教研室的同志。开会协商曙光厂挂钩事。

六月十三日　　星期一　　晴

两次开会研究曙光厂挂钩问题。开初三年级家长会,谈招生问题。

六月十四日　　星期三　　昙

下午听陶应武老师研究课。参加山西《语文报》主编陶本一等四人召开的座谈会。

六月十八日　　星期六　　昙

为曙光厂挂钩问题再次碰头,下午张主任从宁回来,风云突变,告吹。为挽回局面,拟明赴宁找沙厅长。

接通知,下学期我将到省教育学院学习半年。

六月十九日　　星期日　　阴昙

一早出发到南京,为曙光厂事私访沙厅长。

六月二十八日　　星期二　　阴

参加市局招生工作会议,回校部署招生考务工作。

六月三十日　星期四　阴雨

上完本学期初三最后一节课。下午组织毕业典礼,并安排考务事项。

七月一日　星期五　阴雨

下午与许书记跟三位总务主任开会,落实暑假总务工作。召开考务工作会议,培训监考人员。

七月二日　星期六　昙

到师院人事处了解毕业生情况。听取校史编写组汇报。

七月四日　星期一　雨

为最后落实与曙光厂挂钩问题讨论,作了些让步,拟拍板。

七月五日　星期二　阴

为与曙光厂挂钩、要人问题,到市局汇报。为团委夏令营到苏州活动,修书二封给苏州中学赵校长和苏州二中唐老师,参加高三推荐学生名单落实会议。

七月七日　星期四　晴

中午接待校友、美籍华人、国际法律师左永泗先生。

七月八日　星期五　晴

招办来谈高考考务问题。下午办公会议谈学期结束与暑假工作,以及初、高中招生与高考考务工作。

七月九日　星期六　晴

到市局要人,下午召开校民主党派座谈会。

七月十一日　星期一　晴

学生的《树人周报》编辑部开总结会,邀我去讲话。接待北航招生组同志。

七月十五日　星期五　昙

高考开始,今日考语文、化学。

七月十六日　星期六　雨

接江苏教育学院通知,下学期九月六日去院报到。

七月十七日　星期日　　阴

高考结束。下午到二招看望华中工学院来扬招生的张、刘二教师。

七月十八日　　星期一　　雨

上午召开试点(语文)小组总结会,下午参加高三毕业典礼。后到市局汇报工作。

七月二十二日　　星期五　　阴

与北京挂长途,落实清华录取的学生。下午到市局,明确:曙光厂挂钩事告吹;教工子女录取一分不照顾。

七月二十四日　　星期日　　晴

与推荐上清华的六位同学及家长开会,交待有关事项。下午到市局开会,谈招生录取工作。我校比鲁中录取线高69分。

七月二十八日　　星期四　　晴

上午数学实验班廿七位家长找我,大有兴师问罪围攻之势,我作了有理、有节的说明,经历了一场风波。

七月二十九日　　星期五　　晴

校长、教导主任开会,并请黄久征老师参加,研究处理数学实验班家长意见,共同看法是学校的做法没错(有的原志愿就不是扬中,有的即使数学加分至120,也达不到分数线490)。

继续搞录取工作,并分析试点班情况。

七月三十日　　星期六　　晴

上午到市局汇报数学实验班家长意见,市局同意学校处理意见。下午接待清华大学演出团的“先头部队”。

八月一日　　星期一　　晴

陪同祝市长会见清华演出团的带队领导罗书记。下午清华的同学在树人堂演出,气氛热烈。朱焕珍老师从南京回来,谈到语、外、理、化成绩均为四校之首,但数学差常州中学15分,得好好分析一下。

八月三日　星期三　　晴

高考分数公布,我校尚理想。

八月五日　星期五　晴

凌晨三时即起身,带学生参加市公判大会。

八月十日　星期三　昙

同李校长、张主任、朱医师乘吉普到无锡看望老张校长。

八月十二日　星期五　昙阵雨

研究处理数学实验班遗留问题。

八月十八日　星期四　晴

上午参加教导处会议,落实下学期课务安排并讨论政协要办高考补习班事。

八月十九日　星期五　晴

赴常熟,参加《人民教育》编辑部的座谈会,遇连健生同志。

八月二十日　星期六　晴

座谈,下午在常熟市进修学校,主要谈"教师修养"专栏的组稿问题。

八月二十二日　星期一　阴雨

知推荐清华的六个学生均正式录取,甚慰。

八月二十五日　星期四　昙

上午与吴、陆校长跟九三、民盟的负责人谈补习班问题。

九月一日　星期五　昙阵雨

总支会研究许多具体问题。下午开学典礼,讲话。再教导处会议落实若干工作。

九月二日　星期五　雨阴

原高三教师开茶话会庆功。晚为数学实验班问题写一个情况回忆,以备调查用。

九月三日　星期六　晴

下午接待35届校友、美籍企业家胡柯先生;又参加原初三教师的茶话会。

九月五日　星期一　晴

教育部副部长张文松同志下午来校视察。

九月六日　　星期二　　晴

与书记和几位副校长告别，下午到南京省教育学院中学教育行政干部轮训班报到，将脱产学习一个学期。

十一月十五日　　星期二　　晴

中午收吴校长信，为学校建房问题要我找沙厅长，正巧下午遇沙厅长，据云，胡乔木同志到扬州，和市委同志谈到扬中房子破旧问题。

十一月二十六日　　星期六　　晴

周福民同志来，要我到医院听院方说明，并代表单位签字。上午请假，到省肿瘤研究所看望汤海源同志，并签字决定下周四开刀。

十二月一日　　星期四　　晴

上一节课后到肿瘤医院。老汤开刀后因见肿瘤过大，且包住肝、肾、血管，不能摘除，又闭腔，今后只能是等死了。

十二月十七日　　星期六　　昙

沙厅长下午打电话告诉我，省厅拟拨款给扬中，初步定 15—20 万元。今即去信许书记。

一九八四年

一月十二日　星期四　晴

九时，省厅沈爱荣同志来通知我到北京参加教育部召开的高校招生工作座谈会。下午到教育厅听取省厅的意见后即返扬州。

一月十三日　星期五　晴

上午即到办公室，参加总支扩大会。下午召开座谈会，听取对高考的意见。

一月十四日　星期六　昙

到市局找孙局长，听取对高考的意见。

一月十七日　星期二　晴

八时许到京，住丰台京丰宾馆。江苏此次来参加会议的有三个高校(南大、南工、矿院)，另五人为：省招办胡星善、万耀祖，省计委王天白、高教局计财处小朱和我。

下午跑新侨饭店、西单、西四，为修理复印机的硒鼓奔波。

一月十八日　星期三　晴

上午听黄辛白副部长报告，下午分组讨论，苏、浙、鲁三省为一个组。

一月十九日　星期四　晴

上午听计划司、学生司、职教司三同志对几个文件的说明，下午讨论。

一月二十日　星期五　晴

上下午讨论招生规定。晚饭后北京44中金校长来找我交谈。

一月二十一日　星期六　晴

上午普教司专门召集参加此次会议的七位中学校长座谈。下午继续讨论文件。

一月二十二日　　星期日　　晴

整天讨论体检和中学档案的有关文件。交大同志谈到要降价调拨一台计算机给我校;南大同志一再强调说,83 年没有高分的学生推荐给他们。

一月二十三日　　星期一　　晴

上午讨论,下午讨论到四时,一个人匆促赶到卢沟桥凭吊。

晚天津大学招办崔主任来谈提供生源事。

一月二十四日　　星期二　　晴

继续讨论招生规定修改稿。北京外语学院来找我谈招生问题,并建议多推荐男生。

一月二十五日　　星期三　　晴

上午黄辛白副部长小结,何东昌部长讲话,他强调了基础教育的重要。

一月二十七日　　星期五　　晴

整理何东昌部长的讲话。李宁、华连生从百色高中返,他们是派至广西支教的。

一月二十八日　　星期六　　阴

上午完成何部长的讲话整理,并寄教育厅。和陆校长去看望吴校长。

一月三十一日　　星期二　　晴

下午开安全紧急会议。

二月二日　　星期四　　阴

上午团拜,后到黄久征老师家拜年。

二月五日　　星期日　　小雪

黄久征老师住院,和李校长去看望他。

二月七日　　星期二　　晴

上午办公会议讨论计划。

二月八日　　星期三　　晴

上午办公室与书记、校长谈工作。中午江都县中季海刚校长等人来了解北京会议的情况。修改工作计划。

二月十日　　星期五　　雪

班主任会议。下午先进集体、先进个人表彰大会后,我作新学期工作要求的报告。

二月十三日　　星期一　　阴

开始代胡兰芬老师初二(五)班的语文课。

下午教导处会议、民主党派座谈会。中间还接待市局来人了解开学情况。晚到二招看望华中工学院来我校支持校办工厂工作的汪老师;送语文试点教材给师院顾老师;又先后接待两位家长。

二月十四日　　星期二　　阴

整理北京高校招生会议的汇报提纲。教导处继续开会研究工作。

晚拟写关于数学实验班并班的报告。

二月十六日　　星期四　　阴

和张主任到省厅请示试点班并班事,已获同意批复。

二月十七日　　星期五　　阴小雪

到树人堂安排计算机机房。

二月十八日　　星期六　　晴

在高三教师会上传达全国招生会议精神。

二月二十日　　星期一　　昙

组织生活,给新班子和后备领导班子搞民意测验。市局同志来找我了解班子的情况。

二月二十二日　　星期三　　雨

晚与唐丽珍老师备课,并讨论她到南京开会的发言。

二月二十三日　　星期四　　晴

总支会后接待唐津市友好都市访华团一行。下午与几位校长议论办学问题,令人高兴的是今日黄市长爽快地答应拨款我校整修校舍。

二月二十四日　　星期五　　昙小雨

和许书记送维修校舍的报告给黄书祥市长。下午主持办公会议。

二月二十五日　　星期六　　阴

下午开分房小组会议,第一次接手这棘手的问题。

二月二十七日　　星期一　　晴

又收到胡乔木办公室黎虹同志信。

二月二十八日　　星期二　　阴

下午孙金绶局长来了解学校工作,作了汇报;并研究如何适应“第三次浪潮”的问题。

二月二十九日　　星期三　　晴

学习赵总理讲话。市外办找我准备外事工作会议材料。下午在教工大会上谈分房问题。

三月一日　　星期四　　昙

今日是“文明礼貌月”第一天,上街看望参加打扫的学生。拟好学校住房分配的条例。

三月二日　　星期五　　昙

晚和李校长、周主任初步排分房的分数,至十一时许。

三月五日　　星期一　　晴

大早在大操场召开晨会。下午为新建教学大楼召开群众座谈会,讨论选址等问题。

三月六日　　星期二　　昙

参加语文组教研活动。分房小组开会至六时半。

三月八日　　星期四　　晴

和团委同志谈宣传工作;查计算机房筹建工作。到高二、高三数学竞赛发奖大会上讲话。接待有关专家来校选择新楼的地点。

三月九日　星期五　昙

下午听胡耀邦同志视察江苏时的讲话传达;与团委同志分别谈宣传工作。

三月十日　星期六　晴

总支会议,研究分房、落实政策、人事等问题。下午与初一老师谈中小学的衔接。至教育局谈建房、经费问题。

三月十二日　星期一　阴

晨会讲话。植树。

三月十三日　星期二　阴小雨

上课后到教育局谈招生问题。开欢送离休、退休人员会议,晚聚餐。

三月十五日　星期四　阴

在省政府会议室参加全省高校招生会议,上午听高教局长徐福基报告,下午听招办主任胡星善作说明。

三月十六日　星期五　昙

上下午均是讨论,下午三时半南京工学院接我们参会的十一位中学校长去参观、听介绍。

三月二十日　星期二　昙

胡兰芬上班,开始接我的课,接待市局组织的文明单位检查。

三月二十三日　星期五　晴

省厅新上任的中教处袁金华处长来,办公会及高三班主任会上分别传达省招生会议精神。

三月二十六日　星期一　阴

到教育局谈经费和人事问题,一无所获。

三月二十七日　星期二　阴

陪同袁处长听课并汇报情况。总支研究清查“三种人”和落实政策问题。晚准备明日教师大会上的讲话(1. 贯彻十条规定;2. 学习赵总理讲话;3. 讨论分房条例)。

三月二十八日　　星期三　　晴

开选举工作会议，要我当选区组长。下午提前返校，到教工会上讲话。

三月二十九日　　星期四　　晴

完成写给省厅的贯彻“十项规定”的汇报，下午给初一（五）学生作课外阅读的讲座。

三月三十一日　　星期六　　阴

300多人来校参观、听课。

四月三日　　星期二　　阴

下午开分房小组会议，问题一大堆，反正要硬着头皮去做。

省教育学会邵舜琴秘书长来，他说拟成立一个普及教育学、心理学的讲学团，预约我讲“语文教学与思维训练”。

四月四日　　星期三　　阴雨

连续四人为房子问题找我，或责问、或哭诉，够心烦的了。

四月五日　　星期四　　阴

准备明日的中小学衔接会议，看材料，拟讲话提纲。

四月六日　　星期五　　晴

主持中小学衔接问题研讨会。晚与李校长并团委徐、张二位讨论宣传部会议精神如何贯彻，以及精神文明单位建设的总结提纲。

四月七日　　星期六　　晴

运动会。接待青浦一中祝校长。下午市局开会，谈招生、建党问题，并确定送省表扬名单。

四月八日　　星期日　　阴雨

上午下半场和下午运动会都是冒雨进行的，终算平安无事，作闭幕词。

四月十二日　　星期四　　阴

参加市重点中学校长会议，下午我校汇报。

四月十六日　星期一　晴

市局单、韩二位为试点班升学问题来研究,一直谈到晚七时许。晚讨论宣传部要的材料的修改问题,又拟试点班问题的请示报告。

四月二十五日　星期三　晴

新房分配方案公布,准备迎接“风暴”。

四月二十六日　星期四　晴

广西河池的同志结束在我校的跟班学习,参加告别会。

四月二十七日　星期五　阴雨

到市委组织部谈材料问题,又到体育场看望参加市运动会的师生。

四月二十八日　星期六　阴昙

总支会后到医院看望因骨折住院的钱永涛。

五月二日　星期三　晴

上午谈分房问题,下午分别开选举工作会。

五月三日　星期四　阴雨

接待西安交大的同志,开教研组长会议。

五月四日　星期五　雨

上午与唐丽珍老师研究公开课问题。开总结文明月、纪念五四大会,发奖状。

五月五日　星期六　阴

随省教育学会讲学团到江都。成员有斯霞、王兰、李吉林、邱学华、邹石溪、钱任初、孙宏杰等。明日下午安排我给中学校长讲“语文教学与思维训练”。

五月七日　星期一　晴

考虑到校内有种种事情,赴高邮讲学就请假了。王兰、李吉林老师向我索昨日的讲稿。

五月十日　星期四　晴

晚到水校招待所看望省教研室和兄弟学校来扬参加试点教材备课会议的同志。

五月十一日　　星期五　　晴奇热

下午办公会谈初三毕业班问题，后到市局谈人事问题。

五月十二日　　星期六　　昙雨

上午开部份教研组长会议，谈教育要“三个面向”问题。

五月十三日　　星期日　　阴晴

准备发言提纲，下午沙厅长，唐局长等来开“三个面向”的座谈会，我作中心发言。

五月十四日　　星期一　　晴

晨会上小结期中考试情况。听实习生的两节政治课。

五月十五日　　星期二　　阴雨

略知学校领导班子要作变动。安排选举工作。

五月十六日　　星期三　　晴

上午研究校办工厂的前途，接待华中工学院的同志。下午陪同三位人民代表到五所学校与选民见面。

五月十八日　　星期五　　晴

办公会议谈高三情况。参加高中歌咏比赛。

五月二十二日　　星期三　　昙

昨上床不久(23∶38)，忽然地震，匆促起床，和李校长打电话，到师生宿舍安抚，一时许回家，一时难以入睡。

开选举工作会，又接待江西新余市的七位校长。

五月二十三日　　星期三　　昙

接待市教研室同志，汇报第二课堂开设情况。主持教师大会并谈选举事宜。

五月二十六日　　星期六　　阴

接待日本厚木市来拍摄电影的一行 8 人。

五月二十八日　　星期一　　昙

阅抗战前的《扬中校刊》，并作摘录。

六月一日 星期五 雨阴

听两节历史课。办公会议。吴校长从南京回来,谈改革问题。

六月二日 星期六 雨阴

上午总支会,再谈分房问题;下午教导处处务会,研究下学期工作。

六月五日 星期二 晴

到初一(6)班作课外阅读讲座,到体育场看望运动会上的同志。

六月七日 星期四 雨阴

接待上海长宁、静安两区的22位教导主任。

六月十日 星期日 晴

上午到办公室接待省厅李步斗处长等同志,看望卞、周两位生病老师。

六月十一日 星期一 晴

下午到市局开会,听文件传达,主要内容是农村户口上调和评特级教师。

六月十二日 星期二 昙阴

总支会谈工调问题,并汇报昨会议精神。参加语文组教研活动。
三批以往的学生来谈填志愿事。

六月十三日 星期三 雨

上午接待淮南市教研室一行7人,又研究高一(4)班的问题。晚十时许抓到一个想入非非的青年,参与审问,终于将高一(4)班的疑案破了。回家已子夜。

六月十四日 星期四 阴

接待委内瑞拉社会主义联盟中央委员一行4人。和许书记商谈改革问题。

六月十六日 星期六 昙

省里来催《当代中国》稿,突击一天,基本完成。

六月十九日 星期二 昙

接待日本厚木市日中友好访华团一行22人。

六月二十日　　星期三　　阴晴

上午学习政府工作报告，下午初三毕业典礼，讲话。

六月二十五日　　星期一　　昙阴

上午与总务处同志谈校容整顿问题。为落实补充新教师，到师院、市局、教院奔波。

六月二十八日　　星期四　　雨阴

和吴校长、钱主任到南京，先到省厅谈建房经费问题，并向袁金华处长了解北京改革会议情况。下午到《当代中国》编写组了解意见，又至南师附中了解改革情况。

七月一日　　星期日　　晴

上午接待美国教师代表团来校参观，下午与晚上均到西园与美方进行交流。

七月三日　　星期二　　昙

上午办公会议，谈高考考务，下午市局开负责人会议，谈清查“三种人”、班子调整、改革等事。

七月五日　　星期四　　昙阵雨

今日开始暑假。上午教工大会上讲话，暑假工作、人事安排、改革思路。下午接待云南省红河自治洲教育局李局长和蒙自师专王校长。

七月七日　　星期六　　昙

今日开始高考，市里负责同志来校视察，并谈及扬中要尽早考虑搞校庆和组织校友会。

七月十日　　星期二　　晴

下午开会研究建实验楼问题。高二学生景晓峰在南京溺亡，到其家中慰问，并处理有关事情。

七月十一日　　星期三　　昙

上午培训监考人员，查考场。下午阅改徐国英老师写的总结。

七月十二日　　星期四　　晴

今日开始初中升高中考试，一切尚顺利。

七月十八日　　星期三　　昙

上午总支会,讨论通过我当省党代会代表事。

七月十九日　　星期四　　昙

到市局谈人事问题,并得知市里将我校作为大改试点,要在短期内拿出方案。

七月二十日　　星期五　　阴雨

下午市局开会,传达省改革会议精神。

七月二十三日　　星期一　　晴

上午总支会,谈李校长出席市党代会事。接待南京中华中学校长等一行 40 人。下午考虑大改方案。

七月二十五日　　星期三　　阴

办公会议讨论我初拟的大改方案。

七月二十六日　　星期四　　昙

上午到教育局汇报改革方案,谈人事。下午到新华中学参加校长、书记会,谈党代会与招生问题。广西百色地区周局长、田阳县陈局长、百色高中新任的何校长来,接待安排。

七月二十七日　　星期五　　昙阴

到连云港参加省学校管理学会会议。同行的有师院周顺生副院长、育才小学吴耀民书记。

七月三十日　　星期一　　晴

听有关学校介绍改革情况,讨论。吴椿厅长作关于改革的报告。

八月一日　　星期三　　阴

晚七时一刻杨泳沂副省长到会看望部份校长。

八月二日　　星期四　　阴

闭幕式。晚又召开大改试点学校会议。

八月三日　　星期五　　晴

从新浦回到扬州,了解高考情况,尚称满意。

八月六日　星期一　晴

上午市局长、科长等五人来商谈建教学实验楼问题，基本落实 60 万元，拆一字楼，建 $3600m^2$ 的教学实验楼。下午省厅计财处戴处长来。

八月七日　星期二　晴

行政办公会议，我和吴校长分别传达连云港、北京会议精神。

八月九日　星期四　晴

上午参加市教育改革会议。下午开会布置卫生工作，谈招生问题。

八月十日　星期五　晴

上午为课务、招生等问题，接待 8 批来人。下午两个会：分房小组会，将六个大户定下来；五四届校友返校准备工作碰头会。

八月十一日　星期六　晴

上午再次落实课务，下午到二招听黄市长报告，之后到许书记家请示汇报工作。

八月十四日　星期二　昙

日本大阪高等学校体育加盟卓球部友好访中团一行 66 人来校，之后带 40 名学生到市体育馆参与乒乓比赛。

八月十五日　星期三　晴

到市府礼堂听温元凯报告，深受启发，此人思维敏捷，口才极好。

八月十六日　星期四　晴

召开学校教育改革会议。上午我作报告，下午组织讨论。

八月十八日　星期六　阴

参加市区中学校长、书记会议。我在会上作了关于学校改革的发言。之后听唐局长、宣传部吴副部长的讲话。

八月十九日　星期日　晴昙

五四届校友返校，并成立校友会筹备会。校友对母校之热情、之厚爱，是令人深深感动的。这种会，对我是鼓舞、是压力，应不辜负大家的一片诚意，办好学校。

八月二十日　星期一　雨阴

总支会落实中层干部人选,并为转学等难题统一口径。下午找成增龄谈话,明确总务处主任的职务。

八月二十一日　星期二　晴

考虑修改改革方案。下午市党代会预备会。

八月二十三日　星期四　昙

上、下午分别与教导处、总务处开新老干部交替会。改革方案初步修改好。

八月二十四日　星期五　昙

《树人报》学生记者来采访改革问题。

八月二十五日　星期六　昙

开办公会,通过改革方案,落实日程、分工。

八月二十六日　星期日　晴

准备选修课《科学小论文写作》的备课资料。

八月二十七日　星期一　晴

参加班主任会议;校办厂高厂长来汇报工作;成主任来谈总务问题。

八月二十九日　星期三　晴

上午分别找有关同志个别谈话,下午行政办公会议,新老干部交换思想。

八月三十日　星期四　晴

晚设宴欢送陆丕文、周美绾、张馨兮三同志,他们分别到五中、一中,九中任职。

八月三十一日　星期五　阴雨

下午沙厅长来谈《当代中国》稿修改问题及了解改革情况。

到医院看望黄久征老师。晚到男女生宿舍看望新生。

九月一日　星期六　雨

今正式上课。唐局长来了解开学情况。下午开学典礼,讲话。接待市九三学社主委祁龙威先生等人。

九月二日　星期日　雨

初步写好所开《科学小论文写作》选修课的第一讲教案。

九月五日　星期三　昙

行政干部学习。下午在教工大会上讲改革与计划。

九月六日　星期四　雨

总支会，研究工会与总支改选事。

九月七日　星期五　暴雨

下午办公会后接待省教育学院《中学管理通讯》编辑。晚总务处成、王二位来谈一字楼拆迁问题。

九月九日　星期日　雨

得悉黄久征老师于九时十分病故，即冒雨至医院。

九月十日　星期一　雨

开治丧委员会。改好《当代中国》稿，寄出。晚参加寄宿生中秋联欢，后成主任来谈拆房问题，至十一时半。

九月十二日　星期三　阴

上午到火葬场向黄老遗体告别，下午备课，参加外语组政治学习。

九月十三日　星期四　晴

临时决定要接待中央绿化委员会的周处长，应急回答了他的问题，如谈绿化意义，我就学校而言，说了有利于美育、知识教育、劳技教育等。

晚与唐老师谈试改，总务处两位班主任来谈拆房、建房事。

九月十四日　星期五　昙雨

下午三个会：办公会、研究国庆会演会、新教师座谈会。师院来人为我（作为优秀校友）录相。

九月十五日　星期六　晴

下午选修课《科学小论文写作》正式开课。

九月十六日　　星期日　　晴

校友朱正明从美国回来，送学校 CAS10 计算机一台。准备明晨会尊师教育的讲话。

九月十七日　　星期一　　晴

到教育局谈学生问题，人事问题。局长找我谈拟征用扬中土地建市电教馆事。

晚与总务处成、王二位排一字楼搬迁日程。

九月二十日　　星期四　　昙

上午为教学实验楼问题同成主任到设计室，下午在校讨论草图。开分房小组会，初步落实中户，时至六时半；又到音乐教室研究国庆会演事，到七时四十分方结束。

九月二十二日　　星期六　　晴

下午上两节选修课，后沈校长、成主任先后谈工作至六时半，晚高三年级家长会，并与李书记谈工作至十时半。

九月二十三日　　星期日　　晴

半夜办公楼的教导处失窃，有小偷破窗而入，公安局来人，幸无甚损失。

九月二十五日　　星期二　　雨

接待上海南汇县教育局长与几位校长，以及北京八中的马文俊校长，下午到曙光厂听上海激光研究所党委书记关于改革的报告。

成主任来谈新楼设计的问题。

九月二十六日　　星期三　　阴

听新教师课；接待 52 届校友、湘潭市经委副主任。

九月二十七日　　星期四　　昙

市党代会上通过差额选举，定我为出席省党代会的代表。

见省政府文件，下决心要将那个首长开后门的重读生退掉。

九月二十九日　　星期六　　昙晴

下午主持国庆纪念大会，文娱节目较前有突破。

十月一日　　星期一　　阴

晚高二年级参与市火炬长跑，前去照应。

十月三日　　星期三　　雨阴

上午与书记、两位副校长谈规划，下午草拟规划。

十月四日　　星期四　　晴

接待安徽砀山县中的同志，后至设计室为修改后的教学实验楼草图签字。

十月五日　　星期五　　昙

上午总支会、班主任会；下午办公会、教工排球赛。苏州市民进组织来我校参观。

十月六日　　星期六　　晴

下午上选修课，后接待新海中学两同志。又参加老高三庆功会。

十月九日　　星期二　　阴雨

上午参加市九三学社第二次社员大会，下午参加语文教研活动、党员大会。

十月十一日　　星期四　　晴

接待枣庄市17位中学校长。下午与李书记分析、商量“三定”问题。同陈安鸿看望胡兰芬、徐国英老师。晚泰兴中学李留群校长来访。

十月十二日　　星期五　　阴

上午许、吴、李和我一起谈校办工厂和总务问题。下午接待南京市政协教育组的同志。

十月十三日　　星期六　　昙

下午两节选修课后开“三定”座谈会。晚为华中工学院汪老师饯行。

十月十五日　　星期一　晴

晨会作校风报告，后即参加市逻辑学会成立大会。下午接待湖北省教育厅的七人参观团。晚到市政府礼堂观看市区中学文娱会演。

十月十七日　　星期三　　昙

朱焕珍老师汇报省招生会议精神，研究班主任费发放问题。下午找贺会计来了解校办工厂财务情况。主持教工大会,由吴校长讲“三个面向”。

十月十八日　星期四　昙

上午接待杭州二中同志,下午听学校组织的计算机讲座,召开语文试改小组会议。

十月十九日　星期五　昙

下午办公会,谈及与人防交涉问题。参加广西河池同志的告别会。

十月二十日　星期六　晴

上午谈小工厂、人防事,下午上选修课,运动会组委会开会。

十月二十二日　星期一　晴

上午孙局长等来了解改革情况,提出要大步动作,有所突破。下午与外语组青年老师开会。

十月二十三日　星期二　晴

下午与人防谈判,无结果。

十月二十四日　星期三　晴

上午学习三中全会决定。与高一年级同学谈学习方法问题。

十月二十六日　星期五　晴

今日运动会,致开幕词。下午召开职工的“三定”座谈会。

十月二十九日　星期一　晴

考虑拟定改革方案细则,困难重重,矛盾不少。读何东昌部长在南大的讲话,颇有启发。

十月三十日　星期二　晴

上午和两位书记一起找钱鸿谈话,教育其拆掉擅自砌起的房子,基本解决问题。

十月三十一日　星期三　晴

上午讨论改革细则,下午、晚上动手修改,尚未完工。参加外语组学习。

禁鸡问题,既下决心,就得义无反顾,形势是好的,还得硬下去。

十一月二日 星期五 昙

下午孙局长来参加办公会议，一起议体制改革的具体细则。

十一月三日 星期六 晴

修改工作量计算法，付印，下午接待中国教育学会负责人张健同志。

晚准备“创造性思维”的讲座。

十一月五日 星期一 晴

接待老校友胡柯先生，又接待华中工学院的同志。将论文寄天津一中韦力校长。

十一月六日 星期二 晴

将参加全国部份中学校长座谈会的论文 300 份寄出。接待广西百色高中的唐书记、李副校长一行 5 人，又贵州教育学院实验中学叶校长一行 3 人。

十一月七日 星期三 昙

接待桂林电子工业学院附中的校长。晚与李书记、李副校长和成、王二主任谈一批房子安排问题，大致就绪。

十一月八日 星期四 昙

教工大会谈改革具体方案及省政府 118 号文件。

十一月十日 星期六 雨

宣传部高部长来了解思想政治工作情况。

十一月十二日 星期一 阴

接待上海普陀区区长、局长、校长一行 35 人。

十一月十四日 星期三 雨

继续接待市局组织的省政府 118 号文件执行情况的对口检查。下午参加外语组政治学习。

十一月十五日 星期四 昙

接待来自新疆的县长、局长、校长一行 7 人。

十一月十九日 星期一 阴

接待丰县诸校长。下午省厅沈爱荣处长带二位校长来检查 118 号文件贯彻情况,并汇报改革动态。

十一月二十日　星期二　阴

下午到市里参加关于猪肉计划供应的会议,返校即召开紧急会议传达。

晚修改李书记撰写的"新时期思想政治工作探讨"一文。

十一月二十一日　星期三　阴

中心组学习。为实验楼地基问题到设计院。

十一月二十二日　星期四　阴

接待天津市两位教育局长,其中一位是南开中学的老校长杨志行同志。

新实验楼兴建困难重重,好事多磨。

十一月二十三日　星期五　昙

为人防问题察看现场并草拟报告。下午办公会后召开部份班主任座谈改革问题。

十一月二十四日　星期六　阴

摘抄了一部份学生所写的"假如我是校长",颇有创新意识。下午上选修课,后到局开会。

十一月二十五日　星期日　昙

中午到扬州宾馆参加市政府欢迎日本厚木市长一行16人的冷餐会。

十一月二十七日　星期二　阴

测算定编问题。市局来人谈"第三梯队"。在教研组长会议上谈创造性思维问题。

十二月二日　星期日　晴

扬建三处主任来谈拆房问题。下午同李久翔、陈安鸿等同志至南师附中参加四校交流。

十二月三日　星期一　晴

上午听胡百良校长介绍两个专题:校长负责制与改革教学体制,由衷佩服他的思路与魄力。下午座谈学校体制改革问题。

十二月七日　　星期日　　晴

全国部份中学校长座谈会今日开幕。上午开幕式，下午听吕型伟同志报告。晚与沈怡文同志通话，了解学校情况。清华大学同志来谈招生问题。整理好罗厅长讲话寄回学校。

十二月八日　　星期六　　晴

上午到华东饭店听四个大会发言，下午省里五位校长在南师附中大会发言。晚到南师大看望参加物理竞赛的师生。

十二月九日　　星期日　　雨阴

大会发言，并听教育部中教司副司长谈教育体制改革方案。

十二月十日　　星期一　阴

听中央领导讲话的传达，并听吴厅长报告。

十二月十一日　　星期二　　阴

整天讨论，最后大家推我明天大会发言作汇报。今与省厅谢厅长谈给我校划拨经费事，并了解工资改革信息。

十二月十二日　　星期三　　阴

我等三人作大会发言，之后听吴厅长小结，中午和吴厅长分别交谈了学校的情况。

到华东饭店省党代会上报到。

十二月十四日　　星期五　　雨

上午开幕式，听韩培信、邢白报告，下午学文件准备讨论。

十二月十六日　　星期日　　阴

整天讨论。利用休息时间找蒋市长谈人防问题。

十二月十七日　　星期一　　阴雨

又利用休息时间，先后找曹鸿鸣书记、建委戴文明主任、设计院刘建农院长，交谈是一个中心：请多关照扬中。

下午江渭清老书记到扬州组看望大家。

十二月二十日　　星期四　　晴

中午返扬。晚成主任来谈总务上事。老汤正处弥留之际,去看望他。

十二月二十一日　　星期五　　阴

向章、许、吴介绍省党代会情况。仪征二七公司来谈办学问题,市局中教处来了解改革进展情况,下午进修学校来谈建房问题。

十二月二十二日　　星期六　　晴

到教育局汇报改革情况,返校三、四节课听关于工资改革情况的介绍。

十二月二十六日　　星期三　　晴

上午办公会,传达省会议精神,并议改革问题。下午给初三学生讲话,又教工大会讲话。

十二月二十八日　　星期五　　晴

参加老汤同志追悼会。晚应邀到师院向院长、教务长、教育学教研室尹祥保老师等多人介绍南京会议情况,看来师院领导十分重视信息。

十二月三十一日　　星期一　　晴

上午接待广西教育厅长一行,下午研究开发公司问题。后在组织生活会上传达省党代会精神。

一九八五年

一月二日　星期三　雨

上午开会研究校友会成立问题。

一月三日　星期四　阴雨

上午谈开发公司和校办厂经费问题，下午研究改革问题。

一月四日　星期五　昙

班主任会议。下午办公会议，议改革问题，颇认真。晚四位校长、书记统一思想，准备在此基础上拟修订方案。大家一致认为要强化“校长负责制”。

一月五日　星期六　昙

仍是考虑改革问题的具体步骤，分别与有关同志谈工作安排。下午结束本学期的选修课，参加教研组长会，谈改革的有关信息。

一月六日　星期日　昙

下午参加扬中校友会扬州分会的筹备会议。

一月八日　星期二　晴

开职员、工人会议，通报改革信息。
语文组碰上有人冒名招摇撞骗事。

一月九日　星期三　晴

市人大来校查文明单位创建工作。参加竞赛获奖同学的发奖大会。
晚市三中两位冒我校语文组之名发征订单的教师来认错、赔礼。

一月十二日　星期六　昙

根据昨日讨论意见修改改革方案。与数学组谈定编问题。

晚物理组主办舞会,去看看以示支持。

一月十三日　星期日　晴

晚语文组为庆祝田如衡老师评为省特级教师聚餐,一起参加。

一月十四日　星期一　晴

开部份教师座谈会,商议教学改革。晚十时许成主任来谈总务上的事。

一月十五日　星期二　晴

到局汇报改革方案,谈及校长负责制问题。下午与沈怡文同志商议中层干部问题。

一月十六日　星期三　晴

吴校长来谈开发公司事。语、外两组搞教研组长人选的民意测验。

一月十七日　星期四　阴

为基建和开发公司问题开决策会议。

一月十九日　星期六　昙

复旦大学来人谈少年班招生事。《扬州师院学报》编辑部来为“乡土文化研究”专辑约稿。下午教导处研究定编问题。

一月二十一日　星期一　昙

参加市局组织的到盐城建湖县参观。下午听县局介绍“三制”情况。

一月二十二日　星期二　雨

乘小轮船到钟庄乡听定编、聘任、选用的介绍。

一月二十四日　星期四　雪晴

收校友胡柯两信,均谈赠计算机事。

一月二十七日　星期日　阴

晚同李、吴二位到珍园,看望吴厅长,并约请到校与教工见面讲话,已承允诺。

一月二十九日　星期二　昙

上午为进修学校拆墙问题纠缠。下午罗、沙、吴三位顾问、厅长以及袁云霆副处长来校,市局胡局长陪同,先参观、汇报,后罗厅长在教工大会上讲话。

一月三十日　　星期三　　晴

书记校长研究如何贯彻省厅领导讲话精神。下午教工大会上讲话并参加讨论。

一月三十一日　　星期四　　晴

杨泳沂副省长来校视察,并召开关于师范教育的座谈会。

二月二日　　星期六　　晴

汇总定编情况,下午省厅人事处葛、严二位处长来谈定编问题。

与总务处谈校园绿化事。

二月四日　　星期一　　阴雨

定编、定员进入高潮,来找我谈问题的不少。下午组织生活李书记强调校长负责制,大部分党员支持,只是会后听说有个别老同志有不同意见。

二月六日　　星期三　　阴

南京大学冯致光副校长、人事处张遐道副处长等一行4人来谈与我校建立校际挂钩问题,晚拟两校挂钩的协议书。

二月八日　　星期五　　雨

还是为定编问题谈话、研究,到局请示。

二月十一日　　星期一　　阴

上午办公会,下午与陈安鸿一起去慰问退休教师10家。

二月十二日　　星期二　　晴

上午再慰问两户退休教师,分别与数学组、总务处谈工作。晚市局负责人及有关人员来校谈改革方案。

二月十四日　　星期四　　晴

大早出发,与李书记到无锡看望老校长张卓如同志。

二月十六日　　星期六　　昙

清华大学马贵龙同志来谈免试入学及清华对扬中资助事。

二月十七日　星期日　雪

下午与徐国英同志开初一教改会议。

二月二十日　星期三　晴

上午与李、李、沈一同在校内到各家拜年，并到章、许书记家拜年。下午在家写改革方案附件(向市局要权的细则)。

二月二十四日　星期日　昙

扬州校友分会成立，我在大会上讲话，电视台来录相。市长、书记、人大主任、政协主席等都到会了。黄市长十分支持，并表示对扬中要关心。

二月二十五　星期一　雪雨

校长、书记碰头。下午到医院看望谈志成同志，又遇冯光辉老师，为其治病安排。返校跟钱永涛谈课务安排。

二月二十六日　星期二　阴雨

上午办公会议，谈计划；下午参加市民盟茶话会。

三月一日　星期五　雨

教工大会谈本学期工作。下午初一全体教师会谈教改。

三月四日　星期一　阴雨

晚值班，阅高二学生教学反映表，言之有理，言之有据。

三月六日　星期三　阴雨

上午学习，传达中纪委、省委文件，谈工资和奖金问题。下午班会时给全体学生讲话，后教工大会。

三月七日　星期四　雨

拟选修课计划，阅高一年级学生的教学意见表。

三月八日　星期五　雨夹雪

听课，班主任会议。下午到师院给中文系三年级学生作热爱语文教师职业和提高自身素质的讲座。

三月九日　　星期六　　昙

到医院看望谈主任。我校录取复旦少年班二人。

三月十二日　　星期二　　昙

研定定编、奖金和基建经费问题。

三月十三日　　星期三　　昙

为定编、奖金、经费问题到市政府、教育局请示，晚又到唐局长家。

给初二(5)、(6)班作培养创造思维能力的讲座。

三月十四日　　星期四　　晴

接待校友杨淑英同志。

三月十八日　　星期一　　阴

校办厂高厂长来汇报情况。因谈主任病危，赶至医院。

三月二十二日　　星期五　　晴

接待杭州参观的同志。下午办公会议，谈招生、财务、校办工厂和卫生问题。

三月二十三日　　星期六　　晴

接待美、加医学、心理学博士代表团。下午上选修课，后到医院看望谈主任。

三月二十五日　　星期一　　阴

晨会讲话，后接待《人民教育》编辑部的同志和北京八中龚正行校长等四人。

三月二十六日　　星期二　　阴雨

到市教育局谈人事、招生、奖金问题。参加语文组教研活动。在教研组长会议上讲话。

三月二十七日　　星期三　　阴

接待泰兴县局长，校长，下午接待日中第10次高中生友好访华团。

三月二十八日　　星期四　　阴

市里召开书记、校长会议三天。晚沈怡文来谈复旦招生与数学试点问题。

三月二十九日　星期五　晴

李书记告诉我,我的工作将有调动,后组织部长找我谈话,常委研究决定调我到市教育局当第一副局长。二十四年的扬中工作还是十分留恋的,今后前景如何,心中无底。

四月三日　星期三　晴

李书记和我作多次挽回的努力,无果,组织部已正式发调令。上午总支会后,李书记将我的调动告诉了两位副校长。

下午主持教工大会,也许这是最后一次了。

四月五日　星期五　阴雨

下午办公会议,之后看"英语角"活动,并接受高一的学生记者采访。后与沈校长谈今后工作。

四月六日　星期六　阴

下午上选修课,这是"最后一课",后参加运动会组委会。

四月九日　星期二　晴

听说田老等民主党派人士要联名写信给市里挽留我,感谢,劝阻。下午到师院看唐丽珍公开课的录相。回校开初三备课组长会议。

四月十日　星期三　雨

上午学习,谈改革问题。给初三参加数学竞赛的学生讲话。

前往组织部联系,缓几天到局报到。今晚陆丕文同志到我家,说他明天到局报到,下周一到扬中上班。

四月十一日　星期四　晴

准备明天的开幕词,检查运动会的准备情况。这是我要站好的最后一班岗。

四月十二日　星期五　晴

今天是我最后一次参加扬中运动会,看到入场式的队伍,我致开幕词前的肃静、鼓掌,禁不住动了感情。承同志们情,要我们几位书记、校长在树人堂前合影留念。

运动会上播出一篇高三学生的稿子,题目是"最后一次",其实说的是他中学阶段最后一次参加运动会,但这触动了我感情的神经。

四月十五日　　星期一　　晴

上午书记校长开会交接，十时许到组织部、市教育局报到。从此我的人生旅程上开始了一个新的转折。

下午教工大会，作告别讲话，三层意思：告别；歉意与感谢；祝愿扬中。晚中层以上干部，教研组长，班主任代表设宴欢送，同时欢迎陆丕文校长到任。

四月十六日　　星期二　　晴

晚语文组诸同仁设宴欢送。语文组是我的故土，当永不忘记。

（二）

大事记（1979.8—1982.2）

【原非连续，选录备存】

1979 年

8 月 28 日　星期二　晴

上午教职员在大教室开会，吴副校长总结上学期工作的基础上，布置本学期工作和九月份工作。下午 是 3 时各教研组组织讨论。

本校文娱宣传队今晚参加市里文娱会演，节目是《红花颂》，是歌颂烈士张志新的。

9 月 5 日　星期三　阴有雨

下午有瑞典外宾 10 余人来校参观。

下午第七节课起开始本学期第一次政治学习（教工）。

9 月 7 日　星期五　小到中雨

下午举行第一次行政干部办公会议。

教工今起发给佩用文革后新制校徽。

10 月 9—13 日　星期 2—6　都是晴天

13 日下午在树人堂举行少先队建队 30 周年纪念会。

本周教工学习叶剑英委员长在建国30周年庆祝会上的讲话。

章、许校长和郑万钟到北京市景山中学、北师大附中等校参观，来去10天，今已回校。吴校长到南京市学校参观，先期回校。

10月25日—26日　星期四—五　晴

本校准备在校园内新建外宾接待室一幢，已开始移树移花木，准备动工，群众中对此布局有意见，并于今日在总务处门旁贴出小字报，以部分群众的名义提意见，认为影响学校绿化和统一布局。学校领导对此很重视，经研究于明天下午4时召开各组代表会议，各组代表事先征求组内大家的意见，带到会上，以达到广泛吸收群众意见的目的。

10月30—31日　星期二·三　晴天，早晨有雾

星期三下午政治学习时间，教职工在大教室集中，吴副校长传达省教育局关于如何办好重点中学问题的精神，并穿插他们一行在南京市参观一些兄弟学校的情形。

11月6日　星期二　晴

全国体育工作参观团到校参观体育公开课，他们是参加第四届全运会的体育工作者。

扬州地委统战部和政协代表到校（11月3日）调查教职工生活福利状况，特别是宿舍问题作了重点了解，以示对知识分子的关怀。今天下午统战部老朱同志继续到总务处对宿舍等生活房屋进一步深入调查，是诸葛松主任接待的。

11月11—14日　星期日到星期三　晴到多云，温度继续下降

星期三下午美国友人20多人，到校参观。

关于外宾接待室地址，先是有些群众不同意，有人认为可建在树人堂南侧树林中，但另一些人和设计部门又认为大小高低等方面很不相称，又经进一步研究，最后确定建筑地址仍在校园里偏东北部分。工程已经开始动工。

部分农产品提价后，扬州市按中央精神，组织物价检查，今天有个小组到校，我各有关方面的人员了解提价后的看法和反映。

11月20—22　星期二到四　前两天晴到多云，后一天多云到阴

到苏州高中进行四校（南师附中、苏高中、常高中、扬中）对口交流后，我校前往的一行22日已回校。

11月24—27日　星期五，六，日，一，二　晴到多云

27日扬州市教育局安排的本市和外地兄弟学校教师200多人来校听课参观。

12月7日　星期五　由阴渐转多云到少云,夜间和早晨有雾

今日教育部有一位女巡视员(按,系苏灵扬)到我校视察,她是周扬的夫人,周在南京参加省文代会后来扬。

1980年

1月25日　星期五　阴,下午起下小雨

今天起教工分组通过年终小结。

李久翔副校长5—23日前往首都参加教育部召开的教育工作会议。

3月4日　星期一　阴,傍晚到夜里下小雨

本学期恢复每日早晨上课前举行升旗仪式。

3月14日　星期四　雪止,阴

下午2时联合国一博士由教育部、省教育局、地区教育局等有关负责人陪同来校参观,他是来了解人口理论问题教学情况的。他是亚洲太平洋地区人口理论问题的顾问,是菲律宾人。他听了李公白老师在高一(7)班上的人口理论课,看了学生和幼儿园孩子的歌舞。

3月21日　星期五　阴雨中等,全日不断,晚间下雪珠

本校校友方开泰,是数学研究所研究员,来校为我校作数学讲座,数学教师和部分学生听讲。他讲了数学和四化关系以及如何学好数学的问题。

7月29日　星期二　阴有时多云,傍晚下雷阵雨

今年按省教育厅下达的招生任务,我校除继上年面向全专区招收高一新生一个班以外,试行面向全省招收高一新生一个班,由四个省属重点中学(苏高中、常高中、南师附中、扬中)联合招生,地点在南京。各校要派阅卷老师20人到南京阅卷。我校派出的老师在几天内即将前往。

9月2日　星期二　晴,高温

9月3日　星期三　晴,高温

9月4日　星期四　晴,高温,傍晚雷阵雨

12月9日　星期二　晴冷

全国人口教育工作会议,原在南京召开,最后两天移到我校外宾接待室继续开完。包括看和座谈我校在这方面的工作。

1981年

2月23日　星期一　阴,有时小雨

扬州市第七届人大于21日结束,产生了市人民政府。我校代表兰万隆选为市人大常委委员。市政协同时召开,章书记选为副主席。

3月3日　星期二　阴有毛雨

为改善自来水水源,由江都大桥打井队在水塔西河边打一眼每日可出水20吨的深水井,经过几天筹备,已于今日正式动工。参加工程的专业工人和杂工近30人。

邗江县教师来校听公开课(政治)。

3月4日　星期三　多云到少云

下午第二节后,举行"让精神文明之风吹遍校园"专题广播会,全校师生参加。明天是毛主席发出"向雷锋同志学习"的日子,通过纪念这个日子,在以往"学雷锋,树新风"的基础上,开了这个会。许校长在会上提出继续开展"学雷锋,树新风"的活动要求本校布置开展这项活动旬的日程。

6月17日　星期三　早晨多云转少云

下午七、八节,教工在大教室开会,内容:

1. 教导处郑万钟副主任传达参加在上海举行的教学改革学术讨论会的精神,内容具体生动,富于启发性。讨论会有省外部分重点中学成员,参观了上海几所中学,听取了全国教育工会组织的部分特级教师汇报组的汇报。

2. 吴和钧副校长宣布市委组织部的任命文件:

任命张世观同志为本校教务主任;

任命陆丕文同志为本校教务副主任;

任命谈开明同志我本校保卫科副科长。

11月27日到12月12日　星期五到六　晴到多云

江苏省电化教育馆昨天和前天到校录像,今天上午离校,其中有黄久征上数学课。

12 月 13 日　星期日　(空白)

团中央上月召开的全国新长征突击手(队)、先进团支部代表大会,本校少先队大队辅导员徐国英出席了这次大会,被选为全国优秀辅导员,已于本月 6 日回校。

1982年

2月21日　星期日　早晨有雾，多云转少云

为迎接日本唐津市友好代表团，今日照星期一课表上，明日补休。

今日下午(四时许)日本友人一行乘三辆客车有50人左右，到校参观。由树人堂前下车后，看了学生正在进行的课间操，然后经办公楼，教室楼到接待室，在接待室内除致欢迎词以外，并演了文艺节目。在校时间共约一小时。

(完)

2010年3月14日选录毕

（三）

学年、学期工作计划（1979—2006）

江苏省扬州中学
1979—1980学年度工作意见(讨论稿)

一九七九年八月二十一日

前　言

我校自重新被确定为省重点中学后,在上级领导的关怀下,一年里,调整了领导班子,配齐了中层干部,整饰了学校环境,逐步充实教师队伍,开始择优录取新生,教学设备和经费也有某些改善,为办好重点学校,积极创造了条件。

结合学习《全日制中学暂行工作条例》,我们总结了学校三十年教育工作正反两方面的经验,重新肯定了"四个为主"的原则:教学为主 ,课堂教学为主,书本知识为主和教师主导作用为主(原来的提法是"教师为主")。同时注意了研究新情况,力求解决新问题。一年来,教学秩序基本正常,教育质量稳步上长。

随着教学实践的进展,学校领导对方针、任务的认识,逐步深化。要用最大的努力,提高学生的科学文化水平,早出人才,多出人才,更好地为无产阶级政治服务,领导思想上还是比较明确的。在工作实践中,我们加强了重点班,也兼顾了基础班。但由于大乱初治,百废待举,领导精力分散,师资力量不足,因此对多数处于中间状态的一般班,还未能予以足够的重视,在一定程度上有所放松。学校的思想政治工作要对教学工作起统帅作用和保证作用,领导思想上也是比较明确的。我们开展了"新长征,攀高峰","学雷锋,创三好"等活动,对学生进行了学习目的性教育。但为了迅速建立正常的教学秩序只能首先着重抓好纪律教育。上半年,党中央重申了在思想政治方面必须坚持四项基本原则。形势的发展要求我们进一步加强学生的思想政治工作,把工作做到学生的思想深处,灭资兴无,从根本上提高学生的社会主义觉悟。我们贯彻全国学校思想政治工作和体育卫生工作两个会议的精神,思想政治工作方面,搞了一个试点,进行了第一单元坚持社会主义道路的教育。体育卫生工作方面。正在把会议期间抓起来的有关工作和取得的成绩,巩固起来,坚持下去,使之经常化、制度化。会议推动了工作,实践深化了认识。提高教育质量,必须做到两个"全":以教学为中心全面贯彻党的教育方针;面向全体学生。重点中学同样应该担负起双重任务:要为高一级学校培养数量更多质量更高的合格的新生;为国家培养德、智、体基础打得更好的劳动后备力量。更既出人才，又出经验。在为提高整个中华民族的科学文化水平，实现新时期的总任务而奋斗的伟大事业中，作出应有的贡献。

三年奋斗目标

经过三年的努力，要求学校的教育质量基本上达到相当于文化大革命前的水平。具体目标是：

一、德育方面：绝大多数学生能明确为实现“四化”而学习的目的性，自觉遵守《中学生守则》；能自觉坚持四项基本原则，提高抵制资产阶级思想侵袭的能力；能做到一颗红心，两种准备；全校初步形成革命的新风尚。

二、智育方面：全校各年级各班级，全部按新教学计划、新教学大纲、新教科书进行教学。90％以上的学生能达到或基本上达到新大纲规定的要求。学生的基础知识和基本技能掌握得比较牢固。自学能力和分析问题、解决问题的能力显著提高，养成爱科学，学科学，用科学的优良风尚。

三、体育方面：学生有自觉锻炼身体的习惯，70％的学生达到青少年国家体锻标准；我校田径、排球等传统项目，要出现好的成绩养成良好的卫生习惯和劳动习惯，全校有一个文明、卫生的环境，保持扬州市卫生红旗单位的称号。学生体质增强，发病率逐年下降。

实现上述目标的主要措施：

一、认真贯彻执行《全日制中学暂行工作条例》，明确方针任务加强领导、不断提高领导班子成员和部门干部的政治觉悟、思想水平和业务能力，改进工作作风和工作方法，不断研究新情况，解决新问题。

坚持以教学为中心，三育并举，正确处理德、智、体三者的关系，按教育规律办教育。

实行学校党支部领导下的校长分工负责制。发扬民主，贯彻民主集中制的原则。把集体领导和岗位责任制结合起来。

二、缩小规模，延长学制。1980年下半年，全校班级数由现在的五十七个班缩减为四十六个班（高二毕业十三个班，高一新生招收六个班；初三毕业十二个班，初一新生招收八个班）。1981年下半年缩减为三十六个班（高二毕业十六个班，高一新生招收六个班；初三毕业八个班，初一招收八个班）。

从1980年下半年高一新生起，学制高中改为三年。

三、初、高中新生入学，由学校单独招生，扩大招生范围，实行择优录取，坚持入学标准。

四、建设一支又红又专的教师队伍。标准是：教好功课，爱护学生，以身作则，努力学习。要使所有教师都能胜任或基本胜任所担负的教育和教学任务。胜任的要占90％以上。其中包括一支能做好班主任工作和团队工作的思想政治工作队伍。教师任课至少要能适应初、高中小循环的教学要求。

五、改善教学设备，改善师生生活条件，保证后勤供应。教学用房不仅要保证教室和教师办公室，还要有一定数量的课外教学活动室和专用教室（音乐教室、电化教室、语音教室）。扩充图书馆，增辟学生阅览室。努力配齐新教学大纲上规定需用的仪器，学生实验尽可能地恢复到文革前的二至三人一组的分组实验。发动师生，按照大纲要求，动手自制成套教具。改进、充实体育卫生设备。

改善教职工宿舍、学生宿舍和饭厅、办好食堂、幼儿园。

绿化、美化校园。

加强保健工作，实行医务监督。

六、办好校办工厂，开展勤工俭学，自力更生，改善办学条件。

一年工作意见

工作要求：为了有效地提高教育质量，必须正确地全面地贯彻党的教育方针，做到德、智、体一起抓，好、中、差学生一起抓；必须按教育规律办事，以教学为中心，正确处理德、智、体的关系，教与学的关系，教学工作和学校其他一切工作的关系。在这一学年内，工作的具体要求是：

一、以四项基本原则为中心内容。对学生加强学习目的性教育和《中学生守则》的教育。使学生端正政治方向，具有一颗红心，作好两种准备，以保证教学任务的完成。

二、坚持以教学为主的原则，用最大努力提高全体学生的科学文化水平。加强基础知识的教学和基本技能的训练，十分重视提高学生的自学能力和分析问题、解决问题的能力，培养爱科学，学科学，用科学的优良风尚。按教学规律办事，循序渐进，因材施教。进一步提高重点班（包括初中起点班），抓紧一般班，转变后进班。重点班要力求接近于文革前同年级的水平。一般班要有四分之一到三分之一的学生赶上重点班。基础班要有四分之一到三分之一的学生在语文、数学两门功课方面赶上一般班。

三、做好体育卫生工作，把全国体育卫生工作会议期间抓起来的有关工作和取得的成绩巩固下来。进一步提高两操、一课、两活动的质量，做好卫生保健工作，实行医务监督。

四、切实做好后勤供应和管理工作，为教学服务，为师生生活服务。针对当前学生多、班级多、教职工多，设备条件十分短缺的困难。要充分挖掘潜力，最合理地使用人力、物力、财力。

五、加强领导。调动全体教职工的积极性，解放思想，团结一致，做好工作。

几项主要工作：

一、思想政治工作

1. 教师方面:

(1) 组织教师进行经常的政治学习。当前,首先认真学好五届二次人大会议精神。调查研究教师思想。做到学有成效,解决问题。把政治学习落实到教学业务上,进一步明确为革命而教的目的性,努力实现教师的根本任务。

(2) 进一步贯彻落实党的知识分子政策,实现"政治上热情关怀,教学上严格要求,进修上积极推动,知识上虚心尊重,工作上力求稳定,生活上主动关心"的要求。

(3) 继续落实干部政策,解决遗留问题,力求根据各人的特点安排工作,逐个地解决实际问题,调动积极性。

(4) 加强对教工团支部的领导;继续做好教师中的建党工作。

(5) 切实加强对教师的业务进修的领导,做到"教什么学什么"、"缺什么补什么"。制订业务进修计划,实现"四定":定要求,定内容,定计划,定措施。并在教研组组织"老带新",听超前课,订立师徒合同,把教学工作和业务进修工作紧密结合起来,互相促进。

2. 学生方面:

(1) 进一步贯彻中央领导部门召开的学生思思政治工作座谈会精神,明确以教学为中心,把思想政治工作和教学工作紧密结合起来,把德育贯穿于智育之中。使学生既明确政治方向,激发学习热情,又学好文化知识,促进提高觉悟,实现思想工作和教学工作双高涨。当前,首先要通过多种活动,引导学生关心政治,克服那种不愿接受政治教育的抵触情绪。

(2) 环绕"四项基本原则"教育这个中心,开展适合青少年特点的各种活动,寓德育于生动活泼的活动之中。如组织学习自卫还击战英雄事迹。开展"学英雄,树理想,做学习主人"的活动,开展两对比(社会主义与资本主义对比,新旧社会对比),两热爱(热爱社会主义,热爱祖国)的活动,组织读书报告会和看有意义的电影,召开有内容、有目的、有准备的主题班会,等等。通过活动,对学生进行学习目的性教育,启发学习上的积极性和主动性。"四项基本原则"教育,着重抓好"社会主义好"和党的领导的教育,明确"只有社会主义才能救中国""没有共产党就没有新中国"的根本道理,进一步认识社会主义制度的优越性,增强社会主义必胜的信念,树立为四化献身的崇高理想,明确为四化勤奋学习的目的。同时,要结合班级学习文化科学知识的情况,加强和任课老师联系,提出端正学习态度、改进学习方法、培养良好学风的要求。把思想政治工作具体落实到促进文化科学知识学习上。一般班和基础班更要注意增强学习信心,启发学习兴趣,抓住提高学习质量这个中心环节来促进整个班级的提高。

(3) 通过各科教学进行思想政治教育。从各学科特点出发,进行学习目的性的教育,挖掘教材内在的思想教育因素,教育学生不畏科学险阻,为祖国争光,勇于攀登科学高峰。培养学生分析问题。解决问题的能力，逐步形成辩证唯物主义和历史唯物主义的世界观。各教研组要把这项工作列为主要课题，积极贯彻，定期总结，学校组织交流。

(4) 加强纪律管理教育，认真抓好后进同学的转化工作。进行《中学生守则》的教育、道德品质教育和文明教育，要结合班级情况，逐步提出要求，说到做到。继续开展“爱学习，守纪律，讲卫生，爱公物”的四项评比。对班级不良倾向和后进学生，要敢于抓，善于抓，要从爱护培养学生的感情出发，认真分析情况，肯定主流，严格要求，深入细致，诲人不倦，逐步启发诱导，引上正路，防止简单粗暴，严禁体罚。对于违反学校纪律的行为，要分清是非，该批评的批评，该处理的要严肃地处理，及时煞住歪风邪气。

(5) 培训和提高班主任。在日常活动中，加强经常的思想政治工作。坚持每月开一次班主任会议，每周按年级开一次班主任碰头会的制度。在工作中要求注意抓住几个基本环节：① 坚持调查研究学生思想情况，从实际出发，组织各种有效的教育活动；② 坚持表扬先进。转化后进，做扎扎实实、点点滴滴、精雕细刻的个别思想教育工作。加强家访工作，及时和家长配合教育；③ 坚持定期召开班级团队干部会议，加强团队工作指导，研究工作，交代方法，认真培训班级学生骨干。对学生干部更要严格要求，尤其要他们首先在学习文化科学知识上起模范作用；④ 坚持以身作则，身教重于言教。说一点，做一点，不讲空道理，不说过头话，带领学生逐步实现具体要求。

二、教学工作

1. 组织教师认真学习新教学大纲

要求各科教师明确所教学科的目的和任务。教学内容的科学系统性和“双基”的具体要求，以及教学中必须遵循的基本原则和注意事项，提高教学的自觉性，防止盲目性，按各科教学规律进行教学。

(1) 开学初集中学习一次，结合订好各科教学计划。

(2) 期中集中学习一次，结合进行教学质量检查。

(3) 期末集中学习一次，结合进行教学总结。

2. 加强各科教学的计划性

因班制宜，因科制宜订好各年级各类班级的学科教学计划，并贯彻落实。踏踏实实加强“双基”，逐步提高学生自学能力和分析问题、解决问题的能力。

(1) 初中一、二两个年级，全部按照新教学计划、新教学大纲、新教科书进行教学。

(2) 其他年级重点班要靠大纲，要在基础知识和基本技能的巩固。熟练上下功夫，要培养学生综合、灵活运用“双基”的能力。一般班，就现用教材进行教学，先要求学生听懂、学会。对原基础班，就现用教材降低要求，放慢进度，注意填扩补缺，集中主要力量，抓好语文、数学两门学科的教学。

(3) 各年级、各类班级的各科教学计划，由各教研组统一研究、部署，备课组具体拟订，教研组长审阅后交教导处。

(4) 通过经常性的听课、定期检查、考查和考试，分析教学情况，如有必要，经教研组长同意，备课组可以适当调整计划，以有利于计划的落实，保证教学质量。

3. 以提高课堂教学质量为中心，开展教材教法的研究

(1) 进一步搞好备课。以大纲为指导，在个人钻研的基础上进行集体备课，吃透两头：教材和学生，切实做到“五备”：备教材，备学生，备教法，备作业，备实验。写好备课笔记。提倡再备课(通过课堂实践，分析原教案的得失)。

(2) 各教研组要确定研究教材教法的若干专题，使教研活动有目的有计划有步骤地进行。

(3) 开展经常性的听课。教师每人每周至少听一节，备课组长、教研组长每周至少听两节，领导干部和有关中层干部，每周至少听四节。定期举行研究课，一学期内，语文、数学、外语、政治、体育按年级各举行一次。物理、化学，初、高中各举行一次。其他学科各举行一次。研究课事先要专门集体研究，明确目的、要求、重点、难点、步骤、方法，课后要重视听取学生反映，调查教学效果，作好小结。

(4) 语文、数学、外语、政治、体育，一学期要各举行一次学科讨论会。期末，各学科均要作出专题总结。

(5) 教学方法不强求一律，但必须注意贯彻教学原则：科学性与思想性统一的原则，循序渐进的原则，因材施教的原则，启发性的原则，理论联系实际的原则，巩固性原则。

(6) 根据教学内容的需要，尽可能地使用幻灯进行教学，提高教学效果。

4. 指导学生改进学习方法，培养良好的学习习惯

帮助学生克服死记硬背、不求甚解、怕苦畏难、一曝十寒、好高骛远、浅尝辄止等学习上的缺点，指导学生端正学习思想，改进学习方法，摸索学习规律，提高学习效率。

(1) 教师要结合讲课，对学生进行学习方法指导。如布置和检查预复习；与学生一起研读课文，分析教材，抓住要点，加深理解，明确概念；提出记忆的要求并交代方法；等等。

(2) 认真检查作业，严格考试制度，强调独立思考、独立完成。

(3) 班主任要组织学生总结、交流学习经验。

(4) 请有经验的教师作学习方法讲座。

5. 试行《学籍管理暂行规定》

加强学籍管理，进一步巩固教学秩序。

(1) 按《规定》严格控制考试次数；作业负担要适量，防止畸轻畸重。

(2) 抓紧对旷课学生的教育和管理，按《规定》旷课两周以上或累积达一百课时

以上，经教育后仍不到校的，坚决予以退学处理。

（3）初中一、二年级按《规定》实行升留级制度。

（4）执行《规定》中的奖励和处分。

三、体育卫生工作

1. 认真上好体育课。

（1）根据《体育教学大纲》（试行草案）进行教学。各年级要制订出全年和学期的教学工作计划。同时，体育课要建立课堂常规。严格训练，严格要求，区别对待，因材施教。体育教学要从增强学生体质出发，加强体育基础知识、基本技能和基本技术的训练，思想教育要贯彻在教学过程的始终。要充分发挥教师主导作用，调动学生学习自觉性和积极性，做好安全工作，不断提高教学质量。

（2）教学分组：本学年初一、初二按性别、体质采用合班分组教学；初三男、女分组教学。三年内全校均过渡到合班分组教学。

（3）体育课要建立严格考核制度。认真进行平时检查和定期考核。学生不得无故缺课，缺课三分之一以上的学生不能参加体育考试和评定成绩。考核项目标准开学初向学生公布。病残免试学生，应经校医检查证明，教导处批准。

2. 积极开展课外体育活动。

（1）要做好宣传工作，安排好场地器材和辅导老师。每周两节课外体育活动排入课表。

（2）领导和教师要带头做操。切实提高寄宿生早操和全体同学的课间操、眼保健操质量。

（3）进一步认真施行《国家体育锻炼标准》，做好宣传动员，培养骨干，在经常锻炼基础上，认真组织测验。一年内要有百分之四十的学生通过标准，三年内争取百分之六十到七十的学生达标。

（4）以我校传统项目田径、排球为主，建立运动队，加强业余训练，每周三次以上，比赛前适当增加次数，坚持常年训练。一年内田径争取全地区冠军，三年内田径、排球争取全省名列前茅。

（5）每学期根据我校传统和季节特点，举行小型多样的体育比赛。秋冬季举行长跑、篮球比赛，春夏季举行田径运动会、排球比赛。校运动会一年举行一次，分年级单项比赛每年一次，与校运会错开举行。

3. 体育老师要忠诚党的教育事业，作好体育工作。

（1）认真备课，钻研教材，改进教法，努力提高教学质量。

（2）要认真组织并辅导好课外体育活动和广播操。搞好运动训练和竞赛工作。

4. 共青团、少先队、学生会，要配合做好体育工作。

班主任对学生德智体全面发展负有重要责任，要“三好”一起抓，把班级体育工作列入计划。在检查评比先进班级和先进班主任时，把体育工作列为重要内容。

5. 卫生工作：

(1) 坚持包干区清洁卫生值日制度，每天一小扫，每周一大扫。

(2) 对全校学生进行视力普查。

(3) 给入学新生检查体格，建立健康卡。

(4) 检查教学卫生，改善学习条件。

(5) 训练班级卫生员。

四、总务工作

1. 财务方面：

严格财经纪律、制度，尊重和支持财会人员的职权，管好用好各项经费、努力做到计划用钱，节约开支，把有限的经费真正用到改进教学条件，改善师生生活等方面来，克服那种各方面都重要，大家争用钱的非全局观点。要坚持专欵才用，有欵才用，克服乱拉乱用、无欵先用等现象。

2. 基建维修方面：

(1) 省拨二万元基建经费，根据急需的情况，仍拟造电化教学室（又作阶梯教室）。力争在本年底基本竣工。另在本年度内，争取造外宾接待室 120 m^2、师生饭堂 1200 m^2。

(2) 为解决部分教职工的住房困难，利用市里给的二万元经费（另自筹一部分）造平房宿舍 400 m^2。这一任务，争取在今冬明春完成。

(3) 本学期，房屋维修任务较大，除危险房屋要大修外，房屋塞漏、破烂地板维修等工作，面广量大，需要集中一定的人力、物力、财力，有计划地进行。

3. 设备方面：

今年省拨四万元设备费，主要用在几个大的紧急的方面。

(1) 电化教学室的全套设备（包括固定桌椅）；约计需二万元左右。要及早规划，编造预算，抓紧购制。

(2) 本学年，我校学生数不是减少而是增加，原有的课桌椅部分已破烂不堪，不能使用，除尽力修复 50 个班计 2800 张外，还要增添 6 个班计 336 张的课桌椅。

(3) 原有的双层床，除已更新的 25 张外，其余均不能使用。本学期拟再更新少数外，还要购买 50 张，以解决郊区路远的部分新生的寄宿问题。另外，还要添置一定数量的吃饭桌凳。

(4) 各种设备的管理制度已制订，要认真贯彻执行。关于教室各项设备的管理制度，本学期要在各班组织讨论，责任到人，认真执行，克服有章不循、任意损坏设备的坏风气。

4. 生活、绿化等方面：

(1) 进一步办好食堂、幼儿园。食堂要在原有的基础上，增加饭菜的花样品种。切实搞好饮食卫生。本学期除认真搞好包伙学生、代伙教职工的饭菜外，尽可能地给路远学生代蒸饭菜。

(2)大力节约水电。无论是教室、办公室、教职工宿舍的电灯,都要做到需要则开,不需要则关,养成随手关灯的好习惯,坚决克服长天灯、长夜灯,杜绝烧电炉。

(3)大搞绿化育苗。现有苗圃要扩大一倍以上,增加育苗数量和品种,切实做到自力更生,绿化美化校园,并逐步做到自给有余,增加收入。今年内要求育苗价值五千元以上。

5. 加强对职工的教育,改善工作态度,提高服务质量。

五、关于领导工作

1. 实行党支部领导下的校长分工负责制,学校的一切重大问题,必须经过党支部讨论决定。

2. 在党支部统一领导下,充分发挥学校行政负责人和部门、工会、团、队各种组织的作用。

3. 建立校长领导下的由各有关方面负责人和教师代表参加的校务会议,讨论和贯彻上级党委和教育行政部门的指示以及党支部的决议,讨论学校行政工作的重大问题。

4. 建立和健全学校的各项规章制度。切实加强岗位责任制。制定教职工的工作条例,严格请假制度,实施考勤考核制度和奖惩制度。健全学校的文书档案、保卫保密等项制度,认真贯彻执行。

5. 切实改进领导作风,提高行政工作效率,树立好的会风、学风、校风、党风,要求领导工作做到严、细、实。

严:就是要有严格的要求,严明的纪律,严密的制度,做到赏罚分明,好的及时表扬,差的及时帮助。同时,领导必须以身作则,严以律已,起带头和模范作用。

细:就是工作要加强计划性、预见性。学期要有学期计划,每月要有月的计划,每周要有周的计划,做到长计划短安排。并且要有计划,有检查,有总结。发现并培养好的经验和典型,及时交流推广,指导全面工作。

实:就是力求精简会议,走出办公室、会议室,深入课堂、教研组、操场、宿舍,要求每个领导分工抓一个部门、一个年级和一个教研组。每周至少要听四节课,定期找教师和学生谈话,检查教师的备课笔记和学生作业,了解情况,进行教学分析,切实把好教育质量这一关。

6. 充分调动广大教工的积极性,进一步落实党对知识分子的各项政策,经常地与教师促膝谈心,不断帮助他们解决思想、工作、生活上的一些问题。

7. 学校的领导干部必须努力学习马列和毛主席著作,必须认真钻研业务,不断提高自己的政治思想和文化业务水平,逐步使自己由外行变为内行,变为又红又专的领导者,以身作则,带动全校教职工,解放思想,团结一致,勤勤恳恳,做好工作。

关于开学前的日程安排

1979.8.19.

日期	活动内容
8月20日	下午三时教师到校报到,在大教室集中,具体部署开学前工作,并落实各年级班主任和教师课务。
21日	上午七时半召开班主任会议;各组教师整理打扫办公室。 下午三时召开各教研组长、备课组长会议。
22日—25日	各科教师参加教研站所组织的备课活动,如全市无统一活动,则各备课组可组织教师备课或讨论拟定新学期教学计划。
25日	学生干部开始集训。原初一部分学生参加补考。 下午三时召开新教师座谈会。
26日	休息。学生干部继续集训;原初一部分学生继续补考。
27日	上午七时半全体教师大会,交流教学工作和班主任工作经验。 下午三时全体教师大会,传达地区教育局召开的完全中学校长会议精神。
28日	上午七时半学校领导总结上学期工作,并部署新学期工作及九月份工作要点。 下午三时各教研组组织讨论。
29日	教师做好开学的各项准备工作。各年级转学生考试。
30日	学生报到注册,领取书籍、薄本;组织学生打扫卫生、布置教室。 下午初一新生集中进行入学教育。
31日	继续做好开学前的组织工作。下午全校举行开学典礼。
9月1日	正式按课表上课。

学校体育卫生工作意见

要求:以党的教育方针为指针,认真贯彻中央二部一委《关于加强学校体育卫生工作的通知》和《中学暂行工作条例》,为加速培养德、智、体全面发展的有社会主义觉悟的有文化的劳动者,在思想上要高度重视,在工作上要扎扎实实,在较短时间内,把学校体育卫生工作迅速搞上去,使体育卫生工作出现一个新的面貌,以迎接江苏省学校体育卫生工作会议的召开。

具体工作:

一、加强宣传教育,提高对学校体育、卫生工作的认识,加强全面贯彻党的教育方针的观念。在思想发动上要明确以下三点:

1. 加强全面贯彻落实党的教育方针的观念,正确处理好德、智、体的辩证关系。明确身体好是学校教育的三大目标之一,摆正体育卫生工作的位置,要象抓德育、智育一样,抓好体育卫生工作。要让学生为革命锻炼身体,讲究卫生,在德智体诸方面都得到发展。尤其是明确重点学校的要求,要做出榜样,提供经验,做文化课教育的模范,三好的模范,体育的模范。

2. 明确搞好学校体育卫生保健工作的要求,加强锻炼,讲究卫生,保证学生健康,增强学生体质,提高抵抗疾病的能力,提高健康水平。

3. 明确通过体育卫生的教育,要培养学生的组织纪律性、勇敢和集体主义精神,树立移风易俗、改造国家的思想。

学校领导和教职工,要认真学习《条例》、二部一委的通知精神、南翔部长讲话的精神,召开全校大会、各班班会、团员和少先队员会进行动员,宣传讲解文件精神,做到目的明确,要求具体,措施落实,扎扎实实地把体育卫生工作开展起来。

二、明确搞好学校体育、卫生工作的具体要求。

(一) 体育工作:

认真上好体育课,搞好课外体育活动,实现"两操、两课、两活动"的要求。在普及的基础上重视提高工作,努力提高体育运动水平,今年全校要有50%达到"国家体育锻炼标准",田径、排球等传统项目在地,市比赛中要争取获得好的成绩。

认真上好体育课,提高体育课教学质量的要求。① 教师应按大纲要求,认真备课,熟悉教材,掌握教法,精讲多练。② 严格课堂要求,执行教学常规,注意安全保护,保证课的强度和密度。③ 加强组织纪律,实行组织军事化,上课前学生要整队由体育委员带往操场。④ 上课队形和队伍的调动,应按军训要求,班组明确,排列整齐,思想集中,精神饱满,积极完成规定的各项练习,并认真进行考核。进行安全教育,防止发生事故。

认真做好早操。课间操的要求。① 为了集中领导,统一指挥,做操集中在大操场进行。② 干部带头,教职工一起参加,以身作则,做出榜样。③ 检查人数,定点定位,做到"五要":集合要迅速(4分钟完成集合动作),队伍要整齐(前后一条线,左右一条线,横竖一条线),态度要认真(思想集中,不讲话,不做小动作),动作要用力(精神饱满,要用力按规定节拍做),姿势要正确(按动作要求做,幅度、部位要正确)。

以积极推行《标准》为中心,开展好课外群众性体育活动的要求。① 组织健全(各班建立锻炼小组,由体育干事带领,有严格的组织纪律)。② 活动有计划(做到一整队,二跑步,三锻炼,四按规定项目锻炼)。③ 指导有分工(体育教师按项目分工,深入现场指导)。④ 干部、教师要跟班(体锻时分工年级的行政干部、班主任或任课教师应跟班参加,负责做好安全教育和组织工作)。⑤ 时间有保证(每周二次体锻课,列入课表,不得占用;同学因病因事不能参加锻炼的需请假批准)。

认真抓好传统项目进行业余训练的要求。① 田径、排球等传统项目,分别在高中、初中成立代表队。② 重视提高训练课的质量,做到人员、时间、计划三落实。③ 严格训练制度(如点名制度,请假制度,评比制度等),解决必要的物质条件。④ 统筹兼顾,合理安排、处理好文化学习与业余训练的关系。

(二)卫生工作要认真贯彻"预防为主"的方针,努力做好各项卫生保健工作。学校要有一个文明、卫生的环境,保持扬州市卫生红旗单位的光荣称号。全校门诊发病率要逐年有所下降。

注意保护视力,做好防治近视眼的工作。班主任和任课教师要关心学生坐的姿势和用眼的卫生习惯,教育学生做到"二要""二不要"。"二要":① 读书、写字姿势要端正,眼睛与书本的距离保持一市尺。② 连续看书写字一小时左右要休息片刻或远望一会。"二不要":① 不要在光线暗弱及直射阳光下看书写字。② 不要躺在床上或走路时看书。班主任、任课教师和医务人员要深入班级指导学生认真做好眼保健操,进行眼保健操评比。总务部门要及时检查,积极改善教室的采光,照明和课桌椅,逐步使之完善。本学期对全校学生普遍进行一次眼力检查,并作出统计和对比分析,绘制图表,发现问题要及时采取防护措施。

加强卫生知识的宣传教育,普及卫生常识,培养学生讲文明、爱卫生的良好习惯。重视女同学卫生保健工作的指导。环境卫生,教室内要做到窗明几净,包干区做到无杂草、无碎砖瓦砾、无垃圾、无积水。积极做好校容整顿,绿化学校环境的工作。对个人卫生做到"四勤""四不"。四勤:即,勤剪指甲,勤理发,勤洗澡,勤换衣服。四不:

即，不喝生水，不吃零食，不随地吐痰，不乱抛纸屑。学校要注意供应开水，添置必要的设备。

积极开展对常见病多发病的防治工作。搞好健康卡。对学生进行一次肠道寄生虫和砂眼的普查和防治。

切实加强对体育运动、食堂卫生、吃水卫生、教学卫生的医务监督工作。

注意改进教法，提高课堂教学质量。了解各科作业和考试情况，适当调整平衡，以免产生学习负担畸轻畸重的现象。加强寄宿生生活指导工作。

三、加强领导，检查督促，贯彻落实。

学校建立体育卫生工作领导小组，校长室、教导处有专人分工，制订计划、要求，坚决贯彻落实。各年级，要在学校行政分工干部领导下，有年级班主任代表参加，建立年级体育卫生工作小组，专线落实体育卫生工作。

发挥各班班主任的作用。明确体育、卫生工作是班主任的一项重要工作。班主任应全面关心学生的成长。经常加强体育、卫生目的性教育、启发自觉性，贯彻学校提出的体育卫生工作的具体要求，组织班级内小组之间的检查评比。

充分发挥体育教研组、卫生室的作用。要加强事业责任感。制订具体计划，分工落实到人。加强体育、卫生的业务分工指导，具体落实体育卫生工作的各项要求。

发挥共青团、少先队的作用，培训班级体育委员和卫生委员，积极带领学生开展体育、卫生的活动。

四、评比检查、健全制度。

为了贯彻落实上述的具体要求，建立评比检查制度。如，课间操评比制度和环境卫生检查制度，每周检查一次。进行班级之间、年级之间的竞赛。进一步修订体育活动制度，卫生保健制度，教学卫生制度，使体育卫生工作制度化，正常化。并开展纪律、体育、卫生、爱护公共财物四项评比竞赛的活动、评比先进集体。

一九七九年二月二十三日

江苏省扬州中学
1979年上半年度学期工作计划

扬发[79]066号(之2)

本学期学校工作的指导思想应是不失时机地把学校工作的重点转移到教学上来,也就是转移到迅速提高教学质量上来。全校师生员工要在思想上、作风上、工作方法上来一个转变,为多出人才、快出人才作出贡献。

(一) 教 学 工 作

贯彻以教学为中心的原则,进一步切实抓好两头,争取大面积丰收;以提高课堂教学质量为中心,从总结十七年入手,调查现状,开展教材教法的研究和教学改革的试验;推广以幻灯为主的电化教学;抓紧教师的业务进修工作。

一、中五毕业班、中一起点班和其他年级重点班的工作:

1. 中五毕业班要根据一个目标、双重任务、善始善终做好全部毕业班学生的教学工作。为适应当前国家急需。力争提高升学率。

中五原(5)、(6)两班、上学期间天上大课,这学期要进一步挖掘学校潜力。改为三个小班。每天上课。

因班制宜,因材施教。根据各班学生的实际程度和特点。实行分科分类教学。(1)、(2)、(3)、(4)班为理科;(7)班为文科;(5)、(6)班为普通科。着重补缺、使学生在原有基础上都得到不同程度的提高。

新课尚未结束的。在开学后一个月之内结束新课。新课已经结束的。按七九年高考大纲进行系统复习。四月底前系统复习结束,五月份着重加工提高。

2. 中一起点班。严格按照教育部规定的教学计划和教学大纲进行教学,要保证高质量,力争超大纲。

要深入调查研究,准确估计学生的接受能力,充分调动学生的学习积极性,注意挖掘学习潜力,既要循序渐进,又要从难从严。在使学生巩固地熟练地掌握课本上的基础知识和基本技能的前提下、尽可能地引导学生向知识的广度和深度进军。结合课内学习。指导学生课外自学。

要用最大的努力、不断提高语文、数学、外语三门课程的教学质量。语文要贯彻精讲、多读、多写、多练的原则。数学要明确基本概念、熟练基本运算、准确地理解和运用数学语言。外语要进一步加强听、说训练。同时,必须十分重视培养学生的自学能力和分析问题、解决问题的能力。

建立语文、数学、外语学生习作卡,系统记载学生学习情况。以便深入调查研究,掌握学生学习规律。

要注意发掘有特殊才能的学生,一开始就着意培养。

对上学期学习上开始掉队的少数学生,要分析原因,抓紧补课,加强思想教育,加强与家长的联系,使百分之九十五以上的学生都能适应大纲要求,跟班前进。

3. 其他年级重点班要进一步有计划有步骤地实现向新教学大纲靠拢,向新教学计划过渡。

使用省编教材的学科,要按大纲规定的教学内容,并参照文革前的教材,加以适当补充。在保证质量的前提下、尽可能地提高学生的程度。

要正确处理打好基础与拓宽加深的关系。在打好基础的前提下拓宽加深,防止盲目性。

补充教材和练习题,要全学期通盘考虑,注意内容的科学系统性和教学的计划性。

二、基础班的工作:

1. 基础班教学工作的原则是承认差别,体现差别。努力缩小差别。

2. 根据教学的量力性原则,从基础班学生的实际程度出发,拟制教学计划,处理教材,并灵活地运用与学生学习特点相适应的教学方法,循序渐进,注重实效。务使学生学有所得。看到成绩,看到进步,以利于稳定学习情绪,激发学习兴趣,树立学习信心。

3. 集中主要力量,抓好语文、数学两门课程的教学。结合新课,对学生基础知识方面的缺漏,进行填平补缺。全班有百分之七十以上的学生的语、数成绩赶上了一般班,这个班就转为一般班。

4. 把思想教育、纪律教育结合教学工作一道做,搞好每一堂课的组织教学,保证课堂教学的正常秩序。

三、课堂教学:

1. 当前提高教学质量的主攻方向是:(1) 使学生对基础知识和基本技能的掌握达到巩固、熟练和灵活运用的程度;(2) 培养学生的自学能力和分析问题、解决问题的能力;(3) 充分利用四十五分钟,提高每一节课的教学效率。

2. 不上无准备之课。在学习大纲、通读教材、了解学生的基础上备课,在个人钻研的基础上进行集体备课。做到五备:备教材,备学生,备教法、备实验(教具),备作业。关键是吃透两头:教材和学生。对教学内容的处理。要做到突出重点,解决难点和消除疑点。教案可详可略,但上课前要力求做到熟练掌握,胸有成竹。

3. 贯彻教学原则的统一性,提倡教学方法的多样性。从当前学生的学习特点出发,按教学规律办事,仍然必须遵守教学的量力性、系统性、自觉性、直观性和巩固性等原则,还有培养性和实践性的原则。教学方法,但求有效,不拘一格,但要努力改变教师活动多,学生活动少;讲得多,练得少;灌输多,启发少的现象,要在运用启发式和精讲多练上下功夫,有所前进,有所突破。

四、课外教学活动:

1. 巩固、提高和发展课外学科小组,要做到指导教师落实,活动计划落实,时间落实和地点落实。

2. 提倡教师特色重点培养对象,用带徒弟的方法,进行个别指导。

3. 对"差生"进行课外补课

4. 恢复和发展航模、无线电、微生物等科技小组的活动、要使之正常化、制度化起来。

5. 定期举办科普知识、文学和社会科学常识讲座。

6. 适当开展课外学习竞赛活动和文艺形式的学习晚会。

7. 帮助学生总结正确的、行之有效的学习方法,并加以宣传、推广。

五、教学研究活动和教学改革试验:

1. 各教研组要根据本学科的特点和教学现状列出这学期教研活动的专题,俾使教研活动有计划、有步骤、有目的地进行。

2. 根据所列专题,从总结十七年入手,同时调查现状,开展教学研究活动。进行经常性的互相听课,对作业和试卷进行分析,有目的有准备地举行公开课和学科讨论会。经常性的互相听课,每个教师平均每周不少于一节,教研组长不少于两节。除中五毕业班外,语文、数学和外语三学科。按年级本学期至少各举行一次公开课。政治、物理、化学本学期初、高中各举行一次公开课。其他学科本学期各举行一次公开课。学科讨论会、本学期语文、数学、外语、物理、化学、政治各举行一次。

3. 教学改革的试验,这学期要开始探索初中语文过关和高中数学超大纲问题。初中语文过关在中一年级、高中数学超大纲在中四年级试点,边研究边设计边试行。

六、教师业务学习:

1. 学习的内容有:教学大纲、专业知识、十七年的经验和外校外地经验、教育科学、等等,但要因人制宜,结合实际,有所侧重。

2. 每周除有一个下午用于教研活动外,另增加一次两小时的业务学习时间。

3. 教学大纲的学习,一学期集中学习三次:开学初,结合讨论制订各科教学计划和教研活动计划,集中学习一次;期中,结合教学质量检查,集中学习一次;期末,结合教学总结,集中学习一次。学习的重点是:各学科教学的目的要求;教学内容取舍的根据;教学内容安排的科学系统性;教学原则(或教学注意事项)。

4. 专业知识的学习,除参加函授和到进修学校业余进修的以外,均以业余自学为主。业余自学的要订好学习计划,定期在组内汇报学习进度。这学期要进行一次考核,作为考勤考绩的内容之一。

5. 每周一次的业务学习时间,主要用来学大纲、总结十七年、学报刊上的有关文章。

七、推广以幻灯为主的电化教学:

1. 成立电化教学小组,暂附设于物理教研组内。

2. 在目前学校房屋紧张的情况下,因陋就简,先修建一个电化教学室。

3. 本学期内争取每个教研组至少配备一架幻灯机。

4. 结合公开课,尽量使用幻灯教学,宣传幻灯教学在提高教学质量方面的积极效果。

5. 作好参加四月份地区召开的幻灯教学会议准备工作。

八、考试:

1. 必须进一步明确考试的目的性,以便发挥考试的积极作用,消除消极因素。考试的目的是检查学生掌握所学基础知识和基本技能的情况,促进学生复习、巩固和提高已学的科学文化知识;分析教学情况,研究改进教学;调动教与学的积极性,不断提高教学质量。

2. 要防止和纠正考试次数频繁的现象。考试的形式和方法,要因科制宜、因班制宜。要严格考试制度,整顿学风。

语文、数学、外语、物理、化学,举行期中、期末两次考试,还可以进行两次单元检查。

政治、生物、历史、地理期中举行一次检查,期末进行一次考试。

体育、音乐、美术期末进行一次考试。

3. 考试,在当前,一般以闭卷为主。检查主要采用独立作业的模式,可以开卷。随堂进行、不调课,以保持正常的教学秩序。

4. 加强经常性的检查,如通过口头提问或笔答。检查旧课;当堂作业,巩固新课,等等。

5. 外语要增加口试。

6. 不论考试或检查,开卷或闭卷,均须加强教育,提倡实事求是,强调独立思考、独立完成,反对懒汉思想,反对弄虚作假。

7. 对基础班的考试,应从学生特点出发,采取灵活多样的方式以调动学生的学习积极性。

8. 期末考试,重点班和一般班实行统考。

九、兼学:

1. 兼学时间本学期不超过两周。

2. 兼学的内容:除参加农忙劳动外,有校办工厂学工、校办农场学农、校内公益劳动、结合民兵训练学军和高年级作一些社会调查。

十、图书馆、仪器室工作:

1. 进一步有计划有重点地增添图书仪器设备。

2. 健全规章制度,加强管理。

3. 充分发挥现有图书、仪器设备的作用,更好地为教学服务。

(二)思想政治工作

为适应全党工作重点转移,思想工作要转移到为教学这个中心服务的轨道上来。思想工作和教学工作要结合起来,从落实和保证教学任务出发、做深入细致的思想政治工作。

1. 统一认识,加强班主任工作的领导。

定期召开班主任会议(每周星期六第六节课),提高班主任思想水平和工作水平,加强工作责任感。班主任要多学习。多接触学生,以身作则,说到做到,及时解决问题,分工年级的行政干部要抓点,加强年级工作的具体指导,加强检查督促。设置班主任手册,定期检查,建立班主任交接制度,以便检查班主任工作质量。

2. 明确思想教育的要求。

结合党的十一届三中全会精神的贯彻,要使学生进一步明确为加速建设社会主义现代化强国而勤奋学习的学习目的。提高学习自觉性增强学习的决心和信心。在学习态度上,要强调培养良好的学风,强调虚心、刻苦、踏实、经常,克服学习上骄傲自满、怕苦畏难、浅尝辄止的缺点,在学习方法上,要强调上课集中思想听讲,自觉预习,经常复习,在复习的基础上按时独立地完成作业。要加强纪律教育、道德品质教育和培养良好卫生习惯的教育。根据上述要求,本学期抓三次教育:(1) 结合贯彻三中全会精神,进行学习目的性教育;(2) 培养良好的道德品质,全面贯彻学生守则的教育;(3) 培养良好的学习习惯和学习方法的学风教育。

3. 注意改进思想教育的方法。

班主任要深入调查研究班级教和学的情况,逐个地进行知识质量的排队。根据情况分析,提出具体要求,制订班级计划。并要认真了解班级团、队组织和班委、小组长等干部的情况,切实地把班级积极分子队伍组织起来。要求他们在遵守纪律和学好文化知识上起模范带头作用。要把班级工作分工落实到人、尽量调动更多的积极分子一起工作。注意定期召开干部会,发扬民主,改进工作。

要注意把集体教育和个别教育结合起来,以个别教育为主。要进行形势、理想教育,科学发展上存在"差距"的教育,以及革命导师、科学家、优秀青少年刻苦学习事例的教育,以启发学生学习上的自觉性和积极性。本学期各班召开1—2次有准备、有内容、有特色、有效果的生动活泼的主题班会。要注意扎扎实实,深入细致,精雕细刻,点点滴滴地做好个别思想教育工作。特别要注意贯彻以表扬为主的原则。防止简单粗暴,以致使学生丧失自尊心。对"差生",要注意培养师生感情,尊重学生,以细心、耐心、有信心的态度做好教育工作。各班都要普遍注意家访工作,密切和家长配合进行教育。

班主任要经常和任课老师联系,及时掌握教学的情况,调整学生学习负担,有针对性地介绍学习方法,注意组织课外学科小组。学习园地和课外的文艺、体育活动。

(三)体育卫生工作

本学期体育卫生工作,应以党的教育方针为指针,认真贯彻中央二部一委《关于加强学校体育卫生工作的通知》和《中小学暂行工作条例》。在现有基础上。把学校体育卫生工作搞上去,使学校出现一个新的面貌,以迎接江苏省和全国学校体育卫生工作会议的召开。

一、加强宣传教育,提高方针观点。要完整理解党的教育方针,深刻领会德、智、体三者之间的辩证关系。各年级各班要重视培养一批德、智、体全面发展的典型,以进行现实的方针思想教育。

二、努力提高体育课、课外体育活动和课间操的质量。坚决按大纲进行教学,建立体育教学常规。从本学期起,中一年级试行分班分级的教学方法,从实践中摸索提高体育教学质量的规律。课外体育活动要积极推行"国家体育锻炼标准",争取今年完成50%的"达标"任务。为便于集中指挥。统一领导,本学期课间操一律在大操场进行。

三、认真抓好田径、排球、游泳等传统项目的业余训练,不断提高运动技术水平。为促进体育运动的普及和提高,各班、各年级要开展小型、多样的单项竞赛。四月底(或五月初)举行全校田径运动会。

四、切实搞好卫生工作,形成一个文明、卫生的环境,保持扬州市卫生红旗单位的光荣称号。环境卫生仍划片包干,定期打扫。吐痰要入盂,纸屑要入娄,家禽要圈养,垃圾要倒到指定地点。同时要加强个人卫生的教育,食堂卫生面貌要进一步改观。

五、加强保健工作,注意保护学生视力,积极开展对常见病、多发病的防治工作。班主任和任课教师要关心学生的坐姿和用眼卫生。医务人员要深入班级宣传教学卫生,学校要创造条件改善教室的采光。本学期对全校学生进行一次视力检查和肠道寄生虫和砂眼的普查。对体育运动、食堂卫生、吃水卫生等要进行医务监督。

六、加强对学校体育卫生工作的领导,成立学校体育卫生工作领导小组。要充分发挥体育教研组和保健室的积极作用。通过各种途径提高体育教师和医务人员的业务水平。班主任要把体育卫生工作列为班务工作的重要内容之一,并注意充分发挥学生干部的作用。

(四)总务工作

为了使总务工作更好地为教学服务,为师生生活服务,必须进一步改进总务工作人员的思想作风、工作作风和工作方法,调动一切积极因素,争取各方面的支持配合,切实搞好财务管理、图书、仪器、设备管理,基建维修管理,卫生管理和生活管理,使各方面工作有更新的起色,以适应党的工作重点转移的需要。

一、加强财务管理。健全和执行财务制度,尊重和支持财会人员的职权,做到专欵专用。计划用欵,节约开支,把有限的经费用到改进教学条件、改善师生生活、改变环境面貌等方面来。

二、加强图书、仪器、设备管理。根据经费情况,清点核实并充实添置必要的图书、仪器、设备。力求管细、管实、管活,充分发挥其作用。对现有办公用具和教学用具,逐步进行更新,并作适当添置。计划本学期每教研组添置书橱一只,漆布机动黑板 50 张,更新办公桌櫈 50 套,更新添置连课桌椅 20 个班级,更新和添置双层床 50 张。对办公室、教室的一切设备,要分别负责保管,防止损坏散失等现象。损坏公物,要查明原因,并用经济手段处置。

三、加强基建、维修管理。对已上报准备兴建的 1200 平方米学生宿舍和 1200 平方米学生食堂,一经批准,要立即组织小班子,负责计划和分工管理。本学期修理好司令台和电化教室,新砌外宾厕,所扩宽大门楼。固定小喇叭。

四、加强生活管理。根据经费、材料的可能,适当增添教工宿舍对现有学生宿舍。要进行必要的整顿。学生伙食要改变供应方法,寄宿生改为包伙制,代一顿中饭的改为代蒸饭,供应菜汤,其他菜自理。办好幼儿园。筹备分出教工食堂,摆脱教职工的后顾之忧。大力节约用电,减少电力超支现象。

(五)教学领导工作

领导要明确教学为中心,从思想、作风、方法上适应着重点的转移。

一、以教学为中心,统筹安排全校各项工作。要正确处理好思想工作。教学工作和总务工作的关系,德、智、体三者的关系,教学工作中教和学的关系。课内和课外的关系等。

正常办公会议制度、建立岗位责任制。学校领导要做到“三个一”:分工负责一个部门、一个年级、一个教研组;要抓住三个环节:计划检查、总结、经常听课,平均每周不少于五节;把好教育质量关。要深入实际,调查研究,探索教学规律,向科学地管理学校的方向努力。

二、积极贯彻落实党对知识分子的政策,进一步调动教师的积极性。继续肯定文化大革命前十七年的经验,进一步分清路线是非,解放思想,加强光荣感和责任感,坚决把重点中学搞上去。减少政治学习时间,每周星期三下午学习一次,要环绕教学任务组织政治学习。继续落实政策,贯彻文化大革命前提出的六句话:"政治上热情关怀,教学上严格要求。进修上积极推动,知识上虚心尊重,工作上力求稳重,生活上切实关心"的精神开展工作。针对不同对象的思想情况做好个别思想教育工作。继续做好教师中的建党工作。

三、贯彻教学中的群众路线,发扬教学民主,广开言路,既要重视教师的意见,又要注意倾听学生的呼声,调动教与学两个方面的积极性。对于教学研究和教学改革试验,贯彻"双百方针"、"三不主义"。

四、健全和执行规章制度。要按《全日制中学暂行工作条例(试行草案)》办事,凡能做到的,严格遵照执行;暂时还做不到时,积极创造条件。这学期要着重抓好岗位责任制、教职工考勤考绩和学生守则。

一九七九年二月

下半学期教学工作意见

这学期上半学期的教学工作,按计划完成了教学进度,教学质量总的说来有所提高。下半学期要继续贯彻以教学为主的原则,同时加强思想政治教育和重视体育卫生工作,以保证和促进教学质量的进一步提高,为全面贯彻党的教育方针而努力。

一、把思想政治教育渗透到各科教学中去,贯穿于教学的全过程

1. 理直气壮地上好政治课。根据教材内容,密切结合实际,进行"坚持四个原则"的教育。六月份举行一次全校性的时政测验。今后凡政治课学得不好的,不能列为优秀生。

2. 其他文、史课的教学,要根据教学大纲规定的任务,做到知识性和思想性的统

一。从教材内在的(不是外加的)思想性出发,结合实际,有重点地进行“坚持四个原则”的教育。

3. 理科教学,要根据自然科学本身的规律,进行辩证唯物主义的教育;要进行爱科学、学科学、用科学的教育。

4. 体育课要加强组织性、纪律性的教育。

5. 要结合教学,进行学习目的性教育、学习思想和学习纪律教育,深入持久地进行学风教育。每个教师都应做到管教管导,教书教人。

二、研究和调整、充实各科教学计划

1. 凡进行期中考试的学科,都要进行一次试卷分析,结合前一阶段的听课、看作业,研究一下原定教学计划是否切实有效,对不当之处,作出必要的调整,原则是:分班教学,体现差别,因材施教,循序渐进。防止和纠正拔苗助长、急于求成、忽视基础的倾向。

2. 为了完成各科教学计划,必须注意课内外结合,在改进课堂教学的同时,加强课外辅导,“补差”、“培尖”;注意讲练结合,课本上的习题要全做(形式可以多样)。根据具体情况,还可以适当布置补充题,做补充题因人制宜,不强求一律,教师公布标准答案。

3. 举办课外讲座,开展科技小组活动,也应列入教学计划之内。

三、进一步备好课,重视教学方法的研究和改进,不断提高课堂教学质量

1. 在理解大纲,掌握教材,了解学生的基础上,明确要求,备好“双基”。

2. 以老带新。备课要重点帮助新教师。切实掌握“双基”。

3. 改进课堂教学,做到削枝强干,突出重点,抓住“双基”,严格要求,严格训练。

4. 贯彻启发式的教学原则,引导学生积极思考,逐步培养学生自学能力和分析问题、解决问题能力。

四、高二毕业班工作

1. 进行“一颗红心,两种准备”的教育。

2. 不失时机地抓紧复习迎考工作,争取为高一级学校多输送合格人材。

实行文、理、中专对口复习。

从学生实际程度出发,不同情况,区别对待,狠抓中间。

五、初中一年级起点班工作

1. 建立好语、数、外三门课程的学生学习卡。

2. 抓紧对掉队学生的补课(特别是英语)。按上级规定。实行升留级制度,要求

留级面不违反常态分配(在5%以下)。

3. 以教学大纲为准,对教学质量进行全面分析。

六、做好初中三年级班级调整的准备工作

七、积极开展教学研究活动

1. 政治、语文、数学、外语、物理、化学都要举行以改进教法为主的研究课,不少于两次。并根据教学内容,尽可能地结合进行幻灯教学。

2. 语、数、外语以备课组为单位进行总结。理、化分高、初中总结。政治课,体育课要总结。其他各科根据情况自定。鼓励个人总结。

总结内容:学习、贯彻大纲的体会;研究教材教法的体会;加强"双基"和培养"两个能力"的体会;……

3. 六月份拿出初稿,先开一个经验交流会。

八、贯彻教学为主,统一教学思想

1. 必须贯彻教学工作中"三为主"、"五认真"的要求,即以课堂教学为主,以课本为主,以教师主导作用为主。教师必须做到认真备课、认真上课、认真批改作业、认真辅导、认真考试。

2. 统一教学思想,明确"五对五不对":为适应"四化"的需要。大力抓智育、提高教学质量是对的,但忽视德育、放松体育是不对的,应该全面贯彻党的教育方针;教育学生刻苦学习,对他们严格要求、严格训练是对的,但加班加点,增加课时,布置过多作业,使学生负担过重是不对的;从实际出发,因材施教,进行班教学,使广大同学在各自的基础上都能有较大的提高是对的,但只抓少数快班学生,放松其他班学生的教学是不对的;对学生学习情况进行必须的适当的考试考查是对的,但考试频繁,层层统考,影响学校正常教学秩序是不对的;对教学质量高的教师和三好学生给予精神鼓励和必要的物质奖励是对的。但以物质奖励代替政治工作,滥发资金、滥发实物是不对的。

扬州中学教导处

1979·5·3

江苏省扬州中学
1980—1981学年度第二学期工作计划〔讨论稿〕

扬发(81)048号

本学期要根据中央文件精神,进一步认清形势。分清路线是非,以调整为中心,切实提高教育质量。加强党的领导,坚定不移地不断改进和加强思想政治工作。使学校在精神面貌和教育质量方面都有较大的起色。

思想政治工作

一、学习和贯彻中央工作会议精神,把学校思想政治工作渗透到全面贯彻教育方针和政治安定的过程中去。从实际出发,按照思想政治工作规律,把思想政治工作抓深、抓细、抓实,要求全校师生员工无条件的服从党中央的决定指示,保证和党中央在政治上的一致性,树立全局观点,服从整体,促进教学工作的开展。

二、思想政治工作总的要求是积极主动、理直气壮地宣传和贯彻四项基本原则,清除封建主义的余毒,抵制资产阶级的思想侵蚀,坚持以共产主义精神,教育全校师生员工,旗帜鲜明地提倡共产主义的理想,信念、道德、纪律、革命的立场和原则,人与人之间的同志式的关系,树立革命人生观;反对和批判崇拜资本主义,主张资产阶级自由化的倾向、反对和批判资产阶级损人利己,唯利是图"一切向钱看"的腐朽思想,反对和批判无政府主义,极端个人主义,引导全校教职工忠于人民教育事业,做一个人民的忠诚的教育工作者,引导青年学生成为有理想、有道德、有知识,有体力的一代新人。

具体教育内容是:

1. 把形势教育放到重要位置上来,要正确认识形势,正确看待三中全会以来的方针政策,正确认识在经济上进一步调整、政治上实现进一步安定的重大意义,并结合做一些调查,搞一点数据,引导群众自己教育自己。

2. 进行热爱祖国、热爱党的教育,教育全校师生员工增强党的观念,信任党、热爱党,认识社会主义制度的优越性,坚定地跟着党走社会主义道路,加强信心,立志为社会主义四个现代化而献身。

3. 大力抓好共产主义道德教育,开展以五讲(讲文明、讲礼貌、讲秩序、讲道德、讲卫生)"四美"(心灵美,语言美、行为美、环境美)为内容的文明礼貌活动,用共产主义道德规范和《中学生守则》,指导师生的生活和言行,正确处理公与私的关系,发扬大公无私,先人后己的精神。发扬全心全意为人民服务的精神,发扬严守纪律和自我牺牲的精神,发扬热爱劳动、勇于克服困难的革命乐观主义精神。延安精神和建国初期的创业精神。

三、主要措施:

1. 充分认识加强思想政治工作的重要意义,统一全体师生员工的认识,把思想政治工作放在领先的地位,从建设精神文明的高度。把思想政治工作和教学工作结合起来,克服和防止以业务代替政治的倾向和只抓思想,脱离业务的倾向,当前特别要注意防止忽视和轻视思想政治工作的倾向,全校师生员工要管教管导,对学生全面负责,人人做思想政治工作。建立思想政治工作小组,统筹安排全校的思想政治工作。

2. 加强教职工的思想政治工作,认真学习二号文件精神,认真做好辅导和解答问题的工作,坚持每周三、五两个下午的政治学习的制度,做到有计划、有内容、有布置、有检查。学校行政干部要带头学习,认真领会文件精神,开展批评和自我批评,联系实际,改进工作,并分工深入学习小组,开展谈心活动,做个别细致的思想工作。认真贯彻落实知识分子政策,把解决思想问题和实际问题结合起来,引导推动教学工作和各项工作的开展,发挥工会在教职工思想政治教育中的作用。教师要成为学生文明礼貌的楷模。

3. 加强班主任工作的领导。

(1) 继续按中学生思想政治工作规律、切实抓好思想政治工作,把思想政治工作寓于教学之中、寓于生动活泼的活动之中;继续环绕爱国主义教育,学习目的性教育和立志(双重任务)教育,开展“学雷锋、树新风、做好事”的活动,大力宣传校友和在校学生的好人好事,用典型事例进行教育,开展有针对性、有中心、有内容的生动活泼的主题班会,一次解决一个问题,使思想教育具体深入、亲切生动,逐步建立《道德标准》,树立一个良好的校风。三月五日搞一次毛主席为雷锋同志题词的纪念活动,“五四”迎接市“三好生”代表会议的召开。继续加强和任课老师的联系,切实地加强学生学习的具体指导、加强基础知识和基本训练、培养自学能力,继续培养虚心刻苦踏实的学习态度,交流学习方法,培养良好的学习习惯,按学习规律进行学习,加强学习纪律,严格检查督促上好课,上好早读和自修、加强作业质量的检查,严格考试纪律。面向多数,培尖补缺,注意提高中等生和差生的学习质量,组织小组互相帮助。努力把思想政治工作和具体指导学习结合起来。

(2) 注意调查研究学生的思想脉搏,研究青年的特点和思想发展规律,坚持疏导的方针,从实际出发。从严要求做好学生思想政治工作,注意针对不同班级的特点、不同特点的学生和发扬不同班级的工作特点来开展工作,务求把思想工作做深、做活。十分重视加强个别教育和家访工作,抓好后进同学的教育工作,在热情关心的基础上,严格要求,尊重、信任、关怀、体贴青年,对违反学校纪律的歪风邪气的要严肃处理。本学期对高、初中毕业班主要是理想、前途、做合格的中学毕业生的教育;高一、初一主要是校风、学风、道德基础的教育;初二年级要侧重抓好纪律和共青团基础知识的教育,以便顺利地过渡到初三。同时全面进行形势教育和共产主义道德风尚的教育,为进一步进行热爱党和热爱祖国的教育创造条件,各班要认真贯彻学校的要求,各自针对不同班级的情况,制订计划,开展工作。

(3) 努力贯彻《班主任工作职责》要求班主任切实提高自己的政治水平和业务水平,以身作则,身体力行,做学生的表率,重视培养班级干部,形成良好的班集体,勤下班、多观察,把问题解决在萌芽状态。学校行政干部要在各年级中分工抓一个点、切实摸索本年级思想政治工作规律,以便因班制宜,切实领导,做到周周有布置、周周有检查,每学年评选一次优秀班主任,对坚决贯彻领导意图,又能结合班级实际,开展工作有突出成绩的要予以表扬。

(4) 学校黑板报、广播室要发挥宣传阵地的作用,根据不同年级和条件抓好课外科技、文艺、体育活动。有寄宿生的班级要十分重视关心学生生活,及时解决生活中的实际问题。

4. 在党总支领导下,切实加强团队工作的指导,认真培训团队骨干,要求他们加强学习,以身作则,积极主动工作,表扬一心为集体的好干部。认真抓好团员教育,正常组织生活,保证组织生活质量,每个团的干部和团员都要带头遵循共产主义道德准则,做一个合格的共青团员。

教学工作

根据中央关于调整的精神,要坚持思想领先,贯彻教学为主,脚踏实地地执行全面发展的方针,努力提高教学质量,力争多培养出一些高质量的人才。要在调查研究的基础上,积极认真地进行教学改革,通过试验,总结经验,由点及面,逐步推广,以保证切实有效地提高教育质量。

本学期的主要工作是:

一、坚持全面发展的方针

全面发展,应该包含这四层意思:学生的德、智、体、美等几方面都能有所发展;每一“育”本身的各个方面都需要不断地发展;知识技能的发展不仅有广度,还应有一定的深度和高度;各种心理能力(智力、情感、意志)都应得到发展。基于这样的认识,我们在贯彻全面发展时,要注意恰当合理的安排,要注意各育之间的有机联系。全体教工都应有整体观点,以保证学生得到和谐发展。

二、严格要求,培养良好的学风

风气是一种潜移默化的同化能力,要通过日积月累的工作,全体师生的努力,尽快恢复并发扬“红专结合、埋实交融,虚心求教、好学深思、一丝不苟,持之以恒”的良好学风。学风是教风带出来的,教师一定要以身作则,严格要求,从备课、上课、辅导、批改、考试等方面,以自己的言行影响教育学生,培养学生良好的学习习惯,严谨的学习态度和正确的学习方法。除平时各方面从严要求外,期中考试时重点抓好考试纪律。

三、抓好高、初中毕业班的教学工作

高二年级由于历史原因,情况比较复杂,初三年级是粉碎“四人帮”后第一届择优录取的毕业班,这两个年级的教学工作必须认真抓好,一步不让。在教学中特别应注意加强“双基”,提高运用基本概念、基础知识解决各类问题的能力;力戒“题海战术”、“满堂灌”、赶进度、搞大运动量等,要保持学生有自学、思考、消化的时间,要保证学生的活动、休息、睡眠的时间。高二年级除正常体育课外,要确保每周有三次课外体育活动。

四、切实加强政治课教学

政治课是对中学生进行马列主义、毛泽东思想基础知识教育的课程,既是思想政治教育的重要途径之一,也是贯彻德、智、体全面发展的教育方针的重要方面,是区分社会主义教育与资本主义教育的重要标志,因此必须切实加强政治课教学。本学期一方面要努力改进教法,提高政治课的质量;另一方面要根据教育部最近提出的课程设置方案,在教学内容上作适当的调整和补充,并着手积累资料,为秋季执行新政治课教学大纲作好准备。

五、加强各学科的教学研究与改革

语文、数学、外语,都属于基础工具课,能否在中学时期打好这三门课的基础是至关紧要的,因此必须认真研究提高这三门学科教学质量的关键问题,在加强调查研究,对现状真正做到心中有数的基础上,借鉴各地新鲜的经验,解放思想,通过培养兴趣,改革教材、改进教法、开展课外活动等途径,努力提高教学质量。

各科应保证课堂教学的质量,要有一定的作业量。还应确定一两个专题,重点在一两个班级进行教改实验、调查研究、总结经验。如:怎样在打好基础的过程中注意能力的培养;如何提高学生动手实验的能力;如何解决作业量与批改的矛盾;怎样分清多练与“题海战术”的界限;等等。

要继续进行数学实验教材的试改;并和人口教育课分别总结经验,准备参加江苏省教育学会年会。

外语要积极创造条件,为秋季初一同时使用部编教材与引进教材作好准备。

为加强教学研究,积极筹建教研室。

六、开设选修课

为贯彻因材施教的原则,帮助学生拓宽、加深知识,培养志趣,发展特长,要在高中开设选修课。本学期在高一年级先开英语选修课。各科应在教材内容和教师人选方面认真研究,确定本学科的选修内容。准备下学年开设。

七、积极为丰富学生课外活动创造条件

原有的各种科技活动和兴趣小组应正常开展,还应举办各种小型、多样的讲座,讲座旨在引起兴趣,启迪智慧,扩大知识面,诱发求知欲。因此,要注意生动活泼,既注意知识性,也注意趣味性。

图书馆阅览室自本学期起每天中午及周末晚上均对学生开放,以利于学生课外阅读。理化实验室也要逐渐创造条件有计划地对学生定时开放。

要积极组织各种文娱活动。拟开展"每周一歌"活动,做到班班有歌声。五四前后举行文艺会演。

八、进一步加强教研组建设

教研组长要了解组内教师的思想、工作情况,团结全组教师出色完成任务,并应亲自参加或指导教改实践。教研组的工作主要是:制定计划、组织备课和学习、开展教研活动、检查教学效果、指导课外活动、组织教师进修,总结工作等。只有把每个教研组建设好,提高教学质量才有可靠的保证。本学期各教研组应拿出有一定质量的专题总结一至两篇,同时提倡教师积累资料、总结教学经验,著文立说,在总结中提高自己。

九、加强教育理论的学习

为更好地按照教育规律办事,改进教学、提高教育质量,必须学习教育理论。全体教师都应在学一点教育学、心理学,以及新兴的人才学等。本学期要组织学习刘佛年的《全面发展和教学改革》一文,以及有关教育理论。不断使大家自觉运用教育理论来指导教学实践。

十、认真抓好体育卫生工作

以提高体育课教学质量为中心,加强以队列为主的常规训练,重视思想教育,注意文明礼貌,讲究教学艺术。根据各年级学生的生理、心理特点,循序渐进地提高课的密度与运动量,促使学生的身体得到正常的生长发育。

继续认真扎实地开展好以"达标"项目为主的课外体育活动,争取本学期毕业班"达标"人数超过55%(市定先进班);其他班级超过40%。

早操仍要集队进场,培养学生的节奏韵律和美的感觉,加强组织纪律性。广播操

做到:队列整齐,姿势正确,精神饱满,动作认真。

四月十日左右,开好一年一度的春季田径运动会。时间为星期五、六两天。

为迎接校、市、地三级运动会,本学期运动员训练为田径、男篮与男排,约七十人,训练时间为每周一、二、四、五。

卫生工作主要以贯彻预防为主的方针,提高学生的健康水平,培养良好的卫生习惯,搞好环境卫生,加强防病措施,开展对近视眼的学生进行多种方法的矫治工作,使学生的身体得到正常的发育成长。

总务工作

为了克服上学期盲目用钱现象,坚决贯彻中央2号文件和上级指示,我们一定要节约各项经费开支,量入而出,力争做到收支平衡。我校各级领导和全体教工都要有这样的共同思想、共同语言,准备恢复过去经费包干办法,包干到各部门按计划、按比例使用,经费一次下达,各部门根据比例自行掌握平衡使用。要加强计划性,经费指标用完,不得追加。

对购买物资做到不积压,不浪费,不买推销物资,各部门购买物资必须事先填写"请购单",属于教学方面用钱和学生活动用费由教导主任审核后最后经分管总务的总务校长批准,总务处用钱也按上述手续办理。请购单批准后,先经保管室核对,才能交采购员购买,避免物资重复、积压,每学期办公用品由各教研组根据余缺情况,造具体清单经审核后,统一领取。

要挖掘现有潜力,充分利用人力,对临时工人员做到有减无增。

力争购买快速节煤锅炉,更新茶水炉,节约用煤,保证师生茶水供应。有计划地更新教室讲台,继续把大教室的飞来椅全部更新,保证学生上大课和全校教工开会使用。

抓紧绿化季节,填补学校西边长堤的缺苗,并有计划地增添教学环境的常绿树种植,维修外宾接待室的假山,做到绿化、美化校园。准备自筹经费建造简易花房。

做好报批的教学实验楼的建筑施工前的准备工作。

继续努力办好食堂,仍旧采用食堂制,增加花色品种,改善服务态度,保证师生安心教学、学习。

一九八一年二月

江苏省扬州中学 1981—1982学年度第一学期工作计划

扬发(81)385号

本学期学校的主要大事有四项:一、认真学习六中全会精神;二、认真贯彻全国学校思想政治教育工作会议精神;三、学习、执行教育部颁发的《全日制六年制重点中学教育计划试行草案》;四、搞好学校基本建设项目。因此,全校师生要统一思想,加强团结,认真贯彻教育方针;振奋精神。摸索经验,全面提高教育质量。

政治思想工作

一、认真学习六中全会精神和《决议》是本学期中心任务之一。通过学习达到统一认识,加强团结、振奋精神,搞好工作的目的。具体要明确如下三点:(1)充分认识毛泽东同志和毛泽东思想在中国革命中的历史地位和作用;(2)实事求是地评价建国以来三十二年的是非功过;(3)肯定三中全会以来逐步确立的适合我国情况的建设社会主义现代化强国的正确道路。在上述认识的基础上把全校师生的认识进一步集中到建设社会主义现代化强国这个伟大目标上来。学习方法主要是传达会议精神,学习文件,训练骨干。定期辅导,及时了解学习情况,解答疑难,力求把学习抓深、抓实成为推动工作的强大动力。

二、认真贯彻全国学校思想政治教育工作会议精神,以《决议》为中心,加强师生的思想政治教育工作。要从教育工作的客观规律、社会主义学校的性质出发,进一步明确思想政治工作的重要意义,自觉做好思想政治工作,自觉接受思想政治教育,要运用批评和自我批评的武器,同一切违反四项基本原则的形形色色的错误思潮和倾向进行斗争,努力改变软弱无力和涣散的状态,积极引导师生走又红又专的道路。首先要加强教师的思想政治工作,针对思想实际,加强党的领导观点,提高对走社会主义道路的认识,加强集体主义的观念和组织纪律的观念,继续克服无政府主义和利己主义的思想,敢于和善于做好思想政治工作,开展个别谈心活动,做好疏导工作,及时解决实际存在的问题,把教职员的精力引导到全面提高教育质量上来。

三、加强和改进政治课的教育。明确中学政治课的地位和任务,政治课是学校教学计划中主要课程之一。本学期各年级的政治课要普遍使用教育部统编的新教材,要认真学习和贯彻教育部在苏州召开的使用中学政治课新编教材讨论会的精神和扬州地区中学政治课新教材讨论会的精神。根据各门课程的不同情况努力贯彻《决议》精神，切实加强马列主义、毛泽东思想基础知识的教育。政治教师要努力提高自己的政治思想水平和业务水平，调查研究学生思想状况。努力把理论教育和解决实际问题结合起来。

四、贯彻六中全会精神。加强学生的思想教育工作。主要抓好如下四个方面：

1. 以《决议》为思想武器。对学生进行四项基本原则教育，开展热爱祖国、热爱社会主义制度、热爱党的教育，要使学生明确我国民主革命的胜利是在中国共产党领导下取得的。建设社会主义现代化强国，同样要靠中国共产党的领导；爱国主义是建设社会主义的巨大精神力量。热爱共产党，热爱社会主义，才是一个真正的爱国者。

2. 加强共产主义道德教育，继续开展"五讲四美"的活动。培养学生的集体主义思想，教育学生把国家和人民利益放在第一位，明确学习目的自觉地为人民服务，为社会主义事业服务，自觉遵守纪律，遵守国家法律和校规，讲究文明礼貌，维护公共利益。

3. 加强劳动教育，重视学生的劳动教育，是当前教育工作中的重要原则之一，也是进行思想教育的重要途径之一。按照新教学计划的要求。采取集中和分散相结合的方法，组织学生参加工农业生产和公益劳动，逐步开设劳动技术教育课，通过劳动形成劳动习惯，增强劳动观点。

4. 继续开展"学雷锋、创三好"的活动。大力表扬好人好事，大力配合家长做好个别思想工作，继续开展班级的检查评比活动，力求把思想工作做得生动活泼。生气勃勃。

为贯彻上述要求，在班主任工作上要抓好四个环节：

(1) 从实际出发提出不同年级的要求。要认真总结上学期开展"五讲四美"活动的情况，注意思想工作的连续性，调查研究学生思想情况，安排班级教育计划。初一、二年级着重进行《中学生守则》和纪律教育，从严抓好起点教育。初三年级和高一年级要着重进行学习目的性教育和稳定学习情绪。高二年级要在上述教育基础上有意识地进行人生观的教育。

(2) 各班主任除抓好班级的正常工作外还要抓好晨会、校会，政治课，班会，课外活动和团队活动等几个主要阵地。

(3) 要把思想教育和指导学生学习紧密结合起来，继续培养"虚心、刻苦、踏实、经常"的良好学风。

(4) 班主任要以身作则起表率作用，注意培养和发挥学生干部的作用。发挥班委会的集体领导作用，注意按德、智、体全面发展的要求，调整班级干部；全面关怀学生干部，更好地调动学生干部的积极因素。

五、加强对共青团和少先队的工作指导，着重抓团、队员本身的教育，团内着重进行做合格共青团员的教育，严格组织生活，加强团员的个别思想教育工作，要求团、队员在接受教育的基础上，起模范带头作用。

教学工作

本学期的教学工作主要是坚持党的教育方针，切实执行《全日制六年制重点中学教学计划试行草案》(以下简称“新教学计划”)。

一、认真学习新教学计划

1. 学习《决议》结合学习党的教育方针和新教学计划，明确制订新教学计划的指导思想。

2. 学习新教学计划与总结建国以来我校教学工作正反两方面的经验结合起来，明确新计划的特点和优点。

3. 学习新教学计划与学习教学大纲、教材结合起来，明确教学要求。

4. 领导要带头学。通过教研组，组织全体教师学。开学初结合订教学工作计划和教研工作计划，学一次。期中，结合期中教学质量检查，学一次。期末，结合工作总结，再学一次。

期中开一次学习体会汇报会。

二、严格执行新教学计划

1. 严格按照上级通知精神执行新教学计划，增强执行计划的自觉性和严肃性。

2. 切实抓好基础年级(初一、高一)、基础课程(语文、数学、英语)、基础知识和基本技能。坚持严格要求，一丝不苟。

3. 按照国家规定的教学大纲、教科书进行教学，不得随意加码。超纲和赶进度。

4. 大力提高课堂教学效果和课堂教学质量。为此，要环绕“精讲”和“启发式”两个课题，积极开展教材、教法研究。

5. 十分重视培养学生的能力和发展学生智力，当前，要特别致力于培养、提高学生的自学习惯和自学能力。

6. 注意控制考试次数、作业分量和补充材料。

除按规定举行期中、期末两次考试外。语、数、外、理、化五科(侧重文科的选修班为语、数、外、史、地)，前半学期和后半学期还可各举行一次(一节课时间)单元复习检查。

作业要适量，加强作前指导、精批、讲评和订正四个环节。作业量过多，或质量不高，不好。少布置，或不布置书面作业，不认真批改或不批改，是不负责任的表现，更不能容许。

不经教导处批准，不得随意印发补充材料。

7. 现有幻灯、录音机等现代化教学手段，要充分利用起来；鼓励动手自制图表、标本、模型、仪器等教具，以增强教学效果。

8. 试行单课性选修与分科性选修：

（1）高二年级确定一个班试行侧重文科的分科性选修（计划另订）。

（2）高二年级其它七个班的学生，开设单课性选修课（计划另订）。

（3）拟订选修制度，包括：选修学生条件、选修学科教学计划、选修科考查办法等几个方面，做到有要求、有计划、有考查、有效果。

9. 开设劳动教育课：

（1）初中，本学期安排公益劳动、建校劳动半至一周。

（2）高中，本学期安排公益劳动、建校劳动半至一周。高一年级试开劳动技术教育课，每周二课时，列入课表。

10. 成立课外科技活动指导小组，开展多种项目的课外科技活动。

11. 抓好提优与补差工作。加强辅导，着眼于大面积提高；既注意培尖工作，又要防止较差学生的掉队。

三、做好关于新教学计划执行情况的调查研究工作

1. 试行教学计划，周期性长，需要经过实践、认识、再实践、再认识的循环反复的长期过程。但是必须重视经常性的材料积累。和科学分析。使我们的认识处于自觉状态，保持清醒头脑，尽量减少盲目性。

2. 做好入学新生文化基础摸底调查工作。

3. 做好每次考试的试卷分析。

4. 开好师生调查会和课代表会。

5. 环绕执行新计划，本学期各教研组要写一份学科教学总结。教导处写一份一学期教学工作总结。要求观点明确，材料具体。

此外，在抓好教学常规工作的同时，要重点搞好教研组建设，健全教研组活动。教研组至少每月一次集体活动，或安排学习，或组织交流，或举行研究课，每次活动内容要列入教研组计划。

体育工作的重点是提高体育课的教学质量，要不断提高达标率，组织好课外体育活动，开好秋季田径运动会，采取积极有效措施，抓好预防近视眼工作。

总务工作

一、几项主要基建维修工程

1. 省厅批准的新建 900 m^2 的饭厅，上学期已做好有关准备工作，开学后，要迅速落实施工单位，争取九月份动工，力争在今年十二月底竣工。

2. 因建筑饭厅拆迁了七间教工宿舍，本学期开学后即重建新屋，争取两月内完工。

3. 学校三座教职工旧房 3585 m^2,年久失修,下雨屋漏,上学期已完成北边一半屋面添瓦拾屋工作,本学期南边一半屋面要继续整修结束。

4. 南楼女寄宿生厕所。年久失修,通风、照明、卫生等均不合要求,计划在本学期彻底改建。

二、量入为出,进一步严格财务管理制度

本学期减少 10 个班级,半年内,杂费收入约减少 2400 元,办公费每月少 500 元,而需要做的事情相当多,为此,必须坚决贯彻有收有支,先收后支,略有积余精神,一定要做到可办可不办的事,不办;要办的事精打细算,节约开支。

三、改善教室照明,扩大学生宿舍,努力办好师生食堂

1. 为了保护学生视力,学生自修教室从原来的四盏、五盏日光灯,一律改为六盏。

2. 本学期在原宿舍楼下两个教室改为男生宿舍,每个宿舍适当减少住宿人数,改变拥挤现象。

3. 进一步努力办好食堂。为了便利师生就餐,继续实行食堂制。对路远、郊区农村同学,中午食堂代蒸饭菜。改变上学期分别卖饭、卖菜现象,本学期所有窗口,饭菜同时出售,尽量减少排队时间。食堂在原有基础上力求增加花色品种。十分注意改善服务态度。

四、绿化、美化校园

进一步整治学校环境,美化校园。开学后,把原有损坏的假山石堆砌好。要管理好花木。冬季植树除在长堤、学校四周栽植建筑用材外,要着重栽植部分常绿树。

关于领导

要进一步加强领导。党总支要把领导学校的思想政治教育放在首位,学校行政领导的主要精力要集中到教学上,以教学为中心,全面安排学校各项工作。

1. 在各项工作中,坚持把坚定正确的政治方向放在第一位,总支主要负责人和委员都要具体分工抓思想政治工作,总支成员和行政领导分工到年级,具体负责各年级的思想政治工作。加强对团队和班主任工作的领导。

2. 坚持党性原则,增强方针观念。加强思想意识的修养和党性锻炼。与违反四项基本原则的思想倾向作斗争,纠正背离党的教育方针的思想和做法,抵制一切不正之风。

3. 加强教学领导力量。学校行政的主要精力要集中到教学上,建立起校长、副校长、教导主任直至教研组长的有效的教学指挥系统。中心环节是积极发挥教导处

的职能作用。基础工作是搞好教研组建设。

4. 严格执行校历和“三表”:作息时间表,课程表和教学进度表。坚决纠正教学无要求、无计划、无政府状态。切实保证教学时间。进一步确立正常教学秩序,建立和健全有关规章制度,重视检查教学质量。

5. 认真落实党的知识分子政策,逐步培养开展批评与自我批评的优良作风。

一九八一年八月廿七日

江苏省扬州中学
1982—1983学年度第一学期工作计划

扬发(82)461号

本学期要以贯彻党的十二大精神为中心,在总结上学年工作的基础上,进一步端正办学思想,切实加强思想政治教育,认真执行党的全面发展的教育方针,不断提高教育质量,尽可能地多培养合格人材。

一、要坚持用共产主义思想和道德教育全体师生

在全面贯彻教育方针的思想指导下,坚持用共产主义思想和道德教育全体师生,认真抓好社会主义精神文明的建设。要认真组织学习党的十二大文件,学习中央负责同志关于思想政治工作的讲话,不断加强思想工作的领导,努力提高思想工作的质量。

学生方面:

1. 明确思想政治教育的任务。思想政治教育的任务,是用共产主义思想和马克思主义基本原理教育学生,启发和提高他们的觉悟,使他们成为有理想、有道德、有知识、守纪律、有强健体魄的一代新人。围绕这个中心,要对学生继续深入进行四项基本原则的教育,帮助学生提高政治思想觉悟,培养共产主义道德品质,增强辨别是非、抵制资产阶级思想和其他腐朽思想侵蚀的能力。我校学生虽然是择优进校,一般说,学业成绩比较优秀,礼貌品行也比较好,但思想教育仍然不可忽视,在一定程度上讲更为艰巨,一定要重视调查研究,坚持疏导方针。

2. 摆正三育关系,落实各年级思想教育要求。要引导学生正确处理德、智、体三育关系,明确思想品德好应该领先,学习好是主体,身体好是两者的物质基础。要进一步克服轻视思想政治工作的现象;要坚持把思想政治教育贯彻在教育活动的各个方面,渗透在各科教学之中;要落实各年级思想教育的侧重点:初一年级要加强纪律教育,迅速建立班集体,形成良好班风;初二年级要激发学生上进心,不断提高自觉性;初三年级要进行明确学习目的,做合格的初中毕业生的教育;高一年级要教育学生立志成材,迈好高中阶段第一步;高二年级要帮助学生端正学习思想,树立献身四化的人生观;高三年级要加强一颗红心,多种准备的理想前途教育。

3. 学习党的十二大文件,开展爱党活动。根据上级统一部署,组织学生学好十二大文件。继续进行"三热爱"教育,从史入手,加强党史教育,组织学生进行社会调

查,开展“心儿向着党,做党的好儿女”的活动。配合迎接共青团十一大的召开,教育团员做党的忠实助手,教育少先队员做光荣的预备队员。

4. “五讲四美”活动进一步经常化、具体化。要把提高思想觉悟的教育和实现具体要求紧密结合起来,从具体教育要求入手,引导到心灵美的高度来认识。要继续贯彻《中学生守则》,结合各班情况,解决主要存在问题。继续提倡“提一项要求,见一项成果;培养一个好习惯,克服一个坏习惯”的要求。各班要制订或修订规划,要加强内部的检查、评比,要及时表扬好人好事,鼓励先进。

5. 引导学生学好政治课。政治课是对学生进行系统的马克思主义基本原理教育的主要阵地,为使学生把共产主义的信念建立在科学的基础上,必须努力改进政治课的教学方法,更好地培养学生运用马克思主义的立场。观点、方法去观察、分析问题的能力,逐步树立无产阶级的世界观。本学期要专门召开会议,研究如何引导学生学好政治课的问题。要加强时政教育,每月用 1—2 次周会对学生进行时政教育,并定期举行时政测验。

6. 重视和加强劳动教育和法纪教育。要坚持教育与生产劳动结合的方针,因为劳动教育中贯穿了德、智、体三育。要培养学生热爱劳动,尊重劳动者,乐意为劳动人民服务的思想,要使学生在劳动中培养智慧,提高技能,锻炼身体。每次劳动,应严密组织、加强教育、明确要求,并建立劳动纪录卡,具体考察劳动中的表现。要集中进行一次爱惜粮食、爱护公物的教育。十分重视、积极动手,广开勤工俭学的路子。结合法律常识的教育,要教育学生遵纪守法,并做好安全保卫工作。

7. 加强班主任工作和团队工作。做好学生思想工作固然是全体教工的职责,但班主任和团队干部身上的担子更重。班主任除做好经常性的思想工作和班务管理外,本学期要求每个班主任做到:努力建设一个良好的班风,培训一套学生干部班子;组织好一次有质量的班级活动;开好一次家长座谈会。

教工方面:

1. 认真组织全体教工学习党的十二大文件,明确我们党今后一个时期的奋斗目标,增强实现四化的信心,更紧密地团结在党中央的周围,积极建设社会主义的精神文明和物质文明。本学期要加强政治学习的领导,确保政治学习的时间,提高政治学习的质量。

2. 继续动员全体教工积极响应全国中小学工会思想政治工作经验交流会议代表的倡议,深入持久地开展“五讲四美”为人师表的活动,大力表彰教工中的好人好事。教育者须先受教育,要反复宣传胡耀邦同志对人民教师提出的三条要求,加强共产主义思想教育,加强职业道德教育,使全体教师振奋精神,勇挑重担。提高“忠诚党的教育事业”的自觉性。克服“一切向钱看”的错误倾向;使全体教师都具备热爱学生,管教管导的师德。要深入细致地做好思想工作。对一些严肃的问题,应以严肃的态度来对待。对一些不良的思想倾向,要及时批评教育。本学期要加强考勤制度、严肃工作纪律。

3. 认真落实党的知识分子政策，充分调动教师的积极性。政治上要信任，工作上要支持，生活上要关心。特别要注意关心中年教师的工作和生活。要组织教师学习党的教育方针，端正教育思想，把积极性引导到提高教育质量，培养合格人材这个总目标上来，同时尽可能地帮助教师解决实际困难。逐步为教师创造必要的工作条件和改善生活条件，把解决思想认识问题和解决实际困难正确地结合起来。

二、努力改进教学工作，要出经验、出人才

教学工作是实现学生德智体全面发展的主要途径，必须在党的教育方针指引下，努力改进，抓出成效。我们的教育质量要与扬州这个历史文化名城相称，要无愧于重点中学的称号，就要振奋精神，团结一致，切切实实按教育规律办事，总结出更多的教学经验，培养出更多的合格人才，本学期除常规工作外，要重点抓好如下几项工作：

1. 继续坚持“五个严格”。要严格执行教学计划，按计划规定的课程和课时开课，上好每一门课、每一堂课；严格按大纲和教材进行教学，把主要精力放在基础知识教学和基本技能的训练上，并着眼于发展智力、培养能力；严格掌握教学进度，稳扎稳打，一步一个脚印；严格控制作业量，初中每天不超过一个半小时；高中每天不超过两小时；严格控制测验考试，不容许以频繁的考试来干扰正常教学秩序，使学生时时处于被动应付状态。这“五个严格”体现了教学思想，是遵循教学规律的反映。《江苏教育》已登载了我们的经验。本学期一定要继续坚持，并争取有所发展。各教研组要在如下三个问题上加强研究。积累经验：(1) 从各科教学的相互关系中，探索学生知识均衡发展的规律；(2) 从大纲和教材编排的教学顺序中，探索学生知识积累的规律；(3) 从教与学、知识与能力的关系中，探索提高教学效率的规律。

2. 抓好教风、学风的建设。学校的风气是一种同化能力，要认真抓好教风、学风的建设。“红专结合、理实交融，虚心求教，好学深思，一丝不苟，持之以恒”的良好学风，虽已提出多年，而且正逐步形成，但还需进一步通过讲道理，树榜样来加强这方面的教育与训练，教师要有统一的要求。要在上一堂课，完成一次作业，回答一个问题、做一项实验等具体教学活动中观察、指导学生，帮助学生明确学习目的，端正学习态度，掌握学习方法，养成学习习惯，以培养良好的学风。学风是教风带出来的。要努力形成我校的严谨、认真、严格、亲切的良好教风，对教材的研究处理、对教法的选择要严谨，实施各个教学环节要认真，对学生的要求要严格，教学态度要亲切。本学期各教研组要对如何形成良好的教风、学风组织一次讨论，学校也要组织学生对教师的教学开展评议。

3. 分别不同特点，抓好三个年段的教学。根据传统经验，初一、高一是基础年，初二、高二是关键年，初三、高三是决定年。要分别不同年级的特点，抓好教学工作。初一、高一重点是抓好起点，抓好过渡衔接。一开始就要严格要求，纠正不良习惯，培养良好的学习习惯，可以根据学习要求口诀进行教育。初二、高二往往容易出现纪律上学习上的松弛现象，本学期一开始就要抓紧。防止这种现象产生。初三、高三两个

毕业年级一刻不容懈怠,要时时把握学生的学习思想。时时分析教学质量,订好计划,部署下学期的复习工作。认真研究扩大合格率的切实措施,努力达到"全体学生水平高,同时升学率也高"的要求。

4. 认真搞好教改试点工作。数学实验教材试教已跨入第三年,要认真实践,认真总结,把这套教材放在整个初中阶段来作出正确的评价。语文开始在初一进行《阅读》和《写作》两册书平行教学的试改工作,要加强领导力量,领会试改意图,认真研究教材教法,及时检查效果总结经验。在上学年高一开设劳动技术教育课(农业)的基础上。今年扩大试点,在高二开设工业劳动技术教育课。继续开好人口教育课,建立人口教育实验室。

5. 加强教研组建设。提高教学质量主要是依靠广大教师。一定要加强教研组建设,组织各组教师集中精力,集中智慧,研究教学,努力提高教学质量。本学期各教研组要重点抓好:(1) 教学研究。要结合教学实际,认真组织学习教育理论和各地的先进经验,并不断实践,不断探索,总结自己的行之有效的经验,在教学研究上要出文章、出成果;(2) 教学管理。教研组对备课、教研、进修、政治学习等日常工作要加强管理。要定期检查教学质量,了解教学反映,做到心中有数。本学期分配来的新教师较多。应关心新教师的教学工作,落实老带新的措施。要严格控制外出代课,认真执行教育局的有关规定。

6. 重视和加强体育卫生工作。学校要真正做到"健康第一",不仅要抓运动成绩,更要着重抓学生体质的增强。为保证每个学生每天一小时体育活动时间,根据两个"暂行规定"和教育部有关指示精神,本学期每周安排两节体育课。四节体育活动,每天一次广播操,两次眼保健操。要不断提高体育课的教学质量,努力备好每一堂课,课的运动量要适当,教材要领要明确,重点难点要突出,教法措施要具体,做到课课有小结,教学有常规,安全有措施。当体现因材施教的原则,本学期除毕业班外,全部实行按男女体能合班分组的教学形式。同时建立考勤簿制度,凡有三分之一以上时间缺课的,不予评定成绩,要不断提高课外活动的质量,加强指导,加强管理,逐步在有条件的年级和班级建立锻炼小组。本学期达标率要确保 50%,力争超过 60%。组织好在十月份召开的秋季运动会以及班际、校际的有关单项比赛,加强校代表队的训练,力争在市运动会、篮球赛、长跑赛中多出好成绩、多破校纪录。要十分重视教学卫生、环境卫生和饮食卫生,各班要搞好室内卫生和包干区卫生,努力控制近视率的上升,定期检查视力,发现问题及时与家长联系,以便采取相应措施。有关体育卫生的各种资料要认真积累,全校师生要积极行动,努力把体育卫生工作做好,迎接九、十月分市、地、省的重点中学体育卫生工作的检查验收。

7. 努力为学生开设"第二课堂"。要积极开展课外活动,让学生在更广阔的天地里接受思想品德教育,增加文化知识,培养动手能力。本学期要建立并健全各种课外活动小组,定期组织讲座。图书馆在已增加开放时间和在部分年级试行三好生开架借书的基础上,要挖掘潜力,满足更多的学生的求知欲。实验室要试行向学生开放,可允许学生通过一定手续，课余到实验室去做以往应做而未做的实验、课上做得不理想需要重做的实验，教师的演示实验以及自己设计的实验。

8. 搞好四校交流，与百色高中挂钩以及与本市普通中学挂钩的活动。今年十一月份我校与南师附中、苏州中学、常州中学将举行第四次交流活动，要作好充分准备。努力提高交流会的质量。根据我省与广西教育部门的协议，我校与广西百色高级中学挂钩。今后两校建立正常联系，相互交流。共同前进。十月份百色高中将派部分同志来参观、交流，我校要做好接待工作。认真与广西同志开展教学研究活动。根据市教育局要求，本学期继续与扬州市第十中学挂钩，互相学习，共同提高，努力处理好重点与一般的关系。

三、总务工作要服务于教学

总务部门要紧紧围绕教学这个中心，为教学服务，为师生服务，做好本职工作。

1. 保证教学需要，扩大教学用房，及时供应教学用品。本学期要整修部分体育场，整理油漆体育器具。

2. 加强财务管理，增加收入，节约开支。本学期将采取计划到部门的方式。民主理财，计划用钱，把较少的经费用在急需用的地方。

3. 继续调整住房，争取逐步解决确有困难的教工住房问题。

4. 加强膳食管理，堵塞漏洞，改善伙食，做到清洁卫生，经济实惠。

5. 抓住今冬植树季节，及时植树、整枝、绿化、美化学校环境。

6. 逐步清理校产、家具，为便于使用。有利保管，部分家具要折价归已。

7. 加强校办工厂的领导，建立健全规章制度，不断提高经济效益，努力为改善办学条件和职工福利作贡献。

四、改善领导，加强领导

1. 认真学习，不断提高思想政治水平和教育业务水平。带头学习马列主义、毛泽东思想，学习党的路线、方针、政策，学习党的十二大文件，坚持四项基本原则，对原则是非问题要有鲜明的态度。认真学习教育科学理论，学一点教育学、心理学、管理学，尽可能地了解一点各科的教材教法。方针思想要扎根，做到对正确的闻风而动，不正确的则闻风不动。

2. 振奋精神，勇于负责。要任劳任怨勤恳工作，发挥积极性和创造性，“人总是要有点精神的”，面对各种困难、外来的压力和干扰，要振奋精神，敢挑重担，勇于负责。

3. 不断改进工作作风和工作方法。加强民主集中制，加强集体领导，加强领导班子的团结协作。要深入教研组、教室等教学工作第一线，了解情况，研究和解决问题，努力提高工作效率。干部之间要提倡顾全大局，互相支持，同心协力地把各项工作做好。

一九八二年八月二十六日

江苏省扬州中学
1982—1983 学年度第二学期工作计划〔初稿〕

本学期要根据“从实际出发,全面而系统地改,坚定而有秩序地改,有领导有步骤地改”的精神,进一步端正办学思想,全面贯彻党的教育方针,深入开展教学研究,加快改革步伐。通过“三抓”:抓思想、抓改革、抓管理,达到三个“提高”:思想觉悟提高、教育质量提高、工作效益提高,和三个“正”:学风正、教风正、党风正。

一、关于思想政治工作

教工的思想政治工作的要求是要树立教书育人的师德,自爱、自重,自用其才,积极地为开创教育工作的新局面作出贡献。

1. 继续组织全体教工学习十二大文件和五届人大五次会议精神,认清 82 年取得的巨大成就,增强建设社会主义的信心,努力地沿着改革的方向前进,为建设物质文明作出更大的贡献。加强教工政治学习领导,落实每月的学习安排和每次学习的要求,定期有小结,扎实地提高政治学习质量,从根本上提高教工的思想觉悟。

2. 在教工中继续开展“五讲四美,三热爱”和为人师表的教育活动,结合各教研组和各部门工作实际,一学期集中解决一、两个主要存在问题。继续学习蒋筑英、罗健夫的模范事迹,努力发扬为人民服务,对人民负责,为四化多做贡献的精神,增强主人翁的责任感,教好功课,热爱学生,积极做好本职工作,注意正确处理个人与集体公与私的关系,发扬先公后私、克己奉公、团结协作的精神,逐步建立教工岗位责任制,加强工作的检查和督促,大力表扬教工中的好人好事,树立榜样,坚持原则,批评不良倾向。要开展争当优秀教工、创先进集体的活动,暑期初评,年终评奖。

3. 学校领导干部切实分工深入各部门、各教研组,要以较大的热情关心知识分子,多个别谈心,多做深入细致的思想工作,在可能范围内,尽力改善工作条件和生活条件,充分调动教工的积极性。也要教育广大教工不辜负党的希望,自爱、自重,加强事业心、责任感,充分发挥应有的作用。

学生思想政治工作要求是进一步学习和贯彻十二大文件精神,继续开展“五讲四美、三热爱”教育活动,加强思想教育、道德教育和纪律教育,进一步整顿校风、校纪、校貌,并初见成效。

1. 依靠全体教师做好学生思想政治工作,要求教师明确自己的职责,不仅传授知识,而且要关心学生在思想上、政治上健康成长。教书育人是教师职业道德的核心,是为人民服务的具体表现。教师要积极主动地结合课堂教学,挖掘教材的内在思想因素,把思想性、知识性和艺术性结合起来,帮助学生把共产主义信念建立在科学基础上,努力培养学生具备运用马克思主义的立场、观点、方法去观察、分析问题的能力,逐步培养学生树立辩证唯物主义的世界观和共产主义的人生观。班主任要十分重视课堂教学阵地,主动和任课教师联系,了解学生思想状况。本学期专门召开一次教研组长会议,研究如何通过课堂教学加强学生思想政治教育,特别是研究和改进政治课教学,期末组织一次经验交流。

2. 继续开展"五讲四美、三热爱"的教育活动,开展活动的中心环节是提高学生思想觉悟,继续进行爱国主义教育和共产主义理想教育,把理想教育和具体行为教育紧密结合起来,和进一步整顿校风、贯彻《中学生守则》结合起来,力争做出显著成绩。结合学校实际,要强调建立优良秩序,创造优美的环境,重点解决学习目的、尊师守纪、热爱劳动,爱护公共财物等方面存在的问题。在方法上要强调思想教育的针对性,在调查研究的基础上,有计划、有重点地集中解决一、两个或几个存在问题。继续学习英雄模范人物的事迹,寻找身边的共产主义因素,树立学生中的榜样,开展"雷锋就在我身边"、"争做八十年代的雷锋"的活动,在一学期中各班要召开1—2次有质量的主题班会。对学生要从严要求,分清是非,加强后进生的教育,制订并完善奖惩制度。

3. 注意把加强学生思想政治工作和加强学生文化学习的指导紧密结合起来,在加强学生目的性教育的前提下,继续抓虚心、刻苦的学习态度,注意经常和家长的联系,培养学生良好的学习习惯,抓好课堂听讲和自习课,提高学习时间的利用率。抓好期中、期末的学习质量分析,指导和改进学习方法,对不同学生提出不同要求,帮助学习有困难的和运动员逐步提高学习成绩。

4. 十分重视抓好学生的劳动教育,结合劳动技术教育课和日常劳动,注意加强劳动观点的教育,培养劳动人民的感情,教育学生热心参加公益劳动,珍惜劳动成果,爱护公共财物,爱惜粮食,培养艰苦朴素的优良品质。注意抓好劳动前的教育、劳动中的内容安排、劳动后的小结,建立劳动记录卡,加强劳动成绩的考查。加强寄宿生生活的管理。在饭厅和宿舍提倡爱卫生、守纪律、讲文明。

5. 提高班主任政治和业务水平,努力建设一支有战斗力、说服力、吸引力的思想政治工作队伍。要经常关心班主任政治思想水平的提高,加强班主任工作的责任感和光荣感。班主任要以身作则,热爱学生,经常调查研究学生的思想状况,从实际出发,制订班级计划,落实每月、每周的要求。注意组织班主任进行业务学习,本学期班主任碰头会,部署工作和业务学习交叉进行。定期举行汇报会议,检查班主任工作进行情况,期末评选优秀班主任,给予表扬、奖励。在班主任工作上还要注意老带新。大力培养班主任的新生力量。学校分工行政干部在每个年级要抓一个班级为典型,以指导全面工作。

6. 加强团队工作的指导，班主任要十分重视、指导和支持班级团支部和少先队工作。要注意选配品学兼优的学生担任学生干部和少先队辅导员，充分发挥学生干部的自主精神，要把培训一套学生干部班子作为做好班级工作的重要标志。要信任、爱护、支持和从严要求学生干部。每两周开一次班委会或团、队干部联席会议，研究落实班级工作，检查干部工作情况，期末表扬优秀团、队干部。团、队组织要贯彻团十一大精神，加强思想建设和组织建设，围绕学校中心工作，开展适合青少年特点的活动。

二、关于教学工作

1. 全面贯彻六年制教学计划。《全日制六年制重点中学教学计划试行草案》是指导教学实践，办好学校的重要文件。必须反复学习，深入理解，各学科要根据规定和要求，安排教学进度，不得任意增加上课时数或加快教学进度。各科要从本学科特点出发，对教师备课、上课、实验，批改作业，课外指导和成绩考核等方面提出严格要求，在加强"双基"教学的同时，要充分注意培养学生的能力，发展智力，以保证计划的全面实施。

2. 要抓好教育理论的学习，加强教学研究。组织学习《教育研究》82 年第十二期《在实践中探索教学规律》一文，以此统一教学思想，指导教学实践，努力使学生各科知识得到和谐发展，知识与能力得到和谐发展。各教研组要在提高教学质量方面认真排差距，找矛盾，探索途径。要加强备课，提高备课质量。课外作业的份量必须适量，初中每天一般不超过一个半小时，高中每天一般不超过两小时。班主任要经常关心本班学生的作业情况。要研究改革考试方法，使考试真正有利于检查师生的教学情况，有利于学生掌握"双基"，发展智力，有利于学生复习、巩固、补缺、提高。要严格执行考试规则，未经教导处同意，不得随意延长时间，考试次数必须按以往规定严格控制。

3. 要认真培养学生的创造能力和自学能力，养成良好的自学习惯，保证学生的自习时间，各科教师除了钻研教材、教法外，还要认真研究改进学生学习方法的措施，指导学生提高学习效率，凡课程表上规定的自习课，要保证学生自习，让学生自己支配，教师可以下班个别辅导、备询、答疑，不要集体辅导，也不要用来进行测验等。

4. 加强教研组的建设，充分发挥教研组的作用。各教研组要在总结上学期工作的基础上制订好教研组工作计划。要有计划，有目的，有准备地开展好间周一次的教研组活动，应当经常研究改进教学，组织教改试验，采取适当方法搞好在职进修，带好新教师，抓好教育科学和教材教法的学习，注意积累资料，认真总结教学经验。要有计划开一些研究课，力争在改进课堂教学方法上有所突破。教研组长每周至少听课1—2 节，教师每周至少相互听课一节，要造成互相学习，共同提高的气氛。教师要经常主动地到学生中去了解学习情况，及时改进教学方法。

教研室要在校长室领导下，在教学方面加强探索与研究，并指导教研组开展教学研究活动,帮助教研组提高师资水平,为实现“小循环”创造条件。

5. 抓好高、初中毕业班工作。根据党的教育方针和普通中学的双重任务,明确毕业班工作的指导思想,要在全面提高质量的基础上,重视提优和补差这两头,力争有较高的及格率和升学率,不片面追求升学率,但要明确,为高一级学校输送量多、质高的新生,是我们应尽的责任。要求全体毕业生在德、智、体诸方面都能符合国家的要求,要教育学生具有“一颗红心,两种准备”的思想,服从党和人民的需要,接受祖国的挑选。高三毕业班要认真做好高考预考工作。教学工作要坚持从学生实际水平出发,有计划地安排各科的复习工作,不要因争时间而加重学生负担,尽可能放手让学生自行安排时间进行复习工作。其他年级的分化现象要引起足够的重视,采取措施,缩小分化率。

6. 认真搞好教改试验工作。教改试验工作主要是要切实加强领导,认真研究教材教法,认真实践,及时检查效果,总结经验,掌握教学规律,出经验,出教材。

7. 认真开设好劳动技术教育课。劳动技术教育是中学教育不可缺少的组成部分,开设劳动技术教育课的目的,在于培养德、智、体全面发展的一代新人。通过劳动技术教育课,培养学生的劳动观点,形成劳动习惯,同时,使学生初步学会一些基本生产知识和劳动技能,既能动脑,又能动手,为毕业后升学和就业打下一些基础。本学期高二年级以学校工厂为基地,以车、钳工等劳动技术项目为主进行劳动实践,适量安排一定的时间讲授生产,劳动技术原理,使学生了解基本生产原理和工艺过程,初步学会使用一定的劳动工具。高一年级主要是进行农业技术教育,为了使学生广泛接触社会,开阔眼界,学校将有计划,有目的地组织学生到农村参观,调查或劳动。其他年级也要组织学生参加公益劳动,如:整理校园劳动,定期打扫校外环境等,劳动时间初中每学期一周(每天按 4 课时安排),高中每学期两周(每天按 6 课时安排)。

8. 文体工作:要重视体育课教学,严格按照教学大纲的要求上好体育课(包括室内课),切实加强体育常规和全面身体素质的锻炼。认真抓好两课两操四活动,健全互查评比制度,要善于安排好课外体育活动,课外体育活动要力求围绕“达标”要求进行,全校达标率保持在 75%左右。广泛开展各种小型体育竞赛活动,丰富学生的课余生活,增强学生的体质,四月中旬举行学校春季运动会。要抓好学校传统项目田径,排球运动队的训练工作,不断提高技术水平,力争在省、市体育竞赛中取得优异成绩。体育成绩必须列入留级标准之一,体育成绩良好或达标者,方能评为三好生,没有达到学校规定达标率的班级,不能被评为先进集体。安排好每周一次的活动,大唱革命歌曲,并组织好五四文艺会演。

9. 在重视课堂教学的同时,还要重视丰富学生的课余生活,开展多种有益的课外活动,扩大学生的知识领域,使学生的聪明才智得到充分的发展,要有计划、有领导地开展多种多样内容丰富的课外活动,如科技活动,文体活动,智力游戏活动,多种学习竞赛活动,举办各种科技讲座和读书报告会等。总之,一定要把课外活动搞活,帮助学生发展志趣、爱好。

10. 卫生保健工作。切实抓好学校环境卫生、教学卫生,个人卫生和饮食卫生,加强卫生监督工作,进一步抓好防近工作,指导学生做好眼保健操,要通过多种渠道向学生家长宣传保护视力的重要性和方法,使家长为学生创造良好的学习条件,督促学生养成良好的讲卫生的习惯。包干区的环境卫生,坚持每周一大扫,坚持周周检查评比。认真做好毕业班的体格检查工作。

11. 加强科学管理,提高管理水平,提高工作效率。摸索各项工作管理的规律,使我校的管理工作真正做到科学化、程序化、制度化、数据化,进一步提高管理水平,提高工作效率。所有教职工都必须严格遵守工作制度,因病、因事必须履行请假手续,每月小计一次,教师要严格按课表上课,不得擅自停课、调课、增课。学期结束,认真填写业务档案。与教学直接有关的,如学籍、文印室、图书、仪器、体育器材和运动场地等管理工作都要按照学校工作制度,严格管理好。

三、关于总务工作

进一步树立为教学服务、为师生服务的思想,本学期重点做好如下几个方面工作:

1. 开源:

(1) 培训彩印工作人员,尽快把彩色复印机用起来,并对外营业。

(2) 办好校办工厂,增添新产品、扩大业务、增收节支、提高经济效益,争取产值和利润在 82 年的基础上有所增长。

(3) 搞好原有的花园、苗圃,并开辟南楼前面的竹林为第二园地,增加经济收益。

2. 节流:

(1) 节约电费,首先将教室内的教学与照明用电分路控制,其次解决通往河西的线路问题。

(2) 尽量压缩差旅费的开支。

(3) 压缩临时工工资的支出。

(4) 节约其他一切可用可不用的开支。

3. 修建:

(1) 新建宿舍楼。精打细算,争取按期完工。

(2) 更换东西大楼楼板。

(3) 争取年内购买一台锅炉,解决开水和浴室开放等问题。

(4) 按教学要求,添置各教室应有设备,逐步建成规范教室。

4. 管理:

(1) 进一步加强对职工的思想教育,改善服务态度,提高服务质量。

(2) 健全财务、物资领用、维修和教室保管等多项制度。

(3) 进一步办好师生食堂。创造条件逐步试行岗位责任制,有条件的部门实行承包制。

四、关于领导方面

（一）切实改进领导工作：

1. 领导干部继续带头深入学习十二大和五届人大文件精神，在这一基础上进一步地肃清左的思想，同时要排除右的干扰，把思想和行动统一到十二大的基本精神和党的方针政策上来。

2. 从学校的实际出发。有领导、有步骤地既积极又慎重地进行改革，打破不适应新形势、新情况的旧框框、旧条条，逐步地开创新局面。

3. 进一步落实知识分子政策，既要加强对知识分子的思想教育，重视和发挥老师特别是中年老师的作用，又要关心他们政治上的进步，帮助他们解决工作和生活等方面的实际问题，在需要和可能的原则下，继续搞好整改工作。

4. 大兴调查研究之风，不能坐而论道，要沉下去，要走出办公室，深入到基层和群众，进行调查研究发现新问题，总结新经验。每个行政干部每学期要写出一至二篇有一定质量的调查报告。

5. 重视和加强学校的管理工作，各部门都必须有规范和岗位责任制，确立为教学服务的观点，提高工作效益，对全校教职工要定期进行考查考核，总结评比，奖罚分明。

6. 根据干部革命化、年轻化、知识化、专业化的要求，逐步配备学校的各级、各部门的领导班子。

（二）加强党对学校工作的领导

1. 加强对党员的思想教育，提高他们对党的指导思想、党的性质和党的纪律等方面的认识，要求做一个合格的共产党员。

2. 根据积极慎重的方针和成熟一个发展一个的原则，在教职工中着重在中青年教师中做好建党工作。

3. 充分发挥党的先锋模范作用，要求每个党员要做改革的促进派，各项工作的带头人，群众的知心人。搞纪检工作的同志要做好改革的维护者。

4. 纠正不正之风，党员要坚持克服个人主义、自由主义、宗派主义和无政府主义，党员和领导者不搞特权，不谋私利，要敢于同不正之风和不良倾向作彻底、坚决斗争。展开批评、克服软弱涣散状况，进一步提高党的战斗力。

5. 在党总支的领导下，要充分发挥学校行政和各部门的职能作用，克服党政不分和以党代政的现象。

一九八三年二月二十二日

江苏省扬州中学
1983—1984 学年度第二学期工作计划

本学期学校工作应继续贯彻全国全省普教会议精神。深入进行以爱国主义、共产主义为中心的思想品德教育。通过抓思想、抓组织、抓管理、抓作风。扎扎实实地提高教育质量。提高行政管理质量,以出色的成绩迎接建国三十五周年大庆。

思想政治工作

学生方面:

一、统一认识、提高做好学生思想政治工作的自觉性

关键是进一步端正办学思想。加强方针观念,明确中学思想政治教育的任务、地位和作用,同时要分析研究工作现状,抓住重点,突破难点,加强针对性。

以往的思想工作主要存在三个问题:一是满足于秩序正常。工作平稳,往往忽视抓政治方向或道德行为习惯的教育;二是满足于班级团队活动正常。往往忽视发动和依靠全体教师来做思想政治工作;三是满足于自上而下的常规教育。往往忽视通过集体进行自我教育。充分调动学生内在的积极因素。本学期要努力解决上述问题,把学生的思想政治教育工作提高到一个新的水平。

二、结合各科教学,进行爱国主义和共产主义思想教育

1. 加强和改进政治课教学

要抓好政治课这个重要教育阵地,结合学生思想实际,系统讲授马列主义的基本立场、观点和方法。

以年级为单位,切实安排好每月 1—2 节的时政课,时政课的基本内容,大体上分为两个部分:一是国内外形势和党的方针政策教育;二是日常的思想政治教育。时政课的教学任务分别由政治教师、学校行政干部和班主任承担。

2. 任课老师要根据各科教学特点、有的放矢地进行思想政治教育,管教又管导。在传授知识、培养能力的同时要帮助学生树立唯物主义观点和献身四化的雄心壮志。

三、针对学生特点，分层次进行革命理想、人生观教育和《中学生守则》教育

1. 抓住共产主义人生观这个根本问题。组织学生学习华山抢险救人战斗集体的先进事迹。引导学生学习他们无私无畏。勇于自我牺牲的共产主义思想；学习他们紧密团结，严守纪律的集体主义精神；学习他们坚持又红又专。把知识献给人民的崇高志向。

具体步骤：

(1) 层层发动。通过干部会、团(队)员会。全体同学大会。学习、贯彻中央宣传部等领导部门关于学习华山抢险战斗集体的通知。

(2) 宣传事迹。运用广播会、故事会等形式组织学生学习先进事迹和崇高的思想品质。

(3) 组织讨论。各班开展“怎样正确处理个人和社会、国家的关系？”“人生的正确道路是什么？”的讨论。全校举行“人生的价值在于对社会的贡献”演讲会。

(4) 落实行动。引导学生从我做起用青春谱写人生价值的正确答卷。

在工作中注意把学习华山抢险救人战斗集体事迹同“五讲四美三热爱”活动结合起来。同努力学习文化“创三好”活动结合起来。

初一、初二年级结合少先队的组织教育，开展“在队旗下齐步前进”活动。初三以上年级可结合共青团的组织教育开展活动。

2. 进一步贯彻《中学生守则》培养良好的学习习惯和文明行为

结合晨会，由学生会宣讲《中学生守则》。主要进行爱国、勤学、守纪的教育。初一、二年级着重进行自觉遵守纪律和热爱学习的教育。初三以上高年级着重培养虚心。踏实的学习态度。逐步掌握科学的学习方法。

修订和贯彻学生“在校一日规范”。今年三月在全校开展“中学生行为规范月”活动。建设文明班级，文明小组，文明宿舍，大力表扬先进，树立不同层次的榜样。

四、加强思想政治工作领导，重视队伍建设

1. 调整充实学校思想政治工作小组，倡导研究之风。

学校思想政治工作小组要切实制订工作计划。建立二周一次的会议、学习制度。每个成员分工深入一个班级，调查研究。以点带面。推动年级工作的开展。

本学期研究专题为：(1) 怎样创建良好的班集体？(2) 怎样做好中学与小学的衔接？(3) 怎样加强学生道德行为的实践训练(4) 怎样培养学生自治、自理能力？

2. 重视班主任的思想、业务建设

加强学习。组织班主任学习“班主任工作条例”和先进经验。明确职责。加强事业心；学习党的教育方针。摆正德智体三育的关系；学习教育理论。探索青少年特点和德育教育规律。

总结经验。提高工作能力。帮助有多年工作经验的班主任总结经验。提高工作能力。逐步做到用科学的方法管理班级工作。及时做好老带新工作。帮助年青教师逐步适应形势。掌握工作方法。

3. 加强对团队工作的指导。充分发挥组织作用。加强对团委一班人的思想教育和工作指导。

组织团员学习领会团的十一届二中全会《关于学习整党文件提高团的战斗力的决定》的基本精神。做好普遍开展教育活动的准备。适应新形势的要求。发挥党的助手和后备军作用。

切实做好团带队的工作。在提高辅导员素质,加强队务建设,活跃中,小队生活上下功夫。

配合语文组在团(队)组织内扎扎实实抓好"为中华崛起"读书活动。"红领巾有奖读书读报"活动。

加强对学生干部的培训。针对不愿做和不会做的情况分别进行教育帮助。通过工作实践注意培养自治、自理能力。

教工方面:

一、提高对"政治工作是一切经济工作的生命线"的认识。学校思想政治工作要为全面贯彻方针、全面提高教育质量服务。要结合学校的教育工作和教学工作一道去做。各部门、各教研组都要首先重视加强教职工的思想政治工作。要结合业务工作。认真地、细致地调查研究教职工的思想状况。并以思想政治工作促进教学工作和各项业务工作的开展。要建立一月研究一次思想政治工作的制度。要重视加强青年教职工的思想政治工作。对青年教职工应肯定主流。要从发扬学校的优良传统接好新老交替的角度。加强教育与培养。充分调动他们的政治积极性和工作的积极性。

二、继续加强教职工政治学习的领导。认真组织教职工学习《邓小平文选》。学习有关教育、知识分子和建设高度的社会主义精神文明的论述。目前要学习胡乔木同志《关于人道主义和异论问题》的文章。加强系统的共产主义思想体系的教育。克服缺乏远大理想、缺乏政治热情、缺乏组织纪律。"一切向钱看"等非无产阶级的思想和行为。提高抵制精神污染的能力。强调端正学风、严肃学习纪律、保证学习时间,做到定计划、定内容、定时间、长计划、短安排、定期检查学习质量,在解决世界观、人生观问题上狠下功夫,把思想政治工作引向深入。同时,注意改进思想政治工作方法。把系统教育和日常的思想教育相结合。集体教育和个别教育相结合。注意组织必要的参观访问。和开展健康、生动活泼的文化体育活动。对教职工中出现的一些突出问题。要继续克服软弱涣散的状况。坚持原则。敢抓、敢管,并认真做好耐心细致的思想工作。

三、结合"五讲四美三热爱"活动的开展。继续开展为人师表的教育活动。进行职业道德规范教育。认识教育工作在四化建设中的地位和作用。发扬主人翁思想。增强做好教育工作的责任感。自豪感和幸福感;正确处理上、下级之间。教职工之间和教职工与学生之间的关系;热爱学生、诲人不倦、为人师表、积极做好本职工作,发动各部门、各教研组、制订教职工道德规范。自己提出要求。然后集中、归纳、整理、作为教职工道德规范的准则。继续开展评比文明部门、文明教研组和先进个人的活动。大力宣传他们的优秀事迹。全校教职员工团结一致、共创建设精神文明的先进集体。继续做好计划生育的宣传教育工作。

四、进一步落实党对知识分子的政策。如实地把知识分子看作工人阶级和劳动人民自己的一部分。正确估价教职工的进步。继续从政治上、思想上、生活上关心和信任知识分子。教职工要加强党的观念。加强对社会主义事业的信心。加强为人民服务。为社会主义事业服务的观念。注意克服资产阶级自由化的倾向。继续加强业务进修。充实和丰富自己的知识。注意做好老带新工作。积极培养新生后备力量。提倡和发扬艰苦奋斗精神,在力所能及的范围内。切实解决一些实际问题。继续关心教职工的健康。对落实知识分子政策的一些遗留问题。继续向上反映,抓紧解决。

教学工作

继续学习贯彻教育部关于提高教育质量的七点意见和关于克服片面追求升学率的十项规定。学习贯彻何东昌部长关于普通教育办学指导思想的三点意见,从思想上进一步明确中学教育是基础教育。要树立正确的人才观、质量观。坚持面向全体学生。对学生未来负责。全面提高学生德、智、体的质量。出色地完成双重任务。在新学期里。教学工作必须更上一层楼。在提高质量。提供经验等方面继续作出贡献。使我校办成具有示范性、实验性的学校。

一、根据省教育厅的意见。我校应按较高教学要求。各科教师应认真学习。掌握两种教学要求。熟悉学科的科学体系和知识结构。严格按照大纲和教材循序渐进地进行教学。帮助学生打好坚实基础。我们应该努力使学生高质量地达到基本要求。在此基础上。积极地按较高要求教学。尽量使学生学得多一些、活一些,德智体全面发展更好一些。对少数"尖子"还要为其创造条件。促使冒尖。

各科教学应注意全面协调。当前。特别要注意克服轻视文科的倾向。要重视和加强语文、历史、地理、音乐和美术等教学。各科教学都应充分挖掘教材内容的思想性。重视对学生进行爱国主义教育。力求做到思想性和知识性紧密结合。

加强和改进政治课的教学。坚持理论联系实际的原则。提高学生的马列主义理论水平。同时要根据教材内容恰当地联系社会主义四化建设的实际。联系党的方针、政策以及学生中带有倾向性的思想问题进行教育。引导学生运用所学的理论知识。用正确的立场、观点和方法,观察和分析实际问题。提高他们明辨是非的能力。

二、要进一步重视提高课堂教学的质量。课堂教学要做到:"对、清、精、活"这就要求充分备课，吃透教材，了解学生实际水平，讲授时要有系统性。条理清楚。重点突出。结论明确。同时要将启发性的谈话，自学指导、讨论演示等方法穿插配合。以激发学生学习的兴趣。教师的语言应力求准确、易懂、精练、生动、形象。提倡讲普通话。板书要有计划。有条理，字迹清楚正确。在讲授知识的过程中，要十分重视开发学生的智力。培养学生自行获取知识的能力。切忌注入式。多启发学生积极思维，引导学生养成对一切事物有探索、观察、分析、思考的习惯。使课堂成为积极思考的王国。

三、重视减轻学生过重的学习负担。本学期应进一步克服课外作业多、考试多的现象。重申课外作业量应控制在初中每天一个半小时。高中每天二小时之内。语、数、外、理、化学科的单元测验期中前后只能各一次，其他学科一学期可安排一次，主管教学的校长、教导主任应负责督促检查。发现问题。及时纠正。

四、大力开展课外活动、向第二课堂要质量。继续组织各种学习竞赛，健全各种科技小组。举办各种讲座和读书报告会。开展科技小发明活动。在教师指导下，开放理、化、生实验室。让成绩优异，学有余力的学生利用课外时间进行独立实验等。有关教研组要从现有条件出发。采取积极措施。从实抓好，使学生通过多种渠道获取更多的知识。以扩大知识视野。发展自己的才能。本学期要着手在部分学生中试教电子计算机。

要严格按照教学计划的规定、开设好劳动技术教育课、切实提高劳技课的质量。同时，还要组织学生参加校内外的公益劳动和服务性劳动等。

五、抓好毕业班的工作。高三年级是文革后首届全部择优的三年制的学生。大部分都应成为优秀的合格的毕业生。要重视对他们进行"一颗红心、两种准备"、"中华儿女志在四方"的教育。使学生正确对待高考。自觉服从祖国的挑选，自觉选择四化建设急需的专业。高、初三学生面临毕业，有一定的紧迫感，工作中要做到"两个和谐"即德、智、体全面和谐发展和学科之间和谐发展。注意"防急"、"防偏"。要把紧迫感引导到循序渐进。扎扎实实地打好基础。培养能力的轨道上来。切忌考试频繁。保证让学生有较多的自学时间和每天1小时的体锻时间。对中差生要经常教育他们增强信心。同时，要给以必要的个别辅导。

六、继续抓好初中。切实打好基础。要抓好起始学科的学习。特别要打好语、数、外的基础。对其他学科也应统筹兼顾。全面学好。特别应注意引导掌握正确的学习方法。为了加强中、小学之间的衔接拟于三月底邀请广陵区各小学负责人来校共同研究中、小学间的衔接问题。为开好这个会议。应在调查研究的基础上做好材料的准备工作。

七、学习教育理论是提高教师素质的一项根本措施。要继续抓好教育理论业余学习班的定期集中学习。在学习中要掌握基本观点。转变教学思想。运用理论改进教学。在实践中检验理论。掌握规律。语、数、外、理、化等学科要根据上学期制订的课堂教学基本要求，认真上好公开课、研究课，领导要多深入课堂听课，教师相互听课,要不拘形式的及时交换意见,使课堂教学的基本要求日趋完善。改革经验日益丰富发展。为了广泛宣传改有成效的经验和典型。不断推动前进。学校拟将教师撰写的教学经验不定期地汇总油印成册进行交流。

数学和语文的教材改革试验工作是教育部、教育厅下达的任务。必须坚持试验下去。认真搞好。同时要继续开好人口教育课。提高质量,研究效果。

八、教研组是开展教学研究,进行教学改革实践和帮助教师业务进修,开展教研活动。提高教学质量的基本组织形式,必须加强建设、发挥作用。教研组长要关心和管理好组内教师的思想工作和教学工作,围绕着改进教法。提高课堂教学质量这一中心环节。组织好备课活动。抓好间周一次的教研活动。各教研组都要有学期工作计划。期中要检查。期末有总结。备课组的成员要加强团结,互相学习,取长补短。提倡在个人钻研的基础上,提高集体备课的质量。

本学期将适当调整教研室的成员。教研室在开展教育、教学研究和帮助教研组提高师资水平等方面应继续发挥作用。

九、抓好体育卫生工作:继续贯彻执行两个暂行规定和教育部印发的《全国学校体育卫生工作会议纪要》的精神。进一步加强体育卫生工作。体育工作应以提高体育课的质量为重点。课堂教学力求规范化,要讲究思想性、日的性和科学性。以增强学生体质和为学生参加经常性的体育锻炼打好基础。本学期要组织 2～3 次全组性的观摩课,互相学习。共同提高。要写出 1～2 篇具有一定质量的专题总结。以抓达标为中心。开展好群体活动。全校达标的及格率要保持在 80%左右,同时要认真抓好体育传统项目田径,排球队的训练,争取拟于四月份召开的校春季田径运动会上再创新纪录,在市中学生运动会上取得优异成绩。

要抓好学校文娱队的训练,学校文娱队队员应在学校普及文娱活动中发挥骨干作用,提倡开展"班班有歌声"的活动。"五四"组织文娱会演,并积极准备参加全市的文娱会演。

卫生工作除搞好日常门诊外,要积极贯彻以"预防为主"的方针。加强卫生教育,定期举行卫生知识讲座,提高学生讲卫生的自觉性,养成良好的卫生习惯。同时,要深入课堂加强教学卫生和体育卫生的监督。继续抓好近视眼的防治工作。继续抓好环境卫生,切实做到卫生工作经常化、制度化。保持校容的整洁。

总务工作

一、加强职工的思想政治工作。增强职业道德观念,巩固专业思想,加强工作的光荣感、责任感。树立全心全意为师生服务的思想。每月开一次职工大会。加强道德品质教育、使之自觉以良好的服务态度,做好后勤工作。

二、做好教学物资准备和供应工作、严格管理制度,堵塞漏洞,防止浪费。

三、做好教职工住房调查了解工作。做到心中有数,做好新房分配、旧房调度工作。

四、加强食堂管理,从方便师生出发,进一步研究改善供应办法。

五、做好新教学楼基建的准备工作,办理手续,争取上半年破土动工;逐步更新一部分设备。

六、加强财务管理,在原有的基础上,进一步严格财经纪律。开展勤俭办学的宣传工作。在制度上坚决量入为出,做到收支平衡。

七、开学初迅速清理、整修因大雪折损的树木;抓紧春暖花开时节以美化环境、绿化校园为重点,搞好绿化工作。

八、坚持每日轮流在校园巡视的制度,努力做到对总务工作方面的问题及时发现、及时妥善解决。

一九八四年二月十日

江苏省扬州中学
1984—1985学年度第一学期工作计划

本学期的工作要以“三个面向”为指针。积极贯彻改革精神,稳步提高教育质量,为多出人才,快出人才,出好人才作努力。

本学期将明确“正直向上,热于求知”为我校的校风、校训,要加强学校优良传统教育,使校风发扬光大,并不断充实富有时代特点的新的内容。在校风熏陶下,教师要教书育人。管教管导;学生要懂得如何做人,如何求知。

安排一切工作,应考虑到本学期的如下几个特点:1. 我校是改革的试点单位;2. 本学期要庆祝国庆三十五周年;3. 学校正值新老班子交替;4. 本学期周时数比下学期多六周;5. 学校要大兴木土。建造教学实验大楼。

主要工作有:

改革工作

根据省教育厅《普通教育改革试点纲要》的精神,我校被确定为扬州市的大改试点学校。对待改革,思想要解放,态度要积极,头脑要冷静。要加强改革的宣传教育,充分发动群众,认真调查研究,使改革变为广大教工的自觉要求,通过改革,要调动广大教工的积极性。本学期改革工作的重点是:了解改革是势在必行。刻不容缓的形势,明确改革的指导思想,分析改革的基础,找出必须通过改革解决的问题,并着手做好全面改革的一些基础工作。与此同时,教学教育方面的一些改革可积极进行。

改革的具体方案另订。要组织广大教工认真讨论、修改,使讨论、修改的过程成为不断提高思想认识的过程,成为在改革工作上不断有所突破的过程。

思想政治工作

学生方面:

一、端正指导思想。进一步确立全面发展观点

认真学习有关“三个面向”的材料,牢固地确立全面发展观点,正确认识中学思想政治工作的地位和作用,分析研究学生思想特点和学校思想政治工作现状,从实际出发,切实加强和改善思想政治工作。不断清除“左”的影响,把振兴中华,为四化献身的思想政治教育与科学文化教育密切结合起来,同步进行,引导学生在奠定知识基石的前提下,垒起思想之塔。

二、从爱国主义教育入手,深入进行共产主义理想教育,教育学生立志为振兴中华、建设江苏勤奋学习,贡献力量

通过各种途径和方式,针对学生特点,分层次地进行爱国主义、共产主义理想教育。

1. 结合各科教学进行思想教育。

加强和改进政治课教学。结合学生思想实际。系统讲授马列主义的基本立场、观点和方法。提高学生辨别是非的能力。切实安排好每月1～2节的时政课。九～十月份结合庆祝建国三十五周年活动,系统举办爱国主义讲座。

其他各科教学,要充分挖掘教材内在的思想性,在传授知识、培养能力的同时。潜移默化,贴切自然地进行爱国主义和共产主义理想教育。

2. 开展适合青少年特点的团队活动。

结合迎接建国三十五周年庆祝活动,在暑假进行社会调查的基础上,围绕“振兴中华、建设江苏”的主题组织活动。

初一、初二年级,少先队大队部开展“我们是开发苏北的小主人”活动。活动步骤:(1) 要求少先队员了解苏北;组织苏中解放战争“七战七捷”考察、苏北的明天,“苏北之最”大中队活动;(2) 引导队员立志为建设苏北作贡献,开展“未来在我们红领巾手中”和“五小”活动。“五小”:写一篇小考察报告;提一个开发苏北、改变家乡面貌的小建议;创作一篇歌颂苏北的小诗文;搞一个小发明(小制作);为建设家乡(学校)做一点小贡献;(3) “我们是开发苏北的小主人”征文竞赛。

初三以上高年级,组织开展“我们是未来江苏的建设者”活动,活动步骤:(1) “江苏的前进”,了解江苏在新的七战七捷战斗中所取得的成绩;(2) “美丽的家乡,可爱的祖国”歌舞演唱会;(3) “我在二十一世纪”征文竞赛。

健全和调整“三学”小组(学团章、学哲学、学党章)的成员,加强领导,制订学习计划,学习内容,因年级而宜。

3. 大力开展课外活动，搞好“第二课堂”。

健全各种科技小组。每个年级着重抓好一个小组，保证重点，搞出成绩，各班在任课老师指导下自愿报名组织成立兴趣小组，组织学生参加各种学习竞赛、讲座和读书报告会，开展科技小发明活动。

在高中继续开展“振兴中华”读书活动，初一、初二年级要抓好“红领巾有奖读书读报”活动，切实开展“朱自清读书活动”。使学生在读书活动中丰富知识，陶冶情操。

4. 开展创建文明班级，先进团支部（中队）活动

制订和修改文明班级的计划，期中小结一次，期终进行总结评比。

把争创过程作为促进良好集体形成的过程。各班的团队组织要在明确的目标。坚强的核心、自觉的纪律、同志的友谊，丰富的活动，健康的舆论等方面下功夫，促进集体中每个成员德智体全面发展。

三、加强思想政治工作的领导，提高学生思想政治工作队伍的素质

1. 组织上加强领导

在学校思想政治工作小组的领导下，本学期成立班主任，团队思想政治工作研究小组。研究专题为：如何创建良好的班集体和培养学生自教自理能力。

加强对团队工作的指导，提高组织的战斗力，共青团组织结合整党文件学习。教育团员热爱党，为四化奋斗，紧跟党，做四化合格人才。从而提高团员思想觉悟。健全组织生活，加强团的纪律，开展独立活动，做好全团带队工作，切实从思想上、组织上，加强对少先队的领导，各团支部要配齐少年委员。

2. 业务上逐步提高

班主任要逐步学会用科学的方法管理班级工作。在班级工作的指导思想上要明确：(1) 思想教育领先，全面贯彻党的教育方针；(2) 热爱学生严格要求学生；(3) 调动学生主动性、积极性，让学生当班级主人。

在班级工作的管理上，要根据“两全”精神（全面发展，面向全体学生）相应地制订具体措施。本学期学校对班主任工作考核内容主要从六个方面：(1) 常规工作；(2) 思想教育；(3) 学风和学习质量；(4) 体育卫生工作；(5) 干部和典型培养；(6) 教育科研。

倡导学习研究之风，本学期各年级从实际出发，集体讨论确定一个研究专题，并组织一次主题会的观摩活动。

教工方面：

一、继续加强教职工政治学习的领导，把干部系统学习马列主义理论课程和往常的政治学习结合起来。继续学习赵总理《政府工作报告》，进行建国卅五周年经济和社会发展伟大成就的教育和进行彻底否定“文化大革命”的教育，努力创造条件，实

现干部理论教育正规化,根据教职工不同要求。系统的学习一门马列主义课程,以期领会马列主义基本原理。正确认识社会主义社会的特征。掌握社会主义建设的客观规律。从根本上加深对党的路线、方针政策的理解,提高教师队伍的政治素质。确保政治学习时间。严肃学习纪律,力求提高每次政治学习的学习效果。

二、做好改革中的思想政治工作。从理论上明确改革是历史的必然。是符合社会发展规律的。认识普通教育事业改革的必要性和迫切性。提高改革的自觉性。要以积极的态度对待改革。摆正国家利益、集体利益、个人利益三者的关系。积极参加改革方案的讨论。统一改革的指导思想。明确管理改革与教学改革的关系。调动积极性,积极行动。为端正办学思想,全面提高教育质量而努力。各部门、各教研组都要认真主动地做好改革中的思想政治工作,调查研究思想状况。多做个别谈心工作。克服自满、等待、与己无关的思想和个人得失情绪,真正把认识提高一步、促进改革的顺利开展。

三、继续开展为人师表、尊师爱生的教育活动。教师要忠诚于人民的教育事业。以身作则,热爱关心学生,要制订爱生公约,开展爱生的活动。期末表扬文明部门、文明教研组和文明个人,鼓励先进,推进工作。

四、进一步落实知识分子政策,调动教师的积极性。继续明确如实地从总体上把知识分子看成是工人阶级自己的一部分,是贯彻知识分子政策的根本出发点。在政治上关心信任知识分子,继续在知识分子做好建党工作。特别注意发展青年教师入党,继续彻底解决历史老案中的遗留问题。在工作上放手大胆地让知识分子独立工作,做到用其所长,用人不疑。有职、有权、有责。虚心听取他们对教育和教学工作的意见,积极研究改进。继续关心教师生活。尽可能改善教师的生活福利。对住房分配和调整工作。尽可能做到合理安排,多做思想工作。

教学工作

(一)继续贯彻教育部关于纠正片面追求升学率的十项规定,在常规工作方面,必须强调:

一、坚持以纲为纲,以本为本。循序渐进地进行教学。要注意研究教材体系。帮助学生建立学科知识结构,扎扎实实打好基础。要熟悉两种教学要求。在高标准地达到基本要求的基础上,坚定不移地执行较高要求,不准随意降低教学要求。

各科教学应注意全面协调和谐发展。既要重视语、数、外等基础学科,又要兼顾理、化、生、史、地等学科;既要重视德育和智育,又要加强体育和美育;既要克服重理轻文的倾向,又要防止文科班轻视理科教学的倾向;既要抓文理科的全面发展,又要根据学生情况有所侧重。

加强政治理论课的教学。根据理论联系实际的原则,进一步改进教法,努力提高学生的马列主义理论水平和观察分析实际问题的能力。

二、继续贯彻学校制定的“教师工作职责”。加强责任心、事业心;继续执行各科“课堂教学的基本要求”,并在实践中不断完善。坚决杜绝那种授课无计划,上课无教案,以复习资料代替教材的不良倾向。

三、控制考试次数。控制课外作业量,减轻学生负担,继续给学生“松绑”,以利于主动地、生动活泼地学习。重申语、数、外、理、化学科每学期只能安排两次单元测验,其它学科每学期只能安排一次。高中文科班的理化和理科班的史地只进行期末考试,不举行期中考试。自习课未经教导处同意不得擅自移作它用。

四、抓好初中。大面积提高初中教学质量。各教研组都应从初中学生的心理特点,智能发展、学科知识体系和学习方法、教学方法等方面进行研究。探索初中各科教学规律、减小分化程度,本学期要选择专题,做好调查研究,结合教学实践,写出初步总结。并在今后继续研究,写出有数据、有分析、有见解、有说服力的论文。九、十月教育局要召开初中教育质量座谈会和加强初中教育研讨会。要立即着手进行准备。

五、继续贯彻执行两个暂行规定。抓好体育卫生工作。要进一步提高体育课的质量。严格按照体育教学大纲的要求制定教学计划。并切实执行,树立操场即课堂的观点,上课要做到科学、规范。要以抓达标为中心。组织开展好学生课外体育活动。在上学年达标91.2%的基础上争取有更大进步,继续抓好广播操和传统项目的训练,迎接十月城区广播操比赛和篮、排、足球传统比赛。组织好校秋季田径运动会(拟于十月中旬召开)。

加强卫生宣传教育。普及卫生知识,提高学生讲卫生的自觉性。培养良好的卫生习惯。继续抓好近视眼的防治工作。搞好环境卫生。做到卫生工作经常化、制度化。

六、加强教师的业务进修。提高教师的学术水平。教师的业务进修应有不同的层次。新教师要熟悉教材,过好教材关,以迅速适应并胜任教学工作;未达到本科或专科毕业程度的要逐步创造条件,通过自学函授。进修等途径逐渐达标;已经获得学历。并有多年教学实践的教师。也要继续学习。重视知识的补充与更新。

组织理科教师学习微机技术。鼓励各科教师参加学术活动,著书立说。组织好三十五岁以下教师的汇报课。做好新教师教学优秀奖的评选工作。

(二)积极着手进行教学方面的一些改革:

一、认真学习邓小平同志关于教育要“三个面向”的指示。深刻理解“三个面向”的重大现实意义和深远的历史意义,明确教育改革的目的、方向和任务。振奋全校教工的革命精神,走勇于改革之路。

二、加强教育理论的学习。逐步建立一支教学改革的骨干队伍。继续抓好教育理论业余学习班学习。学习中既要重视对基本观点的剖析。对教学方法的研讨,也要结合自身教学的体会。总结经验教训,通过学习,提高理论水平,活跃教学思想,突破传统教学的思想束缚,为教学改革打好理论和思想基础。

三、继续进行教学方法的改革。教法改革的目的是提高教学质量。核心是克服满堂灌、注入式的教学方法。实行启发式教学法,在加强双基的同时,注意培养学生的自学能力、观察能力、思维能力、实验能力。"四化"建设需要创造型人材。现代教学注重培养学生创造性思维能力。本学期要继续进行以培养创造性思维能力为方向的教学方法的改革,各教研组要确定年级,选定教材。采用讨论式、答辨式、实验式等形式进行试点。上好研究课,并撰写出教学总结。逐步积累经验,以形成自己的风格。

四、大力开展课外活动。通过开设选修课,开展课外活动,举办讲座和读书报告会,开展科技小发明,小制作活动和社会调查等多种形式,使学生获取更多的知识,扩大视野,开拓思路,以培养能力,发挥才华,充分发挥图书馆、实验室在这方面的作用。

继续搞好计算机房的建设。抓好高二年级电子计算机的选修课。争取让尽可能多的学生得到上机操作的机会;举办"新技术革命"的专题讲座,聘请校内外有关人员,就"新技术革命"的八个前沿学科,作普及性的介绍;开好高二年级"科学小论文写作"、"历史"和"美术"等选修课。并积极创造条件逐步增加选修课科目。

继续按照教学计划的规定。开设好劳动技术教育课,逐步创造条件。提高劳技课质量。

五、继续搞好数学和语文的教材改革试验工作。要加强对知识结构、教材体系、学生的认识程序的研究,探索规律,总结经验。

六、进行考试改革的试点。考试改革,除了在命题方面要注意扩大知识的覆盖面。注意考查学生的双基和能力外。还必须在考试方式上进行改革。以适应教学改革的新形势。并反作用于教学方法的改革。本学期可在有关教研组试行,选择个别班级,采用笔试和口试、答辨、总结、实验等相结合的方式进行试点,取得经验,逐步推广。

总务工作

一、整修校舍,美化校园,更新部分教室的课桌椅。

二、拆除一字楼,翻盖部分平房。

三、教学实验大楼工程抓紧做好设计。备料、组建等准备工作,争取十一月下旬或十二月初破土动工;

四、校办厂争取提前一·二个月完成上级规定的生产总值26万元的任务,抓紧新产品的试制工作,争取春节前拿出样机。为明年翻一番打好坚实的基础。

五、依靠广大教职员工、校友,充分利用现有场地、设备。通过各种渠道,开辟新的财源,业务由小到大、讲究经济效益。

六、在生产发展的基础上。在新的财源渠道疏通以后,逐步改善教职员工的福利,特别是集体福利。大食堂要增加花色品种。小食堂要为部分教职员工解决后顾之忧。

七、总务工作人员关心教工的生活。房屋拾漏。整修门窗、修缮危险墙面。维修电灯开关家用电器等由总务处工作人员主动送上门。

八、加强财务管理。严格执行财务制度。紧缩不必要的。可缓办的开支。各部门要按计划使用经费。尽快消除财政赤字。

一九八四年九月三日

江苏省扬州中学
1984—1985学年度第二学期工作计划

本学期学校面临全面改革。要以定编、定员、定工作量为中心搞好管理改革。以培养学生自学能力、创造能力为中心搞好教学改革,以培养学生自治、自理能力为中心搞好思想政治教育的改革,以开辟财源、保证教学为中心搞好总务工作的改革。根据本学期时间短、任务重的特点。要在有计划地实施改革方案的同时,抓紧做好各项常规工作。

教学工作

一、认真抓好教育理论的学习

我们学校历史悠久。有很多优良传统。但也有旧的传统教学的思想束缚。要继续抓好教育理论的学习。树立新的教学观、人才观、智育观和质量观。学习教育理论。既要重视学习基本观点,也要重视联系自身的教学实践,总结对比。提高教学水平,在六月初学校召开一次学习教育理论研讨会,各教研组要准备一、二份总结材料。到时交流。

在学习内容的安排上。除在规定的学习时间内(安排在星期三政治学习时间内,原则上间周进行)全校统一组织学习外,教研组可根据各学科的特点自行安排学习篇目。

二、努力提高第一课堂的质量

认真学习教育理念,并用以指导教学实践。要按照"对、清、精、活"的要求,提高课堂教学质量。注意研究教材体系,明确教学要求,认真备课、上课。帮助学生建立学科的知识结构,切实打好基础。注意培养学生的自学能力和创造能力。

加强教学质量管理。整理和健全教师的业务档案,专人负责、专柜存放;继续设立"校长信箱",使之经常化,制度化,不断收集各方面对教学工作的反映;分管教学的行政干部要深入教研组和课堂,有目的地召开教师和学生座谈会,掌握情况,听取意见。

开展经常性听课活动，抓教学的行政干部每周听课不少于二节，教研组长每周听课一～二节，教师之间也要提倡互相听课，取长补短，改进教学。各教研组要确定专题，有计划地开一些研究课。语、数、外等教研组至少升二课，其他教研组升一至二课，鼓励教师自荐上汇报课。对研究课和汇报课要注意总结，力争在改进第一课堂的教学方面有所突破。

配合扬州师范学院做好教育实习工作

三、积极开辟第二课堂的教学

为了贯彻因材施教的原则，发展学生的个性特长，让学生多渠道多侧面地获取信息，增长才干，应该积极开辟第二课堂的教学。

1. 初一年级进行教学改革试点。在提高第一课堂教学质量、减轻学生课后负担的原则下，每周下午的大部分时间进行第二课堂的教学活动。（计划另订）

2. 高二年级继续开好科学小论文写作、素描、历史、数学、计算机等选修课，下一年度，高中各年级要压缩必修课课时，腾出课时多设选修课。为此，本学期要拟订计划，积极编选选修课教材。为选修课的开设作好准备。

3. 各学科都要举办讲座、组织各种课外活动、建立各种科技小组和学科小组。认真组织师生听取南京大学为我校举办的科学讲座。开展小发明、小创造、小论文、小制作竞赛，评选出优秀作品，五月中旬参加学校"四小"优秀作品评比。

加强和健全劳技课，加强劳技课教室的建设，在农场开辟农业基础课的实验基地。

各种讲座和课外活动都要有切实可行的计划。定时、定人、定内容、定地点。计划要在第二周星期三（三月十三日）以前交教导处，为了保证有秩序地进行活动，对各年级课外小组的活动时间作如下安排：

星期一下午第七、八节：初三、高二

星期五下午第七、八节：初二、高一、高三

四、继续进行考试改革的试点

在积极进行课堂教学改革的同时，要继续进行考试制度、考试内容和考试方法的改革，考试不能只是要求学生再现知识，也应注意考查学生运用知识的能力，考试形式可采用动笔、动口、动手等多种形式，各学科要根据自己的特点，继续进行考试改革的试点工作，要注意寓复习于平时的新授之中，加强课前提问和课后巩固，引导学生做好预习、复习工作。高中各年级取消期中考试。

五、切实抓好毕业班工作

高、初中毕业班的工作是本学期学校工作的重点之一。要明确毕业班工作的指导思想，在全面提高质量的基础上，注意因材施教，重视培尖和补差，努力提高毕业生的素质。

复习工作要以纲以纲,以本为本。复习练习的内容既要有系统性,又要有代表性;既要注意覆盖面,又要注意深度;既要注意学生的基础知识的掌握,又要注意能力的培养,题目要精选,切切不可搞题海战术、广种薄收,各学科要有计划地安排复习工作,不能因争时间而加重学生负担,尽可能放手让学生自行安排时间进行复习,要注意青少年的生理、心理特点,不搞疲劳战,注意动静搭配,劳逸结合,提高复习效率。做好毕业考试和升学考试的指导工作。

六、继续抓好体育卫生工作

体育是一“育”,而不仅仅是一个“学科”。要认真学习体育教学方法的理论,进一步提高体育教学的质量,提高学生身体的素质,既要上好体育课,又要开展好学生课外体育活动,搞好传统项目中训练,学校春季田径运动会拟于四月十二、十三日两天举行,组织好“五四”的文艺会演。

加强卫生宣传教育,切实抓好学校环境卫生和教学卫生,进一步抓好防近工作,做好学生家庭晚自习照明情况调查。认真做好毕业班的体格检查工作。

思想政治工作

一、教职工方面:

1. 教职工思想政治工作要注意三个“结合”:思想政治工作和教学结合,认真学习现代教育理念,树立新的人才观和质量观,摆脱传统教育观念的束缚;思想政治工作和改革结合,认真学习《中共中央关于经济体制改革的决定》和即将颁发的《中共中央关于教育体制改革的决定》,贯彻按劳分配原则,实现“三定。”把工作落实在实处;思想政治工作要和关心群众生活结合,解决群众实际困难,在实践中提高人的觉悟。

2. 认真注意分析教职工的思想状况,特别是改革中的思想状况,深入群众,多做个别教育工作。思想政治工作要做到“真、实、新”,强调讲真话、交真心、以诚相见;实事求是,讲究实效;注意改进思想政治工作的形式和方法,力求使思想政治工作有吸引力和感染力,教职工政治学习要有所改进,内容要有针对性,要充实、要切合实际,学校行政干部要参加各部门、各教研组的政治学习。

3. 继续进行教育工会和教育部颁发的教师职业道德要求的教育,强调做到热爱祖国、献身教育;探索规律,教书育人:勤奋学习,又红又专;热爱学生,诲人不倦;遵纪守法,团结协作;以身作则,为人师表等各个方面要求。

4. 继续贯彻落实知识分子政策,对历史“三案”的遗留问题,继续向上甲报,以求顺利解决。对文化大革命查抄物资的遗留问题,“农转非”政策和解决夫妻两地分居的问题,继续抓紧落实,以调动积极性。

5. 将思想政治工作任务落实承包到所属部门、教研组、班级，建立分级分工管理责任制。人人做思想政治工作，定期检查，做到职责分明、赏罚分明。

二、学生方面：

1. 学习党的十二届三中全会《决定》和现代教育理论，进一步解放思想，树立新的质量观、人才观、学生观。

提高认识，实现思想政治工作指导思想的转变，对八十年代青年看法的转变和教育方法的转变。冲破传统的教育思想的束缚，从二十一世纪对人才的要求出发，着眼于培养学生开拓，创造的能力，鼓励学生勇于发表独立见解、自治自理。改变教育方式，把灌输过程改为自我教育过程。

组织班主任学习创造学的有关文章和经验，提高班主任思想和业务素质，变经验型为理论型，创造型，从实际出发组织开展创造性活动，培养学生创造的志向和才干。

2. 深入进行理想教育、爱国主义教育和常规教育，引导学生确立为四化建设而努力学习的崇高志向，促进良好校风的形成。

根据新形势的要求，进一步深化理想教育和爱国主义教育的内容，结合社会考察活动，举行“三个面向”和人才素质的讨论会，“我们是未来的创造者”主题汇报会。少先队继续开展“小七战七捷”活动。

加强校史教育，宣传“正直向上，热于求知”的校风，围绕“做人求知”这个重点，组织学习校友曹起溍等革命烈士的事迹，开展“朱自清读书活动”，举行智力竞赛、朗诵会、演讲会，整理汇编校友的先进事迹。

新学期开始，在学生中进行一次建设社会主义精神文明的再教育，要求争做文明学生，建设文明班级，创造文明生活，开展文明学生达标活动，确立“五讲四美”思想，倡导文明、健康、科学的生活方式，振奋积极、向上、进取精神，严守中学生守则，做到“勤学、尊师、守纪、礼让”。在学生中普及礼貌用语十个字(即请、您好、对不起、谢谢、再见)做到人人上口、班班成习，逐步养成良好的行为习惯。

3. 开展实践教育活动，进行自我教育。

围绕经济建设这个总目标，针对学生思想实际，接触社会，开展调查活动。继续开展《“三个面向”社会考察团(组)》、《廿一世纪人才要求调查团》、《“正直向上，热于求知”校风考察团》活动。分年级举行考察团汇报会，考察报告演讲会。

围绕课堂教学，开发智力，培养实践和创造能力。分年级开展社团活动，组织兴趣小组和爱好者协会。由共青团、少先队、学生会牵头、自愿报名、成立组织，自办讲座、小报和展览会，交流信息，扩大影响，巩固成果。学校对某一方面成绩优异、有独创精神的同学给予荣誉称号，对有独立见解。积极提建议参加教改的同学给予奖励。

4. 发扬学生的主体作用，培养自治自理的能力。

(1) 统一认识、明确目的要求。

倡导学生自治自理是为了适应社会的需要，培养有创造精神的新一代；也是当前教育改革的要求,将封闭式转为开放式,将灌输式转为启发式,将保姆式转为自我教育式,必须倡导学生自治自理;自治自理也是现代学生的自发要求,是学生自立意识逐步增强的表现。

学生的自治自理是在学习生活中的自治自理,它是在学校纪律约束下,尊师前提下。接受学校教育下的自治自理。决不是自由放任。班主任的责任将更重,需要更高的素质。更好地发挥老师的主导作用。对学生在自治自理过程中出现偏激的言行,教师要在肯定主流的前提下。注意引导、帮助处理好各种关系。

学生自治自理的内容:学习上提倡自学,德育上进行自我教育。体育上进行自我锻炼,生活上提倡自我服务。

(2) 调查研究学生思想现状,重在引导。

定期分析研究学生的思想动态,志趣爱好,因势利导,使学生的个性和才能得到充分发挥。本学期举行一次培养学生自治自理能力研讨会。

(3) 改革学生干部制度,实行轮换。

实行班委干部轮换制,面向全体学生,大家轮流担任干部,培养锻炼组织和领导能力,一般说来班委原则上任期一学期,主要干部可连任二学期。

团队和学生会干部原则上任期一年。

本学期分年级举行主题班会,培养学生自治和创造能力。

(4) 加强团队自身组织的建设,充分发挥学生组织的作用,学校要加强对团队组织和学生会的领导,定期研究指导工作,各部门要为学生活动的顺利开展,提供方便,创造条件。根据不同年级特点,加强对高一、高二学生会分会的指导。

团队工作要和学校教育紧密结合融为一体。团队干部要适应改革形势。引导共青团员、少先队员在自己的组织里学习当家作主,自己管理自己,自己教育自己。

总务工作

一、以岗位责任制为中心,建立与健全各项制度,努力提高工作效率。

采用上下结合的办法。制订好各室、组工作职责,在实施中不断修改完善。除外勤人员,一律实行坐班制。

按实填写工作日志,每月月底查阅,此材料供考勤考绩参考。设群众信箱,接受群众监督。根据群众意见考虑奖惩。

处务会每周一次,全体工作人员会每月一次。

二、抓好教学实验大楼、长堤教工宿舍的基建工作。在确保施工质量的前提下,尽快缩短工期,争取四月底完成教工宿舍的新建工作,年底前完成教学实验大楼的土建部分。

为保证基建经费集中使用,原有旧房原则上不再大修,小修小补需严格控制,小型维修一般先由住户填报申请单,再由经办人提出处理方案,动用两个工日以上的维修项目需提交处务会研究决定，具体实施仍由经办人统一安排。凡属用户保管不善人为破损者，总务处可以代办，但维修费一律自理。

三、复印室进一步扩大业务，招待所边开放边扩大，并通过多种渠道开辟新的财源。

四、加强财务工作的民主管理，各部门按比例实行经费包干，严格审批制度，迎接五月份经济法规的实施，凡属教学需要的只要是力所能及的尽一切努力提供。等待上级拨款后先弥补赤字，今后经费使用必须量入为出、计划开支。专款专用。

五、膳食组。绿化组试行承包制。食堂参照友校办法。允许收取微利提作奖金，完成定额不奖不罚，超者奖。不足者罚。食堂要增加花式品种，降低成本。增加熟食、小吃业务。改善服务态度。全心全意为师生员工服务。绿化组在保证全校绿化的前提下，按承包合同办事。

六、保管室有计划购办文化用品。严格验收制度，日常办公用品仍维持原有登记制度，办公室用品由部门负责人填写领物单统一领取，凡属教学需要应在学生代办费中扣款的用品经办人填写领物单后应交教研组长或教导处批准。

七、保证用电、用水、节电、节水，争取一季度妥善解决河西的用电问题。

八、总务部门政治思想工作的重点在于教育全体职工牢固树立为教学服务、为师生服务的观念，每个工作人员都必须改善服务态度，以礼待人，积极开展创文明班组活动，管物管钱的同志要廉洁奉公，不谋私利。

一九八五年三月一日

江苏省扬州中学
1985—1986 学年度第一学期工作计划

本学期要以整党为动力，贯彻《中共中央关于教育体制改革》的决定为中心，加强政治思想工作，加强社会主义精神文明建设，认清形势、树立信心，增强历史的责任感，积极开展教育和教学的改革，最大限度地提高教育质量。

思想政治工作

教职工思想政治工作：

一、做好思想政治工作，首先要抓好领导层自身的思想教育，要把自己摆进去，领导干部包括中层干部要以身作则，言行一致，廉洁奉公，作风端正，坚持党的全心全意为人民服务的宗旨，领导干部与教职工甘苦与共，不做与民争利的事情，不做有损扬州中学的声誉，干扰教育改革的事情，凡是要群众做到的，领导干部无例外地必须首先做到，领导干部要自觉地按党的原则办事，反对只讲人情，不讲原则，反对有令不行，有禁不止的行为，对群众的意见，要有鲜明的态度，正确的坚决支持；错误的，采取说理的办法进行批评教育，各级领导，各个部门要结合整党和教育改革，认真做好思想政治工作，领导要带头起表率作用。

二、加强教职工政治学习的领导，认真组织教职工学习马克思主义的基本理论，马克思主义是指导我们思想的理论基础，系统地组织学习马克思主义的基本理论，学会用马克思主义的思想、立场、观点、方法来阐述和弄清楚当前社会上出现的一些问题，达到高瞻远瞩，坚定共产主义信念，加强系统的共产主义思想教育，共产主义的思想和实践早已存在我们的现实生活之中，当前进行的经济体制和教育体制改革。进行的社会主义四个现代化的建设，使国家富强，人民富裕。就是共产主义的远大理想阶段的具体化，那种认为“共产主义离我们太远”“理想教育只是空洞的说教”以及产生缺乏远大理想，缺乏政治热情，缺乏组织纪律性和一切向钱看的思想是错误的。从而提高教职工对理想教育的认识。组织教职员工看曲啸的录象，学习中年优秀知识分子华怡的事迹，用先进典型的榜样，来激励自己，自觉地把理想教育同学校改革、整党和其他各项工作紧密结合起来，在各自的工作岗位上多作贡献。

从实际效果出发，各学习组一定要保证每周一次的政治学习时间，集中精力、搞好学习,每次学习要检查人数,作必要的记录,为了保证学习质量,各学习小组定期组织学习心得交流,真正把思想政治工作落实到实处,从而推动各项工作的开展。

三、结合今年第一个教师节,切实加强教职工的政治思想工作。继续发动全体教职工认真学习《中共中央关于教育体制改革的决定》和中央领导同志在全国教育工作会议上的讲话,充分认识教师在"四化"建设中的地位和作用,使大家懂得:"四化需要人才,人才需要教育,教育需要教师"的深刻道理,发扬主人翁的思想,增强教师的责任感、自豪感、幸福感。

继续加强教师的业务进修工作,注意以老带新,积极培养新生力量,大力表彰优秀教师,宣传优秀教师的先进事迹,用本校的典型事迹激励自己、鞭策自己,更好地搞好教学工作。

积极做好在教师中发展党员的工作,要继续克服对知识分子的"左"的偏见,从政治上关心教师,继续抓紧建党工作,切实解决优秀教师要求入党的问题,特别要重视在中青年骨干教师中发展党员,做到成熟一个发展一个。

继续编写搜集古今中外赞美老师、尊敬老师的名言和故事,印发给全校师生。教育全校教师要自尊自重,为人师表,鼓励教师热爱教育事业,热爱学生,全面贯彻教育方针。教书育人,做到工作上孜孜不倦,业务上精益求精,正确处理好上下级间、职工之间、师生之间的关系,做好本职工作,各部门,各教研组之间继续制定好文明公约。开展评比活动,做社会主义精神文明建设的模范,共建精神文明,保持文明单位的光荣称号。

学生思想政治工作:

一、学习和贯彻中央教育体制改革决定,转变教育思想和教育方法,明确培养目标

认真学习《中共中央关于教育体制改革决定》精神,明确思想政治工作的根本任务是为社会主义现代化建设培养有理想、有道德、有文化、有纪律的一代新人,通过思想教育。使学生具有为国家富强和人民富裕而艰苦奋斗的献身精神,不断追求新知识。具有实事求是、独立思考、勇于创造的科学精神。在实践中提高认识,继续实行思想政治工作指导思想的转变。对八十年代青年看法的转变和教育方法的转变。在改革和开放环境中造就一代"四有"新人。

要开展教育理论的学习和研究活动,在学习中央教育体制改革决定的同时,还要学习彭佩云同志在全国中学生思想政治工作研讨会上的讲话精神,除学校组织学习现代教育理论外,倡导班主任及从事思想教育工作的同志有系统地学习一些基本教育理论,有重点地开展学生思想政治工作的专题研究。

二、深入进行理想教育和爱国主义教育,引导学生勤奋学习,奋发进取

要以集体主义教育和爱国主义教育为起点,深入进行理想教育,要把树立远大理想同现在学习目标紧密结合起来;要在进行理想教育的同时。抓好常规教育,发扬优良校风,形成良好的学习环境,使理想教育切实有效地深入下去。

学习和宣传先进典型,组织听取"保边疆、献青春"报告,用老山英雄的先进事迹和典型人物引导学生树理想、勤学习,学文化。表扬学生中争做"四有"新人的典型人和事。

继续开展创建文明学校和文明班级活动,严格纪律,认真贯彻执行学生在校一日规范,搞好检查和自查。

抵制各种不良思想侵蚀。对不利于学生健康成长的不良现象要理直气壮地进行教育和引导。开展各种形式的活动,指导中学生正确的阅读和娱乐。加强对个别问题的教育引导。

三、开展各种尊师活动,庆祝首届"教师节"

组织广大学生搜集古今中外尊师故事和名言开展尊师知识竞赛,提高对尊师活动的认识。

各班级和个人要从各自具体情况出发。开展以尊师为中心的主题活动。向首届教师节献礼。如何开展《尊敬老师,立志成材》师生联谊会,开展使用尊师语言活动,提倡为教师尤其是老年教师做一件有意义的事,明确对学生而言。尊师重在尊重老师的劳动。严格要求自已,早日成为四化建设人材。

学校团委。学生会还可在教师节召开"献给教师节的歌"诗歌朗诵会和演讲会。

四、加强引导,培养学生自我教育和自我管理能力,造就具有创造精神的一代新人

要处理好发挥学生主体作用和教师教育引导的相互关系,全面而正确地认识改进思想教育过程中的各种问题。

组织好学生干部培训。要在上学期工作的基础上,继续轮换、轮训学生干部,提高和增强学生干部思想素质和活动能力。

要引导学生在搞好第一课堂学习同时积极参加第二课堂活动。拓宽思想教育工作的路子。开展"四小"发明活动,通过活动增进学生动手能力。

团组织要明确在实践中培养"四有"新人是自己工作的出发点和落脚点。提高团员的素质,使之真正起到模范作用,少先队组织要在开展"创造杯"活动的基础上,深入开展创造性教育活动,做到从小立大志,将来为四化建功立业。

学生会要进一步健全组织,发挥积极作用开展适合中学生特点的活动,引导和团

结广大同学奋发进取，努力成材。

教学工作

一、认真学习教育理论，树立新的人才观、教学观和质量观

《中共中央关于教育体制改革的决定》指出，“要改革同社会主义现代化不相适应的教育思想、教育内容、教育方法。”克服传统教育思想的束缚，坚持教育改革的正确方向，首先必须抓好教育，教学理论的学习、用现代教育、教学理论武装全体教师，从理论上搞清打好基础和培养能力、学生的主体作用和教师的主导作用、直感教学和理论思维、个性发展和全面发展、智力因素和非智力因素等方面的关系，树立新的人才观、教学观和质量观。

理论学习要重视联系自身的教学实践，注意总结经验、揭示规律，提高学习效率，各教研组要确定专题，从理论和实践的结合上总结一、二份专题材料。

为保证教育理论学习能扎扎实实进行，政治学习时间原则上一半用于教育理论学习，学习内容除了有关报章杂志的经验总结，理论探讨的文章外，每人应选择一本教育学或心理学的专著，以使所学知识系统化。

二、群策群力，改进教法，努力提高课堂教学质量

随着科学技术的不断发展，课堂教学的有限性与知识量扩展的无限性的矛盾日益尖锐，那种教师讲授，学生识记、考试再现的传统课堂教学模式，愈来愈与社会发展不相适应，必须从改进教法上找出路，实现从“授以鱼”向“授之以渔”的转化。

教法改革的核心是克服满堂灌、注入式。实行启发式，在加强基础的同时，注意培养学生的能力，发展学生的智力，为此必须注意研究学生特点和教材体系，使教学过程符合学生生理，心理发展和能力成长的规律，着力培养学生的自学能力和创造能力；教学过程要循知识结构之序，指导学生建立知识的逻辑结构，培养学科思维方法。

在注重认智规律的同时，必须重视情感规律的作用，教师对学生要充满期待，要以充沛的感情，坚强的毅力、丰富的想象，生动的语言，高度的概括力，娴熟的技巧，从各个方面感染学生，使学生耳濡目染，培养学生的情感，激励学生的意志，点燃学生心灵的火花。

总之要根据“对、清、精、活”的要求，多层次、多形式地进行教法改革，各教研组或备课组要确定教法改革的专题，结合教法改革，要求人人上汇报课，层层上汇报课，对汇报课、研究课要注意总结，力争有所突破，期末通过评议，对确有成绩者给予奖励。

加强教学质量管理，通过听课召开质量检查座谈会等多种形式，掌握情况，发现问题，及时解决，教学行政干部每周听课不少于 2 节，教研组长每周听课 1—2 节，继续整理和健全教师业务档案。

三、积极开好选修课，组织各种课外活动，开拓学生的知识视野，培养学生的能力

为了解决相对稳定的教材与不断更新的知识之间的矛盾，拓宽学生的知识视野，为了发展学生的个性特长，培养学生的能力，要继续积极开辟第二课堂的教学活动。

1. 在总结上学期初一年级改革试点工作的经验教训、得失利弊的基础上，使初一年级的改革工作不断完善。在切实抓好第一课堂，提高第一课堂教学质量、减轻学生课后负担的原则下，开展第二课堂的教学活动。

2. 开好高一年级计算机必修课。高二年级的数学、计算机、历史、素描、语文等选修课。

3. 各学科在上学期工作的基础上，继续组织好各种课外活动小组和学科小组，举办各种讲座，开展小发明、小创造、小论文、小制作活动。各种课外活动和讲座都要做到四定，定时间、定人员、定内容、定地点，各教研组要订出切实可行的计划，为了保证有秩序的进行活动，对各年级课外活动小组的活动时间作如下安排，周一:初三、高二;周五:初二、高一、高三。

4. 继续抓好各年级公益劳动，开好高二年级工业劳动技术课。

四、进行考试改革的试点

对考试要深入进行研究，除了在命题方面要注意扩大知识的覆盖面，重视考查学生的双基和能力，努力提高考试的区分度、信度和效度，维持适当的难度外，还必须在考试方式上进行改革，以适应教学改革的新形势，本学期有关教研组要在有关年级或有关班级，采用笔试和口试、答辩、总结、实验等相结合的方式进行改革试点。

要注意寓复习于新授之中，加强课前提问和课后巩固，引导学生做好预复习工作，既要控制考试次数，又要防止放弃检查，一次考试定优劣的倾向。

五、抓好初中，大面积提高初中教学质量

各教研组都应从初中学生心理特点，智能发展，学科知识体系和学习方法、教学方法等方面进行研究，探索初中各科教学规律，减小分化程度，各教研组要有一名教研组长全面负责初中教学，要保证有一定数量的骨干教师从事初中教学。

六、继续抓好体育卫生工作

要从全面贯彻党的教育方针的高度，认识体育工作的重要性，认真抓好体育教学。体育教师要认真学习近代体育教育理论，严格按照体育教学大纲的规定，上好体育课，进一步提高体育教学的质量，提高学生的身体素质，组织好学生课外体育活动，搞好传统项目的训练，组织好秋季田径运动会。

加强卫生宣传教育，切实抓好学校环境卫生和教学卫生，抓好防近工作，做好体

检工作。

七、做好教育科学研究的准备工作

为了保证教育和教学改革稳妥地进行。不断巩固改革的成果,必须对改革项目进行科学的测试和评价,为此,必须开展教育科学研究,本学期成立教育科学研究学习组,学习基本理论、研究方法、教学统计和测量手段,为开展教育科学研究作好准备。

总务工作

一、改变校容校貌,改善办学条件

根据集资办学经费的落实情况,在国庆前夕继续做好新大楼教室内部粉刷,大教室门窗油漆、教学区的绿化美化工作外,教师节前由校办工厂完成东西大楼前面的车棚,着手准备新建(或改建)一所较好的厕所,铺一、二条通向操场的路面,解决生活区(男生宿舍、大厨房)部分下水道、更新新大楼的照明设备,如有可能争取维修体育馆。

二、在保证质量的前提下,抓紧教学实验大楼的工程进度

桩基已经试压过40吨大关,土方工程即将完成,九月份浇好承台,九月底砌第一层,十月底争取第二层,抢在冬季节前完成大楼外型,大量的材料要提供,辅助工作要配合,把过去拉下的时间补上去。

三、在校长室统一领导下,努力做好旧房调整工作、维修工作

住房紧张是带普遍性的问题,今年西平房落成后,只能稍稍松动,根据需要与可能,旧房将分批进行调整,教师节后到国庆节前争取第一批调整,十月底第二批。

四、努力办好食堂,为师生员工服务

外籍学生较多,客户较多,为了安定饭厅秩序,拟适当布置一点桌椅,在资助单位的帮助下装好吊风,建筑器材尽快搬出、保持室内整洁。

在付食品价格上浮的不利条件下,要精打细算,多开辟一点购货渠道,加强卫生管理,增加花式品种,让师生吃得好一点。

炊事员要改进服务态度,争做文明服务员。

茶水凭筹子供应,上班时间吃到好开水。

五、严格财务制度,计划使用经济,确保第一线的需要

购物要申请,领物要登记,各部门所需费用应在开学初编造计划,经校长室批准

由会计室贯彻，凡是教学第一线需要的事，只要符合规定，只要校长有令，保证优先办、办得快一点（不超过24小时）办得好一点。

六、加强管理，多做实事

保管室严格保管制度，传达室严格传达制度，紧密配合教导部门抓好卫生工作，并做到经常化制度化。

一九八五年九月

江苏省扬州中学
1986—1987年度第二学期工作计划

1987.2.1

本学期学校工作总要求:

根据省教委1687年“社会主义精神文明建设的中心工作是开展坚持四项基本原则,反对资产阶级自由化教育”的指示精神。认真组织全校师生员工学习中央有关文件、中央报刊近期发表的一系列重要文章,学习教育理论,充分认识加强思想政治工作,全面贯彻教育方针的重要性。要在以往教育思想建设的基础上,进一步端正办学思想,提高对改革的认识,明确中学教育改革的任务,为使所有学生德、智、体、美、劳全面发展,真正成为“四有、两热爱、两精神”的人才打下良好基础。同时,要切实加强科学管理和岗位责任制,积极改善办学条件,改变校容校貌,多办实事,为把我校早日办成高水平,有特色的新型的社会主义学校而努力。

思想政治工作

教工方面:

一、坚持社会主义办学方向,全面贯彻党的教育方针,提高对加强思想政治工作意义的认识

我们要在以往教育思想建设的基础上,学习中央有关文件精神,深刻认识加强学校思想政治工作的重要意义,要通过学习,统一认识,逐步明确:

1. 加强学校思想政治工作,是坚持社会主义办学方向,坚持四项基本原则,全面贯彻党的教育方针的要求,要认识到加强思想政治工作,就是坚持党对学校工作领导的重要方面,要自觉接受党的领导,自觉加强学校思想政治工作。

2. 加强思想政治工作,是适应开放、改革形势的需要,我们要在马克思主义,毛泽东思想指导下,改革思想政治工作,以适应新时期的特点。

3. 加强思想政治工作是反对资产阶级自由化,反对精神污染,抵制资产阶级腐朽思想侵蚀的需要。目前,尤其要克服忽视或轻视甚至取消思想政治工作的错误倾向。

总之,本学期要把全体教工的思想认识统一到党中央决议,讲话精神上来。通过加强和改善思想政治工作,保证并促进学校各项工作的进行。

二、坚持四项基本原则,旗帜鲜明地反对资产阶级自由化

当前,思想政治战线上的重要任务就是反对资产阶级自由化,在学校里必须坚持党的领导和社会主义办学方向,我们要清醒地看到,资产阶级自由化思潮在我校存在着不同程度地影响,资产阶级自由化的言论是有一定市场的,本学期,要着重抓好教工的政治学习,坚持每周三政治学习制度,组织全校教工有重点地学习中央有关决议、讲话,学习党报、党刊的社论和评论员文章。通过学习和讨论,把四项基本原则作好办好学校的思想政治基础,作为自己行动准则。要克服"政治学习无用"、"政治学习可以取消"的错误观点,提高学习效率,改进学习方法,要系统地学习马克思主义的基本理论促进教工理论水平和思想政治觉悟的提高。此外,学校将结合形势政策教育,有计划地组织教工开展社会调查,听取专题辅导报告,举办学习心得交流会等活动。帮助教工认清形势。明确任务、坚定正确的政治方向。

三、树立党的领导观念和纪律观念,密切联系实际,做好经常性思想政治工作

要加强思想政治工作的针对性,注意层次性、提高战斗性。着重做到:

1. 要加强党的领导的观点,加强纪律性,严格各项规章制度。全体教工要加强法纪观念。增强执行纪律的自觉性,自觉贯彻党和学校领导的意图,要克服松松跨跨,自以为是,各行其事的随意性的倾向。尤其要整顿会风,严格作息制度。

2. 要表扬先进,批评后进,做到是非分清赏罚严明,要积极发扬正气,支持先进,对错误的倾向要大胆严肃地及时地批评和帮助。

3. 中层以上干部要深入学校各部门、教研组,了解情况,开展谈心活动,做好深入细致的思想政治工作。

四、开展师德教育活动,创建文明组室

1. 要坚持开展师德教育活动。建设一支又红又专的教职工队伍,在教工中,要发扬艰苦奋斗的勤恳踏实工作的优良传统,树立正确的人生价值观,提倡大公无私的精神,教书育人,为人师表,要加强青年教师的思想工作,注意发挥教工团支部的作用。开展适合青年特点、富于思想性的活动,结合共青团的特点,"五四"青年节要表彰一批在各项工作中做出成绩的青年教工,要加强职工队伍的职业道德教育。

2. 开展创建文明组室活动。各教研组(室)要按照目标管理的要求,订好本学期创建规划,本学期要采用和试行"文明组室评比"量化考核办法,加强对创建工作的科学评定和有效管理。

3. 要进一步完善思想政治工作岗位责任制。发挥各部门、各级、各方面在思想

政治工作中的作用。

学生方面:

一、进行四项基本原则为核心的政治方向教育和共同理想教育

要对学生进行四项基本原则教育。要看到资产阶级自由化思潮在中学生中的影响,针对青少年渴求改革。但缺乏马克思主义是非辨别能力,对国情不甚了解的弱点,对中学生强化政治方向教育,在这方面我们要求做到:

1. 要在全校开展"爱国爱党,勤学成才"系列活动,要求各班通过活动,进行热爱社会主义祖国,热爱中国共产党的教育。

2. 要组织开展社会调查,通过接触社会,了解历史,了解国情,明确当代中学生的历史使命。

3. 要有计划地组织具有一定深度的专题讲座。针对学生中思想上的问题。帮助中学生正确理解当前形势、理解民主与自由,自由与纪律辩证关系,坚定对党的信念,坚定走社会主义道路的决心。

4. 要开展"三学"活动。即学党章、学哲学、学团章小组活动。本学期要在高二年级组织党章学习小组。"五四"青年节全校举办《党在我心中》主题会。推动"爱国、爱党、勤学成才"系列活动,进行热爱党的教育。

5. 要做好毕业班思想政治工作。要针对毕业班思想实际,帮助学生树立正确的人生观,摆正个人理想与共同理想的相互关系,做一名合格的初、高中毕业生。

二、创建班集体,促进学生全面发展

要通过总结前阶段创建班集体经验的工作。推进创建班集体工作,促进中学生在德、智、体、美、劳诸方面的全面发展。

1. 要全面调动各方面积极因素,整体协调地创建班集体。要注意发挥学生干部作用,发扬并形成正确的集体舆论。加强思想教育的系统化,继续开展系列活动,切实做到班班有计划,活动有落实。每个班级要针对本班实际,明确目标,重点解决一二个问题,使创建班集体活动深入向前发展。

2. 施行"创建文明班集体考核评比办法"。加强创建工作的科学性。开学初,要印发新的考核评比办法,组织班主任和学生干部认真学习,统一思想,认真推行。

3. 抓好具体行为教育,以此作为思想政治工作的重要方面,加强重点检查,抓好自习课纪律,进出门下车,爱护公物等问题,对学生进行艰苦奋斗教育。

三、加强班主任为骨干的思想政治工作队伍建设

思想政治工作队伍素质如何,将直接关系到思想政治工作战斗性。因此,本学期

要加强思想政治工作队伍尤其是班主任队伍建设，具体做好下述工作：

1. 加强理论学习，提高和统一认识，重视班主任队伍思想理论建设，尤其是要重视马克思主义基本理论对思想政治工作的指导作用。本学期，将举办三次新时期班主任工作理论讲座。（第一讲：科学创建班集体理论；第二讲：思想政治工作中心理科学；第三讲：青年班主任工作）要加强班主任工作的理论研究。成立班主任工作研究小组。继续办好《班主任工作简报》。

2. 加强分类指导，要加强对班主任工作的分类指导。注意层次性。要把提高青年教师的班主任工作水平，作为重点来抓。在前两学期开展班会指导评比活动基础上，本学期做好：(1) 要通过开展和青年班主任谈心活动，沟通思想，关心实际，加强具体工作指导。(2) 举办班主任工作暨班会现场观摩分析会。通过具体解剖一个班级，加强工作示范。

3. 加强管理和考核。要在党总支、校长室领导下，由政教处具体协助学校领导，做好班主任的工作考核，建立《班主任工作档案卡》每学期填写一次，作为评定班主任工作，评选先进和评定教师职称的依据之一。

四、重视政治课教学，以及各科教学在思想教育工作中特殊作用，寓教育于教学中

1. 要重视政治理论课在学生思想品德教育中的核心作用，要注意针对学生中存在的一些模糊认识，运用理论思维力量进行有说服力地回答。

2. 各科教学都要重视发掘思想教育因素。当前，尤其要对学生进行四项基本原则教育。本学期，要召开一次各科教学开展思想教育的讨论会。

3. 要加强校园文化建设。要广泛开展各种有益学生身心健康的社团活动。加强美育，要组成江苏省扬州中学艺术团，下设舞蹈队，声乐队、器乐队，成立美术小组，培养绘画、书法方面的人才。上述社团要制订计划，定期活动。要举办一次歌颂党、歌颂祖国为主题的校园文化活动日。

教 学 工 作

一、学习教育理论，端正指导思想，提高业务素质

要组织全校教工认真学习“中共中央关于教育体制改革的决定”“中共中央关于社会主义精神文明建设指导方针的决议”，学习邓小平同志关于教育工作的一系列论述。通过学习讨论近一步端正办学指导思想。确立正确的教育价值观、人才观、质量观。明确中学教育培养目标的核心内容是培养“四有”公民。提高“两个”素质，用根本任务，统一思想。用共同理想团结全校教工。积极慎重地进行教学改革。努力提高教学质量。

要组织全校教师认真学习教育学、心理学。努力提高教育,教学理论水平,鼓励教师积极开展教学科学研究,学以致用大胆实践,认真总结。

全体教工要爱事业、爱学生、踏踏实实做好本职工作,教师要教书育人。职工要服务育人,群策群力、锐意改革、自尊自重、为人师表。

二、努力提高课堂教学质量

中学教育属于基础教育。中学教学应以完成各科大纲规定的教学要求作为主要任务。以必修课为其主要教学形式,提高课堂教学质量是大面积提高教学质量的关键。

1. 各教研组要组织教师学习大纲、钻研教材,把握大纲要求、掌握教材体系,明确各章节的教学要求,制订教学计划。

2. 备好课是提高课堂教学质量的前提。要坚持集体备课制度,发挥群体功能。集体备课安在个人自备的基础上进行,要定时间、定内容、定中心发言人,备课既要备教材。又要备学生、备教法,既要统一进度,又要统一要求,既要体现知识的系统性。又要适合学生认知功能的发展,要克服教学上的主观随意性。

3. 上好课是提高教学质量的中心环节,上课要努力做到加强基础和培养能力相结合。教师的主导作用和学生的主体作用相结合。科学性和艺术性的结合。既要反对照本宣科的"填鸭"式教学,又要反对离开教材体系的"放鸭"式的教学。

4. 加强反馈矫正,是提高课堂教学质量的重要环节,教师要通过布置作业,随堂练习,复习提问,个别谈话等多种形式,收集课堂教学的信息反馈,对存在问题随时发现,及时矫正,并不断巩固强化,防止学习过程中"缺陷"的产生和累积,全面提高质量。

5. 改革教法是提高课堂教学质量的关键。教法改革的核心是贯彻启发性原则,调动学生学习的积极性和主动性,培养学生的能力。发展学生的智力。教法改革提倡百花齐放、百家争鸣、不搞统一规定,不搞一刀切,一个模式,鼓励教师从实际出发,大胆实践,大胆探索。已经取得的成功经验,要及时总结表彰。各教研组要确定专题,开好几堂研究课。

6. 改善非智力因素是提高学习质量的不容忽视的环节。教师要以满腔的热忱,充满期待的目光,扣人心肺的语言,锲而不舍的毅力,晓之以理,动之以情,启迪学生良好的学习动机,激发学生浓厚的学习兴趣,锻炼坚强的意志品格,培养良好的学习习惯,教师不仅要向学生传授系统的知识。而且要给学生以鼓舞、力量和信心。

三、继续进行知识结构改革

本学期要继续进行课程结构改革。变单一的必修课结构为以必修课为主的。必修、选修、劳技课和课外活动相结合的多元化结构。在改革教法,减轻学生负担,实现统一要求的同时,让学生通过选修、劳技和课外活动等多种渠道。在学习和实践活动中,加深对必修知识的理解,拓宽知识视野、发展智力,培养能力。

在教学实验大楼竣工以前,由于活动空间紧张。第二渠道教学活动的开展受到一定的限制,各教研组应克服困难,抓好计算机等选修课,开展课外科技活动和学科小组活动。组织文艺社团和体育运动队,并使活动制度化,经常化。组织开展竞赛、会演、展览等活动。要继续组织好数学、物理、化学等学科竞赛的培训工作、要抓早、抓实、抓对。要出成果。各教研组要将各种选修、课外活动、竞赛培训工作纳入教研组工作计划,定人员、定时间、定地点进行活动。

四、坚持进行教材改革

继续抓好语文、数学实验教材的教学工作,在已经取得的成绩的基础上。继续实践探索、为教材建设积累经验。学校领导、有关教研组要和执教教师一起,解决实验过程中的困难和问题,做好原始资料的积累、整理、测试、分析等工作,教材改革要和教法改革同步进行。

五、加强教学管理,开展教学评价工作

1. 加强学风、教风建设。在学生中深入进行“虚心、刻苦、踏实、经常”的学风教育。严格要求、严格训练,严肃纪律,在教师中倡导“科学、严谨、求实、创新”的教风。教师要为人师表,兢兢业业做好教育,教学工作。

2. 领导要深入班级听课,深入教研组参加教研活动,深入师生中听取意见和建议。掌握情况,实行面对面领导。

教研组长要带头听课,对组内教师的教学情况要做到心中有数,组织交流和帮助。同组教师间提倡互相听课,取长补短,新教师,青年教师要主动向中老年教师学习,中老年教师要热情关怀。帮助新教师,青年教师。

3. 抓好毕业班工作,要帮助初、高中毕业班学生,作好升学、就业的思想准备,学业准备,心理准备和身体准备,要自觉按教育规律办事,努力提高复习课的质量,提高中考的优秀率和高考的到线率。

4. 进行教学工作的质量评估。

教学工作质量的评估,应该建立在科学的基础之上,教学质量的评估应该有利于调动广大教师的积极性,有利于推进教学改革的深入进行。本学期,学校准备在基本统一全校教师思想的基础上,运用模糊方法论中的一些基本观念,对教师的教学工作进行一次全面的、模糊量化的,客观性评估和主观性评估。

主观性评估,准备在全体学生中进行全员质量调查,将教师的教学工作解剖成,教学态度、教学方法、教学组织按排、教学效果、教育素质、思想工作、课后处理、培尖补差、专业技能等几个方面进行逐项调查,统计,综合,最后得出分项指标和综合指标。

客观性评估,教研组、各备课组,在开学初要制定本学期的教学要求,教学目标。

期末,由教导处根据教学目标、要求,组织命题、考试、阅卷、登分,各教研组要组织好考试情况分析,教导处对考试情况要做好统计检验。

总务工作

总务、后勤本学期进一步加强管理,着重抓好两个方面的工作:一是加强职工思想建设,发扬勤俭办学的精神,明确责职,加强责任制,不断确立为教学,为师生服务的思想;二是为改变样貌,为师生生活福利办些实事。

一、职工要加强政治和业务学习,端正政治方向反对自由主义。自以为是的倾向。不断树立全心全意为师生服务的思想,在经济上要进一步反对一切向钱看的倾向,不断树立当家作主的思想,增收节支,厉行节约,管好钱物。

二、为师生生活办实事:

1. 积极筹备兴建男女浴室。为了解决寄宿生及我校教职工洗澡问题。发挥现有锅炉的潜力、在财政许可的条件下,建一所符合我校实际情况的男女浴室,争取暑假期间竣工使用。

2. 理发室开张。为师生服务。我校原有一理发室因拆屋停业。现已在地理园生活区重建起来。现积极筹备理发设备和工具。挑选理发师傅,积极准备开张营业。

3. 解决教职工吃水问题,改用市自来水。几年来,我校师生饮用的是地下水,由于护城河被填,地下水污染,经市化验,制癌物比例高,为了保障师生饮水卫生。经研究决定除教学实验、学生宿舍、工厂用水外,全校范围内改饮市自来水。

4. 继续做好煤气供应:切实办好食堂,幼儿园、托儿所;做好教学生活福利等后勤供应工作。

三、落实两大基本建设工程的竣工任务。

1. 教学实验大楼资金尚缺 15 万元左右,争取向省、市申请尽快追加所缺资金。筹办教学实验楼内部装配材料和有关设备,确保下学期开学使用。

2. 卅六户教工宿舍已正式施工。在施工过程中密切配合银行,加强施工质量检查,督促施工进度,确保九月份竣工。

四、做好学校自建 12 户宿舍楼的准备工作。继卅六户三幢宿舍楼后。在上级拨款和自筹经费的基础上再建 12 户教工宿舍楼一幢。本学期落实基建计划,筹办建筑材料。待 36 户腾仓后,立即上马。争取本年度早日破土动工。

五、进行教工宿舍第二排维修。在教工宿舍老三排的第一排维修基础上。本学期继续对第二排进行大维修保证危房安全可靠。

六、为了确保学校安全,继续向市政府申请拨款尽快规划砌好西边校园围墙。

七、美化、绿化校园。

1. 我校属于绿化合格单位。争取今年成为绿化先进单位,除加强爱护绿化教育外。本学期要拟定好教学实验大楼四周的绿化方案。并部署实施。铺设好有关路面。再次在外宾接待室与育苗地外砌一道横跨南北，里外可见到花草树木的花墙，争取再砌一座金鱼池。

2. 为了进一步美化校园。积极配合中央美术学院校友。积极筹备资金与铜，准备在树人堂前筹建一座朱自清铜象的任务。

八、根据市政府转发公费医疗办公室 119 号文件精神。今年试行公费医疗管理办法和小儿统筹医疗管理办法。（详细情况见 87 年 1 月补充通知）

江苏省扬州中学
1987—1988年度第二学期工作计划

本学期工作总的要求是:要按照党的十三大的精神,深化教学改革,重视和加强教育理论的学习和研究,进一步端正教育思想,明确培养目标,切实改进和加强思想政治工作,重点抓好校风校纪建设,积极进行教学内容、方法的改革,探索合理的课程设置,探索德智体美劳五育的全面落实和互相渗透的措施,积极开展第二课堂的教学活动,进一步加强学校管理,不断改进后勤服务工作,办好校办工业,努力改善办学条件,使学校各方面的工作都有新进展。

思想政治工作

教工方面:

一、认真学习十三大文件,进行党在社会主义初级阶段基本路线的教育

党的十三大文件是我们建设有中国特色的社会主义的纲领性文件。本学期要利用每周政治学习时间,组织全体教工,重点学习和领会赵紫阳同志在党的十三大所作的政治报告,深刻领会关于社会主义初级阶段的基本理论,增强贯彻以经济建设为中心,坚持两人基本点为主要内容的党在社会主义初级阶段基本路线的自觉性。

在学习十三大文件的过程中,要不断改进学习方法,注意运用多种形式,增强学习效果。本学期要在以往学习赵紫阳同志政治报告原文的基础上,贯彻理论联系实际的原则,联系改革开放的形势和教育改革的实际,展开积极的讨论。此外,要根据具体进度和要求,继续邀请有关同志来校辅导,组织各学习小组进行大会交流发言。

二、结合教学、职改和分房工作的实际做好思想工作

思想政治工作必须贯穿于学校各项工作实际中去,保证和推动学校工作任务的

完成。

1. 要通过学习十三大文件,结合教学工作实际,进一步引导教师正确认识教育的战略地位,确立教育必须为社会主义建设服务,社会主义建设必须依靠教育的观点,增强教工教书育人的自觉性和责任感;充分认识教育与社会主义建设不相适应的矛盾,增强对加快和深化教育改革重要性和必要性的认识,以积极的思想工作,培养教师适应教育改革要求的良好的思想素质和心理素质。要把思想工作和学校管理结合起来,本学期要切实实施考勤、考量、考绩制度,各部门、各教研组(室)在"三考"中的职能作用,力求通过"三考"促进学校管理,提高工作效率和育人质量。

2. 要继续做好教师职务聘任和分房工作过程中的思想工作。认真贯彻国家教委有关职改工作会议精神,做好耐心和细致的思想工作,做好个别思想工作。健全社会协商对话制度,处理好职改、分房过程中出现的各种矛盾。对一些模糊认识和片面观点,要加以说理引导;思想政治工作要在增强说服力的同时,要加强战斗力,对一些不良倾向和风气,要本着治校从严的精神,克服软弱涣散的现象,进行严肃的批评教育,并结合学校管理,加以切实的处理。

三、发挥教研组(室)、工会小组在思想工作中的作用

教研组(室)是学校的基本单位,因此,要坚持和完善教研组、工会组的基础建设,发挥其联系群众,教育群众的作用。具体做到:

1. 进一步明确教研组长、工会组长在做好思想工作方面的职能和作用;

2. 继续开展文明组室的竞赛评比;

3. 表彰先进,树立典型,开学初表彰一批先进个人;

4. 加强与教研组(室)、工会组的联系,加强研究,沟通情况,共同做好思想工作。

要在争创计划生育先进单位的基础上,坚定实行计划生育是我国的一项基本国策的思想,做好经常性的思想工作,结合有关制度,落实各项措施。

学生方面:

学生思想政治工作要以培养社会主义"四有"人才为目标,积极探索适应社会主义初级阶段的学校思想政治工作的新内容、新途径,新格局。

一、进行社会主义初级阶段基本路线教育,引导学生树立为振兴祖国奋发成才的历史责任感

要在上学期初步学习和宣传十三大文件精神的基础上,通过开展多种形式的活动,在学生中进行社会主义初级阶段基本路线的教育,激发青少年为建设富强、民主、文明的社会主义现代化国家勤奋学习,努力成才的热情。

1. 贯彻省教委87(51)号文件精神,促进社会实践教育的制度化、系统化和科学化。要深刻认识开展社会实践教育的重要意义、基本目的、主要内容。引导学生接触

社会,了解社会,在社会实践中形成辩证思维,培养适应社会的能力,正确认识自我价值,培养学生热爱劳动,珍惜劳动成果和艰苦奋斗的精神。具体做到:

(1) 教育内容系统化。要把社会实践教育的内容纳入学校思想教育系统中去,按年级、分阶段的逐步展开教育。社会实践的主要内容为社会考察,社会服务和生产劳动。要重视组织好学生公益劳动。初中年级主要和团队活动相结合,参加全国中学少先队"创造杯"竞赛活动。高中年级则要求在思想教育系统中,着重做到:

高一年级:主要围绕科学人生观教育,开展走访社会先进模范人物;举办军训,加强组织纪律教育;参加工农业生产劳动,进行艰苦奋斗教育。

高二年级:结合马克思主义经济学常识的学习,深入社会经济生活中去,了解改革开放的实际;结合自然学科的学习,组织参观有关工厂、科研单位,开展多种科技活动。

高三年级:结合马克思主义政治常识课的学习,通过社会考察,认识社会主义制度的优越性,了解我国政治生活中的方针政策,增强社会主义公民的政治责任感。

(2) 组织工作制度化。根据具体情况,与工厂和乡村单位挂钩建立社会实践基地。社会实践教育时间,目前在劳技课总课时中安排。此外,还要充分利用寒假时间实施实践教育。

(3) 考核评定科学化。要把学生(主要是高中年级)参加社会实践教育的情况,作为学生思想品德表现的重要内容之一。建立高中学生社会实践教育档案,注意资料积累,及时进行考核和评定。

2、继续开展思想教育系列活动。在总结过去工作的基础上,不断巩固和完善系列活动的做法。要注意抓好系列活动方案的拟定和落实。

另外,要推广对话活动在思想教育中的作用,沟通教学双方思想,增强民主、参与意识,强化思想教育的效果。

二、深化思想政治课改革,从根本上提高学生思想政治素质

思想政治课是学校学生思想政治工作的主渠道,深化思想课改革,提高教学质量,是强化学生思想工作的关健环节。要认真总结上学期思想政治课改革的试点工作,努力做到领导思想一体化,组织发动群众化,教学方法多样化,联系实际具体化,检查效果科学化。贯彻理论联系实际的原则,尤其要针对学生思想实际进行教育,努力提高课堂教学质量,增强说服力,战斗力。

三、强化具体行为的教育和训练,提高学生道德素质

"有纪律、有道德"是对青少年一代社会主义公民的基本要求。要把整顿纪律、优化校风贯穿于学期工作的始终。围绕这一目标,主要抓好三项工作:

1. 以中学生守则为基本要求,以学生在校一日规范为具体细则,开展经常性的校风教育、学风教育和具体行为规范教育。

2. 表彰一批优秀三好生，在学生中树立具有优良道德品质和行为习惯的典型，用先进典型形象激励中学生文明守纪。发挥舆论作用，设立“表扬与批评”专栏，定期表彰好人好事，批评不良倾向。

3. 明确重点，加强校风校纪检查，针对部分学生中存在的破坏公物，乱涂乱画，不遵守公共秩序和双人共乘自行车等现象，采取切实有效措施进行检查和纠正。对违反校纪严重的学生，要在加强教育的同时，给于纪律处分。对损坏公物的人，还要赔偿损失。要根据不同班级和年级的情况，坚持各项校风校纪检查评比制度。

四、加强班主任队伍建设，保证学生思想政治工作任务的完成

班主任是学校思想政治工作的骨干力量，班主任队伍的素质，直接关系到教书育人的质量。当前，尤其要努力克服部分班主任中存在的不负责任，管理不严以至造成班级涣散的现象。

1. 要进一步增强班主任工作的责任感和光荣感。真正在思想上确立班主任工作在学校教育工作中的重要地位。开学初，要通过民主评选，学校考核，表彰一批在班主任工作方面做出成绩的同志。

2. 重视青年班主任的教育和培训。要针对青年知识分子的特点，通过继续办好青年班主任讲习班，开展个别谈心活动，帮助青年班主任在思想觉悟、心理素质、工作能力方面尽快适应中学教育的要求。对个别班主任在工作责任心上存在的问题，要热情帮助、严肃指出。

3. 重视德育和思想政治工作理论的研究和探讨。注意总结在实践中取得成效的新鲜经验。发挥《班主任工作简报》作用，根据情况，编辑一本思想政治工作经验总结和理论探讨的专辑。

五、发挥团队、学生会组织作用，加强校园文化建设。

学校要加强对共青团、少先队、学生会工作的指导和帮助，充分发挥他们在推动教育改革，联系教学双方，培养“四有”人才方面的特殊作用。

共青团、少先队要按照教育改革的要求，针对青少年特点，加强自身建设，要努力克服行政化的倾向，力争青年化、少年化，更密切地联系广大学生。本学期，团队、学生会要协助学校抓好校风校纪，发挥团队员的模范作用，开展以自我教育、自我服务和自我管理为重点的校风检查。

富有时代气息和学生特点的校园文化，是中学生成才的重要环境。为此，我们要努力做好二件事，第一，今年五月，举办第二届艺术节；第二，开展自清书籍，学自清治学精神，学自清为人的主题活动，朱自清铜像安放仪式，激发广大学生发扬“正直向上、热于求知”的优良校风，做一代“四有”新人。

教学工作

一、认真学习教育理论，进一步端正办学指导思想

深入学习赵紫阳同志在十三大报告中有关发展教育事业的论述以及邓小平同志有关教育工作的论述，深刻认识“百年大计，教育为本”“大力发展教育事业，使经济建设转到依靠提高劳动力素质的轨道上来”的重要意义，进一步端正办学思想，明确培养目标，全面贯彻教育方针，自觉摆脱狭隘升学观的束缚，深化教育教学改革，切实提高各科教学质量。

二、认真学习新大纲，深入钻研教材，改进教法，提高课堂教学质量

1. 认真学习新大纲，加强大纲观念。各科教学大纲是进行各科教学必须遵循的纲领。近年来，各科教学大纲进行了修订，国家教委已宣布今年高考将按新大纲要求命题。各教研组应利用教研活动时间集中组织学习，根据大纲精神，深入钻研教材，制定教研计划、备课组教学计划，期中、期末要进一步对照大纲精神检查、分析并总结教学工作。

2. 加强集体备课，深入钻研教材。集体备课，集思广益，是行之有效的方法，也是我校的一个好传统。要进一步提高集体备课的质量，必须先个人深入顾研教材，作好充分准备。集体备课既要备教材的知识体系、教材的重点、难点，也要备知识的纵向系列和横向联系；既要备知识的传授，也要备能力的培养、智力的开发；既要备教材内容，也要备课堂设计、教法的采用。各教研组要检查了解所属备课组集体备课制度的坚持情况。要克服个别教学小组集体备课流于形式或很少集体备课的不良现象。

3. 积极改革教法，提高课堂教学质量。教法改革的核心是摒弃“注入式”实行“启发式”，实现教师的主导作用和学生的主体作用的结合。根本目的是调动学生学习的积极性和主动性，培养学生独立思考和解决实际问题的能力。要注意研究学生的实际水平，心理特点和知识结构。精心安排教学程序，使教学过程符合学生生理、心理发展和知识积累、能力增长的规律。教法因不同学科、不同年级。不同教学内容、教师的不同教学风格而异，不搞个千一面，不搞统一模式，一切从效果出发。

本学期各教研组要选择改革专题，上好几堂研究课。对研究课的研究专题教材选择、教法确定、教学过程等都要事先集体深入讨论，事后集体认真总结，使每一堂研究课都成为一次集体的教研活动。研究课要列入各组教研计划中去，做到定教材、定时间、定执教人。

4. 继续抓好语文、数学实验教材的教学工作。实验教材教学工作涉及到教材建设的大事，要定期了解实验教材的教学情况，解决实验过程中的困难和存在问题。语

文、数学教研组要把对实验教材教学工作的研究列为教研活动的一个专题,语文实验教材教学六年一轮结束,数学实验教材六年一轮,第二轮结束,而且这两门学科的实验教材教学工作是在向一个班进行,更有其典型意义,有关执教教师要做好测试、资料搜集、整理工作,暑假中要拿出实验报告。

5. 深入进行思想政治课的改革实验工作。我校是全省思想政治课进行改革实验的二十四所学校之一,一学期来,我们在高一、初一两个年级进行的新编思想政治课教材试点工作情况是好的,已取得了一定的成绩。初步总结出五个"化"的做法,即:领导思想一体化,组织发动群众化,教学方法多样化,联系实际具体化,检查效果科学化。今后要进一步从全面贯彻方针,加强精神文明建设,提高全民族的思想道德素质的高度来认识中学思想、政治课的地位和作用,认识政治课改革的重要性、必要性和迫切性。争取多方面的支持,从实际出发,从实效出发,深化改革,创造更多的新鲜经验,并为今后全面推广作好准备。

三、从实际情况出发,积极开辟第二渠道教学

为了贯彻因材施教的原则,发展学生的个性特长,让学生多渠道多侧面地获得知识,增长才干,应积极开辟第二渠道教学。

1. 本学期继续在高一年级开设计算机课,每周 2 节。有关教师要开展互相听课,研究教法,进一步提高教学质量。

2. 高二年级恢复机械制图,钳工基础课(三个班)每周 2 节,另增设打字机课(三个班)每周 2 节。

3. 组织好课外学科小组和课外科技活动小组,开展小发明、小创造、小论文、小制作竞赛,评选出优秀作品,五月中旬参加学校"四小"优秀作品评比,各教研组要积极创造条件举行 1—2 次讲座。教研组要将课外活动纳入教研组工作计划,做到定时间、定地点、定人员、定内容。

4. 加强劳动教育。党领导下的教育事业,历来有劳动教育的优良传统。实践证明,教育与生产劳动相结合是培养全面发展人才的正确途径让学生参加一定的劳动,可以促进学生培养良好的思想道德素质培养劳动观念、劳动习惯和尊重劳动人民的思想感情,养成珍惜劳动成果,爱护公共财物的品德,增强对社会的责任感。是否重视劳动教育是检验每个教育工作者教育思想是否端正的一个重要方面。因此我们要继续组织好全校各班的公益劳动以及日常的和突击的打扫卫生活动。公益劳动期间不得安排上课、考试等其它教学活动,如遇特殊情况需报教导处批准。

5. 抓好体育、美育教育。努力提高体育、音乐、美术课的教学质量。体育、音乐、美术教师要认真学习有关教育理论,严格按照教学大纲的规定,备好课,上好课。开展小型多样的课外活动,丰富学生的课余生活,培养学生具有一定的艺术欣赏能力,掌握一定的劳动技巧,并有强健的体魄和坚持锻炼的习惯。加强对高水平运动队的领导,认真贯彻常州会议精神,抓好对运动员的思想教育,在可能情况下安排好他们

的生活，对运动员的训练要科学化，要从效果出发。搞好传统项目的训练，组织好学校春季田径运动会，积极准备参加市中学生运动会和省体育传统项目校比赛。

四、加强教学常规管理，健全教学档案

1. 坚持对学生全面关心，严格要求。当今的四化建设要求我们多出人才。出好人才我们每个教育工作者必须做到两“全”一“严”。两“全”即从德、智、体、美、劳五方面关心学生；面向全体学生，全面负责。全面关心学生，德、智、体、美、劳全面发展，每一个方面都不可偏废；面积全体学生，关心每一个学生，尤其是关心差生。转变差生，要注意运用非智力因素，对他们晓之以理，动之以情，启迪他们良好的学习动机。锻炼他们坚强的意志品格，从而达到转化的目的。在教育过程中，任何简单、粗暴的做法、任何冷淡、嫌弃的态度都必须纠正。一“严”，即，严格要求。包括：严而有格、严而有方、持之以恒等方面。我们在进行校风学风教育，培养坚强的意志品格，加强组织纪律各科文化学习等方面都必须贯彻一个“严”字。

2. 学校行政干部要深入教研组和教学班，了解教学情况，听取意见和建议，教研组长备课组长要带头听课，对组内教师的教学情况要做到心中有数，对好的做法和经验要发扬，对存在的问题及时研究解决，以利各科教学改革深入发展。

3. 为使各科教学协调进行，有利于学生主动地、生动活泼地学习，必须加强平时考查的管理。各科考查在期中前后只能一次，而且在课内进行，不得调课。如遇特殊情况必须报教导处研究决定。

4. 对于教学中，一些突出问题，异常情况，教导处会同有关教研组要深入了解状况，分析原因，及时采取措施以免延误时日，造成严重后果。

5. 各教研组要活跃教研气氛，鼓励教师总结经验写有关教学论文，为了加强交流、积累资料，本学期准备出《教学经验总结汇编》第二卷。

6. 健全教学业务档案。教师每人设教学业务档案袋一只，统计好教师出勤情况、工作量、开研究课课题、次数、承担的改革项目、撰写的教学论文等。学生方面，要进一步做好学籍卡的登记。

五、切实抓好高、初三毕业班工作

1. 明确毕业班工作的指导思想，在全面提高质量的基础上，注意因材施教，重视培尖和补差，努力提高毕业生素质。

2. 复习工作要以纲为纲，以本为本，根据教委和市局的具体要求，从我校高初三学生实际出发，各学科教研组要制订切实可行的计划，高三语文、外语考试范围扩大，内容增多，要处理好新授和复习的关系，做到忙而不乱。复习练习的内容既要有系统性又要有代表性；既要注意覆盖面，又要注意深度；既要注意学生的基础知识的掌握，又要注意能力的培养，题目要精选，不搞题海。在复习工作中，要注意发挥学生的主动性，教师不能包办代替，要注意青少年的生理、心理特点，不搞疲劳战，做到劳逸结

合，提高复习效率。

3. 从教育为四化建设服务的高度出发，从培养各级各类合格人才的要求出发，做好毕业考试和升学考试的指导工作，坚决抵制片面追求升学率的不良现象。

总务工作

一、加强总务部门的思想政治工作，调动各方面的积极性，树立为教学服务、为师生生活服务的思想

1. 充分发挥各职能组室的作用。使他们有职有责有权，理顺总务内部关系，分工明确，提高办事效率。

2. 加强职工的思想政治工作，努力形成和谐的人际关系，开展谈心活动，坚持正面教育，大力表扬先进，敢于开展批评，教育职工热爱学校，热爱本职工作，在职工中认真开展考勤考绩。

3. 重视本部门的自身建设，加强团结，工作上相互信任，相互支持、相互尊重、注意工作方法、密切联系群众、深入师生第一线，切实帮助解决教职工的困难，做到讲实际、求实效，敢于碰硬，秉公办事。

4. 坚持政治学习制度，认真学习十三大文件，坚持每周例会制度和每月总务大会总结并布置工作的制度。

5. 充分发挥总务处党员的模范带头作用，并建议总支准于总务处单独成立党小组，便于开展工作。

6. 加强学校基建工作的领导，确保基建质量和工期，请求校长室选派一名主任加强总务领导力量，并请准于筹建基建办公室。

二、加强行政管理，逐步健全学校管理制度

1. 校园规划管理制度。
2. 水电管理制度
3. 加强教室的管理，实行奖罚制度。
4. 校产物资保管管理制度。
5. 加强财务管理，节约开支，合理使用资经。

三、搞好基建维修，努力改善校容样貌

1. 新 12 户教工宿舍的动迁，开工准备工作。
2. 完成 518 米西围墙新建任务。
3. 教职工分房后旧房调整的维修工作，及 14 户新平房的坐便器。
4. 准备新建 80 平方米的配电房，更新调整部份线路。

5. 新宿舍大楼的下水道和简易路面。

6. 完成学生宿舍浴室的花墙。

7. 完成朱自清铜像基础及揭幕的筹备工作。

四、积极做好其它服务性工作，发挥后勤为教学、师生服务的职能作用

1. 努力办好食堂，加强成本核算，服务周到，花式品种多样化。

2. 争取在5月底前为教职工办公室安装吊扇，改善办公条件。

3. 完成化学实验室的水电和电化教学接线板。

4. 完成实验室的油漆，交付使用。

5. 美化校园、搞好绿化，争取创建绿化先进单位，开学初完成大楼的清土工作，重点进行绿化，今年力争绿化:面达1 000平方米。

6. 协助保卫科落实承包责任制，努力做好传达保卫工作，严格门卫制度。

7. 落实理发室的问题，方便教工合理收费。

总之，新学期工作任务是异常繁重，有些工作也极为复杂、艰巨，我们要同心同德，团结奋斗，努力把学校工作搞好，大家都要做深化教育改革的骨干，模范，为深化教育改革作出新的贡献，使学校的工作有新的起色。

江苏省扬州中学
1988—1989 学年度第二学期工作计划

总的要求:

以即将召开的中共十三大四中全会精神为指针,进一步端正办学方向,转变教育思想,强化转轨意识。认真贯彻中共中央 14 号文件,改革和加强德育工作,深入进行师德教育和《中学生日常行为规范》教育;按教育规律办事,不断探索教育教学改革的新路子,扎扎实实地抓好教学领域的各个环节,上好劳技课,开展好第二课堂活动,促进学生德、智、体、美、劳诸育的和谐发展;全面提高教育质量,加强科学管理搞好后勤服务,力争在"育人"、"服务"、"创收"等方面取得新成绩。

思想政治工作

教工方面:

教工思想政治工作的总要求是以党在社会主义初级阶段基本路线为指导,学习和贯彻十三届三中全会精神。加强形势教育,统一对治理经济环境,整顿经济秩序,保证改革这个总方针总政策的思想认识,坚定信心,振奋精神,增强教书育人的历史责任感,为推进教育改革和社会主义育人事业作出贡献。

一、加强形势教育,坚定改革信心

要继续学习和贯彻党的十三届三中全会精神,通过学习和其它教育活动,使全校教工,正确对待当前形势,引导大家正确看待社会上的不良现象,丑恶现象、腐败现象,正确认识改革开放与整顿、治理经济环境和秩序的相互关系,正确认识两手抓的总方针,坚定改革开放的信心。

在形势教育中,具体抓好以下工作:

1. 认真抓好教工的政治学习,坚持学习制度,注意学习效率。

2. 加强辅导,继续邀请有关方面同志来校作形势方面的情况介绍和理论辅导。

3. 加强调查研究,搜集目前教工在形势方面的思想热点,在此基础上,做好解难答疑。

4. 引导教工广泛接触社会。有重点地组织教工参观和考察市区企业单位，增强感性知识，深化对形势的认识。

二、学习和贯彻中央关于德育工作的文件，推动学校工作

新学期要把学习和贯彻《中共中央关于改革和加强中小学德育工作的通知》作为一项大事来抓，以此带动开学工作和学期工作。

1. 安排专门时间，组织全校教工学习和讨论中央 14 号文件，要求每个教工了解中央文件提出的学校德育工作的指导思想，任务和内容、方式方法、工作体制以及对教师队伍的要求，通过学习提高对新形势下德育地位的认识，进一步端正教育思想，增强教书育人的自觉性。

2. 加强教工队伍的师德建设，明确教书育人是教师的基本职责；全体教师和职工都是德育工作者。本学期，要重点引导全体教工在提高认识的基础上，把以身作则，为人师表，指导学生贯彻中学生日常行为规范作为师德教育的一项重点内容来抓。

三、结合学校工作实际，做好经常性的思想政治工作

1. 要努力适应当前改革开放的新形势，改革思想政治工作。贯彻实事求是的思想路线，遵循关心人、尊重人，爱护人与从严治校相结合的原则，做好经常性的思想政治工作。

2. 本学期，要注意解决学校工作中突出问题，对教工普遍关注和议论的问题，要和学校管理相结合，做好个别思想工作，切实加以解决。

3. 要广泛开展谈心活动。各分工行政干部要经常深入到教研组和其它部门，及时掌握思想动态，通过积极地谈心活动，调动各方面积极性，关心和加强青年教师的思想、工作和生活。注意抓好不同层次教师思想工作。

4. 加强文明单位建设。抓好综合治理。继续抓好计划生育工作，达到三百、二高、一低、一好。重视学校治安管理，加强校卫队工作。

学生方面：

学生思想政治工作要以《中共中央关于改革和加强中小学德育工作的通知》为指导，进一步端正德育工作的指导思想，坚持实事求是的原则。加强基础文明建设，促进学生健康发展。

新学期学生思想政治工作，要注意克服目前存在的问题。即在班主任工作中要继续提高对德育教育的地位的认识，克服抓思想政治工作不力的现象。在学生中，克服基础文明素质薄弱的现象。在学校思想工作中克服力量单一，缺乏整体合力的现象。

一、学习和贯彻中央通知精神，进一步端正对德育的认识

德育工作在学校工作中占有重要地位，在各项工作中要十分重视教育，教育工作

中要十分重视中小学教育工作，中小学教育工作中要十分重视德育工作。

1. 要组织全体干部和德育工作队伍的同志认真学习中央 14 号文件，通过学习和讨论，端正教育思想，端正对德育地位的认识，克服片面追求升学率的影响，改革和加强学校德育工作。

2. 开展优秀德育论文的评选，选择优秀论文参加市局评选交流。

二、以"五爱"为基本内容，开展多种教育活动

要在明确德育工作指导思想，基本任务的基础上，坚持实事求是思想路线，要用共同理想教育全体学生，以爱祖国、爱人民、爱劳动、爱科学、爱社会主义为基本内容，开展德育活动。

1. 以纪念五四运动七十周年为主题，举办第三届扬中文化艺术节活动。

2. 深化和完善系列活动形式，开展以"五爱"为主题的系列活动。

3. 本学期要认真总结思想政治课教材改革以来的情况，进一步搞好思想政治课改革，发挥思想政治课在德育工作中的作用。

三、认真贯彻《中学生日常行为规范》切实加强学校基础文明建设

要把贯彻日常行为规范作为学生思想工作的一项重点来抓，并贯穿学期工作的始终。

1. 继续做好贯彻"规范"的宣传教育工作。要求每个学生都要遵守规范要求，逐步养成文明的行为习惯。为推动"规范"的宣传，本学期要做好三件事：第一，举办"规范"知识竞赛；第二，改善校园宣传环境；第三，利用班会、晨会进一步开展规范宣传。

2. 搞好检查评比，表扬先进典型。要以"规范"为依据，加强对中学生行为的检查评比，具体做好(1) 总结寒假五项达标活动情况，表彰先进个人；(2) 表彰三好生和优秀三好生；(3) "五四"期间，评比文明班级，表彰"规范学生"；(4) 结合生理、心理卫生教育适时地进行青春期道德教育。此外，还要调查研究中学生心理现状，加强心理卫生的咨询和个别指导。

3. 组织教师学好日常行为规范，发动全体教师关心指导中学生日常行为。对学生的道德情操，心理品质以及日常行为要注意结合课

（缺少原稿 5—6 页）

影响学生的感知、思维等智力活动的进行，教师应高度重视非智力因素的作用，要注意激发学生的学习兴趣。培养学生的探索精神，创造一种良好的学习氛围。教师要以其全部言行和整个"人格"来影响学生，以强烈的事业心，高尚的品格，坚强的意志，丰富的情感作用于学生，提高学生信息内化的效率；教师在用自己的学识才智，思想修养和品格情操影响学生的同时，应从学生德、智、体、美各方面的发展中寻求反馈信息，加以调控。

3. 综合反馈原则。教学过程是个动态过程,要使教师的教适应动态过程中的学生的学,就要运用反馈手段,不断调整教学过程,以有效控制教学系统的良性运行,达到预定的目标。教师应通过课内外的观察,辅导谈心,作业批改,考试测验等各种反馈渠道,对学生全面发展的状况进行分析研究,把学生在一定时间里所达到的发展水平与原定的期望水平加以比较,从中找出差距,改进教学;教师应对学生的知识、能力、学习方法、学习品格进行分析评价,并根据不同情况进行分类指导,求得类类提高。

二、钻研教材,改进教法,提高课堂教学质量

1. 深入钻研教材,提高备课质量。教师要认真备课,掌握教材所揭示的知识体系,把握教材的重点。难点,不仅备教材,更要备教法,重视课堂设计,要在个人自备的基础上,加强集体备课,发挥群体功能。加强集体备课的问题,已提了几学期,大部分备课组做得是好的,但有部分备课组集体备课流于形式,有的经常中断,有的由于事先各自准备不足只是统一一下作业和进度。本学期各教研组、各备课组要作为一项重要工作来抓,必要时可作适当检查。

2. 积极改进教法,努力提高教学效果。从我校教学的现实情况看,教法改革的关健仍然是摒弃"注入式"采用"启发式",尽力运用现代化教学手段,实现教师的主导作用和学生主体作用的结合;核心是调动学生学习的积极性和主动性,培养学生独立思考和解决实际问题的能力。各学科都有各自的特点、教法改革应科而异,因教师的素质特长而异。但改革是必须的,各学科教学都应在建立知识结构的同时,重视学科思维方法的训练和思维能力的培养,努力提高教学效果,各教研组要确定研究专题,上一、二节研究课,学期结束各组要写出一、二篇有一定质量的专题总结。

3. 控制考试次数,控制课外作业量。减轻学生负担,重申语、数、外、理、化学科每学期只能安排两次单元测验,其它学科每学期只能安排一次,高、初三由于复习需要可适当放宽,但要克服考试频繁的现象。学生需要一定的课后负担,我们不主张课后负担越少越好,但也不宜过重,否则不利于学生主动地、生动活泼地学习。

三、积极创造条件,开展第二渠道的教学活动

1. 切实抓好三天一轮的公益劳动,对学生的劳动教育是关系到贯彻方针的大事,从当今青年学生的现状看更有必要性,班主任要加强检查、督促,切不可用上文化课挤掉劳动时间,劳动时间也不得安排考试,班主任、分工结合干部要从严把关。

2. 继续把计算机作为必修课开,要进一步提高质量,总结经验。开好打字、制图、钳工等劳技课,逐步创造条件,筹建打字、制图、钳工专用劳技教室。

3. 筹建语音室,建立劳技电化教研室,争取添置打字机和缝纫机、增加劳技课的门类。

4. 各教研组要解放思想,从实际出发,组织学科小组,举办讲座、读书报告,开展各

种小型竞赛活动。音美组要克服人手少的困难,积极开展课外活动,活跃校园气氛。

5. 今年学校春季田径运动会将在三月底、四月初举行,田径传统校市、省、全国的竞赛将在扬州举行。去年我校曾取得全国长江杯亚军的好成绩,我们要继续努力攀高峰。

6. 由教育局统一布置。我校初一年级今年开青春期教育课,班主任要和任课教师密切配合,提高教学效果。

四、贯彻《中学教师职务试行条例》和学校制定的“教师工作职责”,加强责任心、事业心,遵守学校纪律

1. 贯彻执行《江苏省教育厅关于中小学教师外出兼课的暂行规定》教师外出兼课,须征得学校同意,只能利用假日和晚上的时间进行,每周不得超过四节,部分教研组应一些出版社之约编习题、复习资料的事较多,教研组长应作适当控制,以免影响正常上班和教学工作。

2. 发挥各级教师的积极作用,尤其要重视发挥中、高级教师教学上的示范作用,对青年教师的指导作用,教学研究上的带头作用。青年教师要向中老年教师学习。各教研组可安排高级教师上一、二节公开课。

五、切实抓好毕业班工作

1. 高、初中毕业班的工作是本学期学校工作的重点之一。要明确毕业班工作的指导思想,在全面提高质量的基础上,注意因材施教,重视培尖和补差,努力提高毕业生的素质。

2. 复习工作要以纲为纲。以本为本,复习练习的内容既要有系统性,又要有代表性;既要注意覆盖面,又要注意深度;既要注意学生的基础知识的掌握,又要注意能力的培养,题目要精选,切不可搞题海、疲劳战。各学科要有计划地安排时间,要注意青少年的生理、心理特点,注意动静搭配、劳逸结合,提高复习效率。做好毕业考试和升学考试的指导工作。

六、做好扬州师院和教育学院学生的学习指导工作

总务工作

一、加强总务部门职工的思想建设

1. 总务部门的全体职工要进一步加强政治、业务学习,提高思想素质和业务技能,不断树立全心全意为师生服务,为教学服务的思想,克服一切向钱看的不良倾向。管钱管物严格制度,为师生服务热情周到。

2. 加强劳动纪律。每周开一次处务会，每1—2月举行一次全体职工会议，加强劳动纪律教育，开展批评、表扬和必要的奖惩活动，调动广大职工的积极性，更好地为教学服务。

二、做好为教学服务的各项具体工作

1. 做好开学前的准备工作。安排好教室、宿舍，做好文教用品及有关卫生用品的供应工作，严格执行验收和领物制度。

2. 配合物理组、化学组完成理化实验室的搬迁工作，提高教学实验楼的利用率。

3. 更新10个班级的课桌椅，加强校产校舍的管理，教育全体师生员工养成人人爱护公物的良好习惯。

三、抓好学校基建维修，不断改善办学条件

1. 成立新宿舍基建班子，抓紧进行动迁工作。第三排腾仓准备分两步进行，力争在四月份拆迁动工。

2. 学校配电房基建任务争取在四月份完工，五月份进行配电房安装，投入正常使用。

3. 在资金落实的基础上，做好准备工作，争取在暑假期间翻建操场和下水道。

4. 继续抓好教室、宿舍调整和维修工作。

四、美化、绿化校园

我校属于绿化合格单位，争取今年成为绿化先进单位。今年植树节前后要大力组织好植树工作，教育广大师生员工参加绿化、爱护绿化。在去年绿化教学实验大楼前后空地的基础上。本学期重点搞好宿舍楼北面食堂南面的一块空地。铺设好到教工饭厅的有关路面。

五、关心师生生活，搞好集体福利

1. 办好食堂。进一步完善食堂管理制度，成立食堂管理委员会，公布食堂帐目，定期征求意见，并开辟教工饭厅，搞好食堂卫生，整顿好食堂秩序。

2. 定期做好煤气供应，按时开放男女浴室，保证茶水供应，办好幼儿园，做好师生生活福利等后勤供应工作。

江苏省扬州中学
1989—1990年度第一学期工作计划

扬发(89)186号

总的要求:

认真学习邓小平同志的重要讲话和党的十三届四中全会文件,进一步端正教育思想,坚持教育的社会主义方向,全面贯彻党的教育方针,旗帜鲜明地进行坚持四项基本原则,反对资产阶级自由化的教育,认真贯彻和实施《中学德育大纲》,深入进行师德教育和中学生日常行为规范训练,努力提高师生思想、政治、道德,文化科学素质。按教育教学规律办事,严格执行教学计划,重视和加强对劳动技术课教学的领导,强化教学管理机制,使之规范化。总务工作要进一步加强校园和现有设施的管理,当好家、理好财。努力改善办学条件,改善广大教工的工作和生活条件。在新学期里,全校师生都要自觉地担负起党和国家交给我们的历史责任,群策群力,协同作战,努力使学校工作达到《江苏省重点中学基本合格标准》规定的要求,迎接检查验收。

1989.9.26.

思想政治工作

本学期的学校思想政治工作,要在党的十三届四中全会精神和邓小平同志重要讲话的指导下,坚持社会主义办学方向,全面贯彻党的教育方针,充分认识思想政治工作在学校中的重要地位。积极开展形势教育,引导师生坚持四项基本原则,反对资产阶级自由化,认真贯彻和实施《中学德育大纲》(试行稿),继续贯彻《中学生日常行为规范》,把政治方向教育和加强学校基础文明建设结合起来,提高教工队伍的思想政治素质和业务素质,培养有理想,有道德,有文化,有纪律的社会主义接班人。

学校思想政治工作,要认真总结过去和思考未来,深刻认识加强和改进思想政治工作的重要意义,进一步明确德育的根本地位。

首先,加强思想政治工作是全面贯彻党的教育方针,推进教育改革,实现“素质教育”的根本要求,要把思想政治工作放在十分重要的位置,要从培养社会主义事业接班人的战略高度,把育人作为教育的根本目标,以高度的社会责任感教书育人,克服忽视或轻视思想政治工作的倾向,全面关心学生的健康成长。

其次,从德育工作和学生思想现状来看。在中学生思想上还存在着对四项基本原则的一些模糊认识。政治方向不够明确,不少中学生劳动观念淡薄,基础文明素质差。在学校工作中,还存在着片面追求升学率的影响,存在着以智育代替德育的倾向。在一部分教工思想上存在一切向钱看。极端个人主义,无政府主义等不良思想影响。思想政治工作队伍的素质有待进一步提高。在基础文明建设中,措施不够有力。上述问题的存在,迫切要求我们加强和改进学校思想政治工作。

再次,从这次北京发生的由学潮发展到动乱,再发展到反革命暴乱的教训看,暴露了基础教育存在的问题。要加强师生的思想政治工作,十分重视加强政治方向的教育。这是无产阶级与资产阶级争夺接班人,防止"和平演变"的重要措施。

要加强学校党组织对思想政治工作的领导,发挥党组织的领导和政治核心作用。坚持社会主义办学方向,保证党的教育方针的全面贯彻。

教工方面:

一、认真学习四中全会精神,统一思想,增强凝聚力

当前思想政治工作的任务就是要学习,宣传四中全会精神和邓小平同志的重要讲话,统一全党和全国人民的思想,深入进行坚持四项基本原则,反对资产阶级自由化的教育。

在开学前,专门集中三天时间,组织全体教工认真学习和领会党的四中全会精神和邓小平同志讲话精神,通过学习,要初步了解北京发生学潮、动乱直至反革命暴乱的事实真相。动乱、暴乱的性质,目的和根源,认识在北京部分地区戒严、平息反革命暴乱的重要性和必要性,坚持"一个中心,两个基本点"的重要性。旗帜鲜明地坚持四项基本原则,反对资产阶级自由化。

开学后,在暑假学习的基础上,要把学习有关当前形势的文件和讲话。作为本学期思想政治工作的重要内容,坚持每周三的政治学习。通过学习,弄清思想,理顺情绪,使全体教工的思想统一到四中全会的邓小平同志讲话的精神上来,进一步确立坚定四项基本原则是立国之本。改革开放是强国之路的根本信念,激发教书育人的热情,提高自身的思想政治素质。

二、提高教师职工的自身素质,增强教书育人的自觉性

要抓紧有利时机,在提高对思想政治工作重要性认识的基础上,认真学习和全面贯彻《中学德育大纲》。增强教书育人意识,要注重课程的思想性,寓德育于各科教学的内容和过程的各个环节之中,要引导学生把坚定正确的政治方向放在首位。不允许离开"大纲"发挥"自由思想"。要重视抓好青年教师队伍的教育和培养工作,关心青年教师的生活、工作和政治上的进步。

三、结合学校实际,把思想政治工作落实到实处

1. 要采取切实措施抓好政治学习的学风和纪律。

(1) 本学期对政治学习要建立检查制度。对每次政治学习的出勤情况要有专人记录,定时检查。要克服对政治学习无所谓的态度。尤其不得利用政治学习时间进行补课或其它活动。要把学习纪律执行情况,作为考核教师工作态度的重要内容。

(2) 学校中层以上干部要健全和恢复两周一次的中心组学习制度。政治学习时间要下到分工学习组参加学习。干部更要遵守学习纪律作好表率,政治学习时间不得处理日常公务。

(3) 要端正学风、政治学习时,要围绕文件精神和中心议题,联系实际进行学习。要克服学习讨论时“乱扯”的现象,更不允许利用政治学习传播小道消息。

2. 学校党总支要加强对学校思想政治工作特别是要抓好对教工思想政治工作的领导,建立学校思想政治领导小组。要加强针对教工思想政治状况的调查、研究,及时提出要求,要发挥各部门、教研组的作用,齐心协力做好思想政治工作。

3. 要结合学校管理具体实际开展思想政治工作。要切实抓好并解决“第二职业”,上班时间打桌球。上下班制度松散,家属区养鸡鸭等问题,几个群众关注且影响学校教育教学的问题。这方面要特别强调组织纪律,服从统一指挥,予以恰当解决。

此外,要重视对师生进行法制教育。重视安全保卫工作,进一步加强校卫队工作,加强综合治理,继续抓好计划生育工作。

学 生 方 面

一、进行以坚持四项基本原则、反对资产阶级自由化为主题的形势教育,统一思想认识,激发爱国热情

1. 要按照国家教委部署。在全体学生中(主要是高中学生)进行形势教育。开学后的一个月,利用思想政治课,主要学习和讲解教委编发的形势教育教材,把中学生的认识逐步统一到四中全会和邓小平同志讲话精神上面来。

2. 开展多种活动,强化爱国主义、革命传统教育和艰苦奋斗的教育。主要抓好以下几项工作:

(1) 举办“在共和国旗帜下”庆祝建国四十周年主题活动。通过活动,帮助学生明确没有共产党就没有新中国;只有社会主义才能救中国;没有人民军队便没有人民的一切的基本思想。十月份的第一个晨会,全校老师、同学要在大操场隆重举行升国旗仪式,唱国歌。

(2) 举办“踏着先辈的足迹前进”的展览和宣传活动。主要通过学习革命先辈特别是校友中的革命烈士的事迹，表彰学生中各种先进典型，激发中学生发扬艰苦奋斗的优良传统，激发为理想而奋斗的热情。各年级、各班级可根据本年级实际，开展以了解中华文明史、中国近代史，中国革命史为主题的“知我中华、爱我中华”的教育活动；开展以搜集、学习革命先辈为国献身、科学家报效祖国的事迹为主要内容的“继续写爱国英雄谱，甘为祖国奉青春”主题活动；开展以阅读和观看歌颂爱国主义、革命传统的书籍电影为内容的书评、影评活动。

(3) 形势教育要与社会实践活动相结合，有条件的班级和年级可走向社会。通过凭吊烈士陵墓，走访英雄人物、烈士遗属，进行具体而生动的教育。

二、认真贯彻和实施《中学德育大纲》、推动德育工作科学化、系列化、规范化、制度化

《中学德育大纲》反映了党和国家对中学生的思想政治道德素质的基本要求，它是中学德育工作的依据。要把“大纲”的贯彻和实施作为本学期学生思想政治工作的一项重要的基础工程来抓。

1. 继续组织全体教师，尤其要组织思想政治课教师和班主任，认真学习《中学德育大纲》，明确意义和要求。

2. 在全面宣传贯彻的基础上，抓好重点和试点。确定八到十个试点班级，组织他们进一步学习和研究“大纲”的实施，写出具体实施计划。在班主任会上交流，今后，校级先进班集体必须是全面试行“大纲”的班级。

3. 重视思想政治课在德育中的特殊重要地位。继续抓好教材教法的改革实验，学校要加强对思想政治课改革工作的领导，探索新的路子。政治教师要积极参与学校和班级的其它德育活动，每人要有联系班级的研究课题。

4. 继续开展思想教育系列活动，保证德育序列化。各班(团支部)都要有系列活动方案。

5. 以初中年级为基础，健全社会协调教育组织，办好家长学校。

三、加强班主任队伍建设，发挥团队组织作用

要采用切实有效措施，保证思想政治工作任务的完成，使德育落到实处。

1. 加强班主任队伍建设，具体抓好：

(1) 配备好新学期班主任。

(2) 重视青年班主任的教育和培养，举办青年班主任培训班，组织新老班主任工作交流和新老互助活动。

(3) 加强对班主任工作的考核和管理。拟订和试行“班主任考核办法”，要把班主任工作是否认真贯彻“德育大纲”。是否积极承担德育任务，工作有计划、有总结。早读到班，以及班级管理等作为本学期考核班主任的重点内容。

(4) 办好《班主任工作简报》

2. 切实抓好基础文明建设。重点放在检查、评比和严格管理方面。重点抓好宿舍、食堂、进出门下车、乱抛纸屑等问题,在学校设立"校风监督岗"(由劳动班执行)。

3. 发挥团队、学生会作用。团队组织要坚持用共产主义精神教育青少年,并在自身建设上下功夫,同时切实抓好配合党政开展思想教育活动,抓好校风校纪的检查等工作。

教学工作

本学期教学工作要认真实施教学工作四原则,即全面发展的方向性原则,教师主导作用和学生自觉性、积极性相结合的原则,知识结构和学生认知结构相统一的原则,因材施教的原则;要强化教学管理机制。进行全面的全过程的教学质量的检查、分析。加强对教学过程的控制和指导。调动教和学两个方面的积极性。全面提高教学质量。

一、贯彻教学的教育性原则,提高教书育人的自觉性

在教学工作中。要克服只着限于传授知识和训练技能。而忽视对学生的理想、道德、情操、学习的主动性、创造性等品质培养的倾向。各科教师要明确了解他所承担的课程在全面发展教育中的地位和作用,挖掘教材的教育因素,以充分发挥学科的特殊的教育作用。

教师要为人师表,以其全部的言行和整个"人格"来感化学生,以强烈的事业心,高尚的品格。坚强的意志,丰富的情感作用于学生,给学生以耳濡目染的影响。

根据初中就近入学,生源质量参差不齐的特点,要强化课堂教学环节中的组织教育,保持良好的课堂秩序,形成良好的学习氛围,努力提高课堂教学效果。

二、贯彻教和学的交互作用原则,提高课堂教学质量

1. 深入钻研教材,提高备课质量。

教师要深入钻研教材,不仅要把握每章、每节教材的重点、难点,而且要把握本学科的知识结构和每一个知识点在结构中的地位和作用。既要备本章本节的教材内容,又要分析其在纵向系列中的位置和横向知识间的关联。既要帮助学生建立新的知识点。又要帮助学生编织知识网络。

要坚持在个人自备基础上的集体备课制度,发挥群体功能,提高备课质量。集体备课要做到备教学进度。备教学内容。备例题、习题。备实验。备教法。要坚决克服那种只是统一一下作业和进度的流于形式的所谓"集体备课"。本学期各教研组。备课组对集体备课要作为一项制度来抓,教导处要加强检查、督促。

2. 调动学生的积极性和主动性,提高课堂教学质量。

提高课堂教学的效果,关键在于调动学生学习的积极性和主动性,这就要求教师要努力改进教法。各门学科有各自的内在规律,教师又各有特点,"教无定法",但教学是门科学,又有其普遍的规律。教法改革的核心是贯彻启发性原则。各科教师在教学中要努力激发学生的求知欲和学习兴趣,形成正确的学习动机;要善于利用提示、疏导、设疑、解惑等方法启发学生把握方向,钻研教材,讨论总结,发展学习的主动性、独立性和创造性;各教研组要确定教学研究专题,上好一、二堂研究课,写出一、二篇有一定质量的实验报告(专题总结)。

3. 及时检查教学效果,不断改进教学工作。

教师要采用课堂提问,课内随堂检查,作业情况分析,课外谈心了解等多种手段,建立师生教学双方的反馈联系,了解教学效果,掌握各种变化的情况,采取有效的措施,适应学生的发展,促进教学质量的提高。考试既要考知识,又要考能力,各科可根据各自的特点,进行考试方法改革,外语可进行听力考试,自然学科可进行实验考试。

及时检查不等于频繁考试,要继续控制考试次数,控制课外作业量,语、数、外、理、化学科每学期只能安排两次单元测验,其它学科每学期只准安排一次。高、初三进入总复习阶段可适当放宽。高中学生每天课外作业总量问题不超过两个小时,初中不超过一个半小时。教师要在提高课外作业的质量上下功夫,作业要保持适度的思维负担,要有利于巩固基础,发展智能,举一反三,事半功倍。

三、坚持课程结构改革,提高选修课,劳技课和课外活动的质量

加强教育思想建设,从提高民族素质和促进人的全面发展的高度正确认识课程结构改革的意义,摆脱片面追求升学率的束缚,努力提高选修课、劳技课和课外活动的质量。

1. 健全组织。学校成立、充实劳技、电化教研组,课外科技活动和学科活动领导小组,由教导处一主任分工结合。

2. 改善设备、设施。添置英文打字机、缝纫机和钳工器材,建立英文打字,缝纫、钳工、美术、音乐等专用教室。筹建语音室,改善微机房基本设施。

3. 从实际出发。根据学校现有设施、设备、财力和人力状况,本学期从实际出发开设好劳作、刺绣、花卉、英文打字,机械制图、缝纫、钳工等劳技课;开好微机、美术素描、音乐、数、理、化等选修课。各教研组要充分挖掘潜力,充分利用现有的实验条件举办各学科活动小组和科技活动小组。

4. 搞好基本建设,要选好劳技课和选修课教材,自编部分教材,逐步实现劳技课、选修课有大纲,有教材,有计划,有基地,有队伍。

四、重视体育、美育和劳动教育，促进学生的全面发展

1. 严格执行中学生体育合格标准，提高两课、两操、两活动的质量。体育课要严格执行教学大纲，根据教材进行教学，开学初要制订各年级的体育教学计划，做到堂堂有教案，课课按计划实施。坚决克服课堂教学的随意性，更不允许搞“放羊式”。体育教研组要合理安排力量，搞好课外体育活动，抓好传统项目和高中田径高水平运动队的训练，提高科学训练的水平，出成果，出人才。组织好学校秋季田径运动会。

2. 重视美育教育，提高鉴赏能力。音、美组要在上好初中必修课的基础上继续在高中开设选修课，积极组织课外社团活动，举办名曲，名画欣赏等讲座，提高审美情趣，活跃校园文化生活。

3. 加强劳动教育，培养劳动习惯。

五、强化教学管理，重视教师队伍的建设

1. 学校工作以教学工作为主，学校领导应该用主要精力抓好教学，校长、教导主任要经常深入课堂听课，深入教研组听取意见，深入学生中了解对教学的反映，定期研究教学问题，总结经验，不断提教学质量。

2. 贯彻执行《江苏省教育厅关于中小学教师外出兼课的暂行规定》，未经学校同意，任何人不得私自外出兼课，外出兼课，应有聘用单位和学校联系，由学校根据实际情况作出决定。

3. 加强教学质量的评估分析。教导处可采用主观性测评和客观性测试的方法，对教师的教学情况进行评估。评估情况可以在一定范围内通报，也可以和被测教师直接见面，以利于总结经验，改进工作。

4. 发挥各级教师的积极作用。发挥中、高级教师在教学上的示范作用，对青年教师的指导作用，教学研究上的带头作用。发挥青年教师知识新、精力足、勇于开拓的优势，引导他们既一步一个脚印脚踏实地地搞好教学工作，又勇于探索创新，开展教学研究工作，青年教师要向中、高级教师学习，中、高级教师要自尊自重，起模范作用，搞好传、帮、带。

总务工作

一、加强职工思想建设，不断提高职工自身素质

1. 组织好职工政治、业务学习，对学习情况要记录，定期检查，通过学习不断树立后勤为师生服务，为教学服务的思想，克服总务后勤人员低人一等和后勤工作难度大和一切向钱看的不良倾向。

2. 加强劳动纪律，定期召开处务会和职工会议，坚持表扬与奖励相结合，发扬先

进、推动后进、争当文明职工，不断调动广大职工的积极性，不断提高工作效率，更好地为教学、为师生服务。

二、整顿校容校貌，迎接重点中学的验收

1. 维修东、西大楼、教学楼和办公楼屋面，四周天沟落水，油漆门窗等；做好新配电房竣工验收以及校园内线路的调整，路灯安装等项工作，做到保质，保量按期完成。

2. 新建文化走廊、树人堂门窗油漆。外粉刷以及图书馆阅览室等维修任务，在九月底完成。

3. 做好开学准备工作，全校各个教室、学生宿舍的维修刷白，油漆黑板，门窗课桌的修理，更新最后一个年级的课桌椅，达到全校课桌椅全部更新的目标。

三、提高服务质量，搞好生活福利

1. 办好食堂，成立食堂管理委员会，加强经济核算，公布食堂帐目。增加食堂花色品种，菜素要多样化，要卫生，保证师生吃饱、吃好。

2. 抓紧锅炉修缮工作。保证茶水供应，按时开放男女浴室，继续做好煤气供应工作及节日师生生活福利工作。

3. 办好幼儿园、托儿所。聘任幼儿教师，制定幼儿教学计划。不断提高幼儿教学质量，以解除教职工的后顾之忧。

4. 为了搞好全校的环境卫生，除了建立一支经常性的劳动保洁队伍负责全校清扫保洁外，发动全校师生做到门前三包，窗明几净，做到不乱倒垃圾，不乱抛杂物，不随地吐痰。养成自觉讲文明、讲卫生的良好习惯，坚决执行校内禁止饲养家禽的规定。

四、加强校产校具及财务管理

1. 对照重点中学验收标准，进一步完善各项管理制度，严格财务管理执行一支笔制度，经常做好勤俭办学的宣传教育，注意开源节流，合理使用经费，发扬艰苦奋斗、勤俭办学的精神。

2. 保管室除管保好校产、校具、帐、物外要有计划地购置教学用品，购物要申请，经批准方能采购；领物要登记，采购物资要有登记、验收手续，领导批准后方能报销，对于可买可不买的物资一律不买，今后一切要计划开支量入为出。

五、抓好学校基建的准备工作，逐步改善体育设施和教师住房的条件

1. 积极与省、市、局落实资金，做好体育运动操场的翻建实施方案的筹备工作，待资金落实后，立即备料准备明年初施工。

2. 基建小组积极做好运迁工作，抓紧第三排危房腾仓和拆迁工作，进一步与教

育局落实签定建房协议,申请落实基建计划。确定施工单位,积极争取早日破土动工。

3. 维修50年代的厕所,筹建新厕所,尽快确定新厕所地点,落实方案,逐步改善学校厕所卫生设施。

4. 总务后勤要主动积极关心教职工生活,即时进行危房修缮,房屋拾漏门窗修理工作。解决水、电、下水道疏通等生活问题。同时希望教师对总务部门人手少、事务多的困难给予理解和支持。

江苏省扬州中学
1990—1991 学年度第一学期工作计划

1990.9.1

工作要求:

继续认真学习贯彻党的十三届四中、五中、六中全会精神,加强党对学校工作的领导,坚持社会主义办学方向,把思想政治工作放在首位。大力加强教职工的思想政治工作,进一步激发教职工献身教育事业的积极性和创造性,进一步深化教育教学改革,按教育教学规律办事,深入进行课程结构改革和以提高思维能力为核心的教法改革。大力加强教育教学管理、后勤工作的管理,坚持教书育人、服务育人、环境育人,努力全面提高教育教学质量。

思想政治工作

教工方面:

一、认真抓好政治理论学习

1. 要坚持每周三政治学习制度,有效地组织教工认真学习马克思主义的基本原理和党的各项方针政策,提高贯彻党的基本路线和执行党的教育方针的自觉性。本学期要组织教工认真学习江泽民同志在首都青年纪念五四报告会上的讲话《爱国主义和我国知识分子的使命》,引导广大教工在新的历史条件下继承和发扬爱国主义传统,明确在培育社会主义"四有"新人的重要职责,走成长的正确道路。

2. 要不断改进政治学习的方法,讲求理论联系实际。根据情况,组织教工参加社会实践。邀请有关同志来校作报告,观看配合时政的电视录象,强化教育效果。

3. 要严格政治学习制度。把是否认真参加政治学习与教师考勤考绩工作结合起来,保证政治学习的出勤率,提高学习质量。

二、加强师德教育,激发和树立奉献精神

1. 在认真抓好教工政治学习的基础上,结合平时的教育和宣传,持久而深入地进行师德教育。通过教育和学习,进一步强化育人意识。在当前,要着力克服片面追求升学率的错误倾向,克服管教不管导,重智育轻德育的错误做法。引导教工注重自

身品德修养，教书育人，为人师表。

2. 表彰先进，树立典型。结合庆祝教师节，运用各种形式宣扬教书育人的先进典型，通过评比“园丁奖”先进个人，树立先进典型。

3. 教师节前后，开展一次师德检查，主要做法有：一是每人印发“教师师德规范”，使之有所遵循；二是检查师德状况，克服不良问题，提倡尊师爱生。

三、加强教师队伍的管理

1. 要把教师队伍的思想教育与管理有机结合起来，力求相得益彰、相互促进。

2. 认真落实省教委颁布的《江苏省中学常规管理基本要求》、在严格工作纪律、上下班制度、会议纪律、岗位规范几方面，切实加强教师管理。

对存在问题，要从严治校，大胆管理，及时处理。促进良好教风形成。

3. 行政干部要做好结合教研组(室)的思想工作和管理工作。

四、十分重视青年教师职工的培养教育工作

要从战略高度重视青年教工的培养教育工作，特别要结合具体实际，努力提高青年教工的政治思想素质。

1. 对青年教工既要热情关怀，又要严格要求。特别是要教育和引导青年教工树立工人阶级的人生观、价值观。激发热爱教育工作的事业心和忠于教育事业的责任感。

2. 要结合班主任工作、教学工作以及学校其它工作的实际，对青年教师进行具体指导和帮助。

3. 要发扬老扬中优良传统，要求每个行政干部、党员和教研组长乃至老教师，都要与青年教工交朋友。在工作中认真传、帮、带。要充分发挥中老年教师在学校各项工作中的骨干作用，带动整个教工队伍的建设。

4. 充分发挥教工团支部的助手作用。教工团支部要根据学校党政要求，针对青年知识分子特点，开展多种教育活动，尤其要在了解和掌握青年教工思想现状，开展思想教育活动上下功夫。

此外，要加强学校的安全保卫和环境卫生工作，进一步建设好校卫队，严格门卫制度和各项治安保卫制度。要安排专人具体负责卫生检查。坚持“门前卫生包干”制度，坚持每周卫生大扫除制度，及时检查、及时公布，抓好创建文明单位的基础工作。

五、重视校史教育。要在原校史编写工作的基础上。认真做好校史陈列室的筹建准备工作。特别是要利用和开发本校校史这一宝贵的教育资源，采用多种形式，加强对全校师生的校史教育，发扬优良传统、提高队伍素质，并以此逐步形成思想教育的特色。

学生方面:

一、增强方针观念和“首位”意识,增强做好德育工作的自觉性

本学期要进一步学习和贯彻省、市中小学思想政治工作会议精神,在思想上明确:

1. 党组织是学校的政治核心。要切实加强党组织对学校思想政治工作的领导,加强思想政治工作领导小组的工作,切实保证学校社会主义方向,全面贯彻党的教育方针。

2. 要把德育放在学校工作的首要位置,一是要认识到“和平演变”的危险性,核心问题是资产阶级和无产阶级争夺青少年。因此要坚定不移地加强政治方向和革命理想教育;二是要正确处理好德育与智育的相互关系,在当前要克服重智轻德的倾向,克服片面追求升学率的现象;三是各科教师都自觉承担德育任务,全面关心学生。

3. 学校教育的根本落脚点在于帮助青少年树立崇高理想和正确人生观和世界观,因此,在抓好德育常规的同时,要注重德育工作的思想性和教育性。

4. 讲究德育工作的实效性。发扬扎扎实实的工作作风,每个年级都要有思想教育的点,力求取得经验,逐步推广。

二、抓好爱国主义和社会主义教育,确立正确的政治方向

抓好爱国主义教育,是学校学生思想政治工作的奠基工程,必须注重实力、贯穿始终。

1. 政治课教学要突出爱国主义教育和社会主义教育这一主题,并且把爱国主义和社会主义教育有机结合起来,开学后,要利用一定时间学习江泽民同志“五四”讲话,帮助学生激发爱国主义热情,坚定社会主义信念,积极拟定和推进政治课改革第二阶段方案。

2. 开展“爱国爱校、立志成才”思想教育系列活动竞赛。具体要求:

(1) 各班以“爱国爱校、立志成才”为主题,按照“德育大纲”的分年级教育要求,拟定系列活动方案,开学初,由团委、大队部进行最佳方案评选。

(2) 各班在系列活动中选择一个班会,参加班会评比观摩。学期结束,要根据方案设计、组织实施及教育效果评选系列:活动组织奖。

(3) 各班在实施系列活动过程中,要尽可能与社会实践、校史教育结合起来,力求有特色。

3. 要把爱国主义教育与创建班集体紧密结合起来。本学期要按照创建班集体的标准和活动方法开展活动,并且以开展思想教育系列、文明常规检查等为主要内容,评选文明班级。

三、加强常规教育和管理，促进基础文明建设

本学期，要认真贯彻和落实《江苏省中小学常规管理基本要求》，以《中学生日常行为规范》为依据，切实抓好中学生行为的养成教育和规范训练，提高学生基础文明素质。

1. 明确教育和管理的重点。根据校舍维修状况和学生日常行为中存在的问题，明确本学期要把爱惜校园环境，不乱抛纸屑、整顿治理学生宿舍和自行车按规定停放作为工作重点。

2. 要把管理与教育统一起来，把严格学校纪律同启发学生自觉性结合起来。继续利用晨会和班会进行思想教育，各班要把创文明班级，做文明学生作为系列活动的重要内容之一。要通过各种形式的教育，激发学生的集体荣誉感，增强执行纪律的自觉性。

3. 坚持和进一步健全常规管理检查制度。本学期要把文明常规检查情况张榜公布，定期评比；坚持宿舍文明评比和"流动红旗"竞赛制度；开学初，要通过表彰上学期文明常规评比先进班级，推动创建文明班级，争当文明学生的活动。

4. 重视学校社会和家庭三位一体德育体制，抓好"青少年社会教育协调委员会"工作，在此基础上，在初一、初二，举办两期"家长学校"。

5. 加强劳动教育。把劳动教育与爱校建校活动结合起来。

四、切实加强班主任队伍建设

班主任队伍的素质直接关系到德育工作的任务能否得到落实，是加强学校德育工作的关键。

1. 加强思想建设、提高班主任思想政治素质。除了结合师德教育加强班主任思想建设以外，本学期要利用班主任例会和其它时间，组织班主任学习德育工作的基本理论，学习德育工作相关学科理论，学习和交流先进典型的事迹，及时传达德育工作的信息，提高班主任的思想政治素质，提高理论水平，激发奉献精神，增强做好工作的自觉性。

2. 结合理论学习和工作要求，继续搞好班主任培训工作。藉以提高教育艺术和工作水平。在班主任工作中特别要克服变相体罚学生问题，克服对学校要求贯彻不力的问题。

3. 年级分工行政干部要把抓好班主任的教育和管理作为重要工作内容。

4. 充分发挥班主任代表的骨干作用。

5. 抓好班主任队伍的考核管理。

五、发挥团、队、学生会作用

共青团是党在学校工作中的助手和德育工作的重要保证。发挥以共青团为核心

的学生组织作用，是本学期德育工作的又一任务。

1. 共青团要进一步加强自身建设。特别是要发挥团、队组织在学生思想政治教育中的积极作用。发挥团员先锋、模范作用，促进团员的思想政治素质的提高。

2. 根据团队、学生会特点，动员团、队员和广大同学加强学校常规教育与管理中的自育和自理，协助学校党政，切实开展文明竞赛活动，搞好文明常规检查评比活动，促进优良校风形成。

3. 针对学生特点，开展好各种学生社团活动，重视美育工作。

教学工作

本学期教学工作要在提高全体教师教书育人的自觉性，强化常规教学管理的同时，深入进行课程结构改革，进行以提高思维能力为核心的教法改革，努力克服近几年来教学改革徘徊不前的状况，努力实现新的突破，全面提高教学质量。

一、努力教书育人

教学工作是学校教育的一个有机组成部分，教学工作应服从于整个学校教育的总要求、总目标，每个教师都要强化教书育人意识，自觉教书育人。在教学工作中，既要传授知识和训练技能，又要重视对学生的理想、道德、情操、学习的主动性和创造性等品质的培养。

各科教师都要明确地所承担的课程在全面发展教育中的地位和作用，挖掘教材的教育因素，以充分发挥学科的特殊的教育作用。

教师要为人师表，以其全部的言行和整个“人格”来感化学生，以坚定的政治方向、强烈的事业心，坚强的意志、丰富的情感作用于学生，给学生以耳濡目染的影响。

教师既要加强管理，严格要求学生，更要爱护体贴学生，对学生多点尊重、信任和期望。严格禁止体罚和变相体罚。

二、完善教学常规

对备课、上课，课后处理和培尖辅导等教学环节，要坚持严格要求形成常规。

教师要深入钻研教材，掌握教材所揭示的知识体系，把握教材的重点、难点，要在个人钻研的基础上，加强集体备课，发挥群体功能。要坚决克服只是统一进度的流于形式的“集体备课”，要坚持备教材、备实验、备作业、备学生、备教法的五备制度。

教师要以高度负责的精神管教管导，上好每一堂课。要努力改进教法，贯彻启发性原则，调动学生学习的积极性和主动性；要努力激发学生的求知欲望，以形成正确的学习动机；要善于利用提示、疏导、设疑、解惑等具体方法，发展学生学习的主动性、独立性和创造性；要帮助学生建立学科思维模式，提高分析问题和解决问题的能力。

教师要尽可能地运用实验、电教、社会调查等多种教学手段。以生动直观的现象,丰富多彩的画面引发学生去探索、思维,从中获得顿悟和结论。

教师要根据学生年龄结构、生理、心理发展状况,知识基础和智力发展水平,确定课外作业的质量,保证适度的思维负荷和足够的知识复盖面,高中学生作业总量不超过2小时/天,初中不超过1.5小时/天。教师要采用课堂提问,随堂检查,作业讲评、课外谈心等手段,建立师生的反馈联系,了解教学效果,采取有效措施,适应学生的发展,促进教学质量的提高,要继续控制考试次数。

要根据各年级的特点,研究培尖补差措施。要合理安排人力,保证一定的财力、物力,搞好竞赛培训工作,要研究培尖的形式、内容和方法,对在竞赛培训工作中作出突出成绩的要给以适当的奖励。要面向全体学生,做好补差工作,针对初中就近入学后生源素质较差的特点,更要加强补差工作。

三、强化常规管理

学校工作以教学工作为主,学校领导应该用主要精力抓教学,校长、教导主任要经常深入课堂听课,深入教研组听取意见,深入学生中了解对教学的反应,定期研究教学问题,总结经验,不断改进教学。

要加强教学质量的评价分析,充分发挥教学评价的导向功能、矫正功能、激励功能和鉴定功能。本学期要加强考试管理,组织考试研究,增强考试的客观性,提高考试的信度、效度和区分度。通过考试成绩的统计测量,进行教学质量的客观性评价。要组织对象评价,开展教学质量全员调查,进行教学质量的主观性评价。评价情况在一定范围内通报,并和被测教师直接见面。

学校要充分发挥教研组组织教学研究,制订教改方案,进行教改实践方面的作用。各教研组要确定本学期的教改方向和教改专题,订出教改计划,结合教改专题安排好几堂公开课。要充分发挥各级教师的积极作用,中、高级教师要自尊自重,做青年教师的表率,起好示范作用和指导作用,青年教师要主动向中、高级教师学习,踏踏实实搞好教学工作,积累经验,开拓进取。

要切实加强管理,严格控制外出兼课。外出兼课,应有聘用单位和学校联系,由学校根据情况作出决定,未经学校同意,任何人不得私自外出兼课,一经发现,扣发兼课期间的全部奖金。

四、深化课程结构改革

普通高中教育要在义务教育基础上进一步提高学生的思想道德、科学文化和身体心理素质,并使学生的个性得到健康发展,为培养社会主义建设者奠定良好的基础。必须从上述高度出发,认识课程结构改革的必要性和紧迫性。课程结构改革决非权宜之计,是普通中学教育改革的一项长期任务。本学期要在原有的基础上,继续深化,变单一的必修课结构为:必修为主,必修、选修、劳技和课外活动相结合的课程结构。为此要努力做到:

按教委颁布的劳技课教学大纲，根据学校实际，本学期继续开设劳作、刺绣、英文作字、机械制图、缝纫、钳工、社会公益劳动等劳技课。劳技组要自编或选定教材，编制教学进度计划，选定考核方法，确定研究课题。要进一步搞好劳技基地建设，添置必要的设备，争取在高、初中毕业班增开家政课。

在高一、高二年级继续开设单课性选修课，各教研组要把选修课的开设纳入教研组工作计划，定人员，定大纲，定教材，编制课时计划。本学期继续开设英语听说阅读、微机、无线电、素描、名画名曲欣赏、名作赏析、创造性思维、历史、地理等选修课。并在高一地区班增开音美课。

各教研组都要组织学科小组、科技小组、文艺社团等课外活动组织，充分利用现有条件，定人员，定时间，正常开展活动。

五、组织教学改革研究小组

教育改革，从体制改革开始，正在向教学领域发展，并且已经开始进入学科教学领域。为了适应不断发展的教育改革的需要，不断提高学校教学、教研和教学科研水平，本学期要成立教学改革研究小组，集中一部分教学改革志愿力量，学习教学基础理论，总结本校已有教学改革经验，借鉴兄弟学校的经验，并将其向各学科辐射和移植，形成势头，发展特色，造成影响。学校要为研究小组创造一定的条件，提供一定的经费，研究小组要定期学习讨论，坚持学用一致的原则。

六、加强体育工作

要努力提高两课、两操、两活动的质量。根据中学体育教育大纲和教材，认真上好体育课，做到堂堂有教案，课课按计划实施，要克服随意性，杜绝“放羊式”。体育教研组要合理安排辅导力量，各年级要协同配合，认真抓好课外体育活动，做到课外体育活动三落实：时间落实、内容落实、人头落实、继续普及第　　套广播体育操，组织好学校秋季田径运动会，要继续抓好初中传统项目和高中田径高水平运动队的训练，提高科学训练水平，出成果，出人才。

总务后勤工作

暑期以来对学校校舍进行了全面的维修，现已基本告一段落。本学期总务后勤工作以迎接重点中学验收，迎接卫生城市的检查为动力，立足加强后勤部门的内部管理，认真做好各项后后勤服务工作，强化总务工作人员的思想工作，树立全心全意为师生教学生活服务的观念，争取使后勤工作有明显的改观。

一、认真做好维修工程的扫尾、验收工作，保证新学期正常的开学。目前要认真抓好“七十万”工程扫尾和验收，加强工程的决算、核算工作。使已维修的项目达到保质保量的预期效果。新厕所力争在 9 月 20 号竣工，对 20 万工程中少数还没有上马项目，积极创造条件争取早日动工，使学校外部条件得到较大的改观，迎接重点中学的验收。

二、为创建卫生城市，大力整理校园环境，美化校园。当前集中人力，突击清理施工垃圾、清除杂草、打扫卫生死角、完成东长围墙的粉刷，添制卫生设施，改造增设垃圾池，做到及时清理。大力倡导培养卫生习惯。明确班级卫生包干区。落实责任制。在学生中进行爱护公物的教育，协助政教处加强教室、宿舍、食堂公共设施的管理，同时加强家属区环境整治工作，执行校内禁止饲养家禽等规定，今后不准乱搭乱建，擅自砌围墙，继续搞好绿化工作，在今年移植草坪200多平方米的基础上，力争年底挤出经费移植足球场草坪，同时要调整绿化布局，在西长堤有重点的搞一到二个景点。

三、积极做好开学的后勤准备工作。保证物品供给，完成教室课桌椅的维修、油漆，配齐各个班级课桌和教师办公桌，同时要加强固定资产的登记管理工作，严格采购、保管、领用制度。

四、进一步办好食堂。目前食堂的就餐条件内部设施等方面得到了充分的改善，现在的关键，是加强食堂内部的管理，端正服务态度，增加服务项目，提高服务质量，特别对师生比较敏感的也是意见比较大的伙食价格问题要认真重视。加强成本核算，收费要合理，努力做到价廉物美。要充实食堂的管理人员和骨干力量，对当前食堂存在的问题，限期加以解决。学校要成立食堂管理委员会，发挥督促作用，定期公布伙食帐目，同时要搞好秋季饮食卫生。在加强思想政治工作的基础上，采取必要的措施，调动炊事人员的积极性，积极为师生服务。

五、加强财务管理、严格执行财务纪律，编制支出预算，合理使用经费，压缩临时人员，注重开源节流，量入为出，发扬自力更生勤俭办学的精神，杜绝浪费，大手大脚的现象。实行财务审批一支笔。本学期还要认真准备会计档案达标检查验收工作。搞好会计档案的整理。

六、协助学校配备专门的基建工作班子，做好建新教工宿舍楼的准备工作。目前要积极协助领导做好腾仓户的动迁工作，办理施工执照等，确定施工单位，争取九月底旧房全部拆除。新宿舍破土动工，同时要落实确保宿舍楼的施工经费。要抓好田径场工程的决算工作。

七、重视后勤队伍的建设，积极做好后勤人员的思想政治工作，树立正气，加强劳动纪律，提高办事效率，认真执行学校后勤考勤考绩的规定，调动职工工作的积极性。特别要在提高职工素质方面下功夫，加强内部的团结，提倡管理育人、为人师表，关心集体、爱校如家。决不以权谋私看人办事，坚持原则，牢固树立为教育教学服务的思想，努力做好本职工作。

江苏省扬州中学
1990—1991年度第二学期工作计划

扬发(91)014号

指导思想：

认真学习和贯彻党的十三届七中全会精神，坚持社会主义办学方向，落实德育在学校教育中的首要地位，切实加强思想、政治和道德教育，全面提高教育者和被教育者的思想政治水平：进一步加强学校管理，深化教育教学改革，全面贯彻教育方针，努力提高教育质量和办学效益；切实加强总务后勤、校办企业领导，完善责任制，注重求实，更好地为教育教学服务，为师生生活服务。学校各项工作力求再上新台阶，以出色成绩向中国共产党建党七十周年献礼，并为迎接92年扬中建校九十周年校庆积极作好准备。

思想政治工作

教工方面：

一、认真学好七中全会文件，深入进行社会主义教育

要把十三届七中全会审议通过的《中共中央关于制定国民经济和社会发展十年规划和"八五"计划的建议》作为教工政治学习的重要内容。

1. 要通过学习和讨论，明确今后十年的主要奋斗目标和基本指导方针，了解国民经济和社会发展的重点，深化改革和扩大开放的部署措施，深刻领会实现第二步战略目标，最根本的保证是坚持走建设有中国特色的社会主义道路。从而确立发展教育事业，提高全民族素质的历史使命感。

2. 组织学习《关于社会主义若干问题学习纲要〈试用本〉》。把学习七中全会文件与深入进行社会主义教育紧密结合起来与学校教育教学工作，与个人岗位职责结合起来，理论联系实际。坚定社会主义信念，坚持社会主义方向，提高搞好社会主义教育事业的责任感和积极性。

3. 改进学习方法，严格学习制度。具体做到：

A. 正确处理理论灌输与联系实际的相互关系。学好科学社会主义的基本理

论，掌握文件的基本思想观点，抓住带有根本性的理论观点和问题。同时，也要开展社会实践活动，通过接触和了解改革开放实际，加深对有中国特色社会主义的理解。

B. 要坚持每周三下午政治学习制度。建立政治学习出勤登记制度。要把参加政治学习作为考勤考核的内容之一。

C. 采用适当方法对七中全会文件和科学社会主义理论学习，进行小结式开卷考试。

二、贯彻教工行为规范，抓好道德教育和管理

要根据国家教委的有关精神，适应社会主义教育发展的形势，认真贯彻省教委颁发的“中学教师行为规范”，提高师德修养。

1. 组织全体教工认真学习和对照中学教职工的岗位职责，学习和对照教工行为规范，用“规范”来约束和规范自己的言行。

2. 树立榜样，表彰先进。要在贯彻教工行为规范的基础上，表彰一批教书育人，服务育人、管理育人的优秀个人和先进组室。今后不仅是在评选先进方面，就是在评定职称、提拔干部方面都要把教师执行“规范”的表现和师德水准作为考核的依据之一。

3. 根据“教工行为规范”，针对学校教育教学工作中存在的实际问题，及时开展有针对性的思想政治工作，对违背行为规范现象要及时教育和帮助。本学期要把克服体罚或变相体罚等问题作为贯彻规范的重点来抓，要教育每个同志从思想道德、行为举止等面注意自己的师表形象。

三、切实加强教师队伍的整体建设，提高教工队伍的思想政治素质

教育者的素质如何直接关系到学校教育质量好坏，因此，要采取切实措施加强教师队伍的建设。

1. 要把加强教师队伍的思想建设作为学校党政领导的议事内容和工作目标。定期研究分析教工队伍的工作状况和思想动态，做到心中有数，工作有的放矢。

2. 要充分发挥中老年教师的骨干作用和示范作用，要求老教师要根据教师的岗位职责、开展传、帮、带活动。通过广泛开展不同年龄层次的教师之间的交朋友、谈心活动，老带新、帮思想、带业务、传作风，互相学习，共同提高，建立青年教师“导师制”，调动工作的积极性和创造性。

3. 要针对青年知识分子的思想特点，开展思想政治工作，为青年教师成长创设良好的思想和心理环境，各教研组要把培养青年教师作为教研组建设的重要环节，并作为一项经常性的，长期的工作，放在重要位置来抓，要求每位中老年教师要自觉地、全面地、满腔热情地关心每一个青年教师的成长。鼓励青年教师在教育教学工作中积极进取，做出成绩。

4. 各分工到教研组(室)的行政干部,要在学校统一领导下,明确职责,做好结合教研组(室)的思想工作,在生活方面也协同学校一起帮助解决教师的具体困难,对教师全面关心。

切实加强学校精神文明建设,要进一步重视抓好计划生育,社会治安综合治理工作。

〔学生方面〕

本学期学校德育工作要在党的十三届七中全会精神指导下,贯彻上级一系列德育文件精神,以《中学德育大纲》为基本依据,努力加强和改进德育工作。

在德育工作的指导上要明确四个意识:一、明确首位意识。要从提高中学生思想政治素质、反"和平演变",培养社会主义事业的接班人的战略高度,认识和加强德育工作,把德育工作放在学校工作的首要位置;二是增强渗透意识。要把德育贯穿于学校各项工作的始终,尤其要把德育渗透于教学过程之中;三是强化管理意识。要把德育与常规管理有机结合起来,明确职责、健全制度,从严管理;四是确立求实意识。改进工作作风。重视开展适合学生身心特点的活动,加强德育的有效性。

在德育工作中的要求上,要在继承传统的基础上,积极创新、扎实工作,力求富有特色。

工作要点:

一、以"三热爱"教育为主题,通过各种渠道抓好基础文明建设,增强学生的社会责任感和历史使命感

本学期要切实按照《中学德育大纲》结合形势实施德育。

1. 今年是太平天国农民革命140周年。庚子赔款90周年,辛亥革命80周年,中国共产党建党70周年,"九一八"事变60周年。要抓住有利时机,广泛而深入地开展热爱祖国、热爱党和热爱社会主义的教育。在全校开展"爱国爱党立志成才"主题活动。主要有:(1)学校举办"我们这一代人的选择——纪念建党70周年、辛亥革命80周年、太平天国运动140周年主题会"。通过主题会回顾中国近代史讴歌党的英明伟大,坚定当代中学生跟党走、坚定走社会主义道路的信念。

(2)全校各班要根据"爱国爱党立志成才"的教育主题,结合本年级特点,拟定思想教育系列活动方案。高中年级要以团组织为核心,组成党章学习小组,对青年学生进行党的历史、党的基础知识和党的纲领的教育。有条件的班级还可以开展"创建曹起溍班级(团队)"活动,学习和宣扬扬州地区第一个党支部书记我校校友曹起溍烈士的光辉事迹,激发中学生热爱党、跟着党为党的事业而奋斗的热情。对开展创建活动好的班级,学校将验收后予以表彰或命名。

(3)利用班会,晨会或举办专题讲座,记念太平天国运动140周年,"九一八"事变60周年。庚子赔款90周年,辛亥革命80周年和建党70周年。

(4) 进一步贯彻《国旗法》,和国家教委有关通知精神,健全升旗仪式。

2. 大力抓好常规教育和管理

要进一步贯彻和落实省教委有关学校常规管理的28条要求,以《中学生日常行为规范》为基本依据,抓好常规教育的管理着力提高学生基本文明素质。要在上学期工作的基础上,正确处理好养成教育与反复训练、爱护学生与严格要求的相互关系,进一步完善常规管理制度,着眼于促进学生养成良好行为习惯,着重抓一抓部分学生中存在的打架斗殴,考试作弊、乱抛纸屑等问题,逐步实现学生由他律向自律的根本转变,加强校风校纪建设。在这方面,主要搞好以下几项工作:

(1) 大力开展学雷锋、赖宁精神,创文明班级和争当文明学生的活动。要把双学活动与常规管理和训练结合起来,深入宣传和学习雷锋、赖宁精神引导学生从关心集体,遵守纪律、优化校园风气的点滴做起。具体做好几件事:

A. 利用班会,各班级引导学生进一步深入学习雷锋、赖宁事迹;

B. 继续切实开展"雷锋在我们中间"活动,"三·五"前后,表彰一批学雷锋、学赖宁积极分子和文明个人;

C. 以团队为基础,在各班级积极组织和推广学雷锋行动文明小组,对校园文明环境实行责任承包;

D. 本学期结束前,在全校评选本学年度文明班级和先进班集体。

(2) 加强校园常规检查与考核。

A. 逐步实行《江苏省高初中学生思想品德考核评估指标》,和思想品德考核方案,先由各年级少数班级试点,然后逐步推开。

B. 坚持和完善校园卫生包干检查和评比制度。

C. 结合创建班集体活动,健全班级德育档案。

在常规教育过程中,初中年级要重点抓好基本知识的学习,抓好基本常规、基础训练。此外,还要注意学生非智能因素的培养。

3. 发掘校史中的德育资源,拓宽德育新途径。

(1) 结合迎接90周年校庆,十分重视运用校史对学生进行优良传统。良好校风教育。

(2) 积极筹办校史陈列室,作为德育的基本阵地

(3) 在全校师生中开展征集校歌歌词评选活动,引导学生回顾校史、发扬优良校风。

4. 巩固和发展社会教育。

(1) 完善和发挥学校青少年教育社会协调委员的功能与作用,办好《社会教育简报》;

(2) 在初中举办"家长学校";

(3) 加强与社会有关人士的联系,聘请一批老同志、企业家、先进模范人物为校外德育辅导员;

(4) 逐步建立学生校外社会实践基地。

二、加强班主任队伍建设

班主任是学校德育工作的骨干力量,班主任队伍的素质直接关系到德育任务的完成。本学期要针对青年班主任多,生源状况的变化,和教育难度大的现状,切实加强班主任队伍的建设。

(1) 在抓好整个教师队伍建设的同时,着重抓好班主任队伍的思想政治素质的提高,引导班主任增强工作责任感和事业心,在思想上真正树立教书育人的职业自豪感。要不断探寻班主任工作管理和考核的基本途径,力求逐步形成班主任工作评估考核的基本方法。本学期要在加强管理考核的基础上,评选和表彰一批优秀班主任。

(2) 举办班主任培训班。结合平时班主任工作,重视班主任的培训工作。主要围绕学习德育基本理论及相关学科知识,回顾本校班主任的传统。掌握班主任工作常规,了解校外班主任工作的信息。总之,要通过从基本知识、基本常规入手,不断提高班主任工作能力和业务水平。

(3) 采用多种方法,提高班主任队伍的基本素质。要抓好三件事:

A. 结合实施思想教育系列活动,开展班主任主题班会指导观摩评选活动;

B. 开学初,组织部分班主任交流做好班主任工作的体会和经验;

C. 改进工作方法,加强具体指导。每个年级都要有一、二个班级作为班主任工作的重点班级,进行德育工作的示范和实验。

(4) 正确认识和处理好德育工作中、教师主导和学生主体的辩证关系。在当前,班主任要在发挥教师主导作用的前提下,十分重视发挥学生主体作用,积极引导学生自我教育,自我管理和自我服务。

三、增强德育科研意识,促进德育工作水平的提高

处在新的形势下,要使德育工作适应新形势的新要求,形成德育工作的新格局,必须增强德育科研意识,运用理论思维的力量探索、总结和指导德育工作的实践。

(1) 确定"德育工作一体化"作为德育科研项目,要在学校党政领导下,组织和建立相应的科研群体,制定并着手实施科研方案。

(2) 以班主任和政治教师为主体,在全体教师中开展德育论文评选活动,并视具体情况召开德育论文研讨会。选送班主任工作优秀德育论文参加市班主任工作研讨会。

(3) 进一步办好《班主任工作简报》。

(4) 各教研组乃至部门,要结合自己德育工作的实践,积极探索与研究本学科(部门)实施德育要点,在此基础上,形成《江苏省扬州中学各科渗透德育实施要点》。

(5) 继续推行思想政治课改革,在前段改革实验的基础上,力求有新的发展和突破。

四、重视团队工作

学校中的团队组织是党在学校中的依靠力量。要十分重视发挥团队、学生会的先锋骨干作用,促进中学生整体素质的提高。

1. 要抓好团队组织的自身建设。团组织要按上级要求布置,切实开展团员教育评议活动,在提高团员的模范作用上下功夫;少先队要继承学校队工作的优良传统,重视队的基础建设。团队组织要通过团队员的先锋模范作用团结和带动全校青少年健康成长。

2. 针对青少年身心特点,广泛开展多种教育活动。团队、学生会组织要协助学校党政开展积极地思想教育工作;同时,特别要开展丰富多彩的活动,让团队员和广大学生在活动中提高认识,培养能力、全面发展。

3. 团队和学生会组织要在学校领导下,在老师指导下,通过自我教育、自我管理和自我服务,协助学校抓好常规管理。

五、推进校园文化建设、优化育人环境

本学期要以"正直向上、热于求知"为灵魂,以多种校园文化活动为载体,以形成与我校历史传统和社会期望相适应的优雅环境、氛围美感和校园精神为目标,多层次地逐步推进校园文化建设。

1. 结合校园常规管理,动员全体学生参与建设整洁、卫生、优雅的校园环境。各班可开展"美在我们中间"的爱校建校主题活动;开展"我是扬中人——当代中学生形象"讨论。此外,要根据学校情况,重视文化层次的环境美化。

2. 树立和宣传各种先进典型。要利用扩播、橱窗和组成报告团,在全校宣传"树人"奖学金获得者、特优三好生和其他各类优秀学生的典型事迹,激励学生学习先进,锐意进取。

3. 以纪念太平天国运动140周年、辛亥革命80周年、建党70周年,反映校园生活,讴歌党、追求理想为主要内容,在高一、高二年级举办手抄报大赛,"五四"前夕在文化走廊展出。

4. 举办第五届艺术节。

5. 配合纪念建党70周年,迎接市比赛,在初中部分同学中排练"我向党来唱支歌"主题大合唱。

6. 组织参加市纪念"七·一"火炬长跑活动。

教学工作

要努力学习教育理论,强化教研和科研意识,加强教研组建设,切实抓好初中,做好毕业班的工作,把我校的教育、教学质量提到一个新的水平。

一、加强教育理论学习，强化教育科研意识

我校在教育理论学习和教育科研方面，做了一些工作，取得了一些成绩。但与上级对我们的要求相比。与先进的兄弟学校相比，差距还不小。新年伊始，我校向省教委申报了“思维教学选修课”的科研课题，我们拟组织一批骨干学习教育理论，进行这一课题的研究，全体教师也要热情支持密切配合。

另外，我们还要组织全体教师听取教育理论和教育科研的讲座，强化教研和科研意识，提高教研和科研水平。

二、加强教研组建设，提高教育、教学的群体效益

教研组是学校组织教研活动的基本阵地，我们要加强教研组建设，充实部份教研组的组长、副组长。

教研组长要抓教学常规的建设，切实组织本组教师学习教育理论开展教学研究。每个教师都要加强师德修养，自尊自重，爱事业，爱学生，认真备课，认真上课，认真批发作业，认真辅导，认真组织测验和考试。我们特别强调，一定要加强备课，在个人自备的基础上，要进行集体备课，集体备课要定时、定人、定内容。集体备课不能只是统一一下进度了事，而必须备进度、备教材、备方法、备作业、备实验，集思广益，提高上课的质量。

教研组要发挥中老年教师的榜样和骨干作用，爱护和帮助青年教师。青年教师要虚心向中老年教师学习，多听课，取长补短，不断改进教学。教龄三年以内的教师每周至少听二节课，教龄三～五年的教师每周至少听1节课。行政干部、教研组长和中老年教师要多听青年教师的课，热情关心、积极培养青年教师。

教研组既要抓好常规教学活动，又要安排专人抓好各级各类竞赛的辅导。

三、切实抓好初中，大面积提高初中教育、教学质量

初中阶段是整个基础教育承前启后的重要阶段，是普及九年制义务教育的重要工程，也是一个人从少年时代走向青年时代的关键时期，抓好初中教育，是关系到提高民族文化素质的大事。我校初中三个年级都是划片就近入学的学生，生源情况参差不齐，给教育、教学增加了难度，在初中任教的同志，工作十分辛苦。初中各年级的班主任和任课教师要密切配合，想方设法，根据年级特点，切实做好工作。首先要抓紧常规教育，用校风、学风、教育学生，帮助他们明确学习目的，端正学习态度，掌握学习方法，使他们“爱学习、会学习”。其次是防止两极分化过快过大。对表现差、学习差的学生不歧视、不放弃，更不能进行体罚和变相体罚，要满腔热情地爱护他们，安排时间给他们辅导，补课，激励他们的学习热情，这样才能大面积提高我校的初中教育质量。

四、进一步提高劳技课、选修课的教学质量,抓好课外学科小组和科技小组的活动

全校各年级均按《全日制普通中学劳动技术课教学大纲》的要求开设了劳技课,我们要逐步充实劳技教师队伍,加强备课,进一步提高劳技课的教学质量。

三天一轮的公益劳动,班主任和各部门分工负责的同志要加强检查督促,切不可“放羊”,也不可改上文化课或安排考试、测验等。

选修课要定教师、定学生、定内容、定地点,克服随意性。

各教研组要充分挖掘潜力,充分利用现有设备、设施、财力和人力,组织学科小组和科技小组,定期进行活动,出成果,出人才。

五、重视体育和美育,抓好环境卫生和教学卫生,促进学生的全面发展

我们要严格执行中学生体育合格标准,提高两课、两操、两活动的质量。体育课要严格执行教学大纲,根据教材进行教学,做到课课有计划,堂堂有教案。另外,体育教研组要合理安排人力,既要保证扩播操和课外体育活动的正常进行,又要抓好传统项目和田径运动队训练,提高训练水平,出成绩,出尖子运动员。要组织好学校春季田径运动会。

音美教研组要在上好初中必修课的基础上,继续在高中开设选修课,积极组织课外社团活动,举办讲座,提高审美情趣和鉴赏能力,活跃校园文化生活。

加强卫生宣传教育,切实抓好学校的环境卫生和教学卫生,优化育人环境。进一步抓好防近工作。认真做好毕业班的体检工作。

六、切实抓好毕业年级的工作

高、初中毕业年级的工作是本学期学校工作的重点之一,初三年级又是我校划片就近入学的第一届初中毕业生,我们要十分重视。要在全面提高质量的基础上,注意因材施教,抓好培尖和补养,努力提高中、初中毕业生的素质。

复习工作要以纲为纲,以本为本,要认真上好复习课,复习练习的内容要精选,既要有系统性,又要有代表性;既要注意广度,又要注意深度;既要注意基础知识的掌握,又要注意能力的培养。各学科要有计划地安排时间,注意青少年的生理、心理特点,注意动静结合,劳逸结合,提高复习效率。

做好毕业考试、高考预考和开学考试的指导工作。

七、做好扬州师院、南京师大和扬州教育学院等学校学生的实习指导工作

总务工作

围绕学校"提高教学质量"这一工作中心,本学期总务工作在学校统一领导下,继续贯彻为教育、教学服务的方针,加强学校建设,优化育人环境。开源节流,积极创造条件为师生的学习、工作、生活服务,为学校全面工作的开展服务。

1. 为教育教学服务是总务工作的首要任务,在条件许可的情况下,凡是教学所需物品、器材保证及时筹备供应。更好地为师生提供良好的工作、学习条件,同时为校庆90周年作准备。本学期积极筹备2 000平方米图书馆大楼的新建工作,争取计划落实,资金到位。

2. 39户宿舍楼正在施工,基建组与有关质检部门协同,与施工队积极配合,为保证工程的质量和如期竣工积极开展工作,同时对旧房的维修工作做到及时,对教职工所反映的困难和问题做到有答复并尽可能解决。

3. 加强校园管理,美化校园环境。为保持绿化先进单位的荣誉,本学期继续对生活区进行绿化:积极与市有关部门联系落实西长堤的小园林建设。本着为学校开发财源、调动职工积极性的精神,制订绿化承包责任制方案。

4. 继续加强食堂管理,搞好食品卫生和成本核算,提高食品质量,保证副餐供应,做到热心服务。

5. 贯彻勤俭办学方针,加强财务、物资管理,坚持采购、验收、保管、领物、审批制度。在保证物品质量的前提下,做到精打细算,节省开支。

6. 加强职工思想教育和职业道德教育,提高职工素质,关心职工生活,调动积极性、充份发挥各自专长,做到自觉热心服务。

1991.3.13

江苏省扬州中学
1991—1992学年度第一学期工作计划

1991.9.18

工作要求：

认真学习和贯彻江泽民同志“七一”讲话和七中全会文件精神，切实加强党的领导，坚持社会主义办学方向，全面贯彻党的教育方针，坚决把德育工作放在首位，全面提高教学质量，大力开展教育科学研究，强化教师队伍建设，扎扎实实地抓紧学校各项基础建设，为把我校建成高质量，有特色的重点中学打好基础。

思想政治工作

教工方面：

继续抓好社会主义理论学习，认真组织教职工学习江泽民同志在庆祝中国共产党诞生七十周年大会上的讲话，坚定社会主义信念，提高反“和平演变”的警觉性和自觉性。学习《中小学教师职业道德规范》，深入进行师德教育，加强学校各项工作的管理，加强教职工队伍的建设，坚持教书育人，管理育人，积极做好庆祝校庆九十周年的各项准备工作。

一、认真抓好政治理论学习

1. 本学期将进一步组织广大教职工深入学习社会主义理论和七中全会文件，学习江泽民同志在庆祝中国共产党诞生七十周年大会上的讲话。当前国际形势异常复杂，西方资本主义国家加紧推行“和平演变”，学校肩负着反和平演变的重任。通过学习，提高反和平演变的自觉性和警觉性，坚定社会主义信念，坚持社会主义方向，同时把政治理论学习和学校教育教学工作、个人岗位职责结合起来，提高搞好社会主义教育事业的责任感和积极性。

2. 改进学习方法，力求做到理论联系实际。本学期将继续分批组织教职工去江阴华西村参观学习，亲身感受社会主义新农村的美好前景。这次抗洪救灾是国内外瞩目的一件大事。开学后，请市抗洪指挥部有关领导同志来校宣讲抗洪救灾情况，对教职工进行社会主义教育、集体主义教育和爱国主义教育，充分认识还是社会主义好、共产党好。

3. 严格学习制度，坚持每周三下午七、八节政治学习，政治学习时间一般不得安排其它工作。结合行政干部要带头参加学习组学习，根据《工作量津贴发放办法》，参加政治学习计入工作量，各教研组、学习组组长要认真统计出缺席人员情况。

二、学习、贯彻《中小学教师职业道德规范》，加强师德教育

1. 国家教委和全国教育工会正式颁发了《中小学教师职业道德规范》，根据市教育局的统一部署，将集中一段政治学习时间对《规范》进行系统讲解，组织教师逐条学习，要求人人对照，人人写学习心得，逐层组织心得交流：通过学习，引导广大教师注重自身品德修养，强化育人意识，教书育人，为人师表。

2. 表彰先进，树立典型。结合庆祝教师节，运用各种形式宣扬教书育人先进典型。已评选的德育先进工作者，市局批准后，通过一定形式，大力宣传他们的先进事迹，做到学有榜样，形成人人争先进的局面。

3. 期中考试后，结合期中分析，开展一次师德检查。在表扬先进的同时，对违背《规范》的人和事，及时批评教育，如发生严重情况，要作必要的处理。

三、十分重视对青年教职工的培养教育

1. 加强对青年教职工的培养教育对于办好学校具有战略意义。对青年教工既要热情关怀，又要严格要求，把培养和使用结合起来。本学期将对青年教师举办中学教师职业道德讲座，教育和引导青年教师坚持社会主义方向，忠于社会主义教育事业，让青年教职工肩负重担，在教育、教学以及其它方面的实践活动中对他们进行具体指导和帮助。

2. 要求每个行政干部、党员、教研组长、中老年教工与青年教工交朋友，在工作中认真传、帮、带，充分发挥中老年教工在学校各项工作中的骨干作用，带动整个教工队伍的建设。

3. 充分发挥教工团支部的助手作用。教工团支部要根据学校党政要求，针对青年教工的特点，开展教育活动，尤其要了解和掌握青年教工思想现状，有的放矢开展思想工作。

四、加强教工队伍的管理

1. 在上学期和暑假中做了大量准备工作的基础上，开学初将举行江苏省扬州中学教职工代表大会，实行党总支领导下的教职工代表大会制，坚持党总支集体领导，校长行政负责，教职工民主管理的原则，充分调动教职工群众当家作主民主管理学校的积极性。

2. 为了改善和加强学校内部管理，提高工作效率，促进各项工作的开展，本学期实行工作量津贴制。教职工工作量津贴发放的规定（试行稿）去年已作了试行。根据

试行情况？又组织了有关人员多次讨论，对原规定进行了修改，修改稿待教代会通过后实行。

3. 进一步组织学习贯彻《江苏省中学常规管理基本要求》。严格执行请假制度，上下班制度、工作纪律、会议纪律等，对存在的问题，本着从严治校的精神，大胆管理，及时处理。

五、进一步抓好计划生育和社会治安综合治理工作

1. 遵照市、教育局对计划生育工作的部署，进一步加强领导，密切依靠广大教职工，落实我校关于计划生育工作的各项规定，完成各项指标，确保计划生育达到“三无、五百”。

2. 加强社会治安综合治理工作。从加强对师生员工的法制教育入手，层层落实治安承包责任制，定期进行安全检查，深入开展“四合格”活动，进一步做好民调工作开展创建“文明大院”和“五好家庭”活动。

六、积极做好九十周年校庆的筹备工作

1. 根据广大校友在校教职工要求，为了“瞻怀前贤，激励后昆，光大扬中，振兴扬州”。学校决定将隆重庆祝校庆九十周年，对此，扬州市委、市政府极为重视，列为明年两大市级庆典之一，台湾校友亦将组团参加，学校将请求市委市政府成立江苏省扬州中学校庆九十周年筹备委员会，下设工作班子，积极进行筹备工作。

2. 校史组工作人员本学期要基本完成校史展览准备工作，校史纪念册形成初稿，出校友通讯 2 期，编写校友通讯录。

3. 积极做好校史资料的整理工作，开发利用老扬中校史这一宝贵教育资源，发扬优良传统，促进教育教学改革，进一步形成新时期扬中办学特色。

学生方面：

本学期学生思想政治工作以国情教育和近、现代史教育为主线，以常规教育为抓手，继续坚持德育工作一体化的做法，深入对学生进行爱国主义和坚持四项基本原则教育，建设较高层次的健康、活泼、文明、整洁的校园氛围。培养德智体美劳全面发展的社会主义事业的接班人。

一、抓好以国情教育和近、现代史教育为主要内容的学生思想教育，筑成反“和平演变”的长城

1. 根据江泽民总书记的指示精神和上级领导的部署，在全体学生中进行国情教育和近、现代史教育。一方面利用晨会、班会组织学习有关材料；另一方面通过政治课、历史课、语文课等学科教学进行系统的史实和理论灌输。对初中生以了解具体翔实的史实为主，用具体感性材料激发学生的爱国激情，统一思想认识；高中生在了解

史实的基础上进行必要的理论灌输，使学生从史实和理论的结合上了解我国的国情，提高对坚持社会主义道路的必要性和必然性的认识。

2. 寓教育于各种形式的活动之中。共青团、少先队利用传统的思想教育系列活动这一方式深入进行教育，系列活动应围绕国情教育的主题进行，活动方案由团委组织评比和实施；通过社会实践活动让学生从实际中授受教育，各班要将社会实践活动和团、队、班级活动结合起来，以就近、安全、实效为原则，精心组织活动；充分利用校史介绍、图片陈列、书刊介绍、读书读报活动、音乐美术活动等各种宣传手段进行宣传教育；利用国庆等节日组织教育活动，今年十月份准备组织国情教育宣传月，通过歌咏、演讲、手抄报、国情知识竞赛等方法把国情教育深入下去。

3. 强化思想政治理论课的教育，抓好学科教学中渗透思想教育的工作。政治理论课是思想教育的主渠道，必须切实抓好，用马列主义观点教育、引导学生分析各种问题，形成正确的世界观；各学科教学中都要渗透思想教育，学科渗透要尽量形成系列。

4. 通过学习抗洪救灾的英雄人物和事迹加强对学生的思想教育，并利用为本校受灾学生募捐活动增强学生的集体主义观念，团结互助的阶级感情。

二、进一步抓好《中学生日常行为规范》的贯彻落实，抓好常规教育和管理，在严、细、实、高上下功夫

1. 组织全校学生认真学习《中学生日常行为规范》和学校有关规章制度，明确贯彻《规范》的目的和意义，熟记《规范》条文，了解要求，付诸行动，准备在十一月份组织一次《规范》知识竞赛。

2. 开学后第一个月集中抓好《规范》的贯彻落实，要高标准、严要求、细致管理、落在实处。各班在组织认真学习《规范》的基础上，可根据本班情况提出具体要求，制订切实可行的班级公约，教育学生严格执行学校的各项管理规定，起始年级尤其要加强基础教育，做好中、小学、初、高中思想教育的衔接工作，学校对《规范》执行情况将组织突击检查；班级管理要严、细、实、高，早读、课间、自习、广播操、眼保健操、课外活动等时间，班主任要勤下班检查，任课教师要对学生严格要求，本学期准备实行《班级日志》制度，以强化班级管理；班主任还要加强对学生的个别教育，针对学生特点做好思想工作，加强家访和与学生家长的联系，发现问题及时处理，全面关心学生的成长；各班都要落实各项检查措施，及时表扬执行《规范》好的学生，及时汇报执行《规范》的先进事迹，对学生的平时表现要注意积累资料，以便实行量化评分。

3. 逐步执行思想品德的量化考核。本学期在进一步贯彻落实《规范》的基础上，先在部分班级实施中学生思想品德考核的量化评估法，积累经验逐步由评等法向量化考核法过渡，争取尽快地全面推行量化评估法。

三、继续坚持德育工作一体化的做法,实行全员管理,抓好班主任队伍的建设和青年班主任的培训,提高学生思想政治工作的水平

1. 思想上进一步明确全体教职工都是德育工作者,实行全员教育,全员管理,利用各种渠道对学生进行思想教育的渗透。传达室、宿舍、食堂等部门工作人员应积极配合有关部门做好管理工作。教师应主动协助班主任抓好常规管理。使学生生活在一个高标准、严要求的环境之中。

2. 共青团、少先队要在学校党总支的领导下认真抓好自身的组织建设、思想建设,开展各种适合青少年特点的思想教育活动;学生会要在学校的统一部署下开展活动,积极配合有关部门工作,发挥自我管理、自我教育的作用。

3. 加强德育工作社会化的研究和实践。学校和家长、社会互相配合共同做好学生的思想教育工作;继续办好《社会教育简报》,办好初一学生的"家长学校",定期召开社会教育协调会议。

4. 加强班主任队伍的建设。班主任要认真学习班主任工作理论,在实践中形成自己的工作特色;学校准备举办青年班主任培训班,组织学习理论、介绍经验;要充分发挥班主任代表的作用,青年班主任要虚心向老班主任学习,老班主任要主动帮助青年班主任开展工作;本学期准备举行青年班主任班会观摩评比活动,要求青年班主任在开学初就要作好准备,设计方案、准备材料,班会观摩评比活动由政教处、团委组织实施;继续办好《班主任工作简报》,交流经验,互通信息,班主任要积极为《简报》提供稿件。

四、抓好美育工作,提高学生的审美情趣,把校园精神文明建设推向一个新的高度

1. 充分认识美育的重要性,各班要积极配合有关部门做好美育工作,努力克服重智育、轻美育的倾向。

2. 努力创造美的氛围。要教育全校学生人人动手,美化校园;各班要认真搞好"门前三包、门内达标";团委会,少先队大队部要组织开展"爱护校园一草一木","我为美化校园出力献策"等活动,造成良好的校园氛围。

3. 利用各种机会加强审美教育,提高审美情趣,各科教学要有意识地渗透美育内容,节假日更要注意加强对学生的正确审美引导;本学期准备在国庆举行一次歌咏比赛,元旦组织一次迎新春美术作品展评。

4. 继续办好"树人艺术团"。

教学工作

本学期的教学工作重点是学习、贯彻、落实国家教委实行两项改革的决议,通过健全管理机制,强化科研意识,抓好学校的常规教学使第二课堂选修课的教学科学化、制度化,在各项工作中争取出成绩出经验,争创第一流水平。同时争取明年高、初三毕业班在高、中考中取得更好的成绩。

一、认真组织学习国家教委调整教学计划和实行会考这两项改革的决议,充分认识其重大意义,在工作中贯彻、落实

二、常规教学

我校的常规教学,历来有良好的传统,近年来有些组在某些环节上有所松动。为此有必要强调抓好常规教学,主要是如下几个环节:

1. 集体备课。必须在个人自备的基础上参加集体备课。集体备课要定时定人定内容。集体备课必须备进度、备教材、备方法、备作业、备实验。

2. 课堂教学常规。必须在充分准备的基础上上课,准时上下课不迟到,不拖课,按照教学计划进行教学,做到目的明确,重点突出讲授得法,组织严密。

3. 作业布置和批改。从学科特点和学生实际出发,作好习题的研究和设计,做到精、巧、活,不断改进作业检查和批改方法,提高检查和批发的效率和质量,着重抓好作业讲评。

4. 课外辅导。主要是对学生的分类指导。辅导要制定切实可行的计划,定人、定时、定内容,采取多种形式,对基础差的学生要耐心细致,充分调动其学习积极性。

5. 成绩考核。期中期末考试前要组织学生系统复习整理所学得的知识,不允许就近复习。引导学生弄虚作假,考试的范围要严格按教学大纲和教材的规定。有利于检查学生运用基础知识基本技能,分析和解决问题的能力。考试以后要认真做好试卷的分析、讲评工作。

三、第二课堂、选修课和竞赛培尖

1. 认真组织学习国家教委关于调整教学计划的有关文件,充分认识抓好第二课堂选修课的重要性。

2. 第二课堂的活动,应当根据各学科,各年级的特点,举办各种讲座、集会、竞赛和“五小”活动,成立各学科兴趣小组。

选修课的开设,要适应学生的需要,在原有基础上不断改进、提高,逐步建设起比较系统的稳定的,有扬中特色的选修课教材。

以上各方面工作都要做到组织落实,人员落实、计划落实,争取出成果,出经验。

四、抓好高、初三毕业班的工作

今年高考。中考我校取得较好的成绩。社会各届对扬中的期望值很高新的高。初三毕业班面临着严峻的形势。毕业班在做好其他方面工作的同时,中心工作是进一步稳定教学秩序。调动师生两方面的积极性,不断提高复习课和练习题的质量。高、初三的复习练习坚决反对照搬照抄原来的内容或外校的成套资料,要在原有基础上博采精取争取编写我们自己的高质量的复习资料。

初三毕业班学生水平差距较大,根据因材施教的原则,同时考虑到保持教学秩序的稳定,今年将要采取按原班级上课,分类辅导的方法,对基础较好的同学实行强化,训练,对基础较薄弱的同学着重抓好基础知识基本技能的复习和训练,抓好两头,带动中间,使所有的学生都能各得其所,有所提高。

五、教学科研

根据省教委。市教育局的有关会议精神,各个中学都应当将教育科研放到一个重要的地位上。扬州中学作为全国有名的重点学校,要提高教学效率和质量,办出特色,办出水平,更有必要抓好教育科研。本学期将尽快着手准备成立教科所,和各教研组密切联系,健全教育科研网络。同时准备创办校刊《树人学刊》,为教师交流经验。体会提供园地。

教学方面已经向教科所申报了三个课题,一是各学科教学中的思维训练,二是编写选修课教材,三是有关扬中校史的研究。前两个课题,与大多数教研组都有联系,各教研组可以此为中心课题,设立子课题,也可根据教学实践的需要确立新的课题。以上所说的三个方面工作(教学常规,第二课堂选修课和毕业班工作)事实上都有许多课题有待深入研究。备学科备教研组,备课题都可根据自己的特点确立课题,结合科研课题,组织理论学习组织研究课、观摩课,组织经验交流。

六、教研组建议

教研组建设是做好以上各项工作的基础,各教研组建设必须在做好以上各项工作的过程中得到落实检验。做好老带新的工作,落实“帮、带”合同。新教师要虚心向老教师学习,老教师要主动关心、帮助新教师,帮助新教师上好第一堂课,尽快熟悉教学常规。

各个教研组要把以上所说的三方面工作统筹考虑,确立长远目标和近期目标,以此来团结、发动全体教师,充分调动、发挥中青年教师的积极性,为他们创造条件,鼓励他们勇挑重担,将教学、研究、学习和写作结合起来,争取作贡献出成果,争创一流水平。

七、教学管理

强化管理机制，是使以上各项工作得以取得成绩的重要保证。本学期将要结合工作量考核，进一步建立、健全教学管理制度，通过学习，使之成为大多数教职员工的自觉要求。在此基础上，坚持训练、培养习惯，领导带头做出榜样，切实加强检查督促工作。各教研组在开学初期尽快制定好教学工作计划，重要的活动要明确其日程安排，分工负责干部要参与计划的制定。要深入第一线，做好落实、检查工作。通过参加集体备课、听课(包括第二课堂选修课)、检查作业、召开座谈会等多种途径，把握第一手资料，在征求多方面意见的基础上。对教职员工的辛勤劳动做出恰当的评价。与此同时，建全机制、修改完善选修课的评比标准，做好选优课、论文评比等项工作，使之经常化、制度化、设立教学事故登记簿，对违反教学常规，造成影响的教学事故做好记录、分析工作。实施全员评估。做好标准分的统计工作。在此基础上，恢复、健全教职员工业务档案，使之具有全面性、准确性，成为评选先进等项工作的依据之一。

八、劳技教育

我校的劳技教育现在已经取得了较大成绩，今后还有必要不断提高劳技教育课教师的专业知识、技术水平，在课程的安排上要不断科学化、系统化，要适应学生的知识水平和接受水平，促进学生的智力发展，正确设计运用考核手段，检查教学效果，促进质量的提高。

九、体育卫生工作

严格执行中学生体育合格标准，提高两课两操两活动的质量。体育课要严格执行教学大纲。根据教材进行教学。做到课课有计划。堂堂有教案。体育教研组要合理安排人力、既要保证广播操和课外体育活动的正常进行，又要抓好传统项目和田径运动队的训练，提高训练水平，出成绩、出尖子运动员，组织好秋季田径运动会。

加强卫生宣传，切实抓好学校的环境卫生和教学卫生，优化育人环境，进一步抓好防近工作，认真做好毕业班的体检工作。

总务工作

一、切实加强思想教育工作，调动职工的积极性

1. 组织好职工的政治学习，加强思想工作，树立当家做主的思想，关心集体，全心全意为教学服务和师生生活服务，加强后勤总务的管理，坚持管理育人服务育人，为人师表。

2. 充分调动职工的积极性，加强劳动纪律，提高工作效率，认真执行学校有关考

勤考绩的规定,鼓励先进,表扬好人好事,发扬吃苦耐劳精神。

二、加强财务管理

1. 严格执行财务管理制度,加强计划性、合理使用经费,发扬勤俭办学的精神,把有限的经费用在刀刃上。首先要保证教学第一线的需要,要逐步改善办学条件,严格报销审批手续,坚持执行财务管理“一支笔”审批制度。

2. 本学期集中精力,完成财会档案的整理工作,加强校产校具的管理。严格执行统一建帐。归口使用保管的原则,做到钱、帐相符。

三、美化校园继续搞好绿化

调整好绿化布局,重点放在整治西长堤,分段实施。加强绿化地管理,开展热爱校园、爱护花木活动,并落实班级门前绿化责任制。逐步达到可绿化面积85%以上。

四、搞好校园总体规划,抓好基建,迎接明年九十校庆

1. 在召开多种座谈会的基础上,征求有关部门的意见,搞好校园总体规划并做好沙模型,选好图书馆馆址,做到长远规划,分期实施,使今后校园建设更加合理。

2. 在完成图书馆选址工作的基础上,进一步落实资金,做好钻探、设计等工作,办理施工执照,落实施工队伍和腾仓工作,力争在今年11月份破土动工,迎接明年九十校庆。

3. 抓好新宿舍楼的装饰扫尾工程,把好质量关,力争达到优良工程,争取在本期10月底竣工,交付使用,并积极在校长室领导下协助工会做好新宿舍分配工作。

4. 搞好正常房屋、器具的维修,保证教学用品的供应,解除教职工后顾之忧,以利教育、教学工作顺利进行。

江苏省扬州中学
1991—1992学年度第一学期工作计划

工作要求:

认真学习和贯彻江泽民同志“七一”讲话和七中全会文件精神,切实加强党的领导,坚持社会主义办学方向,全面贯彻党的教育方针,坚决把德育工作放在首位,全面提高教学质量,大力开展教育科学研究,强化教师队伍建设,扎扎实实地抓紧学校各项基础建设,为把我校建成高质量,有特色的重点中学打好基础。

思想政治工作

教工方面:

继续抓好社会主义理论学习,认真组织教职工学习江泽民同志在庆祝中国共产党诞生七十周年大会上的讲话,坚定社会主义信念,提高反“和平演变”的警觉性和自觉性。学习《中小学教师职业道德规范》,深入进行师德教育,加强学校各项工作的管理,加强教职工队伍的建设,坚持教书育人,管理育人,积极做好庆祝校庆九十周年的各项准备工作。

一、认真抓好政治理论学习

1. 本学期将进一步组织广大教职工深入学习社会主义理论和七中全会文件,学习江泽民同志在庆祝中国共产党诞生七十周年大会上的讲话。当前国际形势异常复杂,西方资本主义国家加紧推行“和平演变”,学校肩负着反和平演变的重任。通过学习,提高反和平演变的自觉性和警觉性,坚定社会主义信念,坚持社会主义方向,同时把政治理论学习和学校教育教学工作、个人岗位职责结合起来。提高搞好社会主义教育事业的责任感和积极性。

2. 改进学习方法,力求做到理论联系实际。本学期将继续分批组织教职工去江阴华西村参观学习,亲身感受社会主义新农村的美好前景。这次抗洪救灾是国内外瞩目的一件大事。开学后,请市抗洪指挥部有关领导同志来校宣讲抗洪救灾情况,对教职工进行社会主义教育、集体主义教育和爱国主义教育,充分认识还是社会主义好、共产党好。

3. 严格学习制度。坚持每周三下午七、八节政治学习。政治学习时间一般不得安排其它工作。结合行政干部要带头参加学习组学习，根据《工作量津贴发放办法》，参加政治学习计入工作量，各教研组、学习组组长要认真统计出缺席人员情况。

二、学习、贯彻《中小学教师职业道德规范》，加强师德教育

1. 国家教委和全国教育工会正式颁发了《中小学教师职业道德规范》，根据市教育局的统一部署，将集中一段政治学习时间对《规范》进行系统讲解，组织教师逐条学习，要求人人对照，人人写学习心得，逐层组织心得交流，通过学习，引导广大教师注重自身品德修养，强化育人意识，教书育人，为人师表。

2. 表彰先进，树立典型。结合庆祝教师节。运用各种形式宣扬教书育人先进典型。已评选的德育先进工作者，市局批准后。通过一定形式，大力宣传他们的先进事迹，做到学有榜样，形成人人争先进的局面。

3. 期中考试后，结合期中分析，开展一次师德检查。在表扬先进的同时，对违背《规范》的人和事，及时批评教育，如发生严重情况，要作必要的处理。

三、十分重视对青年教职工的培养教育

1. 加强对青年教职工的培养教育对于办好学校具有战略意义。对青年教工既要热情关怀，又要严格要求，把培养和使用结合起来。本学期将对青年教师举办中学教师职业道德讲座，教育和引导青年教师坚持社会主义方向，忠于社会主义教育事业，让青年教职工肩负重担，在教育、教学以及其它方面的实践活动中对他们进行具体指导和帮助。

2. 要求每个行政干部、党员、教研组长、中老年教工与青年教工交朋友，在工作中认真传、帮、带，充分发挥中老年教工在学校各项工作中的骨干作用，带动整个教工队伍的建设。

3. 充分发挥教工团支部的助手作用。教工团支部要根据学校党政要求，针对青年教工的特点，开展教育活动，尤其要了解和掌握青年教工思想现状，有的放矢开展思想工作。

四、加强教工队伍的管理

1. 在上学期和暑假中做了大量准备工作的基础上，开学初将举行江苏省扬州中学教职工代表大会，实行党总支领导下的教职工代表大会制，坚持党总支集体领导，校长行政负责，教职工民主管理的原则，充分调动教职工群众当家作主民主管理学校的积极性。

2. 为了改善和加强学校内部管理，提高工作效率，促进各项工作的开展，本学期实行工作量津贴制。教职工工作量津贴发放的规定(试行稿)去年已作了试行。根据

试行情况？又组织了有关人员多次讨论，对原规定进行了修改，修改稿待教代会通过后实行。

3. 进一步组织学习贯彻《江苏省中学常规管理基本要求》，严格执行请假制度，上下班制度、工作纪律、会议纪律等，对存在的问题，本着从严治校的精神，大胆管理，及时处理。

五、进一步抓好计划生育和社会治安综合治理工作

1. 遵照市、教育局对计划生育工作的部署，进一步加强领导，密切依靠广大教职工，落实我校关于计划生育工作的各项规定，完成各项指标，确保计划生育达到“三无、五百”。

2. 加强社会治安综合治理工作。从加强对师生员工的法制教育入手，层层落实治安承包责任制，定期进行安全检查，深入开展“四合格”活动，进一步做好民调工作开展创建“文明大院”和“五好家庭”活动。

六、积极做好九十周年校庆的筹备工作

1. 根据广大校友在校教职工要求，为了“瞻怀前贤，激励后昆，光大扬中，振兴扬州”，学校决定将隆重庆祝校庆九十周年。对此，扬州市委、市政府极为重视，列为明年两大市级庆典之一，台湾校友亦将组团参加，学校将请示市委市政府成立江苏省扬州中学校庆九十周年筹备委员会，下设工作班子，积极进行筹备工作。

2. 校史组工作人员本学期要基本完成校史展览准备工作，校史纪念册形成初稿，出校友通讯 2 期，编写校友通讯录。

3. 积极做好校史资料的整理工作，开发利用老扬中校史这一宝贵教育资源，发扬优良传统，促进教育教学改革，进一步形成新时期扬中办学特色。

学生方面：

本学期学生思想政治工作以国情教育和近、现代史教育为主线，以常规教育为抓手，继续坚持德育工作一体化的做法，深入对学生进行爱国主义和坚持四项基本原则教育，建设较高层次的健康、活泼、文明、整洁的校园氛围，培养德智体美劳全面发展的社会主义事业的接班人。

一、抓好以国情教育和近、现代史教育为主要内容的学生思想教育，筑成反“和平演变”的长城

1. 根据江泽民总书记的指示精神和上级领导的部署，在全体学生中进行国情教育和近、现代史教育。一方面利用晨会、班会组织学习有关材料；另一方面通过政治课、历史课、语文课等学科教学进行系统的史实和理论灌输。对初中生以了解具体翔实的史实为主，用具体感性材料激发学生的爱国激情，统一思想认识；高中生在了解

史实的基础上进行必要的理论灌输,使学生从史实和理论的结合上了解我国的国情,提高对坚持社会主义道路的必要性和必然性的认识。

2. 寓教育于各种形式的活动之中。共青团、少先队利用传统的思想教育系列活动这一方式深入进行教育,系列活动应围绕国情教育的主题进行,活动方案由团委组织评比和实施;通过社会实践活动让学生从实际中接受教育,各班要将社会实践活动和团、队、班级活动结合起来,以就近、安全、实效为原则,精心组织活动;充分利用校史介绍、图片陈列、书刊介绍、读书读报活动、音乐美术活动等各种宣传手段进行宣传教育;利用国庆等节日组织教育活动,今年十月份准备组织国情教育宣传月,通过歌咏、演讲、手抄报、国情知识竞赛等方法把国情教育深入下去。

3. 强化思想政治理论课的教育,抓好学科教学中渗透思想教育的工作。政治理论课是思想教育的主渠道,必须切实抓好,用马列主义观点教育、引导学生分析各种问题,形成正确的世界观;各学科教学中都要渗透思想教育,学科渗透要尽量形成系列。

4. 通过学习抗洪救灾的英雄人物和事迹加强对学生的思想教育,并利用为本校受灾学生募捐活动增强学生的集体主义观念,团结互助的阶级感情。

二、进一步抓好《中学生日常行为规范》的贯彻落实,抓好常规教育和管理,在严、细、实、高上下功夫

1. 组织全校学生认真学习《中学生日常行为规范》和学校有关规章制度,明确贯彻《规范》的目的和意义,熟记《规范》条文,了解要求,付诸行动,准备在十一月份组织一次《规范》知识竞赛。

2. 开学后第一个月集中抓好《规范》的贯彻落实,要高标准、严要求、细致管理、落在实处。各班在组织认真学习《规范》的基础上,可根据本班情况提出具体要求,制订切实可行的班级公约,教育学生严格执行学校的各项管理规定,起始年级尤其要加强基础教育,做好中、小学、初、高中思想教育的衔接工作。学校对《规范》执行情况将组织突击检查;班级管理要严、细、实、高,早读、课间、自习、广播操、眼保健操、课外活动等时间,班主任要勤下班检查,任课教师要对学生严格要求,本学期准备实行《班级日志》制度,以强化班级管理;班主任还要加强对学生的个别教育,针对学生特点做好思想工作,加强家访和与学生家长的联系,发现问题及时处理,全面关心学生的成长;各班都要落实各项检查措施,及时表扬执行《规范》好的学生,及时汇报执行《规范》的先进事迹,对学生的平时表现要注意积累资料,以便实行量化评分。

3. 逐步执行思想品德的量化考核。本学期在进一步贯彻落实《规范》的基础上,先在部分班级实施中学生思想品德考核的量化评估法,积累经验逐步由评等法向量化考核法过渡,争取尽快地全面推行量化评估法。

三、继续坚持德育工作一体化的做法，实行全员管理，抓好班主任队伍的建设和青年班主任的培训，提高学生思想政治工作的水平

1. 思想上进一步明确全体教职工都是德育工作者，实行全员教育，全员管理，利用各种渠道对学生进行思想教育的渗透。传达室、宿舍、食堂等部门工作人员应积极配合有关部门做好管理工作，教师应主动协助班主任抓好常规管理，使学生生活在一个高标准、严要求的环境之中。

2. 共青团、少先队要在学校党总支的领导下认真抓好自身的组织建设、思想建设，开展各种适合青少年特点的思想教育活动；学生会要在学校的统一部署下开展活动，积极配合有关部门工作，发挥自我管理、自我教育的作用。

3. 加强德育工作社会化的研究和实践。学校和家长、社会互相配合共同做好学生的思想教育工作；继续办好《社会教育简报》，办好初一学生的"家长学校"，定期召开社会教育协调会议。

4. 加强班主任队伍的建设。班主任要认真学习班主任工作理论，在实践中形成自己的工作特色；学校准备举办青年班主任培训班，组织学习理论、介绍经验；要充分发挥班主任代表的作用，青年班主任要虚心向老班主任学习，老班主任要主动帮助青年班主任开展工作；本学期准备举行青年班主任班会观摩评比活动，要求青年班主任在开学初就要作好准备，设计方案，准备材料，班会观摩评比活动由政教处、团委组织实施；继续办好《班主任工作简报》，交流经验，互通信息，班主任要积极为《简报》提供稿件。

四、抓好美育工作，提高学生的审美情趣，把校园精神文明建设推向一个新的高度

1. 充分认识美育的重要性，各班要积极配合有关部门做好美育工作，努力克服重智育、轻美育的倾向。

2. 努力创造美的氛围。要教育全校学生人人动手，美化校园；各班要认真搞好"门前三包、门内达标"；团委会、少先队大队部要组织开展"爱护校园一草一木"，"我为美化校园出力献策"等活动，造成良好的校园氛围。

3. 利用各种机会加强审美教育，提高审美情趣。各科教学要有意识地渗透美育内容，节假日更要注意加强对学生的正确审美引导；本学期准备在国庆举行一次歌咏比赛，元旦组织一次迎新春美术作品展评。

4. 继续办好"树人艺术团"。

教学工作

本学期的教学工作重点是学习、贯彻、落实国家教委实行两项改革的决议，通过健全管理机制，强化科研意识，抓好学校的常规教学使第二课堂选修课的教学科学化、制度化，在各项工作中争取出成绩出经验，争创第一流水平。同时争取明年高、初三毕业班在高、中考中取得更好的成绩。

一、认真组织学习国家教委调整教学计划和实行会考这两项改革的决议，充分认识其重大意义，在工作中贯彻、落实

二、常规教

我校的常规教学，历来有良好的传统。近年来有些组在某些环节上有所松动。为此有必要强调抓好常规教学。主要是如下几个环节：

1. 集体备课。必须在个人自备的基础上参加集体备课。集体备课要定时定人定内容。集体备课必须备进度、备教材、备方法、备作业、备实验。

2. 课堂教学常规。必须在充分准备的基础上上课，准时上下课不迟到。不拖课，按照教学计划进行教学，做到目的明确，重点突出讲授得法，组织严密。

3. 作业布置和批改。从学科特点和学生实际出发，作好习题的研究和设计，做到精、巧、活，不断改进作业检查和批改方法，提高检查和批改的效率和质量，着重抓好作业讲评。

4. 课外辅导。主要是对学生的分类指导。辅导要制定切实可行的计划，定人、定时、定内容，采取多种形式，对基础差的学生要耐心细致，充分调动其学习积极性。

5. 成绩考核，期中期末考试前要组织学生系统复习整理所学得的知识，不允许就近复习，引导学生弄虚作假。考试的范围要严格按教学大纲和教材的规定，有利于检查学生运用基础知识基本技能，分析和解决问题的能力。考试以后要认真做好试卷的分析、讲评工作。

三、第二课堂、选修课和竞赛培尖

1. 认真组织学习国家教委关于调整教学计划的有关文件，充分认识抓好第二课堂选修课的重要性。

2. 第二课堂的活动，应当根据各学科，各年级的特点，举办各种讲座、集会、竞赛和“五小”活动，成立各学科兴趣小组。

远修课的开设，要适应学生的需要，在原有基础上不断改进、提高，逐步建设起比较系统的稳定的，有扬中特色的选修课教材。

以上各方面工作都要做到组织落实、人员落实、计划落实，争取出成果、出经验。

四、抓好高、初三毕业班的工作

今年高考、中考我校取得较好的成绩，社会各届对扬中的期望值很高，新的高、初三毕业班面临着严峻的形势。毕业班在做好其他方面工作的同时，中心工作是进一步稳定教学秩序，调动师生两方面的积极性。不断提高复习课和练习题的质量。高、初三的复习练习坚决反对照搬照抄原来的内容或外校的成套资料，要在原有基础上博采精取争取编写我们自己的高质量的复习资料。

初三毕业班学生水平差距较大。根据因材施教的原则，同时考虑到保持教学秩序的稳定，今年将要采取按原班级上课，分类辅导的方法，对基础较好的同学实行强化、训练。对基础较薄弱的同学着重抓好基础知识基本技能的复习和训练，抓好两头，带动中间，使所有的学生都能各得其所，有所提高。

五、教学科研

根据省教委、市教育局的有关会议精神，各个中学都应当将教育科研放到一个重要的地位上，扬州中学作为全国有名的重点学校，要提高教学效率和质量，办出特色、办出水平，更有必要抓好教育科研。本学期将尽快着手准备成立教科所，和各教研组密切联系，健全教育科研网络，同时准备创办校刊《树人学刊》，为教师交流经验、体会提供园地。

教学方面已经向教科所申报了三个课题，一是各学科教学中的思维训练，二是编写选修课教材，三是有关扬中校史的研究。前两个课题，与大多数教研组都有联系。各教研组可以此为中心课题，设立子课题，也可根据教学实践的需要确立新的课题。以上所说的三个方面工作(教学常规、第二课堂选修课和毕业班工作)事实上都有许多课题有待深入研究。各学科各教研组、备课组都可根据自己的特点确立课题，结合科研课题，组织理论学习组织研究课、观摩课，组织经验交流。

六、教研组建设

教研组建设是做好以上各项工作的基础。各教研组建设必须在做好以上各项工作的过程中得到落实检验。做好老带新的工作，落实“帮、带”合同。新教师要虚心向老教师学习，老教师要主动关心、帮助新教师，帮助新教师上的第一堂课，上好汇报课，尽快熟悉教学常规。

各个教研组要把以上所说的三方面工作统筹考虑，确立长远目标和近期目标，以此来团结、发动全体教师，充分调动、发挥中青年教师的积极性，为他们创造条件，鼓励他们勇挑重担，将教学、研究、学习和写作结合起来，争取作贡献出成果，争创一流水平。

七、教学管理

强化管理机制，是使以上各项工作得以取得成绩的重要保证。本学期将要结合工作量考核，进一步建立、健全教学管理制度，通过学习，使之成为大多数教职员工的自觉要求。在此基础上。坚持训练、培养习惯，领导带头做出榜样，切实加强检查督促工作。各教研组在开学初期尽快制定好教学工作计划。重要的活动要明确其日程安排，分工负责干部要参与计划的制定。要深入第一线，做好落实、检查工作。通过参加集体备课、听课（包括第二课堂选修课）、检查作业、召开座谈会等多种途径，把握第一手资料，在征求多方面意见的基础上。对教职员工的辛勤劳动做出恰当的评价。与此同时，建全机制、修改完善选修课的评比标准，做好选优课、论文评比等项工作，使之经常化、制度化。设立教学事故登记薄，对违反教学常规，造成影响的教学事故做好记录、分析工作。实施全员评估，做好标准分的统计工作。在此基础上，恢复、健全教职员工业务档案，使之具有全面性、准确性，成为评选先进等项工作的依据之一。

八、劳技教育

我校的劳技教育现在已经取得了较大成绩，今后还有必要不断提高劳技教育课教师的专业知识、技术水平，在课程的安排上要不断科学化、系统化。要适应学生的知识水平和接受水平。促进学生的智力发展，正确设计运用考核手段，检查教学效果，促进质量的提高。

九、体育卫生工作

严格执行中学生体育合格标准，提高两课两操两活动的质量。体育课要严格执行教学大纲，根据教材进行教学，做到课课有计划，堂堂有教案。体育教研组要合理安排人力，既要保证广播操和课外体育活动的正常进行，又要抓好传统项目和田径运动队的训练，提高训练水平，出成绩、出尖子运动员、组织好秋季田径运动会。

加强卫生宣传，切实抓好学校的环境卫生和教学卫生，优化育人环境，进一步抓好防近工作，认真做好毕业班的体检工作。

总务工作

一、切实加强思想教育工作，调动职工的积极性

1. 组织好职工的政治学习，加强思想工作，树立当家做主的思想，关心集体，全心全意为教学服务和师生生活服务，加强后勤总务的管理，坚持管理育人服务育人，为人师表。

2. 充分调动职工的积极性，加强劳动纪律，提高工作效率，认真执行学校有关考

勤考绩的规定，鼓励先进，表扬好人好事，发扬吃苦耐劳精神。

二、加强财务管理

1. 严格执行财务管理制度，加强计划性、合理使用经费，发扬勤俭办学的精神，把有限的经费用在刀刃上。首先要保证教学第一的需要，要逐步改善办学条件，严格报销审批手续，坚持执行财务管理"一支笔"审批制度。

2. 本学期集中精力，完成财会档案的整理工作，加强校产管理。严格执行统一建账、归口使用保管的原则，做到钱、财、账相符。

三、美化校园继续搞好绿化

调整好绿化布局，重点放在整治西长堤，分段实施。加强绿化地管理，开展热爱校园、爱护花木活动，并落实班级门前绿化责任制、逐步达到可绿化面积85%以上。

四、搞好校园总体规划，抓好基建，迎接明年九十校庆

1. 在召开多种座谈会的基础上，征求有关部门的意见，搞好校园总体规划并做好沙模型，选好图书馆馆址，做到长远规划，分期实施，使今后校园建设更加合理。

2. 在完成图书馆选址工作的基础上，进一步落实资金，做好钻探、设计等工作，办理施工执照，落实施工队伍和腾仓工作，力争在今年11月份破土动工，迎接明年九十校庆。

3. 抓好新宿舍楼的装饰扫尾工程，把好质量关，力争达到优良工程，争取在本期10月底竣工，交付使用，并积极在校长室领导下协助工会做好新宿舍分配工作。

4. 搞好正常房屋，器具的维修，保证教学用品的供应，解除教职工后顾之忧，以利教育、教学工作顺利进行。

江苏省扬州中学
(91—92)年度第二学期工作计划

总要求:

以江泽民总书记"七一"讲话精神为主线,在全校深入进行爱国主义和社会主义教育,增强社会主义信念,在思想上构筑反"和平演变"的钢铁长城;全面贯彻党的教育方针,坚持德育的首要地位,以教学为中心,安排学校各项工作,深入进行教育教学改革,全面提高教育教学质量。进行内部管理体制的改革的探索,提高学校管理水平和办学水平。进一步做好后勤总务工作,大力加强校园建设。抓紧筹备校庆的各项工作。全校师生员工同心协力,积极准备,以各方面的优异成绩,迎接建校九十周年大庆。

思想政治工作

教工方面:

一、认真抓好政治理论学习

1. 认真学习社会主义基本理论和党史党建理论。今年中央要求再次学习党史党建理论,通过学习有益于我们在动荡多变的国际形势中坚定党的信念。为了推动学习的深入开展,进一步健全中心组的学习制度。中心组的同志要按时参加市局组织的辅导讲座,9月份全体教职工参加市里统一考试。

2. 继续进行二五普法学习。本学期着重学习《宪法》、《义务教育法》、《未成年人保护法》。学习《宪法》重点学习序言、总纲、公民的基本权利和义务部分。要从宪法的高度突出领会坚持四项基本原则具有最高的法律效力,把学习公民的基本权利和义务与学习《中国的人权状况》白皮书结合起来,充分认清在我国最基本的人权是生存权及资产阶级人权的虚伪性。《义务教育法》是学校的专业法。在学习中要强调树立执法、守法意识,全面落实党的教育方针,确保德育的首要位置。

3. 改进学习方法,力求做到理论联系实际。本学期每月安排做到四个"一",即:举行一次报告会,请有关同志来校做辅导报告;进行一次小组自学或讨论:看一次录像;开展一次活动,如参观或搞党团活动、民主党派活动、工会活动等。支持工会,继续组织教职工分期分批参观社会主义新农村——华西村,亲身感受社会主义新农村的美好前途,进一步坚定社会主义方向。

二、加强师德教育,提高德育水平

进一步贯彻实施中小学职业道德规范、日常行为规范,加强师德修养。教师要在思想道德、言行举止、衣着打扮、仪表仪容、精神状态、遵纪守法等方面做学生的表率,要热爱学生、关心学生,不体罚学生。要做好考核工作,及时总结、大力表扬优秀典型,积极准备市局举行的“三育人”事迹报告材料。在表扬先进的同时对违背《规范》的人和事,及时批评教育,如发生严重情况,要作必要的处理。

三、积极做好校庆筹备工作,迎接建校九十周年大庆

1. 校庆宗旨。中共中央江泽民总书记为纪念母校九十华诞题词“怀念前贤,激励后昆,继往开来,团结奋进”是我校九十大庆的总体纲领。通过校庆活动,进一步续承发扬扬中办学的优良传统。坚持改革、创新,加快学校建设步伐,把扬中办成高质量、第一流、有特色的社会主义普通中学。同时通过海内外广大校友的力量,进一步促进扬州经济的发展,提高扬州市的知名度。

2. 加强领导,建立和健全工作机构。

进一步拟定校庆工作计划,请示市委市政府。拟由市委市政府领导、市教育局领导、学校现任领导、各校友分会主要负责同志及知名校友等组成江苏省扬州中学建校九十周年庆祝活动筹备委员会,下设校庆筹备办公室、统筹计划、安排校庆筹备工作,同时逐步充实、健全负责具体工作的小组,如校史组、秘书组、联络组、接待组、后勤组、保卫组等。

3. 抓紧校庆各项准备工作

校庆工作涉及到各个方面,主要有:(一)、改善校园设施,美化校园环境。兴建图书大楼、改造树人堂、改造装修原学生阅览室为校史陈列馆、建运动场司令台、绿化美化西长堤等。(二)、准备各种纪念刊物、物品,筹办校史陈列馆。《江苏省扬州中学建校九十周年纪念册》、《江苏省扬州中学校友通讯录》要在四月中旬定稿付印,校史陈列馆在暑假中基本筹办就序,争取下学期开学初预展,5 月中旬出《校友通讯》第 10 期。(三)、安排校庆期间各项活动。活动安排校内外结合。校外活动,如校友和有关系统、单位进行专业对口研讨以及科技咨询活动等,请市府牵头,学校配合安排。校内活动的准备工作如:鼓号队、彩旗队、少先队员献花献辞、文娱演出、艺术节活动、师生书画展、科技活动、社团活动、学习纪念朱自清、江上青团队活动、小型体育竞赛、革命歌曲演唱活动以及学术交流活动(“如何继承发扬扬中办学优良传统”、“朱自清为人与学术研究”与师院中文系、市文联联合共同组织)等,尽快分工落实,及早准备。

四、进一步开展工会工作，做好首届教职工代表会后续工作

在党总支领导下，工会本学期主要抓好以下三项工作：1. 配合抓好教职工政治理论学习，大力宣传好人好事好思想，开展学习身边的雷锋活动及文明建家活动。2. 关心教职工生活，为教职工排忧解难。3. 继续开展各项文体活动（详见工会计划）。

做好首届教职工代表后续工作。征求对《工作量津贴发放办法》部分条款的意见，经过研究，在遵守教职工代表会章程规定前提下，作适当修改。进一步做好提案的征集及处理工作。

五、继续做好计划生育和综合治理工作

1. 在党总支领导下，进一步健全、完美计划生育工作组织，完成计划生育各项指标，达到“三百”“二高”“一低”“一好”。加强计划生育宣传教育，计生工作入户到人。执行一人一卡制，完善奖惩制度，使计生工作逐步走向科学化、规范化、系列化的轨道。

2. 加强社会治安综合治理工作。进一步落实齐抓共管的责任制，深入开展“四合格”活动。做好民调工作，开展创建“文明大院”和“五好家庭”的活动。

学生方面：

一、以“两史一情”教育为中心，深入进行爱国主义和社会主义教育

1. 发挥学科主渠道作用，深化“两史一情”教育。

坚持德育渗透性原则，抓住课堂教学这个中心环节，把近代史及国情教育纳入教学计划，渗透于教学全过程。

结合贯彻《中学德育大纲》，全面实施国家教委颁发的《近现代史及国情教育总体纲要》修订形成《江苏省扬州中学学科教学德育渗透要点》。

推进思想政治课改革，实施第二阶段改革设想。着重贯彻“两史一情”学科纲要。本学期要搜集一次学生思想中存在的疑点、难点和热点问题，作为教研和教学活动的重要内容，在确立基本观点、基本原理上下功夫，有的放矢地解决深层次问题。

召开近现代史及国情教育学科渗透经验交流会。

以《国情教育读本》为基本教材，开设第二阶段教育讲座（在上学期完成六讲基础上，利用晨会进行）。

2. 挖掘校史和地方史德育资源，强化“两史一情”教育。

结合庆祝建校九十周年，在全校大力宣扬校史上的杰出人物、重大事件，广泛开展“学九十年校史，做廿一世纪新人”活动，促进学生学历史，知国情，立志成才。

通过社会实践深入开展教育。高中年级开展“我们是21世纪建设者”社会考察

活动。走向社会,了解改革开放形势,增强历史使命感。初中年级组织参观朱自清故居、史可法纪念馆、扬州博物馆、祭扫烈士墓以及参观玉器厂、漆器厂等活动,了解昔日扬州兴衰史和今日扬州发展史。

为保证近现代史、国情教育以及德育任务的落实,本学期要在高一年级部分班级进行社会实践教育试点。社会实践活动纳入教学计划,时间三天。成立以校长为首的由各方面同志参加的学校社会实践教育领导小组,与有关工厂联系,建立校外德育基地。

清明前后,组织寻访考察扬州革命遗迹和风土人情的远足活动;举办校史上的革命烈士诗文朗诵会。

3. 举办"青春在历史中闪光"主题会,纪念共青团成立七十周年。

4. 在高中年级建立党章学习小组,办好中学生团校。

5. 贯彻《国旗法》,普及和考查《国旗法》基本知识,建立"升旗手"制度。完善升旗仪式使之成为爱国主义教育的阵地。

二、以强化动态管理为重点,切实抓好学生基础文明建设

本学期基础文明建设的主要目标要求是:形成自育自理、争做文明学生的良好风气;强化严格要求严格管理的教育氛围;健全全员参与动静结合的常规管理机制。

1. 结合迎建校九十周年活动,进行一次校风教育,由政教处提出具体的教育要点,利用班会实施。

2. 重视班集体建设,修订《江苏省扬州中学创建班集体标准和评比办法》,将常规检查成绩列为评选重要依据,期中考试后评选本学年文明班级。

3. 完善和强化学生行为指导检查系统,侧重抓好动态管理。

(1) 健全以校长为中心的学校常规指挥协调体系,改进行政人员和教师一日值班方法。

(2) 坚持几项常规检查和校园卫生检查制度,定期评比,及时公布。

(3) 继续试行《江苏省扬州中学高、初中学生思想品德阶段性考核指标体系》。

(4) 严格学生宿舍管理,健全学生生活指导小组。

(5) 巩固填写《班级日志》制度。培训专职学生干部,认真填写日志,每周检查,作为考核班级工作的内容之一。

(6) 定期研究常规管理工作,增强预见性,加强行为指导的事前控制:对偶发事件及时处理,注意教育实效性。

4. 重视校卫队工作,抓好自行车行驶和停放管理。

5. 办好宣传画廊和广播室,做到内容丰富,定期更换。

6. "五四"前后表彰一批特优三好生、优秀三好生以及在各项学习竞赛活动中获奖的典型学生。

7. 重视后进生的教育和管理。在这方面要做到三点:一是教师要用自己的高尚

人格感化学生;二是要用科学态度教育学生,重视非智力因素的作用;三是要看到教育的艰巨性和反复性,要有耐心。克服简单粗暴的现象。以此为题,由保卫科和政教处协同具体牵头召开专题工作研究会。

8. 筹备第六届艺术节,迎接九十周年校庆。充实并办好“树人”艺术团。团委、体育组排练团体操,参加市局“五四”团体操比赛。

9. 三月份,举办“雷锋在我们行列中”主题广播会。

三、以党政领导为核心,加强对德育工作的领导

1. 在党总支领导下,每月召开一次思想政治工作领导小组会,加强对德育工作的研究、领导和协调。

2. 表彰“两史一情”教育主题班会观摩评比获奖班主任。

3. 组织青年班主任参加市局班主任培训。本校组织青年班主任讲习班(三期)。

4. 加强对班主任工作的具体指导。

5. 组织学习《未成年人保护法》。增强在教育工作中自觉守法的意识。

6. 组织班主任分批参观德育工作先进学校。

7. 重视社区教育,调整社会协调委员会成员。

四、以德育科研为着眼点,探索德育新格局

1. 举办以在职班主任为主体汲收青年任课教师参加的德育工作信息发布会(暂拟内容:近现代史及国情教育;德育管理问题)。

2. 倡导撰写“教育后记”或德育小论文,开展优秀“教育后记”和德育小论文评选。编辑成集(具体要求和办法另订)。

3. 推进已被市立项的“德育系统化具体实施方案课题”研究。

4. 成立班主任工作研究组。旨在学习德育理论,交流经验,为学校领导决策提供信息和建议。

5. 坚持进行德育工作后效调查。

五、以团队为骨干,推动学生自育自理

1. 团队组织要加强自身建设,在坚持团的基本制度,正常组织生活的基础上,探索新形势下学校团工作的新思路、新途径。

2. 配合党政抓好“两史一情”教育,组织开展有特色的思想教育系列活动。团组织活动要在“搞活”和“深化”上追求新意。

3. 发挥团队在青少年中的模范、核心作用,十分重视学生在学校中的自我教育、自我管理作用。团队要着重抓好培训学生骨干,开展适合青少年特点多种活动,发动学生围绕日常行为规范进行自我管理等三项工作。

4. 健全学生会组织,配齐学生会执委成员,发挥学生会在校园文化建设中的重

要作用。

教学工作

本学期教学工作的要点:贯彻落实《现行普通高中教学计划调整意见》,为实施"各学科中的思维教育与情感教育"这一科研课题做好各方面的准备,逐步健全各项评比、考核、奖励制度,加强教学管理,采取切实有效的措施,提高教育教学质量。

一、进一步学习《现行普通高中教学计划的调整意见》,贯彻落实学校制定的实施方案。

1. 学习《现行普通高中教学计划的调整意见》,明确教学计划调整的意义:一是有利于加强德育,二是有利于全面提高学生的素质,三是有利于全面提高教学质量。

2. 加强对选修课、劳技课和活动课程的教学管理。选修课、劳技课和活动课都应当纳入各教研组、备课组教学计划,做到有计划、有教案,完善考核评价办法,将考核评价计入学生档案,作为评定三好生的依据。

3. 加强选修课的教材建设和师资队伍建设,要在原有基础上,了解学生需要,创造条件,增设新课程。学校要拨出专项经费,鼓励编写选修课教材,争取在几年内形成以思维训练和审美教育为主线的有扬中特色的选修课教材体系。

二、切实抓好初中,大面积提高初中教育、教学质量。初中阶段是整个基础教育承前启后的重要阶段,是普及九年制义务教育的重要工程。抓好初中教育,是关系到提高民族文化素质的大事。我校初中三个年级目前都是就近入学的学生,生源情况参差不齐,给教育、教学工作增加了难度。在初中教学的同志,工作比较辛苦。从已经毕业的一届初三学生的情况来看,一个班级好坏,与班主任和任课教师的工作责任心有着直接的联系。初中学生有着较强的可塑性,就教育局有关统计资料来看,我校生源情况和其他各校相比,总体上还是好的,我们应当有信心抓好初中教育、教学工作。要抓好常规教育,要求学生严格遵守"学生在校一日规范"。初中学生年龄较小,班主任、任课教师须在细微的地方注意起,早读、早操、自习课无人管理的情况不允许存在。对表现差、学习差的学生做到不歧视、不放弃,更不能进行体罚和变相体罚。

三、抓好初高中毕业班工作。今年十月份将迎来我校九十周年校庆,我们要做好毕业班工作,以优异成绩向校庆献一份厚礼。学校领导要深入教学第一线,充分了解教学情况,充分调动教师的积极性、创造性,同时及时发现问题、解决问题,使所有教师的精力集中到教学工作上来。各科老师要抓好集体备课,发挥群体优势,提高复习课和复习练习的质量。既要注意基础知识的掌握,又要注意能力的培养。各学科要有计划地安排时间,不要搞"题海战术"。初中毕业班虽然生源质量参差不齐,但是仍然要鼓足信心,破除"定局论"。各班级要注意因材施教,有的放矢。学习基础较差的班级,各科教师要尽可能调动学生学习的积极性。

四、上好青年教师评优课。青年教师占教师总数的三分之一以上,他们大都有着较好的业务素质和思想素质。在扬州中学这块土壤上,他们可能也应当成为全市各学科教学中出类拔萃的教师。今年下半年,全市各学科将要举行三十五岁以下青年教师教学评优课活动,除了上课而外,还须提交该课课堂教学的心得体会文章。学校、各教研组要为青年教师的脱颖而出提供各方面的条件。要组织、要求青年教师学习有关教学理论,学习各学科评优课标准,在理论指导下,精心设计教学内容,互相观摩,取长补短,上出特色,上出水平。各教研组和教导处有关同志组织好评优小组,安排好评优课听课计划和评选活动。

五、增强科研意识。各教研组尽快将申报的项目付诸实施。扬州中学作为一个具有光荣历史的重点中学,应当在教育教学科研方面做出显著成绩。各教研组在上学期均已向市教科所、市教研室申报科研项目,这些项目都应当尽快地落实计划、组织,尽快地付诸实施,争取早出成果。结合教学科研课题,应号召、组织教师系统性地学习有关教育教学理论,提高教育教学科研的水平。为进一步指导和推动教学科研,要积极筹建教研室,组织青年教师教学科研论文交流活动。

六、抓好学科竞赛。学科竞赛成绩在很大程度上能够反映学校的办学水平。各教研室要精心组织,专人负责,制定好培养计划。各学科小组之间互相协调,统筹安排,不要因为互相冲突而影响学生的精力。学校对竞赛培训工作将要给予高度重视,和教研组一起做好组织、管理工作,在本学期将要通过并落实有关措施。

七、抓好高一新生提前招生工作。提前招生工作关系到高一新生的质量,是全校的一件大事。要做好提前招生的宣传发动和后勤服务工作,组织好命题、考试、阅卷和录取工作,协调好和其他方面工作的关系。

八、抓好体育卫生工作。体育工作方面,一是要提高早操和课外活动的质量,班主任老师和体育老师要负责做好组织指导工作。二是要组织好运动队,参加今年四月二十五日到四月二十八日在我校召开的“江苏省中小学生运动会”,争取取得良好的成绩。三是抓好各年级学生的体育达标。今年初中毕业生报考重点中学和中师,都要求加试体育,这一点应当引起体育组和初中各年级的重视。

九、加强教研组建设。一是组织建设,要充实各教研组的领导力量。二是思想建设,加强政治学习,提高师德修养。三是落实教研组各项工作计划。根据学校工作的要求和教研组的实际情况,将各方面工作统筹考虑,制定出切实可行的教研组工作计划,尽可能做到定时、定点、定人。各备课组据此制定各自的工作日程。教导处分工负责干部应当参与计划的制定、落实工作。

十、健全各项评比考核制度,逐步加强教学管理。

1. 本学期拟定、通过有关教学、竞赛、科研等各方面工作的奖励条例,并付诸实施。

2. 分工负责干部有计划地组织听课、评课活动。

3. 定期召开教研组长会,学生座谈会,家长座谈会,及时了解教学中存在的问题,做好信息反馈工作。

4. 严格考试制度,做好标准分的统计工作。在适当的时候进行全员教学评估,将主观评价与客观评价结合起来。

5. 做好教师业务档案的填写工作,并逐步完善,使之成为评选先进和业务晋升等方面工作的重要依据。

总务工作

一、抓好迎接校庆重点项目的建设

1. 建好图书馆。

① 成立动迁小组抓好动迁工作。尽快拆迁,争取图书馆早日破土动工。

② 尽快落实好图书馆施工图纸。做到精心设计,精心施工,确保工程的质量,争取工期,早日投入使用。

③ 进一步落实资金,要争取有关单位、校友的赞助。确保工程所需经费,使工程投入正常施工。

2. 积极着手改造装修原学生阅览室为校史陈列馆,做好树人堂整修的准备工作。

二、抓好宿舍楼验收工作。协助做好危房工作

1. 做好宿舍楼工程质量资料的评定、抓紧工程验收,交付使用,坚持质量标准,把好验收关。

2. 继续完成附属工程,保证水、电畅通、做好路道的整理工作。

3. 协助做好分房工作。争取在三月上旬落实分房方案,四月份完成旧房调整及维修工作。

三、加强财务管理,做好开源节流工作

1. 严格经费使用制度。请各处、室开学后半月内制定本学期添置设备及教学器材使用经费计划,学校统一平衡报校长室批准,力求节约开支,计划开支。

2. 加强财务管理,严格采办预报、验收、审批手续,执行财务一支笔。严格执行民主理财制度,定期向理财小组和校长汇报资金使用情况。

3. 做好开源节流工作。本学期正常办公费仍缺口约 19.5 万元(每月正常开支 2 万,补助食堂茶水及浴室 0.5 万元,汽车开支费用及维修 1 万元,旧宿舍调整维修 2.5 万元,医药费垫资及儿童统筹超支需 3 万元,工作量津贴 2.5 万元)积极配合校长室,做好开源工作,在办好学校校办工厂的同时,成立资助领导小组,向有关单位、工厂集资,继续与工具三厂签定友好厂校协定,争取社会力量支持办学。

4. 严格控制临时人员的使用,今后任何部门不得擅自增加临时人员,确因工作

需要,要报请校长室批准。当前要认真做好压缩临时人员工作,该清退的坚决清退。切实加强对临时工的管理。

5. 加强汽车使用的管理,要制定用车制度,节约开支。

四、加强校产管理,做好房产的调查准备工作

1. 认真做好校产的登记、清查工作。强化固定资产的管理,完善校产管理制度。本学期抓紧完成会计达标工作和健全财会档案工作,在校长室的领导下,各处、室、组要给于大力支持。

2. 加强教室的管理,开学后由总务部门提出教室管理的奖励办法,提交行政办公会议讨论通过。开学初,先做好与班主任移交工作。

3. 进一步做好保管室物品的领用手续,制定物品领用范围的规定。

4. 做好房改的调查准备工作、成立房改领导小组,先通过调查摸清家底,取得第一手资料。

五、抓紧时机,做好绿化工作

在取得省级绿化先进单位荣誉称号的基础上,为迎接校庆、进一步做好彩化工作。当前做好以下几项工作。

1. 绿化西长堤。首先科学规划,分段实施,争取绿委的支持,先在边沿栽部分雪松

2. 草坪四周栽植绿篱、美化校内和环境

3. 在原有的花圃上重点搞好一些彩化栽植,栽爆竹红1000盆。

4. 女宿舍和体育馆间搞一个小花圃,补齐树人堂南水杉林。

六、办好食堂、多功能的为师生服务,搞好服务质量

1. 继续增加主食的品种,做到优质、实惠,保证师生有热菜、热饭、开水供应。高初三学生晚自习下有夜餐供应。

2. 继续供应教职工豆浆,本学期增加水面供应。目前积极努力,开办教工小餐厅,代为教工炒小锅菜。

3. 成立食堂伙食民主督促小组。加强食堂财务管理、重视成本核算,定期公布账目。

七、积极为教育教学服务、当好教育教学的好后勤

1. 抓紧教室课桌的维修,电器的检修,配齐门窗玻璃。

2. 对教育教学提出需要解决的问题,首先想方设法帮助解决,保证教育教学工作正常进行。

3. 做好提前招生的后勤服务工作、在总结去年工作的基础上,今年争取做得

更好。

4. 积极准备做好省中学生运动会后勤工作，与医学院联系翻建南围墙。

八、加强总务内部的管理、调动全体职工的积极性，为完成学校交给的各项工作而共同努力

1. 强化内部管理，明确工作职责，与学校考勤考绩结合起来，与工作量津贴挂钩。

2. 认真抓好政治学习，严格学习纪律。

3. 加强职工的思想工作，注意工作方法，从有利于调动职工积极性方面着眼，严格要求，关心职工，加强总务处统一管理，分工负责，积极做好后勤部门的本职工作。

1992.2.10

江苏省扬州中学
1992—1993年度第二学期工作计划

总要求：

认真学习深刻领会全面贯彻十四大精神，进一步解放思想，更新观念，抓住机遇，加大改革力度，以改革促发展。全面贯彻教育方针，坚持以教学工作为中心，全面提高教育质量。加强教师队伍的建设，采取有力措施加强对骨干教师和青年教师的培养，深入进行课程结构、教学内容、教学方法的改革。严格常规管理，充分发挥各部门、教研组、年级组的职能作用，多渠道开辟财源，节约支出，增强经济实力，不断提高办学效益，争取各项工作上水平，上台阶，争创名牌学校。

思想政治工作

教职工部分：

一、认真学习深刻领会全面贯彻十四大精神

1. 继续认真学习十四大文件，学习邓小平同志建设有中国特色的社会主义理论坚持党的基本路线100年不动摇，学习和研究如何在社会主义市场经济条件下建立有中国特色的社会主义教育体系。学习党中央国务院即将通过的九十年代教育的纲领蓝图《中国教育改革与发展纲要》。继续解放思想，更新观念，确立教育为经济服务的观念、教育主动适应社会主义市场经济体制的观念、教育改革要大胆探索的观念、质量第一的观念。

2. 全面贯彻教育方针，始终把培养高素质的后备人才作为学校的中心任务，始终摆在学校工作的突出位置上，要充分认识和理解基础教育是关系到提高民族素质和现代化建设的奠基工程。要面向全体学生，全面关心青少年的健康成长，在大的变革中要经常进行理性思考，认准变革的大方向，既要解放思想，又要坚持正确的方向。要切实加强法规意识、方针意识，严格执行教育法规，严格按教育规律办事。每个教师都要集中精力搞好教育教学工作，坚决制止乱编印以及放松教学工作在校外兼课等不良现象。

3. 抓住机遇,上水平,上台阶,争创名牌学校。省教委要重点办好100所各类学校,我校在历史上是一代名校,经过几十年的奋斗,在我们这一代手中让她继续屹立于名校之林是我们神圣职责,我们要抓住机遇,根据改革开放新形势对教育的新需求,引进竞争机制,加快改革步伐。全校教职工要认识到市场经济的竞争机制对自身的新要求,增强提高思想道德素质和业务能力的紧迫感及对改革的心理承受能力。

二、着手抓好教育教学质量的提高

1. 牢牢确立质量是生命线的思想,学校的一切工作,一切改革,一切发展最终都要落实到提高教育教学质量上。教学工作特别是课堂教学是全面贯彻教育方针、实现全面提高教育质量的基本途径,是培育人的最重要的阵地。要真正确立以教学为中心的意识,要把上好每一堂课当作教师的天职。要在改进中加强德育工作,这是一个容易放松而又不能放松的重要工作。要加强"两史一情"教育,精心组织活动,学科有机渗透,创建一个大美育环境,让师生在美的享受中受到陶冶。加强日常行为规范的教育和管理,提高校园文明层次,使学生全面提高各方面的素质。

2. 加强教师队伍的建设,特别是青年教师队伍的培养。办好学校的关键是建设一支高水平的教师队伍。名校召唤名师,名校造就名师。本学期将采取措施。进一步加强对青年教师的培养,选拔优秀青年教师给以奖励。(1) 组织课堂教学评估和优秀课评比(分组听课,量化评分);(2) 组织学生评价(发内部通知单,量化评分);(3) 组织教学论文评比(分等量化);(4) 组织教案评比、优秀教案展览;(5) 组织师德评比(制订条例,分等量化)等。由以上各项综合结分,前若干名发给综合奖,分房按10—20%加分,青年教师同档优先,职务评定时为破格录取的候选人。同时设若干单项奖,鼓励青年教师尽快成长。提倡中老年教师与青年教师结对子,事先报学校认可的对子,青年教师获奖时,结对子的中老年教师同奖。中老年教师应在师德修养、教学业务等各方面要成为青年教师的榜样,做好学科带头人。

3. 加强常规管理。省教委颁发的中小学常规管理已第四年了。要在"内化"上狠下功夫。要充分发挥各部门、教研组、年级组职能作用,加强人事、教学、总务、保卫等各方面的管理,制订考核的措施。教学常规管理是教学质量的重要保证,校长室、教导处将会同教研组长研究教学常规管理的具体办法(详见教学管理部分),从各个环节上抓紧抓实,积极探索科学的教学评估方法。严禁教师上课(包括早读)迟到、缺席、体罚学生的不良现象,从小从细从实抓起,真正做到向管理要质量。

三、加大改革力度,以改革促发展。改革的目的是加快发展,提高质量,提高效益,优化结构

各部门各处室、组要明确岗位职责,做好考勤考绩考核工作质的工作,为内改"三定"(定编、定岗、定员)作好准备。要求分工明确,要求工作足量或基本足量。学校将组织工作小组,召开座谈会,结合我校实际,研究结构工资制的实施方案,广泛征求意

见,落实未聘人员去处,让他们有出路安排。有关部门进行经济测算,安排财源。待市政府、市教育局试点方案和学校明确后,按统一部署行动。

四、在党总支领导下进一步做好工会工作

工会应成为教工参与学校民主管理的重要渠道,工会要为职工多办实事,搞好教职工文体活动,组织中老年健身操比赛,组织教职工参加运动会、周末舞会,暑期组织旅游活动。加强计划生育宣传教育,对青年教师加强婚前教育,严格执行婚检制度。使计生工作落实倒人头,确保达到"三百""二高""一低""一好"的指标、完善奖惩制度,使计生工作制度化。

五、继续加强综合治理的各项工作,进一步搞好校园治安

抓好法制宣传教育,做好民事调解工作,层层落实治安安全责任制。做好"双拥"工作,调整"双拥"领导小组,制订计划,做好"双拥"知识竞赛工作。

六、继续做好校庆的后续工作,加强和校友的联系,争取校友对学校的关心和支持

继续做好兴建图书馆的集资工作,以及《校庆纪念册》《校友通讯录》的发行工作。做好校史陈列馆展览内容的充实、调整工作,定期开放。定期出《校友通讯》,保持和广大校友的密切联系,争取校友对母校办学的支持。校史组要通过校友提供有关信息,积极发展学校服务。

学生部分:

本学期德育工作要以邓小平同学建设有中国特色社会主义理论为指导,以道德规范教育为基础,以党的基本路线、爱国主义、集体主义和社会主义教育为核心,以加强班主任队伍建设为重点,积极推进德育工作的改革,搞好德育渗透,加强常规管理,优化育人环境,提高学生的德育素质和个性心理素质。

主要工作

一、坚持进行爱校、爱国、爱集体、爱社会主义教育

要通过开展多种形式的教育活动,对学生进行党的基本路线、爱国主义、集体主义和社会主义的教育,高年级还要重视开展党的观念和政治方向教育。引导学生树立热爱扬中的荣誉感。热爱祖国的自豪感,建设社会主义祖国的责任感。

1. 深入进行中国近代史教育。

2. 各班(团队)继续开展总想教育系列活动。

3. 挖掘校史中的德育资源,“五四”前后,对学生进行校史教育,在总结九十年办学传统和经验的基础上。广泛宣传杰出校友、十三位革命烈士、二十二位学部委员的事迹。开展“我与祖国奔向二十一世纪”等活动。

4. 坚持每周升降国旗制度,做到内容有特色,计划有安排。

5. 重视德育学科渗透。

6. 巩固和完善社会实践教育,做到制度化、规范化、基地化。

二、抓好行为规范的管理和教育

要把加强管理、优化环境、提高基础文明素质作为德育的主要目标之一。

1. 抓住各种时机,采用多种形式,重视对学生进行行为规范的宣传教育,并贯穿学期工作始终。

开学初一段时间,着重抓好学生在校基本常规教育的训练和检查。

“三五”前后,开展“雷锋在我们行列中”主题教育活动。

坚持抓好校园常规每日检查评比。针对存在突出问题,进行集中检查和教育。

选择少数班级开展班级常规管理的试点。

2. 表彰先进班级和个人。以班级常规管理和班风建设的实绩为主要内容,评比学年先进班级和个人。在全校表彰和宣传有关班级和个人的先进事迹。

3. 大力开展校风和学风教育。着重宣传校史上形成的优良校风和学风。

4. 发挥学生主体作用。通过团队、学生会,广泛开展思想教育自育,学校生活自理,文化学习自习的活动,培养能力。

5. 抓好重点学生的教育和帮助。重视法制教育。初中年级各班要针对班级行为后进学生的实际、采取多种形式,把热心帮助和严格要求结合起来,矫正这些学生的不良行为习惯。

6. 开展“规范教育”评比和验收活动。

三、加强班主任队伍建设

本学期,要以增强班主任工作责任感,提高班主任管理水平为目标,推进改革,采取措施,加强班主任队伍建设。

1. 评选表彰优秀班主任。

2. 加强班主任工作的理论学习和培训。本学期拟以德育工作改革和班主任管理艺术为题,开办理论讲座,有重点,有计划地组织开展德育理论研究。办好《班主任工作简报》。

3. 聘任年级组长。发挥年级组长在学校教育教学工作中的骨干作用。

4. 健全班主任工作考核制度。健全班主任工作考核档案,实施班主任工作常规考核办法。

四、重视心理教育和美育,搞好校园文化建设

要重视改善学生心理结构,增强学生审美能力提高中学生心理素质。进一步推进校园文化建设,形成富有特色的扬中校园文化。

1. 搞好校园宣传环境,办好《树人画廊》,定期指导办好班级黑板报。

2. 充实和出新名人名言牌,增添扬中知名校友名言牌。

3. 举办读书报告会,音乐欣赏会。

4. 进行重点中学学生心理教育试点。根据现代社会对人才素质要求,扩展德育工作领域,选择部分班级进行心理教育试点。

5. 在建设校园文化总要求下,本学期着重搞好宿舍文化和食堂文化建设,开展系列教育活动。

6. 重视美育,进行德美一体的实验。继续抓好美学知识选修,引导学生参与审美实践,提高中学生精神素质的品位。

五、抓好团队、学生会建设,培养学生能力,团队和学生会要按照团队上级组织要求,针对自身特点,切实抓好自身建设。

要通过紧密围绕中心,塑造自身形象,开展特色活动,确立和巩固自身位置,引导团员和青少年学生努力成才。

1. 以培养学生自育自理能力作为自己的改革目标,通过开展学生组织的自主、自动、自理运转,参与教育教学改革,提高能力素质。

2. 开展具有时代特征、校园特色、青少年特点的团队活动。

3. 以团队、学生会干部为基本队伍,重点抓好校风建设,着重是形成健康舆论,组织文明监督,促进形成文明习惯,激励学生奋发成才。

教学工作

深入进行以课程结构、教学内容、教学方法为中心的教学改革。大力推出科研课题“系统开展学科思维教育”的研究工作,加强教学管理。抓紧学科竞赛培训,全面提高教学质量;做好高中提前招生工作;开展课外活动,提高学生的全面素质。

一、教育科研工作

1. 组织学习教育科研论著,重点学习林崇德教授的专著《学习和发展》。该著作为国家教委“七五”教育科研成果,系统论述了如何在学习过程中培养学生思维品质,对我校的教育科研工作有直接的理论指导作用。各教研组可采取集体学习、个人自学相结合的办法进行学习,要求将理论学习和教学实践结合起来。在适当的时候学校将组织交流、论文评奖。

2. 在理论指导下，尽快将所申报主项的科研课题付诸实施。如开展课外物理实验活动、增强学生的动手能力和创造能力，高中英语综合能力的培养和提高，中学历史教学中学生能力培养及评价实验，高中议论文写作和思维训练等等。

3. 组织以思维教学为核心的教学科研活动。为推动教学科研工作的开展，定于四月十日举办“林崇德教授学术思想报告会”，同时组织公开教学活动。每个教研组安排1—2名教师开课，公开课尽可能体现各学科思维教学的特色。

二、教学管理工作

本学期在深化教学改革的同时，严格教学常规管理。

1. 组织听课、评课活动。教导处的同志本学期听课不少于20节，教研组长对本组35岁以下每位年轻教师听课不少于2节，学校还将聘请部分德高望重的离退休教师参加听课。听课人必须做好听课记录，作出评价。学期结束时上缴，作为有关教师的业务档案的附件。

2. 组织教案检查、评比活动。学校将在本学期结束前夕。进行教案检查、评比活动，检查、评比对象一是35岁以下的年轻教师，二是教学反映较大的部分教师。

3. 举行优秀教案展览。将召开学生会、家长座谈会，年级组教师座谈会等项工作制度化。通过多种途径，及时了解教学情况，并向有关教师反馈信息。对于部分工作不负责任的同志在适当的范围内予以“曝光”。

4. 抓好对集体备课、上课、批改作业、考试等教学环节的管理，在此基础上，做好对教师工作的评价工作。

三、提前招生工作

我校高一实行单独提前招生已有二年，这对于提高生源质量有重要作用。在这项工作中，全校教职员工群策群力，作出了贡献，为了把这项工作做得更好，还有必要进一步做好宣传组织工作，争得有关部门领导及兄弟县市学校的支持、帮助，争取通过多种渠道招收高质量的新生。

四、高、初中毕业班工作

高、初中毕业年级工作是本学期学校工作的重点之一，复习工作要以纲为纲，以本为本。要认真上好复习课，复习练习题要精选，既要有系统性，又要有代表性，既要注意基础知识的掌握，又要注意能力的培养，尤其要抓好讲评工作。各学科要有计划地安排时间。注意青少年的生理、心理特点，注意劳逸结合，提高学习效率。

五、学科竞赛、课外活动

事实证明，在学科竞赛中能否取得优异成绩，取决于是否能够认真地抓好培训工作。各有关教研组长以及分工结合的行政干部应做好组织管理工作，各学科竞赛既要有专人负责,又要协同作战,制订好培训计划。

各学科小组之间要互相协调,统筹安排,不要因为互相冲突而影响学生的精力。

学科竞赛工作关系到尖子学生的脱颖而出,也是反映教师队伍业务水平的重要标志。学校将不断完善学科竞赛奖励办法,并把竞赛成绩作为晋级考评的重要内容之一。

除了学科竞赛培训而外,各教研组根据本组的具体情况,可以开设讲座,组织学生参加小发明、小设计、小论文活动,参加社会评奖,使学生得到全面发展。

六、上足上好劳技课,充分利用电教设备、搞好微机教育

1. 想办法,腾空间,开足劳技课。

本学期由于学校面临基建任务,存在专用教室严重不足,解决这一矛盾,不能靠等,而要靠调动劳技教师的积极性,想方设法,解决问题。本学期初中劳技课仍然在各班教室上刺绣、编织课,高中缝纫钳工课暂在专用教室上,学校基建项目上马,空间不足时,拟以裁剪课代替缝纫课,在各班教室继续上课。英文打字课拟在高二各班教室开课。要进一步提高劳技课的质量。要使每个劳技课教师认识到开设劳动技术课是全面贯彻方针的需要,要认真上好课备好课,劳技组组长分管学校分工干部要深入课堂,了解教学情况,提出发挥意见。

学校劳技教育用的设备,宜专物专用,暂时不用的由劳技组专人保管好。

2. 搞好电化教育。充分利用电教设备。

搞好学校计算机教育是为国家培养跨世纪人材的需要。也是衡量一个学校教学水平先进与否的一个重要标志。学校要采取措施逐步解决设备落后、专业教师不足的问题,本学期要在保证开足微机课的基础上积极筹备开展初中微机兴趣小组活动,贯彻小平同志“计算机教育要从娃娃抓起”的指示。学校积极筹集资金适时改进微机设备,达到国家教委、省教委规定的条件。同时加强电教队伍的建设。争取新分配来的志业大学毕业生指标,请兼职教师,尽力适应微机教育发展需要。

要充分利用学校现有的电化教育设备,在校电教领导小组的指导组织下,大力动员朝气蓬勃的年轻教师和有丰富教学经验的中年教师上电化教学课,以实现教学手段现代化,对于用电教手段上课写出的论文、经验总结,应作为学校科研论文,参加学校论文交流评奖。

七、其他有关教学的工作

1. 抓好师院、教院实习生的实习工作,安排好实习指导老师。做好实习的指导、鉴定。

2. 高二年级的会考工作安排教学计划,和教学进度,在思想上引起充分重视。

3. 河海大学出版社委托编写的高、初中复习资料要按时按质完成。作为学校一项重要的教学活动。

八、体育卫生工作

体育卫生工作是全面贯彻党的教育方针的重要组成部分，要求全校师生思想上高度重视，计划上安排落实，行动上措施落实。

1. 坚持上好体育课，提高早操和课外活动的质量。早操和课外活动课时间，班主任和分工负责的体育教师要到场做好组织、指导工作。按年级进行广播操评比。

2. 抓好高水平运动队的训练，开好春季运动会。

3. 开设好卫生知识讲座课，做好传染病预防工作。降低近视眼发病率。

总务工作

一、加强学习认清改革形势，抓好总务后勤职工队伍的建设

1. 认真组织后勤职工学习党的十四大文件，认清国家和学校的发展形势，明确当前改革的主要精神，认真做好职工的思想教育工作，提高职工队伍素质，推动后勤工作的开展。

2. 制订总务处内部后勤改革的初步方案，逐步实行食堂、汽车、浴室、绿化等部门责任与经济效益承包，实行资金要与个人出勤、实绩挂钩。

3. 根据学校对后勤部门的定编，总务处实行定员、定编定工作量，逐步实行后勤人员工资额、资金、福利包干，精减在编人员和临时人员，择选上岗，提高工作效益。

二、加强学校行政管理，努力提高后勤管理水平

1. 认真抓好校产的管理，当前要认真做好学校固定资产的核查、登记工作。严格购物、进货、入库等手续。健全物品领用审批手续，严格把关。

2. 加强财务工作的管理，严格执行财务管理制度，要理好财、当好家，严格报销审批手续，节约开支，合理使用经费，加强民主理财。本学期要完成会计达标工作，健全会计档案。研究加强财务的计划管理和科学管理。条件成熟时，制订奖惩制度。

3. 加强水、电、电话的管理，压缩支出，本学期要制订好用水、用电管理奖惩实施意见。明确水电工岗位监督责任，不定期公布住宅用水用电情况，严禁公电烧电灶，对偷电现象一经查出，严肃处理。

4. 认真抓好校园环境的管理和清洁卫生的检查督促，及时清除垃圾和卫生死角。严禁在校内乱塔乱建。禁止饲养家禽。继续抓好绿化校园工作，整理好花圃和绿篱，力争今春新绿化一批草木。

三、努力创收，增加财力

1. 继续沿街铺面房屋的开发出租工作，本学期继续完成女生宿舍南段和老干部

门球场段的开发出租,增加收入。

2. 积极争取社会的力量集资办学,在努力办好现有校办厂的基础上扩大生产规模,引进外商投资新办工厂,友谊水洗厂积极争取建成中外合资企业,实现产值、利润翻番,电器厂兴建北郊洗车站当年完工取得效益,化工厂开拓新产品,重点抓经营项目,要取得显著的经济效益。校办厂产品创收增加50%—60%。

四、树立为师生服务的思想,努力提高服务质量

1. 继续抓好旧房调整工作,青年教师结婚用房及早落实。抓紧落实宿舍楼阳台加固工作。

2. 努力办好食堂、浴室和理发室,本学期食堂要抓好夜餐小吃供应,增加服务项目,方便师生生活。食堂要加强管理和成本核算。暑期要完成会计帐务的情况交接工作。

3. 做好教学后勤服务工作。确保教学需要,教室和办公室内部设施要及时维修;保证教学的供水供电和物品的供给。

五、抓好基建,保证质量,力求节省,提高投资效益

1. 抓紧新大楼西段的搬迁、拆除工作。尽快落实逸夫楼基础钻探、图纸设计、招标、确定施工单位等工作,制订逸夫教学楼实施日程安排,争取四月初破土动工,确保8月30日竣工交付使用。

2. 进一步落实逸夫楼外资和政府拨款到位,确保工程所需经费使工程投入正常施工,为了确保工程进度质量,成立逸夫楼工程领导小组。

3. 继续抓好图书馆工程的进度、质量,争取6月底竣工,及早交付使用,抓好图书馆工程项目的结算工作。

江苏省扬州中学
1993—1994 年度第一学期工作计划

总要求：

认真学习党的十四大文件和江泽民总书记“七一”讲话，以《中国教育改革与发展纲要》为指针，坚持全面贯彻党的教育方针，全面提高教育质量。深化改革，强化管理，优化队伍，进一步发扬优良的办学传统的同时积极进行教育现代化的探索，深化名校意识，以积极进取精神把学校的教育教学质量和学校的发展提高到一个新的水平。

思想政治工作

教职工方面：

一、切实抓好政治学习，继续全面贯彻十四大精神

1. 继续认真学习十四大文件，学习邓小平同志建设有中国特色的社会主义理论，坚持党的基本路线10年不动摇。学习贯彻《中国教育改革和发展纲要》、关于整顿金融秩序，加强宏观调控的文件精神，中纪委二次会议精神和江泽民总书记重要讲话。通过学习充分认识反腐败斗争的重要性、长期性和紧迫性，明确作为担负着培养社会主义建设者和接班人重任的教育部门，反对腐败、保护育人环境有着特殊意义。全体干部、党员应带头反腐倡廉，要继续解放思想，更新观念，进一步确立教育为经济服务的观念、教育主动适应社会主义市场经济体制的观念、教育改革要大胆探索的观念、质量第一的观念，以积极的态度投入内部管理体制改革。

2. 严格学习纪律，提高学习质量。分组学习和全校性会议，教研组、学习组要严格检查人数，填写出、缺席情况统计表。进行考勤，与发放奖励浮动工资挂钩。学习方式坚持大会辅导与小组自学讨论相结合，理论学习与看录相、组织外出参观相结合。力求做到领会精神，提高认识，联系实际，推动工作。

二、积极稳步地推进学校内部管理体制改革

1. 明确学校内部管理体制改革的指导思想。我校的内部管理体制改革必须遵

循党的十四大精神。贯彻落实《中国教育改革和发展纲要》,按照中共中央《关于教育体制改革的决定》,结合学校的具体情况,积极、稳步地进行。根本目的是调动广大教职工积极性,更好地全面贯彻党的教育方针,进一步提高办学效益和教育教学质量。

2. 学校内部体制改革的主要内容。主要有四个方面:(1) 实行校长负责制;(2) 实行全员聘任制;(3) 实行结构工资制;(4) 建立健全岗位责任制和考核奖惩制度(详见《江苏省扬州中学学校内部管理体制改革方案》)我校改革方案以中央有关文件及扬州市政府办公室、教育局《关于深化市直学校内部管理体制改革试点的意见》为基本框架,认真学习南京、苏州、常州、丹阳等地的成功经验,总结学校前期改革的成功经验,广泛征求教职工意见,通过各种不同类型座谈会,征求意见,制订方案报上级领导批准后试行。

3. 试行改革的要求。我校各项改革工作将本着先启动后完善的步骤,积极、稳妥地向前推进。首先按照方案进行教师的聘任,制订奖励浮动工资的发放细则。下面将继续完成职工的聘任、干部的聘任以及岗位责任制的条例制订工作。全校广大教职员工要正确对待改革,积极参与改革,学校党组织要充分发挥战斗堡垒作用和共产党员的先锋模范作用,充分发挥工会、共青团组织的积极作用,加强思想政治工作。

三、全面贯彻教育方针,继续抓好教育教学的改革,全面提高教育教学质量

总结学校九十余年办学的经验,学校的一切工作,一切改革都是为了提高教育教学质量。全校教职员工要牢牢确立质量是生命线的思想,教学工作特别是课堂教学是全面贯彻教育方针、实现全面提高教育教学质量的基本途径。要切实抓好课堂教学改革,提高课堂教学质量。德育教育应以爱国主义、社会主义教育为主体,深入抓好"两史一情"教育、校风、校史教育,中华民族传统美德教育、行为规范教育等,进一步探索德育工作新格局。

四、加强常规管理

根据内部管理体制改革方案,引进竞争机制,优化人员结构,进行定编、定岗、定员。各部门在"三定"的前提下,对学校原有的部门工作职责进行修订,建立岗位责任制,食堂、文印室、浴室、绿化等部门以服务为主要目标,实行责任承包。各部门、各教研组、各年级要按照《江苏省扬州中学学校内部管理体制改革方案》中有关规定进行考勤考绩,认真记载。学期结束前,在校长领导下组成考核小组对全体教职员工进行考核,考核结果按三等评定,并分别发给学期考核效益工资。教学常规管理是提高质量的重要保证,要积极探索科学的教学评估方法。严禁体罚和变相体罚不良现象的发生,坚决抵制乱收费、私自外出兼课、滥编、滥印复习资料的不正之风。

五、加强综合治理和“双拥工作”

进一步完善社会治安综合治理的各项措施，加强对青少年的法制教育，层层落实治安承包责任制，迎接市、区“四合格”检查验收。努力做好民事调整工作，杜绝一切责任事故。继续进行“双拥”的宣传，自觉开展“双拥”活动，对高一、初一新生进行军训，加强国防观念、纪律观念。

六、在党总支领导下，进一步发挥工会职能，独立自主地开展工作

积极配合行政加强内部管理体制的改革，加强教育教学管理、抓好文明校园建设，开展有关评比、奖励活动，关心教职工生活，搞好生活福利。开展教职工文体活动，组织参加校运动会。组织节日和周末舞会，建好扬中教职工之家。加强计划生育宣传，设立计划生育宣传橱窗。对青年教职工重视婚前教育，计划生育工作落实到人头，确保“三百”“二高”“一低”“一好”达标。

学生方面：

本学期德育工作，应以爱国主义、社会主义教育为主线，认真抓好“两史一情”教育、校风校史教育、中华民族传统美德教育、行为规范教育、美化环境教育等教育活动，努力探索德育工作新格局，培养适应社会主义现代化建设、社会主义市场经济和未来社会挑战的高素质的跨世纪人才。

一、进一步加强爱国主义、社会主义教育和正确的人生价值观念教育，引导学生树立远大理想

1. 继续深入抓好“两史一情”教育。各学科要充分发挥学科教育的渗透作用，融教育内容于知识传授之中；要充分挖掘校史中的德育资源，初、高一年级要把校史、校风教育作为重点，结合市情教育、校风校史教育将“两史一情”教育落在实处。

2. 结合毛泽东同志诞辰100周年纪念活动对学生进行深入的爱国主义教育和革命传统教育。要使学生真正认识中国革命的必由之路、艰难历程，老一辈无产阶级革命家的光辉业绩、爱国精神和献身精神，内化为自己的远大理想，物化为自己的实际行动。

3. 认真抓好中华民族传统美德教育，引导学生树立正确的人生价值观念。本学期拟利用晨会、班会组织中华民族传统美德的系列讲座，通过学科教学渗透中华民族的传统美德，通过团队活动，班会活动、演讲比赛等教育形式，引导学生自觉继承中华民族传统美德，树立正直、自立、自强、竞争等正确的人生价值观念。

4. 进一步抓好社会实践活动，巩固社会实践基地，使学生通过社会实践了解改革开放的大好形势，增强民族自信心和荣誉感。

二、加强健康的、有特色的校园文化氛围建设，优化育人环境，促进学生的全面发展

1. 加强德育和美育的相互渗透，建设好整洁、优美、富有特色的校园文化氛围。发挥美育的育人功能，优化育人环境。要根据学校总体安排布置好文化走廊，办好广播室；各班要认真布置好教室，办好墙报、黑板报，美化教室，包干区的环境。

2. 结合图书馆、逸夫楼两大工程的竣工开展美化校园的活动周或活动月活动，组织“我为美化校园出一份力”的整体活动。

3. 组织“美在教室”、“美在饭厅”、“美在宿舍”的竞赛评比活动。

4. 举办第六届文化艺术节。力求办出新的特色。

三、继续深入地抓好行为规范的养成教育，切实加强学生日常行为的管理

1. 结合中华民族的传统美德教育不懈地抓好行为规范的养成教育。各班要将行为规范教育作为一件主要工作来抓，将中华民族的传统美德教育与本班实际结合起来，形成健康的舆论，找出存在问题，制订解决措施。

2. 组织全体学生认真学习贯彻《中学生日常行为规范》和北京市中学生礼仪规范，巩固已经取得的成绩，本学期重点要解决文明礼貌、爱护公物、遵守公共秩序方面存在的问题。起始年级尤其要抓好贯彻落实工作。学校将由政教处组织对贯彻落实“规范”情况的测试和抽查。

3. 在已有的基础上进一步落实检查措施，加强学生的自我教育、自我管理。

4. 加强文明班集体建设，将学生的日常行为作为衡量班集体状况的重要标准之一，本学期末将进行文明班级初评。

四、进一步建设好德育队伍，搞好德育科研，重点建设一支素质优良、富有特色的班主任队伍

1. 进一步健全、完善德育全员化机制，落实教书育人、管理育人、服务育人的“三育人”措施，使德育工作适应当前的形势。

2. 就德育工作特色化问题作一些理论和实践探讨，努力开创德育工作新格局。学期结束时准备编辑德育论文集或班主任工作论文集，以优化学生心理素质为目的以寻求德育工作途径为突破，在高一年级有关班级开展重点中学学生心理教育研究实验。

3. 加强班主任队伍建设。本学期拟对青年班主任进行培训；分年级举行命题班会观摩评比活动；组织班主任工作理论探讨和经验交流；鼓励班主任形成自己的特色。

4. 进一步完善班主任考核制度，考核结果拟与奖励浮动工资或考核效益工资挂钩。并作为本学期评选优秀班主任的重要依据之一。

五、加强共青团、少先队工作，进一步搞好学生会工作，推动学生的自我教育、自我管理

1. 共青团、少先队要在学校党总支的领导下进一步搞好自身建设。团支部、少先队中队要组织健全，活动内容落实，活动时间有保证；初中要办好少年团校，高中要办好党章学习小组。

2. 共青团、少先队要认真调查研究改革开放的新形势下学生的思想状况，针对现实思想开展丰富多彩，富有特色的思想教育系列活动。

3. 充分发挥共青团、少先队在学生中的模范核心作用和创建文明班集体活动中的骨干作用，推动学生的自我教育和自我管理。

4. 切实加强对学生会工作的指导，学生会要充分发挥在校园文化建设和学生自我管理中的作用。发挥学校和学生之间的联系纽带作用。

教学工作

〔工作思路〕

建立、完善教育教学评估机制，为深化内部体制改革，实行聘任制、结构工资制提供科学的依据。抓好教学管理工作，进一步落实《普通高中教学计划的调整意见》和《九年制义务教育全日制小学、初中课程计划》，全面贯彻教育方针。组织实施“系统开展学科思维教育”这一科研课题，全面提高教学质量，提高学生全面素质。

一、建立、完善教育教学评估机制。本学期学校将实行内部体制改革。其中，实行聘任制与结构工资制都要求对教师的工作作出尽可能科学的评估。建立、完善教育教学的评估机制已经成为当务之急。具体需要做以下几方面工作：1. 健全组织机构。由校长室、教导处、政教处等方面的同志和若干名有经验的老师组成(名单另定)评估小组，负责该项工作的实施。2. 明确标准。对各科教师的教育、教学、教研工作须提出明确的要求，拟定若干细则，作为评估工作的依据，充分发挥评估的导向功能。3. 完善评估方法，在此之前，我们已经通过学生调查会、家长座谈会和考试成绩分析，对教学工作进行评估。具体操作办法还须进一步完善，是可能做到准确、及时。

二、进一步贯彻落实《普遍高中教学计划的调整意见》和《九年义务教育全日制小学、初级中学课程计划》，选修课、活动课要排上课表，选修课要有计划，有教案，要建立考查制度。各科在现有基础上要创造条件，增设新的选修课程。

三、进一步将“系统开展学科思维教育”这一课题实施。在学习《学习与发展》等专著的基础上，各科教师已经撰写出一批有质量的专题论文。本学期将要做好论文集的编辑工作。有基础有条件的学科可以开展教改实验。比如早期发展学生数学观念；高中议论文写作中的思维训练；开展课外物理实验活动，增强学生动手能力和创造才能；高中英语综合能力的培养和提高；历史教学中学生能力培养及评价等实验项

目必须尽快付诣实施。为推动教育科研活动深入开展,拟组织教研组长去上海、杭州等地考察、学习,并准备在十一月中旬组织一次大型公开教学活动。

四、加强教研组建设。学校规定教师实行弹性坐班制,政治学习、教研活动要做好记录。关心青年教师的学习、生活,完成青年教师优秀教学奖第三轮评比工作,公布教案检查评比结果。帮助新教师上好汇报课,熟悉教学常规。

五、组织好各学科竞赛培训。最近几年来由于合理的政策导向和各科教师的努力。竞赛均取得了较大的成绩,在已有成绩的基础上,各学科进一步做好组织工作。抓早抓好,并且协调好各科竞赛活动之间的安排,争取更上一层楼。

六、体育卫生工作。进一步提高"两课"、"两操"的质量。抓好广播体操的评比工作。做到认真评比,及时公布,奖惩兑现,切实提高广播操的质量。课外活动时间班主任和分工负责的体育教师必须到场,做好组织、指导工作。

开好秋季运动会。抓好高水平运动队的训练,开设卫生知识讲座,做好传染病的预防工作,降低近视眼发病率。

七、教学后勤工作。1. 图书馆即将竣工,为了充分发挥新图书馆的功能将着重抓好设备图书的配置,人员的组织安排、制度的建立健全等工作,努力强化对图书流通的管理,使新的图书馆更好地为师生服务。2. 尽快将购置的校长办公系统投入运行。进行教学各方面实行科学的量化管理。3. 调整、落实实验室和劳技教室用房。4. 文印室实行承包制。提高服务质量和办事效率。5. 及时做好初一、高一新生的学籍档案以及教师业务档案的建立和管理工作。

总务工作

根据学校内部管理体制改革总的部署,在总务部门内部切实贯彻执行内改方案、实行定编定岗、明确工作责任,充分调动职员、职工的积极性,全心全意为师生服务,完成学校各项后勤工作。

一、认真搞好总务内部改革,做好职工的思想政治工作

1. 根据学校下达总务部门的人员编制,认真进行定员定岗,优化人员结构、压缩临时人员,克服因设岗,人浮于事的现象,提高工作效率。

2. 落实承包责任制。首先在生活后勤和绿化两块实行承包。食堂要明确承包工作指标,提高服务质量,增加服务项目。(具体办法另定)

绿化要在完成学校绿化、整枝、治虫、草坪除草等绿化管理工作的基础上,积极创收,做到以花养绿,实行创收按比例分成进行奖励,调动绿化工作人员的积极性。

3. 本学期重点抓好总务职员职工的岗位责任制的制定和考核工作,如:食堂工作人员的岗位职责,水电工岗位责任制,会计、医务、保管、绿化工作人员,包括总务主任等在内的岗位责任制,公布上墙,使于监督。

4. 认真抓好职员职工的考核工作,成立总务后勤的考核小组,充分依靠职员组长、各口负责人,分口把关,加强检查督促,认真贯彻学校内部管理体制改革有关奖惩办法。同时要认真做好职员职工的思想工作。

二、抓好两大基建工程竣工验收工作

1. 逸夫楼和图书馆都已开始装饰即将竣工,一是要狠抓工程质量,确保优良,二是狠抓工程进度,确保九月底竣工。工程的进度和质量定期向学校作出报告。

2. 工程竣工后的环境整治,旧房拆除,绿化、道路等付属工程、教室调整等在 10 月底结束。

3. 认真做好工程结算工作。根据两个工程承建方式不同请学校组成工程结算小组,并邀请设计部门,审计部门和建行的同志参加,做到结算公平。

三、加强学校后勤管理

1. 首先要明确总务部门负责人的责任制,要坚持分工管理、分工负责的原则,坚持部门例会制度,定期召开各口负责人会议和职工大会,通报和研究工作。

2. 加强财务工作的管理,认真执行财务制度,本学期实行经费切块包干使用,根据校长室下达的经费指标,各处室要合理使用,节约开支,也可结转下年度使用,仍按报销手续严格审批,今后凡使用一千元以上的项目,经分工校长核准,一万元以上的报校长审批。

3. 抓好校产物资的管理。本学期重点是健全教学物品领用制度,明确各行工作岗位物品的范围、数量和原则,做到不多发、不乱发物品,要有当家做主的思想,严格领用手续,物资采购要有审批手续,进资要先造计划,把好质量关,力求价廉物美,次档产品保管室有权拒收入库。要抓好教室校产的管理、落实班级实行承包责任制,奖惩结合。

4. 继续做好开发创收工作。待图书馆竣工后,再建一批活动房屋出租。进一步加强对开发工作的管理:一是周围环境的管理,二是治安防范工作,三是定期抄收水电费。

5. 认真抓好校园环境管理和家属区清洁卫生工作,及时清除卫生死角,明确专人负责、严禁家属区乱搭乱建、禁止饲养家禽。目前要针对学校校园环境,重点要抓好运动场区和西长堤的整治。学生卫包干区请医务室协助政教处负责检查督促。

6. 继续做好教学后勤服务工作,确保教学用品及时供应,在师生生活服务上要端正服务态度,提高服务质量,以方便师生。食堂要加强成本核算,组建由教师、学生代表参加的伙食管理委员会,加强监督。

继续抓好旧房调整的维修工作,安排休息室让远路教师中午休息。本学期维修重点,一是学生两个自行车棚抓紧修建好(地点逸夫教学楼西边,图书馆的北边);二是花房保温房的维修和花园前小三间的翻修,三是校办厂南面宿舍厕所、垃圾池等修建工作。

1993·9·10

江苏省扬州中学
1993—1994 年度第二学期工作计划

总的要求:

以邓小平同志建设有中国特色的社会主义理论和党的基本路线为指导,全面贯彻党的十四大和十四届三中全会精神,根据“抓住机遇,深化改革,扩大开放,加快发展,保持稳定”的总要求,结合学校实际,进一步全面贯彻德、智、体全面发展的教育方针,强化质量意识、发展意识、改革意识、开放意识、机遇意识、效益意识。把提高教育教学质量视为学校的生命,是办学的永恒的主题,始终把教育教学工作放在突出的中心位置。要抓住机遇,克服等待思想,大力发展,增强学校的经济实力。加大改革力度,深化内部管理体制改革,严格管理,并以此推动教育、教学的深化改革,坚持依法办学,按教育规律办事,团结协作,同心同德,开拓进取,真抓实干、努力在学校的发展、教育教学质量的提高上再上一个新台阶。

思想政治工作

教职工方面:

一、学习邓小平同志建设有中国特色社会主义理论。《邓小平文选》第三卷是当代马克思主义理论的新发展,是引导我们继续胜利前进的科学指南。贯彻中共中央学习《邓选》的决定,学习《邓选》第三卷,是本学期和今后一个时期教职工思想建设的首要任务。本学期在通读《邓选》第三卷的基础上,突出专题深入学习。3 月学习专题:解放思想,实事求是的马克思主义思想路线;4 月学习专题:坚持走有中国特色的社会主义道路;5、6 月学习专题:掌握时机发展自己,“分三步走”基本实现现代化的战略目标。

学习要求:要以严格的科学态度通读原著,紧密联系国家形势和任务,紧密联系学校教育、教学和内部管理体制改革的实际,武装思想,增强动力,促进学校的各项工作。

学习方法:个人自学、小组讨论、大会交流、阶段小结。穿插辅导报告、看电视录相等。

二、贯彻十四大和十四届三中全会精神，坚持党的基本路线。结合学习《邓选》第三卷，进一步认真组织学习、贯彻《中国教育改革和发展纲要》、《教师法》。党中央、国务院颁发的《中国教育改革和发展纲要》，绘制了中国特色社会主义教育体系的蓝图，成为我国教育振兴的巨大动力。全国人大常委审议通过的《中华人民共和国教师法》，使我国教师队伍建设开始步入法制化轨道。通过学习进一步确立依法办学的观念，教育为经济服务、教育主动适应社会主义市场经济体制的观念，加强教师队伍的建设，进一步增强提高思想道德素质和业务能力的紧迫感及对改革开放的心理承受能力。

三、进一步深化内部管理体制改革。我校内改方案实施半年来已出现了好的势头，绝大多数教职工在原有基础上都增加了收入，同时又拉开差距，体现了多劳多得，调动了工作积极性，初步形成了竞争机制，促使观念的改变，得到上级领导部门的肯定。本学期将进一步加大改革力度，深化改革，解决难点问题，做好国家工资改革和学校内改的接轨工作，完善内部管理体制改革方案。为此必须注意以下三点：(1) 形成思考问题的新思路，以深化改革的方法解决改革中出现的各种问题；(2) 重视调整各种关系，对反映出来的问题要深入调查研究，实事求是的分析。改革必须保持稳定的教育教学秩序，促进提高教育教学质量；(3) 全体教职工积极参与改革，做改革的主人，提建设性意见，共同构思方案。

四、进一步明确工作职责，加强学校各项工作的常规管理。根据内部管理体制改革的要求，对学校原有的《江苏省扬州中学教职工工作职责》进行了修订，形成了《江苏省扬州中学教职工工作职责(试行)》，开学初各部门、各年级、各教研组、学习组要组织学习、讨论、贯彻、实施，通过明确工作职责，切实加强工作责任制，严格学校各项工作的常规管理，特别要进一步加强教育教学常规管理，校园管理、财务管理，对照职责，严格考勤考绩，认真记载，作为期末考核的根据。严禁体罚和变相体罚不良现象的发生，坚决抵制乱收费、私自外出兼课、滥编、滥印复习资料的不正之风。

五、加强综合治理，做好“双拥工作”。进一步完善社会治安综合治理的各项措施，加强对青少年的法制教育，层层落实治安承包责任制，迎接市、区的检查验收。努力做好民事调解工作，杜绝一切责任事故。继续进行“双拥”的宣传，自觉开展“双拥”活动，加强国防观念、纪律观念。

六、在党总支领导下，积极开展工会工作。配合学校行政抓好政治学习，继续开展“教书育人、服务育人、管理育人”的三育人教育活动，加强师德修养的教育，组织学习《中小学教师职业道德规范》和《中小学教师日常行为规范》，要求教职工在仪表举止、工作态度、办公纪律等方面为学生做出榜样。加强对青年教师的培养，开展“教好书、育好人、上好课”的活动，鼓励青年教师钻研业务，和老教师结对子，积极配合学校行政搞好青年教师教育教学质量优秀奖评选活动。扩大教职工活动场所，增添教工之家设备，迎接市局教育工会验收。暑期继续组织教职工到外地旅游、参观学习。继续做好计划生育宣传工作，搞好计划生育宣传橱窗，完成“三百”、“二高”、“一低”、“一好”的指标。

学生方面:

本学期德育工作要在邓小平同志建设有中国特色社会主义理论指导下,以培养跨世纪的社会主义建设者和接班人为根本任务,坚持爱国主义、集体主义、社会主义教育,强化以贯彻中学生行为规范为内容的基础文明建设,重视中华民族传统美德教育,为学生健康发展奠定优良的思想政治素质,道德素质、心理素质的基础。本学期在工作要求上,着重明确:

1. 德育要坚持“三个面向”,适应市场经济形势,解放思想,实事求是、拓宽视野、形成特色,积极探索德育工作的新思路、新方法;

2. 德育要努力形成全员参与,全面渗透的机制。建立全体教师为主体的大德育队伍;

3. 继续挖掘校史中的德育资源,推进德育与美育相互渗透,大力建设高品位校园文化;

4. 十分重视中学生心理素质的教育和培养。突出抓好传统美德的熏陶,强化意志训练,提高中学生意志水平。

主要有五方面工作:

一、突出爱国主义教育主旋律

要深入开展爱国主义、集体主义、社会主义教育。引导中学生建立民族自信心、自豪感,确立为祖国学习成才的社会责任感。

1. 坚持每周一次升旗仪式,做到活动制度化,内容多样化,仪式规范化。

2. 结合“三、五”、“四、五”、“五、四”等节目,深入进行“两史一情”教育,校史教育。

3. 营造爱国主义教育氛围,办好《树人画廊》、新辟爱国格言宣传牌。

4. 组织观看爱国主义教育影片。

二、加强基础文明建设

1. 抓好中华民族传统美德教育。

(1) 继续宣扬杰出校史人物;

(2) 开办“中华民族传统美德”系列讲座;

(3) 以弘扬中华传统美德为主题,结合爱国主义教育,以班为单位,开展主题活动;

(4) 大力宣传各种先进人物,宣传本校优秀学生事迹;着重宣传雷锋、徐洪刚等英雄事迹。

(5) 继续开展“向雷锋同志学习”活动,组织开展“志愿者行动”活动。

2. 抓好常规教育和管理。

根据德育大纲要求，本学期在常规管理方面，要努力形成严格管理、科学管理、动态管理、学生自育、自理、自强的机制。在以往基础上，重点突出，帮助学生确立爱校意识、环境意识、文明意识，促进学生品德内化。

(1) 健全坚持一系列学生行为管理考核制度，从严要求；

(2) 制定实施《江苏省扬州中学学生奖惩条例》；

(3) 评选文明班级(采用指标验收法)；

(4) 加强意志训练。着重在培养学生坚毅的个性品格，指导学生热爱劳动、爱惜环境、艰苦奋斗，勇于克服困难，养成良好的行为习惯。要把好学生的意志训练贯注并渗透于学生生活的一切方面。

三、建设素质优良的德育工作队伍

1. 全体教师都是德育工作者。全体教职工要以育人为己任，重视和关心学生全面发展。特别要以高尚的人格，深厚的情思和科学的方法引导学生学会做人。

2. 加强班主任队伍建设。本学期要安排时间，有计划地学习教育理论和德育工作理论。

3. 搞好班主任管理考核。

4. 重视发挥年级组长作用，增强工作能力。

5. 组织班主任及团队干部赴外地参观学习。

四、搞好德育科研

本学期要在工作中，重视德育工作经验的总结，搞好德育科研。

1. 在上学期命题班会基础上，表彰获奖同志，印发《93 年命题班会记实汇编》；

2. 继续研究和实验中学生心理素质教育，培养学生健康和理想人格。

3. 开展提高学生自立素质的研究和实验；

4. 办好《班主任工作简报》。

五、以团队为核心，发挥学生骨干作用

1. 团组织要把探索新形势下如何开展团工作作为重要的研究课题。在搞好团的自身建设的基础上，发挥桥梁纽带作用、模范带头作用。

2. 要正常队的活动、研究探索适应新形势，切合学生心理特点的队活动。队工作要以“五自”为目标，以搞活为基本要求，增强活动的针对性和实效性。

3. 学生会是学生成长的摇篮。学生会工作要发扬我校传统，以团组织为核心，实现工作的规范化、自动化、多样化。

教学工作

本学期工作要点。建立健全岗位责任制，使教学管理进一步规范化、制度化；充分发挥内部体制改革的激励性，调动教师教学的积极性，抓好学科竞赛培训，提高教学质量；做好高、初三年级毕业班工作，高二、高三会考和提前招生考试的组织工作。

1. 建立健全岗位责任制。上学期已经着手制定各部门各岗位的工作职责，本学期组织全体教职工学习、讨论、贯彻、实施，以此作为评价教职工工作的主要标准。

2. 明确岗位责任制，狠抓教学常规管理。

(1) 制定教学计划。各教研组根据学校工作计划，及早制定出本组工作计划，确定本组业务学习、教育理论学习、教研活动的主要内容等，以便检查、交流。

(2) 正常开展教研活动。教研活动每两周一次，做到有计划、有内容、有记录、有实效。

(3) 抓好集体备课。集体备课前各人自备，集体备课时一人主备，解决难点，明确重点。备课须写好备课笔记、教案，期中考试前后，学期结束前各教研组组织检查、交流，评选优秀备课笔记和教案。

(4) 组织开课、听课、评课。每学年所有教师均须开课一次，三十五岁以下青年教师每学期开课一次。各教研组及时确定本学期开课教师、内容、时间、班级等，开课前一周由教导处编入“每周工作日程”。分管各教研组工作的行政工作人员和教研组长都要根据工作职责的要求，听课若干节，做好听课记录，并与有关老师交换意见。

(5) 召开各种类型的座谈会，及时了解教学情况和对各科教学的反映。

3. 教学科研工作。

根据学校组织的“系统开展学科思维教学研究”这一课题计划，去年我校部分老师学习思维科学基础理论，撰写了一部分科研论文，现已结集出版。本学期一方面要组织更多的老师参与思维科学基础理论学习，一方面争取在一些学科组织实验工作。上半学期召集青年教师、科研骨干开一次座谈会，下学期开学时准备组织一次科研论文的交流和评奖。根据省教委教研室的意见，要开展对目标教学和考试理论的研究，并用于指导教学实践，各教研组可组织教师学习相关理论，本学期末或下学期初，学校将举行一次 35 岁以下青年教师命题评奖。

4. 学科竞赛培训和课外活动。学科竞赛成绩能够反映一个学校、一个教研组和一个教师的精神面貌、业务水平。学校已经并将继续制定有关制度，鼓励教师积极参与学科竞赛培训。各有关教研组要认真做好组织、计划工作，既要有专人负责，又要协同“作战”；要制定好培训计划，定时、定人、定点、定内容；要认真研究竞赛的规律，提高竞赛培训课的质量。各学科组之间要互相协调，统筹安排，不要因为互相冲突而影响学生的精力。

各教研组根据本组情况，开展各种类型的课外活动，以提高学生的全面素养。课外活动须列入教学计划。

5. 会考和毕业班工作。本学期时间比较紧张;3 月 30、31 日,高三年级将要进行语文、数学、政治三门学科的会考;6 月中旬,初三年级将要进行毕业、升学考试;6 月 25、26 日将要进行高二年级理、化、生、史、地、外等六门学科的会考,接着便是高考。各有关年级、备课组要安排好教学进度。复习中要紧扣大纲、考纲,既注意基础知识的复习,又注意能力的培养。复习的练习题要精心选择,练习后要认真评讲。

6. 高一新生提前招生。本学期初步定于五月一、二日进行高一新生提前招生考试,开学后着手宣传准备工作,四月初报名,五月十日前结束招生录取工作。

7. 师院、教育学院实习生工作。本学期师院、教育学院共有 8 个学科 100 余人来我校实习,主要安排在初一、初二,高一,各有关年级、备课组对实习老师的备课、上课、批改作业、班级管理等方面工作要提出明确要求,给予具体指导。并认真做好评价、鉴定。实习老师上课,指导教师必须到场听课。

8. 电化教学和微机教学。充分利用现有电化教学设备。鼓励教师上好电化教学课,电教组做好记录,年终作为考评的参考。完成微机房的装修,加强微机教学的力量。

9. 图书馆。图书馆已经搬迁结束,本学期开学初学生、教师阅览室开放,图书要尽快整理,学生借书处本学期尽早升放。

10. 体育卫生。

(1) 继续抓好广播操评比,提高广播操的水平。

(2) 抓好运动队的训练工作,在省运动会上争取新的成绩;

(3) 体育教师和班主任老师共同负责,提高活动课质量;

(4) 开好春季校运会;

(5) 开设好卫生知识讲座课,做好传染病预防工作,降低近视眼发病率。

总务工作

根据学校提出的“抓住机遇,深化改革,扩大天放,促进发展,提高质量”的指导思想,总务处本学期重点抓好以下几项主要工作。

1. 不失时机地抓好绿化工作。

(1) 图书馆四周,请有关行家来校帮助规划,目前先平整场地,栽植草坪;

(2) 逸夫楼后面栽草坪、布置一个小花圃;

(3) 初三教学楼前的草坪封场保护,积极安排人员除杂草补缺;

(4) 移栽体育馆后面苗木,让出地方建车棚;

(5) 在学校花园内有计划多种鸡冠花、炮竹红等草花,美化校园。

2. 抓紧部门及教研组的教室调整工作。

(1) 逸夫楼教室的调整;

(2) 原高二年级教室粉刷涂料改作教师办公室；

(3) 医务室搬迁；

(4) 总务处、仓库搬迁并进行布局的调整等。

3. 维修与环境的整治工作。

(1) 新图书馆尽快按排送电送水。

(2) 老图书馆进行全面维修，布置一个大会议室和工会俱乐部；

(3) 拆除大教室围墙和部份旧房，平整场地，并修建两条道路；

(4) 拆除老水塔下旧蓄水池，整治四周的场地。

(5) 重新规划新建自行车棚。除在老体育馆后面建一个比较大的车棚外，在逸夫楼西面包括旧蓄水池地段再建一个车棚，拆除高三、初三前面的老车棚，完成学校的环境整治工作。

4. 开发创收与加强管理，节约支出。

(1) 积极着手在新图书馆东围墙段建筑活动房，租赁创收；

(2) 土地开发建房和住房改革并举，积极准备新建宿舍，解决教师住房困难。

(3) 对所有住校人员进行电表装箱封闭，临时人员统一安装电表交纳电费，催收部份住户电房租欠款；

(4) 落实教室管理责任制，对班级课桌椅进行编号，完善奖罚制度。

5. 加强财务管理，实行财务切块包干使用，各处室制定使用计划，节约可结转下年。严格执行报销审批手续。本学期集中力量完成财会达标工作。

6. 以改革促进后勤服务工作。

(1) 教育职员职工积极参加学校内部管理体制改革，抓好总务内部的考勤考绩工作，明确岗位责任制；

(2) 落实食堂和绿化承包方案，为师生提供优质服务。

江苏省扬州中学
1994至1995年度工作计划

总要求:

认真学习、深入领会、全面贯彻全国、省、市教育工作会议文件与《中国教育改革和发展纲要》、《国务院关于〈中国教育改革和发展纲要〉的实施意见》。以迎接全国高中工作会议召开和“四校”交流为契机,进一步从全面贯彻教育方针、促进学生全面发展、全面提高基础教育质量的高度,在转变教育、教学思想,更新观念、改革教育、教学方法。提高课堂教学效率等方面狠下工夫;进一步深化、完善内部管理体制改革,健全激励机制,强化学校各项管理;加强教师队伍建设,弘扬尊师重教的良好风气。在教师中提倡敬业精神;争取社会支持办学,增强经济实力。加快学校的发展;调动各方面积极因素,把学校的教育教学质量再提高一个新水平。

思想政治工作

教职工方面:

一、切实抓好教职工政治学习,提高政治学习质量

1. 继续认真学习邓小平同志建设有中国特色的社会主义理论。学习贯彻《中国教育改革和发展纲要》以及全国和省教育工作会议精神。贯彻全国教育工作会议精神,实施《中国教育改革和发展纲要》首要一条,就是要认真学习,深刻领会小平同志的教育思想和江泽民同志关于教育工作的重要论述。通过学习,充分认识确立教育优先发展战略地位的意义,牢固树立“百年大计,教育为本”的观念。同时结合学校工作的实际,进一步解放思想、确立教育主动适应社会主义市场经济体制的观念。教育改革要大胆探索的观念、质量第一的观念,进一步全面贯彻党的教育方针,深化教育、教学改革,全面提高学生的素质。

2. 严格学习纪律、提高学习质量。政治学习时间,一般不得安排其它工作,遇有特殊情况向分管校长请假。全校性会议、教研组、学习组要严格检查人数,填写出、缺席情况统计表,进行考勤,与发放奖励浮动工资挂钩。学习方式坚持大会辅导与小组

自学讨论相结合,文件学习与观看录相,组织外出参观相结合。力求生动活泼,讲究实效。

二、做好迎接全国普通高中工作会议召开的各项准备工作

今年十月份全国普通高中工作会议在江苏召开,我校是会议的重点现场之一。我们要以迎接会议的召开为契机。推动全国和省教育工作会议精神的贯彻。以提高教育教学质量为中心。促进全校各项工作的开展。向全国客人展示我们一流的精神风貌,一流的教学质量,一流的校园环境。

三、完善内部管理体制改革,加强各项工作的管理

我校内改方案执行一年来总体是平稳的积极的。收到明显的效果,受到有关方面的好评。面对工资套改的新情况,学校将进一步听取、分析各方面意见,既兼顾老、中、青教职工的利益,又适当加大改革力度,从加强管理、调动积极性出发,修订内改有关条例,强化学校各项管理,各部门要根据已制订的工作职责,各司其责。同时要加强部门间的密切配合,要坚持不懈地抓好常规管理,特别是校园的常规管理,学生行为习惯的培养。严禁体罚和变相体罚不良现象的发生,坚决抵制乱收费、私自外出廉课、滥编、滥印复习资料的不正之风。

四、加强综合治理和“双拥”工作

进一步完善社会治安综合治理的各项措施。特别是防火措施的落实。加强对青少年的法制教育,层层落实治安承包责任制,迎接市、区各项检查验收。努力做好民事调解工作。杜绝一切责任事故。继续进行“双拥”的宣传,自觉开展“双拥”活动,对高一、初一新生进行军训,加强国防观念、纪律观念。

五、进一步做好工会工作

在党总支领导下,配合学校行政抓好政治学习,组织学习《教师法》、《工会法》。

促进内部管理体制改革的深化、完善。继续开展“教书育人、服务育人、管理育人”的三育人教育活动,配合行政抓好教职工的教育、管理。要求教职工在仪表举止、工作态度、办公纪律、创建文明组室等方面为学生做出榜样,为创建整洁、文明、向上的校园环境做出成效。进一步抓好计划生育工作。完成计划生育的各项指标(“三百”“二高”“一低”“一好”)。积极开展丰富多彩的文体活动,搞好教职工生活福利。继续做好对生病教职工的慰问工作。对离退休教职工高龄70、80、90大寿送蛋糕祝寿工作倡导尊老、敬老的良好风气。

六、进一步开展校史组工作

为了迎接全国普通高中工作会议召开。根据上级要求做好校史陈列馆的扩展工

作，完成《江苏省扬州中学简介》的编辑、印刷工作。抓紧时间编写《全国名校校史资料丛书·江苏省扬州中学分册》，争取95年3月份前完成。认真做好大事记工作。开学前印发《扬中校友通讯》第14期。做好校友的通联工作，积极为学校的发展提供信息，继续争取能有一定的经济收益。

学生方面：

本学期德育工作，以爱国主义教育为主线，以行为规范教育为重点，坚持对学生进行爱国主义、社会主义、集体主义教育，重视中华民族传统美德教育，强化以贯彻《中学生日常行为规范》为内容的基础文明建设，努力探索德育工作的新格局，促进学生思想政治素质、道德素质、心理素质等各方面素质的内化和升华，引导学生树立科学的人生观、世界观，培养适应社会主义现代化建设。社会主义市场经济发展和未来社会挑战的跨世纪人才，本学期在德育工作的要求上，应着重明确下列几点：

1. 德育工作要坚持“三个面向”，适应市场经济形势，解放思想，拓宽视野，实事求是，形成特色，努力探索德育工作新思路、新方法。

2. 形成全员参与，全面渗透的德育工作机制，建立全体教师为主体的大德育队伍，努力做到德育工作的课程化。

3. 继续充分挖掘校史中的德育资源，推进德育与美育的相互渗透，建设高品位的校园文化。

4. 要特别重视中学生行为习惯的养成教育和良好心理素质的培养，突出抓好传统美德的熏陶。强化意志训练，提高中学生的意志水平。

本学期德育工作主要有以下五个方面：

一、进一步加强爱国主义、社会主义、集体主义教育和正确的人生价值观教育。引导学生树立远大理想。

1. 继续深入抓好爱国主义教育。各学科要充分发挥学科教育的渗透作用。融教育内容于知识传授之中，要充分挖掘校史中的德育资源。初一、高一年级要将校风、校史教育工作为重点；要结合市情教育、校风校史教育将“两史一情”教育落在实处。

2. 认真搞好升旗仪式，做到活动制度化、内容多样化、仪式规范化；结合国庆四十五周年纪念活动对学生深入进行爱国主义教育和革命传统教育，引导学生正确认识中国革命的必由之路、艰难历程，社会主义建设的巨大成就，内化为自己的远大理想，物化为自己的实际行动。

3. 继续抓好中华民族传统美德教育，引导学生树立正确的人生价值观念。本学期要在上学期系列讲座的基础上，通过学科教学渗透中华民族的传统美德；通过团队活动、班会活动、演讲比赛等教育形式，引导学生自觉继承中华民族传统美德，树立正直、自主、自强、竞争等正确的人生价值观念。

4. 继续组织学生观看百部爱国主义教育影片，组织学生写观后感，讨论体会。

5. 进一步抓好社会实践活动，巩固社会实践基地。引导学生通过社会实践了解改革开放的大好形势，增强民族自信心和自豪感。

二、大力加强健康的、有特色的。高品位的校园文化氛围建设。优化育人环境，促进学生全面发展。

1. 加强德育和美育的相互渗透。建设好整洁、优美、富有特色的高品位的校园文化氛围。发挥美育的育人功能，优化育人环境。根据学校的总体安排，安排布置好名人名言牌，树人画廊。办好广播室；各班要认真布置好教室。办好黑板报。美化教室、包干区的环境。

2. 组织“美在教室”、“美在饭厅”、“美在宿舍”的竞赛评比活动。各班组织开展“我为美化校园出一份力”的整体活动。

3. 大力宣传各种先进人物，宣传本校优秀学生的先进事迹。

4. 办好扬州中学首届科技节。

三、强化行为习惯的养成教育，切实加强学生的日常行为管理。

1. 结合中华民族的传统美德教育，坚持不懈地抓好行为习惯的养成教育。各班要将行为规范的教育作为本学期的一件主要工作来抓，将中华民族的传统美德教育与本班实际结合起来，形成健康的舆论，找出存在的问题，制订解决措施。

2. 组织全体学生认真学习贯彻《中学生日常行为规范》和加强校园管理的若干规定，巩固已经取得的成绩。本学期重点解决文明礼貌、爱护公物、环境卫生、公共秩序等方面存在的问题。初一、高一集中一两个月时间强化这方面的教育，学校将由政教处、团委组织对贯彻落实“规范”情况的测试和抽查。

3. 进一步完善学生行为习惯的检查措施，强化检查机制，健全学生行为的考核制度，制订并试行《学生奖惩条例》，加强学生的自我教育、自我管理。

4. 加强意志训练，培养学生坚毅的个性品格。引导学生热爱劳动、爱惜环境、艰苦奋斗、勇于克服困难，养成良好的行为习惯，要将学生的坚强意志的训练贯注并渗透于学生生活的一切方面。

5. 进一步加强文明班集体建设，将学生的日常行为习惯作为衡量班集体状况的重要标准之一。本学期末将进行文明班级的初评。

6. 要强化学生行为规范教育。展示扬中学生风采，迎接全国高中工作会议。

四、进一步建设好德育队伍，搞好德育科研，重点建设一支素质优良、富有特色的班主任队伍。

1. 进一步健全、完善德育全员化机制，落实教书育人、管理育人、服务育人的“三育人”措施，使德育工作适应当前的形势。

2. 就德育工作特色化问题作一些理论和实践探讨，努力开创德育工作新格局，本学期拟举行两次德育理论与实践研讨会(具体计划另订)，学期结束时准备编辑德育论文集或班主任工作论文集，以优化学生心理素质为目的以寻求德育工作途径为突破，在高一年级有关班级开展重点中学学生心理教育研究实验。

3. 加强班主任队伍建设，本学期拟举办青年班主任培训班一期（具体计划另订），初一、高一举行班会观摩评比活动；组织班主任工作理论探讨和经验交流；鼓励班主任形成自己的工作特色。

4. 进一步完善班主任考核制度，并作为本学期评选优秀班主任的重要依据之一。

五、加强共青团、少先队工作，进一步搞好学生会工作，提高学生的自理、自学、自律、自护、自强的能力。

1. 共青团、少先队要在学校党总支的领导下进一步搞好自身建设，团支部、少先队中队要组织健全，活动内容落实，活动时间有保证；实践要办好少年团校，高中办好业余党校。

2. 共青团、少先队要认真调查研究改革开放的新形势下学生的思想状况，针对现实思想开展丰富多彩、富有特色的思想教育系列活动。

3. 充分发挥共青团、少先队在学生中的模范核心作用和创建文明班集体活动中的骨干作用。推动学生的自我教育和自我管理。

4. 切实加强对学生会工作的指导，学生会要充分发挥在校园文化建设和学生自我管理中的作用，发挥学校和学生之间的联系纽带作用。

教学工作

本学期工作要点：深化内部体制改革。贯彻实施岗位职责，强化教学管理，使教学管理规范化、科学化、制度化。开展教育科研，组织各课题组开展学科思维教学。健全激励机制，促进教学管理、教育科研取得成效。制定教学设施现代化工程的规划，实施一期工程。

一、教学管理

1. 教研活动正常化。做到有计划，有质量，有记录。教研活动每两周一次。围绕学校的教育科研项目。组织教师系统学习有关理论著作，进行业务进修，切实提高教师的业务水平和理论水平。

2. 提高集体备课质量。集体备课不仅要统一教学进度。而且要备各课的教学目标和目标实施的主要过程，解决重点和难点。

3. 开课、听课。35 岁以下年轻教师每学期开课一节，其他教师每学年开课一节（随堂听课除外）。教研组长每学期听课 10 节以上。新教师听超前课 20 节以上，其他教师每学期听课 3 节。听课均须有听课笔记。

4. 期中考试以后进行教学情况调查。期终考试前进行 35 岁以下年轻教师教案检查评比。

5. 初一、高一年级入学后进行摸底考试。通过标准分计算，进行质量分析。

6. 加强对学习资料的管理。各组选购学习资料、打印学习材料须经教导处分管负责同志批准。

7. 加强对教学秩序的管理。调课、对外开课、各年级的统一活动须报教导处备案。

8. 加强对选修课的管理。高一学生每人须选定一门学科，根据平时成绩和考查结果评定等级，不及格者须补考。

二、教育科研

1. 准备省教育科研工作会议交流材料，拍摄一部有关思维教学研究的录像片。

2. 与市教研室联系，举办一次大型公开教学活动。教学活动以思维教学为核心，各组通过选拔，推荐1至2名教师参加开课，开课后根据听课者意见，评出优秀教学奖。

3. 征集、编辑教学论文集。论文的范围：思维教学、目标教学、审美教育，期中考试前截稿。

4. 各学科思维教学课题组制定实验、活动计划，争取和有关教育科研单位取得联系。做好资料的收集工作，争取取得成效。

5. 语文、外语学科扩大课外阅读量。从初一到高三，各年级要制定课外阅读计划，确定阅读篇目。举办课外阅读辅导，将课外阅读纳入期中、期末考试的范围。

三、学科竞赛

加强学科竞赛辅导的计划性，提高辅导课的质量，注意和高校的联系，注意资料信息的交流，在适宜的时候开设强化班，实行分级教学。

四、根据各年级特点，重点抓好以下工作

初一、高一年级是起始年级，要抓好学习习惯的培养，初二、高二年级抓好竞赛培训工作。高二、高三抓好会考工作，提高合格率、优秀率，初三年级抓好补差工作。

五、新教师培训工作

举办新教师学习班，让新教师和老教师结成互帮互学关系，帮助新教师尽快熟悉教学常规，加强教学基本功训练，加强业务进修和教育理论学习。开好汇报课。在适当的时候对新教师的教学态度、教学业务、理论水平进行综合评比。

六、电教、劳技

1. 提倡充分利用电化教学手段，开设电教基础知识，技能的讲座和示范。

2. 改变劳技课因人设课的状况，从实用出发开设课程。在初一开设书法课，在高二开设中文打字课。

七、体育、卫生工作

1. 进一步做好广播操评比，提高广播操质量。

2. 和政教处配合，加强对体育活动课的管理。班主任、体育教师必须到场。对学生进行指导、管理。

3. 开好卫生教育课，做好预防近视眼工作。降低近视眼和常见病发病率。

八、教学后勤

1. 购置必备的图书、设备和实验室的仪器设备。

2. 健全规章制度，提高服务质量。

3. 做好与全国各地著名中学的资料交流工作和资料管理工作。

4. 建立健全规范化的教师业务档案。

总务工作

根据学校本学期工作的总要求，继续执行内改方案，实行定编定岗、明确工作责任，充分调动职员、职工的工作积极性，全心全意为教育教学服务。为师生服务。做好迎接全国高中教育工作会议的召开和“四校交流”的准备工作，做好创建全国卫生城的工作。通过以上工作，推动和促进学校的管理和校园环境建设。

一、深化完善总务部门的内改工作

根据学校下达的人员编制，进一步做好定员定岗和优化组合的工作。执行岗位责任制，抓好劳动纪律。

做好考核工作。充分发挥职员组长和各口负责人的作用。分口把关，加强检查督促，贯彻执行学校内部管理体制改革的有关奖惩办法，充分发挥内部管理体制改革的激励作用。根据学校加强管理的总要求，抓好制度建设。

二、完善内部管理

1. 认真抓好校产的管理。继续做好校产的登记工作。严格购物、进货、入库等手续，严格执行物品领用审批手续。

2. 加强财务管理，试行经费切块包干，搞好财务预算。认真执行财务制度，严格审批手续，节约财务支出。

3. 积极创造条件完成食堂的包干核算工作，抓好食堂的各项制度管理，加强成本核算，提高和改善饮食质量，在菜的品种、质量、价格和服务态度等方面下功夫，早晚餐增加供应品种，搞好学生的夜餐供应。

4. 进一步完善教室管理责任制，落实奖惩办法。

5. 认真做好节约用水、用电的调查研究工作,进一步落实节约用水、用电的措施。加强教室用电管理和临时工用电的管理工作。

三、进一步抓好校园环境的整治、建设工作

1. 做好硬件设施建设,完成新图书馆周围道路的铺设、铁栅栏的修建工作。在西长堤新建学生自行车棚,在工厂前新建教工自行车棚,方便师生自行车的停放。

2. 做好用电增容工作,争取早日施工,完成教学区和宿舍区的线路改造和分线控制工作,保证安全用电。

3. 认真重视校园绿化,抓好绿化工作,美化校园环境。

4. 积极创造条件,争取早日建造教工宿舍、改善教职工的居住条件。

四、进一步树立为师生服务的思想,努力提高服务质量

1. 做好教学后勤服务工作,确保教学必需品的供应,办公室、教室、宿舍设施及时维修。

2. 进一步办好食堂、浴室和理发室,为师生生活服务。

3. 积极做好医疗保健工作,增强师生防病意识。

4. 继续搞好开发创收工作,尽快做好新图书馆东侧围墙边活动房的建造和出租工作。

江苏省扬州中学
1994—1995年度第二学期工作计划

总要求:

以邓小平同志建设有中国特色的社会主义理论为指导,深入贯彻《中国教育改革和发展纲要》及《实施意见》,认真落实全国、全省、全市教育工作会议精神,以争创国家教委重点高中、迎接全国高中工作会议召开为契机,以全面提高教育、教学质量为目标,继续加强学校常规管理,重视教师队伍建设,积极启动教育现代化工程,全面贯彻党和国家的教育方针,面向全体学生,深化素质教育,全面提高教育教学质量,实现学校各项工作的新跨越。

思想政治工作

教工方面:

一、进一步抓好政治学习。把学习邓小平同志建设有中国特色的社会主义理论和邓小平同志教育思想,提高对教育战略地位的认识,贯穿于学校教育、教学改革的全过程。继续组织学好邓选三卷、中共中央十四届四中全会决定及《中共中央关于进一步加强和改进德育工作的若干意见》、《爱国主义教育实施纲要》,学习江泽民同志关于教育工作的重要论述,进一步增强教书育人的责任感,增强启动教育现代化工程的紧迫感和教育主动服务于经济的自觉性。学习方法仍以自觉为主,辅以大会辅导和外出参观考察。行政干部除每周参加教工学习组学习外,每月集中学习一次。

二、抓好"一纲、两法、三会"精神的贯彻,依法治校,依法治教。牢固树立方针观念,面向全体学生,全面提高教育教学质量。在深入了解学生负担的基础上,进行科学分析,深化教学改革,坚持向45分钟要质量。严格执行国家教委、省教委关于减轻学生过重负担的各项规定,杜绝体罚和变相体罚学生的现象(详见教学部分)。

三、加强党总支全体党员的思想建设、组织建设和作风建设,充分发挥党员的先锋模范作用,充分发挥党总支对学校工作的监督和保证作用。坚持三会一课制度,上党课吸收党外积极分子参加,对青年教师进行党的基础知识和党的基本理论教育,增强党的吸引力,积极慎重地发展党员,做到成熟一个发展一个。

四、加强教师队伍建设。组织教师学习《中小学教师师德规范》以及学校制定的《教师工作职责》,要求教师加强师德修养,发扬奉献精神、敬业精神,热爱学生,强调身教和示范作用。启动跨世纪学科带头人工程,推荐一批45岁以下的中青年教师进行培养、考察。对教师进行分类规划,分类指导,鼓励教师在教育、教学、教研实践中出成果,提高理论水平。充分发挥老教师的传、帮、带作用,提倡新老教师结对子。青年教师要苦练基本功,各教研组具体制定基本功过关要求,有计划地组织对中青年进行新技术培训(电教、电脑等)。政治上、生活上关心青年教师,尽可能帮助他们解决实际问题。

五、深化学校内部管理体制改革,强化学校各项管理。

我校内改已取得明显成效。今后将进一步切实做到校长负责制到位,党组织保证监督到位,教代会民主管理落实。考虑到本学期考试繁多的特点,拟在期末举行教代会。贯彻市教育局要求,"深化学校内部管理体制改革,扩大推行校内结构工资制,实行报酬与实绩挂钩,建立自我约束和平等竞争机制,促进人才优化组合和合理流动,增强办学活力。"进一步加强学校管理,严格执行已制定的各部门工作职责,认真进行考核。考核工作在校长直接领导下进行,由校长办公室牵头,会同政教、教导、总务部门进行具体工作。

六、为迎接全国高中工作会议,突出抓好校园管理和校史陈列馆扩展工作。校园管理统筹规划,统筹安排,根据美化育人环境的要求进行(详见总务工作)。校史组要组织力量检查校史陈列馆展品内容,进一步做好扩展工作。根据人民教育出版要求,按期编好《全国知名中小学校史资料丛书·江苏省扬州中学分册》。定期出《扬中校友通讯》,加强和广大校友联系,提供有关信息,为开发学校财源作努力。

七、进一步抓好工会工作。在总支领导下,配合行政组织教职工学习《邓选》,学习《教师法》、《工会法》、《劳动法》,召开工会委员及工会组长学习心得交流会一次。积极准备召开扬中第二届教职工代表大会,进一步推进学校民主管理,维护广大教职工的合法权益。加强计划生育的宣传,完成计划生育各项指标("三百""二高""一低""一好"),搞好计划生育宣传橱窗。积极开展丰富多彩的文体活动,如组织舞会、体育竞赛、旅游等。搞好教职工的生活福利。定期开放"教工之家",使教工之家常建常新,积极做好准备,迎接优秀教工之家验收。

八、加强综合治理和"以拥"工作。进一步完善社会治安综合治理的各项措施,特别是防火措施的落实,加强对青少年的法制教育,层层落实治安承包责任制,迎接市、区各项检查验收。努力做好民事调解工作,杜绝一切责任事故,继续进行"双拥"的宣传,自觉开展"双拥"活动,坚持对学生进行国防教育,加强国防观念、纪律观念。

九、完成人事档案清理工作。严格规范档案工作制度。

学生方面:

本学期学校德育工作,以中央有关德育工作的两个重要文件为指导,继续以爱国主义教育为主线，以行为规范养成教育为重点，以校园文化建设为载体，努力探索提高德育工作实效的新途径、新方法，促进学生思想、政治、道德、心理等各方面素质的健康和谐的发展，引导学生逐步确立科学的人生观、世界观，致力培养适应社会主义市场经济发展需要和未来社会挑战的跨世纪人才。

本学期在德育工作总体构思中，应着重体现以下四点：

一、强化三种意识。即爱国主义教育的主导意识，科学规范学生行为的管理意识，建设高雅校园文化的环境意识；

二、创出扬中特色。充分发掘利用校史中的德育资源，健全校内德育基地，研究切合扬中学生思想实际的德育内容和形式，使德育工作逐渐形成扬中独有的特色。

三、形成德育体系。按照教育规律和学生身心发展的客观要求，努力形成和完善覆盖整个中学阶段的德育体系。

四、重视队伍建设。进一步建立以班主任为骨干、以全体教师为主体的大德育队伍和全员参与、全面渗透的德育工作机制。

本学期德育具体工作主要有以下五个方面：

一、进一步加强爱国主义、社会主义、集体主义教育，引导学生树立远大的理想。

1. 升旗仪式进一步正常化、规范化，结合“五、四”青年节和抗日战争胜利五十周年等重大纪念活动对学生深入进行爱国主义教育和革命传统教育，引导学生明确自己所应承担的历史使命和社会责任，以此来激发他们的爱国热情和爱国行为。

2. 在强调“两史一情”教育和中华民族传统美德教育的同时，充分发掘校史中的德育资源，强化对学生的校风、校史教育。

3. 继续组织学生观看百部爱国主义教育影片，要求学生写出观后感，并进行多种形式的讨论。同时本学期要重点组织学生学唱国家教委新近公布的百首爱国主义歌曲。高三年级举行富有教育意义的成人仪式。

4. 利用黑板报、橱窗、广播、《树人报》和班级系列活动等形式在校园内造成爱国主义教育的浓重氛围。让校园文化环境潜移默化地影响学生的思想认识。

5. 进一步抓好社会实践活动，巩固社会实践基地，引导学生通过社会实践了解改革开放的大好形势，增强民族自信心和自豪感。

二、强化行为习惯的养成教育，切实加强学生日常行为的管理。

1. 开学之初利用广播、黑板报、班会、个别谈心等多种形式宣传《扬州中学学生奖惩条例》(试行稿)，掀起全校学生认真学习、自觉遵守《中学生日常行为规范》和学校有关规定的高潮。适当时候组织对学习《规范》情况的测试和抽查。

2. 参照《条例》制定具体明确且有较强操作性的检查制度，及时宣传表彰学生中贯彻《规范》好的典型，批评曝光不良倾向。

3. 加强对学生的礼仪训练，提高学生的文明素质，本学期重点解决乱抛乱扔纸屑果壳、行进间吃零食、损坏公物或他人财物等存在问题。

4. 强化学生宿舍管理，严格作息时间和宿舍纪律，试行宿舍公共走廊学生轮流值日制度,倡导健康文明的宿舍文化,由团委组织进行文明宿舍“流动红旗”评比活动。

5. 进一步加强文明班集体建设,将学生的日常行为习惯作为衡量班集体状况的重要标准之一,本学期末进行文明班级的评比。

三、大力加强多样化、有特色、高品位的校园文化建设,优化育人环境,促进学生的全面发展。

1. 精心布置树人画廊和校园中的标语牌,指导各班认真美化教室环境,办好黑板报。团委指导学生会努力将校广播台和《树人报》办得丰富多彩、生动活泼。

2. 创造条件在周末将图书馆和电教室向学生开放,以丰富学生的课余生活。

3. 利用各种形式及时宣传本校优秀学生的先进事迹。

4. 围绕“五·四”和“六·一”等庆祝活动,开展较大规模的歌咏活动,组织全校学生学唱国家教委指定的百首爱国主义教育歌曲。举办“祖国在我心中”美术作品展评活动。

5. 班会、晨会活动正常化和系列化,高一、高二、初一、初二分别进行主题班会观摩评比。

6. 搞好班级文化建设。

四、进一步建设好以班主任为主体的德育队伍,推进德育科研。

1. 进一步健全、完善德育全员化机制,落实教书育人、管理育人、服务育人的“三育人”措施,使德育工作更好地适应当前的形势。

2. 继续搞好青年班主任的培训,同时强化对班主任的理论指导,鼓励班主任在班级管理上形成自己的特色。组织撰写德育论文,适当时候进行评奖并出班主任工作论文集。

3. 研究、完善对班主任的培养激励机制,重点研究班主任工作的科学评估、考核、激励等问题。在此基础上试行期末班主任工作考核制度,使政教处由对学生的直接管理转变成为对班主任和学生的双重管理。

4. 继续进行德美渗透、全方位系统实施美育的教育科研。

5. 进一步明确年级组长的工作职责,更好地发挥年级组长的作用。

五、切实加强共青团、少先队工作,从时间、条件等各方面充分保证团队活动的正常开展。更好地发挥学生会的作用,以促进学生的自我教育与自我管理。

具体工作安排详见团委、少先队、学生会本学期工作计划。

教学工作

全面贯彻教育方针,减轻学生负担,提高教学质量,迎接全国高中工作会议的召开和省教科所对省级课题的检查。

一、教学管理

1. 根据实际情况，严格执行国家教委规定的课时计划。

2. 严格控制学生学习辅导用书的购置，各组购置学习辅导用书，须经教导处批准。

3. 使教研组的教学常规管理规范化、制度化。教学计划中要明确开课人员、时间、班级、内容，教研活动，课外活动，选修课安排等方面的内容，期中考试后进行检查交流，学期结束时进行总结、评比。

4. 通过听课、学生会、家长会等多种渠道，了解教学情况并及时反馈。

二、教学科研

1. 将近三年来我校教师在报刊上发表的较有份量的文章或在省、市级科研论文评比中获奖的作品结集。

2. 总结系统开展学科思维教学第一阶段所取得的成果，并开展各学科课题的对比实验。

3. 开展美育和目标教学管理等课题的研究。

4. 制定教育科研的管理制度，形成激励机制。

5. 组织各科教师学习教育理论，用于指导教学实践。

三、招生

向教育局、市政府汇报争取招收初中特色班，继续面向各县市单独招收部分高一新生，做好招生宣传、命题、阅卷、录取等方面工作。

四、高、初中毕业班工作

1. 力求精讲精练，着力使学生的知识系统化，着力提高编选练习题和讲评的质量。

2. 充分发挥学生学习的自主性、自觉性，让学生熟悉大纲考纲，有计划、有针对性地进行复习，给学生更多的自由支配的时间；节假日、晚自习不得上课。

3. 做好帮助后进生工作。

4. 注意改善学生的非智力因素；全面关心学生的健康成长。

五、学科竞赛

1. 及早抓好竞赛培训，编定培训计划，做好组织安排工作。

2. 注意指导学生自学。

3. 和高校挂钩，充分利用高校的师资力量，做好竞赛培训的工作，在此过程中带动培养起我校青年教师。

4. 进一步完善竞赛管理规程，强化激励机制。

六、青年教师培养

1. 发扬扬中传统，坚持“老”带“新”，组织“青年教师教育理论学习班”，提高青年教师的业务水平和师德修养。

2. 三十五岁以下青年教师组织综合评奖，评比内容：① 公开课一节；② 平时随堂听课两节；③ 教案评比；④ 教学论文一篇；⑤ 期中期末试卷一份（包括命题蓝图）；⑥ 作业检查情况；⑦ 同行评价和学生评价结果。每二年一次，争取在几年内将实施过程规范化。

七、师院、教院实习生的指导工作

指导教师要帮助实习生设计好教案，并随堂听课，认真做好评语鉴定工作。

八、电化教学

配备电教设备，开设电教讲座和示范课，鼓励教师运用电教设备。

九、教学后勤

完善教师业务档案，设置学生读报栏，充实图书馆工作人员，争取经费购置图书和有关硬件设施，使实验条件跟上教学发展的需要。

十、体育卫生

继续坚持把提高全体学生的身心健康，增强全体学生的体质放在首位，努力提高体育课的质量，保证一定的密度和强度；进一步做好广播操评比工作，加强对课外活动的管理和指导，开好卫生教育讲座，做好防止近视和多发病传染病预防工作。

认真总结试办体育后备人才试点校十年来的成败得失，处理好文化学习和课余训练的关系，提高科学训练水平，做好后备生源的物色工作和科学选才工作，把体育后备人才培养工作推上一个新台阶，接受国家教委的检查验收。

总 务 工 作

明确总务后勤工作的服务宗旨，调动全体职员、职工的积极性，全心全意为教育教学工作服务，为师生的生活服务。做好迎接全国普通高中教育工作会议召开和争创全国首批百强中学的准备工作。

一、加强校园硬件建设

1. 继续做好环境卫生整治工作，创造育人环境。搞好绿化工作，抓住季节，进行整体规划,逐步更新品种,从美化、香化校园的要求出发,注意种植不同季节的花卉,逐步做到四季有花香,常年见绿荫,处处不同样。

东大楼前的草坪重新种植,做好西长堤和水塔周围的绿化,铁栅栏内沿边线种植草花,西大楼西栽种竹子。

2. 修建两片水泥篮球场,积极争取综合楼和体艺馆等基建项目的立项,积极争取建造教工宿舍楼,改善教职工居住条件。

二、加强总务管理

1. 认真抓好职员、职工的政治学习,做好思想工作,使大家牢固树立全心全意为教育教学服务,为师生的生活服务的宗旨,做到服务育人。

2. 认真落实岗位职责,抓好制度建设,加强检查督促,严格劳动纪律,充分发挥内部体制改革的激励作用,认真执行内改条例,定员定岗,优化组合。加强考勤考绩和考核工作。

3. 进一步加强财务管理,逐步试行经费切块包干使用,做好财务预算工作,认真执行各项财务制度,严格审批手续和申购手续,做到计划用钱,节约开支。积极创造条件,做好会计达标的准备工作,争取会计达标。

4. 继续认真做好校产的统计工作,加强校产登记和管理工作。

5. 继续抓好教室的管理责任制,落实奖惩办法。做好节约用电、用水的调查研究工作,加强水电管理。

三、进一步搞好教学和生活后勤工作

1. 积极主动地做好教育教学后勤服务工作,确保教育教学必需品的供应工作。

2. 及时做好办公室、教室、实验室、宿舍等设施的维修工作,争取做到小修不过夜,大修不隔周。

3. 积极创造条件逐步完成食堂的包干核算工作,建立健全食堂规章制度,加强管理,加强成本核算,提高和改善饮食质量,增加供应品种,逐步改革就餐供应方法,做好住宿生的夜餐供应工作。

4. 做好医疗保健工作,增强师生的防病意识,提高健康水平,增强师生体质。

5. 加强管理,办好浴室,搞好茶水供应。

6. 争取进行自来水增容工作。

江苏省扬州中学
1995—1996 年度第一学期工作计划

总要求：

在邓小平同志建设有中国特色社会主义的理论和党的十四大精神指导下，继续认真贯彻《中国教育改革和发展纲要》，认真学习和贯彻《教育法》、《教师法》；以启动教育现代化工程为契机，加快学校的发展；以深化教育教学改革和内部管理体制改革为动力，进一步提高教育质量和办学效益；以加强领导班子和师资队伍建设为保障，全面贯彻党的教育方针，强化素质教育，努力把学校办成高水平、高质量、有特色的示范性中学。

思想政治工作

教职工方面：

一、抓好教职工政治学习，提高政治学习质量

认真学习邓小平同志建设有中国特色社会主义理论，组织学习《教育法》、《教师法》、《中学德育大纲》。《教育法》和《教师法》是教育的根本大法，具有里程碑的重大意义，它的颁行，标志着我国教育工作进入了全面依法治教的新时期，对于建立和完善具有中国特色的社会主义现代教育制度，保障教育改革和发展具有重大而深远的意义。《中学德育大纲》是中学德育工作的指导性文件，是各级教育部门对中学德育工作实行科学管理和督导评估的基本标准。要求把"两法一纲"的学习和深刻领会小平同志教育思想、江泽民同志关于教育工作的重要论述结合起来，继续深入贯彻全国、省、市教育工作会议精神，进一步增强全面贯彻党的教育方针，深化教育、教学改革，全面提高学生素质的自觉性。

政治学习坚持个人自学和集体学习相结合，根据双休制情况，每周三第八节定为分组集体学习的活动时间。要求严格学习纪律，提高学习质量。全校性会议，教研组、学习组要严格检查人数，填写出、缺席情况统计表，进行考勤，与发放奖励浮动工资挂钩。学习方式坚持大会辅导与小组自学讲座相结合，学习文件与观看录相、组织

外出参观相结合，力求生动活泼，讲究实效。

二、进一步完善内部管理体制改革，加强各项工作的管理

我校内改方案执行以来收到明显的效果，受到有关方面的好评，面对执行双休制新的情况，学校将进一步听取、分析各方面意见，从加强管理、调动积极性出发，将对内改方案作适当微调。积极筹备在寒假前召开第二届教职工代表大会。目前即成立有关筹备小组，着手进行工作报告、远景计划、内部管理体制改革方案、分房方案等起草工作，以及代表名额分配、选举代表工作。各部门要根据已制订的工作职责，各司其职，同时要加强部门间的密切配合。要坚持不懈地抓好常规管理，特别是校园的常规管理，学生行为习惯的培养，严禁体罚和变相体罚学生不良现象的发生，坚决抵制乱收费、私自外出兼课、滥编、滥印复习资料的不正之风。

三、积极做好创建国家级卫生城工作

我校在市委、市政府和教育局领导下，根据统一要求，结合学校实际，瞄准创建国家级卫生城目标，创建工作取得了显著成绩，暑期中及开学初省检查组检查我校灭蝇、传染病防治工作，均获好评，今后要进一步提高对创建重大意义的认识，坚持把创建工作作为校园管理、校园高品位文化建设、对学生进行全面素质教育的基础性工作来抓，要进一步加强学校卫生工作的组织建设和制度建设，在原有基础上加大力度，提高标准，着力抓好长效管理，在可能范围内，增加投入，改善卫生设施，努力把创建工作提高到一个新的水平。

四、加强综合治理和“双拥”工作

进一步完善并落实社会治安综合治理的各项措施，特别是落实防火、防盗的各项措施，有计划地对青少年进行法制教育，加强对重点人的帮教工作，层层落实治安承包责任制，迎接市、区各项检查验收。努力做好民事调解工作，杜绝一切恶性事故发生，继续进行“双拥”宣传，按计划开展“双拥”活动。坚持对高一、初一新生进行军训，加强国防观念、纪律观念。

五、加强工会工作

在党总支领导下，配合行政抓好《邓选》学习，要求全体会员结合本职工作学好《教育法》、《教师法》、《工会法》、《劳动法》等，组织一次工会委员及工会组长的学习心得交流，积极筹备召开第二届教职工代表大会，配合行政做好学校远景规划、内改方案、分房方案等提案的起草工作。开展“教好书，上好课”的活动，积极配合学校搞好青年教师教育教学质量评估活动。开展创建学校文明卫生组室活动，定期检查、评比，先进组室给予表彰、奖励。继续抓好计划生育的各项工作，完成计划生育的各项指标。搞好教职工生活福利，积极开展丰富多彩的文体活动，坚持每天课外活动时间

开放"教工之家",每周六晚开放舞厅。积极创造条件,做好"优秀教工之家"验收的准备工作。

六、坚持开展校史组工作

为庆祝建校九十三周年,配合做好48届、55届、65届、75届校友返校活动有关工作,继续进行《扬中校友通讯》征订、编辑、发行工作,保持和广大校友的联系。积极征集资料,继续做好校史陈列馆的扩展工作,坚持进行扬州中学大事记载工作。继续完成《全国著名中小学校史资料丛书·江苏省扬州中学分册》扫尾工作。

学生方面:

指导思想

本学期德育工作,继续坚持以爱国主义教育为中心,全面贯彻实施《中学德育大纲》,加强校园的基础文明建设,加强法制教育,形成高品位的校园文化,全面提高学生的综合素质。

具体工作

一、认真学习、积极宣传、全面贯彻《中学德育大纲》

1. 组织全体教职工认真学习《中学德育大纲》,增强以爱国主义教育为中心的主线意识,全方位、全员化实施德育的渗透意识,学科课程与活动课程相结合实施德育的课程意识,系统教育与行为管理相结合的管理意识。

2. 加强班主任队伍建设。本学期拟举办以实施《中学德育大纲》为主要内容的班主任培训班,加强对班主任工作的指导;根据《中学德育大纲》要求组织对班主任的考核;做好实施《中学德育大纲》的各类资料的积累和整理工作。

3. 充分发挥年级组在实施《中学德育大纲》方面的作用。年级组长应根据《中学德育大纲》要求有计划、分步骤地安排好本年级的教育活动,加强对班主任工作的管理和考核。

二、系统、深入地开展爱国主义教育活动

1. 认真搞好每周的升旗仪式,认真执行《国旗法》关于升挂国旗等的规定,教育学生尊敬国旗、爱护国旗。

2. 进一步营造爱国主义教育的氛围。办好广播室、树人画廊,布置好名人名言牌、墙报、黑板报等,让学生在浓厚的爱国氛围中接受教育。

3. 加强校风校史教育,认真宣传杰出校友的爱国事迹。

4. 以年级、班级为单位,开展小型多样的爱国三义教育活动(包括参观、访问、社

会实践、班会、团队活动等)。

5. 根据我校的实践经验,制订科学、系统地开展爱国主义教育活动的实施细则。

三、加强常规管理,培养学生良好的行为习惯

1. 认真执行学校各项规章制度,认真执行《学生奖惩条例》,进一步完善科学化、现代化的学生管理机制。

2. 认真搞好班集体建设,进一步完善《班集体考核条例》,拟在期中考试后表彰一批优秀班集体。

3. 加强寄宿生生活的指导和管理,建设良好的宿舍文化。

4. 加强对学生课余生活的指导,引导学生科学、合理地利用课余时间,安排好健康活泼的课余生活。

四、进一步建设高品位校园文化

1. 加强中华民族传统美德教育。将中华民族传统美德教育与增强学生的现代意识结合起来。

2. 加强班级文化建设,努力形成各具特色、生动活泼的班级文化氛围。

3. 举办第七届文化艺术节。第七届文化艺术节拟以爱国主义的人文教育为主旨,努力提高学生的审美能力和审美情趣。

4. 重视美育,逐步系统化、规范化。

五、加强共青团、少先队、学生会工作

1. 共青团、少先队、学生会工作应贯彻落实全国学代会精神,形成我校自己的特色。

2. 加强学生的自我教育、自我管理,培养跨世纪的高素质的人才。

六、进一步搞好德育科学

1. 结合教育教学实际开展德育研究,确定研究专题,组织有关人员进行科研。搞好德育与美育相互渗透的教育研究。

2. 拟在起始年级进行有关健康人格教育的理论和实践的探讨,争取出一批成果。

3. 继续办好《班主任工作简报》。

教学工作

工作要点:继续贯彻全国普通高级中学教育工作会议精神,进一步端正办学思想。进一步加强教学管理,使之系统化、科学化、常规化。进一步实施“系统开展学科

思维教育”这一课题,并争取将其申报为国家级课题。抓好竞赛培训工作和高、初三毕业班的工作,提高教学质量。

1. 进一步完善教研组工作评比制度,形成较为系统的并具操作性的教研组工作评比细则。评比内容拟包括:教研组工作计划,听课活动、教研组活动,课外活动,期中期末成绩分析,教学管理,工作总结等。

2. 抓好青年教师培养。青年教师的综合评比是促进青年教师认真从事教学科研的重要措施。与此同时学校、教研组应对教师的理论学习、业务水平的提高给予充分的关心、帮助,提供良好的条件。对新教师做好传帮带的工作,组织青年教师参加教育理论学习,参加学术交流活动,今年起南师大等校将开展面向中学招收在职研究生工作,应建立相应的推荐机制。进一步完善、实施青年教师评比制度。在前几年实行青年教师教学工作评比的基础上,现已制定出青年教师综合评比的方案(详见另纸),拟在本学期试行。

3. 建立教师业务档案。建立业务档案是规范化管理的重要环节,是评聘教师的重要依据,应引起全校高度重视,拟在原有基础上,完善业务档案的表式和机制,并组织教师认真填写。

4. 抓好初、高三毕业班工作。关键在于充分调动教师的积极性,充分调动不同层次的积极性,创设紧张和谐的学习环境,同时有条不紊、循序渐进地开展工作,处理好各科之间的关系,处理好知识和能力、讲授新课和复习旧课等方面的关系。

5. 抓好初、高中数、理、化等学科竞赛培训。几年来,我校学科竞赛已取得若干成功经验。有必要进一步强化激励机制,认真做好组织工作,辅导教师要统筹安排,明确责任,各尽所能;参加竞赛的学生要选好苗子,及早定向,鼓励学生自学和配备“导师”相结合。

6. 进一步抓好教育科研。进一步组织实施“系统开展学科思维教育”,将设计的实验切实搞下去;吸引、组织更多的青年教师参加此项课题的学习、研究。组织申报实施“系统开展审美教育”这一课题,在两课题的基础上,向国家教委申报“系统开展素质教育”这一课题。除了这些重点课题而外要鼓励青年教师结合本学科教学实践,积极开展各项科研活动,拟组织青年教师建立“教育科研小组”,编辑、出版为教学经验交流提供园地的《扬中教研》。

7. 体育卫生工作:

① 抓好广播操评比,提高广播操水平。

② 抓好运动队的训练工作。

③ 体育老师和班主任各负其青,提高活动课质量。

④ 开好秋季运动会。

⑤ 上好健康教育课。

8. 安排好“双休日”的各项课外活动。实行“双休日”以后,学生课外活动时间增加,各年级、各学科要制订计划,组织学生在星期六开展各项有益的活动。

9. 教学后勤工作：

① 建立考证机制和办法，调动教学后勤工作人员积极性。

② 更新电教设备，添置图书。

总务工作

工作要求：进一步深化内部体制改革，加强制度建设，认真学习先进管理方法，精打细算，使有限的财力发挥最好的效益，积极做好教育教学的后勤服务工作。

1. 认真抓好宿舍楼的工程进度和质量，努力做到如期竣工，确保建筑质量优良。

2. 认真抓好房改工作，吃透房改精神，掌握好房改政策，做好等级评定，准确进行租金计算。

3. 进一步搞好校园环境建设，美化校园。争取新建花房，做好西大楼西边、浴室前、女生宿舍至篮球场等处路面铺设，新建树人堂前排球场。

4. 认真办好食堂和浴室，为师生的生活服务。加强食堂管理，加强成本核算，试行营养配餐。

5. 认真及时做好校内各项维修工作。

6. 加强校产管理。做好节约用水、节约用电的调查工作，对教室用电试行计量核算，禁止使用电炉，减少和克服浪费现象。

7. 认真响应市政府的号召，积极认真地搞好创建卫生城的有关工作，继续采取有效措施灭杀“四害”，坚持搞好环境卫生。做好卫生、保健工作，增强防病意识，增强师生体质。

8. 加强财务管理，严格执行各项财务制度，争取会计达标。

9. 做好淮海路道路拓宽、围墙改建工作以及在淮海路拓宽情况下的开发工作。

一九九五年九月

江苏省扬州中学
1996—1997年度工作计划

总要求：

继续深入学习贯彻十四届五中全会精神，学习即将召开的十四届六中全会精神，适应“两个根本性转变”，高举教育现代化大旗，加快学校软件和硬件建设，深入进行教育教学改革和内部管理体制改革，坚持全面贯彻教育方针，面向全体学生，大力推进素质教育，进一步提高办学的质量和效益，迎接省教委模范学校督导评估，争创国家级示范学校。

思想政治工作

教职工方面：

一、认真抓好教职工政治学习

继续认真组织全体教职工学习党的十四届五中全会精神，积极做好准备学习即将召开的党的十四届六中全会精神，从理论上充分认识办学适应经济发展的需要，适应“两个根本性转变”的重要意义，充分认识加强精神文明建设的重要意义。继续深入学习邓小平同志建设有中国特色的社会主义理论，突出学习邓小平同志关于“经济建设”、“教育工作”、“精神文明建设”等方面论述。继续深入学习贯彻《教育法》、《教师法》，坚持依法办学，依法治校。

政治学习坚持个人自学和集体学习相结合，要求严格学习纪律，提高学习质量，在全校进一步形成讲学习讲正气讲奉献的良好风尚。

二、进一步加强学校管理

学校实行以党组织起政治核心作用和监督保证作用、教代会民主管理、校长以法治校的三位一体的校长负责制，执行、实施第二届教代会通过的《江苏省扬州中学实施教育现代化工程，争创国家级示范学校规划》，着力抓好班子、队伍的建设，深化学校内部管理体制改革，以适应教育现代化的要求。建立科学的教育、教学质量评价体系，坚持进行教学工作的主、客观调查评价。对后勤职工要严格考核制度，逐步做到持证上岗，择优上岗。

为进一步创学校文明新风，树教师良好形象，当前教育教学中要重视禁止以营利为目的家教。在职教师搞以营利为目的的家教，有损形象，有辱师德，一经举报查实，坚决执行市局有关处理规定。教师要忠于职守，集中精力做好教育教学工作，未经学校同意，不得私自在外校兼课。杜绝体罚和变相体罚学生现象的发生。严格收费范围，规范收费行为，收费必须按市教育局、市物价局颁布的标准执行，坚持禁止教师私自收费。

三、积极做好创建国家级卫生城工作

根据市政府和教育局的统一布置，瞄准创建国家级卫生城目标，结合学校实际，积极做好创建的各项工作。进一步提高广大师生员工对创建重大意义的认识，坚持把创建工作作为校园管理、校园高品位文化建设、对学生进行全面素质教育的基础性工作来抓，进一步加强学校卫生工作的组织建设和制度建设，在原有基础上加大力度，提高标准，着力抓好长效管理，在可能范围内，增加投入，改善卫生设施，努力把创建工作提高到一个新水平。

四、进一步做好工会工作

在党总支领导下，配合学校行政，抓好教职工政治学习，组织教职工学习《邓选》、《教育法》、《教师法》和《中小学教师日常行为规范》，加强师德修养，做到为人师表，身先垂范。开展创建文明卫生组室活动，定期检查评比，先进组室予以表彰、奖励。开展以“爱党、爱国、尊师重教”为主题的市直学校首届教师艺术节活动。组织教师参加教师节、国庆节文艺会演，参加《发扬传统，走向辉煌》的演讲比赛。收集教职工佳作，参加市组织的教师书画展、集邮展、摄影展。组织教职工参加市直学校教职工田径比赛。继续抓好计划生育的各项工作，完成计划生育各项指标。

五、进一步做好社会治安综合治理和拥军工作

充分认识社会治安综合治理工作在新形势下的重要性，坚决贯彻执行社会治安综合治理的基本方针和原则，并把这项工作纳入两个文明建设的总体规划，统一组织实施。坚持把法制教育作为青少年思想政治教育的一个重要部分，继续开展以“四合格”为主要内容的系列创安活动，认真做好以防火防盗为中心的“四防”工作，抓好防火灭火知识教育，以提高师生员工防火灭火的能力。健全治保、民调、护卫、消防等群防群治组织，充分发挥各自的职能作用。进一步进行“双拥”宣传，按计划开展“双拥”活动。

六、坚持开展校史组工作

继续保持和广大校友联系,做好《扬中校友通讯》征订、编辑、发行工作。在校庆10月17日前后协助组织安排46届56届66届76届等届校友返校举行毕业50周年、40周年、30周年、20周年纪念活动。抓紧时间完成人民教育出版社组织编写的《全国著名中小学校校史丛书·江苏省扬州中学分册》初稿的修改工作。

学生方面:

本学年德育工作,以加强素质教育,全面提高学生的综合素质为目的;坚持以爱国主义教育为中心,进一步全面贯彻实施《中学德育大纲》;强化管理意识,加强校园基础文明建设,加强法制教育,营造高品位的校园文化氛围;加强德育科研,促进德育工作现代化、科学化、努力使我校德育工作再上一个新台阶。

一、系统、深入地开展爱国主义教育

1. 严格执行《国旗法》,认真搞好升旗仪式,教育学生尊敬国旗,爱护国旗。

2. 认真执行《扬州市高、初级中学爱国主义教育实施方案》,结合本校实际情况,有目的、有计划地安排执行《方案》的具体步骤。

3. 第一学期结合长征胜利60周年开展丰富多采的系列纪念活动。

4. 第二学期举行"香港回归"系列庆祝活动,举办香港历史讲座,香港回归图片展等。

5. 继续加强校风学风教育,加强校史教育,广泛深入地宣传杰出校友的爱国事迹。

6. 办好广播室、树人画廊,布置好名人名言牌、墙报、黑板报,进一步营造爱国主义教育的氛围。

7. 加强社会实践活动的指导,组织学生有目的、有计划地开展社会实践活动。

二、强化管理意识,加强常规管理,培养学生良好的行为习惯

1. 编印《江苏省扬州中学学生教育手册》,组织学生认真学习《中学生日常行为规范》和学校常规管理制度,认真执行《学生奖惩条例》,进一步完善现代化、科学化的学生管理机制。

2. 加强班集体建设,加强班集体常规考核,第二学期拟表彰先进班集体和文明班级。

3. 加强良好的宿舍文化建设,加强寄宿生生活指导管理,完善宿舍管理制度,积极开展文明宿舍评比活动。

4. 加强学生课余生活的指导,引导学生安排好课余生活,科学、合理地利用课余时间。

三、进一步加强高品位的校园文化建设

1. 组织中华民族传统美德的宣讲,将中华民族传统美德教育与增强学生现化文明意识有机结合起来。

2. 建设富有特色、生动活泼的班级文化。

3. 第一学期举办第8届文化艺术节。

4. 第二学期结合“五四”纪念活动举行成人仪式。

5. 继续办好“树人艺术团”,组织艺术团成员定期开展活动。

6. 结合“美育”课题,开展系列化、规范化的各项美育活动。

四、加强德育队伍建设

1. 组织全体教职工进一步认真学习《中学德育大纲》,加强师德教育,使全体教职工增强育人意识,自觉承担德育任务。

2. 加强班主任队伍建设,进一步提高班主任管理水平;组织青年班主任业务培训,第二学期举办班主任班会观摩评比。

3. 充分发挥年级组在德育工作方面的作用,加强对班主任的管理和考核,第二学期拟表彰一批优秀班主任。

4. 加强对共青团、少先队、学生会工作的指导,加强学生自我教育、自我管理的指导。

五、积极开展德育科研,努力使德育工作科学化、现代化

1. 继续组织有关人员认真开展德育科研,加强省级科研课题“实施美育的途径和方法”、“健康人格教育”的科研工作,本学年拟出版一期德育论文专辑。

2. 继续办好《班主任工作简报》。

3. 表彰在德育科研方面取得成绩的优秀班主任和教师。

六、加强法制、安全教育,促进学生健康成长

1. 认真贯彻国家教委关于搞好中学生法制教育的精神,组织学生学习《国旗法》、《未成年人保护法》、《治安管理条例》等有关法律。

2. 组织对学生进行防火、防震和保护自身安全的专题教育,引导学生牢固树立法制观念、安全意识和自我保护意识。

教学工作

贯彻全国高中教育工作会议精神,全面实施素质教育。加强教学管理,开展教育科研,争创全国重点。

一、进一步完善教研组工作评比制度,形成教研组工作评比细则。教研组的工作计划、听课活动、业务进修、教学科研都应以提高效率为中心。

二、完成上一年青年教师综合评比,根据积累的评比材料,评选青年教师教学工作一、二、三等奖,并开始新一轮的评比活动。

三、对各学科、各年级的期中、期末成绩实行标准分系统,逐步探索、形成对教学质量的量化评估系统。

四、将所拟定的数理化学科竞赛管理条例付诸实施,在实施中进一步完善、强化激励机制。总结竞赛培训经验,争取更大的成绩。

五、研究、制定学校教育科研工作的管理条例,强化教育科研组织工作和管理工作,建设激励机制。将美育课题进一步付诸实施,完成美育论文集编等工作,开好高中音美、美术课,完成市教育局高中音乐课教学的试教工作。

六、进一步办好《扬中教研》,提供教研信息,交流教研心得体会。本学期《扬中教研》交流、研讨的中心课题:学科思维教学;审美教育;目标教学的理论与实践;如何提高课堂教学效益等。

七、迎接省重点中学教育科研工作会议在我校召开。江苏省重点中学教育科研工作会议,将于第一学期在我校召开,交流,研讨在教学中培养、发展学生的思维能力问题。会议前应完成的准备工作:

1. 总结各学科在思维教学方面的经验、体会,完成实验报告。

2. 完成以思维教学为特色的各学科教案汇编。

3. 会务的准备工作。

八、抓好青年教师的培养、进修工作。各组要做好新教师的指导工作,明确指导老师,指导他们上好汇报课。抓好青年教师的基本功训练和理论知识的进修,继续推荐青年教师参加研究生进修班学习,建立相应的机制,以期此项工作规范化地开展,充分调动青年教师的积极性。

九、继续抓好广播操评比,争取多方面支持,使这项工作切实有助于广播操质量的提高。做好运动员培训工作。提高活动课质量,开好秋季运动会。

十、做好广陵区中学生田径赛、市直中学篮球赛参赛准备工作,做好迎接扬州市广播操互查的准备工作。

十一、完成逸夫楼、阶梯教室及报告厅的闭路电视安装工作,图书馆添置3万元图书。

总务处工作

继续加强对职员职工的政治思想教育,加强职员职工的队伍建设,进行服务宗旨的教育,不断提高业务素质。进一步落实岗位责任制,严格劳动纪律,改善服务态度,加强考勤考核,充分调动积极性,努力做好各项工作。

一、积极认真完成创建卫生城的各项工作。落实各项工作措施，做好灭杀“四害”工作，搞好环境卫生，保证达到创建的各项要求。

二、认真做好房改工作中的调租工作和旧房调整工作。

三、积极做好学生宿舍的搬迁、安置、腾仓工作，以及原新大楼和学生宿舍楼的拆除工作。保证胡文虎楼、新学生宿舍楼工程早日开工。

四、及早做好胡文虎楼和学生宿舍楼的施工准备工作，精心组织施工，确保质量和工期。

五、加强校舍、物品的管理，做好节水、节电工作。教学区厕所安装节水器，配合政教处做好教室的节约用电工作，每天检查记载各教室电灯的开关情况，特别是中午和白天光线较好时的长明灯。每月公布各班的用电情况。

六、认真做好师生的卫生保健工作和健康教育工作。

七、加强学校的绿化管理，进一步做好绿化的布局调整工作，使学校环境绿化、香化。

八、进一步健全食堂管理制度，加强食堂管理，增加供应品种，改善服务态度，提高饮食质量和服务水平。加强食堂的成本核算，做好节能、节水、节煤工作，加强对锅炉的保养，保证茶水供应，定期开放浴室，努力为师生的生活服务。

九、认真做财务计划安排，抓好财务管理，提高经费使用效益。本学期会计室购置电脑一台，提高会计电脑操作水平。

十、制订家属区的管理条例和房屋维修细则，加强家属区环境卫生管理，确定专人负责家属区的垃圾清理，保证环境整洁。

江苏省扬州中学
1997—1998年度工作计划

总要求:

以江泽民总书记报告为重点,认真学习、贯彻党的十五大精神,高举教育现代化大旗,继续加强学校软件和硬件的建设,尤其是师资队伍的建设,大力推进素质教育,进一步全面贯彻党的教育方针和邓小平同志关于教育的一系列重要论述,勇于开拓,努力工作,实现素质教育的新突破,提高教育、教学质量,提高办学效益,继续争创国家级示范学校。

思想政治工作

教职工方面:

一、认真抓好教职工政治学习

以江泽民同志报告为重点,认真学习、贯彻党的十五大精神。全体教师和干部要认真研读江泽民同志的报告,全面准确地领会精神实质,牢牢把握十五大的主题,坚持高举邓小平理论旗帜不动摇,在思想上和工作中牢固确立邓小平理论的指导地位。要把学习贯彻十五大精神同学校工作的实际密切联系起来,同学校的教育教学以及各部门的工作实际密切联系起来,推动学校的各项工作。继续深入学习邓小平同志建设有中国特色的社会主义理论,突出学习邓小平同志关于教育的一系列重要论述,进一步树立正确的教育观、人才观和质量观,深刻认识实施素质教育的必要性和紧迫性。既要转变教育思想观念,又要在教育手段、方法上有创新和突破。

学习方法,根据学校的特点坚持以自学为主,自我教育为主,适当组织集体学习,相互交流学习心得。每学期举行两次报告会,放映两次有关录像,一学年内争取分期分批组织外出参观一次。

二、进一步加强学校管理

学校实行以党组织的政治核心作用和监督保证作用、教代会民主管理、校长依法治校的三位一体的校长负责制，执行、实施第二届教代会通过的《江苏省扬州中学实施教育现代化工程，争创国家级示范学校规划》，抓好班子、队伍建设，深入学校内部管理体制改革，以适应教育现代化的要求。建立科学的教育教学质量评价体系，坚持进行教学工作的主、客观调查评价。对后勤教职工要严格考核制度，逐步做到持证上岗，择优上岗。

进一步发扬“正直向上，热于求知”“进德修业，教书育人”的校风、教风、树立教师良好形象。教师要忠于职守，集中精力做好教育教学工作，未经学校同意，不得私自在外校兼课。禁止以营利为目的的家教。在教育、教学中，杜绝体罚和变相体罚学生现象的发生。严格收费管理，规范收费行为，禁止乱收费。

三、积极做好创建国家级卫生城工作

根据市政府、市教委的统一布置，坚持高标准，积极做好创建国家级卫生城的各项工作。进一步提高广大师生员工对创建重大意义的认识，坚持把创建工作作为校园管理、校园高品位文化建设、对学生进行全面素质教育的基础性工作来抓，进一步加强学校卫生工作的组织建设和制度建设，积极贯彻市创建卫生城市领导小组办公室、市教委关于组织市区中小学开展“文明”、“创建”、“健教”三项教育活动的通知精神，精心组织，认真实施，在覆盖率、考试率、知晓率、形成率上下功夫，力求抓出成效。

四、进一步做好工会工作

在党总支领导下，配合学校行政，团结全体工会会员，积极开展工会各项工作。配合行政组织好教职 工的政治学习，学习十五大文件和邓小平理论，学习《教育法》、《教师法》，加强师德修养，做到为人师表，身先垂范。继续开展争创文明组室活动，定期检查评比，奖励先进。积极开展教职工文体活动，组织教职工学会做第八套广播体操，与兄弟单位工会组织小型联谊竞赛活动。在校领导支持下，开动脑筋，做好开辟财源工作，多为教职工办实事，谋福利。继续抓好计划生育工作，完成计划生育的各项指标。

五、进一步做好社会治安综合治理和拥军工作

认识社会治安综合治理工作的重要性，把这项工作纳入两个文明建设的总体规划，纳入学校工作统一组织实施。坚持把法制教育作为青少年思想政治教育的一个重要部分，继续开展以“四合格”为主要内容的系列创安活动，认真做好了防火防盗为中心的“四防”工作，进行防火灭火知识教育，以提高师生员工防火灭火的能力。健全治保、民调、护卫、消防等群防治组织，充分发挥各自的职能作用，进一步做好拥军工作，加强“双拥”宣传，继续深入开展“双拥”活动。

六、坚持开展校史组工作

按期完成校史陈列馆的搬迁工作，力求版面出新，适当扩充版面。继续保持和广大校友联系，按时出版《扬中校友通讯》第22、23期。在校庆10月17日前后协助组织安排47届、57届、67届、77届校友返校举行毕业50周年、40周年、30周年、20周年纪念活动。《全国名校丛书·江苏省扬州中学分册》今年校庆前出书，协助做好发行工作。

学生方面：

本学年德育工作，以党的十五大精神为指导，以爱国主义教育为中心，以学科渗透为主要途径，强化活动课程，开发环境课程，进一步构建高品位校园文化，全面推行素质教育，促进学生思想素质、文化素质、审美素质等各方面素质的均衡发展。

一、继续系统深入地开展爱国主义教育

1. 宣传贯彻党的十五大精神，重视发挥思想政治课、班会课、升旗仪式等的主渠道作用。

2. 各年级以年级为单位组织主题班会评比，初中年级以爱国与成人为主题，高中年级以爱国与成才为主题。

3. 继续加强校风学风和校史教育，宣传杰出校友的爱国事迹。

4. 利用广播、树人画廊、名人名言牌、墙报、黑板报等宣传阵地，营造浓郁的爱国主义教育氛围。

5. 组织学生利用双休日、节假日，有计划、有目的地开展安全就近实效的社会实践活动。

二、继续加强以美育为中心的高品位校园文化建设

1. 系统宣讲中华民族传统美德，引导学生在弘扬民族传统的同时，强化现代文明意识。

2. 将学生基础文明观念、行为的养成教育纳入班级文化建设的范畴，组织各班级创设生动活泼、富有特色的班级文化，评选优秀班集体。

3. 第一学期以“科学与美”为主题举办第9届文化艺术节。

4. 第二学期结合“五四”纪念活动举行成人仪式。

5. 进一步完善树人艺术团、美术兴趣小组、新苗文学社、天文兴趣小组等学生社团的组织指导工作，定期开展活动。

6. 将上学年优秀学生事迹编印成册，广泛宣传，为学生树立身边的榜样。

三、大力推行德育工作规范化、系统化

1. 第一学期在进一步修订学生各项规范及奖惩制度的基础上，印制《扬州中学学生管理手册》，督促全体学生自觉遵照执行。

2. 修定德育工作岗位职责及德育工作考核制度，对班主任工作和科任教师德育渗透工作实施考核。

3. 加强寄宿生生活指导管理，完善学生公寓管理制度，开展文明宿舍流动红旗评比活动。

4. 组织学生学习《国旗法》、《未成年人保护法》、《治安管理条例》等法律法规，加强以防火、防震和自我保护为主的安全教育，引导学生牢固树立法制意识和安全意识，做好后进生转化工作。

5. 在广泛开展德育科研的基础上，重点组织部分教师实施国家“九五”规划课题《中学全方位系统化实施美育》及省级课题《健康人格教育》等课题的研究工作，召开课题报告会，出版专题论文集。

四、强化以班主任队伍为主体的德育队伍建设

1. 组织全体教职工进一步认真学习十五大文件和《中学德育大纲》，加强师德修养教育，完善全员参与的德育工作网络。

2. 组织青年班主任参加以教育艺术和班级管理艺术为中心内容的业务培训。

3. 充分发挥年级组在德育工作中的作用，提高班级管理水平，切实抓好班级日常管理工作。

五、加强对共青团、少先队、学生会工作的指导，引导学生实现自我教育与自我管理

1. 进一步健全共青团、少先队、学生会等学生组织，通过民主评议进行学生会的换届选举。

2. 组织各班学生和学生会干部，参加校园文明值勤工作及其它学生工作。

3. 召开扬州中学团代会。

4. 学校红十字会经常开展敬老、助残、帮困活动。

5. 做好团队一体化和少先队推优入团工作。

教 学 工 作

学习贯彻十五大文件精神，学习贯彻全国中小学素质教育经验交流会议精神，坚定不移全面实施素质教育，扎扎实实，推进教育现代化。

实施素质教育，道德是要统一全校教职员工的思想认识，从国家民族的根本利

益、长远利益出发,认识到素质教育的重要性,克服诸如"高考成绩可以一俊遮百丑"之类的思想,树立在素质教育方面争创第一流的胸襟气魄,继承发扬扬州中学的光荣传统,在素质教育方面创造出可资借鉴学习的经验和成绩。其次是要扎扎实实抓好领导、教师整体素质的提高,没有一支高素质的领导、教师队伍,就不可能有高水平的管理和教学,也谈不上什么提高学生的整体素质。再次要加强制度建设,使全校各项工作有章可循,有法可依,使教学管理真正走上科学化、规范化的轨道。干部要以身作则,克己奉公,严于律己,发扬民主,真正把办好扬中放在首位,逐步在广大教师中树立良好形象,从而充分调动广大教师的积极性和工作热情。这些是切实抓好素质教育的根本保证。

二、实施素质教育,就要以素质教育为核心、准则,抓好教学管理。① 课堂教学是实施素质教育的主渠道。实施素质教育,首先是要通过教学管理和教学科研提高课堂教学效益。本学期各教研组在抓好备课、听课,作业批改、辅导和考试管理的基础上,切实抓好集体备课。根据素质教育的要求,明确教学目标和内容、教学方法和步骤。分工负责各教研组的领导干部要深入教研组抓好集体备课。认真抓好听课评课。开设研究课、示范课、公开课,要有明确目标,切实解决各科教学中问题。② 完善教研组工作评比细则,教研组的工作计划、听课活动、业务进修、教研活动均应以提高课堂教学效益为中心。③ 抓好青年教师的培养和综合评比。老教师要关心、帮助刚刚走上工作岗位的青年教师。"老带新"要作为青年教师综合评比的内容之一,要有具体的计划,老教师、新教师互相听课,听课节数要达到任教一个班节课时数的一半。④ 抓好课外兴趣小组的活动,开设各类讲座。课外兴趣小组活动和讲座课要纳入教研组工作计划,作为考评的重要内容。本学期内各教研组都要推荐两名以上教师开设讲座课,组织两次以上课外活动。⑤ 抓好数、理、化、生各科竞赛。

三、实施素质教育,要以素质教育为准则、核心,抓好教育科研。① 我校的思维教学和美育课题,均已申报为国家级课题。这两个课题的实施,对于提高课堂教学效益,提高教师的理论水平、教学水平和整体素质都具有重要作用。本学期要抓好课题的开题工作,通过宣传发动,制定相关的激励措施,调动广大教师参与科研的积极性,使两个课题切切实实深入各科教学,为实施素质教育作出切切实实的贡献。② 继续办好《扬中教研》,提供教改信息,交流教研心得体会。③ 组织教研组长、课题组成员和青年骨干教师外出参观学习,拓宽视野,激发参加教育科研的积极性。④ 积极创造条件,对在职教师进行多种业务培训,特别是微机培训,鼓励教师制作多媒体课件。

四、对教师、教研组、有关部门领导工作,均要形成切实可行的评价体系,明确评价内容标准和操作的方法程序,这是学校管理科学化、规范化的标志,须在学校领导的直接参预下,逐步完成这一系统工程。

五、做好教学后勤工作。① 加大图书馆投资,为学生提供应有的精神食粮。② 定期维修保养电教设施,增添教学软件,保证电化教学顺利进行。

六、抓好体育卫生工作。① 抓好第八套广播操的普及和评比工作。② 开好秋季校运会。③ 进一步提高活动课质量。④ 继续搞好体育后备人才试点校建设，抓实抓好课余训练。⑤ 开好健康教育课。初一、初二健康教育课配备专职教师，作为考查科目纳入课表，与其他学科同样实行教学管理。其他年级每两周一次开设一次健康教育讲座。

总务工作

认真学习十五大文件精神，加强对总务后勤职员职工的思想教育和劳动纪律教育，进一步明确工作职责和服务宗旨，改善服务态度，提高服务质量。

一、积极认真落实创建国家级卫生城工作的各项要求，落实各项措施，做好除"四害"工作，清除卫生死角，搞好环境卫生，保证达到创建要求。

二、认真稳妥地做好房改工作，落实调租和公有住房的出售工作。

三、做好原体育馆和南楼的拆迁安置工作。

四、做好体育馆开工前的手续办理工作，地质勘探工作，抓紧体育馆的施工图纸设计，争取早日开工。

五、加强校舍校产和物品的管理，做好节水、节电工作。

六、加强财务管理，做好财务计划安排，提高经费使用效益。

七、加强校园绿化布局和管理，争取绿化工作再上一个新台阶，努力争取"花园式"单位的称号。

八、进一步采取措施办好食堂，加强成本核算和管理，增加花色品种，改善服务态度，严格执行卫生法，提高食堂的质量，提倡满意服务。坚持每周开放两次浴室。

九、加强健康教育，做好卫生保健工作，提高师生的身体素质。

十、加强学生宿舍的管理，加强家属区的环境卫生管理，实行垃圾袋装化，保证日产日清，保持环境整洁卫生。

江苏省扬州中学
1998—1999 年度工作计划

总要求：

认真学习邓小平理论，贯彻党的十五大精神，落实省、市教委素质教育工作会议各项要求，加强现代教育思想建设，以迎接江苏省第三届模范学校检查验收为契机，从学校实际出发，进一步高举教育现代化大旗，发扬抗洪抢险精神，大力加强学校软件和硬件建设，尤其是教师队伍的建设，大力推进素质教育，进一步全面贯彻党的教育方针，全面提高教育教学质量，提高办学效益。

思想政治工作

教职工方面：

一、认真抓好教职工政治学习

要充分认识学习邓小平理论是党的思想理论建设的一项长时期的具有战略意义的重大任务；还要结合学校工作的实际，充分认识学习邓小平理论是担负起推进“科教兴国”战略任务的需要，是培养跨世纪“四有”新人，保证党的基本路线一百年不动摇的需要，也是大力加强全社会思想道德科学文化建设，创造出更加绚丽多彩的有中国特色社会主义文化的需要。要认真地、系统地研读邓小平著作，从整体上领会邓小平理论的基本内容、基本观点和基本精神，结合教育工作实际，突出抓好《邓小平教育理论学习纲要》的学习。要把学习邓小平理论同学习马列、毛泽东著作，同学习十五大文件、江泽民同志重要讲话结合起来，深刻认识在当代中国，马列主义、毛泽东思想、邓小平理论是一脉相承的统一的科学体系。要发扬理论联系实际的学风，紧密联系学校的实际，掌握马列主义的立场、观点、方法，解决深化教育教学改革中所面临的各种矛盾和问题，教师要将邓小平理论的基本观点、基本方法运用到教学中去，将理论传播与学科知识的传授紧密结合起来。政治课教师要切实加强理论修养，结合教材内容进行邓小平理论的教学。坚持每周的政治理论学习制度，保证应有的学习时间，坚持以自学为主，自我教育为主，适当组织报告会，学习心得交流会，年内争取分期分批组织外出参观一次。

二、进一步加强学校管理

学校实行以党组织的政治核心作用和监督保证作用、教代会民主管理、校长依法治校的三位一体的校长负责制，继续执行、实施《江苏省扬州中学实施教育现代化工程，争创国家级示范学校规划》，抓好班子、队伍建设，深入学校内部管理体制改革，以适应教育现代化的要求。进一步完善、健全科学的教育教学质量评价体系，坚持进行教学工作的主、客观调查评价。继续执行《江苏省扬州中学学校内部管理体制改革方案》和第二届第二次教代会通过的《1997 年新房分配条例》，调动广大教职工积极性。对部门职工要严格考核制度，逐步做到持证上岗，择优上岗。

进一步发扬“正直向上，热于求知”“进德修业，教书育人”的校风、教风，树立教师良好形象。教师要忠于职守，集中精力做好教育教学工作，未经学校同意，不得在校外兼课。禁止以营利为目的的家教。在教育教学中，杜绝体罚和变相体罚学生现象的发生。严格按市教委、物价局规定收取各项费用，禁止乱收费。

三、积极做好创建国家级卫生城工作

根据市政府、市教委的统一布置，坚持高标准严要求积极做好创建国家级卫生城的各项工作。进一步提高广大师生员工对创建重大意义的认识，坚持把创建工作作为校园管理、校园高品位文化建设、对学生进行全面素质教育的基础性工作来抓，进一步加强学校卫生工作的组织建设和制度建设，积极贯彻市创建卫生城市领导小组办公室、市教委关于组织市区中小学开展“文明”、“创建”、“健教”三项教育活动的通知精神，精心组织，认真实施，在覆盖率、考试率、知晓率、形成率上下功夫，力求抓出成效。

四、进一步做好工会工作

在党总支领导下，配合学校行政，依靠工会委员和工会组长，团结全体工会会员，积极开展工会各项工作。配合行政组织好教职工的政治学习，学习十五大文件和《邓小平教育理论学习纲要》，学习《教育法》、《教师法》，加强师德修养，做到为人师表，身先垂范。开展师德风采、创优秀群体、树教育新风的活动，积极开展教职工文体活动，组织教职工参加教委组织的艺术节和纪念改革开放二十周年的活动。在校领导支持下，开动脑筋，做好开辟财源工作，多为教职工办实事，谋福利，继续抓好计划生育工作，完成计划生育的各项指标。

五、进一步做好社会治安综合治理和拥军工作

认识社会治安综合治理工作的重要性，把这项工作纳入两个文明建设的总体规划，纳入学校工作统一组织实施。坚持把法制教育作为青少年思想政治教育的一个重要部分，继续开展以“四合格”为主要内容的系列创安活动，认真做好以防火防盗为

中心的“四防”工作，进行防火灭火知识教育，以提高师生员工防火灭火的能力。健全治保、民调、护卫、消防等群防群治组织，充分发挥各自的职能作用，进一步做好拥军工作，加强“双拥”宣传，继续深入开展“双拥”活动。

六、坚持开展校史组工作

继续保持和广大校友联系，收集校史资料，适当扩充校史陈列馆展出内容，根据需要及时开放校史陈列馆。按时出版《扬中校友通讯》第24、25期。在校庆10月17日前后协助组织安排48届、58届、68届高中、68届初中校友返校举行毕业50周年、40周年、30周年纪念活动。继续做好《全国名校丛书·江苏省扬州中学分册》发行工作。

学生方面：

本学期德育工作，以党的十五大精神和邓小平教育理论为指导，以爱国主义教育为主线，以迎接省第三届模范学校验收为契机，重视学科渗透，强化活动课程，开发环境课程，进一步构建高品位校园文化，全面推行素质教育，促进学生思想素质、文化素质、身心素质、审美素质等各方面素质的全面发展。

一、继续系统深入开展爱国主义教育

1. 进一步宣传贯彻党的十五大精神，充分发挥思想政治课、班会课、升旗仪式等的主渠道作用，组织学生认真学习邓小平教育理论。

2. 各年级以年级为单位组织主题班会评优，初中年级以爱国与成人为主题，高中年级以爱国与成才为主题。各年级针对本年级特点，结合中学生人格教育科研课题，努力深化人格教育。

3. 围绕纪念朱自清诞辰100周年系列活动，继续加强校风学风和校史教育。

4. 继续利用广播、树人画廊、名人名言牌、墙报、黑板报等宣传阵地，营造浓郁的爱国主义教育氛围，重点宣传今年抗洪救灾中涌现的英雄事迹，弘扬抗洪救灾中体现的爱国主义精神。

5. 组织学生利用双休日、节假日，有计划、有目的地开展安全就近实效的社会实践活动，组织发动全体学生向灾区踊跃捐款捐物。

二、继续加强以美育为中心的高品位校园文化建设

1. 利用班会、晨会、团队会，系统宣讲中华民族传统美德，引导学生在弘扬民族传统的同时，强化现代文明意识。

2. 将学生基础文明观念、行为的养成教育作为班级文化建设的基础工程来抓，组织各班级创设生动活泼、富有特色的班级文化，评选优秀班集体。

3. 进一步完善树人艺术团、学生艺术团、美术兴趣小组、新苗文学社、天文兴趣小组等学生社团的组织指导工作，定期开展活动。

4. 精心组织参加市直学校第二届文化艺术节和我校第十届校园文化艺术节活动。

5. 重视德育硬件建设，进一步改善校园文化条件。

三、大力推行德育工作规范化、系统化

1. 组织全体学生认真学习部颁的《中学生行为规范》和我校制定的《江苏省扬州中学学生手册》，对执行情况加强督促检查。

2. 依据《中学德育大纲》、《中学德育规程》，制定与完善本校教师德育工作岗位职责及德育工作考核制度，继续加强对班主任工作和科任教师德育渗透工作实施考核。

3. 加强寄宿生生活指导管理，注重完善学生公寓管理和考核制度，建设高品位宿舍文化，继续开展文明宿舍流动红旗评比活动。

4. 组织学生学习《国旗法》、《未成年人保护法》、《治安管理条例》等法律法规，加强以防火、防震和自我保护为主的安全教育，引导学生牢固树立法制意识和安全意识，做好重点学生的转化工作。

5. 组织教师以邓小平教育理论为指导，广泛开展德育科研，进一步深化我校国家"九五"规划课题《中学全方位系统化实施美育》及省级课题《健康人格教育》等课题的研究工作，本学期对人格教育专题论文进行评奖。

四、强化以班主任队伍为主体的德育队伍建设

1. 组织对全体教职员工加强师德修养教育，完善全员参与的德育工作网络。

2. 组织青年班主任参加以教育艺术和班级管理艺术为中心内容的业务培训。

3. 充分发挥年级组在德育工作中的作用，激励全体班主任，提高班级管理水平，切实抓好班级日常管理工作。

4. 进一步健全班主任工作考核档案。

五、协助党总支加强对共青团、少先队、学生会工作的指导，引导学生实现自我教育与自我管理

1. 组织各班学生和学生会干部，参加校园文明值勤工作，办好学生广播站和学生会宣传栏。

2. 学校红十字会经常开展敬老、助残、帮困活动。

3. 继续做好团队一体化和少先队推优入团工作。

4. 组织第五期学生课余党校党的基础知识学习活动。

教学工作

一、认真贯彻上级教育行政主管部门的精神、意见，实施素质教育

1. 素质教育的主渠道是课堂。要认真抓好课堂教学效益的提高，建立以素质教育为目标的课堂教学评价体系，通过对课堂教学的评价，形成良好的激励机制。

2. 加强实验教学。加强对会考实验考查的管理，建立健全实验室常规管理。

3. 加强劳技教学。充分利用现有空间，恢复金工、电工、缝纫等劳技课。

4. 加强活动课程建设。鼓励各教研组开展课外兴趣小组活动，开设选修课程。

二、积极推进教育现代化工程

1. 普及微机应用操作，开设培训班，引导、鼓励教师参加微机培训，为在教学中，普及微机运用打下基础。

2. 成立多媒体课件制作小组，提供相关设备，争取在数学、物理、生物、地理、语文等学科的多媒体制作方面取得较大突破。

3. 普及电化教学技术，开设培训班，让广大教师掌握相关技术；制定相关评课标准，激励广大教师积极使用电教设备。

三、抓好教学管理

1. 抓好青年教师综合评比和教研组工作评比。这两项评比，如果认真实施，当是教学管理科学化、规范化的重要内容。须领导积极参与。

2. 加强集体备课、听课、评课。高中班级数增加，一些教师第一遍从事高中教学。加强集体备课、加强听课、评课是提高课堂教学质量的基本保证，须切实抓好抓实。可将这些作为教研组、教师评比的项目之一。

3. 加强对新教师的培养。新教师与老教师建立“互帮互学”关系，听好老师的超前课；积极参加市教委组织的“青年教师培训班”，上好“汇报课”。

四、抓好教育科研

92年以来，学校广大教师积极参与教育科研，在思维教学、美育等取得了较大成绩，两项课题分别被列立为国家教委九五期间重点课题与规划课题。今年十二月份，全国教育科学研究规划领导小组将对课题实施情况进行检查。为此，课题组工作要引起充分重视，要加大投入。具体须办好以下几件事：1. 建立健全科研组织；2. 讨论通过教育科研工作管理条例；3. 办好《扬中教研》；4. 积极引导各科教师对在本学科中实施思维教学与审美教育，形成明确的计划，设计课堂教学的基本模式，撰写好

可供实验用的系列教案，尽早组织对比实验。5. 组织课题组成员进行理论学习、外出参观学习。6. 将思维教学和美育的课题组实验，与电化教学、多媒体课件制作等结合起来。

五、加强师德教育

实施素质教育的关键是建立一支高质量的教师队伍。建立一支高质量的师资队伍，一是要明确规章制度。学校曾三令五申，不许体罚学生，不许搞营业性家教，不许外出兼代课。关键是要做到令行禁止。二是领导带头，加强自身修养。多一点事业心，少一点私心杂念；多一点公平合理，少一点个人的感情色彩；多一点民主作风，少一点独断专横。这样才能充分调动广大教师的积极性，刚柔并济，情理交融，形成生动活泼的办学氛围。

六、组织一次思维教学、美育与电化教学、多媒体课件制作为特色的公开教学活动，作为十二月初“四校交流”活动的预演、准备

七、抓好体育卫生工作

1. 精心组织办好秋季运动会。
2. 抓好高水平运动队的训练工作。
3. 抓好广播操和体育课外活动。
4. 按规定开设健康教育课和健康教育讲座。

八、抓好教学后勤工作

1. 教务工作规范化，学生档案实施微机管理。
2. 增加图书经费，图书馆实施微机管理。

总务工作

认真学习十五大文件精神，学习邓小平的教育理论，努力做好职工的思想教育工作，明确工作职责，加强劳动纪律，改善服务态度，为实施素质教育，提高服务质量。

一、认真做好常规服务工作，做好教育、教学的后勤服务工作，努力使师生满意。

二、努力加强财务计划管理，提高经费使用效益。

三、加强校舍、校产和物品管理，做好节约用水，节约用电的工作。

四、做好家属区和校园的环境卫生管理工作。

五、认真抓好体育馆工程的进度和质量，保证如期圆满竣工，并保证达到省优秀工程的质量目标。

六、认真抓好教职工宿舍楼的施工进度和质量，确保按期竣工，并确保达到市优秀工程的质量目标。

七、努力抓好校园管理，做好绿化的布局安排和花卉培育工作。

八、搞好食堂工作：

1. 加强食堂工作人员的思想教育，组织员工学习十五大有关内容和《食品卫生法》，加强业务培训，提高从业人员的思想素质和业务素质。

2. 加强食堂制度建设，严格各项规章制度，按照食品卫生管理法规建立健全各项管理制度，并建立考核奖惩制度。

3. 加强成本核算，增支节流，降低成本和能耗，增加食堂供应品种，努力办好食堂、浴室。

4. 端正服务态度，热心为全校师生服务，做到服务育人。

江苏省扬州中学
2000—2001 年度工作计划

总要求：

认真学习邓小平理论，认真学习江总书记关于教育工作的谈话，贯彻党的十五大精神，切实落实关于深化教育改革全面推进素质教育的各项要求，加强现代教育思想建设，以迎接百年校庆为契机，高举教育现代化大旗，高起点实施校园规划，大力加强学校软硬件建设，进一步全面贯彻党的教育方针，全面提高教育教学质量，提高办学效益。

思想政治工作

教职工方面：

一、认真抓好教职工政治学习

要充分认识学习邓小平理论和江总书记关于教育工作的谈话的重大意义。要结合学校的工作实际，充分认识学习邓小平理论和江总书记谈话是担负起推进“科教兴国”战略任务的需要；是培养“四有”新人，保证党的基本路线一百年不动摇的需要；也是大力加强思想道德科学文化建设，创造出更加绚丽多彩的有中国特色社会主义文化的需要。要把学习邓小平理论和江总书记的谈话同学习马列主义、毛泽东著作、十五大文件、第三次全教会文件结合起来，充分认识深化教育改革，全面推进素质教育，增强民族创新能力是关系中华民族兴衰存亡的大事。真正转变那些妨碍学生创新精神和创新能力发展的教育观念、教育模式，努力开创学校素质教育的新局面。

教职工坚持每周一次的政治理论学习制度，保证学习时间。坚持以自学为主，自我教育为主，适当组织报告会，学习心得交流会，年内争取分期分批组织参观一次。

二、进一步加强学校管理

学校实行以党组织的政治核心作用和监督保证作用、教代会民主管理、校长依法治校的三位一体的校长负责制，继续执行、实施《江苏省扬州中学实施教育现代化工程,争创国家级示范学校规划》,抓好班子、队伍建设,深化学校内部管理体制改革,实行校务公开,集思广益,做到民主决策,以适应教育现代化的要求。认真做好教职工考勤工作,并将结果纳入教职工年度考核指标体系。进一步明确校级、中层、年级组长、教研组长和教职工的岗位责职,做到各司其职,协调一致。继续执行《江苏省扬州中学学校内部管理体制改革方案》。以迎接百年校庆为契机,实施校园的重新规划改造工程,认真落实教代会第二届第三次会议通过的《在职教工住房拆迁和安置办法》及《决议》,调动积极性,增强凝聚力,为学校振兴努力工作。

进一步发扬"正直向上,热于求知""进德修业,教书育人"的校风、教风,树立教师良好形象。加强普法宣传教育,认真学法,严格守法,增强法制意识。教师要忠于职守,集中精力做好教育教学工作,未经学校同意,不得在校外兼课。禁止以营利为目的家教。在教育教学中,杜绝体罚和变相体罚学生现象的发生,严格按市教委、物价局规定收取各项费用,禁止乱收费。努力创建文明学校。

三、积极做好创建卫生城市工作

根据市政府、市教委的统一布置,坚持高标准严要求积极做好创建卫生城的各项工作。进一步提高广大师生员工对创建重大意义的认识,坚持把创建工作作为校园管理、校园高品位文化建设、对学生进行全面素质教育的基础性工作来抓,进一步加强学校卫生工作的组织建设和制度建设,积极贯彻市创建卫生城市领导小组办公室、市教委关于组织市区中小学开展"文明"、"创建"、"健教"三项教育活动的通知精神,精心组织,认真实施,在覆盖率、考试率、知晓率、形成率上下功夫,力求抓出成效。

四、进一步做好工会工作

在党总支领导下,配合学校行政,依靠工会委员和工会组长,团结全体工会会员,积极开展工会各项工作。配合行政组织好教职工的政治学习,学习十五大文件和《邓小平教育理论学习纲要》,学习《中共中央国务院关于深化教育改革全面推进素质教育的决定》,以及江泽民总书记关于教育工作的讲话,学习《教育法》、《教师法》,加强师德修养,做到为人师表,身先垂范。开展师德风采、创优秀群体,树教育新风的活动。积极开展教职工文体活动,组织教职工参加市教委组织的文体活动。在校领导支持下,开动脑筋,做好开辟财源工作,多为教职工办实事,谋福利,继续抓好计划生育工作,完成计划生育的各项指标。做好教代会第二届第三次会议的各项准备工作,开好会议,为校园的规划改造工程出谋划策。

五、进一步做好社会治安综合治理和拥军工作

认识社会治安综合治理工作的重要性,把这项工作纳入两个文明建设的总体规划,纳入学校工作统一组织实施。坚持把法制教育作为青少年思想政治教育的一个重要部分,继续开展以"四合格"为主要内容的系列创安活动,认真做好以防火防盗为

中心的“四防”工作，进行防火灭火知识教育，提高师生员工防火灭火的能力。健全治保、民调、护卫、消防等群防群治组织，充分发挥各自的职能作用。进一步做好拥军工作，加强“双拥”宣传，继续深入发展“双拥”活动。

六、坚持开展校史组工作

继续保持和广大校友联系，收集校史资料，适当扩充校史陈列馆展出内容，根据需要及时开放校史陈列馆。按时出版《扬中校友通讯》第28、29期。在校庆10月17日前后协助组织安排51届、61届、71届、81届校友返校举行毕业50、40、30、20周年纪念活动。继续做好《全国名校丛书·江苏省扬州中学分册》发行工作。

学生方面：

本学期德育工作的总体目标是：以江泽民同志关于教育问题的谈话和第三次全国教育工作会议精神为指导，以教育行风评议和迎接扬州中学百年校庆为教育契机，以德育为核心，以培养学生的创新精神和实践能力为重点，努力促进全体学生全面素质的发展与提高。

工作中继续强调四个意识：一是素质意识。德育素质是学生全面素质中不可缺少的核心素质，具有导向作用，是素质教育的灵魂；二是主体意识。努力培养学生的创新精神和实践能力是德育工作的基本任务，引导学生广泛深入地接触改革开放的社会实际，转变思想，提高能力；三是科学意识。按照德育工作总体目标，遵循学生成长规律，加强德育工作的针对性、层次性、系统性和实践性；四是时代意识。应认真研究德育工作所处时代以及德育对象的新特点、新情况，努力克服形式主义倾向，注重德育工作的渗透性和实效性。

本学期德育工作的总体思路将延续我校德育工作长期积淀而成的传统，同时根据新形势新要求加以发展。坚持以爱国主义教育为主线，以培养学生的审美素质和健康人格为主体目标，以高品位、有特色校园文化为背景，完善学生自我教育、自我管理和自我发展的主体性德育格局，引导学生以德育素质为核心的各项素质的稳定发展。

具体工作如下：

一、贯穿爱国主义教育主线，引导学生树立正确的价值观和历史责任感

1. 每周一次升旗仪式，结合时事宣传进行爱国主义教育；

2. 国庆、元旦举办“歌颂祖国、展望未来——畅想2010”主题班会评比活动；

3. 利用板报、橱窗宣传“一国两制”政策带给香港、澳门的巨大变化，结合“五四”纪念活动开展“宝岛台湾在我们心中”主题教育活动；

4. 举办“跨越世纪、龙腾东方”主题征文评比活动；

5. 校第十一届文化艺术节期间,举办"龙骨情"专题文艺会演;

6. 继续利用名人名言牌、广播站、黑板报、橱窗等宣传工具,营造浓郁的爱国主义教育氛围。

二、以基本行为习惯养成教育为基础,切实强化学校基础文明建设

1. 继续利用晨会、班会、团(队)活动、宣传栏等形式,大力弘扬"正直向上、热于求知"的优良校风,引导学生认真学习、自学风践行《江苏省扬州中学学生手册》中的行为规范,重点在高一新生中进行校风、学风教育和基本行为规范养成训练;

2. 坚持和健全校园常规检查评比制度,改进行政干部、班主任值日制度,重点加强午休、晚间放学等时段的校园常规检查与督促工作;

3. 调整寄宿生生活指导教师队伍,修订完善学生公寓有关规章制度,强化寄宿生的教育与管理;

4. 以共青团组织为核心,调动学生会干部的积极性,充分发挥学生在常规教育和管理中的主体作用;

5. 继续开展先进班级、先进团支部、优秀学生、优秀学生干部评选活动,开辟专栏广泛宣传优秀学生的先进事迹。

三、以审美教育和健康人格教育为抓手,进一步建设高品味、有特色的校园文化

1. 举办以"创新与实践:建设我们的美好家园"为主题的十一届校园文化艺术节;

2. 精心组织树人艺术团和广大同学,积极参加市直学校第三届师生艺术节,力争各项比赛名列前茅;

3. 以"人为自然、人与社会、人与未来"为主题,崇尚科学,破除迷信,举办科学与人文专题系列讲座;

4. 继续办好宣传橱窗、黑板报、广播站,创设良好校园人文环境;

5. 继续开展"美在宿舍"宿舍文化展示评比活动;

6. 适应当今社会特点,研究和探索新时期学生课余或闲暇时间的文化建设,组织开展多种多样的学生课余和闲暇文化活动。坚持组织学生观看爱国主义教育影视作品,组织学生外出参观、接触社会和自然;

7. 探索德育全员化、全程化和全面化的德育渗透途径。重视思想政治课的德育功能,通过课堂教学考核评估制度,促进德育的学科渗透和课堂渗透。

四、考核和培训并重,加强德育工作队伍建设

1. 继续分期分批培训中青年班主任,重点强化班主任职责和行为规范教育;

2. 继续办好《班主任工作简报》，及时通过《简报》和班主任会，通报班主任工作情况。交流班主任工作经验；

3. 坚持班主任工作量化考核制度，健全考核机制；

4. 继续重视“大德育”队伍建设，引导教师以自身高尚人格教育学生，将德育工作实绩作为考核教师的重要内容与依据；

5. 组织以全体班主任为主体的德育骨干外出参观考察。

五、深化美育与人格教育课题研究，努力提高德育工作的科学性

1. 继续组织教师积极参与以美育和人格教育研究为主要内容的德育科研工作，重点强化课题的实验和推广工作；

2. 召开《健康人格教育研究》省级课题研讨会，编辑出刊《健康人格教育研究论文集(二)》；

3. 邀请有关专家举办德育专题报告会；

4. 引导教师通过学习，系统掌握心理辅导艺术，尝试开展学生心理咨询工作。

六、重视发挥学生的主体作用，培养学生的综合能力

1. 发挥共青团、学生会在学生中的先锋和桥梁作用。进一步健全组织，支持团和学生会在学校党总支的领导下、在行政指导支持下，独立开展生动活泼的活动；

2. 继续实行学生干部轮换制，放手让学生参与学校常规管理和教育活动；

3. 加强班级民主管理，重视发挥班级学生干部群体的作用。

七、措施

1. 加强对德育工作的领导，坚持德育工作定期研究制度和德育例会制度；

2. 改进作风，注重实效。注意深入班级、课堂、宿舍、食堂等学生学习与活动场所，了解学生，调查研究，具体指导德育工作和活动；

3. 注意信息反馈。每学期召开一到两次班主任、任课教师和学生代表座谈会，广泛征求意见，深入调查德育效果，以利调整和改进以后的工作。

教 学 工 作

本学年教学工作的总体思路为：根据素质教育的要求，从学校和学生实际出发，既坚持扬中优良的教学传统，又努力体现现代教育的要求，立足课堂，面向全体，不断增强课改意识，进一步发挥学生学习的主体性，更大程度提高学校教学质量和学生综合素质，更好地完成重点高中的培养目标和任务。

围绕这一思路，本学年主要工作打算如下：

一、组织开展全校青年教师教学基本功竞赛

根据市教委“课堂教学改革年”活动意见,开展四十岁以下青年教师教学竞赛,在拟定竞赛评比办法的基础上,做好参赛教师的动员和评委的组织工作,使整个竞赛有序进行,并加强赛后的分析和总结,推广成功经验,以进一步浓厚课改和教研气氛。

二、执行新的课程计划,开好研究性学习课程

研究性学习是一种全新的课程,它不是课堂学科教学一般意义上的延伸,本学年要根据研究性学习的特点,订立教学计划,注意做到提供知识背景与进行课题研究相结合,学科间研究与学科间综合研究相结合,以专题到话题到课题,循序渐进,积极探索,将研究性学习课程开好,开出效果。

三、加强不同年级教学要求的研究

目前高中三个年级,由于高考科目设置的变化,高考内容和形式上的改革,是三种模式:高三为3+文理小综合,高二为3+六科大综合,高一为3+1+大综合,各年级要根据这一变化要求,加强教学研究,有关学科教师需能力合作,准确定位,避免盲目,及早做好教学安排,有针对性地进行教学,提高教学效果。

四、继续进行分层次教学尝试

分层次教学作为一种尝试,从上学年开始,从教学效果和教学调查来看,喜忧参半,褒贬不一,有人赞成,有人疑虑,确属正常,本学年要进一步研究学生差异,研究课堂,重视学生非智力因素如学习习惯、学习方法对学生成绩的影响,在教学班和授课班交叉的情况下,加强教学的管理和学生学习的指导,同时完整理解分层次教学的涵义,兼顾教学的各个方面,各个环节,使不同学生在原有基础上都获得最优发展。

五、成立学校命题小组,调控各科教学

考试是对教与学的重要检验,针对考试命题有时存在过难,脱离学生知识掌握和熟练实际的状况,成立学校命题小组,通过考试的命题,控制不及格率和优秀率,兼顾不同层次水平的学生,并以此调控各年级各科教学的难度和进度,将面向全体学生这一素质教育的要求落到实处,从而大面积提高教学质量。

六、调整教学评价的内容,改进教学评价的方法

为使教学评价内容更有针对性,本学年将删去一些不确定因素的项目,增加课堂教学改革要求的项目,同时在统计时,将单项评价与总体评价相联系起来考虑,采用学生单项评价与学校总体定性相结合的方式,并突出教学态度对总体评价的作用。

总务工作

一、做好职工的思想教育工作，加强劳动纪律，树立为教育、教学服务思想，改善服务态度，提高服务质量。

二、严格执行财经管理制度，加强财务管理，提高经费使用率。

三、加强校舍、校产和物品管理，严格物品采购、保管、验收和发放制度，做好节水节电工作。

四、抓好慕林艺术楼工程进度和质量管理，确保如期竣工并达到省优质工程的质量目标。

五、与清华大学建筑学院联系做好校园改造整体规划，做好百年校庆改造实施的准备工作。

六、抓紧实施各教室高亮度液晶投影机和视频展示台设备的安装调试工作，加快教学现代化建设。

七、积极做好新建教师宿舍公有住房的出售和换购工作。

八、做好家属区和校园的环境卫生管理工作，加强校园绿化管理，做好绿化布局和花卉培育工作。

九、搞好食堂工作：

1. 加强员工管理和业务培训，提高从业人员的思想素质和业务素质。

2. 端正为师生服务宗旨，做到服务育人。

3. 增加供应品种，加强成本核算，降低成本和能耗。

4. 加强制度建设，严格各项具体管理制度，将员工收入与日常考核结合起来。

江苏省扬州中学
2001—2002 年度工作计划

总要求:

认真学习邓小平理论,认真学习江总书记在庆祝建党七十周年大会上讲话和“三个代表”思想,切实落实关于深化教育改革全面推进素质教育的各项要求,加强现代教育思想建设,以筹备百年校庆为契机,高举教育现代化大旗,高起点实施校园规划,大力加强学校软硬件建设,进一步全面贯彻党的教育方针,全面提高教育教学质量,提高办学效益。

思想政治工作

教职工方面:

一、认真抓好教职工政治学习

要充分认识学习邓小平理论和江总书记在庆祝建党七十周年大会上讲话和“三个代表”思想的重大意义。要结合学校的工作实际,充分认识学习邓小平理论和江总书记谈话是担负起推进“科教兴国”战略任务的需要;是培养“四有”新人,保证党的基本路线一百年不动摇的需要;也是大力加强思想道德科学文化建设,创造出更加绚丽多彩的有中国特色社会主义文化的需要。充分认识深化教育改革,全面推进素质教育,增强民族创新能力是关系中华民族兴衰存亡的大事。真正转变那些妨碍学生创新精神和创新能力发展的教育观念、教育模式,努力开创学校素质教育的新局面。

教职工坚持每周一次的政治理论学习制度,保证学习时间。坚持以自学为主,自我教育为主,适当组织报告会,学习心得交流会,在学习过程中,要紧密联系教育教学改革和发展的实际,紧密联系迎接百年校庆,提升办学水平的要求,实践江总书记关于“三个代表”的思想,凝聚全校教工力量,促进学校事业发展。

二、进一步加强学校管理

学校实行以党组织的政治核心作用和监督保证作用、教代会民主管理、校长依法治校的三位一体的校长负责制，继续执行、实施《江苏省扬州中学实施教育现代化工程，争创国家级示范学校规划》，抓好班子、队伍建设，深化学校内部管理体制改革，实行校务公开，集思广益，做到民主决策，以适应教育现代化的要求。认真做好教职工考勤工作，并将结果纳入教职工年度考核指标体系。进一步明确校级、中层、年级组长、教研组长和教职工的岗位责职，做到各司其职，协调一致。继续执行《江苏省扬州中学学校内部管理体制改革方案》。以筹备百年校庆为契机，实施校园的重新规划改造工程，调动积极性，增强凝聚力，为实现学校新的跨越努力工作。

进一步发扬“正直向上，热于求知”“进德修业，教书育人”的校风、教风，树立教师良好形象。加强普法宣传教育，认真学法，严格守法，增强法制意识。教师要忠于职守，集中精力做好教育教学工作，未经学校同意，不得在校外兼课。禁止以营利为目的家教。在教育教学中，杜绝体罚和变相体罚学生现象的发生，严格按市教育局、物价局规定收取各项费用，禁止乱收费。努力创建文明学校。

三、积极做好创建文明单位工作

按照“两手抓，两手都要硬”的方针，认真做好创建文明单位各项工作。进一步提高广大师生员工对创建重大意义的认识、坚持把创建工作作为校园管理、校园高品位文化建设、对学生进行全面素质教育的基础性工作来抓，进一步加强学校卫生工作的组织建设和制度建设。在创建工作中，努力发挥各部门、处室、年级组和教研组的积极性，做到经常化、规范化、科学化。

四、进一步做好工会工作

在党总支领导下，配合学校行政，依靠工会委员和工会组长，团结全体工会会员，积极开展工会各项工作。

1. 认真组织工会小组学习江泽民同志“七一”重要讲话，自觉实践“三个代表”的重要思想。

2. 进一步完善工会组织建设。为更好地开展工会工作，按年级重新划分工会小组，民主选举产生工会小组长。

3. 根据学校党总支、校长室的安排，积极筹备下半年召开第三届教职工代表大会，修订学校内部体制改革方案、奖励浮动工资实施方案和全面实行全员聘任合同制方案。

4. 积极参与学校校务公开、民主管理工作，在党总支、校长室领导下，建立制度，完善民主监督程序。

5. 积极开展文艺活动，丰富教职工业余文化生活。2002 年元旦，组织教职工庆祝元旦文艺会演，并积极准备百年校庆教职工的文艺节目。今年 10 月下旬组织扑克 80 分比赛，2002 年 4 月组织乒乓球比赛。

6. 关心帮助家属生活比较困难的同志，做好病员探视慰问，尽可能搞好教职工生活福利。

五、进一步做好社会治安综合治理和拥军工作

认识社会治安综合治理工作的重要性,把这项工作纳入两个文明建设的总体规划,纳入学校工作统一组织实施。贯彻实施国家普法“四五”规划,坚持把法制教育作为青少年思想政治教育的一个重要部分,牢固树立“安全第一”的思想,坚持和健全安全工作制度。在校园改造基建期间对学生进行道路安全教育,认真组织校内巡逻和值班,严防各种安全事故。继续开展以“四合格”为主要内容的系列创安活动,认真做好以防火防盗为中心的“四防”工作,进行防火灭火知识教育,提高师生员工防火灭火的能力。健全治保、民调、护卫、消防等群防群治组织,充分发挥各自的职能作用。进一步做好拥军工作,加强“双拥”宣传,继续深入开展“双拥”活动。

六、坚持开展校史组工作

继续保持和广大校友联系,收集校史资料,按照百年校庆要求,适当扩充校史陈列馆展出内容,根据需要及时开放校史陈列馆。按时出版《扬中校友通讯》第 30、31 期。国庆期间及校庆 10 月 17 日前后协助组织安排 51 届、61 届、71 届、81 届校友返校举行毕业 50、40、30、20 周年纪念活动。按照百年校庆筹委会的要求,做好其它各项工作。

学生方面:

本学期德育工作的总体目标是:以江泽民同志“七一”讲话、关于教育问题的谈话和两办《关于进一步加强和改进中小学德育工作的意见》精神为指导,以筹备扬州中学百年校庆为教育契机,以培养学生的良好思想品德、健康心理品质、创新精神和实践能力为重点,努力促进全体学生全面素质的发展与提高。

工作中继续强调四个意识:一是素质意识。德育素质是学生全面素质中不可缺少的核心素质,具有导向作用,是素质教育的灵魂;二是主体意识。努力培养学生的心理品质、创新精神和实践能力是德育工作的基本任务,德育工作和德育活动中应充分尊重学生的主体地位,激发学生的主体精神,引导学生广泛深入地接触改革开放的社会实际,转变思想,提高能力;三是科学意识。按照德育工作总体目标,遵循学生成长规律,加强德育工作的针对性、层次性、系统性和实践性;四是时代意识。应认真研究德育工作所处时代以及德育对象的新特点、新情况、努力克服形式主义倾向,注重德育工作渗透性和实效性。

本学期德育工作的总体思路:坚持我校德育工作长期积淀而成的传统,同时根据新形势新要求加以发展。坚持以爱国主义教育为主线,以培养学生的健康心理素质和良好行为品质为主体目标,以高品位、有特色校园文化为背景,完善学生自我教育、自我管理和自我发展的主体性德育格局,引导学生促进各项素质的稳步发展。

具体工作如下：

一、继续贯穿爱国主义教育主线，引导学生树立正确的价值观和历史责任感

1. 每周一次升旗仪式，结合时事宣传进行爱国主义教育。

2. 国庆、元旦等重大节日，围绕“歌颂祖国、展望未来、树立理想、激励发展”的基本主题，精心组织富有教育意义的庆祝活动（具体活动方案另拟）。

3. 利用板报、橱窗进行时事宣传和盼望祖国统一等主题教育宣传活动。

4. 坚持利用名人名言牌、广播站、黑板报、橱窗等宣传工具，营造浓郁的爱国主义教育氛围。

5. 组织高一、高二学生参观扬州市爱国主义教育基地，开展教育活动。

二、以筹备扬州中学百年校庆为主题，开展“珍惜扬中、无愧扬中”主题教育活动

1. 利用新生军训、升旗仪式、校广播站、树人画廊等教育形式，向全体学生特别是高一新生全面介绍扬州中学的百年历史和杰出校友，引导学生在深入了解学校历史和学校传统的基础上，获得启迪和教益。

2. 以班级为单位，组织同学就“新世纪的扬中学子该有怎样的形象”开展大讨论，将具有一定深度和特色的观点在学校橱窗发表，引导同学通过讨论，对扬中学子的形象获得更高层次的认识。

3. 在大讨论的基础上，在高一、高二年级开展“珍惜扬中、无愧扬中”主题班会观摩评比活动。

4. 学校团委组织各班团支部开展“我为校庆添光彩”系列主题活动（方案另拟）。

三、以基本行为习惯养成教育为基础，切实强化学校基础文明建设

1. 继续利用晨会、班会、团（队）活动、宣传栏等形式，大力弘扬“正直向上、热于求知”的优良校风，引导学生认真学习、自觉践行《江苏省扬州中学学生手册》中的行为规范，重点在高一新生中进行校风、学风教育和基本行为规范养成训练。

2. 坚持和健全校园常规检查评比制度，改进行政干部、班主任值日制度，重点加强午休、晚间放学等时段的校园常规检查与督促工作。

3. 调整寄宿生生活指导教师队伍，修订完善学生公寓有关规章制度，强化寄宿生的教育与管理。

4. 以共青团组织为核心，调动学生会干部的积极性，充分发挥学生在常规教育和管理中主体作用。

5. 继续开展先进班级、先进团支部、优秀学生、优秀学生干部评选活动，开辟专

栏广泛宣传优秀学生的先进事迹。

四、以健康人格教育为抓手，进一步建设高品味、有特色的校园文化

1. 以新近制定的《江苏省扬州中学关于加强学生心理健康教育的实施意见》为指导，通过对教师进行心理健康教育专题培训、开设“心理咨询信箱”和“心理热线”、组织心理健康教育活动、课堂教学有机渗透等途径。促进学生心理素质的良好发展。

2. 举办以“光荣与梦想——献给百年扬中”为主题的第十二届校园文化艺术节(方案另拟)

3. 继续办好宣传橱窗、黑板报、广播站，创设良好校园人文环境。

4. 适应当今社会特点，研究和探索新时期学生课余或闲暇时间的文化建设，组织开展多种多样的学生课余和闲暇文化活动。坚持组织学生观看爱国主义教育影视作品，组织学生外出参观、接触社会和自然。

5. 坚持开展“美在宿舍”宿舍文化展示、“美在教室”班级文化展示等评比活动。

五、考核和培训并重，继续加强德育工作队伍建设

1. 探索全员化、全程化和全面化的德育渗透途径。重视思想政治课的德育功能，通过课堂教学考核评估制度，促进德育在各学科教学中的课堂渗透。

2. 继续分期分批培训中青年班主任，重点强化班主任职责和行为规范教育。

3. 及时通过《班主任工作简报》和班主任会，通报班主任工作情况，交流班主任工作经验，组织以全体班主任为主体的德育骨干外出参观考察。

4. 坚持班主任工作量化考核制度，健全考核机制。

5. 继续重视“大德育”队伍建设，引导教师以自身高尚人格教育学生，将德育工作实绩作为考核教师的重要内容与依据。

六、以心理健康教育课题研究为途径，强化心理教育，努力提高德育工作的科学性

1. 组织教师积极参与以心理健康教育研究为主要内容的德育科研工作，重点强调在理论研究基础上的实验研究，引导教师通过学习，系统掌握心理辅导艺术，尝试开展学生心理咨询工作。

2. 邀请有关专家来校为全体教师举办心理健康教育专题报告会。

3. 学期末，在全体教师中广泛征集研究成果，出版《心理健康教育研究专辑》。

七、重视发挥学生的主体作用，培养学生的综合能力

1. 发挥共青团、学生会在学生中的先锋和桥梁作用。学期初由校团委牵头，精心组织学生会换届选举工作，通过民主竞选产生新一届学生会，引导团委和学生会在

学校党总支的领导下、在行政指导支持下，独立开展生动活泼的活动。

2. 继续实行学生干部轮换制，放手让学生参与学校常规管理和日常教育活动。

3. 加强班级民主管理，重视发挥班级学生干部群体的作用。

4. 举办第八期中学生课余党校，并在学习内容和学习形式上加以改进，以进一步提高学习实效，加强对品学兼优学生的重点培训，积极做好推优入党工作。

八、保证措施

1. 加强对德育工作的领导，坚持德育工作定期研究制度和德育例会制度，及时针对学生特点，研究具体教育措施。

2. 改进作风，注重实效。注意深入班级、课堂、宿舍、食堂等学生学习与活动场所，了解学生，调查研究，具体指导德育工作和活动。

3. 注意信息反馈。每学期召开一到两次班主任、任课教师和学生代表座谈会，广泛征求意见，深入调查德育效果，以利进一步改进工作。

教学工作

本学年将根据全国全省基础教育工作会议精神和推进素质教育的要求，依照学校发展的目标定位，坚持高立意、高起点、高要求的扬中教学传统与面向全体学生，全面提高学生素质的大众教育的结合，以高中课程改革为契机，以信息化教育为手段，从根本上转移教学基点，深化教学改革，努力培养学生的思维探究能力、创新实践能力和终身学习能力，以形成学校教学新的特色，实现新的时代条件下高质量、高水平的扬中教育。

主要工作安排如下：

一、加强教研组建设和教学常规管理

教研组是组织学科教学、进行课堂教学改革和研究、提高教学质量的重要环节，特别是在目前以年级组为办公形式和学校重新规划建设、办公条件暂时困难的情况下，更要加强教研组的建设和管理，要落实好集体备课制度，正常开展教研活动，开出一定数量和质量的研究课和公开课，做好教学计划、总结和学科教学分析，协调组织好各科教学竞赛，保证学校教学工作有序进行。

二、加强对大综合学科教学的研究

根据全国基教工作会议对高考提出的新的指导意见和我省明后两年高考方案变化的特点，加强对不同方案下大综合学科教学的要求、难度和深度的研究，处理好夯实基础与必要的拓宽加深的关系，特别是本届高三要将大综合考试的意识、考查的侧重点及早渗透到平时的教学和训练中，既立足于学科内综合，又为下学期最后的大综合模拟做好前期准备,同时加强大综合学科各备课组的沟通交流,注意接受外部信息,制订出切实的阶段性的教学策略。

三、巩固研究性学习课程实施的初步成果

上学年研究性学习作出了有益的尝试,取得了积极的成果。本学年继续按照以研究方法和人格情感培养为重点,以提供知识背景与进行课题研究相结合,学科内研究性学习与跨学科研究性学习相结合的思路,在总结过去成败得失的基础上,对研究性学习课程开设的计划、组织、评价方面进行必要的调整,引导学生拓宽研究探索的视野,进行更为广泛的体验,并选择一部分有探究价值的课题报告编订成集。

四、开始着手校本课程的开发

校本课程是新的高中课程体系的组成部分,是形成学校新的办学特色的重要载体。要利用扬中丰厚的文化教育资源,扬州悠久的历史文化传统,并对学校原有的各项专题教育,课外活动进行整合,开设一批体现学校办学品位的校本课程,开始可有选择地开设一两门,以后逐步丰富,以满足学生的兴趣需要,促进学生的个性发展。

五、做好"十五"课题的揭题和研究准备

九五期间,学校两个国家级课题取得了显著成果,上学期申报的"十五"课题又有三个为省教科所定项,因此,各课题组要积极做好揭题和研究的准备,要细化方案,周密计划,分工到人,分步实施,注意理论探讨与课堂教学实际的结合,以课题研究推动学校的教学改革,提高教学质量和效益,并通过课题研究提高学校教师整体理论水平和业务素质,培养出一批新的教科研骨干和在地区、大市有影响的年轻的学科带头人。

六、加快学校信息化教育的进程

新校园规划和建设将为学校的信息化教育提供一流的设施装备,目前重要的工作是迅速提升全校教师的信息化教育素质,要继续组织教师信息技术培训,鼓励教师运用现代信息技术手段去备课、上课、辅导、组织活动,提高教师接受信息技术培训的参与率,应用信息技术的学科覆盖率和信息教育设备软件的使用率,改造传统的教学模式,实现教学手段和方法的转变,同时注意加强信息教育的资源建设,为扬州的信息化教育做出重点中学应有的贡献。

总务工作

主要工作安排如下:

一、做好图书科技信息中心、学生宿舍、食堂浴室建设招投标工作,办理开工的

前期手续,力争早日破土动工。

二、落实树人堂的维修方案,搞好树人堂维修改造工作。

三、根据校园规划整体要求,做好管网下埋,铺设道路,场地铺砖,绿化整治建设等工作。

四、搞好西长堤两座厕所的翻建工作。

五、抓好食品卫生和伙食供应,热情为师生服务。

六、加强保管室管理,严格财物管理规章制度。

江苏省扬州中学 2001—2002学年度第二学期工作计划

总要求:

认真学习邓小平理论,认真学习江总书记“三个代表”思想,加强现代教育思想建设,高举教育现代化大旗,切实落实关于深化教育改革、全面推进素质教育的各项要求,以庆祝建校一百周年活动为契机,高质量完成基建和环境改造工程,大力加强学校软硬件建设,进一步全面贯彻党的教育方针,全面提高教育教学质量,提高办学效益。

思想政治工作

教职工方面:

一、深入学习“三个代表”思想,全面推进学校工作

本学期要以学习江泽民同志“七一”讲话为内容,以“三个代表”重要思想为重点,抓好教工政治理论学习。通过学习领会“三个代表”思想深刻内涵,加深对社会主义初级阶段基本路线的理解,认清在经济全球化和社会主义市场经济条件下面临的机遇和挑战,维护学校稳定、改革和发展的大局,正确处理继承百年传统和改革创新的关系,增强应对教育竞争的紧迫感、做好教育教学工作的责任感。

认真组织好教职工政治学习。采取主题报告、理论辅导、个人自学、集体讨论、分组交流等形式。把政治学习与教育科学理论的学习,更新教育观念结合起来。要引导广大教职工把科学理论与教学教学的具体实际结合起来,推动教职工在新的世纪里,继往开来,与时俱进,开拓创新,不断提高实践“三个代表”思想的自觉性。

二、抓住百年校庆良好契机,增强凝聚力

搞好百年校庆是继承百年办学传统,凝聚全校人心,推动学校各项工作,提升学校办学品位的重要举措。本学期是迎接百年校庆的关键阶段,认真做好百年校庆工

作，是本学期学校工作的重中之重。

要抓住迎接百年校庆的大好时机，通过广泛而深入的宣传发动，激发全校教工的工作热诚，增强凝聚力，提高竞争力。要把校庆筹备过程作为凝聚人心，形成共识，振奋精神，推动工作跃上新台阶的过程。动员全校同志积极响应二届四次教代会提出的倡议，以百年校庆为契机，做好学校各项工作。开展"我为校庆作贡献"的主题活动，形成人人参与校庆筹备，争创一流业绩的局面。

三、开展创建文明单位活动，建设高雅校园文化

继续开展创建文明单位活动，依托我校深厚的文化积淀，面向新的世纪，建设高雅校园文化。

挖掘百年文化积淀，面对世纪挑战，解放思想，开拓创新，增加积累，拓展视野，与时俱进，引导教职工从时代高度认识承担的教育重任，努力形成新的教育理念和科学价值观念。引导广大教师成为扬中百年文化的传承者和新的百年文化的开创者。造就具有鲜明特色的教师发展的人文环境，既要用制度管理人，又要用先进文化来约束、激励、凝聚人，实现教师自身价值提升与一流学术水平的协调发展。

开展争创"文明组（室）活动"，形成蓬勃向上积极进取的校园文化和健康和谐的人际关系。

四、加强师德建设，树立正确价值观念

要把加强师德建设作为思想政治工作的重要内容来抓。贯彻中央《公民道德建设实施纲要》，落实江苏省教育厅"关于加强教师职业道德建设的决定"，按照国家示范性学校的要求和规范，切实抓好师德建设。

坚持理想教育，理直气壮地引导教师树立正确的世界观、人生观和价值观。

结合学校人事制度改革，完善师德考核、激励机制。把师德作为评优、职评、晋级和表彰的重要指标。

树立师德先进典型。结合有利时机，表彰师德先进教师，对违反教师职业道德的人和事要及时批评、教育和纠正。

加强法制教育。引导教师认真学习和贯彻《教育法》、《教师法》、《青少年保护法》等法律文件，把加强师德建设与树立法制意识结合起来，遵纪守法，依法治教。

五、紧密结合学校实际，全面促进学校管理

要把思想政治工作和学校日常管理紧密结合起来，实现以人为本与依法治校的统一，思想教育与解决实际问题的统一，思想教育与严格管理的统一。

贯彻着眼建设、积极疏导，重在鼓劲的思想，在思想政治工作中做到尊重人、理解人、关心人、激励人。注意了解教师职工的思想实际，理顺情绪，振奋精神，形成共识，努力调动全校教职工的积极性和创造性。

围绕教育教学中心开展思想工作，关注学校热点难点和重点问题，寻求思想政治工作的最佳结合点。

发挥行政干部、年级组长、教研组织和工会组长在思想政治工作中的骨干作用，坚持行政干部结合一个组（室）的做法，构建思想工作网络，形成良好工作氛围。

继续搞好校务公开工作。坚持和完善校务公开制度，对校务实行“阳光操作”，力求形成“阳光效应”，增强教职工的主人翁意识。

抓好学校综合治理，创建安全文明校园。牢固树立安全第一的思想，切实做好安全工作。实行安全工作责任制。定期研究并检查安全工作，消除隐患，确保安全。

六、进一步做好工会工作

1. 工会要协助年级各学习组组织好政治学习，主要学习江泽民三个代表的重要思想。组织学习《公民道德建设实施纲要》，大力倡导“爱国守法、明礼诚信、团结友善、勤俭自强、敬业奉献”的基本道德规范，积极组织参加公民道德知识竞赛活动。

2. 大力开展以争当文明职工为重点的“双争双创”活动，引导全体职工在学校里做个好职工，在社会上做个好公民，在家庭中做个好成员。

3. 工会组织要在学校迎接百年校庆活动中发挥积极作用，组织学习教代会通过的告全体教职工倡议书，以倡议书的精神开展活动，做好本职工作。

4. 开展文体活动，根据校庆办的安排，组织好校庆教工的文艺节目排练。

5. 积极参与学校的校务公开民主管理工作，继续做好教职工福利工作，关心慰问病号和助困活动。

七、进一步做好社会治安综合治理和拥军工作

以迎接扬中百年校庆为契机，创建安全文明校园为目标，多方协作通盘规划，努力做好综合治理的各项工作。

1. 努力做好迎接百年校庆，校园改造期间的安全保卫工作。校园改造工作工程量大，任务急，五个工地全面进入施工阶段，为保证施工期间师生的安全，要坚决做到如下几点：

（1）严禁学生穿越施工现场。

（2）上学、放学高峰期间严禁各种运输车辆通过校门和教学区，中层以上值班干部在高峰期间要到校门口察看情况，随时准备处理有可能造成问题的势态。

（3）保卫科要组织相应巡逻力量，增加巡逻密度，以应对校门多，难以控制的局面。

（4）加强对学生的安全教育，密切与各年级负责人，班主任的联系，对违反安全规定的学生及时制止和教育。

2. 认真推行安全保卫责任制的落实

认真落实门卫传达制度、现金财会制度、巡逻值班制度、电脑使用和保管安全制

度、用电安全和防火制度,认真做好学生公寓的各项安全管理工作,加强"四工"人员管理。

3. 定期对学生进行法制和宣传教育,充分发挥法制付校长的作用,组织法制宣传讲座,国旗下讲话、出宣传画栏、板报、主题班会等,有效地开展法制宣传教育。

4. 定期开展安全检查,在元旦、春节、五一、国庆长期假期间进行四次全面检查,定期分析安全情况,排查安全隐患,及时整改。

5. 做好各项矛盾的调解工作,及时调处各类纠纷,防止发生矛盾的激化现象。

6. 在上级公安机关的指导下,努力做好校庆期间的安全保卫工作。

7. 充分认识做好拥军工作的意义,努力做好拥军工作。

学生方面:

本学期德育工作的总体目标是:以江泽民同志"三个代表"思想和两办《关于进一步加强和改进中小学德育工作的意见》精神为指导,以迎接扬州中学百年校庆为教育契机,以培养学生的良好思想品德、健康心理品质、创新精神和实践能力为重点,努力促进全体学生全面素质的发展与提高。

工作中继续强调四个意识:一是素质意识。德育素质是学生全面素质中不可缺少的核心素质,具有导向作用,是素质教育的灵魂;二是主体意识。努力培养学生的心理品质、创新精神和实践能力是德育工作的基本任务,德育工作和德育活动中应充分尊重学生的主体地位,激发学生的主体精神,引导学生广泛深入地接触改革开放的社会实际,转变思想,提高能力;三是科学意识。按照德育工作总体目标,遵循学生成长规律,加强德育工作的针对性、层次性、系统性和实践性;四是时代意识。应认真研究德育工作所处时代以及德育对象的新特点、新情况、努力克服形式主义倾向,注重德育工作渗透性和实效性。

具体工作如下:

一、以迎接百年校庆为背景,开展"从树人堂出发,与新世纪同行"主题教育系列活动

系列活动分为"回首百年"校史学习活动、"新世纪扬中人"形象大讨论活动、"相约二十年"主题设计活动三个阶段,通过多形式、多角度、多层面的各项活动,引导全体同学追寻扬中百年历史足迹,领悟扬中历史蕴藏的文化魅力,感受杰出校友体现的精神气质,思考新世纪扬中人应有的崭新形象,激励全体同学进一步弘扬扬州中学优良校风、学风,努力将自己培养成为国家和民族所期望的栋梁之才。(详见有关活动方案)

二、继续贯穿爱国主义教育主线,引导学生树立正确的价值观和历史责任感

1. 坚持利用名人名言牌、广播站、黑板报、橱窗等宣传工具,营造浓郁的爱国主义教育氛围,结合时事宣传进行爱国主义教育。

2. “五四”前后,围绕扬中校史,利用国旗下讲话、主题班会等形式,重点开展爱国主义教育和理想信念教育活动。

3. 组织高一、高二学生参观扬州市爱国主义教育基地,组织高三学生参加成人仪式,有机针对各年级学生的心理特点开展教育活动。

三、坚持以基本行为习惯养成教育为基础,切实强化学校基础文明建设

1. 结合校史学习、讨论活动,继续利用晨会、班会、团(队)活动、宣传栏等形式,大力弘扬“正直向上、热于求知”的优良校风,引导学生认真学习、自觉践行《江苏省扬州中学学生手册》中的行为规范,重点在高一新生中进行校风、学风教育和基本行为规范养成训练。

2. 进一步健全校园常规检查评比、通报制度,坚持和改进行政干部、班主任值日制度,重点加强午休、晚间放学等时段的校园常规检查与督促工作。

3. 继续修订完善学生公寓有关规章制度的检查评比方法,强化寄宿生的教育与管理。

4. 以共青团组织为核心,调动学生干部的积极性,充分发挥学生在常规教育和管理中的主体作用。

5. 进一步改进有关评比办法,学期末评选出本学年的先进班级、先进团支部、优秀学生及优秀学生干部,通过多种形式广泛宣传优秀学生的先进事迹。

四、继续以健康人格教育为抓手,进一步建设高品味、有特色的校园文化

1. 组织教师积极参与以心理健康教育研究为主要内容的德育科研工作,重点强调在理论基础上实验研究,引导教师通过学习,系统掌握心理辅导艺术,尝试开展学生心理咨询工作。

2. 以《江苏省扬州中学关于加强学生心理健康教育的实施意见》为指导,通过对教师进行心理健康教育专题培训、开设“心理咨询信箱”和“心理热线”、组织心理健康教育活动、课堂教学有机渗透等途径,促进学生心理素质的良好发展。

3. 继续邀请有关专家来校为教师举办心理健康教育艺术辅导讲座,为学生举办心理健康咨询报告会。

4. 适应当今社会特点,研究和探索新时期学生课余或闲暇时间的文化建设,组

织开展多种多样的学生课余和闲暇文化和活动。坚持开展“美在宿舍”宿舍文化展示、“美在教室”班级文化展示等评比活动。坚持组织学生观看爱国主义教育影视作品,组织学生外出参观,接触社会和自然,拓宽视野,增强能力,启迪思维,陶冶性情。

五、考核和培训并重,继续加强德育工作队伍建设

1. 探索全员化、全程化和全面化的德育渗透途径。重视思想政治课的德育功能,通过课堂教学考核评估制度,促进德育在各学科教学中的课堂渗透。

2. 继续分期分批培训中青年班主任,努力提高班主任队伍的整体素质。

3. 及时通过《班主任工作简报》和班主任会,通报班主任工作情况,交流班主任工作经验。

4. 坚持班主任工作量化考核制度,健全考核机制。

5. 继续重视“大德育”队伍建设,引导全体教职员工以自身高尚人格教育学生,将德育工作实绩作为考核教职员工的重要内容与依据。

6. 加强对网络社会中青少年德育工作的研究,着重研究网络对中学的思想行为产生的影响,探索网络条件下德育工作的途径和特点。

六、重视发挥学生的主体作用,培养学生的综合能力

1. 高度重视充分发挥共青团、学生会在学生中的先锋和桥梁作用,继续坚持引导团委和学生会在学校党总支的领导下、在行政指导支持下,独立开展生动活泼的活动。

2. 在加强指导的同时,进一步放手让学生参与学校常规管理和日常教育活动。

3. 引导班主任老师通过各种措施加强班级民主管理,重视发挥班级学生干部群体的作用。

4. 坚持中学生课余党校活动正常化,并在学习内容和学习形式上继续加以改进,以进一步提高学习实效,加强对品学兼优学生的重点培训,积极做好推优入党工作。

保证措施:

1. 加强对德育工作的领导,坚持德育工作定期研究制度和德育例会制度,及时针对学生特点,研究具体教育措施。

2. 改进作风,注重实效。注意深入班级、课堂、宿舍、食堂等学生学习与活动场所,了解学生,调查研究,具体指导德育工作和活动。

3. 注意信息反馈。在坚持每周一次的班主任例会制度的基础上,学期中召开一到两次班主任、任课教师和学生代表座谈会,广泛征求意见,深入调查德育效果,以利进一步改进工作。

教学工作

本学期工作重点:以“校庆”为推动力,凝聚人心,落实市局重点高中工作会议和教科研工作会议精神,抓好教学常规管理,推进课堂教学改革,抓好教育科研,抓好高三毕业班工作和学科竞赛,编辑教学论文集校庆专辑。

一、抓好教学常规管理工作

1. 年级组办公给教研组工作带来了一些不方便。各教研组从迎校庆这个大局出发,克服困难,团结工作,做好教研组的各项工作,学校将恢复对教研组工作的“五项评比”(计划;听课笔记,教研活动,记录课外活动;总结)以促进教学常规工作的开展。

2. 认真开展听课评课活动。听课是学校教学管理的重要环节。本学期将组织上学期在扬州市区获教学基本功大赛一等奖的老师,给全校教师上示范课;各教研组35岁以下年青教师均需开公开课或研究课一节。学校分管领导、教导处主任听课(本校的课,下同)不少于20节,教研组长听课不少于10节,教师听课不少于5节。全校要逐渐形成相互听课,认真评课相互学习的良好风气。

3. 认真做好期中期末考试分析,填写好“期中期末考试分析表”,将期中期末考试分析作为教研组的一项教研活动。

二、认真踏实开展教研活动

1. 做好“研究性学习”这一课题的开题工作,进一步开设好高一、高二年级的研究性学习课程。

2. 组织好已立项课题的开题工作,并开展相关研究。

3. 参加扬州市教研室组织的“科学、人文相互融合的学科教育”这一研究课题的各项活动。

4. 组织电教组,做好多媒体教学的培训、研究、交流等方面工作,使多媒体教学工作有较大进展。

5. 讨论、制定并实施《教育教学科研工作管理条例》,健全教科研管理机制和激励机制。

6. 为开设校本课程做好准备工作。

三、继续办好《扬中教研》

组织编辑委员会,实行责任编辑制度,由编委会确立各期的话题和责任编辑,负责主要工作,争取使《扬中教研》得以长期办下去,而不要成为应景文章。在办好《扬中教研》的同时,举办“扬中教育论坛”,由论文作者走上讲坛,相互交流相互切磋,创造教育科研的良好氛围。

四、认真做好青年教师的培养工作

青年教师的素质，关系到扬州中学的未来。认真完善并实施“青年教师培养意见”，加强对青年教师培养工作的管理，开展青年教师综合素质评比工作。

五、做好校庆论文集的编辑、出版工作

（详见相关方案）

六、认真抓好高三年级工作

高三各备课组研究制订好复习工作计划，通过阶段考试掌握学生学习的现状，及时采取相应措施。做好各学科的协调工作，抓好“3＋x”综合测试的研究。

七、认真做好提前招生工作

结合百年校庆，做好宣传工作；认真组织好报名、考试工作和录取工作。

八、建立正常的教导处工作常规，为教学工作的正常化、开拓创新建章立制

九、完善教学档案，做好教学后勤工作

十、做好实习生安排、指导工作

总务工作

抓住百年校庆的契机，凝聚人心，进一步提高认识，充分调动总务工作人员的积极性和工作热情，齐心协力，圆满地完成校庆的各项准备工作，努力做好教育教学的后勤工作和校园改造工作，进一步探索市场经济条件下的后勤服务的改革方向，我们初步打算从以下几个方面开展工作。

一、加强和完善制度建设，强化制度管理

为保证教育教学的各项需要，保证学校各项活动的顺利进行，在新的一年中我们要进一步建立健全各项规章制度，建立奖勤罚懒的竞争机制，加强财务管理，物品管理，校舍管理，教室管理，水电管理，固定资产管理，食品卫生管理，医务室的管理，家属区卫生管理，和职员职工的工作管理。

二、主动积极认真地做好教育教学的后勤服务工作

要努力改善教学环境和办公条件,提高报务质量,力求做到满意服务。认真做好维修工作,保证做到小修不隔夜,大修不隔周,做好校舍、教室、办公室、以及水和电等每周巡查一次的工作,发现问题主动及时处理。

三、努力做好校园环境的改造工作和基建工作

在今年的工作中基建工作和校园改造工作是重中之重的工作,时间紧,任务重,要求高,必须抢时间争速度保质量,确保科技信息图书资料中心,学生宿舍,食堂和浴室,田径场体育看台,综合田径场,以及校门和环境改造如期竣工,做好树人堂的维修工作,电线管网的下地工作,抓紧做好绿化的布局调整工作,按照倒计时的方法周密安排工作计划,严格按照国家有关的建筑法规要求,认真抓好施工管理,严格抓好工程质量,严格控制工程造价,为学校用好每一分钱,提高有限资金的使用效益。增强管理的透明度,接受各方监督。

四、认真做好财务管理

严格执行国家的各项财务制度,严格执行收支两条线的管理,严格认真地执行各项收费标准,精打细算,增收节支,合理使用有限的经费。

五、切实搞好食堂和食品卫生工作

加强食堂工作人员的教育和管理,定期组织业务培训,认真学习《食品卫生法》及有关的食品卫生法规,提高从业人员的思想素质和业务素质,努力改善服务态度,提高服务质量,改善食堂供应,增加花色品种,改善食品口味,加强成本核算,降低菜肴价格,努力使师生满意。

中共江苏省扬州中学总支委员会
2002—2003学年度第一学期工作意见

本学期学校党的工作要以邓小平理论为指导，全面贯彻“三个代表”重要思想，认真学习江泽民同志“5·31”讲话和党的十六大文件，发挥党组织的政治核心作用和共产党员的先锋模范作用，通过迎接和办好百年校庆，迎接党的十六大的召开，凝聚全校人心，促进改革和发展，提高学校的办学品位。

一、认真学习江泽民同志“三个代表”思想和党的十六大文件学习

本学期要认真组织学习江泽民同志“三个代表”重要思想和党的十六大文件。上半学期要着重学习江泽民同志“5·31”讲话、《江泽民论有中国特色的社会主义》以及江泽民同志在北京师范大学建校一百周年大会上的讲话。通过学习，加深对贯穿讲话全篇的“三个代表”重要思想的理解。“三个代表”重要思想既坚持了马克思主义的基本原理，坚持了辩证唯物主义和历史唯物主义的世界观和方法论，同马克思列宁主义、毛泽东思想和邓小平理论一脉相承；又反映了当代世界和中国的发展变化对党和国家工作的新要求，以新的思想、观点、论断丰富和发展了马克思列宁主义、毛泽东思想和邓小平理论，是我们党理论创新的最新成果，是指导我们在新世纪加强和改进党的建设、推进我国社会主义制度自我完善和发展的强大思想武器。这篇重要讲话，高屋建瓴，内涵丰富，思想深刻，论述精辟，具有重要指导意义，为党的十六大作了重要的政治、思想和理论准备。

要认真学习党的十六大文件精神。党的十六大是我们党在新世纪召开的第一次代表大会，是在我国全面建设小康社会、加快推进社会主义现代化的新的发展阶段召开的一次十分重要的代表大会。大会将高举邓小平理论伟大旗帜，全面贯彻“三个代表”重要思想，认真总结党的十五大以来五年的工作，总结改革开放以来特别是党的十三届四中全会以来党团结和带领全国各族人民在建设有中国特色社会主义的伟大实践中取得的基本经验，对新世纪新阶段全面推进我国的改革开放和社会主义现代化建设、全面推进党的建设新的伟大工程作出战略部署。要通过系统学习十六大文件，不断增强贯彻执行党的基本路线，实践“三个代表”思想，搞好学校各项工作的主动性和自觉性。

要通过形式多样的学习活动,引导党员和广大教职工正确把握,认真实践,不断增强贯彻“三个代表”要求的自觉性和坚定性;与时俱进,在思想上是、政治上、组织上形成高度的团结统一,胜利完成百年校庆各项工作;在新形势下外塑形象,苦练内功,以先进的办学理念、鲜明的办学特色、优良的师资队伍、科学的管理制度,开拓学校发展的新局面。

党内学习主要采取个人自学、理论辅导和小组讨论相结合的方法。要紧密联系党的建设的实际、教育改革与发展的实际、学校各项工作的实际以及个人思想实际,重在鼓劲,重在建设,加强学校党的思想建设。

二、做好思想政治工作,搞好百年校庆和学校各项工作

要认真贯彻江泽民同志“5·31”讲话精神,围绕建设一流师资队伍的目标,认真实践“三个代表”重要思想,锐意学校发展,开创崭新局面,切实保证和促进做好百年校庆的各项筹备工作,高质量地完成百年校庆,为把扬州中学办成具有深厚文化积淀和现代教育内涵的一流学校而努力。

继续开展“承传百年传统,再创世纪辉煌”主题活动。全体共产党员要在各自的工作岗位上努力体现党员的模范带头作用,每个党员同志都要为百年校庆承担具体的工作事项。做好表率,团结和带领全校同志做好迎接百年校庆工作。

广泛开展宣传发动工作,营造浓郁的校庆氛围。要抓住有利时机和利用多种形式,广泛开展校庆宣传发动工作,动员全校同志积极投入到校庆工作中来,把校庆过程,作为鼓舞士气,激励壮志,凝聚人心的过程,营造浓郁的校庆氛围。

要求并促进各民主党派以及广大教职工,围绕百年校庆献技献策,动员全校同志努力维护稳定、改革和发展的大局,积极参与百年校庆筹备工作,投向继承百年传统,再创世纪辉煌的实践中。

要以“三个代表”的思想为指导,充分认识在经济全球化特别是“入世”以后对教育、党建和思想政治工作带来的新问题、新挑战,探索“入世”以后以及社会主义市场经济条件下学校思想政治工作的科学思想,以价值引导为根本,开展生动活泼的思想政治工作。思想政治工作要做到尊重人、关心人、激励人,实现以人文本和依法治校的统一,思想教育与解决实际问题的统一,思想教育与严格管理的统一,努力形成积极向上的舆论环境和健康和谐的人际关系。

结合教育教学实践,开展生动活泼切实有效的思想政治工作,引导和帮助广大教职工,热爱教育事业,热爱学生,珍惜教师形象,树立正确的世界观、人生观和价值观。

发挥共产党员的模范带头作用,促进师德建设。党员同志要做爱岗敬业、为人师表、精心育人、开拓创新的模范。协同校长室努力抓好师德建设。着重抓好党员在师德建设过程中的模范带头作用,着重抓好党员在师表形象、执行学校规章制度等方面的带头作用。

注意深入年级组、教研组和处室,做好深入细致的思想工作。开展多种形式的谈

心活动,召开不同层次和类型的座谈会,了解情况,疏通情绪,激励斗志,为办好扬中而努力。

积极发挥中层干部、党小组长、教研组长、年级组长和工会组长的骨干作用,努力做好经常性的思想政治工作。

加强教职工的民主管理,重视发挥工会桥梁和纽带作用。特别要通过工会开展有针对性的活动,激发主人翁意识,调动教师和职工的工作积极性和创造性。引导教职工积极参与学校管理,通过工会组织和教代会,加强学校民主管理。

三、坚持党建制度,切实抓好党的自身建设

要切实加强党的自身建设,发挥党组织的政治核心作用和党员的先锋模范作用,保持党的先进性,提高党的战斗力。学校党总支要按照江苏省教育工作委员会制定的"关于中小学党组织工作条例"开展工作,切实促进和保证党的路线方针政策的贯彻落实,全面贯彻党和国家的教育方针。

坚持民主集中制原则。按照民主集中制原则加强党的组织建设,坚持总支会议制度,重视发挥各个分支部的作用。坚持"三会一课"制度等组织生活制度,具体过好每双周一次的组织生活。

积极稳妥地做好组织发展工作。要加强对入党积极分子的教育和培养,按照党章规定的标准和培养发展计划及时吸收符合条件的积极分子入党。继续办好学生课余党校,继续在应届高三学生中培养入党积极分子。

四、加强干部队伍建设促进学校管理

学校党总支要以"三个代表"思想总揽全局,议大事、管全局、作表率,加强对学校重大事项的把握,促进和保证党的路线方针政策的全面贯彻落实。

按照民主集中制原则,坚持和完善党总支、各分支部的各项会议制度,确保本学期各项工作任务的落实到位。

切实加强学校干部队伍建设。努力建设一支作风正派、团结合作、吃苦耐劳、能力上乘、富有活力、素质优秀,适应学校改革和发展要求的干部队伍。按照党管干部的原则,认真做好干部的选拔、教育、培养、考核和监督工作。

探索新形势下学校干部教育、管理、考核和监督的有途径和机制。坚持在工作实践中考察干部。贯彻十五届六全会决定精神,用的好的作风教育和培养人,培养作风好的人。

加强党风廉政建设。在加强党的思想建设和组织建设的同时,加强党的作风建设。围绕热点重点问题,着眼形成基本制度,促进廉洁自律。认真做好校务公开工作。按照校务公开制度要求,继续完善规章制度,规范校务公开行为,提高工作效率,促进党风廉政建设。

做好民主党派工作。按照党的方针政策,注意发挥民主党派在学校工作的积极

作用。针对民主党派成员特点，加强对民主党派工作的领导，定期召开民主党派座谈会，发挥民主党派在教育教学改革和学校管理中的智囊作用，引导民主党派围绕百年校庆和学校中心工作开展活动。

发挥学校团组织在学校中的突击队作用。引导青年教师积极进取，奋发有为。

加强调查研究和检查考核，转变工作作风。掌握实际情况，注意工作反馈。

附：日程安排

9月

第2周：党员大会。布置学期工作

第4周：学习江泽民同志“5·31”讲话和在北京师范大学建校一百周年大会上的讲话（小组活动）

10月

第6周：各分支部开展“我为校庆添光彩”活动

第8周：各分支部开展“我为校庆添光彩”活动

11月

第10周：1. 党小组会；2. 学习党的十六大文件精神

第12周：学习党的十六大文件辅导

12月

第14周：学习十六大文件（小组讨论）

第16周：学习十六大文件辅导

1月

第18周：学期工作小结

江苏省扬州中学
2004—2005学年度工作计划

总的要求：

本学年的要求以邓小平理论、“三个代表”思想和十六届四中全会精神为指针，加强现代教育思想建设，强化学校各项管理，推进改革，促进发展，大力提高办学质量。

思想政治工作

教职工方面：

本学年要以邓小平理论和“三个代表”重要思想为指针，切实做好教职工的思想政治工作，加强感染力，增强凝聚力，调动和激发广大教职工做好本职工作的积极性和创造性。主要抓好以下工作：

一、抓好思想理论学习

注意抓好教职工的思想建设。重点组织学习科学发展观，引导全校教职工正确认识树立和落实科学发展观的重要意义，坚持以人为本，牢固树立和落实科学的发展观。联系教育工作实际，着重树立教育的科学发展观，在思想上树立全面质量意识，积极推进素质教育。

以教研组为单位组织学习，深入领会科学发展观的内涵和重要意义，提高对坚持教育科学发展观的重要性和必要性的认识，增强实施素质教育的自觉性。

注意改善教职工理论学习的形式，注重学习的实效性。采用自学、交流、讨论等多种形式，提高学习的质量。

二、搞好师德教育

要把师德教育作为思想政治工作的一项重点内容，切实提高教职工思想道德素质。具体工作一是贯彻落实上级教育行政部门颁布的教师职业行为规范，加大宣传力度，营造良好氛围；二是针对师德存在的突出问题或倾向性问题，结合学校校规管理，做好细致的工作；三是树立师德先进典型，引导全校教职工做好本职工作，投身到学校各项工作中去。

三、做好创建文明单位工作

继续做好创建文明单位工作。结合学校常规工作,全面落实文明单位创建任务。从总体上做到统筹安排,分步实施,注重实效。具体做好:

1. 加强领导,定期研究,认真贯彻文明单位创建条例。
2. 开展创建安全校园活动,抓好学校综合治理工作。
3. 重视双拥工作、社区工作。
4. 重视普法教育,结合具体实际,在全校开展普法知识考查活动。

四、推进学校民主管理

在学校党政统一领导下,围绕学校中心工作,切实推进学校民主管理,进一步做好工会工作,引导教职工树立主人公意识,为推进学校的改革和发展作出贡献。本学年上学期要做好新一届教代会换届改选工作,召开新一届教代会,通过《扬州中学学校章程》、《内改方案》等重大事项。

搞好学校校务公开工作,迎接年底校务公开工作检查。

开展文体活动,活跃教职工身心。

注意了解教职工思想实际,注意发挥学校各部门、各教研组和年级组在学校管理中的作用。

学生方面:

继续以邓小平理论、"三个代表"重要思想和党的十六大精神为指导,以全面贯彻落实《公民道德建设实施纲要》以及《关于进一步加强和改进未成年人思想道德建设的若干意见》为核心,坚持以爱国主义教育、理论信念教育和公民基本道德规范教育为重点,以高品位校园文化为载体,通过努力强化德育队伍建设,积极改进工作作风,开展生动活泼、丰富多彩的主题教育活动,不断促进全体学生的各项素质特别是思想道德和人格修养的进一步提高与发展。

具体工作

一、弘扬爱国主义主旋律,进一步强化理想信念教育

1. 按照省教育厅部署,9 月精心组织开展"弘扬和培育民族精神月"宣传教育活动,利用教师节、中秋节、"公民道德宣传日"、国庆节等节日资源,通过举办升旗仪式、广播晨会、主题班会、主题团日、歌咏比赛等活动,引导同学进一步加强对民族优秀文化的认同和自信,深刻领悟中华民族精神的博大内涵,树立民族自尊心和自豪感,正

确理解历史赋予青少年的社会责任。

2. 充分发挥课堂教学主渠道作用，结合各科教学内容，有机渗透爱国主义教育和人生观、价值观以及理想信念教育。

3. 各班班主任教师利用晨会、班会、谈心、家访等日常教育形式，通过班级环境建设和班级教育活动等渠道，结合各年级学生身心特点和思想实际，引导学生培养爱国情感，弘扬民族精神，确立“将来治国平天下”的宏伟志向。

二、大力弘扬求真务实精神，开创我校共青团工作新局面。

1. 围绕学校党总支对共青团工作的要求，深刻领会“三个代表”重要思想，用邓小平理论武装中学生，举办江苏省扬州中学第十期中学生党校。

2. 切实加强共青团组织建设。指导高一年级各班依据《团章》组建支部；其他年级各团支部民主换届选举。充分利用团日活动时间，采取丰富多彩的形式，学习《团章》和《江苏省扬州中学先进团支部、优秀团员干部、优秀共青团员评比条例》，充分认识共青团组织的先进性，进一步明确团员的权利和义务，积极创造条件，争创先进集体和个人。坚持每月一次的团支部书记例会制度，交流、总结前一阶段的工作情况，包括执行学校团委和本班团支部工作计划的情况，研究布置下一阶段的工作。

3. 以庆祝中华人民共和国成立55周年和弘扬“雅典奥运精神”为载体，深入开展“爱我中华·立志成才”主题教育活动(活动方案另定)。

4. 广泛发动团员青年，积极参加青年志愿者服务活动.

5. 进一步加强对学生会工作的指导。通过民主推荐和竞选的方式，充实扬州中学学生会组织，全校民主直选学生会主席。支持学生会根据有关章程独立开展工作，注意发挥学生会在学校生活中的主体作用，指导学生会在校园文化建设和校园常规管理中发挥积极的作用，进一步完善学生干部文明岗值勤活动。

三、倡导师德规范，强化德育队伍建设

1. 继续组织全体班主任认真学习中共中央、国务院《关于进一步加强和改进未成年人思想道德建设的若干意见》，引导大家积极响应市直学校中青年干部读书班发出的《塑师德高尚形象、做人民满意教师》倡议书，自觉从我做起，从一点一滴做起，树立德育工作者的良好形象。

2. 坚持班主任工作例会制度，组织班主任老师及时研究德育工作面临的新问题，在校园网上开辟班主任工作论坛专栏，为校内外交流德育工作经验和信息提供平台。

3. 继续采取理论与实践相结合的培训方式，对工作未满三年的青年班主任教师进行集中培训，重点进行师德规范主题教育活动(培训计划另定)。

4. 根据《扬州中学班主任工作职责》，进一步完善班主任工作考评制度，突出师德规范在班主任工作考评中的重要地位，通过考评和奖惩机制，大力倡导师德规范，

促进班主任队伍整体素质的稳步提高。

四、强化传统美德教育，引导学生自觉遵守公民基本道德规范

1. 继续组织全体同学认真学习和贯彻执行教育部新近修订的《中小学生守则》和《中学生日常行为规范》，利用校园广播、宣传报栏、新苗杂志等宣传阵地，同时通过升旗仪式、志愿者行动、红十字服务、双拥活动以及高一新生入学、学生入团、学生会改选等教育活动，对学生进行有关社会公德、家庭美德、校园文明、网络道德、诚信品质等方面的专项教育。

2. 进一步针对校园环境整治后出现的新情况，围绕《守则》和《规范》，对全体学生进行基本行为规范养成教育，修改完善学生日常行为检查制度和班级常规管理检查评比制度，继续组织学生骨干设立校园文明监督岗，充分发挥学生在校园文明建设中的主体性和积极性，引导全体同学充分展示名校学子的良好形象。

3. 狠抓寄宿生日常行为管理和宿舍文化建设，引导学生学习掌握基本生活技能，培养集体观念、劳动习惯和公德意识。

4. 9月20日—27日，根据市文明办布署，开展“公民道德宣传日”宣传教育周活动，各班以班级或团支部为单位，开展以“争当文明小使者，养成道德好习惯”为主题的道德实践活动，引导学生通过参与活动获得自我教育和自我发展，体验传统美德，提高道德素养。

五、精心建设高品位校园文化，积极抵御不良文化信息影响

1. 进一步完善校园设施，努力丰富宿舍、食堂、图书馆、体育馆等学生活动场所各项设施的教育性和审美性，重视发掘百年扬中深厚文化积淀，精心营造校园浓郁文化氛围。以班级、宿舍为单位，发动学生积极参与，共同构建健康高雅的班级文化、宿舍文化，学校以年级为单位开展班级文化、宿舍文化展示观摩评比活动。

2. 积极组织高品位、有特色、多形式的文体活动、社会实践活动，启迪学生的思想，陶冶学生的情操，不断满足他们的精神文化需求。

3. 继续加强学校与家庭、社区的联系沟通，努力形成共识，齐抓共管，引导学生自觉抵制来自社会特别是互联网络和非法出版物的不良文化信息的影响。

4. 切实减轻学生课业负担，拓宽素质教育思路，以学生为主体积极组织形式多样的学生社团活动，在丰富学生课余文化生活的同时，努力培养学生的创新意识和实践能力。

六、继续强化安全法制教育，不断培养良好心理素质

1. 继续通过讲座、参观、交谈、电影观摩等多种形式，在全体学生中进一步普及安全知识和法制常识，进一步强化学校与社区、家庭的联系，重视运用社区教育资源对学生进行安全法制教育。

2. 对少数思想、心理和行为习惯存在明显不足的暂时后进同学给予重点关心，做好耐心细致的思想转化、心理调适和行为矫治工作，晓之以理，动之以情，多鼓励引导，少批评训斥，努力促进其不断进步。

3. 班主任老师在日常教育和管理过程中，应特别重视每一个学生的心理健康状况，向学生普及心理健康知识，努力引导他们培养良好心理品质。

具体措施：

一、学年初，学校召集专门会议，布置本学期德育工作计划，各班应在认真学习的基础上，结合班级实际，及时拟定班级德育工作计划。

二、学校将通过班级日常互查、学校抽查、学生座谈、问卷调查等形式，及时了解各项工作落实情况，努力强化对工作的指导与督促；

三、学年末，各班应通过班主任工作总结和班级工作总结，实事求是总结德育工作的实绩与不足，以利今后更好地开展班级德育工作。

四、坚持德育工作每周例会制度和年级组长例会制度，及时研究学生中出现的新情况、新问题，保证德育工作的任务落实到位。

五、学校德育工作领导小组成员经常深入班级、宿舍、食堂、操场等学生活动场所，了解学生思想动态，与学生交友，对班主任的日常工作进行具体指导。

教学工作

本学年教学工作将依据科学发展观以及扬州市高中教育工作会议要求，结合学校的教学传统和面临的实际，积极应对新一轮高中课程改革和江苏省单独命题带来的机遇和挑战，进一步增强提高教学质量的责任感，不断强化教学质量的忧患意识和管理意识，以基础教育课程改革的全新理念，指导学校的教研、教研和科研，从学生整体发展的需要出发，继续有效地调整教学，积极探求解决培养输送高素质学生和大众教育之间矛盾的途径方法，保持和提升我校教学在省内的优势和地位，为学校的更大发展和扬州市的教育作出应有努力。

一、明确我校教育的社会责任，增强提高教学质量的使命感

我校的名校地位决定我校的教育倍受社会的关注，期盼我校学生三年后都能考上一流的大学，事实上，受学校办学规模的扩大和学生成长发展的诸多因素制约，这是不现实的。但我们要对每一个学生负责，这应该是我们的目标和追求。根据市局对我校的定位要求和贡献率指标，虽有实际困难，但仍需尽最大的努力去达成。教学质量是学校的生命线，高考升学率是目前不可替代的评价标准，对于我校来说，没有相当数量的高分段学生，没有高百分比的本科上线率，是和我校的地位不相称的，教学质量也难以得到教育内部和社会的认同。我们要明确自身肩负的责任，遵循教学规律，千方百计提高教学质量，在并不十分平等的竞争条件下，确保我们在省内的领

先地位。

二、为实施新课程积极准备,推进研究性学习和校本课程

江苏省高中明年开始进入新课程,课程结构的模块化、大量的选修课、一定学分的研究性学习和校本课程,对学校的教学管理、课程开发能力、学校课程的整合,对教师的学识水平、开课能力等都提出了新的更高的要求。我们要在全校学习《走进新课程》和新的课程标准的基础上,确立创新的学校观、课程观、教材观、教学观、教师观和学生观,为新课程的实施做好思想观念、组织安排和教学资源的开发利用方面的准备。学校在2003年上半年就草拟了《校本课程及研究性课程开发实施意见》,从学校的课程传统、校本课程开发的主体、组织机构、审定程序、竞争机制、培训管理、经费奖励等方面作了原则性的表述,提供给全校教师讨论,暑期又拟写了《校本课程开发实施方案》,现需在此基础上进行操作层面研究,制定相关的实施细则,扩大学校原有的研究性学习成果,推进校本课程的开发实施,本学年上学期要启动校本教材的编写。

三、总结近年高考的成败得失,实实在在做好高三复习工作

在招生人数迅速增加、生源质量总体下降的情况下,经过全校的努力,近年高考的本科上线率和高分段人数仍然保持着较高的比例和省里的领先位置,但跟上级的要求和社会的期望还有相当的距离。总结以往,坚持我校的教学个性,保持教学的适当难度,对于培养高素质、可持续发展的学生有它的合理性,并得到了很好的证明;我们正视现有学生的实际,调整平时的教学,对一部分基础薄成绩差的学生,进行必要的补差,并通过对学生选科的指导,发挥学生的优势,也取得了一定的效果。本届高三对于学校来说,是关键性的一届,学生数创历史新高,一开始分化现象就比较明显,要完成本科上线80%、对城区贡献率60%的指标,是极其困难的,我们惟有尽最大的努力,实实在在地做好高三的复习工作,制定好系统复习的计划,安排好练习训练和阶段性考试,处理好基础与能力、专项与综合、思维方法与解题技巧等关系,做到复习一段理清一段,练习一次有成效一次,通过对练习试卷的批改评讲,及时发现学生知识运用的疏漏和解题过程的不规范不严密之处,并加以纠正。同时对一部分成绩差的学生实行所教班级承包式补课,尽我们任课教师的责任和义务。

四、重视学科竞赛的意义作用,力求确保在省内的优势地位

学科竞赛是衡量学校教学实力的重要方面,不仅可以发挥学生的学习个性,拓宽学生的发展空间,为高校输送一些素质优秀的人才,而且教师的教学水平和教学能力也可以得到很大的提升。我校近年来学科竞赛硕果累累,无论是获奖的人数还是获奖的层次等级,都位于全省前列。但最近的化学生物竞赛在省里入围人数寥寥,令人担忧,重要原因在于有的年级有的教师忽视学科竞赛的作用,教研组也有分工安排方面的问题。现在,高三的竞赛几乎已成定局,高一、高二须吸取教训。学校将专门召

开学科竞赛辅导教师会议，进一步明确责任，形成合力，同时考虑修订奖惩条例。竞赛成绩要与辅导教师的评优晋级挂钩，凡不能参与竞赛辅导，或辅导效果较差的都应视为业务能力不强的表现，鼓励教师把竞赛辅导作为自己教学工作的不可缺少的一部分，学校也积极创造条件，让更多的教师有机会接受相关培训，提高竞赛辅导的业务能力，当然更重要的在于个人自身的学习、进取和提高。

五、进一步加强教学常态管理，切实抓好教学的每一个环节

教师工作的特性决定其既是个体的创造，又必须服从统一的安排调度。学校教学工作的有序运行，既取决于教师自觉的工作态度、较强的工作能力，也与教学的常态管理密不可分。市高中教育工作会议指出，城区学校在教学管理方面还有较大空间，要通过教学管理进一步提高教学质量。反思我校教学现状，总体情况良好，但也存在个别备课不充分、随便调课、教学随意、作业处理不及时的现象，应该引起足够注意。教学部门、教研组长、年级组长，包括各备课组长都要切实承担起教学管理的责任，及时发现问题，通报情况，帮助纠正，把教学管理真正落实到教学的每一个环节。特别是教研组，在组织学科教学，进行教研、教研和科研、提高教学质量方面有着不可替代的作用，学校教学工作的意图都需通过教研组才能实现，因此，各教研组从计划的制定到实施的过程，从集体备课、组织活动、统一练习考试，到教学评价、相关数据统计分析，都要做到规范高效，从而保证学校教学管理的完全到位，教学的每一个环节都处于良好的运行状态。

六、有效促进青年教师的成长，做好面向大市公开教学准备

上学年的35岁以下青年教师教学竞赛在各方面支持配合下，取得了良好的效果，对提高青年教师的业务素质和教研水平，引导青年教师更多的关注课堂、研究教学，有着一定的意义和作用，与三年前的教学竞赛相比，许多青年教师在教学上正走向成熟。近两年新进了一批年轻教师，他们的专业基础厚实，素质较全面，只是缺乏教学经验，我们在落实新教师培养计划的同时，还需要为他们搭建一定的平台，为他们的成长，包括所有青年教师的成长，创造浓厚的氛围和有利的条件。基于这种考虑，学校打算在适当时间，面向大市各重点中学及城区学校，组织一次公开教学活动，并以青年教师作为这次活动的主角，展示我校青年教师运用新课程理念、结合我校教学传统、进行课堂教学的风采，从而经受锻炼，提高自己。教学部门要做好组织协调准备，各教研组要倾全组之力帮助开课教师，争取公开教学活动的成功。

总务工作

树立全心全意为教育教学、为师生生活服务的宗旨，努力做到管理育人，服务育人，环境育人。

一、做好学校固定资产的统计、登记工作，进行信息化管理。

二、制定学校固定资产管理制度。

三、做好正常的后勤服务、校园管理、环境卫生管理、校舍校产管理、绿化管理等工作。

四、加强食堂管理，做好食品卫生、饭菜的成本核算、质量、品味等伙食供应工作，提高师生就餐的满意率，努力办成师生满意的食堂。

五、加强财务管理，制订费用开支标准。

六、加强学校收费工作管理，严格执行收费项目和标准，保持规范收费学校的称号。

七、进一步做好开源节流工作，加强能源节约管理，想方设法节约水、电、汽。

八、医务室做好学生体检、健康知识宣传、食品卫生督查等工作。

二〇〇四年九月

江苏省扬州中学2006年工作要点

一、指导思想

2006年是“十一五”开局之年，是学校建设和发展中的奋斗之年。学校将高举邓小平理论和“三个代表”重要思想的伟大旗帜，贯彻落实科学发展观，以学校五年发展规划为蓝图，以创建省“五星级”学校为契机，贯彻落实全市教育工作会议和教育质量推进年动员大会精神，坚持以思想解放引领学校的全面发展。强化树人为本，努力营造和谐、向上的校园人文环境；强化制度管理，继续完善体现扬中传统和现代学校管理理念的各项制度建设；强化德育工作，探索符合我校传统和实际的德育主题，逐步形成德育特色；强化科学管理，进一步突出教学的中心地位，理直气壮抓质量；强化课程意识，进一步提高新课程实施水平，创建素质教育特色；强化科研兴校，继续加大教育科研的力度，促进学校内涵发展。

二、主要目标任务

1. 坚持以人为本，完善以《学校章程》和《内改方案》为核心的制度建设。构建教育教学质量和学校管理的绩效考核与激励机制，努力提高管理的精细化程度。逐步完善各项管理制度，使学校内部管理工作迈上新台阶。

2. 坚持加强教师队伍建设，努力提高教职工思想道德素质和业务水平。继续加强师德教育，进一步提高教师的道德水准；继续深入开展青年教师的校本培训，促进青年教师的素质发展；努力建设一支学养深厚、教导有方、团结奋进、锐意进取、师德高尚的教师队伍。

3. 坚持积极开展主题德育实践活动和德育研究活动，探索符合我校传统和实际的德育主题，围绕主题开展活动，逐步形成德育特色。

4. 坚持加强学生的思想品德教育和心理教育，促进学生形成健全的人格和积极向上的精神面貌。进一步健全德育网络，充分发挥家长委员会和《家校通讯》在学生成长中的作用，使学校教育、社会教育和家庭教育形成合力。继续强化常规管理，养成良好的行为习惯。

5. 坚持以教学为中心，强化教学、教研工作，全面提升教学质量。全面加强教学管理，扎实推进素质教育；树立质量优先意识，追求高标准的教学效益，为全体学生创造良好的学习环境；加强教研组建设，以教促研，以研兴教，教研活动要由外延型向内涵型转变；面向全体学生，坚持以竞赛辅导、小班补差、课后答疑等手段，实施分层教学，培优补差；继续探索不同年级课后作业和训练的科学、有效的办法，促进全体学生素质的提高。

6. 坚持继续加强课程改革与研究力度，提高新课程的实施水平。以新课程理念为先导，以教学反思为抓手，以课堂教改为重点，组织教师进一步学习新课程，解读新课程，实践新课程；进一步加大校本课程实施的管理力度，制订《扬州中学校本课程管理制度》，构建具有我校特色的课程体系；完善学生选课指导方案，深入开展研究性学习活动，制定以学分制为主要评价方式的学生成绩评价体系。

7. 坚持强化高三教学工作，力争高考取得好的成绩。强化领导，进一步落实质量责任；进行科学分析，进一步优化复习策略；高度重视信息工作，进一步强化高考研究；统一协调安排，确保高三教学工作高效运行；力争今年高考成绩取得新的突破。

8. 坚持科研兴校战略，确立科研先导地位，提高教育科研水平。与教育局共同做好“十五”课题“科学与人文相融的学科教学”的结题工作，同时全面启动“十一五”课题申报工作；通过“自主发展”课题研究，全面总结我校的优良办学传统，并以此引领学校发展，推动学校各项工作；编印《树人学刊》，并力求使之成为我校教师专业发展和学术交流的重要平台；完善并认真组织实施《江苏省扬州中学教育科研管理条例》。

9. 坚持不断创造条件，全面启动江苏省五星级高中创建工作。成立专门小组，对照江苏省五星级学校创建的基本要求，结合我校五年发展规划和具体实际制定五星级高中创建规划，并适时召开专家论证会进行充分论证。

10. 坚持优化招生机制，切实做好高一年级招生工作。继续争取上级主管部门的支持，进一步优化招生办法，保证生源质量；做好招生宣传工作，总结好的经验，继续做好单独招生工作。

11. 坚持以高效的行政管理促进教育教学水平的提高。行政工作是学校工作的重要组成部分，行政工作人员要牢固树立以教学为中心，以学生为本的意识，做好管理、服务工作；严格执行学校和部门会议制度，提高工作效率；加强学校档案管理，增强档案意识；加强学校宣传工作，不断扩大学校的影响。

12. 坚持强化总务后勤管理，树立服务宗旨，提高服务意识和效能。开源节流，提高办学效益。

三、主要工作措施

（一）学校管理

学校的发展和教学质量的提高是通过科学、规范、精致、有序的管理来实现的。“树人为本”的办学理念和精致的教学管理始终贯穿在百年扬中的各个历史时期，造就了百年辉煌。进入新世纪，学校发展面临着新的机遇和挑战，特别是面临高考的激烈竞争和新课程的有效实施,学校教学管理更应在要保持和发扬优良办学传统的基础上,与时俱进,不断创新,要通过精致管理进一步提高教育教学质量,通过精致管理进一步构建和谐校园,通过精致管理进一步提高办学效益。

1. 面对基础教育的改革和广大群众对优质教育的更高要求,我校必须在继承和借鉴的基础上,不断创新,确立符合扬中特点的真正高效的发展思路。2006 年初学校制定并经教职工代表大会通过了《2006—2010 年扬州中学总体发展规划》,明确了今后 5 年学校发展的方向,提出了把我校建设成为“管理科学、文化精深、教育优质、科研领先”的自主创新型高中的奋斗目标。本学期,学校将结合市教育局的发展思路和扬中的实际情况,分解规划目标,制定各部门、各学科今后 5 年的分项计划和实施细则。学校还将结合省五星高中评估要求,制定“五星学校”创建规划,通过规划目标来凝聚人心,通过精心组织实施规划来促进学校的各项工作落到实处。努力提高管理水平,向管理要效益,向管理要质量。

2. 认真贯彻党的十六届五中全会精神,按照科学治校、民主治校、依法治校、精致治校的要求,以《江苏省扬州中学章程》为准绳,进一步确立以校长负责制为核心的学校领导体制,充分发挥党组织在学校各项工作中的政治核心作用和保证监督作用,继续发挥教代会参与学校决策和民主监督作用,继续深化内部管理体制改革,继续完善校务公开制度,充分调动全校教职员工的主动性、积极性和创造性,使学校的一切工作依法而行,管理规范,高效运作。进一步弘扬扬中优良办学传统,认真学习先进地区的经验,全面梳理学校各方面的工作,以依法治校、科学管理为前提,以强化过程、精致管理为核心,以全员参与、民主管理为保障,突出教育教学的全过程精致管理,促进教育教学质量的稳步提高。

3. 加强思想政治工作,增强全校教职工的凝聚力。遵循尊重人、激励人、关心人和引导人的方针,以师德教育为重点,开展积极的思想政治工作。把思想引导、利益协调和强化管理有机结合起来。积极营造正确地舆论氛围和文化环境,做好学校改革、发展和管理过程中的思想工作,开展多种形式的教育活动,鼓舞士气,凝聚人心。

4. 继续加强师德教育,组织教师认真学习、积极实践《公民道德建设实施纲要》和《中小学教师职业道德规范》,进一步提高教师的道德素质水平,帮助教师树立科学的世界观和高尚的职业道德,自觉规范自己的思想行为,促使全校教师真正成为人民满意的教育工作者。为了进一步提升我校教师的整体素质,学校对教师师德建设提出了更高的要求。要求教师做到:热爱教育事业,弘扬扬中“树人为本”的办学宗旨,坚持“进德修业,教书育人”的扬中教风,以学校利益为最高利益,树立大局意识,提倡奉献精神;团结合作,相互尊重,虚心学习,关心他人,共建和谐校园;自觉执行市教育局师德规范“八不准”的规定;对学生既要严格要求,又要热情关怀,尊重学生的人格,杜绝体罚、变相体罚学生的行为,杜绝简单、粗暴的教育方法,倡导激励教育;严格执行课表和作息时间表。杜绝擅离工作岗位,遇有特殊情况应及时履行请假手续。

5. 进一步建立健全体现扬中传统和现代学校管理要求的工作规范和各项规章

制度,用制度来管理学校。学校将根据国家的政策、法律、法规、依据学校《章程》,结合学校的具体情况,建立和健全各项常规管理制度,力求使学校管理制度化、科学化、规范化、继续完善学校各职能部门的工作职责和岗位制度,认真执行《江苏省扬州中学学生手册》,在此基础上不断完善各项规章制度,并在落实工作规范和制度的督查上做好做实,使管理机制真正起到约束、规范和激励的作用。

6. 积极稳妥地深化学校内部管理体制改革,努力实行教职工全员聘任制、岗位责任制和工作考核奖惩制,引入激励竞争机制,激发办学活力,充分调动广大教职工的积极性和创造性,积极推进课程改革,全面实施素质教育,不断提高教育教学质量和办学效益,努力开创学校管理、改革和发展的新局面。执行扬州中学第三届教职工代表大会第二次会议通过的《江苏省扬州中学校内结构工资改革实施条例》,既要积极引导全校教职工进一步加强师德修养,热爱教育事业,爱岗敬业,无私奉献,又要适应学校教育教学改革和学校发展形势的需要,调动一切积极因素,不断创造条件进一步完善校内结构工资体系,从而为学校的发展提供有力保障。

(二) 德育工作

以科学的发展观为指导,以全面贯彻落实《爱国主义教育实施纲要》、《公民道德建设实施纲要》、以及《关于进一步加强和改进未成年人思想道德建设的若干意见》为核心,以爱国主义教育、理想信念教育和公民基本道德规范教育为重点,统一思想,振奋精神,以争创省五星高中为总目标,以高品位校园文化为载体,强化德育队伍建设,提高工作实际效果,通过形式多样、内容丰富的教育教学活动,促进全体学生的思想、道德、人格、心理等方面的全面发展。

1. 健全德育队伍,构建德育网络

(1)组织班主任进一步认真学习《关于进一步加强和改进未成年人思想道德建设的若干意见》,提高班主任思想理论和实际工作水平,树立学校德育工作者的良好形象。

(2) 组织部分青年教师成立一个德育科研小组,研究我校百年文化传统和学生主体性特色,探索新时期我校德育工作的新特点,形成新的德育模式。

(3) 进一步加强班主任队伍建设,组织每周五的班主任例会,及时布置学校的各项工作,搞好学生管理工作,努力服务学生。

(4) 和教务处共同配合,进一步深化青年教师校本培训工作,抓好青年班主任培训,五月中下旬,本学期接受培训的青年教师将在高一、高二年级实施以加强责任意识为主题的班会活动,同时要完成一篇德育心得体会的文章。

(5) 继续办好《家校通讯》,向家长通报学校的教育教学各方面情况,组织家长委员会各分会定期开展活动,让家长进一步了解学校,参与对学生的教育管理,征求家长对学校的建议,同时通过他们加强对学校的宣传。继续和社区保持联系,邀请社区代表视察我校,或组织学生进社区了解社会,使家长、社会和学校形成教育合力,共同担负起对学生的教育。

(6) 健全教师走进学生家庭、访问家长的制度，进一步加强班主任与学生家长的沟通和交流，做好特殊学生的思想教育工作，更多地关爱他们的学习、生活，努力提高教育的服务质量。

2. 弘扬爱国主义教育，培养学生的责任意识，引导学生自觉遵守公民基本道德规范

(1) 进一步规范了晨会内容，有计划地、系统地对学生进行品德修养、心理教育、行为习惯教育，由高二年级各班面向学校师生设计并实施每周的晨会活动，由高一年级各班负责学校橱窗的设计和布置，注重活动的内容、形式、效果等。

(2) 结合青年教师校本培训工作，在高一、高二年级各班开展以培养学生的责任意识为主题的班会观摩评比活动，使学生学会对自己、对他人、对社会和国家负责任。活动结束时，进行评奖，发给奖励证书。

(3) 利用中学生课余党校、十八岁成人宣誓仪式、参观烈士陵园等活动，对学生进行努力学习、立志成才、报效祖国的系列主题教育活动。

(4) 以学生进出校门佩戴胸卡、自行车管理、作息时间管理等环节为突破口，进一步强化校园常规管理，禁止学生课间出校门。每天对常规管理的各项工作按时检查打分，学年作为“先进班级”等评比的重要依据。

(5) 加大对考风考纪的检查、处理力度，通过抓考风考纪促班风、学风上新的台阶。继续通过学校宣传和班级工作，督促少数同学自觉远离网吧等学生不宜进入的场所，将主要精力集中于学习。

(6) 进一步下大气力对行为习惯存在较多问题的同学做好思想教育转化工作，促使他们养成良好的行为习惯，帮助他们树立学习信心。

(7) 强化安全法制教育，通过讨论、参观、电影观摩等形式，在全体学生中进一步普及安全知识和法制学识，开展形式多样的教育活动。

3. 建立高品位的校园文化，加强对学生的文明礼仪教育

(1) 精心组织间周一次的国旗下讲话，本学年继续结合时事、扬中校史教育，加强对学生的文明礼仪教育。

(2) 充分利用现有的校园广播、校园网、班级黑板报等宣传媒体，在适当地点增设宣传画廊，精心创设教育氛围，构建富有扬中特色的高品位校园文化，于潜移默化间对学生施加教育影响。

(3) 加强对学生社团工作的指导和管理，每个社团活动要有计划、有内容、有成果，好的作品将在《新苗》杂志上发表或在学校橱窗上展览，培养学生各方面的能力。

(4) 根据《江苏省扬州中学班主任工作规程》，进一步完善班主任工作考证制度，突出师德规范在班主任工作考评中的重要地位。将班级文化建设、宿舍文化建设纳入班级工作考核和先进班集体、优秀班主任评选的评价指标体系，促进校园文化建设。

(5) 开展学校年度新人新事和优秀学生干部、优秀共青团员评选活动，树立学生

典型来教育影响全体同学,倡导我校“正直向上、热于求知”的优良校风。

(6) 班主任认真指导班级干部做好班级日志的填写记录工作,如实记载班级日常事务,发现问题,及时解决,做好各学科教师之间的沟通。

(7) 通过校园网,开辟“心灵之约”专栏,举办心理健康讲座,开设心理健康咨询室,接受学生的心理咨询,帮助学生解答心理疑难问题,及时疏导心理障碍,确保学生身心健康。

4. 加强团组织建设,推进团委工作上新台阶。以“三个代表”重要思想和科学发展观为指导,认真贯彻《学校五年发展规划》,围绕学校中心工作,以爱国主义为核心,以青年发展为本,以主体性教育为特色,积极探索新时期学校共青团工作新思路;以党建带团建,以活动促团建,着眼于培养高素质人才,建立与创建五星级示范高中目标相适应的共青团工作体系,以增强共青团员主体意识为抓手,以“素质拓展”为主题深入开展未成年人道德实践活动,努力促进中学生的“人格健全”,引导广大团员树立远大理想和科学的世界观、人生观、价值观。在“五四”前夕,依照《江苏省扬州中学红旗团支部、优秀团员干部、优秀共青团员评比条例》对先进集体和个人进行表彰。

(1) 办好课余党校,培养新生力量。围绕学校党委对共青团工作的要求,深刻领会“三个代表”重要思想,引导中学生树立崇高的人生信念,举办江苏省扬州中学第十一期中学生党校。切实做好推优工作。根据学校党委对推优工作的具体指示,有步骤、分阶段开好各个层次的学生座谈会,经常向学校党组织汇报对申请入党学生的培养考察情况,落实“推优”工作,把那些真正符合党员标准的优秀团员推荐给党组织。

(2) 进一步建立健全共青团工作的各项制度。配合学校争创“五星级”高中的具体布置,充分发扬民主,广泛听取意见,制定《扬州中学学生会章程》、《扬州中学学生会优秀学生干部评比条例》,进一步宣传《江苏省扬州中学红旗团支部、优秀团员干部、优秀共青团员评比条例》。使创建先进集体、争当先进个人的活动有序开展,发动充分,把创建的过程深化为团员主体性教育的载体,从而形成共青团活动开展的生动局面。

(3) 开展系列主题教育活动。认真贯彻《关于在全市开展以学习实践“三个代表”重要思想为主要内容的增强共青团员意识主题教育活动的意见》,以增强共青团员主体意识为抓手,围绕“纪念长征胜利”“学雷锋 树新风”“植树护绿,爱我山河”“祭扫烈士陵园”“学习五四精神,争当青年表率”等主题,深入开展未成年人道德实践活动。

(4) 进行“优秀团日活动”观摩评比。围绕“素质拓展”,以高一高二团支部为单位,自选积极向上、富有时代精神的主题,创新活动形式,充分发挥团员青年的主体意识和创造精神,尽快形成我校共青团工作的特色。学校团委将会同学工处组织观摩评比,对优秀活动进行表彰,将活动成果布展。

(5) 继续举行“十八岁成人仪式”。“五四”前后,在高三年级举办十八岁成人仪式,强化学生的成人意识,从责任意识、理想教育、民族振兴、心理健康等多角度、多层面增强学生对民族、对社会、对自身的关注和思考,进而追求崇高,树立"立志成才,报效祖国"的崇高理想。

(三) 教学工作

以全市教育工作会议以及全市教育质量推进年动员大会精神为引领,全面贯彻党的教育方针,更加突出教学中心地位,争创一流的教育质量;更加突出教育科研,坚定不移地实施素质教育,加快课程改革步伐,全面提高教育质量,争创"五星"高中。

1. 加强学习,转变教育观念,深化教育改革。全体教师要进一步加强学习,特别应重视深入钻研课程标准(或教学大纲)和全面钻研教材,通过认真学习和钻研,明确新课程理念,确立以学生的发展为核心的基本思想,并认真在教学实践中加以贯彻。要不断转变教育观念,实现从知识本位向以学生为本的观念转变,使学生形成积极主动的学习态度,在获得基本知识和技能的同时,学会学习,形成正确的价值观。

2. 进一步落实集体备课、听课和评课制度。各教研组要加强集体备课的领导,要切实提高备课质量,防止和克服集体备课中的形式主义倾向。要不断提高集体备课的研究份量,对教学的重点、难点、疑点以及学生的情况进行讨论和研究,并作好备课记录,每学期期末交教务处存档。

钻研课程标准(或教学大纲)必须与钻研教材和经常性的备课工作相结合。备课应在认真自备的基础上进行集体备课,按照我校集体备课"个人先行、集体讨论、整合资源、形成特色、求实创新、反思提高"的基本要求,树立科学的教学理念,合理制定教学计划,认真落实集体备课的各个环节。要开展经常性的听课和评课活动。每位教师要积极参与教研、教改活动,做好实践课、研讨课、示范课等开设和评议工作。每位教师每学期互相听 10 节以上,组长 15 节以上,青年教师 20 节以上。

3. 进一步加强课程建设。本学期各教研组要开发 2—3 门选修课程,各教研组长要加强领导和指导,积极发动本组教师申报校本课程,着手组织编写教材,制定课时计划。本学期编写《学生选修课指导手册》

4. 进一步加强教研组建设。教研组是学校的最基层单位,教研组的风气是校风的重要表现,学校将进一步完善教研组工作评比制度,本学期将进行优秀教研组的评选。教研组长要加强对教研组的管理,严格执行学校规章制度,形成教研组工作评比细则。教研组的工作计划、集体备课、听课活动、评课活动、课程建设、教研活动都要以提高课堂教学效率为中心,要不断提高科技含量和研究份量。形成潜心教学研究、团结协作、积极上进的教研组风气。

5. 进一步加强学科竞赛工作。全面加强学科竞赛辅导的管理工作,加大竞赛辅导的力度,为造就尖子学生群体打好基础。学科竞赛辅导是提优工作的有力措施之一,各备课组在教学计划的制订和实施过程中,要统一要求,落实好人员、内容、地点,上报教务处统一安排。

6. 进一步加强研究性学习工作。尽快完成上一轮研究性学习的总结,出版研究性学习课题报告集。进一步深化高一年级研究性学习,召开开题报告会,组织和指导学生独立开展活动。

7. 进一步加强青年教师校本培训工作。继续开展青年教师的校本培训,本学期组织青年教师积极参加教科研,撰写总结和论文。

8. 进一步抓好体艺工作,全面提高学生素质。更新体育教育理念,改进体育教育方法。使学生掌握基本的运动技能,培养学生终身体育的意识和坚持锻炼身体的良好习惯。开展形式多样的体育活动,增强学生体质,带好各项运动队,提高学生体育竞技水平,力争在各项重大体育比赛中取得优异的成绩。开展多种形式的艺术教育活动,通过丰富多彩的教育活动,来活跃学生的身心,提高学生的综合素质。

9. 进一步做好招生工作。积极思考单独招生办法,出台招生简章。成立招办、组织宣传、命题、考试等工作单独招生是我校招生的重要组成部分,政策性强,头绪繁杂,工作量大,涉及学校、考生和家长的切身利益。教务处要在学校统一领导下,精心谋划,确定单独招生工作实施办法,尽早成立招生办公室,积极做好宣传、报名、命题、考试、安全保密、录取等工作,确保各个环节万无一失,圆满完成今年各项工作任务。

(四) 教育科研工作

1. 开设校本课程,开展校本教材的教学研究

本学期校本教材理科五本,是数学、物理、化学、生物、信息科学中涉及的人文知识。目的是在各个相关学科中,让学生的科学素养和人文素养得以全面发展。文科目前有三本备选(中西方文化名著选读;美学和艺术鉴赏;科学思维和科学论文写作)体现"文史哲""科学人文"相互融通的思想。在教学过程中鼓励、组织教师继续申报、开设校本课程,并且制定校本课程立项条例。本学期在实施校本课程之前,组织相关教师培训,以了解教学的基本原则和方法;在教学中组织任课教师的讨论交流,进行学生意见调查;学期结束组织总结评比。暑假期间与市教研室联合组织校本课程的研讨会。

2. 办好《树人学刊》

在2005年省教育学会等组织的论文评比揭晓后编定后出"复刊号",主要编入2004—2005年在省级以上刊物发表或省以上论文评比中获奖的论文,展示上一年度的教学科研成果。请人撰写复刊词,题写刊名。设立顾问委员会和编辑委员会,实行责任编辑轮流执编制度。刊物可暂定为季刊。

3. 关于"十一五"课题申报"树人为本教育文化传统引领下饿学校自主发展"

(1) 在三月份前将已经申报的能够结题的课题全部结题,不能够结题的做好协调工作,以建立课题管理的规范和信誉。

(2) 组织学习讨论,理解申报、实施该课题的意义、内容和初步方案。

新课程背景下强调的"校本发展",就是强调学校的自主发展,就是要在校本课程、校本教研、校本培训、校本资源、校本管理等五个方面形成自己的特色,在这五个方面,一百多年来,扬州中学的办学实践已经为我们提供了不少的经验、资料。我们的课题,就是要在素质教育、创新教育和基础教育课程改革基本理念指导下,研究总

结扬州中学的办学传统和经验，突出“树人”宗旨，追求“科学人文相互融合”，为扬州中学长期稳定迅捷的发展提供坚实基础。

研究目的主要是继承传统，自主创新，团结奋进，形成特色。

研究内容主要包括：《扬州中学校史评介》。以现代观念观照扬州中学历史，发掘其宝贵的“科学人文相互融合的树人传统”；《扬州中学校友传记选编》。征集校友撰稿，以他们在扬州中学受到的科学人文教育熏陶为主旨撰写传记、回忆录等；各个教研组分别学习研究扬州中学历史上各个学科的教学规范、经验总结和各种资料，从中提炼出可资借鉴的教学规律，结合新课程标准的学习，设计新的课堂教学规范、模式等，在教学中实施、研究、验证、完善；各行政主管部门学习研究扬州中学校史资料中相关部分，从中吸取经验，用于提升本部门工作；在此基础上研究、完善学校自主发展规划，在课程开发、教学模式、教师专业发展、管理制度创新、学校文化提升都彰显出“科学人文相互融合的树人传统”，形成自己的办学特色。

（五）总务后勤工作

积极做好各项教育教学的后勤保障工作和各项服务工作，为教育教学质量的提高和“五星级”学校的创争出力流汗，具体做好以下工作。

1. 认真学习，提高认识，使全体职员职工进一步牢固树立服务宗旨，强化和提高服务意识，改善服务态度，提高服务质量。

2. 精致后勤管理，提倡主动积极地做好教育教学的服务工作，坚持做好将饮用水送至各教室和各办公室的工作，坚持安排专人为教师办公室做好清洁卫生工作。主动检查教育教学设施和设备，及时做好维修和保养工作，保证正常运行和使用，保证完好率。主动检查照明灯具等用电设施，发现损坏及时维修更换。加强水、电、气的管理工作，杜绝跑、冒、滴、漏的浪费现象，提倡节约，保证使用。

3. 进一步做好卫生保洁工作，继续安排专人为教师办公室和公用场所进行卫生保洁。准备将家属区的卫生工作带动起来，始终保持卫生整洁的校园环境，保证师生有优美的工作环境和学习环境。

4. 想方设法努力办好食堂，努力增加花色品种，改进饭菜口味，降低成本价格，争取以经济实惠的饮食质量，提高师生的就餐率和就餐满意率。

5. 认真重视校园安全工作，充分发挥校园监控系统的技防作用，加强门卫制度，坚持校外人员进校登记制度，加强校园巡逻，保证校园安全，努力把校园建设成安全、文明的校园。

6. 认真抓好财务管理工作，严格执行各项财务制度，严格执行各项收费政策和收费制度，严格执行财务收支两条线的管理规定，加强计划性，努力适应国家财政集中支付的做法和要求，精打细算，开源节流，努力提高有限经费的使用效益。

7. 加强制度建设，强化制度管理，不断完善制度，积极认真地做好总务后勤部门岗位职责和各项管理制度的制定和完善工作。

8. 加强校产管理，制订相关制度，明确使用和管理责任，实现校产微机管理，努力做到帐物相符，帐帐相符。保证校产数据的真实性和可靠性。

9. 主动做好校产校舍的维修工作，主动及时做好课桌椅的维修、调整和添置工作，争取全部达到卫生要求。认真做好教师第二办公室的安排工作，及时配好各种用品的用具，保证教师的良好工作环境。

10. 认真做好树人堂接待室的装修工作，做好荣誉室的装修工作，暑假前做好树人堂礼堂的天花修复工作，积极认真地做好电视演播厅的装修和建设工作。

11. 积极认真地做好各及时性的服务工作和保障工作，如教育教学方面的各项活动，做好招生服务工作，高考服务工作，广大师生的生活服务工作。积极认真做好市委市政府以及教育局安排和布置的各项工作。

12. 认真做好校园绿化和绿化管理工作，进一步美化校园，做好校园文化建设的考察和准备工作，加强校园文化建设，提高校园文化气氛。

13. 加强医务室管理工作，落实学校卫生工作条例，根据条例要求配备必要的医疗器材设备，做好卫生知识宣传教育工作，提高师生防病保健意识，做好学生体检、教学卫生监督、食品饮用水卫生监督等常规工作以及资料台账的整理工作。

（四）

各项具体工作计划

（1979—2006）

认真贯彻六中全会精神
切实加强学校思想政治工作
——贯彻执行省委思想工作会议精神的计划

江苏省扬州中学

扬发(81)416号

甲、教职员思想政治工作部份

一、学校教职员的思想情况

近年来,我们根据中央三中全会精神,在学校中全面贯彻党的教育方针,实现思想领先,教学为主的原则,在切实提高教学质量的同时,大力加强师生的思想政治工作,贯彻落实党的知识分子政策,调动了广大教师的积极性。教师的政治情绪是积极健康的,工作态度是勤恳负责的。总的状况是好的,但对照最近召开的全国思想政治工作会议精神,还是存在不少问题的。

我们在学习省委思想工作会议文件过程中,反复对照许家屯同志在省委思想工作会议上讲话中总结存在的七条涣散、软弱状态。郑康同志在发言中归纳的思想工作中存在的七个方面的问题。还对照了中共扬州市宣传部负责同志指出扬州市教育系统存在领导不团结,纪律松散,个人主义等三条情况,结合本校的实际初步调查了教职员的思想状况。

(一)关于开展批评与自我批评方面的

1. 认识到放弃了批评和自我批评的武器,就谈不上思想政治工作,实质上是某种程度的放弃了思想政治教育工作。

2. 实践中曾碰到过,对某人的错误思想、行为开展了批评,受批评的人耿耿于怀,甚至怒形于色。

3. 党内外开展批评与自我批评都很困难,由于患失思想作怪,党员过组织生活大都轻描淡写的讲讲情况,或者扯谈社会上的不正之风。群众更是你好、我好,大家都好,特别在调工资时表现得突出,当时曾流传这样的顺口溜:“东风日月长,彼此要‘烧香’,他日增工资,甜头自有尝。”

4. 个别领导说自己是和为贵,借口批评要注意政治,少干预人家生活琐事,又说行将离去，落个和和气气的走路，因此，有些原则性的问题，未能及时得到解决。

（二）领导上软弱的表现

1. 整歪风，树正风，碰到硬户就畏难止步。例如禁止散鸡，三令五申要求各户把鸡圈养，禁止不往；收回私人搬去的公家砖头，碰到“硬户”，收不回，也就算了；禁止私人在规定范围以外地方栽树，群众不理睬，领导也无可奈何。

2. 对有些教师请长假，或者小病大养，对有些教师不适应教学工作，分配他做别的事情，不做，领导既不敢批评教育；又不敢处理，听之任之。

（三）领导层之间团结的情况

大家认识到领导层之间基本上是团结的，互相拆台的事情是没有的。

但是有的同志感觉到来自上面的或来自下面的道听途说传言，形成是非不清，思想上有点隔阂，未能摆出来，澄清是非，予以冰释，这是一方面。

另一方面，在分工负责这个问题上，往往通气不够，对非自己负责的工作有意见，或者彼此不够协调。

再一方面对教师的思想估价有不统一的看法，有的估价高一点，说教师事业心是强的、教学水平、工作能力是高的、强的，很少看到其思想、作风方面的缺陷。有的估价低一点，看到有的教师打教师，有的互相攻击、互相看不起，有的公开向教学领导人说排我的课要按我的要求办，否则，我就不负责任，有的知识保密。

（四）教职员中存在着一般的思想情况

1. 对白桦《苦恋》的批评，在未听到中央文件传达之前，认为是嘴说不打棍子，还是打棍子。对《春天对于我的厚爱》也看不出有什么问题，认为人家辛辛苦苦的写篇文章是不容易的。还有人说以后不能写文章了，写文章受批评，实际是对受批评的人表示同情。

2. 自由化思想影响：有的说我就是爱国不爱党，有的教师回答学生问，说可以不坚持四项基本原则。较多的人由于社会风气不正，自觉不自觉的说些偏激的话。

3. 个别同志好搞不正之风，拉私人关系，走后门，向学生家长要东西。

4. 教职员中有相当一部份人缺乏政治热情，政治学习不感兴趣，开会听报告，有人改作业，有人看报纸。

5. 自由主义的人不少。搬弄是非的有人，背后乱说的有人，传小道新闻的有人，泄密的有人。

6. 自以为是，我行我素，不听招呼，一种是有力不出力，有才不尽才，领导一再诱导却无动于衷。再一种，自行其事，领导不同意，群众有意见的事，一再指出，置若罔闻，领导布置的工作可办可不办。

7. 向“钱”看，名利思想有所抬头。有的想方设法到外面去兼课，拿“外快”。有的多做一点工作都要付酬，斤斤计较，政治气氛淡薄。有的人到处奔走想到大专学校去教书可以做付教授，有职称、有名望。

8. 组织纪律有些松懈，有的小病大养；有的借故请假在家做私事；有的事假几个月不到校。明明不是真实情况却都有医生证明,无法处理。再者就是有些教研组、班主任,对布置的任务不能认真完成甚至干脆不做。

9. 对中央的农业生产责任制方面的政策,认识上模糊,思想上有疑虑。

二、思想工作要点

(一) 学好文件,统一认识,提高觉悟

以六中全会通过的"关于建国以来党的若干历史问题的决议"为主,结合思想工作会议有关文件和"准则"为学习内容。特别在"决议"第34节、第35节的4、6、10各条以及第36节同思想工作文件有着紧密的联系,应有机地结合起来学习。

通过文件的学习要求教职员在思想认识上向"决议"结论看齐;在行动上向中央30号文件看齐,在教育工作上向教育部召开的学校思想教育会议精神看齐。

1. 对领导和党员的要求

(1) 领导通过深入的学习文件联系思想实际以软弱、涣散为中心,从加强团结调动所有力量,办好学校为目的,认真地过好组织生活,开展正确、恰当的批评与自我批评,提高思想觉悟、加强战斗力,本学期过好一至二次组织生活。

通过批评与自我批评的开展,振作革命精神,达到两个狠抓。就是狠抓整顿某些歪风,树立正气,进一步端正校风。狠抓教学中不良教风的改进,要求教师在教学上踏实、认真、下苦功夫,以提高教育质量。

(2) 以"决议"和"会议文件"为作对党员进行思想建设主要教材,严格三会一课制度。

(3) 本学期除初学文件以外,每月上一次党课,九月份:党课内容《共产党员要模范的学习和贯彻六中全会精神》(已讲过)

十月份:《共产党员要模范地执行三中全会以来的路线方针政策》。

十一月份:《全心全意为人民服务,一心一意搞好四化建设》。

十二月份:《发扬批评和自我批评的优良传统,经常清除自己头脑里的灰尘》。

通过党课教育,提高党员、积极分子的认识,看到当前思想问题的现状。而后联系实际讨论党课,实事求是地分析思想上共性问题,运用批评自我批评武器,解决个性的问题。

(4) 逐步转变批评自我批评的薄弱现状解决不讲原则的老好人的普遍性的问题。

(5) 提高党员的战斗力,树立榜样,带动广大群众一道前进。

(6) 把本计划中的学习内容,要求纳入创先进总支、支部,争当优秀党员的条件之内,本学期结束前各支部要认真地总结、评选。

通过评选优秀党员,促进党员重视并以身作则地做好三件事,第一件事党员要联系群众,做群众的思想工作;第二件事,认真执行准则,端正党风,影响群众;第三件事,教学上要做到勤奋、踏实,一丝不苟。

2. 对教职员中广大群众的要求

(1) 把中央和省委、教育部思想工作会议精神逐步传达下去,使其了解精神意义。

(2) 本学期以决议为中心结合会议文件精神作四次辅导报告。

(3) 在十月底,召开有代表性人员座谈会,分析自由化思想影响的现状,并议论其危害,在此基础上开一次小结报告会。

(4) 通过中央30号,31号文件的传达学习,使绝大部分人思想认识归结到决议的结论上来,绝大部份人明确坚持四项基本原则的重大意义,并能信守四项基本原则。

(5) 通过教育部学校思想,教育工作会议的文件学习,认识到加强对青少年思想教育的重要性;德、智、体全面发展的方针的正确性;认识到加强对学生思想教育是自己的重要责任;做到结合学科教学有机联系地生动活泼地对学生进行学习目的性教育,爱国主义教育,优良品德等教育,清除教书不教人的错误思想和行为。

三、步骤

1. 从开学到十一月底。

(1) 学习文件,初步摆出思想现状,进行一般性的分析教育。

(2) 领导层在学习过程中联系实际,进一步摆摆软弱涣散的事例,进行分析,加强团结,改进工作。

2. 十二月份到学期结束。

(1) 党内总结评选。领导作为一次组织生活活动,有重点的总结自己的工作经验教训。

(2) 全体教工开一次思想工作情况体验交流会,以活跃思想,活跃政治气氛。

四、几点注意事项

1. 领导层多花点时间,学习文件,弄通思想,开展批评和自我批评,认真地解决软弱、涣散问题,并有见效行动。

2. 分析问题,议论问题,实事求是,正确地认识本校教职员的思想状况。

3. 不搞突出教育活动,不打乱教学秩序,这次会议的精神,是较长时间的思想工作指导方针,一定要逐步深入,多做细致的思想教育工作。

4. 贯彻会议精神,紧密地联系教学工作,提高教育质量,结合本校的实际,通过会议文件的学习做好以教学为中心的学校管理工作。

乙、学生思想政治工作部分

一、目前学生的思想情况

自今春组织学生学习中央一九八一年一、二、七、九号文件和开展“五讲·四美”活动以来，我校广大学生提高了对建设社会主义精神文明意义的认识，道德风貌有了初步改观，集体观点、劳动观点有所增强。同学们积极向上，努力学习，涌现了一批德、智、体全面发展的三好生。上学期有262名学生被学校表扬为三好生，有207名学生受到学校单项表扬，约占全校学生数的37%，目前，学生的思想主流是好的，归纳起来情况大致如下：

1. 思想活跃、愿思考问题，但部分同学看问题往往有表面性、片面性。

多数同学能关心国内外大事，思想比较活跃。他们拥护党的四项基本原则。热爱祖国，认识到共产党是伟大的，社会主义制度是优越的。学习六中全会文件后，深受教育，有的同学说：我们的党真伟大，能勇于批评自己的缺点错误，中国共产党不愧为领导革命事业的核心力量。但有些同学看问题片面，对社会主义发展中的各种问题包括前进中的困难不能正确理解，对社会主义前途有时信心不足，对社会主义制度和党的领导存在一些模糊认识。少数同学认为共产党过去是伟大的，但现在“不那么好了”。有的干部开后门搞特权，党风不正影响了党在青年学生中的威望。个别同学由于升学无望，认为“党的温暖我感受不到”，有的同学认为社会主义制度是有优越性，但“看不见，摸不着”。中国科学技术落后，人民生活太苦，社会上还有讨饭的。初中的小同学说，我们知道社会主义好，但回家听到别人说社会主义不好，不知道用什么话去反驳它。还有同学认为：四化是人民迫切盼望的，但2000年难实现，报纸上有时宣传太玄，使人难以捉摸。

2. 勤奋好学，求知欲强，但部门同学在学习目的方面缺乏社会责任感，出现忽视接受政治思想教育的现象。

绝大多数同学学习热情高涨，有强烈的求知欲望，希望自己早日成材，但不少同学学习目的不够明确，只图个人有个好前途，好出路，缺乏社会责任感和远大理想，目光短浅，考虑问题往往陷入个人圈子，不善于把个人前途和祖国的命运联系起来，有些同学把考大学作为唯一的出路，认为“考上大学，什么问题都解决了。”有的认为“科学神圣，政治无聊”，对政治课和政治活动不感兴趣，“开会没意思，老一套”；“政治是空的，考上重点大学最实惠。”少数同学认为学校里讲的与看到的社会现实不同，报纸上宣传的，说了做不到，空话太多了。

3. 积极向上，道德风貌有了初步改观，但相当一部分同学缺乏道德规范训练。

“五讲·四美”活动开展以来，涌现了不少红花少年积极分子，同学们希望做一个讲道德、心灵美的人，但由于缺乏品德教育的基础，缺乏良好的习惯，不少学生道德水准起点低，目前突出的问题是缺乏集体观念、劳动观念、纪律观念，平时为别人、为集体想得少,为自己想得多。劳动时怕苦怕脏。平时不会料理个人生活,随意浪费粮食。大手大脚,轻视体力劳动和体力劳动者,低年级同学缺乏自觉遵守纪律的习惯,对公物爱护不够,是非观念薄弱。

回顾上学期工作,学生思想政治工作中存在的主要问题是:平时讲道理多,联系学生的思想和学习生活实际解决具体问题少;教育要求上一刀切多,因年级、因班、因人制宜少,教育活动形式大呼隆多,小型多样,生动活泼的少。

产生上述问题的原因是:

1. 目前思想政治工作队伍的素质不能适应新形势的要求。由于学校领导、班主任和团队干部的政治觉悟、思想水平不够高,教育思想上"两全"观念不强(德智体全面发展、好、中、差学生全面抓),有的班主任往往以智育代替德育,有的对青少年思想教育规律缺乏认识,个别的不能以身作则。

2. 共青团、少先队组织的战斗作用未充分发挥。

在配合党的中心开展活动的过程中,重视团队自身的组织教育不够,团队生活不够活跃,干部的培训抓得不紧,团员的模范作用未充分发挥。

3. 教育活动的针对性、生动性、知识性不强,缺乏吸引力。

由于调查研究不够,学生的思想脉搏未及时掌握,有时要求过高,脱离实际,思想教育未渗透到教学领域中去,针对青少年特点开展活动不够。

4. 家庭和社会的不良影响冲击学校的思想政治教育。

有些学生家长在学习目的,坚持四项基本原则方面的不正确认识,社会上的错误思潮和不正之风,加之,国家开放西方资本主义的思想文化乘机不断渗入,这些不良影响使学生思想受到污染,有时抵销或冲击了学校的思想政治教育。

二、学生思想政治工作要点

要求:认真组织学生学习《决议》,以坚持四项基本原则教育为核心,以贯彻《中学生守则》,"五讲·四美"为重要内容,引起学生热爱社会主义祖国,热爱共产党,树立革命的理想,努力促进德智体美全面发展。

具体工作:

1. 以《决议》为思想武器,对学生进行热爱祖国,热爱共产党,热爱社会主义的教育。

(1) 组织学生学习六中全会文件。抓好政治课、校会、晨会、班会,课外活动和团队活动等几个主要阵地,帮助学生统一思想,达到"四个明确"的要求,逐步提高觉悟。

(2) 围绕"三热爱"教育,开展适合青少年特点的活动。全校举行"纪念鲁迅诞辰一百周年"活动,"我爱祖国"诗歌朗诵会,"古代爱国英雄"历史故事会。

初一、初二年级开展"可爱的祖国考察团"活动,结合政治、历史、地理课的学习,通过考察祖国历史悠久、地大物博、人民勤劳智慧,激发民族自豪和爱祖国的感情。

初三年级结合政治课、现代史、近代史的学习,组织开展"没有共产党就没有新中国”的活动,通过举办历史故事会,“在党的怀抱里成长”的征文比赛,激发热爱崇敬共产党的感情。

高一、高二年级围绕“只有社会主义才能救中国”组织活动,以团支部为单位组成“小记者”调查团,开展社会调查,以事实说明“只有社会主义才能救中国。”从“史”入手,结合历史课教学,组织历史知识的学习,激发爱党、爱社会主义祖国的感情。

2. 加强和改进政治课的教学。

明确中学政治课的地位和任务,政治课是学校教学计划中的主要课程之一。本学期各年级的政治课使用教育部统编的新教材,要根据不同年级的教材内容,努力贯彻《决议》精神,切实加强马列主义、毛泽东思想基础知识教育。政治教师要努力提高自己政治思想和业务水平,调查研究学生的思想状况,联系学生思想实际钻研教材、组织教学、讲究教法。环绕政治课内容,开展有关思想政治教育活动,努力把理论教育和解决实际问题结合起来。

3. 加强共产主义道德教育,继续开展“五讲·四美”活动。“五讲·四美”的核心是要培养具有共产主义道德、心灵美的人。热爱党、热爱社会主义祖国是心灵美的核心内容,全校进行以革命理想和《中学生守则》为主要内容的共产主义品德教育,在具体做法上针对不同年级特点,提出不同教育要求。

初一、初二年级着重进行《中学生守则》和纪律教育,具体要求做好“五好”。从严抓好起点教育,从小养成良好的品德行为和习惯,结合迎接建队三十二周年,少先队开展“遵师守纪爱学校”活动。元旦前夕,初二年级开展“当我十四岁的时候”活动,帮助队员迈好青春的第一步。

初三和高一年级着重进行学习目的性教育。培养集体主义思想,把国家和人民利益放在第一位。通过举行“是谁培养、为谁服务?”“勤奋学习、为国争光”主题班会,帮助学生树立为祖国四化而学习的思想。

高二年级进行学习目的性和人生观的教育,通过讨论“冯大兴为什么走上犯罪道路”、“冯大兴日记剖析”、“祖国需要什么样的人才?”帮助学生逐步树立革命理想。

4. 加强劳动教育。

重视学生的劳动教育,是当前教育工作中的重要原则之一,也是进行思想教育的重要途径之一。按照新教学计划的要求,采取集中和分散相结合的方法,组织学生参加工农业生产和公益劳动,在高一年级开设劳动技术课。通过劳动培养学生的劳动习惯,增进对劳动人民的感情,增强劳动观点。

5. 引导学生把热爱党、热爱社会主义祖国的热情落实到创三好的行动上。

把思想政治教育和指导学生的学习紧密结合起来,继续培养“虚心、刻苦、踏实、经常”的良好学风,组织高一、初一新生开展学习扬州中学好传统、好学风的活动,方法上可邀请老教师,高二年级三好学生见面座谈,举行“树人堂样”主题队会等。

结合期中分析,各班举行学习经验交流会,开展“做学习的主人”等活动,帮助学生端正学习态度,指导改进学习方法,还可举办“智力运动会”、“数理化接力赛”等活动。

表扬先进，疏导后进。各班、各年级要总结推广勤奋学习，努力创三好的典型，全校举行《共产主义道德之花》广播会，大力表扬好人好事，对个别违法的差生，班级要成立由行政干部、班主任、学生干部参加的帮促小组，定期研究，及时与家长联系，促使转化。

抓好科技和文体活动，本学期全校成立科技活动指导小组，设天文、气象，无线电、生物、航模舰模、摄影、电影放映小组，抓好"春之声"合唱团和红领巾艺术团。定期教唱革命歌曲，元旦举行文艺会演，抓好二操一课，做好预防、治疗近视眼的宣传教育工作。

6. 加强领导，依靠各方面的力量做好学生的思想政治工作。

(1) 建立班子，健全制度，建立由校长、部门负责人、团干部、班主任代表组成的青少年教育班子。定期研究工作，统一步骤。落实措施，要从教育工作的客观规律，社会主义学校的性质出发，进一步明确思想政治工作的重要意义，自觉做好思想政治工作，健全一周一次的班主任碰头会，一月一次的学生思想情况分析会，差生教育研究会，"五好"评比检查制度。

(2) 把思想政治工作渗透到教学领域中去。结合教学实际，加强青少年思想教育，发动全体教师人人做思想工作，管教又管导。各科教师要根据各门课程的不同情况，在不打乱教学计划的前提下，努力贯彻《决议》精神。

(3) 加强对共青团、少先队工作的领导。

建立和调整团队各级组织。加强对干部的培训，建立学生干部卡片，定期考察培养，逐步实行干部轮换，坚持一人一职，避免负担过重。

加强对团队员的组织教育。坚持"三会一课"制度，本学期上四讲团课，三讲队课，系统学习共青团和少先队的基本知识，认真开展"做一个合格共青团员"教育活动和争创先进团支部的活动。切实做好团带队的工作，配合好学生中队辅导员，进一步落实团支部和中队挂钩。组织开展争当优秀小队的活动。

(4) 主动争取家长的配合，共同关心学生的健康成长。

通过定期召开家长会、家访、书面通讯建立家长联系等方式，加强和家长联系，及时交流情况，统一认识、统一行动要求。

三、步骤

日程安排：

月　份	主　要　工　作	负责人
九月	建立调整班级、团队各组织。	班主任
	调查研究学生的思想情况。	团委、大队部
	纪念鲁迅诞辰一百周年活动。	语文组、团委
	开展"尊师守纪爱学校"活动。	大队部

续表

月份	主要工作	负责人
十月	围绕“三热爱”开展活动。	团支部、中队
	建队三十二周年庆祝活动。	大队部
	“我爱祖国”诗歌朗诵会。	团委会
	制订争当合格团员和优秀小队的计划	团支部、中队
十一月	结合期中分析,围绕学习开展活动。	班主任
	“社会主义好”历史知识竞赛(高一、高二年级)	团委会
	“古代爱国英雄”历史故事会(初中)	大队部
十二月	“当我十四岁的时候”。	初二各中队
	总结评比争当合格团员和优秀小队的活动。	团委会、大队部
82年一月	元旦文艺会演	团委会
	“大队游戏节”	大队部

一九八一年九月

贯彻党的十二大精神 开创学校工作新局面的初步意见 （讨论稿）

扬发(82)560号

江苏省扬州中学

党的十二大发出了全面开创社会主义现代化建设的新局面的伟大号召，作为三个战略重点之一的教育，是现代化建设的关键。我们学校是历史上一所有名望的学校，现列为江苏省首批办好的重点中学之一，且处在“历史文化名城”、“明星城市”的扬州市。所以必须认清形势，振奋精神，埋头苦干，开拓前进，努力开创我校工作的新局面，把扬州中学办成全国第一流的学校。

开创一个怎样的新局面？具体要求是：

一、思想上要开拓新的境界

根据建设高度的社会主义精神文明的要求，共产主义思想觉悟要不断提高，学校要形成一个以共产主义精神为核心的蓬勃向上的良好校风。党风要正，党员都能起模范带头作用。全体教工要忠诚党的教育事业，胸怀共产主义远大目标艰苦奋斗、努力工作。全体学生要为四化勤奋学习，立志成为有理想、有道德、有文化、守纪律的劳动者。

二、教育质量要达到新的高度

坚决执行“用马克思主义世界观和共产主义道德教育人民和青年，坚持德智体全面发展，又红又专、知识分子与工人农民相结合，脑力劳动与体力劳动相结合的教育方针”。教育质量要居全国上游。初中毕业生合格率要保持95%以上，高一招收的新生(除地区班外)，本校初中毕业生应占95%以上。高中毕业生在切实提高及格率，优秀率的基础上，要不断提高升学率。凡升入高校的，要：方向明、基础牢，能力强、身体好、后劲足；凡不能升入高校的，也要具备；自学成才的基础，现代工人应该具备的能力，良好的劳动态度。完成双重任务，使毕业生今后能在我国社会主义现代化建设中，充分发挥社会效益。

三、总务工作要出现新的面貌

总务工作要切实、主动地为教学服务、为师生服务。艰苦创业，勤俭办学，开源节流，努力提高经济效益。逐步扩建教学、生活用房，改善、增添教学设备，搞好绿化、美化，使校容、校貌有显著改观。

怎样开创新的局面？具体措施是：

(一) 努力提高政治思想水平和理论水平，不断端正办学指导思想

1. 认真抓好十二大文件的学习，不断提高思想政治觉悟。学习、宣传和贯彻十二大文件的精神，是今后一个时期的第一件大事。通过学习、宣传和贯彻十二大文件的精神，在教职工中要着重明确：(1) 建设社会主义精神文明，必须以共产主义思想为核心，因此要不断地提高共产主义思想觉悟，坚定共产主义信念，树立共产主义劳动态度；(2) 教育是现代化建设的三个战略重点之一，因此要充分认识教育工作在全面开创新局面和四化建设中的地位和作用；(3) 教师的工作是十分艰苦、十分崇高，因此要有光荣感和责任感，树立雄心壮志，振奋革命精神，勇挑重担，敢于创新。

2. 加强马列主义、毛泽东思想的学习。要认真组织学习毛主席等老一辈无产阶级革命家的文集，努力使每个教工懂得并逐步具有马列主义的立场、观点、方法，使共产主义的信念建立在科学的基础上。

3. 抓好党的教育方针和教育科学理论的学习。要通过学习，从党的方针的高度，从理论的高度来明确中学教育的性质和任务，清除单纯追求升学率的思想干扰，不断端正办学思想。

(二) 坚决贯彻党的教育方针，按教育规律办事，不断提高教育质量

1. 坚持德智体全面发展和面向全体学生的“两全”思想。反复宣传：德育是方向，智育是主体，体育是基础，在具体工作中要以教学为中心，德智体全面安排。在全面提高教育质量的基础上要大力提高学生的及格率、优秀率和升学率。

2. 加强对学生的思想政治教育，特别要着重抓好理想教育、道德教育、纪律教育以及劳动教育。思想教育一定要动员全体教工来抓，一定要寓于教学之中，寓于生动活泼的活动之中。同时要通过四个途径来抓：(1) 充分发挥团队组织的作用；(2) 通过各科教学进行思想政治教育，加强文科的教学，特别要上好政治课；(3) 组织好周会和班会；(4) 与家庭配合，加强个别教育。总之，要努力把思想教育工作做得有战斗力、有说服力、有吸引力。

3. 加强教学管理，建立教学常规。严格执行教学计划，抓好三个环节：(1) 认真上好必修课；(2) 积极开设第二课堂；(3) 充分重视劳动技术教育课。针对各年级不同的特点，进一步明确初高中一、二、三年级分别是“基础年”、“关键年”、“决定年”，采取相应措施，落实年段把关，搞好交接班工作。教工的出勤情况要及时掌握，每月小计一次；外出代课要按市教育局规定严格控制。定期检查备课、上课，作业处理和辅导情况。建立业务档案，每学期将出勤、任课、公开课、课外活动指导、撰写的专文等

记载入册。

4. 积极开展教学研究活动。以提高教学效率和教学质量为中心,积极开展教研活动,努力创造出一条全面发展与因材施教相结合,知识教学与思想教育相结合,打好基础与培养能力相结合,科学文化教育与劳动技术教育相结合的教育新路子。认真完成上级交给的数学、语文实验教材的教学研究任务。努力改进教法,探索加强"双基"同时培养学生能力、发展学生智力的规律。教研活动要搞"实"(扎扎实实、讲究实效)、"活"(形式多样、活跃思路)、"恒"(长年不断,持之以恒),要出成果,教研组每学期应写出有一定质量的专题总结1—2份,每个教师每学年至少要写一份教学小结或经验总结。图书馆、实验室要把教学辅导工作看作教学科学研究的一个组成部分。为加强教学研究工作有领导、有计划地开展拟在近年内成立教研室。

5. 抓好体育卫生工作。要增强学生体质,保证学生健康成长。当前每周安排"两课两操四活动",今后随着体育课的改革,作适当调整,但仍确保学生每天活动一小时,学生达标率要保持70%。加强教学卫生,近视眼的新发病率要努力控制在1%左右。

(三) 建设一支又红又专的教师队伍和政治工作的班子

总的要求是提高全体教职工的政治素质和业务能力,坚持教师和干部的又红又专方向。

1. 配齐配好学校中层干部,建设好一个办学思想端正,又红又专、作风深入、任劳任怨、有一定管理水平的领导班子。

2. 通过系统的理论学习,结合教育实践,提倡自觉改造世界观,加强职业道德修养,成为办好社会主义学校的可靠力量。

3. 抓好教师的业务学习。要求教师结合教学,要在博览的基础上,一学期精读一本专著,以系统地提高业务水平。学校组织教育理论学习,定期介绍有关教育理论,交流学习体会。

4. 老教师要搞好传帮带,认真总结教学经验;中年教师有承上启下的任务,要在各方面为新教师做出榜样;新教师要虚心学习,勇挑重担,从中增长才干,迅速成为重点中学的称职教师。要努力培养严谨、认真、严格、亲切的良好教风。

5. 在教师队伍中要培养以各科教研组长、备课组长为主的教学业务骨干力量,以及以团队干部、班主任为主的政治工作骨干力量,以这两支力量为基础,把全校教师队伍建成一个团结战斗的集体。

6. 加强对职工的思想教育,牢固树立为教学服务、为师生服务的观点。

(四) 勤俭办学,不断改善办学条件

1. 要本着少花钱,多办事的原则,一切精打细算,加强用钱的计划性,加强对校产的管理。开源节流,积极办好校办厂,增加收入;同时节约开支,把钱用在刀口上。

2. 积极创造条件,合理组织安排,开展勤工俭学活动。

3. 要经常吸收师生对总务工作的意见,积极改进工作,真正做到总务工作为教

学工作、为全体师生服务。

4. 立即着手整修跑道,筹建600平方米的教工宿舍,三年内逐步解决扩建阅览室和兴建实验楼的问题,不断增添绿化带、美化、香化学校环境。

(五)改善和加强党对学校工作的领导

改善和加强党的领导,是学校各项工作的胜利保证。要坚决贯彻党的三中全会以来的一系列党的方针政策,与党中央在政治上保持一致。具体要求是:

1. 加强思想政治工作,经常用共产主义思想、辩证唯物主义思想和集体主义思想教育广大教工,使之正确处理公与私的关系、眼前利益长远利益的关系,从而树立公字当头和立足本职,放眼未来的观点。同时要切实加强对团、队工作的领导。

2. 以教学为中心,把教学工作放在重要位置上,学校党组要狠抓教育方针的贯彻和按教学规律办事;要经常研究分析教学情况,讨论检查教学工作。

3. 加强学校管理工作,严格各项规章制度,加强岗位责任制,坚决克服软弱涣散状况,要敢管敢抓,该表扬的要表扬,该批评教育的要批评教育。

4. 进一步改进领导作风,深入群众,深入教学第一线,经常听取群众的意见,经常找教职工谈心。每个领导要根据自己的分工,每学期写一份有质量的调查报告或经验总结。

5. 加强民主集中制的原则,克服过去那种民主有余,集中不足和有的事情往往议而不决,决而不行、行而不果的现象,但也要防止个人说了算的情况。要经常地而不是偶然地,认真地而不是敷衍地开展批评与自我批评,以提高党的战斗力,充分发挥党总支的战斗堡垒作用。

6. 领导干部和党员都要以党的利益为重,为群众着想,决不利用职权谋取私利,搞不正之风,搞特殊化,要处处按《准则》办事,以身作则,起模范带头作用,逐步在我校建立起好的党风。

一九八二年十月二十四日

中共江苏省扬州中学总支委员会
关于创先进党总支的意见

我校党的总支组织前两年连续被评为扬州市的先进党总支，这是我校全体共产党员的努力和全校教工的支持，也是上级党组织对我们的培养和鼓励。我们必须十分珍惜这个荣誉，戒骄戒躁，再接再励，为在一九八三年中继续创造先进党总支而共同奋斗。

我们的做法是：

一、统一创争认识

对创争活动是否有个正确的认识，是能否顺利开展创争活动的基础。对创争活动意义的认识，多数党员同志是比较端正的，少数党员同志存在这样那样的看法：有的同志认为创争活动没有多大意义，思想上不重视；有的同志认为年年开展这项活动，老一套、无所谓；有的同志盲目自满，对创先进总支抱着“笃定”的思想；有的同志缺乏创争劲头，认为反正搞也这样，不搞也这样；等等。总支认为：这些思想认识的存在，对继续开展创争活动有很大的影响。为此，首先要在学校党员中，进一步加强创争活动意义的教育，使之认识到开展创争活动的重大意义，提高对创争活动的自觉性和主动性，开展创争活动的意义是：

其一是新形势下对执政党的需要。通过创争活动，调动党内积极因素，鼓励先进，鞭策落后，纠正不正之风，振奋革命精神，进一步改善和加强党的领导，并为整党作好思想准备。

其二是党的自身建设的需要。通过创争活动，加强党的建设，提高党的素质和党的战斗力，更好地发挥党的作用。

其三是推动工作的需要，党在学校中是居于领导地位，党员和党的组织作用发挥得如何，直接关系到学校的各项工作任务。因此，开展创争活动对于促进学校各项工作任务，有着重大意义。

二、明确创争要求

创争要求是否明确。是开展创争活动的依据。根据新党章对党的基层组织的要求和中共扬州市委提出有关先进支部的条件，在创先进总支的活动中，总支认为着重提出以下几点要求：

（一）党的自身建设好：

一是思想建设：

1. 带头认真学习和掌握马列主义、毛泽东思想，学习党的基本知识和党的路线、方针、政策，学习科学文化和业务知识，要求党员既懂政治，又懂业务，又红又专，坚定共产主义信念，坚决为共产主义奋斗终身；

2. 带头坚持贯彻执行三中全会以来的路线、方针、政策和组织上的各项决议，坚持四项基本原则，在思想上、政治上同党中央保持一致；

3. 教育党员要发扬勇于献身的精神，一不怕苦，二不怕死，做无私无畏的战士，敢于同一切歪风邪气和不良倾向作坚决的斗争。

二是组织建设：

1. 坚持党员条件，根据积极慎重的方针以及成熟一个发展一个的原则，有计划有目的做好发展党员的教育培养工作，要求每年发展两次，每次发展二人；

2. 加强党员的教育和管理工作，严格党的组织生活和党的"三会一课"制度；

3. 坚持民主集中制的原则，正确运用批评与自我批评的武器，增强党的团结，克服软弱涣散现象；

4. 搞好党政分工，在总支的统一领导下，充分发挥行政领导和各部门的职能作用，克服以党代政，党政不分的现象。

三是作风建设：

1. 密切联系群众、关心群众生活，党员特别是党的总支委员要和群众交知心朋友；

2. 认真执行党章、"准则"，遵守纪律，不谋私利、不搞特殊自觉抵制不正之风；

3. 党员要在各项工作中处处以身作则，严格要求自己，在群众中起先锋作用、骨干作用和桥梁作用。

（二）思想政治工作做得好：

一要经常深入调查研究，坚持实事求是的思想路线，不断清除左的和其他错误的影响，围绕改革和两个文明建设加强对群众的思想政治教育工作，以提高他们的共产主义觉悟和道德以及社会主义积极性。

二要积极宣传贯彻党的路线、方针、政策和上级组织以及本单位组织的决议，并落实到实际工作中去，使之成为广大教工的自觉行动。

三要经常研究分析本单位在贯彻执行党的路线、方针、政策和决议的情况，以及群众的思想和动态，如有问题以便及时解决。

（三）各项任务完成好

一个单位的各项工作都是在学校党和行政的领导下进行的。本单位的各项工作完成得如何，这是对本单位党的工作一个很好的检验。因此，学校的改革工作，思想政治教育工作，后勤工作和其他各项工作，每个党员、干部都要在各自工作岗位上发挥创造性、积极性,以身作则,和群众一道保质保量的完成和超额完成各项工作任务。

三、加强创争措施:

加强创争措施是搞好创争活动的保证:

首先召开全体党员大会,把创先进总支的意见,进行动员、讨论,达到统一思想,提高认识。

其次在提高思想认识的基础上,要求分支和每个共产党员认真制订分支的和党员个人的创争规划,并将分别在分支和小组会上交流。

再次加强检查,每个月一次的组织生活,党员要按照自己制订的创争规划联系对照,并且开展相互帮助。总支每个季度根据总支的创争意见对照,哪些做到了,哪些未做到,对没有做到的或做得不够的,要及时采取措施。

第四,每年上一个学期结束,党组织和党员都要初步总结,在下一个学期开始再做进一步的动员,把创争活动继续深入地开展下去。

一九八三年五月

1982年寒假工作意见

要求:

在学校党总支领导下,加强学生思想工作,对团员、青少年进行爱国主义教育和共产主义道德品质教育,引导团员,青少年关心时事,抵制不良思想侵蚀,开展"树新风、讲文明、做好事"活动。坚持学习科学文化知识、认真完成寒假作业,开展有益身心健康活动,过一个有意义的寒假。

具体工作:

一、进行爱国主义和共产主义道德品质教育

1. 各班级(支部、中队)要组织同学,认真学习赵紫阳总理在五届人大四次会议上的报告《当前的经济形势和今后经济建设的方针》。正确认识形势、认识社会主义制度优越性,认识祖国发展的美好前景,领会报告中建设社会主义精神文明与物质文明关系的论述,树立献身祖国四化的理想。

2. 在上学期三热爱教育的基础上,继续深入社会,利用假期,开展访问、考察活动、了解、比较家乡的历史和今天,以班级(支部、中队)为单位开展活动,培养热爱社会主义祖国的感情。

3. 各班,要认真研究本班同学思想状况,注意班级薄弱环节,制定措施,对暂时处于后进的同学热心帮助,分工到人,做到心中有数,放假前召开有关人员会议,进行研究落实。

4. 开展《树新风、讲文明、做好事》活动。发扬爱祖国、爱人民、爱集体、爱劳动的新道德,具体做到:爱祖国——了解、歌颂祖国的一个新成就。爱人民——假期要到车站、码头服务,慰问老师、烈军属,做好事、爱集体——爱惜学校、班级荣誉,不做有损学校、班级的事,遵守纪律,爱劳动——增强劳动观念,积极参加学校公益劳动和义务植树运动。

5. 举办学生干部训练班和少年团校(初二年级要求入团同学参加)、开学前举行团干部训练。

二、坚持学习科学文化知识

1. 在保证寒假休息的同时,调动学习自觉性,发扬良好学风,认真完成寒假作业,各自弥补学习上的薄弱环节。每天要保证 1.5—2 小时学习时间,用于复习功课和完成假期作业,寒假学习小组每周要检查一次学习情况。

2. 开展“小发明、小创造、小制作”科技活动(如学习用品、实验工具、生活用品、玩具等)少先队可结合迎接日本唐津市代表团筹备制作礼品。

三、开展丰富多彩的文体活动

1. 培训文艺骨干,学校文艺演出队定期活动,在上学期文艺汇演基础上,有侧重的排练迎外节目。

2. 配合图书馆搞好图书室开放工作。举办“青少年之家”。由团队干部轮流值日、具体负责,设有棋类、书报、游艺等内容。

3. 认真组织好返校活动。返校日期为 1 月 30 日上午 8 时 30 分,举办音乐欣赏会或曲艺演出。

4. 继续开展冬季长跑活动,坚持锻炼身体。

措施:

(一) 在党总支统一领导下,由教导处、总务处、团委会联合组成寒假活动小组,每天值日,负责安排、实施寒假活动。

(二) 各班要认真做好寒假组织工作,放假前要按地段和自行结合的办法,组织寒假活动小组,各班以班或小组为单位至少要按排三次活动,一次是思想教育内容方面,一次是认真检查寒假完成作业情况,一次是组织文体活动。

(三) 抓紧团的自身建设。各支部要认真过好组织生活。寒假中,要过一次组织生活,团日活动可由支部或小组为单位,要求每个团员,利用假期写一份思想汇报。

内容:(上学期工作、学习、运用批评与自我批评武器,收获,存在那些问题,原因是什么等)开学初支部收集报团委。

(四) 抓好散学前教育,召开全校大会,提出要求,各班(支部、中队)要根据学校要求和本班情况,订出班级活动计划。

(五) 寒假工作情况,开学初各班要收集汇报学校对较好班级,个人进行表扬。

（六）寒假中，安排卫生和植树活动。（另排值日班级表），学习赵紫阳总理政府工作报告《当前的经济形势和今后经济建设的方针》的要点提示。

一、国民经济开始走上稳步发展的轨道

我国经济工作是在巩固已有的成绩，克服面临困难中在进一步总结经验，提高认识的过程中前进的。

（一）经济稳定的十个表现。

（二）经济稳定证明调整方针是正确的。

（三）国民经济中的潜在危险还没有完全消除

二、经济建设的十条方针（在报告第二部分）

（一）十条方针内容

（二）十条方针重大意义

三、我国经济建设的光明前景（报告第三部分）

本世纪最后十年，我们将很可能开创一个新的经济振兴时期。

（一）前景展望：

（二）乐观展望的根据（共有三点）

（三）防止两种错误倾向：要有信心，充分估计困难。

（四）怎样实现光明前景（共有三点）着重领会社会主义和精神文明会议，建设高度精神文明与高度物质文明的关系。

日程安排

日　期	活　动　内　容	负责人
1月15日	上午：形势报告。“古城所见”扩播会 下午：培训寒假工作骨干（班长、中队长、团支部正副书记）初二团课	团委会
16日	散学教育。各班成立寒假组织，订好计划，学生辅导员训练。	全校寒假领导小组
17日	寒假开始，文艺演出队活动（至21日止）	团委、音乐组
18日	“青少年之家”开放（每天上午8：30—10—30）具体见广告。	团委会
19日 23日	学雷锋、做好事、慰问烈军属、老师等活动。	各班、支部
29日	文艺演出队第二轮活动（至2月7日止）	团委、音乐

续表

日　期	活　动　内　容	负责人
30日	返校日(团支部书记会)音乐欣赏会	
2月7—8日	学生干部训练班，少年团校(初二要求入团同学，学生辅导员)	团委大队
	(学生干部训练对象：班长、团支部书记，中队长)	

江苏省扬州中学关于初步改革的意见
（初稿）

一、情况

我校自从党的三中全会以来，在各方面进行了拨乱反正的工作，也进行了一些改革和创新的工作，注意端正了教育思想，克服了片面追求升学率的观点，坚持按照教学规律办事，在思想政治工作和教学方法以及培养能力，发展智力等方面做了一些新的探索，学校管理工作和领导体制也做了一些改革和变动。落实知识分子政策取得了较好的成绩，但是改革的步子还不大，进展得不够快，在我们学校里还存在着管理不善、职责不明、劳逸不均、尝罚不分，在某种程度上确有干与不干一个样，干多干少一个样，干好干坏一个样的现象，影响了教职工的积极性，妨碍了教育质量和工作效率的提高，为了适应形势发展。我们要认真学习和贯彻胡耀邦同志的《四化建设和改革问题》的报告精神，立即投入到改革的洪流中去，加快改革步伐，不断开创教学工作的新局面。

二、指导思想

改革最重要的一条是端正思想，正确地认识我们所处的历史条件和历史发展趋势。自觉地清除“左”的影响和老一套的观念。改革过去“铁饭碗”“大锅饭”那种小生产者平均主义的落后意识。唯有改革才能打开新局面；唯有改革才能振兴中华；唯有改革。才能开拓未来。因此改革的指导思想必须是：

1. 有利于提高人们的思想觉悟。改革要注意克服一切向钱看的思想。改变那种“干部靠钱管，工人为钱干，大家向钱看”的错误观点，在社会主义社会里，我们要发展商品生产。但决不能按酬付劳。“为钱干活”，胡耀邦同志说：“如果忽视在共产主义思想指导下在全社会建设社会主义精神文明这个伟大任务。人们对社会主义理解就会陷入片面性，就会使人们注意力仅仅限于物质文明的建设甚至仅仅限于物质利益的追求。那样我们的现代化建设就不能保证社会主义方向，我们社会主义就会失去理想和目标。失去精神动力和战斗意志，就不能抵制各种腐化因素的侵袭，甚至会走上畸形发展和变质的邪路。”

2. 有利于调动人们的积极性。改革的目的是为了进一步调动人们积极性，进一步解放和发展生产力。出经济效益，出速度，出精神文明，出人才，出财源，推动两个文明的建设，在改革中要摆正国家、集体、个人三者之间的关系。根据国家得大头、企业得中头、个人得小头的精神和职责利相结合的原则，对为学校贡献大、为四化贡献大的人，允许得到较大的合理报酬，在生活上得到较快的改善。

3. 有利于提高教学质量和工作效益。通过改革，逐步使学校具有中国特色的管理体制以及教育思想和方法，不断提高教学质量和工作效益，开创出学校的新局面来。

三、改革办法

在前一时期改革和创新的基础上，从学校的实际情况出发，根据坚决而有秩序地改革的原则，做到有计划有步骤有领导地改革。

首先要求三月底以前全校各个部门各个方面都要制订工作职责和规章制度，分别由行政、教导、总务三个主管部门定期进行考核评比，把面上的工作先一般地管理起来。

其次根据不同的情况，采取不同形式和要求。初步地进行一些改革，但各部门必须明确改革的目的，一切改革都要对学校教育教学工作有利，都要对提高教育教学质量和工作效益有利，否则为改革而改革是没有什么真正意义的。

1. 教学方面：

(1) 坚决贯彻党的全面发展的教育方针，在德育方面要加强和改善对学生的政治思想工作，经常地深入地对学生进行理想、道德、纪律教育，并把这种教育与具体行为的教育与各科教学与学校的各项活动有机地密切地结合起来，使之成为有理想、有道德、有文化、守纪律的人。在智育方面，坚决按照教学规律办事，在较好地完成双重任务的前提下，根据重点中学的要求，力求使我们的高、初中毕业生在合格率、优秀率和升学率方面都取得比较理想的成绩。并要求在高中毕业生中每年都要搞好培尖工作，在体育方面，要大力推行《国家体育锻炼标准》，建立和健全各项规章制度，体育课、课间操和课外锻炼都要制度化、规范化。体育老师要加强岗位责任制，在搞好群众性体育运动的基础上出人材，出成绩，使我校的传统项目要有一个新的突破，在全面贯彻教育方针按照教学规律办事的前提下，使我校毕业生做到升学不慌，劳动不愁。

(2) 为了加强教育教学责任制度。提高教育教学质量，在1985年以前要求所有任课教师和班主任都能胜任初中和高中的小循环。

(3) 进一步落实党对知识分子政策充分地发挥教师的作用。真正做到人尽其才，各得其所；对中年教师要付以重任，优秀的要提拔到各级领导岗位和做为教学骨干来使用；对青年教师要加强教育培养、提高，让他们多挑重担，使之走又红又专的道路；对老年教师要照顾他们、尊重他们，发挥他们所长，搞好传帮传带，在力所能及的范围内做些调查研究，总结经验的工作。

（4）要十分重视教学工作的改革，要把“满堂灌”改为启发式，既要注意传授知识又要重视培养学生能力和发展学生的智力，并且要逐步完善和发展老扬中的四个为主的经验，逐步形成具有自己特色的学校。

（5）加强对学生的劳动技术教育，开设第二课堂，加强理论联系实际，克服关门办学现象，把红与专、脑力与体力、知识分子与工人群众结合起来。

（6）健全和完善教师的业务档案。加强检查、统计、完善数据，作为教师晋级和评奖的依据。

（7）在征得上级党委和主管部门批准之后，改革招生制度（高中单独招生）对人事使用需求和变动要适当给予自主权。

（8）拟在初二年级，试行班主任责任制和奖励制。每月评比一次，好的班级除发给班主任5或3元奖金，班上也给予精神和物质的奖励，拟在初中的语文和数学各以一个备课组作为试点，加强教学管理，严格考核制度，定期进行教学质量验收。体育组开放游泳池并搞承包制（办法另订）

2. 后勤方面

后勤部份均要逐步建立健全岗位责任制度，确立当家作主思想，搞好开源节流，挖掘内在潜力以最小的财力物力发挥最大的效益并且真正要把钱用在刀口上。现决定在以下几个单位搞承包和岗位责任制。

（1）文印室拟搞承包制，按月承包超出任务者予以奖励，如有任务而不能完成者予以扣罚（办法另订）

（2）小食堂根据有利师生的原则搞承包制。自负盈亏（办法另订）

（3）大食堂搞岗位责任制每月考核评比实行奖罚制度（办法另订）

（4）茶水炉、传达室等单位均拟搞承包制，现正研究办法寻找承包对象，逐步解决临时工过多的现象。（办法另订）

（5）所有临时工的工作包括瓦木工都要在按时、按量、按质的情况下工程和工作都进行承包。

（6）财会部门要严格财会制度，加强对财会工作的管理和监督，任何人不得有违反财政纪律的行为。

3. 行政管理方面

要加强行政部门岗位责任制，正确处理职责利的关系，做到三定四考一评比，三定即定人、定时、定任务；四考即考出勤、考成绩、考纪律、考态度；一评比，评比受奖每月一初评每学期一总评，好的表扬奖励差的批评教育，表现特别不好者要扣罚奖金。

4. 领导方面

（1）切实实行党政分工改变党政不分的党代政的现象，明确党和行政工作的职责范围搞好领导的分工负责制。

（2）领导干部（包括中层干部）必须转交作风必须为中心为教学服务深入基层深入群众，克服官僚主义现象。

(3)领导干部不得利用职权谋取私利搞关系搞特殊。

(4)领导班子要及时批评与自我批评坚持党性坚持原则敢于领导者于领导克服涣散软弱现象。

四、需注意的问题

1. 既要认识改革的重要性迫切性又要看到改革的艰巨性复杂性。因为学校特别是教育教学方面的改革毕竟不同于农业、工业、商业和生产上面的改革。教育对象是活动的,教育工作也是活动的。这要比物的改革要困难得多,只有认识到这一点,我们才能有精神的准备,即使受到一些挫折也不至因噎废食或止步不前。要有百折不挠精神相信改革一定会胜利的。

2. 改革一定要从实际出发不能一哄而起一个模式急于求成,必须搞好试点以便有计划有步骤有领导地进行,经过试点看准的事一定要办。没有看准的要进一步地探索。

3. 为了进行全面地教育教学的改革,必须加强教育科学理论研究,真正建立起适合我国国情的马列主义教育科学理论体系。

4. 每个共产党员每个领导干部必须认清改革的必然趋势,发扬共产主义精神,站在改革的前列,做改革的促进派,纪检部门要做改革的维护者。能否做到这是对我们每个共产党员和革命者的新的考验。

江苏省扬州中学
创建文明学校的规划

要求：进一步贯彻党的十二届二中全会精神和全国、全省普教会议精神，按照“三个面向”的方向，改革教育，深入进行以爱国主义、共产主义为中心的思想品德教育，开展“五讲四美三热爱”的教育活动，进一步端正办学思想，全面执行党的教育方针，逐步提高教育质量，为把我校办成有特色的、现代的新型社会主义学校而努力。

具体内容：

一、思想教育系统化

（一）进一步明确思想政治工作在学校的地位和作用，端正办学思想，克服重智育、轻德育、体育的倾向，重视加强师生的思想政治工作，学校思想政治工作要为全面贯彻方针，全面提高教育质量服务，要结合学校的教育工作和教学工作一道去做，要把系统教育和日常行为教育结合起来，把集体教育和个别教育结合起来，打开思想政治工作的新局面。

（二）抓好教师的思想政治工作是做好学校思想政治工作的关键：

1. 继续加强教职工政治学习的领导，认真组织教职工学习《邓小平文选》中有关教育、知识分子和建设高度的社会主义精神文明的论述，学习胡乔木同志《关于人道主义和异化问题》的文章，加强系统的共产主义思想体系的教育，克服教师中存在的忽视政治的倾向，只顾教学，不愿做政治思想工作，在原则问题上不敢开展批评和自我批评和“一切向钱看”等非无产阶级的思想和行为，在解决世界观，人生观问题上狠下功夫，把思想政治工作引向深入，重视加强青年教职工的思想政治工作，对青年教职工应肯定主流，要从继承、发扬学校的优良传统，搞好新、老交替的角度，加强教育与培养，调动他们的政治积极性，对教职工中出现的一些突出问题，要继续克服软弱涣散的状况，坚持原则，敢抓、敢管，继续抓好业务进修，充实和丰富教学业务知识，注意做好老带新工作，积极培养新生后备力量。

2. 在教职工中开展“教书育人，为人师表”的师德教育活动，要求达到：

(1) 努力学习马列主义、毛泽东思想，坚持四项基本原则，拥护党的路线、方针、政策，坚持又红又专，坚持以马克思主义，指导自己的业务实践，自觉抵制精神污染，逐步树立共产主义世界观和人生观。

(2) 忠诚于人民的教育事业,坚决贯彻党的教育方针,积极承担教学和学校其他各项工作,勤于进取,精于业务,满腔热情地关心和培养学生,全面完成教书育人的任务,促使学生德、智、体的全面发展绝不能只注意向学生传授知识,忽视对学生进行思想教育。

(3) 要严于律己,在思想、品德、作风等方面以身作则,为人师表,要有实事求是,刻苦严谨的良好学风,大公无私团结协作的高尚品质,并通过教学和其他活动,以良好的学风,高尚的品德,影响学生。

(4) 坚持理论联系实际,面向社会,深入实际,参加社会实践,在群众中吸取营养丰富自己。

各部门、各教研组,要从自己的实际出发,制订以师德为中心的文明公约,继续开展评比文明部门、文明教研组和先进个人的活动,数量和质量要比上学期有所发展。

3. 进一步落实党的知识分子政策,切实地把知识分子看作工人阶级和劳动人民自己的一部分,正确估价教职工的进步,继续从政治上、思想上、生活上关心和信任知识分子,把落实知识分子政策和加强教师的政治思想教育一致起来,提倡和发扬艰苦奋斗的精神,在力所能及的范围内,切实解决一些生活上的实际问题,以利他们安心工作,对一些遗留问题,继续向上反映,抓紧解决。

(三) 继续改进和加强学生的思想政治工作。

1. 加强方针观念。提高做好学生思想政治工作的自觉性,改进和加强学生的思想政治工作。克服部分学生中存在的忽视政治,缺乏理想,轻视劳动,不关心集体等问题。尤其是对学习成绩好的同学,在思想上政治上更要严格要求。

2. 在原有进行爱国主义教育和理想教育的基础上。继续以共产主义理想教育为中心。对学生进行学习目的性教育。人生观和世界观的教育,从爱国主义教育入手,以集体主义教育为途径,最后落实到建设文明班级,文明学校上。要把系统教育和具体行为习惯教育结合起来,互相渗透,互相促进。在方法上。继续上好政治课,重视理论联系实际,讲究实效。在教育过程中要坚持寓教育于丰富多采的活动之中,提高思想教育的吸引力。说服力和感染力。继续开展学习雷锋、朱伯儒、张海迪等先进人物的活动,宣传学习华山抢险战斗集体的先进事迹和崇高思想,组织学生围绕树立共产主义人生观这个根本问题,进行“人生的正确道路是什么?”“怎样正确处理个人和社会国家的关系”“人生目的”和“人生价值”的讨论如“华山壮举给我的启示”的演讲会和“假如我在华山上”的主题会,继续组织“振兴中华”的读书活动,结合清明节重点进行继承革命传统教育,宣传本校校友革命先烈的事迹,如骆何民、曹起缙等烈士的事迹;结合纪念五四运动六十五周年,大力表扬“五讲四美三热爱”教育活动中的先进集体和先进个人,把学习全国的先进典型和学习身边的榜样结合起来;深入发动群众,进行自我教育。

3. 从实际出发明确各年级的教育重点。

为加强教育的针对性，各年级从实际出发，因年级制宜，教育内容应有所侧重。

初一年级抓好常规教育，组织良好的班集体，注意解决中小学衔接。逐步适应中学生生活。围绕教育中心开展“学守则，争做文明守纪律的好学生”活动。

初二年级，进行以“迎好青春第一步”为主要内容的理想教育，注意年级不同的特点，培养自觉遵守纪律的良好学习习惯，围绕教育中心，开展“当我十四岁时候”的活动。

初三年级进行勤奋学习争创三好的教育，全面提高质量，做德智体合格的初中毕业生，围绕教育中心开展“我升入初三以后”“以优异成绩向祖国汇报”等活动。

高一年级，在原有学习目的性教育基础上进行振兴中华立志成材的教育，组织良好的班集体，形成正确的集体舆论，培养良好的校风，围绕教育中心，开展“以振兴中华为己任”的活动。

高二年级进行以“迎好人生第一步”为主要内容的革命理想和人生观的教育，不断明确学习目的，提高学习自觉性。培养严谨的学风，围绕教育中心，开展人生价值的讨论和组织“当我十八岁的时候”教育活动。

高三年级进行理想前途教育，努力提高质量，争做合格的中学毕业生，围绕教育中心开展“祖国需要就是我的志愿”等活动。

4. 加强思想政治工作领导，重视队伍建设。

调整充实加强学校思想政治工作小组，倡导研究之风，分工深入班级调查研究，以点带面，“研究如何创建良好的班集体”“如何做好中、小学的衔接工作”“如何进行道德行为实践的训练”等专题。

总结经验，帮助有多年工作经验的班主任总结经验、提高能力，及时做好老带新的工作。

加强团队工作的指导，充分发挥组织作用，做好团带队工作，加强对学生干部的培训，通过工作实践，培养自治自理的能力。

二、教育管理科学化

教育管理科学化的中心要求是逐步按照“三个面向”的方向，改革教育。

（一）贯彻按照“三个面向”的方向改革教育的精神，组织领导学校工作。

“三个面向”的核心是“面向现代化”，按照“三个面向”改革教育，不但要看到近期的需要，还必须看到远期的需要，在当前学校领导思想上要加强全面贯彻党的教育方针的观念。继续学习和贯彻教育部关于提高教育质量的七点意见和关于克服片面追求升学率的十项规定，学习何东昌部长关于普通教育办学指导思想的三点意见，从思想上进一步明确中学是基础教育，坚持面向全体学生，全面提高学生德、智、体的质量，出色地完成双重任务，为进一步改革教育创造条件。

在教学的具体工作中注意解决五个问题，既考虑到当前，又照顾到长远改革的需要。

1. 重视打好基础，全面学好功课，根据适当调整教学计划和教学内容的要求，我校应按较高要求教学，各科教师要认真学习，掌握两种教学要求，要在使学生高质量达到基本要求的基础上，积极地按较高要求进行教学，力求帮助学生打好基础，同时注意各科教学全面协调，注意克服轻视文科的倾向，各科教学应充分挖掘教材内容的思想性，重视对学生进行爱国主义教育，力求做到思想性和知识性紧密结合。

2. 重视提高课堂教学质量，大力改进教法，开发学生智力，课堂教学要做到“对、清、精、活”。注意大力改进教法，将启发性的谈话，自学指导和讨论演示穿插结合，在讲授知识过程中，要十分重视开发学生智力，培养学生自行获取知识的能力。切忌注入式，“满堂灌”。多启发学生积极思维，引导学生养成对一切事物有探索、观察、分析思考的习惯。在改进教法的基础上，逐步为改革教学体系创造条件，做到既提高课堂教学质量，又减轻过重负担，保证学生有足够的余力，参加第二课堂的学习，来吸取和学习新的知识。

3. 大力开展课外活动。向第二课堂要质量，继续组织和参加各学科的各种竞赛，健全各种科技小组，开展科技小发明活动。举办各种讲座，开设选修课，开放理、化、生实验室，本学期要着手在部分学生中试教电子计算机，把电子计算机的教学和数、理、化学科的教学紧密结合起来。让学生通过各种渠道获取更多的知识，扩大知识的视野，发展自己的才能。同时，和大学挂钩在现有的基础上，寻求外界支持。从仪器设备，师资培训，开设现代科技讲座等多方面努力，为今后开设更多的选修课，争取更系统、更及时向学生介绍现代科学化知识。

4. 加强教研组建设，继续发挥教研组作用，要继续根据“三个面向”不断更新教师的知识，要求教研组积极抓好所教学科的知识更新。有条件地为教师开设选修课，抓好教育理论业余学习班的定期集中学习，转变教育思想，运用理论改进教学。继续进行数学和语文教材改革的试验工作，在教育工作的指导思想上必须从现代科学、新的技术革命迅猛发展的趋势出发，明确掌握现代科学知识的重要性，开发智力重要性，从向学生单纯的传授知识到发展和培养学生的能力掌握新的科学知识。

5. 抓好体育卫生工作，继续贯彻两个暂行规定和教育部印发的《全国学校体育卫生工作会议纪要》的精神，体育工作以提高体育课的质量为重点，以抓达标为中心，开展好群众性的体育活动，全校达标的及格率要保持在60%以上。同时要抓好传统项目田径、排球队的训练，保持两个“暂行规定”验收优秀的标准和传统项目先进集体的荣誉。在卫生工作上，继续贯彻预防为主的方针，加强宣传教育，培养良好的习惯，做好近视眼的防治工作，力争近视率进校后不上升。

（二）加强学校工作计划，检查和总结。

制订计划、检查、总结是学校领导的职责，也是管好学校的基本方法，要订好全校工作计划、部门工作计划和专项计划。同时，认真检查总结计划执行情况，如教学上参加备课、听课,检查备课笔记和作业,检查第二课堂活动情况等,每项工作都要注意认真总结,探索管好学校的客观规律,增强自觉性,克服盲目性。

(三)制订各项规章制度,试行岗位责任制。

在加强思想政治工作的同时,不断完善各项规章制度,是保证完成教育和教学工作的不可少的措施,制订各种制度,如教职工学习,请假、考核的制度和各种岗位责任制,以保证学校各项任务的完成。

(四)在党总支统一领导下,实行党政分工。

实行党总支领导下校长分工负责制,党的领导主要是加强政治思想领导,要组织党员进行整党学习,发挥党员的模范作用和党总支的战斗堡垒作用。

学校党总支加强集体领导。重大问题都要经党总支集体讨论决定重大问题,然后由各行政部门分工负责执行,克服软弱涣散的情况,各方负责,克服以党代政,党政不分现象,发挥行政各门作用,把学校管理好。

三、学校环境优美化

本着勤俭节约的原则,为使学校环境净化、绿化、美化和香花,逐步将校园内设施更新,创造一个心情舒畅,赏心悦目的学习、工作、生活环境,为促进师生身体健康,提高教育质量而努力,也为对外开放进一步创造条件。

近期内主要抓做四件事:

1. 在上级支持下,筹建一座教学实验楼;

2. 粉刷整修树人堂;

3. 整修学校的主要道路;

4. 为适应迎外工作,先整修十个标准化教室;

5. 抓紧植树季节,长堤上栽垂柳和桃花,利用自然条件,栽种既有经济价值又可供欣赏的花木。

措施:

1. 统一思想:认真学习《邓小平文选》中有关科学、教育的论述。学习"教育要面向现代化,面向世界,面向未来"的精神,明确这是新的历史时期我国教育事业发展的战备方针,也是教育改革的方向,学习赵总理一次小型座谈会上的讲话,联系新的工业革命,认识智力的重要性,掌握知识的重要性,认识教育在现代化建设中的地位和作用,增强教育改革的紧迫感和责任感,统一师生认识,启发办好学校的自觉性和积极性。

2. 加强组织建设,根据干部"四化"的要求,在调整班子的基础上,学校成立思想政治工作小组,学校管理工作研究小组和教学改革研究小组,贯彻执行民主集中制,定期开会,集体领导和个人分工负责相结合,抓好一个方面的工作。同时,注意互相协作,团结互助,共同开展工作,领导定期召开民主生活,开展批评和自我批评,改进作风,深入群众,自觉接受群众监督。

3. 开展经常性的检查和评比竞赛。在制订各部门、各组、各班级文明公约基础上，订出文明组室，文明班级的标准，对照检查，发动群众查和领导自上而下的查相结合，逐月评比，不断扩大学校的集体文明单位，使学校的文明单位有坚实的基础。

一九八四年三月廿三日

江苏省扬州中学
1984—1985 学年度第一学期思想政治工作计划

扬(64)字第 159 号

一、情况

在上学期学校开展社会主义教育运动以后,师生的政治思想工作有所加强。在教师中,提高了教职工的社会主义觉悟和自我革命的自觉性,教职工的精神面貌出现了新的气象。在学生中,以学习董加耕为中心,加强了学生的革命观点,培养了自觉革命的精神,在毕业班同学中初步确立了"一颗红心,两种准备,勤奋学习,热爱劳动"的思想,师生中学习毛主席著作的活动有了进一步的开展,特别是教师中学习毛主席著作的活动已在逐步提高,向带着问题、联系实际学习的方向努力。教师参加劳动的积极性也较高,能按时参加,和学生一起劳动;学生的分散和集中的劳动也比较正常。但从过去一学年的思想政治工作来看,还是存在不少问题的,主要的问题有如下几点:

1. 阶级和阶级斗争观念不强,不能以资产阶级和无产阶级争夺青年的斗争观点来认识加强思想政治工作的重要性和目的性,方向不是十分明确的。

2. 在师生中提倡活学活用毛主席著作工作做得不够,领导毛选学习的工作缺乏系统深入地研究,特别是联系思想实际活学活用不够,存在一般化的缺点。学生中的毛选学习有计划的加强领导也较差,政治课的教学理论联系实际不够。

3. 以阶级教育为基础深入系统地进行阶级教育不够,虽然组织了一些进行阶级教育的感性活动,但不够有计划,方法不够多样,特别是不能针对学生思想实际,从根本上提高学生的觉悟。对资产阶级教育思想在教学领域内的反映和对学生的影响更是重视不够,警惕性不高。在劳动中加强思想教育工作也较差。

4. 思想教育工作中抓两头不够。在抓好上头方面,对上级有关加强政治思想工作的指示,学习和领会精神实质不够,贯彻较差。在抓好下头方面,抓群众的活思想,抓先进的积极因素和错误的思想萌芽都不够,尤其是抓积极因素少,因此思想工作不能从实际出发,存在简单一般化的缺点。

5. 帮助教研组和班主任加强教研组和班级的思想政治工作不够,"扎根于基层""扎根于班级"的观念不强,工作一般化,具体落实差。

二、要求

在学校开展社会主义教育运动,进行阶级教育,初步学习毛主席著作的基础上,巩固社会主义教育运动的成果,加强师生的思想政治工作,把思想政治工作放在一切工作的首要位置。学校思想政治教育的任务,是以毛泽东思想武装全校师生员工,为此,必须学习毛泽东思想,对全体师生员工进行阶级教育、劳动教育、教育方针的教育和毫不利己,专门利人,全心全意为人民服务的教育。培养师生的阶级观点、劳动观点、集体主义观点、辩证唯物主义观点,克服轻视劳动的剥削阶级思想,自觉地抵制和清除一切个人主义思想,为培养学生在德、智、体诸方面生动活泼地主动地得到发展,成为有社会主义觉悟有文化的劳动者,为培养学生成为坚强的革命后代打下良好的基础而努力。

三、几项主要措施

1. 大学毛主席著作,活学活用毛主席著作。

毛泽东思想是当代伟大的马克思列宁主义,当前由于国际国内阶级斗争的形势发展,由于我国社会主义革命和社会主义建设的客观需要,以及由于进一步正确贯彻党的教育方针的需要,都迫切要求我们更高地举起毛泽东思想红旗,办好学校。

学习毛主席著作,活学活用毛主席思想,首先必须提高革命自觉性,明确学习目的,本着自觉自愿、少而精、学而懂、学而用的原则进行,注意学习毛主席著作中的革命基本理论,提高社会主义革命和社会主义建设的一些根本问题的认识。其次,必须注意活学活用,改造思想,从当前阶级斗争的形势出发,从当前社会主义革命和社会主义建设的实际出发,从自己工作和思想实际出发,带着问题去学,做什么学什么,学了就用,用中再学,而其中主要的是清除资产阶级思想,提高无产阶级觉悟。再次,注意学通学精,指导工作,以毛主席的思想指导检查自己的教育思想和教学工作,去分析和处理实际问题,学通学精,学一点用一点,边学习,边实践,边总结,边提高,同时也要注意健全学习制度,树立榜样,总结经验,不断提高学习质量。

学生学习毛主席著作主要安排在政治课内,有计划有指导地学,以毛泽东著作选读(乙种本)为基本教材。在学习主席著作时,要力求活学活用,解决学生思想问题,提高思想觉悟,达到兴无灭资的目的。政治教师必须加强学生学习主席著作的指导,注意掌握带有普遍性的问题,用毛泽东思想为武器予以解决。这一学年侧重解决阶级观点问题,用阶级观点看待自己的理想和前途问题,以提高无产阶级的觉悟。

(毛主席著作学习另有详细计划)

2. 针对思想实际,加强阶级教育,从根本上提高阶级觉悟。

(1) 抓住活的思想,利用活的材料,培养阶级观点。

首先,必须对师生中对阶级和阶级斗争的认识、形势的认识、学习目的性的认识、前途的看法,及日常生活中思想行为的表现进行周密的调查研究。其次,根据活的思想情况，利用活教材进行强烈的感性教育，主要是进行旧社会阶级压迫和剥削的事实和社会主义社会存在阶级斗争的事实的教育，启发他们初步具有无产阶级的阶级觉悟和革命意识。方法上可以以班级为单位，请“五老”作报告，开展“四史”教育，组织学生访贫问苦，参观社会主义教育展览会，请人介绍社会主义社会阶级斗争的具体情况。对于贫下中农子弟，还要组织他们进行熟家史，写家史的活动。在开展上述感性教育活动的基础上，一定要结合学生的活思想，启发暴露思想，开展议论。在议论的同时，再结合学习毛主席著作，学习政治课，学习时事政策，做议论小结的办法，把学生对阶级斗争的感性认识逐步引导到理性认识，学会用阶级分析的武器分析各种社会现象，分析阶级斗争在学校中的表现，分析自己错误思想的阶级根源，逐步增强辨别是非能力，逐步作到以革命理论指导自己行动。为此，各班要搞好上述活动，教师必须首先提高认识，加强学习。还要摸准学生思想，有计划有目的地进行。各年级也应有不同要求，如高三、高二年级以社会主义存在阶级斗争的事实为主，高一以旧社会阶级斗争事实为主，初中年级以感性教育活动为主。

(2) 把阶级教育和革命传统教育、形势教育、劳动教育结合起来，学生的革命观点主要表现在有革命的雄心大志，有明确的学习目的，为逐步建立革命的人生观和世界观打下良好的基础。方法上可以请革命干部做报告，组织学生阅读革命回忆录和小说，观看革命内容的电影和话剧，以激发学生的政治热情和革命斗志。在时事政策教育上，主要是号召同学自觉地进行时事学习，每周做一次30分钟的时事广播，每月做一次时事政策的报告，以指导各班进行学习。

(3) 环绕阶级教育为中心，建立各种阵地，扩大无产阶级思想教育影响，首先是有要求、有计划的发挥各种宣传工具，如广播、黑板报的作用。其次，课余文化生活是兴无灭资的一个重要阵地，应当加强思想领导，坚持自愿参加的原则。再次，寄宿生生活指导工作和饭厅思想工作，也应进一步发挥生活指导员作用，加强思想工作。

3. 改进政治常识课的教学工作。

(1) 政治常识课主要是帮助学生结合实际学习马克思列宁主义的基本理论常识，学习毛泽东思想，使学生初步掌握一些理论武器，用以解决思想认识问题，提高思想觉悟。除政治教研组注意大力改进政治课教学外，各班级、共青团委员会、少先队大队部，都要重视运用这个阵地，共同配合改进政治常识课的教学工作。

(2) 改进政治常识课的教学，结合我校情况，今后主要从如下几方面着手：① 加强政治教师的自我思想改造，克服理论联系实际不够和言行一致及以身作则差的缺点。② 教学内容上坚决贯彻少而精的原则，注意调查研究，掌握学生活思想和学习基本理论相结合，重视运用理论武器，解决学生思想问题；克服教师单纯灌输书本知识，忽视掌握学生活思想，解决学生思想问题的缺点。③ 在学生统一教育要求之下，把政治常识课的教学工作和学习毛主席著作、时政教育、劳动教育和团队工作密切结合起来，主动关心这方面工作的开展。(改进政治常识课的具体计划另订)

4. 坚持组织学生参加生产劳动，做好生产劳动中的思想工作，教育学生向工农学习,与工农结合,实行知识分子劳动化。

(1) 进行劳动目的意义的教育,培养劳动观点。主要进行劳动创造一切的教育,体力劳动与脑力劳动相结合以体力劳动为主的教育,知识青年必须向工农学习与工农群众相结合,克服轻视体力劳动和体力劳动者的教育;热爱劳动,以正确态度对待升学和参加劳动的教育。上述教育内容,一方面由政治教研组编出提纲,通过政治教师在课堂内进行教育;一方面由各班主任了解同学在劳动中的活思想,在劳动前、后进行教育。

(2) 教师参加劳动,采取经常跟班劳动,集中下乡和学生一起参加劳动和带领毕业生下乡插队定期锻炼的办法来进行。组织学生参加生产劳动以集中下乡劳动和经常分散劳动相结合,家住农村同学一般也要参加集中下乡劳动。集中下乡劳动以每学年、每个年级轮流集中下乡劳动半个月,安排在忙假期间或学期开始时集中进行。分散校内劳动,包括农场劳动、十边劳动和清洁卫生劳动,每周劳动三小时。

(3) 加强劳动中活的思想教育。主要是进行阶级教育、劳动教育、社会主义思想教育、纪律教育和安全卫生教育,并和理论教育结合,引导学生逐步树立劳动观点,向工农学习与工农结合的观点,注意培养劳动习惯和艰苦朴素、踏实勤恳的作风。方法上,在集中下乡时,可以通过访贫问苦,调查毕业生在家乡劳动情况,请队干部做报告,学习文件,开展议论,总结收获体会的方法来进行。在经常劳动时,可以通过劳动前后做劳动小结的方法来进行。

(4) 加强生产劳动中的知识教育。除进行一般生产劳动知识教育外,全校举办试验田,培育优良品种,进行科学实验,培养学生对农业科学的兴趣,以及进行科学实验的初步能力。

(5) 加强生产劳动的具体领导,坚持贯彻各项制度。班主任和任课老师应坚持跟班劳动,集中下乡劳动时,要与同学同吃、同住、同劳动、同受教育,并注意贯彻各项制度,特别是财务制度和劳动考核制度。

5. 加强政治思想工作的领导,把政治思想工作放在一切工作的首要位置。

政治是统帅,政治工作是一切工作的生命线,学校各方面工作必须从加强阶级和阶级斗争观点出发,从加强资产阶级和无产阶级争夺青年的斗争是十分激烈的观点出发,把政治思想工作放在首要的地位。为此,必须做到:

(1) 加强党对政治思想工作的领导。支委会每半月召开一次会议,全面分析与研究全校政治思想工作情况,提出工作意见。同时以党支部为核心,吸收学校党员行政干部、团委书记组成思想政治工作领导小组,加强思想政治工作的统一领导。全校各级组织,各个部门,在进行工作时也都应该把政治思想工作放在首要地位,注意发挥组织作用,克服忽视思想政治工作的倾向。

(2) 为加强和统一学校思想政治工作的领导,在学校党支部领导下,筹建政治处,负责管理教师和学生的思想政治工作(包括劳动教育工作)。同时,在各年级培养政治指导员,加强年级和班主任思想工作的指导。同时,为了培养思想政治工作骨干，还要物色和培养一支坚强的政治思想工作队伍，除选择和培养工会组长、各班班主任，并提倡人人做思想工作外，还须在每个部门及组里选择觉悟高、作风好的同志，组成政治思想工作队伍，每月召开一次会议，学习和布置工作要求，总结交流工作经验。

(3) 在党支部统一领导下，加强教育工会、共青团和少先队的领导，充分发挥他们在政治思想工作中的作用，要求他们每月向支部汇报思想情况一次。在学校思想政治工作领导小组统一安排下，环绕学校中心，各自订活动计划，统一步骤，协同动作，共同完成思想政治教育的任务。学校总务处也应在支部统一领导下，加强工友和家属的思想政治工作。

(4) 加强和改进班主任工作的领导。学校思想政治工作必须扎根于班级，首先要提高班主任对加强思想政治工作重要性的认识，加强班主任的阶级观点和方针观点。班主任每月要用一次班主任碰头会的时间学习毛主席著作，本学期主要学习《中国社会各阶级分析》和《党委会工作方法》两篇文章，以加强阶级观点，改进工作方法，克服班主任工作作风上不深入不细致、简单急躁的缺点。每月召开一次班主任会，布置和总结工作，每两周碰头一次，检查工作进行情况。每学期组织两次业务经验交流，不断启发班主任工作的积极性，结合全校工作统一布置、因班制宜创造性地开展工作，在工作中提高班主任的业务水平。其次，班主任在贯彻各项工作中要注意贯彻阶级路线，注意提高工人、贫下中农和革命干部子女的阶级觉悟，鼓励他们努力上进，提高学习质量。对剥削阶级的子女，也要教育他们背叛自己出身的阶级，同家庭划清思想界限，坚决站到工人阶级和贫下中农一边。再次，班主任除按上述要求加强思想工作外，还要加强学习上的具体指导，发挥学生学习上的主动性，培养虚心求教、刻苦钻研、一丝不苟、持之以恒、理论联系实际的良好学风，不断提高学生的阶级觉悟，使他们把自己的学习与反对帝国主义、反对修正主义、建设现代化社会主义强国联系起来，为无产阶级革命事业在中国和全世界彻底胜利而奋发学习，明确学习目的，端正学习态度。同时，也要注意传播和总结学生中的好的学习经验，加强班级课外学科小组的领导，特别是初中班级，要注意有计划有目的组织各种各样的学科兴趣小组的活动，注意开展健康的活泼的文化娱乐体育活动。第四，班主任在进行思想工作时，要贯彻充分发扬民主的精神，启发和鼓励学生讲真心话，敢于发表自己的不同看法，经过自由的讨论和争辩，坚持真理，修正错误。对待学生中的错误思想，要耐心说服教育，讲清道理，启发自觉，克服简单急躁生硬的缺点。第五，班主任在进行工作时，还要注意在政治上培养干部，关心学生干部政治上和学习上的提高，两周召开一次班委会，安排班级工作；注意加强班级共青团支部和少先队中队的指导，既要尊重他们的组织系统，又要积极指导，注意发挥组织作用，共同配合搞好班级工作。

(5) 为了深入地加强思想政治工作领导，在教师中选择教研组，学生中选择班级进行蹲点，蹲点要达到如下几个要求：

① 深入接近群众，能掌握住思想动向，找得出思想上的倾向性问题。② 结合全

校的统一要求，明确点的工作打算，解决点的存在问题，摸得出工作的趋向。③ 总结点滴经验，指导全盘工作。

一九六四年八月二十五日

1987—1988学年度第二学期
共青团工作意见
共青团江苏省扬州中学委员会

总的要求：

以培养“四有”人才为目标，积极探索适应社会主义初级阶段的共青团工作的新途径。在学校党政领导下，按照教育改革的要求，改进和活跃共青团工作，提高团工作的吸引力和团支部的“自转”功能，提高广大团员青年的思想道德素质和科学文化素质，以实际行动迎接团的“十二大”的召开。

工作要点：

一、加强思想教育活动的系统性、针对性和科学性，力求创新、求实。

1. 进一步开展“立志、勤学、实践、成才”团支部系列活动，深入进行社会主义初级阶段基本路线教育，各团支部要进行调查研究，针对思想实际，发动全体团员制订切实可行的系列活动方案，认真总结过去的经验和不足，内容上注意系统化，紧密配合思想政治课的改革，高一年级团支部主要围绕科学人生观教育；高二年级团支部结合经济学常识学习，接触改革开放的实际，高三年级团支部要结合马克思主义政治常识课的学习。系列活动形式上要多样化，各团支部要精心组织、认真实施、努力创造出富有针对性、教育性和趣味性的活动形式，力争收到活跃支部、教育团员的综合效果，团委将组织活动方案交流评比，定期检查实施情况，并以此作为评选先进团支部的重要依据。

2. 广泛开展社会实践活动，各团支部可结合系列活动这一形式，利用组织生活和假期时间，组织团员青年走向社会参观、访问、社会调查、社会服务，引导团员青年接触社会，了解社会，在社会实践中形成辩证思维，培养适应社会的能力，正确认识自我价值，增强为振兴祖国奋发成才的历史责任感。

3. 进行“团旗”、“党旗”两面旗帜教育，继续办好少年团校，系统学习共青团知识。在高二、高三年级继续组织学党章小组学习新党章，开展党团对话，“七·一”前举行“党在我心中”演讲会，团委将积极慎重地推荐基本符合党员条件的优秀团员加入党组织。

4. 配合政教处、语文组在团员青年中开展“读自清书籍、学自清为人”活动,在朱自清塑像正式落成期间,举行朱自清散文朗诵比赛,各团支部可举办读书报告会。

二、坚持不懈地搞好团的自身建设,努力提高团员素质。

1. 建立和完善各项制度,实行团员鉴定制度,每学年由团支部鉴定打等第,存入团员档案。实行团委谈话制度,对少数在同学中影响不好的团员,由团委常委进行谈心帮助,并作记录,若效果不明显,将给予通报批评,情节严重者将给予纪律处分,认真制订《团支部工作条例》、《先进团支部标准》,增强团工作的规范性和科学性。

2. 从严治团,严格团组织生活纪律,团队活动时间为每周三下午第三课,每次活动要认真记录,团支部组织委员定期将活动情况向团委汇报,各团支部要努力提高活动质量,讲究活动效果,团支委分工明确,主动完成本职工作,团委将对口培训团支委干部。

3. 继续组织好文明监督岗,协助检查食堂秩序和宿舍卫生,检查执行一日规范情况,培养团员青年自我教育、自我服务、自我管理的能力,引导全体团员发挥模范作用,为加强校风建设作出贡献。

4. 做好学生会指导工作,充分发挥学生会的作用,由学生会领导各班班委干部放手开展工作,要继续做好团带队工作,各团支部少年委员要深入挂钩中队,指导少先队员开展“创造杯”活动。

5. 注意树立典型,“五·四”期间将表彰先进团支部、优秀团干部、优秀团员,积极做好团员发展工作,保证发展质量,在初二年级班班建支部。

6. 进一步发挥教工团支部的作用,开展批评和自我批评,对工作责任心不强的同志给予帮助。关心青年教工的思想进步和生活,沟通青年教工与学校的联系,引导青年教工在教育、教学改革中发挥作用。

三、加强校园文化建设,开展丰富多彩的文体活动。

1. 做好各项宣传工作,协助办好树人报,丰富广播台的内容,组织团支部“扬中之声”大联播,进行黑板报评比。

2. 配合学校组织好“第二届艺术节”,发动团员青年积极参加文娱、体操、书画各个项目,认真参加各种讲座,培养健康的审美观,陶冶情操。

3. 利用课余时间,引导团员青年积极参加科技“四小”活动,协助举办活动成果展览,引导团员青年培养创造志向,增长才干。

一九八八年三月

党总支工作计划

一九八八年二月

认真贯彻十三大精神以新时期党的一切工作都必须保证党的基本路线的贯彻执行，党的自身建设也必须进行改革以适应改革开放的新形势为指导思想，加强党的思想建设、作风建设和组织建设，保证党的教育方针和知识分子政策贯彻执行，努力把党的建设继续推向前进。

一、坚持党要管党的原则，切实搞好党政分开

在新的形势下，切实加强和改善党的领导，主要在于明确党总支的职能，党总支的职能主要是管好党的路线，全面贯彻教育方针，落实党的知识分子政策；管好党的思想建设、组织建设、作风建设；管好发挥党员的先锋模范作用工作，对学校工作起保证监督作用。为此党总支要坚持党要管党的原则，认真实行校长负责制，切实搞好党政分开，克服以党代政党政不分的现象，今后衡量党总支的工作是否称职，主要是看党的路线、方针、政策贯彻执行如何，和党的思想建设，作风建设、组织建设抓得如何？

二、加强党的思想建设，努力提高党员的素质

1. 在党的思想建设中，必须全面宣传党的基本路线，牢牢掌握一个中心，两个基本点，密切联系社会主义初级阶段的实际和学校实际，经常地深入地向党员进行党的基本路线和党的基本知识教育，进一步解放思想使广大党员成为自觉地为实现党的任务而斗争的先锋战士，方法上主要是组织学习“十三大”文件，明确学习要求，做必要的辅导报告，交流心得方式进行。

2. 进一步有计划的更加严密地健全组织生活。在内容上要围绕党的基本路线教育，结合学校职务聘任制工作的开展，结合党员思想实际，强调党员必须经受校改和改革、开放的考验，在任何时候必须为着国家和人民的利益，自觉地更多牺牲个人的利益，更好地在各项工作中发挥共产党员的模范作用，总支委员和分支委员要和党员同志个别谈心，做深入细致的思想政治工作，继续坚持党员向组织汇报思想，开展批评和自我批评的制度，组织生活尽量灵活多样，生动活泼适应党员的需要，在可能条件下组织参观，访问活动，让党员接触改革实际，提高感性认识。

3. 坚持一月上一次党课的制度，本学期着重根据十三大精神抓住深化改革主题，进行基本路线教育，党课教育形式也应多样化，可以用党员谈心得方式上党课。

4. 继续加强学校思想政治工作小组领导,思想政治工作的首要任务是深入进行党的基本路线的宣传教育,要把重点放在进一步解放思想,进一步发展生产力上,结合学校工作实际和思想工作实际,要抓住深化教育改革这个主题进行宣传教育,保证职务聘任制工作的顺利进行,思想政治工作领导小组要坚持定期会议制度,明确思想政治工作要求,抓好思想政治工作队伍的建设。

三、抓紧党的作风建设,密切党和群众的关系

1. 根据十三大精神在党内贯彻中央书记处召开的党风建设座谈会精神,在改革开放中加强党风建设,把对党风状况的认识建立在科学基础上,对党员进行社会主义初级阶段的基本理论、基本路线和改革开放的政策教育;振奋民族精神艰苦奋斗的教育,要求党员经得起教改和改革开放的考验,为民族的振兴献身、自觉抵制不正之风,实行从严治党的方针,强化党组织内在的自我约束机制劝党员的表现经常进行排队,在党员的工作、学习、思想、作风和日常生活上都从严要求,加强监督,发扬积极因素克服消极因素,继续执行学校总支制订的端正党风的规定,加强党的作风建设。

2. 领导干部要在党风的建设中起表率作用,自觉从严要求自己。要继续纠正各种以权谋私、官僚主义以及个人主义思想作风,要作为党风建设的重点来抓,学校领导干部要做端正党风的模范。

3. 健全和发展党内民主,鼓励党员对学校提出负责的实事求是的批评和对工作提出积极的意见和建议,在学校领导班子内部要坚持民主集中制,重大问题集体讨论决定,坚持一学期过一次民主生活,党员每学期过 1～2 次民主生活,切实保证党的纪律检查部门,充分行使自己的职权,加强党和学校工作的监督。

四、健全党的组织建设,进一步提高党的战斗力

1. 积极做好组织发展工作,发展党员要严格坚持标准,保证质量,改善结构,慎重发展的原则去进行,发挥两个分支在建设工作中的积极作用、对积极要求入党的同志,各支部、小组一定要落实到党员个人分工培养、定期接触,指出优缺点,提出要求,总支和各支部要定期研究发展工作,做到成熟一个,发展一个,各分支继续组织党章学习小组,健全组织,确定内容,结合党课讨论,坚持定期学习调动教职工的积极性为建党创造条件。

2. 加强工会、共青团的领导,继续发挥工会在团结教工、组织学习、关心福利,开展活动的作用,要定期召开工委会研究工会工作,协助行政多办实事,团委会工作要认真总结以往的经验,巩固成绩,保持先进,加强团的基础知识教育,从严治团,发挥团员的模范作用,要认真加强教工团支部领导,做好青年教师的思想工作。

3. 加强民主党派的领导,继续贯彻长期共存,相互监督,肝胆相照、荣辱与共的方针,帮助民主党派加强自身建设,建立定期碰头制度,对学校工作的重大问题进行协商,发挥他们的组织作用和监督作用。

五、保证党的方针、政策的贯彻

加强党的思想建设作风建设和组织建设的目的都是为了保证党的方针政策的贯彻，继续端正办学思想，树立教育为经济建设服务的思想，克服片面追求升学率的思想影响，全面贯彻党的方针，加强思想政治工作加强劳动教育和社会实践的教育，克服只重智育，忽视德育的情况，保证德、智、体、美、劳教育方针的全面贯彻。

继续提高对贯彻落实知识分子政策的重大意义的认识，在落实解决历史遗留问题联系聘任制工作、分房、退休工作都要贯彻落实知识分子政策的精神使知识分子政策落在实处，调动知识分子的积极性。

江苏省扬州中学1988—1989学年第一学期思想政治工作意见

本学期要从宣传“实现四化,振兴中华”的最大历史使命出发,努力改造和加强学校思想政治工作,正确引导社会舆论,振奋民族精神,调动教工积极性,同心同德,艰苦奋斗,渡过改革的关键时期,激发全校教工教书育人的历史责任感,提高教工队伍的素质,认真贯彻全国中小学德育工作会议精神,改革和加强德育工作,培养学生具有社会主义道德品质和良好的文明行为习惯;奠定坚定正确的政治方向和科学人生观世界观的基础;具有初步的道德评价能力和自觉教育能力,培养造就社会主义“四有”新人。

新学期学校思想政治工作要着重注意以下四方面要求:

1. 要积极地理解改造和加强思想政治工作的重大意义,努力探索,认真实践,要把能否调动广大教工的积极性,是否有利于教育改革和人才素质的提高,作为衡量学校思想政治工作好坏的根本标准。

2. 坚持马克思主义关于人的全面发展的学说,把尊重人、关心人、爱护人作为师生思想政治工作的立足点,要以平等、民主、服务的态度对待人,着眼于调动人的积极性,提高教师和学生的素质。

3. 要坚持从学生的实际出发,树立新的德育观念,把德育的外延和内涵加以拓宽、扩大,使之适应新时期对劳动者和人才素质的要求,适应学生的年龄特征;适应学生现阶段的思想实际。

4. 加强教育的针对性,要努力克服教工队伍中存在的对改革开放形势、党风、社会风气消极面看得多,部分同志思想上存在的“金钱至上”缺乏事业心,责任心不强等现象,在学生中,要努力克服学习目的不端正,缺乏社会责任感,相当多数的学生劳动观念薄弱,缺乏勤俭节约、艰苦奋斗的精神,学校常规管理不严不力、基础文明较差的问题。

[教工方面]

一、抓好教工政治学习,开展关于形势,生产力标准理论的学习和讨论。本学期,各学习小组要正常每周三下午政治学习。重点围绕学习有关社会主义初级阶段理论和社会主义的根本任务是发展社会生产力的论点,通过学习和讨论,明确判断形势必须树立生产力这个科学标准，在改革关键时期，对改革成就作足够估计，对存在问题作实事求是的具体分析，对困难和矛盾作充分的精神准备，消除疑虑，凝聚意志，激发教工为实现四化、振兴中华而努力。

在抓好学习的同时还要运用多种形式，活跃思想政治教育，克服教工思想工作中存在的形式主义，单一化的倾向，围绕学习内容，具体做到：

1. 开展社会民主协商对话，在学习理论的基础上，针对学习中存在的问题，邀请有关领导或有关方面的同志来校对话。此外，本学期要利用对话会形式，就学校工作的任务和要求做好思想工作，增强领导与群众的相互了解，推动学校各项工作的开展。

2. 接触社会实际，加深对改革开放的认识。根据具体情况，要组织教工参观和调查工厂企业的改革实际；邀请企业家专业部门同志来校作有关形势、生产力标准问题和物价、工资改革的辅导报告，增加感性认识，深化对“一个中心，两个基点”的理解。

二、结合学校工作实际，做好思想工作，主要做到：

1. 在思想工作中抓住尊重人、关心人、爱护人这一关键，开展广泛持久的谈心活动，双向交流，沟通思想，正确处理工作中、思想上的各种问题和矛盾，调动教工的积极性、创造性和主动精神。

2. 思想工作要敢于碰硬，克服软弱涣散的倾向，对存在的问题，要旗帜鲜明；要在充分说理的同时，提出严肃的批评，建立思想政治工作的权威。

3. 克服“两张皮”现象，把思想工作贯注到教学工作中，渗透到学校工作的各个方面，联系学校各项工作的实际，深入及时地开展思想工作。

三、加强学校思想政治工作的领导。

1. 学校党总支和校长室以及学校思想工作领导小组，要加强对教工思想政治工作的研究和领导，定期分析研究教工的思想现状，加强思想工作的管理。

2. 发挥各部门、教研组和工会小组在思想政治工作中的作用，健全思想政治工作责任制，加强思想工作的群众性，学校中层以上干部要十分重视加强各部门工作要全面负责教研组的思想工作和教学工作。

[学生方面]

一、深化思想政治课改革，促进学生确立正确的道德观、科学人生观和世界观。

要在上学期思想政治课改革试点实验的基础上，本学期要全面推开教材教法改革实验，在对学生进行系统地教学的同时，要注意做到：

1. 认真贯彻理论联系实际的原则，紧密结合当前我国改革开放的社会实际和物价改革、党风、社会风气的现状，针对学生思想上的热点、疑点、难点，有针对性地进行思想政治课教学。

2. 推广前阶段改革实验经验，坚持教育一体化并形成制度，加强政治教师、班主任和团队干部的相互配合,发挥思想政治课在学校德育中的重要作用。

二、强化爱国主义教育,激发学生勤奋学习,振兴中华的热情。

具体开展"爱班、爱校、爱国家"主题活动。

1. 开展"改革开放、振兴中华"形势教育,利用班会、晨会进行时政教育,并且结合社会实践,引导学生了解十年改革成就,正确对待当前形势,明确改革开放对未来劳动者和人才素质的要求,激发为振兴中华勤奋学习的动机;共青团主要开展以"国情、改革、创业"教育为主题的专题活动。

2. 开展"居安思危、振兴中华"革命传统和历史使命教育。引导学生了解中国近代史,了解我国国情,认识落后就要挨打的道理,树立赶上或超过世界发达国家的雄心壮志,振奋民族精神、增强实现四化的社会责任感。

3. 开展"爱班、爱校、振兴中华集体主义教育,要教育学生树立"心中有他人、心中有集体、心中有人民、心中有祖国"的集体主义观念,要重视劳动教育,引导学生热爱劳动,积极参加学校公益劳动,在家做好家务劳动,培养艰苦奋斗、勤俭节约爱护公物的良好习惯,尤其要克服损坏桌椅的坏习惯。

此外,配合爱国主义教育,结合朱自清铜像揭幕,继续开展"读自清书籍,学习自清精神"的活动。

社会实践是进行思想教育的重要形式,要注意通过社会实践进行形势教育、劳动教育、强化爱国主义教育,并且认真做好社会实践的检查考核和材料保存工作。

三、整治校风校纪,加强常规教育和训练。

常规教育和训练乃至整个道德教育是学校工作的基础知识和重点应当抓紧抓好。

1. 大力宣传和学习《中学生日常行为规范》(讨论稿)要求每个师生人人熟知"规范"内容,利用广播、黑板报、班报等阵地广泛而持久地宣传"规范"内容和精神,造成声势。做到人人对"规范"熟知,践行。全体教师则要在做到为人师表的基础上,加强对中学生日常行为规范的指导和训练,定期考核,使之养成良好习惯。

2. 健全和加强校风校纪的值日检查制度,行政干部和值日班主任要建立门卫值勤和校园巡视检查制度。

3. 建立每周晨会校风校纪讲评制度。

4. 宣传各种模范遵守"规范"的好人好事,严肃处理各种违纪事件。认真整治食堂和宿舍的秩序。

5. 大力加强民主和法制教育,当前尤其要教会学生学习运用法律武器同违法犯罪行为作斗争。本学期,要在搞好"公民""社会主义建设常识",以及"政治常识"课教学同时,邀请公安司法部门同志来校,结合有关案例对学生作法制教育专题报告,要加强对少数学生的个别教育,做好违法犯罪的早期预防。

6. 创造条件,努力实现青少年教育的社会化,本学期要做好两件事:一是在初一年级成立社会、学校和家庭三结合教育委员会;二是聘请热心青少年教育工作的老干部,老同志担任校外输导员。

7. 重视青春期教育。特别要重视学生中出现的"早恋"问题,要加强对学生的个别帮助教育,班主任要切实掌握学生思想动态,本学期,将安排两次讲座:一、"如何正确对待男女生友谊"。二、青少年心理保健咨询讲座。

四、加强班主任队伍建设。

1. 加强学习。结合学习教育科学理论,着重组织班主任认真学习中央宣传思想工作座谈会精神,传达和学习全国中小学德育工作会议精神,提高对加强青少年思想教育或学校德育重要意义的认识,使班主任明确社会主义初级阶段学校德育的指导思想,总的任务,教育内容和重点,以及主要途径,提高班主任工作的能力和水平。

2. 根据我校班主任队伍现状,重视加强对青年班主任的培养和关心。关心班主任的实际问题,通过个别谈心,解决思想问题,克服少数班主任工作不安心,不负责的现象,继续举办新教师青年班主任培训班。

3. 加强班主任队伍的考核的管理。试行《中小学班主任工作条例》。

五、发挥团队、学生会和校卫队作用,认真做好学生思想工作,必须依靠各方面力量,学校团队组织、学生会组织本着改革的精神,在加强自身建设的同时,围绕学校工作任务,着重抓好以下工作:

1. 开展适合中学生特点的多种活动,继续开展思想教育系列活动,加强对各中队参加"全国中学少先队创造性活动"竞赛的领导要求活动覆盖率达100%。

2. 重点抓好团队员的模范作用,带动校园风气的改善。要按照自我教育、自我管理和自我服务的精神,抓好群众性的检查评比、竞赛活动。

要发挥校卫队在加强学校治安工作,保护青少年健康成长方面的重要作用,根据情况,充实人员,建立校内定期巡逻制度。

江苏省扬州中学
关于组织学生学习
平息北京反革命暴乱有关文件的意见

一、总的要求

以邓小平同志讲话和四中全会公报为指导,按照上级要求,组织中学生主要是应届高中毕业生,认真学习平息北京反革命暴乱的有关文件,对学生进行热爱中国共产党、热爱社会主义、热爱中国人民解放军为主要内容的爱国主义教育和形势教育,帮助中学生明辨是非,树立正确的观点,以实际行动拥护党中央、国务院的英明决策,做一代"四有"新人。

二、已经初步进行教育的情况

前段时间,按照中央平息反革命暴乱的有关讲话精神,在应届高中毕业生中已初步进行了有关教育,主要有:

1. 按照邓小平同志和李鹏同志讲话精神和国家教委在应届毕业生中学习平息北京反革命暴乱文件的通知精神,在全体班主任中进行了学习有关文件的动员,专门召集了高三年级班主任进一步动员。要求高三年级教师履行自己的神圣职责,旗帜鲜明地做好育人工作,认真组织好这次学习,关心学生的健康成长,在时间安排上已经学习一至二天。

2. 在高三年级开列学习篇目,搜集或印发了六篇文件:《必须旗帜鲜明地反对动乱》、李鹏同志《在首都党政军干部大会上的讲话》、《中共中央、国务院告全体共产党员和全国人民书》、《统一全党思想的纲领性文件——认真学习邓小平同志重要讲话》、《认清动乱的实质和戒严的必要性》以及《北京发生反革命暴乱的事实真相》为帮助毕业生弄懂文件精神,党总支组织政教处、政治教研组提炼十三个主要观点,编印学习提要讲义,人手一份。

3. 由政治教师到各个班分别传达《邓小平同志在接见首都戒严部队军以上干部时的讲话》,并进行辅导,具体讲解要点,安排半天时间进行讲授。

通过初步学习和发动,使高了毕业生了解了动乱和暴乱真相,初步认识了动乱和暴乱的性质、原因、平息动乱和暴乱的重要意义,人民解放军的性质、地位和作用等。

三、下阶段的打算

在前段初步学习和教育的基础上，要以邓小平同志讲话和四中全会精神为指针，继续认真组织好应届高中毕业生学习平息北京反革命暴乱的有关文件，具体打算和步骤如下：

1. 学习内容和要求：学习前述六篇文件，重点学习邓小平在接见首都戒严部队军以上干部时的讲话和中共四中全会公报，李鹏、姚依林同志的有关讲话。在学习要求上，通过学习达到了解动乱和暴乱真相，认识动乱和暴乱的性质、原因，明确平息动乱和反革命暴乱的重要意义，明确三个基本观点，即没有共产党就没有新中国；不坚持社会主义道路，就不可能实现中国的四个现代化；没有人民的军队便没有人民的一切。

2. 着重抓好应届高中毕业生的学习。

对应届高中毕业生的教育，在时间安排上，利用高考后的2～3天时间，进一步动员和学习，基本步骤为：

(1) 召开全年级大会，由学校负责同志传达中央有关文件，讲话精神，对本次学习进一步动员和辅导。

(2) 以班为单位，由班主任协同政治教师组织自学文件，进行讲解和辅导（按学校编写的提要讲义），在掌握文件精神的基础上，环绕学习要求适当进行讨论，着重弄清反革命暴乱的性质、根源和平息反革命暴乱的重大意义。

(3) 结合毕业活动，要求各班以学习平息反革命暴乱有关文件为主题，上好中学时代的最后一堂班会，进行热爱中国共产党，热爱社会主义和热爱人民解放军的教育。

(4) 配合学习文件，组织观看反革命暴乱的事实真相录相片。

3. 结合暑假活动，认真抓好其他年级教育活动。

学习平息反革命暴乱有关文件，是当前思想政治教育的一件大事，对非毕业年级学生亦要不失时机地组织学习和教育活动。

(1) 把学习贯彻邓小平同志讲话和四中全会公报精神作为暑假工作的中心，利用散学教育进行爱党、爱国、爱军的专题教育和动员。

(2) 假期中，共青团要以此过一次组织生活，少先队要开展“爱党、爱国、爱军”主题队活动。

(3) 在高一、高二年级中开展多种形式的社会实践教育活动，社会实践活动主要到工厂、农村去开展安定团结与现代化建设关系的社会调查；走访革命烈士家属、老干部、老红军，了解革命先烈和前辈为建设新中国浴血奋战的历程，明确人民共和国得来不易，进行革命传统教育。

(4) 开展“热爱解放军，学习解放军”活动，组织与解放军和武警联欢，慰问解放军，进行没有人民军队便没有人民的一切的教育。

(5) 要求中学生假期中，要在政治上、思想上、行动上与中央保持一致，不信谣，不传谣。做遵守社会公德的模范；不看有害书刊，坚决抵制精神污染。

(6) 加强调查研究，利用暑假，通过召开各种座谈会，切实了解中学生政治思想状况，为新学期反思思想政治工作、加强思想政治工作作好准备。

一九八九年六月二十九日

关于江苏省扬州中学1990年面向城区及全市招收高一年级新生的紧急补充报告

扬州市教育局：

我校于本月13日呈上《关于江苏省扬州中学一九九〇年面向城区及全市招收高一年级新生和高一年级高水平运动员的报告》，今特紧急补充报告如下：

一、根据有关消息，我市有的县中为保证高一新生质量采取免试保送的办法，有的县中采取提前招生（把毕业考试和升学考试结合起来）的办法，针对这样的情况，为保证我校高一新生的质量，今特申请在各县（市）招生采用免试保送的办法。此办法我校在1985年夏曾试行过，效果总的是好的，也取得了一定经验，如市局同意，发文至各县（市）教育局，我们进行这项工作不会遇到太大困难，打算在五月中旬进行，招生名额不变。

二、根据保证重点和尊重学生志愿的精神，我们再次申请我校面向城区招生不再受“附中学生不报扬中，扬中学生不报附中”“一、五、新三校中考前三名的学生进扬中”的限制。城区应届初中毕业生，凡愿报考扬中的，都可填写扬中志愿，原所在学校要尊重学生志愿，不得劝阻；同样扬中应届初中毕业生，愿意报考别校的，也应尊重学生志愿，不得劝阻。中考后，根据各校录取分数线，从高分到低分依次择优录取。

扬州中学是一所历史悠久，具有一定影响的学校，党和人民对我们寄予很大的希望，我们决心进一步加强内部管理，把学校办好，同时也恳请市局在招生问题上给予大力支持。

以上报告当否，请批示。

此致

敬礼！

江苏省扬州中学

一九九〇年四月廿五日

抄　报：

江苏省教委普教局

朱克昌副市长、市政府办公室

市教育局招生办公室、中教科

江苏省扬州中学
第三届文化艺术节活动意见

[宗旨]

寓教于乐,发展爱好,贯彻规范,加强美育,全面发展。

[主要活动]

1. “规范歌”合唱(初一年级)
2. “献结春天的歌”——卡拉 OK 带演唱比赛(面向师生,自带磁带)
3. “美的校园”摄影比赛、展览(面向师生。主题:反映校园生活)
4. 世界各曲欣赏会
5. 漫画比赛(主题:围绕贯彻“规范”,报名交稿)书画比赛。
6. 艺术节会徽,“新苗”封面设计评选。
7. 诗文朗诵比赛(不超过 3 分钟)。
8. 艺术体操表演(初二年级)
9. 围棋比赛(学生会) 台球赛(工会)
10. “规范”作业评展(各班选送)
11. “五四”文化讲座(史地组)
12. 科技讲座:(待定)

开幕式:暨纪念“五·四”运动七十周年大会。

闭幕式:艺术节发奖活动。本届艺术节推出第三届艺术节徽章。

[时间安排]

1. 各班于 4 月 25 日报名全部结束
2. 文化艺术节初步拟在五月三日至五月十日进行。

第三届文化艺术节报名表

89.4

班级______ 班长______ （报名表填好后送政教处、团委）

	OK 带演唱	摄影比赛	名曲欣赏	会徽、封面设计	朗诵比赛	围棋比赛
姓名						

江苏省扬州中学
关于举办第五届文化艺术节活动的意见

活动目的：

深入开展爱党、爱国、爱社会主义的教育，建设健康活泼、积极向上的校园文化，丰富学生的课余生活，培养学生的创造能力，组织能力和活动能力，增强学生高尚的审美情趣，全面提高学生的精神文明素质。

活动组织：

一、成立“第五届文化艺术节组织委员会”(名单附后)，具体负责组织安排第五届文化艺术节各项工作。

二、活动面对全校师生，重点是初一、初二、高一、高二年级。

三、活动时间：1991年5月4日～14日(暂定)

活动内容：

活动内容	参加对象	负责人
开幕式	全校师生	政教处、团委、学生会
大合唱：“我向党来唱支歌”	初一、初二	团委、音美组
☆课本剧比赛	初一、初二、高一、高二(每年级2个)	政教处、团委、语文组、音美组
☆综合文艺演出：“七彩的年华”	全校师生	团委、音美组
☆手抄报比赛	初一、初二、高一、高二(以班为单位)	团委、学生会、语文组
☆书画展评：“歌吹扬州，爱我校园”	全校师生(截稿：4月底)	音美组
☆演讲比赛：“我是扬中人”	初一初二高一高二(每班1人)	学生会语文组

续表

活动内容	参加对象	负责人
☆“理想杯”知识竞赛	高一(每班由3人代表队参加)	团委、学生会、史地组
☆“美在宿舍”评比	寄宿生以宿舍为单位参加	学生会
☆象棋比赛	全校学生	学生会、体育组
文学讲座	全校学生	语文组
历史讲座	全校学生	史地组
校史讲座	全校学生	校史组
《新苗》艺术节专刊	向全校师生征稿	《新苗》文学社
《树人报》艺术节专刊	向全校师生征稿	《树人报》编委会
“从树人堂出发,在党旗下成长”主题活动暨闭幕式	待定	政教处、团委学生会

奖励办法:

一、单项奖:凡打“☆”号的活动设单项奖;单项奖根据参赛人数设一、二、三等奖及鼓励奖若干名。

二、优秀组织奖:根据各班组织参赛人数及获奖情况评选优秀组织奖;优秀组织奖每年级评一名。

注意事项:

一、各班根据本意见在学生中进行广泛动员,明确活动目的、活动时间、活动内容,增强参与意识。

二、各班要积极组织艺术节报名,其中课本剧比赛可组织跨班联队参赛,报名截止日期:4月25日。

三、认真搞好艺术节参赛准备工作。

四、如有建议,要求请及时向艺术节组织委员会秘书组反映。

五、具体活动时间另行公布,活动内容如有变动另行通知,其它未尽事宜待通知。

附:组织委员会名单:

组织委员会:肖咸宁、沈怡文、王荫纲、李　宁、倪　宾、陈安鸿、谈开明、张发祥、黄正瑶、匡成岚、朱泰森、钱永涛、朱焕珍、蒋念祖、徐学才、潘志明、生建国、张　铨、张贞忠、李伟民、曹植洪、朱广哲、王　雄、唐丽珍、周　垈

秘　书　组：张发祥、黄正瑶、蒋念祖、匡成岚、朱泰森、王　雄、卞树群、周　垈
保　卫　组：谈开明、李忠宏
后　勤　组：徐学才、潘志明、生建国
艺术指导组：李伟民、曹植洪、汪仪美、陈　蓓、张鹏飞、张　铨、张贞忠、唐丽珍

江苏省扬州中学
第五届文化艺术节名单

班级：　　　　　　班长（中队长）：　　　　　　班主任：

姓　名	参　赛　项　目											备注
	课本剧	文艺演出					书　画		知识竞赛	演讲	象棋	
		独唱	小合唱	舞蹈	器乐	其它	书法	美术				

说明：1. 参加者在参赛项目有关栏目内打“√”。
2. “课本剧”一栏填报编剧人姓名，在备注栏内填写联合组队班级。
3. “文艺演出”栏内“其它”系指相声、小品、哑剧，在备注栏内。
4. 各班报名单须由班主任签字后交组委会秘书组（设在团委会）。
5. 本表不够填写请另附纸，式样照正表。
6. 报名截止日期：4 月 25 日

江苏省扬州中学关于举办第五届艺术节“歌吹扬州、爱我校园”书画评奖赛征稿通知

为加强爱祖国、爱学校的教育，推动我校学生书画创作活动和提高美术教学质量，陶冶青少年艺术情操，提高新一代艺术素质。我校第五届艺术节，举办“歌吹扬州，爱我校园”书画评奖赛活动，兹将有关事项通知如下：

一、参加对象：全校初、高中学生。

二、作品内容：1. 书法作品（包括硬笔书法）和篆刻，以古代和现代歌咏扬州或我校的诗词或文字作品为书写内容，也可书写自己创作的诗词。

2. 美术作品以描绘扬州范围和我校校园的风光、名胜、古迹、风土、人情的风景画、山水画、人物画为主，也可画具有地方特色的静物画、花鸟画。

三、作品形式：1. 书法——各类书体均可，篆书、草书请写明释文，一般以四尺宣对开，三开或四开为宜，最大不超过对开。

2. 美术——画种不限，以中国画、水彩、水粉为主，其他如油画、版画、素描、装饰画等均可。国画以四尺宣三开为宜，西画以八开为宜，最大不超过对开。（需画纸的可向美术组老师领取）

四、评奖方法：1. 书法、美术两大类各分高中组、初中组，每组书法、美术各设一等奖；二等奖；三等奖；鼓励奖若干名。

2. 对参加本评奖赛书画作品数量多质量高的班级，设集体奖。

五、征稿、展览方法：

1. 应征作品背面写清班级、姓名，请在本月底交各班班主任或负责同学，再集体送音美组办公室（树人堂三楼）

2. 入选作品将在校艺术节期间在画廊展出，获奖作品将参加六月份市教育局举办的“扬州市首届”歌吹扬州、爱我家乡《琼花环》书画评奖赛展览。

江苏省扬州中学建校九十周年庆祝活动初步构想
(讨论稿)

一、校庆宗旨:

中共中央江泽民总书记为纪念母校九十华诞题词“怀念前贤,激励后昆,继往开来,团结奋进”是我校九十大庆的总体纲领。通过校庆活动,进一步继承发扬扬中办学的优良传统,坚持改革、创新,加快学校建设步伐,把扬中办成高质量、第一流、有特色的社会主义普通中学,同时通过海内外广大校友的力量,进一步促进扬州经济的发展,提高扬州市知名度。

二、加强领导,建立和健全工作机构:

1. 建立校庆工作筹备委员会。

拟由市委市政府领导、市教育局领导、学校现任领导、各校友分会主要负责同志及知名校友组成江苏省扬州中学建校九十周年庆祝活动筹备委员会,下设校庆筹备办公室,统筹计划、安排校庆筹备工作。

2. 充实、健全负责具体工作小组。

(1) 校史组:10人。负责筹办校史陈列馆、编印校庆纪念册、校友通讯等。

(2) 秘书组:5人。负责起草文件,编印简报、快讯等。

(3) 联络组:5人。负责校庆活动期间各组、各部门以及有关单位的联络、协调工作。

(4) 接待组:10人。带领经过培训的学生30人负责校友在校庆期间的迎送、接待工作。

(5) 后勤组:20人。负责校园环境的布置、校友的食宿。

三、改善校园设施,美化校园环境:

1. 兴建图书大楼(向校庆献礼项目)

2. 改造树人堂(是广大校友主要怀旧点)

3. 建运动场司令台(原司令台已拆除)

4. 改造、装修原学生阅览室为校史陈列馆(校友主要参观项目)

5. 加强校园绿化、美化西长堤(为学校目前绿化薄弱环节)

6. 改建学校大门(目前已比较破旧)

四、校庆活动的规模：

1. 参加校庆活动的人员。

(1) 校级邀请代表200人,其中外地代表180人。

(2) 市级特邀代表50人,其中外地代表40人

(包括台湾、海外校友)

(3) 其他校友1000人,其中外地校友300人(自发而来)

(4) 参加庆祝会的在校师生180人

(以上均为约数)

2. 校庆活动时间：

校内安排活动一周,校友代表、特邀代表在校活动2—3天,市府及有关系统、单位安排部分校友活动除外。

(活动安排见附件)

五、开展丰富多彩的校庆活动：

1. 热烈隆重开好庆祝大会。

(1) 大会会场:扬州市体育馆。

(2) 欢迎仪式:鼓号队(100人),彩旗队(100面)

(3) 主席台就座人员：

省市党政领导：

现任和历任学校领导(正副校长、书记)：

校友代表：

师生代表：

(4) 大会主要程序：

少先队员(46人)献花献辞：

校长致辞：

历任学校领导代表讲话：

省市党政领导讲话：

校友代表讲话：

师生代表讲话：

文娱演出(主题:江总书记题辞,时间,一小时。)

2. 成立江苏省扬州中学校友总会。

3. 举行学术研讨和科技咨询等活动：

(1) 学术研讨：

朱自清为人与学术研究(与师院中文系,市文联共同组织)

如何继承发扬扬中办学优良传统。

(2) 与有关系统联系举行专业对口研讨。(有关校友名单见附件)

(3) 与有关局或有关工厂联系举行科技咨询活动。

(4) 请有关校友作形势报告。

(5) 与博物馆联系,举办台湾画家徐通德校友画展。

4. 组织校友、来宾进行参观活动:

(1) 参观校园;

(2) 参观校史陈列馆;

(3) 参观朱自清故居;

(4) 参观市容,游览瘦西湖平山堂。

5. 印发、订购校庆纪念刊物等物品。

(1) 订购《江苏省扬州中学建校九十周年纪念册》

(2) 订购《江苏省扬州中学校友通讯录》

(3) 订购"江苏省扬州中学九十校庆"纪念章

(4) 订购《扬中简介》

(5) 印发《校友通讯》第11期。

6. 开展丰富多彩的教育教学活动。

(1) 举行为期一周的艺术节活动。

(2) 全校各班级为迎接校庆举行一项活动,如主题班会等。

(3) 举办师生书画展。

(4) 举行学习纪念朱自清、江上青团队活动。

(5) 开展科技活动、社团活动。

(6) 开展小型体育竞赛、革命歌曲演唱活动。

(7) 来宾、校友在校期间各年级全部课程开放。

7. 做好校庆宣传报道工作。

(1) 摄制"江苏省扬州中学建校九十周年纪念"录像

(2) 约请省电视台、扬州电视台拍摄校庆新闻录像。

(3) 向《人民日报》(海外版)、《光明日报》、《中国教育报》、《文汇报》、《新华日报》、《江苏教育报》、《扬州日报》发纪念文章、通讯等。

(4) 校庆期间及时发简讯、快讯。

六、校庆活动的有关问题:

1. 校庆活动经费。

☆(1) 兴建图书大楼　120万元

☆(2) 改造树人堂　10万～30万元。

☆(3) 建运动场司令台　15 万元。

☆(4) 改造、装修原学生阅览室为校史陈列馆　8 万元。

☆(5) 绿化、美化西长堤　5 万元。

☆(6) 各项油漆、室内粉刷　5 万元。

☆(7) 校友代表食宿及其它杂支　10 万元

(8) 改建学校大门　15 万元

(带星号的为急需解决的项目)

以上各项共需 188 万～208 万。其中建图书大楼已有经费 90 万元,所缺 30 万元学校正通过校友及有关单位集资设法解决。其它各项经费 68 万～88 万请求市府支持解决。如市府财政困难,可解决部分,另一部分,请求市府牵头,学校配合联系,请有关单位、工厂赞助承担部分项目。

2. 校庆活动的组织安排。

校庆活动规模较大,出席人员众多,其中有很多专家,学者以及较高层次的党政领导,学校力量有限,请求市府能派出工作班子,统筹安排、调度。

3. 校友代表的食宿及用车。

建设由市府工作班子牵头,征得与校友中专业对口的系统、单位以及愿为扬中校庆出力的单位支持,摊派经费和车辆,统一调度,请市府出面与市第二招待所联系,外地校友及特邀代表食宿全由二招承包,经费统一结算。(约需 10 辆轿车,5 辆客车、600 个床位)

附件一

供选择作为特邀代表的部分校友名单

钱春暄	上海金山石化副总工程师	(化工)
吴瑞林	南京金陵石化公司总经理	(化工)
郁祖庚	南京金陵石化公司副总经理、副总工程师	(化工)
朱禄海	原江苏石油化工厅厅长	(化工)
李　苏	原化工部副部长	(化工)
方　莹	中国银行总行,中国石化总公司经济顾问	(化工)
李祥瑞	原交通银行行长	(金融)
程　仪	江苏省人大财经委员会副主任	(金融)
华增甲	上海市经委技改处原处长	(金融)
杨崇春	国家税务总局副局长	(金融)
赵景邦	原江苏农业银行行长、现省人大农经委主任	(金融)
刘广新	中国农业银行总行国际业务部负责人	(金融)

尹华贵	洛阳拖拉机厂副厂长	（重工）
尹池清	太原钢铁公司党委副书记	（重工）
李六平	机械部仪表局副局长、顾问	（重工）
钱文林	北京市农机局局长、总工	（重工）
林德瑗	南京钢铁厂副厂长	（重工）
陈利恒	青海机械工业厅副厅长	（重工）
顾　炎	冶金部自动化研究所所长	（重工）
王万钧	中国农业机械化科学研究院副院长、总工	（重工）
周俊松	统配煤矿顾问，原煤炭部技术司副司长	（能源）
杨欣荣	江苏电力工业局局长	（能源）
周庆祖	中国石油天然气总公司、总经济师	（能源）
吴继中	江苏电力设计院院长	（能源）
虞传立	山西煤矿设计院党委副书记	（能源）
笪政远	开滦矿务局党委书记	（能源）
章宪章	著名石油开发专家、学部委员	（能源）
吴　文	中国科学院广州能源研究所所长	（能源）
丁道齐	东北电业管理局调度局局长	（能源）
朱亚杰	华东石油学院北京研究生部、学部委员	（能源）
王向权	南京国际经济合作公司总经理	（经贸）
苏家涛	北京对外经贸部出口处处长	（经贸）
王遐容	北京经贸部中国出国人员服务总公司副总经理	（经贸）
徐昭宾	机械工业部物资供应局副局长	（物资）
薛正华	中国器件总公司经营管理部副部长	（物资）
周恩宽	中国机械工业供销总公司西南公司总经理、党委书记兼任西南机械工业联营集团公司董事长 西南机械工业机电产品市场董事长	（物资）
徐兰如	航天工业部科技委员	（科技）
卢景霆	国家科委国际科技合作局副局长	（科技）
李德平	核工业部第七研究所所长	（科技）
李崇淮	武大知名教授、武汉经济开发顾问	（科技）
黄沛禄	航天工业部总工程师、学部委员	（科技）
吴大观	航天工业部科学技术委员会、专职委员	（科技）
谢义炳	北京大学地球物理系系主任、学部委员	（科技）
武　衡	原国家科委主任、学部委员、现中顾委委员	（科技）
吴征铠	核工业部总工、学部委员	（科技）
吴征镒	中科院昆明植物研究所所长、学部委员	（科技）

高　鸿　南京大学化学系教授、学部委员（科技）
朱物华　原上海交通大学校长、学部委员（科技）
林仁荣　中国科学院建筑设计院副院长、总工（建设）
刘善建　国家计委国土局总工（建设）
郭东坡　新华澳门分社社长（新闻）
张发华　能源部、水利部华东勘测设计院院长、中国国际工程咨询公司华东水电工程咨询公司经理（水利）
冷大章　上海造船厂厂长（交通）
鲍传绂　北京铁路局总工（交通）
王思详　北京电子管厂总工（机电）
吴宝琴　商业部教育司司长（商业）
朱万福　东南大学常务副校长（高校）
胡凌云　东南大学副校长、副书记（高校）
贾怀仁　南京大学党委副书记（高校）
严绍宗　复旦大学常务副校长（高校）
蔡长年　北京邮电学院副院长（高校）
庄士钦　北京邮电学院副院长（高校）
邓汉馨　浙江工学院院长（高校）
纪增觉　武汉测绘学院院长（高校）
佘友泰　东北农学院院长（高校）
黄　农　西安冶金建筑学院院长（高校）
成心德　东北工学院副院长（高校）
夏书章　中山大学副校长（高校）
王以淋　西安冶金建筑学院副院长（高校）
沈　晋　陕西机械学院副院长（高校）
严灏景　中国纺织大学副校长（高校）
程迺晋　西安交通大学副校长（高校）
蔡秉久　合肥工业大学副校长（高校）
章兆鹏　安徽工学院副院长（高校）
韩宝来　陕西省政府秘书长（政府机关）
陈　冀　四川攀枝花市市委书记（政府机关）
杨德和　江苏省经委副主任（政府机关）
刘是龙　中组部办公厅主任（政府机关）
孙光荣　青海轻纺厅厅长（政府机关）
毛如柏　中共西藏自治区委员会副书记（政府机关）
张延禧　农业部副部长（政府机关）

于启勋　北京理工大学研究室主任、北京市政府顾问　(政府机关)
周仰文　九江市市长　(政府机关)
沈鹏千　南通市委副书记　(政府机关)
冯惟珠　江苏省农林厅副厅长　(政府机关)
李　朋　原财政部常务副部长、现全国人大财经委副主任

台湾部分校友名单

赵耀东　曾任中本纺织公司副总经理、中国钢铁公司总经理、董事长、经济部长、现任经济建设委员会主任委员。
周大维　周星北校长长子、现任泰兴工程顾问工司协理。
曹起成　自空军中将退役,1987年被推为台湾校友会会长。
刘永懋　中国海产贸易公司董事长、中华海洋企业有限公司董事长、中华海军投资股份有限公司董事长、经济部顾问。
石凌汉　土地银行总行副总经理。
赵春官　中华顾问工程公司顾问。
顾竹淇　自中国农民银行副总经理任内退休。
陈忠纬　曾任中央银行顾问、台湾省政府顾问。
池振千　曾任全国邮联会副秘书长、秘书长、台湾邮务工会理事长、退休。
叶学哲　曾任国库署署长,退休后任复华证券金融公司董事长。
卜元礼　自台湾铁路局长任内退休。
南登歧　在高雄炼油厂厂长、台北总公司副总经理任内退休。
张才燊　曾任台湾糖业公司厂长,退休后赴美。
周广周　现任台湾大学机械系教授中加文化经济协会理事长。
杨卓人　中央再保险公司副总经理,现退休,任顾问。
张才柱　任马来西亚大马纺织厂厂长。
万长善　任台中糖厂厂长。
幸秋潭　任慎兴企业有限公司,唯上企业有限公司董事长。
王次赓　任台糖屏东总厂副总厂长。
刁平舜　任台糖公司溪潮糖厂副厂长。
刘长龄　国立成功大学水利系教授系主任。
胡声求　曾任全美太空学会副会长,现任财团洁人美国联大及美国大学基金会董事长兼美国科技学院董事长。
徐通德　曾任交通银行副总经理,退休后任中华票券公司总经理。
沈国文　台大教授

胡　佛　台大教授
董秉勤　台湾航业公司总经理
华寿崧　台湾松山兴记化工厂总经理
陈定闻　高雄铝业公司厂长兼总经理

海外部分校友名单

徐怀云　美国国际工程公司　顾问
胡国澄　美国国际科技交易公司　董事长兼总经理
陶式玉　美国航空推力公司总工、副总经理
汤粮孙　美国核能管制委员会核能安全研究所首席科学家
李华桐　美国 NBM 公司顾问工程师
孟繁森　泰国造纸厂厂长

附件二

校庆活动日程安排

92 年 10 月 16 日	迎接校友返校，安排食宿
17 日上午(星期六)：	召开庆祝大会(市体育馆)
	文娱演出
下午：	校友分届见面座谈
	参观校园
	参观校史陈列馆
18 日上午(星期日)：	分别举行学术研讨会、报告会
	(1) 如何继承发扬扬中办学优良传统
	(2) 朱自清“为人与治学”研究
	(3) 举行形势报告会
	继续参观校史陈列馆
下午：	举行专业对口研讨、科技咨询
	(有关单位)
	参观朱自清故居
	参观徐通德(台湾画家、校友)画展
19 日上午(星期一)：	继续进行专业对口研讨、科技咨询
	(有关单位)

下午：　参观市容,游览瘦西湖、平山堂等。

附件三

校庆筹备工作述要

一、加强和充实校史组的力量,设立校庆筹备办公室,明确规定由学校主要负责人(书记、校长)亲自抓校庆筹备工作。

二、筹建或健全各地校友分会或校友联络站,通过各地校友分会或校友联络站发动海内外校友共同为搞好校庆、光大扬中献计出力,积极为成立扬中校友总会做好准备。

三、通过各种渠道,最终获得江总书记为九十校庆题辞的殊荣。江总书记题词"怀念前贤,激励后昆,继往开来,团结奋进"为九十校庆确立了总的纲领,使校庆各项筹备工作得以顺利开展。

四、出刊了第九期《扬中校友通讯》,分发各地已联系上的校友,同时附寄扬州校友分会有关集资兴建图书大楼的《倡议书》。目前集资工作正在进行中。

五、先后发出《约请校友撰〈校庆纪念册〉文稿节》(1992.2.14)、《约请社会各方为〈校庆纪念册〉题辞书》(1991.10.23)《致校友请惠寄近照与主要事迹书》(1991.11.14)等,为编印《校庆纪念册》做好素材准备。目前收到了不少题辞、纪念文稿、知名校友的近照与主要事迹材料,正在整理编排中,预计三、四月份可以定稿送厂发排。

六、新建图书大楼图纸设计工作将告完成。拆迁工作也已开始。

七、初步写出了校史陈列馆的布展提纲,也确定了校史陈列馆址,但改建工程目前尚未开始。

八、校友通讯录的登记、复核工程已到尾声阶段,目前联系上的校友已达五千余人。

九、校内师生员工的动员工作已多次进行,"利用校史教育学生好"已成为全校教职员工的共识。校园内迎校庆促教学的气氛甚浓。

十、九十校庆活动安排的总体构想已经拟定。

江苏省扬州中学 1991—1992 学年寒假工作意见

[目的要求]

今年的寒假工作应以加强中国近、现代史教育和国情教育为中心，指导学生认真参加社会实践活动，开展学雷锋活动，读书活动等有青少年特点的各类寒假活动，引导学生过一个有意义的寒假。

[主要活动]

一、深入开展以"两史一情"教育为中心的思想教育活动。

1. 认真开展社会实践活动。社会实践活动要围绕"两史一情"教育这一中心，以就近、安全、实效为原则，认真组织。高中学生要填写社会实践活动鉴定；初中学生要撰写简单的社会实践报告。

2. 认真搞好学雷锋、学赖宁、做好事活动。各班要因班制宜，以班级、活动组为单位，为学校、为社会做好事。下学期开学后结合三月五日的"学雷锋"活动，学校将表扬一批活动中涌现的积极分子和优秀学生。

3. 认真开展读书活动。寒假中要求学生每人读一本好书(推荐书目另发)，写一篇读书笔记。

4. 团委举办第十六期"少年团校"，参加对象为初一、初二少先队中队委员以上的学生干部。时间另行通知。

5. 组织高中学生干部培训。参加对象为高一、高二各班正、副团支部书记、正副班长、校团委委员、校学生会干部。培训时间另行通知。

6. 加强安全和法制教育。要教育学生加强法制观念，认真执行《中学生日常行为规范》，遵守社会公德，遵守交通规则，注意假期安全，节日期间尤要注意节日安全，不参与赌博，迷信等活动，不看不健康的书刊、录相等。

7. 教育学生过一个节俭的有意义的春节。

二、认真抓好文化学习、积极开展体育锻炼。

1. 认真抓好文化知识的学习。要求学生每天抽出一定时间用于文化学习，巩固复习已学知识，完成寒假作业，预习新课。初中学生每天的学习时间为 1.5 小时，高中学生为2小时。

2. 广泛开展各种形式的小发明,小创造、小制作、小实验活动,各班要动员学生利用寒假,运用学到的知识,积极开动脑筋,搞好四小活动,争取开学后出一批成果。

3. 搞好冬季体育锻炼。各班要动员学生在寒假中积极开展冬季体育锻炼,按时作息,生活要有规律,努力提高身体素质。

三、积极开展丰富多彩的假期活动。

1. 各班可组织参观、访问、调查,开展思想性、知识性、趣味性强的联谊活动、尊师活动等。

2. 春节前后,可组织慰问烈军属、五保户、离退休干部、教师等活动。

3. 为迎接校庆九十周年,迎接校第六届艺术节,"树人艺术团"将组织文艺排练(具体时间另行通知)。

4. 寒假中将安排两次返校日活动。2月2日一次,各班可结合春节开展做好事、慰问烈军属等活动;2月14日一次,各班可组织打扫卫生,检查寒假作业活动。

[日程安排]

月	日	活动内容	地点	时间	备注
元	25	散学教育 卫生大扫除 各班布置寒假工作,成立寒假活动小组,发放成绩报告单	各班教室 同上 同上	第一节课 第二、三节课 第三、四节课	广播会
元	26	寒假开始			
元	26	"树人艺术团"活动	音乐教室	下午2:00	
元	27	第16期"少年团校"开学	东阶教室	上午8:30	
2	2	第一次返校日	各班教室	上午8:30	活动内容见前
2	13	高中学生干部培训	东阶教室	上午8:30	
2	14	第二次返校日	各班教室	上午8:30	活动内容见前
2	15	外地学生报到	各班教室		
2	16	市、郊区学生报到	各班教室	上午8:00	

[注意事项]

1. 认真组织好教学教育,除学校统一进行动员部署外,各班要根据本意见,拟定本班寒假活动计划,组成寒假活动小组和通讯联络网(通讯联络负责人要报政教处),

精心组织寒假活动。

2. 要特别重视安全、法纪教育，要切实加强对班级少数行为习惯较差的学生的帮助和教育，安排团、队学生干部团结其一道过好寒假。

3. 班主任假期离扬，应与分工行政干部协同委托专人代理假期工作，并报政教处备案。

4. 返校日活动情况(返校人数、活动内容等)各班要及时报政教处。

5. 开学后，学校将根据各班寒假活动情况表彰先进集体或个人。

6. 以上安排是全校统一要求，各年级安排由年级另行通知。

江苏省扬州中学

1992. 元 . 10

报:市教育局

发:各部门、各教研组、各班级

江苏省扬州中学1992年度工会工作计划

本年度工会工作全面贯彻党的教育方针，深入开展“三育人”教育活动。进一步适应改革的需要，配合学校行政做好住房制度的改革；进一步提高教职工队伍的素质，增强教职工主人翁责任感，提高民主管理水平，全心全意依靠教职工办好学校，以迎接校庆90周年为动力，推动扬中工会自身建设，为全校教职工服务，做好实事，为深化教育教学改革做出贡献。

一、配合党政加强教职工政治学习

1. 组织教职工认真学习毛泽东著作和建设有中国特色的社会主义理论，坚定社会主义信念，坚持社会主义方向，自觉抵制资产阶级自由化，从思想上筑起反和平演变的钢铁长城。

2. 新工会法已经“人大”通过，组织工会会员学习好新工会法并宣传、贯彻，使全校教职工人人了解工会法，人人遵守工会法。

3. 深入开展“教书育人，服务育人，管理育人”三育人的教育活动，贯彻好《中小学教师职业道德规范》和《省中小学教师日常行为规范》的学习和实施。凡是要求学生做到的，教职工首先要带头做到，如进出校门下车，佩戴校徽，衣饰发型要整洁规范等等。

4. 坚持以教育为中心，团结吸引广大教职工为实现扬中的发展，迎接九十周年校庆和住房制度改革的实施多作贡献。

5. 重视做好青年教师工作，引导他们走又红又专健康成长的道路，表彰和宣传青年教师，主动反映青年教师的愿望和要求，协助行政采取积极措施帮助解决困难。

6. 工会要宣传扬中教职工身边的模范，特别是不计报酬无私奉献，任劳任怨，勇挑重担的好人好事，好的典型，宣传计划生育、宣传建家活动的开展等，积极筹备“扬中工会”不定期刊物出版。

7. 工会小组是学校基层的细胞，遵循“理解人，尊重人，关心人”的基本原则，在教职工有困难的时候，工会要帮助他们解决实际困难，倡导“一人有难，大家来帮”的良好风尚，将工会小组建成象家庭一样温暖的集体，积极配合教研组做好各项工作。

二、关心教职工生活，为教职工说话办事，排忧解难

1. 工会要加强幼儿园的领导，不断完善幼儿园的设施和提高幼儿园的教学质量，同时健全幼儿园帐目的审批手续，解决教职工幼儿后顾之忧。

2. 坚持对有困难或生病教职工的关怀、慰问及时送温暖。

3. 配合行政做好退（离）休教师的工作，召开退（离）休教师的欢送会，为卅年教龄的教工开祝贺会，为70、80、90岁的离退休教职工祝寿、送蛋糕[92年退（离）休教师祝寿名单见附表]，倡导尊老敬老的良好风气。

4. 为增进教职工身心健康，活跃教职工业余生活，积极开展丰富多彩的文体活动，举办女子乒乓球赛和中、老年迪斯科友谊比赛活动等。

5. 加强计划生育宣传教育，计划生育各项指标达到"三百"、"二高"、"一低"、"一好"（计划生育率、节育率、独生子女领证率100%；晚婚率、晚育率100%；人流率低，落实计划生育政策党群关系好），对青年教职工加强婚前教育，严格执行婚检制度，做好优生优教和抓好中老年的保健工作。

6. 为了迎接市、教育局工会教工之家验收活动，为建好扬中教工之家做好积极准备工作，在今年下半年准备好的基础上进行自查打分，争取达到合格要求，接受市、局工会"教工之家"的验收。

7. 进一步健全工会帐务，严格审批手续，定期公布，接受广大教职工监督，使有限的工会费用使用得更合理，更切合实际。

8. 为了搞好教职工福利，工会要继续搞好创收，学校工会会员要关心储蓄所和工会小卖部，帐目每学期公布，重大开支经集体研究通过，严格审批手续。

三、加强党的领导，促进工会改革，切实加强工会自身建设

工会在学校党总支领导下，工会要经常向总支汇报工作，重大问题提请总支研究决定，在政治上、思想上、行动上与党保持一致，从群众组织的性质出发，独立自主地开展工会工作。

工会干部要加强自身建设，不断提高自身素质，加强理论学习，模范地脚踏实地的工作，为迎接九十周年校庆多做贡献。

扬中工会

92.3.16日

附：92年祝寿名单附表

查我校离、退休教工1992年虚龄满90的有1人（张佑珏）、1903年11月生；满80岁的有1人（方光照）1913年9月20日生；满70岁的4人（钱鸿1923年7月3日生、张广圣1923年10月26日生、蒋流清1923年12月15日生、居世英1923年5月

生）。（尚不含过了大寿之年者）

参照大势行情和友校执行情况，建议分为三种规格予以庆贺，以示“怀念前贤、激励后昆”。

江苏省扬州中学 1992年高一年级社会实践试点方案

[目的]

以马克思主义关于教育与生产劳动相结合学说为指导,贯彻党中央和邓小平同志关于进一步改革开放的指示精神,深化教育改革,以社会实践为主要方式,组织学生参与社会实践,认清国情,立志成才;热爱劳动,磨炼意志;拓宽视野,培养能力;提高学生整体素质。

[要求]

1. 贯彻《中学生德育大纲》精神,做到理论与实际结合、思想政治教育与传授科学知识相互渗透,课内与课外互补。

2. 增强课程意识,确实把社会实践作为学校教育的基本课程。

3. 加强组织领导,注意活动安全。

4. 做好考核工作,巩固和扩大教育效果。

[试点班级]

高一(2)班;高一(5)班。

[实践单位]

扬州大华棉织厂、宝城无线电总厂。

[实践时间]

总共二天时间,具体为五月二十三日、二十四日。

[步骤]

一、宣传发动阶段

1. 进行社会实践动员,认清意义、明确要求;

2. 讲授社会调查(考察)和撰写调查报告的基本方法;

3. 建立社会实践(劳动)小组,确定组长。

二、社会考察阶段

1. 听取实践单位关于工厂发展情况以及改革开放情况的介绍;

2. 与工厂劳动模范、技术骨干座谈;

3. 了解工厂生产过程;

4. 参观工厂。

三、参加劳动阶段

以社会实践小组为单位走访有关同志,根据具体实际参加劳动。

四、总结考核阶段

1. 学生撰写社会调查报告(或收获、体会);

2. 个人小结(写出主要特点,100 字左右为宜)

3. 由工厂和实践指导小组对每个学生作鉴定;

4. 班主任作活动总结;评选优秀调查报告和社会实践先进个人。

[组织]

社会实践指导小组成员:

学校:肖咸宁、李宁、祝寿培、章轶群、许白虹、张发祥、陈芳、赵浩岭

工厂:

社会考察(调查)思考题(供参考)

1. 工厂经济发展的总的状况

2. 工厂改革的主要做法(着眼点、突破口)

3. 改革开放形势、商品经济发展和社会进步对未来人才素质的要求。

4. 在改革开放过程中,在商品经济发展形势下,工厂如何加强社会主义精神文明建设。

5. 产品的主要生产过程。

6. 科学技术在企业发展中的重要地位和巨大作用。

7. 劳动模范以及其它先进个人的优秀事迹。

8. 企业精神和企业文化建设。

9. 工厂如何在搞活大中型企业,发展商品经济过程中尊重客观规律,按客观规律办事。

10. 工厂发展过程中,如何处理革新与传统的辩证关系的。

11. 青年学生参加社会实践的重要意义。

12. 通过社会实践,如何正确看待社会进步与个人发展之间的相互关系。

社会实践考核表

<table>
<tr><td>班　级</td><td></td><td>姓　名</td><td></td><td>性　别</td><td></td></tr>
<tr><td>实践单位</td><td colspan="5"></td></tr>
<tr><td>实践时间</td><td colspan="5">1992 年　　月　　日至　　月　　日</td></tr>
<tr><td>实践内容</td><td colspan="5"></td></tr>
<tr><td>调查报告题目</td><td colspan="5"></td></tr>
<tr><td>个人小结</td><td colspan="5"></td></tr>
<tr><td colspan="6">实践单位鉴定
(盖章)1992 年 5 月　　日</td></tr>
<tr><td colspan="6">班主任鉴定(等第)
班主任(章)1992 年 5 月　　日</td></tr>
</table>

江苏省扬州中学
1991—1992学年第二学期德育工作意见

本学期德育工作在指导思想上，要坚持确立德育的首要地位，适应改革开放需要和青少年身心发展规律，积极探索内容系统、相互渗透、整体优化、方法多样与教育整体改革同步发展的德育新机制；以爱国主义和社会主义教育为主线，着重抓好近现代史及国情教育，切实加强常规管理；面向21世纪，构筑反“和平演变”的钢铁长城，培养具有良好政治、思想、道德、心理素质的社会主义事业的建设者和接班人。

主要工作：

一、以“两史一情”教育为中心，深入进行爱国主义和社会主义教育。

1. 发挥学科主渠道作用，深化“两史一情”教育。

坚持德育渗透性原则，抓住课堂教学这个中心环节，把近现代史及国情教育纳入教学计划，渗透于教学全过程。

结合贯彻《中学德育大纲》，全面实施国家教委《近现代史及国情教育总体纲要》。修订形成《江苏省扬州中学学科教学德育渗透要点》。

推进思想政治课改革，实施第二阶段改革设想。着重贯彻“两史一情”学科纲要。本学期要搜集一次学生思想中存在的疑点、难点和热点问题，作为教研和教学活动的重要内容，在确立基本观点、基本原理上下功夫，有的放矢地解决深层次问题。

召开近现代史及国情教育学科渗透经验交流会。

以《国情教育读本》为基本教材，开设第二阶段教育讲座。(在上学期完成六讲基础上，利用晨会进行)

2. 挖掘校史和地方史德育资源，强化“两史一情”教育。

结合庆祝建校九十周年，在全校大力宣扬校史上的杰出人物、重大事件，广泛开展“学九十年校史，做廿一世纪新人”活动，促进学生学历史，知国情，立志成才。

通过社会实践深入开展教育。高中年级开展“我们是21世纪建设者”社会考察活动。走向社会，了解改革开放形势，增强历史使命感。初中年级组织参观朱自清故居、史可法纪念馆、扬州博物馆、祭扫烈士墓以及参观玉器厂、漆器厂等活动。了解昔日扬州兴衰史和今日扬州发展史。

为保证近现代史及国情教育以及德育任务的落实，本学期要在高一年级部分班级进行社会实践教育试点。社会实践活动纳入教学计划,时间三天。成立以校长为首的由各方面同志参加的学校社会实践教育领导小组;与有关工厂联系,建立校外德育基地。

清明前后,组织寻访考察扬州革命遗迹和风土人情的远足活动;举办校史上的革命烈士诗文朗诵会。

3. 举办“青春在历史中闪光”主题会,纪念共青团成立七十周年。

4. 在高中年级建立党章学习小组;办好中学生团校。

5. 贯彻《国旗法》,普及和考查《国旗法》基本知识,建立“升旗手”制度。完善升旗仪式使之成为爱国主义教育的阵地。

二、以强化动态管理为重点,切实抓好学生基础文明建设。

本学期基础文明建设的主要目标要求是:形成自育自理、争做文明学生的良好风气;强化严格要求严格管理的教育氛围;健全全员参与动静结合的常规管理机制。

1. 结合迎建校九十周年活动,进行一次校风教育,由政教处提出具体的教育要点,利用班会实施。

2. 重视班集体建设,修订《江苏省扬州中学创建班集体标准和评比办法》,将常规检查成绩列为评选重要依据,期中考试后评选本学年文明班级。

3. 完善和强化学生行为指导检查系统,侧重抓好动态管理。

① 健全以校长为中心的学校常规指挥协调体系。改进行政人员和教师一日值班方法。

② 坚持几项常规检查和校园卫生检查制度。定期评比,及时公布。

③ 继续试行《江苏省扬州中学高、初中学生思想品德阶段性考核指标体系》。

④ 严格学生宿舍管理,健全学生生活指导小组。

⑤ 巩固填写《班级日志》制度。培训专职学生干部,认真填写日志,每周检查,作为考核班级工作的内容之一。

⑥ 定期研究常规管理工作,增强预见性,加强行为指导的事前控制;对偶发事件及时处理,注意教育实效性。

4. 重视校卫队工作,抓好自行车行驶和停放管理。

5. 办好宣传画廊和广播室,做到内容丰富,定期更换。

6. “五四”前后表彰一批特优三好生、优秀三好生以及在各项学习竞赛活动中获奖的典型学生。

7. 重视后进生的教育和管理。在这方面要做到三点:一是教师要用自己的高尚人格感化学生;二是要用科学态度教育学生,重视非智力因素的作用;三是要看到教育的艰巨性和反复性,要有耐心。克服简单粗暴的现象。以此为题,由保卫科和政教处协同具体牵头召开专题工作研究会。

8. 筹备第六届艺术节,迎接九十周年校庆。充实并办好“树人”艺术团。团委、体育组排练团体操,参加市局“五四”团体操比赛。

9. 三月份,举办"雷锋在我们行列中"主题广播会。

三、以党政领导为核心,加强对德育工作的领导。

1. 在党总支领导下,每月召开一次思想政治工作领导小组会,加强对德育工作的研究、领导和协调。

2. 表彰"两史一情"教育主题班会观摩评比获奖班主任。

3. 组织青年班主任参加市局班主任培训。本校组织青年班主任讲习班(三期)

4. 加强对班主任工作的具体指导。

5. 组织学习《未成年人保护法》,增强在教育工作中自觉守法的意识。

6. 组织班主任分批参观德育工作先进学校。

7. 重视社区教育。调整社会协调委员会成员。

四、以德育科研为着眼点,探索德育新格局

1. 举办以在职班主任为主体汲收青年教师参加的德育工作信息发布会(暂拟内容:近现代史及国情教育;德育管理问题。)

2. 倡导撰写"教育后记"或德育小论文,开展优秀"教育后记"和德育小论文评选,编辑成集。(具体要求和办法另订)

3. 推进已被市立项的"德育系统化具体实施方案课题"研究。

4. 成立班主任工作研究组。旨在学习德育理论,交流经验,为学校领导决策提供信息和建议。

5. 坚持进行德育工作后效调查。

五、以团队为骨干,推动学生自育自理

1. 团队组织要加强自身建设。在坚持团的基本制度,正常组织生活的基础上,探索新形势下学校团工作的新思路、新途径。

2. 配合党政抓好"两史一情"教育,组织开展有特色的思想教育系列活动。团组活动要在"搞活"和"深化"上追求新意。

3. 发挥团队在青少年中的模范、核心作用,十分重视学生在学校中的自我教育、自我管理作用。团队要着重抓好培训学生骨干,开展适合青少年特点多种活动、发动学生围绕日常行为规范进行自我管理等三项工作。

4. 健全学生会组织,配齐学生会执委成员。发挥学生会在校园文化建设中的重要作用。

1992.2.17

江苏省扬州中学
首届教职工代表大会

文件汇编

一九九二年一月

江苏省扬州中学首届教职工代表大会代表名单

张家骞、张　铨、张贞忠、陈家齐、祝寿培、唐丽珍、陈安鸿、
蒋念祖、丁书文、蒋素珍、胡民健、周　镖、朱奇象、张福俭、
张乃达、华连生、倪　宾、胡　蓉、肖咸宁、刘　文、支孝文、
吉春红、薛晓玲、梅小秋、成　实、李久翔、徐国英、张发祥、
金学文、李启新、许白虹、梅宽顺、李　宁、王荫钢、曹大钟、
朱焕珍、李伟民、曹植洪、杨幼鹤、陆美玲、沈怡文、生建国、
张忆育、陈咸宝、邓志扬、邵刘金、朱广哲、吕文清、吴晓秋、
薛秀英、余慧珠、沈莉芳、袁祥华、谈开明、谢松林、鲍晓扬、
冯春丽、顾胜祖、俞　玮、秦世君、王正国、徐学才、龚立志、
潘志明

代表占全校教职工数的30%,其中教师代表占代表数的60%。

特邀代表:许　勇、田如衡。

列席代表:局工会主席孙大海、黄正瑶、匡成岚、朱泰森、陈志俊,全校教职工

教职工代表大会代表分组:

第一组组长:张家骞、金学文

第二组组长:胡明健、邓志扬

第三组组长:杨幼鹤、丁书文

第四组组长:刘　文、李伟民

第五组组长:薛秀英、冯春丽

江苏省扬州中学首届教职工代表大会主席团成员
(以姓氏笔画为序)

王荫钢　李　宁　李久翔　杨启新　张乃达

张忆育(女) 张家骞　沈怡文　陈安鸿　肖咸宁

杨幼鹤(女) 金学文　倪　宾　秦世君　梅小秋(女)

扬州中学教代会日程安排

一、11 月 20 日(星期三)下午 3:30,地点:大教室。主持人:李宁。出席人:全体代表。列席代表:学校教职工和其他列席代表。

扬州中学首届教代会开幕式

内容:(1) 开幕式,开幕词,上级领导讲话等。(肖书记)

(2) 通过教代会暂行条例。

(3) 扬州中学五年发展规划讨论。(肖书记)

二、11 月 23 日(星期六)下午 3:30。地点:大教室。

主持人:倪宾。出席人:全体代表。

内容:(1) 通过扬中五年发展规划。

(2) 提案试行条例,提案征集说明,通过、发提案表。(张家骞)

(3) 教职工工作量津贴说明,讨论。(陈安鸿)

三、11 月 24 日(星期日)上午 8:00。地点大教室。

主持人:王荫钢。出席人:全体代表。地点:大教室。

内容:(1) 教职工工作量津贴通过。

(2) 新房分配方案说明,讨论。(李启新)

(3) 推选并通过提案组、福利组、分房组成员。

闭幕式时间:1 月 15 日。地点:阶梯教室。主持人:王荫钢

出席人:全体代表

内容:(1) 会议决议,纪要

(2) 扬州中学首届教代会闭幕式。闭幕词。(沈怡文)

开　幕　词

肖咸宁

各位代表,各位来宾,各位同志:

全校教职员工盼望已久的扬州中学首届教职工代表大会今天开幕了,我谨代表学校党总支和校长室表示热烈祝贺,并向莅临我们大会的上级领导和各位来宾表示热烈欢迎和衷心感谢!

我校教代会的筹备工作,是从去年10月份开始的,在党总支领导下,成立了筹备小组,一年多来,筹备组的同志做了大量工作,他们走访了市总工会,以及本地和外地几所高校和中学,根据国家宪法的有关规定,根据中共中央、国务院转发的《高等学校教职工代表大会暂行条例》和国家教委、全国教育工会等有关领导部门的指示精神,结合我校的实际情况,制定了扬州中学教代会暂行条例;并且就首届教代会的议题,召开了多次座谈会,广泛听取了广大教工的意见,草拟了几个文件。上学期结束前,通过全校教职工民主选举,产生了教代会代表65名,迄今为止,除了退休一名外,现有在校代表64名。今天出席大会的代表有58名,超过三分之二以上,符合法定人数。

教职工代表大会的召开,标志着我校的民主管理将达到一个新的水平,通过大会的召开,进一步发动全校教职员工,调动各方面的积极性,参与学校管理,监督学校工作,向心协力为把我校办成具有高质量、示范性、实验性的重点中学而奋斗,江泽民同志“七·一”讲话中指出:“我们要进一步有领导有步骤地推进政治体制改革,努力建立健全一套民主的科学的决策制度和程序,充分走群众路线,广泛听取各方面的意见,做到集思广益,”在我们学校里,要坚持党总支集体领导,校长行政负责,教职工民主管理的体制。教代会是教职工群众对本校事务行使当家作主的民主权利,参加决策,监督干部,民主管理学校的基本形式。

教代会在本校权限范围内行使四项职权:(1) 对学校工作的审议权;(2) 对规章制度的通过权;(3) 对集体福利事项的决定权;(4) 对领导干部的监督权。

我们教代会的每位代表,要认清自己肩负的重任,树立光荣感和责任感,正确处理权利与义务的关系,共同努力开好大会,积极完成大会的各项任务。我们全校教职员工,都要以主人翁的姿态,以积极参与的意识,积极支持教代会的工作,特别是行政系统的各级干部,更要尊重和支持教代会行使民主管理的职权。

我们的口号是:团结、务实、改革、奋进。

我们的大会要开成团结的大会,因为我们有着共同的目标,共同的理想,把扬中办成一流学校,当前学校工作面临的任务重困难大,社会期望值高,更需要团结,同心同德,克服困难,发扬风格,团结协作,集忠广益。教代会的组织原则是民主集中制,要站在公正合理的原则立场上,采取讨论的方法,协商的方法,尽量使重大问题得到合理的解决。

我们的大会要开成务实的大会。这次会议讨论的议题,主要有学校91年至95年的发展规划,教职工工作量津贴方案和新房分配方案。在讨论过程中,我们要积极开动脑筋,出主意,想办法,提出建设性的意见,提出可操作性的方案,使会议的成果能真正落到实处。

我们的大会要体现改革精神,要建设有中国特色的社会主义,必须继续深化改革。我们教代会的议程同样要体现改革精神。但改革要有步骤地进行,要有一个逐步完善的过程,对历史形成的问题要作历史的具体分析。要从有利于学校向前发展和有利于安定团结的局面出发,先易后难,逐步深入,努力把事情办得使大家满意,让大家心情舒畅,精神振奋地做好工作。

我们的大会要激励全校教工奋进。江泽民总书记"七 · 一"讲话中指出:"百年大计,教育为本。"教育是社会主义物质文明和精神文明建设极为重要的基础工程。它对提高全体人民的思想道德和科学文化素质,对培养一代又一代社会主义事业的接班人,具有重大的战略意义。我们所做的一切,归根结底,要落实到办好学校、提高教育质量上,历史的使命,任重而道远。

历史进入九十年代,我们也进入迎接百年校庆的冲刺阶段。九十年代的十年是关键的十年,学校面临的形势从来没有这么好。以总书记为代表的前辈校友关心着我们,要我们把扬中的旗帜举得更高,在中国中等教育史上写下值得自豪的一页。让我们在党的领导下,认真贯彻党的路线、方针、政策,坚持四项基本原则,正确处理国家、学校和教职工个人三者利益关系,鼓足干劲,力争上游,努力提高教育质量,培养德、智、体、美、劳全面发展的人才,为把我校办成高水平的有特色的重点中学作出更大的贡献!

最后,预祝大会圆满成功!祝各位来宾,各位代表和全体同志身体健康,工作顺利!

一九九一年十一月二十日

江苏省扬州中学首届教代会
闭　幕　词

（一九九二年一月十五日）

沈怡文

同志们，同志们：

跨越两个年头、历时五十七天的我校首届教代会，今天终于胜利闭幕了。

首先，请允许我以学校党总支和校长室的名义，向为这次教代会献劳出力的全体教代会代表、全校教职员工表示衷心的谢意和亲切的慰问！

这次教代会的召开，是我校历史上的空前创举，是学校政治生活中的一件大事，得到了全校教职员工的支持和拥护，因而会议开得很顺利，很成功。这主要表现在以下几个方面：

一、这是一次富有建设性的大会

经过多次协商和讨论，代表大会先后通过了下列几个文件：

1.《江苏省扬州中学教职工代表大会暂行条例》(1991年11月20日下午)。

2.《江苏省扬州中学教职工代表大会提案工作试行条例》(1991年11月27日下午)。

3.《江苏省扬州中学1991—1995年发展规划》(1991年11月27日下午)。

4.《江苏省扬州中学教职工工作量津贴发放的试行规定》(1991年11月27日下午)。

5.《江苏省扬州中学1992年新房分配暂行条例》(1992年1月8日下午)。

这些无前例可循、密切结合实际的文件的起草和通过，必将对学校现今和将来各项工作的开展，产生积极的影响。

二、这是一次充分发扬民主的大会

这次教代会自始至终都充分尊重代表们的民主权利。在讨论每个文件、每个议案时，都要让每一个代表有机会发表自己的看法，在通过每一个文件、每一个议案时，也坚持按照一定的民主程序来进行：如遇有与民主程序相抵触的情况，即使已经匆促宣布“通过”的，也毫不迟疑地推翻重来，务使合乎民主程序。在这样高度发扬民主的基础上产生的会议文件和议案，自然具有它的公正性，严肃性和权威性。

三、这是一次高度团结、文明的大会

这次教代会上所要讨论和解决的问题，有很多是富于敏感性的、直接关系到教职工同志切身利益的，固而不可避免地会触及和引发一系列这样或那样的错综复杂的矛盾,但这些矛盾只是暂时的、属于人民内部的,而不是不可调和的、有着根本利害冲突的矛盾,因而是可以坐下来共同协商,求得妥善的解决的。我们高兴地看到,我们的全部与会代表,都能顾全大局,以局部利益服从整体利益,以开好大会,圆满完成大会各项议程为最高职志,因而整个大会的进程,虽有起伏和曲折,但总的说来是顺畅的。大会的召开,加强了理解、团结和统一;充满了祥和、文明的气氛。整个大会的全部进程表明,我们扬州中学全体教职员工所固有的力求办好学校的主人翁精神是本次大会获得完满成功的最基本,最可靠的保证。

四、这是一次艰苦奋斗、厉行节约的大会

这次教代会的特点是议程多,任务重,头绪纷繁,矛盾尖锐,而时间紧迫,代表们还要处理班务、课务、各项行政事务,因此会议多是利用下午七、八节课的时间,有时还要利用晚上和星期天的休息时间,真是忙得不可开交。但代表们毫无怨言,一切服从大会的安排。保证不但开好教代会,还要搞好本职工作。大会期间,代表们是辛苦的,但心情是愉快的,精神是焕发的。党的艰苦奋斗的好传统在这次大会上得到了很好的发扬。

大会期间,不搞铺张浪费,不乱花钱,代表不搞特殊化,发的会议纪念品,价廉物美,且全校人人皆有。大会所费不多,但办了实事,这种会风今后也要继续保持下去。

当然,这次大会是"前无古人,后有来者",缺点错误在所难免,我们已广泛征询了代表们的意见,我们也热忱地希望全校教职员工坦率地发表你们的看法,我们将虚心听取,认真总结。

老师们,同志们!首届教代会今天是落幕了,但会后的任务还很多,我们肩上的担子还很重,让我们把这次教代会上焕发出来的精神和意志的力量带到各项工作中去,为办好扬中、实现学校五年发展规划而辛勤地工作、默默地奉献吧!

江苏省扬州中学教职工代表大会暂行条例（试行稿）

第一章 总 则

第一条 根据中华人民共和国宪法第十七条“国家坚持社会主义的民主原则，保障人民参加管理国家，管理各项经济事业和文化事业，监督国家机关和工作人员”的规定，根据中共中央、国务院转发的《高等学校教职工代表大会暂行条例》和国家教委、全国教育工会等有关领导部门的指示精神，结合我校的实际情况，制定本条例。

第二条 在学校中，坚持党总支集体领导，校长行政负责，教职工民主管理的原则，实行党总支领导下的教职工代表大会制。教职工代表大会（以下简称教代会）是教职工群众对本校事务行使当家作主的民主权利，参加决策，监督干部，民主管理学校的基本形式。

第三条 教代会在学校党总支的领导下，认真贯彻党的路线方针、政策，坚持四项基本原则，遵照国家的法律、法令，正确处理国家、学校和教职工个人三者利益关系，协调学校内部矛盾，加强团结，尊重和支持行政领导工作，调动广大教职工的积极性，提高教育质量，培养德、智、体全面发展的人才，为办好具有示范性、实验性的重点中学而奋斗。

第四条 教代会的组织原则是民主集中制。

第二章 职 权

第五条 教代会在本校权限范围内行使下列职权：

（一）听取和审议校长的工作报告，讨论学校的工作计划、发展规划、财务预决算、改革方案、教职工队伍建设等重大问题，并提出意见和建议。

（二）讨论和通过学校的基本规章制度，如岗位责任制方案、文明教研组和年级的标准、教职工奖惩办法等，由校长决定颁布施行。

（三）讨论和决定有关教职工的集体福利事项，如教职工住房分配、福利费使用的原则和办法等。

（四）监督学校各级领导干部，可以进行评议、质询、表扬、批评，必要时可以建议上级机关予以奖励或惩处。

（五）对学校各方面的工作提出合理化建议，并进行检查督促。

第六条 学校行政系统要尊重和支持教代会行使民主管理的职权。学校各级领导干部和教职工都应执行教代会的决议。有关部门必须认真负责地处理教代会的提案，努力及时解决，不能解决的应说明原因，并虚心接受教职工代表的检查。对教代会的决议如有不同意见，可以提请教代会复议，或报请上级机关研究解决。

第七条　教代会要尊重和支持校长行使职权,维护行政系统的指挥权威,要教育教职工严格遵守各项规章制度,以主人翁的责任感努力完成各项工作任务。

教代会不讨论应由各种学会去研究的专门的科学和学术问题。

第八条　教代会对于上级机关的工作,必要时可以提出意见和建议,由上级机关研究答复,但教代会不得阻挠上级机关决定的执行。

第三章　教职工代表

第九条　教职工代表的条件:

(一) 坚持四项基本原则,努力学习并模范执行党的方针政策,遵守国家的法律、法令。

(二) 热爱党的教育事业,认真做好本职工作。

(三) 积极参加教代会的活动,密切联系群众,听取和反映群众的意见和要求,做好群众工作。

(四) 办事公道,作风正派。

第十条　教代会的代表,以处、室、组为单位,由教职工直接选举产生,凡是享有公民权的正式教职工均有选举权。代表总人数约占全校教职工总数的25－30%。代表的构成,既要包括学校各级各类人员,注意代表的广泛性;又要体现学校以教学为主的原则,其中教师代表一般应不少于百分之六十。

代表实行常任制,任期三年,到期改选,可以连选连任。代表受原选举单位教职工的监督,必要时原选举单位可以提请职代会全体会议通过更换代表人选。

第十一条　教职工代表的权利

(一) 在教代会上有选举权,被选举权和表决权

(二) 对学校工作有审议、批评、建议的权利;对干部有评议、监督的权利。

(三) 有权参加检查学校有关部门执行大会决议及提案落实情况;有权在必要时对有关部门进行质询。

(四) 因参加教代会活动而占用的工作时间,按正常出勤待遇。

(五) 因行使正当民主权利而遭受打击报复时,有权向有关部门申诉、控告。

第十二条　教职工代表的义务:

(一) 努力学习并模范地执行党的方针、政策和国家法律、法令,严格遵守劳动纪律和规章制度,积极做好本职工作。

(二) 模范地遵守职业道德和社会公德,在建设社会主义精神文明中起表率作用。

(三) 积极宣传、认真贯彻教代会的决议,积极参加教代会的活动,做好大会交给的各项工作。

(四) 正确代表群众利益,密切联系群众,广泛听取并如实反映群众意见,接受群众监督,做好群众工作。

第十三条　大会根据需要可邀请有关干部、教职工、家属等作为列席代表和特邀代表参加会议，列席代表和特邀代表有发言权，无选举权和表决权。

第四章　组织制度

第十四条　召开教职工代表大会时，选举大会主席团主持会议。主席团成员应有学校各方面代表，包括党政工团主要领导干部组成。

第十五条　教职工代表大会每三年为一届，一般每学期召开一次，至少每年召开一次。必要时，根据三分之一的代表要求或经党总支同意，可召开临时代表会议，每次会议要有三分之二以上代表出席，大会作出的决定必须有全体代表半数以上通过方为有效。

教代会以部门为单位建立代表小组，选举产生组长。

第十六条　教代会的议题，应根据学校的中心工作和群众迫切关心的问题，广泛听取教职工意见，经大会主席团审议后，提请大会通过，每次大会应重点突出，切实解决一些问题。

第十七条　教代会根据需要，可组织若干专门工作委员会或工作小组，其任务是对教代会要讨论的重大问题进行调查研究，提出建议；整理、核实有关提案；检查有关部门贯彻教代会决议和处理提案的情况。

第十八条　对教代会的决定和提案，应认真执行并向下次大会提出报告。教代会的工作应向教职工公布，接受群众监督。学校所属各部门应根据不同情况，采用适当的方式建立民主管理制度。

第五章　工作机构

第十九条　学校工会委员会承担教代会工作机构的职责，在党总支的领导和行政的支持下，紧紧依靠群众，做好下列工作：

（一）会同有关部门共同做好大会的筹备工作和会务工作，组织选举教职工代表，征集和整理提案，提出大会方案和主席团建议名单，经党总支批准后召开大会。

（二）大会闭幕期间，组织代表组及各专门工作小组的活动，传达贯彻大会精神，督促检查大会决议及提案的落实。

（三）大会闭幕期间，遇有重要问题，可召集代表组长会议进行研究，提出建议，报请党总支审批。

（四）向代表和教职工群众进行宣传教育，保障他们的民主权利，接受他们的申诉，并对代表进行培训。

（五）处理教代会交办的其它有关事项。

第六章　附　则

第二十条　本条例如与上级机关的规定相抵触时，应服从上级的有关规定。

本条例的解释权,在教代会开会期间由大会主席团行使,闭会期间由工会委员会行使。

本条例的修订权属于教代会全体会议。

一九九一年三月

江苏省扬州中学1991—1995年发展规划
(讨论稿)

一、办学指导思想和总体目标

认真总结建校九十年的办学经验,立足于扬中当前的实际,着眼于廿一世纪社会主义四化建设对人才的需要,按照整体优化的思想进行整体改革。坚持继承扬中的优良传统与改革创新相结合;坚持德、智、体、美、劳全面和谐地发展与因材施教相结合;坚持全面打好基础,提高素质与充分发展个性相结合;坚持抓好教育教学的常规工作与开展教育科研相结合;坚持全面科学的质量管理与细致的思想工作相结合,调动全校师生的积极性,继承、发展、创新,把扬中办成高质量、第一流、有特色的社会主义普通中学,并积极创造条件参与国际中学教育教育科学研究,不断扩大国际影响。

学校把教育思想的建设作为实现办学总体目的首要工作。

我校的初中教育作为义务教育的后一阶段,是提高民族素质的基础性工作,必须坚持社会主义方向,使学生受到比较全面的基础教育,全面提高他们的思想品德、科学文化和身体心理等素质,我校的初中实行就近入学的原则,生源一般,但作为重点中学,我校的初中应办成具有示范性实验性的初中,并在人才的早期开发和培养上进行探讨和研究。

我校高中教育是义务教育阶段以后普通教育中最高层次的教育,作为重点中学,生源择优,必须在义务教育的基础上使学生的思想道德、科学文化、身体心理,劳动技能,艺术审美等基本素质获得高层次的全面发展,并注意充分发展学生的个性、特长,为高校输送素质好、能力强、有后劲的人才。要求合格率,优秀率列全省前列,要十分重视优秀学生的培养。

二、培养目标

[德育方面]

1. 培养学生热爱祖国、热爱人民、热爱社会主义、热爱中国共产党的思想感情,培养学生为人民服务和为祖国富强、人民富裕的献身精神,并能把远大理想与现实的学习、锻炼、工作、生活结合起来,勤奋进取,立志成才,有正确的人生价值观和强烈的社会责任感,坚定社会主义信念,增强反“和平演变”的自觉性。

2. 培养学生热爱集体、遵纪守法、尊师敬长、团结友爱、谦虚朴实、坚强勇敢的高尚品德和高尚的基础文明素质,并具有明确的是非观念和时间观念,注意提高学习和工作效率,进一步培养学生的开拓精神。

[智育方面]

1. 培养学生树立明确的学习目的,具有“虚心、刻苦、踏实、经常”的科学态度,养成良好的学习习惯和科学的学习方法。

2. 使学生扎实地掌握基础知识和基本技能，具有较强的自学能力、独立思考能力和动手实验、操作的能力，具有勇于探索、创造和竞争的精神，具备维持终生学习和适应未来社会主义建设需要的科学文化素质。

3. 鼓励学生发展兴趣爱好，学有特色，培养学生大面积(60～70%)优秀，一部分(2%～3%)拔尖，学科竞赛和高考质量方面争取在全省的前列。

[体育方面]

1. 使学生逐步掌握适合其年龄特点的体育基础知识和竞技体育技能，养成良好的体育锻炼习惯和卫生习惯，发育健全，体魄健康，体育合格率保持在95%以上。

2. 办好体育传统项目和高中高水平运动队，田径的跑、跨、跳项目保持省内领先地位，每年为高校高水平运动队输送3～5名高水平运动员。

[美育方面]

1. 进行马列主义美学基础知识的教育，培养学生高尚的健康的审美意识和情趣，具有良好的审美能力。

2. 提高学生对自然美、生活美的认识，培养人与自然环境和谐的感情和行为，学习美化生活、美化人的知识，培养学生生活美的行为规范。

3. 加强音乐、美术教育，提高学生的鉴赏能力，使学生具有一定的艺术爱好和特长。

4. 加强中学美育的理论研究，积极开展美育实践活动，使学生具有初步的创造美的能力。

[劳动教育方面]

1. 进行劳动观点的教育，培养学生热爱劳动的习惯和尊重劳动人民、爱护劳动成果的品质。

2. 掌握一定的劳动技术、技能，提高独立生活的能力。

三、加强德育工作，建设优良的校风、字风

1. 建立，健全学校德育工作的指挥系统，形成工作网络

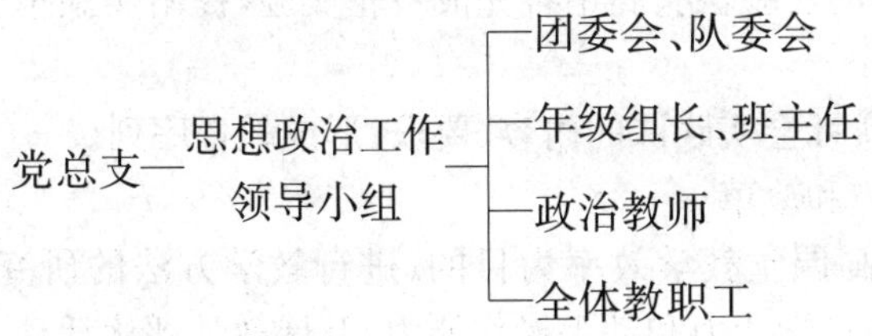

围绕学校的中心工作，按不同特点，共同对学生进行思想教育，逐步强化年级组德育工作的作用，加强对学生的思想教育。

2. 加强德育工作队伍的建设

(1) 班主任、团队、政治教师每年举行一次研讨会，研究有关学生思想教育工作

中的重大问题，宣读论文、介绍经验、定期出专刊。

(2) 培养优秀的班主任，五年内达到 1/3 优秀，2/3 良好。

(3) 组织思想教育工作的同志外出参观、学习。

3. 认真贯彻《中学德育大纲》和《中学生日常行为规范》，严格训练，严格管理，使德育工作法规化、规范化。

4. 系统深入地进行国情教育和近现代史教育，结合挖掘本市本校的德育资源，形成有特色的乡土教材。

5. 进行理想教育，按照年龄特点，形成系列，三年形成系列方案。

6. 认真开展德育教育科研，确定若干课题，组织力量攻关，探索新时期青少年思想的特点及教育规律。

7. 狠抓校风“正直向上，热于求知”的培养建设，开展创建文明班级的活动，改进评比办法和措施。

8. 学生在校期间，有计划、有目的进行劳动教育、技术教育、军事训练和社会调查，初一到高三全部开设劳动技术课做到劳技课开设科目的系列化，对全校各年级的公益劳动健全考核制度。

初一、初二　工厂劳动、或农业劳动

高一　军事训练

高二　社会调查

9. 绿化、美化校园，创建有鲜明特色的校园文化，使扬中具协调和谐，积极向上的育人环境。

四、深入进行教学改革，努力提高教学质量

1. 进行课程、教材改革

(1) 五年内完成选修课，学科小组，部份活动性课程的课程设置、大纲、教学计划和教材，使高中两项改革进一步落实，并建立相应的考核制度。

(2) 积极进行各科思维教学的实验，初、高中各完成一轮实验，提出实验报告，形成教学特色。

(3) 建立社会实践基地，落实社会实践课的内容、要求，形成教育序列。

2. 十分重视教学方法的研究和改革。

要以课堂教学为中心，以提高课堂教学效率为目的，进行教学方法的研究和改革，实行启发式教学，培养学生的自学能力和动手操作能力，开展教学评优活动，提倡教师形成自己的教学风格，鼓励教师总结经验，加强教学研究，每年召开一次教学研讨会，每年争取 10～20 篇高质量的教育、教学论文或经验总结参加较高规格的学术研讨会或省级以上的报刊发表。

3. 积极创造条件，尽快引进国外自然学科原版教材，用外语进行教学。要解决

国外教材的选本,教材的研究;教师口语的训练,教学配套设备、辅导教材等问题,进行中外教材的比较研究,并与高校挂钩,积极争取高校的支持和帮助。

4. 发挥扬中的电教设备优势,努力开发教学软件

(1) 五年内建设一支热爱事业,刻苦学习,熟悉教学,精通自己专业的电教、科技活动的师资队伍。

(2) 制订出一套适合教材需要,按章节配合,适合教学各环节(包括课堂教学、课外活动、教师参考、学生复习检查……)的系列视听教学软件。

(3) 总结、录制各教师、班主任的教育、教学经验。

5. 广泛开展各项课外活动,培养优秀学生。

(1) 通过学科小组、选修课、教师个别辅导每年要培养出30～50名学习基础扎实,能力强,有探索精神成绩突出优秀学生。

(2) 为优秀生要创立各种有利的学习条件,加强个别指导(试行导师制);开架借书,开放实验室,开放微机房;组织优秀学生外出参观学习;跳班(级)等。

(3) 设立奖学金和奖励制度,设立奖学金(每年20～30名,初、高中学生中学习成绩突出优秀者奖50～100元)和各种荣誉奖;优秀毕业生,在树人堂前照像,科技活动优秀奖(小发明、小制作、小论文等)。竞赛优秀奖(包括学科、科技、文艺、体育等)。三好学生,优秀干部,优秀团员等。

6. 大力提倡开展多种层次的教育科学研究。

(1) 在分层设题,人人参加的,基础上五年内省级立项研究课题两项,市级研究课题八—十项。

(2) 成立教育科学研究室,组织科研实验网络。

(3) 定期组织现代教育理论的学习,举行教改信息报告会。

(4) 制订科研成果奖励办法。

7. 严格各项教学常规管理,逐步建立管理规范和评估体系。

五、抓好体育卫生工作

1. 端正指导思想,在大力开展群体活动的基础上,培养体育竞技的尖子人才。

2. 实行体育工作和体育科研工作相结合,对学生的视力、身体素质,体能应有科学的调查数据和分析,在此基础上制订对学生体育训练系列化的目标和计划,加强对学生青春期的生理卫生教育。研究体育卫生工作的改进。

3. 认真抓好课间操和队列,各种会议的集合、入场训练,切实做到快、静、齐、有力。

4. 根据不同学生的体质体能,因材施教,开展女生健美体操运动。

5. 坚持抓好田径、排球传统项目,争取优良成绩,对各运动队队员的德、智、体要全面关心。

六、建设好三支队伍

1. 加强干部队伍的建设,不断提高干部队伍的政治理论水平,科学决策能力和管理水平,五年内建设一支革命化、知识化、专业化、配套化的干部队伍。领导班子要坚持学校的社会主义方向,密切联系群众,增强民主意识,遵纪守法,为政清廉。

2. 按照教学过程整体优化的思想,建设一个团结协作,开拓进取献身事业的教师集体,形成一支风格多样,各具特色的教师队伍,其中有课堂教学水平高的教师;有善于培养尖子学生的教师;有长于辅导学生课外活动的教师;有乐于开发电教、计算机软件的教师。队伍的结构要合理,骨干教师达 60%以上,尖子教师达 10%,青年教师达 30%。

特别重视师德建设,要求全体教工忠于职守,热爱学生,为人师表。发扬"进德修业,教书育人"的教风,精雕细刻一丝不苟,在课堂教学和各项活动中充分发挥诸育的教育因素。

3. 建设好一支为教学服务,为师生服务的思想明确,人员配套,工作安心尽职尽责,工作有成就、效率高、刻苦钻研,勇于创新的职工队伍。

七、搞好后勤和创收工作,改善办学条件

1. 树立全心全意为人民服务的思想,搞好两个服务。同时要强化管理意识,提高办学效益;不断开拓多渠道开展创收,增强学校的经济实力。

2. 在上级拨款 60 万元的基础上,再集资 50 万元,1992 年 10 月前完成 2000 m^2 的图书馆工程,作为 90 周年校庆的献礼项目。

3. 1993~1994 年建成长 110 m 的风雨跑道和体育场司令台。

4. 1991 年完成 36 户宿舍楼工程,1994 年再建一幢教工宿舍楼。

5. 1995 年开始筹备艺术楼和校史荣誉室工程。

6. 五年内完成西长堤绿化长郎工程的建设。

7. 大力发展校办企业,每年利润增长 7~10 万元,五年后实现年利润 50 万元。

8. 逐步实现办公设施现代化,更新文印设备,充实图书、仪器。

八、实行全面的科学管理

1. 健全民主管理,坚持每年 1~2 次的教职工代表大会制度。学校重大问题,特别是与教职工切身利益有关的问题需提请教代会讨论,教代会要对学校的工作进行常议和监督,充分发挥民主管理的职能。

2. 进一步修订和完善各部门的规章制度,使全校各项工作有章可循,有规可依,纳入科学化,规范化的轨道。

3. 建立、健全教师业务档案与学生档案,做好各类文书档案的管理工作,使用计算机处理各种数据和资料。

4. 严格财务制度,建立好学校财产的总保管与分管制度,成立民主理财小组,讲究投资效益。

5. 坚持全面、科学地评价教职工,坚持以教书育人的整体效果为标准,要把教师的职业道德、教育教学能力,教育教学效果作为评价的重要内容。

每学年对全体教工进行一次评价(个人评价、学生评价、同行评价或组织评价)

6. 制订和完善奖惩制度。

建立工作量津贴制度,奖励制度贯彻精神鼓励与物质鼓励相结合,以精神鼓励为主的原则,逐步设立若干单项奖励活动。例如:学科竞赛优胜奖;教学研究成果奖,优秀班主任奖,治安水电责任奖,校产校具管理奖等。

7. 在条件成熟时,实行职务聘任制。对不能履行岗位职责,不能胜任本职工作,不执行学校规章制度,师德极差,经教育帮助无效者,解聘或不聘,先实行校内的编外,工作由组织调动或自找门路。编外期间不享受学校的奖金和福利。

江苏省扬州中学新房分配暂行条例

第一条

为使新房的分配能体现有利于工作，有利于调动教职工积极性的宗旨，特制订新房分配的暂行条例。

本次分房在听取广大教职工意见的基础上，采用记分法进行分配，增强透明度，杜绝一切不正之风，力求做到公正合理。

每个教职工也应发扬顾全大局、相互照顾、克己让人的风格。

第二条

凡本校教职工，其住房困难者，可申请住房，但有下列情况之一者，不得申请住房：

1. 已在校内分配有新房者（指 12 户楼，36 户楼和西长堤新平房）；
2. 在校外配偶单位已分有配套住房者。

第三条

1. 根据申请人的书面申请，由分房小组进行调查和核实其分房资格；
2. 公布具有分房资格申请人的名单和应得的分数；
3. 收集反映、改正差错并再次公布名单和分数；
4. 由分房小组根据本条例的规定，讨论并确定新房的分配方案（指具体名单）交校长室批准执行。

第四条

1. 工龄分每年按 0.3 分计算

凡高等学校或“大中专”毕业生以实有工龄加学制所规定的年限计算其工龄。

2. 教龄分：每年按 0.1 分计算；

3. 校龄分：每年按 0.1 分计算；

4. 职称分：

（1）职称分：高级、一级、二级、三级

7 分　6 分　5 分　4 分

（2）无职称的职工，其职称分与工资挂钩，即基本工资数额与某一职称的最低工资相同，就以相应的职称分计算。

5. 其它补助分

（1）特级教师称号者加 2 分；

(2) 获省中青年专家称号者加1分；

(3) 获市中青年专家称号者加0.5分；

(4) 获国家教委或省政府先进工作者称号加1分；

(5) 获省教委或市政府先进工作者称号加0.5分；

以上(1)到(5)项不累计加分,以最高分计算。

(6) 班主任每年加0.1分；

(7) 教研组长每年加0.1分；

(8) 中层干部每年加0.1分；

(9) 校级干部每年加0.16分。

以上(6)到(9)项在同一时期内不累计加分,但最高限额订为:班主任和教研组长最高不超过2分,中层干部不超过3分,校级干部不超过4分。

最高限额分不累计加分。

(10) 参加国际中学生学科对口竞赛(数、理、化、信息),获得全省前三名或取得参加全国出国组队集训和选拔资格的主要辅导老师加1分,获得出国参赛资格的主要辅导老师加2分,取得国际比赛铜、银、金牌的主要辅导老师分别加3、4、5分。

第五条

1. 凡住进新房原住校内的教职工,必须把现住房全部交给学校统一处理。

2. 凡校外要进住新房的教职工,原则上应把校外的原住房全部交学校统一处理,如学校无法接收,则按下列两种情况缴纳房屋补助费。

(1) 原住房属其它单位者,

住进大户的缴　　　元

住进中户的缴　　　元

(2) 原住房不属第(1)类型,如私房、公管房等,

住进大户缴　　　元

住进中户缴　　　元

3. 学校不解决教职工子女结婚用房,如发现新房仅为子女单独所用,学校应予收回。

4. 进住新房的教职工。须与学校签订合同,并交纳一定数目的押金。在学校规定的期限内,搬迁完毕,退回押金,如拖延则予以处罚,所罚款项从押金中扣除。

5. 教职工如病故,配偶可以住原住房,如配偶也去世子女应在一定的时间内把住房交还学校。

第六条

1. 大户和中户分档申请,不能兼报。

2. 家庭成员在三人或三人以上,吃住在一起,且为广陵区常住户口,方可申请

大户。

3. 对三代同堂和有异性子女者，在同等分数的情况下予以优先照顾。

第七条

根据上级有关精神和扬州市其它单位以男方为主的分配方法，为缓和我校住房的紧张情况，本次分到新房的教职工应缴纳一定的集资费用。

男性教职工：大户缴　　元，中户缴　　元

女性教职工：大户缴　　元，中户缴　　元

以上费用有配偶单位赞助。

第八条

分房小组成员的产生，由教代会选举通过，小组成员工作期间应秉公执法，如有营私舞弊或不称职者根据群众提议，由教代会主席团及时撤换。

第九条

以上各条经教代会通过后执行。

第十条

本条例的修改权属教代会。

附注：(1) 旧房和回收房的分配基本按上述条例实行；

(2) 以上如有特殊情况，由分房小组集体讨论，提出的方案经小组三分之二以上的成员通过后交校长室批准执行。

江苏省扬州中学
教职工工作量津贴发放的试行规定
(修订稿)

为了改善和加强学校内部管理,提高工作效率,促进学校各项工作,必须坚持思想政治工作,把物质奖励和精神鼓励结合起来,一方面大力提倡发扬奉献精神,一方面建立健全学校奖金津贴发放制度。关于我校教职工工作量津贴发放的试行规定,去年已作了试行,根据试行情况,通过各种会议对有关意见进行了反复研究,吸取了兄弟学校的经验,对原规定作了若干修改,教职工代表大会通过后执行。

一、工作量津贴经费的来源

原有的政策性规定的节约奖、教龄津贴、班主任津贴按原规定办法发放,现增加工作量津贴,金额全由学校自筹,从校办工厂效益中提取。

二、工作量津贴的计算办法

为了便于核算,教师的工作量统一折算为标准单位,授1课为1个单位,1课时的教案为1个单位(相同教案不重复计算),以课时数与教案数之和15个单位另加每周政治学习(折算成的)2个单位,共17个单位,作为计算基准,工作量津贴发放从1个单位起算,凡超过17个单位的超过部分以加倍计算。每个单位按多少钱发给,视学校财力确定,工作量计算情况比较复杂,宜粗不宜细,为了尽可能地相对合理,作如下规定:

1. 经教导处同意的辅导课每节为1个单位,未经教导处同意的,不予计算工作量。

2. 各学科选修课,知识讲座、学科小组、竞赛辅导(有教案),每节为2个单位。有关竞赛奖励办法另订。

3. 语文、外语教师组织早读每周3次为1个单位(一次早读同时兼顾两个班的不重复计算),体育教师组织早操,每周3次为1个单位。

4. 作业量计算办法:语文、数学任课教师每人每周加3个单位:外语、物理、化学任课教师每人每周加2个单位:除体育以外的其余学科(不包括上述学科)任课教师每人每周加1个单位。

5. 文艺活动指导每节为 1 个单位。

6. 体育教师指导课外体育活动每次为 1 个单位。体育运动队教练指导运动员训练每天训练为 2 个单位,每周不超过 12 个单位。

7. 附加单位计算。

(1) 男教师年满 57 周岁,女教师年满 52 周岁、每周附加 3 个单位。

(2) 毕业班升学统考学科,高中根据每周正式任课(包括教案)实际单位数乘系数 1.3,初中根据每周正式任课(包括教案)实际单位数乘系数 1.2(按整数计算,小数 4 舍 5 入)。

(3) 使用实验教材作为科研项目立项,经教育主管部门批准的(要核实批准文件),市级按实际正式授课单位数乘系数 1.2,省级乘系数 1.3,国家级乘系数 1.5。

8. 兼职工作量计算:

工会副主席:每周附加 3 个单位。

少先队大队辅导员每周附加 2 个单位。

教研组长、备课组长:教研组 10 人以上的教研组组长每周附加 3 个单位;副组长,每周附加 2 个单位,教研组 10 人以下的教研组组长每周附加 2 个单位;副组长,每周附加 1 个单位,备课组长(3 人以上)每周附加 1 个单位。

工会委员、工会组长每周附加 1 个单位。

江苏省扬州中学 93—94 学年度初中招生招收教改特色班的报告

扬州市教育局：

为了探索在社会主义市场经济模式下，基础教育为经济建设服务的新途径，根据我校现有条件(有微机房两间，微机 40 多台，56 座语音教室一间，60 台英文打字机)和扬州市经济发展对人才需求的预测，请求在 93—94 学年度初中招生时，招收外语强化班和计算机试点班各一个。

我校将为两试点班编制专门的教学计划，强化外语听说能力的培养，进行英文打字的训练，强化计算机语言教学，突出计算机汉字系统的运用，让这部分学生除了达到大纲规定的要求外，在上述两个方面获得较大发展。

我们初步设想，试点班招生可选用如下方法：

1. 自由报名，择选录取　凡扬州市广陵区、郊区应届小学毕业生，均可自由报名，由我校组织对学生进行基础知识和能力的考查，择优录取。

2. 小学推荐，择优录取　将试点班招生人数两倍的名额按各小学毕业生数的比例分配至各小学，由小学根据学生在校表现、学习能力、有否特长，择优推荐，再由我校组织对推荐者进行全面考察，择优录取。

我们认为初中招收试点班，进行教育改革，是符合小平同志南巡讲话和十四大精神的，它与初中招生就近入学并不矛盾，试招试点班后，我校初中每年仍可招收四个就近入学班。初中试办试点班江苏已有先例，苏州中学、常州中学已经有两年的实践，南师附中也将在 93—94 学年度开始招收试点班。

以上意见当否，请予批复。

此致

敬礼！

江苏省扬州中学

1993.2.20

江苏省扬州中学1993年面向扬州各县(市)单独提前招收高一新生的报告

扬州市教育局:

1993年我校拟继续单独提前招收高一新生,现将有关事项报告如下:

一、我校1993年面向本市各县(市)(不含扬州、泰州两市城区和郊区)单独提前招收高一新生数不低于1992年的指标数。

二、凡本市各县(市)(不含扬州、泰州两市城区和郊区)的应届初中毕业生(有留级、休学和复读史的除外),均可报名参加扬州中学单独提前招生考试,所在学校要尊重学生志愿,支持学生踊跃报考。

三、1993年我校单独提前招生考试的报名时间和考试时间由我校根据校历安排自行确定,并向社会公布。届时,学生和家长可直接到我校报名,也可以发信向我校索取报名表,填表函寄扬州中学报名(扬州中学邮编225002)。

四、考试科目为语文(100分)、数学(120分)、外语(100分)、物理(80分)。

五、我校根据择优录取的原则,从高分到低分,划定体育加试分数线,并于6月5日前组织体育加试,于6月10日前发出录取通知,同时把录取名单通报各县(市)文教(教育)局和招生办公室,已被扬州中学录取的学生,其它学校不得录取。

六、我校单独提前招生的报名、考务、录取等办法由学校拟定,并印发招生简章,各县(市)文教(教育)局,招生办公室对这项工作要积极支持和配合,届时,要进行宣传,使应届初中毕业生人人皆知。

七、对扬州市范围内的省级以上学科竞赛尖子和学校组织的综合知识竞赛获奖者,我校拟免试接收他们入学,招收人数纳入招生总指标。

八、招生工作是一项政策性很强,涉及到千家万户。影响到社会全局的工作,必须审慎行事,我校一定加强领导,周密组织,严肃考纪,坚持原则,杜绝不正之风。同时,要尊重各县(市)文教(教育)局和招生办公室,主动争取他们的支持和配合。以上报告当否,请予指示。

江苏省扬州中学

1993年5月1日

扬州中学高中教学计划调整方案

学科 \ 周课时 \ 年级	高一	高二	高三		总课时数
			文科	理科	
政治	2	3	3	3	240
语文	4	4	5	6	392
数学	5	4	5	5	426
外语	5	4	(5)	(5)	426
物理	3	3		(5)	204,理加120
化学	3	3		(4)	204,理加96
生物		3		(2)	102,理加48
历史	2	2	(5)		136,文加120
地理	0/2	2	(5)		102,文加120
体育	2	2	2	2	*204
劳技	2	2	2	2	*204
必修合计	28/30	32	17	17	文科2522　理科2522
单科性选修	5/3	3			238
分科性选修			15	16	文科360　理科384
班会、团队活动	1	1	1	1	
课外体育活动	3	3	3	3	
课外学科活动	2	2	2	2	
周活动总量	39/41	41	38	39	

说明:1. 社会实践活动集中进行,每学期一周。

2. 时事教育,每周一课时,高一在班会或课外活动时间安排,高二、高三在政治课内安排。

3. 高一、高二每学年上课34周,高三上课24周。(其中有"*"号者,高三上课仍为34周)

江苏省扬州中学
1993—1994 年度创建文明学校规划

一、指导思想

以邓小平同志建设有中国特色社会主义理论为指导,坚持两手抓、两手硬的基本方针;全面贯彻党和国家的教育方针,全面提高教育质量。以把扬州中学办成高质量、有特色、现代化、国内一流、参与国际竞争的重点中学为奋斗目标;以培养和塑造跨世纪的社会主义事业的接班人和建设者为根本任务,着力提高师生的思想素质和精神品位,推进教育教学改革,严格管理,切实加强创建文明学校的工作,把我校创建工作提高到新水平。

着重明确以下几点:

1. 学校的根本任务是培养造就一代“四有”新人。一方面,精神文明建设为办好学校提供精神动力和智力支持,是搞好学校工作的有力手段,创建工作要围绕学校提高办学质量,培养高素质人才这个学校工作的中心来展开;另一方面,优化成才环境,提高学生精神素质,又是育人事业的内在要求和重要目的。因此,必须高度重视精神文明建设。

2. 创建工作是学校工作的重要内容,要与学校教育教学工作有机结合。

3. 要努力适应改革开放新形势,在精神文明建设过程中不断加强学习,更新观念,解放思想,拓展思路,改进方法,讲求实效。

二、工作目标

今后两年,我校创建工作主要有七个方面的工作目标。

(一) 思想建设

要加强教育思想建设,提高创建工作认识,逐步实现观念现代化。

要认真学习邓小平同志建设有中国特色社会主义理论和党的十四大文件,通过学习:① 明确精神文明建设的战略地位,根本任务,主要方针,工作重点;② 认清学校在精神文明建设中肩负的历史重任。增强创建工作的自觉性和主动性。③ 解放思想,实事求是,更新观念,积极推进学校整体改革。④ 重视加强教师思想政治工作。引导教工建立适应改革开放形势的行为方式、价值观念。

（二）校风建设

弘扬“正直向上，热于求知”的优良校风，进一步优化和建设优良校风。

1. 持久开展校风、教风、学风的宣传教育。

2. 重视优良校风的行为外显和思想内化。使在校学生的精神面貌和行为习惯达到高水平。

3. 在校风建设过程中，着重向学生宣传杰出校友事迹。形成7位革命烈士、22位学部委员扬中杰出校友人物系列教材。

4. 充实办好校史陈列馆，作为精神文明建设和校风教育阵地。

5. 大力弘扬“进德修业，教书育人”的教风。今后两年中，要以青年教师和中年教师为主要对象，加强教师队伍建设。培养树立一批师德先进典型。提高教师的群体素质，形成积极向上，充满活力的成才环境，建立竞争和谐的人际关系。

（三）环境建设

1. 增强环境育人意识。把优化学生成才环境作为创建文明学校的重要内容。完成学校建设的总体规划的年度任务。

2. 积极改善办学条件。创造条件，建成图书馆。搞好新建图书馆地带成片的绿化和美化。兴建逸夫教学楼。

3. 办好宣传画廊。增设杰出校友名言牌，搞好校园环境宣传。

4. 进一步搞好校园环境绿化和美化。严格校园常规管理，逐步把学校建成花园式学校。

（四）德育工作

1. 重视德育工作在创建工作中的导向作用和教育功能。在坚持和发扬优良传统的同时，加强改进德育工作，逐步形成和完善德育工作的新思路和新格局。

2. 坚持对学生进行党的基本路线、爱国主义、集体主义和社会主义教育。分年级组织系列教育活动。

3. 以学科教学为主渠道，进行德育渗透，努力形成德育一体化。

4. 加强德育基地建设，积极开展社会实践活动。

5. 重视社会教育。

（五）审美教育

充分运用美育在精神文明建设中的独特功能，提高精神文明建设的层次，形成本校创建工作特色。

1. 坚持美育。开设美学选修课。普及美育基础知识。

2. 在学科教学中挖掘教材中美育的相关因素，有机地进行审美教育。

3. 重视艺术教育，广泛开展各种形式的音乐美术欣赏活动，提高学生的艺术鉴赏能力。

4. 办好“树人”艺术团；举办第六届艺术节。

(六) 教学工作

教学工作要以素质教育为核心。重点实施“系统开展学科思维教育”科研深题；加强教学管理，抓紧学科竞赛培训，提高教学质量。

1. 组织学习林崇德教授的专著《学习和发展》；举办“林崇德教授学术思想报告会”。

2. 抓好教学管理，提高课堂教学质量。组织听课，开展检查评优教育活动。

(七) 综合治理

1. 加强法制教育，重点学习义务教育法和未成年人保护法，增强法制观念。

2. 加强学校内部管理，做好治安保卫工作，防止和杜绝恶性事件的发生。

3. 发动各方面力量。做好后进生的教育转化工作。

4. 要定期举行家长会，提高教学要求，动员家长力量，形成教育合力，对学生全面负责。

三、主要措施

(一) 领导重视。把创建工作列入经常性议事日程。结合学校期中、期末工作，每季度检查一次。

(二) 把创建工作作为系统工程，进行科学的目标管理。

(三) 发展经济，为精神文明建设提供物质保障。搞好沿街租房开发，办好校办工厂。

(四) 加强考核。把创建工作的目标列入考核部门工作的考核内容。把精神文明建设的要求，作为考核教师工作的指标。试行《班主任常规工作考核方案》，强化学生行为规范训练和校园环境建设。

1993.2

江苏省扬州中学
1993年暑假活动意见

一、要求:

以建设有中国特色的社会主义宏伟目标激励学生,根据暑假特点和学生实际,通过开展多种活动,帮助学生开拓视野,培养能力,增强素质,过一个有意义的暑假。

二、主要活动:

1. 积极开展社会实践活动。

假期中,要引导学生广泛地接触社会实际,通过寻访历史文化古迹,学习近现代史;参加社会公益活动,进行社会专题考察,开展国情教育。在社会实践中,一要做到安全就近,注重实效;二要和学科教学结合,三要围绕一定中心,以年级为单位,参观市情教育基地。

通过社会实践,要激发建设有中国特色社会主义的理想;进一步了解国情和近现代史;增强社会主义市场经济和未来社会人才素质的感性知识,各团支部要认真学习团十三大文件,领会十三大精神。

高中学生要认真填写社会实践登记表。

2. 广泛开展读书活动。暑假中要指导学生阅读思想性、知识性、艺术性强的书籍,扩大知识视野,陶冶高尚情操,每人写一篇读后感,开学后要搜集读书活动开展情况,评选优秀读书笔记,表彰先进个人。

3. 举办学生夏令营:

今年暑假,根据不同情况,举办三个夏令营:

(1) 以培养学生自我教育、自我管理能力为目的,以优秀学生干部、优秀三好生为主体的优秀学生夏令营。

(2) 以搞好中小学生衔接,进行校风教育为目的,以初一新生为主,团体的新生夏令营。

(3) 以开展国防教育,增强纪律素养和心理素质为目标,以高一新生为主体的国防夏令营。

夏令营具体内容,见专项计划。

4. 开展文化活动。

(1) 要引导学生巩固文化知识学习，每天抽出一定时间用于复习旧课，预习新课，完成暑假作业。(高中每天2小时，初中每天1.5小时)

(2) 根据学生实际，在保证学生休息前提下，培尖补差。

5. 养成良好行为习惯。

要教育学生认真遵守《中学生日常行为规范》，特别要遵守社会公德，遵守法纪，自觉抵制不良社会风气影响。暑假结束，要表彰模范执行"规范"的优秀学生。

重视学校、家庭、社会三结合教育，通过本校"三结合"教育委员会，与居民区、派出所以及重点单位联系，共同抓好青少年教育。

6. 搞好返校日活动。

今年暑假安排三次返校日，第一次7月25日组织社会实践活动，第二次8月15日以班为单位开展社会公益活动；第三次8月15日以班为单位开展社会公益活动；第三次8月25日检查暑假作业。

7. 加强暑假活动组织领导。

(1) 各班要按地段和志愿组成暑假活动小组。

(2) 认真搞好散学教育。重点做好安全教育，法规教育。

(3) 要重视对少数行为习惯较差学生的教育和帮助。具体要求做到：(A) 班主任对本班后进生谈一次话；(B) 开展一次家访；(C) 安排学生骨干联系帮助重点学生过好暑假；(D) 要求重点学生定期向班主任汇报暑假活动和学习情况。

(4) 假期离扬的班主任，要在年级分工干部的协调下，委托专人代理。

附一：暑假活动日程

7月4日上午7:55散学教育；10:00各班打扫卫生，发成绩报告单。

7月5日暑假开始。

7月25日第一次返校日；

8月15日第二次返校日；

8月28日第教师报到

8月25日第三次返校日；

8月30日新生报到；

8月31日在校生报到；

9月1日正式开学上课。

附二：暑假读书指导书目

《团的十三大文件汇编》

《校庆纪念册》

《革命烈士诗抄》
《领袖人物传记》
《傅雷家书》
《中学生文库》
《上下五千年》
《十万个为什么》
《唐诗三百首》
《宋词选》
《可爱的中国》
《子夜》
《家》《春》《秋》
《呐喊》《彷徨》
《鲁迅杂文选》
《燕山夜话》
《朱自清选集》
《钢铁是怎样炼成的》
《复活》
《欧也妮·葛朗台》
《牛虻》
其它科普读物等。

江苏省扬州中学党总支工作计划

（1993年第　学期）

一、总要求：

认真学习党的十四大文件和江泽民同志“七一”讲话，认真学习邓小平同志关于建设有中国特色的社会主义理论，进一步提高总支全体同志的政治理论水平，明确学校工作以“全面贯彻党的教育方针，全面提高教育教学质量，多出人才，出好人才”为中心，深化改革，特别是学校内部管理体制的改革；积极探索建立一种新的“多劳多得”、“优质优酬”激励机制，扎扎实实加强党员教育，充分发挥党组织的政治核心和战斗堡垒作用，充分发挥学校党员的先锋模范作用。

二、主要工作：

1. 加强党的思想建设。

学习邓小平同志“建设有中国特色的社会主义理论”。

学习毛泽东同志、邓小平同志党建理论和江泽民总书记的“七一”讲话

学习中共中央93年6号文件

学习中共中央关于反腐败斗争的有关文件

坚持“理论联系实际”的学风，进一步深化改革的观念，开放的观念和竞争意识，效益意识，法律意识，并结合学校实际解决几个影响较大的问题。

2. 学习贯彻《中国教育改革与发展纲要》，把学校教育教学改革和发展提到一个新的水平，在认真学习《纲要》，全面领会《纲要》精神基础上，充分认识基础教育的战略意义，着力研究我校的改革、发展方向，提出九十年代的奋斗目标，阶段实施方案和本学年的工作目标。

3. 积极进行“校长负责制、全员聘任制、结构工资制”为中心的学校内部管理体制改革工作。在认真学习市教育局有关文件的基础上，结合我校的实际，排出主要解决问题，在广泛征求意见的基础上，借鉴兄弟学校内改的成功经验和我校前两年改革的成果，提出学校的内改方案。

积极探索校长负责制下，如何发挥党组织的政治核心作用和战斗堡垒作用？如何加强和改善党的领导？

4. 加强教工的思想政治工作和学生的德育工作。

坚持"两手抓",指导思想是:坚持在努力提高教工物质福利的同时,大力加强思想政治工作,狠抓教工的职业道德,提倡敬业爱生,鼓励奉献精神,研究市场经济尚未形成和完备条件下,思想政治工作的难点和努力方向,特别重视青年教师的岗位成才教育,鼓励他们在本职岗位上脱颖而出。

重视学生全面素质的提高,把德育工作真正落实到岗位,通过德育、美育等诸育的交叉渗透,提高综合教育的效果,继续总结"教书育人、管理育人,服务育人"的新鲜经验,充分挖掘校史人物中优秀民族传统的内容,广泛深入地开展教育。

5. 全面贯彻部门工作。

加强党的组织建设,努力提高学校领导班子的全面素质和领导能力;坚持民主团结制,增强领导班子的集中统一;做党员发展工作坚持标准,成熟一个,发展一个。

加强党的作风建设,加强廉政教育,开展反腐败斗争,坚持按党中央的布置和要求开展斗争,并联系实际,解决群众不满意的不正之风。

做好统战工作。坚持"双月座谈会"制度,本学期着重就:内改方案,反腐败斗争,干部聘任等重大问题征求民主党派意见,以做好有关工作。

三、主要活动安排:

第一周	新学期工作要求	(党员大会)
第三周	传达中央文件(6号文件,中纪委文件)	(党员大会)
第五周	讨论修改完善内改方案	(党小组会)
第七周	党课(反腐败斗争)	(党员大会)
第九周	学习《中国教育与发展纲要》	(党小组会)
第十周	青年党员座谈会	(全体青年党员)
第十一周	期中分析会	(党小组会)
第十三周	党课(学习《纲要》)	(党员大会)
第十五周	教书育人,服务育人经验交流会	(党员大会)
第十七周	发展工作	(党小组会)
第十八周	党建工作研讨会	(党员大会)
第十九周	党课(新时期党员形象)	(党员大会)
第廿一周	民主评议党员	(党小组会)

江苏省扬州中学
关于开展1993年班会观摩评比活动的意见

为进一步加强和改进新时期的德育工作，深入对学生进行爱国主义教育、社会主义教育和中华民族传统美德教育，加强班集体建设和班主任队伍建设，本学期拟举行1993年班会观摩评比活动，现将有关意见发至各班，请各班认真贯彻。

一、本次班会观摩采用命题班会形式，即各年级统一题目，分班实施，各年级题目如下：

初一年级：树人堂前学起步

初二年级：团旗在召唤——14岁的遐想

初三年级：苗·树·材

高一年级：未来设计我们，我们设计未来

高二年级：十七岁的思索

高三年级：价值——祖国与我

二、本次班会观摩评比活动，应遵循下列主要原则：

1. 思想性：班会内容要体现爱国、爱党、爱社会主义的教育主题。

2. 系列性：要和班级、团队系列活动结合起来，将本次活动作为系列教育活动的一个组成部分。

3. 艺术性：要做到德育和美育相互渗透，要适合中学生的身心特点和思想实际，形式活泼、方法多样。

4. 自主性：要充分发挥学生的主体作用，正确处理好教师主导和学生主体的关系，培养学生的自我教育、自我管理能力。

5. 创造性：要有利于学生的创造志向和创造才干的培养，活动要富有特色。

三、本次班会观摩评比活动采用现场观摩评比的方法，根据上述评比原则制订具体指标进行评议(具体指标另发)。评议小组由学校聘请部分教师组成。

班会观摩评比活动十月初开始，十一月底前结束，各年级组在这段时间内合理安排时间，如期完成本次班会观摩评比工作。

同年级班主任和各班团支部书记(少先队中队长)参加观摩活动。

本次班会观摩活动设一、二、三等奖，由班会观摩评议小组提出评议意见，经行政办公会通过。

四、各班要根据本意见要求，组织学生干部认真研究，做好班会方案设计和其他准备工作。班会活动结束后，各班要填写活动表，并书面整理好活动记实(不超过1500字)，于93年12月10日前送交政教处，以便汇编成册。

五、班会活动记实及班会观摩评比结果记入班主任工作档案，并将作为评选文明班级、优秀班集体和优秀班主任的重要依据之一，对获奖班级班主任，发给辅导艺术奖证书。

一九九三年九月三十日

中共江苏省扬州中学总支委员会
关于举办学习《邓小平文选》第三卷业余党校的意见

1993.11.15

一、指导思想

《邓小平文选》第三卷，是邓小平同志领导我们推进改革开放和社会主义现代化丰富建设经验的理论总结，是引导我们继续胜利前进的科学指南，是当代马克思主义理论的新发展。贯彻中共中央学习《邓选》的决定，学习《邓选》第三卷，是当前和今后一个时期党的思想建设的首要任务。

要以《邓小平文选》第三卷为主要内容，以业余党校为主要形式，组织全体党员认真学习和研究《邓选》第三卷。通过学习，帮助我们认清大局，坚定信念，提高党员政治素质和理论水平，坚持党的基本理论和基本路线不动摇，全面贯彻党的教育方针，贯彻《中国教育改革和发展纲要》，加快教育教学改革的发展，搞好两个文明建设，指导和推动我校正在进行的内部体制改革，进一步统一全校党员以及广大教工的思想，实现我校"现代化、高质量、有特色、创一流"的办学目标。

二、主要做法和要求

学习时间：1993年11月至1994年12月间周一次党组织生活时间。

按照中央学习《邓选》的决定和江泽民同志在学习《邓选》报告会上的讲话精神，根据我校具体实际，认真组织安排好业余党校的学习。

1. 要以严格的科学态度通读原著。

《邓小平文选》第三卷内容丰富，博大精深，文风朴实，富有个性，贯穿着彻底的辨证唯物主义和历史唯物主义的世界观和方法论，闪耀着马克思主义真理的灿烂光辉。我们要以严格的科学态度进行学习，认真通读原著，全面学习全书内容，正确把握思想内涵。

2. 紧密联系形势和任务。

《邓小平文选》第三卷在建设有中国特色社会主义理论的形成和发展中，在科学社会主义理论和马克思主义发展史上，都具有重要的历史地位，具有很强的针对性和现实指导意义。因此，在学习过程中，要紧密联系我国改革开放和教育的形势和任务，在理论和实际结合上，掌握《邓选》的思想精髓。

3. 紧密联系教育实际。

学习《邓选》第三卷,对于指导教育工作意义重大。在学习过程中,还要结合学习和贯彻《中国教育改革和发展纲要》、新近颁布的《教师法》。以邓小平同志建设有中国特色的社会主义理论为理论指南,指导学校内部体制改革为动力,增强质量意识和名校意识促进我校各项工作再上新台阶。

4. 学习重点

要在通读学习全书的基础上,着重领会和把握精神实质,学习邓小平同志的基本观点,学习他运用马克思主义的立场、观点和方法研究新情况、解决新问题的科学态度,创造精神和革命风格。

——着重领会和把握精髓,解放思想、实事求是是全书的精髓,也是贯穿建设有中国特色社会主义理论观点的精髓。

——着重领会和牢记主题。坚持有中国特色社会主义道路,坚持“一个中心、两个基本点”的基本路线是全书的主题,也是建设有中国特色社会主义理论最重要的内容。

——着重领会和把握战略目标。“分三步走”基本实现现代化是我国的战略目标。要在战略目标激励下,努力落实《中国教育改革和发展纲要》,实现教育现代化,为建设富强、民主、文明社会主义现代化国家而奋斗。

——着重领会和把握基本方针。坚持社会主义物质文明和精神文明“两手抓,两手都要硬”的基本方针。坚持“两个基本点”,全面贯彻教育方针,提高教育质量和科研水平,培养造就“四有”社会主义建设者和接班人。

——着重领会和把握贯穿全书的爱国主义精神。坚持在广大青少年中进行维护国家的独立和主权,增强民族自尊心、自信心和自豪感的爱国主义教育,引导他们树立为振兴中华努力、勇攀科学高峰的雄心壮志。

5. 改进学习方法,倡导优良学风

要发扬党的理论联系实际的优良学风。在学习中,要采用自学与辅导、通读与精读、讨论交流与观看录相和社会实践相结合的方法,注重实效,提高学习效率和质量。

三、学习日程

93年11月:(1) 明确要求认清意义:学习《中共中央关于学习(邓小文文选)第三卷的决定》、江泽民同志在学习《邓选》第三卷报告上的讲话(见1993年11月4日各大报纸)

(2) 通读《邓选》第三卷(个人自学与小组学习结合)

12月通读《邓选》第三卷。

94年1月(1) 通读《邓选》第三卷。

(2) 学习《邓选》辅导报告。

3月(1) 学习专题:解放思想、实事求是的马克思主义思想路线。

(2) 小组讨论和交流。

(3) 观看电视政治片《东方风采满眼春——邓小平同志视察南方》。

4月(1) 学习专题:坚持走有中国特色的社会主义道路,坚持“一个中心,两个基本点”的基本路线。

(2) 结合学习中共中央十四届三中全会精神。

(3) 小组学习与交流。

5月(1) 学习《邓选》辅导报告。

(2) 学习专题:掌握时机发展自己,“分三步走”基本实现现代化的战略目标。

(3) 小组讨论。

(4) 大会交流。

6月(1) 学习专题:掌握时机发展自己,“分三步走”基本实现现代化的战略目标。

(2) 结合学习《中国教育改革和发展纲要》

(3) 小组学习和讨论;观看有关录相。

(4) 学习《邓选》第三卷阶段小结。

9、10月(1) 学习专题:坚持社会主义物质文明和精神文明“两手抓、两手都要硬”的基本方针,坚持“两个基本点”全面贯彻党的教育方针,提高教育质量和科研水平,培养造就“四有”新人。

(2) 结合学习《教师法》

(3) 小组学习与讨论

(4) 学习《邓选》辅导报告

11、12月(1) 学习专题:贯穿全书的爱国主义精神,坚持在学生中进行维护国家的独立和主权,增强民族

(2) 小组讨论与交流。

(3) 学习《邓选》第三卷主要内容测试。

(4) 学习《邓选》第三卷总结。

江苏省扬州中学
关于申请办高中一年级自费班的报告

扬州市教育局：

我校新图书馆大楼至今尚未建成，基建资金缺口肆拾余万。新图书馆建成后，12万册藏书的书架、报告厅400套桌椅、教师和学生阅览室（1000米^2）桌凳等设施约需伍拾万元。前后共玖拾余万元款项未落实。

鉴于以上款项的筹集迫在眉睫，根据省教委关于深化教育体制改革，采取多种形式办学的精神，特此申请增办一个高一年级自费班，面向大市招收自费生50名，分数线在中考总分500分以上。恳请批准。

以上报告当否，敬请批示。

江苏省扬州中学
一九九三年六月廿六日

抄报：王功亮副市长。
　　市政府办公室。

江苏省扬州中学
1993年暑假活动意见

一、要求：

以建设有中国特色的社会主义宏伟目标激励学生，根据暑假特点和学生实际，通过开展多种活动，帮助学生开拓视野，培养能力，增强素质，过一个有意义的暑假。

二、主要活动：

1. 积极开展社会实践活动。

假期中，要引导学生广泛地接触社会实际，通过寻访历史文化古迹，学习近现代史；参加社会公益活动，进行社会专题考察，开展国情教育。在社会实践中，一要做到安全就近，注重实效；二要和学科教学结合，三要围绕一定中心。以年级为单位，参观市情教育基地。

通过社会实践，要激发建设有中国特色社会主义的理想；进一步了解国情和近现代史；增强社会主义市场经济和未来社会人才素质的感性知识。各团支部要认真学习团十三大文件，领会十三大精神。

高中学生要认真填写社会实践登记表。

2. 广泛开展读书活动。暑假中要指导学生阅读思想性、知识性、艺术性强的书籍，扩大知识视野，陶冶高尚情操，每人写一篇读后感，开学后要搜集读书活动开展情况，评选优秀读书笔记，表彰先进个人。

3. 举办学生夏令营：

今年暑期，根据不同情况，举办三个夏令营：

(1) 以培养学生自我教育、自我管理能力为目的。以优秀学生干部、优秀三好生为主体的优秀学生夏令营。

(2) 以搞好中小学生衔接，进行校风教育为目的，以初一新生为主体的新生夏令营。

(3) 以开展国防教育，增强纪律素养和心理素质为目标，以高一新生为主体的国防夏令营。

夏令营具体内容，见专项计划。

4. 开展文化活动。

(1) 要引导学生巩固文化知识学习,每天抽出一定时间用于复习旧课,预习新课,完成暑假作业。(高中每天2小时,初中每天1.5小时)

(2) 根据学生实际,在保证学生休息前提下,培尖补差。

5. 养成良好行为习惯。

要教育学生认真遵守《中学生日常行为规范》,特别要遵守社会公德,遵守法纪,自觉抵制不良社会风气影响。暑假结束,要表彰模范执行"规范"的优秀学生。

重视学校、家庭、社会三结合教育,通过本校"三结合"教育委员会,与居民区、派出所以及重点单位联系,共同抓好青少年教育。

6. 搞好返校日活动。

今年暑假安排三次返校日,第一次7月25日组织社会实践活动;第二次8月15日以班为单位开展社会公益活动;第三次8月15日以班为单位开展社会公益活动;第三次8月25日检查暑假作业。

7. 加强暑假活动组织领导。

(1) 各班要按地段和志愿组成暑假活动小组。

(2) 认真搞好散学教育,重点做好安全教育,法规教育。

(3) 要重视对少数行为习惯较差学生的教育和帮助。具体要求做到:(A) 班主任对本班后进生谈一次话;(B) 开展一次家访;(C) 安排学生骨干联系帮助重点学生过好暑假;(D) 要求重点学生定期向班主任汇报暑假活动和学习情况。

(4) 假期离扬的班主任,要在年级分工干部的协调下,委托专人代理。

附一:暑假活动日程

7月4日上午7:55散学教育;10:00各班打扫卫生,发成绩报告单。

7月5日暑假开始。

7月25日第一次返校日;

8月15日第二次返校日;

8月28日第教师报到

8月25日第三次返校日;

8月30日新生报到;

8月31日在校生报到;

9月1日正式开学上课。

附二:暑假读书指导书目

《团的十三大文件汇编》

《校庆纪念册》

《革命烈士诗抄》
《领袖人物传记》
《傅雷家书》
《中学生文库》
《上下五千年》
《十万个为什么》
《唐诗三百首》
《宋词选》
《可爱的中国》
《子夜》
《家》《春》《秋》
《呐喊》《彷徨》
《鲁迅杂文选》
《燕山夜话》
《朱自清选集》
《钢铁是怎样炼成的》
《复活》
《欧也妮·葛朗台》
《牛虻》
其它科普读物等。

江苏省扬州中学
1993—1994 年度创建文明学校规划

一、指导思想

以邓小平同志建设有中国特色社会主义理论为指导，坚持两手抓、两手硬的基本方针；全面贯彻党和国家的教育方针，全面提高教育质量。以把扬州中学办成高质量、有特色、现代化、国内一流、参与国际竞争的重点中学为奋斗目标；以培养和塑造跨世纪的社会主义事业的接班人和建设者为根本任务，着力提高师生的思想素质和精神品位，推进教育教学改革，严格管理，切实加强创建文明学校的工作，把我校创建工作提高到新水平。

着重明确以下几点：

1. 学校的根本任务是培养造就一代"四有"新人。一方面，精神文明建设为办好学校提供精神动力和智力支持，是搞好学校工作的有力手段，创建工作要围绕学校提高办学质量，培养高素质人才这个学校工作的中心来展开；另一方面，优化成才环境，提高学生精神素质，又是育人事业的内在要求和重要目的。因此，必须高度重视精神文明建设。

2. 创建工作是学校工作的重要内容，要与学校教育教学工作有机结合。

3. 要努力适应改革开放新形势，在精神文明建设过程中不断加强学习，更新观念，解放思想，拓展思路，改进方法，讲求实效。

二、工作目标

今后两年，我校创建工作主要有七个方面的工作目标。

(一) 思想建设

要加强教育思想建设，提高创建工作认识，逐步实现观念现代化。

要认真学习邓小平同志建设有中国特色社会主义理论和党的十四大文件，通过学习：① 明确精神文明建设的战略地位，根本任务，主要方针，工作重点；② 认清学校在精神文明建设中肩负的历史重任。增强创建工作的自觉性和主动性。③ 解放思想，实事求是，更新观念，积极推进学校整体改革。④ 重视加强教师思想政治工作。引导教工建立适应改革开放形势的行为方式、价值观念。

（二）校风建设

弘扬“正直向上，热于求知”的优良校风，进一步优化和建设优良校风。

1. 持久开展校风、教风、学风的宣传教育。

2. 重视优良校风的行为外显和思想内化。使在校学生的精神面貌和行为习惯达到高水平。

3. 在校风建设过程中，着重向学生宣传杰出校友事迹。形成7位革命烈士、22位学部委员扬中杰出校友人物系列教材。

4. 充实办好校史陈列馆，作为精神文明建设和校风教育阵地。

5. 大力弘扬“进德修业，教书育人”的教风。今后两年中，要以青年教师和中年教师为主要对象，加强教师队伍建设。培养树立一批师德先进典型。提高教师的群体素质，形成积极向上，充满活力的成才环境，建立竞争和谐的人际关系。

（三）环境建设

1. 增强环境育人意识。把优化学生成才环境作为创建文明学校的重要内容。完成学校建设的总体规划的年度任务。

2. 积极改善办学条件。创造条件，建成图书馆。搞好新建图书馆地带成片的绿化和美化。兴建逸夫教学楼。

3. 办好宣传画廊。增设杰出校友名言牌，搞好校园环境宣传。

4. 进一步搞好校园环境绿化和美化。严格校园常规管理，逐步把学校建成花园式学校。

（四）德育工作

1. 重视德育工作在创建工作中的导向作用和教育功能。在坚持和发扬优良传统的同时，加强改进德育工作，逐步形成和完善德育工作的新思路和新格局。

2. 坚持对学生进行党的基本路线、爱国主义、集体主义和社会主义教育。分年级组织系列教育活动。

3. 以学科教学为主渠道，进行德育渗透，努力形成德育一体化。

4. 加强德育基地建设，积极开展社会实践活动。

5. 重视社会教育。

（五）审美教育

充分运用美育在精神文明建设中的独特功能，提高精神文明建设的层次，形成本校创建工作特色。

1. 坚持美育。开设美学选修课。普及美育基础知识。

2. 在学科教学中挖掘教材中美育的相关因素，有机地进行审美教育。

3. 重视艺术教育，广泛开展各种形式的音乐美术欣赏活动，提高学生的艺术鉴赏能力。

4. 办好“树人”艺术团；举办第六届艺术节。

（六）教学工作

教学工作要以素质教育为核心。重点实施“系统开展学科思维教育”科研深题；加强教学管理，抓紧学科竞赛培训，提高教学质量。

1. 组织学习林崇德教授的专著《学习和发展》；举办“林崇德教授学术思想报告会”。

2. 抓好教学管理，提高课堂教学质量。组织听课，开展检查评优教育活动。

（七）综合治理

1. 加强法制教育，重点学习义务教育法和未成年人保护法，增强法制观念。

2. 加强学校内部管理，做好治安保卫工作，防止和杜绝恶性事件的发生。

3. 发动各方面力量。做好后进生的教育转化工作。

4. 要定期举行家长会，提高教学要求，动员家长力量，形成教育合力，对学生全面负责。

三、主要措施

（一）领导重视。把创建工作列入经常性议事日程。结合学校期中、期末工作，每季度检查一次。

（二）把创建工作作为系统工程，进行科学的目标管理。

（三）发展经济，为精神文明建设提供物质保障。搞好沿街租房开发，办好校办工厂。

（四）加强考核。把创建工作的目标列入考核部门工作的考核内容。把精神文明建设的要求，作为考核教师工作的指标。试行《班主任常规工作考核方案》，强化学生行为规范训练和校园环境建设。

1993.2

中共江苏省扬州中学总支委员会
1994 学年工作要点

一、指导思想：

认真学习邓小平同志建设有中国特色的社会主义理论，贯彻中国教育改革和发展纲要和全国、省教育大会的精神，提高全体党员的理论水平，结合学校实际发挥党组织的政治核心作用和党员的先锋模范作用。在深化改革，扩大开放，促进发展，全面贯彻教育方针，提高教育质量等方面为迈出新的步伐，为学校实现进入国家首批中学“百强”而努力。

二、主要工作：

（一）加强党课教育。坚持每月一次党课，采取请进来，走出去相结合，讲座、电教、社会实践等多种形式，加强党员的理论学习，不断提高党员理论水平、政策水平，进一步解放思想更新观念，振奋精神，开拓进取(具体安排见附表)。

（二）加强学校德育工作的研究。进一步加强和改进学校德育工作是贯彻落实全教会精神，实施《纲要》的重要内容，研究新形势下德育工作的新问题，探索新思路，讲究新方法，召开 2～3 次研讨会，专题研究若干问题。

（三）加强对干部的教育、监督和考核工作。重视中青年干部的培养，根据组工会会议精神和学校的实际，加强干部特别是中青年干部的培养、选拔是学校总支的一项重要工作，要定期组织考核，广泛听取群众意见，不断提高各级干部的政策水平、决策能力和组织协调能力。

（四）加强调查研究。对学校改革、发展和管理中的热点、难点问题，组织专题调查，充分发挥基层党组织的战斗堡垒作用，提出若干解决问题的方案，为行政决策提供准备。

组织力量对学校中长期的发展规划做好前期准备工作，对教师队伍和校园建设等重大问题组织专题研究。

（五）加强对党员的管理教育。结合学校正常工作，强化对党员的考核，大力表彰先进党员的优秀事迹，强化纪检工作，对党员的违纪行为，坚决查处，对群众反映强烈的党员，专题调查。对中央、省、市纪委关于廉政方面的要求，公布于众，让群众监督,要求各级干部带头廉洁自律。

(六)做好党的组织、宣传、统战工作。抓好共青团和工会工作,发挥共青团在青年教工中的先锋桥梁作用,重视工会在学校民主管理、增强教工凝聚力等方面的作用。

三、主要活动安排:

(一)建立例会制度。

1. 每月召开一次党总支委员会;
2. 每两周召开一次分支委员及小组长会议;
3. 每月召开党员大会一次(结合党课学习)
4. 每月党小组会一次。

(二)党课安排。

1.《邓小平文选》第三卷学习辅导(四次)分别安排在94年9、10、11、12月份。
2.《中国教育改革和发展纲要》学习辅导(一次)安排在95年1月份。
3. 新时期党建工作(三次)安排在95年4、5、6月机动一次

(三)研讨会:

1. 德育工作研究会:

(1)社会主义市场经济条件下德育的新内涵,新思考(95年1月份)

(2)学科教学中的德育渗透。(94年11月份)

(3)高品位校园文化建设探研(95年4月份)

四、专题调研会:(另订)

一九九四年九月

江苏省扬州中学
1994—1995 学年第二学期升旗致辞计划

2 月 13 日　开学典礼
2 月 20 日　杰出校友事迹介绍:高鸿
2 月 27 日　杰出校友事迹介绍:朱亚杰
3 月 6 日　演讲:雷锋,你还是我们的榜样
3 月 13 日　植树节讲话:青青校园美如画
3 月 20 日　“学雷锋做好事”活动总结表彰
3 月 27 日　迎接全国高中工作会议广播讲话
4 月 3 日　演讲:我最敬爱的英雄们
4 月 10 日　中国共产主义青年团建团日(11 日)纪念讲话
4 月 17 日　史可法殉难 350 周年广播讲话
4 月 24 日　百首爱国主义教育歌曲学唱活动动员
5 月 8 日　世界反法西斯战争胜利五十周年纪念讲话
5 月 15 日　校友中的革命英烈事迹介绍
5 月 22 日　献爱心志愿者行动先进集体、先进个人谈体会
5 月 29 日　优秀少先队员事迹介绍
6 月 5 日　中华民族传统美德讲座:谈谈公德心
6 月 12 日　中华民族传统美德讲座:谈谈助人为乐
6 月 19 日　期末复习和总结专题讲话

备注:如遇恶劣天气改在室内进行。

扬州中学政教处
1995. 2

中共扬州中学总支委员会关于2002年度民主评议党员工作和开展"创先争优"活动的意见

以"三个代表"思想为指针,组织全校党员认真学习新党章,做好2002年度民主评议党员工作,开展"创先争优"活动,结合我校具体工作实际,把以上三项工作有机结合起来,充分发挥党组织的战斗堡垒作用和共产党员的先锋模范作用,切实加强党的建设,促进学校改革与发展。主要工作如下:

一、以追求一流的目标全面推进学校党的建设

党的十六大通过的新党章,是新时期党的建设的纲领,是规范学校党组织工作和党员言行的依据。民主评议党员是对党员进行经常性教育、管理和监督的一项制度。创先争优活动是加强党的建设的有效措施。开展三项工作和活动的基本要求是:这三方面的工作是一个整体,是"三个代表"重要思想在学校党建工作中的具体体现,核心问题是坚持党的先进性,根本目的是进一步发挥学校党组织的战斗堡垒作用和党员的先锋模范作用,为办好扬中,促进我市经济建设和社会发展。通过教育和评议真正把思想统一到党的十六大精神上来,把智慧和力量凝聚到实现党的十六大提出的各项目标任务上来。激励全校党员群众增强教育改革和发展的积极性和创造性,为把我校办成全国一流、国际先进的学校而努力。要在做好学校各项工作的过程中搞好三项工作和活动,全盘规划,有机渗透。

二、以学习党章为主要内容增强党员先进性

学习新党章是贯穿全年的一项的重要任务。从现在起到六月中旬期间,要集中学习十六修改的新党章。学习过程中要以突出保持共产党员的先进性为重点,把学习实践"三个代表"重要思想,保持党的先进性贯穿于学习活动的全过程。在学习过程中要做到理论联系实际,特别注意联系当前的形势任务,联系思想和工作实际,着重解决好三个问题:第一,树立共产主义理想,坚定走中国特色社会主义道路的信念,提高坚持党的基本理论和基本路线的自觉性,模范执行党的各项路线、方针和政策。第二,坚持全心全意为人民服务的宗旨,密切联系群众,廉洁奉公,遵纪守法,自觉抵制拜金主义、个人主义和腐朽生活方式的侵蚀。第三,增强党章意识,按照党章规定认真履行义务,正确行使权利,在全面建设小康社会的进程中建功立业。

三、以评议工作为重点切实搞好民主评议党员工作

民主评议党员工作要结合学习党章和“创先争优”活动有机结合，主要分五个阶段，即：学习教育阶段、自我评议阶段、党内党外评议阶段、组织考察阶段和表彰处理阶段。参加评议的对象是学校总支部，并结合“创争”评选先进党组织。评议党员重点是“评两头”，即评出优秀党员和不合格党员。通过评议活动的开展，达到经过一次评议、受到一次触动、获得一次教育，得到一次提高的目的。结合我校具体实际以及学期工作实际，学习教育阶段要与学习党章活动结合起来。在自我评议阶段，要在学习和提高认识的基础上，个人做好自我总结和评议，采取小组活动和个人自我评议的形式。在表彰处理阶段，要通过自下而上的评议，将在学校改革和发展工作中表现突出和业绩优秀的党员评选出来。

四、以目标管理为核心抓好“评议”和“创争”工作

要通过开展以上三项工作和活动，切实推进我校党的思想建设、组织建设和作风建设。按照上级关于民主评议党员的要求和《党建工作目标管理考核实施细则》认真搞好三工作和活动。具体一是要制定切实可行的计划，召开全体党员大会，进行动员和部署。同时要组织党员认真学习党章，引导党员做好评议工作；二是广泛听取党内外意见，促进做好三项工作和活动；三是做好组织自查工作和三项工作小结。

附：具体日程安排：

5月15日　党员大会布置有关工作；学习党章辅导；

5月15日至29日　个人自学党章；学校党组织目标管理自查；

5月29日　党小组活动：开展自我评议，评选优秀党员；

5月29日6月上旬　学校党总支做好表彰处理工作和工作小结。

2003年5月

抄报：市教育局党委、市教育局组宣处

共青团江苏省扬州中学委员会
2001—2002第二学期工作要点

总体要求:

高举邓小平理论伟大旗帜,以江总书记“七一”讲话精神为指针,贯彻落实全国基础教育工作会议精神,在学校党总支和上级团组织的领导下,以迎接百年校庆为契机,在学生团员中开展“回顾百年校史,争做世纪新人”主题活动,引导广大团员树立远大理想和科学的世界观、人生观、价值观,积极培养创新意识、创造精神和实践能力,促进中学生的“素质拓展”;在教工团员中开展“承传百年传统,争做岗位能手”主题活动,引导教工团员树立坚定正确的政治方向,爱岗、敬业、成才、奉献,充分发挥共青团组织在促进青年教师成长成才中的桥梁和助手作用。积极探索,开拓进取,增强共青团组织的凝聚力、向心力和战斗力,推动我校共青团工作实现新发展。

具体工作:

一、加强共青团组织的思想建设,深入学习邓小平理论和江泽民总书记“三个代表”的重要思想,构建青年学生的精神支柱。深入进行爱国主义教育,着力提高青少年的思想道德素质。

1. 围绕学校党总支对共青团工作的要求,用邓小平理论武装中学生,并把学习邓小平理论与学习江总书记“七一”讲话和“三个代表”的重要思想结合起来,引导广大团员树立科学的世界观、人生观和价值观。

2. 利用纪念“五四”运动83周年和庆祝建团80周年,学校团委将结合“回顾百年校史,争做世纪新人”主题活动,开展多种形式的教育活动(见后),深入进行爱国主义教育。

3. 办好第八期中学生课余党校,积极慎重开展“推优”工作。深入贯彻教育局党委和学校党总支的有关指示精神,充分发挥党的助手和后备军作用:通过中学生党校,有目的、有计划地对高中年级的优秀学生团员进行党的知识早期教育,认识邓小平理论的思想精髓和精神实质,使他们具有坚定正确的政治方向和崇高的理想与信念;经常向学校党组织汇报对申请入党学生的培养考察情况,把那些真正符合党员标准的优秀团员推荐给党组织。

二、加强共青团的组织建设，提高共青团组织的凝聚力和战斗力，为共青团在学校全面实施素质教育中发挥更大作用提供组织保证。

1. 指导相关团支部进行换届选举，每届任期不得超过两年。激发团员青年的主体意识，形成良好的学生团干培养和使用机制。

2. 坚持每月一次的团支部书记例会制度，交流、总结前一阶段的工作情况，包括执行学校团委和本班团支部工作计划的情况；研究布署下一阶段的工作，并适时组织团员干部的培训工作，不断提高团干的素质。

3. 布置各团支部利用团日活动时间，采取多种形式，生动活泼地开展团员民主生活，形成团结进取、立志成材的良好组织氛围。期中考试前后指导高中一、二年级的团支部进行团员教育评议，力求实效。

4. 认真贯彻“积极地、有计划地发展团员”的方针，坚持标准，严格程序，做好团员发展工作。及时向党组织汇报申请入党学生的状况，把真正符合党员标准的优秀团员推荐给党组织。

5. 健全团支部工作台帐制度，并作为年度团支部评比的重要依据。

6. “五四”前夕，评比表彰扬州中学“先进团支部”“优秀共青团员”、“优秀团员干部”。

三、适应新世纪对人才素质的要求，以迎接百年校庆为契机，在学生团员中开展“回顾百年校史，争做世纪新人”主题活动。

（一）活动宗旨：以迎接我校百年华诞为契机，结合纪念“五四运动”83周年，通过开展主题活动，引导全体团员追寻扬中百年辉煌历史的足迹和根源，感悟扬中百年历史蕴藏的文化底蕴和精神风貌，思索新世纪扬中团员的形象和责任，从而激发全体共青团员进一步弘扬我校优良的校风和学风，立志成材，报效祖国。

（二）活动的组织准备：

1. 召开各班团支部书记、校团委委员会议，研究布署活动方案。

2. 利用寒假时间，对各班团支部书记进行培训。

3. 各团支部在学校主题方案的基础上，结合本支部实际，制度具体的活动方案。

（三）主要活动内容：

1. “百年回首”系列活动

(1) 编辑布置“百年扬中”橱窗宣传栏

(2) 利用广播台，编辑播出“百年扬中”系列节目

(3) 以团支部为单位，全校共组织采访百位扬中校友

(4) 高一年级以团支部为单位，组织参观扬中校史馆

(5) 和语文组协作，组织“百年树人”征文比赛

(6) 和校史组协作，组织“百年扬中”知识竞赛

2. “新世纪扬中团员风采”系列活动

(1) 在高二年级组织“新世纪扬中团员风采”讨论会

(2) 在高一年级组织“新世纪扬中团员风采”主题团日活动观摩评比

(3) 学校团委组织“新世纪扬中团员风采”演讲比赛

(4) 请学校领导、有关校友、社会知名人士等和学生团员代表就“新世纪扬中团员风采”进行对话,台下学生团员适时参与

3. 志愿者服务系列活动

(1) 组织有关团员和团支部及时参加校庆筹备的有关活动

(2) 招标校庆活动的志愿者分队

(3) 组织有关团支部慰问、服务学校退休老教师

(4) 组织有关团支部到校外宣传扬中百年校庆活动

(5) 高三年级结合 18 岁成人教育活动,发动青年团员积极参加青年志愿者服务活动,组织 18 岁成人宣誓仪式

4. “五四”表彰及活动评比

(1) “五四”前夕,根据《江苏省扬州中学先进团支部、优秀团员干部、优秀共青团员评比条例》,评比表彰扬州中学“先进团支部”“优秀共青团员”、“优秀团员干部”。

(2) 对系列主题活动中的“百年树人”征文比赛、“百年扬中”知识竞赛、“新世纪扬中团员风采”主题团日活动、“新世纪扬中团员风采”演讲比赛等进行评比表彰,并评出优秀组织奖,发给奖状和奖品。

四、指导和支持学生会工作,充分发挥学生会自我教育、自我管理、自我服务的功能,引导学生会在百年校庆活动中发挥积极作用。

1. 学生会是党委托共青团领导的青年学生组织,支持新一届学生会按全国学联章程独立开展工作。

2. 充分发挥学生会在学校生活中的主体作用,指导学生会在校园文化建设、常规管理和百年校庆活动中发挥应有的作用。

3. 协助学生会指导广播台的工作。

五、积极引导新一届教工团支部班子抓好教工团支部建设,特别是抓住百年校庆这个机遇,开展“承传百年传统,争做岗位能手——我为校庆添光彩”主题活动,引导教工团员树立坚定正确的政治方向,形成良好的师德,全面提高业务素质,爱岗敬业、教书育人。主要活动内容包括:

(一) 学习与思考

1. 学习《江苏省扬州中学百年校庆建议方案》,结合本职工作,找准结合点,积极提出合理建议。

2. 团委和教工团支部组织教师团员走访 10 位退休老教师,走访 10 位在职经验丰富的教师,聆听教诲。

3. 请有关老师作校史知识讲座,特别是介绍扬中百年历史中优良的师资队伍传统,探究扬中“敬业修德、教书育人”教风的深刻内涵。

4. 学习 1997 年 8 月 7 日修订的《中小学教师职业道德模范》,对照自己实际,找

出差距，明确努力目标。

5. 请学校有关领导、退休老教师、在职经验丰富、教学科研专长的教师和教工团支部成员进行座谈，并对青年教师的成长提出建议和要求。

（二）行动与汇报

1. 教工团支部成员积极参与校庆丛书教育教学论文集的征稿活动。

2. 组织教师团员积极参与学校校庆活动的具体准备工作。

3. 组织教工团支部成员作为入党积极分子旁听党课，接受党的教育与关怀。

4. 组织教工团支部中非班主任的老师做有关团支部的义务辅导员。

5. 争取教导处和有关教研组的支持，协作组织教师团员素质比赛。

（1）和教导处协作，组织教师团员教学设计、多媒体教学课件评比展览。

（2）和教导处、有关教研组协作，组织教师团员多媒体课堂教学比赛观摩。

（3）和教导处、有关教研组协作，组织教师团员教育教学论文比赛。

六、认真完成学校党总支、校长室和上级团组织布置的其他各项任务，并协同政教处搞好相关工作。

2002年1月

江苏省扬州中学
2001—2002 学年第二学期德育工作计划

本学期德育工作的总体目标是:以江泽民同志的“三个代表”思想和两办《关于进一步加强和改进中小学德育工作的意见》精神为指导,以迎接扬州中学百年校庆为教育契机,以培养学生的良好思想品德、健康心理品质、创新精神和实践能力为重点,努力促进全体学生全面素质的发展与提高。

工作中继续强调四个意识:一是素质意识。德育素质是学生全面素质中不可缺少的核心素质,具有导向作用,是素质教育的灵魂;二是主体意识。努力培养学生的心理品质、创新精神和实践能力是德育工作的基本任务,德育工作和德育活动中应充分尊重学生的主体地位,激发学生的主体精神,引导学生广泛深入地接触改革开放的社会实际,转变思想,提高能力;三是科学意识。按照德育工作总体目标,遵循学生成长规律,加强德育工作的针对性、层次性、系统性和实践性;四是时代意识。应认真研究德育工作所处时代以及德育对象的新特点、新情况,努力克服形式主义倾向,注重德育工作的渗透性和实效性。

本学期德育工作的总体思路:围绕百年校庆的各项活动,坚持以爱国主义教育为主线,以培养学生的健康心理素质和良好行为品质为主体目标,建设高品位、有特色校园文化,进一步完善学生自我教育、自我管理和自我发展的主体性德育格局,引导学生促进自身各项素质的稳步发展。

具体工作如下:

一、以迎接百年校庆为背景,开展《从树人堂出发,与新世纪同行》主题教育系列活动

系列活动分为《回首百年》校史学习活动、《新世纪扬中人》形象大讨论活动、《相约二十年》主题设计活动三个阶段,通过多形式、多角度、多层面的各项活动,引导全体同学追寻扬中百年历史足迹,领悟扬中历史蕴藏的文化魅力,感受杰出校友体现的精神气质,思考新世纪扬中人应有的崭新形象,激励全体同学进一步弘扬扬州中学优良校风、学风,努力将自己培养成为国家和民族所期望的栋梁之才。(详见有关活动方案)

二、继续贯穿爱国主义教育主线，引导学生树立正确的价值观和历史责任感

1. 坚持利用名人名言牌、广播站、黑板报、橱窗等宣传工具，营造浓郁的爱国主义教育氛围，结合时事宣传进行爱国主义教育。

2. “五四”前后，围绕扬中校史，利用国旗下讲话、主题班会等形式，重点开展爱国主义教育和理想信念教育活动。

3. 组织高一、高二学生参观扬州市爱国主义教育基地，组织高三学生参加成人仪式，有机针对各年级学生的心理特点开展教育活动。

三、坚持以基本行为习惯养成教育为基础，切实强化学校基础文明建设

1. 结合校史学习、讨论活动，继续利用晨会、班会、团(队)活动、宣传栏等形式，大力弘扬“正直向上、热于求知”的优良校风，引导学生认真学习、自觉践行《江苏省扬州中学学生手册》中的行为规范，重点在高一新生中进行校风、学风教育和基本行为规范养成训练。

2. 进一步健全校园常规检查评比、通报制度，坚持和改进行政干部、班主任值日制度，重点加强午休、晚间放学等时段的校园常规检查与督促工作。

3. 继续修订完善学生公寓有关规章制度的检查评比方法，强化寄宿生的教育与管理。

4. 以共青团组织为核心，调动学生干部的积极性，充分发挥学生在常规教育和管理中的主体作用。

5. 进一步改进有关评比办法，学期末评选出本学年的先进班级、先进团支部、优秀学生及优秀学生干部，通过多种形式广泛宣传优秀学生的先进事迹。

四、继续以健康人格教育为抓手，进一步建设高品位、有特色的校园文化

1. 组织教师积极参与以心理健康教育研究为主要内容的德育科研工作，重点强调在理论研究基础上的实验研究，引导教师通过学习，系统掌握心理辅导艺术，尝试开展学生心理咨询工作。

2. 以《江苏省扬州中学关于加强学生心理健康教育的实施意见》为指导，通过对教师进行心理健康教育专题培训、开设“心理咨询信箱”和“心理热线”、组织心理健康教育活动、课堂教学有机渗透等途径，促进学生心理素质的良好发展。

3. 继续邀请有关专家来校为教师举办心理健康教育艺术辅导讲座，为学生举办心理健康咨询报告会。

4. 适应当今社会特点，研究和探索新时期学生课余或闲暇时间的文化建设，组

织开展多种多样的学生课余和闲暇文化活动。坚持开展“美在宿舍”宿舍文化展示、“美在教室”班级文化展示等评比活动。坚持组织学生观看爱国主义教育影视作品，组织学生外出参观，接触社会和自然，拓宽视野，增强能力，启迪思维，陶冶性情。

五、考核和培训并重，继续加强德育工作队伍建设

1. 探索全员化、全程化和全面化的德育渗透途径。重视思想政治课的德育功能，通过课堂教学考核评估制度，促进德育在各学科教学中的课堂渗透。

2. 继续分期分批培训中青年班主任，努力提高班主任队伍的整体素质。

3. 及时通过《班主任工作简报》和班主任会，通报班主任工作情况，交流班主任工作经验。

4. 坚持班主任工作量化考核制度，健全考核机制。

5. 继续重视“大德育”队伍建设，引导全体教职员工以自身高尚人格教育学生，将德育工作实绩作为考核教职员工的重要内容与依据。

6. 加强对网络社会中青少年德育工作的研究，着重研究网络对中学的思想行为产生的影响，探索网络条件下德育工作的途径和特点的。

六、重视发挥学生的主体作用，培养学生的综合能力

1. 高度重视充分发挥共青团、学生会在学生中的先锋和桥梁作用，继续坚持引导团委和学生会在学校党总支的领导下、在行政指导支持下，独立开展生动活泼的活动。

2. 在加强指导的同时，进一步放手让学生参与学校常规管理和日常教育活动。

3. 引导班主任老师通过各种措施加强班级民主管理，重视发挥班级学生干部群体的作用。

4. 坚持中学生课余党校活动正常化，并在学习内容和学习形式上继续加以改进，以进一步提高学习实效，加强对品学兼优学生的重点培训，积极做好推优入党工作。

保证措施：

1. 加强对德育工作的领导，坚持德育工作定期研究制度和德育例会制度，及时针对学生特点，研究具体教育措施。

2. 改进作风，注重实效。注意深入班级、课堂、宿舍、食堂等学生学习与活动场所，了解学生，调查研究，具体指导德育工作和活动。

3. 注意信息反馈。在坚持每周一次的班主任例会制度的基础上，学期中召开一到两次班主任、任课教师和学生代表座谈会，广泛征求意见，深入调查德育效果，以利进一步改进工作。

江苏省扬州中学

2002. 2

江苏省扬州中学
《从树人堂出发，与新世纪同行》主题教育系列活动方案

[活动宗旨]

以迎接扬州中学百年华诞为契机，通过多形式、多角度、多层面的系列活动，引导全体同学追寻扬中百年历史足迹，领悟扬中历史蕴藏的文化魅力，感受杰出校友体现的精神气质，思考新世纪扬中人应有的崭新形象，激励全体同学进一步弘扬扬州中学优良校风、学风，努力将自己培养成为国家和民族所期望的栋梁之才。

[活动时间]

2002年1月至2002年9月

[活动步骤]

A. 活动准备阶段(1月10日—2月28日)

1. 制定、完善本活动方案。

2. 召开校学生会干部、各班班长、团支部书记联席会议，动员布署本次系列活动。

3. 利用课余时间和寒假，采用专题报告、查询资料、走访在扬校友等方式，对校学生会和班级主要学生干部进行校史知识的系统培训，重点启发他们在了解扬中百年历史的基础上，深刻认识扬中历史的精神内涵，同时对实施阶段各班如何开展系列活动提出指导性意见。

B. 活动实施阶段(3月1日—6月25日)

系列活动大致分为三个阶段。

第一阶段:《回首百年》校史学习活动　3月1日—4月15日

1. 学校利用树人画廊、校园广播台、闭路电视等宣传媒体，以生动形象的形式介绍扬州中学的百年历史，重点宣传杰出校友的求学道路和成才经历。

2. 学校在每周一次的国旗下讲话中精心安排《百年校史和杰出校友》系列讲座，同时积极邀请部分在各行各业为国家作出杰出贡献的优秀校友，来校进行专题报告会或学生座谈会，让学生通过与校友面对面的接触与交流，亲身感受百年扬中人所独

具的人格魅力和思想情怀。

3. 学校在《新苗》杂志(内部刊物)开辟专栏,组织新苗文学社成员,通过书信、网络等方式,访问部分老校友,以访谈、散文、随笔等文学形式,阐述扬中历史。揭示扬中历史的精神内涵。

4. 各班围绕教育主题,利用黑板报、宣传栏和教室布置,营造教育氛围。并利用班会和团日活动,自主设计、组织、开展工作1～2次校史学习活动。

第二阶段:《新世纪扬中人》形象大讨论活动　4月16日—5月31日

1. 学校在扬中网站校庆专版开辟开放性讨论专栏,发动往届校友和在校学生广泛参与,围绕"新世纪扬中人应该具有怎样的新形象"这一话题展开大讨论。

2. 利用扬州中学网站、扬中校刊及扬中校友通讯等媒体,面向各届校友和在校学生,开展"新世纪扬中人新形象宣传用语"征集活动。从应征作品中遴选出部分语意深刻隽永、言辞生动优美的宣传用语,制成宣传标牌,置于学校各处醒目位置,让这些宣传用语在潜移默化中对学生产生激励、鞭策作用。

3. 学校组织《我自豪,我是新世纪扬中人》主题演讲比赛(方案另定)。

4. 学校在高一、高二年级分别组织《从树人堂出发,与新世纪同行》主题班会(团日活动)观摩评比(方案另定)。

第三阶段:《相约二十年》主题设计活动　6月1日—6月25日

高一、高二各班以班级为单位,开展《相约二十年》主题设计活动。要求每位同学运用文学、书法、绘画、电脑平面设计等艺术形式,描画自己对未来二十年事业、生活等方面的构想。在此基础上,召开《相约二十年》主题班会,集中展示每位同学的人生设计,并将全班同学的设计作品集中成册,加以精美包装,交学校校史馆收藏。相约二十年后,回到母校,重读当年的人生设计,回顾自己的青春年华和人生道路。

C. 活动延伸阶段(7月5日—9月10日)

1. 在广泛发动的基础上,开展"我为校庆出份力"志愿者行动。组织同学利用暑假,以志愿者身份参加学校校庆各项准备工作。

2. 新学期初,在各班对本班开展系列活动情况进行书面总结的基础上,评选出本次系列活动的优秀班级,举行总结表彰大会。

[活动要求]

各班开展活动时,必须切实按照以下要求组织、实施活动。

1. 所有活动都应充分体现学生的主体性地位。各项活动在组织和实施过程中,必须高度重视发挥学生的积极性与创造性。

2. 各项活动都应在追求深刻教育内涵的前提下,力求在活动形式上有所创新。应当重视运用现代电教媒体,丰富活动的教育内涵,强化活动的教育实效。

3. 各班组织活动必须以"安全、就近、实效"为原则。如确有需要,活动空间可拓展至校外,但组织校外集体活动必须事先以书面形式向学校申请,获准后方可实施活动。

4. 未尽事宜,另行通知。

2001.1

江苏省扬州中学2002年寒假活动计划

[总体要求]

以邓小平教育理论和江泽民同志“七一”讲话精神为指导,以迎接扬州中学百年华诞为契机,围绕“从树人堂出发,与新世纪同行”的教育主题,通过开展校史学习活动、社会实践活动、文体活动和其它活动,引导学生深刻领会扬中历史蕴藏的文化精髓,全面理解新世纪扬中学子应有的崭新形象,进一步拓宽知识视野,提高能力素养,过一个健康而有意义的寒假。

[主要活动]

一、继续认真学习邓小平教育理论和江泽民同志“七一”讲话

各班在组织学生认真自学邓小平教育理论和江泽民总书记“七一”讲话的基础上,开展形式多样的讨论、交流活动,引导学生正确领会素质教育的深刻内涵,全面理解二十一世纪人才的素质要求,激励同学树立远大理想,弘扬科学精神、人文精神和创造精神,努力提高各方面素质。

二、认真开展以“回首百年扬中,争做世纪新人”为主题的校史学习活动

寒假期间,学校要求各班同学围绕“回首百年扬中,争做世纪新人”主题,认真阅读1~2本系统介绍扬州中学百年校史的书籍,并及时撰写读书心得。各班可利用返校日组织心得交流活动,优秀作品可向学校政教处、团委推荐,供学校橱窗、广播站、《新苗》杂志发表。假期中,学校图书馆、阅览室除法定节日外,每天上午8:30—10:30向学生开放,各班学生可持借书证来校借阅。

三、精心组织以“走近百年扬中人”为主题的社会实践活动。

围绕“走近百年扬中人”的主题,以班级为单位,以安全、就近、实效为原则,结合学生身心特点,充分发挥学生的主观能动性,开展以走访调查扬中杰出校友为主要内容的社会实践活动,旨在通过活动引导全体同学进一步加深对扬中历史的了解,亲身感受杰出校友独具的人格魅力和思想情怀,认真思考新世纪扬中学子应具的形象。组织活动的过程中,要重视锻炼培养学生的创造能力、组织能力、社会交往能力等多方面的能力。活动结束后,每一位同学都要认真撰写社会实践考察报告并填写社会实践活动鉴定表。

四、积极开展中华民族传统美德教育活动。

寒假初，学校组织高一、高二全体同学观看爱国主义影片。寒假中，各班应针对寒假特点，结合本班学生实际，认真对学生进行中华传统美德教育，落实《公民道德建设实施纲要》，引导学生讲究社会公德，努力提高文明素养，教育学生过一个节俭而有意义的春节。春节期间，各班应以团支部（班级）或小组为单位，积极开展“志愿者在行动”活动和“红十字服务”活动，走访慰问烈军属、离退休干部、老教师，为社区困难职工送温暖、做好事，引导学生在服务社会的过程中获得教益。

寒假中各班应认真组织学生返校参加爱校公益劳动（具体安排见附二）。此外，要求学生参加力所能及的家务劳动和社区劳动，磨炼意志，培养能力。

五、继续开展青少年发明创造活动。

假期中，学校要求每位同学都能在认真学习以计算机技术为代表的现代科学技术的基础上，积极参与青少年发明创造活动，各班班主任应与有关任课教师配合，共同做好组织发动工作，具体指导学生选题和制作。寒假期间，除法定节日外，学校计算机房、实验室每天上午 8:30～10:30 向学生开放，各班学生可凭校徽或学生证来校上机或开展实验活动。

六、切实搞好安全与法制教育活动。

学校以教育部文件精神为依据，对学生进行专题安全、法制教育。各班散学教育时，应结合寒假特点进行专门的安全和法制教育，引导学生树立安全意识和法制意识，具体介绍节日安全基本知识，以近期各地学校出现的安全事故为戒，教育学生特别重视用电安全、用火安全和旅游安全。

要求学生强化法制观念，严格执行《中学生日常行为规范》和《江苏省扬州中学学生手册》中的有关纪律规定，遵守公共秩序，不参与赌博和迷信活动，不看不健康书刊、录像和网页，自觉遵守网民公德，不进“三厅一室”以及网吧等学生不宜进入的场所。对少数平时行为习惯较差的同学，各班要进行专门的个别谈话，关心他们的寒假生活。必要时可安排学生干部与其结成对子，共同过好寒假。学校将于寒假期间召开社区教育委员会会议，共同研究和关心学生的健康成长，并将邀请法制副校长来校，与部分学生座谈青少年法制教育中的有关问题。

七、有机安排文化学习与体育锻炼。

学校要求各科教师认真按照教育部以及省市有关会议精神，准确理解减负与素质教育的意义和关系，精心布置适量的寒假作业。要求学生每天抽出一定时间（每天两小时左右）用于文化学习，按时认真完成寒假作业。同时，各班学生应自觉进行体育锻炼，做到假期生活有规律、娱乐有节制。各年级可根据实际情况，适当安排培尖补差。

[返校活动]

寒假期间，学校安排两次返校日。第一次安排在 2 月 7 日（农历腊月 26 日），各班安排“志愿者在行动”和“红十字”服务活动;第二次安排在2月21日(农历正月初十),各班组织学生活动,并打扫教室、包干区,检查寒假作业。

[公益劳动]

寒假期间,安排部分班级参加学校公益劳动。有关班级请于当天上午8时在班级集中,由班主任老师与总务处值班同志联系,具体安排劳动内容。

[日程安排]

2月3日:散学教育(下午第一节课)
卫生大扫除(下午第二节课)
各班布置寒假工作,成立寒假活动小组(下午第三节课)
发放学生手册及寒假作业(下午第四节课)
2月4日:寒假开始
2月7日:学生第一次返校(8时半—10时半)
2月21日:学生第二次返校(8时半—10时半)
2月22日:教师报到
2月23日:教师教研站活动
2月24日:学生报到
2月25日:正式上课

[注意事项]

1. 除学校统一进行散学教育外,各班要根据本意见结合本班实际,拟定班级寒假工作计划,组织寒假活动小组和通讯联络网(放假前报政教处),精心组织寒假活动;

2. 各班散学教育后,要整理好教室和教学用具,学校将继续组织普查,并于下学期公布检查结果;

3. 假期班主任离扬,应事先与分工行政干部协同委托专人代理假期工作,并报政教处备案;

4. 返校日活动情况(返校人数、活动内容等),各班要及时报政教处。

报:市教育局
发:各部门、各年级组、各教研组、各班级

附：

寒假爱校公益劳动时间安排表

2月4日	高一(5)	2月5日	高一(6)	2月6日	高一(7)
2月7日	高一(8)	2月8日	高一(9)	2月9日	高一(10)
2月18日	高一(11)	2月19日	高一(12)	2月20日	高一(13)

江苏省扬州中学2002年暑假活动计划

[总体要求]

以迎接扬州中学百年华诞为教育契机,以《中共中央国务院关于深化教育改革全面推进素质教育的决定》为指导,以促进学生全面素质提高为宗旨,深入开展爱国主义教育、集体主义教育、科学教育、创造教育和中华传统美德教育,通过开展读书活动、社会实践活动、志愿者服务活动、文体活动和其它活动,引导学生深刻理解扬中学子应当肩负的历史重任,进一步拓宽知识视野,提高能力素养,过一个健康而有意义的暑假。

[主要活动]

一、积极开展以"从树人堂出发,与新世纪同行"为主题的校史学习活动和社会实践活动。

暑假期间,各班要继续围绕"从树人堂出发,与新世纪同行"的主题,组织全体学生认真学习百年校史,并及时撰写读书心得(假期中,学校图书馆每天上午8:30—10:30(双休日除外)向学生开放,备有大量介绍校史的书籍,各班学生可持借书证来校借阅)。

各班应引导学生以班级或小组为单位,以安全、就近、实效为原则,结合学生身心特点,开展以访问校友、了解校史为主要形式的社会实践活动。活动中,同学应及时将所见所闻和感想体会写成随笔,并认真填写社会实践活动鉴定表。

各班要开展形式多样的讨论、交流活动,引导学生正确领会素质教育的深刻内涵,全面理解二十一世纪人才的素质要求,激励同学树立远大理想,弘扬科学精神、人文精神和创造精神,努力提高各方面素质。

二、精心组织同学开展"我为校庆出份力"志愿者服务活动。

各班除应认真组织学生返校参加爱校公益劳动(具体安排见附表)外,还应根据学校要求,及时组织同学参与学校校庆准备工作,并组织、指导各班团支部,积极主动开展形式多样的"我为校庆出份力"志愿者服务活动。假期结束,请各班将活动开展情况写成实录,汇同活动中的有关资料报送学校政教处。学校将依据各班假期活动情况,结合上半年开展《从树人堂出发、与新世纪同行》主题系列活动的情况,评选出开展此项系列活动的先进班级，予以表彰。

三、围绕素质培养，继续开展青少年发明创造活动和各种文体活动。

假期中，学校要求每位同学都能积极参与青少年发明创造活动，各班班主任应与有关任课教师配合，共同做好组织发动工作，具体指导学生选题和制作(假期中，学校计算机房对学生开放)。

假期中，各班应积极组织班级文艺骨干认真参加校庆文艺演出节目排练，班主任老师在放假前应根据学校要求挑选出有关人选，组成通讯网络，指定召集人，督促有关同学按时到校参加节目排练。

四、切实搞好安全与法制教育活动。

除学校在散学教育中重点强调安全与法制教育外，各班还应以教育部文件精神为依据，结合暑假特点对学生进行专题安全和法制教育，引导学生树立安全意识和法制意识，具体介绍安全基本知识。以近期各地学生中出现的安全事故为典型案例，教育学生特别重视用电安全、用火安全和旅游安全。要求学生强化法制观念，严格执行《中学生日常行为规范》和《江苏省扬州中学学生手册》中的有关纪律规定，遵守公共秩序，不参与赌博和迷信活动，不看不健康书刊和录像，不进网吧、游戏机室、舞厅等中小学生不宜进入的场所。对少数平时行为习惯较差的同学，各班要进行专门的个别谈话，必要时可安排学生干部与其结成对子，共同过好暑假。

五、有机安排文化学习和体育锻炼。

学校要求各科教师继续认真学习素质教育理论，深刻领会教育部有关减负文件的主要精神，精心布置适量的暑假作业。要求学生每天抽出一定时间(两小时左右)用于文化学习，按时认真完成暑假作业。同时，各班学生应自觉进行体育锻炼，做到假期生活有规律、娱乐有节制。各年级可根据实际情况，适当安排培尖补差。

[返校活动]

暑假期间，学校安排三次返校日。

第一次安排在7月15日，各班打扫包干区，安排校史学习活动或走访校友等形式的社会活动；

第二次安排在8月5日，各班打扫包干区，组织“我为校庆出份力”志愿者服务活动；

第三次安排在8月25日，各班打扫教室、包干区，检查暑假作业，做好开学准备工作。

[公益劳动]

暑假期间，学校安排部分年级学生参加学校公益劳动。有关班级请于当天上午8时在班级集中，由班主任老师向总务处值班同志签到，后由值班同志具体安排劳动内容(公益劳动安排表附后)。

[日程安排]

7月4日:散学教育(第一、二节课)

卫生大扫除(第三节课)

各班布置寒假工作,成立暑假活动小组(第四节课)

发放成绩报告单及暑假作业(第四节课)

7月5日:暑假开始

7月15日:第一次返校(8时—10时半)

8月5日:第二次返校(8时—10时半)

8月25日:第三次返校(8时—10时半)

8月30日:外地学生报到(8时起)

8月31日:市区学生报到(8时起)

9月1日:正式上课

[注意事项]

1. 除学校统一进行散学教育外,各班要根据本意见结合本班实际,拟定班级暑假工作计划,组织暑假活动小组和通讯联络网(放假前报政教处),精心组织暑假活动;

2. 各班散学教育后,要整理好教室和教学用具,学校将继续组织普查,并于下学期公布检查结果;

3. 假期班主任离扬,应事先与分工行政干部协同委托专人代理假期工作,并报政教处备案;

4. 返校日活动情况(返校人数、活动内容等),各班要及时报政教处。

江苏省扬州中学

2002.6.28

报:市教委

发:各部门、各年级组、各教研组、各班级

附: 暑假爱校公益劳动时间安排表

7月6日	各班整理考场	7月7日—9日	高　考
7月10日	高一(5)	7月12日	高一(6)
7月15日	返校、各班打扫包干区	7月19日	高一(7)
7月21日	高一(8)	7月24日	高一(9)

7月26日	高一(10)	7月28日	高一(11)
7月31日	高一(12)	8月2日	高一(13)
8月5日	返校,各班打扫包干区	8月8日	高二(5)
8月10日	高二(6)	8月12日	高二(7)
8月14日	高二(8)	8月16日	高二(9)
8月18日	高二(10)	8月20日	高二(11)
8月22日	高二(12)	8月25日	返校,各班打扫包干区

2003—2004 学年第二学期
中共江苏省扬州中学总支委员会工作意见

本学期学校党的工作要以邓小平理论和“三个代表”重要思想为指导，切实加强学校党的建设，发挥党组织的政治核心作用和保证监督作用，提高党的战斗力，审时度势，发挥优势，围绕中心，服务大局，扎实工作，凝聚人心，促进学校教育教学改革和发展，提高办学质量。

一、认真学习“三个代表”重要思想

新的形势和任务需要我们深入学习邓小平理论和“三个代表”重要思想，用“三个代表”重要思想总揽全局，指导工作，对基础教育的形势和任务进行宏观思考和深入研究，深刻认识教育在实施人才强国战略中承担的历史使命，认清百年扬中在新时期的历史任务和奋斗目标，增强做好各项工作的自觉性和创造性。

1. 把“三个代表”重要思想作为本学期党内政治学习的中心内容，在上学期学习和讨论的基础上完成有关学习专题。

2. 围绕学习“三个代表”重要思想，结合教育工作实际和个人思想实际召开学习心得交流大会。

3. 上好党课。围绕“三个代表”重要思想的学习专题，进一步深化学习，深刻领会和认真把握精神实质和思想精髓。

4. 抓好学校中层以上干部的政治学习，促进干部队伍素质的提高，努力建设一支团结、进取、高效和创新的干部队伍。

5. 安排专门时间学习最近时期出台的《中国共产党党内监督条例(试行)》和《中国共产党纪律处分条例》等党内有关重要文件。

二、发挥党的政治优势促进学校改革和发展

要发挥党组织的政治核心和保证监督作用，围绕校长室提出的各项工作任务开展积极工作，促进学校的改革与发展。

1. 围绕学校中心工作，促进教育教学质量提高。质量是教育的生命线，学校党组织以及全体党员要树立强烈的质量意识、大局意识和改革意识，把提升教育教学质量作为衡量党的战斗力和党员模范作用的一个重要标准，要把提高教育质量作为头

等大事来抓。

2. 搞好教代会换届工作，召开第三届教代会。讨论和通过学校章程。

3. 发挥工会共青团组织桥梁和纽带作用。支持工会和团委开展各种活动，了解情况，沟通感情，调动各方积极性，促进学校民主管理。

4. 做好民主党派工作。按照党的统一战线思想和原则，认真做好学校民主党派工作，引导各民主党派围绕学校中心任务展开工作，特别要在促进学校稳定，推动教育改革，提高自身素质上下功夫。

三、以人为本做好思想政治工作

本学期要按照以人为本的要求，认真做好教职工思想政治工作。主要做好：

1. 按照思想政治工作"尊重人、凝聚人、培养人、发展人"要求，针对教师特点开展行之有效的思想工作，切实加强教职工队伍建设，注意营造积极进取，良性互动的舆论环境和思想氛围。凝聚全校人心，促进学校的稳定、改革和发展规律，实现一流办学目标。

2. 努力发挥共产党员在学校各项工作中和各自岗位上的先锋模范作用，要师德教育放在突出位置，结合学校教育教学工作的实际和学校管理，引导教师把主要精力投身到课堂教学中来。组织党员观看《师德启思录》教育录像片。

四、适应新的形势抓好党建工作

1. 按照党章要求和上级党委关于搞好学校党建工作的要求，重视学校党建工作贯彻省委组织和省教育工委《中小学校党的工作条例》，健全制度，形成氛围，抓好党的思想建设、组织建设、作风建设和干部队伍建设。在学校党建过程中，坚持"三会一课"制度，坚持党的民主集中制原则。

2. 认真做好发展新党员工作。按照党章要求，加强对要求入党积极分子的培养，特别重视在中青年教师中培养和发展新党员。专题研究党的发展工作，制定中长期培养发展计划，有计划、有步骤、有质量地积极稳妥地发展新党员。继续办好学生课余党校，指导学校团委搞好"推优"工作，在总结经验的基础上，做好高三年级学生发展党员工作。"七一"前夕发展一批学生新党员。

3. 重视发挥党的各分支部的作用，以分支部为单位开展工作和活动。

4. 按照要求协同学校行政搞好校务公开工作，切实加强党风廉政建设。

中共江苏省扬州中学总支委员会
2004—2005学年度上学期工作意见

本学期学校党的工作要以邓小平理论、“三个代表”重要思想为指针，认真学习和贯彻中共十六届四中全会精神，以提高教育教学质量为核心，全面贯彻教育方针，加强和改进党的工作，促进学校各项事业的改革和发展。

主要工作：

一、抓好理论学习，加强思想作风建设

本学期要组织全体党员继续认真学习邓小平理论和“三个代表”重要思想，特别是要重点组织党内认真学习《党内监督条例(试行)》和《党员纪律处分条例》，学习中共十六届四中全会文件精神。从贯彻“三个代表”重要思想和提高党的执政能力的高度，根据市纪委、市委组织部的部署，开展“增强纪律观念，自觉接受监督”主题教育活动。具体安排如下：

1. 围绕中心内容上好党课。本学期要采用党内自学和党课辅导形式，认真学习“两个条例”和党的中共十六届四中全会文件，引导全体党员增强自觉接受监督和遵守纪律的观念，提高对增强党的执政能力的重要性的认识。

2. 按照教育局党委的要求，教育活动分学习讨论、对照检查和总结提高等三个阶段进行。

3. 抓好学校中层以上干部的思想理论学习，促进干部队伍的建设。

4. 学习和教育过程中，要注意理论联系实际，采取多种形式，注重教育效果，通过教育，使作风建设有新气象，干部队伍和教师队伍素质有新提高，遵纪守法、接受监督的氛围有新面貌。

二、发挥党员先锋模范作用，促进学校各项工作

注意发挥党员的先锋模范作用，引导全体党员围绕学校中心工作，在教育教学和学校行政管理工作中作贡献。具体按照民主评议党员的要求和步骤，过好民主生活会，开展岗位争优活动，形成积极向上的党内舆论，以党员工作实绩为重点，衡量和检验党员模范作用。

做好思想政治工作。思想政治工作要以学校改革和发展为目标，以增强全校教职工的凝聚力为抓手，针对学校的工作实际和教职工的思想实际展开。本学期要召

开不同类型的座谈会，切实了解教职工的思想现状，有的放矢地开展思想政治工作。

贯彻有关条例，切实做好纪律检查工作和抓好廉政建设，促进党风建设和教育行风建设。

认真组织开展庆祝第二十个教师节活动，通过开展加强师德教育，宣传先进教师事迹，参加文艺汇演，营造良好的氛围。

三、加强组织建设，增强党组织的战斗力

要切实加强党的组织建设，按照省委组织部和省教工委《暂行规定》，履行职责，做好工作。主要工作有：

1. 按照进一步做好新形势下发展党员工作会议精神，遵循“坚持标准、保证质量、改善结构、慎重发展”的方针，认真做好组织发展工作。在坚持党员标准的前提下，吸收更多的要求入党的积极分子到党内来。本学期要认真执行以往制定的党员培养发展计划，开学初召开入党积极分子座谈会，按各个分支部和党小组落实培养联系人，定期召开会议汇总分析培养对象的现实情况。

2. 加强分支部工作。正常各分支部会议制度，发挥各个分支部的工作积极性。

3. 坚持学校党总支例会制度。定期研究学校和党内的重要事项。

4. 加强学校干部队伍建设。开展多种形式的谈心活动，增强干部队伍的思想政治素质，加强对青年干部的教育、考察和培养。

四、做好工会、共青团工作和民主党派工作，加强学校民主管理

要围绕学校工作的大局，开展积极有效的党群工作。具体抓好：

1. 本学期改选教代会代表，召开第三届教代会。通过扬州中学学校章程等事项。

2. 重视搞好工会、共青团工作。发挥他们的纽带作用。

3. 加强对民主党派工作的领导。通过召开民主党派座谈会，支持民主党派开展正常组织活动，动员和引导民主党派围绕学校改革、稳定和发展的大局，同心同德，群策群力，贡献力量。

4. 贯彻省教育工委和教育厅文件精神，协同学校行政做好校务公开工作，迎接年底市局校务公开工作检查。

中共江苏省扬州中学总支委员会 2004—2005 学年度下学期工作要点

本学期学校党的工作要在邓小平理论和“三个代表”思想的指导下，以组建党委为契机，以提高办学质量为中心，加强党员思想作风建设、组织建设和干部队伍建设，做好开展保持先进性教育的准备工作，推进党风廉政建设，开展积极的思想政治工作，凝聚人心，推进学校各项工作。

一、加强党的思想政治建设。组织全体党员学习中共中央有关党的建设的一系列文件学习，重点学习《中共中央关于加强党的执政能力建设的决定》、中共中央《建立健全制度教育、制度、监督并重的惩治和预防腐败体系实施纲要》和胡锦涛在省部级主要领导干部专题研讨班开班式上的讲话等文件和讲话，围绕以上内容搞好党课教育；成立党委理论学习中心组，吸收中层以上干部参加，搞好党委中心组学习，建立健全学习制度，建设学习型组织。

二、做好换届和组建党委工作。要在市委组织部和市教育局党委的领导下，总结近几年的工作，明确今后的工作思路，组建党委和纪律检查委员会机构以及党委办公室机构。

三、按照党管干部的原则，在学校党组织的统一领导下，切实把学校干部队伍建设作为一项系统工程来抓。做好中层干部的调整和选拔工作。学校党组织要专题研究干部队伍建设问题，针对我校实际和特点，按照干部队伍“四化”标准，注重以公道正派、群众满意、善于做事、业绩显著的标准建设和选拔干部队伍。充分发挥现有干部队伍的作用，加强干部队伍的思想政治建设和专业素质的提升。

加强后备干部队伍的培养和建设，有计划、有步骤地建设干部的梯队，坚持正确的用人导向，注意发现那些埋头苦干、任劳任怨、实绩突出而不计名利的人，选拔任用政治清醒、信念坚定、善于学习、求真务实、勇于创新、坚持原则、弘扬正气的人，根据市委组织部和市教育局党委要求，按照程序和规范，形成我校后备干部梯队。

四、加强党风廉政建设。要以制度建设为抓手，按照中央加强党风廉政建设的要求，结合学校行业特点，制定适合学校实际的各项党风廉政建设制度。

五、加强思想政治工作。学校党组织要加强对思想政治工作的领导，充分认识改进和加强思想政治工作的重要性。坚持以邓小平理论和“三个代表”重要思想为指导，坚持以教育教学工作为中心，服务学校工作的大局，坚持从实际出发，坚持教育与管理相结合，坚持解决思想问题同解决实际问题相结合，坚持依靠党的领导，依靠全校同志一起切实抓好思想政治工作。

开展专题调研：要专题研究学校思想政治工作的现状，开展教职工思想现状的调查，就进一步加强思想政治工作提出思路；

组织政治理论学习。组织全体教职工学习胡锦涛同志在省部级主要领导干部专题研讨班开班式上的讲话，扎扎实实做好构建社会主义和谐社会；

开展以师德教育为内容的主题活动。结合教师队伍建设和师资校本培训，组织教职工开展加强师德建设的学习和教育活动；

建设高品位的校园文化。依托工会组织开展创建文明组室活动：以工会为主体开展文明组室的创建活动；包括布置以文明校园为主题的环境布置；表彰和宣传校园师德先进典型。开展健康向上和生动活泼的教职工文化艺术活动。具体以工会和共青团为主体组织开展。

六、围绕学校发展大局，积极参与学校中长期发展规划的讨论和制定。学校党组织要围绕扬中发展要进行专题调查研究和讨论，在党员中开展“我为扬中发展献计策”主题讨论活动。

七、加强党的组织建设，加大组织发展的力度。按照中央有关做好党员发展工作的文件精神，继续发挥各个支部的作用，做好组织发展工作，特别要重视在骨干教师和中青年教职工中发展党员。成立离退休党支部和树人学校党支部。

八、发挥党员的先锋模范作用。要围绕高三毕业班工作，动员全体党员做好本职工作，为提高办学质量，完成教育局提出的工作目标和各项指标而努力。

九、加强对群团工作和民主党派工作的领导。要定期研究群团工作和民主党派工作。推进工会对教代会的提案的整理和答复工作。坚持民主党派例会制度和与民主党派负责人谈心制度。动员学校各个方面，为实现办好扬中奉献力量。

中共江苏省扬州中学委员会
关于先进性教育活动分析评议阶段工作的意见

根据中共扬州市委教育工作委员会《关于做好第二批先进性教育活动分析评议阶段工作的意见》,结合我校实际情况,现就分析评议阶段工作安排如下:

一、充分认识分析评议阶段工作的重要意义

认真做好分析评议阶段的工作,是巩固和扩大学习动员阶段成果,打好整改提高工作基础,确保先进性教育活动取得实效的关键。学校党委和党员个人要找准存在的突出问题,深刻分析原因,明确整改方向。每个党员都要听取意见,自我剖析,接受评议,开展批评与自我批评;学校党委要采取有效方式广泛征求群众意见,各个党支部要提出对每个党员的评议意见。这一阶段的每一个环节都会触动党员的思想,政策性强,党员关心,群众关注。学校党委要加强对分析评议工作的领导,各个党支部要在党委领导下,认识做好本阶段工作的重要意义,引导党员把思想统一到中央和省市委工作部署和具体要求上来,增强自觉性和责任感,加强领导,准确把握政策,采取有力措施,务使分析评议阶段各项工作任务落到实处。

二、切实抓好分析评议阶段的五个重点环节

分析评议阶段的时间为1个月左右。要按照中央和省市委的要求,在确保分析评议达到预期目的上下功夫,做到查找问题要准,听取意见要广,撰写党性分析材料要实,批评与自我批评要深。重点抓好以下五个环节:

1. 广泛征求意见。要充分发扬民主,坚持走群众路线,通过召开座谈会,发放征求意见表、设置意见箱、开通网上信箱、个别访谈等形式,广泛征求教职工、学生及其家长、社会各界的意见和建议。党员之间、党员与普通教职工之间要深入开展谈心活动,沟通思想,听取意见。每个党员要结合“永葆共产党员先进性,争当人民满意教师”的主题实践活动中“四问三满意”和“三联系”的活动内容,主动征求和听取群众意见,党员领导干部还要主动征求分管处室的意见。

2. 撰写党性分析材料。每个党员要对照《党章》、新时期保持共产党员先进性的基本要求和我校保持共产党员先进性的具体要求,结合征求到的意见和建议,认真进行党性分析,深入查找在理想信念、爱国敬业、为人师表、教书育人、严谨笃学等方面

存在的问题,从世界观、人生观、价值观上剖析思想根源。除少数年老体弱等有特殊困难的党员经党委同意外,都要撰写党性分析书面材料。党支部(党小组)负责同志审阅本支部(小组)党员的党性分析材料。学校党委主要负责人的党性分析材料由市委督导组组长负责审阅,学校党委委员、领导班子成员的党性分析材料由学校党委主要负责同志审阅;党委领导班子成要审阅分管处室主要负责同志的党性分析材料。党性分析材料联系个人实际不够,问题找得不准、剖析不深不透的,要认真进行修改。

3. 开好专题组织(民主)生活。各党支部要在党员进一步搞好学习、认真撰写党性分析材料的基础上,组织开好专题组织生活会。党员逐个进行评议,认真开展批评与自我批评。学校党委领导班子成员既要以普通党员身份参加所在党支部的专题组织生活会,又要参加领导班子的专题民主生活会。召开专题组织(民主)生活会时,可以邀请部分普通教职工、学生家长和社会人士列席。党员和党员领导干部要根据专题组织生活和专题民主生活会的情况,认真修改党性分析材料,进一步明确努力方向。

4. 提出评议意见。专题组织生活会后,党支部召开支委会,根据民主评议情况、征求到的意见和党员的平时表现,对每个党员提出评议意见。评议意见经学校党委审查后,以书面形式如实向党员本人反馈,肯定成绩,指出问题,提出整改方向。

5. 通报评议情况。党委将以适当方式、在一定范围内通报专题组织(民主)生活会情况。专题民主生活会情况要上报市教育局党委,并抄报市教育局先进性教育活动领导小组。

三、需要把握的几个问题

在分析评议阶段,要全面贯彻扬发【2005】5号文件提出的开展先进性教育活动的"六个明显成效"的指导原则,特别注意把握好以下几个问题:

1. 巩固和运用好学习动员阶段的成果。要紧密结合党员的思想实际和分析评议阶段的工作要求,组织党员有针对性地精选学习内容,深入学习党章和胡锦涛总书记《在新时期保持共产党员先进性专题报告会上的讲话》精神,提高认识,端正态度,摆正位置、自觉投入,增强从世界观、人生观、价值观等方面进行自我剖析的自觉性,增强学习实践"三个代表"重要思想的坚定性。要根据我校保持共产党员先进性讨论基础上提出的具体要求,对照检查,分析评议,坚持理论联系实际,把"百千万教育活动"推向深入,让"永葆共产党员先进性、争当人民民意教师"主题实践活动更加富有成效。

2. 找准存在的突出问题。要把查找问题作为分析评议阶段的重要一环,找准党员和党组织存在的突出问题,群众反映强烈的师德师风方面的突出问题,影响学校改革发展稳定的突出问题,涉及群众切身利益方面的突出问题,以及存在的其它突出问题。对查找出的问题,要从思想认识上分析原因。学校党委和领导班子要从党员存在的突出问题中查找自身存在的问题,分析原因,总结教训,明确整改方向。

3. 正确开展批评与自我批评。要坚持原则,讲究方式方法,不回避矛盾,不纠缠细枝末节,不搞无原则纠纷。党员自我批评的要求是:能够认真查摆自己在保持先进性方面存在的突出问题;对党组织指出的问题和党员、群众提出的意见,要有正确态度,作出实事求是的回答,认真总结经验教训,提出整改措施。党员之间开展批评的要求是:坚持实事求是的原则和"惩前毖后,治病救人"的方针,从团结的愿望出发,本着对同志对事业高度负责的态度,敞开思想,畅所欲言,帮助分析查找原因,明确努力方向。

4. 坚持边议边改。全体党员要把保持先进性的要求同履行岗位职责结合起来,做好本职工作,要发挥先锋模范作用。对查找出来的突出问题,具备整改条件的要马上就改。切实转变工作作风,提高工作效率,服务学生,服从社会,对那些不履行党员义务,不具备党员条件的,学校党委要区别情况,多做教育工作,促使他们尽快转化为合格共产党员。通过解决问题,让群众感受到党组织和党员在先进性教育活动中发生的新变化。

5. 充分发挥党员领导干部的表率作用。学校党委领导成员、各支部书记和党员中层以上干部,要带头征求党员、群众的意见,带头进行自我剖析,带头开展批评与自我批评,带头边整边改,以实际行动为广大党员做出表率。

四、切实加强组织领导

学校党委要切实加强对先进性教育工作的领导,充分发挥各党支部(党小组)的基础作用和党支部书记、党小组长的直接责任人作用。学校党委委员要分别具体负责一个支部,深入党小组了解情况,总结经验,指导面上工作。

要在搞好分析评议阶段思想动员的同时,把解决思想认识问题同解决党员的实际问题结合起来,有针对性地做好党员的思想政治工作。引导党员正确对待群众意见,正确对待党组织指出的问题,正确对待民主评议的结果,以自觉搞好分析评议的实际行动体现党员先进性。要及时了解掌握群众的思想动态,正确引导群众参与先进性教育活动。

要把上级党委的精神与我校工作实际结合起来,在坚持基本要求的前提下积极探索,努力创新。要精心组织实施,及时发现和解决问题,确保分析评议阶段不走过场,不出偏差,取得实效。充分运用橱窗网络等媒体做好宣传工作,营造良好舆论氛围。正确处理先进性教育与学校其它各项工作的关系,合理安排时间,确保先进性教育活动与各项工作相互促进,取得更大实效。分析评议阶段的"五个环节"的工作基本完成后,要适时地对这一阶段的工作进行"回头看",为后续整改提高做好准备。

先进性教育分析评议阶段活动时间

日　期	星期	主　要　内　容
9月15日	四	党委会扩大会，传达贯彻市教育局党委关于分析评议阶段的工作意见，具体部署我校分析评议阶段的工作。
9月16日	五	召开全体党员大会总结学习动员阶段情况，传达市教育局党委关于分析评议阶段的工作意见，具体布置分析评议阶段工作。
9月17日 9月27日	六 二	(1) 党员按照要求开展谈心活动，征求意见，党员撰写个人党性分析材料。 (2) 面向家长和社会发放征求意见表，设立意见箱，开放电子信箱。
9月23日	五	支部书记和先进性工作小组会议，进行分析评议工作培训。
9月26日	一	征求意见座谈会之一：教职工代表、民主党派座谈会；之二：学生座谈会
9月27日	二	(1) 按照要求，各党支部和党小组，检查个人党性分析材料准备情况。并向党委汇报各支部党员准备情况。 (2) 征求意见座谈会之三：部分党员座谈会
9月28/29日	三/四	以党小组为单位逐个进行党员个人党性分析评议，各小组做好评议记录。
10月8日	六	按照规定，党委主要负责人党性分析材料送市委督导组审阅，党委委员、校领导送党委主要负责人审阅：各处室党员主要负责人党性分析材料，按分工送党委委员审阅。
10月9日	日	各党支部召开支委会，在征求意见、党员小组专题民主生活会基础上，结合党员平时表现，对每个党员提出评议意见。
10月10日	一	各党支部继续对党员个人提出评议意见，做好个别思想政治工作。
10月11日	二	党委对各支部提出的党员评议意见进行审查。在此基础上各支部向党员本人提出书面反馈意见。
10月12日	三	党委专题民主生活会，民主生活会情况上报教育局党委
10月14日	五	进行分析评议阶段工作总结

党性分析材料撰写提示

·党性分析材料的文体特性

党性分析材料不同于一般的工作总结和述职报告,它是以党员个人名义向党组织报告自身党性状况的文书。属于报告类,或者称之为党性分析报告。

党性分析材料具有三个基本特点:

一是自述性。党员本人以第一人称,采取自述方式,对自己以往思想和工作的情况进行回顾和思考,向党组织报告自己的全面情况。

二是分析性。对照“三个代表”重要思想、党章的要求和学校保持共产党员先进性具体要求,运用辩证唯物主义和历史唯物主义的观点,对自己的党性状况作出实事求是的评价和剖析。正确认识自己、分析自己,既要查摆问题及其表现,又要深刻分析原因,从思想深处找出产生问题的症结。

三是真实性。党性分析材料是党员向党组织的报告,必须以严肃认真的态度,实事求是,实话实说,不避重就轻,避实就虚,更不能弄虚作假。

·党性分析材料的内容构成

党性分析材料由开头和主题构成。开头简要概述取得的成效,主体分为存在的突出问题及其表现,产生问题的主要原因、整改措施等三个部分。重点内容要放在查找问题和剖析原因上。要认真对照党章规定的党员义务和党员领导干部的基本条件。按照“两个务必”和“八个坚持、八个反对”的要求,以及新时期保持共产党员先进性的基本要求和我校保持共产党员先进性的具体要求,结合征求到的群众意见和组织上点出的问题,重点检查在理想信念、宗旨、作风、遵守纪律和立足本职发挥作用等方面存在的问题,从世界观、人生观、价值观上剖析思想根源。

·党性分析材料的具体要求

一是查摆问题要准确。二是剖析原因要深刻。三是整改措施要到位。

中共江苏省扬州中学委员会
开展“永葆共产党员先进性，争当人民满意教师”
主题实践活动实施意见

为了扎实推进我校先进性教育活动，落实市委“三在”要求，切实加强教育行风和师德师风建设，推进我校各项工作，根据市委先教办和市教育局党委文件精神，在我校党员教师中开展“永葆共产党员先进性，争当人民满意教师”主题实践活动。具体如下：

一、深入宣传发动，提高积极性

1. 召开全体党员教师大会，传达和学习 37 号文件，进行广泛深入的动员，引导党员教师明确开展主题活动的重要意义，提高开展活动的积极性。引导党员教师着重认清在教师党员中开展“永葆共产党员先进性，争当人民满意教师”主题活动的意义和要求，做到“四个带头”、“四个表率”，即带头学习实践“三个代表”重要思想，争当理想信念坚定思想作风过硬的表率、带头争创“党员先锋岗”，争当钻研教学业务提高教育质量的表率，带头征求社会各界意见，争当倡导文明校风弘扬师德师风的表率、带头深入联系群众，争当以生为本教书育人的表率。

二、开展多种活动，增强实效性

1. 在全体党员中继续开展“保持共产党员先进性大讨论”，深入理解党章规定的党员标准和我校党员先进性具体要求，牢固树立共产党员的表率意识，营造浓郁的活动氛围。

2. 组织开展“四问三满意”问卷调查。结合分析评议，做好面向社会各界、学生家长、学生、教职工的问卷调查活动，倾听广大人民群众的意见和建设，努力办学生、家长和社会各界都满意的学校。

3. 开展争创“党员示范岗”活动。在学校设立一批党员示范岗，每个党员围绕课程改革和课堂数学，上一堂优质示范课。带动课程改革和课堂教学质量提升，作好师表示范，以自身良好的师德风范展示先进性，在勤奋工作中实践先进性。教学辅助岗位的党员要根据本岗位的特点，开展工作示范活动。

4. 开展结对助学活动。全校每个党员教师结对帮扶一名家庭经济困难的学生和一名学习有困难的学生，为他们的健康成长排忧解难。

5. 开展“三联系”活动。每个党员教师联系一个班级、联系一个非党教师、联系一个学生家庭，了解情况，帮助解决苦难，密切师生之间、家校之间、党员与非党员之间的联系。

三、采取切实措施，强化指导性

1. 加强组织领导，精心实施。开展“永葆共产党员先进性，争当人民满意教师”主题实践活动，是上级党委总体部署，深化先进性教育活动的具体举措，学校各级党组织要重视活动的开展。学校党委要结合第二阶段的先进性教育活动，具体研究，精心组织，有序推进主题活动的展开。把主题活动作为先进性教育的重要内容来抓。

2. 紧密联系实际，务求实效。动员引导全体党员教师积极参加“永葆共产党员先进性，争当人民满意教师”主题实践活动，切实做到“四个带头”，争当“四个表率”。每个党员要制定个人参与活动的目标和计划。活动开展要立足本职岗位，体现教育特色、岗位特点个个人特长，找准着力点，注意针对性，积极为学校发展、学生成长作贡献。

3. 加强活动督查，严格考核。学校党委要加强对主题活动的督查工作。全校要在党委统一领导下，做好活动考查记载工作，注意活动的信息反馈和宣传工作，根据活动不同阶段做好评比工作，表彰先进个人、先进党小组和先进党支部。

4. 重视机制建设，持之以恒。通过开展“永葆共产党员先进性，争当人民满意教师”主题实践活动，深化保持先进性教育，把先进性教育活动与日常教育教学工作紧密结合起来，结合党的制度建设，建立充满活力的长效机制，使党员长期受教育，永远争做“办人民满意教育，做人民满意教师。”

扬州中学少先队大队部关于第五、六周大队活动的通知

一、关于“跨世纪中国少年雏鹰行动”

1. 各中队应大力宣传“雏鹰行动”的目的、意义，利用《中国少年报》、《初中生报》、黑板报、墙报让队员了解行动的各项要求。

2. 各中队开展“夏令营较量”的讨论，并推荐一名队员参加“我们是跨世纪的雏鹰”演讲比赛。

3. 各中队完成“雏鹰行动”的系列活动计划，于第六周末(4 月 2 日)交大队部参加评比。

4. 初一年级进行一次实践活动：远足野外拉练。

二、关于举办“少年团校”、“少年队校”

各中队于本周末将“少年团校”名单(初二年级各中队 5～8 名)、“少年队校”名单(初一年级各中队 5～6 名)交大队部，下周一(3 月 21)正式进行“开学典礼”。

三、关于中队基本建设

1. 各中队应当设立“红领中角”(内设：中队委名单，中队有关纪律，卫生等方面的规定，本学期或近期工作活动计划，中队活动记录，大队部通知等)。

2. 各中队应定期出黑板报或墙报，宣传团队知识，大队中队活动等等。

3. 各中队应定期举行中队活动和召开中队委会议。

4. 队员应配载少先队员标志(初一平时配戴红领巾，初二平时戴队徽、大队或中队重大活动时配戴红领巾)。

5. 以上各项将由大队部纪检部组织队干部进行检查。

四、关于“青年志愿者”活动

各中队应在近期中选择一项实事行动起来，可以中队进行也可以小队进行，并将活动计划及效果尽快上报。活动较好的中队将在“特刊”中报道。

扬州中学大队部

1994. 3. 15

扬州中学校史资料长编·下编

第六册

《扬州中学校史资料长编》编委会 编

凤凰出版社

《扬州中学校史资料长编》编委会

主　任:严济良

副主任:郑万钟　张　铨　蒋念祖　方钧鹤

编　委:(按姓氏笔画排列)

丁爱军　方钧鹤　朱如忠　严济良

孙国强　吴高扬　陆建军　陈国林

陈桂华　张　铨　郑万钟　唐　炜

章轶群　蒋念祖

扬州中学校史资料长编

例　言

一、本书是江苏省扬州中学校史资料的总汇。历史是人类的良师和益友，我校作为百年名校，既有其别处难以复制的独特性，也有其基础教育方面的普遍性和代表性。本校校史工作，自上世纪八十年代初始，筚路蓝缕，黾勉从事。工作中深感历史资料的可贵与难得，尤其原始资料，劫后孑遗，吉光片羽，每一实录都是一个生命对另一个生命的启示。无奈由于种种原因，资料又容易散失。虽然编有一些纪念册和校史书籍，但是这些只是校史中的小部分。又虑及改革开放以来，本校的教育教学和科研，理念领先，成果丰硕，日后不致再生"斯文不幸"之叹。于是就有"扬州中学校史资料长编"(以下简称"长编")的编辑，广泛收集，不遗余力，现将业已收集到的校史材料汇编成册，出版发行，公诸于世。

二、本书意欲尽最大可能囊括历年来本校的独特办学风格和教育教学成果。光绪二十八年(壬寅，1902)，扬州仪董学堂创立，风气初开，中西并重，系颇具现代意义的中学，是为本校源头。两淮中学堂、扬州府中学堂、淮扬合一中学、江苏省立第八中学和尊古学堂、两淮师范学堂、江苏省立第五师范学校，均为本校前身。1927年合并"五师""八中"建立的江苏省立扬州中学，承先人余烈，自主办学，推进革新，"科学陶冶，人格感化"，开始了扬州中学最辉煌的时期。抗战八年，辗转办学，弦歌不辍，薪火相传，特别是办在大后方四川的国立二中，培养了大批人才。1949年后的江苏省扬州中学，实验性与示范性突出，系省内"四大名旦"之一(其它为南师附中、苏州中学、常州中学)。新时期的扬州中学，秉持"科学人文相融合"的理念，继往开来，生机蓬勃。综观百年扬中，积淀丰厚，人才辈出，青春常在。"长编"希望能为本校师生进一步光大优良传统，创造世纪辉煌，乃至为研究中国基础教育者，提供相当的帮助与便利。面向未来，与时俱进，继承、吸收、创新，人类只能在历史提供的条件下自由创造，不断发展。

三、本书资料来源。上世纪八十年代初，广泛联系各地校友，跑上海图书馆徐汇藏书楼、南京大学图书馆、南京师范学院图书馆、南京图书馆清凉山古籍部等处，抢救第一手校史资料。九十周年校庆和百周年校庆补充一些资料。近几年来，又重跑各地图书馆，访问校友，甚至逛旧书摊，并通过扬州大学图书馆、华师大友人网上联络等多种渠道，从北京大学、北京师范大学、南京师范大学、复旦大学、华东师范大学、国家图书馆、上海图书馆、南京图书馆、扬州市图书馆、扬州市档案馆等处，复制了一批材料。新收集到一些珍贵资料，如《仪董学堂章程》、《江苏省立第五师范学校校友会杂志·第一期》（原件）及第二第三合期、《一年来之扬中》（原件）、《三周纪念刊》（原件）和三十几本《扬中校刊》（原件和复印品）等等。有的辗转购自北京、上海，有的从收藏者手中购得；值得一说的是《江苏省立第五师范学校校友会杂志·第一期》和《一年来之扬中》，前者是张镇安校友在地摊上高价购得，无偿赠给母校，后者系校友胡宇锋的大学同学汪立耕同志在北京潘家园地摊上购得，无偿转赠，非常感人。周厚枢校长生平资料，包括他的八中毕业证书、校长任命书和蒋中正写的亲笔挽幛，由周校长的后辈从台北跨海捐赠，连同原先黄泰老师家藏本《十周纪念刊》和朱白吾老师家藏的珍贵资料如《五周纪念》特刊等，也由其哲嗣捐赠给学校，十分宝贵。本校在职和退休教职员也以主人翁的姿态参与征集论文论著的工作，充实了校史资料。

四、本书的资料内容与编排。主要内容是目前所能搜寻到的本校相关档案材料，上世纪二三十年代国内邮政挂号公开出版发行的本校校刊、纪念册、校友会杂志和本校老师编撰的部分教材，以及各个时期本校教育教学的相关文稿等等，少量早期校友的回忆文章因其难觅也编入其中。不薄今人爱古人，长江后浪推前浪。新时期以来，本校老师的著述、教育教学和科研的资料，入选的也相当可观，或编专集或节选或存目。大量后期校友的回忆文章拟另行编入《扬中往事》。

“长编”分三编，前编、上编、下编。

前编，按年代先后编录学校各个时期的概貌、概况性质的图表和文

字,也可以说是比较感性直观的扬州中学简史,以较多相对集中的图文区别于上编、下编。

上编(1902—1949)——第一册、第二册,第三册……

下编(1950—)——第一册、第二册,第三册……

编排体例采取开放结构,随着时日推移,资料的增添,以及旧资料的新发现,可接着续编。

排版采用横排简化字排印,除适应横排基本规则外,具体版式大致参照原样,不强求统一,文字上一般不作改动,漫漶之处,以方框代替,尽可能保存资料原貌。校对时,本校青年教师对原来未曾断句的文章给予继句或标点,有些文章的标点符号也作了必要的改动,更符合当代习惯,其勤奋精神可嘉。众擎易举,共襄其成。

五、"一切历史都是当代史",然而真理并不是现成的自明的恒常存在,如果没有人参与激活传统,真理便无缘生成和呈现,文本的内在意义也就无法得到传承和延续。至于有些具体文章,总会打上一定的时代印记,作者也有他特定的写作环境,读者明鉴,当会区分根本精神和时局附加的派生条件,历史地公允地正确对待,这一点毋庸编者赘言。

本书共三编。目前,数百万字的前编(1 册)、上编(7 册),终能先期编就出版问世,是与各方人士的亲切关怀、热情鼓励和鼎力帮助分不开的,这种强烈的文化意识和高度社会责任感,令人感佩,我们于此深致谢忱。限于编者水平,见闻不广,加之时间仓促,书中难免疏漏失当之处,诚恳地期待着读者批评指教。

《扬州中学校史资料长编》编委会

2012. 9

为迎接 115 周年校庆,《扬州中学校史资料长编》,继业已出版的 8 册之后,今年又续编 4 册,即上编第八册和下编的第一册、第二册、第三册。拟明年再出版 4 册,以期学校在不断继承创新中永葆青春。

《扬州中学校史资料长编》编委会

2016. 10

《扬州中学校史资料长编》(前·上·下),业已出版12册。今年又续编6册,即上编第九册和下编的第四册、第五册、第六册、第七册、第八册。开放的体例不变,以期学校在新时代不断继承创新中砥砺前行。

《扬州中学校史资料长编》编委会

2018.10

简要说明

本册为《扬州中学校史资料长编》下编第六册，收录 1979—2006 年期间学校在以下两个方面的资料：

（一）学校管理：规章制度与总结汇报。

（二）学校政治思想工作总结、论文。

下编第六册

目　录

（一）学校管理:规章制度与总结汇报(1979—2006)

一、规章制度

二、相关总结与汇报

三、报刊发表

(二) 学校政治思想工作总结、论文(1979—2006)

（一）

学校管理:规章制度与总结汇报
（1979—2006）

一、规章制度

江苏省扬州中学部分规章制度

学校的一切规章制度都是为一定的教育路线服务的。“纪律是执行路线的保证”,无产阶级的规章制度是执行无产阶级教育路线的保证,合理的教育规章制度,是人们在长期实践中所得到的经验总结,它反映了事物的客观规律,遵循它,才能把工作搞好。我们必须不断提高执行纪律制度的自觉性。

学校初步制订了思想政治工作和教学工作等制度,现颁发试行,在实践中不断修订完善。

思想政治工作制度

教职工政治学习制度

一、全体教职工必须认真学习马列,毛主席著作和党的各项方针政策。在学习中要发扬理论联系实际的学风,努力学习掌握和运用马克思列宁主义的立场、观点、方法,观察问题、分析问题、解决问题。

二、学习时必须集中精力,刻苦钻研,认真讨论。每个同志必须切实执行学校制订的学习计划。

三、学习时间不迟到、不早退、不无故缺席,不搞“副业”。如遇特殊情况不能参加学习,必须事先请假,经学习组长同意。各组每次学习要点名,讨论时要认真记录。

四、学校领导和学习组长的学习必须先行一步,带头学好。同时,对本组的学习负有检查督促和汇报学习情况以及组织学习心得经验交流的责任。

教职工办公请假制度

一、全校教职工必须严格遵守学校作息制度,按时上下班,不得迟到、早退或无故不到校。凡因事因病不能到校上班者，必须履行请假手续。教职工请假，需由本人书面申请，并附有关证明。凡请假一天以内者，在不影响教学工作的前提下，由教研组批准，影响课务的需经教导处批准。请假一天以上三天以内者，分别经教导处、总务处研究批准。请假三天以上者，由校长室批准。

二、各办公室要保持安静，办公时间要集中精力，不要处理与教学工作或业务工作无关的事。

三、教职工请假期满后，必须按时到校上班，并向有关部门、领导销假。如遇特殊情况，假满不能如期到校者，必须办理续假手续，经批准后有效。

四、凡教职工不经请假无故不到校者，教研组或有关部门必须及时报告校长室，作旷工处理。

会议制度

一、校务委员会，由校长主持。党支部书记、教导主任、总务主任、工会主席、共青团委员会书记和各教研组负责人参加。每学期开三次会，开学前召开第一次会议讨论通过学期工作计划，财务预算以及其他重大问题；六月中旬左右召开第二次会议检查汇报上半学期的工作，讨论有关重大问题；期末召开第三次会议，总结检查全学期工作，讨论有关重大问题。

二、行政干部办公会议，由校长主持。每周召开一次检查上周工作，研究布置下周工作以及讨论有关重大问题。

三、根据少而精的原则，召开会议，会议前必须做好充分准备，力求提高会议质量，做到少开会、开短会、开好会。

四、出席会议人员必须准时出席，不迟到、不早退、不无故缺席，中途不要随便离开，聚精会神开好会议。

五、会议的精神和决议要切实贯彻执行。

课堂纪律

一、课前要做好上课准备，上课铃响，应立即进入教室，迟到者，需经教师允许方能进入教室。

二、上课时，班长喊“起立”，教师向学生致礼：“同学们好。”学生齐声回礼：“老师好”。教师说“坐下”后，学生始得坐下。

下课铃响班长喊“起立”，教师宣布“下课”，学生然后自动解散。

三、上课时必须保持正确姿势，精神饱满，注意力集中，认真听讲，记好课堂笔记，不做小动作，不讲话，不下位，不看课外书或做其它科目的作业。

四、上课时要与教师密切配合，积极思考，踊跃发言，认真诵读课文、板演，回答问题，认真参加实验，填好实验报告。发言要举手，回答问题要起立。

五、自修课要认真复习，预习功课，要独立完成作业，保持教室安静，不得高声讲话,不准随便下位,更不得随便离开教室。

六、现场教学,上大课等,要严格遵守会场纪律,认真做好记录。

七、爱护公共财物,门窗、课桌椅及教室设施要有专人负责管理,损坏公物要赔偿,有意破坏公物,情节严重,要严肃处理。要保持教室内的清洁卫生,不得随地吐痰,乱抛纸屑,在黑板上乱写乱画。

八、对违反以上纪律的,要进行批评教育,情节严重,屡教不改者,给予必要的纪律处分。

学生请假、点名制度

一、建立统一的点名制度,各班应将出席和缺勤情况报教导处备案。

二、对迟到和早退累计达 20 次以上或无故缺席达 10 节以上者,应给予批评教育,并通知其家长,无故缺席累计达一周者,给予严肃的批评教育,并停发当月补差粮。无故缺席连续在两周以上或旷课累计总时数在一百课以上,经教育后,仍不到校者,应予退学。

三、学生因病、因事请假,须有医生或家长的证明,请假一周以内由班主任批准,一周以上由教导处批准。

四、学生除病假外,一般均须亲自办理请假手续,对托人代请假或事后补请假而原因不充分的,可以不批准假期,凡未经请假或未经批准者,一律作无故缺席处理,请假期满不能如期到校者,必须履行续假手续,否则超假时间作无故缺席处理。

五、每学期学生病事假累计超过一个半月的,应按实际情况,或继续跟班学习,或办理休学手续,或考虑其留级。

教学工作制度

备课要求

一、每学期初,必须通读课本,明确课本编辑意图,明确各单元、各章节教学要求,制订好教学计划。

二、根据教学计划,教材和学生实际,认真备课,做到统一步调、有的放矢,防止和克服随意性、盲目性。

三、备课应以个人钻研为主,同时坚持集体备课制度。集体备课每周 1—2 次,一般应超前一周进行。主备人应提出教学要求。教材中的重点、难点,以及教学建议,在此基础上,充分展开讨论,集思广益,精益求精。

四、备课要备教材、备学生、备教法、备作业、备实验,统一教学要求,统一教学进度。具体的教学形式,在保证教学效果的前提下,因班制宜,不强求一律。

五、在个人钻研的基础上,认真写好教案,教案中应包括教学目的要求、教学实施步骤，基础知识和基本训练的安排，以及板书计划、教具使用、作业要求等主要内容，教案应在自备时基本上写好，集体备课时再修正、提高。

六、在讲课过程中或讲授结束后，要不断总结，认真进行“再备课”，以便吸取经验教训，及时改进教学。

教学研究制度

一、加强调查研究，认真掌握教与学两方面的情况。

1. 定期召开课代表会议，一学期2～3次，了解学生对教学的意见。

2. 定期抽查一个班或几个班的学生作业，了解作业的份量，难易程度和学生完成、教师批改的情况。

3. 通过听课、交流备课笔记、期中质量检查分析及其他方式，了解教师的教学情况。

二、各学科应根据实际情况和学校工作要求，拟订每学期重点研究的专题，在学期开始时，制订计划，开展研究活动，在实践中积累经验，学期结束时认真总结。

三、积极开展听课活动。教研组长、备课组长应有计划地听课。普通听课（听本组每个教师的课）与重点听课（连续一个阶段听某一个教师的课）相结合，每周听课不少于二课时，在教师间也提倡相互听课，每周不少于一课时，听课后要认真诚恳地交换意见，相互学习，取长补短，及时改进。

四、根据又红又专的要求，认真抓好教师在政治和业务上的提高。

1. 每学期要根据学校的统一要求，适当结合学科特点，组织教师读几本（篇）马列、毛主席的著作和党的各个时期的重大方针政策，不断提高政治思想觉悟和理论水平。

2. 根据学科特点和教师业务水平，每个教师必须制订个人进修规划，既要有长期打算，又要有短期安排。规划一式两份，一份自存，一份交教研组，以便检查。进修以个人自学为主，教研组每学期需组织一次汇报交流，亦可按专题自愿组织进修小组，在个人进修的基础上，定期交流。

3. 组织教师积极参加市教育局组织的各科教研活动，有条件的学科可以自己组织专题讲座。

五、有计划地开展评教评学活动。由结合干部、教师和学生对一篇课文或一个章节的教学全过程（包括备课、作业处理等）进行分析、评论，肯定成绩，发现问题，研究改进措施。还要有计划地开展研究课，研究课应根据学期教学研究的专题来组织，一次解决一个问题，要重点突出，不要面面俱到，课前集体研究，课后集体讨论，认真总结。

六、组织安排新老教师的互帮互学。老教师要主动关心新教师，带好新教师，新教师要虚心向老教师学习，老教师也要向新教师的长处学习，相互帮助，共同提高。

课堂教学要求

一、教师要管教管导。在教学过程中,要结合学生的现实思想,进行思想教育。对学生要严格要求,教育学生要明确学习目的和端正学习态度。

二、课堂教学应坚持贯彻科学性与思想性统一的原则。理论联系实际的原则、循序渐进的原则、因材施教的原则和启发性的原则,讲课要抓住关键,突出重点,坚持少而精,反对多而杂。教师要发挥主导作用,善于调动学生的学习积极性,在传授知识的过程中努力提高学生的分析问题和解决问题的能力,防止“满堂灌”和“注入式”。

三、课堂教学要加强基础知识的教学和基本技能的训练。基础知识的教学和基本技能的训练,应统一于教学实践之中。课上要留适当的时间,让学生在教师指导下进行练习,对布置的课后作业,要作适当的指导。

四、加强课堂的计划性,防止前松后紧。前紧后松和任意发挥的现象,认真完成教学计划。教师要不迟到、不拖堂,要抓好学生的纪律教育,关心学生的健康成长,注意教学卫生。

五、教师讲课时要认真严肃,精神饱满。语言力求准确、流畅,板书要有条理,力求正确、整洁。要注意以身作则,起示范作用。

六、上完课后,教师要认真填写教学日志(目前在初一、初二年级试行。)

考试制度

一、考试是检查教与学情况的方法之一,要注意不能以考试来整学生,要有利于培养学生主动的生动活泼的学习风气,有利于提高学生分析问题和解决问题的能力。

二、考试可举行期中和期末考试。期中考试可由学校确定,选择部分学科进行重点考核。考前,要帮助学生认真复习,作好准备,不搞突然袭击,不出怪题、偏题,提倡学生独立思考,学有创见。考后要及时进行总结分析,研究改进教学措施。

三、考试次数不宜过多。凡年级统一时间的考试,须经教导处同意,有些学科可根据平时学习情况评定成绩,不一定进行期中考试或期末考试。

四、考试记分办法,一般按百分制评定成绩。学期总成绩的评定标准,应根据学生的平时学习情况。期中、期末考试的成绩综合评定,具体比例为平时成绩占30%,期中考试占30%,期末考试占40%,评定学期总成绩,应注意到学生的学习态度和发展情况,以鼓励进步。

传达制度

一、每日早晨、晚上定时开关校门(按季节届时公布具体时间)。

二、在上课、上自修课时间学生不得随便离校,如因特殊事故需要外出,必须持班主任批准的假条或有关证明。

三、学生家长及来宾访问,或接洽公务者必须填写会客单,获准后放入内,离校时必须交回会客签证。

四、学生上课上自修,教师上课、学习或开会时一般不予会客、接电话。

五、全校师生员工、家属及来访者进出学校一律由校门出入,如有发现有爬越围墙者,作违犯校纪给予教育和处理。

六、住校教职员工留人住宿,必须向治保小组汇报,同时办好登记手续。

七、携带大件行李物品出校,教职工须持有后勤组填发的出校证,学生须持有班主任填发的出校证。

八、学生进出校门均必须佩带校徽并妥为保存。

领导工作制度

一、坚持实行党支部领导下的校长分工负责制,并且在党支部及学校行政的统一领导下充分发挥学校行政负责人和部门、工会、团队各种组织的作用。

二、坚持努力学习马列主义和毛主席著作,钻研业务,不断提高自己的政治思想和文化业务水平,逐步使自己由外行变为内行,变为又红又专的领导者。

三、坚持集体领导,有事互通情况,共同商量。实行集体领导和个人分工负责相结合的原则,自觉做到执行决议,不带个人情绪,服从分工不讲半点价钱,完成任务不打丝毫折扣。

四、坚持密切联系群众,以真正平等的态度对待群众,同群众做知心朋友,政治上关心他们,工作上支持他们,生活上照顾他们。

五、坚持经常开展批评与自我批评,有矛盾不掩盖,有错误不放过,有分歧不调和,坚持马列主义、毛泽东思想原则基础上的团结。

六、坚持自觉接受群众监督,广开言路,发扬民主,来自群众的批评,凡是正确的一定接受,坚决改正,绝不允许压制批评,打击报复。

七、坚持贯彻执行学校的各项规章制度,切实加强岗位责任制,并实施考勤考核和奖惩等制度。

八、坚持改进领导作风,必须以教学为中心,以主要精力抓教学,同时要求提高行政工作效率,树立好的会风、学风、校风、党风,要求领导工作做到严、细、实。

严:就是要有严格的要求,严明的纪律,严密的制度,做到赏惩分明,好的及时表扬,差的及时帮助。同时,领导必须以身作则,严于律己,起带头和模范作用。

细:就是工作要加强计划性、预见性。学期要有学期计划,每月要有月的计划,每周要有周的计划,做到长计划短安排,并且要有布置,有检查,有总结,发现并培养好的典型。

实:就是力求精简会议,走出办公室、会议室,深入课堂、操场,教研组和宿舍、饭堂。要求每个领导分工抓一个部门,一个年级和一个教研组。每周至少要听四节课,定期找教师和学生谈话,检查教师的备课笔记和学生作业,了解情况,切实把好教学质量这一关。实事求是,反对说假话、说空话和说大话。

九、坚持艰苦奋斗精神,只能比群众多流汗,不能比群众多报怨;只能比群众多挑担,不能比群众多照顾;只能比群众多艰苦,不能比群众多享受。

十、坚持领导带头做出样子,反对持权自私。凡是要群众要做到的,自己首先做到;凡是要求群众不要做的,自己也决不做,领导与群众要一起团结战斗,努力作为群众信任的领导班子。

教职员工考勤考绩办法

第一条　为充分调动全校教职员工的社会主义积极性,依靠教师办好学校,促进教职工进行思想改造,提高业务水平,加强团结,加强劳动纪律,改进工作,克服缺点,向着又红又专的方向努力,为社会主义教育事业服务,特制定本办法。

第二条　考勤考绩分定期的和临时的两种:

一、定期的考勤考绩在每学期结束时办理。

二、临时的考勤考绩在重大工作结束时或工作人员调动工作时办理。

第三条　考勤考绩的标准:

凡符合下列规定条件的工作人员,可给予学校表扬,推荐出席先进代表会议,授予"模范教师"、"模范班主任"、"特级教师"等荣誉,并按等第给予奖金或奖品等物质奖励,在调整工资时,可作为晋级加薪的参考。

1. 领导人员(包括校长、教导主任、总务主任等)的条件:

(1) 能正确地全面地贯彻执行党的教育方针,在提高学校教育质量方面有显著成绩。

(2) 能正确执行党的知识分子政策和其他各项方针、政策。

(3) 善于组织和领导本部门工作人员进行工作,实现《全日制中学暂行工作条例》(试行草案)所提出的各部门工作的要求。

2. 教员的条件:

实现《全日制中学暂行工作条例》提出的要求,教师的根本任务是把学生教好,教师应该热爱教育事业,努力完成教育任务。

(1) 能积极贯彻执行党的教育方针,教好功课,钻研教材,了解学生学习情况,改进教学方法,认真备课,提高课堂教学的质量,并能注意督促和指导学生复习,改进学习方法,培养良好的学习习惯。认真检查和批改学生作业,做好辅导工作,圆满完成教学计划。

(2) 能关心与爱护学生,管教管导,对学生热情关怀,耐心教育,严格要求。指导和帮助他们提高思想觉悟,发展智力和增强体质,努力完成班主任的工作任务。

(3) 以身作则,在思想行为方面力求成为学生的表率。团结同志,遵守学校各项规章制度,并能不断总结与推广教学经验,制作或改进教学工具,培养成绩特别优秀学生方面有显著贡献。

(4) 努力学习马克思列宁主义毛泽东思想,关心政治,刻苦钻研业务,力求精通所任课程的专业知识，不断提高政治、文化、业务水平。

（5）有其他优良表现和突出的成绩。

3. 职员、工人的条件：

（1）职工要树立为教学服务，为师生生活服务的思想，努力完成工作任务，一贯准时上下班，全学期无旷职行为。

（2）能发扬团结互助的精神，推动别人遵守劳动纪律，做好工作。

（3）能密切联系群众，关心公共福利，工作态度虚心、诚恳，任劳任怨。

（4）爱护公共财物或提出合理化建议，对节约人力、物力有贡献的。

（5）有其他优良表现。

第四条　考勤考绩的办法：

一、领导人员的考勤考绩，采取由考勤考绩委员会提出书面意见，报主管教育行政部门核定的办法进行。

二、教职员工的考勤考绩：

1. 教职员工的考勤考绩，每月开一次民主生活会，由各人汇报完成工作的情况，并开展批评与自我批评，于学期结束时对照条件进行自我小结，然后由小组评定，平时要填写考勤考绩表，作为奖惩的依据之一。

2. 为逐步建立正常的考勤考绩制度，今后要进一步加强工作的计划性，加强岗位责任制。各部门要明确分工，按照《条例》的要求，具体交代任务，规定完成期限，结合期中、期末小结进行检查，并逐步建立定期检查制度，检查工作质量、效果。定期检查的记录，填写入考勤考绩表，作为考勤考绩依据之一。

3. 平时考勤考绩工作，由校长负责，人事秘书协助办理。期中考勤考绩工作，总结评比工作，在支部领导下由专门组织负责办理。

第五条　奖励办法：

一、奖金可按考勤考绩情况，分等发给奖品或奖金。

二、奖金、奖品由学校校长室核发，报教育行政部门备案。

第六条　工作人员的考勤考绩记录，得作为个人档案材料。

第七条　学校的考勤考绩可作为今后评选优秀工作人员和调整工资的基础。

第八条　学校的考勤考绩，可作为使用、培养干部及优先给予其他照顾等条件。

各位班主任同志:

现将《学习要求口诀》和《讲文明,树新风》的具体要求,发给你们,以便更切实地贯彻和落实《中学生守则》的要求。各班在贯彻时,要结合班级实际,提出重点贯彻的要求。

教导处　团员会

79 年 12 月 14 日

学习要求口诀(初稿)

学生任务,认真学习。中学阶段,打牢根基。
德智体育,不可偏废。全面发展,坚定不移。
学好知识,养成习惯,掌握方法,培养能力。
上课之前,必须预习。课本文具,定要带齐。
课堂学习,重要阵地,静听细看,及时笔记;
专心致志,积极思维。尊师重道,提高有期。
回家作业,认真仔细,先要复习,再作习题。
今日功课,今日完毕。光阴宝贵,理当珍惜。
懂、会、熟、巧,贵在坚毅。如攀高山,如履云梯。
“红专结合,理实交融,虚心求教,好学深思,
一丝不苟,持之以恒。”学风六句,务必牢记。

“讲文明,树新风”具体要求(初稿)

为了进一步贯彻全国青少年教育工作会议的要求,根据《中学生守则》的内容,针对我校学生的实际情况,特提出守纪律,尊师长,懂礼貌,爱公物,讲卫生的文明行为要求,树立革命新风,培养共产主义道德品质。

具体要求:

一、守纪律

1. 上课不迟到,不早退,不无故缺席,做好课前的一切准备;

2. 姿势坐端正，课上不做小动作，不讲话，注意力要集中；

3. 参加集会要整队入场，听报告要记笔记，开会时不交头换耳，嘻嘻哈哈，不看书报，不随便离开会场；

4. 自觉遵守饭堂、宿舍纪律，要先人后己，不争先恐后，要爱惜粮食，按时熄灯就寝；

5. 观看文艺演出，体育表演（包括电影），要保持会场安静，不起哄，不发出怪声，不乱评论，尊重演员的劳动，演出结束才能离开会场。

二、尊师长

1. 尊重老师的劳动，认真听讲，努力完成学习任务；

2. 虚心接受老师的教育，不与老师顶撞；

3. 背后不议论老师，不直呼老师的名字，更不起绰号；

4. 进出教室，起立答问要得到老师的允许；

5. 看到认识的老师要打招呼，逢大雨、下雪天，主动搀扶，接送老年教师上课、回家。

三、懂礼貌

1. 尊敬父母，爱护弟妹，不说谎，有错就改；

2. 同学间团结友爱，不骂粗话，不打架，不起诨名，不欺弱小；

3. 遇见外宾，态度热情大方，不围观，不向外宾要东西；

4. 乘车让坐，在公共场所要和教职工、老年人谦让；

5. 与教职员工、同学、亲友、邻居相处，提倡十个字：

早，好，再见，请，谢谢，对不起。

四、爱公物

1. 教室门窗天天关好，爱护地板、玻璃，不在室内蹦跳，不在教室内、走廊附近打球；

2. 桌子不拖，凳子不踩，桌面不刻划；

3. 不攀折花木，不践踏花草、庄稼；

4. 爱校如爱家，节约用电用水，随手关灯，不浪费自来水。

5. 每人每学期主动为学校做一点好事。

五、讲卫生

1. 不随地吐痰，不乱扔纸屑和果壳，不喝生水，不乱涂乱画，不随地大小便；

2. 保护视力要做到“二要二不”。二要：① 读书写字时姿势要端正，眼睛与书本的距离要保持一尺左右；② 连续看书写字半小时至一小时，要休息片刻或向远处眺

望一会。二不:① 不要在暗弱的光线和直射的阳光下看书写字;② 不要躺在床上或在走路,颠簸动荡的车船上看书;

3. 保持环境卫生和室内空气流通,做值日生时要洒水,早上进教室要开门窗,掸桌椅;

4. 认真做好课间操、眼保健操,课间十分钟要离开教室休息;

5. 注意生活有规律,个人卫生做到“六要”。

管理体制的改革(供讨论)

一、校长负责制

(1) 学校试行校长负责制。党总支起保证监督作用。党政分工要明确,校长与书记都是学校主要负责人,两者是平行的,而不是从属的;关键在于校长与书记互相支持,互相谅解,同心同德;必须处理好个人负责与集体领导的关系。凡人事、奖惩等重大事情,应在一定范围内集体研究决定,然后以校长名义行使职权。

(2) 校长"组阁",副校长由校长提名,报上级审批,校长任期三年,最多连任两届。校级中层干部由校长任免,教研组长民主选举产生。

(3) 由干部、教师、职工、学生代表约十五人左右组成校务委员会,校务委员会对学校工作有监督作用,并有权向上级建议奖励有成绩的校长或撤换不称职的校长,同时提出新校长人选,增设校长办公室,配备能代表校长处理日常工作的主任。

二、教工任用制

(1) 教工每学年的工作由校长安排任用。从目前情况看,校内将三种情况并存:

编内:凡由校长安排任用的教职工,一律属编内;

编外:教职工长期病假的(连续半年或三年内累计达一年的)列入编外,列编外者按规定扣发部分工资,不享受学校的福利待遇。

编余:因编制等关系未任用的教职工列为编余,由上级主管部门安排工作。在调动之前学校暂时安排适当的工作,待遇暂与编内教师相同;如不服从安排,则不发奖金,不享受学校的福利待遇,从决定调动后的第一个月起学校停发工资。不服从调动的,调入单位按旷职(此处缺内容)量。职工、干部按岗位责任制完成任务,且出全勤的,则每月发12月(包括原节约奖7元)。

B. 超工作量补贴。凡每周工作量超过48课时,则按每课时0.30元按月发超工作量补贴(每月以四周计算)。中层以上干部不领超工作量补贴。根据责、权、利一致的原则,在未实行职务工资以前,暂发职务补贴,每月5～10元。

C. 工作优秀奖。凡在教学专题研究、学生政治思想工作研究、教学改革、指导课外活动、改善学校办学条件等的某一方面有突出贡献者,凡工作勤恳、出色完成本职工作、主动接受额外任务取得显著成绩者,均可作为单项奖励。每学期末由各教研组、各部门为应该获工作优秀奖的同志请功,并附有专题总结、必要的数据或有关实物,校长将召集有关人员审议,一经确定,即发放奖金。

(2) 凡工作量不足最低标准 44 课时(老教师为 33 课时)的,按每课时 0.30 元扣除奖金(即:如周工作量少 1 课时,则每月扣 1.20 元)扣完 12 元为止,如因学校安排方面的原因而造成工作量不足的,则不扣除奖金。

(3) 教师病假六天,事假三天以内且自行设法补课者,仍可作为全勤(如不能自行设法补课者,则从本人奖金中支付代课金)。病假六天以上(跨月九天以上)者,每天扣全勤满工作量奖 1.00 元,按月扣完为止;事假三天以上(跨月四天以上)者,每天扣全勤满工作量奖金 2.00 元,按月扣完为止。

职工、干部如工作马虎,出工不出力或拒绝接受职责范围内工作者,酌情扣发奖金;如有责任事故,造成损失者,则扣发当月奖金。病事假处理原则上和教师相仿,旷工者,不受天数限制,旷工一天即扣一天工资,同时扣全勤满工作量奖 3.00 元。

请假必须经有关部门批准,否则作旷工论。

(4) 学校对中层以下干部和教工中的不负责任者、无组织无纪律者,经集体研究,有权给予警告、记过、开除留用的处分。

附录

工作量计算办法(供讨论)

根据"宜粗不宜细"的原则,将所有的工作大致折合成"课时",工作总量按周统计,一周总课时数达 44～48 为满工作量。

工作总量计算方法:

工作总量=教学工作量+兼职工作量+集体活动量($w=x+y+z$)

一、关于教学工作量(x):

教学工作量是授课时数、备课时数、辅导课时数、批改课时数、补贴课时数及各项指标的总和,可列公式为:

$$X=A+B+C+D+E$$

A(授课时数)指每周实际任课时数。

B(备课时数)可列公式为:

B=教案数×$\begin{matrix}2.5(\text{高中})\\2(\text{初中})\end{matrix}$+(授课时数−教案数)×0.5(理、化、生另加实验准备 2 课时;选修课计算时可用教案数×4)

C(辅导课时数)其中包括:

1. 语文、英语学科早读辅导1课时;

2. 政治学科学生思想工作辅导时数每班0.5课时;

3. 体育学科课间操、课外体育活动辅导共3课时;

4. 负责教研组资料工作,财物保管的教师补贴2～4课时;

5. 承担省、市学校的教改试验任务的,由学校视任务情况给一定补贴;

6. 其他临时性工作由教导处核定给予一定补贴。

二、关于兼职工作量(y):

1. 班主任每月七元职务津贴照发,另加6课时,其中毕业班为8课时,班主任代表加1课时;

2. 12人以上教研组组长为5～4课时,12人以下(不含12人)的教研组组长为4～3课时;

3. 大组的备课组(三人以上)组长2课时;

4. 兼职团队干部视情况核定课时。

三、关于集体活动量(z):

1. 集体活动量指:教研活动为2课时,集体备课为2课时,政治学习为2课时,共计6课时。

2. 凡无正当理由不参加上述活动者,则在工作总量中扣除。

四、关于申报统计方法:

每学期开学一周内,由教研组统计本学期内基本稳定的工作量,上报教导处核准后给予登记。不稳定的工作量(如课外活动小组指导时数,临时补贴时数等)每月统计一次,由教师填写,教研组长核对,教导处批准,给予登记。

奖金拟每月统计发放或扣除。

以上办法先供讨论,一俟修改后大致合理,即先实行,之后再不断修订,使其臻于完善。

校长室

一九八四年十一月三日

班主任代表工作职责(讨论稿)

1. 班主任代表在校长和年级分工干部的领导下,带领本年级班主任认真贯彻党的教育方针,落实学校工作要求,制订切合年级学生思想实际的思想政治工作阶段计划,并负责贯彻督促检查实施情况。

2. 可召开本年级班主任会议,研究班主任工作,解决本年级存在问题,安排年级统一的活动,对班主任工作可提出具体意见和要求。

3. 组织班主任学习党的方针政策和有关教育理论,不断探索在新的历史条件下班主任工作的途径,研究年级学生思想特点。总结交流经验,努力提高班主任工作水平。

4. 对年级团、队和学生分会工作起指导作用,协助开展各项促进青少年身心健康发展的教育活动,丰富学生的课余生活。

5. 协助班主任加强常规教育,促进班集体的逐步形成,树立良好的学风和班风,负责处理好年级的常务工作,如纪律、卫生检查等,对年级中的偶发事件及时向学校汇报,并协助班主任共同处理,对年级中严重违犯纪律的学生可和班主任商量共同提出处理意见,报请学校领导批准。

6. 协助学校、年级分工干部召开年级任课老师或学生座谈会,征求对教学上的意见和要求,协调年级的文化知识学习和体育活动的安排。

学生在校一日规范

一、进　　校:1. 按时到校;
2. 骑自行车入校,进门要下车,在校内也不可双人共,自行车要放在停车处;
3. 见到老师问好。

二、升　　旗:1. 面向国旗肃立,致注目礼(少先队员行队礼);
2. 正在行进的同学原地立定致礼。

三、早　　操:1. 整队依次按音乐节奏入场;做到快、静、齐;
2. 态度认真、动作到位。

四、眼保健操:1. 人人做操;

2. 按准穴位,认真做操。

五、课　　前:1. 预备铃后,迅速上位,立即肃静;

2. 课堂用品放齐、坐姿端正。

六、课　　堂:1. 专心听讲,精力集中;

2. 认真思考,踊跃发言,记好笔记。

七、课　　间:1. 走出室外小憩望远,不打闹、不怪叫、不说粗话、脏话,不随地吐痰,不乱抛纸屑;

2. 不搞有损教学设备的游戏,爱护公物。

八、午　　间:注意休息,不大声喧哗,不下河洗澡,不进行运动量过大的活动。

九、体　　锻:1. 整队进入操场;

2. 按规定项目训练,不穿皮鞋、半高跟鞋,参加活动不带自行车、书包去操场;

3. 认真锻炼,服从指挥,注意安全。

十、集　　会:1. 听广播,要保持安静,不做其他事情,记好笔记;

2. 大型集会要整队入场,按规定座次入座。

十一、自　习:1. 自觉学习文化知识;

2. 做到老师在与不在一个样;

3. 不讲话,不随便下位,不随便离开教室。

十二、离　校:1. 完成教室或包干区打扫任务;

2. 关闭门窗和电灯。

注:住校学生还要遵守早晨起身、锻炼、食堂用膳、晚间自修、宿舍就寝等作息制度。

江苏省扬州中学

一九八五年九月

关于教师外出兼课的意见

一、全体教师必须认真做好本职工作,努力完成学校领导分配的任务。

二、外单位如需聘请我校教师兼课,必须由聘请单位同我校教导处联系,由教导处安排兼课教师;如聘请单位指名聘请,亦需在征得教导处同意后,由教导处通知本人。

三、外出兼课应是在校担任全工作量的教师,如本人因身体原因不能承担全工作量者,不得外出兼课。学校中层以上干部、全体党员、高、初中毕业班任课教师因学校工作任务繁重,一般不安排外出兼课,特殊情况需经校长室批准。

四、外出兼课的教师应在假期或晚间兼课,以每周不超过四课时为准,利用上班时间外出兼课应严格控制。如有特殊需要,由教导处申请校长室批准。

五、外出兼课教师的课时费,应由聘请单位按月交我校会计室,由会计室发给兼课教师。另外,我校决定收取外出兼课管理费,收费原则上与发给教师的课时费金额相同,由聘请单位按月支付,与教师的课时费用同时交我校会计室。

六、外出兼课的教师,不得影响本职工作。如因外出兼课而影响本职工作者,学校领导将随时终止其外出兼课。

七、教师外出兼课应认真备课、上课,提高教学质量,自尊自重,为校争光。

八、未经批准,任何教师不得私自外出兼课。如有违反,一经查出,将通知其立即停止外出兼课外,还将扣除其半年的节约奖。

以上意见从八五年九月一日起实行。

江苏省扬州中学改革方案
（修订稿）

一、指导思想

1. 改革要符合“教育要面向现代化，面向世界，面向未来”的要求。通过改革，把学校办成具有我国特色的社会主义的新型学校。

2. 改革的目的是：端掉平均主义的“大锅饭”，提高工作效率，行政效率，提高广大教工的积极性；改变教育基本不适应四化建设的状况，树立新的人才观、质量观，努力在多出人才、快出人才、出好人才上下功夫。

3. 改革必须成为广大教职工的自觉愿望，要认真做好思想发动、舆论宣传工作，使绝大多数同志认识到一切改革的措施都是势之所然，这样才能保证改革的顺利进行。

4. 学校是精神生产单位，从教育工作的特殊性出发，对教师的奖励必须坚持思想领先的原则，在考虑物质利益的同时，必须加强思想政治工作，有关条例、规定，宜粗不宜细。

5. 根据我校的特点，一方面有优良的历史传统，另方面又有沉重的历史包袱，且存在一定的习惯惰性，所以当前不宜过份强调“慎重”，而应解放思想，大胆改革，加快步伐，开拓前进。

二、通过改革必须解决的几个问题

改革就是兴利除弊，要明确改革的主攻方向就必须首先找出当前学校教育工作中的弊端：

1. 统得过多、过死，学校自主权不大，无人事权、财务权、教改权，只是满足于等因奉此，照章办事，学校办不出特色来。

2. 学校内部领导管理体制不够科学，校长的职、责、权不统一，各级领导的职、责、权也不明确，行政上还未形成一个强有力的指挥系统。

3. 干与不干、干多干少、干好干坏一个样或基本一个样，待遇上没有拉大档次。大锅饭，平均主义现象严重。

4. 升学率的包袱，某些传统教育观念以及“左”的残余，至今还束缚着我们改革的手脚。教学思想上的因循保守,使我们教改的步子缓慢,培养的人才与“三个面向”的要求,还有很大的距离。

5. 总务的摊子过大,部分后勤工作人员素质较差。

6. 办学条件要不断改善,教工物质待遇要逐步提高,而学校目前经费拮据,这个矛盾日益尖锐。

三、改革的具体方案

(一) 管理体制的改革

学校管理体制的改革的目的在于冲破平均主义,强化行政职能,提高工作效率,主要实施以下四个“制”:

1. 校长负责制。

(1) 学校试行校长负责制,党总支起保证监督作用。党政要明确分工,行政上的工作要经常与总支通气、商量,以加强总支保证监督作用。

(2) 校长有指挥决策权,校长代表学校对上级负责,对学校的行政工作统一指挥,全面负责。学校行政工作中的重大问题,校长有决策权。

(3) 校长有人事权,校长“组阁”,副校长由校长提名,征求总支意见,报上级任命;中层干部由校长提名,征求总支意见,由校长任命。校长任期三年,到期由全体教工重新选举,选举产生的新校长由上级主管部门考核、任命,再由新校长重新“组阁”。干部可以连任,但一般不超过三届,校长有权调入、调出教职员工。

(4) 校长有财务权,校长除有权批准学校的财务开支外,另设校长基金,由校长决定特殊款项的开支。

(5) 把校长负责制建立在民主管理的基础上,成立由干部、教师、职工代表约十五人组成的校务委员会。校务委员会对学校工作有监督作用,并有权向上级建议奖励有成绩的校长或批评、撤换不称职的校长。

2. 教工任用制。

教工每学年的工作由校长安排任用,从目前情况看,校内将三种情况并存:

编内:凡由校长安排任用的教职工,一律属编内;

编外:教职工长期病假的(连续半年或三年内累计达一年的)列入编外,列编外者按规定扣发部分工资,不享受学校的福利待遇;

编余:因编制等关系未任用的教职工列为编余,其中一部分按学校工作需要与本人志愿,另行安排工作,其余由上级主管部门负责安排,或自找工作单位。在调动之前,学校暂时安排适当的工作,待遇暂与编内教师相同,但不再考虑工资晋级;如不服从安排,则不发奖金,不享受学校的福利待遇,一年后扣发工资总额的10%,两年后待遇与编外教师相同。以决定调动,且落实了新工作单位的,工资从决定调动后的第一个月停发。

3. 岗位责任制。

(1) 教师的责任是努力钻研教育业务,全面关心学生,不断提高教育质量。教师的工作量基本上按省厅拟订的编制标准的暂行规定计算(适当照顾临近退休的教师),同时采取具体措施加强教学质量的管理。

(2) 职工的责任是完成部门的正常工作,切实为教学服务。各部门要明确职责范围,在此基础上,每个职工要:a. 坚持坐班制(应在教师上课前十分钟上班,准时下班;有关部门可实行弹性工作时间,但要保证上班的足够时数);b. 每个职工记工作日志,每月交主管部门查阅;c. 不折不扣地完成部门领导布置的与本职工作性质相同的任务。

(3) 干部的责任是认真贯彻党的教育方针,做好领导、组织工作并应以身作则,起模范带头作用。干部要实行坐班制,接受群众监督和评议,要认真完成上级布置的各项工作,并创造性地做好各项工作。

(4) 可以单独进行经济核算的后勤服务部门在保证为教学服务、为学校创收的前提下,逐步建立承包制。

4. 考核奖惩制。

(1) 工资改革实施以前,每月仍发节约奖。凡出全勤的领百分之百,请病假的第三天起扣除奖金,每天一元五角,扣完为止;请事假的第二天起扣除奖金,每天三元,扣完为止。工作量只有一半的,不发奖金;工作量不足而超过一半的,发百分之五十奖金。

(2) 工资改革实施以后,不再发节约奖,病事假累计后供调资晋升时参考。

(3) 设工作优秀奖。凡在教学专题研究、学生政治思想工作研究教学改革、指导课外活动、改善学校办学条件等的某一方面有突出贡献者,凡工作勤恳、出色完成本职工作、主动接受额外任务取得显著成绩者,除载入业务档案或工作日志供日后晋升调资参考外,均可作为单项奖励。每学期末由各教研组、各部门为应该获工作优秀将的同志请功,并附有专题总结、必要的数据或有关实物,校长将召集有关人员审议,一经确定,即发放奖金。

(4) 学校对中层以下干部和教工中的不负责任者、无组织无纪律者,经集体研究,有权给予警告、记过、开除留用的处分。

(二) 教育教学的改革:

根据“三个方面”的要求,我们要使学生在德、智、体、美、劳诸方面主动地、生动活泼地得到发展,个性特长得到充分发挥,培养的学生应该基础牢、能力强、后劲足、思想正、身体好,他们是能符合四化建设的要求,能迎接世界新技术革命的挑战,能适应一国两制的现实的创造型人才。而目前教学、教育的指导思想、内容、形式、手段等方面还不能适应这样的要求,因此必须逐步进行改革。

1. 以培养学生自学能力、创造能力为中心,改革教学工作。

(1) 教学思想要有一个根本的转变,要树立新的教学观、学生观、智育观、质量观,要重新认识我校“四个为主”的传统经验。在坚持“教学为主”的前提下,要把“课堂教学为主”转变为课内与课外的结合,把“教师讲授为主”转变为教师的主导作用与学生的主体作用的统一,把“书本知识为主”转变为理论和实际的联系。

(2) 改革教学时关键是要建设一支较高素质的教师队伍,这支队伍应该是具有献身精神、达到较高的业务水平、掌握一定的教育理论、富有探索创造精神的。当前重点抓好现代教育、教学理论的学习,要统一安排时间,组织学习,以端正教学业务工作的指导思想;教师的一专多能,要有二分之一以上的教师能开设选修课或讲座,能指导学生开展课余小组、社团活动,以适应开辟教学的第二课堂;师德教育,使每个教师足以为人师表。

(3) 努力提高课堂教学的效率和质量,要按照“对、清、精、活”的要求,改革课堂教学,十分重视知识的系统性和整体性,教会学生建立学科的知识体系;十分重视思维训练,以发展智力,培养能力,积极改革教学方法,不搞一刀切、一个模式,但总的精神是要积极引导学生去主动探求、发现,把“灌”改为“导”、“注入”改为“点拨”,让学生适应“教的程式”改为教学生掌握“学的方法”。

(4) 积极开辟教学的第二课堂,要贯彻因材施教原则,发展学生的个性特长,让学生能多渠道、多侧面地获取信息,增长才干。第二课堂应包括如下四个方面:

a. 开设选修课。高中数理化等科按基本要求教学,腾出课时多设选修课,有关选修课要覆盖数理化等科的较高要求,这样更利于因材施教。选修课要注意学科间的横向联系和相互渗透,注意用现代新的科学理论和科技知识武装学生,以拓宽视野,发展智能,在目前已开设的“科学小论文写作”、“素描”、“历史”、“数学”、“计算机”的基础上,逐步增设诸如科技英语、日语、形式逻辑、唐宋诗词、当代文学、电子技术基础、化学分析、遗传初步、普通天文、概率、数学方法论、日本近代史、民法等选修课,今后高中不再搞文理分科。

b. 举办讲座,可由教师、学生或聘请校外人士作各种专题讲座,以丰富学生知识,活跃学术气氛。

c. 组织各种课外活动小组和社团活动,建立各种科技小组和学科小组,鼓励支持学生成立各种社团,学校应挑选合适人选为指导教师。

d. 开展社会调查,结合政治、语文、地理等学科和有关思想教育活动,组织学生走向社会,开展调查,使学生了解生气勃勃的改革形势,了解四化建设对教育的要求,并在调查中培养能力,确定社会调查日,高中每学期两天,初中每学期一天。

为保证第二课堂的教学,着手建立电化教研组、微机教研组,并成立第二课堂教学指导中心,负责组织协调各种活动。

(5) 上好劳动技术课,在现在高一、高二分别开设农业、工业劳动技术课的基础上,还要在其他年级开设,并逐步增添项目,诸如菌类培植、花木栽培、英文打字、机械制图、电工基础、钳工基础、刺绣缝纫等。

(6) 改革考试制度、成绩评定与三好生评选办法。

考试不能仅要求学生再现知识;应注意考查能力,可采用动手、动口、动笔;开卷、闭卷;答试题、作小结、写论文等多种形式,高中年级加强平时检查,取消期中考试。

成绩评定为法,必修课采用百分制,选修课采用学分制,评分应鼓励有创见的学生。

三好生评选要改变平均发展的观点和只看学习成绩的做法,应着重表彰在全面发展的基础上,个性特长得到充分发展的学生。

(7) 抓好教学科学研究,在一定的教学理论指导下,教师应结合教学实践,自选专题,开展教学科学研究,写出经验总结或学科论文,每年应有25~30篇在各级报刊上发表或在有关学会上宣读,学校每年举行一次教学科学研究成果汇报会,调整、充实教研室,充分发挥教研室的作用。

(8) 加强教学质量的管理,可采取如下措施:修改、完善各科课堂教学基本要求,制定选修课、劳技课、课外活动的基本要求;建立听课制度,可分研究性听课、汇报性听课与经常性听课;开展评教活动,设立校长信箱,并定期征求学生对教学的意见;抽样检查作业、试卷等;健全教师业务档案,有关数据与情况逐一载入,作为日后评定工资晋级的主要参考资料。

(9) 改革招生制度。初中新生由城区各小学按比例推荐,通过一定的智能考试择优录取,提前单独招收高中新生,在城区招收四个班;在全市统考后再面向其他各县(市)招两个班。

2. 以培养学生自理、自活能力为中心,改革思想政治工作。

(1) 要使思想政治工作适应新的历史时期青少年的特点,因此要实现三个转变:思想政治工作指导思想的转变,要消除"左"的影响,使思想政治工作围绕教学这个中心,寓于教学之中,在教学工作中起保证作用;对青少年学生估价的转变,从深入了解学生入手,充分肯定青少年的主流,以发扬他们的创造性;教育方式方法的转变,把封闭式改为开放式,灌输式改为启发式,保姆式改为自我教育的形式。

(2) 确定胡乔木同志的题词"正直向上,热于求知"为校风、校训,加强校风教育,发扬优良传统,以贯彻《中学生守则》为基础,加强基本道德修养,提高文明素质。

(3) 充分发挥团委、团支部、学生会、班委、少先队大队部、中队委的作用,努力培养学生自治、自理能力,让学生学会管理自己,管理班级,并参与管理学校。学生干部试行轮换制,积极为学生身上的潜在能力得到发挥和进一步锻炼提供舞台。

(4) 在现在以教研组为教师主要组织形式的基础上,强化班主任代表与年级的作用,在高中部分年级试行成立团总支和学生分会,以利开展年级活动。

(5) 思想政治工作的基础在班级,要致力于班集体的建设,要不断提高班主任的思想素质与业务修养,建设一支以班主任和政工、团队干部为主体的思想政治工作骨干队伍,学校要加强思想政治工作的研究,新教师必须担任班主任,教师做思想工作的成绩,要作为评定教师工作成绩的重要依据。

(6) 以初一年级为试点,上午上课,下午安排体育、文艺、劳作、读书、科技、社会调查、队的生活等各种教学、教育活动,旨在摆脱传统思想教育的模式,探索德育教育如何寓于各种丰富多采的活动之中,把思想政治教育搞得生气勃勃。

(三) 以开辟财源、保证教学为中心,改革总务工作。

(1) 学校要加强对校办工厂的领导。校办厂实行厂长负责制,厂长对校长负责,要提高现有产品的生产能力,拓宽销路;创造条件,增添新产品,并积极使新产品早日上马,不断提高产值和利润。

(2) 想方设法,广开渠道,扩大财路,以不断改善教学设备和生活设施。

(3) 总务工作落实一个"包"字,以多种形式搞好食堂、绿化等部门的承包,逐步缩小后勤的摊子。

(4) 校内各部门按比例实行经费包干。

(5) 总务部门围绕为教学服务、为师生服务的中心,健全各项制度。

一九八五年二月五日

江苏省扬州中学
关于教师实行职务聘任制工作的实施意见

一、指导思想

国家教委在《关于中小学教师职务试行条例的实施意见》中指出：在中小学实行教师职务聘任或任命制度，是中小学教师队伍建设的一项重大措施。实行这一制度，有利于实行教师岗位责任制，有利于做好教师的培养、使用、考核和晋升工作，有利于贯彻按劳分配的原则，对鼓励教师不断提高政治素质、文化业务水平和教育教学能力，进一步落实知识分子政策，调动广大教师的社会主义积极性，建设一支合格而稳定的教师队伍具有十分重要的意义。

为了贯彻执行国家教委制定的《中学教师职务试行条例》和《关于中小学教师职务试行条例的实施意见》，根据省教委、市教育局及省、市职称改革领导小组"关于中小学教师实行职务聘任制工作的部署和要求"，按照中央"精心指导，审慎行事，坚持试点，逐步展开"的原则，本着有领导、有计划、有步骤地开展这项工作的指示精神。结合我校实际情况，现制定我校教师实行职务聘任制工作的实际意见于后。

二、实施步骤和要求

1. 准备阶段：

(1) 分别在党总支委员、校级领导和全体党员中传达和学习市教育局召开的中小学教师职务聘任制工作会议精神与要求，提出贯彻意见。

(2) 民主推荐和协商，成立学校职改领导小组和校级评审委员会，报市教育局审批。

(3) 向全体教职工传达动员，制定学校实施意见。

(4) 核定学校的编制，分析教师队伍状况，根据任职条件和岗位职责，结合需要，做好排队摸底工作。

(5) 明确考核评审的必备材料，指定专人负责收集、完善这些材料，并做好基本情况的统计。

(6) 培训骨干，组织职改领导小组成员和评审委员会委员，中层以上干部和党团员骨干学习国家教委、省教委下发的有关文件，为宣传发动和学习文件阶段做好准备。

2. 宣传发动和学习文件阶段:

(1) 组织全体教师认真学习有关文件,加深理解,深刻领会文件精神实质,以达到六个"明白",即明白职改工作的目的、意义;明白职务聘任的政策;明白职务聘任的条件;明白考核和评审的办法;明白职务评审的过程;明白职务评审的纪律。学习文件主要是中央(1986)3号文件《中小学教师职务试行条例》和《关于中小学教师职务试行条例的实施意见》。

(2) 分别召开不同类型的教师座谈会,层层发动,明确任务和要求,并收集传达动员和学习有关文件后的反映。

(3) 要求教师利用暑假认真进行自我总结(包括思想政治表现、学识水平、业务能力、履行职责、教育、教学经验和成绩等方面的内容)。

(4) 要求教师利用暑假收集、整理供评审委员会考核和评审的材料,学校职改组继续做好收集和完善对教师的考核材料和调查研究等工作。

3. 个人申报阶段:

(1) 要求教师实事求是的自我总结,全面总结,填写个人申请表(草表),并在适当范围内,照表宣读本人申请表(草表)。

(2) 评审委员会进行查阅,并就填表中的问题和有关教师交换意见,个人申请表经修改、核实后,再誉入正表。

(3) 提供能代表自已能力和水平的有关材料。

4. 考核评审阶段:

(1) 组织评审委员会委员学习有关文件,熟练地掌握有关政策,研究评审程序及评审方法,做到看得细、认得透、评得实、定得准。考核的重点放在履行职责、教育和教学工作实绩上。

(2) 宣读教师申请表,对照任职条件,逐项进行评议,实事求是地写好评审意见,对各级教师职务的任职资格,用无记名投票方式提出初审意见,投票结果记入教师申请表中,该项工作要绝对保密,评审情况不得泄露。

(3) 整理材料,分别上报省教委、市教育局评审委员会复审、审批,有关的原始材料归档存放。

5. 总结检查阶段:

(1) 评审工作一旦结束,写出书面报告,向市教育局职改领导小组提出验收申请,做好验收的准备工作。

(2) 进行全面总结。

三、时间安排

6月下旬做好准备工作。

7月中旬进行宣传教育发动,做好个人申报的准备(个人申报的材料要在暑假中完成)。

9月中旬做好个人申报工作。

9月下旬到10月中旬做好评审工作。

10月下旬做好总结验收工作。

四、注意的几个问题

1. 把学好文件、做好教师的思想工作贯彻始终。思想工作要抓深、抓细，对不同阶段、不同人的思想情况要具体抓；把教师的认识统一到文件精神上来，这是教师职务聘任制工作顺利进行的前提和保证，遇有问题要多学习、多研究、多请示、多汇报。

2. 坚持任职条件，不降低标准，又要注意从实际出发，是搞好教师评审工作的一条重要原则，全面考核，重点是考核履行职责和教育、教学工作的实绩。要注意抓好考核材料，考核材料要抓准、抓全。

3. 领导带头，严守纪律。学校领导、领导小组成员和评审委员会委员要以身作则，秉公办事，不以权谋私。凡评审中涉及本人及亲友，应主动回避。严守纪律，不得向任何人透露评审情况，如若发现，轻则批评教育，重则取消评审委员资格。使评审工作不受外界干扰，更加有条不紊地进行。

4. 处理好职改工作与日常工作的关系。教师职务聘任工作涉及到每个教师切身的利益，稍有偏差，就会影响日常工作，我们要在日常工作贯穿职改工作，职改工作促进日常工作。注意统筹安排，组成职改工作和日常工作两套班子，对两项工作统筹安排，引导教师认真写好全面总结，填好申报草表，全面看待自己，弥补不足，促进教学工作。

一九八七年六月二十二日

关于江苏省扬州中学一九八九年面向全市招收高一年级新生和高一年级高水平运动员的报告

扬州市教育局：

为即早做好今年招收高一年级新生的准备工作，就招生的名额、办法等有关问题请示报告如下：

一、继续面向各县(市)招收高一新生，名额定为80名，请求各县(市)做好宣传工作，在招生工作会议上统一布置，并在报名表上增设“是否报考扬中”一栏。对愿意报考我校的考生，所在学校要尊重学生志愿，支持学生报考。对报考我校而未能录取的考生，请各地根据学生志愿、考试成绩和有关学校的切分线妥善安排。考生材料(包括报名表、体检表、升学考试试卷等)，请各县(市)于8月10日前寄送我校。选送时，从高分到低分依次择优，每县(市)送20份。

二、继续招收高水平运动员(在80名之外)。执行省教委87年13号、17号文件精神，报考对象要求田径项目成绩达到或接近二级运动员水平，中考文化成绩在各县(市)中考最低录取分数线以上(或市体育运动学校文化录取分数线)的考生。凡报考者，要在升学报名表中注明“报考扬中高水平运动队”字样。请各县(市)在中考报名结束后，将其姓名和毕业学校通知我校，由我校和有关挂钩高校进行体育面试，中考成绩揭晓后，再将考生成绩通知我校，全面衡量后决定录取与否。

三、招生工作中的具体事宜，我校将派员与各县(市)教育局、招生办联系，届时请予以协助、支持。

四、以上意见请予核准，并请市局行文至各县(市)教育局招办，请各县(市)迅速转发各中学。

此致

敬礼！

江苏省扬州中学

1989.4.5

抄报：袁平波副市长，市政府办公室，市教育局招生办公室。

江苏省扬州中学
教职工工作量津贴发放的试行规定
(讨论稿)

为了改善和加强学校内部管理,提高工作效率,促进学校各项工作的进展,现将我校工作量津贴发放办法规定如下:

一、工作量津贴金额来源

原有的政策性规定的节支奖、教龄津贴、班主任津贴按原规定办法发放,现增加工作量津贴,金额全由学校自筹,从校办厂效益中提取。

二、工作量津贴发放办法

为了便于核算,教师的工作量统一折算为标准单位,以课时数与教案数之和为15个单位另加每周政治学习2个单位视为工作足量。考虑到各科任课现实情况,为了使大部分同志都能受益,凡工作量超过12个单位(不含12个单位),每周每个单位按0.5元计算发给津贴。工作量计算情况比较复杂,宜粗不宜细,为了尽可能地相对合理作如下具体补充规定:

1. 男教师年满58周岁,女教师年满53周岁,每周附加3个单位。

2. 毕业班升学统考学科,高中每周附加4个单位,初中每周附加3个单位,其它年级任课老师的辅导课每节为1个单位。

3. 各学科知识讲座、竞赛辅导(有教案),每次附加2个单位。

4. 语文外语早读以及早操的组织者每周3次附加1个单位。

5. 文艺、科技等课外辅导,运动队训练,每次附加1个单位。

6. 校门口及食堂值勤者每周3次附加1个单位。

7. 兼职工作量计算:

(1) 工会副主席:每周附加3个单位。

(2) 教研组长、备课组长:10人以上教研组长,每周附加8个单位。副组长:每周附加2个单位。10人以下教研组长每周附加2个单位,副组长:每周附加1个单位。

备课组长(3人以上)每周附加1个单位。

(3) 工会委员每周附加2个单位,工会组长每周附加1个单位。

(4) 班主任代表每周附加1个单位。

8. 中层以上干部和职工的津贴以教师每周平均数发放,职工的津贴发放具体办法,由各部门在核定额内自行制定方案实施。

9. 如有特殊工作需要由学校领导研究,另行确定工作量。

三、统计、审核、批准办法

工作量津贴以周为单位核算,每四周综合统计发放一次,每四周教研组长负责填写报表一次(辅导课情况由班主任代表填写交有关教研组由教导主任以及分工干部审核,校长室汇总,校长审批发放)。

四、说明

1. 本规定仅适用于在编在岗的全体教职工,离退休人员、脱产进修人员(在进修期间)以及退休留用人员不执行本规定。

2. 凡已享受校办厂奖金待遇者不执行本规定。

3. 对未经学校同意私自外出兼课者,不执行本规定。

4. 寒暑假工作量津贴停发。

5. 本规定经讨论,修订并经行政办公会通过后执行。

6. 本规定的解释由校长负责。

89.10.

江苏省扬州中学改革方案(讨论稿)

一、指导思想

1. 立足于扬中当前的实际,着眼于廿一世纪社会主义四化建设对人才的需要,按照"教育要面向现代化、面向世界、面向未来"的要求,通过内部管理的改革和教育教学的改革,把学校办成环境美、质量高、第一流、有特色的社会主义新型学校。

2. 全面贯彻教育方针,按照整体优化的思想,坚持继承扬中严格治校的优良传统与改革创新相结合:坚持德、智、体、美、劳全面和谐地发展与因材施教相结合;坚持抓好第一课堂与第二课堂,注意打好基础与培养能力相结合;坚持抓好教育教学的常规工作与大力开展教育科研相结合;坚持全面科学的质量管理与细致的思想工作相结合,努力全面提高学生的素质,培养政治立场坚定、思想道德高尚、文化科学基础扎实、体魄健康,具有开拓创新精神和坚强意志品格的社会主义事业可靠接班人。

3. 根据我校的特点,一方面有优良的历史传承,另一方面又有沉重的历史包袱,存在一定的习惯惰性,因而,必须以积极进取的精神强化改革意识,加快步伐,要认真做好思想发动工作,舆论宣传工作,使建设扬中、发展扬中,成为广大教职员工的共同愿望。

二、改革的具体方案

(一) 加强学校内部管理:

1. 学校实行党总支领导下的校长负责制,学校重大事情由党总支集体决策,党总支实行领导、保证、监督,校长对学校行政、教学总务工作全面负责,校级领导要带头振奋革命精神,本着对革命事业的高度责任感,敢抓敢管,善抓善管,加强对学校各项工作管理。

2. 成立以教师为主体的教职工代表大会,加强对学校工作的民主管理和民主监督。

3. 设立由校长主持的校务委员会,作为审议机构。

4. 健全家长委员会,家长委员会对学校工作起监督、建议和资助作用,委员会的委员从在校学生家长中通过民主协商产生。

5. 学校各项工作建立健全相应的岗位责任制、考核制和奖惩制,根据定员定编的要求,进一步完善《工作量津贴和年终效益奖发放办法》。

6. 建设好“三支”队伍,加强领导班子建设,搞好内部团结,增强学校党总支的凝聚力。

(1) 建设一支革命化、年轻化、知识化、专业化的结构合理步调一致,办事效率高的干部队伍。

(2) 按照教学过程整体优化的思想,着力建设好一支忠于教育事业有各种风格特色的教师队伍,其中有课堂教学水平高的教师;有善于培养尖子生的教师;有长于辅导学生课外活动的教师;有乐于开发电教、劳技教学的教师;有出科研成果,能写高质量教育教学论文的教师。青年教师要达到30%,骨干教师要占60%,尖子教师达到10%。为了促进教师队伍建设,除了抓教师的政治与业务两提高外,要把好进教师关,坚持每年对现有教师作适当流动。

(3) 整顿、充实职工队伍,进一步明确为教育教学服务、为师生生活服务的思想,做好服务育人的工作,建立健全考核办法,建设一支人员配套、工作安心、尽职尽责、办事效率高、勇于创新的职工队伍。

7. 校园环境的建设:

(1) 广泛征求教职工意见,并请专家论证,制订校园建设总体规划。

(2) 新建图书馆(建筑面积 2500m^2)更新和添置图书馆、阅览室的设备设施。

(3) 尽快开辟校史陈列室。

(4) 改造树人堂:更新会场设备,使这座古老的建筑,焕发新的风彩,同时提高实用价值。

(5) 新建操场司令台,改建、绿化、美化西长堤。

(6) 新建36户教工宿舍楼,调整部分教职工宿舍,逐步拆除以前为了应急搭建的所有小厨房。

(7) 争取新建教师办公楼和学生宿舍楼。

8. 办好校办厂:

(1) 加强对校办厂的领导,选派一定数量的人员充实校办厂,加强校办厂的管理,同时利用校办厂的清洗技术及免税优惠条件,加入江阳集团,扩大生产,力争在今后三～五年内,年利润达六十万元。

(2) 积极开发新产品,使校办工厂保持一定的发展速度。

(二) 教育教学改革:

1. 政治思想教育方面:

(1) 组织全体教职员工认真学习《中学德育大纲》每年举办二、三期专题学习讲座,使全体教职员工真正明确德育的首要地位,从思想上摆正德育和其它各项工作的关系,自觉承担德育任务。

(2) 进一步完善思想政治工作组织,加强对团、队干部的培养,形成德育工作一体化体制;思想政治工作领导小组活动制度化,研究专题系列化。

(3) 完善以爱国主义教育为重点的思想政治教育内容系列，结合我校悠久历史，各年级要针对本年级特点明确教育重点，形成从初一到高三的完整的系列教育内容，并结合团队活动具体实施。

(4) 进一步深化思想政治课改革，做到教学内容科学、教学形式新颖，教学效果显著。

(5) 建立社会实践活动基地，强化劳动教育，组织全校学生轮流到社会实践基地参加活动和劳动，并撰写调查报告和劳动体会。

(6) 各科教师要认真在学科教学中加强思想政治教育的研究，做到：有机结合、有效渗透、有序安排。

(7) 每学年对初一、高一新生集中一段时间进行军训，初一：一周，高一：两周。

(8) 完善社区教育协调委员会，做到人员落实，活动落实；每年举办一期家长学校。

(9) 对学生的思想政治素质，每两年跟踪调查一次。

(10) 注意加强对教师承担德育工作情况的检查督促，在此基础上，每两年进行一次综合考评。

2. 常规管理方面：

(1) 全面贯彻《中学生日常行为规范》进一步组织全校师生学习讨论，明确意义落实要求。

(2) 完善贯彻落实《中学生日常行为规范》教育系列，各年级针对本年级学生特点确定贯彻重点，从初一到高三形成逐级加深的完整系列。

(3) 积极推广班集体建设的做法，组织班主任教师到外地学习先进班集体建设经验，五年内争取全体班主任轮流观摩学习一遍。

(4) 健全优秀班集体、文明班级评比制度，每学期评比一次文明班级，每学年评比一次优秀班集体。

(5) 健全文明宿舍评比制度，文明就餐制度。

(6) 实施"江苏省扬州中学学生日常行为规范考核量化试行办法"并逐步完善。

(7) 三年内争取使全校三分之一的班级成为文明班级或优秀班集体，五年内争取全校有一半以上的班级成为文明班级或优秀班集体。

(8) 总结学生自我教育，自我管理的经验，不断完善共青团、学生会的自治、自理能力。

3. 班主任工作：

(1) 注意培养一批年轻的班主任、业务水平较高的骨干力量，五年内基本完成班主任的新老交替，五年内 40 岁以下的中青年班主任占全体班主任数的 70%以上。

(2) 青年教师在参加工作的五年内必须做一轮（三年）以上的班主任。

(3) 组织传、帮、带活动，富有经验的老班主任五年内每人带一名新班主任使之能胜任班主任工作。

(4) 积极推广优秀班主任工作经验,每年出一期班主任工作专题总结或经验介绍,每年表彰一批优秀班主任。

(5) 五年内组织班主任轮训一次,系统学习《中学德育大纲》、《班主任工作职责》、《教育学》、《心理学》、《教育心理学》等专业知识。

(三) 教学工作:

1. 转变教学观念,要从面向21世纪社会主义建设的高度,树立新的教学观、学生观、智育观、质量观、人才观,发挥教学的教育功能,增强素质教育的观念,把教学工作的着眼点真正落实到提高受教育者的科学文化素质,良好的智能素质、健康的心理素质上来;强化改革教学的意识,继续发展完善我校一为主三结合的教学模式。

2. 提高教师素质,各科教师要忠于人民教育事业,具有献身精神。

有较高的教学业务能力,掌握一定的教育教学理论,富有探索创新精神,要通过现代化教育、教学理论的学习,端正教学业务工作的指导思想;要通过脱产进修、在职学习、实际锻炼等方式,提高教师的教育教学业务水平,教师要一专多能,要争取有2/1的教师能开选修课、劳技课,指导课外活动;要通过师德教育、师德锻炼,使老、中、青每个教师为人师表。

3. 提高课堂教学的效率和质量,各学科都要贯彻"启发性"、"整体性"、"师生交互作用"等原则,重视"情感作用"改革教学,以加强基础、培养能力发展智力,提高质量。继续进行"早期渗透数学观念教学法"、"对比阅读法"、"整体教学法"、"实验探索法"等的教法改革实验,并认真总结这方面的经验。

4. 进行课程改革

(1) 继续完善以必修课为主的,必修、选修、劳技和课外活动相结合的课程结构改革。

(2) 开设选修课。根据国家教委《现行普通高中教学计划调整意见》和本校实际,逐步调整、压缩必修课时,增加选修课时,选修课的科目设置要有利于调整结构,克服文理失当的状况,要有利于培养学生适应现代社会生活和生产的能力,要有利于学生全面素质的提高和个性的充分发展。要加强选修课的教材建设,选编教材,编制大纲,建立相应的考核制度。

要在现已开设的英语听说和阅读、文学佳作赏析、美育和美学基础、名画名曲欣赏、美术素描、创造教育、计算机、无线电等选修课的基础上,创造条件逐步增设,思维教育学、环境科学、电工技术、生物工程、自然科学简史、民法等选修课。

(3) 加强劳动技术教育。根据国家教委"调整意见"大力加强劳动技术教育,重视劳动技术教育对人的素质培养的特殊作用,加强劳技教研组的建设和劳技课实践基地的建设,加强劳技课教材建设和考核办法的研究。继续完善和开设:手工工艺、刺绣、编织、篆刻和食用(初中)、机械制图、英文打字、钳工、缝纫、摄影(高中)等选修课,创造条件在初高中开设烹饪等课程。

(4) 开辟多种课外教学渠道。成立学科小组和课外活动小组,组织文艺社团和体育运动队，举办讲座和各科竞赛活动，培养兴趣，开阔视野，发展个性。

(5) 坚持教学内容改革，继续进行数学、语文实验教材的教学实验，继续参加人口理论课改革的实验，开好青春期教育课，继续参加政治理论课的改革实验。根据“一纲多本、多纲多本”的原则选好教材，体现初中义务就近入学的特点，确定高中起点，高要求时代性和实践性地特点，教学内容的改革必须和教学方法的改革同步进行。

(6) 教学手段的逐步现代化，加强电化教研组的建设，开展微机辅助教学教学管理的探索和实践，充分利用录音录相、电影、幻灯等教学手段，加强有声资料库的建设。

(7) 创造条件实现每周三节体育课和三节课外体育活动的安排，保证每天一小时的体育锻炼时间，加强体育传统项目和高中高水平运动队的建设，每年为高校和省、市运动队输送一定数目的高水平运动员。

5. 加强教学质量管理。修改、完善教学常规要求，制订各科课堂教学基本要求，需定选修课、劳技课、课外活动的基本要求；建立健全听课制度；开展教学质量的评估的实践和研究；健全教师业务档案。

6. 开展教学科学研究。组织教学科研的骨干力量，学习教学科学研究的理论和方法，以开展思维教学的理论探索和教学实践为中心力求经过三至六年的努力，培养队伍、形成特色、取得成绩，要形成教学科研的良好氛围，教师都应结合教学实践，自选专题，开展教学科研，每年应有 25～30 篇经验总结或科学论文在省级以上报刊上发表或在有关学会上宣读。

1990.12.20

江苏省扬州中学
教职工工作量津贴年终效益津贴发放的试行规定
（试行稿）

为了改善和加强学校内部管理，提高工作效率，促进学校各项工作的进展，现将我校工作量津贴年终效益津贴发放办法规定如下：

一、工作量津贴、年终效益津贴金额来源

原有的政策性规定的节支奖、教龄津贴、班主任津贴按原规定办法发放，现增加工作量津贴、年终效益津贴，金额全由学校自筹，从校办厂效益中提取。

二、工作量津贴发放办法

为了便于核算，教师的工作量统一折算为标准单位，以课时数与教案数之和为15个单位另加每周政治学习2个单位共17个单位视为工作足量。考虑到各学科任课现实情况，为了使大部分同志都能受益，凡工作量超过15个单位（不含15个单位），每个单位按1元计算发给津贴。工作量计算情况比较复杂，宜粗不宜细，为了尽可能地相对合理作如下具体规定：

1. 男教师年满57周岁，女教师年满52周岁，每周附加3个单位。

2. 经教导处同意的辅导课每节为1个单位。毕业班升学统考学科，高中根据每周正式任课（包括教案）实际单位数乘系数1.3，初中根据每周实际单位数乘系数1.2（按整数算，小数4舍5入）。

3. 各学科知识讲座，竞赛辅导（有教案），每节为2个单位。

4. 语文、外语、早读以及组织早操，每周3次为1个单位。

5. 文艺活动指导（有教案）、运动队训练，每节为1个单位。

6. 校门口及食堂值勤，每周3次为1个单位。

7. 兼职工作量计算：

（1）工会副主：每周附加3个单位。

（2）教研组长、备课组长：教研组10人以上的教研组长，每周附加3个单位；副组长，每周附加2个单位。教研组10人以下的教研组长每周附加2个单位；副组长，每周附加1个单位；备课组长（3人以上）每周附加1个单位。

(3) 工会委员、工会组长每周附加1个单位。

(4) 班主任代表每周附加1个单位。

8. 中层以上干部的津贴根据本规定的实施情况再研究确定。职工的津贴以教师每月平均数发放,职工的津贴发放具体办法由各部门在核定额内根据有关人员的工作态度和实绩自行制定方案实施。

9. 如有特殊工作需要由学校领导研究,另行确定工作量。

三、统计、审核、批准办法

工作量津贴以周为单位核算,每四周综合统计发放一次,每四周有关同志填写一次,教研组长负责收齐审核,教导处汇总,教导主任会同年级分工干部进一步审核,校长审批,校长办公室造表发放。

四、年终效益津贴

1. 发放办法:

按各类人员的岗位职责和具体任务,就德、责、绩、勤、量等方面进行考核,划定一、二、三个等级给予奖励。

凡符合下列条件之一者,另行嘉奖。

(1) 教职工责任心强,工作效率优异,为同组(室)同志普遍公认者。

(2) 为我校在国际、全国和江苏省重大竞赛中获奖,作出主要贡献者。

(3) 工作勤奋踏实,热爱学生,关心学生思想上的进步,经常给学生作课外个别辅导,注意培养学生的志趣、爱好,注意发展学生个性,成绩突出者。

(4) 班主任工作成绩突出,班级面貌有显著变化者。

(5) 教育、教学研究有突出成绩者。

(6) 其他方面,对学校荣誉有较大贡献者。

2. 考核:

在党总支部、校长室领导下,分部门,按特点进行考核。

教师:由分管校长负责,会同教导处主任、教研组长组成考评小组,进行考核。

班主任:由分管校长负责,会同政教处主任、班主任代表组成考评小组,进行考核。

职工:由分管校长负责,会同各处、室主任组成考评小组,进行考核。

干部:由书记、校长负责,办公会议民主评议通过。

五、说明

1. 本规定仅适用于在编在岗的全体教职工,离退休人员、脱产进修人员(在进修期间)以及退休留用人员不执行本规定。

2. 凡已享受校办厂奖金待遇者不执行本规定。

3. 对未经学校同意私自外出兼课者，不执行本规定。

4. 寒暑假工作量津贴停发。

5. 本规定从三月份开始先试行四周，然后依据实际情况补充、修改、完善，再贯彻执行。

6. 本规定的解释由校长负责。

90年2月14日

江苏省扬州中学教师工作量统计表

<table>
<tr><td>姓名</td><td></td><td>任教年级</td><td></td><td>任教学科</td><td></td><td>兼职</td><td></td></tr>
<tr><td>周次
单位数
类别</td><td>第　周</td><td>第　周</td><td>第　周</td><td>第　周</td><td colspan="3">合　计</td></tr>
<tr><td>政治学习</td><td></td><td></td><td></td><td></td><td colspan="3"></td></tr>
<tr><td>任　课</td><td></td><td></td><td></td><td></td><td colspan="3"></td></tr>
<tr><td>辅导课</td><td></td><td></td><td></td><td></td><td colspan="3"></td></tr>
<tr><td>知识讲座</td><td></td><td></td><td></td><td></td><td colspan="3"></td></tr>
<tr><td>竞赛辅导</td><td></td><td></td><td></td><td></td><td colspan="3"></td></tr>
<tr><td>早读及早操</td><td></td><td></td><td></td><td></td><td colspan="3"></td></tr>
<tr><td>运动队训练</td><td></td><td></td><td></td><td></td><td colspan="3"></td></tr>
<tr><td>文艺活动指导</td><td></td><td></td><td></td><td></td><td colspan="3"></td></tr>
<tr><td>值　勤</td><td></td><td></td><td></td><td></td><td colspan="3"></td></tr>
<tr><td>兼　职</td><td></td><td></td><td></td><td></td><td colspan="3"></td></tr>
<tr><td>其　他</td><td></td><td></td><td></td><td></td><td colspan="3"></td></tr>
<tr><td>合　计</td><td></td><td></td><td></td><td></td><td colspan="3"></td></tr>
<tr><td>审　批</td><td>教研组长</td><td></td><td>分工干部</td><td></td><td>教导主任</td><td colspan="2"></td></tr>
<tr><td>审　批</td><td>校长</td><td colspan="6"></td></tr>
</table>

注：此表每四周填写一次，教研组长收齐审核，教导处汇总，教导主任会向年级分工干部进一步审核，校长审批，校长办公室造表发放。

江苏省扬州中学教职工代表大会文件汇编

江苏省扬州中学首届教职工代表大会代表名单

张家骞、张　铨、张贞忠、陈家齐、祝寿培、唐丽珍、陈安鸿、蒋念祖、丁书文、蒋素珍、胡民建、周　镖、朱奇象、张福俭、张乃达、华连生、倪　宾、胡　蓉、肖咸宁、刘　文、支孝文、吉春红、薛晓玲、梅小秋、成　实、李久翔、徐国英、张发祥、金学文、李启新、许白虹、梅宽顺、李　宁、王萌钢、曹大钟、朱焕珍、李伟民、曹植洪、杨幼鹤、陆美玲、沈怡文、生建国、张忆育、陈咸宝、邓志扬、邵刘金、朱广哲、吕文清、吴晓秋、薛秀英、余慧珠、沈莉芳、袁祥华、谈开明、谢松林、鲍晓扬、冯春丽、顾胜祖、俞　玮、秦世君、王正国、徐学才、龚立志、潘志明。

代表占全校教职工数的30%，其中教师代表占代表数的60%。

特邀代表：许　勇、田如衡。

列席代表：局工会主席孙大海、黄正瑶、匡成岚、朱泰森、陈志俊，全校教职工。

教职工代表大会代表分组：

第一组组长：张家骞、金学文

第二组组长：胡明建、邓志扬

第三组组长：杨幼鹤、丁文书

第四组组长：刘　文、李伟民

第五组组长：薛秀英、冯春丽

江苏省扬州中学首届教职工代表大会主席团成员
(以姓氏笔画为序)

王萌钢	李　宁	李久翔	李启新	张乃达
张忆育(女)	张家骞	沈怡文	陈安鸿	肖咸宁
杨幼鹤(女)	金学文	倪　宾	秦世君	梅小秋(女)

扬州中学教代会日程安排

一、11 月 20 日(星期三)下午 3:30。地点:大教室。

主持人:李宁。出席人:全体代表。列席代表:学校教职工和其他列席代表。

扬州中学首届教代会开幕式

内容:(1) 开幕式,开幕词,上级领导讲话等。(肖书记)

(2) 通过教代会暂行条例。

(3) 扬州中学五年发展规划讨论。(肖书记)

二、11 月 23 日(星期六)下午 3:30。地点:大教室。

主持人:倪宾。出席人:全体代表。

内容:(1) 通过扬中五年发展规划。

(2) 提案试行条例,提案征集说明,通过、发提案表。(张家骞)

(3) 教职工工作量津贴说明,讨论。(陈安鸿)

三、11 月 24 日(星期日)上午 8:00。地点大教室。

主持人:王萌钢。出席人:全体代表。地点:大教室。

内容:(1) 教职工工作量津贴通过。

(2) 新房分配方案说明,讨论。(李启新)

(3) 推选并通过提案组、福利组、分房组成员。

闭幕式(时间:1 月 15 日。地点:阶梯教室。主持人:王萌钢)

出席人:全体代表

内容:(1)会议决议,纪要

(2) 扬州中学首届教代会闭幕式,闭幕词。(沈怡文)

开　幕　词

肖咸宁

各位代表,各位来宾,各位同志:

全校教职员工盼望已久的扬州中学首届教职工代表大会今天开幕了,我谨代表学校党总支和校长室表示热烈祝贺,并向莅临我们大会的上级领导和各位来宾表示热烈欢迎和衷心感谢!

我校教代会的筹备工作,是从去年10月份开始的,在党总支领导下,成立了筹备小组,一年多来,筹备组的同志做了大量工作,他们走访了市总工会,以及本地和外地几所高校和中学,根据国家宪法的有关规定,根据中共中央、国务院转发的《高等学校教职工代表大会暂行条例》和国家教委、全国教育工会等有关领导部门的指示精神,结合我校的实际情况,制定了扬州中学教代会暂行条例;并且就首届教代会的议题,召开了多次座谈会,广泛听取了广大教工的意见,草拟了几个文件。上学期结束前,通过全校教职工民主选举,产生了教代会代表65名,迄今为止,除了退休一名外,现有在校代表64名,今天出席大会的代表有58名,超过三分之二以上,符合法定人数。

教职工代表大会的召开,标志着我校的民主管理将达到一个新的水平,通过大会的召开,进一步发动全校教职员工,调动各方面的积极性,参与学校管理,监督学校工作,同心协力为把我校办成具有高质量示范性、实验性的重点中学而奋斗,江泽民同志"七·一"讲话中指出:"我们要进一步有领导有步骤地推进政治体制改革,努力建立健全一套民主的科学的决策制度和程序,充分走群众路线,广泛听取各方面的意见,做到集思广益。"在我们学校里,要坚持党总支集体领导,校长行政负责,教职工民主管理的体制。教代会是教职工群众对本校事务行使当家作主的民主权利,参加决策,监督干部,民主管理学校的基本形式。

教代会在本校权限范围内行使四项职权:(1)对学校工作的审议权;(2)对规章制度的通过权;(3)对集体福利事项的决定权;(4)对领导干部的监督权。

我们教代会的每位代表,要认清自己肩负的重任,树立光荣感和责任感,正确处理权利与义务的关系,共同努力开好大会,积极完成大会的各项任务。我们全校教职员工,都要以主人翁的姿态,以积极参与的意识,积极支持教代会的工作,特别是行政系统的各级干部,更要尊重和支持教代会行使民主管理的职权。

我们的口号是:团结、务实、改革、奋进。

我们的大会要开成团结的大会,因为我们有着共同的目标,共同的理想,把扬中办成一流学校。当前学校工作面临的任务重困难大,社会期望值高,更需要团结,同心同德,克服困难,发扬风格,团结协作,集思广益。教代会的组织原则是民主集中制,要站在公正合理的原则立场上,采取讨论的方法,协商的方法,尽量使重大问题得到合理的解决。

我们的大会要开成务实的大会。这次会议讨论的议题，主要有学校 91 年至 95 年的发展规划，教职工工作量津贴方案和新房分配方案。在讨论过程中，我们要积极开动脑筋，出主意，想办法，提出建议性的意见，提出可操作性的方案，使会议的成果能真正落到实处。

我们的大会要体现改革精神，要建设有中国特色的社会主义，必须继续深化改革。我们教代会的议程同样要体现改革精神。但改革要有步骤地进行，要有一个逐步完善的过程，对历史形成的问题要作历史的具体分析，要从有利于学校向前发展和有利于安定团结的局面出发，先易后难，逐步深入，努力把事情办得使大家满意，让大家心情舒畅，精神振奋地做好工作。

我们的大会要激励全校教工奋进，江泽民总书记"七·一"讲话中指出："百年大计，教育为本。"教育是社会主义物质文明和精神文明建设极为重要的基础工程，它对提高全体人民的思想道德和科学文化素质，对培养一代又一代社会主义事业的接班人，具有重大的战略意义。"我们所做的一切，归根结底，要落实到办好学校、提高教育质量上。历史的使命，任重而道远。

历史进入九十年代，我们也进入迎接百年校庆的冲刺阶段，九十年代的十年是关键的十年，学校面临的形势从来没有这么好。以总书记为代表的前辈校友关心着我们，要我们把扬中的旗帜举得更高，在中国中等教育史上写下值得自豪的一页，让我们在党的领导下，认真贯彻党的路线、方针、政策，坚持四项基本原则，正确处理国家、学校和教职工个人三者利益关系，鼓足干劲，力争上游，努力提高教育质量，培养德、智、体、美、劳全面发展的人才，为把我校办成高水平的有特色的重点中学作出更大的贡献！

最后，预祝大会圆满成功！祝各位来宾，各位代表和全体同志身体健康，工作顺利！

一九九一年十一月二十日

江苏省扬州中学首届教代会闭幕词

(一九九二年一月十五日)

沈怡文

同志们:

跨越两个年头、历时五十七天的我校首届教代会,今天终于胜利闭幕了。

首先,请允许我以学校党总支和校长室的名义,向为这次教代会献劳出力的全体教代会代表、全校教职员工表示衷心的谢意和亲切的慰问!

这次教代会的召开,是我校历史上的空前创举,是学校政治生活中的一件大事,得到了全校教职员工的支持和拥护,因而会议开得很顺利,很成功。这主要表现在以下几个方面:

一、这是一次富有建设性的大会

经过多次协商和讨论,代表大会先后通过了下列几个文件:

1.《江苏省扬州中学教职工代表大会暂行条例》(1991年11月20日下午)。

2.《江苏省扬州中学教职工代表大会提案工作试行条例》(1991年11月27日下午)。

3.《江苏省扬州中学1991—1995年发展规划》(1991年11月27日下午)。

4.《江苏省扬州中学教职工工作量津贴发放的试行规定》(1991年11月27日下午)。

5.《江苏省扬州中学1992年新房分配暂行条例》(1992年1月8日下午)。

这些无前例可循、密切结合实际的文件的起草和通过,必将对学校现今和将来各项工作的开展,产生积极的影响。

二、这是一次充分发扬民主的大会

这次教代会自始至终都充分尊重代表们的民主权利。在讨论每个文件、每个议案时,都要让每一个代表有机会发表自己的看法,在通过每一个文件、每一个议案时,也坚持按照一定的民主程序来进行:如遇有与民主程序相抵触的情况,即使已经匆促宣布"通过"的,也毫不迟疑地推翻重来,务使合乎民主程序。在这样高度发扬民主的基础上产生的会议文件和议案,自然具有它的公正性、严肃性和权威性。

三、这是一次高度团结、文明的大会

这次教代会上所要讨论和解决的问题,有很多是富于敏感性的、直接关系到教职工同志切身利益的,固而不可避免地会触及和引发一系列这样或那样的错综复杂的矛盾，但这些矛盾只是暂时的、属于人民内部的，而不是不可调和的、有着根本利害冲突的矛盾，因而是可以坐下来共同协商，求得妥善的解决的。我们高兴地看到，我们的全部与会代表，都能顾全大局，以局部利益服从整体利益，以开好大会，圆满完成大会各项议程为最高职志，因而整个大会的进程，虽有起伏和曲折，但总的说来是顺畅的。大会的召开，加强了理解、团结和统一；充满了祥和、文明的气氛。整个大会的全部进程表明，我们扬州中学全体教职员工所固有的力求办好学校的主人翁精神是本次大会获得完满成功的最基本、最可靠的保证。

四、这是一次艰苦奋斗、厉行节约的大会

这次教代会的特点是议程多、任务重、头绪纷繁、矛盾尖锐，而时间紧迫，代表们还要处理班务、课务、各项行政事务，因此会议多是利用下午七、八节课的时间，有时还要利用晚上和星期天的休息时间，真是忙得不可开交。但代表们毫无怨言，一切服从大会的安排，保证不但开好教代会，还要搞好本职工作。大会期间，代表们是辛苦的，但心情是愉快的，精神是换发的，党的艰苦奋斗的好传统在这次大会上得到了很好的发扬。

大会期间，不搞铺张浪费，不乱花钱，代表不搞特殊化，发的会议纪念品，价廉物美，且全校人人皆有。大会所费不多，但办了实事，这种会风今后也要继续保持下去。

当然，这次大会是“前无古人，后有来者”，缺点错误在所难免，我们已广泛征询了代表们的意见，我们也热忱地希望全校教职员工坦率地发表你们的看法，我们将虚心听取，认真总结。

老师们，同志们！首届教代会今天是落幕了，但会后的任务还很多，我们肩上的担子还很重，让我们把这次教代会上焕发出来的精神和意志的力量带到各项工作中去，为办好扬中、实现学校五年发展规划而辛勤地工作、默默地奉献吧！

江苏省扬州中学教职工代表大会暂行条例（试行稿）

第一章　总　　则

第一条　根据中华人民共和国宪法第十七条“国家坚持社会主义的民主原则，保障人民参加管理国家，管理各项经济事业和文化事业，监督国家机关和工作人员”的规定，根据中共中央、国务院转发的《高等学校教职工代表大会暂行条例》和国家教委、全国教育工会等有关领导部门的指示精神，结合我校的实际情况，制定本条例。

第二条　在学校中，坚持党总支集体领导，校长行政负责，教职工民主管理的原则，实行党总支领导下的教职工代表大会制。教职工代表大会（以下简称教代会）是教职工群众对本校事务行使当家作主的民主权利，参加决策，监督干部，民主管理学校的基本形式。

第三条　教代会在学校党总支的领导下，认真贯彻党的路线方针、政策，坚持四项基本原则，遵照国家的法律、法令，正确处理国家、学校和教职工个人三者利益关系，协调学校内部矛盾，加强团结，尊重和支持行政领导工作，调动广大教职工的积极性，提高教育质量，培养德、智、体全面发展的人才，为办好具有示范性、实验性的重点中学而奋斗。

第四条　教代会的组织原则是民主集中制。

第二章　职　　权

第五条　教代会在本校权限范围内行使下列职权：

（一）听取和审议校长的工作报告，讨论学校的工作计划、发展规划、财务预决算、改革方案、教职工队伍建设等重大问题，并提出意见和建议。

（二）讨论和通过学校的基本规章制度，如岗位责任制方案、文明教研组和年级的标准、教职工奖惩办法等，由校长决定颁布施行。

（三）讨论和决定有关教职工的集体福利事项。如教职工住房分配、福利费使用的原则和办法等。

（四）监督学校各级领导干部，可以进行评议、质询、表扬、批评，必要时可以建议上级机关予以奖励或惩处。

（五）对学校各方面的工作提出合理化建议，并进行检查督促。

第六条　学校行政系统要尊重和支持教代会行使民主管理的职权，学校各级领导干部和教职工都应执行教代会的决议。有关部门必须认真负责地处理教代会的提案，努力及时解决，不能解决的应说明原因，并虚心接受教职工代表的检查，对教代会的决议如有不同意见，可以提请教代会复议，或报请上级机关研究解决。

第七条　教代会要尊重和支持校长行使职权，维护行政系统的指挥权威，要教育教职工严格遵守各项规章制度，以主人翁的责任感努力完成各项工作任务。

教代会不讨论应由各种学会去研究的专门的科学和学术问题。

第八条　教代会对于上级机关的工作，必要时可以提出意见和建议，由上级机关研究答复，但教代会不得阻挠上级机关决定的执行。

第三章　教职工代表

第九条　教职工代表的条件：

（一）坚持四项基本原则，努力学习并模范执行党的方针政策，遵守国家的法律、法令。

（二）热爱党的教育事业，认真做好本职工作。

（三）积极参加教代会的活动，密切联系群众，听取和反映群众的意见和要求，做好群众工作。

（四）办事公道，作风正派。

第十条　教代会的代表，以处、室、组为单位，由教职工直接选举产生，凡是享有公民权的正式教职工均有选举权。代表总人数约占全校教职工总数的25—30%。代表的构成，既要包括学校各级各类人员，注意代表的广泛性；又要体现学校以教学为主的原则，其中教师代表一般应不少于百分之六十。

代表实行常任制，任期三年，到期改选，可以连选连任。代表受原选举单位教职工的监督，必要时原选举单位可以提请职代会全体会议通过更换代表人选。

第十一条　教职工代表的权利

（一）在教代会上有选举权、被选举权和表决权。

（二）对学校工作有审议、批评、建议的权利；对干部有评议、监督的权利。

（三）有权参加检查学校有关部门执行大会决议及提案落实情况；有权在必要时对有关部门进行质询。

（四）因参加教代会活动而占用的工作时间，按正常出勤待遇。

（五）因行使正当民主权利而遭受打击报复时，有权向有关部门申诉、控告。

第十二条　教职工代表的义务：

（一）努力学习并模范地执行党的方针、政策和国家法律、法令，严格遵守劳动纪律和规章制度，积极做好本职工作。

（二）模范地遵守职业道德和社会公德，在建设社会主义精神文明中起表率作用。

（三）积极宣传、认真贯彻教代会的决议，积极参加教代会的活动，做好大会交给的各项工作。

（四）正确代表群众利益，密切联系群众，广泛听取并如实反映群众意见，接受群众监督，做好群众工作。

第十三条　大会根据需要可邀请有关干部、教职工、家属等作为列席代表和特邀代表参加会议,列席代表和特邀代表有发言权,无选举权和表决权。

第四章　组织制度

第十四条　召开教职工代表大会时,选举大会主席团主持会议,主席团成员应有学校各方面代表,包括党政工团主要领导干部组成。

第十五条　教职工代表大会每三年为一届,一般每学期召开一次,至少每年召开一次。必要时,根据三分之一的代表要求或经党总支同意,可召开临时代表会议。每次会议要有三分之二以上代表出席,大会作出的决定必须有全体代表半数以上通过方为有效。

教代会以部门为单位建立代表小组,选举产生组长。

第十六条　教代会的议题,应根据学校的中心工作和群众迫切关心的问题,广泛听取教职工意见,经大会主席团审议后,提请大会通过,每次大会应重点突出,切实解决一些问题。

第十七条　教代会根据需要,可组织若干专门工作委员会或工作小组,其任务是对教代会要讨论的重大问题进行调查研究,提出建议;整理、核实有关提案;检查有关部门贯彻教代会决议和处理提案的情况。

第十八条　对教代会的决定和提案,应认真执行并向下次大会提出报告。教代会的工作应向教职工公布,接受群众监督。学校所属各部门应根据不同情况,采用适当的方式建立民主管理制度。

第五章　工作机构

第十九条　学校工会委员会承担教代会工作机构的职责,在党总支的领导和行政的支持下,紧紧依靠群众,做好下列工作:

(一)会同有关部门共同做好大会的筹备工作和会务工作,组织选举教职工代表,征集和整理提案,提出大会方案和主席团建议名单,经党总支批准后召开大会。

(二)大会闭幕期间,组织代表组及各专门工作小组的活动,传达贯彻大会精神,督促检查大会决议及提案的落实。

(三)大会闭幕期间,遇有重要问题,可召集代表组长会议进行研究,提出建议,报请党总支审批。

(四)向代表和教职工群众进行宣传教育,保障他们的民主权利,接受他们的申诉,并对代表进行培训。

(五)处理教代会交办的其它有关事项。

第六章　附　　则

第二十条　本条例如与上级机关的规定相抵触时,应服从上级的有关规定。

本条例的解释权，在教代会开会期间由大会主席团行使，闭会期间由工会委员会行使。

本条例的修订权属于教代会全体会议。

一九九一年三月

江苏省扬州中学1991—1995年发展规划
(讨论稿)

一、办学指导思想和总体目标

认真总结建校九十年的办学经验,立足于扬中当前的实际,着眼于廿一世纪社会主义四化建设对人才的需要,按照整体优化的思想,进行整体改革。坚持继承扬中的优良传统与改革创新相结合;坚持德、智、体、美、劳全面和谐地发展与因材施教相结合;坚持全面打好基础,提高素质与充分发展个性相结合;坚持抓好教育教学的常规工作与开展教育科研相结合;坚持全面科学的质量管理与细致的思想工作相结合,调动全校师生的积极性,继承、发展、创新,把扬中办成高质量、第一流、有特色的社会主义普通中学,并积极创造条件参与国际中学教育教育科学研究,不断扩大国际影响。

学校把教育思想的建设作为实现办学总体目的首要工作。

我校的初中教育作为义务教育的后一阶段,是提高民族素质的基础性工作,必须坚持社会主义方向,使学生受到比较全面的基础教育,全面提高他们的思想品德、科学文化和身体心理等素质,我校的初中实行就近入学的原则,生源一般,但作为重点中学,我校的初中应办成具有示范性实验性的初中,并在人才的早期开发和培养上进行探讨和研究。

我校高中教育是义务教育阶段以后普通教育中最高层次的教育,作为重点中学,生源择优,必须在义务教育的基础上使学生的思想道德、科学文化、身体心理、劳动技能、艺术审美等基本素质获得高层次的全面发展,并注意充分发展学生的个性、特长,为高校输送素质好、能力强、有后劲的人才,要求合格率、优秀率列全省前列,要十分重视优秀学生的培养。

二、培养目标

【德育方面】

1. 培养学生热爱祖国、热爱人民、热爱社会主义、热爱中国共产党的思想感情,培养学生为人民服务和为祖国富强、人民富裕的献身精神,并能把远大理想与现实的学习、锻炼、工作、生活结合起来,勤奋进取,立志成才,有正确的人生价值观和强烈的社会责任感,坚定社会主义信念,增强反“和平演变”的自觉性。

2. 培养学生热爱集体、遵纪守法、尊师敬长、团结友爱、谦虚朴实、坚强勇敢的高尚品德和高尚的基础文明素质,并具有明确的是非观念和时间观念,注意提高学习和工作效率,进一步培养学生的开拓精神。

【智育方面】

1. 培养学生树立明确的学习目标,具有“虚心、刻苦、踏实、经常”的科学态度,养成良好的学习习惯和科学的学习方法。

2. 使学生扎实地掌握基础知识和基本技能，具有较强的自学能力、独立思考能力和动手实验、操作的能力，具有勇于探索、创造和竞争的精神，具备维持终生学习和适应未来社会主义建设需要的科学文化素质。

3. 鼓励学生发展兴趣爱好，学有特色，培养学生大面积（60～70%）优秀，一部分（2%～3%）拔尖，学科竞赛和高考质量方面争取在全省的前列。

【体育方面】

1. 使学生逐步掌握适合其年龄特点的体育基础知识和竞技体育技能，养成良好的体育锻炼习惯和卫生习惯，发育健全，体魄健康，体育合格率保持在95%以上。

2. 办好体育传统项目和高中高水平运动队，田径的跑、跨、跳项目保持省内领先地位，每年为高校高水平运动队输送3～5名高水平运动员。

【美育方面】

1. 进行马列主义美学基础知识的教育，培养学生高尚的健康的审美意识和情趣，具有良好的审美能力。

2. 提高学生对自然美、生活美的认识，培养人与自然环境和谐的感情和行为，学习美化生活、美化人的知识，培养学生生活美的行为规范。

3. 加强音乐、美术教育，提高学生的鉴赏能力，使学生具有一定的艺术爱好和特长。

4. 加强中学美育的理论研究，积极开展美育实践活动，使学生具有初步的创造美的能力。

【劳动教育方面】

1. 进行劳动观点的教育，培养学生热爱劳动的习惯和尊重劳动人民，爱护劳动成果的品质。

2. 掌握一定的劳动技术、技能，提高独立生活的能力。

三、加强德育工作，建设优良的校风、学风

1. 建立、健全学校德育工作的指挥系统形成工作网络

党总支—思想政治工作领导小组—
- 团委会、队委会
- 年级组长、班主任
- 政治教师
- 全体教职工

围绕学校的中心工作，按不同特点，共同对学生进行思想教育，逐步强化年级组德育工作的作用，加强对学生的思想教育。

2. 加强德育工作队伍的建设

(1) 班主任、团队、政治教师每年举行一次研讨会,研究有关学生思想教育工作中的重大问题,宣读论文、介绍经验、定期出专刊。

(2) 培养优秀的班主任,五年内达到 1/3 优秀,2/3 良好。

(3) 组织思想教育工作的同志外出参观、学习。

3. 认真贯彻《中学德育大纲》和《中学生日常行为规范》,严格训练,严格管理,使德育工作法规化、规范化。

4. 系统深入地进行国情教育和近现代史教育,结合挖掘本市本校的德育资源,形成有特色的乡土教材。

5. 进行理想教育,按照年龄特点,形成系列,三年形成系列方案。

6. 认真开展德育教育科研,确定若干课题,组织力量攻关,探索新时期青少年思想的特点及教育规律。

7. 狠抓校风"正直向上,热于求知"的培养建设,开展创建文明班级的活动,改进评比办法和措施。

8. 学生在校期间,有计划、有目的进行劳动教育、技术教育、军事训练和社会调查,初一到高三全部开设劳动技术课做到劳技课开设科目的系列化,对全校各年级的公益劳动健全考核制度。

初一、初二 ——	工厂劳动、或农业劳动
高一	军事训练
高二	社会调查

9. 绿化、美化校园,创建有鲜明特色的校园文化,使扬中具协调和谐,积极向上的育人环境。

四、深入进行教学改革,努力提高教学质量

1. 进行课程、教材改革

(1) 五年内完成选修课,学科小组,部份活动性课程的课程设置、大纲、教学计划和教材,使高中两项改革进一步落实,并建立相应的考核制度。

(2) 积极进行各科思维教学的实验,初、高中各完成一轮实验,提出实验报告,形成教学特色。

(3) 建立社会实践基地,落实社会实践课的内容、要求,形成教育序列。

2. 十分重视教学方法的研究和改革。

要以课堂教学为中心,以提高课堂教学效率为目的,进行教学方法的研究和改革,实行启发式教学,培养学生的自学能力和动手操作能力,开展教学评优活动,提倡教师形成自己的教学风格,鼓励教师总结经验,加强教学研究,每年召开一次教学研讨会,每年争取 10～20 篇高质量的教育、教学论文或经验总结参加较高规格的学术

研讨会或省级以上的报刊发表。

3. 积极创造条件，尽快引进国外自然学科原版教材，用外语进行教学。要解决国外教材的选本，教材的研究，教师口语的训练，教学配套设备、辅导教材等问题，进行中外教材的比较研究，并与高校挂钩，积极争取高校的支持和帮助。

4. 发挥扬中的电教设备优势，努力开发教学软件

(1) 五年内建设一支热爱事业，刻苦学习，熟悉教学，精通自己专业的电教、科技活动的师资队伍。

(2) 制订出一套适合教材需要，按章节配合，适合教学各环节(包括课堂教学、课外活动、教师参考、学生复习检查……)的系列视听教学软件。

(3) 总结、录制各教师、班主任的教育、教学经验。

5. 广泛开展各项课外活动，培养优秀学生。

(1) 通过学科小组、选修课、教师个别辅导每年要培养出 30～50 名学习基础扎实，能力强，有探索精神成绩突出优秀学生。

(2) 为优秀生要创立各种有利的学习条件。加强个别指导(试行导师制)；开架借书，开放实验室，开放微机房；组织优秀学生外出参观学习；跳班(级)等

(3) 设立奖学金和奖励制度，设立奖学金(每年 20～30 名。初、高中学生中学习成绩突出优秀者奖 50～100 元)和各种荣誉奖；优秀毕业生，在树人堂前照像，科技活动优秀奖(小发明、小制作、小论文等)。竞赛优秀奖(包括学科、科技、文艺、体育等)。三好学生，优秀干部，优秀团员等。

6. 大力提倡开展多种层次的教育科学研究。

(1) 在分层设题，人人参加的，基础上五年内省级立项研究课题两项，市级研究课题八—十项。

(2) 成立教育科学研究室，组织科研实验网络。

(3) 定期组织现代教育理论的学习，举行教改信息报告会。

(4) 制订科研成果奖励办法。

7. 严格各项教学常规管理，逐步建立管理规范和评估体系。

五、抓好体育卫生工作

1. 端正指导思想，在大力开展群体活动的基础上，培养体育竞技的尖子人才。

2. 实行体育工作和体育科研工作相结合，对学生的视力、身体素质、体能应有科学的调查数据和分析，在此基础上制订对学生体育训练系列化的目标和计划，加强对学生青春期的生理卫生教育，研究体育卫生工作的改进。

3. 认真抓好课间操和队列，各种会议的集合、入场训练，切实做到快、静、齐、有力。

4. 根据不同学生的体质体能，因材施教，开展女生健美体操运动。

5. 坚持抓好田径、排球传统项目，争取优良成绩，对各运动队队员的德、智、体要

全面关心。

六、建设好三支队伍

1. 加强干部队伍的建设,不断提高干部队伍的政治理论水平,科学决策能力和管理水平,五年内建设一支革命化、知识化、专业化、配套化的干部队伍,领导班子要坚持学校的社会主义方向,密切联系群众,增强民主意识,遵纪守法,为政清廉。

2. 按照教学过程整体优化的思想,建设一个团结协作,开拓进取献身事业的教师集体,形成一支风格多样,各具特色的教师队伍,其中有课堂教学水平高的教师;有善于培养尖子学生的教师;有乐于辅导学生课外活动的教师;有乐于开发电教、计算机软件的教师。队伍的结构要合理,骨干教师达 60%以上,尖子教师达 10%,青年教师达 30%。

特别重视师德建设,要求全体教工忠于职守,热爱学生,为人师表。发扬“进德修业,教书育人”的教风,精雕细刻一丝不苟,在课堂教学和各项活动中充分发挥诸育的教育因素。

3. 建设好一支为教学服务,为师生服务的思想明确,人员配套,工作安心尽职尽责,工作有成效、效率高、刻苦钻研、勇于创新的职工队伍。

七、搞好后勤和创收工作,改善办学条件

1. 树立全心全意为人民服务的思想,搞好两个服务,同时要强化管理意识,提高办学效益;不断开拓多渠道开展创收,增强学校的经济实力。

2. 在上级拨款 60 万元的基础上,再集资 50 万元,1992 年 10 月前完成 2000 m^2 的图书馆工程,作为 90 周年校庆的献礼项目。

3. 1993—1994 年建成长 110 m 的风雨跑道和体育场司令台。

4. 1991 年完成 36 户宿舍楼工程,1994 年再建一幢教工宿舍楼。

5. 1995 年开拓筹备艺术楼和校史荣誉室工程。

6. 五年内完成西长堤绿化长郎工程的建设。

7. 大力发展校办企业,每年利润增长 7~10 万元,五年后实现年利润 50 万元。

8. 逐步实现办公设施现代化,更新文印设备,充实图书、仪器。

八、实行全面的科学管理

1. 健全民主管理,坚持每年 1~2 次的教职工代表大会制度。学校重大问题,特别是与教职工切身利益有关的问题需提请教代会讨论,教代会要对学校的工作进行常议和监督,充分发挥民主管理的职能。

2. 进一步修订和完善各部门的规章制度,使全校各项工作有章可循,有规可依,纳入科学化、规范化的轨道。

3. 建立、健全教师业务档案与学生档案,做好各类文书档案的管理工作,使用计

算机处理各种数据和资料。

4. 严格财务制度，建立好学校财产的总保管与分管制度，成立民主理财小组，讲究投资效益。

5. 坚持全面、科学地评价教职工，坚持以教书育人的整体效果为标准，要把教师的职业道德、教育教学能力，教育教学效果作为评价的重要内容。

每学年对全体教工进行一次评价（个人评价、学生评价、同行评价或组织评价）。

6. 制订和完善奖惩制度。

建立工作量津贴制度，奖励制度贯彻精神鼓励与物质鼓励相结合，以精神鼓励为主的原则，逐步设立若干单项奖励活动。例如：学科竞赛优胜奖；教学研究成果奖，优秀班主任奖，治安水电责任奖，校产校具管理奖等。

7. 在条件成熟时，实行职务聘任制。对不能履行岗位职责，不能胜任本职工作，不执行学校规章制度，师德极差，经教育帮助无效者，解聘或不聘，先实行校内的编外工作由组织调动或自找门路，编外期间不享受学校的奖金和福利。

江苏省扬州中学
教职工工作量津贴发放的试行规定
(修订稿)

为了改善和加强学校内部管理,提高工作效率,促进学校各项工作,必须坚持思想政治工作,把物质奖励和精神鼓励结合起来,一方面大力提倡发扬奉献精神,一方面建立健全学校奖金津贴发放制度。关于我校教职工工作量津贴发放的试行规定,去年已作了试行,根据试行情况,通过各种会议对有关意见进行了反复研究,吸取了兄弟学校的经验,对原规定作了若干修改,教职工代表大会通过后执行。

一、工作量津贴经费的来源

原有的政策性规定的节约奖、教龄津贴、班主任津贴按原规定办法发放,现增加工作量津贴,金额全由学校自筹,从校办工厂效益中提取。

二、工作量津贴的计算办法

为了便于核算,教师的工作量统一折算为标准单位,授1课为1个单位,1课时的教案为1个单位(相同教案不重复计算),以课时数与教案数之和15个单位另加每周政治学习(折算成的)2个单位,共17个单位,作为计算基准,工作量津贴发放从1个单位起算,凡超过17个单位的超过部分以加倍计算。每个单位按多少钱发给,视学校财力确定,工作量计算情况比较复杂,宜粗不宜细,为了尽可能地相对合理,作如下规定:

1. 经教导处同意的辅导课每节为1个单位,未经教导处同意的,不予计算工作量。

2. 各学科选修课、知识讲座、学科小组、竞赛辅导(有教案),每节为2个单位,有关竞赛奖励办法另订。

3. 语文、外语教师组织早读每周3次为1个单位(一次早读同时兼顾两个班的不重复计算)。体育教师组织早操,每周3次为1个单位。

4. 作业量计算办法:语文、数学任课教师每人每周加3个单位;外语、物理、化学任课教师每人每周加2个单位;除体育以外的其余学科(不包括上述学科)任课教师每人每周加1个单位。

5. 文艺活动指导每节为1个单位。

6. 体育教师指导课外体育活动每次为1个单位,体育运动队教练指导运动员训练每天训练为2个单位,每周不超过12个单位。

7. 附加单位计算。

(1) 男教师年满57周岁,女教师年满52周岁,每周附加3个单位。

(2) 毕业班升学统考学科,高中根据每周正式任课(包括教案)实际单位数乘系数1.3,初中根据每周正式任课(包括教案)实际单位数乘系数1.2(按整数计算,小数4舍5入)。

(3) 使用实验教材作为科研项目立项,经教育主管部门批准的(要核实批准文件),市级按实际正式授课单位数乘系数1.2,省级乘系数1.3,国家级乘系数1.5.

8. 兼职工作量计算:

工会副主席:每周附加3个单位。

少先队大队辅导员每周附加2个单位。

教研组长、备课组长:教研组10人以上的教研组组长每周附加3个单位;副组长,每周附加2个单位。教研组10人以下的教研组组长每周附加2个单位;副组长,每周附加1个单位。备课组长(3人以上)每周附加1个单位。

工会委员、工会组长每周附加1个单位。

班主任代表每周附加1个单位。

9. 中层以上干部的津贴按教师津贴的平均数发放,对兼课工作量超过教师平均数的按实际兼课工作量计算。

职工的津贴按教师津贴平均数发至各部门,原则上分等发放,分等方法由各部门逐步完善。

10. 如有特殊工作需要由学校领导研究,另行确定工作量。

11. 教职工中有严重失职,如不服从学校工作分配、无故旷工、旷课、工作中发生重大事故者,以及有打人、骂人等不文明现象者,视具体情节扣除一月、半年或全年的工作量津贴。

三、统计、审核、批准办法

工作量津贴以周为单位核算,每五周综合统计一次,每十周发放,每学期发放两次,每五周教研组长、备课组长填写一次,教研组长负责收齐审核,教导处汇总,教导主任会同年级分工干部进一步审核,校长审批,校长办公室统计造表发放。

四、说明

1. 本规定仅适用于在编在岗的全体教职工,离退休人员、脱产进修人员(进修期间)以及退离休返聘人员不执行本规定。

2. 凡已享受校办厂奖金待遇者不执行本规定,临时工不执行本规定。

3. 对未经学校同意私自外出兼课者,不执行本规定。

4. 寒暑假工作量津贴停发。

5. 本规定的解释权属教代会,教代会闭幕期间属校长室和教代会常设机构工会。

教职工代表大会

一九九一年十一月廿七日下午通过

江苏省扬州中学新房分配暂行条例

第一条

为使新房的分配能体现有利于工作,有利于调动教职工积极性的宗旨,特制订新房分配的暂行条例。

本次分房在听取广大教职工意见的基础上,采用记分法进行分配,增强透明度,杜绝一切不正之风,力求做到公正合理。

每个教职工也应发扬顾全大局、相互照顾、克己让人的风格。

第二条

凡本校教职工,其住房困难者,可申请住房,但有下列情况之一者,不得申请住房:

1. 已在校内分配有新房者(指12户楼,36户楼和西长堤新平房);
2. 在校外配偶单位已分有配套住房者。

第三条

1. 根据申请人的书面申请,由分房小组进行调查和核实其分房资格;
2. 公布具有分房资格申请人的名单和应得的分数;
3. 收集反映、改正差错并再次公布名单和分数;
4. 由分房小组根据本条例的规定,讨论并确定新房的分配方案(指具体名单)交校长室批准执行。

第四条

1. 工龄分每年按0.3分计算

凡高等学校或“大中专”毕业生以实有工龄加学制所规定的年限计算其工龄。

2. 教龄分:每年按0.1分计算;
3. 校龄分:每年按0.1分计算;
4. 职称分:

(1) 职称分:高级 、一级、二级、三级

7分　6分　5分　4分

(2) 无职称的职工,其职称分与工资挂钩,即基本工资数额与某一职称的最低工资相同,就以相应的职称分计算。

5. 其它补助分

(1) 特级教师称号者加2分;

(2) 获省中青年专家称号者加1分;

(3) 获市中青年专家称号者加0.5分;

(4) 获国家教委或省政府先进工作者称号加1分;

(5) 获省教委或市政府先进工作者称号加0.5分;

以上(1)到(5)项不累计加分,以最高分计算。

(6) 班主任每年加0.1分;

(7) 教研组长每年加0.1分;

(8) 中层干部每年加0.1分;

(9) 校级干部每年加0.16分。

以上(6)到(9)项在同一时期内不累计加分,但最高限额订为:班主任和教研组长最高不超过2分,中层干部不超过3分,校级干部不超过4分。

最高限额分不累计加分。

(10) 参加国际中学生学科对口竞赛(数、理、化、信息),获得全省前三名或取得参加全国出国组队集训和选拔资格的主要辅导老师加1分,获得出国参赛资格的主要辅导老师加2分,取得国际比赛铜、银、金牌的主要辅导老师分别加3、4、5分。

第五条

1. 凡住进新房原住校内的教职工,必须把现住房全部交给学校统一处理。

2. 凡校外要进住新房的教职工,原则上应把校外的原住房全部交学校统一处理,如学校无法接收,则按下列两种情况缴纳房屋补助费。

(1) 原住房属其它单位者,

住进大户的缴　　　　元

住进中户的缴　　　　元

(2) 原住房不属第(1)类型,如私房、公管房等,

住进大户缴　　　　元

住进中户缴　　　　元

3. 学校不解决教职工子女结婚用房,如发现新房仅为子女单独所用,学校应予收回。

4. 进住新房的教职工,须与学校签订合同,并交纳一定数目的押金。在学校规定的期限内,搬迁完毕,退回押金,如拖延则予以处罚,所罚款项从押金中扣除。

5. 教职工如病故,配偶可以住原住房,如配偶也去世子女应在一定的时间内把住房交还学校。

第六条

1. 大户和中户分档申请,不能兼报。

2. 家庭成员在三人或三人以上,吃住在一起,且为广陵区常住户口,方可申请大户。

3. 对三代同堂和有异性子女者,在同等分数的情况下予以优先照顾。

第七条

根据上级有关精神,和扬州市其它单位以男方为主的分配方法,为缓和我校住房的紧张情况,本次分到新房的教职工应缴纳一定的集资费用。

男性教职工:大户缴　　　　元,中户缴　　　　元

女性教职工:大户缴　　　　元,中户缴　　　　元

以上费用有配偶单位赞助。

第八条

分房小组成员的产生,由教代会选举通过,小组成员工作期间应秉公执法,如有营私舞弊或不称职者根据群众提议,由教代会主席团及时撤换。

第九条

以上各条经教代会通过后执行。

第十条

本条例的修改权属教代会。

附注:(1) 旧房和回收房的分配基本按上述条例实行;

(2) 以上如有特殊情况,由分房小组集体讨论,提出的方案经小组三分之二以上的成员通过后交校长室批准执行。

星北奖学金简介

1967 年 9 月 4 日,前校长(1927—1937)、教育家周厚枢(星北)先生病逝于台湾虎尾寓所。在台湾的扬中校友会为纪念周先生治校谨严、诲人不倦的精神及在短短十数年内使我校饮誉国内外、造就不少人才的功绩,特于 1967 年秋集资建立"周厚枢(星北)先生奖学金",以其利息奖励大学、高中的在学优秀青年。

由于校友们不断努力,基金数不断增加。计自 1970 年春至 1987 年,已先后集得基金约美金 11000 元,发放奖学金 36 次,受奖学生计大学 66 人,高中 210 人。

至 1988 年,台北校友会负责人等为使周校长之办学精神及业绩永垂后世,奖学金更好地鼓励母校莘莘学子,遂将此次奖学金正式命名为"扬州中学星北奖学金",其基金改由母校江苏省扬州中学负责保管运用。由于在校学生已设有"扬州中学 1935 届校友树人奖学金",故奖励对象亦暂改为我校高中毕业后进入著名大学的优秀在籍学生。

至 1991 年,经 1935 届校友研究认为,年事已高,无力过问,将 1935 届校友树人奖学基金扫数捐作新图书馆建筑经费,后复征得台湾校友会同意,仍将星北奖学金的奖励对象改为扬州中学的在籍优秀学生。为此,对奖学金章程进一步作了修改。

附:1. 扬州中学星北奖学金章程。
2. 扬州中学星北奖学金委员会现任委员名单。
3. 扬州中学星北奖学金基金 1988—1991 年度收支情况表。
4. 扬州中学星北奖学金 1989—1991 年度受奖学生名单。

附一

扬州中学星北奖学金章程(草案)

一、定名

为纪念扬州中学故前校长(1927—1937)、教育家周厚枢(星北)先生,本奖学金定名为"扬州中学星北奖学金"。

二、宗旨

发扬传统，奖掖人才，光大母校，振兴中华。

三、基金

本奖学金基金计美金壹万壹千元，原为扬州中学台湾校友会筹建，现改由母校扬州中学负责保管专款，存入中国银行，存本付息，每年到期利息兑成人民币，充当奖学金。

四、基金委员会

本奖学金设基金委员会，由校方代表二人、在扬资深校友三人组成之，校方代表为基金负责保管人，基金委员会每年开会一次，听取并审议奖学金发放和财务收支情况，由校方代表负责召集。

五、奖励对象及条件

奖励对象为扬州中学在籍的和应届的高、初中学生，受奖学生必须热爱祖国，身体健康，品学优良，其名额由学校订定之。

六、奖励金额及发放时间

奖励金额暂定为高中每人 100 元～300 元，初中每人 50 元～150 元，每年秋季始业时在开学典礼上宣布、发放。

每年发放奖金后，应由校方作出书面报告一式三份，送交基金委员会审议，台湾校友分会备案，其内容包括：受奖学生名单、表现（包括是否贫寒）、受奖金额及财务收支。

七、附则

本章程经基金委员会通过，并经台湾校友分会通过后施行。

附二

扬州中学星北奖学金现任委员名单

资深校友：方光照（1933 届）张立（植荣）（1935 届）田如衡（1943 届）
母校代表：肖咸宁　李久翔

附三

星北奖学金收支情况

（单位:美元）

1988年9月15日	存	10917.50元	（一年存期）
1989年9月20日	本金	10917.50元	
	利息	890.80元	
	计	11808.30元	
	转存	11008.30元	（一年存期）
		800.00元	（存三个月,待发奖学金）
1990年1月18日	本金	800.00元	
	利息	14.94元	
	发奖学金	500.00元	（严小文等10人,每人50元）
	转存	314.94元	
1990年9月24日	本金	11008.30元	
	利息	848.69元	
	计	11856.99元	
	转存	11056.99元	
		800.00元	（存三个月,待发奖学金）
1991年2月5日	本金	800.00元	
	利息	16.79元	
	发奖学金	500.00元	（孔庆文等10人,每人50元）
	转存	316.79元	

现在结存存单三张,存入中国银行扬州分行。（由学校出纳保管）

一、1991年9月24日已到期,存单号为6119966号　11056.99美元

二、1991年1月18日已到期,存单号为0654387号　314.94美元

三、1991年5月5日已到期,存单号为0793552号　316.79美元

附四

扬州中学星北奖学金1989年—1990年度受奖学生名单

1988—1989学年度

东南大学　严小文　王拾玖　孔庆生

南京大学　张　怡　刘冬平　施晓青　袁　宇

上海交通大学　　顾益峰　孙思毅　陈险峰

1989—1990 学年度

东南大学　　孔庆文　邱意弘　封　翔

南京大学　　吴金富　陆　云　蒋国梁

上海交通大学　　张　路

复旦大学　　孙　琳　孙宏伟　邵敬扬

江苏省扬州中学

1992 年 1 月 16 日

江苏省扬州中学规章制度汇编

传达制度

一、本校师生员工一律凭校徽出入学校。

二、上课时间(包括自修课)学生一律不准离校。特殊情况需要外出,必须凭班主任批准的假条。

三、携带公物出门,一律凭总务处或保卫科的出门证。

四、机动车、板车出入校门,要经传达人员检查方可放行,自行车进出校门一律下车推行。

五、外单位人员来校联系工作,要出示有关证件,填写会客单,出门时经有关人联系人签字交回传达室。

六、上课时间概不会客,特殊情况须向传达人员说明情况,经同意后方可入校。

七、本校早晨五时三十分开门,晚十一时关门,不准翻墙入校,不听劝阻者予以罚款处理,学校工作人员和住校家属,因工作需要超过关门时间需事先与传达人员联系,应予开门。

八、传达人员必须坚守岗位,忠于职守,坚持原则,提高警惕,做好保卫工作,不得让外人随便进入学校。

现金、票证、暂付款管理制度

一、严格按照银行的有关规定,每天轧对库存现金,不得超过核定限额。教工、离退休人员必须在发工资的当天,将工资、离退休金领去。

二、向银行送存和提取大笔现金,必须由会计室、总务处或保卫部门两人以上办理,未领完的工资、退休金要争取当天送存银行。

三、市内零星采购:按现金支付限额办理,超过现金支付额时,一律开转帐支票支付。到外地采购,要按有关规定办理,除必要旅费外,不得携带现金采购。

四、出纳人员应严格执行国家现金管理制度,不得违犯。

五、要加强现金、票证的保管,对存有现金、票证的保险箱柜,要妥善保管,学校有关领导人员进行监督，并进行不定期检查，空白支票与支票印章应分别保管。

六、暂付款必须因公需要，经领导批准后才能付款，在事情办完后，应及时结清，会计室应及时催办，批准人应督促办理，暂付款人应主动结帐，久催不结的，经领导批准在其工资中扣还。

宿舍制度

一、按时就寝，按时起身，熄灯后立即入睡，宿舍内要寂静无声，起身信号前，室内不讲话，不发出其他响声。

二、搞好宿舍清洁卫生。建立健全卫生值日制度和大扫除制度，在重视个人卫生同时，搞好集体卫生，做到衣服常换洗，被褥叠整齐，指甲常修剪，地面无果皮，痰迹、纸屑、垃圾、天花板、墙壁、门窗无灰尘，楼梯、走廊、凉台、厕所要干净，室内陈设力求整齐、划一、美观。

三、加强保卫，注意安全。按时关锁宿舍，非开放时间不得入内，外人不得入舍，学生家长、亲属进入宿舍要有人陪同，住宿时须按规定办理登记缴费手续，蜡烛、火柴等易燃物品，不得带进室内、灯泡、灯头、开关，电线等不得乱拉乱动。

四、住宿生不得擅自外宿，外地学生中途因事回家，按请假手续办理；本市或郊区学生除星期六外，无故不可回家住宿，如遇特殊情况，须家长证明，办理请假手续。

五、参加早锻，上好晚自修，建立早检查、晚点名制度，不要无故缺席。

教室管理制度

为了贯彻勤俭办学的方针，培养学生爱护公共财物的优良品质，做到物尽其用，减少损失，节约开支，特订如下制度：

一、课桌、凳是教室内保证学习的重要设备，必须严格管理，不得随便搬动或乱刻乱画。在每学期开学前，学校全面检修一次，如在使用过程中，少数桌凳自然损坏需要修理，须由班主任到总务处登记，说明原因，方可修理。

二、门窗要注意关锁，玻璃的爱护要落实到班级每个人，损坏的玻璃由班主任负责，在代办费中扣款赔偿。

三、注意卫生，爱护教室各项设备。分配到各班的清洁工具，不得损坏或到处乱抛。

四、教室内的墙壁不得随便涂写乱刻，以保持学校环境整洁。

五、学校一切公物，如桌凳、玻璃、清洁用具要注意爱护，如有损坏，需照价赔偿，倘若有意破坏，除加倍赔偿外，还视其情节轻重，给予批评教育，公开检查，直至纪律处分。

关于自行车管理的规定

一、学生来校上学骑的自行车,不得随意停放,从校门进来的,必须把自行车整齐地放在学校规定地点的自行车棚内,放车时要注意爱护路边的花木。

二、教职工的自行车也要放在自行车棚内,如自己找地方存放的,必须不影响通道和校容。

三、外单位来我校开会的同志的自行车,必须在指定的地点存放。

四、对乱停乱放自行车的人,要进行批评教育,不听劝告者,要进行一定的处理。

消防制度

一、经常对师生员工、住校家属进行以防火为中心的四防安全教育。

二、义务消防队员要坚持住校,有事需向有关部门领导请假。

三、要害部位,严禁烟火。

四、发现火警,立即组织报警,现场保护,奋力抢救。

五、消防队员要负责保管好指定部位的灭火器材,一但发生火警要立即携带保管的灭火器材,赶赴现场抢救。

保管室制度

一、保管室工作人员要严格执行各类物资的验收、登记、保管、领(借)用、归还制度,经常清理废旧物品,定期检查核对。

二、非保管室工作人员,不得进入保管室仓库,保管室内不接待客人,并严禁吸烟。

三、保管室根据库存情况,应先用已经买回的物品。必须及时购买的教学用品,电器设备等,应由保管员填写请购单,经有关领导同意后,交采购员统一购买,使用人领物时,要填写领物单,有些物品要经有关领导批准后才能领取。

四、各班级需要的用品,除规定统一发放的物品以外,其他由各班级自理。

五、教职员工,从实际需要出发,以节约为原则,填写领物单,领取必要的办公用品,其他用品根据可能,经有关领导批准方可领取。

六、教职工或各班级因公向学校借用物品,一律由借物人或班主任出具借条,写明所借物品的名称、数量、用途以及归还时间,根据保管室储存情况凭条借用,按期归还,如有遗失或损坏,由承借人负责赔偿。

物理仪器管理制度

一、健全帐册制度

建立实验室帐册,对本实验的所有仪器、设备、工具,做到帐在册,物在橱,新到实验仪器进货的名称、日期、规格、数量、性质及报废情况,均能从帐册中反映出来。

二、验收制度

(1) 对新到的仪器设备进行验收,查件数,发现短少立即和相关单位联系。

(2) 查质量,发现不合格的或破损的立即和生产单位联系,要求调换和修理。

(3) 外单位仪器送还时进行验收。

三、借用制度

(1) 本教研组教师借用教学仪器必须填写借物单,注明名称、规格、数量,用后由本人归还销帐(不离开实验室的可以不填写)

(2) 实验室仪器不得借给私人长期使用。

(3) 教研组借用实验室贵重仪器、设备,需经教导处同意。

(4) 外单位借用物理仪器需持有介绍信,须经物理组组长及教导处处同意,在不影响本校实验的情况下,方可借出。

(5) 精密贵重仪器概不借出,更不得借给私人使用。

四、赔偿制度

(1) 师生必须爱护教学仪器,在实验过程中严格按照教学要求进行,使用中发现缺少和破损及时查明原因,如发生不应有的损坏,由损坏的学生按原价进行赔偿(有的按比例赔)。

(2) 外单位借用仪器如有遗失和损坏需按价赔偿。

(3) 损坏仪器的学生和教师要填单,作为今后报废时的依据。

五、定期检查和保养制度

(1) 实验完毕后及时查收仪器,擦拭干净,放回原处,发现损坏和缺少及时和任课老师联系,查明原因。

(2) 每学期结束前检查一次仪器管理情况,本校、外校所借仪器未归还的督促归还。

(3) 对于易生锈和需要定期保养的仪器列出清单,定期进行保养和检查(如:天平、砝码、螺旋测微器,游标卡尺,激光管蓄电池等)。

六、报废制度

(1) 教学仪器使用日久,不能继续使用(或有教师学生损坏)需作报废处理,由实验室填写报废单,送教导处审核、批准。

(2) 报废仪器从仪器橱中清理出来,另放别处,以作处理。

(3) 在帐册中销帐,并注明日期,数量、规格。

七、加强责任管理

(1) 学生分组实验中贵重仪器,发到任课老师手中,使用前由任课老师发给学生,后由任课老师收齐归还实验室。

(2) 物理实验室,仪器室存放贵重仪器橱都要上锁,贵重仪器有专人保管。

(3) 经常检查电器设备,防止漏电,严禁带电操作,确保用电安全。

(4) 管理人员离开实验室时要关好橱柜、门窗,门要上锁,实验室不许外人随便进入,以防意外。

物理实验室规章制度

一、学生应在规定时间内进入实验室,学生进行实验必须按组编号,顺序就位。

二、老师讲解——实验时,应专心听讲,实验时,应保持安静,不得高声喧哗。

三、实验前,应先了解仪器性能和操作方法,清点实验所用仪器,如发现短缺和损坏,要举手报告老师,各组所用仪器,未经老师批准,不得调换使用。

四、实验时应服从老师指导,严格尊守规程和方法,严肃认真不要随便走动,讨论时声音要轻,以免影响他人实验。

五、自觉爱护实验室一切设备仪器,实验中仪器出现故障或损坏应立即报告老师,给予调换,并查明原因,如出现不应有的损坏,由使用学生赔偿。

六、实验完成后,实验数据经老师审阅,不合要求的应予重做,或在在自习课补做,以实事求是的态度完成实验报告。

七、实验完毕后,按要求整理好仪器,养成良好的习惯,自觉地做好实验清洁卫生工作,经老师同意,方可离开实验室,实验室内仪器不得带出实验室。

化学实验室管理制度

一、化学实验的仪器和药品都必须保证教学的需要,管理人员应主动配合化学教师上好实验课。

二、管理人员对化学实验室内的仪器、药品应经常保持清洁,排列整齐,做到"防火、防盗、防虫、防潮、防毒"。每次学生做完实验后,要及时清理擦拭药品、仪器,发现破损,要查明情况,分别处理。

三、对易燃、易爆和剧毒药品,要各按化学性能设置专柜和专项容器储存,注意安全,按实验计划供应。其它部门或外单位有需求时,一般不予供应,特殊情况,需教导处批准。

四、化学实验室的仪器和药品都需有帐册记载,进出的仪器和药品要及时记帐,做到条理清楚、数字明白,要严格借用手续,借物有据。外单位借用仪器、药品,必须得到教导处同意。

五、管理人员离开实验室时要关好橱柜、门窗,门要上锁。

六、化学实验室不允许外人随便入内,以防意外。

化学实验室学生实验制度

一、学生进行实验必须按组编号,顺序就位。

二、实验时应保持安静,不得高声喧哗。

三、老师讲解实验时,应专心听讲。

四、实验开始,学生应将本实验所需的仪器、药品进行检查,发现有不符要求,不合规格的东西,及时报告老师,妥善解决。

五、实验时应按规程操作,细心观察现象,随时做好记录。

六、对实验用的仪器须加爱护,药品应该按节约原则使用,不得浪费。

七、各种溶液瓶上的盖子、塞子不得随意弄错乱盖。

八、实验后的废液应倒入指定的废液缸内,如有成品或应收回的东西,则倒入指定的器皿内。

九、酒精灯应随用随点,不用时应立即熄灭。

十、实验完毕后,必须洗净仪器,如有损坏应填报"损坏单"。

十一、实验室内的仪器,不得任意携出实验室。

生物实验室管理制度

一、固定资产往来必须登记,帐物相等,分类保管。

二、实验员配合老师上好实验课,上课前准备好实验仪器、材料,保证教学实验顺利进行。

三、教师在实验前一周告知实验员,以便准备材料、穿插安排各年级实验。

四、实验完毕及时点收一切仪器、用具,及时检修、擦拭干净放还原处。

五、师生必须爱护仪器、用具,按操作规程使用显微镜,使用中如有缺少或损坏及时查明原因,遇有不当损坏,应按价赔偿。

六、外单位借用仪器必须经教导处负责人批准,并限期归还,如有损坏遗失,必须按价赔偿。

七、教学仪器因使用日久不能继续修复使用者,必须作报废处理,填写报废单,经学校领导批准报废。

电化教室管理规则

一、电教设备须登帐,分类保管。

二、电化教室内应保持整洁,注意电教仪器的防尘、防潮、防晒。

三、电教仪器的使用应按操作规程进行。

四、电教仪器在使用中不准随意离开现场,发现故障应立即停止工作,排除故障后再继续使用。

五、因违反操作规程而损坏的电教仪器应赔偿经济损失。

六、按手册要求,按时保养设备,并建立设备的使用、维修技术档案。

七、严格执行仪器借还制度,仪器离开电教室须经教导处负责人批准,填写借物单后,方可借出,并限期归还。

八、所有电教设备,不得借给私人使用。

九、设备因日久不能修复使用,经校领导批准作报废处理。

十、管理人员离开电化教室时要切断电源,关好橱柜、门窗,上好锁。

上机操作规程

一、学生进入机房前须换鞋,方可入内。

二、上机时应注意开机顺序,先开外部设备,后开主机。

三、上机过程中不得随便乱敲键盘,所有外部设备不得乱搬乱移,不得随意开关电源,以造成对机器的损坏。

四、上机结束时,应注意先关主机,后关外部设备。

五、实习完毕后,应整理好所用仪器,方可离开。

机房规章制度

一、准时进入机房,在指定机器上实习。

二、进入机房后,不得私动机房内线路设备,注意安全。

三、实习时间内保持安静,上机过程中要按操作规程操作。

四、实习中遇有问题或机器不正常现象,应立即报告指导老师,不得私自处理。

五、上机过程中,因违反操作规程或造成损坏者应赔偿经济损失。

六、教学计划外用机,须经教导处负责人批准,方可使用。

校产、校具管理制度

为加强学校公共财产得管理，充分发挥一切设备和用具的作用，防止散失，特订如下制度：

一、全校校产、校具由总务处统一掌握管理，按性质、类别和使用情况，实行分工负责制。

二、各部门、各教研组，在每年暑假开始，根据上年物资帐册和新增物资帐册全面清查、核对一次，做到帐物对头，有些容易散失的物资、用具，要及时交回保管室或暂存保管室，以免散失。

三、各部门购进固定资产或拨进物资，一经验收以后，必须立即入帐，分月列入固定资产增减表内，以便查对。

四、各部门所有固定资产，如有损坏、遗失、报废、应查明原因，分清情节，能修的要修，该赔的要赔，该报废的报废，不得隐瞒，含糊。

五、各部门的固定资产一律不得擅自向外借出，要向外借出须经领导批准，固定资产如有多余，应主动报总务处视具体情况处理。

六、由总务处分配在各办公室、教室，公共场所的一切家具设备，各班级、各部门负有管理责任，严禁擅自移动、挪用或借出。

七、负有物资保管责任的人员，工作如有变动，必须办理移交手续后才能离职，移交时应按照原有清册和月份固定资产增减表核对为凭，学校派人监交。

绿化管理制度

1. 绿化、香化、美化学校，做到四季常青、四季有花、优美环境、人人有责。

2. 全校师生并教工家属，养成爱护花草树木的习惯。

3. 各部门、班级必须对所属包干花圃的管、护负责，制止破坏花草树木的一切不良倾向。

4. 杜绝摇树、剥皮、刻画攀枝、折花和偷窃行为。

5. 任何人不得在树旁或花圃内倒热水、有毒下脚、肥皂水或其它污水。

6. 不准在树上钉钉，扎铅丝，或挂东西。

7. 不准在树上或花圃内拉绳子，以及在绿篱笆上晾晒衣物。

8. 保持花圃内清洁卫生，不准堆放任何杂物，不准乱抛纸屑。

9. 严禁在花苗圃内通行，更不得跨越绿篱、木本、草本游戏，打架、斗殴。

10. 对破坏者按2～5倍罚款，对检举者按罚款的10%奖励。

花房管理制度

一、加强责任心,认真管好各种花草,做到精心培植,根据季节的变化加强管理护整。

二、严禁闲杂人员进入花房,对专用工具、用具认真管理,不得外借,如因特殊情况须外借必须履行手续。

三、对治虫有毒药品严加管理,指定专人保管,不得随便散失、送人,以防事故发生。

四、对购进高档盆花,花卉等必须立帐,如需出售或外借应经领导同意。

五、添置各种工具、用具、花卉应根据全校绿化布局,编造予算计划。

六、保持花房内外整齐清洁,定期进行消毒、施肥、治虫、整枝、除草、做好防暑、防冻工作,确保花草长势茂盛。

扬州中学体育场地、器材管理制度

我校体育场地、设备、器材是保证上好体育课和学生课外体育锻炼正常进行必要条件,为了使教师便于上课,学生能顺利地进行活动不受影响,师生共同遵守下列制度:

一、教学和训练所用的器材,由任课老师事先登记领取,用后必须如数归还,发现损坏和丢失,要说明原因。

二、课外锻炼所用器材由各班体育委员(或班长)凭借物证或学生证,按规定项目向保管室借取,用后按时如数归还。

三、借用器材不按时归还者,停借器材一次,并给予批评教育。

四、在体育课上或课外活动时发现有意损坏或丢失器材者,必须按器材的价格赔偿。

五、任何人不得将器材私自借给校内、外人员长期使用。

六、秒表、录音机等贵重物品由体育老师负责专管,需要使用者,专管人要提供方便。

七、比赛服装和跑鞋,仅供运动员训练和比赛使用,一律不借出。

八、借用投掷器材,必须由任课老师和班主任亲自来借,并陪同学生,指导锻炼,以防事故发生。

九、外单位借用场地、器材,需经校长室、教导处批准,凭借条经办人签名方可使用。

十、爱护体育场地、设备、器材,人人有责,如发现有人对场地设备、器材有意损坏者,应教育劝阻,不听者,汇报有关领导,视其情节给予严肃处理。

学生开架借书须知

一、为提供借阅图书之便利，本馆学生书库对地区班学生实行有限制的开架借书。

二、在本馆统一安排下，各地区班学生在规定时间内，可凭本人借书证进入学生书库选借所需图书。

三、学生借书时，应在窗口还清所欠图书，然后进书库选借新书。人多时要分批入库，不得争先恐后，保持良好秩序。

四、借书时，除持本人借书证外，不得携带其他任何东西入库。在架前选书时，要遵守排架顺序，不得乱翻乱放。

五、学生选好需借图书后，应将借书证连同图书卡片交给服务人员收存，并且立即退到室外，不得在书库内逗留。

六、书库内要保持安静，不得大声谈笑喧哗，要保持整洁，不得随地吐痰或抛纸屑果壳，要服从服务人员的指挥，模范地遵守学生借书规则。

学生借书规则

一、学生一律凭借书证向图书馆借书，借书证只限本人使用，不得由他人代借。

二、借书时必须依次排队，不得拥挤，保持良好秩序。

三、每人每次借书一册，借期：文艺书两周，其他书三周。到期不还，超过一周，停借两周；超过一个月，停借一学期。

四、图书是国家财产，必须爱护，严禁涂写、沾污、卷折、撕毁，借书时应仔细检查，如发现缺页要当面说清楚，否则由借书人负责，如有遗失，一般书按原价赔偿，有的书按原价加倍赔偿；属于整部书中的一册，按整部书价赔偿。

五、遗失借书证，本学期不补发，并要向图书馆挂失，如借书证遗失后，被人冒借的图书，由原领证人负责。

六、转学和毕业离校时，必须还清图书，借书证交给图书馆。

七、学生所借图书，要在学期结束前还清，否则施行第三条停借制度。

教职工借书制度

一、图书馆为全体教职工服务，家属如需借书，须由教职工本人来馆办理手续，家属不得进馆。

二、每人借图书不得超过二十本，已超过二十本的，须归还至二十本以下后，方可借阅。

三、每人所借图书,一学期还清一次,须续借的也要办理续借手续。

四、借书要及时归还,以保证图书流通,凡复本少,利用率较高的图书,借期更不宜过长,如借期过长,图书馆有权催还。

五、独本书、线装书、合订本报纸、杂志以及资料室图书,向学生开放的图书,一律不借出,如有特殊需要,须经教导处同意,方可借出,并限期归还。

六、图书如有遗失,按价赔偿,一般图书按原价赔偿,借成部的书,损失一本,按全部书价赔偿;部分善本按原价的两倍直至十倍赔偿。

七、工作调动离校,必须还清图书。

教职工资料室须知

一、本室专为本校教职工而设,对外恕不开放。

二、进入本室的教职工,不携带书包,携带的书包请寄存楼下。

三、本室图书资料供本校教职工在室内使用,不予借出。

四、翻阅图书要遵守书架排列次序,使用之后将书归还原处。

五、室内要保持安静,不大声喧哗;注意清洁卫生,不随地吐痰,不抽香烟。

阅览室制度

一、学生一律凭学生证向阅览室借书刊,限室内借阅,严禁出室外,阅后即还。

二、必须爱护书刊杂志,严禁涂写、沾污、卷折、撕毁,如发现上述情况,责令检查,情节严重者,加倍赔偿。

三、阅览室必须保持安静,不许吵闹和大声喧哗,如有不守纪律者,阅览室工作人员有权停借,并给予批评教育。

四、室内地面、墙壁、桌椅要保持清洁卫生,不得随地吐痰,和乱抛纸屑、瓜果壳皮。

(开放时间:每日中午、上午七、八节课,星期三下午停)

医务室门诊制度

一、门诊时间按学校作息制度的改变确定上、下班,就诊者在上班时间内就诊,急诊例外。

二、学生门诊应先挂号后按次序就诊,不能争先恐后,不得在医务室内逗顽。

三、学生门诊用药一般不超过两天量,病情较重和用药量过多,即转院治疗,医药费自理。

四、学校门诊一般以教学为主,为照顾教工方便可以临时配少量药物(一天量),

并收取挂号费伍分，教工家属、校办工厂工人就诊，医药费、治疗费（包括注射费每次伍分）、挂号费，按月在教工的工资扣款及校办工厂收款。

五、凡自带针剂来医务室注射者，为了防止意外，必须有医院病历，注射青霉素者应有医院皮试证明，方能给予注射，否则一概不受理。

六、夜晚看病者须经学校领导同意后，即给予诊治。

环境卫生管理制度

一、建立爱国卫生领导小组，由校长室、教导处、总务处、保健室、共青团，五个年级各一名，组成领导小组，在党总支的统一领导下，制订学校爱国卫生和保健工作计划，提出改善学校环境和保健工作实施办法，定期召开会议，进行检查、评比、总结工作。

二、环境卫生：采取“划区分点，包干到班”的办法，包干区的环境，绿化树木的保护与卫生相结合，包干区内应经常打扫地面，清除杂草、垃圾、污水、瓦砾、填平洼池、疏通阴沟、阳沟、消灭蚊蝇、控制孳子场所、爱护绿化树木等。

三、室内卫生：采取“谁住谁管理”的办法，室外走廊、过道、楼梯、墙壁亦包括在内，做到：(1) 室内布置，整、齐、清洁、美观、大方。(2) 地板地面干净，无痰迹。(3) 房顶空间无蛛网。(4) 墙壁无污斑，玻璃明净。(5) 桌椅保持整齐清洁。(6) 门窗、黑板擦拭干净，无灰尘。

四、室内外环境：应天天打扫，见脏就扫外，每周末大扫除一次，每逢节日前、迎外、开学初、学期结束以及全市性的爱国卫生运动时，组织突击大扫除。

五、厕所、垃圾箱：分配到班负责打扫，学校有一名工人专门管理厕所每天冲洗打扫一次，垃圾箱每周出清一次，隔天由清管所来消毒一次，做到无蝇蛆、无臭气。

六、检查办法：

1. 每周年级自查一次，两周年级互查一次，一月全校大检查一次，自查与互查由各班卫生干事以及年级抓卫生保健老师参加，全校性检查由爱国卫生领导小组进行。

2. 各部门、办公室、校办工厂等，由学校爱卫小组定期检查。

3. 厨房、厕所、垃圾箱，由后勤组、保健室定期检查。

4. 教工家属区宿舍，由爱卫小组同家属区小组长定期检查。

5. 检查后，发现问题，应随即通知有关人员进行加工打扫外，并须向有关人员或学校领导汇报。

七、评比奖励办法：

1. 每次检查后，均须记录最清洁、清洁、尚清洁，每月进行一次评比。

2. 学生方面：年级之间开展卫生流动红旗竞赛，对全年级在一月内室内外经常保持清洁整齐，发给流动红旗，班级在一月内经常保持清洁整齐，在评比表上插红旗公布表扬，在搞爱国卫生运动中表现积极、不怕脏、不怕苦，为集体经常打扫的个人，学期结束,可以评选为标兵,由学校给予适当的物质奖励。

3. 各部门、教研组、办公室以及教工宿舍检查评比后,张贴分等标帜(最清洁、清洁、尚清洁)。

关于加强学校水电管理的暂行规定

一、为了认真贯彻执行“双增双节”的原则,加强学校水电管理,特制订水电管理的暂行规定,希全校教职工及住户认真执行。

二、全校师生应树立节约用电、节约用水的新风尚,做到人走关灯,人走关水,各班级要设有熄灯员。

三、根据供电部门的规定,每张灯头不得超过 100 瓦,禁止使用电炉,亦经发现批评教育,仍再使用末收电炉并罚款 20 元。

四、用户电表一律由电工检查贴封条,有问题应通知电工处理,用户不得私自拆除封条,更不得无表用电用水,因工作需要无表用电应由总务部门批准,免收电费。

五、用户如发现电表有疑问,应通知电工进行校表,但不得偷电,如发现偷电视情节罚款 20～40 元。

六、用户不得私自按装灯头插座等电器,如自行安装或找人安装出了问题应由用户自行负责,学校不承担任何责任。

七、本规定从八九年一月一日执行,如不执行本规定者,水电工强行执行,并停止供电供水,责令其检查,视情节处理。

关于深化市直学校内部管理体制改革试点的意见

《中共中央关于教育体制改革的决定》颁布以来，我市市直学校进行了内部管理体制的浅层改革，收到了一定成效，但学校过去在计划经济体制下形成的人事分配等内部管理体制基本未动，还存在人浮于事，平均主义等现象，影响了教育质量和办学效益的提高，为了适应社会主义市场经济对教育事业发展的要求，建立充满生机和活力的学校内部管理体制，参照外地的经验，并结合市直学校实际情况，现对市直学校深化内部管理体制改革试点工作提出如下意见：

一、改革的指导思想

遵循党的十四大精神，贯彻落实《中国教育改革和发展纲要》，进一步解放思想，更新观念；引进竞争机制，贯彻按劳分配原则，努力克服人浮于事，平均主义等现象；优化教师队伍，调动广大教职工的积极性；强化竞争意识、创新意识，提高管理水平、教育质量和办学效益；全面贯彻教育方针，努力培养“四有”新人。

二、改革的主要内容

1. 实行校长负责制

——校长的任命。由教育行政部门和组织人事部门根据中央有关文件规定、校长任职条件和岗位要求，结合各校实际情况，经一定的民主程序，提出任命对象，进行考察，在广泛听取群众意见的基础上，按干部管理权限任命校长。

——校长的职责与权力。校长是学校的法人代表，负责代表法人按有关条例行使职权，履行职责；校长要全面贯彻国家的教育方针和政策，制定学校发展规划和近期任职目标，组织领导学校的教育教学工作，依靠教职员工办好学校，校长在接受上级部门的领导下有以下权力：提出副校长任免建议名单，报教育行政部门和组织人事部门考察任免；按规定职数聘任中层干部，报教育行政部门和组织人事部门备案；按照定编数在结构比例范围内聘任教职员工；对教职工进行考核，并按规定程序奖惩；根据财会规定安排和使用学校资金；按照学校办学目标，加强思想政治工作，进行教育教学和人事、分配制度改革。

——校长的考核与奖惩。学校要建立健全校长负责、党组织保证监督、教职工代表大会民主管理的三位一体管理体制；教育行政部门和组织人事部门要根据干部“革命化、年轻化、知识化、专业化”的方针和德才兼备的原则,每年对校长民主测评一次,每两年全面考核一次校长的德、能、勤、绩,经过考核,能够胜任学校领导工作并不断做出成绩的,均可连续担任校长职务;凡不能胜任和不宜再担任校长职务的,及时予以调整;对在学校管理工作中作出显著成绩的,由教育行政部门和组织人事部门予以表彰,给予专项奖励;对因工作失职,或以权谋私,给国家、学校和群众利益造成损害的,视具体情况给予相应的处分或追究法律责任。

2. 实行教职工全员聘任制

——实行定编定员。由市教育局根据学校的性质、规模和人员结构,按照省教委、省编委有关文件精神,提出学校编制人数,报市编委核定,并划分好干部、教师、职工之间的比例,再由学校定岗定人,明确岗位职责。

——实行全员聘任。校长对教师、职员实行聘任制,择优聘用;工人实行劳动合同制,被聘任人员原则上要满工作量,并能胜任所聘岗位工作。各校可以根据实际情况试行分级聘任,优化组合上岗,对教师的职称聘任,根据其教学水平、教学实绩,可以低职高聘或高职低聘。

——积极安置未聘人员。要积极地稳定教师队伍,对未聘人员采取组织安排进修学习、系统内流动、在本校安排从事其他工作等办法安置,安置工作以学校内部消化为主,教育行政部门协助调配,校际间调配要体现对等原则,年老体弱者可参照有关规定采取自愿内退等办法安置。对连续两年不能完成岗位任务,又不服从组织另行安排或重新安排后在一年之内仍不能完成工作任务的未聘人员,学校给予其六个月时间,自行联系工作,六个月内工资(不含学校自筹经费安排的)不变,第七个月起按工资的70%发给,满一年后则按国家人事部(1992)18号文有关规定作辞退处理。

——对拒聘人员,学校应积极做好其思想工作;经说服教育仍不接受分配的,参照国家有关规定处理。

3. 实行工资总额包干和校内结构工资制

——在定编定员基础上实行工资总额包干,财务部门按核定编制数下拨包干经费,增人不增资,减人不减资,节余工资用余学校分配制度的改革,政策规定的调增工资由财政部门追加。

——在校内实行结构工资制,校内结构工资一般分为基础工资、课时职务工资、考绩效益工资三部分,一年实行十个月,暑假恢复原工资。

基础工资:现岗位职基工资的80~90%+工龄、教龄工资+各种补贴(地方性各种补贴的全部和国家统一规定的补贴的部分提取重新分配)。

课时职务工资:每课时工资值×一个月课时数(行政职务、职员、工人工作可以折算为课时,也可以分为若干等级)。

考绩效益工资:从劳动纪律、工作态度、工作实绩等方面考核确定各人工资值,一般分为三~四个等级,每学期考核发放一次。

实行校内结构工资制后,原国家定级工资作为档案记载工资,学校可保留单项性奖励项目,但不得再以任何名义擅自发放实物和津贴。课时职务工资、考绩效益工资的具体实施由各校根据实际情况制定细则,每课时工资值可以结合职称来确定,要体现按劳分配原则,把工资分配和责任劳动的量与质挂钩,多劳多得,优质优酬;体现逐步提高原则,从国家工资调整和学校创收的实际情况出发,逐步提高教职工收入;体现多数人得益的原则,使多数教职工在提高工作的量与质的前提下,收入有所增加。

——校内结构工资平均水平的确定。平均工资值根据学校的教育质量和创收的经济效益等综合要素由教育局加以确定,校内结构工资方案,由学校讨论通过,经市教育局会同人事、财政部门审核后实施,学校用于结构工资改革的资金控制在学校行政创收总收入的50%以内。

三、试行改革的几点要求

1. 试行深化内部管理体制改革,不强求统一模式,但都应把遵循党的十四大精神,全面贯彻教育方针,提高办学效益和教育质量作为检验这项改革成果的根本标准,要严格防止学校之间在工资水平上的攀比。

2. 在深化改革的过程中,学校党组织要充分发挥战斗堡垒作用和党员的先锋模范作用,充分发挥工会、共青团组织的积极作用,加强思想政治工作,教育和引导广大教职员工正确对待改革,积极参与改革,要妥善安置未聘人员,切实关心离退休人员的生活。

3. 深化学校内部管理体制改革,在实施步骤上要坚持先启动后完善、先试点再推开,积极稳妥地向前推进,各方面条件已经成熟的学校,可以先行试点,以财政部门安排的地方性补贴为启动资金;条件尚不具备的学校可暂缓实施或先进行单项改革,并要积极创造条件,争取早日全面推行改革。

一九九三年五月二十五日

江苏省扬州中学班主任常规工作考核方案
(试行稿)

一、目的

积极推进班主任工作管理改革,通过实施常规工作的考核,加强班主任队伍的管理,提高班主任的管理水平,优化育人环境,提高学生的整体素质。

二、主要考核指标和分值

1. 早读到位情况:(12 分)

2. 早操到位情况:(12 分)

3. 集体活动情况(主要是班会使用情况。每月至少要有一次事前备课、认真实施,会后有实录的班会或团队活动);(15 分)

4. 班主任会出席情况;(10 分)

5. 班级文明常规检查分(早读纪律、行车管理、文明守纪、教室及包干区卫生、眼保健操等。含寄宿生在宿舍文明状态);(25 分,其中宿舍管理 5 分)

6. 随机抽查(主要由学校领导、中层干部抽查,其中校级抽查 5 分,中层干部抽查 3 分);(26 分)

7. 奖惩事项(班级出现的突出好人好事、重大事故、严重违纪情况的考核);(附加分)

三、考核办法

1. 由年级组长按上述指标考核为主,每周考核一次,填写考核表,分工干部签署意见。

2. 考核表每周汇总,交政教处存档。

四、奖金分配办法

1. 月平均奖每人 16 元;

2. 共分三等:周均分 90 分以上(含 90)为一等:20 元;75 至 89 分(含 75)为二等:16 元;74 分以下为三等:12 元;

3. 每学期奖金分上、下两次发放。

1993 年 2 月

年级 92～93 学年度第　　学期第　　周(　月　日一　月　日)班主任常规工作考核表

项目 姓名	早读 (晨会) 12	早操 12	集体活动 10	班主任会出勤 10	班级文明 常规检查分 25	随机抽查 26	奖惩事项 (附加分)	总分
年级组长(签字)			分工干部(签字)			学校意见		

本表每周填写一次，请及时送政教处存档。(一式两份，一份留底，一份上报)

江苏省扬州中学课时费发放暂行办法

扬中发(2005)01号

为进一步规范教学管理行为,特制定本办法。本办法制定的基本原则是遵循学校原有内部结构工资改革方案基本思路,结合学校的实际情况,对原内改方案中未明确或原内改方案在执行中出现的问题重新作出规定。本办法作为过渡方案,在学校制定新的内部结构工资改革方案且经教代会通过后,应融入新的内改方案之中而自然取消。

一、工作量标准认定

依据省教育厅有关文件规定,结合学校具体情况,各学科周课时数标准见附表。表内课时数折算成所任教班级数作为任课教师足工作量的标准,在标准以内的工作(包括辅导课)不作为超工作量,超过此标准即认定为超工作量。

班级学额按省教育厅有关省重点中学班级学生数不超过54人的标准为依据,超过班级学额的班级,按每超过1人,高考学科任课教师(包括班主任)每月补贴10元。

二、课时费计算

实际工作未超过足工作量的,仍按原内改方案规定的课时费计算,辅导课计入正常课时;超过工作量部分,按照超工作量课时费计算(同代课的计算办法)

中层以上干部超工作量部分按照正常测算标准的一半发放。

三、代课

教师应树立全局意识,服从学校代课安排。代课由教务处负责协调,代课通知要及时发放到任课教师、班主任、年级组和教研组,并做好衔接工作。

代课费发放标准为:不足工作量的教师,安排代课后工作量仍在足工作量以内的,代课费仍按原内改方案中的有关规定计算(即以当年的标准课时金×各项系数),超工作量部分代课金按下列标准计算:

语文、数学、英语学科每课时40元。

物理、化学、政治学科每课时35元。

生物、历史、地理每课时30元。

其他学科视实际情况另行计算。

代课金发放由年级组长经办，分管年级的主任核准，教务处审核，校长批准。

四、竞赛辅导课、补差

竞赛辅导由教研组负责安排，学期初要有竞赛辅导计划并报校长室批准，要定时间、定学生、定课时（原则上每周不超过3课时）。竞赛辅导课时费，按每课时50元计算。竞赛辅导费由教研组长造表，教务处分管主任核准，校长批准。

高考学科根据需要经校长室批准后可进行补差活动，由年级组负责安排，补差工作要有课时计划，定学生、定时间、定课时（原则上每周不超过2课时）。补差活动课时费，按每课时40元计算。由年级组长负责造表，分管年级的主任核准，校长批准。为保证辅导课、补差课的质量，课时费发放表须附课时计划表。

五、值班、答疑

高一、高二班主任晚自习值班按每次30元计算（省招班35元/次），高三按每次40元计算（省招班45元/次）。周六、日值班费每半天40元，由年级组长造表，分管年级的主任核准，校长批准。分管行政干部负责检查值班情况，值班费按照班主任的二分之一计算。

任课教师到班答疑由年级负责安排，要排出值日表，教师要到岗尽责，高一、高二按每次30元计算，高三按每次40元计算。由年级组长造表，分管年级的主任核准，校长批准。

六、本办法解释权为扬州中学校长室。

2005年3月

附:工作量标准表

依据省教育厅有关文件规定,结合学校具体情况,各学科周课时数标准见下表:

年级 课程	国家标准周课时数	高一		高二				高三			
				高考科目		非高考科目		高考科目		非高考科目	
		每周开设	折算班级	每周开设	折算班级	每周开设	折算班级	每周开设	折算班级	每周开设	折算班级
语文	10～12	4＋1	2	4＋1	2			5＋1 7	2		
数学	10～12	4＋1	2	4＋1	2			6＋1 7、8	2		
外语	10～12	4＋1	2	5＋1	2			5＋1 7	2		
政治	12	2	6	4＋1	3	2	6	5＋1 7	2	2	6
物理	12	3＋1	3	4＋1	3	2	6	5＋1 7	2	2	6
化学	12	3＋1	3	4＋1	3	2	6	5＋1 7	2	2	6
生物	12～14			4＋1	3	2	6	5＋1 7	2	2	6
历史	14	2	7	4＋1	3			5＋1 7	2	2	7
地理	14	2	6	4＋1	3			5＋1 7	2	2	7
体育	14	2									
音乐	14	1									
美术	14	1									
劳动技术	14										
信息技术	14	2	7			2	7				

说明:高三课时一栏两个数据分别表示上下两学期的课时,高三下学期数学两数据表示文、理班数学课课时。工作量标准根据上级规定、课改要求和学校具体情况,可作调整。

江苏省扬州中学青年教师培养计划

扬中发(2005)02号

一、指导思想

为了更好地适应当前教育改革和发展趋势,发扬扬中百年办学传统,努力提高学校办学水平,保证学校事业的可持续发展,学校决定实施集教育、教学、科研“三位一体”的青年教师培养工程,为青年教师的成长提供平台并引入激励机制,力争在较短时间内使青年教师的政治、业务素质得到进一步提高,以建设一支师德高尚、素质优良、结构合理的教师队伍。

根据2004年11月份统计,我校40岁以下的教师107人,占教师总数的70%,目前相当一部分青年教师已经成为我校教育教学的骨干和中坚力量,随着学校的进一步发展,青年教师比重将进一步增大,青年教师的素质成为学校发展的决定性因素。

二、培养目标

确立“一年合格,一轮胜任,二轮提高”的整体培养目标。

1. 学校现有二级教师30人,确保如期晋升为一级教师,其中15～20%成为教坛新秀。

2. 学校现有40岁以下一级教师58人,争取在五年之内,90%成为高级教师,40%成为中青年教学骨干、学科带头人、“333工程”培养对象。

3. 学校为优秀青年教师的成长提供平台,鼓励具备条件的教师申报省特级教师,市级、省级中青年专家,推荐特别优秀的教师申报全国优秀教师和全国模范教师。

三、培养措施

1. 加强组织领导

学校成立“青蓝工程领导小组”,负责全面规划落实青年教师培养工作,弘扬扬州中学优良的校风和教风,为青年教师的培养和成长提供良好的环境和氛围。

2. 实施师德工程

开展师德培训,培养敬业爱岗、为人师表和献身教育事业的精神,提高青年教师职业道德素质。

(1) 组织青年教师参加政治理论、教育理论、师德规范、法律法规等方面的学习,认真做好有关记录。结合贯彻《教育法》、《教师法》、《未成年人保护法》等,组织学习有关法律、规章制度及学校各类规章制度,增强青年教师知法守法意识,以法治教。

(2) 在党组织的领导下,充分发挥党员青年教师的模范作用,和学校党委共同做好青年教师的培养工作,带动全体青年教师共同进步。

(3) 按“激发内力,自我提高”的思路引导青年教师自觉地以安于职业为基础,以追求事业为目标,争当优秀教师。大力宣传先进典型,开展学先进、赶先进、做先进的活动,使青年教师学有榜样,赶有方向,做有标准,不断提高作为人民教师应有思想觉悟和道德情操,努力塑造高尚的师魂。

3. 实施青蓝工程

(1) 教龄在2年之内的青年教师,由教研组推荐、教务处认定学科指导教师,签定“师徒合同”。教学工作的基本要求为“六个一”:即

每周至少听一节课;

每周至少完成一份规范教案;

每学期独立出一份试卷;

每月完成一个课件;

每学期至少开一节公开课;

每学期完成教学工作专题总结一份。

对从教3年至5年的青年教师的基本要求为“五个一”,即

每周听一节课;

每周交一份规范教案;

每月完成一个课件;

每学期至少开一节公开课;

每学期完成一篇教学论文。

对青年教师的培养工作(包括过程与实绩)纳入教研组工作评比范围。

(2) 新分配的教师均应参加班主任工作的岗前培训,学校根据具体情况在青年教师中选聘部分老师担任见习班主任,由年级组指定班主任指导教师,见习班主任要按班主任常规工作要求,参加班级管理的各项工作。每学期要组织一次主题班会活动,召开一次家长会,学期结束前完成班主任工作专题总结一份。对青年教师班主任的培养工作(包括过程与实绩)纳入年级组工作评比范围。

(3) 35岁以下青年教师,应全部参加学校的青年教师教育、教学、科研综合考评,由教务处、政教处、校长办公室配合,对其思想素质、师德修养、工作量、教学工作(含课堂教学、竞赛培训、培尖补差、校本课程等)、教育工作、教育科研(论文交流发表、科研课题立项、结题)、业务进修等进行全面考评,建立健全青年教师考核档案,每学期填写青年教师综合考评表,并检查相关资料。

4. 强化保障措施

学校鼓励青年教师参加业务进修,以自学为主。教务处根据学校教师进修需要,决定图书馆采购教师业务进修所需要的图书。教师外出参加教育行政主管部门组织的交流学习活动,按照规定报销费用。教务处把好继续教育证书审核关,每年定期核实教师继续教育情况后签名盖章。鼓励教师参加与自身业务相关的深造和培训学习,经学校同意的有关学习培训活动相关费用处理按教育行政部门的有关规定执行。

附录一

中学教学质量综合评价系统的建立与实施
（尚需修订）

建立中学教学质量综合评价系统是现代教育走向科学化的现实需要，也是全面贯彻教育方针，加强教学管理和教学指导，全面提高教学质量和办学效益的现实需要。扬州中学历来重视对教学进行科学的评价，在这方面积累了一定的经验。我们以此为依据，并吸取其他学校的先进经验，制定了"中学教学质量综合评价系统"。

一、中学教学质量综合评价系统的建立

为提高教学质量，加强教学管理工作的科学性，我校坚持进行教学质量评价的研究与实验。早在80年代初就进行了课堂教学评价的改革，全校试行《听课记录表》（见附表1），把对教学的评价列为听课的重要内容，取得了一定的成效。但是，随着教育教学改革的深入，我们感到《听课记录表》已经不能满足需要。于是，在认真学习现代教育评价理论、深入研究本校教学情况和反复征求广大教师与教育科研专家意见的基础上，由我校教导处牵头制定出了中学教学质量综合评价系统。

二、中学教学质量综合评价系统的结构内容

中学教学质量综合评价系统的结构内容分为三大部分：一是教学评价指标体系，这是评价系统的量化核心；二是主要的教学评价量表，这是实施评价的具体准则；三是教学情况调查表，是综合评价的参考；另外还有一个评价系统结构与程序表。

教学过程是由诸多因素构成的综合体，而教学效果往往又是从不同侧面反映出来的。因此，我校在建立教学质量评估体系时，对组成教学过程的各个方面，从不同角度、不同侧面，进行全方位的评价。从评价指标方面分，有备课教案、课堂教学、作业评改、自习辅导、目标测试、成绩考核、教学研究及教学工作量八个方面，其中除自己辅导、成绩考核与教学工作量外，其余五项均制定了评价量表。从评价的主体分，有学生、教师、专家同行、学生家长及教学管理部门等。从评价的类型分，有终结性评价、诊断性评价与形成性评价三类，其中终结性评价是本系统实施过程中最重要的类型。由此构成了一个评价系统，体现了现代教育评价的目标性、广泛性及成效性。

中学教学质量综合评价系统的中心内容由《中学教学质量综合评价指标体系》（见附表2）和《备课教案评价量表》、《课堂教学评价量表》、《作业质量及评价量表》、《教学目标测试评价量表》、《教学论文评价量表》五个量表组成。另外，还有供参考的《教学情况调查表》、《家长问卷》及《教师自查表》等。

三、中学教学质量综合评价系统的操作原则

教学质量评价具有较强的导向性,为使其发挥积极的作用,必须遵循以下原则:

1. 全面性原则。在评价教学过程时,应根据党的教育方针全面考查教学效果,使广大教师把提高学生的整体素质作为教学工作的终极目标,促进教学整体质量的提高。

2. 客观性原则。客观性原则首先要求评价目标全面、系统,符合教学大纲要求、教学心理学规律及实际情况。其次,评价方法、手段的选用以及评价结果的分析,都应当是科学的。评判者不能只凭经验和直觉,而应以事实为根据,采取公正、客观的态度。第三,评价的方式应采取绝对与相对、定性与定量相结合的方法,力求有较高的信度与效度。

3. 整体性原则。教学过程是复杂的,涉及到许多方面的因素。教学评价既要注重对教学的效果进行分析,又要注重对教学过程中各环节的考核。应当尽可能从教学过程所涉及的诸多方面进行系统评估,并建立健全教学评价档案制度和经常性的评价制度。整体性原则有利于从全局的视角看待教学问题,寻求教学现象、效果的真实原因。

4. 可行性原则。教学评估的目的在于检验教学过程与效果,以促进教学工作。其导向性直接影响到广大教师的工作热情与教学方式。因此,教学评价应充分考虑到教师教学的实际情况。评价指标要明确具体,评价方式要简洁易行。

四、中学教学质量综合评价系统实施的几点建议

1. 中学教学质量综合评价系统的实施将促进学校教学管理工作的科学化,必将会成为学校及教师个人改进教学方式、提高教学质量的重要依据。因此,在该系统实施前,有必要对教师进行实施目的、方法、要求等方面的宣传与解释,使每一个教师真正明确,评价的目的在于改进,从而成为教学评价工作的积极参与者。

2. 该评价系统由于涉及教学过程中的各个方面,教育过程的复杂性使量化评价具有一定误差,这就要求评价者注重在量化的基础上进行定性分析。同时评价工作还应注意学科特点,选择适当量表进行评分。

3. 教学评价应当与学校对教师的全面评价、调用、培训、奖惩等行政工作相结合。该评价系统突破了仅仅以学生考试结果来评价教师的局限,综合了各方面的因素,较完整地反映了每个教师的教学质量、态度与效能,但只有与学校对教师的考核选用及奖惩结合起来,该系统才能真正具备它的实用性,发挥它的多方面功能。

4. 教学评价的结果最终会影响教师的行为。教师的劳动具有创造性,应鼓励教师在具备扎实的基本功后,发挥自己的特长。任何固定化的标准,不管制定时考虑多么周全,总有它的局限性。评价时应当在严格评定的同时,谨慎地保护教师的创造性,尤其是青年教师的创造性。这既是提高学生素质的关键,又是一所学校能否具备活力的表现。

表1 江苏省扬州中学听课记录表

任课教师		科别		班级	
听课人		听课时间		年　月　日第　节	
教学内容					

听课记录	备注

评　价							
项目	等　级			项　目	等　级		
	A	B	C		A	B	C
教学目的				教学基本技能			
教学内容				学生参与			
教学结构				教学特色			
教学方法				教学效果			
评语							

附表 2　中学教学质量综合评价指标体系表

一级指标	权重	二级指标	权重	三级指标	权重
备课教案	20%	备课计划	20%	学年(期)、单元、课时计划的完整	50%
				教学计划的合理性	50%
		教学内容	40%	教学内容的完整性	50%
				学科知识的科学性	50%
		教学方法的准备	20%	课堂教学方法的可行性	40%
				课堂教学方法的多样性与创造性	40%
				作业与测试的设计合理	20%
		教学对象	20%	知识能力基础的状况	50%
				学习过程中的难点	50%
课堂教学	40%	教学能力	50%	教学目标的贯彻	20%
				教材处理合理、突出重点、难点	40%
				教法运用灵活、恰当、有启发性	40%
		教学基本技能	20%	教学态度	50%
				教学语言规范、有条理、有感染力	25%
				教学板书设计合理、字迹清晰	25%
		教学效果	30%	课堂气氛	40%
				教学目标达成	60%
作业质量及评改	15%	作业量	20%	作业数量适中	50%
				作业难度适当	50%
		作业内容	40%	作业形式多样	25%
				作业针对性强	25%
				作业计划性强	25%
				作业要求规范、收缴齐全	25%
		作业评改	40%	作业及时批改	25%
				作业评价客观	25%
				作业评语有针对性、鼓励性	25%
				作业评讲及时、启发性强	25%

续表

一级指标	权重	二级指标	权重	三级指标	权重
教学目标测试	10%	测试目的与目标内容	30%	测试目的符合大纲要求	30%
				试卷结构与项目结构合理	30%
				双向细目合理	40%
		试卷内容	40%	题型合理丰富	12.5%
				知识覆盖面广、重点突出	12.5%
				难度符合测试目的要求	12.5%
				区分质较强	12.5%
				无科学性错误	12.5%
				试题间彼此独立、无暗示	12.5%
				试题量适当	12.5%
				试题要求明确、表达清晰	12.5%
		试卷评分	30%	评分标准客观明确	50%
				提供解释分数的标准	50%
教学论文	15%	研究课题	30%	具有典型性，对实验有指导意义	30%
				具有创造性	30%
				具有现实性、针对性	40%
		论文内容	50%	概念界定、运用准确	20%
				论证、思维缜密、主题突出	20%
				引用项目详实、正确、数据统计正确	20%
				符合教育教学理论、具备科学性	20%
				结论正确、有启发性、方法科学可行	20%
		论文形式	20%	符合教学论文的格式	50%
				语言精练明确、层次清晰、逻辑合理	50%

江苏省扬州中学
青年教师教育、教学、科研考核评比条例

扬中发(2005)03号

实施素质教育、提高教学质量是学校工作的重心,提高教师的整体素质是提高教育质量的关键,青年教师是教育、教学、科研的生力军,是学校的希望所在,是学校可持续发展的重要保证。为全面提高青年教师整体素质,提高教学质量,学校决定对青年教师的教育、教学、科研定期实施全面评比,建立正确的导向、评价和激励机制。为此特制定本条例。

一、参评对象

转正定级以后的三十五岁以下(含三十五岁)青年教师。教务处根据人事部门意见,拟定参评教师名单。凡符合参评条件者,如无校长室认可的特殊原因,均须参加评比。

二、评比项目及实施办法

青年教师教育、教学、科研检查评比,每学年进行一次,分三个方面进行。

(一) 班主任工作

由年级组负责测评,学工处负责审核,根据班主任工作(包括实习班主任)情况,给出优、良、中、差四个等第,分别折合成30分、25分、20分、10分计入总分。

(二) 教学、教研工作

1. 课堂教学评比

参评者每学期开学拟定一节课为参评课,两学年共开设四节,由学科评委(三人以上)评分;另由学校教学行政人员组织随堂听课二至四节,总评分按各节课评分的均分计算,此项最高分100分,加权30%计入总分。

2. 教案评比

参评者每学期末上交本学期撰写的所有教案(含练习课、复习课、讲评课教案),由学科评委评分。每学期评分一次,总评分按两学期总均分计算,此项最高分100分,加权20%计入总分。

3. 作业评比

学科评委每学期对参评者所教班级作业进行随机抽查,每学期末评分一次,总评分按两学期总均分计算,此项最高分100分,加权20%计入总分。

4. 教学目标测试评比

参评者每学期(学期结束前)上交期末试卷一份(含测试与目标内容),由学校组织有关专家评分,总评分按两学期总均分计算,此项最高分100分,加权20%计入

总分。

5. 教育教学论文评比

参评者每学期(学期结束前)上交教育教学论文一份,由学校科研领导小组或邀请有关专家评分,总评分按两学期总均分计算。本学年发表的论文或参加省、市教育行政主管部门、科研机构组织的交流材料,在评比范围之内,此项最高分 100 分,加权 10%计入总分。

参与学校重点课题研究并获得成果,经学校评委会研究认定可另加分。

参评者五项总分由各教研组交学校评委,结合下列内容实施最终评审:

1. 由教导处提交的每学期教学对象评价。凡总体满意率在 85%以下(含 85%)者不得评为二等奖以上(含二等奖),凡满意率在 70%以下(含 70%)者不得评奖。

2. 从事有偿家教或未经学校同意外出兼课者不得参与评奖。

3. 因教师自身原因工作量不足者不得评奖。

4. 发生教学事故造成不良影响者不得评奖。

三、奖励办法

1. 评比结果作为晋级、各项评先、评优的重要依据。

2. 综合评比结果由学校公布,颁发获奖证书,颁发奖金:一等奖占参评人数的 20%左右,每人 800 元,二等奖占参评人数 30%左右,每人 500 元,三等奖占参评人数 40%人左右,每人 300 元。具体人数和比例视评比情况可作调整。

四、说明

1. 学科评委由教研组长、副组长、备课组长组成。

2. 学校评委由校长室、教务处、政教处相关人员组成。

3. 本评比条例作为综合因素评比,不影响学校组织的其他单项评比。

江苏省扬州中学青年教师综合考评表

学年度第　　学期　　　　　　　　　　　　填表日期　　　年　　月　　日

<table>
<tr><td>姓名</td><td></td><td>学科</td><td></td><td>参加工作时间</td><td></td><td>任教班级</td><td></td></tr>
<tr><td rowspan="4">教学工作</td><td>工作量</td><td>课时/周</td><td>学科指导老师</td><td colspan="4"></td></tr>
<tr><td>听课情况</td><td colspan="2">本学期共听课　　节</td><td>备课情况</td><td colspan="3">完成规范教案　　份</td></tr>
<tr><td>开课情况</td><td colspan="2">本学期共开课　　节</td><td>课件制作</td><td colspan="3">完成课件　　个</td></tr>
<tr><td>培尖工作</td><td colspan="2">本学期共参加竞赛辅导　　课</td><td>补差情况</td><td colspan="3">参加补差　　次　　人</td></tr>
<tr><td rowspan="3">班主任工作</td><td>担任见习班主任情况</td><td>班</td><td>班主任指导老师</td><td colspan="4"></td></tr>
<tr><td>主题班会情况</td><td colspan="6">本学期组织主题班会　　次，主题：</td></tr>
<tr><td>召开家长会情况</td><td colspan="6">本学期组织召开家长会　　次。</td></tr>
<tr><td>教学科研情况</td><td colspan="7">本学期共撰写教育教学论文　　篇：(以下填写论文标题、交流、发表情况等)</td></tr>
<tr><td rowspan="5">教研组考评意见</td><td>课堂教学评比</td><td>分 30%</td><td rowspan="5">教务处意见</td><td>五项总分</td><td colspan="3"></td></tr>
<tr><td>教案评比</td><td>分 20%</td><td>教学对象评价</td><td colspan="3"></td></tr>
<tr><td>作业评比</td><td>分 20%</td><td>参与课题研究</td><td colspan="3"></td></tr>
<tr><td>教学目标测试</td><td>分 20%</td><td rowspan="2">总体评价</td><td rowspan="2" colspan="3"></td></tr>
<tr><td>教育教学论文</td><td>分 10%</td></tr>
<tr><td>年级组考评意见</td><td colspan="2">班主任工作情况：
折合分值：</td><td>政教处意见</td><td colspan="4"></td></tr>
<tr><td>学校意见</td><td colspan="4"></td><td>总分</td><td colspan="2"></td></tr>
</table>

江苏省扬州中学绩效考核奖励条例(讨论稿)

根据《江苏省事业单位工作人员工资制度改革实施方案》、《江苏省中小学贯彻〈事业单位工作人员工资制度改革方案〉的实施意见》及扬州市教育局关于津贴考核发放实施方案的精神,为深化学校人事制度和分配制度的改革,巩固和发展骨干教师队伍,充分体现津贴分配的多劳多得、优劳优酬,调动全体教职工尤其是优秀骨干教师的工作积极性和创造性,最大程度地发挥分配奖励方案的激励性,现在原有校内结构工资改革实施条例的基础上制定《江苏省扬州中学绩效考核奖励条例》。

一、条例构成

《江苏省扬州中学绩效考核奖励条例》由《江苏省扬州中学校内结构工资改革实施方案》、《江苏省扬州中学效益奖实施方案》、《江苏省扬州中学高考奖励方案》、《江苏省扬州中学教育科研奖励方案》、《江苏省扬州中学学科竞赛奖励方案》、《江苏省扬州中学优秀教研组奖励方案》、《江苏省扬州中学优秀班主任奖励方案》等组成。

二、实施对象

《江苏省扬州中学绩效考核奖励条例》的实施对象为在校教职工。

三、实施原则

坚持多劳多得与优劳优酬相结合、过程考核与结果考核相结合、兼顾公平与效率优先相结合的原则。把教职工的贡献、绩效与收入挂钩,根据工作的数量和质量考核发放,提高教师尤其是优秀骨干教师的收入水平,构建充满生机和活力的分配机制。

四、经费来源

一是政府财政下发的用于内改和奖励的经费;二是学校自筹资金。

五、具体方案

(一)《江苏省扬州中学校内结构工资改革实施方案》

此方案已在2006年1月24日经扬州中学第三届教职工代表大会第二次会议通过,总体原则、框架不变。依据扬州市教育局关于学校内改的有关精神,进一步加大按质考核的力度,现每人每月实发其90%部分,将其中的10%部分拿到效益奖中,由学校进行学期考核予以发放。

(二)《江苏省扬州中学效益奖实施方案》

学期、学年结束前,在校长室领导下组成考核小组,对教师职工的各项工作进行全面考核,考核结果按三个等第评定。以学期为单位进行考核,以学年为单位予以发放。

1. 效益奖发放标准

一等奖发放标准为本人该学期(年)校内结构工资的10%×1.1+学校效益奖平均数×1.2

二等奖发放标准为本人该学期(年)校内结构工资的10%×1.0+学校效益奖平均数×1.0

三等奖发放标准为本人该学期(年)校内结构工资的10%×0.9+学校效益奖平均数×0.9

2. 教师及行政管理人员考核办法

(1) 师德考核情况

第一、执行"教师职业道德规范"和市教育局制定的"八不准"等有关方面的情况。

第二、热爱教育事业,坚持"树人为本"的办学宗旨和"进德修业,教书育人"的教风,以学校发展为重,树立大局意识。

第三、团结合作,相互尊重,虚心学习,关心他人,共建和谐校园,深受同行好评。

第四、对学生既严格要求,又热情关怀,尊重学生的人格,倡导激励教育,深受学生好评。

(2) 实绩考核情况

第一、工作量饱满。

第二、执行学校《关于进一步加强教学常规管理,提高教学质量的意见》的情况。

第三、所教班级的学生成绩有进步(期中考试较上学期期末考试、期末考试较期中考试;通过分析班级均分、等级比例)。

第四、班级均分与同年级、同类别的均分相比较,以百分制计算,理科不低于6分;文科不低于4分。

第五、管理工作的考核,对包括行政人员、教研组长和备课组长履行职责、完成任务情况进行考核。

(3) 同行评价情况

每学期由教务处组织各教研组对本组教师进行测评。

(4) 学生评价情况

每学期由教务处组织学生对教师进行测评。

3. 后勤人员考核办法

(1) 职业道德情况

第一、严格执行学校的有关规章制度、《岗位职责规范》及《职业道德规范》。

第二、牢固树立“为教育教学服务、为教职工服务、为学生服务”的思想，全面贯彻执行“管理育人、服务育人”的原则，工作主动，守岗尽职，服务态度好。

第三、加强团结，相互合作，相互配合，相互支持，相互理解。

(2) 完成任务情况

第一、坚持一切服从学校工作安排，服从学校的工作任务的制度。

第二、坚持执行学校关于后勤服务人员的作息制度，有事向部门负责人请假。

第三、坚持后勤部门文明服务的制度，共塑学校良好形象。热心为师生服务，讲礼貌，主动热情，耐心细致，执行首问负责制。

第四、严格规范自己的服务内容，并依据相应的工作内容，建立完善的台帐制度。

(3) 教师评价情况

每学期由校长室组织教师对后勤服务人员进行测评。

(4) 同行评价情况

每学期由总务处组织进行评测。

4. 有下列情况之一者，不得被评为二等及其以上的效益奖

(1) 经学校查实，出现私自调课，或未经请假早读、体育训练、值班、答疑等两次缺位的；

(2) 无故缺席学校教职工大会、年级会议、教研组会议、备课组活动(含市直)和其他集体活动两次的；

(3) 一学期内，病假累计 1 个月，事假累计 15 天。一学年内，病假累计 2 个月，事假累计 1 个月。

(4) 未能按时完成《江苏省扬州中学教科研管理条例》要求者

(5) 同行评价、教师评价、学生评价满意率极低。

5. 有下列情况之一者，取消效益奖，并视其情节轻重给予行政处分。

(1) 体罚或变相体罚学生，造成严重影响；

(2) 从事营业性家教，或向家长索要钱物，被教育行政主管部门查实通报批评；

(3) 未经学校批准私自外出兼代课或办班，被教育行政主管部门查实通报批评；

(4) 违反校纪校规，发生旷课(旷职)等严重工作失职行为或其他工作事故，被学校查实的；

(5) 无故缺席学校教职工大会、年级会议、教研组会议、备课组活动(含市直)和其他集体活动 3 次；

(6) 拒不服从学校的工作安排，造成较大影响的；

(7) 家长多次投诉，被学校查实的；

(8) 不能按学校及部门要求上缴教育教学资料的；

(9) 其他严重违背职业道德，有损学校声誉和教育整体形象的；

(10) 一学期内，病假累计 2 个月，事假累计 1 个月。一学年内，病假累计 4 个

月,事假累计2个月。

6. 考核部门

教师由教务处、学工处在校长室领导下负责考核,评出等第;后勤人员由总务处在校长室领导下负责考核,评出等第。

(三)《江苏省扬州中学高考奖励方案》

1. 年级达标奖

完成市教育局下达的高考本科指标,除了市教育局下发奖金的数额,学校另同数发放奖励数额。具体发放工作由年级组负责。

2. 年级超额奖

超额完成市教育局下达的高考本科指标,每超一人次奖励年级1000元。具体发放工作由年级组在校长室领导下负责。

3. 年级高分奖

该年级学生的高考成绩位居全省前10、20名前,每人次分别奖励年级20000元、15000元。获得全省状元,奖励年级50000元,获得扬州市状元,奖励年级10000元。以上每人次奖励以最高者为准,不再兼得。具体发放工作由年级组在校长室领导下负责。

4. 学科高分奖

经教育行政部门认定,学科均分位居全省1~2名,奖励学科组15000元;学科均分位居全省3~5名,奖励学科组12000元;学科均分位居全省6~10名,奖励学科组10000元。具体发放工作由学科组在教研组领导下负责。

5. 全校协作奖

完成或超额完成市教育局下达的高考本科指标,学校对高三年级以外的在编在职教职工考核在三等奖以上者发放一定数额的高考奖励金,高三教师跨年级的另发一半。具体发放工作由校长室负责。

(四)《江苏省扬州中学教育科研奖励方案》

1. 为更好地落实学校“管理科学、文化精神、教育优质、科研领先”办学理念,更好地以教科研推动教师队伍建设、提升学校的办学质态和办学品位,学校特制定教育科研奖励方案。

2. 学校每年年终组织教育科研成果交流展示,由学校教科室牵头评选当年的科研成果奖等有关奖项。教科研奖励包括科研成果奖、教科研先进集体奖、课题研究成果奖三个大类。

3. 教科研成果奖

(1) 教科研成果奖基本条件

第一、完成《江苏省扬州中学教科研管理条例》第八条、第十五条之规定;

第二、在教育行政主管部门主持的教学大赛、论文论著、教案、课件等评比中获市级一等以上奖项;

第三、在省级刊物上正式发表论文；

第四、正式出版书籍；

第五、获得其他被学校认可的教科研奖项；

(2) 计算办法

在达成必备条件第一的前提下，每达成第二、第三、第四、第五中任一点积一分。

(3) 奖励等级

一等奖：积 3 分及以上，除精神奖励外，发奖金 2000 元；

二等奖：积 2 分，除精神奖励外，发奖金 800 元；

三等奖：积 1 分，除精神奖励外，发奖金 500 元。

4. 教科研先进集体纳入优秀教研组奖励方案

5. 课题成果奖

(1) 教科室定期检查课题研究进展情况，及时组织学术交流，评估科研进程。不定期的组织课题成果奖的评比论证，但最长间隔不超过两年。

(2) 课题成果奖的奖项根据课题研究的进展情况、研究人员的投入量、成果的获奖层次、成果的难度和影响等情况综合判定，有教科室牵头，经学术委员会研究后提出方案，报校长室决定。

(五)《江苏省扬州中学学科竞赛奖励方案》

1. 学科竞赛是学校教学工作的重要方面，有竞赛任务的教研组教师都应积极配合教练组参加竞赛的培训工作，并作为教师考评的依据之一。

2. 学科竞赛实行教练组负责制，教练组负责每学期竞赛的组织工作。每学期开学初要制定本学期各年级的竞赛计划，定课题、主讲教师、学生名单、辅导时间和地点，并及时上报教务处。

3. 参加竞赛培训的教师要服从教练组统一的工作安排，精心备课，认真上课，上课时做好学生点名考勤工作，尽可能将讲稿交本组的信息员上网保存。

4. 每周安排一次培训，每次培训时间为两小时(3 课时)。奥赛系列辅导的课时费为 80 元，非奥赛系列辅导的课时费为 50 元。

5. 学生参赛费用说明：

(1) 学生参加学科竞赛初赛前的夏令营、冬令营以及学科竞赛初赛的培训费和考试费用自理，交通费由学校承担。

(2) 学生参加学科竞赛初赛后的夏令营(有选拔考试任务)学校补贴每人每天 20 元。

(3) 学生参加复赛的考试费(报名费和实验费)和交通费由学校承担。

(4) 学生参加省集训队、国家冬令营以及国际奥赛的培训费、交通费和住宿费由学校承担。

6. 学科竞赛成果辅导奖

等级	国际			国家			省级			
类别	金牌	银牌	铜牌	一等奖	二等奖	三等奖	一等奖(保送)	一等奖	二等奖	三等奖
一类	50000	30000	20000	8000	5000	3000	2000	1000	200	100
二类								500	100	50

注:(1) 数、理、化、生、计算机(程序)属奥赛系列,为一类;非奥赛系列,但由教育行政部门组织的竞赛为二类。

(2) 各学科竞赛的初赛和复赛均属省级,进入国家冬令营的比赛为国家级。

(3) 一个项目不重复计奖,取最高奖。

(4) 奖金分配由教练组负责。

2. 艺术和体育活动

(1) 艺术、体育活动是学校教育工作的重要组成部分,是学校精神文明窗口。竞赛辅导实施过程津贴和结果奖励相结合的原则。

(2) 在扬州市中学生音乐、美术等艺术比赛中列全市团体第一,奖励辅导教师200元。省级比赛一、二、三等奖分别奖励辅导教师500、400、300元。

(3) 参加省重点中学田径运动会,团体总分列前五名,按参赛运动员人数每人次依次励300、250、200、100、50元给教练组,由教练组二次分配。

(4) 为了鼓励教练培训等级运动员,培养一名二级运动员,一次性奖励100元;培养一名一级运动员,一次性奖励800元。

(六)《江苏省扬州中学优秀教研组奖励方案》

1. 热爱教育事业,坚持扬州中学“树人为本”的办学宗旨,坚持“进德修业,教书育人”的扬中教风,自觉执行市教育局师德规范“八不准”的要求。

2. 能够认真钻研大纲和课程标准,加强业务学习,努力提高教师业务素质。积极开展学科新课标的研究,积极参加校本课程的研究和开发,每学期能够依据普通高中新课标开设“选修课、活动课”。

3. 每学期开学后两周内能够制定出教研组学期工作计划,并能够付诸实施;期中考试后一周内写出教研组期中总结;期末结束前写出教研组本学期工作总结;各备课组能在开学后两周内制定教学计划。

4. 认真落实对青年教师的培养工作,经常检查、督促“师徒结对”工作。

5. 组织教师完成校内、市内开课和听课任务,发挥名校的示范和引领作用。每位教师认真做好听课和评课记录,教研组长每学期不少于20节,其他教师不少于10节。

6. 认真组织好两周一次的全组教研活动以及每周一次的集体备课活动,认真做好记录。学期结束时将记录簿交教务处。

7. 认真搞好本学科组的竞赛辅导工作,每学期开学后能够制定出竞赛辅导计划，竞赛辅导实施情况良好，竞赛成绩在市内处于领先地位。

8. 全组教师能够自觉运用多媒体辅助教学，组内教师多媒体使用率平均不得低于30%。教研组的学科网站有专人负责，资源丰富，内容详实，定期更新，能及时回复有关咨询。学科网站上每学期增加的新内容不少于3G。

9. 能够组织本组教师积极参加省、市教育科研部门组织的各种教育教学研究活动，积极鼓励教师撰写教育教学论文，每年均有一定数量的论文在省级（以上）杂志（报刊）上公开发表或省、市级论文评比中获奖。

10. 教研组要搞好办公室安全、卫生和保卫工作，被通报二次以上的，取消一、二等奖资格。

11. 教务处汇同教科室根据各教研组对以上工作的落实情况和材料上交情况，每学年评比一次，评出一、二、三等奖若干名。一等奖发放奖金1000元，二等奖发放奖金600元，三等奖发放奖金400元。

（七）《江苏省扬州中学优秀班主任奖励方案》

1. 总则

为进一步加强我校班主任队伍建设，培养造就一批政治素质高，有一定的德育理论水平和较强的工作实践能力，在学校德育工作中，能起模范带头作用的班主任，特制定本条例。

2. 评选对象

评选对象为在本校工作满一学年以上的班主任。

3. 评选条件

(1) 思想品德

第一、热爱班主任工作，有较强的责任感和事业心，敬业爱岗，乐于奉献。具有良好的师德修养，以身作则。

第二、能全面负责学生的思想品德、学习、生活、劳动及身心健康。注重在班级内部创设正确的舆论导向，引导学生逐步形成健康的价值取向，提高辨别是非、善恶、美丑的能力。

第三、注意发扬民主作风，善于发现和调动学生的积极因素，培养学生具有强烈的进取心、坚强的意志品质、良好的人际关系和耐受挫折的能力，塑造学生健全的人格。

(2) 常规建设

第一、指导学生认真学习并自觉遵守《中小学生守则》、《中学生日常行为规范》和学校各项规章制度，采取针对性的教育措施，引导行为习惯较差的学生提高思想认识，改变不良倾向。认真遵守《扬州中学学生在校一日规范》，并对常规检查结果能积极作出回应或处理。

第二、建立健全班级民主管理制度，班委会、团支部组织健全，能注意轮换学生干部，充分发挥班干的积极作用。

第三、组织本班学生认真参加每周一的升旗仪式或晨会,认真准备主题班会,班级安排晨会和主题班会内容时,应事先准备讲话内容与形式,务求教育取得实效。

第四、实事求是、认真及时完成班主任工作计划、工作小结;有班主任与学生、家长沟通的相关记录,班主任要通过家长会、家访、电话沟通等方式,加强与学生家长的信息交流,认真填写家校联系簿。

第五、准时参加每周的班主任例会,认真贯彻学校的各项决策,及时完成学校布置的各项具体工作。认真完成工作过程的记录,填写班主任工作手册;指导本班学生每周填写班级日志,定期阅读班级日志,以及时了解和处理本班情况。

第六、班级常规检查结果将作为文明班级评比的重要依据。

(3) 业务能力

第一、教学基本功扎实,学科教学能力过硬,在学生中有较高的威信,所任班级学生及家长民意测评满意率达95%以上。

第二、勤于学习,善于积累,能不断进行思考和总结,具有一定的人文素养和科学素质,掌握教育学、心理学的基本知识与技能。

第三、能用先进的教育理论指导自己的工作,有教育教学论文发表或获奖,承担德育研究课题成效明显,校内外德育交流成效突出。

第四、有良好的协调能力,能正确处理学生、任课教师、家长间的各种关系和矛盾。

第五、能结合班级实际,及时有效地贯彻上级主管部门和学校的教育教学思想,工作中具有大局意识和合作精神,遇事果断,处理问题及时得当。遇有突发事故或其它紧急情况,须立即向相关部门汇报,防止产生不良后果。

第六、善于做学生的思想工作,讲究工作艺术,以理服人,以情感人,既尊重学生的人格,又恪守教师职业规范和客观公正原则。坚持正确的价值观,不迎合学生错误的价值取向,能真正起到导师的作用。

(4) 工作实绩

第一、班级有良好的学习氛围、学生思想活跃、纪律严谨。班级学习成绩优良,或在原有基础上有明显进步,高考成绩优异。

第二、主动参与、积极配合学校文化建设,如橱窗设计、晨会、运动会、国旗下讲话、校园文化艺术节等活动,并有突出表现;在此基础上,能有计划、有准备的组织好班级的主题班会、团日活动、板报设计、常规教育等活动,形成本班健康、独特、生动的班级文化。

第三、开展形式多样的文艺、科技、体育、劳动教育、调查访问等班级活动和团组织活动。活动有计划、有记录,取得较好效果。做好卫生保健工作,积极参加红十字会的活动。

第四、积极组织学生利用寒暑假和节假日参加社会实践活动,引导学生通过实践活动陶冶情操,磨练意志,开拓眼界,提高能力。

第五、有寄宿生班级的班主任须指导寄宿生搞好宿舍内务整理，建设宿舍文化，争创文明宿舍。

第六、所带班级无重大事故；班主任的班级管理工作无家长、学生投诉。

4. 评选的程序和办法

(1) 优秀班主任每学年评选一次。

(2) 优秀班主任的评选，先由年级组民主初评，并将优秀班主任初选名单和相关材料报学生工作处，学工处和其它部门共同研究、推选候选人，报校长室研究后最终确定优秀班主任人选。

5. 优秀班主任奖励办法

学校对优秀班主任将颁发荣誉证书并给予一定的物质奖励，同时作为职称评定和其它奖励的重要依据。一等奖1000元，二等奖800元。

六、附则

1. 合同制工作人员由学校研究适当发放。

2. 原《江苏省扬州中学校内结构工资改革实施方案》中有关内容与奖励条例不符的，以该条例为准。

3. 本方案实施时间一年。

4. 本方案解释权属校长室。

5. 本方案经学校教职工代表大会通过后试行。

2007.1.

江苏省扬州中学
五好教研组(备课组)标准(初稿)

一、政治思想工作好

1. 认真学习主席著作。自觉学习,年有目标,月有计划,周有检查,日有笔记,联系实际,带着问题,活学活用,提高理论水平,培养正确的立场、观点、方法,解决实际问题。

2. 经常学习毛主席关于教育工作的一系列指示,关于学习和学习方法的一系列论述,努力提高阶级觉悟,加强方针观念和整体观念,培养无产阶级教育思想,明确培养目标,事事为培养坚强革命后代着想。

3. 大学解放军和先进单位经验。坚持四个第一,做好思想工作,鼓足干劲,永远虚心,闻风而动,热气腾腾。

4. 坚持时政学习,坚持劳动锻炼。

二、教学研究好

1. 坚持"三严格"。严格执行教学计划,不增加课时,不调动课程;严格执行教学大纲,不提高或降低教学要求;严格按照课本,不删削或补充教材。

2. 保持"四虚心"。自己不懂虚心求教,不同意见虚心研究,学生反映虚心考虑,别人先进虚心学习。

3. 做到"四一样"。生熟教材备课一样,无人检查和有人检查一样,无人听课和有人听课一样,课内课外关心学生一样。

4. 注意"五重视"。重视教学活思想,重视典型培养,重视调查研究,重视资料积累,重视经验总结。

5. 达到"四个要求"。教得活泼。教得主动,质量提高,负担减轻。

三、业务进修好

1. 目的性明确。围绕教学,缺啥补啥,逐步精通专业知识,系统提高教学质量。

2. 规划、计划落实。有长打算,有短安排,一周一自查,一月一交流,一学期一总结。

3. 时间抓得紧。零散时间抓紧一点,规定时间扣死一点,假日时间少顽一点,休息时间挤一点。

4. 方法要讲求。钻得进跳得出,站得高看得远,学以致用,古为今用。

四、团结互助好

1. 一人有进步大家高兴,一人有缺点大家帮助,一人有困难大家关心。

2. 有意见不保留,开诚布公;有成绩归功集体;尊重别人;有责任自己承担,不推过于人。

3. 工作拣难的做,担子拣重的挑,方便让给别人,困难留给自己。

4. 集体事,先公后私,多为别人着想,多为别组着想。

五、作风好

1. 雷厉风行,说干就干,踏踏实实,效果第一。

2. 做事有计划,掌握住中心环节;坚持民主集中,不开无准备会议。

3. 爱惜国家财富,点滴归公,保持艰苦朴素,发扬"三勤三惜"精神。

(勤教勤学勤工作,惜财惜物惜时间)

4. 注意公共卫生,贯彻劳逸结合,开展文体活动,保持活泼气氛。

江苏省扬州中学
五好部门标准(初稿)

一、政治思想工作好

1. 认真学习主席著作。自觉学习,年有目标,月有计划,周有检查,日有笔记,联系实际,带着问题,活学活用,提高理论水平,培养正确的立场、观点、方法,解决实际问题。

2. 经常学习党的方针政策,加强方针政策观念一切从提高教育质量,培养坚强革命后代着想。严格遵守政府政策法令。

3. 大学解放军。坚持四个第一,做好思想工作,干劲鼓足,永远虚心,雷厉风行,热气腾腾。

4. 坚持时政学习,坚持劳动锻炼。

二、工作态度好

1. 见困难就上,见荣誉就让,见先进就学,见后进就帮。

2. 切实做到"三老"(当老实人、做老实事、说老实话)。

切实做到"四个一样"。有人检查与无人检查一样,经常和突击一样,对上和对下一样,内勤与外勤一样。

3. 工作质量高,经得起上级检查;工作经验多,经得起对手比较,工作作风好,经得起群众监督;工作态度好,经得起时间考验。

4. 工作挫折不灰心,宣传解释有耐心,接受批评能虚心,克服困难有决心。

三、业务钻研好

1. 围绕自己工作,规定进修内容,不懂就学,不精就钻,精通业务知识,提高工作能力。

2. 有问题及时研究,决不马虎,有疑难决心解决,不攻破不放手。

3. 积累研究资料,探索工作规律,勇于创造革新,及时总结经验。

4. 站得高看得远,钻得深用得上,想得多干得快。

四、生活作风好

1. 爱惜国家财富，精打细算，点滴归公，发扬三勤三惜精神，贯彻勤俭办学方针。

2. 艰苦朴素，勤俭持家，计划开支，节约储蓄。

3. 爱劳动，讲卫生，注意劳逸，保证健康。

五、团结互助好

1. 一人有进步大家高兴，一人有缺点大家帮助，一人有困难大家关心。

2. 有意见不保留，思想开阔，有成绩归功集体，尊重别人，有责任自己承担，不推过于人。

3. 工作拣难的做，担子拣重的挑，方便让给别人，困难留给自己。

4. 集体事先公后私，先为人设想，先为别组(部门)设想。

江苏省扬州中学
五好教师(班主任)标准(初稿)

一、政治思想好

1. 认真学习主席著作。自觉学习,年有目标,月有计划,周有检查,日有笔记,联系实际,带着问题,活学活用,提高理论水平,培养正确的立场、观点、方法,解决实际问题。

2. 认真学习与贯彻党的教育方针与勤俭办学方针,积极学习与执行"条例"。

3. 热情地学习先进经验,不自满,不自卑,比差异,创条件,鼓足革命干劲,发扬革命精神。

4. 勇于暴露思想,严格要求自己有批评相互批评精神。热爱教师和班主任工作。

5. 积极参加劳动,重视时政学习。

二、教育(教学)态度好(上行指教师,下行指班主任)

1. 认真执行教学大纲,严格按照课本,有计划有目的的了解学生,努力个人钻研,认真集体备课,认真研究思想教育计划,研究本班特点和学生思想实际,因班制宜,有的放矢,开展班级工作。

2. 从方针观念、全局观念出发,坚持贯彻少而精的原则和启发式教授法,努力提高教学质量,减轻学生课后负担。

从培养坚强革命后代的目标出发,坚决贯彻四个第一精神,坚持四个观点的教育和"三抓"要求,遵循教育原则,改进教育方法,努力提高教育质量。

3. 坚持"四个一样"。熟教材和生教材备课一样,有人听课和无人听课一样,有人检查和无人检查一样,课内课外关心学生一样。

教育中坚持"四重"。身教重于言教,事前教育重于事后教育,个别教育重于集体教育,经常性教育重于突击性教育。

4. 认真批改作业,及时发还学生,加强当面批改和个别辅导,加强课外阅读指导和学习方法的指导,充分注意因材施教。

经常保持与任课老师联系和家长的联系,充分了解学生,争取各方面配合教育。

注意培养骨干，认真指导团队工作，领导民兵工作，充分发挥组织作用。

三、以身作则好

1. 模范地遵守国家政策法令，执行学校规章制度。

2. 认真教学，积极工作，努力提高教育、教学质量，以实际行动感染学生努力提高思想品德和学业成绩。

3. 加强自己的品德修养，严格要求学生，首先严格要求自己。

四、业务进修好

1. 围绕教学，从实际出发，订进修计划，刻苦自学，认真参加集体学习活动，力求精通所任课程的专业知识。

2. 学习马列主义教育理论和教育刊物，研究中学生的特点，探索教育和教学规律，系统提高教育理论水平和实际业务能力。

3. 多听课，虚心向有经验的同志学习，研究改进教育和教学方法，积累资料，经常总结自己的工作。

五、关心集体好

1. 勇于承担组内工作，工作拣难的做，担子拣重的挑，方便让给别人，困难留给自己。

2. 积极参加组的活动，带头执行组的决议，充分准备，积极发言，开好组会。

3. 集体事先公后私，多为别人着想，以助人为乐。

4. 有意见不保留，开诚布公，有成绩归公集体，尊重别人；有责任自己承担，不推过于人。

5. 关心同志生活，关心集体福利，做好清洁卫生工作。

江苏省扬州中学
五好职工标准(初稿)

一、政治思想好

1. 听党话,跟党走,无产阶级立场鲜明,政治方向坚定,无限忠诚于社会主义的革命事业。

2. 坚决执行党的方针政策,和违反党的方针政策思想行为作不调和的斗争。

3. 勇于暴露思想,严格要求自己,坦率对待同志,热情帮助别人。

4. 保持艰苦奋斗勤劳俭朴之风,贯彻勤俭持家,勤俭办学精神。

二、完成任务好

1. 执行工作任务,生龙活虎,雷厉风行,有强烈的革命责任心。

2. 对待工作困难,自告奋勇,勇往直前,有顽强的战斗精神。

3. 处理经常工作,瞻前顾后,妥善安排,有科学的预见性,有周密的计划性。

4. 讲求工作质量,千方百计,精益求精,有高标准的要求。

5. 改进工作方法,以点带面,点面结合,有严格的科学态度。

三、遵守纪律好

1. 当老实人,说老实话,做老实事,切实做到"三老"。

2. 不该说的话不说,不该做的事不做,当请示的请示,当回报的回报,有严格的组织观念。

3. 档案资料,财务帐册,整理有序,内外分清,有严格的保密观念。

4. 国家财富,精打细算,预算决算,公私分清,不散不失,有严格的制度观念。

四、经常学习好

1. 认真学习毛主席著作。高度自觉,联系实际,带着问题,活学活用,提高理论水平,正确立场观点,解决实际问题,经常自我小结,不断扩大学习成果。

2. 热情地学习先进经验,不自满、不自卑,排差异,创条件,鼓足革命干劲,严格科学精神。

3. 认真学习和贯彻《全日制中学暂行工作条例(草案)》,认真学习和贯彻上级有关指示。

4. 长打算,细安排,系统进修,精研业务。

5. 坚持时政学习,坚持劳动锻炼。

五、团结互助好

1. 思想上相互帮助,首先要虚心接受别人的帮助。

2. 工作上相互促进,首先要严格要求自己。

3. 生活上相互关怀,首先要多关怀体贴别人。

4. 学习上相互推动,首先要虚心向别人求教。

江苏省扬州中学
五好班级的标准(初稿)

一、政治思想好

1. 积极响应党的号召,参加党的各项中心活动,跟得快,跟得紧,跟得好。能根据学校统一要求,结合班级情况,订出开展活动的打算,并有切实的效果。

2. 拥护党的三面红旗,自觉接受阶级和阶级斗争教育,逐步树立远大革命理想,不断明确生活目的。

3. 上好政治课,学好语文课本中和学校规定的毛主席的文章,天天读报,关心国内外大事,推动实际行动。

4. 注意在日常生活中培养共产主义道德品质,开展"爱护公共财物、遵守公共秩序、讲究公共卫生"的活动,不断培养艰苦朴素的作风。

二、刻苦学习好

1. 明确为祖国社会主义建设、为全世界人民的解放而学习的学习目的,培养认真、刻苦、主动、踏实的学习态度。活学活用书本知识,开动脑筋,独立思考问题,解决问题。

2. 遵循学习规律,继续培养"虚心求教、刻苦钻研、一丝不苟、持之以恒"的学风。能根据各班情况,提出班级学习具体要求。

3. 严格做到课内与课外一个样,校内与校外一个样,老师在与老师不在一个样,平时与考试一个样。

三、劳动锻炼好

1. 热爱劳动,积极参加劳动,在劳动中接受思想教育,做到思想劳动双丰收。

2. 在劳动中不怕脏,不怕累,刻苦的接受劳动锻炼,完成分配任务,遵守劳动纪律,爱护劳动工具,提高劳动质量。

四、课余生活好

1. 课余生活活跃,大唱革命歌曲,开展丰富多采的文娱活动。

2. 每天坚持早操、课间操，保证质量，经常参加体育锻炼，做好眼保健功。
3. 做到教室、包干区、宿舍、饭厅、个人五方面的整洁卫生。

五、团结友爱好

1. 政治上互相鼓励，学习上互相切磋，生活上互相照顾。
2. 坚持有原则的团结，培养开展批评和自我批评的习惯。

创造四好团支部初步打算

一、创造四好团支部活动,是加强团的建设,带动和落实团的一切工作的中心环节,也是充分调动基层团干部和团员的积极性、推动支部工作的全面发展的一项根本措施。

团支部是团的基础,是实现团的各项工作任务的战斗单位,是最直接最经常联系群众的核心。因此创造四好团支部的活动是团的基础工作,是团的建设中心工作、重点工作。

二、根据团省委统一要求,针对我校情况,对四好团支部条件提出如下具体要求:

1. 政治思想工作好

(1) 组织团员、青年,结合政治课,语文课,结合中心教育,结合组织生活学习毛主席著作,注意活学活用毛主席著作,做到读毛主席书,听毛主席话,按毛主席指示办事,做毛主席好学生。

(2) 根据青年的思想实际,采用回忆对比、请"三老"做报告以及温"四史"等形式经常进行阶级教育。

(3) 针对青年思想实际,经常用革命理想、党的光荣传统、艰苦奋斗的革命精神、革命前辈的光辉事迹、英雄人物的形象进行教育。

(4) 结合各种教育进行学习目的性教育,引导和推动团员认真学习,形成浓厚的读书风气。

(5) 善于抓苗头,抓活思想,采用民主的说服方法,表扬先进,树立榜样,把思想工作做到每个青年身上。

2. "三好"活动开展好

(1) 组织团员、青年认真学习、宣传总方针、教育方针,引导团员、青年全面发展。

(2) 教育团员和青年刻苦读书,倡导虚心求教、刻苦钻研、一丝不苟、持之以恒的学风。

(3) 组织团员和青年积极劳动,适当参加政治活动,接触社会实际。

(4) 教育团员和青年尊敬老师,遵守纪律,讲究卫生,团结友爱,

(以下缺内容)

好学生标准

思想好：

(1) 认真学习毛主席的著作，积极响应党的号召，参加党的中心活动，自觉接受阶级和阶级斗争的教育，重视上好政治课，重视经常的政治学习，关心国内外大事；

(2) 爱祖国，爱共产党，拥护社会主义，愿意为人民服务，逐步树立革命的远大理想，明确生活目的，注意在国内外阶级斗争中和经常学习中培养自己的阶级观点、劳动观点、群众观点、辨证唯物主义观点；

(3) 逐步学会正确地进行批评和自我批评，自觉主动经常地暴露思想，磨炼思想，培养革命精神，警惕资产阶级思想侵蚀；

(4) 积极参加生产劳动，以正确的态度对待升学和参加劳动，有"一颗红心，两种准备"的思想。在经常劳动锻炼中，注意接受思想教育，培养劳动人民思想感情，养成劳动习惯，加强劳动观点；

(5) 注意在日常生活中培养共产主义道德品质，遵守国家法令和学校纪律，热爱集体，团结友爱，艰苦朴素，爱护公共财物。

学习好：

(1) 学习目的明确，立志为革命而学习，为劳动而学习，为人民服务而学习；

(2) 学习态度端正，自觉主动地掌握各科的基础知识和基本技能，遵守学习制度，加强学习计划性，注意培养良好的学习习惯；

(3) 注意科学的学习方法，积极培养虚心求教、刻苦钻研、一丝不苟、持之以恒的良好学风。

身体好：

(1) 重视上好体育课，认真上好课间操，坚持课后体育锻炼；

(2) 注意公共卫生，讲究个人卫生，重视保护视力，注意遵守生活秩序，培养良好的卫生习惯，不断增强体质。

一九六四年十一月二十日

二、相关总结、汇报

认真执行教学计划　全面贯彻教育方针

江苏省扬州中学

党的十一届三中全会以来,在上级党委和教育行政部门领导下,我校教育工作从思想上到工作上逐步拨乱反正,教育质量有所提高。在贯彻“两全”方针方面,学生择优录取入学后,不再分快慢班。学制的过渡、延长。为德、智、体几方面工作的全面安排,创造了有利条件。去年下半年开始,我们认真地执行了《全日制六年制重点中学教学计划试行草案》,从提高课堂教学的效率和质量入手,把学生的课外作业量控制在计划规定的时间内从而在时间上保证了学校思想政治工作、体育卫生工作和学生课外学习活动的正常开展。最近,我们又学习了教育部发出的《关于当前中小学教育几个问题的通知》等文件,提高了思想认识,决心以执行好新教学计划为中心,按教育规律办事,进一步贯彻党的教育方针,努力做到“一年更比一年好”。

不断端正办学思想

粉碎了“四人帮”,恢复了高考制度以后,我们在办学思想上出现了一种片面观点,即:“文革”前扬州中学办得好,升学率高,现在要恢复扬州中学的声誉,发扬扬中的光荣传统,必须大力提高升学率。把提高升学率看作提高教学质量的主要体现。但在实践中使我们感觉到:一、要象过去那样,把升学率提高到 90%以上,按当前正常状况是不现实的;二、升学率高,未必就是教育质量高的真实反映;三、片面追求升学率,势将导致教育质量下降。这些现实情况。引起我们的深思:到底应该把学校办成什么样子?怎样把学校办好?追根求源。答案是必须首先端正办学思想。

端正办学思想。重要的问题在善于学习。近两年来,我们学习了经国务院批准教育部发出的《关于分期分批办好重点中学的决定》和张承先同志在全国重点中学工作会议上的讲话,明确了办学重点中学的基本要求:一是模范地贯彻执行全面发展的方针;二是按教育规律办事;三是培养高质量的学生。学习了《关于建国以来党的若干历史问题的决议》和赵紫阳总理在人大五届四次会议上作的政府工作报告,对党的教育方针的涵义及其在我国社会主义现代化建设中的地位和作用,有了进一步的认识,结合教育方针的学习,重新学习毛泽东教育思想,学习有关教育科学理论 ,努力弄懂弄通制定党的教育方针的指导思想和科学依据。端正办学思想,在学校里,首先是端正领导的思想。因此,我们强调:一是领导带头学习;二是理论联系实际。

认真执行教学计划

学校工作必须以教学为主。坚持教学为主,必须按教学规律办事。抓教学而不按教学规律办事。一味加强劳动强度,造成学生学习负担过重,结果只能是帮倒忙。教育部于去年四月份颁发了《全日制六年制重点中学教学计划试行草案》和《全日制五年制中学教学计划试行草案的修订意见》。这两个教学计划,体现了党的教育方针和中学教育的双重任务,反映了学校教育工作的规律,是在总结了建国以来中学教育正反两方面经验的基础上制定的,同以往的教学计划相比较,具有很多新的特点和优点。认真执行这两个计划,对于整顿中等教育,提高教育质量,有着重要意义,据此,我们规定,认真执行新教学计划,必须做到"五个严格"。

严格按照新教学计划规定的课程和课时开课,坚决纠正随意增减课时、课程的混乱现象。努力使学生文、理、体、美、劳各门课程都学好,有一个比较合理的知识结构和智能结构,为全面发展打下良好的基础,同时,要求把开设的每一门课程都上好,保证质量,不搞走过场。针对目前大多数学生中存在的重理轻文现象,我们重视了加强文科教学。首先是加强作为基础工具课的语文教学,努力搞高学生的听、说、读、写能力。我们还要求各科配合,打一场提高学生语文程度的总体战。包括理科教学在内都要重视"语文因素"。指导学生阅读课文,用正确的语言回答问题,数、理、化书面作业不仅布置计算题,还有问答题。训练学生准确地理解和表述概念、定理、定义和法则。教师在课堂用语和板书方面。力求规范化,同时,努力提高政、史、地课的课堂教学质量。加强备课,把课讲得正确、清楚、具体、生动、引人入胜,激发学生的学习兴趣。

严格按照大纲和统编教材进行教学,坚决纠正一味贪多求深,随意超纲加码,把各种复习资料掺入课堂教学的混乱现象。把主要精力集中在基础知识教学和基本技能训练上,贯彻循序渐进和系统性的教学原则。但是,按统编教材进行教学,也不能机械地理解为只能照本宣讲,不能越雷池一步。而仍须贯彻联系实际和因材施教的原则。能动地创造性地处理好教材,以有利于提高教学效率和教学质量。我们讲狠抓"双基"。也不是把课本上讲的概念、定义之类和规定的练习题,不断地重复教学,而必须重视"双基"的综合训练和灵活运用。以达到触类旁通,复习参考资料也不是"禁区",我们鼓励教师各种资料多看些,达到见多识广,通过消化,由博返约,取其精华,再根据需要与可能按大纲和课本系统,编入教学程序,以进一步充实提高教学内容、我们所反对的是给学生乱吃"零食",妨碍正常就餐,以免造成消化不良,"肠胃功能"失调。

严格按照各科教学大纲规定的课时进行教学,切实纠正一面喊课时不够,要求加课时;一面又赶进度。这种自相矛盾的混乱现象。就教学而论,解决课时紧的一条重要途径是大力改进教学方法。加强“双基”,掌握“三点”(重点、难点、疑点),培养学生能力和发展学生智力。为此,要求教师首先提高自己的教学能力:驾驭教材的能力、运用理论分析实际问题的能力,深入浅出地讲清教材的能力、指导学生获取知识的能力,关键是运用启发式的教学原则,并以分钟为单位严密组织课堂教学。

严格控制课外作业量,初中每天不超过一个半小时,高中不超过二小时,切实纠正作业片面追求高难度和搞题海战术的混乱现象,处理好作业题数量和质量的关系。精选习题,注意质量,但必须保持一定的数量,以保证一定的质量。我们规定,课本上的习题都要做,这是基本题,为适应部分水平高些的学生,每次布置少量机动题,每单元教学结束,选编以综合题为主的复习题。关于处理当前教学上的一个突出问题——学生作业负担重的问题。我们依据的原则是,邓小平同志一九七八年在全国教学工作会议上的有关精神:“学生负担太重是不好的,今后仍然要采取有效措施来防止和纠正。但是,同样明显的是,要极大地提高科学文化水平,没有‘三老四严’的作风,没有‘从难从严’的要求,没有严格训练,也不能达到目的。”在具体掌握上,明确作业题在精选的前提下,在规定时间范围里,能多做些比少做好。同时,坚持作业的高标准、严要求,逐步达到规范化,先复习课本,再动手做作业;独立思考,按时完成,书写规范。卷面整洁;有错误要订正,各科作业再据此订出具体细则。

严格控制考试次数,切实纠正考试频繁,加重学生负担和干扰正常教学秩序的混乱现象。认真执行上级教育部门规定的考试次数和要求。鉴于各科教学具体情况。语、数、外、理、化五科,除期中考试、期末考试外,我们还允许在上半学期和下半学期各进行一次单元检查随堂进行。不超过一课时,明确考试不是目的,而应是帮助学生复习整理已学过的知识,达到系统掌握、巩固、深化的有效手段。因此,我们强调,提高考试质量的关键在于切实抓好复习这一关。同时,对考试采取了一些新的措施,一学期两次考试中的一次由年级备课组之间相互命题。原则是知识范围不超出大纲和课本,但不是课本作业题的简单重复,而应该是再创造。“双基”占80%。综合性、灵活性和发展性的题目占20%,本学期新授的知识占80%,与本学期新知有联系的上学期学过的旧知占20%,试卷密封,定标准答案,阅卷记分流水作业。这样做的目的,是为了尽可能客观地反映学生掌握知识的实际强度,增强学生所获知识的适应性,提高考分的科学价值。

让学生的社会主义信念建立在科学的基础上

科学化的思想教育,有一个知、信、情、意、行的过程。“知”是前提。叶圣陶说:“有没有空无依傍的德育?似乎没有。德育总跟智育或与体育结合在一起。”苏联教育家苏霍姆林斯基也认为没有单纯的德育、智育和体育,“智育的核心是建立在知识基础之上的信念的世界观方向性。"各科教学是对学生进行思想教育的主要阵地，必须力求做到教学的知识性、科学性、思想性和政治性的辩证统一，帮助学生逐步树立辩证唯物主义和历史唯物主义的世界观，明确为实现祖国社会主义现代化而学习的目的性，是各科教学共同的一项根本性任务。学习了《决议》，有力地加强和改进了我校文科教学。语文教学重视了思想政治教育因素，防止和克服了把语文课作为单纯的工具课的倾向，重新明确了必须坚持"文道结合"的原则。政治课，把学习马列主义，毛泽东思想的基本原则和学习三中全会以来党的路线、方针、政策结合起来。与学习《决议》、贯彻《决议》精神结合起来，并联系当前安定团结的政治局面、经济建设的重大成就和人民生活改善的实际情况来加以引证。地理课通过对祖国幅员辽阔、山川壮丽、资源丰富、人杰地灵的生动描述，激起学生的爱国主义热情。同样地建国以来，利用自然、改造自然和经济建设的巨大成就，又是对学生进行社会主义教育的绝好材料。我们学习了《爱国主义是建设社会主义的巨大精神力量》一文，把文中提到的八十二名历史人物，按历史课教学程序，有计划地分别充实到有关章节中去。这篇文章善于运用辩证唯物主义和历史唯物主义的观点统帅材料，具有极大的说服力。我们学习它用以改进文科教学。我们还把讲清《决议》的历史背景，作为历史课的教学任务之一，按照《决议》精神，上好中国近代史和现代史。必须坚持四项基本原则，本来是历史经验的总结。通过中国和世界现代史的教学，顺理成章，对学生进行四项基本原则的教育。

不断提高教学效率，在不使学生负担过重的前提下，保证教育质量的稳步上升，这是当前我们教学工作的中心课题。近期内，我们要进一步抓好以下几件工作：

一、关于教育方针、理论的学习

本学期安排五次，已进行过两次：一次在开学初，结合制订教学工作和教研工作计划进行了学习，一次是关于培养能力、发展智力的专题学习。结合期中教学检查和期末教学总结，再学习两次，还有一次专题学习(暂定学《学记》)。

二、提高课堂教学质量

把上好每一堂课作为完成全部教学计划的基点，在课堂教学中使学生听懂学会，保证在计划规定时间内完成课外作业，不使学生负担过重，以利于德、智、体全面发展。

三、开辟学习的第二战场

上好选修课，积极开展各项课外学习活动，如科技小组，书画小组、文艺小组、运动队等等。扩大阅览室，对学生试行开架借书和开放实验室，使学生主动地，活泼健康地学习。

四、上好劳动技术课

这是加强思想教育的需要，完成双重任务的需要，也是培养学习能力、发展学生智力的需要。进一步上好高一年级的农业劳动技术课，积极准备下半年开设工业劳动技术课。

五、坚持教改试验

继续搞好数学实验教材的试点,积极准备好下半年的语文新教材试点。采取一般号召和重点培养相结合的方法,探索培养学生能力、发展学生智力的新经验。

六、加强导非重点中学的联系

与第十中学试行挂钩,先以初中语文、数学、英语三科为主,在相应备课组之间建立经常性联系,互相学习,交流经验,共同提高。

一九八二年四月二十二日

严格执行计划　积极探索创新
——执行《全日制六年制重点中学教学计划试行草案》第一学期小结

江苏省扬州中学

在我们党和国家正处于拨乱反正，继往开来的重要历史时期，自本学期起，我校开始执行新的教学计划——《全日制六年制重点中学教学计划试行草案》。这个计划是在总结建国以来中学教育正反两方面经验基础上制订的。旨在把中学教学水平和教育质量提到与我国社会主义现代化建设相适应的新高度。对这个在特定历史条件下制订出来并颁布试行的新教学计划，我们既要严格执行，又要在执行过程中积极探索创新。

学习《决议》，统一认识

我们在学习《决议》的基本结论、基本观点和主要精神的基础上，着重学习了《决议》第三十五节第六点："社会主义必须有高度的精神文明"。一、学习"……努力提高教育科学文化在现代化建设中的地位和作用，明确肯定知识分子同工人、农民一样是社会主义事业的依靠力量……"使我们近一步明确了学校必须始终坚持以教学为主，必须依靠教师办好学校，大力提高学生的科学文化水平。二、学习"要在全党大大加强对马克思主义理论的研究，对中外历史和现状的研究，对各门社会科学和自然科学的研究"，明确了我们教学人员要在社会主义现代化建设中发挥应有的作用，成为真正可以依靠的力量。无负于党和国家的期望与信托。必须善于学习，努力提高自己的思想政治水平、理论水平和业务水平。为此，学校党组织要求党员成为学习的模范。布置党员制订、检查学习规划。领导干部带头学好《决议》。并联系学校工作实际，重新学习了毛泽东教育思想。如：关于加强思想政治教育和又红又专的问题；关心学生身体健康问题；改革教学方法，减轻学生过重负担，让学生主动地生动活泼地学习问题；教学要理论联系实际问题；等等。有的同志还结合学校的历史和现状，专门写了学习体会。三、学习"要加强和改善思想政治工作……坚持德智体全面发展、又红又专、知识分子与工人农民相结合、脑力劳动与体力劳动相结合的方针……"，进一步加深了对党的教育方针的理解和对当前加强和改善学校思想政治工作的必要性和重要性的认识。努力把指导思想及其理论基础搞清楚，从根本上增强执行新教学计划的自觉性和严肃性。

循规蹈矩,执行计划

严格按照新教学计划规定的课程和课时开课,坚决纠正随意增减课时、课程的混乱现象。努力使学生文、理、体、美、劳各门课程都学好,有一个比较合理的知识结构和智能结构,为全面发展打下良好的基础。例如早在前几年,我们鉴于缺少史地教师,史地课时开不足就着手通过以老带新和教学相长的途径培养了四名史、地教师。请来了一位退休的地理教师。防止偏科的另一方面是要按教学要求,把开设的课上好,保证质量,不搞走过场。针对目前大多数学生中存在的重理轻文现象,我们重视了加强文科教学。首先是加强作为基础工具课的语文教学,努力提高学生读、写能力。我们还要求各科配合,打一场提高学生语文程度的总体战。包括理科教学在内,各科教学都要重视"语文因素"。指导学生阅读课文,用正确的语言回答问题。数、理、化书面作业不仅布置计算题,还有问答题。训练学生准确地理解和表述概念、定理、定义和法则。教师在课堂用语言和板书方面。力求规范化。提高政、史、地课的课堂教学质量、加强备课、把课讲得正确、清楚、具体、生动。引人入胜,激发学生的学习兴趣。

严格按照大纲和统编教材进行教学,坚决纠正一味贪多求深,随意超纲加码,把各种复习资料掺入课堂教学的混乱现象。把主要精力集中在基础知识教学和基本技能训练上,贯彻循序渐进和系统性的教学原则。但是,按统编教材进行教学,也不能机械地理解为只能照本宣讲,不能越雷池一步。而仍须贯彻联系实际和因材施教的原则,能动地创造性地处理好教材,以有利于提高教学效率和教学质量。我们讲狠抓"双基",也不是把课本上讲的概念、定义之类和规定的练习题。不断地重复教学,而必须重视"双基"的综合训练和灵活运用,以达到触类旁通。复习参考资料也不是"禁区",我们鼓励教师各种资料多看些,达到见多识广。通过消化,由博返约、取其精华、再根据需要与可能按大纲和课本系统、编入教学程序,以进一步充实提高教学内容。我们所反对的是给学生乱吃"零食"、妨碍正常就餐,以免造成消化不良。"肠胃功能"失调。

严格按照各科教学大纲规定的课时进行教学,切实纠正一方面喊课时紧,要求加课时。另方面又赶进度以便多留高考总复习时间,这种自相矛盾的混乱现象。就教学而论,解决课时紧的一条重要途径是,教师要吃透两头(教材、学生)、改进教法、掌握重点、突破难点、落实"双基"。对于解决学生知识的巩固性问题,切不可把复习时间,高度集中于毕业总复习,希冀毕其功于一役,而必须发扬"学而时习之"、"温故而知新"的行之有效的传统经验。复习是知识之母,讲课、从复习旧课导入新课,善于引导学生由已知到未知,由旧知到新知,重视新旧知识之间的联系,贯彻系统性的教学原则。寓复习于新授之中,并加强分散性的复习检查。我们教师管这种教学方法叫做"滚雪球"。

严格控制课外作业量。初中每天不超过一个半小时,高中不超过二小时。切实纠正作业片面追求高难度和搞题海战术的混乱现象。处理好作业题数量和质量的关系。精选习题，注重质量，但必须保持一定的数量，才能保证一定的质量。我们规定，课本上的习题都要做，这是基本题，为适应部分水平高些的学生，每次布置少量机动题，每单元教学结束，选编以综合题为主的复习题，关于处理当前教学上的一个突出问题——学生作业负担重的问题，我们依据的原则是，邓小平同志一九七八年在全国教学工作会议上讲话的有关精神："学生负担太重是不好的，今后仍然要采取有效措施来防止和纠正。但是，同样明显的是，要极大地提高科学文化水平，没有'三老四严'的作风，没有'从难从严'的要求，没有严格训练，也不能达到目的。"在具体掌握上，明确作业题在精选的前题下，在规定时间范围里，能多做些比少做好。同时，坚持作业的高标准、严要求。逐步达到规范化：先复习课本，再动手做作业；独立思考，按时完成；书写规范、卷面整洁；有错误要订正，各科作业再据此订出具体细则。

严格控制考试次数，切实纠正考试频繁，干扰正常教学的混乱现象，执行上级教育领导部门规定的考试次数和要求。鉴于教学具体情况，语、数、外、理、化五科，除期中期末考试外，我们还允许在上半学期和下半学期各进行一次单元检查。随堂进行，不超过一课时，我们把加强平时复习检查，减少考试次数和提高考试质量联系起来考虑。首先，切实抓好复习这一关。同时，对考试，采取了一些新的措施。由年级之间相互命题。知识范围不超出大纲和课本。但不是课本作业题的简单重复，而应该是再创造。"双基"占 80%，综合性、灵活性和发展性的题目占 20%。本学期新授的知识占 80%。与本学期新知有联系的前学期学过的旧知占 20%。试卷密封，定标准答案和评分标准，阅卷记分流水作业。这样做的目的是，为了尽可能客观地反映学生掌握知识的实际程度，增强学生所获知识的适应性，提高考分的科学价值。按这样要求进行考试，以政、语、外、数、理、化六科计。不及格科目达三科的列为不及格。平均考分达八十分以上的列为优秀，这学期期中考试成绩如下：

年级 成绩	初一	初二	初三	高一	高二
及格率	97.5%	98.4%	97.4%	98%	94.3%
优秀率	87.5%	64.7%	74.4%	63.6%	55.8%

全校参加考试的初中学生 1175 人，其中不及格的 21 人，占 1.8%，高中参加考试的学生 682 人，其中不及格的 25 人，占 3.7%。

扬州调查情况之六

——关于江苏省扬州中学学生质量分析的初步意见

一九八二年五月七日

在扬州调查期间,我们还对江苏省扬州中学的有关情况作了调查。从扬州中学对学生质量分析的情况看,当前中学教育质量。总的说是上升的。但由于种种原因。学生无论在德育、智育、体育方面都还存在一些同题或缺陷。针对这些存在问题和缺陷,扬州中学正在采取措施加以克服和纠正。

我们认为,江苏省扬州中学学生中存在的问题,不是个别学校的问题,带有一定的普遍性,希望引起各级教育行政部门和学校的重视。现将他们对学生质量分析的初步意见和今后打算转发如下,供各地研究和参考。

中共江苏省委科学教育部办公室

附件

江苏省扬州中学学生质量分析的初步意见

一、学生的质量分析与估价:

1. 智育方面:

总的讲大部分学生能适应现行的教学大纲和教材(现行教材内容比"文革"前的深,习题也比"文革"前的难),与"文革"前相比,大部分学生能相当于那时的学生,少数尖子能超过那时的学生。

表一:优秀率、升级率与及格率

类别 / 比例 / 年级	优秀率	升级率	及格率
初一	66%	97.5%	95%
初二	69%	99%	86%

续表

年级＼比例＼类别	优秀率	升级率	及格率
初三	63%	97%	90%
高一	69%	98%	92%
高二	57%	96%	79%
平均	64.8%	97.5%	88%

（注：凡平均分在80分以上的属优秀率，凡符合省学籍管理规定能升级的属升级率，凡无不及格科目的属及格率。）

表二：各学科能达到"文革"前水平的比例统计

年级＼比例＼科目	语文	外语	数学	物理	化学
初中	50～70%	80%	75～80%	90%	90%
高一	50～70%	85%	80%	75%	80%
高二	40～60%	40～45%	70%	60%	70%

（注：此表中的百分比只是一个大略的估计，数、理、化等学科的估计教师意见比较一致，语文的估计目前意见尚不一致，有部分教师认为实际水平还应高于此表中的百分比。）

智育方面的缺陷是：

(1) 知识的掌握还嫌偏（重理轻文，很大程度上影响思想认识的提高和自学能力的提高）；窄（局限于教科书的多，进一步拓宽知识面的不够）；碎（知识的系统性不够，缺乏系统整理知识的能力；死（灵活运用的能力较差）。

(2) 尚缺乏思维能力和自学能力。

(3) 技术教育基本处于空白。

2. 德育方面：

近年来通过"三热爱"教育，开展"五讲四美"、"文明礼貌月"活动，学生对坚持四项基本原则的认识，对建设社会主义精神文明的意义的认识有所提高。上学期评出362名三好生，349名学生受学校单项表扬，占全校学生的40%。高二(4)李虹同学还出席了全国三好学生代表会议。

全校的差生共四名，占学生总数的千分之二。这四名差生均犯有不同程度的偷窃行为，学习成绩均属下等，其中有三人是留级生。

总的看来，学生的思想主流是好的，归纳起来情况大致是：

(1) 思想活跃,愿思考问题,但部分同学看问题往往有表面性、片面性;

(2) 勤奋好学,求知欲强,但部分同学在学习目的方面缺乏社会责任感,出现忽视接受思想教育的现象;

(3) 道德风貌有了初步改观,但相当一部分同学道德水准较低,缺乏道德规范训练,缺乏集体观念、劳动观念、纪律观念。

3. 体育方面:

学生的体质情况是好的:全校学生达标率达 61.5%。学生的身长、体重基本上与同期的扬州市同龄中学生相当。一年来因病休学的有八人,(分别因肝炎、肾炎、先天性哮喘、脑瘤、消化道出血、皮炎而休学),占学生总数的千分之四。学生的体育成绩及格率达 94.9%

等第 / 比例 / 年级	优秀	良好	及格	不及格
初一	15.5%	33.7%	41%	9.8%
初二	34.7%	34%	29.1%	2.2%
初三	30%	36%	30%	4%
高一	31.3%	51.3%	13.7%	3.7%
高二	27.8%	35.7%	30.7%	5.8%
平均	27.8%	38.2%	28.9%	5.1%

但是学生的近视率逐年增高,颇令人忧虑

年级 / 比例 / 时间	初一	初二	初三	高一	高二
升入初(高)中	36.8%	27.5%	26.7%	56.7%	40.9%
目前	39%	39%	51%	58%	53%

(注:凡视力在 1.0 以下的属近视)

二、原因分析:

就学校工作而言,取得成绩的主要原因是:

1. 学校领导重视了教育方针的学习,端正了办学方向,特别是办好重点中学的三条基本要求(模范地贯彻方针、按教育规律办事、培养高质量的学生)已成为学校工作的出发点。

2. 教师队伍保存了一定的优势,"文革"前的教师有60%保留下来,占目前教师数的40%,调进的教师中也有一定数量的骨干教师。落实知识分子政策后进一步调动了广大教师的积极性,目前各教研组都能配备各年级的学科把关教师。

3. 学生择优录取,特别是初中择优录取,为学生的全面发展提供了良好的基础。

4. 认真贯彻新教学计划,建立了教学常规,开展了教学研究活动,加强了教学管理,特别是做到了"五个严格":严格按教学计划开设课程。严格按大纲和教材教学,严格控制教学进度,严格控制作业量,严格控制考试次数。

5. 团队工作班子、班主任队伍基本配齐,形成了一支思想政治工作的骨干队伍。

存在问题的主要原因是:

1. 学校领导在改变涣散、软弱状态方面还不够有力。在某些方面(如体育卫生)还缺乏得力的领导力量。

2. 师资队伍的调整还没有跟上。教师的思想作风的修养有待进一步加强。

3. 学生的学习基础还不够扎实,学习过程中存在"匆匆赶路"的现象。尚未达到循序渐进,一步一个脚印地前进的要求,教师在培养学习习惯,掌握学习方法方面还缺少指导。

4. 思想工作的水平与能力尚未能随着形势和青少年特点的变化而相应有所提高。从总体看,思想政治工作队伍的素质还需提高。

三、今后打算:

当前要进一步抓好的工作是:

1. 认真组织关于教育方针,教育理论的专题学习;

2. 切实加强备课、提高课堂教学质量;

3. 开辟学习的第二战场,上好选修课,开展各项课外活动;

4. 上好劳动技术课,筹备开设工业劳动技术课;

5. 坚持教改试验,在继续进行教学实验教材试点的时间,准备语文教材的试改工作;

6. 加强与非重点中学(十中)的联系。

从长远看,我们有如下打算:

1. 努力在全面发展的基础上贯彻因材施教的原则,要使课内管而不死,使课外活而不乱。

2. 加强思想工作,致力于引导学生把社会主义的信念建立在科学的基础上。

3. 在发展智力、培养能力方面不断探索、总结。

4. 从完成"双重任务"出发,从思想教育与培养能力出发,切实开好劳动技术教育课。

5. 加强学校的管理,努力使学校具有向心的能力,同化的能力。

6. 不断整顿教师队伍,不断增添、更新教学设备(如扩建阅览室、整修跑道、球场,增建实验室、阶梯教室、语言实验室等)。

报:省委常委

送:省委办公厅、省政府办公厅,省人大常委办公厅

发:省教育厅、省高教局、省体委、各地市县教育局,重点中学,本部部长、各处。

江苏省扬州中学翻印

一九八二年五月七日

江苏省扬州中学
关于在教职工中开展“五讲四美”活动的意见

一、为响应出席全国中小学工会思想政治工作经验交流会全体代表提出的《建设社会主义精神文明，开展“五讲四美”为人师表活动的倡议书》，在指导思想上，要进一步正确理解和处理好物质文明和精神文明的关系，把建设高度的精神文明必须作为一件具有战略意义的大事来抓。明确“五讲四美”是社会主义精神文明的一个重要组成部分。要求全体共产党员、共青团员、全体教职工具有高度的精神文明，做到又红又专，在文化修养、思想境界、道德情操各方面真正成为青年学生的表率，做建设社会主义精神文明的先锋。

二、学习赵总理政府工作报告中有关建设社会主义精神文明的论述，中央宣传部《关于深入开展“五讲四美”活动的报告》(2月18日各报登载)和教育部、省教育厅关于支持开展“五讲四美”为人师表活动《倡议书》的通知及《倡议书》的内容，提高广大教师对建设社会主义精神文明、开展“五讲四美”为人师表活动意义的认识，明确建设社会主义物质文明必须同时建设社会主义精神文明，要逐步在全国人民中培养和确立社会主义和共产主义的世界观。道德风尚和劳动态度，要有一切为了国家和人民的根本利益讲原则，顾大局的精神，坚持个人利益要服从集体利益。局部利益要服从整体利益，眼前利益要服从长远利益，立志为共产主义事业奋斗终身。进一步理解深入开展“五讲四美”活动，对于克服社会上存在的一些旧的，不健康的、消极的现象，提高人们的道德情操，加强革命的组织纪律性，培养社会主义一代新人，形成良好的社会风气，都有巨大的意义。各部门、各教研组必须用两周时间认真学习上述文件，明确意义，作为加强教师队伍思想建设的重要工作来抓。动员教职工积极投入这项活动，努力实现《倡议书》提出的四条要求，真正成为青少年的表率，自觉做到为人师表。

三、根据全国开展“五讲四美”活动1982年的要求和《倡议书》的四条要求，从我校当前实际情况出发，要着重解决如下几个问题。

1. 对党的三中全会以来的路线、方针、政策要和党中央保持政治上的一致性。进一步加强全面贯彻党的教育方针的观念，正确处理德、智、体三者的辩证关系，热爱学生，全面关心学生成长。加强学生思想政治工作，在教学工作中掺透思想教育，克服重智育、轻德育、体育的倾向，扎实地把学生中“五讲四美”活动开展起来，特别要强调进行文明礼貌教育,凡是要求学生做到的,教师首先要以身作则,为人师表。

2. 进一步严肃教学秩序,加强教学管理,加强组织性、纪律性,克服松散现象,加强业务进修,改进教学方法,提高教学质量。

3. 进一步搞好全校的环境卫生和绿化工作。各办公室、各教工宿舍区的文明卫生要有较大的改观,教育学生养成良好的卫生习惯,不乱丢纸屑,教职工和广大同学一起,坚持周末卫生打扫制度,爱护学校的绿化设施。

4. 提高为教育服务,为师生生活服务的质量。学校职工要在树立文明礼貌新风中起模范作用,做到说话和气,礼貌待人,优质服务。同时要向学生宣传,尊重服务人员的劳动,支持他们的工作。

5. 各部门、各教研组要结合上述要求,排出本部门、本组的突出存在问题,订立规划,有次序地一个一个地解决,提一项要求,见一项成效,把树新风和刹歪风结合起来,教导处、总务处和有关部门、食堂也可以订立职工行为守则。规划和守则的内容要简明扼要,便于执行,有落实和检查的措施。三月底订好,报一份给校长室和工会,并进行一次交流。本着勤俭办校的精神,为开展“五讲四美”活动,改善、维修、垃圾箱、道路等心要的设施,作为开展活动的物质保障。

6. 定期检查督促,表扬好人好事。学校领导干部也要订立一个公约,以推动深入教学第一线。党团组织要把“五讲四美”列入组织生活的内容,党团员要带头执行所在组的规划,在贯彻中起模范作用。期中考试后,结合期中民主生活检查一次;期末以《倡议书》中的四项要求作为评选先进工作者的主要条件进行评选,好的先进集体也可以表扬,以利“五讲四美”活动更深入持久地开展下去。

一九八二年三月五日

欲识庐山真面目 还得深入此山中

——在教学实践中探索教学规律

江苏省扬州中学

按教学规律办事，是从事学校教育应采取的科学态度，必须恪遵的原则。历史和现实都证明：按教学规律办事。教学质量就上升：反之。违反教学规律：教学质量就下降。党的十一届三中全会以来，学校中逐步肃清"左"的影响。重新按照学校工作以教学为主的客观规律办事。教学秩序趋于正常。教育质量有所上升。但是，最近几年。由于片面追求升学率，出现了许多违反教学规律的做法。并且相当广泛地流行起来。乃至弊端丛生。学生负担过重，影响了身心健康和智力发展。严重地干扰了教育质量的继续提高。为了防治这种"流行病"。我们在去年秋季开始执行《全日制六年制重点中学教学计划试行草案》时，就规定了"五个严格"。即：严格按照计划规定的必修课程开课：严格按照教学大纲和统编教材进行教学；严格按照计划和大纲规定的课时安排进度：严格控制考试次数；严格控制学生课外作业量。由于我们提出的"严格"。不是要求把它仅仅看作规定性的东西，来等因奉此地照办，而是要求理解它内在规律性的东西，自觉地遵守。能动地探索。因此，收到了积极的效果。一学年来，学校进一步确立了正常教学秩序。积极开展了教学研究，保证了教育质量稳步提高。学生负担适中，课外作业量初中每天一小时左右，高中每天一小时半左右。学生学业成绩，以上学期总平成绩为例，统计如下：

年级 \ 比例 \ 类别	优秀率	升级率	及格率
初一	66%	97.5%	95%
初二	69%	99%	86%
初三	63%	97%	90%
高一	69%	98%	92%
高二	57%	96%	79%
平均	64.8%	97.5%	88%

（注：凡平均分在80分以上的属优秀。凡符合省学籍管理规定能升级的属升级率。凡无不及格科目的属及格率。）

以目前学生主科知识水平与“文革”前我校学生对比。能达到“文革”前水平的人数比例,估计如下:

比例 科目 年级	语文	外语	数学	物理	化学
初中	50～70%	80%	75～80%	90%	90%
高一	50～70%	85%	80%	75%	80%
高二	40～60%	40～45%	70%	60%	70%

(注:此表中的百分比只是一个大略的估计。数、理、化等学科的估计教师意见比较一致,语文的估计目前意见尚不一致,有部分教师认为实际水平还应高于此表中的百分比。)

但是,经进一步分析,看出目前我校多数学生的知识质量,还存在明显的缺陷:一是“偏”,即偏科。多数重理轻文,少数弃理攻文,知识结构极不合理:二是“窄”,即知识面狭窄。局限于课本和教师讲过的内容:三是“碎”,即掌握知识失之零碎。系统性差。缺乏对知识综合整理的能力:四是“死”,即死记硬背,运用知识的灵活性、适应性较差。如何克服这些缺陷。向高质量、高标准登攀。这是我们正在教学实践中探索的问题。

一、从各科教学的相互关系中,探索学生知识均衡发展的规律

语文是学习其它各科的工具和基础。我们首先对语文教学与其它课教学的关系,作了调查研究。大量第一性资料表明:目前多数学生的语文程度虽然有了明显提高。但还不能满足学好其它各科知识的需要。表现为学生的自学能力、审题能力和表达能力还比较薄弱。例如:初中三年级一次语文考试中出了这样一道题目:“今有上禾(谷物)二束、中禾三束、下禾四束,都有谷不满一斗。若上禾取中禾、中禾取下禾、下禾取上禾各一束,则有谷都正好一斗,问上、中、下禾一束各有谷几斗?”要求列出方程式,不必求解。对这样一道比较容易的代数题。考试结果,据一个班统计,56人中能正确列出方程的仅33人,还有23人未能正确列出。这23人中的绝大多数平时数学成绩并不差。其中有一位还是数学课代表呢!他们的问题主要出在语文程度不能适应解题的要求。但是,单从语文角度看,除少数几人外,他们的语文程度也并不差。这道题是用文言叙述的,固然有其特殊性。但再作进一步分析。他们之所以未能弄懂题意,是由于未能抓住题中“都有”、“各”、“若”、“各有”等关键性词语,对之作出明确的理解,以致造成概念模糊。这种情况在理化课学习中。也属常见。学习社会科学,同样存在概念不清的问题。

这反映了我们平时教学对学生忽视了这方面的训练。语文作为工具课。基础课。如何适应学生学科学的需要。这是语文教学面临的一个新问题。

其次。对语文、政治、历史、地理诸学科教学的相互关系作了调查。如:语文教学,在培养学生观察能力方面,作了一些努力,有一定成效。学生写景、叙事、状物,比较具体细致了。有个学生在课外作文中记了这样一件事:他家后院是建筑工地。搬运工人整天拖着装载砖瓦、水泥、黄沙的车子经过他家门口,穿院而过。为了保持自己家里生活安静。寒假里他纠集了一批学生故意在家门口做游戏,搞体育活动,甚至设置路障,迫使工人拖着重载绕远道而行。他把这件事写得具体生动、活龙活现。得意之情。溢于言表。老师看后,找他谈话。问他这样做对不对,好不好?他说:我觉得这件事有趣。就如实地写出来。无所谓对不对。老师教育他。他还不服。甚至以挑战的姿态要求在同学中展开讨论。结果。还是通过讨论,这位同学才有了比较正确的认识。这件事。使我们具体而深刻地感受到,语文教学必须始终坚持文道结合的原则,提高学生读写能力的同时,必须提高学生的思想政治水平。特别是现在,社会信息多。学生思想活跃。反映灵敏。培养学生的观察能力和思维能力。一开始就要重视用辩证唯物主义和历史唯物主义的观点来统帅。但是,培养学生逐步建立辩证唯物主义和历史唯物主义的观点,这个教学任务,又不可能单独由语文课来承担,必须同时上好政治课和历史课。给学生以系统的理论教育和历史知识。由于十年动乱,在学校里,文科教学受害最烈,遗患深。现在学生历史知识贫乏,就直接影响了政治课教学质量。学习马克思列宁主义。毛泽东思想基本原理时,学生不了解历史背景,难免有空洞乏味之感,学生缺少理论基础知识。反过来。又影响了史,地理的学习质量。对历史事件、历史人物缺乏基本分析能力。有个理科成绩相当好的学生。竟然发出如此荒诞不经之论:世界总要趋向大同。民族战争无是非。民族英雄不可敬。学习地理时,对人与地理环境的辩证关系。认识不清。不是滑向地理环境决定论,就是陷入主观意志决定论。至于史,地课之间的关系,学生空间观念模糊,给历史教学带来很大困难。而学生不了解历史。又影响了人文地理的教学效果。

第三,调查文理科之间的教学关系。政治课讲马克思主义哲学辩证唯物论,往往只能举些社会现象和社会科学方面的例子,举自然现象和自然科学方面的例子就比较少、比较困难。语文课讲关于自然科学方面的文章,就有些捉襟见肘。地理课、人口教育课跨自然科学和社会科学,教学中难能做到触类旁通、浑然一体,不免于顾此失彼,克服这些缺陷,有待于文、理两科教师各自向自己所短的方面转化。

由此可知,对教学计划规定的必修课程。不但要开全、上好,而且要克服分科分家、各自为政的局面。各科教学加强联系,协同配合:各科知识,互相渗透。综合利用,使学生知识结构合理。得到均衡发展。这是进一步提高教学质量的一条有效途径,也是贯彻全面发展教育方针的一个重要方面。具体实施,我们采取了如下一些措施:

1. 大力加强语文课教学

(1) 从初中抓起,从入学时抓起,对此。第一件工作是做好中、小学语文教学的衔接。

(2) 坚持文道结合的原则。打好基础,包括知识、技能的基础和思想政治教育的基础。

(3) 重视语文教学要直接为学生学科学服务。

2. 加强语文、政治、历史、地理各科知识的联系和综合

(1) 提高教师的业务修养和思想政治修养,拓宽专业知识,对文科诸学科要以一科为主,兼及其它。

(2) 加强备课。不仅要掌握本学科的教材。还要了解有关学科的教材。把有关学科的有关内容,有机地结合到本课教学内容中去。

(3) 教课善于运用"迁移"规律。指导学生努力做到跨学科联想。综合运用旧知。触类旁通。

3. 注意文、理科知识互相渗透

(1) 提倡各科教师都学点哲学和文学。文科教师要看点自然科学方面的书刊。理科教师要看点社会科学方面的书刊。

(2) 把语文教学的因素渗透到包括理科在内的各科教学中去,各科教学都要贯串文道结合的精神。文与数学之道结合,文与理、化之道结合。指导学生阅读课文。用科学语言回答问题,练习不仅出计算题,还要出些让学生作定性叙述、论证的题目。高年级指导学生写一点小论文。

(3) 把理科知识渗透到文科教学中去,语文课要加强科学作品的教学和阅读指导。同时,做些这方面的作文练习。科学小论文,要语文教师与有关学科教师联合指导。

(4) 对高中学生进行一些关于自然科学、社会科学方面跨科学的知识讲座,作一点关于自然科学与社会科学汇流的历史发展趋向的宣传教育。展望未来,把握现在正是持有历史唯物主义观点的党的教育工作者应该采取的态度和方法。

在这一学年内,我们举行了两次文科教学座谈会,交流了教学经验,加强了语、政、史、地各科教学的联系和配合。关于理科教学中也要重视语文因素的问题,也收到了初步效果。如有位化学老师,发现学生对"摩尔"的概念总是不大清楚。他就对"摩尔是表示物质的量的单位"这句话,进行了语法结构分析,首先指出:"摩尔是单位"。再分析:"表示物质的量"作"单位"的定语,起限制的作用。学生对这句话的语法结构弄清楚了。概念也就明确了。

二、从大纲和教材编排的教学顺序中,探索学生知识积累的规律

当前。违反教学规律比较普遍存在的现象。一是"偏科",二是"躐等"。随意增减教学内容,割裂教材体系。是明显的躐等。匆匆赶进度。"双基"不落实。实质上也是躐等。我们自从规定了必须严格按照大纲和教材进行教学以后,前一种躐等现象已经不复存在。但后一种躐等现象还依稀可见。以这次学年考试中一个成绩中等

偏上的学生的数学和物理答卷为例。数学得 97 分。物理得 71 分。这份物理试卷。概念题和计算题大体各占一半分数。这个学生的答卷计算题几乎没有错。失分都在概念性问题上。轻读书。重习题;轻概念。重计算,就是学习"躐等"的一种反映,再以这次的化学考试为例,试卷中有一组检查基本概念是否明确的选择题。有一个并不容易的计算题,考试结果。据一个班的统计,计算题正确率达 89%。概念性选择题正确率达 83%,这类现象有普遍性。把考试答卷中的问题归纳起来,反映学生掌握知识和技能方面有四个"差":基本概念明确性较差:做较繁复的计算题,速度和正确率较差;记忆的巩固性较差,遗忘现象相当严重;灵活运用和综合整理知识的能力。以及动手能力较差。

由此可知,按大纲和教材进行教学,其精神实质不仅在于求"量",而必须从"量"中求"质"。做到保质保量的关键,在于探索循序渐进的"序",即教材的逻辑顺序和心理顺序(青少年学生学习的心理规律)如何做到这一点,我们采取的措施是:

1. 深入学习大纲。

(1) 要求掌握学科的科学体系、知识结构,树立全局观点。

(2) 从大纲规定的学科教学的目的任务、内容编排和教学原则(或注意事项)中。探索教学的"序"。

(3) 从教研组长、把关教师做起,带领全组学习。

2. 加强备课

(1) 通读教材。理清全书脉络。把握住教材编与编、章与章、节与节之间的内在联系。

(2) 实行单元集体备课。防止因课时的机械划分而割裂教材,变成黄泥萝卜揩一段吃一段,把这个单元内的基本概念和基本技能——排列出来,并加以分挡:重点、难点、疑点、还要根据逻辑顺序和心理顺序,把它们一以贯之。做到层次分明,阶梯坡度适当(不要断章取义地从所谓"量力性"或"高难度高速度"等这些名词术语的概念出发。而是从学生的实际出发。使之"跳一跳,够得到")。

(3) 个人写好课时教学实施计划。

3. 处理好几个关系。

(1) 已知和未知的关系。已知是获取未知的基础。一要了解学生是否真正"已知",才能考虑可否进而引导学生探求未知。二要善于调动学生的已知,去探求未知,获得新知。

(2) 概念与计算关系。概念是计算的基础。概念不清,不要急于让学生去列式计算。切实防止和纠正重计算轻概念。重定量轻定性的做法。养成学生先看懂课文再动手做作业的习惯。

(3) 复习与新授的关系。"复习是知识之母"。一定要在"温故"的基础上"知新",把"学"和"习"结合起来。寓复习于新授之中是上策;加强平时分散性的小单元复习是中策;平时赶进度。集中大量时间搞高考总复习,问题成堆。积重难返,形成恶性循环,这是下策。

(4) 打基础和提高的关系。"双基"教学要攀登"懂"、"会"、"熟"三个台阶。学生过三关行有余力。也可以适当拓宽加深。具体情况具体分析。因材施教。

4. 指导学生不但要读懂课本内容,而且要读通课本目录。

三、从教与学、知识与能力的关系中,探索提高教学效率的规律

认识教学规律,是为了利用规律提高教学的效率和质量。所以,学制改为六年,并不意味着只是为了放慢些进度,减轻些学生负担,而仍然必须抓紧时间,充分发挥时间的效用,最大限度地提高单位时间内的教学效果、我们在这学期的一次教学质量检查中,向全校三十六个班二百多名课代表调查了对各科教学的意见,包括课堂教学效果、作业量、辅导和师生的关系等项目。学生的意见有事实、有分析。对教学反映一般良好。把散见于各班、各个课代表的意见中所提到的问题集中起来:

1. 教师讲得太多,拖堂;
2. 板书过多、过细、太烦琐;
3. 上课要提些问题,启发学生开动脑筋;
4. 要重视当堂小结;
5. 要加强辅导;
6. 对学得好的学生要进一步提高;
7. 要严格要求;
8. 上课不要讲与教学无关的话;
9. 不要训人,不要讽刺;
10. 不要在课堂上说玩话。

综合我校教学现状,有"五多五少"现象:

1. 课堂教学中教师讲得多,学生活动少;
2. 传授知识多。指导学习方法少;
3. 课内学习要求多,课外学习指导少;
4. 学生跟教师亦步亦趋多,自学探求少;
5. 学课本理论多,动手实践少("多"与"少"指失调而已)

由此可知,从改进当前教学工作入手,提高教学效率和教学质量大有潜力可挖。有效途径是必须发展扬中"四个为主"的传统教学经验(学校工作以教学为主,教学工作以课堂教学为主,课堂教学以教师讲授为主,教师讲授以书本知识为主),做到教师的主导作用与学生的主动学习相结合,课堂教学与课外学习相结合,读书与实践相结合。对此,我们采取了如下一些措施:

1. 把完成整个教学计划的基本点放在教好每一堂课上。

(1) 用全面发展的观点上好每一堂课,在不使学生负担过重的前提下保证教育

质量。发展学生的智育，有效地传授知识、指导方法、培养能力和发展智力。发展学生德育，通过知识教学进行思想政治教育，树立严谨的科学态度。发扬扬中“虚心、刻苦、踏实、经常”的优良传统学风。树立健康的情感和坚韧的毅力。发展学生的体育，注意学卫生，尤其是勿使学生负担过重和预防近视眼。

(2) 大力改进教学方法，运用启发式。发挥教、学两方面的主性。提高教学效率。方法问题不仅是影响近期教学效果的问题，而是关系到培养什么样人的有深远影响的大问题。启发式使学生思想开放，智能发展，注入式使学生思想僵化，越读越蠢。提倡启发式，禁止注入式。

总结我校课堂教学正反两方面经验，我们提出课堂教学“十要”一要从复习检查旧课或了解检查预习导入新课，善于启发学生运用知，主动探求未知。二要由具体到抽象。由个别到一般，善于运用自制教具。重视实验。大纲课本上规定的实验都要做；三要努力做到精讲，把主要力量集中在“三点”上。即突出重点(“双基”)。突出难点。消除疑点；四要善于设问、激疑。把矛盾引进课堂。在学生面前展开一个引人探索的境界；五要善于叙述、描写、论证。恰当运用比喻。说话具体、明确、生动、有逻辑力量。并富于情趣。但不可把话说尽。要留有余地；六要提问有启发性和思考性。切忌烦琐，不提学生不假思索就能回答问题；七要板书简明扼要，整洁有条理。可写可不写的不写。好的板书要成为学生获取知识的思路图：八要当堂小结。鼓励学生质疑和求异：九要给学生以悬念。“欲知后事如何，且听下回分析”：十要及时布置预习。把它作为教学的重要环节抓好。提高教师自身的数学能力。是培养学生能力、发展学生智力的前提。当前亟须提高教师驾驭教材的能力、运用理论分析实际问题的能力、深入浅出地讲清教材的能力和指导学生获取知识的能力。

这一学年。我们举行的校内观摩课和对外公开课共百余次。为了重视培养学生的实验操作能力。举行了三次理、化实验操作竞赛。

2. 开辟学习的第二战场，把学生的智力发展放在更为广阔的背景下。

没有因材施教，也没有学生的全面发展。上好每一堂课。为学生赢得了时间。课外作业量不重。余下时间怎么办？这是我们面临的新问题。答案是。根据因材施教的原则，开辟学习的第二战场。把发展学生的智力放在更为广阔的背景下进行。

1. 上好选修课。选修课不是针对高考的。不能助长“偏科”。不能使学生负担过重。它是为认真学好全部必修课而行有余力、并对某一学科方面有特别爱好和抱负的那部分学生。提供进一步学习的条件。所以必须把选修课置于全面发展和因材施教相结合的原则指导之下。它应属于提高，不属于普及。

(2) 建立各类兴趣小组。满足青少年广泛的兴趣和爱好。这是普及性的。活动内容和形式的兴趣性。是建立、巩固。发展兴趣小组的第一要素。同时要注意种类的多样性。成员的广泛性。

(3) 提倡和组织自己读书。充实图书馆。扩大阅览室。举办书刊介绍、课外讲座。唤起学生的求知欲。

(4)为理科学习爱好者开放实验室。

(5)加强课内外学习活动的联系,以课内指导课外,使课外学习成为课内学习的展开和转化(知识转化为能力)。反过来。课外学习对课内学习又可起到正反馈作用。

3. 通过劳动技术教育深入开发学生智力。

对学生进行劳动技术教育,既是加强思想政治教育和完成普通中学双重任务的需要。又是发展学生智力的需要。"以干代学"是一种片面性。"以学代干"也是一种片面性。"三机一泵"决不能取代物理课。但物理课必须让学生摸摸"三机一泵"。只有学干结合、手脑并用。才能使学生真正掌握知识和技能。发展能力和智力。但是现在学校里确实存在着一种重书本轻实践的倾向。学生理、化考试的卷面成绩尽管九十分以上,但实验操作时却显得笨手笨脚,思维迟钝。众所周知,通过长期劳动,"猿脑"才逐渐发展成为"人脑"。现代科学又说明,从事技巧活动的双手,能教给思维以灵敏性、合理性和精确性。所以,如果手脑活动失调。必然影响智力的正常发展。为此。学校必须十分重视劳动技术教育。我们目前的做法和打算是:

(1)坚持每个学生每个学期平均参加一周公益劳动的制度,但要大力提高劳动的效果和质量。这个制度。我校已经坚持了数年,但要求不够严格,有些松松散散,只是一般地完成学校交待的具体任务。今后应作为一门必修课程来对待。除了在思想方面加强劳动教育外。还要让学生按交待的任务。自已来组织劳动和进行管理。从而提高学生从事劳动的自觉性和主动性。并从中得到锻炼。培养组织和管理的才能,树立起重视劳动效益的观念。

(2)在劳动教育中,逐步加强技术教育因素。从去年秋季起,我们先在高中一年级试开了以绿化校园和蔬菜栽培为主的农业劳动技术课。每周二课时,课堂教学园地实习各占一半时间。集中使用,由于设备条件的限制和学生思想上还没有解决问题。教学效果不明显。今后我们的工作方针是,坐而言,不如起而行。坚持教育必须与生产劳动相结合的正确方向。在实践中不断改进,使之逐步完善起来。第一,要在师资、教材、设备等方面创造条件:第二,由于班级多,必需开展"多种经营":第三,加强计划,加强教学研究;第四,由点到面、由简单到复杂,逐步开展、逐步提高。下半年。以校办工厂为基地,高中增开一个年级的工业劳动技术课,以学习通用性的基本技术为主。

(3)努力的方向是,按学生的年龄特征。心里发展,分阶段、有计划地让学生受到与课内学习相适应的一些有利于智力发展的技术教育。同时,从当前的实际情况出发,让学生从事一些比较简单的公益劳动,藉以锻炼思想,仍然是十分必要的。

综上以观,我们认为:使学生各科知识均衡发展,知识积累系统发展。知识与思想、"双基"与能力、共性与个性、动脑筋与动手综合发展,是克服学生知识质量上存在的"偏"、"窄"、"碎"、"死"等缺陷,进一步提高教学质量的必要途径。

现在,我们正在认真执行《全日制六年制重点中学教学计划试行草案》,一学年来,我们感到,这个计划有利于对学生进行智力综合开发。但是规定初中必修课时间为每周30～31课时,高中必修课加选修课时为每周29～30课时。以每周30课时计算,平均每天要上五节课,还有课外作业量按规定每天初中不超过一个半小时(合二课时),高中不超过二小时(合二个半课时)。这样。每天规定学习时间初中已经达到七课时,高中达到七课时半。同时规定学生每天在校活动总量又不能超过七小时。那么,学生的思想政治教育活动、各种课外兴趣小组活动、文娱体育活动(每周除二节体育课外。还要排四次课外体锻)、以及到图书阅览室、实验室进行自由学习活动,等等,都没有时间保证了。如果课外作业主要是家庭作业。这会影响教师及时批改。同时,学生在晚上就不再有时间预、复习功课和读点自己爱好的课外书籍了。

毛泽东同志曾经提出,要通过缩短学制、精减课程、改革教材教法,使学生主动地、活泼健康地、全面地发展。实践证明,缩短学制精简课程,不能保证教育质量。现在,中学学制又恢复为六年,课程没有精简。个别课程还增加了。与"文革"前1963年的教学计划比较,只是较大幅度地减少了每门课程(地理除外)的教学时间(必修课总时数由1963年计划的6708课时,减少到现在的5554课时),以便给学生安排较多的课外活动时间。但现在的教学要求却大大地提高了。教学时间与教学要求,教学内容的矛盾,显然突出地存在着。

"指导战争的人们不能超越客观条件许可的限度期求胜利,然而可以而且必须在客观条件的限度之内,能动地争取战争的胜利。"毛主席:《论持久战》

为有效地提高教学质量,还必须科学地。而且及时地解决如上所述的这种实际存在的问题,以创造必要的客观条件,让在教学第一线的人们。可以在此限度内,能动地去争取胜利。

欲识庐山真面目,还得深入此山中。发挥能动作用,就是要遵循辩证唯物论的认识论。深入教学实际,探索教学规律,按教学规律办事。

一九八二年六月三十日

江苏省部分完全中学校长会议交流材料

方针·计划·质量

江苏省扬州中学
一九八二年八月

“我们教育的基本方针是明确的,这就是使受教育者在德育、智育、体育几方面都得到发展,成为有社会主义觉悟有文化的劳动者和又红又专的人才。坚持脑力劳动和体力劳动相结合,知识分子与工人农民相结合。现在的任务是要根据现代化建设中的实际情况来进一步贯彻这个方针。”赵紫阳总理在五届人大四次会议的政府工作报告中对教育战线提出的这项任务。是当前学校工作的出发点。我们必须立足本职,在认识和实践的结合上,来回答这个问题。

把办学思想统一到党的教育方针上来

“我们教育的基本方针是明确的。”联系自己的思想实际和工作实际,回顾一下粉碎“四人帮”以来,我们对党的教育方针再学习、再认识、再实践的过程:

粉碎了“四人帮”以后,批判了读书无用论,特别强调了科学文化学习。出于“把造成的损失补起来,失掉的时间追回来”的良好愿望,加之当时我们有一种为恢复“扬中”声誉而追求高考升学率的片面观点。因此一度出现了偏重智育,忽视德育、体育的倾向。这是第一阶段。全国学校体育卫生工作会议和思想政治工作座谈会以后,对发展学生的体育和德育,引起了我们的重视,不断加强了这方面的工作,但还只是学校统一安排各方分工把守,分管教学的以抓智育为主分管思想政治教育的以抓德育为主。分管体育卫生的以抓体育为主。做到所谓“不让不占”,但三育缺乏内在的有机联系。而多数教师还是把传授知识作为自己的主要任务。这是第二阶段。之后,我们联系实际,重新学了一点马克思主义的教育科学理论,进一步弄懂了教学为主与全面发展的关系。认识到根据学校教育的特点,发展学生的德育智育和体育。主要是通过教学的途径来进行的,教学为主并不等于智育为主,但无论智育还是德育、体育。都是讲的科学及其实践。发展学生的德育和体育。要在学生“知”的前提下进行。我国教育家叶圣陶在《德智体三育》(《晴窗随笔》之一)这篇短文中说道:“有没有单纯的空无依傍的德育?似乎没有。德育总跟智育或者体育结合在一起。”“学生是从各项训练中。从各门功课的学习和实践中,逐渐形成他们正确的世界观的。世界观虽然被认为德育,但不会凭空形成,世界观的形成必得通过跟事物密切相关的智育和体育。”苏联教育家霍姆林斯基也认为没有单独的德育、单独的智育和单独的体育。“智育包括:获得知识和形成科学世界观……”“智育的核心是建立在知识基础之上的信念的世界观方向性。”我们逐步认识到,要明确党的教育方针,归根到底须有马克思主义的立场。观点和方法。就是要站在无产阶级的立场。树立全面发展的教育观。学会三育一起抓的辩证法、德、智、体三育既有相对独立的职能,又要互相渗透,不可割裂的辩证统一体。至于第三阶段,我们的认识才初窥门径。

学了《关于建国以来若干历史问题的决议》这个历史性的光辉文献,认识上又开始了一个新的飞跃。我们在学习《决议》的基本结论,基本观点和主要精神的基础上,着重学习了《决议》第三十五节第六点:“社会主义必须有高度的精神文明”。一、学习“……努力提高教育科学文化在现代化建设中的地位和作用,明确肯定知识分子同工人、农民一样是社会主义事业的依靠力量……”,使我们进一步明确了学校必须始终坚持以教学为主,必须依靠教师办好学校。大力提高学生的科学文化水平。二、学习“要在全党大大加强对马克主义理论的研究,对中外历史和现状的研究,对各门社会科学和自然科学的研究”,明确了我们要真正懂得党的教育方针,并付诸实践,必须善于学习,努力提高自己的思想政治水平。理论水平和业务水平。为此,学校党组织要求党员成为学习的模范,布置党员制订。检查学习规划。领导干部带头学好《决议》,并联系学校工作实际,重新学习了毛泽东教育思想。如:关于加强思想政治教育和又红又专的问题;关心学生身体健康问题;改革教学方法,减轻学生过重负担,让学生主动地生动活泼地学习问题;教学要理论联系实际问题;等等。有的同志还结合学校的历史和现状,专门写了学习体会。三、学习“要加强和改善思想政治工作……坚持德智体全面发展。又红又专、知识分子与工人农民相结合、脑力劳动与体力劳动相结合的教育方针……”,进一步加深了对党的教育方针的理解和对当前加强和改善学校政治思想工作的必要性和重要性的认识。努力把指导思想及其理论基础搞清楚。关于学习方针,统一认识,我们有三点体会:一、领导要带头学;二、每学期结合研究制定教育工作计划、检查教育质量,总结教育工作,联系实际地学;三、方针要经常讲,随时随地对照检查自己的工作。

把方针思想落实到认真执行教学计划的具体行动上来

几年来,我们对于党的教育方针。确实是经常讲。那几句话。已经讲得滚瓜烂熟了。但我们是象毛泽东同志曾经指出过的那样:“仅仅把箭拿在手里搓来搓去。连声赞曰:‘好箭!好箭!’却老是不愿放出去”;还是实践了“马克思列宁主义之箭,必须用了去射中国革命之的”(《整顿党的作风》)。在理论脱离实际,还是理论联系实际这个有关学风、党风的问题上,我们是采取严肃认真态度的。在开始贯彻执行教育部颁发的《全日制六年制重点中学教学计划试行草案》时,我们把学习党的教育方针与学习这个试行草案结合起来。与总结文革前我校十七年的教育工作结合起来,认识到这个新教学计划试行草案反映了中学教育工作的基本规律,体现了党的教育方针和普通中学的双重任务,是在总结了建国以来中学教育工作正反两方面经验的基础制订的,同以往的教学计划相比较,具有很多新的特点和优点,认真执行这个新计划草案,对于整顿中学教育,提高教育质量,有着重要的意义。执行这个新教学计划试行草案,就是要从思想上到工作上拨乱反正,把党的教育方针落实到实处,实现赵紫阳总理提出的:“根据现代化建设中的实际情况来进一步贯彻这个方针。”在学习讨论这个试行草案时,也提出过这样那样的问题,如:必修课时少了;开选修课缺少条件;劳动技术教育课是否必要;全部照计划办会影响升学率,等等。当然,除了认识上的问题外,试行草案本身也不可避免地会存在一些有待改进和完善的地方。因为“人们原定的思想、理论、计划、方案,毫无改变地实现出来的事,是很少的”(《实践论》),怎么办?我们认识到:坐而言,不如起而行,必须通过实践,也只有通过实践,才能检验它,并使之不断地得到改进,从而充实,完善起来。基于这样的认识,我们作出规定,对这个新教学计划试行草案。要严格遵照执行。首先把注意力集中在上好必修课方面,以此作为全面贯彻执行这个计划草案的突破口。因为假如这一关过不好。那么,选修课,劳动技术教育课和其他课外活动,均将落空。根本无法实现德、智、体几方面工作的全面安排。

严格按照新教学计划规定的课程和课时开课,坚决纠正随意增减课时,课程的混乱现象,我们按照教学计划,努力使学生通过文、理、体、美、劳各门课程的学习,有一个比较合理的知识结构和一定的智力、能力,为全面发展打下良好的基础。前几年,我们缺少史地教师,史地课时开不足,就着手通过以老带新和教学相长的途径培养了四名史地教师,请来了一位退休的地理教师。现在初步适应了教学计划的要求。防止偏科,除了开足课程、课时,还要按教学要求,把开设的课上好,保证质量。针对目前大多数学生存在重理轻文的现象,我们重视了加强文科教学,首先是加强作为基础工具课的语文教学,努力提高读、写能力。我们还要求各科配合,包括理科教学在内,都重视“语文因素”,指导学生阅读课文,用正确的语言回答问题,数、理、化书面作业不仅布置计算题,还有问答题。训练学生准确地理解和表述概念、定理、定义和法则。教师在课堂用语和板书方面,力求规范化、提高政、史、地课的课堂教学质量,加强备课,把课讲得正确、清楚、具体、生动、引人入胜,激发学生的学习兴趣,发挥文科教学在加强和改善学校思想政治教育工作中的重要作用。

严格按照大纲和统编教材进行教学,坚决纠正一味贪多求深,随意超纲加码,把各种复习资料掺入课堂教学的混乱现象。按统编教材进行教学,不能机械地理解为只能照本宣讲,仍须贯彻联系实际和因材施教的原则。能动地处理好教材,把主要精力集中在基础知识教学和基本技能训练上,狠抓“双基”,也不是把课本上讲的概念、定义之类和规定的练习题,不断地重复教学,而必须重视“双基”综合训练和灵活运用,以达到触类旁通。

严格按照规定课时进行教学,切实纠正一方面喊课时紧,另一方面又赶进度以便多留高考总复习时间这种自相矛盾的混乱现象。我们强调,解决课时紧的重要途径是:教师要吃透两头(教材、学生)、改进教法,提高课堂教学效率。解决学生知识的巩固性问题,切不可把复习时间高度集中于毕业总复习,而必须发扬“学而时习之”、“温故而知新”等行之有效的传统经验。寓复习于新授之中,并加强分散性的复习检查。

严格控制课外作业量,切实纠正片面追求高难度和搞题海战术的混乱现象,处理好作业题数量和质量的关系精选习题,注重质量。但必须保持一定的数量,才能保证一定的质量,我们规定课本上的习题都要做,这是基本题,为了适应部分水平高些的学生,每次布置少量机动题,每单元教学结束,选编以综合题为主的复习题。关于处理当前教学上的一个突出问题——学生作业负担重的问题,我们依据的原则是,邓小平同志一九七八年在全国教育工作会议上讲话的有关精神:“学生负担太重是不好的,今后仍然要采取有效措施来防止和纠正。但是,同样明显的是,要极大地提高科学文化水平,没有‘三老四严’的作风,没有‘从难从严’的要求,没有严格训练,也不能达到目的。”在具体掌握上,明确作业题在精选的前提下,学生课外作业总量,初中每天不超过一个半小时,高中不超过二小时,在规定时间里,多做些比少做好。同时坚持作业的高标准、严要求,逐步达到规范化;先复习课本,再动手做作业:独立思考,按时完成;书写规范,卷面整洁;有错误要订正。

严格控制考试次数,切实纠正考试频繁,干扰正常教学的混乱现象。我们严格执行教育部规定的考试次数和要求,重视加强平时的复习。考试知识范围不超出大纲和课本,但不是课本作业题的简单重复,而应该是再创造。“双基”占80%,综合性、灵活性和发展性的题目占20%,本学期新授的知识占80%,与本学期新知有联系的前学期学过的旧知占20%。这样做的目的是为了尽可能客观地反映学生掌握知识的实际程度,增强学生所获知识的适应性,提高考分的科学价值。

把执行计划的功夫用在提高教学质量上

目前,在我校全面贯彻党的教育方针,认真执行新教学计划试行草案、按教学规律办事的思想。已处于主导地位。但是,怕这样做了在升学率上会吃亏的思想,还有相当的影响。怎样正确处理这对矛盾,在认识上,我们认为:一、目前,我校升学率确实还不高;二、今后我校的升学率会逐步高起来,但这个“高”,必须建立在提高教育质量的可靠基础上,质量与升学率的关系,应该是水涨船高的关系;三、不要追求升学率这个数量,而要把功夫下在质量上,出高质量的学生。升入高等院校后,方向明、基础好、后劲足,身体条件足以胜任复杂繁重的脑力劳动和体力劳动。不升入高等学校而就业的学生,也具有自学的能力和基础,能走自学成成才之路。

执行新教学计划试行草案一学年,从学生负担和必修课考试成绩看,情况还是令人乐观的。初、高中学生每天课外作业量均不超过计划规定时间,负担适中,各科考试成绩,以平均分在80分以上属“优秀”,各科全部及格属“及格”,符合省学籍管理规定能升级的属“升级”,照此统计,初中优秀率达65%,及格率达90%,升级率达98%。高中优秀率达63%,及格率达85%,升级率达97%。以目前学生“主科”知识

水平与“文革”前我校学生对比,能达到“文革”前水平的人数大体比例如下:

科目 比例 年级	语文	外语	数学	物理	化学
初中	50—70%	80%	75—80%	90%	90%
高一	50—70%	85%	80%	75%	80%
高二	40—60%	40—45%	70%	60%	70%

但是,经进一步分析,看出目前我校多数学生的知识质量,还存在明显的缺陷:一是“偏”,即偏科。多数重理轻文,少数弃理攻文,知识结构极不合理;二是“窄”,即知识面狭窄,局限于课本和教师讲讨的内容;三是“碎”,即掌握知识失之零碎,系统性差,缺乏对知识综合整理的能力;四是“死”。即死记硬背,知识运用的灵活性、适应性较差,技能较差,动手能力尤差。知识与能力失调。

如何巩固已有的成绩,克服存在的缺陷,进一步提高教学质量,我们认为,严格执行计划,不应把计划仅仅看作是规定性的东西,等因奉此地照办,而要理解计划所体现的教学规律,自觉地遵守,能动地探索:

一、从各科教学的互相关系中,探索学生知识和谐发展的规律。

语文是学习其它各科的工具和基础,我们首先对语文教学与其它课教学的关系作了调查研究,大量第一性资料表明:目前多数学生的语文程度虽然有了明显提高,但还不能满足学好其它各科知识的需要,表现为学生的自学能力、审题能力和表达能力还比较薄弱。例如:初中三年级一次语文考试中,我们特意出了这样一道题目:“今有上禾(谷物)二束、中禾三束、下束四束,都有谷不满一斗,若上禾取中禾、中禾取下禾,下束取上禾各一束,则有谷物正好一斗,问上、中、下禾一束各有谷几斗?”要求列出方程式,不必求解。对这样一道比较容易的代数题,考试结果,据一个班统计,56人中能正确列出方程式的仅33人,还有23人未能正确列出。这23人中绝大多数平时数学成绩并不差,其中有一位还是数学课代表呢!他们的问题主要出在语文程度不能适应解题要求。但是,单从语文角度看,除少数几人外,他们的语文程度也不算差。这道题是用文言叙述的,固然有其特殊性,但作进一步分析,也有普遍性。他们之所以未能弄懂题意。是由于未能抓住题中“都有”。“各”、“若”、“各有”等关键性词语。对之作出明确的理解,以致造成概念模糊。这种情况在理化科学学习中,也属常见。学习社会科学,同样存在概念不清的问题。

这反映了我们平时教学对学生忽视了这方面的训练,语文作为工具课、基础课,如何适应学生学科学的需要,这是语文教学面临的一个新问题。对此,我们采取了措施,注意文、理科知识互相渗透:

1. 提倡各科教师都学点哲学和文学,文科教师要看点自然科学方面的书刊。理科教师要看点社会科学方面的书刊。

2. 各科教学都重视“语文因素”(如前所述)。

3. 把理科知识渗透到文科教学中去。语文课要加强科学作品的教学和阅读指导。同时,做些这方面的作文练习,如把实验报告,引进到作文练习中去,语文教师配合理科教师辅导学生写科学小论文,等等。政治课讲哲学要举些自然现象、自然科学方面的例子。地理课要讲清人与地理环境的关系,等等。

4. 对高中学生进行一些关于自然科学、社会科学方面跨科学的知识讲座,作一点关于自然科学与社会科学汇流的历史发展趋向的宣传教育。克服分科分家,各自为政的局面。努力做到各科协同配合,综合利用,和谐发展。

二、从大纲和教材编排的教学顺序中,探索学生知识积累的规律。

当前,违反教学规律比较普遍存在的现象。一是“偏科”,二是“躐等”。随意增减教学内容,割裂教学体系,是明显的躐等。匆匆赶进度。“双基”不落实,实质上也是躐等。我们自从规定了必须严格按照教学大纲和教材进行教学以后,前一种躐等等现象已经不复存在,但后一种躐等现象还依稀可见。以这次学年考试一个成绩中等偏上的学生的数学和物理答卷为例,数学得 97 分,物理得 71 分。这份物理试卷,概念题和计算题大体各占一半。这个学生的答卷,计算题几乎没有错。失分都在概念性问题上。轻读书、重习题;轻概念、重计算。就是学习上“躐等”的一种反映,再以这次的化学考试为例。试题中有一组检查基本概念是否明确的选择题,另有一个并不容易的计算题。考试结束:据一个班的统计。计算题正确率达 89%,概念性选择题正确率达 83%,这类现象有普遍性,把考试答卷中的问题归纳起来,反映学生掌握知识和基本技能方面有四个“差”:基本概念明确性较差;做较繁的计算题,速度和正确率较差;记忆的巩固性较差(遗忘现象相当严重);灵活运用和综合整理知识的能力以及动手能力较差。

由此可知,按大纲和教材进行教学。其精神实质不仅在于求“量”,而必须从“量”中求“质”。做到保质保量的关键,在于探索循序渐进的“序”,即教材的逻辑顺序和心理顺序(青少年学生学习的心理规律)。对此,我们采取的措施是:

1. 深入学习大纲。

(1) 要求掌握学科的科学体系、知识结构、树立全局观点。

(2) 从大纲规定的学科教学的目的任务、内容编排和教学原则(或注意事项)中,探索教学的“序”。

(3) 从教研组长、把关教师做起,带领全组学习。

2. 加强备课。

(1) 通读教材,理清全书脉络,把握住教材编与编、章与章、节与节之间的内在联系。

(2) 实行单元集体备课,防止因课时的机械划分而割裂教材,变成黄泥萝卜揩一段吃一段,把这个单元内的基本概念和基本技能一一排列出来,并加以分挡:重点、难点、疑点。根据逻辑顺序和心理顺序。把它们一以贯之,做到层次分明,阶梯坡度适当(不要断章取义地从所谓“量力性”或“高难度高速度”等这些名词术语的概念出发。

而是从学生的实际出发,使之“跳一跳,够得到”)。

(3) 个人写好课时教学实施计划。

3. 处理好几个关系。

(1) 已知和未知的关系,已知是获取未知的基础。一要了解学生是否真正“已知”,才能考虑可否进而引导学生探求未知。二要善于运用“迁移”规律调动学生的已知,去探求未知,获得新知。

(2) 概念与计算的关系。概念是计算的基础,概念不清,不要急于让学生去列式计算,切实防止和纠正重计算轻概念。重定量轻定性的做法。养成学生先看懂课文再动手做作业的习惯。

(3) 复习与新授的关系(如前所述)。

(4) 打基础和提高的关系。“双基”教学要攀登“懂”、“会”、“熟”三个台阶。学生过三关行有余力。也可以适当拓宽加深,具体情况具体分析,因材施教。

4. 指导学生不但要读懂课本内容。而且要读通课本目录。

三、从教与学、知识与能力的关系中,探索提高教学效率的规律。

认识教学规律,是为了利用规律提高教学的效率和质量。所以,学制改为六年,并不意味着只是为了放慢些进度。减轻些学生负担。而仍然必须抓紧时间,充分发挥时间的效用。最大限度地提高单位时间内的教学效果。我们在这学期的一次教学质量检查中,向全校三十六个班二百多名课代表调查了对各科教学的意见,包括课堂教学效果、作业量、辅导和师生的关系等项目。学生的意见有事实、有分析、对教师传授知识。反映一般良好。但把课代表所提到的问题集中起来,看出我校教学现状。存在“五多五少”现象:

1. 课堂教学中教师讲得多;学生活动少;

2. 传授知识多,指导学习方法少;

3. 课内学习要求多,课外学习指导少;

4. 学生跟教师亦步亦趋多,自学探求少;

5. 学课本理论多,动手实践少;(“多”与“少”指失调而言)。

由此可知,从改进当前教学工作入手,提高教学效率和教学质量,大有潜力可挖,有效途径是必须发展扬中“四个为主”的传统教学经验(学校工作以教学为主,教学以课堂为主,课堂教学以教师为主,教师讲授以教材为主)。做到教师的主导作用与学生的主动学习相结合。课堂教学与课外学习相结合,读书与实践相结合。对此,我们采取了一些措施:

1. 把完成整个教学计划的基点放在教好每一堂课上。

(1) 用全面发展的观点上好每一堂课,在不使学生负担过重的前提下保证教育质量,发展学生的智育:有效地传授知识和指导学习方法,做到教的过程,既是传授知识的过程,又是指导学生如何学的过程。培养能力和智力,当前,着意培养学生的自学能力、观察能力和思维能力,还有实践能力。发展学生德育:通过知识教学进行思想政治教育,把坚定正确的政治方向放在第一位,特别要通过社会科学的教学,对学生进行系统的理论教育:使学生的政治信念建立在科学的基础之上,自觉地坚持四项基本原则。树立严谨的科学态度,发扬扬中"虚心、踏实、刻苦、经常"的优良传统学风,培养健康的情感和坚韧的毅力。发展学生的体育:注意教学卫生,尤其是勿使学生负担过重和预防近视眼。

(2) 大力改进教学方法,运用启发式,发挥教、学两方面的主动性,提高教学效率,方法问题不仅是影响近期教学效果的问题,而且是关系到培养什么样人的有深远影响的大问题,启发式使学生的思想解放,智能发展,注入式使学生思想僵化,越读越蠢,提倡启发式,培养辩证唯物主义的科学世界观和方法论。

总结我校课堂教学正反两方面经验,我们提出课堂教学"十要":一要从复习检查旧课或了解检查预习导入新课,善于启发学生运用已知,主动探求未知,二要由具体到抽象,由个别到一般,善于运用教具和自制教具,重视实验,大纲课本上规定的实验都要做:三要努力做到精讲,把主要力量集中在"三点"上,即突出重点("双基"),突破难点,消除疑点;四要善于设问、激疑,把矛盾引进课堂,在学生面前展开一个引人探索的境界;五要善于叙述、描写、论证,恰当运用比喻,说话具体、明确、生动,有逻辑力量,并富于情趣。但不可把话说尽,要留有余地,六要提问有启发性和思考性,切忌烦琐。不提学生不假思索就能回答问题;七要板书简明扼要,整洁有条理,可写可不写的不写,好的板书要成为学生获取知识的思路图;八要当堂小结,鼓励学生质疑和求异;九要给学生以悬念"欲知后事如何,且听下回分解";十要及时布置预习,把它作为教学的重要环节抓好。提高教师的自身教学能力,是培养学生能力、发展学生智力的前提。当前亟须提高教师驾驭教材的能力、运用理论分析实际问题的能力、深入浅出地讲清教材的能力和指导学生获取知识的能力。

这一学年,我们举行的校内观摩课和对外公开课百余次,为了重视培养学生的实验操作能力,举行了三次理、化实验操作竞赛。

2. 开辟学习的第二战场。把学生的智力发展放在更为广阔的背景下。

没有因材施教,也没有学生的全面发展,上好每一堂课,为学生赢得了时间;课外作业量不重,余下时间怎么办? 这是我们面临的新问题。答案是,根据因材施教的原则,开辟学习的第二战场,把发展学生的智力放在更为广阔的背景下进行。

(1) 上好选修课,选修课不是针对高考的,不能助长"偏科",不能使学生负担过重,它是为认真学好全部必修课而行有余力,并对某一学科方面有特别爱好和抱负的那部分学生,提供进一步学习的条件。所以必须把选修课置于全面发展和因材施教相结合的原则指导之下,它应属于提高,不属于普及。

(2) 建立各类兴趣小组,满足青少年广泛的兴趣和爱好。这是普及性的,活动内容和形式的兴趣性,是建立、巩固、发展兴趣小组的第一要素,同时要注意种类的多样性,成员的广泛性。

(3) 提倡和组织自己读书,充实图书馆,扩大阅览室、举办书刊介绍、课外讲座,唤起学生的求知欲。

(4) 为理科学习爱好者开放实验室。

(5) 加强课内外学习活动的联系,以课内指导课外,使课外学习成为课内学习的展开和转化(知识转化为能力),反过来,课外学习对课内学习又可起到正反馈作用。

3. 通过劳动技术教育深入开发学生智力

对学生进行劳动技术教育,既是加强思想政治教育和完成普通中学双重任务的需要,又是发展学生智力的需要。"以干代学"是一种片面性,"以学代干"也是一种片面性,"三机一泵"决不能取代物理课,但物理课必须让学生摸摸"三机一泵",只有学干结合,手脑并用,才能使学生真正掌握知识和技能,发展能力和智力。但是现在学校里确实存在一种重书本轻实践的倾向。学生理、化考试的卷面成绩尽管九十分以上。但实验操作时却显得笨手笨脚,思维迟钝。众所周知,通过长期劳动。"猿脑"才逐渐发展成为"人脑"。现代科学又说明,从事技巧活动的双手,能教给思维以灵敏性、合理性和精确性。所以,如果手脑活动失调,必然影响智力的正常发展。为此,必须十分重视劳动技术教育,我们目前的做法和打算是:

(1) 坚持每个学生每个学期平均参加一周公益劳动制度。但要大力提高劳动效率和质量,这个制度,我校已经坚持了数年,但要求不够严格,只是一般地完成学校交待的具体任务。今后,作为一门必修课程来对待,除了在思想方面加强劳动教育外,还要让学生按交待的任务,自己来组织劳动和进行管理,从而提高学生从事劳动的自觉性和主动性,并从中得到锻炼、培养组织和管理的才能,树立起重视劳动效益的观念。

(2) 在劳动教育中,逐步加强技术教育因素,从去年秋季起,我们先在高中一年级试开了以绿化校园和蔬菜栽培为主的农业劳动技术课,每周二课时,课堂教学和园地实习各占一半时间,集中使用,由于设备条件的限制和学生思想上还没有完全解决问题,教学效果还不明显,今后我们的工作方针是:坚持教育必须与生产劳动相结合。劳动技术教育课要在实践中不断改进,使之逐步完善起来,第一,要在师资、教材、设备等方面创造条件;第二,由于班级多,必须开展"多种经营";第三,加强计划,加强教学研究;第四,由点到面,由简单到复杂,逐步开展、逐步提高,下半年,以校办工厂为基地,高中增开一个年级的工业劳动技术课,以学习通中性的基本技术为主。

(3) 努力的方向是,按学生的年龄特征、心理发展,分阶段、有计划地让学生受到与课内学习适应的一些有利于着力发展的技术教育。同时,从当前实际情况出发,让学生从事一些比较简单的公益劳动,藉以锻炼思想。仍然是十分必要的。

综上以观,我们认为:使学生各科知识和谐发展,知识积累系统发展,知识与思想。"双基"与能力,共性与个性、动脑和动手综合发展,是克服学生知识质量上存在的"偏"、"窄"、"碎"、"死"、等缺陷,进一步提高教育质量的必要途径。

贯彻党的十二大精神
开创学校工作新局面的初步意见
（讨论稿）

江苏省扬州中学

党的十二大发出了全面开创社会主义现代化建设的新局面的伟大号召，作为三个战略重点之一的教育，是现代化建设的关键。我们学校是历史上一所有名望的学校，现列为江苏省首批办好的重点中学之一，且处在“历史文化名城”、“明星城市”的扬州市。所以必须认清形势，振奋精神，埋头苦干，开拓前进，努力开创我校工作的新局面，把扬州中学办成全国第一流的学校。

开创一个怎样的新局面？具体要求是：

一、思想上要开拓新的境界

根据建设高度的社会主义精神文明的要求，共产主义思想觉悟要不断提高，学校要形成一个以共产主义精神为核心的蓬勃向上的良好校风，党风要正。党员都能起模范带头作用。全体教工要忠诚党的教育事业。胸怀共产主义远大目标艰苦奋斗、努力工作。全体学生要为四化勤奋学习，立志成为有理想、有道德、有文化、守纪律的劳动者。

二、教育质量要达到新的高度

坚决执行“用马克思主义世界观和共产主义道德教育人民和青年，坚持德智体全面发展，又红又专、知识分子与工人农民相结合，脑力劳动与体力劳动相结合的教育方针”。教育质量要居全国上游，初中毕业生合格率要保持95％以上，高一招收的新生（除地区班外），本校初中毕业生应占90％以上，高中毕业生在切实提高及格率，优秀率的基础上，要不断提高升学率。凡升入高校的，要：方向明、基础牢，能力强、身体好、后劲足；凡不能升入高校的，也要具备：自学成才的基础，现代工人应该具备的能力，良好的劳动态度。完成双重任务，使毕业生今后能在我国社会主义现代化建设中，充分发挥社会效益。

三、总务工作要出现新的面貌

总务工作要切实、主动地为教学服务、为师生服务、艰苦创业，勤俭办学，开源节流,努力提高经济效益,逐步扩建教学、生活用房,改善、增添教学设备,搞好绿化、美化,使校容、校貌有显著改观。

怎样开创新的局面?具体措施是:

一、努力提高政治思想水平和理论水平,不断端正办学指导思想

1. 认真抓好十二大文件的学习,不断提高思想政治觉悟。学习、宣传和贯彻十二大文件的精神,是今后一个时期的第一件大事。通过学习、宣传和贯彻十二大文件的精神,在教职工中要着重明确:(1) 建设社会主义精神文明,必须以共产主义思想为核心,因此要不断地提高共产主义思想觉悟,坚定共产主义信念,树立共产主义劳动态度;(2) 教育是现代化建设的三个战略重点之一,因此要充分认识教育工作在全面开创新局面和四化建设中的地位和作用;(3) 教师的工作是十分艰苦、十分崇高,因此要有光荣感和责任感,树立雄心壮志,振奋革命精神,勇挑重担,敢于创新。

2. 加强马列主义、毛泽东思想的学习。要认真组织学习毛主席等老一辈无产阶级革命家的文集,努力使每个教工懂得并逐步具有马列主义的立场、观点、方法,使共产主义的信念建立在科学的基础上。

3. 抓好党的教育方针和教育科学理论的学习。要通过学习,从党的方针的高度,从理论的高度来明确中学教育的性质和任务,清除单纯追求升学率的思想干扰,不断端正办学思想。

二、坚决贯彻党的教育方针,按教育规律办事,不断提高教育质量

1. 坚持德智体全面发展和面向全体学生的"两全"思想。反复宣传:德育是方向,智育是主体,体育是基础,在具体工作中要以教学为中心,德智体全面安排。在全面提高教育质量的基础上要大力提高学生的及格率、优秀率和升学率。

2. 加强对学生的思想政治教育,特别要着重抓好理想教育、道德教育、纪律教育以及劳动教育。思想教育一定要动员全体教工来抓,一定要寓于教学之中,寓于生动活泼的活动之中。同时要通过四个途径来抓:(1) 充分发挥团队组织的作用;(2) 通过各科教学进行思想政治教育,加强文科的教学,特别要上好政治课;(3) 组织好周会和班会;(4) 与家庭配合,加强个别教育。总之,要努力把思想教育工作做得有战斗力、有说服力、有吸引力。

3. 加强教学管理,建立教学常规。严格执行教学计划,抓好三个环节:(1) 认真上好必修课;(2) 积极开设第二课堂;(3) 充分重视劳动技术教育课。针对各年级不同的特点,进一步明确初高中一、二、三年级分别是"基础年"、"关键年"、"决定年",采取相应措施,落实年段把关,搞好交接班工作。教工的出勤情况要及时掌握,每月小计一次;外出代课要按市教育局规定严格控制。定期检查备课、上课、作业处理和辅

导情况。建立业务档案，每学期将出勤、任课、公开课、课外活动指导、撰写的专文等记载入册。

4. 积极开展教学研究活动。以提高教学效率和教学质量为中心，积极开展教研活动，努力创造出一条全面发展与因材施教相结合，知识教学与思想教育相结合，打好基础与培养能力相结合，科学文化教育与劳动技术教育相结合的教育新路子。认真完成上级交给的数学、语文实验教材的教学研究任务。努力改进教法，探索加强"双基"同时培养学生能力、发展学生智力的规律。教研活动要搞"实"（扎扎实实、讲究实效）、"活"（形式多样、活跃思路）、"恒"（长年不断，持之以恒），要出成果，教研组每学期应写出有一定质量的专题总结1—2份，每个教师每学年至少要写一份教学小结或经验总结。图书馆、实验室要把教学辅导工作看作教学科学研究的一个组成部分。为加强教学研究工作有领导、有计划地开展拟在近年内成立教研室。

5. 抓好体育卫生工作，要增强学生体质，保证学生健康成长。当前每周安排"两课两操四活动"，今后随着体育课的改革，作适当调整，但仍确保学生每天活动一小时，学生达标率要保持76%，加强教学卫生，近视眼的新发病率要努力控制在1%左右。

三、建设一支又红又专的教师队伍和政治工作的班子

总的要求是提高全体教职工的政治素质和业务能力，坚持教师和干部的又红又专方向。

1. 配齐配好学校中层干部，建设好一个办学思想端正，又红又专、作风深入、任劳任怨、有一定管理水平的领导班子。

2. 通过系统的理论学习，结合教育实践，提倡自觉改造世界观，加强职业道德修养，成为办好社会主义学校的可靠力量。

3. 抓好教师的业务学习。要求教师结合教学，要在博览的基础上，一学期专读一本精著，以系统地提高业务水平。学校组织教育理论学习，定期介绍有关教育理论，交流学习体会。

4. 老教师要搞好传帮带，认真总结教学经验；中年教师有承上启下的任务，要在各方面为新教师做出榜样；新教师要虚心学习，勇挑重担，从中增长才干，迅速成为重点中学的称职教师。要努力培养严谨、认真、严格、亲切的良好教风。

5. 在教师队伍中要培养以各科教研组长、备课组长为主的教学业务骨干力量，以及以团队干部、班主任为主的政治工作骨干力量，以这两支力量为基础，把全校教师队伍建成一个团结战斗的集体。

6. 加强对职工的思想教育，牢固树立为教学服务、为师生服务的观点。

四、勤俭办学，不断改善办学条件

1. 要本着少花钱，多办事的原则，一切精打细算，加强用钱的计划性，加强对校

产的管理。开源节流,积极办好校办厂,增加收入;同时节约开支,把钱用在刀口上。

2. 积极创造条件,合理组织安排,开展勤工俭学活动。

3. 要经常吸收师生对总务工作的意见,积极改进工作,真正做到总务工作为教学工作、为全体师生服务。

4. 立即着手整修跑道,筹建600平方米的教工宿舍,三年内逐步解决扩建阅览室和兴建实验楼的问题,不断增添绿化带,美化、香化学校环境。

五、改善和加强党对学校工作的领导

改善和加强党的领导,是学校各项工作的胜利保证。要坚决贯彻党的三中全会以来的一系列党的方针政策,与党中央在政治上保持一致。具体要求是:

1. 加强思想政治工作,经常用共产主义思想、辩证唯物主义思想和集体主义思想教育广大教工,使之正确处理公与私的关系、眼前利益长远利益的关系,从而树立公字当头和立足本职,放眼未来的观点。同时要切实加强对团、队工作的领导。

2. 以教学为中心,把教学工作放在重要位置上,学校党组要狠抓教育方针的贯彻和按教学规律办事;要经常研究分析教学情况,讨论检查教学工作。

3. 加强学校管理工作,严格各项规章制度,加强岗位责任制。坚决克服软弱涣散状况,要敢管敢抓,该表扬的要表扬,该批评教育的要批评教育。

4. 进一步改进领导作风,深入群众,深入教学第一线,经常听取群众的意见,经常找教职工谈心,每个领导要根据自己的分工,每学期写一份有质量的调查报告或经验总结。

5. 加强民主集中制的原则,克服过去那种民主有余,集中不足和有的事情往往议而不决,决而不行、行而不果的现象,但也要防止个人说了算的情况。要经常地而不是偶然地,认真地而不是敷衍地开展批评与自我批评,以提高党的战斗力,充分发挥党总支的战斗堡垒作用。

6. 领导干部和党员都要以党的利益为重,为群众着想,决不利用职权谋取私利,搞不正之风,搞特殊化,要处处按《准则》办事,以身作则,起模范带头作用,逐步在我校树立起好的党风。

一九八二年十月二十四日

学会科学领导，办好重点中学

江苏省扬州中学

一九八三年十二月

把重点中学办成全面贯彻党的教育方针的示范性学校，一要我们忠诚党的教育事业，二要实行科学领导。而前者只有通过后者才能具体有效地体现出来。邓小平同志在《目前的形势和任务》的报告中说："专不等于红，但是红一定要专。不管你搞哪一行，你不专、你不懂，你去瞎指挥，损害了人民的利益。耽误了生产建设的发展，就谈不上是红，不解决这个问题，不可能实现四个现代化"片面追求升学率，就是一种瞎指挥。因此，学会科学领导，是当前办好学校的一个关键性问题。

通过这几年的学习和探索，我们体会到，实行学校教育工作的科学领导，必须努力抓好三件事：一、学习教育方针；二、加强教育管理；三、开展教育科研。

学好党的教育方针是实行科学领导的前提条件

要实行对教育工作的科学领导，必须首先明确我们要培养什么样的人和遵循什么途径去培养，应该坚持怎样的质量标准。否则，以其昏昏，使人昭昭，是无论如何不可能办好社会主义学校的。《关于建国以来党的若干历史问题的决议》中指出："坚持德智体全面发展、又红又专、知识分子与工人农民相结合、脑力劳动与体力劳动相结合的教育方针"。我们正在进行的社会主义现代化建设，是科学社会主义在中国的伟大实践。党的教育方针是这个伟大的科学实践在教育工作方面的指导思想。因此，学好党的教育方针，明确指导思想，是实行科学领导的前提条件。

抓好教育方针的学习，领导自己要首先学好，做出样子。带动大家一起学，在我们领导班子中，把对教育方针是否认真学习、正确理解、忠实执行，作为衡量自己是否符合革命化、知识化、专业化要求的一个主要标志。我们把组织教师学习教育方针和有关理论，作为建设教师队伍的一项基础工程来抓，上学期开始，我们举办了教育方针、教育理论业余学习班，组织教研组长、备课组长和一批有经验的老教师参加，先抓好三分之一，培养骨干，再逐步扩大，领导先备好课，在学习班上作辅导性中心发言，抓好学习的关键，是发扬理论联系实际的学风。教育方针和教育理论业余学习班。一学期集中学习三至四次，每次二、三小时，此外，组织全体教师学习，一般不占用工作时间，而是采取学习与工作相结合的方法。学期之初讨论和制定各项教育、教学工作计划，期中进行教育质量检查，期末总结工作，同时结合学习教育方针。这样，虚实并举,提高了学习与工作的效率和质量,开设劳动技术教育课和开辟学习的第二课堂,有些教师认为与高考挂不上钩,就不愿搞这方面的工作,通过反复地进行党的教育方针的教育,才逐步转变了思想。终于在高一、高二分别开设了农业劳动技术教育课和工业劳动技术教育课。第二课堂的学习,也开始活跃起来,邓小平同志在全国教育工作会议上的讲话。自一九七八年以来,学校领导一直反复地学习,凭藉这个指导思想,我们在处理德育与智育的关系时,并没有因强调德育而影响智育,也没有因强调智育而削弱德育,而着眼于两者的结合,互相渗透,做到相辅相成。对于防止和纠正学生负担太重与坚持从难从严的要求问题,我们提出要从实际出发。坚持高标准、严要求。注意质量,适当控制数量,但要以一定的数量保证一定的质量。由于遵循实事求是的思想路线办事,使我们得以保持清醒的头脑。明确坚定地处理教学工作中出现的这些问题。避免了已往经常发生的以一种倾向掩盖另一种倾向的左右摇摆现象,保证了正常教学秩序和教育质量的稳定上升。

加强教育管理是实行科学领导的主要手段

把教育方针贯彻到具体的教育工作中去,使它变为实实在在的教育质量,必须加强教育管理。

计划管理是管理工作的一个重要方面。要使教育工作有目的,有计划、有步骤、有节奏地进行,必须加强计划管理,鉴于近几年来在普通中学里因片面追求升学率而普遍地出现随意改变部颁教学计划的混乱现象,我们就特别重视了教学计划的管理、教学计划是教育方针的具体体现。现行部颁《全日制六年制重点中学教学计划试行草案》,虽然今后还要修正,但是在当前,仍然是我们从事教学工作的唯一依据。我们执行这个教学计划已历三年。实践表明,它对于学校工作的拨乱反正和促使教育质量的回升起了重要作用,以方针思想为指导,来理解这个教学计划,我们认为它包含三个组成部分:一、政治、文化必修课;二、以选修课为主的第二课堂;三、劳动技术教育课,加强教学计划的管理,就是要对计划的三个组成部分实行全面管理,三个组成部分是有机结合,但其中政治、文化必修课是基本点。因为学生的科学文化基础知识。主要是通过政治、文化课的系统学习来掌握的。另外,如果学生课业负担过重,完不成课内学习任务,整天穷于应付作业。那末,第二课堂和劳动技术教育课就会落空,所以,从全局考虑,必须首先管好政治、文化必修课。对此,我们规定了"五个严格",以加强管理。1. 严格按照教学计划规定的课程和课时开课;2. 严格按照教学大纲和统编教材进行教学;3. 严格按照规定的课时进行教学;4. 严格控制课外作业量,每天初中不超过一个半小时,高中不超过两小时;5. 严格控制考试次数,切实纠正考试频繁、加重学生负担、干扰正常教学秩序的混乱现象。执行"五个严格",使学生在正常教学秩序的环境中,德、智、体几方面得到和谐地发展。

管理工作的另一个重要方面是质量管理。质量管理首先要明确质量的标准、学校不同于工厂,精神生产不同于物质生产,教育质量难于实现量标化。特别是德育方面，我们只能在当前水平条件下力求教育质量的标准具有科学性和全面性，如对今年暑期毕业的“文革”后我校第一届三年制高中毕业生（半择优进入我校高中的），并没有单纯看升学率，而是对德智体作了全面分析。关于智育质重的标准。也不是孤立地看单科考分或总分，而是要求文、理科协调发展，知识、能力同步发展。为此，几年来，我们加强了文科教学，特别强调了在各科教学中培养能力，提高学生智力。我们坚持开辟第二课堂和开设劳动技术教育课，也是为了在更加广阔的背景下，培养学生能力，发展学生智力。其次还要明确质量管理的内容和方法。我们一方面抓保证质量的措施，另方面抓质量检查。加强教研组和班主任队伍的建设。就是保证教育质量的两大措施，学校领导分工直接抓年级班主任工作和学科教研组工作，每个教研组都有把关教师，每个备课组都配备骨干教师，对备课、上课、作业批改和辅导，每个教学步骤都作出规定，如备课要求做到“五备”：备教材、备学生、备教法、备作业、备实验，这是扬中几十年的传统经验，课堂教学，扬中的传统经验是以准确、熟练、深透、严谨著称。现在，我们一方面要求恢复和发扬这种优良传统。另方面提倡学习现代教育科学的新理论和新经验，改革教法，发展传统经验，进一步提高课堂教学的效率和质量。抓质量检查、建立包括考试制度、教育质量检查制度和课代表制度等在内的反馈系统。接收来自学生学习方面的信息，加以分析研究，为提高教育效率和教育质量提供材料和依据。这里，还要对每一道“工序”力求做到科学的安排。如考试，不仅要控制次数和统计一下考分，而要讲求考分的科学价值。看它能否说明问题。为此，必须认真对待。严格把关：命题关、复习关、阅卷评分关、试卷分析关……。

加强管理，必须坚持思想先行的原则。清除自由主义、极端个人主义、“一切相钱看”等精神污染，提高教育工作人员的社会主义觉悟。才能保证管理机器的正常运转。强有力的思想政治工作与科学化制度化的管理工作相结合。应是社会主义管理学的一个特点和优点。这是我们在学习和加强教育管理的实践中所获得的一个新的体会。

开展教育科研是实行科学领导的可靠保证

要使教育适应以经济建设为中心的社会主义现代化建设的需要。坚持为社会主义现代化建设服务的方向，我们培养的学生，一定要德智体全面发展，走又红又专、知识分子与工人农民相结合、脑力劳动与体力劳动相结合的道路。为此，对那种理论脱离实际的，以课堂教学、书本知识和教师讲解为唯一的旧的教学模式，必须进行改革，上述部颁教学计划试行草案。包括三个组成部分，就体现了改革的精神。但改革必须以科研为先导，否则必然陷入盲目性，教育科研如何进行？

第一、从实际出发确定研究课题。上述教学计划试行草案与“文革”前 1963 年颁布施行的六年制中学教学计划相对照，课程没有精简。教学要求有了很大提高，但上课时数却减少了许多（“文革”前为 6758 课时，现在只有 5554 课时）。实际上这是一个高难度高速度的计划。因此，相应地改革教学方法，是完成这个教学计划的重要因素。今后虽然对某些课程的教材内容和教学要求将作适当调整,有所降低,但是假如不积极改革教法,仍将不免处于相对的少慢差费状态。改革教法不只是为了完成教学计划,更重要的是为了培养能力强、智力高、思想路线端正的人才。所以,我们除了上级领导部门下达的教材改革试点任务(数学实验教材和新编初中语文教材)外,自己确定了以下几项科研任务:1. 改革教学方法,研究怎样在教学过程中实现教师的主导作用与学生的主体作用相统一。实现"双基"、"两力"(能力、智力)同步发展;2. 研究怎样根据学生不同的志趣、爱好和特长,开展第二课堂的学习活动,贯彻全面发展与因材施教相结合的原则;3. 研究怎样从重点中学的实际出发,开好劳动技术教育课。贯彻教育与劳动生产相结合的方针。总题目下面再分若干分题目。目前我们的研究重点放在第一个问题上。

第二、研究要在教学实践中探索。遵循实践—认识—再实践—再认识的规律去做。不是从书本到书本,搞闭门造车,如去年我们曾对初、高中学生的各科学业成绩作了抽样调查,初中优秀率(80分以上)达60%,及格率达90%,升级率达98。高中优秀率达63%,及格率达85%,升级率达97%。但是,经过一步分析,看出目前我校多数学生的知识质量,还存在明显的缺陷:一是"偏",即偏科。多数重理轻文,少数弃理攻文,知识结构不合理;二是"窄",即知识面狭窄。局限于课本和教师讲过的内容;三是"碎",即掌握知识失之零碎。系统性差。缺乏对知识综合整理的能力;四是"死",即死记硬背。知识运用的灵活性,适应性较差,技能较差,动手能力尤差,知识与能力失调。据此,我们就着手研究从各科教学的相互关系中,探索学生知识均衡发展的规律;从大纲和教材编排的顺序中,探索学生知识积累的规律;从教与学、知识与能力的关系中探索提高教学效率的规律。

第三、领导带头,依靠教师,发现人才,培养骨干。几年来。学校领导带头搞教育科研,发表了加强青少年学生的理想教育、中学少年思想特点及其教育、探索教学规律、加强文科教学,在语文教学中培养能力,在数学教学中培养能力等方面有一定质量的论文,在校内外产生了较好的反响,推动了我校科研活动的开展。我们还在普遍发动教师进行教学研究的基础上注意发现人才,如有位体育教师,年老耳聋,上体育课已不大适应。但从他发表的关于中学体育教育的论文看,有一定科研能力,我们就取其所长,补其所短。有位初中语文教师颇有教学经验,但还不善于总结提高,他在校长的直接帮助下,写了关于初中、小学语文教学啣接问题的论文,发表在教育杂志上,增强了这位教师结合教学进行科研的信心。现在我校有一批教师有志于此。据这两年的统计,在教育杂志上发表的有25篇,送到有关学会年会上的有28篇。教育工作与科研相结合,对于提高教育质量和造就一支又红又专的教师队伍可以起很大的促进作用。

第四、制定鼓励科研的制度。现在,我们把教师写了哪些教学总结,发表了几篇科研论文,都记载在教师本人的业务档案里,作为评定业务等级和考勤考绩的依据之一。今后还要进一步结予精神的和物质的奖励。

胡耀邦同志在《马克思主义伟大真理的光芒照耀我们前进》的报告中说:“一定要反对把坚持党的领导同实行内行领导割裂开来、对立起来的错误倾向,确立要领导就必须内行的正确观念。大力加强干部队伍在革命化前提下的知识化、专业化”。由此可知,端正办学思想还必须与实行内行领导、科学领导结合起来,才能有力量抵制片面追求升学率的干扰,有能力全面贯彻党的教育方针。这需要我们在工作实践中不断加速自身的革命化、知识化、专业化。

我们是怎样开展青少年科技活动的

江苏省扬州中学

近几年来,我们在上级有关部门的领导下,围绕教学中心积极开展青少年科技活动。在活动中活跃思想培养智力,提高解决问题的能力。有力地促进了教育质量的提高和青少年的健康成长。在参加市、省、全国的各项竞赛活动中均获得较好的成绩。仅在今年就先后获得扬州市少年科技知识竞赛、数学竞赛、无线电竞赛女子第一名。科技小发明团体总分第一名,江苏省小发明竞赛一等奖和二等奖,全国小发明竞赛二等奖。有13名同学被选拔赴宁参加全国数学竞赛。

回顾过去,我们的主要做法是:

一、明确指导思想,切实加强领导

中小学是整个教育的基础。打好这个基础,培养德、智、体全面发展宏大的科技后备队伍,是祖国四化建设的迫切需要。一度时期,学校从领导到教师,对学生课外科技活动的意义认识不足。由于教学任务重,如部分教师认为课内工作已够繁重,搞科技活动又要增加“额外负担”,有的则认为搞好课内教学,有利于提高升学率,开展科技活动是“可有可无”的事。在工作实践中,我们不断深入学习党的教育方针、学习有关教育科学理论,克服单纯追求升学率的思想着眼于为我国社会主义现代化建设培养人才。同时提高了对新时期政治思想工作的认识,即随着工作着重点的转移,对青少年进行热爱祖国、热爱党、热爱社会主义的教育,要同学科学,用科学的教育结合起来,把教育内容的政治性、思想性、知识性和趣味着统一起来,这样,逐步纠正了片面认识。领导和教师们提高了组织学生开展课外活动的自觉性。

我们认为,科技活动是课堂教学的延续和补充,是传播知识,训练技能的重要途径。从某种意义上讲,在人才的培养方面发挥的作用不亚于课堂教学,科技活动开展得好,对当前提高教育质量有推动作用,对四化建设开发智力也有重要意义。因此,它不是额外负担,而是份内的正常工作;不是可有可无,而是提高教育质量必不可少的措施。

我们从组织上采取措施切实加强对科技活动的领导。全校成立了科技活动指导小组,分管教学工作的校长定期召集小组成员研究计划,落实措施。并把它作为学期、寒暑假计划的部分内容布置到各班,贯彻落实。近几年来,先后把缺人抓、缺场地、缺经费、缺器材、缺辅导力量、缺时间保证等问题逐个提到议事日程上来,不可能给予解决或解决一部分。在课程设置方面，去年，我们在高中开设了选修课和劳动技术课，系统地传播知识，训练技能。本学期我们还安排了学工劳动，坚持理论联系实际的原则，培养动脑、动手的能力。

组织课外科技小组是培养人才，定向发展的重要途径。物理、数学、生物、地理等教研组，先后组织建立了无线电、航模、摄影、电影放映、气象、生物、数学等21个科技活动小组，参加人数约500多人，占全校学生总数的四分之一。在任课老师指导下，有的班级还成立了物理、数学等课外兴趣小组。因班制宜开展活动。在实践中我们体会到，要使科技活动深入开展确有成效，必须实行科技活动制变化。首先要有活动制度，每周有固定的科技活动时间，使活动的项目、人员及地点逐步做到固定化。其次要有辅导制度，聘请好科技辅导员或指导老师。在辅导工作中，要注意基础知识的运用，基本技能的训练。科技制作从基础开始、从易到难，从简到繁，注意不脱离学生实际，和课堂教学以及学生的知识水平相适应。再次，要有评比奖励制度，以激发青少年的创新精神，充分调动他们的积极性，促进科技活动的经常、持久。

二、围绕课堂教学、扩大知识面

中学教学内容中有大量的自然科学知识，在教师讲透教材的基础上。根据教材内容通过举办科技讲座，团队活动等方式向学生补充有关科技知识，介绍科学家的故事和科技新动态。数学教研组围绕课堂教学内容，学一个专题，搞一个讲座，拓宽、加深课堂讲授的基础知识，他们举办的“证题方法”、“周期”、“不等式”等讲座，深受同学欢迎，其他各教研组，先后举办了“导弹”、“物理与现代化”、“人造地球卫星”、“无线电自动控制”、“新型光源”、“科学种田”等科普知识讲座，开阔了学生的视野。结合团队活动，搞了“百科知识竞赛”、“智力运动会”、生物趣味解答，“寻找冬天的为什么”，举引“嫦娥奔月——宇宙飞船”中秋晚会等活动，组织学生观看“星外来客”，“毛孩”等科技电影、普及科技知识，我们还请了五十年代的校友，中国科学院数学所研究员方开泰同志给全校师生讲“教学研究”，激发兴趣、活跃思想。62届毕业生祁力群在研究区间数学取得成果，受到了国内外专家的重视和好评，他的研究成果被称之为“摩尔——祁力群方法”，我们请他回校作报告，他勉励母校同学：“要在中学时代树立自己的抱负和志向”，为了理想的实现“要培养强烈的求知精神和扎实的学风，要有百折不挠、顽强努力的精神。”校友的报告在同学中引起强烈的反响，激发了为四化而学习的热情。81届初一(5)班还利用队活动时间，先后介绍了古今中外20多个科学家刻苦学习，努力攀登的故事，激励少先队员去探索知识。81届初二(2)班的周青同学还撰写了一篇科技文章《特殊的鞋》登载在1981年第1期《科学时代》杂志上。

三、在活动中激发科技兴趣、培养能力

青少年的兴趣爱好是多种多样的，他们对什么都感兴趣，都要问个为什么，健康的兴趣爱好往往是求知的向导，理想的种子，它是青少年学习活动的起点和动力，但

由于他们发育还不成熟,缺乏明确的目的,他们的兴趣往往是自发的,短暂的,需要在科技活动中培养,引导他们变"有趣"为"乐趣",由"乐趣"发展为"志趣"。

我们利用学生的好奇心,带领他们观察自然界的变化,鼓励提问,启发思考,同学们提出1700多个"为什么",接着又自己动脑筋解答"为什么"。他们对照课本翻阅资料,热烈的争论,探索自然界的奥秘。81届初一(1)班有个学生,为了解答"宇宙飞船为什么能上天"这个问题,主动到图书馆翻阅资料,并花了两个晚上的时间学习高中物理课本中的有关章节,阅读了《十万个为什么》,初步懂得了宇宙飞船上天的道理。有的中队还邀请生物老师一起参加"寻找冬天的为什么"活动。发动队员解答"为什么",具体地进行了一次科学的启蒙教育。尔后,我们在内容上适当加课,搞了一次"数学、生物"趣味题的解答活动。主要培养学生的观摩能力,思维能力,解决问题的能力。由于趣味题有一定的难度,他们在各自翻阅资料、独立思考的基础上,共同讨论,集思广益,促进了科研风气的形成。81届初二(2)班俞明轩同学,对科学产生了深厚的兴趣,《科学画报》每期必看,去年,他主动投稿参加《科学画报》中"动脑筋专栏"科学知识竞赛,获纪念奖。去年暑假,81届初三(8)班刘卫同学参加《少年科学》第六期物理竞赛,获一等奖。

初中学生的学习兴趣比小学生有更大的分化性和选择性,对于学生中出现学习兴趣的片面性必须引导,因为中学教育是基础教育,针对部分学生重理轻文,忽视副科的情况,我们通过团队活动进行学好每门功课的教育。81届初一(8)中队有不少学生对生物学习不重视,认为那是副科,于是举办了"在生物的海滩上漫步"的主题中队会。老师深入浅出的介绍生物学与医学,物理、化学等学科的关系,告诉队员二十一世纪将是生物世纪,还放了有关生物知识的幻灯,队员们兴趣盎然,就自然而然地重视生物学习了。他们在课外开展了以种蓖麻为主的小种植活动,队员们还主动学习有关生物知识,并积极查找资料、解答大队部所出的课余生物趣味题。随着科学技术的迅速发展,基础扎实,知识广博,是一个四化建设者必须具备的基础条件,我们特别注意引导学生全面学好功课,初一有个学生平时喜欢看科学幻想小说,一个暑假他不出去玩,关在家里写了一篇科学幻想小说《奇妙的fou》,他想得入迷,甚至数学课也不专心听讲,结果数学考试未及格,我们一方面肯定他对科学的兴趣,另一方面指出要成为科学家必须从小打下扎实的知识基础。

科技小组活动的正常开展使学生激发了求知欲,提高了解决问题的实际能力,调动了学习积极性,学校航模小组的20多个成员都是在"我们爱科学"活动中涌现出来的积极分子,他们带着获得学校科技制作优秀奖的作品来到小组参加活动,经过两年的实践,制作水平有了提高,他们在教师指导下集体制作的分子结构模型,汽轮机模型,水的性质综合演示器等作品参加扬州市青少年科技制作展览获得好评,制作的航模在全市比赛中以每秒0.8米的速度获第一名。今年他们又制作了一级牵引4架,二级牵引和橡筋12架,准备参加扬州市航模比赛。高中的无线电小组上学期已制作了七管收音机15台,四管收音机5台。生物小组的活动已坚持多年,内容比较丰富,他们在生物老师指导下培植银耳、灵芝、制作动植物标本近400件，还从分类学角度将学校主要树种进行定名挂牌。

今年开展的小发明，小论文，小制作竞赛有力地推动了我校科技活动的深入开展。同学们发扬勇于探索和创新精神，动脑动手，写了40篇小论文，搞了小发明“平抛实验架”、“多用量角器”、“日光灯省起动器天关”、“厚书夹”、“自行车上锁提示器”、“不打滑的书包带”，其中“平抛实验架”获全国二等奖。“多用量角器”获江苏省二等奖。“平抛实验架”的制作者高一(1)吴顺文同学深有体会地说：“小发明制作的过程是思考的过程，也是意志锻炼的过程。”当他在学习物理力学部分关于平抛物体的运动章节时，发现课本中的实验有不妥之处，即滚落的小球与铅笔相碰存在着偶然性，不易做的准确，于是他认真思考，并作出了这样的设想：小球落地点是唯一的，假设将地面逐渐提高，并让小球每一次从同一高度滚下，这样就可以得到一系列的“落地点”，设法将这些“落地点”投影到白纸，就可以达到实验的目的，于是他改进实验的装置，设计出了水平板，为了制作水平板，他手上磨出了七个水泡，仍坚持干到底，他的制作荣获江苏省小发明竞赛壹等奖。

我们还注意在科技活动中培养学生自觉的学习习惯和良好的学风，加强科学品质的修养。

我们的青少年科技活动刚刚起步，活动尚未普及，活动的教材、场地、科技辅导员的水平提高等问题还没有很好地解决，对如何与教学计划密切配合，使科技活动贯串中学阶段缺乏全面思考，我们决心认真贯彻十二大会议精神，埋头苦干，为振兴中华，建设四化、培养又红又专的科技后备人才而努力奋斗。

1982.9

贯彻两个“暂行规定”,抓好体育卫生工作
——我校体育卫生工作的汇报

近几年来,我们不断端正办学思想,加强方针观念,坚持德、智、体、三育一起抓,特别是贯彻两个“暂行规定”和教育部关于“体育、卫生检查验收的通知”精神以来,学校对体育、卫生工作更是重视,体育、卫生活动正常开展。学生体质和健康水平有所提高,在工作中,我们注意抓了如下几项工作:

(一)认真学习,统一思想,加强领导,落实措施

1. 认真学习,端正办学思想。提高执行两个“暂行规定”的自觉性。

七九年“全国体育卫生工作会议”在扬州召开,当时,我们认真贯彻中央两部一委的通知,在思想上明确要加强党的方针观念。正确处理好德、智、体三者的辩证关系,明确身体好是学校教育的三大目标之一,要象抓德育、智育一样抓好体育卫生工作,我校作为重点学校更要做出榜样。会议期间,教育部长蒋南翔同志亲临我校视察工作,教育部,国家体委、卫生部和团中央向我校赠送了锦旗,上书“再接再励,继续前进”,对我校师生鼓舞很大。两部一委关于加强中小学体育卫生工作的两个“暂行规定”下达后,我们闻风而动。认真学习,一致认为两个“暂行规定”是学校体育卫生工作的立法,是全面衡量学校工作的重要标准之一,是检查学校体育卫生工作的准绳,认识到只有认真落实两个“暂行规定”,加强对体育卫生工作的具体领导和检查、督促,管理,才能更好地全面贯彻党的教育方针,办好重点中学,为“四化”建设培养德、智、体全面发展的一代新人。除学校领导学习外,我们还将两个“暂行规定”印发给班主任。教研组和职员组进行学习,在领会精神的基础上,制定相应措施,分别落实。同时,我们还利用校会时间,向全校学生宣讲,使全校师生员工人人明白。共同关心体育、卫生工作。八0年省教育厅颁发了教育部“关于一九八二年对重点中小学体育卫生工作检查验收的通知”。我们又逐条地进行学习。进一步统一了思想。克服了在部分同志中对体育卫生工作只求“过得去”的错误观点,制定了“关于迎接一九八二年重点中小学体育卫生检收的意见”,要求以党的教育方针为指针,认真实现两个“暂行规定”中的各项要求。做好学校体育卫生工作,逐步改善学生的健康状况。打好体育卫生工作的基础,力争在检查验收中取得较好的成赞。八二年上半年,全国召开三好学生代表会议。我们在学校中贯彻会议精神。明确政治思想领先,学习好是主体,

身体好是二者的基础,进一步明确了德智体三者之间的关系,促进了体育卫生工作的开展。

2. 健全学校体育卫生工作领导小组,从组织上保证两个“暂行规定”的贯彻落实。

学校体育卫生工作领导小组成立于一九七九年年初。现由一名付校长担任组长,两名教导处副主任担任副组长,成员有总务主任、团委书记、体育教研组长、校医等共九人。每月开会一次,切实研究学校体育卫生工作。目前已拟定出我校3年体育卫生工作规划。每学期学校工作计划中对体育卫生工作都有明确要求,根据学校工作计划,体育教研组、卫生室分别制定本组。本室的工作计划和制度,期终有总结,学校工作总结中也都有体育卫生工作的内容。

3. 班主任德、智、体三育一起抓。体育卫生工作列入班主任工作计划。

班主任学期工作计划中都有体育卫生方面的内容。平时由结合年级的行政干部检查计划落实情况,班主任除平时组织学生参加课外体育锻炼。检查、督促和学生一起做广播操外,还经常亲临操场看体育课。了解学生出勤情况,协助体育老师做思想工作。督促运动员按时参加业余训练等。这样,一方面使体育老师可以抽出更多时间去抓运动队的训练工作,另一方面也便于班主任了解学生在体育卫生方面的表现。作为考查学生操行,评选“三好生”、“单项积极分子”、“先进集体”的依据。

4. 加强体育教研组、卫生室的建设。培养一支又红又专的体育卫生队伍。体育教研组和卫生室是学校进行体育卫生工作的重要组织。关系着体育卫生工作的好坏。近几年来,学校对加强体育教研组、卫生室建设方面主要做了以下几件事:

(1) 分管体育卫生工作的领导经常深入操场,看课、看活动、看训练,参加运动员会议,深入体育组、卫生室与体育老师、校医研究工作,切实保证体育卫生工作所必需的物质和经费,帮助解决好工作中遇到的一些具体困难,鼓励他们为把体育卫生工作推向更高的水平,取得更大的成绩而努力工作。

(2) 关心提高体育教师、校医的业务水平,凡是新出版的体育卫生书籍、杂志都公费订阅,组织他们外出参观学习,近几年中,学校先后派教师去旅大、烟台、青岛、上海等地和省内的一些城市去参观学习,同时,我们还引导体育教师认真钻研“大纲”。改进教学方法。在提高体育教学质量上下功夫,对于他们在结合实际工作中所写的教学经验和体会性的文章,学校领导也积极向有关刊物推荐,以资鼓励。除此之外,在工作比较繁忙的情况下。学校还派出一名校医脱产到市人医去进修,一名体育教师半脱产参加上海体院的函授学习。

(3) 体谅教师的甘苦,对教师生活中遇到的一些实际困难能解决的都及时相帮解决,如假期中,体育教师起早带晚,有时比平时还要辛苦,学校领导就主动在精神上、生活上给予鼓励和照顾,调动了广大体育教师的积极性。他们能自觉地找苦吃,苦得高兴。领导除关心教师的工作生活外,对教师在政治上也严格要求。对教师工作中的缺点和失误,经常提出直率的批评,由于领导和教师互相间都比较了解。所以,教师听到批评意见后不但没有影响积极性,相反,感到是一种真诚的帮助。

5. 充分发挥共青团、少先队组织在执行两个“暂行规定”中的作用。遇有重大体育活动。共青团、少先队组织主动配合,如校运动会的宣传工作,广播操的评比,眼保健操的评比,黑板报的组稿等。团委还经常派出团员骨干协助少先队开展体育活动,如81年少先队的“游戏比赛”就是共青团协助搞的。

假期的文体活动,如初一学生夏令营就是体育组与团委会联合搞的。在我校,共青团组织与体育组工作配合较默契,这是有传统的。

(二) 以提高体育教学质量为中心,开展课外体育活动,抓好“达标”测验,不断增强学生体质

在学校,增强学生体质的主要措施是上好体育课,同时要不断提高课外体育活动的质量。

1. 上好体育课,不断提高课堂教学质量。

新大纲公布以后,我们组织教师认真学习,逐步做到按新大纲要求上课。截至今年暑假,我们对体育教学工作做了如下工作:

(1) 配齐实施新大纲所需要的师资队伍,我校现有体育教师十一人,其中女教师三人,全部受过专业教育。这支队伍,已基本具备了男、女合班体能分组,女生课基本有女教师上课的原则,全校四十个班,全部男、女合班分组,除初三、高三尚未实行体能分组外,其他四个年级全部实行了体能分组,而且女生课全部由女教师上。

(2) 按素质和技能水平分组教学。我们的分组方法是将平行的班级三个班合并四个大组(由四位教师上课):即体强组:选素质条件最优,健康情况最好的约占全部学生的五分之一(三十人左右)。这些同学掌握大纲内容是容易的,他们可以抽出更多的时间学习以我校传统项目为主的补充教材。第二组为男生普通组(即一般组)。他们必须完成大纲规定的教材。第三组为男生体弱组,这些同学年龄较小,体质较弱,对他们要争取完成大纲规定的主要内容。个别不能完成的要加强辅导。第四组为女生组,她们也是要完成大纲规定要求,并适当补充一点教材。这样三个班四个教师上课,教师课多了四分之一,但上课的人数少(每组不超过40人),对提高质量有好处。

为了做好新生体能分组的准备工作,初一新生入学前,通知他们暑假(八月十日左右)到校进行素质摸底,一般3～4项,这样就可以保证新生一入学就可以按体能分组上课。

(2) 加强体育教学的计划性。目前教师都有各学年的体育教学计划。学期的教学进度计划,单元计划(包括主教材的教学任务和主要手段)课时计划力求按照不同年级,不同性别和不同组别的学生特点在运动量、密度、教法运用等方面体现因材施教的原则,如体强组学生,运动量相对大一些,主教材在田径方面(在大纲范围内)内容多一点。又如第四组女生组除按大纲完成教学任务外,多穿插一些艺术性强的徒

手操。轻器械操和午蹈组合练习。

(3) 在教法和课的结构方面,进行改革尝试。如过去为了怕乱,准备活动,多数采用跑步加定位操,学生感到枯燥无味,教师也没有劲,现在变化较多,尤其是初中小同学,多采用"游戏法","竞赛法",改变了过去清一色的"方块阵",提高了学生兴趣,加大了运动量。在课的结构方面,三段教学(准备部分,基本部分,结束部分)符合学生由静到动的生理发展规律,一般都是这样做的,但有时基本部分活动量太小,如双杠与跳高,密度与运动量都不容易达到规定指标。在这种情况下,我们采用:一是加大准备活动运动量。更多的是在基本部分中间,课的最后安排一些素质练习或"循环练习"。这样做表面看改变了课的结构。变成了一、准备活动部分,二、教学部分。三、身体素质练习部分。四、放松结束部分。实际上与三段教学是完全一致的,所以我们认为课的结构不要拘泥一格,要从实际出发,从效果出发,但又不能违反科学性。

(4) 考勤与考核改革:体育课成绩的考核,主要从这四个方面评定:一是上课是否认真;二是技术掌握程度(技评);三是是否达到大纲规定标准;四是出勤情况。我们采用百分比,达标60%,技术30%,态度出勤10%,另外为了使那些素质特别好的同学,能"吃饱,喝足",我们还试行了"加分制"。如初三上学期达标是四项:800米,跳远、手榴弹、双杠。其中一项或二项超过大纲标准比较多(如女子800米达3′20″以内)就加分。超过越多,加分越多。这对提高学生锻炼积极性和在全面锻炼基础上提高专项成绩,促进很大,经过一学期试行,初三女生800米达到2′30″左右的有四人,3′20″以内的有20人(初三女生共194人,铅球8米以上的3人)。

2. 保证每个学生每天一小时体育活动时间:

青少年正是长身体、长知识的黄金时代。合理安排学生学习、休息、体育锻炼。睡眠和其他活动,是全面贯彻方针的一个重要方面。根据两个"暂行规定"精神。我校从上学期起。保证学生每天有一小时体育运动。

(1) 科学安排:我们安排学习每天一小时体育活动。即每周两节体育课,四节体育活动(其中三节课外体育活动,一节"体育活动课"。)加上每天一次广播操,两次眼保健操。(每天60分钟,寄宿生每天还增加10′~15′钟晨间跑步)。学生每天睡眠九小时。

(2) 体育活动安排注意"五性一目的":时间上的科学性,内容上的传统性(我校传统项目是田径与排球),方法上的兴趣性(多组织小型比赛,"达标"测验等。),形式上的多样性,逐步培养学生参体育活动的积极性和自觉性,达到锻炼身体,增强体质为最终目的。

(3) 为了控制学生的活动总量,防止影响学习,我们又注意做到"四控制",一是晨间锻炼或训练控制在早饭前结束;二是体育活动控制在一小时以内,训练控制在90′以内,到时吹哨催还体育器材,不得拖延;三是控制体育器材,课间和饭后不借出;四是控制运动员只参加一个项目的训练,防止多项训练太疲劳,影响学习。

(4) 重视广播操的质量:

为了提高广播操质量,我们经常采取的措施是:教学广播操要严格,按唱片的节拍去做。这样学生形成了正确的动力定型,可以比较高质量地完成动作要求。分工行政干部、班主任和分工体育教师随年级巡回检查,发现错误及时纠正。共青团少先队组织天天评比。周周公布评比结果。贴小红旗;体育课考查广播操;组织年级和全校的广播操会操比赛。另外,我们把提高广播操的质量作为培养学生组织纪律性的一个重要方面。每次做操前都要在教室前集体整队,按照进行曲的节奏进入场地。结束后听乐曲退出场地,秩序井然,养成学生守纪律的良好习惯,而且这样上楼下楼不会拥挤,不至于发生伤害事故。

(5) 充分重视班主任在体育活动中的作用,两课四活动开展以后,体育教师的负担加重了,而且工作时间集中在下午六、七节,体育教师无法安排。根据这种情况,我们决定体育活动的组织与项目安排由体育组负责,具体活动由班主任负责。这样明确了班主任三育一起抓。深入操场抓活动。体育教师就可以腾出手来比较多地辅导体育活动和从事运动员的训练工作。

3. 群众性"达标"活动经常化,制度化。

我校自 1954 年执行"劳卫制"到后来的《青少年体育锻炼标准》和七三年以来推行《国家体育锻炼标准》。成绩一直较好,80 年是 54.3%,81 年百分之 61.4%,今年是 53.4%。近三年来,我校"达标"率都保持在百分之五十以上,这是与"达标"活动的经常化、制度化分不开的。

新生进校一是统计在原校"达标"情况,二是向他们积极宣传"达标"的意义,从而提高同学们参加达标锻炼和测验的自觉性。

"达标"测验每年列入学校计划或体育组计划,规定各年级在一年内的大致指标,如 82 年规定的初一达标 50%,初二达 30%,初三达 70%,高一达 30%,高二达 50%,平均达到 50%左右,根据这个原则数字,学年初在全校同学中宣布,各年级任课体育老师与班主任配合排队。对有可能在短期内"达标"的。重点辅导:通过一批再抓一批。另外,在开学初学校向学生宣布"达标"关系到评选"优秀生"、"三好生""达标先进班"(市里规定"达标"55%以上班级为全市达标红旗班。)"。班主任对"达标"工作十分重视。都亲自抓锻炼,主动搞测验。

我校"达标"测验和全市统一为一学年为一个阶段,在这一年中"达标"的都算(从九月到下年六月)。为提高学生对"达标"锻炼和测验的积极主动性,我们规定在平时认真锻炼的基础上。达到一项,测验一项,合格一项,记载一项,全部通过就算合格。为了使同学们能经常测验,我们注意到几个结合:即"达标"测验与体育活动结合,"达标"测验与体育考查结合。"达标"测验与运动比赛相结合,"达标"测验与体育课教学相结合。另外每月最后一周为全校"达标"测验周;每年五月和十一月为全校"达标"测验月,六月上报抽查,六月底和十二月为总结评比发奖月。这样形成制度可以使教师,学生有章可循,时刻争取。

根据不同季节特点抓"达标"测验。我校"达标"测验从来不搞突击,而是靠经常持久。同学们的共同感觉是，“达标”是在不知不觉中完成的。我们是根据主教材内容结合季节特点，既照顾经常又照顾到季节特点，冬季是长跑的黄金季节。我们经常在十二月份全校“冬季长跑月”结束后，搞一次全校性结合“达标”测验的冬季群众性长跑比赛，参加人数占全校人数的五分之二到二分之一，比赛中记载每人成绩，作为“达标”成绩，高中少二组男子 1500 米，5′40″是比较难的一项，但我校一贯较好。今年六月下旬，市里抽测高一(1)班男生 1500 米，因是夏季锻炼较少，结果还是全部通过。另外，如短跑，跳跃，体操项目。除平时测验外，多数放在春夏季进行。

4. 抓传统项目，不断提高运动技术水平。

田径是各项运动的基础，是学生增强体质的主要手段，从 50 年代起，我校田径运动就开展得比较普遍，先后培养了一批优秀运动员，五项运动健将刘巧玲和陈树华都在全国比赛中获得过前六名。1966 年我校高中男、女田径代表队曾分别荣获江苏省中学生运动会，基层组团体总分第一名和第三名。1980 年省二届中学生田径运动会上以我校为主组成的地区中学生代表队，荣获江苏省普通中学组团体总分第一名，男子排球也是我校的传统项目，1972 年以来，历次省中学生排球比赛我校均进入分区赛前三名。

我们主要做法是：

(1) 体育教学和传统项目相结合。

田径运动项目是教育部颁发的体育教学大纲的主要内容，又是《国家体育锻炼标准》的主要内容。因此我们在教学计划和“达标”锻炼中，大量选用田径教材。加上我校田径场地设备条件较好，每年除两次校运会外，还举行大量田径单项比赛。因此大大推动了我校田径运动的开展，田径运动水平有较大幅度的提高。近三年来，我校运动员也取得了较优成绩。80 年省二届中学生运动会上我校学生获男子 1500 米，3000 米。标枪三项江苏省第一名，男子 800 米和女子 100 米栏两项第二名，女子手榴弹和女子 100 米两项第三名。男子 1500 米，手榴弹两项第四名，女子标枪第五名。同年我校有七名运动员代表扬州市参加地区中学生运动会，结果我校运动员获十一个单项第一名，两个单项第二名，为扬州市夺取团体冠军，做了一定贡献。

地区中学生运动会上我校运动员夺得九枚金牌，三枚铜牌，在全地区也是名列前茅。

今年地区中学生运动会上我校运动员同样取得好名次，马萌文同学以 1.52 米优异成绩，打破了扬州地区 1.50 米的少年女子乙组跳高记录。今年八月份，我校跳高运动员戴玉林参加了在常熟的跳高测验，以 1.88 米列全省之冠。

(2) 坚持常年训练，积极参加比赛。

我们做到正常情况经常练(一周三次，每次 90 分钟)，刮风下雨坚持练(我校有体育馆，可供雨天训练)；寒假、暑假加紧练(每天练一次，时间在 90 分钟以上)；优秀运动员重点练(对积性高，有发展前途的部分运动员是抓住不放。)

另外，我们做到“四固定”“三结合”“两提高”“四固定”：(星期一、三、五下午七、八节)教练固定(分男、女短跑,中长、投掷四组,教练不变,);人员固定(对优秀运动员进校后系统训练,没有特别情况不离队);物质固定(结予一定衣鞋保证,每次给予一定训练补贴)。

“三结合”:训练与竞赛结合(除参加学校举行的运动会,小型竞赛外,还固定参加市、地两级运动会和不固定的兄弟学校友谊赛。)学校与业余体校结合:部分优秀选手送市少体校训练,部分我们自己训练,这样我们可以多抓一些(50 个以上)。每年保持在业体校训练的有 5—10 人。)全面训练与专项训练结合:为了替国家培养后备力量。对运动员负责,我们坚持平时全面训练。只在比赛前突出专项,我校出去的运动员素质好,底子厚,前年和去年考取南大和南工的两位运动员李卫真和俞一兵,分别打破了该两校的女子标枪记录(今年参加了全国大学生运动会,获全国女子标枪第五名)和男子跳高记录。

“两提高”:运动成绩和文化学习成绩两提高。很多学习成绩较差的运动员到我校后,文化学习都有不同程度的提高。我校运动员每年都有考取重点大学和一般大学的,更多的是考取体育院校,光去年一次就有十位同学考取了体育院校。他们既达到一定的文化水平,运动成绩较好。

(3) 采取措施,提高运动员的荣誉感:为了提高运动员的锻炼自觉性,我们采取了一系列措施:首先提高认识,校领导经常与运动员谈心,比赛前作动员帮助解决思想问题和实际困难。

对在市级以上取得优异成绩而表现较好的学生在评选“三好生”时有重点地进行表彰;对打破记录的学生给予“体育奖学金”奖励;选拔市“学代会”代表时都要考虑到运动员的代表;学校举办展览会时都有运动员的照片或事迹介绍。所有这些措施都大大提高了运动员的光荣感、责任感。推动了训练的正常进行。

(三)讲究卫生,预防疾病,促进发育,保障健康

我们在卫生保健方面,主要抓了如下几项工作:

1. 摸清学生健康状况,做到心中有数。

我校从 76 年起每年对学生进行胸部 X 光透视,掌握青少年肺结核的发病率,76—81 先后胸透人数达 7057 人次,发现病变人数见表(1)

表(1)

年份	检查年级	胸透人数	发现肺部病变人数	心脏病变人数	其　它
76	全校学生	1805 人	58 人	5 人	
77	初一	681 人			
78	初一	365 人	10 人		1 人

续表

年份	检查年级	胸透人数	发现肺部病变人数	心脏病变人数	其 它
79	初一、二 高二	1817 人	7 人		
80	全校	1579 人			
81	初一、三 高一省招班	810 人			
合计		7057 人	75 人	5 人	1 人

从 77 年开始我们逐年对入学新生，和毕业班学生进行了健康检查，建立了学生健康记录卡，掌握了学生的健康状况，统计分析了学生的多发病和生理缺陷的发病率，77—81 年先后体格检查计 4887 人次。从入学初一新生体检统计看，以五官科的病变和缺陷，发病较高，外科病变高于内科病变，但发病率逐年有所下降：见表(2)

表(2)　病变和生理缺陷人数

年份	检查人数	眼科	鼻科	咽喉科	口腔科	耳科	外科	内科	皮肤科	合计	(%)
77	681	170	82	141	53	38	156	87	26	755	110.9%
78	431	125	38	180	84		107	32	34	600	139.2%
79	430	85	32	34	82	5	54	45	52	389	90.4%
80	420	117	9	42	95	2	80	15	6	366	87.1%
81	319	38	18	37	39	1	64	34	16	247	77.4%

为了掌握学生视力的情况，有的放矢的抓好视力保护工作，我们每学期对学生进行 1～2 次视力检查，并建立了学生视力系统观察片，从 77 年开始学生视力情况见表(3)

表(3)　77—81 年在校学生视力情况

年份	受检查人数	视力正常人数	视力减退人数	百分比
77	2364	2047	317 人	13.4%
78	2606	2065	541 人	20.75%
79	2857	2028	829	29%
80	2416	1530	866	36.7%
81	1796	935	861	47.94%
82	1770	864	906	51.19%

从上表看，视力减退情况有逐年上升。从初一新生进校的视力情况看亦逐年有

所增高,这说明不仅中学阶段视力减退率逐年上升。小学生的视力减退也逐年上升,77—81 初一学生进校视力检查统计(表 4)

(表 4)

年份	受检人数	视力正常人数	视力减退人数	(%)
77	674	612	62	9%
78	421	331	90	21.38%
79	426	312	114	26.76%
80	418	300	118	28.2%
81	317	164	121	38.17%

我们对视力不良的学生进行了调查,掌握了学生视力减退的发病原因。见表(5)

表(5) 112 名初一新生近视发病原内调查表

	发生近视原因					
	视距过近	连续看书作业时间过长	在光线过弱过强下看书	看书写字姿势不正	躺在床上吃饭、走路看书	父母近视
人数	46	46	40	27	47	53
百分率	41%	41%	357%	24.1%	41.9%	47.3%

为了解学生生长发育的规律和制定我校学生形态、机能的均值指标,评价学生发育的水平,我们在 80 年和 82 年六月份对全校学生,从 12 岁至 17 岁的 6 个年龄组,进行了形态(身长、体重、胸围、身高)机能(脉搏、血压、肺活量、握力),指标的测定,按卫生统计学的方法进行了统计,从我校所测得的指标。基本符合生长发育的规律,有些指标与本市本地区的均值比较略有超过,并高于上海等地区的指标,82 年的指标高于 80 年的指标。(见生长发育曲线图)

在调查的基础上掌握了解学生中影响体质下降的主要因素,明确工作重点,制定学校卫生工作的计划,采取一系列的措施,增进学生健康。

2. 创造条件,矫治常见病:

由于教育经费有限,学校卫生经费和医疗设备、技术力量都不足,要全面开展各种常见病多发病的矫治,是有一定困难的,但我们为了关心祖国的下一代的健康,学校领导,总务部门还是尽最大努力,医务室按轻重缓急,分期分批地进行治疗有些慢性病学校解决不了的,即通知家长,如胸透发现肺结核我们采取第一通知家长陪同子女去医院复查、摄片;二是确诊后动员学生休学治疗,这样既做到了隔离,又使学生能得到很好的休息和治疗的条件。在体检中发现有心脏病变的学生,我们随时发告家长书,请家长带自己的孩子去医院专科诊治,一些常见病和生理缺陷,我们指导学生进行矫治。如脊柱弯曲,平足、鼻炎等。同时与家长联系请家长配合;在少花钱的基础上我们对学生中的沙眼、肠寄生虫病进行了治疗,凡体检中发现沙眼的学生我们医务室发药水进行治疗,加强卫生宣传,进行普查普治。沙眼的发病率从78年25%下降到81年的8.46%。

我们近年来逐年对入学新生肠寄生虫病进行治疗,我们采取普遍服药,计算排虫率的方法,见表(6)

表(6) 肠寄生虫病的治疗统计

年份	粪检人数	阳性人数	阳性率	服药人数	排虫人数	排虫率(10%)
79.3	2034人	677人	33.3%	677	318	47%
79.10				406	82	21.6%
80.11				430	28	6.5%
81.11				295	19	6.4%
81.11				省招班农村学生多49	9	18.3%
合计	2034	677		1857	456	24.5%

我们还重点开展了视力保护工作和对近视学生的矫治;全校通过各种形式对学生加强保护视力预防近视的教育,改善采光照明条件,制定了防近措施,建立防近小组,明确卫生员九管职责,加强眼保健操的检查评比,在治疗近视方面我们先后采用了梅花针、耳穴埋豆法、眼药水、远近雾视法摸索了各种治疗方法的效果,获得了一点经验和体会,在采用近雾视法防治近视眼方面进行了总结。"近雾视法治疗青少年近视的效果观察"(另有资料),在防治近视方面从全校情况看视力减退是逐年上升,但从局部治疗情况看特别是低年级学生的视力有不同程度的控制和好转。

3. 加强门诊疾病的治疗。严格控制急性传染病和季节性的流行病,学校医务室在做好卫生保健工作的同时,积极治疗学生中季节性流行病和常见病,我们在季节性流行病发生之前,首先进行卫生知识的宣传,采取预防为主的方针,在流行病发生时我们即进行预防服药。如流行性感冒,流行性眼结合膜炎,春冬季的呼吸道传染病。夏秋季的消化道传染病和虐疾等等,在"流脑"发病季节,对密切接触者服磺胺药物预防,在急性肠道传染病的发病季节我们对可疑病人抽样送检。对已发生的急性传染病,我们及时发现、及时隔离、及时消毒、及时治疗。并上报防疫部门,防止蔓和扩散,从传染病报告记录的资料看,发病人数明显下降(见表7)

表(7)

年份	各种传染病人数				合计
	猩红热	肝炎	虐疾	腮腺炎	
78	29				29
79	17	1	5	1	24
80					
81			1		1
82			2		2

在做好卫生保健工作和开展各项体育活动,学生的免疫机能有所增强学生在校门诊人次逐年下降(见下表1—2)

4. 进行体育医务督导,做到体卫结合。

在学校成立体育卫生领导小组以来,体育老师与校医经常在一起召开会议研究工作,相互了解情况,体卫之间密切配合,医务人员经常到操场看体育课,检查运动场地和运动器材。发现有影响学生健康或可能造成体育伤害事故的情况及时与有关方面联系,对学生运动量过大,学生有慢性疾病请体育老师适当安排,对器材场地不合要求而造成外伤事故则与体育老师共同向有关方面反映,达到及时修理,医务人员配合体育老师共同做好运动员的体格检查和运动训练的指标测定。在运动队集训时观察运动员的血压、脉搏、呼吸、体重的变化以便制定训量计划和运动量。我们还加强对体育运动的卫生教育,安全教育,如遇体育外伤即报告教导处并与体育老师共同分析原因以防连续发生,79年以来运动外伤事故也逐年有所下降(见表9)学校运动会、市运会和有关比赛时,医务人均到场随时准备救护。

表(9) 体育外伤事故统计

年份	体育运动外伤情况及人数				
	扭伤	骨拆	脑外伤	轻度脑震荡	
79	1	1			2
80		2	1		3
81		1			1
82				1	1

5. 开展爱国卫生运动,搞好室内外环境卫生。

环境卫生的好坏是衡量一个学校的精神面貌的主要标志,我们学校又是对外开放单位,更要提高质量。从76年以来,学校领导动员全校师生员工。大力开展爱国卫生运动。我们的做法是划片包干、责任到班,每天一小扫,周末一大扫,节假日前突

学生门诊逐月人次统计(1)

年份	一月	二月	三月	四月	五月	六月	七月	八月	九月	十月	十一月	十二月	合　计
79	281	231	599	520	620	358	158	21	527	497	435	356	4603
80	548	92	596	569	559	349	123	11	345	236	177	217	3822
81	139	132	312	230	224	235	95	10	153	92	103	105	1810
82	176	100	169	108	122	113	58	10					

79—81年学生门诊疾病分类统计(2)

其中各种疾病分类人次															
年份	门诊人次	上呼吸道感染	口腔疾病	胃肠疾病	神经衰弱	疖肿	淋巴结炎	皮肤过敏	疣	眼部疾病	中耳炎	鼻炎	龋齿	痛经	其它
79	4003	1772	42	237	2	48	45	372	52	210	11	73	36	27	1676
80	3822	1403	34	121	7	55	22	181	36	121	7	41	10	9	1706
81	1810	844	30	101		36	26	83	28	81	4	26	18	7	526

击搞,周末检查、出榜公布、期末总结评比表扬奖励先进,卫生要求是室内“六面光”包干段“六无”。食堂卫生要求做到食品卫生“五四制”,饮水卫生要求严格消毒,学生能喝开水,宿舍要求天天打扫、通风透气。环境卫生除划片包干到班外,学校每天有一个班公益劳动。天天有一个组在教学区进行打扫,我们坚持卫生打扫制度,检查评比制度,表扬和奖励先进使得学校的环境卫生能经常持久,制度化,整个校园清清爽爽。室内干干净净。在搞好校内的环境卫生同时,我校还负责包干校外的街巷和路段,建立了红领巾路。坚持天天打扫,在全市性卫生突击活动中学校组织宣传队到街头宣传,设广播宣传台,对群众宣传卫生知识;近几年来我校多次受到市政府,和上级有关部门的表扬和奖励。

6. 大力进行卫生知识宣传教育,培养学生良好卫生习惯。

我校自 79 年来,把对学生进行卫生宣传教育,作为一项重要工作来抓,建立了卫生宣传制度,开展个人卫生、公共卫生、用眼卫生、防病知识,青春期卫生的宣传教育,采用了各种形式和方法,如全校性会议。全校的星期一晨会、班主任会,学生作文命题,教唱歌曲;组织学生看“青春期卫生”“预防近视”的电影,定期出黑板报,进行卫生讲座,培训卫生员,印发宣传材料和通知,从而使学生不断提高卫生知识水平,自觉改变不讲卫生的习惯,过去学生中随地吐痰随地乱抛纸屑,喝生水,乱倒垃圾的情况较严重,现在有了明显的好转。在用眼卫生方面。走路看书,课间不注意休息的人数也减少了。

在卫生宣传方面我们还对教师进行教学卫生的宣传,保护学生视力的宣传,教会全体老师做眼保健操,对炊事人员定期进行卫生知识的讲课,要求食堂工作人员严格遵守“五四制”把好病从口入关,我校食堂在近十年内未发生过食物中毒,也未发生急性肠道传染病的流行,保证了师生的身体健康。

在卫生宣传的内容和次数根据我们不完整的记载统计,79 年来黑板报 27 期,油印材料 6 期,讲座 4 次,教工会议讲卫生知识 2 次,卫生委员培训 3 次,共计 42 次。

7. 建立各项规章制度,明确工作职责。

我们学校根据“暂行规定”的要求结合我校的实际情况制定了切实可行的规章制度。自 79 年以来我们逐步制定了教学卫生制度,环境卫生检查评比奖励制度。医务室工作制度,作息制度。寄宿学生睡眠熄灯制度,食堂饮食卫生、饮水卫生制度。评选“三好”学生关于体育卫生作为一个重要条件的规定等等。在制定各项制度的同时,明确各部门、各有关人员的工作职责。使得各项事情有人抓,具体工作有人问。各班设卫生委员一人,卫生员二人(一男一女)在班主任的指导下,协助医务室搞好卫生保健工作,开展各项卫生活动,全校卫生委员和卫生员在学校体育卫生领导小组领导下。组织召开会议,由医务室负责业务讲座和培训。从而使学校卫生保健工作能顺利开展,也能使之经常,持之。

几年来,我们在体育卫生工作方面取得了一点成绩,但也存在着不少问题,主要是:学校领导在方针思想上虽然逐步明确,但对体育卫生工作还没有按两个“暂行规定”的要求抓得很具体实在，检查得还不细致，在体育工作方面，也仅限于按照国家的一般要求在做工作，怎样根据形势的发展，深入钻研。有所创新等方面做得还很不够，另由于经费上的困难，对运动场地、器材的更新换代和添置还不及时，不敷应用，在卫生工作方面。对学生视力的减退率，还没有得到控制，学生不良用眼卫生习惯一时还不能改变。教室的采光还不符合卫生要求，课桌椅仅有少数符合高中学生的身高，低年级几乎全都不合标准。通过这次对两个“暂行规定”的检查验收以后，我们决心在党的教育方针的指引下，以两个“暂行规定”中的各项要求作为努力目标，抓紧时间，针对存在问题，研究具体措施，并且迅速落实，力求在不太长的时间内，把我校体育卫生工作提高到一个新的水平。

附:体育卫生一天的常规要求

一、广播操做到快、静、齐、不讲话,动作要有力,按节拍去做。

二、从做眼保健操,按穴位规定要求去做。

三、上体育课要排队到操场,加强组织性,纪律性,上课不讲话。

四、各教室早晨要先打开窗户调节空气,上课时要坐姿端正,课间休息要出教室。

五、课外体育活动要整队去操场,不得穿皮鞋,女生更不得穿半高跟鞋参加活动,不得带自行车、书包去操场,十分注意安全。

六、做好每天的值日卫生打扫工作。

七、遵守作息制度,按时起身,按时睡觉。

一九八二年九月

学习贯彻《关于全日制普通中学生全面贯彻党的教育方针、纠正片面追求升学率倾向的十项规定(试行草案)》的汇报

一

去年省普教工作会议后,我校及时传达、贯彻了有关精神,专门印发"十项规定"组织全体教师学习。大家基本明确了"三、五、七、十"的要求(即:衡量一所学校办得好不好的三条标准;何东昌部长提出的五个转变;提高普通中学教育质量的七点意见;纠正片面追求升学率倾向的十项规定)。

本学期,我校根据教育部、教育厅的有关通知精神,对照"十项规定"的试行草案和讨论稿的异同,突出强调了五处有较大文字改动的地方。教导处处务会上专门学习、对照、检查。有关领导深入年级,教研组了解情况。并在全校教师大会上小结贯彻情况,分析问题,提出改进意见。

二

对照"十项规定",我校基本上是做到的,这主要表现在:

1. 按教学计划开设课程,初三年级照常开设升学考试不考的生物、音乐、美术;高二文科班照常上理、化课(按基本要求)。

2. 抓好平行的两个教学渠道,一方面根据各学科的"课堂教学基本要求"上好研究课,以此促进提高课堂教学质量;另一方面积极开设第二课堂,如组织各种活动,放映科技电影,举办讲座和多种兴趣小组(航模、航模、电子技术、化学、观星、生物等)。同时,因陋就简。新辟一计算机房,先在高一年级选二十六名学生学习计算机课,本学期拟作十次讲座。

3. 坚持劳动技术课,78年以来,我校一直坚持每班停课三天在校内分到各部门搞服务性公益劳动,81年起在高一开设农业劳动技术课,82年起在高二开工业劳动技术课。

4. 每天作业量一般能控制在初中1.5小时,高中2小时内;考试次数除毕业班外,基本能控制,除期中、期末考试外,语、外、数、理、化各在期中考试前、后可进行一次随堂单元测验。

5. 面向全体，抓好初中。为缩短小学生进中学后的适应期，搞好中小学过渡，我校已将中小学衔接问题作为教学科学研究的一个专题，在调查分析的基础上，拟在四月上旬，邀请部分小学校长、教导主任，召开中小学衔接问题研讨会。

6. 加强思想工作，本学期以学习华山抢险战斗集体的先进事迹为主，侧重于创建文明集体，目前正围绕这一中心，开展活动，深入教育。

7. 每天一小时体育活动，基本得到保证，高三学生照常参加校春季田径运动会。

8. 继续进行数学、语文教材改革的试点工作，目前数学有高一、初三、初二，三个班试点，语文有初二、初一各两个班试点，其中初二(6)是语、数双试班。

通过逐条检查，也发现我们在执行“十项规定”过程中，还存在一些问题，这主要表现在：

1. 课时有所增加，初三政治、物理、化学各增一课时，高二语文、数学、物理各增一课时，高三政治、语文、数学、物理、化学各增一课时，生物增两课时，以上增加的课时，有的是安排在选修课时间，所以总课时未增加，有的是因以往课时未开足，现在需要补课的，但总的来看随意增加课时的现象必须从下学年起认真纠正。

2. 毕业班的随堂练习和印发的讲义多了一点，滥了一点，这样不利于减轻学生过重负担。

3. 初三毕业班有些学科计划提前结束，这样不利于学生扎扎实实打好基础。

4. 少数班主任有时放弃班会这一思想教育阵地，让学生上自修，个别的则上辅导课。

5. 扬州市民主党派借我校办两个高考补习班，我校有部分教师在补习班兼课，一定程度上牵制了教学力量。

6. 既要控制学生在校时间，又要保证每天一小时体育活动。开展文明礼貌月的各种活动，开辟第二课堂等。总感到时间安排上有一定的矛盾，这势必涉及到学校教育的有关体制，课程设置，教学手段和教学方法等的全面改革。

三

为进一步贯彻落实“十项规定”，我们打算：

1. 认真学习“十项规定”，严肃执行“十项规定”。既然“十项规定”是“中学教育工作者必须遵守的法规”，就要严肃地贯彻执行，凡在检查、对照中发现违反规定的一些问题，均立即采取措施纠正，如控制讲义量。调整教学进度等。

2. 积极地、自觉地、创造性地执行“十项规定”，而不是消极地、被动地、低标准地仅仅做到“不越轨”。我校作为重点中学，应起示范带头作用，所以要从本校的特点出发，努力改革教学，提高教育质量，创造先进经验，真正成为具有示范性、实验性的学校。

3. 不就事论事，认真抓好教学思想，要宣传邓小平同志“三个面向”的精神，明确教育要为现代化服务，教育本身也需要现代化。根据我校历史悠久的特点。既要尊重传统，总结历史的经验，又要解放思想，摆脱历史的因循，教学思想要适应飞跃发展的形势，努力探索八十年代学校教育的新路子。

以上汇报当否，请批示，此致

江苏省教育厅

扬州市教育局

江苏省扬州中学

一九八四年三月廿九日

一学期来改革工作的回顾

一、改革工作的四个阶段

思想准备阶段,84 年暑假期间,省厅、市局确定我校为大改试点学校,党总支随即召开了扩大会议,研究考虑大改的步骤。参加连云港会议之后,学校在开学前召开了由中层以上干部、各教研组、各部门负责人、班主任代表、民主党派负责人参加的大型学习讨论会。为时两天,会议的宗旨是:认清改革形势,明确指导思想,揭露种种弊端,提出初步方案。

草拟方案阶段,学校综合大型学习讨论会上提出的改革的初步意见,草拟了改革方案,并在开学初的教工大会上宣布,供大家讨论、修改,同时报省厅和市局。

初步实施阶段。在市局没有正式批准改革方案之前,学校主要抓了两项工作,一是舆论准备工作,以统一思想;二是常规基础工作,在学校可能的范围内做了一点局部的改革工作和为实施"三定"的调节统计工作。在此其间,市局曾两次来校听取汇报和研究改革方案。

修改方案阶段,去年十二月上旬南京会议之后,深感我校思想不够解放,改革的步子迈得不大,回校后再次发动群众,召开教工大会与有关座谈会,根据"解放思想、打破常规、大胆改革"的精神,修改了改革方案,向市局作了汇报,特别是今年一月底省教育厅的三位厅长来我校视察工作,并向全体教工作了报告,给了我们极大的教育、鼓舞与鞭策,厅长的讲话是一次深刻的思想动员,帮助我们摆脱了那种顾虑重重、举棋不定的精神状态。目前学校正把修改方案中提出的改革工作,一项项地付诸实行。

二、着重做了几项工作

1. 舆论动员工作。

确定我校为大改试点学校较匆促,我校缺少一定的思想准备。所以我们原计划本学期重点是做好舆论发动工作,一学期来,我们组织了中国教育学会第一次全国学术讨论会和省内两次大改学校会议的有关精神传达,组织了"思想政治工作的改革"、"'三个面向'与教学改革"两个专题报告会,召开了不同类型的座谈会,议思想排弊端,论改革、订措施,最近,我们趁省厅在扬州开会的机会,邀请厅长到校作报告,进一步发动了群众,这些舆论工作,使大家逐渐明确了改革的指导思想和具体内容,认识到一切改革措施都是势之所然,使改革成为绝大多数教职工的自觉愿望。

2. 领导管理体制改革方面的工作。

本学期来,我们随着改革的不断深入,同时学习了《中共中央关于经济体制改革的决定》,参观了南师大附中、听了厅长的报告。对"校长负责制,党总支起保证监督作用"这样一种体制的认识越来越明确。党总支深深体会到,不实行校长负责制,容易党政不分,以党代政,党不管党,所以在党员大会和教工大会上总支书记明确表态,校长有行政指挥决策权,要求全体党员、教工支持校长工作。服从校长正确领导。在实际工作中,总支也确实做到了努力为校长的工作鸣锣开道,排忧解难,保证校长政令畅通。校长则感到了责任的重大。应自觉地大胆地用权,做到有权不单干,用权不独断,监权不反感。努力尽快地建立起一个强有力的行政指挥系统。

根据改革精神,中层干部的任命,由学校决定,报上级备案,本学期初我们调查,补充了一部分中层干部。

我们也做了大量的"三定"的基础工作,目前定编、定员方面大致有了眉目,先在教师中进行"三定",初步确定三名教师编外休养,六名教师作为人才流动调外单位,四名教师本校安排,在定工作量方面,我们曾走了一段弯路,去年十一月在征求意见的基础上搞了一个工作量测算方法,但讨论结果,感到越具体越难照顾到方方面面。所以最终还是回到原来"宜粗不宜细"的原则。现已明确测算方法,下学期执行。

3. 教育与教学改革方面的工作。

教学方面,主要做了七件具体工作:(1) 在高二开设了数学、计算机、科学小论文写作、历史、美术等五门选修课,在开辟第二课堂方面作了一些探索性的实践,初步小结的情况是好的,如科学小论文写作课的考核中,出现了《一次成功的地震预测》、《小探用等差数列求平方的问题》等有一定价值的小论文。(2) 组织青年教师参加市青年教师教学优秀奖活动,这一活动对青年教师钻研教学业务乃至教研组的教学研究都是一个很大的促进,评选结果,我校有十三名青年教师分别获一、二、三等奖,占本校参加评选者的68%。(3) 为培养创造型的学生,学校重视了在课堂教学中注意培养学生创造性思维的能力。专门组织教研组长、备课组长学习。数学组的教师还撰写了有关培养创造思维能力的教学总结。(4) 改革考试方法,本学期在期中考试时语文、外语两科在部分年级、班级试增口试,旨在培养学生听说能力。(5) 组织学生参加校、市、省及全国的各种竞赛。以进一步做好因材施教,本学期。我校获全国物理竞赛二等奖三名,三等奖一名;全国数学竞赛80分以上三名。70分以上二名,华东六省一市作文比赛优胜奖二名,鼓励奖一名;评为省优秀运动员六名。(6) 尝试在初一年级加强综合理科教学。曾组织高一年级学生分别到初一年级各班演示实验,以激发学生对自然科学的兴趣。(7) 设立校长信箱,为加强教学管理,及时反馈信息,本学期起要求每个学生填写教学情况征求意见表,并设校长信箱,随时收集教学反映,同时引导学生参与学校教学管理。

在思想教育方面,本学期我们努力注意实现三个转变,即:思想政治工作指导 估价的转变,教育方式方法的转变。在此基础上,重点抓了两件事,一是社会调查,继暑假组织学生沿长江北岸和南岸分别考察历史上的和现实的"七战七捷"活动之后,我们组织了"廿一世纪人才要求考察团"、"正直向上、热于求知校风考察组"等,先后到本市有关单位作调查,通过调查,同学们了解了改革的形势,对未来人才的素质要求有了初步认识,扩大了信息量,培养了社会活动能力,也促进了文化知识的学习,初步尝到了"开放式"教育的甜头,二是,致力于培养学生自治自理的能力。我们改变了学生干部仅仅是教师的助手这种观点,而把学生担任干部看作是一种教育手段与方式,所以我们尽量放手让学生学会自己管理自己,让学生自己办报、国庆文娱会演由学生当节目主持人,元旦联欢由各班学生自己组织……。我们为强化年级的作用,在高二年级试行成立团总支与学生分会,寒假前夕。高二年级选举学生分会干部。有四十名学生参加竞选,他们发表竞选演讲,组织答辩,潜在的能力得到了充分的发挥

4. 总务方面的改革工作。

本学期学校基建任务较重,总务方面初步做了如下的几项改革工作:(1) 绿化承包给花工,在保证学校保持绿化表扬单位和上交学校一定利润的前提下,增收部分提成奖励花工。(2) 食堂加强了岗位责任制,健全了有关制度,正从各方面作准备向承包制过渡。(3) 校办工厂在保证完成原有生产任务外,加紧试制高温高压清洗机和流量测定仪两项新产品,以提高产值,利润,为学校改革提供财源后盾。

三、问题与体会

1. 过于慎重,则难以取得突破性的进展。

这学期总的说来改革工作进展缓慢,这是与我们一开始的指导思想有关,我们片面地接受了以往"教育革命"的教训,过分强调了教育的特殊性,因此求稳怕乱、慎重有余,解放思想、大胆创新不足。虽有局部的改革措施和反复的讨论座谈,瞻前顾后,企求万全,没有能取得突破性的进展全面改革的具体方案,也迟迟难以落实,象我们这样的大改学校,如一味强调"慎重"。必将以此为借口而裹足不前,大改学校没有突破。就不可能对面上的学校提供经验。总结一学期来的改革工作,我们主要要防止的不是"乱",而是"因循守旧",所以一定要解放思想,锐意改革,争取下一阶段工作有新的突破。

2. 当务之急是加强现代教育理论的学习,摆脱沉重的历史包袱。

改革每前进一步,都会从各方向遇到大小不同的阻力,而其中主要是传统的教育思想,习惯的惰性,我们学校历史悠久,有优良的历史传统,但同时也有沉重的历史包袱,所以,只有加强现代教育理论的学习,才能使全体教工在教学思想上有一个根本的转变,以树立新的教学观、人才观、质量观。在实践中我们体会到。组织学习教育理论、转变教学思想,如果笼统地讲讲大家基本上能接受。但一触及到教学实际就会

提出这样那样的反对意见，如在测算工作量时，语文教师强调作文批改耗时多要增工作量，而没有考虑如何改革作文批改方法，做到事半功倍；讨论到高中压缩必修课、增设选修课时，有人认为这是“不正规”的教学；提出要取消期中考试，马上有人担心学生成绩下降……诸如此类，一碰上具体问题，各种教学思想就反映出来，所以一定要结合解决教学改革中的具体问题来组织学习，转变思想。

3. 要尽快建立强有力的行政指挥系统

新的领导班子本学期刚刚组建，又开始试行校长负责制，在这样一个交替变换的过程中，学校的工作还是保证正常进行的，这段时间里。学校领导较多的精力是处理协调人际关系。加之八四年第四季度来自上面的各种干扰（诸如“上面开口子，下面发票子”之类），需要应付周旋，在财源上多花精力，所以行政指挥系统的职能没有得到充分发挥，特别是习惯的因素相当顽强，凡事均须研究，凡事均须书记、校长点头。影响行政工作效率，今后，要强化行政指挥系统，建立一定的制度以保证政令畅通，令行禁止。各级干部要职责分明，各负其责，校级领导亦不越级指挥，只有建立强有力的行政指挥系统，才能保证各项改革措施的畅通。

目前我们正在积极进行定编、定员工作。并着手按改革方案中提出的关于教育、教学改革的设想。作好具体准备。我们决心在一九八五年这个大改之年中，改革迈出新步子，工作取得新成绩。

江苏省扬州中学

一九八五年二月十五日

关于85、86届高中毕业生跟踪调查情况及我们的思考

江苏省扬州中学

一九八七年四月十四日

一、调查的目的,对象和方法

为了检验中学教育是否适应社会主义建设的需要,用社会实践衡量教育成败得失。推动教育改革,促进中学教育整体效益的提高,培养有理想、有道德、有文化、有纪律的人才,最近,我们对85、86届高中毕业生进行了跟踪调查。这两届毕业生总人数为624人,离校后的去向分布为:452人进入大专院校学习,占72.4%;有172人目前还在复习迎考或分配工作,占27.6%。这次调查,共发出调查问卷420份,回收问卷216份。调查主要是采用问卷法进行,调查内容为两部分,第一部分通过选择问卷让学生回答所从事学业(职业),学习能力、生活自理能力,毕业后在社会的适应情况,对中学评定三好生的标准和办法,管理方法,必修课教学,中学阶段感到思想成熟和萌发理想的年级等情况,第二部分用提问卷让学生回答对中学思想政治工作和教学工作的印象,突出问题,此外,我们还专程走访了南京大学、南京师范大学、河海大学,上海交通大学和复旦大学共五所高校,召开了几次共有52人参加的校友座谈会。征求对中学教育教学工作的意见,听取了这五所学校对我校85、86届毕业生的素质反映。

二、基本情况

(一) 学生总体素质及其特点

通过调查和分析可以看出,我校毕业出去的学生在总的方面是好的或者比较好的,其主要特点是:

1. 发扬母校"正直向上,热于求知"的校风,具有较好的思想政治素质。在这次被调查的进入高校的学生中有33人(占回收问卷人数的15.2%)分别受到校系级的奖励,被表彰为优秀三好生或优秀学生干部,在新的学习或工作环境中,基本都能处理好人际关系。关心集体、热爱党、热爱社会主义祖国,关心开放、改革的形势。一些学生进入高校后。在政治上向自己提出更高要求,打了入党报告。在去冬学潮事件中,我校毕业生基本上没有什么突出的错误行为,他们对少部分大学生上街游行闹

事，有185人（占回收问卷总数的85.8%）认为这是错误的或是不可取的。

2. 较快地适应新的环境，具有较强的能力。调查表明有199人（占92.5%）已经适应或基本适应所从事的学业或职业，他们一般均具有较强的工作能力和生活自理能力，在回收问卷的人数中有34人分别担任了校系级学生会，团组织的干部。河海大学招生办公室负责同志反映：我校85届毕业生马青峰进入河海大学后，担任了校文娱部长和系学生会主席，她在平时工作中，显示了较强的学习能力。组织能力和活动能力，在学生中具有比较高的威信和良好的形象。

3. 学风严谨踏实。具有较好的科学文化素质和较强的学习后劲，进入高校的学生热爱专业，勤奋学习，有一般钻研劲头，不少同学获得不同等级的奖学金。有少数高考落榜生，在不同条件下坚持文化学习，有的也已分别进入了电大、职大以及其他类型的学校。

（二）教育教学工作上好的方面

在问卷中，校友们反映，母校是重视加强并坚持思想政治工作的。学生感到，通过中学阶段的思想教育，在以下方面感到获益非浅：

第一、注意运用英雄模范人物的典型事迹教育和激励学生，使心灵受到震撼，思想得到升华，校友们感到，母校运用李燕杰、张海迪、华山抢险英雄，老山英雄事迹教育大家，邀请本校64届毕业生，在数学学科研究方面作出成绩的中科院研究员祁力群，在西德获得博士学位的校友程光祥回校作振兴中华攀登科学高峰的报告，给中学生留下了难以忘怀的印象，这种教育具体、形象、实在。因而产生强烈的效果。现已走上工作岗位的汪红梅同学说："听英模报告十分感动，因为那是真正的声音，真正的人生道路，是血与火中的考验没有人会说那是'大道理'"。

第二、开展社会实践活动，拓宽了视野，使思想受到启迪。85、86届高中毕业生在校期间，正值我校实行整体改革的初始阶段。我们提出了在思想政治工作方面，要适应时代要求，实行教育方式方法的转变，并在全校组织了"二十一世纪人才素质"，"三个面向与人才成长"主题社会实践活动，学生分赴工厂、农村、商店、高校等单位开展社会调查，在此基础上举办了"在希望的田野上"主题报告会。校友们反映，这些活动，密切了课堂与社会的联系，拓宽了思想教育的领域，对于帮助学生了解社会，培养能力，产生积极的效果。马青峰，周岱（国际关系学院国际经济系）同学在校参加江南四城市社会考察，他们反映，那次江南城乡之行，印象深刻，加深了对十一届三中全会以来路线和形势的认识，同时也培养了活动能力。因而对在大学里担任一定的社会工作是有裨益的。马青峰同学进入河海大学后，又参加了苏北部分地区的社会调查，撰写了《关于苏北致富的几点思索》的调查报告，获得论文奖。

第三、运用多种形式进行思想教育，陶冶了情操，许多毕业校友对母校举办的"五四"青年节联欢会。"六一"营火晚会，夏令营，艺术周晨会教育以及每天的升旗仪式记忆犹新。认为这些活动适合青少年身心特点，寓教于乐，易被接受。

第四、加强校风教育，培养了良好的品德，近几年中，我校十分重视对学生进行校史教育和校风教育,通过宣讲"正直向上、热于求知"的优良校风,为中学生的健康成长,创设了良好的氛围,校友严斌(上海交通大学)说:"校风教育给我留下很深的印象,并时时以它来督促自己上进"。南京医学院医学系校友卞京文在调查中说:"'正直向上,热于求知'的校风教育对我树立'救死扶伤'的崇高医德无疑是至关重要的因素。"

在教学方面主要表现有:首先,教学严谨,教风端正,校友对母校老师专注于育人事业,勤恳踏实的教学态度等十分感动。

其二、注意打好双基,必修课教育比较正规,各科教学基本能做到重视基础知识的传授和基本技能的训练,重视开发智力,培养能力,学生反映:由于在母校获得的知识比较扎实,使自己的思维能力、自学能力、阅读能力进一步加强。因而为自己的深入学习提供了扎实的基础。一位同学说:"母校教学高明之处在于按规律办事,不搞加班加点,注意能力培养"。

其三、重视上好必修课,积极开辟第二课堂的教学。学校重视课程结构的改革、从过去以课堂、书本、教师为中心,转变到课内与课外,书本与实际,教师主导与学生主体相结合的方面来,在保证上好必修课的同时,开设了选修课,第二课堂的开辟,弥补了课堂教学的不足,拓宽了学生的视野,如,我们开设了计算机课,进入高校的学生反映,由于中学阶段初步掌握了电脑的基础知识,因此较快地适应了大学的学习生活。

(三)存在的问题

在肯定教育教学工作成绩的同时,校友们也中肯地指出了存在的问题或不足。通过调查分析,归结如下:

1. 教育思想不够端正,升学率包袱较重,校友们在回答"对中学评定三好生的标准和办法"的看法时,有26人认为是"看重成绩","凭老师的印象",有45人提出要加以改革,一位同学说:中学"树立的榜样,往往是学习好而其它方面并不突出",这反映了,片面或陈腐的人才观,以智育或分数为标准的质量观仍有影响,高三年级是中学的最后阶段,也是加强思想政治工作,帮助中学生为即将到来的心理断乳期作好思想准备的关键年级,在调查中发现,有77人(占36%)认为高三年级的思想教育工作比较薄弱,王军同学(复旦大学中文系)说:"特别是高三,学生注意的是知识课的学习,而对此外的东西不太关心"。一些老师对学生说:"多对几个题就多得几分"。86届校友陈益(南师大教育系)谈了自己的心理:"高年级忙于应付升学而潜伏危机,到了大学总爆发,苦闷、迷惘、失落困扰了初进大学校门的我们,要经过好长时间才能找到精神支柱、获得心理平衡。"由于教育思想不端正,培养目标不明确,客观上使思想政治工作受到削弱,影响了学生科学世界观和革命人生观的逐步形成。

2. 思想政治工作的内容,途径和方法跟不上时代节拍,具体表现在(1)虽然强调理想教育但由于种种原因。在一定程度上忽视了四项基本原则为核心的政治方向教育。从这次调查中看出,学生虽然认为大学生上街游行是不可取的。但看不到资产阶级自由化的影响这一要害。对四项基本原则还存在不少模糊认识和偏激的看法：如一些学生认为同学潮"方法不可取，但也有好处，可以改变社会不良现状"，还有的认为对资产阶级自由化的批判是"小题大做，不必上升到这样的高度"。认为"现在缺少民主，就要通过一些途径加以争取"。这些思想认识，虽然是有害的，作为中学教育负有不可推卸的一定责任；(2)缺乏针对性，学校思想教育一直还是重视抓的，这一点校友们都加以肯定。但有 105 人(占 44%)反映，我们的思想教育脱离学生思想热点，脱离青少年特点，脱离社会实际，正如马宇虹同学(镇江船舶学院)说："接受的教育是一套，而社会生活又是一套"。还有的同学说：思想工作存在着"你关心的他不讲，他讲的你不关心"的问题，马萌雯同学(南京大学)说："老师要多和学生进行非正式交谈"。不少同学希望老师要真正"深入到学生内心世界"去做思想工作，既要为良师，也能作挚友；(3)缺乏生动性，思想教育存在教育形式单一，教育内容枯燥的缺陷，没有更多的吸引力，有一位同学指出："扬州中学并不是没有思想教育，问题是教育还欠生动"。

3. 思想政治课教学存在脱离实际的倾向，缺乏战斗力。就目前而言，思想政治课教学还未发挥出应有的效益，对此，校友反映，思想政治课枯燥，回答不了现实中或思想上的疑问，不能起到"解惑"的作用，同时，还存在着把思想政治课作为考试、升学的工具。86 届毕业生程兵说："政治课上发不完的讲义，上课讲了一条条的'标准答案'，而真正实用的，研究实际问题的很少。这样既不能适应高考，也不能在将来的社会实践中真正运用，以至于把马克思主义的灵魂变成了死教条。导致学生的抵触情绪。"一些学生说："政治老师要提高自己的水平和素质"。

4. 在教学中对如何处理好教师主导和学生主体的关系，调动学生学习积极性，激发创造性不够，校友们反映，课堂教学中存在"讲得过细，以致于过死"。"老师讲得多，学生思考少"等灌输现象。这种做法导致了学生缺少一定的自由度，束缚了学生自由地思考和主动地探索精神。还有同学提出老师"不善于运用教育心理科学开教学生"，课堂气氛沉闷呆板。

5. 教学中对大面积提高与培尖之间重视不够平衡。第二课堂开展不够广泛。学生反映第二课堂的开展不够广泛，尤其是课外科技活动、兴趣小组、科学讲座等比较缺乏。对学有余力的学生如何因材施教措施不力，培养不够。

6. 在帮助学生掌握科学的学习方法，培养学习能力方面不够有力。进入高校的学生对此有两方面的反映。第一，理化实验能力比较薄弱，一些学生进入高校后，动手能力逊于动脑能力。第二，有 71 人(占 33.1%)反映本校毕业生英语的笔答能力还可以，但听说能力训练较差，不能适应高校教学要求。

三、我们的反思及改革的设想

这次较大范围的跟踪调查，使我们用社会实践这一标准，衡量了本校毕业生走出中学校门后的适应情况，反映出我们在教育思想、思想政治工作和教学工作等方面存在的问题,这些应当引起我们从事基础教育工作的同志深深的反思,面临着开放改革的形势,面对着社会主义两个文明建设对中学教育的严峻要求,我们深感肩负的责任重大。通过调查分析,使我们看到了工作中的不足,进一步明确了努力的方向。

对今后的工作设想如下:

(一) 要继续加强教育思想建设

教育思想的建设是办学的首要和根本的问题,我们要用社会主义精神文明建设的根本任务统一教育思想,努力做到教育要适应社会主义现代化建设的需要,培养有理想、有道德、有文化、有纪律的社会主义公民,提高整个中华民族的思想道德素质和科学文化素质,在教育思想方面着重解决以下四个问题:

1. 克服狭隘的功利观,确立正确的教育价值观,要着眼于提高全体学生的思想素质、知识素质、智力素质和身体素质,把他们培养成为适应社会需要的"四有"人才。

2. 克服在人才问题上的片面认识,确立科学的人才观,社会主义现代化建设需要多类别、多规格、多层次的各种人才。中学教育属于基础教育,承担着为各级各类人才的成长进行奠基的任务。我们必须确立面向全体学生的思想,正确对待重点中学担负的双重任务,正确对待升学率,使其成为办学过程的自然结果。

3. 克服"分数即质量"的观点,确立正确的教育质量观。做到德、智、体、美、劳五育综合要求,和谐发展,并使个性特长得到充分发展。

4. 克服"只问耕坛,不问收获"的倾向,坚持教育必须为社会主义现代化建设服务的方向,我们要在这次跟踪调查的基础上,建立毕业生跟踪调查制度,做到系统的,全面的,科学的调查,总结成败得失,推进改革,不断前进。

在当前,要把坚持四项基本原则,反对资产阶级自由化的教育作为教育思想建设的一项重点和首要任务来抓,加强教师的政治学习,强化四项基本原则为核心的政治方向教育,明确坚持四项基本原则是办学的根本所在,坚持党对学校的领导,全面理解和贯彻执行党的教育方针,坚持社会主义办学方向。

(二) 切实加强教师队伍的建设,提高师资队伍的素质

教师队伍的素质是提高办学质量的关键。我们要努力建设一支具有高度责任感和强烈事业心,适应中学基础教育要求的教师队伍。

在调查中,学生对一些教师当年严谨教学、教书育人的风范留下深刻的印象,而对个别教师简单粗暴、损伤学生自尊心的做法,至今耿耿于怀,如一位校友对"印象最深的一件事"一题作答:"×××老师发火",甚至还有的评价"×××老师庸庸碌碌"。一位同学在调查问卷中,希望:"教师要运用教育心理科学教育学生。"学生的反映是教师素质的一面镜子。

从我校师资队伍的现状来看。主要是一部分教师的思想素质有待提高,尤其是一部分青年教师存在着不安心中学教育事业,思想素质低,业务水平和教学能力不能适应中学教育的要求。为此,我们要在今后做好几件事:

1. 开展师德教育,增强教师事业心,责任感,要帮助广大教师明确肩负的历史重

任,激发热爱中学教育事业的感情,表彰先进,开展岗位竞赛评比活动。要针对教师队伍中不同年龄层次的特点,有针对性地开展师德教育,做到教书育人,管理育人,服务育人。要把师德教育和责任制、考勤考绩等制度结合起来,和创建文明组室活动结合起来,使之制度化、经常化。

2. 要加强思想政治工作队伍的素质建设。思想政治工作队伍在育人事业中担负着重要任务,要有计划有步骤地建设一支思想觉悟好。工作能力强、业务水平高。适应当前和今后形势的思想政治工作队伍,尤其要加强班主任队伍的建设。要重视班主任工作的业务学习,扶持先进,从多方面为班主任队伍的成长和发展创造条件,在这当中,要把青年班主任素质建设放在首要和重要位置。

3. 有计划地通过多渠道和多途径加强教师业务培训,要按重点中学的要求和本校教育发展规划,加强教师队伍的业务培训,要拟定全校教师培训进修的计划和方案,使教师能适应中学基础教学的任务。

4. 加强教育教学科学理论的学习和研究。教育是一门科学。我们要按照教育规律办事,提高教育效益,就必须重视教育科学理论的学习和研究,要确定学习教育科学理论的教材,制定学习制度,加强校内以及校际的理论探讨,重视教育信息的交流,不断提高教师队伍的教育科学理论水平。

5. 要加强教研组建设,发挥教师队伍的群体效益。

总之,教师队伍的思想素质和科学文化素质的提高,必将有助于培养更多的高质量的“四有”人才!

(三)按照三个面向的要求,加强和改革学生思想政治工作

遵照邓小平提出的,青年要做四有新人,尤其要做到有理想、有纪律的要求,针对调查中发现的问题,在学生思想政治工作或德育工作中,要确定以下观念并开展工作:

确立系统观念,突出理想方向教育。参加八六年底学潮事件的成员。大都是大学一、二年级的学生,这在一定程度上反映了中学阶段思想教育尤其是政治方向教育的薄弱,如前所述,我校学生虽然没有在学潮中“出头露面”的,但通过调查也发现了他们在根本政治原则和政治方向等问题上存在着模糊或偏激的认识,如一些学生不从更广阔的社会背景去思考学潮事件,而是停留在表象的判断上,认为学潮“很壮观”。“反映了学生的力量”。至于这“壮观”和“力量”意味着什么。却缺乏分辨能力。这些启发我们在思想教育系统工程中,要强化政治方向和政治原则的教育,加强时政教育,在调查中,不少同学希望母校要加强正确人生观的教育,帮助学生学会“为人之道”。一位86届校友升入苏北淮阴的一所专科学校,在调查卷中叹道:“高考未中,发落淮阴”这一“发落”不仅反映了学生片面的人才观,同时也反映了中学生存在一个如何正确对待人生。对待前途的问题。因此,今后我们要通过加强班集体建设,抓好已经实施的《创建班集体标准及其考核评比办法》。发挥班集体这一组织系统在育人中的特殊而重要的作用,要在我校多年实践的基础上,制订具体的德育教育大纲,做到

思想教育系统化。当前以及今后要重视抓好四项基本原则。反对资产阶级自由化的教育,正常时政教育,加强道德建设,和法制教育,着重抓好艰苦奋斗,具体行为规范的教育和训练。

确立实践的观念,引导学生在接触社会实际过程中提高思想素质。要坚持开展受到中学生欢迎的社会调查活动。引导中学生接触社会,了解社会。开展广泛的社会实践教育活动,与思想政治课和劳动教育相结合,建立社会实践制度,与工厂、农村单位联系,建立实践(劳动)教育基地,加强劳动教育,每学期要安排一定的劳动锻炼。磨炼意志,增强对劳动人民的感情,培养劳动观念和劳动习惯。

确立开放创新求实的观念,加强针对性,改革教育方式方法,要适应时代要求和当代中学生身心特点,继承传统的基础上,注意教育方式的更新,对错误的思潮和认识,要发动学生运用讨论的方式,在马克思主义指导下加以认识,要注意教育形式的多样化和生动性,克服"一刀切"的做法,继续重视发挥学生的自主精神,促进思想教育效益的提高,要坚持搞好调查研究。无论是平时,还是这次调查,都反映了中学生一代有着丰富的思想,面对多思的一代,我们要切实了解他们的思想,关心他们的思想热点,真正把握学生的思想脉搏,针对学生反映较多的思想教育"单一"、形式"枯燥"的问题,加强思想教育的实效性,要处理好教育主体与客体的辩证关系,建立新型的师生关系,校友马志强说:"只有出自内心才能进入内心",这就要求教育者要不断改进教育方法,要尊重学生的人格,提倡平等对话,进行民主式的讨论,加强说理教育,诚如一位南大校友所希望的"教师要和学生进行非正式交谈,"创造良好的教育气氛,淡化教育痕迹一切从效果出发。

确立结合的观念,克服教育教学"两张皮"的现象,思想教育要和教学相互结合,相互渗透。在重视思想工作的过程中,要强调教学要体现思想性。要把教学中体现思想性的要求,作为衡量教学效果和教师是否全面关心学生成长的重要方面之一,学校要加强对这项要求落实情况的检查。要重视思想政治课的教学和改革,积极着手进行思想政治课改革的试点,采用新教材。把思想性放在首要位置,改革考试方法,与学生和社会实际亲密联系,增强战斗力。

确立预期观点,重视青春期教育和心理断乳期预期教育。做好思想教育的预测。注意培养中学生良好的心理素质,作为阶段思想教育的一项重要任务,就是要帮助中学生有充分心理准备地度过已经到来和即将到来的心理断乳期,使中学生健康地度过这一时期。要在调查研究的基础上,分别在初一、高一年级中开展青春期教育试点,开展心理咨询试点,帮助他们正确对待友谊,正确对待自我,以尽快适应社会的要求。

确立全方位教育目标的观念,重视美育,加强校园文化建设,美育在促进学生德、智、体全面发展方面。具有独特的功能。我们要提高对美育的认识,教育学生树立正确的审美观念,审美情趣,系统地传授审美知识,培养审美能力,激发学生对美的爱好和追求,我们要着重通过加强校园文化的建设进行包括美育在内的诸教育。要与第二课堂相补充，广泛建立学生社团，发展多种兴趣爱好，开办学生关心的社会科学，自然科学的讲座，办好板报、宣传窗，每学年举办一届中学生艺术节（艺术周），加强对中学生阅读的指导，用美战胜丑，清除和抵制精神污染，总之，要重视教育，加强校园文化建设，让中学生在美的熏陶中健康成长。

（四）加强教学管理，推进教学改革

我们要在继续搞好教学调查的基础上，积极而稳妥地推进教学改革，具体做到：

1. 在统一全校教师思想认识的基础上，运用模糊方法论中的一些基本概念，对教师教学质量进行一次全面的，模糊量化的客观性评估和主观性评估。加强对教学的科学管理，进一步为建立科学的综合评价体系作必要的基础性探索。

2. 要在总结近二、三年来学校课程结构改革的基础上，进一步改革第一课堂，加强第二课堂。广泛开展各种学科小组、科技小组、讲座、社会调查、体育、文娱活动，使学生既有扎实的基础，又能充分发挥兴趣爱好，个性特长，开拓知识面，增长创造才干。切实制定好选修课和劳技课的教学计划，加强劳技课和选修课的教材建设和物质建设。健全考核制度，拟订科学的考核标准，考评结果要载入学籍卡，登上成绩单，作为评选优秀学生的指标之一。

3. 要在教学实践中，不断完善我校已建立起来的“一为主，三结合”（即在学校工作以教学工作为主的前提下，努力做到课内与课外结合，教师主导和学生主体的结合，理论知识和实际的结合）的教学模式，大力提倡和推进在深入钻研教材，了解学生的基础上，以提高质量，减轻学生过重负担为目的的教法改革，积极采用现代化教学手段，使课堂教学出现新面貌，有计划、有步骤地，谨慎地进行教材改革的试点工作。

教育改革的根本目的是提高民族素质，多出人才，出好人才，以适应现代社会经济发展的需要，中学教育不仅要为培养社会主义建设所需要的高、中级专门人才打好基础，还要为各行各业培养出一大批有文化、懂技术、思想进步、业务熟练的劳动者，按照教育规律和教育方针来培养四化所需要的建设人才，使学生在德、智、体、美、劳诸方面全面发展，是理论上和实践上都必须确立的观念。我们一定要加强学习，提高认识，端正教育思想，使教育真正为社会主义建设服务。按照教育面向现代化、面向世界、面向未来的方针和教育要面向全体学生、面向德智体全面发展、面向学生终身的要求，扎扎实实地为提高全民族素质打好基础，按人才成长的规律培养人才。

一九八七年四月十四日

坚持三个面向要求　遵循教育规律
培养适应未来需要的一代新人

江苏省扬州中学

如何适应时代要求,加强和改善学校思想政治工作,坚持对中学生进行以共产主义理想为中心的思想教育,是我们这几年思考和探索的课题。我们的主要做法是:

加强思想政治工作领导的科学性

思想政治工作在学校中占有重要地位。我们一贯重视加强对学生思想政治工作的领导,遵循教育规律,针对青少年身心发展特点,努力实现思想政治工作领导的科学化。

树立科学的观念。做好学校思想政治工作,是适应当前开放、改革的形势,坚持两个文明一起抓的战略方针,坚持社会主义办学方向,培养适应未来需要的一代新人的要求,我们十分重视提高对加强思想政治工作重要性的认识。同时,根据思想政治工作的现状,结合教育改革的总体要求,注意树立科学的观念。在学校思想政治工作方面,提出实行三个转变,即:(一) 思想政治工作指导思想的转变,清除"左"的思想影响,克服思想工作和教学工作"两张皮"的现象,明确学校思想政治工作,要以培养"四有"人才为中心。(二) 对当前中学生估价的转变,树立马克思主义时空观,克服过去存在的用五十年代的标准衡量八十年代中学生的片面要求,单纯用分数高低和听话与否作为好学生的陈腐观点。充分肯定中学生的主流,发挥他们的自主性和创造精神。(三) 教育方式的转变,变封闭式为开放式、保姆式为自我教育式、灌输式为启发式。三个转变的提出,使我们对做好新时期学生思想政治工作,有了一条比较清晰的思路。

学习理论,克服盲目性,增强自觉性,促进思想政治工作由经验型向理论型的转化。在建国以后的办校历史上,我校形成了一套思想政治工作的经验和做法。但是,面临新的形势和要求,我们感到,要使思想政治工作具有时代特点,在继承传统的同时求得新的突破和进展,必须借助于理论思维的力量。我们有计划地组织广大教师和干部,认真学习社会主义精神文明建设的论述,学习《中共中央关于教育体制改革的决定》;重点组织召开了教研组长和中层以上干部参加的教育思想研讨会,组织部分同志撰写文章,开展教育思想讨论,以不断统一全体教师和干部对做好新时期思想政治工作重要意义的认识,明确新时期的人才素质,就是培养学生成为有理想、有道德、有文化、有纪律,热爱社会主义祖国和社会主义事业,具有为国家富强和人民富裕而艰苦奋斗的献身精神,不断追求新知,具有实事求是,独立思考、勇于创造的科学精神的一代新人。此外,我们还组织班主任学习现代教育理论,通过学习科学理论,让经验丰富的班主任在理论的指导下,求得突破和发展;使青年班主任在科学理论指导下,自觉实践,积极探索,为了提高班主任的理论水平,交流信息,我们做了几件事:1. 政教处定期编印《班主任工作简报》,为班主任提供学习教育理论,交流研究工作的园地。2. 帮助一些在班主任和团队工作中取得经验的同志,撰写了一批具有一定理论深度的论文和体会。3. 根据入校不久的年轻教师不愿做、不会做班主任的问题,学校举办了青年班主任讲习班,帮助他们提高对班主任工作意义的认识,学会做好班主任的常规工作。

实行科学管理,是改善思想政治工作,提高效率的重要方面。我们主要围绕四个方面开展工作。第一,形成思想工作队伍网络化、工作制度化,学校成立了由各层次、各方面代表参加的思想政治工作小组,设立了政教处,学校书记和正副校长实行"三个一",即每人负责管一个部门,深入一个年级,结合一个教研组,实现对思想工作和教学工作的全面领导。多年来,我们坚持了每周三干部理论学习制度,每周一次思想政治工作研究制度,每周五班主任例会制度。第二,实行学生思想政治工作的目标管理。在全校各班级开展创建班集体活动,把全校思想政治工作的要求和班级奋斗目标结合起来,实行目标管理和目标教育。近两个学期以来,全校每班都提出了适合本班实际的,富有激励性的思想教育目标。第三,运用反馈原理,不断开展调查研究。几年来,我们坚持不断地对中学生进行理想状况、学习兴趣等多方面的调查,通过采取随机抽样,典型分析的方法,切实把握中学生的身心特点和思想脉搏。每个学期结束以至每个专题活动终结,我们都注意搜集反映,获取信息,以不断改进思想政治工作。

贯彻思想政治教育的系统性

学校思想政治工作是一项复杂的系统工程。在教育实践中,贯彻系统化原则,是中学思想政治工作科学化的关键。按照系统观点,教育的有效性,即活动系统的最优化,只有在教育中体现整体性和系列性原则,才能切实解决,在教育内容上,我们努力按照理想教育系统化的要求,按年级、分阶段地开展教育活动。一段时期以来,在系统教育的内容上,已形成具有本校特点的一些做法,如,针对初一年级学生特点,我们坚持开展了"在树人堂前"的主题活动。对初一新生进行校史教育,学习老一辈革命家、中央政治局委员、我校老校友胡乔木给母校题词:"正直向上,热于求知",激发进取精神,迈好中学第一步,高中年级结合政治课教学,坚持开展社会调查,开展"十七岁的思索","时代与我"的主题活动,进行革命人生观和远大理想教育。前一时期,在教育系统化方面,我们主要抓了系列活动的开展。

开展系列活动,多层次、多方位地强化思想教育的效果。各班级注意针对中学生特点,根据本班具体实际,开展系列活动,克服过去空开会,无实效的情况。高三(4)

班开展的《祖国·学校·我》主题系列活动,引导同学正确认识祖国、学校、个人这三者之间的关系,祖国就已不再是空洞的概念,而和学生本身的成才联系起来。再如高三(5)团支部,针对本班同学不同程度存在理想淡漠的现象,开展了《理想在我们中间》系列活动。由于这个教育系列有一定针对性,切合实际,因而收到了成效,保持内容的系统性,时间的持续性,是系列活动的基本要求之一。各班在活动中,克服零打碎敲般的应景式、拼凑式、打遭遇战式的随意性现象,力求体现鲜明的目的性和整体性,使活动在内容上有系统,活动上有系列。活动与活动之间具有内在联系,呈一种递进或互补关系,让前一活动为后一活动的基础,后一活动是前一活动的延伸。同时,我们还要求各班的系列活动时间,有一定的持续性、要把系列活动有计划、有目的地贯穿于整个学期的各个阶段。如高三(3)团支部开展的《升起吧,希望之星》主题系列活动,其目的:通过活动,使全班同学认清形势,树立理想,推动文化学习,奋发成才,成为祖国明天的希望之星,据此,他们设计了四个活动,即:系列一"撒播信念的种子";系列二"挥洒耕耘的汗水";系列三"采撷改革的浪花";系列四"升起吧,希望之星"。由于注意针对性,加强了思想性,保持了内容的系统性和时间的持续性,使活动已不再是量的简单排列,而是从质的联系上有序展开,从而收到较好的教育效果,班级呈现出团结互助、奋发向上的气氛,班级被评为文明班级。在系列活动中,各种适合中学生特点的活动样式也得到广泛应用,改变了过去长时间小容量的教育形式,延伸并扩展了中学思想教育活动的时间和空间,体现了教育系统的整体性,深化了思想教育的主题,近两个学期中,全校共开展了四十多个系列活动,不少学生深有感触地说:"这样开展系列活动,既使我们感兴趣,又使我们受教育,培养了能力,增长了见识。"

讲究思想政治教育方式的开放性

对外开放,对内搞活的形势,改变了学校思想教育的外部环境,同时,也对学校思想政治工作提出了更高要求。在教育的方式上,必须打破封闭式,实行开放式。几年来,我们坚持开放式,组织了多次社会调查活动。一九八四年,我们在全校组织了历史与现实相结合的"七战七捷"社会调查,全校以班为单位组成了"苏中七战七捷"社会考察团,"三个面向"社会考察团,"二十一世纪人才素质"考察团,"正直向上,热于求知"校风考察团,走向社会,开展广泛的社会实践活动。少先队组织的"苏中七战七捷"考察团,他们在老红军的带领下,奔赴当年粟裕同志指挥的苏中战场,瞻仰革命遗迹,寻访革命传统,激发理想,通过考察,少先队员们心情激动,决心要响应胡耀邦爷爷的号召,发扬革命前辈"七战七捷"的拼搏精神,刻苦学习,将来为江苏经济建设中新的七战七捷作出贡献。高中年级分别调查了南京、常州、苏州、无锡堰桥、扬州等地近五十多个单位,深入了解我省经济建设和改革的实际,撰写调查报告二百余篇。原高二(3)团支部,采访了我市一位副市长,看到了建设扬州、开发苏北的远景规划,撰写了《"未来市长"访今日市长》的调查报告,阐发了中学时代树立志向,培养能力的重要意义,不少学生在调查报告中提到,实行开放式教育,拓宽了视野,使我们看到当今开放、改革的大好形势,也看到了未来。进一步懂得未来人才需要那些素质,我们学到了课堂教学活动中难以学到的东西。

发挥思想政治教育对象的自主性

在调查研究的基础上,我们看到,开放、改革的伟大历史转变,给中学生的思想带来深刻的影响。当前中学生的主流是积极向上的,他们中间蕴藏着极大的积极性和可贵的创新精神。他们勤于思索,富于理想,渴求知识,努力学习,拥护开放和改革,渴求创新,要求自主,爱美求美。学校思想政治工作的任务,就是启发、爱护和支持青少年的创新精神,在引导学生如何“求知做人”上用功夫,对中学生身上存在的弱点,相信是可以通过教育逐步加以克服的,肯定青年的主流,把青年培养成为具有创新精神的一代新人,这也是加强和改善思想政治工作的一个根本出发点。据此,我们引导学生认识未来人才素质的要求,鼓励中学生创造愿望,在年级设立了团总支和学生分会,为中学生成才创设条件,在学生干部制度方面,则采取自荐的方法,在班级实行学生干部轮换制,学校定期举办学生干部培训,以提高学生干部的工作能力和活动能力。自我教育活动的倡导和推行,促进了中学生由他律向自律的转变,在全国万名创造杯活动中,少先队员们在辅导员的帮助下,树立创造志向,开展创造活动,做创造的小主人,自己设计、组织创造杯活动,有四个活动荣获全国创造杯,其中一个获得最佳活动奖,少先队员的代表赴京参加了全国创造杯夏令营。团委组织的《光荣的使命在召唤——“五四”运动在扬中》大型主题活动,有一百余人参加准备,其中有初一年级少先队员,还有高三年级即将毕业的学生。他们充分发挥自主精神,使这次活动在全校师生中受到普遍好评。一九八一年以来,学生会创办了《树人报》,他们针对学生特点,围绕学校工作中心,开展生动活泼的宣传工作,在师生中产生很好的影响。《树人报》作为学生活动的阵地,也培养了一批小小活动家、在发挥学生自主性过程中,我们注意引导学生摆正自我与集体的关系,提出,学生自律是班级集体中的自律,许多班级,在班级中实行目标管理、目标教育,创建班集体,做班级的主人。不少班制定了创先进团支部、文明班级的目标规划。还有的班级开展了创英雄中队的活动。通过教育和引导,学生的自主精神也在不断升华,近些年来,在学生中开展了“三学活动”,即学党章,学团章,学哲学小组活动。目前,有九十多位高中同学积极参加学党章小组活动。应届高中毕业生何磊同学,通过参加学党章小组活动,思想素质有了较大提高,他关心集体,团结同学,学习优秀,热情组织班级活动和学党章活动,在今年“五四”青年节之际,被光荣批准为中共预备党员。

由于我们在思想政治工作中,注意系统工程的整体功能,注意思想政治工作领导的科学性,内容的系统性,教育方式的开放性和教育对象的自主性,促进了中学生的全面发展。

我们的思想政治工作,离新时期社会主义精神文明建设的要求,还有不少距离。

我们决心,要按照《中共中央关于社会主义精神文明建设指导方针的决议》为指导,坚持两个文明一起抓的战略方针,在提高中学生科学文化水平的同时,努力提高他们的思想道德素质,为社会主义建设培养更多的人才!

一九八六年十月二十日

全面贯彻教育方针，加强学校体育工作

江苏省扬州中学

江苏省扬州中学是一所省属重点中学，又是省级田径、排球传统项目学校和省首批试办高中水平运动队的学校。几年来，我们在加强教育思想建设，端正社会主义办学方向，开展教育、教学改革的过程中，始终把加强学校体育工作放在突出地位，体育工作有了长足的进步。实践证明要使学校体育上新台阶，一是要给体育以位子，二是要建设好体育师资队伍，三是要贯彻学校体育工作方针。

一、确立方针观念，重视体育工作

我们认为中学教育是培养“四有”人才的奠基工程，中学教育为社会主义建设服务的原则要落实到提高受教育者的素质上来，不仅要提高他们的思想道德素质，科学文化素质，良好的智能素质，而且必须高度重视提高他们健康的身体素质和心理素质；中学教育应该培养德、智、体、美、劳全面发展的毕业生。我们的毕业生不仅要具有坚定的政治信念，高尚的道德情操，良好的行为习惯，扎实的科学文化基础，健康的审美情趣和劳动习惯，还必须要有健康的体魄，并掌握一定的竞技体育技能；德、智、体、美、劳五育不是彼此孤立，而是互相渗透，彼此促进的关系，体育教学中严格的组织纪律，竞技体育中坚强的意志品格的培养是德育的组成部分，现代体育必须以现代科学技术为支撑，从这个意义上讲体育又是智育的一部分，艺术体操是体育和美育的结合，良好的竞技体育技能无不给人以美的享受，体育在五育和谐发展中起了特殊的无法替代的作用。

几年来我们着力克服事实上存在的重智育、轻体育的倾向，利用各种机会反复强调学校体育是整个学校教育的重要组成部分。宣传体育与提高民族素质，体育与促进人的全面发展，体育与精神文明建设之间的关系，明确必须和重视德育、智育一样重视体育。几年来，学校办公会议专门研究体育工作，学校成立体育卫生工作领导小组，体育工作列入学校工作计划，保证了体育在学校整体工作中的地位。在市局无一分体育专项拨款，学校经费拮据的情况下，近三年来，我校用于体育器材添置和场地维修的自筹经费就有近三万元。

二、加强队伍建设，调动积极因素

体育教师是学校体育工作的基本力量，加强学校体育工作，首先要加强体育师资队伍的建设,调动他们搞好学校体育的积极性。

多一点奉献精神,我们讲我国体育的进步和现状,我国经济的发展和国情,我们的责任和义务,倡导少一点索取,多一点奉献,为民族的振兴、祖国的繁荣,发扬红烛精神,春蚕风格。邵刘金老师55岁的年纪,还每天清晨五点多起床,带运动员训练,长跑十公里,图什么?用他自己的话说,在退休前再培养几个运动员,心也安了。

多一点理解和信任,室外工作,风吹日晒;上课带课,外加课外活动;训练运动员,组织竞赛活动。体育教学的特殊性决定了体育教师工作的艰苦性,要尊重体育教师的劳动,理解体育教师的甘苦。多年来,我们坚持在住房分配、福利待遇、评选先进、工资晋级、职称评定、选拔出国等一系列问题上,做到体育教师和其他教师一视同仁,并兼顾体育教学的特殊性。目前我校体育教研组,高级教师的比例超过50%,远高于学校的平均水平,是全校高级教师比例最高的教研组,最近国家教委要求我校选派一名出国研修生,学校初选一名体育教师并已上报教委审批。

多一点自我更新,近代科学技术的发展及其向体育的渗透,运动生理、运动心理、生物化学、生物力学等学科的发展及其交叉作用,体育的基础理论正在发生深刻的改革,体育训练正在实现由经验型向科学型转化,为了使体育教师感受并适应这种转化,我们提倡体育教师加强进修提高,多一点自我更新。几年来,我校有一名教师通过函授取得上海体院本科学历,我校50岁以下体育教师全部具有体育本科学历。有两名教师多次参加市体委、扬州师院体育系、扬州教育学院体育科举办的短训班。开展经常性的体育教研活动,互相切磋,共同提高,走出去,请进来,不断更新自己。

三、贯彻学校体育工作方针,普及和提高相结合

几年来,我校体育工作始终贯彻既要增强学生体质,又要为国家输送高水平运动员的学校体育工作方针,坚持普及和提高相结合。

我们认为学校体育必须以提高全体学生的身体素质为主要目标,为此必须抓好体育教学这个中心环节,进行体育教学改革,上好两课两操两活动,开展经常性的群众体育竞赛。

我校在扬州地区最早实行男女合班体能分组的体育教学改革,又是扬州地区最早将艺术体操引入体育课堂,进行竞技体育和美育结合,体质锻炼和体态发育相结合的改革实验。体育教学基本上做到遵循大纲,教材为本,合理安排教学内容和教学密度,堂堂有教案,体育课经常对外开放,潘志明老师的公开课还被评为省优秀体育课,我们坚持上好早操,做好眼保健操,坚持每周两节课外体育活动,课外体育活动落实在课表上,由体育组安排活动内容和辅导力量,由班主任老师组织带领。我们坚持开展小型多样的体育竞赛,如篮球、排球、足球、冬季长跑、拔河、围棋、象棋等,坚持开好每年春、秋两次田径运动会,全校体育达标率逐年上升,85—89年依次为86.7%,88.7%,91.2%,93.1%,95.3%,89年毕业的初、高中毕业生达到体育合格标准的接近100%,学生体质上升,常见病多发病得到控制,近五年来,我校学生砂眼发病率控

制在2－5%，结核发病率控制在0.5%以下，肝炎发病率也控制在1%左右，近视眼发病状况有所缓和。

我们认识到学校体育是整个民族体育的基础，中华体育的腾飞有赖于学校体育的不断发展和提高，因而学校体育在提高全体学生身体素质的同时，应义不容辞地担当起培养高水平运动员的责任。

重视科学选苗，确保新生质量。每年初一的运动员，是在市区对口小学推荐的运动员中，查阅小学历年比赛成绩，进行体态测量，基本技能测试，综合评定选拔，另外还在扬州大市范围物色优秀运动员的苗子，破例转入我校非起始年级就读，常常是为了一个学生市体委、市教育局有关部门的负责人和我校主管体育的领导，体育教研组长协同工作，加强思想教育，严格队伍管理。体育训练除了体育科学外，还有理想、意志、品格的培养和严格的组织纪律的要求，我们坚持严格管理、严格要求，对个别松松垮垮，屡教不改的，坚决排出运动队，坚持思想教育，激励为振兴中华体育而奋斗不懈的精神，制定训练计划，加强科学训练。学校指定一名体育教研组长担任校田径队主教练，负责制定学年训练计划和分阶段训练要求，项目教练根据总的训练计划和要求，制定项目训练计划和要求，并且层层落实，素质训练和专项技术训练不同时间确定不同的重点，有主有从，主从结合，立足人才培养，着力开发后劲，不搞拔苗助长，坚持全面发展，不搞以偏盖全。多年的实践证明，重视运动员德、智、体、美、劳的全面发展，促进体育训练和文化学习的同步前进，是学校业余训练健康开展的根本保障，为此，在时间安排上要两者兼顾，每周安排4－6次训练，每次训练两课时，关键在于提高训练效率，合理安排运动量，要求体育教练、班主任和任课教师协同工作，教练员多讲点文化学习的重要性，班主任对学生参加业余训练多一点支持和鼓励，任课教师对运动员多一点辅导。

近几年来，我校多次获得扬州市中学生田径运动会团体冠军，89年获市十届运动会中学生田径比赛团体冠军，87年获江苏省传统校田径比赛女子团体第五名。88年又获该项比赛冠军，同年代表江苏参加"长江杯"赛获团体亚军，89年第四届全国中学生田径运动会，我校孔晓春同学获女子100米栏第五名，夏丽萍同学获女子4×400米接力第五名，89年全国少年田径分龄赛，我校谢贻怡获16岁组女子100米第三名，我校排球队也多次取得省赛前六名的好成绩，我校业余体育运动水平进入了建国以来最好的时期。

一九八九年十二月

全面贯彻方针　突出示范性和实验性 培育社会主义“四有”人才

——《重点中学基本合格标准》自查汇报

江苏省扬州中学

十一届三中全会以来,我校经历了拨乱反正,恢复发展和改革创新三个时期。走上了全面发展的振兴之路。几年来,我们把加强教育思想建设作为学校工作的基础工程来抓,全面贯彻党和国家的教育方针,致力于加强学校管理。改善基本设施。突出学校的示范性和实验性,学校各项工作取得较好成绩。

我们在工作中注意着重解决教育为什么服务,培养什么样的人。如何培养的问题。促进学校由升学教育向素质教育的转变。在如何培养人的问题上。我们突出抓好三个方面的思想建设:

首先是确立方针观念。坚持教书育人,德、智、体、美、劳全面发展,既是培养目标,又是教育方针。只有从方针性来理解培养目标的正确性,贯彻才有自觉性,近几年来,教书育人观念逐渐深入人心,蔚成风气,只着眼于传授知识和训练技能。而忽视对学生的理想、道德、情操、学习的主动性、创造性等品质培养的倾向正在逐渐被克服。大多数教师为人师表,以其全部的言行和整个“人格”来感化学生。以强烈的事业心,高度的责任感,高尚的品格,坚强的意志,丰富的情感作用于学生,根据方针的要求塑造学生。

其次,是面向全体学生。这里最重要的是要加强初中教育,正确对待差生,我校初中招生。1987 年实行名额分配,小学推荐的办法,1988 年开始严格执行就近划片入学。从择优招生到就近入学,不能不说是种痛苦的过渡。我们没有怨天尤人。用义务教育法统一全校的思想,面对现实,做好工作。校长亲自抓初中教育。并结合第一个就近划片招生的年级。由于领导重视,教师努力。两届就近划片招生的初中年级秩序稳定,学习正常,参加少先队创造杯活动。89 年上半年我校获全国最佳将、优秀奖六个。省级最佳奖、优秀奖七个。对差生倾注满腔热情,与社会、家庭相配合。激发他们的爱国热忱,培养他们的学习兴趣和学习能力。提高他们的自理能力,近几年来,我们学生在校巩固率几乎年年达到 100%。

第三,是按教育规律办事。教育工作必须用正确理论作指导。不能只凭经验。更不能违背规律。我们严格执行有关的教育法规、法令。平时不加班加点。节假日不补课,控制作业量。让学生生动活泼地学习。

由于我们抓住“育人”这一根本，并以其统帅学校各项工作，使学校工作不断取得新的进步。

现对照《江苏省重点中学检查验收细则》汇报如下：

一、贯彻教育方针

（一）德育工作

1. 长期以来，我校在积极探索德育系统化和规范化的基础上。认真贯彻执行《中学德育大纲》，努力促进德育工作新格局的逐步形成。

确立德育在教育中的首要地位，是优化德育的重要前提。我们在思想上重视德育工作，明确了德育工作的重要地位和指导思想。增强了做好德育工作的自觉性，主要从三个方面的工作中表现出来：

第一，加强德育理论学习与研讨。我们一贯重视组织班主任乃至全体教师，认真学习有关德育工作的理论和文件，明确德育目标、任务、地位等一系列重要问题。印发并学习了《班主任教育工作序列》、《中学生心理疏导》等材料，组织班主任多次学习德育系统化的理论文章，学习《中学德育大纲》，使德育工作有所遵循。为了推动德育工作的加强和改进，学校还定期编辑《班主任工作简报》。举办德育理论专题辅导讲座，开展德育经验总结和论文的评选活动。编印本校教师撰写的《德育论文汇编》。促进形成重视德育、研究德育的良好风气。使德育工作由凭直觉和经验的自发状态，向依靠理论超前指导的自觉状态发展。

第二，加强对德育工作队伍的建设，多年来，我们在实践中建设了一支较好政教和团队干部队伍。与此同时，着力抓好班主任队伍建设，其中，突出抓好青年班主任队伍的建设，是我们加强德育队伍建设的重点所在，通过组织新老班主任交流，开展中青年班主任班会观摩评比活动，开展优秀班会课教案评选，旨在提高班主任工作的水平，增强德育工作者的社会责任感。

第三，坚持德育工作制度，在实践中，我校形成了一整套德育工作的制度，如每周德育工作研究制度；每周班主任碰头会制度；每日“文明常规”检查制度；每周晨会、班会制度；创建先进班集体、文明班级考核验收制度。

实现德育内容的系统化，是德育新格局的基本内容，对此，我们主要有以下方面的尝试。

在德育工作中，贯彻教育内容的系统性原则，即在充分研究和掌握中学生心理、生理特点的基础上，努力按照思想教育系统化的要求以理想教育为中心，按年级、分阶段地开展教育活动。积极探索并形成具有本校特点的系统教育内容与形式。如：针对初一年级特点。我们坚持开展了“在树人堂前”的主题活动。对初一年级新生进行优良校风和校史教育，引导他们学习中顾委常委、我校一九三〇届校友胡乔木同志给母校的题词：“正直向上，热于求知”，激发新生进取精神，迈好中学第一步；初二年级则通过举办“少年团校”，帮助他们健康地完成少年期到青春期。少先队到共青团的人生转折,迈好青春第一步;初三年级着重进行“做一名合格初中毕业生”的教育,开展具有象征意义的《苗→树→材》主题活动,帮助他们选择正确的职业理想,为完成理想的升华打下基础。高一年级进行立志成才教育,通过“未来设计我们,我们设计未来”等活动,加强革命人生观教育;高二年级通过开展“十七岁的思索”等思辨性强的活动,引导学生开展人生价值的讨论,开展对话和人才素质的社会调查;高三年级通过开展“我们这个年龄”、“党在我心中”等主题活动,加强理想教育,促进学生在思想上、政治上进一步成熟。为了配合学校教育的系统要求,团队方面还制定和积极试行了班级与团队工作序列,以此来进一步实现教育系统化。

我们正确处理好理想教育与常规教育的相互关系,使之符合教育的方向性和层次性原则。一是以理想教育、政治方向教育为核心。引导中学生树立坚定正确的政治方向。十分重视共同理想教育、四项基本原则。在做法上,重视通过思想政治课帮助学生从根本上树立正确的政治观点和方法,把理想教育作为系列活动主题。通过团组织开展“党在我心中”主题活动。组织党章学习小组,引导学生增强党的信念。近三年中,全校高中学生就有100多名同学打入党报告或参加党章学习小组。在本学期形势教育中,组织全校38个班级分十九场观看《飘扬,共和国旗帜》电视录像,系统讲解坚持四项基本原则,反对资产阶级自由化等基本观点,撰写政治小论文三百余篇。许多同学认识到,今后“遇事要冷静思考,要在民主与法制的轨道上推动历史,绝不能摆脱党的领导”。二是始终把爱国主义教育作为加强德育的重要起点。多年来,我们始终没有放松对中学生进行爱国主义教育,各班广泛开展了一系列教育活动。学校每年举办较大规模的以爱国主义教育为主题的活动。如《“五四”运动在扬中》、《朱自清生活在我们中间》、《在共和国旗帜下》等大型主题活动。这些活动形式各异,但主题相同,以爱国主义教育为起点,从校史人物、事件中掘取素材。用我校五四时代的爱国传统教育学生,用著名作家、校友朱自清先生的民族气节激励学生,引导中学生追求远大理想,逐步坚定对四项基本原则的信念。三是劳动教育。我们主要通过劳动教育的课程化、经常化、制度化引导中学生积极参加劳动实践,培养学生艰苦奋斗的精神和热爱人民的感情。几年来,我们还坚持开展思想教育系列活动,保证了系列化教育内容有序展开,到目前为止,思想教育系列活动这一方法已被全校各班广泛采用。全校先后设计并实施了系列活动60多个。有些班级开展的《问渠哪得清如许》、《竞争号在行动》、《在人生的十字路口》、《队旗下的思索》等活动,具有内容连续性和教育层次性,形式新颖,效果较好。系列活动的做法被《中国教育报》、《江苏教育》、《青年报》介绍和肯定。

谋求德育科学化,是形成德育新格局的关键所在,我们侧重地做了三件事:第一,积极探索思想政治课改革,强化德育主阵地。我校思想政治课教材教法改革实验的经验,得到国家教委中学思想政治课研究中心负责人、北师大政教系主任贺允清同志的肯定,实验情况及教学改革经验的电视录像在中央教育电视台播放。第二,在组织领导上推行德育一体化,为加强对德育工作的领导,学校设立思想政治工作领导小组，共同研究思想政治工作，并以德育大纲为中心，形成党政领导——班主任——政治教师——团队干部——任课教师的一体化体制。第三，在教学配套方面，做到各学科在教学过程中，围绕德育总要求，相互配合。例如，有些学生时常以八十年代的青年是思考的一代自居，然而思考问题的方法却偏激和片面。语文教研组的同志积极配合，以《我们应该思考什么?》为题，指导学生作文，帮助学生掌握科学的思想方法。

2. 在学校工作中，全校许多教师职工在工作中能自觉承担德育任务，做到教书与育人的统一。物理组高级教师许白虹，无论担任班主任或任课老师，热情关心德育工作，在教学中渗透教育，受到同行们的称赞和学生的好评，今年，许白虹同志被国家教委等单位表彰为先进教师。大队辅导员、青年历史教师王雄同志，热爱教育事业，认真钻研德育理论，坚持在初中班级开展德育课题的实验和研究，写出较好的调查报告，他指导班级开展的“自立三部曲”少先队主题活动，在全国少先队“创造杯”竞赛活动中获得最佳奖。

3. 重视学校与社会和家庭的协作，加强对青少年教育，是德育的重要渠道，长期以来，我们坚持与家长共同合作，定期召开家长会，开展家访，沟通学情，共同教育学生健康成长。根据本校初中生源结构的变化，适应改革开放社会的特点，聘请了老红军薛世文和全国公安战线劳模丁乐昌同志为校外青少年教育辅导员，学校还在初中举办了“家长学校”，系统讲解家庭教育的意义、中学生身心特点、教育要求及其方法，帮助家长在教育子女方面求得共识。为保证学校、社会和家庭“三位一体”教育长期有效地发展下去，学校邀请居委会、公安派出所、招生区域企业以及部分家长代表，参加学校青少年教育社会协调委员会。社会和家庭教育渠道的开辟，增添了德育工作的力量，变单向努力为多向合力，促进了中学生思想道德素质的增强。

4. 实施《中学生日常行为规范》是学校基础文明建设的主要内容，在工作步骤上，则以抓好行为规范作为德育改革的基本环节，以课堂和活动为中介，重视知、行、情、意诸因素的辩证作用，尤其是加强检查措施，重视行为规范的考核和反复训练，增强中学生“规范”意识，促进学生养成良好习惯。我们坚持不懈地抓基础文明，使“正直向上，热于求知”的优良校风得到进一步发扬，较长时期以来我校没有一位同学违法犯罪，在市教育局举行的贯彻《中学生日常行为规范》互查中，本校互查指标积分最高，在今年市、省中学生日常行为规范知与行电视大赛中，先后获第一名和一等奖。

5. 在德育途径上，我们十分注意引导学生参加社会实践，邀请社会人士来校参加“中学生与改革开放”对话会，邀请我校校友曹起晋烈士遗属朱娴讲烈士生平事迹，多次邀请园艺学家、校友赵兴泉介绍自学成才道路，邀请多次为周总理驾驶飞机的我国第一批女飞行员校友汪云同志作报告，这些教育途径，扩大了学生的知识视野。更重要地在于让中学生在接触社会实际过程中了解国情，树立建设祖国、振兴祖国的理想。我们坚持安排专门课时，让学生在校参加公益劳动。组织学生考察故乡历史文化,利用暑假奔赴工厂、乡镇参加劳动和社会调查。高三学生项飞,在学校组织的社会实践活动中,通过调查家乡的土地现状,写出了《危机,存在于中国国土之上》一文,提出了发人深省的问题。该文在《青年报》发表,评为华东六省一市作文竞赛第一名。

(二) 智育工作

传统教学模式把传授知识和技能作为主要任务,教学内容和教学方式强调标准化,它根基于知识技术密集的生产活动。现代教学根基于智力密集的生产方式,在传授知识和技能的同时,把继承创新、发展智力作为主要任务。几年来,我们在重新认识我校"学校工作以教学工作为主,教学工作以课堂教学为主,课堂教学以教师讲授为主,教师讲授以书本知识为主"的传统经验的基础上,继承发展,逐步建立起"一为主,三结合"的教学模式,并在实践中不断完善。

1. 进行课程结构改革,必修课和选修课、劳技课、课外活动相结合。

统一大纲、统一要求的必修规定。体现了国家对中学教学的基本要求。也是评价中学教学质量的主要依据,必须认真执行,但统得过死。显然不利于因材施教,不利于发展学生的个性特长。八四年起,我们从开辟第二渠道教学活动入手。进行课程结构改革,经过几年努力,逐步建立了以必修课为主,必修课和选修课、劳技课、课外活动相结合的课程结构。

在高中开设了微机、音乐、美术、素描、名作赏析、英语听说与阅读、无线电、天文知识、创造性思维等选修课。各科成立学科小组或科技活动小组。选修课的开设,课外活动的开展,满足了一部分学生对某些学科的特殊爱好和强烈的求知欲望,拓宽了知识面。深化了对教材的理解,他们在各学科竞赛和科技活动中显露了才华。八六年江苏省化学竞赛,我校有 4 名学生获奖,占全省获奖总人数的四分之一;八八年我校 3 名选手参加华东化工学院主办的,有江、浙、沪重点中学参加的东华杯化学竞赛,夺得团体总分第一,捧回东华杯;八七～八九年,我校参加全国高中教学竞赛有 9 人获优胜奖;八九年参加全国高中数学竞赛有 2 名同学分别获一等奖和二等奖;参加省初中数学竞赛。八六年获一等奖 1 人,二等奖 1 人,三等奖 2 人,学校获集体一等奖,三年来共有 12 人获奖。参加首届全国中学生力学竞赛获二等奖 2 人、三等奖 3 人。八四届毕业生吴顺文制作的"平抛实验架",八七届毕业生李晓明制作的"行星动态尺",以独特的设计,新颖的构思,创造性的才华分别获得第一、三届全国青少年科技发明创造奖。选修课的开设和课外活动的开展,满足了部分学生的兴趣爱好,为发挥他们的才华提供了场所和机会。参加美术选修、书法绘画小组的学生。近几年来在全国各类书法、绘画大赛中屡屡获奖。其中有 2 人获全国电视书法大奖赛一等奖。我校学生创作的"沉重的负荷"、"怎么办"两幅画,分别获得全国中学生人口宣传画比赛二等、三等奖,有大批作品被选送国外展出。选修课的开设和课外活动的开展,给广大同学开辟了获取新知识、新信息的渠道。我们每年为 300 名左右的学生开了微机课,使他们对计算机工作原理有基本了解。掌握 BASIC 语言,能汇编 BASIC 程序,参加省、市计算机程序设计竞赛有多人获奖。

2. 教材改革和教法改革并举，加强基础和培养能力结合。

几年来，我校一直坚持了教材改革的实验。

我校是全国第一批开设人口理论课的中学，是联合国科教文组织确定的人口教育实验点，我校参加了从大纲制定、教材编写、教学实践、考核评估到后效调查的整个二个周期的实验，执教教师的教学论文多次在全国有关高校的校刊上发表。由于人口理论课的开设，使我校学生在理解人口发展和社会发展的关系，掌握马克思主义人口理论。自觉支持我国政府的人口政策等问题上有明显优势，后效调查显示，在晚婚晚育、优生优育方面与对照组相比有显著差异。我校学生组成的代表队。1987年参加国家计生委、国家教委、中央电视台组织的人口知识大奖赛，获团体第三名，我们在人口教育上的实践，取得的数据和资料，为领导科学决策提供了依据，为人口教育在江苏全面铺开作出了我们的努力。

我校是江苏率先进行数学和语文教材实验的中学。数学项武义实验教材，前三轮，连续八年的实验已经结束。毕业的三届实验班学生的高考数学均分比对比班高5分左右，三届任课教师就教材体系、教材内容、教材可行性、教材兼容性、教材的教法探讨等方面拿出了报告，由我校编写了第一、二册实验教材普及本，并从今年始在全国推广试行。有一人获国家教委实验组颁发的一等奖。有四人获二等奖。目前，该项实验我校还在继续进行。由我校数学教师撰写的《关于思维与数学教学的研究》。在八九年度省科研论文评比中获二等奖。人教社出版的阅读和写作分开编写的语文实验教材。经过初中三轮、高中一轮的实验，同样取得了令人鼓舞的成绩，我校地理组结合地理教学改革，参加编写了《扬州乡土地理》，现已出版供扬州市初一学生使用，该教材八九年暑假被评为省优秀乡土教材。我校历史组的部分老师正在编写扬州市乡土简史教材，可望在不久脱稿出版，我校还在初一年级试开青春期教育课。

教师讲授、学生识记、考试再现"传习性"教学体系，以灌输注入为主，学生被动接受，抑制了独立思考和创造能力。解决这个问题的出路在于改革教法，实现加强基础和培养能力的结合，在教法改革中，我们始终突出了以下原则：一是贯彻启发性原则，着力开发思维能力。二是整体性原则，重在建立知识结构。三是加强反馈矫正，实现教与学的交互作用。四是重视情感作用，改善非智力因素。在具体做法上，不搞统一模式。鼓励百花齐放，加强理论指导，科学总结归纳，几年来取得一定的突破。

我校数学组张乃达老师系中国数学会全国数学思维教育协作组成员，对数学思维教学的研究有较深的造诣，撰写并出版了国内第一部数学思维教育学专著，受全国和省协作组的委托。1988年由我校组织举办了全国数学思维教学讲习班，根据应及早地让学生确立一般的数学思维方法，形成对数学的总体认识的构想，我校成立了数学思维教学协作组，进行早期渗透数学观念的教学实验，该实验已扩大到全市，并在省、市立项，已取得阶段性成果。各科教师也都能注意利用提示、疏导、设疑、解惑等方法启发思维，调动积极性和主动性。自然学科采用实验探索法教学，通过提出问题、设计方案、动手实验、分析综合、得出结论。在解决问题的情景中学习，调动了思维的积极性，从生动直观的现象中得出结论。加深了对教材的理解、外语普遍采用整体教学法，改“见树不见林为见林又见树”，词汇、句型、语法等的教学均在整篇课文的背景上进行，突出整体性原则，同时强调听说领先，增加泛读内容，语文教学中采用比较阅读法、单元教学法。进行辩证逻辑思维方法训练等等，都取得了比较满意的效果。

教学内容和教学方法的改革，促进了教学质量的提高，近几年来，每学年各科总及格率都在 95%以上，优秀率(85 分以上比例)在 30%左右。87～89 三年全校共留级 39 人，升级率为 99.4%，在全市名列前茅，几年来的中考，我校各科及格率、优秀率(除个别年份的外语学科屈居第二外)均名列全市第一，重点中学到线率和总的升学率均居第一位。近三年来的高考，本科到线率分别为 75%、66%和 55%，专科(含电大、职大)到线率均在 95%以上(89 年的毕业生系小学五改六、一届分二届的学生)。88 年江苏高考文、理两科“状元”双双出自我校。

3. 加强实验教学和社会实践，实现理论和实际的结合。

十一届三中全会以来，学校工作回到了“教学工作为主”的轨道，读书学习的风气浓了，这无疑是好事，但如果我们把“书本知识为主”强调到一个不恰当的地步，则势必变“为主”为“唯一”，背离马克思主义关于教育与社会实际，与生产劳动相结合的道路，为此，我们在教学中加强了理论和实际的联系。

强化实验教学是加强理论和实际联系的重要途径之一。新实验大楼的落成。为实验教学提供了最基本的保证。我们进一步加强了实验室建设，改善了实验条件，保证各学科按照甲种本的要求。开设全部学生实验和演示实验，并满足课外学科小组活动的需要。仅 87～89 三年不到的时间。我校用于更新实验仪器。购置实验药品方面的费用达 9918.91 元。连同实验室基本建设的投资近 30000 元，学生实验二人一组，保证人人动手。各科都自行设计增加了部分演示实验，如化学组生建国老师设计的“硝酸银受热分解”的实验。操作简便，现象清晰。在省中学化学实验调演中获奖。并被国家教委教育卫星节目选用。另外，各科还开展了以提高实验动手能力为主要目的的课外学科小组活动。

开展社会实践，是理论和实际相联系的又一重要途径。我们着重结合课堂教学开展社会实践活动，促使知行统一。引导学生观察社会现象，从实际生活中体现到理论的力量。引导学生运用正确的观点、方法去积极思考回答自己所关心的各种现实问题。自然学科结合教学内容，组织学生参观工厂、农村、科研所、气象站、天文台等。

（三）体育卫生工作

1. 我们在学校工作中高度重视体育在人才素质中的作用。注意到确立体育工作的地位。加强体育师资队伍的建设，落实体育经费。坚持两课、两操、两活动。开展体育教学的改革，我们肯定体育工作的特殊性，了解体育教师的甘苦，尊重他们的劳动。在福利待遇、评选先进、工资晋级、职称评定等问题上做到与其他教师一视同仁。并充分考虑到体育工作的个性特点。目前我校体育组,高级教师的比例超过50%,远高于其它教研组。在学校财力紧张,经费拮据的情况下,87~89不到三年时间。用于体育器材添置和场地维修经费达到20000元。我校在扬州最早实行男女合班教学。将艺术体操引入体育教学,将竞技体育和美育结合,体质锻炼和体态发育相结合。坚持每周二小时的课外体育活动,天天出早操,全校达标率逐年上升。八五至八九年依次为86.7%、88.7%、91.2%、93.1%、95.3%。并开好每学期一次的运动会。八九年毕业的初、高中毕业生,达到体育合格标准的接近100%。

2. 学校体育在提高全体学生素质的同时。义不容辞地担当起培养高质量运动员的责任。我校是省田径和排球传统项目学校,又是省首批举办高中高水平运动队的学校。在运动队建设方面,重视选苗,确保质量;加强思想教育,严格队伍管理;坚持全面发展,不搞以偏盖全;保证训练时间,提高科学训练水平,几年来取得一定的成绩。近几年来,我校年年获得扬州市中学生田径运动会团体冠军;八九年获市十届运动会中学生田径比赛团体冠军;八七年获江苏省传统校田径比赛女子团体第五名。八八年又获该项比赛女子团体冠军,同年代表江苏参加全国"长江杯"赛获团体亚军;八九年第四届全国中学生田径运动会。我校孔晓春同学获女子100米栏第五名。夏丽萍同学获女子4×400米接力第五名;八九年全国少年田径分龄赛,我校谢贻怡获十六岁组100米第三名。我校排球队也多次取得省赛前六名的好成绩,并被评为优秀运动队。我校业余体育运动水平,进入了建国以来最好的时期。

3. 贯彻预防为主方针。重视健康教育。坚持健康检查。学校医务室为学生举办卫生知识讲座,进行预防常见病、多发病的常识教育。传染病防治教育,卫生救护教育。开设青春期卫生知识课。进行青春期生理、心理教育。学校坚持对高中学生每年进行一次健康检查(初中共二次)。建立健康卡和病历卡。发病常见病、多发病及时采取措施,送医院隔离诊治或由校医室治疗随访,防止蔓延。近五年来,我校学生砂眼发病率控制在2~5%。结核发病率控制在0.5%以下。肝炎发病率也控制在1%左右,预防龋齿也收到一定效果。学校重视防近知识教育。定期进行视力检查。坚持做好眼保健操。开展气功防近试点。近视眼发病状况有所缓和。

加强卫生教育,执行卫生检查制度。学校对学生进行个人卫生和公共卫生教育,提出培养"五要,六不"的个人卫生习惯。"室内六面光,室外六无"的公共卫生要求。坚持每日一小扫,每周一大扫制度,并每周检查评比,多次被上级评为卫生先进集体。

(四) 美育工作

我们从培养学生树立马克思主义的审美观念和崇高情趣,使学生逐步具备理解美、评价美、体现美和创造美的能力这一根本要求出发。重视美育在育人中的特殊作用。

1. 高、初中开设了音乐、美术选修课。

2. 学校注意通过课内、课外两个渠道,开展名曲、名作、名画鉴赏活动,使学生有了一定的正确的审美观点和鉴赏能力。

3. 我们在学生中成立"树人"艺术团,培养了一支舞蹈、声乐、器乐、书法、绘画等方面的文艺骨干队伍。我们在连续举办了五届"扬中之春"的基础上,先后又举办了三届扬中艺术节,艺术节活动受到学生普遍欢迎,促进了中学生素质的提高。此外,我们还每年举办书画、工艺美术作品评展。

4. 学校采用多种形式和通过多种渠道。组织学生参观、远足。如,举办科技夏令营、三好生(学生干部)夏令营。远足南京、无锡等地。每年还组织学生到郊外瞻仰烈士陵园、野炊等活动。

(五) 劳动技术课

在开展选修,课外活动的同时。加强劳动技术教育。首先成立劳技电化教研组。由教导处一名副主任兼教研组长。配备六名专职教师和一定数量的兼职,外聘教师。配齐劳技课师资。第二,添置设备,改善设施,几年来我们艰苦奋斗。勤俭办学。通过校内挖潜、社会资助、自筹资金、行政调拨等多种渠道。建立了英文打字、缝纫、钳工、制图、微机房等一批专用教室。固定设备投资达八万元(仅87~89年,自筹资金为25929.50元),专用教室的建立。保证劳技教学具备了基本的物质条件。第三,加强劳技课的教材建设和制度建设。每一门劳技课中都有大纲、有教材、有计划、有考核办法。我校自编的英文打字教材,突出实用性,经过两年的试用,得到广大同学的认可。钳工的实际操作考核和实物质量评分的考评方法。经过几年实践。证明是行之有效的。教育与生产劳动相结合,是马克思主义教育理论的重要内容。我们从提高民族素质。促进人的全面发展的高度来认识劳技教育的意义,七八年以来,我们一直坚持每学期每班停课三天参加公益劳动的制度。几年来在高一、二,初一、二开设了制图、钳工、英文打字、劳作、花卉、缝纫、刺绣等劳技课。在高三、初三开设劳技讲座。

二、示范性和实验性

(一) 带头作用

1. 在党和国家教育方针的指导下。我们严格遵守上级颁发的教育法规、法令,认真执行教学计划,按教育规律办事。平时不加班加点,节日不补课,面向全体学生,不歧视差生。控制考试次数。严格控制学生学习和活动总量(每天七课时);寄宿生每天睡眠时间在8~9小时。学生课外作业量总体控制在2小时之内。

2. 几年来,我们还坚持对初、高中毕业生进行全面质量调查和跟踪反馈制度。一九八七年,我校对85、86届高中毕业生毕业后的社会适应状况。进行了以思想道德素质和学习状况为主要内容的较大规模跟踪调查。平时,则每年有不同侧重点和范围的调查。

3. 我校高中学生基本在本校初中招生。此外,按照市局规定,在本市各县招收80名左右新生。在高中招生过程,我们认真按照国家和上级教育行政部门规定。按学生志愿。择优录取。没有用任何方式挖取其他学校的优秀生。教师调入本校。由市教育局分配师范生或由市教育局人事部门正常渠道进入。没有用任何手段挖取其他学校的骨干教师。

（二）示范作用

我们正确处理好与其他中学的关系，主动而广泛地与兄弟学校建立联系。每年都要开展学校领导、学科教研组涉及德育工作、教学工作及学校管理(包含总务工作)多层次、多方面的对口交流。如我校与苏州中学、南师附中和常州中学每年举办年会。每学期各地教育界人士约有数百人次来校观摩教育教学活动或听取工作介绍。

（三）实验作用

几年来，我们重视教育思想建设。主要表现在，认真学习马克思主义教育理论。确立方针观念。“德、智、体、美、劳”并举进行素质教育的观点；确立“教育与生产劳动相结合”。强调教育为社会主义建设服务，重视集体主义原则指导下人的个性发展观点；确立教书育人的观点，同时，还注意学习和汲取现代科学理论。如处理好“教师主导和学生主体”关系，运用系统化、控制论某些理论研究和指导德育工作等。各个学科均有单项改革项目。我校在人口教育、青春期教育、乡土地理、数学思维教学及思想政治课教学等项目，均分别列为国家、省和市的改革项目，并取得成效。

学校每年均有相当数量的改革经验总结、科学论文等在各种报章杂志上发表。目前已达300多篇。

三、学校管理

1. 规模与学额：

目前，我校初中共有18个班级(初一年级6个班；初二年级6个班；初三年级6个班)。其中班级学额最少49人，最多59人，高中共有19个班(高一年级6个班；高二年级6个班；高三年级7个班)，其中班级学额最少43人，最多56人。全校学生总数是1922人，(高中学生总数是932人)。

2. 领导体制和领导班子：

我校实行党总支领导下的校长负责制，学校重大事情。由总支委员会决策。学校行政贯彻执行。根据党的十三大所提出的实行党政分开。党要管党的精神。我校在体制上充分发挥学校行政对学校工作全面负责的作用。党总支发挥领导、保证监督作用。学校领导机构健全，成员精干，班子团结，作风民主正派，有较强的事业心和责任感。

从党的组织说，设立总支委员会，下属两个分支，从行政组织说，校长以下设三处(政教、教导、总务)、一室(校长办公室)。中层以上干部19人，班子的群体结构合理。从专业知识看，都具有大专以上学历，长于一门以上的学科，懂得教育、教学的一般规律，具有学校管理知识和一定的实际经验；从年龄结构看，分布在二十多岁到五十多岁的各个年龄段,注意老、中、青的合理搭配;从素质上看,也注意了语言表达、交往活动、组织指挥、认知成分、意志行为等方面,做到取长补短,互相搭配。

2. 目标管理:

目标是管理工作的出发点和归宿,是学校各种活动以及各项工作评价的标尺。我们按照上级的要求。根据学校的现实情况,实事求是地制定了学校远期目标近期和当前努力的目标(见有关材料)。当前努力目标,我们在每学期工作计划里有明确表述。要求各部门、各教研组根据学校总的目标制订各部门、各教研组的努力目标。进而制定具体的实施计划。

我校多年来逐步形成了一整套的规章制度:部门工作制度、岗位责任制度、教研活动和集体备课制度。会议制度中有行政办公会制度,校会制度,班会制度,班主任会制度。另外还有档案制度,学籍管理制度等。这一系列规章制度,均由各有关部门具体负责督促、检查和考核,定期进行评比。

3. 教师队伍:

全校高中 19 个班,初中 18 个班,共 37 个教学班。高中专任教师 85 人,初中专任教师 66 人,共 151 人。中层以上干部中有 2 人兼课。其中有 10 人兼任高中课程。所以我校初、高中教师数量足够,高中教师已达省下达的编制标准上限配备,略有超出。各学科教师配套。力量大抵均衡。151 名专任教师中,男 96 人,女 55 人,大学本科学历的 105 人,专科学历的 46 人,从职务结构看,专任教师中高级教师 46 人,一级教师 43 人,二级教师 45 人,三级教师 1 人。从年龄结构看,老年教师(50 岁以上的 44 人,中年教师(49~30 岁)55 人,青年教师(30 岁以下)52 人,较四年前教师队伍的年龄结构有了较大的改观,已逐步形成了比较合理的梯形结构,详见下列表格。

年龄 / 人数 / 年代	60 岁以上	56~60	46~55	31~45	30 岁以下	合　计
1986	7	17	59	67	28	178
1990	0	5	48	45	47	145

全校教师基本能做到认真负责,为人师表,除个别青年教师有轻微变相体罚或简单粗暴现象外,没有违法犯罪现象和其他违反师德的行为,近三年来全校受表彰的达 80 人次。近几年来受全国表彰的就有 5 人。重视在教师中建党,三中全会以来,总支共发展党员 32 人,在教师中就发展了 29 人,占发展总数的 90%以上。

4. 总务工作:

我们积极做好教学用品的采购,加强学校公共财物的管理。采购物品,严格执行审批手续。各类物资进库,坚持验收、登记,制定了《保管室制度》,领(借)用物品,须用凭条,填写领物单,履行审批手续,切实做到了货物进库有帐,支出有据。采购有计划,消耗有凭证,避免了浪费和积压现象。使有限的经费花在刀口上。为了加强校产校具的管理，建立了《校产校具管理制度》。全校校产校具由总务处统一掌握、管理。按性质、类别和使用情况，实行分工负责，专人保管。制定《教师管理制度》。建立教室设施保管班级责任制。损坏公物照价赔偿。86年市检查组来我校检查，确定严重危房1530多平方米，近几年来已拆除690平方米。其余大部分作了维修，尚有部分正在拆除中。原来我校教室使用的联课桌，已有几十年，十分破旧，难以维修。几年来学校压缩开支，集中财力，逐年更新，现在每位学生都坐上了新桌椅，共支出78000多元。在财务工作中，我们贯彻勤俭办学精神。严格执行各项财务制度。加强财务工作的领导和监督。严格执行《现金、票证、暂付款管理制度》，严格报销手续。严格现金、票证分开保管，并进行定期检查，不设小金库，不向学生乱收费。加强对基建、维修预决算的审核。凡学校新建工程和对校舍的维修。坚持行政办公会议讨论。根据资金情况，统一规划，统一安排。几年来，我们对新建工程决算，都请设计院、建设银行帮助审核。大的维修工程决算，坚持总务处有关同志集体讨论，领导审批的原则。

为了创建优美的校园环境，学校十分重视建筑、设施的合理布局。办公楼前新建了文化走廊，增设了花园旁的花墙。对所有教学办公用房的门窗重新油漆，墙壁进行外粉刷，树人堂也进行了装修。学校对绿化工作也极为重视，成立了绿化小组。制订了《绿化制度》、《花房管理制度》。以89年为例，植树1300株，绿篱500米，花卉2000棵，新建花坛6个。全校绿化覆盖率达43%，被评为绿化先进单位。校园呈现出整洁、优美的风貌。

现有男女寄宿生近400人。住宿条件良好。生活秩序正常。宿舍面貌卫生、整洁。学校成立了食堂管理委员会。重视经济核算，公布账目。在服务质量上做到收费合理。价廉物美。花色品种多样化，早上有早点供应。晚上有夜餐。方便师生生活。校医加强了对食堂卫生的监督检查。做到不卖变质不卫生的食品。坚持搞好食堂日常卫生工作。学校还办有教师食堂。师生对食堂工作基本是满意的。

四、基本设施

1. 勤工俭学

坚持走勤工俭学道路。办好校办工厂。我校创办了扬州电器厂。主要生产“测漏仪”和“清洗机”。工厂工人65人，年产值145万，利润20万，增长幅度为65%。校办厂被评为市先进企业。产品测漏仪被评为市优秀产品。同时连续三年被评为重合同、守信用先进企业。

2. 校舍

我校校园占地面积180亩。近12万平方米，校舍建筑面积3万多平方米。占校园土地面积25%。其中教学用房1万3千多平方米，占建筑面积43%。全校学生共1994人。生均用房6.15平方米。生活用房1万5千平方米，占建筑面积46%，行政和其它用房3千平方米。占建筑面积11%。

3. 教学设备

我们在原有实验和电教设施基础上。建成新教学实验大楼,为实验教学提供了最基本的保证。我们进一步加强了实验室建设,改善了实验条件,保证各学科的要求。开设全部学生实验和演示实验,并满足课外学科小组活动的需要。仅87～89三年不到的时间。我校用于更新实验仪器,购置实验药品方面的费用达9918.91元。连同实验室基本建设的投资近30000元。学生实验二人一组。保证人人动手。各科都自行设计增加了部分演示实验,此外,我们还配置了录像机、彩电、电影机以及其它电教设备,建成录像室,配置各科教学所需电教软件,如录像带、幻灯片、录音带、电影片74盒(套、部)。

目前,我校有藏书12万册(其中线装书4000册,万有文库1500册,工具书300种)。报纸27种、50份;杂志280种、约500本。图书馆面积500平方米。有教师阅览室、借书处、书库、内库、学习阅览室、简易分类编目室、报刊装订室(兼办公室)。

此外,我校专门辟有80平方米音乐教室,专设美术素描室。并配有60架画板。有钢琴1架、电子琴1架、手风琴2架。

4. 体育卫生设施和生活设施

我们通过一段时间努力。在体育器材方面。体操、轻器械、田径、球类及其它设备均有较好规模的配置。其中有风雨操场478平方米。跑道400米。体操棒等轻器械159根(付)篮球架8付。排球场地4块。大、小足球场各一块,篮、排、足球计135只。

住宿生每生一个床位,饭堂面积(　)平方米,师生生活用水有保证。

附件:

近年学校获奖情况

(1) 江苏省文明单位(1985～1989)

(2) 扬州文明单位。

(3) 扬州市教育系统先进党支部(1981－1989)

(4) 全国少先队功勋大队。

(5) 江苏省体育先进学校。

(6) 江苏省电化教学先进集体。

(7) 全国“长江杯”田径比赛亚军。

(8) 省教委等四单位举办中学生日常行为规范“知与行”电视大赛一等奖。

(9) 全国人口知识电视大奖赛三等奖。

(10) 江苏省先进团委。

(11) 江苏省医务室先进集体。

(12) 扬州市绿化先进单位。

(13) 扬州市综合治理先进单位。
(14) 扬州市科技活动先进单位。
(15) 扬州市保卫工作先进集体。
(16) 扬州市青少年儿童工作先进单位。
(17) 全国计划生育先进单位。

一九九〇年三月二十二日

探索·实践·提高

——扬州中学大面积提高初中教育质量的体会

初中教育是整个基础教育承前启后的重要阶段,是普及九年制义务教育的重点工程。近几年来,我校在端正办学思想的基础上,认真抓了初中教育,我们调查分析了初中学生的特点。努力探索初中教育的规律,并遵循教育规律进行实践,从而大面积地提高了初中教育质量。几年来,在党总支、校长室的统一安排下,分工由两名校长、三名中层干部分管初中工作。配备了包括市级优秀班主任李葆芷同志、马树英同志,一级数学教师鲍家驹同志,等在内的精干的班主任队伍和雄厚的师资力量。保证了初中工作的顺利开展。自一九八一年以来,我校初中毕业生升学考试及格率平均超过了92%,优秀率稳定在60%左右,一九八六届 初中毕业生 300 人。其中三好生 70 人,占 23.3%,共青团员 110 人,占 36.7%,这届学生升学考试及格率达 95.7%。优秀率达 76.3%。体育成绩在良好以上的达 67.3%。一九八三年以来,我校初中学生在市级以上的团队活动竞赛中,获奖 16 次,其中获全国奖 13 次,在市级以上的各类知识竞赛(不包括体育比赛)中,获奖 70 多人次。

这些成绩的取得,是我校全面贯彻执行关于加强初中教育,全面提高初中教学质量精神的结果。在具体做法上,我们着重抓了以下几方面的工作。

一、思想教育系列化

初中学生在不同的年级有不同的特点,初一年级由于新的集体刚组成,学生彼此之间不太熟悉,对中学集体的生活不太适应,因而显露出集体散的特点;初二学生处于生理、心理、(　)急骤发展的阶段,他们接受新事物快。但辨别是非的能力弱,因而出现思想松的倾向;进入初三以后,学生面对即将而来的升学或就业问题,产生了一些片面的看法,他们的特点是追求的目标低。

根据初中学生在不同年级的不同特点,我们注意到思想教育的针对性和系统性。在整个初中阶段,我们提出了一个总的目标。即要求学生人人争取做一个优秀的初中学生。根据各个年级的特点。我们提出初一年级加强集体主义教育,初二年级加强团的知识教育。初三年级加强职业理想教育,这样,使得整个初中阶段的思想教育形成一个系列,这个系列逐层深入,最终达到做一个合格的初中毕业生的教育目的。

在具体做法上,我们主要通过团队组织的思想教育系列活动来贯彻这一教育目的，在初一新生入校前，我们就组织他们参加新生夏令营，让学生初步了解我校历史，熟悉新的集体，增强集体荣誉感；新生入校后，我们又组织他们开展"我爱扬中"、"树人堂前"等系列活动，让学生进一步熟悉扬中校史、激发他们热爱新的集体，为新的集体贡献自己的聪明才智，从而促进新的班集体形成。针对初二学生思想松的特点，我们适时地对他们进行青春期教育，举办少年团校(迄至本学期为止我校已举办了11期少年团校)，向学生传授团的知识，让他们有了新的追求目标。各个班级因班制宜，开展了"十四岁生日"、"在离队的日子里"、"老师五十我十五"、"心愿展望"等系列活动和点题队会。初二(1)开展的"老师五十我十五"的活动，通过调查了解五十岁的老师的坎坷经历，帮助学生确立奋斗目标，走好未来三十五年的路。这一活动促进良好班风的形成。这个班在初一时数学成绩较差，活动以后，学生学习目的逐步明确，数学成绩及格率由原来的60%上升到85%以上。在初三年级，我们把职业理想教育和全国各族人民的共同理想教育融为一体，针对学生单纯追求升入重点高中和盲目地混毕业文凭两种不同倾向，着重抓了学生的学习目的，开展了"进入初三以后"、"我给母校留下什么"、"苗→树→材"等系列活动。现初三(5)的系列活动"苗→树→材"形象化地把一个人成长的道路揭示出来，激发学生为建设有中国特色的社会主义，做"四有"新人而奋发努力，活动使得这个班学习风气日益浓厚。

在开展思想教育系列活动的时候，我们注意到活动既要符合中学生的特点，又要坚持四项基本原则，既要抓好各个班级系列活动的针对性，又要顾及全校活动的整体性。一九八三年开始，我们在初中开展了少先队的"小七战七捷"活动。通过对历史上苏中七战七捷的考察。对苏北地区经济建设的调查，组织各班学生开展了为家乡建设献计献策的活动，使学生受到一次深刻的教育，增强了学生爱党爱国爱人民爱社会主义的思想感情。

由于我们抓住了思想教育的系列化，坚持了思想教育的针对性，取得了一定的成果。一九八四年，我校的"小七战七捷"等四个系列活动获全国少先队创造杯奖。少先队代表孙瑜蓉出席了全国创造杯夏令营；一九八五年，薛峰同学获全国少先队好队长奖；一九八六年，"老师五十我十五"、"苗→树→材"获全国少先队创造性活动征文比赛奖。此外我校的《创造性系列活动是理想教育的有效形式》获得江苏省少先队工作优秀论文一等奖。思想教育系列活动在学生中也收到了明显的效果。原初三(2)学生顾燕燕，初三(5)学生何敏等进入高中后各方面表现突出，分别担任了校学生会、团委的领导工作。初一(2)、初一(3)学生吴峻等三人在路上拾到人民币三百多元及时交还失主。初二(5)学生赵平不顾路远坚持帮助孤寡老人。我校退休老教师汪宝瑜拎水买菜就象照顾自己的婆婆一样，被扬州市红十字会推荐为省"红十字"先进个人。

二、班级管理制度化

我校在加强初中思想教育方面注重实效，提出以做一个优秀的初中生为目的，以爱国主义教育、共同理想教育为重点,以创建文明班级、少先队优秀中队为目标的管理要求,即要求各个班级针对本班实际制订出近期目标和长远目标。目标管理可以培养学生的集体主义观念,增强学生爱国主义思想感情,培养他们高尚的情操,帮助他们树立远大的革命理想。目标管理还要和日常的常规管理有机地结合起来,可以说目标管理是一条经线,常规管理是若干条纬线。目标管理的高标准。常规管理的严要求对于思想教育的深入、良好班风的形成、学习成绩的提高都有很大关系。我校在开展创建文明班级,少先队优秀中队活动时十分重视严格管理措施,组织学生学习"正直向上,热于求知"的校风,学习《中学生守则》、《学生在校一日规范》等,让学生明确应该做到哪些,怎样做到这些。

为了加强班级管理工作,学校中层以上领导干部深入到各个年级各个班级中去,做到每人分管一个年级、抓好一个班级,并形成一套工作制度,保证了管理工作抓在实处。

班级的大量工作要靠班主任来抓好,因此,班主任队伍的建设在加强班级管理中就显得十分突出了,我校坚持每周召开一次班主任碰头会,学习教育理论,交流经验体会,讨论近期工作,坚持举行班主任班会指导观摩赛,仅一九八六年一年,我们就组织班主任学习了无锡黎庄初中建设班集体的先进经验,德育考核标准量化的理论,组织了两次青年班主任班会观摩赛,为了使班主任工作更加科学化,学校组织了班主任工作研究小组,少先队工作研究小组,由学校党总支书记、政教处负责同志分别担任研究小组组长,政教处还编印了《班主任工作简报》积极开展对班级工作、团队工作的研究,组织班主任教师有专题地进行实验探讨,取得了不少成绩,青年班主任李爱军同志写出了加强初中班主任工作的论文,王雄同志主动承担举行高难度的点题班会,在日常工作中,我们还注意加强班主任值班制度,做到各个年级每天都有一名班主任值班,负责处理本年级的各种问题。

班级管理不仅仅是班主任或任课老师的事,更重要的是学生自己的事,因为学生是接受教育的主体,基于这一认识,我们在班级管理中强调要充分发挥学生的自治自理能力,少年队大队部组织学生开展纪律、学习、体育、卫生,队的阵地建设等方面的自查互查,在自查互查的基础上由学生自己评选文明班级,少先队优秀中队,为了提高学生的自治自理能力,我们试行了学生干部轮换制,各班根据本班实际每学期轮换三分之二或全部学生干部,这样发挥了全体同学的积极性和创造才干,全力地促进了班级工作的开展。

德育考核量标化也是搞好班级管理的重要措施,在实施过程中,我们把德育考核分解成若干方面(有的班级分解成十项,有的分解成五项),定出不同的权量系数,由学生自己相互评分,再结合任课老师意见确定学生的操行等第,这样做一方面强化了班级管理,另一方面避免了德育考核的主观随意性,促进了班级管理的科学化。

近几年来,我们在班级管理工作上形成了几项制度,主要有目标管理制度,文明班级评比制度、班主任碰头会制度、班主任值班制度、学生干部轮换制度、德育考核量标化制度等,实施后效果较好,学生的道德行为水准提高较快,目前,初中部已先后有五个班级被评为文明班级。

三、教学工作科研化

由于初中教学内容与方法等都和小学有很大不同,因此,我们在初中教学工作中着眼于科研,向科学要质量,提出了初中教学"结合科研、探讨规律、勇于实践、大幅度提高"的要求。

为切实抓好初中教学,我们加强了教育理论的学习,多次深入到初中各个年级进行调查,摸索出"初一抓基础、初二防分化、初三抓提高"的规律,初一新生刚入校,对中学学习极不适应,我们着重教给他们学习方法,要求他们抓好课前预习,课上听讲、课后复习三个环节,着重解决打好基础,培养良好学习习惯问题;初二年级课程增多,两极分化现象出现,我们着重注意提高学生的学习信心,加强练习,稳扎稳打,延缓两极分化现象;初三年级即将毕业,我们着重抓了学生的学习目的性,要求学生为进一步学习或就业打下良好基础,大面积地提高毕业生的文化素质。

根据这样的规律,我们在课程设置、教材改革、教法改革、第二课堂等方面做了一些尝试,取得了一定的效果。

在上级主管部门的支持下,我们对八五年入学的初一学生试行了课程设置的改革,适当减少部分必修课的课时,增设了趣味数学、理化科普、课外阅读、手工制作、器乐等选修课。选修课的开设,激发了学生的学习兴趣,拓宽了学生的视野,训练了学生的思维,使得必修课的学习成绩有了极大提高,这届学生入校时有八十二人未达我校最低录取分数线,他们的平均成绩比我校最低录取分数线低 5 分,通过两年多的学习,这些学生成绩提高较快,有三十人达到优良水平,三十四人达到中等水平,初三(1)周炜入校中低于最低录取分数线,现在已是全年级的尖子,并荣获八六年市级和省级中学生数学竞赛一等奖的第一名。

课程设置要改革,教材也要改革,近几年来,我校在初中坚持使用实验教材,效果较好,数学实验教材已有六届初中学生使用,这套教材精选了传统数学中最普遍,运用的基础部分作为教学内容,前后知识连贯,来龙去脉清楚,培养了学生逻辑思维能力和自学能力,拓宽了学生的思路,教师在教学中抓住基础,提倡一题多解,有意识地巩固学生已学知识,提高学生运用知识的能力,在历次数学竞赛和升学考试中,都取得了较好的成绩,语文实验教材已有两届学生使用,教师在教学中充分发挥单元优势,重在"一课一得",交给学生学习方法,诸如速读、略读、跳读、精读和创造性阅读的方法,分析和解决问题的方法等。几年来,这两届学生中已有二十多人在全国、省、市有关作文竞赛中获奖,在升学考试中,两届学生语文平均分分别为 96.45 分和 96.2 分,超过非实验教材班 4—6 分,使用实验教材,培养了学生自学能力,对于其他科目的学习有很大帮助,例如 86 届初三(6)班是语文实验教材班,这个班除语文成绩突出外,其他各科成绩都居全年级首位,数学升学考试总评分为 103 分,超出其他班级

4—14分,在教材改革方面,我们还注意自己编写教材,近几年来,数学组根据苏联《中学生智力与能力》、《儿童心理学》等编写了初中趣味数学教材,语文组编印了《中学生古文选读》,语文组组长张铨编印了初中书法教材等,试教效果都较好。

根据各科教学的不同特点,学校要求各教研组因科制宜、因班制宜、大力改进教学方法,语文学科课抓好基础知识外,着重要求学生拓宽知识面,增强口头表达能力,分析归纳能力和写作能力等;数学则抓住基本概念和原理,举一反三,重视学生运算能力、论证能力和解题能力的提高,课堂教学不赶进度,强化逻辑思维训练和解题规范训练,避免题海战术;外语则大量运用现代化教学手段,重视语音、句型等基础知识的教学,重视调汇的积累;物理、化学通过演示讲清基本概念,重视理论和实践的结合,重视通过实验提高学生的动手能力,我们还在具体教法和考试方法上大胆改革,努力提高课堂教学效果,语文、外语扩大了电化教学范围,除使用录音机教学外,还增设幻灯教学;政治课试行让学生自己讲课;理、化增加实验次数,生物、地理等课让学生自己动手制作模型、标本。在考试方法上,语文试行口试、笔试相结合的方法,将学生的课堂笔记能力、书法、口头表达作为考试内容,试行让学生自己命题的方法;理化试行实验考试与理论考试相结合的方法;音乐试行举办考试音乐会的方法,这些做法对于提高教学效果起了很大作用。

我们除了抓好初中学生整体水平的提高外,还特别注意培尖和补差。对于学习基础较好,能力较强的学生,组织专人对他们进行拓宽和加深;对于学习有较大困难的学生,我校主要采用了加强辅导的方法。从八五年暑假开始,我们根据上级有关精神,组织部分学习困难较大的学生参加假期辅导,通过辅导,这些学生的学习成绩都有了不同程度的提高,八六届毕业的华薇、陈德文、左晋南、杨翌、夏焱、李鹭扬、谈蓓等同学,原来基础较差,经过辅导后各科成绩都有了较大提高,他们在升学考试中都取得了优秀的成绩。

加强第二课堂教学对提高整个初中教学质量有着很大关系,第二课堂是第一课堂的补充、拓宽和提高,开设第二课堂必然促进第一课堂教学的深入。我校在这个问题上认识明确,措施得力。初中各个年级、各个学科都有专人负责第二课堂,并要求订出教学计划,作为正常工作的一部分来完成。如初一年级的演讲、课外阅读、书法、趣味数学、劳作、器乐,初二年级的红领巾文学社,班级创作、理化补充实验、数学讲座,初三年级的作文欣赏,名作赏析、外语角等第二课堂的活动,强化了课堂教学效果。

正是由于我们坚持了教学工作科研化,才收到大面积提高初中教学质量的效果。几年来,我校初中毕业生的素质一直保持着较高的水平,一九八六年,出席全国德育教育大纲研讨会的代表来我校参观,对我校初中学生在点题班会上表现出来的思想认识水平、组织能力、口头表达能力、文化知识水平给予很高的评价。全国优秀班主任、上海建平中学校长冯恩洪认为我校初中学生在某些方面已达到了一流水平,我校老师在教学科研方向也取得了丰硕成果,《〈阅读〉课文教法改革初探》获省教改成果奖，在《语文教学通讯》、《山西师院学报》等杂志上发表了不少论文。

四、学校教育社会化

要搞好初中教育，不能片面追求升学率，必须全面关心学生的成长，即不但要关心学生德、智方面的发展，也要关心学生体、美方面的成长，做到面向社会，培养“四有”新人。为了保证学生的健康成长。我校坚持学生每天一课时的体育活动时间，并明确规定体育活动时间不得随意占用，即使初三毕业班也不例外。近几年来，我校初三毕业班的体育课一直要到升学考试前才停课，保证了学生有足够的体育锻炼时间，同时，我们注意引导学生做好眼保健操、广播操，合理地安排课间休息。体育教研组积极组织初中学生进行各种形式的体育比赛，医务室定期组织学生检查视力，从而使我校学生的体质有了一定程度的增强。对于音乐、美术课，我校根据教学大纲要求认真安排教学，初一和初二除正常课务外，还利用课外活动时间拓宽学生音美知识。初三毕业班学生学习任务较重，但音乐、美术课也都直到毕业考试结束才停课。此外，我们还注意培养学生的劳动观念，每学期都要安排学生参加三天的公益劳动。

要搞好初中教育，还必须依靠社会，动员全社会的力量共同关心学生成长，我们注意加强与社会、家长的联系，密切配合，共同关心我校每学期都要召开1～2次学生家长座谈会，共同研讨搞好初中教育问题，各班主任加强家访，针对不同学生的情况研究教育措施，八六届一个学生性格孤僻，经过了解，原来他的生母去世了，父亲又建立了家庭，他受到社会上落后舆论的影响，与继母关系紧张，因而郁郁寡欢，学习也受到影响。针对这个特殊情况，我们及时与他家长联系共同从思想上、学习上、生活上关心帮助他，他感受到社会主义社会人与人之间的密切关系，改变了他的性情，学习上进步较快。此外，我们还经常邀请公安干警给学生介绍我市综合治理的大好形势，邀请老红军薛世文同志，前市委宣传部长郑锋同志等给学生讲述革命战争年代的故事，扬州的社会主义建设成就等。

搞好初中教育，眼光不能只看到初中，必须拓宽视野，我校一方面注意研究解决中小学衔接方面存在的问题。另一方面也重视对初中毕业生的跟踪教育。通过各种途径了解我校初中毕业生升入高一级学校或走上工作岗位后的表现，主动关心他们，帮助他们成长，同时也注意了解初中教育中的薄弱环节，以便进一步改革初中教育。

我们在加强初中教育方面虽取得了一定成绩，但也存在不少问题，目前，我校师资力量出现青黄不接的现象。部分学科师资十分缺乏或师资素质不高，这与当前的教育改革形势是不相适应的，再者，我校校舍陈旧，采光条件较差，加上市区供电不正常，学生视力下降严重，虽然我们采取了不少措施，加强视力保护，但仍不能有效地控制学生视力下降。又如，目前社会上适应青少年特点的课外读物缺乏，而武侠电视、琼瑶小说等流行。虽然我们举行了各种有意义的活动，组织了各种讨论，但难以抵销这些不良影响。此外,一些学生家长单纯追求高分,忽视了学生的全面发展,在少数人心目中,还存在着轻视初中教育的倾向。

究竟如何搞好初中教育,我校进行了一系列尝试,但仍处于摸索阶段,今后,我们一定要进一步加强教育理论的学习,真正从思想上解决抓好初中问题,采取切实措施,多方面抓好初中教育,为提高全民族的思想道德素质和科学文化素质作出贡献。

培养体育后备人才试点工作总结

江苏省扬州中学

我校作为省体育后备人才试点校。自 87 年至今已经完成了第一轮试点任务。四年来我校共招收高中高水平运动员 14 名，其中 87 年进校的两名学生已分别被东南大学电气系和扬州师院体育系录取。我校试点项目(田径)运动员参加 90 年 9 月在南京召开的省十二届运动会，共得 105.75 分，主要由我校运动员组成的扬州市女子 A 组获省十二届女 A 团体冠军，有一人六次打破两项省少年纪录，有三人破三项市成年记录，回顾走过的历程，我们深切地感受到，搞好体育后备人才试点校的建设，思想建设是前提，科学选材是基础。科学训练是关键，理顺关系是保证。

思 想 建 设

《中共中央关于教育体制改革的决定》指出，“教育体制改革的根本目的是提高民族素质，多出人材出好人材”。中学教育是基础教育，中学教育的根本任务是提高受教育者的思想道德素质、科学文化素质、健康的身体和心理素质，几年来，通过教育理论学习，教育思想讨论，教育改革实践，学校重智育、轻德育、体育的状况正在扭转。升学教育的模式正在被素质教育所取代，为学校体育的改革和发展提供了条件，创造了氛围。几年来，我们着力加强了下列思想建设。

首先，从全面贯彻党的教育方针的高度，重新认识学校体育的作用。德、智、体、美、劳全面发展，是指五育协调发展，综合发展。它既不是单重视某一育，忽视其它诸育的片面发展；也不是诸育互相割裂，各自为政，孤立地发展，五育有区别，各具其本质属性，不可互相取代。但同时又有其内在联系和相互交叉的不可分性，发展体育，增强体质，提高体育水平，本身就是文明程度的一个标志，发展体育，奥运会获奖，亚运会夺魁。国威大振，极大地激励了海内外同胞的爱国主义精神，体育道德、严格纪律、竞技意志、拼搏精神，这些既是体育的内容，又无一不与德育的发展有着密切的联系。现代体育越来越依赖于智育的支撑，反过来体育的发展又会从多方面促进智育的发展，体育早已不仅仅是蹦蹦跳跳的事了，体育在育人中的作用不容低估。

其次，正确理解学校体育的目标，处理好普及和提高的关系，学校体育要把增进学生健康，增强学生体质作为首要任务，同时也要把培养体育后备人才，为国家输送高水平的运动员的任务担当起来，学校体育要坚定不移地执行普及和提高相结合的方针，在普及基础上提高，在提高指导下普及。一方面要面向全体学生。上好体育课,组织好群体活动,增强全体学生的体质,并注意将近期效益和长远效益相结合,另一方面要合理安排,相对集中一定的人力、物力、财力,抓提高,上水平,当尖子,服从于国家竞技体育的发展战略,培养体育后备人才试点校,在这方面更是责无旁贷。

第三树立正确的人才观,升学率的高低是评价一所学校的一项指标,但不是全部指标,升学率的高低能从一个侧面反映一所学校的教育水平,一定程度上影响一所学校的声誉,但一所学校的教育质量最终要接受社会实践的检验。一所学校的声誉最终决定于它所培养的人的社会实践水平。专家学者是人才,体育尖子也是人才,我们不能拿专家学者的要求来要求运动员,同样不能拿运动员的要求来要求专家学者。学校教育工作者的责任就在于在全面发展的基础上,对不同类型的学生实施因材施教,让他们各自得到充分发展,让那些自然条件优越,先天秉赋适宜,体育素质良好,心理品质稳定的学生,在体育方面获得充分发展,成为国家优秀体育后备人才,既是国家的需要,更是我们的职责。

几年来,我们重视了教育思想建设,加强了对学校体育工作的领导,开展了对培养体育后备人才试点工作的宣传,培养体育后备人才的工作,列入了学校工作计划,成立了专门的领导训练班子,落实了实施计划,更新了场地设施,出现了从各班拒收运动员到各班争抢运动员的可喜转变。

科学选材

科学选材,保证进校的运动员有一个好的起点和潜在的发展能力,充分发挥有限的资金、人力和物力的效益,从而达到事半功倍的作用,是试点过程中必须充分重视的问题,选才问题,一是建立、疏通生源渠道,二是完善科学选材方法。

建立、疏通生源渠道,首先立足本校,办好初中田径传统项目运动队,我校和扬州市的育才小学、城南小学等省体育传统项目学校建立挂钩联系。每年通过考核由我校录取十五名左右的有一定基础和发展潜力的学生,经过一段时间的训练考察,把其中的优秀运动员定为高中高水平预备队员,他们中的大多数最终被录取为高中高水平运动队正式队员,我校目前高中正式在编的运动员中,用这种方式录取的占75%,同时我们还面向全市,在初二、初三年级用插班方式,招收高中高水平预备队员,待他们进入高中时吸收为正式队员,目前在编的运动员中,用这种方式录取的占25%,对于个别经我们物色确实优秀,本人和家长也表示愿意的外市运动尖子,在征得所在市有关部门的同意后,由我校招收入学,几年来,用这种方式录取的仅一人,经过几年的努力,已初步建立起小学——初中——高中一条龙,立足本校,面向全市,适当拓宽的生源渠道。

我校选拔运动员,主要采用以下做法。

一是经验型选材。由我校体育教练通过观看体育比赛,凭经验选才,这种方法简单易行。通过观察能了解运动员的形态、技术水平和部分素质情况,但对运动员的整体机能、心理和思想素质及今后发展潜力,较难把握。

二是综合型选材。通过1—2年的基础训练，从中观察运动员运动成绩和素质变化情况，考察其思想表现、学习能力和心理气质是否具备向高一级水平发展的条件，科学地鉴定其身体形态、机能和身体发育情况，这种选才方法，时间较长，至少从初中开始，但效果较好，我校几名突出运动员都是用这种方法选拔的，综合选才除考虑运动员的先天条件、运动技术水平以外，要着重考察运动员的气质，一个好的运动员，应该有坚强的意志品格，好胜向上的自尊意识，一丝不苟的踏实作风，胜不骄败不馁的大将风度，越是大赛，越是兴奋，越是沉着，越能出成绩，还要注意选拔那些青春期来得迟一些，发育过程长一些的运动员。

三是科学型选才。科学型选才是当今最先进的选才方法，但根据目前我校的实际，尚不具备完全采用科学型选才的条件，一是缺乏现代科学理论的武装，二是缺乏必要的仪器设备，三是无确定的经费来源，四是教练力量还有待加强，科学选才是方向，是我们今后努力的目标。

科学训练

进行科学训练是试点过程中的一项主要工作，一项经常性工作，我们努力统一训练的指导思想，保证足够的训练时间，进行规范化、科学化的训练。

培养体育后备人才试点工作的目的是为高一级学校和高一级运动队输送有培养前途的优秀运动苗子，中学培养体育后备人才工作的重点应该是为少年运动员全面打基础，在训练安排上要注意专项技术和多项技术的结合，在全面身体训练和专项技术训练上，应侧重全面身体训练，在运动训练、思想教育和文化学习上，应全面要求，不应有偏颇，总之要培养全面发展的人，为少年运动员留下后劲。

学校要为运动员的运动训练和文化学习做好协调工作，保证运动员有足够的训练时间，每天下午两节课下的两个小时，每个星期天的下午，每天早晨早读前的时间雷打不动，一律让路，几年来已形成规范。

训练分基础训练阶段和初级专项训练阶段，基础训练阶段的主要对象是初中预备生源，训练的要求是：增强学生体质，全面发展素质，侧重发展速度和爆发力；正确掌握跑的基本技术和其它多项技术；加强思想品德教育，初教专项训练阶段的对象是高中正式在编的运动员，本阶段要求：继续增强学生体质；在全面发展素质的基础上逐步增加专项技术和专项素质的训练；不断提高多项技术水平；继续加强思想教育和心理素质的培养。

训练既要保证适度的负荷，又要注意不断调节控制；要根据运动员的生理、心理发展水平和季节转换等不断调整身体训练、技术训练和专项训练的比例。

几年来的实践证明，训练质量的高低很大程度上决定于教练工作的优劣，学校把教练员队伍的建设放到极其重要的位置上来，加强思想政治工作，增强教练的责任心和自豪感，成为运动员的表率；加强业务进修，通过参加短训班、专题讲座和在职学习等形式，不断提高科学训练的水平；加强科学管理，科学制定训练计划，严格执行训练计划,加强教练队伍的建设,调动教练员的积极性,要求学校领导要深入训练现场,了解教练员的甘苦,帮助教练员解决工作和生活中的实际困难,在职称评定、评选先进等方面都要有所倾斜。

理顺关系

几年试点工作的实践。使我们认识到,要使试点工作顺利进行,必须不断调整、理顺内外各种关系。

理顺学校和市教育局、市体委的关系,体育后备人才试点校的建设,必须也应该在市教育局的领导下,在市体委的帮助、关心、支持下进行。几年来,我们主动汇报工作,反映情况、提出建议,在振兴扬州体育,为扬州体育再上新台阶的共识之下,争取领导更多的支持,在招生问题上,只要我们选中的后备生源,市局、市体委一路绿灯,和我们一起做动员疏导工作,在高中招生问题上,市体委领导表态,只要扬中要的运动员,市运动学校一律放行,市体委和我校还成立了共同的训练班子。

处理好运动训练和全面发展的关系,体育后备人才,是学生又是运动员。首先是学生,要坚持先成人,再成才,对他们必须坚持坚定正确的政治方向的教育,严格的行为习惯的培养,打下必需的科学文化基础,全面提高他们的素质,成为全面发展的人,从目前情况看,忽视运动员的全面发展,特别是忽视他们的文化学习,试点工作将失去广泛的支持,也就失去了活力,其次是运动员,要保证足够的训练时间,让他们上水平出成绩,因而对他们的要求,特别是文化学习的要求,应该有别于其他同学,应适当降低要求,当然降低要求不等于忽视甚至放弃要求。在具体工作中,我们要求教练员要多关心文化学习,多提文化学习方面的要求。班主任和任课老师要多鼓励运动员搞好训练,出成绩,并为参加比赛而缺课的运动员补课。

经过几年的试点,我们在培养体育后备人才工作上取得了一些成绩,但更遇到了不少困难,教练力量薄弱,编制无法落实,科学训练水平有待提高;对运动员的运动训练和文化学习的安排,缺乏科学配比,特别是对运动员的文化学习无科学的量纲,唯智育观还时时冲击着试点工作;运动员的出路问题常常困扰着我们,在这个问题上能否有更大的突破;经费拮据,捉襟见肘的状况依旧如故,没有重点扶持,何来持久的积极性?我们决心在省市有关部门的领导下,不断改进、完善我们的工作,让试点上一个新的台阶。

一九九〇年十二月

扬州中学体育后备人才试点校(87—90)运动员名单

年　级	姓　名	性别	出生年月	专　项　成　绩
高三	孔晓春	女	73	100米栏14″9(广州中日学生体育交流选拔赛)
高三	刘健	女	73	跳高1.70米(88年本校和市区中学生田径赛)
高三	沈永敏	女	73	100米12″3　跳远5.63米(90年省十二届运动会冠军)
高三	马剑群	男	73	跳远6.35米　三级跳13.35米(90年市区中学生田径赛)
高三	仇激扬	男	73	跳远6.20米　100米11″7(90年市区中学生田径赛)
高二	丁雪琴	女	74	100米栏16″3(省十二届中学组亚军)
高二	夏丽萍	女	73	400米1′0″3　800米2′19″5(88年省传统校比赛)
高一	华蓉蓉	女	75	跳远5.44米(省十二届少乙组第五名)
高一	谢贻怡	女	76	100米12″3　200米25″3(省十二届亚军和第三)
高一	朱敏	女	75	100米栏16″5　跳远5.00(90市中学生赛)
高一	马丽健	女	75	400米1′3″1(90市区中学生赛)
初三	卢红芬 (后备队员)	女	76	400米1′0″5　200米26″8(省十二届,预备生)
已毕业	李瑛	女	72	100米12″6　200米26″3(已录取东南大学)
已毕业	赵钢	男	72	跳高2.00米(已录取扬州师院体育系)

教学改革必须着眼于提高学生的素质

《中共中央关于教育体制改革的决定》指出,“教育体制改革的目的是提高民族素质,多出人才,出好人才。”几年来随着国民教育的提出,九年制义务教育的实施,基础教育从英才教育转变为国民教育,从升学教育转变为素质教育,已是一种必然的趋势。

素质教育,作为一个新的教育科学范畴的提出,决不是偶然的,它是在现阶段我国社会主义建设和改革的实践中,是在对四十年来教育理论和实践经验的总结和反思中所作出的历史选择,是对传统教育忽视人的素质的批判和超越。

学校教学工作必须服从于这个转变,作出重大调整。这种调整,表现为教学内容与教学要求的改变,表现为教学方法的改革,无疑这种调整首先应该表现为教学思想的转变。近几年来,我校的教学改革正是在上述几个方面逐步展开的。

一

环绕素质教育,我们在教学思想建设中,通过学习议论,逐步形成三点共识。

首先明确学校教育的任务是,贯彻德、智、体、美、劳全面发展的方针,使学生受到全面的基础教育,培养有理想、有道德、有文化有纪律的社会主义公民,为培养各级各类的社会主义建设人才奠定基础。在这里,教育的着眼点是提高人的素质。可是长期以来,升学教育习惯于把教学工作单纯地看成一门门专业化的教学科目,在实际教习过程中偏重于知识的传授,而对教学工作所应有的育人价值缺乏足够的认识,忽视了教学工作在提高人的整体素质方面所具有的巨大作用。这种状况亟待改变。

其次搞清在教学工作中,应该把学生放到什么地位?教学的着眼点在于提高人的素质,还是仅仅在于学科知识的应用价值?这种着眼点上的差异,集中反映了两种截然不同的教学思想的对立,这种分歧表现在数学的价值取向上,升学教育把各科教学当作应试的工具,在教学过程中只强调掌握知识和会考试,而忽视了对学生主体的心理素质的培养,而素质教育着眼于人的素质的提高,就应该把教学活动中的心理品质的培养作为重要目标,为正是这种心理过程所引起的心理变化,才最深刻地反映着人的素质的改变。

第三要明白教学工作在整个学校教育工作中的地位是什么?教学工作与学校其它各项工作之间是一种什么关系?无疑学校应该以教学为主。分歧在于,升学教育将“为主”变成“唯一”。忽视甚至放弃其余各育。升学教育模式下的智育是一种片面的智育，一种应试的智育，课程设置上考什么升什么，教学内容上重知识轻能力，教学方法上多灌输少启发。着眼于人的素质的提高，就应该在实行教学为主的同时，坚持德育为首，坚持德、智、体、美、劳的全面发展，重视五育间的相互交叉渗透，发挥整体功能，提高育人效能，就应该把实现由应试智育向科学智育的转变作为重要目标。

二

人的素质表现在许多方面。社会文化素质，包括政治思想观念、道德行为规范、文化科学知识、劳动生活技能、审美观念等方面；心理素质，包括认知、需要、动机、情感、意志、性格等智力和非智力方面的素质；自然生理素质，包括生理机能、运动机能、体质体型等方面的素质，人的素质的提高，是在先天禀赋基础上，在社会环境和教育影响下，通过自身参与的社会化学习活动与交往的过程中得以实现，同样教学工作在提高人的素质方面的作用，必须通过教学活动来进行。

在加强教学思想建设，强化素质意识的同时，我们就教学活动在提高人的素质方面的作用，取得共同的认识。我们认为它主要表现在如下三个不同的层次。

第一层次：掌握各科知识

第二层次：发展各科学习能力

第三层次：形成良好的精神品格

掌握各科知识，通过教学活动，使学生具有比较广博扎实的基础知识，牢固掌握现代社会生产和生活所必须的基础知识，不是仅仅满足应试的需要。

发展各科学习能力，教学活动要围绕提高学生的能力来进行，使学生具备敏锐的观察力，迅速牢固的记忆力，使用工具书能够自学的能力、流畅的语言表达能力、丰富的联想力和深刻的思维能力。要特别重视学生思维能力的培养，这是认识过程的核心成分，是独立思考能力的基础，发展能力的教学，从较高层次上体现了教学对人的素质的提高。

形成良好的精神品格，为了促使学生精神品格的发展，教学必须促进学生世界观和方法论的转变，促进学生思维方式与观念的变化，这就不仅需要重视学生在学习活动中的智力过程，还要重视伴随着它的情感过程，以及两者间的关系，要实现教学成果向一般性领域的迁移，虽然这种迁移比知识的迁移要困难得多，但其作用也巨大、深刻得多，发展学生的精神品格，从最高层次上体现了教学对人的素质提高的巨大功能。

实践证明，教学改革应该落实到全面发展素质的要求上来，也只有在三个层次上都取得巨大效益的教学改革，才是卓有成效的教学改革。

三

几年来，我校坚持进行课程结构改革，通过新的课程结构模式来全面提高学生的素质。经过几年的努力,初步确立了以必修为主,必修课、选修课、劳技课和课外活动相结合的课程结构设置。

在高中开设了文学欣赏、美育基础、音乐、素描,微机、无线电、创造教育,数、理、化、史、地等选修课,大力加强劳动技术教育,根据本校实际从初一到高三,开设了工艺制作,食用菌栽培、编织、刺绣、篆刻、机械制图、英文打字、钳工、缝纫、摄影、烹饪等劳技课。

选修课的开设,首先突破了高考考什么就开什么的应试智育的模式。选修课内容涉及文史哲、数理化、美学心理学、教育学和当代最新科学技术。选修分必选和自选两类。高中学生每人必选微机课一学年,每周两课时,课堂授课和上机实践时间各占50%,微机课的开设,优化了知识结构,提高了适应现代社会生产和生活的能力,其余为自选课程,自选课程满足了一部分学生对某些学科的特殊爱好和强烈的求知欲望,拓宽了知识面,发展了学生的兴趣爱好和个性特长。选修课的开设除了改善知识素质外,更发展了学生的能力,通过选修,使学生的观察能力、审美能力、动手操作能力、英语听说能力、学科思维能力等都有了不同程度的提高,他们在各科竞赛中显露了才华,近三年来我校在市级以上各种竞赛中获奖的学生有160人次。从学生踊跃选修音乐、素描、美育基础和文学欣赏中,我们看到了青年学生对美的追求和探索,对高尚精神生活的向往,他们的精神在健康、科学、高尚的活动中获得升华。

劳技课的开设,是对升学教育重知识轻技能的挑战。教育与生产劳动相结合是马克思主义教育理论的重要内容,劳技课的开设对于促进人的全面发展和民族素质的提高有重要意义。我们在劳技教学中突出实用性和实践性,开设的每一门劳技课都要有实用价值,有实践基地,开设的每一门劳技课,都做到有大纲、有教材、有计划、有考核办法。这四个有都要体现基础知识和实践技能的结合,并以实践为主的要求。一件件的工艺制作,一幅幅的制图作品,一个个棱角分明的铁锹头,一张张铺满英文字母的打字纸,琳琅满目的编织、刺绣缝纫作品,雨后春笋般生长的食用菌,在学生手中诞生,劳动技能从中得到发展,智能在手脑并用中得到开发,更重要的是尊重劳动和劳动者的情感,热爱劳动的品格,勤于劳动的习惯从这里起步,劳技课对精神品格的提高有不可限量的作用。我校在开设劳技课的同时,还开设公益劳动课,坚持每班每学期三天公益劳动制度。在独生子女比例不断增大,得“四·二·一”综合症的人数不断增加的情况下,让学生拿起扫帚扫地,到食堂拣菜,到办公室整理内务,不能不说是一大进步,为大众服务的思想,社会的责任感也油然而生。

丰富多彩的课外活动的开展,为学生学习素质的全面提高,提供了广阔的舞台,课外活动的自主性、趣味性、科学性、实践性,大力发展了学生的兴趣爱好,在基础知识和实践的结合中,开发了能力,陶冶了情操,创造教育活动小组的同学在接受创造性思维培养,创造性技法训练的同时,开展创造实践,吴顺文的平抛实验架,李晓明的行星动态尺,以新颖的构思、独特的设计、创造性的突破,分别获得全国青少年科技发明奖。新苗文学社组织的社会实践活动，使一批文学爱好者脱颖而出，项飞同学的报告《危机存在于中国农村的土地——给农牧渔业部部长的一封信》以其高度的爱国热情、敏锐的观察力、强烈的参与意识、严谨的科学态度得到华东六省一市作文竞赛评委的一致推崇，被评为一等奖的第一名。书法绘画小组的书法、绘画、木刻作品屡屡获奖，近年来，有一人获全国电视书法大奖赛一等奖，有二人分获全国中学生人口宣传画比赛二等奖、三等奖，有大批作品被选送国外展出。无线电小组制作的电子门铃，航模舰模小组制作的航模舰模，生物小组制作的标本，化学小组制作的晶灯显示了小组成员的才华。更重要的是，通过课外活动，培养出来的自我教育，自我管理的意识，坚强的意志，百折不挠的品格，尊重科学、尊重事实一切从实际出发的科学态度，互相尊重，团结合作的人际关系，都将使学生一辈子受用无穷。我校周姮同学1987年暑假被国家教委选送参加美国瑞克沃尔基金会夏季学校学习，面对来自全美各州和世界各国英才的竞争，周姮同学以其大方豁达的处世能力，顽强拼搏的意志，诚实正直的品格，以其良好的英语听说读写能力，广博扎实的知识基础和良好的学习能力，赢得了赞誉，被称为该夏季学校的学生领袖，美国联邦地质局世界权威地质学家吴景祯博士给予高度评价，并向全美最知名的十多所大学推荐该生。周姮同学在回国后的总结中谈到，她之所以能取得成功，很大程度上得益于学校丰富多彩的课外活动。

四

为了实现由升学教育到素质教育的转变，通过教学活动来提高学生的素质，特别是提高后两个层次的效益，我校近年来坚持进行教学内容、教学方法、教学手段和课堂结构模式的课堂教学的整体改革。

各学科普遍结合本学科的特点进行启发式教学的实践。如自然学科开展实验探索法教学的尝试，通过“提出问题”、“设计方案”、“动手实验”、“分析判断”四个阶段，提高观察能力、实验动手能力和分析判断能力，又如语文学科采用比较阅读法，通过对比、关联综合、分化、提高分析推理能力，各科教师都能利用提示、疏导、设疑、解惑等方法，调动思维的积极性和主动性，注意学科思维方法的训练，帮助学生建立学科思维模式。如数学学科为了让学生及早地确立一般的数学思想和方法，成立数学思维教育协作组，开展数学思维教育实验，外语学科推行整体教学法，词汇、语法、课文分析均突出整体性原则，强调听说领先，化学学科进行物质结构和性质间相互关系的辩证思维训练等等。

各学科的教学普遍强化了整体性原则，教师在教学过程开始前，认真钻研教材，对本学科知识的纵向序列和横向联系，对学科知识结构有清晰的认识，教学过程沿着这个结构展开。循着这个结构落实，通过不断的前联后挂、分化综合，在教学过程中完成知识的建构。在掌握系统知识的智力活动中发展学生的思维能力，强化整体性原则，建立知识结构，不仅保证了思维的全面性和正确性，而且有利于对知识的组合整理,发展创造能力。

在着力发展思维能力的同时,我们还通过讨论式教学、课内三分钟演讲,复述课文内容等手段,提高学生的语言表达能力;通过社会调查,接触社会实际,培养社会交往能力和人际关系处理能力;强化实验教学,培养动手能力。

教学改革在提高学习能力的同时,必须重视提高学生的科学世界观和方法论水平。如语文学科通过概念分析、因果分析、发展分析、比较分析、矛盾分析,在议论文写作中开展辩证思维的训练。历史学科,通过对历史事件的科学分析,对历史发展的科学揭示培养马克思主义的历史观。数理化生等学科,通过对物体运动、物质运动和生命运动规律的揭示,通过物种起源和生物进化,元素性质的量变到质变,物质性质的对立和统一,平衡运动的相对性和矛盾斗争的绝对性,数和形的转化和统一,繁杂与简单之间的化归,进行自然辩证法的教学,培养辩证唯物主义世界观。

教学改革中还应该充分发掘学科本身的审美因素,使教学成为审美创造的过程。如我们充分发掘语文教材中介绍、描述的古今中外许多志士仁人的美好形象,充分利用这些教材,适当补充细节,通过形象的描绘、气氛的渲染。富有表情的朗诵,并借助于幻灯、图片、录象、电影等形象化的载体,寓情感美、形象美、语言美于一体,使学生获得美的享受。在数、理、化、生等学科的教学中,强调系统性、整体性原则,重在建立知识结构,重视和加强综合过程,揭示发展变化规律,从而领略科学的理性美。当那些本来看来性质各异、孤立零乱的元素,按核电荷递增顺序排列时,呈现出极有规律的发展变化,门捷列夫元素周期是物质世界内在结构美的最充分显示,运动学所描述的上抛运动,自由落体运动,匀速运动,匀加速运动等各种各样的运动,竟能统一在“F=ma”同一规则之下,科学理论美,科学公式美得到了极完美的体现,数学中无处不在的对称、均衡、对立、统一,生物学中 DNA 的奇妙作用。ATP 的神奇力量,无一不给人以美的享受。由此而激发的对科学理性美的追求和创造,无疑会产生巨大的作用。

我们在教学过程中,重视发掘教材的思想教育因素,用活生生的人物形象,铁一般的历史事实,运用对比方法,进行爱国主义教育,让学生在学习文化知识的同时,接受爱国主义思想的熏陶,发挥教学过程中所形成的观念的力量,发展道德品格,如运用推理意识的形成和迁移,发展正直诚实的道德品质,培养尊重真理、服从真理的严肃的生活态度。

意志培养是发展精神品格的一个不可忽视的重要方面,我们通过启发式、整体性教学,通过对科学规律的揭示,让学生领略学科美,变学习为乐事,培养学习兴趣。通过教学活动,在突出各科教学和现代社会生产和生活之间的相互联系的同时,强调各科教学和学生素质发展之间的关系,明确学习目的,进一步激发学习热情,调动学习的自觉性和主动性,在教学过程中坚持高标准、严要求,所提出的问题,所设计的练习,都要有适度的负荷,既不垂手所得,也不望而却步,让学生跳一跳,甚至跳几跳才能摘个桃,从而培养严谨的学风,磨炼起坚强的意志。

在教学工作中加强素质教育，是教学改革的重大课题，我们还刚刚起步，有待于不断的学习、实践、提高和总结。我们要以满腔的热忱，锲而不舍的毅力，严肃的科学态度，严谨的工作作风，运用整个人格的力量进行坚韧不拔的努力。

江苏省扬州中学　沈怡文

1991.3

江苏省扬州中学
申报江苏省模范学校的情况汇报

一、学校概况

江苏省扬州中学创办于1902年,明年十月十七日是我校建校九十周年纪念日。“十年树木,百年树人”,扬州中学建校九十年来,毕业生数以万计,他们在这里受到良好的基础教育,其中许多人为国家和民族作出了或正在作出巨大贡献,他们当中有中共中央总书记江泽民,中共中央顾问委员会常委胡乔木,联合国副秘书长毕季龙(已离任),著名作家、学者、民主战士朱自清先生,中国多种型号火箭的总设计师黄纬禄,国际核能专家汤烺孙,中国科学院学部委员周志宏、吴征镒等十三人。扬州中学是一所国内外有一定影响的著名中学,其办学的优良传统整整影响了几代人,正如胡乔木同志在为我校建校九十周年的题辞中所说,“扬州中学,我亲爱的母校,我青春的摇篮,愿您永葆美妙的青春,在社会主义大道上发扬光荣传统。”

扬州中学现在是江苏省的一所重点中学。校园占地178亩,校园内运动区、教学区、生活区布局合理,教学楼、办公楼、实验楼、图书馆错落有致,绿树成荫,芳草茵茵。学校共有建筑面积3.1万平米,各种专用教室、实验室、电化室、语音室、微机房等基本满足需要,一座新设计的二千平米图书馆即将拔地而起,图书资料、仪器设备能基本适应教育、教学发展的要求。

我校现有教职工217名,其中专任教师150名。专任教师中高、中、初级教师各占约1/3。老年、中年、青年教师也各占约1/3。教师队伍不仅年龄结构、职称结构合理,而且总体素质较高,师德修养、知识基础、业务能力和科研能力都属上乘。他们“进德修业,教书育人”(我校教风),成绩卓著。这支队伍中,有全国优秀教育工作者、全国教育系统劳动模范、全国优秀少先队辅导员、全国优秀班主任、全国优秀科技辅导员、全国优秀体育园丁、全国三八红旗手、江苏省劳动模范等共十人,有省、市中青年专家三人,特级教师二人。

我校现有三十七个教学班,高初中均为六轨(1991年初中招生,施教片内生源暴涨,市政府决定我校扩招一个班),共有学生1898名。全校同学在“正直向上,热于求知”的校风熏陶下,做人求知,不断进取。

二、全面贯彻教育方针

扬州中学一直把加强教育思想建设放在学校工作的首位,着力解决,教育为什么服务,培养什么样的人和如何培养人的问题。教育为社会主义建设服务的任务在中学应该落实到提高受教育者的素质上来。提高他们的思想道德素质,科学文化素质,良好的智能素质,健康的身体心理素质,实现由升学教育向素质教育的转变。中学教育应该培养具有坚定的政治信念、高尚的道德情操、扎实的基础知识、良好的学习能力和习惯、健康的体魄的社会主义建设者和接班人。为此,学校必须全面贯彻教育方针,面向全体学生,努力使受教育者在德、智、体、美、劳诸方面都获得主动、活泼、生动的发展。在扬州中学,素质教育的观念已逐渐扎根,方针观念得到不断强化,并落实到学校工作的方方面面。

德育工作在学校工作中居于首要地位,在人才成长过程中起着主导作用。搞好德育工作,是坚持社会主义办学方向、全面贯彻党的教育方针的需要,是培养社会主义事业的接班人和建设者的需要。我校的德育工作,正是以此为出发点,坚持超前性和现实性的结合,以提高学生的思想道德素质为目标认真开展的。我们着重抓了以下几个方面的工作。

正确的政治方向教育。培养坚定的社会主义信念,高尚的爱国主义情操是政治方向教育的两大要点。一方面我们以国情教育、远大理想教育为核心,引导学生正确认识我国的国情,树立坚定正确的政治方向,坚持四项基本原则,确立远大革命理想。在具体做法上,我们通过思想政治课帮助学生从根本上树立正确的政治观点和方法,通过国情教育系列讲座正确认识我国国情,坚定社会主义信念;通过团组织开展的"党在我心中"主题活动,通过党章学习小组,引导学生进一步明确党的领导的英明伟大,从而增强党的信念;通过"我们追求什么"、"闪光的理想"等活动引导学生明确自己的责任,树立远大革命理想。另一方面,我们始终把爱国主义教育作为加强德育的重要起点,以近现代史教育为主要内容,从校史人物、事件中掘取素材,引导学生培养高尚的爱国主义情操,为他们树立远大理想打下基础。我们通过历史课、近现代史讲座帮助学生了解我国的过去;用我校五四时代的爱国传统、用著名作家、民主战士,我校校友朱自清先生的民族气节教育学生,增强学生的爱国主义感情;用校史中革命先烈的英雄事迹教育学生,引导他们追求远大理想;用古城扬州的今昔变化教育学生,提高他们对社会主义优越性的认识。我们还邀请了朱自清、曹起溍烈士(我校校友、扬州第一任党支部书记)等的亲属向同学们介绍前辈们的英勇事迹,组织了"五四运动在扬中"、"朱自清生活在我们中间"、"祖国·学校·我"、"在共和国旗帜下"等主题活动,组织学生进行歌咏比赛,参加社会调查,专题访问等,这些活动都收到了良好的教育效果,激发了学生为中华腾飞而奋发学习的动力。

良好的道德行为习惯教育。我们十分重视学校的基础文明建设,把培养良好的道德行为习惯作为培养高尚的爱国主义情操和远大革命理想的坚实基础。一方面,我们狠抓了集体主义和贯彻执行《中学生日常行为规范》的教育，引导学生增强“规范”意识和集体主义观念。在具体做法上，我们利用晨会、班会强化“规范”知识教育；以课堂和活动为中介，重视知、行、情、意的辩证作用，强化“规范”贯彻要求；定期组织测试，强化“规范”的掌握落实。另一方面，重视对学生行为规范的考核和反复训练。我们组织全校各班自查，年级互查，政教处、团委、学生会不定期地进行突击抽查，同时将执行“规范”情况作为文明班级评比和学生品德考核的重要内容。通过强化教育、反复训练和认真考核，学生的良好行为习惯基本养成，集体主义观念增强，在校遵守纪律，在社会上讲究公德，文明礼貌蔚然成风，好人好事层出不穷。

良好心理素质的培养。培养学生的良好个性心理品质是德育工作不可忽视的一个重要方面，这几年来，我们在这方面做了不少工作。我们十分注意培养学生坚强的意志，教育他们顽强地战胜一切困难，满怀信心地对待未来。这方面，我们一是通过各科教学渗透这方面的教育，如语文课通过介绍张海迪的报告文学《生命的支柱》的教学进行渗透；二是邀请一些卓有成效的校友来校介绍自己如何克服困难取得成就的事迹；三是通过身边的典型来教育同学。通过这些教育活动，使许多同学找到自己的薄弱环节，增强了信心，坚定了意志，取得了较大进步。另一方面，我们狠抓了青春期教育，开设了青春期卫生知识课，举行了青春期生理、心理咨询活动，邀请著名青春期教育专家、医生来校举办专题讲座，举行了“十四岁的生日”、“迈好青春第一步”等系列活动，帮助学生克服青春期心理障碍，取得了较好的效果。

健康审美情趣的培养。健康的审美情趣是中学生良好思想道德素质的一个重要组成部分。在这方面，我校注意把普及美育理论和开展多种形式的美育活动相结合，取得了较好效果。我校加强了音乐、美术课的教育，开设了“美育系列讲座”，举办了各种读书报告会，每年举行一届文化艺术节，不定期地组织韵律操培训、举办歌咏比赛、书画比赛、演讲比赛等，让学生在丰富多采的活动中受到美的熏陶。另一方面，我们十分重视环境的育人作用。组织学生开展“我为美化校园添光彩”的活动，自己动手创造一个优美的校园环境。同时通过举办校史系列讲座，寻访老校友等活动，激励学生弘扬优良校风，创造一个美的文化氛围。通过这一系列措施，提高了学生感受美、理解美、创造美的能力。

教学工作。通过教育思想、教育理论的学习，学校领导和广大教师认识到，教学的目的不是为了单纯传授某一学科的专业知识，而是提高学生的整体素质，为此，在教学中必须注意以下三点：第一，必须让学生在教学活动中掌握现代社会生产和生活所必须的基础知识，而不是仅仅满足于应试的需要。第二，各科教学都围绕提高学生的能力来进行，使学生具有敏锐的观察力，迅速牢固的记忆力，丰富的联想力和深刻的思维能力。其中要特别重视学生思维能力的培养。第三，在各科教学中让学生形成良好的精神品格。教学必须促进学生世界观和方法论的转变，高尚的审美情趣和正确的审美观念，形成良好的意志品格。

扬州中学作为具有九十年校龄的老校，历史上在教学方面形成了严、实、精、活的特色,解放后的十七年中总结出了"四个为主"的基本经验,即"学校工作以教学工作为主,教学工作以课堂教学为主,课堂教学以教师讲授为主,教师讲授以书本知识为主"。几年来,为适应素质教育的需要,学校在继承、发扬扬中优良传统的基础上,努力大胆创新。一是坚持进行课程结构改革,通过新的课程结构模式来全面提高学生的素质。二是坚持进行包括教学内容、教学方法、教学手段和课堂结构模式在内的课堂教学的整体改革。三是抓好学风建设。

课程结构改革方面。在高中开设了文学欣赏、美育基础、音乐、素描、微机、无线电、创造教育,数、理、化、史、地等选修课,分为必选课和自选课。选修课的开设,首先突破了高考考什么就开什么课的应试智育的模式,优化了学生的知识结构,提高了适应现代社会生产和生活的能力。同时满足了一部分学生对某些学科的特殊爱好和强烈的求知欲望,拓宽了知识面,发展了学生的兴趣爱好和个性特长,发展了学生的学科思维能力,观察能力、审美能力和动手操作能力。

劳技课的开设。根据本校实际,从初一到高三,开设了工艺制作、食用菌栽培、编织、刺绣、篆刻、机械制图、英文打字、钳工、缝纫、摄影、烹饪等劳技课。劳技课的开设使学生掌握一定的劳动技能,培养起他们的操作能力,热爱劳动的品格,尊重劳动者的美好感情。

课外活动小组的建立。我校先后建立了各学科兴趣小组,创造性教育活动小组,新苗文学社,书法绘画兴趣小组等。课外活动的自主性、趣味性、科学性、实践性,大大发展了学生的兴趣爱好,陶冶了情操、培养了能力,为学生素质的全面提高,提供了广阔的舞台。

课堂教学的整体改革。各学科普遍结合本学科的特点进行学科思维教学的实践。如自然学科开展实验探索教学法的尝试,语文学科采用比较阅读法,数学学科成立了数学思维教育协作组,进行了早期渗透教学观念的实验,外语学科推行了整体教学法等。各学科普遍强化了整体性原则。教师在教学过程开始前,认真钻研教材,对本学科知识纵向序列和横向联系,对学科知识结构形成清楚的认识。教学过程沿着这个结构展开,通过前联后挂,分析综合,在教学过程中完成知识的建构,在掌握系统知识的过程中发展学生的思维能力,有利于学生对所学的知识进行组合、整理,有利于发展他们的创造能力。

教学过程中,各学科一方面充分发掘学科本身的审美因素,一方面力求使教学过程符合美的规律,使教学成为审美创造的过程。如我们充分发掘语文教材中介绍、描述的古今中外许多仁人志士的美好形象,充分利用这些材料,适当补充细节,通过形象的描绘,气氛的渲染,富有表情的朗诵,并借助于幻灯、图片、录像、电影等形象化的载体,融情感美、形象美、语言美于一体,使学生从中获得审美享受。在理、化、生等学科教学中,强调整体性原则,重视建立系统的知识结构,让学生从中领略科学的理性美;其次,让学生学习知识的过程成为发现、创造美的过程,从中享受到审美发现、审美创造的乐趣。

教学过程中,各学科重视对学生进行世界观、方法论的教育和政治思想教育。语文学科通过概念分析、因果分析、发展分析、比较分析和矛盾分析,在议论文写作中开展辩证思维训练。历史学科通过历史事件的科学分析,让学生树立历史唯物主义的观点。政治、语文、历史等学科教学中确立政治思想教育目标,结合具体教材,用活生生的人物形象、铁一般的历史事实,进行爱国主义教育,科学人生观教育和道德品质教育。运用推理意识的形成和迁移,全面提高学生政治思想素质。在教学过程中,各学科对学生坚持高标准、严要求,所提出的问题,所设计的练习,都有适度的负荷,由此培养学生良好的意志品格。

扬州中学在长期的办学过程中形成了优良的学风,那就是"虚心求教,刻苦钻研,一丝不苟,持之以恒"。学校深刻认识到优良学风对学生的学习、为人,对学生的整体素质的提高都有着极其重大的影响,所以通过各科途径向学生宣传学风,引导学生实践学风。每个教室贴上学风,教师手册上印上学风,入学教育宣讲学风,每一个教师教学过程中身体力行实践学风,言传身教,使优良的学风在素质教育中发挥巨大作用。

体育工作。学校体育是整个学校教育的重要组成部分,我校高度重视体育工作,充分发挥体育在促进人的全面发展和提高民族素质方面所具有的作用。我校正确理解学校体育的目标,处理好普及和提高的关系,坚定地把增进学生健康,增强学生体质作为学校体育的首要任务,同时也把培养体育后备人才,为国家输送高水平运动员的任务担当起来。

我校面向全体学生,依据大纲和教材上好体育课,实行男女合班教学,保证每堂课的容量和密度;开展群体活动,组织小型比赛和每学期一次的全校田径运动会,保证每天一小时的体育锻炼;上好广播操和眼保健操;认真搞好体育达标测验,执行体育合格标准。在体育教育中,注意用中华体育的崛起来激励学生的爱国主义精神;加强体育道德,严格纪律,竞技意志和拼搏精神的培养,发展学生良好的精神品格;进行现代体育依赖于智育的支撑并促进智育发展的教育,促进脑体的结合;进行严格的队列训练和变换,将韵律操引入课堂,给学生以美的体验。

我校是省田径和排球传统项目学校,又是省首批高中体育后备人才试点学校。在运动队建设方面,我校重视科学选材,确保生源质量;加强思想教育,严格队伍管理;保证训练时间,提高科学训练水平;坚持全面发展,全面提高运动员素质。

三、加强学校管理

为了实现贯彻教育方针,全面提高学生素质的教育要求,我校努力加强学校内部管理,从组织保障、计划制定、质量控制等方面入手,保证素质教育的实施。

德育管理:

在组织管理方面,我们坚持德育工作一体化的做法,形成德育工作的纵横网络。即在党总支和校长室的领导下,通过学校思想政治工作领导小组协调、咨询、指导,向各个渠道全面辐射。为了保证网络的正常运行，学校领导坚持“三个一”，即每人分工一个部门，负责一个年级、结合一个教研组，实施条块结合基础上的教育教学全面领导。此外，我们还根据《中学德育大纲》制订了我校的《德育一体化实施纲要》，从指导思想、目标管理、职责分能、信息反馈、管理考核等诸方面作出规定，使学校德育工作逐步趋于规范化、一体化。另一方面，我们坚持德育工作全员化的做法，在建设好德育骨干队伍的同时，充分发动全体教职工，着力建设大德育队伍，即全校教职工都是德育工作者，都要管理育人、教书育人、服务育人。我们大力宣传各个不同岗位上做好德育工作的先进典型；党总支在重大活动中安排党、团员到班，协助参与德育工作；各教研组制订德育工作渗透点，把德育和教学融为一体，形成了良好的育人气氛。在班主任队伍建设方面，我们采取了很多方法；组织老带新、一帮一、一对红；组织青年班主任培训；组织班主任理论学习；编辑《班主任工作简报》；推广优秀班主任先进经验；举行班主任班会观摩；编辑德育论文专辑；建立班主任工作档案等，极大地提高了班主任队伍的素质。为了促进德育工作的更好开展，我们还举办了“家长学校”，成立了“社会教育协调小组”。

在计划管理方面，我们依据《中学德育大纲》，制订了有本校特点的总体计划。初一年级进行优良校风和校史教育，引导他们迈好中学第一步；初二年级则通过举办“少年团校”，帮助学生健康完成从少年期到青春期，从少先队到共青团的人生转折，迈好青春第一步；初三年级则着重进行“做一名合格的初中毕业生”的教育，帮助他们选择正确的职业理想，为理想的升华打下基础；高一年级进行立志成才教育，革命人生观教育；高二年级通过开展“十七岁的思索”等思辩性强的活动，引导学生开展人生价值的讨论、对话和人才素质的社会调查；高三年级加强理想教育、促进学生在思想上、政治上进一步成熟。近年来，我们还把国情教育和近现代史教育和学校已有的系统教育总体计划融为一个整体。为了使这些教育内容落在实处，学校每学期根据不同的情况制订学期教育计划，并分解成每月的安排，每周的安排；各班班主任每学期都能根据学校的统一布置，针对各自班级的特点，制订出相应的教育计划，付诸实施。团队还制订和积极试行班级与团的工作序列，各团支部、少先队中队都制订了思想教育系列活动方案，开展了思想教育系列活动。

在质量管理方面，我们着重抓了以下几方面。对班集体的考核，我们每学期进行一次，期中初评，期末复评并正式表彰，依据《扬州中学创建班集体标准及验收办法》，从思想教育、班级作风、文化学习、体育卫生、活动开展五个方面进行量化考核，提高了班集体的素质；团队组织建设主要通过团课、团员评论、优秀团支部、少先队中队评比等活动来加强。团委每发展一批新团员，都要组织培训，进行团的知识教育和测试。广泛征求意见，定期改选团支部和少先队中队委员会，努力提高团员和少先队员的素质。常规检查考核每天进行，这是学校基础文明建设的重要环节，由政教处、团委、学生会组织进行，以学生自查互查的方式为主，采用量化计分法，主要检查自行车管理情况、早读、早操、眼保健操、教室及包干区卫生、课间文明、食堂、宿舍文明等，另外还制订了《班级日志》记载制度和值日班长制度,加强了课堂管理。对学生思想品德的考核是质量管理的重要环节。我们依据《中学德育大纲》,主要采用班主任评语和操行等级制,但在考核方法上,注意到处理好六种关系:一是处理好肯定评价和否定评价的关系,应以肯定评价为主;二是处理好动态评价与静态评价的关系,要以发展的眼光评价学生;三是处理好基本评价与特色评价的关系,要在做好基本评价的基础上予以特色评价;四是处理好主观评价与客观评价的关系,尽可能给学生以客观评价;五是处理好自我评价与教师评价的关系,充分尊重学生的自我评价;六是处理好形成性评价与终结性评价的关系,对非毕业班的学生以形成性评价为主。此外,我们正在进行"中学生思想品德考核评估指标"的量化试点,已经取得了一定成绩。对三好生的考核,我们坚持德、智、体、美、劳全面发展的标准,宁缺勿滥。三好生的考核和学生思想品德的考核由年级分工行政干部把关,优秀三好生、特优三好生由学校行政办公会议审批,这样使得三好生的素质得到了极大的提高。

教学管理。

组织管理。我校的教学管理系统包括两个子系统,一是在校长领导下的包括教导主任、各科教研组长、年级备课组长在内的教学管理系统,通过每周的教导处处务会,教研组长例会、教研组活动,实现对教学工作的组织管理;二是在校长领导下包括教导主任、各年级代表、班主任在内的学生学习管理系统,通过每周的班主任会与定期召开的学生代表会,实现对学生学习活动的组织管理。两个子系统明确分工,密切配合,做到层层有人负责,环环有人把关,以便取得最优的教学管理效果。

为适应素质教育的要求,组织管理工作的深层内涵是要建立起一支具有良好的思想素质和业务素质的干部、教师队伍。为此学校领导注意做好以下几个方面的工作:一是加强干部教师的思想政治工作,加强师德教育。学校制定了教职工思想工作计划,坚持每周三下午两小时的政治学习,做到有布置,有要求,有检查。同时根据教师特点开展谈心活动,坚持正面教育,表彰先进,树立榜样。二是利用教导处处务会、教研组长例会,教研活动时间,班主任会等,进行教育思想建设,帮助教师处理好以下四个关系:(1) 德、智、体、美、劳五育之间的关系;(2) 教与学的关系;(3) 知识与能力的关系;(4) 面向全体与因材施教的关系。形成两点共识:(1) 必须实现升学教育向素质教育的转变;(2) 必须重视课程结构改革和课堂教学的整体改革。三是重视教师业务水平和专业理论水平的提高。主要采取以下做法:(1) 以"老"带"新"。青年教师刚走上工作岗位,和老教师建立帮促关系,以便尽快地熟悉教学环节,稳定专业思想。(2) 提倡在"教"中"学",走教学相长的道路。鼓励教师个人钻研,不断进取,向学有专长,教有特色的方向发展,不但要成为合格的教师,而且要成为某一学科中教育科研的行家里手。(3) 加强教研组、备课组活动,提倡互相学习,取长补短,共同提高。(4) 加强教研组、备课组之间的横向联系,使教育科研向整体化、系统化方面发展。四是为教师解决工作、生活中的实际困难,充分调动教师的积极性。

计划管理。实现计划管理的首要工作是在充分发动教职员工学习、讨论的基础上制定出某一时期内的远景发展规划。我校91—95年发展规划中明确指出:"我校的初中教育作为义务教育的最后阶段,是提高民族素质的基础性工作,必须坚持社会主义方向,使学生受到比较全面的基础教育,全面提高他们的思想品德、科学文化和身体心理素质。……""我校高中教育是义务教育阶段以后基础教育中最高层次的教育,必须在义务教育的基础上使学生的思想品德、科学文化、身体心理、劳动技能、艺术审美等基本素质获得高层次的全面发展,并充分发展学生的个性特长,为高校输送素质好、能力强、有后劲的新生。"这一远景目标体现了对素质教育的高度重视,它是根据我校的实际情况制定出来的,又是我校制定教学工作计划、教研组工作计划的根本出发点。

为了实现这一规划,我校最近几年的教学工作计划中,除了强调抓好备课、课堂教学、批改作业和课外辅导等常规教学的基本环节之外,突出了如下几方面内容:(1)强调各科教学中培养学生的自学能力,进行思维训练和审美教育,激发、培养学生的学习兴趣。(2)使用实验教材,办好实验班。我校曾先后承担过如下实验项目:联合国教科文组织组织的人口教育实验,项武义《数学实验教材》(三轮),人教社《全日制重点中学语文实验教材》(高中一轮,初中两轮),洪宗礼《单元合成整体训练初中实验课本》(已实施两年),思想政治课教材教法改革,早期渗透数学观念教育等。(3)组织上好刚走上工作岗位的年轻教师的汇报课,三十岁以下年轻教师的评优课,各教研组、备课组的研究课、公开课。(4)开设选修课。每门选修课都配备合适的教师,要求制订好教学计划,写好教案,组织好考查。鼓励教师编写选修课教材。(5)组织学科兴趣活动小组和科技活动小组。活动小组要配备好辅导员,制订好工作计划,健全活动制度。(6)各教研组都须确立研究专题,比如91年向市教科所、市教研室申报的科研专题有十二个。(7)根据教学实践和教育科研的需要,组织教师学习有关教育理论和有关专业知识。(8)发动、组织教学经验总结、科研论文的写作、交流和评比。各项计划必须做到定人、定时、定地点,提供必需的物质条件。计划制订后,更重要的工作是要检查督促,了解其贯彻、执行情况及其效果。

质量管理。质量管理就是对教师的教学和学生的学习进行检查、评价。

对教学工作的检查、评价主要通过下列途径:一是由学校领导结合教研组、年级组,到现场进行直接观察,如参加教师的备课活动,听课(包括选修课和课外活动课),检查学生学习情况。二是召开座谈会,采取问卷法,了解有关教师的教学情况。三是进行全员评估,设计教学质量调查提纲,由全校学生参加,对任课教师的教学情况逐项评分。检查、评价中,学校都将教学工作计划中提出的实施素质教育的内容放在重要位置上。

对学生学习的检查、评价,一是对学习过程的检查、评价;二是对学习效果的检查、评价。学生学习的效果,事实上也是教师教学效果的重要体现。目前主要是通过考试的方法。为了提高这种检测方法的可靠性有效性,学校一是严格对考试过程的管理,二是提高试题质量,尽可能考出学生的能力;三是分析评价应从原有基础、发展趋势、现有水平、升降幅度等方面进行全面的综合分析。其次是通过追踪分析法,学校和上海交大、华中理工大学、东南大学、南京大学等高校联系,了解本校毕业生在高一级学校继续学习的情况,对本校教学质量进行分析评价。

体育管理:

学校成立有主管校长、教导主任、总务主任、体育教研组长、校医等组成的体育卫生工作领导小组,统一组织管理学校的体育卫生工作。学校重视体育师资队伍的建设,目前我校共有十二名体育教师,其中女教师占 1/3,满足了男女合班教学的需要。十二名教师的体育专项包括有田径、排球、体操、足球、手球等,基本适应教学和课余训练的需要。我们肯定体育教育的特殊性,了解体育教师的甘苦,尊重他们的劳动,关心他们的生活,在福利待遇、评优晋级、培养进修等问题上与其他教师一视同仁,目前我校体育教研组有高级教师五人,选派出国进修一人。学校制订了体育教师岗位职责,领操、上课、课外活动、业余训练,分工落实到人,教师各施其职,工作有条不紊。

我们根据教育方针,根据学校体育卫生工作两个暂行规定的要求,结合我校实际制订学校体育工作计划,把学校体育工作纳入学校总体计划体系之中,并使学校体育工作计划和学校其它方面的计划相配合。学校有体育工作总体规划,有学年、学期计划,并在此规划、计划指导下,制定各年级体育课教学工作计划,编制教学进度表;制定各年级课外活动计划,编印课外活动安排表;制定运动队分阶段训练计划,编制体能训练和专项训练量表。学校根据总体计划和分项计划,对学校体育工作实行有效管理。

学校除通过组织系统和计划系统加强对体育工作的领导外,更采取切实有效措施,保证体育教学质量的不断提高。我校多年来一直执行体育教师政治业务学习制度,每周五上午全校不排体育课,保证学习正常进行,通过政治、业务学习,提高体育教师的师德修养和社会责任感,提高他们的体育理论水平和运动技术水平。在全体学生中进行体育重要性教育,结合各种竞赛和运动会,在全校形成重视体育的氛围,培养自觉锻炼、科学锻炼的习惯,每年两次运动会成了全校学生的盛大节日,参赛面达 50%左右。加强体育考核、考查工作,每学期按年级公布体育考核项目和评分标准,公布体育达标测验项目和达标的等级标准,发挥评价的导向功能和激励功能,通过考核不断提高群体水平。加强体育场地器材建设,学校设法筹措体育经费,翻建四百米标准场地,添置体育器材设备,使之满足体育教学、课外活动和业余训练的需要。

四、取得的成绩

几年来,由于加强教育思想建设,加强领导班子和师资队伍的建设,强化学校内部管理,深入进行教育改革,学校工作取得了显著的进步。1986 年我校被省人民政府命名为省级文明单位,并在 1988 年、1990 年两次复评中得到进一步确认,自市教育局开展创争活动以来,我校党总支每年被市教育局党委评为先进党总支;我校连续多年被评为市综合治理、绿化、卫生先进单位。学校的思想政治教育、教学工作和体育等各个方面都有长足的进步,展示了实施素质教育的丰硕成果。

由于我们始终把德育放在学校工作的首位,坚持不懈地抓好学生的思想政治工作,取得了较大成绩。近几年来,我校被评为扬州市德育工作先进集体,校团委被评为省红旗团委,校少先队大队被评为全国功勋大队,校学生会被评为省先进集体。学生的政治思想素质也有较大提高。近几来,我校高中学生中有100多人写了入党申请报告或参加了党章学习小组;每年受首、市表彰的优秀三好生和学生干部近10人,受学校表彰的达500多人;86年以来,我校学生先后在全国、华东地区和省级政治小论文比赛中获奖多次,其中全国二等奖2次,华东地区一等奖1次,省一等奖1次。我校学生开展的思想教育系列活动受到国家教委德育大纲研讨会代表的一致好评,活动记实及其经验被《中国教育报》、《江苏教育》、《学校管理》、《青年报》等推广介绍的达数十篇之多。1986年,我校少先队创造杯活动获全国最佳奖1名,全国优秀奖4名,省优秀奖6名;1989年,我校少先队创造杯活动又获全国最佳奖1名,优秀奖6名,辅导艺术奖6名;团委还获省教委和省团委颁发的"系列活动组织奖"。我校思想政治课改革实验得到国家教委中学政治课全国研究中心负责人贺允清同志的肯定,其电视录相在中央教育电视台播放。我校学生行为习惯良好,较长时间以来,没有一名学生违法犯罪,在市局举行的贯彻《规范》互查中,我校积分最高,在89年市、省中学生日常行为规范知与行电视大赛中,我校先后获市第一名、省一等奖及省优秀组织奖。

课程结构改革和课堂教学的整体改革,促进了教学质量的提高,我校历年高考中本科到线率均居全市前列。91年高考中,重点高校到线率为54%,普通高校到线率为67%,为全大市第一。数、理、化和作文等学科竞赛中,我校获省级以上奖的每年均在20人左右。其中,李红、项飞、陈琳同学分别获得华东六省一市作文竞赛一等奖,吴立昌、陈红玮同学同时获得江苏省第四次初中数学竞赛一等奖,90年吴亚力同学获全国物理竞赛江苏省一等奖。课程结构改革和课堂教学的整体改革,促进了学生整体素质的提高,追踪调查结果表明,清华大学86—88年三年每年评出的因材施教生中,江苏省籍学生中以我校毕业生为最多。86—88年考入复旦大学的我校毕业生,50%以上的学生获得该校奖学金,87届毕业生周姮,86年暑期被选送美国瑞克沃尔金基金会夏季学校学习,被誉为该校的学生领袖,美国联邦地质局国际权威地质学家吴景桢博士给予高度评价。吴顺文同学的平抛实验架、李晓明同学的行星动态尺,分别获全国青少年科技发明奖,近三年有二十余人书法、绘画、木刻作品获奖。其中有一人获全国电视书法大奖赛一等奖,有二人分别获全国中学生人口宣传画比赛二等奖、三等奖,有大批作品选送国外展出。

课程结构改革和课堂教学的整体改革,对教师自身素质提出了更高的要求。几年来我校教师承担的教育教学改革、实验项目有二十余项,其中在国家教委、省教委立项的有六项。在省级以上报刊杂志发表文章三百余篇,有六十余人次获得教学科研方面的奖励,我校每年都有人获省教委教育科研奖。其中张乃达老师在数学思维教育方面的研究在国内有一定影响,其专著《数学思维教育学》填补了国内在这方面的空白。

几年来,学校体育工作同样取得了长足的进步,“不重视体育的校长是不合格的校长”,“体育不达标的学生是不合格的学生”,“缺乏体育氛围的学校是不合格的学校”,已经形成共识。

群众性体育活动制度化、规范化,达标率、合格率逐年上升。89 年以来,全校每年达标率都在 95%以上,89—91 三届高初中毕业生的体育合格率都接近 100%。1990 年我校被省教委、省体委表彰为江苏省学校体育工作先进集体,被省体委表彰为江苏省第十二届运动会群众体育工作先进集体。

业余体育训练制度化、科学化,业余训练上水平、出成果。近几年来,我校除年年获市中学生田径运动会团体冠军外,获市十届运动会田径比赛团体冠军,八八年获省传统校田径赛女子团体冠军,并代表江苏参加全国长江杯比赛获团体亚军,八九年我校有三名同学代表江苏参加第四届全国中学生田径运动会,有二人获单项第五名,九〇年参加省十二届运动会,我校运动员共得 106 分,主要由我校运动员组成的扬州市女子田径队(A 组)获省十二届运动会女 A 团体冠军,在十二届运动会上我校运动员破两项省少年记录,破三项市成年组记录。八七年以来,我校运动员在省和省以上运动会上共取得金牌十三块。

江泽民总书记最近为扬州中学建校九十周年题辞:“怀念前贤,激励后昆,继往开来,团结奋进。”我们一定遵循江泽民总书记的指示,认真总结扬州中学几十年的办学经验,团结全校师生员工,发扬光荣传统,开拓进取,为把扬州中学办成高质量、第一流、有特色的社会主义普通中学而努力奋斗。

一九九一年十二月

把教育质量放在学校创建工作的核心位置

——1992年度创建文明学校工作汇报

江苏省扬州中学

一、基本思路

今年,我们在以往创建文明学校工作的基础上,以邓小平同志南行谈话精神为指导,积极开展了创建文明学校的活动。

在总的指导思想上,我们以培养一代社会主义"四有"新人,提高中学生整体素质为根本任务。坚持"两手抓""两手想"的方针,大力推进学校精神文明建设,为学校的改革与发展和中学生的健康成长提供精神动力和智力支持。我们作为省级文明单位,创建工作应该有更高的起点。在学校精神文明建设中,体现面向21世纪,把我校办成"高质量、有特色、现代化、创一流"的办学奋进目标。

在工作思路上,把创建文明学校的工作,纳入学校教育改革的整体进程中。确立质量意识和效益观念,把教育质量和办学效益,置于学校工作的核心地位。具体通过总结九十年校史,发掘校史中的育人＝源,创设良好的成才环境,进一步推动创建工作的深入发展。

二、具体做法

今年的创建工作,我们围绕提高教育质量,主要有四个方面的做法:

1. 前提:形成共识。

我们认为,教育质量的好坏,最终取决于人才质量,创建文明学校的根本目的,是提高学生的文明素质,增强整体素质,这就决定了学校创建工作必须十分重视质量问题。这是学校所有工作的出发点和落脚点。今年,我校适逢建校九十周年。悠久的校史,蕴藏着丰富而有益的育人资源。这些,正是我们提高学生文明素质的得天独厚的条件。此外,回顾和总结九十年办学历史,扬州中学名闻遐迩,英才辈出,其中重要的一条,学校有高质量、高效益。学校成为传播现代文明的场所,成为增强学生文明素质的摇篮。学校教育要取得预期的良好效果,必须高度重视文明建设的重要地位。基于以上认识,我们通过多种渠道和活动,统一全校师生的思想,努力形成教育质量是学校的生命的教育共识。

在工作规划方面,我们把精神文明建设作为学校今后五年发展规划的重要内容,提出优化育人环境,加强基础文明建设的奋斗目标;召开了首次教代会,讨论通过学校整体奋进目标和发展规划,促进文明学校建设==正确的目标向前发展。

形成共识,教师队伍最关键。创建工作是一项崭新工程,必须动员全体教工积极投入,我们积极推进了创建工作一体化,努力发挥教工队伍在创建中的主导作用。首先,学校党总支把发掘校史中的育人资源,继承和发扬传统,搞好学科德育渗透,提高党员和教师的文明素质。作为党员教育的内容,把创建工作作为党政领导经常性议事项目。其次,在建设好德育骨干队伍的同时,着力建设一支"大德育"队伍,动员全体教工"三育人";再次,学校中层以上干部每天深入到班级、宿舍、操场检查校园文明状态。上述三方面的努力,促进了师生教育共识的形成。学校出现了令人欣喜的教书育人、以史育人和环境育人的良好气氛,在教师思想上,质量意识和素质观念得到进一步加强,从而增强了创建工作的自觉性。

2. 着眼:校史教育。

九十年校史,就是一部思想浓厚,内容丰富,形象生动,感染力强的大书。是我们凭藉历史上文明培养、发展今天文明的载体。是我们激发学生增强素质的强大动力,对学生开展校史教育,就是让中学生置身于文明环境。站在较高的发展起点上,我们以校史教育为创建文明学校的工作着眼点。抓了四件事:

(1) 以学史为中心在全校开展"学九十年校史,做跨世纪新人"主题活动。广泛学习江泽民总书记和胡乔木同志为母校的题词。全校围绕学校史,开展系统活动十多个。有系列、有系统地开办学风、校风、校史杰出人物讲座。

(2) 以建立名校意识为中心,开展"我是扬中人"系列宣传教育活动。通过举办专题广播会,与老教师座谈,采访老校友,引导学生建立名校学生的荣誉感、责任感。

(3) 以校史陈列馆为主要阵地,进行系统校史教育。为配合建校九十庆典,建立校史教育阵地,学校投入力量,精心设计,开辟了一百多平方米的校史陈列馆,展出历史照片千余张、陈列资料实物数百件(本)。

3. 关键:校风建设。

校风,是一所学校办学传统和现状,精神面貌和心理环境的综合反映,是文明学校深层次的表现。

在创建工作中,我们处理好教育硬环境和软环境的相互关系,重视校风对中学生的熏陶作用和教化功能,从根本上提高中学生文明素质的品位。以建设优良校风为目标,在教育教学中,贯注改革精神,发挥主渠道作用。于学科教学以及其它活动中,渗透校风教育和训练在全体学生中以爱国主义和社会主义为内容,开展社会实践活动,学习《国旗法》,坚持升旗制度,实施国旗下讲话,深入进行"两史一情"教育:以《行为规范》为依据,组织开展经常性"规范"教育。积极推进校园文明常规的制度化和考核化办法,坚持文明宿舍评比制,一日常规检查公布制,卫生环境包干制。

4. 条件:优美环境。

理洁、优雅、文明的校园,既是优化育人环境的基本要求,也是育人的重要条件。

近年来,我们在党和政府的关心支持下,努力适应改革开放新形势,立足自身增强自我积累自我发展能力,改善办学条件,创造美的校园环境。

在改善基础设施方面,我们新建并分配了36户新房。新铺家属区水泥路面千余平方米,结合校庆学校教学用房全都刷新。树人堂内外整修一新,其中更换翻板椅一千余张,植树和植花4000棵(株)。建筑面积2000平方米兼有阅览、藏书和报告厅功能的图书馆已初见轮廓。目前,正在积极筹备1800平米的逸夫教学大楼。

我们在以往搞好校园环境宣传的基础上,在学校主要道口上,设立名人名言牌,世界著名物理学家吴健雄夫妇来校,对此十分赞赏。

三、主要成果

创建工作,带来了学校环境和教师队伍面貌日新变化,促进了学生素质的提高。

今年的江苏省中学生作文大奖赛中,我校有两人获一等奖。今年的全国中学生物理竞赛中,(江苏赛区)我校有五名同学获一等奖,其中有两名同学参加在合肥举行的全国物理竞赛中分别获一、二等奖。

我校初一年级两位同学,拾到人民币千余元送给失主,受到表彰,在全校产生良好影响。

教师队伍建设也出现可喜势头。学校凝聚力增加了,教师的教育教学工作的积极性增强了,在今年高考中,我校也取得居于前列的好成绩。全校"正直向上,热于求知"的优良校风有了新的发扬。学校在社会治安综合治理、计划生育、校园绿化等方面,均获先进称号。

今后,我们决心在党的十四大精神指导下,坚持党的"一个中心、两个基本点"的基本路线,解放思想,积极推进教育改革,探索在新形势下加强文明单位建设新路子,为培养更多更好的人才而努力!

一九九二年十一月

申请模范学校自查汇报材料

江苏省扬州中学

1993.6.7

A级指标	B级指标	C级评估要点	我校实际执行情况
A1 办学方向	B1 办学方向	C1 全面贯彻方针　贯彻执行国家教育方针,坚持正确的政治方向,按照教育规律办学,纠正片面追求升学率,实施素质教育的情况	坚持全面贯彻党的教育方针,坚持正确的政治方向,按教育规律办学,严格执行《关于全日制普通中学全面贯彻党的教育方针、纠正片面追求升学率倾向的十项规定(试行草案)》,把升学教育转变到素质教育的轨道,坚持把德育放在首位,实行德育工作一体化、全员化,做到教书育人、管理育人、服务育人,把思想政治教育透到各科教学中去,开展系列教育活动。教学上以加强素质教育为目标,开展了以思维教学为核心的包括教学内容、教学方法和课堂结构模式在内的课堂教学整体改革。十分重视体育,在增进学生健康,增强学生体质的基础上,积极为国家输送体育后备人才。为了强化美育教育,学校办有"树人"艺术团,下设舞蹈队、声乐队、合队、美术小组、朗诵艺术小组等。学校每年五日举办艺术节,深受学生欢迎。
		C2 面向全体学生　针对各类学生实际,统一要求,因材施教,择优补差,大面积提高教育质量的措施和成效。	教学工作计划中明确提出必须面向全体学生。认真做好竞赛培尖和后进学生补课工作。制定了"学科竞赛、科技活动竞赛管理的暂行规定",有计划地开展各科竞赛培训工作,学科竞赛取得显著成绩。初中实行就近入学以来,学生水平参差不齐,初一、初二、初三年级均为后进学生补课。高二年级为迎接会考,也为少数后进学生补课。

续表

A级指标	B级指标	C级评估要点	我校实际执行情况
A2 学校管理	B2 组织领导	C3 管理体制　党政分工，党组织的作用，校内机构设置，职责划分。民主管理。	我校实行党总支领导下的校长负责制，学校重大事情，由总支委员会集体决策，学校行政贯彻执行，根据党政分工、党要管党的精神，我校在体制上充分发挥学校行政对学校工作全面负责的作用，党总支发挥领导、保证监督作用。校长室下设政教处、教导处、总务处、保卫科、校长办公室，各处室职责明确，相互配合，为了加强民主管理，我校召开了教职工代表大会，调动了广大教职工参与学校管理的积极性。
		C4 自身建设　领导班子自身建设制度，班子成员的事业心、责任感、思想方法、工作作风、以身作则、团结协作、政策理论水平；管理学校、开拓事业的能力，教学业务水平的提高、改进情况。	提出的领导班子建设目标是：团结、进取、高效、开拓。主要措施：加强政治理论建设，坚持社会主义的办学方向；加强组织作风建设，逐步形成团结和谐的战斗集体；改进领导方法，提高决策水平。校级干部每周一会，交流思想，研究工作，总支委员会间周例会。总支正副书记和正副校长共 4 人，都有较强的事业心和责任感，作风民主正派，以身作则、团结协作，开拓事业能力强，有较高的政策理论水平和业务水平，能以主要精力抓大事，管全局，全面贯彻教育方针，把思想政治工作放在首位，按教育规律办事，在教职工中有较高威信。
		C5 依法办学　贯彻执行《义务教育法》及有关教育的政策、法规情况、校内规章制度建设和执行情况。	贯彻执行《义务教育法》、初中招生从 1987 年实行名额分配、小学推荐的办法，1988 年严格执行就近划片入学，不再择优。严格控制流生，巩固率历年来全市第一。贯彻省教委《现行普通高中教学计划的调整意见》，按照教学大纲开设各门课程。执行省教委文件精神，不招收复读生，不开设复读班，无教师擅自外出兼课。
		C6 目标管理　学校近期、长期办学目标和规划的制定与实施，学校、职能部门学期（学年）工作计划可行性和工作总结的质量。	我校按照上级要求，根据学校的现实情况，通过教职工代表大会，制订了学校五年发展规划和当前努力的目标（见有关材料）。当前努力目标，我们在每学期工作计划里有明确表述，要求各部门、各教研组根据学校计划，进而制订具体的实施计划。为了使全校各项工作有计划开展，每周还制订了全校活动日程安排。每学期结束，要求各部门写出有一定质量的总结。

续表

A级指标	B级指标	C级评估要点	我校实际执行情况
A2 学校管理		C7 档案管理 教学工作、教师业务、学校资产、学生学籍、文书、会计等各类档案的建立与使用	我校根据市教育局要求,建立了教学工作、老师业务、学校资产、会计等档案,人事、文书、学生学籍档案自解放以来四十多年的档案资料完好齐全,并根据有关规定进行清理、保管,为学校各项工作提供了可靠的资料。
	B3 教师管理	C8 思想政治工作 政治学习制度、党、团工作,师德教育,师德水平。	学校重视加强和改进新形势下的思想政治工作。 我们坚持教工政治学习制度;密切结合形势和学校中心工作,安排学习内容;适应新形势,针对教师特点采用"四个一"以改进学习方法。"四个一"即:每月一次有准备、有说服力的报告,一次联系实际的小组讨论,一次党同工会教育活动,一次社会实践。注意政治学习的实效性,理论务虚与工作务实相结合。近年来,先后邀请有关领导和社会人士 10 余人来校作报告;组织全校教工赴江阴华西村、扬州客车厂了解城乡改革形势;赴淮安瞻仰周恩来同志纪念堂和故居,进行革命理想、信念教育;组织全校青年教工赴南京有关学校参观,了解教育改革形势。我们坚持和改进政治学习制度,加强了教师队伍管理;创设了良好的心理环境,增强了凝聚力,调动了积极性。 我们重视发挥党组织在学校工作中的核心作用,党员的先锋模范作用。加强党的自身建设,把思想建设放在首位,学校中心工作和重大活动以及日常工作中,都能体现党员的先锋模范作用。学校党总支十分重视团的工作,以培养建设一支素质优良、适应改革的青年教工队伍为目标,党总支和学校主要负责同志经常与青年教工谈心提要求,开展适合青年特点的多种活动,活跃生活,构建良好的心理文化氛围,党团员成为学校工作核心、骨干力量。青年教工在教育改革中能够发挥突击队作用。 我们把师德教育始终作为教工思想政治工作的主要内容。大力弘扬"进德修业,教书育人"的优良教风;树立了一批全国、省、市、学校师德典范;重点抓好青年教师的师德教育,定期进行师德考评。学校广大教师均具有良好的师德风范。

续表

A级指标	B级指标	C级评估要点	我校实际执行情况
A2学校管理		C9 任用与考核 教师分工情况,实行岗位责任制,定期考核奖惩,调动教师积极性情况。	现有教师151人,按教学需要和所学专业分工,明确教师岗位责任制,期末进行考核,根据工作量发放津贴,先进教师分级表彰奖励。为了调动积极性,除加强思想政治工作外,逐步提高教师的物质福利待遇,学校积极设法解决教工住房困难,近两年,分配新房36户,旧房调整扩大面积的达80户,大部分教师的住房问题,基本得到解决。
		C10 关心与培养 关心教师生活与健康,稳定教师队伍;教师业务培训、学历达标率提高,青年教师培养、骨干教师培养的情况。	关心教师生活,帮助教师解决生活上的困难(在条件许可情况下),通过工会做了大量集体福利工作。只要有教师生病住院,都能组织有关人员看望,积极支持治疗。为了增强教师体质,组织教师学习立功,开展各种文体活动,教师队伍基本稳定。重视教师业务培训,大专学历、青年教师基本参加了在职本科函授。在加强青年教师和骨干教师的培养方面,每学期工作计划中有专门章节。
	B4德育工作	C11 德育位置 贯彻《小学德育纲要》(国家教委初(38)13号)、《中学德育大纲》、(国家教委教中(38)13号)的措施,德育机构、网络、队伍建设,德育工作的计划与实施,德育研究与改革。	学校领导高度重视德育工作,认真贯彻执行《中学德育大纲》,制定了我校的《德育一体化实施纲要》,加强了思想政治工作领导小组建设,形成了完整的德育机构和网络。学校德育工作做到科学化、系统化、全员化,按计划、有步骤地进行各种教育活动。我校充分挖掘德育资源,通过校史教育、近现代史教育、国情教育、市情教育和思想教育系列活动等形式深化德育内容,取得很好的效果,被评为市德育先进集体。学校十分重视班主任队伍建设,组织班主任理论研讨、青年班主任培训、出版《班主任工作简报》等活动,形成了一支老、中、青三结合的班主任骨干队伍,多人被评为全国、省、市优秀班主任,优秀德育工作者,德育科研论文及经验介绍多次在全国、省、市获奖或被全国报刊选登。
		C12 各科教学 思品课、政治课、时政课教学情况,其它各科教学渗透德育,教书育人情况。	我校积极进行思想政治课、时政课的教学改革,在教学内容、教学方法上作了深层次探讨,并认真将德育和各科教学结合起来,各科教学都排出德育渗透点,涌现了一大批教书育人的先进典型,取得了很好的效果。我校思想政治课教学改革成果得到国家教委、省教委的高度评价,有关成果被制成录像播放并在权威报纸上刊登,学校的政治小论文多次在全国、华东地区、省、市获奖。

续表

A级指标	B级指标	C级评估要点	我校实际执行情况
A2学校管理		C13　班级、团队、学生会工作　执行中、小学《班主任工作暂行规定》(国家教委教中字(88)13号、教初(88)13号),加强班集体建设的情况。执行《关于加强少先队工作的意见》(团中央(00)中青联字31号)、《中学共青团工作条例》(团苏委联(1990)15号),做好队、团工作的情况,中学学生会配合搞好德育工作情况 。	我校认真执行国家教委颁发的《班主任工作暂行规定》,积极开展争创文明班级、优秀班集体活动,每学年验收一次文明班级和优秀班集体。校团委、少先队大队部认真执行《中学共青团工作条例》、《关于加强少先队工作的意见》。组织开展各种团、队活动,取得了丰硕成果。校团委被评为红旗团委、少先队大队部被评为全国功勋大队;团、队活动在全国、省、市多次获奖,并涌现出一批先进团支部、少先队英雄中队,受到省教委、省团委、市教育局、市团委的表彰和命名。我校学生会工作出色,积极开展自我教育自我管理活动,被评为省先进集体。
		C14　校风校纪　贯彻中、小学生守则,中、小学生日常行为规范,培养良好的校风校纪的措施和效果。	我校狠抓《中学生守则》和《中学生日常行为规范》的贯彻落实,组织全校师生认真学习、讨论《守则》和《规范》,举行《规范》知识测试,强化动态管理,落实检查措施,做到知与行结合。全校学生能较好地执行《规范》,学生行为习惯良好,校园秩序井井有条。在市教育局"规范"互查中,我校各项指标居前列,在省、市"规范知与行"电视大赛中,我校先后获市第一名、省一等奖。学生中好人好事层出不穷,抢救落水儿童,送迷路老人回家,拾金不昧,智擒窃贼等事被编入市"月度新事"。
		C15　三三结合教育　学校与社会、家庭配合,开展三结合教育的措施和效果。	我校与所在地段公安派出所、居委会、企事业单位代表、模范人物及家长代表联系密切,组建了社会教育协调委员会,定期活动,出版《社会教育简报》,举办了家长学校,定期邀请模范人物来校讲课,定期召开家长座谈会,并建立了学校家长联系制度,取得了较好效果,促进了学生的健康成长,受到社会好评,有关事迹在《扬州日报》上刊登。
	B5 B6教学工作	C16　教学秩序　教学计划与教学大纲的执行情况,教学的组织、实施与检查工作,教学"五认真"的贯彻落实,教材和复习资料管理,学生课业负担,劳动教育、社会实践、课外活动的组织实施。	按照教学大纲要求,制定、执行教学计划。定期召开教导处处务会、教研组长会,商讨、布置、落实、检查各项教学、科研工作。定期召开家长会、学生座谈会,了解教学情况,分管教学的负责同志和教研组长经常组织听课。严格考试制度,期中考试实行交叉命题、流水阅卷、集体登分,考试结束后进行考试情况分析,组织学生做好小结。绝大多数教师能够做到"五认真",积极组织各类课外活动,举办各类讲座、比赛。各项教学、科研工作能够有条不紊地进行。

续表

A级指标	B级指标	C级评估要点	我校实际执行情况
A2学校管理	B5 B6教学工作	C17　教研教改　学校教研制度及执行情况，教学改革的实践和成果。	教学工作计划中明确规定教学科研工作的目标、任务。80年以来，实施教改课题十三个，承担教改实验项目七个。最近三年来申报立项科研课题11个，其中“早期渗透数学观念教育”和“系统开展学科思维教育”为省级科研课题。围绕这些科研课题，组织骨干教师进行理论学习。如《思维发展心理学》、《学习和发展》等，并请著名心理学家林崇德教授来校讲学，以思维教学为核心，组织了一次较大规模的教研活动。最近几年来，教师在省级以上刊物发表的论文400余篇，获市级以上科研、教学奖的100余人次。
		C18　保卫制度　贯彻《学校体育工作条例》(国家教委教体(1990)6号)《学校卫生工作条例》(国家教委教体(1991)9号)、《江苏省中学生体育合格标准试行办法的实施细则》(苏教体(90)4号)的措施，课余体育训练和竞赛，学校公共卫生，安全教育情况。	我校努力按照中学体育教育大纲上课，实行男女分班，体能分组，保证体育教学的容量、密度和强度。认真搞好课余体育活动，体育活动排上课表，制定计划，定时、定点、定辅导教师。定期举行校田径运动会(每年两次)，参赛学生比例达50%以上。体育达标率一直在98%以上，体育合格率接近100%。抓紧体育理论知识的教学，注意进行安全教育。 我校是省田径、排球传统项目学校，高中是省体育后备人才试点校。学校业余运动队小学中学挂钩，注意科学选苗，坚持科学训练，加强作风培养。87年以来，扬州中学运动员在省级以上竞赛中获金牌十三块，后备人才100%被高校高水平运动队录取。
		C19　学籍管理　贯彻《学籍管理规定》，控制额，加强转学、插班管理的情况，入学率、巩固率、留级率。	我校能认真贯彻执行《学籍管理规定》。学籍管理责任明系，档案齐全，严格把好转学、借读、休学这几关。以92届初中生为例，入学率100%，留级率2.2%，休学率1.4%，自流率2%。
		C20　技术装备管理与使用　教学设施、仪器设备、文体器材、图书资料的管理情况和利用率。	我校有400米标准跑道(直道八道)、标准足球场一片、蓝球场八片、排球场三片，田径、球类、体操等项目的运动器材齐全。

续表

A级指标	B级指标	C级评估要点	我校实际执行情况
A2 学校管理	B5 B6 教学工作		我校现有图书12万册,高中师生人均90册。各种学科的教学参考书配套,工具书各科配套齐全,并设有教师专用资料室一个。我校现有装订成册的杂志报纸合订书约5万册左右,学校图书馆全年订阅报纸30份,杂志320份。各项规章制度齐全,能够较好地为教学服务。 我校具有一定数量的电教设备,现有电子计算机房二个,微机43台,语音室一个(56座)电教专用教室一间,配有电视机、录相机、电影机、录音机等设备。我校是省电教试点学校,在全省评比中,被评为电教先进单位。 我校有物理实验室四个、化学实验室四个、生物实验室2个,准备间、工作室齐全,并设有物理仪器室两个、生物储藏室一个。实验仪器能按大纲要求配齐,具备两人一组进行实验的条件。 我校理、化、生各科的演示实验能按大纲全部开出,各科还能根据教材内容适当增加演示实验。各种的教具和教学挂图齐全。 我校有音乐专用教室,配有钢琴两架,电子琴2架,手风琴2架,收录机1台,一定数量的提琴、琵琶、扬琴、打击乐器等乐器,还有一定数量的音乐磁带和教学挂图。
	B6 总务工作	C21 财务管理 经费使用方向,财务制度,收费项目与标准。	学校的财务制度健全,经费的使用方向合理、正确,严格执行各项财务制度,不断加强财务支出的管理和计划性,控制开支范围和标准,保证教学经费的使用,坚持勤俭力学。物品的采购严格审批手续,坚持财务"一支笔"审批制度,节约开支,精打细算。严格执行上级规定的收费标准和项目,无乱收费现象。
		C22 资产管理 校舍、校产管理,安全保卫工作。	学校的校舍和校产有健全的管理制度,《校产管理制度》、《班级财产管理办法》由总务处统一管理,分层负责,指定专人管理,教室内的校产由班级负责。全校有校舍建筑面积37531.8M^2,固定资产总额7305712.10元。物品的采购严格执行审批手续,各类物品的进库,坚持验收,登记手续,制订有《保管室制度》,领(借)用物品需用凭条,填写领物单,履行审批手续,做到了货物进库有帐,支出有据有帐,采购有计划,消耗有凭证。避免了浪费和积压,杜绝了校产的流失。 学校的安全保卫工作做得比较好,受到扬州市表扬。

续表

A级指标	B级指标	C级评估要点	我校实际执行情况
A2 学校管理	B6 总务工作	C23　校园管理　校园规划、建设和管理，校园环境。	学校在91年请东南大学和扬州市规划局根据学校的情况对学校进行了总体规划(请见规划图)，该规划瞄准国际名牌中学的设施要求进行了科学的规划。92年新建图书馆2074M²，93年新建教学楼1800M²。近期还准备兴建风雨跑道，体育看台和司令台，兴建教工宿舍。 校园环境优美，布局合理。校园绿化面积55900M²，92年被评为省级绿化先进单位。校园管理有各方面的规章制度。
		C24　后勤服务　宿舍、食堂的管理，后勤工作为教育教学服务，为师生生活服务情况。	总务工作为教育、教学服务，为师生生活服务的指导思想明确，制订了《总务工作的具体要求》。积极改善办学条件和师生的生活条件，同时还注意到服务育人。 自82年以来兴建教工宿舍100套，改善了部分教职工的生活条件，现在全校住校内家属200多户，人均居住面积远远超过了扬州市人均住房面积11M²的标准，没有危险房屋。制订了《扬州中学教职工新房分配暂行条例》。 学生宿舍2870M²，寄宿生近400人，生均面积7.17M²，有双人床216张，432个铺位，达到每个寄宿生一个床位，宿舍内的基本设施齐全。做到床、橱、架、帐、铺、枕、盆、杯等统一，环境整洁卫生，秩序良好，管理严格。 学校有921M²的学生和教工食堂，食堂的各种设施齐全，能满足病生的就餐需要。锅炉房每天有充足的开水和热水供应师生。浴室每周定期开放两次。学校还成立了食堂管理委员会，重视经济核算；定期公布帐目。供应上花色品种多样化，做到价廉物美，早上有早点，晚上有夜餐，方便师生生活。医务室对食堂的食品卫生加强监督管理。师生对食堂工作比较满意。 学校还不定期想办法为教职工充灌煤气，为教职工生活服务。

续表

A级指标	B级指标	C级评估要点	我校实际执行情况
A2学校管理	B6总务工作	C25　勤工俭学　校办企业、校园种植、养殖的发展、管理、效益和对教育的支持。	学校原有扬州电器厂，主要生产"测漏仪"和"清洗机"。连续八年被评为"重合同，守信用"先进企业，先后评为市先进企业和江苏省勤工俭学先进单位。92年又新建了扬州友谊水友洗厂，扬州树人化工厂和桥园洗车场，主要生产各种胶粘剂、从事出口服装水洗砂洗加工、汽车清洗等业务。93年又新建通达电讯厂和平山洗车场。校内破围墙砌活动房屋40间出租。目前各个厂都有专人负责，制度健全。去年总产值170万元，创利30多万元，上缴学校13万元。预计今年总产值可达450万元，创利80万元，上缴学校30万元。
A3教育质量	B7德育	C26　思想认识　小学生对《小学德育纲要年级阶段教育序列表》(苏教普初(90)7号)中"认识要点"，中学生对《中学德育分年级实施序列表》(苏教普中(90)19号)中"教育要求"的掌握情况。	学生切实按照《中学德育分年级实施序列》的"教育要求"实施教育，在思想观念、行为方面、习惯方面有较好体现。德育活动体现了"教育要求"。
		C27　品德、行为　小学生在《小学德育纲要年级段教育序列表》所列"行为训练"各方面，中学生在《中学生日常行为规范》各方面的养成程度，在校生违法犯罪率。	我校学生能较好地执行《中学生日常行为规范》，学生在校内、校内行为习惯良好，校园内秩序井井有条，好人好事层出不穷，其中抢救落水儿童、送迷路老人回家、拾金不昧、智擒窃贼等事被市报刊登并编入市"月度新事"。多年来，我校遵纪守法，无任何违法犯罪现象。学校基本形成良好的校风。
	B8智育	C28C29　基础知识、基本能力　期末考试、考核(毕业、结业会考)试卷反映学生对基础知识的掌握程度，所具有的基本能力水平。	最近两年来，我校高考本科到线率均超过70%，重点大学到线率50%以上，在扬州市名列第一，在全省范围内名列前茅。每年高考预考通过率均为100%。600分以上高分考生超过全市600分以上考生的80%。我校初中在实行就近入学政策以后，根据扬州市直中学中考情况分析，优秀率、合格率、巩固率仍名列前茅。 我校平时期中、期末考试均能注意对学生基本知识、基本能力的考查。考试结果显示学生的基本知识、基本能力逐渐提高。

续表

A级指标	B级指标	C级评估要点	我校实际执行情况
A3 教育质量	B9 体育卫生	C30　体育合格率　中、小学生体育达标率、中学生体育合格率	我校学生体育达标率一直在98%以上，体育合格率接近100%。
		C31　知识与习惯　大纲规定的体育知识掌握情况，参加体育锻炼的习惯，保护视力知识、青春期卫生知识掌握情况、卫生习惯。	我校按照大纲规定进行体育理论知识教学，每学期进行考查，根据考查情况分析，掌握情况很好。学生能认真上好“两课两操三活动”。（材料均见A2 B5 B6 C18） 我校重视健康教育，校医室为学生举办卫生知识讲座，进行预防常见病、多发病、传染病的教育，学校还开设青春期卫生知识课，进行青春期生理、心理教育。学校有一套卫生管理制度，环境卫生分片包干到班级，每日一小扫，每周一大扫，坚持经常性的卫生检查评比制度。 通过教育、训练、督促，绝大部分学生有良好的卫生习惯。学校重视近知识教育，坚持眼保健操，不断改善教室采光条件，定期进行视力检查，学校近视发病率得到控制，但居高不下的状况无明显好转。 学校贯彻“预防为主”的方针，重视卫生宣传，组织预防注射，发放预防药，把好食堂饮食卫生关，多年来从未发生过食物中毒事故。发现传染病患者，立即采取隔离消毒措施，对有传染病接触史的学生采取预防措施，校医室跟踪随访，发病率低。
		C32　发育与健康　身高、体重、胸围、近视率、寄生虫感染、沙眼、龋齿患病率，病假率。	对学生的身高、体重、胸围检测结果表明，学生普遍发育良好，常见病、多发病发病率低，但近视率仍居高不下。

续表

A级指标	B级指标	C级评估要点	我校实际执行情况
A3 教育质量	B10 美育	C33 C34 音、美知识与技能、审美观点与能力 大纲规定的音乐、美术基础知识与基本技能的掌握程度。审美知识、审美能力、审美情感。	我校按照大纲规定,开设音乐、美术课,在传授音乐、美术基础知识的同时,注意培养正确的审美观念和健康的审美情趣,提高学生的审美鉴赏能力和审美创造力。组织书法、绘画、写作、文学鉴赏等各类课外活动小组,开设选修课,开展多种形式的课外活动,并对高中学生开设美学和美育基本理论讲座。注意创造优美的校园环境,形成良好的文化氛围,促进了学生全面素质的发展。音乐、美术基础知识、基本技能掌握情况良好。最近五年来,在市级以上书法、绘画、作文比赛、文艺演出评比中,有100多人次获奖,许多画作品送到香港、日本等国家、地区展出,并获得好评。
	B11 劳动教育	C35 C36 观念与习惯、知识技能与自理能力 学生的劳动观念与劳动习惯。大纲规定的劳动知识、技能的掌握程度、生活自理能力	根据教育部关于在普通中学开设劳动技术课的试行意见,从81年开始我们在全校各年级开设了劳动技术课,内容有:制图、钳工、刺绣、编织、摄影、篆刻、英文打字、烹饪、食用菌栽培等。随着教学改革的不断深入和国家教委关于《全日制普通中学劳动技术课教学大纲》的要求,我们积极创造条件不断提高劳动技术课的教学质量,增加开设的项目,目前,我校已开设劳动技术课12门,全校各年级均已开设了劳动技术课,各年级课时列入课表,各年级周课时均在2课以上;(包括公益劳动,每学期三天) 为了更好地搞好劳技课的教学研究工作,提高劳技课的教学质量,我校建立了劳技电化教研组有专职教师六人,并从全校各教研组和部门聘有兼职教师11人,每学期有工作计划和研究课题,定期举行教研活动。 我校劳动技术课有比较固定的实习基地和比较完善的教学设备,近年来,我们不断筹集资金,改善开课条件,目前已设有专用教室四个(计算机、英文打字、缝纫、钳工)。其他各项劳技课,也均在比较固定的教室或公用教室里上课和实习。劳技课的考核制度完善,根据所开设的各项目的特点,采取了不同的考核方法。劳技课的成绩列入学生的成绩单和学籍卡,并作为评定三好生的标准之一。 学生通过劳动技术课的学习,劳动观点有了一定的增强,并掌握了一定的劳动技能,如能掌握了英文打字技术,缝纫简单的衣裤,学会了计算机的操作,基本钳工技术,识图制图基础、编制简单的毛线织物等技能。

续表

A级指标	B级指标	C级评估要点	我校实际执行情况
A3 教育质量	B12 办学特色	C37　办学特色　体育运动队、课外学科、兴趣小组参加校外比赛获奖情况。学校某项工作在县(区)内起示范作用情况。教改、教研论文在市及市以上会议、刊物交流、发表情况。	德育工作方面，我校以德育科研为突破口，深化德育工作的改革，学校德育工作经验总结在省级以上报刊发表十余篇，我校“思想教育系列活动”得到全国德育大纲研讨会与会代表的充分肯定。近年来，学校德育工作形成了如下特色：1. 德育一体化；2. 德育、美育结合；3. 学科渗透；4. 环境薰陶。近几年来，我交被评为扬州市德育工作先进集体，校团委被评为省红旗团委，校少先队大队被评为全国功勋大队，校学生会被评为省先进集体。 体育工作方面，我校在抓好群体工作的同时，抓好竞赛培训工作。87年以来，我校运动员在省级以上比赛中，共获金牌14块。88年省传统校比赛中，获团体冠军，88年以来，在大市中学生运动会上，四次获重点中学组团体冠军，一次获团体亚军。连续8年来，在市区中学生田径比赛中获高中、初中组团体冠军。在江苏省第十二届运动会上，扬州市代表队获267.5分，其中我校运动员获105.75分。我校运动员9人14项达二级运动员标准，女子A组(全为我校学生)得91分，获团体冠军，6次破两项省女子少年乙组纪录，5项破市成人纪录，90年我校被省教委、省体委表彰为江苏省学校体育先进集体，被省体委表彰为江苏省第十二届运动会群众体育工作先进集体。 教学工作方面，在抓好教学常规管理的同时，抓好教育科研工作，开展以思维教学为核心的，包括教学内容、教学方法和课堂结构在内的课堂教学整体改革，开展课程结构改革。高考升学率稳步上升，最近两年来在全市名列第一，在全省范围内名列前茅。各学科竞赛也取得显著成绩。87年以来，我校学生在市级以上各类竞赛中获奖的有500余人次，最近两年来，在省级以上学科竞赛中，我校就有120人次获奖。在92年全国物理竞赛中，我校有两名同学获全国一等奖；在92年全国化学竞赛中，我校有一名同学获全国一等奖。87年以来，我校教师在省级以上刊物上发表论文(论著)400余篇(部)，在市级以上教学、科研活动、论文评比中获奖的100余人次，获省级以上奖励的达40余人次。 我校先后接待过来自美国、日本、澳大利亚、泰国等国教育代表团，和他们进行教育思想交流，他们对我校的办学经验和办学特色表示高度肯定，并表示了进一步交流、合作的意向。学校每年接待来自全国各兄弟学校的参观交流团体数十个，我校教师经常被全省、全市兄弟学校邀请外出交流、讲课。

续表

A级指标	B级指标	C级评估要点	我校实际执行情况
A3 教育质量	B13 对毕业生评价	C38　社会、用人单位和高一级学校评价　社会用人单位和高一级学校对毕业生评价。	我校每学年都有侧重地对往届毕业生跟踪调查。1982 年和 1987 年较大规模地对学生毕业后的社会适应状况(思想、行为、学习后劲和身体状况)进行跟踪调查,总结归纳调查材料,完成调查报告。为改进和加强学校工作提供了依据。 由于我校在教学工作中贯彻启发性原则,整体性原则,师生交互作用原则和重视反馈矫正,学生各科学习达到大纲要求,学得扎实灵活。据不完全统计,近两年来,我校有 120 人次在省、国家级学科竞赛中获奖。高校普遍反映我校毕业生知识面宽、基础牢、能力强、后劲足。近年来选派出国的学生普遍获好评,享誉海外。
A4 办学条件	B14 领导班子	C39　配备　校长及学校中层干部的职教配备	我校领导班子配备:党支书记、校长 1 人,副书记 1 人,副校长 2 人,校长办公室主任 1 人,人事秘书 1 人,保卫科长 1 人,政教主任 1 人(总支副书记兼),政教副主任 2 人,教导副主任 3 人,总务主任 1 人,副主任 1 人,团委副书记 2 人。
		C40　基本情况　校级及中层干部年龄、体质、学历、教龄、任职年限、职级、专业结构状况。	我校领导机构健全,校级干部 4 人,班子团结,作风民主正派,有较强的事业心、责任感和开拓事业的能力,坚持全面贯彻教育方针,把思想政治工作放在首位,按教育、教学规律办事,在教职工中较有威信,中层干部绝大部分从教师中提拔,思想业务素质比较好,能胜任本部门工作,一般都具有大专以上文化水平,长于一门以上学科的教学,具有学校管理知识和一定的实际经验。
	B15 师资队伍	C41 C42　数量、质量　超、缺编情况。学历达标情况,骨干教师比例、年龄结构,学科结构,体质状况。	全校教职工 210 人(外校办工厂 69 人),现任教师 151 人,学历达标情况:本科 118 人,占 71.6%,在专 33 人,占 28.4%(其中已取得高级职称 12 人)。职称情况:高级教师 54 人(其中干部 8 人);一级教师 45 人(其中干部 5 人);二级教师 54 人(其中干部 2 人)。高级教师、教研组长、年级组长共 67 人,占 44.4%。年龄结构比较合理:老(50 岁以上)中(30—49 岁)青(30 岁以下)约各占三分之一,形成了比较理想的梯形结构,体质状况,中老年教师患病率较高(见附表)。

续表

A级指标	B级指标	C级评估要点	我校实际执行情况
A4 办学条件	B16 物质条件	C43　校舍、场地　生均校园面积、校舍面积、田径场、跑道，各种实验室、专用室，学生宿舍，各室的采光及桌椅配备。	学校占地面积为180亩，合120000M²，生均校园面积为68.76M²；校舍建筑面积37531.8M²，生均面积为18.76M²；其中教学用房为15328.15M²，生均面积为7.66M²，活动场地面积为38000M²，生均面积为19M²；生活用房2870M²，生均面积7.17M²；绿化面积55900M²，生均面积27.9M²，有400M标准跑道和田径场一片；各种实验室和专用教室齐备配套，都是双侧采光，自然采光系数在1∶1.6左右，符合卫生要求，照度大于1000（米烛光），桌、椅等设备、设施配套齐全。
		C44　技术装备　体育器材，卫生设施，各科教学仪器、设备、教具、挂图、报刊、图书、电教设备，劳技设备，现化生实验分组能力。	我校有400米标准跑道（直道八道）、标准足球场一片、蓝球场八片、排球场三片，田径、球类、体操等项目的运动器材齐全。 我校现有图书12万册，高中师生人均90册。各种学科的教学参考书配套，工具书各科配套齐全，并设有教师专用资料室一个。我校现有装订成册的杂志报纸合订书约5万册左右，学校图书馆全年订阅报纸30份，杂志320份。各项规章制度齐全，能够较好地为教学服务。 我校具有一定数量的电教设备，现有电子计算机房二个，微机43台，语音室一个（56座）电教专用教室一间，配有电视机、录像机、电影机、录音机等设备。 我校有物理实验室四个、化学实验室四个、生物实验室2个，准备间、工作室齐全，并设有物理仪器室两个、生物储藏室一个。实验仪器能按大纲要求配齐，具备两人一组进行实验的条件。 我校理、化、生各科的演示实验能按大纲全部开出，各科还能根据教材内容适当增加演示实验。各种的教具和教学挂图齐全。 我校有音乐专用教室，配有钢琴两架，电子琴2架，手风琴2架，收录机1台，一定数量的提琴、琵琶、扬琴、打击乐器等乐器，还有一定数量的音乐磁带和教学挂图。

续表

A级指标	B级指标	C级评估要点	我校实际执行情况
A4 办学条件	B17 经费	C45 公用经费 公用经费数及占事业费比重,生均公用经费数,增长情况。	88年我校的公用经费为53385.02元,占事业费比重为8.4%,生均26.70元;89年128176.00元,占17%,生均64.10元;90年598048.41元,占46%,生均311.64元;91年494719.50元,占40%,生均263.28元;92年144706.00元,占13%,生均73.86元。
		C46 教师待遇 公、民办教师工资、政策性补贴、集体福利、住房、医疗等情况。	教师的待遇逐年提高,工资、政策性补贴、职工集体福利按照国家的规定执行,逐年增加,住房条件逐步得到改善,92年新建宿舍36户($2526M^2$),旧房调整80多户,近130户教职工受益,住房面积超过了扬州市人均住房面积$11M^2$。学校正积极创造条件,准备进一步改善一部分教职工的住房困难问题。 学校每年为40岁以上的教职工进行一次全面的身体检查。医疗费用近几年来呈上升趋势,由于我校的老教师较多,医药费每年都超过,90年医药费开支27621.00元,91年医药费30156.30元,92年医药费开支77112.53元。
	B18 生源	C47 生源 新生入学时的成绩、体质,大龄生比例,曾违纪受处分人数。	初中招生实行就近入学,新生的成绩、体质状况与市区其他学校基本持平,大龄生比例3%;高中招生共6个班,4个班在市区择优录取,两个班面向扬州市各县(市)单独命题提前招生,生员全面素质较好。

关于加强常规管理的几点思考与实践

江苏省扬州中学

学校常规管理，是学校管理的重要内容之一。近几年来，我们以追求一流的目标、一流的管理、一流的质量为目标，继承和发扬我校优良的办学传统，积极推行内部管理体制改革，以省教委颁布的《江苏省中小学常规管理基本要求(试行)》为依据，大力加强常规管理，使学校迈出了通过重点中学验收、成功地举办了九十校庆、首批进入省模范学校行列三大步；四年中，学校高考升学率，每年一个台阶，今年本科到线率达83%。学校还相继被表彰为全国体育先进学校、省德育先进学校。校园环境有了显著改观，全校师生积极进取，蓬勃向上，学校办学质量和效益不断提高，百年老校青春焕发。

回顾以往的工作，我们深感得力于严格规范的常规管理。主要有三方面的做法和体会。

一、用优良的办学传统促进常规管理

我们在总结校史过程中看到，在我校办学史上，曾经涌现过许多善于治校的教育家，他们办学立意高峻、长于管理，形成了独具特色的管理风范、严谨细致的管理常规。使得扬州中学名闻遐迩、英才辈出。我们认为，这些数十年间形成的办学传统和管理常规，是我们今天搞好常规管理得天独厚的优势。在工作中，我们大力发扬扬州中学历史上形成的优良办学传统，引导全体教工牢固确立名校意识、管理意识和规范意识。在做法上，主要抓好几件事，一是深入宣传校史上的优良办学传统，弘扬“正直向上，热于求知”的校风，“教德修业，教书育人”的教风，引导教师发扬优良的办学传统；二是在广大学生中开办“校史上的杰出人物”系列讲座，通过开展“我是扬中人”的中学生形象讨论，引导学生增强名校意识，树立名校学生的自豪感和责任感；三是要求学校各级干部强化管理意识，对分工范围的管理常规问题抓住不放，认真解决；四是巩固和建立我校历史上形成的一系列常规，在学校工作中坚持各项基本制度，如议事制度、会议制度、检查制度等，使学校各项工作在科学规范的轨道上运转。在教师中，主要以培养21世纪的教师队伍为目标，以中青年教师为对象，通过开展教学目标设计、抽查教师备课笔记、组织优秀教案展览，引导教师抓好备课、上课、辅导、考查等教学基本环节。严格教学常规，以此促进教师继承优良的治学传统。在学生中，以建设文明校园，养成文明习惯为目标，先后制定和实施了礼仪、教室、宿舍、校园常规管理、在校一日常规、教室管理奖惩等制度和规范。

优良的办学传统,是校史上教育文化的良性积淀,是教育规律和教育个性的显现。由于我们十分重视用优良的办学传统促进常规管理,使学校教学秩序井然,学校管理配合默契,呈现出既管理有序,又生动活泼的局面。

二、用改革的动力强化常规管理

在抓好常规管理的过程中,我们还正确处理继承传统与改革创新之间的相互关系。在办学过程中,我们面临着许多新形势和新问题。人们的思想观念和行为规范,教育的外部条件和内部情况与过去相比,已发生很大变化,一些相对稳定的管理常规则需要在新形势下加以改进和充实。近二年来,我们在恢复、继承传统的基础上,积极推进学校内部体制改革,努力探索新形势下学校常规管理的新思路,用改革的动力强化常规管理。在工作思路上,首先注意运用体制的力量强化常规管理。通过实行校长负责制、全员聘任制、结构工资制和岗位责任制建立新的管理机制。全校教工自下而上竞争应聘上岗,全校调动 2 人、缓聘 4 人、改聘 4 人。教工实行工作量和工作效益与工资挂钩制度,全校每月人均新增得益 200 元,有的同志最多得益 365 元;其次,以改革为动力,加强科学考核。在教师中实行定期的教学全员评估测试;在学生常规管理方面,对班集体建设、环境卫生、行为习惯等实行常规量化管理考核;再次,通过修订和健全各部门、各岗位工作职责,明确每个教职员工在学校管理中的职责要求,学校据此进行考核。

内部管理体制改革,使学校常规管理注入了新的活力。它有力地促进人们观念的改变,调动了工作积极性。在内改中缓聘、改聘的同志受到了一次深刻的教育。一些按照以往常规难以处理的问题,在改革的形势下得到较好解决。一些平时工作马虎的同志受到很大震动,有的同志主动找领导,检讨自己的错误,表示要增强工作责任心,提高自身素质。中青年教师努力做好工作,严格要求自己的人不断增多,涌现了一大批教育教学效果好、关心学校常规管理的人多了,出现了主动要求担任班主任,承担更多的教学任务的新气象。

三、用高雅的校园文化深化常规管理

在常规管理的要素系统中,学校群体的思想观念和行为规范,是常规管理的核心和灵魂。在加强常规管理工作中,我们不满足于一般常规的正常化,在管理过程中贯注教育性原则,建设高雅的校园文化,强化常规管理的约束作用,内射作用和整合作用。通过建设高雅的校园文化,深化常规管理,使管理常规内化为师生群体的自觉行为。我们认为,重视校园文化建设,正是巩固和深化常规管理的重要途径,也是教育工作者具有远见卓识,教育思想现代化,学校教育和管理进入深层运转的重要表现。我们主要以校史陈列馆为主阵地,开展多种形式的校史学习活动,开辟了占地 $200m^2$ 的校史陈列馆,运用丰富的校史文献实物和数百张图片教育师生;以校史中的杰出人物，形成人文教育风景线，开办杰出校友讲座；以校风为核心，进行系列的“正直向上，热于求知”的校风教育；以“教德修业、教书育人”为主题，大力开展多种师德教育活动，优化管理氛围，提高教师素质品位。以建设美的校园环境为目标，先后筹措600万元，用于改善环境设施，新建2100平方米的图书馆和1800平方米的逸夫教学楼。为了“让美的环境说话”，我们还在学校主要通道设立名人名言牌，标示出中外思想家和杰出校友的名言；以每年一届的文化艺术节为重点，坚持德育与美育的结合。高雅的校园文化，深化了学校常规管理，形成了良好的工作惯性，增强了教师队伍的整体素质，促进了学生规范由他律向自律的发展，形成了自我教育、自我管理的氛围。

一流的目标和质量，需要有一流的管理。今后，我们将继承百年来形成的优良办学传统，面向21世纪，加大改革力度，积极探索，把学校常规管理提高到新水平。

（执笔：张发祥）

一九九四年九月

三、报刊发表

校长如何支配自己的时间

江苏省扬州中学　郑万钟

学校管理学告诉我们,人力、物力、财力和时间是学校管理的要素。合理而有效地利用这些有限的"力",使之充分发挥作用,从而取得学校工作最经济、最有效的成果,是学校管理本质特点的反映,也是管理工作的基本任务和归宿。从管理的角度说,时间就是效率,科学地支配了时间,就能取得管理的高效率。校长作为学校的主要管理者,就要充分地考虑时间的使用价值。

有位管理学家曾指出:"不能管理时间,便什么也不能管理。"而分析自己的时间,才是分析自己的工作和发掘工作的重要性的一项易行、可行,而且系统化的方法。笔者曾逐天记载了1982—1983学年度第二学期的时间使用情况,如表:

类　别	时数	占总时数百分比
语文教学实践(上课、备课、批改、辅导等)	211	24.88%
教学研究(听课、参加教研活动等)	63	8.02%
教育行政(参加、主持各种会议,处理行政事务管理等)	302	35.61%
党的活动	43	5.66%
政治学习	37	4.36%
深入学生	53	6.25%
接待工作(包括外事活动)	93	11.56%
其它	31	3.66%

(全学期上课120天,外出14天,计106天,以每天6课时计算,共848课时。)

想据此对自己如何支配时间作一个认真的反省。

校长应如何科学地支配自己的时间呢?我以为要遵循这样几个原则:

一、教学为主的原则

学校的中心工作是教学,教学是完成教育目的任务的主要途径。因此校长的主要精力和时间必须用之于教学。

苏联教育家苏霍姆林斯基认为,"校长工作的实质正在这里:校长以身作则地钻研教学业务,脚踏实地地研究教学问题。"他认为听课和分析课,应该是校长在教学研究方面最重要的工作,所以他给自己作了规定:"如果我每天不听两节课,就要算我这一天什么事也没做。"根据我国目前学校和校长的实际情况,每天听两节课恐怕不一定能办到,但我一学期总共听课 23 节,那肯定是远远不够的。

一个好的校长必须首先是一个好的教师,因此用一定的时间兼课是必要的。只有亲自日复一日地深入钻进教育教学过程的精细微妙之处,才能逐渐掌握教育、教学的科学、技巧和艺术,才能有资格去领导好教学教育的过程。我担任校长以来,坚持兼教一班语文课,在教学实践中争取并学会使用教学领导权。如我结合教学花时间研究了风靡一时的某种"语文练习册",发现这种练习册上的一些题目存在着与课文无关、重复,以及过于繁琐甚至有错误等问题,特别感到如果各年级使用这种练习册,势必将学生的主要精力和时间吸引到支离破碎的单项训练上去。因此,提出在校内停止统一使用。我在练习册上花的时间,应该说是有价值的。

同时,校长用较多的时间于教学,就能将自己置身于教师之中,了解、熟悉教师,体谅、关心教师,有助于心理上的位置互换,能更好地协调人际关系,搞好学校管理。

表中"语文教学实践"和"教学研究"两项共 279 课时,占总课时数的 32.9%。我以为这个比例还是比较合适的,问题是要在"卓有成效"上下功夫。

二、互为代偿的原则

如果说用较多的时间于教学,这是把时间用到了"刀刃"上,那么作为校长还应有一定的战略眼光,用较多的时间花在读书和调查研究上,这就是将时间用在拓宽加厚"刀背"上。

一个校长要使自己在教学教育过程中不头痛医头,脚痛医脚,不致思想枯竭,捉襟见肘,不是优柔寡断,徒糜时间,而是思维敏捷,居高临下,从容果断,主动迅速地高效率处理问题,这就在于平时的积累。刀背的宽厚,必然增加刀刃的力度。我们常见某些老校长首肯于须臾,决策于一瞬,这就是得力于平时用了大量时间阅读和调查研究。上好一节课也是如此,有位教师说:"对这节课,我准备了一辈子,而且,总的来说,对每一节课我都是用终身的时间来备课的。不过,对这个课题的直接的准备,或者说现场的准备,只用了大约十五分钟。"这就是时间的先后互为代偿。

如上表所示,教育行政工作共有 302 课时,占总课时数的 35.61%。这个数据看来偏大。会议过多、过长,事务过多、过杂,往往陷入忙于应付、疲于奔命的境地。除了其他原因外,校长本身的水平是一个重要因素。表上虽然没有把晚上和假日读书学习所用时间计算入内,但总的看来,还是学习的时间太少,长此以往,必将“入不敷出”,可能沦为庸庸碌碌的事务工作者,因此必须用相当的时间来不断丰富自己、更新自己,使自己的头脑一天比一天更充实,积累“本钱”,增强实力,以高屋建瓴之势,高效率地做好工作。

当然互为代偿的原则不仅体现在先后代偿,还体现出彼此代偿。如可让别人做的事,不必包揽于己身;节省别人的时间,也就节省了自己的时间;等等。这些问题涉及到合理安排别人的时间,不再在此赘述。

三、精打细算的原则

时间有限,工作无尽;光阴荏苒,一去不返。培根说:“合理安排时间就等于节约时间。”只有精打细算,惜时如金,才能发挥每一个单位时间的最大效能。

校长一周内要处理许多事务,这就必须有通盘筹划,周密安排。可将大大小小的事情排排队,分别性质类别,轻重缓急,哪些该交别人处理,哪些应统一处理,哪些可稍缓处理,哪些是不予处理,甚至在较大的学校里,还应考虑地点相近的几个部门的问题,可以一次性顺道处理,免得南北东西,频繁往返,浪费时间。这也可算是低级的“线性规划”。

校长一周内还要主持、参加若干会议。一定的会议是必要的,但校长不能被会议所淹没。根据统计,几类活动中的各种会议所用课时总计为 203,占总课时的 24%,无疑是偏多的。许多时间往往在等齐出席人员、空洞的议论、重复的发言中消耗掉。要改变这种状况,从会议中解放出来,就一定要把会议开小、开少、开好。可开可不开的取消;能合并的并开,能简化的开短会。校长应做到:“有话则短,无话则休。”

从统计看,接待工作花去了较多的时间,亦有待研究改进。

四、集零为整的原则

校长工作十分忙碌,普遍有时间不够的慨叹。其实,如鲁迅先生所说,时间就像海绵里的水,只要会挤,总是有的。问题在于是否善于巧妙地抓住并利用“零头布”时间。如将会前、饭后、课间、途中的零星时间都充分利用起来,聚沙成塔,集腋成裘,那是十分可观的。

这些点滴时间,可用于记零星小事,写教育断想,读短篇文章。苏霍姆林斯基曾这样劝导青年校长:“把你随时随地看到的事情记下来。这是供你思考的素材,是涓滴之物,由它们将构成对教育过程的分析。”的确,校长将自己生活中有关教育的所见所闻,将自己工作中的甜酸苦辣,经验教训,将自己学习、研究时的思维火花,琐见断想,及时记录下来,这并不会花多少时间的,但是,就是这些一鳞半爪、三言两语,到一定时候,则可以连缀成篇,形成思想,并有助于学校管理。当然,一个校长还应该读书,工作再忙,每天抓十分钟的零星时间读书总是能够的,假设有一分钟读 250 个字的读书速度,那么,一年下来就可以读到近一百万字。关键是要有计划,有恒心,会见缝插针。

五、张弛适度的原则

校长工作十分繁重,精神负担也较大。如果进行过重、过长的智力活动,脑细胞得不到调节恢复,将造成神经活动功能的降低,以至产生病态。我们曾以 8 减 1>8 的公式,教育学生要劳逸结合,这对校长同样适用。连续工作,容易疲劳,勉强坚持,必将低效。不如到操场转一圈,看看学生的活动,既是休息,也是职责范围内的工作,这就是调节。表中“其他”类中包含“伏案休息”一项,就是笔者由于连续上课、接待、谈话,产生唇焦舌敝,心力交瘁之感后,不得不采取的措施,累计达五课时。

“一张一弛,文武之道。”这是科学支配时间的辩证法。

老一辈无产阶级革命家董必武同志在一首诗中写到:“古云‘此日足可惜’,吾辈更应惜秒阴。”是的,随着时代的前进,科学技术的发展,信息的流量在迅猛增长,世界似乎变得更加纷繁复杂,丰富多采。我们有许多东西要学,有许多工作要做,但时间是个常数。作为一个学校的主要管理者——校长,就更应珍惜分分秒秒,做驾驭时间的主人,高效率地管理好学校,并以自己强烈的时间观念去影响全体教师和学生。

《中学管理通讯》1984 年第 3 期

(后《中国教育报》以“吾辈更应惜秒阴”为题,于 1985.1.5 三版发表)

评价学校主要看校长

郑万钟

评价学校以什么为标准?看升学率?当然是片面的,看校舍设备?各地领导重视教育程度不一,投资有多有寡;看学生的全面发展的水准?虽有道理,但各校生源不一,起点悬殊,即使用统一尺度来评价也不够公平,更由于教育有它迟效性的特点,凭一两年的得失,很难做出准确的评价。那么,到底应如何来评价一所学校呢?我认为主要是看校长。

校长,是一校之长,犹如一个乐队指挥。他拥有正式领导职位和权力,是学校最高层次的管理者,对群众应该有较大的影响和指挥力。校长的精神面貌在很大程度上决定了学校的精神面貌;校长的工作实绩在很大程度上反映了学校的实际水平。

如何通过校长来评价学校呢?

首先,应该看校长有没有形成自己的教育观念。苏霍姆林斯基说,校长"对教育的领导首先是教育思想的领导"。(《给教师的建议》上册229页)那么,校长首先要有自己明确的教育思想,否则,谈何领导。由于各校所处的环境有好有差,各校在物质和精神两个方面的"家底"有厚有薄,各校因生源不同,起点有高有低,各校的师资队伍也有强有弱,因此,校长就应该从本校实际出发,考虑办学的方针大略,使自己的教育观念不仅体现共性,同时也有鲜明的个性。

这种具有个性的教育观念,应该是通过不断的学习教育方针和教育理论,不断地学习他校的办学经验而逐步形成的;应该是通过深入师生之中,认真调查研究、分析综合而定型的;应该日复一日地亲自深入到教学教育过程的精细微妙之处而不断完善的。所以,看校长的教育观念,就应该看有无理论指导,有无反映师生实际的近期目标和深谋远虑,有无包含实践中的经验教训。如果校长认为这种教育观念是遵循教育规律的,就不因某些社会舆论而违心否定,也不因遇上一些具体困难而改变主意,真正做到"咬定青山不放松","任尔东西南北风"。这样,校长就会形成自己的办学风格,学校也必然会办出特色来。

其次,应该看校长有没有把自己的教育观念逐渐变成全体教师的教育观念。常有这样的情况,校长能认真学习、调查,注意不断充实、丰富自己。但是,不宣传、不交流,不为教师所知,不能形成教师集体的教育观念。那么,校长的见解再高明,也没有多大的价值。因为校长一个人的能力是有限的,办学毕竟要靠全体教师。

校长能否把自己的教育观念变为集体的教育观念,决不是看他做了多少报告,向教师灌输了多少结论。因为,这种“我讲你听”,必然是“言者谆谆,听者藐藐”。那么,应该看什么呢?那就要看校长是否深入到师生中去,通过共同学习、研究、探讨、切磋等方式,多渠道地宣传自己的教育观念,让教师在一种宽松、和谐的气氛中,心悦诚服地接受校长的见解。苏霍姆林斯基曾饶有兴味地介绍过他的一些教育观念是这样被教师们接受的:“我们大家聚在一起,经常谈论这件吸引人心的事。我们的谈话是友好的,同志式的。我们也激烈地争论,而在争论中逐渐地辨明真理。当然,这些真理在教育学上早就是已知的了,但是,对我们来说,却是真正的发现,是我们的发现。”(《给教师的建议》下册 326 页)

再次,应该看校长有没有把已经初步形成的集体教育观念,及时转化为具体的教育教学实践。接受一种教育观念不易,将它付诸实践,则更有一个较为艰巨的过程。在这里,关键是校长能否坚定不移,锲而不舍地引导教师自觉地在正确教育观念指导下,进行教育教学实践。

怎样引导?一要看校长是否身先士卒,亲自实践。榜样可以形成一种“无声的命令”,与教师同甘苦,能获得共同语言和心理上的沟通和融洽。二要看校长是否能团结一批骨干力量,配合默契地贯彻他的意图;鼓动一批“志愿兵”,能根据他的意图兢兢业业地大胆实验。这些同志,虽然不是学校教工的全部,但是,有了这样一支力量,校长实现他的计划,就有了保证。

一个校长,如果他具有正确的、富有个性的教育观念,又善于将它变成为全体教师的教育观念和行动,那么,不仅他是一个好校长,他所领导的学校,也一定能成为一所好学校。

《天津教育》1987 年第 3 期

要给学生以广阔的天地

郑万钟

这几年,大家都在注意改革教育思想和教育方法,但是步履维艰,收效甚微。问题的症结,正如万里同志在全国教育工作会议上所指出的,是"我国陈腐的传统教育思想和僵硬的教学方法,由来已久,根深蒂固。"课堂、教材、教师"三中心"的教学体系,正是传统教育思想的突出表现。它使我们的学生只在一个狭窄的小天地里,月复一月,年复一年地读书。大多数学校只满足于教师在课堂上传授课本上固定的知识,而不注意引导学生在课内、课外开阔思路,增长才智;只满足于学生做到识记知识(听课的要求)——保持知识(复习的要求)——再现知识(考试的要求),而不注意教会学生主动地去获取知识、运用知识、重组知识。党和国家要求我们培养的学生要成为勤于思考、勇于探索、勇于创新的一代新人。我们的教学必须改变旧的封闭式状态,要从课堂到课外、到社会,为学生开辟广阔的天地,只有这样,才能培养出大批适应新时代需要的新型人才。

首先,要为学生创设广阔的思维空间。课堂的空间是有限的,而思维的空间是无限的。就目前而言,课堂教学还是主要的教学形式。我们应致力于研究如何改革教学方法,在课堂教学中加强思维训练,给学生创设广阔的思维空间。

这就要求我们在教学中应注意有一定的难度。正如肌肉的锻炼需要一定的负荷一样,思维的训练也需要一定的负荷。教师的讲授不能照本宣科,应时时作一些有见地的分析,讲一些精辟的见解,课堂上常有点睛、升华之处,这样就能将学生的思维引向深入。教师的讲授还要不时为学生设置一些思维的"岔道",或有意让学生稍微碰碰壁,或让学生产生瞬间的疑虑,天长日久,学生也就从"尝试与错误"中渐渐学会正确的思维。

给学生创设广阔的思维空间,还要求我们引导、鼓励学生敢于并善于"创造"与"求异"。教育心理学告诉我们,教学的程式化,容易产生思维定势,而它会使学生习惯于按固定的思路思考问题,这就会产生思维的雷同与因循,也就难以培养出具有创造精神的人才。我们在教学中一定要相机诱导,引导学生经常从不同的角度对同一类问题去探求答案。不只是要求学生了解"是什么"、"怎么样",而且进一步去思考"如果不是这样的话,应该怎么样?""假使从另一个方面考虑,又将如何?"等等,这些探索性的思维训练,必将拓宽学生的思维天地。

其次,要为学生提供广阔的智力背景。广泛阅读,扩大知识面,将会形成学生的广阔的智力背景。学习过程中的智力背景越广阔,学生的智力活动就越充实、活跃。

根据我原在学校(扬州中学)工作的体会,我认为,要为学生提供广阔的智力背景,起码要抓两条:一是要保证学生有一定的自由支配时间。学生的学习时间被学校各种功课塞得越满,供他阅读、思考与学习有关书籍、报刊的自由支配时间越少,那么,他的负担就越重,学业落后的可能性就越大,他的智力背景也必然越狭窄。二是要积极开设讲座与选修课,这是为学生创造广阔智力背景的一个积极有效的措施。许多科学家、学者都有这样的体会:在青少年时代涉猎各种书籍,虽然有的囫囵吞枣,有的一知半解,但就是在这种似懂非懂、若明若暗的情况下,对某种现象、某一学科引起了兴趣,产生了跃跃欲试,非了解个究竟不可的强烈欲望,最后终于成为某一方面有成就的专家。所以,我们的讲座、选修课,并不一定要学生全部听懂、学会,只是为学生打开若干"窗口",让他们了解知识海洋的浩瀚,科学世界的广袤。

智力背景越广阔,学生对知识的感受性就越敏锐。这样,学生在学习过程中就必然会时时出现顿然有所领悟的情况,还会同时伴随一种"闪耀性的兴奋"或"解放式的轻松"。这种爆发式的灵感,乃是创造性思维的一大特征,而它正是以广阔的智力背景为基础的。

第三,要为学生开辟广阔的实践场所。学习固然是学生的主要任务,但不是他们唯一的任务。因此,学校不能单抓学习,还要为他们开辟广阔的实践场所,让学生在广泛接触实际生活、从事实际工作的过程中,不断地产生"为什么?"从而学会思索,学会处理问题,长见识,增才干;同时也让他们在实践中显露才华。

我原工作的学校,除了开展各种课外小组活动,组织学生搞小制作、小创造等各种有利于发展智力的活动外,还为学生提供条件,让他们得到更广泛的实际锻炼。如让一部分高中的团员兼任初中少先队的中队辅导员,这些团员在工作实践中不仅提高了自己的思想修养,而且锻炼了组织能力和管理能力。有的兼职辅导员进入大学后,很快就成为出色的系级、校级的学生干部。又如我们根据胡耀邦同志鼓励江苏人民再来一个"七战七捷"的要求,就由少先队和共青团分别组织两支队伍,沿着长江两岸进行社会调查,考察历史上的"苏中七战七捷"和现实生活中江苏人民如何在努力实现"七战七捷"。其中少先队的考察历史上的"七战七捷"活动,在全国万名创造杯活动中被评为最佳奖。学生也通过活动接受了一次生动活泼的革命传统教育和理想教育。

万里同志说:"由于人的禀赋、爱好、性格以及环境条件等等的不同,有些人往往只在某些方面或某一个方面有才华,而其他方面则一般,甚至有某些缺陷。对这样的人才、苗子,我们稍一疏忽就出不来,就不能很好地成长。"为学生开辟广阔的实践场所,则有利于因材施教,它给各种不同的学生提供了"充分表现自己"的领域。

"海阔凭鱼跃,天空任鸟飞。"在教学改革中我们一定要努力创造条件,拆掉那些无形的"墙",给学生以广阔的天地。

《天津教育》1985 年第 11 期

扬州中学教改迈新步

位于我省长江北岸的扬州中学,早在抗日战争前就在国内享有盛名。这所学校始建于一九〇二年,八十年间,为国家培养了大批人才,并形成了"正直向上,热于求知"的优良校风。在党的十一届三中全会后,省扬州中学在加强思想教育工作同时,更把"热于求知"的校训作了新的发展,使之富于时代气息,迈出新步伐。

这几年,我们国家正在迅速改变面貌。全面开创社会主义现代化建设的新局面的战斗号令,给扬州中学"热于求知"的传统增加了新的动力,这就是:引导学生全面的求知,自己去求知,在求知的同时发展智力和培养能力。他们从各科教学的相互关系中,探索学生知识均衡发展的规律;从大纲和教材编排的顺序中,探索学生知识积累的规律;从教与学、知识与能力的关系中,探索提高教学效率的规律。通过探索,扬州中学发现过去"四个为主"的提法,即:"学校工作以教学工作为主,教学工作以课堂教学为主,课堂教学以教师讲授为主,教师讲授以书本知识为主",有一定的局限性。为了培养适应四化建设的一代新人,就不能囿于课堂教学,而必须积极开辟第二课堂;就不能只调动"教"的积极性,而更应强调"学"的积极性。所以,目前学校除以"对、清、精、活"为标准,进行课堂教学的改革,坚持进行数学、语文实验教材的试改工作,以及认真抓好体育卫生工作,并着重抓了这三件事:

一是就学科而言,突出抓好文科教学。

扬州中学认为,中学阶段的课程是根据教育方针和培养目标设置的,也是根据青少年身心发展的客观规律设置的,因此不可偏废。文理两科知识,对于中学生来说,如车之两轮、鸟之两翼;而文科之于理科还有导航作用。所以学校努力克服重理轻文的倾向,将文科置于领先的重要地位,不断提高文科教学质量。如历史教学不仅在屡次历史竞赛中,获得好成绩,而且学习了有关部门的内容,懂得了党的领导、社会主义道路是历史的必然,是亿万人民的选择,从而坚定了坚持四项基本原则的信念。作文教学也取得可喜的成绩:李虹同学曾获华东六省一市作文竞赛一等奖;刘爱武同学连续两次在华东六省一市作文竞赛中获奖,她的两首诗在联合国科教文组织发起的全世界儿童诗歌比赛中,被评为国内优秀作品,结集为《鲜花和星星》出版;学生的高考作文,曾连续两年被《新华日报》选为优秀试卷刊登。

二是就能力而言，侧重于培养自学能力与动手能力。

扬州中学努力改变过去“四个为主”影响下的过分强调教师作用的习惯做法，正确处理教与学的关系，做到“教为主导”与“学为主体”的和谐统一。所以十分重视布置学生预习，指导学生自学，鼓励学生自己动手，培养学生自己获取知识的能力。为此，学校积极开辟教学第二渠道，开设电子计算机、科学小论文写作、美术等选修课，组织无线电、航模、生物、观星等活动小组，举办各种讲座，放映科技电影，组织参加小发明、小创造、小制作、小论文的“四小”活动，……以激发学生自动探索知识，发展能力。近两年来，扬州中学参加全国、华东、省、市的各种竞赛，共有六十多人得奖。如：吴顺文同学制作的“平抛实验架”在省内竞赛获得一等奖，在全国竞赛中获二等奖；刘为同学参加《少年科学》物理竞赛获一等奖；还有些同学写的小论文在《中学生数理化》等杂志上发表。

三是就学段而言，切实抓好初中教学。

扬州中学认识到初中阶段正是青少年心理、生理发生急剧变化的阶段。必须尽早打好德、智、体的基础，使学生一进校就受到良的校风的熏陶。所以学校对初中各年级加强了领导力量和教师力量，注意研究和解决中、小学的衔接问题，努力培养“红专结合，理[论]实[践]交融，虚心求教，好学深思，一丝不苟，持之以恒”的良好学风，逐句讲解学风的具体内涵，编写了“学习要求口诀”、“各科作业要求”等，帮助学生迈好中学阶段的第一步。这样，初中教学质量得到了保证。自一九八一年以来的四届初中毕业生，参加升学考试合格率均达 95%左右；这三年的高中新生(除省招班)本校初中生平均占 92%。

扬州中学这几年毕业的同学，无论是升学和就业，表现都是好的。去年高考全省理科前五名中，第三、第五名均系扬州中学的学生。尤为突出的是八三届高三(2)班：这个班是面向全省招生的“省招班”，入学三年来，学生德、智、体诸方面得到了全面发展，先后被市教育局和团市委表扬为先进集体和先进支部，被市体委命名为达标班级。到高三毕业时，全班同学都加入了共青团组织，全部被评为三好生，全部达到体育锻炼标准，高考中全部达到全省大学本科录取分数线，实现了四个百分之一百。最近，学校对这个班的学生进入高等学校后的情况，进行了一次调查。从已回收的二十七份调查表看，学生的政治素质、知识基础、学习和工作的能力以及体质情况等，都在中等或良好水平以上，基本上是好的，能适应高一级学校的学习任务的。未升学的毕业生，不论在工矿企业或农业战线，也都表现良好，受到了所在单位的好评。

扬州中学现为江苏十二所大改中学之一，正在遵循邓小平同志提出的“教育要面向现代化，面向世界，面向未来”的精神，总结经验，锐意革新，勇闯新路，努力把学校办成适应四化要求的重点中学。

《中学管理通讯》1984 年第十期

在前进中回顾

——文化大革命前十七年我校的办学经验

李久翔　郑万钟　胡凤天

回顾我校建国后十七年,特别是自一九六二年被确定为全省重点中学之后到文化大革命前夕这一段时间,我校教学秩序稳定,在加强思想政治教育和提高教学质量等方面比较系统地总结了一些经验,“虚心求教,刻苦钻研,一丝不苟,持之以恒”的良好学风得到了发扬,学生基本功硬,知识面宽,自学能力强,教学质量稳步提高,为国家各条战线培养了一批合格的人才。

我们之所以在这一时期内取得了一些成绩,就学校的内部因素而言,那是因为当时比较注意在教学实践中遵循教学的客观规律办事,总结了“四个为主”的基本经验,即:学校工作以教学工作为主,教学工作以课堂教学为主,课堂教学以教师讲授为主,教师讲授以课本知识为主。“四个为主”的提法还有不够完善的地方,但基本精神是正确的,对当时的学校工作是有指导意义的。现在回顾起来,这个阶段在“四个为主”的思想指导下,在办学方面取得了如下一些经验。

1963年6月30日，毛主席在接见青年团第二次全国代表大会主席团时说：“我给青年讲几句话：一、庆祝他们身体好，二、庆祝他们学习好，三、庆祝他们工作好。”

扬中教工

第五期

一九六五年九月二十一日出刊

现在这些办法，摧残人材，摧残青年，我是很不赞成的，读书太多，死读书，考试用对付敌人的办法，要制止。

——毛主席春节讲话

高举毛泽东思想红旗　继续进行教学改革

第一次校务委员会议

讨论了：1965——1966学年度学校工作计划

关于妥善安排学生课外学习和活动的意见

八月三十一日下午，学校举行了1965——1966学年度第一学期第一次校务委员会议，讨论了“1965——1966学年度学校工作计划”和“关于妥善安排学生课外学习和活动的意见”，在讨论中认为：“计划”和“意见”是体现了毛主席思想挂帅，突出政治，教学为主，健康第一的精神，也符合学校当前实际情况，反映了不断革命、继续前进的要求；同时，对“计划”和“意见”，也提出了意见。如：关于调查研究工作缺少具体要求，课后作业负担应按课时计算比例等。

这次会议充满了严肃活泼的气氛，大家认为开学初，再一次学习主席和中央指示精神，研究和讨论了学校工作计划，

学校为贯彻方针,全面安排,专门召开了校务委员会议进行研究。

图为《扬中教工》上有关这次会议的报道

明确教学是学校工作的重点

自贯彻执行《全日制中学暂行工作条例》后，我校一直坚持“必须以教学为主，把提高教学质量作为经常任务”，“一切工作以教学为中心”。我们是如何坚持以教学为主的呢？

一是思想上明确教学为主。我们认为学生的主要任务是学习，学校必须以教学为主。所谓教学为主，就是明确学校里各项活动在时间的安排上，教学占得最多；学校里所施行的一切办法，都应有利教学质量的提高。

二是工作上体现教学为主。思想政治工作的安排要从教学实际出发，思想政治工作的效果也要用教学质量是否提高来检验。学校的思想政治工作紧密配合教学工作，不游离于教学工作之外。学校的总务工作也是为教学服务，一般都把精力和经费放在添置教学设备，修建教学用房，改进教学条件，改善师生生活等工作上。党支部书记、校长更是把主要精力集中在教学工作上。

三是制度上保证教学为主。当时学校认为“良好的纪律制度是提高教学质量的重要保证之一”。首先是严格执行教学计划，定期检查教学计划的执行情况。学期考试前要安排两天左右时间给由于正常原因而未能完成教学计划的学科补课。其次是保证课表的稳定性。课表一经排定，除教导处外，不容任何人随意调动，更不容其它工作打乱课表，甚至出现缺课、停课的现象。再次是制定一些具体的制度，保证了教学质量的全面提高。

切实按教学规律办事

为了给学生打好基础，我们主要抓好如下的工作：

严格按教学大纲和教科书进行教学工作。教师在钻研教学大纲的基础上，明确每学期的教学目的、任务，并通读全学期的教材，掌握教材内容梗概以及各个单元之间的联系，订好全学期教学计划。教学不能离开教科书刻意求深，外加“麻油”，也不能不讲效果，光赶进度。

把教学重点放在加强“双基”和提高两个能力上。我们在教学中十分重视基础知识的教学和基本技能的训练。备课时认真研究教材的系统性和科学性，这课的概念与哪些旧知识有联系，这课的知识又与将来哪些知识有联系，这些概念可以培养学生哪些基本技能，通过哪些基本技能的训练可以加深理解和巩固这些概念……这些问题都必须搞清楚。讲课时，一些基本的概念、定义、定理、公式、法则一定要讲清、练足。讲述时，不可有丝毫含糊或任意曲解；练习时不可浅尝辄止，引着学生而不是推着、拉着学生前进，不断提高学生分析问题、解决问题的能力和自学能力。

切实抓好课堂教学这个主要阵地。课堂教学是学校最基本、最主要的形式，为了提高课堂教学质量，多年来我们在备课方面形成了一套制度，如备课要做到“五备”：备教材，备学生，备教法，备实验，备作业。备课要分三个阶段：粗备，细备，精备。备课有三种形式:个人自备,集体备课,写成详案。备课时必须考虑突出重点,分散难点,搞清疑点,等等。在具体实施教案的课堂教学中,也不断地总结经验。如就如何贯彻少而精的教学原则问题,总结了“注意从实际出发,防止主观主义;注意实际效果,防止形式主义;注意抓住要点,防止平均主义”的经验。就如何在课堂教学中培养学生的学习主动性问题,总结了“读、讲、练相互结合,反复轮回”的经验。

严格要求,努力培养良好的学习习惯。要打好基础,必须严格要求,严格训练。当然这个“严”不是不切实际,不合“格”的严。当时我们曾对教师提出,一定要严得有理,严得具体,严得一致;一定要严而有恒,严而有序,严而有方。为培养良好的学习风气和学习习惯,我们还把学校提出的“虚心求教,刻苦钻研,一丝不苟,持之以恒”的学风,贴在班主任手册上,同时编写了一百二十八字学习要求的口诀:“学生任务,认真读书,循序渐进,多下功夫。上课之前,做好预习。课本文具,务必带齐。先要复习,再作习题。今日功课,今日完毕。……提高质量,抓住关键:基础知识,基本训练。”

分年级把关,做好交班、衔接工作。根据各个年级的特点,学校提出初一、高一是基础年,初二、高二是关键年,初三、高三是决定年。每个年级都安排富有教学经验的教师把好质量关。班级交接必须把该班学生的学习思想、学习态度和基础知识情况详细交代。学校特别强调对初一新生要做好“四衔接”即在教学内容、教学方法、思想教育、生活管理四方面要和小学衔接,所以我们经常组织初一教师到小学高年级听课,虚心向小学教师学习。

图为 **1954** 年校少先队队委、辅导员,团委和学校领导在还校纪念塔前合影。

形成一套思想工作的"笨办法"

如何在青年学生中进行思想政治教育？多年来，我校在青年工作中形成了"从具体情况出发，扎扎实实，坚持不懈，点点滴滴，精雕细刻"的好传统。学校团委就是运用这种"笨"方法，反复地、具体深入地、艰苦细致地进行思想工作，引导广大学生明确学习目的，逐步树立无产阶级世界观的。

这套思想工作的"笨办法"主要体现在：

经常地运用多种形式加强思想教育。团委经常对学生进行阶级教育、形势教育、革命传统教育、共产主义道德品质教育和教育方针的教育。在教育过程中，从实际效果出发，采取多种形式。既进行理性教育，也进行感性教育；既自上而下地进行教育，也认真开展群众性的自我教育；既有一定时期进行集中教育，更主要的是平时抓住各种机会，采取各种方法，经常不断地进行教育，如跟学生交知心朋友，就是当时一种行之有效的方法。

抓住适当时机，有针对性地进行教育。根据学生的思想特点，精心选择恰当的事例，安排恰当的时间开展教育活动，常常能收到较好的效果。高三学生对升学、劳动、理想、前途等问题考虑最多，思想比较复杂，在一部分学生中最容易出现不关心政治、埋头读书、不顾健康的现象。学校就针对这些情况 ，有的放矢地加强教育。"三八"妇女节到了，有些团支部针对一些女同学认为不及男同学聪明，因而学习信心不足的自卑思想，举行了座谈会，介绍女英雄模范的事迹，漫谈女同学的立志问题。漫谈女同学的立志问题。在"五四"前后则组织积极要求进步的青年座谈如何正确对待和积极争取入团的问题。为继承发扬学校的优良传统，学生到校就进行遵守《中学生守则》的教育，并由高年级的团干部、优秀生介绍学校的好风气、好传统，介绍自己培养刻苦学习习惯的体会。每到校庆，就请在校教学二、三十年以上的老教师讲学校发展历史，介绍往届学生中的优秀事例。团委还抓住各种纪念日开展活动。

表扬先进，坚持正面教育。我们始终坚持正面教育，不断表扬先进。每年"五四"都表扬一批优秀团员，每学期末都表扬一批"三好学生"，每学期期中都举行一次"共产主义道德之花"专题广播，表扬全校性的好人好事。

不断加强教师队伍的建设

"提高质量千万条，提高师资第一条。"这是我校历史上的办学经验。一九六二年前后，学校教师队伍建设的要求，主要是着眼于政治、业务"两提高"。

坚持标准，不断调整。我们坚持德、才标准，勤于考察，逐年调整，保持师资队伍在一个较好的水平上。当时的具体标准是：政治上要忠诚党的教育事业，能服从组织，工作态度要勤恳踏实，教学效果好，既能做班主任，又能教好课。有些不够理想的，就及时调整。每年分配来的大专毕业生都由领导逐个谈话，交任务，压担子，在教学中考察。这样做的好处是，教师队伍年年充实提高，形成一支朝气蓬勃、积极向上的教学力量。

落实政策，调动积极性。这是一个总的要求。当时，总结了工作上的经验教训，具体化为六句话："政治上热情关怀，知识上虚心尊重，教学上严格要求，工作上力求稳定，进修上积极推动，生活上适当照顾。"这六句话，总的精神是依靠教师办好学校，包括了如下三个方面：

一是政治上热情关怀，知识上虚心尊重。说的是政治上信任知识分子，用其所长。只要是学有专长，教学质量好，不问是否党员，都适当安排，大胆使用，尽量发挥他们的作用，而且发扬民主，虚心尊重他们教学上提出的积极建议。同时在教师中积极慎重地做好建党工作，坚持党员标准，积极发展教学上的骨干入党。

二是教学上严格要求，工作上力求稳定，进修上积极推动。提高教学质量的关键在于教师，提高教师的关键在于加强进修。我们注意强调业务进修的自觉性，所以是"积极推动"；注意强调教师的业务进修和教学紧密结合，提出：教什么，学什么；缺什么，补什么，防止进修和教学脱节，同时明确提出教师进修的具体要求，如语文教师过"四关"（文字关、语音关、语法关、古文关），外语教师过"三关"（会话关、阅读关、写作关），数学教师过"三关"（教材关、双基关、教具关）等。在业务进修上，尤其注意对青年教师的培养，建立和健全"老带新"、"熟带生"的师徒合同制度。当时语文组就有六对师徒。同时注意教师工作的相对稳定。每一个新分配来的大专毕业生，一般要经过初中三年的小循环，每个年级蹲二年，直接由老教师手把手地教，听老教师的"超前课"，在老教师面前"试教"。六年循环下来，合条件的再搞高中六年循环。这样，十二年扎扎实实地搞下来，只要教师本身努力，是可以成为一个较为合格的中学教师的，不少留校的中年骨干教师，当年都是这样过来的。

三是生活中适当照顾。对教师的食宿，对夫妻分居两地的教师，都主动关心，主动帮助解决困难。

注意老、中、青结合，完整地培养教师队伍。对在校的老教师，政治上是关心的，业务上也是尊重的，他们一般都是教研组长，教学上的骨干，担负组织教学和培养中青年教师的任务，即使退休了，也定期请他们回校，给中、青年教师辅导并传授教学经验。对于青年教师，主要是针对他们政治上、业务上不成熟的特点，强调从严要求；强调压担子，在工作中培养锻炼；强调虚心向老教师学习，把老教师的一套好的教学经验继承下来，并力求有所发展。这样，我校的师资队伍就年年更新，年年常青，年年提高。

充分发挥党支部的战斗堡垒作用

我们学校能完成教育的双重任务，特别是能为高一级学校输送大批合格的新学生，德、智、体各方面工作能有条不紊地进行，并有一套较为成熟的做法，关键在于充分发挥了党支部的战斗堡垒作用，促使学校行政加强了对各项工作的领导和管理。

管得"全"。学校以教学工作为中心，对学校的思想政治工作，教学工作，体育卫生(如“两操、两课、两活动”、运动成绩等),文艺演出,学生的劳动安排等各项工作都具体地抓。同时各项工作都有组织保证,如有思想政治工作委员会、教学工作研究会、生产劳动委员会等,学校领导干部和师生中的积极分子参加这些组织,分别制订计划,在学校党支部统一领导下,分头落实,各负其责,全面开展学校各项工作。

管得“细”。学校思想工作和教学工作都是具体细致的。学校制定了《教研组工作细则》、《班主任工作细则》等,以便加强对各项工作的具体领导。从思想工作来说,学校领导干部通过教研组、班主任,分析每个师生的具体情况,把思想工作做到实处,以便他们集中精力把教学搞好,保证教学任务的完成。从教学工作来说,学校领导深入教学领域,同师生一起研究教学中的问题,并经常注意总结各科的具体经验,组织交流,促进教学的共同提高。

管得“严”。首先是思想上“严”,从党支委员、学校校长带头严起。党支部坚持党员每周过一次组织生活,开展批评与自我批评,党员要接受群众监督。支部委员每季度还要过一次干部民主生活,从政治态度、思想觉悟到生活作风,开展认真的批评和自我批评,把错误消灭在萌芽状态。因此,支委干部个个“站得住,拿得起”。许多教师说:“领导自己严,对我们教师也严,我们也就对学生严,当然我们也欢迎学生对教学提意见,欢迎对教师‘严’。”上下一齐“严”,“严”成了一股向上的革命风气。其次是工作上“严”。这是通过严格贯彻学校计划来实现的。学校每学期有工作计划,部门有部门计划,月有月计划,周有周安排,都有明确具体的要求,便于贯彻检查。学校定期开部门会议,教研组会议,班主任碰头会议,汇报计划执行情况,强调贯彻计划要严肃认真,做到“忙而不乱”。再次是作风上“严”。学校领导以身作则带头“严”。学校主要负责人,几乎每天都要巡视操场、教室、宿舍,每天都在师生上课前来校办公。师生上课时间,干部或深入教研组参加备课,或深入教室听课。课后干部上操场,参加学生活动。有的干部还和学生同吃、同住,定期轮换。学校开会研究工作,常常不是安排在星期天,就是安排在晚上,以便尽量增多和师生接触的时间。这样,学校上上下下,逐步培养成一种严谨有序的作风。

前进需要回顾,回顾为了前进。我们回顾“从前”,是为了今天有所借鉴。我们将认认真真地研究新的情况,实事求是地运用经过实践证明、行之有效的成功经验,探索新的问题,在前进中不断发展,不断提高,为把我校办成人民所希望的、理想的重点中学而不懈地努力。

《江苏教育》1979年第6期

我们怎样克服教学上的混乱现象

江苏省扬州中学

上学期起,我校开始执行部颁《全日制六年制重点中学教学计划试行草案》。这个计划是在总结建国以来中学教育正反两方面经验基础上制订的。如何执行好这个教学计划呢?我们一方面组织教职工在学习《决议》的基础上,重点学习了《决议》中有关教育工作的论述,并联系学校工作实践重新学习了毛泽东思想,如关于加强思想政治教育和又红又专的问题;关心学生身体健康问题;改革教学方法,减轻学生过重负担,让学生生动活泼主动地学习问题;教学要理论联系实际问题,等等,使大家进一步加深了对党的教育方针的理解,从根本上增强执行新教学计划的自觉性和严肃性。另一方面,我们在实际工作中,从五个方面努力,克服教学中的混乱现象,保证新教学计划的实施。

一、严格按照新教学计划规定的课程和课时开课,坚决纠正随意增减课时、课程的混乱现象。我们按照教学计划,努力使学生通过文、理、体、美、劳各门课程的学习,有一个比较合理的知识结构和一定的智力、能力,为全面发展打下良好的基础。前几年,我们缺少史地教师,史地课时开不足。后来,就着手通过以老带新和教学相长的途径培养了四名史地教师,请来了一位退休的地理教师,现在初步适应了教学计划的要求。防止偏科,除了开足课程、课时,还要按教学要求,把开设的课上好,保证教学质量。针对目前大多数学生存在重理轻文的现象,我们重视并加强了文科教学。首先是加强了基础工具课的语文教学,努力提高学生读、写能力。我们还要求各科配合,包括理科教学在内,都重视"语文因素",指导学生阅读课文,用正确的语言回答问题。数、理、化书面作业不仅布置计算题,还有问答题,训练学生准确地理解和表述概念、定理、定义和法则。教师在课堂用语和板书方面,力求规范化。提高政治、史、地课的课堂教学质量,加强备课,把课讲得正确、清楚、具体、生动,引人入胜,激发学生的学习兴趣。

二、严格按照大纲和统编教材进行教学,坚决纠正一味贪多求深,随意超纲加码,把各种复习资料掺入课堂教学的混乱现象。按统编教材进行教学,不能机械地理解为只能照本宣讲,仍须贯彻理论联系实际和因材施教的原则,能动地处理好教材,把主要精力集中在基础知识教学和基本技能训练上。狠抓"双基",也不是把课本上讲的概念、定义之类和规定的练习题,不断地重复教学,而必须重视"双基"的综合训练和灵活运用,以达到触类旁通。

三、严格按照规定课时进行教学，切实纠正一方面喊课时紧，另方面又赶进度以便多留高考总复习时间这种自相矛盾的混乱现象。

我们强调，解决课时紧的重要途径是教师要吃透两头（教材、学生），改进教法，提高课堂教学效率。教学中，必须把加强“双基”同培养能力，发展智力结合起来，发挥教师和学生两个主动性，做到教的过程既是传授知识的过程，又是指导学生如何学的过程。解决学生知识的巩固性问题，切不可把复习时间，高度集中于毕业总复习，而必须发扬“学而时习之”、“温故而知新”等行之有效的传统经验，寓复习于新授之中，并加强分散性的复习检查。

四、严格控制课外作业量，切实纠正作业片面追求高难度和搞题海战术的混乱现象。我们规定，课本上的习题都要做，这是基本题。为适应部分水平高些的学生，每次布置少量机动题。每单元教学结束，选编以综合题为主的复习题。关于处理当前教学上的一个突出问题——学生作业负担重的问题，我们依据的原则是邓小平同志一九七八年在全国教育工作会议上讲话的有关精神：“学生负担太重是不好的，今后仍然要采取有效措施来防止和纠正，但是，同样明显的是，要极大地提高科学文化水平，没有‘三老四严’的作风，没有‘从难从严’的要求，没有严格训练，也不能达到目的。”在具体掌握上，明确作业题在精选的前提下，学生课外作业总量，初中每天不超过一个半小时，高中不超过二小时。在规定时间里，多做比少做好。同时，坚持作业的高标准、严要求，逐步达到规范化：先复习课本，再动手做作业；独立思考，按时完成；书写规范，卷面整洁；有错误要订正。

五、严格控制考试次数，切实纠正考试频繁，干扰正常教学的混乱现象。我们严格执行教育部规定的考试次数和要求，重视加强平时复习。考试，知识范围不超过大纲和课本，但不是课本作业题的简单重复，而应该是再创造。“双基”占80%，综合性、灵活性和发展性的题目占20%，本学期新授的知识占80%，与本学期新知有联系的前学期学过的旧知占20%。这样做的目的是，为了尽可能客观地反映学生掌握知识的实际程度，增强学生所获知识的适应性，提高考分的科学价值。

执行新的教学计划，必修课时间减少了课外作业量控制了，学生课外时间相应地增多了，怎么办？我们利用课外时间，贯彻因材施教的原则，开辟了学习的第二战场。这学期我们开设了数学、物理、英语、古文等选修课。为了防止学生偏科，规定必修课平均成绩在八十分以上的，才能参加选修。选修课的教学内容与相应的必修课内容有区别又有联系，是必修课内容的拓宽和加深，为有志于这门学科深造的学生搭桥引路，创造条件，而不是针对高考的。选修课也要考查。不及格的要“劝退”。除选修课外，还成立了无线电、航模、农业、气象等各种科技活动小组，开展了书法、绘画、歌咏等兴趣小组活动。还组织试行了一次物理实验操作比赛，引起了师生们的极大注意。为满足学生需要，今后还将对学生试行开架借书和开放实验室。

学生课外时间增多了，也为开展思想政治教育活动和文体活动提供了时间保证。这学期，全校三十六个班，都走出校门进行了社会调查，用各条战线具体生动的事例，来验证社会主义制度的优越性和三中全会以来党的路线、方针、政策的正确性。学生们共写了493篇调查报告。我们选辑了其中的佳作15篇,编印成册,作为学生自我教育的素材。文体方面,广播操和眼保健操由每天各一次增加到各二次。每班每周二次体育锻炼都能得到保证。学校举行了秋季田径运动会和各种小型体育比赛,全校98%的学生参加了冬季长跑活动。还举行了迎春文艺会演和书画展览,并开展了各种文艺活动。

《江苏教育》1982.4

“三个面向”与普通中学的改革

江苏省扬州中学 吴和钧

以“三个面向”为指针，进行教育改革，必须进一步把我们的思想从三个方面解放出来。

首先，要从片面追求升学率的桎梏中解放出来。

片面追求升学率是当前普通中学实行“三个面向”的第一大障碍。它面向升学，面向高考，导致学生“高分低能”，思想僵化，贻误年青一代，贻误我国的四化大业。不排除这个障碍，根本无法做到“三个面向”。

去年，教育部颁发了《关于全面贯彻党的教育方针、纠正片面追求升学率倾向的十项规定》，很有针对性。如不用大力气抓教育思想，端正方向，光靠行政规定，虽有检查仍难免走过场。近年来抓纠正片面追求升学率问题，出现了这样一种现象：上面教育行政领导部门重视，下面基层学校不够重视；学校重视，社会上不重视(虽有少数懂得教育、关心教育的同志吁呼)；条条重视，块块不一定重视。这就告诉我们，纠正片面追求升学率，就事论事不行，单靠学校也不行，要各级领导重视，对教育工作真正实行科学领导。必须把全面贯彻党的教育方针提到与党中央在思想上、政治上保持一致的原则高度。从正面大力宣传党的教育方针，行政措施和思想教育一起抓，上下左右一起抓，取得领导和社会的支持，校长、教师解放思想也就比较顺理成章了。

第二，要从传统教育思想的老框框里解放出来。

传统教育在教育史上起了重大的进步作用。今后，它许多方面有用的理论和经验仍然是我们教育工作继续前进的基础，长期地发挥它的作用。但同时也不能否认，随着历史的发展，人类科学文化知识的积累越来越多，知识更新的周期越来越短，知识门类的分支越来越细，传统教育也越来越显出它的局限性和落后的一面，必须以“三个面向”为指针，对传统教育进行改革。首先要在教育思想上，从传统教育的某些过时了的观念中解放出来，用适应新技术革命发展要求的现代教育科学的新理论、新经验武装自己，比如，关于学生是学习主体的新观念、发展学生智能的新观念、用现代化教学手段提高教学效率和质量的新观念。又如，要培养开拓型、创造型的人才，就要在教学中鼓励学生的求异思维，着力培养学生的创造性思维，就要把现代化科技文化新信息引进学校，使学生经常吸收到新鲜空气，保持头脑清醒、思维活跃。通过教师自身教育思想的解放，把学生的学习思想解放出来。

第三,要进一步肃清"左"的思想影响。

"'三个面向',要求很高,对尖子学生有利,对一般学生不利";"'三个面向'会助长重智育、轻德育的倾向"……这些看法,有的是出于对"三个面向"缺乏正确理解,有的是源于"左"的思想影响。因此,要做到"三个面向",还必须进一步从"左"的思想影响中解放出来,从根本上端正思想路线。

我们要学习十一届三中全会以来党的路线、方针、政策及其理论基础,学习关于新时期教育问题上的一系列马克思主义的重要论述,用以武装我们的头脑,树立新时期指导教育工作的新观念,诸如:在现代化建设中科技是关键、教育是基础的观念;在现阶段,教育为无产阶级政治服务就是为社会主义现代化建设服务;专不等于红,但是红一定要专的观念;社会主义劳动者包含体力劳动者和脑力劳动者的观念;知识分子是工人阶级的一部分,为人民服务的教育工作者是崇高的革命劳动者的观念,等等。破除那些盘踞在我们头脑里的陈旧的、不恰当的和错误的观念。运用这些思想武器来指导我们重新学习"德智体全面发展、又红又专、知识分子与工人农民相结合、脑力劳动与体力劳动相结合"的教育方针,全面地正确地理解"三个面向"。普通中学怎样进行全面的改革?应当把中央关于改革的指示精神同学校的具体情况结合起来考虑。要处理好以下两个关系。

一、管理改革与教育教学改革的关系。

学校工作以教学为中心,学校管理改革就必须围绕这个中心来进行。管理改革是学校改革的一个重要方面,是改革的深入。但并不意味着现在学校改革的重点转到管理上来,更不是说现在要先管理改革后教育教学改革。管理改革是要为教育教学改革服务的,在拟订责任制、考核制、奖惩制的时候,必须充分考虑到如何有利于推动教育、教学改革。假如我们把注意力单纯集中到管理改革上来,重心偏到这方面,势必会在近期内影响教育教学改革。正确处理管理改革和教育、教学改革的关系,我认为当应是从教育、教学改革的需要出发,对管理提出改革要求,以管理改革来保证和促进教学改革,做到管理改革有着落,教学改革有动力。

二、继承与改革的关系。

教学改革是对传统教育进行改革。我们只能改革传统教育中不适应现代化需要和不科学的部分,同时必须继承和发扬其中合理的、有用的部分。这样,才能使我们在原有基础上发扬成绩,解决存在问题,保证教育质量在改革过程中稳步上升。为此必须明确一些基本观念:

1. 传授知识和培养能力问题。中小学是基础教育。传统教育的特点之一是十分重视对中小学生进行基础知识教学和基本技能训练。在现代教育的观念里是否认为"双基"已经不起作用了呢?当然不是。一则人类知识的发展不论快到何种程度,翻番总是从原有基础翻上去的。变中之不变,就是"双基"。当然,"双基"的内容也是发展的，但有相对稳定性。所谓“知识爆炸”，从科技文化的展看，先进的技术会取代落后的技术，某些重大发明对人类社会的影响之巨，可称是爆炸性的。至于科学理论，是客观规律的反映，只有不断发展的问题，无所谓爆炸。二则知识发展越快，在中小学时代，学生的“双基”越要打得扎实，才能达到后劲足，适应能力强。知识和能力两者并不矛盾。对传统教育的改革，不在于否定知识传授，代之以能力培养。因为离开了知识，能力也就空无依托了。关键是要把由教决定学，由学决定用的教学公式改变为由用决定学，由学决定教的教学公式，也就是要以学生为主体，以教师为主导，教学从学生出发；从实际出发，把加强“双基”和培养能力、发展智力结合起来，赋予“加强”一词以培养性的新含义，切实改变教师越俎代庖，教学内容多多益善的形而上学、烦琐哲学的教学方法。

2. 第一渠道与第二渠道问题。传统教育十分重视课堂教学，即我们所说的第一渠道。但是，面临新技术革命的形势，班级授课制的局限性会越来越突出。因此我们还要开创拓宽另一种教学形式——第二渠道，但这并不是说，我们教学的主要力量要从第一渠道转移到第二渠道了。那样做，就有导致教学工作后退的危险。现在要着手改革学校教学体系，决定性的一步是要把课堂教学的改革抓出成绩来，才能为搞好第二渠道创造条件。学生能当堂学懂，会初步运用，提高了课堂教学的效率和质量，减轻了学生的负担，教学体系的改革就全盘皆活。还有，第一渠道学的基础知识，是按大纲，教材进行的，它是课外学习的基础。课外学习——第二渠道是它的补充和发展，并为因材施教开辟了重要基地。这里是有层次性的。

3. 教与学的问题。传统教育十分重视教师的主导作用。但最大的缺点是忽视了学生是学习的主体这个教学中根本性问题。因此，容易变“导”为“灌”。现在对之加以改革，就要用学生是学习的主体这个新观念来修正它。在教学实践过程中把教师的主导作用与学生的主体作用统一起来，把主导作用落实到诱发学生的主体作用上来。让学生在教师的指导下自觉能动地去探求知识，从而实现获取知识和培养能力的和谐发展。

4. 书本知识与实践能力的问题。传统教育以课堂教学为中心，十分重视课本知识。但是传统教育重视了学生学习的特殊规律，却忽视了实践在认识过程中的重要作用。重理论轻实践不但影响学生去获得比较完全的知识，而且影响了学生能力的培养与智力的发展。迎接新技术革命的挑战，要有手脑并用、智能发达的人。所以在教学改革中，既要重视体力劳动的实践，又要重视脑力劳动的实践，要增加复杂劳动，减少些简单劳动。

《江苏教育》1984. 11

宏观改革达于微观改革　微观改革通于宏观改革

吴和钧

《中共中央关于教育体制改革的决定》公布以后,有人在学习中提出了这样的看法:现在从中央到地方抓教育,都是从体制改革入手,着重宏观方面。学校基层是搞微观改革的,可以慢慢来,等等看。

究竟怎样认识宏观改革与微观改革的关系?

进行宏观方面的教育体制改革,根本目的是提高民族素质,多出人才,出好人才。什么是人才,怎样才能达到多出好人才的目的?根据新时代的客观要求,多出人才、出好人才指的应该是:教育要面向现代化、面向世界、面向未来,为九十年代以至下世纪初叶我国经济和社会的发展,大规模地准备新的能够坚持社会主义方向的各级各类合格人才。根据这个教育宏观改革的总目标,对中等教育的要求,首先在体制方面是:调整中等教育结构,大力发展职业技术教育。以宏观改革为指导,我们普通中学除有些要转轨改办中等职业技术学校外,继续办普通中学的,也必须进行改革。普通中学本身担负着双重任务:为社会培养优良的劳动后备力量;为高一级学校输送合格的新生。现在,对双重任务有了新的更高的要求。其一,要大力发展职业技术教育,普通中学就必须十分重视和处理好知识教育与技术教育的关系,努力做到两方面的互相结合、互相渗透,这就涉及到课程、教学内容和教学方法的一系列改革。现在就可以从改善和加强劳动技术教育课、开设职业技术教育选修课、开办职业技术教育班等做起。其二,还要与高等学校的培养目标相衔接,为之打好基础,创造条件。高等学校担负着培养高级专门人才和发展科学技术文化的重要任务,这种高级专门人才能为自主地进行科学技术开发和解决社会主义现代化建设中重大理论问题和实际问题作出较大的贡献。以此为准,我们为之输送的新生,怎样才算合格?在中学的基础打好一些,进入高校以后的起点就高一些,这需要在知识、能力、智力的发展上,理想、道德、纪律、情感、意志的培养上,重新考虑。

为了完成上述的双重任务,必须加强普通中学与职业技术学校的横向联系,加强中学与小学、大学的纵向联系。历史上的扬州中学既强调升学教育,又重视择业教育,除办有普通科外,还办了师范科和工科。在普通科的课程设置中,有供就业需要的选修课,普通科毕业生升入上海交通大学的甚多,这与教学内容、教学方法上的注意衔接有很大关系。总之,以宏观改革为指导,独立思考,发扬创造精神,努力完成“多出人才、出好人才”的任务,普通中学要做的事是很多的。

从教育体制改革入手，是全面范围内教育宏观改革的战略部署，并不是要求各基层学校在微观改革上就地待命，并不是说教育思想、教育内容、教育方法的改革可以等等看，慢慢来。一个学校，凡是看准了的、应该改而能够改的，就必须自觉能动地去改。教育要用启发式，反对注入式，"五·四"以来就这么提倡的，但老实说，注入式至今还是盘据我们讲台的霸主，够落后的了，今日不改，更待何日。开辟第二课堂，经过几年来的探讨，基本认识，渐趋一致；试验证明，初见成效。它符合教育的客观规律，是改革教学的一条必由之路。有为的学校教育工作者，就应该积极地去投身实践，勇于创新，毋须乎再等待、观望。相反地，基层学校的微观改革应该更积极更活跃地开展起来，因为教育体制改革为教育的微观改革创造了良好的宏观环境，开辟了广阔的前途。学校埋头于自身的微观改革，认为宏观改革是领导部门的事，与己无关，其微观改革必然囿于学校的小天地，没有明确的目标。教育领导部门抓了宏观改革，对学校微观改革不相应地加强指导，宏观改革也难以收到实效。因此，要力求达到：宏观、微观改革目标的一致性，改革行动的系列性，改革效果的社会性（社会效益），宏观改革之达于微观改革，微观改革之通于宏观改革。这才是宏观改革与微观改革两者之间正确关系。

《江苏教育》1985.9

（编者附注：本文作者原为省扬州中学副校长，现任省教育科学研究所特约科研员。）

在教学实践中探索教学规律

江苏省扬州中学　吴和钧

按教学规律办事,是教育工作者应采取的科学态度,学校工作必须恪遵的原则。历史和现实反复证明:按教学规律办事,教学质量就上升;反之,教学质量就下降。党的十一届三中全会以来,学校逐步肃清"左"的影响,重新按照学校工作以教学为主的客观规律办事,教学秩序趋于正常,教育质量有所上升。但是,近几年,由于片面追求升学率,出现了许多违反教学规律的做法,乃至弊端丛生。学生负担过重,影响了身心健康和智力发展,严重妨碍了教育质量的继续提高。违反教育规律,一方面表现为单纯着重抓智育,忽视德育和体育,另方面抓智育也不按教学规律办事,主要表现为一是偏科,二是躐等,三是填鸭,造成教学上文、理科失调,打基础与提高失调,知识与能力失调。因此,几年来,学生的科学文化水平虽有明显提高,但存在许多缺陷:"偏",多数学生重理轻文,少数学生弃理攻文,知识偏废,半身不遂;"窄",知识面狭窄,局限于课本和教师讲过的内容;"碎",知识零碎,系统性差,缺乏对知识综合整理的能力;"死",死记硬背,运用知识的灵活性、适应性较差,缺乏分析问题、解决问题的能力。

教学规律在哪里,怎样按照教学规律办事?必须学点教育科学理论。但是,书本上写的原理、原则,不可能成为解决千差万别的具体问题的现成答案。例如,结合实际,怎样在教学工作中划清文理分科与文理偏科界限的问题;对量力性原则和高难度高速度原则怎样正确理解的问题;怎样在加强"双基"的同时培养学生能力、发展学生智力的问题,等等。这些都需要通过教育实践来检验有关理论,并结合自己的切身体会,从中找出规律性的东西来。

一、从各科教学的相互关系中,探索学生知识均衡发展的规律

瞄准共产主义的远大目标,我们的教育方针是:"德智体全面发展、又红又专、知识分子与工人农民相结合、脑力劳动与体力劳动相结合"。课程是根据培养目标和教育方针设置的,对课程的偏废就意味着对培养目标和教育方针的偏离。中等教育阶段的课程又是根据各类中等学校的教育任务和遵循青少年身心发展的客观规律设置的。因此,对课程的偏废,又意味着对教育任务和中学生身心健康发展的正确轨道的偏离。就我们普通中学讲,教学计划中规定的文、理、体、劳、音、美等必修课程,必须

门门学,并且尽量学好,决不可以偏废。“文革”前搞缩短学制,精减课程,史、地课首当其冲。现在,对削弱史、地课以后产生的严重后果,大家已经看得很清楚了。“文革”期间,搞所谓“政文合一”,实际上取消了语文课。还以农基课、工基课,代替生物课和理化课。课程设置乱了套,结果导致教学质量一落千丈。现在,拨乱反正,特别从去年开始,各地执行了《全日制五年制教学计划试行草案》和《全日制六年制重点中学教学计划试行草案》。这两个《草案》对应开课程都有了明确的规定。但为了追求升学率,有的地方依然随意增删课程。有的虽然按计划开全了必修课程,但凡高考不考的,仍旧搞走过场。对课程的认识,陷入盲目性,缺乏自觉性,必然影响教育质量和人才成长,给我国社会主义现代化建设带来损失。暂不论若干年后的事,单从现状看,重理轻文,使许多学生语文读写能力偏低,不能适应当前学习其它各科的需要。在一次初三语文考试中,我们特地出了这样一道题:“今有上禾(谷物)二束,中禾三束,下禾四束,都有谷不满一斗。若上禾取中禾、中禾取下禾、下禾取上禾各一束,则有谷都正好一斗,问上、中、下禾一束各有谷几斗?”要求列出方程式,不必求解。对这样一道比较容易的代数题,考试结果,据一个班的统计,56人中能正确列出方程的仅33人,还有23人未能正确列出。这23人中的绝大多数平时数学成绩并不差,其中有一位还是数学课代表呢!他们的问题主要出在语文程序不能适应解题的要求。他们抓不住这段文字中“都有”、“各”、“若”、“各有”等关键性词语,对之作出明确的理解,以致造成概念模糊。这种情况,在理化课学习中,也属常见。学习社会科学,同样存在由此而产生的概念不清问题。重理轻文,漠视社会科学的学习,政治、史、地知识贫乏,对纷繁复杂的政治、社会、历史现象,缺乏明辨是非的能力。有位高中学生,理科成绩很好,社会科学知识很差。有一次他对历史事件、历史人物妄加评论,竟发出如此荒诞不经之谈,说什么世界总要趋向大同,民族战争无是非,民族英雄未必可敬。这种糊涂观念,蕴含着多大的危险性啊!文、理两科知识,对于中学生来说,有如飞机之两翼,缺一就不能起飞。而文科之对于理科,还有导航作用。理科起飞如无文科导航,盲目飞行,必致铩羽坠毁。由此可见,文科教学在中学阶段应处于领先的重要地位。按之现状,提高文科教学质量,求得文、理科均衡发展,是提高中学教育质量的一个关键性问题。

1. 提高学生的语文水平,不能囿于语文学科一身,孤立地进行,而必须语文及其近邻学科政、史、地一起抓,综合治理,全面提高。

关于语文教学,近两年来,我校在培养学生观察能力方面,作了一些努力,有一定成效。学生写景、状物、叙事,比较具体、明白、细致了。有个初中学生在课外作文中记了这样一件事:他家后院是建筑工地,搬运工人整天拖着装载砖瓦、水泥、黄沙的车子经过他家门口,穿院而过。他为了保持自家门口清洁和生活安适,寒假里纠集了一批学生故意在家门口修花圃,做游戏,迫使工人拖着重载车绕远道而行。他把这件事写得具体生动,活龙活现,得意之情,溢淤言表。老师看后,找他谈话,问他这样做对不对,好不好?他说:我觉得这件事有趣,就如实地写出来,没有什么对不对、好不好问题。老师教育他,他还不服,甚至还"理直气壮"地要求在同学中展开讨论。结果,还是通过讨论,这位同学才有了比较正确的认识。这使我们又一次深刻地体会到,语文教学必须始终坚持文道结合的原则。提高学生读写能力的同时,必须提高学生的思想政治水平。特别是现在,社会信息多,青年人思想活跃,反应灵敏,培养学生的观察能力和思维能力,一开始就要重视用辩证唯物主义和历史唯物主义的观点来指导。培养辩证唯物主义和历史唯物主义的观点,这个教学任务须由各科共同承担,特别要通过政治课和历史课,给学生以系统的理论知识和历史知识。学生学习政治理论,若不了解历史背景,犹如雾中看花,终隔一层,难免有空调乏味之感。而学生缺乏必要的论理基础知识,学习历史,对历史事件、历史人物就缺乏基本分析能力,不可能作出实事求是的评价,难免陷入历史唯心主义。学习地理,搞不清人与地理环境的辩证关系,不是滑向地理环境决定论,就是误入主观意志决定论。至于史、地知识之间的关系,更是显而易见。学生空间观念模糊,历史概念就不会清晰。学生不了解历史,又会影响人文地理的教学效果。因此,只有处理好文科各学科之间的关系、理科各学科之间的关系、文科与理科之间的关系,克服分科分家,各自为政的局面,做到相互支持,相互为用,均衡发展,才能更加有效地提高教育质量。

2. 中学语文作为工具课、基础课,根据建设两个文明的需要,语文教学就不能把兴趣和注意力单纯集中于文学方面,而必须重视语文教学直接为学生学科学服务,加强关于社会科学和自然科学方面作品的教学和与此有关的阅读、写作训练。要把科学知识渗透到语文教学中去。

3. 把语文教学因素渗透到包括理科在内的其它各科教学中去。学习科学语言的精确性、简明性和严密的逻辑性。有位化学教师,发现学生对"摩尔"的概念总是不大清楚,于是,就对"摩尔是表示物质的量的单位"这句话,试行语法结构分析。首先指出:"摩尔"是"单位"。继而分析:"表示物质的量"作"单位"的定语,起限制作用。学生把这句话的语法结构弄清楚了,对"摩"的概念也就初步建立起来了。

4. 要充分运用"迁移"规律,不仅在某一学科的体系内善于运用这个规律,而且在学科之间善于运用这个规律。研究学科知识之间的横向联系,特别要抓住跨学科知识的联结点,启发学生举一反三,触类旁通。

二、从大纲和教材编排的顺序中,探索学生知识积累的规律

知识积累必须循序渐进,不可躐等。粉碎了"四人帮",出于"把失掉的时间追回来,把造成的损失补起来"的良好愿望,抓教学有一种急于求成的心理。后来,为了追求升学率,又不断加码,甚至揣摩高考意图,任意增删教学内容,割裂教材体系,躐等现象更加严重。基础不打好,能力不培养,匆匆赶进度,表面上完成任务,实质上还是躐等。自从强调严格执行教学计划,按教学大纲和教材进行教学以后,前一种躐等现象已经基本克服,后一种躐等现象则还依稀可见。克服后一种躐等现象,不仅要把大纲和教材当作规定性、指令性的东西来奉行,而且要探求其编写意图,深究其科学体

系,从中抓住规律性的东西。这个规律性的东西也就是循序渐进的“序”,教材的逻辑顺序和心理顺序。

所谓教材的逻辑顺序,是指教材体系中知识的逻辑结构,简言之,就是知识的系统性,连贯性问题。这是由学科知识本身的内在关系所决定的。它反映了这方面事物和思维的客观规律。例如:初中代数,先学剩法公式,再学因式分解。又如:“帝国主义和中国封建主义相结合,把中国变为半殖民地和殖民地的过程,也就是中国人民反抗帝国主义及其走狗的过程。”这是中国近代史教材的逻辑顺序。它之所以成为中国近代史教学不可违拗的逻辑顺序,因为它反映了历史的真实及其规律性。所谓心理顺序,是指儿童和青、少年身心发展、学习特点、学习心理等方面的客观规律。如编写中学历史课本,要在摆事实的基础上讲点道理。对重大历史事件和杰出的历史人物,要作些描述。还要适当引用些文学作品,以增强感染力,动之以情。写作方法适宜先叙后议,夹叙夹议,以叙为主,寓理于叙。议论不可长篇累牍,但作恰到好处的评点,反能发人遐想,引人深思。理、化教材,由实验开始,从具体到抽象,逐步引导,建立概念,运用概念进行判断、推理……。大纲和教材的编排,应是这两种顺序的结合。例如新编初中物理第一册,把运动和力一章调到密度和压强的前面。这是考虑到运动和力一章内容比较直观,机械运动和磨擦现象学生比较熟悉。而密度、压强等概念比较抽象,学生过去没有接触过。这样调动,无损于教材的逻辑顺序,有利于适应学生学习的心理顺序。

现在,关于教育教学理论和学科的体系问题,百家争鸣,众说纷云。但教学是受大纲和教材制约的。所以只能以纲(大纲)为纲,以本(课本)为本。为此,必须从大纲和教材的编排顺序中,探索学生知识积累的规律。如高中地理教材,可以有几种编写方法:按地学体系编写;按自然地理和人文地理概论的体系编写;以人类和地理环境的关系为线索的体系编写;……现在是采用上述第三种体系编写的,体现了以辩证唯物主义和历史唯物主义为指导,人民群众是创造历史的主人的思想。学习地理是为了认识自然,认识自然是为了利用自然、改造自然;为人民谋幸福。这是由我国的社会制度和培养目标决定的。因此,在高中地理教学中,既要给学生以地学基础知识,又要给学生以人文地理基础知识。但教学的精髓在于通过人类和地理环境的辩证关系这一线索,把自然地理和人文地理的知识有机地结合起来。理清了这条线索,也就把握了这本教材的“序”。

按照教学现状,要做到循序渐进,必须着重研究以下几个问题:

1. 学习大纲,钻研教材。掌握学科的科学体系和知识结构,高屋建瓴,树立全局观点。通读教材,理清全书脉络,把握住编与编、章与章、节与节之间的内在联系,特别是知识的连结点。

2. 实行单元备课,防止因课时机械划分而割裂教材。把这个单元内的基本概念、基本技能一一排列出来,再加以分档:重点、疑点、难点。根据教材的顺序线索,把它们以一贯之,并做到层次分明,坡度适当,有序可循,便于拾级而登。

3. 对所谓量力性原则和高速度高难度原则问题,应该进行理论研究。但不要望文生义,盲目搬用,各执一词,各取所需,应有不唯书,不唯上,要唯实的科学态度。我们讲量力性,须要包含教、学双方的主观能动性在内。高速度高难度也要在主、客观许可的范围内,不能脱离实际。把量力性和高难度高速度统一起来,根据我们自己的经验,用我们自己的通俗性语言说,那就是"跳一跳,摘个桃。"提到马克思主义哲学的高度,就是毛主席说的:"指导战争的人们不能超越客观条件许可的限度期求胜利。然而可以而且必须在客观条件的限度之内,能动地争取战争的胜利。"哲学是管自然科学和社会科学的,学习运用科学理论,必须坚持马克思主义的认识论,防止主观性、片面性和表面性。

4. 处理好几个关系:① 已知和未知的关系。已知是获取未知的基础,一要了解学生是否真正"已知";二要善于调动学生的已知去探求未知,获得新知。② 概念与计算的关系。概念是计算的基础。概念不清,不让学生去急于列式计算。切实纠正重计算、轻概念的不科学的学习方法。养成学生先看懂课文再动手做作业的好习惯。③ 复习与新授的关系。"复习是知识之母。"一定要在"温故"的基础上"知新",把"学"和"习"结合起来。寓复习于新授之中是上策。加强平时分散性的小单元复习是中策。平时赶进度,以便集中大量时间搞高考总复习,结果问题成堆,积重难返,这是下策。在学制、课程和教材过渡期间,遇到教材内容是直线上升的,更要加强循环复习以补救之。④ 打好基础与提高的关系。"双基"教学要攀登"懂"、"会"、"熟"、"通"四个台阶。学生过四关而行有余力,也可以适当拓宽加深,具体情况具体分析,因材施教。

5. 指导学生不但要读懂课文内容,而且要读通课本目录。

三、从教与学、知识与能力的关系中,探索提高教学效率的规律

探索教学规律,是为了利用规律提高教学效率和教学质量。"文革"前,曾试行缩短学制,精简课程的改革,希望通过这样的改革,使学生主动地生动活泼地学习,得到全面发展,结果没有成功。因为这样的改革不符合教学规律。现在,普通中学的学制正在恢复六年,课程设置比以前更全面,各科教学要求比以前更高。能否做到使学生负担适中,主动地生动活泼地健康发展呢?解决这个问题,需要找到一条提高教学效率的新路子。加强思想政治教育不断提高师生的积极性,改进教材和教学手段,都是必要的条件。但从教学的内部规律来说,则需要提高教与学两方面的积极性和主动性。"文革"前,毛主席曾多次批评指出:教学不得法,就是灌,压抑了学生学习的主动性和创造性。今天,我们必须努力提高教学能力,积极改进教学方法,在培养学生能力、发展学生智力上狠下功夫,使传统教学有所突破,有所更新。这是出路所在。否则,学制恢复六年也并不意味着必然带来高质量。

关于培养学生能力和发展学生智力的问题,已经开始引起越来越多的学校和教

师的关心。但要在实际工作中真正跳出传统教学的窠臼，走上教学的新路子，还有一个相当长期的过程。我们曾通过二百多名课代表调查了学生对各科教学的意见。学生们对教师能重视课堂教学，严肃认真地传授知识，反映普遍良好。同时，也提出了一些问题，归纳起来，是指教学上存在"五多五少"的现象：上课教师讲得多，学生活动少；传授知识多，指导方法少；课内学习要求多，课外学习指导少；学课本理论多，动手实践少；要求跟教师亦步亦趋多，鼓励学生自学探求少。这里面反映了学生有参与教学过程的要求；有发挥学习的主体作用的要求；有突破课堂教学的局限性扩大求知领域的要求；有实践创造的要求；有自我发现和自我完善的要求。但是，教师不去细心体察学生的学习心理，不去精心培育学生学习心理上的蓬勃生机，不去着意开发蕴藏在学生身上的巨大学习能源，而只顾自己埋头于传授知识，误认为教师只要勤于讲授，讲授愈多，学生接受愈多，教学质量就愈高。殊不知这种不符合教学规律的积极性给学生学习带来了消极性，压抑了学生的主动性和创造性，造成了教学上的大量内耗，严重地影响了教学效率和教学质量的提高。

由此可知，教学上要走出一条高效率高质量的新路子，必须正确处理教与学的关系，使学生知识和能力协调发展，相辅相成。

1. 发挥教师的主导作用，启发学生学习的主动性和进取性，把蕴藏在学生身上的巨大学习能源开发出来，是不断提高教学效率和教学质量的一条基本规律。

学生是学习的主体，教师的"教"是为学生的"学"服务的，这是一方面。但是，学生学习有其特殊的认识规律，它有课本作依据，并在教师指导下进行的，所以教师又是起主导作用的，这是另一方面。因此，不要执着于"教师中心论"还是"儿童中心论"，而要致力于把教师的主导作用与学生的学习主动性统一起来。教学的过程就是实现这个统一的过程。教师根据教学要求，有目的、有计划、有步骤地引导学生参与教学过程的活动，让学生在教师指导下，发挥自己的主观能动作用，通过创造性的劳动去获取知识，经受锻炼，增长才智。必须反对任何形式的包办代替或企图抄近路的简单化做法，因为它违反马克思主义的基本原理，也违反教学规律。

2. 把加强"双基"这个行之有效的传统教学经验与培养能力，发展智力这个现代教育科学的新理论新经验结合起来，做到加强"双基"实而不死，培养能力活而不空，知识与能力同步，相得益彰，协调发展。

要提高教学效率和教学质量，当前亟须提高学生的自觉能力和实践能力，观察能力和思维能力。前两者属于技能方面的，在教学过程中可以安排专门加强这方面能力训练的教学环节，如布置预习，加强实验、实习，组织课外自学小组，等等。后两者属于心理特征方面的，需要结合具体教学内容，通过各个教学环节，加强感觉器官和思想器官的训练。观察能力的训练和思维能力的训练各有所侧重，但又是密切不可分的。

启发式教学是把传授知识与能力培养联结起来的纽带。鉴于前述教学中存在的"五多五少"现象，为了实现加强"双基"与培养能力的结合，我们总结正反两方面的经验,提出以启发式为中心的课堂教学“十要”:一要善于提出问题,触发学习动机;二要因势利导,调动已知,探求未知;三要善于激疑,利用矛盾,制造思维活动的紧张局势;四要由具体到抽象,由个别到一般,由简单到复杂;五要集中主要力量突出重点,突破难点,消除疑点;六要说话准确、鲜明、生动,并富于情趣,具有逻辑力量;七要板书整洁、简明,成为学生获取科学结论的思路图;八要鼓励学生标新求异;九要做好当堂小结,并要留下缺口,给学生以悬念;十要顺水推舟,布置预习。

3. 要从教育方针的高度,对培养学生能力,发展学生智力作出全面的战略性的安排。

我们的教育方针是:德智体全面发展、又红又专、知识分子与工人农民相结合、脑力劳动与体力劳动相结合。据此,培养学生的能力、发展学生的智力就不能局限于课堂教学,而必须在更加广阔的背影下进行,有比较全面的和更高的要求。

① 通过劳动技术教育深入开发学生智力。对学生进行劳动技术教育,既是加强思想政治教育和完成普通中学双重任务的需要,又是发展学生智力的需要。“以干代学”是一种片面性,“以学代干”也是一种片面性。“三机一泵”决不能取代物理课,但物理课必须让学生摸摸“三机一泵”。只有学干结合,手脑并用,才能使学生真正掌握知识和技能,发展能力和智力。从事技巧活动能促进思维的灵敏性,合理性和精确性。

② 因材施教,开辟学习的第二课堂。没有因材施教,也就没有全面发展。人的秉赋有差异,爱好有不同,因材施教,事半而功倍,可以加速人才的成长。开辟学习的第二课堂,通过选修课和各类兴趣小组的活动,发展各人的特长、爱好,将更加有效地培养学生的能力,发展学生的智力。

③ 进行一些社会调查,联系实际,联系群众,进一步培养学生的观察能力、思维能力和实践能力。

4. 建立包括考试制度、教学质量检查制度和课代表制度等在内的反馈系统,接收来自学生学习方面的信息,加以分析研究,为提高教学效率和教学质量提供材料和依据。

我们还要不断地学习和研究教育科学理论,用以指导教学实践,在教学实践中探索教学规律,创造和积累我们自己的经验,增长才干,办好学校。

中央教科所

《教育研究》1982.12

在实践中探索教学规律

江苏省扬州中学

执行部颁《全日制六年制中学教学计划试行草案》以来，学生学习负担有所减轻，每天课外作业量均不超过计划规定时间。教育质量有所提高，各科考试成绩，如以平均分在80分以上属“优秀”、各科全部及格属“及格”，符合省学籍管理规定能升级的属“升级”，照此统计，初中优秀率达66%，及格率达90%，升级率达98%，高中优秀率达63%，及格率达85%，升级率达97%。但是多数学生的知识质量，还存在明显的缺陷：一是“偏”，即偏科，多数重理轻文，少数弃理攻文，知识结构极不合理；二是“窄”，即知识面狭窄，局限于课本和教师讲过的内容；三是“碎”，即掌握知识失之零碎，系统性差，缺乏对知识综合整理的能力；四是“死”，即死记硬背，知识运用的灵活性、适应性较差，技能较差，动手能力尤差，知识与能力失调。

如何巩固已有的成绩，克服存在的缺陷，进一步提高教学质量呢？我们认为，要很好地严格执行计划，不能仅仅看作是按规定照办，而是要理解计划所体现的教学规律，自觉地遵守，能动地探索。

首先要从各科教学的互相关系中，探索学生知识和谐发展的规律。

语文是学习其它各科的工具和基础，我们首先对语文教学与其它课教学的关系，作了调查研究，大量第一性资料表明：目前多数学生的语文程度虽然有了明显提高，但还不能满足学好其它各科知识的需要，表现为学生的自学能力、审题能力和表达能力比较薄弱。例如：初中三年级一次语文考试中，我们特意出了这样一道题目：“今有上禾（谷物）二束、中禾三束、下禾四束，都有谷不满一斗。若上禾取中禾、中禾取下禾、下禾取上禾各一束，则有谷物正好一斗，问上、中、下禾一束各有几斗？”要求列出方程式，不必求解。考试结果，据一个班统计，56人中能正确列出方程式的仅33人，未能正确列出方程式的23人中绝大多数平时数学成绩并不差，问题主要出在语文程度不能适应解题要求。但是，单从语文角度看，除少数几人外，他们的语文程度也不算差。他们之所以未能弄懂题意，是由于未能抓住题中“都有”、“各”、“若”、“各有”等关键性词语，对之作出明确的理解，以致造成概念模糊。这种情况在文理各科学习中，也属常见。这反映我们平时在教学中对学生忽视了这方面的训练。对此，我们采取措施，注意将文、理科知识互相渗透：

1. 提倡各科教师都学点哲学和文学，文科教师要看点自然科学方面的书刊，理科教师要看点社会科学方面的书刊。

2. 各科教学都重视“语文因素”。

3. 把理科知识渗透到文科教学中去。语文课要加强科学作品的教学和阅读指导,同时,做些这方面的作文练习,如把实验报告引到作文中去,语文教师配合理科教师辅导学生写科学小论文,等等。政治课讲哲学要举些自然现象、自然科学方面的例子。地理课要讲清人与地理环境的关系,等等。

4. 对高中学生进行一些关于自然科学、社会科学方面跨学科的知识讲座,作一点关于自然科学与社会科学汇流的历史发展趋向的宣传教育,克服分科分家,各自为政的局面,努力做到各科协同配合,综合利用,和谐发展。

其次要从大纲和教材编排的教学顺序中,探索学生知识积累的规律。

当前,违反教学规律的比较普遍存在的现象,一是“偏科”,二是“躐等”。随意增减教学内容,割裂教学体系,是明显的躐等。匆匆赶进度,“双基”不落实,实质上也是躐等。轻读书,重习题,轻概念,重计算,这类现象在学生中有普遍性。归纳起来,目前学生在掌握知识和基本技能方面有四个“差”:基本概念明确性较差;做较繁的计算题,速度和正确率较差;记忆的巩固性较差;灵活运用和综合整理知识的能力以及动手能力较差。

由此可知,按大纲和教材进行教学,其精神实质不仅在于求“量”,而且必须从“量”中求“质”。做到保质保量的关键,在于探索循序渐进的“序”,即教材的逻辑顺序和心理顺序(青少年学生学习的心理规律)。对此,我们采取的措施是:

1. 深究大纲。

要求每个教师掌握所教学科的科学体系、知识结构,树立全局观点,并从大纲规定的学科教学的目的任务、内容编排和教学原则(或注意事项)中探索教学的“序”。

2. 加强备课。

在教师通读教材,理清全书脉络,把握住教材篇与篇、章与章、节与节之间的内在联系的基础上,实行单元集体备课,防止因课时的机械划分而割裂教材。要把一个单元内的基本概念和基本技能一一排列出来,并加以分档:重点、难点、疑点。根据逻辑顺序和心理顺序,把它们一以贯之,做到层次分明,阶梯坡度适当(不要断章取义地从所谓“量力性”或“高难度高速度”等这些名词术语的概念出发,而是从学生的实际出发,使之“跳一跳,够得到”)。教师个人要写好课时教学实施计划。

3. 处理好几个关系。

已知和未知的关系,已知是获取未知的基础,一要了解学生是否真正“已知”,才能考虑可否进而引导学生探求未知。二要善于运用“迁移”规律调动学生的已知,去探求未知,获得新知。

概念与计算的关系。概念是计算的基础,概念不清,不要急于让学生去列式计算。切实防止和纠正重计算轻概念、重定量轻定性的做法。养成学生先看懂课文再动手做作业的习惯。

复习与新授的关系。发扬“学而时习之”、“温故而知新”等行之有效的传统经验,加强分散性的复习检查，同时，寓复习于新授之中。

打基础和提高的关系。“双基”教学要攀登“懂”、“会”、“熟”三个台阶。学生过三关行有余力，也可以适当拓宽加深，具体情况具体分析，因材施教。

4. 指导学生不但要读懂课本内容，而且要读通课本目录。

第三要从教与学、知识与能力的关系中，探索提高教学效率的规律。

我们在这学期的一次教学质量检查中，向全校三十六个班二百多名课代表调查了对各科教学的意见，包括课堂教学效果、作业量、辅导和师生的关系等项目。根据学生的意见综合分析，我校教学现状，存在“五多五少”：课堂教学中教师讲得多，学生活动少；传授知识多，指导学习方法少；课内学习要求多，课外学习指导少；学生跟教师亦步亦趋多，自学探求少；学课本理论多，动手实践少。由此可知，从改进当前教学工作入手，提高教学效率和教学质量，大有潜力可挖，有效途径是必须发展我校“四个为主”的传统教学经验（学校工作以教学为主，教学以课堂为主，课堂教学以教师为主，教师讲授以教材为主），做到教师的主导作用与学生的主动学习相结合；课堂教学与课外学习相结合；读书与实践相结合。对此，我们采取了一些措施：

1. 把完成整个教学计划的基点放在教好每一堂课上。

首先，用全面发展的观点上好每一堂课，在不使学生负担过重的前提下保证教育质量。发展学生的智育：有效地传授知识和指导学习方法，做到教的过程，既是传授知识的过程，又是指导学生如何学的过程，培养能力和智力。当前，着意培养学生的自学能力、观察能力和思维能力，还有实践能力。发展学生德育：通过知识教学灌输思想政治教育，把坚定正确的政治方向放在第一位，特别要通过社会科学的教学，对学生进行系统的政治理论教育，使学生的政治信念建立在科学的基础之上，自觉地坚持四项基本原则，树立严谨的科学态度，发扬扬中“虚心、踏实、刻苦、经常”的优良传统学风，培养健康的情感和坚韧的毅力。发展学生的体育：注意教学卫生，尤其是勿使学生负担过重和预防近视眼。

其次，大力改进教学方法，运用启发式，发挥教、学两方面的主动性，提高教学效率。总结我校课堂教学正反两方面经验，我们提出课堂教学“十要”：一要从复习检查旧课或了解检查预习导入新课，善于启发学生运用已知，主动探求未知；二要由具体到抽象，由个别到一般，善于运用教具和自制教具，重视实验，大纲、课本上规定的实验都要做；三要努力做到精讲，把主要力量集中在“三点”上，即突出重点（“双基”），突破难点，消除疑点；四要善于设问、激疑，把矛盾引进课堂，在学生面前展开一个引人探索的境界；五要叙述、描写、论证，恰当运用比喻，说话具体、明确、生动，有逻辑力量，并富于情趣，但不可把话说尽，要留有余地；六要提问有启发性和思考性，切忌烦琐，不提学生不假思索就能回答的问题；七要板书简明扼要，整洁有条理，可写可不写的不写，好的板书要成为学生获取知识的思路图；八要当堂小结，鼓励学生质疑和求异；九要给学生以悬念，“欲知后事如何，且听下回分解”；十要及时布置预习，把它作为教学的重要环节抓好。提高教师的自身教学能力，是培养学生能力、发展学生智力的前提,当前亟须提高教师驾驭教材的能力、运用理论分析实际问题的能力、深入浅出地讲清教材的能力和指导学生获取知识的能力。

2. 开辟学习的第二战场,把学生的智力发展放在更为广阔的背景下。

没有因材施教,也就没有学生的全面发展。上好每一堂课,为学生赢得了时间,课外作业量不重,余下时间怎么办?根据因材施教的原则,开辟学习的第二战场。我们的做法是:

(1) 上好选修课。选修课必须置于全面发展和因材施教相结合的原则指导之下,为认真学好全部必修课而行有余力,并对某一学科方面有特别爱好和抱负的那部分学生提供进一步学习的条件,不能助长“偏科”,不能使学生负担过重,更不能针对高考。

(2) 建立各类兴趣小组,满足青少年广泛的兴趣爱好。

(3) 提倡和组织自己读书。充实图书馆,扩大阅览室,举办书刊介绍、课外讲座,唤起学生的求知欲。

(4) 为理科学习爱好者开放实验室。

(5) 加强课内外学习活动的联系,以课内指导课外,使课外学习成为课内学习的展开和转化(知识转化为能力),反过来,课外学习对课内学习又可起到正反馈作用。

3. 通过劳动技术教育深入开发学生智力。

对学生进行劳动技术教育,既是加强思想教育和完成普通中学双重任务的需要,又是发展学生智力需要。现代科学说明,从事技巧活动的双手,能教给思维以灵敏性、合理性和精确性。如果手脑活动协调,必然促使智力正常发展。为此,必须十分重视劳动技术教育,我们目前坚持每个学生每个学期平均参加一周公益劳动制度,并开始了农业工业劳动技术课的试点。今后,作为一门必修课程,除了在思想方面加强劳动教育外,还要让学生按任务自己来组织劳动和进行管理,提高学生从事劳动的自觉性和主动性。

劳动技术教育课要在实践中不断改进,逐步完善。我们努力的方向是,按学生的年龄特征、心理发展,分阶段、有计划地让学生受到与课内学习适应的一些有利于智力发展的技术教育。同时,从当前实际情况出发,让学生从事一些比较简单的公益劳动藉以锻炼思想,仍然是十分必要的。

综上以观,我们认为:使学生各科知识和谐发展,知识积累系统发展,知识与思想、“双基”与能力、共性与个性、动脑和动手综合发展,是克服学生知识质量上存在的“偏”、“窄”、“碎”、“死”等缺陷,进一步提高教育质量的必要途径。

《江苏教育》1982.11

《当代中国》普教卷江苏省典型材料

正直向上，热于求知

——江苏省扬州中学校风不断发扬光大

郑万钟

一九八三年五月，中共中央政治局委员、扬州中学一九三〇年届校友胡乔木同志给母校写下了一段热情洋溢的话。其中写道："……扬州中学在旧时代并没有教育我走上革命的道路，那是当时的先进思想家和一些先进的同学帮助我的。但是它教育我成为一个正直向上，热于求知的人，仍然使我深深感激。……"乔木同志题词中所说的"正直向上，热于求知"，正是扬州中学从一九〇二年建校以来一以贯之的校风，只是在不同的历史时期，它含有不同的具体内容，而总的精神是要教育学生"知书达理"，懂得如何做人，如何求学。

清末，扬州成立仪董学堂，之后更名为两淮中学堂。辛亥革命后，融扬州府中学堂为淮扬合一中学。次年更名为江苏省立第八中学。一九二七年，与江苏省立第五师范合并为江苏省立扬州中学。由于五四运动之后科学与民主的思想影响，由于一些有为的校长（如被毛主席誉为"毁家兴学"的李更生等）和一批德高望重、学识渊博的教师的辛勤耕耘，逐渐使扬州中学形成了"正直向上，热于求知"的良好校风。

在这种校风的熏陶下，当时不少学生对国事常耿耿于怀，对学问则孜孜以求。如胡鼎新同志（即胡乔木同志）在高中时即研究淮扬方音，研究近代文艺流派。毕庆芳同志（即毕季龙同志，现任联合国副秘书长）在九一八事变后，在校刊上慷慨陈词："我们底民族国家已经到了这样危险迫切的状态，而国际间更是久已毫无正义，此时还不□起救亡，更待何日；更等何人？"当年的学生离校后，不少人成为正直爱国、学有专长的知识分子，为国家的建设作出了贡献。据目前所得资料统计，校友中学部委员有十一人；还有不少人，则走上了革命的道路。这正是他们在学生时代养成了"正直向上，热于求知"好品格的必然。

抗日战争爆发，扬州沦陷，但广大师生不甘当沦陷区的"顺民"，不愿废辍日后可资救国、建国的学业。于是辗转迁徙于上海、泰州等地。于艰苦危难之中，坚持教学。八年抗战，七易校址，正直向上之忠不易。热于求知之望不减，之后，在淮海战役胜利形势的鼓舞下，进步师生以正义的斗争、战斗的姿态，迎来了扬州中学的新生。

解放初期，扬州中学在党和人民政府领导下，"正直向上，热于求知"的校风产生了新的意义。同学们为尽快地走入建设祖国、保卫祖国的行列而热血沸腾。以解放初期两度掀起的参加军事干校的高潮为例，前后共有一千五百多名同学报名，最后有二百五十九名优秀同学走上了祖国国防建设的光荣岗位。当年的毕业生经过高等学校的深造和实践锻炼，大部分成为各条战线的骨干。

总结了大跃进的教训，六十年代初到文革前这一段时间，扬州中学教学秩序稳定，在加强思想政治教育和提高教学质量等方面比较系统地总结了一些经验。“虚心求教、刻苦钻研、一丝不苟、持之以恒”的良好学风得到了发扬。学生基本功硬，知识面宽，自学能力强，教学质量稳步提高，学校坚持以教学为中心，切实按教学规律办事，自贯彻执行《全日制中学暂行工作条例》后，学校一直坚持“以教学为□□”，把提高教学质量作为经常任务，思想上明确教学为主，工作上体现教学为主，制度上保证教学为主，并形成了“四个为主”的经验（即“学校工作以教学工作为主，教学工作以课堂教学为主，课堂教学以教师讲授为主，教师讲授以讲授书本知识为主”）。同时，学校始终重视学生的思想政治工作，形成了“从具体情况出发，扎扎实实、坚持不懈、点点滴滴、精雕细刻”的思想政治工作的好传统，学校就是运用这种“笨办法”，反复地、细致地、具体深入地进行思想工作，引导广大学生明确学习目的，逐步树立革命的人生观。

这一段时间，学生政治热情高，学习气氛浓，六二届的毕业生祁力群就是一个典型，他在校时，思维灵活，常常不按老师的思路思考问题。教师对他的好动、不“循规蹈矩”，总是积极引导，热情鼓励，他对历史课十分感兴趣，曾因“先天下之忧而忧，后天下之乐而乐”的名句而激动，曾以中华民族有光辉灿烂的文明史而自豪。正因为中学有了这样的基础，所以他进入大学以后，荣获清华大学一九六四年数学竞赛第一名，被列为学校三个校级因材施教的优秀学生之一。一九八〇年他发展了国际著名区间数学家、美国摩尔教授的理论。他的研究成果被称为“摩尔－祁力群方法”，这已被列为用中国人姓氏命名的十五项现代科技成果之一。（分别见一九八〇年十月二十日《光明日报》，一九八四年五月十七日《北京日报》）。

祁力群同志在学术上为祖国争了光，他时刻不忘学好本领，振兴中华。今年一月，他和在美国威斯康星大学麦迪逊分校攻读博士学位与其他五位研究生一起写信给胡耀邦、赵紫阳等中央领导同志，信中□□了要把“才能贡献给祖国，在能拼能冲的年华，为祖国发出最大的光和热”的强烈愿望。（见一九八四年四月二十一日《中国教育报》）

文化大革命中，学校多年来培育起来的良好校风，也不无例外地受到了冲击，但是，“青山遮不住，毕竟东流去。”校风，作为一种无形的力量，维系着师生的精神，当时一部分教师仍忠诚党的教育事业，勤奋教学，一部分学生也认真学习，不断进步，最突出的是王晴同学，尽管“四人帮”鼓吹“宁要没有文化的劳动者”，但他朴素地认识到知识是有用的，于是他每天坚持自学数学，几年内写了二十多本学习日记。在粉碎“四人帮”以后的第一次高校招生考试中，他虽只读了三年半中学，但提前报名参加考试，获得了江苏省在籍学生考生中的总分第一名，被中国科技大学数学系录取，当时他只有十五岁。(见一九七八年三月十五日《新华日报》)。

党的十一届三中全会以后,扬州中学的校风在拨乱反正中进一步得到发扬,并充实了新的内容。根据邓小平同志关于又红又专,"专不等于红,但是红一定要专"的论述。扬州中学努力在"做人"和"求知"的结合上下功夫,教书育人,管教管导,努力使学生具有追求真理,热爱科学的心理素质,切实把学生培养为有理想、有道德、有文化、守纪律的一代新人。

坚持四项基本原则和"五讲四美三热爱"已成为"正直向上"的重要内涵。学校看到今天的青少年有许多不同于文革前青少年的特点。就从党的教育方针出发,根据青少年的思想现状和心理特点,改变文革中那种空洞的政治说教、贫乏的知识教育和刻板的教育形式,寓教育于教学之中,寓教育于生动活泼的活动之中。学校的思想政治工作注意了"三性"。针对性:从爱国主义教育入手,加强对学生进行共产主义理想教育,组织了"为祖国的明天勤奋学习"、"我为中华崛起做什么"等主题班会,使学生确立了为振兴中华而学习的目的。坚持从我做起,从具体的事情做起,一步一个脚印地为实现远大理想而奋斗。知识性:通过各科教学,努力用人类创造出来的全部知识财富来充实学生的头脑,并把思想教育恰到好处地渗透到各科教学中去。在不断引导学生在奠定知识基石的前提下,垒起思想之塔,让理想建立在科学的基础上。生动性:注意开展丰富多采的适合青少年心理特征的活动。学生在活动中开窍,在谈笑间明理,这样,使原来的"笨办法"更加科学化。如学校为对学生进行爱国主义教育,就结合语文、历史课的教学,组织学生参观访问扬州的古迹、遗址,使同学们了解扬州的历史变迁、风土人情,从而激发热爱家乡、热爱祖国的感情。一位同学在考察了处在杂草刺槐丛生的隋炀帝墓后,联想到梅花岭的史可法衣冠冢,便写了《荒冢·丰碑·鉴戒》一文,文章最后说:"两座坟墓象征着两种截然不同的人,为国为民的英雄名垂青史,祸国殃民的丑类遗臭万年。"同学们从活动中丰富了知识,激发了感情,也培养了正直向上的情操。

为全面开创社会主义现代化建设的新局面而奋斗,成了"热于求知"的新的动力;引导学生全面地求知,自己去求知,在求知的同时发展智力和培养能力,也成为"热于求知"的新的内容,在拨乱反正的过程中,学校出于"把失掉的时间追回来,把造成的损失补起来"的良好愿望,一度产生了急于求成的心理,教学上出现了偏科、躐等、填鸭的现象,为改变这种现象,克服学生在掌握知识上存在的"偏"、"窄"、"碎"、"死"的弊端。近年来,扬州中学认真地在实践中不断探索教学规律:从各科教学的相互关系中,探索学生知识均衡发展的规律;从大纲和教材编排的顺序中,探索学生知识积累的规律;从教与学、知识与能力的关系中,探索提高教学效率的规律,通过对所学规律的探索,扬州中学回顾了过去"四个为主"的经验,发现它有一定的局限性。要培养适应四化建设的一代新人,就不能囿于课堂教学,而必须积极开辟第二渠道;就不能只调动"教"的积极性。而应强调"学"的积极性。所以,目前学校除以"对、清、精、活"为标准,进行课堂教学的改革;坚持进行数学、语文实验教材的试改工作;认真抓好体育

卫生工作外,着重抓了这三件事:

一是就学科而言,突出抓好文科教学,扬州中学认为中学阶段的课程是根据教育方针和培养目标设置的,也是根据青少年身心发展的客观规律设置的,因此不可偏废,文理两科知识,对于中学生来说,如车之两轮,鸟之两翼。而文科之于理科还有导航作用,所以学校特地对语文教学与其他课教学的关系作了调查研究,从大量第一性资料中看到,语文水平直接影响到学生的自学能力、审题能力和表达能力,所以学校努力克服重理轻文的倾向,将文科置于领先的重要地位,不断提高文科教学质量。学校要求各科配合,打一场提高语文程度的总体战,包括理科教学在内,都要重视"语文因素"。学校的负责人专门撰文论述了文科教学的地位与作用,以及提高文科教学质量的途径,(分别见《高教研究》一九八二年第一期,《教育研究》一九八三年第八期,《扬州师院学报》一九八一年第二期、一九八四年第一期)。学生通过文科学习,普遍增长了知识,并初步形成建立信念的知识基础。如历史教学,学生不仅在屡次历史知识竞赛中,获得好成绩,而且学习了有关部分的内容,懂得了党的领导、社会主义道路是历史的必然,是亿万人民的选择,从而坚定了坚持四项基本原则的信念,作文教学也取得可喜成绩。李虹同学曾获华东六省一市作文竞赛一等奖;刘爱武同学连续两次在华东六省一市作文竞赛中获奖。在联合国科教文组织发起的全世界儿童诗歌比赛中,她的两首诗被评为国内优秀作品,结集为《鲜花和星星》出版;学生的高考作文曾连续两年被新华日报选为优秀试卷刊登。

二是就能力而言,侧重于培养自学能力与动手能力,扬州中学提=:"功夫花在'双基'上,眼睛盯在能力上。"在加强"双基"的同时,努力培养学生的能力,引导学生打实基础而不失之于"死",活跃思维而不失之于"空"。做到"实而不死,活而不空"。同时,努力改变过去过分强调教师作用的习惯做法,正确处理教与学的关系,做到"教为主导"与"学为主体"的和谐统一,变让学生适应"教的程式"为教学生掌握"学的方法"。所以十分重视布置学生预习,指导学生自学,鼓励学生自己动手,培养学生自己获取知识的能力。为此,学校在不断改进课堂教学,努力提高课堂教学质量的同时,积极开辟第二渠道,开设电子计算机、科学小论文写作等选修课,组织无线电、舰模、生物、观星等活动小组。举办各种讲座,放映科技电影,组织参加小发明、小创造、小制作、小论文的"四小"活动……以激发学生自动探索知识,自求能力发展。近两年来,扬州中学参加全国、华东、省、市的各种竞赛共有六十多人得奖。如吴顺文同学制作的"平抛实验架"在省内竞赛获一等奖,全国竞赛中获二等奖;刘为同学参加《少年科学》物理竞赛获一等奖;还有些同学写的小论文在《中学生数理化》等杂志上发表。

三是就学段而言,切实抓好初中教学,扬州中学认识到初中阶段正是青少年心理、生理发生急剧变化的阶段,必须尽早打好德、智、体的基础,使学生一进校就受到良好校风的熏陶。所以学校对初中各年级加强了领导力量和教师力量,注意研究并切实解决中、小学的衔接问题,学校组织教师深入小学,跟踪分析初中学生入学三年的情况,总结了要做好"四个衔接"(思想教育、教学内容、教学方法、生活管理的衔接)

的经验。还注意努力培养良好的学风，逐句讲解学风的具体内涵，编写了"学习要求口诀"、"各科作业要求"等，帮助学生迈好中学阶段的第一步，这样，初中教学质量得到了保证。自一九八一年以来的四届初中毕业生参加升学考试合格率均达 95%左右，这三年的高中新生中(除省招班)，本校初中生平均占 92%。

正因为学校思想政治工作与教学工作迈出了新的步伐，所以学生的精神面貌和学习质量都有新的起色，同学中形成了蓬勃向上的风气，现有共青团员 623 人，高中有 32 位同学组织了党章学习小组，先后有 5 位同学写了入党申请，有一位同学被评为全国三好生。

这几年毕业的同学无论是升学还是就业，到了新的单位总的情况是好的。学校曾对八一届高二(2)班(该年级属高中两年制，不是择优录取的)的毕业生作了一个调查，回收到的 38 份调查表反映了这样的情况：

毕业后去向					思想品德表现			学习成绩或业务工作能力			身体是否适应学习与工作		担任干部的	受过表扬的
高校	职大与中专	技工学校	部队	就业	好	一般	较差	好	一般	较差	能	有困难		
11	6	5	2	14	34	4		30	8		36	2(均因视力)	7	8

去年高考全省理科前五名中，第三、第五名均系扬州中学的学生。尤为突出的是八三届高三(2)班。这个班是面向全省招生的"省招班"，入学三年来，学生德、智、体诸方面得到了全面发展，先后被市教育局和团市委表扬为先进集团和先进团支部，被市体委命名为达标班级，到高三毕业时，全班同学都加入了共青团组织，全部被评为三好生，全部达到体育锻炼标准。高考中全部达到全省大学本科录取分数线，实现了四个百分之一百。最近，学校对这个班的学生进入高等学校后的情况 ，进行了一次调查，从已回收的二十七份调查表看，学生的政治素质，知识基础、学习和工作的能力以及体质情况等，都在中等、良好水平以上，基本上是好的，是能适应高一级学校的学习任务的：

二十七份调查表的统计

写过入党申请书的	担任干部的			学习成绩				学习能力		体育成绩		
	校级	系级	班级	上	中上	中	中下	较强	中等	优秀	良好	及格
5	4	2	10	7	14	5	1	16	11	9	12	6

近年来，学校根据胡耀邦同志对教师提出的三点希望(要有比较渊博的知识；要认真研究掌握教育科学，懂得教育规律；要有高尚的道德品质和崇高的精神境界)。开展了"教书育人，为人师表"的活动。教工中同样发扬"正直向上，热于求知"的校

风,忠诚于人民的教育事业。勤于进取、精于业务,关心热爱学生的教师越来越多,文化大革命以来,党总支发展了十八名教师入党,有三名教师先后被光荣地评为特级教师、全国优秀辅导员和全国优秀儿童少年工作者、全国优秀班主任。学校党总支连续四年被评为先进总支;在文明礼貌月活动中,学校连续三年被评为先进集体,并由市人民政府授予"文明单位"的光荣称号。

扬州中学是一所老学校,有优良的传统。它将继承和发扬这个传统,扬州中学要在新时期作出新贡献,它将遵循邓小平同志提出的"教育要面向现代化,面向世界,面向未来"的精神,摆脱历史的因□,随着时代的前进,教育的发展,不断赋予"正直向上、热于求知"的校风以新的具体的内容,努力把学校办成人民所希望的、适应四化要求的、理想的重点中学。

一九八四年九月廿九日

“三个面向”与普通中学改革问题

江苏省扬州中学　吴和钧

普通中学担负双重任务:为高一级学校输送合格的新生;为社会培养优良的劳动后备力量。“合格”、“优良”的标准是什么？要适应我国以经济建设为中心的社会主义现代化建设的需要,适应建设“两个文明”的需要,教育是未来的事业,不仅要看到当前的需要,而且要预见到未来的需要,当今世界正在掀起新技术革命的浪潮,怎样抓住时机,迎接这场新的技术革命,以加快我们的发展,使我们在经济技术方面同发达国家的差距缩小,以较快的速度赶上或超过世界先进水平？党和国家正在作出战略性的决策和部署,面对新形势、新问题,教育工作怎样办？在这个十分重要的时刻,邓小平同志给我们指出了工作的方向和途径:“教育要面向现代化、面向世界、面向未来”。结合普通中学的实际来理解,要从“三个面向”的新高度进一步明确上述“合格”、“优良”的标准是:以培养大批在新技术革命的浪潮中有所作为的人才为目标,在中学阶段给他们打下良好的基础。怎样才能达到这个目标？必须以“三个面向”为指针,进行教育改革,一九七八年三月,邓小平同志《在全国科学大会开幕式上的讲话》中就指出:“现代科学技术正在经历着一场伟大的革命。”“科学技术人才的培养,基础在教育,我们要全面地正确地执行党的教育方针,端正方向,真正搞好教育改革,使教育事业有一个大的发展,大的提高。”

进一步把我们的思想　从三个方面解放出来

首先要把我们的思想从片面追求升学率的桎梏中解放出来。

片面追求升学率是当前普通中学实行“三个面向”的第一大障碍。不排除这个障碍,根本无法做到“三个面向”,“三个面向”的方针对我们学校培养的人才在红与专两方面提出了更高的要求,但片面追求升学率却反其道而行之,它面向升学、面向高考、面向高分,导致学生“高分低能”,思想僵化。中学阶段是年轻一代成长过程中的关键,如不切实改变这种错误做法,势必严重影响我国年轻一代人素质的提高,今后在世界性的知识竞争中,他们将处于弱者的地位,这就要贻误年青一代,贻误我国的四化大业。

造成片面追求升学率的原因相当复杂,除客观因素外,从办学指导思想上检查,不外乎:一、或屈服于来自上下左右的外部压力,或萦怀于一人一校一地的得失荣辱。总而言之也是一种个人主义;二是没有树立马克思主义的科学的教育质量观。

因此,要纠正片面追求升学率的倾向,作出主观上的努力,提高自觉性,克服盲目性,必须提倡放下包袱,解放思想。

去年,教育部颁发了《关于全面贯彻党的教育方针、纠正片面追求升学率倾向的十项规定》,很有针对性,但关键在于行动,在于指导行动的思想。如不用大力气抓教育思想,端正方向,光靠行政规定,虽有检查仍难免走过场。近年来抓纠正片面追求升学率问题,出现这种现象,很值得深思:上面教育行政领导部门重视,下面基层学校不够重视;学校重视,社会上不重视(虽有少数懂得教育、关心教育的同志呼吁);条条重视,块块不一定同样重视,这是宣传教育不够。正面道理讲得不够的缘故,对教育这个关系到国家前途命运,牵涉到千家万户的大政,必须高度重视,党的十二大把教育确定为发展经济的战略重点之一。但是假如我们只强调了增加教育投资的重要,而对全面贯彻党的教育方针不相应地予以足够的重视。那末,增加了投资并不能收到相应的效益,必须把全面贯彻党的教育方针提到与党中央在思想上、政治上保持一致的原则高度,象宣传计划生育那样大张旗鼓地、广泛深入地宣传。宣传党的教育方针的重要性、科学性,做到家喻户晓,人人明白,计划生育是解决"养"的问题,教育方针是解决"教"的问题。总之。纠正片面追求升学率的倾向是个大问题,就事论事不行,单靠学校领导特立独行也不行,要各级领导重视,对教育工作真正实行科学领导。从正面大力宣传党的教育方针,行政措施和思想教育一起抓,上下左右一起抓,取得领导和社会的支持,校长、教师解放思想也就比较顺理成章了。

第二、要从传统教育思想的老框框里解放出来。

传统教育在人类教育史上起了重大的进步作用。今后,它许多方面有用的理论和经验仍然是我们教育工作继续前进的基础,长期地发挥它的作用。但同时也不能否认,随着历史的发展,人类科学文化知识的积累越来越多,知识更新的周期越来越短,知识量增加的速度越来越快,传统教育也越来越显出它的局限性和落后的一面,以班级授课制为固定模式的教学组织形式,不利于因材施教,不利于及时地用先进的科学知识来充实教育内容,开拓学生思路,使学生的爱好、特长、志趣和智能获得充分发展。只重视书本知识,不重视实践能力,教学内容和方式的片面性,不利于学生理论联系实际,体脑结合获得全面发展。以教师讲授为主的教学方法,不利于培养学生的能力和开发学生的智力,而在未来的事业中,我们的年青一代应是新技术革命风口浪尖上的弄潮儿。这是加快我国社会主义现代化建设步伐,赶上乃至超过世界先进水平的希望所在。由此,必须以"三个面向"为指针,对传统教育进行改革,这当然仅有学校内部的改革是不行的,还必须有外部条件,但从学校自身做起,从我做起,首先要把教育思想改一改,从传统教育的某些过时了的观念中解放出来,用适应新技术革命发展要求的现代教育科学的新理论、新经验把自己重新武装起来。比如,关于学生是学习主体的新观念,发展学生智能的新观念。用现代化教学手段提高教学效率和质量的新观念。又如,对人才的看法,要培养开拓型的创造型的人才。这在教学中就要鼓励学生的求异思维,着力培养学生的创造性思维,要把现代科技文化新信息引进学校,使学生经常吸收到新鲜空气,保持头脑清醒、思维活跃,通过教师自身教育思想的解放,把学生的学习思想解放出来。

第三,要进一步肃清"左"的思想影响。

"'三个面向',要求很高,对尖子学生有利,对一般学生不利";"'三个面向'会助长重智育,轻德育的倾向";"随着国外信息的传入学校,会扩散资产阶级精神污染,导致学生思想上新的混乱"……这些看法,有的是出于对"三个面向"缺乏正确理解,有的是源于"左"的思想影响。因此,要做到"三个面向",还必须进一步从"左"的思想影响中解放出来,从根本上端正思想路线。只有站在马克思主义的立场上,用辩证唯物主义和历史唯物主义的观点观察教育问题,才能准确地完整地理解"三个面向"。胡耀邦同志在《马克思主义伟大真理的光芒照耀我们前进》的报告中提出了这样的问题:"在知识分子问题上,我们应当从历史的曲折中,吸取哪些经验教训呢?确立哪些马克思主义的真正革命的和科学的观念呢?他提出的三条中的第一条,就是:"一定要反对把马克思主义同人类文化成果割裂开来,对立起来的错误倾向,确立尊重科学文化知识的正确观念,动员全党全民努力掌握现代科学文化知识。"这个报告用很大篇幅从正反两方面论述了掌握现代科学文化知识同无产阶级政治的关系。邓小平同志《在全国教育工作会议上的讲话》中十分明确地指出,培养具有高度科学文化水平的劳动者,"要创造比资本主义更高的劳动生产率,把我国建设成为现代化的社会主义强国,并且在上层建筑领域最终战胜资产阶级的影响","四人帮"反对在坚持正确的政治方向的前提下大力提高教育质量,大力提高学生的科学文化水平。邓小平同志对此进行了严厉的批判,斥之谓"不但是彻底的荒谬,而且是对无产阶级政治的实际上的取消和背叛。"

解放思想。重要的问题在善于学习,学习十一届三中全会以来党的路线,一系列方针、政策及其理论基础,学习关于新时期教育问题上的一系列马克思主义的重要论述,用以武装我们的头脑,树立新时期指导教育工作的新观念。诸如:科学技术是生产力,在现代化建设中科技是关键,教育是基础的观念;专不等于红,但是红一定要专的观念;社会主义劳动者包含体力劳动和脑力劳动的观念;知识分子是工人阶级自己的一部分。为人民服务的教育工作者是崇高的革命劳动者的观念;等等。破除那些盘据在我们头脑里的陈旧的、不恰当的和错误的观念。运用这些思想武器来指导我们重新学习"德智体全面发展、又红又专、知识分子与工人农民相结合、脑力劳动与体力劳动相结合"的教育方针,就会使我们对党的教育方针获得比较全面的正确的理解,并领悟出其中包含着的许多体现时代精神的新意,从而感到思想上豁然开朗,面前展现出一个崭新的境界——"三个面向"的灿烂前景。

从普通中学的实际出发　探索改革之路

普通中学怎样进行全面的改革?现在似乎一般倾向于从管理改革入手,以给校长放权和打破教职工中吃"大锅饭"的平均主义为改革的主攻方向,提出了校长负责制、教师聘用制、岗位责任制、工作考核制、奖惩制、浮动工资(津贴)制等一系列改革的设想和方案。有的已经开始积极行动起来了,改革势在必行,无可置疑。根据中央规定的"从实际出发,全面而系统地改,坚决而有秩序地改"的总方针。事前要调查研究,深思熟虑,进行要经典型试验,特别是中小学,一所学校的规模就这么大,最大的普通中学初、高中三十六个教学班,除校办工厂外,教职工一百多人,天天与学生直接见面,一有风吹草动,立即影响一、二千学生的学习。改革难免有失误,但要尽量减少失误。教育周期长,耽误了青少年的学业,这损失是难于弥补的,所以学习外界的改革经验,一定要对照学校具体情况,想一想,这样做对于自己学校来说,是否符合实际,是否具有道理,经过周密思考,回答是肯定的,可以提高自觉性,回答是否定的,可以避免盲目性。

在全国范围内,不论工厂、学校、机关、商店,在科学管理上存在着相对落后状态,如官僚主义、吃"大锅饭"等等,有其普遍性。但是,学校又有其自身的特殊性。同是学校,普通中小学与高等学校也各有其特殊性。因此,改革就不能搞一个模式一刀切,要把中央关于各行各业都要改革的指示精神与学校的具体情况结合起来,这里提出三个问题来研究。

一、普通中学教育工作的现状怎样?

各校情况不同,千差万别。成绩可以列举一大串,问题也能排出一大堆。但这里面有一个衡量工作的标准:是否全面地正确地执行党的教育方针。以此为准,除极少数享有教育大改权(对学制、课程、教材、教学时间等方面均可以改)的学校外,是否大体可以分为这几种情况:

1. 部分重点中学由于条件较好,方针观念较强,教育质量上升较快,升学率也较高,有些虽属非重点中学,但办得也好,不搞片面追求,升学率也不低,有些学校虽然升学率低,但能为社会培养优良的劳动后备力量。这些学校的共同点是基本放下了追求升学率的包袱,比较可以轻装前进了。进一步的问题是怎样通过改革,争取更大成绩,达到多出人才、快出人才、出好人才的目的。例如,深究一下,以"三个面向"的高标准来要求,输送入高一级学校的新生是否真正合格了?培养的劳动后备力量是否真正优良的?基础扎实不扎实?知识面广不广?能力强不强?品德好不好?政治方面是否坚定正确?身体健康不健康?学风严不严?那些暂时没有进入高一级学校的学生,在劳动岗位上能否适应工作和学习的要求?是否具备自学和进电大、函大、职大继续学习的基础?去年清华大学邀请一些中学去座谈,从入学一年级新生的学习情况,反映出中学教学质量方面存在的问题:学得死、自学能力差、独立思考能力差。新生入学后一般需要一年的时间才能适应从中学到大学的转变。理、化知识不扎实,缺漏多;缺乏逻辑推理能力,动手实验能力尤差,语文水平低,史地知识贫乏,知识面狭窄,缺乏科学的严谨学风,这一连串的问题,都要在改革中来逐一回答。

2. 有相当一部分学校对全面贯彻党的教育方针,完成双重任务,还缺乏自觉性,不同程度地陷于片面追求升学率的被动局面。虽然工作辛辛苦苦,但由于违背党的教育方针,不按教育规律办事,真正的教育质量始终上不去。近几年来,这种局面有所好转。出现了一些完成双重任务较好的学校。但总的看来,这种倾向至今并没有得到根本纠正。应该从何入手切实纠正这种倾向,是这类学校改革首先要回答的问题。因为方向问题不解决,无改革可言,方向对头,改革起正作用;方向不对头,改革起负作用。

3. 尚有少数学校至今还没有确立正常的学校秩序,管理混乱,纪律松弛,这类学校在当前要继续狠抓拨乱反正,为改革扫除障碍,准备条件。

总之,由于学校之间发展的不平衡性,各校改革的起点、近期要求、重点、步骤、方法,要因校制宜,切不可邯郸学步,改革是创造性劳动,必须独立思考,实事求是。

二、学校教育工作有什么不同于工厂生产的主要特点?

工厂劳动的对象是物。同一种原材料同一样的性质,同一种产品同一个模式,制造产品可以搞机械化、自动化。教育工作的对象是人,人的秉赋、性格、思想、情感、体质各异。同一个人在不同的时间、地点、条件下,思想、情绪也会起很大的变化。因此,培养人虽有规律可依据,有原则可遵循,但不可能设计,安装出一条自动生产流水线。教育工作是靠教师用一点一滴心血汗水来浇灌,促使学生自身内在活力的焕发而健康成长起来。要把德智体三育统一于教学之中,要寓全面发展于因材施教之中,所以教育工作特别复杂,特别需要富有创造性。培养好一个人无论如何比制造出一部最先进的机器人要更复杂、更高级。因为归根到底机器人只是具备了人的某些功能的机器,它是真正的人制造出来的。工厂是搞的物质生产,教育是搞的精神生产,物质产品的数量容易计算,质量也比较容易检验,而凝结在学生精神上、智能上的精神产品,要客观地计算出数量,检验其质量,就复杂得多了。一则教育质量究竟能不能订定和怎样订定一个"量标"的问题。在理论上和实践上至今还没有一个为大家所公认的科学结论。二则检验教育质量的最根本的一条是要待若干年以后看毕业学生在实际工作中所发挥的社会效益。工厂是生产单位,可以通过经济手段把劳动者个人经济收入同整个工厂的发展生产、增加利润、提高经济效益直接挂起钩来。从而有效地采用浮动工资、浮动奖金制。教育搞的精神生产,教师对学生进行以共产主义思想为核心的思想政治教育。教育学生要树立不计报酬的共产主义劳动态度,这样性质的劳动就不能简单地同教师个人的经济收入直接挂起钩来,因为这样做将会引起怎样的反馈作用呢?正反馈还是负反馈?会直接影响到教育效果和教育质量。教育工作的特殊性,决定了对教师的奖励必须坚持思想领先的原则,以精神奖励为主,物质奖励为辅,改善教师的物质生活待遇应该主要依靠国家来解决。当然,还有一个很现实的问题,中小学的经费是十分困难的,搞工资、奖金浮动,缺少经济来源,没有物质保证,校办厂搞得好的学校有,目前还不多,今后这条路子可以闯,但也不是立等可取的。由此可知,按管理科学的原理规程,制订岗位责任制、考核制、奖惩制……的时候,必须充分考虑到如上一些特点。比如,刚开始搞,究竟订粗一点好还是细一点好?如何反映出对教师劳动的尊重和尽可能地作出科学的估价?如何防止烦琐哲学和形式主义?如何把重视思想教育的传统经验渗透到新管理制度中去?如何体现邓小平同志指出的"重在鼓励,重点在奖"的原则(《关于科学和教育工作的几点意见》)?等等。总的精神是:党对我国知识分子队伍、教师队伍的基本估计和对知识分子的政策,应该是制定各种新管理制度的基本指导思想。

三、决定学校改革成效的内部因素是什么?

校长和教师队伍的素质是决定性的因素。"三个面向"的方针对我们学校培养的人才在红与专两方面都提出了更高的要求,这个方针由谁来执行呢?主要靠校长和教师。那末,就是说"三个面向"首先对校长和教师提出了更高的要求,迎接新技术革命的挑战,办教育必须是创造型的校长和教师,才能培养出创造型的学生来。

今后学校内部领导体制不论是实行党支部领导下的校长负责制还是支部起监督保证作用的校长负责制,校长的职权都将得到加强,以便充分发挥其行政领导和管理的职能作用。在学校调整领导班子的时候,按照干部队伍要"四化"、教育要"三个面向"的要求,坚持校长人选的高标准,为学校改革作好干部上的准备,是推进改革、办好学校的头等重要的事情。一些办得比较好的、有良好传统的老学校,在历史上总有几任有为的校长为之奠定基础的。好校长,带动好教师,培养出好学生,树立起好校风,这是一条历史的经验,办学的规律,现在时代不同了,要求更高了,要做到"三个面向",校长应该是教育家、改革家,是内行的教育改革家。人才难得,不可能有这样现成的"家"在待聘,但在遴选校长时必须掌握的要领是注意素质:政治素质、业务素质和进取、创新的心理素质。政治品质好,忠诚社会主义教育事业,懂得教育规律,精通一、二门学科业务,知识面宽,能力较强,思想解放,具有远见,有坚定性和实干精神,按照干部"四化"要求,提到校长岗位上的中青年教师,不能说已经"化"了,只能说有了"化"的基础。毛主席说过:化者,彻头彻尾、彻里彻外之谓也。到了校长岗位上,通过学习和实践再进而一步步"化"起来。在改革中新上任的校长固不能以教育改革家自居、自诩,但完全必须以此自勉、自强。现在提出实行校长任期制,这符合取消干部终身制的精神。但根据学校特点,教育周期长,教育改革的过程长而复杂,要经受时间的检验,所以校长任期不能短。过去有些校长以毕生精力办好一所学校。终于办出学校的个性和特色来。

教师工作的特点具有个体性、培养性和师范性,所以提高教师的素质特别重要。胡耀邦同志指出教师要有渊博的知识,懂得教育规律,有高尚的道德情操。现在教育要"三个面向",这三条对教师显得越发重要了,教师必须不断充实、提高、更新自己的知识;必须不断提高自己的教学能力。包括处理教材的能力、改革教法的能力、实践操作的能力、运用现代化教学手段的能力和创造能力;必须不断提高自己的思想理论水平,在对外开放的条件下具有识别各种错误思想和自觉抑制精神污染的能力,为学生树立榜样,教学改革依靠教师的主导作用和创造精神,有好教材,没有好教师,仍不能发挥教材的优势,暂时还没有好教材,教师能独立地把教材处理好,发挥教师的优势,弥补教材的短处,做到扬长避短,面向世界,国外教育、科技方面的新材料,也会不断引进到中学里来，要结合我国学生实际，做到洋为中用，为了提高学生的识别能力，需要评述一些资本主义社会的现代思潮，这对教师的要求就更高了。

怎样提高教师队伍的素质？新中国成立以来，建设教师队伍，积累了很好的经验：通过在职学习，理论结合实际，在教学实践中锻炼提高，是一条重要途径，也是一条宝贵经验，不论教师聘用制是否切实可行，我们应该立足于自身的努力，培养和建设教师队伍。否则，是倒退，不是进步。在整顿教师队伍时，对少数实在不称职又无培养前途的，可以通过正常调动处理，至于说调不动，那是领导要克服软弱涣散的问题，要切实加强教师的政治学习和教育理论学习，建立制度，改进学习方法。象改进教学方法那样，也要做到“少、精、活”。加强教研组建设，提倡互帮互学，提倡百家争鸣，培养教育科学研究的风气，鼓励教师总结教学经验，写教育，教学科学论文，订个人进修规划，少数青年教师可以安排短期脱产学习，所有这些，都要与考核制、奖惩制联系起来。为了适应“三个面向”的新形势、新要求，要以教学为中心，组织学习、教学、科研一条龙，把中学的教育、教学水平大大提高一步，有效地把教学改革不断推向前进，在改革的实践中锻炼培养出一支又红又专的教师队伍。

处理好几个问题

一、管理改革与教学改革的关系问题

学校改革的目的是全面地正确地贯彻党的教育方针。做到“三个面向”，提高教育质量，多出人才、快出人才、出好人才，学校工作以教学为中心，像工厂以生产为中心一样，任何时候都不要离开这个中心。这是党的新时期总任务决定的。因此，学校管理改革也必须围绕这个中心来进行。

现在管理改革的浪潮开始向普通中学推进。关于学校的领导体制问题，给校长放权问题、教职工的责任制、考核制、奖惩制等等问题，引起了学校干部、教师和其它一切工作人员的极大关注，正在议论纷纷，酝酿改革，但这些管理方面的改革，有的是学校本身可以改的，有的是要从上级领导部门改起的，如实行校长负责制的问题，给校长以教改权、人事权、财权等问题，有待上级领导部门研究、规划，有一个过程。我们不能因此而等待上面给学校放了权，校长松了绑，管理改革搞好了，才来着力抓教学改革。这不符合学校实际情况，因为事实上这几年教学改革已在不断地进行。如：改革教法以提高课堂教学效率和质量；积极开展第二课堂的教学活动；开好劳动技术教育课；教材改革试点；数、理、化实行两种教学要求；等等。诸如此类，凡是学校应当改而且自身可以改的，必须继续抓紧进行，现在管理改革问题开始提到学校改革的日程上来了。这是学校改革的一个重要方面，是改革的深入，但并不意味着现在学校改革的重点转到管理上来了，更不是说现在要先管理改革后教学改革，管理改革是要为教学改革服务的，不明确这一点，对学校的整个改革不利，假如我们把注意力单纯集中到管理改革上来，重心偏到这方面，势必至少在近期内会影响教学改革，放松教学改革，不能把两方面的改革割裂开来，而必须两个改革紧密结合一起抓。如在拟订责

任制、考核制、奖惩制的时候,必须充分考虑到如何有利于推动教学改革,从教学改革的需要出发对管理改革提出要求,反过来,以管理改革来保证和促进教学改革,做到管理改革有着落,教学改革有动力。

二、继承与改革的关系问题

教学改革是对传统教育进行改革,直接牵涉到教育学、心理学方面的一系列问题。是学科性的改革,也属知识更新的范畴。同时,也直接关系到如何正确估计和对待过去的成绩和经验问题,这就提出了继承和改革的问题,我们只能改革传统教育中不适应现代化需要和不科学的部分,同时必须继承和发扬其中合理的、有用的部分。这样,才能使我们在原有基础上发扬成绩,解决存在问题,保证教育质量在改革过程中稳步上升。为此,必须明确一些基本观念:

1. 传授知识和培养能力问题　中小学是基础教育,传统教育的特点之一是十分重视对中小学生进行基础知识教学和基本技能训练。建国以来在我国中小学校里对之也形成了一个“传统”说法,谓之“双基”。在传统教育的观念里“双基”十分重要。在现代教育的观念里是否还被认为十分重要?现在似乎成了不成问题的问题,现代人类知识发展速度惊人,学生靠在学校里这点时间根本不可能追求到今后踏上社会走向生活所必需的全部或大部分知识,教育怎么办?于是培养能力、发展智力的教育新观念应时而兴,那末是不是意味着“双基”已经不起作用了呢?当然不是,一则人类知识发展不论快到何种程度,五年翻番也好,三年翻番也好,翻番总是从原有基础翻上去的。“知识爆炸”,有的知识迅速发展,几乎是爆炸性的;有的知识很快过时失效,但变中有不变,这就是“双基”,“双基”具有常效性。二则知识发展越是快,在中小学时代,学生“双基”越需打得扎实,能达到举一反三的程度,知识就转化为能力了。所以,现在对传统教育改革的关键之一,不在于否定传授知识,而代之以能力培养。因为离开了知识,能力也就空无依托了。知识和能力不是一对矛盾,问题在于改造“传授”二字。“传授”得法,用的启发式,有助于能力培养,不得其法,用的“注入式”,有碍于能力培养。知识是指的教学内容,培养能力是指的方法和要求,所以在这个问题上的改革任务应是把加强“双基”与培养能力结合起来,赋予“加强”二字以培养性的新含义,创造新经验、新理论,这是不变中有变。

2. 第一课堂与第二课堂问题　传统教育十分重视课堂教学。“双基”既然是学生共同需要掌握的,那末就应该而且可以有个基本统一的要求,这是采用班级授课制的依据,用这个制度组织学生学习,办学比较经济有效。学生有其共性的一面,但另方面又各有其个性,不尊重这个事实硬把他们纳在一个框子里,按统一口令齐步走,这就显出班级授课制的极大局限性和不科学的方面。今天,面临新技术革命的新形势,要着力培养学生的能力。发展其智力,学生们在发展过程中的差异性将越来越大,班级授课制的局限性也会随之越来越突出。因此我们还要开创新的教学形式——第二课堂。但在这个改革问题上,必须十分明确,并不是我们教学的主要力量要从第一课堂转移到第二课堂了。假如这样理解,就有导致教学工作后退的危险。

从实际出发，现在我们必须努力上好第一课堂，提高课堂教学的效率和质量，减轻学生负担，给学生、教师、家长解除后顾之忧，才能为开好第二课堂创造条件，现在要着手改革学校教学体系，决定性的一步是以改革课堂教学为突破口，把课堂教学的改革抓出成绩来，学生能当堂学懂，会初步运用，完成部分作业减轻课外作业负担，教学体系的改革就全盘皆活。如课堂教学改革无所作为，不能改变满堂灌、题海战的旧观，教学体系的改革将是一盘死棋，所以现在讲第二课堂问题，不能脱离第一课堂，要把二者联系起来考虑，绝不能把二者割裂开来，对立起来。还有，第一课堂学习的基础知识，是按大纲、教材进行的，它是经过反复整理，提炼出的精要部分，并且系统化了的，学生学习它，遵循有序性，几年一以贯之，它是课外学习的基础，课外学习——第二课堂是它的补充和发展，这里是有层次性的。

3. 教与学的问题　传统教育十分重视教师的主导作用。这是由学生学习的特殊认识规律所决定的。学生学习是在前人已经取得的成果和经验基础之上进行的，教师作为学生攀登科学文化知识高峰的人梯，自然应当发挥其主导作用，问题是如何发挥主导作用。传统教育的最大缺点之一，忽视了学生是学习的主体这个教学中的根本性问题。因此，所谓主导作用就得不到正确的发挥，以致容易走向它的反面。“导”变成了“灌”，现在对之加以改革，就要用学生是学习的主体这个现代教育科学中的新观念来修正它，重新明确“导”在教育学上的科学含义。在教学实践过程中把教师的主导作用与学生的主体作用统一起来，让主导作用落实到诱发学生的主体作用上来，就是所谓“教是为了不需要教”，让学生在教师的指导下自觉能动地去探求知识，从而实现获取知识和培养能力的和谐发展。

4. 书本知识与实践能力的问题　学生以学习间接经验为主。学生要掌握的“双基”又是通过大纲和教材体现出来的，传统教育以课堂教学为中心，十分重视课本知识，但是传统教育重视了学生学习的特殊规律，却忽视了人们认识事物的一般规律；忽视了实践在认识过程中的重要作用，重理论轻实践不但影响学生去获得比较完全的知识，而且影响了学生能力的培养与智力的发展。迎接新技术革命的挑战，要有手脑并用、智能发达的人。当然，今后随着我国四化建设的进展，脑力劳动要逐渐增多，体力劳动要逐渐减少，趋向二者结合，所以在教学改革中，既要重视体力劳动的实践，又要重视脑力劳动的实践，要增加复杂劳动，减少些简单劳动。

传统教育中的“三中心”教学体系必须改革，但是，也决不是搞全盘否定。“三中心”在总体上不能用。但在分体上一些具体经验还是可以用而且必须用的，如传统教育很讲求教师把课讲好：怎样打比方；怎样举例；怎样讲得具体生动、富有逻辑力量；怎样突出重点、分散难点、消除疑点；等等。都是值得学习、继承和发扬的。

三、精神生产与物质生产的关系问题

学校是搞精神生产的场所，靠国家和地方投资。但现在中小学经费拮据，搞精神生产的物质保障不够，由于教育事业发展快，国家和地方增加投资还不能满足发展的需要。现在根据“三个面向”的要求进行改革，物质条件显得越来越不够。为此，必须

开辟财源,城市学校主要的财源是办好校办工厂。从我国经济发展的形势看,只要上面对校办工厂松松绑,给予一定优惠条件,把校办厂办好,作为学校经费来源的一条重要辅助渠道,是可能的。从一些校办厂搞得好的学校看来,每年能有十万、二十万利润收入的,办学条件就得到很大改善,一进这些学校大门,就显得气象不凡,给人以耳目一新、欣欣向荣的感觉,教学楼、实验楼、办公楼、教工宿舍楼相继拔地而起,教师生活得到改善,积极性进一步调动起来,这使我们对学校办工厂的认识也产生了新的飞跃。"学校办厂是为教学服务,不是为了赚钱"这个观念已落后于形势的发展,现在须要解放思想,明确既然办厂就要讲求经济收益,这是国家教育建设的需要,也是经济建设的需要,校长要抓好人才,同时要理直气壮地抓好钱财,自力更生,为办好学校创造物质条件。

中学也要向教学、科研、生产三结合的方向努力,三个环子连环套,科研为教学改革服务,同时又为校办工厂服务。工厂要成为一个窗口,让学生看看这只麻雀的五脏怎样把科学转为技术,成为生产力,怎样开展经济活动,怎样取得经济效益,这也就能成为开创学校新局面,使之走上"三个面向"新路子的一个枢机。在设计普通中学新教学体系的时候不妨如此设想一下。

一九八四年六月

教学质量“三性”和教学改革刍议

江苏省扬州中学　沈怡文

学校教育是教育者按照一定的社会要求和受教育者的身心发展规律，向受教育者的身心施加有目的、有计划、有组织的影响，以使受教育者发生预期变化的活动。受教育者在这种预期变化上的发展水平，就是教育质量。教学工作是学校教育的一个重要组成部分，它是以向受教育者传授系统知识和使受教育者的智能获得发展为直接目的。受教育者对知识的掌握程度和智能发展水平，就是教学质量。

教育是培养人的一种社会现象，教育、教学质量是人的发展水平的反映，它有别于物质生产的质量。深刻认识教学质量的特性，树立正确的教学质量观，改进我们的教学工作是改革陈腐的传统教育思想、教育内容和教学方法的一个组成部分。

一、质量的累积发展性和全过程的教学

在整个学校教学过程中，学生由知之不多向知之较多方面转化，知识逐渐累积。知识的累积不是简单的数量的增加，不是知识的机械的堆积。量的增加导致质的飞跃，新知识汇入学生原有的知识结构，重新组合成新的体系，丰富了它的内涵，扩大了它的外延。知识的累积还不仅仅在于改变学生的知识结构，而且使学生以掌握新的知识、建立新的知识结构为中介，发展了智力，形成高一级的智力结构。学生正是在这种量变到质变的螺旋形的不断上升过程中获得发展和提高。

由此可知，受教育者的即时质量状态，不只是此前某一个时期的教学的结果，而是长期教学与自我在实践中发展提高的结果，是知识的不断累积和融汇贯通的结果，是智力活动不断深化发展的过程。质量的累积发展性是教学质量的重要特性之一。为此，必须重视全过程的教学，要遵循循序渐进的原则，环环紧扣，重视知识的系统性。

（一）循序渐进

新知识的获取发展了学生的认知水平。但新知识的掌握要有一定的条件。心理学研究告诉我们，学生在学习新知识时，要有必要的“学习准备”。这个“准备”包括知识准备和认知发展准备。实践经验也告诉我们，只有当学生具备一定的知识基础和适当的智力发展水平，才能顺利完成对新知识的同化和智力的进一步发展。由于知识基础薄弱，智力发展迟缓，少部分学生上课如坐针毡，如听天书的情形是经常发生的。教学必须循序渐进，打好基础。

当前在普通中学不同程度存在的,在非毕业年级任意加快教学进度,随意增删教学内容,硬灌死填,腾出一年半载时间搞升学复习的做法,是违反循序渐进的教学原则的。这种违反教学规律的做法,教师疲于奔命,学生忙于应付,负担骤增,造成过重的心理压力,既不利于教师对教材的钻研和对知识体系的把握,又不利于学生打好基础,发展智力。结果是非毕业年级赶进度,毕业年级忙补缺,一方面是欲速则不达,另一方面是提高无基础,产生教学上的恶性循环,纵有效果也是短期收益,牺牲长期,教学工作者应自觉遵循教学规律,纠正不良倾向。

(二)环环紧扣

教学质量的累积发展性,决定了教学必须重视全过程,厚此薄彼。其结果不只是顾此失彼,而且会导致连锁反应。忽视起始年级,则基础不牢,进而导致后继年级的更大分化,再设法补救,也难免有捉襟见肘、补不胜补之感;放松中间年段,则起始年级的基础得不到巩固,毕业年级的发展失去势头,到头来环环失控、影响深远;若自认为稳操胜券,放松毕业年级的教学,忽视对知识的系统整理,往往功亏一篑。有的学校提出的初一、高一基础年,初二、高二关键年,初三、高三决定年的提法是值得借鉴的。

由于升学压力的存在,学校的急功近利,当前普通中学教学中,重毕业年级,轻非毕业年级的倾向,仍不同程度地存在。有限的骨干教师长期生镇在毕业年级,领导的精力集中在毕业年级,教学的安排突出毕业年级,把提高教学质量的宝押在毕业年级。这种做法既不利于广大教师业务水平的提高和学生良好的知识基础的形成,又不利于学校形成良好的学习氛围,必将严重妨碍教学质量的提高。

重视全过程的教学,就学段而言,既要重视高中,又要重视初中,初中教学,关系到义务教育法的实施,决定着民族素质的提高。初中阶段是成才过程中的重要阶段,初中学生正处在由少年向青年转化,生理、心理迅速变化的时期,学习上既是知识基础的奠基阶段,也是智力发展的关键时期。在初中这一学生认知功能开始出现分化,但可塑性仍较强的阶段,放松管理,缺乏引导,学生智能发展受阻,从而产生"缺陷",将严重限制当前和今后的发展,一旦"定型",转变困难,耗时费力。高中学生处在生理、心理趋于成熟的青年初期,他们上进心强、富有朝气。他们的学习动机趋于稳定、深远,学习兴趣较为广泛、深刻,学习自觉性有所增强,能否因势利导,拓宽加深其知识基础,促使其智能的进一步开发,对于其今后继续深造或就业影响极大。当前,在部分完全中学中存在的忽视初中教育的倾向,急待改变。

这些都要求我们,对教学的全过程要合理安排、统筹兼顾。要保证各年级都有一定数目的骨干教师,要实行年段、学段质量把关制度,根据教材和学生实际,制订教学计划,确定知识、技能和智能的分层次目标,规定相应的教学措施,加强反馈矫正,做到段段清不欠债。

全过程的教学,不仅要重视各个学段和年段,而且要加强学段间、年段间的衔接。学生从小学到初中,从初中到高中,在学习内容、思维形式、学习方法、意志品格、兴趣动机等方面都有明显的变化，有一个适应的过程。教育工作者要注意研究学生生理、心理的变化规律，研究知识间的内在联系和发展，帮助学生迅速适应变化的主观条件和客观环境。年段间，知识内容上不断充实、扩展、智能发展上逐步深化、完善，同样要注意衔接工作。教学中，要努力做到前联后挂，使所学知识为旧知的自然延伸，又是新知的生长点，环环紧扣形成知识链，並使智能获得同步发展。

（三）建立体系

目前学科教学中的系统性原则往往被忽视，教师讲授的是一个个知识的片断，学生获得的是一片片另星的知识，导致过量的机械记忆负担和对知识理解的受阻。全过程的教学，不仅表现在时间的先后顺序上，而且还表现在教学内容的前后贯通上，要重视知识的系统性。学科知识的系统性反映知识的逻辑结构，体现不断分化和综合贯通原则，适合学生认知功能的发展水平。在掌握系统知识的智力活动中，有利于学生认知结构的完善。加展强知识的系统性，一是要有结构观念，二是要培养学科思维方法，三是要培养总结归纳能力。

各门学科的系统知识，都有其内在的规律，教师要熟悉教材，深入钻研教材，找出知识间的纵向系列和横向联系，将知识点联结成网络，构筑成知识骨架。教学时沿结构展开，循结构落实，通过不断的分化、综合、对比、关联，在教学过程中完成知识结构的架筑。

各门学科都各有其自身的知识结构和思维特点，要在掌握各门学科知识的过程中，领悟各自的思维特点，熟悉各门学科的思维特点能更好地驾驭学科知识结构。教师在教学过程中，在建立知识结构的同时，必须加强学科思维方法的训练。

学生对学科知识结构的掌握，最终还需通过自身的智力活动来实现。实践证明，让学生通过自身的努力，总结各单元的学习内容，寻求知识间的内在联系和区别，明确主和从，各和体，掌握关键，理清脉络，才能牵一发而动全身，迅速调动起累积的知识，筛选出需要的部分，进行知识的组合整理，获得问题的解决。

二、教学质量的后效性和教学的超前特点

教育的目的是育人，育未来社会所需的人。教育的质量，最终将在受教育者参加现代化建设的实践活动中得到检验。因而从教学的社会效益看，教育、教学质量具有迟效的性质。中学教育属于基础教育，承担着为各级各类人才的成长进行奠基的任务，决定了中学教育、教学工作要有超前的特点，以使我们培养的学生具有继续深造和劳动就业的坚实基础和良好的发展前景。为此，中学教学工作必须确立未来观念，强化知识基础，培养学习能力。

（一）确立未来观念

以微电子技术、遗传工程等为代表的技术革命的兴起和发展，将对人类生活的各个领域产生深刻的影响，带来巨大的变革。未来不是以往的重复，未来也不只是现在的延伸，而是一个新高度上的新起点。中学教育能否面向未来，决定着一代人是否具

有适应未来社会的素质,决定着我们中华民族能否抓住机会,迎接新技术革命的挑战,跻身世界发达国家的行列。我们要本着对学生、国家、民族的未来高度负责的精神确立面向未来的观念。

确立面向未来的观念,当前要特别注意克服违反教学规律的,一系列急功近利的做法。只以升学率的高低来评价一所学校的教学质量,是当前普遍存在的社会现实,给学校工作造成了巨大的压力,众多的学校自觉地或违心地将学校的声誉、地位绑在通向升学独木桥的战车上,违反教学规律的一系列错误做法接踵而至,教师灌,学生记,题海泛滥,考试频繁,不顾教学的长期效益,只求眼前的社会舆论。产生这现象的原因是复杂的,克服它需要综合治理、配套改革,将是一个长期的任务。但是作为一个清醒的教育工作者,应该看到一所学校的质量高低,一所学校在社会上的地位的确立,最终还要看学校教育的社会效益。牛津、剑桥之所以历久不衰,耶鲁、哈佛之所以久誉盛名,是因为它们不断输送的===人才为社会所承认,我国一批历史久远的名牌中学,其地位也是由于历届毕业生的杰出后效而被认可。一次考试、一场竞赛,对学校声誉是会有一定影响的,但比起教育的社会效益的影响,则要小得多,短暂得多。克服只问耕耘不问收获的倾向,加强教学质量的后效调查,利用反馈的信息,不断改进我们的工作是教育、教学改革的出发点,每一个教育工作者都应该尽自己所能,为培养未来人才,自觉遵循、探索教学规律。

(二) 强化基础知识

知识是人类认识世界和改造世界的经验的结晶。掌握一定的知识是个人从事未来工作的基础和前提。在新的科学技术革命的推动下,知识虽也有个不新更新的过程,但知识更新比技术更新的周期要长,其中的基础理论知识虽也要不断发展,但更具有相对的稳定性和广泛的适应性。中学各科教学中的基本理论知识,如政治教学中的辩证唯物主义、社会发展规律;语文教学中的字词句章、修辞逻辑;外语教学中的语法句型、听说读写;数学教学中数和形反其相互结合的基本知识;自然学科中的生命、物质和物体运动的基本规律等等,都将长期发生作用。

认为面向未来,就可忽视知识的传授,忽视加强基础知识的想法和做法是不足取的,提出要把传授知识为主转变到培养能力为主的主张,也是值得商榷的。能力是掌握,运用知识的武器,知识又是发展能力的基础;没有知识的掌握,能力的发展将成为无本之木,没有能力的发展,知识的掌握也将失去条件。在发展智能的要求下去掌握知识,加强基础,以使学生一辈子受用无穷,是面向未来的要求。

(三) 培养学习能力

未来社会,由于高速发展的科学技术的普及,生产力迅速提高,社会处于经常的变革之中。这就要求人们必须不断地自我学习,自我完善,以适应不断变化的环境。中学教学必须着力培养学生良好的自我学习习惯,提高自我学习能力,适应终身学习的需要。

变灌输式为启发式　　学习能力是在掌握知识的智力活动中获得发展。为此,知识的传授要在启发、引导下进行，以调动学生思维的积极性，在分析、对比、联想、概括、综合、运用、评价的过程中完成对知识的掌握。让学生在长期潜移默化的影响下，掌握学习过程的一般法则。

变封闭式为开放式　　未来社会科学技术迅速发展，信息量成倍增长，广播电视等通讯技术高度发展，信息传递速度剧增。未来继续学习的质量，一定程度上取决于信息占有量和占有信息的速度。为适应这一需要，必需变封闭式教学为开放式教学，充分发挥图书资料的作用，充分利用广播、电视、电子计算机等现代教学手段，发挥科技馆、文化宫、少年宫等的校外教学功能，改变单一的课堂教学形式。

变储存型为开拓型　　随着社会的发展，科学成果转变为技术，近而促进生产力发展的周期大大缩短。这就要求未来人才的大脑不只是储存知识的仓库，而且是进行创造的加工厂；学习过程不只是对知识的识记、保持和再现的过程，还必须是培养应用新知识、发展新技术、开发新产品的标新立异能力的过程。要高度重视知识的交叉、渗透、综合、重组，在知识的交叉渗透过程中，通过知识间的碰撞，产生新思想的火花；在知识的综合重组过程中，通过学科知识间的结合，孕育新知识的胚胎。现行中学教材中，人为地割裂学科知识间联系的状况急待改变。教师在教学过程中，必须重视文理科之间的相互渗透，数、理、化、天、地、生之间的交叉影响。教师要一专多能，教学时能将其融为一体。为适应未来开拓型人才培养的需要，还要重视创造性思维能力的培养，在发展求同思维的同时发展求异思维的能力，在发展抽象逻辑思维的同时，鼓励直觉思维的迸发。

三、教学质量的不可废弃性和面向全体学生

中共中央关于教育体制改革的决定明确指出，改革的目的是提高民族素质，多出人才，出好人才。这充分说明了教育、教学的质量，不仅影响人未来的发展，而且关系到社会的发展。提高民族素质的要求，反映了社会主义社会对新生一代的关心、爱护，反映了对新生一代的权利、地位、前途的尊重。提高民族素质的要求保证了多出人才，出好人才的目标的实现，为社会主义现代化建设提供了精神保证和智力支持。因此，从教育的价值观来看，教育、教学质量不能象物质产品那样，废品可以废弃。教育、教学质量的不可废弃性是教育、教学质量的又一重要特性。为此，学校教学必须面向全体学生，处理好统一要求和个别差异的关系，打好基础，发展个性，鼓励冒尖，扶持差生。

（一）统一要求和承认差异

中学教育属于基础教育范畴，按照义务教育法的规定，初中阶段更是国民教育阶段。国家对中学教学要有一个基本统一的要求，中学各科教学大纲就是这种统一要求的体现，它带有法规性质。

另一方面，作为教学对象的人，由于先天素质、后天环境和教育影响的不同，知识基础和智力发展水平必然存在差异。教学对象的个体差异又决定了教学过程不能象

物质生产过程那样机械划一。

统一要求和个别差异的矛盾,要求教育的决策者在制订大纲、编写教材时,既要有基本的要求,又要有一定的弹性,要充分考虑到大多数学生的承受能力,克服统得过严过死的僵化模式。教师在教学中,应适当控制教材数量和难度,面向多数,照顾两头,采取补偿措施,因材施教培尖补差,努力使全体学生达到基本教学要求,同时使各人获得充分发展。

(二)一元化和多元化

统一化、同步化的课堂教学模式,是经过长期实践证明的,具有较高教学效益的基本教学模式。作为基础教育中的中学教学,仍应以完成各科大纲规定的教学要求为其主要任务,以必修课为其主要教学形式。

然而,由于人的不同的秉赋,不同的生理、心理素质,不同的兴趣爱好,规定了人有不同的个性特长。统一化、同步化的课堂教学不利于人的个性特长的发展。这就要求我们,改革课程结构,变单一的必修课结构为以必修课为主的,必修课、选修课、劳技课和课外活动相结合的多元化结构。在改革教法,减轻学生负担,实现统一要求的同时,让学生通过选修、劳技和课外活动等多种渠道,在学习和实践活动中,加深对必修知识的理解,在获取新信息的过程中拓宽知识视野,在理论和实践的结合中发展智力,培养能力。让学生在一系列生趣盎然的活动中使个性特长得到充分发展,为人才的脱颖而出创设一个良好的基础环境。

(三)转变差生和及时矫正

对待差生的态度是能否面向全体学生的关键之一。心理学研究表明智力低常儿童所占的比例是很小的,多数差生的落后,并不是智力因素作用的结果,而往往是非智力因素在起作用。他们有的由于受到社会不良风气的影响,缺乏学习的原动力,自暴自弃;有的由于家庭中父母离异,很少得到爱抚,性情孤癖,对学习失去兴趣;有的由于从小受到溺爱,缺乏艰苦学习的心理准备,畏难不前;有的由于教育方法的简单粗暴,自尊心受到挫伤,把对抗迁移到学习上产生厌学心理等等。

因而对差生的转变,首先要改善非智力因素。针对青少年学生希望得到尊重的自我意识和强烈的自我表现要求。教师要以满腔的热忱,充满期待的目光,扣人心扉的语言,锲而不舍的毅力。晓之以理,动之以情,以加倍的爱来抚育这些后天不足心灵受到创伤的差生,启迪学生良好的学习动机。激发起浓厚的学习兴趣,锻炼坚强的意志品格,培养良好的学习习惯。教师要研究提高差生学习水平的途径和规律,摸清差生知识的实际水平,确定教学的实际起点,实事求是地制订补课计划,落实补课措施,从而达到转化的目的。

如果差生在学习过程中丧失了学习某些知识的最佳时期,从而使某种能力的发展发生了障碍,那末纵然在以后的学习中加倍努力,也难达到本来可以达到的水平,这就叫机不可失时不再来,有少部分差生由于智力发展"缺陷"的长期累积,虽经努力仍无法克服这种"缺陷"的累积效果,甚至导致永久落后,这种情况在教学实践中也是屡见不鲜的。面向全体学生,必须转变差生,让他们在各自原有的基础上获得发展,是可以办到也是必须办到的。但祈求所有的差生都能获得和其他同学同样的发展水平是不现实的。如何尽可能地缩小差生面,是我们在对待差生问题上的更有意义的命题。这就要求我们普教战线上的所有同志,在各自的岗位上的创造性的劳动,各自把关,关关衔接,重视信息反馈,及时采取矫正措施,减少智力"缺陷"的产生和累积,也有赖于各个家庭和全社会为青少年的健康发展创造一个良好的环境,从相对意义上来讲,转变差生事倍功半,及时矫正事半功倍。

综上所述,教学质量从认知发展规律看具有累积发展性,从社会效益看具有后效性,从教育价值观看具有不可废弃性。教学质量"三性"对我们的教学工作具有导向作用,应该引起我们的重视。

1986.11

江苏省扬州中学简史

张 铨　沈莉芳

扬州中学是国内有一定影响的著名中学之一。座落在历史文化名城扬州市区西侧。面积近二百亩,校园美丽,绿荫宜人。1990年有高初中学生二千多名,教职工二百余人,系江苏省属重点学校。

她的历史始于清末的仪董学堂。1902年创办的仪董学堂是扬州第一所官立中学,经费出自盐务,总办由两淮盐运担任,首任总办为程仪洛(字雨亭)。运署内有仪董轩,为纪念西汉哲学家江都相董仲舒而建,学堂亦因此而得名。生源来自府属八县,各县附生和盐商子弟,经保送考试,择优录取入学,全部寄宿,食宿免费。课程开设伦理、国文、经学、史地、外语、算学、格致、体操、图画等科。清季词家王鹏运御史南归,曾任学堂监督。实行"新教育",仪董可算得风气之先。不久,运使易人,学堂改名两淮中学堂。

继仪董之后,扬州又有尊古学堂、扬州府中学堂的创立。尊古学堂后改办两淮师范学堂。民国初,两淮中学堂与扬州府中学堂合并成淮扬合一中学,翌年,按《江苏教育行政五年计划书》统一规定,改称江苏省立第八中学。同时,两淮师范也改称江苏省立第五师范学校。五师和八中是当时扬州公立学校中的最高学府。

五师当初只办乙种讲习科,任诚(字孟闲)接任校长后,学校规模逐渐扩大。设置中师本科,增设界首乡村师范学校;为造就合格中学师资,特设数理专修科。校址由左卫街梅花书院旧址迁至大汪边,拓校基百余亩。大汪边原是古城脚下一片荒地,师生共辟草莱,不数年,变成了一座操场广阔、楼舍栉比的新校园。教学设施相当完备,实验设备方面,仅次于东南大学。名师有画家吕凤子、写作《广陵潮》的通俗小说家李涵秋等。五师始终坚持师范教育宗旨,校歌是这样唱的:"梅花开处蜀冈高,师范第五校。三育端师表,八字诏吾曹,诚敬、公恕、勤朴、勇毅,努力求深造。江淮万里遥,无量儿童待甄陶。"

八中起初实行"壬子癸丑学制",招收高小毕业生,修业四年毕业。"壬戌学制"公布后,实行新学制,修业年限改为初中三年,高中三年。李荃(字更生)受任校长后,在教育上进行了一系列改革。如改单轨为双轨,增加招生名额;实行能力编级法,因材施教。尤其重视学生实际操作能力的培养,理化实验室,每周对学生开放,二三人一组,每组有一套仪器,实验目的、过程、结果及遇到的问题,须用英文写出报告。当时城里尚无自来水,为解决实验用水,便木架大水桶当"水塔"。为了争取旧府署作新校址,与本城驻军多所冲突,殚精竭力,积牍盈寸,数年周折,学校终于从羊巷迁至旧府署。先后在八中任教的,有李校长跪清的名师董伯度,有担任教学主任兼教国文的朱自清先生,有后来成为著名英汉词典编辑的厉志云和海牙国际法庭法官的徐谟等。

八中和五师都注重对学生进行思想品德教育。八中在走廊醒目处树立石碑,刻上"汝忘五月九日六时乎",告诫学生不忘袁世凯承认"二十一条"的"五九国耻"。"五四"运动中,到公共体育场焚烧日货,以五师的队伍最为庞大严整。任孟闲校长和李更生校长都曾与学生同台演出进步话剧,宣传反帝反封建。"五卅"后,社会名流纷纷到学校演说,恽代英同志曾在五师和八中作报告,并介绍八中学生曹起溍参加中国共产党。不久,建立了中共扬州八中支部,由曹起溍任支部书记。学校的爱国教育和民主熏陶,促成了扬州第一个中共党支部的诞生。

1927 年,八中和五师改组合并为江苏省立扬州中学。周厚枢(字星北)担任校长。受任之初,正值孙传芳南下,筹办工作无法进行,待孙军龙潭战败,才着手组织,因此推迟到十月十七日正式开学。嗣后因实行大学区制,校名先后称第四中山大学区立扬州中学、江苏大学区立扬州中学、中央大学区立扬州中学,大学区制废止时恢复原名。全校分高中部、初中部和乡村师范科,以五师原址大汪边为高中部,八中原址旧府署为初中部,高邮界首原五师分校为乡师科。高中部除设立普通科和师范科外,又陆续添设土木工程科、机电工程科;且与同济大学合办德文班,毕业后直升同济。又创办女子生活部,招收高小毕业年事稍长的女生,施以家事及女子职业教育。一度并有附属学校四所,还设高初中预备班和德风中学。可见,虽曰普通中学,实具综合性质。

教学方面创有自己的特色。课程,根据本校历史经验,从实际出发重新编制,如高中数学课,分必修和补修两种,必修数学课,文理科合上,而程度较部颁"文科标准"略深;补修数学课,限于理科,程度远超出部颁"标准"。无论文科理科,教学进度均比厅订"教学进度"快半年至一年,理化课程是:第一学年必修化学,第二学年必修物理;第三学年,设置化学复习、物理复习必修课和高等化学、高等物理选修课,前者使学生学得透,后者使学生学得深。

教材的选择和使用,以适应教学要求为鹄的。高中数理化课本多采用外文原版书,使用中决不迁就教本,而是按教学要求或梳理,或调整,或删节,或增补;倘无切合教学的课本,便自行编印,如高初中全套《国文》(南京书店)、《高中解析几何学》(中华书局)、《高中立体几何学》和《高中三角学》(民智书局),《高中平面几何学》(钟山书店)、《初中算术》、《初中代数学》和《初中实验几何学》(正中书局)等,有的数年间发行二十余版。

各科均注重教法。外文尽可能用直接法教学,英文课曾请美国人傅师德执教,德文教师是奥国人许迪奈,由同济大学代聘。国文教学,"自动重于讲授,专书重于单篇,札记重于课作","致力于平时者有二,曰识字,曰积理;收功于临事者有二,曰行文,曰演说"。认为"入"和"出"是支撑国文教学的两根"柱子"。数学教学,特重修学指导,每值开学,印发"学程纲要",载明全学期教学要点、典型例题以及应注意之点;教学中,抓住"基本缩结",务使精熟,这被戏称为"牛肉汁的灌输"。理化生重视观察和实验,物理实验用的力、热、磁、电、声、光各部分仪器,可分十六组,供全班学生同时作同一实验;化学实验室可容三十二组学生同时实验;生物实验,每个学生可独用一架显微镜。

考试严格而频繁。新生要通过入学考试跨进扬中的"高门槛"并非易事。据《扬中校刊》统计,1936 年报考 3257 人,录取 332 人;1937 年报考 4015 人,录取 425 人。考生来自省内各地,也有远自皖、浙、赣、川等地的。学生入学后,有临时考、段考、月考、期考和复习考等名目。临时考,试题与练习相仿,检查有无抄袭之弊;段考,试题注意"诊断性",专在"基本缩结"上使其熟练;月考和期考,试题多带综合性,测验学生能否灵活运用知识;复习考是寒暑假之后的考查,旨在温故而知新。无论哪种考试都得记分,不管哪次考试,凡作弊者一律给予处分。学生欲顺利升级,越过级级"高台阶",又谈何容易。

课外活动多样且充实。教师方面有活动指导委员会,学生方面有课外活动执行委员联席会。活动的主要形式是各种研究会,如数学、物理、化工、文艺、史地、演说、世界语、摄影、图画、昆曲、西乐等等,通常不下一二十种,"九·一八"事变后,增添国际问题、日本问题、东三省问题等研究会。参加活动以自动为原则,期末须写出成绩报告,由联席会编印成册。除研究会外,还有炊事委员会、消费合作社、校刊编委会等师生共同参加的组织。《扬中校刊》初为旬刊,后改成半月刊、月刊,刊载校闻、言论、文艺作品、研究论文、种种特载及统计图表,内容广泛,资料翔实,十年中出版 102 期,发行全国,颇有一定影响。平时还注意与校友及社会各界建立联系,邀请学者、专家来校讲演,节假日组织远足郊叙,外出观光,以开阔学生眼界,增益知识,涵养品性。

扬州中学的教学质量比较高,主要是因为教师学养深厚,教导有方,安于久任。学校千方百计聘请名师,高其薪俸,安其寓所,且礼遇有加。教授国文的张煦侯先生,初任淮阴,扬中闻其名,两次敦请,未获同意,第三次专请,方"愿竭半载之愚,答其勤厚",可到扬后,年复一年,直至抗战,阅时八年之久。著名数学专家汪桂荣先生,曾经撰文自述:教师责任重大,自身必须确立人生观念,提高服务兴趣,不断自求进步,坚定专业思想,注意身心健康,培养高尚品格,研究教学方法,时时反躬自省。学生敬之爱之,称之为"菩萨",受其栽成者甚众。再如鲍勤士、徐公美、汪二丘、王伯源、黄泰、朱白吾、吴遐伯等不少老师,均为学生所敬仰。

1937 年抗日战争爆发,扬城沦陷,师生星散四方,周校长偕部分师生入川,主持国立第二中学。有一部分师生分别在泰州和上海复校。泰州部分又一剖为二,其一迁往上海租界,习称"泰校",其一辗转苏北乡间,习称"苏北分校"。原先在上海的,习称"沪校"。留城的部分的师生入苏北公立扬州中学。抗战胜利后,江苏省公立扬州中学复原,先在羊巷的苏北公立扬州中学复课,后迁回大汪边原址,但旧府署(即今之"二招")一直未收回。

名校自有名校的传统。扬州中学的优良传统,正如胡乔木同志所说的是“正直向上,热于求知”。在优良传统的熏沐中,大部分学生具有一种“刚、健、质、实”的气质,这也是为社会所承认的。当然,旧时代的学校不会教育学生走革命道路,但革命的火种是不灭的。三十年代初,学生中就有共青团地下支部的秘密活动。他们发展团员,散布传单,宣传马列主义,传播革命的星星之火。在伟大的抗日战争和解放战争中,更有不少学生投入革命洪流,有的为之光荣献身。

中华人民共和国成立以后,扬州中学经过整顿、改造,成为一所新型的普通中学。初称苏皖边区二分区立扬州中学、苏北扬州行政区立扬州中学、苏北扬州中学,校长为黄应韶。1955年由张卓如接任校长。在此后的十多年中,他带领党支部一班人,贯彻党的教育方针,以身作则,从严治校,积累了比较丰富的教育、教学经验,显示了这所社会主义学校的实验性和示范性。

遵循教学的客观规律,总结了“四个为主”的基本经验,即“学校工作以教学工作为主,教学工作以课堂教学为主,课堂教学以教师讲授为主,教师讲授以课本为主。”

坚持以教学为主,一切以教学为中心。一是思想上明确,学校的主要任务是教学,学生的主要任务是学习;二是工作上体现,总务工作要为教学服务,领导的主要精力要放在教学上,思想政治工作的安排要从教学的实际情况出发;三是制度上保证,严格执行教学计划,定期检查,课表除教导处外,不容任何人随意调动,订定纪律措施,保证教学质量的全面提高。

课堂教学是学校最基本最主要的形式。切实抓好课堂教学这个主要阵地,关键抓备课,形成制度。明确“五备”:备教材,备学生,备教法,备实验,备作业。要求在个人自备的基础上再集体备,集体备课有排定的时间。备课中必须搞清疑点,分散难点,突出重点。

教师讲授贯彻“少而精”和“启发式”的原则。注意从实际出发,防止主观主义;注意实际效果,防止形式主义;注意抓住重点,防止平均主义。

讲授内容以教科书为主。教师在钻研教学大纲的基础上,明确教学目的任务,并通读全学期的教材,掌握教材内容以及各单元之间的联系,订好全学期的计划,讲授时不能离开课本刻意求深,也不能不顾效果赶进度。

“四个为主”,是在“大跃进”之后,中央提出“调整、巩固、充实、提高”八字方针以后总结出来的,是贯彻中央精神的行动口号,尽管还不够完善,但在当时是实事求是的,具有一定的创造性。

为了切实提高教学质量,一头抓了学风建设,一头抓了教师队伍建设。学校提出四句话十六个字的学风:“虚心求教,刻苦钻研,一丝不苟,持之以恒”。(或者称八字学风,即“虚心、刻苦、踏实、经常”)每个教室里贴上“学风”,班主任手册上印上“学风”,口头上宣传学风,行动上实践学风,这四句话已经成了扬州中学优良传统的有机组成部分。

教师队伍建设,坚持德才兼备标准,通过考核逐年调整,使师资保持在一个较高的水平上。重视落实党的知识分子政策,调动积极因素,“政治上热情关怀,知识上虚心尊重,教学上严格要求,工作上力求稳定,进修上努力推动,生活上适当照顾”。吸收符合条件的骨干入党,要求人人订红专规划,订立老带新师徒合同,解决夫妻分居的困难,等等。工作切实,收效明显。

政治思想工作方面,形成“从具体情况出发,扎扎实实,坚持不懈,点点滴滴,精雕细刻”的好传统。把坚定正确的政治方向摆在第一位,引导学生明确学习目的,逐步树立正确的世界观和人生观,促进德智体全面发展,是一项细致的、长期的、艰巨的工作。学校经常地采用多种形式进行思想教育,既讲道理进行理性教育,也接触社会进行感性教育;既进行自上而下的宣传教育,也展开群众性的自我教育;既有一定时期的集中教育,也有分散的个别谈心活动。学校特别注意抓住适当时机,有针对性地进行思想教育。譬如,开学时根据教育方针进行始业教育,期中举行“共产主义道德之花”专题广播,期终表扬一批“三好学生”;“三八”妇女节,组织女生座谈,立志学习女英雄女模范;“五四”青年节,讲革命传统,表扬一批优秀团员;校庆、国庆,都展开适合学生特点的各种活动。

扬州中学之所以被称为“四大名旦”(指江苏省首先办好的四所重点学校)之一,根本原因是充分发挥了党支部的战斗保垒作用。在党支部的统一领导下,学校行政加强了各项工作的管理。管得“全”,管得“细”,管得“严”。各项工作,有组织,有计划,分头落实,各负其责。严,首先从领导干部严起。思想上“严”,党员每周坚持过一次组织生活,支部委员每季还要过一次干部民主生活,开展批评和自我批评,接受群众监督;工作上“严”,学校每学期有总的工作计划,部门有部门的计划,月有月计划,周有周安排,执行计划严肃认真,忙而不乱;作风上“严”,学校主要负责人,几乎每天必巡视操场、教室、宿舍,每天在师生之前到校办公,干部深入教研组,深入课堂,同师生一起活动,有的干部还与学生同吃、同住。总之,要求师生做到的干部首先做到。这样,学校上上下下,形成严谨有序、积极向上的浓厚空气。

党的十一届三中全会以后,先后主持学校工作的是章心如、许勇、李久翔、郑万钟、陆丕文、萧咸宁。他们带领全校师生继承和发扬本校的优良传统,积极而慎重地进行着一系列的改革和探索,如管理体制的改革,课程设置的改革,教材与教法的实验等。为了贯彻“三个面向”的精神,切实把学生培养成为有理想、有道德、有文化、有纪律的一代新人,仍坚持以教学为主,努力实现三个转变:把教学工作以课堂教学为主转变为课内课外相结合,让学生多渠道、多侧面获取信息;把课堂教学以教师讲授为主转变为教师主导与学生主体的统一,调动学生的内在因素;把教师讲授以教授课本为主转变为理论与实际联系,重视实验和社会调查,培养能力,发展智力,增长才干。在思想政治工作方面,加强了领导的科学性,贯彻了教育的系统性,实行教育方法的开放性,发挥教育对象的自主性,推动了本校两个文明的建设。

扬州中学建校八十多年来,毕业生数以万计。他们在学校里受到了良好的基础教育,其中许多人为国家和民族作出了或正在作出巨大的贡献。他们当中有中共中央总书记江泽民，中共中央政治局委员胡乔木(已离任)联合国副秘书长毕季龙(已离任)，著名作家、学者、民主战士朱自清先生，中国多种型号火箭的总设计师黄纬禄，国际核能专家汤烺孙，中国科学院学部委员周志宏(技术科学)、朱物华(技术科学)、李方训(化学)、柳大纲(化学)、王葆仁(化学)、吴征铠(化学)、吴征镒(生物)、朱亚杰(化学)、武衡(地学)、谢义炳(地学)、高鸿(化学)，还有研究成果被命名为“摩尔—祁力群方法”的学者祁力群等，更多的校友成为各级领导干部、技术骨干或素质较高的普通劳动者。在新的历史时期内，扬州中学将会获得长足发展，必将对国家和民族作出更大的贡献。

办学立意要高峻

郑万钟

介绍扬州中学的报道中说,办学立意要高峻,这是很有道理的。

办学立意,实际上就是办学的指导思想,统而言之为教育思想。原苏联的教育家苏霍姆林斯基曾说过,“领导学校,首先是教育思想上的领导”。虽然这句话常常被引用,可是真正领会、真正做到却不那么容易,从扬州中学的办学经验来看,再推而广之,所谓办学立意高峻,是否可以作这样的理解——

立意高峻,就得居高临下,真正明确教育的功能在于育人。这个“人”字是不大好写的。我接触到的一些家长都说,我们最迫切的要求是希望自己的孩子成人,其次再谈到成材。这个要求不过份,但并不低。育成“人”,在今天来说,就是要培养行为端正、思想和身体健康、具有一定的文化知识与能力的社会主义建设者和接班人。在这样的思想统领下,就会动员学校的全体教职员工面向全体学生,共同致力于打好德智体诸方面的素质基础,而不是搞轮流“突出”,更不是畸重畸轻、厚此薄彼。在这样的思想统领下,就能高屋建瓴,见物见人,一切有利于育人的事就多想、多做,一切不利于育人的事坚决顶住,不苟同于流行的做法,不屈服于社会的误解。在这样的思想统领下,也会多一点“大家风范”,少一点“小家子气”,会有一种气度和胸襟,有一种宏观的构思,有一种战略的思考,而不拘泥于一时升学率升降几个百分点,更不会求助于旁门邪道。

立意高峻,对所有学校来说,就是要办出特色,对历史悠久的如扬州中学这样的学校来说,就是要继承传统而不囿于传统。“我也是这样”,这是流行、时髦;“只有我是这样”,才是个性、特色。没有特色就没有个性,随波逐流也谈不上立意。传统是一笔财富,但是传统又往往会形成一种惰性,成为前进的阻力。“正直向上,热于求知”的校风,正是扬州中学的传统、扬州中学的特色,因为它教导一代代莘莘学子懂得如何做人、如何做学问——这是中学时代必须打好的基础。“四个为主”,在当年极“左”思潮泛滥下提出和坚持,是要有勇气和魄力的;但在今天改革开放的形势下,便不能再局限于这个传统,所以扬州中学的同志在坚持“教学为主”的基础上,提出了“三个结合”,这体现了创新的精神。一切总结与继承都是必要的,但立意高峻者的回顾是为了前进。哲人说:驾驶员通过反光镜看曾经走过的路,是为了更好地向前行驶。

立意高峻,决不是好高骛远,不着边际。它必须落在实处。培养良好的行为习惯就是实实在在的落脚点。扬州中学提出“人的行为和思想一样重要”的命题是十分正确的。叶圣陶先生认为“教育的本旨”就是“养成习惯”。他说:“教育是什么?往简单方面说,只须一句话,就是要养成良好的习惯。德育方面,要养成待人接物和对待工作的良好习惯;智育方面,要养成寻求知识和熟悉技能的良好习惯;体育方面,要养成保护健康和促进健康的良好习惯。咱们社会主义的教育,就是要使学生养成在社会主义社会里生活的一切良好习惯。”习惯成自然,那是一辈子受用不尽的。小中见大,由低及高,学校就得做这些脚踏实地的工作。

校长首先要有高峻的办学立意,但还远远不够,必须把校长自己的“意”变为全体教工的“意”,进而变为集体的“行”,那么再加上一定的外部条件,就能把学校办好。

“树人”交响诗

——访江苏省扬州中学

本刊特约记者 徐 然 黄振瑶 蒋念祖

江苏省扬州中学 90 周年校庆大典已经过去一年了,校庆的盛况却还历历在目;从“树人堂”五楼顶上悬挂下来的两幅条幅——十年树木,百年树人,英才辈出树人广厦;面向世界,面向未来,壮志绣成未来宏图——更是深深印在人们的心中。历史,何等辉煌;未来,何等壮丽;胸襟,何等宽广;立意,何等高峻。这高峻的办学立意正是扬州中学最显著的特色,也是扬州中学魅力经久不衰的根本所在。

先要写好庄严的“人”字

扬中的一位教师说:“‘人’这个字,一撇一捺,很简单,可要写好这个‘人’字,却很难。‘人’字写不好,‘才’字也不可能写好。”这话很有点哲理,人才、人才,不先成人,何以成才? 不先育人,何以育才?

翻开扬中九十年的历史,树人堂前,群星瑞璨,英才辈出。这璀璨的群星,这辈出的英才,没有一个不是先写好这庄严的“人”字的。那么,改革开放后的扬中又是怎样“树”跨世纪的一代新人的呢?

充分利用校史中蕴含着的丰富的德育资源,培养学生高尚的爱国主义情操,树立远大革命理想,写好“人”字,是扬州中学一贯的做法。改革开放以来,他们又把校史教育和目标管理、创建优秀班集体结合起来,以校友中杰出人物的名字命名优秀班集体。1986 年,扬州中学初一(1)班在学校领导的关怀下,开展了“读自清书籍,学自清精神”的活动。他们制订了奋斗目标——三年创建“朱自清中队”。他们实行目标管理,初一年级创优秀中队,初二年级创红旗中队,初三年级创英雄中队——即被命名为“朱自清中队”。这个班的学生认真阅读朱自清的作品,学习朱自清崇高的爱国主义精神和严谨的治学态度,写了两百多篇读书笔记。他们一步一个脚印,开展了“树人堂前”、“迈好青春第一步”、“14 岁生日”、“廿一世纪和我们”、“在朱自清铜像前”等活动,逐步树立了正确的人生观,形成了良好的道德素质和勤奋刻苦的学习风气。三年来,这个班 50%以上的同学加入了共青团,班级多次被评为校文明班级、先进集体,1998 年被团市委命名为扬中的第一个英雄中队——“朱自清中队”。

继第一个“朱自清中队”之后,90 届初三(6)又创建了第二个“朱自清中队”,接着“江上青中队”(江上青,扬中 28 届校友,革命烈士)、“曹起溍中队”(曹起溍,扬中 27

届校友,革命烈士)等英雄中队、先进班集体雨后春笋般地出现在扬中古老而又年青的校园里。

扬中"朱自清中队"的创建、命名等思想教育系列活动是扬中学生在做人方面自我教育、自我完善的一个重要途径。而从"朱自清中队"到"小七战七捷"则标志着扬中的思想教育系列活动与社会实践活动紧密地联系了起来。"小七战七捷"活动取材于解放战争时期苏中地区的七战七捷,极富地方特色。活动中,同学们利用暑假奔赴苏中大地,寻访七战七捷的遗址,瞻仰七战七捷中牺牲的烈士,回来以后又发起了为江苏经济建设出力献策的"小七战七捷"活动,得到了市少工委和苏北地区其它县、市的响应、支持,形成了覆盖整个苏北的声势浩大的整体活动。

当他们捧回"创造杯"最佳活动奖杯的时候,当扬中的少先队员代表出席全国"创造杯"夏令营的时候,当"创造杯捧回来以后"的后续活动方案实施的时候,他们是在用事实告诉人们:扬中学生的"人"字写得很好!

扬州中学教育学生写"人"字,既庄重又脚踏实地,既重思想又重行为,他们说:"人的行为和思想一样重要,没有良好行为的好思想是不存在的。"抓行为训练,许多学校都在这样做,扬州中学独有自己的特色:不断反复的动态管理方式——考核,并且将班集体的考核和学生个人的考核结合起来。他们把对班集体的考核分解成思想教育、班级作风、文化学习、体育卫生、活动开展五大项,每项100分;其中班级作风部分着重考核学生的日常行为,又分解为自行车管理、迟到、早读、早操、眼保健操、教室和包干区卫生、宿舍文明、就餐文明等几项,由团委、学生会组织考核,实行自我教育、自我管理。考核结果每周公布,作为文明班级、先进集体评比的重要指标。这种量化评分的考核,促进了学生文明习惯的养成。

在对学生进行的个人考核方面,他们注意处理好六方面的关系:肯定评价和否定评价的关系;动态评价和静态评价的关系;基本评价和特色评价的关系;主观评价和客观评价的关系;自我评价和教师评价的关系;形成性评价和终结性评价的关系。在考核内容方面又把学生的基本行为习惯作为主要考核指标。这种做法同样起到了促进学生文明习惯养成的作用。

"不重视体育的校长是不合格的校长"

体育究竟应该放在学校工作的什么位置上?"体育是素质教育的重要环节","德智体美劳全面发展,五育并举",理论上,大家都这么说;可实际上,又做得怎样呢?扬州中学一度就曾出现过这样的情况:毕业班的体育锻炼课形同虚设,非毕业班的体育锻炼课也常常被辅导、测验所挤占。

然而,扬中的领导、扬中的教师面对世谷的舆论和社会的压力,表现出了不同凡响的气魄和胆识。长期的教育工作实践,使他们形成了一个共识:"体育不达标的学生是不合格的学生","缺乏体育氛围的学校是不合格的学校"。分管教学工作的副校长沈怡文在接受《中国体育报》记者的采访时,也毫不含糊地说:"不重视体育的校长是不合格的校长!"

这绝不是说说而已的漂亮话。在高考、中考这样严峻的考验面前,扬中的体育工作是过得硬的。他们的毕业生可以说是体育质量信得过的学生,不合格的决不说合格。92届一个学生因伤病未能达标,这个学生的档案材料中就明确地记下了不达标的原因。在300多毕业生中,有个把人要想蒙混过关,并不是不可能,但扬中的领导绝不允许弄虚作假,做到坚持标准、实事求是。

抓体育是为了锻炼身体,增强体质,但抓好体育的意义决不止于此,现代体育还应包括德育、智育、美育等诸多内容的渗透。扬中领导意识到这一点,他们用"中华体育的崛起"激励学生的爱国主义精神,加强体育道德、纪律、顽强意志和拼搏精神等良好品格的培养;他们教育学生:"现代体育依赖于智育的支撑并促进智育的发展";他们还将韵律操引进课堂,给学生以美的教育。他们坚定不移地把增进学生健康、增强学生体质作为学校体育的首要任务,又把培养体育后备人才、为国家输送高水平运动员当作自己义不容辞的职责。

每周两次容量和密度都比较大的体育课,每天一小时的体育锻炼,每学期一次的田径运动会,形成多样的小型比赛,高考前一周还在坚持的高三体育锻炼,使学生的体质有了很大提高。1989年以来,扬中学生每年体育达标率都在95%以上,高初中毕业生的体育合格率都接近100%。

每天下午,在人声鼎沸的运动场上,扬中田径队、排球队运动员的身影尤为矫健。素质训练、专项训练、接球发球、起跑冲刺,一遍又一遍,汗流浃背,从不间断。没有风雨跑道,体育馆面积小,雨天怎么办?他们就组织运动员沿实验大楼楼梯从一楼跑到四楼,从四楼返回一楼,再从一楼跑到四楼……这样的运动量绝不亚于3000米长跑。

一分耕耘一分收获,刻苦训练必有硕果。那一块块闪光的金牌,那省运会上的赫赫战果,那全国中学生"长江杯"田径赛上的女团亚军,那一项项被刷新的记录,哪一项不是扬中运动员汗水的结晶?

也许有人要问,运动员的学习成绩如何?会不会一个个四肢发达,头脑简单?

请看:孔晓春,二级运动员,全国中学生运动会女子100米栏第五名。在第四届全国中学生田径运动会上,她被抽中参加文化知识测试,以94分的高分名列第二名。正是这个孔晓春,高中毕业后因德智体全面发展被免试保送到东南大学;李瑛,二级运动员,1989年被免试保送到东南大学;沈永敏,二级运动员,1990年被免试保送到南京大学;谢怡贻,二级运动员,1991年被东南大学破格录取;孙健,市中学生运动会100米第五名,现正在高三年级,学习成绩名列前茅……

素质教育的新探索

历史上的扬中,曾经以高、创、实、活作为自己的办学特色,培养了大批人才。六十年代初,扬中提出了"四个为主"(学校工作以教学工作为主,教学工作以课堂教学为主,课堂教学以教师讲授为主,教师讲授以书本知识为主),保证了学校教学工作的正常进行。随着历史前进的步伐,这一办学特色又得到了新的发展,十一届三中全会以后,围绕培育人才这一中心,在教学工作中实施了“三个结合”(课内课外相结合,教师主导和学生主体相结合,理论和实际相结合)。

改革开放以来,扬中更是自学地在素质教育方面进行了新的探索。他们认为,教学活动是学校的主要活动。他们实施的课堂教学整体改革,就是要通过教学活动让学生具备现代社会所必须的基础知识和文化素养,形成良好的素质。

扬州中学在各科教学活动中渗透素质教育,是通过提高学生思维能力,教给思维方法,进而提高其认知能力来实现的。

在化学教学中,教师对学生进行类比、联想、变通思维、逆向思维的训练。比如在学习离子方程式时,学生知道了“$H^+ + OH^- = H_2O$”表示强酸、强碱中和反应后,可以提出问题:强酸、强碱中和反应是否一定要这样表示?是否这样只能表示强酸、强碱的中和反应?再向学生阐明 H_2SO_4 与 $Ba(OH)_2$ 中和反应就不用这一离子方程式表示,而 $NaHSO_4$ 和强碱反应,虽属盐和碱的反应,但也可以此式表示。如果再追问一下:$NaHCO_3$ 和 NaOH 反应能用此式表示吗?那么学生一定会理解得更为透彻。通过这样的逆向思维训练,学生学得生动、活泼,提高了思维的灵活性和广阔性。

在高中议论文写作教学中,教师系统开展了思维训练。首先运用心理学、逻辑学、科学方法论等方面的知识,对大量的议论文作品进行分析,从中归纳出议论文写作中常用的思维方法,其中包括逻辑思维、辩证思维和形象思维的方法,让学生进行单项训练,然后分别介绍在议论文写作的全过程中,在提炼论点、展开论点、论证论点时,如何综合运用各种思维方法,并进行相应的训练。教者在几轮教学实践的基础上,已经编写成比较系统的以思维训练为主线的议论文写作教材,并由四川教育出版社出版。

在学科思维教学方面取得显著成就的是省级专家、特级教师张乃达。张老师从1980年开始从事数学思维教学方面的研究,撰写论文一百余篇,其中获省级教育科研论文奖的有四篇。他的论著《数学思维教育学》集中反映了他在数学思维教学方面的观点和认识。书中系统分析了数学思维的结构,具体论述了在数学教学的过程中培养学生思维能力的原则、方法。比如作者认为数学教学中必须充分暴露数学思维过程,这样才能形成和谐的教学结构,发展学生的知识结构和思维结构。这一原则是制定、运用具体教学方法的基础。根据这个原则,作者对教学中不同阶段的思维训练作了系统分析,并提出相应的教学建议:入门教学阶段,应该积极地进行思维结构的调整,建立起适应新学科特点的思维框架。为此可以采用“程序化”教学方法,通过多次反复,让学生迅速地掌握新学科中最基本的知识、方法和思维。在后续教学阶段,思维结构处于量变阶段,这时思维训练的重点应该是通过变化、引申、发展来丰富、健全已经建立起来的思维框架。因此应着重发展发散思维能力。复习阶段比平时教学更具有综合性,更强调逻辑思维和直觉思维训练的综合,以及聚合性思维与发散性思维的综合,因此是发展创造性思维能力的大好时机。张乃达老师的这一论著获1990

年“光明杯”全国哲学社会科学论著三等奖。经过这样高超的思维训练,学生获得的不仅是科学知识,更重要的是形成了良好的素质。

此外,在地理课上,教师带领学生参观江都水利枢纽工程,考察古运河;物理课以教材中的小实验、小制作和课外实验为内容,开展物理实验活动;语文课上组织讨论、演讲、辩论等形式的活动,培养学生的语言表达能力……尤为可贵的是,老师们注意充分发掘、利用学科本身的审美因素,按照美的规律组织教学,使教学过程成为审美教育的过程。

在学科教学中进行素质教育,成了扬州中学新时期“树人”工程的重要内容,结出了丰硕的成果。近几年来,扬中学生在市级以上各类竞赛中获奖的达二百余人次,其中获省级以上一等奖的二十余人次。去年的全国中学生物理竞赛中,扬中又有五位同学获一等奖。这些正是扬中学生高素质的集中体现。曾被国家教委选送参加美国瑞克沃尔基金会夏季学校学习的周姮,面对来自全美各州和世界各国英才的竞争,以其广博扎实的知识基础和良好的学习能力,以其诚实正直的品格和顽强拼搏的意志,赢得了赞誉,被称为该夏季学校的学生领袖。而像周姮这样的同学,还有聂辉、张路、郭海燕、洪波、柳玲、李书适……

“怀念前贤,激励后昆,继往开来,团结奋进。”江泽民总书记为母校九十周年校庆所作的题辞,是对扬中两千多名师生的激励和鞭策。在改革、开放的今天,面对社会迅猛发展的现实和世界巨变的浪潮,在本世纪末,扬中应该抓住机遇做哪些事情?如何为21世纪培养更多更好的人才?奔向宏伟的目标,又从何迈步?带着这些问题,我们再次走访了参加市人代会刚刚返校的党总支书记兼校长肖咸宁同志。肖校长胸有成竹:“现在最重要的是及早实现学校的现代化。要力争早日成为科研先导型的学校,要多出一些有成就、有名望、有影响的尖子人才,重振扬中雄风……”

结束了对扬州中学的采访,走过树人堂前,我们伫立良久,遐思悠悠。肖校长的一番话还在耳边回响,他所希冀的有成就、有名望、有影响的尖子人才,仿佛正从树人堂里走出,走向全中国,走向世界……

（二）

学校政治思想工作总结、论文
（1979—2006）

我校中三(7)班是怎样进行“坚持社会主义道路”教育的

江苏省扬州中学

根据全国中、小学思想政治工作座谈会的精神，在地区教育局的关怀下，我校以中三(7)班为试点，开展“坚持社会主义道路”的教育活动。中三(7)班共48个同学，分别来自邗江、江都、泰县、兴化、靖江、高邮、宝应、仪征八个县。他们都是各县经统考后推荐来的，其中绝大部分是学习上的尖子。他们学习刻苦，遵守纪律，尊敬老师，生活简朴，是学校快班中比较好的一个班。班上有共青团员19名，上学期评出德智体全面发展的三好学生11名，占全班23%。

现将进行教育的情况汇报如下：

一、认真调查研究，掌握思想动态

中三(7)班的学生在学习上是很刻苦的，究竟思想品德状况如何？对坚持社会主义道路的认识怎样？我们心中无数。过去往往满足于靠听汇报了解情况，照本本确定教育内容、方法，工作不够深入。为了适应党的工作着重点转移的新形势，我们注意改变工作作风，深入到同学中去。通过召开座谈会、个别谈心、发动团干和同学交朋友等方式。先后在全班学生中作了三次认真的调查：学习负担和健康状况的调查；学习目的性的调查；有关坚持四项基本原则认识的调查。随着调查的深入，我们逐步掌握了学生的思想脉搏，初步取得了工作的主动权。

在调查中发现学生思想有些混乱，有相当数量的学生不关心政治，缺乏革命理想和坚定正确的政治方向。他们怀疑四项基本原则，怀疑社会主义制度的优越性，说什么“社会主义优而不越，资本主义腐而不朽”，“政治是吹牛皮，专就是红，就有出路”，认为“理想是空的，谈共产主义是唱高调”。有的同学说：“我的理想是考上重点大学，这是最实惠的。”甚至有极个别的同学说：“考不上大学还有什么 脸见人，白上了扬中，我没有两种准备，考不上自杀算了。”在“苦战二、三年考上大学”的思想指导下，他们埋头读书，对学校进行“坚持社会主义道路”教育有抵触情绪，认为这是“和我们过不去”，“大道理谁不懂，白白浪费时间”。

我们认为，由于他们都是各县推荐来的所谓“升学有望”的学生，家长、老师、亲友迫切希望他们能考上理想的大学，这逐渐地使他们产生一种想法：考上大学就有出路，有前途；考不上大学就无出路，无前途。因此把考大学作为个人的唯一出路，只顾埋头读书,不愿过问政治。经过分析,我们认为中三(7)班比较普遍存在的问题是不关心政治,缺乏革命理想。

中三(7)班反映出来的问题,说明同学们思想活跃,愿意思考问题,但对一些基本原则问题认识模糊。这是由于缺乏社会经验,缺乏马列主义基本观点,缺乏对新旧事物、新旧社会在本质上加以区别的能力,这些模糊认识,反映了"四人帮"的流毒和社会上存在的错误思潮对学生的影响,说明了对学生加强政治思想工作,进行"坚持社会主义道路"教育的迫切性和必要性;也提醒我们思想工作的内容和方法必须适应这新的青年一代的特点。

二、从引导关心政治着手,逐步启发接受教育的自觉性

根据反映出来的问题,我们靠船下篙,从引导同学关心政治着手,步步深入诱导,启发接受教育的自觉性,使学生逐步坚定社会主义的政治方向,树立革命理想。

我们从三个方面作了一些努力:

1. 结合课堂教学内容,讲清基本观点,澄清模糊认识。

学生在校的大部分时间是在课堂上度过的,课堂是学校进行思想政治教育的一个重要阵地。

我们和班主任、政治老师紧密联系,动员学生上好政治课。通过集中讲解,讲清五个基本要点:"只有社会主义能够救中国";社会主义国家制度比资本主义国家制度优越得多;我国目前的落后是社会主义革命前极端落后的历史造成的;社会主义制度可以纠正各种错误,使社会主义制度的优越性得到进一步发展;增强社会主义必胜的信念。

在集中讲解过程中,启发学生积极思考,勇于提出问题。他们先后提了50多个问题,又通过小结,帮助同学澄清在自由、民主、人权等方面的模糊认识。

语文老师结合课文选讲莫泊桑的《我的叔叔于勒》和从《红楼梦》节选的《葫芦僧判断葫芦案》等文章,引导他们认识资本主义、封建社会的黑暗和腐朽。在指导写作时,组织学生学习《一篇文章引起的一场讨论》这篇报导,启发大家用正确的观点区别主流和支流、现象和本质,暑假中布置学生通过调查选写一件事,反映社会主义制度的优越性,并指导学生阅读小说《青春之歌》、《红岩》。在历史课上结合世界近代和现代史的讲授,给学生讲英国的工业革命,资本主义经济危机等内容,认识资本主义的发展史及其腐朽性。

课堂教学收到了一定的效果,同学们对社会主义优越性有了认识。有个同学说,过去只听说社会主义好,究竟好在哪里不知道。电影上看到资本主义国家一般人也有电冰箱、电视机、洗衣机、小汽车等就认为资本主义比社会主义好,其实这是表面现象,繁荣的背后,矛盾重重。而我们有党的领导,有优越的社会主义制度,有勤劳勇敢的人民,我国一定能赶上和超过资本主义国家。

2. 从激发热爱党、热爱社会主义祖国的感情入手,引导同学树立献身祖国四化

的理想。

政治课的集中讲解虽澄清了一些模糊认识,但仍有相当一部分同学把它当作单纯的理论知识来接受,个别的甚至认为书上讲的与实际不对号,真正把自己“摆进去”接受教育的为数尚不多。为了能切实地解决一些实际问题,从激发民族自豪感、爱国热情入手,引导学生关心政治,关心祖国的前途和人类的命运。我们在班上举行了“我爱祖国”的报告会,请归国华侨、模范教师蓝万隆同志讲回国前后的经历,会上不少同学被蓝老师的爱国精神感动得流下热泪。副班长赵小俊过去埋头读书,不愿过问政治和班级工作,他听了后激动地说:“蓝老师为了追求真理,向往祖国,毅然离开父母兄妹,克服重重困难回国,为了培养下一代辛勤地工作。我不能光为祖国过去的苦难流泪,我要关心祖国的命运,象蓝老师那样用实际行动来热爱我们的社会主义祖国。”他说到做到,主动关心集体,积极做好班级工作。王小玲还联系过去存在的“社会主义优而不越”的模糊认识,深有感触地说:“祖国是养育我们的母亲,母亲是从深重灾难中获得解放的,我们怎么可以因母亲暂时的贫困落后而抛弃母亲,说母亲这也不好那也不是呢?我们应该艰苦奋斗,使我们的母亲成为世界上最美丽、最健康的人。如果不这样,就对不起母亲,对不起为母亲的解放而抛头颅,洒热血的革命先烈!”

我们趁热打铁,启发大家思考“应该怎样热爱祖国社会主义祖国”,我们请参加对越自卫还击战的同志来校作报告,用英雄为祖国四化献身的精神激励他们,从中寻找差距,汲取力量。团支部书记刘灏同学说:“自卫还击战中有一件事给我教育很深:有位医生由于技术不过硬,给一位战士开了五次刀,因失血过多等原因,这位战士终于死去了。这位战士没有死在敌人枪口下,却死在医生的手术刀下,多么令人悲痛。我过去学习上大而化之,以后一定要扎扎实实掌握知识,掌握建设四化的过硬本领。”我们抓住刘灏的体会,引导大家深入思考学习究竟是为了什么?青年人应该走什么路,做怎样的人?要求同学带着这个问题观看电影《青春之歌》,从林道静的成长过程寻找答案,同学们热烈地交流观后感。刘晓艳说:“想着林道静走过的路,我严肃地思考,该怎样走自己的路。我以前也想到过死,认为两年后考不上大学就没脸见人,什么理想前途就全完了。因此我用功读书,晚上熄灯后躲在床上用电筒照着看书,白天精神不振,学习效果不好。”她不仅找到了学不好的原因,更重要的是放下了个人的思想包袱,认清了光明的前途。她表示毕业后让党和人民挑选,如果挑选不上愉快地回到家乡从事工农业生产,让青春放出灿烂的火花。

3. 开展谈心活动,做过细的思想工作。

事实说明,这些教育活动是很有益处的,教育效果也是好的,但还得针对每个学生的实际,一个一个地做他们的工作,特别是对于进步不快,缺点较多的个别学生,我们更要注意坚持以正面教育为主,用一把钥匙开一把锁的方法启发诱导,激发上进心。我们发现江平同学在参加教育活动时易打瞌睡,态度没有其他同学认真。我们没有过多地指责他,在谈心时从亲切地询问他的身体状况开始,使他感到温暖。他谈到平时学习紧张,自己一天不睡足九小时精神就不好。我们帮他合理安排休息时间,并教育他要关心政治,认真接受教育。从此他参加活动态度认真,还主动向老师提出搞好活动的建议。

顾建姜同学一心想考理工科大学,认为放松文科学习不要紧。对理科学习爱钻难题,好高骛远,忽视基础知识的学习,从兴趣出发,态度时冷时热。从两个学期的期中考查来看,平均成绩由 90.5 分下降到 79.8 分。我们和班主任、文科老师、家长紧密配合,从多方面对他反复教育,促膝谈心,引导他关心政治,明确学习目的,端正学习态度,促使他有了初步的转变。本学期期终考查总评又上升到 89.1 分。

对学生干部在满腔热情关怀帮助的同时,要坚持严格要求。团支委陆国清同学原来因家庭经济困难学习不安心,我们一方面从生活上关心,帮助他解决实际问题,另一方面启发他的政治觉悟,把学习和祖国四化联系起来。在开展"两对比,两热爱"教育活动中,他牺牲休息时间,紧密配合教育内容,带头写体会,办好黑板报,有力地配合活动的深入开展。

三、针对青少年特点,开展丰富多彩的活动

想想工作要达到预期的效果,必须从青少年年龄特点出发,青少年正处在长知识长身体时期,他们 接受新鲜事物快,有热情,敏感,有青春的活力,喜欢唱唱跳跳。但是他们知识少,经验少,理解力差,思想没有定型,容易受到各方面的影响,可塑性大,世界观正处于形成阶段。因此,我们在组织活动时注意形象化、多样化,讲究实效。

过去我们发现每逢开会听广播总有人看书、做作业,曾多次给他们讲青年要关心政治的道理,但总是不容易被他们接受,结果他们还是偷偷地看书、做作业,从中也说明单纯地对他们讲抽象的大道理,效果差。在组织"我爱祖国"报告会时,原来准备中三年级几个班联合搞大型的,后来考虑到如何更有效,决定先让中三(7)一个班级搞,让同学们面对面听熟悉的蓝老师讲回国前后的经历,这样亲切而生动。为增强对学生的感染,事前又先由徐老师给学生朗诵方志敏的遗著《可爱的中国》片断,报告会给他们留下了深刻的印象,为以后的思想教育打下了良好的基础。陈庆伟同学过去讨厌听报告、讲大道理,他说:"现在我真正尝到了参加政治活动的甜头,这样的活动希望多搞些。"课后,常有同学带着欣喜的心情问老师"搞什么活动"。这说明形象的生动的政治思想教育对他们有了吸引力。

青少年的兴趣爱好是广泛的,因此必须开展生动活泼的多样化的活动。为此,我们注意从实际出发,有的放矢地开展了适合青少年特点的"两对比,两热爱"活动(两对比:新旧社会对比,社会主义与资本主义对比;两热爱:热爱党,热爱社会主义祖国),根据教育内容,组织安排了学生喜闻乐见的各种形式的活动,比如:请我校特级教师黄久征同志与同学见面座谈,请朝夕相处在一起的班主任周镙同志,体育教师朱广哲同志到班上忆苦思甜,听中越边境自卫还击战的故事,观看并组织讨论电影《青春之歌》,参加"没有共产党就没有新中国"的文艺会,阅读优秀共产党员张志新的事

迹等。由于我们充分运用各种形式并赋予新的内容,这些活动都为学生所喜爱,使他们受到强烈的感染,也有助于树立革命理想。

我们体会到,活动前的准备工作直接影响到教育效果,它是提高活动质量的重要保证。每组织一次活动,我们事前都详细研究解决什么实际问题,并向教育者介绍学生思想情况,做到心中有数。由于每次都不厌其烦地坚持这样做,因此每一个活动都有针对性。

教育者必须先受教育,才能以理服人,以情动人。为了指导学生观看影片《青春之歌》,语文老师蓝万隆同志重读《青春之歌》直到深夜三点,并联系个人成长体会向学生介绍《青春之歌》,他的严于解剖自己,努力改造世界观的行动,对学生起着潜移默化的作用。班主任周镖同志一方面给学生忆苦思甜,一方面用勤恳工作、关心学生胜似父母的身教来感化学生,引导学生为四个现代化勤奋学习,努力促进德智体全面发展。

中三(7)班开展的"坚持社会主义道路"教育活动才进行一个多月仅仅开了个头,收获也只是初步的。针对同学中还存在的一些模糊认识,需要进一步抓紧教育。我们决心在上级组织领导下,用精雕细刻、点点滴滴的笨办法,深入进行坚持四项基本原则的教育,为培养又红又专的革命后代而努力。

一九七九年七月

附:中三(7)班学生思想情况调查的综合材料(一)、(二)。

附(一):

中三(7)班关于坚持四个原则方面的一些模糊认识

一、关于社会主义制度优越性问题

社会主义本身看看还可以,但与资本主义一比,好不了多少。

为什么我国的科学发明少,而大多数重大的科学发明却在资本主义国家?

旧社会是烂摊子。台湾过去和我们差不多,为什么现在的建设发展比我们快。从报纸上看到台湾的乞丐还穿白衬衫呐!比中国乞丐穿得好。

今年报纸上有一篇文章报导日本自杀的有2万多人。中国恐怕还不止呐。

上海一个中学生做作文,说“大光明”不光明,真实反映现实嘛。扬州乞丐就是多。

听说农村学校要合并,上了小学就回家,等于文盲。资本主义国家就可以上到大学。

搞社会主义,是不是为了提高人民的生活水平?

社会主义国家和资本主义、修正主义国家的区别何在?

二、关于资本主义腐朽性问题

社会主义优而不越,资本主义腐而不朽。

政治课上讲帝国主义是腐朽的资本主义,为什么至今还看不到腐朽现象。

资本主义国家大学生比中国多,中国的大学多难考,还有开后门的。

外国写的小说,拍的电影,技术水平就比中国高。

资本主义世界的发展为什么那么快?

资本主义国家失业的工人和小资产阶级为什么不起来革命?

报上看到资本主义国家的一个煤矿,对工人上井、下井都作名单登记,他们为什么对工人这样关心?

资本主义有好有坏,但好的多。

三、关于党的领导和政策问题

现在是正确路线和错误路线没有一个区别的标准。

党是全中国人民的领导核心,是无产阶级先进分子所组成,为什么还会出现“四人帮”式的人物而不易发现呢?

“四人帮”这伙反党反社会主义分子,既不是党的最高领导,又不是国家的最高领导人,他们为什么能在党和国家里为非作歹,猖狂十年之久?

天安门事件没有共产党的领导照样可以取得胜利。

我国为什么和资本主义国家友好往来,却和社会主义国家不常往来,甚至发生冲突呢?

党的政策左右摇摆,粉碎“四人帮”后,号召抓学习,抓业务,现在又提出抓政治,国家老走不上正轨,动荡不定。

“四人帮”时走向极端,太左。现在又走向另一个极端,太右。

以前听上头的话全是正确的,现在上头的话也有错的。

对领导的话不能全相信,文化大革命中假的太多了,真的少。

从进幼儿园开始,我就没有看到一个好的环境,都是乱糟糟的。

为什么在毛主席逝世之前,没有人说毛主席的错误,而毛主席逝世之后,就有很多意见。毛主席现在的形象就不那么高大了。

有人说我国是走苏联的路子,在变修。

电影、小说、报刊很多反映谈情说爱的内容,难道没有别的内容可宣传吗?为什么搞迷信活动人多了?

前些时候,有的同志平反了,出来工作了。思想上想不通,这样做会不会损害毛主席的形象。

为什么有些有功的老干部,在建国以后以正当允许的方式讲话,党中央毛主席不知道,这不是错误吗(如彭德怀)?

“人无完人,金无全赤”,为什么现在有人说毛主席这也不好,那也不好?

干部嘴上讲的好听,而行动上却搞特权,这种风气为什么至今没有制止?

在农村,大队干部和亲属子女就有上学权。现在的社会太乱,还有大权压死人等。

为什么有的国营单位,如:照相馆、理发店、服装店为有些人提供资产阶级生活方式,国家为什么不采取措施?

四、关于民主与自由问题

社会主义不如资本主义自由,做完了工,就可以到处玩,还可以出国玩。

美国总统搞竞选,不好的就罢免。中国就没有这样民主,我国领导人就长期不变。

电影《追捕》中的杜丘为什么那样自由?

在美国,每个人都可以发言反对总统的演说,而且可以在总统面前骂总统,这样很民主。

资本主义国家的总统是资本家选的,是为资本家服务的;那么社会主义国家的人民为什么不能选举领导人为广大劳动人民服务呢?

五、关于文化大革命问题

无产阶级文化大革命使广大老革命、老模范、好党员、好干部、革命知识分子和群众遭受到严重迫害,甚至被杀害,无产阶级文化大革命究竟好不好?搞得对不对?

文化大革命前和文化大革命中为什么会造成那么多的假案和错案？难道林彪、四人帮把整个国家控制了吗？这些事情党中央也不调查核实吗？

解放后我国有些政治运动不仅没有促进国民经济的发展，而且大大地降低了国民经济发展的速度，这些运动的革命性表现在哪里呢？

六、关于四个现代化问题

《参考消息》上外国谈中国实现四化的困难，是蛮难实现的。

以前讲1980年农村实现机械化，现在已是1979年了。

听说农田要包产到组，如果这样下去，农业机械化怎么搞。

我国现在搞四个现代化是不是忽视了阶级斗争，一心搞四化，会不会产生其余不好的结果？

毛主席号召“独立自主，自力更生”，为什么我们现在要大力引进西方的各种先进科学技术，向西方学习呢？

七、关于理想问题

理想是空的，谈共产主义是唱高调，还不知能否实现呢。

我的理想是考上重点大学，这是最实惠的。

总的讲国家是有前途的，个人考上大学前途就好，考不上大学还有什么前途？

报上说“一颗红心，两种准备”，有什么准备，考不上大学，不如自杀算了。（持有这种想法的有三个人）

今年考大学4%，等到我们考时还不知怎么说，肯定越来越紧，早知道上中技算了。

八、关于红与专问题

红与专关系怎样？怎样才算红？怎样才算专？

现在搞坚持四项基本原则的教育，影响学习，要搞活动我们就没有时间看书了。大道理有什么听头，全是老话，我们都懂。老一套的东西不晓得你说的是真是假？

专就是红，就有了出路。

政治课是副科，听不听无所谓。

现在到处强调抓学习，抓业务，政治可要可不要，学习不好不能交代。

搞体育炼身体对个人有好处，德育只要不做坏事不犯错误就行。

入团不入团无所谓，成绩不能考坏。

榜样不一定有这么好，吹的不少。

为什么大多数问题出在青年人身上。

一九七九年七月

附(二):

关于学习目的不同认识

一、概况

中三(7)班共有48人(男40人,女8人),共青团员19人。他们来自邗江、江都、泰县、兴化、靖江、高邮、宝应、仪征八个县。该班学习情绪稳定,课堂纪律良好,大多数同学学习刻苦,生活朴素,锻炼认真,体育锻炼达到标准的有16人,占34%。

1. 德智体全面发展的11人(成绩在90分以上,体育达标)占23%。

2. 学习认真,成绩优良的35人(成绩在80分—89分)占73%。

3. 品德、学习表现略差的2人,占4%。

一个是泰县推荐来的,在初中就有小偷小摸行为,进扬中后先后偷本宿舍同学的饭菜票、书籍、簿本、皮夹等物共五至六次。经教育后,本学期来未发现偷窃行为。学习上比较刻苦认真。

一个是高邮推荐来的,入学时基础较差,学习不得法。经过一个多学期的努力,成绩有所提高,但仍是班上成绩最差的一个,本学期期中考试平均分数为67.6分,外语从未学过,从30分提高到40分。该生在品德表现方面是比较好的,守纪律,生活艰苦朴素,能抓紧时间学习文化知识。

二、对学习目的的认识

1. 共同的想法:希望能考取大学,考取一个比较理想的大学。为什么希望考取大学,有如下几种想法:

(1) 国家迫切需要人才,要赶超世界先进水平,攀登高峰,必须牢固地掌握基础知识,多学点东西,对国家有用;

(2) 普遍的认为考上大学个人有个好前途,知识学得多,贡献大,名声好听,说起来是个大学生呐!

××,平时想到国家需要人才,但想得更多的是考上好一点大学,个人有个好前途。我要考理科,不考文科,不当教师。我父母做教师,觉得当教师太苦了,背后还要被学生骂。

××,考大学是我多年愿望,对78届毕业生唐林到法国留学很羡慕,外国学习条件好,我已坚持学法语1年多,假如将来能出国留学,那对我学法语帮助很大。假如搞科技工作,连外文资料都看不懂,谈学外国先进技术将是一句空话。如果能出国,那是十分光荣的事。

(3) 大学生工资高,能多负担些家庭。

该班有18位同学家住农村,家庭经济比较困难,家长期待着子女负担家庭,改善生活。

×××:由于家庭经济困难,妈妈要我上中技,以便早点出来负担家庭。我在学习上遇到困难就着急,就担心考不取大学个人就没有前途了。现在我常常为考不取大学担忧,心里烦得很,后悔当时没有上中技,上了中技也就算了,反正有个饭碗了。

现在靠姐姐做临时工负担我,明年姐姐就不能做临时工了,就没有人负担我上学,一想到这些,学习时就心神不定,即使有时间也抓不起来。

×××:我家祖祖辈辈无大学生。大学生赚钱多就能负担家庭,家长也勉励我,“苦战二、三年,考取大学”,于是我不再贪玩,一心抓学习。外语我从来没有学过,上学期期中考试考30分,本学期考86分,寒假里我就复习旧单词,预习第四册里的第1—3课。

(4) 上了扬州中学,考不取大学多难为情:

×××:听说进扬中学习,十分高兴,因为扬中教师质量高,考大学就有希望了。假使我宝应的初中时的同学考取了大学,我到扬中上学的反而考不取,那会被别人笑话的。上学期由于想家,对学习多少有影响。这学期我认真听讲,认真复习,跟别的女生虚心学习,成绩有了提高,去年期中考试总分384分,平均分数78.8分,今年上升为446分,平均分数达89.5分。

×××:看到班上王小玲(上学期期中考试中三年级总分第一)等人学习成绩好,自己不好,觉得难为情,决心迎头赶上,学习时间不够,就打电筒在床上看书,这次期中考试成绩有了显著进步,从去年的87.4分提高到93.8分,从原来是班上的第24名跃为第9名。

以期中考试为例,和上学期期中考试比较,同学们的学习成绩得到提高:

本学期		上学期	
成绩	人数	成绩	人数
90分以上	28人	90分以上	18人
80—89分	10人	80—89分	22人
70—79分	0	75—79分	6人
60—69分	1人	60—69分	1人

三、存在问题

大部分同学一心抓学习,不关心政治,不关心国家大事,不关心集体,忽视了德智体全面发展:

1. 部分同学学习情绪不稳定,常因学习成绩的好坏,经济问题,等原因,学习时紧时松。如×××,学习成绩在班上名列前茅,但经常为作文不能得高分担忧,怕将来高考作文失分多影响录取,有时上课想到此事就不能专心听讲。

2. 少数同学一味钻难题,忽视基础知识的学习。如×××,认真考理工科不要文史地,放松文科学习,对数学钻难题,不注意抓基础知识学习,成绩明显下降,从上学期的 90.5 分下降到 79.8 分。

3. 注意体锻不够,个别的影响学习效果。如×××,初中时患　　　,进扬中后参加体育活动少,主诉头昏,学习效果不高,成绩略有下降。由于有的同学课后在微弱光下看书,或连续看书时间较长,班上有 16 人视力下降,5 人视力模糊。

4. 对集体,对班级工作缺乏主动关心。有的干部怕工作影响学习,有多一事不如少一事的想法。同学间相互关心不够,只顾个人,不愿帮助别人。

一九七九年八月二日

关于扬州中学领导和教师座谈会的纪要

我们于本月二十四和二十五日分别参加了扬州中学党支部召开的学校领导同志和教师座谈会。这两次会议是以进一步调动知识分子的积极性为四化贡献力量为主题进行座谈的。大家尚能敞开思想，积极发言，反映了一些问题。现整理如下（有些情况未经党支部核实）：

一、关于政治思想方面

从大家发言的情况看，自从粉碎“四人邦”以来，大家的心情是舒畅的，工作积极，守职尽责，自觉为实现四化贡献力量。有的同志说：打倒“四人邦”，知识分子心情比较舒畅，尽管工作比过去苦得多。只要党对知识分子表示信任，大家还是愿意卖力的。有的同志说：文化大革命中，“四人邦”出自他们反革命的本性，排斥知识分子，污蔑我们是“臭老九”，真是“非我族娄，其心必异”。粉碎“四人邦”以后，邓副主席宣布知识分子是工人阶级的一部分，对我们鼓舞很大。我们在政治上翻了身，有的老师年近花甲，不辞劳苦地担任着两个班级的课程，踏踏实实，认真教学，为培养下一代贡献力量。

在座谈中也反映出影响知识分子积极性的一些问题。

有的同志说：在“四人邦”极左路线的毒害下，知识分子普遍心有余悸，担心今后政治上可能出现反复，因而政治热情不高，对国家大事不敢畅所欲言。如对叶副主席国庆节的讲话，大杠杠他是说到了，但没具体展开，有些话叶副主席好说，我们不好说，他没有好说的，我们就更不好说了。牵涉到对毛主席的看法，大家不敢讲。一有反复，将来不得了，现在只有一心一意搞好教学，为国家培养合格的人材。有的同志说：传说上海交大有人讲，现在是“五胡乱华，秀才造反”，不少外国人也有议论，认为中国的局势不稳，当然我们衷心地希望一切顺利前进，政治上不出现反复。

会上不少同志对文化大革命和一九五七年反右斗争反映强烈。大家认为，“四人邦”迫害我们，带来的外伤和内伤很严重，但深入一步想一想，知识分子的革命积极性受到挫折，那里是从文化大革命开始?！早在一九五七年整风反右就开始了，现在对错划右派分子虽然改正了，极左路线也批得不少了，但“四人邦”的流毒和影响还未彻底消除，知识分子还是心有余悸，生怕祸从口出。尽管中央一再表示充分发扬民主，加强法制，但小脚鞋穿惯了，穿大脚鞋觉得不跟脚。有些老年教师在政治历史上有这样那样的一些问题,他们在文化大革命中受过冲击,现在思想上有些消沉,要继续对他们落实政策,加强政治思想工作。有的说:中青年教师主要是待遇低,负担重,生活上困难较大,建议领导解决一些实际问题,进一步调动他们的积极性。

会上有些同志对领导作风和社会风气提出了中肯的批评。有的说:对知识分子的重视和关怀是党的优良传统,解放初期,我和党开始接触,觉得党对知识分子非常关怀。在沭阳工作时,我不习惯吃玉米,领导同志叫食堂为我煮大米饭,自己感到很温暖。不少同志留恋一九五六年落实知识分子政策后大家心情舒畅的情况,认为那时积极性最高,认为在反右斗争后,情况即有变化,现在党对知识分子没有以前那样关心了。文化大革命以后,没有见过哪位市委书记来过扬中。有的说:现在党风不正,社会上歪风邪气严重,过去人事调动,物资供应,工资调整都是按组织原则办事,现在是凭人事关系办事,知识分子是有正义感的,对社会上拉拉扯扯吹吹拍拍的人,实在看不惯,心中很气,怎能不影响积极性。现在扫除歪风邪气,树立党的威信十分重视。有的说,现在宗派主义还有所表现。这个问题上层有,下层也有,我们认为,要搞好工作就要克服这种不良倾向,大家要推诚相见,对人要真,对同志要诚。

二、关于落实知识分子政策方面

同志们反映,扬州中学落实党对知识分子的政策还是比较好的,排队,全校在清队中,教职员受到冲击和审查的共四十九人。近两年来,对于这四十九人的问题,学校组织力量,逐个进行了复查和处理,大多数已经落实政策了。部分人的遗留问题,有待今后继续解决,大家对此反映较好。另外,在新的历史条件下,关于党对知识分子的方针,有些同志联系历史实际提出了一些看法和建议。有的说:现在中央对各项政策都已明确了,问题是基层党委在贯彻落实上阻力很大,关卡较多,不容易解决问题,究其根源还是极左路线的影响,宁“左”勿右,“左”比右好。有的说:过去对“团结、教育、改造”知识分子的方针,是有反感的,它意味着我们知识分子不过是接受改造的人,充其量是团结的对象。现在知识分子已成为工人阶级的一部分,是党的依靠对象,如再提这个方针,肯定会挫伤积极性,而且在逻辑上也讲不通,不能工人阶级团结工人阶级。有的同志说:去年全国科技大会上,邓副主席宣布知识分子是工人阶级的一部分,这对于我们是个极大的鼓舞,可是时至今日,知识分子还没有真正成为工人阶级,还是把知识分子当客人看待,内心实在有说不出的滋味。比如,教育工会过去时有时无,几起几落,一九七七年虽说是恢复了,现在还是有名无实,原有工资总额的百分之二的工会福利费,至今还未恢复。又比如,在知识分子入党上,各级党组织对我们是不太关心的,领导上注重的是少数头面人物,而对不少忠心耿耿的知识分子入党问题,看来还未到时候。现在领导掌握上还是老一套的阶级路线,剥削阶级家庭出身的同志能够入党的甚少。甚至在工资调整上也要贯彻阶级路线,去年工调把教师的调整名额让给食堂工人。

三、关于安排使用问题

扬中过去办校经验,有的同志概括为六句话:政治上热情关怀,知识上虚心尊重,教学上严格要求,工作上力求稳定,进修上积极推荐,生活上适当照顾。他们说这是扬中的老传统,现在的领导基本上也是这样做的,对我们表示信任、放手,长官意志较少。但还有些问题,建议领导上要考虑适当解决。在安排上,如王家槐同志过去是省财校的教务科副科长,一九五七年因右派言论下放,后调来扬州中学任教师,没有考虑到他的历史职务进行安排。诸葛松同志,一九五四年就任扬州中学总务处主任,工作表现一直很好,在人防工事建设上,多次受到有关方面的表扬。可是,最近调整领导班子突然被降为第二副主任。有的同志说:一些过去荣获优秀教师称号的同志,现在不明不白地把他们丢了,在这个方面没有继续做政治思想工作,进一步发挥他们的积极性。有的同志说:业务能力较强的一些中年教师,没有得到重用,在一定程度上埋没了人材,有的虽有安排,但是否做到有职有权,还要打个问号。有的同志说:大学教师一般均有学衔职称,有学术考核提级制度,象我们这样的人在大学应该算是讲师了,就是高级知识分子了,中、小学教师不管怎么干,也不管干的年代多久,反正还是教师。有一位老教师说:我从一九四五年起做中学教师一直做到现在,已经三十五年了,还是中学教师,人家说我没有出息,可能犯过什么错误,其实我从来没有犯过错误,现在年龄也大了,一切想法都没有了,教教书安度晚年算了。有的同志说:“中校五十条”规定:要实行党支部领导下的校长分工负责制,如能真正执行这个规定就好了。现在有职不一定有权,上次市委规定行政十九级干部听报告,而某业务校长相当行政十九级就不让他去听,写人民来信给市委书记也没有用。有的同志反映:“中校五十条”规定,学校要成立教务委员会,上级如能早日批准成立,把有威望的同志选到教务委员会上来,对于调动积极性,办好学校有好处。

四、关于工资福利方面

座谈中不少同志说:知识分子中物质待遇最苦的是教师,教师中最苦的是中青年教师。粉碎“四人帮”以后,我们在政治上翻身了,但生活上还相当困难。上有老、下有小,中年教师是最苦的一代。一个中年教师说:我夫妻两人,双职工,两个小孩读书,住房三十多个平方米,工资五十七元。现在教两个班的课,还兼一个班的班主任,每天要改一百二十本作业,还要买菜、烧饭、洗衣服、送小孩上学,每天早上五点半起身,忙到晚上十一点才能休息。真是“战斗的早晨,紧张的中午,疲劳的晚上”。主观上想多作一点贡献,可是力不从心。有个女教师说,特别是女教师家务负担重,工人工作八小时,教师要工作十二个小时以上,现在人家都想方设法买电视机,就我们来说,最急需的是洗衣机,有时自己也想学点东西提高业务能力,但是家务上解放不出来,很苦恼。有的同志说,工人退休让子女顶替,当教师谁也不想“子承父业”。说到底,没有按劳付酬,工资福利不如工人。有一位教师自我介绍说:我一九四九年七月参加工作,一九五二年定为行政二十一级,每月工资五十七元,一九五六年考进大学,从此踏上臭知识分子的道路,工资"冻结"二十六年,直到去年才调升一级,工人有工作服、洗澡费,我们教师天天吃粉笔灰,却没有工作服、洗澡费。有个化学教师说,我上化学实验课,衣服、袜子不知烧坏多少,药水滴在身上,一滴一个洞,论理应有劳动保护服。工人加班有加班工资,教师一天工作十多个小时,什么也没有,晚上工作到十点、十一点,喝杯开水睡觉。物质是基础,知识分子的自尊心强,心里在想福利,嘴上不好意思讲。据大家反映,教师福利中最突出的是住房问题,普遍反映住房紧张,有一位教师住防震棚已二年多,至今一家还住在里面。至于如何解决住房问题,没有一个切实可靠的途径。每年国家拨一点专款,不够用于维修。这个问题拟作专题座谈,进行调查,材料另行整理。

扬州地委统战部

一九七九年十一月七日

是“拉”还是“推”?

江苏省扬州中学　章心如

我读了《一席对话》,联系我们学校的工作实际,深深感到做学生的思想政治工作必须以正面教育为主,引导学生逐步走上正确的轨道。

为了使学校的思想政治工作适应新时期的特点,我们先后在几个班级作了对坚持四项基本原则的认识、学习目的性、学习负担和健康状况这三方面的调查。随着调查的深入,我们逐步掌握了学生的思想脉搏。通过调查,我们发现,当前青少年的思想面貌的主流是好的,不少学生积极要求进步,善于思考问题,学习也比较勤奋。但有一部分学生看问题较片面,对社会主义制度的优越性、对当前国民经济调整中出现的一些问题缺乏正确的认识;在红专关系上,也有一些不正确的看法。但我认为,这些思想大多是属于认识问题,是一些不成熟、不定型的看法,不能说已经形成了一种观点。在道德品质方面,不少学生没有品德教育的基础,不懂文明行为,缺乏良好的习惯,道德标准的起点较低。

对学生的思想面貌有了一个较全面的了解,我们就认真研究了进行思想政治教育的内容和方法、形式。我们感到,学生在思想上有这样那样的片面认识,道德品质上有一些不文明的行为,主要是出于幼稚无知,他们从懂事开始,就经历了动荡不安的混乱年代。正面的东西,见得少,听得少,懂得少。因此,在思想政治教育的方法上,应坚持正面教育,让学生在不断的长知识、懂道理的过程中,提高思想认识。正面教育从哪里入手?我们认为要从爱国主义教育入手。最能打动青少年的心的,往往是那些激发民族自豪感、自尊心和爱国热情的典型事例。至于思想政治教育的形式,则一定要适合青少年的特点,寓教育于生动活泼的活动之中。上学期,我校高一(7)班举行了“我爱祖国”的主题班会。会上同学朗诵了方志敏烈士的《可爱的中国》,归国华侨、语文教师蓝万隆同志讲了回国前后的经历。不少同学被方志敏同志的感人肺腑的语言,感动得流下了热泪,蓝老师的爱国激情也拨动了青年的心弦。有位同学深有感慨地说:“我们怎么可以因为母亲暂时的贫困落后而说母亲这也不好、那也不是呢?我们应该奋发图强,使我们的母亲成为世界上最美丽、最健康的人。”

我们不仅要对一般青少年的思想面貌心中有数,而且对个别后进学生的思想情况更要做到了如指掌。如我校高二基础班有个学生,原来学习马虎,表现散漫,常和老师顶撞。班主任对他作了深入的了解,知道他的哥哥是我校的校友,表现很好。老师充分利用他家庭的力量,同时扬其所长,安排他当物理科代表。当他有了点滴进步,就及时表扬,并让他作为列席代表出席全市三好生代表会。这样,他转变了,而且还能团结其他同学一起进步。

因此,我想到了《一席对话》中的那个后进生,如果老师对他成绩好、表现积极的过去有所了解,那么,当发现他开始走下坡路的时候,就可以充分利用他原有的基础,去拉他而不是去推他;如果教师对他那种“怕人家说……”的心理状态有所了解,那么就可以利用他的怕落后的心理,激发他的上进心;如果教师对他的音乐爱好和特长有所了解,那么就可以吸引他到歌咏等文艺活动中来;如果教师对他看了《吉鸿昌》感到“过瘾”、认为“服帖”的心情有所了解,那么更可以相机诱导,启发向上……总之,只有了解他,才能教育他,挽救他。

《江苏教育》1980.7

努力使思想政治教育科学化

江苏省扬州中学

为把我校办成人民所希望的、理想的重点中学，去年，我们回顾总结了“文化大革命”前十七年的办学经验，在发扬老的办学传统的同时，又根据新时期的特点，从实际出发，不断改进工作。目前全校师生中教学为主的思想进一步明确，各部门的职能得到正常发挥，教学秩序稳定，教育质量稳步提高。

如何在青年学生中进行思想政治教育？“文化大革命”前十七年，我们形成了“从具体情况出发，扎扎实实、坚持不懈、点点滴滴、精雕细刻”的好传统，反复地、具体深入地、艰苦细致地进行思想工作，引导广大学生明确学习目的，逐步树立无产阶级世界观。

这种做法当前还是合适的。今天的青少年有许多不同于“文化大革命”前青少年的特点。他们思考的问题比较多，但看问题有一定的片面性。在道德品质方面，缺乏良好的习惯，不少学生道德水准起点低。这些情况在很大程度上，是由于林彪、“四人帮”的严重破坏和空洞的政治说教、贫乏的知识教育、刻板的教育形式所造成的。这就要求我们更多地从正面加强教育，从全面发展的方针出发，从青少年的心理特点出发，寓教育于教学之中，寓教育于生动活泼的活动之中，努力使思想政治工作做得更加符合科学规律。

一、从爱国主义教育入手，使学生不断明确学习目的，加强思想教育的针对性

就在校的青少年而言，学习目的性的教育应是思想教育的主要内容之一。因此，我们在进行四项基本原则教育、《中学生守则》教育时，注意引导把四项基本原则教育和学习目的教育有机地结合起来，把贯彻《守则》的成果落实到学习动力、学习纪律、学习效果上来。我们针对有些学生慨叹国家科技落后、羡慕西方国家的情况，首先加强学生爱国主义教育，激发民族自豪感和爱国热情。各班搞了“为祖国明天勤奋学习”、“热爱祖国、钻研科学、为国争光”等主题班会，把热爱祖国和勤奋学习紧紧地联系起来。有的同学说：“方志敏烈士早就指出‘中国有了一个可赞美的光明前途’，我不能浑浑噩噩、碌碌无为地度过一生，我要刻苦努力，奋发有为，为光明的中国献出青春。”

二、把思想教育融于知识的传授过程之中

学生正确的世界观的形成,自觉、主动的行为,应该是建立在丰富知识、尊重科学的基础上。如果把"识"理解为辨别、判断的能力,明确、科学的见解的话,那么可以说,无"知"便无"识"。因此,我们注意加强思想教育的知识性,使思想教育融于知识传授的过程之中,而不致成为沙上亭台、空中楼阁。如初一年级有的班级对生物学习不重视,认为那是副科,我们就组织了一次"在生物的海滩上漫步"的主题中队会,老师深入浅出地介绍生物与数、理、化等学科的关系,告诉学生二十一世纪将是生物的世纪,还放了有关生物知识的幻灯,同学们兴味盎然,扩大了知识面,懂得了学好生物的意义。同时,在传授知识的过程中,也注意恰到好处地点拨,画龙点睛地启迪,使思想教育渗透到各科教学中去。如有的班级在"每周一诗"的教学活动中,引导学生背诵董必武同志的"……我辈更应惜秒阴"的诗和清朝文嘉的"我生待明日,万事成蹉跎"的《明日歌》,教育学生要懂得珍惜时间;化学课讲到蛋白质时,便阐述恩格斯关于"蛋白体是生命存在的形式"的论述,帮助学生确立辩证唯物主义的观点。

三、开展丰富多彩的适合青少年心理特征的活动,努力使思想教育具有趣味性

好动是青年的一个特点。我们努力将思想教育寓于生动活泼、丰富多彩的活动之中,使学生在活动中开窍,在谈笑间明理。如少先队在"迎接1980年献礼旬"活动中,组织队员们给任课老师写了141封慰问信,送了亲手制作的贺年片503张,培养了学生尊师敬道的品德。有的班级开展"看谁贴得准"的活动:要求同学把《光明日报》上刊载的"伟大的祖国"照片剪贴在一张全国大地图上,这样既进行了热爱祖国的教育,又进行了一次生动活泼的知识教育。同样,我们通过开展各种文娱体育活动、举办书画展览等,丰富学生生活,在潜移默化之中加强了思想教育。如初一(7)班排演诗朗诵"生活的花瓣",演出中分别用汉语和英语讲"好、请、早、谢谢、再见、对不起"这10个字,教育大家要懂礼貌、讲文明,同时也教育了自己。

人民教育出版社《中学教育经验选编》1980年11月版

“藏修”与“息游”

郑万钟

《学记》说:“不兴其艺,不能乐学。”(如果不提倡课外的各种技艺,学生就会学不好正课)所以《学记》得出结论:“故君子之于学也,藏焉修焉,息焉游焉。”就是说,一个善于学习的人,他在学习时,则专注地修习课业;他在休息时,则尽兴地玩耍技艺。课外是课内的准备,是课内的补充和延长,也是课内的调剂。课内、课外相辅相成,促进学生智力的发展。

当然,课堂教学是学生接受知识的主要形式,应该花大力气把课堂教学的质量提高一步。但是目前一些家长和教师的注意力只放在课堂教学上,教师迷信于自己的课堂讲授,家长寄全部希望于校内的几节正课,学生也束缚于繁重的课堂作业之中不能解脱。于是,一个四十五分钟紧接着一个四十五分钟,星期日成为“星期七”,有的学校甚至连寒暑假也取消了。且不说如此教学影响学生德、智、体的全面发展,单就智育而言,也不会有好的效果。学生即使获得一些知识,也只是像电线杆式的,高而不坚,而不能像金字塔那样,基础宽厚。

许多科学家、发明家往往又是音乐爱好者、诗人或运动员、美术鉴赏家。他们很懂得“息游”,他们的业余活动,不只是生活中的一种调剂,更是从又一个方面启迪了智慧。吉他那如急雨似的动听乐声,启发贝尔运用共鸣原理造出了第一架电话机;达尔文那“不务正业”的旅行、打猎、搜集标本,成了他科学研究的起点……这些都是科学史上的佳话。我国科普作家叶永烈,少年时代参加课外兴趣小组,对许多化学试验入了迷;而在北京大学化学系上学时,他又参加了学校的“红楼诗社”,常写些短诗。其实,我们接触的一些思维活跃、有特长的学生,他们大都是课上认真学习,课后积极参加某种活动。藏修、息游,相得益彰。课余喜爱朗诵、当广播员的,一般语文水平较高;经常摆弄收音机的,对物理学习有浓厚兴趣;喜读“闲书”或有机会外出旅行的,则见多识广,知识面宽……

我们当教师的,既应重视“藏修”,保证每堂课的效率,引导学生在四十五分钟内认真学习;又应重视“息游”,减轻课余负担,以保证学生在课余有时间、有精力去从事各种科技文艺活动,并加以指导。藏修、息游,一张一弛,有劳有逸,思维形式的交替也减轻了大脑皮层的疲劳。课外各种活动的丰富内容,往往能帮助学生加深理解课堂上学习的内容,也往往能使学生产生新的疑问,激起一种求知的冲动。

目前,不少学校加班加点,搞疲劳战术,学生负担过重,严重影响了他们的全面发展。这种状况急需改变，要开辟课外活动阵地，让学生在课外各种有益的活动中，拓宽视野，丰富想象，触发灵感，产生智慧，发展能力，从而成为善学有用之才。

《江苏教育》1980 年第 8 期

加强对青少年的理想前途教育

江苏省扬州中学

我校是江苏省重点中学，全校现有46个班级，2400多名学生。十年浩劫，我校一套行之有效的思想政治工作经验被践踏，用辛勤劳动培养起来的优良传统也被破坏。粉碎“四人帮”以后，我们从为四个现代化培养合格人才的要求出发，针对青少年学生的特点和思想实际，大力加强理想前途教育，使学生的思想道德风貌逐步改观，有力地促进了学生德智体的全面发展。

调查研究现状，明确理想教育从何入手

如何在青少年学生中有效地进行理想前途教育，这是新时期思想政治工作面临的新课题。近年来，我们作了一些探索。为了从实际出发，实事求是地开展教育工作，我们首先深入调查研究，分析当前新形势下学生理想和理想教育的现状。

前一时期，我们采用答问卷、个别谈话、开座谈会、看作文、家庭访问等方法，调查了12个班级近630名学生，从中分析研究学生的思想状况。我们认为目前青少年学生的主流是好的，他们蓬勃向上，思想活跃，勤于思考问题，富于求实精神。不少学生关心祖国的命运前途，关心社会的改革。他们有抱负，希望做一个对国家有贡献的人。在调查中，我们也看到有相当一部分学生，看问题片面，对社会主义前途有些信心不足，因而缺乏远大的革命理想，目光短浅，考虑问题往往陷入个人圈子，不善于把个人的前途和祖国的命运联系起来。有的认为“理想是空的”、“现在拼命学习受苦一阵子，将来就享福一辈子”。有些同学把考大学作为唯一的出路，最高的理想。一些升学无望的同学感到前途渺茫。这些思想大多属于认识问题，是一些不定型的看法。如果这些认识问题不解决，要学生正确对待理想前途问题也就成为空谈。

在道德品质方面，由于缺乏品德教育的基础，缺乏良好的习惯，不少学生道德水准起点低，这说明目前的理想教育缺乏坚实的基础。这些情况在很大程度上是由于多年来空洞的政治说教，贫乏的知识教育，刻板的教育形式所形成的。

通过调查，我们认识到，理想教育是极为复杂深刻的思想教育过程，不能急于求成。我们要从学生和班级的现状出发，进行现实的而不是空幻的理想教育，从爱国主义教育入手，从共产主义道德教育和文明教育开始，从培养良好的学习习惯做起，一步一个脚印地走一条现实的通往理想的路。

开展“两对比、两热爱”活动，唤起同学们热爱社会主义祖国的崇高感情

两对比是：新旧社会对比；社会主义与资本主义社会对比。两热爱是：热爱党，热爱社会主义祖国。在十年浩劫期间，青少年学生看到的、听到的是林彪、“四人帮”搞的假社会主义，缺乏接受马列主义真理、科学社会主义学说的感性认识。为此，在教育内容与方法上，我们力求有所改进。我们从激发民族自豪感、爱国热情入手，引导学生关心祖国的前途和人类的命运。比如，高二(7)班举行了“我爱祖国”的报告会，在朗诵了方志敏烈士的《可爱的中国》以后，请归国华侨、我校语文老师蓝万隆同志讲回国前后的经历。不少同学被蓝老师的爱国精神感动得流下热泪，他们纷纷表示：要以努力学习的实际行动，热爱社会主义祖国。有个同学深有感触地说：“祖国是养育我们的母亲，母亲是从深重灾难中获得解放的。我们怎么可以因祖国暂时的贫困落后，而说这也不好那也不行呢？我们应该奋发图强，加快现代化的步伐，使我们的母亲成为世界上最美丽、最健康的人。”针对部分同学羡慕西方物质生活的倾向，我们又组织大家观看《摩登时代》、《可怜天下父母心》、《巴士奇遇结良缘》等电影，并组织讨论，引导同学认识资本主义社会的本质。同时，还利用班会、团队组织生活时间，学习早年留学国外或侨居国外的科学家、作家如实反映资本主义世界的文章。比如费孝通的《访美掠影》、於梨华的《我的留美经历》等。有些班还向学生介绍了青年科学家抛弃资本主义社会的优厚生活条件，毅然回国参加祖国建设的动人事例。今年，我们恢复了升旗仪式，形象地进行爱国主义教育。每天注视着那冉冉升起的五星红旗，同学们激起了为中华民族的腾飞而奋斗的满腔豪情。一位同学在作文中激动地写道：“有志青年应该在新长征中争当一个光荣的旗手，亲自把国旗升上台湾的上空，升上运动场的上空，升上月球的上空，让五星红旗在各个科学高峰飘扬！”此外，我们还组织学生参加各种有益的活动，如听中越自卫还击战的故事，参加“没有共产党就没有新中国”的文艺汇演，举行“社会主义好，资本主义糟”、“祖国颂”、“祖国新貌”主题会，举办“古代爱国诗词”讲座，在烈士墓前朗读革命书信，以及开展“爱祖国教育月”活动等。这些活动为青少年所喜爱，适合他们的特点，有助于他们正确对待理想和前途问题。

开展“献身四化，立志成才”的教育活动，引导青少年把理想、前途和平凡的学习生活联系起来

为把大家的爱国热忱引导到勤奋学习上来，上学期结合《中学生守则》的贯彻，我校普遍开展了“为祖国的明天勤奋学习”、“热爱祖国、钻研科学、为祖国争光”、“今天的红领巾、明天的突击手”等主题会，有些班级还进行了“立志八十年代成才，从我做起，从现在做起”的讨论活动。这就把理想和前途问题更加具体化了。在“做学习主

人”的活动中，同学们每人进一个科学家的故事，背诵一段名言，以此激励自己奋发努力。少先队开展“我们爱科学”活动时，队员们解答了知识性问题一千个为什么，激发了热爱科学、探索宇宙奥秘、献身四化的学习热情，各种业余兴趣小组也学得生动活泼。高二(1)班数学、物理兴趣小组不仅自己做一些难度较大的各类习题，还不厌其烦地在班上讲解，直到大伙懂了为止。为什么要这样做？他们说：“光少数几个成绩好了还不够，四化要靠大家来建设。”《中学科技》杂志学生园地所出的数学题，兴趣小组的同学早已做好，但并没有图奖励立即寄出。他们等全班同学都会做了，才以班集体名义寄出去。数学兴趣小组组长小黄同学，放弃节日休假时间，刻苦钻研数学在物理上的应用，有的内容超出高考复习提纲的范围，他说：“学习不仅是为了考大学，成才之路非常宽广，不只是进大学这一条路，将来如果考不上大学，我还是要钻研的，自学照样出人才。”

在加强对青少年学生进行理想教育的同时，我们还从整顿入手，培养良好的校风。粉碎“四人帮”以后，我们就提出了“红专结合、理实交融、虚心求教、好学深思、一丝不苟、持之以恒”的学风要求，研究制订了本校学生守则。当《中学生守则》颁布后，我们又组织各年级深入学习，并在全校提出尊师守纪、勤奋学习的总要求，制订了“讲文明、树新风”二十五条具体规定。同时通过举行展览会和“共产主义道德之花”广播会，张贴光荣榜，表扬三好生、优秀团员和少先队员等活动，宣传了好学生的事迹，有效地发挥了榜样的作用。此外，对于个别打架斗殴、偷窃和其他严重违反校纪者，及时给予严肃的批评教育，视其情节轻重和悔改态度给予适当的纪律处分。

我们感到，进行革命理想教育必须从大处着眼、小处着手。过去少数学生随意攀折花木，初二(6)中队就开展了“爱护花木”的活动，自画、自写、制作宣传牌，挂在花木附近，并在周围宣传教育，有的班级还抓住玻璃被打碎、桌椅初刀刻划、墙壁被玷污等现象，进行爱护公物的教育。少先队大队部通过开展“红领巾文明礼貌旬”活动，要求每个队员学会日常礼节用语，进行具体的道德行为的训练。我们采取了上述种种措施，逐步出现了守纪律、尊师长、懂礼貌、爱公物、讲卫生、拾金不昧、助人为乐的好风尚。

通过多种途径，依靠各方面的力量，帮助青少年树立革命理想

青少年在树立革命理想的过程中，充满着各种影响力量的互相争夺，充满着青少年思想深处强烈的矛盾斗争。理想教育过程是知、行、情、意几种思想行为的共同体现，而不是教条式的宣传，家长式的命令，或组织几个教育活动所能解决问题的。因此它需要社会、家庭、学校各方面的关心和培养，需要通过多种途径进行教育和诱导。

寓理想教育于文化知识的教学之中。共产主义的远大理想是科学世界观的主要组成部分。伟大的理想是建立在深刻的理论认识的基础上的，所以理想教育也要靠知识教育。学生学了知识，懂了道理，他才提高认识，立志改变祖国落后面貌。我们注意联系学生思想实际，改进政治课教学。在教学内容上，适当增加一些教材，比如，

在初一年级讲解社会发展史时,就举行"没有共产党就没有新中国"的专题讲座。帮助学生弄清基本要点,切实抓好基本理论教育。各学科的任课老师根据学校进行理想教育的要求,也把知识传授和思想教育有机地结合起来,进行辩证唯物主义世界观的教育、民族传统、革命传统教育,激励青少年为献身四化树立雄心壮志。

依靠学生家长和校友,帮助学生树立革命理想。父母是青少年的第一个老师,家长的教育对学生世界观的形成往往起着极为重要的作用,我们通过定期召开家长会,家庭访问,书面通信等方式,统一思想,明确教育要求,要家长配合学校进行教育。我们还经常邀请在科技研究上有成就、为工农业生产作出贡献、在高等学校学习优秀的校友来校作报告,激发学生为四化勤奋学习的进取心。原我校62届毕业生祁力群,最近研究区间数学取得成果,受到了国内外专家的重视和好评,他的研究成果被称之为"摩尔-祁力群方法"。我们一方面张贴载有这个消息的报纸,宣传祁力群刻苦学习、立志登攀的事迹,一方面宣读他给母校的来信,之后又乘便邀他回校。祁力群勉励母校同学:"要在中学时代树立自己的抱负和志向",为了理想的实现"要培育强烈的求知精神和扎实的学风,要有百折不挠、顽强努力的精神"。这一切,给同学进行了具体的生动的立志成才的教育。

根据个别差异,因人施教。我们注意掌握学生的不同心理特点,一把钥匙开一把锁。耐心细致地引导,帮助他们在各自的起点上前进。有个学生,父亲被捕判了刑,家庭的不幸,给他在学习、生活方面带来了一定的困难。当他对个人前途感到渺茫时,团支部从政治上关怀他,邀请他参加团的活动,班主任建议学校增加他的助学金,帮助解决生活上的困难,使他感到集体的温暖,重新萌发了上进心。后来,他参加了共青团,考取大学后,还来信表示不辜负母校老师的希望,立志做祖国有用之材。

在新的形势下进行学生的理想教育工作,我们仅仅开始。我们一定不断地探索实践,总结经验,切切实实地抓好理想教育工作,为四化建设培养更多合格的人材。

《人民教育》1981.1

因材施教　发展兴趣

江苏省扬州中学辅导员　徐国英

读了《三个孩子去蛇岛》及《在奔向理想的征途上》两篇通讯，使我们很有感触。

现在的少年儿童，知识面比较宽，兴趣比较广泛，富于幻想，求知欲望强烈，课堂教学和作业往往满足不了他们的需求。是靠加班加点补课，加重作业负担，强求一律，让他们吃“大锅饭”，以求各门高分数好呢，还是因人制宜，因材施教，重视能力的培养和智力的开发，在努力搞好课堂学习的同时，在课外兴趣小组中让他们“吃饱”，以充分发展学生的兴趣好呢？这是一个很值得研究的问题。按照我们的工作体会，觉得后一种方法对培养人才更有好处。

我校过去有一个学生叫祁力群，现在是清华大学的青年教师，最近研究区间数学取得成果，被称为“摩尔——祁力群方法”，受到了国内外的重视。在他上小学的时候，爱在数学课上提怪问题，老师没有责备他，而是引导他自己寻找答案。到中学后，他仍然是个数学迷，虽然还是个戴红领巾的少先队员，但常为弄清楚一个习题，和同学们争得面红耳赤。他不满足课堂讲解的定义、定理，而要弄明白它们之间的关系。有一次数学老师写好一个题目，他立即举手讲出答数，打乱了老师的课时安排。但学校老师十分珍惜这种好学精神，反而向他推荐数学参考书，少先队又吸收他参加数学兴趣小组，让他接触更深广一些的知识。他对数学的兴趣越来越深了，并立志要做个数学家，为祖国作贡献。今天数学界的“摩尔——祁力群方法”，不正是当年红领巾时期老师、家长和少先队组织扶植的结果吗？

让我们象祁力群、唐小逵的学校领导、老师、辅导员、家长那样，为把孩子们的兴趣引渡到人才，去架设金桥吧！

《辅导员》1981年第1期

建设一支又红又专的教师队伍

江苏省扬州中学校长 章心如

八十年代,我国教育事业要有一个大的发展。为了实现这个任务,必须建设一支足够数量的又红又专的教师队伍。为此,除办好现有各级各类师范院校和各级教师进修院校外,我们中学自身,还要努力提高在职教师的水平,把本校教师队伍建设好。

一、回顾历史:师资水平提高之时,就是教育质量上升之日

依靠教师办好学校,是办学的客观规律。所谓"名师出高徒",乃是千百年来的经验之谈。解放前的扬州中学,有一条重要经验,就是"重金礼聘"名师。唯其有"名师",方才出了不少"高徒"。然而那时"名师"的标准,仅是指学有专长,教有经验。至于"重金礼聘",不过是雇佣关系的一种美称罢了。解放后的扬州中学,从办好社会主义学校的需要出发,发挥了社会主义学校的优越性,更好地运用了依靠教师办好学校这条规律,批判地吸收了"重金礼聘"的经验,不断地实践、总结、提高,从而得出了自己的新经验:提高教育质量千万条、提高师资第一条。从"重金礼聘",到培养提高;从学有专长,到又红又专;从着眼于几个名师,到建设一支教师队伍,这是对旧经验的改造和发展。

解放初期,为了办好新生的扬州中学,多方延揽"名师",不得不暂时沿用"重金礼聘"的办法。通过政治运动、思想改造和新的教学实践,逐步转变他们的立场、观点、方法,使之由为旧社会服务转变为为新社会服务。同时,从本校毕业生中,挑选政治表现好,学业成绩优良的学生,留校做学生工作,着手建立一支思想政治工作队伍。之后,新中国自己培养的大专院校毕业生,源源不断分配来校任教,师资队伍不断增添新的血液。每年暑期,我们派人到江苏几所师范学院挑选优秀毕业生来校任教。但是,即使师范院校的优秀毕业生,刚一踏上教育工作岗位,并不能立即成为合格的优秀教师,必须经过一个时期的实践和锻炼。因此,新教师来校后要同有经验的老教师订"师徒合同",实行边教边学,教学相长。一般要经过初中两个循环,高中两个循环。实践证明:师资水平日益提高之时,就是教学质量不断上升之日。到文化大革命前几年,我校学生升学率达百分之九十以上。进入高等学校后,学习基础好,后劲足。少数不升学的,也都能听从祖国安排,安心做工务农。文化大革命中的十年浩劫,广大教师受到林彪、"四人帮"的残酷迫害,无情打击。在那种风雨如晦的日子里,我们力所能及地保护了教师,留得青山在,不怕没柴烧,终于保存了原有教师的百分之六

十(占现有教师的百分之四十)。现在,我们根据新时期总任务,正致力于重建教师队伍。

二、掌握规律:教学相长的过程,就是师资水平提高的过程

“学然后知不足,教然后知困。知不足,然后能自反也;知困,然后能自强也。故曰:教学相长也。”我国古代教育学名篇《学记》中的这段话,完全符合辩证唯物论的认识论。它科学地阐明了教与学的辩证关系,指出了教学相长的客观规律。实践是良师,为了教好,必须学好。每一个有经验有成就的老教师的成长过程,都是教学相长的过程。

怎样运用这个规律,推动教师不断提高呢?

1. 坚持高标准、严要求,提倡认真教、虚心学

严格要求按教学大纲和教科书进行教学,坚持质量标准。教师要在学习大纲的基础上,明确每学期的教学目的、任务,并通读全学期教材,掌握教材主要内容以及各单元之间的内在联系,还有学科之间的横的联系,订好全学期的教学计划。

切实抓好课堂教学这个主要阵地,要求把教学重点放在加强“双基”和培养能力,发展智力上。教学内容要实,教学方法要活,不断提高教学质量和教学效率。要明确教材的系统性、科学性,这课的基础知识由哪些基本概念构成的;这些概念与学过的哪些旧知识有联系,又与以后要学的哪些新知识有联系;这些概念应该培养学生哪些基本技能,通过哪些基本技能的训练可以来加深理解和巩固这些概念……。要求讲得准确、清楚,并有启发性,善于引导学生由已知到未知,由具体到抽象,举一而能反三。为此,教师要胸怀全局,居高临下,知己知彼,指引点拨;不能只见树木,不见森林,泥萝卜揩一段吃一段;不能蜻蜓点水,浮光掠影;不能刻意求深,立异标新。注意从实际出发,防止主观主义;注意实际效果,防止形式主义;注意抓住要点,防止平均主义。

严格要求,严格训练,培养学生良好的学习习惯,建立严谨的学风。“严”,不是不切实际地严,一阵风地严,声色俱厉地严,而要严而有格,严而有序,严而有方,严得具体,严得经常,严得一致。我们提出“红专结合,理实交融,虚心求教,好学深思,一丝不苟,持之以恒”,作为学校的学风。

实行教学责任制。分年级把关,做好交班衔接工作。根据各个年级的特点,提出初一、高一是基础年,初二、高二是关键年,初三、高三是决定年。每个年级都要安排富有教学经验的教师把好质量关。班级交接必须把学生的学习思想、学习态度和基础知识、学习能力等情况详细交待。学校特别强调对初一新生要做好“四衔接”,即教学内容、教学方法、思想教育、生活管理四方面要和小学相衔接。为此,要初一教师深入到小学高年级听课,虚心向小学教师学习。

业精于勤。“教不严,师之惰”。坚持高标准、严要求,严到苛求的程度,使之“知不足,然后能自反也;知困,然后能自强也”。教学工作没有压力,在职提高就没有

动力。

2. 对不同水平的教师,提出不同要求,循序渐进,逐步提高

对刚来校任教的青年教师,提出“教什么,学什么;缺什么,补什么”,并明确提出进修的具体要求。比如,语文教师要过“四关”(文字关、语音关、语法关、古文关);数学教师要过“三关”(教材关、双基关、教具关);外语教师也要过“三关”(会话关、阅读关、写作关);理、化教师要过“实验关”……。给他们交任务,压担子,劳其筋骨,苦其心志,锻炼任重致远的能力和意志。对能胜任目前功课的中年教师,要求熟悉本学科初、高中全部教学内容,把老教师丰富的教学经验继承下来,向现代科学文化知识的广度、深度进军,不仅要恢复十七年,超过十七年,而且要瞄准教育发达的国家同类同级学校的先进水平。对行将退休的老年教师,要求他们带头学好新教学大纲、新教材,并与过去的大纲、教材作对比分析,理论联系实际,系统地总结教学经验,对提高当前和今后教学质量提出指导性意见。

3. 充分发挥教研组作用,互相学习,互相监督,取长充短,共同提高

把教师置于教学的集体组织之中进行培养提高,是社会主义学校的一大优越性。我校一贯重视教研组的建设,充分发挥教研组的作用。每个教研组,每个年级的备课组,都配备有经验的骨干教师,当学科带头人、质量把关人。教研组有四项制度:(1)学习制度,包括学习政治理论、教育理论、教学大纲和教学先进经验;个人系统的业务知识学习另订计划;(2)教学制度,规定教学要做到“五认真”,即备课认真、上课认真、辅导认真、作业批改认真,考查考试认真;备课要做到“五备”,即备教材、备学生、备教法、备作业、备实验;还要分三阶段,即粗备、细备、精备;经三种形式,即个人自备、集体讨论、写成教案;(3)教研制度,有经常性的互相观摩听课、定期举行公开课并结合学科专题讨论;有教学质量检查、教学经验交流和专题总结,如最近集中研究了如何运用启发式培养学生能力和发展学生智力,如何在一堂课中体现德、智、体全面发展的方针等;(4)民主生活制度(与工会小组相结合),结合教学、教研工作,大家谈思想、谈态度、谈作风,开展批评和自我批评,在思想政治上保证教学、教研任务的完成。

4. 发扬教学民主,贯彻群众路线

在教研组里,充分发扬教学民主,培养学术风气,贯彻“双百方针”。教学内容必须按照大纲和教科书,不可随意增删。教学方法提倡八仙过海,各显神通,不搞定于一尊,但求优质高效。在学生方面建立课代表制,定期召开课代表会议,进行评教评学,学校领导和教师要倾听学生的意见,并认真地分析研究,借以改进教学。

5. 从政策上调动教师业务进修的积极性

根据红一定要专的原则,提出为四化钻研业务有理、为四化钻研业务有功的口号。实行考勤考绩制度,一年一度评选优秀教师。表扬学有钻劲,教有成效的教师,树立标兵。党组织在教师中发展党员时,也重视这一条件。把政治上拥护党拥护社会主义、业务上强的教师,不论出身成分,选拔到学校各级领导岗位上。

三、总结经验:坚持一个原则,防止两种偏向,实现三条要求

邓小平同志在《目前的形势和任务》的报告中,指出实现四化建设要有一支坚持社会主义道路的、具有专业知识和能力的干部队伍时,科学地、精辟地阐明了红与专的关系:"专不等于红,但是红一定要专。"这是对建国以来干部队伍建设工作的总结,也是对新形势下干部队伍建设提出的新要求。回顾我校过去在建设教师队伍,处理红专问题上,往往随着政治运动的起伏而出现左右摇摆的倾向:政治运动期间,片面强调红,不敢言专,强调政治,贬低业务,而所谓"红",也是形而上学地只看出身成分和运动中的一时表现;急风暴雨式的政治运动趋于低潮转入正常教学工作的时候,又往往片面强调业务,忽视政治。这种理论上的红专结合,实践上的红专分离,甚至红专对立,极大地影响了教师队伍建设的质量和进程。因此,我们建设教师队伍,必须坚持又红又专、红专结合的原则,防止只红不专和只专不红两种偏向。现在,我们强调教师业务进修的时候,注意两点:(1) 不断端正思想政治路线,坚持四项基本原则,明确为什么人的问题是根本问题、原则问题;(2) 明确政治必须落实在业务上,坚决反对空头政治,只红不专不是真正红,红应该成为专的强大动力。

按又红又专的原则,对教师的具体要求应该是什么呢?最近胡耀邦同志指出了三条,这是对建国以来教师队伍建设的总结,也是新形势下对每一个教师提出的殷切希望。联系实际,我们的认识和体会是:

1. 关于要有比较渊博的知识问题

我们要提高中学教学质量,必须不断提高教师的水平,使他们逐渐具有比较渊博的知识。给学生一杯水,教师要有一桶水,这已是教育学上的常识。备课,总是多看些资料,博一点深一点好,关键在于博采约取,钩元提要。面对现代化建设的需要,应大力提高学生的科学文化水平。在"知识爆炸"的时代,教师不能日益递增(甚至成倍地增长)自己的知识,是不能适应教学的新形势的。现用的新大纲新教材在许多方面已经超过了文革前的大纲和教材。因此,我们提出,不论是有经验的老年教师或文革前师范院校毕业的中年教师,都有一个重新学习的问题。还有中学是普通教育,中学生处于长身体、长知识和世界观形成的时期,是定向发展的关键时刻。教师是灵魂工程师,如何塑造一个美好的形象,不仅要懂点心理学、教育学,而且要学点文学、美学。对学生进行思想教育,晓之以理,还要动之以情啊!文科教师也要懂点现在化科学常识,搞点综合技术教育,否则无法亲自动手采用现代化的教学手段和指导学生课外活动。因此,要有比较渊博的知识,已经提到中学教师业务进修的日程上来了,我们要求每个教师订出长期进修规划。

2. 关于要认真研究掌握教育科学,懂得教育规律问题

按教育规律办事,事半而功倍,违反教育规律,事倍而功半。而今事倍功半的事例,在学校比比皆是。满堂灌,加班加点,题海战术等,都是一味增加劳动强度的作法。为了有效地提高教育质量和教学效率,现实逼迫我们非探索教育律规不可。由

于建国以来,我国没有创立起自己的社会主义教育学,我们不得不回顾建国初期学习苏联教育学的情况,结合总结经验,吸取其中有用的部分。如重视教学的计划性,加强“双基”,发挥教师的主导作用,注意几个教育原则的贯彻,等等。我们也力图用唯物论辩证法为指导思想,来从事教学实践和进行总结,也有些点滴经验和体会,但不容易上升为理论,当然更谈不上什么科学体系。因此,教学始终囿于传统派教育的圈子,不能有新的突破。这是关系到全局性的一个问题。最近,听了一些,看了一些关于赞可夫教育理论的介绍。虽然是一鳞半爪,一知半解,但饥者易为食,也就边学边做起来。我们在初中一、二年级部分班的语文课里,作了培养能力和发展智力的试点,有些成效。现在,我们争取有关方面来校介绍当今先进教育科学理论,以开茅塞,以广视野。但只有通过试验,拿出实例,才能扩大影响,特别在传统影响较深的老学校里。因此,搞教改试验,是我们面临的又一个重要课题。

3. 关于要有高尚的道德品质和崇高的精神境界问题

彻底肃清林彪、“四人帮”的流毒和影响,仍然是当前学校教育的一项重大任务。无政府主义和极端个人主义,不仅在部分学生身上还有一定程度的表现。而且在有些教师身上也若隐若现、时有时无地流露出来。“道之所存,师之所存也。”社会主义学校的教师,必须具有社会主义之道,教师虽然是工人阶级的一部分,但即使产业工人也不能自发产生马列主义,而必须通过自觉学习。我们提出,教师进入工人阶级行列,并不意味着学习马列主义、毛泽东思想可以放松些了,而是要求更高了,应该以工人阶级的政治觉悟、思想品质要求自己,更加努力地学习,更加自觉地改造世界观。自从学校工作着重点转移到教学上来以后,我们还是一直坚持了教师的政治学习制度,要求做到拥护党的新时期总路线,坚持四项基本原则,加强思想政治修养,树立社会主义道德风尚,以身作则,为人师表。学校党组织树立良好的党风是树立良好校风的前提。粉碎“四人帮”三年多来,我们恢复了正常的民主生活制度和党课制度,目前正在学习《准则》和刘少同志的《论共产党员的修养》。

建设一支又红又专的教师队伍,一所学校还应有自己的具体要求。总结扬中的历史经验,我们提出的具体要求是:

1. 要用党的教育方针把全体教师的思想统一起来,形成一个共同的目标;

2. 要恢复和健全民主集中制,建立一套适合教师工作特点的管理制度;

3. 建设起良好的教风、学风;

4. 教师的业务水平至少要适应初中三年小循环的教学需要,大部分教师要能适应初、高中大循环的教学需要;

5. 要有一支包括学科带头人,教研组长和备课组长的教学骨干力量,教研组长要相当于大学讲师的水平,学科带头人要相当于副教授的水平;

6. 要形成一支团、队干部和班主任的思想政治工作队伍;

7. 要有一定比例的党员教师。

建设好教师队伍,首先要充分认识教师在学校中的地位与作用。今天,教师是工人阶级自己的一部分，是党办好学校的依靠对象，教师的地位与作用空前提高。只有依靠教师，才能办好学校；只有提高教师，才能提高教育质量。除了党的领导之外，教材、教师、设备等条件中，教师是决定性的因素，正如劳动者是生产力的决定因素一样。因此，抓住了师资队伍的建设，就是抓住了提高教育质量的关键。

中央教育科学研究所学校管理研究室编《中学校长工作经验选编》，教育科学出版社 1981.3

带好中学少先队

很多学生团干部普遍认为，少先队工作主要是辅导员的事，我们连团员都没管好，哪有功夫带少先队。一个时期，出现了团队分家的现象，团队生活不活跃，缺乏生气。通过学习我们认识到，共青团工作对象一部分是青年，一部分是少年儿童，因此，做好少先队工作，是份内的事。同时，我们还联系工作实际，帮助学生团干部弄懂"带好少先队也促进了共青团工作"的辩证关系。少先队是共青团的预备队，今天的少先队员就是明天的共青团员，要提高共青团员的质量必须从少先队员抓起。有的团干部说："目前在少先队工作上花点力气，将来就能提高共青团员的政治素质，还能促进广大团员更严格地要求自己，发挥模范作用。"高二(5)班团支部带领初二(5)班中队搞春游活动，他们不要老师陪同，自己组织活动，在团员严守纪律的行动影响下，没有一个队员离开队伍单独行动。活动结束后团员们又分别送队员进城，连午饭都顾不上吃。事后，他们说："和少先队员们在一起，他们喜欢处处跟我们学，实际上对我们提出了更严格的要求。"

关心少先队员们的成长是我们每个团员义不容辞的义务。我们是从以下三个方面加强对少先队工作领导的：(1) 加强组织领导，落实团队挂钩。为了从组织上加强对少先队工作的领导，团委十一名委员作了分工，设少年委员一名，并分工两名委员兼管少先队的工作。为了保持少先队工作干部的相对稳定，我们选配了一位过去当过大队辅导员的团员专职搞少先队工作，另配备一位年轻教师兼职协助搞少先队工作，以便搞好传、帮、带。我们还层层发动，落实团支部和中队相互挂钩。要求每个团支部、每个团员都来关心少先队，做到帮助中队开展活动，思想上关心队员的成长。团员们热情很高，鼓励队员们不断进步，争取入团，有的还担任队员的入团介绍人，支部也经常吸收队员列席参加支部的发展大会。高一(4)团支部全体团员利用休息时间拣拾废纸，用卖废纸的钱为初二(4)中队买了十本少先队员爱读的书，在扉页上题了字，表达支部对队员们的殷切希望。各团支部热情关怀队员的事例，深深地感动了少先队员。

(2) 建立必要的制度。在工作安排上，我们坚持把少先队工作放到团委工作的重要位置，列入主要议事日程。每次团委会上都汇报研究队的工作，并把以团带队作为创先进团支部的一项重要内容。为了密切团员和队员的联系，我们建立了"团队月会"制度。学生团干部和少先队中队干部每月一次例会，研究中队工作，组织开展各种活动，如上团课，辅导少先队员“怎样写入团申请书”，“怎样以实际行动争取入团”等。我们还举办了“少年团校”，这是向团龄前的中学生进行系统的团的知识教育的好形式，也是以团带队的重要阵地。有个队员原来以为做个团员光荣，戴上团徽脸上有光彩，参加“少年团校”学习后，认识到团员光荣是因为它肩负着重大的历史使命，入了团要象老共青团员那样随时准备为祖国献身。

(3) 活动中有计划地进行团的知识教育。少年时期是从儿童期向青春期过渡的一个时期，要帮助队员完成这个过渡，必须做好三个衔接：小学和中学的衔接；少年到青年的衔接；团队教育的衔接。这三个衔接中我们应特别注意团队教育的衔接，因为这是学校行政、班主任工作所不能代替的。根据初一年级队员思维有很大成分的具体形象性，我们通过团队联欢、春游、故事会等进行形象化的团的知识教育。随着年龄的增长，知识的丰富，初二年级的队员抽象逻辑思维有了发展，出现了理想的萌芽，我们就通过上团课、学团章来进行团的知识教育。

建立和培养一支优秀的辅导员队伍是领导好少先队工作的根本保证。前两年，我们聘请了十七名教师当辅导员，从今年开始，我们又在高一年级中选派了十五名品学兼优的学生团员担任辅导员。与此同时建立了辅导员学习日制度。组织观摩，培养训练学生辅导员。共青团员沙敏在接受红领巾和辅导员聘书时，激动万分说：“我无须写下条文，还是让自己的行动来写一篇真正的决心书吧！”为了把少先队员引进团的大门，他结合自己的体会给队员上了团课；还搜集材料，组织智力游戏；假日带队员春游。大家赞扬他是“信得过的辅导员”。

共青团江苏省扬州中学委员会

《辅导员》1981年第9期

心随祖国心向党

江苏省扬州中学归侨教师　蓝万隆

我学习了《关于建国以来党的若干历史问题的决议》,倍感亲切,很受鼓舞。《决议》对于毛泽东同志和毛泽东思想在中国革命中的历史地位、对于建国以来三十二年的是非功过的评价,实事求是、恰如其分、令人信服。我从海外回到祖国二十八年,追昔抚今,对照学习《决议》,回顾历史,回忆个人成长的过程,我是步步离不开党的培养和毛泽东思想的哺育。

我出生在马来西亚的沙捞月。我在童年和少年时代,经历了殖民主义统治的苦难岁月,饱尝了"海外孤儿"的辛酸。我在橡胶园里割过橡胶,为了生活,我学过木匠,在颠沛流离中痛苦地熬煎。我们在国外有个深切的体会,没有一个强大的祖国,华侨永远摆脱不了被歧视、受凌辱的命运。1953年,我还不满十八岁,就告别父母兄妹,回到了祖国——我亲爱的母亲那温暖的怀抱。从那一天起,我才真正感到作为一个中国人的尊严与自豪。

1959年,我在扬州师院毕业后被分配到江苏省扬州中学任教。党的教育使我树立了为人民服务、对人民负责的观点,懂得了祖国需要人才,我应为祖国培养人才作出贡献的道理。我勤奋学习,把对祖国的一腔热爱之情,倾注到培育下一代的劳动中去。我生在国外,普通话讲不好,讲课学生听不懂,我就下决心,每天天蒙蒙亮,就起来练习汉语拼音,学讲普通话,坚持了一年多,基本上过了语言关。我深知自己知识面不广,教学经验不足。我结合教学坚持业务进修,盛夏汗流浃背,隆冬寒气袭人,我坚持学习和工作。三年困难时期,我不仅尝到了饥饿的滋味,还得过浮肿病,但那点苦算不了什么,比起我在海外的生活来,还甜得多呢。我从战胜艰难中看到党和人民的力量,看到祖国的希望,我对党、对社会主义的信念毫不动摇。

正当我满怀信心地为党的教育事业贡献力量的时候,爆发了"文化大革命"。在这突如其来的风暴中,万没有想到,来了一场"十年浩劫"。我这个有"海外关系"的人,在劫难逃,受过迫害,挨过挨斗。可我心里明白,这种做法决不是党的政策。我身处逆境,仍坚持教学,挽救那些受"四人帮"毒害的青年人。

粉碎"四人帮"以后,特别是党的三中全会以来,我们党端正了路线,落实了政策,使我卸掉了"海外关系"、"臭老九"的沉重包袱,党的温暖激励我更加勤奋地工作和学习,为培养四化人材贡献力量。近年来,我除了坚持正常的教学工作外,还应一些单位的邀请,为两万多青少年作了三十多场《我爱祖国我爱党》的报告,用自己的切身经历赞颂伟大的党、伟大的社会主义祖国。最近中央国际广播电台又在《归侨在祖国》的节目中播送了有关我的录音通讯。我心里很清楚，没有党的政策，就没有我的今天。

十多年来，我一直盼望着自己能成为一名光荣的共产党员，我多次打过申请报告。即使在“十年浩劫”期间，党的形象遭到了歪曲，但是党的光辉始终照耀着我的心。1978年7月8日，这是我一生中难忘的日子，从这天起，我成了党的行列中光荣的一员。

十一届六中全会决议的公布，令人信服地说明，我们的党不愧是伟大的光荣的正确的党，我从心底里更加热爱她，更加坚信，有这样的党领导我们拨乱反正、继往开来，我们的事业必将欣欣向荣，蒸蒸日上。我要认真学习《决议》，决心献身四化，发愤图强，振兴中华。我要永远做祖国的好儿子，我的心永远向着党。

《江苏教育》1981年第9期

这并不是哄骗

宝宝哭了,对他怒目而视或用巴掌打他,往往能止住他的哭。但更多的妈妈似乎对孩子的哭声听而不闻,只是拍着孩子说:“好宝宝是不喜欢哭的,我家宝宝就是不哭,真是个好宝宝!”

这并不是“哄骗”,而是一种好的教育方法。由此我联想到——

前几年报载,吉林省某重点中学一位慢班的教师在快班优秀生举行数学竞赛的同时,她竟认真地向学生宣布:我们全班也开展数学竞赛,比赛课本上的第一题到第五题,大家先做准备,明天举行竞赛。竞赛以后也同样举行了发奖仪式。

我熟识的一位特级教师,他对那些学习信心不足的学生也总是想方设法予以鼓励。明天课上要讲什么内容,他往往今天先对个别学生作辅导,第二天上课时点名让那位学生板演或回答问题,学生有了准备,当然答得不差,他随即表扬、鼓励。

……

这不是开玩笑吗?这不是弄虚作假吗?不,这正是符合青少年心理特征的一种教育手段,更确切地,这是教育的艺术。上面提到的两位老师事先布置竞赛范围,课前辅导将要提问的内容,正是针对学生的实际情况所采取的因材施教的一种措施。他们认真地要学生做好竞赛准备,认真地个别辅导,认真地表扬、鼓励……如此认真,不正是一个教育工作者所应具有的品质么?功夫不负苦心人,那个学校的慢班,通过竞赛,赛出了志气,不少学生学习习惯养成了,学习成绩上升了;受到那位特级教师鼓励的学生,心中既高兴,又感激,感到自己在老师的指导下是能学好数学的,从而坚定了学好数学的信心。

可见,我们教师在教育学生的过程中,应该在正面鼓励、启发诱导上多想点办法,多做点工作,要积极地、艺术地为暂时处于后进地位的学生消除心理上的压力与自卑,帮助他们找到自信,同时辅以具体的指导。这样,才能更好地在“全面发展”和“面向全体学生”方面收到好的效果。

1981年12月

《江苏教育》1981年第12期

感人至深的教育诗篇

——评儿童电影《绿色钱包》

江苏省扬州中学大队辅导员
徐国英　执笔

我们参加“全国新长征突击手(队)、先进团支部代表大会”的十一名辅导员，看了电影《绿色钱包》倍感亲切。影片通过一个绿色钱包的故事，描绘了抢救失足少年儿童的曲折而艰巨的历程，塑造了一个勤勤恳恳从事工读教育工作的老校长的感人形象。从韩小元的转变说明失足少年儿童是能教育好的，题材富于时代感和社会意义，是一部感人至深的教育诗篇。

《绿色钱包》没有靠追求时髦的表现手法去吸引观众。它朴实无华，以人物的真、感情的深扣人心弦。老校长的艺术形象具体、真实、生动，感人泪下。为了启发韩小元自觉承认错误，改邪归正，他循循善诱，耐心等待。从尿炕晒被、雨夜寻找、集体道歉、护送回家，一直到宣判前接回校，每一个教育过程都渗透了老校长的心血。园丁的汗水终于浇开了被虫咬过的花蕾，虽然是迟开的花朵，但它毕竟在祖国的大地上开放了。

影片表现的虽然是工读学校的生活，但它的教育思想对一般学校教育同样具有指导意义。爱孩子这不仅是工读教育的基础，也是学校教育的基础，但这并不是所有的教师在任何情况下都能做到的。对那些正常的孩子，我们都能爱，因为他们听话、聪明、懂礼貌、肯上进；即使那些不大听话的调皮孩子我们也能爱，因为他们学习成绩好。而对那些学习、品德都不好的后进生，老师会感到头痛，把他们视作包袱；至于象韩小元那样的失足少年则是歧视、厌弃，象躲避瘟疫一样地远离他们。一句话，对他们爱不起来。我们是根据学生的表现去爱他们，而影片中的老校长却是想到他们应成为什么样的人去爱少年儿童。因此，他对失足少年倍加爱护，倾注了全部心血。他的老伴嗔怪地说：“你对咱们自个儿的孩子也没这么操心尽力过！”老校长深情地回答：“他们也是咱的孩子啊！”多么强烈的事业心，多么高尚的情操！

要象老校长那样爱学生，必须解决如何正确对待后进生和失足少年的问题，特别是怎样看他们身上的缺点和错误。十三四岁的少年，正站在人生道路的起跑线上，这是一个人成长过程中重要的转折时期。他们正处在从少年向青年过渡阶段，好模仿，可塑性强，既有逐步成熟的一面；又有幼稚、不懂事的一面。后进生并不是天生顽劣，他们和一般少年一样，也曾有过积极向上、渴望进步的愿望或表现。但由于多种原因特别是十年动乱的影响,加之年幼无知,他们做了一些错事或受人唆使违法做坏事。对于他们一时失足,偶然犯错误,如果简单训斥、惩罚、冷遇、厌弃,使他们得不到正确的教育和应有的尊重,他们就会产生低人一等的自卑心理,有的甚至会出现破罐子破摔的想法。因此改变人们的看法,尊重他们,给他们爱和温暖,是治愈受伤心灵的灵丹妙药。即使在韩小元第四次进拘留所,吴老师失望地叹了口气,认为韩小元无可救药时,老校长却摇了摇头说:“我不信,一个十三岁的孩子就无可救药了?”这是因为老校长看到韩小元虽然沾染了坏习气,甚至违法犯罪,但还是个孩子,没有定型,在孩子身上所表现出来的优点、缺点,长处、短处,随时有向相反方向转化的可能。老校长因势利导帮助韩小元克服各种阻力,前进在人生道路上。

作为一个教育者,仅仅停留在爱孩子上是不够的,因为爱不是目的,最终是为了培养他们成为四化建设的合格人才。老校长用自己的模范行动挽救这批失足少年,处处严格要求自己,做孩子的表率。最令人感动的是戒烟一事,当他教育韩小元拿出香烟时,韩小元看到老校长烟灰缸上的香烟,眼神中似乎有质问的意味。从韩小元的那双眼睛里老校长感到了一个当长辈的对孩子的影响,于是,他使劲咬了咬牙,拿起那支香烟,死死地把它按灭了。韩小元才把兜里的半包大前门掏出来放在桌子上。老校长的为人师表是我们辅导员的楷模。

对影片的不足之处,提出两点不成熟的看法。老校长对孩子的爱是深情的,但晓之以理似乎太含蓄,从思想上点化不够。讲理,并不是概念化、口号化的说教。言简意赅的至理名言,正是拨亮后进生心中的火种。我们认为爱是教育的基础,理是转变的关键。另外,作者为了说明工读学校向四化建设输送人才,把吴老师、辛虹写成都是工读学校的毕业生。这容易使人忽略当前青少年一代的主流,产生了工读学校“人才辈出”“蓬勃发展”的错觉。作为教育者看后未免有些刺心,并会提出是否真实的疑问,因为工读学校这种特殊教育毕竟是少数。

《辅导员》1982 年第 4 期

从青少年特点出发加强三热爱教育

共青团江苏省扬州中学委员会

在全国学校思想政治教育工作会议上，党提出了要克服涣散软弱状态，加强和改善学校思想政治教育的问题，这对学校共青团工作来说，是提出了更高的要求。如何发挥党的助手作用，有效地、生动活泼地开展思想政治工作，这是摆在我们面前的新课题。一学期来，我们在党总支领导下，上级团组织的指导下，从青少年思想实际和特点出发，进行热爱祖国、热爱共产党、热爱社会主义制度的教育，在活动中力求做到思想性、知识性、生动性的统一，初步取得成效，有力地促进了学生德智体全面发展。

一、研究现状　明确从何入手

要有效地做好青少年学生的思想政治工作，首先就要了解他们，及时摸准青少年学生的思想脉搏，分析现状，研究不同年龄青少年的身心特点，做到有的放矢。

开学初，我们团委的四位同志根据党总支的要求，分别深入五个年级作了有关坚持四项基本原则和开展三热爱教育活动看法的调查，团员的模范作用和学生干部思想状况的调查。随着调查的深入，对学生的思想现状和特点有了初步的认识。

在调查中，我们看到学生总的表现是好的，积极向上的，多数学生能拥护党的四项基本原则，热爱祖国，认识到共产党是伟大的，社会主义制度是优越的。但在部分同学中对社会主义制度和党的领导存在一些模糊认识，有的同学虽然热爱祖国，但看问题片面，分不清社会主义制度和资本主义制度的根本区别，对社会主义发展中的各种问题包括前进中的困难不能正确理解，往往对资本主义的表面繁荣和物质生活看得多，对社会主义的优越性缺乏全面认识，有的认为社会主义的优越性“看不见，摸不着”。少数同学因不满不正之风，思想偏激，认为“共产党过去是伟大的，现在不那么好了”。个别同学由于升学无望，甚至认为“党的温暖我感受不到”，等等。

正确分析和认识现阶段学生的思想状况，是进行三热爱教育的前提和基础。在分析研究学生的思想现状时，我们在以下两个问题上有了新的认识：

1. 这一代中学生是在特定历史条件下成长起来的，他们思想上产生的某些模糊认识，是社会大变动的反映，是前进过程中的正常现象。现在的中学生年龄一般在十二、三岁——十七、八岁，他们生在动乱时间，成长在调整时期，面临着拨乱反正的大转折。他们既缺乏新旧社会对比的切身感受，也没有目睹过五十年代社会主义祖国兴旺发达的景象，又缺乏历史知识。从懂事起他们较多地看到了十年动乱带来的严重后果,加之有思想偏激的弱点,容易受社会上各种错误思潮的影响,有时会产生一些模糊认识,从一孔之见或道听途说中轻率地作出某种不切合实际的结论。

2. 要继续清除思想政治工作指导思想上"左"的影响,坚持一条从实际出发,实事求是的思想路线,对学生的现状要做全面的、具体的分析。既看到部分学生中存在的一些问题,又要看到绝大多数学生主流是好的,在本质上是热爱党、热爱社会主义的,不能因为看到一些问题就否定主流。

部分学生由于缺乏辨别是非的能力,受社会、家庭不良影响产生的一些模糊认识,仅仅是一段时期内,一个问题上的片面认识,并没有形成完整的,固定的看法。因为中学生的思想未定型,可塑性大,只要我们在工作中坚持疏导的方针,克服简单粗暴的做法,他们是能接受教育,提高认识的。

另外在思想教育的要求和方法上也要克服脱离实际,要求过高、形式主义等"左"的倾向。这一代中学生基本上没有受过"五爱"教育,也没有系统地学过中国历史、地理,他们在政治上、文化上缺课较多,因而思想上、学习上的起点比文化大革命前的中学生要低一些。三热爱教育先从爱国主义着手,针对他们对新事物敏感,有强烈求知欲望的特点,把爱国主义教育同学习历史、地理等知识结合起来,寓思想教育于文化知识之中,于丰富多彩的活动之中。

二、接触社会,培养爱党、爱社会主义祖国的感情

一度时期,团干部反映,思想政治工作难搞。"道理讲不清,学生听不进"。我们也觉得传统的"忆苦思甜"等教育内容和方式效果不大,老的方法不能用,新的方法不会用。经过不断地学习和实践,深深体会到,随着我国政治经济情况的改变,思想政治教育要不断充实新的内容,改革工作方法,如何使思想政治教育为青少年学生所接受,取得预期效果呢?在开展三热爱教育活动中,我们注意了以下三点:

1. 联系实际,学习《决议》。

学生中的某些糊涂想法往往与他们对党的历史缺乏了解,对建国三十二年来的是非,对毛泽东同志和毛泽东思想在中国革命历史中的地位知之甚少有关。为此,我们组织学生学习《决议》,在党总支领导下,利用校、班会时间向全校同学作了七次宣讲。帮助学生深入领会"决议"精神,我们团委的同志边学习边宣传,完成了一部分宣讲任务。高二(2)班的很多同学不仅平时认真听辅导报告、记笔记,连星期天也复习"决议"要点。在这次检查决议学习情况的考试中,全班总平均为98.5分,获全校总分第一名。学习"决议",帮助同学们提高了对党的认识,有的同学说:过去对三十二年来的是非、毛主席的功过,一直弄不清。"决议"实事求是地作了评介,令人口服心服,党真伟大,建设四化,就要靠党来领导。

2. 访问调查,情理交融。

理论不一定人人能理解,道理不一定人人能心悦诚服地接受。针对中学生阅历肤浅,对很多问题缺乏感性认识的特点,我们在方法上,力戒空洞说教,而是让学生走

出校门，深入社会，亲自去看看、问问、听听，从活生生的具体事例中感受到社会主义祖国的可爱，共产党的伟大、正确，从而激发感情，建立信念。

青年的情趣莫过于求知，我们围绕教学开展三热爱活动，把马列主义基本原理渗透到青年渴求的各种知识中去，结合语文、历史、地理知识的学习，组织了"鲁迅诞生一百周年纪念会"、"可爱的祖国"知识竞赛，"我爱祖国"、"歌唱你，伟大的祖国"诗歌表演会，历史故事会，"祖国风光"图片展览，"祖国新貌"剪贴等。少先队组织了"可爱的祖国考察团"大队活动，各小队制定考察内容和方法，通过搜集资料，调查走访，实地参观，图片展览，帮助队员了解祖国悠久历史，地大物博，人民的勤劳智慧和反侵略、反压迫的斗争精神。考察活动使队员扩大了视野，拓宽了知识，他们说，过去只知道要爱祖国，但祖国到底可爱在哪里，说不出多少来，现在能清楚地知道祖国可爱之处了。

高中团支部针对部分团员、青年的"社会主义理论是好的，但看不到它的优越性"想法，开展"社会主义好"的专题调查，分别到江都抽水机站、扬州柴油机厂、玩具厂、玉器厂、漆器厂去参观调查，还访问了著名艺人张永寿，参观了扬州工业展览等，同学们耳闻目睹了古城扬州解放前后的深刻变化，深受教育。有个同学说，原来对社会主义的优越性理解是笼统的，调查后具体、实在多了，不仅看见了，也感受到了。高二(1)团支部结合文科选修的教学内容，参观访问唐城遗址，隋炀帝陵，瓜洲古渡和瓜洲船闸等地，同学们了解了扬州的历史变迁，扬州的风土人情，从而激发了热爱家乡，热爱祖国的感情。

近几年来，我国的政治和经济情况发生了许多重大变化，学生的思想上也出现了许多过去未曾有过的问题，我们注意引导他们深入社会，从实际中寻找答案。有些同学原来认为，农村搞生产责任制是回到单干、小农经济时代，倒退了。他们在政治课上学习了生产力和生产关系的辩证关系后，从理论上懂得生产责任制不是离开集体化道路。而是为了完善社会主义农业制度，实际情况究竟怎样呢？有的将信将疑。我们带领学生到邗江施桥大队，双桥公社武塘大队，秋雨生产队，文峰大队进行调查，高二年级又听了商业局经济责任制办公室的同志介绍经济商业实行责任制的状况，同学们亲自获得了第一手材料才真正信服，体会到党的政策的英明。他们在邗江施桥大队调查，了解农业生产责任制的四大好处：(1) 改变了过去"干的不如看的，劳的不如跑的"、"记工背名单，报酬一样摊"的现象，社员干劲大了，劳动效率高了；(2) 促进了社队工业和家庭副业生产，社员生活水平提高了；(3) 社员学习农业科学技术，促进了科学种田；(4) 进一步改进了干群关系，同学们在活动中调查了一批生产幅度增加，生活水平提高的数据。例如文峰大队今年粮食产量与三中全会前相比增加二成，副业生产总产值增加五万元，家庭副业每人每年增加 20 元，工业总产值从 1978 年的五万元上升到 1980 年的七十二万元，利润达十七万元，社员个人收入由 1970 年的人平均 87.08 元，到 1979 年上升为 239.5 元，生产责任制的实行真正是"鼓了穷人的劲，治了懒人的病，革了大呼隆的命，调动了干部群众的积极性"。双桥公社武塘大队社员的生活水平也有了显著提高,全大队现有电视机40台,平均每户有自行车两辆,手表三只,40%的农户有缝纫机,95%的农户有收音机,同学们亲眼看到了生产责任制给农民带来的好处,促进了社会主义农业生气勃勃地发展。他们深有体会地说,生产责任制是符合我国生产力发展水平的,只有走社会主义道路,八亿农民才能过上幸福的生活,从而坚定了走社会主义道路的信念。

德育过程是知情行意几种思想行为的共同体现,决不是组织几个教育活动所能解决问题的,它需要社会、家庭、学校各方面的关心和培养,需要通过多种途径进行教育和诱导。我们注意依靠社会、家庭的力量对学生进行三热爱教育。高二(2)班在开展"红色书信"活动中,学生纷纷写信给家长了解家庭和家乡的变化,家长分别从一个城市、一个工厂、一个生产队或一个家庭等各方面的变化,来反映建国32年来的巨大变化。王守云同学的父母写信告诉儿子:解放前全家七口住在破烂不堪的房子里,仅靠祖父卖鱼不能维持生活,其余的人只得外出讨饭。解放后家里分到田地和房子,现有四个人参加工作,月总工资180元,不仅能吃饱穿暖,还添了手表四块、收音机一台、台一座。该班高虹同学的父亲对学校开展三热爱教育活动十分支持,来信赞扬三热爱活动开展得好,对人生观正在形成的中学生来说是十分必要的,我们家长一定积极配合,加强对子女的教育。初三(3)和初三(7)班分别搞了"建国以来我班同学家庭的变化"调查活动,写周记"我与爸爸妈妈比少年时代"看社会主义制度的优越性,这些活动比起到工厂、农村搞社会调查,更具体、亲切些,因为家庭生活的变化他们是能亲身感受到的,家里人的话一般是比较信服的。

3. 交流总结,深化提高

调查的材料必须经过分析、比较、思考、整理,才能把感性的东西上升为理性的东西,结合团队组织生活、作文,同学们纷纷写走访观感,调查报告,据不完全统计全校共写报告493篇,在各班进行汇报交流的基础上,少先队举行"可爱的祖国"考察报告会,高中举行"只有社会主义才能救中国"最佳调查报告评选活动。结合形势教育全校举行"古城新貌"广播会,以巩固收获,提高认识。

在欢庆中国女排夺取冠军的日子里,我们组织全校同学观看电影《沙鸥》,把三热爱教育引向深入,很多班级举行了讨论会。高二(5)班陈东曙说得好:祖国是养育我们的母亲。沙鸥说"我爱事业胜过生命",今天我们爱祖国就要胜似自己的生命。在"当五星红旗升起的时候"主题班会上,高一(1)班的同学群情振奋,立下了"我当以身报祖国"的誓言。他们激动地表示:学习女排为国争光的高尚风格,把自己的学习与祖国的命运、祖国的荣誉联系起来,女排赛球是一分一分地夺,一球一球地争,我们应当是一点一点地学,从我做起,从现在做起,从每一道题目做起,从每一件小事做起,从树人堂出发,向新的目标迈进。

三、围绕三好,建设精神文明

我们通过多种途径引导学生把热爱党、热爱社会主义的感情,落实到创三好的行动上，在方法上注意做到：

1. 把三热爱教育与立志成才，建设精神文明结合起来，爱党、爱社会主义祖国是心灵美的核心内容。平时教育学生懂得爱祖国，就要从具体做起，从成为一个合格的中学生做起。我们根据《中学生守则》的精神，提出了“五好”的要求（即：课前准备好，课堂听讲好，课间休息好，课外活动好，集会纪律好），各中队进行了五好检查评比。初二(5)根据“五好”要求，针对中队存在问题，开展了小队“十项竞赛”。初二(3)中队赠送格言的活动，激发了队员的政治上进心和集体荣誉感。为了争当优秀中队，他们齐心协力。在大队部开展的“尊师守纪爱学校”的活动中，男同学主动修补了学校的花墙，女同学擦洗墙上的污迹，受到师生好评。陈光同学原来表现随便，对老师不够尊敬，在集体的帮助下他有了进步。主动承担缝制棉坐垫的任务，有人劝他用缝纫机，他说只有亲手一针一线缝起来，才能真正表达学生对老师的感激之心。那天他一直缝到天黑，甚至忘记了去看电影。“皮大王”小黄，在三热爱教育活动中萌发了上进心，学习认真，热情为集体服务，最近还向辅导提出了要求：希望大部队批准他参加“少年团校”学习。其他如关心集体，团结同学，助人为乐，拾金不昧的事例举不胜举。高二(2)班的张彤同学不小心丢失了人民币十三元，这是最后一个月的伙食费和回家的路费，看到他那痛苦的神情，牵动了大家的心，一人有困难，大家帮助。全班有26个同学拿出自己的零用钱支援张彤，关怀与友爱使张彤感到生活在集体的温暖。初三(1)班樊宾同学骨折后，团员马京红、周立新主动把他送到医院诊治，陈宇、高强两位同学放弃了精采的电视，守护在樊宾同学身旁。樊宾来校上课后，行动不便，王剑秋、丛清宇等同学除了帮助补课外，还天天帮助他蒸饭、拿饭、洗碗，班上出现团结友爱的好风气。

为了帮助十四岁的少先队员迈好青春的第一步，过好从少年向青年过渡的第一个生日，大部分在元旦佳节前夕举行了“青春在召唤”的主题队会，别具一格的会场布置，不落俗套的活动内容，深深地吸引了少先队员。四百多个家长送给子女的贺信、贺词、小礼物，还有扬州糕点厂团支部赠送的礼物——一块直径40公分饰有花篮和“青春在召唤”字样的蛋糕，使队员们深受教育。初二(8)班王征同学的爸爸从河北邢台驻地寄来了贺信和生日礼物。他勉励女儿要与全国十四岁同龄的孩子们在一生中开展“四赛”、“两看”活动，即今日——赛学习、赛进步，看精神文明；明日——赛工作、赛团结，看对人类贡献。离休军人张一然把自己荣获的一枚“中华人民共和国三级解放勋章”送给孩子，希望她继承革命传统，把青春献给祖国。队员们纷纷表示要珍分惜秒，不虚度年华，立志成才象团员大哥哥大姐姐那样，象革命前辈那样，为中华腾飞献青春。

2. 把三热爱教育与加强学习责任感，推动文化知识学习结合起来。

三热爱教育不能游离于学生的学习活动之外，必须把思想教育与指导学生的学习紧密结合起来。开学初，我们结合迎新工作，组织高一、初一各班开展学习扬州中学好传统、好学风的活动，通过介绍校史，访问老教师，请高年级三好生谈创三好的体会等方式。注意做好从小学到中学,从初中到高中的衔接,帮助他们适应新的学习环境,掌握学习方法,培养“虚心、刻苦、踏实、经常”的良好学风。高二(1)班针对部分学生存在“学文不易”、“成绩不好才学文”等想法,团支部配合班主任美化环境,公布佳作,漫谈“学文一周”的感想。编印《弘文》小报进行学习思想教育,使学生感到学文有趣,学文光荣。同学们的学习劲头越来越大。高二(5)班也联系本班实际进行明确学习目的、端正学习态度的教育。该班期中考试前后有松劲现象,期考前进行高二是高中阶段“关键年”的教育,以“振兴中华”为动力,加强学习责任感。期考后,引导学生找差距(与国家要求,与省、地、市班,与高一年级找差距),从而加强了学习紧迫感。很多同学激动地表示:要以女排的拼搏精神刻苦学习文化知识。初三(4)班原有两个留级生,不安心学习想做工,通过教育后,认识到即使将来当清洁工也要有文化,要做八十年代的有文化有教养的清洁工人。他们学习认真,成绩也有了提高,我们还通过组织观看《审判冯大兴》的电视,教育学生明确学习目的。薛加记同学深有体会地说,冯大兴从反面教育了我们,光学习好是不行的,青年学生一定要把坚定正确的政治方向放在第一位。

学习责任感的加强,推动了文化知识的学习。初二(3)班的大部分男生,过去由于贪玩,不及格人次较多,本学期学习成绩有明显进步。初三(7)班由于平时抓紧学习目的、学习态度的教育,将纪律教育与提高学习质量教育结合,个别谈话与集体教育结合,期中考试时成绩有了提高,各门功课平均在90分以上的有20人。王大宇同学从徐州转来时外语只考39分,经过老师和同学们的帮助,期中考试为85分。高二(2)班期中考试全班同学的平均成绩基本上超过了85分。个别成绩较差的学生,有的也有不同程度的进步,如高二(5)班有位同学原是留级生,比较贪玩,转到班上学习后,感到集体的温暖,调动了学习积极性,期中考试平均成绩由原来的71.5分上升为81.5分。

3. 把三热爱教育与加强团队组织的自身建设结合起来。

在开展三热爱教育活动过程中,团队组织本身经受了锻炼,团队员的积极性也得到了调动,促进了做合格团员、创先进团支部,优秀中队活动的深入。我们主要抓了以下几件事:

1. 抓骨干,学期开始,团委常委认真学习全国学校思想政治工作会议有关材料,振奋了革命精神,改变工作作风,一头沉到年级搞调查,加强了思想政治工作的针对性。本学期团委四个同志分工抓五个年级,能针对年龄特点开展活动,各有特色,充满生气。

针对学生干部中存在的“干部不好当”,“怕影响学习”,“工作不会做”等思想问题,分别做过细的工作,帮助他们加强光荣感、责任感。对个别学习确有困难的学生干部,作了适当调整。减轻工作负担或暂时不分配工作任务,以保证他们有较充裕的时间抓文化知识学习。

在活动中我们通过压担子、交任务培养干部的能力,很多团队干部主动外出联系搞社会调查,回校后又带领团队员自己动手、动脑写考察、调查报告。有的班主任反映,这次三热爱活动我们没有什么烦神,基本上都是学生自己动手的。初二年级有两个班的同学就是自己独立外出搞调查活动的。

2. 抓制度。制度是使工作有条不紊地进行的重要保证。我们健全了团委常委一周一次研究工作的会议制度,发扬民主,加强了集体领导。坚持了全团带队的制度,活跃了少先队生活。试行了学生干部考察制度。建立了卡片,注意加强对干部的培养教育,克服单纯使用观点。建立了广播、黑板报宣传阵地和红领巾艺术团等活动阵地。配合教导处、保健室、体育组等部门进行保护视力教育并组织体育活动的开展,有力地促进了学生的身心发展。

3. 抓典型。及时宣传好人好事,运用榜样的力量进行教育。我们宣传了德智体全面发展的三好学生李虹的事迹。最近李虹作为江苏省三好学生代表参加全国三好学生、优秀学生干部和先进集体代表会议。各年级通过评选三好生、优秀队员等活动宣传典型,树立榜样。本学期有 195 名队员被评为优秀少先队员,还评出 18 个优秀小队。全校受表扬的三好生有 363 名,受学校单项表扬的有 350 名。

我们的三热爱教育活动仅仅开了个头,如何深入开展下去,特别是把三热爱教育与解决学生的思想实际问题与学校的常规教育,与全面提高教育质量结合起来存在不少问题,有待于今后努力研究和探讨。我们决心在新的一年里,继续深入调查研究,摸索新时期学校政治思想工作的规律。

一九八二年一月

我们是怎样在知识分子中进行建党工作的

中共江苏省扬州中学总支委员会

扬州中学，是一所有七十多年历史的江苏省重点中学。现有40个班级，学生2100人，教职员工216人，其中教师156人，大专院校毕业水平的147人。“文化大革命”前全校有党员26名，其中教师只有16名，党的领导显得薄弱。“文化大革命以后，特别是自党的十一届三中全会以来，我们在上级党委的领导下，根据党中央对知识分子的政策精神从实际情况出发，认真抓了在知识分子中的建党工作。这几年来，全校共发展新党员14名(先后任教导主任、副主任的4名，教研组长或骨干教师的7名，一般教师2名，职员1名)，其中教师13名，占新党员总数的92.3%。现在共有党员56名，占全校教职工总数的38.7%，从而加强了党对教育工作的领导，更好地培养四化人才，做出了积极贡献。同时也初步解决了知识分子入党难的问题。

(一)

由于十年内乱的严重影响以及社会长期遗留下来的对知识份子的旧观念和“偏见”也反映到我们的思想上来，对在知识分子中建党的问题，认识是不够的，看法也是各异，归集到一点，即“左”的错误思想没有彻底解决。其主要表现在：一是“文化大革命中”如有些知识分子入党的问题而被批被斗，现在又在知识分子中建党，怕戴上“右”的帽子，因而顾虑重重，徘徊不定；二是“左”比“右”好，认为可慢一点，少发展几个，看看情况再发展也不要紧；三是，个人主义患得患失，怕有朝一日又被批判。

以上这些“左”的错误思想使我校的建党工作一度受到了很大影响，党的十一届三中全会以后，才逐步得到解决。主要是通过学习，对我国知识分子的阶级属性和在四化建设中的地位作用，进行了深入讨论。认识到党中央为我们彻底推翻林彪、江青反革命集团的所谓对教育战线的“两个估计”，松开了束缚在我们思想上的绳索。邓小平同志在全国科学大会上和全国教育工作会议上的报告，清楚地说明了我国已经进入了历史发展的新时期，知识分子队伍的状况已发生了深刻变化。我国的知识分子，他们已经是工人阶级的一部分。是工人阶级中最有现代科学知识的一部分，是党建设两个文明的一支重要依靠力量。“要热情地在优秀教师中发展新党员。”特别是党的三中全会上，党中央提出了把全党工作的着重点和全国人民的注意力转移到四化建设上来的政治路线，使我们明确了要为四化建党、为加速培养四化建设人材而建党。通过学习，我们终于从“左”的思想束缚中解放了出来，克服了患得患失的情绪，从而提高了在知识分子中建党的自觉性。

(二)

我们在知识分子中进行建党工作的具体做法是:

(1) 学好政策,把握政策,坚持重在表现的原则。通过学习,我们总支在思想上得到了比较彻底解放,把长期以来,在政治上要求进步、思想上表现好,教学工作上有显著成绩的教师排了队,提出了发展新党员的规划。其中有从旧社会过来的老教师,也有建国后培养起来的新教师,有家庭、社会关系方面比较清楚的,也有比较复杂的,甚至有港澳台关系的。我们本着重在本人表现和实事求是的原则,对建党对象抓住两看:一看政治表现,二看一贯工作表现。政治表现主要看对党的信念、"十年动乱"期间的情况和三中全会以来对党的路线、方针、政策的态度。工作表现主要看对党所分配工作的一贯态度和完成工作任务的情况,从总体上说就是看是否具备共产党员的条件。我们首先选择了老教师黄久征同志,中年教师蓝万隆同志作为发展对象。数学教研组长黄久征虽有较复杂的社会关系但已查明。他一九五六年就提出入党申请,忠诚党的教育事业几十年如一日,做出了出色的成绩。1960 年荣获全国先进工作者的称号,78 年被评为省特级教师。语文教研组副组长蓝万隆是归国华侨。虽然有港、澳、台关系。但他 53 年回国时只有 18 岁,是党把他培养成大学生、人民教师,他对党有深厚的感情,热爱社会主义祖国,中学时代就申请入党,"文化大革命"中遭到批斗、抄家,被洗劫一空,可他始终没有动摇过对党的坚定的信念。多年来,在工作中做出了显著的成绩,为党内外群众一致公认,经过讨论,大家认为黄久征和蓝万隆同志已具备了共产党员的条件,发展了这两位同志入党,不仅在本校,而且在全市都产生了很大的影响。群众反映说:党的重在本人表现的政策在知识分子中兑现了。

(2) 贯彻积极慎重的方针,坚持党员标准,保证党员质量。

我们在整个发展新党员的过程中,特别注意坚持党员标准,保证新党员的质量,贯彻积极慎重的方针,成熟一个发展一个。这几年来发展的 14 名新党员,党内外反映都是好的。我们的主要做法是在建党工作上贯彻了民主集中制的原则,总支既进行集中的指导,又在党员中充分发扬民主。在制订发展计划和讨论发展对象时,我们提出了"两不"、"两坚持"的要求。"两不"即不凭个人好恶感情用事,不凭亲疏关系,杜绝在党的发展工作上的不正之风。"两坚持"即坚持党性,坚持党员标准。同时采取了自上而下和自下而上,上下结合的方法,自上而下就是告诉大家按照什么精神去发展,如三中全会以后,我们强调要把具有高度政治觉悟和具备入党条件的先进分子吸收到党内来,另外也把来自群众的意见经过支部研究的初步计划以及时拟列为发展对象的情况告诉群众。以便群众帮助考察监督,自下而上就是各小组将讨论发展工作的意见和情况详细地向支部汇报,必要时要经过几上几下,将上下的意见结合起来。经过去伪存真,去粗取精,由此及彼,由表及里的分析研究,由总支作出决定,然后按照党章规定严格履行入党手续。由于贯彻了民主集中的原则,因此,在讨论发展新党员的支部大会上意见都是一致的,这样就切实保证了新党员的质量。

(3) 积极做好对积极分子的培养教育和考察工作。

我校系重点中学,大多数教师都是经过挑选的,相对而言,素质较好,不少人早就提出入党要求,所以当他们一跨进扬中大门,支部就要求党小组长和党员经常同新教师谈心,及时掌握他们的思想、业务等方面的情况,向支部汇报,通过较长时间的考察,支部根据党小组汇报的情况将那些入党要求迫切、各方面表现都比较好的积极分子进行排队,分期分批列入培养对象,交党小组负责继续考察和培养,党小组指定专人和培养对象经常联系,支部和总支吸收他们听党课和参加一些党的活动,对他们进行党的性质、纲领、奋斗目标和党员必须具备的条件的教育,帮助他们端正入党动机,有的还分配一定的社会工作,让他们得到实际锻炼。在党的三中全会以后,我们提出在对培养对象全面考察的基础上,要特别着重考察他们在党的十一届三中全会以来的政治态度,同时注意了解他们在"文革"中几个重要关键时期的表现,在培养过程中对一些同志的思想疙瘩及时发现、及时解决,如有的同志思想品德、家庭社会关系比较好,但业务上不是骨干,怕入不了党;有的政治、业务都比较好,但又觉得学校里和自己同等条件的教师多,不知何时才轮到自己入党,支部对这些问题都及时的进行了个别教育,指出了他们的努力方向。

由于我们把对积极分子的培养和考察作为党的经常工作之一,所以我们的发展党员工作自三中全会以来一直处于正常情况。

(三)

一石激起千层浪。我们在文化大革命以后特别是三中全会以来,分期分批地在教师中发展新党员,在全校引起了很大的反响,对广大教职工起了很大的鼓舞作用,对学校的各项工作也起了很大的促进作用。

(1) 唤发了教师的政治热情,看到了教育的春天真正到来了。

在黄久征同志被批准入党之前,许多老教师都说:黄老入不了党,就别想摊到我们。言下之意,黄老入了党,我们才能有希望,蓝万隆同志入党以后,许多要求进步的中青年教师都觉得有了希望,学校象黄久征、蓝万隆这样的同志不只是几个而是一批。这些同志经受了长期的考验,特别是在"文化大革命"十年浩劫中,尽管遭批判、受折磨、被抄家,但"家鸡打得团团转",对党的感情仍然十分深厚。他们看到了在教师中发展党员,不少同志就再次递交了入党申请,到目前为止,在教师中共有 52 人写了入党申请。

过去有的教师打了入党报告,天天盼、年年盼,但是左一关,右一关,关卡林立,于是感到没奔头,没希望、没信心,有的就打算清清白白地做人,上好课,不误人子弟,对得起良心就行了。有的想,不能做个党员,就做个党的同路人吧。现在看到过去认为不能入党的同志入党了,很多同志一度熄灭了的政治上积极上进的火焰又重新点燃起来,有位教师形象地说:我很早就打了入党报告,但"文化大革命"把我的希望扑灭了;党的三中全会以来的路线方针政策震动大地的春雷又把我唤醒了。又如一位教师在入党申请书上写道:“十多年来,我象一个失散了的孩子,现在又看到了自己的母亲,我的心情十分激动,多么希望立即投入母亲的怀抱,我想总有一天母亲是会收下我这个孩儿的。”特别是归国华侨蓝万隆同志入党,不仅在校内有影响,而且在全市的华侨和一部份教师中都有很大的影响,许多教师表示,教师的春天已经到来了,自己要在党的三中全会以来的路线方针指引下,努力做好工作,为党的事业作出尽可能多的贡献。

(2) 充实了骨干力量,进一步加强了党对教学工作的领导。

“文化大革命”前,我们学校的党员主要分布在行政人员中,教师中的党员只有16人,占党员总数的40%。这几年来发展了13名教师党员,百分之九十以上是教师骨干,使教师第一线的党员增加到29人,改变了学校党员分布状况,充实了教学第一线的力量,党的路线方针政策在各个教研组以及有关教学部门的贯彻执行有了可靠的组织保证,进一步加强了党对教学工作的领导。

(3) 增强了新党员的光荣感和责任感,不断作出新贡献。

新党员能够把入党看成仅仅是今后进步的起点,时刻以共产党员的标准严格要求自己,经过预备期的考察,都能按期转正。因此,他们在各自的工作中不断作出了新贡献。

新党员郑万钟同志,今年40岁,年富力强,入党后勇于挑重担,肯学习肯钻研,出色地完成了各项工作任务,如80年上半年省委一位负责同志听了他的公正课,连声称赞说:象这样的语文课就上到家了。近几年来他还在《人民教育》、《扬州师范学报》、《江苏教育》等刊物上,发表了好几篇研究教育与教学的文章。由于他符合干部革命化、知识化、专业化、年轻化的要求,已被提升为学校校长副书记。

新党员徐国英同志被提升为学校教导副主任,入党后她进一步发扬了忘我的拼搏精神,受到广大师生的钦佩。她身患多种疾病,人家称她“半条命”,可她表示只要生命存在就一定要干革命,多年来她一直致力于青少年的思想政治工作取得了显著成绩,去年出席了全国新长征突击手大会,被命名为全国优秀辅导员,在扬州市1981年的“创争”活动中被评为教育系统优秀党员,《辅导员》《江苏青年》等等杂志都发表了介绍她的先进事迹的专文。她表示愿作培养四化建设人才的“人梯”“要让白发与红领巾一起飘扬”。

新党员陆丕文同志,系教导副主任,兼数学教研组副组长,是一个典型的中年知识分子代表,他任大专普中数学教学二十多年,一心扑在教学事业上。是个有培养前途的教育领导骨干。81年10月批准了他加入中国共产党,实现了他多年来的崇高愿望,他对党的事业十分忠诚对工作更加兢兢业业,精益求精,对教育行政工作和教学工作做到了两不误,还撰写了有关数学教学的文章,在《教学通讯(理科版)》、《中学数学》上发表。

我们虽然取得了以上的这些成绩,但用十二大的精神来对照,工作做得还不够,还存在不少缺点和问题，今后我们要继续认真学习好党的十二大文件，根据新党章的要求，进一步做好在教师中吸收党员的工作，着重放在具有较高政治素质，符合入党条件的中年教学骨干中，并注意对青年知识分子的培养，进一步提高他们的共产主义觉悟，对那些有理想、有才能，政治上积极要求进步、业务上刻苦钻研的优秀青年知识分子，积极培养考定。对具备党员条件的将他们及时发展到党内来；也注意培养和发展那些积极要求入党，并具备了党员条件的老年知识分子，做到逐步改善党员分布中存在的问题，不断为党增加新的血液，加强党的思想建设和组织建设，提高党的战斗力，为完成党交给我们的重大历史使命而努力。

一九八二年十月卅一日

预备队员的回答

江苏省扬州中学大队辅导员 徐国英

十二大召开的喜讯传来，扬中校园一片欢腾。翻两番的宏伟目标使少先队员们无比兴奋，四化建设的蓝图更令他们神往。怎样使党中央提出的奋斗目标化为少先队员的理想呢？我们在上学期开展了《我们是光荣的预备队员》的活动。这次活动贯穿整个学期，以学习党的十二大精神和胡耀邦同志的《预备队的光荣任务》为内容，开展了丰富多采的教育活动。这是一项对少先队员进行共产主义思想教育的活动。一学期来，我们欣喜地看到，队员们身上的共产主义思想在闪光，共产主义精神在发扬，他们正在以实际行动作出预备队员的回答。

未来拨动了红领巾的心弦

谈起预备队的光荣任务，很多队员会一字不差地背给你听。如果深入追问：现在的预备队员在将来要担负什么重任？能为四化做些什么？他们会感到茫然。为了帮助他们看到自己在实现宏伟目标中所处的地位和作用，初一(2)中队的辅导员和队员们一起畅谈“我在二〇〇〇年”，当他们描述自己在“二〇〇〇年”的情景时，仿佛真正置身于四化建设的行列中，感受到了预备队的命运和祖国的四化建设紧密相联。有个队员说：“我从来没有想得这么远，总认为翻两番是大人的事。现在扳着指头一算，前十年我在学校学习，后十年就要为国家的经济振兴出大力。我觉得四化并不遥远，它将由我们这一代和父兄一起去实现”。美好的未来拨动了红领巾的心弦，激励他们奋发向上，立志成才。刚满十岁的尤永同学，当他发现到了二〇〇〇年自己将30岁时，他惊讶了，惭愧地责备自己太贪玩。他激动地说：孔子三十而立。如果象我现在这样，即使到了六十岁也难于为祖国作出贡献。从此，他努力改正缺点，勤奋学习，数学成绩从60分提高到80分。中队为尤永的点滴进步感到高兴，一致推选他当“预备队之花”。由于激动，尤永的小脸涨得通红。他说：“这是大家对我的鼓励，我要当一名合格的预备队员。”

从树人堂出发

和尤永一样，广大队员都在思考，怎样才能当一名合格的预备队员？各中队的辅导员为了幼苗的茁壮成长，他们以老预备队员的身份给队员们讲解胡耀邦同志的讲话《预备队的光荣任务》，满怀豪情地和队员们一起歌唱“革命由我们接班，未来由我们创造,我们是光荣的预备队,向着共产主义远大目标”。队员们在观看影片《先驱者之歌》后,怀着“学习父兄,跟着父兄,准备接替父兄”的心情,动脑动手,开展调查访问,搜集整理革命先辈、英雄模范和先进人物的事迹。全校650名少先队员整理的事迹材料,份份都是那样的工整清楚,汇编成一本本《祖国之花》。看到那精心装订的《祖国之花》,读了那感情真挚的小序,我们感到了祖国春天的气息。队员们说,祖国之花已在我们心中生根发芽,到了二〇〇〇年,我们也要成为祖国的优秀之花。

为了帮助队员走上通往理想的道路,队员们参加了《在树人堂前》的大队主题会。他们在这里静听过去的少先队员、现在的共产党员、劳动模范季家凤阿姨以自己的亲身体会讲述预备队员的成长之路;静听老师家长介绍不同年代的青少年如何在这里学习成长。树人堂前话传统,激动之中感到了紧迫感。队员们在树人堂内自豪地戴上江苏省扬州中学的校徽,校风歌响彻会场,此时此刻,红领巾们只有一个信念,作为八十年代的新一辈,要只争朝夕,奋发攀登,无愧于老校友,无愧于树人堂,无愧于党和人民。他们的决心集中体现在给全国新长征突击手、原南京大学团委书记、68届校友李西宁大哥哥的回信上。队员们说,为了理想的实现,我们要以上好每一堂课,做好每一道题,培养一个好习惯的实际行动,从树人堂出发,脚踏实地地迈向理想之巅。

千里之行,始于足下。队员们订了行动规划,各自找到了起点。初一(1)中队的梅冰同学,过去他上课爱做小动作,还认为自己年龄小,接班又太早,缺点可以慢慢改正。现在他认识到,原谅自己就是不求上进,“时刻准备着”就要一刻也不能放过自己的缺点和弱点。他决心改正自己的毛病,课上专心听讲,尽量克制自己,不做小动作。为了听懂老师的讲课,他晚上抓好预习。平时口袋里还装一个记有英语单词的小本子,一有空就拿出来读读背背。果然,他的学习成绩大有进步,期中考试各门功课平均达93分。初一(3)中队举办了“老实的态度,踏实的学风”主题队会,会上请全国三好学生、高三(4)班团支部书记李虹同学谈了创三好,培养良好学风的体会。李虹同学的发言对队员居维莉触动很大,决心改掉过去做作业对答数的坏习惯,认真做好每一道题。她专心听讲,作业之前一定先看书,弄懂定理、概念再动手,并且给自己作了规定:做好习题不验算决不上床睡觉。艰苦的学习给她带来了学习数学的兴趣,她的数学成绩有了很大提高。她还以女排的拼搏精神鼓励自己,每天坚持4000米长跑。有时跑得腿痛迈不开步,但一想到孙晋芳、陈招娣大姐姐带伤上场比赛的情景,她又咬咬牙坚持下去了。当队员祝贺她在冬季长跑中获得初一女子第一名时,她谦虚地说:“我距离做一个合格的预备队员还差得远呢!”

有的队员针对自己缺乏劳动习惯的弱点,在实践中培养热爱劳动、珍惜劳动成果的好品德。初二(6)中队的小乔,阅读了《我的爸爸》一书中陶斯亮写的《大树底下长不出好草》后,深有感触地说,预备队不能做“树下草”,不能躺在父兄开创的事业上享福,要沿着父兄的足迹,为开创社会主义现代化建设的新局面作出贡献。她认为,有些家长希望子女“在家不劳动,在外不受苦,万事皆不管,只要分数高”,这不是爱子女,而是害子女。她自己改正了怕劳动的缺点,主动帮助妈妈做家务,自己的衣服自己洗,参加公益劳动也能做到不怕脏不怕累。初一(4)中队还向队员们布置了“特殊的家庭作业”,要求队员在家每天完成洗碗、扫地、洗衣服等五项劳动。他们邀请扬州市汶河清管所的老工人和青年先进工作者参加了他们的“勤劳的双手,美丽的心灵”主题会,决心学习清洁工人“宁可一人脏,换来万人净”的共产主义思想和劳动态度。会后,队员们和清洁工人一起打扫了红领巾路。现在每次周末大扫除,这个中队的队员都能自觉带工具,认真打扫,连地上的树叶、瓦砾都拾得干干净净。

初一(5)中队的中队委员,把做好中队工作作为学习为人民服务的共产主义精神的一项实践活动。开学初每个队委写了工作计划,交流在小学里当干部的体会,最近又认真地写了学期工作总结。他们热心为大家服务的精神受到队员的好评。郑昶同学保管班级的钥匙,每天负责开关教室门窗。队员们问她当的什么官?她笑咪咪地回答:“门倌”。有时怕早上醒得迟耽误了开门,就要爸爸妈妈喊她起身。进校以来这些天,她每天早来迟走,不声不响地为同学开门、关门,从不误事。象这样的事例又何止郑昶一个,少先队员集体观念增强的事例举不胜举。队员们用实际行动创造着美好的集体,他们生活在追求美好理想的境界中。

迈向新的高度

中学少先队员孜孜不倦地追求的目标是什么?他们的回答是一致的:做一个光荣的共青团员。

初二的少先队员年龄在十四岁左右,面临着从少年到青年的转折。为了帮助队员迈好青春第一步,大队委员会决定给十四岁的队员集体过生日。队员们参加了“学习突击队,准备参加共青团”的活动。在高中团员和辅导员的带领下,他们认真学习团章,学习青年运动史,并搜集不同时期青年英雄的故事。这章章历史,页页闪耀着青春的光辉,激励他们决心继承和发扬青年运动的光荣传统,跟着先锋队,挑起突击队的重任。

家长的殷切期望,激励红领巾们坚定信念。一份份生日礼物与一封封贺信,寄托了三百三十二位家长的希望。李曦同学的家长用第二次评为优秀党员的纪念品——纪念册赠给她,要求李曦用它记下青春的足迹,记下她在转折时期是如何克服缺点不断前进的。李曦决心不辜负长辈的希望,象父兄那样做一粒种子,撒在通往共产主义的金光大道上。

队员们经常谈起“让青春闪光”的队会是那样令人难忘,催人向上。这对初二(3)中队的杨开宇同学来说,震动更大。过去他是“不好不坏随大流,甘居中游轻悠悠”。现在他变了,变得勤奋刻苦,孜孜不倦。是什么力量促使他转变的呢?用他的话说:“我要用自己的行动来填写入团申请书。”这不仅是杨开宇同学的回答,也正是全体预备队员的回答。

《江苏教育》1983.3

从实际出发办好教育
——笔谈学习《邓小平文选》的体会

江苏省扬州中学校长　郑万钟

对知识分子要有正确的估计

学习《邓小平文选》中有关知识分子的论述,回顾推翻"两个估计"前后的情况,感到十分亲切。

建国以来,我们党在对待知识分子的问题上,有过严重的教训。长期来,存在着轻视知识、轻视知识分子的偏见,多数知识分子被看成异己力量,被看成资产阶级知识分子。特别在十年内乱期间,"四人帮"把所谓的"两个估计"强加给知识分子,残酷地摧残迫害知识分子,给社会主义事业造成了严重的损失。当时我校广大教师"欲教不能,欲罢不忍",处在无法理解、无所适从、无能为力、无可奈何的境地,还谈得上什么尊重知识,培养人才!粉碎"四人帮"后,小平同志自告奋勇地抓科学教育,首先站出来为几百万知识分子说话,推翻压在知识分子身上的"两个估计",强调"我国的知识分子绝大多数是自觉自愿地为社会主义服务的。"他代表党中央宣布知识分子的绝大多数"已经是工人阶级和劳动人民自己的知识分子","是工人阶级自己的一部分。"这就极大地调动了广大知识分子的积极性。当年我校教师读了小平同志在全国科学大会和教育大会上的两个讲话,莫不欢欣鼓舞,大家由衷地感到,教育的春天来了,知识分子施展才能的时候到了,革命的积极性空前高涨。这些年来,我校教师为党的教育事业兢兢业业工作,全校先后已有十四名教师入党。

在学习小平同志关于知识分子的论述时,我深切感到,正确对待知识分子,关键要有一个正确的估计。我们决不能再犯"左"的错误,为渊驱鱼,为丛驱雀,而应当在党的十二大精神指引下,真正把知识分子当作我们建设四化的一支重要的依靠力量。我自己也是个知识分子,我要象邓小平同志所要求的那样,"要继续努力,在政治上,业务上都要不断求得新的进步。"我又是一个新走上领导岗位的干部,我要学习老一辈无产阶级革命家的立场、观点、方法,正确估计教师队伍,一方面,按照党的政策,充分调动大家的积极性,发挥他们的才干,另一方面,和广大教师一起,正确处理"红"与"专"的关系,严格要求自己,自重、自爱,珍惜"人民教师"的光荣称号,在两个文明的建设中作出应有的贡献。

《江苏教育》1983年第8期

“共产主义就在我们身边”主题会纪实

编者按　胡耀邦同志在中共十二大报告中提出:“社会主义还必须有一个特征,就是以共产主义为核心的社会主义精神文明”。同时指出:“那种认为‘共产主义是渺茫的幻想’、‘共产主义没有经过实践检验’的观点,是错误的。我们每天的生活都包含着共产主义,都离不了共产主义。”这里,我们向大家介绍扬州中学高二(1)团支部、班委会主办的题为“共产主义就在我们身边”的主题会。师生们通过英雄模范及周围活生生的先进事迹,赞扬了社会主义精神文明,坚信共产主义因素将日趋增多,决心从我做起,从现在做起,为共产主义远大理想而奋斗!

主　办:江苏省扬州中学高二(1)团支部、班委会
时　间:一九八二年十一月十六日
地　点:高二(1)教室
主持人:南雁波

会场内,课桌排成长方形,讲台上放着两盆淡黄色的秋菊。两侧墙壁上贴着“活生生的共产主义到处存在着、斗争着、前进着。”“我们要努力成为有理想、有道德、有文化、守纪律的共产主义新人”等标语。

南雁波:“老师们、同学们,我们高二(1)团支部、班委会主办的‘共产主义就在我们身边’主题会现在开始。共产主义这个名词,对我们大家来说,并不陌生。但是,我们对它的理解究竟怎样呢?通过十二大文件的学习,我们对共产主义的认识应该更深刻了一些。(南讲了共产主义两个方面含义)共产主义是科学的真理。我们当中有些人,对此存在着模糊认识,认为‘共产主义可望不可及’,‘共产主义渺茫’。然而,事实并不是如他们所认为的那样。只要我们稍微留心一下周围所发生的那些平凡的、细小的事情,我们都可以看到共产主义火花。可以这样说,我们生活中到处存在着共产主义因素,共产主义就在我们身边!”

“下面,请同学们谈谈自己了解的一些先进人物事迹,我们周围的闪烁着共产主义火花的平凡小事。”

王晔:“刚才主持人的话触动了我。我向大家介绍一位具有共产主义思想的模范人物赵春娥(讲述赵事迹)。

赵春娥同志的事迹,使我们看出她对共产主义事业的忠贞。她不会写,不善写,她的奋斗是通过那些又脏又黑的劳动,给人们带来方便。她是一位共产主义的实干家。她把理想与实践结合起来,把本职工作同共产主义大目标联系在一起。通过她,我们可以得出一句话:共产主义就在我们的岗位上。”

林峰:“赵春娥同志的事迹激励着我。我写了一首诗,献给她。诗的题目是:《共产主义在闪光——献给优秀共产党员赵春娥》(略)……”

秦晓东:“其实,在我们国家里,象赵春娥这样的女同志又何止一个呢!商业战线有,其他战线也有,北京地铁前门派出所的女民警周怡同志便是其中的一个。”

张永涛:“我给大家介绍一位又红又专的大学生、我们当代青年的榜样张华同志的事迹……张华同志牺牲了,但是作为一个又红又专的一代新人的典范,作为一位共产主义实践者,他将长久留在我们心中!”

朱建写:“下面,我给大家介绍一下身患重病的刘玲同学关心集体,关心他人的事迹……”

南雁波:“上面几位同学介绍了他们所知道的一些先进人物的光辉事迹,那是何等感人啊!在我们这个伟大国家里,共产主义因素普遍存在着,就是在我们扬中校园,甚至在我们的班级里,在我们身边,这种闪光的思想也普遍地存在着。同学们是不是想一下,谈一谈。”

尹会明:“是啊,在我们平凡生活中,处处闪烁着共产主义思想的火花。从我亲身体验中,深深感受到这一点。

刚进扬中时,我们班外语水平普遍很差,有不少同学因听不懂英语课而哭鼻子。我第一次考试得了30分,心灰意冷。这时外语支老师鼓励我,耐心地帮助我。支老师为了改变当时班上外语学习的落后面貌,操尽了心。每晚,他的办公桌旁围满了补课的同学,办公室灯光时常伴他到深夜。多少个节假日,他放弃休息,带领同学们踏踏实实,一步一个脚印地向前赶去。辛勤耕耘换来了丰硕成果。同学们的英语水平不断提高,本学期的期中考试成绩我班英语跃居领先地位,我也从原来的不及格跃到了93.5分。支老师不计报酬的共产主义劳动态度值得赞扬和学习。”

沈璇:“还有我们班集体主义空气十分浓厚,这与我们的班主任朱老师的热情指导很有关系。她处处象慈母一样关心我们,既教书,又育人。谁思想上出了毛病,她耐心帮助,认真引导。我们的衣服破了她拿到家里为我们缝补,使我们虽远离父母却身心都得到健康成长。”

张顺强:“不仅我们的老师如此,同学也是这样。我班团支部书记吴顺文不计较个人得失,放弃休息为班级工作,为同学服务。在学习上,他很刻苦,在高一年级每学期期中、期末考试中,都取得总分第一的好成绩。课外,他爱动脑子,在今年全国小发明、小制作活动中,大胆改进物理实验器具,制作‘平抛实验器’,获省一等奖、全国二等奖。”

王晔:“我们来自于全省各地,刚刚离开父母身边,但我们都体会到班级大集体的温暖。去年寒假前夕，我不慎将钱全部丢失，当时吃饭也成问题，十分苦恼。这时，同学们你一角，他两角地支援我，当时，我哭了。我怎能不感动呢？这不仅仅是几角钱，而是同学们的心啊！”

祝启斌：“王荣明同学是我班劳动委员。他热情帮助、团结周围同学。去年冬天，方冰飚同学手上害冻疮，王荣明就主动替他洗衣服，晾干后叠得整整齐齐送到他床上。”

徐银宝：“听了以上几位同学讲了这许多事迹，使我深受感动，不禁回想起我生病期间许多同学帮助我的往事。他们大多数来自我省各地农村，生活比较艰苦，但他们还是节俭开支，省下钱买了食品等送来安慰我，鼓励我。老师和同学还帮助我补课，使我感受到我们班这个集体的温暖。”

南雁波：“刚才同学们介绍各条战线的先进人物事迹，还介绍了就在我们身边的许多感人事迹，所有这些，使我们再次看到，共产主义并不渺茫，共产主义就在我们身边。

……

下面，请祝启斌同学指挥我们唱《心中的旗帜》。”

从爱国主义教育入手　激发共产主义理想的火花

江苏省扬州中学

引导学生树立革命的理想,要靠长期的教育和实践。在这个过程中,情感的激发有特殊的作用。鉴于现在的中学生生在动乱的年代,长在拨乱反正的时期,对祖国的历史了解甚少,缺乏新旧中国对比的亲身感受,缺乏接受马列主义的思想基础,因此,我们从爱国主义教育入手,通过两对比(新旧中国的对比、社会主义和资本主义制度的对比),三热爱(热爱祖国、热爱社会主义、热爱党)活动,使他们认识祖国的伟大、社会主义制度的优越,激发他们共产主义理想的火花。具体做法是:

一、每年抓三件事,形成制度,以有代表性有说服力的具体事例、具体人物,对学生进行生动形象的爱国主义教育。从1979年开始,我们每年抓的第一件事是举行一场"我爱祖国"的报告会,朗诵方志敏烈士的文章《可爱的中国》,请归侨蓝万隆同志讲他在国外遭歧视、受凌辱,归国后受到党和政府无微不至的关怀的经历。第二件事是组织学生看几部能激发爱国主义情感的好电影,如《沙鸥》、《牧马人》、《一盘没有下完的棋》等,开展影评活动。第三件事是组织学生读几本爱国主义的好书。近年来,我们先后利用班会、团队活动和其他课余时间组织学生读了《可爱的中国》、《我爱爸爸》、《和爸爸一起坐牢的日子》等书。学生从这些活动中领悟到发扬爱国主义精神,做忠贞不渝的爱国者,才能担负起振兴中华的重任,是把自己锻炼成共产主义者的必由之路。

二、从学史入手,让学生了解祖国的过去,激发他们的爱国主义热情。我们先后举办了中共党史报告会、古代爱国诗人讲座、历史故事会、"读史一得"交流会等活动。此外,利用扬州这座古老的文化城市的有利条件,组织学生凭吊古迹,参观隋炀帝墓、民族英雄史可法的衣冠冢等,使他们通过历史的对比,认识祖国的可爱,社会主义的优越,党的光荣伟大。

三、开展社会调查,引导学生亲身感受社会主义新中国发生的深刻变化。近年来,我们开展了"社会主义好"的专题调查,组织学生到江都抽水机站、扬州柴油机厂、玩具厂、玉器厂、漆器厂去调查,学生耳闻目睹古城扬州解放前后的深刻变化,受到了教育。大家说,社会主义的优越性我们看见了,也感受到了。我们还组织学生到邗江县施桥以及市郊武塘、秋雨、文峰等社队,进行"三中全会前后变化"的调查,了解实行联产责任制的情况,同时组织一些家在农村的学生写信进行家庭调查。同学们从调查获得的第一手材料中,看到了生产责任制促进社会主义农业发展的事实和给农民带来的好处,从而坚信党的三中全会以来的路线、方针、政策非常正确。

四、通过各科教学教育学生把知识才能贡献给祖国的四化建设。我们通过政治课的教学,帮助学生掌握马列主义基本立场、观点、方法,让他们的理想建立在科学的基础上。如教学《政治经济学》时,联系《资本论》的一些内容,让学生懂得资本主义必然灭亡、共产主义必然胜利的科学原理。结合学习辩证唯物主义有关原理,向学生讲清人们认识任何事物,都要经过实践、认识、再实践、再认识的辩证过程,帮助学生理解共产主义理想是能够实现的。此外,我们还要求各科老师挖掘教材的思想性,有的放矢对学生进行思想教育。如语文教师教《包身工》和《为了六十一个阶级兄弟》两篇课文时,注意引导学生比较半封建半殖民地制度下和社会主义制度下劳动人民的不同遭遇,激发学生热爱社会主义祖国和党的感情。物理教师在讲授物质结构时,注意发挥课文的思想意义,引导学生认识物质是无限可分的,真理的长河是没有尽头的,使他们感到有一种动力促使自己去进一步探索客观世界的未知真理,追求科学信仰的实现。历史老师通过讲述中国和世界各个历史时期的重大变革、人民起义以及党领导下的人民革命斗争,帮助学生树立历史唯物主义的观点,学习继承中华民族的爱国主义传统和党的革命传统,从社会发展规律认识共产主义必然实现。生物、地理、外语等各科也结合各自的特点,通过讲解知识,激励青少年树立献身"四化"的雄心壮志。

近几年来,通过这许多形式的教育,我校学生的思想道德风貌有了明显改观,有力地促进了他们德智体的全面发展。

《江苏教育》1983.10

加强对中学生的共产主义理想教育

中共扬州中学总支部委员会

近三年来,我们根据中学生的特点,在向学生传授文化知识的同时,运用多种形式大力加强共产主义理想教育,使学生的思想道德风貌有了明显改观,有力地促进了他们德智体的全面发展。

一、从爱国主义教育入手,激发共产主义理想的火花

引导学生树立革命理想,必须依靠长期的教育和实践。在这个过程中,情感的激发有特殊的作用。因此,我们从感性认识入手,对他们进行革命理想的教育。鉴于这一代中学生生在动乱年代,长在调整时期,对祖国、历史了解甚少,缺乏新旧中国对比的亲身感受,缺乏接受马列主义的思想基础,我们通过开展"两对比(新旧中国的对比、社会主义制度与资本主义制度对比)、两热爱(热爱党、热爱社会主义祖国)活动,使他们认识祖国的伟大,社会主义制度的优越性。

1. 选择有代表性有说服力的具体事例、具体人物,对学生进行生动形象的爱国主义教育,使他们从具体的形象中悟出深刻的道理。从79年开始,我们每年都抓这么几件事:第一件事,举行一场"我爱祖国"的报告会,朗诵方志敏烈士的文章《可爱的中国》,请归国华侨蓝万隆同志讲他在国外遭歧视、受凌辱,归国后受到党和政府无微不至关怀的经历。第二件事,组织学生看几部能激发爱国主义情感的好电影,开展影评活动。去年我们就组织学生观看了《沙鸥》、《牧马人》、《一盘没有下完的棋》等影片。第三件事,组织学生读几本爱国主义的好书。近年来,我们先后利用班会、团队活动和其他课余时间组织学生读了《可爱的中国》、《我爱爸爸》、《和爸爸一起坐牢的日子》等书。学生从此活动中受到了比较生动形象、比较深刻的爱国主义教育。

2. 从学史入手,对学生进行爱国主义教育。我们先后举办了中国共产党党史报告会、古代爱国诗人讲座、历史故事会、"读史一得"交流会等活动。此外,利用扬州这座古老的文化城市的有利条件,组织学生凭吊古迹,参观了隋炀帝墓,民族英雄史可法的衣冠冢。使他们通过历史的对比,认识祖国的可爱,社会主义制度的优越,党的光荣伟大。

3. 组织学生进行广泛的社会调查,引导他们学会正确思考。近年来,我们一是针对部分学生存在的"社会主义理论好是好,就是实际运用的优越性看不到"的想法,

开展“社会主义好”的专题调查。组织学生到江都抽水机站、扬州柴油机厂、玩具厂、玉器厂、漆器厂去调查。他们耳闻目睹古城扬州解放前后的深刻变化,受到了教育。大家说,社会主义的优越性我们不仅看见了,也感受到了。二是针对部分学生对三中全会以来的政策不够理解的问题,进行“三中全会前后变化”的调查。我们组织学生到邗江施桥以及市郊武塘、秋雨、文峰等社、队进行调查,了解实行联产责任制的情况,同时组织一些家在农村的学生写信进行家庭调查。通过这些调查,同学们获得了第一手材料,亲眼看到了生产责任制给农民带来好处,促进了社会主义农业生气勃勃地发展,从而坚信党的三中全会以来的路线、政策是正确的。

二、不断丰富知识,让理想建立在科学的基础上

在进行共产主义理想教育的过程中,我们通过各科教学,特别是政治课的教学,对学生进行马列主义、毛泽东思想基本理论的教育,帮助学生掌握马列主义基本立场、观点、方法,正确分析、看待客观事物,提高对共产主义的认识,坚定共产主义信仰。

我们利用政治课,结合学习《决议》和十二大文件,着重对学生讲清三个问题。一是马克思主义是放之四海而皆准的真理,科学共产主义是马克思主义的主要组成部分,帮助学生从本质上认识共产主义理想。如讲授《政治经济学》时,与《资本论》的内容联系起来讲,使学生懂得资本主义必然灭亡、共产主义必然胜利的科学原理,同时还讲解了列宁的“一国胜利论”,毛主席的“星星之火,可以燎原”等科学论断,用大量事实帮助学生理解共产主义理想是科学的。二是讲清人们对任何事物的了解都要经过实践、认识,再实践、再认识的辩证过程,帮助学生理解共产主义理想是能够实现的。上学期在宣讲《决议》时,有的学生看到党在领导社会主义建设中犯这样那样的错误,产生消极情绪,因而对实现四化信心不足。政治老师和学生一起学习辩证唯物主义有关原理,使学生认识到,在社会主义建设过程中出现这样那样的问题是不奇怪的,只要认真总结,从中吸取经验教训,今后是可以避免的。三是讲清共产主义制度同共产主义运动的区别,使学生认识自己的一言一行同实现共产主义理想的关系。政治老师结合理想教育讲解十二大文件精神,讲清共产主义思想体系所包含的内容,使学生克服了共产主义是遥远的、与我们关系不大的错误思想。

除了利用政治课对学生进行系统的理论灌输外,我们还要求各科老师挖掘教材的思想性,有的放矢,贴切自然地进行共产主义理想教育。语文教师教《包身工》和《为了六十一个阶级兄弟》两篇课文时,注意引导学生比较半封建半殖民地制度下和社会主义制度下,劳动人民的遭遇的不同,激发学生热爱社会主义祖国和党的感情。物理教师在讲授物质结构时,注意发挥课文的思想意义,引导学生认识物质是无限可分的,真理的长河是没有尽头的,使他们感到有一种动力促进自己去进一步探索客观世界的未知真理,追求科学信仰的实现。历史老师通过讲述中国和世界各个历史时期的重大变革和人民起义以及党领导下的人民革命斗争,帮助学生树立历史唯物主

义的观点，学习继承民族传统和党的光荣传统，从社会发展规律，认识共产主义的必然实现。此外还结合生物、地理、外语等学科的特点，通过讲解知识实例，激励青少年树立献身“四化”的雄心壮志。

三、开展创三好活动，为实现理想而奋斗

青年学生富于理想，但往往好高骛远。我们经常向学生讲述伟大寓于平凡，“千里之行始于足下”的道理，引导他们把远大理想与当前行动联系起来，提出各阶段切实可行的小目标，从我做起，从具体做起，一步一个脚印地为实现远大理想而奋斗。

树立榜样作指南。中学生善模仿，榜样对他们有着巨大的作用。因此，我们运用各种宣传工具，广泛宣传周总理、鲁迅、方志敏、雷锋、栾茀、赵春娥、张华、蒋筑英、罗健夫等伟人、模范的光辉事绩，宣传他们崇高的思想境界，组织学生学习讨论。例如：本学期开展了“我们是光荣的预备队员”的少先队活动。发动少先队员人人动手汇集英雄事迹材料，学习英雄品德。初二年级开展了“当我十四岁的时候”的教育活动，鼓励学生象英雄人物那样从小确立为国为民的雄心大志。此外，我们还注意在本校、本班树立榜样，激励学生争当先进，收到了较好效果。高三(5)班团支部书记学习了模范共产党员赵春娥的事迹，深受鼓舞，学习比过去更认真踏实。今年他曾因开刀先后休养了两个多月，在休养期间他坚持自学各门课程，期中考试总分比上学期提高了14分；他对团的工作更加热心，经常利用课余时间找团员、同学谈心，组织班级思想教育活动，鼓励同学们树理想，创三好。

从我做起见行动。为了让学生把理想的追求落实到行动中，必须引导他们“从我做起，从现在做起，从点滴做起”。我们在学校开展了“立志八十年代成才，从我做起，从现在做起”的大讨论，学生们深受教育，表示要从每一道题目做起，从每一件小事做起，从树人堂出发，向理想迈进。高二(1)班有许多同学来自农村，外语基础较差，刚入校时，英语考试有40人不及格，与同年级其他班相比进程差一年。在老师的辅导下，这些学生从认真学一个单词做起，终于赶上来了，学年考试成绩在同年级名列前茅。该班团支部书记吴顺文为了适应将来参加四化建设的需要，他不满足考试成绩的优秀，利用课余时间积极参加科技活动，发明制作了“平抛实验架”，获得了全国小发明竞赛二等奖。围绕课堂学习，该班同学动脑动手，写了四十篇科学小论文，学得生动活泼。最近他们召开了“共产主义就在身边”的主题班会，大家纷纷表示今后要以创三好的实际行动为实现共产主义而奋斗。

坚持方向抓“两全”。为了保证三好活动深入持久地开展，我们注意抓好“两全”，即坚持德智体全面发展的方向，坚持面向全体学生。针对学生中存在的只重视智育，忽视德育、体育的倾向，我们请出席全国三好生代表大会的代表李虹以及在大学学习的校友回校谈创三好的体会，教育学生认识“三好”的关系，懂得思想品德好应领先，学习好是主体，身体好是基础。在实践中注意摆正三好的位置，评选三好生坚持标

准，克服只看智育，不看德育体育；只看分数，不看表现的偏向。为了调动广大学生的积极性，我们通过多种方式鼓励先进，表扬好人好事。上学期共评出三好生 377 名，五讲四美积极分子 468 名，优秀团员 23 名，优秀队员 65 名，文明班级 10 个，优秀团支部 4 个，优秀中队 4 个，优秀小队 31 个，使三好活动健康的发展。

关于整顿思想 抵制精神污染 加强教职工思想政治工作的意见

为了加强我校教职工的思想整顿抵制精神污染，我们最近召开有总支委员、分支书记和党员中层干部及党员教研组长等近30人的总支扩大会议时间一天，会上大家根据邓小平文选精神对扬中教职工的思想情况做了分析并提出了今后对教职工的思想政治工作意见，当前各方面都存在一个整顿的问题。这是邓小平文选中的一个重要内容。当然我们学校也毫无例外地存在着整顿问题。然而要搞好学校的整顿，首先就要搞好思想上的整顿，而要搞好思想上的整顿，就必须加强教职工的思想政治工作。

(一)

到会同志认为近几年来，我们学校对教职工做了一些思想政治工作，落实了党对知识分子的政策，收到了一定的效果。从总的情况看，全校教工大多数是好的和比较好的，主要地表现在以下几个方面：

政治上要求进步，打报告要求入党的同志越来越多，到目前为止打报告要求入党的有四十余人，在这当中，近几年来我们已经发展了十六位同志参加了党。

思想上能够以革命利益为重，正确处理好公与私的关系。有的同志外面多次请他代课，由于学校工作需要，放弃个人利益，没有接受聘请。

工作上认真负责，勇挑重担，对领导上分配他的任务，从不讨价还价，并且积极地、较好地完成任务。

业务上积极钻研，虚心求教。业务水平和教学质量不断地提高。

遵守制度上能够奉公守法，循规蹈矩，有较好的师德，称为学生的楷模。

以上是教工的主流。但是在部分教工中，也存在着不少问题，有的甚至比较严重，其表现在：

其一对政治学习和政治活动不够热情、不感兴趣，对党的方针政策和决定，抱着实用主义态度，合口味就执行，不合口味就怪话牢骚和消极抵制。

其二党的观念比较薄弱。对党组织离心离德，有的人说，共产党还不如民主党派好，又说，扬中的民主党派都是教学骨干，没有民主党派工作就搞不起来。还说，共产党可以统战民主党派，民主党派也可以统战共产党，个别民主党派成员，在处理问题时,不是与学校党组织抱着协商态度,而是对党组织施加压力,例如在办补习班问题上,有个民主党派成员曾在办公室拍着桌子说。如果扬中领导不给我们办补习班,我们就要上告。另一个民主党派成员说,如果扬中领导叫我们补习班搬走(原商定今年十月搬走),我们就到外面张贴告示,就说扬中领导逼我们不办的。

其三反对和仇恨共产党,语文教研组有个组某教师在政治学习时,在谈到实事求是时,一个教师说共产党犯罪只要开除党籍,下面处分就轻了。另一个教师接着说,共产党的干部犯罪比这次枪毙的人还要坏,接着又有一个教师说,共产党员杀的少了。语言极其反动,气焰极其嚣张。

其四雇佣观念和知识商品化,一切向钱看的思想比较严重,学校工作要求越少越好,有的人代一个班的语文也不当班主任就嫌重了,做了工作常常总是伸手要钱,而在外面兼课,因为有利可图,越多越好。

其五工作不负责任,不钻研业务,不认真备课上课,马马虎虎,得过且过,教既不好,导更不问。

其六无组织无纪律,外出不请假,不经批准就擅自在学校工地上建房,有了缺点错误,领导批评不得,学校有关职能部门分配任务,不但不肯接受,反而软顶硬抗,不买帐,发牢骚。

其七是非不分,风气不正,学校每次处理一个问题,即使是正确的,总要舆论哗然,掀起轩然大波,甚至有人抱着包打不平,为民请命的架势,支持错误反对正确,对于能坚持原则主持正义的同志,则遭到讽刺和孤立,发牢骚、骂领导,散布不满情绪,一人议论,众人邦腔,更有个别人无中生有,无事生非。

其八损公利己,自己家前屋后到处种花栽树,放养家禽,而公家种植的树木,任意破坏,学校的绿化卫生受到了很大的影响。

以上这些,虽然是少数人,但是能量很大,影响极坏。

为什么会有这些问题呢?主要有以下几方面的原因:

(一)林彪、四人邦的流毒还未肃清,有的人由于文化大革命影响,党的观念薄弱,组织纪律松弛;有的人本来就是造反派习性未改,稍有触动,故态复萌。例如说共产党员杀的少这句话的人在文革中就是打砸抢分子。

(二)问题成堆,积重难返。文革以后,学校在多年中积累下来不少老大难问题,而学校又没有采取有力的措施,对于一些歪风邪气,听之任之,相安无事,和平共处,甚至无原则的迁就,而近年来,由于学校重视并逐步着手解决这方面的问题,所以许多矛盾就开始暴露了,而且阻力很大。

(三)宗派情绪,感情用事,有的人在扬中时间较长,总有那么一些"志同道合"的人,有人讲好象一个无形的网,如果触动一个,就会连锁反映,说情者有之,同情者有之。怂恿者有之,支持者有之,个别的自认为是学校的"元老"、"刺猬",老子天下第一,好象什么人都不在话下。

(四)个人主义严重,不能很好处理公和私的关系,一旦触犯个人利益,不是公开对抗,就是消极抵制。

(五)思想政治工作软弱无力,一度时期放松思想政治工作,存在着三怕思想:一是怕得罪人;二是怕被纠骚;三是怕闹情绪躺倒不干等,因此不少人甚至是党员干部存在着多栽花少栽刺老好人思想,遇到矛盾上推下卸怕负责任;遇到一些老大难问题姑息迁就置党的原则利益而不顾。

(六)思想政治工作做的不深不细,存在着一般化,一阵风和一刀切的现象,所以收效不大。

(七)学校没有应有的权力,对于表现不好的教工,既无权处理,更无权调动,犯错误的同志不买领导的帐,领导上也无能为力,问题处理不下去。

(八)少数党员和干部,党性不强,旗帜不够鲜明,有的甚至随声附和,个别的本身有这样那样的缺点错误,腰杆不硬,处理问题拖泥带水,常使领导处于被动状态。

(二)

思想政治工作尤其是在学校究竟重要不重要呢?还要不要思想政治工作呢,邓小平同志明确地指出:“我们应该永远把坚定正确的政治方向放在第一位。”思想政治工作在学校工作中之所以具有重要的地位和作用,这首先是由于我国教育的社会主义性质所决定的。学校必须坚持社会主义方向,社会主义不仅要有高度的物资文明,而且要有高度的精神文明,学校能否培养出合格的人才,这是关系到国家前途命运的大事。然而要培养合格的人才,关键在于教师,所以加强对教职工的思想政治工作,提高教职工的政治素质,就显得更加的重要和迫切了。

如何做好学校教职工的思想政治工作呢?大家认为必须做到以下几点:

(一)加强宣传教育提高认识是做为思想政治工作的基础,而要提高思想认识,很重要的一点就是加强宣传教育,着重进行以下几方面的教育:一是进行坚持四项基本原则的教育,坚持基本原则是团结全党全军全国各族人民的基础。是我们党实现四化的保证,而四项基本原则最重要是社会主义和党的领导,如果动摇了四项基本原则就是动摇了党和国家的根基;二是进行共产主义思想的宣传教育,清除一切非无产阶级的思想和个人主义的东西,抵制精神污染,逐步树立共产主义的世界观,三是进行知识分子的重要地位和作用的教育,特别是教育工作者在四化建设中所处的战略地位和重要作用,一方面使其增强光荣感和责任感;另一方面使其感到自身的思想和业务必须提高的必要性和迫切性,走又红又专的道路,四是加强对他们的职业道德教育。作为一个教育工作者没有好的师德是不行的,要求教职工特别是教师必须做到 1. 忠诚党的教育事业,管教管道培养好社会主义接班人;2. 要有高尚的思想和情操;3. 要有渊博的知识和素养;4. 处处时时事事都能以身作则,为人师表。

(二)改进教育方法是做好思想工作的前提。

思想政治工作也是一门科学,存在决定意识,人的思想是有其客观规律的。人们不是常说，按客观规律办事吗？这也包括人的思想规律。有鉴于此，我们做思想工作必须要做到：一是要注意针对性，现在的情况与过去不同了。1. 对象变了，知识分子过去是团结对象，四人邦时是臭老九，而现在则是依靠对象了。同时，年龄结构差距很大；2. 内容变了，过去是搞阶级斗争，而现在则是搞社会主义建设，要求知识分子走又红又专的道路；3. 过去是搞大揭发、大批判，甚至无情斗争残酷打击。而现在则着重是疏导和教育。二是要注意经常性，人的思想转变是有个过程的，不是靠一两个报告和一两次谈话就能解决问题的，所以思想政治工作要经常持久，耐心细致，而且不怕反复。三是要注意群众性，做思想政治工作只靠几个领导是远远不够的，也必须要贯彻群众路线，就以我们学校而言，如果把占全校职工四分之一的共产党员都发动起来，每人负责包干几个群众，与他们交知心朋友，掌握他们思想动态，做他们的思想政治工作，肯定讲效果是会更好的。

（三）结合教学业务做好思想政治工作的环节。

为什么思想政治工作要与教学业务结合呢？邓小平同志曾讲到："致力于社会主义科学事业作出贡献。这固然是专的表现，但在一定意义上也可以说是红的表现。"这就明确的告诉我们红与专的辩证关系，政治与业务的辩证关系。我们之所以要把思想政治工作与教学业务结合起来，这是因为，其一思想政治工作不是象林彪四人帮那样光靠空头政治，而是通过是否确实地调动了积极性，是否真正地努力为人民服务，为四化建设服务而来衡量的。其二只有把思想政治工作与教学业务结合，这样不但防止空洞化、教条化，还能保证教学业务的正确方向，因为教职工的大量思想问题是表现在教学和工作中的。其三把思想政治教育工作，渗透到业务工作的各个环节，保证各项任务完成，在实际工作中，能坚持两个文明一起抓。既纠正只抓政治不顾业务或只抓业务不顾政治的偏向。只有把思想政治工作落实到业务上才能保证各项任务的完成，进一步提高教育质量和工作效益。

（四）落实知识分子政策是做好思想政治工作的条件。

提高思想觉悟固然最重要的是加强对他们的思想教育。然而如果思想教育工作能与解决实际问题紧密地结合起来，则所收到的成效可能会更好。因此落实知识分子政策，解决教职工的实际问题，这是做好思想政治工作不可缺少的条件。我们在落实知识分子政策方面做了不少工作，取得了不少的成绩。为了进一步解决他们的实际问题，调动他们的积极性，必须继续做好以下几方面的工作：一是政治上关心他们，彻底平反冤假错案，能不留尾巴的一个不留尾巴，对要求入党的同志，帮助培养，成熟一个，发展一个；真正把他们作为我们的依靠力量，发挥他们主人翁的作用。二是工作上信任他们，根据干部四化精神，尽可能地把一些思想好，业务精的中青年教工，提拔到各项领导岗位上来，放手地让他们工作。三是业务上提高他们，通过在职或者业余进修，使绝大多数教职工都能愉快地胜任自己的工作。四是生活上照顾他们，学校积极创造条件想尽一切办法帮助教工在住房、子女入托、入学、生活以及夫妻分居两地等实际困难，使其集中精力搞好工作。

(五) 加强学校管理是做好思想政治工作的保证。

邓小平同志指出:“现在不少学校的领导对意识形态领域的思想工作没有抓起来,对错误思想倾向批判不力。整顿纪律作风要求不严,姑息说情之风没有束清。”邓小平同志的话确实是切中时弊,完全符合我们这里的情况。

我们学校在管理方面确实是很不严格的,长期以来,存在着无章可循,有章不循,违章不究的现象,以致学校管理工作出现一松(纪律松弛、松松垮垮);二乱(管理混乱,很多工作无人负责,上推下卸);三难(老大难的问题太多)情况。各方面都必须整顿都必须加强管理,这是做好思想工作的重要的保证。

1. 要加强整顿和管理。首先领导上必须要敢抓、敢管,切实改变过去那种软散懒的状况。邓小平同志教育我们,要敢字当头,横下一条心。要有敢摸老虎屁股的精神。遵照小平同志的指示,我们虽然下了一点决心,近年来也初步解决了几个老大难的问题,但是现在看来,决心代不大,问题解决的还不彻底,还有许多的问题要解决,要去真正把扬中整顿好,没有一股劲头,不横下一条心是不行的。

2. 要恢复和健全各项规章制度。不以规矩不能成方园,没有规章制度,必然会有忙乱现象,正如小平同志指出的那样:“现在许多地方存在无人负责的现象,积重难返,最突出的抓一下不可,执行规章制度要严一点。”今后学校要求把教工的工作量、岗位责任制,请假考勤等各方面的规章制度都要健全起来,而且必须付诸实施。

3. 要对教工实行定期的考查和考核,做到有奖有罚。奖罚分明,对好的要理直气状地表扬和奖励,对不好的要敢于教育和批评,甚至给予纪律处分。

要改善和加强党的领导是做好思想政治工的关键。

邓小平同志讲:“整顿的核心是党的整顿。”任何工作离不开党的领导。而党的领导首先是思想政治工作的领导,而要做好思想政治工作又必须坚持改善和加强党的领导。

如何改善和加强党的领导呢?

1. 首先做好党员和干部的思想政治工作。小平同志指出:“我们说改善党的领导,最主要的就是加强思想政治工作,加强思想政治工作要恢复行之有效的好传统,把重点放在党员和干部身上。”这的确是很重要的。以我们学校而言,如果做好了党员和干部的思想政治工作,就等于做好了教工的三分之一的思想政治工作,如果再把这三分之一党员和干部发动起来,抵制精神污染,端正党的风气,一起再去做群众工作,那就是一支很好的思想政治工作队伍。

2. 整顿领导作风,邓小平同志讲:“整顿领导班子,一个重要方面就是把作风整顿好。”这就要求我们克服官僚主义,联系群众,深入实际,加强调查研究,关心群众疾苦,党员和干部,特别是领导,不能搞特殊化,不能利用职权,谋取私利,真正做到享乐在后,吃苦在前。

3. 一定要贯彻民主集中制原则,一方面反对一言堂个人说了算;另一方面又要反对会而不议;议而不决,决而不行。根据少数服从多数的原则,一经决议便坚决执行,不得阴奉阳违,口是心非,甚至当面不说,背后议论,讨好卖情随便表态,制造矛盾,给一些人钻孔子。

4. 要克服一切私心杂念,考虑问题和处理问题,必须站在党性和党的政策的立场上,决不能做老好人,甚至害怕丢选票和乌纱帽,只有无私才能无畏。为了整顿和办好学校,为了党的利益,党员决不能计较个人得失,这样事情就好办了。

5. 要有上级领导的支持和撑腰,这也是不可缺少的条件。小平同志讲的非常清楚:"要求省委每一件事都做的完全对,都那么正确是不可能的……。要维护省委的领导,帮助省委建立威信,使省委对工农商学兵,东西南北中各项工作都能领导起来。"省委领导,尚且需要中央支持、撑腰。何况我们基层,如果基层在处理工作中,遇到困难得不到上级领导的帮助,那工作就很难办了。当然上级支持撑腰并不是说就可以不按政策办事了。就可以为所欲为了。就可以因为有了上方宝剑就可以乱斩乱奏了。这主要是由于十年动乱的影响,党的权威特别是党的基层组织的权威还未建立起来,有不少人对党的领导,对组织纪律性根本就不买帐,在这种情况下,如果遇到什么老大难的问题,有了上级领导支持和撑腰,下面信心就足了,就敢抓敢管了。

中共江苏省扬州中学总支委员会

一九八三年十一月十日

党的工作汇报

市委组织部：

现根据中组部要求提供情况的内容提纲将我校党的工作情况汇报如下：

一、我校系属于县团级的单位，党的组织系总支委员会，有总支委员七人，正副书记三人，总支下面设立两个分支，即第一分支(基本上是教师)和第二分支(行政人员)，共有六个党小组。

全校有58名党员，其中正式党员57人候补党员1人，58名党员中教学人员33人占党员总人数的58%，占全校教学人员总数的22%，文革以前参加党的老党员约占党员总数的70%，中青年党员占三分之二以上。

在58名党员中表现比较好的36人占68%，表现一般的22人占32%，所谓表现好的例如坚持四项基本原则；坚决拥护党的十一届三中全会以来的路线、方针和政策与党中央在政治上保持一致；忠诚党的教育事业，勇挑重担、认真负责、积极做好本职工作；坚持原则、坚持党性、能以党的利益为重；政治情绪饱满思想作风正派；密切联系群众、关心群众；处处以身作则，以发挥党员的先锋模范作用等等。由于我校党员基本上是比较好的。因此，从1980年起连续四年被评为先进党总支，四个优秀班主任就有三个是党员，受到全国表扬的优秀班主任和优秀辅导员两个都是党员同志，所谓表现一般的例如政治思想上还是端正的，工作态度也还说得过去但是往往考虑个人问题多些，考虑模范作用差些；考虑业务多些，考虑政治思想方面差些这一部分同志往往在个人利益得不到满足时情绪不好甚至还会发牢骚说怪话。

二、根据党章规定党的总支委员会应该每两年改选一次，我校党的总支委员会还是1981年改选的现已逾期一年多的时间主要原因是由于地市合并机构调整的关系。

三、关于贯彻民主集中制和党政分工问题。

我校贯彻民主集中制的情况是正常的，比较好的表现在：

1. 党的会议制度、民主生活制度比较健全。

2. 凡是学校中的重大问题都是经过集体讨论研究决定的，没有个人说了算的一言堂的现象。

3. 总支开会能够做到充分发扬民主并且在充分发扬民主的基础上实行集中一致形成决议以后大家都能分头贯彻执行。例如，我们学校每个领导人都要分管一个年级、一门学科和一个部门,也就是三个一的制度,大家都能按照党委决定各方去办的原则,主动积极地做好自己分管的工作。

4. 在执行工作过程中相互合作通力支持遇到问题及时回报研究解决。

在这方面我们也有一些问题,例如在贯彻总支决定时有些部门有些党员干部出现贯彻不力的情况和敷衍塞责的态度。其主要原因我们学校有些部门如总务部门比较薄弱,有些党员干部缺乏党性和原则性,多栽花少栽刺怕得罪人,也有个别党员干部工作态度较差有多一事不如少一事的思想。

在党政分工问题上,我校党政分工是从 1981 年开始的,三年来在这个问题的处理上是比较确当的主要地表现在:

1. 学校总支和行政领导对党政分工有比较正确的认识,认为只有党政分工才能适应形势和工作的需要,而且党政分工以后不但没有削弱党的领导反而有利于党的组织,摆脱行政事务加强党的领导。

2. 党政分开以后注意明确分工,总支集中精力议大事管大事,抓党的方针政策的贯彻和重大问题的决策,学校行政工作由校长全面领导和指挥,重大问题提交总支讨论。

3. 尊重学校行政领导,我们认为书记是班长,不是家长、书记和校长都是受上级党组织委派共同完成任务的分工协作者,所以书记的作风一定要民主,开诚相见平等待人,尊重校长的意见,发挥校长的作用。

4. 党组织要做到行政的后盾,支持校长工作,遇到难解决的问题党的负责人该讲话要讲话,该支持要支持。

5. 党政分工以后,分工并不等于分家党的负责同志应当勇挑重担那里有困难就要到那里去,身先士卒充分发挥党组织的战斗堡垒作用。

以上是我们在党政分工以后注意做到的几点,实践证明几年来由于党政分工各行其职不但充分发挥了行政上的职能作用,也加强了党的领导,促进了学校各方面的工作。

四、我们学校党的组织生活是正常的坚持了“三会一课”制度,1983 年一共上了八次党课,党员基本上每月要过一次民主生活,总支委员会原原上每两周开一次会有特殊情况或重大问题随时召开,总支成员每季度过一次民主生活,每学期结束召开总支扩大会(包括分支委员,党的小组长)开展批评与自我批评,每年至少要有一次请党外人士和民主党派成员对总支和学校提意见。

五、我校发展党员工作一直是比较好的曾在支部生活上介绍过经验,在原扬州地委召开的党的工作会议上发过言。文革以后我校共发展了十八名新党员其中80%以上是在教学第一线上的教师,而且多数是中青年教师,1983 年由于地市合并机构调整,建党工作也缓慢了一些,这一年仅发展了一名新党员。

我们的发展党员工作的做法和体会是:

1. 把握政策,坚持重在表现的原则:

通过学习,我们总支在思想上得到了解放,把长期以来,在政治上要求进步,思想上表现好,教学工作上有显著成绩的教师排了队,制订了发展新党员的规划,其中有从旧社会过来的老教师,也有建国后培养起来的中年教师;有家庭、社会关系方面比较清楚的,也有比较复杂的,甚至有海外关系的,我们本着重在本人表现和实事求是的原则,对建党对象抓住"三看":一看政治表现,二看思想表现,三看工作表现,政治表现主要看对党的信念,"十年动乱"期间的情况和三中全会以来对党的路线、方针、政策的态度,思想表现就是看能否摆正个人和集体,公和私的关系,工作表现主要看对党所分配工作的一贯态度和完成工作任务的情况,从总体上说就是看是否具备共产党员的条件,如数学教研组长黄久征,虽然有较复杂的社会关系,但已查清,他一九五六年就提出入党申请,忠诚党的教育事业几十年如一日,做出了出色的成绩。一九六〇年荣获全国先进工作者的称号,七八年被评为省特级教师,语文教研组副组长蓝万隆是归国华侨,国外有不少亲属,但他 53 年回国时只有 18 岁,是党把他培养成大学生、人民教师的,他对党有深厚的感情,热爱社会主义祖国,中学时代就申请入党,"文化大革命"中遭到批斗、抄家、被洗劫一空,可他始终没有动摇过对党的坚定信念,多年来,在工作中做出了显著的成绩,被党内外一致公认,根据这两位同志的一贯表现,我们认为已具备了共产党员的条件,便发展这两位同志入党,这不仅在本校,而且在全市也产生了一定的影响,群众反映说:党的重在本人表现的政策在知识分子中兑现了。

2. 积极慎重,严格坚持党员标准。

我们在发展新党员过程中,特别注意贯彻积极慎重的方针,严格坚持党员标准,保证新党员的质量,这几年来发展的新党员,党内外反映都是好的,这是由于我们在建党工作中既保护广大要求入党的教师的积极性,又注意坚持成熟一个,发展一个,不搞照顾,不草率从事,做到"两不两坚持",即不凭个人感情好恶用事,不凭亲疏关系,坚持党性坚持党员标准,粉碎江青反革命集团后,我校申请入党的积极分子较多,我们对这些同志逐个排队,全面考察,抓住重点,认真选择,我们主要选择三种对象:一是申请入党的时间较长,一贯表现很好;二是在业务上刻苦钻研,有培养前途,在本学科能起骨干作用的;三是党员较少的教研组或部门的积极分子,选准以后,支部大会分批研究通过入党,上报审批。我们发展的 16 名新党员就是在五年时间里分八批发展的,我们感到,积极慎重地发展党员,既保证了党员质量,又保证了建党工作的长流水,不断线。

3. 加强教育,做好培养考察工作。

对积极要求入党的同志,支部要求党小组长和党员经常同他们谈心及时掌握他们的思想、业务等方面的情况,并向支部汇报,通过较长时间的考察,支部根据党小组汇报的情况,将那些入党要求迫切,各方面都比较好的积极分子进行排队,分期分批列入培养对象,交党小组继续考察和培养,党小组指定专人和培养对象经常联系,支部和总支吸收他们听党课和参加一些党的活动,对他们进行一些党的性质、纲领、奋斗目标和党员必须具备的条件的教育，帮助他们端正入党动机，有的还分配一定的社会工作，让他们得到实际锻炼，如一位新教师原是我校学生会干部，各方面表现较好，分配到校后，我们在安排他教学任务的同时，又安排他协助做团委工作，想通过一段时间的锻炼和考察，再发展他入党。在培养过程中对一些同志的思想疙瘩，也注意及时发现及时解决，如有的同志思想品德、家庭社会关系比较好，但业务上不是骨干，怕入不了党；有的政治、业务都比较好，但又觉得学校里和自己同等条件的教师多，不知何时才轮到自己入党，支部对这些问题都及时的进行了个别教育，指出了他们的努力方向，由于我们把积极分子的培养和考察作为党的经常工作之一，所以我们的发展党员工作自三中全会以来一直处于正常情况。

六、关于党员教育为整党作准备的问题

我们学校是属于第二批整党的单位，但为了做好今冬明春的整党准备工作，根据上级党组织的部署精神结合我校的实际情况，总支研究了一个组织党员开展整党学习的意见。

（一）学习内容的安排：

学习拟分三个专题，原则上一个月学习一个专题。

(1) 三月份学习第一个专题，主要是深刻认识整党的重大意义，必要性和迫切性，了解党内思想、作风、组织上的严重不纯的状况，了解整党总的目的和要求，保证整党不走过场，明确整党对党员和党的领导干部提出更高的要求，以提高党员参加整党学习的自觉性，增强搞好整党的信心，并以积极态度迎接全面整党。

四月份学习第二个专题，主要是了解整党的基本方针，基本任务，基本政策和基本方法，懂得必须按《决定》的要求搞好整党，严格要求自己，努力提高自己的共产主义思想觉悟和全心全意为人民服务的思想，增强党性，做到边学边议，未整先改，做合格的共产党员。

五月份学习第三个专题，加强社会主义精神文明建设，保护青、少年不受精神污染，在学校努力加强以共产主义思想为核心的社会主义精神文明建设，明确思想政治工作在中学的地位与作用，帮助师生提高思想觉悟，提高识别和抵制精神污染的能力，为实现中学教育的双重任务而努力，促进学校教育质量的提高。

六月份结合“创争”活动小结，小结一学期整党学习收获，交流开展批评和自我批评并进行优秀党员的初评，大力表扬党员中的好人好事，促进进步。

三个专题的学习安排，结合正常的“三会一课”制度进行，围绕上述内容每月上一次党课，一次学习文件，一次讨论，一次对照检查，开展正常的批评和自我批评，本学期结束放寒假前开一次党员大会。传达贯彻市教育局会议精神，以整党学习为中心，布置党员修订84年规划，提出整党个人学习计划，明确学习要求、学习态度、学习方法和寒假个人自学的要求，开学后进行心得交流。

（二）努力提高整党学习的质量。

为保证提高学习质量，应比以前的党内学习有更高的要求，为此要注意如下几个问题：

1. 要求党员以对党高度负责的态度，投入整党学习，提高党员学习的自觉性，要使党员思想上明确，整党不走过场，首先要保证学习不走过场，要求党员发扬延安时期整风的革命精神，强调端正学风，严肃认真，一丝不苟地学习，努力把自己的政治觉悟和思想水平提高到整党《决定》和有关文件相适应的程度，保证以清醒的头脑，严肃认真的态度，高度的政治责任感，投入到整党学习中去。强调有无良好学风是党性纯不纯的表现，把学习整党文件的过程作为端正党风，增强党性锻炼的过程，把是否认真学习看成是否认真执行二中全会《决定》的态度问题，作为一个重大的原则问题、严肃问题，认真地对待，克服思想上重视不够，接触思想实际不够的缺点，提高学习的自觉性，除规定学习时间外，还要按党组织的布置，进行自学、记心得笔记，形成党内浓厚的学习气氛。

2. 强调党总支委员、分支委员和学校中层以上干部，以身作则带头认真学习。领导班子带头参加文件学习是用实际行动做学习动员，是防止学习走过场的必要步骤，领导班子要带头学习文件，带头记心得笔记，带头交流心得，交流学习经验，扎实地提高学习质量，注意把领导班子带头学习和领导班子调整结合起来，作为调整领导班子的思想基础，要求领导班子从大局出发，从事业后继有人出发，丢开个人得失，坚持原有岗位，积极参加学习，积极做好本职工作。

3. 要求党员认真地而不是敷衍地，深入地而不是浅尝辄止地，全面地，聚精会神地精读文件，着眼于完整准确地领会文件的精神实质，提高思想觉悟，在当前主要是全面系统地领会整党的目的和意义，在学习态度上要克服浮光掠影，不求甚解，抓不住精神实质；或者认为文件早已学过，强不知以为知的不端正的学习态度。

在方法上要注意掌握通读、精读和专题读三个环节，一般平常自学，要注意根据计划要求进行通读和精读。在小组会要注意专题读、专题议，防止一人读，大家听的现象，真正提高读文件的学习质量。

4. 认真组织讨论，在讨论中坚持理论联系实际，在弄懂文件的基本思想和精神实质的基础上，联系实际。

在当前主要是联系学习中思想认识方面的实际，加深理解中央整党的方针、政策和要求，纠正对整党的模糊认识和思想顾虑，坚信党、坚信十一届三中全会以来的路线，坚信整党必胜的信心，在方法上注意在讨论中强调相互启发，力求突出重点，按照专题布置重点思考题，要求讨论时有发言提纲，做到既加深文件精神的理解又活跃讨论的气氛，防止不着边际、就事论事、思想上得不到提高。

5. 边学边议，未整先改。

根据第一期整党的精神，边整边改的重点是放在整顿思想作风上，我们目前虽是进行整党学习，为全面整党做好准备，也要根据整顿作风的精神，初步排查问题，及时克服，做到未整先改，根据教育局党委提出的共性问题，联系我校实际，觉得有以下几个问题，可在学习过程中联系解决。

(1) 在思想上、政治上同党中央保持一致，主要地表现在坚定地维护党中央的路线、方针和政策，同错误倾向进行斗争，联系我校实际主要是学校教育要自觉地面向四化建设。端正办学思想，明确双重任务，克服片面追求升学率的倾向，克服只重视智育而忽视德育，体育的情况，全面贯彻教育方针，全面完整地落实党的知识分子政策，加强学校的科学管理，发挥行政各部门的作用，做到敢于负责，敢于管理，关心群众生活，不扯皮、不推诿，克服官僚主义作风。

(2) 进一步加强学校的思想政治工作，明确思想政治工作在学校中的地位和作用，尤其要重视加强教职工的思想政治工作，对学校中存在的一些突出问题，要专门研究，克服顾虑多，怕这怕那，畏首畏尾等软弱涣散的倾向，坚持原则，积极开展思想斗争，正确开展批评和自我批评，一抓到底，彻底解决。

(3) 结合整党学习，加强党员和干部全心全意为人民服务的教育，对个别同志存在的以权谋私，搞特殊化的问题，虽已进行教育，仍要继续调查研究，及时检查处理，克服不良倾向，为全面整党做好思想上、组织上的准备。

(4) 继续改进领导作风，深入教学，深入课堂，进一步加强对教学思想的领导，把整党学习和推进业务结合起来互相促进，互相提高。

我们觉得只有这样，注意提高整党学习的质量，才能取得学习的实效，既提高党员的思想觉悟，又推动了学校教学工作，让更多的党员同志在这次整党学习中，进行一次自我教育，跟上党的队伍，为全面整党做好思想上的准备，对党的事业发展也是极为有利的。

以上汇报如有不当请予指示。

中共江苏省扬州中学总支委员会
一九八四年四月十二日

我们是怎样贯彻和落实党的知识分子政策的

江苏省扬州中学

我校是一所历史较长的老校，系江苏省重点中学之一，现有 36 个班级，学生 1891 人，其中教师 148 人，教职员工中党员 59 人，团员 18 人，我校教师队伍在“文革”前是经过挑选的，后虽从外单位调进或分配部分教师来校，但教师队伍的政治、业务素质总的来说是较好的，教师中，老年教师约占 15%，其余都是中、青年教师，大专院校毕业的 142 人，约占教师队伍 96%，自党的十一届三中全会以来，我们在上级党委和教育部门的直接领导下，不断提高对贯彻和落实党的知识分子政策的认识，较为全面具体地抓了落实党的知识分子政策的工作，对建设一支又红又专的教师队伍起了较大的促进作用，取得了一定的成绩。

一、端正对党的知识分子政策的认识是做好落实知识分子政策工作的关键，在落实知识分子政策过程中，我们在思想上开始是有过顾虑的，主要是怕再犯“右”的错误，认为：“文革”中就是为这一问题被批判、斗争的，有朝一日再翻老帐不得了；有的则认为：慢慢来，做一步，看一步，看准了再做。思想不解放，就不敢大胆落实党的知识分子政策。以后我们通过学习，对照实践，不断总结逐步提高了认识、明确了三个问题：

首先，对我国广大知识分子的阶级属性，有了比较正确的认识。党中央在一九七八年为我们彻底推翻了教育战线上的那个把我国知识分子从整体上划入资产阶级范畴的错误估计，清除了对知识分子“左”倾错误的理论基础。这是我们认识上向前迈进的关键一步，彻底解除了我们思想上的枷锁，后来学习了邓小平同志在全国科学大会上的讲话，这个党在新时期的知识分子政策的纲领性的文件，在思想上进一步明确了必须对我国知识分子的现实状况作出符合实际的马克思主义的估计，如实地从总体上把知识分子看作是工人阶级和劳动人民自己的一部分。这是端正对党的知识分子政策认识的一个根本的理论基础，也是贯彻和落实党的知识分子政策的根本出发点，从而提高了我们贯彻和落实知识分子政策的自觉性。

其次，在提高理论认识的基础上，我们结合学习《决议》，回顾历史，联系学校实际考虑，由于长期“左”的思想影响，我们过去也做了不少错事，特别是十年动乱期间，知识分子受到了不同程度的损害，这些都严重影响着党同知识分子的关系，不利于调动他们的积极性、阻碍了学校事业的顺利发展。这就需要我们作长期不懈的努力，切实地纠正“左”的影响，认真地落实党的知识分子政策。

再次,我们认识到知识分子在社会主义现代化建设事业中的战略地位和作用,我们结合十二大文件学习,进一步明确了教育和科学是经济发展的战略重点,而要搞好教育和科学就要大力发挥知识分子的作用,就要认真执行党的知识分子政策,这是党指导社会主义现代化建设的一个重要的战略思想。学校是建设"两个文明"的基础,是培养人才的基地,知识分子也是办好学校的一支重要依靠力量。因此,无论从全局的观点和学校的角度,都要认真贯彻落实党的知识分子政策,调动他们的积极性,推进教育事业的发展。

二、认识上的提高,推动我们较为全面具体地落实了党的知识分子政策,在具体做法上,我们注意了如下四点:

(一)政治上信任知识分子。

首先我们是从平反冤、假、错案入手,调整党同知识分子的关系。从七八年以来,我们对过去历次运动中受批判、审查的对象,既全面又有重点的逐个排队,逐一纠错。争取主动,在掌握政策上,注意平稳,既坚持原则,又实事求是,该维持原结论的就维持原结论,该平反的就平反。后来,结合清理档案,清除档案中的不实之词,销毁不必要的材料,做到坚决彻底,不留尾巴,几年来,计改正右派3人,改正为起义投诚办离休手续1人,改正敌性内处12人,改正家庭出身20人,改正本人成份2人,改正参加革命工作时间1人,改正审干结论1人,平反错案2人。另外,还按上级布置上报销毁了23位同志原组织限制使用意见表,以及上报剔除了9位同志原政历调查报告中限制意见的语句。在清整档案过程中,还上报销毁了3376份材料,把106份材料退还给本人,做得较为全面、彻底。落实政策涉及的人员共有74人,约占全校教职工数的32%,不论是改正结论或退还材料的,我们都逐个见面谈话,消除影响,已死的教职工则和家属见面,已退休的外地教职工则派人专程走访,做到个个有着落,件件有交代。如李公白、许景厘二位老师,在59年肃反补课中"因右定反"被打成反革命。"文革"期间被退职全家下放到江都。

粉碎"四人帮"后,我们通过上级教育部门,设法将他们全家迁回扬州,政治上彻底平反,恢复名誉,恢复教师职务和工资,在十年动乱期间被扣发的工资一万四千元,已陆续补发完毕,彻底解决问题,这对消除隔阂,建立党和知识分子亲密信任的关系,调动政治上的积极性,起了不可估量的作用,有的同志反映,"多年来无人过问的问题,全部解决,死也瞑目了,我一定在有生之年,把一切精力无保留地贡献给社会主义伟大的事业。"至于文革和私人被查抄的物资和腾退私房问题,我们都逐个造册登记,如实上报,组织认领,逐步解决,如副校长吴和钧同志在沙洲的祖遗住房,经学校派人携带市委组织部的介绍信,会同吴和钧同志亲属的有关单位,共同和当地协商,获得园满解决,祖遗的400平方米住房全部退还,吴和钧同志深感满意。

在平反冤、假、错案的同时,我们继续解决思想,摆脱"左"的束缚,贯彻积极慎重的发展方针,认真在知识分子中做好建党工作。从十一届三中全会以来,五年中分四批发展了新党员18名,其中教师17名,占新党员总数的93%(17名教师中有14名是中年教师,占80%),发展一批教师入党,对焕发教师的政治热情,调动教师的政治积极性,起了较大的促进作用,不少同志一度熄灭了的政治上积极上进的火焰又重新点燃起来,重建了党与知识分子在政治上的亲密信任的关系。有位教师形象地说:我很早就打了入党报告。但"文化大革命"把我的希望扑灭了。党的三中全会以来的路线、方针、政策,象震动大地的春雷,又把我唤醒了,我终于象一个多年在外的孩子又回到了母亲的身边。到目前为止,在教职员工中共有32人写了入党申请,我们对申请入党的同志认真作了排队,制订了三年发展规划,分工专人负责培养,分期分批地做好建党工作。

我校民主党派共有25人,其中包括民主同盟12人,九三学社12人,民主促进会1人,(包括退休教师)也是一支十分重要的力量,我们贯彻"肝胆相照,荣辱与共,长期共存,互相监督"的方针,和他们共同协商学校方针大计。从政治上发挥民主党派成员的社会主义积极性。如在"十二"大以后,我们和民主党派的成员开了座谈会,题目是:"同庆党的'十二大'园满成功,共商开创扬中新局面大计。"会上对学校工作,在办学和教学,加强师生政治思想工作和改进后勤工作等方面,提了许多很有价值的意见同时我们在指导思想上,既注意清除"左"的影响,也注意防止右的倾向,如结合庆祝春节,围绕坚持四项基本原则召开座谈会,加强民主党派成员党的观念教育,引导他们端正社会主义方向,在发展工作上,我们也按照政策办事,以利他们加强组织,更好地发挥民主党派基层组织的组织作用与教育作用,特别是教育业务研究方面的作用,为办好学校共同出力。

(二)工作上大胆使用知识分子

我们认识到党的知识分子政策的转变,在工作上,就要大胆使用知识分子,要体现到党的组织路线和干部路线上在中年知识分子中选拔领导干部接班人,实现干部队伍的革命化、年轻化、知识化和专业化的要求。我们从81年以来,即在上级党委和教育局关怀指导下,逐步实现领导班子的"四化"要求,选拔了两名年龄在45岁以下的大专毕业生充实校级的领导,担任正、副校长,在工作中做到有职、有权、有责。校长郑万钟同志自进入领导班子以来,虚心谨慎、勇挑重担、思想敏捷、工作上有创新精神。目前已能胜任学校全面工作的领导。副校长陆丕文同志是一个典型的中年知识分子代表,任数学教学二十多年,工作一贯勤恳负责,正在负责全校的教学工作,领导班子中的老同志也通过党内、外的会议,加强集体领导,放手让年轻同志在实际工作中加强锻炼,增长才干,遇有困难,也尽量设法帮助解决,新老之间互相尊重,互相学习,相处较为融洽,遇有工作上的矛盾,也能通过个别谈心,相互协商,求得统一。我们还让新进领导班子的干部参加短期脱产论训,如郑万钟同志不久前参加江苏教育学院学习教育行政管理,以利他提高学校管理水平,适应领导岗位的要求,最近学校中层以上的干部中有四位同志即将退休,我们也在中年知识分子中物色了相应的同志,报上级考察待批,以充实学校领导核心。

我校中教五级以上,工龄二十年以上的教师共73人,绝大部分都是中年教师,我们都逐个登记造册，整理资料，力求合理使用，现在学校教研组长一级的教学骨干，都是中年教师，学校原有俄语教师5人，因学校未开设俄语课，我们则帮助他们创造条件进修英语，改行转教英语，少数年龄较大的转任职员工作，使其各尽所能，各得其所，其余所有教师均属基本对口使用，如物理教师陈家潼，原在中国科学院声学研究所工作，1972年来校后，除教物理外，我们还让他参加校办厂的科研工作，试制新产品。1980年试制“测漏仪”成功，获省科技发明三等奖，现已改造成三种型号，产品远销国内各地，为学校做了不少的贡献。

我校属于侨眷、台属的知识分子共有21人，其中侨眷10人，台属11人。多数是属于有业务专长的中年知识分子。我们建立了侨联小组，定期开会，征求他们对学校工作的意见，帮助他们联系亲人，他们得到亲人的信件、照片，也向组织上汇报，出现了亲密无间，相互信任的动人情景。在政治上、工作上和生活上我们也对照侨务政策，尽量予以关心和照顾，如我校归侨教师蓝万隆同志1980年在校入党，任语文教研组副组长，后调扬州市侨办任副主任，83年又调省任侨办副主任，最近参加了第三次全国归国华侨代表大会，我校侨联小组长胡兰芬同志，长期以来积极要求进步，工作勤恳踏实，但因客观关系影响，一直未能入党。1982年我们根据她一贯表现，终于吸收她参加了党的组织，学校侨联副组长化学教师杨幼鹤同志是一位有影响的侨眷，我们在学校任命她当化学教研组副组长，用其所长。在校外，她还被特邀为市政协委员。在住房上我们也在力所能及的范围内给予照顾。对台属教工我们也给予应有的关心，如食堂会计齐瑶今年结婚，在学校住房十分紧张的情况下，我们还在食堂内给她做了适当安排，这些都得到了较好的反响。

（三）在思想上、业务上提高知识分子

我们在落实知识分子政策的同时，对教师本身也加强思想政治教育，这是更好地发挥知识分子作用的保证，近几年来，我们在全体教职工中，开展了“教书育人，为人师表”的活动。我们一面组织教师认真学习《决议》。学习“十二大”文件，学习《邓小平文选》，学习胡乔木同志《关于人道主义和异化问题》的重要文章，从根本上提高教师的思想觉悟，以加强教工的思想建设和理论建设。一面又对“教书育人，为人师表”的活动，提出具体要求，逐步提高。八二年我们根据胡耀邦同志对教师提出的三条希望，要求教师：要有比较渊博的知识；要认真研究掌握教育科学，懂得教育规律；要有高尚的道德品质和崇高的精神境界。八三年我们针对教师要继续进行世界观的改造，补充提出自尊、自重、自用其才的要求。八四年我们又结合职业道德的讨论，对“师德”提出五点要求。即：坚持四项基本原则，忠诚党的教育事业；严于律己、以身作则；勤于进取、精于业务；热爱、关心、体贴学生；团结协作、互相帮助等，使师德教育不断规范化、具体化。经过几年来细致的思想政治工作，教师队伍的主流是好的。他们在政治上要求进步，工作上认真负责，埋头踏实工作，积极地、较好地完成各项任务。我们还注意引导教师开展批评和自我批评，克服不良倾向，表扬好人好事。八三年底，我们引导教师环绕坚持四项基本原则，正确处理公与私的关系，进行自我小结，在各组小结的基础上,我们召开了八三年度表彰先进集体、先进个人的大会,表扬了六个先进集体,五十个先进个人,表扬的人数占教职工总人数的25%左右,八四年上半年在第三个全民文明礼貌月中,又表扬了五个先进集体,三十个文明个人。对激励进步、调动积极性,起了较好的促进作用。

在提高教师思想认识的同时,我们引导教师重视业务进修,从事业发展知识不断更新的状况,要求教师不断充实,丰富自己的知识,提高业务进修的自觉性。目前尚未达到大专毕业的教师均已参加函授脱产进修或在职进修。脱产进修已达到大专水平的有四人,继续进行函授的有三人,在职参加大专班进修外语的二人,为顺利地使他们完成进修任务,我们在时间上和减少课务方面都给予一定的方便,大部分教师还是结合课务,本着缺什么补什么的原则,进行在职进修,如数学教研组为开设电子计算机课的教学,他们已在组内组织两次讲座,讲授计算机的基础知识,语文组则定期组织"古典文教学"的讲座,以帮助中、青年教师适应古典文教学的需要。

(四) 生活上关心知识分子

我们一面在知识分子中提倡艰苦奋斗的精神,一面在力所能力的范围内采取积极态度和切实的措施,在生活上关心知识分子,保护他们的健康,使知识分子的生活条件,逐年有所改善。

从教职工工资水平来说,1971年教职工平均工资为58元,经过77年、79年二次工调,平均工资已上升为63元,特别是82年中年知识分子工资补升后,工资上的遗留矛盾,逐步基本解决,平均工资上升为71元,生活水平逐年有所提高。

对知识分子的健康状况,我们也比较关心,在上级教育、科委部门关心下,83年我们对中教5级以上的93名教师进行了普遍、全面、细致的健康检查。对其中有病的教师需要全休治疗的,我们都及时安排课务,帮助安排治疗休息。对一些老、中年教师患心脏病、急性阑尾炎或被自行车撞伤骨折住院治疗的,我们都及时和医院组织联系,请求他们委派主治医师精心治疗,甚至雇人专门护理,如我校特级教师黄久征同志住院治疗老年性心脏病及多种并发症,我们已派人护理半年,教师反映:"在我们困难时,组织上悉心照料,是我们终生难忘的。"八三年、八四年我们连续两年在上级卫生部门和妇幼保健院支持下,对全校女教工进行了妇科病的普查。发现问题需要手术治疗的,都及时联系医院,安排治疗,并给予必要的经济补助,做到保护健康,防患于未然。

关于夫妻两地分居的问题,我们对中教5级以上,具有20年工龄教师的家属分居两地要求调动工作,迁户口的,都专门造表登记,汇报主管部门,请求解决。这种类型的共有四起,目前已解决一起,其他问题正在努力联系中,至于其他教职工要求解决夫妻两地分居的问题的,我们都和有关部门联系,甚至由学校负责人亲自到对方的上级主管部门反映情况,请求照顾。有些需要调往外地解决夫妻团聚的,我们也尽量克服学校人手安排的困难,照顾放行。还有些教师,由于十年动乱的影响,子女下放,造成身边无子女的困难,要求调动照顾安排的共有16起,我们协助和有关部门联系解决的共有14起，让他们家庭团聚，安度晚年。

关于学校教师住房问题，是个突出的尖锐的矛盾。“文革”前住校教职工共有23户，现在已发展为160户。我们在住房、水、电设施方面，虽近年稍有改善，但和解决教工实际困难尚有较大的距离。82年学校砌饭厅一座，将原有陈旧的厨房、食堂，因陋就简稍加修缮，解决了十二户教工宿舍住房和扩大的问题。83年在上级教育部门关怀和支持下，新砌一幢宿舍楼，解决十二户教工住房问题。目前尚有63户要求解决住房扩大问题，矛盾比较尖锐。目前我们正在拟订分房办法，分期分批逐步设法解决。学校还办有教工食堂和学校幼儿园，教工代伙的有50人，送子女入托的有22人，目前这方面虽存在不少问题，但在解决后顾之忧方面也解决了一定困难。

在落实知识分政策方面，我们虽然做了一些工作，取得一定成绩。但由于我们对知识分子战略地位和作用认识尚有不足；对贯彻落实知识分子政策方面的工作抓得还不狠，特别是对知识分子的思想关心、生活关心方面尤嫌不足，尤其是住房问题的尖锐矛盾，由于经费困难，一时还难解决。这些都有待我们在上级领导的关心和支持下，继续认真学习中央有关落实知识分子政策的精神，清除左的影响，抓紧做好知识分子工作，为发挥知识分子更大的作用而努力。

一九八四年五月十五日

“教育要面向现代化,面向世界,面向未来”,既是新的历史时期我们教育工作的根本指导方针,又是我们教育工作的战略任务。如何全面正确地理解“三个面向”对教育提出的要求,进一步端正教育的指导思想?如何根据“三个面向”的要求,改革中学教育?这是广大教育工作者和整个社会关心的问题。为此,从本期起我们辟出专栏,开展讨论,以期达到交流思想,统一认识,集思广益,推动改革的目的,欢迎大家畅抒己见,踊跃参加讨论。来稿要求一题一议,联系实际,言之有物,文字在二千字以内。

——编者

目光应远一点

江苏省扬州中学　郑万钟

邓小平同志提出“教育要面向现代化,面向世界,面向未来”,指明了在新的历史时期开创教育工作新局面的方向,对学校培养人才的素质全面提出了更高的要求。贯彻“三个面向”,不能仅仅考虑让学生接触一点现代化的科学知识,掌握一点使用电子计算机的技术,而应该看到,这是教育上一场伟大深刻的变革。我们的目光要放远一点。

要实现“三个面向”,必须抓紧改革教育,使我们的教育思想、教育内容、教育方式、教育设施和教育管理,都能适应现代化的需要。当前的情况是:一方面大家知道分数不能代表思想政治水平,也不能完全代表实际本领;另一方面升学招工又只以分数为主要依据。于是,有的同志就违背教育规律,片面地追求分数、升学率,忽视德育和体育,忽视智能的发展。学生毕业后是否适应高一级学校或劳动就业的要求,是否适应二十世纪末、二十一世纪初形势对人才的要求,都不加考虑,这种“出门不认货”的态度,正是不议大事,不懂全局,不管本行的表现,我们应当高瞻远瞩,克服时弊,致力于培养学生有适应现代化,迈向世界,迎接未来的好思想、真本领。

基于这样的认识,我认为,学校教育应当始终坚持社会主义、共产主义的方向,必须进一步加强以共产主义思想为核心的社会主义精神文明建设,反对和抵制精神污染。要教育学生时刻关心祖国的前途,人类的理想,使他们一开始中学生活,就把自己的学习和生活同社会主义祖国的命运紧紧联结在一起。同时,从当前条件出发,在教学方面应明确三点:

一、为使学生掌握现代化建设所必备的基础知识,应该在中学阶段打好每门学科的基础。去年五月,我省部分中学校长赴清华、北大参观座谈,两所高校强调学生在中学的基础一定要打得宽厚,不宜在中学搞文理分科,并指出,目前国际上很重视“双学位制”,只有学文的懂理,学理的懂文,才能真正培养出第一流的社会科学家和自然科学家。为改变现在普遍存在的中学生语文水平低,知识面窄,现代科学知识匮乏的现状,我们一定要让学生打好每门学科的基础,并通过一定的形式,让学生初步接触现代化科技知识的 ABC。

二、为使学生具有现代化的科学思维品质,应该致力于智能的开发和科学思维的训练。现代信息社会,知识总量急剧增加,知识物化周期缩短,社会生活节奏加快。要适应这种情况,就要训练学生的思维具有敏捷性的品质。同时,要迎接新的技术革命,就要使我们培养的学生具有创造发明的能力。善于求异思维,善于从新的角度去认识旧的知识,勇于用新的观点去冲击旧的思想。所以,对教学思想与教学方法必须改革,不能再满足于灌输,而要积极引导学生去主动探求,发现;不是要让学生适应“教的程式”,而是要教学生掌握“学的方法”,即科学思维的方法。那种“无边习题萧萧下,不尽资料滚滚来”的现象更是不能再继续下去了。

三、积极创造条件,让学生能多渠道、多侧面地获取信息,增长才干。当前,我们可以通过开设选修课(不仅有拓宽加深教材内容的选修,也要有如电子计算机这种传授新知识、新技术的选修,还要有如“科技小论文写作”之类跨学科的选修)、举办各种讲座,上好劳动技术课,组织各种课外小组和社团活动等形式来达到这样的目的。

《江苏教育》1984 年第 4 期

学校思想政治工作改革的探讨

中共江苏省扬州中学总支委员会

学校教育改革正在深入展开，如何改革学校思想政治工作是当前迫切需要解决的问题。

我们的初步体会是：

一、提高认识，实现思想政治工作指导思想的转变

在指导思想上我们认为：一要重视和加强学校思想政治工作；二是要改善这一工作。注意它自身的改革。加强和重视是改善的前提，但是不改善也不能达到加强的目的。二者是互为影响，相互促进的。

我校对思想教育工作是重视的，但部分师生中仍然存在忽视思想政治工作的情况。如把教学看成是硬任务，思想政治工作是软任务，认为“只要学习好、纪律好就行了。”我们针对这种情况，组织师生学习胡耀邦同志关于思想政治工作和邓小平同志关于“三个面向”的论述，明确加强学校思想政治工作是保证学校社会主义方向，区别于一切剥削阶级教育的根本问题；“三个面向”对红、专两个方向的要求是更高了，当然，我们的思想政治工作的任务也就更加重了。

重视思想政治工作，仅仅是做好这一工作的前提，同时，还要　　导思想的转变。我们从去年　　一道去做，以开创这一工作　　邓小平同志“关于社会主义阶段的根本任务就是发展生产力”这一重要论述，明确以经济建设为中心，是社会主义建设的根本指导方针。联系学校思想政治工作，就是要围绕教学这个中心去进行。分析我们过去的工作，存在着：只管思想建设，不注意围绕教学这个中心，落实到提高教育质量；只强调“专不等于红”，不强调“红要落实于专”；只讲政治工作的领先作用，不讲政治工作的保证作用等“左”的影响。这些“左”的影响存在，是开创思想政治工作新局面的严重障碍。

为了实现思想政治工作指导思想的转变，我们在师生中提出了三个观点：

1. 结合的观点：思想政治工作与教学工作是相互依存，互相转化的。教学工作中要渗透思想教育，思想教育要寓于教学之中。

2. 围绕中心的观点：学校工作要以教学为中心，思想政治工作，就要紧紧地围绕教学这个中心，决不能游离教学中心之外。

3. 保证作用的观点：思想政治工作要处在领先地位，就要落实到全面提高教育

质量,在教学中起保证作用。

在学校管理体制改革,实行校长负责制,党组织起保证、监督作用的新情况下,我校加强了学校过去已建立的"学校思想政治工作领导小组"的领导,由党、政、工、团的负责人和政治教师、各年级班主任代表参加,每周开会一次,领导协调安排全校师生的思想政治工作。学校书记和正、副校长实行"三个一",即每人负责分管一个部门,深入一个年级,结合一个教研组,实现思想工作和教学工作的全面领导。坚持原有的每周班主任定期碰头会的制度,发挥年级班主任代表作用,因年级制宜,加强学生思想政治工作的领导,避免统得过死。我们还总结和推广全国优秀班主任王荫钢同志、全国优秀少先队辅导员徐国英同志的事迹和经验,为班主任树立榜样。同时我们也发动教师通过各科教学,挖掘教材的内在思想因素,加强学生的思想政治教育。政治教研组排了各年级教材中能结合学生实际的思想教育要求,以便理论联系实际,有针对性地回答学生的实际问题,做到思想政治工作和教学工作的紧密结合。

二、从分析研究中学生的思想特点入手,加强和改善学校的思想政治工作

总结过去的工作,我们感到主要的问题是看青少年的消极方面多,调查材料也是抽象肯定多,具体否定多,对广大青少年的积极性估计不足,肯定他们的主流不够,因此,思想工作缺少预见性和针对性,显得软弱无力。

本学期,我们组织思想政治工作领导小组成员和班主任学习宋任穷同志《关于青少年思想教育工作的问题》一文,肯定青少年主流,发动班主任普遍调查分析当代青少年的思想政状况。

我们从中学生的生理、心理特点,社会中的地位和作用,特殊的利益和要求这几方面来分析,看到伟大的历史转变,给中学生的思想发展有着深刻的影响。当前中学生的主流是积极向上的,他们中间蕴藏着极大的积极性和可贵的创新精神,他们确实是大有希望,可以依赖的一代。他们的思想特点主要表现在以下几个方面:

1. 爱思考问题,富于理想。

青少年时期的观察力和想象力大有发展,这是中学生思想活跃,敏锐,富有幻想和理想的心理基础。实行对外开放,对内搞活经济,使中学生的视野开阔,接受信息的渠道增多,现实生活中五光十色的东西,在他们思想中有反映,因此,他们思考问题多,提出的问题也多,产生探究社会的愿望,开始思考人生的意义。当前学生对于社会现象和人生价值的思考和探求是围绕着"社会主义好,还是资本主义好?"、"贡献与索取"这两个问题展开的。很多学生结合政治课学习,参加社会调查,认真读书,学习英雄,从榜样身上寻答案,通过比较鉴别,认识到"社会主义确实比资本主义优越","人生的价值在于贡献,贡献越多,索取越少,人的价值就越高。"有个学生说:"从出生到现在,长到这么大,我受到了别人无涯的爱,今后我要让别人得到应得的东西。"当回答"你长大想干什么?"时,一般都有具体的个人理想。有 95%的同学明确写上了

对自己未来职业的选择。他们想到“要填补科研项目的空白”、“要让祖国早日跻身于世界强国之林”。他们注意把个人的志愿和社会需要联系起来,反映了为祖国四化建设的献身精神。

2. 渴求知识,努力学习。

中学生求知欲强,肯学习,正处在长知识的时期。世界上各种知识对他们都是新鲜的。面临世界新的技术革命,大多数学生深感到科技知识在实现四化中的重要。他们从自己科学文化知识贫乏和肩负的历史重任所形成的尖锐矛盾中受到教育,决心下苦功获得真才实学。他们平时想的、做的都围绕着“怎样把学习搞上去”这个中心,渴望早日成材。

随着学校思想政治工作的加强,社会上广大青少年学习热情的高涨,学生的学习动机也逐步端正。从调查分析中可以看到,学习目的比较明确,能考虑到国家利益与个人利益相结合的占 70%,单纯考虑个人前途出路或报答父母的约占 25%,认识模糊抱无所谓态度的只占 5%,和 1980 年调查相比,学生学习目的比较明确的百分比有增多;认识模糊,抱无所谓态度的百分比有较大幅度的下降。

3. 拥护改革,渴求创新。

青少年精力充沛,思想敏锐,较少保守思想,容易接受新事物。很多学生亲眼看到农村改革的大好形势,深受鼓舞。家住农村的学生说:“我们是改革的受益者”。他们深知个人前途和国家命运是紧密相连的。很多学生根据“三个面向”的要求,对学校教育改革提出了切实可行的建议。在“假如我是……”这篇习作中,字里行间流露了他们拥护改革,渴求创新的强烈愿望。

4. 要求自主,爱美求美。

青少年时期是渴望独立和创造的时期,随着自我意识的发展,中学生的独立意向增强了,有较强的自尊心和自信心。在调查中看到有 80%的学生表示:对家长的监护和过多的说教感到厌烦,对学校老师管得太死,有反感。要求班会改变形式,把班主任一个人讲话改为班上学生们的讨论会。“学校要有让学生讲话的地方。”少先队员提出:队活动可以让我们自己搞,辅导员不要什么都包办代替;还要求学生干部实行轮换,让学生都有机会经受锻炼。事实证明,由学生自己组织安排的国庆卅五周年庆祝活动,很受学生欢迎,体现了高度创新的精神。

中学生对美的追求也较之过去强烈,对美的感受和欣赏能力均有提高。很多同学不仅追求外在的美,更热衷于寻找生活中和文艺作品中人物的心灵美。有的同学以英雄为榜样,决心做一个品德高尚,具有美好心灵的人,从而提高了加强自我修养的自觉性。

通过调查,我们深切体会到,当前中学生的精神面貌是健康向上的,其中尤以渴求知识和爱美求美为最突出。我们认为学校思想政治工作的任务就是启发、爱护和支持青少年的创新精神,在引导学生如何“求知做人”上用功夫,使青年中勤于学习,敢于思索,勇于创新的可贵精神大大发扬起来。正如万里同志所说:“不发扬青年的创造性,党就没有希望,国家就没有希望。”只要我们善于肯定青年的主流,引导得法,是可以把青年培养成为有创新精神的一代新人的。这是加强和改善思想政治工作的一个根本出发点。

当然,我们在调查中,在肯定主流的同时,也看到了当前中学生的弱点。他们虽然爱思考问题,但由于年轻,阅历较浅,尚未掌握马列主义毛泽东思想的基础知识和基本原理,不善于用马克思主义的立场、观点和方法,全面地、历史地认识问题和处理问题,在思考问题时往往有片面性,简单化,容易只看到阴暗面,往往怀疑多,批判多。有的学生虽然有个人的理想,但往往缺乏远大的社会理想;有的学生虽然有自主、求美的要求,但又常缺乏加强自我修养的实际行动。青少年可塑性大,这些弱点和不足是可以通过教育引导,逐步克服的。

三、研究和改进思想政治工作的方法,改封闭式为开放式

在提高认识的基础上,我们从今年暑假开始,注意围绕经济建设这个总目标,针对中学生特点,改封闭式以灌输为主的教育形式为开放式的自我教育为主的教育形式。在思想教育方法的改进上做了一些尝试。我们注意积极引导学生开展社会调查活动,重点组织了以了解祖国建设成就和城乡经济改革,未来人才素质为主要内容的社会调查活动。具体做法是:

(一)针对学生思想实际,确定考察专题。

当前,中学生对正在兴起的城乡经济改革非常关心。他们厌倦单纯的思想说教,趋向接触新鲜的社会生活,希望在观察社会的实践中,回答思想上存在的问题。我们根据这种状况,要求全校学生在暑假中广泛开展社会调查活动。初中组织了考察连,在老红军薛世文同志带领下,走访了江都、泰兴和海门等县的政府和机关、党史办公室,烈士纪念馆;调查了当年苏中“七战七捷”的光辉历史。高中组织了团员和学生会干部参加的苏南经济建设“七战七捷”社会考察团,调查了南京市、常州市、沙洲县和无锡堰桥乡等地经济建设“新的七战七捷”的光辉成就,对学生进行革命传统教育和现实的社会主义建设实际的教育。

(二)接触社会实际,确立远大志向。

让学生接触社会实际,在考察生气勃勃的经济建设的过程中汲取前进的动力,加深对党的十一届三中全会方针政策的理解,坚定改革和四化必胜的信心,从而确立为四化建设而努力学习的崇高志向。

考察前,许多学生头脑里存在着一些疑问,如:中国农村的出路在哪里?经济改革后农村起了哪些变化?当学生们来到沙洲县欧桥村和无锡县堰桥乡后,崭新的面貌使他们都惊讶了。钟文同学一直思考着,考察一结束,她就撰写了一篇调查报告,分析道:“我一直纳闷,这里的农民为什么能走上如此富裕之路,在社员家中,发现家家都利用工余时间编织尼龙衣。农村中的多种经营,搞活了农村经济。而这主要归功于十一届三中全会以来,党的农村政策的正确性。”

在常州针织厂,常州织袜厂,塑编厂,南京化学厂,学生们听了介绍,参观车间,搜集数据和典型事例,亲身感受了经济改革带来了经济建设的巨大变化,实行经济责任制调动了工人们的劳动积极性和创造性。

高三(3)团支部书记石谦同学在南京考察了金陵饭店的建设过程,了解到由于我方人员未能及时掌握香港汇丰银行贷款利率,致使我方多支出很高数额的利息一事时,他写了一篇题为《信息与人才》的专题调查报告,阐发自己对信息与人才素质的认识。高二(1)班的学生来自我市各县,他们利用暑假返乡开展社会调查,归来后,全班49人每人都写了调查报告。还有一部分学生在调查中进一步明确了自己的历史责任和奋斗目标,自觉组成党章学习小组。团委常委、学生会主席马青峰同学参加了赴苏南社会考察活动,归来后,郑重向党总支递交了入党申请书,决心把自己的青春时代和自己的一切贡献给四化建设。

(三) 了解经济建设需要,确立了新型人才的观念。

在社会调查活动中,我们注意到引导学生把对祖国的爱和对四化建设远景的赞叹化为远大志向,进而在思想上明确,实现四化,适应改革,需要大批有理想,有能力,富有创造精神的一代新人。

在南京,常州,沙洲,无锡等地,同学们还具体调查了经济改革对人才的需要。常州针织总厂负责人向学生们介绍了厂里改革的情况,说明改革后,厂里对人才的要求更高了,这表现在技术人员不仅要懂技术,还要有管理头脑。有的同学对此深有感受,在调查报告中写道:"我们印象最深的在于那些改革者的风度,现实给我们这一代人提出了更高的要求。因为到了2000年,我们这一代人正值'而立之年',将成为社会的栋梁,我们如何适应新形势的需要呢?看来,中学阶段努力把自己培养成创造型人才,逐步形成那种大刀阔斧的气魄,这就是我们的选择。"

许多同学感到,原来整天生活在校园里,对社会缺乏了解,通过社会考察,不仅接触社会,了解社会,而且也扩大了知识视野,决心按"三个面向"的要求努力学习文化知识,培养多种能力,早日使自己成为四化建设的合格人才。

(四) 联系社会实际,提高课堂教学质量。

为了使社会调查活动更有效地进行,我们围绕教学中心,把社会调查活动同教学工作结合起来,为提高教学质量服务。我们安排了部分历史,政治,语文教师参加考察。如,初中同学考察苏中七战七捷情况进行了革命传统教育,《青少年修养》教育和历史知识教育。高中同学虽然学过《政治经济学常识》,但对社会主义经济问题缺乏感性认识。如对什么是中国式的社会主义现代化道路理解不深,政治教师就结合理论学习,引导学生在考察实践中留心观察,使同学们对此豁然开朗。语文组还组织学生撰写社会调查和考察心得。如高三(2)班在暑假考察了重点工程仪征化纤总厂,参加了北京大学来扬的扬州"三把刀"的社会采风。一些教师反映,暑假过后,同学们的作文不仅语言流畅,而且言之有物,多为改革见闻,富有真情实感。

（五）开展多种教育活动，发展调查成果。

本学期来，我们在总结暑期社会调查活动的基础上，开展多种主题活动，以扩大影响，发展调查成果，教育全体学生。全校召开了社会考察专题广播会。初中同学绘制了苏中七战七捷示意图，接着还考察了新的七战七捷的成果，撰写了一组《苏北光辉的卅五年》调查报告。我们要求各班继续深入开展社会调查活动，在内容上坚持思想教育系统化，在方法上则强调针对中学生特点，围绕人才培养，开发智力，培养良好校风进行调查。要求各班组成《"三个面向"社会考察团（组）》，《廿一世纪人才要求调查团》，《"正直向上，热于求知"校风考察团》，走向社会，深入机关、工厂、高等院校、科研机构，去了解他们对人才素质的要求。目前已有一些班考察了有关工厂和科研机关，准备召开"三个面向和人才素质"、"我们是未来的创造者"主题汇报会。

少先队在暑假中社会调查的基础上，本学期进一步开展了"发扬七战七捷精神，做建设苏北的小主人"活动，并向全市少先队员发出了倡议书。

我们感到，随着形势的发展，思想教育工作也面临着改革的任务。要实现指导思想的转变，对八十年代青年看法的转变和教育的方法的转变，以适应社会对未来人才的要求，使教育更好地为社会主义经济建设服务。

一九八四年十一月

针对青少年特点,循序渐进地进行共产主义理想教育

共青团江苏省扬州中学委员会

党的十二大提出了建设以共产主义思想为核心的社会主义精神文明的要求。我们从培养学生成为有理想、有道德、有文化、守纪律的劳动者”这个总目标出发,围绕党的中心,把对团员、青少年进行共产主义理想教育作为学校共青团思想政治工作的重点。在工作中,我们从青少年思想实际和特点出发,注意系统而有成效地加强共产主义理想教育,帮助团员和青少年逐步树立革命理想,使他们的思想道德风貌有明显的改观,德智体诸方面得到全面的发展。

具体做法是:

一、调查理想和理想教育现状,明确思想政治教育工作的重点

近三年来,我们在学校党总支领导下,上级有关部门的指导下,搞了一系列学生思想调查,分析青少年的理想和理想教育现状。在调查中,我们看到,今天的青少年,其主流是好的,积极向上,是大有希望的一代,他们思想活跃,学习勤奋,关心改革,关心祖国的命运前途,渴望早日成才,为四化作贡献,有的团员还向党组织递交了入党申请书,表达了为共产主义事业而奋斗终身的决心。但是有不少团员和青少年学习虽然努力,学习目的却多从个人着眼,缺乏社会责任感;虽有生活理想、职业理想,却多从本人一时的爱好和个人、家庭的利益出发,缺乏远大的革命理想;有的虽向往美好的理想却缺乏坚强的科学基础,对实现理想需要付出艰巨的劳动缺乏思想准备,缺乏从我做起,从现在做起的行动。

回顾几年来学校共青团在进行理想教育这方面虽做了一些工作,但有三个不是:一是偏重于青年而不大注重少年;二是强调围绕党的中心,而不大注重青少年的特点开展团的独立活动;三是强调政治方向教育,而不大注重道德规范行为的实践训练。

根据调查和回顾,我们认识到,中学生正处于长身体、长知识时期,也是理想最活跃,寻求实现理想道路最积极的时期,于是,我们确定把理想教育作为共青团思想政治工作的重点,以此推动学生德、智、体诸方面的健康发展,为将来建设社会主义物质文明和精神文明做好各种准备。

二、从爱国主义教育入手，激发共产主义理想的火花

爱国主义教育是共产主义教育的起点，是理想教育的基础，我们坚持以爱国主义教育入手、步步深入，逐步地提高青少年的爱国主义觉悟，帮助他们把理想紧紧地与国家利益扣在一起。

鉴于现在的中学生缺乏新旧中国对比的亲身感受，缺乏接受马列主义真理的感性认识，对祖国的历史了解甚少的情况，我们通过开展“两对比”(新旧中国的对比，社会主义制度与资本主义制度的对比)“两热爱”(热爱党，热爱社会主义祖国)活动，使团员和青少年正确认识自己的祖国，认识社会主义制度，认识中国共产党，从而唤起崇高的感情，激发共产主义理想的火花。

在此过程中，我们一方面注意选择有代表性，有说服力的具体事例。具体人物对学生进行生动形象的爱国主义教育，使他们“具体的形象中悟出深刻的道理；另一方面注意从学史入手，对学生进行爱国主义教育，使他们通过历史的对比，认识祖国的可爱、社会主义制度的优越，党的光荣伟大，我们主要组织开展了以下几项活动：

1. 讲座性活动。举行“我爱祖国”的报告会”“我国古代数学”(原稿缺)

2. 审美性活动，观看电影，组织“祖国在我心中”为专题的文艺演出，考察古城扬州，组织春游或秋游活动。

3. 竞赛性活动，举行“祖国我爱您”征文比赛和诗文朗诵会“可爱的祖国”知识竞赛。

4. 阅读性活动，组织“振兴中华读书活动”、“红领巾读书读报奖章活动”，《高山下的花环》《大地的儿子》读书报告会。

5. 论理性活动。举办“激爱国之情，立成材之志”演讲会，“祖国需要怎样的人才”专题讨论会。

6. 实践性活动。开展“建国以来我班同学家庭变化”“古城新貌”“红色书信”等社会调查，“可爱的祖国”，“可爱的学校”“考察只有社会主义才能救中国”专题调查，参加“红领巾为‘六五’作贡献”的活动。

7. 主题性活动，举行“当五星红旗升起的时候”，“为中华崛起而勤奋学习”等主题会。

一系列的教育活动使同学们具体而生动地感受到祖国的可爱，社会主义制度的优越，从而坚定了走社会主义道路的信念。高二年级有个团员，在高一入学的课外作文中流露对社会主义制度，对党不满的情绪，我们配合班主任和语文老师帮助他澄清错误观点，通过家访，了解到该生家庭的曲折经历和具体困难，便从关怀入手，学校安排他住宿，给予助学金补助。夏天还给他买了顶蚊帐，这一切使他感到党组织和集体的温暖，“社会对我并不是冷酷的。”团支部组织“只有社会主义才能救中国”活动，又进一步使他认识到过去的观点是错误的，根源“在于无知和思想方法的片面性。”最近他在《人生支柱应该是什么?》的讨论中，坚定地表示：只有为共产主义而奋斗的人，生

命才能显示出它的价值。……我们这一代青少年的"人生支柱是为青年提高对共产主义理想的认识,让理想建立在科学的基础上,达到哲理的高度。

我们在组织同学和团员学习团章时注意因年级制宜,针对初二年级队员对团了解甚少而报名参加团章学习人数较多的情况,由挂钩团支部分别到各中队建立3－4个小组,辅导队员学团章。全校每年举办2－3期"少年团校",培训建团对象。另外结合离队给全体少先队员上2—3讲团课,而向全体进行共青团的基础知识教育,激励队员端正入团动机,做一个有理想的青年。本学期少先队向团委推荐了二十五名优秀队员参加共青团,初三年级主要组织新团员学习团章,深化入团前的教育,指导他们正确对待面临人生道路的第一次选择,团员升入高中后,对高一团员加强组织观念教育,巩固初中学团章的成果,结合开展争做合格的共青团员活动,重温团章和入团誓词,加强学习的责任感,为振兴中华,勤奋学习,立志成才。

在高二年级我们组织了学哲学小组,参加者都是对哲学有兴趣的共青团员,结合政治课辩证唯物主义常识的讲授,哲学小组制订了学习计划,主要学习《简明哲学原理》,使团员学会用正确的观点思考问题,观察社会得出正确的结论,从而养成理论思维的习惯去发展理想,他们在讨论红花与绿叶的辩证关系时,联系实际分析了平凡劳动被轻视的社会原因,从而认识到伟大寓于平凡、千里之行始于足下,理想在奋斗中实现的哲理,为了提高学哲学、用哲学的水平,他们还搜集了格言、成语、哲理名言进行剖析,从而以哲理促理想。

学党章小组由83届高三年级57位要求入党的团员组成。另外,高二(1)团支部由32位团员报名要求学习党章,学校党总支正、副书记亲自给党章学习小组的团员上党课。从理论上阐述党的性质任务,用科学的信仰帮助团员从职业理想过渡到正确的社会理想,使他们产生对社会主义、共产主义的渴求。83届高三(6)班有个团支部委员。一度时期受社会不良因素的影响,对党认识模糊,情绪偏激,参加"七一"学生团干部和优秀党员的谈心会后,深受教育,听了优秀党员满怀深情地叙述自己在党培养下的成长过程,他羞愧自己的无知、幼稚。在哥哥辅导下,花了一个星期的业余时间学习了党史。后来又学习了新党章,对党产生了由衷的敬意。激动之余,他写了一首诗献给亲爱的党:"事实雄辩说明党是无比崇高的,我不再观望。我要去奋斗、去实践。在磨难中培养毅力,在斗争中将思想锤炼,只有负起责任去奋斗,幸福才能永恒、欢乐才能长久。党啊!我愿跟着您,做共产主义开拓者,将一切奉献。"他的转变有力地说明,系统地学习党的基本知识,有利于帮助团员处理好个人理想和社会需要的关系,从过多地考虑自己改变为考虑集体、国家,逐步树立共产主义远大理想。

三、学习为理想而奋斗的榜样,引导学生在创三好的实践中坚定理想

理想教育过程是知、情、意、行的共同体现,实际上是教育学生正确认识自己,正确认识自己的未来的自我教育。

鉴于大多数学生富于理想,但不知怎样行动的情况,组织大家学习为理想而奋斗的榜样,把大道理与活生生的事例相结合,为团员和青少年提供实现理想的途径和方法,我们在工作中注意做到以下三点:

1. 组织学生向革命前辈、英雄模范学习,向我们身边的共产主义因素学习。

革命前辈和英雄模范,他们是共产主义的勇敢实践者和先进分子,对学生有巨大影响,我们通过多种形式先后组织学习了周总理、鲁迅、方志敏、雷锋、赵春娥、蒋筑英、罗健夫、张华、张海迪、周云城、朱伯儒等同志的事迹,少先队员还人人动手整理了一份英雄模范人物事迹,汇编成英雄谱,举行了"我爱祖国之花"主题会。

与此同时,宣传本校、本年级、本班同学的先进思想和事迹,用现实生活中存在着的活生生的事例教育团员和青少年,使他们感到亲切、易学。我们通过多种方式鼓励先进表扬好人好事。一是建立定期表扬制度,形成传统,如"五四"表扬优秀团员。先进团支部,优秀学生辅导员,"六一"和建队纪念日表扬优秀队员、优秀小队和先进中队,二是充分发挥宣传阵地作用,举办"共产主义理想之花","预备队之花"广播会,编辑"五讲四美一百篇",办好黑板报和"树人周刊"等,榜样的教育使学生在精神上深受鼓舞,83届高三(5)团支部书记小吴学习了模范共产党员赵春娥同志事迹后,激动地说:我要把党的需要作为我个人的需要,把党的事业看成我一生的事业,我是个共青团员,要象赵春娥那样,将来死也要死在为共产主义而奋斗的岗位上",从此,他感到学习上有无穷的动力,主动热情地做好团支部书记工作,站好最好一班岗。

2. 从简单的行为模仿提高到深入学习榜样的革命精神,将榜样转化为自己的理想形象。

中学生对理想人物有强烈的模仿性,这种模仿往往具有表面的性质,有时不善于选择正确的榜样作为自己的理想形象;有时学榜样往往停留在简单的行为模仿上,很少注意学习榜样的思想境界和革命精神。

对初一、初二年级的同学,通过形象化的教育活动引导他们学习榜样的革命精神,本学期我们开展了"预备队员的道路""团旗在召唤"等活动,通过学习雷锋、学习先烈,寻找英雄模范和先进工作理想,从小立志走革命者成长的道路。

对初三以上高年级的同学,则通过民主的,讨论的方法进行自我教育,探讨人应该怎样活着,人生的价值是什么等共同感兴趣的问题,高二(1)团支部在上学期举行"共产主义就在身边"主题会后,本学期围绕"知识—人生—理想"问题展开讨论。同学们畅开思想,提出了十五个问题,第一次讨论十分热烈,争得面红耳赤,但谁也没有说服谁。会后,团支部要求团员带着这些问题重学张海迪、朱伯儒、张华、周云城等同志事迹着重学习他们对"知识—人生—理想"问题的深刻认识和具体实践,然后举行演讲会、交流学习榜样的感想。在"七一"围绕学习张海迪,树立共产主义人生观,我们组织了"党指引我们开拓人生之路"主题会,帮助团员深化认识、坚定信仰。

本学期我们围绕党的中心开展学习华山抢险战斗集体先进事迹的活动,使理想教育推向深入。在方法上分为四个步骤:第一步,运用多种形式学习华山抢险战斗集体事迹；第二步，学习“思考”——即学习华山抢险后，四军大学员的对人生价值等一系列问题的思考，了解华山抢险英雄是如何树立正确的人生观的；第三步，开展“思考后的思考”活动——即在学习事迹，学习“思考”的基础上，联系自身思想实际，展开讨论，并召开小组会进行交流；第四步，召开“华山壮举给我的启示”，“假如我在华山”演讲会，把学习、思考、再思考得出的正确结论通过演讲会形式表达出来。

高二(5)班通过学习四军医大学员的思考之后，开展了“假如我在华山”的主题活动，这种自我教育形式，对于学生进行自觉的思想转化，树立正确的人生观具有重要作用。有一位团员分析自己的思想说：假如我在华山，可能有两种情况：一种可能是“勇敢上”；另一种可能是“站着望”。他从德智体三方面分析了华山抢险战斗集体出现的必然性，他认为，如果象华山勇士那样勇敢的上，必须具备几个条件：一是平时要有思想基础，不是一时冲动，这种看似偶然的现象，正是平时共产主义思想教育的必然结果；二是要有本领，把学到的知识运用到实践中；三是要有健康而强壮的身体。华山壮举的启示使他进一步端正了态度，决心自觉地按德智体全面发展的标准要求自己，把今天的文化知识学习和会做贡献紧密结合起来。高三同学激动地表示：华山抢险战斗英雄集体的事迹，为青少年点燃了寻求人生真谛的灯塔，他们热衷贡献，淡于索取的崇高精神，激励我们用接受祖国挑选，致力振兴中华的行动去写华山抢险战斗集体的续篇。

3. 努力创三好，把对理想的追求落实到行动中去。

我们注意发挥学生会和各级团队组织的作用，引导学生把高涨的政治热情落实到为四化勤奋学习，积极创三好的行动中去，在自身的实践中逐步把提高的认识转化为良好的行为习惯。“千里之行，始于足下。”同学们从上好每一堂课，做好每一道题，改正每一个缺点做起，一步一个脚印地去实现远大理想。

在今年的全民文明礼貌月里，我们抓住共产主义人生观这个根本，把理想教育和建设社会主义精神文明结合起来，和争创先进团支部活动结合起来，在团员中开展了建设“精神文明突击队”活动，全校组织了五十多个突袭击队，按五个项目开展评比。少先队大队部要求全体队员从预备队的特点、任务出发，象华山抢险战斗集体那样，努力形成战斗集体，开展了“我们是文明学校的小主人”活动，为了促进良好集体的形成，各团支部和中队参加了文明班组的竞赛活动以及学生“在校一日规范”的抽查，为培养良好的习惯创造情境和条件，围绕三好，集体经常提出近期的追求目标和远景目标，使团员和青少年处于对理想的不断追求之中。

我们和学生会一起进行学风宣传，根据“红专结合，理实交融，虚心求救，好学深思，一丝不苟，持之以恒”精神分别选写讲稿，向全校同学宣讲，帮助同学培养良好的学习习惯。我们还组织同学积极参加体育锻炼，今年全校有91%的同学达到国家体育锻炼标准，健康状况有了好转。

在理想的鼓舞下，校内出现了要求进步，正直向上，热于求知，团结友爱，关心集体的动人局面。高三(1)团支部书记吴顺文，为了适应四化建设的需要，学习上不满足于高分，注意培养自学和动手能力，发扬勇于探索和创新精神，在学习物理力学部分，关于平抛物体运动章节时，发现课本中的实验有不妥之处。于是他改进实验的装置，设计出了水平板，他制作的"平抛实验架"获江苏省一等奖，在全国"四求"竞赛中获二等奖。吴顺文同学深有体会地说，是党和人民培养了我。我要把知识献给人民，为了表达他坚定地献身于共产主义事业的决心，在毕业前夕，满怀深情地写了入党申请书，字里行间流露了他对党和人民的赤子之心：

"我是在党的怀抱里成长的孩子，党的教育使我懂得了共产主义事业的伟大，党的关怀使我健康地成长。如今，我已懂事，懂得应为母亲干点什么，应该为母亲分忧分愁，因此我要求加入中国共产党，永远跟着她，永远同她一起拉车、爬坡。为了祖国的振兴拉牵，我甘当人民大众的牛，我将竭尽全力地为党工作，纵献出生命，也在所不惜。……我已做好充分的思想准备，接受祖国的挑选，将来到祖国最需要，最艰苦的地方去，无论是北国，还是海疆，我将扎根在那里，用我们知识和力量为了祖国的未来战斗，烈士们的申请书是用血写的，而我的申请则是用'心'去写的，并将用我的'行'去丰富它，实现它，我愿做长江的一滴，从唐右拉山起步，无论遇到高山，遇到险滩，都昼夜不舍，去追求理想的大海。我愿接受组织的任何考验——一个孩子的请求"。

我校的共产主义理想教育虽然已进行了三年，但在教育内容，基本途径和做法方面缺乏科学的研究，中学生理想的形成和发展规律还有待于在今后的实践中进一步探讨，以便把理想教育活动搞得更有成效。

一九八四年七月

行进在苏中大地上
——赴苏中七战七捷考察连活动纪实

江苏省扬州中学

去年的八月二日—五日，江苏省扬州中学少先队大队部组织了三好学生、优秀少先队员赴苏中七战七捷考察连，来到当年新四军浴血奋战过的地方，寻访七战七捷的脚印，开展了“七扬七战七捷的精神，做开发苏北的小主人”的主题活动。下面是这次考察活动的片断。

一、庄严的出征式

八月二日清晨，暑假中宁静的校园沸腾了，少先队员们三五成群，欢喜雀跃。第一次参加这样的远征，谁也按捺不住心头的激动。

上午八点钟，考察连出征式在嘹亮的队号声中开始。曾参加过七战七捷支前工作的原市委宣传部长郑铎爷爷郑重地把考察连连旗授给了旗手，参加过无数次战斗的离休老干部、老红军战士薛世文爷爷向同学们颁发了胸章。当同学们从前辈手中接过旗帜和胸章的时候，他们觉得分量是这样地重，这是在接过革命的重担，接过前辈的希望啊!

授旗仪式举行完毕，两鬓斑白的郑爷爷向考察连的同学们介绍了苏中七战七捷的经过，市委党史办公室负责同志、学校领导、少先队大队部也向同学们提出了殷切的希望。考察连二排排长朱洁代表全体同学表示了自己的决心:“我们一定继承革命前辈的光荣传统，时刻准备着，为新的七战七捷贡献自己的力量。”

隆隆的队鼓声中，考察连同学整装出发了。路，在他们脚下延伸……

二、考察路上

八月四日清晨，老红军薛世文爷爷背着背包，穿着草鞋，带着考察连同学首先来到江都，了解了邵伯保卫战的经过。

江都，这个水网交错、碧野无垠的苏北鱼米之乡，当年洒满了新四军的鲜血，威振敌胆的郭村保卫战，为新四军东进抗日奠定了胜利的基础。“七战七捷”的第六次战斗——一九四六年八月二十三日至二十六日的邵伯保卫战，也是在江都的土地上展开的。八月二十三日这一天，驻扬州的敌二十五师向邵伯、丁沟、乔墅一线猛攻，妄图乘我军主力东进之机，进犯苏北根据地的中心地带。我军地方部队指挥员英勇作战，他们站在齐腰深的积水中,饿着肚子,以连续的反冲击和白刃格斗,歼敌二千多人,迫使敌人二十六日撤回扬州。

战士们英勇顽强的战斗精神,经过薛爷爷的讲述,给同学们留下了极其深刻的印象,大家说:“战争年代,我军凭英勇顽强的精神取得了一个又一个胜利,今天,凭这种精神,我们一定会夺得四化建设的新胜利。”

在江都,考察连还专程瞻仰了郭村保卫战烈士纪念碑。然后,就从江都出发,乘车来到泰兴。

在泰兴这片英雄的土地上,流传着许许多多动人的故事。这里是苏北根据地初创时“通如靖会临时行政委员会”管辖的地区。挺进苏北的黄桥决战在这里进行,“七战七捷”中的四次战斗在这片土地上展开。“宣泰之战”、“如南之战”、“丁林之战”、“如黄路之战”,子弟兵和老百姓亲密合作,取得了一次又一次的胜利,奏响了一曲又一曲的凯歌。

在泰兴县委大礼堂里,县委宣传部、县党史办公室负责同志向考察连同学介绍了这四次战斗的详细经过,生动的报告把同学们带到了战争年代,大家似乎看到了飘扬的战旗,听到了嘹亮的冲锋号,这战旗,这号声鼓舞着他们,呼唤着他们,去夺取新的胜利。

在去宣家堡的路上,考察连祭扫了杨根思烈士墓并参观了纪念堂。

在考察的路上,同学们顶着烈日,冒着高温,精神抖擞地行进着,如果有谁要问:“比起在校园凉爽的树荫下嬉戏,比起在电视机旁观看喜爱的电视节目来,要苦得多了吧?”他们会坚定地回答说:“我们出来考察,就是为了学习前辈艰苦奋斗的精神的。”

三、在海安烈士陵园里

八月五日,考察连离开了泰兴,沿着“如黄路战斗”的公路,向东进发。

在黄桥,考察连专程参观了“新四军黄桥决战”纪念馆,“通如靖泰临时行政委员会”办公旧址。九点半钟,考察连来到了海军。

早在第二次国内革命战争时期,张爱萍等同志就在海安播下了革命的火种,红十四军的暴动给了国民党反动统治以沉重打击。七战七捷的第三、四次战斗——一九四六年七月三十日至八月三日的海安战斗、八月十日至十一日的李堡战斗,就是在海安县境内展开的。

海安人民为七战七捷的胜利作出了巨大的努力,立下了不朽的功勋。为了支援新四军战斗,海安的父老把自己的子弟送上前线,三十多万民工参加了支前工作,一万多条船把十多万担粮食送上部队。为了革命的胜利,多少优秀的儿女倒在了苏中大地上,献出了宝贵的生命。

王文杰就是无数优秀儿女中的一个。他是海安人,在奇袭李堡的战斗中英勇牺牲了。考察连同学们在瞻仰海安烈士陵园纪念馆时,久久地站在王文杰烈士的遗像前,心潮澎湃,为了使我们这一代过上幸福的生活,无数革命先烈前仆后继,英勇奋斗,他们的鲜血染红了这一片英雄的土地,不珍惜今天的幸福,我们怎么对得起死去的烈士? 在王文杰烈士的遗像前,考察连一个个默默地立下了誓言:"烈士们生前的崇高理想是实现共产主义,他们推翻了旧世界,我们就要建设好新世界,时刻准备着:实现共产主义。

当年指挥七战七捷的粟裕同志逝世后,部分骨灰就安放在海安烈士陵园里。考察连的同学们在薛爷爷的带领下,瞻仰了粟裕同志骨灰安放处,并在烈士纪念馆前合了影。在他们的身后,巍峨耸立的纪念馆一方,粟裕同志的题词闪闪发光,烈士纪念碑顶端的红星照耀着远方……

四、踏着先烈的足迹前进

紧张的考察活动已经结束,考察连的同学总结了自己的考察生活,写下了三十多篇考察报告和体会文章,绘制了七战七捷示意图,并且调查了新时期七战七捷取得的成就,在《苏北光辉的三十五年》这组调查报告中,同学们列举了从工农业生产、交通运输、文化教育等方面的新发展,并且描绘了二十一世纪苏北的美好远景。他们纷纷表示了自己的决心:"我们一定要继承先辈的光荣传统,准备着为新的七战七捷作出贡献,把我们的家乡——苏北建设得更加美丽,更加可爱。"

《江苏教育》1985.5

创造性系列活动是理想教育的有效形式

江苏省扬州中学　徐国英
团扬州市委　学少部

科学系统论作为一种整体方法运用于少先队教育学科的研究，对于充分发挥少先队组织整体功能具有十分重大的意义。当前，自觉地应用系统的整体的观点来研究共产主义理想教育已成为当前少先队工作者的一项重要课题。本文试用系统工程的观点和方法探讨共产主义思想教育的系统化、创造性系列活动的特点，以及两者的联系和渗透。

一、理想教育的系统化

什么是系统？简单地回答，系统是处在一定相互联系中，与环境发生关系的各个组成部分的整体。《辞海》的注释是："即由相互作用和相互依赖的若干组成部分结合成的具有特定功能的有机整体，而系统本身又是它所从属的一个更大系统的组成部分。"宇宙中的任何一个客观事物都是以系统形式存在着，发展着。系统无处不在，无处不有。自然界是一个巨大的系统。人类的思维是一个复杂的系统。理想教育也是一个系统。

1. 理想系统

共产主义教育是在共产主义原理指导下的一种思想体系教育，思想品德教育，关于共产主义社会制度的理想教育等分系统组成的一个复杂系统。共产主义理想对共产主义教育而言它是一个分系统。它是由科学世界观、无产阶级人生价值观、共产主义道德观三个方面组合而成。而理想教育系统包括理想构成的系统、理想发展的系统、理想实践的系统。

(1) 理想构成的系统

理想是人类特有的一种可贵的心理品质，是人的心理结构中处于最高层次的意识。它是由多种心理因素所构成的，包括认识因素、情感因素、意志因素与个性因素。青少年共产主义理想的树立，需要知、情、意、行多种要素的综合影响。只有使青少年对共产主义有科学的认识，产生热爱的感情，才能建立科学的理想和信念，并以坚强的意志为理想的实现而努力奋斗。

从理想的具体内容来剖析，青少年的理想大致分成五种类型：1. 生活理想，指对未来物质与精神生活的向往；2. 学习理想，指对未来学习水平和前途的向往；3. 职业思想,指对自己未来工作部门与种类的向往;4. 道德理想,指对未来道德面貌的想象;5. 社会政治理想,指对未来的社会面貌与政治制度、结构的设想与追求。

理想的构成不仅是多类型、多侧面的,而且也是多层次的。上述五种类型中,具体的个人生活、职业理想是低层次的,社会政治理想是高层次的。理想教育的任务是引导青少年自觉地根据社会需要,不断地修正个人的理想,逐步确立为共产主义而奋斗的远大理想。

(2) 理想发展的系统

中、小学生的理想形成过程,是沿着从没有理想到开始有理想,从模糊到逐步明确,从不稳定到逐步坚定这一过程发展的。

理想的年龄发展阶段成为一个时间上的系统。中小学生理想发展的基本过程有三个阶段:

1. 理想的准备、萌芽时期。小学生处于理想发展的准备阶段。一般来说,三、四年级开始普遍地萌发了理想的幼芽。

2. 理想开始形成时期。多数初中生处于理想萌发到开始形成阶段。

3. 确立理想时期。多数高中生处于开始形成到逐步确立的阶段。一般说来,中学生还需要毕业以后的生活与学习中广泛而深入地接触社会,逐步提高社会成熟水平,才能形成科学的社会理想。

理想的形成是一个长期、复杂、曲折的从量到质逐步变化的过程。它的发展是有序的,从内容上看,从个人理想向社会理想发展;从认识水平看,由具体形象理想→综合形象理想→概括性理想发展;从正确性看,从天真烂漫想象的非科学理想,向认识社会发展规律与科学信仰结合的科学理想发展。

(3) 理想实践的系统

根据理想的高低、大小、远近的层次,在实现理想的时间上可分为三个阶段:

1. 近期奋斗目标　较低层次的近景小理想。

2. 阶段奋斗目标　较高层次的中景理想。当前实现四化,振兴中华是全国人民的共同理想。

3. 最终奋斗目标　最高层次的远景理想。实现共产主义是我们的最终奋斗目标。

层次较低的理想,较容易实现。因为它具体明确,是实现大理想的抓手。对中、小学生要经常提出切实可行的奋斗目标,让他们从近景、中景理想的实现中,增强实现远景的信心,并以脚踏实地的行动,逐步实现近景理想。

这三个阶段是一个有机联系的整体,不可分割。因此在进行理想教育时要注意高层次理想和低层次理想的结合,大目标和小目标的统一,远景理想和近景理想的联系。

在历史的长河中,人类社会的发展就是一个理想实践的系统,经历了从低序向高序发展的过程。从一个人的成长系统来看,它也经历了从无序到有序,从低序到高序的发展过程。一个革命者的一生,就是一个人的理想的实践系统。从童年的理想萌发,少年的理想开始形成，到青年的理想确立，出现青中年的黄金时代——理想闪光的时代，直至老年为理想贡献余热，奋斗终身。青少年的成长在人的成长系统中个分系统，但青少年时期是人生的重要转折时期，它是一个人形成理想基础关键时期，也是进行理想教育的最佳时期。理想系统的探讨，为少先队理想教育系统化提供了科学的依据。

2. 理想的教育系统

理想是在外部影响与内部因素的相互作用的过程中形成的。理想的教育系统是由理想系统内所有的成分以及理想系统与外部相互作用的社会、家庭、学校等部分组成。理想教育带有全社会性。仅仅依靠一个学校、几个教师的力量是低效，甚至无效的。只有社会、家庭学校各部分组成彼此协作的结构，整体才能发挥各部分相互联系形成结构的新的功能。

在理想教育过程中，各方面的——社会的、心理的、教育的——联系和依从关系都交织在一起并相互制约。

复杂的社会、广阔的生活环境，对中、小学生来说，是个大课堂。共产主义理想教育的过程，是青少年积极适应社会要求，按照社会需要逐步成长的过程。要让学生广泛地参加社会生活，在积极参加活动的交往的社会实践过程中，提高对社会的认识，逐步建立科学的社会理想。小范围的生活环境——家庭，对学生的理想形成有重要影响。有关调查材料表明：家庭影响在中、小学生理想形成的过程中占首位，这不能不引起教育者的高度重视。因此要充分调动和依靠社会和家长的力量，组成理想教育的社会化的网络。

学校教育是理想教育系统中的重要部分，在整体中居于主导地位。在学校实施理想教育，不仅是党政领导、团队干部、班主任，而且是全体教师和学生；不仅是抓思想政治工作的部门，而且是学校的一切部门；不仅是文科教学，而是渗透于一切学科之中。只有综合运用各方面的力量进行理想教育，才能达到预期的目的。

为了最大限度地提高思想教育过程中理论灌输，榜样示范，实践训练的效益，要加强针对性，根据中、小学生理想及其形成过程的不同特点，分层次提教育要求，从本地、本校实际出发，科学地安排理想教育的序列。实践表明，应用系统的整体的观点指导少先队的创造性活动，有利于理想教育内容的深化、少先队生活的活跃。

二、创造性系列活动

创造性系列活动是指以培养少先队员的创造志向和创造才干为目标，围绕一个主题展开的多层次，多侧面的相互关联的众多的创造性活动。

系统论的概念常常是系列化的。一个创造性系列活动，也就是一个活动系统，它包括内容系列、形式系列、时间系列等要素。去年举办的全国万名“创造杯”少先队活动大竞赛，夺杯的大多是系列活动。

创造性活动必须具有时代性、实践性和自主性。它重视发挥组织作用，提倡创新求美，动手动脑，当家作主。具体地讲，创造性系列活动应该具有下列特点：

1. 内容的系统性

创造性系列活动的主题体现在一个个分活动的教育内容的组合上。这种组合是有序的,不是随意拼凑的,更不是临时外加的。分活动之间要联系紧密,前后呼应。下一步活动应是上一次活动的继续和延伸,活动中挖掘出来的因素,是架起下一个活动的桥梁。随着活动的开展,主题层层深入,从低层次向高层次发展。例如,扬州市育才小学的创造性系列活动《春》,就是有这样的特点。活动从带领队员春游寻找自然界的春天开始(寻找山河春),接着引导队员寻找社会主义四化建设的春天(访问"四家春"——扬州具有特色的饮食店:富春、共和春、翠花春、冶春)。进而启发队员展开想象的翅膀,描绘祖国未来的春天(设计"万家春")。几个活动。紧紧扣住"春",活动层层深入,主题逐步深化,通过一个个分观点的教育,让少先队员逐步树立为了祖国的明天勤奋学习的革命理想。

2. 形式的多样性

有序的教育内容要赋之于丰富多彩、活泼有趣的活动之中。这就要求在活动形式上不断创新,用更多的新形式去反映和表现教育主题。创造性系列活动和单一活动相比,内容复杂,时间较长。为防止队员出现心理疲劳,活动形式要打破陈式化,不拘一格,灵活多变。必须指出,多样化的形式要为丰富的内容服务,不能离开去片面适求形式上的"稀奇古怪"。北京西城宏庙中学、昌平莎河中心小学、昌平西沙村小学的创造性系列活动《城乡伙伴心连心》,很有特色。该活动综合运用各种形式,强化了教育效果。在四个多月的时间里,他们运用了种"友谊树"、下乡作客、进城参观、跳舞、拔河比赛、航模表演、办《城乡小伙伴》报、通信活动、举办《我和小伙伴》征文比赛等生动活泼的形式,使城乡小伙伴的心紧紧连在一起,朝着共同的理想一起奋飞。

3. 时间的持续性

创造性系列活动,在时间上已不局限于常规的几十分之内。它短则几天,长则几个月,甚至一年以上。在较长的时间里,连续不间断地组织活动,使主题得到强调和深化。例如,江苏省扬州中学的创造性本列活动《小七战七捷》。该活动从一九八四年八月二日的"七战七捷考察团"的出征仪式开始,一直到一九八五年十月十三日的"庆功会"结束,前后经过一年多时间。七个战斗的小系列,构成了"振兴中华、建设江苏"这个主题的大系列。由于连续不间断的进行教育,队员们对主题的理解越来越深刻,创造性主动性都得到了充分发挥,促进了队员的学习和生活,收到了预期的效果。

4. 空间的广阔性

创造性系列活动进空间上,已从校园的狭小天地,进入广阔的社会舞台,它渗透到社会的各个方面,开辟了少先队活动的新领域。例如,武进县九里乡聚梧庄村和邻县丹阳县蒋墅乡新庄村的红领巾友谊小队联合开展的《友谊碑建在交界处》活动,化半个世纪来两村间的怨仇为友谊,变仇家为亲家,老中少三代人在友谊碑前共栽了友谊树,活动影响方圆几十里。创造性地为建设社会主义的精神文明作了贡献。

5. 教育的深刻性

创造性系列活动既然具有内容的系统性、形式的多样性、时间的持续性、空间的广阔性等特点，必然产生深刻的教育效果。这就是教育的深刻含义。在较长的时间和更广阔的空间连续地开展内容丰富，形式生动的系列活动，它确保了理想的教育系统极大限度地发挥整体功能。北京西城区力学小学的活动“献给贺老爷爷‘三杯水’”，就是一个成功的理想教育的创造性系列活动。他们想得奇，搞得活。三次活动是同一个内容——扫墓，却突破了少先队活动的时空观。时间上连续三年多，空间上从北京到两湖（湖南、湖北），活动影响有扩大到千里之外。在贺老爷爷坟前同样是献一杯水，但却献出了新意：一杯清凉的水→一杯家乡的水→一杯甜甜的水。活动环环扣紧，主题步步深入，少先队员的理想也在不断升华。这样的活动效果是显著的，在受教育者心中留下烙印也是深刻。

三、创造性系列活动是理想教育的有效形式

1. 创造性系列活动，活跃了理想教育系统中的集合因素。

理想教育系统是由相互连接、相互依存的部分组成具有理想教育功能的复杂统一体。在这统一体中，理想的构成与发展，理想的教育、青少年的发育成长等诸多因素共存，诸多环节相连，形成一个纵横交错的网状立体结构。环境、教育者、被教育者成为这一复杂系统中的三个最主要的集合点，这三者相互作用、相互联系、产生综合的教育效果，这就是理想教育系统的特点之一：集合性。

创造性系列活动注意了环境、教育者、被教育者这三个集合因素的作用。活动的时代性，注意结合改革和开放的新形势，把新时期对理想教育要求有机地与活动揉合在一起，产生了强烈的时代气息，使环境这一集合因素的作用得到进一步发挥，活动的自主性、注意学生的自主能力的培养，放手让学生设计活动、组织活动、开展活动、总结活动，鼓励学生走向社会，在活动中培养学生的自我管理、自我教育的能力，提高了学生的社会化水平，促进理想的形成，从而活跃了被教育者这一集合因素。活动的开阔性，注意发挥了学校、社会、家庭各部门的教育者在理想教育中的主导作用，使教育者的教育功能得以发挥。

2. 创造性系列活动，强化了理想教育系统中的诸环节的密切联系和相互作用。

理想教育系统中的诸环节有着密切的联系和相互作用。生活理想与职业理想相连，职业理想又与社会理想相通，社会理想反过来又对生活理想、职业理想起制约的作用。家庭、学校、社会也是理想教育中的有机整体，缺一不可。青少年的身心发展与理想的萌芽、发展、形成也有着密切的联系等等。这种相互的联系、相互的依存、相互的作用，就是理想教育系统的特点之二：相关性。

创造性系列活动的实践性注重了学生的实践，让学生在实践中强化理想教育系统中诸环节的密切联系和作用。理想必须在有益的实践中形成。理想的实现有赖于实践，理想教育无不与实践紧密相连。实践是人们认识世界、改造世界、完善自我的必要途径，实践沟通了理想教育系统的诸环节，也使学生的理想得以升华。

3. 创造性系列活动,推动了理想教育系统的阶层性发展。

理想的形成有其发展的规律,它是由低到高、由浅入深、由近及远的循序渐进的发展过程。有了正确的人生观,才能有正确的社会观,共产主义理想才能在此基础上形成。因此,理想教育系统在发挥其各自的职能时,必须是有序的、阶层性的向前发展。在理想教育中,一定要遵循教育规律,区别不同的教育对象,分层次进行教育;根据不同的教育内容,分阶段实施教育。这就是理想教育系统的特点之三:阶层性。

创造性系列活动注意了理想教育的阶层性。内容的系统性,注意在教育内容上由浅入深,时间的持续性注意在时间安排上循序渐进,改变过去"单打一"、"大呼隆"的做法,使活动沿着学生的身心发展的轨迹有序地进行。

4. 创造性系列活动,加强了理想教育系统的整体一致性。

作为一个系统工程,其中的每一部分都对其整体工程发生作用。若一部分得以削弱或加强,则整体工程也由之削弱或加强。这就决定了整个工程的每一部分都要均衡发展,以保持整体一致性,这样才能使整体效益得以体现。理想教育系统要发挥其理想教育的最佳效能,就必须重视系统中的每一个环节的作用,尤其是学校、社会、家庭的有机统一与相互配合,使被教育者置身于一个教育的立体空间。这就是理想教育系统的特点之四:整体一致性。

创造性系列活动的空间开阔性,注意发挥了理想教育系统中各部分的综合作用,使活动空间不只局限于某一点,而是拓宽到与活动有着内在联系的社会各个部门。形式的多样性使活动不是一侧面、单渠道进行,而是多侧面、多渠道作用于被教育者,充分调动学校、社会、家庭等各方面的积极性,形成合力,强化整体功能。

5. 创造性系列活动,有利于理想教育的总体优化。

在强化系统工程的作用时,可以采用多种途径,但在其中总有一种最佳途径。这种途径的选择,能使总体得以优化。共产主义理想教育的内容、方法很多,但在某一时期对某一对象进行教育时,一定要选择最佳方法和内容,通过最佳途径对被教育者进行最佳的教育,从而产生最佳效果。这就是理想教育系统的特点之五:总体优化。

创造性系列活动,注意针对当前改革和开放的形势出现,新情况、新问题、选择活动内容,针对学生的思想实际,选择活动形式,改变过去主题,形式一律由上而下"一刀切"的做法、采用"宏观控制、微观搞活",即根据党中央、团中央有关指示精神,确定总的活动方向,具体主题、形式由下而上确定,这有利于调动被教育者的积极性,有利于理想教育的总体优化。

以上是对理想教育工作的系统教育环节和有效形式初步探讨的一些不成熟的看法。理想教育实施过程的系列化,还有待于在今后的实践中探索、完善。

《中国少先队工作学会通讯》1986 年第 3 期

(按,此文 1986 年 12 月获江苏省少先队工作学会优秀论文一等奖)

“树人”奖创造性理想教育系列活动竞赛方案

江苏省扬州中学高二(3)团支部

系列活动名称		升起吧,希望之星		
文科班	团员数	26	团支部书记	陈绪峰

目的:通过开展此系列活动,使同学们认清形势,树立理想,加强文化知识的学习,为祖国的繁荣昌盛打下坚实的基础,努力使我们成为祖国明天的希望之星。

系列一名称:撒播信念的种子(3月~4月)

1. 组织团员及全班同学讨论电视剧《新星》,就当前改革和当代中学生的使命发表已见。

2. 写出《新星》的观后感,在班报《文泉》、墙报《文苑》和《集萃》上展开争鸣。

3. 组织同学认真阅读《新星》的续篇——《夜与昼》,在继续讨论的同时,改编其中的有关章节,由本班同学自编、自导、自演,请语文老师审阅剧本,有关老师指导排练。

4. 在“五四”青年节“扬中之春”文娱会演中表演此话剧。

系列二名称:挥洒耕耘的汗水(5月)

1. 该话剧演出后,广泛收集各方面的反应,邀请部分观众与剧组人员进行座谈,交流思想,谈观看与演出的体会。

2. 将同学们的有关意见搜集整理后,以书信形式与《夜与昼》的作用柯云路同志联系,请他谈创作的感想,介绍自己是怎样奋发成才的,以及文学创作与社会现实生活的关系,我们八十年代的中学生,特别是我们文科班的学生应该具有怎样的社会责任感。

3. 组织同学讨论柯云路同志的回信。在班上展开“为了明天而耕耘”的学习热潮,帮着学、比着学,赛着学,使班风、学风在现有的基础有更大的进步。

系列三名称:采撷改革的浪花(5月底~6月上旬)

1. 组织团员及全班同学,走出学校,调查社会各方面的改革情况,了解古城扬州近年来发生的巨大变化,寻找改革浪潮中的“李向南”,写出有一定质量的调查报告。

2. 在本班举办“镜头:对准社会”——社会调查报告、摄影等展评,向全校师生汇报社会调查的成果。

3. 总结展评活动,使大家认清当前改革的大好形势,努力使整个调查活动升到一个新的高度。

系列活动四名称:升起吧,希望之星(6月下旬)

(略)

《扬州团讯》1986年第9期

适应未来人才需要,实行自我教育
培养具有开拓创造精神的一代新人

江苏省扬州中学　张发祥

近几年来,我们注意针对青年特点,积极开展了共产主义远大理想教育,随着形势的发展,特别是学校教育改革的深入进行,我们根据重点中学的基本特点,开展了以培养团员和青年学生自我教育、自我管理能力为突破口的实践教育活动,收到了初步的效果。

一、提高认识,明确要求

我们努力按照学校党总支的要求,在新的历史时期,使团的工作实行三个转变:(1) 思想政治工作指导思想的转变,要清除“左”的影响,使团的工作紧密围绕人才培养这个中心;(2) 对青少年学生估价的转变,从深入了解团员和青年学生入手,充分肯定青年一代的主流,以发扬他们的创造性;(3) 教育方式方法的转变,把封闭式改为开放式,灌输式改为启发式,保姆式改为自我教育的形式。

学校是培养人才的地方,团的工作应当以人才培养为中心,开展实践教育活动,重点中学的学生大多具有较好的文化素质和行为素质,他们大多数将升入高一级学校进行学习和深造,而且从发展趋势来看,他们中的许多人将成为社会的管理人才,根据这一情况,在中学阶段就应培养起他们的自我教育和自我管理能力,这也是重点中学开展实践教育活动的特点,根据这一要求,我们注重造就具有开拓和创造精神的一代新人,从二十一世纪对人才素质的要求出发,进一步解放思想,树立新的质量观、人才观、学生观,实行以自我教育和自我管理为中心的思想政治工作的改革,把灌输过程改为自我教育的过程。

重点中学从培养中学生自我教育和自我管理能力入手,深入开展实践教育活动,具有重要意义。

首先,倡导学生自我教育和自我管理,是为了适应社会的需要,培养有创造精神的新一代。当前,我们正面临着经济体制改革,世界新兴技术革命的挑战,对外开放,对内搞活经济,“一国两制”的历史现状,尤其是未来社会在人才素质方面有着更高的要求,现在的中学生正是将来的创造者,他们不仅要有丰富的现代科学文化知识,又必须具有创造才能,不仅能吸收资本主义发达国家的现代科学技术,又能保持共产主义信念,抵御不良思想的侵蚀。从某种角度说,未来的竞争就是人才的竞争,而社会对人才的需求将是多层次的,重点中学培养出的人才将在未来社会充任骨干的角色,在中学阶段打下一定的能力基础,使他们心灵手巧并具有一定组织活动能力,正是适应了社会的需要。

其次,实行自我教育和自我管理也是当前教育改革的要求,将封闭式转为开放式,将灌输式转为启发式,将保姆式转为自我教育式,必须倡导学生自我教育和自我管理。

再次,自我教育和自我管理也是现代学生的自发要求,要求自主是当前中学生的思想特点之一。随着中学生不断成长,他们的自主意识逐步增强,如我们在一次《假如我是……》征文活动中,就有相当多数的团员表露了要求自主,渴求创造的心情。有位团员写道:“假如我是团支部书记,我首先要将团支部好好改选一下,不需要老师点名,不需要团委指定,你有能力请上台,我们不需要平庸的团支部委员,要让每个人都能得到锻炼和发挥,我希望团委相信我们,不要总认为我们都是小孩子,干什么都要亲自替我们安排好。”中学生们的这种潜在积极性和创造性是引导他们自我教育的内在根据。

自我教育应当首先是对共产主义理想的自我认识和自我提高。在此总要求下,我们强调正确而全面地理解自我教育的内容和要求,即:学习上提倡自学,德育上进行自我教育,体育上进行自我锻炼,生活上提倡自我服务,按照上述几方面的要求,自我教育才能富有充实的内容,才能收到恰当的效果。

二、开展实践教育活动,进行自我教育

我们主要围绕下列两方面开展了实践教育活动。

(1) 围绕经济建设总目标,进行自我教育

我们组织团员和青年学生,以团支部或团小组为单位组成“三个面向社会考察团(组)”,“二十一世纪人才素质考察团(组)”,“‘正直向上,热于求知’校风考察团(组)”,走向社会,到工厂、商店、机关、大学科研机构,农村乡镇等单位,走访考察,让团员和学生在实践中树立理想、增长才干,围绕上述三个专题具体抓住六个环节:

1. 针对学生思想实际,确定考察专题;
2. 接触社会实际,确立远大志向;
3. 了解经济建设需要,确立新型人才观念;
4. 联系社会实际,巩固课堂知识;
5. 开展多种教育活动,发展调查成果。

自上一学年以来,我们利用寒暑假和平时课余时间,组织团员和学生调查走访了南京市、常州市、沙洲县、无夕堰桥乡、江都县等地的经济建设和改革的情况,还考察了设在城区的曙光厂、扬州机械厂、扬州柴油机厂、扬州师范学院等单位,许多团员和学生在社会实践教育活动中,通过自我教育,增强了组织活动能力,初步树立正确的人才观念,加深了对党的政策和经济体制改革的认识,进一步明确了当代中学生的历史使命和奋斗目标,校团委常委、学生会主席马青锋,团支部书记钟文,何磊等同学在

社会考察后,郑重向党组织递交了入党申请书,决心把自己培养成党所需要的创造型人才,还有一位学生团干部在调查报告中写道:"现实给我们这一代人提出了更高要求,因为到2000年,我们这一代人正值'而立之年',将成为社会的栋梁,我们如何适应新形势的需要呢?看来,中学阶段努力把自己培养成为创造型人才,逐步形成那种大刀阔斧的气魄,这就是我们的选择。"

高二(3)团支部,采访了我市一位副市长,具体了解建设扬州,开发苏北的远景规划,这位副市长还告诉同学们,开发苏北,建设家乡目前最需要管理方面的人才,同学们对此深有感触,联系目前中学阶段的实际,考察组认真撰写了一篇题为《"未来市长"访今日市长》的调查报告,阐发了中学时代增强能力素质的重要意义,进而激发了大家努力掌握现代科学文化知识,培养各种能力的热情。

(2) 开发智力,培养创造能力

我们改变过去团组织只是单纯抓思想教育的片面认识,确立只要有助人才培养就是团的工作内容的观念,以理想教育为中心,积极开展多种形式的系统化活动,在活动中逐步培养团员和青年的能力素质,我们开展了:

1. 思想性活动:《在第三次腾飞中》主题团会评比,《党在我心中》知识竞赛,党章学习小组活动。

2. 知识性活动:如"一二九"运动智力竞赛。

3. 社团活动:成立多种形式的爱好者协会和社团,如文学社、集邮爱好者协会,摄影小组等。

4. 举办讲座:如武术、歌曲知识讲座等。

5. 办报:全校性学生报纸有《树人报》,年级性的有《风华》《求知》等,其中编写、采访、抄写工作均由学生担任。

6. 文体活动:歌曲大奖赛,集体舞比赛,黑板报比赛。

由于重视把培养人才素质作为团的活动中心,积极为团员和青年学生开发智力、培养创造能力创设条件,使得团员和青年学生在全面发展的道路上不断向前进步。

三、努力创设情境,发挥学生主体作用

按照"三个面向"的要求,在引导学生自我教育的过程中,必须树立"学生为主体"的观点,即变过去那种团员学生处于被动式接受教育,容器储蓄式的思想吸收形式,着力挖掘学生内在潜力,让团员和学生在自我教育过程中提高认识,自我完善。

1. 针对自主要求,鼓励创造愿望。

我们注意引导学生认识未来人才素质的要求,发动大家积极参与学校和班级的管理工作,担当团和学生会的各级干部,上学期,高二年级成立学生分会和团总支,全年级有50多人踊跃报名自荐,在选举大会上,他们还逐个登台发表"竞选演讲",提出自己的"施政纲领",这些同学的进取,开拓精神在学生中产生了强烈的反响,调动了广大同学的创造积极性。

2. 改革机构设置,提供创造天地。

考虑到中学思想教育的阶段性以及不同年级学生的特点,让更多的人能在自我教育活动中得到锻炼,在党总支领导下,我们在高中各年级建立了团总支和学生分会,并向年级团总支提出要求,积极为他们创造条件,赋于一定的权力和责任,让团员做团的主人,在学校党政领导下,开展多种形式的自我教育和自我管理活动。

3. 改革学生干部制度,实行轮换。

我们对团员和青年学生干部采用自荐、聘请、选举等办法,对全校学生干部实行了轮换,改变单纯由老师指定,单纯地使用而不注意培养的现象,一些团支部经过轮换后,团员干部积极主动开展活动,班级团的思想工作、宣传工作、组织工作有了明显的改观,增强了团组织的内在凝聚力。

4. 发挥学生主体作用,加强自我管理。

按照要求,我们积极引导学生参与学校管理工作,如组织了学生自我管理、自我服务性质的广播操、环境卫生的检查评比,并每周公布结果,我校学生人数多,自行车辆的存放有时存在混乱现象,学生会生活部就组织同学轮流值日,排放好自行车,使学校面貌越来越好。我们还带领团员和学生干部积极参加校运会工作,在学校支持下,让学生会体育部长主持校运会。运动会期间,在积极协助搞好大会组织保卫、宣传鼓动工作的同时,还发起评选最佳文明班级和最佳运动员活动,使校运会开得生气勃勃。

四、抓住关键,正确引导

我们感到,在强调学生自我教育和自我管理的同时,还应注意加强引导,要正确地处理好学生自我教育和学校(包括教师)引导的相互关系,引导是关键。

1. 帮助学生正确理解自我教育的内容。

学生的自我教育和自我管理是在学习生活中的自我教育和管理,是在学校纪律约束下,尊师前提下,接受学校教育前提下的自我教育,决不是任其所是,自由放任。自我教育能力,应当包括使学生逐步具有自我控制的能力,这样,自我教育和自我管理才有正确的轨道。

2. 组织干部培训,帮助把握自我教育中心。

除了利用校会向全体同学提出上述要求外,我们组织了干部培训,针对一度时间,学生开展活动偏重娱乐的倾向,帮助他们明确,自我教育和自我管理必须不断充实内容要把握住自我教育的中心是树立共产主义远大理想,只有按照这个中心,自我教育才能不断升华,我们在党总支的领导下,爱护通过自我教育和自我管理激发起的积极性,适时地将这种积极性引导到更高的层次,又在团员和学生中开展《树人杯》思想教育活动,引导学生进一步树立理想,加强纪律,端正学风,尊敬老师,使自我教育和自我管理活动促进学生全面发展,使实践教育活动充实进更为深刻的内涵。

1985.5

江苏省扬州中学党总支整党对照检查(初稿)

1985年12月20日

整党工作在我校全面展开以来,我们根据市局党委的部署,按照中央整党决定的基本要求,在组织全体党员学好整党文件,加强党性教育的同时,认真地进行整党对照检查,召开了五次整党小组会,三次总支委员会,还分别召开了思想政治工作、教学工作、总务工作对口检查会,党员骨干会和党外部分同志座谈会,共十一次会议,广泛征求意见,我们要求大家敞开思想,消除顾虑,切实对照整党要求,开展批评和自我批评,排查情况,梳理问题,逐步明确了存在的主要问题和今后努力方向。

从总体上看,我们党总支在市局党委和行政的领导下,积极拥护党的十一届三中全会以来的路线、方针、政策,努力在思想上、政治上与党中央保持一致,贯彻党在教育工作方面的方针、政策、指示,完成上级党和政府部门交给的各项任务,经过调整后的领导班子,基本上能保持团结。注意加强师生的思想政治工作,逐步开展教学改革,改善师生生活条件,积极落实党对知识分子的政策,调动教师的工作积极性,我们还注意加强党的思想建设和组织建设,发挥党总支的保证和监督作用,为办好学校,培养社会主义现代化建设人才,作出了一定的努力,但是按照党在新的历史时期的总任务、总目标的要求,尤其是面临新技术革命的挑战,社会主义现代化建设需要培养多方面、多层次的各类人才的新形势,我们深感思想认识不高,贯彻教育方针不力,工作作风不实,学校管理不严,作为省里首批办好的重点学校之一和大改试点学校之一,我们没有把改革放在首位,学校工作远不能符合形势的要求。所以如此,除了一些客观原因外,从主观上检查,归纳起来有下述四个方面的问题:

一、贯彻教育方针不力没有把改革放在首位

学校基层党组织的基本任务是保证和监督党的教育方针、政策的落实,坚持正确的办学方向和原则,对照党的教育方针和党历来对普通中学工作的要求,我们的办学指导思想还不够端正,主要是:

1. 培养目标还不够明确,为升学考虑多,为多出人才,出好人才上考虑少。

随着党的工作重点的转移,几年来我们注意认真学习、全面理解党的教育方针,努力端正办学思想,但贯彻方针、培养人才,往往是全面发展,而是平均发展;对教育必须为社会主义建设服务,社会主义建设必须依靠教育这一观念,尚未完全确对办好学校的唯一标准是社会效益认识不清,对社会主义建设需要规格,多层次的人才,要

正确处理培养各类专门人才和培养大批合格劳动者的关系理解不深,对新的人才观和质量观缺乏全面理解,忽视培养创造性、开拓型的人才,在办学的指导思想上从双重任务出发的观念不强,为升学考虑多,为培养大批合格的劳动者考虑少,追求升学率的包袱没有真正放下来,徘徊观望,患得患失,阻碍了教育改革的前进步伐。

2. 领导力量的重点还没有集中到教学上来。

学校工作要以教学为中心认识是明确的,但没有摆脱具体事务,忙于接待应付,主观上也没有深入教学第一线的决心,所以没有主要精力放在抓好教学上,没有经常深入教研组,深入课堂听课,了解教学情况,研究教学上的问题,在办公会议上也很少集中研究教育问题。对如何继承并发扬扬中的优良办学传统,提高教学质量,研究也很少,致使一些好的做法,没有继承下来,做出显著成绩,特别是对某些学科长期来教学质量不高,没有引起重视,帮助分析原因,提出解决办法,学校多数教师,对教学是积极认真的,但由于对教师的教学情况不够了解,心中无数,对有些勇挑重担,进行教改试验的教师,未能帮助及时总结经验,给于表彰,对教师中外出代课、乱印复习资料等问题,没有能及时制止,以致分散精力,影响教学工作,学校教学工作没有形成强有力的领导核心,没有能突出学校以教学为中心的观念。

3. 对教育改革认识不足,思想不解放,推进不得力。

(1) 组织领导教师学习《中共中央关于教育体制改革的决定》和上级有关教学改革的文件精神,抓得不实,对教改的意义、目的、指导思想,领会不深,加之还有片面追求升学率的思想影响,因而缺乏改革的紧迫感,迈不开大步,对于组织教师学习现代教育科学理论,不够重视,没有能帮助全体教工从教育思想上根本转变,以树立新的教育观、人才观和质量观,摆脱旧的传统教育思想的束缚,促进教育与教学改革的开展。

(2) 思想拘谨,不够解放,学校改革工作进展缓慢,片面接受以往"教育革命"的教训,过份强调了教育的特殊性,背着沉重的历史包袱,因循守旧,求稳怕乱,慎重有余,缺乏把教育改革搞上去的雄心壮志,不敢创新,学校虽有改革的具体方案和局部改革的措施,往往反复讨论,瞻前顾后,行动不力,没有突破性的进展,取得显著的成果。

(3) 组织引导教师坚持教改不够落实。广大教师蕴藏着巨大的改革积极性,其中不乏改革的积极分子,但由于领导深入、组织、引导、启发不够,不能及时帮助解决改革中的具体困难,以致积极性难以持久。语文、数学教材改革试点多年,未能就改革中的问题进行专题研究,帮助督促教研组进行系统总结,从理论上提高认识;第二堂的教学活动,也往往停留在口头号召上,缺乏统筹安排和全面规划对选修课、劳动技术课的教学,考核也未做深入研究;对部分教师的教法改革没有充分支持,注意表彰和及时总结、推广,因而改革的气氛不浓,成效不显著。

二、思想政治工作时紧时松,比较薄弱

思想政治工作是学校党组织的基本工作内容,我们虽然做了一些工作,但抓得不实,还存在下述几方面的问题:

1. 对德、智、体三育并举的关系处理不当,存在轻视思想政治工作的倾向,理论上虽然懂得德育是方向,智育是主体,体育是必须全面发展,但在实践中仍然存在注重智育,忽视德育,轻视体育的现象,尤其是从建设社会主义精神文明的高度来重视加强思想政治工作,认识不够;对从两个文明建设的辩证关系来理解加强思想工作的重大意义,认识不深刻,往往自觉不自觉地认为智育是硬任务,德育是软任务,放松思想政治工作。

2. 思想工作针对性差,战斗力不强,对党员的思想状况了细,个别谈心少,党内批评与自我批评空气不浓,党内开展批评,加强教育不够有力,对教师和学生的思想实际,也缺乏深入的思想工作不能从实际出发,提出要求,针对性差,存在一定的形式主义倾向。教职工的政治学习效率低,收效不大。对教师中的一些问题如前面所说的外出代课、乱印复习材料,"向钱看"等问题,没有结合实际做深入细致的思想工作,及时纠正错误对某些问题不及时,未能做到态度鲜明,严格要求,思想工作缺乏战斗性。

在学生思想工作中也未能有效地发挥教师的主导作用,动员教师,关心学生的全面发展。

3. 没有形成一支强有力的思想政治工作队伍,我们虽然建立思想政治工作领导小组,负责统一领导师生的思想政治工作,但未充分发挥它的作用,没有注意思想政治工作队伍的年轻化,加强思想政治工作队伍的建设,发挥工会、团、队的组织作用和学生干部的作用,思想政治工作不得法,没有能围绕教学中心,加强政治课的教学改革;结合教学、结合学生思想实际和行为实际,通过常规教学进行思想政治工作,思想政治工作分年级应有不同要求,虽然提出,但没有坚持下去,也缺乏通盘打算,思想工作往往是谈认识多,务实少,措施不够得力。

4. 对教师政治上和生活上关心不够,思想工作没有渗透到实际生活中去,对政治上积极要求入党的同志关心较少,对他们的帮助往往停留在听党课方面,没有进一步组织起来学习、个别谈心则更少,对解决教师后顾之忧,办好食堂,搞好生活福利,抓得较差。在住房分配问题上虽然做了一些努力,但旧房调整,处理拖拉而且分配不尽完善合理,以致造成了新的不平衡,影响了部分教师的工作积极性。

三、学校管理不善,未能形成强有力的行政指挥系统

学校管理也是一门重要的科学,我们虽然重视管理,但是按照办好具有中国特色的社会主义新型学校,尤其是加强科学管理方面,还缺乏经验,无论从管理工作的现状和管理工作的质量,都还不能适应社会主义现代化对教育,对学校管理的要求。

1. 科学管理认识不足,由于受传统的管理思想影响,往往满足了处理日常事务,停留在经验主义的水平上,对学校的大事,如思想工作、教学工作、行政管理工作,研究不够,有些事情,虽经研究,有分工,但贯彻不力,检查不够,效果不理想,如住房分配,旧房质量问题,虽经多次研究,但遇有阻碍,往往畏缩不前,贯彻不力,影响效率。

2. 对部门工作领导不力,未能充分发挥部门的作用,学校管理工作上的突出问题是总务工作,问题较多。对总务部门工作人员进行为教学服务,为师生生活服务的教育不够,对总务部门内部的团结工作也未能从首先加强党内教育,妥善解决;对群众中反映的一些问题也未能调查核实,做过细的思想工作,予以恰当处理,财务使用和时工的雇用,控制不严,除了摊子大,开支也大的原因外,主要是我们对财务工作,了解不透,心中无数,缺少勤俭办学的思想,对已有的规章制度,坚持不够,没有做到有章必循,违章必究。对基建大楼工程,从领导上来说,存在考虑不周,领导不力,管理不善的缺点,致使大楼基建进程缓慢。

3. 领导软弱,原则性不强,学校管理不得力。如处理问题不及时,怕得罪人,怕揭开矛盾,有畏难情绪,不能从爱护同志出发,坚持做深入细致的思想工作,对中层干部教育帮助不够,没有能加强干部的思想领导,团结一班人,形成学校的坚强核心,形成强有力的指挥系统,领导思想上革命朝气不足,精神不够振作,缺乏雄心壮志和团结战斗,奋发前进的勇气,缺乏办好学校的决心。

四、工作作风不深入,处理问题怕碰硬,接触实际,联系群众不够

1. 工作作风不深入,调查研究少。在日常生活中满足于忙忙碌碌,辛辛苦苦,应付会议和外来的接待;满足于看文件、转文件,传达文件,“收发室”的工作方法。对如何加强和改善思想政治工作,加强教学工作的领导等重大问题,缺乏有计划、有目的地调查研究,提出改进措施,领导很少深入部门、教研组、班级及宿舍、食堂,了解师生的思想动态和工作情况,对学校情况若明若暗,解决某些问题难以表示明确态度,工作头绪多,抓不到点子上,表现一般化,对教师一般接触谈心则更少,工作好的得不到支持和鼓励,工作困难的得不到具体帮助,赏罚不明,是非不清,影响教师积极性的发挥。

2. 缺乏扎扎实实,一抓到底的作风,有些问题虽经研究部署,工作也有一定的进展,但由于组织工作不得力,缺乏扎扎实实一抓到底的作风,往往虎头蛇尾,效果不太理想,如学校的管理改革只是有个好的开端,但没有扩大范围,继续深入下去,学生自治自理能力的培养也有同样的情形。

3. 学校工作未能充分显示集体领导、分工负责的作用。有时集体研究不够,分工欠明确,议而不决,决而不行;有时虽有分工,但交流情况,相互通气不够及时;强化中层、发挥中层干部的作用也不够,影响了工作的协调和效果,总支委也未能注意经常交换意见,学校总支民主生活不充分,总支委也未能注意经常交换意见。

存在上述的主要原因。主要有下面几点:一、是学习不够,对中央和省里有关教育体制改革的重要文件,联系思想实际和工作实际学习不够,对现代化教育理论,现代管理知识学习得更少,因而思想水平、理论水平提高不快,不能适应教育改革发展的新形势,对外地兄弟学校的先进经验学习也不够,固步自封,视野不够开阔;二、是思想上存在因循守旧的旧观念,缺乏开拓精神,领导思想没有从传统观念束缚中完全解放出来,习惯于按步就班,在传统的惯性轨道上运行,教育改革中的步子不大,进展缓慢,不能适应已经变化了的新形势;三、是全心全意为人民服务的思想、为师生服务的思想树得不牢,领导软弱,原则性不强,治党不严,存在个人主义患得患失的思想,怕得罪人,不敢碰硬,处理问题不及时,总支的战斗堡垒作用未能充分发挥,这些都是影响学校工作正常开展的主要原因。

通过对照检查,我们深感肩负的责任重大,我们的工作离时代的要求,上级党委的希望,存在很大距离,我们决心振奋精神,积极进取,把加强党性教育和抓好党纪、党风贯彻到各项工作中去,以改革为重点,提高思想政治工作质量,为完成党赋予的教育任务,培养有理想、有道德、有文化、有纪律的一代新人而努力,今后我们拟从下列五个方面加强我们的工作:

一、坚持党性教育,加强党风建设,严格党纪,增强党的战斗力

党性教育是加强党风建设,严格党纪的关键,是关系到党的战争力的重大问题。对此,我们主要拟做好下列几方面的工作:

(1) 巩固整党成果,不断加强党性,通过整党,我们对党性教育的重要性有比较清醒的认识。一定要把党性教育贯彻于学校各项工作的始终,把党风问题列为首要问题,以增强党的战斗力,当前要认真学好中央办公厅和国务院办公厅文件,用文件精神统一思想,提高觉悟,增强自觉性,勇于承认缺点,纠正错误,切实解决党性、党风方面存在的问题,积极开展批评与自我批评,开展谈心活动,统一认识以增强党性,巩固整党的成果。

(2) 加强总支一班人的思想建设工作,起表率作用,总支作为学校党组织的核心,应当不断加强一班人的思想建设工作,健全党的民主集中制,加强团结,加强集体领导,处处作党员和教职员工的表率,经常开好民主生活会,注意倾听党内外同志的意见,努力使党总支为学校工作的战斗核心。当前要克服领导上软弱涣散的状况,大领导,对在整党中暴露出来的群众意见最大,反应强烈的问题,要采取切实措施,重点进行检查和处理。

二、转变思想,振奋精神,积极而慎重地推进改革

整党是为了促进改革,今后要围绕改革,开展工作,具体做到下面几点:

(1) 转变思想,振奋精神,认真学习《中共中央关于教育体制改革的决定》和中央

领导同志有关教育改革的讲话精神,从战略高度认识教改的重要性和迫切性,提高认识,振奋精神;端正教育思想,树立新的人才观、质量观,彻底放下片面追求升学率的包袱,全面贯彻方针、提高教育质量。

(2) 总结教训,明确方向,积极试点,在提高认识的基础上,认真回顾我校改革试点的经验教训,积极进行试点工作,与此同时,科学分析我校传统,在继承传统基础上求得发展,积极向兄弟学校学习,开阔眼界,针对我校实际,拟定我校今后一段时期的改革方案。

(3) 在抓好管理体制改革的同时,积极抓好教学改革,切实把教学工作作为学校工作的中心,解决妨碍改革的突出问题。

三、加强精神文明建设,抓好思想政治工作

在努力搞好教育改革的同时,集中主要精力抓好思想政治工作。

1. 不断提高认识,增强自觉性,认真学习党代会文件精神,不断提高对加强和改善思想政治工作,建设社会主义精神文明重要意义的认识,坚持学校思想政治工作的“三个转变”,努力克服忽视思想政治工作和放松精神文明建设的错误倾向,增强建设社会主义精神文明的自觉性。

2. 从调查研究入手,掌握学生中的新情况、新特点,坚持以自我教育、自我管理为中心的学生思想政治工作的改革,在发挥教师主导作用的同时,注意发挥学生的主体作用,以培养开拓精神和创造能力;坚持按年级,有针对性地开展德育教育的原则,着重抓好中学生的共产主义思想、革命人生观、集体主义和纪律的教育,重视政治理论课的教学,积极进行政治课的教学改革,定期向师生进行时事政策教育。

3. 加强思想工作的针对性和战斗性,做好教职工的思想政治工作,重视调查研究教职工的思想状况,从实际出发,提出要求,开展个别谈心活动,解决突出问题,在教师中开展“教书育人,为人师表”的师德教育活动,引导广大教师努力做到自重、自尊、自强、自觉,积极发挥教师在学校思想政治工作中的主导作用。

认真研究教师的政治学习情况,着重提高学习效率,把教师的积极性和创造性引导到积极投身教育改革中去,克服改革的思想障碍,提高对教育改革的认识,大胆改革创新。

4. 加强思想政治工作科学管理,建设一支强有力的政工队伍。

把思想政治工作和管理结合起来,充分发挥思想政治工作领导小组的作用,有计划地培训班主任队伍,强化年级作用,加强思想政治工作的针对性,提高工作效率。

四、深入调查研究,转变工作作风

今后总支委员会的工作,要在调查研究,掌握思想信息方面下功夫。

(1) 总支成员,学校领导、支部成员经常接近师生群众,建立思想政治工作责任制,总支委员、学校领导定向联系一个部门或教研组,开展谈心活动,开展积极的思想

工作,把思想工作落实在部门、教研组和个人身上。

(2) 解决突出问题,加强协调,提高效率,用边整边改的精神,切实加强各部门工作的领导,尤其是总务部门的领导,充分发挥部门的作用,领导之间注意相互通气,加强协调,提高工作效率,今后一有时间,要着重抓好食堂、财务管理和旧房调整等问题,初步改进学校工作。

五、努力实行学校管理科学化,不断提高管理水平

在历史新时期,办好学校,提高教育质量,必须加强学校的科学管理。

(1) 认真学习科学管理方面的理论,确立科学的管理思想,强化行政指挥系统,建立一定的制度,以保证政令畅通,令行禁止,学校领导不越级指挥;各级干部职责分明,各负其责;建立强有力的行政指挥系统,保证各项改革措施的落实有效。

(2) 在学校管理上要坚持原则,敢于管理,敢于碰硬,克服软弱涣散现象,成立校务委员会,改选工会,对学校实行民主管理,发挥督促、咨询作用,为搞好学校献计献策,共同办好学校。

以上是我们的初步对照检查,请大家提出批评意见,一定虚心听取,进一步修改补充,并认真抓好整改。

开展系列活动,加强班集体建设
培养适应未来需要的一代新人
——1985—1986学年第二学期学生思想政治工作总结

江苏省扬州中学

本学期,学生思想政治工作主要围绕共产主义理想教育这个中心,开展了系列教育活动,整顿校风校纪,加强了班集体建设,促进了中学生全面发展和健康成长。全校共涌现出三好生587人;单项表扬学生344人;其中有10名学生分别被表彰为省、市级优秀三好学生或优秀学生干部。有156人加入共青团,48位少先队干部被表扬为"好队长"。应届高中毕业生、优秀学生干部何磊同学品学兼优,政治上从严要求自己,被光荣批准为中共预备党员,通过初步开展创建班集体的活动,良好集体逐步形成,本学期全校共评出五个先进班级,广大学生勤奋学习,积极进取,思想活跃,奋发成才,呈现出蓬勃向上的景象。

我们的主要体会是:

一、实行目标管理,是科学创建班集体的核心

班级是教学质量管理的基本组织形式,是开展思想政治教育工作的基本单位,良好的班集体,是促进学生全面发展的环境,是激励学生奋发向上,矫正缺点的力量。在新时期,要切实加强学校思想政治工作,对中学生进行深入而有效的共产主义思想教育,培养适应未来需要的一代新人,就必须十分重视班集体建设,基于上述认识,首先我们重视组织全体班主任,认真学习科学创建班集体的理论和经验。通过学习,使大家初步了解了创建班集体的一些基本内涵和具体做法,明确了班集体的形成,对完成各项教学任务,深入进行思想教育,促进中学生的全面发展,培养集体主义情感,激发共产主义理想具有重要意义。其次,我们要求各班级在全面理解创建班集体理论的基础上,抓住目标管理、开展活动、学生自治、师生共建等四个环节,努力发挥班集体的教育功能。在上述四个环节中,目标管理是班集体建设的基本问题。因此,在目标管理方面,我们又突出强调了集体目标的制订和相应的措施,并组织分年级进行目标管理的交流。全校各班级基本能按照创建班集体的要求,根据本班的具体现状,提出了富有激励性的奋斗目标。高二(3)班是一个组建时间较短的班级,针对这一现状,班主任和学生骨干共同研究,提出了"把握现在,刻苦学习,成绩更上一层楼;遵守纪律,举止文明,争创文明班集体"的奋斗目标,并且围绕这一目标,进行目标的系统

管理，班级组建伊始，召开了《腾飞吧，高二(3)班》主题会，使班级全体成员在共同目标的激励下，逐步形成一致的内在信念，班级呈现出团结互助，积极进取的气氛，促进了班级从松散的群体向班集体过渡，学期结束，该班三好生数由原来的1人增加为8人，班级被评为文明班集体，初一(1)班学生文化成绩偏低，且学风不够扎实，在班主任指导下，他们把培养良好学风，讲究学习方法，提高学习质量作为班级奋斗的目标，并采取一些具体措施，实行目标管理，使班级成员学习成绩有了不同程度的提高，苏联教育家马卡连柯指出："集体是由于目标一致，行动一致而结合起来的"。由于我们重视实行目标管理，加强班集体建设，使许多班级的面貌有了不同程度的变化，学生的集体意识增强，班级形成了正确的舆论，锻炼和培养了学生干部队伍，有力地促进了学生的全面发展。

二、开展系列活动，拓宽思想教育工作的领域，是促进班集体建设的重要途径

近年来，我们根据本校学生的基本特点，以共产主义理想教育为中心，开展了以培养团员和青年学生自我教育、自我管理能力为重点的实践教育，取得一定效果。本学期，我们按照理想教育系统化原则，把学生中的主体创造性和积极性引向更高层次，结合创建班集体的工作，积极发挥团队、学生会组织的作用，在高中年级各班开展了"树人奖"创造性理想教育系列活动，初中年级开展了以共产主义教育为中心的创造性活动。

理想教育的系统化是中学思想教育工作科学化的关键。在具体工作中，如何围绕这个中心内容展开教育，组织各种适合中学生特点的活动，常常解决得不够理想，在新的形势下，要在有限的时间和空间内注重教育活动的有效性，克服单纯围绕中心活动具有随意性的现象，是值得探讨的一个课题。学校思想教育工作是一项复杂的系统工程，按照系统论的观点，教育的有效性问题，即活动系统的最佳性，只有在活动中体现整体性和系列性原则才能解决，根据这一思想，各班级、团支部在开展理想教育系列活动时，按照确定的主题，做到在内容上有序列，活动上有系列，使活动与活动之间具有内在联系，让前一活动为后一活动作准备，后一活动成为前一活动的逻辑结果。初二(5)中队在开展以共产主义教育为中心的创造性活动中，围绕"天天进步，为红领巾争光"的主题开展系列活动，在植树节种下14棵树，象征进入14岁，迈向青春第一步。"六一"前夕他们还开展了以"最大的进步迎接最后一个儿童节"的活动，班上纪律面貌有了改变，高二(3)团支部开展了《升起吧，希望之星》系列活动，围绕创建班集体的奋斗目标，使全班同学的集体意识不断增强，激发了中学生为四化建设努力学习的热情，他们设计了四个活动系列，即：系列一、"撒播信念的种子"；系列二、"挥洒耕耘的汗水"；系列三、"采撷改革的浪花"；系列四、"升起吧，希望之星"。由于注意了活动之间的内在联系，使活动不再是量的简单排列，而是从质的联系上有序展开，从而收到较好的教育效果。

发挥学生主体作用，是搞好系列活动的基础，在系列活动过程中，我们始终注意发挥团队员的主体作用。实践证明，只有真正调动了中学生的主体精神，让系列活动建立在扎实的基础上，方能使班集体逐步形成。为此，我们提出了三点要求，第一，要认真理解活动的目的和意义，努力在活动中培养自己的献身精神和创造精神做团、队活动的主人。第二，要以班级支部为单位搞好方案设计，发动大家独立思考，积极创造。第三，系列活动中，要充分体现自主精神，尽可能使每个团员和学生有具体的岗位和责任，由于重视发挥中学生的自主作用，使系列活动出现了生动活泼的局面，如团委组织的《光荣的使命在召唤——"五四"运动在扬中》大型系列主题活动，就有一百余人参加准备，其中既有初一年级的少先队员，又有高三年级即将毕业的学生，在活动的准备和正式展开的过程中，团员的主体作用能够充分发挥，使"五四"主题活动受到全校师生的普遍好评。

针对特点，有机组织，是搞好系列活动的前提，系列活动的基本要求之一，就是在活动中注意针对班级和中学生的特点组织活动。我们注意从多层次、多方位抓好系列活动。如在内容上既有理想教又有具体行为教育。此外，还加强了团、队教育和党的基础知识教育，如少先队大队都在"六一"之际召开了"燃烧吧，理想的火焰"，在少先队中开展了评选"好队长"活动。初一(5)中队还组织开展了创建"曹起晋中队"活动，对少先队员进行理想教育，在系列活动展开过程中，各种活动形式得到了广泛运用，如野炊、讨论会、讲演会、社会调查、话剧等。改变了过去长时间小容量的教育形式，延伸并扩展了中学思想政治教育的时间和空间，深化了教育的主题。

抓好典型，点面结合，是系列活动推开的有效方法，我们在广泛发动的基础上，注意抓好典型，学校团委选择了高二(3)和初三(6)团支部作为典型，具体指导研究活动方案，然后在全校推广，进一步抓好各班的活动方案设计。一个好的活动方案是活动取得成功的先决条件，在典型的带动下，全校共拟出 20 个系列活动方案，其中高二(3)和初三(6)团支部的方案在教育局团委方案评选活动中奖一等奖。

三、发挥教师主导作用是创建班集体的关键

正确理解并处理好教师的主导作用和学生主体作用，是建设班集体的关键所在，我们著名教育家叶圣陶先生说，所谓教师之主导作用，在善于引导启迪，俾使学生自奋其力、自致其知，非谓教师滔滔讲说，学生默然聆受。因此，建立一支以班主任为骨干的具有献身精神中创新意识的学生思想政治工作队伍，是一项重要的工作。因此，我们主要抓了三件事，首先，组织班主任学习有关两个文明建设一起抓的基本理论，以坚定思想政治工作的信心和方向；学习科学创建班集体的理论以及其他现代教育理论，以适应新形势的要求，努力实现班主任工作的科学化。其次，针对许多青年班主任缺乏新时期做好学生工作的经验和方法的情况，在全校组织开展了青年班主任班会指导观摩评比活动。中青年班主任根据本班具体实际，运用创建班集体理论，组织指导了 20 个有质量的班会，这次班会指导观摩评比活动，取得较好的效果，并具有

五个特点：

1. 坚持了理想教育和人生观教育这个主题，突出了思想性在20个班会中，大多数紧密围绕或渗透了革命理想和人生观教育，如《升起吧，希望之星》、《理想交响曲》、《我们这个年龄》、《理解万岁》、《纵横古今谈理想》等。一位同学通过班会教育，颇有感触地说，“只有勤奋、刻苦才能成为希望之星，只要善于把握现在就会有明天的灿烂辉煌，鲜明的思想性，对中学生树立远大志向，起到了较好的引导作用。

2. 针对中学生身心特点，富有时代气息，体现了生动性，这次评比的班会形式活泼，方法多样，颇受学生欢迎。

3. 较好地处理了教师的主导和学生主体的相互关系。体现了主导性和自主性。教师在活动中既不完全放手，又不包办代替，学生议论风生，教师循循善诱，实践证明，教育取得成功的范例，往往是教育者从参与角度出发，与学生情感相激，共同活动，既为良师又是益友。一位青年班主任在班会活动中，感到教师不能游离学生活动之外，而要与学生同呼吸、共命运。在班会上，朗诵了自己的诗作《星星的启示》，运用炽热的语言，艺术地灌输了理想前途教育，巧妙地表达了教师对中学生的期望。使学生深受教育，还有一位同志在班会上，简括而充满激情地叙述了自己在18岁时，对人生价值的思考，进而正确地迈出人生步伐，坚定党的信念，学生听了感到亲切而颇受教益。

4. 促进了学生创造志向和创造才干的增长，发挥了创造性，班会评比的实践为今后如何开展班主任工作，具体组织班会，提供了范（原稿缺）

5. 妥善地处理了思想教育和知识传授的关系，加强了知识性，班会评比注意用知识作为思想教育的载体，尽力让学生在接受思想教育的同时，又得到知识熏陶。

除此而外，许多教师注意全面关心学生成长，在自己所任学科中，积极挖掘思想教育因素，做到教书育人，政治组同志结合政治课改革，带领有关班级同学深入到改革试点的工厂单位，进行考察走访，使学生在理论与实践的结合上，认清了形势，明确了责任，激发了勤奋学习的热情。

四、整顿校风校纪，是促进班集体形成的起点

班风、校风是学校成员共有的比较稳定的精神状态和行为风尚，优良校风一旦形成将会对中学生产生积极的影响。根据中学生处在青少年时期思想活跃，模仿性强的特点。我们注意在创建班集体过程中，树立各方面的典型，通过榜样的示范作用，引导广大中学生学习先进，赶超先进，我们坚持在评定三好生的基础上，要求各班树立一名典型学生作为优秀三好生，在全校树立九名学生作为特优三好生标兵，并组织特优三好生事迹报告会，在全校宣讲。此外，我们还注意运用舆论的力量，对班风、校风建设过程中的不良现象，运用班报、校刊，或主题会形式，进行评论，促进形成正确的集体舆论，达到强化班集体，优化校风的目的，为了促进良好风气的形成，由团委和学生会设文明监督岗，对校风进行重点监督和检查。对个别违反校纪的个人学校给

予了认真严肃地处理,通过检查使校园内文明风气得到进一步增长,为班集体的建设创设了良好的环境。

回顾工作,我们还看到,本学期在学生思想政治工作方面还存在一些问题,主要有以下四方面:

1. 教育思想不够端正,对思想政治工作缺乏应有的重视。

2. 创建班集体的工作刚刚起步,效果还不够明显,发展很不平衡,教育工作者对创建班集体的理论缺乏深入而全面的了解,一些同志对加强班集体建设的战略意义认识不足;

3. 对少数后进生乃至双差生学校和班级进行过多次伦理性谈话,但教育效果不明显,措施不力,如何针对这类学生特点展开思想教育工作有待研究或加强;

4. 本学期围绕校风校纪展开了教育和检查活动。但一些不良现象时有发生,学生尚未形成文明的习惯。对学生的纪律教育和具体常规教育,要做到规范化、制度化,在新的学期里,我们要从坚持两个文明一起抓的战略高度,重视和加强思想政治工作,广泛开展系列活动,建设优良校风,继续加强班集体建设,为培养适应社会主义建设需要的一代新人而奋斗。

一九八六年八月

江苏省扬州中学
青年班主任班会指导　观摩评比班会纪实
（一）

一九八六年八月

升起吧,希望之星
——高二(3)班主题班(团)会纪实

主办:班委会、团支部　　时间:六月十日
指导老师:张忆育　　地点:本班教室

六月十日下午,我们班团支部的"升起吧,希望之星"系列活动的最后一项活动:"升起吧,希望之星"主题会在本班教室举行了。

同学们围坐一起,教室前黑板上"升起吧,希望之星"的几个工整美术字为主题会增添了热烈气氛。

一曲欢快的乐曲揭开了主题会的帷幕,主持人陈绪峰动情的话语,把我们带回了过去的几个月,王文同学,首先为我们班在开学初办起的班报——《文泉》朗颂了她的诗作:"泉水,明净而纯洁;文泉、文学之源泉,它蕴积着力量、包含着希望,是通向文学彼岸的桥梁。……在这个文学园地中使我们的品格清澈如水,慧心明丽似镜,才思源源如泉,希望之星将从这里升起……"。

听着王文同学的诗,我们想起了在《文泉》创刊号上关于《新星》的几篇争鸣文章,想起了我们关于《新星》的热烈讨论,有的同学认为《新星》是一部优秀的电视剧,真实、深刻,从画外音的哲理谈到了服装师的匠心,但有人则认为此剧未必优秀,李向南令人不可信。薛枫精炼的发言总结了这场已过去了的讨论。

接着,冯勇军同学谈了他改编小说《夜与昼》的体会,他深情地说:"记得当初,老师把改编剧本的任务交给我时,我爽快地答应了。然而,一个晚上的奋斗,弄得我头昏脑胀,我怕苦了,打退堂鼓了。但第二天一到校,我看到有人在为我们的系列活动出谋划策,有人为演好话剧,时生活的哲理和遍奉献给大家……更多的人,则用他们热诚的心,感人的行动,热情的话语支持鼓励我们,给我们勇气、力量。他们——一个个都在默默地忙碌着……我感动了,我惭愧了,我骂自已真浑呀,很快地我完成了改编任务,班主任张老师表扬了我。这就越发使我下定了决心:以后,一定要不遗余力干好集体的事……"冯勇军真诚的叙述打动着每一个年轻的心。

主题会顺利地进行着。主持人请石翔同学谈谈她在话剧演出中的苦与乐。石翔说:"起先,我认为演话剧是件挺容易的事,可事实并非如此。正如同学们所说的演话剧是一次苦差事。要背台词、要设计动作,要……还有来自社会和家庭的压力,真是困难重重……我这才发现演话剧的确是一件相当不简单的事情，……但我在扮演女记者黄平平的过程中，不论是在政治思想方面，还是在艺术修养、表演能力方面，都得到了不少益处，因此我不得不说，演话剧虽苦，可它更是令人难忘的一大乐事。”石翔的演出体会谈完后，姜为民同学谈了给柯云路同志写信的体会，他说：我们在信中介绍了我们支部的活动情况，并向柯云路同志请教了一些问题。

接后，张怡同学就刻苦学习，把握现在发了言，她说：文科的道路布遍荆棘、艰苦。但我们既选择了这一道路，就要坚定地走下去，所有的学习都是艰苦的只有勤奋、刻苦才能成为希望之星，只要善于把握现在就会有明天的灿烂辉煌！她的发言赢了大家热烈的掌声。

忽然，台上走上了两位同学，一位大学生模样，另一位则我们班的学生，噢，他们是在表演我们同济大学校友的通信情况，“大学生”回答了我们关于学习方法、学习目的等方面的几个问题，使我们受到很大启发，张宇同学说：“大学校友的来信象航标灯，照亮了我的前进之路，成功来自于奋斗，奋斗是实现理想的拼搏，只要撒播了辛勤的汗水，又何愁理想不能实现，只要把理想作为前进的动力，即使不实现也没有失去什么……。”她的话道出了大家的心声，那就是：生命＝创造，唐峰同学为此作了一首诗，并亲自朗颂她说：快去创造，创造才有收获，等待会丧失年轻的生命，无论何时何地，只有不息地创造，生命才能存在……。

接在唐峰同学朗颂诗后的又是一个表演节目：我们班的小记者，采访柴油机厂厂长的镜头，小记者问厂长询问了柴油机厂的改革情况，并从他那儿得知现在工厂很需文科人才，特别是经济管理方面的，这一组镜头使我们更加了解了工厂、社会和文科的作用，新团员张研的一首诗充分体现了新团员的心声，表现了他的入团后的欣喜和决心。

班主任张老师也是激情满怀，朗颂了为这次主题会而创作的组诗《星星的启示》分四部分，一、我的希望，希望我们有追求，成为希望的星星，在祖国的明天的夜空中能找到一个老师的快乐和欣慰；二、星星的使命，嘱咐我们别忘了崇高的使命；三、星星的发光，告诉我们谁拥有明天的知识，谁便是明天最耀目的明星；四、星星的升起，教导我们只有从现在起时时刻刻用心血浇灌那理想的园地，才能升起在广褒的夜空中，张老师激动的话语，殷切的希望深深地留在了同学们心中。

接着，陆广文同学谈了他写系列活动主题歌颂词的经过，紧接着顾菁同学用充满激情的语调朗颂了诗：“因为有了星：夜才不会那么寂寞，那么枯燥，……九州上空的第一颗新星在古陵升起，中华大地的又一颗明星在我们扬中升起，带着希望、带着向往，它虽不起眼，却焕发着青春的朝气，蕴着青春的力量，脱颖而出，寄托着我们的信念，融合着我们的理想，升起吧，希望之星。”

顾菁朗颂完了，陈绪峰又朗颂了系列活动主题歌的歌词，最后同学们站了起来，由顾菁同学指挥，齐唱了系列活动主题歌——升起吧，希望之星。

“撒播汗水，创造美景，升起吧，升起希望——之——星——”坚定有力的歌声在教室中回荡，在校园中回荡，同学们心中回荡……

我们这个年龄
——高二(4)班主题班(团)会纪实

主办:班委、团支部　　指导老师:徐益民　　主持人:周姮
时间:五月二十九日　　地点:本班教室

高二(4)班的教室里布置一新,桌椅排成两圈半圆,讲台上两盆火红的杜鹃竞芳吐艳;黑板上,"我们这个年龄"六个大字潇洒飘逸,飞船、天鹅等图案象征意义浓烈。在整个教室里,充满热烈、活泼、向上的气氛。

我们将要举行一次班会,几经易名,最后定为"我们这个年龄",两星期前,我们十几位班干、团干就分了角色,各司其职,经过紧张的练习,今天,就将与老师、同学们见面了。

主持人:青春,这是一个灿烂的字眼,十七岁的好年华正是人生的黎明,无数古圣先贤,壮士伟人,在人生的曙光里,就已经勾勒出人生之路的轮廓。

(伴随着一阵阵的掌声,我们领略了政治家、科学家和老山前线烈士的青春风云)

毛一伟:明朝初年的政治家于谦,在十七岁时,就显示出远大的抱负,"千锤乃击出深山,烈火焚烧若等闲,粉身碎骨浑不怕,要留清白在人间。"这首诗就是他在十七岁时写的。

(多么铿锵的话语,多么慷慨的激情!)

汤扬华:法拉第十七岁时,就进了一家钉书铺当学徒,然而他没有屈从命运的安排,倔强的法拉第,勇敢地开始了在科学海洋上的远航,他白天钉书,晚上看书,如饥似渴地钻研。经过十年艰辛,他终于成为伟大的科学家。

(这是多么坚强的精神!我们今天,既不需要为温饱而奔走,也不需要为书本的缺乏而苦恼,该怎样搞好我们的学习?同学们被引入了深深的思索)。

主持人:人生,成功的路不止一条,青春的热血,也可以抛洒在祖国的每一个角落。下面,请高骏同学朗诵一首纯真的诗《哦,十七岁》。

高骏:呵,别了/我的贝壳,小鸟,苹果树/还有苹果树下天真的童年。……

面对未来的世界/我们坚定而乐观/因为,我已是十七岁的青年/哦,十七岁/我是一名真正的青年。(这首诗,在同学们眼前展开了一个全新的世界,把我们引入了遐想,把班会推向了高潮。)

（班会上，还有活泼的歌声，章丽梅同学演唱了《金梭和银梭》，同学们都为她鼓掌打节奏，教室里气氛异常热烈。）

主持人：我们十七岁了，伴随着十八岁的到来，我们进入人生的转折点。还有一年，我们就将告别中学，奔向四方，学习的动力从何而来？我们请两位同学来回答。

顾洁纯：（优秀三好生）我们回答是：我不愿干少壮不努力，老大徒伤悲的蠢事，不愿做金玉其外，败絮其中的庸人，我要趁着黄金时期顽强地学习，刻苦地锻炼，使我的青春放出异彩。

（顾洁纯的话是这样的明确，有力，这是我们所有同学的共同心声）

王永红：（本学期她在学习上取得了很大进展）我的回答是：迎上前去，主动出击，我们学习不能怕苦，怕苦就不能取得好成绩，苦中有乐，乐来自于苦。

在我们这个年龄，对党又应有怎样的认识？班主任徐老师谈了他的看法，他从自己十七岁的经历谈起，谈到自己的追求，谈到对党的认识，怎样由浅入深，勉励我们应该努力创造条件，向党靠拢，徐老师还赠送给我们团支部十本党章，同学们以一片热烈的掌声感谢老师的苦心。（男生小合唱“莫让年华付水流”，歌声激励大家珍惜美好的青春）

主持人：作为这次班会的尾声，我们请徐凌同学朗诵一首诗《青春万岁》

徐凌：所有的日子/所有的日子都来吧！/让我们编织你们/用青春的金线和幸福的缨络/编织你们！……

所有的日子都去吧，都去吧/在生活中，我快乐地向前/多沉重的担子/我不会发软/多严峻的战斗/我不会丢脸/有一天，擦完了枪/擦完了机器/擦完了汗/我想念你们/招呼你们/并且怀着骄傲/注视你们。（徐凌的朗诵，激情昂扬。在全场引起了强烈的共鸣，收到了良好的效果）

主持人：诗是迷人的、歌是迷人的，迷人的生活等着我们去闯！最后，我送给大家两句话，别林斯基说：“青春是美好的！它炽热、活泼、勇敢而自由，它要求燃烧，要求升腾，要求开辟自己的道路，要求大放其光和热。”歌德又说：“创造一切非凡事物的那种神圣的爽朗精神总是与青年时代和创造力联系在一起的。”十七岁，本来就是倍受人们赞美的年龄，也正是创造的灵感开始跳跃的时期，同学们，在这沸腾的时代洪流里，愿我们都能够拿出非凡的创造力来，创造一个火热的世界，创造一个灿烂的青春！

团　结

——高一(2)班主题班(团)会纪实

主办:班委会、团支部

指导老师:祝寿培

地点:本班教室

时间:1986年5月21日

班主任(讲话):(指着黑板上的图):谁来说说这图的含义。

学生陈建:握手,表示团结起来,心,表示以诚相待。(陈烨同)

崔英武:握手,表示团结起来,心,表示齐心合力。

班主任:基本上说对了,这就是我们这次班会的主题,团结起来,为着共同的目标而奋斗,今天我们开“团结”的班会,并不是说我们班在团结方面比其它班差,而是团结在我们这个班尤为重要,我们希望能通过这次班会,促进同学们更加团结起来,把创建文明班级作为目标。

主持人(班长):同学们相处近一年了,同学们在团结方面做出了一定成绩,但也存在不少问题,归纳起来,主要有以下种类型:1. 在宿舍里,由于某些同学违反作息制度影响别人休息引起的矛盾。2. 由于彼此没有真正了解,产生一些误会引起的。3. 彼此不够尊重,性格有差异所引起的。4. 男女生很少接触,下面就分别讨论一些典型事例。

主持人(团):先讨论关于寄宿生之间的一些(关系)问题,例如,晚上有些同学回宿舍迟了,不注意别人的休息,又上床打电筒看书。

钱　彤:宿舍里的情况是这样,一些同学打电筒看书影响别人休息,别人又以不恰当方法提出从而引起矛盾。

主持人:我前天晚上还听到宿舍里有两同学因这个问题而吵起来。

王　彪:是的,上星期五晚上,十点后,邻床杨大强正在看书,灯光刺得我睡不着,我很恼火,粗暴指出,于是发生争吵,我的这种做法是不对的,不应该大声吵闹,影响同学们的休息。

班主任:上次我到宿舍里,看到杨大强在看书,在王彪床上碰碰,他不……

主持人:下面请大家就这事情来分析一下矛盾产生的原因,讨论一下解决的方法。

赵建成:我认为,有些同学迟到宿舍,是因为要完成作业,而影响了别人(有偶然性)至于有些同学着电筒看书:有看《新概念》有……矛盾主要在打电筒这人身上。

崔英武:为了自己看书,而影响别人是不对的,主要问题在打电筒人身上,但在睡前看书不长时间这种学习方法还是对的。

主持人:你肯定了他的学习方法?

周云霞:主要问题由打电筒的引起的,首先,他违反了学校规章制度,正有这种学习方法也是不恰当的,效果不会好的,影响自己的视力,影响自己和他人的休息,另外,产生这些矛盾后要恰当处理。

主持人:大家一致认为,打电筒这一做法是不对的,违反了作息制对于学习方法还有谁肯定的?

朱　飞:方法是对的,精神可佳。

主持人:学习方法似乎有点对头,但条件是不允许的,既影响了自己的视力,而又妨碍了自己,他人的休息。是不可取的。遇到这类情况,解决的方法,向别人妥善提出,通过协商,不得大吵,交换彼此意见。

下面讨论第二个问题:由于彼此尊重不够,产生一些误会的,举举例子。

李　炜:上学期,有一次,甲同学的床被踩,于是他武断地对乙说:"你踩脏了我的床"其实他并未亲见。乙同学不能容受,于是发生争吵。事后,即同学又在小作文里大发议论,乙看后更为恼火,于是导致了两人关系一直不好,直到这学期,关系才有所好转,我想,如果当时双方都能冷静地交换一下意见,对于这小事,是不会产生什么矛盾的。

主持人:下面请大家谈谈对这件事的看法。

顾建亮:甲凭主观咬定乙踩了自己的床单,乙忍受不了冤枉,因此产生矛盾,产生矛盾的原因在于双方没有足够的了解,我认为同学间不应有那么大的隔阂。

赵凌云:我认为那个真正踩床单的人应站起来,以调解双方。

主持人:在踩的人来说,应主动承认,并掸去灰尘,打个招呼,另一方面,在被踩的人来说,应忍让为好。

丽万中:有两个同学,期中考试,甲的成绩优于乙的,而本来乙优于甲,于是两个产生嫉忌心理,以致发展到不再说话。

主持人:怎样看待,怎样解决?

薛青林:好与差的关系:差的应向好的请教,好的应帮助差的,而不能产生嫉忌,如果互相挖苦、讽刺,那么就不会接近,不能成为兄弟。

顾建亮:从小学到初中,大家都是学习尖子,而现在,迫于那种心理,要想冒尖,但又不可能,因而产生嫉忌心理。

主持人:谈到了学习目的性问题。

赵建成:我认为,这主要是学习目的性不够明确,某些同学的学习目的只是为了超过别人,而我们的学习不是资本主义下的竞争,即使你能在班上冒尖,你也不一定在社会上冒尖,我们应互帮互学,但当差些的同学向好些同学请教时,好的因为自己的性格,使差的认为他看不起自己,从而产生矛盾。

张恭然:成绩差的同学应主动向好的请教,不应带着偏见。

周云霞:应认识到自己确实与别人存在差异。

主持人:综合一下大家的意见,对于这个问题,产生矛盾的原因是:

1. 由于学习目的不明确,我们的学习不是象资本主义下经济那样的竞争,而是象社会制度下经济的竞争,应是互相促进、互相帮助的。
2. 同学之间的性格存在着一定的差异,解决方法:明确上述两点,差的请教于好的,好的帮助差的,下面就关于上面提到的,由于性格的差异所引起的矛盾。

主持人(班):下面就谈谈由于性格的差异而引起的矛盾,谁举举例子。

谷　华:在足球场上,有些同学犯规,踢得不好,常常引起争吵。

肖　文:我想,主要的是要了解别人的性格,有些同学喜欢说说,开开玩笑,而有的则当真,这就坏了,这就是要了解彼此性格。

崔英武:我认为这不是一个很重要的问题。

肖　翔:在足球场上的事情,过后就忘,就没什么,可有些则记在心上,这不好。

顾建党:我认为,我们踢足球并不是为了输,而是锻炼身体,丰富生活,在踢球时,我们要看到自己的缺点,对别人的缺点,应忍耐一些,尽量不要争吵。

主持人:这些小事忍耐一些为好,不要为小事争吵,放于心中,产生矛盾。

下面我们来讨论第四个问题,关于男女生的接触问题。

赵建成:对于这件事,我是深有体会的,上次到南京春游时,我带了架照相机,在那儿,当我问女生拍不拍照时,她们没有答话,使我非常尴尬,我想,对于这个问题,大家的胸怀应放得开阔些。

党　哲:这主要是由于一些人怕别人说闲话,其实男女生都想跟对方说话。

薛春林:男女生心肠应放开阔些,是对的。上次语文课外活动时我没带钢笔,叫赵建成去跟女生借支,可他没有借。(众人公议:你当时为什么不去借呢?)因为我想,男女生接触应从班干做起。

陈　烨:一是由于怕被别人说闲话,二是当男女生有什么事时,都要等对方先开口,这样就很难说话。

王　颖:要全班同学都能行动起来。

汤传玲:八十年代的青年思想应开放(不应留有封建残余)

顾建党:万事开头难,要全部同学、班主任都重视这个,从班干做起。

肖 翔:上次,女生排球赛打糟了,我跟女生谈了这些情况,而招来一些闲话,我想,主要先要顶住这些闲话。

崔英武:讲话是一方面,还有其他各方面。

主持人:希望大家不要被流言所惧,彼此要沟通思想互相学习,例如,我们班上女生的文科成绩要强些,而男生的理科则强些,如果我们能够互相学习、取长补短,就会使我们取得更大成绩,大家的讨论很激烈,我们希望能够真正做到这些。

主持人(团):同学们讨论得很好,为了能使我们的这次会议更深远,更有影响,我们班委、团支部向全班同学发出了倡议书。我现读一下:为促进我们班集体的形成,加强同学之间的团结。增进友谊,使这次班会成为我们集体的一个新的起点,我们班委、团支部联合向全班同学发出倡议,建议大家在本学期结束前,为班级做两件促进同学之间团结的事,大家同意不同意。

全体同学:(热烈鼓掌)同意。

主持人:下面由班主任讲话。

班主任:我们这次班会是成功的,同学们讨论得很好希望大家能够勇于开展批评和自我批评,达到团结的目的,我们讲团结,并不是见了面和和气气,而是要彼此以诚相待,大家一起把团结问题处理好,今天的班会到此结束,耽误了老师、同学的时间,谢谢。

(当场记录人:赵凌云、朱青春整理)

1986.5.25

理想畅想曲

——高一(4)班专题班团会活动纪实

主持人:姚凯卫　　　　时间:八六年六月七日
指导老师:徐扬　　　　地点:本班教室

一、前言:诗朗颂《十六七岁,我们这个年龄》

二、第一乐章　初起的旋流

1. 唱我们心中理想之歌——《心韵》演唱者姚凯卫

2. 概括理想的美好,提出"我们八十年代青年的理想应具备什么样的特点?这一问题。朱竞翔

3. (1) 陈巍:谈。我们应心怀鸿鹄之志,应具有气吞山河的气质。
   (2) 邹慧:谈我们的理想应具体、朴实,不能好高骛远,要扎扎实实。
   (3) 金恺:谈,我们的理想应扎根于现实,寻求与社会的最佳结合点,扬我所长,避我所短。

4. 姚凯卫:总结发言,提出,"什么样的理想是最美好的"?这一问题,请同学们回答,从而过渡到第二乐章。

三、第二乐章　理想的狂澜

1. 同学们谈"我的理想"。
   (1) 林庆:立志做一名体育新闻工作者。
   (2) 陈玲:立志做一名地质学家。
   (3) 潘甦:理想就是奋斗一生。

2. 朱竞翔:总结同学们的理想,懂得了"只要对人民,祖国和人类有利的理想,就是好的。"同时提出实现理想艰辛这一实质,提出"我们八十年代的青年应如何对待困难这一问题。

3. 小合唱《趁你还年轻》,回答朱竞翔的问题,表达我们的心声。

4. 姚凯卫:讲我们这一代的特点,讲我们的前途是"开展望二十年后美妙的

前景。

四、第三乐章　相会的喜潮

1. 曹鸿:谈,二十年后,我们的变化,世界的美好(概括性)
2. “二十年后再相会”演讲。
   (1) 龚璐璐:谈为二十年后重相会的胜况而努力从现在做起。
   (2) 潘甦:谈二十年后,时代将负于我们的责任。
   (3) 虞健:谈二十年后,我们做出贡献的一组组动人画面。
3. 尤进,指挥,全班合唱“二十年后再相会”班会在歌声中结束。

思想教育系列活动方案选

江苏省扬州中学

1986.10

“树人”奖创造性理想教育系列活动竞赛方案

江苏省扬州中学高二(3)团支部

系列活动名称:升起吧,希望之星

目的:通过开展此系列活动,使同学们认清形势,树立理想,加强文化知识的学习,为祖国的繁荣昌盛打下坚实的基础,努力使我们成为祖国明天的希望之星。

系列一(名称):撒播信念的种子(3月～4月)

1. 组织团员及全班同学讨论电视剧《新星》,就当前改革和当代中学生的使命发表己见。

2. 写出《新星》的观后感,在班报《文泉》、墙报《文苑》和《集萃》上展开争鸣。

3. 组织同学认真阅读《新星》的续篇——《夜与昼》。在继续讨论的同时,改编其中的有关章节,由本班同学自编、自导、自演,请语文老师审阅剧本,有关老师指导排练。

4. 在“五四”青年节“扬中之春”文娱会演中表演此话剧。

系列一活动负责人:陆广文　殷育茜

系列二名称:挥洒耕耘的汗水(5月)

1. 该话剧演出后,广泛收集各方面的反应,邀请部分观众与剧组人员进行座谈,交流思想,谈观看与演出的体会。

2. 将同学们的有关意见搜集整理后,以书信形式与《夜与昼》的作者柯云路同志联系,请他谈创作的感想,介绍自己是怎样奋发成才的,以及文学创作与社会现实生活的关系,我们八十年代的中学学生,特别是我们文科班的学生应该具有怎样的社会责任感。

3. 组织同学讨论柯云路同志的回信,在班上展开“为了明天而耕云”的学习热潮,帮着学、比着学、赛着学,使班风、学风在现有的基础有更大的进步。

系列二负责人:朱卫文　顾青

系列三名称:采撷改革的浪花(5月底～6月上旬)

1. 组织团员及全班同学,走出校门,调查社会各方面的改革情况,了解古城扬州近年来发生的巨大变化,寻找改革浪潮中的"李向南",写出有一定质量的调查报告。

2. 在本班举办"镜头:对准社会"——社会调查报告,摄影等展评,向全校师生汇报社会调查的成果。

3. 总结展评活动,使大家认清当前改革的大好形势,努力使整个调查活动升到一个新的高度。

系列三负责人:姜为民　常晴

系列活动四名称:升起吧,希望之星(6月中下旬)

1. 为了使上述活动的影响更加广泛,根据文科学生的具体情况,组织同学与大学中的校友通信联系,探讨理想、人生。

2. 召开"升起吧,希望之星"主题团会,邀请全校九位特优三好生参加,根据同学们自己参加这次系列活动的亲身感受,如何把自己培养成"希望之星",每人作"一分钟"演讲,就演讲内容、口才及效果等几方面的情况评出"最佳演讲员"和单项奖,根据同学在这次系列活动中的表现和进步,评出本次活动的"希望之星",请团委的老师给获奖同学发奖。

系列活动名称:我们十七岁

班级:高二(1)团支部

系列一:十七岁的欢乐——

步骤:十七岁,青春焕发,蓝天白云,阳光灿烂……整个世界都属于我们,让我们投入到大自然的怀抱中,去远足,去郊游。

九月中旬,我们组织全班同学到野外去郊游,让壮丽的山川和美丽的田园映入我们的眼帘,让美丽的祖国装入我们心中……

系列活动负责人:张晖

系列二:十七岁的热情——

步骤:十七岁,风华正茂,浑身洋溢着朝气,我们有干劲,我们有热情,让我们紧扣着时代的脉搏去了解……

我们组织一次社会调查,把全体团员分成四个小组,让各组去自由采访,调查社会对人才的需要,从而得出:祖国需要人才,引导团员进一步深思:十七岁的青年应该怎样选择自己的成才道路。

系列活动负责人:顾志孟

系列三:十七岁的思索——

步骤:十七岁,光辉灿烂,是令人难忘的岁月,在这美好的时候,每个人都有各种各样的想法，都在不断地思索……

(1) 组织一次民意测验，提出大家比较感兴趣的问题，了解大家的看法。

(2) 根据调查的结果，把大家最为关心的但认识较模糊的问题提出来，将全班分成十个组，搜集孔子、马克思等名人、伟人对这些问题的论述。

(3) 召开主题班会，每小组推荐一人扮演孔子、马克思等十个名人，讲出意见，举行答辩会。

系列活动负责人：孙思毅　梅华

系列四：十七岁的奋斗——

步骤：十七岁，人生旅途中的一个转折点，十七岁的青年，不仅需要欢乐，不仅具有热情，不仅喜欢思索，更重要的是，十七岁的青年具有创造精神，十七岁的青年需要去实践。

组织一次十七岁集体生日，生日会上，组织一次智力竞赛，内容可包括社会科学和自然科学各个方面，激发同学奋斗的热情。

请团委老师给获奖同学发奖，最后全体高唱《青年、青年、祖国的太阳》。

活动负责人：夏一红

系列活动名称：我爱你，树人堂

班级：初一(1)中队

系列一：树人堂前话校风

步骤：1. 调查了解老校友"正直向上，热于求知"的先进事迹，激发同学们明确学习目的，树立远大理想。

2. 调查了解大哥哥、大姐姐们在树人堂前茁壮成长的经过，激发同学们树立创造志向，发扬创造精神，开展创造性活动，为振兴中华努力学习。

3. 举行"树人堂前"的中队主题会，畅谈树立理想、立志成才，并向全校少先队员发出"我为树人堂添光彩"的倡议书。

系列二：我为树人堂添光彩

步骤：1. 各小队展开讨论，订立"我为树人堂添光彩"计划，并进行计划评比。

2. 开展每人每月为集体做一件好事的活动，中队开展"红领巾为您服务"活动，从活动中培养同学们"正直向上"的思想品德，加强社会主义精神文明建设。

3. 开展学习竞赛(包括学习成绩竞赛、作业质量评比，第二课堂活动评比，读书笔记评比等)，培养同学们"热于求知"的学习习惯。

系列三:在树人堂前齐步前进

步骤:1. 召开民主生活会,总结同学们进入中学以来如何迈好中学第一步的情况,对照倡议书和"系列二"的要求开展批评和自我批评。

2. 各小队制订互帮计划,开展"一帮一"的活动。

3. 在期末考试前召开"在树人堂前齐步前进"的中队主题会,评选本中队在"一帮一"活动中的优秀队员,请少先队大队辅导员给优秀队员发奖。

系列活动名称:老师五十我十五

班级:初二(1)

目的:结合教师节进行尊师与成才教育,通过给 50 岁老师祝贺生日等形式,激励队员以老师的献身精神为榜样迈好青春第一步,展望未来,时刻准备为中华民族的腾飞贡献青春。

系列一:园丁的日日夜夜

步骤:1. 按小队访问学校 34 位 50 岁的老师和职工,了解 50 岁的老师为祖国教育事业作出的贡献。

2. 访问老校友,搜集编辑校友回忆录,歌颂园丁的日日夜夜。

3. 筹备展览《桃李芬芳》,搜集实物、书信、照片等。

系列一活动负责人:张旭、朱江、王希娟

(8 月～9 月)

系列二:园丁的欣慰

步骤:1. 举办歌颂园丁辛勤劳动的展览《桃李芬芳》;

2. 用心灵和行动向老师献礼:(1) 向老师献诗,赠送纪念品。

(2) 开展"尊师周"活动,做到专心听讲,认真完成作业。

(3) 编写尊师语录。

3. 50 岁老师和 15 岁的少先队员在树人堂前合影。

4. 50 岁老师生日庆贺会。

系列二活动负责人:耿媛　庄林森(9 月)

系列三:三十五年的路

步骤:1. 邀请部分 50 岁老师参加座谈会,了解园丁成长之路,学习老师为了崇高理想辛勤工作的献身精神,老师向队员赠送格言。

2. 社会调查,到扬州市"人才规划办公室"了解 21 世纪人才需求和素质。

3. 迈好青春第一步,主题会:三十五年的路

系列三活动负责人:张旭　耿媛(10月)

系列活动名称:天天进步,为红领巾增光

班级:初三(5)

目的:通过学习康克清奶奶的题词,用红领巾日记的方式,在即将离队的日子里,强化自我教育,努力促进全面发展,争做一个合格初中毕业生,为实现崇高理想而努力。

系列一:我为红领巾增添光彩

步骤:1. 植树:3.12植树节这天,全中队同学共种小树苗14棵,象征着少先队员要象小树苗那样,茁壮成长。

2. 学习康克清奶奶题词:"天天进步,为红领巾增光"。

3. 记红领巾日记:中队用同学们勤工俭学来的钱买了日记本,送给每一个同学,并在日记的扉页上,由我们获全国少年书法一等奖的王俊同学书写了康克清奶奶的题词,勉励大家,让大家在日记上记下自己的成长过程。

系列一活动负责人:刘庆、方文凤

系列二:我对康克清奶奶说

1. 日记是每天进步的记录,进行日记摘登,相互交流。
2. 我们生活多么快乐,"快乐的星期天"。
3. 从小立志,时刻准备,"六一"篝火晚会。
4. 向康克清奶奶汇报。

(1) 精心汇编红领巾日记一本。
(2) 篆刻"健康长寿"印章一枚;
(3) 结合纪念朱总司令逝世十周年,刺绣兰花一幅,送往北京康克清同志处。

系列二活动负责人:王俊

系列三:小树成长我成长

1. 当我进入初三以后:a. 十年后的我;b. 路就在脚下;c. 不让一个同学掉队
2. "苗⇒树⇒材"主题会(8月~10月)

争做壮苗,争作大树,早日成为栋梁之才。

系列三活动负责人:王峰　杨海萍

系列活动名称:弯弯小巷向明朝

班级:高二(5)团支部

系列一:小巷深处访春秋

步骤:带上笔记本、录音机、照相机,带上我们年轻人的热情,带上我们对自己家乡的一片深情,我们,去看一看那纵横交错的扬州小巷,那我们曾经生活的地方。

写下小巷的昨天,摄下小巷的今天,通过对小巷的调查,我们加深了对家的了解与热爱,并且为改造家乡,美化古城提出新的建议。

系列活动负责人:蒋国良、徐艳

系列二:弯弯小巷向明朝

古城有热闹的街市、优美的园林,伟大的名人,更有巨大的变化,弯弯小巷展望着新的未来。

召开《弯弯小巷向明朝》主题班会,在宽松、愉快的气氛中让大家畅所欲言,相互交流,共同受益。

系列活动负责人:徐扬、周庆琳

系列三:我为小巷绘新图

一张崭新的图画由我们绘画,小巷的明天就在我们脚下……我们通过访问市城建局领导和有关部门,初步了解了古城扬州的未来建议规划,并以此为指导思想,整理出一些设想与建议送给城建局领导,并且围绕扬州小巷的历史知识、园林艺术、古圣今贤等开展知识竞赛,同时让每个同学结合自己家所在小巷的情况,谈谈如何改造当今的小巷,从现在起就关心小巷建设,树立起远大理想,努力学习,为两个文明建设作贡献。

未来的小巷会更迷人,未来的家乡会更秀丽,未来的祖国会更强盛……

系列活动负责人:徐桦、陆云

系列活动名称:自强——为了未来

系列一:认识我们自己

步骤:1. 组织全班同学阅读《中国青年报》等报纸、杂志关于现在大学生自理自立能力普遍较差的报道。

2. 组织一次调查、采访学生家长,学校生活指导老师、住宿生和前几届毕业考上大学的校友,请他们分别谈谈对自立自强的理解和要求,以及应该注意的哪些方面。

3. 请每个同学填写一张调查表,反映出自己的各方面自理能力并写下自己的感受。

4. 把采访、调查的结果同祖国富强相联系,以《自立自强》为主题,全班同学写感想,评出最佳文章,出一期专题黑板报。

负责人:谢竹红、刘峰

系列二：我们要搀不要抱

步骤：开一个主题班会“我们要搀不要抱”

1. 用议论、书信、小说等形式，对学生不能自理的现状作个分析。

2. 针对学生不能自立自强的弱点，采用辩论的形式进行提问辩论，讨论设想八十年代、九十年代学生的形象和应具有的能力素质。

3. 通过给老师家长的一封以我们能自立为主要内容的公开信。

负责人：顾燕燕、宋敏

系列三：为了未来——走自强之路

步骤：1. 收集公开信发表后的各方面的反映，订出一份围绕培养自立能力方面的公约，努力做到学习上自学、生活上自理、品德上自育。

2. 组织同学学习党的十二届六中全会文件，联系建设主义精神文明，明确时代对人才提出的要求，了解自强自立的新内涵，努力使这个系列活动上升到一个新高度。

3. 在同学中广泛征集以毕业歌为曲调的《自立之歌》的歌词。

4. 以演讲为形式，对系列活动进行总结，并以合唱《自立之歌》把活动推向高潮。

负责人：于翔、顾文涛

淡化教育痕迹　强调学生自立
——江苏扬州中学一年开展四十五项系列活动

本报讯　到目前为止,扬州中学已在全校范围内开展了四十五项思想教育系列活动。这些活动,都是由不同年级的学生,根据各自特点编制而成的。日前,参加“中学德育教育大纲研讨会”的全国十多个省市五十多位代表到该校观看了部分活动,一些代表为同学们在活动中表现出的能力感到出乎意料。国家教委副主任彭珮云称赞该校为学校思想政治工作提供了较好的经验。

这一系列活动,是该校去年十一月份开始搞的。以前,他们曾搞过一些单项活动,但随意性太大,形不成整体,为了克服思想教育盲目性,学校在大量调查研究和认真总结经验教训的基础上,确立了思想教育科学化、系列化的努力方向。从初一(1)班开展的“我爱你,树人堂”到高三(3)班开展的“商品与人生”等系列活动,尽管不同年级有不同特点,但都有层层递进和互为补充的内在联系,形成系统化、系列化。

扬州中学在开展系列活动中十分强调学生的自主性,校方只是宏观控制,科学引导,淡化教育痕迹,让学生从教育客体变为教育主体。在编制活动方案、开展系列活动中受到自我教育,达到自我完善。不少系列活动还具有开放性的特点,走出校园,面向社会,收到显著的效益。目前该校已有九十多位学生参加了党章学习小组。

李和庭　张荣富

(上海《青年报》1986 年 11 月 7 日)

飘扬吧，中学的队旗

徐国英　陆振声　俞　军

走进无锡市一中教学大楼，镶嵌在门厅里的党旗、团旗、队旗映入眼帘。对新生进行“三面旗帜”的教育，是该校坚持数年的好传统。从一本崭新缎面的少先队影集上，我们看到了去年“六一”儿童节营火晚会的生动场景：校党支部书记将点燃的火炬传给团委书记，团委书记又把火炬传给少先队大队长……让少先队员心中飘扬共青团的旗帜，在星星火炬照耀下接受党团的教育，跨入团的大门，这是无锡一中少先队工作的显著特色。该校高中团支部和初中少先队的关系就如同大哥哥、大姐姐和小弟弟、小妹妹们一般亲密，高中团支部已与初中少先队全部挂钩。团组织不仅为各少先队中队物色了学生辅导员，而且常邀请少先队员参加团组织活动，主动为少先队员上团课，每学期举办两期“少年团校”。据统计，初一、初二少先队员接受团的教育面分别达到百分之六十和百分之九十四。经各中队推荐、高中辅导员介绍，一批又一批红领巾在团旗下庄严宣誓。团带队的先进集体高二（五）团支部被表彰为光荣的“萌芽支部”，校团委少年委员、团带队的先进个人石晓忠在三年内为初中少先队上团课四十多次，和少年朋友谈心百余次，今年“五四”被无锡市命名为十大青年精英之一。

盛夏时节，我们来到常州花园中学，碰巧赶上了一个热闹的场面。花园小学二百五十多名少先队员佩戴着鲜艳的红领巾，由队旗引路、鼓号开道，浩浩荡荡地开进了花园中学，花园中学少先队员们在插着彩旗的校门内主道上夹道欢迎。当两支队伍相汇之后，两校领导、辅导员代表和队员代表登台讲话……这是中小学举办联欢会？不，这是隆重的中小学少先队交接仪式。这所学校自去年和花园小学挂钩以来，连举办运动会，文艺汇演也邀请少先队员参加，并给他们评比发奖。暑期中，花园中学还给新队员布置活动，举办“新生夏令营”。这次，他们为搞好中小学少先队的衔接，又进行了这一尝试。小学少先队员就近集体进入中学，中小学少先队工作对口交流的密切，顺应了教改发展的方向，孩子们总感到没有离开过队集体，这样就缩短了小学少先队员进入中学的适应期。目前，常州城郊二十五所中学已与一百三十八所小学普遍建立了联系，一所所中学少先队与一所或数所小学少先队挂钩形成一个个少先队的“小群体”。这一创举，将给人们改革少先队管理体制以及整个教育体制多么深刻的启示啊！

少先队组织恢复不久，江苏就着手编写了《中学少先队思想教育大纲》，这是全国最早的一个省级系统化文件，接着，南京又拟订了一个《中学少先队工作条例》。有章可循,促进了少先队队伍建设。据统计,全省十一个直辖市和省属单位已建起中学少先队组织五千二百五十四个。仅从全省范围四十所中学抽样调查来看,三百五十个中队就聘请了三百八十八名高年级的学生团员担任辅导员。为建设一支强有力的辅导员队伍,各级党组织花费了很多心血,对辅导员的政治待遇、业务进修、生活福利,给予了很大关心!八四年以来,常州市中学有十三位大队辅导员加入了党组织,占市区大队辅导员总数的百分之三十三。

我们离开了常州,踏进了江阴县中学的大门,一位二十多岁的小伙子热情地接待了我们。他叫董磊,是这所学校的大队辅导员。他兴致勃勃地带领我们察看该校少先队"十大教育阵地",真是令人目不暇接。其中最有吸引力的莫过于利用江阴黄山的地理地貌开展的系列化、多功能的活动了。在这黄山脚下,他们请来了当年"渡江第一船"的老艄公,借来了一艘木帆船,在渡江纪念日——四月二十一日这一天,组织少先队员模拟渡江作战,最后在"枪炮声"中从黄山脚下登陆……后来,这个中队被命名为"渡江第一船"英雄中队。而今,新故事又发生在黄山,少先队与驻扎黄山的解放军某炮团挂钩,开展军训活动,当炮团战士奔赴老山前线时,少先队员遥寄一箱红领巾,请战士们将红领巾系在炮筒上,向越寇发出一颗颗仇恨的炮弹。就这样,黄山成了爱国主义、革命英雄主义和集体主义教育的综合课堂。

从江阴乘渡船北上,踏上了久已敬慕的英雄土地——泰兴。陈毅等同志领导的黄桥决战以及著名的苏中"七战七捷"的四个战役都曾在这儿进行。如今,尽管炮火硝烟已融进苍劲树木的年轮,但在泰兴县委大礼堂里,苏北少先队员的"小七战七捷"出征仪式,却又揭开了新时期激动人心的一幕:扬州、徐州、盐城、连云港等苏北六市的少先队员代表和少儿工作者,在嘹亮的鼓号声中,从泰兴城誓师出征!这一象征性活动是由江苏省扬州中学少先队大队倡议发起的。该校事前组织了一支少先队赴苏中"七战七捷"考察连,在脚穿草鞋的老红军薛世文的带领下,队员们打着背包,经江都、泰兴、海安等县实地考察了苏中"七战七捷"的战场遗迹,回校后制定了"小七战七捷"作战方案,在各中队摆开了战场……

扬州中学,被人们视为培育人才的摇篮,从"树人堂"里曾走出了一批又一批祖国的栋梁人才。这个学校常以《树人堂前》为题开展少先队系列活动。"老师五十我十五"的活动就是其中一个。少先队请来本校三十四位年近五旬的老教工与刚满十五岁的同学欢聚在树人堂前,同庆两代人的生日。一队红领巾手捧信鸽、汽球,聆听前辈们成长的故事,仿佛看到了老师们辛勤耕耘,育人成才的步步足迹。队员们展开想象的翅膀,随着信鸽、汽球在飞翔、在遐想……

结束了扬州之行,我们踏上了江淮平原。一座座校园里,鲜红的团旗与队旗在高高飘扬。一队队中学红领巾活跃在江淮平原上。从黄海之滨的新坍中学的"海港设计组"到抗大第五分校遗址少奇同志塑像前;从马塘中学"雪松下,我想到"到宝应瓦甸中学的"在血与火中寻找";从云台山下杨集二中的"红领巾物资交流会"到古运河边槐泗中学"面向未来,保护生态平衡";从彭城——徐州少年宫"大队长培训冬令营"

到各地蓬勃兴起的“少年团校”……大江南北、多姿多彩、交相辉映。

江苏中学少先队活动丰富多采，体现了鲜明的时代特色。从单一发展到系列，从平面走向立体化，初步显示了活动的层次性、递进性，并向更高目标迈进。

有项统计资料表明：在“创造杯”竞赛中，江苏省中学少先队获最佳奖两个，创造杯优秀奖一百九十七个，在全国中学系统名列前茅。中学少先队的理论研究也已崭露头角。省学会中学组的研讨活动十分活跃。四次省级年会中，出现了一批好论文，如《中学少先队集体培养论文集》、《少先活动艺术谈》、《创造性系列活动是理想教育的有效形式》等，编写并出版了《中学少先队员喜爱的活动》、《中学少先队工作论文集》和《中学队集体建设论文集》等论著。

必须承认，所到之处我们也看到了不尽如人意的地方，某些薄弱环节急须加强。面临普通教育的整体改革，中学少先队的改革已提到议事日程。可以断言，在党团组织的关怀下，不远的将来我们中学少先队必定有新的突破，新的飞跃。

《辅导员》1987 年第 11 期

弯弯小巷向明朝

江苏省扬州中学团委供稿

系列一：小巷深处访春秋

带上笔记本、录音机、照相机，带着对家乡的一片深情，也带着年轻人的热情，我们，去看一看，去访一访那纵横交错的扬州小巷。

记下小巷的昨天，摄下小巷的今天，为了小巷的明天，我们都来献计献策。

系列二：弯弯小巷向明朝

古城有热闹的街市，优美的园林，伟大的名人，更有巨大的变化，弯弯小巷展望着新的未来。

召开《弯弯小巷向明朝》主题团会，让大家在宽松、愉快的气氛中畅所欲言，相互交流，共同受益。

系列三：我为小巷绘新图

将大家的设想和建议整理、汇总后，呈送市城建局领导。

围绕扬州小巷的历史知识、园林艺术、古圣今贤等开展知识竞赛，激发大家为家乡建设而努力学习的热情。

未来的小巷会更迷人，未来的家乡会更秀丽，未来的祖国会更强盛……

《江苏教育》1988 年第 4 期

社会主义初级阶段少年儿童道德教育管见

徐国英

众所周知,在少年儿童的各项基本素质中,思想品德素质是至关重要的,因为它是少年儿童身心发展的灵魂,有定向和奠基的意义。少年儿童的道德水准、行为规范、精神面貌,关系到国家和民族的未来,是建成有中国特色的社会主义的希望。

当前少年儿童处在前所未有的开放环境和经济改革的浪潮之中,它为塑造或改变道德品质创造了良好的条件。但摆在我们教育者面前的事实也是严峻的。社会主义商品经济的发展,存在多种经济结构,多种分配形式,在相当长的一段时间内,作为经济成分主体的公有制经济和私有制经济并存,按劳分配与非按劳分配等多种形式并存,占主导地位的社会主义思想与非社会主义思想并存,剥削阶级、小生产者的道德的残余和影响不会很快消失,有时还很严重。这就决定我们对学生进行道德教育的艰巨性与复杂性。也就是说,既要提高学生的思想道德水平,又不能超越我国还处在社会主义初级阶段这个客观实际。

学校道德教育怎样为一代新人的思想道德素质的提高和全面发展提供精神动力和思想保证呢?关键在于要从新的高度去认识,去实践。既要立足于社会主义初级阶段的现实,又要着眼于实现社会主义现代化的未来。具体地说:一方面提高对现行道德行为规范多层次的适应性,另一方面又要增强面向未来、造就一代“四有”新人的预见性。这两者相辅相成,既有联系,又有区别,统一于一个目的——促进生产力发展,促进社会主义初级阶段经济政治的发展。

提高适应性,主要是指提高对与发展着的商品经济的适应性,转变道德价值观。目前社会上一部分人斤斤计较个人利益的现象,以及那种“经济上去了,道德下降了”的说法,都集中反映了人们在道德价值观念上的冲突。人们习惯于用传统的道德价值观念来评价道德的进步,议论今天社会上出现的问题,必然褒贬不一。商品经济的发展时刻在冲击着传统的价值模式,时代要求人们有着与商品生产相适应的价值观——效益评价,提倡多维性的价值观,摈弃非此即彼一维性的价值观。因此,在初级阶段对道德评价要多维性,绝不能说只有一种理想道德是高尚的,其余一概是卑劣的。应看到社会主义初级阶段,道德评价标准上的三个层次:“应当”、“正当”和“不当”。社会提倡的道德理想,应当是我们追求的目标,因为它代表着道德发展方向。社会允许的道德行为,只要是对商品生产和生产力的发展有利的东西,都属于“正当”。它虽不高尚,但也不能算卑劣。目前经济体制改革中的“放宽搞活”,实际包含了对“正当”范围的拓展。社会上贬斥的不道德的非法行为,就属“不当”,因为它危害社会,阻碍商品生产和生产力的发展。面对社会道德行为规范多层次的现状,学校的道德教育不能超越阶段,违背规律,要强调渐进性,热情帮助各类学生在不同的起点上循序渐进。一刀切,同步化的做法,必然导致道德教育的失效。今天,在有效地进行国家、集体、个人三者有机结合的集体主义教育时,也要注意层次性。在处理人与人的关系上,应当倡导助人为乐、克己让人,不应当损人利己、自私自利。在处理个人利益与集体利益的关系上,应当倡导大公无私,不应当损公肥私。值得注意的是在助人为乐、损人利己之间,还有一个既不助人也不损人,而只顾自己的“正当”地带。在大公无私和损公肥私之间也有一个以私为主导的公私并存的“正当”地带。因此,划清正当的个人利益和个人主义自私自利的界限,是进行集体主义教育的重要内容。划清界限是为了引导,“正当”不是高尚的道德,它需要上升为“应当”,只有把个人利益融化在集体利益之中,把集体利益放在第一位,在集体中陶冶情操,“获得个人全面发展其才的手段”,实现道德上的升华,才能进入高尚的精神境界。

增强预见性,主要是指克服主观随意性,超前思维,把道德教育建立在科学预见性上。教育是面向未来的事业,学校的道德教育应有一定的“提前量”。这是由社会对道德的要求决定的。因为道德不仅是为现实的经济关系和政治关系服务,而且是为人类上升到更高水平服务的。道德要求,特别是作为整个道德体系的根本原则,应当高于当时人类行为的普遍水平,着眼于更高的社会形态。社会主义道德要求人们尽力在行为达到最完美的程度,成为推动社会主义前进的精神动力。社会主义初级阶段,它属于共产主义运动的一个组成部分,建设具有中国特色的社会主义,正是一条符合中国国情的通往共产主义的道路。因此,我们应该面向明天,在少年儿童中加强基础的共产主义教育,倡导共产主义道德。使人的现代化和社会主义四个现代化同时实践。道德教育作为一个系统,它的发展固然受社会经济的制约,但这并不否定自身调节的重要性。长期以来,道德教育随意性大,忽视了必然性。变革自我系统可以从两方面入手,一是受教育者强化主体意识,调整价值观念,改变情感方法;二是对学生进行系统的、规范的相对稳定的教育,逐步克服道德教育上的片面性,情感上的复杂性、意志上的脆弱性,行为上的动摇性等不良现象,努力使社会主义初级阶段的道德教育有所突然。

《江苏教育(小学版)》1988 年第 6 期

遵循教育规律　注重行为培养
增强学生基础文明素质

——贯彻实施《中学生日常行为规范》的几点做法和体会

江苏省扬州中学

贯彻实施《中学生日常行为规范》，是中学教育的一项重要任务。本学期，我们围绕"规范"，积极推进德育改革，探索青少年思想品德形成和发展的规律性，加强基本道德品质的教育，注重行为培养，促进了学生正确的道德观念的进一步形成，广大学生自尊自爱，文明守纪，勤奋学习，努力成才，校风校纪进一步改善，学生基础文明素质逐步增强。

以贯彻"规范"为德育改革的主要内容，重视学校基础文明建设

中学教育在整个教育中的基础地位，要求学校必须把基础文明的建设，作为一项重要工作来抓，青少年的品德和行为习惯，对其今后的人生发展将会产生深远的影响，中学时代是实施行为规范教育和训练的良好时机。我们围绕《中学生日常行为规范》，在总体方面集中做了三项工作。

第一，端正学校德育工作的指导思想，把切实贯彻"规范"作为德育改革的内容和学校教育工作的重点，通过召开干部会、班主任会、教工大会和学生大会，结合传达、学习全国德育工作会议、省部分中学校长会议，以贯彻"日常行为规范"为主题，进行专门的动员，使教师和学生明确贯彻"规范"的意义和要求；使教师明确加强中学生的基本道德教育，抓好行为培养，是学校教育工作的重要内容，也是学校德育适应改革开放形势，改进德育工作的切实步骤。同时，使学生懂得，行为的规范化是对中学生的基本要求。为了切实推动"规范"的贯彻实施，学校安排专门时间，组织全校教工学习和讨论了《中学生日常行为规范》的条文和意义，明确德育工作指导思想，增强了教师抓好学生基础文明建设的自觉性。许多同志反映，把学生的基础道德和行为，作为当前德育工作乃至学校工作的重点，工作起来感到更实在了，更切近中学生成长的实际，教育也易于收到实效。

第二，分析学生基础文明现状，找出存在问题，加强教育的针对性。我们经常召开教师、班主任和干部参加的各种座谈会，深入课堂、食堂、宿舍与学生接触，广泛而深入地调查研究，通过分析得出，就我校学生日常行为现状而言，大多数学生基本能

做到文明守纪,但不少学生对日常行为要求不严格,行为不规范;还有一部分学生自我约束力差,纪律观念、劳动观念淡薄,在日常行为上则表现为自由散漫,损坏公物,浪费粮食,同学们相互冲突的现象时有发生。还有极少数学生,由于受社会不良影响,行为表现停留在较低层次,违反校规校纪,受到纪律处分。另外,我校初一年级生源的变化,带来了一些校园基础文明建设的新问题,上述情况的存在,不仅说明了中学阶段实施行为规范教育的必要性,同时也启发我们,要全面贯彻国家的教育方针,使学校在素质教育的轨道上运行,必须十分重视抓好《中学生日常行为规范》的贯彻。学校制定学期工作计划,把贯彻"规范",抓行为作为学校思想政治工作的重要内容,有重点地贯彻。

第三,积极尝试德育一体化,动员各方力量合力抓好"规范"贯彻,实践证明,加强学生的品德教育,抓好行为培养,必须发挥各方力量才能奏效,在这方面,我们主要注意发挥三方面的作用。首先,通过对教师、职工的宣传发动,组织学习"规范"条文,并在班会上,全校三十七个班主任均对本班同学围绕"规范"进行了逐条讲解,积极加强对学生执行"规范"的指导和训练。许多教工通过加强自身师德修养,言教配以身教,熏陶、教化学生。如要求学生不迟到,教师则按时到班。从开学至今,仅学校围绕宣传、发动和讲解"规范"的教育达12次之多。其次,发挥学生的主体作用。全校2000多名学生,每人印发一份《中学生日常行为规范》,进行逐条对照。团委、学生会和少先队积极配合行政,发挥学生在学校生活中的自我教育、自我管理作用,组织了贯彻"规范"的检查评比;学生会干部就校园文明中存在的问题,利用校会,举办了专题讲演会。再次,发挥家庭和社会的配合作用。学校向全体家长印发了国家教委有关贯彻"规范"的《告家长书》,全校六个年级先后召家长会,重点宣传"规范",汇报学校贯彻实施"规范"的基本打算,求得家长的认同和配合,根据学生行为现状,还进行重点家访,由于重视发挥教师、学生和家庭(社会)的各方作用,全校形成了较为深厚的教育氛围,教师和学生很快进入"角色"。德育工作一体化,促进了"规范"的实施,学校在德育一体化,齐心抓"规范"过程中,在全面发动,全面宣传的基础上,按照先学校规范后家庭规范,从场合规范到社会规范,由有形向无形的次序逐层推开,并把"规范"的第一部分和第三部分作为本学期教育实施的重点。

贯彻和实施《中学生日常行为规范》的教育实践,使我们体会到,把基本道德教育与行为培养,作为学校德育的起点和重点,推动了德育的改革,而且,正如一位老师所说,抓行为不仅没有降低德育的要求,而是要求更高了。抓"规范",使学校德育落到了实处。初二(2)部分学生一度在课间打闹影响自行车的排放,并且顶撞负责管理自行车的老师傅,贯彻"规范"以后,他们对照"规范",主动向老师傅道歉,并且组织起来定期帮助老师傅打扫自行车停放地,受到好评,对"规范"的初步宣传发动,使广大学生熟知了中学生应当遵守的日常行为规范,增强了规范意识,为优化校风,促进良好习惯的形成,创造了可喜的开端。

以课堂和活动为中介，重视知、情、行、意诸因素辩证作用，促进学生良好品德形成

教育心理学认为，任何一种思想品德的形成或发展，都包含着知、情、行、意几个心理因素，并且是上述诸因素辩证发展的过程。因此，我们在贯彻实施“日常行为规范”的教育工作中，十分重视按照青少年心理发展规律进行教育，克服品德教育和行为培养过程中存在的脱离课堂教学抓规范，单纯说教谈认识，忽视课堂教育，忽视情感教育和反复行为训练的弊病，让学生通过课堂和活动，达到知行统一。

教学工作不仅是思想教育的重要渠道，也是加强学生行为培养的重要渠道，全校各科教师在教学过程中，认真按照“规范”精神，积极指导学生，尤其是重视抓好学习规范、尊师规范和纪律规范，在整个教学体系中，我们又突出抓了思想政治课的改革，政治教师通过《公民》、《科学人生观》新教材实验和《法律常识》课的教学，把伦理教育与行为要求有机结合起来，引导学生在思想上明确，作为青少年公民应当遵循那些道德规范、法律规范，开展“自由与纪律”的讨论，帮助学生树立正确的审美观和道德价值观，政治教师还积极改进教育方式，寻求班主任的通力协作，改进考试方法，注意学生伦理观点的行为转化，事实表明，在思想政治课教学中，贯注“日常行为规范”的教育，使班级与年级的风气有了良好的变化，初二(1)班，通过教学抓“规范”，班级学习气氛浓厚，全班同学文明守纪，班集体日益形成。

为了抓好“规范”的贯彻和实施，我们还积极组织各班开展以基础文明教育和贯彻“规范”的系列活动，通过系列化的活动，激发学生荣辱感，帮助学生树立正确的道德观，促进良好行为习惯的形成，本学期共组织开展了系列活动25个。初中年级结合创造杯竞赛活动，具体开展了《问水哪得清如许》、《旋律中的不谐音符》、《竞争号在行动》、《八小时之外显异彩》、《在人生的十字路口》、《我是法制小卫士》、《队旗下的思索》等主题活动，每个系列活动都渗透了中学生日常行为规范的要求。在活动中，他们积极开展珍惜环境的社会调查，寻找校园中不文明的现象(“不谐和音”)，开展学习竞争(“竞争号在行动”)，强化环境意识、卫生意识、竞争意识，达到净化环境、净化语言，进而净化心灵的目的，高中年级，积极组织开展了“当代中学生形象”的讨论，通过人才素质的社会调查，举办“当代中学生形象是什么”的主题讨论会，进行生动活泼的日常行为规范的自我教育。

进入中学时代，学生情感发展获得了新的特点，他们对生活充满热情，富有青春朝气，情感内容的社会性不断地深刻化，针对中学生的心理特点，激发他们崇高的道德情感，产生美的情感体验，这对于正确道德观的确立，培养良好习惯，具有不可忽视的重要意义。在这方面，我们组织三项活动：

一、邀请老山英模报告团来校，用英雄们的爱国情操，严明纪律激发青少年做文明中学生的感情。

二、开展纪念、学习民主战士、作家、诗人校友朱自清的系列活动，具体通过建造

朱自清铜像,开展创"朱自清中队"活动,举办纪念朱自清九十诞辰书画展,召开"朱自清生活在我们中间"大型主题会,举办读自清书籍,学自清精神的征文比赛,《完美的人格》书评讲座等,全校同学都参加了这一活动,撰写征文2000余篇,朱自清先生的民族气节、精美艺术、完美的人格,深深地激动着中学生的心灵。

三、宣传了五十多位"树人"奖学金获奖学生的事迹。高三年级学生程朋,认真遵守中学生日常行为规范,平时学习勤奋刻苦,团结同学,关心集体,尊敬师长,在晨会上,我们重点宣传了程朋的典型事迹,在学生中产生良好的影响。

情感教育推动了中学生道德情感的升华,激起他们对美好人格的追求,自觉地使自己的行为规范化,初三(1)班在贯彻《中学生日常行为规范》的教育中,积极开展了学习朱自清活动,全班同学读自清书籍,学自清为人,勤奋学习、团结向上蔚然成风,该班两位同学为一位孤寡老教师做好事,坚持不懈,为同学树立了良好的榜样。

增强教育意识,重视行为规范的考核评估,强化良好习惯的养成

我们认为,要使《中学习日常行为规范》真正成为学生的自觉行动,必须在贯彻过程中,通过科学而全面的考核评估指导或矫正学生的行为,反复训练,使之成为习惯。我校结合德育评估的探索工作,注意加强对学生执行日常行为规范的检查和考核。

在考核的实际工作中,体现三个意识:一是教育意识,变单纯检查学生行为为检查考核与教育引导相结合,许多班级把考核过程作为教育过程,对不符合"规范"要求的现象及时制止,力求通过说理,引导学生增强自我约束能力;二是民主意识,学校十分重视发动学生进行自我教育和评价,通过《树人报》专栏文章,校广播台,播出专题节目,对学生中存在的不文明现象进行议论,学期结束,学校印发了小结对照表,每位学生对照日常行为规范进行小结。在中学生日常行为规范对照小结时,对每位同学小组或班级都要作出评价,肯定优点,指出不足;三是考核意识。具体做法有,在各班考核试行德育量化考核的基础上,学校拟定并在部分班级试行了《江苏省扬州中学中学生日常行为规范考核办法》,通过个人、集体、家长和班主任考核计分,与评定三好生、写评语、评定操行等第直接挂钩。过去,我校在校就餐人数多,食堂就餐秩序比较混乱,针对这一问题,学校行政办公会进行专门研究,将《中学生日常行为规范》有关要求浓缩成五个具体要求,作为食堂文明就餐的规范,学校书记和校长带领中层干部深入到食堂中去,抓规范落实,经过努力,使食堂就餐秩序明显改观。

回顾一个学期以来的工作,在贯彻实施《中学生日常行为规范》方面,取得一定的效果,在德育工作中进一步端正了指导思想,促进了中学生行为进一步规范化,全校绝大多数学生,都能自觉按"规范"要求自己,学习空气浓厚,拾金不昧的风尚比较普

遍，校园文明环境有了新的改善。

贯彻《中学生日常行为规范》是一项长期而重要的工作。今后，我们要在以往工作的基础上，切实落实“规范”精神，采取措施，加强教师队伍的建设，培养学生的劳动观念，在注意学生良好习惯的养成上下功夫，努力增强中学生的基础文明素质。

一九八九年一月七日

深入开展正面教育　促进学生全面发展

——1986—1987 学年第二学期思想政治工作总结

江苏省扬州中学

深入进行党的三中全会路线两个基本点辩证关系的教育是本学期学校思想政治工作的一项重要内容。我们认真贯彻中央一系列文件精神，加强调查研究，改进教育方法，紧密结合教学，坚持正面教育，推动和保证了学校各项工作的开展，促进了中学生的健康成长。本学期共评出三好生 438 人；其中有 8 人被表彰为市级三好生，1 人被表彰为省优秀学生干部。有 144 人加入共青团，一百多人参加了党章学习小组。高二(1)班团支部和高三(3)班团支部被团省委表彰为先进团支部，校团委在“五四”青年节期间被团省委表彰为先进集体。高三年级有 18 人由于德、智、体全面发展或智力超常，被保送高校学习，全校有 10 个班级，在创建班集体活动中，被评为文明班集体。

我们的主要做法和体会是：

一、端正教育思想，明确培养目标，增强教育自觉性，是深化正面教育的首要条件

以四项基本原则为核心的正面教育开展以来，我们一直重视做好教育的宣传发动工作，使广大学生初步明确了坚持四项基本原则，反对资产阶级自由化斗争的重要意义和基本内容，端正了接受思想教育的态度。在教育过程中，我们发现正面教育虽然取得一定效果，但发展不够平衡，学生思想上还存在一些模糊认识，对一些问题还存在疑问。这些问题如不及时加以解决，势必影响正面教育的继续深入。同时，我们还看到，坚持四项基本原则和坚持开放改革，是党的十一届三中全会路线的两个基本点。随着形势的发展，尤其是加快开放改革的步伐，使中学生处在一个复杂的社会环境，这就决定了坚持四项基本原则，反对资产阶级自由化斗争的长期性。

为了切实把正面教育引向深入，树立对学生终身负责的历史责任感，用社会实践衡量教育成败得失，推动教育改革，促进中学教育整体效益的提高。我们对本校近两年来进入高校的毕业生进行了追踪调查，先后走访了南京大学、河海大学、南京师范大学、上海交通大学、复旦大学等 52 位校友，向 85 届 86 届毕业生发出调查问卷 420 张。从调查分析的结果看，我们在全面贯彻党的教育方针，加强学校思想政治工作，提高学生思想文化素质方面，总的来说还是比较好的。但是，也有一部

分人当资产阶级自由化思潮袭来以后，程度不同地在思想上受到影响，有的学生对前期出现的学潮，认识上模糊，态度上暧昧，认为大学生上街游行，"方法不可取，但闹闹也有好处"。我们征求了校友对母校的意见，有的大学生说，别看这些问题发生在大学里，与中学没有做好思想教育工作也有一定的关系。86届校友，南京师大教育系学生陈益指出："在中学里，由于教育思想不够端正，升学率包袱较重，特别是高年级忙于应付升学而潜伏着危机，到了大学总爆发、苦闷、迷惘、失落困扰了初进大学校门的我们，要经过好长时间才能找到精神支柱，获得心理平衡"。为了加强正面教育的针对性，使教育步步深入，我们还调查分析了在校学生的思想现状，发现学生思想上存在的问题，主要是对四项基本原则的重要性缺乏深刻的了解，对资产阶级自由化思潮影响下的学潮采取赞同态度，错误地认为学潮"很壮观"、"反映了学生的力量"。此外，还有不少学生，对改革开放与四项基本原则的辩证关系认识肤浅，观点片面。

从这些问题及意见中，我们看到了自己的责任，引起了深入的反思，感到在学校思想教育方面，虽也做了不少工作，但往往是头痛医头，脚病医脚，就事论事多，零打碎敲，背框框条条的多，没有从根本上帮助学生在解决政治原则和政治方向问题上打下坚实的思想基础，这是对资产阶级自由化思潮缺乏免疫力的根本原因。四项基本原则是立国治国之本，思想政治工作之本，也是学校教书育人之本，中学时代是学生人生观和世界观形成的一个重要时期，这个时期学生思想可塑性大，学生教育不好要出废品，而思想不好要出危险品，我们要从民族兴衰和社会主义事业成败的战略高度，重视和加强对学生的思想教育。

为此，我们首先在领导认识上明确四点：第一，充分认识反对资产阶级自由化斗争的性质、意义、范围和重点，全面正确地理解党的十一届三中全会的路线、三中全会路线的内容，两个基本点的辩证关系；第二，通过学习全国宣传部长会议精神，在师生中统一认识，克服"无所谓"、"差不多"的思想，认识反对资产阶级自由化斗争的长期性；第三，联系教育战线的实际情况，深刻认识开展这场斗争的特殊重要性。树立对事业负责，对学生终身负责的观点，加强责任感，认识加强教育的迫切性；第四，根据上述认识，联系学校实际进行贯彻，主要是加强党的观念，自觉接受党的领导。坚持社会主义方向，全面贯彻方针，加强思想政治工作，把德育提到应有位置上来，从思想道德素质和科学文化素质出发，加强学校思想政治工作，决不能干扰和削弱思想政治工作，并以此来促进学校教育和教学改革。

其次，对师生提出不同要求，理论联系实际，提高认识。教师主要是和经常政治学习结合，订立专题学习计划，请党校同志作辅导，听中国科大党委副书记刘吉同志与学生对话的录音；学生中主要通过传达文件，正面宣讲，开展系列活动，提高正面认识，澄清模糊思想，稳定情绪。全校师生通过学习，提高了思想认识，对坚持四项基本原则，开展反对资产阶级自由化斗争的意义，有了比较深入的领会，对坚持四项基本原则的核心就是坚持党的领导，有了明确的认识；对开展斗争的方针、政策，有了初步了解。有的教师体会深,他们讲,从年龄上看,我们经过北洋军阀、国民党统治、日寇侵略到解放,只有共产党能够救中国,解放前二十年愁吃愁穿,共产党领导四十年无忧无虑,安心工作,每个人都得到实惠,只有中国共产党领导才能率领我们走上富强的道路,通过教育,不少学生提高了接受教育的自觉性,克服了对坚持四项基本原则教育的反感情绪,重视思想政治理论和历史知识的学习,政治气氛浓厚,打入团报告和入党报告的增多。

二、抓住学生思想热点,有的放矢地进行正面教育是深化教育的关键

一段时间的宣传发动,使广大中学生初步明确坚持四项基本原则,反对资产阶级自由化斗争的重要意义,促进了中学生的积极思考。同时,我们也发现在学生思想上还存在一些模糊认识。我们认真分析了学生思想现状和他们提出的问题,感到学生思想上主要存在三个方面的问题:一是对全盘西化和对外开放的原则界限分辨不清;二是接触到具体问题时,对社会主义制度优越性认识不足,感到理不直,气不壮;三是中学生在思考和认识问题时往往缺乏历史知识,尤其是缺乏科学的思维方法。我们感到,要把正面教育引向深入,把坚持四项基本原则的教育升华为对三中全会两个基本点的辩证理解,就必须敢于正视学生的思想热点,用说理的方法回答他们提出的种种问题,帮助中学生从根本上树立辩证唯物主义世界观和方法论。学校党总支多次召开文科教研组长参加的座谈会和研讨会,通过思想教育渗透教学这个途径。发动全体教师,通过教学过程对学生进行三中全会两个基本点辩证关系的教育。

首先是改革思想政治课的教学,帮助学生弄懂马克思主义的基本观点和基本原理。其次,使教育渗透到各科教学中去,过去的政治课由于联系实际不紧密。学生关心的老师不讲,老师讲的学生不关心,因而效果不佳。现在老师讲课时,先要求学生自学,弄懂其基本原理,在此基础上,由学生结合实际去思考问题,解答问题。接着由老师进行综合概括和集中辅导,然后发动学生从理论和实践的结合上撰写小论文,仅高三年级就已写出有分析、有见解的小论文200余篇。这样,使思想政治课变成生动活泼的马列主义基本原理传授课,反对资产阶级自由化的教育课,师生思想的交流课,政治教师注意针对学生思想上存在的问题,运用理论思维的力量帮助学生分清是非。如一位教师发现学生对“全盘西化”与对外开放的关系混淆不清,以为现在反对“全盘西化”是因为前个时期对外开放放得太多了,要“收”了。对此,他运用辩证唯物主义的基本原理,结合实际向学生作了辩证分析,使大家认识到观察、分析任何事物都不能笼统地肯定一切或否定一切,开放不等于西化。“全盘西化”,从哲学上来说正是犯了形而上学的错误。今天我们反对“全盘西化”,绝不是否定对外开放,回到闭关锁国的老路上去,而是为了坚持正确的方向,更好地对外开放,学生们听后纷纷感到这样联系实际学政治,既提高了理论水平,又解开了思想上的疙瘩。政治教研组长金

学文在教学中，注意用马克思主义基本理论正确地回答少数学生提出的问题，帮助绝大多数同学树立正确的观点，从而增强了学生的识别力、免疫力和抵制力。初三(3)于仁义等同学提出：社会的发展总是由低级向高级发展，一般要比过原始社会、奴隶社会、封建社会、资本主义社会、社会主义社会和共产主义社会。而中国为什么没有经过资本主义社会呢？要不要补上资本主义这一课？金学文同志针对这个问题，结合复习《社会发展简史》，对全班同学作了比较全面的讲解，通过讲解，同学们懂得，中国无产阶级领导的民主革命是在整个资本主义世界已经开始走向没落，社会主义在全世界六分之一的地区已经建立并初步显示了它的优越性的条件下取得胜利的。中国革命的国内历史条件，国际条件和无产阶级的领导。这三个方面决定，在革命胜利后，决不能选择资本主义道路。只有社会主义道路才是振兴中华唯一正确的道路，社会主义是我国人民经过一百多年的斗争所作出的历史性选择。在中国搞倒退，抛开社会主义道路，是违背人民意愿，违背历史规律的。从而使学生感到，我们每个人应该认清历史发展方向，顺应历史潮流而动，坚定不移地走社会主义道路。针对中学生对社会主义制度的模糊认识，尤其是对党的十一届三中全会以来提出的，允许一部分人先富起来的政策，一些同学认为这是资本主义的东西。我们就通过思想政治理论课教学，帮助学生分清先富后富和资本主义的两极分化有着根本区别，它们的所有制基础不同、方向不同和采取的手段也不一样。通过教育，从而使学生明白实行允许一部分人先富起来，正是为了达到社会主义共同富裕的目的。

把坚持四项基本原则的正面教育渗透到各科教学的过程中去，是使教育深入持久的措施之一。在各科教学中，不仅注意知识和能力的提高，还注意思想内容的挖掘，使文与道有机地统一起来，尤其是注意针对学生思想热点，让学生在润物细无声中受到教育。语文教研组的同志们发挥本学科思想性比较强的优势，采取三结合的方法，即结合当前四项基本原则的宣传教育，结合学生的思想实际，结合教材内容，精心教学。语文教研组长张家骞在教学中发现有些学生往往以八十年代的青年是思考的一代自居。然而思考问题的方法往往偏爱、片面。如对党内不正之风，对社会主义前进道路上的失误，犯有以偏全概全的毛病。对此，他就以《我们应该思考什么》为题让学生写作文，并在写前指导和作文讲评中给学生予正确的引导，帮助学生树立科学的思想方法。语文教师蒋念祖同志，注意从语文教学角度，教学学生学会运用辩证思维观察和分析问题。他发动学生撰写了不少小作文，如《浅谈对外开放政策》、《从大学生上街游行想到的》、《对外开放和全盘西化》，引导学生善于从事物的现象介入本质。通过作文教学，明辨是非，使中学生看到了自身存在的不足，该班周冬英同学在作文中写道："年轻人，最易热情，也最易冷漠"，因此，"要正确对待自我"，克服思想方法片面的弱点，认识到中学时代树立坚定正确的政治信念的重要性，她说："信念是一个人前进的动力，丢失了他，人就会象一叶失控的小舟，飘移不定"。地理教师邓志扬同志针对中学生思想方法片面，不善于对不同社会制度进行比较的弱点，在讲述《世界地理》部分时，注意用和中国相类似的经济地理条件的印度，进行两种不同社会制度的对比举出了大量的数据，使学生掌握了科学的比较方法，又加深了对社会主义制度优越性的认识。

由于我们寓两个基本点的正面教育于教学之中，抓住热点展开说理教育，帮助学生解决思想、观点、方法，问题，收到较好的效果。一些同学感到，由于掌握了马克思主义的基本原理，初步学会和运用了科学的思维方法，对一些复杂是非问题分析得更深了，增强了分清是非能力，坚定了信念。

三、紧密结合日常思想教育，是促进正面教育不断深化的重要途径

我们感到，要把坚持四项基本原则的正面教育深入而持久地开展下去，还必须紧密结合学校日常思想教育，发挥学校思想教育的系统功能，使正面教育在与其他思想教育的相互配合中，求得深化，不断发展。坚持四项基本原则的正面教育开展以来，我们注意结合形势教育。爱国主义和革命传统教育、道德教育，做到相互渗透，相互促进。今年五月，我们举办了艺术周活动，通过升设讲座，举办多种竞赛，加强美育，促进了校园文化建设，强化了政治方向教育，如《二十世纪现代派美术作品鉴赏》讲座。通过一个小小的侧面，帮助中学生正确对待西方文化，提高鉴赏能力；开展诗歌散文朗诵比赛，发动学生自己创作，抒发对党和社会主义祖国炽热感情。全校有85%的学生参加了艺术周活动，艺术周活动体现了德、智、体、美的综合要求，有力地配合了三中全会两个基本点的教育，受到师生的热烈欢迎。

在结合日常思想教育的过程中，我们主要改变过去那种应景式、拼凑式、运动式的做法，坚持做到教育内容系统化、活动安排系列化。今年以来，我们已按照坚持四项基本原则的教育的计划。分七讲定期向全校学生宣讲。围绕学校总的教育计划，全校各班先后组织开展了“爱国、爱党、勤学、成才”、“在树人党前”等多项系列活动。这些活动从学生的特点出发，由各年级、各班级学生自己设计、自己组织、自己安排，既有思想性，又体现了学生的自主性和活动本身的连贯性。使前一活动为后一活动的基础。后一活动又是前一活动的延伸。高二(4)班团支部设计的《让爱国之声在胸中激荡》的活动系列，安排了四项活动，一是“点燃心中的航标”——学习中共中央关于反对资产阶级自由化的文件，掌握思想武器；二是“扬起理想的风帆”——组织开展了“假如我也是一名大学生”的讨论会；三是“踏上胜利的征程”——在明辨是非的基础上，激发爱国热情，搜集爱国歌曲，开展歌咏和征文比赛；四是将所选的优秀歌曲和同学的优秀作文配乐朗诵，灌入录音磁带寄给老山前线战士。学生们反映，这样寓教于系列活动之中，有吸引力，受教育深。高二(1)班在系列活动中，举办了《“T·S”沙龙》主题活动，通过与实习老师政治老师咨询答辩，生动对话，围绕坚持四项基本原则，反对资产阶级自由化思潮这个中心，展开积极的讨论。他们讨论了“部分学生闹学潮确实给社会带来危害，但是否要如此小题大作”。“当今学生很不成熟，社会实践少应该怎么办?”等问题，通过讨论，使全班同学对学潮有了正确看法，对民主与自由、

开放与西化等问题看得更清楚了。高二(5)团支部在以往系列活动的基础上,组织学生走出校门,开展社会实践活动,走访了广陵区侨联以及两位由国外归来的同志,通过听取介绍,对话采访,使同学们对西方社会有了具体了解,进一步提高了对社会主义制度优越性的认识,加深了对开放改革政策的理解,采访的学生反映,走出校门开展教育活动,思想受益较大。同时,我们也感到,通过系列活动让学生自己提出和解决问题,发挥学生主体作用是学生对这些活动欢迎的一个重要原因。

在系列活动中,我们始终注意引导学生把对四项基本原则的理解,升华到为党的事业而奋斗的高度上来。学校党总支具体指导团委开展的"学党章、听党话、跟党走"系列活动,高三年级在紧张的复习迎考中,举行了"党在我心中"大型主题会,他们怀着对党的深厚感情,结合中国近代史认识党的英明伟大,深入剖析资产阶级自由化的实质。高三(5)学生朱强原先对党的认识比较肤浅,认为只要正正派派做人,踏踏实实工作,照样为人民服务,干嘛非要入党不可呢?通过参加学党章小组活动和"党在我心中"主题会,他认识到共产党是领导我们事业的核心力量,没有共产党就没有新中国,也就没有社会主义现代化,一个胸怀远大理想,誓为共产主义奋斗终身的青年,只有积极靠拢党,争取党组织的教育和帮助,才能在政治上健康成长,更好地为人民服务。因此,朱强同学向党组织递交了入党报告。

经过努力,我们在正面教育方面虽然取得一定成效,但也发现在思想政治工作方面还存在着一些薄弱环节。除了教育思想方面的原因之外,主要存在以下问题:

一、我校坚持四项基本原则,反对资产阶级自由化的正面教育起步早,并有一定的教育效果,但如何逐步深化为三中全会路线两个基本点的教育,还有待研究和加强。学生中还存在着不少疑问,如,接触资本主义世界的具体问题,往往又认为"资本主义好"等,这些问题反映了学生还未牢固树立正确的观点;没有把握科学的思想方法论。这些问题的存在,告诉我们正面教育的艰巨性,长期性要求正面教育应着眼于根本信念、根本观点,尤其要渗透到教学过程中使之持久下去。

二、政治方向教育或中心工作教育如何与校风校纪建设密切配合有机协调,做得不够。本学期为加强校纪,采取了一些措施,处理了一批违纪学生取得一些效果,如食堂秩序有了较为明显的进展,但损坏公物,违反上课纪律,考试舞弊的现象较为严重。良好校风是学生成才的基本环境,文明守纪也是四有人才的起码要求。要使思想政治工作更为扎实。新学期要把校风校纪作为重要工作来抓。

三、在教师队伍中,还有一部分同志对学生思想教育、纪律教育不关心,有"局外人"的思想,少数班主任的工作责任心和教育水平亟待增强和提高。

四、在工作作风方面,存在不实不细的现象,如对部分班级和少数年级的常规思想工作抓得不力,如个别班级时有七、八人同时无故旷课,有的学生数日不上课,这都要求我们改进作风。

上述问题启发我们,要在新的学年,必须继续深入进行三中全会两个基本点辩证关系的教育,重视坚持不懈地抓好校风建设,加强对班主任队伍的建设和领导,尤其要加强工作的督促和检查,通过强有力的思想政治工作,保证党的教育方针的全面贯彻,促进中学生成为一代"四有"人才。

一九八七年七月

从思想政治课改革入手　探索德育工作新格局

江苏省扬州中学

一、明确德育指导思想，促进德育观念现代化

最近几年来，我们多次对往届高中毕业生的素质状况进行了全面的跟踪调查。在调查中发现，德育工作的问题主要是思想政治课乃至学校的整个德育工作脱离社会实际，脱离学生的思想实际，存在着学生关心的老师不讲，老师讲的学生不关心的现象，学生认为“在学校接受的是一套，而社会生活又是一套”。经过认真的反思，我们感到，存在上述问题的重要原因，是德育工作的指导思想不够明确，一些落后于时代的教育思想，德育观念禁锢着我们的头脑；在实践上，德育工作缺少开拓性和创造性。

针对上述问题，我们认真学习党的社会主义初级阶段理论，统一了德育工作的指导思想。新的历史阶段，学校德育指导思想的一个基本点，就是要在德育工作中坚持教育的现实性和超前性的有机结合。联系我校德育工作中存在的问题，德育不能深入学生心灵的症结之一，就是没有认清德育目标的双重性，教育要求忽高忽低。面对改革开放的形势，我们必须适应社会主义现代化建设对人才素质的要求，坚持教育的现实性；同时，德育工作必须以马克思主义为指导，使人才素质适应未来社会的要求。因此，新时期的德育，必须立足现实，面向未来。在学校德育的目标上，既要有总体上的远大奋斗目标，坚持用崇高的思想和先进的道德引导青少年；同时，也要有适应现阶段要求的近期目标。在德育的观念方面，注意确立三个观点，即渗透的观点——让德育渗透于知识传授过程，渗透于各科教学和各项工作之中；求实的观点——克服“左”的影响，摒弃形式主义，讲求教育效益；素质的观点——坚持马克思主义关于人的全面发展的学说，重视集体主义原则指导下的人的个性发展，正确处理好德、智、体、美、劳诸育的相互关系，使学校教育在素质教育的轨道上运行。

在上述思想指导下，我校坚持以思想政治课改革为着眼点，推动整个学校德育的改革，促进德育工作一体化和德育手段的科学化，形成了德育系统的整体性，使学校面貌发生了新变化。广大学生的思想政治素质和科学文化素质不断增强，“正直向上，热于求知”的优良校风日益形成，学校连续两次被省人民政府命名为“文明单位”。

二、搞好思想政治课微观改革,深化德育工作主渠道

在以往重视抓好思想政治课的基础上,从1987年9月起,我校在省内率先开展了思想政治课改革实验。初、高中年级按照新的教学大纲,分别使用《公民》、《社会发展简史》、《科学人生观》、《经济常识》、《政治常识》新教材,进行教材教法改革实验。在思想政治课微观改革过程中,我们主要有以下几方面的努力和体会:

1. 转变教学指导思想是首要前提。在实验过程中,我们力求克服思想上存在的把思想政治课作为单纯知识课的倾向。根据德育工作的任务和新教材、新大纲的要求,突出教学要求的思想性,使思想政治课实现由单纯的知识课向以知识为载体的德育课的转变。课前,认真调查研究,了解学生的思想现状,掌握学生的思想热点。课上,理论联系实际,帮助学生澄清模糊认识,树立正确的观点,不断强化思想政治课的思想性。

2. 改进教学方法是关键所在。有了比较好的新教材,还必须探索与之相适应的教学方法。针对过去课堂教学中存在的单一口授,忽视学生主体地位的倾向,我们采用了多种教学方法,将读、议、评、讲、练交替使用,有机结合,使之成为课堂教学的基本方法。实践证明,上述方法的交替使用,不仅活跃了课堂气氛,更重要的是提高了思想政治课教学的效果。许多同学反映,采用这样的方法,学习与思维处于积极的状态,加深了对教材的理解和掌握。

3. 培养各种能力是中介环节。思想课政治教学的特点之一,即它不仅要求学生掌握一些基本知识,而且要促成学生的知行统一。因此,各种能力的形成,对于促进知行转化,具有中介作用。授课过程中,我们十分重视通过指导学生养成良好的读书习惯,传授科学的思维方法,召开讲演会,撰写小论文,举办答辩会等,培养中学生学会分析问题和解决问题的能力。

4. 改革考核方法是重要措施。以往思想政治课的考核往往只能考查学生知识点的掌握,但不能考查出学生思想转变的情况以及能力素质的情况。这种考试方法具有局限性和片面性,有时甚至还会在学生思想上产生负作用。为了适应思想政治课改革要求,我们在考核方面做了积极的尝试:(1)把理论考查与行为规范要求相结合,按照一定的百分比,实行结构评分制;(2)开卷与闭卷相结合,在试题上注意采用能力题等题型;(3)采用答辩式考试方法:由学生抽签选题,即席回答,当场评分;(4)撰写政治小论文。我们体会到,新的考试方法,改变了考试方法上的老面孔和老一套,具有开放性、实效性和灵活性的特点,受到学生们的欢迎。

思想政治课改革实验,促进了学生思想的转变。学生对思想政治课由不愿学、被动学变为开始愿意学和主动学,吸引力增强了;学生的精神面貌也有所变化,不少老师和同学反映,初一和高一年级进行《公民》和《科学人生观》新教材实验后,学习积极性增强,年级整体面貌比历史同期状况要好。

三、推进思想政治课配套改革，强化德育系统整体性

德育是一项复杂的系统工程。在德育系统内部，任何部分的功能发挥都与德育系统中其它部分密切相关。一方面，学校德育改革有赖于改革思想政治课；另一方面，单纯进行思想政治课改革，缺乏德育系统内部配套动作，将很难获得良好的效果。分析我校的现状，就德育系统而言，教育尚缺乏整体合力，德育系统内部各部分常常相互游离。基于此，我校在德育工作中确立了思想政治课的中心地位，通过积极的尝试，强化学校德育系统整体功能，力求达到好的效果。

在组织领导上，推进德育工作的一体化，是德育工作的基本保证。为加强对德育工作的领导，校领导实行"三个一"，即每人负责管一个部门，深入一个年级，结合一个教研组，实现对思想工作和教学工作的全面领导。学校设立了思想政治课改革领导小组，专门负责此项工作。经常召开政治教师、班主任、团队干部联席会议，共同研究如何围绕思想政治课新教材，开展多方面的配合工作。学校召开班主任会，都要邀请政治教师参加，努力从体制上保证德育工作一体化的实现。

在教学配套上，做到各学科多维交叉。通过一段时间的思想政治课改革实验，我们理顺了德育内部的相互关系。各科在教学过程中，围绕德育总要求，积极配合。采用新的思想政治课教材以后，语文组的同志经常与政治组同志共同备课，明确教育的重点和步骤。如高一年级政治、语文两科教师，相互配合，围绕人生价值、自由与纪律等问题，指导学生做了"人生真谛"、"自由与纪律"等作文。再如，有些学生时常以80年代的青年是思考的一代自居，然而思考问题的方法却偏激、片面。针对这一情况，语文和政治教师共同配合，以"我们应该思考什么?"为题，指导学生作文，帮助学生树立科学的思想方法。学生反映，思想政治课教授的基本观点，激发了积极的思考，对一些问题有了较深刻的理解，作文也言之有物，言之有理。实践证明，在各科教学之间，围绕共同的德育目标，在工作上加强配合，将会提高德育的效果。

在德育的层次上，贯彻教育内容的系统性原则。即在充分研究和掌握中学生生理和心理特点的基础上，努力按思想教育系统化的要求，以理想教育为中心，结合思想政治课的教育内容，针对各年级学生的特点，分阶段地开展教育活动，积极探索并形成具有本校特点的系统教育内容和形式。如，在初一年级，我们坚持开展了"在树人堂前"的主题活动，对初一年级新生进行优良校风和校史教育，引导他们学习中顾委常委、我校1930届校友胡乔木同志给母校的题词："正直向上，热于求知"，激发进取精神，迈好中学的第一步；初二年级则通过开办"少年团校"，帮助他们健康地完成从少年期到青春期、从少先队到共青团的人生转折，迈好青春的第一步；初三年级着重进行"做一名合格初中毕业生"的教育，开展具有象征意义的《苗→树→材》主题活动，帮助他们选择正确的职业理想，为完成理想的升华而打下基础；高一年级着重进行立志成才教育，通过"未来设计我们，我们设计未来"、"我们要搀不要抱"等活动，进行革命人生观教育；高二年级主要开展强化人生观教育，开展"十七岁的思索"等思辨

性比较强的活动,引导学生开展人生价值的讨论、对话和人才素质的社会调查,进一步巩固人生观教育,加强理想教育;高三年级主要进行理想前途教育,通过“党在我心中”、“我们这个年龄”、学党章等活动,促进学生在思想上、政治上的进一步成熟,正确对待前途理想,做一名合格的高中毕业生。为了保证教育系统性原则的贯彻,我们拟发了《德育目标教育大纲》,使学校德育在整体上有步骤、有层次地开展。同时,在团队方面又新近制订和积极试行了班级和团队工作序列,以此进一步完善德育系统化网络。德育系统化体现了教育层次性的科学思想,强化了教育的效果。如对应届高三年级学生的思想教育工作,我们正确处理好理想教育和具体行为训练的相互关系,注意了教育层次的有序递进和合理交叉,既抓理想信念的确立,又抓基础文明的建设,使高中毕业年级学生的学习目的和学习风气都达到了较好的境界。我校今年毕业的高三(4)班女生孙璘同学,在学校受到了系统化的教育熏陶,她思想品德优良,学习成绩优异,平时热爱集体,积极参加学校各项活动,直至高考前夕,她仍在热心细致地帮助同学辅导功课。在今年的高考中,她获得了江苏省理科总分第一名。

在德育的形式上,力求做到多样性、丰富性和系列化。德育方法多样性原则,要求我们不囿于固定而狭小的教育时间和空间,要适应时代和中学生的身心特点,拓宽教育领域。我们做到课外活动与课内活动相结合,校内活动与校外活动相结合,系列活动与单一活动、点题活动、即兴活动相结合。我校改变过去那种应景式、拼凑式、运动式的做法,坚持做到教育内容系列化。近年来,全校先后组织开展了“爱国、爱党、勤学、成才”、“在树人堂前”“十七岁的思索”等六十多项系列活动。这些活动从学生的特点出发,让学生运用所学的知识,由各年级、各班级学生自己设计、自己组织,使前一活动成为后一活动的基础,后一活动又是前一活动的延续和发展。高二(4)班设计的《让爱国之声在胸中激荡》的系列活动安排了四项主题活动:一是“点燃心中的航灯”;二是“扬起理想的风帆”,组织开展“假如我是一名大学生”讨论会;三是“踏上胜利的征程”,在明辨是非的基础上,激发爱国热情,开展向老山前线青年英雄学习的活动;四是搜集爱国歌曲,开展歌咏和征文比赛,并将所选的优秀歌曲和同学的优秀作文配乐朗诵灌入录音磁带,寄给老山前线战士。高二(1)班团支部在以往开展“十七岁的思索”系列活动的基础上,又在形势教育中针对中学生喜欢思辨性活动的特点,设计开展了新的教育系列活动,这个班举办的《“TS”(探索)沙龙》主题会活动,围绕中学生对形势看法的思想热点,展开热烈的讨论,对一些问题有了较为明确的认识。

由于在系列活动中注意了与思想政治课相配合,明确了教育的针对性,加强了思想性,保持了内容的系列性和时间的连贯性,使思想教育活动不再是量的简单排列,而是从质的联系上有序展开,从而收到了较好的效果。在系列活动中,各种适合中学生特点的活动样式,得到广泛应用,改变了过去长时间、小容量的教育形式,延伸并拓展了中学思想教育活动的时间和空间,体现了教育系统的整体性,深化了教育的主题。不少学生说:“这样开展系列活动,即使我们感兴趣,又使我们受到了教育,培养了能力,提高了认识。”我校组织的系列活动,荣获了省教委和团委表彰的“优秀组织奖”。

另外，我们还大胆地开展社会实践活动，强化德育效果。我们邀请社会各界人士来校参加“中学生与改革开放”对话会；邀请我校校友曹起晋烈士的遗孀朱娴奶奶讲述烈士生平事迹；多次邀请园艺学家、校友赵兴泉介绍自学成才的体会；我们还邀请曾多次为周总理驾驶飞机的我国第一批女飞行员、我校 50 年代校友汪云同志来校作报告。这些多样性的活动，受到了学生们的热烈欢迎，激发了中学生崇高理想的确立。高三(6)班学生项飞，在学校组织的社会实践活动中，通过调查家乡的土地现状，写出了《危险，存在于中国国土之上》一文，提出了发人深省的问题，该调查报告被评为华东六省一市作文竞赛第一名，《青年报》发表了专论对该文作较了高的评价。多样化的教育形式，拓宽了教育的领域，激发了青少年一代的历史使命感，锻炼了才智，从而产生了不可忽视的良好影响。

与德育的系统整体性相配合，在德育考核方面，我校寻求合理的科学考核方法，改变过去凭印象、单一化的考核方法。我们在进行思想政治课考核方法改革的同时，积极试点并努力推广量化考核方法，用平时考核积分评定操行等第。在全校，我们实施了“创建文明班级考核评比办法”，把德育的内容与任务分解为五十多条细目，按照不同权重予以量化，考核评定文明班级。目前我校已经采用这一办法，先后考核评定出文明班级二十多个。

回顾前一时期的工作，在探索德育新格局方面，我们取得了一些初步效果。今后，我们要深入学习党的社会主义初级阶段理论，以改革统揽德育工作，全面贯彻国家的教育方针，培养一代社会主义“四有”公民。

载《中学管理》(江苏教育学院)1989 年第 1 期

探索德育工作新格局的思考与实践

江苏省扬州中学

建立德育工作新格局,是培育社会主义"四有"人才,加强和改进德育工作的一项根本要求。在对以往工作认真反思的基础上,我们努力促进德育工作新格局的逐步形成,进行了有益的思考与实践。全校每年有四分之一的学生,被评为三好生或受到单项表扬。有数十名同学被表彰为省、市优秀三好生或优秀学生干部。全校先后评选出三十多个先进班集体,其中有二个班级被表彰为省先进集体。我校组织的思想教育系列活动,荣获省教委和团省委颁发的"优秀组织奖",在全国少先队思想教育"创造杯"竞赛活动中,我校获得24个省市竞赛奖,3个省,全国最佳奖。学校德育工作的经验和做法,多次在省、市内外的报刊上介绍,学校连续五年被省人民政府命名为"文明单位"。

确立德育在教育中的首要地位是优化德育的重要前提

学校的根本任务,是培育适应社会主义现代化建设需要的"四有"人才,这是由教育的社会主义性质决定的。因此,我们始终把重视和加强德育工作,作为坚持社会主义办学方向,全面贯彻党的教育方针的主要内容来抓,在思想上充分认识德育在学校教育中的首要地位,充分重视德育在人才成长过程中的主导作用处在新的历史阶段,学校德育指导思想的一个基本点,就是要在德育工作中坚持教育的现实性和超前性的有机结合,认清德育目标的双重性,克服教育要求忽高忽低的现象,面对改革、开放的形势,我们必须适应社会主义现代化建设对人才素质的要求,坚持教育现实性;同时,德育工作必须以马克思主义为指导,使人才素质适应未来社会的要求。新时期的德育必须立足现实,面向未来,在学校德育目标上,既要有总体上的远大奋斗目标,坚持用共产主义理想和社会主义道德引导青少年,这是德育的灵魂,必须坚定不移地加以贯彻。也要有适应现阶段要求的近期目标,在德育观念方面,注意确立素质的观点——坚持用马克思主义关于人的全面发展的学说,坚持集体主义原则指导下的人的个性发展,正确处理好德、智、体、美、劳诸育的相互关系,五育并举,德育为首;渗透的观点——让德育渗透于知识传授过程,渗透于各科教学和学校各项工作之中;求实的观点——摒弃形式主义,讲求教育效益。由于我们在思想上重视德育工作,明确了德育工作的重要地位和指导思想,增强了做好德育工作的自觉性,主要从三个方面的工作中表现出来:

第一,加强德育理论学习与研讨,我们感到,德育工作中的困难,思想上的困惑,很大程度与缺乏德育理论的指导密切相关。在开创德育格局的探索中,迫切需要理论思维的力量指导实践。从这一认识出发,我们一贯重视组织班主任乃至全体教师,认真学习有关德育工作的文件,印发并学习了《班主任教育工作序列》、《中学生心理疏导》等材料。组织班主任多次学习德育系统化的理论文章,学习《中学德育大纲》,使德育工作有所遵循,为了推动德育工作的加强和改进,学校还定期编辑《班主任工作简报》,举办德育理论专题辅导讲座,开展德育经验总结和论文的评选活动,编印本校教师撰写的《德育论文汇编》,促进形成重视德育、研究德育的良好风气,使德育工作由凭直觉和经验的自发状态,向依靠理论超前指导的自觉状态发展。

第二,加强对德育工作队伍的建设。着力抓好班主任队伍建设,突出抓好青年班主任队伍的建设,是我们加强德育队伍建设的重点所在,通过实际组织新老班主任交流,开展中青年班主任班会指导观摩评比活动,开展优秀班会课教案评选,旨在提高班主任工作的水平,增强德育工作者的社会责任感。

第三,坚持德育工作制度。在实践中,我校形成了一整套德育工作的制度,如每周德育工作研究制度;每周班主任碰头会制度;每日"文明常规"检查制度;每周晨会、班会制度、创建先进班集体、文明班级考核验收制度。几年来,我们还坚持对初、高中毕业生进行全面质量调查和跟踪反馈制度,1987 年,我校对 85、86 届高中毕业生毕业后的社会适应状态,进行了以思想道德素质为主要内容的跟踪调查,比较深入全面地了解了德育工作的成败得失。这些制度较好地保证了德育工作任务的完成。

重视德育在学校教育中的首要地位,德育工作的状态呈现出可喜的变化:首先,对德育重要性的认识提高了。尽管这几年中,社会上存在着削弱思想政治工作的"大气候",但我校在德育方向上,始终不为所感,不为所扰,坚定信心,把德育放在教育工作的首位。其次形成了一支较好的德育工作队伍。许多教师在工作中能自觉承担德育任务,坚持教书与育人的统一,高级物理教师许白虹同志无论担任班主任或为任课教师、热情关心德育工作,在教学中渗透德育,受到同行们的称赞和学生的好评。今年,许白虹同志被国家教委等单位表彰为先进教师,大队辅导员、青年历史教师王雄同志,热爱教育事业,认真钻研德育理论。坚持在初中班级开展德育课题的实验和研究,写出较好的调查论文。他指导班级开展的"自立三部曲"少先队主题活动,在全国少先队"创造杯"竞赛活动中,获得最佳奖。

实现德育内容的系统化是德育新格局的基本内容

从本质上讲,德育内容是一个纵横交叉的层次系统。因此,欲求德育新格局之形成,必须把德育作为一项复杂的系统工程,按照系统性原则实施德育。对此,我们主要有以下方面的构思和尝试:

一、教育内容系统化的构思和尝试

在德育工作中,贯彻教育内容的系统性原则,即在充分研究和掌握中学生心理、生理特点的基础上,努力按照思想教育系统化的要求以理想教育为中心,按年级、分阶段地开展教育活动,积极探索并形成具有本校特点的系统教育内容与形式。如,针对初一年级特点,我们坚持开展了“在树人堂前”的主题活动,对初一年级新生进行优良校风和校史教育,引导他们学习中顾委常委,我校一九三五届校友胡乔木同志给母校的题词:“正直向上,热于求知”激发进取精神,迈好中学第一步;初二年级则通过举办“少年团校”,帮助他们健康地完成少年期到青春期,少先队到共青团好人生转折,迈好青春第一步;初三年级着重进行“做一名合格初中毕业生”的教育,开展具有象征意义的《苗→树→材》主题活动。帮助他们选择正确的职业理想。为完成理想的升华打下基础,高一年级进行立志成才教育,通过“未来设计我们,我们设计未来”等活动加强革命人生观教育。高二年级通过开展“十七岁的思索”等思辨性强的活动,引导学生开展人生价值的讨论,对话和人才素质的社会调查;高三年级通过开展“我们这个年龄”、“党在我心中”等主题活动,加强理想教育,促进学生在思想上、政治上进一步成熟。为了配合学校教育的系统要求,在团、队方面制订和积极试行了班级与团队工作序列,以此来进一步完善教育系统化教育。

二、德育内容层次性的构思与尝试

我们正确处理好理想教育与常规教育的相互关系,使之符合教育的方向性和梯度性原则。主要有两个方面:一是始终把爱国主义教育作为加强德育的重要起点。爱国主义教育在整个德育中占有特殊地位和作用,是青少年树立远大理想的基础。多年来,我们始终没有放松对中学生进行爱国主义教育。各班广泛开展了《祖国、学校、我》、《理想在我们中间》、《让爱国之声在胸中激荡》一系列教育活动。学校还每年举办较大规模的以爱国主义教育为主旨的主题会,如《“五四”运动在扬中》、《在朱自清铜像前》、《在共和国旗帜下》这些活动形式各异,但主题相同,以爱国主义教育为起点,从本校实际,用我校五四时代的爱国传统教育学生,用朱自清先生的民族气节激励学生,引导中学生追求远大理想,逐步坚定对四项基本原则的信念。二是重视基础文明建设,把良好的品德习惯作为构筑爱国主义情操和革命理想的坚实基础。同时,作为德育改革的基本环节,在实践中以课堂和活动为中介,重视知、行、情、意诸因素的辩证作用,增强教育意识,重视行为规范的考核和训练,促进学生养成良好习惯。

三、教育活动系列化构思与尝试

系列活动形式体现了系统教育的内容,保证了系统化内容在实际步骤上实现,坚持开展思想教育系列活动,使活动之间具有内在联系,保证系统化教育内容有序展开。到目前为止,思想教育系列活动这一方法已被全校各班广泛采用,全校先后设计并实施了系列活动 60 多个,有些班级开展的《问水哪得清为许》、《竞争号在行动》、《在人生的十字路口》、《队旗下的思索》活动上具有内容连续性和教育层次性,形式新颖、效果较为显著。系列活动的经验被《中国教育报》、《江苏教育》、《青年报》肯定。

上述三个方面的努力,较好地克服了过去德育工作中存在的随意性,因而在整体上强化了德育的效果。

谋求德育科学化是形成德育新格局的关键所在

德育是一门科学，谋求德育科学化，要求德育目标的实施不仅在内容上，而且在管理、途径诸方面，符合德育系统的内在联系，在有众多元素的科学化要求中，我们有侧重地做了五件事。

积极探索思想政治课改革，强化教育的主渠道。在思想政治课微观改革过程中，抓住四个章节：1. 转变教学指导思想，变单纯的知识课为德育课。根据德育工作的任务和新教材、新大纲要求，突出教学要求的思想性；2. 改进教学方法。重视学生主体作用，采用读、议、评、讲、练多种方法；3. 培养学生分析问题和解决问题的能力。促进学生理论联系实际达到知行统一；4. 改革考核方法，以往思想政治课的考核方法往往着眼于考查知识点的掌握，难以反映学生思想转变的情况以及能力素质。具有一定的局限性，我们通过试行百分比结构评比制，开闭卷相结合，采用答辩式考试，撰写小论文等方式或方法改进了思想政治课的教育效果。

在组织领导上推进德育一体化，为加强对德育工作的领导，校领导实行"三个一"，即每人负责管一个部门、深入一个年级、结合一个教研组、实现对思想政治工作和教学工作的全面领导，学校设立思想政治工作领导小组、共同研究思想政治工作，要求以德育大纲为中心，形成行政领导—班主任—政治教师—任课教师—团队干部的一体化体制。

在教学配套方面，做到各学校多维交叉，我们理顺了德育内部相互关系，各科在教学过程中，围绕德育总要求，相互配合。例如，有些学生时常以八十年代的青年是思考的一代自居，然而思考问题的方法却偏激、片面。语文教研组的同志积极配合，以《我们应该思考什么?》为题，指导学生作文，帮助学生树立科学的思想方法，实践证明，在各科教学之间，围绕共同的德育目标，在工作上加强配合，将会受到深刻的效果。

在德育途径上，我们十分注意引导学生参加社会实践，邀请社会人士来校参加"中学生与改革开放"对话会；邀请我校校友曹起晋烈士遗孀朱娴奶奶讲评烈士生平事迹；多次邀请国艺学家、校友赵庄泉介绍自学成才道路；邀请多次为周总理驾驶飞机的我国第一批女飞行员、本校校友汪云同志作报告，这些教育途径，扩大了学生的知识视野，更重要在于让中学生在接触社会实际过程了解国情，树立建设祖国、振兴祖国的理想。我们坚持安排专门课时，让学生在校参加公益劳动；组织学生考察故乡历史文化，利用暑假奔赴工厂、乡镇参加劳动和社会调查。应届高三毕业生项飞在学校组织的社会实践活动中，通过调查家乡的土地现状，写出了《危机，存在于中国国土之上》一文，提出了发人深省的问题，该文在《青年报》发表，评为华东六省一市作文竞赛第一名。

重视学校与社会和家庭的协作，加强对青少年教育，是德育的重要渠道。长期以来，我们坚持与家长共同合作，定期召开家长会，开展家访、沟通学情；共同教育学生健康成长。根据本校初中生源结构变化，适应改革开放社会的特点，学校还在初中举办了“家长学校”,系统讲解家庭教育的意义,帮助家长在教育子女方面求得共识,为保证学校、社会和家庭“三位一体”教育长期有效地发展下去,邀请学校、居委会、公安派出所,招生地区企业以及部分家长代表参加学校青少年教育社会协调委员会。实践证明,社会和家庭教育渠道的挖掘,增添了德育工作的力量,变单向为多向努力,促进了中学生思想道德素质的增强。

此外,我们还重视美育在育人中的作用,寓德育于美育之中,学校坚持每年举办艺术节活动,这对于陶冶学生情操,激发爱国主义感情,收到良好效果,受到中学生的普遍欢迎。

回顾过去,我们在探索德育新格局方面做了有益的思考与初步尝试,今后我们要在进一步认真反思教育基础上,把德育放在首位,继续探索德育工作新格局,为提高青少年一代的素质而努力!

一九八九年十月十日

道德教育的适应性与预见性

徐国英

当前的开放环境和经济改革的浪潮，为塑造少年儿童的道德品质创造了良好的条件。学校的道德教育怎样为其思想道德素质的提高和全面发展，提供精神动力和思想保证呢？

一方面，提高对现行道德行为规范多层次的适应性。即：主要是提高对与发展着的商品经济的适应性，转变道德价值观。在社会主义初级阶段，对道德评价要多维性。应看到此阶段道德评价标准上的三个层次——“应当”、“正当”、“不当”。社会提倡的道德理想，应当是我们追求的目标；社会允许的道德行为，只要是对商品生产和生产力的发展有利，都属于正当；社会上贬斥的不道德的或非法行为，则属不当。面对社会道德行为规范多层次的现状，学校的道德教育应使各类学生在不同的起点上循序渐进。

另一方面，增强面向未来，造就一代“四有”新人的预见性。即：主要是克服主观随意性，超前思维，把道德教育建立在科学预见性上。学校的道德教育应有一定的“提前量”，这不仅因为教育是面向未来的事业，而且是由社会对道德的要求决定的。因为道德不仅是为现实的经济关系和政治关系服务，而且是为人类上升到更高水平服务的。道德要求，特别是作为整个道德体系的根本原则，应当高于当时人类行为的普遍水平，着眼于更高的社会形态。社会主义道德要求人们的行为尽力达到最完美的程度，成为推动社会主义前进的精神动力。因此，社会主义初级阶段的道德教育，应帮助学生确立与商品经济相适应的公民意识和现代观念。（社会主义公民意识主要是指主体意识、平等观念、参与意识、法制观念。现代意识主要是指商品观念、价值观念、竞争观念、信息观念、效益观念、开放观念等）。

《辅导员》1989年第1期

美学与美育系列讲座(一)

编者按　中学教育应当注意加强与渗透审美教育,这一点,大家在认识上已是比较的一致和清楚了。然而,在中学阶段如何来加强与渗透审美教育,特别是审美教育如何与各学科的教学活动,与学校教育活动的各个方面、各个环节有机地结合起来,使之成为一种内在的自觉要求与自觉意识,而不是一种徒有形式的时髦点缀,则还有很多值得深入研究的问题。由于历史的原因,我们教师队伍中的相当一部人尚缺乏或比较缺乏深入进行审美教育所必须具备的美学基础知识。有鉴于此,我们从本期起,以讲座的形式连载蒋念祖同志的一组文章,每期一篇。该组文章在扼要介绍美学基本知识的基础上,重点探讨中学审美教育的途径与方式。蒋念祖同志是江苏省扬州中学一位普通的中年语文教师,他的美学理论知识是靠平时自学得来的,他曾发表过这方面的论文,也曾在他所在学校开设过美学选修课和美学讲座,颇得好评。他的文章和他的实践还告诉我们,作为中学的任何一种学科的教师,都应该负起对学生进行审美教育的责任,都需要掌握一定的美学基本知识。这不仅是必要的,而且也是能够做到的。

培养全面发展的社会主义新人

蒋念祖

我国社会主义教育的根本目的,是要培养有理想、有道德、有文化、有纪律的社会主义新人。这样的新人,应当是德、智、体、美、劳全面发展的人。美育是社会主义教育方针的重要组成部分,它对于造就全面发展的社会主义新人,对于社会主义精神文明和物质文明建设,具有重要的作用。

美育一般包括美学知识的普及、美感教育和以美的规律贯穿其中的普通教育。蔡元培说:“美育者,应用美学之理论,以陶冶情感为目的者也。”这说明了传授美学知识,是进行美育的基础。诚然,人人都有爱美之心,没有学过美学理论知识的人,也会在一定程度上感受美、追求美,但是,由于缺乏一定的理论指导,他们对美的感受往往是肤浅的、迟钝的,他们对美的追求也往往是不自觉的,他们在审美能力方面的提高就比较缓慢,而且在审美时很容易接受错误的审美观念的影响,不辨美丑,以丑为美。现在已有不少大学、中学开设了美学理论课。如上海师大附中就开设了八门美育课程,专门设置了二十节美学理论知识课。据调查,百分之九十五左右的学生对美学理论课感兴趣。所谓美感教育，就是引导学生参加各种审美实践，训练和强化学生的感知、想象、情感、理解等心理能力，使他们形成健康的审美理想、审美情趣，形成较强的审美能力。如果说传授美学理论知识是美育的基础，那么进行各种审美实践则是美育的关键。学校教育活动，内容丰富多彩，各门学科都可以给学生提供审美实践的机会。以美的规律进行普通教育，就是要在各门学科的教学中和思想政治教育中，尽可能地把枯燥的公式、定律、道理，化为美好的形象，把死板的记忆化为生动的形象，把师生间单方面的灌输关系变为平等的相互交流关系，使教学过程成为充满情感交流和创造精神的探索过程、发现过程。这是美育对普通教育的渗透，也是较为广义的美育。美育的主要任务是进行美感教育，美感教育的核心则是情感教育。因此有人认为美育就是情感教育，这是狭义的美育。

美育的主要任务是培养学生健康的审美理想、审美情趣和较强的审美能力，逐步完善他们的审美心理结构。目前还有不少同志存在着轻视美育的思想。其实，人的伦理结构、智力结构、审美结构和身体结构，是一个统一的整体，德育、智育、体育和美育也是相互依存、相互促进的。美育对德育、智育和体育都能产生一定的促进作用。

一、以美储善。审美教育可以培养人们崇高的道德情操，促使人们的心灵趋向于善，使其人格日臻完美。奥夫襄尼夫说："爱美就是爱生活，爱创造，爱为崇高理想而斗争。爱美能使人振作起来，使人生充满高尚精神，并能以深刻的意义和内容充实人生。"美育所以有这样的作用，是因为人们的任何道德行为，都发源于人们的内心指令。一切道德条文和规范，只有当它成为人们的内心信仰和要求之后，才能在实践中付诸行动。孔子说："知之者不如好之者，好之者不如乐之者。"美的事物往往具有形象性，使人产生愉悦之情，所以审美教育可以使外在的道德条文和规范，成为人们乐于自觉实行的内在要求，它是道德教育的情感基础和有力手段。高尔基说，美学是未来的伦理学；苏霍姆林斯基说，美是心灵的体操，就是这个意思。优秀的文艺作品尤其具有显著的道德感化功能。《钢铁是怎样炼成的》一书，使得一个小偷改过自新，成为一个"真正的人"；话剧《救救她》使上海工读学校的学生们感动得痛哭流涕；解放前，鲁迅、郭沫若、茅盾等作家的作品曾引导无数青年走上革命道路。不必多举例，我们完全可以认为，优秀的文艺作品在美育中的道德感化功能真可谓"其感人也易，其入人也深，其化人也神，其及人也广。"

二、以美启真。美育可以激发人们追求真理的热情和创造的欲望，可以发展人们的思维能力，增长人们的知识。历史上许多著名的科学家，所以能够在科学事业上作出重大贡献，首先在于他们有着探索真理的激情，有一种不可遏制的创造冲动。这种激情、冲动从何而来？相当一部分是靠美育的熏陶。爱迪生能成为举世闻名的发明家，很大程度上要归功于他母亲南希在他幼年时期所给予的审美教育。法国数学家彭加勒认为，对美的追求是科学家进行探索的重要心理因素。他说："科学家研究自然，并非因为这样做有用处。他所以研究它，是因为他从中得到乐趣；而他之所以从中得到乐趣，就是因为它美。"在美育中培育起来的审美能力，在科学研究中也起着极为重要的作用。爱因斯坦说过,如果有两种可供选择的方案,一种是美的,一种似乎是更合理的,他宁可选择前者。因此他的研究方法被认为是“美学的,直觉的”。列宁曾说过,在科学研究中同样需要想象力。据说,麦克斯韦就有把每个问题在头脑中构成形象的习惯;凯库勒就是这样想到苯环的,这个设想使得有机化学彻底革新。美育能充分发挥大脑的潜能,进一步开发人的智力。匈牙利的一个音乐中心曾做过这样一个实验:将四十个学生分为两组,每组二十人,一组给予音乐训练,一组不给予音乐训练。实验结果,接受音乐训练的一组,尽管比不接受训练的一组占用了很多的练习时间,但是在各科学习和其他智能方面都高于对方。我校89届高三(1)班从高一以来,多次组织学生外出旅游,举办多种形式的文娱活动,即使在高考复习期间同学们还经常在学习之余听听音乐打打球。最后该班同学高考成绩总均分为555.6分,比当年高考本科录取线还高出二十余分。审美教育还可以开阔人们的眼界,使人们学到自然科学和社会科学方面的各种知识。孔子说,学诗可以“多识鸟兽草木之名”;恩格斯曾高度评价巴尔扎克的《人间喜剧》所给予人们的丰富的历史知识。

三、以美健体。这就是说,美育还能增进人们的身心健康,美育和体育相辅相成。一些体育运动项目如体操、技巧运动都有美育要求,健美运动则是体育和美育的结合。身体健康不仅指体魄健壮,而且还包括心理健康。美育能够起到疏导感情,调节和稳定情绪,保持心理平衡,促进身心健康的作用。古人认为舞蹈能调和阴阳之气,疏散郁闷心情;诗歌可以排遣怨怒而达到心气平和。管子说:“止怒莫若诗。”钟嵘说,诗可以使“贫贱易安,幽居靡闷。”古人还把欣赏山水画比作“卧游”,比作是“特健药”。亚里士多德说,悲剧艺术可以把人的怜悯、畏惧的感情渲泄散发出去,恢复心理平衡;喜剧艺术则可以引人发噱,散发郁闷,冰释误会。据研究,悦耳的音乐,动人的绘画,优美的舞蹈,奇妙的书法,都能激发人们愉快的情感,从而使血液中分泌出一种有益于健康的化学物质,调节人体的节律,引起中枢神经的兴奋,还能加强消化功能,活动筋骨,舒心通气。

由此可见,审美教育对德育、智育、体育都有促进作用,它可以使个人和社会取得和谐一致,感情和理智、生理和心理得到协调发展,使受教育者得到全面发展。从宏观角度看,审美教育是人类自身建设的一个重要方面;在现在则更是社会主义精神文明建设的一个重要方面。

美学与美育系列讲座(四)

自然美与美育

蒋念祖

自然美,就是自然领域的美。无论是蓝天白云、高山流水、花香鸟语、彩虹落霞等自然风光,还是烟波浩淼的太湖洞庭,巍巍耸立的三山五岳等游览胜地,都属于自然美的范围。高尔基说:“在环绕着我们并仇视着我们的自然界中是没有美的。”只有当人类在漫长的实践中逐渐掌握了大自然的规律,开始有效地控制和利用大自然时,只有当人类开始从自然的枷锁下解放出来,成为大自然的主宰时,自然界才可能成为美的对象。所以说,自然界之所以美,归根到底,是人类社会实践的结果。

自然美有两种不同的形态。一种是经过劳动加工的自然美。比如沙漠林带、千里海堤、高峡平湖、阡陌纵横的田野、经过人工培植的花木等等。它们像一块磁石,凝聚着人类扭转乾坤的意志和才能;也像一面镜子,反映出人类创造新生活的本质力量。还有一种是未经加工的自然美。比如清风明月、幽林曲涧、花香鸟语、崇山峻岭、大漠长风、闪电雷鸣等等。前一种自然美直接显示了人类的本质力量,所以和社会美十分接近。后一种自然美的社会内容比较隐晦,它们主要以自身的自然形式取悦于人。形式美是从体现一定内容的形式中概括出来的。由于人们在审美活动中直接感受到的是美的事物的形式,经过成千上万次重复,人们仅仅看见美的事物的“样子”(形式)而不用考虑它的内容,便会产生美感。这类自然景物之所以美,往往还由于它的某些自然特征引起了人们的联想、想象,成为人或人的生活的暗示和象征。比如在三五之夜,一轮明月悬挂在蔚蓝色的天空,皎洁的色泽、温和的光亮、恬静的气氛,这些形式因素便足以引起我们的美感。那朦胧的月色,那美妙的神话传说,又给我们带来无穷无尽的遐想,正因为如此,它才成为历代诗人吟咏的对象。当然,自然美的这两种形态并不是截然分开的,它们往往是相互渗透,相互转化的。比如那汹涌澎湃的长江水,昼夜不息,滚滚东流,显示出雄壮之美,引起多少哲人弼士的喟然长叹:“子在川上曰:逝者如斯夫”,“大江东去,浪淘尽千古风流人物”。千百年来,人们不断地改造它,利用它,到如今,更是“风樯动,龟蛇静,起宏图。一桥飞架南北,天堑变通途……”可见同一自然景物,便可以同时具有这两种形态的美。

自然景物又具有各不相同的风格。比如人们熟知的便有所谓“泰山之雄,华山之险,峨嵋之秀,青城之幽,黄山之奇”等等。但是从总体上看可分作两种风格,一为壮美,一为优美。比如同是“奇”景,奇雄、奇险属壮美,奇秀、奇艳属优美。一般说来,壮美的景物着重显示自然界的雄伟、险峻、壮阔,它作用于人,往往使人产生崇高、敬畏之感。比如奇峰陡峭,松柏参天,怪石嶙峋,海浪啸天,旭日东升,便属于壮美;优美着重显示自然界的幽静、秀丽,它作用于人,使人产生精神愉悦之感。比如小桥流水,清风明月,莺歌燕舞,芳草萋萋,弱柳柔丝,便属于优美。

苏霍姆林斯基说:“巡游美的世界——游览和远足,观察、研究自然现象等活动,在我们的美育手段中起着重要作用。”首先,观赏自然美可以提高人们的文化素养,激发人们的求知欲、创造欲,启发人们的想象力和创造灵感。古人说:“读万卷书,行万里路。”历史上无数的名人都把游历祖国的壮丽河山和做学问联系起来,这是很有道理的。屈原、司马迁、郦道元、李白、徐霞客、李时珍等人,他们都不仅博览群书,而且也都曾游遍祖国的名山大川。我国唐代“草圣”怀素“尝观夏云随风变化,顿有所悟,遂至妙绝”;据说达·芬奇从湖中涟漪受到启发,才画出了《蒙娜丽莎》那永恒的“迷一般的微笑”;罗曼·罗兰1890年春在罗马霞尼古勒山上,被壮丽的晚霞深深感动,便萌生了创作《约翰·克里斯朵夫》的最初构想;薛定谔用以揭示生命之迷的关于遗传密码概念的萌芽,在很大程度上得益于欣赏自然美时所引起的联想和想象。其次,欣赏自然美有助于陶冶性情,培养高尚的情操,激发爱国主义感情。大自然是人们的生活环境,对人的性格、气质的形成影响极大。如北方人和南方人,长期生活在山区和水乡的人,在性格、气质上是有很大差异的。平时,人们称赞梅、兰、竹、菊为“四君子”,这是因为它们的自然素质与人的精神品质有许多类似之处,所以人们常常用它们来寄寓自己的情感、陶冶自己的情操。陆游之咏梅,郑思肖之好兰,郑板桥之善竹,陶渊明之赏菊,其意均在于此。吴均在《与朱元思书》(高中第四册)中曾写道,面对秀色可餐的自然风光,“鸢飞戾天者,望峰息心;经纶世务者,窥谷忘反”。自然美景的确有着净化人们心灵的作用。方志敏在《可爱的中国》中深情地写道:“雄伟的峨嵋,妩媚的西湖,幽雅的雁荡,与秀丽甲天下的桂林山水,可以傲倪一世,令人称羡,……这好像是我们的母亲,她是一个天姿玉质的美人,她身体的每一部分,都有令人称羡的美。”方志敏烈士和千千万万的志士仁人一样,正是为了保卫母亲的“天姿玉质”的美,才献出了自己宝贵的生命。再次,欣赏自然美还可以调济、丰富我们的生活,有益于身体健康。“文武之道,一张一弛。”自然美的欣赏,是一种积极的休息。紧张的劳作之余,或者在失意悒郁之时,投身于大自然的怀抱,你将会觉得耳目一新,神清气爽。南朝画家王微甚至把欣赏自然美看得比听音乐还要快乐:“望秋云,神飞扬;临春风,思浩荡。虽有金石之乐,珪璋之声,岂能仿佛之哉!”

那么如何利用自然美进行审美教育呢?

中学所设置的各门学科中,生物、地理、语文、美术等学科和自然美的联系尤为密切。生物学所涉及的现象领域是一个绚丽多姿的美的王国,植物、动物所呈现的自然形态之美,美不胜收,令人惊叹;地理课上,各地的自然风光,如东北的林海雪原,西北的黄土高原,浩瀚的太平洋,神奇的南极大陆,无不令人向往;语文教材中描写自然风景的诗歌散文,美术课上对风景画的欣赏,之所以给我们以艺术美的享受,一个很重要的因素便是它们艺术地再现了大自然的旖旎风光。课外活动中，结合课堂教学组织学生到大自然的怀抱中去，郊游踏青、采集标本、创作写生……这些都是利用自然美进行美育的重要途径。

自然美以形式见长。在观赏自然景物时，可引导学生把注意力集中在它们的具体形式上，从那绚丽的色彩、悦耳的音响、婀娜的姿态中得到美的享受。与此同时，可让学生了解、掌握一些形式美的知识，以利于他们对形式美的感受和欣赏。在此过程中，可注意培养学生的"整体观察"能力，形成所谓"右脑模式"。苏联画家约干松认为："绘画的本质就是观察的整体性。"美国画家贝蒂·爱德华兹认为："如果未经训练的人能转换为艺术家的观察方法——即右脑模式，无须更多的指导，他就能画好素描。"他们讲的是绘画，实际上指出了审美观察的一个重要特性即观察的整体性。《中国美术教育》九〇年第一期中《右脑模式和整体观察》一文，介绍了在绘画教学中通过定点连线、等距离分割、临摹、写生等练习培养学生整体观察能力的方法，可供参考。让学生掌握多样化统一规律，让他们多多注意体会、领略自然风景的整体风格之美，都将有助于提高学生的整体感受能力，即审美感受能力。园林艺术虽出自人工安排，但是能够较为集中地再现自然之美，表现出统一的风格。让学生体会、欣赏自然风景的整体风格，可借助于园林艺术的欣赏。比如扬州个园中有春夏秋冬四山，每座假山都具有自己的风格。如夏山是用太湖石堆砌而成，轮廓线多为柔和的曲线，坡势和缓，玲珑剔透，再加上浅灰的色调，配之以小桥流水、绿树掩映，给人秀丽之感；而秋山则用赭色花岗岩堆砌而成，石势峭拔，山路崎岖，虽拔地数仞，俨然有千寻之峻，配之以苍松丹枫，面迎西风夕照，给人以雄奇之感。四季假山风格不同，但是"春山是开篇，夏山是铺展，秋山是高潮，冬山是结语"，全园章法井然，自有一气贯注之势。引导学生体味园林艺术的妙处，自然而然地便能使他们对景物的整体风格及其与多样化统一规律之间的联系有所领悟。

自然美和艺术美相比，艺术美已经过了艺术家对生活原型的加工。如果说，审美欣赏需要采取特定的角度，那么在欣赏艺术美时，这角度已由艺术家在某种程度上作了规定。而自然美则依然保持着它的自然形态，具有分散、流动、易逝、多侧面、多角度的特征。这就需要我们引导学生学会在欣赏中对自然景物进行重新组合，把分散、互不联系的自然景物，放在一定的视角框架之内，处在一定的氛围之中，从而获得最佳的审美效果。比如桂林的象鼻山，如果从东向西观看，那不过是一座毫无特色的石山；只有从北向南观看，才能"发现"它是大自然造化的艺术品。陈从周先生谈欣赏园林艺术，要领略"借景"、"对景"之妙，关键也在于选择一个恰当的观察角度。郭熙在《山水训》中说："春山淡冶而如笑，夏山苍翠而如滴，秋山明净而如妆，冬山惨淡而如睡"；欧阳修在《醉翁亭记》中也说："朝而往，暮而归，四时之景不同"，可见在不同的时间节令，同一景物可以给人以不同的审美感受。又比如扬州中学的树人堂，站在它的脚下，采用仰视的角度，让它处在蓝天白云的映衬之下，让它沐浴在灿烂的霞光之中，它将显得更加雄伟壮丽；而站在远处，采用平视角度，让它处在绿荫丛中，让它披上晨雾的轻纱,它将显得柔美秀丽。可见欣赏自然美,本身也是一种审美创造。

自然美具有多义性。这不仅由于在不同的地点、时间,欣赏者所见的自然景物的形态特征各不相同,而且还由于欣赏者审美心理结构各不相同。审美心理结构的形成,和多方面的因素有关。在欣赏自然美的过程中,我们则应当尽可能地激发学生积极的情感活动,在观察的基础上,展开联想和想象,从自然景物上发现其与人或人的生活的联系,在更高的层次上体味自然景物所包含的审美意蕴。具体说来可注意如下四点:一是选择适当的审美对象,就是说观赏、游览的自然景物、风景名胜,尽可能符合学生的审美心理结构,既不过于陌生,又具有一定的新异性。这样既有利于激发学生的审美兴趣,又有利于他们的审美心理结构在动态平衡中得到优化、发展。二是介绍有关的神话故事、历史传说,观赏有关的艺术作品,如风景画、咏物诗、游记、交响乐曲等。这样既可以为观赏自然美助兴,又可以使学生从中体味到观赏自然美的方法。三是尽可能让学生形成良好的审美心境,比如选择恰当的时间,提供较为安静、舒适的审美静观的环境,师生之间进行情感的交流等等。比如时间的选择,学生平时学习负担太重,在考试之后的两天中能够外出旅游,心情之愉快,恰如“脱笼之鹄”。四是在审美欣赏的同时,引导学生自由地展开审美经验的交流,进行写生、摄影等创作活动。这样既能使整个活动丰富多彩,又能够使学生们的审美经验理性化、物态化,从而为下一次审美活动打下基础。

美学与美育系列讲座(五)

社会美和美育

蒋念祖

社会美包含的内容十分广泛,可以说,现实生活中的美,除了自然美之外,都属于社会美。像这几年大家从传播媒介中接触比较多、比较熟悉的人体美,它就属于社会美中一个方面的内容。

社会美的最大特点是与社会实践有着直接的联系。美来源于实践,但各种美与实践的关系,并不完全一样。比如自然美与实践的关系就是间接的。而社会美则是直接从实践中创造产生出来的。由于主客观条件的限制,人们会欣赏自然美和艺术美,却不能从事自然美的创造,也不一定能从事艺术美的创造。而对于社会美,人们则不仅能欣赏,而且也能参与创造。因此,引导学生参与社会美的创造,应是审美教育的重要目标和主要内容。

社会美的第二个特点是以内容取胜,与社会功利有着比较密切的联系。比如人的美有两个方面:外在美指人的相貌、体态、语言、仪表、风度等方面的美,内在美指人的心灵、品格、情操、智慧、情感等方面的美,这些从根本上说都属于"善"的范畴。外在美当中的相貌、体态等形式美的因素,很大程度上取决于先天条件;语言、仪表、风度等则不仅与先天条件有关,而且与内在美有着密切关系。生活中有些人尽管在相貌、体态方面有所不足,却仍能给人以风度翩翩之感;相反,有些人尽管五官端正,举手投足却使人感到猥琐、鄙俗,其道理就在于此。古代哲人说:"里仁为美","充实之为美","吾既有此内美兮,又重之以修能",都是强调内在美亦即所谓"善"在社会美中的地位。社会美的这一特点,使得它与思想品德教育有着更为密切的联系。运用社会美进行美育,就是要借助社会美的直观形象,陶冶感染学生的心灵,使得社会的思想品德规范成为学生的内在的自觉要求。

首先,要充分发掘、利用各科教学内容中的社会美因素。比如语文、历史、政治教材中,真实地介绍、描述了古今中外许多仁人志士的美好形象,反映了他们崇高的思想境界、高尚的道德情操、高雅的生活情趣,如正道直行、竭忠尽智的屈原,"鞠躬尽瘁,死而后已"的诸葛亮,正气浩然、丹心可鉴的文天祥,"横眉冷对千夫指,俯首甘为孺子牛"的鲁迅,一身傲骨,宁死不吃美国救济面粉的朱自清……等等。又如,历史的发展,人类文明的进步,走的是一条布满荆棘的路,广大人民群众及其代表人物的进步要求与当时这种要求的不可能实现的矛盾冲突,给一些重大的历史事件蒙上了一层悲剧色彩。斯巴达克思领导的奴隶起义,法国资产阶级大革命,巴黎公社起义,戊戌变法,辛亥革命……无不使人惊心动魄,荡气回肠。而当新的社会制度代替旧的社会制度、新生力量战胜腐朽力量时,又总会使其中一些历史事件或人物带上些喜剧色彩。我们如果充分利用这些材料,适当补充细节,通过形象的描绘、气氛的渲染,并借助于幻灯、图片、历史文物资料等形象化的载体,定能使学生从中受到不同形态的美的感染。又如体育活动中,短跑运动员风驰电掣般一掠而过的身影,长跑运动员紧紧相随、坚持不懈的角逐,跳高运动员凌空而起、飞越横竿的英姿,投掷运动员粗犷的吼声和凝聚千钧的最后一掷,球类运动员的鱼跃扑救和巧妙娴熟的传球,都反映了人对自身的自由的把握,无一不可使学生从心里感受到健的风采、力的神韵和美的呼唤。

在教学中运用社会美进行美育,和对学生进行思想教育是紧密相关、相辅相成的。比如说写作教学,常有学生乐于在作文中描写生活中的阴暗面,而不去发掘生活本身蕴含的美的闪光点。这既有思想方法的问题,又有审美眼光的问题,需要教师加以引导解决。“生活中不是缺少美,而是缺少发现。”只有让学生形成了正确的思想方法,才可能有一双善于发现美的眼睛,写作才会有源头活水,作文才会注入真实、美好的感情。另外,学生往往比较注意描绘人物的外在美,而较少发现人物的内在美,这也需要加以引导,帮助他们写出内在美与外在美统一的人物来。

在教学中运用社会美进行美育,与各学科特定的教学目标也应当是紧密相关、相辅相成的。“文道结合”是语文教学的基本原则。任何一篇文章,都是一定思想内容和语言形式的统一体。在讲读教学中,只有让学生把握了作品中的具体形象和思想内容,才能使他们真正体会到语言文字的表现力;反过来,只有让学生理解了文章的语言文字,才能准确把握作品的具体形象和思想内容。所以,教学中感受作品的形象美、思想美的过程,同时就是进行阅读训练、感受语言美的过程。另外,对作品的写作背景、作者生平、构思创作过程作适当介绍,不仅有助于学生把握作品本身,而且有助于他们感受作者的人格美。比如让学生了解闻一多先生作《最后一次讲演》时所面临的白色恐怖,学生将容易感受到作者临危不惧、大义凛然的高尚人格。历史教学中,杰出的历史人物是历史规律的偶然表现形式,他们的崇高理想和献身精神是审美教育的活的形象。可是,历史人物离开他们赖以产生和存在的土壤,就会变成不可理解的神话人物。所以,历史教学必须揭示历史人物产生的历史原因,在此基础上,经过具体形象的介绍,帮助学生形成真实的、有血有肉的形象,并在审美的同时,形成较强的历史意识。

运用社会美进行美育的另一个重要方面是要优化、美化教学过程。教学过程,如果既符合目的性,又符合规律性(学生身心发展规律、美的规律等),就会带有审美创造的性质,从本质上看,属于社会美的范畴(人们称之为教学艺术,是一种比喻的说法)。因此教学过程本身,也能给学生以审美教育。作为教师,他的讲授应当犹如演说家的讲演,一要注意自身的“舞台形象”,从姿态表情到服饰语言,都应当恰到好处;二要注意到与学生保持感情交流,使课堂上始终保持紧张、和谐的气氛;三要具备应急的机智，巧妙得体地处理各种偶发事件。此外，教师的讲授还应当讲究“言外之意”，注意留下想象的空间，让学生领略“无言之美”，充分发挥思维潜能，触类旁通、举一反三。教学过程的安排应当犹如节奏鲜明的乐曲；知识的传授，能力的培养，情感陶冶、思想教育，各种教学活动巧妙安排，疏密有致，相互为用，教材本身的各种美育因素得以充分运用，学生的各种心理机能得以和谐运动；每一堂课的教学与整个单元、学期的教学计划保持整体的和谐一致，成为整个交响乐曲中不可或缺的乐章。

美育的一个重要目标和主要内容是要引导学生参与社会美的创造。就学生来说，社会美的创造天地十分广阔：参加“五讲四美”活动，美化日常生活，建立良好的师生关系，参加各项公益劳动、体育活动，以及学好各门功课，等等。欣赏美能够令人身心愉悦，创造美则须付出艰苦的努力。教师一方面要做好必要的思想工作，另一方面则要充分发掘活动本身的审美因素，优化、美化活动过程，激发起学生创造美的欲望，同时注意精心指导，让学生掌握必要的技能、规律，使创造活动既合目的性，又合规律性，这样学生将在活动中不断感受到成功的欢乐，艰苦的努力也便成了赏心乐事。

美学与美育系列讲座(六)

科学美和美育

蒋念祖

被誉为二十世纪以来生物学上最伟大的发现,同时宣告了分子生物学时代的开始的大事,是DN-A(脱氧核糖核酸)双螺旋结构的建立。多年来,有不少科学家、众多的研究小组试图揭开DNA之谜。然而最终成功的,却是两位名不见经传的年轻人:克里克和沃森。论专业造诣,他们并不比其他人强,那么,又是什么原因使他们在研究竞赛中独占鳌头的呢?原因就在于他们一开始就把DNA在生物学的意义和结构的美感协调起来,他们的结构模型,不但是求"真"的,而且是求"美"的,正是这一点,使他们获得了成功。这正如爱因斯坦所说,科学中的美不仅可以成为科学研究的心理动力,而且可以启迪创造,成为指引发现真理的光辉。

爱因斯坦的名言说明了科学中的美对科学研究的具大作用。概括说来,科学中的美存在于三个方面:一是科研对象的美。天文学家眼里的星系、宇宙,物理学家眼里的粒子运动径迹等等,这些在一般人仅从欣赏自然美的眼光来看,可能并无特别的美感,可是科学家却能感受到它们吸引人的美的特质。比如密立根就把自己探测到的宇宙射线称为"天堂的音乐","原子降世时的啼声"。虽然科研对象也是自然界的组成部分,但科学家感受到的美,并不是自然美,因为它不同于由物质对象的感性直观形式所构成的美。比如同是观察太空的银河,普通人欣赏的是它纵横苍穹的气势,以及在夜幕衬托下那飘渺、淡泊的景致,而科学家眼里银河的美,则不仅在于它十万光年的巨大尺度,它有规则的漩涡结构,还在于它包含着无限生机的奇境,它与我们生活的这个渺小地球的和谐、统一。

二是科学实验的美。从事科学研究需要多种才能,其中最基本的是实验的能力。历史上一些著名的实验,如伽里略关于惯性的理想实验,卡文迪许利用扭称装置测定引力恒量的实验,焦耳测定热功当量的实验,等等,都体现了实验美。科学实验的美,来源于实验指导思想的创造性,实验装置设计的新颖性和实验技术的艺术性。美国著名实验家迈克逊,运用他设计的干涉仪,把光栅的分析能力提高了一个数量级。他和莫雷一起进行了"以太漂移实验",成为狭义相对论思想的基础实验之一。爱因斯坦说:"我认为迈克逊是科学中的艺术家,他的最大乐趣似乎来自实验本身的优美和使用方法的精湛。"

三是科学的理论美、公式美。科学理论、公式是对客观规律的正确反映,具有真理性;人们用以指导自己的实践,才能获得成功,实现"善"的目的。科学理论具有"真"的品质和"善"的功能,这是科学美、公式美存在的基础。科学的理论美、公式美是一种理性美。理性美是科学家的理性创造力与自然界的完美结构的和谐统一。要能欣赏这种美,必须具备相当的理性认识水平。开普勒说他以难以相信的欢乐心情欣赏哥白尼的太阳中心说,爱因斯坦称赞波尔的电子壳层模型及其定律是"思维领域最高的音乐神韵","给人的壮丽的感觉",而他自己的广义相对论则被人誉为"现代物理理论中美的一个","像一件被人远远观赏的艺术品"。

科学的理论美、公式美,归结为一点,就在于它的多样化的统一。首先表现为对称、均衡。在数学中,方程与圆形的对称,处处可见。中心对称、轴对称、镜像对称,都是使人愉悦的形式。代数中多项式方程及其虚根的成对出现,函数与反函数图像,线性方程的矩阵,也都呈对称性。笛卡尔建立的解析几何是在代数和几何图像间建立了的一种对称,狄拉克预言的正电子,与通常所说的带负电荷的电子是对称的,凯库勒的苯环结构式,门捷列夫的化学元素周期表,都显示了一种对称均衡的美。

多样化的统一,还表现为以简单的形式表达丰富的内容。欧几里德几何学是受到历代科学家赞美的理论体系,它从十条公设和十条公理出发,通过演绎推理,形成内容丰富的理论体系。牛顿力学运动三定律和万有引力定律概括了开普勒、伽里略的成果,把地上和天上的力学运动现象全部包括其中;爱因斯坦则在更高的层次上以两个假设(光速不变和相对性原理)为基础,建立起狭义相对论,把牛顿力学作为宏观低速状态下的一种特例而包括其中。

接下来谈科学美感。科学美主要是一种理性美,它表现为自然界以及反映自然规律的科学理论在结构上的统一、和谐。与此相关,科学美感则表现为在理性思维基础上对这种结构的欣赏。需要强调的是,科学美不仅存在于静态的欣赏、观照中,而且还存于科学研究过程的始终,表现为对美的追求。科学理论的发展,可以看作是由一系列的稳定的逻辑性进展和若干大的飞跃构成。逻辑性进展所得出的结论,和原有理论体系往往保持着和谐统一,而大的飞跃则意味着产生某种全新的观念。它往往是由原有理论体系的不完备、不和谐引起的,这种不和谐使科学家们产生追求完美的欲求,产生一种探索的激情。这种欲求、激情产生的动力,正如爱因斯坦所说,可能超过为"人类未来的福利"而研究的动力。另外,在科学研究中,艺术地运用各种逻辑思维方法,自然使科学研究成果具有审美创造的性质。更重要的是,许多重大的理论突破,往往来源于直觉思维,而支配直觉进行选择的,则是对理论美的追求。所以,海森堡说,探索者是借助于美的光辉的照耀而发现真理的,这就是所谓"臻美逻辑"。哥白尼的天体运行说,门捷列夫的元素周期表,麦克斯韦方程等等,可以说最初都是臻美逻辑的产物。正因为如此,新的理论体系(它体现了新的和谐)一旦产生,便会使科学家们产生由衷的快感。这不仅因为这一体系显示了科学家自身的智慧和力量(这和一般劳动产品所能触发的美感是一致的),而且因为它实现了科学家们追求理性美的理想。

如何根据科学美、科学美感的特点在自然科学学科教学中进行审美教育呢？首先，必须强调整体性教学。只有让学生从整体上把握所学的知识体系，才能理解、欣赏它那和谐、统一的结构。在这方面，一是要运用从整体到局部的教学方法。也就是说，在每个专题的教学开始阶段，先将所教内容作一总体性介绍，最好辅之以直观性图表，在学生初步形成整体意识后，再转入详细的局部分析。二是要在学习过程中逐步“建构”。这主要是指在教学中，不仅要让学生了解眼前所学内容本身的规定和含义，而且要瞻前顾后，随时把它与其他有关内容联系起来理解，将它同化到一个适当的认知结构中去。三是要充分重视和切实加强综合过程。教学实际中总有一些内容难以按照从整体到局部的方法来处理，因此，帮助学生“化零为整”就成为关键的步骤。四是要让学生牢固掌握一些能纵览全局、组织整体的概念，使学生在概念的统率作用下看到偶尔接触到的或者未觉察出明显关系的已学知识之间的联系，这对他们组织、理解整体、树立整体意识都能起积极作用。

其次，让学生的学习过程成为发现美、创造美的过程。如前所说，科学美感不仅存在于对科学理论整体结构的理解、欣赏中，而且存在于科学研究、探索的过程之中。学生学习的知识，虽是前人智慧的结晶，但如果我们不是机械地传授知识，而是使教学过程成为发现、创造的过程，那么学生不仅能感到自己发现了规律，看到自身的智慧、力量，而且掌握了知识的来龙去脉，学到了发现规律的方法。对知识的发现和发现知识的科学思维方法，都会使学生产生审美的喜悦。发现过程中的思维方法，一般是用演绎法和归纳法。灵活地运用这些逻辑思维方法，固然能使学生产生自由创造的美感，但如果我们根据科学理论所固有的美学特征，引导学生运用臻美逻辑，发挥他们的想象力和创造力，得出正确的结论，那么，学习过程则更具有审美创造的意味，而且对理论美、公式美也就形成了较为深刻的印象。比如数学教学中在引入对数概念时，可以让学生考虑和等式“$a^b=N$”相关的几种运算：“已知 a、b，求 N”是乘方运算，“已知 N、b，求 a”是开方运算，从对称性考虑出发，自然要研究“已知 a、N，求 b”的运算。这样，便从对对称美的追求，提出了课题。在解题中，可根据多样化统一的要求，启发学生不满足于别人的现成结论，去探索别种解法；再根据简洁性的要求，去判别何种解法更为艺术、巧妙。这样，就能逐步培养起学生对科学美、理性美的理解和欣赏能力。

引导学生理解、欣赏科学理论美、公式美，是运用科学美进行美育的主要环节。抓住这个环节，学生就不难理解、欣赏科学研究对象和科学实验中科学美的光辉。而这对于培养学生热爱科学的感情，激发创造欲望，启迪创造思维，无疑会产生不可替代的巨大作用。

美学与美育系列讲座(七)

艺术美和美育(上)

蒋念祖

艺术美指艺术作品的美。艺术美来源于客观现实生活,同时又渗透着艺术家的思想感情。艺术的分类有两个标准。一是内容标准。艺术的内容侧重于主观表现的叫表现艺术,比如音乐、舞蹈、建筑、抒情诗等等;偏重于客观再现的叫再现艺术,比如雕塑、绘画、小说等等(现代派绘画、中国古典绘画中的“写意画”等情形有些例外,它们以表现画家的主观感受为主)。二是形式标准。这主要看构成艺术形象的物质手段是什么。大致说来,物质手段有三种,即音响、形体、语言。这样便可分作音响艺术、造型艺术、语言艺术和综合艺术(如电影电视)。当然艺术的分类并不是绝对的,比如表现艺术中便可能有再现的因素,再现艺术中也可能有表现的因素。

怎样根据音响艺术、造型艺术的特点,在音乐、美术教学中进行审美教育呢?这是我们这一讲想讨论的问题。

我们知道,审美教育主要通过艺术欣赏来实施。艺术欣赏一般都是从形象的感知,进入情感体验和想象、联想,最后达到审美理解。音乐是通过音响结构及其运动所形成的音乐形象表现感情、反映现实的艺术,它有着独特的表情达意体系,即所谓音乐语言。音乐语言的要素主要有旋律、节奏、速度、力度、音色等。指导学生欣赏音乐,首先要培养他们辨别音乐音响的能力。如果一个学生连 2/4 拍子和 3/4 拍子都分辨不清,那他就难以听出进行曲和圆舞曲的不同音乐效果;如果学生对各种乐器的音色缺乏辨别力,那就会影响他对丰富多彩的管弦乐作品的欣赏。其次要培养学生对音乐音响及其结构形式的感受力。它包括旋律感、节奏感、多声部的音乐感以及对乐曲结构的整体感知等几个方面。其中旋律感具有最重要的意义,因为音乐的艺术表现主要是通过旋律来实现的。音乐感知能力主要是在音乐欣赏的实践中逐步培养发展起来的,所谓“操千曲而后晓声”就是这个意思。联邦德国奥尔夫音乐教学体系使用一种简单的节拍器,促使学生手、耳、脑并用。实践证明这种做法能够有效地增强学生对音乐节奏的感知。音乐艺术主要是通过乐音的运动形态和情感的运动形态之间的类比(异质同构)关系来表达感情的,音乐欣赏中的情感体验具有一种较为直接的性质。在歌曲中情感体验可借助于歌词的帮助,至于乐曲,它所表现的情感,带有比较宽泛的性质,欣赏中的情感体验,在基本性质一致的前提下,在具体表现形态上出现种种差异,那是完全正常的。指导音乐欣赏,可充分调动平时积累的生活经验和情感体验,使欣赏中的情感体验在主客观的辩证统一中得以充分展开。

造型艺术是通过塑造客体形象来表达思想感情的。欣赏造型艺术,一般说来首先是要感知作品塑造的客体形象,从中获得对生活的认识,然后才能间接地体会作品的思想感情。雕塑存在于三度空间,从不同角度观察,可以获得不同的印象。可以通过比较,让学生选择观赏的最佳角度,并使观赏的感受达到单纯与丰富的统一。绘画存在于二度空间,和雕塑相比,它虽然不具备三度空间的实体性,但是却能更为具体细致地描绘客体形象。在欣赏中可在把握总体形象的基础上引导学生注意细节的刻画。如《韩熙载夜宴图》,主要人物韩熙载的性格鲜明突出,他的苦闷郁抑,从那传神的眼睛中便可分辨出来。而达·芬奇的《蒙娜丽莎》,则以那微微斜视、柔和明亮的眼神,表露了人物微妙的心理活动,一双丰腴柔软的手搭在一起,使人感到她是那样地悠闲自得。

雕塑的艺术语言是形体。欣赏雕塑美,侧重在于引导学生注意形体的组合变化,体会其中表现的感情。比如古希腊时期的《米洛斯的维纳斯》,形体变化上形成四个面的转换,转折的幅度很小,微妙而协调,表现了女性温柔典雅的气质,给人以优美之感。文艺复兴时期米开朗基罗的《被缚的奴隶》,一脚挺立,一脚上抬,形成一个大面,整个身子剧烈扭转,形成另一个大面,通过这两个面的强烈对比,给人以强有力的感受,突出了奴隶的挣扎。绘画的艺术语言主要是线条、色彩和构图。比如线条,不仅标出了形体的空间界线,同时也凝聚着画家的感情。线条的硬软竖柔、轻重缓急、光滑滞涩、清晰含混等品格,线条的长短、粗细、疏密、干湿、曲直、快慢等节奏变化,都可以表现出无限丰富的情感层次。中国画的线条,情感意味更为丰富。比如山水画中的披麻皴,由近于平行的线条组成,运动徐缓,延绵层叠,疏密相间,给人以宁静、谐和、淡远的感觉;斧劈皴,由粗壮的短线和断线组成,运动疾迅、锋利逼人,给人以激越、兴奋的感觉。引导学生感受绘画中线条、色彩和构图的情感意味,将会使欣赏活动达到较高的层次。

无论在哪一种艺术样式中,生活现象的某些方面是直接反映的,而另一些方面则可能是间接反映的。某种可视可听的感性材料所构成的艺术形象,诉诸欣赏者的想象力,通过他的想象联想就可以过渡到对形象的间接性的感受,使他们获得更为丰富的认识和情感体验。音乐通过音响表现感情,虽然有些音乐家也致力于运用音乐语言描绘客观世界的真实画面,揭示感情赖以产生的基础,但他们所描绘的毕竟还是一种音乐形象,只有通过欣赏者的想象联想,才能把它们转化为客观世界的形象。描绘性的音乐作品通过对现实音响的艺术摹拟来引发欣赏者对相关生活形象的联想。如民族管弦乐曲《春江花月夜》的第一段是节奏自由的散板。其中琵琶用弹挑、轮指等手法由慢而快地模拟了低沉的鼓声,而萧和古筝奏出的波音则犹如钟声回响,水面碧波荡漾。贝多芬的管弦乐曲《田园交响曲》第二乐章《溪旁景色》中,以旋律的起伏摹拟溪水的流动。情节性音乐作品主要是对戏剧情节的气氛、意境，特别是人物感情的发展变化进行艺术概括，并通过这种概括来表现乐曲的主题。培养学生的想象、联想能力，可以从这两类乐曲的欣赏入手。首先，经由音响感知，让学生获得初步的情感体验。在此基础上，欣赏前一类作品，教师可用形象化的语言，描绘作品中希望再现的形象，以引发学生产生类似的想象、联想。欣赏后一类作品，教师可对乐曲所依据的文学题材、基本情节作简要的介绍，使学生根据这些预示展开想象、联想。在欣赏以上两类作品的基础上，可引导学生欣赏非标题性作品，这类作品一般没有对现实生活的形象描述或情节性的暗示，想象联想是在音响感知和情感体验的基础上自由展开的。

与音乐相比，造型艺术具有较多再现的因素，但是静态的空间形象，难以反映事物发展的动态过程。艺术家们为了克服这一局限，创作中往往选取生活流动过程中关键的一瞬间加以表现，这一瞬间既包含着过去，又暗示着未来，留给欣赏者以驰骋想象的广阔空间。列宾的油画《归来》描绘的是一个革命者从监狱中出来刚刚跨入家门的一瞬间情景。革命者的从容，家人的惊喜表现得很突出。从这凝固的一刹那间，我们不是完全可以让学生想象出一个完整的故事来吗？与绘画相比，雕塑创作往往没有背景，对人物的姿态神情也不作细致的刻画，这就要求雕塑家对现实作更为集中、概括的反映，同时也要求我们在欣赏中借助于语言的暗示，充分调动学生的想象和联想。欣赏造型艺术，还须引导学生发挥联觉的作用，这样眼前的艺术形象就会成为有声有色、生气贯注的形象。

艺术欣赏是一个由浅入深、情理交融的审美过程。在欣赏中，结合具体作品的赏析，让学生了解各种艺术语言的情感意味，了解各类艺术的特性，了解作品创作的背景，艺术家的风格特点、创作意图；在欣赏活动的最后阶段，组织学生对作品展开评价活动；这些都将有助于提高学生的欣赏能力。无庸赘言，欣赏的作品应当是格调高雅、思想健康的。艺术欣赏是音乐美术教学中实施美育的主要内容，但与此同时，我们还应注意技能训练，把这两方面紧密结合起来，相辅相成，协调发展。

·美学与美育系列讲座(八)·

艺术美和美育(下)

蒋念祖

前一讲着重谈了怎样根据音响艺术、造型艺术的特点在音乐与美术教学中进行审美教育,这一讲谈谈如何根据语言艺术和影视艺术的特点,对学生进行审美教育。

语言艺术指文学作品,它一般包括三个层次:语言层、形象层和意蕴层。文学作品欣赏,其一般过程是经由语言的感知、理解,把握作品的形象,从而领悟作品的思想感情。在这过程中领略到作品的语言美、形象美和思想感情美,也就渗透进行了美育。所以,欣赏语言艺术,首先要抓住语言这个环节。语言的美,在于能够妥贴地传达内容。这首先在于遣词造句、各种修辞手法的运用能够妥贴地描摹形象、传达思想感情;其次是指声韵节奏的安排,能有助于传达作品的思想感情;再次还指文章的语言风格与思想感情的和谐一致。如何让学生领略作品的语言美?平时我们多采用比较、置换、填空等方法,这些固然是行之有效的,但从根本上看,语言美既然在于妥贴地描绘形象,表达思想感情,那么领略语言美也就不能离开对作品中形象、感情的观照、领悟。像《背影》中描绘父亲背影的一段,语言可谓精妙,但如果只是一味地寻章摘句,左分析右比较,学生既不能得其要领,反而可能感到索然无味;与其这样,不如让学生首先把握这段描写中人物形象的总体特征,然后反复诵读。朗读在领略语言美中无疑是能起重要作用的,尤其是示范朗读,教师可以直接和学生交流感情,把自己对作品的理解直接传达给学生。学生在反复朗读中,也不仅可以把阅读、分析中得到的片断印象整合成一个总体形象,从而体会到语言和形象的妙合无间,而且可以从中领略到声情和谐之美。

文学作品又被称作"想象的艺术",欣赏文学作品须充分激发学生的想象活动。如何激发学生的想象活动?前面已有过介绍,这里侧重举例说明如何引导学生发现、利用作品本身所提供的想象空间。按照接受美学的观点,文学作品的语言层、形象层,意蕴层均存在着不确定性与空白,召唤和期待读者在可能范围内充分发挥其创造才能。比如在语言层,词语有抽象具体之分。如果作家希望读者较为清晰地感觉、体验对象,他就着力使所用的词汇具体化;如果他仅仅希望留给读者一种轮廓的印象或提出一种暗示,他就故意使用一些相对抽象的词汇。这更给想象留下了广阔的空间。又,古代诗词中常常出现缺少谓语的句式,如"枯藤老树昏鸦","鸡声茅店月,人迹板桥霜"等等,读来使人感受到某种情调,但意象之间的组合关系如何,作品没有作明确的规定，完全可以引导学生在不破坏整体情调的前提下合理想象。又如在形象层，作品中对人物、景物的描写是从特定角度，在特定时间、地点和特定人物、特定心情的支配下展开的，其中任何一个因素的改变，都会导致作品中形象的某些特征的改变。比如《背影》中着力描绘的是父亲的背影，当时父亲的面部表情又如何呢？《小石潭记》着力描绘的是一个清冷幽静的境界，试想我们有朝一日前往小石潭，寻访古人遗踪，当会是怎样的心情？带着这样的心情观赏今日的小石潭，又该是怎样一番景象？情节是人物性格发展的历史。通过情节了解人物性格，了解人物性格以后便可以展开想象，将故事情节合乎逻辑地发展下去……文学作品中留给我们的想象空间实在是太广阔了，指导学生在作品的指引下展开想象，不仅可以丰富学生对作品形象的感受、认识，而且会使他们从中享受到审美创造的乐趣。

文学作品以词语作为描绘形象的手段，它与理性思维有着密切的联系，所以人们又称之为“思想的艺术”。词语的理解，时代背景、作家生平、文体知识的了解，都将有助于文学欣赏的进行和深入。尤其是一些基础理论知识，掌握了以后经过训练，便可以转化为分析能力。这里着重提一下辩证思维能力在欣赏文艺作品中的作用。教材中不少文学作品艺术地反映了生活中错综复杂的矛盾，运用辩证思维的分析方法，可以加深对作品的理解。比如教材中有不少悲剧作品，如《荆轲刺秦王》、《祝福》、《药》《窦娥冤》等；也有不少喜剧作品如《高祖还乡》、《威尼斯商人》、《守财奴》等。两类作品的不同，根本上就在于矛盾的性质不同。悲剧性作品中矛盾冲突表现为邪恶势力在力量上要压倒悲剧人物，悲剧人物在道义上则要压倒邪恶势力；喜剧作品中，人物性格本身往往就包含着某种矛盾、不协调。一些作品往往既带有悲剧性，又带有喜剧，作品中人物的性格则往往体现为两重矛盾的组合。推而广之，文学作品中讲究所谓情景、虚实、疏密、繁简、开合、抑扬等矛盾的统一，都是作家自觉不自觉地运用艺术辩证法的结果。文学作品教学中完全可以也应该进行辩思维训练，帮助学生理解作品，从而使文学欣赏具有较高的水平。

作为“思想的艺术”，文学作品具有较强的道德感化功能。但实现这一功能，主要靠引导学生披文入情，进入作品所创造的境界，在潜移默化中受到感染、启发。文学欣赏中的审美理解具有多义性、模糊性，因此，我们不仅应当允许，而且还要鼓励学生提出自己独特的见解。

文学欣赏能力的提高，还必须依靠广泛的课外阅读。在这方面，教师要掌握学生的阅读心理，评介文艺活动的新趋势，在顺应学生审美趣味的同时做好审美诱导。

影视艺术是一门年轻的艺术，它借助于现代科学技术的成果，综合了包括戏剧在内的各种艺术的表现手段，具有大众性、具体性和真实性等特征。学生都喜爱看电影电视，这是进行审美教育的一块重要阵地。但要充分发挥其美育功能，则要靠教师积极地组织、引导。首先，要选择那些格调高雅、适合青少年心理特点的影片。学生往往比较喜爱情节片、惊险片、武功片、侦探片等，自然不能说这些影片一概缺乏审美价值，应一概地加以排斥，但我们还是应当尽可能地培养学生对风光片、艺术片等样式的兴趣,提高他们的审美趣味和艺术欣赏能力。对此,观看前可作如下准备:了解影视剧本(这样虽削弱了情节的吸引力,但却可让学生将注意较多地放在影视艺术方面),并试着以口头方式描绘影视作品形象;对于欣赏有一定难度的作品,可介绍有关评介文章,作为审美向导;预先通知观看后将要讨论的问题,以期学生形成特定的审美注意。观看结束后,则可做如下工作:组织学生编写剧情概要,以锻炼视觉记忆;让学生从情节的某一点出发,展开合理想象,改写剧本;将那些由文学作品改编成电影电视剧的和原作作比较;写作并交流影视评论;教唱影视片中的优秀插曲,等等。

要有效地提高学生对影视艺术的欣赏趣味和水平,关键还在于让学生掌握影视艺术语言的基本特征。影视艺术的基本语汇是镜头。镜头是指摄影机一次连续不停地拍摄所摄取的画面。根据视距的远近,镜头可分为特写、近景、中景、全景、远景等。特写用来强调、突出人物或事件的细部,常常用来作为揭示人物心灵的重要手段。近景在表现人物之间的交往、情感交流上有独到的功能。中景不仅可以让观众看清人物表情,而且有利于显示人物大半身的形体动作。全景可以将人物和环境融为一体,借景抒情,寓情于景,具有戏剧情调和心理内容。远景用来展现辽阔深远的背景和浩森苍茫的自然景物,着重描绘环境,渲染气氛。一般说来,电影片中远景镜头比电视片中为多,电视片中特写、近景镜头比电影片中为多。从摄影机的运动来看,又有推、拉、摇、移、跟镜头,以及变焦距镜头、长镜头的区别。推镜头是指被摄对象位置不变,摄影机由远而近地向对象推进而拍摄的连续的画面。画面的主要部分由小变大,使观众的视觉感受由弱变强。拉镜头是指摄影机渐渐远离拍摄对象,画面的主要部分由大变小,从而把观众的视线从主体引向整个环境,产生强烈的情绪氛围。摇镜头是摄影机位置不变,借助于三脚架上的活动底盘,原地转动拍摄而成。摇镜头不仅可以展示浩大的群众场面或广阔的自然景色,而且可以用来表现强烈的主观色彩。移镜头是把摄影机放在运输工具上边移动边拍摄而成,效果有如生活中人们边走边看一样。跟镜头也有镜头的移动,但是摄影机始终和拍摄对象保持一定距离。此外,从拍摄角度看,又有仰拍镜头、俯拍镜头的区分。仰拍镜头可以使景物显得高大雄伟,常用来表现对对象的歌颂或敬畏。俯拍镜头擅长展示浩大的场面,给观众以居高临下之感,也常用来表现反面人物的可鄙、渺小。通过角度的变化,不仅使画面构图新颖,富有美感,而且能够表达感情,创造气氛,改变节奏。从描写方法来看,又有客观镜头(从观众的角度去看)和主观镜头(从剧中人的角度去看)的区分。主观镜头带有强烈的主观性和鲜明的感情色彩,使观众和作品中的人物一同去观察和思考,造成观众和人物合一的审美效果。

将镜头按照一定的艺术构思剪辑、组接,以形成能够表达丰富内容的一组镜头的集合体,这就是人们常说的蒙太奇手法。蒙太奇手法很多,分别担负着不同的功能。如平行蒙太奇的短促交替,就会形成速度,产生令人紧张的心理效果。对比蒙太奇把完全相反的形象连接在一起,造成强烈的对比。隐喻蒙太奇是一种独特的电影比喻,能够收到含蓄隽永的表现效果。声画结合的蒙太奇有两种:一是声画分立,指影片的声音和画面各自独立，依据各自的规律发展；二是声画对位，是在声音、画面独立的基础上，有机地结合起来，产生迥异于单独声音和画面的特殊效果。限于篇幅，这里不予展开。

了解影视艺术语言的基本特征，才可能进一步了解影视艺术的其他美学特征，把握影视艺术的节奏规律。当然，这些知识的介绍，须结合学生熟悉的影片；如能做到边放映、边介绍的话，效果则将更好。

浅论农村少先队组织的自转机制

徐国英　朱路跃　俞　军

社会是一个整体,同时又是一个永远发展变化的庞大的开放系统。它的每个组成部分(分系统、子系统)总是相互联系和作用的,或连结,或组合,或融合,或消亡,或转化,社会本身就是一个宏大的“耗散结构”。本文试用新学科理论的基本观念,剖析农村少先队组织的自转机制,揭示这一自转机制的特点和实现的方法。

改革开放的洪流迅猛地冲击着古老的东方大地,多元经济模态的确立,产业结构的调整,使农村生产力获得了一次大解放。今天的农村,其政治、文化、思想意识、道德情感、是非标准、价值观念和思维模式已产生了错综复杂的变化。政治思想、道德文化的建设已由封闭、单向走向开放、多向,农村少先队作为社会主义精神文明建设有机体之一,无可选择地处在了全方位开放的社会系统之中。社会发展的不可逆性又决定了少先队本身必须形成一个充分开放的自转机制。

未来社会的需要是今天教育的导向,农村改革的深入,产业结构的不断调整,对学校培养未来的学生提出了更高的要求。农村少先队员“四有”素质的培养形成其根本途径是使面广量大的农村学校少先队组织发挥每一个开放系统的组织功能,建立自转机制,从而实现队的教育充分开放与改革开放同步。

改革开放使少先队教育的社会心理机制发生了根本性的变化,但是,目前队组织的教育内容、方式、手段、形式和目标与队员自身发展的需求,与社会及未来的需求都存在着许多不相适应的地方,改革开放在各个领域所倡导的相互交融与渗透,为农村的经济、政治、道德意识和价值观念的多向位发展变化提供了广阔自由的空间,单一的思维模式被多维的思维模式所替代,少先队对少年儿童单薄的输入和启示已远远抵销不了社会上千姿百态的信息传递和多方位的强烈刺激,这并非是少先队教育的可有可无,恰恰相反,是整个教育如何变差异性为主动性,注入生机,发展自身,适应需求的问题。

一、自转机制的特点

自转是一种自我运动的状态,自转机制是指事物自我运动过程中的结构组织和内外相互作用的原理。少先队组织作为一开放的社会系统,它的自转机制由动态的人、开放的组织结构和与之作用的社会能量和信息源所组成。少先队的自转机制在其运动过程中有以下五个特点:

1. 环境的制约性

任何事物的发展,都受其客观环境的影响和制约,少先队作为社会发展中的一个组成部分,必能受到整个社会发展的影响和制约。少先队组织的自转机制正是在其社会的总的发展趋势下,确立运行方向,增减运行速度和强度。新的历史时期为少先队的自转体制明确了总的方向,就是紧紧围绕党的中心,努力把少先队员培养成为有理想、有道德、有文化、有纪律的全面发展的一代新人,要求少先队组织在自转的过程中,培养学生的创造精神和创造能力,使之能适应现代化,适应世界,适应未来,增强自转的强度与速度,新的历史时期还要求少先队组织在自转的过程中进行积极的反馈,提高队员的免疫力、辨别力、抵制力。

2. 结构的适应性

运动着的事物都由一定的结构所组成,而结构总是随着事物的不断运动和发展变换其组合方法,结构随事物的发展变换组合越快,其适应能力就越强,事物的生命力就越强。少先队的自转机制也有一个结构适应性的问题。从历史上看,少先队组织总是在社会发展的不同时期,符合时代的要求,进行新的变化和新的排列组合,从现实情况看,少先队组织面临改革、开放的新形势,广大少先队工作者也在积极探索少先队的新路子、新方法,寻求少先队自转结构的最佳组合。结构是功能的基础,功能对结构有其反作用,只有使少先队自转组织结构具有很强的适应性,才能使组织的功能发挥最大的效能。

3. 状态的非平衡性

事物的发展过程不是直线型的,而是在内部运动和外部影响下,由量变到质变的过程。同时,同类事物的发展也存在差异,这就是事物发展状态的非平衡性。少先队的自转机制在其运行过程中,也存在着非平衡性。其一,少先队组织作为一个开放的社会系统,在与学校、社会、家庭进行能量和信息的交换时有其不平衡性。其二,少先队组织的自转过程有一个从量变到质变的过程,自转主体辅导员和队员也有一个成长发展的过程,有其不平衡性。其三,少先队组织内部,县与县、乡与乡、校与校、中队与中队之间存在着差异,有其不平衡性。我们要正视这种非平衡性。这种非平衡状态,正是促进我们加强少先队建设,提高少先队活动水平,增强少先队自转能力的动因。

4. 主体的自动性

自转组织机制中,最活跃的因素是人,人的自动程度如何,决定着组织自转的方向、速度和强度。少先队组织中的主体是辅导员和队员,少先队组织的自转形态取决于辅导员的创造性劳动,要求辅导员把个人的自动力变为队员的自动力。在这一转换过程中,要求辅导员首先具有创造精神和创造能力。其次具有转换能力,以培养队员主动接受信息、消化信息的能力,自我协调、争取多方配合的能力,自我组织、自我活动的能力。

5. 发展的有序性

事物的发展有其特定的规律，总是从无序走向有序，从低序走向高序。少先队的自转机制也有其发展的有序性。其一，机制的主体人的思维发展过程，道德品质的养成，文化水平的提高有其规律性，队员的多种能力的培养、多种能量的释放也有其规律性。其二，自转运行机制的产生和发展，也有一个从低序走向高序的过程。其三，自转运动的教育机制也有一个从单向教育走向学校、社会、家庭的立体教育，从单一教育走向全面教育的过程。

二、自转机制的动力结构

任何主体的自转与运动，都是与客体外界有规律的运动分不开的。同样，少先队组织的自转也必须与社会发展的规律相一致，并受其影响和制约。建立开放的少先队组织，及时地与外界社会进行能量和信息的交换，对于加速少先队组织的自转，有着十分重要的作用。

1. 形成开放的教育体系，把学校、社会、家庭有机地统一起来，增加农村少先队组织自转的外助力

少先队不是孤立的教育组织，它是与社会其它组织有机的统一体，社会的发展与进步推动着少先队自身的发展与进步。少先队自身的不断完善也促进社会的不断前进，改革开放给社会发展注入了新的血液，同样也给少先队组织带来了勃勃生机，少先队组织只有主动适应社会的发展，才能使自身变得强大而有力。因此，少先队教育必须与学校、社会、家庭教育整合一致，形成一个多渠道、多方面、多层次的立体教育网络，才能产生全方位的最佳教育效应。

开放的教育体系，体现在教育目标上要从社会主义现代化建设和改革开放的要求出发，明确新时期少先队教育的目标，要在培养四有新人这个总的教育目标下，要从当地的经济建设的实际出发，注重培养队员适应经济建设所需要的基本技能、技巧和道德素养。

开放的教育体系，体现在教育活动上要有立意新、题材土、效果实的特点。组织活动时，要从农村两个文明建设出发，内容突出一个“新”字；要从农村乡土出发，活动突出一个“土”字；要从农村队员的实际出发，突出一个“实”字。

开放的教育体系，体现在教育阵地上，要从实际出发，因地制宜，做到校内外结合，土洋作合，大小结合，单一和组合结合。在校内“三簿一报”是可以办到的，但对有些学生上课连教室都无保证的村小，要求建队室是有困难的。可以因陋就简，办成队橱、队箱、队袋，在校外要巧用农村的山川、河流、林丛、天象、气象、物象、历史、文化等自然、社会条件，建立以人、物、地、事为对象的教育阵地，队员定期去参观访问，定期劳动服务，定点勤工俭学。

开放的教育体系，体现在教育内容的安排上要一体化，一方面，要围绕党的中心进行教育，另一方面要围绕思想品德(政治)课进行。这两个方面切实保证了少先队

教育的时代性和科学性。实践证明，在校内以思想品德（政治）课为主渠道，配合开展队的活动，水平高，效果好。这样的队活动既有理论知识的基础，又有符合队员身心特点的多样化形式，既有活动时间的保证（纳入思想品德课的教学计划），又有多方配合的指导力量。这方方面面的协调作战，成为推动少先队组织自转的外助力。

2. 建立开放的组织结构，把各组织要素有机结合起来，减少组织自转的内耗力

开放的组织结构，应是对组织外部环境有很强适应能力的组织结构，同时又是使内部组织要素有着一定张力的组织结构。

首先，组织结构的开放应体现在组织领导层的开放性结构。各地少工委的建立，有些地区乡级少先队领导小组设立就是领导开放性结构的体现，这种结构有利于调动社会有关方面的积极性。同时要发挥乡中心校的幅射功能，即全乡少先队工作的指导中心，信息传递、活动资料中心，辅导员培训和考察中心，管理中心，理论研究中心的功能。为形成横向的组织合力，要做好两件事，一是聘请校外辅导员，请有一技之长的生产能手、土状元、专业户、党政领导、离退休的回乡干部、教师、工人担任校外辅导员。请他们来校讲课、作报告、传递信息，拓宽视野；二是依靠家长的力量，发挥家长的优势，帮助建立校外阵地，辅导寒暑假及课余的“小队之家”活动。

其次，开放应体现在组织结构要素在组织内有较高的自由度，其中包括中小队不同的排列组合，队员较为自由的选择活动，队十部的合理流动等等。农村基层组织的中小队的组合形式，可按行政组、兴趣、地域、年龄、性别、任务、教学班组合，有利于加强横向联系，促进良好集体的建立。少先队活动的形式要多样，兴趣小组内容要丰富，为他们在集体中充分发挥个人特长才能创造条件，提供广阔舞台。队干部坚持轮换制，通过“一人一岗”、“值日中队”、“两个火车头”等活动合理流动。这种开放的组织结构，减少了不必要的结构内耗，增加了组织的凝聚力。

3. 建立开放的干部制度，把队干部的积极性和创造性充分发挥出来，提高组织自转的驱动力

组织结构中，人是最活跃的因素，而干部是最活跃因素中的核心，干部能量的大小，干部能力的强弱，直接影响组织自转能力的发挥，建立完善的队干部制度，对提高队干部的积极性和创造性有着重要的作用。开放的干部制度，主要是指干部选举的民主，队干部评议的公开，队干部流动的加快。

要改变过去队干部选举对象单一，以老实听话为选择标准的现象，队干部应有各种类型的，组成自转驱动力的最佳结构。队干部选举可以队员自我推荐，同学推荐，或辅导员推荐。在形式上可以口头推荐，也允许书面自荐，还可做作文“假如我当队长”。通过队员的民主推荐和自荐，把有创造精神的队员推到领导岗位上来。

要改变过去队干部干好干坏一个样的现象，对队干部政绩进行公开的评议。队员们可以积极参加公开评议。通过评议，使队干部充分认识自我，提高工作的主动性和积极性。

要改变过去干部一贯制的做法，进行合理的干部流动，明确职责分工。大队委员

一年改选一次,中队委员一学期改选一次,小队长一月或半周轮换一次。合理的干部流动,为处于成长阶段的少先队员提供锻炼的机会,创造交流的环境,加速人才的培养。

4. 增强组织主体的自主性,提高组织自转的内动力

组织的自转是以组织成员能量的有效发挥为基础的。集体中每个成员的积极性和创造性汇成一股巨大的动力,推动着组织不断地进行自转,并发挥整体大于部分之和的最佳功能。由此可见,有效地调动主体的积极性性、主动性,是组织自转的关键。

增强个体的自主性,首先要培养队员的自主意识、主人翁责任感,在思想上把自己看成是集体的主人,行动上自觉地服从组织决议,愉快地完成组织交给自己的任务,自觉地为集体做好事。

其次,要培养队员的自主能力。在开展创造性活动中培养决策能力、动手能力、参与能力、控制能力、自治自理能力等。

再次,要引导队员有效地释放自主能量。自主能量的释放有其方向性,我们要削弱负方向的释放,有效地释放能量,促使组织快速地自转。另外,队员自主能量的释放,和少先队活动能否满足队员的需求,有利个性充分发展有关。

众所周知,队员自主意识的培养,自主能力的锻炼,自主能量的释放,有赖于辅导员的引导、点拨、培养。因此,农村队组织自转机制的强化、优化,关键在于尽快建立一批具有较高的政治思想素质、科学文化素质、业务素质的辅导员队伍。

我们对于农村少先队开放系统的自转机制的认识极其肤浅,有待于在今后的实践中深化认识,探索规律,使农村少先队的自转机制向稳定的有序化方向发展。

《少年儿童研究》1988 年第 2 期

初中队员离队年龄初探

江苏省扬州中学　徐国英

初中队员都是12、13岁～14、15岁的少年，为了帮助他们在少年群体的最佳组织——少先队里从容不迫地向青年过渡，我们学校根据队员意愿，学校德育工作的需要，从1985年开始，在学校行政和党团组织的同意和积极支持下，把初中队员离队时间推到初三。七年来的实践证明，这样做适应少年生理、心理的需要；有利于活跃中学队的生活；有利于团队衔接和建设；有利于整个初中思想教育和学生素质的提高。

一、推迟离队时间的必要性

1. 队员的意愿

多次问卷调查表明，希望初二不要离队的队员占50%～70%。持无所谓、随便态度的队员占10%～20%，认为初二离队好的队员占20%～30%，他们的理由是初三个子长高，戴了红领巾难为情；初三要准备考高中，忙学习，没有时间参加队活动。

2. 初中团队工作的需要

86届初二年级的队员，是学校大队活动"小七战七捷"的主力。该系列活动设计"七个战役"，原计划第七个战役——"庆功会"安排在建队周年，假如"六一"离队，就会使队活动中断，这是个时间长达一年的主题系列活动。鉴于上述情况，经学校研究，为了尊重队员意愿和工作需要，决定初二不离队，推迟到初三离队。结果"小七战七捷"获全国少先队"创造杯"最佳奖。

1985年9月扬州市教育局团委举行"团支部系列活动方案"竞赛，当时初三团支部刚建立，团员人数少，各支部只有5～6人，组织系列活动有困难，于是就组织领导初三小队一起搞，团队一体，声势就大了。初三(6)团支部团结全体未离队的少先队员顺利地开展了以"我们的青春——创造"为主题的系列活动。分别由"全国创造杯捧回以后"、"创造"与"树人"、"燃烧吧，青春的火焰"三个系列组成，活动从思想教育、组织上注意了团队衔接，深受团队员欢迎，搞得有声有色，获扬州市中学团支部系列活动一等奖。

3. 教育改革的需要

1986年国家教委以思想政治课改革为中学教改的突破口，首先在全国有关省市进行改革试点，我校于1987年在初一、高一两个年级试点。

作为少先队大队辅导员、思想政治课教师、政教处副主任，我手上拿到三个纲：

“少先队教育纲要”、“思想政治课教学大纲”、“中学德育大纲”。这三个纲本身的体系如何？它们之间的关系怎样？通过学习和实践，逐步理清了这三个纲之间的关系：① 目标上的一致性。这三个纲都是为了对初中少年进行社会主义道德教育，培养健康的个性心理品质，为培养“四有”社会主义公民打下基础。② 作用上的互补性。思想政治课和少先队教育是学校德育的重要渠道，从属于德育的大系统。因此，思想政治课大纲和少先队教育纲要要从属于中学德育大纲，是德育大纲的具体化和重要补充。通过思想政治课教学，少先队的组织教育、集体建设、队的活动等途径来实践德育内容和目标。③ 关系上的独立性。思想政治课大纲和少先队教育纲要既注意了与中学德育大纲保持一致性，又自成系统，独立运转，各自发挥不能替代的特殊作用，形成了独立而又相互渗透的有机整体。

我们以系统论指导思想政治课的改革实验，寻找少先队工作与德育、教学工作的最佳结合点，进行“思想政治课教学、班主任管理、少先队教育活动一体化”的实验，制定从初一至初三年级思想政治课教学、班级工作、少先队教育序列，探索初中德育工作一体化的路子。

二、推迟离队时间的理论依据与实践

1. 少年期的年龄段规定

教育学、心理学对少年期的划定为 11、12 岁～14、15 岁。在初二离队约有 50～60 的队员刚进入 14 岁，他们并没有真正过完 14 周岁。实际上这些队员要到初三才进入 15 岁。我们认为 14～15 岁是青少年交叉期，团队衔接的最佳时期，因此，把离队放到初三是符合队员生理发展规律的。

2. 少年身心发展的半成熟性特点

少年期的基本特点是过渡性，处于从儿童向青年过渡的时期，具有一种“半儿童半成人”的心理。这种两重性反映在组织上“既留恋少先队，又向往共青团”，有组织欲方面的归属感。在初二离队会出现组织上的团队脱节，造成组织教育的断裂层，这就使 80—90％的队员无人管，产生失落感，这是非常不利于向青年过渡的。把离队推迟到初三，即团队交叉期延长一学期至一年，这有利于团队思想上、组织上衔接。初三年级是初中团队工作日趋完善的最佳状态年级。在实践中我们认识到，初三团队并存，是初中团队工作的黄金时期，鼎盛时期，初三队员、团员的思想、知识水平、活动能力、体力的发展使少年特性得到更全面的体现，使初中的团队组织作用得到更充分的发挥。

3. 参照团章关于离团期的灵活性规定

1988 年 5 月 8 日通过的团章部分条文修正案，第一部分第一条第二段中有这样的灵活规定：“团员年满 28 周岁，如果没有担任团内职务，应该办理离团手续。团员年满 25 周岁，如果提出离团要求也可以办理离团手续”。这说明离团期从 25 岁～28 岁，有三年的期限，我们少先队员的离队期也可以有 1～2 年的期限，这样延长过渡期有利于团队建设,使一部分优秀队员先入团后离队。由此看来,推迟离队、放宽团队交叉期,不仅有利于团队无间断地亲密地衔接,有利于使大多数十四、五岁少年有从容不迫的时间向青年过渡,向团组织靠拢;也符合他们的心理需要,这是从实际出发,有利于整个初中教育和初中团队建设的。

4. 实践表明:推迟离队的可行性

七年来在初中团支部直接领导下开展的初三中队活动的实践有力地证明:初三少年喜欢团队结合、团队一体的活动;也喜欢继续留在队里,推迟离队不但完全必要,而且完全可行。我们的做法是:离队时间安排在初三第一学期将结束之际——元旦举行离队仪式。在组织上团队交叉并存过渡,初二时团小组长兼中队长,初三时中队长由团支部委员兼任,另有一位非团员担任中队长,少先队的标志佩戴:初一戴红领巾,初二、初三戴队徽。初三宜搞求实、小型、多样的活动,如:"少年团校"、"团队联谊"、"团队共勉"活动。针对初三学习任务繁重等特点,围绕改进学习方法提高学习质量的"学习一得"、"知识天地"、"复习入门"等交流活动,结合升学就业指导,重点开展职业理想教育活动。

三、结论和思考

(一)结论:把初中队员离队时间推迟到初三,不仅是可行的,而且是有效的。

1. 有利于初中德育目标整体优化

思想教育不是一朝一夕之事,需持续进行,形成体系,持之以恒,离队时间推迟到初三,保证思想教育不断线,使初二年级的学生暑假有人管,学生有组织地参加团队活动,保持德育目标实施的系统性、递进性,使德育在各环节纵横联系上整体优化。

初中三个年级德育目标依次递进,既有层次性又有递进性。

公民教育是中学的基础教育,它贯串于初中三个年级。但在各年级有所侧重,初一年级作为培养公民意识的起步,侧重在道德意识领域进行以"五爱"为基本内容的道德教育,培养学生具有良好的品德和行为习惯。初二、初三年级侧重在法律意识领域,具体进行民主与法制、纪律教育、环境道德教育和社会发展规律教育,从人与社会、国家、自然的关系方面深化公民意识。围绕上述三个年级的德育目标,团队组织和班级统一要求,发挥各自优势,有序地开展以"争做'四有'小公民"、"理想在召唤"、"龙的腾飞"为主题的系列活动,强化了公民意识。

2. 有利于打好中学共青团的基础

中学少先队是整个少先队教育的重要环节,也是共青团工作的基础。离队时间推迟到初三,团队交叉期一年,使团队工作不断线,有利于团队衔接和强团带队。初中共青团组织的任务是团结教育全体初中少年,少先队是共青团工作的一部分,加强了少先队有利于提高团员的素质,初三的团员是队组织中的核心、骨干,是少先队员中的榜样,他们自觉地以模范行动带领队员迈向新的高度,做个好青年。

3. 有利于队工作整体水平的提高

在参加1988年中学少先队创造杯竞赛中，我们组织初三年级的队干部到低年级辅导制定活动方案，搞观摩活动，示范撰写活动纪实等，以大带小，提高了初一、初二年级的队活动水平，在全国共获活动优秀奖、辅导艺术奖13个，其中有三个活动获全国、江苏省最佳奖。我们还针对三个年级的队员对活动的不同需求，如初一求动，初二求新，初三求实，因年级制宜组织自主、自立活动，提高自我教育、自我管理的水平。

推迟到初三离队，有利于创建优秀队集体。一个优秀队集体的形成需要集体中每个成员日复一日，月复一月的共同努力，甚至是年复一年的奋斗、进取。89届初三(1)中队在创建朱自清中队过程中，制定了初中三年队集体建设目标，他们的分步目标是初一创建文明中队，初二创建红旗中队，初三争取命名为“朱自清中队”。经过两年多时间努力，终于在初三年级被团市委命名为“朱自清中队”。

4. 有利于队员整体素质的提高

把离队时间推迟到初三，实现德育一体化，促进队员在德智体诸方面的发展。

班、团、队一体的思想教育活动，促进了班集体的形成，融洽的人际关系，为队员勤奋学习创造良好的氛围。90届初三队员，在初一入学时，参加扬州市中学摸底统考，语文、数学、外语三门功课的平均分为87.97分，仅高于另一所重点中学1.15分。其中数学单科低0.42分。初三毕业参加升学考试，语、数、外三门功课平均分为93.46分(语文、数学满分为120分)，高于另一所重点中学5.06分，数学单科成绩高出10.2分。语文、数学、外语、政治、物理、化学六门功课总均分高出44.3分。

(二) 几点思考

1. 现代科学发展的总趋势，从个体性走向系统性，从空间性走向时间性。中学团队工作是学校德育系统工程中的一个子系统。初中团队工作一体化必须在学校德育工作一体化的前提下实施。实现初中团队工作一体化作为辅导员要跳出少先队这个子系统，全方位的透视，横看相关的各部门、各学科、各渠道的联系，纵看德育的学校目标和社会目标，在纵横的联系上探索初中团队工作整体化的内容和途径。

2. 把离队时间推迟到初三，必须强化初中团队工作，建立领导机构，从组织上保证中学少先队有人问，有人管。在教育行政方面建立与九年义务教育制同步的配套的思想教育一体化的管理机构；在完全中学，为扭转重高中、轻初中，重团轻队现象，结合目标管理，实行层次管理，分设高中部、初中部；在团市(县、区)委的学校部增设初中少年部，专管初中团队工作；在学校团委(团总支)，建立团委领导下的初中团总支(或团支部)由团总支书记或团支部书记兼大队辅导员。

3. 初中团队工作一体化，不能简单地理解为力量上的均衡，形式上的联合。它们之间是有主从、先后、轻重之分的。在领导关系上是团领导队，在时间上是先入团后离队，在参与方面是团队一体，在目标上是强团带队，无疑强化团的意识是个重点。

4. 少先队自身改革迫在眉睫，在改革中求发展。要不断完善中学少先队组织体制，针对少年特点充实教育内容，力求活动少年化，工作自动化，教育系列化。

·动态·

10月16日，上海市少工委办公室、市少儿研究中心和农村少先队总辅导员在奉贤县新寿乡举行少先队劳动科技实践教育研讨会，探索农村少先队劳动科技实践教育的意义、目的、内容、特点和途径。

奉贤县教育部门主动配合团委在少先队劳动科技实践教育方面进行的一系列有效探索和实践，他们将此作为办学方向予以重视。

《少先队研究》1991年第6期

她是怎样变得自卑起来的?
——一名初中女生学习情况变化的个案分析

江苏省扬州中学　王　雄

这是一个瘦而高的女学生,校运动员,皮肤稍黑,谈话时,声音很小,微低着头,似乎总是躲着别人的目光,是个很内向的女学生。从初一第二学期开始,她的成绩出现下降趋势,进入初二后,这种情况日益严重。通常,女生学习成绩若出现持续下降趋势,一般是难以回升的。那么,究竟是什么原因阻碍着女生的正常发展呢?(为表述方便称该生为S生)

一、对两份调查报告的分析

初一入学不久,我们曾作过两次书面调查。一是"学生学习情况调查表",分"学习基础"、"学习能力"、"兴趣"、"家庭环境"、"家庭辅导情况"和"家长期望"等六项,要求由家长指导学生填写。

1. 在S生的调查表中,所有评价性栏目填的都是"一般",从笔迹看,皆由家长填写。是不是S生确实是个普普通通没有什么长处的学生呢?并非如此。看来是家长对孩子要求过严,看不到S生的长处。

2. 表中第二项有"常粗心"几个字值得注意,因为"粗心"经常成为掩盖其它影响学习因素的面具。

3. 表中第五项中家长"天天叮咛,要好好学习"的现象,是引起这个年龄阶段学生反感的一个重要原因,它也从侧面反映出家长对S生学习现状的不满与担忧。

二是"有关学习状况的调查问卷"。涉及"学习目的"、"学习态度"、"学习计划"、"学习过程"四大项共55个问题。在第一大项中,S生对学习目的的回答是明确的:做一个对社会有贡献的人。从第二大项学习态度开始,反映的问题便多了起来。

1. S生"对不喜欢的学科有不用心的时候","平时对看书学习不是很感兴趣"。这说明尽管她在选择"学习目的"的答案时是正确的,但是她并没有真正理解这些"学习目的"的含义,了解正确的学习目的只能培养间接的学习兴趣,而"旺盛的求知欲"这种直接兴趣产生的动因,S生无疑是缺乏的。

2. "课堂不敢提问,不敢发表自己的见解,不敢与老师交谈并常为学习成绩担心。"这些现象是S生内向性格的一种表现,说明她对自己缺乏信心,过于焦虑而导致自卑,产生的原因可能与家庭环境等其它未知因素有关。

3. 在“学习计划”、“学习过程”有关问题的答案中可以看出，S生学习计划的周密性不够，执行计划的效率不高，学习方法上可能还存在一些问题。

填写上述两份表格时，S生的成绩都还稳定，对表格中反映的问题所作的分析，并没有更有力的证据作进一步的推断，深刻的因素还需要进一步从S生本身来寻找。

二、对S生周记的分析与思考

在进入中学的一年多时间里，S生共写了31篇周记。学生周记的内容一般是随意的，通常反映学生在一周内最关注的事情。在S生的全部31篇周记中，有关学习的占11篇。在初一第二学期涉及学习的内容最少，仅有两篇。到初二第一学期，仅上半学期涉及学习的内容就迅速增加到5篇，这反映出普遍下降的成绩已引起她极大的关注。

从周记的具体内容分析，不同时期反映出了对学习的不同态度和心理状态。

1. 初一第一学期有关学习的内容主要是总结性的。其中有这样一段话值得思考：“这次考试总的来说还可以，不能说很好，但数学我觉得落下来了，特别是计算部分，由于粗心大意，把分丢了。”(1987年11月)

细细思索可以发现：① 她觉得数学并不难，仅仅因为粗心，丢了几分，显示了一点自信；② 原来在小学的优势心理还有一些，但想在新环境中保持优势，已不再是很容易的事情，93分并非几个人获得，而是20多个人都能达到或超过这个水平，于是，她认为自己数学成绩“落下来了”。虽未完全丧失信心，却给以后自己在竞争中的“失败”，埋下根子了。

2. 唯一有关家庭的周记是这样写的：“昨天晚上，爸爸和妈妈又吵了一架，我和妹妹都胆颤心惊地躲在房间里。我想，我的家能安宁吗？整天沉陷于心情不好的环境中，学习成绩会落下来的……”这样的环境非常容易产生自卑、胆怯的内向性格。S生认识到了这点，却又无能为力。

3. 在初一第二学期，S生仅写了两篇有关学习的周记，都是数学方面的。第一篇写在一次数学测验之后：“下午考完试后，我就想哭，两条应用题都错了，回家后一直闷闷不乐，真是个破天荒，我多么想，这不是我的卷子！我将记住这个分数，但愿这是最后一次。”性格内向、自信不足的她，不是面对现实，冷静分析，而要记住这个分数，好像是记住“前车之鉴”。实际上，这加重了她的自卑感。尽管，以后她的成绩有所回升，但是这次本该忘记的失败却在她心灵深处留下了深深的印记。

4. 升入初二年级后，第一篇周记的内容有所变化，想由此振作一番，但是两周后，单元测验的成绩一到，S生的心情就变了。“我有一种感觉，就是好像有点怕进教室，怕见到同学。”(1988年10月)此时，自卑的阴影已完全笼罩在她身上，她感到自己失去了取得好成绩的希望。一次次分数的“打击”使她更加自卑了。

如果把4篇周记的分析与前面两次调查的分析联系起来，便会发现S生成绩持续下降的心理变化过程和产生这个过程的部分原因在逐步明朗。但是仅仅通过分析这些书面资料是不能得出正确的结论的,还必须进行更切实际的调查分析。

三、有关“家访”与“小组讨论会”的分析

1.“家访”的分析

家访中除了进一步证实上文的分析之外,还了解到一些新问题:①“家庭不和”是短期的,但恰巧发生在S生成绩开始下降。自感不如他人的时候;② 家庭知识环境的缺乏造成求知欲不强,学习兴趣不浓;③ 对男女交往有反感情绪。

2.“小组讨论会”的分析

请S生参加由6名女生组成的学习讨论会,目的是让她在较熟悉的好友中间,能自然地说出自己对学习的看法。她说:“学习上有问题很少问人”;“复习时,效率不高,有时仅限于死记硬背,提不出问题”;“父母有时用优秀学生与我们比较,有旁人在场也这样,我们感到难堪”;“运动队里出了一个强手,原来体育成绩与我不相上下,现在却不断地超过我,训练也没意思了”;等等。综合分析S生的这些话,和S生离开后同学们对她的看法,结论便可以出现了。

四、导致S生学习成绩持续下降的原因与相应的教育方法

第一,从小学到初一第一学期结束,S生学习成绩较平稳,一直处于上等水平,加上优秀的体育成绩,她的心理是平衡的。但是,与此同时,潜伏的不稳定因素不少:从小形成的胆小、内向的性格与家长、学校的压力,常常使她过于担心自己的能力,缺乏自信心。在遇到挫折时,过分自责,生活范围的狭小,难以形成正常的交往,怕讲话,怕请教问题,造成问题积压。家长的指责多于鼓励,缺乏对S生自尊心的培养,不顾孩子心理状况,使父母矛盾的阴影笼罩在孩子身上。这些潜在的因素构成以后自卑心理形成的基础。

第二,小学教育培养了较强的间接学习动机,形成了只适应小学学习的一套习惯,它掩盖了学习兴趣不足的缺点,对培养新的适应中学学习任务的方法,起了阻碍的作用。

第三,青春期的来临,引起她情绪的躁动不安,社会交往能力的缺乏,使她往往用冷漠的态度压住自己的情绪,向相反的方向发展,反感男女学生的交往。这种压抑的心情进一步强化了她的自卑心理。

第四,进入初二年级,各门课程加深了内容,虽然S生想努力一下,并看起来下了决心,但是,由于造成她成绩下降的生活方式、学习方法等因素没有改变,她自己也没有认识到本身不良心理因素所起的作用,所以,又一次失败,使她重新陷入自卑之中。如果这种情况继续下去,S生就会真的改变不了学习的落后状态了,这也就使社会上流行的“女生不如男生”的那句话似乎变成了不可改变的“规律”。

从以上分析可以发现,处于青春期的女学生,心理障碍是她们经不起困难和挫折的重要因素,这种障碍根源于家庭、社会和学校,因而解决这个时期的女生学习问题,

就必须从多方面综合考虑：

1. 在初中入校前，以班为单位，整理出涉及家庭、小学教育等方面的基础资料，为在初中阶段的正常教育提供科学而切合实际的文字材料，以利于“因材施教”。

2. 在初一年级，开设“心理卫生课”，提高初中生认识自己、控制自己、形成自我意识的能力，正确对待此阶段来自家庭、学校、社会中出现的困难。

3. 开设“学习思维课”，提高初中生的次认识能力，以适应中学的学习。

4. 学校应当尽快实现教育者观念上的转变，消除以“分”看人、以“分”评价的做法，否定以教材本身为中心的教育体制，建立以人(学生)的学习为中心的教育体制，努力创造轻松、愉快、进取、严谨的学习气氛。

5. 教师应该善于洞察学生心理的变化，运用心理分析、心理治疗的一般方法，及时消除青春期给学生带来的不安与苦闷。在任何时候，都应该注意塑造具有坚强、勇敢、自信、创新等心理素质的新一代人才。

6. 在初中开办“家长学校”，辅导家长为孩子创造良好的家庭气氛和求知环境，并使家长正确引导孩子度过“青春危险期”。

编后话

她是怎样变得自卑起来的？读完了王雄同志的个案分析，不难找到她的性格变化的轨迹。这样的女孩子，在我们或长或短的教坛生涯中，也许碰到过不止一个，你曾否对她们看似平常的话语和举动，也像王雄那样做一番剖析，以窥探她心灵深处的不易觉察的细微变化？可别以为，像S生这样的学生，暂时不去管她，也出不了什么大纰漏。假如就在这个关键的时候，你“管”了她，帮她克服了自卑心理，扬起了激流勇进的风帆(相信王雄同志是会这么做的，也许正在这么做)，她未来的人生道路将会是什么样子？而如果不去“管”她，坐失教育的良机，听之任之，她会不会从此便自弃，便沉沦？这样的例子是不少的。

“个案分析”其实就是典型调查、解剖麻雀，也可以看作是最基础的教育科研，对各种不同类型的学生都可以搞，找出其中带规律性的东西，然后施以必要的有针对性的教育。有心于此者，不妨试一试。

——编　者

《江苏教育》1990 年第 4 期

正直向上,热于求知
——江苏省扬州中学校风不断发扬光大

一九八三年五月,原中共中央政治局委员、扬州中学一九三〇届校友胡乔木同志给母校写下了这样一段话:

扬州中学连同它的前身之一江苏省立第八中学,是我从一个小学生成长为一个青年的母校。从一九二四年到一九三〇年,四十多年已经过去。当时的老师和同学我却永远不能忘怀。虽然他们中间的许多人已经离开人世,有一些是在革命斗争中牺牲了。扬州中学在旧时代并没有教育我走上革命的道路。那是当时的先进思想家和一些先进的同学帮助我的。但是它教育我成为一个正直向上,热于求知的人,仍然使我深深感激。光荣的是今天的老师。他们自觉地担负着历史的重任;幸福的是今天的同学,他们能在中学时代就把自己的学习和生活同社会主义祖国的命运联结在一起,我同你们相隔几千里,但我的眼睛眺望着你们前进的脚步,我的心同着你们的心一道为争取伟大的未来而跳动。

给亲爱的江苏省扬州中学

胡乔木　一九八三年五月

乔木同志题词中所说的"正直向上,热于求知",正是扬州中学从一九〇二年建校以来一以贯之的校风。只是在不同的历史时期,它含有不同的具体内容,而总的精神是要教育学生"知书达理",懂得如何做人,如何求学。

清末,在资产阶级改良派的维新变法声浪中,扬州成立仪董学堂(扬州中学前身)。继仪董之后,扬州复有尊古学堂、扬州府中学堂的兴办。尊古学堂后改为两淮师范学堂。民国初,两淮中学堂与扬州府中学堂合并为淮扬合一中学,翌年,改称江苏省第八中学。与此同时,两淮师范学堂也改称江苏省立第五师范学校。

五师、八中是当时扬州公立学校中最高学府,都注重对学生进行思想品德教育,办学成绩卓著。五师校歌中唱道:"梅花开处蜀冈高,师范第五校,三育端师表,八字诏吾曹,诚敬、公恕、勤朴、勇毅、努力求深造,江淮万里遥,无量儿童待甄陶。"八中校歌中唱道:"浩浩乎长江之涛蜀冈之云佳气蔚八中,人格健全,学术健全,相期自治与自动,欲求身手试豪雄,体育须兼重。人才教育今发煌,努力我八中。"八中在走廊醒目处树立石碑，上刻“汝记五月九日六时乎”，告诫学生不忘袁世凯承认“二十一条”的“五九国耻”。“五四”运动中，到公共体育场焚烧日货的，以五师的队伍最为庞大严整。任孟闲校长和被毛主席誉为“毁家兴学”的李更生校长都曾与学生同台演出进步话剧，宣传反帝反封建“五卅”后社会名流纷纷到校演说，恽代英同志曾在五师和八中作报告。并介绍八中学生曹起溍参加中国共产党。不久，建立了中共扬州八中支部，由曹起溍任支部书记。学校的爱国教育和民主熏陶，促成了扬州早期中共党支部的诞生。

1927年，八中和五师合并为江苏省扬州中学。全校分高中部、初中部和乡村师范科，以五师原址大汪边为高中部，八中原址旧府署为初中部，高邮界首原五师分校为乡师科。高中部除设立普通科和师范科外，又陆续添设土木工程科，机电工程科，且与上海同济大学合办德文班，学生毕业后直升同济。又创建女子生活部，施以家事及女子职业教育，一度并有附属学校四所，还附设高初中预备班和德风中学。虽日普通中学，实具综合性质。周厚枢校长治校有方，正如台湾校友李祖寿《周厚枢校长与扬州中学》一文中所写“周氏长扬中十载，所聘皆良师，校风优良，学生成绩全国闻名……而学生气质犹有足多者。当时各大学入学考试主持口试者常为大学校长，渠等对扬中毕业生之特殊优秀风度，咸留有深刻印象。每谓扬中学生在行止应对间俱有特殊流露，一望即知，而周氏则尝以“质、实、刚、健”四字以概括其气质。”五师、八中以来，正由于一些有为的校长和一批德高望重、学识渊博的教师的辛勤耕耘，逐渐使扬州中学形成了“正直向上，热于求知”的良好校风。

在这种校风的熏陶下，当时不少学生对国事常耿耿于怀，对学问则孜孜以求。如胡鼎新同志(即胡乔木同志)在高中时即研究淮扬方音(见民国十八年出版的《扬中校刊》第三十九期《淮扬方音概论》)，研究近代文艺流派(见民国十九年出版的《扬中校刊》第四十八期《近代文艺观测》)。并在《近》文最后指出：“……这种宗教，不是幻的空疏的过去的一切的旧的耶苏教、佛教、拜金教，而是敢于以全人类的血肉为牺牲，以全人类的幸福为鹄的，将黑暗的昨日与混乱的今日勇敢的无畏的向明日的光明与快乐推进的新宗教——社会主义。”“毕庆芳同志(即毕季龙同志，前任联合国副秘书长)在九一八事变后，在校刊上慷慨陈词：“我们底民族国家已经到了这样危险迫切的状态，而国际间更是久已毫无正义，此时还不自起救亡。更待何日？更等何人？可是政府长官能够厚着脸不顾死活存亡地镇静无抵抗，而素来等于是私人底家奴犬马的军队，只有拿同胞的残杀戳同胞的份儿能明白守土有责。知道捍卫国家，将在外君命有所不受为我们民族国家挣口气的有几人？大好河山，拱手让人；赤子同胞，任人宰割。还有什么话说？还能说什么！?”(见民国二十年出版的《初中校刊》第五十九期《为义勇军说几句话》)。

八年抗战期间，扬中七易校址，于艰苦危难之中，坚持教学，但正直向上之志不易，热于求知之望不减。解放前夕，学校中的反动教育加上特务统治，使扬州中学蒙上了一层深深的阴影。当时部分进步学生在上海“学联”的领导下，曾有各种政治活动，并发动了一次反美扶日的十万人签名运动，工科的同学曾在华中二地委的领导下，组织了几个秘密小组，分别秘密测绘国民党军队在扬州市郊的军事工事图，为解放扬州提供了敌人布防情报(此图现存扬州市党史资料征集办公室)。在淮海战役胜利形势的鼓舞下，进步师生识破了反动校长拟将学校南迁的阴谋，散发宣传品，进行了反迁校的斗争。终于以正义的斗争战斗的姿态，迎来了扬州中学的新生。

解放初期，扬州中学在党和人民政府领导下，"正直向上，热于求知"的校风增添新的内涵。同学们为尽快地进入建设祖国、保卫祖国的行列而热血沸腾。以解放初期两度掀起的参加军事干校的高潮为例，前后共有 1500 多名同学报名，最后有 259 名优秀同学走上了祖国国防建设的光荣岗位，当年的毕业生经过高等学校的深造和实践锻炼，大部分成为各条战线的骨干。

总结了大跃进的教训，六十年代初到文革前这一段时间，扬州中学教学秩序稳定，在加强思想政治教育和提高教学质量等方面比较系统地总结了一些经验。政治思想工作方面，形成"从具体情况出发，扎扎实实，坚持不懈，点点滴滴，精雕细刻"的好传统。把坚定正确的政治方向摆在第一位，引导学生明确学习目的，逐步树立正确的世界观和人生观，促进德智体全面发展。学校坚持以教学为中心，按教学规律办事。自贯彻执行《全日制中学暂行条例》后，学校一直坚持"以教学为主"，思想上明确教学为主，工作上体现教学为主，制度上保证教学为主，并形成了"四个为主"的经验，即：学校工作以教学工作为主，教学工作以课堂教学为主，课堂教学以教师讲授为主，教师讲授以讲授书本知识为主。为了切实提高教学质量，又抓了学风建设，学校提出四句话十六个字的学风："虚心求教，刻苦钻研，一丝不苟，持之以恒。"(或者称八字学风："虚心、刻苦、踏实、经常")每个教室里贴上"学风"，班主任手册上印上"学风"，口头上宣传学风，行动上实践学风。这四句话已成为扬州中学校风的有机组成部分。

这一段时间，学生政治热情高，学习气氛浓。62 届的毕业生祁力群就是一个典型，他在校时，思维灵活，常常不按老师的思路思考问题，教师对他的好动，不"循规蹈矩"，总是积极引导，热情鼓励，他喜爱读课外书，一次在作文中说自己"恨不得做一条蛀虫"。他对历史课十分感兴趣，曾因"先天下之忧而忧，后天下之乐而乐"的名句而激动，曾以中华民族有光辉灿烂的文明史而自豪。正因为中学阶段有了这拌的基础，所以他进入清华大学以后，学习刻苦，成绩优异，曾荣获清华大学一九六四年数学竞赛第一名，被列为学校三个校级因材施教的优秀学生之一。一九八〇年在西德举行的第三届区间数学国际会议上，他重读了论文，外国友人誉他为"民族、国家的优秀代表"他研究用区间分析法解非线性方程，发展了国际著名区间数学家美国摩尔教授的理论，他的研究成果被称为"摩尔——祁力群方法"。

文化大革命中，学校遭受到破坏。多年来培育起来的良好校风也受到了冲击。但是，"青山遮不住，毕竟东流去。"校风作为一种无形的力量，仍维系着师生的精神，当时一部分教师仍忠诚党的教育事业，勤奋教学，一部分学生也认真学习，不断进步。最突出的是王晴同学，在粉碎"四人帮"以后的第一次高校招生考试中，他虽只读了三年半中学，但提前报名参加考试，获得了江苏省在籍学生考生中的总分第一名。

党的十一届三中全会以后，扬州中学的校风在拨乱反正中进一步得到发扬，并充实了新的内容。"五讲四美三热爱"成为"正直向上"的主要内涵。学校看到今天的青少年有许多不同于文革前青少年的特点，从党的教育方针出发，根据青少年的思想现状和心理特点，改变文革中那种空洞的政治说教、贫乏的知识教育、刻板的教育形式。寓教育于教学之中，寓教育于生动活泼的活动之中。学校从爱国主义教育入手，使学生不断明确学习目的，加强了思想工作的针对性；不断引导学生在奠定知识基石的前提下垒起思想之塔，加强了思想工作的知识性；还注意开展丰富多采的适合青少年心理特征的活动，加强了思想工作的生动性。这样，使原来的"笨办法"更加科学化。

为全面开创社会主义现代化建设的新局面而奋斗，成为"热于求知"的新的动力。教师中出于"把失掉的时间追回来，把造成的损失补起来"的良好愿望，一度产生了急于求成的心理，教学上出现了偏科、填鸭的现象。为了改变这种现象，克服学生在掌握知识上存在的"偏"、"窄"、"碎"、"死"的弊端，学校在实践中不断探索教学规律；从各科教学的相互关系中，探索学生知识均衡发展的规律；从大纲和教材编排的顺序中，探索学生知识积累的规律；从教与学、知识与能力的关系中，探索提高教学效率的规律。这样，使学生同时获得知识、发展智力、培养能力，学校为了发扬"正直向上，热于求知"的校风和"虚心求教，刻苦钻研，一丝不苟，持之以恒"的学风，引导学生有正确的学习目的、学习态度、学习方法和学习习惯，编写了学习口诀："学生任务，认真学习，中学阶段，打牢根基，德智体美，不可偏废，全面发展，坚定不移，学好知识，养成习惯，掌握方法。培养能力，上课之前，必须预习。课本文具，定要带齐，课堂学习重要阵地，静听细看，及时笔记；专心致志，积极思维，尊师重道，提高有期，回家作业，认真仔细，先要复习，再作习题，今日功课，今日完毕，光阴宝贵，理当珍惜，懂、会、熟、巧、贵在坚毅，如攀高山，如履云梯，学风四句，务必牢记。同时，以"对、清、精、活"为标准，进行课堂教学改革；开设了劳动技术课；坚持进行数学、语文实验教材的试改工作：积极开辟第二课堂；认真抓好体育卫生工作。

近几年来，学校进一步贯彻教育方针，加强学校管理，重视校风建设，在开拓中前进，为了贯彻"面向现代化、面向世界、面向未来"的精神，学校工作仍坚持以教学为主，努力实现三个转变：把"教学工作以课堂教学为主"转变为课内外相结合，让学生从多渠道获取信息；把"课堂教学以教师讲授为主"转变为教师主导与学生主体相统一，调动学生内在的因素；把"教师讲授以教授课本为主"转变为理论与关际相联系。重视实验和社会调查，培养能力，发展智力，增长才干。思想政治工作方面，加强领导的科学性，贯彻教育的系统性，实行教育方法的开放性，发挥教育对象的自主性，推动了本校两个文明的建设。1986 年我校被省人民政府命名为省级文明单位，并在最近两年两次复评中得到进一步确认，自市教育局党委开展创争活动以来，我校党总支每年被评为先进党总支，我校连续多年被评为省、市德育工作先进集体和综合治理、绿化、体育、卫生先进单位，为适应素质教育的需要，教学上坚持课程结构改革，开设劳技课,建立各种课外活动小组,各学科普遍结合本学科的特点进行学科思维教学的实践,进行课堂教学的整体改革。

几年来我校教师承担的教育教学改革、实验项目有二十余项,其中在国家教委、省教委立项的有六项,在省级以上报刊杂志发表的文章有三百余篇,有六十余人次获得教学科研方面的奖励,其中张乃达老师在数学思维教育方面的研究在国内有一定影响,其专著《数学思维教育学》填补了国内在这方面的空白,由于学校在继承、发扬扬中优良传统的基础上,努力大胆创新,加强了校风、学风的建设,促进了学生整体素质的提高,追踪调查结果表明,清华大学86—88年每年评出的因材施教生中,属江苏省籍的以我校毕业生为最多。86—88年考入复旦大学的我校毕业生,50%以上的学生获得该校奖学金,87届毕业生周姮,86年暑期被选送美国瑞克沃尔基金会夏季学校学习,被誉为该校的学生领袖,美国联邦地质局国际权威地质学家吴景桢博士给予高度评价。近三年来有二十余人的书法、绘画、木刻作品获奖,有大批作品选送国外展示,群众性体育活动制度化、规范化、达标率、合格率逐年上升。89年以来,全校每年达标率都在95%以上。89—91三届高初中毕业生的体育合格率都接近100%。

扬州中学建校九十年来,毕业生数以万计,他们在学校受到"正直向上,热于求知"优良校风的熏陶,接受良好的基础教育,其中许多人为国家和民族作出了或正在作出巨大的贡献。他们当中有中共中央总书记江泽民,中顾委常委胡乔木,国家教委副主任何东昌,原联合国副秘书长毕季龙、谢启美。全国人大财经委员会副主任李朋,外交部副部长徐敦信,农业部副部长张延禧,著名作家、学者、民主战士朱自清,国际核能专家汤烺孙、武衡等二十二位中科院学部委员,以及研究成果有世界影响的方开泰、祁力群、成安生等。更多的校友成为各级领导干部、技术骨干或素质较高的普通劳动者。

江泽民总书记最近为扬州中学建校九十周年题词:"怀念前贤,激励后昆,继往开来,团结奋进。"学校将遵循江泽民总书记的指示,坚决贯彻邓小平同志南巡讲话的精神,在改革开放的大潮中,认真总结扬州中学九十年的办学经验,团结全校师生员工,发扬光荣传统,加强校风建设,积极开拓进取,为把扬州中学办成高质量、第一流、有特色的社会主义普通中学而努力奋斗。

江苏省扬州中学
1992.9.14

在建设高品位校园文化过程中拓宽德育工作领域

江苏省扬州中学

近年来，我们以九十多年形成的深厚的校园文化传统为背景，以德育和美育相互渗透为重点，致力营造高品位、有特色、多样化的校园文化氛围，在改革开放环境中发挥校园文化独特的育人功能，努力拓宽德育工作领域，取得较好效果。

在思想上，主要明确三点。

第一，人才的高素质来源于校园文化的高品位。社会主义现代化建设和二十一世纪的严峻挑战，需要培养一代目光远大、知识丰富、情趣高雅、素质优良的新人。当代中学生正处在“文化固形期”，提供高品位的文化环境将影响和决定他们今后一生的发展状况。加强校园文化建设，是实现由应试教育向素质教育转变，拓宽德育领域的重要途径，是完成教育根本任务的迫切需要。

第二，加强校园文化建设，是教育规律和学生身心发展规律的客观要求，校园文化对中学生身心健康具有促进、导向、规范和教育作用。人的个性和品德只有在一定的文化氛围中才能和谐发展。

第三，从扬中的办学传统和经验看，校园文化在开启学生智能、净化思想、健全身心、形成优良精神素质方面，发挥了巨大作用。因此，建设高品位的校园文化，是继承和发扬优良办学传统，在新形势下形成新的办学特色的重要举措。

总之，我们认为，重视校园文化建设，这是教育工作者具有远见卓识，教育思想现代化，学校教育和管理进入深层运转的重要表现。

在改革开放环境中突出校园文化的主旋律

我们处在一个全面改革开放的时代。社会文化环境对青少年精神素质的影响是多方位的、深刻的。应当看到，各种文化的交汇出现，既是改革开放的结果，又是当今我国社会文化多层次性的反映。随着社会主义市场经济的逐步建立，产生了与市场经济相适应的新文化，这无疑是社会进步的表现。同时也要看到，青少年一代社会阅历尚浅，特别是文化选择能力相对较弱。中学生面对文化潮流，求新求异，必须加以正确的引导，使他们在多层次的文化环境中，辨别良莠，培养和建立高层次的精神素质。这是教育工作者的神圣职责。我们分析了中学生所处的社会文化环境，突出校园文化的主旋律，用代表时代发展和社会进步的主流文化引导中学生健康成长。

爱国主义是校园文化建设的永恒主题。在人们的自我意识中，群体心态、价值观念和精神情感，是隐性的校园文化范畴，爱国主义作为深层的价值观念和精神情感，是一个人精神层次的根本标志，也是校园文化品位的集中反映。我们将爱国主义教育，作为一种高层次的文化类型，坚持开展以爱国主义为核心的主题系列活动。深入开展了国情知识竞赛，造成“学历史、知国情、爱祖国”的巨大声势。首先，大力弘扬民族传统文化，积极开展传统美德教育，通过教学渠道引导学生认同我们民族优良的文化传统。通过开办中国传统文化的系列讲座讲解《红楼梦》等古典文化珍品，帮助学生了解我国璀璨的古典文学和五彩缤纷的古代艺术；讲解中国文化对日本及欧洲的影响，真正使学生触摸我国传统文化的深厚伟力；开办中华民族传统美德系列讲座，帮助学生继承和发扬传统美德，提高校园文化的档次。其次，坚持向中学生宣传文化、科技界的专家的人格思想和学术成就。激励学生以革命家、科学家的形象为楷模。我们重点在广大学生开展学习校友来自清先生热爱祖国，保持民族气节的事迹，通过举办《朱自清颂》图片展览，开展“在朱自清铜像前”主题活动。朱自清先生爱国主义精神点燃了学生心中的圣火，同学们纷纷表示要读自清书籍，学自清精神，做一名真诚的爱国者。

由于注重突出校园文化的主旋律，使扬中的校园文化建设始终在深层次上运行，带来了学生思想道德和精神素质的积极变化。全校学生爱国主义情感进一步升华，为祖国繁荣而学习，成为广大学生的学习动力，竞争进取正在逐步成为学生的普遍行动准则。许多同学表示“我们已经站在新世纪的门槛上，为了迎接新世纪的挑战，当代中学生要努力学习，提高素质。”

让学生在深厚的文化氛围中全面发展

在扬州中学九十多年的历史上，创造了恢宏阔大、古朴典雅的校园环境，孕育了璀灿辉煌、深厚高雅的人文环境。校史上就有“人格健全、学术健全、自治自动、体育兼重”的文化传统。这些传统，是学校宝贵的教育遗产，丰富的校园文化资源。从某种意义上讲，正是扬中深厚而独特的文化氛围培养了一代代人才。扬中之所以名闻遐迩，人才辈出，人们所向往的乃是其深厚的校园文化氛围。我们深切地感到，高雅的文化氛围一旦形成，对中学生将具有独特的“场效应”。主要从四方面营造深厚的文化氛围。

一、学习校史，增强名校意识。首先，坚持开展“树人堂前学起步”、“从树人堂出发，在国旗下成长”等主题系列活动，让每个学生跨进校门，便浸润于扬中校园深厚的文化氛围之中，以此激发作为名校学生的自豪感和责任感；其次，运用各种手段宣扬和学习九十年校史。我们举办了《树人堂的骄傲》、《五四运动在扬中》等一系列主题会；学习九十《校庆纪念册》中缅怀校史，弘扬校风的校友文章；再次，开辟了占地 $200m^2$ 的校史陈列馆，运用十分丰富的校史文献实物和数百张图片教育学生。第四，通过开展九十周年校庆活动，强化校园文化氛围。九十校庆活动体现了校友江泽民总书记的题词：“怀念前贤，激励后昆，团结奋进，继往开来”的精神，使名校意识成为校园内的强大集体舆论和师生共识。

二、建立校园文化的人文景观。九十年校史英才辈出，星汉灿烂。通过重点宣传校友中的杰出人物，形成校园文化的人文风景线，其中有：中共中央总书记、国家主席江泽民，著名作家、民主战士朱自清，已故原中共中央政治局委员、马克思主义理论家胡乔木，我国两任联合国副秘书长毕季龙、谢启美，武衡等 22 位中科院院士（学部委员），为祖国解放献身的十多位烈士校友。通过主题展会和在国旗下讲话，着重宣传他们热爱祖国、正直做人、勤奋治学、为国家和民族作出巨大贡献的光辉业绩。

三、校歌征集系列活动。歌以咏志。校歌，是以艺术的形式反映莘莘学子的精神面貌，是校园文化的一个重要内容。我们在全校师生中开展了征集校歌的活动，旨在动员师生在创作校歌过程中弘扬优良校风；在广大学生中教唱历史上的校歌，以体味学校的优良文化传统，使几代校友与今天的中学生，在为祖国学习的情感基础上产生共鸣。

四、弘扬以校风为核心的校园精神。校风，是校园文化的核心，是校园精神哲学的最高体现。我校历史上形成的“正直向上，热于求知”的优良校风，是校园深厚文化传统的高度提炼。高品位的校园文化，说到底，要有一个高品位的校风。在做法上主要以“正直向上，热于求知”的校风为基点，通过在教师中弘扬“进德修业、教书育人”的教风、“虚心刻苦、踏实经常”的学风，造成强大的舆论氛围。

这几年来，由于我们十分重视挖掘校史中的德育资源，通过学习宣传校史中的杰出人物事迹，重大历史事件，促进形成了良好的校园文化环境。

立美育人提高学生的精神品位

立美育人是教育美学的一个基本原则。近几年，我们一直以“立美育人”为基本原则，以德美渗透为基本途径，积极追求校园文化的审美意境，赋予校园文化以美的形式和美的内容，创造性地建构学生美的心灵世界，促进学生个性按照美的规律生动活泼的发展。

建设美的校园环境。美的校园环境，是显性校园文化，它不但会引起人们视觉感官的美的愉悦，更能激发学生爱美求美创造美的内心情感。先后筹措 600 万元，用于改善环境设施、新建 2100 平方米的图书馆和 1800 平方米的逸夫教学楼，既与古朴典雅的校园布局总体和谐，又独具时代气息和民族风格。为了“让美的环境说话”，我们还在学校主要通道设立名人名言牌，标示出中外思想家以及本校杰出校友的名言。全校 40 个班，班班有校风标语；团委、学生会还在全校开展了“美的教室”的评选活动。

教学过程的审美化。我们要求全体教师在教学过程中，超越传统意义上的教书匠的角色，努力成为立美育人的教育艺术家。许多教师积极追求教学内容与操作过程的美的统一，不仅增强了教学效果，同时也提高了学生的美育素质。

开展美的教育活动。一方面，实现德育活动的审美化。学校开展德育主题活动，班级召开主题班会,都力求以美的形式和意境产生教育效果。上学期,在全校举办了命题班会观摩评选活动,把艺术性作为评选的重要指标,几乎所有的班级在实施过程中,都能做到德美相互渗透,从班会标题设计、黑板美化、活动程式、演讲风度无不透出美的文化气息,进而大大增强了教育的感染力。另一方面,我们坚持开展丰富多彩的校园文化活动。例如:举办师生收藏品艺术展览,展示师生的集邮、集币、贺年片、各种形状的文化收藏品;"树人"艺术团定期开展艺术活动,学校投资万余元购置文艺演出服装。九十周年校庆期间,学校组织有数百名学生参加的大型文艺节目"相聚在树人堂前",整个节目异彩纷呈,具有浓厚的乡土特色和校园文化气息,展示了中学生的精神面貌,令数千名海内外校友赞叹不已。我们坚持每年举办校园文化艺术节,以推动校园文化建设。同学们感到,高品位的文化艺术节,"陶冶了自己的情操,提高了自己的审美情趣,培养了高尚人格。"

激发美的风采。学生作为审美主体,既是美的欣赏者,又是美的创造者;与此同时,学生作为教育客体,学生本身又是独特的文化"产品"。优良的校园文化外部环境,归根到底要作用于中学生的内心世界,才能使中学生的整体素质和个性品质焕发出美的风采。为此,团委、学生会在全校开展了"美的风采"十佳学生评选活动。规定十佳当选学生,必须是德、智、美全面发展的优秀学生,还要有突出的个性特长,较强的活动能力、优雅高尚的气质,通过竞争当选的十佳学生,都是校园文化活动的积极参与者,为全校学生树立了"美的风采"典型。我们还积极促进制度文化建设,实施校园常规管理细则,在坚持贯彻《中学生日常行为规范》的基础上,大力发扬中华民族传统美德,印发了《学生礼仪规范》,要求在校每个学生牢记会做,举止优雅、文明守纪,形成风气。

校园文化建设拓宽了德育工作的视野,为中学生的健康成长创设了良好的环境,促进了学生综合素质的提高。正直向上、热于求知在校园内蔚为风气,涌现了一大批优秀学生。校学生会主席张元学习成绩优秀、组织活动能力强、素质全面、在组织参与校园文化活动中表现出色,获新华社《半月谈》杂志优秀中学生奖学金并被免试保送清华大学学习。初中班赆同学酷爱书法,成绩显著,92 年应邀赴新加坡作书法表演。学校获得市中学生国情知识竞赛一等奖;省"迎接新世纪的挑战"演讲比赛二等奖;全国中学生绿化知识竞赛一等奖。高三毕业班百分之八十达到高校本科分数线。93 年,江苏省扬州中学被省教委表彰为德育先进学校、江苏省模范学校。

1994.9

让学生有一颗忠诚的爱国心

江苏省扬州中学

培养和塑造学生的爱国主义精神，是我们这所以树人为宗旨的学校的办学传统之一，也是这几年我们学校德育工作的重要内容。在改革开放的历史条件下，我们系统地、深入地实施爱国主义教育，积极引导学生成为一名正直向上、热于求知的人，让每个学生有一颗忠诚的爱国心。

爱国主义教育在学校教育中占有核心位置，它是一个系统化的教育体系。我们在学校工作中一贯高度重视对学生进行爱国主义教育。在指导思想和教育构思上，主要确立：主线意识。我国近代一位伟人说过，做人的最大事情，就是知道爱国。教育学生成为正直向上的人，就是要有一颗爱国心。因此，爱国主义教育应该成为德育工作的主线。在工作安排和具体教育过程中，突出爱国主义这条主线，以不断加强爱国主义教育；系统意识。爱国主义教育离不开学校教育教学的大系统。同时，爱国主义教育本身也是一个复杂的教育系统。在教育实践中，我们一方面明确爱国主义教育的目标，即激发对祖国炽热而深沉的情感、形成热爱祖国的规范行为、树立对祖国忠贞不逾的国家观念、建立对祖国心理上的归属感、坚定对祖国的科学理性认识和价值观念。另一方面，我们在德育系统化的基础上，形成了具有扬中特点的爱国主义教育序列；渗透意识。从教育渠道看，爱国主义教育不能游离于教学工作及其它日常工作之外，必须而且只能在教育教学的过程中加以实施。从内容看，爱国主义教育是中学生在校学习的必修课。我们重视爱国主义教育在学科中的广泛渗透。把爱国主义教育作为考核评估教师工作的内容，引导全体教师在各科教学过程中，自觉地贯注爱国主义教育。

由于在教育实施过程中，确立了爱国主义教育的主线意识、系统意识和渗透意识，使得我们在学校工作中，做到目标明确、整体规划，始终坚持了对学生进行爱国主义教育。学校形成了以爱国主义教育为主线，以文明习惯养成为基础，以校园文化为背景的德育格局。

爱国主义作为一种伦理，它是调整个人与国家以及民族关系的最基本的道德规范。我们在实施爱国主义教育的过程中，注意把爱国主义的思想具体化为学生日常生活的行为习惯。十分重视加强学校的科学管理，使学生的爱国主义思想建立在正确的基础上。要求学校的各级干部强化管理意识。巩固和建立比较全面而系统的行为规范。引导和要求学生养成文明的行为习惯，先后制定和实施了礼仪、教室、宿舍、校园常规管理规范、在校一日规范等。我们还制定了班主任常规工作考核条例、学生奖惩条例,对学生的行为作出严格规范,把爱国礼仪规范作为学生文明规范的首要内容。此外,我们还坚持了多项常规管理的基本制度,如升降旗仪式(在国旗下讲话)制度,德育工作研究制度,学生礼仪及文明常规检查制度。重视科学规范的管理,促进了学生爱国主义思想的外化,也促进了学生爱国心的逐步形成。

近年来,我们还以九十多年形成的深厚的校园文化传统为背景,以德育和美育相互渗透为契机,以爱国主义教育为中心,致力营造高品位、有特色、多样化的校园文化氛围,不断强化爱国主义教育。

爱国主义作为深层的价值观念和精神情感,是一个人精神层次的根本标志,也是校园文化品位的集中反映。我们将爱国主义教育,作为一种高层次的文化类型,让学生在浓郁的文化氛围中形成爱国心。

学习校史,增强名校意识和爱国精神。积极挖掘校史中的德育资源,坚持开展“树人堂前学起步”、“从树人堂出发,在国旗下成长”等主题系列活动,让每个学生跨进校门,便浸润于扬中校园浓郁的爱国主义教育氛围之中。我们举办了《树人堂的骄傲》、《五四运动在扬中》等一系列主题会;开辟了占地 200 m^2 的校史陈列馆,运用十分丰富的校史文献实物和数百张图片教育学生,突出校史上的爱国传统。

建立爱国主义教育的人文景观。九十年校史英才辈出,星汉灿烂。通过重点宣传校友中的杰出人物,形成校园文化的人文风景线,其中有:中共中央总书记、国家主席江泽民,著名作家、伟大的爱国者朱自清,已故原中共中央政治局委员、马克思主义理论家胡乔木,我国两任联合国副秘书长毕季龙、谢启美,武衡等 22 位中科院院士(学部委员),为祖国解放献身的十多位烈士校友。通过主题晨会和在国旗下讲话,开展在“朱自清铜像前”、“读自清书籍,学自清精神”等活动,着重宣传他们热爱祖国、正直做人、勤奋治学、为国家和民族作出巨大贡献的光辉事迹。

校歌征集系列活动。歌以咏志。校歌,是以艺术的形式反映莘莘学子的精神面貌,是校园文化的一个重要内容。我们在全校师生中开展了征集校歌的活动,旨在动员师生在创作校歌的过程中弘扬爱国主义传统。

弘扬以校风为核心的校园精神。校风,是校园文化的核心,是校园精神哲学的最高体现。我校历史上形成的“正直向上,热于求知”的优良校风,是校园深厚文化传统的高度提炼。高品位的校园文化,说到底,要有一个高品位的校风。在做法上主要以“正直向上,热于求知”的校风为基点,通过在教师中弘扬“进德修业、教书育人”的教风、“虚心刻苦、踏实经常”的学风,造成强大的舆论氛围。

以“立美育人”为基本原则,以德美渗透为基本途径,赋予爱国主义教育以美的形式和美的内容,主要通过建设美的校园环境开展美的教育活动,激发学生爱校爱国情感。先后筹措 600 万元,用于改善环境设施、新建 2100 m^2 的图书馆和 1800 m^2 的逸夫教学楼,在学校主要通道设立名人名言牌,标示出中外思想家以及本校杰出校友的爱国名言。班级召开爱国主义教育主题班会,都力求以美的形式和意境产生教育效果。学校举办的六届文化艺术节，爱国主义成为教育的主题。

总之，校园文化建设，进一步强化了爱国主义教育。

系统地开展爱国主义教育，激发了学生爱国热情，促进了精神世界的升华，带来了校园面貌的可喜变化，涌现了数百名三好生，有不少学生在全国务类竞赛中获奖，雷锋式的志愿者不断涌现，广大学生中形成了为祖国而学习成才的志向，校园内正直向上、热于求知蔚为风气。

爱国主义教育是教育的永恒主题。今后，我们要积极加强和改进爱国主义教育，让每个学生都有一颗爱国心。

一九九五年三月

教学中的德育文化意蕴

张发祥

十九世纪德国教育家赫尔巴特明确提出“教育性教学”时就认为，教学是道德教育的最基本、最重要的手段，认为“德”是教学的最高的最后的目的。其实，直接而显性的“德行”教育与教学之间，还是有区别的，使两者联系起来的，是隐含着的德育文化。现代社会，谁也不会怀疑“教学，即传授文化”这一命题。但并非所有的人，全部了然教学的德育文化意蕴。

从德育文化学观点来看，教学过程，是以心理活动为基础的情意过程、认知过程，也是德育文化的传递过程。在教学过程中，教学目标的设立和开掘，教材的内容，课堂讲授操作，教学班级的课堂氛围，都富含着丰富的德育文化资源。认识和开掘教学中的德育文化意蕴，是德育文化学的一个基本任务。

另一位德国哲人G·利希滕贝格说过一句耐人寻味的话：“一个只知道化学的化学家，他未必真懂化学”。他洞察到了在具体学科背后蕴涵着比学科知识层面更为深邃而重要的东西——德育文化意蕴。

回溯文化发展史，所有的学科，都是人类以特定的视角认知世界的一种价值体系，在这些学科中沉淀着大量可感悟的德育文化信息。在各门学科的学习过程中，学生必然经历着双重文化迁移过程：一方面接受学科知识，汲取智育文化信息；另一方面汲收学科中富含着的德育文化信息。教学开拓了学生的知识视野，开发了智力，培养了基本技能，同时也丰富了学生对人生与社会，世界与历史的理性意识，对科学思想、道德理想和文化精神的理解。在这里，教学依据了科学的事实、定律、理论，使教学上升为教育。

教学是引导学生进行文化积累的过程，由于在教学中，智育文化与德育文化共同作用于学生，因而教学总体性地影响着人的基础素质。对基础教育而言，教学课程里的具体的理论、定律和技巧，将来要被“遗忘”，或者在求学和工作中也不具有直接的功利意义，正如体育教学中，训练学生做前滚翻动作，今后并不具有重要意义，重要的是通过这个动作将培养学生的敏捷性，沉淀在人的素质中的则是坚强的意志。总之，教学传递的技术层面的许多东西会被“扔掉”，但文化将积淀在人的素质里，形成稳定的道德观念、思维方式和行为习惯。

由于文化的弥散性、德育的渗透性，我们不能也不应当单纯地去肢解出教学的某一方面的德育知识点，更准确地，应当使用德育文化的概念理解教学过程。如德育文化在教学中，参与学生智力的开发和个性的培养，让学生的精神家园日益充实。让新一代的人生观、世界观建筑在科学的基础上。德育文化有助于引导学生建立科学的思维方式。思维方式的正确与否，会影响乃至决定德育的价值判断。科学方法不仅显示了科学的实证精神、理性精神，而且透射出美学精神。感知或掌握这些科学方法，对学生学会掌握辩证唯物论的世界观和方法论，都具有很大的好处。再如，教师人格的迁移，是德育文化在教学中很有特色的作用。学生不仅在认知某一学科，也是在感悟教师的言谈举止、情感倾向、思想风格，一句话，感悟教师的人格。这种感悟，是以文化传递的方式奏效的，你只要站在讲台上，都无法避免教师的德育文化渗透。学生的文化感悟（接受知识、开发智能、人格形成）有赖于教师在教学过程中向学生展示的人格魅力。

总而言之，教学中蕴含着深厚的德育文化内容，有意识地注重挖掘教学中的德育文化意蕴，应当成为教学的根本动机。

一流的教育家与平庸的教书匠的区分究竟在哪里？优秀的教师在教学过程中显示与众不同的卓越之处：

——超越平庸的人格形象。教师站在讲坛上，就是动态的精神雕塑，是在一定的教学动机驱动下，显示自己或平庸或伟大的人格外貌。教师的言谈举止和音容笑貌，都是在有声或无声地进行德育文化传递，表现或优或劣，或雅或俗的文化风格。

——科学的理性精神。理性精神，是德育文化的深厚内核。教师要对所教的学科有着总体上、深层次的把握，要率先对所教课程的德育文化意蕴有着尽可能深刻的领悟，进而自觉地进行德育渗透。

——高超的教学艺术。教学是一门艺术。教学的审美性，是德育文化的一个组成部分。自觉而自然地进行德育渗透，本质上是一种教学艺术。善于把教学引入审美化的境界，是教师职业水平的理想追求。因为，只有在美的氛围中，德育文化才能"随风潜入夜，润物细无声。"

——系统的德育渗透。德育文化必须通过知识载体传递，科学的理性精神必须通过教学环节加以体现。教学过程就应该把知识和科学所体现出来的理性精神，与社会良知、历史责任所体现的人文精神有机结合起来，从而达到智育文化与德育文化的和谐统一。

关于举办江苏省扬州中学第九届文化艺术节的意见

一、指导思想

本届文化艺术节，以“科学与美”为主题，充分运用现代化电教手段，开展多种规模和形式的艺术欣赏、表演及比赛活动，引导学生树立“崇尚科学、追求完美”的审美理想，培养正确审美观念和高雅审美情趣，提高美的感知能力、鉴赏能力和创造能力，促进学生各方面素质的协调发展。

本届文化艺术节，是学校“中学全方位系统化实施美育途径与方法研究”课题的重要实验内容，希望通过艺术节的开展，能为校园文化建设中的美育实施，特别是现代化电教手段运用于审美教育奠定基础。

二、主要活动

1. “科学与美”主题班会观摩评比(初一、初二、高一)

2. “科学与美”剪报、手抄报展评(高一、高二)

3. “科学与美”小型文艺节目汇演(在各年级评比基础上各推荐三则节目参加学校评比汇演)

4. 科学家传记片、科学幻想故事片欣赏

5. 多媒体艺术光盘赏析

6. 科学、文化、艺术讲座

三、设立奖项

班会评比、剪报展评及文艺节目汇演，设一、二、三等奖若干名，发给奖状；综合艺术节各班学生参与情况及得奖情况，初一、初二设组织奖各一名，高一、高二设组织奖各两名；设立班主任文化艺术活动指导奖。

四、活动时间

1997 年 12 月

五、总体要求

1. 各年级、各班级应按照本意见，认真广泛做好艺术节组织报名工作；

2. 活动中，要重视发挥学生主体作用，充分调动和激发学生审美创美的积极性与创造性。

江苏省扬州中学第九届文化艺术节组委会

1997 年 11 月 28 日

关于举行江苏省扬州中学第九届文化艺术节文艺汇演的通知

一、内容:围绕本届文化艺术节主题,内容健康,富有校园生活气息。

二、形式:声乐、器乐、舞蹈、表演等形式均可,各班可根据本班具体情况选择恰当的形式。

三、参加对象:全校各年级均可参加;初一、初二、高一、高二各班必须有2个节目参评,其中1个为集体节目(不得少于6人)。

四、评比办法:

1. 各年级举行年级汇演,评选一、二、三等奖;

2. 在各年级汇演的基础上,选送部分节目参加学校汇报演出,评选优秀组织奖。

五、时间安排:

1. 各班接本通知后即组织安排排练,具体排练时间请各班与音乐老师联系。

2. 12月15日—22日举行年级汇演。

3. 12月23日—25日选送参加学校汇演节目,并进一步加工。

4. 12月27日举行全校文艺汇报演出(初定)。

六、负责人:

总负责人:音美组、政教处、团委

初一年级:匡成岚、汪仪美、陈蓓

初二年级:孙进、陈蓓

高一年级:祝寿培、李伟民

高二年级:陈家齐、汪仪美

其他年级:蒋念祖、黄正瑶、李伟民、汪仪美、陈蓓

其他未尽事宜另行通知。

第九届文化艺术节组织委员会

1997.12.2

江苏省扬州中学第九届文化艺术节
“科学与美”剪报、手抄报展评评比细则

一、参评对象:高一、高二年级各班,每班送交作品一份。

二、作品主题:围绕“科学与美”主题,各班自行命题,确定报名、报头。

三、作品形式:剪报(报刊内容需复印后剪贴拼版)或手抄报(有关内容直接抄写于底纸上)。

四、版面设计:每份报纸分两版,每版为8开大小,两版间应留有中缝(底纸由学校统一提供)。

五、评比原则:综合考虑报纸的思想性、艺术性、创意性,采用计算机等现代科技手段制作的报纸适当加分。

六、设奖情况:分剪报、手抄报两组,每组设一、三、三等奖若干名,发给荣誉奖状。

七、截止时间:12月30日前送学校政教处张昭老师处。

政教处、团委

97.11.28

江苏省扬州中学第九届文化艺术节“科学与美”主题班会观摩评比细则

一、参评对象:初一、初二、高一年级各班。

二、命题要求:围绕“科学与美”主题,各班自行命题。

三、基本原则:班会应突出体现思想性、艺术性、科学性、针对性和学生主体性等原则。

四、评比方法:根据上述原则,制订具体评估指标(见另表),团委、学生会牵头组成评议小组,经现场观摩,评比产生各奖次。

五、评比时间:12 月 10 日—12 月 30 日,具体时间各班自行确定后,提前一周报评议小组。

六、设奖情况:设各年级一、三、三等奖若干名,发给班级荣誉证书。

七、评比结果:班会结束,各班将班会方案设计与班会活动记实一并交校团委,以便汇编成册;班会评比结果,记入班主任工作档案,以作评选文明班级及优秀班主任依据之一。

政教处、团委

97.11.28

关于举办江苏省扬州中学第十届文化艺术节的意见

一、指导思想

本届文化艺术节，恰逢朱自清先生诞辰一百周年，围绕学习朱自清等杰出校友的品格情操，确定“塑造完美人格”为本届艺术节主题。希望通过多种形式的艺术欣赏、创作和评比活动，着力表现人格美的楷模形象，使学生在感知美、欣赏美和创造美的同时，陶冶性情，促进学生多方面素质的协调发展。

二、主要内容

（一）人格美主题征文展评

全校学生参加本次征文活动。征文要求生动展现现实生活中的杰出人物或者普通百姓的人格魅力，题材不限，具体题目自拟。分高中部、初中部设一、二、三等奖若干，优秀作品除在校广播站设专栏播出外，另出《新苗》专辑。

（二）“读自清诗文、学自清为人”主题班会评比

初二、高一、高二各班围绕主题自行确定本班班会题目。班会要求突出体现思想性、艺术性、针对性和学生主体性等原则，具体评比细则另行制定。各班班会时间、题目和班会设计方案必须提前一周报评议小组。班会结束由班委写出两千字左右的班会活动记实交评议小组，评议小组依据现场观摩和班会记实确定各年级一、二、三等奖若干名。

（三）“歌声中的爱国情”主题音乐欣赏会

音美组主办，高一年级部分班级参加活动。

（四）“伟人的情怀——邓小平传”艺术光盘赏析会

高二年级学生参加赏析活动，会后组织部分学生代表座谈心得体会。

（五）“艺术与人生”纪念封发行仪式

发行仪式共发行纪念封两枚。一枚以纪念朱自清先生诞辰一百周年为主题，另一枚以纪念扬州中学文化艺术节十周年为主题。

（六）“艺术与人生”艺术节十周年纪念书画、摄影作品展评

活动面向全校师生，具体设计要求另行通知，获奖作品在树人画廊展出。

(七)"心灵之光"综合文艺会演

全校师生均可以集体或个人形式报名参加,艺术形式不限,声乐、器乐、舞蹈或表演均可,内容要求围绕弘扬中华民族的民族精神和表现真善美的人格力量,富有现代气息和校园特色,节目分设一、二、三等奖若干名。

(八) 教室环境布置评比　(12 月底)

各班紧扣本届艺术节主题,通过黑板报、张贴物、装饰品等形式布置本班教室环境,要求充分体现思想性、艺术性和创造性。由团委、学生会组织评比小组,评出一、二、三等奖若干名。

(九) 纪念朱自清先生诞辰一百周年专题讲座　(诗文朗诵会)

邀请有关人士介绍朱自清先生生平等。

(十)"美术作品的人格魅力"艺术欣赏讲座

邀请有关人士介绍中外美术作品表现的人格美形象。　(与现场会进行)

三、活动时间

1998 年 11 月中旬至 12 月上旬

四、总体说明

各年级各班级应按照本意见，精心组织、认真指导学生积极参加艺术节各项活动。艺术节全部活动结束后，综合各项活动学生参与和获奖情况，分年级设组织奖若干，对在组织指导工作中有突出成绩的班主任或学科教师设文化艺术节指导奖若干，颁发获奖证书。

江苏省扬州中学第十届文化艺术节组委会

1998.11.15

造就名校的文化归因与思考

江苏省扬州中学　张发祥

办出一批现代化、有特色、堪称素质教育典范的一流普通高中，使之成为体现科教兴国战略，可以参与国际竞争的国家级示范性学校，是基础教育的一个战略性课题。

本文所说的名校范畴，主要是指上述这类学校。

名校因何而名？是因拥有当代先进的教学设备，或是因有很高升学率而名？是因有名校长治校、名师治教，或是因历史悠久蜚声遐迩？造就名校有何规律可循？历史、现实和未来交汇在一起，使得思考这一问题，对于普通高中的建设和创建国家级示范性高中很有意义。

本文试从教育文化学的角度，探索名校产生和发展的文化原因，或许能对教育教学的改革和发展提供有益的启示。

一

名校之产生，有其深刻的文化内因。

1. 名校是中西文化交融的产物，具有深厚的文化积淀。

名校的创立与发展具有深厚的文化渊源。学校的创立与发展，一般是西方现代教育制度进入我国，与中国传统文化相互交融的产物。这就使学校最初的发展居于很高的起点之上。名校所奉行的中西交融的办学理念、教育哲学、校园文化、课程设置以及人才规格等，具有教育科学前沿性和社会时代适应性特点。以此为源，学校形成了厚重的教育文化传统，为今人遗存了宝贵的教育文化资源。

时光飞速流逝，社会沧桑剧变，学校已改昔日容颜，校址可以迁徙，教师也可代代更替，惟有教育文化传统血脉相传，依旧发挥着深远的作用。透过这种值得深思的教育文化现象，我们可以从中看到，学校的意义，并不仅仅是班级授课制的建立，而在于生成了新型的教育文化。学校的终极魅力在于它所内含着的文化价值。办成一所学校，特别是办成一所名校，是在进行文化的建设和积累。注重文化的建设与积累，最核心的是形成科学的教育价值观、质量观和人才观。一所学校一旦形成良性文化的积淀，学校的长远发展就有了坚实的基础和有力的后劲。

文化的积淀是一个动态的、开放的长期过程。名校的价值来自于文化的积累效应，来自于教育观念适应时代和社会的更新。我们的办学观念不仅要承继民族传统文化中的精华，还要善于吸纳当今世界建筑在社会与科技发展基础上的最新见解。我们要善于在教育教学改革和发展过程中进行有益的碰撞，以实现中西文化在新层次上的融合。没有一定深度的教育文化的新积淀，就不会有名校的产生。

2. 名校是教育文化的凝结，具有鲜明的文化特色。

学校的办学特色，是由学校独特的文化结构决定的。名校所具有的办学特色，主要体现在学校对教育合乎教育规律的独到把悟中，体现在具有个性色彩的教育教学方法之中。当然，更体现在学生素质特点上。名校特色纷呈，有的以基础扎实、后劲充足著称；有的以课程设置精当、教学方法灵活见长。

从教育价值论上看，名校具有深刻的精神哲学，优良的办学传统，优秀的校风、教风和学风，体现了社会与时代的要求。

从方法论上看，所谓办学特色，就是在遵循教教育普遍规律的基础上，根据教师队伍、教育的目标和要求以及学校实际，形成合乎规律的办学切入点。办学切入点实质就是文化选择的差异性和教育发展的个性化。这种差异性和个性化是办学矛盾的特殊性，是学校对教育教学规律的深刻认识和创造运用。

从实践论上看，教育特色最终表现为人才培养方式特色、人才素质特色。文化的最根本的要素是人。只有谋求教育对象综合素质的提升和发展，办学特色才能真正形成。

总之，办好名校不仅要尊重教育教学的普遍规律，还应尊重教育教学的特殊规律。办学特色就是不求完美，但求卓越。

3. 名校是文化的机体，具有丰富文化含量的管理机制。

一流学校的管理，不是机械的工艺流程，它总是闪耀着文化的灵气，这灵气来自于学校文化的内含。管理机制属于学校的制度文化范畴，其主要功能在于以学校精神文化和物态文化之间的联系，最终凝聚师生的力量。名校的管理着眼于升华为文化层次的教育机制，它具有卓越的办学目标，进取奋发的竞争机制，宽松活泼的学术氛围和积极向上的心理环境，科学、严密、规范的教育教学秩序。名校有一种大气，能容纳不同学术见解，鼓励相互竞争而少文人相轻之现象。名校管理以人为本，远大的办学目标、科学的教育思想和健全的管理制度，已逐步内化为师生员工的使命感和自觉心。学校管理是一个多要素组成的有机系统，只有在文化的层次上，发挥系统的整体功能，才能使办学效益达到最大值。总之，名校的管理制度已作为一种文化的存在。

4. 名校是教育家的杰作，有一支以高品位校长为代表的教师队伍。

这里所说的高品位，是指文化内涵的高档次。可以认为，校长和教师的文化品位决定学校的文化品位，决定学校的办学质量以及学生的综合素质。

首先，名校长应当是教育的专家、文化的精英。陶行知说，校长是学校的灵魂。作为教育家的文化精英，其重要作用主要表现在，一是具有科学的办学理念，善于使自己的教育思想转化为师生的共识与行动。并且始终不逾的贯彻到学校的一切活动中;二是具有高尚的人格。文化学者余秋雨说,文化的最后的沉沉淀是人格。校长治校所依靠的持久深层的东西,是校长的人格力量。在现实中,一些学校始终在低层徘徊,每每受到校长自身的人格素质的制约;三是具有优秀的管理风范。科学的理念、高尚的人格与很强的治校能力相结合,就会形成校长的管理风范。校长要具有驾驭全局,协调群体,推进目标,提高质量的综合能力。如果学校是文化场,那么,校长就是学校的文化动力辐射源。

其次,名校有一支高文化的教师队伍。所谓高文化,是指教师的道德素质、人格修养、教育观念、专业知识、知识背景的总和,是科学素质、人文素质和教育教学能力素质的总体概括。这是一个完整的教师素质结构,偏废其中的一点,都会影响教师成为文化意义上的教育者。在当前,教师队伍中存在的诸如职业道德和人文素质弱化等问题,很大程度是文化的缺失或文化的贫困。培养和造就名校长、名教师,是一个文化积累过程,急功近利不可能产生名校长和名教师。

从历史上名校的教师队伍建设,我们可以从中得出这样的结论:从外部环境看,高素质的名校长名教师是一所学校文化积淀的自然结果;从内在原因看,名校长名教师的产生,是教育者主体的文化自我提升的结果。名校长、名师与名校是互为因果的两个方面。

二

名校的出现有其自身的发展规律,不能靠炒作,不能靠包装。名校的产生是教育文化长期积淀的结果。对于造就名校,办出一批高质量的示范学校,我以为要有科学的思维方式和正确的办学观念。在当前,着重应处理好以下关系:

1. 重点中学与国家示范校。

名校不仅仅是以升学率骄人,亦不止于以一流设施设备傲世。名校在办学目标上应有准确定位。国家级示范性学校甚至不能简单地采用重点中学的办学标准和思路,而是要找出两者间的异同,在更高层次上追求办学的新发展。名校应以其深厚卓然的学校文化形象固本,以为社会所称许的教师职业素质从教,以培育经得起历史检验、适应社会的一流学生立足。名校要在教育教学改革研究与发展方面,在课程结构调整与探索以及培养人才机制方面,作出开创性的贡献。定位于素质教育和文化品位的提升,实现由重点中学向国家级示范校的飞跃,是摆正两者关系的关键所在。

2. 硬件与软件。

如果把学校文化分为物态文化、制度文化和精神文化三个层面,那么,硬件就属于物态文化,而软件则属于制度文化和精神化。作为硬件的办学设施设备与作为软件的办学思想以及教师队伍,是办好学校的不可或缺的两个基本条件。但是,由于种种原因,这两者常常不能兼而得之,总有不够平衡的方面。大凡名校,对办学的硬件和软件的相互关系都能作辨证的处理。因此,我们一方面要尽可能地加大教育投入,改善办学条件;另一方面,要非常重视学校的软件建设,特别是重视教育思想、教师队伍和课程建设。

3. 远功与近利。

在市场经济条件下，办学时常会受到远功近利的困惑。我们要有适应市场经济的思维方式，以适应形势的发展。“发展是硬道理”，这句话用在教育上，不单是指教育的投入，更在于教育质量的提高。对于名校来说，莫过于人才的高素质，而人才的高素质只能留待社会和未来予以检验，这是由教育的后效性所决定的。基于此，名校办学要谋求远功，抓教育观念的转变和更新，抓教师队伍的建设，抓课程结构的改革。对于一些升学率已经很高的学校来说，不可为一、两个百分点而争高低。要重视学校文化的积累或沉淀，求近利以谋远功。

4. 应试教育与素质教育。

这是困扰基础教育的一对突出的矛盾，也是所有教育工作者都应认真加以回答和解决的问题。要看到，第一，应试教育和素质教育是两种根本不同的教育价值取向。这主要是，应试教育以考试为终极目标，其指向会导致教育的文化失落。素质教育的终极目标是教育对象素质的全面发展与完善；第二，素质教育并不排斥应试。应试作为教育技术手段，在教育教学评价和选拔中，具有重要的不可替代的功能。问题在于，应试不能“非文化”，即应试不能异化为目标本体，从而无助于人的综合素质的提升；第三，名校解决应试教育和素质教育的关系，着眼于在教育教学改革与发展过程中，在学校教育思想转变、教师队伍建设、课程结构优化的基础上，形成合乎人本、契合规律的机制。以上三点的确认和实现，有赖于教育文化的建构。这样，素质教育的机制就会真正形成。

5. 课程结构与素质结构。

课程是学校教育教学的核心，课程所传递的文化是在人类文化遗产中具有最广泛的适应性和迁移性的内容。课程是传递人类价值观念、科学成果、审美情趣和道德规范的重要中介，对学生的素质结构具有重要而深远的影响。就教育内部而言，课程的结构决定学生的素质结构；学生的素质要求规定着课程结构。名校的课程的与众不同之处，就是以学生主动积极的发展为最高最后目标，从有利于优化和增强学生素质的目标出发，开展课程设置与教学效益研究和探索，增强课程传达人类文化的精萃性、迁移性和教育性。

造就名校，就是编织培养人才的摇篮；创建名校，就是形成育人的文化生态。名校的产生是教育文化长期积淀的结果。

探索主体性德育模式的实践与思考

江苏省扬州中学

在素质教育的要求下如何实施德育工作，是一项重要的教育课题。我们以德育科研为先导，以培养中学生健康人格为目标，推进以学生自我教育和自我发展为内容的主体性德育，有力地促进了学生综合素质的发展。近三年中，我校学生身在校园心忧天下，自发地为病危和贫寒学生以及受灾地区捐款8万多元。一批学生在省级以上学科竞赛中获奖，每年有400多名学生被评为三好生，先后有300多名学生参加课余党校，4位学生加入中国共产党。有5位同学在赴美国教育交流过程中，展示出爱国自强的人格风采和活动能力。全校学生积极进取奋发成才，学校被表彰为江苏省德育先进学校、省模范学校。

以德育科研为先导确立主体性德育的价值观

在素质教育的过程中，德育工作要求得新的突破和进展，只有在教育科研的层次上才能得到实现。我们注意克服忽视人格教育，忽视人的个性发展的“听话教育”的弊端，在“美育研究”国家级课题和“中学生健康人格教育研究”省级重点课题的实验研究基础上，确立“主体性德育”的德育价值观。

首先，确立以构建学生健康人格作为德育工作的切入点。在德育工作中抓住人格素质培养，就是抓住了德育素质发展的关键。明确中学生健康人格的目标，是努力使学生建立爱国爱校的归属感、遵守基本文明素养和规范的自觉性、具有自信、自理、合群、责任等优良个性。始终把主体性发展作为健康人格的基本内容。我们着重把热爱祖国作为中学生人格的根本要求，并且在德育全过程贯穿爱国主义教育的主线。近几年，我们以爱国主义为主题，组织开展了60多个主题活动，多途径、多层次地强化爱国主义教育。各个学科以及学校教育的各方面，均设立了人格教育的子课题。先后在不同年级的近千名学生中，进行思想、道德、个性等方面的人格现状的调查，切实了解学生的思想心理脉搏，使健康人格教育落到实处。

其次，坚持把德育的目标要求与学生心理发展要求结合起来，按照学生心理发展规律实施德育。德育过程同时也是心理过程，德育工作要取得实效，必须做到两者的统一。针对不同年级特点，分别开展了“班集体建设与人格”、“学生干部使用人格”、“校园文化与人格”等德育研究与实践。对高中年级的学生进行心理帮助，不同程度的缓解了学生的心理压力，增强学生心理素质。

第三，树立理想人格形象，激发学生的主体意识。我们大力宏扬我校“正直向上，热于求知”优良校风，引导学生把“正直”作为做人的最基本要求。着重宣传校史中的领袖人物、革命烈士、杰出科学家和劳动模范，举办系列晨会，向学生介绍这些优秀人物的主要成就、个性特点和名言名作。在各班深入开展创建以著名作家朱自清、革命烈士江上青、中科院士黄纬禄命名的先进班集体活动。表彰和宣传了100多位在校生中涌现的爱国成才、全面发展的优秀学生典型。宣扬这些校史人物以及同学身边的人格楷模，可亲可信，在学生思想上引起了强烈的共鸣。

经过努力，主体性德育价值观逐步成为师生共识。许多教师把培养学生的健全人格作为自己的使命，结合任教学科和具体岗位，深入进行人格教育研究实践，有关论文和总结在全国省和市报刊发表。全校学生积极宏扬主体精神，科学的成才观深入人心。校学生会主席洪波同学，积极参加和组织主体性德育活动，在校史上的人格榜样的激励下，奋发成才，取得了一流的学习成绩，培养了很强的组织能力，它还是校艺术团的骨干，成为学生学习的榜样，被表彰为省优秀学生干部，加入了中国共产党，今年，以优异成绩被清华大学录取。

以德育课程建设为核心规范主体性德育的全过程

课程是学校教育的核心和德育的主要渠道，对主体性德育素质的形成与发展，具有重要的教育规范功能。我们坚持把德育的课程建设作为加强德育工作的一项重要内容。

在学科课程中，注意优化课堂教学，通过学科课程渗透德育。努力启发学生思考和吸收课堂教学、教材中蕴含的德育因素。学生是学习的主人，也是德育的主人。理科教师重视引导学生领会课程中的文化底蕴，帮助学生形成科学意识和创造精神，形成科学的辨证思维方式。文科教师发挥学科优势，在教学中文道结合、深入进行正确的思想观念和审美情操的教育。音乐教师采用现代音像技术手段，定期举办《音乐中的爱国情》欣赏会，让学生在审美中激发爱国主义情怀，实现主体人格的升华。这些课程活动，受到了学生的热烈欢迎。

在环境课程中，注重营造高品位的校园文化氛围，引导学生在优良的校园文化环境中使主体性获得发展。我校的爱国主义传统的一个重要特点，就是爱国主义精神与教育文化传统的高度融合。因此，我们努力挖掘校史中的德育资源，创设了校史陈列馆，开辟了占地面积近300平方米的4个展览大厅，展出1千余张照片，绘出大量图片，配有详尽文字说明，重点突出爱国主义教育主题，重表现扬州中学校史中“天下之事，社稷为重”的爱国精神，弘扬“人格健全，自治自动”的文化传统。我们还选取著名校友的爱国名言制成标牌，用以教育和警示学生。其中有40年代校友中共中央总书记江泽民同志为母校的题词“怀念前贤，激励后昆。继往开来，团结奋进”；1919届校友，中科院院士李方训的名言：“路不要铺得太平，要留一点让他们自己去筑路”；30年代校友，中科院士，著名地质学家武衡的名言：“寄语今日之同学，当珍惜今日之中国、今日之扬中!”。这些名人名言牌,树立在校史馆周围,引人深思催人奋进,形成一道独特的校园文化景观。许多毕业离校的同学回顾过去,深感校史馆是他们中学时代获益最多的地方之一。

在活动性课程中,主要通过开展系列化的德育活动,促进学生主体性发展。德育主体性的获得必须以活动为中介,使系列地教育主题内化为学生的主体素质。我们引导学生积极参与德育活动,自我设计、自己组织、自我教育。先后组织开展了多种德育活动。发动学生组织举办了10届文化艺术节。其中举办了20多个“科学与美”主题班会,“跨越时空的对话——读朱自清书籍,学习朱自清人格”主题活动,“树人堂前话成才”18岁成人仪式等活动。在学生会干部的使用上,变单纯的使用为主体培养,我们始终采用“竞选制”,发动学生积极参与学生会干部竞选,激发主体意识,培养多种能力。每次换届竞选,成为学生的盛大节日。

主体性德育的课程化,有力的促进了学生主体性的发展。使学生的综合素质有了不同程度的提高,校园内出现了一大批品学兼优,能力上乘的优秀学生。许多参加竞选的学生感慨的说,报名参选,并不在于最终是否当干部,而是体现作为跨世纪中学生的一份责任感和自信心。我校校史陈列馆被命名为扬州市爱国主义教育基地,我校运用校史馆对学生进行爱国主义教育的做法,受到市委市政府的表彰。

以习惯养成为基础增强主体性德育的实效性

主体性的发展,健康人格的形成,建筑在学生良好的行为习惯的基础之上。我们着重做到:

强化他律,注重自律。主体性的建立与发展,是一个不断由他律向自律进步的过程。我们一方面强化校纪校规,制定并推行“学生在校一日行为规范”、“学生奖惩条例”,同时注意发挥学生自我教育、自我管理作用,指导团委学生会长期坚持让学生进行校园每日常规检查,在宿舍进行每日内务检查评定。在宿舍内务中,厕所的保洁是个问题多发点,对此,有人认为现在形势不同了,可以花钱配备专人打扫,学校则从培养学生的全面素质出发,采用轮流值日打扫制,引导学生自我管理和自我服务。这样不仅保持了寝室卫生,更重要的是培养了学生的生活自理能力和对集体的自觉性与责任感。

强化管理,注重教育。单纯的德育管理,容易导致学主体性的失落,教育因素与管理制度有机的统一有助于主体性发展。我们在推行德育管理制度过程中,都要伴随着相应的教育内容和活动。几年来,我们一直采用定性和量化管理的方法,评定班级常规状态以至班集体建设,在学生个体素质上,我们注重学生主体的自我道德评价,在学校日常生活中,学生会每周都要发布文明信息榜,旨在发挥主体舆论作用;在评定三好生等优秀学生典型方面,都要采用民主化等有利于主体性发展的做法。

强化静态管理,注重动态自控。行为的动态自控建立在学生主体自觉的基础上。针对一些学生乱扔废弃物的不良习惯,我们一方面通过学生会设立学生文明监督岗,另一方面营造学生行为自控的文化心理氛围，促使学生自觉遵守文明规范，做到行为自控。

注重习惯养成，使校园环境整洁，文明有序，正直向上，热于求知蔚然成风，学生犯罪率为零。高三一位学生在街上拾到装有大额现金、驾驶执照和有价证券的皮包，主动送还失主，受到社会高度赞誉。讲文明、树新风已成为广大学生的自觉行动，学生基础文明素质不断提高。

主体性发展是教育的根本价值所在，主体性德育是提高学生德育素质，进而推动学生整体素质发展的关键所在。在德育工作中，我们深深地体会到，要切实增强德育的实效性，必须注重学生的主体性发展。今后，我们将继续探索主体性德育的基本内涵和实现方式，使德育工作得到切实加强。

1998.11

运用校史资源,深化爱国主义教育

江苏省扬州中学

我们在10年筹备的基础上,于1992年正式开放校史陈列馆,去年,被命名为扬州市爱国主义教育基地。几年来,我们充分运用校史陈列馆这一基地,以培养健康人格为目标,多形式、多层次地对学生实施爱国主义教育,取得较好的效果。我们主要发挥校史馆四个方面的教育作用:

一、进行爱国主义教育的厚重史书

校史陈列馆汇聚了扬州中学百年辉煌历史,那里面记载着许多重大的学生爱国运动史实,铭记着一大批斐声现代史的杰出爱国主义者,凝结着优良的爱国主义传统,犹如一部厚重的历史教科书,是我们今天对学生进行爱国主义教育得天独厚的珍贵遗产,是我们培养跨世纪新人的教育资源。扬中百年,人材辈出,离不开深厚的爱国主义传统渊源,运用校史进行爱国主义教育,是继承传统,面向未来,培育一代新人的要求。我们经过十年筹备,创办了江苏省扬州中学校史陈列馆。

在办馆指导思想上,在整个筹办和开展过程中,我们始终以江泽民总书记为母校的题词"怀年前贤,激励后昆"为指针,以爱国主义为基调,着重表现扬中校史中"天下之事,社稷为重"的爱国精神。我们开辟了占地面积近300平方米的展览大厅,展出1千余张照片,绘出大量图片,配有详尽文字说明,重点突出了爱国主义的教育主题。

在陈列内容上,以扬中校史中爱国事件为经,以爱国人物为纬,构成爱国主义教育的内容体系。如,我们着重介绍了"五四"运动期间学生爱国运动、抗日战争时期师生宣传抗日的革命活动、抗美援朝时期学生参军参干,捐献飞机大炮的事迹、建国以后广大学生为建设祖国勤奋学习的场景等等。通过文字图片和照片,介绍了校友中的13位革命烈士,其中有扬州最早的党组织负责人曹起晋、江上青烈士;介绍了党和国家领导人江泽民、胡乔木以及著名作家朱自清;介绍了24位中科院、工程院院士,100多位大学校长、博士生导师、专家、教授、地市级领导干部以及各条战线涌现的劳动模范人物。此外,还展出了一批品学兼优的在校学生,胸怀报国之志,在国际国内重大学科竞赛和综合表彰中获奖的照片。

在布局上,注意运用多种手段强化爱国主义基调。陈列了江总书记、胡乔木同志给母校的题词,陈列了李岚清副总理、布赫副委员长、世界著名物理学家吴健雄和袁家骝教授等著名人士的题词。我们收集了大量的实物陈列出展，其中有校友赠送的著作、反映校友在各个领域为国争光的科技活动、社会活动、外交活动等方面内容的照片。

校史馆的整个陈列和布展主题鲜明，富有教育特色，洋溢着浓郁的爱图主义气息，校史陈列馆开放以来，受到从中央到地方的领导以及海内外人士的高度评价，成为内容丰富，具有特色的爱国主义教育基地。

二、实施爱国主义教育的重要课堂

校史陈列馆是一所校园内的爱国主义教育基地，它为我们实施爱国主义教育，提供了优良的教育依托。几年来，我们充分利用这一有利条件，以爱国主义教育为主线，努力形成系统的爱国主义教育制度。

首先，以校史陈列馆为阵地，创设爱国主义教育的课堂。学校把参观校史陈列馆，接受校史教育，作为每个学生的入门课和必修课。每年初高中新生入校，都要参观校史馆、听取校史介绍，让学生一跨进扬中校门，便对学校“突出树人宗旨，努力服务社会”的办学特色，对“正直向上，热于求知”的优良校风，对“虚心刻苦，踏实经常”的严谨学风，都有一定的了解和认识，激发学生作为名校学生的自豪感和责任感。

其次，在参观校史馆的基础上，开展系列爱国主义教育主题活动，举行“从树人堂出发，在国旗下成长”，“树人堂前话成才”等主题活动，深化教育主题，巩固教育效果。

再次，在德育过程中，引导学生学习校史，体味和感受校史中蕴含的爱国主义精神。我们坚持每周一的升国旗制度，坚持开展“在国旗下讲话”的系列活动，向学生讲述校史中发生的重大爱国事件、爱国人物和爱国传统。

第四，注意把运用校史馆与学科教育有机结合起来，使爱国主义教育落到实处。例如，在语文教学中，我们引导学生撰写参观后记或学习心得；在德育活动中举行“我是扬中人”主题演讲比赛，巩固校史教育效果。

由于我们努力把校史馆办成爱国主义教育的课堂，形成一整套教育制度，保证和推动了我校的爱国主义教育。

三、培育健康人格的青春摇篮

在近百年的办学史上，我校形成了“正直向上，热于求知”的优良校风。我们认为，“正直”是学习做人最基本要求。正直的根本要义，就是忠于人民，热爱祖国。学校教育的基本任务，是要培养和塑造学生的健康人格，而爱国主义的情感和精神，正是健康人格的精髓所在。因此，我们十分重视把校史馆，作为激发爱国主义情感，培养学生健康人格的摇篮，在帮助学生在学习校史中，继承爱国主义传统。具体我们做好四件事：一是通过实施江苏省教育科研“九五”规划重点课题《中学健康人格教育》课题，把运用校史资源培养中学生的健康人格，作为课题研究的重要内容；二是通过组织学生学习校史,让学生继承和认同校史中形成的"人格健全,学术健全,自治自动,体育兼重"的文化传统;三是坚持不懈的抓好学生的行为习惯,把热爱祖国、尊敬国旗和国徽,作为体现爱国主义精神的首要表现。积极引导学生养成良好的行为习惯,培养高尚人格和国格的年轻公民。把爱国主义的思想外化为具体行为;四是通过校史人物谱,为学生确立理想人格的楷模。几年中,我们按照领袖人物、革命烈士、杰出科学家、劳动模范等组合方式,系统而全面地向学生介绍这些优秀人物的生平事迹、主要成就、个性特点和名言名作。具体开展创建"朱自清班"、"江上青班"、"黄伟禄班"的活动,由于这些校史人物人格高尚,亲切感人,容易引起学生思想上的共鸣,起到了较好而教育效果。

四、建设校园文化的人文景观

我校的爱国主义传统的一个重要特点,就是爱国主义精神与教育文化传统融合交织在一起,在悠久的教育文化传统中,包含着深厚的爱国主义底蕴,对学生具有潜移默化的熏陶作用。我们注重利用校史馆的文化象征,营造浓郁的校园文化氛围。我们主要是通过广泛开展各种形式的审美活动,以史育人、以情动人。我们已举办了9届文化艺术节,每届文化艺术节有不少内容是围绕校史展开的,如"朱自清作品和他的为人"、"五四运动在扬中"、"歌吹扬州,爱我校园"书画作品展、"美在校园"评比活动等。

在校史馆中陈列了胡乔木同志逝世前不久,报病为母校撰写的新校歌手稿。同学们从手稿笔迹中,感受到这位杰出理论家情寄母校、热爱祖国的伟大情怀。我们组织学生学唱新旧校歌,让学生与几代校友在爱国爱校的情感基础上产生共鸣。

为了营造出良好的爱国主义教育环境,我们还选取了一些著名校友的爱国名言制成标牌,用以教育和警示学生。其中有40年代校友中共中央总书记江泽民为母校的题词:"怀念前贤,激励后昆。继往开来,团结奋进";1919届校友,中科院院士李方训的名言:"路不要铺得太平,要留一点让他们自己去筑路";30年代校友,中科院院士,著名地质学家武衡的名言:"寄语今日之同学,当珍惜今日之中国、今日之扬中!"。这些名人名言牌,树立在校史馆周围,与校史馆相呼应,引人深思摧人奋进,形成一道独特的校园文化景观。

校史陈列馆开放以来,已接待过许多参观者,其中有党和国家领导人,中外社会知名人士,来自祖国各地的社会各界人士以及海内外新闻媒介的采访。有2万余人次的在校学生参观校史馆。校史馆的建立和开放,为中学生提供了生动而有意义的爱国主义教育课堂,培养了学生的爱国主义情感和信念,促进了中学生整体素质的提高。我校50年代的校友、中共中央委员、国务院侨办主任郭东坡在返校时,观看了校史馆,他抑制不住内心的激动,在留言簿上深情的写下了"摇篮"两个大字,倾注了他对母校的感激之情,同时也表达了对校史馆这一爱国主义教育基地的肯定。许多毕业离校的学生回顾过去,感到校史馆是他们中学时代感受最深、受益最大的地方之一。

悠久的历史，深厚的积淀；深刻的主题，育人的使命。在世纪之交，扬州中学也将迎来百年华诞。我们要努力办好校史陈列馆，使它为青少年爱国主义教育，培养世纪新人，发挥更大作用。

1998.3.10

中学团工作漫谈

张发祥

（一）

改革是中国当前的大趋势，也是中学共青团工作的大趋势。

粉碎“四人帮”以后，我们对“改革”的认识尚还肤浅，对团工作的要求更多的想到“恢复”二字。这是必要的。从此，团的工作有了新的起色。那时团的工作正在“休养生息”，此后，团的活动似起色不大。中学团的工作进入了改革前的困惑期。人们困惑的是：为什么使劲向前迈进，仍举步维艰？

困惑未尝不是好事，困惑每每是明智的先端。

团工作的徘徊局面说明，还有什么不能因“恢复”而完善的方面，更确切地说，有什么正束缚着自己的脚步。全然沿袭旧法，已不能适应时代的要求。改革才是团工作富有新生命力的出路，现在的团恰处在兴利除弊，厉行改革的良机。

（二）

理想教育，对中学生来说，是送给他们一个人生的太阳，是高层次的教育。这是必须长期坚持的。但由于指导思想上存在着“左”的东西，理想教育产生了单一化、模式化的倾向。它表现在：把理想作为抽象的模式交给学生；在理想教育过程中有意无意回避社会现实中的矛盾等。这种流弊渗透到学生思想教育中，使学生接受理想时，缺乏踏实的心理，偶或发生一些无邪的疑问，我们又往往认为这是缺乏理想的表现。

除了告诉学生什么是人生的伟大理想外，尤其应使学生学会如何选择理想，如何为理想的实现而奋斗。

这里有一个典范。马克思中学时代写过一篇论文《青年在选择职业时的考虑》。马克思并没有涉及某个具体职业，但在这篇充满激情的论文中，我们不难看出中学时代的马克思已能较好地把握了人生理想，即“人类的幸福和我们自身的完美”。虽然当时他还不是一位马克思主义者，你能说马克思缺乏远大理想吗？马克思树立理想的道路是值得探索的。当时还没有人送给他一个模式，他是在工人运动的实践中，不断探索获得一个活生生的理想的。

单一化的理想教育，使学生不能应付日益复杂的社会现实，对理想的实现缺乏艰苦奋斗的精神准备。

理想教育不等于许诺光明。

团的理想教育要真正产生效应，应当交给学生一个立体的理想。

(三)

“正面教育”是一句老话，用先进的社会思想教育引导学生是这一命题的主要内涵。但在新的世界技术革命潮流和改革面前，在对外开放、对内搞活经济、“一国两制”的条件下，需要加以补充和发展。

现在中学生不可能在一种静态的环境中接受教育。医学常识告诉我们，人的身体是在对外界接触的基础上而具有抵抗力的。我国有着丰富的文化遗产。但在古典教育理论中亦有消极的成份。荀子在《劝学》中说：“君子居必择乡、游必就士，所以防邪僻而近中正也”。荀子讲究环境对人的影响，这在信息闭塞、相互交往疏单的古代不失为“防邪”良策。但在信息触角伸向社会每一角落，人际关系愈加密切，社会现象五花八门的今天，如按上述理论，大概没有一块安定的绿洲，依照此法的培养人只能是不谙世事的弱者。

重要的是在开放式的教育过程中培养起中学生的各种能力。

(四)

科学估价中学生是实施科学教育的前提。对青少年一代的估价，我以为人们一度走过历史的弯道，用五十年代的标准对待80年代的中学生，就会出现了青年估价的“断层”。中学生的本质和主流是好的，然而最易犯的毛病是抽象肯定，具体否定。

这里谨指出：

(1) 每个时代的中学生都有自己表露理想的方式，我们不能把表达方式上的差异断为现在的学生没有过去中学生那样的激情和理想，不能把成长时期的幼稚作为无可造就的根据。

(2) 追求科学和知识是当代中学生的特点，应当坦率地承认这是优点。不要忌谈追求知识，附加条件的说成低调的理想境界，更不要把对科学知识的追求同对理想的追求截然对立起来。

(3) 现在的中学生具有较大的内在潜力。何谓“内在”呢？因为种种原因，中学生处在成长高峰的能量远未能释放出来。比如自我意识的障碍、考试制度、传统思想、保姆式教育或多或少地抑制了内在潜力的发挥。与其否定现在中学生没有能力，毋如自问团组织为他们的能力发挥提供了多少创造天地？

(五)

团的组织应当防止“行政化”。对团而言，更多的不是决策和指令，而是与学生情感相激的共同奋斗。

团组织应当坚持党的利益和青年利益的一致性。行政化带来团的活动只注意中心,不注意特点,活动严肃有余,通俗不足。如此这样,很难获得广大中学生的内心拥护。

因此,团的干部应是青年马克思主义者又是学生领袖。

团不能仅仅强调“助手”作用,而忽视或不提“独立性”。其实一个很好的助手必须有很好的独立性。没有“独立性”的团组织是注定当不好助手的。

(六)

团的教育系统化是有益的尝试。但应当指出,系统化不可导致新的模式化。现行团的系统化教育材料。似有下列不足:

(一) 注意教育的有序性,但横向性不够;系统内涵规定:系统不仅具有有序性,还具有多质性,一系统总是同别的系统有密切关连,它必须依存联系,这个系统才是完善而开放的。否则这个系统只能称为活动“系列”而非系统。

(二) 注意了常规要求,培养创造精神要求不够,应当考虑到新的历史条件的人才要求特别是创造精神的养成。

(三) 系统未能建筑在开发智力、培养能力的基础上,整修系统材料给人的印象:团员是搞思想教育工作的,这是不够的。

中学德育渗透论纲

张发祥

德育渗透是加强和改进学校德育工作的主要内容。在学校中,把德育渗透作为教育的深层问题,加以有效实施,是德育工作进入自由王国,教育走向成熟的重要标志。

科学认识和全面把握德育渗透的基本规律,必须对德育渗透的宏观意义、主要特征和操作,进行深入的研究和思考。

一、德育渗透的基本含义

德育渗透是指在德育过程中,德育主体（教育者)和客体(受教育者)之间复杂的相互联系和导向影响。在我国历史上,就曾有过关于德育渗透的深刻思想,人们常说的教育者对受教育者的熏陶、教化,指的就是德育与智育的相互渗透,进而对学生发生影响的教育状态。国外一些教育家早就提出,不存在没有教育的教学的观点,这也是典型的德育渗透的教育思想。因而,德育渗透的含义具有多重性和辩证性,很难采用一种表述,概括出德育渗透的全部意义。

(一) 德育渗透含义的多重性

由于德育渗透系统自身的复杂性,形成了德育渗透含义的多重性。

1. 狭义、广义二重说

狭义说。即德育渗透主要是指学科渗透。亦即通过学科渠道寄寓德育的内容和要求,对客体施予德育。目前,在教育界狭义说的主张比较通行。

广义说。包括了狭义说的内涵,但拓宽了狭义说的外延。认为德育渗透是德育主体全方位、多维度地对客体施予德育。具体地说,这种德育渗透不囿于学校相对短暂的时间和狭窄的空间,包括家庭与社会的各方面;不限于学科渠道,包括学科教学以外的触及教育客体的所有渠道。无疑,德育渗透广义说,相对于狭义说的内涵,更富有新的意义。它适应了现代社会大众传播媒介高度发展、人际交往频繁密切、改革开放不断深化的社会形势。实际上,广义德育渗透说建立了全新的教育观念。

2. 原则、方法二重说

原则说。德育渗透在一定意义上说,表达的是一种德育(教育)原则。它要求教育的主体,避免远离社会发展的实际和学生的思想实际,实施单纯的德育说教的弊端,力求在各方面贯注“渗透”这一教育教学的基本原则,以期获得良好的德育效应。

作为教育原则,德育渗透具有普遍的指导意义。

方法说。视德育渗透为原则,更多的是从宏观角度去观察德育过程和运作。但在实践中,德育渗透又可表现为具体的操作方法。视德育渗透为一种教育方法,可以具体到学校中的每一堂课,每一次主题活动,每一个教育空间。德育渗透是教师的教育机制在教育教学活动中的显现。

3. 机制、渠道二重说

机制说。科学的系统观认为,德育渗透是一个复杂的工作系统。在这个系统中,德育的各要素之间相互联系、相互制约,具有有机的整体功能。因此,德育渗透是一种整合一体的有机功能,是一种学校德育的工作机制。

渠道说。在复杂的德育运行状态中,德育渗透也可视为发挥教育作用的渠道,只不过相比于那些外显的教育方式,更为内潜和隐蔽而已。

(二) 德育渗透辩证观

辩证唯物论认为,任何事物尤其是复杂的事物,其运动状态和内、外部关系,都是辩证发展和普遍联系的。

德育渗透在学校、家庭和社会的广大范围内,以中学生为教育对象,体现了学校德育工作的基本原则、科学方法,它是全方位、多维度、整合一体的德育运行机制。

只有从多重性和辩证性来掌握德育渗透的基本含义,才能抓住本质,深刻而全面地认识德育渗透。

二、德育渗透理论与实践的现状

近十多年来,人们已开始重视德育渗透在整个德育中的重要地位和作用。德育工作已由满足于外部热化(热衷于活动的轰动效应)逐步进入德育渗透层次。但德育的效果仍不理想,其中原因颇多,一个不可忽视的原因即德育渗透的规律还未真正被认识和把握,主要存在以下几方面的问题:

(一) 立意不高

在指导思想上,德育工作中存在着急功近利的短视现象,重形式,轻内容;重眼前效益,轻长远效益。贪求眼前功利,致使德育工作者处于低起点上,难以从更为高远的立意上实施德育渗透。

在新的形势下,德育工作要进一步理清思路,明确改进方向,以落实德育渗透为推进德育工作改革的基本立意,这是德育工作获得持久生命力的重要步骤。

(二) 观念陈旧

观念问题反映在方法论中,是对德育渗透缺乏宏观透视和辩证思考。所以,在德育渗透的具体操作上一般化、简单化。

(三) 认识误区

学科渗透是德育渗透的重要渠道,但不是唯一渠道。学科教学在传授科学文化知识、开启学生心智潜能、构建良好心理素质、提高学生整体素质方而,担负着极其重要的任务。按照广义德育渗透的大德育观，学校中的教育活动、育人环境、家庭教育、社会影响等，对中学生的思想都存在渗透作用。都是不可忽视的教育渠道。

有人认为，讲德育渗透，就无须德育工作者进行德育的系统教育，无须思想品德课的理论灌输，主张在学科教学中，任其自然地渗透德育，这是片面的，事实证明，一个伟大的自然科学家，未必能成为哲学的巨人。对自然科学的谙熟并不能代替对先进人文思想的拥有。

另外，还有一种观点，认为对待德育渗透通行的做法是“渗透只是添加德育内容”，就是在教学中罗列教育的渗透点（其实是知识点）。虽然这较之先前是个进步，但也是一大误区。德育渗透作为一种有机系统，是不能外在地加进德育因素的，应该通过分析，挖掘存在于教材、环境、活动中的教育因素，在传授知识、培养能力、提高素质的同时，有机地进行德育渗透。

三、德育渗透的意义

（一）德育最优化

最优化既是系统科学方法的重要特征，又是基本原则和基本方法。是指解决德育问题所能达到的目标。它根据德育系统内部（学校）和外部（家庭、社会）诸因素，从需要和可能出发，为德育系统地确定出最优目标，并运用各种教育手段和方法，把整个教育系统分成不同等级和层次结构，在动态中协调整体和部分的关系，使部分的功能和目标服从系统总体的最佳目标，以达到总体最优，从而为系统提出德育渗透的最佳方案。实现德育最优化，同时也是实现教学最优化的基本要求。

（二）德育系统化

学校教育的生命力寄寓在有机组合、有序渐进的教育教学过程中，德育渗透客观上要求实现德育系统化。形成系统渗透才有力量；贯彻渗透系统才有生命。充分发挥德育渗透的作用，有助于实现德育系统化。

（三）德育科学化

德育工作要取得实效，必须遵循规律。一方面，要遵循教育规律，德育工作要分层次、分阶段地有序推进。另一方面，要按照学生心理发展规律实施德育。就中学生心理发展和认知形成的作用因素看，已不主要是来自学校专职德育队伍和阵地，也不单纯是来自校园内部。对中学生心理发展和认知形成的影响，是全方位、多渠道、渗透式的。贯彻德育渗透，形成德育渗透的机制，探索德育渗透操作方法，是实现德育科学化的核心内容之一。

四、德育渗透的基本特征

从教育对学生发生作用的力度观察，在所有的教育方式中，渗透最富于表现教育的影响力。从发挥作用的方式和功能看，德育渗透具有四种基本特征：

(一) 广泛性

所谓广泛性,是指德育渗透作用与功能在时间和空间上的全面发挥和体现。这一特征提示德育工作者切勿囿于某时某地的教育因素,而应在各方面注意德育的全面渗透。

当代中学生生活于改革开放的时代,成长于多彩复杂的社会;社会中现存的一切,都以各种方式辐射于中学生。学校德育要全面贯彻教育方针,造就一代具有较高素质的人才,必须把德育渗透于社会辐射、家庭辐射之中,形成德育渗透的广泛性,利用德育渗透的泛化功能,可以使德育走出势单力薄、捉襟见肘的困境。

(二) 寄寓性

寄寓性的基本依据是,在学校所有的教育、教学和管理活动中,都对学生以内潜方式发生德育影响力。不存在无德育的智育、体育、美育和劳育。德育渗透的寄寓性,注定了德育必须与学校其它活动相结合、相渗透。例如:在实践中,教育家重视校风对学生的熏陶、教化作用。校风在很大程度上,表现为一种无所不在德育的"场效应",它虽似无形,却又真实存在。认识到德育渗透的寄寓功能,可以淡化教育痕迹,更加贴近学生心理,产生教育教学的综合效应。

(三) 多维性

德育渗透作为一个开放系统,具有多维性特点,从渗透的源头看,对教育对象的渗透力量,不是来自一个方面,而是来自学校、家庭、社会等许多方面;不是来自一个源头,而是来自教师、父母、朋友、报刊、电视等多种信息源。从发生作用的方式看,德育渗透还具有教育综合目标的发散功能,教育效果的聚合功能,这些功能多维交叉,有机融合。

(四) 渐进性

既然是渗透,就不可能是倾盆大雨式的灌注,更不能立竿见影。渗透,内含着德育有序渐进的教育规律。德育渗透从根本上排斥形式主义的歧路,这寻求的是涓涓细流汇成沧海,春风化雨润物无声的最佳境界。

科学认识德育渗透的特征,有助于按照德育渗透的规律办事,增强德育的实效性。

五、德育渗透的运行操作

任何一个科学思想,只有当它是可操作的,才能实现它的真正价值。德育操作,是学校教育中较难解决的一个问题。德育渗透操作,更是近年来人们所苦心探索而又难得要领的一个关键问题。

德育渗透操作主要是指在德育过程中,为完成德育的基本任务,实现德育的基本目标,在德育渗透运行机制中所进行的系统的教育活动和技术应用。德育渗透操作与德育观念相比,具有实用性、直接性的特点。

（一）德育渗透机制的三个层面

如图：

观　念　层 （方针、总目标、教育思想）
中　介　层 （队伍、制度、校园文化）
操　作　层 （具体的教育、教学活动）

观念层（宏观）、中介层（中观）、操作层（微观）这三个层面相互依赖，相互关联，构成德育机制的有机整体，德育渗透的操作层，是观念层经由中介层实现国家的教育方针、贯彻先进科学的教育思想的基础。

德育渗透不应只停留在观念形态的层面上，还要从操作层面上体现出来，这样，德育渗透才能真正落到实处。

（二）德育渗透操作的一般要素

1. 建立科学而有效的德育渗透运行机制

从系统论的观点看，德育渗透机制就是一个开放系统。渗透系统的内部和外部以及内部各要素之间，有机协调、相互融合，就能形成富有生命力的运行机制。

从德育实践看，德育渗透要取得理想的效应，必须形成和建立以学校行政领导负责为中枢的德育运行机制。只有在这种机制中，德育渗透才可能获得应有的行政支持和工作力度。反之，孤立地、单纯地进行德育渗透操作，只能生形式主义的表面效果。

因此，要把建立一个科学的德育渗透机制，作为学校德育改革的根本性目标之一。当然，这不仅取决于德育工作自身的加强和改进，很大程度上依赖于教育内部整体改革的进展。形成和建立德育渗透机制，应当列为教学改革的重要目标之一。

2. 德育渗透要以知识、管理、环境为载体

所谓载体，具有依托、寄寓的内涵。不可设想，没有任何依托的德育渗透。我国一贯有“文以载道”的教学观点，它形象而深刻地概括了知识作为德育渗透的依托和寄寓的作用。此外，学校管理和校园环境也是德育渗透的重要依托，在这些工作中，寄寓着深刻而丰富的德育内容。

（三）德育渗透过程与教学过程是同一过程

所谓同一过程，是指德育渗透与教学行为占有同一时空，两者有机融合。一堂高质量的课，一次多彩的教育活动，很难区别出那是单纯的教学行为或单纯的教育行为。数学教师在教学中，讲解正数和负数、整数和分数、实数和虚数、微分和积分，其实正是在引导学生认识数学问题中特殊和一般、原因和结果、现象和本质、量变与质

变的辩证思想,帮助学生学会辩证的思想方法,养成辩证的思维习惯,确立辩证的思想观点。在这里教学与教育是不可分解的。

(四) 德育渗透要找准教育目的和知识传授的融合点

在各科教学和教育活动中,有很多知识点。目前,在学校中通行的学科德育渗透知识点,属于这种性质。教师在掌握这些知识点的基础上,才能得心应手地进行德育渗透。

(五) 制定《德育渗透指导纲要》

《纲要》与“渗透知识点”不同,其中要列出提示性的融合点外,还要有德育渗透的基本教育思想、基本原则和要素,操作的技术特征,以便教师有所遵循。

(六) 德育渗透要作出评估

对德育渗透的评估,甚难解决。但要确保德育渗透的实效性,就必须建立科学的有效的评估办法,加强评估的操作性。

注意思想教育的连续性和整体性
省扬中学生思想教育系列化

翟久春

本报讯　省扬州中学遵循教育规律，针对青少年身心发展特点，在全校各团支部开展“树人奖”创造性思想教育系列活动，促进了广大团员和青年的全面发展。

多年实践使扬中党总支、团委会感到：学校思想政治工作是一项复杂的系统工程，必须克服过去零打碎敲般的应景式、拼凑式、打遭遇战式的随意性现象。因此，他们要求各年级团支部在开展“树人奖”思想教育系列活动时，按照确定的主题，使内容和活动前后衔接。

他们根据不同年级的不同特点，确定思想教育的重点。对初一新生主要进行校史教育，学习老校友胡乔木给母校的题词——“正直向上，热于求知”，激发进取精神，迈好进入中学的第一步。在高年级则结合政治课教学，坚持开展社会调查，开展“十七岁的思索”、“时代与我”等主题活动，进行革命人生观和远大理想教育。高三(3)班团支部开展了《升起吧，希望之星》主题系列活动，由于思想教育有较强的针对性，效果较好。同学们团结互助，奋发向上，该班被评为文明班级。

在开展系列活动中，他们还积极发挥团员的主体作用，使系列活动很快在全校开展了起来。两个学期以来，全校各年级共开展了40多项系列活动，延伸并扩展了中学思想教育活动的时间和空间，体现了思想教育的整体性，增强了思想教育的效果。系列活动主要由学生自己组织，许多班级开展了创先进团支部、文明班级活动，开展了“三学”(学党章、学团章、学哲学小组)活动。目前，有90多位高中同学积极参加党章小组活动。不少学生深有感触地说：“这样开展系列活动，既使我们感兴趣，又使我们受教育，培养了能力增长了见识。”

《扬州日报》一九八六年十一月十六日

铸造灵魂的工程
——江苏省扬州中学校园文化建设一览

祁 羊

跨进扬州中学的大门,首先映入眼帘的是被誉为扬州中学象征的树人堂。不远处,新建的逸夫楼顶上硕大浑圆的不锈钢天文球,在阳光下熠熠生辉。沿学校中轴线望去,甬道两边以及教室周围一块块标语牌,向人们展示中外名人和扬中杰出校友的名言;著名作家、校友朱自清先生的铜像耸立在碧树丛中,似注视着正在"树人画廊"前观看第六届文化艺术节书法美术作品的莘莘学子。置身于如此情境中,使人感受到浓烈的校园文化气息。

近年来,扬州中学面向21世纪,以90多年中形成的文化传统为背景,德育和美育相互渗透,在改革开放环境中,为学生营造了高品位的校园文化氛围,发挥了独特的铸造灵魂的效果。

突出校园文化的主旋律

学校领导认为,突出校园文化的主旋律,就是要用代表时代发展和社会进步的主流文化教育学生。他们充分发挥政教处、团委、学生会作用,多渠道、多形式地在学生中坚持开展以爱国主义为核心的主题教育活动,开展国情、市情、校史知识竞赛,引导学生"学史知情,爱校爱国"。他们坚持以高雅文化熏陶学生,先后开办10多个中国传统文化、民族传统美德系列讲座,并针对中学生崇拜名人的心理,着力宣扬革命家、思想家、科学家的事迹。组织全校百余名三好生与来校访问的世界著名物理学家吴健雄教授夫妇见面座谈,聆听这位卓越的实验物理学家介绍自己在科学领域艰苦跋涉的历程,使学生思想受到极大的震撼和启发。

让学生在浓郁的文化氛围中和谐发展

扬中90多年的历史,形成了独具魅力的"人格健全、学术健全、自治自动、体育兼重"的校园文化传统。扬中的领导,十分注意挖掘校史中的校园文化资源,以"正直向上,热于求知"的校风作为校园精神最高体现,大力弘扬"进德修业,教书育人"的教风,"虚心刻苦,踏实经常"的学风,以此为主线,造成强大的舆论声势。他们重点宣传校友中的杰出人物,其中有中共中央总书记、国家主席江泽民,著名作家朱自清、马克思主义理论家胡乔木、22位中科院院士,以及为祖国解放献身的烈士校友,通过树人堂前学起步、在国旗下讲话、五四运动在扬中等一系列活动，让杰出人物热爱祖国、正直做人、勤奋治学、为祖国作出巨大贡献的光辉业绩在学生心中扎根。学校筹措近10万元资金开辟了占地200平方米的校史陈列馆，运用十分丰富的校史文献实物和数百帧图片教育学生。迄今为止已有近5000人次参观了校史陈列馆。这些活动的开展，激发了名校学生的自豪感和责任感。

立美育人提高学生的精神品位

扬州的领导和教师深深地懂得，美是一种高品位的文化，立美育人是教育的基本要求。因此，他们在办学过程中，以德育与美育相互渗透为基本途径，追求校园文化的审美意境，赋予校园文化以美的形式、美的内涵，塑造学生美的心灵。扬中的老师追求教学内容和操作过程的美的统一，不久前，当模范学校督导组的专家分别听完语文和数学老师的课后，赞叹说，听了他们的课，简直是美的享受！上学期，全校举办了27个命题班会，艺术性是观摩评比的重要标准，几乎所有班级在实施过程中，都做到德美渗透，从班会标题设计、环境布置、活动程式，到演讲风度无不透出美的文化气息，将审美的触角深入学生的心灵世界。

截至去年，扬州中学已连续举办了六届文化艺术节。艺术节期间，活动多样，异彩纷呈，有师生收藏品展览、主题演讲比赛、多种文艺演出活动、文化艺术专家来校讲学等。许多学生说，高品位的艺术节，“陶冶了我们的情操，提高了自己的审美趣味。”

高品位、多样化、各具特色的校园文化建设，使扬中校园内呈现出一派美的景象，正直向上，热于求知蔚为风气，优秀学生不断涌现。他们中有新华社《半月谈》杂志优秀中学生奖学金获得者；有在全国、省学科竞赛中获奖的佼佼者，更有为数众多的三好生。1993年，江苏省扬州中学被省教委命名为德育工作先进学校、体育先进学校，此后，又获得教育系统的最高荣誉——江苏省模范学校。

发挥育人功能　营造校园文化

江苏省扬州中学

近年来,扬州中学以九十多年形成的深厚的校园文化传统为背景,以德美相互渗透为重点,致力营造高品位、有特色、多样化的校园文化氛围,在改革开放环境中发挥校园文化独特的育人功能,取得较好效果。

在改革开放环境中突出校园文化的主旋律

在一个全面改革开放的时代,我国传统文化与外来文化相互冲突、碰撞,又相互融合。社会文化环境出现许多新情况。

中学生面对文化潮流,求新求异,必须加以正确的引导,使他们在多层次的文化环境中,辨别良莠,培养高层次的精神素质。我们在校园文化建设过程中,用代表时代发展和社会进步的主流文化引导中学生健康成长。

爱国主义是校园文化建设的永恒主题。爱国主义作为深层的价值观念和精神情感,是一个人精神层次的根本标志,也是校园文化品位的集中反映。我们坚持开展以爱国主义为核心的主题系列活动。深入开展了国情知识竞赛,造成"学历史、知国情,爱祖国"的巨大声势。

在开放的文化环境中坚持高雅文化钓正确导向。在当今社会文化潮流中,有一些是浅层次的,这些浅层文化虽不同于那些"黄色文化",但青少年浸染其中,将会导致中学生精神品位的平庸化、浅层化甚至低俗化。青少年中出现的对港台文化盲目认同,对港台歌星的盲目崇拜,出现了一批"追星族",恰恰是社会浅层文化作用的结果。学校坚持以高雅文化导引中学生实现精神素质的升华。首先,大力弘扬民族传统文化。通过教学渠道引导学生认同中华民族优良的文化传统。通过开办中国传统文化的系列讲座讲解《红楼梦》等古典文化珍品;讲解中国文化对日本及欧洲的影响,真正认识我国传统文化的深厚伟力;开展多种课外文化活动,比如办好《新苗》文学社,提高校园文化的档次。其次,坚持向中学生宣传文化、科技界的专家的人格、思想和学术成就。激励学生以革命家、科学家的形象为楷模。组织全校百余名三好生与世界著名物理学家吴健雄教授见面。使学生在聆听吴教授介绍自己在科学研究中的艰辛历程时,思想受到极大震动。

立美育人提高学生的精神品位

扬中一直以“立美育人”为基本原则，以德美渗透为基本途径，追求校园文化的审美意境，赋予校园文化以美的形式和美的内容，创造性地建构学生美的心灵世界，促进学生个性按照美的规律生动活泼地发展。

建设美的校园环境。积极创造美的校园环境。建筑物与古朴典雅的校园布局总体和谐，又独具时代气息和民族风格。我们还在学校主要通道设立名人名言牌，标示出中外思想家以及本校杰出校友的名言。全校40个班，班班有校风标语；团委、学生会还在全校开展了“美在教室”的评选活动。

开展审美教育活动。一方面，实现德育活动的审美化；另一方面，我们坚持开展丰富多彩的校园文化活动。例如：举办师生收藏品艺术展览；“树人”艺术团开展艺术活动。我们坚持每年举办校园文化艺术节，针对中学生中出现的浅层文化迷失现象，以“美的校园、美的年华、美的风采”为主题，举办了“伟大的毛泽东”演唱会，“踏着伟人的足迹”演讲比赛和征文比赛，古典音乐欣赏会、书法美术作品及艺术节节徽设计展评。

激发美的风采。校园文化外部环境，归根到底要作用于中学生的内心世界，使中学生的整体素质和个性品质焕发出美的风采。为此，团委、学生会在全校开展了“美的风采”十佳学生评选活动，印发了《学生礼仪规范》。

特意邀请美术评论家、校友左庄伟教授来校，为学生做“美的览赏”报告，听了左老师讲的米开朗基罗的雕刻作品《摩西》，学生们从审美的角度深深感受到：一个国家和民族如果崇拜金钱，必然走向腐败和灭亡；一个人如果崇拜金钱，必然胸无大志，无所作为。追求崇高是美的体现。

校园文化建设拓宽了德育工作的视野，为中学生的健康成长创设了良好的环境，促进了学生综合素质的提高。

《中国教育报》1994年11月15日